བྱང་ངོས་སྤྱུལ་པ་སྡེ་ཡི་ལྷ་ཁང་དུ། །གནས་ལྔ་རིག་པའི་མཐར་སོན་འཛམ་པའི་དབྱངས། །
དྲེགས་ལྡན་རྒོལ་བ་འཛོམས་པའི་དཔའ་བོ་ཆེ། །ས་སྐྱ་པཎ་ཆེན་ཞབས་ལ་གསོལ་བ་འདེབས། །

ཚར་ཆེན་བློ་གསལ་རྒྱ་མཚོས།

ཀ། །ཆེ་བ་ཁ་ཁ། །ཧོ་ག། ༢

༄༅། །དཔལ་ས་སྐྱའི་སྡོམ་གསུམ་ཕྱོགས་བསྒྲིགས་བཞུགས་སོ། །

པོད་གཉིས་པ།

དགའ་གདོང་པ་ཆོས་རྒྱལ་དཔལ་བཟང་དང་ལས་ཆེན་པ་གཞོན་ནུ་སེངྒེས་མཛད།

སི་ཁྲོན་བོད་ཡིག་དཔེ་རྙིང་བསྡུ་སྒྲིག་ཁང་གིས་བསྒྲིགས།

རྒྱལ་ཁབ་དཔེ་མཛོད་དཔེ་སྐྲུན་ཁང་།

དཀར་ཆག

ཀླུའི་དབང་པོ་བསྲུང་བ་ཞེས་བྱ་ལ། གཙུང་པོ་རྡོ་རྗེ་རིན་ཆེན་འདི་སློབ་དཔོན་པད་མ་འབྱུང་གནས་ཀྱི་དངོས་སློབ་ཡིན། དེའི་སྲས་ཤེས་རབ་ཡོན་ཏན། དེའི་སྲས་ཚུལ་ཁྲིམས་རྒྱལ་པོ། དེའི་སྲས་གཙུག་ཏོར་ཤེས་རབ། དེའི་སྲས་དགེ་སྐྱབས། དེའི་སྲས་དགེ་མཐོང་། དེའི་སྲས་འཁོན་སྟོན་བལ་པོ། དེའི་སྲས་ཤཱཀྱ་བློ་གྲོས། དེའི་སྲས་འཁོན་རོག་ཤེས་རབ་ཚུལ་ཁྲིམས་ཞེས་བྱའོ། །འདི་ནི་གསང་སྔགས་སྔ་འགྱུར་ལ་གྲུབ་པ་བརྙེས་ནས་ལྷ་སྲིན་ཁྲན་དུ་འཁོལ་ཞིང་། རྔ་ལ་བཞོན་ཏེ་ནམ་མཁའ་ལ་འགྲོ་བ། ཡི་དམ་ལྷའི་ཞལ་གཟིགས་པ་ལ་སོགས་པ་ཡོན་ཏན་དུ་མ་དང་ལྡན་པའོ། །ཁ་ཅིག་འཁོན་དཔའ་པོ་ཆེ་ལ་སྲས་བཞི་བྱུང་ཟེར་ཡང་འཁོན་གྱི་ཡིག་ཚང་རྙིང་པ་ན་མེད་དོ། །འཁོན་གྱི་གདུང་བརྒྱུད་འདི་རྣམས་ལ་ཡང་། རྡོ་རྗེ་ཕུར་པ་ལ་སོགས་པ་བརྒྱུད་པའི་གོ་རིམ་དང་མཚན་མི་འདྲ་བ་ཅི་རིགས་སྣང་ན་ཡང་། ཡབ་གཅིག་ལ་སྲས་དུ་མ་ཞིག་བྱུང་བ་དང་། གང་ཟག་གཅིག་ལ་ཡང་མཚན་གྱི་རྣམ་གྲངས་དུ་མ་ཡོད་པ་དང་། དེ་ཡང་བྱ་བྱེད་ལས་དང་རབ་ཏུ་བྱུང་མ་བྱུང་གི་སྒོ་ནས་ཀྱང་མཚན་དུ་མར་ཤེས་པར་བྱའོ། །

དེའི་གཙུང་པོ་འཁོན་དཀོན་མཆོག་རྒྱལ་པོ། དེའི་སྲས་ས་སྐྱ་པ་ཆེན་པོ་ཀུན་དགའ་སྙིང་པོ། དེའི་སྲས་བཞི་ལས། ཡུམ་མི་གཅིག་པའི་གཅེན་འཁོན་ཀུན་དགའ་འབར་ཞེས་བྱ་བས་གཞོན་ནུ་ལ་རྒྱ་གར་དུ་བྱོན། མ་ག་དྷར་སློབ་གཉེར་མཛད་རིག་པའི་གནས་ལྔ་ལ་མཁས་པར་གྱུར་ནས། བོད་དུ་འབྱོན་པར་སྤྲོ་ཡང་ཚད་པའི་བསྟུང་གཞིས་མ་ག་དྷ་དེ་ཉིད་དུ་སྐུ་གཤེགས་པའི་ཚུལ་བསྟན་ཏོ། །

ཡུམ་གཅིག་པའིསྲས་གསུམ་ལས། དང་པོ་སློབ་དཔོན་རིན་པོ་ཆེ་བསོད་ནམས་རྩེ་མོ། སློབ་དཔོན་མི་ཐུབ་ཟླ་བའི་སྤྲུལ་པར་གྲགས་ཤིང་གཞོན་ནུའི་ས་ལ་གནས་ཞེས་སྙད་དོ། །གཉིས་པ་རྗེ་བཙུན་ཆེན་པོ་གྲགས་པ་རྒྱལ་མཚན་ནི། བླ་མ་ས་ཆེན་གྱི་སློབ་མ་ལ་གྲུབ་པ་ཐོབ་པ་གསུམ། བཟོད་པ་ཐོབ་པ་བདུན་ཞེས་བྱ་བའི་གཅིག་ཏུ་སྣང་སྟེ། དགུ་རུམ་གཟིམ་ཁང་ནས་བདེ་བ་ཅན་དུ་གཤེགས་པའི་ཚུལ་བསྟན་ཞེས་གྲགས་སོ། །གསུམ་པ་རྟག་ཏུ་གཞན་གྱི་དོན་མཛད་པའི་དཔལ་ཆེན་འོད་པོ་ལ་སྲས་གཉིས་བྱུང་བའི་ཆེ་བ་ཆོས་རྗེ་ས་སྐྱ་པཎྜི་ཏ། ཆུང་བ་ས་གནས་ཀྱི་སེམས་དཔའ་ཟངས་ཚ་བསོད་ནམས་རྒྱལ་མཚན་ཞེས་བྱའོ། །འདི་ལ་ཡུམ་མི་གཅིག་པའི་སྲས་བཞི་བྱུང་བའི་ཆེ་བ་འགྲོ་མགོན་འཕགས་པ། འགྲོ་མགོན་ཕྱག་ན། སློབ་དཔོན་རིན་ཆེན་རྒྱལ་མཚན། སློབ་དཔོན་ཡེ་ཤེས་འབྱུང་གནས་སོ། །ཕྱག་ནའི་སྲས་དྷརྨ་པ་ལ་རཀྵི་ཏ། དེའི་སྲས་དྷརྨ་བྷ་དྲ་ཞེས་པ་བྱོན། སློབ་དཔོན་ཡེ་ཤེས་འབྱུང་གནས་ཀྱི་སྲས་བདག་ཉིད་ཆེན་པོ་བཟང་པོ་དཔལ། དེའི་སྲས་མང་དུ་འཕེལ་བའི་གདུང་བརྒྱུད་དང་། ཆོས་བརྒྱུད་དྲི་མ་མེད་པར་བྱོན་པ་དུ་མ་ཞིག་གོ །

དེས་བཙན་བཟའ་ལྷུམ་བུ་ཁབ་ཏུ་བཞེས་པའི་སྲས་གཅིག་འཁྲུངས་པ་དེ་མཐོང་བ་ཙམ་གྱིས་ཡིད་འཕྲོག་པ་ཞིག་བྱུང་བས། འདི་འདྲ་མི་ཡུལ་དུ་དཀོན་ཟེར་ནས། དེའི་མིང་ཡང་དཀོན་པ་རྗེ་ཁྲུང་སྐྱག་ཅེས་བཏགས་སོ། །དེའི་དུས་སུ་བོད་ན་སྤྲུལ་པའི་རྒྱལ་པོ་ཁྲི་སྲོང་ལྡེ་བཙན་བཞུགས་པའི་སྐུའི་རིང་ལ་ཟ་ཧོར་གྱི་མཁན་པོ་བོ་དྷི་ས་ཏྭ་གདན་དྲངས། དེའི་སློབ་མ་བོད་ཀྱི་བཙུན་པ་ལ་སྔ་བ་སད་མི་མི་མདུན་དུ་གྲགས་པ་ལ། རྒན་གསུམ་གཞོན་གསུམ་བར་པ་དང་བདུན་ལས། བར་པ་བརླངས་ཁས་པ་སུ་ག་ཏ་ཤཱཀྱ་རཀྵི་ཏ་ཞེས་པ། བོད་སྐད་དུ་བདེ་བར་གཤེགས་པའི་གོ་ཆ་བསྲུང་བ་ཞེས་བྱའོ། །

རྗེ་བཙུན་ཆེན་པོས། ས་སྐྱའི་དབུ་རྩེ་རྙིང་མའི་ཐོག་མཚམས་ལ་བྲིས་པ་ལ་ཞལ་བཤུས་པའི་ཧོར་སྦྱར་ལས། རྒན་གསུམ་ནི། དབའ་རཏྣ་རཀྵི་ཏ་རིན་ཆེན་བསྲུང་བ། བོད་ཡུལ་དུ་བཙུན་པ་བྱུང་བ་ལ་འདི་སྔའོ། །སློབ་དཔོན་བོ་དྷི་ས་ཏྭ་སྐུ་གཤེགས་ནས་འདིས་མཁན་པོ་བགྱིས་སོ། །འདི་དང་དབས་མཉྫུ་ཤྲཱི་དོན་གཅིག་གམ་བརྟག །ཛྙཱ་ནནྡྲ་ཨིནྡྲ་རཀྵི་ཏ་ཡེ་ཤེས་དབང་པོ་བསྲུང་བ། རཏྣ་ཨིནྡྲ་རཀྵི་ཏ་རིན་ཆེན་དབང་པོ་བསྲུང་བའོ། །གཞོན་གསུམ་ནི། པ་གོར་བཻ་རོ་ཙ་ན་རཀྵི་ཏ་རྣམ་པར་སྣང་མཛད་བསྲུང་བ། འབྲོན་ན་གེནྡྲ་རཀྵི་ཏ་ཀླུའི་དབང་པོ་བསྲུང་བ། གཙང་དེ་ཝེནྡྲ་རཀྵི་ཏ་ལྷའི་དབང་པོ་བསྲུང་བའོ། །ཞེས་སྣ་ཨ་གཉན་དམ་པ་གསུང་། རྗེ་བཙུན་ཆེན་རིན་པོ་ཆེའི་རྣམ་འཇོམས་ཀྱི་བཤད་པ་ལས། རྒན་གསུམ་ནི། དབའ་མཉྫུ་ཤྲཱི། གཙང་དེ་ལེན་དྲ། བྲན་ཀ་མུ་ཁེ་ཏའོ། །གཞོན་གསུམ་ནི། པ་གོར་བཻ་རོ་ཙ་ན། འབྲོན་ན་གེནྡྲ། གཙང་དེ་ཝེནྡྲ་རཀྵི་ཏའོ། །དེ་རྣམས་ཀྱང་རྣམ་དག་ཁྲིམས་ཁང་གླིང་དུ་རྒྱ་གར་གྱི་མཁན་པོ་ཛྙཱ་ན་ཤྲཱི་ལ་སྤྱན་དྲངས་ཏེ། ཁྲིམས་བླངས་པས་རྣམ་དག་ཁྲིམས་ཁང་གླིང་ཞེས་བྱའོ་ཞེས་གསུང་། ལུགས་གཉིས་པོ་དེ་སྔོན་གྱི་ཡིག་ཚང་ཐ་དད་ལས་བྲིས་པར་སྣང་ངོ་། །ཡང་ཁ་ཅིག་མཁན་པོ་བོ་དྷི་ས་ཏྭས་བྱས་ནས་ཐོག་མར་བྱ་ཁྲི་གཟིགས་རབ་ཏུ་བྱུང་བས་མངོན་ཤེས་ལྔ་དང་ལྡན་པར་གྱུར་ཏོ། །དེ་ནས་ཐ་གསལ་སྣང་། ཐ་ཁྲི་བཞེར་སང་ཤིང་། པ་གོར་བཻ་རོ་ཙ་ན་རཀྵི་ཏ། ངན་ལམ་རྒྱལ་བ་མཆོག་དབྱངས། འབྲོན་ཀླུའི་དབང་པོ་བསྲུང་བ། རྨ་ཨཱ་ཙཪྻ་རིན་ཆེན་མཆོག །གཙང་ལེགས་གྲུབ་དང་བདུན་རབ་ཏུ་བྱུང་བའི་མཚན་ཡེ་ཤེས་དབང་པོ་དང་། དཔལ་དབྱངས་ལ་སོགས་པ་ཡིན་ལ། ཕྱི་མ་རྣམས་སད་མི་མི་བདུན་ཡིན་ཟེར་བ་ཡང་། བོད་ཀྱི་བཙུན་པ་ལ་སྔ་བ་སད་མི་མི་བདུན་དུ་གྲགས་པ་དེ་ཐོག་མར་བཙུན་པར་བཏུབ་མི་གཏུབ་སད་པའི་ཕྱིར་ཡིན་ཞེས་བཤད་པ་དང་ནང་འགལ་བར་སེམས་སོ། །

དཀོན་པ་རྗེ་ཁྲུང་སྐྱག་ནི་བློ་གྲོས་ཆེ་ཞིང་འཇིག་རྟེན་གྱི་བྱ་བ་ལ་མཁས་པས་རྒྱལ་པོའི་ནང་བློན་པོ་ཡུན་རིང་དུ་བྱས། དེའི་མིང་ཡང་འཁོན་དཔའ་བོ་ཆེ་ཞེས་གྲགས་སོ། །དེ་ལ་སྲས་གཉིས་བྱུང་བའི་ཆེ་བ་དེ་འཁོན་

ཉུབ་བསྟན་པའི་རྒྱལ་མཚན་འཛིན་པའི་མཆོག །དཔལ་ལྡན་སྐལ་བ་བཟང་པོས་བདག་སྐྱོངས་ཤིག །གང་ཆེ་ཆེ་རབས་དུ་མར་མཚན་དཔེའི་སྐུ། །ལྔ་རིག་རིག་གནས་དུ་མ་སྒྲོག་པའི་གསུང་། །ས་པཎ་པཎ་ཆེན་བརྒྱ་ཡི་མཆོག་གྱུར་པ། །འགྲོ་ཀུན་ཀུན་དགའ་མཛད་དེས་བདག་བློ་སྤེལ། །འཇམ་དབྱངས་སྤྲུལ་པ་ས་སྐྱ་པཎྜི་ཏས། །ཤེས་བྱ་ཐམས་ཅད་ཤེས་ནས་སྨྲས་པ་ལ། །མ་རྟོགས་ལོག་རྟོག་ཐེ་ཚོམ་བཅད་པའི་ཕྱིར། །མཁས་མཆོག་དགོངས་པ་ཇི་བཞིན་ཁོ་བོས་བཤད། །གངས་ཅན་འདི་ན་རང་དགའི་རྫོལ་ཆོས་ཀྱིས། །འཇིག་རྟེན་མྱུན་པར་བྱས་པ་མ་བཟོད་པས། །ཉིད་ཀྱི་གཞུང་ལུགས་ལེགས་བཤད་འོད་སྟོང་གིས། །གསལ་ཆེ་འབྱུང་པོའི་བྱ་རྣམས་བཞད་པ་མཚར། །རྒྱལ་བའི་བཀའ་དང་རྒྱལ་སྲས་བཞེད་པའི་གཞུང་། །མཁས་གྲུབ་དུ་མའི་མན་ངག་ཟབ་མོར་བཅས། །རྣམ་དག་རིགས་པའི་ལམ་ནས་ལེགས་དྲངས་ཏེ། །དོན་གཉེར་བློ་ལྡན་རྣམས་ལ་འཆད་པར་སྤྲོ། །དམ་པ་རྣམས་ཀྱི་རྣམ་བཤད་མང་པོ་དག །དག་པའི་མཁའ་ལ་ཟླ་བཞིན་གསལ་ན་ཡང་། །ཡང་དག་དོན་ལ་རྣམ་པར་དཔྱོད་པ་ན། །ས་པཎ་གསུང་གི་ལེགས་བཤད་རྒྱ་ཆེར་སྤྲོ། །

དེ་ལ་འདིར་བཤད་པར་བྱ་བའི་ཆོས་ལ། སྤྱིར་དཔལ་ལྡན་ས་སྐྱ་པའི་བརྒྱུད་པ་རྣམ་པར་དག་པ་དང་། བྱེ་བྲག་ཆོས་རྗེ་ས་སྐྱ་པཎྜི་ཏའི་རྣམ་པར་ཐར་པ་དང་། ཁྱད་པར་དུ་བསྟན་བཅོས་འདིའི་ཚིག་དོན་བཤད་པ་དང་གསུམ་ལས། དང་པོ་ནི། སྔོན་གྱི་གསུང་རབ་ཀྱི་ཡིག་ཚ་སྙིང་པ་དག་ལས་འབྱུང་བ་འདི་ལྟ་སྟེ། དེ་ཡང་ཐོག་མར་གནམ་ལྷ་མཆེད་གསུམ་བྱོན་པའི་ཆེ་བ་གནམ་ལྷ་སྤྱི་རིངས། བར་པ་གནམ་ལྷ་གཡུ་རིངས། ཆུང་བ་གནམ་ལྷ་དབུ་བསེ་ཞེས་བྱའོ། །དེ་གསུམ་ལ་མིའི་རྗེ་ཞུས་པས། ཆུང་བ་དེ་མིའི་ཡུལ་དུ་བྱོན་ནས་མིའི་རྗེ་མཛད། དེ་ལ་སྲས་བཞི་བྱུང་ངོ་། །དེ་རྣམས་ཀྱིས་ལྗོང་རུས་ཆེན་བཅོ་བརྒྱད་དང་འཐབས་པས། དེའི་གྲོགས་ལ་གནམ་ལྷ་གཡུ་རིངས་བྱོན། ལྗོང་རུས་ཆེན་བཅོ་བརྒྱད་བཏུལ་ནས་བྲན་དུ་བཀོལ་ཞེས་གྲགས་སོ། །གནམ་ལྷ་གཡུ་རིངས་ཀྱིས་སྨུའི་བུ་མོ་ཁབ་ཏུ་བཞེས་པས་སྲས་བདུན་བྱུང་བའི་གཅེན་དྲུག་ཡབ་དང་བདུན་ལྷ་ཡུལ་དུ་གཤེགས། ཆུང་བ་དེས། ཐོག་ལྷ་འོད་ཆེན་གྱི་བུ་མོ་ཁབ་ཏུ་བཞེས་པས་སྲས་ཐེག་ཆེ་དཔའ་པོ་སྟག་བྱུང་། དེས་ཀླུའི་བུ་མོ་ཁབ་ཏུ་བཞེས་པས་ཀླུ་ཙ་འོད་ཆེན་བྱུང་། དེས་མོན་བཟའ་མཚོ་མོ་ཁབ་ཏུ་བཞེས་པས་སྲས་གཅིག་བྱུང་བ་དེ་གཡའ་དང་སྲིན་གྱི་མཚམས་སུ་སྐྱེས་པས་དེའི་མིང་གཡའ་སྲིན་སྐྱེས་སུ་བཏགས་སོ། །དེས་སྲིན་པོ་སྐྱ་རིངས་ཁྲག་མེད་བསད་ནས་གཡའ་འབྲུག་སིལ་ལེ་མ་འཁྱོགས་ཏེ། སྲས་གཅིག་བྱུང་བ་དེ་སྲིན་པོ་དང་འཁོན་པའི་བར་དུ་སྐྱེས་པས་དེའི་མིང་ཡང་འཁོན་བར་སྐྱེས་ཞེས་བྱ་བར་བཏགས་པས། དེ་ནས་འཁོན་ཞེས་གྲགས་སོ། །དེས་ན་སྲིན་པོ་ལ་སོགས་པའི་གནོད་བྱེད་དང་འཁོན་པས་འཁོན་ཞེས་བྱའོ། །

༄༅། །སྡོམ་པ་གསུམ་གྱི་རབ་ཏུ་དབྱེ་བ་ཞེས་བྱ་བའི་ཊཱི་ཀ་སངས་རྒྱས་ཀྱི་བསྟན་པ་དར་ཞིང་རྒྱས་པར་བྱེད་པའི་ཐབས་རྟེན་འབྲེལ་བཟང་པོ་ཞེས་བྱ་བ་བཞུགས་སོ། །

དགའ་གདོང་བ་ཆོས་རྒྱལ་དཔལ་བཟང་།

ཨོཾ་སྭ་སྟི། སྡོམ་པ་གསུམ་གྱི་རབ་ཏུ་དབྱེ་བ་ཞེས་བྱ་བའི་ཊཱི་ཀ་སངས་རྒྱས་ཀྱི་བསྟན་པ་དར་ཞིང་རྒྱས་པར་བྱེད་པའི་ཐབས་རྟེན་འབྲེལ་བཟང་པོ་ཞེས་བྱ་བ། བླ་མ་དང་འཇམ་པའི་དབྱངས་ལ་གུས་པས་ཕྱག་འཚལ་ལོ༔ ༔

བསྐལ་པ་དུ་མར་ཚོགས་གཉིས་རབ་རྫོགས་པས། །འཇིག་རྟེན་ཀུན་ལ་ཉིན་མཚན་དུས་དྲུག་ཏུ། །ཐུགས་རྗེ་ཆེན་པོས་གསལ་བར་གཟིགས་མཛད་པའི། །སྟོན་པ་ཀུན་མཁྱེན་དེ་ལ་གུས་ཕྱག་འཚལ། །མ་ལུས་རྒྱལ་བའི་གསུང་གི་གླེགས་བམ་རྣམ་དཔྱོད་ཁྲམས་སུ་བཀོད་པ་ནི། །མེ་ལོང་ངོས་ལ་གཟུགས་བརྙན་ཇི་བཞིན་མཐའ་དག་ཐུགས་སུ་ཆུད་གྱུར་ཅིང་། །མི་རྟོག་ཏིང་འཛིན་ལང་ཚོའི་དོག་པར་བདེ་སྟོང་འོ་མའི་ཁུར་འཛིན་པ། །མུ་མེད་རྒྱལ་བ་སྐྱེད་བྱེད་མ་མ་མཚུངས་མེད་བླ་མས་དགེ་ལེགས་མཛོད། །མཁྱེན་པའི་ཡེ་ཤེས་མཁའ་ལྟར་རབ་ཡངས་ཤིང་། །བརྩེ་བའི་ཐུགས་རྗེ་ཤིན་ཏུ་རིང་ལའང་འཇུག །མཛད་པའི་ཕྲིན་ལས་ལྷུན་གྲུབ་རྒྱུན་མི་འཆད། །མཆོད་འོས་ཀུན་ལའང་གུས་པས་ཕྱག་འཚལ་ལོ། །ཐོས་པའི་མོད་ལ་སྲིད་པའི་འཇིགས་པ་འཕྲོགས། །མཐོང་བའི་མོད་ལ་དགའ་བཞིའི་དཔལ་འབྱོར་རྒྱས། །བསམས་པའི་མོད་ལ་འདོད་རྒྱུའི་དཔལ་སྟེར་བའི། །མཁྱེན་ཅན་དམ་པས་བདག་ལ་དངོས་གྲུབ་སྩོལ། །གུར་གུམ་གཞོན་ནུ་སྐྱེངས་པའི་བླ་གོས་འཛིན། །གནམ་སྟོན་བཞུ་བ་འཐིགས་འདྲའི་རལ་གྱི་འཕྱུར། །བརྒྱད་ཁྲི་བཞི་སྟོང་པོ་ཏིའི་ཚོགས་འཛིན་པས། །རབ་འབྱམས་ཤེས་བྱ་གསལ་བར་སྟོན་ལ་འདུད། །ཉིད་ཀྱི་སྐུ་ཡི་དཀྱིལ་འཁོར་ཡོངས་རྫོགས་པ། །ཇི་བཞིན་གདུལ་བྱའི་བློ་ལ་མི་སྣང་བས། །གང་གི་རིགས་འབྱུངས་དཔལ་ལྡན་ས་སྐྱ་པའི། །གདུང་རྒྱུད་དྲི་མ་མེད་ལའང་གུས་པས་འདུད། །མཐའ་ཡས་རྒྱལ་བ་རྣམས་ཀྱི་མཁྱེན་བརྩེའི་བཅུད། །ཐར་འདོད་གདུལ་བྱ་རྣམས་ཀྱི་ཀུན་དགའི་དཔལ། །མི་

གཉིས་པ་ཆོས་རྗེ་ས་སྐྱ་པཎྜི་ཏའི་རྣམ་པར་ཐར་པ་ནི། རྣམ་ཐར་(འདི་ཡར་ལོའི་གསུང་ཡིན།)རྒྱས་པ་ལས། ཆོས་ཀྱི་རྗེ་གྱུར་ཀུན་མཁྱེན་འགྲོ་བའི་མགོན། །མཚན་མཆོག་ལྡན་པ་བལྟ་བས་མི་ངོམས་ཤིང་། །ཡོན་ཏན་ལྷུན་གྲུབ་བརྗེ་བ་ཆེན་པོའི་ཐུགས། །གདུལ་བྱ་རྣམས་ལ་ལམ་སྟོན་གྱུར་པ་དེ། །རྟག་པར་འཛིན་པའི་འདུ་ཤེས་བཟློག་པ་དང་། །ལེ་ལོ་ཅན་རྣམས་དགེ་ལ་བསྐུལ་བ་དང་། །དད་པ་ཅན་རྣམས་སྤྲོ་བ་བསྐྱེད་པ་དང་། །ཤེས་རབ་ཅན་རྣམས་ཆོས་ལ་སྦྱར་བ་དང་། །བློ་གྲོས་ཅན་རྣམས་ཐེ་ཚོམ་བཅད་པའི་ཕྱིར། །ངོ་མཚར་ཆེ་བ་འདི་རྣམས་ཀུན་ལ་བསྟན། །ལྷོ་ཕྱོགས་འཛམ་གླིང་ཁ་བ་ཅན་གྱི་ལྗོངས། །རྡོ་རྗེ་གདན་ནས་དཔག་ཚད་བརྒྱ་ཡི་བར། །རྣལ་འབྱོར་དབང་ཕྱུག་བྱིན་གྱིས་བརླབས་པའི་གནས། །གྲོམ་པ་ལ་སྟོད་དཔལ་ལྡན་ས་སྐྱ་རུ། །འཁོན་གྱི་གདུང་བརྒྱུད་སྐྱེས་བུ་ཆེན་པོ་དེ། །རྩོད་ལྡན་དུས་ཀྱི་ཐམས་ཅད་མཁྱེན་པ་ལྟར། །འགྲོ་བ་འདུལ་ཕྱིར་སྤྲུལ་པའི་སྐུར་བསྟན་ནས། །སྙིགས་མའི་དུས་ཀྱི་སྐྱབས་མཆོག་གྱུར་པ་དེ། །ཆུ་ཕོ་སྟག་ལོའི་དཔྱིད་ཟླ་ཉེར་དྲུག་ལ༑ །ཤེས་རབ་ཟབ་མེད་ཡུམ་ལ་བལྟམས་པའི་ཚེ། །འོད་དང་ལྟས་བཟང་རྣམ་པ་དུ་མ་རྣམས། །ཟས་གཙང་སྲས་ལྟར་ངོ་མཚར་དཔག་མེད་བྱུང་། །ཞེས་སོ། །ཡུམ་མང་མཁར་བ་ཉི་རི་ལྕམ་གྱི་ལྷུམས་སུ་ཐོག་མར་ཞུགས་པའི་ཚེ། ཡུམ་གྱི་རྨི་ལམ་དུ་ཀླུའི་རྒྱལ་པོ་སྤྱི་གཙུག་རིན་པོ་ཆེ་འོད་འབར་བས་སྤྲས་པ་གཅིག་གནས་གཡོར་དུ་བྱུང་བ་རྨིས་ཏེ། ལུས་སེམས་ཟག་པ་མེད་པའི་དགའ་བདེས་ཁྱབ་པར་གྱུར་ཏོ། །རྣམ་ཐར་(འཕགས་པས་མཛད།)བསྟོད་པ་ལས་ཀྱང་། བྱང་ཆུབ་སེམས་ཀྱི་ཀླུ་དབང་སྤྱི་བོའི་སྟེང་། །ཡོན་ཏན་དཔག་མེད་རིན་ཆེན་རྒྱན་གྱིས་མཛེས། །ཤེས་རབ་ཟབ་མེད་ཡུམ་གྱི་རྒྱ་མཚོར་ཞུགས། །དབང་འབྱོར་ཁྱོད་ལ་སྤྱི་བོས་ཕྱག་འཚལ་ལོ། །བལྟམས་པའི་དུས་ན་འོད་ཀྱིས་འཇིག་རྟེན་ཁྱབ། །ཡུམ་ལ་མ་གནོད་བདེ་བའི་རྣམ་པ་རྒྱས། །མཁའ་འགྲོའི་དབང་པོ་དཔག་ཡས་མཁའ་ལ་འདུས། །མི་མཆོག་ཁྱོད་ལ་སྤྱི་བོས་ཕྱག་འཚལ་ལོ། །ཞེས་སོ། །དེ་ཡང་། དེའི་ཚེ་ལུང་པ་འོད་ཀྱིས་གང་བ་དང་། མཁའ་འགྲོ་མང་པོ་བདུ་བ་དང་། མེ་ཏོག་གི་ཆར་འབབ་པ་ལ་སོགས་པ་ལྟས་ཁྱད་པར་ཅན་དང་བཅས་ནས་བདེ་བར་བཙས་སོ༔ །མཚན་མཆོག་ལྡན་པ་ཞེས་བྱ་བ་ཡང་། ཕྱག་ཞབས་འཁོར་ལོའི་མཚན་ལ་སོགས་པ་དང་ལྡན་པ་ཡིན་ཏེ། རྣམ་ཐར་བསྟོད་པ་ལས་ཀྱང་། གསང་བའི་གནས་ནི་བལྟ་བས་མི་མངོན་ཞིང་། །དབུ་ཡི་གཙུག་གཏོར་མཆོག་ཏུ་གསལ་པོར་འཕགས། །སྨིན་མཚམས་མཛོད་སྤུ་ཁ་བ་དུང་ལྟར་འཁྱིལ། །མཚན་ལྡན་ཁྱོད་ལ་སྤྱི་བོས་ཕྱག་འཚལ་ལོ། །ཞེས་པ་དང་། རྣམ་ཐར་རྒྱས་པ་ལས། བཙས་པའི་དུས་ན་སཾ་སྐྲི་ཏ་ཡི་སྐད། །རྒྱ་གར་བོད་དང་སྐད་རིགས་རྣམ་པ་བཞི། །ཡི་གེའི་རིགས་རྣམས་མ་བསླབས་ཐུགས་ལ་མཁྱེན། །བཟོ་དང་གསོ་བ་སྒྲ་ཚད་ནང་རིག་སོགས། །ཡོན་ཏན་རིན་ཆེན་རྒྱན་གྱིས་སྤྲས་པ་ཡི། །འགྲོ་བའི་བླ

མ་ཆོས་རྗེ་ས་སྐྱ་པ། །མཚན་ནི་ཡོངས་སུ་གྲགས་པའི་ཆོས་རྗེ་ཡི། །གྲགས་པས་ཁྱབ་པའི་ཡོན་ཏན་འདི་ལྟར་ལགས། །ཞེས་སོ། །

དེ་ཡང་གོག་པོ་འགོག་པའི་སྐབས་སུ་ས་ལ་རྒྱ་གར་གྱི་ཡི་གེ་འབྲི་བ་དང་། སཾ་སྐྲི་ཏའི་སྐད་དུ་གློག་པར་མཛད། ཡི་གེའི་རི་མོ་དེ་ལ་མི་འགོམ་པར་ཕྱག་གིས་བསུབས་ནས་འཇོག་པ་ཡུམ་གྱིས་གཟིགས་ཏེ། རྗེ་བཙུན་ཆེན་པོ་སྤྱན་དྲངས་ནས་ཞུས་པས། ལཉྫ་དང་ཝརྟུའི་ཨཱ་ལི་ཀཱ་ལི་ཚར་རེ་བྲིས་ནས། དེ་བཀླགས་ཏེ་འགོམ་ཡུག་སོང་དོགས་ནས་བསུབས་པ་ཡིན་པར་དགོངས་ནས་ཤིན་ཏུ་དགྱེས་སོ། །བཟོ་རིག་པ་ལག་ཏུ་བླང་བའི་རིམ་པ་ཡང་། བླ་མ་རྗེ་བཙུན་ཆེན་པོའི་ནང་རྟེན། དབུ་རྩེ་རྙིང་མ་ན་བཞུགས་པའི་རྗེ་བཙུན་འཇམ་པའི་དབྱངས་ཀྱི་རུ་ཤིང་དང་། སྲྀ་བཟོ་ལ་སོགས་པ་ཆོས་རྗེ་ཉིད་ཀྱིས་མཛད་པ་དང་། འདིའི་བྲི་ཡོལ་སློབ་དཔོན་ཟངས་ཚས་མཛད་པ་ཡང་ཁྱད་འཕགས་སོ་གསུང་། རྩ་རྒྱུད་ནས་བྱུང་བའི་བྲིས་སྐུའི་བཀོད་པ་གན་དར་དཀར་པོ་ཁ་ཕྱེ་དོ་ལྷག་ཙམ་ལ་བྲིས་པ་རྒྱ་མ་དཔོན་གྲགས་ལ་སོང་བ་དང་། དཔལ་བསམ་ཡས་ཀྱི་གཙུག་ལག་ཁང་གི་འཁོར་སའི་ངོས་ལ། འཕགས་པ་འཇམ་དཔལ་གྱི་ཕྱག་མཚན་གྱི་རི་མོ་བྲིས་པ་རྣམས། དེང་སང་གི་ལྷ་བཟོ་བ་ཤིན་ཏུ་མཁས་པ་དག་གིས་ཀྱང་འགྲན་པར་བཟོད་པ་མ་ཡིན་ནོ། །

གསོ་བ་རིག་པ་མཁྱེན་པའི་ཚུལ་ཡང་། བླ་མ་མལ་གྱོ་ལོ་ཙཱ་བ་ལས་འོངས་པའི་ཡན་ལག་བརྒྱད་པ་རྩ་འགྲེལ་དང་། འཕགས་པ་ཀླུ་སྒྲུབ་ཀྱིས་མཛད་པའི་སྨན་གྱི་མདོ་ལྔ་དང་། དཔྱད་གཞུང་བཅུ་ལ་སོགས་པ་དང་། ཨ་ཙ་རའི་གདམས་པའི་རྒྱུན། གདམས་པ་གསུམ་ལ་སོགས་པ་ཐུན་མོང་མ་ཡིན་པའི་སྨན་གྱི་གདམས་པ་དུ་མ་གསན་ཅིང་མཁྱེན་ནས། སྨན་ཡན་ལག་བརྒྱད་པའི་བསྡུས་པའི་དོན་ལ་སོགས་པ་མཛད་པ་ཡིན་ནོ། །

སྒྲ་རིག་པ་མཁྱེན་པའི་ཚུལ་ཡང་སྒྲ་ཀཱ་ལ་པ་དང་། ཙནྡྲ་པ་ལ་སོགས་པ་གསན་པའི་ཚུལ་འོག་ནས་འབྱུང་ལ། དཔྱིས་ཕྱིན་པར་མཛད་ནས། སྒྲའི་བསྟན་བཅོས་མཁས་པ་འཇུག་པའི་སྒོ་དང་། ཤེས་རབ་འཕྲོ་བ་དང་། ཤེས་རབ་ལ་འཇུག་པ་དང་། སྒྲ་ཉེར་བ་བསྡུ་བ་ཞེས་བྱ་བ་བཞི་དང་། ངབརྒྱད་མ་རྩ་འགྲེལ་ལ་སོགས་པ་མཛད་པ་ཡིན་ནོ། །

གཏན་ཚིགས་རིག་པ་མཁྱེན་པའི་ཚུལ་ཡང་། ཚད་མ་སྡེ་བདུན་མདོ་དང་དེ་དག་གི་འགྲེལ་པ་དང་བཅས་པ་གསན་པའི་ཚུལ་ཡང་འོག་ནས་འབྱུང་ལ།མཁྱེན་ནས་ཚད་མ་རིགས་པའི་གཏེར་འགྲེལ་པ་དང་བཅས་པ་མཛད་དོ། །འདི་ནི་ཚད་མའི་ལུས་ཡོངས་སུ་རྫོགས་པ་ཡིན་ལ། ཚད་མ་རྒྱན་དང་། བྲམ་ཟེ་ཆེན་པོ་དང་ལྷ་དབང་བློ་དང་ཤཱཀྱ་བློའི་འགྲེལ་པ་ལ་སོགས་པ་ནི་ཕྱོགས་རེ་ཙམ་དུ་ཟད་དེ། རིགས་གཏེར་ལས། སྡེ་བདུན

རིགས་པའི་དེ་ཉིད་འདི་ཡིན་ཞེས། །རྒྱན་པོའི་ལུགས་ངན་པོར་ནས་ངས་འདི་བཤད། །ཅེས་པ་དང་། མདོ་དང་རྣམ་འགྲེལ་དེ་འགྲེལ་དང་བཅས་རྣམས། །ལེགས་པར་རྟོགས་ཤིང་རྟོག་གེའི་ཚུལ་ཤེས་ནས། །ཡང་དག་རིགས་མཆོག་རིགས་པའི་གཏེར་འདི་བསྒྲུབས། །ཞེས་བྱ་བ་ཡང་ལེགས་པར་གསུངས་པ་ཡིན་ནོ། །དེ་ལྟར་མིན་ན་ཇྟོན་དུ་འགྱུར་བ་ལས། འབྲས་མེད་ཕྱིར་ན་བརྩོན་མི་གསུང་ཞེས་རྣམ་འགྲེལ་ལས་བཤད་པ་ལྟར་རོ། །

ནང་རིག་པ་མཁྱེན་པའི་ཚུལ་ཡང་། སྐྱེ་བ་སྐྱེ་བ་རྣམས་སུ་ཡང་དང་ཡང་། །མཁས་པ་མཁས་པའི་ཚོགས་ལ་སྦྱོན་སྦྱངས་པས། །ཚེ་འདིར་ལན་རེ་ཙམ་རེ་ཐོས་ཙམ་གྱིས། །གཞུང་ལུགས་ཀུན་ཤེས་ཀུན་དགའ་རྒྱལ་མཚན་དཔལ། །ཞེས་བྱ་བས་ཀྱང་སྡེ་སྣོད་གསུམ་དང་རྒྱུད་སྡེ་བཞི་འགྲེལ་པ་འགྲེལ་བཤད་དང་བཅས་པ་ཕལ་ཆེར་གསན་ཅིང་ཐུགས་སུ་ཆུད་ནས་གསུང་རབ་སྤྱིའི་དོན་གསལ་བར་བྱེད་པ་ཕྱོགས་བཅུའི་སངས་རྒྱས་ལ་ཞུ་བའི་འཕྲིན་ཡིག་དང་། གྲུབ་མཐའི་རྣམ་འབྱེད་དང་། ཕ་རོལ་ཏུ་ཕྱིན་པའི་གཞུང་ལུགས་སྤྱིའི་དོན་གསལ་བར་བྱེད་པ་ཐུབ་པ་དགོངས་གསལ་དང་། གསང་སྔགས་ལ་རྗེ་བཙུན་ཆེན་པོས་མཛད་པའི་བདག་མེད་མའི་བསྟོད་པའི་འགྲེལ་པ་དང་། རྡོ་རྗེ་ཐེག་པའི་མན་ངག་རྟེན་འབྲེལ་ལྔའི་ཡི་གེ་དང་། ལམ་སྦས་བཤད་དང་། བླ་མའི་རྣལ་འབྱོར་ཐུན་མོང་བ་དང་ཐུན་མོང་མིན་པ་དང་། ཨཱཿཧྂའི་རྣམ་བཤད། ལམ་འབྲས་ཁྲིད་ཀྱི་དཀར་ཆག་ཞིབ་མོ༔ བསྡུས་ཏེ་སྒྲུབ་པའི་ལུང་སྦྱིན་པ་དང་། ལམ་ཟབ་བླ་མ་སོགས་དང་།གཟའ་ཡུམ་གྱི་མཆོད་ཆོག །ཚོགས་འཁོར་གྱི་ཆོ་ག་དང་ལུང་སྦྱོར།གསང་འདུས་ལུས་དཀྱིལ་གྱི་ལྷ་ཚོགས་རྣམ་དག་དང་སྦྱར་བའི་བཀྲ་ཤིས་ཀྱི་ཚིགས་བཅད་སུམ་ཅུ་རྩ་བདུན་པ་ལ་སོགས་པ་མཛད་དོ། །གོང་གི་སོགས་སྒྲས་བསྡུས་པ། རིག་པའི་གནས་ཆུང་བར་གྲགས་པ་རྣམས་གསན་པའི་ཚུལ་འོག་ནས་འབྱུང་ལ། ལེགས་པར་མཁྱེན་ནས་སྙན་ངག་མཁས་པའི་ཁ་རྒྱན་དང་། ལེགས་པར་བཤད་པ་རིན་པོ་ཆེའི་གཏེར་ལ་སོགས་པ་མཛད། འདི་ནི་ཙ་ན་ཀའི་ལུགས་ཀྱི་བསྟན་བཅོས་དང་། ཤེས་རབ་བརྒྱ་པ་དང་། སྐྱེ་བོ་གསོ་བའི་ཐིགས་པ་ལ་སོགས་པ་ལུགས་ཀྱི་བསྟན་བཅོས་འབུམ་གྱི་འགྲེལ་པར་གྲགས་སོ། །

གཞན་ཡང་ལེགས་བཤད་ཉི་མའི་འོད་ཟེར་དང་། སྐྱེས་བུའི་རྣམ་འབྱེད་གཞོན་ནུའི་མགུལ་རྒྱན་ལ་སོགས་པ་མཛད་དོ། །སྡེབ་སྦྱོར་ལ། སྡེབ་སྦྱོར་སྣ་ཚོགས་མེ་ཏོག་གི་ཆུན་པོ་དང་། དེའི་ངལ་གསོ་བའི་དཔེ་ཙམ་སྟོན་པ་བདེ་བར་གཤེགས་པའི་ཐུགས་རྗེ་ལ་བསྐུལ་བ་ལ་སོགས་པ་མཛད་དོ། །ཚིག་གི་རྒྱན་དང་མིང་གི་མངོན་བརྗོད་འཆི་མེད་མཛོད་ཀྱི་དོན་འགྲེལ་ཚིག་གི་གཏེར་དང་། ཟློས་གར་གྱི་བསྟན་བཅོས་རབ་དགའི་འཇུག་པ་དང་། དེའི་རོལ་མོའི་དབྱངས་འདྲེན་པའི་ཕྱོགས་ཙམ་སྟོན་པ་རོལ་མོའི་བསྟན་བཅོས་ལ་སོགས་པ་

མཛད་དོ། །

གསུང་རབ་སྤྱི་དང་བྱེ་བྲག་སྡོམ་གསུམ་རབ་དབྱེའི་དཀའ་གནད་ཀྱི་དྲིས་ལན། ལོ་ཙྪ་བ་ཞང་ཆག་གློ་གསུམ་ལ་སོགས་པའི་གསང་སྔགས་པ་དང་། བཀའ་གདམས་པ་བཤེས་གཉེན་དོ་གོར་བ་དང་། སྐྱེས་བུ་དམ་པ་འཆད་ཁ་བ་ནམ་མཁའ་འབུམ་ལ་སོགས་པ་དང་། སློ་མོ་སློམ་ཆེན་དང་། གངས་རིའི་ཁྲོད་ཀྱི་སློམ་ཆེན་རབ་འབྱིང་ཐ་གསུམ་ལ་སྤྲིངས་པའི་འཕྲིན་ཡིག་ལ་སོག་པ་དང་། ཐུབ་པ་ཆེན་པོ་དང་། འཇམ་དབྱངས་གཙོ་འཁོར་ལྔ་པ་དང་། ཨ་ར་པ་ཙ་ན་ཏྲི་དང་། འཕགས་པ་སྤྱན་རས་གཟིགས་ཀྱི་བསྟོད་པ་ལ་སོགས་པ་མང་དུ་མཛད་དོ། །

སྒྲུབ་ཐབས་ལ་ཡང་། འཇམ་དབྱངས་དང་། སྒྲོལ་མ་དང་། རྣམ་འཇོམས་པིར་ལུགས་དང་། ཁྲོ་བོ་རྨི་བརྩེགས་ལ་སོགས་པའི་སྒྲུབ་ཐབས་ཉུང་ཟད་ཙམ་མ་གཏོགས་དཀྱིལ་འཁོར་ཆེན་པོའི་སྒྲུབ་དཀྱིལ་རྒྱ་ཆེན་པོ་མ་མཛད་པ་ནི་རྡོ་རྗེ་འཆང་དང་གཉིས་སུ་མ་མཆིས་པ། རྗེ་བཙུན་གོང་མ་གསུམ་གྱི་གཞུང་ལུགས་རྣམས་མི་ཉམས་པ་ཁོ་ནའི་ཕྱིར་ཡིན་ནོ། །

བཤད་པ་ཡང་སྡེ་བདུན་གྱི་ལྷག་མ་དང་། ཆོས་མངོན་པ་གོང་མ་དང་།བྱམས་པའི་ཆོས་ལྔ་དང་། བདེ་མཆོག་དང་། གསང་འདུས་ལ་སོགས་པའི་རྒྱུད་དང་དེ་དག་གི་འགྲེལ་པ་མང་པོ་ཞིག་གི་བཤད་སྲོལ་ནི། ཆོས་རྗེ་ཉིད་བཞུགས་པའི་དུས་སུ་ཡོད་ཀྱང་ཕྱིས་ནུབ་པར་གདོན་མི་ཟ་ཞེས་གྲག་གོ །དེ་ཉིད་ཀྱི་ཕྱིར་ན། སྒྲ་པ་ང་ཡིན་རྟོག་གེ་པ་ང་སྨྲ་བ་ངན་འཇོམས་ང་འདྲ་མེད། །སྡེབ་སྦྱོར་ང་མཁས་སྙན་ངག་ང་ཉིད་མངོན་བརྗོད་འཆད་ལ་འགྲན་མེད་ང་། །དུས་སྦྱོར་ངས་ཤེས་ཕྱི་ནང་ཀུན་རིག་རྣམ་དཔྱོད་བློ་གྲོས་མཚུངས་མེད་ང་། །དེ་འདྲ་གང་ཡིན་ས་སྐྱ་པ་དེ་མཁས་པ་གཞན་དག་གཟུགས་བརྙན་ཡིན། །ཞེས་པ་རྩ་འགྲེལ་དང་། སྒྲ་དང་ཚད་མ་དང་། སྙན་ངག་དང་སྡེབ་སྦྱོར་དང་ཚིག་གི་རྒྱན་དང་མིང་གི་མངོན་བརྗོད་ལ་སོགས་པ་ཐ་སྙད་ཀྱི་གཙུག་ལག་རྣམས་ལེགས་པར་ཤེས་ཤིང་ཁོང་དུ་ཆུད་པས། འཆད་པ་དང་རྩོད་པ་དང་རྩོམ་པའི་ཚུལ་ལ་སྦྱོབས་པ་དགེས་པ་ཅན་ཤཱཀྱའི་དགེ་སློང་ཀུན་དགའ་རྒྱལ་མཚན་དཔལ་བཟང་པོ་ཞེས་གསུངས་པ་ཡང་ལེགས་པར་སྨྲས་པ་ཡིན་ནོ། །རྣམ་ཐར་བསྡུས་པ་ལས་ཀྱང་། མི་ནས་མི་གྱུར་སྐྱེ་བ་ཉི་ཤུ་ལྔར། །འཇམ་པའི་དབྱངས་ཀྱིས་རྗེས་སུ་བཟུང་གྱུར་ཅིང་། །བཟོ་དང་གསོ་བ་སྒྲ་ཚད་ནང་དོན་རིག །མཚུངས་བྲལ་ཁྱོད་ལ་སྤྱི་བོས་ཕྱག་འཚལ་ལོ། །ཞེས་སོ། །རྣམ་ཐར་རྒྱས་པ་ལས། དགུང་ལོ་དགུ་པར་མཆོ་སྐྱེས་རྡོ་རྗེ་དང་། །གསང་སྔགས་ཕྲ་མོ་ཅི་རིགས་ཐུགས་ལས་གསུངས། །བཅུ་གཅིག་དུས་སུ་བརྟག་པ་གཉིས་པ་དང་། །ཀྱེ་རྡོར་ལ་སོགས་སངས་རྒྱས་མཉམ་སྦྱོར་གསུངས། །བཅུ་བཞིའི་དུས་སུ་གུར་དང་སཾ་བུ་ཊི། །ཐབས་ཤེས་གཉིས་སུ་མེད་པའི་རྒྱུད་སྡེ་གསུངས། །བཅོ་

ལྷའི་དུས་སུ་རྫེ་བཙུན་རྩེ་མོ་དང་། །ས་ཆེན་ཀུན་སྙིང་དཔལ་ཆེན་འོད་པོ་ཆེའི། །ཐུགས་ལ་མངའ་བའི་ཡོན་ཏན་མ་ལུས་པ། །བདེ་མཆོག་སྐོར་གསུམ་མཁའ་འགྲོ་རྒྱ་མཚོ་དང་། །ཕག་མོ་སྐོར་གསུམ་ནཱ་རོ་མི་ཏྲི་ལུགས། །ཀྱེའི་རྡོ་རྗེ་བདག་མེད་ལྷ་མོའི་སྐོར། །རྡོ་རྗེ་ཕུར་པ་རྡོ་རྗེ་དབྱིངས་ལ་སོགས། །གསང་འདུས་མ་ཧཱ་མ་ཡ་གཤིན་རྗེའི་གཤེད། །སངས་རྒྱས་ཐོད་པ་རྡོ་རྗེ་གདན་བཞི་དང་། །འཇིགས་བྱེད་དགྲ་ནག་གདོང་དྲུག་དུས་འཁོར་སོགས། །མ་ལུས་པ་ནི་གསན་ནས་ཐུགས་སུ་ཆུད། །དགུང་ལོ་བཅུ་དགུ་ལོན་པའི་མནལ་ལམ་དུ། །ཨ་ཕྱི་མཆོད་རྟེན་ཆེན་པོའི་དྲུང་དུ་ནི། །དབྱིག་གཉེན་ཞེས་བྱའི་དགེ་སློང་དུར་སྨྲིག་ཅན། །ཆོས་ཀྱི་མ་མོ་མངོན་པའི་མཛོད་ཚིག་རྣམས། །འཆད་པ་ཐོས་ཤིང་གྲུབ་པའི་རྟུལ་གྱིས་ཉན། །མནལ་སད་མ་ལུས་ཐུགས་སུ་ཆུད་པར་གྱུར། །ཞེས་སོ། །

དེ་ཡང་ཨ་ཕྱི་མཆོད་རྟེན་ནི་ས་སྐྱའི་ལྷག་ན་ཡོད་ལ། དབྱིག་གཉེན་ཡིན་ཟེར་བའི་པཎྜི་ཏ་སྔོ་སངས་སྐྱ་ཤ་ཅན་ཞུམ་པ་མ་ཡིན་པ་ཞིག་ལ། ཆོས་མངོན་པ་མཛོད་ཟླ་བ་གཅིག་གི་བར་དུ་ཉན་པ་སྨྲས་ཤིང་། མནལ་སད་པ་དང་མངོན་པ་མཛོད་ཀྱི་ཚིག་དོན་མ་ལུས་པ་ཐུགས་སུ་ཆུད་དེ། ཕྱིས་ཁ་ཆེ་པཎ་ཆེན་ལ་གསན་དུས་སྔར་ལས་ཁྱད་མ་བྱུང་གསུང་ངོ་། །གཞན་ཡང་རྨི་ལམ་ངོ་མཚར་ཅན་ནི། ཁ་ཆེ་པཎ་ཆེན་བོད་དུ་མ་བྱོན་པ་ན། དེ་ཉིད་ཀྱིས་ཆོས་ཟབ་མོ་རྡོ་རྗེའི་གླུ་ལེན་པ་ལ་གསན་པ་རྨི་སྟེ། མནལ་སད་པ་ན་ཚིག་དོན་མ་བརྗེད་པར་སྣང་ཞིང་། ཕྱིས་དེ་ཉིད་བོད་དུ་བྱོན་དུས་དོན་དེ་ཉིད་ཞུས་པས། དེ་ནུབ་ཁོ་ལ་ཡང་རྨི་ལམ་དེ་ལྟ་བུ་བྱུང་བས་ཤེས་རབ་ཆེ་གསུང་ངོ་། །རྣམ་ཐར་བསྡུས་པ་ལས་ཀྱང་། ཆོས་ཀྱི་མ་མོ་མ་བསླབས་ཐུགས་སུ་ཆུད། །གཞོན་ནུའི་དུས་སུ་ཡོན་ཏན་ཐམས་ཅད་རྫོགས། །མཁས་པ་དུ་མའི་ཚོགས་ཀྱི་དབུས་སུ་བསྟོད། །བློ་ལྡན་ཁྱོད་ལ་སྤྱི་བོས་ཕྱག་འཚལ་ལོ། །ཞེས་སོ། །རྣམ་ཐར་རྒྱས་པ་ལས། རྒྱ་གར་ཤར་ཕྱོགས་རྣམ་པར་རྒྱལ་བ་ཡི། །ཞིང་ཞེས་བྱ་བ་འཁོར་ལོ་ཅན་གྱི་ཡུལ། །སློབ་དཔོན་ཕྱོགས་ཀྱི་གླང་པོ་ཞེས་བྱ་བའི། །བྲག་ཕུག་ཡིན་ཟེར་ཤིན་ཏུ་ཉམས་དགའ་བར། །ཚད་མ་སྡེ་བདུན་ཀུན་བཏུས་ལ་སོགས་པ། །གླིགས་བམ་མང་པོའི་ལྡེ་མིག་གཏད་པ་ནི། །མནལ་སད་ཉམས་སྣང་རྟོགས་པ་ལྷག་པར་འཕེལ། །ཞེས་སོ། །

ཡང་ནུབ་གཅིག །སློབ་དཔོན་ཕྱོགས་ཀྱི་གླང་པོའི་གདན་སར་བསྒྲོ་བས་གཤེགས་པ་ཞུ་ཟེར་བ་དང་། དེའི་བྲག་ཕུག་སྒོ་གླེགས་དང་བཅས་པ་ངོས་རྣམས་ན་གླེགས་བམ་མང་པོ་ཡོད་པ་ཞིག་གི་ལྡེ་མིག་གཏད། སློབ་དཔོན་གྱིས། གདམས་པ་དང་རྗེས་སུ་གདམས་པ་ཡང་གནང་བ་སྨྲས་ཏེ། དེ་ནས་ཚད་མ་ལ་སོགས་པའི་ཆོས་འབད་མ་དགོས་པར་མཁྱེན་ཏོ་ཞེས་གསུངས། ཡང་། སྐྱིད་གྲོང་དུ་བྱོན་པའི་ཚེ། ནུབ་གཅིག་དེའི་ཇོ་བོ་འཕགས་པ་ཝ་ཏི་ལ། འཇིག་རྟེན་དབང་ཕྱུག་ལྷ་བརྒྱའི་གཙུག་གིས་ཞབས་མཆོད་ཅིང་། །ཞེས་སོགས་བསྟོད་

པ་མཛད་པ་སྨྲས་པ་ལས། མནའ་སད་པ་ན་ཚིགས་སུ་བཅད་པ་དང་པོ་བཞི་ལས་གཞན་རྣམས་མི་དྲན་གསུང་། ཡང་ནུབ་གཅིག་ཚིགས་པ་ཆེན་པོ་ཞིག་ལ། ཚད་མ་རྣམ་འགྲེལ་གྱི་མཆོད་བརྗོད་སཾ་སྐྲི་ཏའི་སྐད་དུ་གསུངས་པས། ཕྱག་གོང་གཉིས་ནས་ཉི་ཟླ་གཉིས་དུས་གཅིག་ལ་ཤར་དེ་སོང་བ་སྨྲས་པ། རྗེ་བཙུན་ཆེན་པོ་ལ་ཞུས་པས། དེ་འདྲ་ཐུབ་པར་དཀའ་གསུང་ནས། ཚིགས་པ་ལྷ་སྟོང་ཙམ་ལ་མང་ཇ་བསྐོལ་ལོ་ཞེས་ཐོས་སོ། །རྣམ་ཐར་བསྡུས་པ་ལས་ཀྱང་། སྲིད་པ་ཀུན་ཏུ་ལེགས་པར་སྤྱངས་པས་ན། །མི་ལམ་ན་ཡང་ཆོས་ཀྱི་སྒོ་རྣམས་ཀུན། །དགེ་བའི་བཤེས་ཀྱིས་དངོས་སུ་གདམས་པ་མཛད། །རྣམ་དག་ཁྱོད་ལ་སྤྱི་བོས་ཕྱག་འཚལ་ལོ། །ཞེས་སོ། །

ཡང་དཔལ་བསམ་ཡས་ཀྱི་གཙུག་ལག་ཁང་དུ། ཆོས་འཁོར་མཛད་པ་ལ་བཙན་པོས་སྤྱན་དྲངས་ནས། རྒྱུད་བརྟག་པ་ཕྱི་མའི་ལེའུ་ལྔ་པ་ཡན་དང་ལམ་འབྲས་ཕལ་ཆེར་སོང་ནས། སྲིན་པོ་རི་པས་དགེ་འདུན་ལ་སྟོན་མོ་བྱེད་པའི་ཚོགས་དཔོན་ལ་སྤྱན་འདྲེན་བྱུང་དུས། ནངས་པར་འགྱོན་པའི་དོ་ནུབ་དམིགས་པ་དང་བྱིན་བརླབས་སོགས་མང་པོ་ཞིག་གིས་ཐུགས་གཡེང་ནས། ཐོ་རངས་བར་མནལ་རྒྱུ་མ་བྱུང་། དེ་ནས་ཅུང་ཟད་མནལ་བ་ན། ལྷ་འདྲེ་སྐྱ་ཤར་བ་ཚན་གཅིག་བྱུང་། ཕྱག་བཅལ་ཕྱག་རྟེན་ཕུལ་ནས། སེམས་ཅན་ཐམས་ཅད་སྐྱེ་ཤ་ན་འཆིའི་སྡུག་བསྔལ་གྱི་ཆུ་བོ་ཆེན་པོ་བཞིན་ཤིན་ཏུ་ཉམས་ཐག་པར་མི་གདའ་ལགས་སམ། འདི་ལས་ཐར་པའི་གསོལ་འདེབས་གཅིག་ཐུགས་ལ་འདོགས་པར་ཞུ་ཟེར་བ་ལ། སྐྱེ་བ་སྐྱེ་བ་མེད་པའི་ཚུལ་རྟོགས་ཀྱང་། །ད་དུང་སྐྱེ་བའི་གཟེབ་ལས་བདག་མ་གྲོལ། །སྐྱེ་བ་ཀུན་ཏུ་སྐྱེ་བ་སྐྱེ་འགྱུར་བའི། །སྐྱེ་ངན་སྐྱེ་བ་དག་ལས་བསྐྱབ་ཏུ་གསོལ། །ཟེར་བ་གྱིས་ལ་གསོལ་བ་ཐོབ་གསུངས་པས། འོ་ན་རྒས་པ་ལ་སོགས་པ་གཞན་གསུམ་ལ་ཡང་དེ་སྤྱར་དུ་རུང་ངམ་ཞུ་བ་ལ། རུང་ཞེས་གསུངས་པས། རྒས་པ་དང་། ན་བ་ལ་ཡང་རིགས་འགྲེ་བྱས་ནས་མཇུག་ཏུ༔ འཆི་བ་འཆི་བ་མེད་པའི་ཚུལ་རྟོགས་ཀྱང་། །ད་དུང་འཆི་བའི་གཟེབ་ལས་བདག་མ་གྲོལ། །འཆི་བ་ཀུན་ཏུ་འཆི་བར་འཆི་འགྱུར་བའི། །འཆིང་བ་འཆི་བ་དག་ལས་བསྐྱབ་ཏུ་གསོལ། །དཔལ་ལྡན་བླ་མ་ཀུན་མཁྱེན་ཆོས་ཀྱི་རྗེ། །སྐྱེ་བ་འདི་དང་སྲིད་པ་ཐམས་ཅད་དུ། །བླ་མ་ཁྱེད་ཀྱི་བཀའ་དྲིན་རྗེས་གཟུང་ནས། །སྐྱེ་ཤ་ན་འཆིའི་སྡུག་བསྔལ་བསྐྱབ་ཏུ་གསོལ། །ཞེས་ཟེར་ཞིང་ཕྱག་བཙལ་ནས། བཀའ་དྲིན་ཆེའོ་ཞེས་སོང་བ་སྨྲས་ཤིང་། མནལ་སད་པ་ན་དེ་གཙུག་ལག་ཁང་གི་བཀའ་བསྲུང་རྒྱལ་པོ་དེ་ཡིན་པར་འདུག་སྙམ་དུ་དགོངས། ཞེས་བྲིས་པ་ཡང་སྣང་ངོ་། །

རྣམ་ཐར་རྒྱས་པ་ལས། བཅུ་དགུ་པ་ལ་འཕྲང་ཞེས་བྱ་བ་ཡི། །དགེ་བའི་བཤེས་གཉེན་ཆེན་པོ་ཞུ་སྟོན་ལ༔ །རྗེ་བཙུན་བྱམས་པས་གསུངས་པའི་ཆོས་སྡེ་ལྔ། །ཚད་མ་ཀུན་བཏུས་ལ་སོགས་ཆོས་འགའ་གསན། །ཞེས

སོ༔ །དེ་ཡང་། དཔལ་ལྡན་ས་སྐྱ་པའི་ཞབས་རྟུལ་སྤྱི་བོས་ལེན་པའི་དགེ་བའི་བཤེས་གཉེན་ཆེན་པོ་སྐྱབས་ཀྱི་མཐའི་མཚན་ཅན་ཞུ་སྟོན་དེ་ཉིད། གདན་སར་སྤྱན་དྲངས་ནས་འབྱེད་རྣམ་གཉིས་གསན་ཅིང་གདན་ས་ནས་རྒྱང་གྲགས་གསུམ་བགྲོད་པ་འཕྲང་གི་གཙུག་ལག་ཁང་དུ་མངོན་རྟོགས་རྒྱན་མ་གཏོགས་པའི་བྱམས་ཆོས་རྩ་འགྲེལ་རྣམས་དང་། ལས་སོགས་པ། བསླབ་པ་ཀུན་ལས་བཏུས་པའི་འགྲེལ་བཤད། དབུ་མ་བདེན་གཉིས་ཆེ་བ་དང་། དབུ་མ་རྒྱན་དང་། དབུ་མ་རིགས་ཚོགས་ལ་སོགས་པ་གསན། རྣམ་ཐར་རྒྱས་པ་ལས། དེ་ནས་དགུང་ལོ་ཉི་ཤུ་བཞེས་པའི་དུས། །མཆུར་སྟོན་ཆེན་པོ་གཞོན་ནུ་སེང་གེ་ལ། །བསྟན་བཅོས་ཚད་མ་རྣམ་ངེས་གསན་ནས་ནི། །གཙང་གི་རྒྱང་འདུར་དགེ་འདུན་སྡེ་ཆེན་ལ། །ཆོས་འཁོར་ཆེན་པོ་མཛད་ནས་བྱོན་པའི་ལམ། །རྒྱ་གར་ཁ་ཆེའི་ཡུལ་ནས་བྱོན་པ་ཡི། །ཡོད་སྨྲའི་མཁན་བརྒྱུད་པཎ་ཆེན་ཤཱཀྱ་ཤྲཱི། །གཙང་གི་ཆུ་མིག་ཅེས་བྱར་མཇལ་ནས་ཀྱང་། །མཛད་པའི་མཚན་བཏགས་ཚད་མ་ཆོས་མཆོག་གསན། །ཞེས་སོ། །དེ་ཡང་གཙང་ནག་པ་བརྩོན་འགྲུས་སེང་གེའི་གསུང་སྒྲོས་འཛིན་པ། རྐྱང་འདུར་བ་གཞོན་ནུ་སེང་གེ་ལ། ཚད་མ་རྣམ་པར་ངེས་པ་དང་། དབུ་མ་ཤེག་གསལ་དང་། རྟོག་གེ་ཐོ་བ་ལ་སོགས་པ་གསན། དེ་ནས་ཁ་ཆེའི་གྲོང་ཁྱེར་དཔེ་མེད་ནས་བྱོན་པའི་ཆོས་རྗེ་པཎ་ཆེན་དེ་ཉིད་ལ། ཁ་ཅིག་ཉང་སྨད་གསེར་སྡིངས་ཀྱི་གཙུག་ལག་ཁང་དུའང་མཇལ་ཟེར་ལ༔ ཆུ་མིག་ཏུ་ཆོས་གསུངས་དུས་སློལ་མ་དང་གསུང་གླེང་མཛད། ཅེས་ཀྱང་གྲག་གོ །རྣམ་ཐར་རྒྱས་པ་ལས། གཞན་ཡང་མཁས་གྲུབ་ཧྲུ་ན་ཤྲཱི་ལ་དང་། །བལ་པོའི་མཁས་པ་སཾ་ཁྱ་ཤྲཱི་ལ་ལ། །རྒྱས་པའི་བསྟན་བཅོས་ཚད་མ་རྣམ་འགྲེལ་དང་། །སྡེབ་སྦྱོར་སྙན་ངག་བཞི་བརྒྱ་པ་ལ་སོགས། །མངོན་རྟོགས་རྒྱན་དང་དབང་མདོར་བསྟན་པ་གསན། །དེ་ནས་གདན་ས་དཔལ་ལྡན་ས་སྐྱ་རུ། །མཁས་པ་སུ་ག་ཏ་ཉིད་སྤྱན་དྲངས་ནས། །སྒྲ་ཚད་སྙན་ངག་སྡེབ་སྦྱོར་མངོན་བརྗོད་དང་། །བློས་གར་ལ་སོགས་བསྟན་བཅོས་འགའ་ཞིག་གསན། །རྩལ་འབྱོར་རྒྱུད་གསུམ་བོད་དུ་འགྱུར་བ་གསུམ། །ད་ལྟ་བོད་ལ་གྲགས་པའི་བསྟན་བཅོས་དང་། །གསང་སྔགས་རྒྱུད་སྡེའི་ཉམས་ལེན་མང་དུ་གསན། །ཞེས་སོ། །

དེ་ཡང་རྒྱ་གར་ཤར་ཕྱོགས་པ་གཤེད་དམར་གྱི་གྲུབ་ཐོབ་ཧྲུ་ན་ཤྲཱི་ལ་ལ། སྒྲའི་བསྟན་བཅོས་ཨ་མ་ར་ཀོཥའི་ལེའུ་དང་པོ་ཡན་ཆད་ཀྱི་འགྲེལ་པ་གསན། ཚད་མ་ལ། འབྲེལ་བ་བརྟག་པ་དང་རྩོད་པའི་རིགས་པ་འགྲེལ་པ་དང་བཅས་པ་ཅི་རིགས་དང་། ཚད་མ་རྣམ་འགྲེལ་གྱི་སྐབས་སྐབས་ནས་ཙུང་ཟད་གསན་ཅིང་གཏུགས་པ་ཙམ་བྱས་གསུང་། སློབ་དཔོན་དགྲ་ལས་རྣམ་པར་རྒྱལ་བའི་བྱིས་པ་འཇུག་པའི་རབ་ཏུ་བྱེད་པ་དང་། ལྷན་ཅིག་དམིགས་ངེས་ཀྱི་རབ་ཏུ་བྱེད་པ་ལ་སོགས་པ་གསན། བལ་པོའི་པཎྜི་ཏ་སཾ་ཁྱ་ཤྲཱི་ལ་ལ། སྒྲའི་

བསྟན་བཅོས་འདི་པ་ཁོ་ནའི་གསུང་རབ་ཀྱི་དོན་ཙམ་བྲུ་པ་དང་། སྒྲ་ཀཱ་ལ་པའི་བྱེད་པའི་ཚིག་སྒྲུབ་པ་པུ་ཏྲ་ཤྲཱིས་མཛད་པའི་པྲ་ཀྲི་ཡ་དང་། སྙན་ངག་གི་བསྟན་བཅོས་གཞོན་ནུ་འབྱུང་བ་དང་། སྙན་ངག་གི་རྒྱན་གྱི་བསྟན་བཅོས་དནྡི་དང་། དབྱངས་ཅན་གྱི་མགུལ་རྒྱན་སྟོད་ནས་སྟོང་ཕྲག་བཞི་དང་། སྡེབ་སྦྱོར་གྱི་བསྟན་བཅོས་འཕགས་པ་འཇམ་དཔལ་གྱི་བསྟོད་པ་ལ་གཞི་བྱས་པ་བླཱི་ཏ་མ་ལ་ཞེས་བྱ་བ་དང་བཅས་པ་གསན། ཚད་མའི་བསྟན་བཅོས་རྣམ་འགྲེལ་ལེའུ་དང་པོ་རྩ་བ་ཡིད་ཀྱི་ཤིང་རྟའི་བཤད་པ་ཀུན་ལས་བཏུས་དང་སྦྱར་བ་གསན་ནས། དེའི་ལེའུ་དང་པོའི་འགྲེལ་པ་སྟོང་ཕྲག་གཉིས་བསྒྱུར་ཅིང་ཞུས་པ་དང་། བྲམ་ཟེའི་འགྲེལ་པ་དང་བཅས་པ་གསན་ནས་ཉིད་ཀྱིས་བསྒྱུར། ཡན་ལག་གི་བསྟན་བཅོས་རྩོད་རིགས་དང་། གཏན་ཚིགས་ཐིགས་པ་འགྲེལ་པ་དང་བཅས་པ་གསན་ནས་ཐུགས་སུ་ཆུད་པར་མཛད་དེ། ཆོས་རྗེ་ཉིད་ཀྱི་ཞལ་སྔ་ནས། སྐྱེ་བ་གཞན་དུ་སྦྱངས་པ་དང་། །མཁས་པ་དུ་མ་བསྟེན་པ་དང་། །རྣམ་པར་དཔྱོད་པའི་བློ་གྲོས་ཀྱིས། །ཤེས་བྱ་ཀུན་ལ་འཇིགས་མེད་ཐོབ། །ཅེས་སོ། །

རྒྱ་གར་ནུབ་ཕྱོགས་ཀྱི་པཎྜི་ཏ་བྲམ་ཟེ་ཤུ་ག་ཏ་ཤྲཱི་གདན་སར་སྤྱན་དྲངས་ནས་སྒྲ་ཀཱ་ལ་པ་འགྲེལ་པ་སྟོང་ཕྲག་དྲུག་དང་བཅས་པ། དེའི་མིང་སྒྲུབ་པ་སུ་ཕནྟ་པ་དང་། བྱིངས་སྒྲུབ་པ་ཏི་ངན་ཏའི་རབ་ཏུ་བྱེད་པ་དང་བཅས་པ་གསན། ཚད་མ་རྣམ་འགྲེལ་ལེའུ་དང་པོའི་འགྲེལ་པ་སྟོང་ཕྲག་ཕྱེད་དང་བཞི་པ་དང་། སློབ་དཔོན་ཐར་པ་འབྱུང་གནས་ཀྱིས་མཛད་པའི་རྟོག་གེའི་སྐད་ཅེས་བྱ་ བའི་བསྟན་བཅོས་གསན་ཅིང་བསྒྱུར། ཕྱི་རོལ་པའི་ཚད་མ་དྲང་སྲོང་ཆེན་པོ་གཟེགས་ཟན་གྱིས་སྦྱར་བའི་རྟོག་གེའི་བསྟན་བཅོས་རིགས་པ་ཞེས་བྱ་བ་ལ་སོགས་པ་གསན། སྙན་ངག་གི་བསྟན་བཅོས་ཆེན་པོ་གསུམ་དང་། ཆུང་ངུ་གསུམ་དང་། སྡེབ་སྦྱོར་རིན་ཆེན་འབྱུང་གནས་དང་། རྒྱན་གྱི་བསྟན་བཅོས་དབྱངས་ཅན་གྱི་མགུལ་རྒྱན་སྟོང་ཕྲག་བརྒྱད་པའི་ཕྱེད་མན་ཆད་གསན། མིང་གི་མངོན་བརྗོད་ལ་ཡི་གེ་རེ་རེའི་མངོན་བརྗོད་གསན་ཅིང་བསྒྱུར། ཨ་མ་ར་ཀོ་ཥའི་རྩ་བ་རྫོགས་པ་དང་། སྡེ་ཚིགས་གསལ་བའི་ཕྱེད་ལྷག་དང་། ཟློས་གར་གྱི་བསྟན་བཅོས་གཟུགས་ཀྱི་ཉི་མ་ལ་སོགས་པ་གསན། རྡོ་རྗེ་སྙིང་པོ་རྒྱན་གྱི་རྒྱུད་དང་། རྡོ་རྗེ་ས་འོག་དང་། སྐུ་གསུང་ཐུགས་ཀྱི་གསང་བ་བཀོད་པའི་རྒྱུད་ལ་སོགས་པའི་རྣལ་འབྱོར་རྒྱུད་བོད་དུ་འགྱུར་བ་དང་མ་འགྱུར་བ་ཅི་རིགས་གསན་ནོ། །དེས་ན་གསན་ཡིག་དང་བསྟུན་ན་ད་ལྟ་བོད་ན་མི་བཞུགས་པ་མང་བ་འདྲ་བའོ། །རྣམ་ཐར་རྒྱས་པ་ལས། དགུང་ལོ་ཉི་ཤུ་རྩ་བདུན་བཞེས་པའི་དུས། །འགྲན་ཟླ་ཀུན་བྲལ་པཎ་ཆེན་ཤཱཀྱ་ཤྲཱི། །མཁས་མང་དབུས་སུ་དེས་ནི་མཁན་པོ་མཛད། །ལས་ཀྱི་སློབ་དཔོན་སྤྱི་བོ་ལྷས་པས་མཛད། །དོན་མོ་རི་པས་གསང་སྟེ་སྟོན་པ་མཛད། །དེ་སོགས་དགེ་འདུན་རྒྱ་མཚོ་ལྟ་བུའི་

དབུས། །རབ་ཏུ་བྱུང་ཞིང་བསྙེན་པར་རྫོགས་པ་མཛད། །ཀུན་མཁྱེན་ཆོས་རྗེ་པཎ་ཆེན་དེ་ཉིད་ལ། །རྣམ་འགྲེལ་རིགས་ཐིགས་རྒྱུད་གཞན་གྲུབ་པ་དང་། །རྒྱན་དང་ཆོས་མཆོག་འབྲེལ་བ་བརྟག་པ་དང་། །ཤེར་ཕྱིན་བདུན་བརྒྱ་བརྒྱད་སྟོང་དོན་བསྡུས་དང་། །མངོན་པ་ཕར་ཕྱིན་ཐེག་བསྡུས་རྣམ་བཤད་རིགས། །ཉི་ཤུ་པ་དང་སུམ་ཅུའི་བཤད་པ་དང་། །ཕུང་པོ་ལྔ་ཡི་རབ་ཏུ་བྱེད་པ་དང་། །འདུལ་བ་ལུང་དང་སོ་ཐར་མདོ་རྩ་དང་། །འོད་ལྡན་མེ་ཏོག་ཕྲེང་རྒྱུད་ས་གའི་ལུགས། །དེ་སོགས་སྡེ་སྣོད་གསུམ་པོ་མ་ལུས་དང་། །དུས་ཀྱི་འཁོར་ལོའི་རྒྱུད་དང་འགྲེལ་བཤད་པ། །གསང་འདུས་འཕགས་སྐོར་ཡེ་ཤེས་ཞབས་སྐོར་དང་། །བདེ་མཆོག་འཇམ་དབྱངས་ཛམ་བྷ་ལ་ཡི་སྐོར། །བྱིན་བརླབས་མན་ངག་མ་ལུས་པ་རྣམས་གསན། །ཞེས་སོ། །དེ་ཡང་། ལོ་སྟོན་རྡོ་རྗེ་དབང་ཕྱུག་གིས་བཞེངས་པ་ཉང་སྨད་རྒྱན་གོང་ཞེས་བྱ་བའི་གཙུག་ལག་ཁང་དུ། མཁན་པོ་ཁ་ཆེའི་བསོད་སྙོམས་པ་ཆེན་པོ་དེ་ཉིད་དང་། ལས་ཀྱི་སློབ་དཔོན་སའི་ཚ་སྐྱོ་བོ་ལྷས་ཞེས་གྲགས་པ་ན་བཞུགས་པའི་རྒྱལ་སྲས་དམ་པ་བྱང་ཆུབ་འོད་ཅེས་བྱ་བ་དང་། གསང་སྟེ་སྟོན་པའི་སློབ་དཔོན་འདུལ་བ་འཛིན་པ་ཆེན་པོ་ཞུ་དོན་མོ་རི་པ་ཞེས་བྱ་བ་ལ་སོགས་པའི་དབུས་སུ་རབ་ཏུ་བྱུང་ཞིང་བསྙེན་པར་རྫོགས་པར་མཛད། མཚན་ཡང་། མཁན་པོའི་མིང་གི་མཐའ་ཅན་ཀུན་དགའ་རྒྱལ་མཚན་དཔལ་བཟང་པོ་ཞེས་གསོལ་ཏོ། །སྟོན་རྗེ་བཙུན་ཆེན་པོའི་དྲུང་དུ། ཚངས་སྤྱོད་ཀྱི་དགེ་བསྙེན་ཞུས་པའི་མཚན་ནི། དགེ་བསྙེན་ཀུན་དགའ་རྒྱལ་མཚན་ཞེས་བྱ་ལ། འདི་ནི་མདོ་སྡེ་པའི་ལུགས་སུ་མངོན་ནོ། །མཁན་པོ་དེ་ཉིད་ཀྱི་དྲུང་དུ། སྒྲའི་བསྟན་བཅོས་སྙིང་པོ་བསྡུ་བ་ཞེས་བྱ་བའི་བསྟན་བཅོས་དང་། ཚད་མ་རྣམ་འགྲེལ་ལེའུ་གསུམ་ཡིད་ཀྱི་ཤིང་རྟ་ལ་དཀའ་བའི་རྗེས་སུ་འབྲང་བ་གསན་ཅིང་། ལྷ་དབང་བློའི་ཊཱིཀྐ་ཚད་མ་ཀུན་ལས་བཏུས་དང་། བདེ་བར་གཤེགས་པའི་གསུང་རབ་མདོ་སྡེའི་ལུང་དང་སྦྱར་ནས་རྣམ་འགྲེལ་གྱི་བཤད་པ་གསན། རིགས་པའི་ཐིགས་པ་དང་། དེའི་ཕྱོགས་སྔ་མདོར་བསྡུས་ཀཱ་མ་ལ་ཤཱི་ལས་མཛད་པ་དང་། རྒྱུད་གཞན་གྲུབ་པ་བྲམ་ཟེའི་འགྲེལ་པ་དང་སྦྱར་བ་དང་། རྣམ་འགྲེལ་གྱི་རྒྱན་སྟོང་ཕྲག་བཅོ་བརྒྱད་པ་ལེའུ་གཉིས་དང་། རྣམ་འགྲེལ་གྱི་འགྲེལ་པ་ཆོས་མཆོག་སྟོང་ཕྲག་བཅུ་གཉིས་པ་དང་། གཞན་ཡང་ཆོས་མཆོག་གིས་མཛད་པའི་གྲུབ་པ་བརྒྱད་ལས། ཚད་མ་གྲུབ་པའི་རབ་ཏུ་བྱེད་པ་དང་། བྲམ་ཟེའི་ཚད་མ་གྲུབ་པའི་རབ་ཏུ་བྱེད་པ་དང་། ཕྱོགས་གླང་གིས་མཛད་པའི་དམིགས་པ་བརྟག་པ་རྩ་འགྲེལ་དང་། ཀླུང་གི་རབ་བྱེད་རྩ་བ་རྩེ་ཆེན་འོད་སྣང་ལས། འགྲེལ་ལ་སོགས་པ་མཐའ་ཡས་པ་དང་མངོན་པ་མཛོད་རང་འགྲེལ་སོགས་པ་གསན། དགེ་སློང་གི་ཀཱ་རི་ཀ་དང་། དགེ་ཚུལ་གྱི་ལྔ་བཅུ་པ་གཉིས་པཎྜི་ཏ་སཾ་ཀྲ་ཤཱི་ལ་ལས་ཀྱང་གསན་ཞེས་ཐོས་སོ། །གསང་འདུས་རིམ་ལྔ་ལ་སོགས་པ་དང་། འགྲེལ་པ་སྒྲོན་མ་གསལ་བ་དང་། ཀླུའི་བྱང

ཆུབ་ཀྱིས་མཛད་པའི་རྟུལ་ཞུགས་ལ་བརྟེན་པའི་དཀྱིལ་འཁོར་གྱི་ཆོ་ག་ལག་ལེན་དང་བཅས་པ་དང་། སློབ་དཔོན་ཤར་ཕྱོགས་པ་ཞེས་བྱ་བས་མཛད་པའི་རས་བྲིས་ལ་བརྟེན་པའི་དཀྱིལ་འཁོར་གྱི་ཆོ་ག་གསན་ཅིང་ཞུས་ནས་བསྒྱུར་བ་དང་། གསང་འདུས་ཡེ་ཤེས་ཞབས་ལུགས་སྒྲུབ་ཐབས་ཀུན་ཏུ་བཟང་པོ་ལ་སོགས་པ་བི་ཕུ་ཏས་ཞུས་པའི་ཞར་ལ་གསན་ཞེས་གསུངས། བདེ་མཆོག་ལཱུ་ཨི་པའི་འགྲེལ་པ་པྲ་ཛྙཱ་རཀྵི་ཏས་མཛད་པ་དང་། རྡོ་རྗེ་དྲིལ་བུ་སྐོར་གསུམ་ལ་སོགས་པ་དང་། ཨ་བྷ་ཡ་ཀ་རའི་རྡོ་རྗེ་ཕྲེང་བ་ལས། བདེ་མཆོག་སྐབས་དེ་ཞུས་ནས་ལུང་བླངས་ཏེ། རྫོགས་པར་ནི་ཞིབ་ཏུམ་གསན་གསུང་། བརྟག་གཉིས་ཀྱི་འགྲེལ་པ་རྡོ་རྗེ་སྙིང་པོས་མཛད་པ་དང་། དཔལ་ཕྱག་ན་རྡོ་རྗེའི་བསྟོད་འགྲེལ་གཉིས་ཀྱི་ལུང་ཙམ་ཞུས་གསུང་། གཞན་ཡང་ཁ་ཆེའི་པཎ་ཆེན་དེ་ཉིད་ལ། ཛྙཱ་ན་ཤྲཱིའི་སྐད་ཅིག་མ་ཆེ་ཆུང་དང་། གཞན་སེལ་དཔྱད་པ་དང་། མངོན་སུམ་བརྟག་པ་ལ་སོགས་པ་རབ་ཏུ་བྱེད་པ་ཕྲ་མོ་མང་དུ་གསན། སློབ་དཔོན་ལྭ་བ་པས་མཛད་པའི་རྣམ་པར་རིག་པ་གསལ་བར་སྟོན་པ་གཞུང་སྣང་བའི་ཕྲེང་བ་ཞེས་བྱ་བ་དང་། རང་བཞིན་གསུམ་གྲུབ་པ་ལ་སོགས་པ་པཎྜི་ཏ་སཾ་ཀ་ཤྲཱི་ཞུ་བའི་རྗེས་སུ་གསན་ཞེས་གསུངས་སོ། །རྣམ་ཐར་རྒྱས་པ་ལས། དེ་ནས་བརྩེགས་པ་དབང་ཕྱུག་སེང་གེ་ལ། །བྱམས་ཆོས་ལྔ་དང་དབུ་མ་རིགས་ཚོགས་དང་། །རང་གཞན་གྲུབ་མཐའི་རྣམ་གཞག་ཅི་རིགས་དང་། །བྱེ་བྲག་སྨྲ་དང་མདོ་སྡེ་པ་ལ་སོགས། །སེམས་ཙམ་དང་ནི་དབུ་མའི་འདོད་ཚུལ་དང་། །གཞན་ཡང་གདམས་ངག་ཟབ་མོ་ཕལ་ཆེར་གསན། །ཞེས་སོ། །དེ་ཡང་། ཕྱུ་པ་ཆོས་ཀྱི་སེང་གེའི་གསུང་སློབ་འཛིན་པ་བརྩེགས་པ་དབང་ཕྱུག་སེང་གེ་ལ་བྱམས་ཆོས་སོགས་དེ་དག་གསན་ནོ། །རྣམ་ཐར་རྒྱས་པ་ལས། བྱང་སེམས་ཆེན་པོ་སྤྱི་བོ་ལྷས་པ་ལ། །བརྒྱད་སྟོང་འགྲེལ་ཆེན་ཉི་ཁྲི་མངོན་པ་དང་། །བཀའ་གདམས་ལུགས་ཀྱི་ཆོས་སྤྱོད་གདམས་ངག་དང་། །གསང་འདུས་རིམ་ལྔ་ནཱ་རོ་ཆོས་དྲུག་དང་། །དབུ་མ་ཆེན་པོ་མཐའ་བྲལ་སྟོང་ཉིད་དང་། །གཞན་ཡང་ཞི་བྱེད་རྫོགས་ཆེན་གཅོད་ལ་སོགས། །གདམས་ངག་ཉམས་ལེན་རྫོགས་རིམ་ཕལ་ཆེར་གསན། །དེང་སང་རྒྱ་གར་བོད་ལ་གྲགས་པ་ཡི། །ལམ་འབྲས་ལ་སོགས་རྫོགས་པ་ལམ་སྐོར་དགུ། །མཚན་བརྗོད་བཤད་པ་ལུགས་དྲུག་གདམས་ངག་དང་། །འཆི་མེད་གྲུབ་པའི་གདམས་ངག་སྒྲུབ་ཐབས་དང་། །དུས་ཀྱི་འཁོར་ལོ་སྦྱོར་དྲུག་ལ་སོགས་གསན། །གཞན་ཡང་སྒྲོལ་མ་རྣལ་འབྱོར་ཆེན་པོའི་ལུགས། །ཡོ་ག་ངན་སོང་སྦྱོང་རྒྱུད་གཙུག་དགུ་དང་། །རྣམ་འཇོམས་བ་རི་ལོ་ཙྪ་ཆེན་ལུགས། །བདུད་རྩི་འཁྱིལ་བ་རྨི་བརྩེགས་སྒྲུབ་ཐབས་དང་། །རིག་བྱེད་མ་ཡི་མན་ངག་སྒྲུབ་ཐབས་དང་། །གདུགས་དཀར་རྣམ་རྒྱལ་རི་ཁྲོད་ལོ་མ་ཅན། །འོད་ཟེར་ཅན་དང་རྨ་བྱ་ཆེན་མོ་ཡི། །སྒྲུབ་ཐབས་གདམས་ངག་ཟབ་མོ་གཟུངས་དང་བཅས། །སྟོང་ཆེན་རབ་འཇོམས་སོ་སོར་འབྲང་མ་

དང་། །མི་གཡོ་མགོན་པོ་དབྱངས་ཅན་མ་ཡི་སྐོར། །གདམས་ངག་ཟབ་མོ་ཡང་དང་ཡང་དུ་གསན། །བསྟན་བསྲུང་མགོན་པོ་ལྷ་མོ་ནག་མོའི་སྐོར། །ཞིང་སྐྱོང་མགོན་པོ་གཙོ་འཁོར་ལྔ་པ་རྣམས། །བསྐྱབས་ཤིང་ཞལ་བསྟན་སྲོག་གི་སྙིང་པོ་ཕུལ། །ཞེས་སོ། །

དེ་ཡང་བྱང་ཆུབ་སེམས་དཔའ་ལག་ན་པད་མོའི་བཞུགས་གནས་སྤྱི་བོ་ལྷས་པ་ལ། སློབ་དཔོན་སེང་གེ་བཟང་པོའི་བརྒྱད་སྟོང་འགྲེལ་ཆེན་ལ་སོགས་པའི་ཆོས་དེ་དག་གསན་ནོ། །རྗེ་བཙུན་ནཱ་རོ་ཏ་པའི་ཆོས་དྲུག་ལ་སོགས་པ་ཕྱག་རྒྱ་ཆེན་པོའི་གདམས་ངག་ཐུན་མོང་དུ་གྲགས་པ་དང་མ་གྲགས་པ་ལ་སོགས་པ་རྗེ་བཙུན་ཆེན་པོ་ལས་ཀྱང་གསན་ཞེས་འབྱུང་། མ་ཧཱ་ཀཱ་ལ་ཆེ་ཆུང་གཉིས་ཀྱིས་ཞལ་བསྟན་ནས་གཟིགས་པ་མ་ཟད། དགུ་རུམ་དུ་དཔལ་མ་ཧཱ་ཀཱ་ལའི་འཕྲུམ་སྐུའི་དྲུང་དུ་བསྟན་པ་དང་གཙུག་ལག་ཁང་འདི་བསྲུངས་ཤིག་ཅེས་བཀའ་བསྒོ་བ་མཛད་ནས། ཆོས་རྗེ་ཉིད་བཞེངས་ཏེ་འབྱོན་པར་རྩོམ་པ་ན། ཆོས་སྐྱོང་གི་འཕྲུམ་སྐུ་ཡང་བཞེངས་ཏེ། ཆོས་རྗེའི་ཕྱགས་ཕྱིར་བྱོན་པ་ན། ན་བཟའ་བླ་གོས་ཀྱི་གྲྭ་དབུ་ལ་བསྣུན་པས། དེང་སང་གི་བར་དུའང་དབུ་སྒུར་པོར་ཡོད་ཅེས་གྲགས་སོ། །མངོན་པ་ནི་གོང་མའི་སྐོར་དུ་སྣང་། རྣམ་ཐར་རྒྱས་པ་ལས། ཉི་ཟླ་ལྟར་གྲགས་ནོར་བུ་ལྷ་བུའི་སྐུ། །གཡོལ་ངན་བདུད་འཇོམས་བསྟན་པའི་གཙོ་བོ་དེའི། །སྟན་པའི་བ་དན་ཆེན་པོ་སྒྲོགས་པའི་སྒྲ། །ཡུལ་དབུས་རྒྱ་གར་ཤར་ནུབ་ཐམས་ཅད་དུ། །ཆོས་རྗེའི་སློབ་མ་དམ་པས་འདི་ལྟར་བསྒྲགས། །ཤེས་བྱ་ཐམས་ཅད་གཟིགས་པའི་སྤྱན་ཡངས་པ། །འགྲོ་ཀུན་དགེ་ལེགས་སྒྲུབ་པའི་ཐུགས་རྗེ་ཅན། །བསམ་ཡས་ཕྲིན་ལས་མཛད་པའི་སྟོབས་མངའ་བ། །འཇམ་མགོན་བླ་མའི་ཞབས་ལ་མགོས་ཕྱག་འཚལ། །ཞེས་སོགས་བསྟན་བཅོས་མཆོད་བརྗོད་བརྗོད་པའི་ཚེ། །ཕྱི་རོལ་རྟོག་གེ་ངན་པས་ཁེངས་པ་ཡི། །འཕྲོག་བྱེད་དགའ་བ་ཞེས་བྱའི་ཕྱི་རོལ་པ༑ ༑ཕྲག་དོག་ཞེ་སྡང་མེ་ང་འཚུབ་འདྲ་ཡི། །དབང་ཕྱུག་ཚངས་པའི་རྗེས་འབྲངས་རལ་པ་ཅན། །དྲུག་ཕྲག་གཅིག་གིས་འགྲན་པར་སེམས་ཏེ་འོངས། །བླ་མ་ཆོས་རྗེའི་དྲུང་དུ་ལྷགས་ནས་ཀྱང་། །དབང་ཕྱུག་ཚངས་པའི་ཡོན་ཏན་ཆེ་བ་བརྗོད། །དེ་ནས་བླ་མ་ཆོས་རྗེ་སློབ་མའི་ཚོགས། །འཕྲོག་བྱེད་རལ་པ་ཅན་དང་རྩོད་པར་བརྩམས། །བཅུ་གསུམ་གདུགས་དང་བསྟན་པ་དཔང་དུ་བཙུགས། །བཅུ་གཉིས་བར་དུ་བླ་མ་ཆོས་རྗེ་ཕམ། །འུ་ཡུག་བཟང་རིངས་ལ་སོགས་བྲོས་པའི་ཚེ། །ཡི་དམ་ལྷ་ལ་ཡི་ཆད་གསོལ་བ་བཏབ། །སྤྲོལ་མས་ལུང་བསྟན་འཇམ་དབྱངས་རྩོད་པའི་གྲོགས། །བྱས་པས་བཅུ་གསུམ་ཉིན་པར་ཆོས་རྗེ་རྒྱལ། །འཕྲོག་བྱེད་རལ་པ་ཅན་གྱིས་འདི་སྐད་སྨྲས། (རིགས་པའི་སྟོབས་ཀྱི་སེངྒེའི་ང་རོ་དེ། །ཞེས་པ་འདི་འདྲ་ཞིག་སྔར་དཔེ་རྙིང་དུམ་བུ་གཅིག་ཏུ་ཡོད་ཅེས་རྗེ་བླ་མ་ཚུལ་ཁྲིམས་རྒྱལ་མཚན་གྱིས་གསུངས། སྒྲིག་པོ་ཐུབ་བསྟན་སྨོན་ལམ་གྱི་མཆན།) ཁྱོད་མིན་ཁྱོད་ཀྱི་ཕྲག་པ་གཡས་པ་ཡི། །དམར་

སེར་རལ་གྲི་ཅན་དེ་མ་ཐུབ་ཅིང་། །དེ་བས་ཁྱོད་རྒྱལ་ང་ནི་ཕམ་པར་གྱུར། །ཞེས་ཞུས་འཁོར་རྣམས་བྲོས་ནས་སོང་ཞེས་གྲག་ས། །དེ་ནས་འཕྲོག་བྱེད་དགའ་བོས་བསྟོད་པའི་ཚེ། །བད་མའི་བསྟན་བསྲུང་བསྟན་མས་བར་ཆད་བྱས། །འཕྲོག་བྱེད་དགའ་བོ་མྱ་ངན་ཞབས་སུ་ཤི །ཕྱིན་ཆད་བོད་དུ་མུ་སྟེགས་པ་ཡི་རིགས། །བགྲོད་པར་མི་នུས་འོང་བར་མི་སེམས་སོ། །ཞེས་སོ། །དེ་ཡང་། རྒྱ་གར་ལྷོ་ཕྱོགས་པ་འཕྲོག་བྱེད་དགའ་བ་ལ་སོགས་ཕྱི་རོལ་པའི་སྟོན་པ་དྲུག་གིས་དམ་བཅས་པ། ཁོ་བོ་ཅག་ཁ་བ་ཅན་གྱི་ལྗོངས་སུ་སོང་ལ། དེ་ན་གནས་པའི་སྐྱེ་བོ་གོ་ཏ་མའི་དགེ་སྦྱོང་དུ་ཁས་འཆེ་བ། བུད་མེད་ཀྱི་བརྟུལ་ཞུགས་འཛིན་ཅིང་། ལྷ་བ་དང་སྤྱོད་པ་ངན་པ་ལ་ཞེན་པ་དེ་བཟློག་པར་བྱའོ་ཞེས་གླེང་སྟེ་མཐར་སོང་བ་དང་། བདག་ཅག་གི་བླ་མ་གྲོལ་བ་ངན་པའི་ཁྲུ་མཆོག་གི་སྤྱི་གཙུག་རྣམ་པར་གནོན་པའི་སེང་གེ་འདི། བྱང་ཆུབ་ཀྱི་སྙིང་པོ་རྡོ་རྗེ་གདན་ལས་བྱང་ཕྱོགས་སུ་དཔག་ཚད་བཅུ་ཐྲག་དྲུག་བགྲོད་པ། མང་ཡུལ་སྐྱིད་གྲོང་གི་འཕགས་པ་ལྷ་ཏིའི་གཙུག་ལག་ཁང་དང་འདབས་འབྱོར་བའི་ཚོང་འདུས་ན་བཞུགས་པའི་ཚེ། སྔར་སྨྲོས་པའི་སྟོན་པ་དྲུག་པོ་དེར་ལྷགས་པ་ན། ཐམས་ཅད་ཆོས་རྗེ་ཉིད་དང་བདེ་བར་གཤེགས་པའི་རྟེན་ལ་ཕྱག་མི་འཚལ་བར། བདེ་ལེགས་དང་བསྟུགས་པར་འོས་པའི་ཚིགས་སུ་བཅད་པ་རེ་རེ་ཙམ་བརྗོད་ནས་གྲལ་ལ་འཁོད་པ་ན་འདི་སྐད་སྨྲ་སྟེ། ངེད་ཀྱི་རིགས་ཐམས་ཅད་ནི་བླ་མ་ཚངས་པ་ནས་བརྒྱམས་ཏེ། དེང་སང་གི་བར་དུ། གོཏ་མའི་བསྟན་པ་ལ་མི་ལྟོས། དཀོན་མཆོག་གསུམ་ལ་སྐྱབས་སུ་འགྲོ་མ་མྱོང་བས། དྲང་སྲོང་གི་རིགས་རྣམ་པར་དག་པ་ཁོ་ན་ཡིན་ནོ། །ཞེས་དྲེགས་ཤིང་སྨྲ་བར་བྱེད་དོ། །

དེའི་དུས་ཆོས་རྗེ་འདིས་གསུངས་པ་ནི། ཅི་ཚངས་པ་དེ་ནི་སྟོན་པ་ལ་ཤིན་ཏུ་གུས་པ་ཡིན་ན། འོན་ཀྱང་དེ་གཏི་མུག་ཆེ་བས། གཉིད་ཀྱིས་ནོན་པ་མ་ཡིན་ནམ། འདི་སྐད་དུ། རབ་མཆོག་ལག་པ་བཞི་པ་བཅུ་དྲུག་ཕྱེད་ཕྱེད་ཕྱོགས་ཀྱི་བདེ་བ་ཅན། །བཟླས་དང་ངེས་པའི་ཚིག་ཤེས་ཤིང་ངེས་བརྗོད་རིག་བྱེད་འདོན་པ་པོ། །དྲི་མེད་པད་མའི་སྐྱེ་གནས་དེ་ཡང་གཉིད་ལོག་གྱུར་པ་མ་ཡིན་ནམ། །ཞེས་པ་དང་། ཁོ་བོའི་སྟོན་པ་སྟོབས་བཅུ་མངའ་བ་དེ་ནི་རྟག་ཏུ་རབ་ཏུ་སད་པ་ཉིད་དུ་ནམ་ལངས་པའོ། །ཞེས་གསུངས་པས། དེ་དག་ཤིན་ཏུ་མ་བཟོད་ཅིང་མ་རངས་པས་འབེལ་བའི་གཏམ་གྱི་སྐབས་སྐྱེད། གྲོལ་བ་ངན་པ་དེ་ཐམས་ཅད་རེ་རེ་ནས་སྲུན་ཕྱུང་ཞིང་ཕམ་པར་མཛད་དེ་མི་སྨྲ་བའི་བརྟུལ་ཞུགས་ལ་བཀོད་ནས། སླར་ཡང་དེ་ཐམས་ཅད་ཀྱི་ལྟ་བ་ངན་པས་སྐྱེམས་པའི་དྲི་མ་མེད་པར་མཛད་དེ། རལ་པའི་ཁུར་བྲེགས་ནས་ཉིད་ཀྱི་ཐད་དུ་རབ་ཏུ་བྱུང་སྟེ། ངེས་པར་འབྱུང་བ་རིན་པོ་ཆེའི་འཁོར་ལོ་དང་ལྡན་པའི་སྐབས་སུ། ཤཱཀྱའི་རྒྱལ་པོ་དེའི་བསྟན་པ་ལ་རྨ་འབྱིན་པ་གང་དག་བྱུང་བ་ན་སླར་ཡང་དེ་བཞིན་དུ་གདུལ་བར་བྱའོ། །ཞེས་དགོངས་ཏེ་འདི་གསུངས་པ། རྒྱ་མཚོའི་གོས་ཅན་རྒྱ་མཚོའི་མཐའ་ཀླས་ས

ཆེན་འདི་ན་ལྷ་ཆེན་པོ། །འཕྲོག་བྱེད་དྲན་བྱེད་དེ་དག་ལྟར་བྱེད་ཐུབ་པ་དྲང་སྲོང་སྐར་དགའ་སོགས། །རྒྱས་པ་གྲོག་མཁར་བ་དང་གཟེག་ཟན་ཀཎ་མིག་སེར་སྐྱའི་རྗེས་འཇུག་པ། །ཕོར་གཙུག་ཤིང་ཤུན་ལོ་མའི་གོས་ཅན་ཐལ་བ་དབྱུ་གུ་ཀུ་ཤ་ཐོགས། །རལ་པའི་ཁུར་འཛིན་མུཉྫ་ལེགས་དཀྲིས་རི་དྭགས་གཡང་གཞིའི་སྟོད་གཡོགས་ཅན། །སོ་རིས་གསུམ་མཚན་རྩེ་མོ་ཅན་མཆོད་ཚངས་སྐུད་མཆོད་ཕྱིར་ཐོགས་པ་འཆང་། །རིག་བྱེད་ཀུན་སྦྱངས་ངེས་བརྗོད་འདོན་མཁས་སྒྲ་དང་སྡེབ་སྦྱོར་མཐར་སོན་པ། །བདག་ཏུ་ལྟ་བའི་ལྟ་བ་ལ་ལྟ་རྒྱུན་དུ་དགའ་སྤྱོད་ང་རྒྱལ་ཅན། །དེ་ལྟའི་ཚུལ་ཅན་མུ་སྟེགས་གླང་ཆེན་རབ་ཏུ་མྱོས་པའི་གླད་འགེམས་པ། །དཔལ་ལྡན་སླ་བའི་སེང་གེ་བློ་གྲོས་སྟོབས་ལྡན་རིགས་པའི་མཆེ་བ་ཅན། །བརྡ་སྤྲོད་བྱེད་གཞུང་ཡན་ལག་རབ་རྫོགས་བདེ་གཤེགས་བསྟན་པའི་རལ་པས་བརྡེད། །ལེགས་སྦྱར་ང་རོ་སྙན་ཚིག་གད་བསྒྲངས་ལྷག་བརྗོད་སྲུན་འཕྲིན་མིག་བསྒྲད་པ། །དེ་ལྟའི་རི་དྭགས་རྒྱལ་པོ་དེ། །དཔལ་ལྡན་ས་སྐྱའི་གངས་རིར་གནས། །བློ་གསལ་རྣམས་ཀྱི་རི་དྭགས་སྐྱོང་། །རྒོལ་བ་ངན་པའི་ཕ་ཚོགས་འཛོམས། །ད་དུང་དུ་ཡང་མུ་སྟེགས་བྱེད། །ཐམས་ཅད་ཆོས་ཀྱིས་ཕམ་བྱས་ནས། །བདེ་བར་གཤེགས་པའི་བསྟན་པའི་ཚུལ། །ཀུན་དགའི་རྒྱལ་མཚན་འཛིན་པར་ཤོག །ཅེས་གསུངས་ཏེ་རལ་པ་ཅན་དེ་དག་གི་ནང་ནས་འགའ་ཞིག་མྱ་ངན་ཞབས་སུ་ཞི། འགའ་ཞིག་རལ་པའི་ཁུར་བྲེགས་ནས་རབ་ཏུ་བྱུང་སྟེ། རལ་པ་རྣམས་དཔལ་ས་སྐྱའི་དབུ་རྩེ་རྙིང་མ་ན་ད་ལྟ་ཡང་ཡོད་དོ། །དེས་ན་བོད་ཀྱི་པཎྜི་ཏས་ཕྱི་རོལ་མུ་སྟེགས་བྱེད་ཀྱི་རྒོལ་བ་ཆོས་དང་མཐུན་པའི་རྩོད་པས་བཟློག་པ་ནི་ཆོས་ཀྱི་རྗེ་འདི་ཉིད་ཁོ་ནར་ཟད་དོ། །རྣམ་ཐར་བསྡུས་པ་ལས་ཀྱང་། རྟོག་གེ་ངན་པའི་རྒོལ་བ་ཐམས་ཅད་བཟློག །སྨྲ་བས་ཁེངས་པའི་རྟོག་གེ་ཟིལ་གྱིས་མནན། །མཁས་པའི་གྲགས་པས་ས་སྟེང་ཐམས་ཅད་ཁྱབ། །འཇིགས་བྲལ་ཁྱོད་ལ་སྤྱི་བོས་ཕྱག་འཚལ་ལོ༑ ༑ཞེས་སོ། །

རྣམ་ཐར་རྒྱས་པ་ལས། བསྟན་ལ་བྱུས་ཤེས་ཆོས་རྗེ་རིན་པོ་ཆེ། །རིག་པའི་གནས་ལྔ་མཐར་ཕྱིན་ཟབ་མོ་ཡི། །འགྲོ་དོན་མཛད་ཅིང་འཆད་རྩོད་རྩོམ་པའི་ཚེ། །རྗེ་བཙུན་ཆེན་པོའི་ཞལ་ནས་འདི་སྐད་གསུང་། །མི་རིགས་མི་གཅིག་སུམ་བརྒྱ་དྲུག་ཅུའི་ཡུལ། །སྐད་རིགས་མི་གཅིག་བདུན་བརྒྱ་ཉི་ཤུའི་སྐད། །ཐ་དད་སྐད་དང་ཡུལ་གྱི་འབྱེད་པའི་ཡུལ། །བྱང་ནས་བྱང་ཕྱོགས་རྒྱལ་ཁམས་ཧོར་གྱི་ཡུལ། །བསོད་ནམས་བསགས་པ་ཧིན་གིར་གན་གྱི་བརྒྱུད། །བྱང་སེམས་སྤྲུལ་པ་རྒྱལ་པོ་གོ་དན་གྱིས། །ཁྱོད་ཀྱི་སྙན་པའི་གྲགས་པ་ཐོས་ནས་ཀྱང་། །སྤྱན་འདྲེན་ཕོ་ཉ་དྲག་པོ་འདི་ལྟར་འོང་། །ཞྭ་ཁྲ་འདྲ་ལྷམ་ཕག་སྣ་འདྲ་གྱོན་པའི། །ངོར་ཏ་ཞེས་བྱའི་རྐང་མགྱོགས་བཏང་བའི་ཚེ། །ཐེ་ཚོམ་མ་བྱེད་མྱུར་དུ་སོངས་ཤིག་དང་། །སངས་རྒྱས་བསྟན་ལ་འགྲོ་དོན་དཔག་མེད

འགྱུར། །ཞེས་གསུངས་ཞལ་བཞེས་ཐུགས་ལ་བཞུགས་པའི་ཚེ། །གསུང་བཞིན་རྒྱལ་པོའི་ལུང་གིས་ངོར་ཏ་སླེབ། །གོ་དན་ལུང་བསྒྲགས་སྤྲོས་པ་བྱས་ནས་ནི། །དགུང་ལོ་དྲུག་ཅུ་རྩ་གསུམ་བཞེས་པའི་ཚེ། །གསུང་དྲན་ཐེ་ཚོམ་མ་བྱས་མྱུར་བར་ནི། །བྱང་ཕྱོགས་སྤྲུལ་པ་སྟེ་ཡི་ལིང་ཆུ་རྩེར། །དྲུག་ཅུ་རྩ་ལྔ་མེ་ཕོ་རྟ་ཡི་ལོ། །རྒྱལ་པོའི་ཕོ་བྲང་དམ་པར་ཕྱགས་ཕབ་ནས། །གོ་དན་ཆེན་པོ་རྒྱལ་པོའི་དྲུང་དུ་ནི། །མི་མོ་ལུག་ལོ་ཟླ་བ་དང་པོ་ལ། །བླ་མ་ཆེན་པོ་ཆོས་རྗེ་ཁུ་དབོན་དང་། །མཇལ་ནས་ཆོས་ཀྱི་གསུང་གླེང་མང་དུ་མཛད། །ཡུ་གུར་བན་སྡེ་མང་པོས་མཚམས་སྦྱར་ནས། །མཆོད་གནས་བླ་མ་ཀུན་གྱི་ཕུད་དུ་ཁུར། །རྒྱལ་པོ་ཆེན་པོ་ཤིན་ཏུ་མཉེས་ནས་ཀྱང་། །བོད་ཀྱི་པག་ཤི་རྣམས་ཀྱི་ཆེ་འདོན་མཛད། །ཧོར་གྱི་རྒྱལ་ཁམས་རྡོ་རྗེ་ཐེག་པ་ལ། །བཙུག་ཅིང་གཞན་དོན་དཔག་མེད་བྱུང་བའི་ཚེ། །ཞེས་སོ། །

དེ་ཡང་ཧོར་གྱི་རྒྱལ་པོ་ཧྲིན་གིར་གན་ཀྱི་སྲས་ཀྱི་སྲས་ཨེ་ཅེན་གོ་དན་གྱིས་འཛང་ཡུལ་དང་ཟངས་གླིང་དང་སླན་ཚེ་དང་སོག་པོའི་ཡུལ་མང་པོ་བཅོམ་ཞིང་འོག་ཏུ་བཙུག་ནས། བོད་འཛོམས་པའི་དམག་ཧོར་སྟོད་སྨད་གཉིས་ཀྱིས་བཤམས་པའི་ཚེ། ས་གཞི་འདར་བའི་འཇིགས་པ་ཆེན་པོ་བྱུང་སྟེ། ངོ་བལྟ་བ་ལ་འགྲོ་བར་ནུས་པ་སུ་ཡང་མ་བྱུང་ངོ་། །དེའི་ཚེ་ཆོས་རྗེ་ཉིད་ཀྱི་སྐུ་ཆེ་བའི་ཡོན་ཏན་ཧོར་གྱི་རྒྱལ་པོའི་སྙན་དུ་གྲགས་པར་གྱུར་ཏེ། ས་སྐྱ་པཎྜི་ཏ་ཟེར་བའི་བན་དྷེ་དེ་ངེད་ཀྱི་བླ་མཆོད་དུ་འོང་ན། བོད་ལ་གནོད་པ་མི་བྱེད་པའི་རྟ་པའི་བསུ་བ་དང་གདན་འདྲེན་གྱི་གསེར་ཡིག་པ་བྱུང་བ་དང་། རྗེ་བཙུན་ཆེན་པོ་སྐུ་གཤེགས་ཁར། ཁྱོད་ཀྱི་ཚེའི་མཇུག་ཏུ་ཧོར་གྱི་འབོད་མི་འོང་། མ་ཕྱིན་ན་བསྟན་པ་དང་སེམས་ཅན་ལ་གནོད་ཅིང་། ཕྱིན་ན་ཕན་པ་དང་བདེ་བ་རྒྱ་ཆེན་པོ་འོང་བས་ཅིས་ཀྱང་སོང་ཞིག་ཅེས་གསུངས་པའི་ལུང་བསྟན་ཀྱང་དྲན་ནི་ཧོར་ཞེས་བྱ་བའི་སྐྱེ་བོ་གདུག་པ་ཅན་བླང་དོར་གྱི་གནས་ལ་དུད་འགྲོ་བས་རྨོངས་ཤིང་སྙིང་རྗེ་ནི་ལས་ཀྱི་གཤིན་རྗེ་བས་ཆུང་ལུས་ཀྱི་རྩལ་ནི་གནོད་སྦྱིན་པས་ཀྱང་ཆེ། ལྷ་མ་ཡིན་གྱི་དཔུང་ཚོགས་ལྟར་གྲངས་མང་ཞིང་འཇིགས་སུ་རུང་བ་ཞིག་གིས། ཐོག་མར་རྒྱའི་ཡུལ་དང་དེ་ནས་མི་ཉག་གི་ཡུལ་ལ་སོགས་པ་བྱང་ཕྱོགས་ཀྱི་རྒྱུད་མཐའ་དག་བདག་གིར་བཟུང་ནས། ཁྲིམ་པ་དང་རབ་ཏུ་བྱུང་བའི་རྣམ་དབྱེ་མེད་པར་ཐམས་ཅད་དམག་ཁྲལ་ལས་གསུམ་གྱི་ཁྲུར་བཙུག་ནས་བསྟན་པའི་མིང་ཙམ་ཡང་མེད་པར་བྱས་ཏེ་རང་གཞན་ཐམས་ཅད་ཕུང་བར་འགྱུར་བར་གཟིགས་ཏེ༑ ལོ་ངོ་གསུམ་ལ་ཧོར་གྱི་ཡུལ་དུ་དབོན་པོ་གཉིས་དང་བཅས་པ་ཕེབས། གསང་སྔགས་རྡོ་རྗེ་ཐེག་པའི་བསྟན་པས་རྒྱ་མཚོའི་མཐའ་བར་ཁྱབ་པས་བསྟན་པ་ལ་ཕན་ཞིང་སེམས་ཅན་ཕལ་ཆེར་བདེ་བར་མཛད་དོ། །

དེ་ནས་མེ་ཕོ་རྟའི་ལོ་ཟླ་བ་བརྒྱད་པ་ལ་བྱང་ངོས་ལིང་ཆུར་གདན་ཕེབས། དེའི་དུས་སུ་རྒྱལ་བུ་གོ་དན་

གོ་ཡུག་གན་རྒྱལ་སར་བཏོན་པ་ལ་རྟོར་ཡུལ་དུ་གཞུད་ནས་ཚུར་བྱོན་པ་དང་ལུག་ལོ་ཟླ་བ་གཅིག་པ་ལ་མཇལ། རྒྱལ་བུ་ཡང་ཤིན་ཏུ་མཉེས་ནས་ཆོས་དང་འཇིག་རྟེན་གྱི་ལུགས་ཀྱི་གསུང་གླེང་མང་པོ་ཡང་མཛད་པར་གདའ། དེའི་གོང་དུ་རྒྱལ་བུའི་དྲུང་ན་བོད་ཀྱི་བན་སྡེ་ཡང་འགའ་རེ་འདུག་པ་ལ། སངས་རྒྱས་ཀྱི་ཆོས་ཀྱི་ཡོན་ཏན་གྱི་ཁྱད་པར་གང་ཡང་བསྙེད་པར་མ་ནུས་ནས་སྨོན་ལམ་འདེབས་པ་ལ་དབང་བར་ཁས་ལེན་པ་ཚོགས་པའི་དུས་སུ། ཨེ་རྐ་འུན་དང་རྟོར་གྱི་ལྷ་པ་གྲལ་མགོར་འཛོག་པ་ཡོད་པར་འདུག །དེ་ནས་རྒྱལ་བུ་དང་བླ་མ་ཆོས་རྗེ་ཆོས་ཀྱི་གསུང་གླེང་མང་པོ་མཛད་པ་ལ། མ་གོ་བའི་སྐབས་སུ་ཡུ་གུར་གྱི་དགེ་བའི་བཤེས་གཉེན་མཁས་པ་མང་པོས་ཀྱང་མཚམས་སྦྱོར་བྱས་ནས་ཆོས་ཀྱི་དོན་ཐམས་ཅད་ལེགས་པར་གོར་བཅུག་པས། རྒྱལ་བུ་ཡང་ཤིན་ཏུ་མཉེས་པར་བྱུང་ནས་དེ་རིང་ཕྱིན་ཆད་ཨེ་རྐ་འུན་དང་ལྷ་པ་ཚོ་བན་སྡེའི་གྲལ་མགོར་མ་སྡོད། ཐམས་ཅད་ཀྱི་གྲལ་མགོར་བླ་མ་ཆོས་རྗེ་པ་བཞུགས་ལ་སྨོན་ལམ་འདེབས་པའི་དུས་སུ་སྡོད་ལ་བན་སྡེའི་སྨོན་ལམ་ཐོབ་གསུང་པའི་ལུང་བྱོན་ནས་རྟོར་གྱི་རྒྱལ་ཁམས་སུ་རབ་ཏུ་བྱུང་བའི་དབུ་འཕང་བསྟོད་དོ། །

དེ་ནས་རྒྱལ་བུ་གོ་དན་ལ་ཤ་ཁྲའི་ནད་ཅུང་ཟད་བྱུང་བའི་རིམ་གྲོར་ཆབ་གཏོར་འཇམ་དཔལ་མ་མང་དུ་མཛད་པས། ལུག་ལོ་ཟླ་བ་གསུམ་པའི་ཚེས་བཅུ་གཅིག་གི་ཐོ་རངས་མནལ་ལམ་དུ་མི་ཐེང་པོ་ལུས་ལ་རྨ་དང་ཤུ་བས་གང་བ་གཅིག་བྱུང་བ་ལ། ཁྱོད་སུ་ཡིན་ཞེས་དྲིས་པས་ང་ལ་དཔོན་གཅིག་ཡོད་པ་ན་རེ། ས་སྐྱ་པས་འབོད་ཅིང་འདུག་པས་ཁྱོད་སོང་ལ་ཅི་ཟེར་ཉོན་ང་ནི་ལུས་པོ་ན་བས་འགྲོ་མི་ནུས་པར་འདུག་ཟེར་ནས་ཡོང་བ་ཡིན་ཟེར། དེ་ནས་ཆོས་རྗེ་པས་གོ་དན་གྱིས་གསེར་ཡིག་པ་བཏང་ནས་ངེད་ཐག་རིང་པོ་ནས་བོས། ང་འདི་ལ་ཕན་པ་གཅིག་དགོས་པར་འདུག་པས་ནད་འདིའི་རྒྱུ་ཅི་ཡིན་ད་ཐབས་ཅི་བྱས་ན་ཕན་ཞེས་དྲིས་པས་མི་དེ་ན་རེ། ཡུལ་ཕྱོགས་འདི་རྣམས་སུས་ཀྱང་མ་གཟུང་བའི་དུས་སུ་ངའི་དཔོན་དེས་བདག་པོ་བྱས་པ་ཡིན། དེའི་ཚེ་གོ་དན་འདི་ཤཱཀྱ་མུ་ནེ་ལ་བསོད་ནམས་བསགས་པའི་རྒྱལ་བུ་གཅིག་ཏུ་སྐྱེས། དེ་ནས་ཚེ་འཕོས་ནས་མི་ཉག་གི་རྒྱལ་པོ་གཅིག་ཏུ་སྐྱེས། རྒྱལ་པོ་དེས་ངའི་ཁང་པའི་སྟེང་དུ་མཁར་ལས་བྱས། མི་ཉག་རྒྱལ་པོ་དེས་ཀྱང་བན་སྡེ་རྣམས་ལ་ང་མཁར་ལས་བྱེད་པས་ས་གཞི་སློངས་ཟེར། བན་སྡེ་རྣམས་དབྱངས་འདྲ་བྱེད་པ་དང་རོལ་མོ་འདྲ་དཀྲོལ་བ་དང་གཏོར་མ་འདྲ་གཏོང་གིན་འདུག་སྟེ་ས་ཆོག་མི་ཤེས་པར་འདུག་པས་ས་གཞི་མ་བྱིན། དེར་རྒྱལ་པོས་མཁར་ལས་བྱས་པས་ངེད་དཔོན་གཡོག་རིས་ནོན་པ་བཞིན་སོང་། དེ་ནས་མིའི་བསོད་ནམས་མ་ཐུབ་པར་བྱང་ངོས་འདིར་འོངས་ནས་ཡུལ་ལེགས་པར་བཟུང་། དེར་ཡང་རྒྱལ་བུ་དེ་ཡོང་ནས་ངེད་ཀྱི་སྟེང་དུ་མེ་བཏང་ས་བརྐོས་གཞན་ཡང་གནོད་པ་མང་དུ་བྱས་དེར་ཡང་བསྟད་ས་མ་བྱུང་། དེ་ནས་ངའི་དཔོན་པོ་དེ་ཁྲོས་ནས་ཡུལ་

ཕྱོགས་ཀྱི་ལྷ་འདྲེ་རྣམས་བསྡུས་ནས། རྒྱལ་པོ་འདིས་ང་ཡུལ་ལན་གཉིས་ཕྱུང་བས་ད་འདི་ལ་གནོད་པ་གཅིག་བྱེད་པས་ཁྱེད་རྣམས་ཀྱིས་གྲོགས་གྱིས་བྱས་པས། ལྷ་འདྲེ་རྣམས་ན་རེ་རྒྱལ་པོ་འདི་ཤཱཀྱ་མུ་ནེ་ལ་བསོད་ནམས་བསགས་པ་ཡིན་པས་འདིའི་སྟོབས་མི་ཐུབ་ཀྱི། ཁྱོད་སྐྲམ་སར་མ་སྡོད་པར་ཆུ་མིག་དང་འདམ་རྫབ་ཡོད་སར་ཡུལ་བཟུང་ཞེར་ནས་དེར་བསྡད་པའི་དུས་སུ་རྒྱལ་པོ་དེས་རྒྱལ་པོ་སྡེ་མ་ཀུན་གྱི་བན་སྡེ་རྣམས་ལ་རྒྱུགས་བྱིན་པའི་ཡི་གེ་བལྟས་པས་སྔར་གྱི་རྒྱུགས་ཆེས་ཞེར་ནས་ཕྲི། དེའི་ཚེ་རྒྱལ་པོ་དེས་གསེར་གྱི་ཤཱཀྱ་མུ་ནེ་འདི་ངེས་པར་གསེར་ཡིན་ནམ་ཤིང་ངམ་རྫི་ཡིན་ནམ་བལྟ་ཞེས་ཞེར་ཏེ་ཞབས་ལ་གཟེར་གྱིས་བརྒྱས་པ་དང་། དེ་ནས་ལྷ་འདྲེ་རྣམས་ན་རེ་ད་འདིའི་བསོད་ནམས་ཀྱི་ཆ་ཉམས་པས་བར་ཆད་བྱ་བའི་དུས་ལ་བབ་ཞེར་ནས་ལྷ་འདྲེ་རྣམས་ཚོགས་པ་དང་། འདི་བསོད་ནམས་ཅན་ཡིན་པས་གཞན་སུས་ཀྱང་བརླག་པར་མི་ནུས་པས་ནང་གི་བློན་པོ་དང་རྒྱལ་པོ་ལ་ཕྲ་མ་གཞུག་ཞེར་ནས་ཕྲ་མ་བཙུག་པས། དེར་བློན་པོས་བསད་དེར་རྒྱལ་པོ་དེས་འཆི་ཁར་སྨོན་ལམ་བཏབ་སྟེ། ཚེ་ཕྱི་མ་ལ་རྒྱལ་པོ་གཅིག་གི་བུར་སྐྱེས་ནས་ཁྱེད་རྣམས་ལ་གནོད་པ་སྐྱོལ་ཞིང་ཁྱེད་རྣམས་བྲན་བཞིན་དུ་འཁོལ་བར་ཤོག་ཅིག་ཅེས་སྨོན་ལམ་བཏབ་པས། ཧིན་གིར་གྱི་རྒྱལ་པོའི་ཚ་བོར་སྐྱེས་ཏེ་གོ་དན་ཡིན། དེས་བྱང་ངོས་འདིར་ཡོངས་ནས་ངེད་ཀྱི་ སྔོང་ས་ཆུ་དང་འདམ་རྫབ་ཀྱི་སྟེང་དུ་ཧྲ་རྒྱུགས། དེར་ཧྲ་བསད་ཧྲ་ཁྲག་གང་སོང་སར་ངེད་ལ་ལན་ལ་ལ་ཤི་ངའི་ལུས་ལ་ཡོད་པའི་སྦྲུལ་ལྷོང་འདི་རྣམས་ཀྱང་ཤི་ལ་ཁད་པ་ལ། ངའི་ལུས་ཀྱི་དྲོད་ཀྱིས་མ་ཤི་བ་ཡིན་ཞེར་ནས་ལུས་ལ་སྦྲུལ་པ་དང་ལྷོང་མོ་ཕྱེད་བསྐམས་པ་དང་། ཤི་ལ་ཁད་ཡོད་པ་ལ་དེ་གོང་གི་བརྗེ་རྣམས་ཀྱིས་གོ་དན་ལ་སྨོན་ལམ་འདྲ་འདེབས་པ་ལས་ངེད་ཀླུ་ལ་ཕན་པ་ཅི་ཡང་མ་བྱུང་ད་ཁྱེད་ས་སྐྱ་པས་སྨན་དང་བཟའ་རྒྱུ་བྱིན་པས་ངེད་ཀླུ་ལ་ཕན་པར་བྱུང་། ངའང་གང་དུ་ཡང་འགྲོ་མི་ནུས་པ་ལ་ད་རེས་ཅུང་ཟད་ཕན་པ་ཡིན། ད་ངའི་དཔོན་དེ་ཤི་ལ་ཁད་ཡོད་དེ་ཤི་ན་གོ་དན་ཡང་འཆི་དཔོན་དེ་སོས་ན་གོ་དན་ཡང་སོས་པས་རིམ་གྲོ་ཡང་ཆུང་ཆུང་གིས་མི་ཕན་མི་སོས་པས། ཁྱེད་ཀྱིས་ངའི་དཔོན་པོ་དང་གོ་དན་གསོ་བའི་འབད་པ་ཆེན་པོ་གྱིས་ལ་ངའི་དཔོན་པོ་སོས་ན་གོ་དན་ཡང་སོས་དེ་སོས་ན་ཁྱོད་ཀྱང་བཟང་པོར་འགྲོ་ཟེར། དེ་ནས་ཆོས་རྗེ་པའི་ཐུགས་དགོངས་ལ་ད་འདི་ལ་ཐབས་ཅི་བྱས་ན་ཕན་དྲི་སྙམ་པ་ལ་བར་ཆད་ཅུང་ཟད་ཅིག་གིས་དེ་ཡལ་སོང་གསུང་ངོ་། །དེ་ནས་རྒྱལ་བུའི་དོན་དུ་སེང་གེ་སྒྲའི་ཆོ་ག་མཛད་པས་རྒྱལ་བུ་ནད་ལས་ཐར་བས་ཤིན་ཏུ་དད་དེ། ཐེག་པ་ཆེན་པོའི་སེམས་བསྐྱེད་ལ་སོགས་པ་ཟབ་པ་དང་རྒྱ་ཆེ་བའི་ཆོས་དུ་མ་ཞུས། མཆོད་གནས་རྣམས་ཀྱི་ཕྱུང་དུ་བཀུར་རོ། །དེ་ཡང་འགྲོ་མགོན་འཕགས་པ་དང་ཆོས་ཀྱི་རྒྱལ་པོ་སེ་ཆེན་གན་ཡོན་མཆོད་དུ་སྦྲེལ་ཏེ། རྒྱལ་པོ་འདིའི་འོག་ན་སྐད་རིགས་མི་གཅིག་པའི་རྒྱལ་ཁམས་དཀོན་མཆོག

གསུམ་གྱི་སྒྲ་མི་གྲགས་པ་རྣམས་སུའང་དཀོན་མཆོག་ལ་དད་པ་སྐྱེས་ནས་ལས་འབྲས་ལ་བླང་དོར་བྱེད་པ་དང་། ཧོར་རྣམས་ཀྱང་ཐེག་པ་ཆེན་པོའི་སེམས་བསྐྱེད་དང་དབང་བསྐུར་ཞུ་བ་དང་དཀོན་མཆོག་མཆོད་ཅིང་སེམས་ཅན་ལ་ཕན་པ་སྒྲུབ་པ་དང་། སྡིག་ཏོ་མི་དགེ་བའི་ལས་ལམ་ཆ་ཤས་ཀྱིས་སྤངས་ནས་ལམ་བཟང་པོ་ལ་འཇུག་པ་དང་། ཁྱད་པར་བོད་དང་ཡུ་གུར་དང་མི་ཉག་དང་སྣན་ཆེ་སོགས་རང་གི་མངའ་འོག་ན་ཡོད་པའི་རབ་ཏུ་བྱུང་བ་དང་སྔགས་པ་སོགས་ཡོན་ཏན་ཅན་གྱི་མི་རྣམས་ལ་དམག་ཁྲལ་ལས་གསུམ་གྱི་འཚེ་བ་མེད་ཅིང་བཟའ་བ་དང་བཏུང་བ་དང་བགོ་བ་དང་གསེར་དངུལ་གོས་དར་ལ་སོགས་པའི་འབུལ་བ་བཟང་ཞིང་གྲངས་མང་བ་ཡང་ནས་ཡང་དུ་འབུལ་བ་དང་གུ་ཤྲི་ཏི་ཤྲི་སོགས་ཀྱི་མིང་བཟང་པོ་བྱིན་ནས། བཀུར་སྟི་རྒྱ་ཆེན་པོ་བྱས་ཏེ༔ རྒྱལ་བའི་བསྟན་པ་རིན་པོ་ཆེ་རྙེད་པ་དང་བཀུར་སྟི་དང་བཅས་པས་ཡུན་རིང་དུ་གནས་པ་དང་། གཞན་ཡང་ཧོར་གྱིས་རྒྱ་འདི་མི་ཚན་ཆེ་བ་དང་ཤེས་པ་འཆར་ཆེ་བས་ངོ་ལོག་བྱས་ཀྱིས་དོགས་ནས། ལོ་འཁོར་རེ་རེ་ཞིང་སྐྱེས་པ་ལོ་དགུ་འགྲོ་བ་ཡན་ཆད་རེ་རེ་ནས་བསད་ཀྱིས་མི་ལང་བས་ཁྲུ་དེད་བྱས་ཏེ་ཕྱིའི་རྒྱ་མཚོར་འདེབས་པ་ལ། དེ་དག་ལ་ལྷག་པར་བརྩེ་བས་རྒྱལ་པོ་ལ་བཀའ་ནན་ཆེར་བསྐུལ་ཏེ་དེས་ཀྱང་དབང་ཞུས་པའི་ཡོན་དུ་ཕུལ་ནས་དེ་ཕྱིན་ཆད་མེད་པ་ཡིན་ནོ་ཞེས་གྲགས་སོ། །ཕྱོགས་བཅུའི་སངས་རྒྱས་ཀྱི་འཕྲིན་ཡིག་ལས་ཀྱང་། སྐུ་ཚེའི་འདུ་བྱེད་གཏོང་བའི་ཚེ། །མགོན་པོ་ཁྱོད་ཀྱི་གསུང་རབ་མཆོག །ཉན་ཏན་གྱིས་ནི་བཀའ་བསྐུལ་བ༔ །འབད་པས་ཅི་ནུས་བསྒྲུབས་པའི་ཚེ། །བར་དུ་གཅོད་པའི་ཆོས་དེ་གྲོལ། །དེ་ནས་ཇི་སྐད་གསུངས་པ་ཡི༔ །བཀའ་བསྐུལ་དེ་དག་ཅི་གསུང་བཞིན། །རྣམ་པ་ཀུན་ཏུ་ཐོབ་ཏུ་བབས། །བདེན་གསུང་ཁྱོད་ལ་ཕྱག་འཚལ་ལོ། །ཞེས་སོ། །དེ་ཡང་དེ་ཉིད་ལས། སངས་རྒྱས་ཀུན་གྱི་ཡེ་ཤེས་སྐུ། །གཅིག་ཏུ་བསྡུས་པ་འཇམ་པའི་དབྱངས། །དགེ་བསྙེན་མཆོག་གི་སྐུར་བསྟན་པ། །བདག་གི་འཕྲུལ་པའི་དྲ་བ་བཅད། །ཡུན་རིང་དུས་ནས་འདི་ཉིད་ནི། ཁྱོད་ཀྱི་དགེ་བའི་བཤེས་གཉེན་ཞེས། །མཁའ་ལ་དེ་ལྟའི་གསུང་བསྒྲགས་པ། །ལེགས་འདོམས་ཁྱེད་ལ་ཕྱག་འཚལ་ལོ། །ཞེས་སོ། །གཞན་ཡང་དབང་བཞི་པའི་དོན་ལ་རྟོགས་པ་ཁྱད་པར་ཅན་བརྙེས་ནས། ཇེ་བླ་མ་འཕགས་པ་འཇམ་དཔལ་ཡིན་པར་ངེས་ཤེས་ཁྱད་པར་ཅན་འཁྲུངས་པ་ཡིན་ཏེ། སངས་རྒྱས་ཀུན་གྱི་ཡེ་ཤེས་སྐུ༔ །ཞེས་སོགས་ཀྱི་མཇུག་ཏུ། སངས་རྒྱས་ཀུན་གྱི་སྤྲུལ་པའི་སྐུ། །འཇམ་པའི་དབྱངས་ཀྱི་ངོ་བོ་ཉིད། །སོ་སོ་སྐྱེ་བོའི་སྐུར་བསྟན་པ། །བདག་གིས་ལེགས་པར་ཤེས་བཞིན་དུ། །དེ་ལྟ་ན་ཡང་བདག་རྨོངས་པས། །མཐོང་ཡང་རྣམ་པ་ཐམས་ཅད་དུ། །མ་མཐོང་བ་དང་འདྲ་བར་གྱུར། །ལས་ཀྱི་བག་ཆགས་ཤིན་ཏུ་ཕྲ། ཁྱོད་ཀྱིས་བདག་ལ་དབང་བསྐུར་བ། །དེ་དོན་ལེགས་པར་བརྡ་འཕྲོད་པ། །དེ་ཚེ་སོམ་ཉི་མེད་པར་གྱུར། །གསུང་མཆོག

ཁྱོད་ལ་སྤྱིས་ཕྱག་འཚལ། །ཞེས་གསུང་།

དེ་ཡང་ཆོས་རྗེ་ཉིད་ས་སྐྱ་ན་ཆོས་གསུང་གིན་བཞུགས་པ་ན། སྐྱེ་བ་ཉི་ཤུ་རྩ་བདུན་དུ་ཚད་མ་རྣམ་འགྲེལ་ལ་མཁས་པའི་པཎྜི་ཏ་ཡིན་ལ། སྐྱེ་བ་དེ་དང་དེ་དག་ཏུ་རྗེ་བཙུན་གྲགས་པ་རྒྱལ་མཚན་ནི་ཁྱོད་ཀྱི་དགེ་བའི་བཤེས་གཉེན་དུ་གྱུར་པ་ཡིན་ནོ། །དེ་མ་ཡིན་པ་གཞན་གྱིས་ཁྱོད་གདུལ་བར་འོས་པ་མ་ཡིན་ནོ་ཞེས་པའི་སྒྲ་ནམ་མཁའ་ལ་གྲག་གོ །ཞེས་པ་དང་། སྐུ་བོ་ཁ་གདང་དུ་ཆོས་གསུངས་པའི་ཚེ། དེ་ནི་ཁྱོད་ཀྱི་སྐྱེ་བ་དཔག་ཏུ་མེད་པའི་དགེ་བའི་བཤེས་གཉེན་ཡིན་ནོ། །ཞེས་པའི་སྒྲ་ནམ་མཁའ་ལས་བྱུང་བས་སྔར་གྱི་སྒྲ་དེ་དྲན་ནོ་ཞེས་པའི་ཡི་གེ་ཡང་སྣང་ངོ་། །རྣམ་ཐར་བསྡུས་པ་ལས་ཀྱང་། ཟབ་མོའི་ལམ་གྱིས་བྱིན་གྱིས་བརླབས་པའི་ཚེ། །རྗེ་བཙུན་བླ་མ་འཇམ་པའི་དབྱངས་སུ་གཟིགས། །སྐད་ཅིག་གཅིག་ལ་ཆོས་རྣམས་ཐུགས་སུ་ཆུད། །ཐུགས་གྲོལ་ཁྱོད་ལ་སྤྱི་བོས་ཕྱག་འཚལ་ལོ། །ཐབས་ཀྱི་ལམ་གྱིས་འབྱུང་བཞི་རབ་ཏུ་སྦྱངས། །ངག་གི་བཟླས་པས་ཁྲོ་རྒྱལ་དངོས་སུ་གཟིགས། །བླ་མའི་དྲིན་གྱིས་རྟོགས་པ་མཆོག་ཏུ་གྱུར། །སྨིན་གྲོལ་ཁྱོད་ལ་སྤྱི་བོས་ཕྱག་འཚལ་ལོ། །ཞེས་སོ༑ ༑དེ་ཡང་ཁྲོ་རྒྱལ་མི་གཡོ་བ་སྔོན་པོའི་ཞལ་གཟིགས་པ་ནི། སྟོན་ས་ཆེན་གྱིས་འཇམ་དབྱངས་ཨ་ར་པ་ཙ་ན་དྷཱིའི་སྒྲུབ་པ་མཛད་དུས་བར་ཆད་ཀྱི་རྣམ་པ་བྱུང་བ་ལ་མི་གཡོ་བ་སྔོན་པོའི་ཞལ་གཟིགས་བར་ཆད་ལས་གྲོལ་ནས་འཇམ་དབྱངས་ཀྱི་ཞལ་གཟིགས་པ་དང་ཚུལ་འདྲའོ། །རྗེ་བཙུན་ཆེན་པོ་ལ་ལམ་ཟབ་བླ་མའི་བྱིན་བརླབས་ཞུས་པའི་ཚེ་རྗེ་བཙུན་ཆེན་པོ་འཕགས་པ་འཇམ་དཔལ་དུ་གཟིགས་ཤིང་ཆོས་དང་འཇིག་རྟེན་གྱི་ཕུན་སུམ་ཚོགས་པ་ཐམས་ཅད་རང་གི་ངང་གིས་གྲུབ་པ་ཡིན་ནོ། །དེ་ཡང་ཆོས་རྗེ་ཉིད་ཀྱི་ཞལ་ནས་ཁོ་བོ་ཡང་གཞོན་པའི་དུས་སུ་བླ་མའི་བྱིན་བརླབས་ཞུས་པས་ཁྱེད་ཀྱིས་སངས་རྒྱས་ཀྱི་འདུ་ཤེས་མི་སྐྱེ་ཁུ་བོའི་འདུ་ཤེས་སྐྱེ༑ ལུས་ལོངས་སྤྱོད་ཀྱིས་བླ་མའི་ཕྱོགས་སུ་དཀའ་ཐུབ་མི་ནུས་གསུངས་ནས་མ་གནང་། ཕྱིས་འཆི་ལྟས་འཇིགས་པ་གཅིག་བྱུང་ཁམས་ཀྱང་མ་བདེ། དེའི་སྐབས་སུ་རྗེ་བཙུན་རིན་པོ་ཆེ་ལ་སྐུ་ཁམས་མ་བདེ་ཞག་འགའ་ཞིག་བྱུང་བ་དེར་ཉིན་མཚན་རྒྱུན་མ་ཆད་པར་གཉིད་དང་ཁ་ཟས་ཀྱི་འདུ་ཤེས་མ་བྱུས་པར་ཞབས་ཏོག་བྱས་དེས་སྡིག་པ་ཅུང་ཟད་དག་པ་འདྲ་དེ་ནས་བླ་མའི་རྣལ་འབྱོར་འདི་གནང་བས་བླ་མ་ལ་སངས་རྒྱས་དངོས་ཀྱི་འདུ་ཤེས་སྐྱེས། སངས་རྒྱས་ཐམས་ཅད་ཀྱི་ངོ་བོ་འཕགས་པ་འཇམ་དཔལ་དུ་མཐོང་ལ་མོས་གུས་ཐུན་མོང་མ་ཡིན་པ་སྐྱེས། དེ་ཉིད་ཀྱིས་འཆི་ལྟས་ལས་གྲོལ་ཁམས་ཤིན་ཏུ་བདེ། དེ་ནས་སྒྲ་ཚད་མ་སྙན་ངག་སྡེབ་སྦྱོར་ཚིག་གི་རྒྱན་གསང་སྔགས་ཕ་རོལ་ཏུ་ཕྱིན་པ་མངོན་པ་འདུལ་བ་ལ་སོགས་པ་ལུང་དང་རིགས་པའི་གནད་ཐམས་ཅད་ཕྱིན་ཅི་མ་ལོག་པར་གཟོད་གོ །ཕྱི་སྣོད་ཐམས་ཅད་ལ་མི་འཇིགས་པའི་སྤོབས་པ་ཐོབ་ལྷ་འདྲེ་མི་

གསུམ་ཡང་བྱམས་པར་བྱུང་རྒྱ་གར་གྱི་རྒྱལ་པོ་ལ་སོགས་པའི་ང་རྒྱལ་ཅན་ཐམས་ཅད་དེད་ལ་ཆོས་ཞུ་ཟེར་ནས་བརྩིས་བྱེད་པའང་གནོད་བྱུང་། ནང་དུའང་ཡང་དག་པའི་རྟོགས་པ་ཅུང་ཟད་སྐྱེས་སོ་ཞེས་གསུངས། རྣམ་ཐར་བསྡུས་པ་ལས་ཀྱང་། ཡོངས་སུ་འཛིན་པའི་རྟོག་པ་ཀུན་ཏུ་སྤངས། །ཆོས་ཀྱི་སྤྲིན་པ་རྟག་ཏུ་ལྷུག་པ་གཏོང་། །གཞན་གྱི་དོན་ལ་བསྐྱེལ་བ་མི་མངའ་བའི། །བརྩེ་ལྡན་ཁྱོད་ལ་སྤྱི་བོས་ཕྱག་འཚལ་ལོ། །ཞེས་སོ། །རྗེ་བཙུན་ཆེན་པོའི་ལུང་བསྟན་དང་མཐུན་པར་ཁ་ཆེ་པཎ་ཆེན་སེང་ག་ལའི་གླིང་དུ་བྱོན་པའི་ཚེ། དེར་ལྷ་གནམ་ཐེ་དཀར་པོས་ཧོར་གྱི་ཡུལ་དུ་འབྱོན་པར་ཞུས་པ་ན། སློབ་མ་ལ་གསོལ་བ་བཏབ་པས་ཁྱེད་ཀྱིས་ཕྱིན་ཀྱང་ཕན་པ་མེད། ཁྱོད་ཀྱི་སློབ་མ་ཞིག་བོད་ན་ཡོད་དེས་ཕྱིན་ན་ཕན་པར་འགྱུར། དེ་ལུང་སྟོན་ཅིག་ཅེས་གསུངས་པའི་ལུང་བསྟན་དང་། ཡང་ཁ་ཆེ་པཎ་ཆེན་རྒྱ་གར་ཤར་ཕྱོགས་གསེར་འོད་རྒྱལ་མཚན་ཞེས་བྱ་བའི་གཙུག་ལག་ཁང་ན་བཞུགས་པའི་ཚེ༑ རྒྱ་ནག་གི་རྒྱལ་པོས་སྤྱན་འདྲེན་པའི་ཕོ་ཉ་བྱུང་བའི་ཕོ་རེངས་ཀྱི་དུས་སུ། འཕགས་པ་སྤྱན་རས་གཟིགས་ཀྱི་སྤྲུལ་པའི་དགེ་སློང་ཤིན་ཏུ་དཀར་ཞིང་མཛེས་པ་ཞིག་གིས། ད་ལྟ་ཁྱེད་ཀྱིས་འདུལ་བའི་དུས་ལ་མ་བབ། བོད་ཡུལ་དུ་ཁྱེད་ཀྱི་སློབ་མ་འཇམ་པའི་དབྱངས་ཀྱིས་བྱིན་གྱིས་བརླབས་པ་ཞིག་འབྱུང་བ་དེའི་གདུལ་བྱ་ཡིན་ནོ་ཞེས་ལུང་བསྟན་ནོ། །རྣམ་ཐར་རྒྱས་པ་ལས། འགྲོ་བའི་བླ་མ་ཀུན་མཁྱེན་ཆོས་ཀྱི་རྗེ། །སྐུ་ཚེའི་འདུ་བྱེད་གཏོང་བའི་རྟགས་སུ་ནི། །ངོ་མཚར་ཅན་རྣམས་གདུལ་བྱ་ཀུན་ལ་བསྟན། །ཐ་སྐར་ཟླ་བའི་ས་གཡོས་བྱུང་བའི་ཚེ༑ །བཟང་ངན་ཞུས་པས་བྱང་ཆུབ་སེམས་དཔའ་རྣམས། །སྐྱེ་བ་སྐྱེས་ནས་གཞན་དུ་བཞུད་པ་ན། །ཆོས་ཉིད་དེ་ཡིན་བདག་ཀྱང་དེར་ཆུད་གསུང་། །སྐུ་ལ་འབྱུང་བཞིའི་ནད་ཀྱིས་བསྣུང་བའི་ཚེ། །ཞི་བ་ལྷ་དང་འཕགས་པ་ཀླུ་སྒྲུབ་དང་། །འཇམ་དབྱངས་མགོན་པོ་ཡེ་ཤེས་སེམས་དཔའ་དང་། །སྤྱན་རས་གཟིགས་དབང་རྗེ་བཙུན་སྒྲོལ་མ་དང་། །ས་བཅུའི་དབང་ཕྱུག་བྱམས་པ་མི་གཡོ་མགོན། །ཞལ་བསྟན་མངོན་སུམ་དུ་ནི་གཟིགས་ནས་ཀྱང་། །ཞི་བ་ལྷ་ཡི་ཞལ་ནས་འདི་སྐད་གསུང་། །སྡུག་བསྔལ་ཀུན་འབྱུང་འབྲས་བུར་ཤེས་པར་གྱིས། །འབྱུང་བཞིའི་ལུས་ལ་སྐྱེ་འཆི་ཡོད་དོ་གསུང་། །དེ་ལྟར་འཕགས་པ་ཆེན་པོ་ཀླུ་སྒྲུབ་ཀྱིས། །འདུས་བྱས་མི་རྟག་ལ་སོགས་ཆོས་ཀྱི་སྡོམ། །སྒྱུ་མའི་དཔེ་བརྒྱད་མི་རྟག་པར་ཡང་གསུངས། །འཇམ་པའི་དབྱངས་ཀྱིས་སྐྱེ་བ་ཐམས་ཅད་དུ། །ལྷག་པའི་ལྷ་མཆོག་དམ་པར་ཞལ་གྱིས་བཞེས། །སྤྱན་རས་གཟིགས་ཀྱི་ཕྱག་གིས་སྐུ་ལ་བྱུགས། །རྗེ་བཙུན་སྒྲོལ་མས་འཁོར་བ་སྒྲོལ་ཞེས་གསུངས། །བྱམས་པ་མགོན་པོས་ཏིང་འཛིན་བརྒྱ་ཕྲག་གི །སྒོ་དབྱེ་ས་ལམ་ལུང་བསྟན་མངོན་སུམ་མཛད། །མི་གཡོ་མགོན་པོས་བདུད་བཞིའི་བར་གཅོད་དང་། །ལམ་གྱི་འཇིགས་པ་བསལ་ཞེས་དབུགས་དབྱུང་མཛད། །ཉི་ཤུ་དགུ་ཡི་ནམ་ཕྱེད་གྱུར་པ་ན། །དེ་བཞིན་གཤེགས་པ་སྒྲ་དབྱངས

མི་ཟད་པ། །སྒྲོགས་པའི་རྒྱལ་པོ་དངོས་སུ་གཟིགས་གྱུར་ཅིང་། །རྒྱས་འབྲིང་བསྡུས་གསུམ་དེ་ཉིད་སྣས་དོན་ཞུས། །དེ་ཡི་ཐོ་རངས་སྤྱན་རས་གཟིགས་མགོན་ལ། །ཐུགས་རྗེས་བྱང་ཆུབ་མཆོག་ཏུ་སེམས་བསྐྱེད་ཞུས། །ཉི་མ་འཆར་ཀར་འཇམ་དབྱངས་ཞབས་དྲུང་དུ། ། ཤེས་བྱའི་གནས་ལ་ཐེ་ཚོམ་དྲ་བ་བཅད། །སྨིན་དྲུག་ཟླ་བའི་ཡར་ཚེས་དྲུག་གི་ཉིན། །པི་ཞང་གླིང་བུ་རོལ་མོའི་སྒྲ་རྣམས་བྱུང་། །དད་ལྡན་སྐྱེ་བོས་ལྷས་བཟང་སེམས་པ་ལ༑ ༑ཆོས་རྗེ་ཐུགས་ནི་རངས་པར་མ་གྱུར་ཏོ། །བཅུ་གསུམ་སྔ་དྲོར་གཟིམ་ཁང་བཞུགས་པའི་ཚེ། །སེང་གེའི་ཁྲི་ལ་སངས་རྒྱས་བཅོམ་ལྡན་འདས། །ཉན་ཐོས་དགྲ་བཅོམ་འཁོར་གྱི་ཚོགས་ནང་དུ། །བཅུ་གཉིས་བདེན་བཞིའི་ཆོས་འཁོར་བསྐོར་བ་ལ། །ཡན་ལག་བདུན་པ་བཟང་སྤྱོད་མདོ་ཡི་ལུགས། །སྨོན་ལམ་རྒྱལ་པོ་ལྷ་ཡི་སྐད་དུ་བཏབ། །བཅུ་བཞིའི་ཉིན་པར་སྤྲིན་གྱི་ཕུང་པོའི་ནང་། །ཀྱེའི་རྡོ་རྗེ་ལྷ་དགུའི་དཀྱིལ་འཁོར་ལ། །བཤད་པའི་རྒྱུད་འཛིན་རིག་འཛིན་སྡོམ་པ་ཞུས། །ལྔ་གསུམ་ཟླ་རྒྱས་བསྐོར་བ་མཛད་པའི་ཚེ། །ནམ་མཁའི་མཐོང་སུ་འཇའ་འོད་འཁྲིལ་བའི་དབུས། །རྗེ་བཙུན་སྒྲོལ་མ་ལན་གསུམ་ཞལ་གཟིགས་ཏེ། །ཕྱག་གཉིས་ཐལ་སྦྱར་ཨ་བི་ཏ་ར་ཞེས། །གཟིམས་པ་ནས་བཞེངས་བདུག་སྤོས་ཕུལ་ནས་ནི། །པི་ཅི་ལ་སོགས་བུ་སློབ་ཚོགས་རྣམས་ལ༑ ༑མཁའ་ལ་ཅི་ཤར་ཁྱོད་ཀྱིས་མཐོང་གྱུར་ཏམ། །རོལ་མོ་ཐོས་སམ་ཡིད་ལ་བདེ་མཐོང་ངམ། །ནམ་མཁའི་མཐོངས་སུ་རོལ་མོའི་སྒྲ་རྣམས་གྲགས། །ཅི་ཡང་མ་མཐོང་ཞུས་པས་ད་དུང་ཡང་། །སྡིག་ཤས་ཆུང་མོད་འབད་པས་ཤིན་ཏུ་སྦྱོངས། །བདེ་མཆོག་ལ་སོགས་དཀྱིལ་འཁོར་མཐོང་ཞེས་གསུང་། །སྡུག་བསྔལ་འགྲོ་ལ་ཐུགས་རྗེ་སྐྱེས་པ་ན། །བདེ་བར་གཤེགས་ལ་ཡི་ཆད་གྱུར་པའི་ཚེ། །ཐོ་རངས་ཆ་ལ་བླ་མ་རྗེ་བཙུན་དང་། །མཐུ་སྟོབས་དབང་ཕྱུག་ཤར་ཕྱོགས་ནག་པོ་པ། །དངོས་སུ་བྱོན་ནས་ཡི་ཆད་མ་བྱེད་གསུང་། །ཇི་སྲིད་ཉེར་ལེན་ཕུང་པོ་ཡོད་རིང་ལ། །སྐྱེ་རྒ་ན་འཆི་ཡོད་པ་ཆོས་ཉིད་ཡིན། །ཁྱེད་ཀྱང་མིར་སྐྱེས་ཉི་ཤུ་རྩ་ལྔའི་བར། །འཇམ་དབྱངས་རྗེས་བཟུང་རིག་པའི་གནས་ལྔ་མཁྱེན། །འཇིག་རྟེན་ཁམས་མང་བརྒལ་བའི་ཕ་རོལ་ཏུ། །མཁའ་ལ་གནས་པའི་སངས་རྒྱས་ཉིད་འགྱུར་ཏེ། །སངས་རྒྱས་མཉེས་བྱས་སེམས་ཅན་ཡོངས་སྨིན་བྱས། །ཞིང་ཁམས་རྒྱ་ཆེན་བགྲོད་པར་བྱས་ནས་ཀྱང་། །ས་རྣམས་ཐམས་ཅད་རིམ་གྱིས་རབ་བགྲོད་སྟེ། །རྒྱ་གར་ཤར་ཕྱོགས་སུ་སུ་ནི་ཞེས་པར། །རྒྱལ་པོ་ཆེན་པོ་ཉི་མ་སྟོབས་འཕེལ་བུར། །བསྟན་ལ་རབ་བྱུང་སྐྱེ་བ་བཟེས་ནས་ནི། །དད་ལྡན་འགྲོ་བ་འབུམ་ཕྲག་དུ་མ་རྣམས། །ཡོངས་སུ་སྨིན་བྱས་དྲི་མ་མེད་པ་ཡི། །དཔལ་ཞེས་བྱ་བའི་སངས་རྒྱས་ཉིད་འགྱུར་ཞེས། །བླ་མ་རྗེ་བཙུན་ཆེན་པོས་ལུང་བསྟན་མཛད། །བིར་ཝ་པ་ཡིས་དེ་ལ་མཐུན་འགྱུར་བརྗོད། །ནག་པོའི་ཞབས་ཀྱིས་ཡི་རང་འཛུམ་པ་མཛད། །ཉི་གནས་དམ་པས་བདུག་སྤོས་ཡང་ཡང་ཕུལ། །ཆོས་རྗེས་མཆོད་པ

རྣམ་ལྔའི་ཕྱག་རྒྱ་མཛད། །ཅེས་སོ། །

དེ་ཡང་རྒྱ་བོད་ཏོར་གསུམ་ཕན་བདེ་ལ་སྦྱར་བའི་ཕྲིན་ལས་དཔག་ཏུ་མེད་པ་བྱུང་བའི་རྗེས་སུ་ལྟུགས་ཕོ་ཁྱིའི་ཐ་སྐད་ཟླ་བ་ལ་ས་ཆེན་པོ་གཡོས་ཤིང་། དུང་ན་འཁོད་པ་རྣམས་ཀྱིས་རྒྱ་མཚན་ཞུས་པས་བྱང་ཆུབ་སེམས་དཔའ་རྣམས་ཞིང་གཞན་དུ་འགྲོ་བ་ན་ས་གཡོ་བ་ཆོས་ཉིད་ཡིན། ཁོ་བོ་ཡང་ལྟུགས་མོ་ཕག་ལ་ཞིང་གཞན་དུ་འགྲོ་ཞེས་གསུང་། རྣམ་ཐར་བསྡུས་པ་ལས་ཀྱང་། ཤིང་མོ་སྦྲུལ་གྱི་དབྱར་ཟླ་འབྲིང་པོ་དང་། །ལྟུགས་ཕོ་ཁྱི་ཡི་སྟོན་ཟླ་ཐ་ཆུང་ཆེ། །ལྟུགས་མོ་ཕག་ལ་གཞན་དོན་འགྲོ་ཞེས་གསུང་། །དུས་མཁྱེན་ཁྱོད་ལ་སྤྱི་བོས་ཕྱག་འཚལ་ལོ༔ ༔ཞེས་པ་དང་། གཞན་དོན་གཤེགས་པ་ཐུགས་ལ་འཁྲུངས་པའི་ཚེ། །སེམས་མེད་ས་ཡང་རྣམ་པ་དྲུག་ཏུ་གཡོས། །བྱ་རྣམས་ཀུན་ཀྱང་ཅ་ཅོ་དུ་མ་སྒྲོག །བྱམས་ཆེན་ཁྱོད་ལ་སྤྱི་བོས་ཕྱག་འཚལ་ལོ། །ཞེས་སོ། །

གདུལ་བྱ་འཆི་བ་མི་རྟག་པ་དྲན་པའི་དོན་དུ་བསྟུང་བའི་ཚུལ་བསྟན་པའི་ཚེ་ཀྱེ་རྡོར་སྤྲུལ་པའི་ལྷ་དགུ་སོགས་ཡི་དམ་མང་པོའི་ཞལ་གཟིགས་ཤིང་། ཁྱད་པར་འཇམ་དབྱངས་དང་སྒྲོལ་མ་ལན་གསུམ་གསུམ་ཞལ་གཟིགས། འཁོར་ལོ་བདེ་མཆོག་ལ་སོགས་དཀྱིལ་འཁོར་བཅུ་གསུམ་མཐོང་ཞེས་གསུང་། རྣམ་ཐར་བསྡུས་པ་ལས་ཀྱང་། གདུལ་བྱའི་དོན་དུ་བསྟུང་བའི་ཚུལ་བསྟན་ཚེ། །འཇམ་པའི་དབྱངས་དང་བྱམས་མགོན་བློ་ལྡན་དང་། །ཞི་བ་ལྷ་དང་འཕགས་པ་ཀླུ་སྒྲུབ་ཀྱིས། །བསྟུང་གསོལ་ཁྱེད་ལ་སྤྱི་བོས་ཕྱག་འཚལ་ལོ། །ཞེས་པ་དང་། མིག་འཕྲུལ་ལྷ་བུའི་ཏིང་འཛིན་ལ་གནས་ཤིང་། །བསྟུང་མི་མངའ་ཡང་གདུལ་བྱ་ཐམས་ཅད་ཀྱི། །སྒྲིབ་པ་སྦྱངས་ཕྱིར་བསྟུང་བའི་ཚུལ་བསྟན་པ། །བསམ་ཡས་ཁྱོད་ལ་སྤྱི་བོས་ཕྱག་འཚལ་ལོ། །ཞེས་པ་དང་། སྤྱན་རས་གཟིགས་དབང་ཕྱུག་གིས་སྐུ་ལ་བྱུགས། །རྗེ་བཙུན་སྒྲོལ་མ་ནམ་མཁའི་མཐོང་སུ་བྱོན། །འཇམ་དབྱངས་མགོན་པོ་ཡང་དང་ཡང་དུ་གཟིགས། ཁྱུ་མཆོག་ཁྱོད་ལ་སྤྱི་བོས་ཕྱག་འཚལ་ལོ། །སྒྲ་དབྱངས་མི་ཟད་སྒྲོགས་པའི་རྒྱལ་པོ་དང་། །ཤཱཀྱ་སེང་གེ་སློབ་མར་བཅས་པ་སོགས། །སྤྲུལ་པའི་དཀྱིལ་འཁོར་དུ་མ་ཡང་ཡང་གཟིགས། །མི་ཕྱུལ་ཁྱོད་ལ་སྤྱི་བོས་ཕྱག་འཚལ་ལོ། །ཞེས་སོ། །

དེའི་སྐབས་སུ་ཕྱོགས་བཅུའི་སངས་རྒྱས་ཀྱི་འཕྲིན་ཡིག་ལས། སེམས་ཅན་ལས་ལ་སྤྱོད་པ་ལ། ཁྱེད་ཀྱི་ཐུགས་རྗེ་མི་འཇུག་ན། །དང་པོ་ལས་ལ་འཇུག་པ་ཉིད། །མགོན་པོ་ཁྱེད་ཀྱིས་ཅིས་མི་འགོགས། །ཞེས་པ་ལྷ་བུ་ཐུགས་ལ་འཁྲུངས་པའི་ཚེ། དེའི་ཐོ་རངས་དབུས་སུ་རྗེ་བཙུན་ཆེན་པོ་དང་། གཡས་སུ་མཐུ་སྟོབས་བེནྡྷ་པ་དང་། གཡོན་དུ་ནག་པོ་པ་དངོས་སུ་བྱོན་ནས་ཁྱོད་དེ་ལ་ཡི་མ་ཆད་ཟག་བཅས་ཀྱི་ལུས་འདི་ལ་སྐྱེ་ཤ་ན་འཆིའི་ཆུ་བོ་བཞི་ཡོད་པ་ཆོས་ཉིད་ཡིན་གསུང་། བེནྡྷ་པས་འཛུམ་པ་མཛད། ནག་པོ་པས་དེ་ཡིན་གསུང་། བེནྡྷ་པས་ཐོད་

པའི་བདུད་རྩི་ལ་སྲིན་ལག་གིས་རེག་ནས། ཁྱོད་ཀྱི་ལྷགས་སྐྱོངས་གསུང་ནས། ལྷགས་ལ་ཐིག་ལེ་བྱས་པའི་སྣང་བ་བྱུང་། དེའི་དུས་རྟོག་པ་དང་རྟོག་མིང་མཐའ་ལས་འདས་པ་བདེ་གསལ་མི་རྟོག་པ་རྒྱལ་བ་རྣམས་ཀྱི་ཐུགས་ལའང་འདི་ལས་ལྷག་པ་མེད་སྙམ་པའི་སྣང་བ་བྱུང་གསུང་། དེ་ནས་བླ་མ་རྗེ་བཙུན་པས་ཁྱོད་འདི་ནས་གཞན་དོན་ལ་འགྲོ་བའི་དུས་སུ། ཤར་ཕྱོགས་ཀྱི་འཇིག་རྟེན་གྱི་ཁམས་དུ་མ་བརྒལ་བའི་ཕ་རོལ་ཏུ་མཁའ་ལ་གནས་པའི་རིག་པ་འཛིན་པར་གྱུར་ནས། དེ་བཞིན་གཤེགས་པ་དུ་མ་མཉེས་པར་བྱས་ཤིང་ས་ལམ་ཕལ་ཆེར་བགྲོད་དེ། རྒྱ་གར་ཤར་ཕྱོགས་སུ་སུ་ནི་ཞེས་བྱ་བར་རྒྱལ་པོ་ཉི་མ་སྟོབས་འཕེལ་གྱི་བུར་སྐྱེས་ནས། དད་ལྡན་འགྲོ་བ་འབུམ་ཕྲག་དུ་མ་གྲོལ་བར་བྱས་ཏེ། དེ་ནས་སྐྱེ་བ་གསུམ་པ་ལ་སངས་རྒྱས་དྲི་མ་མེད་པའི་དཔལ་ཞེས་བྱ་བར་འགྱུར་རོ་ཞེས་རྗེ་བཙུན་པས་སློབ་དཔོན་བི་རཱུ་པ་ལ་དེ་ལྟར་ལགས་སམ་གསུང་། སློབ་དཔོན་གྱིས་དེ་ཡིན་གསུང་། ནག་པོ་པས་ཀྱང་རྗེས་སུ་ཡི་རང་བའི་འཛུམ་པ་མཛད་དོ། །རྣམ་ཐར་བསྡུས་པ་ལས་ཀྱང་། རྗེ་བཙུན་མཐུ་སྟོབས་ནག་པོའི་ཞལ་སྔ་ནས། ཁྱོད་ཉིད་ཉི་མ་རྒྱལ་པོའི་བུར་གྱུར་ཚེ། །དྲི་མ་མེད་དཔལ་སངས་རྒྱས་ཉིད་འགྱུར་ཞེས། །ལུང་བསྟན་ཁྱོད་ལ་སྤྱི་བོས་ཕྱག་འཚལ་ལོ། །ཞེས་པ་དང་། ལེ་ལོ་ཅན་རྣམས་བརྩོན་པ་བསྐྱེད་པ་དང་། །སྐལ་དམན་རྣམས་ལ་དགེ་བ་སྤེལ་བའི་ཕྱིར། །སྐུ་ཚེའི་འདུ་བྱེད་ཡང་ཡང་བྱིན་གྱིས་བརླབས། །མངའ་བརྙེས་ཁྱོད་ལ་སྤྱི་བོས་ཕྱག་འཚལ་ལོ། །ཞེས་སོ། །རྣམ་ཐར་རྒྱས་པ་ལས། སླུལ་པོ་ཟླ་བའི་དཀར་ཕྱོགས་ཚེས་བརྒྱད་ལ། །རྣལ་འབྱོར་དམ་ཚིག་གསོ་བའི་ཚོགས་འཁོར་མཛད། །ནམ་མཁའི་མཐོངས་ན་རོལ་མོའི་སྒྲ་དབྱངས་གྲགས། །པི་ཝཾ་ལ་སོགས་བུ་སློབ་ཚོགས་རྣམས་ཀྱིས། །ཅི་ལགས་ཞུས་པས་ཁྱེད་རྣམས་མི་ཤེས་སམ། །ང་བོ་འདི་ནས་གཞན་དུ་འགྲོ་བའི་ལྟས། །བསྐལ་པ་སྟོང་དུ་ཕ་རོལ་ཕྱིན་པའི་ཚུལ། །མགོ་དང་རྐང་ལག་བདོག་པ་གཏོང་བའི་ཚེ། །བླ་མའི་ཟབ་ལམ་སྐད་ཅིག་གཅིག་ལ་རྫོགས། །རིམ་གྲོ་བྱས་པས་ཁྱེད་རང་རྣམས་ལ་བཟང་། །བླ་མ་དམ་པས་བྱང་ཆུབ་བརྙེས་པ་ན། །སློབ་མའི་ཚོགས་ལ་ཡེ་ཤེས་གཟིགས་པ་འཇུག །འབྲེལ་བ་བྱས་པ་དོན་མེད་མི་འགྱུར་བས། །ཆོས་ཐོབ་པ་ལ་དགའ་བ་སྒོམས་ཤིག་གསུང་། །ལུགས་མོ་ཕག་ལོ་བདུན་ཅུ་བཞེས་པའི་ཚེ། །སྐུ་ཡི་དབོན་པོ་ཐུགས་ལས་སྐྱེས་པའི་སྲས། །བློ་ལྡན་འཕགས་པའི་སྤྱི་བོར་ཕྱག་བཞག་ནས། །སངས་རྒྱས་ཀུན་གྱི་བགྲོད་པ་གཅིག་པའི་ལམ། །རྒྱུད་སྡེའི་དགོངས་པ་བླ་ན་མེད་པའི་མཆོག །སྙིང་ཐབས་ཟབ་མོ་བླ་མའི་རྣལ་འབྱོར་ལ། །གསོལ་འདེབས་ཉམས་ལེན་རིམ་ཅིག་བུ་རྣམས་ཀུན། ཁྱེད་རྣམས་ཐམས་ཅད་གང་གསུང་སྒོམ་ནས་ཀྱང་། །ལེགས་པར་འོང་ཞེས་བཀའ་ཡི་རྗེས་གནང་མཛད། །སླུལ་པོ་ཟླ་བའི་ཡར་ཚེས་བཅུ་བཞི་ཡི། །ཐོ་རངས་ཆ་ལ་སྐུ་རིངས་ཤར་བའི་ཚེ། །རྡོ་རྗེ་དྲིལ་བུ་ཐུགས་ཀར་བསྣོལ་ནས

ཀྱང་། །མཁའ་ལ་དཔའ་བོ་དཔའ་མོ་མཁའ་འགྲོའི་ཚོགས། །གནས་གཙང་ལྷ་ཡི་བུ་དང་བུ་མོ་རྣམས། །རོལ་མོའི་སྒྲ་དང་ས་གཡོས་བསུ་བ་དང་། །བཅས་ཏེ་དགོངས་པ་ཡོངས་སུ་མྱ་ངན་འདས། །རྡོ་རྗེ་དྲིལ་བུའི་ཕྱག་རྒྱ་ཞག་གསུམ་དུ། །བརྟན་པར་བཟུང་ནས་གཟི་བརྗིད་མདངས་དང་ལྡན། །བཅོ་བརྒྱད་སྤྱི་དྲྭ་དྲི་བཟང་དར་ཟབ་ཀྱི༑ ༑རིན་ཆེན་སྒྲོམ་བུ་རིམ་གྲོ་ཆར་བྱས་ཏེ། །སྣ་ཚོགས་རྒྱན་སྤྲས་གསེར་གྱི་ཁྲི་སྟེང་དུ། །ལྷ་རྫས་མཆོད་པའི་སྤྲིན་གྱིས་བསྐོར་ནས་བཞུགས། །ཉེར་ལྔའི་ཉིན་མོ་མཆོད་པ་ཕུལ་དུ་བཏབ། །རྒྱལ་བརྒྱུད་ང་རྒྱལ་ཆེ་ལྡན་དཔུང་གི་ཚོགས། །ཡན་ལག་བཞི་ལྡན་དུ་མ་ཕན་ཚུན་དུ། །འདེགས་པའི་གྱང་ལ་མ་དུམས་རྩོད་པར་བརྩམས། །གཡུལ་དུ་ཞུགས་ནས་འཐབ་མོའི་སྟ་གོན་བྱས། །བློ་གྲོས་མཆོག་གིས་ཆགས་སྡང་ཞི་བའི་ཕྱིར། །རྒྱ་ཡི་མི་གཉིས་དེ་བཞིན་གེ་སར་གཉིས། །ཡུ་གུར་གཉིས་དང་དེ་བཞིན་བོད་ཀྱི་བཞི། །བཅུ་ཕྲག་གཅིག་གིས་སྐུ་གདུང་མཁའ་ལ་བཏེག །བོད་ཧོར་རྒྱ་གསུམ་སྐད་རིགས་མི་གཅིག་པའི། །ཕལ་པའི་བསྲུང་མ་གཤིན་རྗེའི་ཕོ་ཉ་བཞིན། །འཇིགས་པའི་གཟུགས་ཅན་ལག་ན་དབྱུག་ཐོ་ཐོགས། །སྐྱོར་བ་རྩུབ་ཀྱང་བྱིས་པའི་སེམས་དང་ལྡན། །བསམ་པ་ངན་ཀྱང་གདུང་སྒྲོམ་གུས་པས་བསྲུང་། །ལྷ་མིའི་ཚོགས་ཀྱིས་མེ་ཏོག་འཐོར་བ་དང་། །དྲི་ཆབ་གར་མཁན་ཞལ་ཟས་རོལ་མོའི་ཚོགས། །ཁྱད་པར་བདུག་སྤོས་དུ་མའི་སྤྲིན་ཕུང་གིས། །རབ་ཏུ་མཆོད་ཅིང་གདུང་བའི་སྨྲེ་སྔགས་འདོན། །ཁྲིམས་ལུགས་ཆོས་མཐུན་མི་ཉག་རྒྱལ་པོ་ཡི། །ཆབ་འོག་བྱང་ཕྱོགས་ཁམས་ཀྱི་ས་ཡི་ཕྱོགས། །ལིང་ཆུ་རྩེར་ཁབ་གྲོང་ཁྱེར་ཧྥ་ཡི་ཡུལ། །སྤྲུལ་པའི་ལྷ་ཁང་བརྒྱ་ཕྲག་ཕྱེད་འདས་པ། །ས་གཞི་ཡིད་འོང་ལག་མཐིལ་ལྟར་མཉམ་པའི། །འོག་གི་ས་གཞིར་དཀྱིལ་འཁོར་ལྟ་བཞེངས་ཏེ། །ཕྱོགས་བཞིར་གདུགས་དང་རྒྱལ་མཚན་བ་དན་འཕྱུར། །ཁང་བཟང་མཆོག་དེར་ཙན་དན་ཤིང་ཁྲི་ལ། །རོལ་མོའི་སྒྲ་བཅས་འཇམ་དབྱངས་གདུང་སྒྲོམ་བཞུགས། །མདོ་དབྱངས་ལ་སོགས་སྔགས་འཁོར་སྣ་ཚོགས་དང་། །ཞལ་ལྟས་བཀོད་པ་དྲུག་ཕྲག་རྣམ་པ་ལྔ། །རོ་བརྒྱ་ཆོས་ལྡན་དགེ་འདུན་ཚོགས་ལ་འགྱེད། །དད་ལྡན་སྐྱེས་བུས་སྒྲོན་མེ་དལ་བུས་ཕུལ། །ཅུང་ཟད་མ་འབར་ནན་གྱིས་གསོལ་བ་བཏབ། །ཉེར་ལེན་ཐུགས་རྗེའི་ཤུགས་ཀྱིས་སྦྱར་སྦྱངས་ནས། །བསྲེག་རྫས་རིན་ཆེན་སྣ་ཚོགས་འབྲུ་སྣ་ལྔ། །རྩི་མར་དཀར་བླུགས་གསེར་དངུལ་བརྒྱ་རྩ་དང་། །སྲིད་གསུམ་འདིར་ཁྱབ་ཁམས་གསུམ་སེམས་ཅན་གྱི། །སྡིག་སྒྲིབ་སྦྱང་ཕྱིར་དྲང་སྲོང་མེ་ལྷ་དང་། །བླ་མ་དམ་པ་རྡོ་རྗེ་འཆང་ཆེན་ལ། །འཁོར་གསུམ་ཡོངས་དག་ཆོ་ག་ཤེས་པས་ཕུལ། །དེ་དུས་ལྷ་ཀླུ་གནོད་སྦྱིན་མིའམ་ཅི། །བསྟན་ལ་རབ་དགའ་ངོ་མཚར་དགེ་བའི་ཚོགས། །བདག་མེད་རྟོགས་ཕྱིར་ནམ་མཁའ་དྭངས་པར་བྱུང་། །དུ་བ་འཇའ་གུར་སྤྲུངས་པའི་སྤྲིན་གསེབ་ནས། །ལྷ་བུ་གཞོན་ནུ་གདུགས་དང་རྒྱལ་མཚན་ཐོགས། །བཀྲ

ཤིས་གླུ་དབྱངས་རོལ་མོ་དུ་མ་དང་། །མི་ཏོག་སྣ་ཚོགས་མང་པོའི་ཆར་པ་དག །ཀུན་གྱིས་མཐོང་བ་ནམ་མཁའ་གང་བར་བབ། །དུ་བའི་རྩེ་མོར་རྡོ་རྗེ་སྔོན་པོ་དང་། །རལ་གྲི་ལྷུང་ཁྲུ་ཨུཏྤལ་ལ་སོགས་ཀྱི། །གདུགས་ནི་ནམ་མཁར་གཡས་སུ་འཁོར་བ་དང་། །དྲི་བཟང་ཞིམ་པས་ས་ཕྱོགས་གར་ཁྱབ་ཀུན། །སྤྱུག་བསྤོལ་རྣམ་སྤྲངས་ཆེམ་གདུང་བདེ་བ་སྐྱོང་། །རྒྱ་ཡི་མི་གཉིས་མི་ཉག་དད་པ་ཅན། །ཆུ་ཚོད་བདུན་རིང་ཉི་མ་གསུམ་ཤར་ཚེ། །དཔའ་བར་འགྲོ་བའི་ཏིང་འཛིན་ཕྱག་རྒྱ་དང་། །སེངྒེ་རྣམ་འགྱིང་པདྨ་བཀོད་པ་སོགས། །རྡོ་རྗེ་ལྟ་བུའི་ཏིང་འཛིན་སྐྱེས་པར་མཐོང་། །འོག་མིན་བཞུགས་ཁང་གནས་ལ་ཕུལ་བ་ཡི། །ཟས་ནོར་ཆ་རྐྱེན་རི་ཡི་ཕུང་པོ་ཙམ། །རྒྱ་དང་ཧོར་དང་བོད་དང་ཡུ་གུར་གྱི། །དགེ་འདུན་རྒྱ་མཚོ་ཁྲི་ཕྲག་ཚོགས་པའི་དབུས། །ཆོས་རྒྱལ་དབོན་པོའི་དབུང་གིས་ཡོངས་དག་བྱས། །ཐོ་རངས་དུས་སུ་ཉེ་གནས་བརྩོན་འགྲུས་ཅན། །པི་ཏི་རིན་ཆེན་གྲགས་པའི་མཐའ་ཅན་གྱིས། །ལག་པ་དངར་བཏུམས་ཆོས་གོས་སྣམ་སྦྱར་གྱོན། །དྲི་ཞིམ་བསང་གཏོར་རིན་ཆེན་གསེར་གཞོང་དུ། །སྣ་ཚོགས་མཆོད་སྤྲིན་རིན་ཆེན་ཕུང་པོར་བཏུས། །སྐུ་གདུང་ལེགས་བསྡུས་རིན་ཆེན་སྒྲོམ་བུར་སྦས། །སྐྱབས་ཆེན་རྒྱལ་བརྒྱུད་ཁ་ཅིག་དེ་ལ་ཁྲོས། །བདག་གི་བླ་མ་ཆོས་རྗེ་པཎ་ཆེན་དེ། །ཀུན་ལ་བྱམས་མོད་བདག་ལ་རིང་མིན་ཏེ༑ ༑ཁྱོད་ལ་ཉེ་མིན་སྐུ་གདུང་བདག་ཅག་ལ། །ཕག་ཏུ་སྦེད་པའི་གཏན་ཚིགས་ཅི་ཕྱིར་དང་། །སྐུ་གདུང་འདི་ལ་བསྲུང་བའི་ཆ་ཤས་རེ། །སོ་སོར་བསྒོམས་ན་ཞི་བའི་སེམས་དང་ལྡན། །དེ་ལྟ་མིན་པར་མཁོ་བའི་རིགས་ཡོད་ཀྱང་། །དེ་ཡང་བླ་མའི་གསུང་དང་འགལ་ཐབས་མེད། །འཕགས་པ་པག་ཤི་མ་མཉེས་གྱུར་ན་བླའི། །རྒྱལ་བའི་སྲས་པོ་ཕྲིན་ལས་མཐའ་ཅན་དེ། །ནམ་མཁའ་འཇའ་ཚོན་གུར་གྱི་སྟེང་ན་བཞུགས། །བར་སྣང་སྙན་པའི་སྒྲ་སྒྲོག་མི་ཏོག་ཆར། །ཞེས་སོ། །དེ་ཡང་། རྣལ་འབྱོར་དམ་ཚིག་གསོ་བའི་ཚོགས་འཁོར་ཞེས་བྱ་བ་ཡང་། སྤྱིར་རྣལ་འབྱོར་པའི་ཚོགས་འཁོར་དང་རབ་ཏུ་བྱུང་བའི་སྟོན་མོ་གཉིས་ཀྱི་བྱེད་ལུགས། ཆོས་རྗེའི་ཚོགས་འཁོར་ཆེམ་པ་དྲུག་གི་རྗེས་སུ་འབྲང་བར་བྱའོ། །ཁྱེ་བྲག་འདིར་དམ་ཚིག་གསོ་བའི་ཚོ་ག་ནི། ཆོས་རྗེ་ས་པཎ་གྱི་གསུང་སྒྲོས་ལས། གཞན་དོན་དུ་ཡིན་ན་ནི་བུམ་པ་འཆའ་དགོས་ལ། རང་དོན་དུ་བྱེད་ན་ནང་མཆོད་བདུད་རྩི་རིལ་བུ་དང་བཅས་པའི་ཉེར་མཁོའི་ཡོ་བྱད་རྣམས་འཛོམ་པ་དང་། རྡོ་རྗེ་སེམས་དཔའི་བསྒོམ་བཟླས་མན་ངག་བཞིན་ཏིང་ངེ་འཛིན་གྱི་དབང་བཞི་དང་སྦྲེལ་ཏེ། བདུད་རྩི་ལྔ་ལ་མྱོང་བ་ཙམ་ལ་སོགས་པ་ལྷ་གཏོར་གྱི་བར་བླ་མ་ཡི་དམ་མཆོད་པ་དང་། འབྱུང་པོ་ལ་གཏོར་མ་གཏོང་བ་སོགས་སྐབས་དང་སྦྱར་གསུང་། བླ་མའི་ཟབ་ལམ་ཞེས་བྱ་བ་དང་ཟབ་མོ་བླ་མའི་རྣལ་འབྱོར་ཞེས་བྱ་བ་ལ། དཔལ་ལྡན་ས་སྐྱ་པའི་བླ་མའི་རྣལ་འབྱོར་བཀའ་རྒྱ་མ་ཞེས་བྱ་བ་ལ་སོགས་པ་སྣང་ན་ཡང་། འདི་ནི་ལམ་འབྲས་རྡོ་རྗེའི་ཚིག་རྐང་ལས་ལམ་ཟབ་བླ་མ་ཞེས་བྱ་བ་

བླ་མ་གོང་མའི་འཆག་མེད་ཀྱི་རྒྱུན་གཅིག་ཡིན་ནོ། །རྣམ་ཐར་རྒྱས་པ་ལས། བདག་དང་དད་པ་ཐོབ་པའི་སྐྱེས་བུ་འགས། །བླ་མ་འཇམ་པའི་དབྱངས་སུ་ཡང་ཡང་གཟིགས། །དེ་ཕྱིར་བདག་ནི་ཞི་བའི་སེམས་དང་ལྡན། །ཞེས་སོ།། །།

དེ་ལྟར་བདག་ཉིད་ཆེན་པོ་འདིའི་རྣམ་པར་ཐར་པ་ཆ་ཤས་ཙམ་བརྗོད་པ་འདི་དག་ཀྱང་། གདུལ་བྱ་དད་པ་ཅན་བློ་དམན་པ་དག་ལ་ཅུང་ཟད་སྣང་བར་ཟད་ཀྱི་འདི་ཙམ་གྱིས་འདིའི་ཚོད་གཟུང་བར་མི་བྱ་སྟེ། འདི་ནི་ངེས་པར་བཅོམ་ལྡན་འདས་འཇམ་པའི་དབྱངས་ཀྱི་སྤྲུལ་པ་ཡིན་ཏེ། དེ་ཡང་ཁ་ཆེ་པཎ་ཆེན་སེང་ག་ལའི་གླིང་དུ་བྱོན་པའི་ཚེ། འཕགས་པ་དགྲ་བཅོམ་པ་ཞིག་གིས་མེ་ཏོག་སེར་པོ་གཅིག་བཏད་དེ་ཁྱོད་བོད་དུ་འགྲོ་བ་ན། འདི་གང་དུ་ཁ་བྱེ་བ་དེར་འཇམ་དབྱངས་ཀྱི་སྤྲུལ་པ་ཞིག་འོང་བས། དེ་ལ་ཕུལ་ཅིག་ཅེས་ལུང་བསྟན་ནོ། །ཕྱིས་རྗེ་ཉིད་དང་མཇལ་དུས་མེ་ཏོག་ཁ་བྱེ་ཞེས་གྲགས་སོ། །

ཡང་རྗེ་ཉིད་བྱང་ལིང་ཙུ་རྩེ་ཁབ་ན་བཞུགས་པ་ན། མི་མང་པོ་ཞིག་གིས་རི་བོ་རྩེ་ལྔ་ལ་མཆོད་པ་ལ་ཕྱིན་པས། ཐམས་ཅད་ཀྱི་རྨི་ལམ་དུ་ད་ལྟ་རི་བོ་རྩེ་ལྔ་ན་འཇམ་དབྱངས་མི་བཞུགས། ལིང་ཙུ་རྩེ་ཁབ་ན་ཆོས་གསུང་གིན་ཡོད་ཟེར་བ་རྨིས་ཏེ། སད་པ་དང་ཐེ་ཚོམ་མེད་པར་ལིང་ཙུར་འོངས་པས་ཆོས་རྗེ་ཉིད་དང་མཇལ་ལོ། །དཔལ་མར་མེ་མཛད་ཡེ་ཤེས་བོད་དུ་བྱོན་དུས། ས་སྐྱ་དན་གྱི་ས་ཕྱོགས་དེ་གཟིགས་ནས་འདིར་འཇམ་དབྱངས་ཀྱི་སྤྲུལ་པ་བདུན་བརྒྱུད་འབྱོན་ཞེས་ལུང་བསྟན་ཅིང་། བོ་དོང་རིན་པོ་ཆེ་ལ་སོགས་པའི་གདུལ་བྱ་ལས་དག་པ་འགའ་ཞིག་གིས་འཇམ་དབྱངས་སུ་དངོས་སུ་གཟིགས་ཞེས་གྲགས་སོ། །རྣམ་ཐར་བསྡུས་པ་ལས་ཀྱང་། བསམ་པ་དག་པའི་གདུལ་བྱ་འགའ་ཞིག་གིས། །འཇམ་པའི་དབྱངས་སུ་མངོན་སུམ་མཐོང་གྱུར་ཅིང་། །འཕགས་པའི་ཡུལ་ནའང་གཏམ་དུ་དེ་ལྟར་གྲག །ལྷུན་གྲུབ་ཁྱོད་ལ་སྤྱི་བོས་ཕྱག་འཚལ་ལོ། །ཞེས་སོ། །

དེ་ཡང་། རྒྱ་གར་རྡོ་རྗེ་གདན་གྱི་སྒོ་གོང་གི་ངོས་ལ། ས་པཎ་གྱི་མཚན་སཾསྐྲི་ཏའི་ཡི་གེར་རང་ཤར་བས། འཇམ་དབྱངས་ཞེས་གཏམ་དུ་གྲགས་སོ། །རྣམ་ཐར་རྒྱས་པ་ལས། ས་རི་ཡར་ཆེས་བཅུ་བཞིའི་སྔ་དྲོ་ལ། །བྱ་སློབ་ཚོགས་ཀྱིས་རིན་ཆེན་སྒྲོམ་ཞལ་ཕྱེ། །ལིང་ཙུ་རྩེ་ཡི་ཕོ་བྲང་གནས་མཆོག་དེར། །རིན་ཆེན་རྒྱན་སྤྲས་གསེར་གྱི་ཁྲི་སྟེང་དུ། །མི་ཡི་དབང་པོ་རྒྱལ་པོ་གོ་དན་བཞུགས། །མདུན་དུ་ས་གཞི་དྲི་ཞིམ་སྤོས་ཆུས་བྱུགས། །མཎྜལ་གསེར་གྱི་པད་མ་འདབ་བརྒྱད་དབུས། །ཟ་འོག་པད་མ་སྟོང་ལྡན་གདན་དུ་སྟིངས། །སྐུ་གདུང་རིང་བསྲེལ་རྟེན་མཆོག་ཆོམ་བུར་བཀྲལ། །རྒྱལ་པོའི་ཕྱག་གིས་གསེར་གྱི་ཐུར་མ་ལ། །དྲི་ཞིམ་བདུག་སྤོས་ཅན་དན་ལྡེ་གུས་བྱུགས། །མངོན་སུམ་གཟིགས་ནས་རིང་བསྲེལ་རྟེན་མཆོག་རྣམས། །བཙོས་མའི་རིང་བསྲེལ་རྟེན་རྣམས་སོ་

སོར་བསལ། །སྐུ་གདུང་གུས་བལྟམས་སྐུ་གསུང་ཐུགས་ཀྱི་རྟེན། །གཙུག་གཏོར་དབུས་སུ་ཀྱིའི་རྡོ་རྗེ་དང་། །འཛམ་པའི་དབྱངས་སྐུ་དྲི་མེད་གསལ་པོར་བྱོན། །དཔྲལ་བའི་ཆ་ལ་འཁོར་ལོ་སྡོམ་པའི་སྐུ། །ལྟག་པའི་ཆ་ལ་སངས་རྒྱས་བཅོམ་ལྡན་འདས། །ཕྲག་པའི་གདུང་ལ་ཁར་ས་པ་ཏི་དང་། །རྐང་གི་སྲུབས་ལ་སྤྱན་རས་གཟིགས་དབང་བྱོན། །སྣལ་བུའི་ཆ་ལ་གསང་བའི་ཡུམ་གཅིག་བྱོན། །སྒྲོལ་མ་མི་གཡོ་ཕྱུས་བཙུགས་རྣམ་པ་གཉིས།།ཕྱག་སོར་གཡས་པར་ཀླུ་ཤིང་ལྗོན་པའི་སྟེང་། །བྱམས་པ་ཆོས་ཀྱི་འཁོར་ལོའི་ཕྱག་རྒྱ་ཅན། །སྤྲུལ་པ་རྣམ་བཅུ་སྐུ་ཡི་རྟེན་དུ་བྱོན། །ཚངས་པའི་གསུང་དབྱངས་སྟོང་ཉིད་སེང་གེའི་སྒྲ། །སྐྱེ་མེད་དོན་མཚོན་ཨ་ཡིག་འབྱུར་དུ་དོད། །སྤྱན་གོང་གཉིས་ལ་རྣམ་རྒྱལ་མཆོད་རྟེན་རེ། །ཐུགས་དགོངས་རྣམ་དག་རང་བྱུང་ཆོས་སྐུར་ཤར། །ལྟེ་བར་དམ་ཚིག་རྡོ་རྗེ་ཧཱུྃ་གིས་མཚན། ། ཞེས་སོ། །

བདག་ཉིད་ཆེན་པོ་འདི་ལ། མ་འོངས་པ་མཁྱེན་པའི་མངོན་པར་ཤེས་པའང་མངའ་སྟེ། གདན་ས་ནས་བྱང་ངོས་སུ་ཕེབས་པའི་ལམ། མདོ་ སྨད་དུ། མི་གཅིག་གིས་དར་ནག་པོ་གཅིག་ལ་གསེར་གྱི་ཐིག་ལེ་མང་དུ་བྱས་པ་གཅིག་ཕྱག་རྟེན་ལ་ཕུལ། དེ་ལྟ་རྗེ་པི་ཏི་ལ་གནང་ནས། ཁྱོད་རང་ཚགས་ཀྱིས་གསུང་། ནམ་མཁའ་དྭངས་པ་ལ་སྐར་མ་བཀྲ་བ་ལྟ་བུའི་བསྟན་པ་ཅིག་འུ་ཅག་ལ་འོང་བ་ཡིན་གསུང་། ས་སྐྱ་པས་རིང་བསྲེལ་བཀག་ཟེར་བ་ཡོད་པ་ལ། དེ་ཡང་། རིང་བསྲེལ་ཕལ་ཆེར་གདོན་ལས་བྱུང་། །དཀར་པོའི་ཕྱོགས་ཀྱིས་བྱས་པའང་སྲིད། །འབྱུང་བཞི་དག་གིས་བསྐྱེད་པའང་ཡོད། །འཕགས་པ་གསུམ་གྱི་རིང་བསྲེལ་ནི། །ཡོན་ཏན་སྟོབས་ཀྱིས་འབྱུང་བ་སྟེ། །འབྱུང་ཁུངས་ནས་བྱུང་རིང་བསྲེལ་ཡིན། །དེ་ལ་གྲངས་ནི་བརྒྱ་རྩ་མེད། །མི་འགྲིབ་འཕེལ་བའི་རིང་བསྲེལ་ཡིན། །ཞེས་བྱ་བ་ཡིན་པས། ང་ལ་རྟེན་བྱོན་ན། གྲངས་བརྒྱ་རྩ་མེད་པ་ཞིག་འབྱོན་པ་ཡིན་པས། ཁྱེད་རང་ཚགས་ཀྱིས་ལ། དར་འདིས་དེའི་ན་བཟའ་ཀྱིས་གསུང་། རྣམ་ཐར་རྒྱས་པ་ལས། གཞན་ཡང་རིང་བསྲེལ་སྣ་ཚོགས་དཔག་མེད་བྱོན། །རྒྱལ་པོ་སྒོ་གསུམ་གུས་པས་འདི་སྐད་གསུང་། །ལྷག་པར་ཡ་མཚན་ཆེ་བའི་རྟེན་མཆོག་ཀུན། །འདི་འདྲའི་ངོ་མཚར་སྣ་ཚོགས་དཔག་ཏུ་མེད། །ཕྱི་རབས་ས་སྐྱའི་བརྒྱུད་པ་པཎྜི་རྣམས། །ཀུན་ལ་འབྱུང་ན་ངོ་མཚར་ཡ་མཚན་ཆེ། །འོན་ཀྱང་སྔོན་ལས་བསོད་ནམས་བསགས་པའི་མཐུས། །འདི་ལྟར་བྱུང་ན་བསྟན་པའི་རྒྱན་དུ་དགོན་པའི་མཆོག །བདག་གི་སྨོན་ལམ་སྟོབས་ལས་བྱུང་བས་རྗེས་ཡི་རངས། །རྟག་ཏུ་ལུས་ངག་ཡིད་གསུམ་གུས་པས་གསོལ་བ་ཐོབ། །ཡིད་ཆེས་ཀྱིས་ཤིག་སྐྱེ་བ་འདི་ཡི་འོག་རོལ་དུ། ཁྱེད་ཚོ་བུ་སློབ་རྣམས་དང་བདག་ཅག་ལྷན་ཅིག་ཏུ། །སངས་རྒྱས་བསྟན་པའི་བདག་པོ་བླ་མ་དམ་པ་དེས། །ཐུགས་རྗེས་རྗེས་གཟུང་འཁོར་གྱི་ཐོག་མར་སྐྱེ་བར་ངེས། །གསུངས་ཏེ་སྐུ་གདུང་རྟེན་མཆོག

རིང་བསྲེལ་རྣམས། །དད་ལྡན་གདུལ་བྱ་སྐྱེས་བུའི་ཚོགས་རྣམས་ཀྱི། །བཀའ་ཡི་ཕྱག་མཆོད་བསོད་ནམས་གསོག་པ་ཡི། །རྟེན་དུ་གནང་བས་རྟག་ཏུ་དད་པ་ཐོབ། །དོན་གཉེར་སྐྱེ་བོ་ཕར་འགྲོ་ཚུར་འོང་རྣམས། །སྤྲུལ་པ་སྡེ་ཡི་གྲོང་ཁྱེར་ཡུལ་དབུས་སུ། །གསོལ་འདེབས་བསྐོར་བ་མཆོད་རྟེན་བཞེངས་པ་སོགས། །ཕྱིན་རླབས་སྨོན་དང་འཕྲལ་དུ་བྱུང་བ་མང་། །ཞེས་སོ། །རྣམ་ཐར་བསྡུས་པ་ལས་ཀྱང་། རོལ་མོའི་སྒྲ་རྣམས་མཁའ་ལ་ཡང་ཡང་གྲགས། །འཇའ་འོད་རྣམ་པའི་གདུགས་དང་བ་དན་འཕྱུར། །ལྷ་རྣམས་ཞུགས་ཀྱིས་ས་ཡང་རབ་ཏུ་གཡོས། །ཉེར་ཞི་ཁྱོད་ལ་སྐྱེ་བོས་ཕྱག་འཚལ་ལོ། །བྱམས་པའི་སྟོབས་ཀྱིས་སྐྱེ་བོ་དཔག་མེད་འདུས། །ལྷ་མིའི་མཆོད་པ་ཕུལ་དུ་བྱུང་བས་མཉེས། །སྐུ་གདུང་རིང་བསྲེལ་དད་ལྡན་རྟེན་དུ་བཞག །ཕན་དགོངས་ཁྱོད་ལ་སྐྱེ་བོས་ཕྱག་འཚལ་ལོ། །ཞེས་སོ། །རྣམ་ཐར་རྒྱས་པ་ལས། རྣམ་ཐར་མདོར་བསྡུས་ཙུང་ཟད་བྲིས་པ་ཡི། །དེ་ལས་བྱུང་བའི་དགེ་བ་གང་ཐོབ་པ། །འགྲོ་རྣམས་ཀུན་མཁྱེན་ཆོས་རྗེ་ཉིད་ཀྱི་ཞབས། །པད་མ་དྲི་མ་མེད་ལ་གུས་བཏུད་ནས། །རིག་པའི་གནས་ལྔ་མཁྱེན་པའི་པཎྜི་ཏར། །གྱུར་ཏེ་སྐྱེ་བ་རྣམས་སུ་ཡང་དང་ཡང་། །རྟག་ཏུ་འབྲལ་བ་མེད་པར་གནས་གྱུར་ཏེ། །ཤེས་རབ་ནོར་བདུན་དག་དང་ལྡན་གྱུར་ལ། །མཐོ་རིས་ཡོན་ཏན་འདུན་ལ་སྤྱོད་བྱེད་ཅིང་། །ཐར་པའི་ལམ་མཆོག་དག་ལ་རབ་ཞུགས་ནས། །འགྲོ་ལ་བདེ་དགེ་རྒྱ་མཚོ་འབྱུང་གྱུར་ཅིག །ཅེས་སོ། །དེ་ཡང་རྣམ་ཐར་མདོར་བསྡུས་ཙུང་ཟད་བྲིས། །ཞེས་བྱ་བ་ཡང་། བི་ཅི་རིན་ཆེན་གྲགས་པ་དང་། འབྲི་མཚམས་པ་རིན་ཆེན་དཔལ་ལ་སོགས་པས་མཛད་པའི་རྣམ་ཐར་གསན་ཡིག་ལ་ལྟོས་ཏེ་བསྡུས་པ་ཡིན་ལ། ཡར་ལུང་པ་གྲགས་པ་རྒྱལ་མཚན་གྱིས་མཛད་པའི་རྣམ་ཐར་ཚིགས་བཅད་མ་ལ་ལྟོས་ཏེ་རྒྱས་པ་ཞེས་བྱའོ། །དེས་ན་ཆོས་རྗེ་ས་པཎ་གྱི་དངོས་སློབ་བུ་ཆེན་རྣམས་ཀྱིས་སྨྲ་བའི་རྣམ་ཐར་ལའང་། ཆོས་གསུངས་པའི་ལོ་གྲངས་དང་། ཆོས་གསན་པའི་རྣམ་གྲངས་དང་། ཁ་ཆེ་པཎ་ཆེན་དང་མཇལ་བའི་དུས་དང་ས་ཕྱོགས་དང་། གཞན་པའི་རྒྱ་རྟོར་གྱི་གཏམ་བརྒྱུད་འདྲ་ལ་མི་འདྲ་སྣ་ཚོགས་སྣང་ན་ཡང་། རྣམ་ཐར་ཚིགས་བཅད་མ་རྒྱས་པ་འདི་ཉིད་ལ་ཡིད་རྟོན་བྱ་བར་རིགས་སོ། །

དེ་ཡང་འདིའི་རྩོམ་པ་པོ་ཡར་ལུང་པ་གྲགས་པ་རྒྱལ་མཚན་ཞེས་བྱ་བ་འདིས་ནི་བླ་མ་འཇམ་པའི་དབྱངས་སུ་ཡང་ཡང་མཐོང་བར་ཞལ་གྱིས་བཞེས་པའི་ཕྱིར་དང་། རྣམ་ཐར་ཚིགས་བཅད་མ་རྒྱས་བསྡུས་འདི་གཉིས་ཀྱི་དོན་ལ་ཁྱད་པར་འགའ་ཡང་མི་སྣང་བའིཕྱིར་རོ། །དེ་ལྟ་ན་ཡང་། སློབ་དཔོན་སྦྱར་མ་དག་ན་རེ། ཏེ་ལོ་པ་དང་། ནཱ་རོ་ཏ་པའི་རྣམ་ཐར་བཞིན། རྣམ་ཐར་མཐུན་ན་གྲུབ་ཐོབ་མིན། །ཞེས་གསུངས་པ་ལྟར། བུ་ཆེན་ཐ་དད་ཀྱིས་སྨྲ་བའི་རྣམ་ཐར་ལ་ཡང་ཐེ་ཚོམ་མི་བྱ་སྟེ། ལོ་རྫོང་དང་རིལ་པོ་བགྲང་པ་དང་། ཆོས་སྨྲ་མ་གསན་པ

ཕྱིས་གསན་པའི་ཁྱད་པར་སོགས་ཡོད་པས་འགལ་བར་མི་སེམས་ཤིང་ཤིན་ཏུ་གུས་པར་བྱའོ། །དེ་ཡང་གངས་རིའི་ཁྲོད་ཀྱི་སྡོམ་ཆེན་འབྲིང་ལ་སྩྲིངས་པའི་འཕྲིན་ཡིག་ལས། ཐེག་མཆོག་སྒྲུབ་པ་ཚུལ་བཞིན་མ་ནུས་ཀྱང་། །དབང་བཞིའི་དམ་ཚིག་མི་ཉོག་ཀུན་པོ་འདི། །སྤྱི་བོའི་ཐོད་བཞིན་རྒྱུན་དུ་བསྟེན་བྱེད་པ། །སྲིད་པ་མྱུར་དུ་སྒྲོལ་བའི་སྡོམ་ཆེན་ཡིན། །ཞེས་གསུངས་སོ། །

གསུམ་པ་བསྟན་བཅོས་འདིའི་དམིགས་དོན་བཤད་པ་ལ། བསྟན་བཅོས་འདི་བརྩམས་པའི་ཕན་ཡོན། མ་བརྩམས་པའི་ཉེས་དམིགས། ཇི་ལྟར་བརྩམས་པའི་ཚུལ་དང་གསུམ་ལས། དང་པོ་ནི། ཆོས་རྗེ་ས་སྐྱ་པཎྜི་ཏ་ཆེན་པོས། བོད་ཀྱི་ཆོས་ལོག་འཕེལ་ན་སངས་རྒྱས་ཀྱི་བསྟན་པ་ལ་གནོད་པར་དགོངས་ནས། ཆོས་དང་ཆོས་མིན་འབྱེད་པའི་ཕྱིར་དུ་བསྟན་བཅོས་འདི་བརྩམས་ཤིང་། ཕྱེད་ཙམ་ཚར་བ་ན། བོད་ཀྱི་ཆོས་པ་རྣམས་ཀྱིས་གཞི་མ་ར་མགོ་ལྷ་བུའི་བསྟན་བཅོས་ཆགས་སྡང་གི་དབང་གིས་བརྩམས་འདུག་ཟེར་བ་ཐོས་ནས། སྔར་ཆོས་ཉན་དུ་འོང་འདོད་པ་རྣམས་ཀྱིའང་གེགས་སུ་སོང་བའི་གཏམ་ཟངས་ཚ་བསོད་ནམས་རྒྱལ་མཚན་ལ་སོགས་པ་རྣམས་ཀྱིས་ཀྱང་ཐོས་པས། དབུ་ཆེ་བ་རྣམས་ངོ་ཆེན་དུ་བཅར་ཏེ། ཆོས་རྗེའི་དྲུང་དུ་ཇ་སྐྱོལ་ནས། ཆགས་སྡང་ཅན་ཟེར་བའི་གཏམ་འདི་འོ་སྐོལ་གྱི་ཕྲིན་ལས་ལ་གནོད་པར་གདའ་ལགས་པས། མི་རྩོམ་པར་ཞུ་ཞེས་ཞུ་བ་ཕུལ་བས། ཆོས་འདི་ལོ་འདོད་དམ་ང་རྒྱལ་གྱིས་བྱས་པ་མིན་སངས་རྒྱས་ཀྱི་བསྟན་པ་ལ་བསམས་པ་ཡིན་ཏེ། ཐམས་ཅད་མ་དགའ་བར་འདུག་པས་བཞག་པ་ལས་མི་འོས་གསུངས་ནས་ཞལ་གྱིས་བཞེས་སོ། །

གཉིས་པ་ནི། དེའི་མཚན་མོ་ཆོས་རྗེ་པའི་མནལ་ལམ་དུ། སངས་རྒྱས་ཀྱི་སྐུ་ཤིན་ཏུ་མཛར་བ་གཅིག་མི་གཙང་བའི་ཁྲོད་ན་བཞུགས་ཀྱི་འདུག་པ་ལ་ཕྱི་བསྐར་མཛད་པས། མི་མང་པོ་མི་མགུ་བའི་རྣམ་འགྱུར་བྱེད་ཀྱི་འདུག་པས། བཞག་པ་དང་། ཡང་སྐུ་དེ་ལ་མི་མང་པོས་མི་གཙང་བར་བསྐུ་བ་བཞིན་བྱེད་པ་རྨིས་ནས། མནལ་སད་པ་དང་ཆོས་དང་མི་མཐུན་པ་རྣམས་ཀྱི་ངོ་བསྲུང་དུ་བསྟན་པའི་བྱ་དོར་བཞག་ན། ད་དུང་ཆོས་ལོག་ཇི་མང་ལ་འགྲོ་བར་དགོངས་ནས། སྔར་མི་བརྩོམ་པར་ཞལ་གྱིས་བཞེས་པའི་ཉེས་པ་བླ་མ་དང་དཀོན་མཆོག་ལ་བཟོད་པར་གསོལ་ཏེ་ཚར་བར་བརྩམས་པ་ཡིན་ནོ། །ཆོས་རྗེ་པའི་ཞལ་ནས། ཆོས་འདི་ལོག་པར་བཤད་ན་སྡིག་པ་ལྕི། །ལེགས་པར་བཤད་ན་སྐྱེ་བོ་ཕལ་ཆེར་ཁྲོ། །སྙིགས་མའི་དུས་ཀྱི་ཆོས་འཆད་དཀའ་མོད་ཀྱི། །འོན་ཀྱང་འགྲོ་ལ་ཕན་སྙམ་འདི་བརྩམས་སོ། །ཞེས་གསུངས་སོ། །

གསུམ་པ་ལ། བསྟན་བཅོས་ལ་འཇུག་པའི་ཡན་ལག །ཡན་ལག་ཅན་གྱི་བསྟན་བཅོས། བསྟན་བཅོས་ཡོངས་སུ་རྫོགས་པའི་ཚུལ་དང་གསུམ་ལས། དང་པོ་ལ། མཚན་འདོགས་པ། མཆོད་པར་བརྗོད་པ། རྩོམ་པར་

དམ་བཅའ་བ། རྩོམ་པའི་དགོས་པ་དང་རྒྱུ་མཚན་བཤད་པ་དང་བཞི་ལས། དང་པོ་ནི། བསྟན་བཅོས་འདི་ལ་མཚན་གང་ཞེས་བྱ་བ་འདོགས་ན། སྡོམ་པ་གསུམ་གྱི་རབ་ཏུ་དབྱེ་བ་ཞེས་བྱ་བ་འདོགས། དེ་ཡང་བརྗོད་བྱ་སྡོམ་པ་གསུམ་དང་། བྱེད་ལས་རབ་ཏུ་དབྱེ་བར་བྱེད་པས་སོ། །འཕགས་པ་ལང་ཀར་གཤེགས་པའི་མདོ་ལས། མིང་དུ་གདགས་པ་མ་མཛད་ན། །འཇིག་རྟེན་ཐམས་ཅད་རྨོངས་པར་འགྱུར། །དེ་བས་རྨོངས་པ་བཟློག་པའི་ཕྱིར། །མགོན་པོས་མིང་དུ་གདགས་པར་མཛད། །ཞེས་གསུངས།

གཉིས་པ་ལ། སྤྱིར་བླ་མ་དམ་པ་ལ་མཆོད་པར་བརྗོད་པ། བྱེ་བྲག་རྩ་བའི་བླ་མ་ལ་མཆོད་པར་བརྗོད་པ་དང་གཉིས་ལས། དང་པོ་ནི། དགེ་བ་འབའ་ཞིག་ལ་འཇུག་པ་བླ་མ་དམ་པའི་ཞབས་ལ་མགོ་བོས་གུས་པར་ཕྱག་འཚལ་ལོ། །དེ་ཡང་གུས་པའི་རྒྱུ་མཚན། སླུའི་དམའ་ཤོས་ཞབས་ལ་ལུས་ཀྱི་མཐོ་ཤོས་སྤྱི་བོས་ཀྱང་འདུད་ན་གཞན་ལ་ལྟ་སྨོས་ཀྱང་ཅི་དགོས། མཛོད་ལས། དམ་པ་དམ་མིན་འཇུག་མི་འཇུག །ཅེས་སོ། །འདིར་བླ་མ་དམ་པ་ལ་དབྱེ་ན། ཕྱི་སྒྲོ་འདོགས་གཅོད་པའི་བླ་མ། ནང་རང་བྱུང་གི་ཡེ་ཤེས་སྟོན་པའི་བླ་མ། གསང་བ་ལྷན་ཅིག་སྐྱེས་པའི་ཡེ་ཤེས་སྟོན་པའི་བླ་མ། མཐར་ཐུག་ཆོས་ཐམས་ཅད་ཤིན་ཏུ་རྣམ་པར་དག་པའི་དེ་ཁོ་ན་ཉིད་སྟོན་པའི་བླ་མ་སྟེ་བཞིའོ། །དེ་དག་ཀྱང་ངོ་བོ་གཅིག་ལ་ཡོན་ཏན་གྱི་ལྡོག་པས་ཕྱེ་བ་ཡིན་ལ་ཞེས་ལམ་འབྲས་བུ་དང་བཅས་པའི་མན་ངག་ལས་འབྱུང་ངོ་། །དེས་མཚོན་ནས་སྤྱིར་ཐེག་པ་གསུམ་པོ་སོ་སོའི་གཞུང་ལུགས་ནས་གསུངས་པའི་བླ་མའི་མཚན་ཉིད་དང་ལྡན་པ་གཅིག་དགོས་སོ། །

གཉིས་པ་ནི། ཁྱེད་ཀྱི་རྩ་བའི་བླ་མ་གང་ཡིན། དེ་ལ་ཡོན་ཏན་ཅི་མངའ། མཆོད་པར་བརྗོད་པ་ལ་དགོས་པ་གང་ཡོད་ཅེ་ན། དབང་གི་ཆུ་བོ་མ་ནུབ་པ་ལག་ལེན་དང་བཅས་པ། བྱིན་རླབས་ཀྱི་བརྒྱུད་པ་མ་ཉམས་པར་ངོ་སྤྲོད་དང་བཅས་པ། གདམས་ངག་གི་སཀྲ་མ་ལོག་པ་སྒྲུབ་པ་ལུང་སྦྱིན་དང་བཅས་པ། མོས་གུས་ཀྱི་བསམ་པ་ཚིམ་པ་དྲོད་ཚད་དང་བཅས་པ་སྟེ། སྙན་བརྒྱུད་བཞིའི་རྩ་བའི་བླ་མ་རྗེ་བཙུན་གྲགས་པ་རྒྱལ་མཚན་གྱི་ཞལ་སྔ་ནས་ཡིན། དེ་ལ་ཡོན་ཏན་ནི་གཟུགས་ཅན་གྱི་རྒྱན་སྟོན་པ་བདེ་བར་གཤེགས་པས་བསྟན་པའི་གསུང་རབ་ཡན་ལག་བཅུ་གཉིས་སྡེ་སྣོད་གསུམ། རྒྱུད་སྡེ་བཞིས་བསྡུས་པ་གང་ལ་ཡང་མི་འཇིགས་པའི་སྤོབས་པ་ཐོབ་པ་སེང་གེའི་སྒྲ་ཡིས། ལྟ་བ་ངན་པ་ལས་རྒྱུ་འབྲས་དང་དེ་ཁོ་ན་ཉིད་ལ་རྨོངས་པའི་མ་རིག་པ་དང་བཅས་པའི་བདུད་དང་མུ་སྟེགས་ཀྱི་རི་དྭགས་མཐའ་དག་སྐྲག་པར་མཛད་ལ། རང་བཞིན་གྱི་རྒྱན། སངས་རྒྱས་ཀྱི་དགོངས་པ་སྡེ་སྣོད་གསུམ་དང་རྒྱུད་སྡེ་བཞིའི་དོན་ཇི་ལྟ་བ་བཞིན་ལེགས་པར་སྒྲུབ་པ་སེམས་ཅན་དང་མཚུངས་པ་མེད་པའི་བླ་མ་སངས་རྒྱས་དེ་ལ་ས་སྐྱ་པཎྜི་ཏ་བདག་ཅག་དད་པས་ཕྱག་འཚལ་ལོ། །

དེ་ཡང་། བརྒྱད་སྟོང་པའི་འགྲེལ་པ་སྙིང་པོ་མཆོག་ལས། མདོ་སྡེ་དབྱངས་བསྙད་ལུང་དུ་བསྟན། །ཚིགས་བཅད་ཆེད་བརྗོད་གླེང་གཞི་དང་། །རྟོགས་བརྗོད་དེ་ལྟ་བུ་བྱུང་དང་། །སྐྱེས་རབས་ཤིན་ཏུ་རྒྱས་པ་དང་། །རྨད་བྱུང་གཏན་ལ་དབབ་པ་དང་། །གསུང་རབ་ཡན་ལག་བཅུ་གཉིས་ཡིན། །ཞེས་པ་དང་། ཐེག་པ་ཆེན་པོ་རྒྱུད་བླ་མ་ལས། ཐུབ་པ་སེང་གེ་སེ་གྷེ་བཞིན། །འཁོར་གྱི་ནང་དུ་འཇིགས་མི་མངའ། །ཞེས་པ་དང་། འཇམ་དཔལ་མཚན་བརྗོད་ལས། བདག་མེད་སེང་གེའི་སྒྲ་དང་ལྡན། །མུ་སྟེགས་རི་དྭགས་ངན་འཇིགས་བྱེད། །ཅེས་གསུངས། དད་པས་ཕྱག་མཆོད་བྱས་པའི་དགོས་པ་ཡང་། མཛོད་ལས། བསོད་ནམས་བསགས་པའི་མི་རྣམས་ལ༑ ༑གཞན་ལས་བྱུང་བའི་གནོད་པའམ། །ལྷའམ་བདུད་ཀྱི་རིགས་རྣམས་ཀྱིས། །བར་ཆད་བྱ་བར་མི་ནུས་སོ། །ཞེས་པ་དང་། དཔལ་གསང་བ་འདུས་པའི་རྒྱུད་ལས། དབང་བསྐུར་ཐོབ་པའི་རྡོ་རྗེ་སློབ་དཔོན་ལ་ཇི་ལྟར་བལྟ་བར་བྱ། བཅོམ་ལྡན་འདས་ཀྱིས་བཀའ་བསྩལ་པ། དུས་གསུམ་གྱི་སངས་རྒྱས་ཐམས་ཅད་མཆོད་པའི་བསོད་ནམས་བླ་མའི་བ་སྤུའི་བུ་ག་གཅིག་ལ་མཐོང་ནས་དུས་གསུམ་གྱི་སངས་རྒྱས་ཐམས་ཅད་བླ་མ་ལ་མཆོད་པ་བྱེད་པར་མཐོང་ངོ་། །ཞེས་པ་དང་། རྗེ་ཉིད་ཀྱི་བླ་མའི་རྣལ་འབྱོར་ཐུན་མོང་བ་ལས། མཆོད་པ་ཐམས་ཅད་སྤངས་ནས་ནི། །བླ་མ་མཆོད་པར་བྱའོ་ཞེས། །སངས་རྒྱས་ཀུན་གྱིས་མཐུན་པར་གསུངས། །ཞེས་པ་དང་། ཐུན་མོང་མིན་པ་ལས། ཉི་མའི་འོད་ཟེར་རབ་ཚ་ཡང་། །མེ་ཤེལ་མེད་པར་མེ་མི་འབྱུང་། །དེ་བཞིན་སངས་རྒྱས་བྱིན་བརླབས་ཀྱང་། །བླ་མ་མེད་པར་འབྱུང་མི་འགྱུར། །དེས་ན་ཁྱོད་ཉིད་མཉེས་པ་ཡིས། །སངས་རྒྱས་ཐམས་ཅད་མཉེས་པར་འགྱུར། །ཞེས་གསུངས།

གསུམ་པ་ནི། བླ་མ་སངས་རྒྱས་ལ་དད་པས་ཕྱག་འཚལ་ནས་དོན་ཅི་བྱེད་ཅེ་ན། སྐྱོན་མེད་ཅིང་ཡོན་ཏན་ཀུན་གྱི་མཛོད་མངའ་བ་འགྲོ་བའི་བླ་མའི་ཞབས་ལ་བསྟོད་པ་སྔོན་དུ་འགྲོ་བའི་ཕྱག་འཚལ་ནས། སྡོམ་གསུམ་དབྱེ་བ་ས་སྐྱ་པཎྜི་ཏ་བདག་གིས་བཤད་དོ། །གདུལ་བྱ་གང་ལ་འཆད་ཅེ་ན། རིག་པའི་གནས་ལྔ་ཆེ་ཆུང་ལ་མཁས་པར་མ་གྱུར་ཀྱང་། མི་ཕྱེད་པ་དང་དང་བ་དང་འདོད་པའི་དད་པ་གསུམ་དང་ལྡན་པ་སངས་རྒྱས་གསུང་བཞིན་སྒྲུབ་པར་འདོད་པ་དེ་ལ་བཤད་དོ། །

བཞི་པ་ལ། དགོས་པ་དང་རྒྱུ་མཚན་བཤད་པ་གཉིས་ལས། དང་པོ་ནི། ཀུང་སྒྲ་ནས་དོགས་པ་འབྱུང་བ་ས་སྐྱ་པཎྜི་ཏ་ཁྱོད་རིག་པའི་གནས་ལྔ་ལ་མཁས་པར་ཁས་འཆེ་ན། སྒྲ་ཚད་སྙན་ངག་སྡེབ་སྦྱོར་སོགས་ཀྱི་སྒོ་ནས་བསྟན་བཅོས་མི་རྩོམ་པར། ཚིག་གི་རྒྱན་དང་མིང་གི་མངོན་བརྗོད་སོགས་སྤངས་ནས་བསྟན་བཅོས་རྩོམ་པ་ལ་དགོས་པ་མེད་དོ་སྙམ་ན། རྒྱ་གར་མཁས་པ་རྣམས་དགའ་བའི་སྒྲ་ཚད་སྙན་ངག་སྡེབ་སྦྱོར་གྱི་བསྟན་

བཅོས་རིན་ཆེན་འབྱུང་གནས་ལྷ་བུ་ལ་སོགས་པ་ནི། བོད་བླུན་པོ་རྣམས་ཀྱིས་གོ་བར་དཀའ་བས། ཚིག་གི་རྒྱན་དང་མིང་གི་མངོན་བརྗོད་ཡི་གེ་ལྟི་ཡང་ངལ་གསོ་སོགས་སྤེལ་བའི་སྦྱོར་བ་སྤྲངས་ནས་ཀྱང༌། སྡོམ་གསུམ་དབྱེ་བ་བདག་གིས་བཤད་པ་ལ་དགོས་པ་ཡོད་དེ། རིག་པའི་གནས་ལྔ་ལ་མཁས་པ་པཎྜི་ཏ་དང༌། དད་ལྡན་སངས་རྒྱས་གསུང་བཞིན་སྒྲུབ་པར་འདོད་པའི་བླུན་པོ་ཀུ་ས་ལི་ཀུན་གྱིས་གོ་བར་བྱ་བའི་ཕྱིར་སྙམ་དུ་དགོངས་སོ།། །།

གཉིས་པ་ནི། ཡང་ཀྱང་སྒྲ་ནས་དོགས་པ་བྱུང་བ། ས་སྐྱ་པཎྜི་ཏ་ཁྱོད་བླ་མ་སངས་རྒྱས་ལ་དད་ཅིང་སེམས་ཅན་དད་པ་དང་ལྡན་པ་ལ་སྡོམ་གསུམ་དབྱེ་བ་བཤད་དོ་ཞེས་དམ་འཆའ་ན། བསྟན་བཅོས་འདི་ནས་ཕ་རོལ་པོ་ལ་ཟུར་ཟ་བའི་ཚིག་རྩུབ། ཚིག་ཀྱང་སྙིག་ལེགས་མ་ཤེས་ན། །དོན་བཟང་སློས་ཀྱང་ཅི་ཞིག་དགོས། །བླུན་པོ་རྣམས་ཀྱི་རང་དགའ་ཚིག །ཅེས་སོགས་ལྷ་བུ་དུ་མ་ཞིག་འབྱུང་བ་ཅི་ཡིན་སྙམ་ན། ས་སྐྱ་པཎྜི་ཏ་བདག་ནི་སངས་རྒྱས་ཀྱི་བསྟན་པ་ལ་བདུད་ལས་ཀྱིས་མི་ཕྱེད་པ་ཡི་དད་པ་ལས་རྒྱུ་འབྲས་ལ་ཡིད་ཆེས་པ་དང༌། དང་བའི་དད་པ་བླ་མ་དཀོན་མཆོག་གི་ཡོན་ཏན་ལ་དང་བ་དང༌། འདོད་པའི་དད་པ་སེམས་ཅན་གྱི་དོན་དུ་སངས་རྒྱས་ཐོབ་པར་འདོད་པ་ཡོད་ལ། འོན་ཀྱང་སངས་རྒྱས་ཀྱི་བསྟན་པ་ལ་ལྷ་སྤྱོད་འཁྲུལ་པར་སྤྱོད་པ་འགའ་རེ་ལ་བདག་མ་དད་པས་ཟུར་ཟ་བ་ལྟར་སྣང་བ་ནི་སྙིང་རྗེས་ཀུན་ནས་བསླངས་པས་ཉེས་པ་མེད་དོ། །དཔེར་ན་འཕྲོག་བྱེད་རལ་པ་ཅན་ལ་ཁྱོད་ཀྱི་ལྷ་ཚངས་པ་ནི་གཏི་མུག་ཅན་ཡིན་ནོ། །ཞེས་གསུངས་པ་ལྟ་བུའོ། །འཕགས་པ་རྣམ་པར་འཐག་པ་ཐམས་ཅད་བསྡུས་པའི་མདོ་ལས་ཀྱང༌། བྱམས་པ་མི་གཏི་མུག་ཅན་དེ་དག་འདི་སྐད་དུ། འདི་ལྟ་སྟེ། བྱང་ཆུབ་ནི་སྟོང་པ་ཉིད་ཀྱི་ཚུལ་དུ་ཚུལ་གཅིག་པ་ཡིན་པས་ཤེས་རབ་ཀྱི་ཕ་རོལ་ཏུ་ཕྱིན་པ་ཁོ་ན་ལ་བསླབ་པར་བྱའི། ཕ་རོལ་ཏུ་ཕྱིན་པ་ལྷག་མ་ལྔ་ལ་སྤྱོད་པ་ནི་ཡི་ཆད་པའོ། །ཞེས་ཟེར་ན། དེ་ངས་སྤྱོད་པ་ཡོངས་སུ་དག་པ་ཡིན་ནོ། །ཞེས་ཇི་ལྟར་ལུང་བསྟན་པ་བཞིན་ནོ། །དེ་ལྟ་ན་ཡང༌། འདི་ལས། བརྒྱ་ལ་མཉམ་པར་མ་བཞག་པས། །སྨྲད་པ་སྲིད་ནའང་སྡིག་དེ་བཤགས། །ཞེས་བྱ་བ་ལྟ་བུ་ནི་སྣང་བ་མ་དག་པ་འགའ་ཞིག་གི་ངོར་དྲང་བའི་དོན་ཅན་དུ་གསུངས། དེ་ཡང་རིན་ཆེན་ཕྲེང་བ་ལས། དད་པ་དང་ནི་ཤེས་རབ་སྟེ། །སྔོན་དུ་འགྲོ་བ་དད་པ་ཡིན། །ཞེས་དང༌། འགྲེལ་པ་དོན་གསལ་ལས། དེ་ལ་རབ་ཏུ་དང་བ་ནི་ལེགས་པ་ཐམས་ཅད་འཐོབ་པའི་རྒྱུའི་གཙོ་བོ་ཡིན་ནོ། །ཞེས་བཤད། མདོ་ལས། ཆོས་གཅིག་ལག་མཐིལ་དུ་མཆིས་ན་སངས་རྒྱས་ཀྱི་ཆོས་ཐམས་ཅད་ལག་མཐིལ་དུ་མཆིས་ཏེ། གཅིག་གང་ཞེ་ན། སྙིང་རྗེ་ཆེན་པོའོ། །ཞེས་གསུངས། བཙུན་པ་ངོ་བོ་ཉིད་མེད་པས་ཀྱང༌། ལུང་རིགས་དག་པ་དག་པའི་བློ། །སྙིང་རྗེས་བསྐུལ་བའི་ཡིད་ཀྱིས་བྱས། །ཞེས་བཤད་པ་

ལྟ་བུའོ། །

གཉིས་པ་ལ། ལུས་རྣམ་གཞག་དང་། ཡན་ལག་རྒྱས་བཤད་གཉིས་ལས། དང་པོ་ནི། གང་ལ་འཁྲོས་ན༑ སྡོམ་པ་གསུམ་གྱི་རབ་ཏུ་དབྱེ་བ་ཞེས་བྱ་བ་དེ་ཡང་གང་ཡིན་ཞེ་ན། སོ་སོར་ཐར་པའི་སྡོམ་པ་ལུགས་གཉིས་དང་། བྱང་ཆུབ་སེམས་དཔའི་སེམས་བསྐྱེད་ལུགས་གཉིས་དང་། གསང་སྔགས་ཀྱི་ནི་དབང་བསྐུར་དང་འབྲེལ་བའི་སྡོམ་པ་དམ་ཚིག་འཁྲོས་དང་བཅས་པ་དང་། སྡོམ་གསུམ་དེ་དག་གི་ནི་ལེན་པའི་ཆོ་ག་དང་། སྡོམ་གསུམ་སོ་སོའི་བསླབ་པར་བྱ་བ་དང་། བྱེ་བྲག་ཏུ་བྱང་སེམས་ཀྱི་སྡོམ་པ་ལ་དགོས་པ་སེམས་བསྐྱེད་པ་ཡི་གནད་བདག་གཞན་བརྗེ་བ་གང་། གཞན་དོན་ཡིད་བྱེད་ཀྱི་བསྔོ་བ་སྨོན་ལམ་ལ་སོགས་པ་རྣམས་དང་། སྟོང་ཉིད་སྙིང་རྗེའི་སྙིང་པོ་ཟུང་དུ་འཇུག་པ་དང་། གསང་སྔགས་སྡོམ་པ་ལ་དགོས་པ་བསྐྱེད་པ་དང་རྫོགས་པའི་རིམ་པ་གཉིས་ཀྱི་དོན་ཐེག་པ་འོག་མ་ལ་གསང་བའི་ཚིག་དང་། དབང་དང་རིམ་གཉིས་ལས་བྱུང་བའི་ཡེ་ཤེས་ཕྱག་རྒྱ་ཆེན་པོ་སོགས་བཞི་དང་སྤྱིར་སྡོམ་གསུམ་ཐུན་མོང་དུ་འཇུག་པ་ཕྱི་དང་ཁྱད་པར་གསང་སྔགས་ལ་ནང་གི་རྟེན་འབྲེལ་སོགས་དང་ས་དང་པོ་སོགས་དང་ཚོགས་ལམ་སོགས་ལམ་གྱི་རྣམ་གཞག་གི་རྣམ་པར་དབྱེ་བ་ཁོ་བོས་བཤད་ཀྱིས་ལེགས་པར་རབ་ཏུ་ཉོན་ལ་ཡིད་ལ་ཟུངས་ཤིག །དེས་ན་ལུས་དང་ཡན་ལག་གཉིས་སུ་རྣམ་པར་བཞག་པའི་དགོས་པ་ཡང་བསྟན་བཅོས་འདི་ལ་ཉན་བཤད་སླ་བའི་ཆེད་ཡིན་ནོ། །

གཉིས་པ་ལ། སྡོམ་པ་གསུམ་སོ་སོའི་དོན། སྡོམ་པ་གསུམ་ལ་འཁྲུལ་པ་དགག་པ། བཀག་ནས་བསྟན་པ་དམ་ཆོས་ལ་བྱེ་དོར་བྱ་བར་རིགས་པ་དང་གསུམ་ལས། དང་པོ་ལ། སོ་སོར་ཐར་པ་དང་། བྱང་ཆུབ་སེམས་དཔའ་དང་། གསང་སྔགས་ཀྱི་སྡོམ་པ་བཤད་པ་དང་གསུམ་ལས། དང་པོ་ལ། གཉིས་སུ་དབྱེ་བ། གཉིས་པོ་སོ་སོའི་རང་བཞིན། ལས་འབྲས་ཀྱི་རྣམ་དབྱེ་བསྟན་པ་དང་གསུམ་ལས། དང་པོ་ནི། སོ་སོར་ཐར་པའི་སྡོམ་པ་དང་། །ཞེས་བྱ་བ་དེ་ཡང་གང་ཡིན་ཞེ་ན། སོ་སོར་ཐར་པའི་སྡོམ་པ་ལ་ཉན་ཐོས་ཀྱི་ལུགས་གཅིག་ལ་མ་ངེས་ཏེ། ཉན་ཐོས་ཀྱི་ལུགས་དང་ཐེག་ཆེན་གྱི་ལུགས་ཀྱི་སོ་སོར་ཐར་པའི་སྡོམ་པ་གཉིས་ཡོད་པས་སོ། །

གཉིས་པ་ལ། སྡོམ་པ་གནས་པའི་དུས་དང་། ལེན་པའི་ཚུལ་གཉིས་ལས། དང་པོ་ལ། དུས་གཉིས་ཀྱི་ཁྱད་པར་བསྟན་པ། དེའི་རྒྱུ་མཚན་བཤད་པ། དེ་ལ་ལོག་རྟོག་དགག་པ་དང་གསུམ་ལས། དང་པོ་ནི། ཉན་ཐོས་སྡེ་པ་རྣམས་ཀྱི་ལུགས་ལ་སྐྱབས་འགྲོའམ་དགེ་བསྙེན་གྱི་སྡོམ་པ་ནས། དགེ་སློང་གི་ནི་སྡོམ་པའི་བར་གྲངས་བརྒྱད་དམ་བདུན་ཡོད་པ་རྫས་བཞིར་འདུ་སྟེ། ཕན་ཚུན་མཚན་འགྱུར་ཀྱང་སྡོམ་པའི་རྒྱུན་ལ་འཕེལ་འགྲིབ་མེད་པའི་ཕྱིར་རོ། །དེ་ཡང་དགེ་བསྙེན་དང་། དགེ་ཚུལ་དང་། དགེ་སློང་དང་གསུམ་རྟེན་པོ་མོས་བྱེད་པ་

དྲུག་དང་། དགེ་སློབ་མ་དང་། བསྙེན་གནས་དང་བརྒྱད་དོ། །དེ་ལ་དགེ་བསྙེན་ཡང་བདུན་ནམ་བརྒྱད་གསུངས་ཏེ། སྐྱབས་འགྲོའི་མི་མཐུན་ཕྱོགས་ལྷ་གཞན་ལ་ཕྱག་འཚལ་བ་དང་། སེམས་ཅན་ལ་འཚེ་བ་དང་མུ་སྟེགས་དང་ཕྱོགས་གཅིག་པ་རྣམས་སྤོང་སེམས་ཀྱི་སྡོམ་པ་དང་ལྡན་པ་སྐྱབས་འགྲོའི་དགེ་བསྙེན་དང་། སྲོག་གཅོད་པ་ལྟ་བུ་གཅིག་སྤོང་བ་སྣ་གཅིག་སྤྱོད་པ་དང་། མ་བྱིན་ལེན་དང་གཉིས་སྤོང་བ་སྣ་འགའ་སྤྱོད་པ་དང་། ལུས་ཀྱི་མི་དགེ་བ་གསུམ་དང་རྫུན་སྤོང་བ་ཕལ་ཆེར་སྤྱོད་པ་དང་། ཆང་དང་ལྔ་སྤོང་བ་ཡོངས་རྫོགས་དང་། མདོ་ལྟར་པ་མི་ཚངས་སྤྱོད་སྤོང་བ་ཚངས་སྤྱོད་ཀྱི་དགེ་བསྙེན་དང་། ལུང་རྣམ་འབྱེད་ལས། ལྔ་པ་ཚངས་པར་སྤྱོད་པའི་དགེ་བསྙེན་ཡང་ཡོད་ངེས་ཤིག །ཅེས་གསུངས་ལ། ཆོས་ལྡན་རབ་འབྱོར་གྱིས་ཀྱང་། ཆོས་དགེ་བ་བཅུ་བསྟན་པས་ཚངས་པར་སྤྱོད་པའི་དགེ་བསྙེན་ཞེས་བཤད། གནས་བརྟན་སྟེ་པ་བསྙེན་གནས་ཡན་ལག་བརྒྱད་ཇི་སྲིད་འཚོའི་བར་དུ་ཁས་ལེན་པ་གོ་མིའི་དགེ་བསྙེན་ཞེས་བྱའོ། །

ཞར་ལ་བརྒྱད་པ་ནི། དཀོན་མཆོག་བརྩེགས་པའི་མདོ་ལས། རྒྱལ་པོའི་བུ་སྙིང་རྗེ་ཆེ་བའི་སེམས་ཀྱིས། བསྙེན་གནས་ཡན་ལག་བརྒྱད་པ་ཇི་སྲིད་འཚོའི་བར་དུ་བླང་བར་བྱའོ་ཞེས་གསུངས་པ་ལྟ་བུ་ཐེག་པ་མཆོག་གི་དགེ་བསྙེན་དུ་མངོན་ནོ། །དགེ་ཚུལ་ནི། ལུས་ཀྱི་མི་དགེ་བ་གསུམ་དང་རྫུན་སྤོང་བ་འཁོར་བཅས་སོ། །དགེ་སློང་ནི། ལུས་ངག་གི་མི་དགེ་བ་བདུན་སྡོམ་པའི་སྤོང་འདུན་འཁོར་བཅས་སོ། །དགེ་སློབ་མ་ནི། རྩ་བའི་ཆོས་དྲུག་དང་རྗེས་སུ་མཐུན་པའི་ཆོས་དྲུག་སྤོང་བའོ། །དེ་ཡང་མདོ་རྩའི་རྒྱ་ཆེར་འགྲེལ་ལས། གཅིག་པུ་ལམ་དུ་འགྲོ་མི་བྱ། །ཆུ་བོའི་ཕ་རོལ་བརྒལ་མི་བྱ། །སྐྱེས་པ་ལ་ནི་རེག་མི་བྱ། །སྐྱེས་པ་དང་ནི་འདུག་མི་བྱ། །སྨྲན་དུ་འགྱུར་བར་མི་བྱ་ཞིང་། །ཁ་ན་མ་ཐོ་བཅའ་མི་བྱ། །ཞེས་པ་དང་། གསེར་ལ་གཟུང་བ་མི་བྱ་ཞིང་། །མདོམས་ཀྱི་སྤུ་ནི་བྲེག་མི་བྱ། །ས་ནི་རྐོ་བར་མི་བྱ་སྟེ། །རྩྭ་སྔོན་དག་ཀྱང་བཅད་མི་བྱ། །བྱིན་ལེན་མ་བྱས་བཟའ་མི་བྱ། །གསོག་འཇོག་བྱས་པ་བཟའ་མི་བྱ། །ཞེས་བཤད། བསྙེན་གནས་ནི་རིན་པོ་ཆེ་ལེན་པ་མ་གཏོགས་བསྲུང་རྒྱུ་དགེ་ཚུལ་དང་ཆ་འདྲའོ། །དགེ་སློབ་མའི་མིང་གི་རྣམ་གྲངས་བར་སློབ་མ་ཞེས་བྱ་བ་དགེ་ཚུལ་མར་འདུས་ཏེ། མཚན་གྱུར་ན་དགེ་ཚུལ་ཡིན་པས་ཟུར་དུ་མི་བགྲང་བར་བདུན་དུ་བྱེད་པ་དང་། ཇོ་བོ་རྗེ་ལྟར་ན་འཕགས་པ་ཐོགས་མེད་བསྙེན་གནས་ཡུན་ཐུང་བས་ཟུར་དུ་མི་བགྲང་བར་སོ་སོར་ཐར་པ་སྡེ་ཚན་བདུན་དུ་མཛད་ཅེས་བཤད། དེ་ལ་བསྙེན་གནས་མ་གཏོགས་པའི་སོ་སོར་ཐར་པ་རིགས་བདུན་ནི། དུས་ཇི་སྲིད་འཚོའི་བར་ཙམ་དུ་ལེན་ཅིང་། འགལ་རྐྱེན་མེད་ན་གནས་པ་ཡིན་པས། ཤི་བའི་ཚེ་ན་རྟེན་བོར་ཞིང་དུས་ཀྱི་འཕེན་པ་རྫོགས་པས་སྡོམ་པ་དེ་གཏོང་ངོ་། །འོན་ཆེ་འདིར་སྡོམ་པ་བསྲུངས་ཀྱང་དོན་མེད་དོ་སྙམ་ན། སྡོམ་པ་དེ་རྣམས་ཀྱི་རྣམ་སྨིན་གྱི་འབྲས

བུ་ནི། ཚེ་འཕོས་ནས་ནི་གཙོ་ཆེར་ལྷའི་ལུས་སུ་འབྱུང་བར་འགྱུར་གྱི། ནི་ཞེས་པས་ཚེ་འདི་ལ་ནི་མི་འབྱུང་སྟེ། སྡོམ་པ་དེ་རྣམས་ནི་མི་ལ་སྐྱེ་ཞིང་། རྣམ་སྨིན་གྱི་འབྲས་བུ་ལ་དགོངས་ནས། བཤེས་པའི་སྤྲིངས་ཡིག་ལས། གསོ་སྦྱོང་འདོད་སྤྱོད་ལྷ་ལུས་ཡིད་འོང་བ། །སྐྱེས་པ་བུད་མེད་དག་ལ་སྩོལ་བར་གྱིས། །ཞེས་བཤད། འདུལ་བ་ལུང་དུ་ཡང་། བསྙེན་གནས་བསྲུངས་པ་ན། ལྷར་སྐྱེས་པའི་གླིང་གཞི་མང་དུ་གསུངས་ལ། གལ་ཏེ་མིར་སྐྱེས་ན་ཡང་མཐོ་རིས་ཀྱི་ཡོན་ཏན་བདུན་ཚང་བ་ཤས་ཆེའོ། །རྒྱུ་མཐུན་དང་སྐྱེས་བུ་བྱེད་པ་དང་བདག་པོའི་འབྲས་བུ་རྣམས་ནི་ཚེ་འདིར་ཡང་འབྱུང་ལ། བྲལ་འབྲས་ནི་འདི་ལ་མེད་དེ། མཉམ་པར་མ་བཞག་པ་ཡིན་པའི་ཕྱིར་རོ། །

ད་ནི་འདི་དཔྱད་པར་བྱ་སྟེ། ཁ་ཅིག་སྐྱབས་འགྲོ་ལ་སྡོམ་པ་མེད་དེ། འདུལ་བ་རྒྱ་ཆེར་འགྲེལ་དང་འོད་ལྡན་དུ་བར་མར་བཤད་པ་དང་། མཛོད་དུ་ཡང་སྐྱབས་གསུམ་འཛིན་པའི་དགེ་བསྙེན་བཀག་པ་དང་། སྡོམ་པ་རིགས་བརྒྱད་ལས་མ་གསུངས་པའི་ཕྱིར་རོ་ཟེར་ན། དེ་མི་འཐད་དེ། སྐྱབས་འགྲོའི་དགེ་བསྙེན་ལ་སྡོམ་པ་མེད་ན་སྣ་གཅིག་བསྲུང་བའི་དགེ་བསྙེན་སོགས་ལའང་སྡོམ་པ་མེད་པར་མཚུངས་པའི་ཕྱིར་དང་སྐྱབས་གསུམ་འཛིན་པའི་དགེ་བསྙེན་གྱི་སྡོམ་པ་ཡང་སོ་ཐར་རིགས་བརྒྱད་ཀྱི་དགེ་བསྙེན་གྱི་སྡོམ་པར་གསུངས་པའི་ཕྱིར་རོ། །དེས་ན་ལུང་དེ་དག་ནི་སྤོང་སེམས་དང་མ་འབྲེལ་བའི་ཚིག་ཙམ་གྱི་སྐྱབས་འགྲོ་ལ་དགོངས་སོ། །མི་མཐུན་ཕྱོགས་སྤོང་སེམས་དེ་ཡང་གང་ཡིན་སྙམ་ན། འདུལ་བ་འོད་ལྡན་ལས། གང་ཞིག་སངས་རྒྱས་སྐྱབས་འོས་དག་ལ་སྐྱབས། །སོང་ནས་གཞན་ལ་གུས་པས་ཕྱག་བྱེད་པ། །དེ་ནི་ཤཱཀྱའི་རིགས་ཀྱི་རྟགས་དག་ལ། །ཙོ་འདྲིའི་ཡུལ་འཁོར་ཟས་ནི་འབར་བ་ཟ། །གང་ཞིག་སངས་རྒྱས་ལ་སྐྱབས་སུ་སོང་ནས་ལྷ་གཞན་དག་ལ་སྙིང་ནས་ཕྱག་འཚལ་བའི་བརྟུལ་ཞུགས་ཅན་དེ་ལྟ་བུ་དེ་ནི། ཤཱཀྱའི་རིགས་འཕགས་པ་རྣམས་ཀྱི་ཆ་བྱད་ལ་ཙོ་འདྲི་ཞིང་ཡུལ་འཁོར་གྱི་ཟས་མེ་མདག་གི་ཆར་འབར་བ་དང་འདྲ་བར་ཟ་བ་ཡིན་ཏེ། སྤྱོད་པ་ནི་གཞན་དུ་ཡིན་ལ་བསམ་པ་ནི་གཞན་དུ་སེམས་པའི་ཕྱིར་རོ། །ཞེས་འབྱུང་བ་བཞིན། མདོ་སྡུད་འདས་ལས། གལ་ཏེ་རིགས་ཀྱི་བུའམ་རིགས་ཀྱི་བུ་མོ་གང་དབང་པོ་རྣམས་དང་ལྡན་ལ་དཀོན་མཆོག་གསུམ་ལ་སྐྱབས་སུ་སོང་བ་དེ་ནི་དགེ་བསྙེན་ཞེས་བྱའོ། །ཤཱཀྱ་མིང་ཆེན་གྱིས་གསོལ་བ། བཅོམ་ལྡན་འདས་ཇི་ལྟར་ན་ཕྱོགས་གཅིག་པའི་དགེ་བསྙེན་ཞེས་བགྱི། བཀའ་བསྩལ་པ། ཤཱཀྱ་མིང་ཆེན་གང་སྐྱབས་སུ་འགྲོ་བ་གསུམ་དང་ཁྲིམས་གཅིག་མནོས་པ་ནི་ཕྱོགས་གཅིག་པའི་དགེ་བསྙེན་ཞེས་བྱའོ། །ཞེས་གསུངས། དེ་བཞིན་དུ་ཕག་མོའི་རྟོགས་བརྗོད་མིང་ཆེན་གྱི་མདོ་ལྟར་བརྒྱད་སྟོང་འགྲེལ་ཆེན་ལས་ཀྱང་སྐྱབས་གསུམ་འཛིན་པའི་དགེ་བསྙེན་བཤད་དོ། །དེ་ལྟ་ན་ཡང་སྐྱབས་གསུམ་འཛིན་པའི་དགེ་བསྙེན་ཙམ་ལ་སྡོམ་ལྡན་དུ་མ་ངེས་ཏེ། འཇིགས་སྐྱོབ་དང་ལེགས་སྨོན་གྱི་

བསམ་པས་སྐྱབས་གསུམ་འཛིན་པའི་དགེ་བསྙེན་ནི་ཟམ་དང་མ་ནིང་དང་ལྷའི་བུ་མོ་ལ་ཡང་གསུངས་མོད་འོན་ཀྱང་དེ་དག་ནི་ཚུལ་ཁྲིམས་མ་དག་པ་ཞེས་བྱའོ། །

དེས་ན་རྟེན་སྐྱབས་འགྲོ་ཉམས་ན་བརྟེན་པ་སྡོམ་པའང་ཉམས་པར་འགྱུར་ཏེ། སྐྱབས་འགྲོ་བདུན་ཅུ་པ་ལས། སྡོམ་པ་ཀུན་ལ་ཡོད་མོད་ཀྱི། །སྐྱབས་སུ་མ་སོང་བ་ལ་མེད། །ཅེས་བསྙེན་གནས་ལ་ཡང་སྐྱབས་འགྲོའི་སྡོམ་པ་དགོས་ན་དགེ་བསྙེན་ལ་ལྟ་སྨོས་ཀྱང་ཅི་དགོས། འདིར་ཡང་། ཉན་ཐོས་རྣམས་ཀྱི་སྐྱབས་འགྲོ་ནས། །ཞེས་ཐོག་མར་སྨོས་སོ། །རྒྱས་པར་སྤྱི་དོན་དུ་བལྟ་བར་བྱའོ། །སྡོམ་པ་གསུམ་དུ་དབྱེ་བའི་བྱང་ཆུབ་སེམས་དཔའི་སྡོམ་པ་རྣམས་དུས་ཇི་སྲིད་འཚོ་བ་ཙམ་ཡིན་ཏེ། འགལ་རྐྱེན་མེད་ན་བྱང་ཆུབ་སེམས་དཔའ་ཞི་འཕོས་ནས་ཀྱང་རྗེས་སུ་འབྲང་བའི་ཕྱིར་རོ། །

གཉིས་པ་ལ། ཉན་ཐོས་ཀྱི་སྡོམ་པ་གཏོང་ཚུལ། བྱང་སེམས་ཀྱི་སྡོམ་པ་རྗེས་སུ་འབྲང་ཚུལ་གཉིས་ལས། དང་པོ་ནི། གང་ལ་འཕྲོས་ན། ཤི་བའི་ཚེ་ན་སྡོམ་པ་གཏོང་། །ཞེས་བྱ་བ་དེ་དག་གི་རྒྱུ་མཚན་ཡང་རིགས་པ་དང་ལུང་གཉིས་ཡོད་དོ། །དེ་ཡང་རིགས་པ་ནི་བྱེ་བྲག་སྨྲ་བ་ལྟར་ན་ཤི་བའི་ཚེ་ན་ཉན་ཐོས་ཀྱི་སྡོམ་པ་གཏོང་སྟེ། ཉན་ཐོས་ཀྱི་སྡོམ་པ་གཟུགས་ཅན་ཡིན་པའི་ཕྱིར་ཏེ། ཉན་ཐོས་ཀྱི་སྡོམ་པའི་ངོ་བོ་རྣམ་པར་རིག་བྱེད་མ་ཡིན་པའི་གཟུགས་སུ་འདོད་ཅིང་། ཉེར་ལེན་ལུས་ངག་ལས་སྐྱེ་བའི་དགེ་བའི་གཟུགས་སུ་ཡང་འདོད་པའི་ཕྱིར། མཛོད་ལས། ལུང་བསྟན་ཐོགས་པ་མེད་པའི་གཟུགས། །དེ་ནི་རྣམ་རིག་བྱེད་མིན་འདོད། །ཅེས་བཤད། ལུང་ཡང་ཤི་བའི་ཚེ་ན་སྡོམ་པ་གཏོང་བ་འདི་ནི། ཆོས་མངོན་པ་མཛོད་ལས་ཀྱང་། བསླབ་པ་ཕུལ་དང་ཤི་འཕོས་དང་། །མཚན་གཉིས་དག་ནི་བྱུང་བ་དང་། །རྩ་བ་ཆད་དང་མཚན་འདས་ལས། །སོ་སོར་ཐར་པའི་འདུལ་བ་གཏོང་། །ཞེས་གསུངས་པ་ཉན་ཐོས་པའི་ལུགས་འདི་ལ་ལུང་ཚད་མ་ཡིན་ནོ། །རང་འགྲེལ་ལས། བསྙེན་གནས་མ་གཏོགས་པའི་སོ་སོར་ཐར་པའི་སྡོམ་པ་ནི་རྒྱུ་དེ་དག་དང་མཚན་མོ་འདས་པ་ལས་ཏེ། དེ་དག་ནི་བསྡུས་ན་གཏོང་བའི་རྒྱུ་ལྔ་ཡིན་ནོ། །ཅིའི་ཕྱིར་རྒྱུ་དེ་དག་གིས་གཏོང་བར་འགྱུར་ཞེ་ན། ཡང་དག་པར་བླངས་པ་དང་འགལ་བའི་རྣམ་པར་རིག་བྱེད་བསྐྱེད་པ་དང་རྟེན་བོར་བ་དང་རྟེན་ཉམས་པ་དང་གཞི་ཆད་པ་དང་དེ་སྲིད་དུ་འཕངས་པའི་ཕྱིར་རོ། །ཞེས་བཤད། དེ་ལ་རྩ་བར་ཤི་འཕོས་ཞེས་བྱ་བ་དང་འགྲེལ་པར་རྟེན་བོར་ཞེས་བྱ་བ་དང་འདིར་གཟུགས་ཅན་ཞེས་བྱ་བའི་ལུང་རིགས་རྣམས་གནད་གཅིག་པར་མངོན་ནོ། །དེའི་དོན་ཡང་ཉན་ཐོས་སྡོམ་ལྡན་ཤི་བའི་ཚེ་སྡོམ་པ་ལེན་པར་བྱེད་པའི་ལུས་ཀྱི་རྒྱུན་འགགས་ཟིན་ལ། སྐལ་བ་མི་འདྲ་བའི་ལུས་གཞན་སྐྱེས་ཀྱང་དེ་ལ་སྔར་གྱི་སྡོམ་པ་ལེན་པའི་བསམ་སྦྱོར་གང་ཡང་མེད་ལ། དེ་མེད་བཞིན་དུ་སྔར་གྱི་

སྡོམ་པ་སྐྱེ་ན་ཐམས་ཅད་ལ་སྐྱེ་བར་ཧ་ཅང་ཐལ་ལོ། །དེས་ན་ཉན་ཐོས་ཀྱི་སྡོམ་པ་ལུས་ངག་གི་རྣམ་པར་རིག་བྱེད་གཟུགས་ཅན་ལས་སྐྱེ་བའི་ཚུལ་ཡང་། ལུས་ཀྱི་འབྱུང་བ་སྙིང་པ་ལས་སྡོམ་པའི་དངོས་རྒྱུར་གྱུར་པའི་འབྱུང་བ་གསར་དུ་འབྱུང་ཞིང་། སྡོམ་པའི་ཛ་ས་གཅིག་དང་གཉིས་ལ་སོགས་པ་ཇི་ཙམ་དངོས་སུ་སྐྱེ་བ་དེ་སྙེད་ཀྱི་གྲངས་དང་མཉམ་པའི་འབྱུང་བ་བཞི་ཚན་གསར་དུ་བྱུང་བས་ཉེར་ལེན་གྱི་རྒྱུ་བྱས་ནས། མཁན་སློབ་ལ་སོགས་པ་མཐུན་པའི་རྐྱེན་གཞན་གྱིས་བྱེད་རྒྱུ་དང་སྐལ་མཉམ་དང་ལྷན་ཅིག་འབྱུང་བའི་རྒྱུའི་ཚུལ་གྱིས་ཕན་བཏགས་ཏེ་རྣམ་པར་རིག་བྱེད་ཀྱི་གཟུགས་ཅན་དུ་སྐྱེ་བ་ཡིན་ཞེས་བླ་མས་གསུང་།

ད་ནི་འདི་དཔྱད་པར་བྱ་སྟེ། མཛོད་རྩ་འགྲེལ་ལས། ཁ་ཅིག་ལྟུང་བར་གྱུར་ལས་སྨྲ། །གཞན་དག་ན་རེ་ལྟུང་བ་བཞི་ལས་གང་ཡང་རུང་བ་ཞིག་གིས་དགེ་སློང་དང་དགེ་སྦྱོང་གི་སྡོམ་པ་གཏོང་ངོ་ཞེས་ཟེར་རོ། །གཞན་དག་དམ་ཆོས་ནུབ་པ་ལས། གཞན་དག་ན་རེ་དམ་པའི་ཆོས་ནུབ་པ་ལས་ཏེ། འདི་ལྟར་དམ་པའི་ཆོས་ནུབ་ན་བསླབ་པའི་མཚམས་ཐམས་ཅད་དང་ལས་ཀྱི་མཐའ་རྣམས་མེད་པར་འགྱུར་རོ། །ཞེས་བཤད། དེ་ཡང་སྡོམ་པ་གཏོང་བའི་རྒྱུ་ལ་འདུལ་བ་འོད་ལྡན་ལྟར་མདོ་སྡེ་པ་ཁ་ཅིག་རྩ་བའི་ལྟུང་བ་བྱུང་ན་གཏོང་ལ་འཆབ་པའི་སེམས་མེད་ན་ཕམ་པ་མ་བྱུང་བར་སྨྲའོ། །གོས་དམར་བའི་སྡེ་པ་གཞན་དག་དམ་ཆོས་ནུབ་པ་ལས་གཏོང་ཟེར་རོ། །དེ་མི་འཐད་དེ། དམ་ཆོས་ནུབ་པ་ཙམ་གྱིས་སྡོམ་པ་སྡོན་ཡོད་པ་གཏོང་ན་ཧ་ཅང་ཐལ་ཞིང་། འོན་ཀྱང་གསར་ཐོབ་མེད་ཅེས་ཉན་ཐོས་སྡེ་གཉིས་ཀར་འདོད་དོ། །ཡང་མཛོད་ལས། ཁ་ཆེ་རྣམས་ནི་བྱུང་བ་ལ། །བུ་ལོན་ནོར་བཞིན་གཉིས་སུ་འདོད། །ཅེས་བཤད། དེ་ཡང་ཁ་ཆེ་བྱེ་བྲག་སྨྲ་བ་རྩ་བའི་ལྟུང་བ་བྱུང་བ་ལ། ཇི་སྲིད་ཕྱིར་བཅོས་མ་བྱས་པ་དེ་སྲིད་རྩ་བའི་ལྟུང་བ་སྲོག་གཅོད་ལྟ་བུ་གཅིག་བྱུང་བའི་ཆ་ནས་ཚུལ་ཁྲིམས་འཆལ་བ་དང་། གཞན་མ་བྱིན་ལེན་སོགས་སྤོང་བའི་སྡོམ་པ་དང་ལྡན་པས་ཚུལ་ཁྲིམས་དང་ལྡན་པ་ཞེས་ཆ་གཉིས་སུ་འདོད་དེ། དཔེར་ན་བུ་ལོན་ཅུང་ཟད་ཡོད་པའི་ཕྱུག་པོ་དེ་བུ་ལོན་ཅན་དང་ནོར་ཅན་གཉིས་ཀ་ཡིན་པ་བཞིན་ནོ། །དེ་ཡང་འོད་ལྡན་ལས། དགེ་སློང་དགའ་བྱེད་འཆབ་སེམས་མ་སྐྱེས་པ་ལ་བསླབ་པ་བྱིན་ཅིག་ཟག་པ་ཟད་པར་གྱུར་ན་སྔར་གྱི་གྲལ་རིམ་ཇི་ལྟ་བར་འཇུག་པར་བྱའོ། །ཞེས་གསུངས་ཏེ། དགེ་སློང་གི་དངོས་པོ་མེད་ན་དེ་ལ་སྔར་གྱི་གྲལ་ག་ལ་ཡོད། བསླབ་པ་ནི་འཆད་ལས་ཡིན་གྱི་སྡོམ་པའི་བསླབ་པ་ནི་མ་ཡིན་ནོ། །འཆད་ལས་དེ་ཡང་གང་ཞེ་ན། གྲལ་འོག་ཏུ་འཇོག་པ་དང་ཟས་འགྲིམ་དུ་བཅུག་པ་ལ་སོགས་པའོ། །ལུང་ཞུ་བ་ལས་ཀྱང་། དགེ་སློང་མི་ཚངས་སྤྱོད་བྱས་པ་ལ་གཞི་གཞན་གསུམ་གྱིས་སྐུར་པར་འདེབས་ན་དགེ་འདུན་ལྷག་མའོ། །ཞེས་པ་དང་། སོ་སོར་ཐར་པའི་འགྲེལ་པར་ཡང་། ཇི་ལྟར་ཕྱོགས་གཅིག་བླངས་པ་ཡིས། །ཐམས་ཅད་བླངས་པར་མི་འགྱུར་

བཞིན། །དེ་བཞིན་ཕྱོགས་གཅིག་བཏང་བས་ཀྱང་། །ཐམས་ཅད་བཏང་བར་མི་འགྱུར་རོ། །ཞེས་པ་དང་། ཆོས་མངོན་པར་ཡང་། མཁར་གྱི་ནུར་གཅིག་རལ་པ་ལ་མཁར་འགྲེལ་ལོ་ཞེས་པ་དང་། རས་ཡུག་གི་ནུར་གཅིག་ཆིག་པ་ལ་རས་ཡུག་ཆིག་གོ་ཞེས་དཔེ་དང་བཅས་ནས་བཤད་ལ། སའི་སྙིང་པོ་འཁོར་ལོ་བཅུ་པའི་མདོ་ལས་ཀྱང་། འདི་འདྲའི་རིགས་ཅན་དེ་ཚུལ་ཁྲིམས་ཉམས་པ་ཞེས་བྱའི་ཚུལ་ཁྲིམས་མེད་པ་ཞེས་མི་བྱའོ། །ཞེས་གསུངས།

གཉིས་པ་ནི། ཤི་འཕོས་ནས་ཀྱང་རྗེས་སུ་འབྲང་། །ཞེས་པ་དེ་དག་གི་རྒྱུ་མཚན་ཡང་རིགས་པ་དང་ལུང་གཉིས་ཡོད་དེ། རིགས་པ་ནི་གང་ལས་འཕྲོས་ན། སྡོམ་པ་གཟུགས་ཅན་ཡིན་པའི་ཕྱིར། །ཞེས་བྱ་བ་ལ། འོན་བྱང་ཆུབ་སེམས་དཔའི་སྡོམ་པ་ཡང་གཟུགས་ཅན་ཡིན་པར་མཚུངས་སོ་ཞེ་ན། བྱང་ཆུབ་སེམས་དཔའི་སྡོམ་པ་ནི་ཆོས་ཅན། གཟུགས་ཅན་མིན་པར་སེམས་ཡིན་ཏེ། རང་གི་ཉེར་ལེན་སེམས་སྔ་མ་ལས་སྐྱེ་བའི་ཕྱིར། རྣམ་འགྲེལ་ལས། རྣམ་ཤེས་མིན་པ་རྣམ་ཤེས་ཀྱི། །ཉེར་ལེན་མིན་པའི་ཕྱིར་ཡང་གྲུབ། །ཅེས་བཤད། ཉེར་ལེན་དགེ་བའི་སེམས་མཚུངས་ལྡན་སྙིང་རྗེ་དང་དད་པ་ལ་སོགས་ལས་སྐྱེ་བ་དེས་ན། ཇི་སྲིད་བྱང་ཆུབ་སེམས་དཔའི་མི་མཐུན་ཕྱོགས་སྨོང་སེམས་འགལ་རྐྱེན་གྱིས་མ་ཉམས་ཤིང་། མཐུན་རྐྱེན་ཆོས་ཀྱི་འདུ་ཤེས་ཀྱི་བསམ་སྦྱོར་སེམས་ཅན་ལ་དམིགས་པའི་སྙིང་རྗེ་དང་སངས་རྒྱས་ལ་དམིགས་པའི་དད་པ་སོགས་མ་བརྗེད་པ་དེ་ཡི་བར་དུ་བྱང་ཆུབ་སེམས་དཔའི་སྡོམ་པ་ཡོད་པས་ཉན་ཐོས་ཀྱི་སྡོམ་པ་དང་མི་མཚུངས་སོ། །དེ་ཉིད་ལས། སེམས་ལ་བརྟེ་སོགས་གོམས་སྐྱེ་བ། །རང་གི་དང་གིས་འཇུག་པར་འགྱུར། །ཅེས་བཤད་དོ། །ལུང་ཡང་བྱང་ཆུབ་སེམས་དཔའི་སྡོམ་པ་སྟོན་པའི་མདོ་རྒྱུད་བསྟན་བཅོས་ཐམས་ཅད་ཀྱི་དགོངས་པ་ཡང་ནི། བྱང་ཆུབ་སེམས་དཔའི་སྡོམ་པ་རྣམས། །ཤི་འཕོས་ནས་ཀྱང་རྗེས་སུ་འབྲང་། །ཞེས་བྱ་བ་འདི་ཉིད་ཡིན་នོ། །དེ་ཡང་འཇམ་དཔལ་གྱི་སངས་རྒྱས་ཞིང་གི་ཡོན་ཏན་བཀོད་པ་ལས། བདག་ནི་བྱང་ཆུབ་རིངས་ཚུལ་དུ། །འཚང་རྒྱར་མོས་ཤིང་སྨྲོ་བ་མེད། །ཕྱི་མཐར་ཐུག་གི་བར་དུ་ཡང་། །སེམས་ཅན་གཅིག་ཕྱིར་སྤྱད་པར་བགྱིའོ། །ཞེས་པ་དང་། དཔལ་གསང་བ་ནོར་བུའི་ཐིག་ལེ་ལས། བདག་མིང་ཆེ་གེ་ཞེས་བགྱི་བ་དུས་འདི་ནས་བཟུང་སྟེ་ཇི་སྲིད་སྙིང་པོ་བྱང་ཆུབ་ལ་ཐུག་གི་བར་དུ། ཇི་ལྟར་དུས་གསུམ་མགོན་པོ་རྣམས། །བྱང་ཆུབ་ཏུ་ནི་ངེས་མཛད་པའི། །བྱང་ཆུབ་སེམས་ནི་བླ་ན་མེད། །དམ་པ་བདག་གིས་བསྐྱེད་པར་བགྱི། །ཚུལ་ཁྲིམས་ཀྱི་ནི་བསླབ་པ་དང་། །དགེ་བའི་ཆོས་ནི་སྡུད་པ་དང་། །སེམས་ཅན་དོན་བྱེད་ཚུལ་ཁྲིམས་གསུམ། །སོ་སོར་བརྟན་པོར་གཟུང་བར་བགྱི། །ཞེས་པ་དང་། བྱང་ཆུབ་སེམས་འགྲེལ་ལས་ཀྱང་། ཇི་ལྟར་སྔོན་གྱི་དེ་བཞིན་གཤེགས་པ་དགྲ་བཅོམ་པ་ཡང་དག

པར་རྫོགས་པའི་སངས་རྒྱས་བཅོམ་ལྡན་འདས་རྣམས་དང་བྱང་ཆུབ་སེམས་དཔའ་ཆེན་པོ་དེ་རྣམས་ཀྱིས་ཇི་ལྟར་བྱང་ཆུབ་ཆེན་པོར་ཐུགས་བསྐྱེད་པ་དེ་བཞིན་དུ། བདག་གིས་ཀྱང་ཞེས་པ་ནས་དུས་འདི་ནས་བཟུང་སྟེ་ཇི་སྲིད་སྙིང་པོ་བྱང་ཆུབ་ལ་མཆིས་ཀྱི་བར་དུ་དེ་ལྟར་བྱང་ཆུབ་ཆེན་པོར་སེམས་བསྐྱེད་པར་བགྱིའོ།།ཞེས་བཤད། གལ་ཏེ་འདི་སེམས་བསྐྱེད་ཀྱི་ལུང་ཡིན་གྱི་སྡོམ་པའི་མ་ཡིན་སྙམ་ན། མི་མཐུན་ཕྱོགས་སྤོང་སེམས་ཀྱིས་སེམས་བསྐྱེད་ཚིག་འདིས་བླངས་ན་སྡོམ་པ་ཐོབ་ཅེས་བྱ་སྟེ། རྒྱས་པར་བྱང་ཆུབ་སེམས་དཔའི་སྡོམ་པའི་སྐབས་སུ་འཆད་དོ། །

གསུམ་པ་ལ། དངོས་དང་། འཕྲོས་དོན་གཉིས་ལས། དང་པོ་ནི། གང་ལས་འཕྲོས་ན། ཇི་སྲིད་འཚོ་ཡི་བར་དུ་ཡིན། །ཞེས་བྱ་བ་དེ་ལ། འབྲི་ཁུང་པ་ཁ་ཅིག་ཇི་སྲིད་འཚོ་བའི་སྒྲ་ལུས་ཇི་སྲིད་འཚོ་མ་ཤི་བར་དང་སེམས་ཇི་སྲིད་འཚོ་སངས་མ་རྒྱས་ཀྱི་བར་དང་དུས་གཉིས་ལ་དགོངས་པས་སོ་སོར་ཐར་པའི་སྡོམ་པ་ཡང་ཤི་འཕོས་ནས་ཀྱང་རྗེས་སུ་འབྲང་བ་ཡོད་དེ། དེད་ཀྱི་རྡོ་རྗེའི་གསུང་དགོངས་གཅིག་ལས། དགེ་སློང་ལ་དབང་པོ་རབ་འབྲིང་ཐ་གསུམ་དུ་ཡོད་པའི་རབ་དང་འབྲིང་ཚུར་ཤོག་གི་བསྙེན་རྫོགས་ལྷ་བུ་ཤི་ཡང་སྡོམ་པ་མི་གཏོང་། ཐ་མ་གཏོང་བ་ཡང་སྲིད་དོ། །དེ་ཡང་ཁྲི་ཀང་གི་གླིང་གཞི་ལས། དགེ་སློང་རབ་དགོན་པ་བ་ཞིག་ཁྲི་སྟེང་དུ་བསམ་གཏན་མཛད་པས་ཁྲི་འོག་ཏུ་དུག་སྦྲུལ་ཡོད་པ་མནན་པ་ལྟར་སོང་ནས་ཁོ་ཁྲོས་ཏེ་དགེ་སློང་གི་སྨིན་མཚམས་སུ་སོ་བཏབ་པས་ཆེའི་དུས་བྱས་སུམ་ཅུ་རྩ་གསུམ་པའི་ལྷར་སྐྱེས་ཀྱང་ད་དུང་དགེ་སློང་གི་འདུ་ཤེས་དང་མ་བྲལ་བས་བརྒྱ་བྱིན་ལ་ཡང་ཕྱག་མ་བྱས་ཞེས་ཟེར། དེ་ནི་མི་འཐད་དེ། ཇི་སྲིད་འཚོ་ལ་ལུས་ཇི་སྲིད་འཚོ་དང་སེམས་ཇི་སྲིད་འཚོ་གཉིས་སུ་དགོངས་ཞེས་ཟེར་བ་དེ་འདྲ་སྲུའི་འདོད་པ་ཡིན་ཀྱང་སངས་རྒྱས་ཀྱི་དགོངས་པ་ནི་མིན་ལ། རྒྱན་དྲུག་མཆོག་གཉིས་ལ་སོགས་པ་མཁས་པའི་གཞུང་ལས་ཀྱང་དེ་འདྲ་མ་བཤད་པའི་ཕྱིར། གཞན་ཡང་དགེ་སློང་གི་འདུ་ཤེས་དང་མ་བྲལ་བས་དགེ་སློང་དུ་མ་ངེས་པའི་ཕྱིར་དང་། ཚུར་ཤོག་གིས་བསྙེན་རྫོགས་ཤཱ་རིའི་བུ་ལྟ་བུ་དབང་པོ་འབྲིང་པོ་ཡིན་པའི་ཤེས་བྱེད་མེད་པའི་ཕྱིར་དང་། ད་ལྟའི་དགེ་སློང་ལྟ་བུ་དབང་པོ་ཐ་མ་ཤི་བའི་ཚེ་སྡོམ་པ་གཏོང་བ་ཁྱེད་རང་གིས་ཀྱང་ཁས་བླངས་པའི་ཕྱིར་རོ། །ཕྱོགས་སྔ་མ་དེ་ལ་བཀའ་བསྟན་བཅོས་ཀྱི་ལུང་གིས་གནོད་པར་མ་ཟད་རིགས་པའི་གནོད་བྱེད་ཀྱང་ཡོད་དེ། ཉན་ཐོས་པ་དང་ཐེག་ཆེན་པའི་སྡོམ་པ་ཁྱད་མེད་དུ་འགྱུར། ཐུན་མོང་བ་དང་ཐུན་མོང་མ་ཡིན་པའི་སྐྱབས་འགྲོ་གཉིས་སུ་དབྱེར་མི་རུང་བར་འགྱུར། ཉན་ཐོས་ཐེག་ཆེན་གཉིས་སྡོམ་པ་འབོགས་པའི་ཚིག་དང་སྡོམ་པ་དེའི་བསླབ་བྱའང་གཅིག་ཏུ་འགྱུར་ཏེ། ཉན་ཐོས་ཀྱི་སྡོམ་པ་འང་ལེན་པའི་དུས་སེམས་ཇི་སྲིད་འཚོ་སངས་མ་རྒྱས་ཀྱི་བར་དུ

ཡིན་པས་ཉན་ཐོས་ཀྱི་དགེ་སློང་ཤི་འཕོས་ནས་ལྷར་སྐྱེས་ཀྱང་སྡོམ་པ་མི་གཏོང་བ་དེ་ལྟ་ཡིན་པའི་ཕྱིར་ནའོ། །གཞན་ཡང་བསླབ་པ་ཕུལ་བ་ལ་སོགས་པ་ཉན་ཐོས་སྡོམ་པ་གཏོང་བའི་རྒྱུ་གཞན་གྱིས་ཀྱང་སྡོམ་པ་གཏོང་བ་མི་སྲིད་པར་འགྱུར་ཏེ། ཤི་ཡང་ཉན་ཐོས་དགེ་སློང་མི་འདོར་བའི་ཕྱིར་ནའོ། །

གཉིས་པ་ནི། གང་ལ་འཕྲོས་ན། བསླབ་པ་ཕུལ་དང་ཤི་འཕོས་དང་། །ཞེས་བྱ་བ་དེ་ལ་བཀའ་གདམས་པ་ཁ་ཅིག །ལན་འདི་སྐད་དུ་གལ་ཏེ་ཐེག་ཆེན་སེམས་བསྐྱེད་ཀྱིས་མ་ཟིན་པའི་ཉན་ཐོས་སྡོམ་པ་གཏོང་ན་ཡང་བྱང་ཆུབ་སེམས་བསྐྱེད་ཀྱིས་ཟིན་པ་ཡི་ཉན་ཐོས་སྡོམ་པ་གཏོང་བ་མི་སྲིད་ཟེར་རོ། །འོ་ན་ཐེག་ཆེན་སེམས་བསྐྱེད་ཀྱིས་ཟིན་པ་ཡི་དགེ་སློང་ལ་སོགས་ཀྱི་སྡོམ་པ་རྣམས་བསླབ་པ་ཕུལ་དང་ཤི་འཕོས་དང་དགེ་བའི་རྩ་བ་ཆད་པ་ལ་སོགས་པ་སྡོམ་པ་གཏོང་བའི་རྒྱུ་ལྔ་པོ་ཀུན་གྱིས་མི་གཏོང་བར་འགྱུར་ཏེ། ཁས་ལེན་རྟགས། འདོད་པ་དེ་ལྟར་ཡིན་ན་ཐེག་ཆེན་སེམས་བསྐྱེད་ཀྱིས་ཟིན་པའི་དགེ་སློང་གིས་བརྫ་དོན་འཕྲོད་པའི་མི་ལ་སྡོམ་པ་ཕུལ་ནས་སླར་ཡང་བསྡུང་དགོས་པར་འགྱུར་ཏེ། ཁས་ལེན་རྟགས། འདོད་ན། སྡོམ་པ་ཕུལ་ཡང་མ་བསྡུངས་ན་དགེ་སློང་གི་སྡོམ་པ་ཉམས་པར་འགྱུར་ཞིང་བསླབ་པ་འབུལ་བའི་ཆོག་ཡང་དོན་མེད་པར་ཐལ། ཁས་ལེན་རྟགས། གང་ལས་འཕྲོས་ན། ཤི་འཕོས་ནས་ཀྱང་། གཏོང་རྒྱུ་ཀུན་གྱིས་མི་གཏོང་འགྱུར། །དེ་ལྟར་ཡིན་ན། ཞེས་བྱ་བ་དེ་ལ། ཐེག་ཆེན་སེམས་བསྐྱེད་ཀྱིས་ཟིན་པའི་དགེ་སློང་མི་ནས་ཤི་འཕོས་ནས་ལྷའི་སྲིད་པ་བར་དོར་འགྱུར་ཀྱང་དགེ་སློང་དུ་འགྱུར་ཏེ། དེ་འདྲའི་དགེ་སློང་དེ་སྡོམ་པ་གཏོང་རྒྱུའི་རྒྱུ་ལྔ་བཤད་པའི་གཅིག་མི་ནས་ཤི་འཕོས་ནས་ཀྱང་སྡོམ་པ་མི་གཏོང་ཞིང་སྡོམ་ལྡན་ཡིན་པའི་ཕྱིར། གལ་ཏེ་འདོད་ན། དེ་འདྲའི་དགེ་སློང་དེ་ནི་ལྷར་སྐྱེས་ན་ལྷའི་དགེ་སློང་སྲིད་པར་འགྱུར། དེ་ཡང་འདོད་ན། ལྷའི་དགེ་སློང་དེ་ལྷ་ནས་ཤི་འཕོས་ནས་མིར་སྐྱེས་ན་ཡང་བྱིས་པ་ལ་སྡོམ་པ་བླང་མི་དགོས་པར་བྱིས་པའི་དགེ་སློང་དུ་འགྱུར་ཏེ། ཐེག་ཆེན་སེམས་བསྐྱེད་ཀྱིས་ཟིན་པའི་དགེ་སློང་དེ་ནི་གང་ནས་ཤི་གང་དུ་སྐྱེས་ཀྱང་དགེ་སློང་གི་སྡོམ་པ་དང་ལྡན་པའི་ཕྱིར། ཐལ་བ་དེ་གཉིས་ཀ་ལ་འདོད་མི་ནུས་ཏེ། དེ་ལྟ་ན་ལྷ་དང་བྱིས་པའི་དགེ་སློང་དེ་ལ་རྩ་བའི་ལྟུང་བ་བྱུང་བར་གྱུར་ན་དགེ་སློང་གི་སྡོམ་པ་ཉམས་པར་འགྱུར་ཞིང་། བསླབ་པ་ཕུལ་བ་སོགས་མ་བྱས་པར་སྡོམ་པ་ཉམས་ནས་འཆབ་པའི་སེམས་སྐྱེས་པ་ལ་སྡོམ་པ་སླར་ཡང་བླང་དུ་མེད་པར་འདུལ་བ་ལུང་ལས་གསུངས་ལ། སྤྱིར་ཡང་ལྷའི་དགེ་སློང་དང་བྱིས་པའི་དགེ་སློང་ནི་སྟོན་པས་འདུལ་བའི་སྡེ་སྣོད་རྣམས་ལས་བཀག་པའི་ཕྱིར་རོ། །

དེ་ཡང་ཉམས་ནས་འཆབ་སེམས་སྐྱེད་པ་ལ་སླར་ཡང་བླང་དུ་མེད་པར་གསུངས་པ་ནི། འདུལ་བ་ལུང་གཞི་ལས། དེའི་དགེ་སྦྱོང་གི་ཚུལ་ཕྱིར་བླང་དུ་མེད་པར་འགྱུར་རོ། །ཞེས་པ་དང་། འདུལ་བ་རྒྱ་ཆེར་འགྲེལ་

ལས། གང་ཡང་རུང་བ་ཞིག་གིས་ཞེས་སློས་པས་ནི་གཅིག་གིས་ཀྱང་སྐྱེ་བའི་ཆོས་ཉིད་མེད་པ་ཡིན་ནོ་ཞེས་བྱ་བར་སྟོན་ནོ། །ཞེས་བཤད། ལྷའི་དགེ་སློང་འདུལ་བའི་སྡེ་སྣོད་ལས་བཀག་པའི་ཚུལ་ཡང་། མདོ་རྩ་ལས། མི་མ་ཡིན་པའི་འགྲོ་བ་དང་བྱང་གི་སྒྲ་མི་སྙན་པ་གཉིས་ནི་སྡོམ་པའི་ཞིང་ཉིད་མ་ཡིན་ནོ་ཞེས་བཤད། ཁྱིམ་པའི་དགེ་སློང་ཡང་འདུལ་བའི་སྡེ་སྣོད་ལས་བཀག་པའི་ཚུལ་ནི། ལོ་ཉི་ཤུ་མ་ལོན་པར་བསྙེན་རྫོགས་བྱས་ནས་དུས་ཕྱིས་དེ་ལྟར་ནམ་ཤེས་པའི་ཚེ་སྡོམ་པ་གཏོང་བར་བཤད་དེ། དེ་ཉིད་ལས། གལ་ཏེ་ཤེས་ན་ཞིག་གོ་གལ་ཏེ་སྐྱེས་པ་ན་མ་ལོན་པའི་འོ་ཞེས་སོ། །འདུལ་བ་སུམ་བརྒྱ་པ་ལས་ཀྱང་། མི་མ་ཡིན་པའི་འགྲོ་བ་པ་མ་ཡིན་ནམ་ལོ་ཉི་ཤུ་ལོན་ནམ་ཞེས་བཤད། གང་ལ་འཕྲོས་ན། བྱང་ཆུབ་སེམས་ཀྱིས་ཟིན་པ་ཡི། །སྡོམ་པ་གཏོང་བ་མི་སྲིད་ལོ༑ །ཞེས་བྱ་བ་དེ་ལ་སྐྱོན་གཞན་ཡང་། བྱང་ཆུབ་སེམས་ཀྱིས་ཟིན་པ་ཡི་ཉན་ཐོས་པའི་བསྙེན་གནས་ཀྱི་སྡོམ་པ་ཡང་རྟག་ཏུ་བསྲུང་དགོས་པར་འགྱུར་ཏེ། ཁས་ལེན་རྟགས། གལ་ཏེ་ཁྱབ་པ་མ་ངེས། རྟག་ཏུ་བསྲུང་དགོས་པ་དེ་ལྟ་མིན་ན། ནམ་ལངས་པའི་ཚེ་བསྙེན་གནས་ཉམས་པའི་ཉེས་པ་འབྱུང་བར་འགྱུར་ཏེ། དེ་རིང་ཐེག་ཆེན་སེམས་བསྐྱེད་དང་ལྡན་པའི་བསྙེན་གནས་ཀྱང་དུས་ནངས་པར་ཕན་ཆད་རྟག་ཏུ་ཡོད་པའི་ཕྱིར། གལ་ཏེ་རྟགས་མ་གྲུབ། ཐེག་ཆེན་སེམས་བསྐྱེད་དང་ལྡན་ཡང་ནངས་པར་བསྙེན་གནས་ཀྱི་སྡོམ་པ་གཏོང་ཟེར་ན་ནི། འོན་བྱང་ཆུབ་སེམས་ཀྱིས་ཟིན་པ་ཡི་སྡོམ་པ་དུས་རྒྱུན་དུ་འབྱུང་བར་འགལ་ལོ། །གང་ལ་འཕྲོས་ན། ཁ་ཅིག་ཇི་སྲིད་འཚོ་ཡི་སྒྲ། །ཞེས་སོགས་རྐང་པ་བཞི་པོ་ལུང་དང་རིགས་པས་གྲུབ་པ་དེས་ན། སོ་སོར་ཐར་པ་ཡི་སྡོམ་པ་རྒྱུད་ལྡན་གྱི་ཉན་ཐོས་ཤི་ཡང་སྡོམ་པ་དེ་ཡོད་དོ་ཞེས་སྨྲ་བའི་སྐྱེས་བུ་དེ་ལ་ནི་ཐེག་པ་ཆེ་ཆུང་གི་སྡེ་སྣོད་ཀྱི་རྣམ་དབྱེ་མེད་པར་ཟད་དེ། སྤྱིར་སོ་སོར་ཐར་པའི་སྡོམ་པ་དང་བྱང་ཆུབ་སེམས་དཔའི་སྡོམ་པ་གཉིས་ཐོབ་པ་དང་གཏོང་བ་དང་གནས་པའི་དུས་གསུམ་ནམ་ཡང་མི་མཚུངས་པར་གྲུབ་པའི་ཕྱིར་རོ། །

གཉིས་པ་ལ། ཉན་ཐོས་དང་། ཐེག་ཆེན་གྱི་ལེན་ཚུལ་གཉིས་ལས། དང་པོ་ལ། སྡོམ་པ་བླང་བའི་ཡུལ། ལེན་པའི་གང་ཟག །འབོགས་པའི་ཆོ་ག །དེ་ལ་འཁྲུལ་པ་དགག་པ་དང་བཞི་ལས། དང་པོ་ནི། འཕྲོས་ཡུལ། སོ་སོར་ཐར་པའི་སྡོམ་པ་ལ། །ཉན་ཐོས་ཐེག་ཆེན་ལུགས་གཉིས་ཡོད། །ཅེས་བྱ་བ་དེ་ལ་ཉན་ཐོས་པའི་ལུགས་ཀྱི་སོ་སོར་ཐར་པའི་སྡོམ་པའི་ངོ་བོ་ཆོ་ག་སོགས་གང་ཡིན་ཞེ་ན། གཞི་ཐམས་ཅད་ཡོད་པར་སྨྲ་བ་ཁ་ཆེ་བྱེ་བྲག་སྨྲ་བའི་ལུགས་ལ་བསྙེན་གནས་ཀྱང་དགེ་སློང་ལས་ལེན་ཏེ། མཛོད་ལས། བསྙེན་གནས་ཡན་ལག་ཚང་བར་ནི༑ །ནངས་པར་གཞན་ལས་ནོད་པར་བྱ། །ཞེས་བཤད་པའི་ཕྱིར་རོ། །

གཉིས་པ་ལེན་པའི་གང་ཟག་ནི། གླིང་གསུམ་གྱི་སྐྱེས་པའམ་བུད་མེད་ཅི་རིགས་ཀྱིས་ལེན་པ་ལས།

འགྲོ་བ་གཞན་ལ་སྡོམ་པ་ལེན་པ་བཀག་སྟེ། མཛོད་ལས། མཚམས་མེད་པ་ཡི་ལས་རྣམས་དང་། །ཉོན་མོངས་ཤས་ཆེ་ངན་འགྲོ་དང་། །འདུ་ཤེས་མེད་པའི་སེམས་ཅན་རྣམས། །སྒྲ་མི་སྙན་སྒྲིབ་གསུམ་དུ་འདོད། །ཅེས་བཤད་པའི་ཕྱིར། དེ་ཉིད་ལས། ཟ་མ་མ་ནིང་སྒྲ་མི་སྙན། །མཚན་གཉིས་མ་གཏོགས་མི་རྣམས་ལ། །སྡོམ་མིན་སྡོམ་པའང་དེ་བཞིན་ལ། །ལྷ་ལའང་མི་རྣམས་ལ་གསུམ་མོ། །འདོད་དང་གཟུགས་སྐྱེས་ལྷ་རྣམས་ལ། །བསམ་གཏན་སྐྱེས་ཡོད་ཟག་མེད་ནི། །བསམ་གཏན་ཁྱད་པར་འདུ་ཤེས་མེད། །སེམས་ཅན་མ་གཏོགས་གཟུགས་མེད་ནའང་། །ཞེས་བཤད། དེ་ཡང་མངོན་པ་དང་འདུལ་བ་ལས། མཐའ་གཅིག་ཏུ་ཕོར་མི་རུང་བས་ཟ་མ་མོར་མི་རུང་བས་མ་ནིང་ཞེས་སྤྱིར་བཏང་དུ་བཤད་ལ། བྱེ་བྲག་ཟ་མ་ནི་གཞི་འགྲེལ་ལས་འབྲས་བུ་ཕྱུང་བ་དང་། ཕྲན་ཚེགས་འགྲེལ་པ་དང་དགྲ་བཅོམ་པ་ས་གའི་ལྷས་ཕོ་དབང་ནུས་པ་མེད་པ་དང་། མཛོད་འགྲེལ་ལས་རང་བཞིན་གྱིས་ཕོ་དབང་མེད་པས་ཟ་མའོ་ཞེས་པ་དང་། རྐྱེན་གྱིས་ཉམས་པ་མ་ནིང་ཡིན། །ཞེས་བཤད། སྒྲ་མི་སྙན་པ་དང་འདུ་ཤེས་མེད་པ་བ་ནི། རྣམ་སྨིན་གྱི་སྒྲིབ་པ་ཤས་ཆེ་བས་སྡོམ་པ་ལེན་འདོད་མེད་པ་དང་། ངན་སོང་བ་ལ་ངོ་ཚ་ཁྲེལ་མེད་པ་དང་། གླིང་གསུམ་གྱི་མི་ཡིན་ཡང་མཚམས་མེད་བྱས་པ་ལས་ཀྱི་སྒྲིབ་པ་ཆེ་བ་དང་། མཚན་གཉིས་པ་ཉོན་མོངས་ཤས་ཆེ་ཞིང་རྟེན་ཉམས་པ་དང་། འདུ་ཤེས་མེད་པ་བ་སོགས་སུམ་ཟད་ལྷ་ལའང་སོ་སོར་ཐར་པའི་སྡོམ་པ་དང་སྡོམ་མིན་དང་སྡོམ་པ་ཡང་མ་ཡིན་སྡོམ་པ་མིན་པ་ཡང་མ་ཡིན་པའི་བར་མ་ཡང་མེད་དེ། ཐར་པ་ཆ་མཐུན་གྱི་དགེ་བ་ཐོག་མར་སྐྱེ་བ་མེད་པས་སོ། །སྤྱིར་མི་རྣམས་ལ་སོ་སོར་ཐར་པ་དང་བསམ་གཏན་དང་ཟག་མེད་ཀྱི་སྡོམ་པ་གསུམ་ཀ་ཡོད། འདོད་ཁམས་དང་གཟུགས་ཁམས་ཀྱི་ལྷ་ལ་བསམ་གཏན་གྱི་སྡོམ་པ་ཡོད། བསམ་གཏན་ཁྱད་པར་བ་དང་འདུ་ཤེས་མེད་པ་བ་དང་ཚངས་ཆེན་མ་གཏོགས། འདོད་གཟུགས་སུམ་ཟད་གཟུགས་མེད་ཁམས་ནའང་ཟག་མེད་ཀྱི་སྡོམ་པ་ལྡན་ནོ། །

མདོ་སྡེ་པ་རྣམས་ཀྱི་ལུགས་ལ། ལེན་པའི་གང་ཟག་ནི། དུད་འགྲོ་ཀླུ་དང་ཡི་དྭགས་འཕྲོག་མ་སོགས་འགྲོ་བ་གཞན་ལའང་སྡོམ་པ་སྐྱེ་བར་བཤད་དེ། དེ་ལྟར་དུ་སྐྱེས་རབས་ལས་དོན་མཐུན་དུ་འབྱུང་བའི་ཕྱིར། བསྙེན་གནས་བླང་བའི་ཡུལ་ཡང་དགེ་བསྙེན་དང་དགེ་ཚུལ་སོགས་གང་ཡང་རུང་བ་ལས་བླང་བར་གསུངས་ཏེ། དེ་ལྟར་དུ་མདོ་ལས་དོན་མཐུན་དུ་འབྱུང་བའི་ཕྱིར། དེ་ཡང་དྲང་སྲོང་གནས་འཇོག་གི་མདོ་ལས། དགེ་སློང་ངམ་བྲམ་ཟེའམ་ཁྱིམ་པའམ་རབ་ཏུ་བྱུང་བ་གང་ཡང་རུང་བ་ཆོ་ག་ཤེས་པ་ཞིག་གི་མདུན་དུ་འདུག་ལ་ཞེས་པ་དང་། ལུང་རྣམ་འབྱེད་ལས་ཀྱང་། ཁྱིམ་བདག་མགོན་མེད་ཟས་སྦྱིན་གྱིས་སྐྱེ་བོ་མང་པོ་ལ་བསྙེན་གནས་ཕོག་ཅེས་པ་དང་། ཀླུ་གཞོན་ནུ་ཙམ་པ་ཞེས་བྱ་བ་ཚེས་བརྒྱད་ལ་སོགས་པ་ལ་ཡན་ལག་བརྒྱད་དང་ལྡན་པའི་གསོ

སྤྱོང་ལ་གནས་ཏེ་ཞེས་གསུངས། འདི་དག་མདོ་སྡེ་པ་སྨྲ་ཇི་བཞིན་པར་འཆད་ལ་བྱེ་བྲག་སྨྲ་བ་བར་མ་དགེ་བ་ཙམ་སྐྱེ་བ་ལ་དགོངས་ཞེས་ཟེར་རོ། །གསུམ་པ་ནི། ཉན་ཐོས་དང་ཐེག་ཆེན་གྱི་བསྙེན་གནས་ལ་ཆོ་ག་ཁྱད་པར་ཡོད་དེ། ཉན་ཐོས་རྣམས་ཀྱི་བསྙེན་གནས་ཀྱི་ཆོ་ག་ཡང་སྐྱབས་སུ་འགྲོ་བ་སྔོན་དུ་སོང་བའི་ཚུལ་གྱིས་འབོགས་པ་མིང་ཆེན་ལ་བཀའ་བསྩལ་པའི་མདོ་ལས་འབྱུང་ཞིང་། མཛོད་ལས་ཀྱང་། གཞན་ལའང་བསྙེན་གནས་ཡོད་མོད་ཀྱི། །སྐྱབས་སུ་སོང་བ་ལ་མེད། །ཅེས་བཤད་ལ། དོན་ཡོད་ཞགས་པའི་རྟོག་པ་ཆེ་བ་ཆོ་ག་ཞིབ་མོ་ལས། བསྙེན་གནས་གང་ཟག་རང་གིས་སློབ་དཔོན་ནམ་དཀོན་མཆོག་གི་དྲུང་དུ་བླང་བ་ཡི་ཆོ་ག་དབུ་མ་ལུགས་ཀྱི་སེམས་བསྐྱེད་དང་ལེན་ཚུལ་འདྲ་བར་གསུངས་པ་དེས་ནའོ། །དེ་ཉིད་ལས། གང་ཡང་བཅོམ་ལྡན་འདས་རིགས་ཀྱི་བུའམ་རིགས་ཀྱི་བུ་མོའམ་དགེ་སློང་ངམ་དགེ་སློང་མའམ་དགེ་བསྙེན་ཕའམ་དགེ་བསྙེན་མའམ་དེ་ལས་གཞན་པའི་ཁ་ཅིག་དོན་ཡོད་ཞགས་པའི་སྙིང་པོ་ཆེད་དུ་བྱས་ནས་དཀར་པོའི་ཕྱོགས་ཀྱི་ཚེས་བརྒྱད་ལ་བསྙུང་བར་གནས་པ་བྱས་ཏེ། ལན་བདུན་དུ་དོན་ཡོད་ཞགས་པའི་སྙིང་པོ་ཚིག་ཏུ་མི་བརྗོད་པར་ཡོད་བྱས་བཟླས་ན་ཞེས་པ་དང་། ཉིན་ཞག་གཅིག་བསྙུང་བར་གནས་པའི་ཞག་གསུམ་དུ་དཀར་གསུམ་ཟ་ཞིང་དུས་གསུམ་དུ་ཁྲུས་བྱས་ནས་གོས་གཙང་མ་གྱོན་པར་གྱུར་པས་བཟླས་པར་བྱའོ། །དེ་ནས་སྐུ་གཟུགས་ཀྱི་མདུན་དུ་རང་ཉིད་བྲིས་པ་ལྟར་བལྟས་ཏེ་དེ་མཐོང་ན་དགའ་བར་འགྱུར་རོ། །ཞེས་གསུངས།

ད་ནི་འདི་དཔྱད་པར་བྱ་སྟེ། ཁ་ཆེ་བྱེ་བྲག་སྨྲ་བའི་ལུགས་ལ། སོ་སོར་ཐར་པའི་སྡོམ་པ་ལ། ངོ་བོ། སྒྲ་བཤད། རྣམ་གྲངས། དབྱེ་བ། བསྲུ་བར་བཤད་པ་དང་ལྔ་ལས། དང་པོ་ནི། གང་ཟག་རྒྱུད་སོ་སོ་བ་ཐར་པའི་འཇུག་ངོགས་འདོད་པའི་ཁམས་སུ་གཏོགས་པའི་ངེས་པར་འབྱུང་བའི་ཚུལ་ཁྲིམས་ཞེས་བྱའོ། །འཇིགས་སྐྱོབས་དང་ལེགས་སྨོན་ནི། ཐོག་མར་འདི་ལ་བརྟེན་ནས་མཐར་མཐུན་པའི་རྒྱེན་ངེས་འབྱུང་གི་ཚུལ་ཁྲིམས་སུ་འགྲོ་བ་ཡོད་དེ། ཐུས་སྨྲ་གཙན་འཛིན་བཞིན་ནོ། །

གཉིས་པ་ནི། ཅིའི་ཕྱིར་སོ་སོར་ཐར་པའི་སྡོམ་པ་ཞེས་བྱ་ན། པྲ་ཏི་ནི་སོ་སོར་དང་མོ་ཀྵ་ནི་ཐར་པ་ལ་འཇུག་པས་གང་ཟག་སོ་སོར་སྡིག་པ་ལས་ཐར་པའི་ཕྱིར་དེ་སྐད་ཅེས་བྱའོ། །ཅིའི་ཕྱིར་སྡོམ་པ་ཞེས་བྱ་ན། ལུས་ངག་གི་ཉེས་པ་སྡོམ་པའི་ཕྱིར་རོ། །མཛོད་ལས། སྡོམ་པ་སོ་སོར་ཐར་ཅེས་བྱ། །ཞེས་བཤད། རང་འགྲེལ་ལས། པྲ་ཏི་ན་དོན་ལ་དང་པོར་རིགས་པས་སྡོམ་པའི་སྐད་ཅིག་ཕྱི་མ་སོ་སོར་ཐར་པའི་སྡོམ་པ་ཡིན་ཀྱང་སོ་སོར་ཐར་པ་ནི་མ་ཡིན་ཏེ། སྐད་ཅིག་དང་པོས་ཐར་བར་བྱས་ཟིན་པའི་ཕྱིར་རོ་ཞེས་ཟེར་རོ། །

གསུམ་པ་ནི། མཛོད་ལས། ཚུལ་ཁྲིམས་དང་ནི་ལེགས་སྤྱད་དང་། །ལས་དང་སྡོམ་པ་ཞེས་བྱའོ། །ཞེས

བཤད། དེ་ཡང་རིམ་བཞིན་མདོ་སྡེ་རྒྱན་ལས། བསིལ་བ་ཐོབ་དང་། ཞེས་པ་ལྟར། ཉོན་མོངས་པའི་ཚ་གདུང་ལས་སྐྱོབ་པའི་ཕྱིར་དང་། མཁས་པས་བསྔགས་པའི་ཕྱིར་དང་། དགེ་བ་བྱ་བའི་རང་བཞིན་ཡིན་པའི་ཕྱིར་དང་། མི་དགེ་བ་སྡོམ་པའི་ཕྱིར་དེ་སྐད་ཅེས་བྱའོ། །ལས་ཞེས་བཤད་པ་ལ། སོ་སོར་ཐར་པའི་སྐད་ཅིག་དང་པོ་སོ་སོར་ཐར་པ་ཡང་ཡིན་ལ་ལས་ལམ་དངོས་ཀྱང་ཡིན་ནོ། །དེའི་སྐད་ཅིག་ཕྱི་མ་རྣམས་སོ་སོར་དང་པོར་ཐར་པ་མ་ཡིན་ཀྱང་བྱ་བའི་ལས་ལམ་གྱི་མཇུག་ཡིན་ནོ། །དེ་ཉིད་ལས། སོ་སོར་ཐར་དང་བྱ་བའི་ལམ། །ཞེས་བཤད། གལ་ཏེ་ཚུལ་ཁྲིམས་ལ་སྡོམ་པས་ཁྱབ་བམ་སྙམ་ན། མིང་གི་རྣམ་གྲངས་ལ་ཁྱབ་པ་མི་འཛིན་པ་གསུང་རབ་སྤྱིའི་དགོངས་པ་ཡིན་ནོ། །རང་འགྲེལ་ལས་ཀྱང་། ཅི་ཕྱི་རོལ་པ་རྣམས་ལ་ཡང་དག་པར་བླངས་པའི་ཚུལ་ཁྲིམས་མེད་དམ་ཞེ་ན། ཡོད་མོད་ཀྱི་སོ་སོར་ཐར་པའི་སྡོམ་པ་ནི་མ་ཡིན་ནོ། །ཅིའི་ཕྱིར་ཞེ་ན། དེ་ནི་སྲིད་པ་ལ་བརྟེན་པའི་ཕྱིར་གཏན་དུ་སྡིག་པ་ལས་སོ་སོར་ཐར་པར་བྱེད་པ་མ་ཡིན་ནོ། །ཞེས་བཤད།

བཞི་པ་ནི། མཛོད་ལས། སོ་སོར་ཐར་ཅེས་བྱ་རྣམ་བརྒྱད། །ཅེས་པ་དང་། ལྔ་པ་ནི། རྫས་སུ་རྣམ་པ་བཞི་ཡིན་ནོ་ཞེས་བཤད། གལ་ཏེ་བརྒྱད་བཞིར་འགལ་ལོ་སྙམ་ན། དགེ་ཚུལ་ཕ་མ་མཚན་འགྱུར་བ་ལས་མིང་འཕོ་ལ། ནི་ཞེས་པས་དོན་སྡོམ་པའི་རྫས་ཀྱི་རྒྱུན་མི་འཕོ་བའི་ཕྱིར། མིང་ཐ་དད་ཀྱང་དགེ་ཚུལ་ཕ་མ་དེ་དག་མཚན་འགྱུར་བའི་ཚེ་སྡོམ་པ་གཉིས་རྫས་ཀྱི་རྒྱུན་གཅིག་ཡིན་པ་ལ་འགལ་བ་མེད་དེ། དེ་ཉིད་ལས། མཚན་ལས་མིང་ནི་འཕོ་བའི་ཕྱིར། །ཐ་དད་དེ་དག་འགལ་བ་མེད། །ཅེས་བཤད།

ད་ནི་སོ་སོར་ཐར་པའི་སྡོམ་པའི་གཏོང་ཐོབ་གནས་གསུམ་ལ་དཔྱད་པར་བྱ་སྟེ། དང་པོར་སྡོམ་པ་སྐྱེ་བའི་ཚེ་རང་རང་གི་ཉེར་ལེན་གྱི་རྒྱུ་ལུས་ཀྱི་འབྱུང་བ་རྙིང་པ་བཞི་ཚན་བདུན་ལས་འབྱུང་བ་གསར་པ་བཞི་ཚན་བདུན་འབྱུང་། དེ་ལས་དངོས་འབྲས་སྤོང་བ་བདུན་གྱི་སྡོམ་པ་ཐ་དད་པ་བདུན་འབྱུང་སྟེ་དཔེར་ན་གླུ་སྒྲོལ་མགོ་བདུན་ཡོད་པ་ལྟར་སྐྱེ་ཞིང་ཐོབ་པོ། །མཛོད་ལས། འབྱུང་བ་ཆེ་རྣམས་རྒྱུར་བྱས་པ། །དེ་ནི་རྣམ་རིག་བྱེད་མིན་བརྗོད། །ཅེས་ཁ་ཆེ་བྱེ་བྲག་ཏུ་སྨྲ་བའོ། །འོན་རེས་འགའ་རྣམ་པར་རིག་བྱེད་དུ་སྐྱེ་བ་ཅི་ཡིན་སྙམ་ན། སྡོམ་པ་སྐད་ཅིག་དང་པོ་རྣམ་པར་རིག་བྱེད་ཀྱི་གཟུགས་སུ་སྐྱེ་ལ། དེ་ཕྱིན་ཆད་སྡོམ་པའི་བྱ་བ་དངོས་སུ་བྱེད་པའི་ཚེ་རྣམ་པར་རིག་བྱེད་དང་། སྐབས་གཞན་རྒྱུན་དུ་རྣམ་པར་རིག་བྱེད་མ་ཡིན་པའི་གཟུགས་སུ་སྐྱེ་ཞིང་གཉིས་ཀའི་ཐོབ་པ་ནི་རྟག་ཏུ་སྐྱེ་བར་འདོད་དོ། །མཛོད་ལས། དང་པོ་རྣམ་རིག་རྣམ་རིག་མིན། །ཞེས་པ་དང་། རྣམ་པར་རིག་བྱེད་དེ་ཡང་སྡོམ་པ་ལེན་པ་པོ་རང་འབོགས་པ་པོའི་སློབ་དཔོན་གཞན་གྱི་ལུས་ངག་གི་རྣམ་པར་རིག་བྱེད་ལས་སྐྱེ་ཞིང་ཐོབ་པོ། །སོ་སོར་ཐར་ཅེས་པ། གཞན་གྱི་རྣམ་རིག་བྱེད་སོགས་ཀྱིས། ཞེས་བཤད། སྡོམ་པ་བར་

དུ་གནས་པའི་ཚུལ་ཡང་། ལུས་ངག་གི་སྤོང་བདུན་དགེ་བ་གཟུགས་ཀྱི་ཕུང་པོ་རྣམ་པར་རིག་བྱེད་དང་རིག་བྱེད་མ་ཡིན་པ་ཅི་རིགས་སུ་གྱུར་པ་ཇི་སྲིད་རང་རང་གི་མི་མཐུན་ཕྱོགས་འགོག་པའི་ནུས་པ་ཅན་སྡོམ་པ་གཏོང་བའི་རྐྱེན་སྟོབས་ལྡན་གྱིས་མ་བཅོམ་པ་དེ་སྲིད་དུ་གནས་སོ། །

ཐ་མར་སྡོམ་པ་གཏོང་བའི་ཚུལ་ནི། སྲོག་གཅོད་པའི་ཕམ་པས་སྲོག་གཅོད་སྤོང་བའི་སྡོམ་པ་དེ་ཉམས་པར་བྱས་པའི་ཚེ་རྒྱ་བའི་སྡོམ་པ་གཅིག་གཏོང་གིས། སྤོང་བ་བདུན་གྱི་སྡོམ་པ་གཞན་རྣམས་གཏོང་བ་མ་ཡིན་ཏེ༑ སྦྲུལ་མགོ་བདུན་གྱི་གཅིག་བཅད་པས་གཞན་རྣམས་བཅད་པར་མི་འགྱུར་བ་བཞིན་ནོ། །ལས་དགེ་བ་བཅུ་བསྟན་པའི་མདོ་ལས་ཀྱང་། སྤང་བྱ་བཅུ་དང་གཉེན་པོ་བཅུ་སོ་སོར་གསུངས་པ་ལས་ཀྱང་ཤེས་སོ། །དེས་ན་འདུལ་བ་ལུང་ལས། བཅས་ལྡན་དགེ་སློང་སྲོག་གཅོད་ཕམ་པས་ཉམས་པ་དེས་སྲོག་བཅད་པས་ཉེས་བྱས་དང་ཕམ་པ་གཞན་ལ་སྤྱུར་ན་དངོས་གཞིར་འགྱུར་བར་གསུང་།

ད་ནི་ཁ་ཆེ་བྱེ་བྲག་སྨྲ་བ་ལྟར་ན་སྐྱབས་སུ་འགྲོ་བའི་ཚུལ་གྱིས་སྡོམ་པ་འཕོགས་པའི་ཚུལ་ལ་དཔྱད་པར་བྱ་སྟེ། བསྙེན་གནས་ནི་སྐྱབས་སུ་འགྲོ་བའི་ཚུལ་གྱིས་བསྙེན་གནས་ལ་གནས་པར་བྱའོ་ཞེས་ལན་གསུམ་དང་། རང་གི་བསླབ་བྱའི་གྲངས་གསོ་སྦྱོང་ཡན་ལག་བརྒྱད་པ་ལན་ཅིག་སློབ་དཔོན་གྱི་རྗེས་ཟློས་བྱེད་དོ། །དགེ་བསྙེན་ནི་སྐྱབས་གསུམ་སྔོན་དུ་འགྲོ་བས་དགེ་བསྙེན་དུ་གཟུང་དུ་གསོལ་ལན་གསུམ་དང་། དགེ་བསྙེན་རང་རང་གི་བསླབ་པའི་གྲངས་ལན་ཅིག་སློབ་དཔོན་གྱི་རྗེས་ཟློས་བྱེད་དོ། །དགེ་ཚུལ་ནི་མཁན་པོས་ཡོངས་རྫོགས་ཀྱི་དགེ་བསྙེན་དུ་བསྒྲུབས་ནས་ཁྱིམ་པའི་རྟགས་སྤོང་བ་དང་རབ་ཏུ་བྱུང་བའི་རྟགས་ལེན་པའི་ཚོགས་བར་མ་རབ་བྱུང་བྱས་ལ་སྐྱབས་གསུམ་སྔོན་དུ་འགྲོ་བའི་ཚིག་དགེ་ཚུལ་དུ་གཟུང་དུ་གསོལ་ལན་གསུམ་དང་། རང་གི་བསླབ་བྱ་བཅུ་ལ་སློབ་པ་ལན་ཅིག་སློབ་དཔོན་གྱི་རྗེས་ཟློས་བྱེད་དོ། །

ལེན་པའི་དུས་ནི། བསྙེན་གནས་ཉིན་ཞག་གཅིག་དང་། གཞན་རྣམས་དུས་ཇི་སྲིད་འཚོ་ཡིན་ཏེ། མཛོད་པས། ཇི་སྲིད་འཚོ་དང་ཉིན་ཞག་ཏུ། །སྡོམ་པ་ཡང་དག་བླང་བར་བྱ། །ཞེས་བཤད།

དགེ་སློང་གི་ཚིག་ལ། སྔོན་གྱི་ཚིག་དང་། ད་ལྟར་གྱི་ཚིག་གཉིས་ལས། དང་པོ་ནི། འདིའི་སྤྱི་དོན་དུ་ལྟོས། གཉིས་པ་ནི། ལུང་ཕྲན་ཚེགས་ཀྱི་གཅིག་ལས་འཕྲོས་པའི་བཅུ་ཚན་དུ། སངས་རྒྱས་ཆོས་དང་དགེ་འདུན་དང་། །མཁན་པོ་སློབ་དཔོན་བསྙེན་རྫོགས་འདོད། །ཡོ་བྱད་ཡོངས་སུ་དག་པ་དང་། །གསོལ་དང་ལས་ནི་མཐོན་གྱུར་རོ། །ཞེས་ཚོས་བཅུ་ཚང་བའི་ཚོགས་དགེ་སློང་གི་སྡོམ་པ་ཐོབ་པར་གསུངས་སོ། །དེ་ཡང་རིམ་བཞིན་སངས་རྒྱས་ཤཱཀྱ་ཐུབ་པའི་སྐུ་དང་ཆོས་འགོག་ལམ་གྱིས་བསྡུས་པའམ་ཚོ་གའི་རིག་བྱེད་དག་ལས་

གྲགས་པ་དང་། དགེ་འདུན་ཡུལ་དབུས་སུ་བཅུ་དང་མཐའ་འཁོབ་ཏུ་མདོ་རྩ་ལྟར་ན་ལྔ་དང་མེ་ཏོག་ཕྲེང་རྒྱུད་ལྟར་ན་བཞིའོ། །ཁ་ཅིག་འདུལ་བ་འཛིན་པ་དང་ལྔ་ཚོགས་ཡིན་ཟེར་ཏེ་སྒྲ་ཇི་བཞིན་པ་ལ་མི་སྣང་ངོ་། །མཁན་པོ་ལྔ་ཕྲུགས་ཉི་ཤུ་རྩ་གཅིག་ལས་གང་ཡང་རུང་བ་དང་ལྡན་པ་དང་བསྙེན་པར་རྫོགས་ནས་སྡོམ་རྒྱུན་ལོ་བཅུ་བར་མ་ཆད་དུ་ཡོད་པའོ། །སློབ་དཔོན་ལ་ལས་ཀྱི་སློབ་དཔོན། གསང་སྟེ་སྟོན་པའི་སློབ་དཔོན་ནོ། །བསྙེན་པར་རྫོགས་པར་འདོད་པ་རང་ལ་རྩེ་སྐྱེ་རང་ཉིད་ངེས་འབྱུང་གི་ཚུལ་ཁྲིམས་ལེན་འདོད་པའོ། །ཡོ་བྱད་ཆོས་གོས་རྣམ་གསུམ་གདིང་བ་ཆུ་ཚགས་ལྷུང་བཟེད་དང་བཅས་པ་ཚང་བའོ། །ཡོངས་སུ་དག་པ་ཕྱིར་གསང་སྟེ་སྟོན་པ་དང་། ནང་དུ་ལས་ཀྱི་སློབ་དཔོན་གྱིས་དྲིས་ནས་བར་ཆད་མེད་པའོ། །གསོལ་བ་དགེ་འདུན་ལ་མཁྱེན་པར་གསོལ་བའོ། །ལས་མཐོན་དུ་གྱུར་པ་ཞེས་ཐ་མའི་གསལ་བྱེད་དུ་སྦྱར་ཏེ། དེ་ལ་ལས་ནི་གསོལ་བ་གཅིག་དང་བརྗོད་པ་གསུམ་སྟེ། གསོལ་བཞིའི་ལས་སོ། །ཕྱིར་བཅོས་ལ་གཙོ་ཆེ་བ་ལྟུང་བ་སྤྱི་བཤགས་སྟོན་དུ་འགྲོ་བའི་ལྟུང་བ་སྡེ་ལྔའི་བཤགས་པ་བྱ་ཐབས་ནི། ཁ་ཆེ་པཎ་ཆེན་གྱི་ཕྱག་ལེན་འདུལ་འཛིན་གྲུབ་པ་དཔལ་གྱིས་བྲིས་པའི་ཡི་གེ་སྣང་བས་དེར་བལྟ་བར་བྱའོ། །

བཞི་པ་ལ། བསྙེན་གནས་འབུལ་བ་དང་། འཚོལ་བ་དང་། ལྟ་བསྒོམ་ཐ་དད་དགག་པ་དང་གསུམ་ལས། དང་པོ་ནི། བཀའ་གདམས་པ་ལ་ལ་ན་རེ། བསྙེན་གནས་དེ་རིང་བསྲུངས་པ་ཡི་ནངས་པར་བསྙེན་གནས་ཀྱི་སྡོམ་པ་འབུལ་དགོས་མ་ཕུལ་ན་ཉམས་པར་འགྱུར་ཞེས་ཟེར། བསྙེན་གནས་ཀྱི་སྡོམ་པ་ཉིན་ཞག་གཅིག་པ་འདི་ལ་ནི་ནངས་པར་འབུལ་མི་དགོས་པར་ཐལ། བསྙེན་གནས་མཚན་མོ་འདས་པ་ན་གཏོང་བས་མ་ཕུལ་ཡང་ཉེས་པ་མེད་པའི་ཕྱིར། མདོ་སྡེ་པ་ཡི་ལུགས་བཞིན་དུ་དང་པོ་སློབ་དཔོན་ལས་བླངས་ནས་ཕྱིས་རང་ཇི་ལྟར་འདོད་པའི་ཟླ་བ་ཕྱུང་ངོ་ཅོག་གི་དུས་བཟང་གསུམ་གྱི་ཚེ་བསྙེན་གནས་ལ་གནས་པར་བྱའོ་ཞེས་ལེན་ན་ཡང་དུས་བཟང་གི་ནངས་པར་བསྙེན་གནས་འབུལ་མི་དགོས་ཏེ། དེའི་ནངས་པར་བསྙེན་གནས་ཀྱི་སྡོམ་པ་མ་ཕུལ་ཡང་གཏོང་བ་དེའི་ཕྱིར་ནའོ། །རྟགས་གྲུབ་སྟེ། ཆོས་བརྒྱད་ལྟ་བུ་ལ་བསྙེན་གནས་བླངས་ན་ནངས་པ་ཆོས་དགུ་ཕན་ཆད་བཅུ་བཞི་ཚུན་ཆད་བསྙེན་གནས་ཀྱི་སྡོམ་པ་བསྲུང་བའི་བསམ་པ་མེད་ཅིང་ལེན་པའི་དུས་འདས་པའི་ཕྱིར། རང་འགྲེལ་ལས། གང་གིས་ཆོས་བརྒྱད་ལ་རྟག་ཏུ་བསྙེན་གནས་ལ་གནས་པར་བྱའོ་ཞེས་སྟོན་ཡང་དག་པར་བླང་བར་བྱས་པ་དེས་ནི་ཟན་ཟོས་ནས་ཀྱང་ནོད་པར་བྱའོ་ཞེས་དང་། དེའི་འགྲེལ་བཤད་དུ༑ སྡོམ་པ་ནི་སློང་བར་བྱེད་པ་ཡང་དག་པར་ལེན་པ་ངེས་པའི་སེམས་པ་ཡིན་པའི་ཕྱིར་ཉི་མ་འཆར་བའི་ཚེ་ཁོ་ན་སྐྱེའོ། །ཟན་ཟོས་ནས་ནོད་པ་ནི་གསལ་བར་བྱ་བའིཕྱིར་རོ་ཞེས་སློབ་དཔོན་རྒྱལ་པོ་སྲས་ཀྱིས་བཤད། ལུང་

འདི་དག་ནི་མདོ་སྡེ་པའི་ལུགས་སུ་མངོན་ཏེ། རྟག་ཏུ་བསྙེན་གནས་ལ་གནས་པར་བྱ་ཞེས་པ་དང་། ཇི་ལྟར་འདོད་ཚེ་ལེན་ཞེས་པ་གཉིས་དོན་གཅིག་པའི་ཕྱིར་རོ། །དེ་ཡང་དང་པོར་སློབ་དཔོན་ལས་ཇི་སྲིད་འཚོའི་བར་དུ་ཟླ་བ་བྱུང་རེ་ཙམ་གྱི་ཆོས་བརྒྱད་དང་བཅོ་ལྔ་སོགས་ལ་ཡན་ལག་བརྒྱད་ཚང་བའི་གསོ་སྦྱོང་ལ་གནས་པར་གཟུང་དུ་གསོལ། ཞེས་བྱ་བའི་ཚིག་གས་དུས་གཅིག་ལ་བླངས་ཏེ་དེ་ནས་དུས་ཕྱིས་དུས་བཟང་དེ་དང་དེའི་ཚེ་གཞན་ལས་མ་བླངས་ཀྱང་སྡོམ་པའི་ངོ་བོ་སྐྱོང་སེམས་ཡིན་པས། སྔོན་གྱི་འཕེན་པའི་དབང་གིས་ངེས་པར་སྐྱེའོ། །སེམས་ཡིན་པའི་རྒྱུ་མཚན་ཡང་། རང་འགྲེལ་ལས། སོ་སོར་ཐར་པའི་སྡོམ་པར་ཡང་འགྱུར་ཏེ་སེམས་པ་གང་གིས་ཚིག་སྔོན་དུ་བཏང་བའི་ཁས་བླངས་ཏེ་ལས་བཀག་ནས་ལུས་དང་ངག་སྡོམ་པར་བྱེད་དོ་ཞེས་བཤད། དུས་ནམ་གྱི་ཚེ་སྐྱེ་ན་ནངས་པར་ཉི་མ་འཆར་བའི་ཚེ་ཁོ་ན་སྐྱེའོ། །དེ་ལྟ་ན་ཡང་སྔ་དྲོ་ཟན་ཟོས་ནས་སྡོམ་པ་གཞན་ལས་ནོད་པ་ནི་བསླབ་བྱའི་རྐང་གྲངས་གསལ་འདེབས་པའི་ཆེད་ཡིན་ནོ། །ལུགས་འདི་ལ་སྡོམ་པ་གསར་དུ་མ་བླངས་ཀྱང་བསྲུངས་པས་ཆོག་གོ །ལུང་འདི་སྔ་རབས་པ་དག་བྱེ་བྲག་སྨྲ་བའི་ལུགས་སུ་འདོད་པ་མི་འཐད་དེ། དེའི་ལུགས་ལ་བསྙེན་གནས་དུས་བཟང་མང་པོ་ལ་བསྲུང་བར་འདོད་ན་ཡང་སྡོམ་པའི་ངོ་བོ་གཟུགས་ཅན་ཡིན་པས་ཉིན་རེ་བཞིན་སློབ་དཔོན་ལས་ལེན་དགོས་པའི་ཕྱིར་རོ། །དེ་ཡང་མཛོད་ལས། བསྙེན་གནས་ཡན་ལག་ཚང་བར་ནི། །ནངས་པར་གཞན་ལས་ནོད་པར་བྱ། །ཞེས་བཤད། དེང་སང་བསྙེན་གནས་ལེན་པའི་ཚུལ་འདི་ནི་བྱེ་བྲག་སྨྲ་བའི་ལུགས་མ་ཡིན་ཏེ། སྔ་མའི་ཆོས་བརྒྱད་ལ་སྡོམ་པ་བླངས་ནས་ཕྱི་མའི་ཆོས་བརྒྱད་ལ་སློབ་དཔོན་ལས་མ་བླངས་པར་བསྙེན་གནས་དཀོན་མཆོག་གི་དྲུང་དུ་ལེན་པར་བྱེད་པའི་ཕྱིར་རོ། །མདོ་སྡེ་པའི་ལུགས་ཀྱང་མ་ཡིན་ཏེ། ཕྱི་མའི་ཆོས་བརྒྱད་ལ་བསྙེན་གནས་བསྲུང་བ་ལྟར་བྱེད་ཀྱང་སློབ་དཔོན་གཞན་ལས་དང་པོར་ཆོས་བརྒྱད་གཅིག་ཙམ་ལ་བླངས་ནས་ཕྱི་མའི་ཆོས་བརྒྱད་འདི་ལ་གཞན་སུ་ལ་ཡང་སྡོམ་པ་མི་ལེན་པར་སྣང་བའི་ཕྱིར་རོ། །སྤྱིར་ཡང་ཉན་ཐོས་པའི་ལུགས་ལ་བསྙེན་གནས་གང་ཟག་ལས་ལེན་པར་བཤད་ཀྱི་སྐུ་གཟུགས་ལས་ལེན་པར་མཐའ་གཅིག་ཏུ་མ་བཤད་པའི་ཕྱིར་རོ། །

གཉིས་པ་ནི། ཆོས་རྒྱུས་མེད་ཅིང་འདོད་ཡོན་ལ་སྲིད་པ་ལ་ལ་ན་རེ། བསྙེན་གནས་ཀྱི་སྡོམ་པ་མ་བཟུང་རིང་ལྟ་བུ་ལ་གང་ལ་ནོད་པའི་སློབ་དཔོན་དེ་ལ་འཚོལ་དགོས་མ་བཙལ་ན་ཉམས་པར་འགྱུར་ཟེར་བ་ཐོས་པ་ལྟར་མི་འཐད་དེ། འདི་འདྲ་མདོ་རྒྱུད་བསྟན་བཅོས་གང་ནའང་བཤད་པ་མེད་པའི་ཕྱིར། གལ་ཏེ་ཡོད་ན་སྨྲ་དགོས་སོ། །གསུམ་པ་ནི། བྱ་ཡུལ་པ་ཁ་ཅིག་བསྙེན་གནས་འབོགས་པའི་ཚེ། ཉ་ལ་སངས་རྒྱས་སྣང་བ་མཐའ་ཡས་དང་གནམ་སྟོང་ལ་སྨན་བླ་དང་ཆོས་བརྒྱད་ལ་ཤཱཀྱ་ཐུབ་པ་སྟེ་ལྔ་བསྒོམ་པ་ཐ་དད་མ་བྱས་ན། བསྙེན་

གནས་བསྲུང་དུ་མི་འདོད་ཅིང་སྡོམ་པ་ཉམས་ཟེར་བ་འདི་ཡང་རེ་ཤིག་བརྟག་པར་བྱ་སྟེ། ཡི་དམ་ལྷ་ཡི་བསྒོམ་བཟླས་མ་བྱས་ཀྱང་བསྙེན་གནས་ཀྱི་སྡོམ་པ་ཉམས་པར་འགྱུར་བ་མེད་དེ། བསྙེན་གནས་ནི་སོ་སོར་ཐར་པའི་ལུགས་ཏེ་གཙོ་ཆེར་ཉན་ཐོས་ཀྱི་གཞུང་ལུགས་ཡིན་ལ། ཡི་དམ་ལྷ་ཡི་སྐུ་བསྒོམ་པ་དང་གསུང་གི་བཟླས་པ་ནི་གསང་སྔགས་པའི་གདམས་ངག་ཡིན་གྱི་ཉན་ཐོས་ཀྱི་གཞུང་ལས་བཤད་པ་མེད་པ་དེས་ནའོ། །འོན་འདུལ་བ་ལུང་སྨན་གྱི་གཞི་ལས།དགེ་སློང་ས་རི་དྭགས་སྐྱེལ་གྱིས་བཟུང་བ་ཐར་པའི་དོན་དུ་རྨ་བྱ་ཆེན་མོའི་རིགས་སྔགས་དང་། ཡངས་པ་ཅན་དུ་ཡམས་ནད་བྱུང་བ་ཞི་བའི་དོན་དུ་ཡངས་པའི་གྲོང་ཁྱེར་དུ་འཇུག་པའི་གཟུངས་གསུངས་པ་དང་། གནས་མལ་གཞིའི་ཕྲན་ཚེགས་ལས་ཀྱང་། གསང་སྔགས་ཕན་པར་བྱེད་པ་དག་གཟུང་བར་བྱའོ་སྨྲུང་བར་བྱའོ་ཞེས་གསུངས་པ་དང་འགལ་ལོ་ཞེ་ན། དེ་ནི་མི་འགལ་ཏེ། གཟུང་སྔགས་དེ་ལྷ་བུ་ནི་འཕྲལ་ནད་ཞི་བའི་ཐབས་ཙམ་ཡིན་ལ་ཡི་དམ་ལྷའི་བསྒོམ་བཟླས་མ་ཡིན་པའི་ཕྱིར། འོན་ཀྱང་ཡི་དམ་བསྒོམ་པ་དང་བསྙེན་གནས་བསྲུང་བ་མི་འགལ་བར་སེམས་ཏེ། གསང་སྔགས་ཀྱི་ལུགས་དོན་ཡོད་ཞགས་པ་ལས་འབྱུང་བའི་བསྙེན་གནས་བྱེད་འདོད་ན། མདུན་དུ་ཡི་ དམ་ལྷ་བྲིས་སྐུ་བཞེན་བསྒོམ་པ་དང་དེ་ལ་དམིགས་པའི་སྔགས་བཟླས་ན་ཉན་ཐོས་ཀྱི་ལུགས་ལས་བསོད་ནམས་ཆེ་བའི་ཕྱིར་རོ། །

གཉིས་པ་ལ། ལེན་པའི་ཆོ་ག །བསླབ་བྱའི་ཁྱད་པར། གཏོང་བའི་དུས་བསྟན་པ་དང་གསུམ་ལས། དང་པོ་ནི། གང་ལས་འཕྲོས་ན། སོ་སོར་ཐར་པའི་སྡོམ་པ་ལ། །ཉན་ཐོས་ཐེག་ཆེན་ལུགས་གཉིས་ཡོད། །ཅེས་གསུངས་པའི་ཐེག་ཆེན་ལུགས་ཀྱི་སོ་སོར་ཐར་པའི་སྡོམ་པའི་ངོ་བོ་དང་ཆོ་ག་སོགས་གང་ཡིན་སྙམ་ན། ཐེག་པ་ཆེན་པོའི་གཞུང་ལུགས་ལས་བྱུང་བའི་སོ་སོར་ཐར་པ་རིགས་བརྒྱད་བཤད་ཀྱིས་ཉོན་ཞིག །ཉན་ཐོས་སུ་མ་ཟད་བྱང་ཆུབ་སེམས་དཔའ་ཉིད་ཀྱི་ལུགས་ལ་ཡང་སོ་སོར་ཐར་པའི་ལག་ལེན་མེད་པ་མ་ཡིན་ཏེ། སོ་སོར་ཐར་པ་འབོགས་པའི་ཆོ་ག་ཉན་ཐོས་དང་འདྲ་བ་འགའ་ཞིག་ཡོད་མོད་ཀྱི་སོ་སོར་ཐར་པ་འབོགས་པ་དེ་ཡི་ཆོ་ག་ཕལ་ཆེར་ནུབ་ལ། གསོ་སྦྱོང་ཡན་ལག་བརྒྱད་པ་རང་གིས་བླང་བ་སོགས་ཆོ་གའི་ལག་ལེན་འགའ་ཞིག་ཡོད་པའི་ཕྱིར། སོགས་སྨྲ་ནས་དཀོན་མཆོག་བརྩེགས་པའི་ཆོ་འཕྲུལ་བསྟན་པའི་མདོ་ལས། སྔོན་བསྐལ་པ་མངོན་པར་དགའ་བ་ལ་འཇིག་རྟེན་གྱི་ཁམས་བདེ་བ་ཞེས་པར་དེ་བཞིན་གཤེགས་པ་རི་རབ་ལྷ་བུ་ཞེས་པ་ལ་འཁོར་ལོས་བསྒྱུར་བའི་རྒྱལ་པོ་དགེ་བའི་བཀོད་པ་ཞེས་པས་ལོ་འབུམ་དུ་ཡོ་བྱད་ཐམས་ཅད་ཀྱིས་བསྙེན་བཀུར་བྱས་ཏེ༑ ཆོ་འཕྲུལ་བསྟན་པའི་ཆོས་ཀྱི་རྣམ་གྲངས་འདི་ཉན་པས་རྒྱལ་པོ་བུ་སྟོང་དང་བཅས་པས་རྗེས་སུ་མཐུན་པའི་བཟོད་པ་ཐོབ་ཅིང་དེ་ལ་དགེ་སློང་ཆོས་ཀྱི་རྒྱལ་མཚན་གྱིས་བྱང་ཆུབ་སེམས་དཔའི་ཡང་དག་པའི་སྤྱོད་པ་

བཤད་པས་རྒྱལ་པོ་བུ་དང་བཅས་པ་རབ་ཏུ་བྱུང་ཞིང་རྒྱལ་བུ་སྙིང་རྗེ་ཆེ་སེམས་རྒྱལ་པོར་དབང་བསྐུར་བ་ན་དེས་ཀྱང་། རབ་བྱུང་ཡོན་ཏན་དུ་མ་བསྟགས་པ་ཞེས། །དེ་བཞིན་གཤེགས་པ་རྣམས་ཀྱིས་གསུངས་མོད་ཀྱི། །དེ་ལྟ་ལགས་ཀྱང་སྙིང་རྗེར་གྱུར་པས་ན། །འགྲོ་ལ་ཕན་ཕྱིར་རྒྱལ་སྲིད་བདག་གིས་བསྐྱབས། །ཇི་སྲིད་འཚོ་བ་བདག་ནི་ཚངས་སྤྱོད་ཅིང་། །གསོ་སྦྱོང་ཡན་ལག་བརྒྱད་པ་བླང་བར་བྱ། །ཞེས་གསུངས།

དེས་ན་སྔོན་གྱི་ཆོགས་ཚངས་སྤྱོད་ཀྱི་དགེ་བསྙེན་དང་གསོ་སྦྱོང་ཡན་ལག་བརྒྱད་པའི་དགེ་བསྙེན་ལྟ་བུ་མཛད་པ་ནི། ཕལ་པོ་ཆེའི་མདོ་ལས་གསུངས་པའི་དགེ་བསྙེན་མ་མི་གཡོ་བ་ལྟ་བུ་དང་རྒྱལ་བུ་སྙིང་རྗེ་ཆེར་སེམས་འདི་ལྟ་བུ་ཡིན་ཏེ། ཐེག་པ་ཆེན་པོ་པ་ཞེས་བྱའོ། །དེ་ཡང་རི་བོང་གི་སྐྱེས་རབས་ལས། བྱང་ཆུབ་སེམས་དཔའ་རི་བོང་དེ་ལ་གྲོགས་པོ་གསུམ་ཞིག་ཡོད་པར་གྱུར་ཏེ་སྲམ་དང་ཝྃ་སྤྱང་དང་སྤྲེའུ་རྣམས་སོ། །དེ་དག་ཀྱང་སྲོག་ཆགས་རྣམས་ལ་སྙིང་རྗེ་བ་དང་བཀམ་པ་མེད་པ་དང་རྐུ་བ་མི་དྲན་པ་དང་ཆོས་དང་མཐུན་པའི་འཚོ་བ་ལ་གནས་པ་དང་རྣམ་པར་ཤེས་པ་ལ་གསལ་བས་དུལ་བ་དང་། སྡོམ་པ་དང་སྤྱོད་པ་བརྟན་པའི་ཕྱིར་ལྷ་རྣམས་ཀྱང་ཡ་མཚན་དུ་གྱུར་རོ། །དེའི་ཚེ་ཟླ་བ་ཡར་གྱི་ངོའི་ཚེས་བཅུ་བཞི་ལ་གྲོགས་པོ་རྣམས་ལ་སླས་པ། དཀྱིལ་འཁོར་ཅུང་ཟད་མ་རྫོགས་པ། །བཟང་པོ་འདི་ན་དགོད་པ་བཞིན། །དགེ་བ་རྣམས་ལ་གསོ་སྦྱོང་གི།སྦྱོ་བ་ཟླ་བ་འདི་སྟོན་ཏོ། །དེ་བས་ན་ངེས་པར་སང་ནི་ཚེས་བཅོ་ལྔ་སྟེ་ཁྱེད་ཀྱིས་ཀྱང་གསོ་སྦྱོང་བྱ་ཞེས་བཤད། མདོ་ལས། གླང་པོ་ཆེ་དང་སྤྲེའུ་དང་རི་བོང་དང་གོང་མ་སྲིག་སྟེ་བཞི་ཡོད་པ་ལས། སྔ་མ་སྔ་མས་ཕྱི་མ་ཕྱི་མ་རྒན་རིམ་བཞིན་བཀུར་སྟི་བྱས་རང་རང་གི་རིགས་མཐུན་ལ་ཆོས་བཤད་དོ། །དེས་ན། སྙིང་རྗེའི་བདག་ཉིད་ཅན་ཡང་དུད་འགྲོར་སྐྱེ། །དེར་ཡང་ཆོས་ཀྱི་འདུ་ཤེས་བརྗེད་པ་མེད། །ཅེས་སོ། །

གསོ་སྦྱོང་རང་གིས་ལེན་པར་མ་ཟད་དགེ་ཚུལ་རང་གིས་ལེན་པ་ཡང་ཡོད་དེ། རྣམ་པར་གཏན་ལ་དབབ་པ་བསྡུ་བ་ལས། དེ་དག་ལས་ལ་ལ་ནི་གཞན་ལས་དང་རང་ཡང་ལེན་པར་བྱེད་དོ། །དེ་དག་ལས་ལ་ལ་ནི་རང་ཁོ་ནས་ལེན་པར་བྱེད་དེ་དགེ་སློང་གི་སྡོམ་པ་ནི་མ་གཏོགས་སོ། །དེ་ཅིའི་ཕྱིར་ཞེ་ན། འདི་ལྟར་དགེ་སློང་གི་སྡོམ་པ་ནི་ཐམས་ཅད་ཀྱིས་ཡང་དག་པར་བདེ་བར་འོས་པ་མ་ཡིན་པའི་ཕྱིར་ཞེས་འཕགས་པ་ཐོགས་མེད་ཀྱིས་བཤད། ཡང་སོགས་སྨྲ་ནས་བྱང་ཆུབ་སེམས་དཔའི་སོ་སོར་ཐར་པའི་དགེ་སློང་ཡང་སྔོན་གྱི་ཆོགས་མཛད་པ་ཡོད་དེ། རྒྱལ་སྲས་བྱམས་པ་དང་འཇམ་དབྱངས་སོགས་བདག་ཉིད་ཆེན་པོ་འགའ་ཞིག་གིས་མཁན་པོ་མཛད་ནས་འགྲོ་བ་མང་པོ་ལ་བསྙེན་པར་རྫོགས་པ་མཛད་དོ་ཞེས་ཚིག་འབྲུ་ཙམ་ཞིག་གསུངས་པ་ལས་ཤེས་པའི་ཕྱིར། དེ་ཡང་བྱམས་པས་ནི་ཁྱིམ་བདག་དགུ་སྟོང་དང་སྤྱོད་པ་རྣམ་པར་དག་པས་ནི་བདུན་སྟོང་རབ་ཏུ

ཕྱུང་ཞིང་བུ་མོ་གསེར་མཆོག་འོད་དཔལ་ཡང་རབ་ཏུ་བྱུང་སྟེ་བསྙེན་པར་རྫོགས་པ་མཛད་པ་ལྟ་བུ་ནི་ཐེག་ཆེན་ལུགས་ཀྱི་སོ་སོར་ཐར་པའི་སྐབས་ཡིན་ལ་ཉན་ཐོས་ཀྱི་མ་ཡིན་ཏེ། ཁྱིམ་པའི་རྟགས་མ་སྤངས་པའི་རབ་བྱུང་བསྙེན་རྫོགས་དང་དབུ་སྐྲ་རིང་ཞིང་རྒྱན་དང་བཅས་པའི་མཁན་པོས་འགྲོ་བ་བརྒྱ་སྟོང་མང་པོ་ལ་རབ་བྱུང་བསྙེན་རྫོགས་མཛད་པའི་ཕྱིར་རོ། །དེ་ཡང་ཁྱིམ་བདག་དྲག་ཤུལ་ཅན་གྱིས་ཞུས་པའི་མདོ་ལས། བཅོམ་ལྡན་འདས་ཀྱིས་ཁྱིམ་པ་དང་རབ་ཏུ་བྱུང་བའི་ཉེས་དམིགས་དང་ཕན་ཡོན་གསུངས་པ་ན། ཁྱིམ་བདག་མང་པོས་བཅོམ་ལྡན་འདས་བདག་ཅག་རྣམས་རབ་ཏུ་ཕྱུང་སྟེ་བདེ་བར་གཤེགས་པས་ལེགས་པར་བཤད་པའི་ཆོས་འདུལ་བ་ལས་བསྙེན་པར་རྫོགས་པར་མཛད་དུ་གསོལ། ཞེས་ཞུས་པ་ན། བཅོམ་ལྡན་འདས་ཀྱིས་བྱང་ཆུབ་སེམས་དཔའ་བྱམས་པ་དང་བྱང་ཆུབ་སེམས་དཔའ་སྒྲིབ་པ་རྣམ་པར་དག་པ་ལ་འདི་སྐད་ཅེས་བཀའ་བསྩལ་ཏེ། སྐྱེས་བུ་དམ་པ་ཁྱེད་གཉིས་ཀྱིས་ཁྱིམ་བདག་འདི་རྣམས་རབ་ཏུ་ཕྱུང་ལ་བསྙེན་པར་རྫོགས་པ་གྱིས་ཤིག །ཅེས་གསུངས། རྒྱལ་སྲས་བྱམས་པ་སོགས་ཐང་པ་བཞི་པོ་དཀོན་བརྩེགས་ལས་ཚིག་འབྲུ་ཙམ་ཞིག་གསུངས་པ་དེ་ལྟ་མོད་ཀྱི་འོན་ཀྱང་ཁྱིམ་པའི་ཆ་ལུགས་ཅན་གྱིས་མཁན་པོ་མཛད་ནས་བསྙེན་རྫོགས་མཛད་པ་དེ་འདྲ་བ་ཡི་ཚོ་ག་བྱེད་ཚུལ་ནི་རྒྱས་པར་མདོ་ལས་གསུངས་པ་ཀུན་དགའ་རྒྱལ་མཚན་ངས་མ་མཐོང་ངོ་། །གལ་ཏེ་བྱང་ཆུབ་སེམས་དཔའི་སོ་ཐར་གྱི་རབ་བྱུང་བསྙེན་རྫོགས་ཀྱི་སྔོན་གྱི་ཚོ་ག་རྒྱས་པར་མདོ་ལས་གསུངས་པ་མ་མཐོང་ན་ད་ལྟ་ཚོ་ག་མེད་དམ་ཞེ་ན། ད་ལྟ་དེ་འདྲའི་རབ་བྱུང་བསྙེན་རྫོགས་ཀྱི་ཚོ་ག་ནི་བྱེད་འདོད་ན་བསམ་པ་ཐེག་ཆེན་སེམས་བསྐྱེད་ཀྱིས་ཟིན་པའི་སོ་ཐར་རིགས་བརྒྱད་པོའི་ཚོ་ག་ཉན་ཐོས་པའི་ལུགས་བཞིན་གྱིས་ཤིག །དེ་ལྟར་བྱས་པ་དེའི་ཚེ་སོ་སོར་ཐར་པ་རིགས་བརྒྱད་པོ་དེ་བྱང་ཆུབ་སེམས་དཔའི་སོ་སོར་ཐར་པར་འགྱུར་བ་ཡིན་ཏེ། ཉན་ཐོས་ཀྱི་འདུལ་བ་ལས། ཚོགས་ཀྱིས་ཚོགས་ཀྱི་ལས་མི་བྱ་ཞེས་གསུངས་པས། རྒྱལ་སྲས་བྱམས་པ་སོགས་ཐང་པ་བཞི་པོ་འདི་འདྲ་སྔོན་གྱི་ཚོ་གའི་ཚིག་འབྲུ་ཙམ་གསུངས་པ་སྟེ་འཕགས་པ་རྣམས་ཀྱི་སྤྱོད་ཡུལ་ཡིན་གྱི་སོ་སོ་སྐྱེ་བོས་ད་ལྟ་བྱར་མི་རུང་ལ། བྱང་སེམས་སོ་ཐར་ལེན་པའི་ད་ལྟའི་ཚོ་ག་མེད་པ་ཡང་མ་ཡིན་པ་དེས་ན་འོ། །དཔེར་ན་སྤྱོད་འཇུག་ལས། གསེར་འགྱུར་རྩི་ཡི་རྣམ་པ་མཆོག་ལྟ་བུ། །མི་གཙང་ལུས་འདི་བླངས་ནས་རྒྱལ་བའི་སྐུ། །རིན་ཆེན་རིན་ཐང་མེད་པར་བསྒྱུར་བས་ན། །བྱང་ཆུབ་སེམས་ཞེས་བྱ་བ་རབ་བརྟན་བཟུང་། །ཞེས་བཤད། དེ་ཡང་ཁ་ཆེ་པཎ་ཆེན་གྱི་ཕྱག་ལེན་ལ་ཚོ་ག་ཐད་སོ་ལ་བསམ་པ་ཡར་འཕེན་ན་བཟང་གསུང་། ཚུལ་འདི་ནི་སྡོམ་བརྒྱུད་འདི་པའི་ལུགས་བཟང་པོ་ཡིན་ནོ། །

གཉིས་པ་ནི། གང་ལ་འཕྲོས་ན། སོ་སོར་ཐར་པའི་སྡོམ་པ་ལ། །ཉན་ཐོས་ཐེག་ཆེན་ལུགས་གཉིས་ཡོད་

པ་དེ་ས་ན་བྱང་ཆུབ་སེམས་དཔའ་ཡི་སོ་སོར་ཐར་པའི་བསླབ་བྱ་ཡི་ཁྱད་པར་ཅུང་ཟད་བཤད་ཀྱིས་ཉོན་ཅིག །ཉན་ཐོས་དང་བྱང་ཆུབ་སེམས་དཔའི་སོ་སོར་ཐར་པའི་བསླབ་བྱའི་ཁྱད་པར་ཡོད་དེ། བྱང་སེམས་འདི་ལ་སྡིག་ཏོ་མི་ དགེ་བའི་ཕྱོགས་རང་བཞིན་གྱི་སྡིག་པ་ཕལ་ཆེར་ཉན་ཐོས་ཀྱི་ལུགས་བཞིན་བསྲུང་གི། བྱང་ས་ལས། བརྟེ་བ་ཁོ་ནས་མི་ཚངས་པར་སྤྱོད་པ་ལྟ་བུ་ལ་མ་ངེས་པར་གསུངས་ལ། འདོད་པས་དབེན་པའི་ལྟུང་བ་བཅས་པ་འགའ་ཞིག་བྱང་ཆུབ་སེམས་དཔའི་ལུགས་བཞིན་བསྲུང་ཞིང་། འཇིག་རྟེན་མ་དད་པར་གྱུར་པའི་ཆ་ཀུན་ཉན་ཐོས་དང་བྱང་སེམས་གཉིས་ཀ་མཐུན་པ་རྣམས་འབད་པས་བསྲུང་དགོས་པའི་ཕྱིར། འདུལ་བར། ཁྱིམ་སུན་འབྱིན་པའི་ལྟུང་བ་ལྔ་བ་བཅས་ཤིང་། བསླབ་བྱ་བརྒྱ་རྩ་བཅུ་གཉིས་བཅས་པ་ནི་འཇིག་རྟེན་མ་དད་པ་དགག་པའི་ཕྱིར་གསུངས་ལ། སྤྱོད་འཇུག་ལས་ཀྱང་། འཇིག་རྟེན་མ་དད་གྱུར་པ་ཀུན། །མཐོང་དང་དྲིས་ཏེ་སྤང་བར་བྱ། །ཞེས་པ་དང་། བསླབ་པ་ཀུན་ལས་བཏུས་པར་ཡང་། དེ་ནི་གཟུང་འོས་མ་ཡིན་ན། །འཇིག་རྟེན་རྒྱལ་བའི་སྨྲ་གུ་བཀས། །ཐལ་བས་གཡོགས་པའི་མེ་བཞིན་དུ། །སེམས་ཅན་དམྱལ་ལ་སོགས་པར་སྲེག །ཅེས་བཤད། འོན་ཀྱང་འཇིག་རྟེན་བསྟན་པ་ལ་འཇུག་པའི་རྒྱུར་འགྱུར་ན་ཉན་ཐོས་ལ་བཀག་ཀྱང་ཐེག་ཆེན་སོ་སོར་ཐར་པའི་སྡོམ་ལྡན་ལ་གནང་བ་ཡོད། སྤྱོད་འཇུག་ལས། ཐུགས་རྗེ་མངའ་བ་རིང་གཟིགས་པས། །བཀག་པ་རྣམས་ཀྱང་དེ་ལ་གནང་། །ཞེས་བཤད་པའི་ཕྱིར་རོ། །དེ་ཡང་དཔེར་ན། ཉན་ཐོས་ཀྱི་དགེ་སློང་ནི་རང་དོན་དུ་གསེར་དངུལ་ལེན་པ་ཐུབ་པས་བཀག་སྟེ། ལེན་པར་བྱེད་ན་སྤང་བའི་ལྟུང་བྱེད་དུ་འགྱུར་རོ་ཞེས་འདུལ་བ་ལས་གསུངས་པའི་ཕྱིར། བྱང་ཆུབ་སེམས་དཔའི་སོ་སོར་ཐར་པའི་དགེ་སློང་ལ་གཞན་དོན་དུ་འགྱུར་ན་གསེར་དངུལ་ལེན་པ་ལ་ལྟུང་བ་མེད་དེ། གསེར་དངུལ་སྲང་བྱེ་བ་འབུམ་ལས་ལྷག་པ་ཡང་བདག་གིར་བྱའོ་ཞེས་བྱང་ཆུབ་སེམས་དཔའི་ཚུལ་ཁྲིམས་ཀྱི་ལེའུ་ལས་བཤད་པའི་ཕྱིར། ཉན་ཐོས་ཀྱི་དགེ་སློང་སེམས་ཅན་གྱི་དོན་ཡིན་ཡང་འདོད་ཆེན་པོ་ལ་ལྟུང་བ་འབྱུང་བར་གསུངས་ཏེ། འདུལ་བ་ལས། འཚོ་བར་བྱེད་པ་ལྷག་པ་ཁམ་ཅིག་ཙམ་ལེན་པ་དང་ཟ་བ་ནི་དད་པས་བྱིན་པ་ཆུད་གསོན་པ་ཡིན་ནོ་ཞེས་གསུངས་པའི་ཕྱིར། དེ་ཡང་འདུལ་བ་ལུང་ལས། རབ་ཏུ་བྱུང་བ་ནི་དོན་ཉུང་ཞིང་བྱ་བ་ཉུང་བ་ཡིན་ལ་འདོད་པ་ཆུང་ཞིང་ཆོག་ཤེས་པས་ཞིང་རྨོ་རྐོ་དང་ཚོང་ཁེ་སྒྲུབ་དང་ཁང་གཉིས་འཛིན་པ་དང་རྒྱལ་པོའི་ཕོ་བྲང་ལ་དགའ་བ་སོགས་རྣམ་པ་ཐམས་ཅད་དུ་བཀག་ཅེས་གསུང་ལ། ཐེག་ཆེན་སོ་སོར་ཐར་པའི་དགེ་སློང་ནི་གཞན་གྱི་དོན་ཡིན་ན་འདོད་ཆེན་པོ་ལ་ལྟུང་བ་མེད་ཅེས་གསུངས་ཏེ། བྱང་ཆུབ་སེམས་དཔའི་ས་ལས། འདི་ལྟར་བྱང་ཆུབ་སེམས་དཔས་གཞན་དག་གི་དོན་དུ་གོས་བརྒྱ་རྙེད་དང་སྟོང་རྙེད་ཀྱི་དུར་མི་འོས་པའི་ཁྲམ་ཟེ་དང་། ཁྱིམ་བདག་རྣམས་ལས་བཙལ་བར་བྱ་སྟེ། སྐབས་

འབྱེད་པ་ཞིག་ཡོད་ན་ཡང་སེམས་ཅན་དེ་དག་གིས་ཆོག་གམ་མི་ཆོག་བརྟགས་ནས་ཇི་ཙམ་དགོས་པ་བླང་བར་བྱའོ། །གོས་རྣམས་ལ་ཇི་ལྟ་བ་དེ་བཞིན་དུ་ལྷུང་བཟེད་རྣམས་ཀྱང་དེ་འདྲའོ། །ཇི་ལྟར་བཙལ་བ་བཞིན་དུ་བདག་ཉིད་ཀྱིས་རྒྱ་བསྐུར་བ་བླངས་པ་ཉེ་དུར་མི་འོས་པའི་ཐག་པ་ལ་འཐག་ཏུ་གཞུག་པ་ཡང་དེ་དང་འདྲའོ། །གཞན་དག་གི་དོན་དུ་མོན་དར་གྱི་མལ་སྟན་གདིང་བ་བརྒྱ་རྟེད་ཀྱང་བསྟབས་པར་བྱའོ་ཞེས་བཤད་པའི་ཕྱིར་རོ། །དེ་ལྟར་ན་དཔེར་ན་སོགས་བཞི་ནི་རིགས་པ་དང་། ཉན་ཐོས་སོགས་བཞི་ནི་ལུང་དུ་མཚོན་ནོ། །དེས་ན་ཉན་ཐོས་དང་བྱང་ཆུབ་སེམས་དཔའི་སོ་སོར་ཐར་པ་ལུགས་གཉིས་པོ་དེ་འདྲའི་བསླབ་བྱའི་རྣམ་དབྱེ་ཤེས་པར་བྱ་དགོས་ཏེ། ཉན་ཐོས་ཀྱི་འདུལ་བ་སོ་སོར་ཐར་པའི་མདོ་དང་། བྱང་ཆུབ་སེམས་དཔའི་འདུལ་བ་ཉེ་བ་འཁོར་གྱིས་ཞུས་པའི་མདོ་ལྟར་གནང་བཀག་ཕལ་ཆེར་སོ་སོར་གསུངས་པའི་ཕྱིར་རོ། །

གསུམ་པ་ནི། ཡང་སྨྲ་ནས་གལ་ཏེ་སོ་སོར་ཐར་པ་ལུགས་གཉིས་པོའི་སྡོམ་པ་གཏོང་བའི་དུས་གཅིག་གམ་མི་གཅིག །དང་པོ་ལྟར་ན་བྱང་ཆུབ་སེམས་དཔའི་སྡོམ་པ་ཡང་ཤི་བའི་ཚེ་ན་གཏོང་བར་ཐལ། ཉན་ཐོས་ཀྱི་སོ་ཐར་བཞིན་དུ་ད་ལྟའི་བྱང་ཆུབ་སེམས་དཔའི་སོ་སོར་ཐར་པའི་སྡོམ་པ་ཡང་ཤི་བའི་ཚེ་ན་གཏོང་བའི་ཕྱིར། གཉིས་པ་ལྟར་ན་མི་གཅིག་པ་སོ་སོ་ཡིན་ཏེ། ཉན་ཐོས་སོ་ཐར་ནི་ཤི་བའི་ཚེ་ན་གཏོང་ཡང་བྱང་ཆུབ་སེམས་དཔའི་སོ་སོར་ཐར་པའི་སྡོམ་པ་ནི་ཤི་བའི་ཚེ་ན་མི་གཏོང་བའི་ཕྱིར་ཏེ། བྱང་ཆུབ་སེམས་དཔའི་སྡོམ་པ་ཡིན་པའི་ཕྱིར་སྙམ་ན། བྱང་ཆུབ་སེམས་དཔའི་སོ་སོར་ཐར་པའི་སྡོམ་པ་ཤི་བའི་ཚེ་ན་གཏོང་ཡང་བྱང་ཆུབ་སེམས་དཔའི་སྡོམ་པ་ཤི་བའི་ཚེ་ན་གཏོང་མི་དགོས་ཏེ། ཐེག་ཆེན་སོ་སོར་ཐར་པའི་སྡོམ་པ་ལ་གནས་པའི་བྱང་ཆུབ་སེམས་དཔའ་ཡིན་ཡང་། བསམ་པ་སེམས་བསྐྱེད་ཀྱིས་ཟིན་པའི། །ཚིག་ཉན་ཐོས་ལུགས་བཞིན་གྱིས། །ཞེས་གསུངས་པའི་དགེ་སློང་ལ་སོགས་པའི་སྡོམ་པ་ཡི་ལྡོག་པ་སོ་ཐར་རིགས་བདུན་གང་རུང་ཡིན་པའི་ཆད་ལྟའི་ཆོ་གས་དུས་ཇི་སྲིད་འཚོའི་བར་དུ་བླངས་པའི་འཕེན་པ་ཟད་པས་ཤི་བའི་ཚེ་ན་གཏོང་ལ། བྱང་ཆུབ་སེམས་དཔའི་སྡོམ་པའི་ལྡོག་པ་མི་མཐུན་ཕྱོགས་སྤོང་སེམས་ཀྱིས་ཟིན་པའི་ཐེག་ཆེན་སེམས་བསྐྱེད་ཡིན་པའི་ཆ་སངས་རྒྱས་མ་ཐོབ་བར་དུ་བླངས་པའི་སེམས་ཀྱི་འཕེན་པ་དང་། བྱང་སེམས་སྡོམ་པ་དེ་ཡི་རྣམ་སྨིན་གྱི་འབྲས་བུ་ནི་ཤི་ཡང་འབྱུང་ངོ་ཞེས་སྔར་བཤད་ཟིན་པའི་ཕྱིར། གང་དུ་བཤད་ན། བྱང་ཆུབ་སེམས་དཔའི་སྡོམ་པ་རྣམས། །ཤི་འཕོས་ནས་ཀྱང་རྗེས་སུ་འབྲངས། །ཞེས་པ་དང་། ཉན་ཐོས་རྣམས་ཀྱི་སྐབས་འགྲོ་ནས། །དགེ་སློང་གི་ནི་སྡོམ་པའི་བར། །ཇི་སྲིད་འཚོ་ཡི་བར་དུ་ཡིན། །ཤི་བའི་ཚེ་ན་སྡོམ་པ་གཏོང་། །ཞེས་བྱ་བར་བཤད་དོ། །དེས་ན་དྲི་བ་དང་པོའི་རྟགས་ཁས་བླངས་པས་ཁྱབ་པ་མེད་ལ། དྲི་བ་གཉིས་པའི་རྟགས་མ་གྲུབ་ཏེ། བྱང་ཆུབ་སེམས་དཔའི་

སོ་ཐར་སྡོམ་པ་ལ་བྱང་ཆུབ་སེམས་དཔའི་སྡོམ་པས་མ་ཁྱབ་པའི་ཕྱིར་ཏེ། ཉན་ཐོས་ཀྱི་སོ་ཐར་སྡོམ་པའི་སྐད་ཅིག་གཉིས་པ་ཉན་ཐོས་ཀྱི་སོ་སོར་ཐར་པའི་སྡོམ་པ་ཡིན་ཀྱང་ཉན་ཐོས་ཀྱི་སོ་སོར་ཐར་པ་མ་ཡིན་པ་བཞིན་ནོ། །གལ་ཏེ་ཉན་ཐོས་ཀྱི་སོ་སོར་ཐར་པའི་སྡོམ་པ་ཉན་ཐོས་ཀྱི་སེམས་བསྐྱེད་དང་དུས་མཚུངས་པ་བཞིན་དུ། ཕྱིར་བྱང་ཆུབ་སེམས་དཔའི་སོ་སོར་ཐར་པའི་སྡོམ་པའང་བྱང་ཆུབ་སེམས་དཔའི་སེམས་བསྐྱེད་དང་གཏོང་ལེན་དུས་མཚུངས་སོ་ཞེ་ན། མི་མཚུངས་ཏེ། འདིར་ཡང་། སོ་སོར་ཐར་པའི་སྡོམ་པ་ནི། །བྱང་ཆུབ་བར་དུ་བླངས་གྱུར་ན། །འདི་ཡི་ཆོག་ངེས་པར་འཛིག །འདི་ཡང་གནད་རྣམས་བཅོས་པར་དོགས། །ཞེས་གསུངས། འདིའི་སོ་ཐར་ནི་ལུས་རབ་ཏུ་བྱུང་བའི་སྡོམ་པའོ། །ཁ་ཅིག་ཉན་ཐོས་ཀྱི་སོ་སོར་ཐར་པའི་སྡོམ་པ་གཟུགས་ཅན་ཡིན་མོད་ཆོག་ཉན་ཐོས་ལུགས་བཞིན་བྱས་པའི་བྱང་ཆུབ་སེམས་དཔའི་སོ་སོར་ཐར་པའི་སྡོམ་པ་གཟུགས་ཅན་ཡིན་པར་མི་མཚུངས་ཏེ། བསམ་པ་སེམས་བསྐྱེད་ཀྱིས་ཟིན་པའི་སེམས་ཡིན་པའི་ཕྱིར་རོ་ཟེར་ན། རྟགས་མ་གྲུབ་སྟེ། དེ་ལྟར་ན་ཐེག་ཆེན་སེམས་བསྐྱེད་ཀྱིས་ཟིན་པའི་བསྙེན་གནས་ཀྱང་དེར་འགྱུར་ཞིང་། སོ་སོར་ཐར་པའི་སྡོམ་པ་ནི། །སེམས་ལས་སྐྱེ་ཕྱིར་གཟུགས་ཅན་མིན། །དེས་ན་ཇི་སྲིད་སེམས་མ་ཉམས། །དེ་ཡི་བར་དུ་སྡོམ་པ་ཡོད། །ཅེས་པ་ལྟ་བུའི་རིགས་པ་རང་ལ་ཡང་མཚུངས་པར་འགྱུར་ཏེ། ད་ལྟའི་ཆོགས་ཐོབ་པའི་བྱང་སེམས་ཀྱི་སོ་སོར་ཐར་པའི་སྡོམ་པ་ནི་སེམས་ཡིན་པའི་ཕྱིར། དེས་ན། ཆོག་ཉན་ཐོས་ལུགས་བཞིན་གྱིས། །ཞེས་གསུངས་པ་ལྟར་གཟུགས་ཅན་དུ་འདོད་དགོས་སོ། །གཏན་ལ་དབབ་པ་བསྡུ་བ་ལས། བསྙེན་གནས་ཀྱི་སྡོམ་པ་ནི་ཉི་མ་ཤར་བ་དང་བསམ་པ་ཉམས་པས་གཏོང་ཞེས་བཤད་ལ། གཉིས་པ་ཡང་ལོག་ལྟ་སྐྱེས་པ་དང་བསླབ་པ་འཕུལ་བ་ལྟ་བུའོ། །གཞན་ཡང་ལུས་ཉམས་པས་ཀྱང་གཏོང་སྟེ། ཉི་མ་མ་ཤར་གོང་དུ་ཤི་བ་དང་མཚན་གཉིས་གཅིག་ཆར་བྱུང་བ་ལྟ་བུའོ། །ཕྱིར་ཡང་མཚན་ལན་གསུམ་དུ་འགྱུར་ནའོ། །

ད་ནི་འདི་དཔྱད་པར་བྱ་སྟེ། ཁ་ཅིག་སྡོམ་པ་གསུམ་པོ་རྗེ་བཙུན་ཆེན་པོས་རྒྱ་ལྟུང་འཁྲུལ་སྤོང་དུ་ངོ་བོ་གཅིག་ཏུ་གསུངས་པ། པཎྜི་ཏ་བི་བྷུ་ཏི་ཙནྡྲས་སྡོམ་གསུམ་འོད་ཀྱི་ཕྲེང་བར། ཉི་ཟླ་གཟའ་སྐར་གྱི་དཔེས་ངོ་བོ་གཅིག་པ་བཀག་ནས་རྫས་ཐ་དད་དུ་བཤད་ཟེར་རོ། །དེ་ནི་རི་བོང་གི་ཅལ་ལྟར་ཡིན་ཏེ། རྗེ་བཙུན་ཆེན་པོས་དགེ་སློང་རྡོ་རྗེ་འཛིན་པ་ལྟ་བུའི་སྡོམ་གསུམ་གནས་གྱུར་པའི་ཚེ་སྐབས་ཟིན་ལ་ངོ་བོ་གཅིག་ཅེས་གསུངས་ལ། དེ་ཡང་དེའི་ཚེ་སྡོམ་གསུམ་རྒྱུན་རྫས་གཅིག་པ་ལ་དགོངས་པ་ཡིན་གྱི་སྡོམ་པའི་སྐད་ཅིག་སྔ་ཕྱི་རྫས་གཅིག་པར་ནི་མི་བཞེད་དེ། མདོ་རྒྱུད་བསྟན་བཅོས་ཚད་ལྡན་དང་མི་མཐུན་པའི་ཕྱིར་རོ། །དེ་ལ་ཁ་ཅིག་སྡོམ་གསུམ་རྫས་གཅིག་པ་ཡིན་ཏེ། ཐ་དད་ཡིན་ན་རྒྱུད་གཅིག་ལ་སྤོང་སེམས་དུ་མ་གཅིག་ཆར་སྐྱེ་དགོས་པའི་ཕྱིར། དེ་ལྟ་ན་

རྣམ་འགྲེལ་ལས། རྟོག་གཉིས་གཅིག་ཆར་འཇུག་པ་མེད། །ཅེས་བཤད་པ་དང་འགལ་ལོ་ཞེ་ན། དེ་ཡང་མི་འཐད་དེ། གཞུང་དེའི་དགོངས་པ་ནི་གཙོ་བོ་ཡིད་ཀྱི་རྣམ་ཤེས་ལྟ་བུའི་སེམས་རིགས་མཐུན་སྐད་ཅིག་སྔ་ཕྱི་གཅིག་ཆར་མི་སྐྱེ་བར་བཤད་པའི་ཕྱིར། དེ་ལྟ་མིན་ན་སེམས་སེམས་བྱུང་ཡང་གཅིག་ཆར་མི་སྐྱེ་བ་དང་། སེམས་བྱུང་ཀུན་འགྲོ་ལྔ་ཡང་གཅིག་ཆར་མི་སྐྱེ་བར་ཐལ་བ་ལས། སེམས་དང་སེམས་བྱུང་ངེས་ལྡན་ཅིག །ཅེས་མཛོད་དང་། འགྲེལ་པ་དོན་གསལ་ལས་ཀྱང་། ཡང་དག་པར་རྫོགས་པའི་བྱང་ཆུབ་འདོད་པ་ཉིད་ནི་དེ་དོན་དུ་གཉེར་བ་ཡིན་ལ་དེ་དང་ལྡན་ཅིག་སྤྱོད་པའི་སེམས་བསྐྱེད་པ་ལ་ཞེས་བཤད། ཁོ་བོ་ལྟར་ན་སྡོམ་གསུམ་རྫས་ཐ་དད་པ་ལ་སྐྱོན་དེ་མི་འཇུག །སྡོམ་གསུམ་རྫས་གཅིག་ན་སྡོང་སེམས་དུ་མ་གཅིག་ཆར་སྐྱེ་དགོས་པ་ཁྱེད་རང་ལ་མཚུངས་ཏེ། ད་ལྟའི་དགེ་སློང་རྡོ་རྗེ་འཛིན་པ་སྡོམ་པ་གསུམ་ལྡན་དེས་ཐེག་ཆེན་སོ་ཐར་ལ་སོགས་པའི་སྡོམ་པ་གསུམ་རང་རང་གི་མི་མཐུན་ཕྱོགས་སྤོང་སེམས་ཀྱིས་ཟིན་པའི་ཆོ་གས་ཐོབ་པའི་ཕྱིར་རོ༑ ༑འདུལ་བ་ལས་ཀྱང་། མཁན་པོར་འོས་པ་བསྙེན་རྫོགས་ཀྱི་སྡོམ་པ་ལོ་བཅུ་བར་མ་ཆད་ཐོབ་ལ་ཆགས་པ་ཞེས་གསུངས་པ་ཡང་སྡོམ་རྒྱུན་རྫས་གཅིག་པ་ལ་དགོངས་པ་ཡིན་གྱི་ལོ་བཅུའི་སྡོམ་པའི་སྐད་ཅིག་སྔ་ཕྱིའི་རྫས་ཐ་དད་པ་མཐའ་ཡས་པ་དུ་མ་ཞིག་གོ །

ཡང་ཁ་ཅིག །སྡོམ་གསུམ་རྫས་གཅིག་ཏེ། གནས་གྱུར་པའི་ཚེ་སྡོམ་རྒྱུན་རྫས་གཅིག་པའི་ཕྱིར་ཟེར་ན། འོ་ན་མེ་ལྕུགས་གཉིས་རྫས་གཅིག་པར་ཐལ། ལྕུགས་གོང་དམར་འབར་བར་གྱུར་པའི་ཚེ་མེ་ལྕུགས་གཉིས་རྒྱུན་རྫས་གཅིག་པའི་ཕྱིར་ཏེ། ཚད་མ་རྣམ་ངེས་ལས། ལྕུགས་གོང་དང་ནི་མེ་བཞིན་དུ། །འདྲེས་པས་རྣམ་དབྱེར་མེད་ཅེ་ན། །དེ་ལྟ་ཡིན་ན་དངོས་ཀུན་ལ། །ཐ་དད་ཐ་དད་མིན་བཞག་ཉམས། །ཞེས་པའི་རང་འགྲེལ་ལས། མེ་ལྕུགས་གཉིས་རྫས་ཐ་དད་ཀྱང་ལྕུགས་གོང་དམར་འབར་བར་གནས་གྱུར་པའི་ཚེ་མེ་ལྕུགས་གཉིས་རྫས་ཀྱི་རྒྱུན་གཅིག་ཅེས་བཤད་པས་སོ། །

ཡང་ཁ་ཅིག རིགས་གཏེར་རང་འགྲེལ་ལས། སེམས་སེམས་བྱུང་རྫས་ཐ་དད་དུ་སེམས་ཙམ་འདོད་ཅེས་གསུངས་པས་རང་ལུགས་རྫས་གཅིག་ཏུ་བཞེད། དེས་ན་སྤོང་སེམས་འཁོར་བཅས་ཀྱང་རྫས་གཅིག་ཡིན་པས་སྡོམ་པ་གསུམ་ཡང་རྫས་གཅིག་ཡིན་ཟེར་རོ། །དེ་ཡང་མི་འཐད་དེ། རིགས་གཏེར་མཁན་པོ་རྣལ་འབྱོར་སྤྱོད་པའི་དབུ་མ་པ་ལྟར་སྐབས་འགར་ཐ་སྙད་ཀྱི་རྣམ་གཞག་སེམས་ཙམ་པ་དང་སྒྲ་བསྟན་པ་ལ་འགལ་བ་མེད་དེ༑ འདིར་ཡང་། ཐ་སྙད་སྤྱོད་པའི་རིགས་པ་ལ། །དགོངས་ནས་ཆོས་རྣམས་སེམས་སུ་གསུངས། །ཞེས་པ་དང་། གསུང་སྒྲོས་གཞན་ལས་ཀྱང་། ཁོ་བོས་ནི་ཀཱ་མ་ལ་ཤཱི་ལ་ལ་སོགས་པའི་རྗེས་སུ་འབྲངས་ཏེ་བཤད་ཅེས

གསུངས་སོ། །དེས་ན་སེམས་སེམས་བྱུང་ཆོས་ཅན། རྫས་ཐ་དད་དུ་ཐལ། རང་གི་ཉེར་ལེན་རྫས་ཐ་དད་ལས་སྐྱེས་པའི་ཕྱིར་དང་རང་ལྡོག་དངོས་སུམ་གྱི་སྤྱོད་བྱ་སོ་སོ་ཐ་དད་དུ་ཚད་མ་རྣམ་ངེས་ལས་བཤད་པའི་ཕྱིར་རོ༑ ༑རིགས་གཏེར་ལས་ཀྱང་། རྒྱུ་དང་ཤེས་པའི་དབྱེ་བ་ཡིས། །ཐ་དད་ཐ་དད་མིན་བཞག་བྱེད། །ཅེས་གསུངས། ཚད་མ་རྣམ་འགྲེལ་དུ་ཡང་། གཅིག་ཆེ་གསལ་བས་བསྒྲིབས་ན་ཡང་། །སེམས་ཀྱི་ཁྱད་པར་རྒྱུན་དག་ལ། །ཐ་དད་པར་ནི་མཐོང་བའི་ཕྱིར། །ཐ་དད་རྣམ་གཞག་བྱས་པ་ཡིན། །ཞེས་བཤད། གཞན་ཡང་དགེ་སློང་ཕ་མ་ལྷ་བུ་མཚན་ཡོངས་སུ་འགྱུར་པའི་ཚེ་སྡོམ་པ་དེ་གཉིས་རྫས་ཀྱི་རྒྱུན་གཅིག་ཡིན་པས། དགེ་སློང་ཕ་མའི་སྡོམ་པ་གཉིས་རྫས་གཅིག་ཅེས་མི་བྱ་སྟེ། མཛོད་ལས། ཐ་དད་དེ་དག་འགལ་བ་མེད། །ཅེས་བཤད། རང་འགྲེལ་ལས་ཀྱང་། སྡོམ་པ་དེ་དག་ལྔ་དང་བཅུ་དང་ཉིཤུ་ཞེས་བྱ་བ་ལྟ་བུ་དང་། དོང་ཆེ་གཅིག་དང་གཉིས་ཞེས་བྱ་བ་བཞིན་དུ་གཞན་དང་གཞན་ཞེས་བྱ་བའམ། འོན་ཏེ་དེ་དག་ཐམས་ཅད་གཅིག་ཏུ་སྐྱེ་ཞེ་ན། སྨྲས་པ་ཐ་དད་དེ་དག་ནི་མ་འདྲེས་པ་ཡིན་ཏེ། སྡོམ་པ་གསུམ་ག་ལ་སྲོག་གཅོད་པ་སྤོང་བ་གསུམ་ནས་སྨྲས་པར་འགྱུར་བའི་ལྟུང་བ་སོགས་པ་གསུམ་གྱི་བར་དུ་མཚན་ཉིད་ཐ་དད་པར་སྐྱེ་སྟེ་ལྷག་མ་རྣམས་ཀྱང་དེ་དང་འདྲའོ། །དེ་དག་ལ་ཁྱད་པར་ཅི་ཡོད་ཅེ་ན། གཞི་ཡི་ཁྱད་པར་ལས་ཁྱད་པར་ཡོད་ཞེས་པ་དང་། དེ་ལྟ་མ་ཡིན་ན་གཉིས་ཀ་ཡང་དེར་འདུས་པའི་ཕྱིར་དགེ་སློང་གི་སྡོམ་པ་བཏང་བས་སྡོམ་པ་གསུམ་ཆར་ཡང་བཏང་བར་འགྱུར་བ་ཞིག་ན་དེ་ནི་མི་འདོད་དེ་དེ་ལྟ་བས་ན་སྡོམ་པ་དེ་དག་ནི་ཐ་དད་པ་ཁོ་ནའོ། །ཞེས་བཤད། དེ་བཞིན་དུ་བསམ་གཏན་དང་ཟག་པ་མེད་པའི་སྡོམ་པ་གཉིས་ཀྱང་གཏོང་ཐོབ་ཀྱི་རྒྱུ་ཐ་དད་པའི་ཕྱིར་རྫས་ཐ་དད་དུ་འདོད་དོ། །

དེས་ན་སྡོམ་གསུམ་རྫས་ཐ་དད་ཀྱང་། དགེ་སློང་རྡོ་རྗེ་འཛིན་པ་ལ་སྡོམ་པ་གསུམ་ལྡན་པའི་ཚུལ་ནི། རྐྱེན་དབང་གིས་གཅིག་མངོན་གྱུར་དུ་ལྡན་པའི་ཚེ་གཅིག་ཤོས་གཉིས་ནི་དབང་ལྡན་གྱི་ཚུལ་དུ་ལྡན་ཏེ། ཐོབ་བྱེད་ཀྱི་རྒྱུས་ཐོབ་ལ་གནོད་བྱེད་ཀྱི་རྐྱེན་གྱིས་ཉམས་པར་མ་བྱས་པའི་ཕྱིར་རོ། །དོ་གོར་བའི་དྲིས་ལན་ལས། དགག་བྱ་དང་ནི་དགོས་པ་གཉིས། །གཙོ་བོ་གལ་ཆེའི་དབང་དུ་ཐོངས། །ཞེས་གསུངས། དེས་ན་གནས་གྱུར་རྫི་བའི་ཚེ་ན་ཡང་སྡོམ་པ་གསུམ་ངོ་བོ་གཅིག་ཅེས་སྨྲ་རྫི་བཞིན་དུ་ཁས་མི་ལེན་ཏེ། ཡུམ་གྱི་མདོ་ལས། སྨྲ་རྫི་བཞིན་པ་ལ་ཞེན་པ་ནི་ལོག་པར་ལྟ་བའི་རྒྱུ་ཁོ་ནའོ་ཞེས་གསུངས་པའི་ཕྱིར། རྡོ་རྗེ་རྩེ་མོ་ལས། སོ་སོར་ཐར་དང་བྱང་ཆུབ་སེམས། །རིག་འཛིན་སྔགས་ཀྱི་སྡོམ་པའོ། །ཞེས་པ་དང་། རྒྱུད་འབུམ་པའི་ལུང་དེ་ཁོ་ན་ཉིད་ཡེ་ཤེས་གྲུབ་པར་དྲངས་པ་ལས། རྡོ་ཡི་རིགས་ཀྱི་བྱེ་བྲག་གིས། །བཞུ་བས་ལྕགས་དང་ཟངས་དངུལ་འགྱུར། །གསེར་འགྱུར་རྩི་ཡི་དངོས་པོ་ཡིས། །ཀུན་ཀྱང་གསེར་དུ་བསྒྱུར་བར་བྱེད། །དེ་བཞིན་སེམས་ཀྱི་བྱེ་བྲག་གིས། །རིགས

ཅན་གསུམ་གྱི་སྡོམ་པ་ཡང་། །དཀྱིལ་འཁོར་ཆེན་པོ་འདིར་ཞུགས་ན། །རྡོ་རྗེ་འཛིན་པ་ཞེས་བྱའོ། །ཞེས་གསུངས་པའི་དོན། རྗེ་བཙུན་ཡབ་སྲས་ཀྱི་དགོངས་པ་ཡང་ཁོ་བོས་བཤད་པ་འདི་ཁོ་ན་ལྟར་ཡིན་ལ་གཞན་གྱི་ཐོས་ཐོས་བོན་དུ་གྱེར་བ་མི་བྱའོ། །

གསུམ་པ་ལ། དབྱེ་བ་དངོས། གཤིས་ལ་དགེ་སྡིག་གི་ལས་དགག་པ་དང་གཉིས་ལས། དང་པོ་ལ། ལས་གསུམ་དུ་དབྱེ་བ། གཉིས་སུ་དབྱེ་བ། བཞིར་དབྱེ་བ། ལས་གསུམ་དུ་དབྱེ་བ་གཞན་ཡང་བསྟན་པ་དང་བཞི་ལས། དང་པོ་ནི། གང་ལ་འཕྲོས་ན། སོ་སོར་ཐར་པའི་སྡོམ་པ་ལ། །ཞེས་བྱ་བའི་སོ་སོར་ཐར་པ་ནི་དགེ་སྡིག་ལ་བླང་དོར་བྱེད་པའི་ལས་ཡིན་པས་སོ་སོར་ཐར་པའི་སྡོམ་པ་བཤད་པའི་རྗེས་དེ་ནས་བསླབ་པ་འཆའ་བའི་སྡོམ་པའི་རྣམ་པར་གྱུར་པའི་ལས་དང་རྣམ་སྨིན་གྱི་རྣམ་པར་དབྱེ་བ་བཤད་ཀྱིས་ཉོན་ཞིག །དེ་ཡང་ལས་ལ་དབྱེ་ན་དགེ་བ་དང་སྡིག་པ་མི་དགེ་བ་དང་ལུང་དུ་མ་བསྟན་པའི་ལས་གསུམ་ཡོད་པ་ཡིན་ཞེས་བདུད་བཞིའི་དགྲ་ལས་རྒྱལ་བས་མདོ་ལས་གསུངས་ཏེ། མཛོད་ཀྱི་འགྲེལ་པར་ཡང་། ལས་གཞན་ནི་དགེ་བ་དང་མི་དགེ་བ་དང་ལུང་དུ་མ་བསྟན་པ་དང་རྣམ་པ་གསུམ་ཡིན་ནོ་ཞེས་བཤད་པ་ལྟར་སྟོན་པས་ཀྱང་གསུངས་པའི་ཕྱིར་རོ། །ལས་དེ་གསུམ་གྱི་ངོ་བོ་དང་རྣམ་སྨིན་ཡང་གསུངས་ཏེ། སྒོ་གསུམ་གྱི་དགེ་ལས་ལྟ་བུ་དགེ་བ་ལེགས་པར་སྤྱད་པ་སྟེ་རང་གི་རྣམ་སྨིན་བདེ་བ་བསྐྱེད་པར་བྱེད་པ་ཡིན་ལ། སྒོ་གསུམ་གྱི་སྡིག་ལས་ལྟ་བུ་སྡིག་པ་ཉེས་པར་སྤྱོད་པ་སྟེ་རང་གི་རྣམ་སྨིན་སྡུག་བསྔལ་བསྐྱེད་པར་བྱེད་པ་ཡིན་ཞིང་། སྒོ་གསུམ་གྱི་ལུང་མ་བསྟན་གྱི་ལས་ལྟ་བུ་བཏང་སྙོམས་ལེགས་པར་སྤྱད་པ་དང་ཉེས་པ་སྤྱོད་པ་གཉིས་ཀ་མ་ཡིན་པས་རྣམ་པར་སྨིན་པའང་བདེ་བ་བསྐྱེད་པ་དང་སྡུག་བསྔལ་བསྐྱེད་པ་གཉིས་ཀ་མིན་པར་ལས་དགེ་བ་བཅུ་བསྟན་པའི་མདོ་ལས་གསུངས་པའི་ཕྱིར། མཛོད་ལས། རྣམ་སྨིན་རྒྱུ་ནི་མི་དགེ་དང་། །དགེ་བ་ཟག་བཅས་རྣམས་ཁོ་ན། །ཞེས་པ་དང་། མངོན་པ་ཀུན་ལས་བཏུས་ལས་ཀྱང་། དེ་དང་མཐུན་པར་བཤད་པས་ཟག་མེད་ལ་རྣམ་སྨིན་མེད་པའི་ཕྱིར་མྱ་ངན་ལས་འདས་པའི་བདེ་བ་ཐོབ་པར་བྱེད་པ་ཡིན་ནོ། །འོ་ན་མངོན་རྟོགས་རྒྱན་ལས། དེ་མཐའ་དེ་ཡི་རྣམ་སྨིན་ནི། །ཞེས་བཤད་པ་དང་འགལ་ལོ་ཞེ་ན། དེ་ནི་མི་འགལ་ཏེ། འབྲས་བུ་ཙམ་ལ་རྣམ་སྨིན་དུ་བཏགས་པར་ཟད་དོ། །དེ་དག་ལས་ཡིད་ཀྱི་དགེ་མི་དགེ་རྣམས་ལས་མ་ཡིན་ཞིང་ལེགས་སྤྱད་དང་ཉེས་སྤྱད་དུ་འདོད་དེ། མཛོད་ལས། ལུས་ཀྱི་ལ་སོགས་མི་དགེ་བ། །ཉེས་པར་སྤྱད་པ་གསུམ་དུ་འདོད། །བརྣབ་སེམས་ལ་སོགས་ལས་མིན་ཡང་། །ཡིད་ཀྱི་ཉེས་སྤྱད་རྣམ་གསུམ་མོ། །ཞེས་བཤད། འོན་ཀྱང་གསུམ་པོ་འདི་ལ་ལས་ཀྱི་ལམ་ཞེས་བྱའོ། །མདོ་སྡེ་པ་ལས་སུ་ཡང་འདོད་དེ། དེའི་རང་འགྲེལ་ལས། དཔེ་སྟོན་པ་རྣམས་ན་རེ་ཆེད་དུ་བསམ་པར་བྱ་བའི་མདོ་

ལས་གསུངས་པའི་ཕྱིར་བརྟབ་སེམས་ལ་སོགས་པ་ཁོ་ན་ཡིད་ཀྱི་ལས་ཡིན་ནོ་ཞེས་ཟེར་རོ་ཞེས་བཤད། དགེ་མི་དགེའི་ལས་ལམ་གྱི་ངོ་བོ་རྒྱུ་འབྲས་འབྲས་བུ་འབྱིན་ཚུལ་ལ་སོགས་པ་ཁོ་བོའི་མཛོད་ཀྱི་ཊཱི་ཀཱ་ར་བལྟ་བར་བྱའོ། །དེ་ལྟ་ན་ཡང་ལས་དང་རྣམ་སྨིན་གྱི་དབྱེ་བ་བཅུར་གྲངས་མ་ངེས་ཏེ། མཛོད་དུ། དེ་ལས་ཆེ་འོང་བསྡུས་ནས་ནི། །དགེ་དང་མི་དགེ་ཅི་རིགས་པར། །ལས་ཀྱི་ལམ་ནི་བཅུར་གསུངས་སོ། །ཞེས་བཤད། ལས་གདགས་པ་ལས། སེམས་པའི་ལས་གང་ཞེ་ན། སྨྲས་པ། སེམས་པ་དང་མངོན་པར་སེམས་པ་དང་སེམས་པར་གྱུར་པ་དང་སེམས་པར་གཏོགས་པ་དང་སེམས་མངོན་པར་འདུ་བྱེད་པ་དང་ཡིད་ཀྱི་ལས་གང་ཡིན་པ་འདི་ནི་སེམས་པའི་ལས་ཞེས་བྱའོ། །བསམ་པའི་ལས་གང་ཞེ་ན། སྨྲས་པ་བསམ་པའི་ལུས་ཀྱི་ལས་དང་བསམ་པའི་ངག་གི་ལས་འདི་ནི་བསམ་པའི་ལས་ཞེས་བྱའོ་ཞེས་པ་དང་། ཉེས་པར་སྤྱོད་པ་ནི་རྣམ་པ་གསུམ་སྟེ་ལུས་ཀྱི་ཉེས་པར་སྤྱོད་པ་དང་ངག་གི་ཉེས་པར་སྤྱོད་པ་དང་ཡིད་ཀྱི་ཉེས་པར་སྤྱོད་པའོ། །ཅི་མི་དགེ་བ་བཅུའི་ལས་རྣམས་ཀྱིས་ཉེས་པར་སྤྱོད་པ་གསུམ་བསྡུས་སམ་འོན་ཏེ་གསུམ་གྱིས་བཅུ་བསྡུས་ཤེ་ན། སྨྲས་པ་གསུམ་གྱིས་བཅུ་བསྡུས་ཀྱི་བཅུས་ནི་གསུམ་མ་བསྡུས་སོ། །གང་མ་བསྡུས་ཤེ་ན། སྨྲས་པ་ལུས་ཀྱི་ཉེས་པར་སྤྱོད་པ་དང་ངག་གི་ཉེས་པར་སྤྱོད་པ་དང་ཡིད་ཀྱི་ཉེས་པར་སྤྱོད་པ་མ་བསྡུས་སོ། །ལུས་ཀྱི་ཉེས་པར་སྤྱོད་པ་ནི་རྣམ་པ་གསུམ་སྟེ་སྲོག་ཆགས་གསོད་པ་དང་མ་བྱིན་པར་ལེན་པ་དང་འདོད་པ་ལ་ལོག་པར་གཡེམ་པའོ། །ཅི་ལུས་ཀྱི་ཉེས་པར་སྤྱོད་པ་རྣམ་པ་གསུམ་གྱིས་ཉེས་པར་སྤྱོད་པ་ཐམས་ཅད་བསྡུས་སམ་འོན་ཏེ་ཐམས་ཅད་ཀྱིས་རྣམ་པ་གསུམ་བསྡུས་ཤེ་ན། སྨྲས་པ་ལུས་ཀྱི་ཉེས་པར་སྤྱོད་པ་ཐམས་ཅད་ཀྱིས་ཉེས་པར་སྤྱོད་པ་རྣམ་པ་གསུམ་བསྡུས་ཀྱི་རྣམ་པ་གསུམ་གྱིས་ནི་ཐམས་ཅད་མ་བསྡུས་སོ། །གང་མ་བསྡུས་ཤེ་ན། སྨྲས་པ་ལག་པ་དང་ཁུ་ཚུར་དང་ཐལ་ལྕག་གིས་བསྣུན་པ་དང་ཡལ་ག་དང་ལྕུག་མས་གནོད་པར་བྱ་བ་དང་ལྡན་པའི་ལུས་ཀྱི་ལས་དང་འབྲུའི་ཚང་དང་འབྲས་བུའི་ཚང་འཕྲུང་བ་དང་ཤཱ་བའི་སེམས་ཀྱིས་གཞན་གྱི་རྗེས་ཁྲིར་བ་དང་། བརྗེད་ངས་པ་དང་ཤེས་བཞིན་མེད་པས་ཁ་ཟས་ཟ་བའི་ལུས་ཀྱི་ལས་གང་ཡིན་པ་དང་བདག་གི་ཆུང་མ་ལ་ལོག་པར་འཇུག་པ་དང་ཕྱོགས་གང་ན་ཚུལ་ཁྲིམས་འཆལ་བའི་སྐྱེས་བུ་གང་ཟག་རྣམས་འཁོད་པ་དེ་ཡོངས་སུ་མ་སྤངས་པ་དང་ལྡན་པའི་ལུས་ཀྱི་ལས་སོ༑ ༑ངག་གི་ཉེས་པར་སྤྱོད་པ་ནི་རྣམ་པ་བཞི་སྟེ་བརྫུན་དུ་སྨྲ་བ་དང་ཕྲ་མ་དང་ཚིག་རྩུབ་པོ་དང་ཚིག་འཁྱལ་པའོ། །ཅི་ངག་གི་ཉེས་པར་སྤྱོད་པ་རྣམ་པ་བཞིས་ངག་གི་ཉེས་པར་སྤྱོད་པ་ཐམས་ཅད་བསྡུས་སམ་འོན་ཏེ་ཐམས་ཅད་ཀྱིས་རྣམ་པ་བཞི་བསྡུས་ཤེ་ན། སྨྲས་པ་ངག་གི་ཉེས་པར་སྤྱོད་པ་ཐམས་ཅད་ཀྱིས་ངག་གི་ཉེས་པར་སྤྱོད་པ་བཞི་བསྡུས་ཀྱི་རྣམ་པ་བཞིས་ནི་ཐམས་ཅད་མ་བསྡུས་སོ། །གང་མ་བསྡུས་ཤེ་ན། སྨྲས་པ་འདི་ལྟར་

གཅིག་ཕུ་དབེན་པ་ན་གནས་ཤིང་ཚིག་ཏུ་སྨྲས་ཏེ་སྦྱིན་པ་མེད་དོ་མཆོད་སྦྱིན་མེད་དོ་སྦྱིན་སྲེག་མེད་དོ་ལེགས་པར་སྤྱད་པ་མེད་དོ། །ཉེས་པར་སྤྱོད་པ་མེད་དོ་ལེགས་པར་སྤྱད་པ་དང་ཉེས་པར་སྤྱད་པའི་ལས་རྣམས་ཀྱི་འབྲས་བུ་རྣམ་པར་སྨིན་པ་མེད་དོ་འཇིག་རྟེན་འདི་མེད་དོ་འཇིག་རྟེན་ཕ་རོལ་མེད་དོ་ཕ་མེད་དོ་མ་མེད་དོ་སེམས་ཅན་སྐྱེ་བ་པོ་མེད་དོ་འཇིག་རྟེན་ན་དགྲ་བཅོམ་པ་ཡང་དག་པར་སོང་བ་ཡང་དག་པར་ཞུགས་པ་གང་འཇིག་རྟེན་འདི་དང་འཇིག་རྟེན་ཕ་རོལ་ཚེ་འདི་ཉིད་ལ་བདག་ཉིད་ཀྱི་མངོན་པར་ཤེས་པས་མངོན་སུམ་དུ་བྱས་ཏེ་བསྒྲུབས་ནས་ཁོང་དུ་ཆུད་དེ་བདག་ཅག་གི་སྐྱེ་བ་ཟད་དོ་ཚངས་པར་སྤྱོད་པ་བསྟེན་ཏོ་བྱ་བ་བྱས་སོ་འདི་ལས་སྲིད་པ་གཞན་མི་ཤེས་སོ་སྙམ་དུ་སེམས་པ་མེད་དོ་ཞེས་ཟེར་བའོ། །ཡིད་ཀྱི་ཉེས་པར་སྤྱོད་པ་ནི་རྣམ་པ་གསུམ་སྟེ་བརྣབ་སེམས་དང་གནོད་སེམས་དང་ལོག་པར་ལྟ་བའོ། །ཅི་ཡིད་ཀྱི་ཉེས་པར་སྤྱོད་པ་རྣམ་པ་གསུམ་གྱིས་ཡིད་ཀྱི་ཉེས་པར་སྤྱོད་པ་ཐམས་ཅད་བསྡུས་སམ་འོན་ཏེ་ཐམས་ཅད་ཀྱིས་རྣམ་པ་གསུམ་བསྡུས་ཤེ་ན། སྨྲས་པ་ཡིད་ཀྱི་ཉེས་པར་སྤྱོད་པ་ཐམས་ཅད་ཀྱིས་ཡིད་ཀྱི་ཉེས་པར་སྤྱོད་པ་རྣམ་པ་གསུམ་བསྡུས་ཀྱི་རྣམ་པ་གསུམ་གྱིས་ནི་འདི་མ་བསྡུས་སོ། །གང་མ་བསྡུས་ཤེ་ན། སྨྲས་པ་བརྣབ་སེམས་དང་གནོད་སེམས་དང་ལོག་པར་ལྟ་བ་དང་ལྡན་པའི་ཚོར་བ་དང་འདུ་ཤེས་དང་སེམས་པ་དང་རེག་པ་དང་ཡིད་ལ་བྱེད་པ་དང་རྣམ་པར་ཤེས་པའོ་ཞེས་གསུངས། དགེ་སྡིག་གི་ལུང་མ་བསྟན་གྱི་ལས་གསུམ་པོ་འདི་དག་ཆོས་ཅན། འདུ་བྱས་ཡིན་པར་ཤེས་པར་བྱ་སྟེ༑ བྱས་པའི་ལས་ཡིན་པས་སོ། །ཆོས་ཀྱི་དབྱིངས་ནི་ཆོས་ཅན། དགེ་ལས་དང་སྡིག་པའི་ལས་གང་ཡང་མིན་ཏེ༑ འདུས་མ་བྱས་ཡིན་པ་ངེས་པའོ། །

གཉིས་པ་ནི། ཀུན་སློང་སྟོན་དུ་བཏང་བའི་བྱ་བ་རྩོལ་བའི་ལས་ལ་དབྱེ་ན་ཐུབ་པས་རྣམ་པ་གཉིས་སུ་གསུངས་ཏེ། སེམས་པ་དང་ནི་བསམ་པའོ་ཞེས་གསུངས་པའི་ཕྱིར། དེ་ཡང་མདོ་ལས། དགེ་སློང་དག་དེ་ནི་སེམས་པ་དང་བསམ་པའི་ལས་ཞེས་སྨྲའོ་ཞེས་གསུངས། ལས་ཀུན་ནས་སློང་བར་བྱེད་པའི་སེམས་བྱུང་སེམས་པ་ནི་ཡིད་ཀྱི་ལས་ཡིན། དེ་ལ་དབྱེ་ན་གསུམ་ཡོད་དེ། འདོད་པ་ཁམས་ཀྱི་དགེ་བ་བསོད་ནམས་དང་མི་དགེ་བ་བསོད་ནམས་མ་ཡིན་པ་དང་། ཁམས་གོང་མར་གཏོགས་པ་མི་གཡོ་བའི་ལས་དང་གསུམ་དུ་མངོན་པ་ནས་གསུངས་པའི་ཕྱིར། གཡོ་བའི་སེམས་པས་ཀུན་ནས་བསླངས་པའི་བསམ་པའི་ལས་དེ་ནི་གཉིས་ཡོད་དེ། མདོ་ལས་ལུས་དང་ངག་གིའོ་ཞེས་གསུངས། དེ་ཡང་མཛོད་ལས། ལས་ལས་འཇིག་རྟེན་སྣ་ཚོགས་སྐྱེས། །དེ་ནི་སེམས་པ་དང་དེས་བྱས། །སེམས་པ་ཡིད་ཀྱི་ལས་ཡིན་ནོ། །དེས་བསྐྱེད་ལུས་དང་ངག་གི་ལས། །ཞེས་བཤད། ཆོས་ཀྱི་དབྱིངས་ནི་དགེ་ལས་དང་སྡིག་ལས། གཉིས་ཀ་ཡིན་པ་ལས་གྲོལ་ཏེ། དེ་ནི་དེ་གཉིས་ཀ་མིན་པ་དེའི་

ཕྱིར།

གསུམ་པ་ནི། གཞན་ཡང་ལས་ལ་དབྱེ་ན་རྣམ་པ་བཞི་གསུངས་ཏེ། ལས་དཀར་ལ་རྣམ་སྨིན་ཡང་དཀར་བ་དང་ལས་གནག་ལ་རྣམ་སྨིན་ཡང་གནག་པ་དང་ལས་དཀར་ལ་རྣམ་སྨིན་གནག་པ་དང་། ལས་གནག་ལ་རྣམ་སྨིན་དཀར་བའོ་ཞེས་གསུངས་པའི་ཕྱིར། དེ་ཡང་མངོན་པ་ཀུན་ལས་བཏུས་ལས། གནག་ལ་རྣམ་པར་སྨིན་པ་གནག་པའི་ལས་གང་ཞེ་ན། གང་མི་དགེ་བའོ། །དཀར་ལ་རྣམ་པར་སྨིན་པ་དཀར་བའི་ལས་གང་ཞེ་ན། ཁམས་གསུམ་པའི་དགེ་བའོ། །དཀར་གནག་ཏུ་འགྱུར་ལ་རྣམ་པར་སྨིན་པ་དཀར་གནག་ཏུ་འགྱུར་པ་གང་ཞེ་ན། གང་འདོད་པ་དང་རབ་ཏུ་ལྡན་པའི་འདྲེས་མ་སྟེ་བསམ་པ་གནག་ལ་སྦྱོར་བ་དཀར་བའམ་སྦྱོར་བ་གནག་ལ་བསམ་པ་དཀར་བའོ། །མི་གནག་ཅིང་དཀར་ལ་རྣམ་པར་སྨིན་པར་མི་འགྱུར་ཞིང་ལས་ཟད་པར་འགྱུར་བའི་ལས་གང་ཞེ་ན། སྦྱོར་བ་དང་བར་ཆད་མེད་པའི་ལམ་རྣམས་ལ་ཟག་པ་མེད་པའི་ལས་སོ་ཞེས་བཤད། དེ་ཉིད་འཆད་པ་ནི། མངོན་པ་ནས་གསུངས་པའི་ལས་བཞི་པོ་འདི་ལ་མཁས་པས་སྤང་བླང་ཅི་རིགས་བྱ་སྟེ། བསམ་པ་རྣམ་པར་དག་པའི་སྦྱོར་བ་སྦྱིན་པ་གཏོང་བ་སོགས་དྲུག་ནི་ལས་དང་རྣམ་སྨིན་གཉིས་ཀ་དཀར་བས་མཁས་པས་བྱ་ལ། བསམ་པ་བཟའ་བའི་དོན་དུ་སྦྱོར་བ་སེམས་ཅན་གསོད་པ་སོགས་ནི་ལས་དང་རྣམ་སྨིན་གཉིས་ཀ་གནག་པས་མཁས་པས་སྤང་བར་བྱ་ཞིང་བསམ་པ་སེམས་ཅན་མང་པོ་སྐྱབས་པའི་ཕྱིར་དུ་སྦྱོར་བ་སེམས་ཅན་གཅིག་གསོད་པ་དེད་དཔོན་སྙིང་རྗེ་ཆེན་པོས་མཚོང་པ་གཡོ་ཅན་བསད་པ་ལྟ་བུ་སོགས་ནི་ལས་གནག་ལ་རྣམ་སྨིན་དཀར་བས་ན་མཁས་པས་བྱ། བསམ་པ་སེམས་ཅན་ཆོན་པོ་གསོད་པའི་ཕྱིར་དུ་སྦྱོར་བ་སེམས་ཅན་དེ་ལ་སྦྱིན་པ་གཏོང་བ་ལ་སོགས་པ་ནི་ལས་དཀར་ཡང་རྣམ་སྨིན་གནག་པས་མཁས་པས་སྤང་བར་བྱ་བའི་ཕྱིར། འདུལ་བ་དང་མདོ་སྡེ་ལས་ཀྱང་། དགེ་སློང་དག་ལས་གཅིག་ཏུ་དཀར་བ་རྣམས་ཀྱི་རྣམ་པར་སྨིན་པ་ཡང་གཅིག་ཏུ་དཀར་བ་ཡིན་ལ་གཅིག་ཏུ་གནག་པ་རྣམས་ཀྱི་རྣམ་པར་སྨིན་པ་ཡང་གཅིག་ཏུ་གནག་པ་ཡིན་ཞིང་འདྲེས་མ་རྣམས་ཀྱི་རྣམ་པར་སྨིན་པའང་འདྲེས་མ་ཡིན་པས་དེ་ལྟ་བས་ན་གཅིག་ཏུ་གནག་པ་རྣམས་དང་འདྲེས་མ་རྣམས་སྤངས་ཏེ་གཅིག་ཏུ་དཀར་བ་རྣམས་ལ་བརྩལ་བར་བྱའོ་ཞེས་གསུངས། གཞན་ཡང་ལས་ལ་དབྱེ་ན་རྣམ་པ་གཉིས་གསུངས་ཏེ། སྐྱེ་བ་ཕྱི་མའི་ནང་གི་སྐྱེ་མཆེད་དྲུག་གི་ངོ་བོ་རྣམ་སྨིན་སྐྱེད་བྱེད་ལྟ་བུ་འཕེན་བྱེད་ཀྱི་ལས་དང་རྒྱུ་མཐུན་དང་བདག་པོ་དང་སྐྱེས་བུ་བྱེད་པའི་འབྲས་བུ་འགྲུབ་པར་ཤས་ཆེ་བ་རྫོགས་བྱེད་ཀྱི་ལས་གཉིས་གྲུབ་པའི་ཕྱིར། གཉིས་པོ་དེ་དག་ལ་དབྱེ་ན་མུ་བཞི་ཡོད་དེ། འཕེན་བྱེད་དགེ་བས་འཕངས་པ་ལ་རྫོགས་བྱེད་ཀྱང་ནི་དགེ་བ་དང་། འཕེན་བྱེད་སྡིག་པས་འཕངས་པ་ལ་རྫོགས་བྱེད་ཀྱང་ནི་སྡིག་པ་དང་།

འཕེན་བྱེད་དགེ་བས་འཕངས་པ་ལ་རྫོགས་བྱེད་སྡིག་པ་དང་། འཕེན་བྱེད་སྡིག་པས་འཕངས་པ་ལ་རྫོགས་བྱེད་དགེ་བའི་མུ་བཞི་གྲུབ་པའི་ཕྱིར། མུ་བཞི་པོ་དེ་དག་གི་དཔེར་བརྗོད་མདོར་བསྡུས་པ་བཤད་པར་བྱ་ཡི་ཡིད་ལ་བཟུང་ཞིག མུ་དང་པོའི་དཔེར་བརྗོད་ཡོད་དེ། མཐོ་རིས་ལྷ་དང་མི་དང་ལྷ་མ་ཡིན་གསུམ་པོ་འགྲུབ་པ་ནི་འཕེན་བྱེད་དགེ་བའི་ལས་ཀྱིས་འཕངས་པ་ཡིན་ལ་མཐོ་རིས་གསུམ་པོ་དེ་དག་ཏུ་བདེ་བ་འབྱུང་བ་ནི་རྫོགས་བྱེད་དགེ་བས་རྫོགས་པ་ཡིན་པའི་ཕྱིར། དཀོན་མཆོག་བརྩེགས་པ་ལས། ལྷ་མ་ཡིན་ངན་འགྲོ་བཞི་པར་གསུངས་པ་ཡོད་ནའང་བསམ་སྦྱོར་ངན་པའི་ཆ་ནས་སྣང་བ་ཡིན་ནོ། །

དེ་ཡང་འཕེན་རྫོགས་གཉིས་ཀ་དགེ་བས་བྱས་པ་ནི། ཡོན་ཏན་བདུན་གྱི་གཏམ་ལས། ཚེ་རིང་དེ་བཞིན་ནད་མེད་དང་། །གཟུགས་དང་སྐལ་བ་བཟང་དང་རིགས། །ནོར་དང་ཤེས་རབ་དག་དང་བདུན། །ཡོན་ཏན་མདོ་སྡེ་དག་ལས་གསུངས། །དེའི་རྒྱུ་ནི་དད་པ་ཅན་བླང་དོར་གྱི་གནས་འདྲི་བ་ལ་དམ་པའི་ཆོས་བྱིན་པས་ཡོན་ཏན་ཐམས་ཅད་དང་ལྡན་པར་འགྱུར་རོ་ཞེས་སློབ་དཔོན་དབྱིག་གཉེན་གྱིས་བཤད། མུ་གཉིས་པའི་དཔེར་བརྗོད་ཡོད་དེ། ངན་སོང་དམྱལ་བ་དང་ཡི་དྭགས་དང་དུད་འགྲོ་གསུམ་དུ་སྐྱེ་བ་ནི་འཕེན་བྱེད་ཀྱི་ལས་སྡིག་པ་ཡིན་པར་གསུངས་ལ་ངན་སོང་གསུམ་པོ་དེ་ཡི་སྡུག་བསྔལ་གྱི་བྱེ་བྲག་ཀུན་རྫོགས་བྱེད་ལས་ནི་སྡིག་པ་ཡིན་པའིཕྱིར། མདོ་སྡེ་ལས་བརྒྱ་པ་དང་ས་བཅུ་པའི་མདོ་ལས། མི་དགེ་བ་བཅུ་ཆེན་པོས་དམྱལ་བ་དང་འབྲིང་གིས་དུད་འགྲོ་དང་ཆུང་ངུས་གཤིན་རྗེའི་འཇིག་རྟེན་དུ་སྐྱེ་བར་གསུངས་ལ། མདོ་གཞན་ལས་འབྲིང་གིས་ཡི་དྭགས་དང་ཆུང་ངུས་དུད་འགྲོར་འཕེན་པར་བྱེད་ཅེས་གསུངས་ཏེ་ཐེག་པ་ཆེ་ཆུང་གི་ཁྱད་པར་ཡིན་ཞེས་བླ་མ་གསུང་། མུ་གསུམ་པའི་དཔེར་བརྗོད་ཡོད་དེ། མཐོ་རིས་དགེ་བས་འཕངས་མོད་ཀྱི་མཐོ་རིས་དེ་ཡི་ནད་དང་གནོད་པ་ཀུན་རྫོགས་བྱེད་ལས་ནི་སྡིག་པ་ཡིན་པར་གསུངས་པའི་ཕྱིར། མུ་བཞི་པའི་དཔེར་བརྗོད་ཡོད་དེ། ངན་འགྲོའི་འཕེན་བྱེད་སྡིག་པ་ཡིན་ཡང་ངན་འགྲོ་དེ་ཡི་ལུས་སེམས་བདེ་བའི་གནས་སྐབས་ལུས་དང་ལོངས་སྤྱོད་ལྷ་དང་འདྲ་བ་ཡོད་ཅེས་གྲོ་ལུང་སྐྱེས་རྣ་བ་བྱེ་བ་རི་བའི་རྟོགས་བརྗོད་ལས་གསུངས་པ་ལྟ་བུ་རྫོགས་བྱེད་དགེ་བས་རྫོགས་པར་མདོ་སྡེ་དྲུ་མ་དང་ས་སྡེ་ལས་གསུངས་པའི་ཕྱིར། འཕེན་རྫོགས་གཉིས་ཀྱི་ཁྱད་པར་ཡང་དཔེར་ན་ལྷའི་སྐྱ་རིས་དང་ཚོན་རྫོགས་ལྟ་བུའོ། །སྤྱིར་མི་དགེ་བས་བྱས་པའི་ལས་ཀྱི་འབྲས་བུ་རྣམ་པ་གསུམ་སྟེ༑ དཔེར་ན་སྲོག་བཅད་པས་རྣམ་སྨིན་གྱི་འབྲས་བུ་ངན་སོང་གི་སྡུག་བསྔལ་དང་རྒྱུ་མཐུན་གྱི་འབྲས་བུ་ཕྱིས་མཐོ་རིས་སུ་སྐྱེས་ཀྱང་ཚེ་ཐུང་བ་དང་བདག་པོའམ་དབང་གི་འབྲས་བུ་གཟི་བརྗིད་ཆུང་ཞིང་ཡུལ་ཡང་ངན་པར་སྐྱེ་བའོ། །དེ་བཞིན་དུ་མི་དགེ་བ་དང་དགེ་བ་གཞན་ལའང་སྦྱར་བར་བྱ་སྟེ། མཛོད་ལས། ཐམས་ཅད་བདག་པོ་

རྒྱུ་མཐུན་དང་། །རྣམ་སྨིན་འབྲས་བུ་འབྱིན་པར་འདོད། །སྡུག་བསྔལ་ཕྱིར་དང་བསད་ཕྱིར་དང་། །གཞི་བྱིན་མེད་ཕྱིར་འབྲས་རྣམ་གསུམ། །ཞེས་དང་། གཅིག་གིས་སྐྱེ་བ་གཅིག་འཕེན་ཏེ། །ཡོངས་རྫོགས་བྱེད་པ་དུ་མའང་ཡིན། །ཞེས་བཤད་པས། བྱེ་བྲག་སྨྲ་བ་འཕེན་བྱེད་ཀྱི་ལས་གཅིག་གིས་རྣམ་སྨིན་གྱི་ལུས་གཅིག་འགྲུབ་ཀྱི་མང་པོ་མི་འཕེན་ལ་རྫོགས་བྱེད་ངེས་པ་མེད་པའོ་ཞེས་འདོད་ཅིང་མདོ་སྡེ་པ་ཡན་ཆད་ཀྱིས་ནི་མུ་བཞིར་བཞེད་དེ། བུད་མེད་རང་གི་བུ་ལ་སྙིང་རྗེ་སྐྱེས་པའི་ལས་གཅིག་གིས་ཚངས་པར་སྐྱེས་པ་ལྟ་བུ་ལས་གཅིག་གིས་ལུས་གཅིག་འཕངས་པ་དང་། འཕགས་པ་མ་འགགས་པས་བདག་ནི་བསོད་ནམས་གཅིག་ཕྱུ་དེའི་རྣམ་པར་སྨིན་པས་སུམ་ཅུ་རྩ་གསུམ་གྱི་ལྷར་ལན་བདུན་སྐྱེས་ཤིང་དེ་ལྟར་ཡང་ཤཱཀྱ་ཕྱུག་པོར་སྐྱེས་སོ་ཞེས་གསུངས་པ་དང་། འཕགས་པ་འོད་སྲུང་གིས་རང་སངས་རྒྱས་ལ་མུ་གེའི་ཚེ་ཁྲེ་གྲོད་ཁྲེ་ཆུང་གང་ཕུལ་བས་བྱང་སྒྲ་མི་སྙན་དང་སུམ་ཅུ་རྩ་གསུམ་དུ་ལན་སྟོང་རེ་སྐྱེས་ནས་བྲམ་ཟེ་ཕྱུག་པོར་སྐྱེས་པ་ལྟ་བུ་ལས་གཅིག་གིས་ལུས་དུ་མ་འཕེན་པ་དང་། ལྷ་སྦྱིན་ལྟ་བུ་ཚེ་རབས་དུ་མར་བསགས་པའི་ལས་ཀྱིས་ལུས་གཅིག་འགྲུབ་པ་དང་། འཕགས་པ་ཉེ་སྡེ་ལྟ་བུ་ལས་དུ་མའི་ས་བོན་རྒྱུན་གྱིས་གསོས་ནས་ལུས་དུ་མ་འགྲུབ་པ་ཡང་ཡོད་དོ། །འོ་ན་ལས་མང་པོ་རྒྱུད་ལ་ལྡན་པའི་སེམས་ཅན་དེའི་གང་ཐོག་མར་སྨིན་པར་འགྱུར་ཞེ་ན། ལས་གང་སྟོབས་ཆེ་བ་དེ་ཐོག་མར་སྨིན་ལ། མཉམ་ན་འཆི་བའི་ཚེ་གང་གསལ་ཐེབས་པ་དེ་སྨིན་པར་འགྱུར་རོ། །དེའང་མཉམ་ན་གང་གོམས་པ་ཤས་ཆེ་བ་དེ་ཐོག་མར་སྨིན་ནོ། །དེའང་མཉམ་ན་གང་སྔོན་ལ་བྱས་པ་བཞིན་རིམ་གྱིས་འགྲུབ་པར་འགྱུར་ཏེ། མཛོད་འགྲེལ་དུ། ལས་ཀྱིས་འཁོར་བར་ལྕི་གང་དང་། །ཉེ་བ་གང་དང་གོམས་པ་གང་། །སྔོན་བྱས་གང་ཡིན་དེ་ལས་ནི། །སྔ་མ་སྔ་མ་རྣམ་སྨིན་འགྱུར། །ཞེས་བཤད།

བཞི་པ་ནི། གཞན་ཡང་ལས་ལ་དབྱེ་ན་གཅིག་ཏུ་དཀར་བ་དང་། གཅིག་ཏུ་གནག་པ་དང་དཀར་ནག་འདྲེས་མའི་ལས་དང་རྣམ་པ་གསུམ་དུ་ཐུབ་པས་གསུངས་ཏེ། དེ་ཡང་བསམ་སྦྱོར་གཉིས་ཀ་གཅིག་ཏུ་དཀར་བས་བདེ་བ་བསྐྱེད་ལ་བསམ་སྦྱོར་གཉིས་ཀ་གཅིག་ཏུ་གནག་པས་སྡུག་བསྔལ་བསྐྱེད་ཅིང་། བསམ་སྦྱོར་དགེ་མི་དགེ་འདྲེས་པའི་ལས་ཀྱིས་བདེ་བ་དང་སྡུག་བསྔལ་འདྲེས་མ་བསྐྱེད་པར་གསུངས་པའི་ཕྱིར། མངོན་པ་གོང་མར། དཀར་ལ་རྣམ་སྨིན་མེད་པའི་ལས་དང་བཞི་ཞེས་བཤད། ལས་འདྲེས་མ་ཞེས་བྱ་བ་ཡང་ཐོག་མར་སྦྱིན་པ་བཏང་ཕྱིས་སེར་སྣ་སྐྱེས་ནས་འགྱོད་པར་གྱུར་པའི་འབྲས་བུ་ནི་ཚེ་སྟོད་ལ་ཕྱུག་པོ་ཡོད་པ་ཚེ་སྨད་ལ་དབུལ་པོར་གྱུར་པ་ལྟ་བུའོ། །གཞན་ཡང་བ་ལང་རྫི་བོས་བ་བདག་ལ་མ་ཞུས་པར་ནགས་ཁྲོད་ཀྱི་དྲང་སྲོང་ལ་དད་པས་འོ་མ་དྲངས་པའི་འབྲས་བུ་བདེ་བ་དང་སྡུག་བསྔལ་དྲང་སྲོང་དང་རྫི་བོ་གཉིས་ཀས་མྱོང་བ་དང་། རྒྱལ་པོ་

གསལ་རྒྱལ་གྱི་བུ་མོ་བཞིན་མི་མཛེས་པ་མུན་ཁུང་དུ་སྦེད་དགོས་པ་ཞིག་ཕྱིས་ཤིན་ཏུ་མཛེས་པར་འགྱུར་བ་དང་། འཕགས་པ་མོའུ་གལ་གྱི་བུ་མུ་སྟེགས་ཀྱིས་བརྡུངས་ནས་བཀྲོངས་པ་དང་། འཕགས་པ་འཆར་ཀ་ཆོམ་རྐུན་གྱིས་དབུ་བཅད་པ་ལ་སོགས་པ་གསུང་རབ་ཟབ་མོ་རྣམས་ནས་འབྱུང་བ་ལ་ཡིད་ཆེས་པར་བྱའོ། །

སྔར་བཤད་པ་འདི་འདྲའི་ལས་དང་རྣམ་སྨིན་གྱི་རྣམ་པར་དབྱེ་བ་ཞིབ་ཏུ་ཤེས་པར་གྱུར་ན་སྡོམ་པ་བསྲུང་ཤེས་ཏེ། དེ་ལྟར་ན་ད་གཟོད་ལས་ཀྱི་རྒྱུ་འབྲས་ལ་ཤིན་ཏུ་མཁས་པ་ཉིད་དུ་འགྱུར་བའི་ཕྱིར། དགྲ་བཅོམ་པ་ཆོས་སྐྱོབ་ཀྱི་ཆེད་དུ་བརྗོད་པའི་ཚོམས་ལས། འཇིག་རྟེན་པ་ཡི་ཡང་དག་ལྟ། །ཆེན་པོ་སུ་ལ་ཡོད་གྱུར་པ༑ ༑དེ་ནི་བསྐལ་པ་སྟོང་དུ་ཡང་། །ངན་འགྲོར་སྐྱེ་བ་མ་ཡིན་ནོ། །ཞེས་གསུངས། འཇིག་རྟེན་པའི་ཡང་དག་པའི་ལྟ་བ་དེ་ཡང་གང་ཞེ་ན། བློ་གྲོས་རྒྱ་མཚོས་ཞུས་པའི་མདོ་ལས། ཐེག་པ་ཆེན་པོ་སྤྱོད་པར་འགྱུར་བའི་ཆོས་གཅིག་སྟེ་བྱ་བར་འོས་པའི་འཇུག་པ་ལ་ཞུགས་ཤིང་ལས་ཀྱི་རྣམ་པར་སྨིན་པ་ལ་ཡིད་ཆེས་པའོ་ཞེས་གསུངས། འདི་འདྲའི་ལས་ཞེས་བྱ་བ་ཡང་མངོན་པ་ལས། ལས་ལ་བསམ་གྱིས་ཁྱབ་པ་དང་མི་ཁྱབ་པའི་ལས་གཉིས་གསུངས་སོ། །དེ་ལ་བསམ་གྱིས་མི་ཁྱབ་པའི་ལས་ནི་བསམ་པར་མི་བྱ་སྟེ་རྨ་བྱའི་མདོངས་ཀྱི་ཁ་དོག་རེ་རེའི་རྒྱུ་ལ་རྒྱུད་འཕེན་པས་བསམས་པས་ཆད་པར་ལྟ་བ་སྐྱེས་པ་ལྟ་བུའོ། །ཡང་ལས་ལ་མྱོང་བར་ངེས་པ་དང་མ་ངེས་པ་གཉིས་སུ་གསུངས། དེ་ཡང་དགེ་ཚ་བྱང་ཆུབ་ཏུ་བསྔོ་བས་ཟིན་པ་དང་མ་ཟིན་པའི་སྡིག་པ་འཇོག་སེམས་ཀྱིས་མ་ཟིན་པ་དང་ཟིན་པ་ལྟ་བུའོ། །

ཡང་ལས་ལ་མཐོང་ཆོས་ལ་མྱོང་བར་འགྱུར་བ་དང་སྐྱེས་ནས་མྱོང་བར་འགྱུར་བ་དང་ལན་གྲངས་གཞན་ལ་མྱོང་བར་འགྱུར་བའི་ལས་དང་གསུམ་དུ་གསུངས། དང་པོ་ནི། ཚེ་འདི་ལ་མྱོང་བའི་ལས་ཞིང་པའི་ལོ་ཐོག་གསར་དུ་སྨིན་པ་དང་། དགེ་ཚུལ་ཀླུ་ལ་ངན་སེམས་དྲག་པོ་སྐྱེས་པས་དེ་མ་ཐག་དུག་སྦྲུལ་དུ་གྱུར་པ་དང་། ཡང་ཚེ་འདིར་བྱེད་པར་ངེས་པའི་ལས་སངས་རྒྱས་ཀྱིས་ཀྱང་མི་བཟློག་པ་འཕགས་སྐྱེས་པོས་ཤཱཀྱ་མང་པོ་བསད་པ་དང་ལྷ་སྦྱིན་གྱིས་དགེ་འདུན་གྱི་དབྱེན་བྱས་པ་ལྟ་བུའོ། །གཉིས་པ་ནི། ཤི་མ་ཐག་སྐྱེ་བ་གཞན་གྱིས་བར་མ་ཆོད་པར་སྐྱེས་ནས་མྱོང་བའི་ལས་མཚམས་མེད་པ་ལྔ་དང་ཉེ་བ་ལྔ་ལ་སོགས་པ་དང་། གསུམ་པ་ནི། སྐྱེ་བ་མང་པོ་བརྒྱུད་ནས་མྱོང་བའི་ལས་སངས་རྒྱས་འོད་སྲུང་གི་བསྟན་པ་ལ་བྱས་པའི་ལས་ཀྱིས་སྐྱེ་བ་ལྔ་བརྒྱ་བརྒྱུད་ནས་སངས་རྒྱས་ཤཱཀྱ་ཐུབ་པའི་བསྟན་པ་ལ་སྨིན་པ་བུ་མོ་གསེར་ཕྲེང་ཅན་དང་རི་དྭགས་འཛིན་གྱི་མ་ས་ག་ལྟ་བུ་སྟེ། ལུས་ཅན་རྣམས་ཀྱི་ལས་རྣམས་ནི། །བསྐལ་པ་བརྒྱར་ཡང་ཆུད་མི་ཟ། །ཚོགས་ཤིང་དུས་ལ་བབ་པ་ན། །འབྲས་བུ་ཉིད་དུ་སྨིན་པར་འགྱུར། །ཞེས་འདུལ་བ་དང་མདོ་སྡེ་ལས་གསུངས།

གཉིས་པ་ལ། བསྔོ་བའི་གནད་ལ་འཁྲུལ་པ་དགག །ལྟ་བ་དཀར་ནག་ཟང་ཐལ་དགག །སྤྱོད་པ་ཡེ་བཀག་ཡེ་གནང་དགག་པའོ། །དང་པོ་ལ། ཆོས་དབྱིངས་དགེ་ལས་སུ་འདོད་པ་དགག །དབྱིངས་ཐམས་ཅད་སྙིང་པོར་འདོད་པ་དགག །ཆོས་དབྱིངས་ཀྱི་ངོ་བོ་ལ་དབྱེ་བ་ཡོད་པ་དགག་པའོ། །དང་པོ་ལ། ཕྱོགས་སྔ་བརྗོད་པ་དང་། དེ་དགག་པ་གཉིས་ལས། དང་པོ་ནི། མུ་སྟེགས་གྲངས་ཅན་པ་རྣམས་ནི་གཤིས་ལ་དགེ་ལས་དང་སྡིག་པ་ཡོད་ཅེས་ཟེར་ཞིང་རྒྱུ་ལ་འབྲས་བུ་གནས་པར་འདོད་པར་མ་ཟད་བོད་ཀྱང་འབྲི་ཁུང་པ་སྒོམ་ཚང་པ་སྟག་ལུང་པ་ཞང་མཚལ་པ་གཡུ་བྲག་པ་ལ་སོགས་པ་ལ་ལ་གྲངས་ཅན་དེའི་རྗེས་སུ་འབྲང་སྟེ། བྱང་ཆུབ་སེམས་དཔའ་རྡོ་རྗེ་རྒྱལ་མཚན་གྱི་བསྔོ་བའི་མདོ་ཕལ་པོ་ཆེ་ལས། འགྲོ་ཀུན་དགེ་བ་ཇི་སྙེད་ཡོད་པ་དང་། །བྱས་དང་བྱེད་འགྱུར་དེ་བཞིན་བྱེད་པ་ཞེས་གསུངས་པའི་དགོངས་པ་འཆད་པ་ལ། བོད་ཁ་ཅིག་གྲངས་ཅན་གྱི་ལུགས་བཞིན་དུ་ཆང་པ་དང་པོའི་དོན་ཡོད་པའི་དགེ་བ་དང་ཕྱི་མའི་དོན་བསགས་པའི་དགེ་བ་ཞེས་བྱ་བ་གཉིས་ལས། དང་པོ་ནི། གདོད་མ་ནས་རང་བྱུང་དུ་ནི་གྲུབ་པར་འདོད་ཅིང་དེ་ལ་བདེ་གཤེགས་སྙིང་པོ་ཞེས་ཟེར་རོ། །དེ་ཡང་གྲངས་ཅན་གྱི་གཞུང་ལས། དགེ་དང་མི་དགེ་ཇི་སྙེད་པ། །འཁོར་བ་དང་ནི་གྲོལ་བ་ཡང་། །གཙོ་བོའི་ནང་ན་གདོད་ནས་ཡོད། །འོན་ཀྱང་ཐབས་ཀྱིས་གསལ་བར་འབྱིན། །འོ་མའི་དུས་ན་ཞོ་གང་དང་། །ཞོ་ཡི་དུས་ན་མར་ཉིད་གང་། །དྲག་པོ་ལེན་གྱིས་བཤད་པ་སྟེ། །འབིགས་བྱེད་གནས་པའང་དེ་སྐད་སྨྲ། །ཞེས་ཟེར། ཕྱུག་རྒྱུ་པ་རྣམས་བྱས་དང་བྱེད་འགྱུར་དེ་བཞིན་བྱེད་པ་ཞེས་གསུངས་པའི་དོན་ནི། བདག་དང་འཁོར་འདས་ཐམས་ཅད་ཀྱིས་དུས་གསུམ་དུ་བསགས་པ་དང་ཞེས་བསྔོ་རྒྱུའི་དགེ་རྩ་འདུས་བྱས་ཆོས་ཅན་གྱི་ཆ་དང་། འགྲོ་ཀུན་དགེ་བ་ཇི་སྙེད་ཡོད་ཅེས་གསུངས་པའི་དོན་ནི། ཡོད་པའི་དགེ་བའི་རྩ་བ་འདིས་ཞེས་བསྔོ་རྒྱུའི་དགེ་རྩ་འདུས་མ་བྱས་ཆོས་ཉིད་ཀྱི་ཆ་དང་། བཟང་པོ་ཇི་བཞིན་དེ་འདྲའི་ས་དག་ལ། །ཀུན་ནས་ཀུན་ཀྱང་བཟང་པོ་རེད་གྱུར་ཅིག །ཅེས་གསུངས་པའི་དོན་ནི། བདག་དང་སེམས་ཅན་ཐམས་ཅད་མྱུར་དུ་བླ་ན་མེད་པ་ཡང་དག་པར་རྫོགས་པའི་བྱང་ཆུབ་རིན་པོ་ཆེ་ཐོབ་པར་གྱུར་ཅིག་ཅེས་ཟེར། དོན་འདི་ལ་བསམས་ནས་འབྲི་ཁུང་པ་ཁ་ཅིག་ཡོད་པའི་དགེ་བ་དང་། སྒོམ་ཚང་པ་ཁ་ཅིག་གནས་པའི་དགེ་བ་དང་། སྟག་ལུང་པ་ཁ་ཅིག་རང་བཞིན་གྱི་དགེ་བ་ཞེས་ཟེར། དེ་ཐམས་ཅད་ཀྱང་ཆོས་དབྱིངས་དེ་བཞིན་ཉིད་བསྔོ་རྒྱུའི་དགེ་རྩ་ཡིན། དེས་ན་ལས་ལ་དགེ་མི་དགེ་ལུང་མ་བསྟན་གསུམ་དུ་ཕྱེ་བའི་དགེ་བ་ཡིན་ཟེར། ཞང་གཡུ་བྲག་པ་ལ་སོགས་པ་ཁ་ཅིག །རྒྱུ་ཡི་དུས་སུ་འབྲས་བུ་ཡོད། །ལས་འཕྲོ་ཅན་གྱིས་རྟོགས་པར་འགྱུར། །ཞེས་པ་དང་། ལམ་མཆོག་མཐར་ཕྱུག་ལས། པ་ན་སེ་ཡི་འབྲས་བུ་བཞིན། །རྒྱུ་དང་འབྲས་བུ་དུས་མཚུངས་ཡིན། །ཞེས་ཟེར། དེ་ལྟ་ན་ཡང་བསྔོ་བ་བདག་འཁོར་མ་

འདི་རྡོ་རྗེ་རྒྱལ་མཚན་གྱི་བསྔོ་བའི་དོན་མ་ཡིན་ཏེ། མདོ་ལྟར་ན་བསྔོ་རྒྱུའི་དགེ་རྩ་འམ་དགེ་ལས་ཡིན་ན་འདུས་བྱས་ཡིན་དགོས་པའི་ཕྱིར་རོ། །རྒྱུ་མཚན་འོག་ནས་འཆད། གྲངས་ཅན་གྱི་ལུགས་དེ་ཡང་མི་འཐད་དེ། རྣམ་འགྲེལ་ལས། རྡུ་སོགས་རྩེ་ན་གླང་ཆེན་བརྒྱ། །སྡོན་ཆེ་མ་མཐོང་ཡོད་དོ་ཞེས། །དེ་སྐད་གྲངས་ཅན་ཕྱུགས་ལས་གཞན། །ངོ་ཚར་བཅས་པ་སུ་བརྗོད་རྩོལ། །ཞེས་བཤད་པས་སོ། །

མུ་སྟེགས་གྲངས་ཅན་པའི་ལུགས་དེ་ཡང་ཅུང་ཟད་བརྗོད་པར་བྱ་སྟེ། ཅིའི་ཕྱིར་མུ་སྟེགས་པ་ཞེས་བྱ་ཞེ་ན༑ ཏིརྠི་ཀ་ཞེས་པའི་སྒྲས་འཇུག་ངོགས་སུ་འཇུག་བྱེད་ཅེས་བྱ་སྟེ། སློབ་དཔོན་སྤྱན་རས་གཟིགས་ཀྱི་བརྟུལ་ཞུགས་ཀྱིས། གང་དག་ཆོས་ཀྱི་ཕྱིར་འཇུག་ངོགས་སུ་འཇུག་པར་བྱེད་པ་དག་སྟེ་ནོར་ལྷ་དང་ལྷ་ཆེན་དང་ཚངས་པའང་སེར་སྐྱ་དང་གཞེག་ཟན་དང་ཀཎྜ་མིག་དང་འཕེལ་བ་རྒྱལ་དཔོག་གི་བུ་ལ་སོགས་པའོ་ཞེས་བཤད། བོད་ཁ་ཅིག་ལྷ་བ་ངན་པའི་མུ་ལ་བརྟེན་ནས་སྤྱོད་པ་ངན་པ་ལ་སྟེགས་བྱེད་ཟེར་བ་ནི་རང་བཟོར་ཟད་དོ། །

ཅིའི་ཕྱིར་གྲངས་ཅན་ཞེས་བྱ་ན། རྫོགས་པའི་དུས་ཀྱི་ཐོག་མའི་ཚེ་ལོ་ཉི་ཁྲིའི་དུས་སུ་དྲང་སྲོང་སེར་སྐྱ་ཞེས་བྱ་བ། དཀའ་ཐུབ་དྲག་པོས་མུ་སྟེགས་པའི་ལུགས་ཀྱི་གྲུབ་ཐོབ་ཏུ་གྱུར་ནས་གཞུང་དུ་མ་བརྩམས་སོ།།དེ་ལ་སློབ་མའི་གཙོ་བོ་གཉིས་བྱུང་བའི་དྲང་སྲོང་ཀ་ར་ཀྐ་ཛས་ཤེས་བྱའི་གྲངས་ཉི་ཤུ་རྩ་ལྔར་འདོད་པའི་གྲངས་ཅན་པའི་སྡེ་དང་། དྲང་སྲོང་ཚུ་ལྕུང་གིས་ཉི་ཤུ་རྩ་ལྔ་པོ་ཡང་གནས་ལུགས་སྟོང་པར་འདོད་པའི་སེར་སྐྱ་པ་ཞེས་བྱ་བའི་ལུགས་བྱུང་སྟེ། ཡེ་ཤེས་སྙིང་པོ་ཀུན་ལས་བཏུས་སུ། གྲངས་ཅན་དེ་རྣམས་ཡོན་ཏན་སྨྲ། །སེར་སྐྱ་པ་ནི་སྟོང་པར་འདོད། །ཅེས་གསུངས། གྲངས་ཅན་གྱི་གཞུང་ལས། དེ་ཙམ་ཉི་ཤུ་ལྔ་ཤེས་ན། །རབ་པའི་བྱི་བོ་གཙུག་ཕུད་དམ། །ཆ་ལུགས་གང་གིས་གནས་ཀྱང་རུང་། །བསྟི་གནས་གང་དུ་དགའ་བ་དེར། །གྲོལ་འགྱུར་འདི་ལ་ཐེ་ཚོམ་མེད། །ཅེས་གྲག་གོ །ཁས་པ་འཇུག་པའི་སྒོར་ནི། མུ་སྟེགས་བྱེད་ལ་རྟོག་གེ་ལྔ། །རིག་བྱེད་གྲངས་ཅན་འུག་ཕྲུག་པ། །ཟད་བྱེད་ཙུ་རོལ་མཛེས་པའོ། །དེ་ལ་དང་པོ་བཞི་ནི་རྟག་པར་ལྟ་བ་དང་ལྔ་པ་ནི་ཆད་པར་ལྟ་བའོ། །གྲངས་ཅན་པ་ནི་ལྷ་དབང་ཕྱུག་དང་དྲང་སྲོང་སེར་སྐྱའི་རྗེས་སུ་འབྲང་ལ། ཤེས་བྱ་དེ་ཁོ་ན་ཉིད་གྲངས་ཉི་ཤུ་རྩ་ལྔར་སྨྲའོ། །དེ་ཡང་དབང་ཕྱུག་ནག་པོའི་གཞུང་ལས། གཙོ་བོ་དང་ཆེན་པོ་དང་ང་རྒྱལ་དང་གཟུགས་སོགས་དེ་ཙམ་ལྔ་དང་ས་སོགས་འབྱུང་བ་ལྔ་དང་དབང་པོ་བཅུ་གཅིག་དང་བདག་དང་ཉེར་ལྔའོ། །དེ་ལ་གཙོ་བོ་ནི་རྒྱ་བའི་རང་བཞིན་དང་བདག་ནི་ཤེས་རིག་གི་སྐྱེས་བུའོ། །ཆེན་པོ་སོགས་ཉི་ཤུ་རྩ་གསུམ་ནི་རྣམ་འགྱུར་རོ། །དབང་པོ་བཅུ་གཅིག་གང་ཞེ་ན། ངག་སོགས་ལས་ཀྱི་དབང་པོ་ལྔ་དང་མིག་སོགས་བློའི་དབང་པོ་ལྔ་དང་ལས་དང་བློ་དབང་གཉིས་ཀའི་བདག་ཉིད་ཅན་ཡིད་ཀྱི་དབང་པོའོ། །འོན་གཙོ་བོ་དང་བདག་གི་ཁྱད་

པར་གང་ཞེ་ན། སྤྱོད་འཇུག་ལས། གཙོ་བོ་རྟག་པ་འགྲོ་བ་ཡི། །རྒྱུ་ཡིན་པར་ནི་གྲངས་ཅན་འདོད། །ཅེས་པ་དང་། ཆ་མཉམ་གཙོ་བོ་ཞེས་བྱ་སྟེ། །མི་མཉམ་འགྲོ་བ་ཡིན་པར་འདོད། །ཅེས་བཤད། ཆ་མཉམ་པ་ཞེས་བྱ་བ་ཡང་ང་རྒྱལ་གྱི་ཆ་ཤས་རྡུལ་མུན་པ་སྙིང་སྟོབས་གསུམ་གྱི་མིང་ཅན་དུག་གསུམ་ལ་འདོད་ཅེས་ཟེར་རོ། །

གཉིས་པ་དེ་དགག་པ་ལ། ཆོས་དབྱིངས་དགེ་ལས་སུ་མི་རུང་བ་དང་། བསྔོ་རྒྱུའི་དགེ་བར་མི་རུང་བ་གཉིས་ལས། དང་པོ་ལ། གཞན་ཕྱོགས་ལུང་དང་རིགས་པས་དགག །སེམས་བསྐྱེད་སྙིང་པོར་འདོད་པ་དགག །རང་གི་ལུང་དང་འགལ་བ་སྤང་། བྱམས་སོགས་གཤེགས་ཀྱི་དགེ་བ་དགག །རྡོ་རྗེ་རྒྱལ་མཚན་མདོ་དོན་བཤད་པ་དང་ལྔ་ལས། དང་པོ་ནི། གྲངས་ཅན་གྱི་ལུགས་བཞིན་དུ་ཡོད་པའི་དགེ་ལས་དེ་ལ་བདེ་གཤེགས་སྙིང་པོ་ཟེར་བ་འདི་ནི་ལུང་དང་རིགས་པས་དགག་པར་བྱ་སྟེ། འདི་ནི་ཡིད་ཆེས་པའི་ལུང་དང་དངོས་པོ་སྟོབས་ཞུགས་ཀྱི་རིགས་པས་མི་འཐད་པས་སོ། །དེ་ལ་ལུང་ནི། མདོ་རྒྱུད་བསྟན་བཅོས་དུ་མ་ལས་གསུངས་ཏེ། དེ་སྐད་དུ་ཡང་བསྟན་བཅོས་རྒྱུད་བླ་མ་ལས། སེམས་ཀྱི་རང་བཞིན་འོད་གསལ་བ། །ནམ་མཁའ་བཞིན་དུ་འགྱུར་མེད་གསུངས། །ཞེས་པ་དང་། དེ་བཞིན་གཤེགས་པའི་སྙིང་པོའི་མདོ་སོགས་ལས། དེ་བཞིན་གཤེགས་པའི་སྙིང་པོ་ནི་འགྱུར་མེད་ཡིན་ཞེས་བཤད་པའི་ཕྱིར་དང་། འཕགས་པ་ཀླུ་སྒྲུབ་ཀྱིས་ཀྱང་དབུ་མ་རྩ་ཤེས་ལས། དེ་བཞིན་གཤེགས་པའི་རང་བཞིན་གང་། །དེ་ནི་འགྲོ་བའི་རང་བཞིན་ཡིན། །དེ་བཞིན་གཤེགས་པའི་རང་བཞིན་མེད། །འགྲོ་བ་འདི་ཡི་རང་བཞིན་མེད། །ཅེས་གསུངས་པ་ཡང་ཆོས་དབྱིངས་འགྱུར་མེད་དེ་ ཉིད་ལ་དགོངས་པ་ཡིན་པའི་ཕྱིར་དང་། ཤེས་རབ་ཀྱི་ཕ་རོལ་ཏུ་ཕྱིན་པ་རྒྱས་འབྲིང་བསྡུས་གསུམ་ལས་ཀྱང་། ཆོས་ཀྱི་དབྱིངས་ནི་དུས་གསུམ་དང་། ཁམས་གསུམ་དང་ནི་དགེ་སྡིག་ལས། །རྣམ་པར་གྲོལ་བ་ཡིན་ཞེས་གསུངས་པའི་ཕྱིར། རྒྱུ་མཚན་དེས་ན་འགྲོ་བ་ཀུན་གྱི་ཆོས་ཀྱི་དབྱིངས་ལ་ནི་བསྔོ་རྒྱུའི་དགེ་བའི་རྩ་བ་མེད་ཅེས་རྒྱལ་བས་བཤད་དེ། གང་དུ་བཤད་ན། འབུམ་ལས། ཆོས་ཀྱི་དབྱིངས་ལ་ནི་ཡོངས་སུ་བསྔོ་བ་མེད་དོ། །ཞེས་གསུངས་སོ། །ཡང་དག་སྦྱོར་བའི་རྒྱུད་སཾ་བུ་ཊི་ལས་ཀྱང་། དེ་ཡི་སྡིག་དང་བསོད་ནམས་ཀྱི། །ཆ་གཉིས་རྣམ་པར་རྟོག་པ་སྟེ། །མཁས་པས་འདི་གཉིས་རྣམ་པར་སྤང་། །ཞེས་གསུངས་པའི་ཕྱིར་དང་། དེ་བཞིན་དུ་དཔལ་གསང་བ་འདུས་པ་དང་། ཀྱེ་རྡོ་རྗེ་དང་། རྡོ་རྗེ་གུར་ལ་སོགས་པའི་རྒྱུད་སྡེ་ཀུན་ལས་གསུངས་པའི་ཕྱིར་དང་། འཕགས་པ་ཀླུ་སྒྲུབ་ཉིད་ཀྱིས་ཀྱང་། །གཏམ་བྱ་རིན་ཆེན་ཕྲེང་བ་ལས། །སྡིག་དང་བསོད་ནམས་བྱ་བ་འདས། །ཟབ་མོ་བཀྲོལ་བའི་དོན་དང་ལྡན། །མུ་སྟེགས་གཞན་དང་རང་ཉིད་ཀྱིའང་། །གནས་མིན་སྐྲག་པས་མ་མྱངས་པ། །ཞེས་གསུངས་པ་དང་། གཞན་ཡང་གཏམ་བྱ་རིན་ཆེན་ཕྲེང་བ་དེ་ཉིད་ལས། ཤེས་པས་ཡོད་དང

མེད་ཞིའི་ཕྱིར། །སྡིག་དང་བསོད་ནམས་ལས་འདས་པ། །དེ་ཡིས་བདེ་འགྲོ་ངན་འགྲོ་ལས། །དེ་ནི་ཐར་པ་དམ་པར་བཞེད། །ཅེས་གསུངས་པའི་ཕྱིར་རོ། །ངག་དོན། ལུང་ཚན་པ་ལྔ་པོ་འདི་ཡང་འགྲོ་བ་ཀུན་གྱི་ཆོས་ཀྱི་དབྱིངས་དགེ་ལས་བསོད་ནམས་དང་སྡིག་པ་མེད་པའི་ལུང་ཡིན་ནོ། །དེའི་རྒྱུ་མཚན། ལུང་ཚན་པ་ལྔ་པོ་འདིས་ཆོས་དབྱིངས་འགྱུར་མེད་དང་ཆོས་དབྱིངས་ལ་བསྔོ་རྒྱུའི་དགེ་རྩ་མེད་པ་དང་ཆོས་དབྱིངས་ཟབ་མོ་སྟོང་ཉིད་དུ་གསུངས་པའི་ཕྱིར་སོ་སོར་ཕྲོལ་མཛོད།

ལུང་སྦྱོར་ནི་རྒྱུད་བླ་མ་ལས། སེམས་ཀྱི་རང་བཞིན་འོད་གསལ་གང་ཡིན་པ། །དེ་ནི་ནམ་མཁའ་བཞིན་དུ་འགྱུར་མེད་དེ། །ཡང་དག་མིན་རྟོག་ལས་བྱུང་འདོད་ཆགས་སོགས། །གློ་བུར་དྲི་མས་དེ་ཉོན་མོངས་མི་འགྱུར། །ཞེས་བཤད། དེ་བཞིན་གཤེགས་པའི་སྙིང་པོའི་མདོ་ལས། བཅོམ་ལྡན་འདས་དེ་བཞིན་གཤེགས་པའི་སྙིང་པོ་ནི་སྐྱེ་བའམ་འགག་པའམ་འཆི་བའམ་སྐྱེ་བ་མ་ལགས་སོ། །དེ་ཅིའི་སླད་དུ་ཞེ་ན། བཅོམ་ལྡན་འདས་དེ་བཞིན་གཤེགས་པའི་སྙིང་པོ་ནི་འདུས་བྱས་ཀྱི་མཚན་ཉིད་ཀྱི་ཡུལ་ལས་འདས་པ་སྟེ་རྟག་པ་བརྟན་པ་ཞི་བ་གཡུང་དྲུང་ངོ་ཞེས་པ་དང་། ལྷ་མོ་དཔལ་ཕྲེང་གི་མདོ་ལས། བཅོམ་ལྡན་འདས་དེ་བཞིན་གཤེགས་པའི་སྙིང་པོ་ལ་ནི་སྐྱེ་བའམ་འགྲུམ་པའམ་འཕོ་བའམ་འབྱུང་བ་ཡང་མ་མཆིས་སོ། །བཅོམ་ལྡན་འདས་དེ་བཞིན་གཤེགས་པའི་སྙིང་པོ་ནི་འདུས་བྱས་ཀྱི་མཚན་ཉིད་ཀྱི་ཡུལ་ལས་འདས་པ་ལགས་སོ། །བཅོམ་ལྡན་འདས་དེ་བཞིན་གཤེགས་པའི་སྙིང་པོ་ནི་རྟག་པ་དང་བརྟན་པ་དང་ཐེར་ཟུག་པ་ལགས་སོ། །ཞེས་གསུངས། རྩ་ཤེའི་ལུང་སྦྱོར་ནི། ཡུམ་ལས་དེ་བཞིན་གཤེགས་པའི་དེ་བཞིན་ཉིད་གང་ཡིན་པ་དེ་ནི་གནས་བརྟན་རབ་འབྱོར་གྱི་དེ་བཞིན་ཉིད་དོ། །གནས་བརྟན་རབ་འབྱོར་གྱི་དེ་བཞིན་ཉིད་གང་ཡིན་པ་དེ་ཡང་དེ་བཞིན་གཤེགས་པའི་དེ་བཞིན་ཉིད་དོ། །ཞེས་གསུངས། བརྒྱད་སྟོང་པ་ལས། འདི་ལྟར་ཆོས་རྣམས་ཀྱི་ཆོས་ཉིད་གང་ཡིན་པ་དེ་ནི་འདས་པ་ཡང་མ་ཡིན་མ་འོངས་པའང་མ་ཡིན་ད་ལྟར་བྱུང་བ་ཡང་མ་ཡིན་ནོ། །གང་འདས་པ་དང་མ་འོངས་པ་དང་ད་ལྟར་བྱུང་བ་མ་ཡིན་པ་དེ་ནི་དུས་གསུམ་ལས་རྣམ་པར་གྲོལ་བའོ། །གང་དུས་གསུམ་ལས་རྣམ་པར་གྲོལ་བ་དེ་ནི་ཡོངས་སུ་བསྔོ་བར་བྱ་མི་ནུས་ཤིང་དེ་ནི་དམིགས་པ་དང་རྟོག་པ་དང་རྣམ་པར་ཤེས་པར་བྱ་བ་མ་ཡིན་ནོ། །ཞེས་གསུངས། དེ་བཞིན་དུ་འབུམ་དང་ཉི་ཁྲི་ལས་ཀྱང་གསུངས་སོ། །སཾ་བུ་ཊི་ལས། སྟོང་དང་སྟོང་མིན་གཟུང་བ་ལས། །རྟོག་པ་ཉུང་མིན་སྐྱེ་བར་འགྱུར། །ཡོངས་སུ་སྤྲངས་པས་ཀུན་རྟོག་སྟེ། །དེ་ཕྱིར་གཉིས་པོ་འདི་དག་སྤྲངས། །ཞེས་པ་དང་། གསང་འདུས་རྩ་རྒྱུད་ལས། ཆོས་ཐམས་ཅད་ནམ་མཁའི་རྡོ་རྗེའི་དམ་ཚིག་ཏུ་མཚུངས་པའི་ཕྱིར་གཟུགས་ཀྱི་ཕུང་པོ་མ་ཡིན་ཞེས་པ་ནས། འདོད་ཆགས་ཞེ་སྡང་གཏི་མུག་མ་ཡིན་ཆོས་མ

ཡིན་ཆོས་མ་ཡིན་པ་ཡང་མ་ཡིན་ནོ། །ཞེས་པ་དང་། ཀྱཻ་རྡོ་རྗེ་ལས། བསྒོམ་མེད་སྒོམ་པ་པོ་ཡང་མེད། །ལྷ་མེད་སྔགས་ཀྱང་ཡོད་མ་ཡིན། །ཞེས་པ་དང་། རྡོ་རྗེ་གུར་ལས། སེམས་པ་མེད་ཅིང་བསྒོམ་པ་མེད། །སྔགས་མེད་ལྷ་ཡང་མེད་པ་སྟེ། །སེམས་ཀྱི་རྡོ་རྗེ་ལས་བྱུང་བ། །འདི་ནི་བྱང་ཆུབ་རིམ་བསྟན་པའོ། །ཞེས་པ་དང་། ཕྱག་ན་རྡོ་རྗེ་དབང་བསྐུར་བའི་རྒྱུད་ལས། རིགས་ཀྱི་བུ་ཆོས་ཉིད་གང་ཡིན་པ་དེ་ལ་ནི་གདགས་པའི་རྣམ་པར་རིག་པ་མེད་ཅིང་མི་དམིགས་ཏེ་ཞེས་པ་ནས། ཡོད་ཅེས་བྱ་བའམ་མེད་ཅེས་བྱ་བའམ་བསོད་ནམས་ཞེས་བྱ་བའམ་བསོད་ནམས་མ་ཡིན་པ་ཞེས་བྱ་བའམ་འཁོར་བ་ཞེས་བྱ་བའམ་མྱ་ངན་ལས་འདས་པ་ཞེས་བྱ་བའམ་འཆིང་བ་ཞེས་བྱ་བའམ་ཐར་པ་ཞེས་བྱ་བ་མེད་དོ། །ཞེས་གསུངས། རྒྱལ་པོ་ལ་གདམས་བྱ་བ་ལས། གནས་མེད་ཆོས་འདིས་སྒྲག་པ་ཡིས། །སྐྱེ་བོ་གནས་ལ་མངོན་དགའ་ཞིང་། །ཡོད་དང་མེད་ལས་མ་འདས་པ། །མི་མཁས་རྣམས་ནི་ཕུང་བར་འགྱུར། །འཇིགས་མིན་གནས་འཇིགས་དེ་དག་ནི། །ཕུང་ལ་གནས་ཡང་ཕུང་བར་བྱེད། །རྒྱལ་པོ་ཕུང་པ་དེ་དག་གིས། །ཅི་ནས་མི་ཕུང་དེ་ལྟར་གྱིས། །རྒྱལ་པོ་ཁྱོད་ནི་མི་ཕུང་བར། །བཀྲི་སླད་འཇིག་རྟེན་འདས་པའི་ཚུལ། །གཉིས་ལ་མི་བརྟེན་ཡང་དག་པ། །ཇི་བཞིན་ལུང་གི་དབང་གིས་བཤད། །ཅེས་པ་འབྱུང་ངོ་། །

གཉིས་པ་ནི། སྟོད་ལུང་རྒྱ་དམར་བ་ཁ་ཅིག་བདེ་གཤེགས་སྙིང་པོའི་སྒྲ་ནི་སྟོང་ཉིད་སྙིང་རྗེའི་སྙིང་པོ་ཅན་གྱི་སེམས་བསྐྱེད་པར་འདོད་པ་ནི་མི་འཐད་དེ། སྟོང་ཉིད་སྙིང་རྗེའི་སྙིང་པོ་ཅན་གྱི་སེམས་བསྐྱེད་འདི་ནི་བདེ་གཤེགས་སྙིང་པོའི་ཁམས་ཀྱི་དྲི་མ་སྦྱོང་བྱེད་ཡིན་གྱི་དེ་ཡི་ཁམས་དངོས་མིན་ཏེ། འདི་ནི་འདུས་བྱས་ཡིན་པའི་ཕྱིར། ལུང་ཡང་ཡོད་དེ། དེ་སྐད་དུ་ཡང་ཚད་མ་རྣམ་འགྲེལ་ལས། ཀུན་མཁྱེན་ཡེ་ཤེས་དེ་སྒྲུབ་བྱེད་ཐུགས་རྗེ་གོམས་པ་ལས་འབྱུང་ཞེས་གསུངས་པའི་ཕྱིར། བསླབ་པ་ཀུན་ལས་བཏུས་པ་ཉིད་ལས་ཀྱང་། སྟོང་ཉིད་སྙིང་རྗེའི་སྙིང་པོ་ཅན། །བསྐྱེད་པས་བསོད་ནམས་དག་པར་འགྱུར། །ཞེས་གསུངས་ལ། དེ་བཞིན་དུ་བློ་གྲོས་རྒྱ་མཚོས་ཞུས་པའི་མདོ་ལས། རིན་པོ་ཆེའི་དཔེས་དྲི་མ་འདག་པ་དང་འདྲ་བར་རྒྱས་པའི་རིགས་སྟོང་ཉིད་སྙིང་རྗེའི་སྙིང་པོ་ཅན་གྱིས་རང་བཞིན་དུ་གནས་པའི་རིགས་བདེ་གཤེགས་སྙིང་པོའི་ཁམས་ཀྱི་དྲི་མ་སྦྱོང་བར་གསུངས་པ་དང་། དེ་བཞིན་དུ། སྟོང་ཉིད་སྙིང་རྗེ་ཐ་དད་མེད། །གང་དུ་སེམས་ནི་རབ་བསྒོམ་པ། །དེ་ནི་སངས་རྒྱས་ཆོས་དང་ནི། །དགེ་འདུན་གྱི་ཡང་བསྟན་པ་ཡིན། །ཞེས་རྡོ་རྗེ་གུར་ལ་སོགས་པའི་རྒྱུད་སྡེ་རིགས་མཐུན་ཀུན་ལས་ཀྱང་དེ་སྐད་དུ་གསུངས་པའི་ཕྱིར་རོ། །

གསུམ་པ་ལ། ལུང་དགོངས་པ་ཅན་དུ་བཤད། དགེ་ལས་སུ་བྱས་ན་ཧ་ཅང་ཐལ་བ་དང་གཉིས་ལས།

དང་པོ་ནི། གང་ལ་འཁྲུལ་ན། འདི་ཡང་ཆོས་ཀྱི་དབྱིངས། །དགེ་སྡིག་མེད་པའི་ལུང་ཡིན་ནོ། །ཞེས་བྱ་བ་མི་འཐད་དེ། དེ་ལྟ་ན། དབུས་མཐའ་ལས། དགེ་གཉིས་ཐོབ་པར་བྱ་བའི་ཕྱིར། །ཞེས་པའི་འགྲེལ་པར། དགེ་བ་གཉིས་ནི་འདུས་བྱས་དང་འདུས་མ་བྱས་སོ། །ཞེས་བཤད། མངོན་པ་གོང་མར་ཡང་། དེ་བཞིན་ཉིད་དགེ་བར་བཤད་པ་དང་འགལ་ལོ་ཞེ་ན། དེ་ནི་མི་འགལ་ཏེ། ཐོབ་བྱའི་འདུས་མ་བྱས་ཀྱི་དགེ་བ་ངོ་བོ་ཉིད་སྐྱུ་ལྟ་བུ་དགེ་བ་ཡིན་ཀྱང་ལས་ལ་རྣམ་པ་གསུམ་དུ་ཕྱེ་བའི་དགེ་ལས་མ་ཡིན་པའི་ཕྱིར་དང་། རྡོ་རྗེ་རྒྱལ་མཚན་བསྔོ་བའི་ལེའུ་ལས་གསུངས་པའི་བསྔོ་རྒྱུའི་དགེ་རྩ་མ་ཡིན་པའི་ཕྱིར་རོ། །ཆོས་མངོན་པའི་གཞུང་ཀུན་ལས་བཏུས་ལས། ཉན་ཐོས་རྣམས་ཀྱི་ལུགས་ལ་ངོ་བོ་ཉིད་ཀྱི་དགེ་བ་ཞེས་བཤད་པ་ནི་དད་པ་ལ་སོགས་པ་བཅུ་གཅིག་པོ་ན་ཡིན་ཞེས་གསུངས་ཏེ། ངོ་བོ་ཉིད་ཀྱི་དགེ་བ་གང་ཞེ་ན། དད་པ་ལ་སོགས་པ་སེམས་ལས་བྱུང་བའི་ཆོས་བཅུ་གཅིག་གོ། །ཞེས་བཤད། དེ་ཡང་དེ་ཉིད་ལས། དད་པ་དང་ངོ་ཚ་ཤེས་པ་དང་ཁྲེལ་ཡོད་པ་དང་མ་ཆགས་པ་དང་ཞེ་སྡང་མེད་པ་དང་གཏི་མུག་མེད་པ་དང་བརྩོན་འགྲུས་དང་ཤིན་ཏུ་སྦྱངས་པ་དང་བག་ཡོད་པ་དང་བཏང་སྙོམས་དང་རྣམ་པར་མི་འཚེ་བ་དང་ཞེས་བཤད། ཉན་ཐོས་ཡོད་སྨྲ་བས། ཡོད་པ་ཐམས་ཅད་རྫས་སུ་ཡོད་པར་འདོད་པས་འདིའི་ལུང་གིས། དབུ་མ་པས་ཆོས་དབྱིངས་དགེ་ལས་མ་ཡིན་པར་བསྟན་པའི་ལུང་ལ་མི་གནོད་དེ། འགྲེལ་པ་དོན་གསལ་ལས། ཐེག་པ་གཞན་ལ་བརྟེན་ནས་ནི་གང་དུ་ཡང་སྲུན་འབྱིན་པ་བརྗོད་པར་མི་བྱའོ། །ཞེས་བཤད། འོན་ཅིའི་ཕྱིར་ངོ་བོ་ཉིད་ཀྱི་དགེ་བ་ཞེས་བྱ་བ་དད་པ་ལ་སོགས་བཅུ་གཅིག་མཚུངས་ལྡན་ལ་མི་ལྟོས་པར་སྐྱེས་ཙམ་ཉིད་ནས་ཤེས་པའི་ངོ་བོ་ཉིད་དུ་གྲུབ་པས་དེ་སྐད་ཅེས་བྱའོ། །རྣམ་པར་གཏན་ལ་དབབ་པ་བསྡུ་བ་ལས། དད་པ་ནས་རྣམ་པར་མི་འཚེ་བའི་བར་དེ་དག་ནི་དགེ་བའི་ཆོས་རྣམས་ཀྱི་ངོ་བོ་ཉིད་དོ་ཞེས་བཤད། མངོན་པ་ཀུན་བཏུས་ལས། དོན་དམ་པའི་དགེ་བ་གང་ཞེ་ན་དེ་བཞིན་ཉིད་དོ་ཞེས་པ་དང་། དོན་དམ་སྡིག་པ་འཁོར་བ་ཀུན་དང་ནམ་མཁའ་སོ་སོར་བརྟགས་མིན་གཉིས་དོན་དམ་ལུང་མ་བསྟན་ཅེས་བཤད་དེ། དེ་ཉིད་ལས། དོན་དམ་པའི་མི་དགེ་བ་གང་ཞེ་ན་འཁོར་བ་ཐམས་ཅད་དོ་ཞེས་པ་དང་། དོན་དམ་པའི་ལུང་དུ་མ་བསྟན་པ་གང་ཞེ་ན་ནམ་མཁའ་དང་སོ་སོར་བརྟགས་པ་མ་ཡིན་པའི་འགོག་པའོ་ཞེས་བཤད་པའི་ཕྱིར་རོ། །དེ་ལྟ་ན་ལུང་དེ་རྣམས་སྒྲ་ཇི་བཞིན་པར་མ་ངེས་ཏེ། དེ་བཞིན་ཉིད་ལ་དོན་དམ་པར་དགེ་བ་ཞེས་བཤད་པའི་དགོངས་པ་དཔེ་དོན་འདི་ལྟར་དགེ་བའི་ལས་བཏགས་པ་བ་ཡིན་ཞེས་གསུངས་པའི་ཕྱིར། དེ་ཉིད་འཆད་པ་ནི། ཆོས་ཀྱི་དབྱིངས་ལ་ཡང་སྡིག་པ་མེད་པ་ཙམ་ཞིག་ལས་ལྷག་པའི་དགེ་བའི་ལས་མེད་མོད་ཀྱི་འོན་ཀྱང་ལས་དགེ་མི་དགེའི་རྣམ་དབྱེ་སྟོན་པའི་སྐབས་འདིར་དགེ་བའི་ལས་ཡིན་ཞེས་བཏགས་པར་ཟད་དེ། དཔེར་ན་ནད་དང་བྲལ

བ་ལ་ནི་ལུས་བདེ་ཞིང་སྨྱུ་ངན་མེད་པ་ལ་སེམས་བདེ་ཞེས་ནི་འཇིག་རྟེན་ན་ཟེར་ནའང་ལུས་སེམས་འདི་དག་ཚོར་བ་སྡུག་བསྔལ་དྲག་པོ་མེད་པ་ལས་གཞན་པའི་གཏན་གྱི་བདེ་བ་མེད་མོད་ཀྱི་འོན་ཀྱང་ཚོར་བ་སྡུག་བསྔལ་རེ་ཤིག་མེད་པ་ཙམ་ལ་ལུས་སེམས་བདེ་བ་ཡིན་ཞེས་འཇིག་རྟེན་ཀུན་ལ་གྲགས་པ་དཔེ་དེ་བཞིན་ཡིན་པའི་ཕྱིར། ཆོས་ཀྱི་དབྱིངས་ལ་ཡང་དགེ་བ་ཡིན་ཞེས་གསུངས་པར་གྱུར་ཀྱང་རྣམ་སྨིན་གྱི་འབྲས་བུ་བདེ་བ་བསྐྱེད་པ་མི་དགེ་བའི་ལས་དངོས་ནི་མ་ཡིན་ནོ། །དེའི་རྒྱུ་མཚན་གཞན་ཡང་། མདོན་པའི་གཞུང་རྣམས་ལས། ཟས་ཀྱིས་འགྲངས་པ་ལ་སོགས་པ་རེ་ཞིག་ཟས་ལ་འདོད་ཆགས་དང་བྲལ་ཞེས་བཏགས་པར་གསུངས་མོད་ཀྱི་འོན་ཀྱང་གཏན་ནས་འདོད་ཆགས་དང་བྲལ་བའི་འདོད་ཆགས་བྲལ་བ་དངོས་མ་ཡིན་ནོ་ཞེས་པའི་དཔེ་དེ་བཞིན་ཡིན་པའི་ཕྱིར། དེས་ན་ཆོས་མངོན་པ་ལས། དེ་བཞིན་ཉིད་ལ་དགེ་ལས་སུ་གསུངས་པའི་རྒྱུ་མཚན་དགོས་པ་དངོས་ལ་གནོད་བྱེད་གསུམ་ཚང་བ་ཡིན་ཏེ། ཆག་ལོའི་དྲིས་ལན་ལས། དོན་དམ་དགེ་བ་དགོངས་པའི་གཞི། །སྡིག་བྲལ་ཙམ་ཡིན་དགོས་པ་ནི། །ཞུམ་པ་གཟེངས་སྟོད་དེ་དག་གི །འཐད་པ་རྒྱུད་བླར་གསུངས་པ་བཞིན། །ཞེས་སོ། །

གཉིས་པ་ནི། དངོས་ལ་གནོད་བྱེད་ཅི་ཡོད་ཅེ་ན། ཅི་ནས་ཆོས་ཅན་དང་ཆོས་ཉིད་ཟུང་འཇུག་ཡིན་པས་ཆོས་དབྱིངས་རྣམ་སྨིན་གྱི་འབྲས་བུ་བདེ་བ་བསྐྱེད་པའི་དགེ་བ་ཉིད་ཡིན་ཟེར་ན། འོ་ན་ཏ་ཅང་ཐལ་བ་དུ་མ་འཇུག་པར་འགྱུར་ཏེ། དེ་ལྟ་ན་སྡིག་པ་དང་ལུང་མ་བསྟན་ཡང་དགེ་བར་འགྱུར། ཆོས་ཀྱི་དབྱིངས་ལས་མ་གཏོགས་པ་སྟེ་རག་མ་ལས་པའི་ཆོས་གཞན་སྡིག་པ་དང་ལུང་མ་བསྟན་ཡང་མེད་པའི་ཕྱིར། ཁྱབ་པ་སོང་། རྟགས་དབུས་མཐའ་ལས། ཆོས་ཀྱི་དབྱིངས་ལས་མ་གཏོགས་པའི། །འདི་ལྟར་ཆོས་ཡོད་མ་ཡིན་ཏེ། །ཞེས་བཤད། འདོད་པ་དེ་ལྟ་ཡིན་ན། སེམས་ཅན་ཀུན་ངན་འགྲོར་འགྲོ་བ་མི་སྲིད་དོ། །བཞི་པ་ནི། བཀའ་གདམས་པ་ལ་ལ་གཤིས་ལ་དགེ་སྡིག་ཡོད་ཟེར་བ་ལྟར་བྱམས་པ་དང་སྙིང་རྗེ་སོགས་གཤིས་ཀྱི་དགེ་བ་ཡིན་ཞེས་ཟེར་བ་འདི་ཡང་དེ་ལྟར་ངེས་པ་མེད་དེ། ཐབས་ལ་མི་མཁས་པ་ཡི་བྱམས་སྙིང་རྗེ་སོགས་ངན་སོང་གི་རྒྱུ་རུ་ཐུབ་པས་གསུངས་པའི་ཕྱིར། དེ་ཡང་མདོ་སྡེ་འཛངས་བླུན་ལས། ཞལ་ལྟ་བ་ལ་ལི་ཏ་ཞེས་པའི་དགེ་སློང་གིས་དགེ་འདུན་དབྱར་གནས་པའི་མཐུན་རྐྱེན་གྱི་རིན་པོ་ཆེ་མང་པོ་སྦྱིན་བདག་གིས་ཕུལ་བ་རྣམས་རང་གི་ཉེ་དུ་དང་ཡིད་མཐུན་པ་རྣམས་ལ་ཕན་འདོགས་པའི་བློས་བྱིན་པས་ཞལ་ལྟ་བ་ནི་ལྡོན་ཤིང་ལྟ་བུའི་སེམས་ཅན་དམྱལ་བར་གྱུར་ཏེ། གཞན་རྣམས་ཤིང་གི་སྲིན་བུར་གྱུར་ནས་ཟ་ཞིང་ཐམས་ཅད་དམྱལ་བའི་མེས་བསྲེགས་པར་གྱུར་པ་དང་། དད་པས་ཕུལ་བའི་རྫས་ཁྲིམ་པ་ལ་བྱིན་ན་གཉིས་ཀ་ལ་ཉེས་པར་གསུངས། འོན་ཀྱང་ཐབས་ལ་མཁས

པའི་བྱམས་སྙིང་རྗེ་ལ་དགོངས་ནས་རྣམ་སྨིན་གྱི་འབྲས་བུ་བདེ་བ་བསྐྱེད་པའི་དགེ་བར་ཐུབ་པས་གསུངས་པ་ཡིན་ཏེ། ཆོས་ཡང་དག་པར་སྡུད་པའི་མདོ་ལས། ཆོས་གཅིག་ལག་མཐིལ་དུ་མཆིས་ན་སངས་རྒྱས་ཀྱི་ཆོས་ཐམས་ཅད་ལག་མཐིལ་དུ་མཆིས་པར་འགྱུར་རོ། །གཅིག་གང་ཞེ་ན་འདི་ལྟ་སྟེ་སྙིང་རྗེ་ཆེན་པོའོ་ཞེས་གསུངས་པའི་ཕྱིར་རོ། །མདོ་སྡེ་རྒྱན་ལས་ཀྱང་། སེམས་ཅན་རྣམས་ལ་བརྩེ་བ་ཅན། །ཕྲད་དང་བྲལ་བའི་དགོངས་པ་ཅན། །མི་འབྲལ་བདེ་བའི་དགོངས་པ་ཅན། །ཕན་བདེ་དགོངས་ཁྱོད་ཅེས་བཤད་དོ། །

ལྔ་པ་ལ། བསྟན་བཤད་གཉིས་ལས་དང་པོ་ནི། དགེ་ལས་བྱེད་པའི་འགྲོ་བ་ཐམས་ཅད་ཀྱིས་བྱས་པའི་དགེ་བ་ལ་དགོངས་ནས། རྡོ་རྗེ་རྒྱལ་མཚན་བསྔོ་བའི་ལེའུ་ལས། འགྲོ་ཀུན་དགེ་བ་ཇི་སྙེད་ཡོད་པ་དང་། །བྱས་ཞེས་བྱ་བའི་ཚིག་གིས་གསུངས་པ་ཡིན་ཏེ། འགྲོ་ཀུན་དགེ་བ་ཇི་སྙེད་ཡོད་ཅེས་པའི་ཡོད་དགེ་དེ་ཆོས་དབྱིངས་མ་ཡིན་པ་དེས་ནའོ། །

གཉིས་པ་ལ། དགག་བཞག་གཉིས་ལས། དང་པོ་ནི། འགྲོ་ཀུན་དགེ་བ་ཇི་སྙེད་ཡོད་པ་དང་། །ཞེས་བྱ་བའི་ཚིག་གི་དོན་གལ་ཏེ་ཆོས་ཀྱི་དབྱིངས་ཡིན་ན་འགྲོ་ཀུན་དགེ་བ་ཇི་སྙེད་ཅེས་པའི་སྒྲ་མི་འཐད་པར་ཐལ། འགྲོ་ཀུན་དགེ་བ་ཡོད་ཅེས་བྱ་བའི་སྒྲ་ཡང་འགལ་བར་ཐལ། དེའི་རྒྱུ་མཚན་འདི་ལྟར་ཡིན་ཏེ། འགྲོ་ཀུན་དགེ་བ་ཇི་སྙེད་ཅེས་བྱ་བ་དགེ་ལས་མང་པོའི་སྒྲ་སྦྱོར་བ་ཡིན་ལ་ཆོས་ཀྱི་དབྱིངས་ལ་དགེ་ལས་མང་ཉུང་གི་སྤྲོས་པ་མེད་པའི་ཕྱིར་ཏེ། ཆོས་ཀྱི་དབྱིངས་དེ་ནི་སྤྲོས་བྲལ་སྟོང་ཉིད་ཡིན་པའིཕྱིར་རོ། །ཆོས་དབྱིངས་དེ་ནི་བསྔོ་རྒྱུའི་དགེ་ལས་སུ་ཡོད་པའམ་མ་ཡིན་ཏེ། ཡོད་ཙམ་དངོས་པོ་ལ་མི་རྟག་པས་ཁྱབ་པ་དཔལ་ལྡན་ཆོས་ཀྱི་གྲགས་པས་ཚད་མ་རྣམ་འགྲེལ་ངེས་ལས་ལེགས་པར་གསུངས་པའི་ཕྱིར། དེ་ཡང་འདི་ལྟར་ཡིན་ཏེ། རྣམ་འགྲེལ་ལས། འཇིག་ལ་འབྲས་དང་ཡོད་ཉིད་བཞིན། །ཞེས་བཤད། དེ་ལ་འབྲས་བུ་ནི་བྱས་པ་དང་། ཡོད་ཉིད་ནི་དངོས་པོ་ལ་གོ་དགོས། རིགས་གཏེར་ལས། གང་ཡོད་དེ་འཇིག་བུམ་པ་བཞིན། །སྒྲ་ཡང་ཡོད་ཅེས་རང་བཞིན་རྟག །ཞེས་གསུངས། དེ་ལ་ཡོད་པ་ནི་སྒྲ་ཇི་བཞིན་པ་མ་ཡིན། དོན་ལ་ཡོད་པ་ལ་རིགས་གཏེར་རང་འགྲེལ་ལས་གསུངས། དེ་ཡང་གལ་ཏེ་སེལ་བ་དོན་ལ་ཡོད་ན་དོན་ལ་ཡོད་པའི་མཚན་ཉིད་དོན་བྱེད་ནུས་པ་ཡིན་པས་དངོས་པོར་འགྱུར་རོ་ཞེས་པ་དང་། ཚད་མ་རྣམ་ངེས་ལས་ཀྱང་། ཡོད་པའི་མཚན་ཉིད་དོན་བྱེད་ནུས་པ་ཞེས་བཤད་པའང་དོན་ལ་ཡོད་པའི་མཚན་ཉིད་ཅེས་དགོངས་སོ། །དེས་ན་ནམ་མཁའ་ལ་སོགས་པ་ཡོད་ཀྱང་དོན་ལ་མེད་པས་ཡོད་པ་ལ་འཇིག་པས་ཁྱབ་ཅེས་སྒྲ་ཇི་བཞིན་པ་ཁས་མི་ལེན་ནོ། །འདི་ལ་དགོངས་ནས། ཡོད་ཙམ་ཞེས་བྱ་བ་དང་ཡོད་ཉིད་ཅེས་བྱ་བ་སྨྲས་སོ། །འོ་ན་རིགས་གཏེར་ལས། ནམ་མཁའ་མེད་ན་འཇིག་རྟེན་

དང་། །བསྟན་བཅོས་གཉིས་དང་འགལ་ཅེ་ན། །རང་མཚན་མེད་ཕྱིར་མངོན་སུམ་མིན། །འབྲེལ་བ་མེད་ཕྱིར་རྗེས་དཔག་མེད། །ངེས་ན་ནམ་མཁའ་ཡོད་དོ་ཞེས། །སྒྲུབ་པར་བྱེད་ལ་ཚད་མ་མེད། །ཅེས་གསུངས་པ་དང་འགལ་ལོ་ཞེ་ན། དེའི་དོན་ནི་ནམ་མཁའ་ངོ་བོས་གྲུབ་པ་མེད་ཅེས་གསུངས་པས་སྒྲ་ཇི་བཞིན་པ་ལ་འགྲུལ་པར་མི་བྱའོ། །དེའང་རང་འགྲེལ་ལས། རྫས་ལ་སོགས་པའི་ཐོགས་བཅས་ཀྱི་གོ་ཕྱེ་བ་ཙམ་ལ་ནམ་མཁའོ་སྙམ་པར་ཟད་ཀྱི་ནམ་མཁའ་གཟུགས་ལ་སོགས་པ་གང་དུའང་གྲུབ་པ་མེད་དོ། །གྲུབ་ན་སྔར་གྱི་སྐྱོན་ལས་མི་འདའོ། །ངེས་ན་ནམ་མཁའ་གཞན་སེལ་གྱིས་བཟུང་བ་ཙམ་མ་གཏོགས་པ་ངོ་བོས་གྲུབ་པ་གང་ཡང་མེད་དོ། །དེ་ཉིད་རྣམ་འགྲེལ་ལས། དངོས་མེད་ངོ་བོ་མེད་པའི་ཕྱིར། །ངོ་བོ་བརྗོད་པ་དཔྱད་བྱ་ཉིད། །ཅེས་བཤད། རིགས་གཏེར་རྒྱ་བ་ལས་ཀྱང་། དངོས་མེད་ངོ་བོ་ཡོད་མིན་པས། །ངོ་བོ་མེད་པས་ཤེས་བྱ་མིན། །དེས་ན་དངོས་པོ་བསལ་བ་ལ། །དངོས་མེད་ཅེས་ནི་བཏགས་པར་ཟད། །ཅེས་གསུངས། དེའི་རང་འགྲེལ་དུ། དངོས་མེད་ལ་རང་གི་ངོ་བོ་གྲུབ་པ་མེད་པས་སྣང་བའི་སྒོ་ནས་ཤེས་བྱར་མི་འགྱུར་རོ་ཞེས་སོ། །ཁ་ཅིག་རིགས་གཏེར་པའི་ལུགས་ལ་ནམ་མཁའ་མེད་དེ། ངེས་ན་ནམ་མཁའ་ཡོད་དོ་ཞེས། །སྒྲུབ་པར་བྱེད་ལ་ཚད་མ་མེད། །ཅེས་གསུངས་ཟེར་ན། འོན་མདོའི་ལུགས་ལ་ཡང་ནམ་མཁའ་མེད་པར་ཐལ། ནམ་མཁའ་ནམ་མཁའ་ཞེས་བྱ་བ་ནི་ནམ་མཁའ་མེད་པས་ནམ་མཁའ་ཞེས་ཚིག་གི་ཚོགས་ཀྱིས་བཏགས་པའོ་ཞེས་སྡོམ་པ་གསུམ་བསྟན་པའི་མདོ་ལས་གསུངས་པའི་ཕྱིར། འདོད་མི་ནུས་ཏེ། མདོ་སྡུད་འདས་ལས། ནམ་མཁའ་ནི་སེམས་ཅན་ཐམས་ཅད་ལ་ཡོད་དེ་ཞེས་པ་དང་ནམ་མཁའ་ནི་རྟག་པའི་ཆོས་ཡིན་ཏེ་ཞེས་གསུངས་པའི་ཕྱིར། དེ་ལྟར་ན་ནམ་མཁའ་ངོ་བོའམ་སྣང་བའི་སྒོ་ནས་མེད་ཀྱང་ཆོས་སམ་གཟུགས་ཅན་གོ་འབྱེད་པའི་སྒོ་ནས་ཡོད་ཅེས་བྱའོ། །དེས་ན་ངོ་བོའི་སྒོ་ནས་ཡོད་པ་དང་དོན་ལ་ཡོད་པ་སོགས་ནི་ཐ་སྙད་པའི་ཚད་མ་འཆད་པའི་སྐབས་འདིར་དངོས་པོ་ཡིན་ལ་ལྡོག་པ་དང་གཞན་སེལ་དང་སྤྱི་མཚན་དང་ཀུན་བཏགས་ལ་སོགས་པ་ནི་ངོ་བོའི་སྒོ་ནས་ཀྱང་མེད་ལ་དོན་ལ་ཡང་མེད་པས་ཐ་སྙད་པའི་ཚད་མ་འཆད་པའི་སྐབས་འདིར་དོན་དམ་མ་ཡིན་ཞིང་ཀུན་རྫོབ་དང་དངོས་མེད་ཅེས་བྱའོ། །དེ་ཡང་རྣམ་འགྲེལ་ལས། དེ་ལ་བསམ་པའི་དབང་གིས་ན། །སྤྱི་ཡོད་པར་ནི་རབ་ཏུ་བསྒྲགས། །དེ་ཡིས་ཇི་ལྟར་ཀུན་བརྟགས་པ། །དེ་ནི་དམ་པའི་དོན་དུ་མེད། །ཅེས་པ་དང་། ངོ་བོ་དེ་ཉིད་དེ་ལ་དོན། །ལྡོག་མ་ལྡོག་པའི་མཚན་ཉིད་ཅན། །ཞེས་པ་དང་། དོན་དམ་དོན་བྱེད་ནུས་པ་གང་། །དེ་འདིར་དོན་དམ་ཡོད་པ་ཡིན། །གཞན་ནི་ཀུན་རྫོབ་ཡོད་པ་སྟེ། །དེ་དག་རང་སྤྱིའི་མཚན་ཉིད་བཤད། །ཅེས་པ་དང་། ཚད་མ་རྣམ་ངེས་ལས་ཀྱང་། འདིར་ནི་ཀུན་ཏུ་ཐ་སྙད་པའི་ཚད་མའི་རང་བཞིན་ཞེས་བཤད་པས་སོ། །གལ་ཏེ་ཡོད་ན་དངོས་པོ

ཡིན་པས་ཁྱབ་སྟེ། རྟག་མི་རྟག་གཉིས་ཀ་དངོས་པོར་གསུངས་པས་སོ། །རིགས་གཏེར་རང་འགྲེལ་ལས། དེས་ན་རྟག་མི་རྟག་དང་གཅིག་དང་ཐ་དད་ལ་སོགས་པ་ཐམས་ཅད་དངོས་པོ་ལ་འཇུག་གི་དངོས་མེད་ལ་མི་འཇུག་པའང་། ཡོད་ལ་རྣམ་རྟོག་འདིར་འགྱུར་ཏེ། །སྒྲུབ་པ་དངོས་དང་འབྲེལ་ཕྱིར་རོ། །ཞེས་གསུངས་ཞེས་སོ། །དེ་ལས་སྒྲ་ཇི་བཞིན་པ་མ་ཡིན་ལ་རྟག་རྫས་ཡིན་ན་དངོས་པོ་ཡིན་ཞེས་བྱ་སྟེ། རིགས་གཏེར་ལས། འདུས་མ་བྱས་རྣམས་མ་གྲུབ་ན། །རྟག་པར་བཤད་པ་འགལ་ཅེ་ན། །གལ་ཏེ་འདུས་མ་བྱས་རྣམས་ངོ་བོས་མ་གྲུབ་ན་ཤེས་བྱ་ལ་འདུས་བྱས་མ་བྱས་དང་རྟག་མི་རྟག་དངོས་འགལ་ཡིན་པས། འདུས་མ་བྱས་རྟག་དགོས་ལ། ཆོས་ཀྱི་གྲགས་པས་ཀྱང་རྟག་པའི་དཔེ་ནམ་མཁའ་ལ་མཛད་པ་མ་ཡིན་ནམ་ཞེ་ན། མུ་སྟེགས་བྱེད་དང་ཉན་ཐོས་ཀྱི། །རྟག་སྨྲ་གཉིས་པོ་རྟག་པར་འདོད། །ཆོས་ཀྱི་གྲགས་པ་མི་རྟག་པ། །ལོག་ལ་རྟག་པའི་ཐ་སྙད་འདོགས། །བྱེ་བྲག་པ་ལ་སོགས་པའི་མུ་སྟེགས་འགའ་དང་བྱེ་བྲག་ཏུ་སྨྲ་བ་ལ་སོགས་པ་ཉན་ཐོས་འགའ་ཞིག་ཆོས་ཐམས་ཅད་རྫས་སུ་གྲུབ་པའི་ཕྱིར་ནམ་མཁའ་རྟག་པའི་རྫས་སུ་འདོད་དོ། །ཞེས་གསུངས། གལ་ཏེ་དངོས་པོ་དོན་ལ་ཡོད་པ་མི་འཐད་དེ། འཇིག་པ་དོན་ལ་མེད་པར་གསུངས་པའི་ཕྱིར། དེ་ཡང་རང་འགྲེལ་ལས། དེས་ན་འཇིག་པ་ཞེས་བྱ་བའམ་མེད་པ་ཞེས་བྱ་བའི་ཆོས་མིང་ཙམ་མ་གཏོགས་པ། དོན་ལ་གྲུབ་པ་མེད་ཅེས་གསུངས། འདིའི་འཇིག་པ་ཞེས་བྱ་བ་ནི་འཇིག་རྒྱུ་དོན་གཞན་ལ་ལྟོས་པ་མེད་ཅེས་བྱ་སྟེ། གོང་དུ་རྟག་སྨྲ་གཉིས་པོ་བུམ་པ་རང་གྲུབ་ཙམ་ནས་མི་འཇིག་པར་འཇིག་རྒྱུ་དོན་གཞན་ལ་ལྟོས་པར་འདོད་པ་དགག་པའི་སྐབས་ཡིན་པས་སོ། །དེས་ན། གང་ཡོད་དེ་འཇིག་བུམ་པ་བཞིན། །ཞེས་བྱ་བའི་རང་བཞིན་དག་པ་བའི་རྟགས་ཀྱི་ཁྱབ་པ་ཡང་སྒྲ་མི་རྟག་སྒྲུབ་ལ་དངོས་པོ་རྟགས་སུ་བཀོད་པ་ལྟ་བུའོ། །རིགས་པའི་གཏེར་ལས། རྫས་དང་ལྡོག་པ་སྤྱི་བྱེ་བྲག །སྒྲུབ་དང་གཞན་སེལ་རྟག་མི་རྟག །གཞན་དག་རྣམ་གཞག་གཞན་དུ་འཆད། །ཁོ་བོ་གཞུང་བཞིན་འཆད་པར་འདོད། །ཅེས་པ་དང་། དེ་ལ་རང་མཚན་དངོས་པོ་སྟེ། །སྤྱི་ནི་དངོས་པོར་གྲུབ་པ་མེད། །ཅེས་གསུངས། འདིའི་རང་འགྲེལ་དུ། རང་གི་མཚན་ཉིད་དང་གསལ་བ་དང་དངོས་པོ་དང་རྫས་དང་ལྡོག་པ་དང་དོན་དམ་པ་ཞེས་བྱ་བ་ལ་སོགས་པ་ནི་དོན་བྱེད་ནུས་པ་རྫས་ཕན་ཚུན་མ་འདྲེས་པ་རྒྱུ་དང་འབྲས་བུར་གྲུབ་པ་སྐྱེས་བུ་ཐམས་ཅད་ཀྱི་བླང་དོར་བྱ་བའི་འཇུག་ལྡོག་གི་འཇུག་ཡུལ་ཡིན་པས་དངོས་པོའི་དོན་དུ་དོན་གཅིག་པ་ཡིན་ཏེ། རྣམ་འགྲེལ་ལས། སྣང་བའང་གཞན་ལ་མི་བརྟེན་པས། །ཐ་དད་བྱེད་ཡིན་དེ་ཉིད་དོན། །དེ་ནི་གཞན་ལས་ལོག་པ་ཡིན། །དེ་ནི་རྒྱུ་དང་འབྲས་བུར་བཤད། །དེ་ནི་རང་གི་མཚན་ཉིད་འདོད། །དེ་ནི་བླང་དོར་འབྲས་ཅན་པས། །སྐྱེས་བུ་ཐམས་ཅད་འཇུག་པ་ཡིན། །ཅེས་བཤད་པ་ལྟར་རོ་ཞེས་གསུངས།

ད་ནི་འདི་དཔྱད་པར་བྱ་སྟེ། ཁ་ཅིག་སྤྱི་ལ་སྤྱི་མཚན་གྱིས་ཁྱབ་ཀྱང་སྤྱི་མཚན་ལ་སྤྱིས་མ་ཁྱབ་སྟེ། ཤེས་བྱའི་ལྡོག་པ་བཞིན། འདོད་ན་ཤེས་བྱའི་ལྡོག་པ་ཆོས་ཅན། ཁྱོད་ཀྱི་བྱེ་བྲག་གྲུབ་པར་ཐལ། སྤྱི་ཡིན་པའི་ཕྱིར་ཟེར་རོ། །འོན་གཙོ་བོའི་དོན་སྤྱི་ཆོས་ཅན། ཁྱོད་ཀྱི་གསལ་བ་གྲུབ་པར་ཐལ། སྤྱི་མཚན་ཡིན་པའི་ཕྱིར། ཤེས་བྱ་ཆོས་ཅན། བྱེ་བྲག་ཡིན་པར་ཐལ། ཁྱོད་ཀྱི་སྤྱི་གྲུབ་པའི་ཕྱིར་ཏེ། ཁྱོད་ཀྱི་དོན་སྤྱི་གྲུབ་པའི་ཕྱིར། ཁྱབ་པ་ཡོད་དེ། རིགས་གཏེར་ལས། དོན་སྤྱིར་སྤྱི་འདུས་པའི་སྐབ་བྱེད་དུ་ཆུར་རྒྱ་མཚོ་འདུས་པ་བཞིན་གསུངས། ཁ་ཅིག་སྤྱི་མཚན་ལ་སྤྱིས་ཁྱབ་ཀྱང་སྤྱི་ལ་སྤྱི་མཚན་གྱིས་མ་ཁྱབ་དེ། བུམ་པ་བཞིན། རྟགས་མ་གྲུབ་ན། བུམ་པ་ཆོས་ཅན། སྤྱི་ཡིན་པར་ཐལ། ཁྱོད་ཀྱི་བྱེ་བྲག་གྲུབ་པའི་ཕྱིར་ཟེར་རོ། །འོན་དེ་ཆོས་ཅན། དངོས་མེད་ཡིན་པར་ཐལ། སྤྱི་ཡིན་པའི་ཕྱིར། ཁྱབ་པ་ཡོད་དེ། སྤྱི་ནི་དངོས་མེད་ངོ་བོ་ཡིན། །ཞེས་བཤད། ཁ་ཅིག་སྤྱི་དང་སྤྱི་མཚན་ལ་མུ་བཞི་ཡོད་དེ། སྤྱི་ཡིན་ལ་སྤྱི་མཚན་མ་ཡིན་པ་ནི་བུམ་པ་ལྟ་བུ། སྤྱི་མཚན་ཡིན་ལ་སྤྱི་མ་ཡིན་པ་ནི་ཤེས་བྱའི་ལྡོག་པ་ལྟ་བུ། གཉིས་ཀ་ཡིན་པ་ནི་བུམ་འཛིན་རྟོག་པ་ལ་བུམ་པར་སྣང་བའམ་ཤེས་བྱ་ལྟ་བུ། གཉིས་ཀ་མ་ཡིན་པ་ནི་མདུན་གྱི་རྟེའུ་ལྟ་བུའོ། །དེས་ན་སྤྱི་ལ་དངོས་པོ་དང་དངོས་མེད་གཉིས་ཡོད་པས། བརྗོད་བྱ་ཉིད་ཕྱིར་དེ་དངོས་མིན། །ཞེས་སོགས་ནི་སྤྱི་མཚན་དངོས་མེད་དུ་སྒྲུབ་པའི་རིགས་པ་བརྒྱད་ཡིན་གྱི་སྤྱི་དངོས་མེད་དུ་སྒྲུབ་པའི་རིགས་པ་ནི་མིན་ཟེར་རོ། །

དེ་མི་འཐད་དེ། མུ་དང་པོ་གཉིས་ནི་བཀག་ཟིན་ལ་ཕྱི་མ་གཉིས་ལ་ཁྱོད་ལྟར་ན། བུམ་འཛིན་རྟོག་པ་ལ་བུམ་པར་སྣང་བ་ཆོས་ཅན། བུམ་འཛིན་རྟོག་པ་དང་ལྷན་ཅིག་དམིགས་ངེས་མ་ཡིན་པར་ཐལ། སྤྱི་མཚན་ཡིན་པའི་ཕྱིར། ཁོ་བོ་ལྟར་ན་བུམ་པ་ཆོས་ཅན། ཁྱོད་རྟོག་པ་ལ་སྣང་བ་མིན་པར་ཐལ། བེམས་པོ་ཡིན་པའི་ཕྱིར། ཡང་ཤེས་བྱ་ཆོས་ཅན། ཀུན་བརྟགས་སུ་ཐལ། སྤྱི་མཚན་ཡིན་པའི་ཕྱིར། འདོད་མི་ནུས་ཏེ། དོན་དམ་པའི་ཚད་མའི་དབང་དུ་བྱས་ན་ངོ་བོ་ཉིད་སྐུ་བཞིན་ནོ། །བརྗོད་བྱ་ཉིད་ཕྱིར་དེ་དངོས་མིན་ལ་སོགས་རིགས་པ་བརྒྱད་ཆོས་ཅན། སྤྱི་དངོས་མེད་དུ་སྒྲུབ་པའི་རིགས་པ་ཡིན་པར་ཐལ། སྤྱི་མཚན་དངོས་མེད་དུ་སྒྲུབ་པའི་རིགས་པ་ཡིན་པའི་ཕྱིར། རྟག་ལྟ་བ་ཁ་ཅིག་སྤྱི་དངོས་པོ་བ་ཡོད་དེ། བུམ་འཛིན་རྟོག་པ་ལ་སྣང་བའི་བུམ་པའི་རྣམ་པ་དེ་དོན་སྤྱི་དང་སྒྲ་དོན་དང་ཤེས་པ་ཡིན་པའི་ཕྱིར། དེ་ལྟར་འདོད་ཕྱིར་སྐྱོན་ཡོད་མིན། །ཞེས་སོ། །དེས་ན། བརྗོད་བྱ་ཉིད་ཕྱིར་དེ་དངོས་མིན། །ཞེས་སོགས་ནི། སྤྱི་ཕྱི་རོལ་གྱི་དངོས་མེད་དུ་གསུངས་པ་ཡིན་གྱི་ནང་ཤེས་པའི་དངོས་པོར་ཡོད་དོ་ཟེར་རོ། །དེ་མི་འཐད་དེ་འོན་བུམ་པ་ཆོས་ཅན། བེམས་པོའི་དངོས་པོ་མིན་པར་ཐལ། རྟོག་པ་ལ་ཁྱོད་ཀྱི་རྣམ་པ་སྣང་བའི་ཕྱིར། རྣམ་ངེས་ལས། རྣམ་རྟོག་དངོས་མི་སྣང་ཕྱིར་དང་། །ཞེས་སོ། །སྤྱི་དང་སྤྱི་

རྣམ་ཁྱད་མེད་དུ་ཐལ། དོན་སྤྱི་ཤེས་པའི་རྫས་ཡིན་པའི་ཕྱིར། དེ་ནི་རང་གི་མཚན་ཉིད་འདོད། །ཅེས་པའི་རང་མཚན་ཡིན་ན་ནང་ཤེས་པའི་རང་མཚན་ཡིན་དགོས་པར་ཐལ། དེ་ནི་དངོས་མེད་མཚན་ཉིད་དོ། །ཞེས་པའི་དངོས་མེད་ཡིན་ན་ཕྱི་རོལ་གྱི་དངོས་མེད་ཙམ་ཡིན་པའིཕྱིར། དེ་བཞིན་དུ་དེ་འབྲས་ཞེ་ན་ཞེས་པའི་འབྲས་བུ་ཡིན་ནའང་ནང་ཤེས་པས་བསྡུས་པར་ཐལ་ལོ། །

ཚད་ལྡན་བ་ཁ་ཅིག་སྤྱི་མཚན་གཞལ་བྱ་མིན་ཏེ། གཅིག་ཉིད་ཅེ་ན་ཁོ་བོའང་འདོད། །ཅེས་པ་དང་། རང་གི་མཚན་ཉིད་གཅིག་གཞལ་བྱ། །ཞེས་པ་དང་། རིགས་གཏེར་ལས། གཞལ་བྱ་རང་མཚན་གཅིག་ཁོ་ན། །ཞེས་གསུངས་པའི་ཕྱིར་དང་། སྤྱི་མཚན་ཆོས་ཅན། རྗེས་དཔག་གི་གཞལ་བྱ་མངོན་གྱུར་དུ་ཐལ། དེའི་གཞལ་བྱ་གང་ཞིག་དེའི་སྣང་ཡུལ་ཡིན་པའི་ཕྱིར། དེ་ལ་འཛིན་པ་རང་དབང་ཅན། །ཞེས་སོ། །ཡང་རྟོག་པ་མ་འཁྲུལ་བར་ཐལ། སྤྱི་མཚན་ཡོད་པའི་ཕྱིར། རིགས་གཏེར་ལས། བྲ་འཛིན་ཡུལ་ཡོད་ཕྱིར་མ་འཁྲུལ། །ཞེས་སོ་ཟེར་རོ། །མཚུངས་པ་ནི། སྤྱི་མཚན་ཡོད་པར་ཐལ། གཞལ་བྱ་གཉིས་ཕྱིར་ཞེས་བཤད་པའི་ཕྱིར། ཡང་ཚད་མ་གཅིག་ཏུ་གྲངས་ངེས་པར་ཐལ། གཞལ་བྱ་གཅིག་ཏུ་གྲངས་ངེས་པའི་ཕྱིར། འདོད་ན། ཚད་མ་གཉིས་ཞེས་སོ། །རྣལ་ལན་ནི། སྣང་ཡུལ་ལ་རང་སྤྱི་གཉིས་ཡོད་ཀྱང་འཇུག་ཡུལ་ལ་རང་མཚན་གཅིག་ཁོ་ན་ཞེས་བྱའོ། །

ཁ་ཅིག་དངོས་པོ་ལ་རང་མཚན་གྱིས་ཁྱབ་ཀྱང་རང་མཚན་ལ་དངོས་པོས་མ་ཁྱབ་སྟེ། གཟུང་འཛིན་གཉིས་ཀྱི་སྟོང་ཉིད་བཞིན། རྟགས་མ་གྲུབ་ན། གཟུང་འཛིན་གཉིས་ཀྱི་སྟོང་ཉིད་ཆོས་ཅན། རང་མཚན་དུ་ཐལ། དོན་དམ་བདེན་པ་ཡིན་པའི་ཕྱིར། ཟེར་རོ། །འོ་ན་གཟུང་འཛིན་གཉིས་ཆོས་ཅན། སྤྱི་མཚན་དུ་ཐལ། ཀུན་རྫོབ་བདེན་པ་ཡིན་པའི་ཕྱིར། འདོད་ན། རང་མཚན་དུ་ཐལ། དངོས་པོ་ཡིན་པའི་ཕྱིར། ཁ་ཅིག་རང་མཚན་ལ་དངོས་པོས་ཁྱབ་ཀྱང་དངོས་པོ་ལ་རང་མཚན་གྱིས་མ་ཁྱབ་སྟེ། དངོས་པོ་ལ་བུམ་གཟུགས་ལྟ་བུ་དོན་དམ་པའི་དངོས་པོ་དང་བུམ་པ་ལྟ་བུ་ཀུན་རྫོབ་པའི་དངོས་པོ་གཉིས་སུ་བཤད་པའི་ཕྱིར། དེ་ཡང་དེ་འདིར་དོན་དམ་ཡོད་པ་ཡིན། །ཞེས་པ་དང་། ཀུན་རྫོབ་པ་ཡི་དངོས་རྣམས་ལ། །ཞེས་སོ་ཟེར་རོ། །

དེ་མི་འཐད་དེ། འོ་ན་བུམ་པ་ཆོས་ཅན། རང་མཚན་དུ་ཐལ། རང་སྤྱི་གང་རུང་གང་ཞིག་སྤྱི་མཚན་མ་ཡིན་པའི་ཕྱིར། ཕྱི་མ་མ་གྲུབ་ན། རང་མཚན་དུ་ཐལ། དོན་དམ་པའི་དངོས་པོ་ཡིན་པའིཕྱིར། དཔེར་ན་ནས་ཀྱི་ས་བོན་བཞིན་ནོ། །ས་བོན་སོགས་ནི་མྱུ་གུ་སོགས་ལ། ནུས་མཐོང་ཞེས་སོ། །གཞུང་འདི་ནི་དོན་དམ་དོན་བྱེད་ནུས་པ་གང་། །ཞེས་པ་ལ་འགྲོས་སོ། །

དེས་ན་གཞུང་གི་སྐབས་རྣམས་སུ་རང་མཚན་དང་དངོས་པོ་དང་རང་གི་ངོ་བོ་དང་མི་འདྲ་བ་དང་རྫོད་

བྱེད་སྒྲའི་དངོས་ཡུལ་མིན་པ་དང་རྟོག་པའི་སྣང་ཡུལ་མིན་པ་དང་རིགས་ལྡན་གསལ་བ་དང་རྫས་རྣམས་རྣམ་གྲངས་སུ་བཤད་ལ། སྤྱི་དང་སྤྱི་མཚན་དང་དོན་སྤྱི་དང་འདྲ་བ་དང་རྗོད་བྱེད་སྒྲའི་དངོས་ཡུལ་དང་རྟོག་པའི་སྣང་ཡུལ་དང་རིགས་དང་ལྡོག་པ་དང་གཞན་སེལ་རྣམས་རྣམ་གྲངས་སུ་བཤད་དོ། །དེས་ན་གཞུང་ལུགས་ཆེན་པོར་མིང་གི་རྣམ་གྲངས་ལ་ཁྱབ་པ་མི་འཛིན་པ་ནི། མངོན་པ་ཀུན་ལས་བཏུས་ལས། ཉོན་མོངས་པའི་མིང་གི་རྣམ་གྲངས་བཤད་པ་བཞིན་ནོ། །གལ་ཏེ། སྤྱི་ནི་དངོས་མེད་ངོ་བོ་ཡིན། །ཞེས་བཤད་པ་ཡང་སྤྱི་དངོས་མེད་ཡིན་གྱི་སྤྱི་ཡིན་ན་དངོས་མེད་ཡིན་པས་མ་ཁྱབ་ཟེར་རོ། །དེ་མི་འཐད་དེ། དེ་ནི་ཙུང་ཟད་ཀྱང་། དངོས་མིན་ཞེས་ཀྱང་སྨྲ་བཤད་དོ། །ཞེས་པ་དང་། དོན་རྣམས་ཀྱི་ནི་སྤྱི་གང་ཡིན། །ཞེས་པ་དང་། དོན་གྱི་ངོ་བོ་ཉིད་ཀྱི་སྤྱི༑ ༑ཞེས་སོ། །

ཁ་ཅིག་གང་ཡོད་དེ་འཇིག་བུམ་པ་བཞིན། །ཞེས་གསུངས་པའི་དོན། ཡོད་པ་ལ་དངོས་པོའི་ཡོད་པ་དང་དངོས་མེད་ཀྱི་ཡོད་པ་གཉིས་སུ་ཕྱེ་ནས་སྔ་མ་རྟགས་སུ་བཀོད་ཟེར་རོ། །དོན་དེ་ནི་རིགས་གཏེར་རང་འགྲེལ་ལས་བཀག་གོ །ཡང་དེ་ལ་ཁ་ཅིག །ཤེས་བྱ་ཆོས་ཅན། འཇིག་པར་ཐལ། དངོས་ཡོད་ཡིན་པའི་ཕྱིར་ཏེ། དངོས་པོ་ཁྱོད་ཀྱི་བྱེ་བྲག་ཡིན་པའི་ཕྱིར་ཟེར་རོ། །དེ་མི་འཐད་དེ། འོ་ན་ཤེས་བྱ་ཆོས་ཅན། འཇིག་ཡོད་ཡིན་པར་ཐལ། འཇིག་པ་ཁྱོད་ཀྱི་བྱེ་བྲག་ཡིན་པའི་ཕྱིར། འདོད་མི་ནུས་ཏེ། གང་གི་རང་བཞིན་འཇིག་མེད་པ། །དེ་ལ་མཁས་རྣམས་རྟག་ཅེས་བརྗོད། །ཅེས་སོ། །གཞན་ཡང་འགྱུར་བའི་ཆོས་ཉིད་ཆོས་ཅན། འགྱུར་ཡོད་དུ་ཐལ། འགྱུར་བ་ཁྱོད་ཀྱི་ཆོས་ཅན་ཡིན་པའི་ཕྱིར། འདོད་ན། འགྱུར་མེད་ཡོངས་གྲུབ་མིན་པར་ཐལ་ལོ། །འདི་ནི་དོན་དམ་པའི་ཚད་མའི་དབང་དུ་བྱས་སོ། །དེས་ན་ཤེས་བྱ་ཆོས་ཅན། དངོས་མེད་ཡིན་ཏེ། དོན་བྱེད་པར་མི་རུང་བའི་ཕྱིར། དེ་ཡང་། དེ་མི་རུང་ཕྱིར་རང་བཞིན་མེད། །དེ་ནི་དངོས་མེད་མཚན་ཉིད་ཡིན། །ཇི་སྐད་བཤད་ལས་བཟློག་གང་ཡིན། །དེ་ནི་རང་གི་མཚན་ཉིད་འདོད། །ཅེས་སོ། །འདིས་ནི་དངོས་པོ་དང་རང་མཚན་ཁྱད་མེད་དུ་བཤད་དོ། །

ཁ་ཅིག་མི་རྟག་པ་སྤྱི་ཡིན་ཏེ། སྤྱི་དེ་ཉིད་ནི་གྲུབ་པ་ཡིན། །ཞེས་པ་དང་། དེ་སྤྱི་བསྒྲུབ་པར་བྱ་བ་ཡིན་པས། །ཞེས་པ་དང་། རྣམ་ངེས་ལས། རྟགས་སྤྱི་ཡུལ་ཅན་དུ་བཤད་དེ། ཞེས་སོ་ཟེར་ན། མཚུངས་པ་ནི་བུམ་པའི་དོན་སྤྱི་ཆོས་ཅན། བུམ་པ་ཁྱོད་ཀྱི་བྱེ་བྲག་དུ་ཐལ། ཁྱོད་བུམ་པའི་སྤྱི་ཡིན་པའི་ཕྱིར། ཡང་རྟག་པ་ནམ་མཁའི་ཡོན་ཏན་ཆོས་ཡིན་པར་ཐལ། ཆོས་རྣམས་དུ་མ་རྣམ་གཞག་ཀྱང་། །ཞེས་པ་དང་། འབྲེལ་མེད་ཆོས་ནི་མ་གྲུབ་པས། །ཞེས་པ་དང་། མི་རྟག་པ་གཞན་སེལ་ཡིན་པར་ཐལ། དེ་ཕྱིར་དེ་ལྟར་རྟགས་སེལ་བའི། །ཞེས

བཤད་པའི་ཕྱིར། རྣལ་ལན་ནི། དེ་འདྲའི་ཆོས་དང་སྤྱི་གཉིས་ཀ་མུ་སྟེགས་པ་ཆོས་དང་སྦྱོར་འདོད་པའི་ནམ་ཡོན་དང་དངོས་པོ་ཞེས་སྦྱོར་བའི་འབྲུ་བསྙོན་བྱ་དགོས་སོ། །ཚད་མ་མདོ་ལས་ཀྱང་། རང་དང་སྤྱི་དག་འགལ་བ་ཡིན། །ཞེས་པ་ལྟར་མི་རྟག་པ་དང་དངོས་པོ་ལ་སོགས་པ་རང་མཚན་ཡིན་ཏེ། དོན་བྱེད་ནུས་པའི་ཕྱིར། །ཁ་ཅིག་རྟགས་མ་གྲུབ། རིགས་གཏེར་པའི་ལུགས་ལ་སྤྱི་ཡིན་ན་དངོས་མེད་དུ་གཞུང་གིས་གསལ་བར་བསྟན་ཀྱང་དངོས་པོ་དང་གཟུགས་སོ། །དངོས་མེད་དུ་འདོད་དེ་གཞན་དུ་ན། དངོས་པོ་ཆོས་ཅན། བེམས་རིག་གང་རུང་དུ་ཐལ། དངོས་པོ་ཡིན་པའི་ཕྱིར་ཟེར་རོ། །དེ་མི་འཐད་དེ། འོན་དེ་ཆོས་ཅན། རང་རྒྱུ་ལས་མ་སྐྱེས་པར་ཐལ། དངོས་མེད་ཡིན་པའི་ཕྱིར། ཡང་དག་ཤེས་པ་ཆོས་ཅན། ཚད་མ་མངོན་རྗེས་གང་རུང་དུ་ཐལ། ཚད་མ་ཡིན་པའི་ཕྱིར། རིགས་གཏེར་ལས། དངོས་པོ་རྒྱུ་ལས་གྲུབ་པ་ནི། །ཞེས་པ་དང་། དེས་ན་ཡང་དག་ཤེས་པ་ཉིད། །ཚད་མ་ཡིན་ཕྱིར་དབྱེ་གཞིར་འཐད། །ཅེས་སོ། །ཡང་གཟུགས་ཆོས་ཅན། དོན་བྱེད་མི་ནུས་པར་ཐལ། དངོས་མེད་ཡིན་པའི་ཕྱིར། འདོད་ན། མིག་དང་གཟུགས་སོགས་བློ་བཞིན་ནོ། །ཞེས་དང་། དེ་དངོས་གཅིག་ཕྱིར་སྒྲ་སོགས་ལས། །ཞེས་སོ། །ཡང་མདོ་ལས། འདུས་བྱས་ཐམས་ཅད་མི་རྟག་པར་གསུངས་པ་དང་། རྣམ་འགྲེལ་ལས། སྒྲ་ནི་མི་རྟག་ཉིད་ཅེས་པ་དང་། དཔེ་མེད་ཅན་ཡིན་དངོས་རྣམས་ནི། །ཞེས་དང་། གནོད་པ་དེ་ནི་རྣམ་བཞིན་བཤད། །ཅེས་པ་མི་འཐད་པར་ཐལ། སྒྲ་དང་བུམ་པ་སོགས་རྟག་པའི་ཕྱིར། ཡང་སྒྲ་ཆོས་ཅན། སྤྱི་མིན་པར་ཐལ། དངོས་པོ་ཡིན་པའི་ཕྱིར། དེས་ན་གྲངས་ངེས་ལ་ཁྱབ་པ་མི་འཛིན་པ་ནི་གསུང་རབ་ཀྱི་དགོངས་པ་ཡིན་ཏེ། གཞན་དུ་ན་དངོས་པོ་ཆོས་ཅན། ཁྱོད་ལ་བེམས་རིག་གནས་སུ་གྲངས་མ་ངེས་པར་ཐལ། ཁྱོད་དངོས་པོ་མ་ཡིན་པའི་ཕྱིར། ཁྱོད་མེད་པར་ཐལ། ཁྱོད་ཡོད་ན་ཁྱོད་དངོས་པོ་ཡིན་དགོས་པ་ལས་ཁྱོད་དངོས་པོ་མིན་པའི་ཕྱིར། ཞེས་པའི་རིགས་པ་འདི་གྲངས་ངེས་གཞན་ལའང་རིགས་འགྲེའོ། །

ཁ་ཅིག་དེ་མི་རུང་ཕྱིར་རང་བཞིན་མེད། །ཅེས་སོགས་རིགས་པ་བརྒྱད་ཀྱིས་སྤྱི་དངོས་མེད་དུ་མི་སྒྲུབ་ཀྱི་རྟོག་པའི་སྣང་ཡུལ་གྱི་སྤྱི་དངོས་མེད་དུ་སྒྲུབ་ཟེར་རོ། །དེ་མི་འཐད་དེ། ནང་འགལ་བའི་ཕྱིར། སྤྱི་ཡི་དོན་ཅན་རྣམ་རྟོག་པ། །ཞེས་པ་དང་། རྣམ་རྟོག་མེད་པར་སྤྱི་འཛིན་མིན། །ཞེས་སོ། །ཇི་ལྟར་ནང་འགལ་ན། དེ་ནི་རང་གི་མཚན་ཉིད་འདོར། །ཅེས་པས་རང་མཚན་དངོས་པོར་མི་སྒྲུབ་ཀྱི་མངོན་སུམ་གྱི་སྣང་ཡུལ་གྱི་རང་མཚན་དངོས་པོར་སྒྲུབ་པར་ཐལ་བའི་ཐལ་འགྱུར་བསྙལ་བའི་བར་དུ་མཚུངས་སོ། །དེས་ན་ཡོད་ན་འཇིག་པ་ཡིན་པས་མ་ཁྱབ་སྟེ། སྒྲ་མི་རྟག་སྒྲུབ་ལ་གཞལ་བྱ་རྟགས་སུ་བཀོད་པ་ལྟ་བུམ་ངེས་པའི་རྟགས་ཀྱི་གོ་སྐབས་ཀྱི་སྐབས་འདིར། ...

དོན་བྱེད་ནུས་པ་གང་། །ཞེས་པའི་སྐབས་སུ། དོན་དམ་པར་དོན་བྱེད་ནུས་པ་དེ་རང་མཚན་གྱི་མཚན་ཉིད་ཡིན་པས་སོ་ཞེ་ན། དེ་མི་འཐད་དེ། ནས་ཀྱི་ས་བོན་སོགས་རང་མཚན་ཡིན་པའི་ཕྱིར་ཏེ། ནས་ཀྱི་མྱུ་གུ་སོགས་ལ་དོན་བྱེད་པར་མངོན་སུམ་གྱིས་མཐོང་བའི་ཕྱིར། དེ་དོན་དམ་པར་དོན་བྱེད་ནུས་པ་མ་ཡིན་ཏེ། རྟུལ་རགས་པ་ཡིན་པའི་ཕྱིར། དཔེར་ན། བུམ་པ་དང་ཆུ་བཞིན་ནོ། །ཞར་ལ་ས་བོན་སོགས་ཀྱི་དོན་སྤྱི་ནི་སྤྱི་མཚན་ཡིན་ཞེས་བྱའོ། །དེ་ཡང་མཛོད་ལས། གང་ལ་བཅོམ་དང་བློ་ཡིས་གཞན། །བསལ་ན་དེ་བློ་མི་འཇུག་པ། །བུམ་ཆུ་བཞིན་དུ་ཀུན་རྫོབ་ཏུ། །ཡོད་དེ་དོན་དམ་ཡོད་གཞན་ནོ། །ཞེས་བཤད། དེས་ན་རྒྱུན་དང་རགས་པ་དོན་དམ་པར་གྲུབ་པ་ཉན་ཐོས་སྡེ་གཉིས་ཀྱང་མི་འདོད་ན། སེམས་ཙམ་པ་དང་དབུ་མ་པ་གཉིས་མི་འདོད་པ་ལྟ་ཅི་སྨོས། མུ་སྟེགས་བདག་སྨྲོད་པ་ལྟར། ཁ་ཅིག་རང་མཚན་རྗོད་བྱེད་སྒྲའི་དངོས་ཀྱི་བརྗོད་བྱ་མིན་པ་མི་འཐད་དེ། བུམ་པ་ཞེས་པའི་སྒྲ་ཆོས་ཅན། བུམ་པ་དངོས་སུ་བརྗོད་དེ། བུམ་པའི་དངོས་མིང་ཡིན་པའི་ཕྱིར། གལ་ཏེ་བུམ་པ་ཞེས་པའི་སྒྲས་བུམ་པ་དངོས་སུ་མ་བརྗོད་ན་མངོན་སུམ་དུ་བསྟན་པ་དང་། རང་ཚིག་འགལ་བར་འགྱུར་ཏེ། དེས་ན་ཀཱ་མ་ལ་ཤཱི་ལས། དོན་དམ་པར་ནི་དངོས་པོ་གང་ལ་ཡང་བདག་དེ་རྣམས་ཡང་དག་པར་ཡོད་པ་མིན་ཏེ་ཞེས་པ་ལྟར། དེས་ན་དེ་ལ་བདག་མ་ཡིན། །ཞེས་སོགས་རང་མཚན་བརྗོད་བྱ་མིན་པར་བཤད་པ་ཐམས་ཅད་དོན་དམ་པར་མིན་པར་དགོངས་ཟེར་རོ། །

ཡང་ཁ་ཅིག །དོན་དམ་གཅིག་ཏུ་འཇུག་ཉིད་ཅན། །ཞེས་པ་དང་། རིགས་གཏེར་ལས། སྒྲ་ཡི་རང་མཚན་ཉིད་བརྗོད་ན། །ཞེས་པ་ལྟར་རང་མཚན་ཁོ་ན་དངོས་སུ་མི་བརྗོད་དེ། རང་སྤྱི་གཉིས་ཀ་དངོས་སུ་བརྗོད་པའིཕྱིར་ཟེར་རོ། །ཡང་ཁ་ཅིག །དེ་ལ་འཛིན་པ་རང་དབང་ཅན། །ཞེས་པ་དང་། རྣམ་ཀུན་བརྗོད་བྱའི་དངོས་མིན་ཕྱིར། །ཞེས་པ་ལྟར་བུམ་པ་ཐུན་མོང་མིན་པར་རང་དབང་དང་རྣམ་པ་ཀུན་ཏུ་བརྗོད་པ་མིན་ཟེར་རོ། །ཡང་ཁ་ཅིག །དེ་དེ་བཞིན་དུ་རྟོགས་བྱེད་པའི། །ཞེས་པ་དང་། དབང་པོའི་སྤྱོད་ཡུལ་ཅི་འདྲ་བ། །ཞེས་པ་ལྟར་བུམ་པ་དངོས་སུ་བརྗོད་ཀྱང་བུམ་འཛིན་དབང་མངོན་གྱི་སྤྱོད་ཡུལ་ཇི་ལྟ་བ་བཞིན་དུ་དངོས་སུ་མི་བརྗོད་ཟེར་རོ། །ཕྱོགས་སྔ་མ་དེ་དག་མི་འཐད་དེ། མུ་སྟེགས་པའི་ཟློལ་གྱིས་ཚད་མའི་བསྟན་པ་སྦྱིལ་བའི་ཕྱིར། དེ་ལ་མཚུངས་པ་ནི། སེང་གེ་ཞེས་པའི་སྒྲ་ཆོས་ཅན། རི་དྭགས་ཀྱི་རྒྱལ་པོ་དངོས་སུ་བརྗོད་པར་ཐལ། དེའི་དངོས་མིང་ཡིན་པའི་ཕྱིར། ཡང་དེ་ཤུགས་ལ་བརྗོད་པར་ཐལ། དེའི་བཏགས་མིང་ཡིན་པའི་ཕྱིར། བཏགས་པ་སེང་གེ་ཉིད་སོགས་བཞིན། །ཞེས་བཤད། ཐལ་བ་སྔ་ཕྱི་གཉིས་ཀ་ལ་འདོད་ན། མངོན་སུམ་དུ་བསྟན་པ་དང་རང་ཚིག་འགལ་བར་ཐལ་ལོ། །ཡང་མངོན་སུམ་དུ་བསྟན་པ་དང་རང་ཚིག་འགལ་བར་ཐལ། བུམ་པ་ཞེས་པའི་སྒྲས་བུམ་པའི་སྤྱི་དངོས་སུ་བརྗོད

པའི་ཕྱིར། གཞན་ཡང་རང་མཚན་ཁོ་ན་ཞེས་པའི་སྒྲས་རང་མཚན་དངོས་སུ་བརྗོད་དམ་མ་བརྗོད། གཉིས་པ་ལྟར་ན་མངོན་སུམ་དུ་བསྟན་པ་དང་རང་ཚིག་འགལ་བར་ཐལ་ལོ། །དང་པོ་ལྟར་ན་དངོས་སུ་འགལ་ཏེ། རང་མཚན་ཁོ་ན་ཞེས་པའི་སྒྲ་ཆོས་ཅན། རང་མཚན་ཁོ་ན་དངོས་སུ་མི་བརྗོད་པར་ཐལ། རང་སྤྱི་གཉིས་ཀ་དངོས་སུ་བརྗོད་པའི་ཕྱིར། དེ་བཞིན་དུ་བུམ་པ་དོན་དམ་པར་ཞེས་པ་དང་བུམ་པ་ཐུན་མོང་མིན་པ་རང་དབང་དང་བུམ་པ་རྣམ་པ་ཀུན་ཏུ་ཞེས་པས་བུམ་པ་དབང་པོའི་སྤྱོད་ཡུལ་ཅི་འདྲ་བ་ཞེས་པའི་སྒྲ་དེ་དང་དེ་དག་དངོས་སུ་བརྗོད་དམ་མ་བརྗོད་དྲིས་ན་མི་སྨྲ་བའི་བརྟུལ་ཞུགས་ལ་གནས་པར་འགྱུར་རོ། །བུམ་པ་ཞེས་པའི་སྒྲ་ཆོས་ཅན། བུམ་པ་ཇི་ལྟར་བ་བཞིན་དུ་བརྗོད་པར་ཐལ། བུམ་པ་དངོས་སུ་བརྗོད་པའི་ཕྱིར། དེས་ན་བུམ་པ་ཞེས་པ་དེ་ལྟོ་ལྡིར་བའི་དངོས་མིང་ཡིན་གྱིས་བུམ་པའི་དངོས་མིང་མིན་ནོ། །གལ་ཏེ་ཡིན་ན་མིང་གཅིག་ཤེས་ན་མིང་ཀུན་ཤེས་པ་ཡིན་པས་མིང་ལ་རྨོངས་པ་མི་སྲིད་པར་ཐལ་ལོ། །དེ་ལ་བུམ་པ་ཆོས་ཅན། ཁྱོད་ཅེས་པ་དེ་ཁྱོད་ཀྱི་དངོས་མིང་དུ་ཐལ། ཁྱོད་གྲུབ་པའི་ཕྱིར་ཟེར་ན། ཁྱབ་པ་འགལ་ནས་མ་གྲུབ་སྟེ། སྣམ་བུ་ཞེས་པ་དེ་སྣམ་བུའི་དངོས་མིང་དུ་འདོད་པ་མུ་སྟེགས་རིགས་པ་ཅན་པའི་སྲོལ་འབྱེད་ཡིན་པའི་ཕྱིར་རོ། །ཡང་ལྟོ་ལྡིར་བ་ཆོས་ཅན། དེར་ཐལ། དེའི་ཕྱིར། འདོད་ན། ཁྱོད་ཀྱི་དངོས་མིང་གཉིས་ཡོད་པར་ཐལ། བུམ་པ་ཞེས་པ་དེའང་ཁྱོད་ཀྱི་དངོས་མིང་ཡིན། ལྟོ་ལྡིར་བ་ཞེས་པ་དེའང་ཁྱེད་ཀྱི་དངོས་མིང་ཡིན་པའི་ཕྱིར།

ད་ནི་རྩལ་ལན་བཤད་པར་བྱ་སྟེ། བུམ་པ་ཞེས་པའི་སྒྲས་བུམ་པ་ཁོ་ན་དང་དོན་དམ་པར་དང་ཐུན་མོང་མ་ཡིན་པར་རང་དབང་དང་རྣམ་པ་ཀུན་ཏུ་དང་དབང་པོའི་སྤྱོད་ཡུལ་ཅི་འདྲ་བར་དངོས་སུ་བརྗོད་དོ་ཞེས་ཁོ་བོ་ཡང་མི་སྨྲའོ། །སྤྱིར་བུམ་པ་ཞེས་པའི་སྒྲས་བུམ་པ་དངོས་སུ་བརྗོད་པ་ཙམ་ཡང་མི་འཐད་དེ། དེ་ལྟར་དུ། དཀའ་དང་མི་ནུས་འབྲས་མེད་ཕྱིར། །ཞེས་བཤད། མ་གྲུབ་ན། དངོས་པོ་ལ་བརྫ་དངོས་སུ་སྦྱོར་བ་སླ་བ་དང་ནུས་པ་དང་འབྲས་བུ་ཡོད་པ་མིན་པར་ཐལ། དངོས་པོ་ཀུན། རང་རང་ངོ་བོ་ལ་གནས་ཕྱིར། །ཞེས་བཤད། རིགས་གཏེར་ལས། མཐའ་ཡས་ཕྱིར་ན་བརྡ་མི་ནུས། །ཞེས་པ་དང་། དེ་སྒྲུབ་པ་ལ། རང་མཚན་སོ་སོར་ངེས་པ་ནི། །ཞེས་གསུངས། འདིས་ཀྱང་དཀའ་བ་དང་འབྲས་བུ་མེད་པར་སྒྲུབ་ནུས་ལ། རིགས་གཏེར་ལས། ཐ་སྙད་བྱེད་པའི་ཚེ་ན་ཡང་། །དང་པོའི་རང་མཚན་རྟེན་པར་དཀའ། །ཞེས་གསུངས། འདིས་ཀྱང་མི་ནུས་པ་དང་འབྲས་བུ་མེད་པར་སྒྲུབ་ནུས་སོ། །དེའི་རྒྱ་མཚན། རྣམ་འགྲེལ་ངེས་གཉིས་ཀ་ལས། བདེ་སོགས་བདག་ཉིད་གཞན་མི་བརྟེན། །བརྡ་བྱེད་པར་ནི་ནུས་མ་ཡིན། །ཞེས་བཤད་འབྲས་བུ་མེད་པར་སྒྲུབ་པ་ནི། རྣམ་འགྲེལ་ལས། དེ་ཚེ་རང་གི་མཚན་ཉིད་ཡིན། །དེས་ན་དེ་ལ་བརྡ་མ་ཡིན། །ཞེས་བཤད། འདིས་ཀྱང་དཀའ་བ་དང་མི་ནུས་པར་

སྒྲུབ་ནུས་སོ། །རྣམ་ངེས་ལས། བརྗོད་པར་བཟློད་ན་ཡུལ་དང་ཞེས་སོགས་ལ་བུམ་པ་ཞེས་པའི་སྒྲས་བུམ་པ་དངོས་སུ་མི་བརྗོད་པར་ཐལ། བུམ་པའི་བརྡ་སྦྱོར་བའི་ཚེ་དང་པོར་བརྡ་ཡུལ་མཐོང་བར་དུ་བརྡ་སྦྱོར་བར་བཟློད་མཐར་བརྡ་སྦྱོར་དགོས་པ་ལས་སྐད་ཅིག་གསུམ་པའི་དུས་སུ་དང་པོའི་དུས་ཀྱི་བུམ་པ་དེ་ཉིད་འགགས་པའི་ཕྱིར།

དེ་ལ་ཁ་ཅིག་སྐད་ཅིག་གསུམ་པའི་དུས་སུ་དང་པོའི་དུས་ཀྱི་བུམ་པ་དེ་ཉིད་འགགས་ཀྱང་རང་དང་དུས་མཉམ་པའི་བུམ་པ་ལ་སྦྱོར་ཟེར་ན། བརྡ་ཐམས་ཅད་ཕྱིན་ཅི་ལོག་ཏུ་ཐལ། དང་པོའི་ཡུལ་ལ་བརྡ་སྦྱོར་བར་བཟོ་ཡང་གསུམ་པ་ལ་སྦྱར་བའི་ཕྱིར། གལ་ཏེ་སྐད་ཅིག་དང་པོ་དང་གསུམ་པ་རིགས་འདྲ་བས་སྐྱོན་མེད་ཟེར་ན༑ འོན་རིགས་ལ་བརྡ་དངོས་སུ་སྦྱར་བར་སོང་གི་ རྗེས་ལ་དངོས་སུ་སྦྱར་བར་མ་སོང་བས་རང་མཚན་བརྡའི་དངོས་ཡུལ་མ་ཡིན་པར་གྲུབ་བོ། །དེས་ན། ཡོད་ཙམ་མི་རྟག་གིས་ཁྱབ་པར། །ཆོས་ཀྱི་གྲགས་པས་ལེགས་པར་གསུངས། །ཞེས་བྱ་བ་ཡང་། རྣམ་འགྲེལ་ལས། རང་བཞིན་ཁྱད་པར་བྱེ་བྲག་ལ། །ལྟོས་པའི་འོན་ཏེ་འབའ་ཞིག་པ། །བསྒྲུབ་བྱ་སྒྲུབ་པའི་ཕྱིར་བརྗོད་དེ། །འཇིག་ལ་འབྲས་དང་ཡོད་ཉིད་བཞིན། །ཞེས་བཤད། དེ་ཡང་རང་བཞིན་གྱི་རྟགས་ལ་ལྟོས་པ་བ་དང་དག་པ་བ་གཉིས་ལས། དང་པོ་ནི། སྒྲ་མི་རྟག་སྒྲུབ་ལ་བྱས་པ་ལྟ་བུ་སྟེ། འདིར་འབྲས་དང་ཞེས་བྱའོ། །

གཉིས་པ་ནི། སྒྲ་མི་རྟག་སྒྲུབ་པ་ལ་དངོས་པོ་ལྟ་བུ་སྟེ། འདིར་ཡོད་ཉིད་ཅེས་བྱའོ། །རྣམ་ངེས་ལས་ཀྱང་། ཁྱད་པར་ལྟོས་དང་དག་པ་སྟེ། །འཇིག་ལ་འབྲས་དང་ཡོད་ཉིད་བཞིན། །ཞེས་བཤད་དོ། །དངོས་པོ་ལ་མི་རྟག་པས་ཁྱབ་པར་འཕགས་པ་ཀླུ་སྒྲུབ་ཀྱིས་ཀྱང་གསུངས་ཏེ། དབུ་མ་རྩ་ཤེར་ལས། གལ་ཏེ་མྱ་ངན་འདས་དངོས་ན། །མྱ་ངན་འདས་པ་འདུས་བྱས་འགྱུར། །དངོས་པོ་འདུ་བྱས་མ་ཡིན་པ། །འགའ་ཡང་གང་ནའང་ཡོད་མ་ཡིན། །ཞེས་གསུངས་པའི་ཕྱིར། གཞན་ཡང་ཆོས་དབྱིངས་དེ་ནི་དངོས་ཡོད་མ་ཡིན་ཏེ། དབུ་མ་དེ་ཉིད་ལས། གང་དག་རང་བཞིན་གཞན་དངོས་དང་། །དངོས་དང་དངོས་མེད་ཉིད་ལྟ་བ། །དེ་དག་སངས་རྒྱས་བསྟན་པ་ལ། །དེ་ཉིད་མཐོང་བ་མ་ཡིན་ནོ། །ཞེས་གསུངས་པའི་ཕྱིར། འདིར་རང་བཞིན་ཞེས་བྱ་བ་ནི་ཆོས་དབྱིངས་ལ་འཛུག་ལ། ཉིད་ལྟ་བ་ཞེས་བྱ་བ་ནི་མཐར་འཛིན་པར་འགྱུར་བས་ཆོས་དབྱིངས་དངོས་ཡོད་དུ་ལྟ་བ་དེས་སྤྲོས་བྲལ་དེ་ཉིད་མཐོང་བ་མ་ཡིན་ཞེས་བྱ་བའི་དོན་ཏོ། །གཞན་ཡང་ཆོས་དབྱིངས་དངོས་པོ་ཡོད་མེད་གཉིས་ཀའི་མཐའ་དང་བྲལ་བ་ཡིན་ཏེ། དབུ་མ་དེ་ཉིད་ལས། བཅོམ་ལྡན་དངོས་དང་དངོས་མེད་པ། །མཁྱེན་པས་ཀ་ཏ་ཡ་ན་ཡི། །གདམས་ངག་ལས་ནི་ཡོད་པ་དང་། །མེད་པ་གཉིས་ཀའང་བཀག་པ་མཛད། །ཅེས་གསུངས་པའི་

ཕྱིར། དེ་ཡང་ཀཱ་ཏྱ་ཡ་ན་ལ་གདམས་པའི་མདོ་ལས། ཀཱ་ཏྱ་ཡ་ན་གང་གི་ཕྱིར་འཇིག་རྟེན་འདི་ནི་ཕལ་ཆེར་ཡོད་པ་ཉིད་དང་མེད་པ་ཉིད་ལ་མངོན་པར་ཞེན་ཏེ། དེས་ན་སྐྱེ་བ་དང་རྒ་བ་དང་ན་བ་དང་། འཆི་བ་དང་མྱ་ངན་དང་སྨྲེ་སྔགས་འདོན་པ་དང་སྡུག་བསྔལ་བ་དང་ཡིད་མི་བདེ་བ་དང་འཁྲུག་པ་དག་ལས་ཡོངས་སུ་གྲོལ་བར་མི་འགྱུར། འགྲོ་བ་ལྔའི་འཁོར་བ་ལས་གྲོལ་བར་མི་འགྱུར། མཐར་འཆི་བས་གདུང་བའི་སྡུག་བསྔལ་ལས་གྲོལ་བར་མི་འགྱུར་རོ། །ཞེས་གསུངས། འཕགས་པ་ཀཱ་ཏྱ་ཡ་ན་ནི་གངས་ཀྱི་རི་ལ་གནས་པའི་དྲང་སྲོང་རྒྱལ་བུ་དོན་གྲུབ་ཀྱི་མཚན་ལུང་སྟོན་པ་དེའི་ཚ་བོ་ཡིན་ཞེས་བླ་མས་གསུང་། སླུབ་བྱེད་གཞན་ཡང་། ཆོས་དབྱིངས་ཡོད་མེད་ཀྱི་མཐའ་བྲལ་སྟོང་ཉིད་ཡིན་པས་དངོས་ཡོད་མ་ཡིན་ཏེ། དབུ་མ་དེ་ཉིད་ལས། ཡོད་ཅེས་བྱ་བ་རྟག་པར་འཛིན། །མེད་ཅེས་བྱ་བ་ཆད་པར་ལྟ། །དེ་ཕྱིར་ཡོད་དང་མེད་པ་ལ། །མཁས་པས་གནས་པར་མི་བྱའོ། །ཞེས་གསུངས་པའི་ཕྱིར། དེ་ཡང་འོད་སྲུང་གིས་ཞུས་པའི་མདོ་ ལས། ཡོད་ཅེས་བྱ་བ་ནི་མཐའ་གཅིག་གོ་མེད་ཅེས་བྱ་བ་ནི་མཐའ་གཅིག་གོ་དེ་གཉིས་ཀྱི་བར་དབུས་གང་ཡིན་པ་དེ་ནི་དཔྱད་དུ་མེད་པ་བསྟན་དུ་མེད་པ་སྣང་བ་མེད་པ་རྣམ་པར་རིག་པ་མེད་པ་སྟེ་དབུ་མའི་ལམ་ཆོས་རྣམས་ལ་སོ་སོར་མི་རྟོག་པའོ། །ཞེས་པ་དང་། ཏིང་ངེ་འཛིན་རྒྱལ་པོ་ལས། མྱ་ངན་འདས་པའི་ཆོས་ལ་ཆོས་མེད་དེ། །གང་ཕྱིར་དེ་མེད་ན་ཡང་ཡོད་མི་འགྱུར། །རྟོག་བཅས་རྣམས་ཀྱིས་ཡོད་དང་མེད་པར་བསྟན། །དེ་ལྟར་བརྟགས་པས་སྡུག་བསྔལ་ཞི་མི་འགྱུར། །ཞེས་པ་དང་། ཡོད་དང་མེད་ཅེས་བྱ་བའང་མཐའ་ཡིན་ཏེ། །གཙང་དང་མི་གཙང་འདི་ཡང་མཐའ་ཡིན་ལ། །དེ་ལྟར་མཐའ་གཉིས་རྣམ་པར་སྤངས་བྱས་ཏེ། །མཁས་པས་དབུས་ལའང་གནས་པར་ཡོང་མི་བྱ། །ཞེས་པ་དང་། ཡོད་དང་མེད་ཅེས་བྱ་བ་རྩོད་པ་སྟེ། །གཙང་དང་མི་གཙང་འདི་ཡང་（ལུང་ཚིག་འདིའི་ཚིག་མཇུག་དེ་གོང་དེ་དང་འདྲེས་བསམ་པས་དཔྱད།）མཐའ་ཡིན་ལ། །དེ་ལྟར་མཐའ་གཉིས་རྣམ་པར་སྤངས་བྱས་ཏེ། །མཁས་པས་དབུས་ལའང་གནས་པར་ཡོང་མི་བྱ། །ཞེས་གསུངས།ད་ནི་འདི་དཔྱད་པར་བྱ་སྟེ། ཡོད་ཅེས་བྱ་བ་རྟག་པར་འཛིན།།མེད་ཅེས་བྱ་བ་ཆད་པར་ལྟ༑ ༑ཞེས་བྱ་བའི་དབུ་མའི་བསྟན་བཅོས་དང་འདིར་དྲངས་པའི་མདོ་གསུམ་ལས་རིམ་བཞིན། འཇིག་རྟེན་འདི་ནི་ཕལ་ཆེར་ཡོད་པ་ཉིད་དང་མེད་པ་ཉིད་ལ་མངོན་པར་ཞེན་ཏེ་ཞེས་བྱ་བ་དང་། ཡོད་ཅེས་བྱ་བ་ནི་མཐའ་གཅིག་གོ་མེད་ཅེས་བྱ་བ་ནི་མཐའ་གཅིག་གོ་ཞེས་བྱ་བ་དང་། རྟོག་བཅས་རྣམས་ཀྱིས་ཡོད་དང་མེད་པར་བསྟན། །ཞེས་བྱ་བ་ལྷ་བུའི་དབུ་མའི་མདོ་བསྟན་བཅོས་ཀྱི་གནད་དམ་པ་མཤེས་ནཤེས་བྱའི་ཁྱེད་ཚམ་པ་མེད་པར་འགྱུར་ཏེ། འདུས་མ་བྱས་ཡོད་པ་མ་ཡིན་པར་ཁས་ལེན་པའི་ཕྱིར་དང་། དངོས་འགལ་དང་བརྒྱུད་འགལ་ལ་ལན་འདེབས་དགོས་པར་འགྱུར་ཏེ། རིམ་བཞིན་ཆོས་དབྱིངས་ཡོད་པ་ཡང་མ་ཡིན་མེད་པ་ཡང་མ་ཡིན་པར

ཁས་ལེན་པའི་ཕྱིར་དང་། ཡོད་ན་མི་རྟག་པས་ཁྱབ་པར་དམ་བཅས་ནས་ཆོས་དབྱིངས་དོན་དམ་བདེན་པར་ཁས་ལེན་བཞིན་དུ། ཆོས་དབྱིངས་ཆོས་ཅན། མི་རྟག་པ་ཡིན་པར་ཐལ། ཡོད་པ་ཡིན་པའི་ཕྱིར་ལ་རྟགས་མ་གྲུབ་ཀྱི་ལན་འདེབས་པའི་ཕྱིར་རོ། །དེས་ན་མཐའ་གཉིས་ལ་མངོན་པར་ཞེན་པའི་འཇིག་རྟེན་པ་དག་གིས་ཡོད་པ་དང་མེད་པར་བདེན་པར་རྟོག་པས་ཀུན་ནས་སླང་ནས་ངག་ཏུ་ཡོད་པ་ཉིད་ཅེས་བྱ་བ་རྟག་པར་འཛིན་པ་དང་། མེད་པ་ཉིད་ཅེས་བྱ་བ་ཆད་པར་ལྟ་བ་ལྷན་ཅིག་སྐྱེས་པའམ། ཕྱིས་ཀུན་བརྟགས་པའི་ཡིད་ཀྱིས་མེད་བཞིན་དུ་གཟུང་བྱར་བཟོས་པའི་ཡོད་མཐའ་དང་མེད་མཐའ་གཉིས་དབུ་མ་པའི་སྐབས་འདིར་ལུང་དང་རིགས་པས་དགག་བྱ་ཡིན་གྱི་སྲིད་ཡོད་པ་དང་སྣང་བ་ཙམ་བཀག་པ་མ་ཡིན་ཏེ། སྤྱོད་འཇུག་ལས། ཇི་ལྟར་མཐོང་ཐོས་ཤེས་པ་དག །འདིར་ནི་དགག་པར་བྱ་མིན་ཏེ། །འདིར་ནི་སྡུག་བསྔལ་རྒྱུར་གྱུར་པ། །བདེན་པར་རྟོག་པ་བཟློག་བྱ་ཡིན། །ཞེས་བཤད། དེ་ནི་དབུ་མའི་ས་བོན་ཙམ་བཏབ་པ་ཡིན་ལ་རྒྱས་པར་དབུ་བསྡུས་སུ་བཤད་ཟིན་ཏོ། །

ད་ནི་སངས་རྒྱས་བསྟན་པ་ལ་གུས་པར་བྱེད་ན་ཆོས་ཀྱི་དབྱིངས་ཡོད་མཐའ་དང་མེད་མཐའ་གཉིས་གར་མ་གཟུང་ཞིག །དེའི་རྒྱུ་མཚན་ཅིའི་ཕྱིར་ཞེ་ན། ཆོས་དབྱིངས་སྤྱིར་མེད་ན་མེད་མཐའ་དང་ཆོས་དབྱིངས་དངོས་ཡོད་ཡིན་ན་ཡོད་མཐར་འགྱུར་བ་ལས། གལ་ཏེ་མྱ་ངན་འདས་དངོས་ན། །ཞེས་སོགས་ཤོ་ལོ་ཀ་བཞི་ཆོས་ཀྱི་དབྱིངས་ཡོད་མཐའ་དང་མེད་མཐའ་གཉིས་ཀ་མིན་པའི་ལུང་ཚད་མ་ཡིན་པ་དེས་ནའོ། །ལུང་དུ་མ་ཟད་རིགས་པས་ཀྱང་ནི། འགྲོ་ཀུན་དགེ་བ་ཇི་སྙེད་ཡོད། །ཅེས་པའི་དགེ་བ་འདི་ཆོས་དབྱིངས་ཡིན་ན་འགྲོ་ཀུན་དགེ་བ་ཇི་སྙེད་ཅེས་པའི་སྒྲ་མི་འཐད་པ་དང་འགྲོ་ཀུན་དགེ་བ་ཡོད་ཅེས་བྱ་བའི་སྒྲ་ཡང་འགལ་ཞེས་བྱ་བ་འདི་འགྲུབ་སྟེ། དེའི་རྒྱུ་མཚན་འདི་ལྟར་རིམ་བཞིན་ལུགས་བཟློག་ཏུ་ཡོད་ཙམ་ཞེས་བྱ་བའི་དངོས་པོ་ལ་དོན་བྱེད་ནུས་པས་ཁྱབ་པའི་ཕྱིར་རོ། །ཆོས་ཀྱི་དབྱིངས་ལ་བྱ་བྱེད་དམ་དགེ་ལས་མང་ཉུང་གི་སྤྲོས་པ་མེད་པའི་ཕྱིར་ཏེ༑ ཆོས་དབྱིངས་དེ་ནི་སྤྲོས་བྲལ་སྟོང་ཉིད་ཡིན་པའི་ཕྱིར་རོ། །

སྒྲུབ་བྱེད་ཀྱི་རིགས་པར་མ་ཟད་གནོད་བྱེད་ཀྱི་ཐལ་འགྱུར་གཞན་ཡང་། འགྲོ་ཀུན་དགེ་བ་ཇི་སྙེད་ཡོད་ཅེས་པའི་དགེ་བ་ནི་བསྔོ་རྒྱུའི་ཆོས་ཉིད་ཡིན་ན་འགྲོ་ཀུན་གྱི་དགེ་བ་ཞེས་བྱ་བའི་ཚིག་སྨོས་ཅི་དགོས་ཏེ་བེམས་པོ་དང་ནི་དངོས་མེད་ཀྱི་ཆོས་ཉིད་དང་འཕགས་པའི་ཆོས་ཉིད་ཀྱང་ཅིས་མི་བསྔོ་སྟེ་བསྔོ་རྒྱུ་ཡིན་པར་ཐལ། འགྲོ་བ་ཀུན་གྱི་ཆོས་ཉིད་ཐམས་ཅད་བསྔོ་རྒྱུའི་དགེ་བ་ཡིན་པ་དང་མཚུངས་པའི་ཕྱིར་རོ། །

གཉིས་པ་ནི། གང་ལ་འཁྲུལ་ན། འགྲོ་ཀུན་དགེ་བ་ཇི་སྙེད་ཡོད་པ་དང་ཞེས་བྱ་བའི་གཞན་ལུགས

བཀག་པ་དེས་ན་གཞུང་དེའི་དགོངས་པ་ནི་ཁོ་བོས་ལེགས་པར་བཤད་ཀྱིས་འདི་ལྟར་ཡིད་ལ་ཟུངས་ཤིག །དགེ་ལས་བྱེད་པའི་འགྲོ་བ་ཀུན་གྱིས་བྱས་པ་ཡི་དགེ་བ་ཇི་སྙེད་ཡོད་པ་དང་ཞེས་བྱ་བའི་སྐབས་ནི་དགེ་ལས་སྤྱིར་བསྟན་པ་ཡིན་ལ། བྱེ་བྲག་ཏུ་དགེ་བ་བྱས་པ་དང་བྱེད་པར་འགྱུར་བ་དང་དེ་བཞིན་དུ་བྱེད་པ་ཞེས་དབྱེ་བ་དམིགས་བསལ་ཡིན་ཏེ། སྤྱིར་དགེ་ལས་དབྱེ་གཞིར་བསྟན་པ་ལ་བྱེ་བྲག་དབྱེ་བ་དུས་གསུམ་དུ་ཕྱེ་བ་ཡིན་པའི་ཕྱིར་རོ། །ཁ་ཅིག་ན་རེ། མདོ་ལས་དགེ་སློང་དག་ཚིག་ལྷག་མ་ཅན་གྱི་དོན་ལ་མཁས་པར་བྱའོ་ཞེས་གསུངས་པ་ལྟར། སློབ་དཔོན་དབྱིག་གཉེན་གྱིས། སྤྱིར་བཏང་བ་ལ་དམིགས་བསལ་བ། །བསྟན་བཅོས་ཀུན་ལ་རབ་ཏུ་བསྔགས། །ཞེས་བྱ་བའི་དམིགས་བསལ་སྤྱིར་བཏང་དང་མ་མཐུན་པས་འདི་ནི་ནོར་བའོ་ཞེས་སྨྲ་བ་ནི་གསལ་བྱེད་པའི་བཤད་གད་ཡིན་ཏེ། སྤྱིར་བསྟན་དང་སྤྱིར་བཏང་གཉིས་མི་གཅིག་པའི་ཕྱིར་རོ། །ཡང་ན་གང་ཟག་གཞན་གྱིས་བྱས་པ་ཡི་དགེ་བ་ཇི་སྙེད་ཡོད་པ་དང་། བྱང་ཆུབ་སེམས་དཔའ་རྡོ་རྗེ་རྒྱལ་མཚན་རང་ཉིད་ཀྱིས་བྱས་པ་དང་བྱེད་པར་འགྱུར་བ་དང་ད་ལྟར་བྱེད་བཞིན་པ་ཞེས་བཤད་ཀྱང་མདོ་དང་འགལ་བ་མེད་དེ།མདོ་དེའི་མཇུག་ཐོགས་སུ། ཕྱོགས་རྣམས་མ་ལུས་ཀུན་ཏུ་ཙི་བྱས་པ། །སྐྱེས་བུ་དམ་པ་དེ་ལྟར་ཡོངས་སུ་བསྔོ། །རྡོ་རྗེ་རྒྱལ་མཚན་རྒྱལ་བས་གང་གསུངས་པ། །ཡོངས་བསྔོ་དམ་པ་མཆོག་དང་ཕུལ་ཡང་ཡིན། །ཞེས་གསུངས་པའི་ཚིག་ཟུགས་ལས་གོ་བའི་ཕྱིར།

ཡང་ན་འགྲོ་ཀུན་དགེ་བ་ཇི་སྙེད་ཡོད་ཅེས་བྱ་བའི་ཚིག་མདོར་བསྟན་དང་། བྱས་དང་དེ་བཞིན་བྱེད་འགྱུར་ཞེས་བྱ་བའི་ཚིག་རྒྱས་བཤད་དོ། །དེའི་རྒྱུ་མཚན་ཡང་། དཔེར་ན་འགྲོ་བ་ཀུན་གྱི་སྡིག །ཇི་སྙེད་ཡོད་པ་བྱས་པ་དང་། །བྱེད་འགྱུར་དེ་བཞིན་བྱེད་པ་རྣམས། །རྒྱལ་བའི་མདུན་དུ་བཤགས་པར་བགྱི། །ཅེས་བྱ་བའི་ཚིག་དང་། འགྲོ་ཀུན་དགེ་བ་ཇི་སྙེད་ཡོད་པ་དང་། །བྱས་དང་བྱེད་འགྱུར་དེ་བཞིན་བྱེད་པ་ཞེས་བྱ་བའི་ཚིག་མཚུངས་པ་ཡིན་ཏེ། བཤགས་པའི་ཚིག་འདི་ལའང་དུས་གསུམ་ལས་གཞན་པའི་གདོད་ནས་ཡོད་པའི་སྡིག་པ་གང་ཡང་མེད་པ་དེ་བཞིན་བསྔོ་བའི་ཚིག་དེ་ལའང་དུས་གསུམ་ལས་གཞན་པའི་གདོད་ནས་དགེ་བ་ཡོད་པའི་དགེ་བ་སྲིད་པ་མ་ཡིན་པའི་ཕྱིར་རོ། །གཞན་ཡང་འགྲོ་ཀུན་དགེ་བ་ཇི་སྙེད་ཡོད་པ་དང་ཞེས་བྱ་བའི་ཚིག་གི་དོན་ནི་ཆོས་ཅན་སྒྲུབ་པ་ཡིན་གྱི་ཆོས་ཉིད་དགག་པ་མ་ཡིན་ཏེ། རྡོ་རྗེ་རྒྱལ་མཚན་གྱི་བསྔོ་བའི་ལེའུ་ཉིད་ལས་ཀྱང་། ཇི་སྙེད་ཡོད་པ་ཞེས་བྱ་བ་ཆོས་ཅན་སྒྲུབ་པ་ཡིན་པར་གསུངས་ལ་ཆོས་ཉིད་ཇི་ལྟ་བར་མ་གསུངས་པའི་ཕྱིར་རོ། །དེ་ཉིད་ལས། ཕྱོགས་བཅུའི་འཇིག་རྟེན་ཁམས་ན་ཡོད་པ་ཡི། །དགེ་བ་དེ་དག་ཡང་དག་སྒྲུབ་པ་ན། །འགྲོ་བ་ཀུན་ལ་ཕན་དང་བདེ་སེམས་ཀྱིས། །ཡེ་ཤེས་མཁས་པ་དེ་དག་ཡོངས་སུ་བསྔོ། །ཞེས་གསུངས།

གཉིས་པ་ལ། བརྟགས་ན་མི་འཐད་པ་དང་། བློ་སྦྱོང་དུ་འདོད་པ་དགག་པ་གཉིས་ལས། དང་པོ་ནི། གལ་ཏེ་འགྲོ་ཀུན་དགེ་བ་ཇི་སྙེད་ཡོད་པ་དང་། །ཞེས་བྱ་བའི་ཡོད་པ་དེ་ཆོས་དབྱིངས་དགེ་ལས་ཡིན་པར་བྱས་ནས་ནི་དེ་ལ་བསྔོ་བའི་རྒྱུར་བྱེད་ན། ཆོས་དབྱིངས་འདུས་བྱས་སུ་འགྱུར། དེ་བསྔོས་པས་འགྱུར་བས་ནའོ། །རྟགས་མ་གྲུབ་ན། ཆོས་དབྱིངས་བསྔོ་རྒྱུར་བྱེད་པའི་བསྔོ་བ་དོན་མེད་ཡིན་ཏེ། ཆོས་དབྱིངས་མི་འགྱུར་བའི་ཕྱིར། ཆོས་དབྱིངས་འགྱུར་མེད་དུ་ལུང་གིས་ཀྱང་གྲུབ་སྟེ། མདོ་སྡེ་རྣམས་ལས་ཆོས་ཀྱི་དབྱིངས། །འགྱུར་བ་མེད་ཅེས་རྒྱལ་བས་གསུངས་པའི་ཕྱིར་རོ། །དེ་ཡང་མདོ་ལས། དེ་བཞིན་གཤེགས་པ་རྣམས་འཇིག་རྟེན་དུ་བྱོན་ཡང་རུང་མ་བྱོན་ཡང་རུང་ཆོས་རྣམས་ཀྱི་ཆོས་ཉིད་འདི་ནི་གནས་པ་ཡིན་ནོ་ཞེས་པ་དང་། ཤེས་རབ་ཀྱི་ཕ་རོལ་ཏུ་ཕྱིན་པ་བསྟན་ཀྱང་མི་འཕེལ་མི་འགྲིབ་མ་བསྟན་ཀྱང་མི་འཕེལ་མི་འགྲིབ་བོ་ཞེས་པ་དང་། ཆོས་ཉིད་དེ་བཞིན་ཉིད་ནི་མི་རྟོག་རྟག་ཏུ་འདུག །ཅེས་གསུངས། དབུ་མ་རྩ་བའི་ཤེས་རབ་ཉིད་ལས་ཀྱང་། རང་བཞིན་རྒྱུ་དང་རྐྱེན་ལས་ནི༑ ༑འབྱུང་བར་རིགས་པ་མ་ཡིན་ནོ། །རྒྱུ་དང་རྐྱེན་ལས་བྱུང་བ་ཡི། །རང་བཞིན་བྱས་པ་ཅན་དུ་འགྱུར། །རང་བཞིན་བྱས་པ་ཅན་ཞེས་བྱར། །ཇི་ལྟ་བུར་ན་རུང་བར་འགྱུར། །རང་བཞིན་དང་ནི་བཅོས་མིན་དང་། །གཞན་ལ་ལྟོས་པ་མེད་པ་ཡིན། །ཞེས་གསུངས་པ་གཞན་ཡང་རྩ་ཤེར་དེ་ཉིད་ལས། གལ་ཏེ་རང་བཞིན་གྱིས་ཡོད་ན། །དེ་ནི་མེད་ཉིད་མི་འགྱུར་རོ། །རང་བཞིན་གཞན་དུ་འགྱུར་བ་ནི། །ནམ་ཡང་འཐད་པར་མི་འགྱུར་རོ། །དེ་ལ་སོགས་པའི་ལུང་དང་རིགས་པ་རྣམས་ཀྱིས་ཆོས་དབྱིངས་བསྔོ་རྒྱུའི་དགེ་བ་མིན་པར་གསུངས་པའི་ཕྱིར་རོ། །

དེས་ན་རྩ་ཤེའི་ཚིག་ལེའུར་བྱས་པ་བཞི་པོ་འདིའི་དོན་ནི་བསྡུས་ན་རང་བཞིན་ཆོས་གསུམ་ལྡན་ཞེས་བྱ་བ་དེ་ཡང་ངོ་བོ་རྒྱུ་འབྲས་གསུམ་གྱི་དབང་དུ་བྱས་ཏེ། སྔར་རྒྱུ་རྐྱེན་གྱིས་མ་བསྐྱེད་པ་དང་། ངོ་བོ་བཅོས་མིན་གསར་དུ་མ་བྱས་པ་དང་། འབྲས་བུ་ཕྱིས་འགྱུར་བ་གཞན་ལ་མི་ལྟོས་པའོ། །དེ་གསུམ་ཆོས་ཉིད་དེ་བཞིན་ཉིད་ལ་རྫི་ན་གནས་ལུགས་བསྒྲུབ་བྱ་ཡིན་ཞིང་ཆོས་ཅན་དངོས་པོ་ལ་རྫི་ན་དབུ་མ་པའི་དགག་བྱ་ཡིན་ལ། འདིར་ནི་རང་བཞིན་ཞེས་བྱ་བ་ཆོས་དབྱིངས་ལ་འཇུག་པས་འགྲོ་བ་ཀུན་གྱི་དགེ་ལས་ཇི་སྙེད་ཡོད་པ་ལ་ཆོས་གསུམ་པོ་དེ་མ་ཚང་ཞིང་དགེ་བའི་ཆོས་ཉིད་དེ་བཞིན་ཉིད་ལ་ཚང་ཞེས་བྱའོ། །

གཉིས་པ་ལ། བསྔོ་བ་དུག་བཅས་སུ་འགྱུར་བས་དགག་པ། རང་ཚིག་འགལ་བས་དགག་པ་གཉིས་ལས། དང་པོ་ནི། གང་ལ་འཁྲུལ་ན། ཆོས་དབྱིངས་དགེ་བ་མིན་པར་གསུངས། །ཞེས་པ་ལ་གལ་ཏེ་ཆོས་དབྱིངས་དེ་བཞིན་ཉིད་བསྔོ་བར་བྱ་རྒྱུའི་དགེ་བ་མ་ཡིན་མོད། འོན་ཀྱང་བྱང་ཆུབ་སེམས་དཔའི་བློ་སྦྱོང་བ་ལ་བྱང་ཆུབ་ཀྱི་རྒྱུར་བསྔོས་ཀྱང་ཉེས་པ་མེད་སྙམ་ན། ཆོས་དབྱིངས་བསྔོ་རྒྱུར་བྱེད་པ་འདི་ལ་ཉེས་པ་མེད་པ་མ

ཡིན་པར་ཉེས་པ་ཡོད་དེ། འདི་བསྔོ་བ་དུག་དང་བཅས་པར་འགྱུར་བའི་ཕྱིར་ཏེ། འདི་མཚན་མར་དམིགས་པའི་འདུ་ཤེས་ཡོད་པའི་བསྔོ་བ་ཡིན་པའི་ཕྱིར། ཁྱབ་པ་ཡོད་དེ། ཆོས་དབྱིངས་བསྔོ་རྒྱུའི་དགེ་བར་བྱེད་པ་འདི་འདྲ་བའི་བསྔོ་བ་བྱས་པར་གྱུར་ན། དཔེ་སྦྲུལ་པ་ཟ་ཅན་གཅིག་གིས་སྦྲུལ་པ་ས་འོག་གི་རྫམ་ན་ཡོད་པའི་ནང་དུ་ཞུགས་ན་སྦྲུལ་པ་ཟླ་བོ་ཐམས་ཅད་རྫུལ་ནས་འཆི་བ་ཇི་བཞིན་དུ། དམིགས་མེད་ཀྱི་བསྔོ་བ་ཐམས་ཅད་ཀྱང་འཇིགས་པར་འགྱུར་བའི་ཕྱིར། བྱང་ཆུབ་སེམས་དཔའི་བློ་སྦྱོང་ལ། །བསྔོས་ཀྱང་ཞེས་བྱ་བ་མི་འཐད་དེ། བློའི་རྣམ་པ། ཆོས་ཉིད་སྤྲོས་བྲལ་དང་ནས་ནི། །དགེ་བ་ཇི་སྙེད་བྱས་པ་རྣམས། །འགྲུབ་བམ་གལ་ཏེ་མི་འགྲུབ་ཀྱང་། །འགྲོ་བའི་དོན་དུ་བསྔོ་བྱེད་ན། །བྱང་ཆུབ་སེམས་དཔའི་བློ་སྦྱོང་ཡིན་པར་གསུངས་ལ། ཆོས་ཉིད་བསྔོ་རྒྱུའི་དགེ་རྩར་བྱེད་ན་ནི་བྱང་ཆུབ་སེམས་དཔའི་བློ་སྦྱོང་དུ་ཡང་མི་རུང་ངོ་། །དེའི་རྒྱུ་མཚན་འདི་ལྟར་ཡིན་ཏེ། ཆོས་དབྱིངས་བྱ་བྱེད་ཀྱི་སྤྲོས་པ་དང་བྲལ་བ་ལ་བསྔོ་བར་བྱ་རྒྱུའི་དགེ་བར་བྱེད་ན་མཚན་མར་དམིགས་པར་འགྱུར་ལ། མཚན་མར་དམིགས་པ་དང་བཅས་པའི་འདུ་ཤེས་ཀྱིས་བསྔོ་བ་ནི་དུག་དང་བཅས་པར་གསུངས་པའི་ཕྱིར། སྦྲུལ་པའི་དཔེར་མ་ཟད། རིགས་པ་གཞན་ཡང་ཡོད་དེ། དཔེར་ན་དུག་དང་བཅས་པའི་ཁ་ཟས་བཟང་པོ་ཟ་བ་ལྟར་དཀར་པོའི་ཆོས་དགེ་རྩ་ལ་མཚན་མར་དམིགས་པ་ཡང་དཔེ་དེ་དང་འདྲ་བར་རྒྱལ་བས་མདོ་སྡུད་པ་ལས་གསུངས་པའི་ཕྱིར་རོ། །

དེར་མ་ཟད་བསྟན་བཅོས་མངོན་པར་རྟོགས་པའི་རྒྱན་ལས་ཀྱང་། ཡོངས་སུ་བསྔོ་བ་ཁྱད་པར་ཅན། །དེ་ཡི་བྱེད་པ་མཆོག་ཡིན་ནོ། །དེ་ནི་དམིགས་མེད་རྣམ་པ་ཅན། །ཕྱིན་ཅི་མ་ལོག་མཚན་ཉིད་དོ། །ཞེས་གསུངས་ཤིང་། འདི་དང་རིགས་འདྲ་བའི་མདོ་རྒྱུད་བསྟན་བཅོས་ཐམས་ཅད་དགོངས་པ་མཐུན་པའི་ཕྱིར་རོ། །དེ་བཞིན་དུ་མདོ་སྡུད་པ་ལས། གང་དུ་ཡོངས་སུ་བསྔོ་བ་དེ་ཡང་ཟད་པ་དང་། །གང་གིས་ཡོངས་སུ་བསྔོ་བ་དེ་ཡང་ཟད་པ་དང་། །ཆོས་ཀྱིས་ཆོས་ལ་ནམ་ཡང་མི་བསྔོ་ཤེས་གྱུར་ན། །དེ་ལྟར་ཡོངས་སུ་ཤེས་པས་བྱང་ཆུབ་བསྔོ་བ་ཡིན། །ཞེས་པ་དང་། ཡུམ་གྱི་མདོ་ལས། དཔེར་ན་ཁ་ཟས་དུག་དང་བཅས་པ་དེ་བཞིན་དུ་དམིགས་པའི་འདུ་ཤེས་ཅན་ལ་ཡོངས་སུ་བསྔོ་བ་མེད་དོ་དེ་ཅིའི་ཕྱིར་ཞེ་ན་དམིགས་པ་ནི་དུག་དང་བཅས་པའོ་ཞེས་པ་དང་། སངས་རྒྱས་རྣམས་ནི་དམིགས་པའི་འདུ་ཤེས་ཅན་གྱི་ཡོངས་སུ་བསྔོ་བ་དོན་ཆེན་པོ་བྱེད་པའོ་ཞེས་མི་གསུང་ངོ་། །དེ་ཅིའི་ཕྱིར་ཞེ་ན་ཡོངས་སུ་བསྔོ་བ་དེ་ནི་དུག་དང་བཅས་པ་ཟུག་རྔུ་དང་བཅས་པ་སྟེ་ཞེས་པ་དང་། རབ་འབྱོར་དམིགས་པ་དང་བཅས་པའི་འདུ་ཤེས་ཅན་ལ་རྗེས་སུ་མཐུན་པའི་བཟོད་པ་ཡང་དཀའ་ན་བླ་ན་མེད་པ་ཡང་དག་པར་རྫོགས་པའི་བྱང་ཆུབ་ལྟ་སྨོས་ཀྱང་ཅི་དགོས་ཞེས་པ་དང་། སཾ་པུ་ཊི་ལས་ཀྱང་། རྣམ་རྟོག་མ་རིག་ཆེན་པོ་

སྟེ༑ ༑འཁོར་བའི་རྒྱ་མཚོར་ལྷུང་བྱེད་ཡིན། །མི་རྟོག་ཏིང་འཛིན་ལ་གནས་ན། །མཁའ་བཞིན་དྲི་མ་མེད་པར་འགྱུར། །ཞེས་གསུངས། ཆོས་རྗེ་ཉིད་ཀྱི་བསྔོ་བའི་གཞུང་དུ། སྔོར་བའི་ཆོས་སྤྱིག་པ་བཤགས་པ་སྔོན་དུ་འགྲོ་དགོས་ཏེ། བསྔོ་བ་མི་བསྒྱུར་བར་བྱེད་པ་ཡིན་ལ་དགེ་བ་སངས་རྒྱས་སུ་བསྒྱུར་བའི་གེགས་སྡིག་པ་མ་བཤགས་ན་བསྔོ་བ་འགྲུབ་པའི་གེགས་བྱེད་དེ། གོས་ཚོན་གྱིས་བསྒྱུར་བའི་སྔོན་དུ་དྲི་མ་སྦྱང་དགོས་པ་བཞིན་ནོ༑ ༑དགེ་བ་ལ་རྗེས་སུ་ཡི་རང་བར་བྱ་དགོས་ཏེ། རང་གཅིག་པུས་བྱས་པའི་དགེ་བ་འཕེལ་ཆུང་ཞིང་ནུས་པ་ཆུང་བ་ལུད་མེད་པའི་ཞིང་དང་འདྲ་བས་དགེ་བ་ཐམས་ཅད་ལ་དགའ་བའི་བློས་རྗེས་སུ་ཡི་རང་བས་འཕེལ་བར་བྱེད་པ་ཡིན། དངོས་གཞིའི་དུས་སུ་གདམས་ངག་གིས་བློ་བཅོས་དགོས་པས། དཔའ་བོས་སངས་རྒྱས་ལ་བསྟོད་པར། བསོད་ནམས་བྱས་པའི་ཚོགས་དག་ནི། །སེམས་ཅན་རྣམས་ལ་ཡོངས་བསྔོ་བར། །བཅོམ་ལྡན་ཁྱོད་ཀྱིས་གང་གསུངས་པ། །དེ་གཞན་བསྟན་བཅོས་ལས་མ་བཤད། །ཅེས་གསུང་ཞིང་། རྒྱུ་ཤུལ་གྲུ་སོ་སྣང་དུ་ཆོས་གསུངས་པའི་ཚེ་བསྔོ་བ་དུག་མེད་ཀྱི་ཚོ་གའི་ཚིག་ཇི་ལྟར་བྱེད་ཅེས་ཞུས་པས། ཕྱག་འཚལ་བ་དང་མཆོད་ཅིང་བཤགས་པ་དང་། །རྗེས་སུ་ཡི་རང་བསྐུལ་ཞིང་གསོལ་བ་འདེབས། །སྐྱབས་སུ་འགྲོ་ཞིང་བྱང་ཆུབ་སེམས་བསྐྱེད་ཀྱི། །བདག་དང་གཞན་གྱི་དགེ་བ་ཅི་མཆིས་པ། །འཁོར་གསུམ་ཡོངས་སུ་དག་པའི་ཤེས་རབ་ཀྱིས། །ཡོད་མེད་ལ་སོགས་དམིགས་པའི་དུག་སྤངས་ནས། །འཁོར་དང་མྱ་ངན་འདས་ལ་མི་སློན་པར། །འགྲོ་བའི་དོན་དུ་སངས་རྒྱས་མྱུར་ཐོབ་ཤོག །ཅེས་པ་འདི་མཛད་དོ། །དུག་དང་བཅས་པའི་ཟས་ཀྱི་དཔེར་མ་ཟད་རིགས་པ་གཞན་ཡོད་དེ། གང་དག་དམིགས་པ་མེད་པའི་ཆོས་ཀྱི་དབྱིངས་ལའང་གདོད་ནས་ཡོད་པའི་བསྔོ་རྒྱུའི་དགེ་བ་ཡིན་ཞེས་དམིགས་པར་བྱེད་པའི་གང་ཟག་དེ་ཡིས་ཆོས་ཅན་གཞན་དག་ལ་མཚན་མར་དམིགས་པར་འགྱུར་བ་སློས་ཅི་དགོས་ཏེ། དཔེར་ན་བྱི་བས་སྨུམ་ཁུར་བརྐུས་པའི་དབྱིག་པ་ཟོས་པར་གྱུར་ན་སྨུམ་ཁུར་ཟོས་ཟིན་པ་སློས་ཅི་དགོས་པ་བཞིན་ཡིན་པའི་ཕྱིར་རོ། །

གཉིས་པ་ནི། གཞན་ཡང་ལེགས་པར་སོམས་ལ་བསྔོ་བ་སློས་ཤིག་སྟེ། དེའི་རྒྱུ་མཚན་ཆོས་དབྱིངས་དེ་བཞིན་ཉིད་བསྔོ་རྒྱུའི་དགེ་བའི་ཡུལ་དུ་བྱེད་པ་དང་ཆོས་ཉིད་མི་འགྱུར་བདེན་པའི་བྱིན་བརླབས་ཀྱིས་ཞེས་ཟེར་བའི་རྡོ་རྗེ་རྒྱལ་མཚན་གྱི་བསྔོ་བའི་ཚིག་གོང་འོག་གཉིས་འགལ་བ་ཡིན་པ་དེས་ནའོ། །དེ་ལྟར་ན། འགྲོ་ཀུན་དགེ་བ་ཇི་སྙེད་ཡོད་པ་དང་། །བྱས་དང་བྱེད་འགྱུར་དེ་བཞིན་བྱེད་པ་དང་། །ཞེས་བྱ་བའི་དོན་ལེགས་པར་བཤད་ཟིན་ལ། བཟང་པོ་ཇི་བཞིན་དེ་འདྲའི་ས་དག་ལ། །ཞེས་བྱ་བ་ཡང་། དཀོན་བརྩེགས་ཀྱི་སྒྱུ་མ་མཁན་བཟང་པོ་ལུང་བསྟན་པའི་མདོ་ཇི་ལྟ་བ་བཞིན་དུ་བསྔོའོ། །གང་གིས་སྦྱིན་པ་གང་ལ་བྱིན། །སྦྱིན་པ་ཇི་ལྟར་མི་

རྟོག་པ། །སྤྲིན་པ་མཉམ་པ་དེ་ཉིད་ཀྱིས། །བཟང་པོ་ལ་ནི་ཡོངས་རྫོགས་ཤོག །ཅེས་གསུངས། ཀུན་ནས་ཀུན་ཀྱང་བཟང་པོར་རེད་གྱུར་ཅིག །ཅེས་བྱ་བའི་ཀུན་ཏུ་བཟང་པོ་ནི་སངས་རྒྱས་ཀུན་ཏུ་བཟང་པོ་ཡིན་ཏེ། རྒྱུད་བླ་མ་ལས། ཀུན་ཏུ་བཟང་པོ་དཔེ་མེད་དྲང་སྲོང་ཆེ། །ཞེས་པ་ལྟར། རྣམ་འགྲེལ་ལས་ཀྱང་། ཀུན་ཏུ་བཟང་པོའི་འོད་ཟེར་དག །ཅེས་པའི་འགྲེལ་པར་སངས་རྒྱས་ལ་བཤད་དོ། །

གཉིས་པ་ནི། གང་ལ་འཁྲུལ་ན། བདེ་གཤེགས་སྙིང་པོ་ཞེས་བྱ་བ། །ཆོས་དབྱིངས་འགྱུར་མེད་ཉིད་ལ་གསུངས། །ཞེས་བྱ་བ་དེ་ལ།

བོད་ལ་ལ་ན་རེ། བདེ་གཤེགས་སྙིང་པོའི་སྒྲ་ཆོས་ཀྱི་དབྱིངས་ལ་འཇུག་མི་ཟེར་བར་སེམས་ཅན་ཁོ་ནའི་ཁམས་ལ་འཇུག་པར་འདོད་པ་དེ་ཡང་མི་འཐད་དེ། སེམས་ཅན་ཁོ་ནའི་ཁམས་དེ་གང་ལ་ཟེར་འདི་ལྟར་བརྟག་པར་བྱ་སྟེ། སེམས་ཅན་ཁོ་ནའི་ཁམས་དེ་དངོས་པོའམ་དངོས་མེད་དམ་གཉིས་ཀ་མིན་པར་སྨྲོས་ཐལ་ཡིན་ཏེ། རྣམ་པ་གསུམ་པོ་དེ་ལས་གཞན་པའི་སེམས་ཅན་ཁོ་ནའི་ཁམས་མི་སྲིད་པའི་ཕྱིར་རོ། །

བརྟག་པ་དང་པོ་མི་འཐད་དེ། སེམས་ཅན་ཁོ་ནའི་ཁམས་དེ་དངོས་པོ་ཡིན་ན། བེམས་པོ་དང་རིག་པ་གཉིས་སུ་གྲངས་ཁ་ཆོན་ཆོད་ལ། བེམས་པོ་སེམས་ཅན་ཁམས་ཉིད་དུ་འདོད་པ་མུ་སྟེགས་རྒྱང་འཕེན་པ་ལྟ་བུ་འགའ་ཞིག་གི་ལུགས་ཡིན་གྱི་སངས་རྒྱས་པ་ལ་མེད་ཅིང་སེམས་ཅན་ཁོ་ནའི་ཁམས་དེ་རིག་པ་ཡིན་ན་རྣམ་ཤེས་ཀྱི་ཚོགས་བརྒྱད་ཉིད་ལས་གྲངས་འདའ་བ་མེད་ལ་རྣམ་ཤེས་ཚོགས་བརྒྱད་བདེ་གཤེགས་སྙིང་པོར་མི་འཐད་དེ། དེ་ནི་འདུས་བྱས་ཡིན་པའི་ཕྱིར། ཁྱབ་པ་ཡོད་དེ། མདོ་ལས། བདེ་བར་གཤེགས་པའི་སྙིང་པོ་ནི་འདུས་མ་བྱས་སུ་གསུངས་པའི་ཕྱིར་རོ། །དེས་ན་གྲངས་ངེས་ལ་ཁྱབ་པ་མི་འཛིན་པ་གསུང་རབ་སྤྱིའི་དགོངས་པ་ཡིན་ནོ། །མུ་སྟེགས་འགའ་ཡི་ལུགས་ཞེས་བྱ་བ་ལ། ཚད་མ་རྣམ་འགྲེལ་ལས། བློ་ནི་ལུས་ལ་བརྟེན་པའི་ཕྱིར། །གོམས་པས་གྲུབ་པ་མེད་ཅེ་ན། །ཞེས་པའི་འགྲེལ་པར་རྒྱང་འཕེན་པ་ལ་བཤད་ལ། གཅེར་བུ་པ་ན་རེ། ཤིང་ཆོས་ཅན། སེམས་ལྡན་ཡིན་ཏེ། ཤུན་པ་བཤུས་ན་འཆི་བའི་ཕྱིར། ལོ་མ་འཁུམས་ན་ཉལ་བ་བཞིན་ཟེར། སྤྱོད་འཇུག་ལས། དེ་ལྟར་ཤེས་མེད་བྱ་བྲལ་བ། །ནམ་མཁའ་བདག་ཏུ་བྱས་པར་འགྱུར། །ཞེས་པའི་ཕྱོགས་ལྟར། བྱེ་བྲག་པས་བདག་བེམས་པོར་འདོད་ཅེས་བཤད་ལ་བེམས་པོ་སེམས་ཅན་ཁམས་སུ་མ་བཤད་པས། རང་མཚན་དུ་གྲགས་པ་འདི་ལ་ཡང་འདི་འདྲའི་རིགས་ཅན་ཐེ་ཚོམ་ཟ་བ་མང་པོ་སྣང་ངོ་། །ཚོགས་བརྒྱད་ཉིད་ལས་འདའ་བ་མེད། །ཅེས་བྱ་བ་དེ་ལ། འོ་ན་ལུང་འགའ་ལས། བདེ་གཤེགས་སྙིང་པོས་འགྲོ་ཀུན་ཡོངས་ལ་ཁྱབ། །དྲི་མ་མེད་པའི་ཡིད་ལ་རབ་ཏུ་བརྟེན། །ཞེས་བྱ་བ་འབྱུང་བས། ཟག་པ་མེད་པའི་སེམས་རྒྱུད་ཅེས་བྱ་བ

ཡོད་དོ་ཞེས་གསུངས་པ་ནི་ཀུན་གཞིའི་རྣམ་ཤེས་ཀྱི་གསལ་བྱ་ཉིད་ལ་དགོངས་པ་ཡིན་ལ། ཀུན་གཞི་རྣམ་ཤེས་ཀྱི་གསལ་བྱ་དེ་ནི་ཆོས་ཅན། དགེ་བའི་ཕ་སྐད་དོན་མཐུན་མེད་དེ། མ་བསྒྲིབས་ལུང་མ་བསྟན་ཡིན་པའི་ཕྱིར། འོན་ཀྱང་ཟག་མེད་སེམས་རྒྱུད་ཅེས་བྱ་བ་རྣམ་ཤེས་ཚོགས་བརྒྱད་ལས་གྲངས་གཞན་པ་ཞིག་སེམས་ཅན་ཁོ་ནའི་རྒྱུད་ལ་ཡོད་ན་ནི་དེའི་ཚེ་རྣམ་ཤེས་ཚོགས་དགུར་འགྱུར་བ་ལས་རྣམ་ཤེས་ཚོགས་བརྒྱད་ལས་གྲངས་གཞན་པའི་ཟག་མེད་སེམས་རྒྱུད་སེམས་ཅན་ཁོ་ན་ལ་མི་སྲིད་དོ། །དེའི་རྒྱུ་མཚན་རྣམ་ཤེས་ཚོགས་བརྒྱད་དུ་གྲངས་ངེས་པ་དེས་ནའོ། །གལ་ཏེ་བོད་ཀྱི་ཆོས་མངོན་པ་བ་ཁ་ཅིག །བཙུན་པ་ཡང་དག་བདེན་པ་ན་རེ། དྲི་མ་མེད་པའི་ཡིད་དང་རྣམ་ཤེས་ཚོགས་དགུར་འདོད་ཟེར་ལ་ཡང་རིགས་པ་འདིས་ཁེགས་སོ། །

བརྟག་པ་གཉིས་པ་དངོས་མེད་ཡིན་ན། སེམས་ཅན་ཁོ་ནའི་ཁམས་དེ་ལ་དགེ་ལས་དང་སྡིག་པ་འཐད་པ་མ་ཡིན་ཏེ། དོན་བྱེད་ནུས་སུ་མེད་པའི་ཕྱིར། གལ་ཏེ་བརྟག་པ་གསུམ་པ་སེམས་ཅན་ཁོ་ནའི་ཁམས་དེ་དངོས་པོ་དང་དངོས་མེད་གཉིས་ཀའི་སྤྲོས་པ་མ་ཡིན་པར་སྤྲོས་བྲལ་སྟོང་ཉིད་ཡིན་ན། དེ་སྐད་བཤད་པའི་ཆོས་ཀྱི་དབྱིངས་ནས་འདའ་བ་མེད་པ་དེ་ལྟར་ཡིན་པས་ནི་ཆོས་ཀྱི་དབྱིངས་ལ་དགེ་ལས་དང་སྡིག་པ་མེད་པར་བཤད་ཟིན་ཏོ། །གཞན་ཡང་། ལ་ལ་བདེ་གཤེགས་སྙིང་པོའི་སྒྲ། །ཆོས་ཀྱི་དབྱིངས་ལ་མི་ཟེར་བར། །སེམས་ཅན་ཁོ་ནའི་ཁམས་ལ་འདོད། །ཅེས་བྱ་བ་དང་ཡང་འགལ།

གསུམ་པ་ལ། ཆོས་དབྱིངས་ངོ་བོ་དབྱེར་མེད་དུ་བསྟན། དེ་ལ་ལུང་རིགས་ཀྱི་འཐད་པ་དགོད། བདེ་གཤེགས་སྙིང་པོ་དགོངས་པ་ཅན་དུ་སྒྲུབ། ཞར་བྱུང་བསྔོ་བ་ལ་འཁྲུལ་པ་དགག་པ་དང་བཞི་ལས། དང་པོ་ནི། གང་ལ་འཁྲོས་ན། ཐེམས་པོ་སེམས་ཅན་ཁམས་ཉིད་དུ། །འདོད་པ་མུ་སྟེགས་འགའ་ཡི་ལུགས། །ཞེས་བྱ་བ་དེ་ལ༑ གལ་ཏེ་ཐེམས་པོའི་ཆོས་ཀྱི་དབྱིངས་ནི་བདེ་བར་གཤེགས་པའི་སྙིང་པོ་མ་ཡིན་ཡང་སེམས་ཅན་རྣམས་ཀྱི་ཆོས་ཀྱི་དབྱིངས་ཁོ་ན་བདེ་གཤེགས་སྙིང་པོ་ཡིན་སྙམ་ན། སེམས་ཅན་རྣམས་ཀྱི་ཆོས་དབྱིངས་ཁོ་ན་བདེ་གཤེགས་སྙིང་པོ་མ་ཡིན་པར་ཐལ། སེམས་ཅན་དང་སངས་རྒྱས་གཉིས་ཀའི་ཆོས་ཀྱི་དབྱིངས་ལ་ནི་བདེ་གཤེགས་སྙིང་པོ་ཡིན་མིན་གྱི་དབྱེ་བ་མེད་པར་རྒྱལ་བས་གསུངས་པའི་ཕྱིར། དེ་ཡང་ཡུམ་གྱི་ལས། རིགས་ཀྱི་བུ་ཆོས་འདི་དག་གི་དེ་བཞིན་ཉིད་གང་ཡིན་པ་དང་དེ་བཞིན་གཤེགས་པའི་དེ་བཞིན་ཉིད་གང་ཡིན་པ་འདི་ནི་དེ་བཞིན་ཉིད་གཅིག་སྟེ། རིགས་ཀྱི་བུ་དེ་བཞིན་ཉིད་ལ་གཉིས་སུ་བྱར་མེད་དོ་ཞེས་པ་དང་། མཚན་ཉིད་མེད་པར་མཚན་ཉིད་གཅིག །ཅེས་གསུངས།

གཉིས་པ་ནི། ལུང་དུ་མ་ཟད་རིགས་པས་ཀྱང་ནི་ཆོས་དབྱིངས་ངོ་བོ་དབྱེར་མེད་འདི་འགྲུབ་བོ། །ངོ་བོ

ཞེས་བྱ་བ་ཡང་ཚད་མ་རྣམ་འགྲེལ་ལས། ངོ་བོ་དེ་ཉིད་དེ་ལ་དོན། །ལྷག་མ་ལོག་པའི་མཚན་ཉིད་ཅན། །ཞེས་བཤད་པ་ལྟ་བུའི་ལོག་པས་རབ་ཏུ་ཕྱེ་བའི་རྫས་སོ། །དེས་ན་རྫས་ལ་དབྱེ་བ་མེད་ཅེས་བྱའི། ལོག་པ་ལ་ནི་དབྱེ་བ་ཡོད་དེ། འབུམ་ལས། སྟོང་ཉིད་བཞི་དང་བཅུ་དྲུག་དང་ཉི་ཤུར་ཡང་གསུངས་པའི་ཕྱིར་དང་། མདོ་སྡུད་པ་ལས་ཀྱང་། འདས་པའི་དེ་བཞིན་ཉིད་གང་མ་འོངས་དེ་བཞིན་ཉིད། །ཅེས་སོ་གསུངས། རྒྱུ་མཚན་དེས་ན་སེམས་ཅན་རྣམས་ཀྱི་རྒྱུད་ལ་སངས་རྒྱས་དང་འཁོར་བ་གཉིས་ཀ་འབྱུང་བ་འཐད་དེ། དེ་བཞིན་གཤེགས་པའི་སྙིང་པོ་སྤྲོས་བྲལ་བདེན་པས་སྟོང་པའི་རིག་སྟོང་ཟུང་འཇུག་ཡིན་པའི་ཕྱིར། འཕགས་པ་ཀླུ་སྒྲུབ་འགྲོ་བ་སྐྱོབ་པ་ཉིད་ཀྱིས། རྩ་ཤེར་ལས། གང་ལ་སྟོང་པ་ཉིད་རུང་བ། །དེ་ལ་ཐམས་ཅད་རུང་བ་ཡིན། །གང་ལ་སྟོང་ཉིད་མི་རུང་བ། །དེ་ལ་ཐམས་ཅད་རུང་མ་ཡིན། །ཞེས་གསུངས་པ་ཡང་དོན་འདི་ཉིད་ཡིན་པའི་ཕྱིར་དང་། གཞན་ཡང་ཐེག་པ་ཆེན་པོ་རྒྱུད་བླ་མར། སེམས་ཅན་ལ་བདེ་བར་གཤེགས་པའི་ཁམས་ཡོད་པ་ཉིད་ཀྱི་སྒྲུབ་བྱེད་ནི། གལ་ཏེ་སངས་རྒྱས་ཁམས་མེད་ན། །སྡུག་ལ་སྐྱོ་བར་མི་འགྱུར་ཞིང་། །མྱ་ངན་འདས་ལ་འདོད་པ་དང་། །དོན་གཉེར་སྨོན་པའང་མེད་པར་འགྱུར། །ཞེས་ལོག་ཁྱབ་བསྟན་ནས། སྲིད་དང་མྱ་ངན་འདས་ལ་དེའི། །སྡུག་བདེའི་སྐྱོན་ཡོན་མཐོང་བ་འདི། །རིགས་ཡོད་པས་ཡིན་གང་ཕྱིར་དེ། །རིགས་མེད་དག་ལ་མེད་ཕྱིར་རོ། །ཞེས་རྗེས་འགྲོའི་སྒོ་ནས་གསུངས་པ་ཡང་དོན་འདི་ཉིད་ཡིན་པའི་ཕྱིར་ཏེའོ། །གལ་ཏེ་སེམས་ཅན་ཁམས་མེད་ན། །ཞེས་པ་གླེགས་བམ་ལ་ལ་ནས་འབྱུང་ཡང་ཡི་གེ་པའི་སྐྱོན་ནོ། །ལྷ་མོ་དཔལ་ཕྲེང་གི་མདོ་ལས། བཅོམ་ལྡན་འདས་གལ་ཏེ་དེ་བཞིན་གཤེགས་པའི་སྙིང་པོ་མ་མཆིས་ན་ནི་སྡུག་བསྔལ་ལ་ཡང་སྐྱོ་བར་མི་འགྱུར་བ་དང་མྱ་ངན་ལས་འདས་པ་ལ་ཡང་འདོད་པ་དང་འདུན་པ་དང་དོན་དུ་གཉེར་བ་དང་སྨོན་པ་ཡང་མེད་པར་འགྱུར་རོ་ཞེས་གསུངས། རིགས་པ་གཞན་ཡང་། དཔེར་ན་མེ་ཡི་སྒྲུབ་བྱེད་ཚ་ཞིང་སྲེག་པ་བཀོད་པ་ལྟར་སེམས་ཅན་ལ་བདེ་གཤེགས་ཁམས་ཀྱི་སྒྲུབ་བྱེད་འཐད་དོ། །དེའི་རྒྱུ་མཚན། ཉེ་བར་ལེན་པ་ནི་ལས་དང་ཉོན་མོངས་པ་ཡིན་ལ། དེ་ལས་བྱུང་བས་ན་ཉེ་བར་ལེན་པའི་ཕུང་པོ་སྟེ། རྩྭའི་མེ་དང་ལོ་མའི་མེ་བཞིན་ནོ། །དེ་ཡང་ཉེ་བར་ལེན་པའི་ཕུང་པོ་ལྔ་པོ་སྡུག་བསྔལ་ཡིན་པས་ཡིད་འཁོར་བ་ལ་སྐྱོ་བར་འགྱུར་ཞིང་མྱ་ངན་ལས་འདས་པ་ཟག་མེད་ཀྱི་བདེ་བ་ཡིན་པས་ན་སེམས་ནི་རང་གི་དོན་དུ་གཉེར་བྱ་དང་སྨོན་པའི་གནས་མྱ་ངན་ལས་འདས་པ་ལ་བསྙེག་པའི་ཕྱིར། དཔེར་ན་བྱ་རང་གི་ཚང་དུ་བསྙེག་པ་བཞིན་ནོ། །

གསེར་འོད་དམ་པའི་མདོ་ལས། འཁོར་བའི་ཉེས་དམིགས་དང་མྱ་ངན་ལས་འདས་པའི་ཕན་ཡོན་ཡང་དག་པར་རིག་ཅིང་ཡང་དག་པར་སོ་སོར་རྟོག་པ་འདི་ནི་ཕ་རོལ་ཏུ་ཕྱིན་པའི་དོན་ཏོ། །ཞེས་པ་དང་། དཀོན་

མཆོག་སྦྱིན་ལས། རིགས་ཀྱི་བུ་གལ་ཏེ་དོན་དམ་པ་མེད་དུ་ཟིན་ན་ཚངས་པར་སྤྱོད་པ་ཡང་དོན་མེད་པར་འགྱུར་རོ་དེ་བཞིན་གཤེགས་པ་འབྱུང་བ་ཡང་དོན་མེད་པར་འགྱུར་རོ་གང་གི་ཕྱིར་དོན་དམ་པ་ཡོད་པ་དེའི་ཕྱིར་བྱང་ཆུབ་སེམས་དཔའ་རྣམས་དོན་དམ་པ་ལ་མཁས་པར་བྱའོ་ཞེས་གསུངས་སོ། །

དེ་བཞིན་གཤེགས་པའི་སྙིང་པོ་སྦྱོར་བྲལ་ཡིན་པ་འདིའི་དོན་ལུང་རིགས་ཕུང་ཟད་ཙམ་བཤད་པ་ཡིན་ཀྱི། རྒྱས་པར་བརྒྱད་སྟོང་པའི་ཆོས་འཕགས་ཀྱི་ནི་ལེའུ་ལ་སོགས་པར་ལྟོས་ཤིག་སྟེ་དེ་ཉིད་ལས། རིགས་ཀྱི་བུ་སྟོང་པ་ཉིད་ལ་འོང་བའམ་འགྲོ་བ་མེད་སྟོང་པ་ཉིད་གང་ཡིན་པ་དེ་ནི་དེ་བཞིན་གཤེགས་པའོ། །རིགས་ཀྱི་བུ། ཇི་ལྟ་བ་བཞིན་ལ་འོང་བའམ་འགྲོ་བ་མེད་དེ་ཇི་ལྟ་བ་བཞིན་གང་ཡིན་པ་དེ་ནི་དེ་བཞིན་གཤེགས་པའོ། །རིགས་ཀྱི་བུ་འདོད་ཆགས་དང་བྲལ་བ་ལ་ནི་འོང་བའམ་འགྲོ་བ་མེད་དེ་འདོད་ཆགས་དང་བྲལ་བ་གང་ཡིན་པ་དེ་ནི་དེ་བཞིན་གཤེགས་པའོ་ཞེས་པ་དང་། འཕགས་པ་ཆོས་འཕགས་ལ་བྱང་ཆུབ་སེམས་དཔའ་རྟག་ཏུ་ངུས་དེ་བཞིན་གཤེགས་པ་དེ་དག་གང་ནས་བྱོན་གང་དུ་བཞུད་ཅེས་དྲིས་པས། ལན་དུ་དེ་བཞིན་གཤེགས་པ་དེ་དག་གང་ནས་ཀྱང་མ་བྱོན་གང་དུ་ཡང་མ་བཞུད་དོ་དེ་བཞིན་ཉིད་ལས་མ་གཡོས་སོ་དེ་བཞིན་ཉིད་གང་ཡིན་པ་དེ་ནི་དེ་བཞིན་གཤེགས་པའོ་ཞེས་པ་དང་། སྨིག་རྒྱུ་གཡོ་བ་མཐོང་བ་ན་སྨིག་རྒྱུའི་ཆུ་དེ་གང་ནས་འོང་གང་དུ་སོང་ཆུ་མེད་པ་ལ་ཆུར་འདུ་ཤེས་པ་དེ་བཞིན་དུ་དེ་བཞིན་གཤེགས་པ་ལ་གཟུགས་དང་སྒྲར་མངོན་པར་ཞེན་ནས་བྱོན་པ་དང་བཞུད་པར་རྟོག་པ་དེ་ནི་བྱིས་པ་ཤེས་རབ་འཆལ་བའོ་ཞེས་པ་དང་། ཆོས་ཐམས་ཅད་རྨི་ལམ་ལྟ་བུར་ཤེས་པ་དེས་ཆོས་གང་ལ་ཡང་འགྲོ་བ་དང་འོང་བ་དང་སྐྱེ་བ་དང་འགག་པར་མི་རྟོག་གོ །དེ་བཞིན་གཤེགས་པ་ཆོས་ཉིད་དུ་རབ་ཏུ་ཤེས་པ་དེ་ནི་བླ་ན་མེད་པ་ཡང་དག་པར་རྫོགས་པའི་བྱང་ཆུབ་ལ་ཉེ་བ་དང་ཤེས་རབ་ཀྱི་ཕ་རོལ་ཏུ་ཕྱིན་པ་ལ་སྤྱོད་པའོ་ཡུལ་འཁོར་གྱི་བསོད་སྙོམས་དོན་ཡོད་པར་ཟ་བའོ་འཇིག་རྟེན་གྱི་སྦྱིན་གནས་སོ་ཞེས་པ་དང་། དཔེར་ན་རྒྱ་མཚོའི་རིན་པོ་ཆེ་ནི་ཕྱོགས་བཅུ་གང་ནས་ཀྱང་མ་འོང་སྟེ་འོན་ཀྱང་སེམས་ཅན་རྣམས་ཀྱི་དགེ་བའི་རྩ་བ་ལས་བྱུང་བའོ། །རྒྱུ་མེད་པར་མི་འབྱུང་སྟེ་རྒྱུ་དང་རྐྱེན་དང་གཞི་ལ་རག་ལས་པ་ལ་བརྟེན་ནས་འབྱུང་ངོ་། །རིན་པོ་ཆེ་རྣམས་འགག་པའི་ཚེ་གང་དུའང་མི་འཕོ་སྟེ་རྐྱེན་མེད་པ་ན་འགག་གོ །སངས་རྒྱས་བཅོམ་ལྡན་འདས་ཀྱི་སྐུ་དེ་དག་ཀྱང་རྒྱུ་མེད་པ་མ་ཡིན་ཏེ་སྔོན་གྱི་སྤྱད་པ་ལས་ཡོངས་སུ་གྲུབ་པ་རྒྱུ་དང་རྐྱེན་ལ་རག་ལས་པ་སྔོན་གྱི་ཕྱིན་ལས་རྣམ་པར་སྨིན་པ་ལས་བྱུང་བ་ཡིན་ནོ། །རྐྱེན་རྣམས་ཡོད་ན་སྐུ་མངོན་པར་འགྲུབ་པར་འགྱུར་ཏེ་རྐྱེན་མེད་ན་མི་འགྲུབ་བོ། །པི་ཝང་གི་སྒྲ་ནི་ཁོག་པ་དང་པགས་པ་དང་རྒྱུད་དང་རྫོལ་བ་ལ་བརྟེན་པ་བཞིན་ནོ། །དེ་བཞིན་དུ་སངས་རྒྱས་བཅོམ་ལྡན་འདས་ཀྱི་སྐུ་ཡོངས་སུ་འགྲུབ་པ་ཡང་རྒྱུ་དང་རྐྱེན་ལ་རག་

ལས་པ་དགེ་བའི་རྩ་བ་དུ་མས་ཡོངས་སུ་གྲུབ་པ་ཡིན་ནོ། །རྒྱུ་གཅིག་ལས་མ་ཡིན་རྐྱེན་གཅིག་ལས་མ་ཡིན་དགེ་བའི་རྩ་བ་གཅིག་གིས་སངས་རྒྱས་ཀྱི་སྐུ་རབ་ཏུ་ཕྱེ་བ་མ་ཡིན་རྒྱུ་དང་རྐྱེན་མང་པོ་ཚོགས་པ་ལས་བྱུང་བ་ཡིན་ཏེ་དེ་ནི་གང་ནས་ཀྱང་མ་བྱོན་རྒྱུ་དང་རྐྱེན་ཚོགས་པ་མེད་ན་གང་དུའང་མ་བཞུད་དོ་དེ་བཞིན་གཤེགས་པ་བྱོན་པ་དང་བཞུས་པའང་དེ་ལྟར་དུ་ལྟ་བར་བྱའོ། །ཁྱོད་ཀྱིས་ཆོས་ཐམས་ཅད་ཀྱི་ཆོས་ཉིད་ཀྱང་འདི་བཞིན་དུ་ཁོང་དུ་ཆུད་པར་གྱིས་ཤིག་ཅེས་གསུངས་སོ། །

གསུམ་པ་ནི། འོན་ཀྱང་དཔལ་ཕྲེང་སེང་གེ་སྒྲས་ཞུས་པ་དང་། འཕགས་པ་གཟུངས་ཀྱི་དབང་ཕྱུག་རྒྱལ་པོས་ཞུས་པ་དང་། བུ་མོ་རིན་ཆེན་གྱིས་ཞུས་པ་དང་། དེ་བཞིན་གཤེགས་པའི་སྙིང་པོའི་ལེའུ་དང་། སངས་རྒྱས་ཐམས་ཅད་ཀྱི་ཡུལ་ལ་འཇུག་པ་ཡེ་ཤེས་སྣང་བ་རྒྱན་གྱི་མདོ་དང་། མདོ་སྡེ་མྱང་འདས་ལ་སོགས་པ་འགའ་ཞིག་དང་། བསྟན་བཅོས་ཐེག་པ་ཆེན་པོ་རྒྱུད་བླ་མར། གོས་རྡུལ་ངན་པའི་ནང་ན་རིན་ཆེན་གསེར་གྱི་རྒྱལ་བའི་སྐུ་གཟུགས་ཡོད་པ་ལྟར་ཞེས་སོགས། དཔེ་དགུའི་སྒོ་ནས་སེམས་ཅན་རྣམས་ལ་མཚན་དཔེས་བརྒྱན་པའི་སངས་རྒྱས་ཀྱི་སྙིང་པོ་རྟག་པ་བརྟན་པ་མི་འགྱུར་བ་གཡུང་དྲུང་སྟོབས་སོགས་ཀྱི་ཡོན་ཏན་ཐམས་ཅད་རང་ཆས་སུ་ལྡན་པ་ཞིག་ཡོད་པར་དངོས་ཤུགས་ཅི་རིགས་སུ་གསུངས་པ་ནི་དྲང་དོན་དགོངས་པ་ཅན་ཡིན་པར་ཤེས་པར་བྱ་སྟེ། སེམས་ཅན་རྣམས་ལ་དེ་འདྲའི་སངས་རྒྱས་ཀྱི་སྙིང་པོ་ཡོད་པར་གསུངས་པ་དེ་ཡི་དགོངས་གཞི་སེམས་ཅན་གྱི་སེམས་ཀྱི་སྟོང་ཉིད་སྤྲོས་བྲལ་ཡིན་ལ་དགོས་པ་སེམས་ཞུམ་པ་སོགས་སྐྱོན་ལྔ་སྤང་བའི་ཕྱིར་དུ་གསུངས་ལ་དངོས་ལ་གནོད་བྱེད་ཚད་མ་ནི་ཡོད་པའི་ཕྱིར་ཏེ། སེམས་ཅན་རྣམས་ལ་མཚན་དཔེས་བརྒྱན་པ་དེ་འདྲའི་སངས་རྒྱས་ཀྱི་ཁམས་ཡོད་ན་མུ་སྟེགས་བྱེད་ཀྱི་བདག་ཡོད་པ་དང་མཚུངས་པ་དང་བདེན་པའི་དངོས་པོ་ཡོད་པར་འགྱུར་བའི་ཕྱིར་དང་། ཆོས་ཐམས་ཅད་བདག་མེད་དུ་སྟོན་པའི་ངེས་པའི་དོན་གྱི་མདོ་སྡེ་དང་རྣམ་པ་ཀུན་ཏུ་འགལ་བའི་ཕྱིར་རོ། །མུ་སྟེགས་བདག་ཅེས་བྱ་བ་ཡང་། གྲངས་ཅན་ཤེས་རིག་ཀུན་ལ་ཁྱབ་པའི་རྟག་པ་གཅིག་པུ་དང་། དབང་ཕྱུག་པ་གསལ་ལ་དྭངས་པའི་རྟག་པ་གཅིག་པུ་དང་། ཁྱབ་འཇུག་པ་ཀུན་ཁྱབ་ཀྱི་བློ་གཅིག་བུར་བདེན་པ་དང་། གཅེར་བུ་པ་རང་བཞིན་རྟག་ལ་གནས་སྐབས་མི་རྟག་པ་རང་རང་གི་ལུས་ཚད་ཙམ་དང་། རིག་པ་ཅན་པ་དཀར་ལ་འཆེར་བ་སྐུམ་ལ་འགྲིལ་བ་རྡུལ་ཕྲན་ཙམ་ཞིག་རང་རང་གི་སྙིང་ལ་གནས་པ་སོགས་འདོད་ཚུལ་དུ་མ་ཡོད་དེ། འཕགས་པ་ལྷས། ལ་ལ་ཀུན་ཏུ་སོང་བར་མཐོང་། །ལ་ལ་སྐྱེས་བུའི་ལུས་ཙམ་ཞིག །ལ་ལ་རྡུལ་ཕྲན་ཙམ་ཞིག་སྟེ། །ཤེས་རབ་ཅན་གྱིས་མེད་ཅེས་མཐོང་། །ཞེས་བཤད།

མདོ་མྱང་འདས་ཆེན་པོར་ཡང་། བྱིས་པ་མ་རབས་ཀྱིས་བདག་ཏུ་འཛིན་པ་ནི་མཐེ་བོང་ཙམ་ཞེའམ་

ཡུངས་དཀར་ཙམ་ཞིའམ་རྡུལ་ཕྲ་མོ་ཙམ་དུ་འཛིན་ཏོ་ཞེས་གསུངས། སྐྱོན་ལྟ་སྤྱོང་བའི་ཚུལ་ཡང་རྒྱུད་བླ་མར། སེམས་ཞུམ་སེམས་ཅན་དམན་ལ་བརྙས་པ་དང་། །ཡང་དག་མི་འཛིན་ཡང་དག་ཆོས་ལ་བསྐུར། །བདག་ཆགས་ལྷག་པའི་སྐྱོན་ལྔ་གང་དག་ལ། །ཡོད་པ་དེ་དག་དེ་སྤང་དོན་དུ་གསུངས། །ཞེས་སོ། །སེམས་ཅན་རྣམས་ལ་སངས་རྒྱས་ཀྱི། །སྙིང་པོ་ཡོད་པར་གསུངས་པ་ནི། །དགོངས་པ་ཡིན་པར་ཤེས་པར་བྱ་བ་འདིའི་དོན། རྔ་བོ་ཆེ་དང་ལང་ཀར་གཤེགས་པ་སོགས་དང་། སངས་རྒྱས་ཕལ་པོ་ཆེའི་དེ་བཞིན་གཤེགས་པའི་སྙིང་པོའི་ལེའུའི་མདོ་སྡེར་ལྟོས་ཤིག །དེར་མ་ཟད་སློབ་དཔོན་ཟླ་བ་གྲགས་པས་ཀྱང་། དབུ་མ་ལ་ནི་འཇུག་པ་ལས། །འཕགས་པ་ལང་ཀར་གཤེགས་པའི་མདོ་དྲངས་ཏེ་བདེ་གཤེགས་སྙིང་པོ་དྲང་དོན་དུ་གསུངས་པ་དེ་ཡང་རྗེས་འཇུག་གི་གདུལ་བྱས་ཤེས་པར་གྱིས་ཤིག །འཇུག་པ་ལས། མདོ་སྡེ་གང་ལས་ཕྱི་རོལ་སྣང་ཡོད་མིན། །སེམས་ནི་སྣ་ཚོགས་སྣང་ངོ་ཞེས་གསུངས་པ། །གཟུགས་ལ་ཤིན་ཏུ་ཆགས་གང་དེ་དག་ལ། །གཟུགས་བཟློག་པས་ཏེ་དེ་ཡང་དྲང་དོན་ཉིད། །འདི་ནི་སྟོན་པས་དྲང་དོན་ཉིད་གསུངས་ཤིང་། །འདི་ནི་དྲང་དོན་ཉིད་དུ་རིགས་པས་འཐད། །རྣམ་པ་དེ་ལྟའི་མདོ་སྡེ་གཞན་ཡང་ནི། །དྲང་དོན་ཉིད་དུ་ལུང་འདིས་གསལ་བར་བྱེད། །རྣམ་པ་དེ་ལྟའི་མདོ་སྡེ་གང་ཞེ་ན་དགོངས་པ་ངེས་པར་འགྲེལ་པའི་མདོ་ལས། བརྟགས་པ་དང་གཞན་གྱི་དབང་དང་ཡོངས་སུ་གྲུབ་པ་ཞེས་བྱ་བ་རང་བཞིན་གསུམ་བསྟན་པ་ལས་བརྟགས་པ་མེད་པ་ཉིད་དང་གཞན་གྱི་དབང་ཡོད་པ་ཉིད་དང་དེ་བཞིན་དུ། ལེན་པའི་རྣམ་པར་ཤེས་པ་ཟབ་ཅིང་ཕྲ། །ས་བོན་ཐམས་ཅད་ཆུ་བོའི་རྒྱུན་ལྟར་འབབ། །བདག་ཏུ་རྟོག་པར་གྱུར་ན་མི་རུང་ཞེས། །བྱིས་པ་རྣམས་ལ་ངས་ནི་དེ་མ་བསྟན། །ཞེས་བྱ་བ་ལ་སོགས་པ་སྟེ། ལང་ཀར་གཤེགས་པའི་ལུང་འདི། ཇི་ལྟར་ནད་པ་ནད་པ་ལ། །སྨན་པས་སྨན་རྣམས་གཏོང་བ་ལྟར། །སངས་རྒྱས་དེ་བཞིན་སེམས་ཅན་ལ། །སེམས་ཙམ་དུ་ཡང་རབ་ཏུ་གསུངས། །ཞེས་བྱ་བའི་ལུང་འདིས་དྲང་བའི་དོན་ཉིད་དུ་གསལ་བར་བྱེད་དོ། །

དེ་བཞིན་དུ། བཅོམ་ལྡན་འདས་ཀྱིས་མདོ་བརྗོད་པ་ལས། དེ་བཞིན་གཤེགས་པའི་སྙིང་པོ་གསུངས་པ་དེ་བཅོམ་ལྡན་འདས་ཀྱིས་རང་བཞིན་གྱིས་འོད་གསལ་བ་རྣམ་པར་དག་པས་ཐོག་མ་ནས་རྣམ་པར་དག་པ་ཉིད་མཚན་སུམ་ཅུ་རྩ་གཉིས་དང་ལྡན་པ་སེམས་ཅན་ཐམས་ཅད་ཀྱི་ལུས་ཀྱི་ནང་ན་མཆིས་པར་བརྗོད་དེ། བཅོམ་ལྡན་འདས་ཀྱིས་རིན་པོ་ཆེ་རིན་ཐང་ཆེན་པོ་གོས་དྲི་མ་ཅན་གྱིས་ཡོངས་སུ་དཀྲིས་པ་ལྟར་ཕུང་པོ་དང་ཁམས་དང་སྐྱེ་མཆེད་ཀྱི་གོས་ཀྱིས་ཡོངས་སུ་དཀྲིས་པ་འདོད་ཆགས་དང་ཞེ་སྡང་དང་གཏི་མུག་གི་ཟིལ་གྱིས་ནོན་པ་ཡོངས་སུ་རྟོགས་པའི་རྟོག་པས་དྲི་ཅན་དུ་གྱུར་པ་རྟག་པ་བརྟན་པ་ཐེར་ཟུག་པར་ནི་བརྗོད་ན། བཅོམ་

ལྡན་འདས་དེ་བཞིན་གཤེགས་པའི་སྙིང་པོར་སྨྲ་བ་འདི་ནི་མུ་སྟེགས་བྱེད་ཀྱི་བདག་ཏུ་སྨྲ་བ་དང་ཇི་ལྟར་འདྲ་བ་མ་ལགས། བཅོམ་ལྡན་འདས་མུ་སྟེགས་བྱེད་རྣམས་ཀྱང་རྟག་པ་བྱེད་པ་པོ་ཡོན་ཏན་མེད་པ་ཁྱབ་པ་མི་འཇིག་པའོ་ཞེས་བདག་ཏུ་སྨྲ་བ་སྟོན་པར་བྱེད་དོ། །བཅོམ་ལྡན་འདས་ཀྱིས་བཀའ་སྩལ་པ། བློ་གྲོས་ཆེན་པོ་ངའི་དེ་བཞིན་གཤེགས་པའི་སྙིང་པོ་བསྟན་པ་ནི་མུ་སྟེགས་ཅན་གྱི་བདག་ཏུ་སྨྲ་བ་དང་མཚུངས་པ་མ་ཡིན་ཏེ། བློ་གྲོས་ཆེན་པོ་དེ་བཞིན་གཤེགས་པ་དགྲ་བཅོམ་པ་ཡང་དག་པར་རྫོགས་པའི་སངས་རྒྱས་རྣམས་ནི་སྟོང་པ་ཉིད་དང་ཡང་དག་པའི་མཐའ་དང་མྱ་ངན་ལས་འདས་པ་དང་མ་སྐྱེས་པ་དང་མཚན་མ་མེད་པ་དང་སྨོན་པ་མེད་པ་ལ་སོགས་པའི་ཚིག་གི་དོན་རྣམས་ལ་དེ་བཞིན་གཤེགས་པའི་སྙིང་པོར་བསྟན་པར་བྱས་ནས་བྱིས་པ་རྣམས་བདག་མེད་པས་འཇིགས་པར་འགྱུར་བའི་གནས་རྣམ་པར་སྤང་བའི་དོན་དུ་དེ་བཞིན་གཤེགས་པའི་སྙིང་པོའི་སྒོ་བསྟན་པས་རྣམ་པར་མི་རྟོག་པའི་གནས་སྣང་བ་མེད་པའི་སྤྱོད་ཡུལ་སྟོན་ཏེ། བློ་གྲོས་ཆེན་པོ་མ་འོངས་པ་དང་ད་ལྟར་བྱུང་བའི་བྱང་ཆུབ་སེམས་དཔའ་སེམས་དཔའ་ཆེན་པོ་རྣམས་ཀྱིས་བདག་ལ་མངོན་པར་ཞེན་པར་མི་བྱའོ། །བློ་གྲོས་ཆེན་པོ་དཔེར་ན་རྫ་མཁན་ནམ་འཇིམ་པའི་རྡུལ་གྱི་ཕུང་པོ་གཅིག་ལ་ལག་པ་དང་བཟོ་དང་ལག་ཟུངས་དང་ཆུ་དང་སྲད་བུ་དང་ནན་ཏན་དང་ལྡན་པ་ལས་སྣོད་རྣམ་པ་སྣ་ཚོགས་བྱེད་དོ། །བློ་གྲོས་ཆེན་པོ་དེ་བཞིན་དུ་དེ་བཞིན་གཤེགས་པ་རྣམས་ང་ཆོས་ལ་བདག་མེད་པ་རྣམ་པར་རྟོག་པའི་བདག་ཉིད་ཐམས་ཅད་རྣམ་པར་ལོག་པ་དེ་ཉིད་ཤེས་རབ་དང་ཐབས་ལ་མཁས་པ་དང་ལྡན་པ་རྣམ་པར་སྣ་ཚོགས་ཀྱིས་དེ་བཞིན་གཤེགས་པའི་སྙིང་པོ་བསྟན་པའི་བདག་མེད་པ་བསྟན་པས་ཀྱང་རུང་སྟེ་རྫ་མཁན་བཞིན་དུ་ཚིག་དང་ཡི་གེའི་རྣམ་གྲངས་རྣམ་པ་སྣ་ཚོགས་ཀྱིས་སྟོན་ཏོ། །དེ་ལྟར་དེའི་ཕྱིར་བློ་གྲོས་ཆེན་པོ་དེ་བཞིན་གཤེགས་པའི་སྙིང་པོ་བསྟན་པས་མུ་སྟེགས་བྱེད་ཀྱི་བདག་ཏུ་སྨྲ་བ་བསྟན་པ་དང་མི་འདྲའོ། །བློ་གྲོས་ཆེན་པོ་དེ་ལྟར་དེ་བཞིན་གཤེགས་པ་རྣམས་ཀྱིས་མུ་སྟེགས་བྱེད་བདག་ཏུ་སྨྲ་བ་ལ་མངོན་པར་ཞེན་པ་རྣམས་དྲང་བའི་ཕྱིར་དེ་བཞིན་གཤེགས་པའི་སྙིང་པོ་བསྟན་པས་དེ་བཞིན་གཤེགས་པའི་སྙིང་པོ་སྟོན་ཏེ་ཡང་དག་པའི་བདག་ཏུ་རྣམ་པར་རྟོག་པའི་ལྟ་བར་ལྟུང་བའི་བསམ་པ་ཅན་དག་རྣམ་པར་ཐར་པ་གསུམ་གྱི་སྤྱོད་ཡུལ་ལ་གནས་པའི་བསམ་པ་དང་ལྡན་ཞིང་མྱུར་དུ་བླ་ན་མེད་པ་ཡང་དག་པར་རྫོགས་པའི་བྱང་ཆུབ་ཏུ་མངོན་པར་རྫོགས་པར་འཚང་རྒྱ་བར་ཇི་ལྟར་འགྱུར་ཞེས་བྱ་བ་དང་།

ཡང་དེ་ཉིད་ལས། བློ་གྲོས་ཆེན་པོ་སྟོང་པ་ཉིད་དང་མི་སྐྱེ་བ་དང་མི་གཉིས་པ་དང་རང་བཞིན་མེད་པའི་མཚན་ཉིད་སངས་རྒྱས་ཐམས་ཅད་ཀྱི་མདོ་སྡེའི་ནང་དུ་ཆུད་པ་འདི་ཞེས་བསྟན་ཏོ། །དེའི་ཕྱིར་དེ་ལྟར་ན་རྣམ་པ

དེ་ལྟ་བུའི་མདོ་སྡེ་རྣམ་པར་ཤེས་པར་སླུ་བ་རྣམས་ཀྱིས་ངེས་པའི་དོན་ཉིད་དུ་ཁས་བླངས་པ་ཐམས་ཅད་དྲང་པའི་དོན་ཡིན་པར་ལུང་འདིས་མངོན་པར་གསལ་བར་བྱས་ནས་རིགས་པས་དྲང་བའི་དོན་ཉིད་དུ་གསལ་བར་བྱ་བའི་ཕྱིར་བཤད་པ། ཤེས་བྱ་མེད་ན་ཤེས་པ་བསལ་བ་ནི། །བདེ་བླག་ཉིད་ཅེས་སངས་རྒྱས་རྣམས་ཀྱིས་གསུངས། །ཤེས་བྱ་མེད་ན་ཤེས་པ་བཀག་འགྲུབ་པས། །དང་པོར་ཤེས་བྱ་དགག་པ་མཛད་པ་ཡིན། །དེ་ལྟར་ལུང་གི་ལོ་རྒྱུས་ཤེས་བྱ་སྟེ། །མདོ་གང་དེ་ཉིད་མ་ཡིན་བཤད་དོན་ཅན། །དྲང་དོན་གསུངས་པའང་རྟོགས་ནས་དྲང་བྱ་ཞིང་། །སྟོང་ཉིད་དོན་ཅན་ངེས་དོན་ཡང་ཤེས་ཀྱིས། །ཞེས་དང་། ཇི་སྐད་དུ། སྟོང་པ་བདེ་བར་གཤེགས་པས་བསྟན་པ་ལྟར། །ངེས་དོན་མདོ་སྡེ་དག་གི་བྱེ་བྲག་ཤེས། །གང་ལས་སེམས་ཅན་གང་ཟག་སྐྱེས་བུ་བསྟན། །ཆོས་དེ་ཐམས་ཅད་དྲང་བའི་དོན་དུ་ཤེས། །ཞེས་བྱ་བ་དང་། དེ་བཞིན་དུ། འཇིག་རྟེན་ཁམས་ནི་སྟོང་ཕྲག་ཏུ། །ང་ཡིས་མདོ་རྣམས་གང་གསུངས་པ། །ཡི་གེ་ཐ་དད་དོན་གཅིག་སྟེ། །ཡོངས་སུ་བསྒྲག་པར་ནུས་མ་ཡིན། །དངོས་པོ་གཅིག་ནི་བསམ་བྱས་ན། །དེ་དག་ཐམས་ཅད་བསྒོམས་འགྱུར་ཏེ། །སངས་རྒྱས་ཀུན་གྱི་ཆོས་མང་པོ། །ཇི་སྙེད་རབ་ཏུ་བསྟན་པ་རྣམས། །ཆོས་རྣམས་ཀུན་གྱི་བདག་མེད་ཡིན། །མི་གང་དོན་ལ་མཁས་རྣམས་ཀྱིས། །གནས་འདི་ལ་ནི་བསླབ་བྱས་ན། །སངས་རྒྱས་ཆོས་རྣམས་རྙེད་མི་དཀའ། །ཞེས་གསུངས་སོ། །དེ་བཞིན་དུ་འཕགས་པ་བློ་གྲོས་མི་ཟད་པ་ལ་སོགས་པའི་མདོ་སྡེ་དག་ལས་རྒྱ་ཆེར་བསྟན་པ་ཡང་རྟོགས་པར་བྱའོ་ཞེས་པ་དང་། མདོ་ཏིང་ངེ་འཛིན་རྒྱལ་པོ་ལྟར། བློ་གྲོས་མི་ཟད་པའི་མདོ་དེ་ཉིད་ལས། ངེས་པའི་དོན་གྱི་མདོ་ནི་གང་དྲང་བའི་དོན་གྱི་མདོ་ནི་གང་ཞེ་ན། མདོ་སྡེ་གང་དག་ཏུ་ཀུན་རྫོབ་བསྒྲུབ་པ་བསྟན་པ་དེ་དག་ནི་དྲང་བའི་དོན་ཞེས་བྱའོ། །མདོ་སྡེ་གང་དག་ཏུ་དོན་དམ་སྒྲུབ་པ་བསྟན་པ་དེ་དག་ནི་ངེས་པའི་དོན་ཞེས་བྱའོ་ཞེས་དང་། ཡེ་ཤེས་སྣང་བ་རྒྱན་གྱི་མདོ་ལས་ཀྱང་། ངེས་པའི་དོན་གང་ཡིན་པ་དེ་ནི་དོན་དམ་པའོ་ཞེས་གསུངས། སྙིང་པོའི་ལེའུའི་མདོ་སྡེ་ལྟོས། །ཞེས་བྱ་བ་ཡང་གང་ཞེ་ན། མདོ་དེའི་དོན་བསྡུས་པ་བསྟན་བཅོས་རྒྱུད་བླ་མ་ལས། སངས་རྒྱས་པད་ངན་སྦྲང་རྩི་སྦྲང་མ་ལ། །སྦུན་ལ་སྙིང་པོ་མི་གཙང་ནང་ན་གསེར། །ས་ལ་གཏེར་དང་སྨྱུག་སོགས་འབྲས་བུ་དང་། །གོས་ཧྲུལ་ནང་ན་རྒྱལ་བའི་སྐུ་དང་ནི། །བུད་མེད་ངན་པའི་ལྟོ་ན་མི་བདག་དང་། །ས་ལ་རིན་ཆེན་གཟུགས་ཡོད་ཇི་ལྟ་བར། །གློ་བུར་ཉོན་མོངས་དྲི་མས་བསྒྲིབས་པ་ཡི། །སེམས་ཅན་རྣམས་ལ་དེ་བཞིན་ཁམས་འདི་གནས། །ཞེས་སོགས་བཤད།

དེ་བཞིན་གཤེགས་པའི་སྙིང་པོའི་མདོ་ལས་ཀྱང་། རིགས་ཀྱི་བུ་དག་གཞན་ཡང་འདི་ལྟ་སྟེ་དཔེར་ན་དབུལ་པོ་ཞིག་གི་ཁྱིམ་གྱི་ནང་གི་མཛོད་ཀྱི་འོག་གི་ས་ལ་གཏེར་ཆེན་པོ་དབྱིག་དང་གསེར་གྱིས་གང་བ་མཛོད་

ཀྱི་ཚད་ཙམ་ཞིག་མི་བདུན་སྲིད་ཀྱི་སས་གཡོགས་པའི་འོག་ན་ཡོད་ལ། གཏེར་ཆེན་པོ་དེས་མི་དབུལ་པོ་དེ་ལ་འདི་སྐད་དུ། ངནི་གཏེར་ཆེན་ཆེན་པོ་སྟེ་སས་གཡོགས་ཤིང་འདུག་གོ་ཞེས་མི་སྨྲ་སྟེ་འདི་ལྟ་སྟེ་གཏེར་ཆེན་པོ་ནི་སེམས་ཀྱི་ངོ་བོ་ཉིད་ཀྱི་སེམས་ཅན་མ་ཡིན་པའོ། །མི་དབུལ་པོ་ཁྱིམ་གྱི་བདག་པོ་དེ་ནི་དབུལ་བའི་སེམས་ཀྱིས་རྗེས་སུ་སེམས་ཤིང་དེ་ཉིད་ཀྱི་སྟེང་ན་རྣམ་པར་རྒྱུ་ཡང་སའི་འོག་ན་གཏེར་ཆེན་པོ་ཡོད་པ་དེ་མ་ཐོས་མ་ཤེས་པ་མ་མཐོང་ངོ་། །རིགས་ཀྱི་བུ་དག་དེ་བཞིན་དུ་སེམས་ཅན་ཐམས་ཅད་ཀྱི་མངོན་པར་ཞེན་པའི་ཡིད་ལ་བྱེད་པ་ཁྱིམ་ལྟ་བུར་གྱུར་པའི་འོག་ན་དེ་བཞིན་གཤེགས་པའི་སྙིང་པོ་སྟོབས་དང་མི་འཇིགས་པ་དང་མ་འདྲེས་པ་དང་སངས་རྒྱས་ཀྱི་ཆོས་ཐམས་ཅད་ཀྱི་མཛོད་ཀྱི་གཏེར་ཆེན་པོ་ཡོད་ཀྱང་སེམས་ཅན་དེ་དག་གཟུགས་དང་སྒྲ་དང་དྲི་དང་རོ་དང་རེག་པ་ལ་ཆགས་པས་སྡུག་བསྔལ་ཞིང་འཁོར་བ་ན་འཁོར་ཏེ་ཆོས་ཀྱི་གཏེར་ཆེན་པོ་དེ་མ་ཐོས་པས་ཐོབ་པར་མ་གྱུར་ཅིང་ཡོངས་སུ་སྦྱང་བའི་ཕྱིར་བརྩོན་པར་ཡང་མི་བྱེད་དོ། །རིགས་ཀྱི་བུ་དག་དེ་ནས་དེ་བཞིན་གཤེགས་པ་འཇིག་རྟེན་དུ་བྱུང་སྟེ་བྱང་ཆུབ་སེམས་དཔའི་ནང་དུ་འདི་ལྟ་བུའི་ཆོས་ཀྱི་གཏེར་ཆེན་པོ་ཡང་དག་པར་རབ་ཏུ་སྟོན་ཏོ། །དེ་དག་ཀྱང་ཆོས་ཀྱི་གཏེར་ཆེན་པོ་དེ་ལ་མོས་ནས་རྐོ་སྟེ་དེའི་ཕྱིར་འཇིག་རྟེན་ན་དེ་བཞིན་གཤེགས་པ་དགྲ་བཅོམ་པ་ཡང་དག་པར་རྫོགས་པའི་སངས་རྒྱས་རྣམས་ཤེས་བྱ་སྟེ། ཆོས་ཀྱི་གཏེར་ཆེན་པོ་ལྟ་བུར་གྱུར་ནས། སེམས་ཅན་རྣམས་ལ་བྱུང་བ་སྔོན་མ་བྱུང་བའི་གཏན་ཚིགས་ཀྱི་རྣམ་པ་དེ་དག་དང་བྱེད་པའི་གཏན་ཚིགས་དང་བྱ་བ་རྣམས་སྟོན་པ་གཏེར་ཆེན་པོའི་མཛོད་ཀྱི་སྦྱིན་བདག་ཆགས་པ་མེད་པའི་སྤོབས་པ་དང་ལྡན་ཞིང་སྟོབས་དང་མི་འཇིགས་པ་དང་སངས་རྒྱས་ཀྱི་ཆོས་མང་པོའི་མཛོད་དུ་གྱུར་པ་ཡིན་ནོ། །རིགས་ཀྱི་བུ་དག་དེ་ལྟར་དེ་བཞིན་གཤེགས་པ་དགྲ་བཅོམ་པ་ཡང་དག་པར་རྫོགས་པའི་སངས་རྒྱས་ཀྱང་དེ་བཞིན་གཤེགས་པའི་མིག་གིས་ཡོངས་སུ་དག་པའི་སེམས་ཅན་ཐམས་ཅད་དེ་ལྟ་བུར་མཐོང་ནས། དེ་བཞིན་གཤེགས་པའི་ཡེ་ཤེས་དང་སྟོབས་དང་མི་འཇིགས་པ་དང་སངས་རྒྱས་ཀྱི་ཆོས་མ་འདྲེས་པའི་མཛོད་ཡོངས་སུ་སྦྱང་བའི་ཕྱིར་བྱང་ཆུབ་སེམས་དཔའ་རྣམས་ལ་ཆོས་སྟོན་ཏོ་ཞེས་གསུངས།

འཕགས་པ་དཔལ་ཕྲེང་གི་མདོར་ཡང་། རྣམ་པ་དབྱེར་མེད་པ་བསམ་གྱིས་མི་ཁྱབ་པའི་སངས་རྒྱས་ཀྱི་ཆོས་གངྒཱའི་ཀླུང་གི་བྱེ་མ་ལས་འདས་པ་དང་ལྡན་པ་དེ་བཞིན་གཤེགས་པའི་ཆོས་ཀྱི་སྐུར་བསྟན་པ་སྟེ། བཅོམ་ལྡན་འདས་དེ་བཞིན་གཤེགས་པའི་ཆོས་ཀྱི་སྐུ་འདི་ཉིད་ཉོན་མོངས་པའི་སྦུབས་ལས་མ་གྲོལ་བ་ནི་དེ་བཞིན་གཤེགས་པའི་སྙིང་པོ་ཞེས་བགྱིའོ་ཞེས་གསུངས། རྒྱུད་བླ་མ་ལས། ཉེས་པ་གློ་བུར་དང་ལྡན་དང་། །ཡོན་ཏན་རང་བཞིན་ཉིད་ལྡན་ཕྱིར། །ཇི་ལྟར་སྔར་བཞིན་ཕྱིས་དེ་བཞིན། །འགྱུར་བ་མེད་པའི་ཆོས་ཉིད་དོ། །ཞེས

བཤད། མདོ་དེ་དག་གི་དགོངས་གཞི་དགོས་པ། དངོས་ལ་གནོད་བྱེད་གསུམ་དབུ་མ་འཇུག་པར་ལང་ཀར་གཤེགས་པའི་མདོ་དྲངས་པ་ལྟར་ཤེས་པར་བྱ་སྟེ། དགོངས་འགྲེལ་བསྟན་བཅོས་རྒྱུད་བླ་མའི་འགྲེལ་པར། དྲི་མ་དང་བཅས་པའི་དེ་བཞིན་ཉིད་ནི་ཉོན་མོངས་པའི་སྦུབས་ལས་མ་གྲོལ་བའི་ཁམས་ལ་དེ་བཞིན་གཤེགས་པའི་སྙིང་པོ་ཞེས་བརྗོད་པ་གང་ཡིན་པའོ། །དྲི་མ་མེད་པའི་དེ་བཞིན་ཉིད་ནི་དེ་ཉིད་སངས་རྒྱས་ཀྱི་སར་གནས་ཡོངས་སུ་གྱུར་པའི་མཚན་ཉིད་དེ་བཞིན་གཤེགས་པའི་ཆོས་ཀྱི་སྐུ་ཞེས་བརྗོད་པ་གང་ཡིན་པའོ། །དྲི་མ་མེད་པའི་སངས་རྒྱས་ཀྱི་ཡོན་ཏན་ནི་གནས་གྱུར་པའི་མཚན་ཉིད་དེ་བཞིན་གཤེགས་པའི་ཆོས་ཀྱི་སྐུ་ཉིད་ལ་ཡོད་པ་འཇིག་རྟེན་ལས་འདས་པའི་སྟོབས་བཅུ་ལ་སོགས་པ་སངས་རྒྱས་ཀྱི་ཆོས་གང་དག་ཡིན་པའོ་ཞེས་བཤད། སོར་མོའི་ཕྲེང་བ་ལ་ཕན་པའི་མདོ་ལས་ཀྱང་། སངས་རྒྱས་ཐམས་ཅད་ཀྱིས་ཤིན་ཏུ་ནན་ཏན་དུ་བཙལ་ཡང་དེ་བཞིན་གཤེགས་པའི་སྙིང་པོ་འཇིག་པ་མ་རྙེད་དེ། མི་འཇིག་པའི་དབྱིངས་སངས་རྒྱས་ཀྱི་དབྱིངས། སེམས་ཅན་ཐམས་ཅད་ལ་མཚན་དང་དཔེ་བྱད་བཟང་པོ་མཐའ་ཡས་པས་བརྒྱན་པའི་དབྱིངས་ཡོད་དོ་ཞེས་སོགས་གསུངས། འདི་ཡང་མདོ་དེ་ཉིད་ལས་རྣམ་པར་ཕྱེ་ནས་དགོངས་པ་ཅན་དུ་གསུངས་ཏེ། གཞན་ཡང་འཇམ་དཔལ་བའི་འོ་མ་ལ་མར་ཡོད་པར་རྟོགས་པས་མི་རྣམས་སྦུབ་ལ་ཅིའི་ཕྱིར་ཆུ་ལ་མི་རྣམས་མི་སྦུབ་ཅེ་ན། རྒྱུ་མེད་པའི་ཕྱིར་ཏེ། དེ་བཞིན་དུ་འཇམ་དཔལ་དེ་བཞིན་གཤེགས་པའི་སྙིང་པོ་ཡོད་པའི་ཕྱིར་མི་རྣམས་ཚུལ་ཁྲིམས་བསྲུང་ཞིང་ཚངས་པར་སྤྱོད་པ་སྤྱོད་དོ། །གཞན་ཡང་འཇམ་དཔལ་མི་གསེར་འདོད་པ་དང་ལྡན་པ་བྲག་ལ་རྐོ་བ་ཅིའི་ཕྱིར་ཤིང་མི་རྐོ། རྡོ་བ་གསེར་གྱི་ཁམས་ཡོད་པ་ལ་ནི་རྐོ་ཡི། ཤིང་གསེར་མེད་པ་ལ་མི་རྐོའོ། །དེ་བཞིན་དུ་འཇམ་དཔལ་དབྱིངས་ཡོད་པ་ལ་རྟོག་པའི་མི་རྣམས་ཐམས་ཅད་སངས་རྒྱས་སུ་འགྱུར་རོ་སྙམ་སྟེ་ཚུལ་ཁྲིམས་བསྲུང་ཞིང་ཚངས་པར་སྤྱོད་དོ། །གཞན་ཡང་འཇམ་དཔལ་དབྱིངས་མེད་ན་ནི་ཚངས་པར་སྤྱོད་པ་དོན་མེད་པར་འགྱུར་རོ། །ལོ་བྱེ་བར་ཆུ་ལ་བསྲུབས་ཀྱང་སྙུམ་མི་འབྱུང་བ་དེ་བཞིན་དུ་གལ་ཏེ་བདག་གི་དབྱིངས་མེད་ན་བདག་ལ་ཆགས་པས་མཚམས་པ་དང་ཚུལ་ཁྲིམས་སྤྱོད་པ་རྣམས་དོན་མེད་པར་འགྱུར་རོ་ཞེས་གསུངས།

འཕགས་པ་ཀླུ་སྒྲུབ་ཀྱིས་ཀྱང་། ཁམས་ཡོད་ན་ནི་ལས་བྱས་པས། །ས་ལེ་སྦྲམ་དག་མཐོང་བར་འགྱུར། །ཁམས་མེད་པར་ནི་ལས་བྱས་ཀྱང་། །ཉོན་མོངས་འབའ་ཞིག་སྐྱེ་བར་ཟད། །ཅེས་བཤད།

མྱང་འདས་ཆེན་པོར་ཡང་། རིགས་ཀྱི་བུ་སངས་རྒྱས་ཀྱི་རང་བཞིན་ནི་འདི་ལྟ་སྟེ་སྟོབས་བཅུ་དང་མི་འཇིགས་པ་བཞི་དང་སྙིང་རྗེ་ཆེན་པོ་དང་དྲན་པ་ཉེ་བར་བཞག་པ་གསུམ་སྟེ། སེམས་ཅན་ཐམས་ཅད་ལ་རྣམ་པ་

གསུམ་ཡོད་པ་ཡང་ཉོན་མོངས་པ་ཡོངས་སུ་བཅོམ་ན་གདོད་མཐོང་བར་འགྱུར་རོ། །ལོག་སྲེད་ཅན་དག་ནི་ལོག་སྲེད་ཡོངས་སུ་བཅོམ་ན་གདོད་སྟོབས་བཅུ་དང་མི་འཇིགས་པ་བཞི་དང་སྙིང་རྗེ་ཆེན་པོ་དང་དྲན་པ་ཉེ་བར་བཞག་པ་གསུམ་ཐོབ་པར་འགྱུར་རོ། །དོན་དེ་ལྟ་བུས་ན་ངས་རྟག་ཏུ་སེམས་ཅན་ཐམས་ཅད་ལ་སངས་རྒྱས་ཀྱི་རང་བཞིན་ཡོད་དོ་ཞེས་གསུངས། འདི་ཡང་མདོ་དེ་ཉིད་ལས་ལེགས་པར་རྣམ་པར་ཕྱེ་ནས་དགོངས་པ་ཅན་དུ་གསུངས་ཏེ། ཇི་སྐད་དུ་རིགས་ཀྱི་བུ་སེམས་ཅན་ཐམས་ཅད་ཀྱང་བླ་ན་མེད་པ་ཡང་དག་པར་རྫོགས་པའི་བྱང་ཆུབ་ཏུ་འགྱུར་བའི་ཕྱིར་སེམས་ཅན་ཐམས་ཅད་ལ་སངས་རྒྱས་ཀྱི་རང་བཞིན་ཡོད་དོ་ཞེས་གསུངས་ཏེ། སེམས་ཅན་ཐམས་ཅད་ལ་ཡང་དག་པར་མཚན་སུམ་ཅུ་རྩ་གཉིས་དང་དཔེ་བྱད་བཟང་པོ་བརྒྱད་ཅུ་མེད་པས། དོན་དེའི་ཕྱིར་ངས་མདོ་སྡེ་འདི་ལས་ཚིགས་སུ་བཅད་པ་འདི་གསུངས་སོ། །ཐོག་མ་ཡོད་ལ་ད་ལྟར་མེད། །ཐོག་མ་མེད་ལ་ད་ལྟར་ཡོད། །དུས་གསུམ་སྲིད་པའི་ཆོས་ཐམས་ཅད། །དེ་ལྟ་བུ་ཡི་གནས་མེད་དོ། །རིགས་ཀྱི་བུ་སྲིད་པ་ཞེས་བྱ་བ་ལ་རྣམ་པ་གསུམ་སྟེ། མ་འོངས་པའི་སྲིད་པ་དང་ད་ལྟར་གྱི་སྲིད་པ་དང་འདས་པའི་སྲིད་པའོ། །དེ་ལ་སེམས་ཅན་ཐམས་ཅད་མ་འོངས་པའི་དུས་ན་བླ་ན་མེད་པ་ཡང་དག་པར་རྫོགས་པའི་བྱང་ཆུབ་ཡོད་པའི་ཕྱིར་སངས་རྒྱས་ཀྱི་རང་བཞིན་ཞེས་བྱའོ། །སེམས་ཅན་ཐམས་ཅད་ལ་ད་ལྟར་ཀུན་ནས་ཉོན་མོངས་པ་རྣམས་ཡོད་པས་དེའི་ཕྱིར་ད་ལྟ་མཚན་བཟང་པོ་སུམ་ཅུ་རྩ་གཉིས་དང་དཔེ་བྱད་བརྒྱད་ཅུ་མེད་དོ་ཞེས་པ་དང་། རིགས་ཀྱི་བུ་ངས་འོ་མའི་ནང་ན་ཞོ་ཡོད་དོ་ཞེས་མ་གསུངས་ཀྱི་འོ་མ་ལ་ཞོ་འབྱུང་བའི་ཕྱིར་ཞོ་ཡོད་ཅེས་བྱས་སོ། །རིགས་ཀྱི་བུ་འོ་མའི་ཚེ་ན་ཞོ་མེད་མར་དང་ཞུན་མར་དང་སྙིང་ཁུ་ཡང་མེད་དེ། དྲོད་དང་དྲི་མ་ལ་སོགས་པའི་རྐྱེན་གྱིས་འོ་མ་ལས་ཞོ་འབྱུང་བའི་ཕྱིར་འོ་མ་ལ་ཞོའི་རང་བཞིན་ཡོད་དོ་ཞེས་སྨྲས་སོ། །དེ་བཞིན་དུ་ཀྲོད་མ་ལ་རྟེའུ་དང་མ་ལས་བུ་དང་ཤིང་ཨ་མྲའི་ས་བོན་ལས་ལོ་མ་དང་འབྲས་བུ་ལ་སོགས་པའི་དཔེ་ཤིན་ཏུ་མང་པོས་གསུངས་སོ། །དེ་ལྟར་རིམ་པ་བཞིན་དུ་བཤད་པ་དེའི་ཕྱིར་བཀའ་ཐ་མ་འདི་ལ་དོན་དམ་རྣམ་པར་ངེས་པ་ཞེས་བྱ་བ་དང་དོན་ལེགས་པར་རྣམ་པར་ཕྱེ་བའི་ཆོས་ཀྱི་འཁོར་ལོ་ཞེས་ཀྱང་བྱའོ། །

ད་ནི་འདི་དཔྱད་པར་བྱ་སྟེ། གལ་ཏེ་སེམས་ཅན་ཐམས་ཅད་ལ་བདེ་གཤེགས་སྙིང་པོ་ཡོད་དམ་མེད། དང་པོ་ལྟར་ན། སེམས་ཅན་རྣམས་ལ་སངས་རྒྱས་ཀྱི། །སྙིང་པོ་ཡོད་པར་གསུངས་པ་ནི། །དགོངས་པ་ཡིན་པར་ཤེས་པར་བྱ། །ཞེས་གསུངས་པ་དང་འགལ་ལོ། གཉིས་པ་ལྟར་ན། བདེ་གཤེགས་སྙིང་པོས་འགྲོ་ཀུན་ཡོངས་ལ་ཁྱབ། །ཅེས་པའི་མདོ་དང་འགལ་ལོ་ཞེ་ན། དེ་འདྲའི་སངས་རྒྱས་ཁམས་ཡོད་ན། །ཞེས་གསུངས་པས་སེམས་ཅན་ཐམས་ཅད་ལ་མཚན་དཔེས་བརྒྱན་པ་དང་སྟོབས་སོགས་ཡོན་ཏན་དང་ལྡན་པའི་བདེ་

གཤེགས་སྙིང་པོ་མེད་པས་སྡུ་མ་དང་མི་འགལ་ལ། སེམས་ཅན་ཐམས་ཅད་ལ་སྤྱིར་བདེ་གཤེགས་སྙིང་པོ་ཡོད་པས་ཕྱི་མ་དང་མི་འགལ་ལོ། །འདི་ཉིད་འཆད་པ་ནི་ཐེག་པ་ཆེན་པོ་རྒྱུད་བླ་མ་ལས། རྫོགས་སངས་སྐུ་ནི་འཕྲོ་ཕྱིར་དང་། །དེ་བཞིན་ཉིད་དབྱེར་མེད་ཕྱིར་དང་། །རིགས་ཡོད་ཕྱིར་ན་ལུས་ཅན་ཀུན། །རྟག་ཏུ་སངས་རྒྱས་སྙིང་པོ་ཅན། །ཞེས་བཤད། དེ་ལ་དོན་དང་པོ་ནི་རྣམ་འགྲེལ་ལས། ཀུན་ཏུ་བཟང་པོའི་འོད་ཟེར་དག །ཀུན་ནས་འཕྲོ་ཞེས་པ་ལྟར་རོ། །ཆོས་ཀྱི་སྐུ་ཡང་རྣམ་པ་གཉིས་ཏེ། རྟོགས་པ་ཆོས་སྐུ་དང་། བསྟན་པ་ཆོས་སྐུའོ། །དོན་གཉིས་པ་ནི། འདིར་ཡང་། སེམས་ཅན་ཁོ་ནའི་ཆོས་ཀྱི་དབྱིངས། །བདེ་གཤེགས་སྙིང་པོ་ཡིན་སྙམ་ན། །མ་ཡིན་ཆོས་ཀྱི་དབྱིངས་ལ་ནི། །དབྱེ་བ་མེད་པར་རྒྱལ་བས་གསུངས། །ཞེས་པ་ལྟར་རོ། །བྱང་ཆུབ་སེམས་དཔའ་གཟུངས་ཀྱི་དབང་ཕྱུག་རྒྱལ་པོས་ཞུས་པའི་མདོ་ལས་ཀྱང་། མངོན་པར་རྫོགས་པར་བྱང་ཆུབ་ནས་སེམས་ཅན་རྣམས་ལ་ཡང་མ་དག་པ་དྲི་མ་དང་མ་བྲལ་བ་སྐྱོན་དང་བཅས་པའི་ཆོས་དབྱིངས་གཟིགས་ནས་ཞེས་པའི་འགྲེལ་པར། སེམས་ཅན་རྣམས་ལ་ཞེས་བྱ་བ་ནི། ངེས་པར་དང་མ་ངེས་པ་དང་ལོག་པ་ཉིད་དུ་ངེས་པའི་ཕུང་པོར་གནས་པ་རྣམས་ལའོ། །ཆོས་ཀྱི་དབྱིངས་ཞེས་བྱ་བ་ནི། རང་གི་ཆོས་ཉིད་ཀྱི་རང་བཞིན་དང་ཁྱད་པར་མེད་པ་དེ་བཞིན་གཤེགས་པའི་སྙིང་པོའོ་ཞེས་སོ། །

དོན་གསུམ་པ་ནི། གནས་གཅིག་སྟེ། ངག་རྒྱུ་ཞེས་པ་ལྟར་རོ། །འགྲེལ་པར་ཡང་། ཁམས་ནི་རྒྱུའི་དོན་ཏོ་ཞེས་པ་དང་། འགྲེལ་པ་དོན་གསལ་དུ། ཆོས་ཀྱི་དབྱིངས་རྒྱུའི་ངོ་བོར་རྣམ་པར་འཇོག་པའི་སྒོ་ནས་རིགས་ཉིད་དུ་ཐ་སྙད་འདོགས་སོ་ཞེས་གསུངས་པས། རིག་པ་མེད་པའི་སྟོང་ཉིད་རང་བཞིན་རྣམ་དག་གི་ཆ་བདེ་གཤེགས་སྙིང་པོར་འདོད་པ་གཞུང་གི་དགོངས་པ་གཏན་མ་ཡིན་ཏེ། རང་བཞིན་རྣམ་དག་གི་བུམ་པ་ལྡོ་དངོས་ཡོད་དང་བུམ་པའི་ཆོས་ཉིད་ལྡོ་དངོས་མེད་ཐམས་ཅད་ལ་ཁྱབ་པའི་ཕྱིར་རོ། །རྒྱུད་བླར། ཟག་པ་མེད་པའི་ཤེས་པ་སྨྲང་མའི་རྩེ་དང་འདྲ། །ཞེས་པ་དང་། རིག་ཁམས་སྨྲང་རྩེ་དང་འདྲ་འདི་གཟིགས་ནས། །ཞེས་སོ། །འོན་འགྲེལ་པ་དོན་གསལ་ལས། ཆོས་ཀྱི་དབྱིངས་ཀྱི་ངོ་བོ་ཉིད་ཁོ་ན་ལ་རིགས་ཞེས་བསྟན་ཏོ་ཞེས་པ་དང་འགལ་ལོ་ཞེ་ན། དེ་ནི་རང་བཞིན་གནས་རིགས་འདུས་བྱས་སུ་འདོད་པའི་སེམས་ཙམ་པ་མན་ཆད་དགག་པའི་དབང་དུ་བྱས་པ་ཡིན་པ་ཉི་ཁྲི་སྣང་བ་ནས་བཤད་པ་དང་ལུང་འགྲིག་གོ །འོན་རིག་པ་འདུས་བྱས་ཡིན་པས་རང་བཞིན་གནས་རིགས་སུ་ཇི་ལྟར་འགྱུར་ཞེ་ན། ཁོ་བོ་ལྟར་ན་རང་བཞིན་གནས་རིགས་ལ་རིག་པ་དགོས་པས་རྒྱུའི་དོན་ཚང་ལ། རིག་པ་རང་བཞིན་གནས་རིག་པ་ལ་ཡིན། །གོ་རིམ་ཇི་བཞིན་གནས་གཅིག་སྟེ། །ཞེས་པའི་འགྲེལ་པར། དེ་ལ་གནས་བཞི་པོ་འདི་དག་ལས་དང་པོ་ནི། འཇིག་རྟེན་ལས་འདས་པའི་ཆོས་ཀྱི་ས་བོན་ཡིན་པའི་

ཕྱིར་ཞེས་སོ། །དེ་ལྟ་མ་ཡིན་ན་བྱམས་པའི་ཆོས་ཉིད་ཀྱང་སངས་རྒྱས་ཀྱི་ས་བོན་དུ་ཅིའི་ཕྱིར་མི་འགྱུར། དེ་ལྟ་བས་ན་རིག་པས་ནི་ཆོས་ཅན་བསྟན་ལ་ཆོས་དབྱིངས་ཀྱིས་ནི་ཆོས་ཉིད་བསྟན་པས། དབྱིངས་རིག་ཟུང་འཇུག་གི་ཆ་འདི་ལ་རང་བཞིན་གྱི་བདེ་གཤེགས་སྙིང་པོ་འདུས་མ་བྱས་པ་ཞེས་བྱའོ། །

འདི་ལ་ལུང་ནི་དཔལ་ཕྲེང་གི་མདོ་ལས། བཅོམ་ལྡན་འདས་དེ་བཞིན་གཤེགས་པའི་སྙིང་པོ་ལ་ནི་སྐྱེ་བའམ་འགྲུམ་པའམ་འཕོ་བའམ་འབྱུང་བ་ཡང་མ་མཆིས་སོ། །བཅོམ་ལྡན་འདས་དེ་བཞིན་གཤེགས་པའི་སྙིང་པོ་ནི་འདུས་བྱས་ཀྱི་མཚན་ཉིད་ཀྱི་ཡུལ་ལས་འདས་པ་ལགས་སོ། །བཅོམ་ལྡན་འདས་དེ་བཞིན་གཤེགས་པའི་སྙིང་པོ་ནི་རྟག་པ་དང་བརྟན་པ་དང་ཐེར་ཟུག་པ་ལགས་སོ་ཞེས་གསུངས། རིགས་པ་ཡང་ཡོད་དེ། དབྱིངས་རིག་ཟུང་འཇུག་གི་ཆ་འདི་འདུས་མ་བྱས་ཡིན་ཏེ། རིག་པ་དང་ཟུང་འཇུག་གི་ནང་ཚན་ཆོས་ཀྱི་དབྱིངས་དེ་ལ་འཕོ་འགྱུར་མེད་པའི་ཕྱིར་རོ། །དེ་ཡང་དབྱིངས་རིག་ཟུང་འཇུག་འདི་ནི་དྲི་མ་དང་བཅས་པའི་ཚེ་ན་རྒྱུའི་བདེ་གཤེགས་སྙིང་པོ་དང་དྲི་མ་དང་བྲལ་བའི་ཚེ་ན་འབྲས་བུའི་བདེ་གཤེགས་སྙིང་པོ་ ཞེས་བྱའོ། །

རྡོག་ལོ་ཆེན་པོའི་རྗེས་འབྲང་ཁ་ཅིག །ཚིག་ཕྲང་དང་པོས་འབྲས་བུའི་བདེ་གཤེགས་སྙིང་པོ། གཉིས་པས་རང་བཞིན་གྱི་བདེ་གཤེགས་སྙིང་པོ། གསུམ་པས་རྒྱུའི་བདེ་གཤེགས་སྙིང་པོ་བསྟན་ཟེར་རོ། །འགྲེལ་པར། དོན་གྱི་གནས་གསུམ་པོ་འདི་དག་ཀྱང་དེ་བཞིན་གཤེགས་པའི་སྙིང་པོའི་མདོའི་རྗེས་སུ་འབྲངས་ཏེ་འོག་ནས་སྟོན་པར་འགྱུར་རོ་ཞེས་སོ། །འོག་ནས་ཇི་ལྟར་སྟོན་ན། འདི་ཡི་རང་བཞིན་ཆོས་སྐུ་དང་། །དེ་བཞིན་ཉིད་དང་རིགས་ཀྱང་སྟེ། །དེ་ནི་དཔེ་གསུམ་གཅིག་དང་ནི། །ལྔ་རྣམས་ཀྱིས་ནི་ཤེས་པར་བྱ། །ཞེས་བདེ་གཤེགས་སྙིང་པོའི་དཔེ་དགུ་དང་སྦྱར་ཏེ་སྟོན་ནོ། །དེ་ཡང་འགྲེལ་པར། སངས་རྒྱས་ཀྱི་གཟུགས་དང་སྦྲང་རྩི་དང་སྙིང་པོའི་དཔེ་འདི་གསུམ་གྱིས་ནི་ཆོས་ཀྱི་སྐུས་ལུས་པ་མེད་པའི་སེམས་ཅན་གྱི་ཁམས་ལ་ཁྱབ་པའི་དོན་གྱི་དབང་དུ་བྱས་ནས་སེམས་ཅན་འདི་དག་དེ་བཞིན་གཤེགས་པའི་སྙིང་པོ་ཅན་ཡིན་ནོ་ཞེས་བསྟན་ཏོ་ཞེས་པ་དང་། ཤེས་བྱེད་དུ་མདོ་སྡེ་རྒྱན་ལས། ཇི་ལྟར་ནམ་མཁའ་རྟག་ཏུ་ཀུན་སོང་འདོད། །དེ་བཞིན་འདི་ནི་རྟག་ཏུ་ཀུན་སོང་འདོད། །ཇི་ལྟར་ནམ་མཁའ་གཟུགས་རྣམས་ཀུན་ཏུ་སོང་། །དེ་བཞིན་འདི་ཡང་སེམས་ཅན་ཚོགས་ཀུན་སོང་། །ཞེས་སོ། །འགྲེལ་པར་གསེར་གྱི་དཔེ་གཅིག་གིས་ནི་དེ་བཞིན་ཉིད་དབྱེར་མེད་པའི་དོན་གྱི་དབང་དུ་བྱས་ནས་དེ་བཞིན་གཤེགས་པའི་དེ་བཞིན་ཉིད་སེམས་ཅན་འདི་དག་གི་ཡིན་ནོ་ཞེས་སོ། །

ཤེས་བྱེད་དུ་མདོ་སྡེ་རྒྱན་ལས། དེ་བཞིན་ཉིད་ནི་ཐམས་ཅད་ལ། །ཁྱད་པར་མེད་ཀྱང་དག་གྱུར་པས། །དེ་བཞིན་གཤེགས་ཉིད་དེ་ཡི་ཕྱིར། །འགྲོ་ཀུན་དེ་ཡི་སྙིང་པོ་ཅན། །ཞེས་སོ། །དེ་བཞིན་ཉིད་དབྱེར་མེད་པའི་དོན་

ནི་ངོ་བོ་དབྱེར་མེད་ལ་དགོངས་སོ། །འགྲེལ་པར་གཏེར་དང་ལྷོན་ཤིང་དང་རིན་པོ་ཆེའི་སྐུ་དང་འཁོར་ལོས་བསྒྱུར་བ་དང་གསེར་གྱི་གཟུགས་ཏེ་དཔེ་ལྔག་མ་ལྔ་པོ་འདི་དག་གིས་ནི་སངས་རྒྱས་ཀྱི་སྐུ་རྣམ་པ་གསུམ་བསྐྱེད་པའི་རིགས་ཡོད་པའི་དབང་དུ་བྱས་ནས་དེ་བཞིན་གཤེགས་པའི་ཁམས་འདི་དག་སེམས་ཅན་ཐམས་ཅད་ཀྱི་སྙིང་པོར་བསྟན་པ་ཡིན་ནོ་ཞེས་པ་དང་། ཤེས་བྱེད་དུ་མངོན་པའི་མདོ་ལས། ཐོག་མ་མེད་པའི་དུས་ཅན་ཡང་། །ཆོས་རྣམས་ཀུན་གྱི་གནས་ཡིན་ཏེ། །དེ་ཡོད་པས་ན་འགྲོ་ཀུན་དང་། །མྱ་ངན་འདས་པ་ཐོབ་པར་འགྱུར། །ཞེས་གསུངས། གཞན་ཡང་སེམས་ཅན་ཐམས་ཅད་ལ་སྤྱིར་བདེ་གཤེགས་སྙིང་པོ་ཡོད་དེ། ལྷའི་བློ་བས་བསྒྱུར་བའི་མདོ་མྱང་འདས་ལས། དཔེར་ན་ནམ་མཁའ་ལས་འབྲུག་སྒྲ་གྲག་ན་ཤ་མོ་མྱུར་དུ་རབ་ཏུ་སྐྱེ་བར་འགྱུར་ལ་སོས་ཀ་ནི་ཤ་མོའི་མིང་ཡང་མེད་དོ། །འབྲུག་སྒྲས་འཐོན་པ་དེ་བཞིན་དུ་དེ་བཞིན་གཤེགས་པའི་སྙིང་པོ་དེ་ཡང་ཉོན་མོངས་པའི་རྣམ་པས་བསྒྲིབས་པས་བདག་མེད་པ་བཞིན་དུ་སྣང་ལ་མདོ་ཆེན་པོ་འདི་ཐོས་པ་གང་ཡིན་པ་དེ་དག་ཡོངས་སུ་མྱ་ངན་ལས་འདས་པ་ཆེན་པོ་འདི་ཐོས་མ་ཐག་ཏུ་ཤ་མོ་བཞིན་དུ་དེ་བཞིན་གཤེགས་པའི་སྙིང་པོ་ཤེས་པ་སྐྱེ་བར་འགྱུར་རོ། །མདོ་སྡེ་ཐམས་ཅད་དང་ཏིང་ངེ་འཛིན་ཐམས་ཅད་ནི་སོས་ཀའི་དུས་དང་འདྲ་སྟེ། མདོ་སྡེ་ཐམས་ཅད་དང་ཏིང་ངེ་འཛིན་ཐམས་ཅད་ཐོས་པས་ནི་དེ་བཞིན་གཤེགས་པའི་སྙིང་པོ་ཡོད་པར་ཡང་དག་པར་མི་ཤེས་སོ། །དབྱར་གྱི་ནམ་ལ་ཤ་མོ་སྐྱེ་བ་བཞིན་དུ་ཡོངས་སུ་མྱ་ངན་ལས་འདས་པ་ཆེན་པོའི་མདོ་ཆེན་པོ་འདི་ལས་དགོངས་པའི་ཚིག་གསང་བ་ཐམས་ཅད་འབྱུང་སྟེ་མདོ་སྡེ་འདི་ཐོས་མ་ཐག་ཏུ་དབྱར་གྱི་ནམ་ལ་ཤ་མོ་སྐྱེ་བ་བཞིན་དུ་སེམས་ཅན་ཐམས་ཅད་ཀྱིས་དེ་བཞིན་གཤེགས་པའི་སྙིང་པོ་ཡོད་པར་ཡང་དག་པར་ཤེས་པར་འགྱུར་རོ་ཞེས་གསུངས།

འཕགས་པ་སོར་མོའི་ཕྲེང་བ་ལ་ཕན་པའི་མདོ་ལས་ཀྱང་། སེམས་ཅན་ཐམས་ཅད་ལ་དེ་བཞིན་གཤེགས་པའི་སྙིང་པོ་ཡོད་པས་སེམས་ཅན་ཐམས་ཅད་ཆོས་ཀྱི་སྤྱན་ཡིན་ནོ་ཞེས་གསུངས། ཁ་ཅིག་ཤིང་གི་སྙིང་པོ་ཤིང་ལ་ཡོད་པ་ལྟར་བདེ་གཤེགས་སྙིང་པོ་བདེ་བར་གཤེགས་པ་ཉིད་ལ་ཡོད་ཟེར། དཔེ་དོན་མི་མཚུངས་ཏེ། དེ་ལྟ་ན་ཆུ་ཤིང་སྙིང་པོ་མེད་པ་ལྟར་སངས་རྒྱས་ཀྱི་སྙིང་པོ་མེད་པར་འགྱུར་རོ། །ཆོས་ཐམས་ཅད་འཕེལ་བ་མེད་པ་དང་འགྲིབ་པ་མེད་པ་ཉིད་བསྟན་པའི་མདོ་ལས་ཀྱང་། ཤཱ་རིའི་བུ་སེམས་ཅན་གྱི་ཁམས་ཞེས་བྱ་བ་ནི་དེ་བཞིན་གཤེགས་པའི་སྙིང་པོའི་ཚིག་བླ་དྭགས་སོ། །ཤཱ་རིའི་བུ་དེ་བཞིན་གཤེགས་པའི་སྙིང་པོ་ཞེས་བྱ་བ་འདི་ནི་ཆོས་ཀྱི་སྐུའི་ཚིག་བླ་དྭགས་སོ་ཞེས་གསུངས། འདི་ནི་རང་བཞིན་གྱི་ཆོས་སྐུར་མངོན་ནོ། །

ད་ནི་འདི་དཔྱད་པར་བྱ་སྟེ། སྤྱིར་དྲང་ངེས་ཀྱི་ཚུལ། འཁོར་ལོ་གསུམ་ལ་དྲང་ངེས་དཔྱད་པ་དང་གཉིས

ལས། དང་པོ་ནི། དྲང་དོན་དང་ངེས་དོན་ལྟོས་ས་ལྟོས་འཇོག་ལས་འཇོག་གི་མཐའ་གཅིག་ཏུ་མ་ངེས་ཏེ། སློབ་དཔོན་ཟླ་བ་གྲགས་པ་མདོ་ཏིང་ངེ་འཛིན་རྒྱལ་པོ་ལྟར་བདེན་པ་གཉིས་ཀྱི་སྒོ་ནས་མཛད་ལ། འཕགས་པ་ཐོགས་མེད་དང་ཀ་མ་ལ་ཤཱི་ལ་བློ་གྲོས་མི་ཟད་པའི་མདོ་སོགས་ལྟར་རྣམ་གྲངས་བརྒྱད་ཀྱི་སྒོ་ནས་མཛད་དོ། །དེ་གཉིས་ཀ་ཡང་ལྟོས་ས་ལྟོས་འཇོག་ཡིན་པར་མཐུན་ཏེ། སློབ་དཔོན་སྔ་མས་ནི་ས་བཅུ་པའི་མདོ་ལས། ཁམས་གསུམ་པོ་འདི་དག་ནི་སེམས་ཙམ་མོ་ཞེས་གསུངས་པའི་སེམས་ཀུན་རྫོབ་ལ་ལྟོས་ཏེ་སེམས་ཀྱི་ཆོས་ཉིད་དོན་དམ་ངེས་དོན་དུ་བཞེད་པ་ལྟར་སློབ་དཔོན་ཕྱི་མ་གཉིས་ཀྱང་བཞེད་པའི་ཕྱིར་རོ། །

དེ་ཡང་འཕགས་པ་བློ་གྲོས་མི་ཟད་པའི་མདོ་ལས། དེ་ལ་ངེས་པའི་དོན་གྱི་མདོ་ནི་གང་དྲང་བའི་དོན་གྱི་མདོ་ནི་གང་ཞེ་ན། མདོ་གང་ལམ་ལ་འཇུག་པར་བསྟན་པ་དེ་དག་ནི་དྲང་བའི་དོན་ཞེས་བྱའོ། །མདོ་གང་འབྲས་བུ་ལ་འཇུག་པར་བསྟན་པ་དེ་དག་ནི་ངེས་པའི་དོན་ཞེས་བྱའོ། །མདོ་གང་ཀུན་རྫོབ་སྒྲུབ་པར་བསྟན་པ་དེ་དག་ནི་དྲང་བའི་དོན་ཞེས་བྱའོ། །མདོ་གང་དོན་དམ་སྒྲུབ་པར་བསྟན་པ་དེ་དག་ནི་ངེས་པའི་དོན་ཞེས་བྱའོ། །མདོ་གང་ལས་ཀྱི་བྱ་བ་ལ་འཇུག་པར་བསྟན་པ་དེ་དག་ནི་དྲང་བའི་དོན་ཞེས་བྱའོ། །མདོ་གང་ལས་དང་ཉོན་མོངས་ཟད་པར་བྱ་བའི་ཕྱིར་བསྟན་པ་དེ་དག་ནི་ངེས་པའི་དོན་ཞེས་བྱའོ། །མདོ་གང་ཀུན་ནས་ཉོན་མོངས་པ་བཤད་པའི་ཕྱིར་བསྟན་པ་དེ་དག་ནི་དྲང་བའི་དོན་ཞེས་བྱའོ། །མདོ་གང་རྣམ་པར་བྱང་བ་ཡོངས་སུ་བསྟན་པར་བྱ་བའི་ཕྱིར་བསྟན་པ་དེ་དག་ནི་ངེས་པའི་དོན་ཞེས་བྱའོ། །མདོ་གང་འཁོར་བ་ལ་སྐྱོ་བར་བྱ་བ་བསྟན་པ་དེ་དག་ནི་དྲང་བའི་དོན་ཞེས་བྱའོ། །མདོ་གང་འཁོར་བ་དང་མྱ་ངན་ལས་འདས་པ་གཉིས་སུ་མེད་པ་ལ་འཇུག་པར་བསྟན་པ་དེ་དག་ནི་ངེས་པའི་དོན་ཞེས་བྱའོ། །མདོ་གང་ཚིག་དང་ཡི་གེ་སྣ་ཚོགས་བསྟན་པ་དེ་དག་ནི་དྲང་བའི་དོན་ཞེས་བྱའོ། །མདོ་གང་ཟབ་མོ་ལྟ་དཀའ་བ་ཁོང་དུ་ཆུད་པར་དཀའ་བ་བསྟན་པ་དེ་དག་ནི་ངེས་པའི་དོན་ཞེས་བྱའོ། །མདོ་གང་ཚིག་དང་ཡི་གེ་མང་ཞིང་སེམས་ཅན་གྱི་སེམས་དགའ་བར་བྱ་བའི་ཕྱིར་བསྟན་པ་དེ་དག་ནི་དྲང་བའི་དོན་ཞེས་བྱའོ། །མདོ་གང་ཚིག་དང་ཡི་གེ་ཉུང་ལ་སེམས་ངེས་པར་རྟོགས་པར་བྱེད་པར་བསྟན་པ་དེ་དག་ནི་ངེས་པའི་དོན་ཞེས་བྱའོ། །མདོ་གང་བདག་དང་སེམས་ཅན་དང་སྲོག་དང་གསོ་བ་དང་སྐྱེས་བུ་དང་གང་ཟག་ཤེད་ལས་སྐྱེས་པ་དང་ཤེད་བདག་དང་བྱེད་པ་པོ་དང་ཚོར་བ་པོ་དང་སྒྲ་རྣམ་པ་སྣ་ཚོགས་སུ་བཤད་པ་དང་བདག་པོ་མེད་པ་ལས་བདག་པོ་དང་བཅས་པར་བསྟན་པ་དེ་དག་ནི་དྲང་བའི་དོན་ཞེས་བྱའོ། །མདོ་གང་སྟོང་པ་ཉིད་དང་མཚན་མ་མེད་པ་དང་སྨོན་པ་མེད་པ་དང་མངོན་པར་འདུ་མི་བྱེད་པ་དང་མ་སྐྱེས་པ་དང་མ་བྱུང་བ་དང་དངོས་པོ་མེད་པ་དང་བདག་མེད་པ་དང་སེམས་ཅན་མེད་པ་དང་སྲོག་མེད་པ་དང་གང་ཟག་མེད་པ་དང་བདག་པོ་མེད་པ་

དང་རྣམ་པར་ཐར་པའི་སྒོའི་བར་དུ་བསྟན་པ་དེ་དག་ནི་ངེས་པའི་དོན་ཞེས་བྱའོ་ཞེས་གསུངས། འདི་དང་དོན་འདྲ་ཡང་ཚིག་རིགས་མི་གཅིག་པ་བྱང་ཆུབ་སེམས་དཔའི་སྡེ་སྣོད་དང་། མདོ་དགོངས་པ་ངེས་འགྲེལ་ལས་ཀྱང་རྣམ་གྲངས་བརྒྱད་བརྒྱད་ཀྱི་སྒོ་ནས་གསུངས་སོ། །སངས་རྒྱས་བགྲོ་བ་ཞེས་བྱ་བའི་མདོ་ལས་ཀྱང་། དོན་ལ་རྟོན་ཅིང་ཚིག་ལ་མི་རྟོན་པ་དང་། ཡེ་ཤེས་ལ་རྟོན་ཅིང་རྣམ་པར་ཤེས་པ་ལ་མི་རྟོན་པ་དང་། ངེས་པའི་མདོ་ལ་རྟོན་ཅིང་དྲང་བའི་མདོ་ལ་མི་རྟོན་པ་དང་། ཆོས་ཉིད་ལ་རྟོན་གྱི་གང་ཟག་ལ་མི་རྟོན་པ་དང་ཞེས་གསུངས། རྟོན་ཞེས་བྱ་བ་ནི་གཙོ་ཆེ་ཞེས་བྱ་བའི་ཚིག་བླ་དྭགས་སོ། །དེའི་ཕྱིར་ན་དྲང་ངེས་རྣམ་པར་འབྱེད་པ་ལྟོས་ས་ལྟོས་འཇོག་ལ་རག་ལས་ཀྱི་མཐའ་གཅིག་ཏུམ་ངེས་སོ། །དེ་ལྟར་དྲང་དོན་དང་ངེས་དོན་སྤྱིར་བཤད་ནས།

གཉིས་པ་འཁོར་ལོ་གསུམ་གྱི་དྲང་ངེས་ལ་དཔྱད་པ་ནི། འཁོར་ལོ་གསུམ་པོ་རེ་རེ་ལ་ཡང་བདེན་པ་བཞིའི་ཆོས་ཀྱི་འཁོར་ལོ་མཚན་ཉིད་མེད་པའི་ཆོས་ཀྱི་འཁོར་ལོ་དོན་དམ་རྣམ་པར་ངེས་པའི་དོན་ལེགས་པར་རྣམ་པར་ཕྱེ་བའི་ཆོས་ཀྱི་འཁོར་ལོ་དང་གསུམ་གསུམ་སྟེ་དགུར་ཕྱེ་ནས་རེ་རེ་ལ་ཡང་དྲང་དོན་དང་ངེས་དོན་གཙོ་ཆེ་ཆུང་ཅི་རིགས་ཡོད་དོ། །དེ་ཡང་རྣམ་པ་གསལ་བའི་དཔེ་ནི། བཀའ་དང་པོར་སྟོང་བདག་མེད་དང་། བར་པར་ཀུན་བརྟགས་གཞན་དབང་ཡོངས་གྲུབ་གསུམ་དང་། འཕགས་པའི་བདེན་པ་བཞི་དག་གི །རྣམ་པ་ཞེས་པའི་ཡུམ་གྱི་མདོར། གཟུགས་མི་རྟག་པ་ཉིད་དུ་ཡིད་ལ་བྱའོ་སྡུག་བསྔལ་བ་ཉིད་དུ་ཡིད་ལ་བྱའོ་ཞེས་སོགས་དང་། བཀའ་ཐ་མར་ཀུན་དགའ་བོ་ལ་འདུལ་བ་ལུང་མཐུན་གྱི་མདོ་དང་སྟོན་པ་མྱ་ངན་ལས་འདའ་ཁར་ཀུན་ཏུ་རྒྱུ་རབ་བཟང་ལ་བདེན་པ་བཞིའི་ཆོས་ཀྱི་འཁོར་ལོ་བསྐོར་བ་ལྟ་བུའོ། །

དེས་ན་འཁོར་ལོ་དང་པོ་དང་བར་པ་གཉིས་འཁོར་བའི་རྩ་བ་གཅོད་པའི་མཐའ་བྲལ་དབུ་མའི་ལྟ་བ་ཙམ་སྟོན་པ་ལ་ཁྱད་པར་མེད་མོད་ཐམས་ཅད་མཁྱེན་པ་སྒྲུབ་པར་བྱེད་པའི་བྱང་ཆུབ་སེམས་དཔའི་ཐབས་ཤེས་རབ་ཇི་སྙེད་ཅིག་གསུངས་པས། འཁོར་ལོ་དང་པོ་ལ་ངེས་དོན་མེད་པ་མ་ཡིན་ཀྱང་དྲང་དོན་གཙོ་ཆེ་བས་དེ་ལ་ལྟོས་ཏེ་འཁོར་ལོ་བར་པ་འདི་ངེས་དོན་གཙོ་ཆེ་བར་བཞག །བར་བ་ལ་ལྟོས་ཏེ་ཐ་མ་ངེས་དོན་གཙོ་ཆེ་བ་ཡིན་ཏེ༑ འཁོར་ལོ་དང་པོ་གཉིས་སུ་མིང་གི་ཐ་སྙད་ཙམ་ཡང་མ་གསུངས་པའི་སེམས་ཅན་ཐམས་ཅད་ལ་ཆོས་ཅན་ཀུན་གཞི་རྣམ་ཤེས་དང་ཆོས་ཉིད་བདེ་གཤེགས་སྙིང་པོ་ཅན་དུ་གསུངས་པའི་ཕྱིར། འདི་ནི་གསང་སྔགས་བླ་མེད་ཀྱི་རྒྱུད་སྡེ་རིན་པོ་ཆེ་རྣམས་དང་གསུངས་ཚུལ་མཐུན་པས་སྔ་མ་ལ་ལྟོས་ཏེ་ཕྱི་མ་འདི་ཉིད་ངེས་དོན་གཙོ་ཆེ་བར་གྲུབ་བོ། །ཡང་ཕར་ཕྱིན་ཐེག་པ་ལ་ལྟོས་ཏེ་རྡོ་རྗེ་ཐེག་པའི་རིམ་པ་བཞི་ཡང་གོང་མ་གོང་མ་ངེས་དོན་གཙོ་ཆེ་སྟེ། མཐར་ནི་བཅུ་གསུམ་རྡོ་རྗེ་འཛིན་པའི་ས་ཆེ་འདི་ཉིད་ལ་སྟེར་བའི་ཐབས་ཤེས་རབ་བླ་ན་མེད་པ་

གསུངས་པའི་ཕྱིར་རོ། །

འཁོར་ལོ་གསུམ་གྱི་རིམ་པ་ཡང་མདོ་དགོངས་པ་ངེས་འགྲེལ་ལས། དེ་ནས་བཅོམ་ལྡན་འདས་ལ་བྱང་ཆུབ་སེམས་དཔའ་དོན་དམ་ཡང་དག་འཕགས་ཀྱིས་འདི་སྐད་ཅེས་གསོལ་ཏོ། །བཅོམ་ལྡན་འདས་ཀྱིས་དང་པོར་ཡུལ་ཝཱ་རཱ་ཎ་སཱི་དྲང་སྲོང་སྨྲ་བ་རི་དྭགས་ཀྱི་ནགས་སུ་ཉན་ཐོས་ཀྱི་ཐེག་པ་ལ་ཡང་དག་པར་ཞུགས་པ་རྣམས་ལ་འཕགས་པའི་བདེན་པ་བཞི་རྣམ་པར་བསྟན་པས་ཆོས་ཀྱི་འཁོར་ལོ་ངོ་མཚར་རྨད་དུ་བྱུང་བ་སྔོན་ལྷར་གྱུར་པ་བཅའམ་མིར་གྱུར་པ་སུས་ཀྱང་ཆོས་དང་མཐུན་པར་འཛིག་རྟེན་དུ་མ་བསྐོར་བ་གཅིག་རབ་ཏུ་བསྐོར་ཏེ། བཅོམ་ལྡན་འདས་ཀྱིས་ཆོས་ཀྱི་འཁོར་ལོ་བསྐོར་བ་དེ་ཡང་བླ་ན་མཆིས་པ་སྐབས་མཆིས་པ་དྲང་བའི་དོན་རྩོད་པའི་གཞིའི་གནས་སུ་གྱུར་པ་ལགས་ལ། བཅོམ་ལྡན་འདས་ཀྱིས་ཆོས་རྣམས་ཀྱི་ངོ་བོ་ཉིད་མ་མཆིས་པ་ཉིད་ལས་བརྩམས་སྐྱེ་བ་མ་མཆིས་པ་དང་འགག་པ་མ་མཆིས་པ་དང་གཟོད་མ་ནས་ཞི་བ་དང་རང་བཞིན་གྱིས་ཡོངས་སུ་མྱ་ངན་ལས་འདས་པ་ཉིད་ལས་བརྩམས་ནས་ཐེག་པ་ཆེན་པོ་ལ་ཡང་དག་པར་ཞུགས་པ་རྣམས་ལ་སྟོང་པ་ཉིད་སྨོས་པའི་རྣམ་པས་ཆེས་ངོ་མཚར་རྨད་དུ་བྱུང་བའི་ཆོས་ཀྱི་འཁོར་ལོ་གཉིས་པ་བསྐོར་ཏེ། བཅོམ་ལྡན་འདས་ཀྱིས་ཆོས་ཀྱི་འཁོར་ལོ་བསྐོར་བ་དེ་ཡང་བླ་ན་མཆིས་པ་སྐབས་མཆིས་པ་དྲང་བའི་དོན་རྩོད་པའི་གཞིའི་གནས་སུ་གྱུར་པ་ལགས་ཀྱི། བཅོམ་ལྡན་འདས་ཀྱིས་ཆོས་རྣམས་ཀྱི་ངོ་བོ་ཉིད་མ་མཆིས་པ་ཉིད་ལས་བརྩམས་སྐྱེ་བ་མ་མཆིས་པ་ཉིད་དང་འགག་པ་མ་མཆིས་པ་ཉིད་དང་གཟོད་མ་ནས་ཞི་བ་ཉིད་དང་རང་བཞིན་གྱིས་ཡོངས་སུ་མྱ་ངན་ལས་འདས་པ་ཉིད་ལས་བརྩམས་ནས་ཐེག་པ་ཐམས་ཅད་ལ་ཡང་དག་པར་ཞུགས་པ་རྣམས་ལ་ལེགས་པར་རྣམ་པར་ཕྱེ་བ་དང་ལྡན་པ་ཤིན་ཏུ་ངོ་མཚར་རྨད་དུ་བྱུང་བའི་ཆོས་ཀྱི་འཁོར་ལོ་གསུམ་པ་བསྐོར་ཏེ། བཅོམ་ལྡན་འདས་ཀྱིས་ཆོས་ཀྱི་འཁོར་ལོ་བསྐོར་བ་འདི་ནི་བླ་ན་མ་མཆིས་པ་སྐབས་མ་མཆིས་པ་ངེས་པའི་དོན་ལགས་ཏེ་རྩོད་པའི་གཞིའི་གནས་སུ་གྱུར་པ་མ་ལགས་སོ་ཞེས་གསུངས།

འཁོར་ལོ་གསུམ་པོའི་ཟབ་ཁྱད་རིམ་བཞིན་ནོར་བུ་རིན་པོ་ཆེའི་དྲི་མ་རགས་པ་དང་ཕྲ་བ་དང་ཤིན་ཏུ་ཕྲ་བ་སྦྱོང་བའི་ཚུལ་དཔེས་སྟོན་པ་ནི། འཕགས་པ་གཟུངས་ཀྱི་དབང་ཕྱུག་རྒྱལ་པོས་ཞུས་པའི་མདོ་ལས། རིགས་ཀྱི་བུ་འདི་ལྟ་སྟེ་དཔེར་ན། ནོར་བུ་མཁན་མཁས་པ་ནོར་བུ་སྦྱོང་བའི་ཚུལ་ལེགས་པར་ཤེས་པ་དེས་ནོར་བུ་རིན་པོ་ཆེའི་རིགས་ནས་ཡོངས་སུ་མ་དག་པའི་ནོར་བུ་རིན་པོ་ཆེ་བླངས་ཏེ། ལན་ཚྭའི་ཆུ་རྣོན་པོས་སྦྲངས་ནས་སྐྲའི་རེ་བས་ཡོངས་སུ་སྦྱོང་བས་ཡོངས་སུ་སྦྱང་བར་བྱེད་དོ། །དེ་ཙམ་གྱིས་བརྩོན་པ་འདོར་བ་ཡང་མ་ཡིན་ཏེ་དེའི་འོག་ཏུ་ཟངས་ཀྱི་ཁུ་བ་རྣོན་པོས་སྦྲངས་ནས་བལ་གྱི་ལྭ་བའི་ཡོངས་སུ་སྦྱོང་བས་ཡོངས་སུ་སྦྱོང་བར་བྱེད་དོ། །དེ་

ཙམ་གྱིས་བརྩོན་པ་འདོར་བ་ཡང་མ་ཡིན་ཏེ་དེའི་འོག་ཏུ་སྨན་ཆེན་པོའི་ཁུ་བ་ལ་ཡང་སྦྱངས་ནས་རིམ་གྱིས་སྨན་མོའི་ཡོངས་སུ་སྦྱོང་བས་ཡོངས་སུ་སྦྱོང་བར་བྱེད་དོ། །ཡོངས་སུ་སྦྱངས་ནས་དྲི་མ་དང་བྲལ་བ་ནི་བཻཌཱུཪྱའི་རིགས་ཆེན་པོ་ཞེས་བརྗོད་དོ། །རིགས་ཀྱི་བུ་དེ་བཞིན་དུ་དེ་བཞིན་གཤེགས་པ་ཡང་ཡོངས་སུ་མ་དག་པའི་སེམས་ཅན་གྱི་ཁམས་མཁྱེན་ནས་མི་རྟག་པ་དང་སྡུག་བསྔལ་བ་དང་བདག་མེད་པ་དང་མི་གཙང་བ་ཡིད་འབྱུང་བའི་གཏམ་གྱིས་འཁོར་བ་ལ་དགའ་བའི་སེམས་ཅན་རྣམས་སྐྱོ་བ་བསྐྱེད་པར་མཛད་དེ་འཕགས་པའི་ཆོས་འདུལ་བ་ལ་འཇུད་པར་མཛད་དོ། །དེ་ཙམ་གྱིས་དེ་བཞིན་གཤེགས་པ་བརྩོན་པ་འདོར་བ་ཡང་མ་ཡིན་ཏེ་དེའི་འོག་ཏུ་སྟོང་པ་ཉིད་དང་མཚན་མ་མེད་པ་དང་སྨོན་པ་མེད་པའི་གཏམ་གྱིས་དེ་བཞིན་གཤེགས་པའི་ཚུལ་རྟོགས་པར་མཛད་དོ༔ ༔དེ་ཙམ་གྱིས་དེ་བཞིན་གཤེགས་པ་བརྩོན་པ་འདོར་བ་ཡང་མ་ཡིན་ཏེ་དེའི་འོག་ཏུ་ཕྱིར་མི་ལྡོག་པའི་ཆོས་ཀྱི་འཁོར་ལོའི་གཏམ་འཁོར་གསུམ་ཡོངས་སུ་དག་པའི་གཏམ་གྱིས་རང་བཞིན་སྣ་ཚོགས་ཀྱི་རྒྱུ་ཅན་གྱི་སེམས་ཅན་དེ་དག་དེ་བཞིན་གཤེགས་པའི་ཡུལ་ལ་འཇུག་པར་མཛད་དོ། །ཞུགས་པར་གྱུར་ཅིང་དེ་བཞིན་གཤེགས་པའི་ཆོས་ཉིད་རྟོགས་ན་ནི་བླ་ན་མེད་པའི་ཡོན་གནས་ཞེས་བརྗོད་དོ་ཞེས་གསུངས།

དེ་ལྟར་ན་འཁོར་ལོ་གསུམ་གྱི་ཁྱད་པར་དཔྱད་ན། ཟབ་ཞི་སྤྲོས་བྲལ་འོད་གསལ་འདུས་མ་བྱས་བསྟན་པར་མཚུངས་པས་མཐར་ཐུག་གི་ལྟ་བ་དབུ་མར་གནས་ཀྱང་། གདུལ་བྱའི་བྱེ་བྲག་གིས་ཐབས་ཤེས་སྣ་ཚོགས་ཀྱིས་ཕྱེ་བ་ཡིན་ཏེ། གདུལ་བྱའི་བསམ་པ་དང་མཐུན་པར་ཆོས་སྟོན་དགོས་པའི་ཕྱིར་རོ། །དེ་ལྟ་ན་ཡང་འཁོར་ལོ་དང་པོ་དང་བར་བ་གཉིས་ལ་དྲང་བའི་དོན་རྩོད་པའི་གཞི་ཞེས་བྱ་བ་ནི། འཁོར་ལོ་དང་པོ་བར་པ་ལ་ལྟོས་ཏེ་དྲང་དོན་གཙོ་ཆེ་ཡང་ཉན་ཐོས་སེན་ཧྲ་བས་འཁོར་ལོ་དང་པོ་རྒྱ་མཚན་དུ་བྱས་ནས། འཁོར་ལོ་བར་པའི་སྐྱེ་མེད་འགག་མེད་སོགས་སྒྲ་ཇི་བཞིན་པ་ལ་རྩོད་པས་རྩོད་པའི་གཞིར་གྱུར་པ་སྒྲ་ཇི་བཞིན་པ་མ་ཡིན་པས་དྲང་དོན་ཞེས་བྱའོ། །བར་པ་འདི་དང་པོ་ལ་ལྟོས་ཏེ་ངེས་དོན་གཙོ་ཆེ་ཡང་ཐ་མ་ལ་ལྟོས་ཏེ་དྲང་དོན་ཞེས་བྱའོ། །འཁོར་ལོ་ཐ་མ་ངེས་པའི་དོན་རྩོད་པའི་གཞིར་མ་གྱུར་པ་ཞེས་བྱ་བ་ནི་བར་པ་ལ་ལྟོས་ཏེ་ངེས་དོན་གཙོ་ཆེ་བ་དང་། ལང་ཀར་གཤེགས་པའི་མདོ་སྙིང་པོའི་མདོ་སོར་ཕྲེང་ཅན་གྱི་མདོ་མདོ་མྱང་འདས་སོགས་ནས། ཐེ་ཚོམ་གྱི་གཞི་གང་དང་གང་ཡོད་པ་རྣམས་མདོ་གཞན་ལ་རག་མ་ལས་པར་མདོ་དེ་དང་དེ་ཉིད་ཀྱིས་ལེགས་པར་ཕྱེ་ནས་སེལ་នུས་པས་རྩོད་པའི་གཞིར་མ་གྱུར་པ་ཞེས་བྱའོ། །

འཕགས་པ་རྟ་བོ་ཆེ་ཆེན་པོའི་མདོ་ལས་ཀྱང་། བཅོམ་ལྡན་འདས་ཐེག་པ་ཆེན་པོ་ལ་ཡང་སྟོང་པ་ཉིད་ཀྱི་དོན་སྟོན་པའི་མདོ་མང་དུ་མཆིས་ལགས་སོ། །བཅོམ་ལྡན་འདས་ཀྱིས་བཀའ་བསྩལ་པ། སྟོང་པ་ཉིད་སྟོན་པ

གང་ཅི་ཡང་རུང་བ་དེ་ཐམས་ཅད་ནི་དགོངས་པ་ཅན་དུ་རིག་པར་བྱ་ལ་བླ་ན་མེད་པའི་མདོ་སྡེ་འདི་ལྟ་བུ་འདི་དག་ནི་དགོངས་པ་ཅན་མ་ཡིན་པར་བྱའོ་ཞེས་གསུངས། འཕགས་པ་ཀླུ་སྒྲུབ་ལུང་བསྟན་པའི་སྤྲིན་ཆེན་པོའི་མདོ་ལ་སོགས་པ་ཡང་ངེས་དོན་གཙོ་ཆེའོ། །མདོ་དེ་ལས། དེའི་ཕ་མ་དང་གཉེན་སྡེ་རྣམས་ཀྱིས་ངའི་མིང་དེའི་མིང་དུ་འདོགས་པར་འགྱུར་རོ་ཞེས་པ་དང་། དེ་བཞིན་གཤེགས་པ་དང་མིང་མཐུན་པའི་ཁྱེའུ་དེ་ཡང་ཞེས་པ་དང་། ཁ་ཅིག་ལས་ངའི་མིང་ཅན་དུ་སྐྱེའོ་ཞེས་གསུངས་པས། ཤཱཀྱ་བཤེས་གཉེན་ནི་ཀླུ་སྒྲུབ་ཀྱི་མཚན་གྱི་རྣམ་གྲངས་སུ་མངོན་ནོ། །དེས་ན་དྲང་ངེས་ལྟོས་ས་ལྟོས་འཇོག་ལ་རག་ལས་ཀྱི་མཐའ་གཅིག་ཏུ་མ་ངེས་པར་གྲུབ་བོ།། །།

དེ་ལ་རྩོད་པ་སྤང་བ་ནི། ཁ་ཅིག་ན་རེ་འཁོར་ལོ་ཐོག་མཐའ་གཉིས་དྲང་དོན་བར་པ་ངེས་དོན་ཐ་མའི་མཚན་གཞི་མདོ་དགོངས་པ་ངེས་འགྲེལ་ནི་དྲང་དོན་འབའ་ཞིག་ཡིན་ལ། དེ་བཞིན་དུ། བྱམས་ཆོས་ལྔའི་ཐོག་མཐའ་གཉིས་ནི་དབུ་མ་དང་བར་པ་གསུམ་ནི་སེམས་ཙམ་པའི་བསྟན་བཅོས་ཡིན་ཏེ། དེ་ཡང་བློ་གྲོས་མི་ཟད་པའི་མདོ་ལྟར་ཀླུ་སྒྲུབ་ཡབ་སྲས་ཀྱི་རྗེས་སུ་འབྲང་བའི་དབུ་མ་པ་དག་དྲང་ངེས་ཀྱི་ཚུལ་ལ་མི་ མཐུན་པ་མེད་དེ། མདོ་དེ་ཉིད་ལས་བདེན་པ་གཉིས་ཀྱི་སྒོ་ནས་དྲང་ངེས་མཛད། མདོ་དགོངས་པ་ངེས་འགྲེལ་ལྟར་ཐོགས་མེད་སྐུ་མཆེད་ཀྱི་རྗེས་སུ་འབྲང་བའི་སེམས་ཙམ་པ་དག་དྲང་ངེས་ཀྱི་ཚུལ་ལ་མི་མཐུན་པ་མེད་དེ། མདོ་དེའི་དགོངས་པ་སྒྲ་ཇི་བཞིན་པ་དང་ཇི་བཞིན་པ་མ་ཡིན་པ་ཞེས་བྱའོ། །དེས་ན་ཤིང་རྟའི་སྲོལ་འབྱེད་གཉིས་པོ་འདི་ནི་དྲང་ངེས་ཀྱི་འཇོག་ཚུལ་གཏན་མི་མཐུན་ཏེ། མདོ་སོ་སོའི་དགོངས་པ་རིམ་བཞིན་དབུ་མ་དང་སེམས་ཙམ་དུ་འགྲེལ་བའི་ཕྱིར། དེ་ཡང་མདོ་དགོངས་པ་ངེས་འགྲེལ་ལས། ཆོས་ཐམས་ཅད་ངོ་བོ་ཉིད་མེད་པར་གསུངས་པ་ནི་ཀུན་བརྟགས་རང་གི་མཚན་ཉིད་ཀྱིས་མེད་ཅེས་གསུངས་པས། གཞན་དབང་དང་ཡོངས་གྲུབ་རང་གི་མཚན་ཉིད་ཀྱིས་གྲུབ་པར་བསྟན། ཀུན་གཞི་ཡོད་པར་གསུངས་པ་དང་། སྙིང་པོ་མདོ་བཅུར་གྲགས་པའི་ནང་ཚན་མ་ཡིན་པའི་མདོ་གཞན་ལས་བདེ་གཤེགས་སྙིང་པོ་གསུངས་པ་ཡང་དྲང་དོན་དགོངས་པ་ཅན་ཡིན་ལ། དེ་ཡང་ཀུན་གཞི་དང་བདེ་གཤེགས་སྙིང་པོ་མིང་གི་རྣམ་གྲངས་སུ་ལན་དུ་མར་གསུངས་ཀྱང་དོན་གང་དང་གང་ལ་དགོངས་ནས་ཀུན་གཞི་དང་བདེ་གཤེགས་སྙིང་པོའི་སྒྲས་བསྟན་པའི་དོན་གཉིས་གཅིག་ཅིང་། དགོངས་པ་ཡང་མུ་སྟེགས་ཀྱི་ལྟ་བ་ལ་ཞེན་པ་དག་སྐྲག་པ་སྤང་བའི་ཆེད་ཡིན་ནོ། །དགོངས་གཞི་གཅིག་པ་ཡང་འཇུག་པའི་རང་འགྲེལ་ལས། དངོས་པོ་ཐམས་ཅད་ཀྱི་རང་བཞིན་རྗེས་སུ་ཞུགས་པའི་ཕྱིར་སྟོང་པ་ཉིད་ཁོ་ན་ཀུན་གཞིའི་རྣམ་པར་ཤེས་པའི་སྒྲས་བསྟན་པར་རིག་པར་བྱའོ་ཞེས་སོ། །རྒྱུད་བླ་མས་འགྲེལ་བའི་སྙིང་པོའི་མདོ་ལས་བསྟན་

པའི་དཔེ་དགུ་དོན་དགུ་ནི་སྦྲ་རྗེ་བཞིན་པ་ཡིན་པས་དགོངས་པ་ཅན་དུ་འགྲེལ་དོན་མེད་དོ། །

འཇུག་པ་ལས། ཀུན་གཞི་ཡོད་ཅིང་གང་ཟག་ཉིད་ཡོད་ལ། །ཕུང་པོ་འདི་དག་འབའ་ཞིག་ཉིད་ཡོད་ཅེས། །བསྟན་པ་འདི་ནི་དེ་ལྟར་ཆེས་ཟབ་དོན། །རིག་པར་མི་འགྱུར་གང་ཡིན་དེ་ལའོ། །ཞེས་པ་དང་། གང་ཕྱིར་རང་བཞིན་གྱིས་དེ་མི་འགག་པ། །དེ་ཕྱིར་ཀུན་གཞི་མེད་ཀྱང་འདི་ནུས་ཕྱིར། །ལ་ལར་ལས་འགགས་ཡུན་རིང་ལོན་ནས་ཀྱང་། །འབྲས་བུ་ཡང་དག་འབྱུང་བར་རིག་པར་གྱིས། །ཞེས་གསུངས་པས། ཀུན་གཞི་ཡོད་ཅེས་པའི་མདོ་སྦྲ་རྗེ་བཞིན་པ་མ་ཡིན་པས་དྲང་དོན་ཡིན་ནོ། །གལ་ཏེ་ཀུན་གཞི་ཁས་ལེན་ན་ཉོན་མོངས་པ་ཅན་གྱི་ཡིད་སོགས་ཀྱི་དམིགས་པ་དང་། ཐེག་བསྡུས་ནས་དམིགས་པ་ཡོངས་སུ་མ་ཆད་པ། །ཞེས་གསུངས་པ་སོགས་སེམས་ཙམ་པ་ལྟར་ཁས་ལེན་དགོས་ཤིང་ཕྱི་དོན་ཡོད་པ་དང་དངོས་པོ་རང་བཞིན་གྱིས་མེད་པ་དང་དབང་ཕྱུག་འགྲོ་བ་ཀུན་གྱི་བྱེད་པ་པོ་ཡིན་པ་དང་མུ་སྟེགས་བདག་དང་། འཇུག་པ་ལས། ཁ་ཅིག་བདག་ལྟའི་རྟེན་དུ་སེམས་གཅིག་འདོད། །ཅེས་པ་དང་མཚུངས་པར་འགྱུར་རོ། །དེས་ན་གསང་བ་འདུས་པའི་སྐོར་དུ་ཡང་། ཀུན་གཞིའི་རྣམ་ཤེས་དང་ཉོན་ཡིད་སོགས་ཀྱི་ཐ་སྙད་འགའ་རེ་བྱུང་ཡང་། ཚོགས་དྲུག་གམ་ཡིད་ཤེས་ལས་ངོ་བོ་ཐ་དད་པའི་ཀུན་གཞི་ཀླུ་སྒྲུབ་ཡབ་སྲས་མི་བཞེད་དོ། །དེས་ན་ཀུན་གཞི་དང་བདེ་གཤེགས་སྙིང་པོའི་སྒྲ་གཉིས་དགོངས་གཞིའི་དོན་གཅིག་པས། ཐེག་བསྡུས་སུ། ཀུན་གཞིའི་རྣམ་ཤེས་ཀྱི་སྒྲུབ་བྱེད་དུ་དྲངས་པའི་ཆོས་མངོན་པའི་ལུང་དེ་ཉིད། རྒྱུད་བླ་མའི་འགྲེལ་པར། སེམས་ཅན་ལ་བདེ་གཤེགས་སྙིང་པོ་ཡོད་པའི་ཤེས་བྱེད་དུ་དྲངས་སོ། །

རྒྱུད་བླ་རྩ་འགྲེལ་ནི། དབུ་མ་ཐལ་འགྱུར་བའི་ལུགས་ངེས་དོན་ཡིན་ལ། ཆོས་མངོན་པའི་ལུང་གང་ཞེ་ན༑ ཐོག་མ་མེད་དུས་ཅན་གྱི་ཁམས། །ཆོས་རྣམས་ཀུན་གྱི་གནས་ཡིན་ཏེ། །དེ་ཡོད་པས་ན་འགྲོ་ཀུན་དང་། །མྱ་ངན་འདས་པ་ཐོབ་པ་ཡིན། །ཞེས་གསུངས་ལ། བྱམས་ཆོས་བར་པ་གསུམ་དབུ་མའི་བསྟན་བཅོས་མ་ཡིན་པའི་ཤེས་བྱེད། ཐོགས་མེད་སྐུ་མཆེད་ཀྱིས་སེམས་ཙམ་དུ་བཀྲལ་བའི་ཕྱིར་དང་། མདོ་དགོངས་པ་ངེས་འགྲེལ་གྱི་དགོངས་འགྲེལ་དུ་བྱམས་མགོན་གྱིས་མཛད་ཅིང་། མདོ་དེ་སེམས་ཙམ་པའི་མདོ་ཡིན་པའི་ཕྱིར། དེ་ཡང་མདོ་དགོངས་པ་ངེས་འགྲེལ་གྱི་གླེང་གཞི་ཙམ་མ་གཏོགས་མདོ་ཚིག་ཕལ་ཆེར་དང་སྦྱར་བའི་གཏན་ལ་དབབ་པ་བསྡུ་བ་ལས། ངོ་བོ་ཉིད་གསུམ་དང་ཀུན་གཞི་བྱེ་བྲག་ཏུ་གསལ་བར་བྱེད་པའི་ཐེག་ཆེན་ཐུན་མོང་མ་ཡིན་པའི་སྡོམ་ཐེག་བསྡུས་དང་། ཐེག་པ་ཐུན་མོང་བའི་སྡོམ་ཀུན་ལས་བཏུས་དང་། གཞན་ཡང་བྱང་ཆུབ་སེམས་དཔའི་སའི་ལེའུ་སོགས་ས་སྡེ་ལྔ་མཛད་ནས་མཐར་ཕྱུག་ཐེག་པ་གསུམ་དང་གཞན་དབང་དང་ཡོངས་གྲུབ་བདེན་གྲུབ

དང་རིགས་ཆད་ཀྱི་སེམས་ཅན་ཡོད་པ་དང་འཁོར་ལོ་དང་པོ་དང་བར་པ་དྲང་དོན་ཐ་མ་ངེས་དོན་དུ་བཤད་ཟེར་རོ། །དེ་དག་རིམ་བཞིན་མི་འཐད་དེ། འདི་ལྟར་མདོ་དགོངས་པ་ངེས་འགྲེལ་ལས། ཀུན་བརྟགས་རང་གི་མཚན་ཉིད་ཀྱིས་མེད་ཅེས་གསུངས་པས་གཞན་དབང་དང་ཡོངས་གྲུབ་རང་གི་མཚན་ཉིད་ཀྱིས་གྲུབ་པར་བསྟན་ཟེར་བ་ཡང་མངོན་སུམ་དུ་བསྙོན་པར་ཟད་དེ། མདོ་འདིར་བྱང་ཆུབ་སེམས་དཔའ་བཅུས་བཅོམ་ལྡན་འདས་ལ་ཞུ་བ་བཅུ་བྱས་པའི་ནང་ནས་བྱང་ཆུབ་སེམས་དཔའ་དོན་དམ་ཡང་དག་འཕགས་ཀྱིས་ཞུས་པའི་ལེའུ་ལས། བཅོམ་ལྡན་འདས་ཀྱིས་དང་པོར་ཡུལ་ཝཱ་རཱ་ཎ་སཱི་ར་དྲང་སྲོང་སྨྲ་བ་ཞེས་སོགས་ཀྱི་མདོ་ཇི་ལྟ་བ་བཞིན་གོང་དུ་དྲངས་ཟིན་པ་ལ་ལྟོས། གཞན་ཡང་དགོངས་པ་ངེས་འགྲེལ་གྱི་མདོའི་དྲང་ངེས་འཛོག་ཚུལ་སྒྲ་ཇི་བཞིན་པ་དང་ཇི་བཞིན་པ་མ་ཡིན་པ་ལ་འཛོག་པ་མི་འཐད་པར་ཐལ། མདོ་འདིར་ཀུན་བརྟགས་རང་གི་མཚན་ཉིད་ཀྱིས་མེད་ཅེས་དངོས་སུ་བསྟན་པས་གཞན་དབང་དང་ཡོངས་གྲུབ་རང་གི་མཚན་ཉིད་ཀྱིས་གྲུབ་པར་ཤུགས་ལ་གོ་དགོས་པའི་ཕྱིར།

ཡང་མདོ་འདིར་ཀུན་བརྟགས་རང་གི་མཚན་ཉིད་ཀྱིས་མེད་ཅེས་སྒྲ་ཇི་བཞིན་པ་ལ་གསུངས་པས་གཞན་དབང་དང་ཡོངས་གྲུབ་རང་གི་མཚན་ཉིད་ཀྱིས་གྲུབ་པ་ཡང་མ་བསྟན་པར་ཐལ། མདོ་དགོངས་པ་ངེས་འགྲེལ་ལས། དོན་དམ་ཡང་དག་འཕགས་ངས་ཆོས་རྣམས་ངོ་བོ་ཉིད་མེད་པ་རྣམ་པ་གསུམ་པོ་འདི་ལྟ་སྟེ་མཚན་ཉིད་ངོ་བོ་ཉིད་མེད་པ་དང་སྐྱེ་བ་ངོ་བོ་ཉིད་མེད་པ་དང་དོན་དམ་པ་ངོ་བོ་ཉིད་མེད་པ་ལ་དགོངས་ནས་ཆོས་ཐམས་ཅད་ངོ་བོ་ཉིད་མེད་པའོ་ཞེས་བསྟན་ཏོ་ཞེས་གསུངས་པའི་ཕྱིར། དེས་ན་མདོ་འདི་ལ་བརྟེན་ནས་བྱམས་ཆོས་བར་པ་གསུམ་སེམས་ཙམ་པའི་བསྟན་བཅོས་ཡིན་ཟེར་བ་ཡང་བཀག་གོ །གལ་ཏེ་མདོ་འདིར། དགོངས་ནས་ཆོས་ཐམས་ཅད་ངོ་བོ་ཉིད་མེད་པའོ་ཞེས་བསྟན་པས་དྲང་དོན་དུ་གྲུབ་བོ་ཟེར་ན། འོ་ན་བཀའ་བར་པ་ཡང་དྲང་དོན་དུ་ཐལ། འབུམ་གྱི་སྐབས་སྐབས་སུ་དོན་དམ་པར་རོ་ཞེས་གསུངས་པས་གཟུགས་སོགས་མེད་པར་དོན་དམ་ལ་དགོངས་ནས་བསྟན་པའི་ཕྱིར་དང་། ཤེར་ཕྱིན་ལྔ་བརྒྱ་པ་ལས། མ་སྐྱེས་པ་དང་མ་འགགས་པ་དང་གཟོད་མ་ནས་ཞི་བ་སོགས་ནི་སྒྲ་ཇི་བཞིན་པ་མ་ཡིན་ལྡེམ་པོར་དགོངས་པའི་ངག་ཡིན་ནོ་ཞེས་གསུངས་པའི་ཕྱིར། རབ་འབྱོར་གང་ཡང་བཅོམ་ལྡན་འདས་ཀྱིས་ཚོར་བ་དང་འདུ་ཤེས་དང་འདུ་བྱེད་རྣམས་དང་རྣམ་པར་ཤེས་པ་རང་བཞིན་མེད་པ་དང་སྐྱེ་བ་མེད་པ་དང་འགག་པ་མེད་པ་དང་གཟོད་པ་ནས་ཞི་བ་དང་རང་བཞིན་གྱིས་ཡོངས་སུ་མྱ་ངན་ལས་འདས་པར་བསྟན་པ་གང་ཡིན་པ་དེ་ཐམས་ཅད་ནི་ལྡེམ་པོར་དགོངས་པ་མ་ཡིན་པ་སྟེ་སྒྲ་ཇི་བཞིན་པ་ཉིད་དུ་ཤེས་པར་བྱའོ་ཞེས་དེ་སྐད་སྨྲ་ན་དེ་ནི་ཕྱི་རོལ་པས་ཀྱང་ཕྱི་རོལ་སོ་སོ་སྐྱེ

པོའི་ཕྱོགས་ལ་གནས་པ་སྟེ་ལོག་པར་ལྟ་བའོ་ཞེས་ང་སློའོ་ཞེས་སོ། །

འཕགས་པ་སྤྲིན་ཆེན་པོའི་མདོ་ལས་ཀྱང་། མདོ་དང་ཏིང་ངེ་འཛིན་ཐམས་ཅད་ཀྱི་ལྟེམ་པོ་ངག་གི་ཚིག་མི་ཤེས་པའི་ཉན་ཐོས་དང་རང་སངས་རྒྱས་ཐམས་ཅད་ཀྱིས་ནི་ཐམས་ཅད་མི་རྟག་པ་དང་སྟོང་པའི་འདུ་ཤེས་དང་སེམས་ཅན་མེད་པ་སྒོམ་པར་བྱེད་དེ། དེ་བཞིན་གཤེགས་པའི་རྟག་པ་ཉིད་མ་ཐོས་པས་སེམས་ཅན་ཐམས་ཅད་འཁོར་ལོ་བཞིན་དུ་འཁོར་གྱི་ཏིང་ངེ་འཛིན་འདི་ལ་གནས་པའི་རིགས་ཀྱི་བུའམ་རིགས་ཀྱི་བུ་མོ་དེ་ནི་དེ་བཞིན་གཤེགས་པའི་ལྟེམ་པོ་དང་ནོར་བུ་བཞིན་དུ་རྙེད་པར་འགྱུར་ཞེས་སོ། །ཚུལ་འདིས་ནི་མདོ་དགོངས་པ་ངེས་འགྲེལ་སློབ་དཔོན་ཟླ་བ་གྲགས་པས་དྲང་དོན་འབའ་ཞིག་ཏུ་འགྲེལ་ཞིང་སློབ་དཔོན་ལེགས་ལྡན་འབྱེད་མདོ་འདིར་གཞན་དབང་རང་གི་མཚན་ཉིད་ཀྱིས་གྲུབ་པར་གསུངས་པ་སྒྲ་ཇི་བཞིན་པར་འཆད་ཟེར་བ་ཡང་བཀག་གོ། །ཁོ་བོ་ལྟར་ན་ཤེར་ཕྱིན་གྱི་མདོར་ཆོས་ཐམས་ཅད་ངོ་བོ་ཉིད་མེད་པར་གསུངས་པ་ངེས་དོན་དུ་མདོ་འདིས་སྒྲུབ་ཅིང་གཞུང་འཛུགས་པར་སློབ་དཔོན་ཀ་མ་ལ་ཤཱི་ལ་བཞེད་དོ། །དོན་འདི་ལ་དགོངས་ནས་ཆོས་རྗེ་ས་པཎ་གྱིས་ཀྱང་ཁོ་བོས་ནི་ཀཱ་མ་ལ་ཤཱི་ལ་ལ་སོགས་པའི་རྗེས་སུ་འབྲངས་ནས་བཤད་ཅེས་གསུངས། ཡང་སྙིང་པོ་མདོ་བཅུར་གྲགས་པ་ལས་བདེ་གཤེགས་སྙིང་པོ་གསུངས་པ་དེ་དྲང་དོན་ཡིན་ནམ་ངེས་དོན་ཡིན། དང་པོ་ལྟར་ན། རྒྱུད་བླ་མས་འགྲེལ་བའི་སྙིང་པོའི་མདོ་ངེས་དོན་སྒྲ་ཇི་བཞིན་པར་འགལ།

གཉིས་པ་ལྟར་ན། མདོ་གཞན་ལས་བདེ་གཤེགས་སྙིང་པོ་གསུངས་པ་དྲང་དོན་ཡིན་པ་འགལ་ཏེ། གཟུགས་ནས་རྣམ་མཁྱེན་གྱི་བར་དུ་མཚུངས་པའི་ཕྱིར་རོ། །ཡང་རྒྱུད་བླ་མས་འགྲེལ་པའི་སྙིང་པོའི་མདོ་ངེས་དོན་སྒྲ་ཇི་བཞིན་པ་ཡིན་ན། མདོ་དགོངས་པ་ངེས་འགྲེལ་དང་སྙིང་པོ་མདོ་བཅུར་གྲགས་པའི་ནང་ནས་གཞན་ཡང་ངེས་དོན་སྒྲ་ཇི་བཞིན་པ་ཡིན་དགོས་ཏེ། རྒྱུ་མཚན་མཚུངས་པའི་ཕྱིར་རོ། །གལ་ཏེ་མི་མཚུངས་ཏེ། བཀའ་ཐ་མ་ནི་མདོ་དགོངས་པ་ངེས་འགྲེལ་གཅིག་པུར་ཟད་ལ་གཞན་རྣམས་མ་ཡིན་ནོ་ཟེར་ན། དེ་ལྟ་ན་མདོ་མྱང་འདས་སོགས་ཀྱང་བཀའ་ཐ་མ་མ་ཡིན་པར་ཧ་ཅང་ཐལ་ལོ། །དེ་ཡང་འདོད་ན། འདུལ་བ་ལུང་སྡེ་བཞི་ཡང་བཀའ་དང་པོ་མ་ཡིན་པར་འགྱུར་རོ། །

ཡང་དབུ་མ་ཐལ་འགྱུར་བའི་ལུགས་རྒྱུད་བླ་རྩ་འགྲེལ་སྒྲ་ཇི་བཞིན་པ་ཡིན་ནམ་མ་ཡིན། གཉིས་པ་ལྟར་ན་རྒྱུད་བླས་འགྲེལ་པའི་སྙིང་པོའི་མདོ་སྒྲ་ཇི་བཞིན་པ་ཡིན་པར་འགལ། དང་པོ་ལྟར་ན། རྒྱུད་བླ་མར། ཐམས་ཅད་མཁྱེན་པའི་ཆོས་ཉིད་ནི། །སེམས་ཅན་ཐམས་ཅད་ལ་ཡོད་པ། །ཞེས་པ་དང་། འཁོར་བ་དང་ནི་མྱ་ངན་འདས། །མཉམ་པ་ཉིད་དུ་རྟོགས་ཕྱིར་རྟག །ཅེས་པའི་འགྲེལ་པར། ཆོས་ཀྱི་དབྱིངས་ཀྱི་ཚུལ་གྱི་སྒོ་འདིས་ནི་

དོན་དམ་པར་འཁོར་བ་ཉིད་མྱ་ངན་ལས་འདས་པར་བརྗོད་པ་ཡིན་ཏེ་ཞེས་པ་ཡང་སྒྲ་ཇི་བཞིན་པར་འདོད་དགོས་སོ། །སློབ་དཔོན་རྣམ་གཉིས་ལྟར་ན་མདོ་སོ་སོའི་ལྟ་བའི་མཐར་ཐུག་དབུ་མ་དང་སེམས་ཙམ་ཡིན་པ་ཡང་མི་འཐད་དེ། མདོ་དགོངས་པ་ངེས་འགྲེལ་ལས་ཀྱང་བློ་གྲོས་མི་ཟད་པའི་མདོ་ལྟར་དྲང་ངེས་ཀྱི་འཇོག་ཚུལ་རྣམ་གྲངས་བརྒྱད་ཀྱི་སྒོ་ནས་གསུངས་ལ། མདོ་དེ་ཉིད་ལས། འདུ་བྱེད་ཁམས་དང་དོན་དམ་མཚན་ཉིད་ནི༑ ༑གཅིག་དང་ཐ་དད་བྲལ་བའི་རང་བཞིན་ཏེ། །གཅིག་དང་ཐ་དད་ཉིད་དུ་གང་རྟོག་པ། །དེ་དག་ཚུལ་བཞིན་མ་ཡིན་ཞུགས་པ་ཡིན། །ཞེས་གསུངས་པ་ལྟར་བྱང་ཆུབ་སེམས་འགྲེལ་ལས་ཀྱང་། ཀུན་རྫོབ་ལས་ནི་ཐ་དད་པར། །དེ་ཉིད་དམིགས་པ་མ་ཡིན་ནོ། །ཞེས་བཤད། མདོ་ཏིང་ངེ་འཛིན་རྒྱལ་པོ་ལྟར་བཀའ་ཐ་མ་ཡེ་ཤེས་སྣང་བ་རྒྱན་གྱི་མདོ་ལས་ཀྱང་། ངེས་པའི་དོན་གང་ཡིན་པ་དེ་ནི་དོན་དམ་པའོ་ཞེས་གསུངས། ཁྱེད་ལྟར་ན་མདོ་ཐམས་ཅད་ནང་འགལ་བར་འགྱུར་ཞིང་སློབ་དཔོན་རྣམ་གཉིས་མདོའི་དྲང་ངེས་འབྱེད་པ་ལ་མཁས་པར་རློམ་པས་རྣམ་གྲངས་དུ་མར་ལུང་བསྟན་པ་ཡང་དོན་མེད་དུ་འགྱུར་རོ། །

གཞན་ཡང་ཆོས་མངོན་པའི་ལུང་ཐོག་མ་མེད་ཅེས་སོགས་དེ་ཆོས་ཅན། ཀུན་གཞི་དང་བདེ་གཤེགས་སྙིང་པོའི་སྒྲ་གཉིས་དགོངས་གཞིའི་དོན་གཉིས་གཅིག་པས་ཐེག་བསྡུས་སུ་ཀུན་གཞི་རྣམ་ཤེས་ཀྱི་སྒྲུབ་བྱེད་དུ་དྲངས་པའི་ཁྱོད་ཉིད་རྒྱུད་བླ་མའི་འགྲེལ་པར་སེམས་ཅན་ཐམས་ཅད་ལ་བདེ་གཤེགས་སྙིང་པོ་ཡོད་པའི་ཤེས་བྱེད་དུ་དྲངས་པ་མི་འཐད་པར་ཐལ། ཀུན་གཞི་དང་བདེ་གཤེགས་སྙིང་པོ་ལ་ཡོད་མེད་དམ་དྲང་ངེས་ཀྱི་ཁྱད་པར་ཡོད་པའི་ཕྱིར་དང་། རྒྱུད་བླ་མས་འགྲེལ་བའི་སྙིང་པོའི་མདོ་ནས་བསྟན་པའི་དཔེ་དགུ་དོན་དགུའི་བདེ་གཤེགས་སྙིང་པོ་ནི་སྒྲ་ཇི་བཞིན་པ་ཡིན་པས་ངེས་དོན་ཡིན་དགོས་པ་དང་།ཀུན་གཞི་ཡོད་ཅེས་པའི་མདོ་སྒྲ་ཇི་བཞིན་པ་མ་ཡིན་པས་དྲང་དོན་ཡིན་པ་མི་འཐད་པར་ཐལ། དགོངས་པ་ངེས་འགྲེལ་གྱི་མདོའི་དྲང་ངེས་སྒྲ་ཇི་བཞིན་པ་ཡིན་མིན་གྱིས་འཇོག་པ་དང་བློ་གྲོས་མི་ཟད་པའི་མདོའི་དྲང་ངེས་འཇོག་ཚུལ་གཏན་མི་མཐུན་པའི་ཕྱིར། ལན་མེད་དོ། །

ཡང་མདོ་དགོངས་པ་ངེས་འགྲེལ་དང་བྱམས་ཆོས་བར་པ་ལས། མཐར་ཐུག་ཐེག་པ་གསུམ་དུ་བསྟན་པའི་སྒྲུབ་བྱེད་དྲིས་པས། མདོ་སྡེ་རྒྱན་ལས། །ཁ་ཅིག་དག་ནི་དྲང་ཕྱིར་དང་། །གཞན་དག་ཡང་དག་གཟུང་བའི་ཕྱིར། །རྫོགས་པའི་སངས་རྒྱས་རྣམས་ཀྱིས་ནི། །མ་ངེས་རྣམས་ལ་ཐེག་གཅིག་བསྟན། །ཅེས་བཤད་པ་དང་། མདོ་དགོངས་པ་ངེས་འགྲེལ་ལས། ཉན་ཐོས་ཀྱི་རིགས་ཀྱི་གང་ཟག་ཞི་བ་བགྲོད་པ་གཅིག་པུ་པ་ནི་སངས་རྒྱས་ཐམས་ཅད་བརྩོན་པ་དང་ལྡན་པ་སྒྱུར་ཀྱང་བྱང་ཆུབ་ཀྱི་སྙིང་པོ་ལ་བཞག་སྟེ་བླ་ན་མེད་པ་ཡང་དག་པར་རྫོགས

པའི་བྱང་ཆུབ་ཐོབ་པར་མི་ནུས་ཞེས་གསུངས་པས། མཐར་ཐུག་ཐེག་པ་གཅིག་ཏུ་བསྟན་པ་དྲང་དོན་དང་གསུམ་དུ་བསྟན་པ་ངེས་དོན་ཡིན་ཟེར་རོ། །

འདི་དག་མཚུངས་པས་དགག་པ་ནི། འོ་ན་མངོན་རྟོགས་རྒྱན་དང་རྒྱུད་བླ་མ་གཉིས་ལྟ་བ་དབུ་མར་གནས་པའི་རྒྱུ་མཚན་དྲིས་པས། རིམ་བཞིན་འཕགས་པ་གྲོལ་སྡེ་དང་འཕགས་པ་ཐོགས་མེད་ཀྱི་འགྲེལ་པས་དབུ་མར་བཀྲལ་བའི་ཕྱིར་ཡང་ཟེར། འོ་ན་རྒྱུད་བླ་མས་ཀྱང་རིགས་ཆད་ཀྱིས་སེམས་ཅན་ཡོད་པ་དང་མཐར་ཐུག་ཐེག་པ་གསུམ་དུ་བསྟན་པར་ཐལ། རིགས་མེད་དག་ལ་མེད་ཕྱིར་རོ་ཞེས་པའི་འགྲེལ་པར། ལོག་སྲེད་ཅན་ཡོངས་སུ་མྱ་ངན་ལས་མི་འདའ་བའི་རིགས་ཅན་ཞེས་བཤད་པའི་ཕྱིར། མངོན་རྟོགས་རྒྱན་གྱིས་ཀྱང་མཐར་ཐུག་ཐེག་པ་གསུམ་དུ་བསྟན་པར་ཐལ། ལྷ་ཡི་རྒྱལ་པོས་ཆར་ཕབ་ཀྱང་། །ས་བོན་མི་རུང་མི་འབྲུངས་ལྟར། །སངས་རྒྱས་རྣམས་ནི་བྱུང་གྱུར་ཀྱང་། །སྐལ་བ་མེད་པས་བཟང་མི་མྱོང་། །ཞེས་བཤད་པའི་ཕྱིར། ཡུམ་གྱི་མདོ་ལས་ཀྱང་མཐར་ཐུག་ཐེག་པ་གསུམ་དུ་བསྟན་པར་ཐལ། ཡུལ་ངེས་པ་དང་ཞེས་པའི་མདོའི་སྐབས་སུ་ཉན་ཐོས་དང་རང་སངས་རྒྱས་དེ་དག་ལ་བླ་མེད་རྫོགས་པའི་བྱང་ཆུབ་ཏུ་སེམས་བསྐྱེད་པའི་མཐུ་མེད་དེ་དེ་དག་གིས་འཁོར་བའི་རྒྱུད་ཀྱི་མཚམས་བཅད་པའི་ཕྱིར་རོ་ཞེས་གསུངས་པའི་ཕྱིར་བྱས་ན། ལན་མེད་དོ། །

དངོས་ལན་ནི། མདོ་དགོངས་པ་ངེས་འགྲེལ་གྱིས་ཉན་ཐོས་ཀྱི་རིགས་ཅན་འཚང་རྒྱ་བ་དཀའ་བར་གསུངས་པ་ཡིན་ལ། དེ་བཞིན་དུ་ཡུམ་གྱི་མདོ་དང་མངོན་རྟོགས་རྒྱན་གྱི་དཔེས་མཚོན་པའི་དོན་དང་རྒྱུད་བླའི་འགྲེལ་པ་ནས་གསུངས་པའི་ལོག་སྲེད་ཅན་ལའང་མཚུངས་པར་ཤེས་ན་ཆོས་སྤོང་བའི་ལས་མི་གསོག་གོ །ཆོས་ཡང་དག་པར་སྡུད་པའི་མདོ་ལས། འདི་ནི་ཆོས་སོ་འདི་ནི་ཆོས་མ་ཡིན་པའོ་ཞེས་སྨྲ་ན་ཡང་ཆོས་སྤོང་གི་ལས་སུ་འགྱུར་ཞེས་པ་དང་། རྒྱ་ཆེ་རོལ་པའི་མདོ་ལས་ཀྱང་། འདིར་ནི་རྟོད་པའི་རྩ་བ་དེས། །ངན་འགྲོ་ཉམས་ངར་འདྲེན་བྱེད་པ། །འཕགས་ལ་སྐུར་བ་འདེབས་པའི་ཚིག །ཡེ་ཤེས་མཆོག་གི་སྨན་གྱིས་སྐྱུགས། །ཞེས་གསུངས། དེ་བཞིན་དུ། ཁ་ཅིག་དག་ནི་དྲང་ཕྱིར་དང་། །ཞེས་སོགས་ཀྱི་ཚིགས་བཅད་གཅིག་དང་། ཆོས་དང་བདག་མེད་གྲོལ་བ་རྣམས། །མཚུངས་ཕྱིར་རིགས་ནི་ཐ་དད་ཕྱིར། །བསམ་གཉིས་ཐོབ་ཕྱིར་སྤྲུལ་པའི་ཕྱིར། །མཐར་ཐུག་ཕྱིར་ན་ཐེག་གཅིག་ཉིད། །ཅེས་དགོངས་གཞི་དང་དགོས་པ་ཡོད་པར་གསུངས་ཀྱང་མཐར་ཐུག་ཐེག་པ་གཅིག་ཡིན་པ་ལ་དངོས་ལ་གནོད་བྱེད་མ་བཤད་པས་སྒྲུབ་བྱེད་བསྒྲུབ་བྱ་དང་མཚུངས་པའི་མ་གྲུབ་པ་ཡིན་ནོ། །དེར་མ་ཟད་བཀའ་ཐ་མ་ལས་སེམས་ཅན་ཐམས་ཅད་བདེ་གཤེགས་སྙིང་པོ་ཅན་དུ་གསུངས་པ་དང་། མདོ་སྡེ་རྒྱན་ལས། འགྲོ་ཀུན་དེ་ཡི་སྙིང་པོ་ཅན། །ཞེས་བཤད་པས་མཐར་ཐུག་ཐེག་པ་གསུམ་ཡིན་པ་ལ་དངོས་ལ་གནོད་

བྱེད་གསལ་པོར་བསྟན་ནོ། །ཡང་རིགས་ཆད་ཀྱི་སེམས་ཅན་ཡོད་པར་གང་གིས་བསྟན་དྲིས་པས། དེའི་རྒྱུ་མཚན་ཡོད་དེ། མདོ་སྡེ་རྒྱན་ལས། ལ་ལ་གཅིག་ཏུ་ཉེས་པར་སྤྱོད་ངེས་ཡོད། །ལ་ལ་དཀར་པོའི་ཆོས་རྣམས་ཀུན་ཏུ་བཅོམ། །ལ་ལ་ཐར་པ་ཆ་མཐུན་དགེ་བ་མེད། །དཀར་པོ་དམན་པ་ཡོད་པ་རྒྱུ་དང་བྲལ། །ཞེས་གསུངས་པའི་ཕྱིར་ཟེར་རོ། །

མཚུངས་པས་དགག་པ་ནི། འོན་ཡུམ་གྱི་མདོ་དང་རྒྱུད་བླ་མས་ཀྱང་རིགས་ཆད་ཀྱི་སེམས་ཅན་བསྟན་པར་ཐལ། རིམ་བཞིན། ཡོན་ནི་དག་པ་མ་ཡིན་དང་། །ཞེས་པའི་སྐབས་སུ་ཉི་ཁྲི་ལས། ཉིད་ཤ་ཉིད་ཀྱིས་ཟློས་ན་ངན་སོང་གསུམ་ལས་ཐར་བ་མེད་ཅེས་གསུངས་པའི་ཕྱིར་དང་། རྒྱུད་བླའི་སྐབས་ལྔ་པ་ལས། གང་ཞིག་ཡིད་ནི་ཆོས་ལ་སྡང་བ་དེ་ལ་ཐར་པ་ག་ལ་ཡོད། །ཅེས་གསུངས་པའི་ཕྱིར། དངོས་ལན་ནི། ཁོ་བོ་ལྟར་ན་མདོ་འགྲེལ་དེ་དག་གི་དགོངས་པ་རེ་ཞིག་ཐར་པ་ཐོབ་པར་དཀའ་བའམ་རྒྱུས་འགྱུར་གྱི་རིགས་ཆད་པ་ལ་དགོངས་སོ༑ ༑རང་བཞིན་གནས་རིགས་ཆད་པ་མི་སྲིད་དེ། ལེགས་པར་རྣམ་པར་ཕྱེ་བའི་ཆོས་ཀྱི་འཁོར་ལོ་བཀའ་ཐ་མ་ལས། ལོག་སྲིད་ཅན་རེ་ཞིག་འཚང་མི་རྒྱ་ཡང་མཐར་འཚང་རྒྱ་བར་གསུངས་པའི་ཕྱིར་རོ། །དེ་ཡང་མདོ་སྡུད་འདས་ལས། འདོད་ཆེན་པོར་གྲགས་པ་ནི་དགེ་བ་མེད་པའི་སེམས་ཅན་ང་རྒྱལ་གྱི་དབང་དུ་འགྱུར་བ་ཡིན་ཏེ་ཞེས་པ་དང་། དེ་ཡང་རྣམ་པ་གསལ་བའི་དཔེ་ནི་མདོ་དེ་ཉིད་ལས། དེ་བཞིན་གཤེགས་པས་དགེ་སློང་ལེགས་པའི་སྐར་མ་འདི་ལོག་སྲིད་ཅན་ཡིན་ཏེ་ཀུན་གྱི་ཐ་མར་གྱུར་པ་འདི་བསྐལ་པའི་བར་དུ་སེམས་ཅན་དམྱལ་བར་གནས་ཀྱང་གསོར་མི་རུང་ངོ་ཞེས་ལུང་བསྟན་ཞེས་པ་དང་། ངས་དགེ་སློང་ལེགས་པའི་སྐར་མ་ལ་དམ་པའི་ཆོས་བསྟན་ཀྱང་ཡིད་ཆེས་ཤིང་གཟུངས་སུ་འཛིན་པའི་སེམས་མེད་དོ་ཞེས་པ་དང་། རིགས་ཀྱི་བུ་དགེ་སློང་ལེགས་པའི་སྐར་མ་ནི་མདོ་སྡེ་བཅུ་གཉིས་ཀློག་ཅིང་འདོན་ཏེ། བསམ་གཏན་བཞི་ཐོབ་མོད་ཀྱི་ཚུང་ཟུང་ཙམ་ཙམ་ཚིག་གཅིག་གམ་འབྲུ་གཅིག་ཙམ་གྱི་དོན་ཡང་མི་ཤེས་སོ་ཞེས་པ་དང་། ལེགས་པའི་སྐར་མའི་དགེ་བའི་རྩ་བ་ཙུང་ཟད་ཙམ་ཅི་ཡོད་པ་བཅལ་ཏེ་ཡོངས་སུ་བརླལ་བར་བྱས་ན་དུས་ཐམས་ཅད་དུ་དགེ་བའི་རྩ་བ་སྤུ་ཉག་མ་ཙམ་ཡང་མེད་པས་སེམས་ཅན་དམྱལ་བ་ལས་བསྒྲལ་བར་མ་གྱུར་ཏོ་ཞེས་པ་དང་། དཔེར་ན་ས་བོན་རུལ་པ་ལས་མྱུ་གུ་མི་སྐྱེ་བ་ལྟར་ལོག་སྲིད་ཅན་ཡང་དེ་དང་འདྲའོ་ཞེས་གསུངས།

ཐེ་ཚོམ་གྱི་གནས་འདི་ཡང་མདོ་གཞན་ལ་རག་མ་ལས་པར་ལེགས་པར་རྣམ་པར་ཕྱེ་ནས་མདོ་འདི་ཉིད་ཀྱིས་སེལ་ནུས་ཏེ། རིགས་ཀྱི་བུ་ངས་འདི་སྐད་དུ་རྩ་བ་བཞི་ཉམས་པ་དང་ལོག་སྲིད་ཅན་དང་ཤིན་ཏུ་རྒྱས་པའི་མདོ་ལ་བསྐུར་བ་དང་མཚམས་མེད་པའི་སྡིག་པ་བྱས་པ་ལ་ཡང་སངས་རྒྱས་ཀྱི་རང་བཞིན་ཡོད་དེ། སེམས་

ཅན་དེ་དག་ལ་དགེ་བའི་ཆོས་ཡོང་ཡེ་མེད་མོད་ཀྱི་སངས་རྒྱས་ཀྱི་རང་བཞིན་ནི་དགེ་བའོ་ཞེས་གསུངས། འདི་ནི་དགེ་སློང་ལེགས་པའི་སྐར་མ་ལྷ་བུའི་ལོག་སྲེད་ཅན་དང་ལྷ་དགེ་རྩ་མེད་པར་གསུངས་ཀྱང་མ་འོངས་པ་ན་ཀུན་གཞིའི་རྣམ་ཤེས་ལ་དགེ་བ་འབྱུང་རུང་ལ་དགོངས་ཏེ། མདོ་དེ་ཉིད་ལས། འདོད་ཆེན་པོ་རྣམས་ལ་ཡང་དེ་བཞིན་གཤེགས་པའི་སྙིང་པོ་ཡོད་མོད་ཀྱི་འོན་ཀྱང་གཡོགས་མ་ཤིན་ཏུ་སྟུག་པོ་འདུག་ཅེས་གསུངས།

དེ་ཡང་ཆོས་ཀྱི་དབྱིངས་སུ་བསྟོད་པ་ལས། ཇི་ལྟར་མར་མེ་རུམ་ནང་གནས། །ཅུང་ཞིག་སྣང་བར་མི་འགྱུར་བ། །དེ་བཞིན་ཉོན་མོངས་བུམ་ནང་གནས། །ཆོས་ཀྱི་དབྱིངས་ཀྱང་མི་མཐོང་ངོ་། །ཕྱོགས་ནི་གང་དང་གང་དག་ནས། །བུམ་པ་བུག་བརྟོད་གྱུར་པའི། །དེ་དང་དེ་ཡི་ཕྱོགས་ཉིད་ནས། །འོད་ཀྱི་རང་བཞིན་འབྱུང་བར་འགྱུར། །གང་ཚེ་ཏིང་འཛིན་རྡོ་རྗེ་ཡིས། །བུམ་པ་དེ་ནི་བཅག་གྱུར་པ། །དེ་ཚེ་དེ་ནི་ནམ་མཁའ་ཡི། །མཐར་ཐུག་བར་དུ་སྣང་བར་བྱེད། །ཅེས་བཤད། གཞན་ཡང་མདོ་དགོངས་པ་ངེས་འགྲེལ་ལས། ཉན་ཐོས་ཀྱི་རིགས་ཅན་འཚང་མི་རྒྱ་བར་གསུངས་པའི་ཆ་དེ་དྲང་དོན་ཡིན་བྱས་ན་ཅེས་འགོག །འོ་ན་མདོ་དེ་ངེས་དོན་ཡིན་པ་དང་འགལ་ལོ་ཞེ་ན། ཁྱེད་ལྟར་ན་ཡུལ་ངེས་པ་དང་ཞེས་པའི་ཡུམ་གྱི་མདོ་དེ་དྲང་དོན་ཡིན་ནམ་ངེས་དོན་ཡིན། དྲང་དོན་ཡིན་ན་འཁོར་ལོ་བར་པ་ངེས་དོན་དུ་འགལ་བར་མཚུངས་ལ། ངེས་དོན་ཡིན་ན་ཡུམ་གྱི་མདོས་ཀྱང་མཐར་ཐུག་ཐེག་པ་གསུམ་དུ་བསྟན་པས་སེམས་ཙམ་པའི་མདོར་ཐལ་བ་བཟློག་ཏུ་མེད་དོ། །གནད་ཀྱི་དོན་ནི་འདི་ཡིན་ཏེ། མདོ་སྡེ་གང་དག་གསུང་བའི་ཚུལ་དང་གདུལ་བྱ་དང་བརྗོད་བྱའི་གཙོ་བོ་སོགས་ལ་ལྟོས་ནས་དྲང་ངེས་སུ་འཇོག་གི་མདོ་དེ་དག་གི་ལུང་འདྲེན་སྣ་རེ་ཙམ་གྱིས་དྲང་ངེས་སུ་འཇོག་མི་ནུས་ཏེ། དེ་ལྟ་ན་འཁོར་ལོ་གསུམ་ཀ་ཡང་དྲང་དོན་ངེས་དོན་གཉིས་ཀར་འགྱུར་རོ། །དེས་ན་མདོ་དགོངས་པ་ངེས་འགྲེལ་དང་བྱམས་ཆོས་བར་པ་གསུམ་སེམས་ཙམ་པའི་ངེས་དོན་གྱི་མདོ་བསྟན་བཅོས་ཡིན་པའི་སྒྲུབ་བྱེད་རིགས་ཆད་ཀྱི་སེམས་ཅན་ཡོད་པ་དང་མཐར་ཐུག་ཐེག་པ་གསུམ་དུ་བསྟན་ཟེར་བ་ཐམས་ཅད་བཀག་གོ །

གལ་ཏེ་སྔ་རབས་པའི་རྗེས་འབྲང་ཁ་ཅིག །ལང་ཀར་གཤེགས་པའི་མདོ་ལས། བག་ཆགས་ཀྱིས་ནི་དཀྲུགས་པའི་སེམས། །དོན་དུ་སྣང་བ་རབ་ཏུ་འབྱུང་། །དོན་ཡོད་མ་ཡིན་སེམས་ཉིད་ཡིན། །ཕྱི་རོལ་དོན་མཐོང་ལོག་པའོ། །ཞེས་པ་དང་། ཆོས་ལྔ་དག་དང་རང་བཞིན་གསུམ། །རྣམ་པར་ཤེས་པ་བརྒྱད་ཉིད་དང་། །བདག་མེད་གཉིས་ཀྱི་ནང་དུ་ནི། །ཐེག་པ་ཆེན་པོ་མཐའ་དག་འདུས། །ཞེས་གསུངས་པས་མདོ་དེ་སེམས་ཙམ་པའི་མདོ་ཡིན་ནོ་ཞེ་ན། དེ་ཡང་མི་འཐད་དེ། དེ་ལྟར་ན་སངས་རྒྱས་ཕལ་པོ་ཆེ་དང་བྱམས་པས་ཞུས་པའི་མདོ་དང་དབུ་མ་འཇུག་པ་དང་བརྒྱད་སྟོང་འགྲེལ་ཆེན་སོགས་ཀྱང་སེམས་ཙམ་པའི་མདོ་བསྟན་བཅོས་སུ་འགྱུར་ཏེ། རིམ་

བཞིན་ཁམས་གསུམ་པོ་འདི་དག་ནི་སེམས་ཙམ་མོ་ཞེས་གསུངས་པ་དང་རང་བཞིན་གསུམ་ཡང་བསྟན་པའི་ཕྱིར་རོ། །ཚུལ་ཇི་ལྟར་བསྟན་ན་བྱམས་པས་ཞུས་པའི་ཡུམ་གྱི་མདོ་ལས། བཅོམ་ལྡན་འདས་ཀྱིས་བྱང་ཆུབ་སེམས་དཔའ་བྱམས་པ་ལ་བཀའ་སྩལ་པ་བྱམས་པ་ཡོངས་སུ་བརྟགས་པའི་གཟུགས་གང་ཡིན་པ་དེ་ནི་རྫས་མེད་པར་ལྟོའོ། །རྣམ་པར་བརྟགས་པའི་གཟུགས་གང་ཡིན་པ་དེ་ནི་རྣམ་པར་བརྟགས་པའི་རྫས་ཡོད་པའི་ཕྱིར་རྫས་ཡོད་པར་ལྟོའོ། །རང་དབང་དུ་འཇུག་པ་ནི་མ་ཡིན་ནོ། །ཆོས་ཉིད་ཀྱི་གཟུགས་དང་འདུ་ཤེས་དང་འདུ་བྱེད་དང་རྣམ་པར་ཤེས་པ་གང་ཡིན་པ་ནས་རྣམ་པར་བརྟགས་པའི་སངས་རྒྱས་ཀྱི་ཆོས་གང་ཡིན་པའི་བར་དུ་རྣམ་པར་རྟོག་པ་རྫས་ཡོད་པའི་ཕྱིར་རྫས་ཡོད་པར་ལྟའི་རང་དབང་དུ་འཇུག་པ་ནི་མ་ཡིན་ནོ། །བྱམས་པ་ཆོས་ཉིད་ཀྱི་ཚོར་བ་དང་འདུ་ཤེས་དང་འདུ་བྱེད་དང་རྣམ་པར་ཤེས་པ་གང་ཡིན་པ་ནས་ཆོས་ཉིད་ཀྱི་སངས་རྒྱས་ཀྱི་ཆོས་གང་ཡིན་པའི་བར་དུ་དེ་དག་ནི་རྫས་མེད་པ་ཡང་མ་ཡིན་རྫས་ཡོད་པ་ཡང་མ་ཡིན་ཏེ་དོན་དམ་པར་རབ་ཏུ་ཕྱེ་བ་ཡིན་པར་ལྟོའོ་ཞེས་གསུངས། འཇུག་པའི་རང་འགྲེལ་ལས་ཀྱང་། དཔེར་ན་སྦྲུལ་ནི་ཐག་པ་བསྒོམས་པ་རྟེན་ཅིང་འབྲེལ་བར་འབྱུང་བ་ལ་བརྟགས་པ་ཡིན་ཏེ། དེ་དེ་ལ་ཡོད་པ་མ་ཡིན་པའི་ཕྱིར་རོ། །དེ་སྦྲུལ་དངོས་ལ་ནི་ཡོངས་སུ་གྲུབ་པ་ཡིན་ཏེ། ཀུན་ཏུ་མ་བརྟགས་པའི་ཕྱིར་རོ། །དེ་བཞིན་དུ་རང་བཞིན་ཡང་གཞན་གྱི་དབང་བྱས་པ་ཅན་ལ་ནི་ཀུན་ཏུ་བརྟགས་པ་ཡིན་ཏེ། རང་བཞིན་དག་ནི་བཅོས་མིན་དང་། །གཞན་ལ་ལྟོས་པ་མེད་པ་ཡིན། །ཞེས་འབྱུང་བས་ངོ་བོ་ཉིད་ནི་བྱས་པ་ཅན་མ་ཡིན་ནོ། །གཟུང་བཞིན་པའི་རྟེན་ཅིང་འབྲེལ་བར་འབྱུང་བ་བྱས་པ་ཅན་གཟུགས་བརྙན་དང་འདྲ་བ་ལ་བརྟགས་པ་གང་ཡིན་པ་དེ་ནི་སངས་རྒྱས་ཀྱི་སྤྱོད་ཡུལ་ལ་ནི་དངོས་ཡིན་ཏེ། ཀུན་ཏུ་མ་བརྟགས་པའི་ཕྱིར་ཏེ། དངོས་པོ་བྱས་པ་ཅན་ལ་མ་རིག་པར་རང་བཞིན་འབའ་ཞིག་མངོན་སུམ་དུ་མཛད་པས་དེ་ཉིད་ཐུགས་སུ་ཆུད་པའི་ཕྱིར་སངས་རྒྱས་ཞེས་བརྗོད་དོ། །དེའི་ཕྱིར་དེ་ལྟར་བརྟགས་པ་དང་གཞན་གྱི་དབང་དང་ཡོངས་སུ་གྲུབ་པ་ཞེས་བྱ་བའི་ངོ་བོ་ཉིད་གསུམ་རྣམ་པར་བཞག་པ་རྟོགས་པར་བྱས་ནས་མདོའི་དགོངས་པ་རྣམ་པར་བཤད་པར་བྱའོ་ཞེས་བཤད།

བརྒྱད་སྟོང་འགྲེལ་ཆེན་ལས། མཚན་ཉིད་ཀྱིས་སྟོང་པའི་ཕྱིར་བརྟགས་པའི་གཟུགས་ནི་ཡོངས་སུ་མ་རྫོགས་པའོ། །ཡོན་ཏན་གྱི་ཚོགས་དང་ལྡན་པའི་ཕྱིར་ཆོས་ཉིད་ཀྱི་གཟུགས་ནི་རབ་ཏུ་རྫོགས་པའོ་ཞེས་བཤད། གལ་ཏེ་མི་མཚུངས་ཏེ། ལང་ཀར་གཤེགས་པ་སོགས་ནས་གཞན་དབང་བདེན་གྲུབ་ཏུ་བསྟན། འཇུག་པ་སོགས་ནས་བདེན་མེད་དུ་བསྟན་པས་སོ་ཞེ་ན། དེ་ནི་བསྒྲུབ་བྱ་ཡིན་གྱི་སྒྲུབ་བྱེད་མ་ཡིན་ཏེ། སྐྱེས་བུའི་བསམ་པའི་དབང་གིས་གསུང་རབ་ཀྱི་དོན་བདེན་མེད་བདེན་གྲུབ་ཏུ་བསྒྱུར་མི་ནུས་པའི་ཕྱིར་རོ། །དཔེར་ན་རྒྱུད་

འཕེན་པ་ཆེ་འདི་ཁོ་ན་འདོད་པ་དང་ཉན་ཐོས་སེན་རྡུ་པ་ཐེག་ཆེན་བཀའ་མ་ཡིན་པར་འདོད་པ་བཞིན་ནོ། །ཡུམ་གྱི་མདོ་ལས། དེ་བཞིན་གཤེགས་པ་རྣམས་ནི་བྱུང་ཡང་རུང་མ་བྱུང་ཡང་རུང་ཆོས་རྣམས་ཀྱི་ཆོས་ཉིད་འདི་ནི་གནས་པའོ་ཞེས་གསུངས། ལང་ཀར་གཤེགས་པའི་མདོ་ལས་ཀྱང་། བློ་གྲོས་ཆེན་པོ་སྟོང་པ་ཉིད་དང་མི་སྐྱེ་བ་དང་མི་གཉིས་པ་དང་རང་བཞིན་མེད་པའི་མཚན་ཉིད་སངས་རྒྱས་ཐམས་ཅད་ཀྱི་མདོའི་ནང་དུ་ཆུད་པ་འདི་ཞེས་པ་འཇུག་པའི་རང་འགྲེལ་དུ་དྲངས་པ་དང་། དེའི་མཇུག་ཏུ་མདོ་ལས། འདི་ནི་མདོ་གང་དུ་ཡང་རུང་སྟེ་དེ་རུ་དོན་འདི་ཉིད་ཁོང་དུ་ཆུད་པར་བྱའོ་ཞེས་སོ། །

ཇོ་བོའི་བདེན་གཉིས་ལས་ཀྱང་། ཆོས་ཀྱི་ཕུང་པོ་བརྒྱད་ཁྲི་དང་། །བཞི་སྟོང་གསུངས་པ་ཐམས་ཅད་ཀྱང་། །སྟོང་པ་ཉིད་ལ་གཞོལ་ཞིང་འབབ། །ཅེས་སོ། །

གཞན་ཡང་ཡུམ་གྱི་མདོ་ལས་སྟོང་ཉིད་བཅུ་བཞི་དང་བཅུ་དྲུག་དང་བཅོ་བརྒྱད་དང་ཉི་ཤུ་གསུངས་པའི་སྐབས་འགར་ཐེག་པ་གསུམ་ཀ་ལ་སྦྱར་བ་ཡང་སྣང་ངོ་། །གལ་ཏེ་འཇུག་པ་ལས། སྤྲོས་དང་བཅས་པར་སྟོང་པ་ཉིད། །བཅུ་དྲུག་བཤད་ནས་མདོར་བསྡུས་ཏེ། །སླར་ཡང་བཞིར་བཤད་དེ་དག་ནི། །ཐེག་ཆེན་དུ་ཡང་བཞེད་པ་ཡིན། །ཞེས་པའི་རང་འགྲེལ་དུ། རབ་འབྱོར་གཞན་ཡང་བྱང་ཆུབ་སེམས་དཔའི་ཐེག་པ་ཆེན་པོ་ནི་འདི་ལྟ་སྟེ། ནང་སྟོང་པ་ཉིད་དང་ཞེས་པ་ནས། སྟོང་པ་ཉིད་འདི་རྣམས་ནི་ཐེག་པ་ཆེན་པོ་ཞེས་བྱའོ་ཞེས་པའི་དོན་ཇི་ལྟར་འཆད་ཅེ་ན། དེ་ནི་འདི་ལྟར་ཡིན་ཏེ། སྤྱིར་སྟོང་པ་ཉིད་ཅེས་བྱ་བ་ནི་བདག་དང་བདག་གི་བས་སྟོང་པའི་སྟོང་ཉིད་ལ་འཆད་དགོས་ལ། དེ་ཡང་གང་ཟག་གི་བདག་གིས་སྟོང་པའི་སྟོང་ཉིད་དང་གཟུང་བ་ཆོས་ཀྱི་བདག་གིས་སྟོང་པའི་སྟོང་ཉིད་དང་འཛིན་པ་ཆོས་ཀྱི་བདག་གིས་སྟོང་པའི་སྟོང་ཉིད་དང་གསུམ་ལས་འདི་ནི་ཐ་མའི་དབང་དུ་བྱས་ཏེ། རབ་འབྱོར་གཞན་ཡང་། བྱང་ཆུབ་སེམས་དཔའི་ཐེག་པ་ཆེན་པོ་འདི་ལྟ་སྟེ་ཞེས་པའི་དམིགས་བསལ་སྨོས་སོ། །འདིའི་ཞར་ལ་རང་རྒྱལ་ཐེག་པ་འབྲིང་པོ་དང་ཉན་ཐོས་ཐེག་པ་ཆུང་ངུ་ནི་འདི་ལྟ་སྟེ་ནང་སྟོང་པ་ཉིད་དང་ཞེས་སོགས་དོན་གྱིས་ཐོབ་པོ། །དེ་ལྟ་མིན་ན་ཉན་རང་གི་གྲོལ་བ་ཐོབ་པ་ལ་ཁྱབ་པའི་སྟོང་ཉིད་རྟོགས་མི་དགོས་པར་ཉི་ཚེ་བའི་སྟོང་ཉིད་ཙམ་གྱིས་ཆོག་པར་ཧ་ཅང་ཐལ་ལོ། །འདོད་མི་ནུས་ཏེ། འཕགས་པ་ལྷས། དངོས་གཅིག་དངོས་པོ་ཀུན་གྱི་ངོ་བོ་ཉིད། །དངོས་ཀུན་དངོས་པོ་གཅིག་གི་ངོ་བོ་ཉིད། །གང་གིས་དངོས་གཅིག་དེ་བཞིན་ཉིད་མཐོང་བ། །དེ་ཡིས་དངོས་ཀུན་དེ་བཞིན་ཉིད་དུ་མཐོང་། །ཞེས་སོ། །དེ་ལྟ་མ་ཡིན་ན་ཉན་ཐོས་དང་རང་སངས་རྒྱས་ལ་སྟོང་པ་ཉིད་ཀྱི་རྣལ་འབྱོར་མེད་པར་འགྱུར་རོ། །དེ་ཡང་འདོད་ན། རྣམ་པར་ཐར་པའི་སྒོ་སྟོང་པ་ཉིད་དང་མཚན་མ་མེད་པ་དང་སྨོན་པ་མེད་པའི་ཏིང་ངེ་འཛིན་མེད་པར་ཐལ་བ་བཟློག་ཏུ་མེད་

དོ༑ ༑

དེ་ཡང་ཉན་ཐོས་ཞི་བ་ཆོལ་རྣམས་ཞེས་པའི་འགྲེལ་པ་དོན་གསལ་ལས། ཉན་ཐོས་དང་དེའི་ཕྱོགས་སུ་བསླན་པ་རྣམ་པར་ཐར་པ་ཙུང་ཟད་ཙམ་ཞིག་གིས་ལྷག་པ་རིམ་པ་གཅིག་གིས་བསྟན་པ་རང་སངས་རྒྱས་ཀྱང་སྟེ་མྱ་ངན་ལས་འདའ་བར་འདོད་པ་རྣམས་ཞེས་ཉན་ཐོས་ལ་གང་ཟག་གི་བདག་མེད་རྟོགས་པའི་རྣམ་པར་ཐར་པའི་སྒོ་གསུམ་ཡོད་ལ། ལྷག་པའི་དོན་ནི་དེའི་སྟེང་དུ་རང་སངས་རྒྱས་ཀྱི་ཡེ་ཤེས་ལ་གཟུང་བ་ཆོས་ཀྱི་བདག་མེད་རྟོགས་པའི་རྣམ་པར་ཐར་པའི་སྒོ་གསུམ་ཡོད་ཅེས་བྱའོ། །ཙུང་ཟད་ཙམ་ཞེས་བྱ་བ་ནི་འཛིན་པ་ཆོས་ཀྱི་བདག་མེད་རྗོགས་པའི་རྣམ་ཐར་སྒོ་གསུམ་ནི་ཐེག་པ་ཆེན་པོ་ཁོ་ན་ལ་ཡོད་ཀྱི་ཐེག་པ་དམན་པ་ཉན་ཐོས་དང་རང་སངས་རྒྱས་ལ་མེད་ཅེས་བྱ་བ་ནི་གནད་ཀྱི་དོན་ནོ། །འདི་ལ་དགོངས་ནས་ཡུམ་གྱི་མདོ་ལས། རྣམ་པར་ཐར་པ་འདི་གསུམ་གྱིས་དགེ་བའི་ཕྱོགས་ཐམས་ཅད་བསྡུས་ཞེས་པ་དང་། ཁང་བུ་བརྩེགས་པའི་གཟུངས་ལས་ཀྱང་། རྣམ་པར་ཐར་པ་གང་ཡིན་པ་དེ་དབུ་མའི་ལམ་ཡིན་ནོ་ཞེས་གསུངས། མདོར་ན་འཁོར་ལོ་གསུམ་དང་བྱམས་ཆོས་ལྔའི་ལྟ་བའི་མཐར་ཐུག་དབུ་མ་ཡིན་ཞེས་དམ་འཆའ་ལ། དེ་དག་གི་འགྲེལ་བྱེད་ཉན་ཐོས་སྡེ་པ་དང་སེམས་ཙམ་པ་སྡོན་ཆད་མ་བྱུང་ངོ་ཞེས་སུ་ཞིག་གིས་སྨྲས། དེས་ན་ཕྱོགས་སྔའི་རྩོད་པ་ཕལ་ཆེར་ནི་དོན་མེད་པར་ཟད་དོ། །

དེ་ལ་ཁ་ཅིག་དེ་ནི་མི་འཐད་དེ། འཁོར་ལོ་གསུམ་དབུ་མའི་མདོ་ཡིན་ན་འདུལ་བ་ལུང་ཉན་ཐོས་ཀྱི་མདོ་དང་བཀའ་ཐ་མ་སེམས་ཙམ་པའི་མདོ་མ་ཡིན་པར་འགྱུར་ལ། དེ་ལྟ་ན་འདུལ་བ་ལུང་འཁོར་ལྔ་སྡེ་བཟང་པོ་ལྔ་བུའི་ཉན་ཐོས་ལ་གསུངས་པ་དང་འགལ་ལོ་ཞེ་ན། འོན་བཀའ་བར་པ་ཡང་རབ་འབྱོར་དང་ཤཱ་རིའི་བུ་ལྷ་བུའི་ཉན་ཐོས་ལ་མ་གསུངས་པར་ཐལ། དེ་དབུ་མའི་མདོ་ཡིན་པའི་ཕྱིར། གཞན་ཡང་འདུལ་བ་ལུང་ཉན་ཐོས་ཀྱི་མདོ་ཡིན་ཞེས་བྱ་བའི་ཉན་ཐོས་དེ་གང་ལ་ཟེར་ཉན་ཐོས་སྡེ་གཉིས་ལ་ཟེར་ན། འོན་མདོ་སྡེ་པའི་མདོ་ཡིན་ནམ་བྱེ་བྲག་སྨྲ་བའི་མདོ་ཡིན་ནམ་གཉིས་ཀའི་མདོ་ཡིན་དཔྱད་ན་འཛིག་གོ །གལ་ཏེ་ཉན་ཐོས་དེ་ཉན་ཐོས་ཀྱི་ཐེག་པ་ལ་གནས་པ་ལ་བྱས་ནས་དེའི་མདོ་ཡིན་ཟེར་ན། ཉན་ཐོས་ཀྱི་ཐེག་པ་སྟོན་པའི་མདོ་ཡིན་ན་དབུ་མའི་མདོ་ཡིན་པར་བཤད་ཅིང་འཆད་དོ། །གཞན་ཡང་འདུལ་བ་ལུང་འཁོར་ལྔ་སྡེ་བཟང་པོ་ལྔ་བུའི་ཉན་ཐོས་ལ་གསུངས་པས་ཉན་ཐོས་སྡེ་པའི་མདོ་ཡིན་ན་ནི། བཀའ་ཐ་མ་སེམས་ཙམ་པའི་མདོ་ཡིན་པའི་སྒྲུབ་བྱེད་ཞུ་བ་པོ་སེམས་ཙམ་པ་གང་འདྲ་ལ་གསུངས་པ་ཡང་སྨྲ་དགོས་སོ། །གལ་ཏེ་ཆོས་བདག་གི་མཚན་གཞི་གཟུང་འཛིན་རྫས་ཐ་དད་པ་གསུངས་པས་སོ་ཟེར་ན། དེ་ནི་ཆོས་བདག་ཏུ་བསྒྲུབ་བྱ་ཡིན་གྱི་སྒྲུབ་བྱེད་མིན་ནོ། །བདག་མེད་

གསུམ་གྱི་ངོས་འཛིན་ནི་ཁོ་བོའི་ཕར་ཕྱིན་གྱི་ཊཱི་ཀྐཱ་ཤེས་རབ་འཕྲོ་བ་ཞེས་བྱ་བ་དང་དབུ་མའི་དཀའ་འགྲེལ་དུ་བཤད་ཟིན་ཏོ། །

གཞན་ཡང་ཁྱེད་ལྟར་ན་དབུ་མའི་མདོ་དང་ཉན་ཐོས་ཀྱི་མདོ་འགལ་ལ་ན། ཉན་ཐོས་ལ་ཆོས་ཀྱི་བདག་མེད་རྟོགས་པ་ཡོད་པ་ཡང་ཉམས་ཤིང་ཡུམ་གྱི་སྙིང་པོའི་མདོ་ལྟ་བུ་དབུ་མ་དང་ཉན་ཐོས་གཉིས་ཀའི་མདོར་ཐལ། དེ་སྨྲིན་རས་གཟིགས་དང་ཤཱ་རིའི་བུས་དྲི་བ་དྲིས་ལན་གྱི་ཚུལ་དུ་གསུངས་པའི་ཕྱིར་དང་། མདོ་དགོངས་པ་ངེས་འགྲེལ་ལས། བྱང་ཆུབ་སེམས་དཔའ་དོན་དམ་ཡང་དག་འཕགས་དང་སྤྱན་རས་གཟིགས་དང་འཇམ་དཔལ་རྣམས་ལ་མིང་འདི་དང་འདི་ཞེས་བྱ་བར་ཟུངས་ཤིག་ཅེས་པ་དང་། སོར་ཕྲེང་ཅན་ལ་ཕན་པའི་མདོ་ལས་ཀྱང་། བདེ་བར་གཤེགས་པའི་སྙིང་པོ་ནི་བྱང་ཆུབ་སེམས་དཔའ་ཤཱ་རིའི་བུ་ལ་སྟོན་གྱི་གཞན་ལ་མི་སྟོན་ནོ་ཞེས་སོགས་ལྟ་བུ་གདུལ་བྱ་ཐེག་ཆེན་ལ་གསུངས་པ་ཤིན་ཏུ་མང་ངོ་། །དེས་ན་ཉན་ཐོས་ཞེས་བྱ་བ་དང་སེམས་ཙམ་ཞེས་བྱ་བའི་དོན་ལ་དཔྱོད་དགོས་ཀྱི་མིང་ཙམ་ལ་འཁྲུལ་བར་མི་བྱའོ། །

དེ་ལ་ཁ་ཅིག་འཁོར་ལོ་དང་པོ་དབུ་མའི་མདོ་ཡིན་པ་མི་འཐད་དེ། དེས་གང་ཟག་རང་རྒྱ་ཐུབ་པའི་རྫས་ཡོད་བཀག་པ་ཙམ་གྱིས་གང་ཟག་གི་བདག་མེད་རགས་པ་བསྟན་པ་ཉིད་ལ་གོམས་པར་བྱས་ཀྱང་རེ་ཞིག་སྒྲིབ་བྱེད་ཀྱི་ལམ་ཙམ་ཡིན་གྱི་གྲོལ་ལམ་ནི་མ་ཡིན་ནོ་ཞེས་སྤྱོད་འཇུག་ལས། བདེན་པ་མཐོང་བས་གྲོལ་འགྱུར་གྱི། །སྟོང་ཉིད་མཐོང་བས་ཅི་ཞིག་བྱ། །ཞེས་བཤད་པའི་ཕྱོགས་སྔ་མ་དང་སྦྱར་ནས་སྨྲའོ། །དེ་ནི་མི་འཐད་དེ། འོ་ན་ཡེ་ཤེས་ཁོང་དུ་ཆུད་པའི་བསྙེན་པར་རྫོགས་པ་འཁོར་ལྔ་སྡེ་བཟང་པོ་ལྟ་བུ་དང་ཚུར་ཤོག་གིས་བསྙེན་པར་རྫོགས་པ་དགྲ་བཅོམ་པ་གྲགས་པ་ལ་སོགས་པ་འདུལ་བ་ལུང་ནས་གསུངས་པའི་དགྲ་བཅོམ་ཐམས་ཅད་ཀྱིས་ཀྱང་གྲོལ་བ་ཐོབ་པར་ཐལ་ལོ། །དེ་འདོད་ན། དེ་སྐད་སྨྲ་བ་པོ་དེ་བྱང་ཆུབ་སེམས་དཔའི་བསླབ་པ་དང་ལྡན་པར་ཁས་འཆེ་ན། མདོ་བསླབ་བཏུས་སུ་དྲངས་པ་ལས། སློབ་པའི་ཐེག་པ་ཆགས་ལ་སོགས། །སྤྱོད་པར་འགྱུར་བ་མིན་ཞེས་འཛིན། །ཕ་རོལ་དག་ཀྱང་འཛིན་འཇུག་དང་། །ཞེས་པའི་རྩ་ལྟུང་ཡང་འབྱུང་བར་འགྱུར་རོ། །གཞན་ཡང་དགྲ་བཅོམ་བསད་པའི་མཚམས་མེད་དང་ཉན་ཐོས་དགྲ་བཅོམ་པའི་མཚན་གཞི་ཡང་འཇིག་རྟེན་འདིར་མི་རྙེད་པར་འགྱུར་རོ། །ཁོ་བོ་ལྟར་ན་གང་ཟག་རང་རྒྱ་ཐུབ་པའི་རྫས་ཡོད་དུ་འཛིན་པའི་འཇིག་ལྟ་དང་གང་ཟག་རང་དབང་ཅན་དུ་འཛིན་པའི་འཇིག་ལྟ་གཉིས་གཟུགས་ནས་རྣམ་མཁྱེན་གྱི་བར་དུ་མཚུངས་ལ་སློབ་དཔོན་ཟླ་བ་གྲགས་པའི་དགོངས་པ་ཡང་འདི་ཉིད་དུ་མངོན་ནོ། །དེ་ལྟ་མིན་ན་དབུ་མ་ཐལ་འགྱུར་བ་མ་གཏོགས་སྟོན་པའི་བསྟན་པ་འདི་ལ་འཁོར་བའི་རྩ་བ་འཇིག་ཚོགས་ལ་ལྟ་བའི་ཚད་འཛིན་ཤེས་པའི་གང་ཟག་གཅིག་ཀྱང་མ་བྱུང་

བར་ཧ་ཅང་ཐལ་བ་བཟློག་ཏུ་མེད་དོ། །

དེས་ན་བདེན་པ་མཐོང་བས་གྲོལ་འགྱུར་གྱི་ཞེས་པའི་དོན་ནི། བདེན་བཞི་མི་རྟག་ལ་སོགས་བཅུ་དྲུག་གི་རྣམ་པ་བདེན་གྲུབ་ཏུ་མཐོང་ཞེན་གོམས་པས་ཉོན་མོངས་ཙམ་སྤངས་པའི་གྲོལ་བའི་མཆོག་ཐོབ་ཅེས་སྨྲ་བའི་རྟོད་པ་ཡིན་ཏེ། ལན་དུ། གང་ཕྱིར་ལུང་ལས་ལམ་འདི་ནི། །མེད་པས་བྱང་ཆུབ་མེད་པར་གསུངས། །ཞེས་པ་དང་། བསྟན་རྩ་དགེ་སློང་ཉིད་ཡིན་ན། །དགེ་སློང་ཉིད་ཀྱང་དཀའ་བར་གནས། །སེམས་ནི་དམིགས་དང་བཅས་རྣམས་ཀྱི། །མྱ་ངན་འདས་པའང་དཀའ་བར་གནས། །ཉོན་མོངས་སྤངས་པས་གྲོལ་ན་དེའི། །དེ་མ་ཐག་ཏུ་དེར་འགྱུར་རོ། །ཉོན་མོངས་མེད་ཀྱང་དེ་དག་ལ། །ལས་ཀྱི་ནུས་པ་མཐོང་བ་ཡིན། །ཞེས་པ་དང་། སྟོང་ཉིད་དང་ནི་བྲལ་བའི་སེམས། །འགག་པ་སླར་ཡང་སྐྱེ་འགྱུར་ཏེ། །འདུ་ཤེས་མེད་པའི་སྙོམས་འཇུག་བཞིན། །དེས་ན་སྟོང་ཉིད་བསྒོམ་པར་བྱ། །ཞེས་བཤད། དེ་ལ་ལུང་ནི་མདོ་སྡུད་པ་ལས། གང་དག་བདེ་གཤེགས་ཉན་ཐོས་འགྱུར་བར་བྱ་སྙམ་དང་། །རང་སངས་རྒྱས་དང་དེ་བཞིན་ཆོས་རྒྱལ་འགྱུར་འདོད་པའང་། །བཟོད་པ་འདི་ལ་མ་བརྟེན་ཐོབ་པར་མི་འགྱུར་ཏེ། །དཔེར་ན་ཚུ་རོལ་ཕ་རོལ་འགྲོ་ངོགས་མི་མཐོང་བཞིན། །ཞེས་གསུངས།

རྒྱས་པར་ཁོ་བོའི་སྤྱོད་འཇུག་གི་ཊཱི་ཀ་མདོ་སྡེ་སྟོང་གི་རྣམ་འགྲེལ་ཞེས་བྱ་བ་དང་མངོན་རྟོགས་རྒྱན་དང་སྦྱར་བའི་མདོ་སྡུད་པའི་ཊཱི་ཀར་བལྟ་བར་བྱའོ། །དེ་ལ་དགེ་སློང་ནི་འདུལ་བ་ལུང་ནས་གསུངས་པའི་ཡེ་ཤེས་ཁོང་དུ་ཆུད་པའི་དགེ་སློང་ཉོན་མོངས་པའི་ས་བོན་བཅོམ་པ་ལྟ་བུའོ། །ལས་ཀྱི་ནུས་པ་ནི་ཉོན་མོངས་པའི་ཀུན་འབྱུང་ལས་གྲོལ་ཡང་འཕགས་པ་ཤཱ་རིའི་བུ་རླུང་ནད་ཅན་དང་མོ་འགལ་གྱི་བུ་ཆོམ་རྐུན་པས་རྐང་ལག་བཅོམ་པ་ལྟ་བུ་སྡུག་བསྔལ་གྱི་ཕུང་པོའི་ལྷག་མ་དང་བཅས་པ་ལས་གྲོལ་བའི་མཆོག་ལྷག་མེད་མྱང་འདས་ཡོད་དོ། །

དེ་ཡང་དཔལ་ཕྲེང་སེང་གེའི་ང་རོའི་མདོ་ལས། བཅོམ་ལྡན་འདས་དགྲ་བཅོམ་པ་རྣམས་ལ་ཡང་མ་རིག་པའི་བག་ཆགས་ཀྱི་ས་དང་། ཟག་པ་མེད་པའི་ལས་དང་། ཡིད་ཀྱི་རང་བཞིན་གྱི་ལུས་དང་། བསམ་གྱིས་མི་ཁྱབ་པར་འགྱུར་བའི་འཆི་འཕོ་བའི་སྡུག་བསྔལ་དང་བཅས་པས་སྤང་བྱའི་ལྷག་མ་དང་བཅས་པ་ལགས་སོ་ཞེས་གསུངས། ཁ་ཅིག་ལས་ཀྱི་ནུས་པས་ཡང་སྲིད་འཕེན་ཟེར་བ་ནི་ཉོན་མོངས་མེད་ཀྱང་ཞེས་པ་དང་ནང་འགལ་ཏེ། རྣམ་འགྲེལ་ལས། ལྷན་ཅིག་སྐྱེས་པ་མ་སྤངས་ཕྱིར། །སྤངས་ནའང་སྲིད་པ་ག་ལ་ཡོད། །ཅེས་པ་དང་། ལས་དང་ལུས་དག་གནས་ན་ཡང་། །གཅིག་མེད་ཕྱིར་ན་རྒྱུ་གསུམ་ཅན། །སྐྱེ་བ་སྲིད་པ་མ་ཡིན་ཏེ། །ས་བོན་མེད་པར་མྱུ་གུ་བཞིན། །ལས་དང་ལུས་དག་སྤོང་མིན་ཏེ། །གཉེན་པོ་དག་ནི་མེད་ཕྱིར་དང་། །ནུས་མེད་ཕྱིར་རོ་སྲིད་པ་ནི། །ཡོད་ན་སླར་ཡང་འབྱུང་ཕྱིར་རོ། །གཉིས་ཟད་དོན་དུ་འབད་ན་ཡང་། །ལས་ཟད་དུབ་པ

དོན་མེད་ཡིན། །ཞེས་པ་དང་། ཀཱ་མ་ལ་ཤཱི་ལའི་སྒོམ་རིམ་ཐ་མ་ལས་ཀྱང་། བཅོམ་ལྡན་འདས་ཀྱི་གསུང་རབ་ལས་ཉོན་མོངས་པ་ཟད་ནས་གྲོལ་བར་འགྱུར་གྱི་ལས་ཟད་ནས་གྲོལ་བར་འགྱུར་བ་མེད་དེ་ཐོག་མ་མེད་པ་ནས་བསྩམས་པའི་ལས་ཟད་པར་བྱར་མི་ནུས་ཏེ། དེ་ནི་མཐའ་ཡས་པའི་ཕྱིར་རོ། །ངན་སོང་ལ་སོགས་པར་ཡང་དེའི་འབྲས་བུ་ལ་སྤྱོད་པའི་ཚེ་ལས་གཞན་དག་ཀྱང་འབྱུང་སྟེ་ཉོན་མོངས་པ་མེད་པར་མ་གྱུར་ཏེ། དེ་རྒྱུར་གནས་ན་ལས་དགག་པར་མི་ནུས་པའི་ཕྱིར། མར་མེ་མ་འགགས་ན་དེའི་འོད་མི་འགག་པ་བཞིན་ནོ་ཞེས་བཤད། སྟོང་ཉིད་དང་ནི་བྲལ་བའི་སེམས། །ཞེས་སོགས་ནི་སྟོང་བདག་མེད་ཀྱི་རྣམ་པ་བདེན་པས་མི་སྟོང་པར་འདོད་པའི་ཉན་ཐོས་སྡེ་པ་འགའ་ཞིག་གི་ངོར་གནོད་བྱེད་འཕེན་པའོ། ཕྱིད་ལྟར་ན་ཆོས་རྣམས་ལ་ཆོས་ཀྱི་མིག་རྒྱལ་མེད་ཅིང་དྲི་མ་དང་བྲལ་བ་སྐྱེས་སོ་ཞེས་གསུངས་པའི་འདུལ་བ་ལུང་གི་དོན་ཡང་མིག་རྒྱལ་ཡོད་ཅིང་དྲི་མ་དང་བཅས་པ་སྐྱེ་ཞེས་བྱ་བར་འཆད་དགོས་སོ། །

དེས་ན་འཁོར་ལོ་དང་པོས་གཟུགས་སོགས་རང་གི་མཚན་ཉིད་ཀྱིས་གྲུབ་པར་གསུངས་ན་འཁོར་ལོ་བར་པས་ཀྱང་གཟུགས་སོགས་རང་གི་མཚན་ཉིད་ཀྱིས་གྲུབ་པར་གསུངས་པ་མཚུངས་ཏེ། འདུལ་བ་ལུང་ལས། ཟབ་ཞི་སྤྲོས་བྲལ་འོད་གསལ་འདུས་མ་བྱས། །བདུད་རྩི་ལྟ་བུའི་ཆོས་གཅིག་ཁོ་བོས་རྙེད། །སུ་ལ་བསྟན་ཀྱང་གོ་བར་མི་ནུས་པས། །མི་སྨྲ་ནགས་ཀྱི་གནས་སུ་འདུག་པར་བྱ། །ཞེས་པ་དང་། ཡུམ་གྱི་མདོ་ལས། སེམས་ལ་སེམས་མ་མཆིས་ཏེ་སེམས་ཀྱི་རང་བཞིན་ནི་འོད་གསལ་བའོ་ཞེས་པ་གཉིས་སྟོན་པ་སངས་རྒྱས་ཀྱིས་གསུངས་ཚུལ་འདྲ་བའི་ཕྱིར་དང་། འཁོར་ལོ་གཉིས་པར་ཡང་གྲོལ་བ་དོན་དུ་གཉེར་བའི་ཉན་ཐོས་ཐེག་པའི་རིགས་ཅན་ལམ་ལ་འཇུག་པའི་སྒོ་བདེན་བཞི་མི་རྟག་ལ་སོགས་བཅུ་དྲུག་ཡིན་པའི་ཕྱིར་རོ། །གཟུང་དོན་རྟོག་པ་སྤོང་ཕྱིར་དང་། །ཞེས་པའི་འགྲེལ་པར་ཡང་ཇི་སྐད་བཤད་པའི་བདེན་པ་བཞི་བསྒོམ་པ་པོ་ན་དང་ཞེས་བཤད། ཇི་སྐད་བཤད་པ་ཞེས་བྱ་བ་ནི། འཕགས་པའི་བདེན་པ་བཞི་དག་གི །རྣམ་པ། ཞེས་པའི་རིགས་ཅན་ལ་བསྟེག་གོ།

དེ་ནི་འདི་དཔྱད་པར་བྱ་སྟེ། ལང་ཀར་གཤེགས་པའི་མདོ་ལས། རྣམ་པར་ཤེས་པ་བརྒྱད་ཉིད་དང་། །ཞེས་གསུངས་པ་དང་། འཇུག་པ་ལས། ཀུན་གཞི་ཡོད་ཅིང་གང་ཟག་ཉིད་ཡོད་ལ། །ཞེས་བཤད་པའི་ཀུན་གཞི་ཡོད་པ་ནི་སྒྲ་ཇི་བཞིན་པ་མ་ཡིན་པས་དྲང་དོན། ཀུན་གཞི་མེད་ཀྱང་འདི་ནུས་ཕྱིར། །ཞེས་བཤད་པའི་ཀུན་གཞི་མེད་པ་ནི་སྒྲ་ཇི་བཞིན་པ་ཡིན་པས་ངེས་དོན་ཡིན། དེའི་རྒྱུ་མཚན། དབུ་མ་ཐལ་རང་གི་ཁྱད་པར་གྱི་སྐབས་སུ་རང་རྒྱུད་པ་ལ་མེད་པའི་ཐལ་འགྱུར་བའི་ཁྱད་ཆོས་སྤྱིར་བརྒྱད་ཡོད་ལ། ཁྱད་པར་དུ་ཞིག་པ་དངོས་པོར་སྨྲ་བ་དང་དགུ་ཡོད་དོ། །བརྒྱད་གང་ཞེ་ན། གཞིའི་སྐབས་སུ་ཐ་སྙད་དུ་ཡང་རང་མཚན་དང་ཀུན་གཞི་ཁས་མི་ལེན་

ཅིང་ཕྱི་དོན་ཁས་ལེན་པ་འདི་ཁྱད་ཆོས་གཅིག་ཡིན་ཞེས་ཕྱི་རབས་པ་ཁ་ཅིག་ཟེར་རོ། །དེ་ལ་ཐ་སྙད་དུའང་རང་མཚན་ཡོད་མེད་སོགས་གཞན་བདུན་ནམ་བརྒྱད་དཔྱོད་པ་ནི། དེས་ན་བཤད་པས་གོ་བ་ཡི། །ཐོས་པའི་ལྟ་བ་གཅིག་ཉིད་ཡིན། །ཞེས་པའི་སྐབས་སུ་འཆད་པར་འགྱུར་རོ། །

འདིར་ནི་ཀུན་གཞི་ཡོད་མེད་དཔྱོད་པ་ལ། དགག །གཞག །སྤང་གསུམ་ལས། དང་པོ་གཞན་ལུགས་དགག་པ་ནི། ཀུན་གཞི་ཁས་ལེན་ན་ཐེག་བསྡུས་ནས་དམིགས་པ་ཡོངས་སུ་མ་ཆད་པ་སོགས་ཀུན་གཞིའི་ས་བོན་ཐམས་ཅད་པ་སེམས་ཙམ་པ་ལྟར་ཁས་ལེན་དགོས་ཟེར་བ་ནི་ཧ་ཅང་ཐལ་ཏེ། དེ་ལྟ་ན་ས་བཅུ་པའི་མདོ་ལས། ཁམས་གསུམ་པོ་འདི་དག་ནི་སེམས་ཙམ་མོ་ཞེས་གསུངས་པའི་སེམས་ཙམ་སློབ་དཔོན་ཟླ་གྲགས་བཞེད་དམ་མི་བཞེད། དང་པོ་ལྟར་ན། སེམས་སེམས་བྱུང་གི་དམིགས་རྣམ་སོགས་སེམས་ཙམ་པ་ལྟར་འདོད་དགོས་པ་སྲིད་པའི་བར་དུ་མཚུངས་ལ། གཉིས་པ་ལྟར་ན་འཇུག་པ་ལས། རྒྱལ་བས་སེམས་ཙམ་འཇིག་རྟེན་བྱེད་པོར་གསུངས། །ཞེས་པ་དང་འགལ་ལོ། །གཞན་ཡང་ཕྱི་དོན་ཁས་ལེན་ནམ་མི་ལེན། གཉིས་པ་ལྟར་ན་དངོས་སུ་འགལ་ལ། དང་པོ་ལྟར་ན་ཕྱི་དོན་ཁས་ལེན་ན་མཛོད་རྩ་འགྲེལ་ནས་རྟུལ་ཕྲ་རབ་བདེན་པ་སོགས་ཉན་ཐོས་སྡེ་གཉིས་ལྟར་ཁས་ལེན་དགོས་པར་འགྱུར་ཏེ། ཀུན་གཞིའི་རྣམ་ཤེས་ཁས་ལེན་ན་ཐེག་བསྡུས་སོགས་ནས་བཤད་པའི་སེམས་ཙམ་པ་ལྟར་བདེན་གྲུབ་ཁས་ལེན་དགོས་པའི་ཕྱིར་རོ། །ཡང་ཀུན་གཞིའི་རྣམ་ཤེས་དང་བདེ་གཤེགས་སྙིང་པོ་ཞེས་པའི་སྒྲ་གཉིས་ཆོས་ཅན། དགོངས་གཞི་དང་དགོས་པ་གཅིག་པ་མིན་པར་ཐལ། དགོངས་གཞི་རིགས་དང་རིག་པའི་སྟོང་ཉིད་ཀྱི་ཁྱད་པར་ཡོད་ལ་དགོས་པ་ཡང་མུ་སྟེགས་ཀྱི་ལྟ་བའི་བག་ཆགས་ཅན་ལས་འབྲས་ལ་ཡིད་ཆེས་ནས་གསུང་རབ་ཀྱི་དོན་ལ་འཇུག་པ་དང་ལོག་སྲིད་ཅན་ལྟ་བུ་བདག་གིས་ཐར་པ་ག་ལ་ཐོབ་སྙམ་པའི་སེམས་ཞུམ་པ་སོགས་སྤྱོན་ལྟ་སེལ་ནུས་པའི་ཁྱད་པར་ཡོད་པའི་ཕྱིར། དེ་ཡང་ཀུན་གཞི་རྣམ་ཤེས་བསྟན་པས་འཇུག་ཤེས་དྲུག་ལས་རྒྱུན་བརྟན་པའི་ལས་འབྲས་ཀྱི་རྟེན་ལ་ཡིད་ཆེས་པ་དང་བདེ་གཤེགས་སྙིང་པོ་བསྟན་པས་རང་ལ་ཡོད་པར་ཤེས་ནས་སེམས་གཟེངས་བསྟོད་པ་སོགས་འབྱུང་ངོ་། །དགོངས་གཞི་གཉིས་ཀྱི་ཁྱད་པར་ཡང་ཀུན་གཞི་ལ་སྟོང་ཉིད་མེད་པ་མ་ཡིན་ཞིང་སྙིང་པོ་ལ་གསལ་རིག་མེད་པ་མ་ཡིན་མོད་འོན་ཀྱང་ཕན་ཚུན་མཆོན་ནས་བསྟན་པས། རིག་སྟོང་ཟུང་འཇུག་སེམས་ཅན་ཐམས་ཅད་ལ་ཡོད་པའི་རང་བཞིན་དུ་གནས་པའི་རིགས་ཞེས་བྱའོ། །འོན་འཇུག་འགྲེལ་ལས། སྟོང་པ་ཉིད་ཁོ་ན་ཀུན་གཞིའི་རྣམ་པར་ཤེས་པའི་སྒྲས་བསྟན་ཞེས་པ་ཇི་ལྟར་འཆད་ཅེ་ན། དེ་ནི་སྒྲ་ཇི་བཞིན་པ་མ་ཡིན་ཏེ། འཇུག་པའི་རྟེན་ལ་རིགས་ཞེས་བྱ། །ཞེས་པའི་འགྲེལ་པ་དོན་གསལ་དུ། ཆོས་ཀྱི་དབྱིངས་ཀྱི་ངོ་བོ་ཉིད་ཁོ་ན་ལ་རིགས་ཞེས་བསྟན་ཏོ་

ཞེས་བཤད་ལ། མདོ་ལས། བྱང་ཆུབ་སེམས་དཔའི་རིགས་ཞེས་བྱ་བ་ནི་ཆོས་ཀྱི་དབྱིངས་ཀྱི་ཚིག་བླ་དྭགས་སོ་ཞེས་གསུངས་པ་དང་རྩུལ་འདྲ་སྟེ། འདིར་ཡང་ཁོ་ན་ཞེས་སྨོས་པས་རང་བཞིན་གནས་རིགས་ལ་ཆོས་དབྱིངས་ཡོད་མོད་རིག་པ་མེད་པར་མི་འགྱུར་རོ། །

ཡང་འཇུག་ཤེས་དྲུག་གམ་ཡིད་ཤེས་ལས་ངོ་བོ་ཐ་དད་པའི་ཀུན་གཞིའི་རྣམ་ཤེས་སློབ་དཔོན་ཟླ་གྲགས་བཞེད་དམ་མི་བཞེད། དང་པོ་ལྟར་ན་ཀླུ་སྒྲུབ་ཡབ་སྲས་མི་བཞེད་པ་དང་འགལ་ལ། གཉིས་པ་ལྟར་ན་གསང་བ་འདུས་པའི་སྐོར་དུ་ཡང་ཀུན་གཞིའི་རྣམ་ཤེས་དང་ཉོན་ཡིད་སོགས་ཀྱི་ཐ་སྙད་འགའ་རེ་བྱུང་བ་ཁས་ལེན་པ་དང་འགལ། ཚོགས་དྲུག་གི་ཡིད་ཤེས་ལས་ངོ་བོ་ཐ་དད་པའི་ཀུན་གཞི་མེད་ཟེར་བ་འདི་ལ་མཁས་པའི་ཚིག་གི་བརྗོད་རྩུལ་ཡོད་དམ་མེད། གཉིས་པ་ལྟར་ན་གོ་བར་ཟད་དོ། །དང་པོ་ལྟར་ན་ཡིད་ཤེས་དང་ངོ་བོ་གཅིག་པའི་ཀུན་གཞིའི་རྣམ་ཤེས་གཅིག་དོན་གྱིས་ཁས་བླངས་པས་རང་ཉིད་ཀྱིས་སྔར་སྨྲས་པའི་གལ་ཏེ་ཀུན་གཞི་རྣམ་ཤེས་ཁས་ལེན་ན། ཀུན་གཞི་ཉོན་ཡིད་ཀྱི་དམིགས་པར་ཐལ་བ་དང་། ཀུན་གཞིའི་དམིགས་པ་མ་ཚད་པར་ཐལ་བ་དང་། ཕྱི་དོན་མེད་པར་ཐལ་བ་དང་། དངོས་པོ་རང་བཞིན་གྱིས་ཡོད་པར་ཐལ་བ་དང་། དབང་ཕྱུག་འགྲོ་བ་ཀུན་གྱི་བྱེད་པོར་ཐལ་བ་དང་། མུ་སྟེགས་པ་འདོད་པའི་བདག་དང་། འཇུག་པ་ལས། ཁ་ཅིག་བདག་ལྟའི་རྟེན་དུ་ཕུང་པོ་ནི། །ལྔ་ཆར་ཡང་འདོད། ཅེས་པ་དང་མཚུངས་པར་ཐལ། ཡིད་ཤེས་དང་ངོ་བོ་གཅིག་པའི་ཀུན་གཞིའི་རྣམ་ཤེས་དོན་གྱིས་ཡོད་པའི་ཕྱིར་དང་། ཁྱེད་རང་སྒྲ་ཇི་བཞིན་པར་ཁས་ལེན་པའི་རྒྱུད་བླ་མའི་འགྲེལ་པ་ལས། ཉེ་བར་ལེན་པའི་ཕུང་པོ་ལྔ་ལ་བདག་ཏུ་ལྟ་ཞེས་བཤད་པའི་ཕྱིར་དང་། འཇུག་པ་ལས། ཀུན་གཞི་མེད་ཀྱང་ཞེས་པ་སྒྲ་ཇི་བཞིན་པ་ཡིན་པས་ངེས་དོན་ཡིན་པ་དང་ཡང་འགལ་ལོ། །སྤྱིར་ཡང་དྲང་དོན་དང་ངེས་དོན་སྒྲ་བཞིན་པ་ཡིན་མིན་གྱིས་འཇོག་པ་ཡང་ནོར་བའོ། །

གཉིས་པ་རང་ལུགས་གཞག་པ་ནི། དབུ་མ་རྒྱ་བཤེས་རབ་ཀྱི་ལུང་དང་ཤས་ཆེར་སྦྱར་བར་བྱ་སྟེ། དངོས་སྨྲ་བ་རྣམས་ལས་འབྲས་རང་བཞིན་གྱིས་ཡོད་པར་སྨྲ་བ་ལ། གལ་ཏེ་སྨིན་པའི་དུས་བར་དུ། །གནས་ན་ལས་དེ་རྟག་པར་འགྱུར། །གལ་ཏེ་འགགས་ན་འགགས་གྱུར་པ། །ཇི་ལྟར་འབྲས་བུ་བསྐྱེད་པར་འགྱུར། །ཞེས་དྲིས་པས་ལན་དུ། སྤྱིར་ལས་བྱས་མ་ཐག་འགག་པར་འདུ་བ་ལ་ཁྱད་པར་ནི་ཀུན་གཞིའི་རྣམ་ཤེས་བསྟན་པའི་མདོའི་རྗེས་སུ་འབྲངས་ནས་སེམས་ཙམ་པ་ན་རེ། རང་ལ་བརྟེན་པའི་བག་ཆགས་བགོ་བའི་གཞི་རྣམ་སྨིན་ས་བོན་དང་བཅས་པའི་ཀུན་གཞིའི་རྣམ་ཤེས་ལས་ལས་ཀྱི་འབྲས་བུ་འབྱུང་བས་རྟག་ཆད་ཀྱི་སྐྱོན་མེད་ཅེས་ཟེར་རོ། །

མདོ་སྡེ་འགའ་ཞིག་གི་རྗེས་སུ་འབྲངས་ནས་མདོ་སྡེ་པ་ན་རེ། སེམས་རྒྱུད་ཡོངས་སུ་འགྱུར་བའི་ཁྱད་པར་ཅན་གྱི་སེམས་ཀྱི་རྒྱུན་ལས་ལས་ཀྱི་འབྲས་བུ་འབྱུང་བས་རྟག་ཆད་ཀྱི་སྐྱོན་མེད་ཅེས་ཟེར་རོ། །དོན་དེ་ཉིད་དཔེ་དང་སྦྱར་ནས་སྨྲས་པ། གང་ཕྱིར་ས་བོན་ལས་རྒྱུན་དང་། །རྒྱུན་ལས་འབྲས་བུ་འབྱུང་འགྱུར་ཞིང་། །ས་བོན་འབྲས་བུའི་སྔོན་འགྲོ་བ། །དེ་ཕྱིར་ཆད་མིན་རྟག་མ་ཡིན། །ཞེས་པ་དང་། གང་ཕྱིར་སེམས་ལས་རྒྱུན་དང་ནི། །རྒྱུན་ལས་འབྲས་བུ་འབྱུང་འགྱུར་ཞིང་། །ལས་ནི་འབྲས་བུའི་སྔོན་འགྲོ་བ། །དེ་ཕྱིར་ཆད་མིན་རྟག་མ་ཡིན། །ཞེས་བཤད། བསྟན་བཅོས་འགའ་ཞིག་གི་རྗེས་སུ་འབྲངས་ནས་བྱེ་བྲག་སྨྲ་བ་ན་རེ། ལས་ཀྱི་ཆུད་མི་ཟ་ལས་ལས་ཀྱི་འབྲས་བུ་འབྱུང་བས་རྟག་ཆད་ཀྱི་སྐྱོན་མེད་ཅེས་ཟེར་རོ། །དོན་དེ་ཉིད་དཔེ་དང་སྦྱར་ནས་སྨྲས་པ། ཇི་ལྟར་དཔང་རྒྱ་དེ་བཞིན་ཆུད། །མི་ཟ་ལས་ནི་བུ་ལོན་བཞིན། །ཞེས་པ་དང་། དེ་ཕྱིར་ཆུད་མི་ཟ་བ་ཡིས། །ལས་ཀྱི་འབྲས་བུ་བསྐྱེད་པར་འགྱུར། །ཞེས་བཤད། དེ་ལ་ཁ་ཅིག་རྒྱུན་དང་ཆུད་མི་ཟ་དང་ཀུན་གཞིའི་རྣམ་ཤེས་ཞེས་བྱ་བ་རྣམས་དབུ་མའི་ལུགས་མ་ཡིན་ཟེར་རོ། །དེ་ཡང་མི་འཐད་དེ། གང་ཕྱིར་ཕུང་པོ་རྣམས་ཀྱི་རྒྱུན། །འདི་ནི་མར་མེའི་འོད་དང་མཚུངས། །དེ་ཕྱིར་མཐའ་ཡོད་ཉིད་དང་ནི། །མཐའ་མེད་ཉིད་ཀྱང་མི་རིགས་སོ། །ཞེས་བཤད། གསང་བ་འདུས་པ་ལས་ཀྱང་རྒྱུད་ནི་རྒྱུན་ཆགས་ཞེས་བྱ་སྟེ། །འཁོར་བའང་རྒྱུད་དུ་འདོད་པ་ཡིན། །ཞེས་པ་དང་། མདོ་ལས། ལུས་ཅན་དག་གི་ལས་རྣམས་ནི། །བསྐལ་པ་བརྒྱར་ཡང་ཆུད་མི་ཟ། །ཚོགས་ཤིང་དུས་ལ་བབ་པ་ན། །འབྲས་བུ་ཉིད་དུ་སྨིན་པར་འགྱུར། །ཞེས་གསུངས། མངོན་རྟོགས་རྒྱན་ལས་ཀྱང་། ཆུད་མི་ཟ་དང་བདེན་མཐོང་དང་། །ཞེས་བཤད། འོན་དངོས་སྨྲ་བའི་ལས་འབྲས་ཀྱི་འཇོག་མཚམས་ཇི་ལྟར་མི་འཐད་ཅེ་ན། ལས་འབྲས་རང་བཞིན་གྱིས་ཡོད་ན་ནམ་ཡོད་པའི་ཚེ་རྟག་པར་འགྱུར་ལ་དེ་ཉིད་འགགས་པའི་ཚེ་ཆད་པར་འགྱུར་ཏེ། རྩ་ཤེས་ལས། གང་ཞིག་རང་བཞིན་གྱིས་ཡོད་པ། །དེ་ནི་མེད་པ་མིན་པས་རྟག །སྔོན་བྱུང་ད་ལྟར་མེད་ཅེས་པ། །དེས་ན་ཆད་པར་ཐལ་བར་འགྱུར། །ཞེས་བཤད། གཞན་ཡང་ཁྱད་གཞི་ལས་འབྲས་རང་བཞིན་གྱིས་མེད་པའི་ཁྱད་ཆོས་ལས་ཀྱི་ཆུད་མི་ཟ་དང་ལས་ཀྱི་རྒྱུན་དང་ལས་ཀྱི་བག་ཆགས་ཅན་གྱི་ཀུན་གཞི་ལས་འབྲས་བུ་རང་བཞིན་གྱིས་འབྱུང་བ་མི་འཐད་དེ། རྩ་ཤེས་ལས། གང་ཕྱིར་ལས་ནི་སྐྱེ་བ་མེད། །འདི་ལྟར་རང་བཞིན་མེད་དེའི་ཕྱིར། །གང་ཕྱིར་དེ་ནི་མ་སྐྱེས་པ། །དེ་ཕྱིར་ཆུད་ཟར་མི་འགྱུར་རོ། །ཞེས་བཤད། དབུ་མ་པ་ལྟར་ལས་འབྲས་རང་བཞིན་གྱིས་སྟོང་པའི་ཕྱོགས་ལ་ལས་ཀྱི་ཆུད་མི་ཟ་དང་རྒྱུན་དང་བག་ཆགས་ཅན་གྱི་ཀུན་གཞི་གང་ཡིན་ཀྱང་བླའི་བག་ཆགས་སད་བྱེད་ཀྱི་རྐྱེན་རང་ཉིད་ཀྱིས་ལས་བྱས་པའི་དྲན་སྣང་ལས་འབྲས་བུ་འབྱུང་ཡང་སྲིད། རེས་འགའ་གཞན་སྟོབས་ཀྱིས་བག་ཆགས་སད་བྱེད་ཀྱི་རྐྱེན་བྱས་ནས་འབྲས་བུ་འབྱུང་ཡང་

སྲིད་པས། མཐའ་གཅིག་ཏུ་མ་ངེས་ཀྱང་ལས་བྱས་པ་ལས་འབྲས་བུ་འབྱུང་བ་རྟེན་འབྲེལ་གྱི་ཆོས་ཉིད་ཡིན་པས་དགག་ཏུ་མེད་དེ། གང་ལ་སྟོང་པ་ཉིད་རུང་བ། །དེ་ལ་ཐམས་ཅད་རུང་བ་ཡིན། །གང་ལ་སྟོང་ཉིད་མི་རུང་བ༑ ༑དེ་ལ་ཐམས་ཅད་རུང་བ་མ་ཡིན། །ཞེས་པ་དང་། དབུ་མ་རྟེན་འབྲེལ་སྙིང་པོ་ལས་ཀྱང་། དང་པོ་བརྒྱད་པ་དགུ་ཉོན་མོངས། །གཉིས་དང་བཅུ་པ་ལས་ཡིན་ཏེ། །ལྷག་མ་བདུན་ཡང་སྡུག་བསྔལ་ཡིན། །བཅུ་གཉིས་ཆོས་ནི་གསུམ་དུ་འདུས། །གསུམ་པོ་དག་ལས་གཉིས་འབྱུང་སྟེ། །གཉིས་ལས་བདུན་འབྱུང་བདུན་ལས་ཀྱང་། །གསུམ་འབྱུང་སྲིད་པའི་འཁོར་ལོ་སྟེ། །འདི་ཉིད་ཡང་དང་ཡང་དུ་འཁོར། །འགྲོ་ཀུན་རྒྱུ་དང་འབྲས་བུ་སྟེ། །འདི་ལས་སེམས་ཅན་གཞན་ཅིའང་མེད། །སྟོང་པ་ཁོ་ནའི་ཆོས་རྣམས་ལས། །སྟོང་པའི་ཆོས་རྣམས་འབྱུང་བར་འགྱུར། །ཁ་ཏོན་མར་མེ་མེ་ལོང་རྒྱ། །མེ་ཤེལ་ས་བོན་སྐྱུར་དང་སྒྲས། །ཕུང་པོ་ཉིང་མཚམས་སྦྱོར་བ་ཡང་། །མི་འཕོ་བར་ནི་མཁས་རྟོགས་བྱ། །ཤིན་ཏུ་ཕྲ་བའི་དངོས་རྣམས་ལ། །གང་གིས་ཆད་པར་རྣམ་བརྟགས་པ། །རྣམ་པར་མི་མཁས་དེ་ཡིས་ནི། །རྐྱེན་ལས་བྱུང་བའི་དོན་མ་མཐོང་། །ཞེས་པ་དང་། འཇུག་པ་ལས། གང་ཕྱིར་སྨྱུ་གུ་ས་བོན་ལས་གཞན་མིན། །དེ་ཕྱིར་སྨྱུག་ཚེ་ས་བོན་ཞིག་པ་མེད། །གང་ཕྱིར་གཅིག་ཉིད་ཡོད་མིན་དེ་ཕྱིར་ཡང་། །སྨྱུག་ཚེ་ས་བོན་ཡོད་ཅེས་བརྗོད་མི་བྱ། །ཞེས་པ་དང་། ས་བོན་ཞིག་པ་མེད། ཅེས་པའི་འཇུག་འགྲེལ་དུ། ས་བོན་ཆད་པ་ཡང་མ་ཡིན་ཏེ་ཞེས་པ་དང་། བདེན་གཉིས་ཆེ་བ་ལས་ཀྱང་། གང་ཕྱིར་རྒྱུ་ལས་འབྱུང་དེའི་ཕྱིར། །འདི་ནི་ཅི་ཕྱིར་ཆད་པར་འགྱུར། །དེ་ལོག་ན་ནི་ལོག་པ་ལ། །ཅི་ཕྱིར་རྟག་པ་ཉིད་ཡིན་སྙམ། །ཞེས་བཤད། དེ་དག་ནི་རགས་པ་ཙམ་ཡིན་གྱི་ཞིབ་པར་ནི། ཚད་མ་རྣམ་ངེས་ལས། རྒྱུ་དང་རྐྱེན་གྱི་ནུས་པ་ནི་ཐམས་ཅད་མཁྱེན་པ་མ་ཡིན་པས་བསམ་གྱིས་མི་ཁྱབ་པའི་ཕྱིར་རོ་ཞེས་ཆོས་མངོན་པ་ནས་གསུངས་པ་ལྟར་བཤད། བྱེ་བྲག་རྟོགས་དཀའ་བའི་གནས་ཀུན་གཞིའི་རྣམ་ཤེས་ཀྱང་མདོ་རྒྱུད་བསྟན་བཅོས་ཚད་ལྡན་དུ་མ་ནས་དངོས་ཤུགས་ཅི་རིགས་ལ་བསྟན་ཏེ། མདོ་དགོངས་པ་ངེས་འགྲེལ་ལས། ལེན་པའི་རྣམ་པར་ཤེས་པ་ཟབ་ཅིང་ཕྲ། །ས་བོན་ཐམས་ཅད་ཆུ་བོའི་རྒྱུན་ལྟར་འབབ། །བདག་ཏུ་རྟོག་པས་གྱུར་ན་མི་རུང་ཞེས། །བྱིས་པ་རྣམས་ལ་ངས་ནི་དེ་མ་བསྟན། །ཅེས་གསུངས། ཅིའི་ཕྱིར་ལེན་པའི་རྣམ་པར་ཤེས་པ་ཞེས་གསུངས་ན། རྟེན་འབྲེལ་ཡན་ལག་བཅུ་གཉིས་ཀྱི་སྐབས་སུ་རྣམ་པར་ཤེས་པའི་རྐྱེན་གྱིས་མིང་དང་གཟུགས་འབྱུང་གསུངས་པ་ལ། འོ་ན་རྣམ་པར་ཤེས་པ་གང་ཡིན་ཞེ་ན། འཁོར་ལོ་དང་པོ་གཉིས་སུ་རྣམ་པར་ཤེས་པའི་ཚོགས་དྲུག་གོ་ཞེས་འདོན་ལ། ཀུན་གཞིའི་རྣམ་ཤེས་དང་ཉོན་མོངས་པ་ཅན་གྱི་ཡིད་ཀྱི་ཐ་སྙད་དངོས་སུ་མ་བྱུང་ཡང་དོན་ཐོབ་ལ་གཏན་མེད་པ་མ་ཡིན་ཏེ། མདོ་སྡུད་པ་ལས། གང་ལ་རྣམ་པར་ཤེས་དང་སེམས་ཡིད་མཐོང་མེད་པ། །འདི་ནི་ཆོས་མཐོང་ཡིན་ཞེས་དེ་

བཞིན་གཤེགས་པས་བསྟན། །ཞེས་གསུངས།

དེ་ལ་སྔོན་གྱི་ཊཱི་ཀ་བྱེད་དག་གིས་རྣམ་པར་ཤེས་པ་ཚོགས་དྲུག་དང་སེམས་ཀུན་གཞི་དང་ཡིད་ཉོན་ཡིད་ཅེས་བཤད་ལ། སོར་ཕྲེང་ཅན་གྱི་མདོ་ལས་ནི། ཉན་ཐོས་ཀྱི་ཐེག་པར་ཡིད་ཅེས་བསྟན་པ་ཡང་དེ་བཞིན་གཤེགས་པའི་སྙིང་པོ་ཞེས་བྱ་བའི་དོན་ཏེ་ཡིད་རང་བཞིན་གྱིས་རྣམ་པར་དག་པ་ཞེས་བྱ་བ་གང་ཡིན་པ་དེ་དེ་བཞིན་གཤེགས་པའི་སྙིང་པོའོ་ཞེས་པ་དང་། གསེར་འོད་དམ་པའི་མདོ་ལས་ཀྱང་། འཇུག་པའི་རྣམ་པར་ཤེས་པ་སྦྱངས་ན་སྤྲུལ་པའི་སྐུ་མངོན་དུ་འགྱུར་རོ། །ཀུན་གཞི་ལ་གནས་པའི་ཡིད་སྦྱངས་པས་ལོངས་སྤྱོད་རྫོགས་པའི་སྐུ་སྟོན་ཏོ། །ཀུན་གཞིའི་རྣམ་པར་ཤེས་པ་སྦྱངས་པས་ནི་ཆོས་ཀྱི་སྐུ་ཐོབ་སྟེ། དེ་ལྟར་ན་དེ་བཞིན་གཤེགས་པ་ཐམས་ཅད་སྐུ་གསུམ་ལྡན་གྱིས་གྲུབ་པ་ཞེས་བྱའོ་ཞེས་གསུངས། བཀའ་ཐམ་འདིར་ནི་རྣམ་པར་ཤེས་པའི་ཚོགས་བརྒྱད་དོ་ཞེས་འདོན། དེ་ཡང་རྒྱན་སྟུག་པོ་བཀོད་པ་ལས། ཇི་ལྟར་ཟླ་བ་སྐར་ཚོགས་དང་། །ལྷན་ཅིག་མཁའ་ལ་གནས་པ་ལྟར། །དེ་བཞིན་ཀུན་གཞིའི་རྣམ་ཤེས་ཀྱང་། །རྣམ་ཤེས་བདུན་དང་ལྷན་ཅིག་གནས། །ཞེས་པ་དང་། སྙིང་པོ་དེ་ལ་ཀུན་གཞིའི་སྒྲས། །དེ་བཞིན་གཤེགས་རྣམས་སྟོན་པར་མཛད། །སྙིང་པོ་ཀུན་གཞིར་བསྒྲགས་པ་ཡང་། །བློ་ཞན་རྣམས་ཀྱིས་མི་ཤེས་སོ། །ཞེས་པ་དང་། ལང་ཀར་གཤེགས་པའི་མདོ་ལས་ཀྱང་། དེ་བཞིན་གཤེགས་པ་ཐམས་ཅད་ཀྱི་ཡུལ་དེ་བཞིན་གཤེགས་པའི་སྙིང་པོ་ཀུན་གཞིའི་རྣམ་པར་ཤེས་པ་ཡོངས་སུ་ཤེས་པར་བྱ་བ་འདི་ལ་བརྩོན་པར་བྱ་སྟེ། ཐོས་པ་ཙམ་གྱིས་ཆོག་པར་ནི་མི་བྱའོ། །

དེ་ལ་འདི་སྐད་ཅེས་བྱ་སྟེ། དེ་བཞིན་གཤེགས་པའི་སྙིང་པོ་ནི། །རྣམ་ཤེས་བདུན་དང་ལྡན་པར་ཡང་། །འཛིན་པ་གཉིས་ཀྱིས་རབ་འཇུག་སྟེ། །ཡོངས་སུ་ཤེས་པས་ལྡོག་པར་འགྱུར། །ཞེས་གསུངས། དེས་ན་ལས་དཀར་ནག་གི་རྣམ་སྨིན་མྱོང་བའི་རྟེན་ཕལ་ཆེར་ལ་ཀུན་གཞིའི་རྣམ་ཤེས་དགོས་ཏེ། དེ་དང་ཉོན་ཡིད་ལུང་མ་བསྟན་དུ་འདྲ་ཡང་འདི་ནི་བསྒྲིབས་ལ་ལུང་དུ་མ་བསྟན་པ་ཡིན་པའི་ཕྱིར་དང་། འཇུག་ཤེས་དྲུག་གི་རྟེན་རྒྱུན་མི་བརྟན་ཞིང་མཚུངས་ལྡན་དང་བཅས་ཏེ་དགེ་སྡིག་ལུང་མ་བསྟན་འདྲེས་མར་སྐྱེ་བཤས་ཆེ་བའི་ཕྱིར་རོ། །དེ་ཡང་མདོ་དེ་ཉིད་ལས། རྣམ་པར་ཤེས་པ་རྣམས་ཀྱི་རང་གི་རིགས་ཀྱི་མཚན་ཉིད་འགག་པར་མི་འགྱུར་གྱི་ལས་ཀྱི་མཚན་ཉིད་ནི་འགག་གོ །རང་གི་རིགས་ཀྱི་མཚན་ཉིད་འགགས་ན་ཀུན་གཞི་རྣམ་པར་ཤེས་པ་ཡང་འགག་པར་འགྱུར་ཏེ༑ བློ་གྲོས་ཆེན་པོ་ཀུན་གཞིའི་རྣམ་པར་ཤེས་པ་འགགས་ན་ནི་སྨྲ་བ་འདི་ཡང་མུ་སྟེགས་བྱེད་ཀྱི་ཆད་པར་སྨྲ་བ་དང་ཁྱད་པར་མེད་པར་འགྱུར་རོ། །བློ་གྲོས་ཆེན་པོ་མུ་སྟེགས་བྱེད་རྣམས་ཀྱི་སྨྲ་བ་ནི་འདི་ལྟ་སྟེ། འདི་ལྟར་ཡུལ་འཛིན་པ་རྒྱུན་ཆད་པས་རྣམ་པར་ཤེས་པའི་རྒྱུན་ཆད་པར་འགྱུར་ཏེ། རྣམ་པར་ཤེས་པའི་རྒྱུན་ཆད་པས་ཐོག་མ་

མེད་པའི་རྒྱུན་ཡང་ཆད་པར་འགྱུར་རོ་ཞེས་གསུངས། གྲུབ་ཆེན་ས་ར་ཧས། སེམས་ཉིད་གཅིག་པུ་ཀུན་གྱི་ས་བོན་ཏེ། །གང་ལས་སྲིད་དང་མྱ་ངན་འདས་འཕྲོ་བ། །འདོད་པའི་འབྲས་བུ་སྟེར་བར་བྱེད་པ་ཡི། །ཡིད་བཞིན་ནོར་འདྲའི་སེམས་ལ་ཕྱག་འཚལ་ལོ། །ཞེས་བཤད། འདི་དང་དོན་འདྲ་བ་གཅིག་འཕགས་པ་ཀླུ་སྒྲུབ་ཀྱིས། བཀའ་ཐ་མའི་དགོངས་འགྲེལ་དབུ་མ་ཆོས་དབྱིངས་བསྟོད་པའི་མཆོད་བརྗོད་དུ་མཛད་སྣང་ངོ་། །རྡོ་རྗེ་ཕུར་པའི་དགོངས་པ་སློབ་དཔོན་པདྨའི་དཀྱིལ་འཁོར་ལས་ཀྱི་རིམ་པ་ལས། བཅོམ་ལྡན་རྡོ་རྗེ་གཞོན་ནུ་ནི། །རྣམ་ཤེས་ཚོགས་བརྒྱད་རྣམ་དག་པའོ། །ཞེས་པ་དང་།

ཀྱེ་རྡོ་རྗེའི་དགོངས་པ་དཔལ་བི་རྨ་པའི་ལམ་འབྲས་རྡོ་རྗེའི་ཚིག་རྐང་ལས་ཀྱང་། ཀུན་གཞི་རྣམ་ཤེས་དག་པའི་བྱང་ཆུབ་ཆེན་པོ་ཞེས་པ་དང་། འཁོར་ལོ་སྡོམ་པའི་དགོངས་པ་བདེ་མཆོག་རིམ་ལྔ་ལས། མིག་དང་རྣ་བ་དང་སྣ་དང་ལྕེ་དང་བགས་པའི་ཕྱོགས་ལ་གནས་པའི་ཤེས་པ་རྣམས་ཀྱི་ཀུན་གཞི་རྣམ་པར་ཤེས་པའི་རང་བཞིན་གྱི་སེམས་ལ་རྣམ་པར་ཤེས་པ་ལྔ་པོ་དེ་དག་ཡང་དག་པར་བཞག་ཅིང་མི་གཡོ་བར་བྱ་སྟེ ཡིད་སྙིང་ཁར་བཞག་ནས་གནས་པ་ནི་ཐིག་ལེའི་གཟུགས་སུ་འགྱུར་རོ་ཞེས་བཤད། དེ་བཞིན་དུ་རྫོགས་རིམ་ཟབ་མོ་དང་དཀྱིལ་ཆོག་ཚད་ལྡན་གཞན་ལས་ཀྱང་རྣམ་ཤེས་ཚོགས་བརྒྱད་མང་དུ་བསྟན་སྣང་ན་ཡང་གསང་ཆེན་ཡིན་ཞིང་ཡི་གེ་ལ་ཡང་འཛིགས་པས་རེ་ཞིག་བཞག་གོ །

ད་ནི་ལུང་དེ་དག་གི་དོན་རིགས་པའི་སྒོ་ནས་བཤད་པར་བྱ་སྟེ། དཔལ་གསང་བ་འདུས་པའི་རྣམ་སྣང་བྱང་ཆུབ་སེམས་ཀྱི་འགྲེལ་པ་ལས། འཕགས་པ་ཀླུ་སྒྲུབ་ཀྱིས་ཀུན་གཞིའི་རྣམ་ཤེས་ཀུན་རྫོབ་ཏུ་ཡོད་པའི་ཚུལ་དང་། དོན་དམ་པར་མེད་པའི་ཚུལ་གཉིས་ལས། དང་པོ་ནི། དཔེར་ན་ཁབ་ལེན་གྱིས་དྲངས་པས། ལྕགས་ནི་མྱུར་དུ་ཡོང་གཡོ་བ། །དེ་ལ་སེམས་ནི་ཡོད་མིན་ཡང་། །སེམས་དང་བཅས་པ་བཞིན་དུ་སྣང་། །དེ་བཞིན་ཀུན་གཞིའི་རྣམ་ཤེས་ནི། །རྫུན་དང་སྒྱུ་མ་ལྟ་བུར་ནི། །འགྲོ་དང་འོང་བས་རྣམ་གཡོ་ཞིང་། །རྟག་ཏུ་སྲིད་པ་གསུམ་པོ་ལེན། །དཔེར་ན་རྒྱ་མཚོས་མཐར་གཏུགས་པའི། །ས་ཡང་གཡོ་བར་བྱེད་པ་ལྟར། །དེ་བཞིན་ཀུན་གཞིའི་རྣམ་ཤེས་ཀྱང་། །རྟེན་གྱི་ལུས་ནི་གཡོ་བར་བྱེད། །ཅེས་བཤད། དེ་ལ་ཀཱ་མ་ལ་ཤཱི་ལའི་དགོངས་པ་མི་ཤེས་པ་ཁ་ཅིག །རྟག་ཏུ་སྲིད་པ་གསུམ་པོ་ལེན། །ཞེས་བྱ་བ་ནི། མཛོད་ལས། ཆད་དང་མཚམས་སྦྱོར་འདོད་ཆགས་བྲལ། །ཉམས་དང་འཆི་འཕོ་སྐྱེ་བ་རྣམས། །ཡིད་ཀྱི་རྣམ་ཤེས་ཁོ་ནར་འདོད། །ཅེས་བྱ་བ་དང་ཚུལ་འདྲ་བར་འཆད་པ་ནི་ལྟམ་དཔེ་ཞྭ་ལ་བཀབ་པ་དང་འདྲ་བར་ཟད་དེ། བཀའ་ཐ་མའི་དགོངས་དོན་ཟབ་མོ་རྣམས་མངོན་པ་མཛོད་ལས་ཤེས་དགོས་པའི་ཕྱིར་རོ། །

གཉིས་པ་ནི། སེམས་ནི་མིང་ཙམ་ཡིན་པ་དེ། །མིང་ལས་གཞན་དུ་འགའ་ཡང་མེད། །རྣམ་རིག་མིང་དུ་ལྟ་བྱ་སྟེ། །མིང་ཡང་རང་བཞིན་མེད་པ་ཡིན། །ཞེས་པ་དང་། དེ་ཕྱིར་ཆོས་རྣམས་ཀུན་གྱི་གཞི། །གནས་མེད་སྒྱུ་མ་དང་མཚུངས་པ། །ཞི་བ་སྲིད་པ་འཇོམས་བྱེད་པའི། །སྟོང་པ་ཉིད་འདི་རྟག་ཏུ་སྒོམས། །ཞེས་བཤད། རྩོད་འདི་སེལ་བྱེད་སངས་རྒྱས་རྣམས་ཀྱིས་ནི། །འགར་ཡང་དངོས་པོ་ཡོད་ཅེས་མ་བསྟན་ཏོ། ། ཞེས་པའི་འཇུག་འགྲེལ་ལས། ཇི་སྐད་དུ། སྲིད་པ་གསུམ་ནི་བཏགས་པ་ཙམ། །ངོ་བོ་ཉིད་ཀྱིས་དངོས་པོ་མེད། །བཏགས་པའི་དངོས་པོའི་ངོ་བོར་ནི། །རྟོག་གེ་པ་བདག་རྟོག་པར་འགྱུར། །རང་བཞིན་མེད་ཅིང་རྣམ་རིག་མེད། །ཀུན་གཞི་མེད་ཅིང་དངོས་མེད་ན། །བྱིས་པ་ངན་པ་རྟོག་གེ་པ། །རོ་དང་འདྲ་བས་འདི་དག་བཏགས། །ཞེས་བཤད། གལ་ཏེ་ཀུན་གཞི་མེད་ཅིང་ཞེས་པ་སྒྲ་ཇི་བཞིན་པ་ཡིན་ན་དངོས་མེད་ཅེས་པ་ཡང་སྒྲ་ཇི་བཞིན་པ་ཡིན་དགོས་ལ། དེ་ལྟ་ན་ཡིད་ཀྱི་རྣམ་ཤེས་ཡོད་པ་དང་འགལ་ལོ། །དེས་ན་ཀུན་གཞི་ངོ་བོ་ཉིད་ཀྱིས་དངོས་པོར་མེད་དེ། བཏགས་པ་ཙམ་ཡིན་པའི་ཕྱིར། སྲིད་པ་གསུམ་ནི་བཏགས་པ་ཙམ། །ངོ་བོ་ཉིད་ཀྱིས་དངོས་པོ་མེད། །ཅེས་གསུངས་པ་ལ་ལྟོས།

གསུམ་པ་རྩོད་པ་སྤང་བ་ནི། གལ་ཏེ་ཀུན་གཞིའི་རྣམ་ཤེས་ཁས་ལེན་ན་ཕྱི་དོན་མེད་དགོས་ཟེར་བ་མི་འཐད་དེ། དེ་ལྟ་ན་ཁྱེད་རང་སེམས་ཙམ་པའི་བསྟན་བཅོས་སུ་འདོད་པའི་མདོ་སྡེ་རྒྱན་རྩ་འགྲེལ་ལས། དེས་ན་ཕྱི་ཡང་སྣང་ཅིག་མ། །ཞེས་པའི་འགྲེལ་པར། ཕྱི་དེ་ཡང་འབྱུང་བ་བཞི་གཟུགས་སོགས་ལྔ་ལ་བཤད། སྙིང་རྗེའི་སྐབས་སུ་ནང་གྲུབ་པའི་རྒྱུ་དཔེར་ན་མེ་ཏོག་ལྟ་བུ་དང་། ཕྱི་ཡོངས་སུ་གྲུབ་པའི་རྒྱུ་དཔེར་ན་འབྲས་བུ་ལྟ་བུ་ཞེས་བཤད། མཆོད་པའི་སྐབས་སུ་རྫས་དང་། སེམས་ཀྱི་སྒོ་ནས་ཞེས་པའི་འགྲེལ་པར་སེམས་ལས་གཞན་པའི་རྫས་ཀྱི་མཆོད་པ་བཤད། ཆོས་ཚོལ་བའི་སྐབས་སུ་རྨི་ལམ་ལྟ་བུ་ནི་ཕྱིའི་སྐྱེ་མཆེད་དྲུག་ཅེས་པ་དང་། མིག་ཡོར་ལྟ་བུ་ནི་ཕྱིའི་སྐྱེ་མཆེད་དྲུག་པོ་ན་ཞེས་བཤད། ཟིལ་གནོན་གྱི་མདོའི་སྐབས་སུ་ཡང་ཕྱི་རོལ་གྱི་གཟུགས་སྔ་ཚོགས་ལ་བལྟ་ཞེས་སོགས་རྒྱ་ཆེར་བཤད་པ་དང་ཡང་འགལ་ལོ། །དེ་བཞིན་དུ་ཀུན་གཞི་ཡོད་ན་དངོས་པོ་རང་བཞིན་གྱིས་ཡོད་པ་དང་དབང་ཕྱུག་འགྲོ་བ་ཀུན་གྱི་བྱེད་པོ་ཡིན་པ་དང་མུ་སྟེགས་བདག་དང་མཚུངས་པ་ཡང་མི་འཐད་དེ། རིམ་བཞིན་ཀུན་གཞི་ཀུན་རྫོབ་ཏུ་ཡོད་ཀྱང་དོན་དམ་པར་མེད་པའི་ཕྱིར་དང་། དབང་ཕྱུག་རྟག་པས་འགྲོ་བའི་དོན་བྱེད་པ་མུ་སྟེགས་པ་འདོད་ཀྱང་བཅོམ་ལྡན་འདས་ཀྱིས་ཀུན་གཞིའི་རྣམ་ཤེས་མི་རྟག་པར་གསུངས་པའི་ཕྱིར་དང་། མུ་སྟེགས་པས་བདག་རྟག་གཅིག་རང་དབང་ཅན་དུ་འདོད་ཀྱང་ཀུན་གཞི་རྣམ་ཤེས་མི་རྟག་དུ་མ་གཞན་དབང་ཅན་དུ་གསུངས་པའི་ཕྱིར་རོ། །དེ་ཡང་གོང་དུ། ཚོགས་བརྒྱད་འདུས་བྱས་ཡིན་

པའི་ཕྱིར། །བདེ་གཤེགས་སྙིང་པོར་མི་འཐད་དོ། །ཞེས་གསུངས། གལ་ཏེ་ཀུན་གཞིའི་རྣམ་ཤེས་ཡོད་ན། འཇུག་པ་ལས། ཀུན་གཞི་ཡོད་ཅིང་གང་ཟག་ཉིད་ཡོད་ལ། །ཕུང་པོ་འདི་དག་འབའ་ཞིག་ཉིད་ཡོད་ཅེས། །བསྟན་པ་དེ་ནི་དེ་ལྟར་ཆེས་ཟབ་དོན། །རིག་པར་མི་འགྱུར་གང་ཡིན་དེ་ལའོ། །ཞེས་བཤད་པའི་ལུང་དོན་ཇི་ལྟར་འཆད་སྙམ་ན། ཁོ་བོས་སློབ་དཔོན་ཟླ་བ་གྲགས་པ་རང་གི་ལུང་དང་སྦྱར་ནས་བཤད་པར་བྱའོ། །དེ་ཡང་འདི་ལྟར་འདིར་འབའ་ཞིག་ཅེས་བྱ་བ་ནི་ཐ་མའི་གསལ་བྱེད་ཡིན་ལ་ཀུན་གཞི་འབའ་ཞིག་ཉིད་ཡོད་ཅེས་བསྟན་པ་འདི་ནི་དྲང་བའི་དོན་ཅན་ཡིན་པས་ཀུན་གཞིའི་རྣམ་ཤེས་ནི་དྲང་དོན་ཀུན་རྫོབ་བདེན་པར་བཞེད་དེ། འདིའི་འབའ་ཞིག་ནི་བཏགས་པ་ཙམ་དུ་ཚིག་གསལ་ལས་བཤད་པའོ། །རྩ་ཤེར་ལས། གཟུགས་སྒྲ་རོ་དང་རེག་པ་དང་། །དྲི་དང་ཆོས་དག་འབའ་ཞིག་སྟེ། །ཞེས་བཤད་པའི་ཚིག་གསལ་དུ་འབའ་ཞིག་སྟེ་ཞེས་བྱ་བ་ནི་བཏགས་པ་ཙམ་ཞིག་དུ་ཟད་དོ་རང་བཞིན་མེད་དོ་ཞེས་བྱ་བའི་ཐ་ཚིག་གོ་ཞེས་བཤད། གལ་ཏེ་འབའ་ཞིག་ཁོ་ནའི་དོན་ཡིན་ཅིང་དེ་འདྲ་དྲང་དོན་ཡིན་པས་མེད་དོ་ཞེ་ན། དེ་ནི་མི་འཐད་དེ། དེ་ལྟ་ན་གང་ཟག་དང་ཕུང་པོ་ཡང་མེད་པར་ཐལ། དྲང་དོན་ཡིན་པའི་ཕྱིར། དེ་ཡང་། བཏགས་པའི་ཆོས་ཉིད་མི་འགལ་བར། ཞེས་པའི་ཡུམ་གྱི་མདོ་ལས། གཟུགས་བཏགས་པ་ཙམ་མོ་བཏགས་པ་ཙམ་གང་ཡིན་པ་དེ་ཡང་ཆོས་ཉིད་དེ་དེ་ཡང་གནས་བརྟན་རབ་འབྱོར་གྱིས་མི་འགལ་བར་བསྟན་ཏོ་ཞེས་གསུངས། ཀུན་གཞིའི་རྣམ་ཤེས་ཁོ་ན་ཡོད་པ་ནི་ཁོ་བོ་ཅག་ཀྱང་མི་འདོད་ལ་སྟོན་པས་ཀྱང་མ་གསུངས་སོ། །

བཞི་པ་ལ། རྒྱུ་བསྐྲིང་བའི་ལག་ལེན་དགག །གནས་དང་གནས་མིན་གྱི་བསྔོ་བ་བསྟན། དགེ་སྡིག་སེམས་ལ་རག་ལས་པར་བསྟན་པ་དང་གསུམ་ལས། དང་པོ་ནི། འདུལ་བ་སྟོད་ལུགས་པ་དང་བལ་པོ་འགའ་ཞིག་བསྔོ་བ་བྱེད་པའི་ཚེ་ན་རིལ་པ་སྤྱི་བླུགས་ཀྱིས་རྒྱུ་བསྐྲིང་བའི་ལག་ལེན་བྱེད་ཅེས་གྲག་གོ །སྤྱིར་སྦྱིན་པའི་སྐབས་སུ་རིལ་བ་སྤྱི་བླུགས་ཀྱིས་རྒྱུ་བསྐྲིང་བའི་ལག་ལེན་འདི་ནི་མུ་སྟེགས་རིག་བྱེད་པའི་ལུགས་ཡིན་གྱི་ནང་པ་སངས་རྒྱས་པ་ལ་མེད་པ་དེས་ན། བསྔོ་བ་སོགས་གང་དང་གང་བྱེད་པ་སངས་རྒྱས་ཀྱི་གསུང་བཞིན་གྲུབ་པས་བསྒྲུབས་ཤིག །

རྒྱལ་བུ་ཐམས་ཅད་སྒྲོལ་གྱི་སྐྱེས་རབས་ལས། བྲམ་ཟེ་སློང་མོ་བ་ལ་གླང་པོ་ཆེ་དང་བུ་དང་བུ་མོ་བྱིན་པ་དང་བཙུན་མོ་བྱིན་པའི་ཚེ་གསེར་གྱི་རིལ་བས་བཏུད་དེ་བཞེས་སུ་གསོལ་ཞེས་མདུན་དུ་འབོད་པ་དང་། བྲམ་ཟེའི་ལག་པ་བརྐྱང་པ་ལ་རིལ་པ་སྤྱི་བླུགས་ཀྱིས་བཏུད་དོ། །དེ་ཡིས་བསྒྲིམས་པའི་མཐུ་དག་གིས། །རིལ་བ་ལས་ནི་ཆུ་བྱུང་ནས། །མིག་ནི་པདྨ་དམར་འདྲ་ལས། །མ་བསྒྲིམས་པར་ཡང་མཆི་མ་འབྱུང་། །ཞེས་པ་དང་། དེ་

ནས་དེས་ནི་ལག་གཡོན་མ་དྲི་བཟུང་། །གཡས་པའི་ལག་པས་རིལ་པ་བཟུང་ནས་ནི། །དེ་ཡི་ལག་གཡས་རྩེ་ལ་ཆུ་བསྒྲེངས་ནས། །འདོད་ལྡའི་སེམས་ཅན་མྱ་ངན་མེ་ཡིས་ཚིག །ཅེས་པ་དང་། རྒྱལ་དྲུ་དོན་གྲུབ་ཀྱི་མདོ་ལས། ལག་པ་གཡོན་པས་ནི་ཆུའི་སྣོད་ཐོགས་ཏེ་ཞེས་པ་དང་། དཔེར་ན་མེ་ནི་རང་བཞིན་གྱིས་ཚ་ཞིང་འབར་བ་ཡིན་ན་དེའི་སྟེང་དུ་ནི་ཤིང་བསྣན་པ་དང་འདྲ་སྟེ་བདག་ཀྱང་ད་ལྟར་མྱ་ངན་གྱིས་གདུངས་ཏེ་མེ་དང་འདྲ་བ་ལས་རྒྱལ་བུ་ག་རེ་ཞེས་འདྲི་བ་ནི་མེ་ལ་ཤིང་གིས་བསྣན་པ་དང་འདྲའོ་ཞེས་པ་དང་། དེ་ནས་རྒྱལ་བུས་ཆུ་སྣོད་ཐོགས་ཏེ་བྲམ་ཟེའི་ལག་པར་ཆུ་བླུགས་ནས་བུ་གཉིས་ཀྱི་ལག་པ་ནས་བཟུང་སྟེ་བྲམ་ཟེ་ལ་ཕུལ་བ་ན་ས་ཡང་རབ་ཏུ་གཡོས་སོ་ཞེས་པ་དང་།

དེ་སྐད་དུ་ཡང་སྐྱེས་རབས་ལས། ཡབ་ནི་རྒྱལ་པོ་ཆེན་པོ་དགེ་བ་ཡུམ་ནི་བཙུན་མོ་མན་དེ་ཞེས་བྱ་བ་གཉིས་ལ་ཞུས་ནས་ཕྱི་ཕྱག་བྱས་ཏེ་ཡབ་རྒྱལ་པོ་རྒྱལ་སྲིད་དང་བཅས་པ་བདེ་ཞིང་སྐྱིད་པར་སྨོན་ལམ་བཏབ་ནས་རི་བོ་དན་ཏིག་ཏུ་བསྒོམ་དུ་བྱོན་པའི་ཚེ། དེ་ན་ལྔ་བརྒྱའི་ལོ་ལོན་དགེ་སློང་ནི། །ཨ་ཤུ་ཏ་ཞེས་བྱ་བ་བསྒོམ་ཞིང་འདུག །དེ་སྲིད་བསྒོམས་ཀྱང་ཡང་དག་དོན་མི་ཤེས། །རྫི་ཤིང་འདྲ་བ་དེས་ནི་འདི་སྐད་སྨྲས། །རྒྱལ་བུ་ཁྱོད་ནི་བདག་གིས་རབ་ཐོས་ན། །འདིར་ནི་དམ་ཆོས་སློབ་བམ་ཅི་ཞིག་མཛད། །རྒྱལ་བུས་སྨྲས་པ་བྱང་ཆུབ་ལམ་སྒྲུབ་བོ། །དགེ་སློང་གིས་སྨྲས་ཁྱོད་སངས་རྒྱས་པའི་ཚེ། །བདག་ནི་རྫུ་འཕྲུལ་ཅན་གྱི་མཆོག་ཏུ་གྱུར། །དེ་ནས་ཤིང་ལོའི་སྒྱིལ་བུ་བྱས་ཏེ་འདུག །དེ་ཚེ་ཆུ་མིག་ལྡོན་ཤིང་མེ་ཏོག་སོགས། །སྡོན་ཚད་སྣམས་པ་ཐམས་ཅད་བྱུང་བར་གྱུར། །སྲིན་བུ་གདུག་པ་ཅན་རྣམས་མེད་གྱུར་ཅིང་། །སྡོན་ཆད་གཅན་གཟན་གཅིག་གིས་གཅིག་ཟ་བ། །དེ་དག་རྣམས་ཀྱང་རྩྭ་ལ་ཟ་བར་གྱུར། །བྱ་རྣམས་སྙིང་རྗེའི་སྒྲ་སྐད་སྣ་ཚོགས་འབྱིན། །འབྲུ་ཡི་ཤིང་རྣམས་རྒྱས་ཤིང་བཟོད་པར་གྱུར། །དེ་ནས་བཙུན་མོ་མ་དྲི་ནི་ཤིང་ཐོག་ཐུ་ཞིང་བྱིས་པ་གཉིས་ནི་བྱ་དང་རི་དྭགས་རྣམས་དང་རྟག་ཏུ་རྩེའོ། །ནམ་ཞིག་ན་ཛྲེའུ་ཡ་རིས་སེང་གེ་ལ་ཞོན་པ་ན་སེང་གེས་འཕགས་པས་ལྷུང་སྟེ། གདོང་པ་ལ་ཁྲག་བྱུང་བ་སྤྲེའུ་ཞིག་གིས་ཤིང་ལོས་ཕྱིས་ཏེ་ཆུ་འགྲམ་དུ་འབྲུ་བའང་རྒྱལ་བུས་རྒྱང་ནས་མཐོང་ངོ་། །དེའི་ཚེ་ཡུལ་ཀེའུ་ལེའུའི་བྲམ་ཟེ་མི་སྡུག་པའི་མཚན་མ་བཅུ་གཉིས་དང་ལྡན་པ་ཞིག་ཆུང་མས་གཡོག་སྐྱོལ་ཅིག་ཅེས་བསྐྲད་དེ། ཡུལ་ཡ་བར་ཕྱིན་པ་ན་རྒྱལ་བུ་མི་འདུག་སྟེ་རིམ་གྱིས་རི་དན་ཏིག་གི་ཆུ་འགྲམ་དུ་འོངས་སོ། །དེས་རྒྱལ་བུ་ཁོན་ཡིད་ལ་བྱས་པས་ཕ་རོལ་ཏུ་ཐར་རོ། །དེར་རྔོན་པ་ཞིག་དང་ཕྲད་པ་ན་དེས་སློང་བར་ཤེས་ཏེ་ཤིང་ལ་བཅིངས་སོ། །བྲམ་ཟེས་བདག་ནི་རྒྱལ་བུ་ཡུལ་དུ་སྤྱན་འདྲེན་པ་ཡིན་ནོ་ཞེས་བརྫུན་སྨྲས་པས་བཏང་ངོ་། །དེ་ནས་རྒྱལ་བུས་བྲམ་ཟེ་འོང་བ་མཐོང་བ་ན་བསུ་སྟེ་ཕྱག་བྱས་ནས་ཤིང་ཐོག་བྱིན་ཏེ་ལེགས་པར་དྲིས་པ་ན་བདག

ནི་ཁྱོད་ཀྱི་སྲས་གཉིས་སྐྱོང་བ་ཡིན་ནོ་ཞེས་ཟེར་རོ། །རྒྱལ་བུས་སླས་པ་ལེགས་སོ་ཞེས་བྱིན་པ་ན་དེ་གཉིས་རྒྱལ་བུའི་མཚན་དུ་བྲོས་ཏེ་དུ་ཞིང་འདི་ནི་བྲམ་ཟེ་མ་ཡིན་གྱི་ཡི་དྭགས་ཡིན་པས་བདག་ཅག་ཟར་འོང་ངོ་ཞེས་ཟེར་རོ། །

དེ་ནས་རྒྱལ་བུས་སྲས་གཉིས་ལག་པ་བཅིངས། །བྲམ་ཟེའི་ལག་པར་ཆུ་བླུགས་དེ་ལ་བྱིན། །དེ་ཚེ་ས་གཡོས་འདོད་ལྷ་ སྡིག་ཅན་གྱི། །སྙིང་ནི་མྱ་ངན་མེ་ཡིས་བསྲེགས་པར་གྱུར། །དེ་ཚེ་སྲས་གཉིས་ཡུམ་དང་མ་ཕྲད་པའི། །གདུང་པས་སྨྲེ་སྔགས་སྣ་ཚོགས་རབ་ཏུ་སྒྲོག །ཡབ་ཀྱིས་སླས་པ་ཐམས་ཅད་མི་རྟག་པས། །སྡུག་པ་ཀུན་དང་འབྲལ་བ་ཆོས་ཉིད་ཡིན། ཁོ་བོ་བླ་མེད་བྱང་ཆུབ་ཐོབ་པའི་ཚེ། ཁྱེད་གཉིས་ཐར་པའི་བདེ་ལ་དགོད་པར་བྱ༑ ༑ཞེས་སོགས་རྒྱ་ཆེར་བཤད་ནས་དེའི་ཚེ་དེའི་དུས་ཀྱི། ཡབ་དེ་ཟས་གཙང་ཡུམ་ནི་ལྷ་མཛེས་ཡིན། །བཙུན་མོ་མ་དྲི་གྲགས་འཛིན་མ་ཉིད་དོ། །དགེ་སློང་ཨ་ཤུ་ཏ་ནི་མོའུ་འགལ། །བརྒྱ་བྱིན་དེ་ནི་ཤཱ་རིའི་བུ་ཡིན་ནོ། །ཇོན་པ་དེ་ནི་འཕགས་པ་ཀུན་དགའ་བོ། ཁྱེའུ་ཡ་རི་སྲས་ནི་སྒྲ་གཅན་ཟིན། །བུ་མོ་དེ་ནི་སྐྱེ་རྒུའི་བདག་མོ་ལགས། །སློང་བའི་བྲམ་ཟེ་དེ་ནི་ལྷ་བྱིན་ཡིན། །དེ་ཚེ་བྲམ་ཟེའི་ཆུང་མར་གང་གྱུར་པ། །བྲམ་ཟེ་མོ་ནི་ཙན་ཙམ་ན་ཡིན་ནོ། །ཞེས་བཤད།

གལ་ཏེ་ཆུ་བསྒྲེང་བའི་ལག་ལེན་འདི་མུ་སྟེགས་པའི་ལུགས་ཡིན་གྱི་སངས་རྒྱས་པ་ལ་མེད་ན། རྒྱལ་བུ་བྱང་ཆུབ་སེམས་དཔས་མཛད་ལ་མུ་སྟེགས་རིག་བྱེད་པའི་བྲམ་ཟེ་འདིས་མི་བྱེད་པ་ཅི་ཡིན་སྙམ་ན། འདིར་ནི་བྲམ་ཟེ་དེ་སྦྱིན་གནས་ཡིན་ལ་སྦྱིན་བདག་མ་ཡིན་པས་རྒྱལ་བུས་སྦྱིན་པ་བྱིན་པའི་ཚེ་བྱིན་པའི་མཚམས་གཅོད་པ་མཚོན་པའི་ཕྱིར་དུ་མུ་སྟེགས་རིག་བྱེད་པའི་གཞུང་ནས་འབྱུང་བ་བཞིན་བྲམ་ཟེ་དེའི་ངོར་མཛད་པར་མངོན་ནོ༑ ༑ལུང་འདི་དག་གི་དངོས་བསྟན་ལ་མ་བྱུང་ཡང་ཤུགས་བསྟན་ལ་བྲམ་ཟེས་ཀྱང་ཆུ་བསྒྲེང་བའི་ལག་ལེན་མུ་སྟེགས་རིག་བྱེད་པའི་ལུགས་བཞིན་བྱེད་པ་འདྲ་སྟེ། རིལ་བ་སྤྱི་བླུགས་དབྱིག་པ་ལ་བརྟགས་པ་ཕྲག་པར་ཐོགས་པའི་མུ་སྟེགས་རིག་བྱེད་པའི་བྲམ་ཟེ་དེ་ནི་ཁྲུས་དང་གཙང་སྦྲ་ལ་འདག་གྲོལ་དུ་འཛིན་པ་ཡིན་པའི་ཕྱིར་རོ༑ ༑

གཉིས་པ་ནི། སྤྱིར་དགེ་བ་བསྔོ་བ་དེ་ཡང་ཆོས་ཅན། མདོར་བསྡུས་ན་གནས་ཀྱི་བསྔོ་བ་དང་གནས་མ་ཡིན་པའི་བསྔོ་བ་གཉིས་ཡོད་དེ། སེམས་ཅན་འཚང་རྒྱ་བར་གྱུར་ཅིག་ཅེས་པ་ལྟ་བུ་གནས་ཀྱི་བསྔོ་བ་འགྲུབ་པར་གསུངས་ལ། འཁོར་བ་ཐམས་ཅད་སྟོངས་པར་གྱུར་ཅིག་ཅེས་པ་ལྟ་བུ་གནས་མིན་བསྔོས་ཀྱང་འགྲུབ་པར་མི་འགྱུར་ཞིང་བསྔོ་བ་འདི་དག་གཉིས་ཀ་མདོ་ལས་གསུངས་པའི་ཕྱིར་ཏེ། འཇམ་དཔལ་གྱི་སངས་རྒྱས་ཀྱི་

ཞིང་གི་བཀོད་པ་ལས་ནི། ཆོས་རྣམས་ཐམས་ཅད་རྐྱེན་བཞིན་ཏེ། །འདུན་པའི་རྩེ་ལ་རབ་ཏུ་གནས། །གང་གིས་སྨོན་ལམ་ཅི་བཏབ་པ། །དེ་འདྲའི་འབྲས་བུ་ཐོབ་པར་འགྱུར། །ཞེས་གསུངས་པ་ནི་གནས་ཀྱི་བསྔོ་བ་ལ་དགོངས་པའི་ཕྱིར། དཀོན་བརྩེགས་ཀྱི་བུ་མོ་དྲི་མེད་བྱིན་གྱིས་ཞུས་པའི་མདོ་ལས། ཆོས་རྣམས་ཆོས་ཉིད་བསྔོས་པ་ཡིས། །མི་འགྱུར་གལ་ཏེ་བསྒྱུར་ན་ནི། །དང་པོའི་སངས་རྒྱས་གཅིག་ཉིད་ཀྱིས། །བསྔོ་བ་དེང་སང་ཅིས་མི་འགྲུབ། །ཅེས་གསུངས་པ་འདི་ནི་གནས་མིན་གྱི་བསྔོ་ བ་ཉིད་ལ་དགོངས་པ་ཡིན་པའི་ཕྱིར། དེ་ཡང་མདོ་དེ་ཉིད་ལས། བུ་མོས་སྨྲས་པ། རིགས་ཀྱི་བུ་ཆོས་རྣམས་ཀྱི་ཆོས་ཉིད་ནི་སྨོན་ལམ་གྱི་དབང་གིས་བསྒྱུར་བར་མི་ནུས་སོ། །གལ་ཏེ་ནུས་པར་གྱུར་ན་དེ་བཞིན་གཤེགས་པ་རེ་རེའི་དགོངས་པ་དེ་སྨོན་ལམ་གྱི་དབང་གིས་ཇི་ལྟར་མི་འགྲུབ་སྟེ་རྣམ་གྲངས་འདིས་ནི་སྨོན་ལམ་གྱི་དབང་གིས་བསྒྱུར་བར་མི་ནུས་པར་རིག་པར་བྱའོ་ཞེས་གསུངས།

གསུམ་པ་ནི། དེས་ན་བསྔོ་རྒྱུའི་དགེ་བ་དང་། །བཤགས་པར་བྱ་བའི་སྡིག་པ་ཡང་། །བྱས་པའི་དགེ་སྡིག་ཡིན་མོད་ཀྱི། །ཞེས་པ་འཐད་དེ། མ་བྱས་པ་ལ་དགེ་ལས་དང་སྡིག་པ་མེད་པའི་ཕྱིར། དེ་ཡི་རྣམ་པར་བཞག་པ་བཤད་ཀྱིས་ཉོན་ཞིག །མདོ་དོན་དབུ་མ་རིན་ཆེན་ཕྲེང་བ་ལས། འདོད་ཆགས་ཞེ་སྡང་གཏི་མུག་གསུམ། །དེས་བསྐྱེད་ལས་ནི་མི་དགེ་བ། །མ་ཆགས་ཞེ་སྡང་གཏི་མུག་མེད། །དེས་བསྐྱེད་ལས་ནི་དགེ་བ་ཞེས། །གསུངས་པའི་དགོངས་པ་ཤེས་ནས་ནི། །ལས་འབྲས་ལ་མཁས་པ་རྣམས་ཀྱིས་དཔྱད་པ་བྱ་སྟེ། དགེ་ལས་དང་སྡིག་པ་ལ་འགྱུར་རྒྱུ་ཡོད་ལ་མ་བྱས་པ་ལ་འགྱུར་རྒྱུ་མེད་པའི་ཕྱིར། འོན་ཀྱང་སྟུག་པོ་དང་ལང་ཀར་གཤེགས་པའི་མདོ་ལས་རིམ་བཞིན། ས་རྣམས་སྣ་ཚོགས་ཀུན་གཞི་སྟེ། །བདེ་གཤེགས་སྙིང་པོ་དགེ་འབད་དེ། །ཞེས་པ་དང་། སེམས་ནི་རང་བཞིན་འོད་གསལ་ཏེ། །དེ་བཞིན་གཤེགས་པའི་སྙིང་པོ་དགེ །ཞེས་གསུངས་པ་ཇི་ལྟར་འཆད་ཅེ་ན༑ དེ་བཞིན་ཉིད་ལ་དགེ་ལས་སུ་འདོགས་པའི་རྒྱུ་མཚན་བཏགས་པའི་དགོས་པ་དངོས་ལ་གནོད་བྱེད་གསུམ་ཆག་ལོའི་དྲིས་ལན་དུ་གསུངས་པ་གོང་དུ་བཤད་ཟིན་ཏོ། །

གལ་ཏེ་དངོས་ལ་གནོད་བྱེད་ཡོད་ན་ཆོས་མངོན་པ་ལས། དོན་དམ་པའི་དགེ་བ་གང་ཞེ་ན་དེ་བཞིན་ཉིད་དོ་ཞེས་བཤད་པས་སོ་ཞེ་ན། འདིས་ནི་དེ་བཞིན་ཉིད་བསྔོ་རྒྱུའི་དགེ་བ་བཏགས་པ་བར་བསྟན་ཏེ། དེ་ལྟ་མ་ཡིན་ན་ཆོས་མངོན་པ་ལས། དོན་དམ་པའི་མི་དགེ་བ་གང་ཞེ་ན་འཁོར་བ་ཐམས་ཅད་དོ་ཞེས་བཤད་པས། ཁམས་གོང་མ་གཉིས་ན་བཤགས་རྒྱུའི་སྡིག་པ་མི་དགེ་བ་ཡོད་པར་ཧ་ཅང་ཐལ་ལོ། །ཡང་ན་གོང་དུ་བཤད་པ་ལྟར་རྒྱུད་བླ་མ་ལས། རིགས་འདི་གཉིས་ལས་སངས་རྒྱས་ཀྱི། །སྐུ་གསུམ་ཐོབ་པར་འདོད་པ་ཡིན། །ཞེས

བསྟན་པས་རང་བཞིན་གནས་རིགས་གསལ་སྟོང་ཟུང་འཇུག་བདེ་གཤེགས་སྙིང་པོ་ལ་རྒྱས་འགྱུར་གྱི་རིགས་དགེ་བ་ལྡན་དུ་རུང་བ་ལ་དགོངས་པས་ལུང་གིས་མི་གནོད་དོ། །ཉན་ཐོས་དགེ་བ་ཕལ་ཆེར་ཡང་བྱང་ཆུབ་སེམས་དཔའི་སྡིག་པར་འགྱུར་ཏེ། བསྐལ་པ་དུ་མར་དགེ་བ་སྤྱད་ཀྱང་ཉན་ཐོས་ཀྱི་ས་རུ་སེམས་བསྐྱེད་ན་བྱང་ཆུབ་སེམས་དཔའི་སྡིག་པ་ལྕི་བ་ཡིན་ལ་དེ་ནི་ཉན་ཐོས་དགེ་ཆེན་ཡིན་པར་མདོ་སྡུད་པ་ལས་གསུངས་པའི་ཕྱིར་རོ༎ ༎དེ་ཡང་། གལ་ཏེ་བསྐལ་པ་དུ་མར་དགེ་བའི་ལས་ལམ་བཅུ། །སྤྱོད་ཀྱང་ཉན་ཐོས་རང་རྒྱལ་བྱང་ཆུབ་འདོད་བསྐྱེད་ན། །དེ་ནི་ཚུལ་ཁྲིམས་སྐྱོན་བྱུང་ཚུལ་ཁྲིམས་ཉམས་པ་ཡིན། །སེམས་བསྐྱེད་དེ་ནི་ཕས་ཕམ་བས་ཀྱང་ཤིན་ཏུ་ལྕི། །ཞེས་གསུངས། བྱང་ཆུབ་སེམས་དཔའི་དགེ་བ་ཡང་ཉན་ཐོས་སྡིག་ཏུ་འགྱུར་བར་གསུངས་ཏེ། འདོད་པའི་ཡོན་ཏན་ལྔ་ལ་བག་ཡངས་སུ་སྤྱོད་ཀྱང་སེམས་ཅན་སྨིན་པའི་ཐབས་མཁས་པ་བྱང་ཆུབ་ཀྱི་སེམས་དང་ལྡན་ན་རྒྱལ་སྲས་རྣམས་ཀྱི་དགེ་བ་ཆེན་པོར་འགྱུར་ལ་ཉན་ཐོས་རྣམས་ཀྱི་སྡིག་པར་མདོ་ལས་གསུངས་པའི་ཕྱིར་དང་། དེ་ཡང་སྡུད་པ་ལས། གལ་ཏེ་བྱང་ཆུབ་སེམས་དཔའ་འདོད་ཡོན་ལྔ་སྤྱོད་ཀྱང་། །སངས་རྒྱས་ཆོས་དང་འཕགས་པའི་དགེ་འདུན་སྐྱབས་སོང་སྟེ། །སངས་རྒྱས་བསྒྲུབ་བྱ་སྙམ་དུ་ཀུན་མཁྱེན་ཡིད་བྱེད་ན། །མཁས་པ་ཚུལ་ཁྲིམས་ཕ་རོལ་ཕྱིན་གནས་རིག་པར་བྱ། །ཞེས་གསུངས། དཔེར་ན་བྲམ་ཟེའི་ཁྱེའུ་སྐར་མས་ལོ་དུ་མར་ཚངས་སྤྱོད་བསྲུངས་ཀྱང་ཚོང་དཔོན་གྱི་བུ་མོ་ལ་སྙིང་བརྩེ་བས་བསླབ་པ་ཕུལ་ཏེ་ལོ་བཅུ་གཉིས་ཁྱིམ་ཐབ་བྱས་པས་བསྐལ་པ་དགུ་ཁྲིའི་འཁོར་བ་ཕྱིར་བསྐྱིལ་བ་ལྟ་བུའོ། །གཞན་གྱི་དོན་གྱི་སེམས་བརྟན་པའི་བསམ་པས་ཕམ་པ་བཞི་པོ་སྤྱད་ན་ཡང་བྱང་ཆུབ་སེམས་དཔའི་དགེ་བ་སྟེ། ཉན་ཐོས་རྣམས་ཀྱི་སྡིག་པར་ཐབས་ལ་མཁས་པའི་མདོ་ལས་གསུངས་པའི་ཕྱིར་དང་། དེ་ཡང་རིགས་ཀྱི་བུ་ཡོངས་སུ་བརྟག་པར་གཟུང་ན་གལ་ཏེ་རབ་ཏུ་བྱུང་བའི་བྱང་སེམས་ལྟུང་བའི་རྩ་བ་བཞི་པོ་ཐམས་ཅད་འདས་པར་གྱུར་ཀྱང་ཐབས་མཁས་པ་འདེས་སྦྱོང་བར་བྱེད་ན་བྱང་ཆུབ་སེམས་དཔའི་ལྟུང་བར་མི་འགྱུར་བར་ངས་བཤད་དོ་ཞེས་གསུངས། འཁོར་བའི་འགྲོ་བ་ལ་སྙིང་རྗེས་ཆགས་པ་ནི་གཞན་དོན་ཡིན་ཡང་ཉན་ཐོས་ཀྱི་སྡིག་པ་ཡིན་ལ་དེ་ཉིད་རྒྱལ་སྲས་ཀྱི་དགེ་བ་ཡིན་པར་ཉེ་བའི་འཁོར་གྱིས་ཞུས་པའི་མདོ་ལས་ཤེས་པར་བྱ་བའི་ཕྱིར་རོ། །

དེ་ཡང་ཉེ་བ་འཁོར་ཉན་ཐོས་ཀྱི་ཐེག་པ་རྣམས་ཀྱི་སྲུང་བ་ཡང་གཞན་ལྷག་པའི་བསམ་པ་ཡང་གཞན་ལ་ཐེག་པ་ཆེན་པོ་ལ་ཡང་དག་པར་ཞུགས་པའི་བྱང་ཆུབ་སེམས་དཔའ་རྣམས་ཀྱི་སྦྱོར་བ་ཡང་གཞན་ལྷག་པའི་བསམ་པ་ཡང་གཞན་པ་ཡིན་པའི་ཕྱིར་རོ། །ཉེ་བ་འཁོར་དེ་ལ་ཉན་ཐོས་ཀྱི་ཐེག་པ་པའི་ཚུལ་ཁྲིམས་ཡོངས་སུ་དག་པ་གང་ཡིན་པ་དེ་ནི་ཐེག་པ་ཆེན་པོ་ལ་ཡང་དག་པར་ཞུགས་པའི་བྱང་ཆུབ་སེམས་དཔའི་ཚུལ་ཁྲིམས་

ཡོངས་སུ་མ་དག་པ་ཉིད་དང་ཤིན་ཏུ་འཆལ་བའི་ཚུལ་ཁྲིམས་ཉིད་ཡིན་ལ། ཐེག་པ་ཆེན་པོ་ལ་ཡང་དག་པར་ཞུགས་པའི་བྱང་ཆུབ་སེམས་དཔའི་ཚུལ་ཁྲིམས་ཡོངས་སུ་དག་པ་ཉིད་གང་ཡིན་པ་དེ་ནི་ཉན་ཐོས་ཀྱི་ཐེག་པ་པའི་ཚུལ་ཁྲིམས་ཡོངས་སུ་མ་དག་པ་ཉིད་དང་ཤིན་ཏུ་འཆལ་བའི་ཚུལ་ཁྲིམས་ཉིད་ཡིན་ནོ། དེ་ཅིའི་ཕྱིར་ཞེ་ན། ཉེ་བ་འཁོར་འདི་ལ་ཉན་ཐོས་ཀྱི་ཐེག་པ་པ་ནི་དེའི་སྐད་ཅིག་ཙམ་ཡང་སྲིད་པར་སྐྱེ་བ་ལེན་པར་མི་བྱེད་དོ། །དེ་ནི་ཉན་ཐོས་ཀྱི་ཐེག་པ་པའི་ཚུལ་ཁྲིམས་ཡོངས་སུ་དག་པ་ཉིད་ཡིན་ལ་དེ་ནི་ཐེག་པ་ཆེན་པོ་ལ་ཡང་དག་པར་ཞུགས་པའི་ བྱང་ཆུབ་སེམས་དཔའི་ཚུལ་ཁྲིམས་ཡོངས་སུ་མ་དག་པ་ཉིད་དང་ཤིན་ཏུ་འཆལ་བའི་ཚུལ་ཁྲིམས་ཉིད་ཡིན་པའི་ཕྱིར་རོ། །ཉེ་བ་འཁོར་ཐེག་པ་ཆེན་པོ་ལ་ཡང་དག་པར་ཞུགས་པའི་བྱང་ཆུབ་སེམས་དཔའི་ཚུལ་ཁྲིམས་ཡོངས་སུ་དག་པ་ཉིད་གང་ཡིན་པ་དེ་ནི་ཉན་ཐོས་ཀྱི་ཐེག་པ་པའི་ཚུལ་ཁྲིམས་ཡོངས་སུ་མ་དག་པ་ཉིད་དང་ཤིན་ཏུ་འཆལ་བའི་ཚུལ་ཁྲིམས་ཉིད་དུ་འགྱུར་བ་གང་ཞེ་ན། ཉེ་བ་འཁོར་འདི་ལ་ཐེག་པ་ཆེན་པོ་ལ་ཡང་དག་པར་ཞུགས་པའི་བྱང་ཆུབ་སེམས་དཔའ་བསྐལ་པ་ཚད་མེད་གྲངས་མེད་པར་སྲིད་པར་སྐྱེ་བ་ལེན་ཀྱང་ཡོངས་སུ་མི་སྐྱོ་ཞིང་ཡིད་མི་ཞུམ་པ་དེ་ནི་ཐེག་པ་ཆེན་པོ་ལ་ཡང་དག་པར་ཞུགས་པའི་བྱང་ཆུབ་སེམས་དཔའི་ཚུལ་ཁྲིམས་ཡོངས་སུ་དག་པ་ཉིད་ཡིན་ལ། དེ་ནི་ཉན་ཐོས་ཀྱི་ཐེག་པ་པའི་ཚུལ་ཁྲིམས་ཡོངས་སུ་མ་དག་པ་ཉིད་དང་ཤིན་ཏུ་འཆལ་བའི་ཚུལ་ཁྲིམས་ཉིད་ཡིན་ནོ་ཞེས་དང་། ཉེ་བ་འཁོར་གྱིས་ཞུས་པའི་མདོ་ལྟར། ཉན་ཐོས་དང་ནི་ཐེག་ཆེན་གཉིས། །གཞི་དང་བསམ་སྦྱོར་འགལ་བར་གསུངས། །ཞེས་ཆག་ལོའི་དྲིས་ལན་ལས་གསུངས་སོ། །

བསྔོ་རྒྱུའི་དགེ་བ་དང་བཤགས་པར་བྱ་བའི་སྡིག་པ་དུག་གསུམ་གྱིས་བསྐྱེད་པའི་ཚུལ་ཡང་། དཀོན་བརྩེགས་ཀྱི་འདུལ་བ་རྣམ་པར་གཏན་ལ་དབབ་པ་ཉེ་བ་འཁོར་གྱིས་ཞུས་པའི་མདོ་ལས། ཤཱ་རིའི་བུ་དེ་ལ་འདོད་ཆགས་ནི་ཁ་ན་མ་ཐོ་བ་དང་བཅས་པ་ཆུང་ལ་འབྲལ་བ་ཚུལ་མ་ཡིན་ནོ། །ཞེ་སྡང་ནི་ཁ་ན་མ་ཐོ་བ་དང་བཅས་པ་ཆེ་ལ་འབྲལ་བ་བུལ་བ་ཡིན་ནོ། །ཞེ་སྡང་གི་ཁ་ན་མ་ཐོ་བ་དང་བཅས་པ་ཆེ་ལ་འབྲལ་བ་མྱུར་བ་ཡིན་ནོ༑ ༑གཏི་མུག་གི་ཁ་ན་མ་ཐོ་བ་དང་བཅས་པ་ཆེ་ལ་འབྲལ་བ་བུལ་བ་ཡིན་ནོ། །དེ་ཅིའི་ཕྱིར་ཞེ་ན་ཤཱ་རིའི་བུ འདོད་ཆགས་ནི་འཁོར་བའི་འཕྲི་ཤིང་ཀུན་ཏུ་འཛིན་པའི་ཕྱིར་ཉིང་མཚམས་སྦྱོར་བའི་ས་བོན་ཡིན་པ་དང་། ཞེ་སྡང་ནི་མྱུར་དུ་ཡོངས་སུ་སྨྱོད་པའི་ཕྱིར་ངན་སོང་དུ་འགྲོ་བའི་རྒྱུར་གྱུར་པ་ཡིན་པ་དང་།གཏི་མུག་ནི་རྣམ་པར་གྲོལ་བ་དཀའ་བའི་ཕྱིར་སེམས་ཅན་དམྱལ་བ་ཆེན་པོ་བརྒྱད་དུ་རབ་ཏུ་ལྟུང་བའི་རྒྱུར་གྱུར་པ་ཡིན་པའི་ཕྱིར་རོ། །ཤཱ རིའི་བུ་དེ་ལ་བྱང་ཆུབ་སེམས་དཔའི་ཉེས་པ་དང་པོའི་ལྟུ་བ་ནི་ཚོགས་བཅུ་ལ་དྲང་པོར་བཤགས་པར་བྱའོ། །བུད་

མེད་ཀྱི་ལག་པ་ནས་འཛིན་པའི་ལག་པའི་ཉེས་པ་ལྔ་བ་ནི་ཚོགས་ལྔ་ལ་བཤགས་པར་བྱའོ། །ཉོན་མོངས་པ་ཅན་གྱི་སེམས་ཀྱིས་མིག་གིས་བལྟས་པའི་ཉེས་པ་ནི་གང་ཟག་གཅིག་གམ་གཉིས་ཀྱི་མདུན་དུ་བཤགས་པར་བྱའོ། །བྱང་ཆུབ་སེམས་དཔའ་མཚམས་མེད་པ་ལྔ་དང་ལྡན་པའི་ཉེས་པ་དང་བུད་མེད་ཀྱི་ཉེས་པ་དང་ལག་པའི་ཉེས་པ་དང་མཆོད་རྟེན་གྱི་ཉེས་པ་དང་དེ་ལས་གཞན་པའི་ཉེས་པ་ལྔ་བ་རྣམས་ནི་སངས་རྒྱས་བཅོམ་ལྡན་འདས་སུམ་ཅུ་རྩ་ལྔའི་སྤྱན་སྔར་གཅིག་པུས་ཉིན་མཚན་དུ་བཤགས་པར་བྱའོ་ཞེས་གསུངས་སོ། །

གཉིས་པ་ལ། མདོ་དོན་དགོངས་པ་ཅན་དུ་གྲུབ། ངེས་དོན་ཡིན་ན་ཧ་ཅང་ཐལ་བ་དང་གཉིས་ལས། དང་པོ་ནི། འབྲི་ཁུང་པ་ཁ་ཅིག་དཀར་ནག་ཟངས་ཐལ་ཞེས་བྱ་བའི་ནག་པོ་ཟངས་ཐལ་གྱི་རྣམ་སྨིན་སངས་རྒྱས་ཀྱིས་ཀྱང་སྤྱོང་དགོས་ཏེ། དགོངས་གཅིག་ཏུ་རྗེ་རྗེའི་གསུང་ལས། ཤཱཀྱ་ཐུབ་པ་ལ་ལྟས་སྨྲིན་གྱིས་རྐྱོགས་རྗོ་འཕངས་པས་ཞབས་ཀྱི་མཐེ་བོང་ལ་རྨ་བྱུང་སྟེ། ཞལ་སྔ་ནས། གང་དུ་གནས་ཀྱང་ལས་ཀྱིས་མི་རྩུགས་པའི། །ས་ཕྱོགས་དེ་ནི་ཡོད་པ་མ་ཡིན་ཏེ། །བར་སྣང་ན་མེད་རྒྱ་མཚོའི་གཏིང་ན་མེད། །རིའི་ཕུག་ན་འང་ཡོད་པ་མ་ཡིན་ནོ། །ཞེས་སོགས་འབྱུང་བས་དེ་འདྲའི་ཆོས་སྐད་ངོ་མཚར་ཆེ་བ་རྒྱ་གར་ན་མེད་ལ་བོད་དུ་གྲགས་པ་འདི་མི་འཐད་དེ། ཉན་ཐོས་སྡེ་པ་ཁ་ཅིག་ལྟར་འབྲི་ཁུང་པ་དེ་དག་གིས་ནི་དྲང་དོན་ལ་ངེས་པའི་དོན་དུ་འཁྲུལ་པར་ཟད་པའི་ཕྱིར།

དེ་ཡང་སྟོན་བྱུང་བ་འདས་པའི་དུས་ན་བྱང་ཆུབ་ལས་ཕྱིར་མི་ལྡོག་པའི་ཚོང་པ་ལྔ་བརྒྱ་ཙམ་ཞིག་ནོར་བུ་ལེན་པའི་ཕྱིར་རྒྱ་མཚོར་ཞུགས་པ་ན། དེའི་ཚེ་མི་ནག་མདུང་ཐུང་ཅན་ཆོམ་རྐུན་པ་ཞིག་གྲུར་ཞུགས་པས་ཚོང་པ་འདི་ཐམས་ཅད་བསད་དེ་ནོར་རྫས་ཁྱེར་ནས་འཛམ་བུ་གླིང་དུ་འགྲོ་སྙམ་པ་ན། སྟེ་དཔོན་སྙིང་རྗེ་ཆེན་པོ་ཡི་སྨྲི་ལམ་དུ་ལྟས་ལུང་བསྟན་པ་ལྟར་ཚོང་པ་གཡོ་ཅན་དེ་བསད་པ་ཡི་ལས་ཀྱིས་རྫོགས་པའི་སངས་རྒྱས་ཀྱི་ཞབས་ལ་སེང་ལྡེང་གི་ཚལ་པ་ཟུག་པ་དང་ཞེས། འདུལ་བ་ལུང་ལས། ཐུབ་པའི་སྐུ་ཚེ་སྔ་མ་ཡི་ལས་ངན་སྨིན་པར་གསུངས་པ་དེ་ནི་དེས་འདུལ་བ་ཡི་དགོངས་པའི་དབང་གིས་གསུངས་པ་དེ་ཡང་གསང་ཆེན་ཐབས་ལ་མཁས་པའི་མདོ་སྡེ་ལྟོས་ཤིག །མདོ་སྡེ་དེ་ཉིད་ངེས་པའི་དོན་གྱི་མདོ་སྡེ་ཡིན་ལ་དེ་ལ་ལྟོས་ཏེ་འདུལ་བའི་ལུང་ནི་དྲང་བའི་དོན་ཅན་ཡིན་པས། བཅོམ་ལྡན་འདས་ཀྱིས་ཀྱང་དྲང་བའི་དོན་ལ་ཡིད་མ་རྟོན་པ་སྟེ་གཙོ་བོར་མ་བྱེད་ཅེས་གསུངས་ལ། དེ་ཡང་དཀོན་བརྩེགས་ཀྱི་བྱང་ཆུབ་སེམས་པའི་སྡེ་སྣོད་ལས། དེ་ལ་བྱང་ཆུབ་སེམས་དཔའི་རྟོན་པ་ལ་མཁས་པ་གང་ཞེ་ན། བྱང་ཆུབ་སེམས་དཔའ་རྣམས་ཀྱི་རྟོན་པ་འདི་བཞི་སྟེ་བཞི་གང་ཞེ་ན། འདི་ལྟར་སྟེ། དོན་ལ་རྟོན་གྱིས་ཚིག་འབྲུ་ལ་མ་ཡིན་པ་དང་། ཡེ་ཤེས་ལ་རྟོན་གྱིས་རྣམ་པར་ཤེས་པ་ལ་མ་ཡིན་པ་དང་། ངེས་པའི་དོན་གྱི་མདོ་སྡེ་ལ་རྟོན་གྱིས་དྲང་བའི་དོན་ལ་མ་ཡིན་པ་དང་། ཆོས་ཉིད་ལ་རྟོན་གྱིས་གང་

ཟག་ལ་མ་ཡིན་པའོ་ཞེས་གསུངས། དེ་ལ་ཡེ་ཤེས་དང་རྣམ་ཤེས་ནི་འཇིག་རྟེན་ལས་འདས་མ་འདས་དང་ཚིག་འབྲུ་ནི་སྒྲ་ཇི་བཞིན་པ་དང་དོན་ནི་རིགས་པས་གྲུབ་པ་དང་གང་ཟག་ནི་གནས་བརྟན་རྒན་རབས་སོགས་དང་ཆོས་ནི་གསུང་རབ་ཅེས་ཨ་བྷྱ་ཀ་རས་བཤད། འདུལ་བ་ལུང་ལས། སྔོན་དེད་དཔོན་གཉིས་ཞིག་རྒྱ་མཚོར་ནོར་བུའི་ཕྱིར་གྲུར་ཞུགས་ནས་གཅིག་གིས་དོན་གྲུབ་ལ་གཅིག་ཤོས་ཀྱིས་དོན་མ་གྲུབ་པས་ཕྲག་དོག་གི་བློས་མདུང་གིས་བསད་དོ། །དེའི་ལས་ཀྱི་རྣམ་པར་སྨིན་པས་ལོ་མང་པོར་དམྱལ་བར་སྐྱེས་ལས་ཀྱི་ལྷག་མས་ད་ལྟ་ཡང་བཅོམ་ལྡན་འདས་ཀྱི་ཞབས་ལ་སེང་ལྡེང་གི་ཚལ་བ་ཟུག་པར་གྱུར་ཏོ་ཞེས་གསུངས་ནའང་མདོ་ཕྱི་མ་འདི་གཙོ་ཆེ་སྟེ། དེ་ཡང་གསང་ཆེན་ཐབས་ལ་མཁས་པའི་མདོ་བྱང་ཆུབ་སེམས་དཔའ་ཡེ་ཤེས་དམ་པས་ཞུས་པ་ལས། དེ་ནས་བཅོམ་ལྡན་འདས་ཀྱིས་ཡང་བྱང་ཆུབ་སེམས་དཔའ་ཡེ་ཤེས་དམ་པ་ལ་བཀའ་སྩལ་པ། རིགས་ཀྱི་བུ་སྔོན་བྱུང་བ་འདས་པའི་དུས་ན་དེ་བཞིན་གཤེགས་པ་དགྲ་བཅོམ་པ་ཡང་དག་པར་རྫོགས་པའི་སངས་རྒྱས་མར་མེ་མཛད་ཀྱི་ཕ་རོལ་གྱི་ཡང་ཆེས་ཕ་རོལ་ན། ཚོང་པ་ནོར་འདོད་པ་ལྔ་བརྒྱ་ཙམ་ཞིག་རྒྱ་མཚོ་ཆེན་པོར་ཞུགས་པ་དང་དེའི་ཚེ་ན་མགྲོན་པོ་དེ་དག་ཉིད་ཀྱི་ནང་ན། མི་ལས་ནག་པོ་བྱེད་པ་སྡིག་པའི་ལས་བྱེད་པ་འཕོང་རྒྱལ་གྱི་རིག་པ་ལ་ལེགས་པར་བསླབས་པ་ཆོམ་རྐུན་བྱེད་པ་ཚོང་པའི་ཆ་ལུགས་ཀྱིས་གཞན་གྱི་ནོར་འཕྲོག་པ་ཞིག་ཀྱང་གྲུ་བོ་ཆེ་དེ་ཉིད་ཀྱི་ནང་དུ་ཞུགས་པར་གྱུར་ཏོ། །དེ་འདི་སྙམ་དུ་སེམས་ཏེ་བདག་གིས་གང་གི་ཚེ་ཚོང་པ་འདི་དག་དོན་གྲུབ་པ་དེའི་ཚེ་ན་ཚོང་པ་འདི་དག་ཐམས་ཅད་སྲོག་དང་ཕྲལ་ལ་ནོར་རྫས་ཀྱི་རྣམ་པ་ཁྱེར་ཏེ་འཛམ་བུའི་གླིང་དུ་འགྲོ་སྙམ་དུ་སེམས་སོ། །རིགས་ཀྱི་བུ་དེ་ནས་ཚོང་པ་དེ་དག་དོན་གྲུབ་སྟེ་ཕ་རོལ་ཏུ་འགྲོ་འདོད་པར་གྱུར་པ་དང་དེ་ནས་མི་གཡོ་ཅན་གྱི་རང་བཞིན་ཅན་དེ་འདི་སྙམ་དུ་སེམས་ཏེ་ད་ནི་བདག་གིས་ཚོང་པ་འདི་དག་ཐམས་ཅད་སྲོག་དང་བྲལ་ལ་ནོར་རྫས་ཀྱི་རྣམ་པ་འདི་དག་ཐམས་ཅད་ཁྱེར་ཏེ་འཛམ་བུ་གླིང་དུ་འགྲོ་བའི་དུས་ལ་བབ་བོ་སྙམ་པ་དང་། དེའི་ཚེ་དེད་དཔོན་སྙིང་རྗེ་ཆེན་པོ་དང་ལྡན་པ་ཞེས་བྱ་བ་ཞིག་ཀྱང་གྲུ་བོ་ཆེ་དེ་ཉིད་དུ་ཞུགས་པར་གྱུར་ཏེ། དེ་ནས་དེད་དཔོན་སྙིང་རྗེ་ཆེན་པོ་དང་ལྡན་པ་ཞེས་བྱ་བ་དེ་གཉིད་ལོག་སྟེ། རྨི་ལམ་རྨི་བ་ན་རྒྱ་མཚོ་ཆེན་པོ་ཉིད་ན་གནས་པའི་ལྷ་གང་ཡིན་པ་དེས་དེའི་རྨི་ལམ་དུ་བསྟན་པ། མགྲོན་པོ་འདི་དག་ཉིད་ཀྱི་ ནང་ན་མི་མིང་ནི་འདི་ཞེས་བྱ་བ་གཟུགས་ནི་འདི་འདྲ་བ་ཆ་བྱད་དང་ཁ་དོག་དང་དབྱིབས་ནི་འདི་འདྲ་བ་ཆོམ་རྐུན་པ་འཕྲུ་བ་གཞན་གྱི་ནོར་ལ་འཕྲོག་པ་ཞིག་འདུག་པ་དེས་འདི་ལྟར་སེམས་བསྐྱེད་དོ། །བདག་གིས་ཚོང་པ་འདི་དག་ཐམས་ཅད་གྲོགས་དང་བྲལ་ལ་ནོར་རྫས་ཀྱི་རྣམ་པ་འདི་དག་ཐམས་ཅད་ཁྱེར་ལ་འཛམ་བུའི་གླིང་དུ་འགྲོའོ་སྙམ་དུ་སེམས་པས་གལ་ཏེ་མི་འདིས་ཚོང་པ་འདི་དག་ཐམས་ཅད་སྲོག་དང་ཕྲལ་བར་གྱུར་

ན་ནི་དེའི་ཚེ་སྡིག་པའི་ལས་དམ་པོ་བྱས་པར་འགྱུར་རོ། །དེ་ཅིའི་ཕྱིར་ཞེ་ན། འདི་ལྟར་ཚོང་པ་ལྔ་བརྒྱ་པོ་འདི་དག་ཐམས་ཅད་ནི་བླ་ན་མེད་པ་ཡང་དག་པར་རྫོགས་པའི་བྱང་ཆུབ་ལ་ཡང་དག་པར་ཞུགས་ཤིང་བྱང་ཆུབ་ལས་ཕྱིར་མི་ལྡོག་པ་ཤ་སྟག་ཡིན་ནོ། །གལ་ཏེ་མི་འདིས་བྱང་ཆུབ་སེམས་དཔའ་འདི་དག་བསད་པར་གྱུར་ན་དེ་ལས་ཀྱི་སྒྲིབ་པའི་ཉེས་པ་དེས་བྱང་ཆུབ་སེམས་དཔའ་རེ་རེའི་ཕྱིར་ཡང་བྱང་ཆུབ་སེམས་དཔའ་གཅིག་གིས་ཡུན་རིང་པོ་ཇི་སྲིད་ཀྱི་བླ་ན་མེད་པ་ཡང་དག་པར་རྫོགས་པའི་བྱང་ཆུབ་ཡང་དག་པར་སྒྲུབ་པར་འགྱུར་བའི་ཡུན་རིང་པོ་དེ་སྲིད་དུ་སེམས་ཅན་དམྱལ་བ་ཆེན་པོ་རྣམས་སུ་བསྲེག་པར་འགྱུར་བས། དེ་ལ་དེད་དཔོན་ཁྱོད་ཀྱིས་དེ་ལྟ་བུ་ལ་བརྟེན་ཏེ་ཅི་ནས་ཀྱང་མི་འདིས་ཚོང་པ་ལྔ་བརྒྱ་པོ་འདི་དག་བསད་པར་མི་འགྱུར་བ་དང་འདི་ཡང་སེམས་ཅན་དམྱལ་བ་ཆེན་པོ་རྣམས་སུ་འགྲོ་བར་མི་འགྱུར་བ་དེ་ལྟ་བུའི་ཐབས་ལ་མཁས་པ་བསམ་པར་གྱིས་ཤིག་ཅེས་བསྟན་ཏོ། །རིགས་ཀྱི་བུ་དེ་ནས་དེད་དཔོན་སྙིང་རྗེ་ཆེན་པོ་དང་ལྡན་པ་དེ་གཉིད་སད་ནས་འདི་སྙམ་དུ་སེམས་ཏེ། མི་འདིས་ཚོང་པ་ལྔ་བརྒྱ་ཙམ་པོ་འདི་དག་བསད་པར་མི་འགྱུར་ལ་འདི་ཡང་སེམས་ཅན་དམྱལ་བ་ཆེན་པོ་རྣམས་སུ་འགྲོ་བར་མི་འགྱུར་བའི་ཐབས་ཅི་ཡོད་སྙམ་ནས། དེ་ཞག་བདུན་གྱི་བར་དུ་འཛམ་བུ་གླིང་དུ་འགྲོ་བ་དང་མི་མཐུན་པའི་ང་ལངས་ཏེ་བསྡད་པའི་ཚེ་ཞག་བདུན་དུ་སུ་ལ་ཡང་མི་སྨྲ་བར་སེམས་པ་ལ་ཞུགས་པ་ན། དེ་འདི་སྙམ་དུ་སེམས་ཏེ་འདི་ལ་ཚོང་པ་འདི་དག་བསད་པར་མི་འགྱུར་ལ་མི་འདི་ཡང་སེམས་ཅན་དམྱལ་བ་ཆེན་པོ་རྣམས་སུ་འགྲོ་བར་མི་འགྱུར་བའི་ཐབས་ནི་མི་འདི་ཉིད་སྲོག་དང་ཕྲལ་བར་བྱ་བ་མ་གཏོགས་ཐབས་གཞན་མེད་དོ་སྙམ་ནས། དེ་འདི་སྙམ་དུ་སེམས་ཏེ་གལ་ཏེ་བདག་གི་དོན་འདི་ཚོང་པ་ཐམས་ཅད་ལ་བསྒྲགས་པར་གྱུར་ན་ནི་འདི་དག་གིས་རབ་ཏུ་སྡང་བའི་སེམས་ཀྱིས་མི་འདི་ཡང་སྲོག་དང་ཕྲལ་ཞིང་བསད་པར་འགྱུར་ལ་འདི་དག་ཀྱང་སེམས་ཅན་དམྱལ་བ་རྣམས་སུ་འགྲོ་བར་འགྱུར་རོ་སྙམ་ནས། དེ་ཡང་འདི་སྙམ་དུ་སེམས་ཏེ་འདི་ལྟར་བདག་གིས་མི་འདི་སྲོག་དང་ཕྲལ་ནས་གཞི་དེས་བདག་བསྐལ་པ་འབུམ་དུ་སེམས་ཅན་དམྱལ་བ་ཆེན་པོ་རྣམས་སུ་བསྲེག་པར་འགྱུར་ཡང་བདག་གིས་སེམས་ཅན་དམྱལ་བ་ཆེན་པོའི་སྡུག་བསྔལ་མྱོང་བར་འགྱུར་བ་དེ་ལ་སྤྲོ་བར་བྱའི། ཚོང་པ་ལྔ་བརྒྱ་ཙམ་པོ་འདི་དག་སྲོག་དང་བྲལ་བར་གྱུར་ཡང་མི་རུང་མི་འདི་ལ་སྡིག་པའི་ལས་དེ་སྙེད་ཅིག་འཕེལ་བར་འགྱུར་ན་ཡང་མི་རུང་བས་བདག་གིས་མི་འདི་སྲོག་དང་ཕྲལ་བར་བྱའོ་སྙམ་ནས། རིགས་ཀྱི་བུ་དེ་ལྟར་དེད་དཔོན་སྙིང་རྗེ་ཆེན་པོ་དང་ལྡན་པ་དེས་ཚོང་པ་ལྔ་བརྒྱ་ཙམ་པོ་དེ་དག་ཀུན་ཏུ་བསྲུང་བ་དང་མི་དེ་ཡང་སེམས་ཅན་དམྱལ་བ་ཆེན་པོ་རྣམས་སུ་འགྲོ་བ་ལས་ཀུན་ཏུ་བསྲུང་བའི་ཕྱིར། སྙིང་རྗེ་ཆེན་པོ་དང་ཐབས་ལ་མཁས་པ་དེས་བསམས་བཞིན་དུ་ཚོམ་རྐུན་པའི་མི་དེ་མདུང་ཐུང་གིས

བདུད་སྡེ་སྲོག་དང་བྲལ་ནས་མགྲོན་པོ་ཐམས་ཅད་དོན་གྲུབ་ཅིང་རང་རང་གི་གྲོང་ཁྱེར་དུ་ཕྱིན་པར་གྱུར་ཏོ། །རིགས་ཀྱི་བུ་དེའི་ཚེ་དེའི་དུས་ན་དེད་དཔོན་སྙིང་རྗེ་ཆེན་པོ་དང་ལྡན་པར་གྱུར་པ་དེ་གཞན་ཞིག་ཡིན་སྙམ་པར་ཡིད་གཉིས་དང་ཐེ་ཚོམ་ཟ་བར་གྱུར་ན་དེ་ལྟར་མི་ལྟའོ། །དེ་ཅིའི་ཕྱིར་ཞེ་ན། ང་ཉིད་དེའི་ཚེ་དེའི་དུས་ན་དེད་དཔོན་སྙིང་རྗེ་ཆེན་པོ་དང་ལྡན་པར་གྱུར་པའི་ཕྱིར། ཚོང་པ་ལྔ་བརྒྱ་ཙམ་པོ་གང་དག་གྲུ་བོ་ཆེ་དེ་ཉིད་དུ་ཞུགས་པར་གྱུར་པ་དེ་དག་ནི་གང་དག་བསྐལ་པ་བཟང་པོ་འདི་ལ་བླ་ན་མེད་པ་ཡང་དག་པར་རྫོགས་པའི་བྱང་ཆུབ་ཏུ་མངོན་པར་རྫོགས་པ་འཚང་རྒྱ་བར་འགྱུར་བ་བསྐལ་བ་བཟང་པོའི་བྱང་ཆུབ་སེམས་དཔའ་ལྔ་བརྒྱ་ཡིན་ནོ། །རིགས་ཀྱི་བུ་ངས་ཐབས་ལ་མཁས་པ་དེ་དང་སྙིང་རྗེ་ཆེན་པོ་དེས་བསྐལ་པ་འབུམ་དུ་འཁོར་བ་བསྐྱིལ་ཏེ་བོར་བར་གྱུར་ཏོ། །ཆོམ་རྐུན་པ་དེ་ཡང་དེ་ནས་ཤི་འཕོས་ནས་མཐོ་རིས་ཀྱི་འཇིག་རྟེན་དུ་སྐྱེས་སོ། །རིགས་ཀྱི་བུ་དེ་ལྟར་དུ་སེམས་ཅན་གང་གི་ཕྱིར་ཐབས་ལ་མཁས་པ་དེ་དང་སྙིང་རྗེ་ཆེན་པོ་དེས་བསྐལ་པ་འབུམ་གྱི་འཁོར་བ་བསྐྱིལ་ཏེ་བོར་བར་གྱུར་པའི་དོན་དེ་བྱང་ཆུབ་སེམས་དཔའི་ལས་ཀྱི་ལྷག་མ་འདི་ཡིན་པར་ལྟ་སྙམ་ན། ཁྱོད་ཀྱིས་དེ་ལྟར་མི་ལྟ་སྟེ་དེ་ནི་ཐབས་ལ་མཁས་པ་ཉིད་ཡིན་པར་ལྟ་བར་བྱའོ། །

རིགས་ཀྱི་བུ་དེ་བཞིན་གཤེགས་པ་སེམས་ཅན་ལས་ཀྱི་བྱ་བ་ལ་བརྩུད་པའི་ཕྱིར་ཐབས་ལ་མཁས་པས་སེང་ལྡེང་གི་ཚལ་པ་ཞབས་ལ་ཟུག་པར་བསྟན་ཏེ། དེ་བཞིན་གཤེགས་པའི་ཞབས་ལ་སེང་ལྡེང་གི་ཚལ་པ་ཟུག་པ་གང་ཡིན་པ་དེ་ཡང་སངས་རྒྱས་ཀྱི་མཐུ་ཉིད་ཡིན་པར་ལྟ་བར་བྱའོ། །དེ་ཅིའི་ཕྱིར་ཞེ་ན་དེ་བཞིན་གཤེགས་པའི་སྐུ་རྡོ་རྗེ་ཁྲིགས་པ་ལྟར་མི་བཤིག་པའི་སྐུ་ཡིན་པའི་ཕྱིར་རོ། །རིགས་ཀྱི་བུ་འོན་ཀྱང་མཉན་ཡོད་ཀྱི་གྲོང་ཁྱེར་ཆེན་པོ་འདི་ཉིད་ན་སྲིད་པ་ཐ་མ་པའི་མི་ཉི་ཤུ་དང་ཉི་ཤུ་དེ་དག་ཉིད་ཀྱི་དགྲ་བོ་མི་ཉི་ཤུ་ཞིག་ཀྱང་ཡོད་པར་གྱུར་ཏེ། དེས་ན་མི་དགྲ་བོ་ཉི་ཤུ་པོ་དེ་དག་རང་རང་གི་རྒྱུ་དག་གིས་འདི་ལྟ་བུའི་རྣམ་པར་རྟོག་པ་སྐྱེས་པ་འགྱུར་ཏེ༑ བདག་ཅག་གིས་མཛའ་བཤེས་ལྟར་བཅོས་ཏེ་རང་རང་གི་དགྲ་བོ་རྣམས་ཀྱི་ཁྱིམ་དུ་ཞུགས་ལ་དེ་དག་སྲོག་དང་བྲལ་བར་བྱའོ་སྙམ་དུ་བསམས་ཏེ་གཅིག་ལ་གཅིག་ཚིག་ཏུ་ནི་མི་སྨྲས་སོ། །རིགས་ཀྱི་བུ་དེ་ནས་སངས་རྒྱས་ཀྱི་མཐུས་སྲིད་པ་ཐ་མ་པའི་མི་ཉི་ཤུ་པོ་གང་ཡིན་པ་དེ་དག་དང་མི་དེ་དག་གི་དགྲ་གནོད་པ་པོའི་མི་ཉི་ཤུ་པོ་གང་ཡིན་པ་དེ་བཞིན་གཤེགས་པ་དགྲ་བཅོམ་པ་ཡང་དག་པར་རྫོགས་པའི་སངས་རྒྱས་གང་ལ་བ་དེར་དོང་ངོ་། །རིགས་ཀྱི་བུ་དེ་ནས་དེ་བཞིན་གཤེགས་པ་དགྲ་བཅོམ་པ་ཡང་དག་པར་རྫོགས་པའི་སངས་རྒྱས་ཀྱིས་མི་བཞི་བཅུ་པོ་དེ་དག་འདུལ་བའི་དབང་གི་ཕྱིར་དང་སྐྱེ་བོ་ཕལ་པོ་ཆེ་གཞན་དག་ཀྱང་གདུལ་བར་བྱ་བའི་ཕྱིར། གནས་བརྟན་མོའུ་གལ་གྱི་བུ་ཆེན་པོ་ལ་བཀའ་སྩལ་པ། མོའུ་གལ་གྱི་བུ་ཆེན་པོས་ཕྱོགས་འདི་ནས་སེང་ལྡེང་གི་ཚལ་པ་ཞིག

འབྱུང་བར་འགྱུར་ཏེ་དེས་དེ་བཞིན་གཤེགས་པའི་ཞབས་གཡས་པའི་མཐིལ་ལ་འཇུག་པར་འགྱུར་རོ། །དེ་སྐད་ཅེས་བཀའ་བསྩལ་ནས་རིང་པོ་མ་ལོན་པར་དེ་ནས་དེའི་མོད་ལ་ས་ཕྱོགས་དེ་ཉིད་ནས་སེང་ལྡེང་གི་ཚལ་པ་སྔོན་པོ་མཐོ་གང་ཙམ་ཞིག་བྱུང་བར་གྱུར་ཏོ། །དེ་ནས་བཅོམ་ལྡན་འདས་ལ་གནས་བརྟན་མོའུ་གལ་གྱི་བུ་ཆེན་པོས་འདི་སྐད་ཅེས་གསོལ་ཏོ། །བཅོམ་ལྡན་འདས་བདག་གིས་སེང་ལྡེང་གི་ཚལ་པ་འདི་འཇིག་རྟེན་གྱི་ཁམས་གཞན་དུ་དོར་བར་བགྱི་ལགས་སོ། །ངས་དེ་ལ་འདི་སྐད་ཅེས་བཀའ་བསྩལ་ཏོ། །མོའུ་གལ་གྱི་བུ་ཆེན་པོ་ཁྱོད་ཀྱིས་སེང་ལྡེང་གི་ཚལ་པ་འདི་ས་ཕྱོགས་འདི་ནས་གཞན་དུ་དོར་བར་མི་ནུས་སོ། །རིགས་ཀྱི་བུ་དེ་ནས་གནས་བརྟན་མོའུ་གལ་གྱི་བུ་ཆེན་པོས་སྟོབས་ཀྱི་ཤུགས་ཀྱིས་སེང་ལྡེང་གི་ཚལ་པ་དེ་བཟུང་བ་དང་། འདི་ལྟར་སྟོང་གསུམ་གྱི་སྟོང་ཆེན་པོའི་འཇིག་རྟེན་གྱི་ཁམས་འདི་ཁ་གྱེན་དུ་བལྟས་ཏེ་རབ་ཏུ་གཡོས་པར་གྱུར་ཀྱང་སེང་ལྡེང་གི་ཚལ་པ་དེ་ནི་ཐ་ན་སྐྲའི་རྩེ་མོའི་ཆ་ཤས་ཙམ་ཡང་མི་འགུལ་ལོ། །རིགས་ཀྱི་བུ་དེ་ནས་དེ་བཞིན་གཤེགས་པ་རྫུ་འཕྲུལ་གྱི་སྟོབས་ཀྱིས་རྒྱལ་ཆེན་བཞིའི་རིས་ཀྱི་ལྷ་རྣམས་ཀྱི་ནང་དུ་གཤེགས་པ་དང་སེང་ལྡེང་གི་ཚལ་པ་དེ་ཡང་རྒྱལ་ཆེན་བཞིའི་རིས་ཀྱི་ལྷ་རྣམས་ཀྱི་གནས་སུ་འོངས་སོ། །དེ་ནས་དེ་བཞིན་གཤེགས་པ་སུམ་ཅུ་རྩ་གསུམ་པའི་ལྷ་རྣམས་ཀྱི་གནས་སུ་རི་རབ་ཀྱི་སྟེང་དུ་གཤེགས་པ་དང་སེང་ལྡེང་གི་ཚལ་པ་དེ་ཡང་རི་རབ་ཀྱི་སྟེང་དུ་འོངས་སོ། །དེ་ནས་དེ་བཞིན་གཤེགས་པ་འཐབ་བྲལ་དང་དགའ་ལྡན་དང་འཕྲུལ་དགའ་དང་གཞན་འཕྲུལ་དབང་བྱེད་ཀྱི་ལྷ་རྣམས་ཀྱི་གནས་སུ་ཡང་གཤེགས་ཚངས་པའི་འཇིག་རྟེན་གྱི་བར་དུ་ཡང་གཤེགས་པ་དང་སེང་ལྡེང་གི་ཚལ་པ་དེ་ཡང་ཚངས་པའི་འཇིག་རྟེན་གྱི་བར་དུ་འོངས་སོ། །དེ་ནས་དེ་བཞིན་གཤེགས་པས་ཚངས་པའི་འཇིག་རྟེན་ནས་བབས་ཏེ་གདན་ལ་བཞུགས་པ་དང་སེང་ལྡེང་གི་ཚལ་པ་དེ་ཡང་ཚངས་པའི་འཇིག་རྟེན་ནས་བབས་ཏེ་བཅོམ་ལྡན་འདས་ཀྱི་སྤྱན་སྔར་འདུག་གོ །རིགས་ཀྱི་བུ་དེ་ནས་དེ་བཞིན་གཤེགས་པས་ཕྱག་གཡས་པས་ཞབས་གཡས་པ་ནས་བཟུང་སྟེ་སེང་ལྡེང་གི་ཚལ་པ་རྩེ་མོ་ཡ་གཅིག་ས་ལ་ཟུག་པ་རྩེ་མོ་ཡ་གཅིག་ས་ལས་གྱེན་དུ་བལྟ་བ་དེའི་སྟེང་དུ་ཞབས་བཞག་གོ །བཅོམ་ལྡན་འདས་ཀྱིས་སེང་ལྡེང་གི་ཚལ་པའི་སྟེང་དུ་ཞབས་བཞག་མ་ཐག་ཏུ་དེ་ནས་དེའི་མོད་ལ་སྟོང་གསུམ་གྱི་སྟོང་ཆེན་པོའི་འཇིག་རྟེན་གྱི་ཁམས་ནི་རབ་ཏུ་གཡོས་པར་གྱུར་ཏོ། །དེ་ནས་ང་ལ་གནས་བརྟན་ཀུན་དགའ་བོས་འདི་སྐད་ཅེས་གསོལ་ཏོ། །བཙུན་པ་བཅོམ་ལྡན་འདས་ཀྱིས་སྔོན་ལས་ཀྱི་སྒྲིབ་པ་ནི་ཅི་ཞིག་མཛད་པ་ལགས་ན་དེའི་ལས་ཀྱི་རྣམ་པར་སྨིན་པ་འདི་ལྟ་བུར་གྱུར་ལགས། ངས་དེ་ལ་འདི་སྐད་ཅེས་བཀའ་བསྩལ་ཏོ། །ཀུན་དགའ་བོ་ང་སྔོན་རྒྱ་མཚོ་ཆེན་པོའི་ནང་དུ་སོང་བ་ན་ཚོང་པ་གཡོ་ཅན་གཅིག་མདུང་ཐུང་གིས་བཏབ་སྟེ་སྲོག་དང་བྲལ་བར་བྱས་པས་འདི་ནི་ལས་དེའི་

ལྷག་མ་ཡིན་ནོ། །རིགས་ཀྱི་བུ་དེ་ནས་མི་ཉི་ཤུ་དེ་དག་གསོད་པར་འདོད་པའི་མི་མཛའ་བཤེས་ལྟར་བཅོས་པ་ཉི་ཤུ་གང་ཡིན་པ་དེ་དག་འདི་སྙམ་དུ་སེམས་ཏེ། དེ་བཞིན་གཤེགས་པ་ཆོས་ཀྱི་བདག་པོ་ལ་ཡང་། ལས་རྣམས་རྣམ་པར་སྨིན་པར་འགྱུར་ན་བདག་ལ་ཅིའི་ཕྱིར་རྣམ་པར་སྨིན་པར་མི་འགྱུར་སྙམ་ནས། དེ་དག་གིས་དེའི་མོད་ལ་དེ་བཞིན་གཤེགས་པའི་སྤྱན་སྔར་བཙུན་པ་བཅོམ་ལྡན་འདས་བདག་ཅག་ཀྱང་སྡིག་ཆགས་འགྱུམ་པ་དང་རྗེས་སུ་འགྱུམ་པ་འཚལ་བ་ལགས་ཏེ་བདག་ཅག་བཅོམ་ལྡན་འདས་ཀྱི་སྤྱན་སྔར་ནོངས་པ་དེ་དག་ཆགས་ཤིང་མཆིས་ན་བཅོམ་ལྡན་འདས་ཀྱིས་བདག་ཅག་གི་ནོངས་པ་ལ་ནོངས་པར་བཤགས་པ་དེ་དག་རྗེས་སུ་གཟུང་དུ་གསོལ་ཞེས་ཉེས་པ་ལ་ཉེས་པར་བཤགས་སོ། །དེ་བཞིན་གཤེགས་པས་དེ་དག་ལ་ལས་ཀྱི་བྱ་བ་དང་ལས་ཟད་པར་འགྱུར་བ་ལས་བརྩམས་ཏེ་དེ་ལྟ་དེ་ལྟར་ཆོས་བསྟན་པས་མི་བཞི་བཅུ་པོ་གང་ཡིན་པ་དེ་དག་གིས་ནི་ཡེ་ཤེས་མངོན་པར་རྟོགས་པར་གྱུར་ཏོ། །སྡིག་ཆགས་གཞན་བཞི་ཁྲིས་ནི་ཆོས་མངོན་པར་རྟོགས་པར་གྱུར་ཏོ། །གང་གི་ཕྱིར་དེ་བཞིན་གཤེགས་པ་དགྲ་བཅོམ་པ་ཡང་དག་པར་རྫོགས་པའི་སངས་རྒྱས་ཀྱི་ཞབས་ལ་སེང་ལྡེང་གི་ཚལ་པ་ཟུག་པར་གྱུར་པའི་རྒྱུ་ནི་དེ་ཡིན་རྐྱེན་ནི་དེ་ཡིན་ཏེ་དེ་ཡང་དེ་བཞིན་གཤེགས་པའི་ཐབས་ལ་མཁས་པ་ཡིན་ནོ་ཞེས་གསུངས།

ལུང་ལས་བྲམ་ཟེའི་ཁྱེའུ་ཟླ་མ་སངས་རྒྱས་འོད་སྲུང་གི་དྲུང་དུ་རྫ་མཁན་དགའ་སྐྱོང་གིས་ཁྲིད་ཅེས་པ་དང་། མདོ་ལས་བྲམ་ཟེའི་ཁྱེའུ་འོད་ཟེར་ཕྲེང་རྫ་མཁན་བུམ་བྱེད་ཀྱིས་ཁྲིད་ཅེས་གསུངས་པའི་ཁྱེའུ་ཟླ་མའམ་འོད་ཟེར་ཕྲེང་ལ་མུ་སྟེགས་པའི་གྲོགས་པོ་འགའ་ཞིག་ཡོད་པ་སངས་རྒྱས་པ་ལ་ཁ་དྲང་བའི་ཕྱིར་དུ་སངས་རྒྱས་ལ་མི་དད་པ་ལྟར་བྱས་ཏེ་དགེ་སྦྱོང་མགོ་རེག་ལ་བྱང་ཆུབ་ག་ལ་ཡོད་ཅེས་བརྗོད་པས། སྲིད་པ་ཐ་མར་ཡང་ཆུ་བོ་ནེ་རཉྫ་ནའི་འགྲམ་དུ་ལོ་དྲུག་དཀའ་བ་སྤྱད་པ་དང་ཞེས། འདུལ་བ་ལུང་ལས། ཐུབ་པའི་སྐུ་ཚེ་སྔ་མ་ཡི། །ལས་ངན་སྨིན་པར་གསུངས་པ་ནི། །དེས་འདུལ་བ་ཡི་སྐྱེ་བོ་ལ། །དགོངས་པའི་དབང་གིས་གསུངས་པ་དེ། །ཐབས་ལ་མཁས་པའི་མདོ་སྡེ་ལྟོས། །དེ་ཉིད་ངེས་དོན་མདོ་སྡེ་ཡིན། །དྲང་བའི་དོན་ལ་ཡིད་མ་རྟོན། །ཞེས་པ་འདི་ཐ་མའི་གསལ་བྱེད་ཡིན་པས་འོག་རྣམས་ལ་ཡང་སྦྱར་བར་བྱའོ། །

འདུལ་བ་ལུང་ལས། སྔོན་རྫ་མཁན་དགའ་སྐྱོང་ཞེས་བྱ་བ་ཕ་མ་ལོང་བ་གཉིས་གསོ་ཞིང་དུས་དུས་སུ་སངས་རྒྱས་འོད་སྲུང་ལ་བསོད་སྙོམས་ཀྱང་འབུལ་ལོ། །དེ་བྲམ་ཟེའི་ཁྱེའུ་ཟླ་མའི་གྲོགས་པོ་དང་ནེའུ་ཟླ་ཡང་ཡིན་ནོ། །དེ་ནས་བྲམ་ཟེའི་ཁྱེའུ་ཟླ་མས་དགའ་སྐྱོང་ལ་སྨྲས་པ། དེས་པ། སངས་རྒྱས་འོད་སྲུང་ལ་བསྙེན་བཀུར་བྱེད་པ་ཐོངས་ཤིག་དགེ་སྦྱོང་མགོ་རེག་དེ་ལ་བྱང་ཆུབ་ག་ལ་ཡོད་བྱང་ཆུབ་ནི་མཆོག་ཏུ་དཀའ་བ་ཡིན་ནོ

ཞེས་ལན་གསུམ་གྱི་བར་དུ་སྨྲས་ཀྱང་མ་བཟློག་པར་དགའ་སྐྱོང་གིས་བླ་མའི་ཐོར་ཏོ་ནས་བཟུང་སྟེ། དེས་པ་བླ་མ་ཁྲིད་སངས་རྒྱས་འོད་སྲུང་ལ་བསྙེན་བཀུར་གྱིས་ཤིག །དེ་ནས་བླ་མས་བསམས་པ། སངས་རྒྱས་ནི་མཆོག་མ་ཡིན་ཞིང་ཆོས་བསྟན་པ་ནི་མཆོག་ཡིན་ནོ་ཞེས་སྨྲས་པའི་ལས་ཀྱི་རྣམ་པར་སྨིན་པས་ངས་ད་ལྟ་ཡང་ལོ་དྲུག་གི་བར་དུ་དཀའ་བ་སྤྱད་དགོས་པ་བྱུང་ངོ་ཞེས་གསུངས་ནའང་། མདོ་ཕྱི་མ་འདི་གཙོ་ཆེ་སྟེ། དེ་ཡང་གསང་ཆེན་ཐབས་ལ་མཁས་པའི་མདོ་ལས། དེ་ནས་བཅོམ་ལྡན་འདས་ཀྱིས་ཡང་བྱང་ཆུབ་སེམས་དཔའ་སེམས་དཔའ་ཆེན་པོ་ཡེ་ཤེས་དམ་པ་ལ་བཀའ་སྩལ་པ། རིགས་ཀྱི་བུ་གཞན་ཡང་གང་གི་ཕྱིར་བྱང་ཆུབ་སེམས་དཔའ་ལོ་དྲུག་ཏུ་བཀའ་བ་སྤྱོད་པ་སྤྱད་པ་ཡང་ཉོན་ཞིག །འདི་ལྟར་བྱང་ཆུབ་སེམས་དཔའ་ནི་ཐབས་ལམ་མཁས་པས་སེམས་ཅན་རྣམས་མི་དགེ་བའི་ལས་ཀྱི་བྱ་བ་དག་ལ་ངེས་པར་སྐྱོ་བར་བྱ་ཞིང་འདུན་པར་བྱ་བའི་ཕྱིར་ཏེ། རིགས་ཀྱི་བུ་འདི་ལྟར་བྱང་ཆུབ་སེམས་དཔའ་དེ་བཞིན་གཤེགས་པ་དགྲ་བཅོམ་པ་ཡང་དག་པར་རྫོགས་པའི་སངས་རྒྱས་འོད་སྲུང་གི་གསུང་རབ་ལ་ཚིག་འདི་སྐད་ཅེས་དགེ་སློང་མགོ་རེག་མཐོང་བས་ཁོ་བོ་ལ་ཅི་ཞིག་བྱ། བྱང་ཆུབ་ནི་མཆོག་ཏུ་རྙེད་པར་དཀའ་བ་ཡིན་པའི་ཕྱིར། དགེ་སློང་མགོ་རེག་ལ་བྱང་ཆུབ་ག་ལ་ཡོད་ཅེས་སྨྲས་པ་དེ་ཡང་བྱང་ཆུབ་སེམས་དཔའི་ཐབས་ལ་མཁས་པ་དང་ལྷེམ་པོའི་ངག་ཡིན་པར་ལྟ་བར་བྱ་སྟེ། ལས་ཀྱི་སྒྲིབ་པའི་རྒྱུབྱང་ཆུབ་སེམས་དཔའ་ལོ་དྲུག་ཏུ་དཀའ་བ་སྤྱོད་པ་སྤྱད་བྱང་ཆུབ་སེམས་དཔས་ཇི་ལྟར་བསམས་ཏེ་ཚིག་དེ་སྐད་སྨྲས་ཤེ་ན། རིགས་ཀྱི་བུ་དེའི་ཚེ་དེའི་དུས་ན་དེ་བཞིན་གཤེགས་པ་དགྲ་བཅོམ་པ་ཡང་དག་པར་རྫོགས་པའི་སངས་རྒྱས་འོད་སྲུང་གི་གསུང་རབ་ལ་བྲམ་ཟེའི་ཁྱེའུ་འོད་ཟེར་ཕྲེང་དེ་ལ་ནེའུ་ཟླ་བྲམ་ཟེའི་རིགས་ཤིང་སལ་ཆེན་པོ་ལྔ་བུའི་བྱང་ཆུབ་སེམས་དཔའི་ཐེག་པ་ལ་ཡང་དག་པར་ཞུགས་པ་ལྔ་ཞིག་ཡོད་པ་དེ་དག་སྡིག་པའི་གྲོགས་པོའི་དབང་དང་སྡིག་པའི་གྲོགས་པོ་དང་ཕྲད་པས་བྱང་ཆུབ་སེམས་དེ་དག་བརྗེད་པར་གྱུར་ནས། དེའི་ཚེ་ན་རིགས་ཀྱི་བུ་ལྔ་པོ་དེ་དག་མུ་སྟེགས་ཅན་གྱི་བརྟུལ་ཞུགས་སྤྱོད་པར་གྱུར་ཅིང་སངས་རྒྱས་ཀྱི་བརྟུལ་ཞུགས་མི་སྤྱོད་པ་དང་། མུ་སྟེགས་ཅན་གྱི་གསང་སྔགས་ལ་བརྩོན་ཞིང་སངས་རྒྱས་ཀྱི་གསང་སྔགས་ལ་མི་བརྩོན་པ་དང་མུ་སྟེགས་ཅན་ལ་མོས་ཤིང་མུ་སྟེགས་ཅན་གྱི་དབང་གིས་བྱང་ཆུབ་ནི་བདག་ལ་ཡོད་དེ་བདག་ཅག་ཀྱང་སངས་རྒྱས་ཡིན་ནོ། །བདག་ཉིད་སྟོན་པ་ཡིན་པར་ཁས་འཆེ་བར་བྱེད་དོ། །བྲམ་ཟེའི་ཁྱེའུ་འོད་ཟེར་ཕྲེང་གིས་རིགས་ཀྱི་བུ་དེ་དག་སྣོད་ཡིན་པར་རིག་ནས་དེ་ཐབས་ལ་མཁས་པས། བྲམ་ཟེ་ཤིང་ས་ལ་ཆེན་པོ་ལྔ་བུའི་བུ་ལྔ་པོ་དེ་དག་རིམ་གྱིས་མུ་སྟེགས་ཅན་དེ་དག་གི་དྲུང་ནས་ཕྱིར་བཟློག་པར་འདོད་པས། དེ་ཐབས་ལ་མཁས་པས་རྫ་མཁན་བུམ་བྱེད་ལ་ཚིག་འདི་སྐད་ཅེས་དགེ་སློང་མགོ་རེག་མཐོང་བས་ཁོ་བོ་ལ་ཅི་ཞིག་བྱ། བྱང་

ཆུབ་ནི་མཆོག་ཏུ་རྙེད་པར་དཀའ་བ་ཡིན་པས་དགེ་སློང་མགོ་རེག་ལ་བྱང་ཆུབ་ག་ལ་ཡོད་ཅེས་སྨྲས་ཏེ། རིགས་ཀྱི་བུ་དེའི་ཚེ་བྲམ་ཟེའི་ཁྱེའུ་འོད་ཟེར་ཕྲེང་དེས་ཕྱོགས་གཞན་ཞིག་ཏུ་བྲམ་ཟེའི་རིགས་ཤིང་ས་ལ་ཆེན་པོ་ལྟ་བུའི་བུ་ལྔ་པོ་དེ་དག་དང་ལྷན་ཅིག་ཏུ་འཁོད་དོ། །དེ་ནས་ཛྷ་མཁན་བུམ་ཁྱེད་ས་ཕྱོགས་ག་ལ་བ་དེར་སོང་སྟེ། དེ་བཞིན་གཤེགས་པ་དགྲ་བཅོམ་པ་ཡང་དག་པར་རྫོགས་པའི་སངས་རྒྱས་འོད་སྲུང་གི་བསྟུགས་པ་བརྗོད་ཅིང་བསྟུགས་པ་བརྗོད་ནས་བྲམ་ཟེའི་ཁྱེའུ་འོད་ཟེར་ཕྲེང་ལ་འདི་སྐད་ཅེས་སྨྲས་སོ། །ཀྱེ་འོད་ཟེར་ཕྲེང་ཚུར་ཤོག དེ་བཞིན་གཤེགས་པ་དགྲ་བཅོམ་པ་ཡང་དག་པར་རྫོགས་པའི་སངས་རྒྱས་འོད་སྲུང་གི་སྤྱན་སྔར་འདོང་ངོ་། །རིགས་ཀྱི་བུ་དེ་ནས་བྲམ་ཟེའི་ཁྱེའུ་འོད་ཟེར་ཕྲེང་འདི་སྙམ་དུ་སེམས་ཏེ། ཀྱེ་མ་བྲམ་ཟེའི་ཁྱེའུ་འདི་དག་ནི་དགེ་བའི་རྩ་བ་ཡོངས་སུ་མ་སྨིན་པ་ཡིན་ཏེ། གལ་ཏེ་བདག་གིས་དེ་བཞིན་གཤེགས་པ་དགྲ་བཅོམ་པ་ཡང་དག་པར་རྫོགས་པའི་སངས་རྒྱས་འོད་སྲུང་དང་བྱང་ཆུབ་ཀྱི་བསྟུགས་པ་བརྗོད་ཅིང་མུ་སྟེགས་ཅན་རྣམས་ཀྱི་བསྟུགས་པ་མིན་པ་བརྗོད་པར་གྱུར་ན། རིགས་ཀྱི་བུ་འདི་དག་ཡོངས་སུ་དོགས་པར་གྱུར་ནས་དེ་བཞིན་གཤེགས་པ་དགྲ་བཅོམ་པ་ཡང་དག་པར་རྫོགས་པའི་སངས་རྒྱས་འོད་སྲུང་གི་སྤྱན་སྔར་འགྲོ་བར་མི་འགྱུར་བའི་གནས་དེ་ལྟ་བུ་ཡོད་དོ་སྙམ་ནས། བྲམ་ཟེའི་ཁྱེའུ་འོད་ཟེར་ཕྲེང་དེ་སྔར་དམ་བཅས་པ་ཉིད་རྗེས་སུ་བསྲུང་བཞིན་དུ་ཤེས་རབ་ཀྱི་ཕ་རོལ་ཏུ་ཕྱིན་པའི་རྒྱ་མཐུན་པའི་ཐབས་ལ་མཁས་པས། ཚིག་འདི་སྐད་ཅེས་དགེ་སློང་མགོ་རེག་མཐོང་བས་ཁོ་བོ་ལ་ཅི་ཞིག་བྱ། བྱང་ཆུབ་ནི་མཆོག་ཏུ་རྙེད་པར་དཀའ་བ་ཡིན་པས་དགེ་སློང་མགོ་རེག་ལ་བྱང་ཆུབ་ག་ལ་ཡོད་ཅེས་སྨྲས་སོ། །ཇི་ལྟར་ན་ཤེས་རབ་ཀྱི་ཕ་རོལ་ཏུ་ཕྱིན་པའི་རྒྱ་མཐུན་པའི་ཐབས་ལ་མཁས་པ་ཡིན་ཞེ་ན། ཤེས་རབ་ཀྱི་ཕ་རོལ་ཏུ་ཕྱིན་པ་ལ་སྤྱོད་པའི་བྱང་ཆུབ་སེམས་དཔའ་ནི་བྱང་ཆུབ་ཀྱི་འདུ་ཤེས་ཀྱང་མེད་སངས་རྒྱས་ཀྱི་འདུ་ཤེས་ཀྱང་མེད་སངས་རྒྱས་ཞེས་བྱ་བའི་སངས་རྒྱས་ཀྱང་ཡང་དག་པར་རྗེས་སུ་མི་མཐོང་བྱང་ཆུབ་ཀྱང་ཡང་དག་པར་རྗེས་སུ་མི་མཐོང་སྟེ། བྱང་ཆུབ་ནི་ནང་དུ་ཡང་དག་པར་རྗེས་སུ་མི་མཐོང་བྱང་ཆུབ་ནི་ཕྱི་རོལ་ཏུ་ཡང་དག་པར་རྗེས་སུ་མི་མཐོང་བྱང་ཆུབ་ནི་ནང་དང་ཕྱི་རོལ་ཏུ་ཡང་དག་པར་རྗེས་སུ་མ་མཐོང་བའི་ཕྱིར་རོ། །དེ་ལྟར་ཆོས་ཐམས་ཅད་མ་སྐྱེས་པ་མི་དམིགས་པའི་ཕྱིར། བྱང་ཆུབ་ནི་སྟོང་པ་ཉིད་ཡིན་པས་བྲམ་ཟེའི་ཁྱེའུ་འོད་ཟེར་ཕྲེང་གིས་ཤེས་རབ་ཀྱི་ཕ་རོལ་ཏུ་ཕྱིན་པའི་རྒྱ་མཐུན་པའི་ཐབས་ལ་མཁས་པ་ངེས་ཚིག་འདི་སྐད་ཅེས་དགེ་སློང་མགོ་རེག་མཐོང་བས་ཁོ་བོ་ལ་ཅི་ཞིག་བྱ། བྱང་ཆུབ་ནི་མཆོག་ཏུ་རྙེད་པར་དཀའ་བ་ཡིན་པས་དགེ་སློང་མགོ་རེག་ལ་བྱང་ཆུབ་ག་ལ་ཡོད་ཅེས་སྨྲས་སོ། །

དེ་ནས་དུས་གཞན་ཞིག་གི་ཚེ་ན་བྲམ་ཟེའི་ཁྱེའུ་འོད་ཟེར་ཕྲེང་དེ་ནེའུ་ཟླ་ལྔ་པོ་དེ་དག་དང་ཆུ་འགྲམ་ཞིག

ན་འཁོད་པར་གྱུར་པ་དང་། དེ་ནས་སངས་རྒྱས་ཀྱི་མཐུས་རིགས་ཀྱི་བུ་ལྔ་པོ་དེ་དག་གདུལ་བའི་དབང་གི་ཕྱིར། ཛ་མ་ཁན་བུམ་བྱེད་དེ་ཆུ་འཁྱམ་ག་ལ་བ་དེར་སོང་སྟེ་བྲམ་ཟེའི་ཁྱེའུ་འོད་ཟེར་ཕྲེང་དེ་ལ་འདི་སྐད་ཅེས་སྨྲས་སོ། །ཀྱེ་འོད་ཟེར་ཕྲེང་ཚུར་ཤོག །སངས་རྒྱས་བཅོམ་ལྡན་འདས་རྣམས་འཇིག་རྟེན་དུ་འབྱུང་བ་ནི་ཤིན་ཏུ་རྙེད་པར་དཀའ་བ་ཡིན་གྱི་དེ་བཞིན་གཤེགས་པ་དགྲ་བཅོམ་པ་ཡང་དག་པར་རྫོགས་པའི་སངས་རྒྱས་འོད་སྲུང་ལ་བལྟ་བ་དང་ཕྱག་བྱ་བ་དང་བསྙེན་བཀུར་བའི་ཕྱིར་འདོང་ངོ་། །བྲམ་ཟེའི་ཁྱེའུ་འོད་ཟེར་ཕྲེང་གིས་སྨྲས་པ། དགེ་སྦྱོང་མགོ་རེག་མཐོང་བས་ཁོ་བོ་ལ་ཅི་ཞིག་བྱ་བྱང་ཆུབ་ནི་མཆོག་ཏུ་རྙེད་པར་དཀའ་བ་ཡིན་པས་དགེ་སྦྱོང་མགོ་རེག་ལ་བྱང་ཆུབ་ག་ལ་ཡོད་ཅེས་སྨྲས་ཏེ། བྲམ་ཟེའི་ཁྱེའུ་འོད་ཟེར་ཕྲེང་དེ་དེ་བཞིན་གཤེགས་པ་ལ་བལྟ་བ་དང་ཕྱག་བྱ་བ་དང་། བསྙེན་བཀུར་བྱ་བའི་ཕྱིར་འགྲོར་མ་བཏུབ་པ་དང་། དེ་ནས་ཛ་མ་ཁན་བུམ་བྱེད་དེས་བྲམ་ཟེའུ་ཁྱེའུ་འོད་ཟེར་ཕྲེང་གི་ཐོར་ཏོ་ནས་བཟུང་སྟེ་དེ་བཞིན་གཤེགས་པ་དགྲ་བཅོམ་པ་ཡང་དག་པར་རྫོགས་པའི་སངས་རྒྱས་འོད་སྲུང་ག་ལ་བ་དེར་ཁྲིད་དེ་སོང་ངོ་། །བྲམ་ཟེའི་ཁྱེའུ་ལྔ་པོ་དེ་དག་གིས་ཀྱང་བྲམ་ཟེའི་ཁྱེའུ་འོད་ཟེར་ཕྲེང་ཡོངས་སུ་བསྐོར་ཏེ་ཡིད་མཐུན་པར་བྱས་ནས་དེ་བཞིན་གཤེགས་པ་དགྲ་བཅོམ་པ་ཡང་དག་པར་རྫོགས་པའི་སངས་རྒྱས་འོད་སྲུང་ག་ལ་བ་དེར་དོང་ངོ་། །དེ་ནས་བྲམ་ཟེའི་རིགས་ཤིང་ས་ལ་ཆེན་པོ་ལྔ་བུའི་ལོག་པར་ལྟ་བའི་ཁྱིམ་དུ་སྐྱེས་པ་ལྔ་པོ་དེ་དག་ཆེར་འདུན་པར་གྱུར་ནས་འདི་སྙམ་དུ། འདི་ལྟར་བྲམ་ཟེའི་ཁྱེའུ་འོད་ཟེར་ཕྲེང་འདི་དེ་བཞིན་གཤེགས་པ་དགྲ་བཅོམ་པ་ཡང་དག་པར་རྫོགས་པའི་སངས་རྒྱས་འོད་སྲུང་ལ་བལྟ་བ་དང་ཕྱག་བྱ་བ་དང་བསྙེན་བཀུར་བྱ་བ་དང་དྲུང་དུ་འགྲོ་བ་དང་དགེ་བའི་ཆོས་ཡོངས་སུ་རྫོགས་པར་བྱ་བའི་ཕྱིར། ཛ་མ་ཁན་བུམ་བྱེད་འདིས་ཐོར་ཏོ་ནས་བཟུང་བཞིན་དུ་ཡང་བདག་ཉིད་ཀྱི་སྲོག་ཡོངས་སུ་བཏང་སྟེ། དེ་བཞིན་གཤེགས་པ་དགྲ་བཅོམ་པ་ཡང་དག་པར་རྫོགས་པའི་སངས་རྒྱས་འོད་སྲུང་གི་སྤྱན་སྔར་འགྲོ་བར་འགྱུར་བའི་སངས་རྒྱས་དེ་ནི་ཅི་འདྲ་བ་ཞིག་ཡིན་སངས་རྒྱས་ཀྱི་ཆོས་དེ་ནི་ཅི་འདྲ་བ་ཞིག་ཡིན་སྙམ་ནས། དེ་ནས་བྲམ་ཟེའི་རིགས་ཤིང་ས་ལ་ཆེན་པོ་ལྔ་བུའི་བུ་ལྔ་པོ་དེ་དག་གིས་འདུན་པ་བྱས་ནས་དེ་བཞིན་གཤེགས་པ་འོད་སྲུང་ལ་བལྟ་བའི་ཕྱིར་དེ་བཞིན་གཤེགས་པ་འོད་སྲུང་གི་ཐད་དུ་དོང་ངོ་། །དེ་དག་གིས་དེ་བཞིན་གཤེགས་པ་འོད་སྲུང་མཐོང་མ་ཐག་ཏུ་སྔོན་གྱི་དགེ་བའི་རྩ་བས་ཡང་དག་པར་བསྐུལ་བས་དད་པ་ཐོབ་པར་གྱུར་ཏོ། །དེ་དག་གིས་དད་པ་ཐོབ་ནས་བྲམ་ཟེའི་ཁྱེའུ་འོད་ཟེར་ཕྲེང་ལ་སྨྲས་པ། སྟོན་པའི་ཡོན་ཏན་འདི་ལྟ་བུ་དག་ཁྱོད་ཀྱིས་སྔོན་ཆད་ཁོ་བོ་ལ་མ་སྨྲས་སོ་ཞེས་བྱས་སོ། །རིགས་ཀྱི་བུ་དེ་ནས་བྲམ་ཟེའི་རིགས་ཤིང་ས་ལ་ཆེན་པོ་ལྔ་བུའི་བུ་ལྔ་པོ་དེ་དག་གིས་དེ་བཞིན་གཤེགས་པ་དགྲ་བཅོམ་པ་ཡང་དག་པར་རྫོགས་པའི་སངས་རྒྱས་འོད་སྲུང་གི་དཔལ་

དང་གཞི་བརྗིད་ཀྱང་མཐོང་སྟོབས་པ་ཡང་ཐོས་ཚངས་པའི་སྒྲ་དབྱངས་བསྒྲགས་པ་ཡང་ཐོས་ནས་ལྷག་པའི་བསམ་པས་བླ་ན་མེད་པ་ཡང་དག་པར་རྫོགས་པའི་བྱང་ཆུབ་ཏུ་སེམས་བསྐྱེད་དོ། །རིགས་ཀྱི་བུ་དེ་ནས་དེ་བཞིན་གཤེགས་པ་དགྲ་བཅོམ་པ་ཡང་དག་པར་རྫོགས་པའི་སངས་རྒྱས་འོད་སྲུང་གིས་རིགས་ཀྱི་བུ་དེ་དག་གི་ལྷག་པའི་བསམ་པ་ཐུགས་སུ་ཆུད་ནས། དེའི་ཚེ་བྱང་ཆུབ་སེམས་དཔའི་སྡེ་སྣོད་ཀྱི་ཆོས་ཀྱི་རྣམ་གྲངས་ཕྱིར་མི་ལྡོག་པའི་འཁོར་ལོའི་གཟུངས་རྡོ་རྗེའི་ཚིག་ཆོས་ཐམས་ཅད་སྐྱེ་བ་མེད་པ་ཞེས་བྱ་བ་དེ་ལྟ་དེ་ལྟར་ཡང་དག་པར་བསྟན་པར་མཛད་དེ། དེས་རིགས་ཀྱི་བུ་ལྔ་པོ་དེ་དག་གིས་མི་སྐྱེ་བའི་ཆོས་ལ་བཟོད་པ་ཐོབ་པར་གྱུར་ཏོ། །

རིགས་ཀྱི་བུ་དེ་ལྟར་ན་ང་ནི་སངས་རྒྱས་ཀྱི་ཡེ་ཤེས་ཐོགས་པ་མི་མངའ་བས། ཁྱེད་ཅག་ལ་གལ་ཏེ་བྲམ་ཟེའི་ཁྱེའུ་འོད་ཟེར་ཕྲེང་དེས། རིགས་ཀྱི་བུ་དེ་དག་གི་མདུན་དུ་དེ་བཞིན་གཤེགས་པ་དགྲ་བཅོམ་པ་ཡང་དག་པར་རྫོགས་པའི་སངས་རྒྱས་འོད་སྲུང་གི་བསྔགས་པ་བརྗོད་ཅིང་མུ་སྟེགས་ཅན་རྣམས་ཀྱི་བསྔགས་པ་མིན་པ་བརྗོད་པར་གྱུར་ན་ནི། དེས་ན་རིགས་ཀྱི་བུ་དེ་དག་དེ་བཞིན་གཤེགས་པ་དགྲ་བཅོམ་པ་ཡང་དག་པར་རྫོགས་པའི་སངས་རྒྱས་འོད་སྲུང་གི་སྤྱན་སྔར་འགྲོ་བའི་གནས་དང་སྐབས་ཀྱང་མེད་ན་དད་པ་ཐོབ་པར་འགྱུར་བ་ལྟ་ཅི་སྨོས་ཏེ་དེ་ནི་གནས་མེད་དོ་ཞེས་ལུང་བསྟན་ཏེ། རིགས་ཀྱི་བུ་དེ་ལྟར་ན་བྱང་ཆུབ་སེམས་དཔའི་ཐེག་པ་ལ་ཡང་དག་པར་ཞུགས་པའི་རིགས་ཀྱི་བུ་ལྔ་པོ་དེ་དག་ཡོངས་སུ་སྨིན་པར་བྱ་བའི་ཕྱིར། བྲམ་ཟེའི་ཁྱེའུ་འོད་ཟེར་ཕྲེང་གིས་ཤེས་རབ་ཀྱི་ཕ་རོལ་ཏུ་ཕྱིན་པའི་རྒྱུ་མཐུན་པའི་ཐབས་ལ་མཁས་པས་ཚིག་འདི་སྐད་ཅེས་དགེ་སྦྱོང་མགོ་རེག་མཐོང་བས་ཁོ་བོ་ལ་ཅི་ཞིག་བྱ་བྱང་ཆུབ་ནི་མཆོག་ཏུ་རྙེད་པར་དཀའ་བ་ཡིན་པས་དགེ་སྦྱོང་མགོ་རེག་ལ་བྱང་ཆུབ་ག་ལ་ཡོད་ཅེས་སྨྲས་པར་ཟད་ཀྱི། རིགས་ཀྱི་བུ་ཕྱིར་མི་ལྡོག་པའིབྱང་ཆུབ་སེམས་དཔའ་ནི་སངས་རྒྱས་ལ་ནེམ་ནུར་མེད་ཅིང་བྱང་ཆུབ་ལ་ཡང་སོམ་ཉི་མེད་སངས་རྒྱས་ཀྱི་ཆོས་རྣམས་ལ་ཡང་སོམ་ཉི་མེད་དེ་དེ་ཡང་བྱང་ཆུབ་སེམས་དཔའི་ཐབས་ལ་མཁས་པ་ཡིན་ནོ། །རིགས་ཀྱི་བུ་བྱང་ཆུབ་སེམས་དཔའ་དེ་དག་ཡོངས་སུ་སྨིན་པར་བྱས་ཤིང་ལས་ཀྱི་རྣམ་པར་སྨིན་པ་བསྟན་པ་གང་ཡིན་པའི་ལས་ཀྱི་རྣམ་པར་སྨིན་པ་དེས་ཀྱང་། ངས་ལོ་དྲུག་ཏུ་དཀའ་བ་སྤྱོད་པ་སྤྱད་པར་གྱུར་པས་སེམས་ཅན་མི་ཤེས་པར་སྤྱོད་པ་གཞན་དག་གིས་ནི་དགེ་སྦྱོང་དང་བྲམ་ཟེ་ཚུལ་ཁྲིམས་དང་ལྡན་པ་དག་ལ་ཕྱོག་ནས་ཚིག་རྩུབ་མོ་སྨྲས་ལ། དེ་དག་གིས་ཤེས་ཀྱང་རུང་མི་ཤེས་ཀྱང་རུང་ཤེས་པ་དང་ལྡན་ཡང་རུང་ཤེས་པ་དང་མི་ལྡན་ཡང་རུང་སྟེ། བརྗོད་པར་གྱུར་ན་དེ་དག་ལ་ཡུན་རིང་པོར་དོན་མེད་པ་དང་གནོད་པ་དང་སྡུག་བསྔལ་བ་དང་ལོག་པར་ལྟུང་བར་འགྱུར་བས་ན་སེམས་ཅན་དེ་དག་ལ་ལས་ཀྱི་བྱ་བ་བསྟན་པའི་ཕྱིར། དེ་བཞིན་གཤེགས་པས་ལས་ཀུན་ཏུ་སྟོན་པར་ཟད་ཀྱི་བྱང་ཆུབ་སེམས

དཔའ་ལ་ནི་ལས་ཀྱི་སྒྲིབ་པ་ཅུང་ཟད་ཀྱང་མེད་དོ། །གཞན་ཡང་སེམས་ཅན་གང་དག་དགེ་སློང་དང་བྲམ་ཟེ་ཚུལ་ཁྲིམས་དང་ལྡན་པ་དག་ལ་ཚིག་རྩུབ་མོ་སྨྲས་ནས་བདག་ཅག་ལ་ནི་ཐར་པའི་སྐལ་བ་མེད་དོ་སྙམ་ནས་འགྱོད་པ་ལ་གནས་ཤིང་ཕྱིན་ཆད་སྡོལ་བ་མི་བྱེད་པའི་སེམས་ཅན་དེ་དག་གི་འགྱོད་པ་བསལ་བར་བྱ་བའི་ཕྱིར། ཡང་ལས་དེ་ཀུན་ཏུ་བསྟན་ཏེ་དེ་དག་འདི་སྙམ་དུ་བྱང་ཆུབ་སེམས་དཔའ་སྐྱེ་བ་གཅིག་གིས་ཐོགས་པས་དེ་བཞིན་གཤེགས་པ་དགྲ་བཅོམ་པ་ཡང་དག་པར་རྫོགས་པའི་སངས་རྒྱས་འོད་སྲུང་གི་གསུང་རབ་ལ་ཚིག་འདི་སྐད་དུ། བྱང་ཆུབ་ནི་མཆོག་ཏུ་རྙེད་པར་དཀའ་བ་ཡིན་པས་དགེ་སློང་མགོ་རེག་ལ་བྱང་ཆུབ་ག་ལ་ཡོད་ཅེས་སྨྲས་ཀྱང་། དེ་ལ་རྣམ་པར་གྲོལ་བའི་སྐལ་པ་ཡོད་པར་གྱུར་ན་བདག་མི་ཤེས་པ་རྣམས་ལྟ་སྨོས་ཀྱང་ཅི་དགོས་སྙམ་དུ་སེམས་ཤིང་། དེ་དག་སྡིག་པའི་ལས་ཀྱི་ཉེས་པ་དེ་ཡང་འཆགས་ལ་གཞན་ཡང་མངོན་པར་འདུ་མི་བྱེད་པར་འགྱུར་བའི་ཕྱིར་རོ། །རིགས་ཀྱི་བུ་གཞན་ཡང་མུ་སྟེགས་ཅན་འདུལ་བའི་ཕྱིར། བྱང་ཆུབ་སེམས་དཔའི་ལོ་དྲུག་ཏུ་དཀའ་བ་སྤྱད་པ་ཀུན་ཏུ་བསྟན་གྱི་ལས་ཀྱི་སྒྲིབ་པའི་རྒྱུས་ནི་མ་ཡིན་ནོ། །དེ་ཅིའི་ཕྱིར་ཞེ་ན། དགེ་སློང་དང་བྲམ་ཟེ་རྐྱ་ཤུག་དང་ཏིལ་དང་འབྲས་འབྲུ་གཅིག་ཙམ་ཟ་ཞིང་ཟས་གཞན་མི་ཟ་བས་རྣམ་པར་དག་པར་འགྱུར་བ་དག་ཡོད་པས། དེ་དག་ཚར་གཅོད་པའི་ཕྱིར་བྱང་ཆུབ་སེམས་དཔས་འཕགས་པའི་ལམ་ལ་མ་བརྟེན་པར་རྐྱ་ཤུག་དང་ཏིལ་དང་འབྲས་འབྲུ་གཅིག་ཙམ་གྱི་ཟས་དན་པ་ཟ་བས་རྣམ་པར་དག་པར་མི་ནུས་པར་བསྟན་པའི་ཕྱིར་ཏེ། འདི་ལྟར་བྱང་ཆུབ་སེམས་དཔས་ཚིག་འདི་སྐད་ཅེས། བྱང་ཆུབ་ནི་མཆོག་ཏུ་རྙེད་པར་དཀའ་བ་ཡིན་པས་དགེ་སློང་མགོ་རེག་ལ་བྱང་ཆུབ་ག་ལ་ཡོད་ཅེས་སྨྲས་པའི་རྒྱུ་ནི་དེ་ཡིན་རྐྱེན་ནི་དེ་ཡིན་ཏེ། ལས་ཀྱི་བྱ་བ་དེ་ལ་དམིགས་ནས་ལོ་དྲུག་ཏུ་དཀའ་བ་སྤྱད་པ་བསྟན་ཏོ། །བྱང་ཆུབ་སེམས་དཔས་ལོ་དྲུག་ཏུ་དཀའ་བ་སྤྱད་པ་བསྟན་པས་ལྷ་དང་ཕྱི་རོལ་པའི་དྲང་སྲོང་དད་པ་ལ་མོས་པ་ས་ཡ་ཕྲག་བཞི་དང་ཉིས་འབུམ་ཡང་ཁ་ཟས་དན་པ་དེས་བཏུལ་ནས་དེ་དག་གིས་ཡེ་ཤེས་མངོན་པར་རྫོགས་པར་གྱུར་ཏེ་དེ་ཡང་བྱང་ཆུབ་སེམས་དཔའི་ཐབས་ལ་མཁས་པ་ཡིན་ནོ་ཞེས་གསུངས།

ཟ་ཆས་རུལ་པ་གསོལ་བ་དང་། །ཞེས་བྱ་བའི་དོན་ཡང་། ཡུལ་དགྲ་མཐའམ་ཉོན་མོངས་མེད་པའི་ལྗོངས་སུ་སྟོན་རྒྱལ་པོ་བྲམ་ཟེ་མེས་སྦྱིན་གྱིས་སྟོན་པ་འཁོར་ལྔ་བརྒྱར་གཉིས་ཀྱིས་མ་ཚང་བ་དབྱར་ཟླ་བ་གསུམ་གནས་པར་ཞུས། སྟོན་པས་ཞལ་གྱིས་བཞེས་པའི་སྐབས་སུ་རྒྱལ་པོ་རྨི་ལམ་ངན་པ་ཡིན་ཟེར། བློན་པོ་ཕྲག་དོག་ཅན་གྱིས་སྨྲས་པ་ལ་བརྟེན་ནས་མི་སྣང་བའི་ཕྱོགས་སུ་མཚམས་བྱས། སྟོན་པ་འཁོར་བཅས་ལ་ཞབས་ཏོག་སུས་བྱས་པ་ལ་ཆད་པས་གཅོད་བྱས་པ་ལ་བརྟེན་ནས་ཟླ་བ་གསུམ་དུ་རྟ་ལྔ་བརྒྱ་འཚོང་བའི་ཚོང་

པས་ཧྲ་རྣམས་ནས་དང་ཚོང་བྱས་ནས་ཕུལ། ནས་རྫུལ་པ་གསོལ་བའི་རྒྱུ་རྐྱེན་གསོལ་བས། སྔོན་སྐྱེ་རྒྱུ་རྣམས་ཀྱིས་ཚེ་ལོ་བརྒྱ་ཁྲི་ཐུབ་པ་ན་སངས་རྒྱས་རྣམ་གཟིགས་ཉན་ཐོས་ཀྱི་དགེ་འདུན་དང་བཅས་པ་ཕོ་བྲང་གཉེ་ལྡན་ཞེས་བྱ་བར་གཞན་གྱིས་བསོད་སྙོམས་ཕུན་སུམ་ཚོགས་པ་ཕུལ་བ་ལ། རིག་བྱེད་སློབ་པའི་བྲམ་ཟེ་འཁོར་ལྔ་བརྒྱ་དང་བཅས་པའི་ནང་ནས་བྲམ་ཟེའི་ཁྱེའུ་བཟང་པོ་དང་བ་ཙན་གཉིས་མ་གཏོགས་པ་ཐམས་ཅད་ཕྲག་དོག་ནས། དགེ་སྦྱོང་མགོ་རེག་འདི་དག་ནི་ནས་རྫུལ་པ་ཟ་བར་འོས་པ་ཡིན་ནོ་བྱས་པའི་རྣམ་སྨིན་ཡིན་ནོ། །བྲམ་ཟེ་འཁོར་ལྔ་བརྒྱར་གཉིས་ཀྱིས་མ་ཚང་བ་ནི་ད་ལྟ་ང་འཁོར་ལྔ་བརྒྱར་གཉིས་ཀྱིས་མ་ཚང་བ་འདི་ཡིན་ནོ། །བྲམ་ཟེའི་ཁྱེའུ་བཟང་པོ་དང་དད་པ་ཙན་གཉིས་ནི་མཆོག་ཟུང་ལྷའི་བདུད་རྩི་གསོལ་བ་འདི་ཡིན་ནོ་ཞེས། འདུལ་བའི་ལུང་ལས། ཐུབ་པའི་སྐུ་ཆེ་སྣ་མ་ཡི། །ལས་ངན་སྨིན་པར་གསུངས་པ་ནི། །ཞེས་སོགས་སྤྱིར་མཛོད། དེ་ཡང་གསང་ཆེན་ཐབས་ལ་མཁས་པའི་མདོ་ལས། ཅིའི་ཕྱིར་དེ་བཞིན་གཤེགས་པ་དགེ་སློང་གི་དགེ་འདུན་དང་བཅས་པ་ཉོན་མོངས་མེད་ཀྱི་ལྡོངས་སུ་དབྱར་གནས་པར་ཞལ་གྱིས་བཞེས་པ་ན། ཟླ་བ་གསུམ་དུ་སྐྱེ་བོ་ལ་བག་ཡབ་ཆགས་ཏེ་བྲམ་ཟེ་ཉོན་མོངས་མེད་ཀྱི་རྟ་ཆས་ཀྱི་ནས་དག་གསོལ་ཞེ་ན། རིགས་ཀྱི་བུ་དེ་བཞིན་གཤེགས་པས་ཇི་ལྟར་ཁྲིམ་བདག་དེས་དེ་བཞིན་གཤེགས་པ་དགེ་སློང་གི་དགེ་འདུན་དང་བཅས་པ་སྤྱན་དྲངས་ནས། རི་མོ་མི་བྱེད་པ་མཁྱེན་དེས་མཁྱེན་བཞིན་དུ་ཡང་དང་དུ་བླངས་ཞིང་བཏང་སྙོམས་མཛད་དོ། །དེ་ཅིའི་ཕྱིར་ཞེ་ན་དེ་བཞིན་གཤེགས་པ་དགེ་སློང་གི་དགེ་འདུན་དང་བཅས་པས་དབྱར་ཟླ་བ་གསུམ་དུ་གང་དག་རྟ་ཆས་ཀྱི་ནས་གསོལ་བའི་རྟ་ལྔ་བརྒྱ་པོ་གང་དག་ཡིན་པ་དེ་དག་ཐམས་ཅད་ནི་བྱང་ཆུབ་སེམས་དཔའི་ཐེག་པ་ལ་ཡང་དག་པར་ཞུགས་པ་སྔོན་གྱི་རྒྱལ་བ་ལ་ལྷག་པར་བྱ་བ་བྱས་པ་ཤ་སྟག་ཡིན་ཏེ། དེ་དག་སྡིག་པའི་གྲོགས་པོའི་དབང་གིས་སྡིག་པའི་ལས་དང་ལས་དམན་པ་བྱས་ཤིང་། མངོན་པར་འདུས་བྱས་པས་ལས་དེས་དེ་དག་དུད་འགྲོའི་སྐྱེ་གནས་སུ་སྐྱེས་ཏེ། རྟ་ལྔ་བརྒྱ་པོ་དེ་དག་གི་ནང་དུ་རྟ་ཅང་ཤེས་གཅིག་ཡོད་པ་གང་ཡིན་པ་དེ་ནི་བྱང་ཆུབ་སེམས་དཔའ་ཉི་མའི་སྙིང་པོ་ཞེས་བྱ་བ་སྨོན་ལམ་གྱི་དབང་གིས་བསམས་བཞིན་དུ་དེར་སྐྱེས་པ་ཡིན་ལ༑ རྟ་ལྔ་བརྒྱ་པོ་དེ་དག་ཀྱང་སྔོན་མིར་གྱུར་པ་ན་བྱང་ཆུབ་སེམས་དཔའ་ཉི་མའི་སྙིང་པོ་དེ་ཉིད་ཀྱིས་བྱང་ཆུབ་ཡང་དག་པར་འཛིན་དུ་བཙུག་པ་ཡིན་པས། དེ་དག་ཡོངས་སུ་ཐར་བར་བྱ་བ་དང་ཡོངས་སུ་སྨིན་པར་བྱ་བའི་ཕྱིར་དེར་སྐྱེས་ཏེ། རྟ་ཅང་ཤེས་དེ་ཉིད་ཀྱི་མཐུས་རྟ་ལྔ་བརྒྱ་པོ་དེ་དག་ཐམས་ཅད་སྔོན་གྱི་ཚེ་རབས་རྗེས་སུ་དྲན་པར་གྱུར་ཅིང་། དེ་དག་གི་བྱང་ཆུབ་ཀྱི་སེམས་དེ་ཡང་མངོན་དུ་གྱུར་པའི་ཕྱིར་ཏེ། རིགས་ཀྱི་བུ་དེ་ལྟ་བས་ན་དེ་བཞིན་གཤེགས་པ་བྱང་ཆུབ་སེམས་དཔའ་རྟར་གྱུར་པ་ལྔ་བརྒྱ་པོ་དེ་དག་ལ་ཐུགས་བརྩེ་བའི་ཕྱིར། དེ་བཞིན་

གཤེགས་པས་དུད་འགྲོའི་སྐྱེ་གནས་སུ་སྐྱེས་པ་དེ་དག་གི་དོན་དུ་དབྱར་ཟླ་བ་གསུམ་དུ་དེར་གནས་པར་ཞལ་གྱིས་བཞེས་སོ། །དེ་ནས་རྟ་ལྔ་བརྒྱ་པོ་དེ་དག་གི་རྟ་ཆས་ཀྱི་ནས་གང་དག་ཡིན་པ་དེ་དག་ལས་ཕྱེད་ཕྱེད་དག་ནི་དགེ་སློང་ལྔ་བརྒྱ་པོ་དག་ལ་འབུལ་ལོ། །ཕྱེད་ནི་རྟ་ལྔ་བརྒྱ་པོ་དེ་ཉིད་ཟའོ། །རྟ་ཙང་ཤེས་ཀྱི་ཆས་ཀྱི་ནས་གང་དག་ཡིན་པ་དེ་དག་ལས་ཕྱེད་ནི་དེ་བཞིན་གཤེགས་པ་ལ་འབུལ་ལོ། །ཕྱེད་ནི་རྟ་ཙང་ཤེས་དེ་ཉིད་ཟ་ཞིང་རྟ་ཙང་ཤེས་དེས་རྟའི་སྐད་ཀྱིས་རྟ་ལྔ་བརྒྱ་པོ་དེ་དག་ཐམས་ཅད་སྡིག་པ་བཤགས་སུ་བཅུག་ཅིང་། སངས་རྒྱས་ལ་སོགས་པ་དགེ་སློང་གི་དགེ་འདུན་དེ་དག་ལ་ཕྱག་འཚལ་དུ་ཡང་བཅུག་གོ །རྟ་ཙང་ཤེས་དེས་རྟ་ལྔ་བརྒྱ་པོ་དེ་དག་ལ་འདི་སྐད་ཅེས། ཁྱེད་ཅག་གི་ཆས་ཀྱི་ནས་དག་ལས་ཕྱེད་ཕྱེད་དེ་བཞིན་གཤེགས་པ་དང་དགེ་སློང་གི་དགེ་འདུན་གྱིས་གསོལ་ཏོ་ཞེས་གོ་བར་བྱས་སོ། །དེར་རྟ་ལྔ་བརྒྱ་པོ་དེ་དག་གིས་སྡིག་པ་བཤགས་ཤིང་སངས་རྒྱས་ལ་སོགས་པ་དགེ་སློང་གི་དགེ་འདུན་ལ་དད་པ་སྐྱེས་ནས། ཟླ་བ་གསུམ་པོ་དེ་དག་འདས་པའི་འོག་ཏུ་དུས་གཞན་གྱི་ཚེ་ན་རྟ་ལྔ་བརྒྱ་པོ་དེ་དག་ཐམས་ཅད་ཤི་འཕོས་ཏེ་དགའ་ལྡན་གྱི་ལྷ་རྣམས་དང་སྐལ་བ་མཉམ་པར་སྐྱེས་ནས། ལྷར་གྱུར་པ་དེ་དག་གིས་ཀྱང་དེ་བཞིན་གཤེགས་པ་ལ་ཞལ་ཟས་ཕུལ་ཞིང་བཀུར་སྟི་བྱས། བླ་མར་བྱས་རི་མོར་བྱས་མཆོད་པར་བྱས་པ་དང་། དེ་བཞིན་གཤེགས་པས་ཀྱང་དེ་དག་ལས་ཅི་ནས་ཀྱང་བླ་ན་མེད་པ་ཡང་དག་པར་རྫོགས་པའི་བྱང་ཆུབ་ཏུ་ངེས་པར་འགྱུར་བ་དེ་ལྟ་དེ་ལྟར་ཆོས་བསྟན་ཏོ། །རྟ་ལྔ་བརྒྱ་པོ་དེ་དག་འདུལ་ཞིང་འཚོ་བར་བྱེད་པའི་རྟ་རྫི་གང་ཡིན་པ་དེ་ཡང་རང་སངས་རྒྱས་རབ་ཏུ་སེམས་དུལ་ཞེས་བྱ་བར་གྱུར་ཏོ་ཞེས་བྱ་བར་ལུང་བསྟན་ཏོ། །དེ་བཞིན་གཤེགས་པས་རྟ་ཙང་ཤེས་དེ་ཡང་སངས་རྒྱས་བཅོམ་ལྡན་འདས་དཔག་ཏུ་མེད་པ་ལ་མཆོད་པ་བྱས་ཤིང་བྱང་ཆུབ་ཀྱི་ཕྱོགས་ཀྱི་ཆོས་རྣམས་ཡོངས་སུ་རྫོགས་པར་བྱས་ནས། དེ་བཞིན་གཤེགས་པ་དགྲ་བཅོམ་པ་ཡང་དག་པར་རྫོགས་པའི་སངས་རྒྱས་རབ་ཏུ་སེམས་དུལ་ཞེས་བྱ་བར་གྱུར་ཏེ་འཇིག་རྟེན་དུ་འབྱུང་བར་འགྱུར་རོ་ཞེས་བྱ་བར་ཡང་ལུང་བསྟན་ཏོ། །རིགས་ཀྱི་བུ་དེ་ལྟ་མོད་ཀྱི་མིའི་ཁ་ཟས་གང་ཡིན་པ་དེ་དག་ནི་དེ་བཞིན་གཤེགས་པ་ལ་མི་བསོད་པ་ཅུང་ཟད་ཀྱང་མེད་དེ། རིགས་ཀྱི་བུ་ཡོངས་སུ་བརྟགས་པ་ཉེ་བར་གཟུང་ན། གལ་ཏེ་དེ་བཞིན་གཤེགས་པས་ཤིང་དང་བོང་བ་དང་གསེག་མ་དང་གྱོ་མོ་དག་ཞལ་ཟས་ཀྱི་ཕྱིར་ཡོངས་སུ་ལོངས་སྤྱོད་པར་གྱུར་ན་ཡང་། ཤིང་དང་བོང་བ་དང་གསེག་མ་དང་གྱོ་མོ་ལ་སོགས་པ་དེ་དག་གི་རོ་ལྟ་བུ་དང་། རོ་བྲོ་བའི་མཆོག་གི་ཁྱད་པར་གང་ཡིན་པ་དེ་ལྟ་བུ་དག་ནི་སྟོང་གསུམ་གྱི་སྟོང་ཆེན་པོའི་འཇིག་རྟེན་གྱི་ཁམས་ན་འགའ་ཡང་མེད་དོ། །དེ་ཅིའི་ཕྱིར་ཞེ་ན། རིགས་ཀྱི་བུ་འདི་ལྟར་དེ་བཞིན་གཤེགས་པ་ནི་སྐྱེས་བུ་ཆེན་པོའི་མཚན་རོ་བྲོ་བའི་མཆོག་དང་ལྡན་པ་ཡིན་པས་ན། དེ་བཞིན་གཤེགས་པའི་སྐུ

ལ་ཞལ་ཟས་མི་བསོད་པ་ཐམས་ཅད་གསོལ་མ་ཐག་ཏུ་ཡང་ལྷའི་ཞལ་ཟས་ལས་ཡང་དག་པར་འདས་པའི་རོ་དང་ལྡན་པའི་ཕྱིར་ཏེ། རིགས་ཀྱི་བུ་དེའི་ཕྱིར་རྣམ་གྲངས་དེས་ན་ཁྱོད་ཀྱིས་འདི་ལྟར་དེ་བཞིན་གཤེགས་པའི་ཞལ་ཟས་ཐམས་ཅད་ནི་བསོད་པ་ཡིན་པར་རིག་པར་བྱའོ། །རིགས་ཀྱི་བུ་དེའི་ཚེ་ན་དགེ་སློང་ཀུན་དགའ་བོ་འདི་སྙམ་དུ། དེ་བཞིན་གཤེགས་པ་འདིས་འཁོར་ལོས་བསྒྱུར་བའི་རྒྱལ་སྲིད་སྤངས་ཏེ་རབ་ཏུ་བྱུང་ནས་རྟ་ཆས་ཀྱི་ནས་དག་གསོལ་བ་མཛད་པ་ལྟ་ཞེས་ཡིད་མི་བདེ་བར་གྱུར་པ་དང་། དེ་བཞིན་གཤེགས་པས་དེའི་སེམས་ལ་རྣམ་པར་གཟིགས་ནས་ཀུན་དགའ་བོ་ལ་འདི་ཅིའི་རོ་ཡིན་ཤེས་སམ་ཞེས་ནས་འབྲུ་གཅིག་བྱིན་པ་དང་། དེ་ཟོས་ནས་ངོ་མཚར་དུ་འཛིན་པར་གྱུར་ཏེ། ང་ལ་འདི་སྐད་ཅེས་བཅོམ་ལྡན་འདས་བདག་རྒྱལ་པོའི་ཁྲིམ་དུ་སྐྱེས་ཤིང་རྒྱལ་པོའི་ཁྲིམ་དུ་ལེགས་པར་རྒྱས་པ་ལགས་ན་འང་བཅོམ་ལྡན་འདས་བདག་གིས་རོ་མཆོག་འདི་ལྟ་བུ་ནི་སྔོན་ཆད་འཚལ་མ་མྱོང་ལགས་སོ་ཞེས་ཟེར་རོ། །དེའི་བྱིན་གྱིས་དགེ་སློང་ཀུན་དགའ་བོ་ཟས་གཞན་མི་ཟ་བར་དགེ་བ་དང་བདེ་བས་ཞག་བདུན་འདས་པར་གྱུར་ཏོ། །རིགས་ཀྱི་བུ་རྣམ་གྲངས་དེས་ན་ཁྱོད་ཀྱིས་འདི་ལྟར་དེ་ནི་དེ་བཞིན་གཤེགས་པའི་ཐབས་ལ་མཁས་པ་ཡིན་གྱི་ལས་ཀྱི་སྒྲིབ་པ་མ་ཡིན་པར་རིག་པར་བྱའོ། །རིགས་ཀྱི་བུ་གཞན་ཡང་སེམས་ཅན་གང་དག་དགེ་སྦྱོང་དང་བྲམ་ཟེ་ཚུལ་ཁྲིམས་དང་ལྡན་པ་དག་མགྲོན་དུ་གཉེར་ལ། སེམས་རྣམ་པར་གཡེངས་པས་རི་མོ་མི་བྱེད་པའི་སེམས་ཅན་དེ་དག་ལ་འདི་སྐད་སླུས་པ་དེ་བཞིན་མི་བྱེད་པ་ཉིད་ཀུན་ཏུ་བལྟ་བའི་ཕྱིར་ལས་ཀྱི་རྒྱུ་དེ་ལྟ་བུ་དག་ཀུན་ཏུ་སྟོན་པར་མཛད་དོ། །རིགས་ཀྱི་བུ་གང་གིས་དེ་བཞིན་གཤེགས་པ་སྤྱན་དྲངས་ལ་རི་མོ་མ་བྱས་པ་དེ་ཡང་། དེ་བཞིན་གཤེགས་པས་ལོག་པར་ལྟུང་བར་མི་འགྱུར་བའི་ཆོས་སུ་ལུང་བསྟན་པའི་དེ་བཞིན་གཤེགས་པ་རྣམས་ཀྱི་དེ་བཞིན་གཤེགས་པའི་ཆོས་ཉིད་ལ་ལྟོས། རིགས་ཀྱི་བུ་གཞན་ཡང་དེ་བཞིན་གཤེགས་པ་དང་ཐབས་གཅིག་ཏུ་དབྱར་ཟླ་བ་གསུམ་གནས་པར་ཁས་བླངས་པའི་དགེ་སློང་ལྔ་བརྒྱ་པོ་གང་དག་གིས་རྟ་ཆས་ཀྱི་ནས་དེ་དག་ཟོས་པ་དེ་དག་ལས། དགེ་སློང་བཞི་བཅུ་ནི་འདོད་ཆགས་སྤྱོད་པ་དང་སྡུག་པའི་མཚན་མ་སྤྱོད་པ་ཡིན་པས། གལ་ཏེ་དེའི་ཚེ་ན་དེ་དག་གིས་ཟས་བསོད་པ་དག་ཟོས་པར་གྱུར་ན་དེ་དག་གི་འདོད་ཆགས་དང་ལྡན་པའི་རྣམ་པར་རྟོག་པ་ཤིན་ཏུ་ཤས་ཆེན་པོ་སྐྱེ་བར་འགྱུར་བ་ཞིག་ན། དེ་དག་གིས་ཟས་ངན་པ་ཟོས་པ་དེས་འདོད་ཆགས་ཀྱི་ཀུན་ནས་ལྡང་བ་དེ་དག་བསྲབས་ཤིང་མེད་པར་གྱུར་ཏེ། དེ་དག་གི་འདོད་ཆགས་ཀྱིས་ཀུན་ནས་ལྡང་བ་དག་རྣམ་པར་བསལ་ནས་དེ་དག་ཐམས་ཅད་ཀྱིས་ཟླ་བ་གསུམ་པོ་དེ་དག་འདས་ནས་ཞག་བདུན་གྱིས་དགྲ་བཅོམ་པ་ཉིད་ཐོབ་པར་གྱུར་ཏོ། །རིགས་ཀྱི་བུ་དེ་ལྟ་བས་ན་དགེ་སློང་ལྔ་བརྒྱ་པོ་དེ་གདུལ་བའི་དབང་གི་ཕྱིར་དང་བྱང་ཆུབ་སེམས་དཔའ་དེ་དག་ཡོངས་སུ

སྨིན་པར་བྱ་བའི་ཕྱིར། དེ་བཞིན་གཤེགས་པས་ཐབས་ལ་མཁས་པ་དེས་ཟླ་བ་གསུམ་དུ་ཧ་ཅས་ཀྱི་ནས་དག་གསོལ་བར་ཟད་ཀྱི་ལས་ཀྱི་སྒྲིབ་པའི་ཉེས་པ་ནི་མིན་ཏེ། དེ་ཡང་དེ་བཞིན་གཤེགས་པའི་ཐབས་ལ་མཁས་པ་ཡིན་ནོ་ཞེས་གསུངས།

བྲམ་ཟེའི་བུ་མོས་སྐུར་བ་དང་། །ཞེས་བྱ་བའི་དོན་ཡང་སྔོན་སངས་རྒྱས་རྣམ་གཟིགས་ཀྱི་གསུང་རབ་ལ་སྦྱིན་གཉིས་ཤིག་བྱུང་སྟེ་གནས་མཆོག་དང་བ་ར་དྭ་ཛ་ཞེས་བྱ་བའོ། །ཕྱི་མས་ནི་དགྲ་བཅོམ་པ་ཐོབ་ལ་ཕྱི་མ་ཡང་སྡེ་སྣོད་གསུམ་ལ་བྱང་བར་གྱུར་ཏོ། །དེའི་ཚེ་ན་ཁྱིམ་བདག་གཅིག་གིས་གཙུག་ལག་ཁང་ཡོ་བྱད་ཐམས་ཅད་དང་ལྡན་པ་རྩིག་ཏུ་བཅུག་གོ །དེ་ནས་ནུ་བོས་ཕོ་བོ་དེར་བོས་པ་དང་ཁྱིམ་བདག་ཕོ་བོ་ལ་དད་པ་སྐྱེས་ནས་ཆེན་པོ་ལ་འོས་པའི་རས་ཟུང་གཅིག་བསྔོན་ནོ། །དེ་ནས་ནུ་བོ་ཕྲག་དོག་སྐྱེས་ཏེ་ཁྱིམ་བདག་གི་བུ་མོ་ལ་རས་ཟུང་གཅིག་བྱིན་ནས་འདི་སུས་བྱིན་ཟེར་ན། འཕགས་པ་གནས་མཆོག་གིས་བདག་ལ་བསྟུལ་ཏོ་ཞེས་སྨྲོས་ཤིག །དེ་ནས་བུ་མོས་དེ་བཞིན་སྨྲས་པས་ཁྱིམ་བདག་དེ་གནས་མཆོག་ལ་མ་དད་པ་སྐྱེས་པ་དང་། བདག་ཉིད་ཆེན་པོ་དེ་གནས་དེ་ནས་ལངས་ཏེ་སོང་ངོ་ལས་དེའི་རྣམ་པར་སྨིན་པས་ལོ་མང་པོར་དམྱལ་བར་སྐྱེས་སོ། །དགྲ་བཅོམ་པ་ལ་སྐུར་བ་བཏབ་པའི་ལས་ཀྱི་ལྷག་མས་ད་ལྟ་ཡང་བཅོམ་ལྡན་འདས་ལ་མཛེས་མས་བསྐུར་བ་བཏབ་བོ། །

ཡང་སྔོན་བྲམ་ཟེའི་ཁྱེའུ་འཁོར་བྲམ་ཟེ་ལྔ་བརྒྱ་དང་བཅས་པས་དྲང་སྲོང་མངོན་པར་ཤེས་པ་ལྔ་དང་ལྡན་པ་ཞིག་ལ་སྐྱེ་བོའི་ཚོགས་ཐམས་ཅད་དད་པར་གྱུར་ནས་བྲམ་ཟེའི་རྙེད་པ་བཀུར་སྟི་ནུབ་པར་གྱུར་ཏོ། །དེ་ནས་དྲང་སྲོང་དེ་ལ་ཕྲག་དོག་སྐྱེས་ནས། འདི་ནི་དྲང་སྲོང་མ་ཡིན་ཏེ། འོན་ཀྱང་འདོད་པ་དག་ལ་ལོངས་སྤྱོད་པ་ཡིན་ནོ་ཞེས་སྨྲས་པའི་ལས་ཀྱི་རྣམ་པར་སྨིན་པས་ལོ་མང་པོར་དམྱལ་བར་སྐྱེས་སོ། །ལས་དེའི་ལྷག་མས་ད་ལྟ་ཡང་བཅོམ་ལྡན་འདས་ལ། བྲམ་ཟེའི་བུ་མོ་རྩ་མིས་སྐུར་བ་བཏབ་བོ་དེ་ནི་ཐུན་མོང་བ་ཞེས་བྱའོ། །

ཐུན་མོང་མ་ཡིན་པ་གང་ཞེ་ན་སྔོན་ཡུལ་ཝཱ་རཱ་ཎ་སཱི་ར། སྨད་འཚོང་མ་བཟང་མོ་ཞེས་བྱ་བ་དང་སྐྱེས་བུ་གཡོ་ཅན་པདྨའི་རྩ་ལག་ཅེས་བྱ་བ་ཞིག་གནས་སོ། །དེས་དེ་ལ་རྒྱན་གོས་བྱིན་ནས་དུས་བཏབ་པ་ལས། ཡང་དོང་ཚེ་ལྔ་བརྒྱ་ཐོགས་པའི་སྐྱེས་པ་གཞན་ཞིག་དང་ཕྲད་ནས་བཟང་མོས་རང་གི་བུ་མོ་མདག་གཞུག་མ་ལ་སྨྲས་པ། སོང་ལ་པདྨའི་རྩ་ལག་ལ་ཛ་བོ་རེ་ཞིག་མ་བྱོན་ཞེས་སྨྲོས་ཤིག །དེ་ནས་པདྨའི་རྩ་ལག་ཁྲོས་ཏེ། བཟང་མོས་བུད་མེད་ནི་ཧྲག་པར་སྨྲོན་ཅན་ལགས་ཀྱིས་བཟོད་པར་མཛོད་ཅིག་ཅེས་སྨྲས་ཀྱང་། རལ་གྲིས་བཟང་མོ་བསད་ནས་རལ་གྲི་ཁྲག་ཅན་དེ་རང་སངས་རྒྱས་ལེགས་སྨོན་གྱི་མདུན་དུ་བོར་ནས་སོང་ངོ་། །དེ་ནས་རྒྱལ་པོ་ཚངས་

སྦྱིན་གྱིས་རང་སངས་རྒྱས་དེ་གསོལ་དུ་བཅུག་པ་ན། པད་མའི་རྩ་ལག་བློ་སྐྱེས་ཏེ་རྒྱལ་པོའི་དྲུང་དུ་སོང་ནས་སྨྲས་པ། ལྷ། རབ་ཏུ་བྱུང་བ་འདིས་ནི་སྡིག་པའི་ལས་འདི་མ་བགྱིས་ཏེ་བདག་གིས་བགྱིས་པས་འདི་བཏང་བར་གསོལ། ངས་རང་སངས་རྒྱས་ལ་སྐུར་བ་བཏབ་པའི་ལས་ཀྱི་རྣམ་པར་སྨིན་པས་ལོ་མང་པོར་དམྱལ་བར་སྐྱེས། དེའི་ལས་ཀྱི་ལྷག་མས་ད་ལྟ་ཡང་བྲམ་ཟེའི་བུ་མོས་བཅོམ་ལྡན་འདས་ལ་སྐུར་བ་བཏབ་བོ་ཞེས་སོ། །

འདུལ་བ་ལུང་ལས་གཏམ་བརྒྱུད་གཞན་རྣམས་འདྲ་བ་ལ། ཡུལ་གྲུ་འཛིན་དང་དྲང་སྲོང་མདོག་ནག་པོ་ཞེས་སོགས་འབྱུང་བ་ཡང་། ཐུབ་པའི་སྐུ་ཚེ་སྔ་མ་ཡི། །ལས་ངན་སྨིན་པར་གསུངས་པ་ནི། །ཞེས་སོགས་སྐོར་མཛོད། དེ་ཡང་གསང་ཆེན་ཐབས་ལ་མཁས་པའི་མདོ་ལས། ཅིའི་ཕྱིར་བྲམ་ཟེའི་བུ་མོ་དྲེགས་མས་ཤིང་གི་གཞོང་བུ་ལྟོ་བར་བཅིངས་ཏེ་དགེ་སློང་ཁྱོད་ཀྱིས་ཁོ་མོ་སྦྲུམ་པར་བྱས་ཀྱིས། ཁོ་མོ་ལ་ཟས་དང་གོས་བྱིན་ཅིག་ཅེས་དེ་བཞིན་གཤེགས་པ་ལ་སྐུར་བ་བཏབ་པར་གྱུར་ཅེ་ན། རིགས་ཀྱི་བུ་དེ་བཞིན་གཤེགས་པ་ལ་ནི་ལས་ཀྱི་སྒྲིབ་པ་ཅུང་ཟད་ཀྱང་མི་མངའ་སྟེ། དེ་བཞིན་གཤེགས་པས་བྲམ་ཟེའི་བུ་མོ་དྲེགས་མ་འཇིག་རྟེན་གྱི་ཁམས་གངྒའི་ཀླུང་གི་བྱེ་མ་སྙེད་དུ་འཕང་བར་མོད་ལ། དེ་བཞིན་གཤེགས་པ་དེས་མཁྱེན་བཞིན་དུ་བཏང་སྙོམས་མཛད་ཅིང་ཐབས་ལ་མཁས་པས་ལས་ཀྱི་བྱ་བ་ཀུན་ཏུ་བསྟན་པར་མཛད་དོ། །དེ་ཅིའི་ཕྱིར་ཞེ་ན། ཕྱི་མའི་དུས་ན་བསྟན་པ་འདི་ལ་རབ་ཏུ་བྱུང་བའི་དགེ་སློང་དག་འབྱུང་བར་འགྱུར་ཏེ། དེ་དག་ལ་ཡང་ངེས་པ་མ་ཡིན་པའི་སྐུར་བ་བཏབ་པས་དེ་དག་འགྱོད་པ་དང་སེམས་ཞུམ་པར་འགྱུར་ཞིང་། དེ་དག་མངོན་པར་མི་དགའ་བ་དང་ཉམས་པ་ལ་འཇུག་པར་འགྱུར་བ་དེ་དག་སྐུར་བ་བཏབ་པའི་ཚེ། འདི་སྐད་དུ་དེ་བཞིན་གཤེགས་པ་དཀར་པོའི་ཆོས་ཐམས་ཅད་དང་ལྡན་པ་དེ་ཉིད་ཀྱང་སྐུར་བ་བརྙེས་པར་གྱུར་ན་བདག་གིས་ལྟ་ཅིའི་ཕྱིར་མི་རྙེད་ཅེས་དེ་བཞིན་གཤེགས་པ་རྗེས་སུ་དྲན་པར་བྱེད་ཅིང་། དེ་དག་དེའི་ཚེ་ན་སྐུར་བ་དེ་ཟིལ་གྱིས་མནན་ནས་ཚངས་པར་སྤྱོད་པ་ཡོངས་སུ་དག་པ་ཡོངས་སུ་བྱང་བ་སྤྱོད་པར་འགྱུར་བ་དང་ཉམས་པ་ལ་སྤྱོད་པར་མི་འགྱུར་བར་བྱ་བའི་ཕྱིར་རོ། །བྲམ་ཟེའི་བུ་མོ་དྲེགས་མ་ནི་རེ་ཞིག་སྡིག་པའི་ལས་ཀུན་ཏུ་རྒྱས་པ་དང་རང་བཞིན་གྱིས་མ་དད་པ་མང་བ་ཡིན་པས། དེ་ལྟར་ལས་ཀྱི་སྒྲིབ་པས་བསྒྲིབས་པ་དེས་ན་ཕུང་པོ་དང་ཁམས་དང་སྐྱེ་མཆེད་དེ་དག་ཉིད་ཀྱིས་བསྟན་པ་འདི་ལ་གནོད་མི་ཟ་བར་རྨ་འབྱིན་པར་བྱེད་པ་ཡིན་ཏེ། དེ་སྡིག་པའི་ལས་ཀུན་ཏུ་རྒྱས་པ་དེས་གལ་ཏེ་རྨི་ལམ་ན་དེ་བཞིན་གཤེགས་པ་ལ་སྐུར་པ་བཏབ་པར་གྱུར་ན་ཡང་དེ་ཉིད་སད་པའི་ཚེ་ན་དྲི་མར་ཡང་འགྱུར་རོ། །རིགས་ཀྱི་བུ་དེ་བཞིན་གཤེགས་པས་ཐབས་འགའ་ཞིག་གིས་དེ་མི་དགེ་བའི་ལས་མངོན་པར་འདུ་བྱེད་པ་དེ་ལས་བཟློག་པར་སྤྱོད་ན་ནི་བཟློག་པར་ཡང་མཛད་ལ། དེ་བཞིན་གཤེགས་པས་བསྲུང་བར་སྤྱོད་ན

བསྲུང་བར་ཡང་མཛད་དོ། །དེ་ཅིའི་ཕྱིར་ཞེ་ན་དེ་བཞིན་གཤེགས་པས་སེམས་ཅན་འགའ་ཡང་ཡོངས་སུ་མ་བཏང་བའི་ཕྱིར་ཏེ། དེ་ཡང་དེ་བཞིན་གཤེགས་པའི་ཐབས་ལ་མཁས་པ་ཡིན་ནོ་ཞེས་གསུངས།

སུ་གེ་ཆེན་པོ་བྱུང་བའི་ཚེ། །རྒྱལ་པོའི་ཁབ་ཏུ་ལྷ་སྦྱིན་གྱིས། །དགེ་འདུན་དབྱེན་གྱི་རྒྱུ། །ཞེས་བྱ་བའི་དོན་ཡང་། སྔོན་རིག་བྱེད་སྨྲ་བའི་དྲང་སྲོང་འཁོར་བྲམ་ཟེ་མང་པོ་དང་ལྡན་པ་གཉིས་ཞིག་ཡོད་པ་ལས། རིག་བྱེད་སྨྲ་བའི་དྲང་སྲོང་གཅིག་གིས་གཅིག་ཤོས་ཀྱི་འཁོར་རྣམས་རིམ་གྱིས་ཁ་དྲངས་ཏེ། ཡན་དུ་མར་བཟློག་ཀྱང་མ་ཉན་པས་གཅིག་ཤོས་ཁྲོས་པར་གྱུར་ཏེ་ངས་ཀྱང་ཁྱོད་བྱང་ཆུབ་ཐོབ་པའི་ཚེ་འཁོར་རྣམས་ཁ་དྲང་བར་བྱའོ་ཞེས་སྨོན་ལམ་བཏབ་ཅེས་པ་དང་། དེ་ཡང་དགེ་འདུན་གྱི་དབྱེན་ལྷ་སྦྱིན་གྱིས་བྱེད་པའི་གྲོགས་པོ་ཟླ་བོ་དགེ་སློང་ཀོ་ཀ་ལི་ལ་སོགས་པ་འབྱུང་བའི་རྒྱུ་ཡང་། སྔོན་ཞིང་གྲུ་གསུམ་ཞིག་ལ་ཤིང་ཨེ་རན་ཐ་ཞིག་སྐྱེས་ནས་མ་ནིང་གི་རོ་ཞིག་དེར་བོར་རོ། །དེ་ལ་ཕ་ཞིག་དང་བུ་རོག་ཅིག་ཀྱང་འདུས་ནས་ཕན་ཚུན་བསྔགས་པ་བརྗོད་རེས་བྱས་ནས། ཕ་དང་བུ་རོག་ལྷན་ཅིག་མ་ནིང་གི་རོ་ལ་ཟ་བར་བྱེད་པ་དྲང་སྲོང་གིས་མཐོང་ནས་སྨྲས་པ། ལྡོན་ཤིང་ཐ་ཚད་གྲིབ་མ་ལ། །ངོ་ཚ་མེད་པར་འདུག་ནས་སུ། །ཐ་ཚད་རོ་ལ་ལོངས་སྤྱོད་པ། །ཨེ་མ་ཧོ་རིང་ཞིག་ལོན་ནས་མཐོང་། །བྱ་རོག་གིས་སྨྲས་པ། འདི་ལྟར་སེང་གེ་རྨ་བྱ་དག །དམ་པའི་ཤ་ལ་ལོངས་སྤྱོད་ན། །གཞན་གྱིས་བྱིན་པས་འཚོ་བ་ཡི། །སྤྱི་ཆེ་འདི་ནི་ཅི་ཞིག་གཏོགས། །དྲང་སྲོང་གིས་སྨྲས་པ།འདབ་ཆགས་ཐ་ཚད་བྱ་རོག་དང་། །རྐང་བཞི་ཐ་ཚད་ཕ་དང་ནི། །ལྡོན་ཤིང་ཐ་ཚད་ཨེ་རན་ཐ། །མི་ཡི་ཐ་ཚད་མ་ནིང་རོ། །ཞིང་གི་ཐ་ཚད་གྲུ་གསུམ་སྟེ། །ངོ་ཚ་མེད་རྣམས་འདུས་ལ་ལྟོས། །དེའི་ཚེ་དྲང་སྲོང་ནི་ང་བྱ་རོག་ནི་ཀོ་ཀ་ལི་ཕ་ནི་ལྷས་བྱིན་ནོ་ཞེས་པ་དང་། བཅོམ་ལྡན་འདས་དང་ལྷས་བྱིན་ཐོག་མར་གང་དུ་མི་མཐུན་པའི་གླེང་གཞི་ནི། སྔོན་ཤང་ཤང་ཏེའུ་གཉིས་ལུས་གཅིག་ཏུ་གྱུར་ནས་རྒྱ་མཚོའི་འགྲམ་ན་གནས་ཏེ། ཆོས་ཅན་དང་ཆོས་མིན་ཞེས་བྱའོ། །དེ་ལ་ཆོས་མ་ཡིན་པ་ནི་གཉིད་ལོག་ཆོས་ཅན་ནི་མེལ་ཚེ་བྱེད་པ་དང་བདུད་རྩིའི་འབྲས་བུ་ཞིག་ཆུས་ཁྱེར་བ་མཐོང་ནས་ལུས་གཅིག་ཁོ་ན་གསོ་བར་ཟད་དོ་སྙམ་ནས་གཉིད་ལས་མ་བསླང་བར་རང་ཉིད་ཀྱིས་ཟོས་སོ། །དེ་གཉིད་སད་པ་ན་ཆོས་ཅན་ལ་བསྒྲིགས་པ་བྱུང་བ་ཚོར་ནས་སྨྲས་པ། དེ་ཅིའི་བསྒྲིགས་པ་ཡིན་དྲིས་པས་བདུད་རྩིའི་འབྲས་བུ་ཆུ་ནང་ནས་རྙེད་པ་ཟོས་སོ། །

དེས་སྨྲས་པ། ཁྱེད་ཀྱིས་མ་ལེགས་པ་གཅིག་བྱས་ཏེ་ངས་ཀྱང་དུས་ཤེས་པར་བྱའོ། །དེ་ནས་དུས་གཞན་ཞིག་ན་ཆོས་ཅན་གཉིད་ལོག་ཆོས་མ་ཡིན་པ་མེལ་ཚེ་བྱེད་པ་ན། དུག་གི་འབྲས་བུ་ཞིག་ཆུས་ཁྱེར་བ་མཐོང་ནས་དེས་དེ་ཟོས་པ་དང་དེ་གཉིས་ཀ་བརྒྱལ་བར་གྱུར་ཏོ། །ཆོས་མིན་གྱིས་སྨྲས་པ། ཚེ་རབས་ཐམས་ཅད་དུ་ཁྱོད་ལ

གསོད་པ་དང་ཕྱིར་གྲོལ་བ་དང་དགྲ་བོར་གྱུར་ཅིག །ཆོས་ཅན་གྱིས་སླུས་པ། ཚེ་རབས་ཐམས་ཅད་དུ་ཁྲོད་ལ་
བྱམས་པ་བསླུབ་པར་གྱུར་ཅིག་ཅེས་འདུལ་བ་ལུང་དང་། ལ་སོགས་པ་ལྷ་སྦྱིན་འཁོར་ལྔ་བརྒྱད་དང་བཅས་པས་
བཅོམ་ལྡན་འདས་བྱ་རྒོད་ཕུང་པོའི་རི་ལ་བཞུགས་པའི་ཚེ། རྫོ་པའི་དུམ་བུ་ཡར་བ་ཞིག་གིས་བཅོམ་ལྡན་
འདས་ཀྱི་ཞབས་ལ་རྨ་བྱུང་བར་གྱུར་ཏོ། །དེའི་ཚེ་བཀའ་སྩལ་པ། གང་དུ་གནས་ན་ལས་ཀྱིས་མི་རྫི་བའི། །ས་
ཕྱོགས་དེ་ནི་ཡོད་པ་མ་ཡིན་ཏེ། །བར་སྣང་ཉིད་མིན་རྒྱ་མཚོའི་ནང་མིན་ཞིང་། །རི་བོའི་ཁུག་ཏུ་བཞུགས་པའང་
མ་ཡིན་ནོ། །ཞེས་པ་དང་། དེ་ནས་ཞབས་ཀྱི་ངའི་ཁྲག་ཙན་དན་ས་མཆོག་དང་བུད་མེད་གཞོན་ནུའི་འོ་མ་
སོགས་ཐབས་སྣ་ཚོགས་ཀྱི་སྨན་དཔྱད་མཛོ་བྱེད་ཀྱིས་ཅི་ཙམ་བྱས་ཀྱང་མ་ཆོད་པར། ཚེ་དང་ལྡན་པ་འོད་སྲུང་
སྟོབས་བཅུ་ལྡན་པས་བདེན་པ་གསོལ་པ། བཅོམ་ལྡན་ཁྱོད་ཀྱི་ཐུགས་ལ་ནི། །སྲས་དང་དགྲ་བོ་མཚུངས་ཤེ་ན། །བདེན་
པའི་ཚིག་ནི་འདི་ཡིས་སུ། །རྨ་ཡི་འཛག་པ་ཆད་པར་ཤོག །ཅེས་བདེན་པ་གསོལ་ཟིན་པའི་མོད་དེ་ཁོ་ནར་ཁྲག་
དེ་ནི་འཛག་པར་གྱུར་ཞེས། འདུལ་བ་ལུང་དང་། ཡང་སྔོན་སྨན་པ་ཞིག་གིས་ཁྱིམ་བདག་གཅིག་གི་བུའི་ནད་
ལན་གསུམ་གྱི་བར་དུ་སོས་པར་བྱས་ཀྱང་། དེས་དེ་ལ་རྔན་པ་མ་བྱིན་པས་ཞེ་སྡང་དྲག་པོས་ད་བུ་འདི་ན་ན་
སྨན་མ་ཡིན་པ་བྱིན་ནས་ནང་ཁྲོལ་རྣམས་དུམ་བུ་དུམ་བུར་འཛག་པར་བྱའོ་སྙམ་ནས། དེ་ལྟར་བྱས་པའི་ལས་
ཀྱི་རྣམ་པར་སྨིན་པས་ལོ་མང་པོར་དམྱལ་བར་སྐྱེས། ལས་ཀྱི་ལྷག་མས་ད་ལྟ་ཡང་བཅོམ་ལྡན་འདས་འཁྲུ་བའི་
ནད་ཀྱིས་ཐེབས་སོ་ཞེས་འདུལ་བ་ལུང་དང་། ཡང་སྔོན་ཉ་པ་ལྔ་བརྒྱ་ཆུ་བོ་གཉེན་ལྡན་གྱི་ནང་དུ་ཞུགས་ཏེ་ཉ་
ཤིན་ཏུ་ཆེ་བ་གཉིས་བཟུང་ནས། གལ་ཏེ་འདི་གཉིས་བསད་ན་ཤ་ལོན་པར་མི་འགྱུར་ཞིང་རུལ་བར་འགྱུར་རོ་
སྙམ་ནས་དེ་གཉིས་ཕུར་པ་ལ་བཏགས་ནས་བཞག་གོ །ནམ་ཉི་མི་འབྱུང་བ་དེའི་ཚེ་ཤ་བཅད་ཅིང་བཅད་ཅིང་
བཙོངས་པ་ན། སྡུག་བསྔལ་གྱི་ཚོར་བས་ཉེན་ནས་སྐད་སྒྲ་ཆེན་པོ་འབྱིན་པར་བྱེད་དོ། །དེ་ན་ཉ་པའི་ཁྱེའུ་
གཅིག་ཡོད་པ་དེ་ལ་དགའ་བར་གྱུར་ཏོ། །དེས་ཉ་གསོད་པ་ལ་དགའ་བ་བསྐྱེད་པའི་ལས་ཀྱི་རྣམ་པར་སྨིན་
པས། ལོ་མང་པོར་ཀླད་ནད་ཅན་དུ་གྱུར་ཅིང་ད་ལྟ་ཡང་ལས་ཀྱི་ལྷག་མས་སྡིག་ཅན་འཕགས་སྐྱེས་པོས་ཤཱཀྱ་
རྣམས་བསད་པ་ན་བཅོམ་ལྡན་འདས་ཀླད་ནད་རབ་ཏུ་དྲག་པོས་ཐེབས་པར་གྱུར་ཏོ་ཞེས། འདུལ་བ་ལུང་ལས།
ཐུབ་པའི་སྐུ་ཚེ་སྔ་མ་ཡི། །ཞེས་སོགས་སྦྱོར་མཛོད། དེ་ཡང་རྒྱས་པར་འདོད་ན་གསང་ཆེན་ཐབས་ལ་མཁས་
པའི་མདོ་ལྟ་བར་བྱའོ། །འདིར་ནི་ཡི་གེ་ལ་འཇིགས་པས་རེ་ཞིག་དཀོན་བརྩེགས་ཀྱི་ཆོས་བཅུ་པའི་ལེའུ་ལས།
རིགས་ཀྱི་བུ་དེ་ལ་ཇི་ལྟར་ན་བྱང་ཆུབ་སེམས་དཔའ་དགོངས་ཏེ་གསུངས་པ་རྟོགས་པར་བྱ་བ་ལ་མཁས་པ་ཡིན་
ཞེ་ན། རིགས་ཀྱི་བུ་འདི་ལ་བྱང་ཆུབ་སེམས་དཔའ་དེ་བཞིན་གཤེགས་པས་དགོངས་ཏེ་གསུངས་པའི་མདོ་སྡེ་

ཟབ་མོ་གང་དག་ཡིན་པ་དེ་དག་ལ་སྒྲ་ཇི་བཞིན་ཁོ་ནར་མངོན་པར་ཞེན་པར་མི་བྱེད་པ་ཡིན་ཏེ། དེ་ལ་དེ་བཞིན་གཤེགས་པས་དགོངས་ཏེ་གསུངས་པ་དེ་དག་ཀྱང་གང་ཞེ་ན། འདི་ལྟ་སྟེ་དེ་བཞིན་གཤེགས་པས་ཉན་ཐོས་རྣམས་བླ་ན་མེད་པ་ཡང་དག་པར་རྫོགས་པའི་བྱང་ཆུབ་ཏུ་ལུང་བསྟན་ཏོ་ཞེས་གསུངས་པ་ནི་དེ་ལྟར་མི་ལྟའོ། །ཀུན་དགའ་པོ་ང་ནི་རོ་རྒྱབ་ནའོ་ཞེས་གསུངས་པ་ཡང་དེ་ལྟར་མི་ལྟའོ། །ང་ནི་རྒས་འཁོགས་ཏེ་གཏུགས་པ་ཡིན་གྱིས་ངའི་བསྙེན་བཀུར་བ་ཆོལ་ཅིག་ཅེས་གསུངས་པ་ཡང་དེ་ལྟར་མི་ལྟའོ། །མོའུ་གལ་གྱི་བུ་ཁྲོད་སོང་ལ་སྨན་པའི་རྒྱལ་པོ་འཚོ་བྱེད་ཀྱི་གམ་ནས་སྨན་ལོང་ཞིག་དང་བཟའ་བར་བྱའོ་ཞེས་གསུངས་པ་ཡང་དེ་ལྟར་མི་ལྟའོ། །དེ་བཞིན་གཤེགས་པ་ནི་གཞན་མུ་སྟེགས་ཅན་ལ་རྩོད་པ་དང་ཀུན་ཏུ་རྒྱུ་བ་དག་དང་ལྷན་ཅིག་ཏུ་ཚིག་གིས་རྩོད་པར་བྱེད་དོ་ཞེས་གསུངས་པ་ཡང་དེ་ལྟར་མི་ལྟའོ། །དེ་བཞིན་གཤེགས་པའི་ཞབས་ལ་སེང་ལྡེང་གི་ཚལ་པས་ཟུག་གོ་ཞེས་གསུངས་པ་ཡང་དེ་ལྟར་མི་ལྟའོ། །སྐྱེས་བུ་དམ་པ་མ་ཡིན་པ་ལྷ་སྦྱིན་ནི་ཡུན་རིང་པོ་ནས་དེ་བཞིན་གཤེགས་པའི་གཤེད་མ་དང་གཙུགས་ཅན་དང་ཕྱིར་རྒོལ་བ་དགྲ་བོར་གྱུར་པ་ཡིན་ནོ་ཞེས་གསུངས་པ་དེ་ལྟར་མི་ལྟའོ། །དེ་བཞིན་གཤེགས་པ་བསོད་སྙོམས་ཀྱི་ཕྱིར་བྲམ་ཟེའི་གྲོང་ས་ལ་ཅན་དུ་ཇི་ལྟར་ལྷུང་བཟེད་བཀྲུས་པས་ཞུགས་པ་བཞིན་དུ་ཕྱིར་བྱུང་ངོ་ཞེས་གསུངས་པ་ཡང་དེ་ལྟར་མི་ལྟའོ། །བྲམ་ཟེའི་བུ་མོ་དྲེགས་མས་ཤིང་གི་གཞོང་པ་ལྟོ་བར་བཅིངས་ཏེ་དེ་བཞིན་གཤེགས་པ་ལ་སྐུར་བ་བཏབ་བོ་ཞེས་གསུངས་པ་ཡང་དེ་ལྟར་མི་ལྟའོ། །དེ་བཞིན་གཤེགས་པ་ཉོན་མོངས་མེད་ཀྱི་ལྷོངས་སུ་དབྱར་གནས་པར་ཞལ་གྱི་བཞེས་པ་ན་ཟླ་བ་གསུམ་དུ་རྟ་ཚས་ཀྱི་ནས་གསོལ་ལོ་ཞེས་གསུངས་པ་ཡང་དེ་ལྟར་མི་ལྟའོ་ཞེས་གསུངས། ཅིའི་ཕྱིར་གསང་ཆེན་ཐབས་ལ་མཁས་པའི་མདོ་ཞེས་བྱ་ཞེ་ན། མདོ་དེ་ཉིད་ལས། རིགས་ཀྱི་བུ་ཐབས་ལ་མཁས་པ་བསྟན་པ་འདི་ནི་གསང་བར་བྱ་བ་ཡིན་ཏེ་སེམས་ཅན་དགེ་བའི་རྩ་བ་ཆུང་བ་རྣམས་ཀྱི་མདུན་དུ་བརྗོད་པར་མི་བྱ་བསྟན་པར་མི་བྱ་བཤད་པར་མི་བྱ་བགླག་པར་མི་བྱ། དེ་ཅིའི་ཕྱིར་ཞེ་ན་བསྟན་པ་འདི་ནི་ཉན་ཐོས་དང་རང་སངས་རྒྱས་ཀྱི་ས་ཡང་མ་ཡིན་ན་བྱིས་པ་སོ་སོའི་སྐྱེ་བོ་དམན་པ་ལ་མོས་པ་རྣམས་ཀྱི་ལྟ་སྨོས་ཀྱང་ཅི་དགོས་པའི་ཕྱིར་རོ། །དེ་ཅིའི་ཕྱིར་ཞེ་ན་དེ་དག་ནི་ཐབས་ལ་མཁས་པ་འདི་མ་བསླབས་པའི་ཕྱིར་རོ། །དེ་ཅིའི་ཕྱིར་ཞེ་ན་དེ་དག་ལ་འདིས་དོན་དུ་འགྱུར་བ་མེད་དེ་ཐབས་ལ་མཁས་པ་འདིའི་སྣོད་དུ་འགྱུར་བ་དང་བསྟན་པ་འདི་ལ་བསླབ་པར་བྱ་བ་ནི་བྱང་ཆུབ་སེམས་དཔའ་སེམས་དཔའ་ཆེན་པོ་རྣམས་མ་གཏོགས་པ་གཞན་འགའ་ཡང་མེད་པའི་ཕྱིར་ཞེས་པ་དང་། འཁོར་བཞི་པོ་དག་ལས་ཆོས་ཀྱི་རྣམ་གྲངས་འདིའི་སྣོད་དུ་གྱུར་པ་འདུས་པ་དེ་དག་གིས་ནི་བཅོམ་ལྡན་འདས་ཀྱིས་གསུངས་པའི་ཆོས་ཀྱི་རྣམ་གྲངས་འདི་ཐོས་པར་གྱུར་ཏོ། །གང་ཟག་སྣོད་དུ་མི་རུང་ཅིང་མི་ཤེས་པ་འཁོར་དེར

འདུས་པ་དེ་ དག་གི་རྣ་ལམ་དུ་གྲག་པར་ཡང་མ་གྱུར་ཏོ་ཞེས་གསུངས།

གཉིས་པ་ནི། གལ་ཏེ་རྫོགས་པའི་སངས་རྒྱས་ལ་ལས་ངན་གྱི་རྣམ་པར་སྨིན་པ་འབྱུང་བ་བདེན་ན་ནི་བསྐལ་པ་གྲངས་མེད་གསུམ་དུ་བསོད་ནམས་དང་ཡེ་ཤེས་ཀྱི་ཚོགས་གཉིས་རྫོགས་པ་དོན་མེད་ཅིང་། སྤྱོད་འཇུག་ལས། ཉོན་མོངས་མེད་ཀྱང་དེ་དག་ལ། །ལས་ཀྱི་ནུས་པ་མཐོང་བ་ཡིན། །ཞེས་བཤད་པ་ལྟར། ཉན་ཐོས་དགྲ་བཅོམ་དང་ཡང་འདྲ་བར་འགྱུར་ལ་སངས་རྒྱས་ལ་གཟུགས་སྐུ་དམ་པ་གཉིས་ཆོས་སྐུ་དམ་པ་གཅིག་སྟེ་སྐུ་གསུམ་གྱི་རྣམ་གཞག་ཀྱང་བྱར་མི་རུང་བར་འགྱུར། ཁས་ལེན་རྟགས། ཁྱབ་པ་ཡོད་དེ་དེ་ཡི་འཐད་པ་བཤད་ཀྱིས་ཉོན་ཞིག །རྩ་བའི་རང་རྒྱུད་ལ་ཚོགས་གཉིས་རྫོགས་པའི་སངས་རྒྱས་ཀྱི་སྐུ་ནི་འོག་མིན་སྟུག་པོ་བཀོད་པར་སངས་རྒྱས་པའི་ལོངས་སྤྱོད་རྫོགས་པའི་སྐུ་ཉིད་ཡིན་ལ། ལོངས་སྤྱོད་རྫོགས་པའི་སྐུ་དེ་ཡིས་སྤྲུལ་པའི་སྐུ་ཉིད་ནི་ཕྱིས་དགའ་ལྡན་ནས་འཕོས་ཏེ་རྒྱལ་པོ་ཟས་གཙང་མའི་སྲས་སུ་འཁྲུངས་པ་ཡི་ཤཱཀྱ་སེང་གེ་འདི་ཡིན་ནོ། །

དེ་ལ་འོག་མིན་ནི་རྣམ་པ་གཉིས་ཏེ། གཟུགས་ཁམས་གནས་གཙང་མའི་འོག་མིན་དང་ཁམས་གསུམ་ལས་འདས་པའི་འོག་མིན་སྟུག་པོ་བཀོད་པའོ། །དང་པོ་ནི། ལང་ཀར་གཤེགས་པའི་མདོ་ལས། འདོད་པའི་ཁམས་དང་གཟུགས་མེད་དུ། །སངས་རྒྱས་མངོན་པར་འཚང་མི་རྒྱ། །གཟུགས་ཀྱི་ཁམས་ཀྱི་འོག་མིན་དུ། །འདོད་ཆགས་བྲལ་ཁྱོད་འཚང་རྒྱའོ། །ཞེས་གསུངས། སློབ་དཔོན་ཀཱ་མ་ལ་ཤཱི་ལས། འོག་མིན་ཞེས་བྱ་བ་ནི་ལྷ་དག་གི་གནས་ཏེ་དེ་དག་གི་ཕྱོགས་གཅིག་ན་གནས་གཙང་མའི་རིས་ཀྱི་ལྷ་རྣམས་ཡོད་དོ་དེར་འཕགས་པ་ཉིད་འབའ་ཞིག་གནས་སོ། །དེ་དག་གི་སྟེང་ན་དབང་ཕྱུག་ཆེན་པོའི་གནས་ཞེས་བྱ་བ་ཡོད་དེ་དེར་ས་བཅུ་པ་ལ་བཞུགས་པའི་བྱང་ཆུབ་སེམས་དཔའ་སྲིད་པ་ཐ་མ་པ་ཁོ་ན་སྐྱེ་བ་བཞེས་པ་ཡིན་ལ་འདིར་ནི་དེ་ལྟ་བུའི་སྤྲུལ་པ་དམིགས་པ་ཡིན་ནོ་ཞེས་བཤད། འདིའི་དབང་ཕྱུག་ཆེན་པོ་ཡང་ཁ་ཅིག་ལྷ་གསུམ་གྱི་དབང་ཕྱུག་ཆེན་པོ་རང་རྒྱུད་པ་དེར་འདོད་པ་མི་འཐད་དེ། དེ་ལྟ་ན་དེར་ས་བཅུ་པ་ལ་བཞུགས་པའི་བྱང་ཆུབ་སེམས་དཔའ་སྲིད་པ་ཐ་མ་པ་ཁོ་ན་སྐྱེ་བ་བཞེས་པ་ཡིན་པར་འགལ་ལོ། །དེས་ན་འཕགས་པ་འདའ་ཀ་ཡེ་ཤེས་ཀྱི་མདོ་ལས། བཅོམ་ལྡན་འདས་འོག་མིན་ལྷའི་རྒྱལ་པོའི་ཁང་བཟང་ན་བཞུགས་ཏེ་ཞེས་གསུངས་པ་དང་ཚུལ་འདྲའོ། །གལ་ཏེ་ལྷའི་རྒྱལ་པོ་འདི་ཡང་ལྷ་དབང་ཕྱུག་ཆེན་པོ་མིག་གསུམ་པ་དེ་ཡིན་ནོ་ཞེ་ན། འོ་ན་དེ་ཉིད་བསྡུས་པའི་གླེང་གཞིར་བཅོམ་ལྡན་འདས་འོག་མིན་ལྷའི་རྒྱལ་པོའི་གནས་ན་བཞུགས་ཏེ་ཞེས་གསུངས་པ་ལ་ཡང་མཚུངས་སོ། །དེ་ཡང་འདོད་ན། འདིའི་འགྲེལ་པར། སློབ་དཔོན་ཀུན་དགའ་སྙིང་པོས་འོག་མིན་གྱི་ལྷ་ཞེས་བྱ་བ་ནི་ཐོག་མའི་ལྷ་སྟེ་བཅོམ་ལྡན་

འདས་རྣམ་པར་སྣང་མཛད་ཀྱི་ཕྱོགས་བཅུའི་བྱང་ཆུབ་སེམས་དཔའ་དེའི་གནས་ནི་འོག་མིན་འཚང་རྒྱ་བའི་གནས་སོ་ཞེས་གསུངས། དེས་ན་གནས་གཙང་མའི་འོག་མིན་འདི་ནི་མཆོག་གི་སྤྲུལ་པའི་སྐུའི་གནས་འོག་མིན་ཞེས་ཀྱང་བྱ་སྟེ། ལང་ཀར་གཤེགས་པའི་མདོ་ལས། རིན་ཆེན་སྣ་ཚོགས་མཛེས་པ་ཡི། །འོག་མིན་གནས་ནི་ཉམས་དགའ་བ། །གཙང་མའི་གནས་ཀྱི་སྟེང་བཞུགས་ནས། །ཡང་དག་སངས་རྒྱས་དེར་སངས་རྒྱས། །སྤྲུལ་པ་པོ་ཞིག་འདིར་འཚང་རྒྱ། །ཞེས་གསུངས། སློབ་དཔོན་ཆོས་ཀྱི་བཤེས་གཉེན་གྱིས་ལོངས་སྐུ་ཆེ་ཆུང་གཉིས་བཞེད་ལ་མཆོག་གི་སྤྲུལ་པའི་སྐུ་ལ་ལོངས་སྐུ་ཆུང་བའི་ཐ་སྙད་བྱེད་པར་སྣང་སྟེ། མདོའི་ཁུངས་ནི་གསེར་འོད་དམ་པ་ལས། སྤྲུལ་པའི་སྐུ་ཡང་ཡིན་ལ་ལོངས་སྤྱོད་རྫོགས་པའི་སྐུ་ཡང་ཡིན་པ་དེ་གང་ཞེ་ན། ལྷག་མ་དང་བཅས་པའི་མྱ་ངན་ལས་འདས་པའི་སྐུའོ་ཞེས་གསུངས། འདི་ཡང་དཔྱད་པའི་གཞིར་སྣང་ངོ་། །

གཉིས་པ་ཁམས་གསུམ་ལས་འདས་པའི་འོག་མིན་སྟུག་པོ་བཀོད་པ་ནི། རྡོ་རྗེ་རྩེ་མོའི་རྒྱུད་ལས། འོག་མིན་སྟུག་པོ་ཉམས་དགའ་འདི། །སྟུག་པོའི་ཞིང་ཁམས་འཇིག་མེད་པ། །དེ་ན་སངས་རྒྱས་རྣམས་ཀྱི་ཆོས། །རྫོགས་པར་ལོངས་སྤྱོད་ཚུལ་འདི་འབྱུང་། །ཞེས་གསུངས། ལོ་ཆེན་རིན་ཆེན་བཟང་པོས་ལོངས་སྐུ་ཞལ་གཅིག་ཕྱག་གཉིས་སྐུ་མདོག་དཀར་པོ་ཡིན་ཞིང་དེ་ལས་གཞན་པའི་གཟུགས་སྐུ་ཐམས་ཅད་སྤྲུལ་པའི་སྐུར་བཞེད་དོ་ཞེས་བླ་མ་གསུང་། རྒྱས་པར་ཕལ་པོ་ཆེའི་མདོ་དང་ཡོ་ག་རྩ་རྒྱུད་དང་ཕྱག་ན་རྡོ་རྗེ་དབང་བསྐུར་བའི་རྒྱུད་ལ་སོགས་པ་ནས་འབྱུང་བ་ལྟར་གསང་སྔགས་སྡོམ་པའི་སྤྱི་དོན་གྱི་སྐབས་སུ་མཆད་དོ། །ཤཱཀྱ་སེང་གེ་འདི་ནི་གདུལ་བྱའི་རྒྱུད་སྒྲིབ་པ་སྤང་རུང་དང་གཉེན་པོ་བསྐྱེད་རུང་དུ་སྨིན་པར་བྱ་བའི་ཕྱིར་བྱ་རྒོད་ཕུང་པོ་སོགས་སུ་གཤེགས་པ་དང་། དྲི་གཙང་ཁང་གི་ནང་དུ་ཏིང་ངེ་འཛིན་ལ་བཞུགས་པ་དང་། འོད་སྲུང་ལ་སོགས་པ་ལ་ཁྱོད་ཀྱིས་ཆོས་སྟོན་ཅིག་གསུངས་ནས་སྐུ་མཉེལ་ཏེ་མནལ་གཟིམས་པ་དང་། མུ་གེ་བྱུང་བའི་ཚེ་གྲོང་དུ་བསོད་སྙོམས་ལ་གཤེགས་པ་ན་གྲོང་དཔོན་གྱི་བུ་གཅེར་བུ་པ་རལ་གྲི་ཐོགས་པ་ཞིག་གིས་ལོ་ཉེས་འདི་ལྟ་བུ་ལ་གོའུ་ཏམ་ཁྱོད་འཁོར་མང་པོ་དང་ལྡན་པ་གྲོང་ཁྱེར་དུ་འོངས་ནས་ཁྱིམ་རྣམས་སུ་ཕུང་བར་བྱེད་པ་ཡིན་ནམ་ཞེས་ཟེར་ཞིང་བཀག་པར་གྱུར་པ་ན། ངས་བསྐལ་པ་དགུ་བཅུ་རྩ་གཅིག་ཚུན་ཆད་དྲན་ཏེ་ཟས་སྦྱིན་པ་སྟེར་དུ་གཞུག་པའི་ཕྱིར་ཁྱིམ་འགའ་ཞིག་ལའང་གནོད་པའི་ལས་མི་མཁྱེན་ནོ་ཞེས་གསུངས་པ་དང་། ས་ལའི་གྲོང་ཁྱེར་དུ་བསོད་སྙོམས་མ་རྙེད་པར་ལྷུང་བཟེད་སྟོང་པར་བྱོན་པ་དང་། རྒྱལ་བུ་རྒྱལ་བྱེད་ཀྱི་ཚལ་ཁྱིམ་བདག་མགོན་མེད་ཟས་སྦྱིན་གྱི་ཀུན་དགའ་ར་བ་སོགས་སུ་བསོད་སྙོམས་མང་དུ་རྙེད་པ་དང་། ལྷ་སྦྱིན་སོགས་དགྲ་དང་སྲས་སྒྲ་གཅན་འཛིན་སོགས་ཉེ་དུའི་འབྲེལ་བ་དང་། འབྲོག་གནས་སུ་ལག་རྒྱུད་འབྲོག་གནས་གདུལ་བའི་ཕྱིར་བྱོན་པའི་ཚེ་ས་གཞི

བ་ལང་མང་པོའི་སྨིག་པས་རང་རོད་དུ་གྱུར་པ་དང་། འཕགས་སྐྱེས་པོས་ཤཱཀྱ་མང་པོ་བསད་པའི་ཚེ་ས་ཕྱོགས་ཉམས་མི་དགའ་བ་རྗེ་བའི་རང་རོད་ཅན་དུ་ལོ་འདབ་མེད་པའི་ཤིང་སྐམ་པོ་ལ་བརྟེན་ཏེ་འོ་རྒྱལ་བ་ལྷར་གཟིམས་པ་དང་། ཀླུའི་རྒྱལ་པོ་མ་དྲོས་པས་གདན་དྲངས་པའི་དུས་ལྷ་བུ་རིས་འགའ་བསྒུང་བར་གཤེགས་པ་དང་། གྲོང་ཁྱེར་བཟང་བྱེད་ན་གནས་པའི་མུ་སྟེགས་བྱེད་རྣམས་ཀྱིས་དགེ་སློང་གོའུ་ཏམ་འཁོར་དང་བཅས་པ་ལ་ལར་སྒྱུ་གྲིའི་སེར་བ་དག་འབེབས་ཤིང་འོངས་ནས་ཁྱེད་ཅག་ལ་འགའ་ཞིག་ནི་བུ་མེད་པར་བྱེད་འགའ་ཞིག་ནི་ཁྱོ་མེད་པར་བྱེད་དོ་ཞེས་པ་དང་། དགེ་སློང་གོའུ་ཏམ་སྐྱེས་ནས་ཞག་བདུན་ནས་མ་ཤི་བར་གྱུར་ཕའི་ངག་བཅག་སྟེ་ཡིད་མི་བདེ་བར་གྱུར་པས་ཕ་མ་ལ་བྱས་པ་མི་གཟོ་བ་ཡིན་ནོ་ཞེས་པ་དང་། དགེ་སློང་གོའུ་ཏམས་སྐྱུ་མ་བསླུབས་ཏེ་འཇིག་རྟེན་ཐམས་ཅད་བསླུས་སོ་ཞེས་པ་ལ་སོགས་གཞན་གྱིས་སྐུར་པ་སྣ་ཚོགས་འདེབས་པ་དང་། མཉན་དུ་ཡོད་པར་ཆོ་འཕྲུལ་ཆེན་པོ་བསྟན་པ་དང་སེར་སྐྱར་ཡབ་སྲས་མཇལ་བ་དང་གསལ་ལྡན་དུ་ལྷ་ལས་བབས་པ་དང་ལྕེང་རྒྱས་འོད་སྲུང་འཁོར་དང་བཅས་པ་བཏུལ་བ་དང་། སོར་མོའི་ཕྲེང་བ་དང་རྒྱལ་པོ་ཀ་པི་ན་འཁོར་བཅས་བཏུལ་བ་ལ་སོགས་པ་རེས་འགའ་སྟན་པའི་བ་དན་འཇིག་རྟེན་གསུམ་དུ་གྲགས་པ་དང་། རེས་འགའ་སྐྱ་བདེ་བ་དང་ཐུགས་དགྱེས་པར་སྤྱོད་པ་དང་བར་མར་བཞུགས་པ་སོགས་མཛད་པ་རྣམ་པ་སྣ་ཚོགས་སྟོན་པ་ནི། སྤྲུལ་པའི་སྐུ་ཡིན་གྱི་རྩ་བའི་རང་རྒྱུད་ལོངས་སྐུ་མིན་ཏེ། གལ་ཏེ་རྩ་བའི་རང་རྒྱུད་སངས་རྒྱས་དངོས་ལ་ནི་ལས་ངན་སྨིན་པར་འདོད་ན་ཡང་ལོངས་སྤྱོད་རྫོགས་པའི་སྐུ་ཉིད་ལ་ལས་ངན་སྨིན་པར་རིགས་ཀྱི། སྤྲུལ་པའི་སྐུ་ཤཱཀྱ་ཐུབ་པ་ལ་སོགས་པ་ལ་ལས་ངན་སྨིན་པར་འདོད་པ་མུན་སྤྲུལ་ཡིན་པའི་ཕྱིར། དཔེར་ན་སྒྱུ་མའི་མཁན་པོ་ལ་རང་གི་ལས་ངན་གྱི་འབྲས་བུ་འབྱུང་གི་དེས་སྤྲུལ་པའི་སྒྱུ་མའི་རྟ་གླང་སོགས་ལ་ནི་མི་འབྱུང་བ་བཞིན་ནོ། །དེས་ན་འདུལ་བ་ལུང་སོགས་ཀྱི་དགོངས་པ་ཤེས་དགོས་སོ། །དེའི་རྒྱུ་མཚན་བྲམ་ཟེའི་ཁྱེའུ་བླ་མ་ནས་བཟུང་སྟེ་ཡོངས་སུ་མྱ་ངན་ལས་འདས་པ་ཆེན་པོའི་བར་དུ་སྤྲུལ་པ་ཙམ་ཞིག་ཡིན་པར་བསྟན་པ་འདི་ཡི་ལུང་དང་རིགས་པ་རྣམས། དབྱིག་གཉེན་གྱི་རྣམ་བཤད་རིགས་པ་དང་ནི་ལེགས་ལྡན་འབྱེད་ཀྱི་རྟོག་གེ་འབར་བ་སོགས་མཁས་པའི་གཞུང་བཞིན་ཤེས་པར་གྱིས་ཤིག་སྟེ་གོ་དགོས་པའི་ཕྱིར། དེ་ཡང་རྣམ་བཤད་རིགས་པ་ལས། ཀུན་ཏུ་སྣང་བའི་མདོ་སྡེ་ལས་ཀྱང་སྒྲ་བཞིན་གྱི་དོན་དུ་འཛིན་ན་ཉེས་པ་ལྔ་ཡོད་དོ། །ལྔ་གང་ཞེ་ན། མི་མོས་པའི་གནས་སུ་འགྱུར་བའི་ཉེས་པ་དང་། རྩ་བ་ཉམས་པའི་ཉེས་པ་དང་། གཞན་ལ་བསླུ་བར་བྱེད་པའི་ཉེས་པ་དང་། སྟོན་པ་ལ་སྐུར་པ་འདེབས་པའི་ཉེས་པ་དང་། ཆོས་སྤོང་བར་བྱེད་པའི་ཉེས་པའོ་ཞེས་རང་གི་སྒྲས་བསྟན་པ་ཡིན་ནོ། །བྱང་ཆུབ་སེམས་དཔའ་ལེགས་པར་རྣམ་པར་བྱང་བར་རྟོགས་པས་ཀྱང་།

སྒྲ་བཞིན་དོན་ནི་ཀུན་ཏུ་བརྟགས་པ་ནི། །རང་དགའ་དག་གིས་བློ་ནི་ཉམས་འགྱུར་ལ། །ལེགས་པར་གསུངས་པ་སྐུར་ཞིང་སྨད་པར་འགྱུར། །ཆོས་ལ་ཁོང་ཁྲོ་སྒྲིབ་པར་འགྱུར་བ་ཡིན། །ཞེས་བཤད་པ་དེ་དང་ཡང་འགལ་བར་འགྱུར་རོ། ཞེས་མདོ་སྡེ་རྒྱན་ལུང་སུ་མཛད་པའོ། །མདོ་སྡེ་རྒྱན་ལས། དོན་སྒྲ་ཇི་བཞིན་ཡོངས་རྟོག་ན། །བདག་ཉིད་བསྒོམས་ཤིང་བློ་ཉམས་འགྱུར། །ཞེས་བཤད། རྟོག་གེ་འབར་བ་ལས། ཚིག་ལྷུག་པར་འབྱུང་བ་ཚིགས་བཅད་དུ་སྡེབས་པ་ནི། ཞིང་འདིར་ཐུབ་པའི་མཛད་པ་དག །གལ་ཏེ་སྤྲུལ་པ་མ་ཡིན་ཞིང་། །མདོ་སོགས་སྒྲ་ནི་ཇི་བཞིན་དུ། །ཁས་ལེན་པ་ལ་འགལ་བ་ནི། །རྒྱལ་སྲས་སྲིད་པ་ཐ་མ་པ། །འདོད་པ་བསྟེན་ན་ཚུལ་ཁྲིམས་འཆལ། །དེས་ན་སྦྱིན་པ་སོགས་ཀྱང་མེད། །ཅེས་པ་དང་། གནས་བརྟན་ཆེན་པོ་བ་ཀུ་ལས། ཁོ་བོ་བསྙེན་པར་རྫོགས་ནས་ལོ། །བརྒྱད་ཅུ་ལོན་ཡང་མགོ་བོ་ཙམ། །ན་བར་མ་དྲན་གང་ཡིན་པ། །ཨ་རུ་ར་གཅིག་ནད་པ་ལ། །སྦྱིན་པའི་འབྲས་བུ་ཉིད་ཡིན་ན། །སངས་རྒྱས་སྦྱིན་པའི་མཐར་སོན་ནས། །སྐུ་ལ་ལས་ངན་ལས་བྱུང་བའི། །བསྙུན་གྱིས་བཏབ་པའང་ཤིན་ཏུ་འགལ། །ཞེས་བཤད། གཞུང་དེ་གཉིས་ཀ་ལས། དགའ་ལྡན་གནས་ནས་འཕོ་བ་ན། །ལྷ་རིས་དྲུག་ལ་བཀའ་བསྩལ་ནས། །ཉོན་མོངས་དབང་གིས་སྐྱེ་བ་དང་། །སྒོམས་འཇུག་དག་ལ་དབང་ཐོབ་འགལ། །རྒ་ན་འཆི་བ་མ་མཐོང་དང་། །མུ་སྟེགས་བྱེད་ལས་ཐར་ལམ་འཚོལ། །དཀའ་ཐུབ་དྲག་པོས་གདུང་བྱེད་པ། །ཇི་ལྟ་བུར་ན་འགལ་མི་འགྱུར། །ཞེས་བཤད། འདུལ་བ་ལུང་ལས་ནི། སྟོན་པ་ཀུ་ལ་ཞེས་བྱ་བ་སྟོས་འཚོང་དུ་གྱུར་པའི་ཚེ་སངས་རྒྱས་རྣམ་གཟིགས་ཀྱི་དགེ་འདུན་ལ་ཨ་རུ་ར་གཅིག་ཕུལ་བས་མཐོ་རིས་སུ་ཡུན་རིང་དུ་སྐྱེས། ལས་ཀྱི་ལྷག་མས་ཟས་དང་གོས་ངན་ངོན་ཙམ་གྱིས་ཚོག་ཤེས་བདག་གི་ཚེ་ནི་ལོ་བརྒྱ་དང་དྲུག་ཅུ་ལྷག་ཅིག་ལོན་ན་ཡང་ན་བ་མི་དྲན་ཞེས་གསུངས།འདི་ཡང་དཔྱད་པའི་གཞིར་སྣང་ངོ་། །རྣམ་པ་སྣ་ཚོགས་སྟོན་པ་ནི། །སྤྲུལ་པ་ཡིན་གྱི། །ཞེས་བྱ་བ་དེ་ཡང་གང་ཞེ་ན། འདི་ལ་དགའ་བའི་གནས་ལྷུམས་སུ་ཞུགས་པའི་མཛད་པ་ནས་བལྟམས་པ་དང་རབ་ཏུ་བྱུང་བ་དང་སངས་རྒྱས་པ་དང་ཆོས་ཀྱི་འཁོར་ལོ་བསྐོར་བ་དང་མྱ་ངན་ལས་འདས་པའི་མཛད་པ་རྣམས་ལོ་དང་ཟླ་བ་ཚེས་གྲངས་གང་ཡིན་གྱི་དུས་བཤད་པ་དང་། ཞར་ལ་ཆོ་འཕྲུལ་ཆེན་པོ་དང་ལྷ་ལས་བབས་པའི་དུས་མཆོད་སོགས་དུས་ཆེས་གང་ལ་ཡོད་བཤད་པ་དང་རྣམ་པ་གཉིས་ནི་མདོར་བསྟན་པའོ། །དེ་གཉིས་རྒྱས་པར་བཤད་པ་ལ། ཤེས་བྱེད་ཀྱི་ལུང་བསྟན་བཅོས་དང་སྦྱར་བ་དང་། མདོ་དང་སྦྱར་བ་གཉིས་ལས། དང་པོ་ནི། རྒྱ་གར་སྐད་དུ། ཀཱ་ལ་པུ་ཛ་མཧཱ་ཙ་ཏུར་ཀཱ་རི་ཀ །བོད་སྐད་དུ། དུས་མཆོད་ཆེན་པོ་བཞིའི་ཚིག་ལེའུར་བྱས་པ། ཐམས་ཅད་མཁྱེན་པ་ལ་ཕྱག་འཚལ་ལོ། །རྒྱལ་བའི་བསྟན་ལ་ཞུགས་རྣམས་ཀྱིས། །སྐྱབས་གསུམ་དག་ལ་བསླབ་པ་དང་། །གཞན་ཡང་བསོད་ནམས་ཡེ་ཤེས་དག །རྫོགས་

ཕྱིར་དུས་མཆོད་དམ་བཅའོ། །སྟོན་པས་ངེས་པར་གསུངས་པ་ཡི། །དུས་མཆོད་བཞི་ནི་འདི་ཡིན་ཏེ། །ཆོ་འཕྲུལ་ཆེ་དང་མངོན་བྱང་ཆུབ། །ཆོས་འཁོར་ལྷ་ལས་བབས་པའོ། །སྐར་མ་མཆུ་དང་ས་ག་དང་། །ཆུ་སྟོད་ཐ་སྐར་རིམ་བཞིན་ཏ། །མེ་ཏོག་ཨུ་དུམ་ཝ་ར་དང་། །གསིང་མ་ཨུ་ཆོས་སྤང་རྒྱན་རྣམས། །རིམ་པ་བཞིན་དུ་ཁ་འབུས་ཏེ། །ཁྭ་དང་ཙྪོ་ག་ཙུ་བྲུག་དང་། །ཤྭ་བ་རིམ་བཞིན་སྒྲ་འབྱིན་ནོ། །མདོར་ན་ཁྱིམ་རྗེས་སྦྱོར་ནས་སུ། །གླང་དང་ཀརྐ་ཊ་དང་སྲང་། །དང་པོ་ཡར་ངོ་ཟླ་ཕྱེད་དོ། །མཉན་ཡོད་ན་ནི་ལག་ལེན་དར། །བདུད་བཏུལ་བ་ཡི་དུས་ཡིན་པར། །མདོ་སྡེ་འཛངས་བླུན་དག་ལས་གསུངས། །དེ་ནས་དགུང་ཞག་དགུ་བཅུའི་ཏ། །ཉིན་ཞག་ཕྲུགས་གཅིག་རྫོ་རྗེ་གདན། །གནས་མཆོག་དེ་ན་དུས་མཆོད་འདིའི། །ལག་ལེན་དར་བར་གསུངས་པ་ཡིན། །མངོན་བྱང་ཆུབ་དང་བལྟམས་པ་ནི། །འདུལ་བའི་གླེང་གཞི་ཉིད་ལས་གསུངས། །མདོ་སྡེ་རྒྱ་ཆེ་རོལ་པ་ལས། །ལྷུམས་སུ་ཞུགས་ཞེས་རབ་བཤད་དོ། །མྱང་འདས་ཆེ་ཆུང་མདོ་གཉིས་ལས། །མྱ་ངན་འདས་པ་ཞེས་གསུངས་སོ། །དེ་ནས་བཞི་བཅུ་ཞེ་དགུ་འདས། །ཚེས་བཞིའི་ཉིན་ཞག་བདེན་བཞིའི་ཆོས། །ཝཱ་རཱ་ཎ་སཱིར་བསྐོར་བ་དེས། །དེ་ན་འདི་ཡི་མཆོད་པ་དར། །རྒྱ་ཆེར་རོལ་པའི་མདོ་དང་ནི། །སིལ་བུ་ལས་ནི་དེ་ལྟར་གསུངས། །དེ་ནས་བཅུ་ཕྲག་བཅུ་ཡི་ཏ། །མཆོད་པ་ཡངས་པ་ཅན་ན་དར། །སུམ་ཅུ་རྩ་གསུམ་གནས་སུ་ནི། །སྟོན་པས་དབྱར་གནས་མཛད་ནས་བྱོན། །མུ་སྟེགས་སྟོན་པ་བཏུལ་བའི་ཕྱིར། །ཆོ་འཕྲུལ་ཆུང་དུ་ཞེས་ཀྱང་བྱ། །འདི་ནི་མྱང་འདས་སིལ་བུ་དང་། །ཕྲན་ཚེགས་ཞེས་བྱའི་ལུང་ལས་གསུངས། །དུས་མཆོད་བཞི་ལ་མཆོད་པ་ནི། །དམ་བཅའ་མ་ཆག་བྱས་པ་ཡི། །ཕན་ཡོན་སྤྱིར་ནི་དཔག་མེད་ཀྱང་། །མདོར་བསྡུས་པ་ན་འདི་ཡིན་ཏེ། །དཀོན་མཆོག་གསུམ་ལ་མ་གུས་དང་། །བླ་མ་གྲོགས་པོ་སུན་ཕྱུང་དང་། །ནད་པ་ཕ་མ་བསྙེན་མི་བཀུར། །དད་ཟས་ཟ་ཞིང་ལེ་ལོ་བྱེད། །རྒྱུན་གཏོར་ཆག་དང་སྡུག་ཕོངས་ལ། །སྦྱིན་པ་གཏོང་བར་མི་བྱེད་པའི། །ལས་རྣམས་མྱུར་དུ་ཟད་ནས་ཀྱང་། །བྱང་ཆུབ་ཐོབ་པར་ཐེ་ཚོམ་མེད། །གཞན་ཡང་དགེ་སློང་དམན་མ་ནི། །བརྒྱུད་ཀྱི་རྨ་ཡང་གསོས་པར་འགྱུར། །སྡིག་གྲོགས་ཡུལ་དང་ཉེ་དུ་དང་། །མ་བརྟགས་བརྒྱུད་དད་དགེ་སློང་མ། ། འདུ་འཛིཤ་ཆང་བྲེ་མོའི་གཏམ། །དེ་དག་ལ་ཆགས་དམན་མ་ཡིན། །བླ་མའི་དམ་ཚིག་ཉམས་པ་དང་། །བྱང་ཆུབ་སེམས་ལ་ངན་སེམས་བསྐྱེད། །རྙེད་ཕྱིར་ཆོས་འདྲ་སྟོན་པ་དང་། །སྡིག་ལ་སྦྱོར་ལ་དགེ་འདུན་གྱི། །ཡོ་བྱད་བཀྲུས་དང་རྩ་ལྟུང་བྱུང་། །དཀོན་མཆོག་སྤྱོད་དང་མཚམས་མེད་བྱས། །བསྟན་ལ་ཞུགས་ནས་རྩོད་པ་བྱེད། །མཛའ་བཤེས་སྤྲུགས་དང་བཙུ་པོ་ནི། །དམྱལ་བར་སྐྱེ་བར་གསུངས་པའི་ལས། །མྱུར་དུ་ཟད་ནས་ཀུན་མཁྱེན་ཐོབ། །དུས་འདིར་འཆི་བ་བླུ་བ་དང་། །མི་མཐུན་བསྡུས་དང་མཆོད་རྟེན་བཞེངས། །རྙིང་པ་གསོ་དང་ཡི་རང་བས། །བསོད་ནམས་དཔག་མེད་ཐོབ་པར

འགྱུར། །དུས་བཟང་གཞན་ཡང་བསྟན་པ་ནི། །ཟླ་མ་དང་ནི་མཛའ་བཤེས་དང་། །བྱང་ཆུབ་སེམས་དཔའ་གྲོངས་པའི་དུས། །ཉི་ཟླ་སྒྲ་གཅན་གདོན་གྱིས་ཟིན། །མུ་གེ་སྡེ་ཚོད་ཡམས་ནད་བྱུང་། །དུས་ཆེན་བཞི་དང་བཅུ་གཉིས་ལ། །དེ་བཞིན་གཤེགས་དང་དམ་པའི་ཆོས། །བྱང་ཆུབ་སེམས་དང་ཉན་ཐོས་ཀྱི། །རྗེས་སུ་སློབ་པའི་དགེ་སློང་དང་། །ཟླ་མ་ཕ་མ་ལྷ་བཟོ་དང་། །འགྲོ་བའི་ནད་པ་གསོ་སྨན་རྣམས། །ཟས་སྐོམ་རིན་ཆེན་སྨན་སོགས་ཀྱིས། །མཆོད་ན་སྐྱེ་བ་ཐམས་ཅད་དུ། །གནས་དང་ལོངས་སྤྱོད་གྲོགས་ལ་སོགས། །དེ་དག་མཆོག་ཏུ་གྱུར་པ་ཐོབ། །ལྷ་ཡིས་བསྲུང་དང་བར་ཆད་མེད། །སྦྱིན་པ་གཏོང་ཞིང་ཚུལ་ཁྲིམས་ལྡན། །སྙིང་རྗེས་གཞན་གྱི་དབུགས་འབྱིན་ཅིང་། །ནད་མེད་འདོད་པ་ཆུང་བ་དང་། །གཞན་གྱིས་བཀུར་བའི་འོས་སུ་འགྱུར། །འཚོ་བ་རྣམ་པར་དག་པ་དང་། །དམ་ཚིག་ཉམས་པ་བྱང་བར་བྱེད། །དགེ་འདུན་བྱང་ཆུབ་སེམས་དཔའ་དང་། །བཤེས་གཉེན་རྣམས་ཀྱི་རྒྱུན་དུ་འགྱུར། །གནད་གཅོད་སྡུག་བསྔལ་མི་འབྱུང་ཞིང་། །ཤི་འཕོས་གསུམ་ལ་སྐྱབས་སུ་སྐྱབས། །ཚེ་རབས་ཀུན་ཏུ་དཔལ་འབྱོར་ལུས། །ཐོབ་ནས་རབ་ཏུ་བྱུང་བ་དང་། །དགེ་བའི་བཤེས་གཉེན་བསྟེན་བྱེད་ཅིང་། །བསླབ་པ་གསུམ་དང་འབྲལ་མི་འགྱུར། །དུས་ཆེན་གཞི་དང་ཐམལ་པའི། །ཁྱད་པར་སེལ་བུ་མྱང་འདས་ལས། །ས་ཡ་ཕྲག་བརྒྱའི་འགྱུར་དུ་གསུངས། །ཉི་མ་གཟའ་ཡིས་ཟིན་པའི་དུས། །བྱེ་བ་ཕྲག་ནི་འབུམ་འགྱུར་ཏེ། །ཟླ་བ་བྱེ་བ་འབུམ་འགྱུར་རོ། །དུས་ཆེན་བཞི་ལ་ཉི་ཟླ་ཟིན། །དེ་དག་བསོད་ནམས་ཁྱད་པར་འཕགས། །དུས་མཆོད་ཆེན་པོ་བཞིའི་ཚིག་ལེའུར་བྱས་པ་པཎ་ཆེན་ཤཱཀྱ་ཤྲཱི་བྷ་དྲས་མཛད་པ་རྫོགས་སོ། །

པཎྜི་ཏ་དེ་ཉིད་དང་ལོ་ཙཱ་བ་བྱམས་པའི་དཔལ་གྱིས་བསྒྱུར་བའོ། །

གཉིས་པ་ཤེས་བྱེད་ཀྱི་ལུང་མདོ་དང་སྦྱར་བ་ལ། མདོའི་ལུང་དྲང་བ་དང་། ལུང་དེ་ལ་རྩོད་པ་སྤང་བ་གཉིས་ལས། །དང་པོ་ནི། རྒྱ་ཆེ་རོལ་པའི་ལྷུམས་སུ་ཞུགས་པའི་ལེའུ་ལས། དགེ་སློང་དག་དེ་ལྟར་དགུན་འདས་ཏེ་དཔྱིད་ཀྱི་དུས་ལ་དཔྱིད་ཟླ་ཐ་ཆུང་གི་ཚེ་སྐར་མ་ས་ག་ལ་བབ་པའི་དུས་ཀྱི་དམ་པ་ལ་ཤིང་རྣམས་ཀྱི་ལོ་མ་རྒྱས་ཤིང་མེ་ཏོག་མཆོག་ཏུ་རྒྱས་ནས། གྲང་དྲོ་དང་མུན་པ་དང་རྡུལ་མེད་ཅིང་ས་གཞི་སྔོ་བས་ཁེབས་པར་གནས་པའི་ཚེ། འཇིག་རྟེན་གསུམ་གྱི་གཙོ་བོ་འཇིག་རྟེན་གྱིས་མཆོད་པས་དུས་ལ་བབ་པའི་ཚོད་ལ་རྣམ་པར་གཟིགས་ནས། ཆོས་བཅོ་ལྔའི་ཟླ་བ་ཉ་ལ་སྐར་མ་རྒྱལ་གྱི་དུས་སུ་ཡུམ་གསོ་སྦྱོང་བླངས་པའི་དུས་སུ་བྱང་ཆུབ་སེམས་དཔའ་དགའ་ལྡན་གྱི་གནས་དམ་པ་ནས་འཕོས་ཏེ་ཞེས་པ་ནས། མའི་གློ་གཡས་པ་ནས་བཞུགས་སོ་ཞེས་པ་དང་། རིགས་ཡོངས་སུ་དག་པའི་ལེའུ་ལས། གྲོགས་པོ་དག་བྱང་ཆུབ་སེམས་དཔའ་ནི་ཟླ་བ་མར་གྱི་ངོ་ལ་མའི་མངལ་དུ་མི་འཇུག་གི །བྱང་ཆུབ་སེམས་དཔའ་སྲིད་པ་ཐ་མ་པ་ནི་ཟླ་བ་ཡར་གྱི་ཆོས་བཅོ་ལྔའི་ཟླ་བ་ཉ་

སྟེ་རྒྱས་པ་ལ་སྐར་མ་རྒྱལ་དང་ལྡན་པའི་ཚེ་མ་གསོ་སྦྱོང་བླངས་པའི་མངལ་དུ་འཇུག་གོ་ཞེས་པ་དང་། འདུལ་བ་གཞུང་དམ་པའི་བམ་པོ་སོ་བདུན་པ་ལས། བཅོམ་ལྡན་འདས་ལ་ཁྱིམ་བདག་མགོན་མེད་ཟས་སྦྱིན་གྱིས་བཅོམ་ལྡན་འདས་ཟླ་བ་གང་ལ་བཙས་ཞེས་ཞུས་པ་དང་། བཅོམ་ལྡན་འདས་ཀྱིས་བཀའ་སྩལ་པ་ཁྱིམ་བདག །དཔྱིད་ཟླ་ཐ་ཆུང་ལ་བཙས་སོ་ཞེས་གསུངས། གལ་ཏེ་འདི་ནི་བལྟམས་པའི་མཛད་པ་ཡིན་གྱི་ལྷུམས་སུ་ཞུགས་པའི་མཛད་པ་མ་ཡིན་ནོ་ཞེ་ན། སྤྱིར་བལྟམས་པའི་ཚུལ་ནི་རྣམ་པ་གཉིས་ཏེ། བསྟན་བཅོས་ལ་གྲགས་པ་དང་། འཇིག་རྟེན་ལ་གྲགས་པ་གཉིས་ལས། དང་པོ་ནི། ལྷུམས་སུ་ཞུགས་པའི་མཛད་པ་དང་དུས་གཅིག་སྟེ། འདུལ་བ་དང་མཐུན་པར་མཛོད་ལས་ཀྱང་། ཉིང་མཚམས་སྦྱོར་བ་སྐྱེ་བ་ཡིན། །ཚོར་བའི་བར་ནི་ཀ་ལ་ལ་ཡིན། །ཞེས་བཤད་པས་སོ། །གལ་ཏེ་སྐྱེ་བ་ཞེས་བཤད་ལ་སྐྱེས་པ་ཞེས་མ་བཤད་པས་དཔྱིད་ཟླ་ཐ་ཆུང་ལ་བཙས་ཞེས་བྱ་བ་དང་མ་འབྲེལ་ལོ་ཞེ་ན། སྐྱོན་མེད་དེ། ཉིང་མཚམས་སྦྱོར་བ་སྐྱེ་བར་བཤད་པས་ཉིང་མཚམས་སྦྱོར་བ་སྐྱེས་པ་དང་བཙས་པ་ཡིན་པའི་ཕྱིར་རོ། །གཉིས་པ་ནི། སྐུ་བལྟམས་པའི་མཛད་པ་དང་དོན་གཅིག་སྟེ། ས་ག་ཟླ་བའི་ཚེས་བཅོ་ལྔ་ནས་རྩིས་པའི་ཟླ་བ་བཅུ་སོང་བའི་དབོའི་ཟླ་བའི་ཚེས་བཅོ་ལྔ་ལ་སྟོན་པ་འདི་ལུམས་བིའི་ཚལ་དུ་སྐུ་བལྟམས་པ་ཡིན་ཏེ། རྒྱ་ཆེ་རོལ་པ་ལས། དགེ་སློང་དག་དེ་ལྟར་ཟླ་བ་བཅུ་འདས་ཏེ་བྱང་ཆུབ་སེམས་དཔའ་བཙའ་བའི་དུས་ལ་བབ་པ་དང་ཞེས་པ་དང་། དེས་ཟླ་བ་བཅུ་ཚང་ནས་མའི་གློ་གཡས་པ་ནས་བྲངས་ཤིང་ཤེས་བཞིན་དུ་མངལ་གྱི་དྲི་མས་མ་གོས་པར་བྱུང་སྟེ་ཞེས་པ་དང་། འདུལ་བ་རྣམ་པར་འབྱེད་པའི་བམ་པོ་ལྔ་བཅུ་རྩ་བརྒྱད་པ་ལས། བཅོམ་ལྡན་འདས་བྱང་ཆུབ་སེམས་དཔའ་ཟླ་བ་བཅུ་འདས་ནས་ཡུམ་གྱི་ལྷུམས་ནས་བལྟམས་པ་དེའི་ཚེ་ཡང་ཞེས་པ་དང་། འདུས་པ་རིན་པོ་ཆེ་ཏོག་གི་གཟུངས་ལེའུ་ལྔ་པ་ལས། ང་ནི་ས་ལ་མངལ་གྱི་གནས་ན་ཟླ་བ་བཅུ་གནས་པ་དེ་ན་ཡང་ནི་ཞེས་པ་དང་། མངོན་པར་འབྱུང་བའི་མདོ་ལས། ཡུམ་ལ་གཟིགས་ཐད་དུ་བྱང་ཆུབ་སེམས་དཔའ་ཟླ་བ་བཅུར་རུམ་དུ་འཛིན་ནུས་པ་དང་ཞེས་པ་དང་། བྱང་ཆུབ་སེམས་དཔའ་ང་ཡང་རུམ་དུ་ཟླ་བ་བཅུར་འཛིན་ནུས་པ་དང་ཞེས་པ་དང་། འདུལ་བ་ལུང་གཞི་བམ་པོ་གྱ་གཅིག་པ་ལས། བྱང་ཆུབ་སེམས་དཔའ་ཟླ་བ་བཅུར་རུམ་དུ་འཛིན་ནུས་པ་དང་ཞེས་ལན་གཉིས་ཀྱི་བར་དུ་གསུངས་པ་དང་། སྙིང་རྗེ་པདྨ་དཀར་པོའི་བམ་པོ་དགུ་པ་ལས། གང་གི་ཚེ་བདག་ཆོས་ཐམས་ཅད་ཀྱི་ཚུལ་ལ་མཁས་པའི་ཏིང་ངེ་འཛིན་ཐམས་ཅད་སྟོན་པའི་ཆོས་ཀྱི་སྒོ་གཅིག་གིས་བསྐལ་པ་ཕྱི་མའི་མཐར་སྟོན་ཅིང་སེམས་མཉམ་པར་བཞག་ནས་ཟླ་བ་བཅུར་མའི་མངལ་ན་གནས་པར་གྱུར་ཅིག་ཅེས་གསུངས། འོ་ན་རྒྱ་ཆེ་རོལ་པ་ལས། སྐར་མ་རྒྱལ་དང་ཡང་ལྡན་པར་གྱུར་པ་དང་ཞེས་པ་དང་། འདུས་པ་རིན་པོ་ཆེའི་ཏོག་ལས།

འདྲེན་པ་ཁྱོད་ནི་རྒྱལ་ལ་སྐྱེས། །ཞེས་པ་དང་། སངས་རྒྱས་ཀྱི་སྤྱོད་པའི་སྐབས་དག་ཆེན་པོར་ཡང་སྐར་མ་རྒྱལ་ལ་བལྟམས་པར་བཤད་པ་དང་འགལ་ལོ་ཞེ་ན། འདིར་རྒྱལ་ནི་བཟང་པོ་ལ་འཇུག་པར་བླ་མ་བཞེད་དེ། གོང་དུ་སྐར་མ་སག་ལ་རྒྱལ་དུ་གསུངས་པའི་ཕྱིར་རོ། །ཡང་ན་དབོའི་ཟླ་བའི་ཚེས་པ་བཅུ་གཅིག་ལ་རྒྱལ་འབྱུང་བས་དེ་ལ་བཤད་ཀྱང་འགལ་བར་མི་སེམས་ཏེ། ཟླ་བ་བཅུ་དོན་གྱིས་ཚང་བའི་ཕྱིར་རོ། །ཁ་ཅིག་ན་རེ། ཧ་ཟླའི་བཅོ་ལྔ་ལ་བལྟམས་པ་ཡིན་ཏེ། འདི་ལ་ཟླ་བ་རང་བཞིན་པར་རྩིས་ན་དགུ་ལས་མེད་ཀྱང་ཧ་བྲ་བྱི་བ་ཡོས་ལ་ཤོལ་འབྱུང་བས་ཆུ་སྟོད་ཟླ་བ་གཉིས་ཡོད་པའི་ཕྱིར་ཟེར་རོ། །དེ་ནི་མི་འཐད་དེ། ཟླ་བ་བཅུ་ཚང་བར་གསུངས་པ་རང་བཞིན་པར་རྩིས་པའི་ཟླ་གྲངས་ཡིན་གྱི་ཟླ་ཤོལ་བཏོན་པའི་དབང་དུ་མ་མཛད་པའི་ཕྱིར་རོ། །གལ་ཏེ་མཛད་ན་སྟོན་པའི་སྐུ་ཚེའི་ལོ་གྲངས་ལ་ཡང་མཚུངས་པས་ཧ་ཅང་ཐལ་ལོ། །དེ་ཡང་འདུལ་བ་ཕྲན་ཚེགས་ཀྱི་གཞིའི་བམ་པོ་ང་གཅིག་པ་ལས། ཀུན་དགའ་བོ་དེ་བཞིན་གཤེགས་པ་ནི་ན་ཚོད་བརྒྱད་ཅུ་ལོན་པས་སྐུ་བགྲེས་འགོགས་གཏུགས་པར་གྱུར་ཏེ་རྣམ་པ་གཉིས་ལ་བརྟེན་ནས་འཚོའོ། །དཔེར་ན་ཤིང་རྟ་རྙིང་པ་རྣམ་པ་གཉིས་ལ་བརྟེན་ནས་རྟེན་པ་དེ་བཞིན་དུ། དེ་བཞིན་གཤེགས་པ་ཡང་ན་ཚོད་བརྒྱད་ཅུ་ལོན་པས་སྐུ་བགྲེས་འགོགས་གཏུགས་པར་གྱུར་ཏེ་རྣམ་པ་གཉིས་ལ་བརྟེན་ནས་འཚོའོ། །དེ་ལྟ་བས་ན་ཀུན་དགའ་བོ་ཁྱོད་མྱ་ངན་མ་བྱེད་ཅིག་ཅེས་གསུངས། གསེར་འོད་དམ་པ་ལས། སྐུ་ཚེ་བརྒྱད་ཅུ་ཞིག་ཐུབ་སྐྱེ་ཞེས་པ་དང་། སྤྱིར་ཚེ་ལོ་བརྒྱ་པ་ཡིན་པ་ལ། སྙིང་རྗེ་པདྨ་དཀར་པོ་ལས། ཏིང་ངེ་འཛིན་གྱི་སྟོབས་ཀྱིས་བདག་གི་ཚེའི་འདུ་བྱེད་ཇི་ཙམ་པའི་ལྔ་ཆ་འདོར་བར་གྱུར་ཅིག་ཅེས་གསུངས། མཆོད་རྟེན་བརྒྱད་ཀྱི་བསྟོད་པར། བཙུན་དས་གསོལ་བཏབ་ཟླ་གསུམ་ནས་མཐར་ཕྱིན། །ཞེས་བཤད། དེ་ཡང་མདོ་མྱང་འདས་ལས། མགར་བའི་བུ་ཙུནྡའི་ངོར་ཟླ་བ་གསུམ་བཞུགས་ཞེས་གསུངས། བཅོམ་ལྡན་འདས་ཤཱཀྱ་ཐུབ་པ་ཉིད་འཛམ་བུ་ཏིག་རྟེན་དུ་སྐུ་བལྟམས་པའི་ཚེ་རྒྱ་གར་ན་ཕྱི་རོལ་པའི་རྩིས་འབའ་ཞིག་ཡོད་ཀྱི་སངས་རྒྱས་པའི་རྩིས་ཀྱི་མིང་ཙམ་ཡང་མེད་པས་གཟའ་དང་སྐར་མའི་གནས་ཆུ་ཚོད་ཆུ་སྲང་དབུགས་ཚཤས་ལ་སོགས་པའི་བྱེད་རྩིས་ལ་མི་ལྟོས་པར། མགོན་མེད་ཟས་སྦྱིན་ལ་སོགས་པའི་ཁྱིམ་བདག་རྣམས་ལ་ལོ་དང་ཟླ་བར་གྲགས་པ་ཉིད་གཙོ་བོར་བཟུང་ནས་གྲོང་ཁྱེར་ཐ་དད་དུ་སངས་རྒྱས་ཀྱི་དུས་མཆོད་དར་བ་ཡིན་ནོ། །ཁ་ཅིག་འདུལ་བ་ལས། དགུན་ཟླ་ཐ་ཆུང་ལ་བཙས་སོ་ཞེས་པ། དཔྱིད་ཟླ་ཐ་ཆུང་ལ་བཙས་པར་ཡི་གེ་པ་གཅིག་གིས་ནོར་བར་བྲིས་པ་ལས་ད་ལྟར་གྱི་དཔེ་རྣམས་མཆེད་པར་མངོན་པས་ཐུབ་པ་ཧ་ཟླ་ལ་སྐུ་བལྟམས་ཟེར་བ་ཡང་མངོན་སུམ་དུ་བསྙོན་པར་ཟད་ཅིང་ཡི་གེ་བར་མ་ཟད་བྱང་ཕྱོགས་འདི་ན་འདུལ་བ་བསྒྱུར་བའི་ལོ་པཎ་ཐམས་ཅད་ཀྱང་སྨྱོན་ཅན་དུ་འགྱུར་པ་དེས་ན་ལུང་གི་དོན་ཁོ་བོས

བཤད་པ་ལྟར་ཡིན་ནོ། །རབ་ཏུ་བྱུང་བའི་མཛད་པ་ནི། ས་སྐྱ་པ་ཡབ་སྲས་ས་ག་ཟླ་བའི་ཚེས་བརྒྱད་སྐར་མ་རྒྱལ་ལ་བབ་པའི་དུས་སུ་ཡིན་པར་བཞེད་དེ། རྒྱ་ཆེ་རོལ་པའི་མདོ་ལས། འདུན་པ་ཁ་ལོ་པ་ལ་ད་ནི་སྐར་མ་རྒྱལ་དང་ཡང་ལྡན་པར་གྱུར་རྒྱལ་པོའི་ཁབ་ནས་མངོན་པར་འབྱུང་བའི་དུས་ལ་བབ་བོ་ཞེས་མཆོད་རྟེན་རྣམ་དག་གི་དྲུང་དུ་རབ་ཏུ་བྱུང་བར་གསུངས། སངས་རྒྱས་པའི་མཛད་པ་ནི། མངོན་པར་འབྱུང་བའི་མདོ་ལས། དེ་ལྟར་བཅོམ་ལྡན་འདས་ནམ་གྱི་ཐུན་ཐ་མ་ལ་བདུད་འབྱུང་པོ་བྱེ་བ་ཕྲག་སུམ་ཅུ་དྲུག་དང་བཅས་པ་ལས་བྱམས་པའི་མཚོན་གྱིས་མངོན་པར་རྒྱལ་ཏེ་བླ་ན་མེད་པའི་ཡེ་ཤེས་བརྙེས་སོ་ཞེས་པ་དང་། རྒྱ་ཆེ་རོལ་པ་ལས། ནམ་གྱི་ཆ་སྨད་སྐྱ་རེངས་འཆར་བའི་དུས་ཀྱི་ཚེ་ཧ་བརྡུང་བའི་ནམ་ཚོད་ཙམ་ན། སྡུག་བསྔལ་དང་ཀུན་འབྱུང་བ་ནུབ་པར་བྱ་བ་དང་ཟག་པ་ཟད་པའི་ཡེ་ཤེས་མཐོང་བའི་རིག་པ་མངོན་དུ་བྱ་བའི་ཕྱིར་སེམས་མངོན་པར་སྒྲུབ་ཅིང་མངོན་པར་གཏོད་དེ་ཞེས་པ་དང་། གསེར་འོད་དམ་པ་མདོ་སྡེའི་དབང་པོའི་རྒྱལ་པོའི་ལེའུ་ལྔ་པ་ལས། ཇི་ལྟར་བཅོམ་ལྡན་འདས་དེ་བཞིན་གཤེགས་པ་ཤཱཀྱ་ཐུབ་པ་དེ་བྱང་ཆུབ་ཀྱི་སྙིང་པོ་ལ་བཞུགས་ཏེ། སངས་རྒྱས་ཀྱི་ཏིང་ངེ་འཛིན་བསམ་གྱིས་མི་ཁྱབ་པ་དྲི་མ་མེད་པ་ཤིན་ཏུ་དཀར་བ་ལ་ཞུགས་ནས་བདུད་སྡིག་ཅན་བཅོམ་སྟེ་ཤེས་པར་བགྱི་བ་དང་བལྟ་བར་བགྱི་བ་དང་རྟོགས་པར་བགྱི་བ་དང་མངོན་པར་རྫོགས་པར་བྱང་ཆུབ་པར་བགྱི་བ་གང་ཅི་ཡང་རུང་སྟེ། དེ་ཐམས་ཅད་ནམ་གྱི་ཐོ་རངས་སྐྱ་རེངས་འཆར་ཀར་སྐད་ཅིག་གཅིག་དང་ལྡན་པའི་ཤེས་རབ་ཀྱིས་བདུད་རྩི་བརྙེས་ཏེ། འཆི་བ་མེད་པར་གྲོལ་བའི་ལམ་མངོན་པར་རྫོགས་པར་སངས་རྒྱས་པ་དེ་བཞིན་དུ་བདག་དང་སེམས་ཅན་ཐམས་ཅད་ཀྱང་བླ་ན་མེད་པ་ཡང་དག་པར་རྫོགས་པའི་བྱང་ཆུབ་ཏུ་མངོན་པར་རྫོགས་པར་འཚང་རྒྱ་བར་གྱུར་ཅིག་ཅེས་པ་དང་། འདུལ་བ་གཞུང་དམ་པའི་བམ་པོ་སོ་བདུན་པ་ལས། ཟླ་བ་གང་ལ་བཅོམ་ལྡན་འདས་ཀྱིས་བླ་ན་མེད་པའི་ཡེ་ཤེས་མངོན་དུ་ཕྱུང་ཅེས་གསོལ་བ་དང་། བཅོམ་ལྡན་འདས་ཀྱིས་བཀའ་སྩལ་པ་ཁྱིམ་བདག །དཔྱིད་ཟླ་ཐ་ཆུང་ལའོ་ཞེས་པ་དང་། འགྲེལ་པ་དྲི་མ་མེད་པའི་མདོ་ལས། འཕགས་པའི་ཡུལ་འདིར་དཀར་པོའི་ཚེས་གཅིག་ལ་སོགས་པ་ཆ་བཅོ་ལྔའི་མཐར་ནག་པོའི་ཚེས་གཅིག་འཇུག་པ་ས་གའི་ཉའི་སྐྱ་རེངས་འཆར་བའི་ཚེ་བཅོམ་ལྡན་འདས་ཤཱཀྱ་ཐུབ་པ་མངོན་པར་རྫོགས་པར་སངས་རྒྱས་ཏེ་ཞེས་པ་དང་། འདུལ་བ་གཞིའི་བམ་པོ་གྱ་ལྔ་པ་ལས། བཅོམ་ལྡན་འདས་ཀྱིས་བླ་ན་མེད་པའི་ཡེ་ཤེས་བརྙེས་པ་ན་གྲགས་འཛིན་མ་ལ་ཡང་ཁྱེའུ་ཞིག་བཙས་སོ་བདུད་རྩི་ཟས་ཀྱི་ལ་ཡང་ཁྱེའུ་ཞིག་བཙས་སོ་ཟླ་བ་ཡང་སྒྲ་གཅན་གྱིས་ཟིན་ཏོ་ཞེས་པ་དང་། གྲགས་འཛིན་མའི་བུའི་མིང་འདོགས་པར་བྱེད་དེ་བཙུན་མོའི་འཁོར་གྱིས་སྐྱེ་བོས་སྨྲས་པ། འདི་བཙས་པ་ན་ཟླ་བ་སྒྲ་གཅན་གྱིས་ཟིན་པས་དེ་བས་ན་ཁྱེའུ་འདིའི་མིང་སྒྲ་

གཅན་འཛིན་ཞེས་གདགས་ཞེས་པ་དང་། མངོན་པར་འབྱུང་བའི་མདོ་ལས། དེ་ནས་རྒྱལ་པོ་ཟས་གཙང་ལ་རང་གི་སྐྱེས་བུ་རྣམས་ཀྱིས་ལྷ་དགྱེས་པ་བསྐྱེད་དུ་གསོལ་གཞོན་ནུས་བླ་ན་མེད་པའི་ཡེ་ཤེས་བརྙེས་སོ། །དེ་ཐོས་པ་དང་ཉིན་དེ་ཉིད་ལ་གྲགས་འཛིན་མ་ལ་ཡང་ཁྲིའུ་ཞིག་བཙས་སོ། །བདུད་རྩི་ཟས་ཀྱི་ལ་ཡང་ཁྲིའུ་ཞིག་བཙས་སོ། །དེ་ཉིད་ཀྱི་ཉིན་མོ་ཟླ་བ་ཡང་སྒྲ་གཅན་གྱིས་ཟིན་ཏོ་ཞེས་པ་དང་། གྲགས་འཛིན་མའི་བུའི་མིང་འདོགས་པར་བྱེད་དེ་བཙུན་མོའི་འཁོར་གྱི་སྐྱེ་བོས་སྨྲས་པ་འདི་བཙས་པ་ན་ཟླ་བ་སྒྲ་གཅན་གྱིས་ཟིན་པ་དེ་བས་ན་ཁྲིའུའི་མིང་སྒྲ་གཅན་འཛིན་ཞེས་བཏགས་སོ་ཞེས་གསུངས། ཆོས་ཀྱི་འཁོར་ལོ་བསྐོར་བའི་མཛད་པ་ནི། སངས་རྒྱས་ནས་ཞག་གྲངས་བཞི་བཅུ་ཞེ་དགུ་འདས་ཏེ་ལྔ་བཅུ་པ་ལ་ཡུལ་ཝཱ་རཱ་ཎ་སཱི་ར་འཁོར་ལྔ་སྡེ་བཟང་པོ་ལ་བདེན་པ་བཞིའི་ཆོས་ཀྱི་འཁོར་ལོ་བསྐོར་བར་འདུལ་བ་ལུང་ལས་གསུངས། མྱ་ངན་ལས་འདས་པའི་མཛད་པ་ནི། འདུལ་བ་ཕྲན་ཚེགས་ཀྱི་གཞི་བམ་པོ་ང་གཅིག་པ་ལས། བདུད་སྡིག་ཅན་གྱིས་བཅོམ་ལྡན་འདས་ལ་བཅོམ་ལྡན་འདས་ཡོངས་སུ་མྱ་ངན་ལས་འདའ་བར་མཛོད་ཅིག །བདེ་བར་གཤེགས་པ་ཡོངས་སུ་མྱ་ངན་ལས་འདའ་བའི་དུས་ལ་བབ་བོ་ཞེས་གསོལ་བ་དང་། སྡིག་ཅན་ཁྱོད་བརྟེན་པ་མ་ཆེ་ཞིག་དེ་བཞིན་གཤེགས་པ་ནི་རིང་པོ་མི་ཐོགས་ཏེ་ཟླ་བ་གསུམ་འདས་པ་དང་ཕུང་པོ་མ་ལུས་པའི་མྱ་ངན་ལས་འདའ་བའི་དབྱིངས་སུ་ཡོངས་སུ་མྱ་ངན་ལས་འདའ་བར་འགྱུར་ཞེས་པ་དང་། ཀུན་དགའ་བོ་རིང་པོ་མི་ཐོགས་པར་དེ་བཞིན་གཤེགས་པ་ཟླ་བ་གསུམ་འདས་པ་དང་ཕུང་པོ་མ་ལུས་པའི་མྱ་ངན་ལས་འདའ་བའི་དབྱིངས་སུ་ཡོངས་སུ་མྱ་ངན་ལས་འདའ་བར་འགྱུར་ཞེས་གསུངས། མདོ་མྱང་འདས་ལས། དཔྱིད་ཟླ་ཐ་ཆུང་ཉའི་ནངས་པར་ཡོངས་སུ་མྱ་ངན་ལས་འདའ་བའི་དུས་དང་ཉེ་བར་གྱུར་པ་ན་ཞེས་གསུངས། འོ་ན་ཕྲན་ཚེགས་ཀྱི་འགྲེལ་པ་སློབ་དཔོན་ཚུལ་ཁྲིམས་བསྐྱངས་ཀྱིས་མཛད་པར་སྟོན་ཟླ་ཐ་ཆུང་སྨིན་དྲུག་གི་ཟླ་བའི་དཀར་ཕྱོགས་ཀྱི་ཆོས་བརྒྱད་ཀྱི་གུང་ཐུན་ལ་འདས་པར་བཤད་པ་དང་། པཎ་ཆེན་ཤཱཀྱ་ཤྲཱིས་ཀྱང་། སྨིན་དྲུག་ཟླ་བའི་དཀར་ཕྱོགས་ཀྱི། །ཆོས་བརྒྱད་ནམ་གུང་མཉམ་པ་ལ། །ཟླ་བ་རི་བོ་ལ་ནུབ་ཚེ། །ཐུབ་དབང་ཡོངས་སུ་མྱ་ངན་འདས། །ཞེས་བཤད་པ་དང་འགལ་ལོ་ཞེ་ན། གདུལ་བྱ་ཐ་དད་ཀྱི་སྣང་ངོར་ལ་དགོངས་པས་སྐྱོན་མེད་དོ། །དེ་ལྟ་ན་ཡང་འདུལ་བ་ལུང་གཞིར་བྱས་ལ་ཕྱི་མ་ཉིད་དབང་བཙན་པར་ཆོས་རྗེ་ས་པཎ་བཞེད། དེ་དག་ཀྱང་གོ་སླ་བར་བསྡུས་ན་དུས་ཆེན་བཞི་ནི། དང་པོའི་ཟླ་ཕྲེད་ཆོ་འཕྲུལ་ཆེ། །བཞི་པའི་བཅོ་ལྔ་འདས་བྱང་ཆུབ། །ལྷུམས་སུ་ཞུགས་པའི་དུས་ཡང་ཡིན། །འདི་ཡི་ཆོས་བརྒྱད་རབ་ཏུ་བྱུང་། །དྲུག་པའི་ཆོས་བཞི་ཆོས་འཁོར་བསྐོར། །དགུ་པའི་བཅོ་ལྔ་ལྷ་ལས་བབས། །མིང་གི་སྒོ་ནས་ལྷ་བབས་ལ། །ཆོ་འཕྲུལ་ཆུང་ངུ་ཞེས་ཀྱང་བྱ། །དེ་ལྟར་ན་རབ་ཏུ་བྱུང་བའི་དུས་ནི་དུས་ཆུང་ངུ་ཞེས་ཞར་

ལ་བཤད་དོ། །མདོའི་དོན་ཆོས་རྗེ་ས་པཎ་གྱི་གསུང་སྒྲོས་ལས། སྦྱིན་པའི་འགྱུར་ཁྱད་ནི། དུད་འགྲོ་ལ་ནི་བརྒྱ་འགྱུར་ཏེ། །སྐྱེ་བོ་ཕལ་པ་སྟོང་འགྱུར་ཡིན། །ཚུལ་ཁྲིམས་འཆལ་བ་ཁྲི་འགྱུར་ཏེ། །ཚུལ་ཁྲིམས་ལྡན་པ་འབུམ་འགྱུར་ཡིན། །ཆོས་སྨྲ་བ་ལ་བརྗོད་དུ་མེད། །ཅེས་པ་དང་། ལེགས་བཤད་ལས་ཀྱང་། སློང་ལ་བྱིན་ན་འབད་མེད་པར། །ཆུང་ཡང་བརྒྱ་འགྱུར་ཐོབ་པ་ཡིན། །ཞེས་གསུངས། སྦྱིར་དགེ་བའི་འགྱུར་ཁྱད་ཡང་། དུས་མཆོད་བཞི་དང་ཐ་མལ་པའི། ཁྱད་པར་སཡ་ཕྲག་བརྒྱད་པ། །ཟླ་བཤི་ཚེ་བྱེ་བ་བདུན། །ཉི་མ་ཤི་ཚེ་བྱེ་བ་འབུམ། །ཞེས་གསུངས། རྗེ་བོ་རྗེའི་གསུང་སྒྲོས་ར་བསྒྲིང་གི་ཀ་བའི་ལོགས་ལས་བཤུས་པ་ཡིན་ཟེར་བའི་ཟིན་བྲིས་པ་རྣམས་ལ་ངེས་པ་མི་སྣང་ཞིང་མི་མཐུན་པ་ཅི་རིགས་སྣང་བས་འདིར་ནི་མ་བྲིས་སོ། །ད་ནི་འདི་དཔྱད་པར་བྱ་སྟེ། རྗེ་བཙུན་ཆེན་པོའི་རྣམ་ཐར་ཐུན་མོང་བ་ཆོས་རྗེ་ས་པཎ་གྱིས་མཛད་པ་ལས་བྱང་ཕྱོགས་ན་འཛིག་རྟེན་གྱི་ཁམས་དཔག་ཏུ་མེད་པ་འདས་པ་ན་འཇིག་རྟེན་གྱི་ཁམས་གསེར་གྱི་མདོག་ཅན་ཞེས་བྱ་བར་དེ་བཞིན་གཤེགས་པ་གསེར་འོད་རྣམ་པར་རྒྱན་པའི་དབང་ཕྱུག་རྒྱལ་པོའི་སྦྱིན་བདག་འཁོར་ལོས་བསྒྱུར་བའི་རྒྱལ་པོ་བསོད་ནམས་མཐའ་ཡས་ཞེས་བྱ་བ་འབྱུང་བར་འགྱུར་ལ། བདག་ཅག་གི་བླ་མ་ཆོས་ཀྱི་རྗེ་རྗེ་བཙུན་ཆེན་པོ་འདི་དེའི་སྲས་གླིང་བཞི་སུམ་ཅུ་རྩ་གསུམ་གྱི་ཕྱེད་དང་བཅས་པ་ལ་དབང་མཛད་པའི་འཁོར་ལོས་བསྒྱུར་བའི་རྒྱལ་པོ་ཡོན་ཏན་མཐའ་ཡས་ཞེས་བྱ་བར་འགྱུར་བར་ལུང་བསྟན་པ་དང་། ཡང་རྗེ་ས་སྐྱ་པ་ཆེན་པོ་ཡབ་སྲས་ཀྱིས་ཁོ་བོས་ཁྱོད་ལ་ལམ་གྱི་རྒྱུས་བསྟན་ནོ་ཞེས་གསུངས་ནས་དབང་བཞི་པའི་ལམ་བསྟན་པ་ཐུགས་སུ་ཆུད་དེ་ཞེས་པ་དང་། དེ་ལ་བདག་ཅག་གི་རིགས་པས་དཔྱད་ན་སྔར་བར་དོར་འགྲུབ་པར་ལུང་བསྟན་པ་དེ་བར་དོའི་མཐོང་ལམ་གྱི་ཡེ་ཤེས་ཐོབ་སྟེ་ས་དང་པོ་རབ་ཏུ་དགའ་བ་མངོན་དུ་བསྒྲུབས་ནས་བདེ་བ་ཅན་དུ་གཤེགས་ལ། དེ་ནས་ས་གཉིས་པ་དྲི་མ་མེད་པ་ཐོབ་པར་མཛད་ནས་འཛིག་རྟེན་གྱི་ཁམས་གསེར་གྱི་མདོག་ཅན་དུ་གླིང་བཞི་ལ་དབང་བའི་འཁོར་ལོས་བསྒྱུར་བའི་ཆ་ལུགས་འཛིན་པར་འགྱུར་ཏེ། མདོ་སྡེ་ས་བཅུ་པ་ལས། ས་གཉིས་པ་ཐོབ་པའི་བྱང་ཆུབ་སེམས་དཔའ་ཕལ་ཆེར་གླིང་བཞིའི་འཁོར་ལོས་བསྒྱུར་བར་འགྱུར་རོ་ཞེས་གསུངས་པའི་ཕྱིར་རོ་སྙམ་མོ། །ཡང་རྗེ་ས་སྐྱ་པ་ཆེན་པོ་ཉིད་ཀྱིས། བུ་ངས་ཆོས་ཇི་སྙེད་ཅིག་བསྟན་པ་ཐམས་ཅད་བསྡུ་ན་འདི་ཡིན་པས་ལེགས་པར་ཉོན་ཅིག །བྱང་ཆུབ་སེམས་ཀྱི་བདག་ཉིད་དངོས། །དང་པོར་ཆོས་ཉིད་རྣལ་དུ་དབབ། །འབྱུང་བ་ང་ལ་སྦྲར་ཟིན་གྱི། །གཏུམ་མོའི་མེ་དྲོད་རབ་ཏུ་བསྐྱེད། །བྱང་ཆུབ་ཀུ་རྒྱུན་དབུ་མར་བཞུགས། །ས་སོགས་འབྱུང་བ་དབང་དུ་བསྡུ། །ཡེ་ཤེས་ལྔ་ནི་མངོན་གྱུར་ནས། །འཆི་བ་མེད་པའི་གནས་ཐོབ་བོ། །ཞེས་གསུངས། གཞན་ཡང་རྗེ་བཙུན་ཆེན་པོ་འདིས་ཡོ་བྱད་ཇི་ཉེད་ཅིག་བྱུང་ཡང་བླ་མ་དང་དཀོན་མཆོག་གསུམ་གྱི་ཕྱིར་ཕུལ་

བ་དང་མགོན་མེད་པ་རྣམས་ལ་བཏང་བས། བདེ་བ་ཅན་དུ་གཤེགས་པ་ན་གདན་དང་ན་བཟའ་ཕྲུགས་གཅིག་མ་གཏོགས་པ་གསེར་ཏིལ་འབྲུ་ ཙམ་མམ་ཡོ་བྱད་གཞན་བྲེ་གང་རེ་བ་མ་བཟུང་བ་འདི་ནི་ངོ་མཚར་བ་ཡིན་ནོ་ཞེས་པ་ལ་སོགས་པ་རྒྱ་ཆེར་གསུངས། དེ་ནས་བདག་ཉིད་ཆེན་པོ་འདིའི་ཐུགས་དགོངས་རྫོགས་པའི་ཐབས་གདན་ས་བར་པར་ཆོས་འཁོར་ཆེན་པོ་མཛད་པའི་དུས་དེའི་ཚེ། དེ་བཞིན་གཤེགས་པ་དགོངས་པ་ཡོངས་སུ་མྱ་ངན་ལས་འདས་ནས་ལོ་དུ་ལོན་ཅེ་ན། འདི་ལྟར་སངས་རྒྱས་ཀྱི་བསྟན་པ་ལོ་ལྔ་སྟོང་གནས་པ་ལས་ལྔ་བརྒྱ་ཕྲག་བཅུར་འགྱུར་ཏེ། ལྔ་བརྒྱ་དང་པོ་ལ་དགྲ་བཅོམ་པ་ཐོབ་པ་མང་གཉིས་པ་ལ་ཕྱིར་མི་འོང་བ་ཐོབ་པ་མང་གསུམ་པ་ལ་རྒྱུན་དུ་ཞུགས་པ་ཐོབ་པ་མང་སྟེ་འབྲས་བུའི་དུས་གསུམ་མོ། །ལྔ་བརྒྱ་ཕྲག་བཞི་པ་ལ་ལྷག་མཐོང་བསྒོམ་པ་མང་། ལྔ་པ་ལ་ཏིང་ངེ་འཛིན་བསྒོམ་པ་མང་དྲུག་པ་ལ་ཚུལ་ཁྲིམས་ལ་གནས་པ་མང་སྟེ་སྒྲུབ་པའི་དུས་གསུམ་མོ། །བདུན་པ་ལ་མངོན་པ་སྤྱོད་པ་མང་བརྒྱད་པ་ལ་མདོ་སྡེ་དགུ་པ་ལ་འདུལ་བ་སྤྱོད་པ་མང་སྟེ་ལུང་གི་དུས་གསུམ་མོ། །དེ་ཡན་ཆད་བསྟན་པ་ཡང་དག་པའོ། །

ལྔ་བརྒྱ་ཕྲག་བཅུ་པ་ནི་རྟགས་ཙམ་འཛིན་པ་སྟེ་འདི་ལ་ལྔ་བརྒྱ་ཐ་མའོ་ཞེས་འབྱུང་སྟེ་དེ་མན་ཆད་དེ་བཞིན་གཤེགས་པ་འདིའི་བསྟན་པ་མི་འབྱུང་ངོ་། །ལོ་དུ་ལོན་པ་ནི་སྤྱིར་རྒྱ་གར་གྱི་ལུགས་ལ་བྲི་བ་ལ་སོགས་པའི་མིང་གིས་བཏགས་པའི་བཅུ་གཉིས་སྐོར་དུ་རྩི་བ་ནི་མེད་དཔལ་དུས་ཀྱི་འཁོར་ལོ་ལ་སོགས་པ་ནས་རབ་ཏུ་སྐྱེ་བ་ལ་སོགས་པ་དྲུག་ཅུར་རྩི་བ་ཞིག་ཡོད་དེ། ཐམས་ཅད་ལ་ཐུན་མོང་དུ་མ་གྲགས་པས་ཕལ་ཆེ་ལ་གྲགས་པ་རྒྱལ་པོ་ཆེན་པོ་དག་གིས་ལོ་བཅོས་པའི་ལོ་ཚིགས་བརྩི་སྟེ། དེ་ཡང་འདི་ལྟར་རྒྱལ་པོ་བསོད་ནམས་ཅན་གྲགས་པ་དང་བསོད་ནམས་འདོད་པ་དག་གིས་མངའ་རིས་སུ་གཏོགས་སོ་ཅོག་གི་བུ་ལོན་རྒྱལ་པོས་སྦྱངས་ནས་ སྔར་ཐོང་དུ་སྤྱོད་པ་རྣམས་བོར་ཏེ་ཐོང་གསར་པ་ལ་རང་གི་མིང་བཏབ་ནས་སྤྱོད་པའོ། །དེ་ནས་བཟུང་སྟེ་རིམ་གྱིས་བརྩི་བ་ཡིན་ནོ། །འདིའི་གཏམ་ནི་ལུགས་ཆེན་པོ་ཞེས་བྱ་བ་ལས། གཡུལ་བཏན་འོག་ཏུ་ཉིས་སྟོང་ལོན། །དགའ་བྱེད་འོག་ཏུ་བརྒྱད་བརྒྱ་སྟེ། །ཟླ་བསྲུངས་ཉིས་བརྒྱ་སུམ་ཅུ་གཅིག །བརྗེད་མངས་བདུན་བརྒྱ་ཉི་ཤུ་བཞི། །བལ་གནས་བརྒྱད་བརྒྱ་བཅུ་ཚ་བཞི། །གོ་ཆ་ཉིས་བརྒྱ་བཞི་བཅུ་གཉིས། །ཞེས་འབྱུང་ངོ་། །ཡུལ་དབུས་ཀྱི་དགྲ་ངན་གྱི་བུ་བརྒྱའམ་གཅེན་འཐབ་དཀའ་ཞེས་བྱ་བ་བྱུང་ནས་རྩོད་པའི་དུས་ཀྱི་མགོ་ནུབ་གོ །དེའི་དགྲ་ཟླ་རྒྱལ་པོ་སྐྱབས་སེང་གི་བུ་ལྔའི་གཅེན་གཡུལ་ངོར་བརྟན་པ་ཞེས་བྱ་བས་ལོ་བཅོས་ནས་ལོ་ཉིས་སྟོང་དུ་ཉེ་བའི་ཚེ་དེ་བཞིན་གཤེགས་པ་ཤཱཀྱ་ཐུབ་པ་བྱོན་ནོ། །འདི་ལ་འགའ་ཞིག་དེ་བཞིན་གཤེགས་པ་རྒྱ་ནག་གི་ལུགས་ཀྱི་བྱིས་པའི་ལོ་ཡིན་ལ་དགུང་ལོ་བརྒྱད་ཅུ་རྩ་གཉིས་པ་བྱའི་ལོ་ལ་འདས་ཞེས་ཟེར་བ་ནི་མ་དག་པ་ཡིན་

ནོ༔ །འོན་ཇི་ལྟར་ཡིན་ཞེ་ན། དཔལ་དུས་ཀྱི་འཁོར་ལོའི་ལོའི་མིང་གིས་བཏགས་ན་རབ་ཏུ་སྐྱེ་བ་ལ་ལྷུམས་སུ་ཞུགས་ནས་འཁྲུངས་པ་ལ་བལྟམ་མོ། །རྒྱ་དང་བོད་ཀྱི་ལོའི་མིང་གིས་བཏགས་ན་མེ་མོ་ཡོས་ལ་ལྷུམས་སུ་ཞུགས་ནས་ས་ཕོ་འབྲུག་ལ་བལྟམ་མོ། །ཆུ་ཕོ་སྟག་ལ་མངོན་པར་རྫོགས་པར་སངས་རྒྱས་ནས་མེ་མོ་ཕག་གི་ལོ་རྫོགས་ཏེ་ས་ཕོ་བྱི་བའི་མགོ་རྩེ་བའི་མཚམས་ལ་ཡོངས་སུ་མྱ་ངན་ལས་འདས་སོ། །དེ་ནས་ས་ཕོ་བྱི་བ་ནས་བརྩམས་ཏེ་ལོ་བརྒྱ་སུམ་ཅུ་སོ་བདུན་ན་རྒྱལ་པོ་དགའ་བྱེད་བྱུང་ངོ་ཞེས་རྟོག་གེ་འབར་བ་ལས་གསུངས་སོ། །རྒྱལ་པོ་དེས་ལོ་བཅོས་ནས་ལོ་བརྒྱད་བརྒྱ་ན་རྒྱལ་པོ་ཟླ་བསྲུངས་བྱུང་ངོ་། །དེས་ལོ་བཅོས་ནས་ལོ་ཉིས་བརྒྱ་སུམ་ཅུ་རྩ་གཅིག་ན་བལ་པོར་རྒྱལ་པོ་བཟེད་མངས་བྱུང་ངོ་། །དེས་ལོ་བཅོས་ནས་ལོ་བདུན་བརྒྱ་ཉི་ཤུ་རྩ་བཞི་ལོན་པ་ནས་འཕྲོ་བཟུང་སྟེ་ལོ་བརྒྱད་བརྒྱ་བཅུ་བཞི་ལོན་པ་ན་བལ་པོར་རྒྱལ་པོ་འོད་ཟེར་གོ་ཆ་བྱུང་ངོ་། །དེས་ལོ་བཅོས་ནས་ལོ་ཉིས་བརྒྱ་བཞི་བཅུ་རྩ་གཉིས་ལོན་པ་ན་བོད་ཀྱི་རྒྱལ་པོ་ཁྲི་གཙུག་ལྡེ་བཙན་བྱུང་ངོ་། །དེའང་བློན་པོ་ཆེན་པོ་ ཞང་ཁྲི་འབུམ་རྗེ་སྟག་སྣ་ལ་སོགས་པས་རྒྱ་དྲུག་སོགས་སྐྱོངས་ཏེ་མཇལ་དུམ་ཚུར་བསྟར་ནས་ཆུ་ཕོ་སྟག་གི་ལོ་ལ་རྒྱ་དང་མཇལ་དུམ་བྱས་ཆུ་མོ་ཡོས་བུའི་ལོ་ལ་ཧོར་དང་མཇལ་དུམ་བྱས་ཏེ། ཆུ་ཕོ་སྟག་གི་ལོ་འདི་ཕན་ཆད་ལ་སངས་རྒྱས་མྱ་ངན་ལས་འདས་ནས་ལོ་ཉིས་སྟོང་དགུ་བརྒྱ་ལྔ་བཅུ་རྩ་ལྔ་ལོན་ཏེ་སླན་ཆད་ཀྱང་དེ་བཞིན་དུ་རྩིའོ། །དེ་ནས་མེ་ཕོ་འབྲུག་གི་ལོ་ལ་བྲུ་ཞ་ཡུལ་གྱི་མདུན་ས་ཤེ་པ་ལྟོག་ལ་ཚལ་དུ་སྟོད་ཀྱི་ཆོས་ཀྱི་གཞི་འཛིན་པ་བན་སྡེ་ཆོས་ཀྱི་བློ་གྲོས་དང་། ཞང་སྐྱིན་སུམ་རྗེ་ལ་སོགས་པས་བཏུས་པའི་དུས་སུ་བརྩིས་ན་ལོ་ཉིས་སྟོང་དགུ་བརྒྱ་དྲུག་ཅུ་རྩ་དགུ་ལོན་ནོ། །དེ་ནས་ཤིང་མོ་གླང་གི་ལོ་ལ་གཙང་དང་གཡོན་རུ་བཙན་པོ་ཁྲི་དཔལ་འཁོར་བཙན་གཙང་ལ་སྟོང་གྲོམ་པ་ལྷ་རྩེ་ན་བཞུགས་ནས། ཡབ་ཀྱི་བདད་མཛད་པའི་དུས་སུ་བརྩིས་ན་ལོ་གསུམ་སྟོང་དང་སུམ་ཅུ་སོ་བརྒྱད་ལོན་ནོ། །དེའི་དུས་སུ་རྒྱལ་པོ་མགོན་སྐྱིད་འཕན་ཡུལ་གྲབ་མཁར་ན་བཞུགས་སོ། །ཆུ་ཕོ་འབྲུག་གི་ལོ་ལ་ལྟོག་མ་ཡུལ་གྱི་སྣྲེད་མ་བར་དུ་སྟོད་སྨད་ཀྱི་ཡབ་མཆེད་གདན་འཛོམས་པའི་དུས་སུ་མོལ་པ་ཆེན་པོ་མཛད། ཏམ་ཡུལ་ས་རྣམ་གྱི་དབེན་ས་གསར་དུ་བཙུགས་པའི་དུས་སུ་བརྩིས་ན་ལོ་སུམ་སྟོང་ཆིག་བརྒྱ་ཉི་ཤུ་རྩ་ལྔ་ལོན་ནོ། །དེ་ནས་མེ་ཕོ་འབྲུག་གི་ལོ་ལ་ལྷ་བླ་མ་ཡབ་སྲས་དབེན་གནས་ས་རྣམ་བྱམས་སྙོམས་གླིང་དུ་ཞལ་འཛོམ་ལྷ་སྲས་གཙང་ལྷ་འཁོར་རབ་ཏུ་བྱུང་། གུ་གེ་གུལ་ན་གནས་པའི་འབངས་ཞང་ཞུང་གེ་ཆེམས་ཀྱི་མཁོས་ཆེན་པོ་མཛད་པའི་དུས་སུ་བརྩིས་པས་ལོ་སུམ་སྟོང་ཆིག་བརྒྱ་བཞི་བཅུ་ཞེ་དགུ་ལོན་ཏེ་སླན་ཆད་ཀྱང་དེ་བཞིན་དུ་རྩིའོ། །དེ་ལྟར་བརྩིས་པ་ལས་ལོ་བཞི་བསྐྱེད་པ་ནི་རྒྱ་གར་གྱི་རྒྱལ་པོ་རྣམས་ཀྱི་བརྩིས་པ་དང་རྒྱལ་པོ་ཁྲི་གཙུག་ལྡེ་བཙན་གྱིས་བརྩིས་པ་ནི་མཐུན། མང་ཡུལ་དུ་བན་སྡེ་ཆོས

ཀྱི་བློ་གྲོས་ཀྱིས་བརྩིས་པ་མན་ཆད་མ་མཐུན་པས་གཞུང་སྔ་མ་བཙན་པར་བྱས་སོ། །དེ་ནས་སྟོད་དུ་མངའ་བདག་འོད་ལྡེ་བཙན་གྱིས་བཙན་པོ་ཁྲི་བཀྲ་ཤིས་ལྡེ་ཕྱུག་ནས་དྲངས་པའི་ཚེ་སྟོད་ཀྱི་ཆོས་ཉན་པས་ར་ཟ་འཛམས་སུ་བརྩིས་པ་ན་ལོ་སུམ་སྟོང་ཆིག་བརྒྱ་དགུ་བཅུ་ཐམ་པ་ལོན་ནོ། །དེ་ནས་མེ་མོ་སྟག་གི་ལོ་ལ་ལོ་ཙྪ་བ་ཆེན་པོ་བློ་ལྡན་ཤེས་རབ་འདས་ཏེ་ལྕགས་ཕོ་སྟག་གི་ལོ་ལ་འདུ་བ་ཆེན་པོ་བྱས་པའི་དུས་སུ་བརྩིས་ན་ལོ་སུམ་སྟོང་ཉིས་བརྒྱ་བཞི་བཅུ་རྩ་གསུམ་ལོན་ནོ། །དེ་ནས་མེ་མོ་ཕག་གི་ལོའི་མཇུག་ལ་གྲུང་ཐང་གི་སྟེང་ན་ལ་ཙེ་གནས་མོ་ཆེའི་གཙུག་ལག་ཁང་དུ་དཔལ་ས་སྐྱ་པ་ཆེན་པོའི་སྲས་ཀྱི་ཐུ་བོ་མི་འཕྲོགས་པའི་བློ་གྲོས་ཅན་མཁས་པ་ཆེན་པོ་བསོད་ནམས་རྩེ་མོ་ཞེས་བྱ་བས་ཆོས་ལ་འཇུག་པའི་སྒོ་ཞེས་བྱ་བའི་བསྟན་བཅོས་མཛད་དེ། དེའི་དུས་སུ་ཕག་གི་ལོ་འདི་ཕན་ཆད་སངས་རྒྱས་མྱ་ངན་ལས་འདས་ནས་ལོ་སུམ་སྟོང་སུམ་བརྒྱ་ཐམ་པ་ལོན་ནོ། །འགའ་ཞིག་འདི་པས་ལོ་གསུམ་གྱི་མང་བར་རྩི་བ་ནི་ལོའི་མིང་མི་མཐུན་པས་མགོ་འཁྲུགས་པ་ཡིན་པས་མ་དག་པར་ཤེས་པར་བྱའོ། །དེ་ནས་གཙང་ལ་སྟོད་གྲོམ་པ་ས་སྐྱའི་དགོན་དུ་ཆོས་ཀྱི་རྗེ་རྗེ་བཙུན་ཆེན་པོ་བདེ་བ་ཅན་དུ་གཤེགས་པའི་དུས་སུ་མེ་ཕོ་བྱི་བའི་ལོ་ལ་ཕྱོགས་ཀྱི་མཁས་པ་རྣམས་སྤྱན་དྲངས་ནས་ཆོས་ཀྱི་འཁོར་ལོ་ཆེན་པོ་ནི་བསྐོར། བཤད་པ་དང་འབེལ་གཏམ་གྱི་གྲྭ་ཆེན་པོ་ནི་བཙུགས། སྟེ་སྟོད་མཐའ་དག་གཏན་ལ་འབེབས་པའི་དགའ་སྟོན་ཆེན་པོ་མཛད་པའི་དུས་སུ། མེ་ཕོ་བྱི་བའི་ལོ་རྒྱལ་གྱི་ཟླ་བའི་ཚེས་བཅོ་ལྔ་ལ་གསོ་སྦྱོང་བྱས་པའི་དུས་སུ་དགེ་སློང་སྟོང་ཕྲག་ལྔག་པ་གཅིག་ཚོགས་པའི་ནང་དུ་ཤཱཀྱའི་དགེ་སློང་ཀུན་དགའ་རྒྱལ་མཚན་དཔལ་བཟང་པོ་ཞེས་བགྱི་བས། དུས་བཟང་གི་མདོ་དང་སོ་སོར་ཐར་པའི་མདོ་ཤིན་ཏུ་དག་པར་སྟོན་ནས་སངས་རྒྱས་ཀྱི་བསྟན་པ་ལ་བྱི་དོར་བྱས་པའི་དུས་སུ་རྩིས་ན་མེ་ཕོ་བྱི་བའི་ལོ་འདི་ཡན་ཆད་ལ་དེ་བཞིན་གཤེགས་པ་ཡོངས་སུ་མྱ་ངན་ལས་འདས་ནས་ལོ་སུམ་སྟོང་སུམ་བརྒྱ་ལྔ་བཅུ་ཐམ་པ་ལོན་ནོ། །སླན་ཆད་ཀྱང་ཤེས་ལྡན་རྣམས་ཀྱིས་དེ་བཞིན་དུ་རྩིས་ཤིག །དུས་འདི་ལ་རྒྱ་གར་ན་ཉན་ཐོས་སེན་ྡྷ་པ་རྣམས་དུས་བརྗོད་པའི་ཚེ་སངས་རྒྱས་མྱ་ངན་ལས་འདས་ནས་ལོ་འདི་སོང་རྩེ་བ་ཞིག་ཡོད། དེའི་ལུགས་མ་ག་དྷའི་བྱང་ཆུབ་ཆེན་པོའི་སྐུ་གཟུགས་དེ་སློབ་དཔོན་མཐོ་བཙུན་བདེ་བྱེད་བདག་པོས་མཛད་པར་བཞེད་ནས། ཅན་དན་གྱི་ལྡེ་གུ་སྤྱངས་པ་ན་རང་བྱུང་དུ་བྱུང་བའི་དུས་དེ་ནས་བཟུང་སྟེ། ལོ་ཚིགས་ལ་འབྲུལ་ནས་སངས་རྒྱས་མྱ་ངན་ལས་འདས་ནས་ལོ་འདི་སོང་ཞེས་རྩིས། དེའི་རྗེས་སུ་འབྲངས་ནས་དེང་སང་རྒྱ་གར་གྱི་པཎྜི་ཏ་ཕལ་ཆེར་ཡང་དེ་ལྟར་ཟེར་ལ། ཁ་ཆེའི་པཎྜི་ཏ་ཆེན་པོ་སྡོམ་བརྩོན་བསོད་སྙོམས་པའི་ཞལ་སྔ་ནས་ཀྱིས། དཔལ་ལྡན་ས་སྐྱར་ཕྱུགས་ཕོ་རྟའི་ལོ་ལ་དབྱར་གནས་མཛད་པའི་ཚེ་བརྩིས་པས། སངས་རྒྱས་མྱ་ངན་ལས་འདས་ནས་ལོ་སྟོང་ཕྲག་གཅིག་དང་བདུན་བརྒྱ

དང་ལྔ་བཅུ་རྩ་གསུམ་སོང་ལ། ད་སླན་ཆད་སངས་རྒྱས་ཀྱི་བསྟན་པ་ལོ་སུམ་སྟོང་ཉིས་བརྒྱ་དང་བཞི་བཅུ་ཞེ་དྲུག་གནས་སོ་ཞེས་གསུང་པའང་ཉན་ཐོས་སེན་རྡ་པ་རྒྱུན་དུ་སྒྲོག་པའི་གཏམ་བརྒྱུད་ལ་བརྟེན་ནས་རང་གིས་རྟོག་དཔྱོད་མ་མཛད་པར་ཟད་པས་ཡིད་བརྟན་པར་མི་བྱའོ། །དེ་དག་མི་འཐད་པར་ཅིས་མངོན་ཞེ་ན། འདི་མི་འཐད་པའི་ཚུལ་ཆོས་རྗེ་ས་སྐྱ་པ་ཉིད་ཀྱི་ཞལ་སྔ་ནས་འདི་སྐད་གསུང་སྟེ། སངས་རྒྱས་མྱ་ངན་ལས་འདས་ནས་ལོ་བརྒྱ་ན་ལི་ཡུལ་བྱུང་ངོ་། །དེ་བཞིན་གཤེགས་པ་མྱ་ངན་ལས་འདས་ནས་ལོ་བྱེ་བ་ཕྲག་ལྔ་བཅུ་རྩ་བདུན་ན་སངས་རྒྱས་བྱམས་པ་འབྱུང་ངོ་། །སངས་རྒྱས་ཤཱཀྱ་ཐུབ་པ་མྱ་ངན་ལས་འདས་ནས་ལོ་ཉིས་སྟོང་ལོན་པ་ན་ཡུལ་ཀོའུ་ཤཾ་བིར་བསྟན་པ་ནུབ་ཅེས་ཐོས་ནས། ཡུལ་གཞན་གྱི་བསྟན་པ་ནམ་ནུབ་འཕགས་པ་དགེ་འདུན་འཕེལ་ལ་དྲིས་པ་དང་། ཟླ་བ་སྙིང་པོས་ཞུས་པ་ལས། སངས་རྒྱས་མྱ་ངན་ལས་འདས་ནས་ལོ་ཉིས་སྟོང་དུ་གང་ཟག་གི་ཤེས་པའི་རྒྱུན་ལ་གནས་སོ། །དེ་ནས་ནི་ནུབ་བོ། ལོ་སུམ་སྟོང་དུ་ནི་ཆོས་གནས་སོ་ཞེས་བྱ་བ་ལ་སོགས་པ་དང་། བཅོམ་ལྡན་འདས་ཀྱིས་ལྷ་མོ་དྲི་མ་མེད་པ་ལུང་བསྟན་པ་ལས་ང་ཡོངས་སུ་མྱ་ངན་ལས་འདས་ནས་ལོ་ཉིས་སྟོང་ལྔ་བརྒྱ་ན་གདོང་དམར་ཅན་གྱི་ཡུལ་དུ་དམ་པའི་ཆོས་རྒྱས་པར་འགྱུར་རོ་ཞེས་བོད་ཀྱི་ཡུལ་དུ་ཆོས་འབྱུང་བར་ལུང་བསྟན་པ་དང་འགལ་བ་དང་། གཞན་ཡང་འཕགས་པ་ཀླུ་སྒྲུབ་ལ་སོགས་པ་ལུང་བསྟན་པའི་ལོ་གྲངས་དང་རྒྱལ་པོ་ལ་སོགས་པའི་རབས་རྩིས་པ་དེ་དམ་པའི་ཆོས་ཀྱི་འཕེལ་འགྲིབ་ཀྱི་རབས་རྩིས་ན་མི་འཐད་ཅེས་གསུང་སྟེ་རྒྱས་པར་ཡི་གེ་མང་བས་འཇིགས་པས་མ་བྲིས་སོ། །བདག་ཀྱང་རྗེ་བཙུན་ས་སྐྱ་པའི་རྗེས་སུ་འབྲངས་ཏེ་ཁས་འཆེའོ་ཞེས་ས་པཎ་གྱི་བསྟན་རྩིས་ལས་འབྱུང་། དེ་ལྟར་ན་སྟོན་པ་མྱ་ངན་ལས་འདས་ནས་ས་ཕོ་སྟག་ཡན་ཆད་ལ་ལོ་སུམ་སྟོང་ལྔ་བརྒྱ་དགུ་བཅུ་ཐམ་པ་སོང་། རྗེ་བོ་རྗེ་ལྟར་ན་ཐུབ་པ་ཤིང་མོ་གླང་ལོ་པར་བཞེད་པས་སྔ་མ་ལས་ལོ་གྲངས་བཞིས་མང་བར་ཤེས་པར་བྱའོ། །གཞན་ཡང་བསྟན་པའི་གནས་ཚད་བཤད་པའི་མདོ་བསྟན་བཅོས་ཀྱི་རྣམ་གྲངས་བཤད་པ་འདི་ལྟར་ཡིན་ཏེ། ལུང་ཕྲན་ཚེགས་ལས། ལོ་སྟོང་གནས་ཞེས་པ་དང་། མདོ་བསྐལ་བཟང་ལས། ཆོས་ལོ་ལྔ་བརྒྱ་དང་གཟུགས་བརྙན་ལོ་ལྔ་བརྒྱ་སྟེ་ལོ་སྟོང་དུ་སོང་། མཛོད་ཀྱི་མདོ་ཏིག་དུམ་གསེར་ཕྲེང་ཅན་གྱི་རྟོགས་པ་བརྗོད་པ་ལས་ཀྱང་། རྒྱལ་པོ་ཁྲིད་ཀྱི་རྨི་ལམ་དུ་སྙེ་བོ་ཕལ་པོ་ཆེ་འདུས་ནས་ཚིག་ངན་བརྗོད་དེ་ཆད་པ་དང་གནོད་པ་བྱེད་པ་མཐོང་བ་གང་ཡིན་པ་དེ་ནི་སངས་རྒྱས་ཤཱཀྱ་ཐུབ་པ་དེའི་བསྟན་པ་ལོ་སྟོང་དུ་གནས་ཤིང་མཐར་ངན་པར་སླབ་དང་ཆད་པར་བྱེད་པས་ནུབ་པར་འགྱུར་བའི་སྔ་ལྟས་ཡིན་ནོ་ཞེས་པ་དང་། མངོན་པ་མཛོད་ཀྱི་རང་འགྲེལ་ལས་དེ་དག་ཀྱང་ལོ་སྟོང་དུ་གནས་སོ་ཞེས་པ་དང་། གཞན་དག་ན་རེ་རྟོགས་པ་ནི་དེ་ལྟ་བུ་ཡིན་གྱི་ལུང་ནི་ཡུན་རིང་དུ་གནས་སོ་ཞེས་ཟེར་རོ་ཞེས་

བཤད། མདོ་དྲི་ལན་བསབ་པ་ལས་གལ་ཏེ་དེ་བཞིན་གཤེགས་པས་སངས་རྒྱས་ཀྱི་བསྟན་པ་ལ་བུད་མེད་རབ་ཏུ་འབྱུང་དུ་གནང་བར་གྱུར་ན་དམ་པའི་ཆོས་ལྔ་བརྒྱས་སྔར་ནུབ་པར་འགྱུར་ཏེ། དེ་བས་ན་དེ་བཞིན་གཤེགས་པ་ནི་བུད་མེད་རྣམས་སངས་རྒྱས་ཀྱི་བསྟན་པ་ལ་འཇུག་པར་མི་དགྱེས་སོ་ཞེས་བུད་མེད་རབ་ཏུ་བྱུང་བས་ལོ་ལྔ་བརྒྱ་འགྲིབ་པར་བཤད། བློ་གྲོས་མི་ཟད་པས་བསྟན་པའི་མདོའི་འགྲེལ་པར། སྙིད་མའི་དུས་ལྔ་བརྒྱ་པ་ཐ་ལ་ཞེས་པའི་འགྲེལ་པར་དཔེར་ན་མིའི་ཚེ་ལོ་བརྒྱ་ཐུབ་པ་ལ་ལོ་ལྔ་བཅུའི་བར་དུ་འཕེལ་བའི་དུས་ཏེ་ལུས་དང་ཤེས་རབ་དང་རྩལ་ལ་སོགས་པ་འཕེལ་ཞིང་སྐྱེའོ། །དེ་ལྟར་ལོ་ལྔ་བཅུ་འདས་ནས་དེའི་ཕྱི་མ་ལྔ་བཅུ་ནི་འགྲིབ་པའི་དུས་ཏེ་ལུས་དང་ཤེས་རབ་དང་རྩལ་ལ་སོགས་པ་ཉམས་ཤིང་འབྲི་བར་འགྱུར་རོ། །དེ་བཞིན་དུ་སངས་རྒྱས་ཤཱཀྱ་ཐུབ་པའི་བསྟན་པ་འབྲས་བུ་ཐོབ་པ་དང་ཤིན་ཏུ་རྒྱས་པའི་དུས་ནི་ལོ་སྟོང་ཞིག་འཛམ་བུའི་གླིང་དུ་གནས་སོ། །དེ་ཡང་ཕྱེད་དུ་བསྒོས་ཏེ་ལྔ་བརྒྱ་སྔ་མ་ནི་འཕེལ་བའི་དུས་སུ་བཞག་ལ་ལྔ་བརྒྱ་ཕྱི་མ་ནི་འགྲིབ་པའི་དུས་སུ་ཤེས་པར་བྱའོ་ཞེས་བཤད། ཡང་ཟླ་བ་སྙིང་པོའི་མདོ་ལས། ང་མྱ་ངན་ལས་འདས་ནས་དམ་པའི་ཆོས་ཀྱི་གཟུགས་བརྙན་ལོ་ཉིས་སྟོང་གནས་པར་འགྱུར་རོ་ཞེས་པ་དང་། སྙིང་རྗེ་པད་དཀར་ལས། བདག་མྱ་ངན་ལས་འདས་ནས་ལོ་སྟོང་དུ་དམ་པའི་ཆོས་གནས་པར་གྱུར་ཅིང་། ཡང་ལོ་ལྔ་བརྒྱར་དམ་པའི་ཆོས་ཀྱི་གཟུགས་བརྙན་གནས་པར་གྱུར་ཅིང་ཅེས་ཕྱེད་དང་ཉིས་སྟོང་དུ་གསུངས་ལ། རྡོ་རྗེ་གཅོད་པའི་འགྲེལ་པར། ལྔ་བརྒྱ་པ་ཐ་མ་ཞེས་བྱ་བ་ལ་བརྒྱ་ཕྲག་ལྔའི་ཚོགས་ནི་ལྔ་བརྒྱ་སྟེ་བཅོམ་ལྡན་འདས་ཀྱི་བསྟན་པ་ལྔ་བརྒྱ་ཕྲག་ལྔའི་བར་དུ་གནས་ཞེས་གྲགས་པས་དེའི་ཕྱིར་ཐ་མ་ཞེས་བྱེ་བྲག་ཏུ་མཛད་དོ་ཞེས་པ་དང་། འབུམ་ཊཱི་ཀ་ཏུ། ལོ་ལྔ་སྟོང་གནས་པ་ལས་སྟོང་ཕྲག་རེ་རེ་ལ་ཕྱེད་ཕྱེད་དུ་བཅད་པས་ལྔ་ བརྒྱ་ཕྲག་བཅུ་ལ་ལེའུ་བཅུར་འགྱུར་ཏེ་ཞེས་སོགས་ཀྱི་དོན་སྔར་བཤད་ཟིན་ཏོ། །སློབ་དཔོན་འཇམ་དཔལ་གྲགས་པས་ཀྱང་དེ་ལྟར་དུ་བཤད། ཡང་འཕགས་པ་དགའ་བའི་བཤེས་གཉེན་གྱི་རྟོགས་བརྗོད་ལས། འཛམ་བུ་གླིང་པའི་མི་རྣམས་ཀྱི་ཚེ་ལོ་བཅུ་པ་ལས་ཡར་འཕེལ་ཏེ་ཚེ་ལོ་དྲུག་བརྒྱ་པར་གྱུར་པའི་བར་དུ་བཅོམ་ལྡན་འདས་ཤཱཀྱ་ཐུབ་པའི་བསྟན་པ་དམ་པའི་ཆོས་གནས་པར་འགྱུར་རོ་ཞེས་བཤད། དེ་ལ་ལོ་སྟོང་དང་ཕྱེད་དང་ཉིས་སྟོང་དང་ཕྱེད་དང་སུམ་སྟོང་དུ་བཤད་པ་ནི་དྲང་དོན་ཡིན་ཞིང་དགོངས་གཞི་སྒྲུབ་པ་ལ་སོགས་པ་ཉམས་པ་ལ་དགོངས་ཏེ། ཐུབ་དགོངས་སུ། དམ་པའི་ཆོས་ནུབ་པ་ནི་སྒྲུབ་པ་ཡོངས་སུ་ཉམས་པ་ཡིན་ནོ་ཞེས་པ་དང་། རྡོ་རྗེ་གཅོད་པའི་འགྲེལ་པར་དམ་པའི་ཆོས་རབ་ཏུ་རྣམ་པར་འཇིག་པ་ནི་མོས་པ་དང་གློག་པ་དང་ཁ་དོན་བྱེད་པ་དང་ལུང་འདོན་པ་དང་འཆད་པ་དང་ཉན་པ་དང་སེམས་པ་ལ་སོགས་པ་ཉམས་པའི་ཞེས་བཤད་པས་སོ། །དགོས་པ་གདུལ་བྱ་སྤྲོ་བ་སྐྱེད་པའི་ཕྱིར

ཡིན་ནོ། །དངོས་ལ་གནོད་བྱེད་ལྷ་མོ་དྲི་མ་མེད་པའི་འོད་ལུང་བསྟན་པར། ང་ཡོངས་སུ་མྱ་ངན་ལས་འདས་ནས་ལོ་ཉིས་སྟོང་ལྔ་བརྒྱ་ན་གདོང་དམར་ཅན་གྱི་ཡུལ་དུ་དམ་པའི་ཆོས་རྒྱས་པར་འགྱུར་རོ་ཞེས་པ་དང་། གདོང་དམར་ཅན་ནི་བྲ་བཞེད་ནས་རྒྱ་ལ་བཤད་ལ་ཆོས་རྗེ་ས་པཎ་གྱིས་བོད་ལ་གསུངས་པས་གཉིས་ཀ་གདོང་དམར་ཅན་དུ་འགལ་བ་མེད་དོ། །ཡང་ན་ཆོས་རྗེ་ཉིད་དབང་བཙན་པར་བྱས་སོ། །མྱ་ངན་འདས་ཆེན་ལས། རིགས་ཀྱི་བུ་ང་འདས་པའི་འོག་ཏུ་ལོ་བཞི་སྟོང་གི་བར་དུ་འཛམ་བུའི་གླིང་དུ་སྤྱོད་པར་འགྱུར་ཏེ་དེའི་རྗེས་ལ་སའི་འོག་ཏུ་ནུབ་པར་འགྱུར་རོ་ཞེས་གསུངས། མཛོད་ཀྱི་འགྲེལ་བཤད་དུ། ལུང་གི་ཆོས་ཡུན་རིང་དུ་གནས་པ་ནི་ལོ་སྟོང་གི་འོག་ཏུ་ཡང་གནས་སོ་ཞེས་བྱ་བ་སྐྱེ་ཕྱོགས་འདི་ཉིད་རིགས་པར་ལྟའོ་ཞེས་བཤད་དོ། །དེས་ན་ལོ་ལྔ་སྟོང་དུ་གནས་པ་ནི་རིགས་པའི་དོན་ཡིན་ཏེ། རྒྱུ་མཚན་གོང་དུ་བཤད་ཟིན་ཏོ། །ཡང་མདོ་མྱང་འདས་ལས། དེ་བཞིན་གཤེགས་པ་འདས་ནས་ལོ་བཞི་སྟོང་གི་བར་དུ་འཛམ་བུའི་གླིང་དུ་གནས་པའི་རྗེས་ལ་སཡི་འོག་ཏུ་ནུབ་པར་གྱུར་ནས་ཡུན་ཇི་སྲིད་ཅིག་ན་སླར་ཡང་འབྱུང་བར་འགྱུར་ལགས། བཅོམ་ལྡན་འདས་ཀྱིས་བཀའ་སྩལ་པ་རིགས་ཀྱི་བུ་གང་གི་ཚེ་ངའི་དམ་པའི་ཆོས་ཀྱི་མཇུག་ལོ་བརྒྱད་ཅུ་ལུས་པར་གྱུར་ཏེ་དམ་པའི་ཆོས་ནུབ་ཏུ་ཆ་བ་ན་ཡོངས་སུ་མྱ་ངན་ལས་འདས་པ་ཆེན་པོའི་མདོ་ཆེན་པོ་འདི། འཛམ་བུའི་གླིང་དུ་འབྱུང་བར་འགྱུར་ཏེ་ལོ་བཞི་བཅུའི་བར་དུ་དམ་པའི་ཆོས་ཀྱི་ཆར་ཕབ་ནས་ནུབ་པར་འགྱུར་རོ་ཞེས་གསུངས་པའི་ཕྱིར་རོ། །བསྟན་པ་ནུབ་པའི་དུས་སྐབས་འགའ་ཞིག་ནི། གདགས་པའི་བསྟན་བཅོས་ལས། འཛམ་བུ་གླིང་པའི་ཚེ་ལོ་བཞི་བཅུ་ལ་ནུབ་ཅེས་བཤད། དེས་ན་བསྟན་པའི་འཆར་ནུབ་གསུངས་པའི་མདོ་ནང་ཕན་ཚུན་འགལ་བར་མི་སེམས་ཏེ། བསྟན་པ་ནུབ་པ་ནི་འབྲས་བུ་དང་སྒྲུབ་པ་དང་ལུང་གི་བསྟན་པ་རེ་རེ་ལའང་གསུམ་གསུམ་དུ་ཕྱེ་བའི་བསྟན་པ་ཅི་རིགས་ནུབ་པའི་སྐབས་དང་། གནས་པ་ནི་བསྟན་འཛིན་གྱི་གང་ཟག་དང་བསྟན་པ་ཆོས་ཙམ་ཡོད་པ་ལ་ཡང་དགོངས་པའི་ཕྱིར་རོ། །དེ་དག་ནི་ཞར་ལ་འོངས་པའི་དཀའ་བའི་གནད་བཤད་པའོ། །གོང་དུ་སངས་རྒྱས་ཤཱཀྱ་ཐུབ་པ་མྱ་ངན་ལས་འདས་ནས་ལོ་ཉིས་སྟོང་ལོན་པ་ན་ཀོཽ་ཤམ་བིར་བསྟན་པ་ནུབ་ཅེས་གསུངས་པའི་ཚུལ་ཇི་ལྟར་ཡིན་ཞེ་ན། དེ་ཡང་ཟླ་བ་སྙིང་པོས་ཞུས་པའི་མདོ་ལས། བཅོམ་ལྡན་འདས་དམ་པའི་ཆོས་འདི་ཐ་མར་ཇི་ལྟར་ནུབ་པར་འགྱུར། རྒྱུ་ཅི་ལས་ཉམས། སུས་མ་མཆིས་པར་བགྱིད་ཅེས་ཞུས་པ་ན། ང་འདས་པའི་འོག་ཏུ་ལོ་ལྔ་བརྒྱའི་བར་དུ་ངའི་བསྟན་པ་སྤྱོད་པའི་སེམས་ཅན་རྣམས་རྣམ་པར་གྲོལ་བ་མང་དུ་འབྱུང་དེ་ནས་ལོ་ལྔ་བརྒྱའི་བར་དུ་ཏིང་ངེ་འཛིན་སྤྱོད་པ་མང་དུ་འབྱུང་རྒྱལ་པོ་དང་སེམས་ཅན་ཕལ་ཆེར་ཆོས་ལ་དད་ཅིང་སྤྱོད་པ་ནི་ཕྱིར་ཞུང་བར་གྱུར་ཏོ། །དེ་ནས་ལྔ་བརྒྱའི་བར་དུ་དམ་པའི་ཆོས་སྟོན་ཅིང་སེམས་ཅན་འདྲེན་པ་དང་ཐར

བར་བྱེད་པའི་སློབ་དཔོན་མང་དུ་འབྱུང་ལ་ཉན་ཐོས་ཀྱི་དགྲ་བཅོམ་པ་ཉིད་ཉུང་བར་འགྱུར་རོ། །རྒྱལ་པོ་དང་སེམས་ཅན་ཕལ་ཡང་ཉན་པ་ཙམ་དུ་ཟད་ཀྱི་ཉམས་སུ་ལེན་ཅིང་སྒྲུབ་པའང་བརྩོན་འགྲུས་མི་བྱེད་པ་དད་པ་འབྲི་བར་འགྱུར་རོ། །དམ་པའི་ཆོས་ཀྱི་བསྲུང་མ་རྣམས་ཀྱང་མི་དགའ་བར་འགྱུར་ཏེ་དམ་པའི་ཆོས་ལ་མ་དད་པ་རྣམས་ནི་སྟོན་པས་མཐུ་སྟོབས་སྐྱེའོ། །འཛམ་བུ་གླིང་གི་རྒྱལ་པོ་རྣམས་ཀྱང་ཕན་ཚུན་གཅིག་ལ་གཅིག་དམག་འདྲེན་ཅིང་འཁྲུག་པར་འགྱུར་རོ། །དེ་ནས་ལོ་ལྔ་བརྒྱའམ་སུམ་བརྒྱར་ནི་དམ་པའི་ཆོས་སྤྱོད་པའི་ལྷ་ཀླུ་ལ་སོགས་པ་རྣམས་མི་གནས་ཤིང་སེམས་ཅན་རྣམས་ཆོས་ལ་མ་དད་པར་འགྱུར་ཆོས་ལ་སྤྱོད་པ་རྣམས་ཀྱང་ཆོས་ཀྱི་གཞུང་བཞིན་མི་སྤྱོད་པ་དང་བརྩོན་འགྲུས་ཆུང་བས་གྲུབ་པའང་ཉུང་བར་འགྱུར། །ཁ་དོག་བཞི་དང་བཞི་ལས་གྱུར་པའང་དྲི་རོ་ལ་སོགས་པ་ཆུང་བར་འགྱུར་རོ་མི་ནད་དང་ཕྱུགས་ནད་དང་མུ་གེའང་འབྱུང་ངོ་། །ལོ་ཉིས་བརྒྱ་ལ་དགེ་སློང་ཡང་ཆོས་བཞིན་མི་སྤྱོད་འཇིག་རྟེན་གྱི་ཁེ་དང་གྲགས་པ་ཚོལ་སྙིང་རྗེ་དང་ཚུལ་ཁྲིམས་ལ་མི་གནས་དམ་པའི་ཆོས་མ་ནོར་བར་སྤྱོད་པ་ལ་ནི་སྐུར་བ་འདེབས། ལོངས་སྤྱོད་དང་ཡོ་བྱད་འཕྲོག་འཇིག་རྟེན་གྱི་རྒྱལ་པོའི་གསང་ལ་བརྟེན་ཅིང་རྒྱལ་སྲིད་འཛིན་རྒྱལ་པོའི་འཕྲིན་པར་འགྲོ་ཞིང་ངོ་འཕྲད་ཚོལ། རྒྱལ་པོ་དང་འབངས་འབྱེད་པའི་དབྱེན་མེད། ཚོང་དང་ཁེ་ཕོགས་བྱེད་ཐབས་ཚོལ། དམ་པའི་ཆོས་སྤྱོད་པའང་སྙིང་ནས་ཉམས་སུ་བླངས་ཏེ་མི་སྤྱོད་ཀྱི་ཕལ་ཆེར་ཁ་གསག་དང་ཚུལ་འཆོས་བྱེད་དོ། །དེའི་དུས་ན་ཆོས་ལ་དགའ་བའི་ལྷ་ཀླུ་ཐམས་ཅད་ཀྱིས་ཁམས་ཀྱི་དགེ་སློང་འདི་ལྟར་སྤྱོད་པའི་ས་གཞི་དེ་བོར་ཏེ་མི་གནས་ཤིང་བདུད་ཀྱི་རིགས་ལ་སོགས་པ་ཆོས་ཀྱི་བགེགས་རྣམས་དེར་འབྱུང་སྟེ་མཐུ་དང་སྟོབས་སྟེར་བར་འགྱུར། རྒྱལ་པོ་དང་བློན་པོ་ལ་སོགས་པ་དད་པ་འབྲི། དགེ་སྡིག་གི་མཚམས་མི་ཟིན། དམ་པའི་ཆོས་ལ་རྨ་འབྱིན། དཀོན་མཆོག་གསུམ་གྱི་དཀོར་དང་དགེ་འདུན་གྱི་རྫས་ལ་རྐུ་འཕྲོག་བྱེད། སྡིག་པ་ལ་མི་འཛེམ་གཟུགས་བརྙན་དང་མཆོད་རྟེན་རྣམས་ཁད་ཀྱིས་བཤིག །མཆོད་པའི་ཡོ་བྱད་འབྲི། དེའི་ཚེ་དམ་པའི་ཆོས་མ་ནོར་བར་སྤྱོད་པའི་དགེ་སློང་དང་ཁྱིམ་པ་འགའ་གནས་པའི་བསོད་ནམས་ཀྱིས་ཡུལ་ཕྱོགས་སུ་ཁ་ཆར་དུས་སུ་འབབ་ཅིང་ལོ་ལེགས་པ་དང་མི་ནད་ཕྱུགས་ནད་ཉུང་ཞིང་ཡུལ་བདེ་བ་དག་ཀྱང་འབྱུང་ལ། དེ་ལྟ་བུ་མི་གནས་པ་ཕལ་ཆེར་ནི་སྡུག་བསྔལ་དང་མི་བདེ་བ་སྣ་ཚོགས་འབྱུང་ངོ་། །དེའི་དུས་སུ་རྒྱ་གར་དང་རྒྱ་མ་ཡིན་པའི་རྒྱལ་པོ་ཡ་བ་ན་དང་མ་ལ་བླ་དང་ཤི་ཀུན་ཞེས་བྱ་བ་གསུམ་འབྱུང་ཞིང་དེ་དག་དམ་པའི་ཆོས་བཞིན་མི་སྤྱོད་པར་དམག་འདྲེན་ཅིང་འཐབ་རྩོད་བྱེད་པས་ནུབ་དང་བྱང་གི་ཡུལ་ཁམས་མང་པོ་མེད་པར་བྱས། ཡུལ་ཁམས་དེའི་མཆོད་རྟེན་དང་གཙུག་ལག་ཁང་བཤིག་མེས་བསྲེགས་མཆོད་པའི་ཡོ་བྱད་དཀོན་མཆོག་གི་དཀོར་ལ་སོགས་པ་ཕྲོགས་བཅོམ་སྟེ། རྒྱལ་པོ་དེ་གསུམ་

གཅིག་ལ་གཅིག་གནོད་པ་བྱེད་པས་གསུམ་གྱི་རྒྱལ་སྲིད་མི་བདེ་བར་གྱུར་ནས་རེ་ཤིག་དེ་དག་མཛའ་བ་འདུམ་སྟེ་སྲིད་གཅིག་ཏུ་བྱས་ཏེ་དམག་མང་པོ་བསྡུས་ནས། རྒྱ་གར་གྱི་ཡུལ་གཙྪའི་ཚུ་རོལ་ཛྭན་དྷ་ར་དང་མ་དྷྱ་དེ་ཤ་ལ་སོགས་པ་འཕྲོགས་ནས་འཛིན་པར་འགྱུར་རོ། །དེའི་ཚེ་གཙྪའི་ཕ་རོལ་ལྷོ་ཕྱོགས་ན་ཀོའུ་ཤམ་བིའི་ཡུལ་ན་རྒྱལ་པོ་མ་ཧེནྡྲ་སེ་ན་ཞེ་བྱ་བ་ལ་བུ་ཞིག་བཙས་པའི་མིང་དུ་པྲ་ས་ཧ་ཞེས་བྱ་བ་སྐྱིན་མཚམས་ན་ལྕུགས་ཀྱི་སྐྱེ་བ་ཡོད་པ་ལག་པའི་གྲུ་མོ་མན་ཆད་ཁྲག་གིས་བསྐུས་པ་ཞིག་འབྱུང་ངོ་། །དེ་དང་དུས་མཉམ་དུ་བློན་པོ་ལྔ་བརྒྱ་ལ་བུ་ལག་པའི་འཁྲིག་མ་མན་ཆད་ཁྲག་ཅན་དུ་བྱས་པ་ལྔ་བརྒྱ་བཙའོ། །དེ་དག་དང་དུས་མཉམ་དུ་རྒྱལ་པོ་དེ་ལ་རྟེའུ་སྐྱ་ཤེས་པ་ཞིག་ཀྱང་འབྱུང་སྟེ་དེའི་ནུབ་མོ་ནམ་མཁའ་ལ་ཁྲག་གི་ཆར་འབབ་བོ། །རྒྱལ་པོས་དྲང་སྲོང་མངོན་པར་ཤེས་པ་ཅན་ཞིག་ལ་དེ་དག་གི་མཚན་ལྟས་དྲིས་པས། དྲང་སྲོང་གིས་རྒྱལ་པོ་ཁྱོད་ཀྱི་བུས་འཛམ་བུའི་གླིང་གི་ས་གཞི་ལ་ཁྲག་གིས་གཤེར་བར་བྱས་ཏེ་དེའི་འོག་ཏུ་འཛམ་བུའི་གླིང་གི་རྒྱལ་པོ་བྱེད་པར་འགྱུར་རོ་ཞེས་ལུང་བསྟན་ཏོ། །དེ་ནས་རྒྱལ་བུ་བཙས་ནས་ལོ་བཅུ་གཉིས་ལོན་པ་དང་ཤར་གྱི་རྒྱལ་པོ་ཡ་བ་ན་ལ་སོགས་པ་གསུམ་འདུས་པའི་དམག་གསུམ་འབུམ་རྒྱལ་པོ་མ་ཧེནྡྲ་སེ་ནའི་ཡུལ་དུ་དྲངས་པ་དང་། དམག་བྱུང་བས་རྒྱལ་པོ་མི་དགའ་སྟེ་མྱ་ངན་བྱེད་ཅིང་འདུག་པ་ལ། བུ་པྲ་ས་ཧས་ཡབ་ལ་འདི་ལྟ་བུའི་ཐུགས་མི་དགོས་པ་ཅི་ལས་གྱུར་ཞེས་དྲིས་པ་དང་། ཕ་ན་རེ་རྒྱལ་པོ་གསུམ་གྱི་དམག་བྱུང་བས་མི་དགའོ་ཞེས་སྨྲས་པ་དང་། བུས་ཡབ་མི་དགོས་པ་མ་མཛད་ཅིག་དམག་འདི་དག་བདག་གིས་ཐུབ་པར་བགྱིའོ་ཞེས་སྨྲས་པ་དང་། ཕ་ན་རེ་ལེགས་སོ་ཞེས་ཟེར་ནས། དེ་ནས་རྒྱལ་བུ་དེས་བློན་པོའི་བུ་ཡ་མཚན་ཅན་ལྔ་བརྒྱ་ལ་སོགས་པ་དམག་གཉིས་འབུམ་དང་བཅས་ནས་འཐབ་མོ་བྱས་པའི་ཚེ་སྐྱིན་མཚམས་ནས་ལྕུགས་ཀྱི་སྐྱེ་བ་བསྐྱེད་ནས་ལུས་རིལ་གྱིས་ལྕུགས་སུ་བྱས་ཏེ་རབ་ཏུ་ཁྲོས་ནས་བརྒལ་བ་དང་། པྲ་ས་ཧའི་དམག་རྒྱལ་ཏེ་ཕྱིར་ལོག་པ་དང་། ཕ་ན་རེ་བུ་ཁྱོད་ཀྱིས་རྒྱལ་པོ་གསུམ་གྱི་དམག་འདི་ལྟ་བུ་དང་འཐབ་པ་ལས་རྒྱལ་བ་ལེགས་སོ། །ད་ཕྱིན་ཆད་ཁྱོད་ཀྱིས་རྒྱལ་སྲིད་ཟུངས་ཤིག་ང་ནི་འབྱུང་ངོ་ཞེས་བསྒོ་ནས་རྒྱལ་སྲིད་བུས་བཟུང་ངོ་། །དེ་ནས་ལོ་བཅུ་གཉིས་ཀྱི་བར་དུ་རྒྱལ་པོ་གསུམ་གྱི་དམག་དང་འཐབ་པ་ལས་དམག་མང་པོའང་རིམ་གྱིས་གཏུལ་རྒྱལ་པོ་གསུམ་ཡང་བཟུང་ནས་མེད་པར་བྱས་སོ། །དེ་ཕན་ཆད་ལ་འཛམ་བུ་གླིང་གི་རྒྱལ་པོ་བྱས་པར་གྱུར་ཏོ། །དེ་ནས་རྒྱལ་པོས་བློན་པོ་རྣམས་ལ་ང་འཛམ་བུ་གླིང་གི་རྒྱལ་པོ་བྱེད་པ་ནི་དགའ་ན། སེམས་ཅན་མང་པོ་འདི་སྐད་ཅིག་བསད་པའི་སྡིག་པ་ཆེ་བས་མི་འདག་པས་སྡིག་པ་འདི་ཇི་ལྟ་བུ་བྱས་ན་འབྱང་བར་འགྱུར་ཞེས་དྲིས་པ་དང་། བློན་པོ་རྣམས་ན་རེ་ཡུལ་པཱ་ཊ་ལི་པུ་ཏྲ་ན་ཆོས་ཀྱི་སྡེ་སྣོད་ཤེས་པ་བྲམ་ཟེ་ཨ་ཀན་དྲ་དྷྭའི་བུ་སློབ་མ་ཅན་ཞེས་བགྱི་བ་ཞིག་དགོན་པ་ན་གནས་པ་དེ་སྤྱན་

དྲངས་ན་སྡིག་པ་འབྱུང་བར་བགྱིར་ནུས་སོ་ཞེས་ཟེར་བ་དང་། རྒྱལ་པོ་དགའ་ནས་དགེ་སློང་སློབ་མ་ཅན་སྤྱན་དྲངས་ནས་རྒྱལ་པོས་ཕྱག་བྱས་ཏེ་སྡིག་པ་རྣམས་ཐབས་ཅི་ཞིག་གིས་འབྱུང་ཞེས་ཞུས་པ་དང་། དེས་དཀོན་མཆོག་གསུམ་ལ་ལོ་བཅུ་གཉིས་སུ་མཆོད་ཅིང་སྐྱབས་སུ་གསོལ་ན་སྡིག་པ་འབྱུང་ངོ་ཞེས་བྱས་སོ། །

དེ་ནས་འཛམ་བུའི་གླིང་ན་དགེ་སློང་འདུག་གོ་ཅོག་ལ་འགུགས་པ་བཏང་སྟེ་ཐམས་ཅད་ཀོའུ་ཤམ་བིར་བསྡུས་ནས་ཡུལ་གཞན་དུ་ཆོས་སྤྱོད་དུ་མི་སྟེར་བར་གྱུར་ཏོ། །དགེ་སློང་རྣམས་ཀྱང་ལམ་དུ་གཅན་ཟན་དང་མི་རྒོད་དང་ཆུ་ལ་སོགས་པས་ཕལ་ཆེར་ཆུད་ཟོས་ནས་རྒྱལ་པོའི་དྲུང་དུ་འབུམ་ཙམ་ཞིག་གིས་ཕྱིན་པར་གྱུར་ཏོ། །དེ་དག་ཕྱིན་པ་དང་རྒྱལ་པོས་མཆོད་སྟོན་གསོལ་ཡོན་ཕུལ་ཏེ་མཆོད། དེ་ནས་དགེ་འདུན་རྣམས་ཕན་ཚུན་ཁྲོད་ཀྱི་མཁན་པོ་ག་རེ་སློབ་མ་གར་སོང་གྲོགས་པོ་ཁྲིམས་ཟླ་ག་རེ་ཞེས་སོ་སོར་གདམ་དྲིས་པ་དང་། གཅན་ཟན་དང་མི་རྒོད་ཀྱིས་བསད་པ་དང་ཆུས་ཁྱེར་བ་དང་ནད་ཀྱིས་བཏབ་སྟེ་ཤི་བ་ལ་སོགས་ཀྱི་གཏམ་བྱས་པས་སོ་སོ་ནས་མྱ་ངན་ལངས་ཏེ་དུད་མོ་འདེབས་ཤིང་བྲང་བརྡུང་བར་འགྱུར་རོ། །དེ་ནས་རྒྱལ་པོས་མྱ་ངན་མ་བྱེད་ཅེས་བསྒོ་བ་དགེ་འདུན་རྣམས་ཀྱིས་མ་ཉན་པ་དང་རྒྱལ་པོའང་མི་དགའ་སྟེ་ཁ་ཕྱོགས་ཏེ་ཉལ་ལོ། །ཉལ་བའི་ཚེ་ན་འཇིག་རྟེན་གྱི་དགེ་འདུན་ལ་ནི་སྐྱབས་མ་བྱུང་གི་དགྲ་བཅོམ་པའི་ཞལ་མཐོང་བར་ཤོག་ཅིག་ཅེས་སྨོན་ལམ་བཏབ་པ་དང་། འཇིག་རྟེན་གྱི་ལྷས་རྨི་ལམ་དུ་ཨྠན་ཧྣ་མ་ཏྣའི་རི་ལ་སུ་རཏྣ་ཤིའི་བུ་དེས་པ་ཞེས་བྱ་བ་དགྲ་བཅོམ་པ་ཞིག་བཞུགས་ཏེ་དེ་སྤྱན་དྲངས་ན་སྡིག་པ་འབྱུང་ཞིང་ཐེ་ཚོམ་ཡང་སེལ་བར་འགྱུར་རོ་ཞེས་ལུང་བསྟན་པ་དང་། རྒྱལ་པོའི་རྨི་ལམ་བཞིན་དུ་སད་མ་ཐག་པོ་ཉ་བགྲོ་སྟེ་འཕགས་པ་སྤྱན་དྲངས་ནས་མཆོད་ཅིང་ཕྱག་བྱས་སོ། །དེ་ནས་ཆོས་བཅུ་བཞིའི་ནུབ་མོ་དགེ་འདུན་འདུས་པའི་ནང་ནས་དགེ་སློང་གསར་ཞུགས་རྣམས་ཀྱིས་མཁན་པོ་སློབ་མ་ཅན་ལ་འདུལ་བ་བཤད་པར་གསོལ་བ་དང་། སློབ་མ་ཅན་ན་རེ་མིག་ལ་མི་གཞན་སྣ་དང་རྣ་བ་མེད་ན་མེ་ལོང་གིས་ཅི་བྱར་ཡོད། འདུལ་བ་བཤད་ཀྱང་ཁྱེད་འདུལ་བ་བཞིན་མི་སྤྱོད་ཆོས་ཁྲིམས་མི་བསྲུང་བ་ལ་འདུལ་བ་བཤད་པས་ཅི་ཕན་ཟེར་བ་དང་། དགྲ་བཅོམ་པ་ངེས་པས་སེང་གེའི་སྒྲ་བཞིན་དུ་ངས་སངས་རྒྱས་བཅོམ་ལྡན་འདས་ཀྱི་ཆོས་ཁྲིམས་མནོས་ནས་ད་ཙམ་གྱི་བར་དུ་རྩ་མཆོག་ཙམ་ཡང་མ་ཉམས་ན་དེ་སྐད་མ་ཟེར་བར་འདུལ་བ་ཤོད་ཅེས་སྨྲས་པ་དང་། མཁན་པོ་སློབ་མ་ཅན་གྱིས་དགྲ་བཅོམ་ཡིན་པར་ཤེས་ནས་རབ་ཏུ་གནོང་སྟེ་ཅང་མི་སྨྲ་བར་འདུག་གོ །དེ་ནས་སློབ་མ་ཅན་གྱི་སློབ་མ་དགེ་སློང་དཔུང་རྒྱན་ཅན་ཞེས་བྱ་བ་སྟན་ལས་ལངས་ཏེ། དགྲ་བཅོམ་པ་ལ་ཁྱོད་ཁྲིམས་ཀྱང་མེད་འདུལ་བའང་མི་ཤེས་པར་ངའི་མཁན་པོ་སྡེ་སྣོད་གསུམ་ལ་མཁས་པ་ལ་ཅིའི་ཕྱིར་བརྙས་ཞེས་ཁྲོས་ནས་དགྲ་བཅོམ་པ་ལ་བརྡེགས་ཏེ་བསད་དོ། །དེ་ནས་དམ་

པའི་ཆོས་ལ་དགའ་བའི་གནོད་སྦྱིན་ཞེས་བྱ་བས་རྡོ་རྗེ་ཐོགས་ཏེ་མདོན་དུ་བྱུང་ནས་དགེ་སློང་དཔུང་རྒྱན་ཅན་ལ་ཅིའི་ཕྱིར་དགྲ་བཅོམ་པ་གསོད་ཅེས་ཟེར་ནས་རྡོ་རྗེ་བརྡེགས་ཏེ་བསད་དོ། །དགེ་སློང་གི་རད་ཅེས་བྱ་བས་སློབ་མ་ཅན་བསད་དོ་ཞེས་འབྱུང་ངོ་། །དེ་ནས་དགེ་སློང་ཐམས་ཅད་ཕན་ཚུན་གཅིག་གིས་གཅིག་བསད་དེ་གཅིག་ཀྱང་མ་ལུས་སོ། །དེའི་ནམ་མཁའ་ལ་ལྷ་ཀླུ་ལ་སོགས་པ་ཆོས་ཀྱི་བསྲུང་མ་ཕལ་མོ་ཆེ་མི་དགའ་ནས་དུས་པའི་མཆི་མ་ནི་ཁྲག་དང་མེའི་ཆར་དུ་ས་གཞི་དེར་འབབ་བོ། །ནམ་མཁའ་སེར་པོ་དང་ནག་པོ་དང་དམར་པོར་གློག་དང་སྦྲ་ཆེན་པོ་ཡང་འབྱུང་། སྐར་མ་ཧྲུ་མ་ཀེ་ཏུ་ཞེས་བྱ་བའི་ལུས་ལས་དུ་བ་ནག་པོ་ཞིག་བྱུང་སྟེ་ཉི་ཟླ་ལ་སོགས་པའི་འོད་ཀྱང་མི་སྣང་ངོ་། །དེའི་ཚེ་སུམ་ཅུ་རྩ་གསུམ་གྱི་ལྷ་དང་ཡུམ་སྒྱུ་འཕྲུལ་ཆེན་མོ་ལ་སོགས་པ་འོངས་ནས་མྱ་ངན་བྱེད་ཅིང་དགེ་འདུན་གྱི་གོས་ཆོས་ཅན་ཐམས་ཅད་བསྡུས་ཏེ་སུམ་ཅུ་རྩ་གསུམ་དུ་འཁྱེར་རོ། །དེ་ནས་རྒྱལ་པོས་འདི་ལྟ་བུའི་ཙ་ཙོ་ཅི་ལས་གྱུར་ཅེས་དྲིས་པས། དགེ་འདུན་འཁྲུགས་ནས་གཅིག་གིས་གཅིག་བསད་པར་གྱུར་ཏོ་ཞེས་གསོལ་བ་དང་། རྒྱལ་པོ་མ་དགའ་ནས་ལངས་ཏེ་ཐོ་རངས་ཕྱི་རོལ་གྱི་ལྷ་ཁང་དུ་ལྟར་ཕྱིན་པ་དང་། དགེ་འདུན་ལ་ལ་ནི་མགོ་བཅད་ལ་ལ་ནི་རྐང་ལག་བཅད་ཁ་ཅིག་ནི་མིག་ཕྱུང་སྟེ་སྣ་ཚོགས་སུ་ཤི་བ་མཐོང་ནས། མྱ་ངན་ལངས་ཏེ་དགྲ་བཅོམ་པ་དང་སྡེ་སྣོད་གསུམ་པ་སློབ་མ་ཅན་གྱི་སྤུར་བཙལ་ཏེ་མཆན་ཁུང་གཡས་གཡོན་དུ་བཅུག་ནས་དགྲ་བཅོམ་པ་ནི་ངའི་མ་ཡིན་སྡེ་སྣོད་གསུམ་པ་ནི་ཆོས་ཀྱི་མཛོད་ཡིན་ཏེ། འདི་གཉིས་འདས་པས་ད་ཕྱིན་ཆད་ངའི་སྲོག་ཀྱང་གཅེས་པ་མེད་དོ་རྒྱལ་སྲིད་ཀྱང་སུ་འདོད་པ་ལ་སྦྱིན་ནོ་ཞེས་སྨྲས་ནས་མིག་ཀྱང་བཙུམས་ནས་མི་བལྟ་བར་འགྱུར་རོ། །དེ་ནས་བློན་པོ་རྣམས་ཀྱིས་རྒྱལ་པོའི་མྱ་ངན་བསང་བའི་ཕྱིར་མི་ལྔ་བརྒྱ་རབ་ཏུ་བྱུང་བར་བཅོས་ཏེ། སྐྲ་དང་ཁ་སྤུ་བྲེགས་པས་མ་ཆོད་ནས་མེས་བསྲེགས་ཏེ་ཕྱུགས་དམར་པོའི་ཀོ་བ་བསྒོན་ཏེ། རྒྱལ་པོའི་དྲུང་དུ་འོངས་ནས་རབ་ཏུ་བྱུང་བ་ལྔ་བརྒྱ་འོངས་སོ་ཞེས་གསོལ་བ་དང་། རྒྱལ་པོ་དགའ་ནས་མིག་ཕྱེ་སྟེ་བལྟས་པས་ཐམས་ཅད་ཕྱུགས་ཀྱི་ཀོ་བ་གྱོན་ཞིང་སྐྲ་དང་ཁ་སྤུ་མེས་བསྲེགས་པ་མཐོང་ནས་དཀོན་མཆོག་གསུམ་ལ་མཆོད་པའི་ཡོ་བྱད་ཁྱེར་ལ་ཤོག་ཅེས་བསྒོ་ནས་དེ་རྣམས་ལ་མཆོད་དོ། །དེ་ནས་རྒྱལ་པོས་དེ་དག་ལ་ཆོས་དྲིས་པས་ཆོས་ཚིག་གཅིག་ཀྱང་མི་ཤེས་ནས་རྒྱལ་པོ་མྱ་ངན་ལངས་ཏེ་དུའོ། །དེ་ནས་དགེ་སློང་རྣམས་ཀྱིས་རོ་ཐམས་ཅད་བསྡུས་ཏེ་བསྲེགས་ནས་མཆོད་པ་བྱེད་དོ། །དེའི་ཚེ་འཛམ་བུའི་གླིང་གི་དམ་ཆོས་རིལ་ནུབ་བོ། །དེ་ནས་གསེར་ནི་དངུལ་དང་པ་དང་རྫོར་འགྱུར། དངུལ་ནི་ རག་དང་པ་དང་རྫོར་འགྱུར་རོ། །རགན་ནི་ཟངས་སུ་འགྱུར་མུ་ཏིག་ནི་ར་རུ་འགྱུར་རོ། །རོ་དྲུག་ལས་ཁ་བ་དང་སྐྱུར་བ་གཉིས་སུ་ལུས་སོ་ཞེས་འབྱུང་ངོ་། །དགེ་འདུན་འཕེལ་ལུང་བསྟན་པ་ལས། སྐུ་ལུགས་མ་ལ་སོགས་པ་ནི་ཀླུའི་ཡུལ་དུ

སྤྱན་འདྲེན་ནོ་ཡི་གེ་ཐམས་ཅད་རང་བྱི་བར་འགྱུར་རོ་གོས་ཐམས་ཅད་རྡུབ་མོར་འགྱུར་རོ། །རོ་ཁ་བ་དང་བསྐ་བ་མ་གཏོགས་པ་དང་རིན་པོ་ཆེ་ཐམས་ཅད་ནུབ་པར་འགྱུར་ལ་རྒྱལ་པོ་དེའང་བསྟན་པ་ནུབ་པའི་མྱ་ངན་གྱིས་འཆི་བར་འགྱུར་རོ་ཞེས་བཤད་དོ། །དེ་དག་ཀྱང་བསྟན་པ་ལོ་ཉིས་སྟོང་གི་དབང་དུ་བྱས་ནས་གསུངས་སོ། །ལི་ཡུལ་ལུང་བསྟན་ལས་ནི། གླུ་ཨེ་ལའི་འདབ་ཀྱིས་སྤྲུལ་གྱི་ཟམ་པ་བཙུགས་ཏེ་ཡུལ་ཀོ་འུ་ཤམ་བིར་འགྲོའོ། །དགེ་སྤྱོང་གང་དག་ཚུལ་ཁྲིམས་དང་མི་ལྡན་པ་རྣམས་ནི་ཟམ་པ་ལ་དྲེད་དེ་ཆུ་བོའི་ངོགས་སུ་འཆི་བར་འགྱུར་ལ་ཤུང་ཤས་གཅིག་ནི་ཐར་པར་འགྱུར་རོ་ཞེས་པ་དང་། དེ་ནས་རབ་བྱུང་འབུམ་ཕྲག་གཅིག་ཕན་ཚུན་གཅིག་གིས་གཅིག་མཚོན་གྱིས་བཏབ་སྟེ་བཀྲོངས་པར་གྱུར། དེའི་རྗེས་ལ་ཡུལ་དེར་གོས་དུར་སྨྲིག་ཐམས་ཅད་སུམ་ཅུ་རྩ་གསུམ་དུ་ལྷས་ཁྱེར་ཏེ་སུམ་ཅུ་རྩ་གསུམ་གྱི་ལྷ་མོ་སྒྱུ་འཕྲུལ་ཆེན་མོ་མྱ་ངན་བྱེད་དོ་ཞེས་སོགས་འབྱུང་། མངོན་རྟོགས་རྒྱན་གྱི་འགྲེལ་བཤད་ཆོས་ཀྱི་བཤེས་གཉེན་གྱིས་ཟླ་བ་བཅུ་དེ་དག་སྟར་སོང་ཟིན་པར་བཤད། ནུབ་དུས་ཆེ་ལོ་བཞི་བཅུའི་དུས་སུ་ནུབ་པར་གདགས་པ་ལས་བཤད་པས། ཁ་ཅིག་ན་རེ་སུམ་ཅུ་པའི་དུས་སུ་ཟེར་བ་ལ་ཤེས་བྱེད་མི་སྣང་ངོ། །

མདོ་སྙིང་རྗེ་པད་དཀར་ལས། དེ་བཞིན་གཤེགས་པ་ཤཱཀྱ་ཐུབ་པའི་དམ་པའི་ཆོས་ནུབ་པའི་རྗེས་ལ་སྐུ་གདུང་རྣམས་འོག་ཏུ་གསེར་གྱི་ས་གཞིའི་མཐར་ཐུག་པར་འགྲོ་ཞིང་། ནམ་མི་མཇེད་ཀྱི་འཇིག་རྟེན་དུ་རིན་པོ་ཆེས་འཕོངས་པའི་ཚེ་སྐུ་གདུང་དེ་དག་ནོར་བུ་བཻཌཱུརྱ་ཏོག་གི་བློ་གྲོས་ཞེས་བྱ་བར་གྱུར་ནས་དབུལ་བ་སེལ་བ་དང་། དེ་ནས་ཡང་སྐུ་གདུང་དེ་དག་སྟེང་དུ་འོག་མིན་གྱི་བར་དུ་འཕགས་ནས་མེ་ཏོག་སྣ་ཚོགས་ཀྱི་ཆར་འབེབས་ལ། མེ་ཏོག་གི་ཆར་དེ་དག་ལས་དཀོན་མཆོག་གསུམ་གྱི་སྒྲ་ལ་སོགས་པ་ཆོས་ཀྱི་སྒྲ་སྣ་ཚོགས་འབྱུང་ཞིང་ཆོས་ཀྱི་སྒྲ་དེ་རྣམས་འདོད་གཟུགས་ཀྱི་ལྷ་རྣམས་ཀྱིས་ཐོས་པས་སྔོན་བྱས་པའི་དགེ་བ་དྲན་ནས། དེ་དག་འཛམ་བུའི་གླིང་དུ་བབས་ཏེ་མི་རྣམས་དགེ་བ་བཅུ་ལ་འགོད་པར་འགྱུར་བ་དང་། ཡང་མེ་ཏོག་ནམ་མཁའ་ལ་རིན་པོ་ཆེ་སྣ་ཚོགས་སུ་གྱུར་ནས་མི་མཇེད་དུ་བབས་ཤིང་མི་མཇེད་ཀྱི་སེམས་ཅན་རྣམས་ཀྱི་འཐབ་རྩོད་ལ་སོགས་པ་རྣམས་ཞི་ཞིང་ནད་མེད་པ་དང་ལོ་ལེགས་པ་ལ་སོགས་པ་དང་། སེམས་ཅན་གང་གིས་རིན་པོ་ཆེ་དེ་དག་མཐོང་བ་དང་རེག་པ་དང་ལོངས་སྤྱོད་པ་དེ་དག་ཐེག་པ་གསུམ་ལས་ཕྱིར་མི་ལྡོག་པར་བྱས་ཏེ་སླར་ཡང་སྐུ་གདུང་དེ་དག་གསེར་གྱི་ས་གཞིའི་མཐར་ཐུག་བར་གནས་པར་འགྱུར་རོ། །དེ་བཞིན་དུ་མཚོན་དང་མུ་གེ་དང་ནད་ཀྱི་བསྐལ་པ་བར་མ་གསུམ་བྱུང་བའི་དུས་སུའང་སྐུ་གདུང་དེ་ནོར་བུ་རིན་པོ་ཆེ་ཨན་ད་རྙིལ་དུ་གྱུར་ནས་སྟེང་དུ་འོག་མིན་གྱི་བར་དུ་འཕགས་ནས་གནས་ཏེ། སྔ་མ་ལྟར་མེ་ཏོག་གི་ཆར་འབེབས་ཤིང་ཆོས་ཀྱི་སྒྲ་སྒྲོགས

པ་དང་རིན་པོ་ཆེའི་ཆར་འབེབས་པ་དང་། མི་མཐུན་པའི་ཕྱོགས་རྣམས་ཞི་བར་བྱས་ཏེ་སླར་ཡང་གསེར་གྱི་ས་གཞིའི་མཐར་ཐུག་པར་གནས་པར་འགྱུར་བར་གསུངས་ལ། ཡང་ཚེ་ལོ་བཅུ་པའི་དུས་སུ་བྱམས་པའི་སྤྲུལ་པ་གཟུགས་ཁྲུ་གང་པ་གཅིག་བྱོན་ནས་མི་ཐམས་ཅད་བྱམས་སྙིང་རྗེ་ལ་བཀོད་དེ་ལོངས་སྤྱོད་དང་ཟས་ཀྱི་བཅུད་ཐམས་ཅད་འཕེལ་ནས་གཟུགས་ཚེ་རུ་འགྲོ་ཚེ་རིང་དུ་འགྲོ་ཞེས་ཀྱང་གསུངས། བྱང་ཆུབ་སེམས་དཔའི་སྡེ་སྣོད་ལས། ཚེ་ལོ་བཅུ་པ་ནས་བྱམས་པ་མ་བྱོན་གྱི་བར་བསྐལ་པ་ཡར་འཕེལ་ལ་རང་སངས་རྒྱས་བརྒྱད་ཁྲི་འབྱུང་བར་གསུངས་སོ། །ཡར་འཕེལ་བའི་ཚུལ་ཡང་ཁ་ཅིག་ལོ་བརྒྱ་བརྒྱ་ལ་རེ་རེས་འཕེལ་ཏེ་ཚེ་ལོ་བརྒྱད་ཁྲི་བར་འགྱུར་ཟེར་རོ། །དགའ་བའི་བཤེས་གཉེན་གྱི་རྟོགས་བརྗོད་ལས། འཛམ་བུ་གླིང་པའི་མི་རྣམས་ཀྱིས་ཚེ་ལོ་བདུན་བརྒྱ་བར་ལྷུར་ནས་གནས་བརྟན་ཆེན་པོ་བཅུ་དྲུག་གིས་སའི་སྟེང་ནས་སངས་རྒྱས་ཤཱཀྱ་ཐུབ་པའི་བསྟན་པའི་ཆོས་ཀྱི་ཚོགས་མ་ལུས་པར་བཞུགས་པ་ཐམས་ཅད་གཅིག་ཏུ་བསྡུས་ནས་རིན་པོ་ཆེ་སྣ་བདུན་གྱི་མཆོད་རྟེན་བྱས་ཏེ། དེར་བཞུགས་པ་ལ་ཀུན་ནས་བསྐོར་ཏེ་དཀྱིལ་ཀྱང་བཅས་ཏེ་འདུག་ནས་བཅོམ་ལྡན་འདས་དེ་བཞིན་གཤེགས་པ་དགྲ་བཅོམ་པ་ཡང་དག་པར་རྫོགས་པའི་སངས་རྒྱས་ཤཱཀྱ་ཐུབ་པ་ལ་ཕྱག་འཚལ་ལོ་ཞེས་བརྗོད་དེ། ཕྱག་བྱས་ནས་གནས་བརྟན་དེ་དག་ཀྱང་ལྷག་མེད་དུ་མྱ་ངན་ལས་འདས་ལ་རིན་པོ་ཆེ་སྣ་བདུན་གྱི་མཆོད་རྟེན་དེ་ཡང་ནུབ་ནས་འོག་གསེར་གྱི་ས་གཞི་ལ་གནས་པར་འགྱུར་ཞིང་དེ་ནས་བཅོམ་ལྡན་འདས་ཤཱཀྱ་ཐུབ་པའི་བསྟན་པ་དམ་པའི་ཆོས་ནུབ་པར་འགྱུར་རོ། །དེ་ནས་དེའི་རྗེས་ལ་རང་སངས་རྒྱས་བྱེ་བ་ཕྲག་བདུན་འཇིག་རྟེན་དུ་འབྱུང་བར་འགྱུར་རོ། །དེ་ནས་སྐྱེ་རྒུ་རྣམས་ཀྱི་ཚེ་ལོ་བརྒྱད་ཁྲི་ཐུབ་པ་ན་དེ་བཞིན་གཤེགས་པ་བྱམས་པ་འཇིག་རྟེན་དུ་འབྱུང་ངོ་ཞེས་བཤད་དོ། །ཕྱོགས་བཅུའི་སངས་རྒྱས་ཀྱི་འཕྲིན་ཡིག་ལས། དེང་སང་སྙིགས་མའི་དུས་འདི་ན། །ཐུབ་པའི་བསྟན་པ་ཕལ་ཆེར་ནུབ། །ཆོས་མངོན་མཛོད་ལས་གསུངས་པ་ལྟར། །རྣ་རྟོག་རྣམས་ཀྱིས་བསྟན་པ་དཀྲུགས། །ཁྱད་པར་དུ་ཡང་བྱང་ཕྱོགས་ཀྱི། །ཁ་བ་ཅན་གྱི་བསྟན་པ་འདི། །རྣ་རྟོག་མུན་པས་རྣམ་པར་ཁྱབ། །དགེ་སློང་ཕལ་ཆེར་ཐོས་པ་ཆུང་། །ཐོས་པ་དེ་དག་བརྩོན་པ་ཉུང་། །སྡོམ་བརྩོན་ཕལ་ཆེར་བཀུར་བ་ཉུང་། །བཀུར་བ་དེ་དག་སྡོམ་བརྩོན་ཉུང་། །སྦྱིན་བདག་ཆོས་ལ་དད་པ་ཉུང་། །དད་པ་ཅན་གྱི་མཆོད་བྱད་དམན། །མཆོད་པ་དེ་དག་ལོག་འཚོའི་རྒྱུ། །གལ་ཏེ་ལོག་འཚོ་མི་ཟ་བའི། །ཆོས་བྱེད་དེ་དག་དམན་དམན་འདྲ། །སངས་རྒྱས་བསྟན་ལ་དད་ན་ཡང་། །སྡེ་སྣོད་གསུམ་དང་རྒྱུད་སྡེ་བཞི། །སངས་རྒྱས་གསུང་རབ་ངོ་མཚར་ཅན། །དེ་དག་བཞི་མདོའི་རྩ་བཞིན་འདོར། །བླུན་པོ་རྣམས་ཀྱི་བརྫུན་ཚིག་ལ། །ཐུབ་པའི་བཀའ་བས་གུས་པར་འཛིན། །བདག་ཉིད་ཆེན་པོ་ཀླུ་སྒྲུབ་དང་། །ཐོགས་མེད་དང་ནི་དབྱིག་གི་གཉེན། །ཕྱོགས་ཀྱི་

གླང་པོ་ཆོས་གྲགས་སོགས། །མཁས་པ་རྣམས་ཀྱི་གསུང་རབ་དང་། །རྣལ་འབྱོར་དབང་ཕྱུག་བིརྺ་པ། །འཕགས་པ་ཀླུ་སོགས་གྲུབ་ཐོབ་ཀྱི། །གསུང་རབ་ཡིན་པར་ངེས་པ་རྣམས། །དྲུག་བཞིན་འབབ་པས་སྤངས་ནས་ནི། །སྐྱེས་བུ་བརྫུན་མས་སྒྱུར་བ་ཡི། །ལོག་རྟོག་རྣམས་ལ་ཆེར་འབད་ནས། །གྲུབ་ཐོབ་རྣམས་ཀྱི་གསུང་ཡིན་ཞེས། །བླུན་པོ་རྣམས་ལ་ཀྲུས་པར་བྱེད། །འཇིག་རྟེན་ཤེས་རབ་ལྡན་པ་དཀོན། །བསོད་ནམས་ལྡན་པ་ཤིན་ཏུ་ཉུང་། །དེས་ན་དམ་ཆོས་རིན་པོ་ཆེ། །ཁྱེད་ཀྱི་གསུང་རབ་འཛིན་པ་དཀོན། །དེ་ལྟར་ཤེས་ནས་ཤཱཀྱ་ཡི། །བསྟན་པ་ནུབ་པར་དགོངས་པ་དང་། །བདག་ཉིད་ལེགས་པར་སྨྲ་ཕྱིར་དང་། །གཞན་ལ་ཕན་པར་བསམས་ནས་ནི། །ལུང་དང་རིགས་པ་ཕལ་ཆེར་སྤྲངས། །དེ་ཡི་སྐྱོབས་ཀྱིས་ཆོས་ཀྱི་གནད། །འཁྲུལ་པ་དང་ནི་མ་འཁྲུལ་བའི། །རྣམ་གཞག་ཅུང་ཟད་བདག་གིས་གོ །འདི་ལ་རྒྱལ་དང་རྒྱལ་བའི་སྲས། །མཁས་པ་སྡེ་སྣོད་འཛིན་པ་དང་། །གྲུབ་པ་བརྙེས་པའི་སྐྱེས་བུ་མཆོག །མངོན་ཤེས་གཟིགས་པའི་སྤྱན་ལྡན་པ། །དེ་དག་ཀུན་ནི་དབང་པོ་ལགས། །དེས་ན་བདག་གིས་འཐད་མི་འཐད། །རེ་ཤིག་གསན་པར་མཛད་དུ་གསོལ། །ཞེས་གསུངས་སོ། །

གསུམ་པ་ལ། བསྟན་བཤད་གཉིས་ལས། དང་པོ་ནི། འབྲི་ཁུང་པ་ཁ་ཅིག་བཀག་ན་ཡེ་བཀག་གནང་ན་ཡེ་གནང་ཡིན་ཏེ། དགོངས་གཅིག་ཏུ་རྡོ་རྗེའི་གསུང་། སྤྱིར་བཀག་པ་ནི་ཐམས་ཅད་ཡེ་བཀག་གནང་བ་ཐམས་ཅད་ཡེ་གནང་བྱ་བ་འདི་བཞུགས། དེ་ལ་བོད་ཀྱི་ནན་རྣམས་ནད་པ་ལ་ཆང་མ་གནོངས་པ་བཅས་པ་མཐའ་དག་གིས་སྐྱོང་ཞེས་གསུངས་པ་དང་། བུད་མེད་ལ་རེག་པ་བཀག་པ་ལ་བུད་མེད་ཆུས་ཁྱེར་བ་ན་ས་དང་རྡོའི་འདུ་ཤེས་ཀྱིས་རེག་པས་དགེ་བར་གསུངས་པས་གནང་བཀག་གཅིག་ཏུ་མ་ངེས་ཞེས་ཟེར་བ་ལ། འདིར་ཞལ་སྔ་ནས། སྤྱིར་འཁོར་འདས་ཀྱི་གཤིས་ལ་དགེ་མི་དགེ་གཉིས་ཡོད་པས་ཆོས་ཐམས་ཅད་གནས་དང་གནས་མ་ཡིན་མཁྱེན་པའི་ཡེ་ཤེས་ལས་མི་འདའ་བ་དང་གཅིག །མི་དགེ་བ་དང་འབྲེལ་བའི་ལས་ལ་སྡུག་བསྔལ་འབྱུང་བར་ངེས་པ་དང་གཉིས། བཅོམ་ལྡན་འདས་སེམས་ཅན་ལ་བུ་གཅིག་པ་བཞིན་བརྩེ་བར་དགོངས་པར་འཇུག་ལྡོག་གི་ཚུལ་ཁྲིམས་ལ་མ་ཞུགས་ན་སྐྱོན་སྤོང་བ་དང་ཡོན་ཏན་སྒྲུབ་པར་ཐབས་གཞན་མེད་པ་དང་གསུམ་པོ་འདིའི་གནད་ཀྱིས། ཡེ་བཀག་ཡེ་གནང་དུ་མི་ཡོང་ཁ་མེད་ཡིན་དང་པོར་གནང་བ་དེ་ཕྱིས་ཀྱང་གནང་སྟེ་བཀག་པ་མེད་དང་པོ་བཀག་པ་དེ་ཕྱིས་ཀྱང་བཀག་སྟེ་གནང་བ་མེད། མདོར་ན་ནད་པ་ཕྱི་དྲོའི་ཁ་ཟས་ལ་མ་ཆགས་པར་ནད་གསོ་བའི་མཐུན་རྐྱེན་དུ་འགྲོ་ཞིང་སྨན་ལྟ་བུའི་འདུ་ཤེས་ཡོད་ན་བཀག་པ་མེད་ལ་དེ་ལྟ་བུའི་བསམ་པ་མེད་ན་གནང་བ་མེད་དོ། །ཡུལ་བུད་མེད་ལ་ཆགས་སེམས་ཀྱིས་རེག་པ་དང་པོ་ནས་གནང་བ་མེད་པ་ཕྱིས་ཀྱང་གནང་བ་མེད། ས་དང་རྡོང་བའི་འདུ་ཤེས་ཀྱིས་རེག་པ་དང་པོ་ནས་བཀག་པ་མེད་ལ་ཕྱིས་ཀྱང་བཀག་པ་མེད་

པས་གནང་བཀག་བྱེ་བྲག་གི་ཚུལ་ཐམས་ཅད་དེ་འདྲའོ་ཞེས་བྱ་བ་ཟེར་བའང་སངས་རྒྱས་ཀྱི་བསྟན་པ་དང་མཐུན་པ་མིན་ཏེ། ཉན་ཐོས་པ་རྣམས་དང་ནི་ཐེག་ཆེན་གྱི་གནང་བཀག་ཐམས་ཅད་གཅིག་ཏུ་མེད་པས་དེས་ན་སྡེ་པ་ལ་ལར་གནང་བ་ནི་སྡེ་པ་ལ་ལའི་བཀག་པ་ཉིད་དུ་འགྱུར་བའི་ཕྱིར་རོ། །གཉིས་པ་ལ། སྡེ་པ་རྣམས་བཅས་པ་མི་མཐུན་པས་ལྟུང་བའང་མི་ སྲིད་པར་ཐལ་བ་དང་། ཁྲིམ་པ་ལ་བཅས་ལྟུང་འབྱུང་ན་ཐུག་མེད་དུ་ཐལ་བ་དང་། ཐེག་པ་གཉིས་ལྟུང་བ་མི་མཐུན་པས་ལྟུང་མེད་མི་སྲིད་པར་ཐལ་བ། གནང་བཀག་གཅིག་ཏུ་མ་ངེས་པར་དཔེའི་སྒོ་ནས་བསྟན་པ། དེ་དག་ལ་རྩོད་པ་སྤོང་བ་དང་ལྔ་ལས། དང་པོ་ནི། ལ་ལར་གནང་བ་ནི་ལ་ལའི་བཀག་པ་ཉིད་དུ་འགྱུར་ཞེས་བྱ་བ་དེ་ཡི་འཐད་པ་འདི་ལྟར་ཡིན་ཏེ། རྣམ་དག་ལུང་བཞིན་བཤད་ཀྱིས་ཉོན་ཞིག །ཕལ་ཆེན་པ་སོགས་ཉན་ཐོས་རྩ་བའི་སྡེ་བཞི་ལ་འདུལ་བ་མི་འདྲ་བ་རྣམ་པ་བཞི་ཡོད་ལ་སྡེ་པ་བཞི་ལ་སྐད་ཀྱང་ཐ་དད་ཡོད་དེ། ཐམས་ཅད་ཡོད་སྨྲ་ནི་ལེགས་སྦྱར་དང་ཕལ་ཆེར་བ་ནི་རང་བཞིན་དང་མང་པོས་བཀུར་བ་ནི་ཟུར་ཆག་དང་གནས་བརྟན་པ་ནི་ཤ་ཟའི་སྐད་དེ་རྣམ་པ་བཞི་རུ་གནས་པ་ཡིན་ལ། རྩ་བའི་སྡེ་པ་བཞི་པོ་དེ་ལས་ཕྱེས་པ་བཅོ་བརྒྱད་ལ་འདུལ་བའི་དབྱེ་བ་མི་འདྲ་བ་བཅོ་བརྒྱད་ཡོད་པ་དེ་ལྟ་ན་ཡང་། འདུལ་བ་འོད་ལྡན་ལས། སྟོན་ནི་ཐམས་ཅད་ཡོད་པར་སྨྲ་བ་འདི་གཅིག་པུ་ཡོད་པ་ལས་བཅོམ་ལྡན་འདས་མྱ་ངན་ལས་འདས་པ་དང་དེ་ལ་བརྟེན་ནས་སྡེ་པ་གཞན་དག་བྱུང་བས་དེ་དག་གི་གཞིར་གྱུར་པས་གཞི་ཐམས་ཅད་ཡོད་པ་སྨྲ་བ་ཞེས་བཤད། ཁ་ཆེ་པཎ་ཆེན་གྱི་གསུང་སྒྲོས་ལས། ཐམས་ཅད་ཡོད་སྨྲའི་མཁན་པོ་རྒྱལ་རིགས་སྒྲ་གཅན་ཟིན་སྐད་སཾ་སྐྲི་ཏའི་སྐད། སྣམ་སྦྱར་སྣམ་ཕྲན་ཉེར་ལྔ་པ་མན་ཆད་དགུ་ཡན་ཆད། བྲིའི་རྟགས་པདྨ་ཨུཏྤལ་སོགས། ཕལ་ཆེན་པའི་མཁན་པོ་བྲམ་ཟེའི་རིགས་འོད་སྲུང་ཆེན་པོ་སྐད་པྲ་ཀྲི་ཏའི་སྐད། སྣམ་ཕྲན་ཉེར་གསུམ་པ་ནས་བདུན་པ་ཡན་ཆད་རྟགས་དུང་། མང་པོས་བཀུར་བའི་མཁན་པོ་འདྲེག་མཁན་གྱི་རིགས་ཉེ་བ་འཁོར་སྐད་ཟུར་ཆག་གི་སྐད། སྣམ་ཕྲན་ཉེར་གཅིག་ནས་ལྔ་ཡན་ཆད་རྟགས་མེ་ཏོག་སོ་ཀ་ཀ གནས་བརྟན་པའི་མཁན་པོ་མཐའ་འཁོབ་པ་ཀཱ་ཏྱ་ཡ་ན་སྐད་པེ་ཤ་ཙིའི་སྐད། སྣམ་ཕྲན་དང་རྟགས་གཉིས་མང་པོས་བཀུར་བ་དང་འདྲ་གསུང་། ཁ་ཅིག་ཐ་མ་གཉིས་སྐད་རིགས་གོ་ལྡོག་ཟེར་རོ། །ཨ་ཏི་ཤའི་གསུང་སྒྲོས་པས། སྡེ་པ་འདི་བཞི་རིམ་བཞིན། ནུབ་ཚངས་ཁྲུ་ཕྱེད་དང་དགུ་དང་བར་དུ་ཡོལ་བ་དང་རི་མོ་དང་ཐག་པས་ཆོད་ན་ཐུབ་པར་འདོད་གསུང་ངོ་། །ཊཱི་ཀ་བྱེད་ཁ་ཅིག་འདིའི་ཤེས་བྱེད་མ་མཐོང་ཟེར་ནའང་། མ་མཐོང་ཕྱིར་ན་མེད་པ་མིན། །ཞེས་རྣམ་འགྲེལ་ལས་བཤད། དེ་ལྟར་ན་རྩ་བའི་སྡེ་བཞི་ལ་འདུལ་བ་མི་འདྲ་བ་དུ་མ་ཡོད་དེ། དང་པོ་སྡོམ་པ་ལེན་པའི་དུས་དང་བར་དུ་བསྲུང་བ་དང་ཉམས་ན་ཕྱིས་བཅོས་པ་དང་སོ་སོར་ཐར་པའི་མདོ་འདོན་པ་དང་། ཐ་མ་

སྡོམ་པ་གཏོང་བའི་ཚུལ་སོགས་སྡེ་པ་ཐམས་ཅད་མི་མཚུངས་པས་གཅིག་གིས་བཀག་པ་གཅིག་ལ་གནང་བ་ཡོད་པའི་ཕྱིར། གལ་ཏེ་སྡེ་པ་གཅིག་གི་ལྟ་སྤྱོད་བདེན་གྱིས་དེ་ལས་གཞན་པ་བརྫུན་ཡིན་ཞེ་ན་མི་འཐད་དེ། རྒྱལ་པོ་ཀྲི་ཀྲིའི་རྨི་ལམ་བཅུའམ་བཅོ་བརྒྱད་བྱུང་བ་ལྟར་སྡེ་པ་ཐམས་ཅད་སངས་རྒྱས་ཀྱི་གསུང་དང་མཐུན་པར་གསུངས་པའི་ཕྱིར། རྒྱལ་པོ་ཀྲི་ཀྲིའི་རྨི་ལམ་དག་གང་ཞེ་ན། སྐྱེས་རབས་དཔག་བསམ་འཁྲི་ཤིང་ལས། གླང་ཆེན་རྒྱ་སྐར་ནས་འཐོན་པ། །རྫ་མ་དག་ལ་འཐོགས་པ་དང་། །དེ་བཞིན་སྐོམ་པའི་ཕྱི་རྗེས་ནས། ཁྲོན་པ་རྒྱུག་པ་བདག་གིས་མཐོང་། །ཕྱེ་ནི་བྲེ་གང་དག་ལ་ཡང་། །མུ་ཏིག་བྲེ་གང་འཚོང་བ་མཐོང་། །ངན་པའི་ཤིང་དང་ཙན་དན་ནི། །མཉམ་པ་དག་ཏུ་བྱེད་པ་མཐོང་། །དེ་བཞིན་གཡུལ་དུ་གླང་ཕྲུག་གིས། །གླང་པོ་ཆེན་པོ་ཡང་དག་བསོད། །མི་གཙང་བ་ཡིས་ལུས་བྱུགས་པའི། །སྤྲེའུས་འབར་ཞིང་གཞན་ལ་བྱུག །སྤྲེའུ་ངན་པ་གཡོ་བའི་གཏེར། །རྒྱལ་སྲིད་རྒྱས་ལ་མངོན་དབང་བསྐུར། །རས་ཡུག་སྐྱེས་བུ་བཅོ་བརྒྱད་ཀྱིས། །དྲངས་ཀྱང་ཀུན་ཏུ་ཉམས་པ་མེད། །མི་ཏོག་འབྲས་བུའི་དགའ་ཚལ་ནི། །དགའ་བ་ཆོམ་རྐུན་དག་གིས་དཀྲུགས། །ཞེ་སྡང་བཞད་གད་ཅོད་པ་ལ། །སྐྱེ་བོ་མང་པོ་ཆགས་པ་སྟེ། །རྨད་བྱུང་རྨི་ལམ་འདི་དག་གི །འབྲས་བུ་ཤིན་ཏུ་འཇིགས་རུང་སྣམ། །ཞེས་པ་ས་བདག་གིས་དྲིས་ལ། །བཅོམ་ལྡན་འོད་སྲུང་གིས་གསུངས་པ། །སྐྱེ་བོའི་ཚེ་ལོ་བརྒྱ་པའི་ཚེ། །སྟོན་པ་བཞི་པ་ཤཱཀྱ་ཐུབ། །རྒྱལ་བ་བདུད་རྩིའི་རྒྱུ་གཏེར་འབྱུང་། །དེ་ནི་ཁྱོད་ཀྱིས་གླང་པོར་མཐོང་། །དེ་ཡི་ཉན་ཐོས་ཐ་མ་ཡི། །དུས་སུ་རྩོད་པ་ལ་བརྟེན་པ། །ཚུལ་ཁྲིམས་ཡོན་ཏན་ཀུན་སྤྱོད་བཏང་། །བསླད་པ་དང་བཅས་འབྱུང་བར་འགྱུར། །ཞེས་བཤད། དེ་ཡང་མཛོད་ཀྱི་འགྲེལ་བཤད་ལས། གླང་ཆེན་ཁྲོན་པ་ཕྱེ་དང་ཙན་དན་ཚལ། །གླང་ཆེན་ཕྲུག་གུ་མི་གཙང་སྤྲེ་དབང་བསྐུར། །རས་ཡུག་ལྡུམ་རའི་མི་ཏོག་འཐབ་རྩོད་འགྱེད། །རྨི་ལམ་བཅུ་ནི་རྒྱལ་པོ་ཀྲི་ཀྲིས་མཐོང་། །ཞེས་བཤད། རྨི་ལམ་བརྒྱད་གང་ཞེ་ན། བསྟན་པ་སྣུབ་དར་གྱི་དུས་སུ་བྱུང་བའི་ཆོས་ཀྱི་རྣམ་གྲངས་ཀྱི་བརྗོད་བྱང་ཞེས་བྱ་བ་ལས། མེ་ཏོག་རྫིང་དུ་ཐན་པོ་ཏྲ། ཁྲི་དང་བ་ལང་མི་དང་ནི། །སེང་གེའི་རོ་ནི་བརྒྱད་པ་ཡིན། །ཞེས་བཤད། དེ་ལྟར་ན་སྡེ་པ་བཅོ་བརྒྱད་དུ་འགྱེས་པ་ཡང་རྒྱལ་པོ་ཀྲི་ཀྲིའི་རྨི་ལམ་ལུང་བསྟན་པའི་མདོ་ལས། ཡང་དག་པར་རྫོགས་པའི་སངས་རྒྱས་འོད་སྲུང་གིས་རྒྱལ་པོ་ལ་བཀའ་སྩལ་པ། རྒྱལ་པོ་ཆེན་པོ་ཁྱོད་ཀྱི་རྨི་ལམ་དུ་མི་བཅོ་བརྒྱད་ཀྱིས་རས་ཡུག་གཅིག་དྲས་པར་མཐོང་བ་དེ་ནི་ཤཱཀྱ་ཐུབ་པའི་བསྟན་པ་བཅོ་བརྒྱད་དུ་གྱེས་པར་འགྱུར་ལ་དེའི་རྣམ་པར་གྲོལ་བའི་རས་ནི་གྱེས་པར་མི་འགྱུར་རོ་ཞེས་གསུངས། རྨི་ལམ་བཅོ་བརྒྱད་པོ་དེ་ཡང་གོང་དུ་བཤད་པའི་རིམ་པ་བཞིན་བསྡུས་ན། གླང་ཆེན་མཐུག་མ་སྐར་ཁུང་འཐོགས་པ་དང་། ཁྲོན་པས་མི་བསྙེག་ཕྱེ་དང་མུ་ཏིག་བརྗེ། །ངན་པའི་ཤིང་དང་ཙན་དན་མཉམ་དུ་བྱེད། །གླང་

གི་ཕྲུག་གུས་གླང་ཆེན་གནས་ནས་སྤྱོད། །མི་གཙང་སྤྲེའུས་མི་གཙང་གཞན་ལ་འབྲུག །སྤྲེའུ་མང་པོས་སྤྲེ་དན་རྒྱལ་པོར་བཀུར། །བཅོ་བརྒྱད་མི་ཡིས་རས་ཡུག་སོ་སོར་དྲས། །རབ་འི་མེ་ཏོག་འབྲས་བུ་རྒྱུན་པོས་ཁྱེར། །འཐབ་པར་མི་འོས་སྟེ་རིགས་ཕན་ཚུན་འཐབ། །མེ་ཏོག་དག་ནི་ཆོད་ཅིག་ཅེས་ནི་བསྐུལ། །ཇི་ང་བུ་གསུམ་གྱི་བར་མ་སྟོང་པར་མཐོང་། །རྒན་པོ་སྐྱེ་ཐེར་དུ་ནི་གནས་པ་དང་། །ཧ་ཡི་ཁ་འཕྱོངས་གཉིས་ཀས་ཟ་བ་དང་། །ཆེ་བའི་ཁྱི་བས་ཆུང་བ་ཁ་ནི་དྲག །བེའུ་སྐྱེས་མ་ཐག་ཏུ་བ་ལ་ནུ། །སྦྲ་དྲི་གཞོན་ནུའི་མི་ནི་ཕྱི་དྲི་ཏས། །སེང་གེའི་རོ་ནི་རང་གིས་སྲིན་བུས་ཟོས། །བཅོ་བརྒྱད་རྨིས་པ་འོད་སྲུང་ལ་ཞུས་པས། །བྲམ་ཟེའི་ཁྱེའུ་བླ་མ་མ་འོངས་པར། །སངས་རྒྱས་ཤཱཀྱ་ཐུབ་ཅེས་བྱར་གྱུར་པའི་ཚེ། །བསྟན་པའི་མཇུག་ཏུ་འདི་འདྲ་འབྱུང་བའི་ལྟས། །ཞེས་སོ། །འདི་རྣམས་ཀྱི་དོན་རྒྱས་པར་སྡེ་པ་ནི་ཐ་དད་གླག་པའི་འཁོར་ལོ་ཞེས་བྱ་བ་བཙུན་པ་དབྱིག་བཤེས་ཀྱིས་མཛད་པ་ལས། སློབ་དཔོན་དུལ་བའི་ལྷས་བསྡུས་ནས་སྡེ་པ་ཐ་དད་བསྟན་པ་བསྡུས་པ་ཞེས་བྱ་བ་དང་། སློབ་དཔོན་ཤཱཀྱ་འོད་ཀྱིས་མཛད་པ་སུམ་བརྒྱ་པའི་འགྲེལ་པ་འདུལ་བ་འོད་ལྡན་དང་དགེ་སློང་གི་དང་པོའི་ལོ་དྲི་བ་དང་རྟོག་གེ་འབར་བ་སོགས་ལ་ལྟོས་ཤིག་ཅེས་གསུངས་པ་ཡང་གཞུང་དང་པོ་དང་གཞུང་གསུམ་པ་ལས། རྩ་བའི་སྡེ་པ་ནི་དགེ་འདུན་ཕལ་ཆེན་པ་ལ་སོགས་པ་བཞི་ཡིན་ལ་དེ་ལས་གྱེས་པ་ནི། གཞུང་དང་པོ་ལས། ཤར་དང་ནུབ་དང་གངས་རིར་གནས། །འཇིག་རྟེན་འདས་པ་སྨྲ་བའི་སྡེ། །རྟག་པར་སྨྲ་བའི་སྡེ་པ་དང་། །ལྔ་ཚན་དགེ་འདུན་ཕལ་ཆེན་པ། །གཉིས་པ་དང་ནི་འོད་སྲུང་ཏེ། །ས་སྟོན་སྡེ་དང་ཆོས་བསྲུངས་སྡེ། །མང་ཐོས་གོས་དམར་སློབ་མ་དང་། །རྣམ་པར་ཕྱེ་སྟེ་སྨྲ་བའི་སྡེ། །ཐམས་ཅད་ཡོད་པར་སྨྲ་བ་ཡིན། །རྒྱལ་བྱེད་ཚལ་གནས་འཇིག་མེད་གནས། །གཙུག་ལག་ཁང་ཆེན་གནས་བརྟན་པ། །ས་སྐྱོགས་རི་དང་བསྲུང་བ་པ། །གནས་མ་བུ་ཡི་སྡེ་རྣམས་ལས། །ཀུན་གྱིས་བཀུར་བ་རྣམ་པ་གསུམ། །ཡུལ་དོན་སློབ་དཔོན་བྱེ་བྲག་གིས། །ཐ་དད་རྣམ་པ་བཅོ་བརྒྱད་གསུངས། །ཞེས་པ་དང་། གཞུང་གསུམ་པ་ལས། འོད་སྲུང་ཞེས་བྱ་ས་བསྲུངས་དང་། །ཆོས་པ་ཞེས་ནི་བྱ་བ་དང་། །གཞི་ཀུན་ཡོད་པར་སྨྲ་བ་སྟེ། །ལྔ་བའི་བྱེ་བྲག་འབའ་ཞིག་གི །རྒྱུ་ཡིས་འདི་དག་ཐ་དད་བྱས། །སྟོན་པ་ཐ་དད་ཡོད་མ་ཡིན། །དགེ་འདུན་ཕལ་ཆེན་དབྱེ་བ་ནི། །དྲུག་སྡེ་ཤར་གྱི་རི་བོ་དང་། །དེ་བཞིན་ནུབ་རི་ཞེས་བྱ་དང་། །གངས་གནས་ཞེས་བྱ་དེ་ལས་གཞན། །རྣམ་པར་ཕྱེ་སྟེ་སྨྲ་བ་དང་། །གཞན་ནི་དེ་བཞིན་བརྟགས་པར་སྨྲ། །འཇིག་རྟེན་འདས་སྨྲ་ཞེས་བྱ་བ། །དེ་དག་ཏུ་ནི་ཡང་དག་སྨྲ། །མང་པོས་བཀུར་བའི་བྱེ་བྲག་ནི། །རྣམ་པ་ལྔར་ནི་མཁས་པས་བསྒྲགས། །གོས་དམར་བ་དང་སབསྲུངས་དང་། །ཀུ་རུ་ཀུ་ལེ་དེ་ལས་གཞན། །མང་དུ་ཐོས་པ་ཞེས་བྱ་དང་། །གནས་མ་བུ་ཡི་སྡེ་ཞེས་བྱ། །རྒྱལ་བྱེད་ཚལ་ན་གནས་པ་དང་། །འཇིག་མེད་རི་ལ་གནས་པ་དང་། །གཙུག་ལག་ཁང་ཆེན་

ལ་གནས་པ། །གནས་བརྟན་དབྱེ་བ་གསུམ་དུ་འདོད། །དེ་ལྟར་བྱེ་བྲག་བཅོ་བརྒྱད་དུ། །ཤཱཀྱ་སེང་གེའི་བསྟན་པ་ནི། །ཕྱུར་ཏེ་འགྲོ་བའི་བླ་མ་དེའི། །སྟོན་གྱི་ཕྲིན་ལས་དབང་གིས་ཡིན། །ཞེས་བཤད།

གཞུང་གཉིས་པ་སློབ་དཔོན་ཤཱཀྱ་འོད་ལྟར་ན། གཞི་ཐམས་ཅད་ཡོད་པར་སྨྲ་བ་འདི་ཉིད་ལས་གཞན་བཅུ་བདུན་ཕྱེས་པར་བཞེད་དེ། འདུལ་བ་འོད་ལྡན་གྱི་ལུང་སྔར་དྲངས་པ་ལས་གཞན་ཡང་། དེ་ལྟ་བས་ན་ཐམས་ཅད་ཡོད་པར་སྨྲ་བ་ནི་གཞི་ཞེས་བྱའི་སྡེ་པ་གཞན་དག་ནི་མ་ཡིན་ཏེ། ཐ་མལ་པ་དང་ཟུར་ཆག་པ་དང་འབྲིང་དུ་འདོན་པའི་ཚིག་གི་ཐ་སྙད་བརྗོད་པའི་ཕྱིར་རོ་ཞེས་པ་དང་། དེ་ལྟ་བས་ན་སྡེ་པ་གཞན་འདོན་པ་དག་ཀྱང་སངས་རྒྱས་ཀྱི་གསུང་ནི་ཡིན་པར་ཐེ་ཚོམ་མེད་པ་ཡིན་នོ་ཞེས་བཤད། གཞུང་བཞི་པ་སློབ་དཔོན་ལེགས་ལྡན་འབྱེད་ལྟར་ན། སྡེ་པ་བཅོ་བརྒྱད་དུ་ཕྱེས་པའི་ཚུལ་རྣམ་པ་གསུམ་བཤད་པ་ལས། དང་པོ་ནི། སངས་རྒྱས་བཅོམ་ལྡན་འདས་ཡོངས་སུ་མྱ་ངན་ལས་འདས་ནས་ལོ་བརྒྱ་དང་བཅུ་དྲུག་ལོན་པ་ན། གྲོང་ཁྱེར་མེ་ཏོག་གིས་རྒྱས་པ་ཞེས་བྱ་བར་རྒྱལ་པོ་དྷརྨ་ཨ་ཤོ་ཀ་ཞེས་བྱ་བ་རྒྱལ་སྲིད་བྱེད་པའི་ཚེ། རྩོད་པ་འགའ་ཞིག་བྱུང་བའི་དབང་གིས་དགེ་འདུན་གྱི་དབྱེན་ཆེན་པོར་གྱུར་ཏོ། །དེས་རེ་ཞིག་དང་པོར་སྡེ་པ་གཉིས་སུ་ཆད་ནས་གནས་ཏེ་དགེ་འདུན་ཕལ་ཆེན་པ་དང་གནས་བརྟན་པའོ། །དེ་ལ་དགེ་འདུན་ཕལ་ཆེན་པའི་སྡེ་པ་ཡང་རིམ་གྱིས་བྱེ་བར་གྱུར་པ་ན་རྣམ་པ་བརྒྱད་དུ་གནས་ཏེ། འདི་ལྟ་སྟེ་དགེ་འདུན་ཕལ་ཆེན་སྡེ་པ་དང་ཐ་སྙད་གཅིག་པ་དང་འཇིག་རྟེན་ལས་འདས་པར་སྨྲ་བ་དང་མང་དུ་ཐོས་པ་དང་བཏགས་པར་སྨྲ་བ་དང་མཆོད་རྟེན་པ་དང་ཤར་གྱི་རི་བོ་པ་དང་ནུབ་ཀྱི་རི་བོ་པའོ། །གནས་བརྟན་པ་ཡང་རིམ་གྱིས་བྱེ་བར་གྱུར་པ་ན་རྣམ་པ་བཅུར་འགྱུར་ཏེ། འདི་ལྟ་སྟེ་གནས་བརྟན་པ་ཉིད་ལ་གངས་རི་པ་ཞེས་བརྗོད་པ་དང་ཐམས་ཅད་ཡོད་པར་སྨྲ་བ་ཉིད་ལ་རྣམ་པར་ཕྱེ་སྟེ་སྨྲ་བ་དང་རྒྱུར་སྨྲ་བ་དང་ཁ་ཅིག་མུ་རན་ཏ་ཀ་པ་ཞེས་ཟེར་བ་དང་། གནས་མའི་བུ་དང་ཆོས་མཆོག་དང་བཟང་པོའི་ལམ་དང་ཀུན་གྱིས་བཀུར་བ་ལ་ཁ་ཅིག་ཨ་ཝནྟ་ཀ་པ་ཞེས་ཟེར། ཁ་ཅིག་ནི་ཀུ་རུ་ཀུ་ལེ་པ་ཞེས་ཀྱང་ཟེར་བ་དང་མང་སྟོན་པ་དང་ཆོས་སྦས་པ་དང་། ཆར་བཟང་འབེབས་པ་ཞེས་བྱ་བ་ལ་ཁ་ཅིག་ནི་འོད་སྲུང་པ་ཞེས་ཟེར་བ་དང་། བླ་མ་པ་ལ་ཁ་ཅིག་ནི་འཕོ་བར་སྨྲ་བ་ཞེས་ཟེར་བ་སྟེ་སྡེ་པ་བཅོ་བརྒྱད་ནི་དེ་དག་གོ །དེ་ལ་དགེ་འདུན་ཡང་ཡིན་ལ་ཕལ་ཆེན་ཡང་ཡིན་པས་དགེ་འདུན་ཕལ་ཆེན་ཏེ་དེ་ཉེ་བར་སྟོན་པར་བྱེད་པ་ནི་དགེ་འདུན་ཕལ་ཆེན་པའོ། །ཁ་ཅིག་ནི་སངས་རྒྱས་བཅོམ་ལྡན་འདས་རྣམས་ཀྱིས་ཆོས་ཐམས་ཅད་ཐུགས་གཅིག་གིས་རྣམ་པར་མཁྱེན་ཅིང་སྐད་ཅིག་དང་ལྡན་པའི་ཤེས་རབ་ཀྱིས་ཐམས་ཅད་ཡོངས་སུ་མཁྱེན་ཏེ་ཞེས་ཐ་སྙད་འདོགས་ཏེ་དེས་ན་ཐ་སྙད་གཅིག་པ་ཞེས་བྱའོ། །འཇིག་རྟེན་ཐམས་ཅད་ཀྱིས་འཇིག་རྟེན་པ་ལས་སངས་རྒྱས་བཅོམ་ལྡན་

འདས་ཐམས་ཅད་འདས་པར་གྱུར་པས་དེ་བཞིན་གཤེགས་པ་ལ་འཇིག་རྟེན་པའི་ཆོས་མི་མངའོ་ཞེས་སྨྲས་པ་ནི་འཇིག་རྟེན་ལས་འདས་པར་སྨྲ་བའོ། །མང་དུ་ཐོས་པའི་སློབ་དཔོན་གྱིས་རྗེས་སུ་སྟོན་པར་བྱེད་པས་ན་མང་ཐོས་པའོ། །འདུས་བྱས་རྣམས་ཕན་ཚུན་བརྟགས་པ་ཉིད་ཀྱིས་སྡུག་བསྔལ་བ་ཡིན་ནོ་ཞེས་སྨྲ་བས་བརྟགས་པར་སྨྲ་བའོ། །མཆོད་རྟེན་རི་ལ་གནས་བཅས་པ་ཉིད་ཀྱིས་མཆོད་རྟེན་པའོ། །ཤར་གྱི་རི་དང་ནུབ་རི་ལ་གནས་བཅས་པ་ཉིད་ནི་ཤར་གྱི་རི་བོ་པ་དང་ནུབ་ཀྱི་རི་བོ་པའོ། །གནས་འཕགས་པའི་རིགས་ཡིན་པར་སྟོན་པ་ནི་གནས་བརྟན་པའོ། །དེ་ཉིད་ལ་གངས་རི་པ་ཞེས་ཀྱང་ཟེར་ཏེ་གངས་ཀྱི་རི་ལ་བརྟེན་ནས་གནས་པའི་ཕྱིར་རོ། །གང་ཅུང་ཞིག་འདས་པ་དང་མ་འོངས་པ་དང་ད་ལྟར་བྱུང་བ་ཐམས་ཅད་ཡོད་དོ་ཞེས་སྨྲ་བའི་ཕྱིར་ཐམས་ཅད་ཡོད་པར་སྨྲ་བའོ། །དེ་དག་ཉིད་ལ་འགའ་ཞིག་ནི་ཡོད་དེ་འདས་པའི་འབྲས་བུ་བྱུང་བ་གང་ཡིན་པའོ། །ལ་ལ་ནི་མེད་དེ་གང་འབྲས་བུ་མྱུང་ཟིན་པ་དང་མ་འོངས་པ་དག་གོ་ཞེས་རྣམ་པར་ཕྱེ་ནས་སྨྲ་བར་བྱེད་པའི་ཕྱིར་དེ་ཉིད་ལས་རྣམ་པར་ཕྱེ་སྟེ་སྨྲ་བ་ཞེས་བྱའོ། །དེ་དག་ཉིད་ལ་གང་ཅུང་ཞིག་བྱུང་བ་དང་བྱུང་བ་དང་འབྱུང་བར་འགྱུར་བ་དེ་ཐམས་ཅད་ནི་རྒྱུ་དང་བཅས་པའོ་ཞེས་སྨྲ་བས་རྒྱུར་སྨྲ་བའོ། །དེ་རྣམས་ཉིད་ལས་ཁ་ཅིག་མུ་རན་ཏ་ཀ་ལིའི་རི་ལ་གནས་པའི་ཕྱིར་མུ་རན་ཏ་ཀ་ལ་པ་ཞེས་བྱའོ། །གནས་པའི་རིགས་ཉིད་ཀྱི་བུད་མེད་ནི་གནས་མ་ཡིན་ལ་དེ་ལས་སྐྱེས་པའི་བུ་ནི་གནས་མའི་བུ་སྟེ་དེའི་རིགས་ཡིན་པར་སྟོན་པ་ནི་གནས་མའི་བུའོ། །སློབ་དཔོན་ཆོས་མཆོག་གི་རྗེས་སུ་སྟོན་པར་བྱེད་པ་ནི་ཆོས་མཆོག་པའོ། །བཟང་པོའི་ལམ་པའི་སློབ་མ་ནི་བཟང་པོའི་ལམ་པའོ། །ཀུན་གྱིས་བཀུར་བའི་སློབ་དཔོན་གྱི་ལུགས་སྟོན་པར་བྱེད་པ་ནི་ཀུན་གྱིས་བཀུར་བའོ། །དེ་ཉིད་ལས་ཨ་ནན་ཏའི་གྲོང་ཁྱེར་དུ་ཡང་དག་པར་བསྡུ་བ་བྱས་པའི་ཕྱིར་ཨ་ནན་ཏ་ཀ་པའོ། །ཁ་ཅིག་ཀུ་རུ་ཀུ་ལའི་རི་ལ་གནས་པའི་ཕྱིར་ཀུ་རུ་ཀུ་ལ་པའོ། །ས་སྲུའི་སྐད་ཀྱི་བྱིངས་ལས་རྗེས་སུ་སྟོན་དུ་བསྒྱུར་ཏེ་སྐྱེ་བོའི་ཚོགས་ཆེན་པོ་ལ་ཡང་སྲིད་པར་མི་འབྱུང་བར་རྗེས་སུ་སྟོན་པར་བྱེད་པ་ནི་མང་སྟོན་པའོ། །སློབ་དཔོན་ཆོས་སྦས་ཀྱི་ཡིན་པར་སྨྲ་བ་ནི་ཆོས་སྦས་པའོ། །རབ་ཏུ་བསྡུགས་པའི་དམ་པའི་ཆོས་ཀྱི་ཆར་འབེབས་པས་ན་ཆར་བཟང་འབེབས་པའོ། །དེ་ཉིད་སློབ་དཔོན་འོད་སྲུང་གི་ཡིན་པར་སྨྲ་བ་ནི་འོད་སྲུང་པའོ། །དེ་བཞིན་དུ་བླ་མའི་ཡིན་པར་སྨྲ་བ་ནི་བླ་མ་པའོ། །དེ་ཉིད་ལ་ཁ་ཅིག་ན་རེ་འཇིག་རྟེན་འདི་ནས་ཕ་རོལ་ཏུ་གང་ཟག་འཕོ་བར་འགྱུར་བའོ་ཞེས་སྨྲ་བ་ནི་འཕོ་བར་སྨྲ་བའོ། །དེ་རྣམས་ལས་སྔར་བསྟན་པའི་དགེ་འདུན་ཕལ་ཆེན་ལ་སོགས་པ་བརྒྱད་དང་། ཕྱིས་བསྟན་པའི་གནས་བརྟན་པ་དང་ཐམས་ཅད་ཡོང་སྨྲ་བ་དང་མང་སྟོན་པ་དང་ཆོས་མཆོག་པ་དང་འོད་སྲུང་པ་རྣམས་ནི་བདག་མེད་པར་སྨྲ་བ་ཡིན་ཏེ། མུ་སྟེགས་པ་འདོད་པའི་བདག་དང་བདག་གི་བ་དག་ནི་སྟོང་པ་ཡིན་པ་དང་ཆོས་ཐམས་ཅད

ནི་བདག་མེད་པ་ཡིན་པར་སྨྲ་བའོ་ཞེས་ཟེར་རོ། །ལྷག་མ་གནས་མ་བུ་ལ་སོགས་པ་ལྔ་ནི་གང་ཟག་ཏུ་སྨྲ་བ་ཡིན་ཏེ། གང་ཟག་ནི་ཕུང་པོ་དག་ལས་དེ་ཉིད་དང་གཞན་དུ་བརྗོད་དུ་མེད་པ་རྣམ་པར་ཤེས་པ་དྲུག་གིས་ཤེས་པར་བྱ་བ་འཁོར་བར་གྱུར་པ་ཡིན་ནོ་ཞེས་ཟེར་རོ། །དེ་དག་ནི་སྡེ་པ་བཅོ་བརྒྱད་ཀྱི་དབྱེ་བ་ཡིན་ནོ། །གཞན་ལུགས་ཀྱི་བཤད་ཚུལ་གཉིས་སྣང་ན་ཡང་ཡི་གེ་མངས་སུ་དོགས་པས་མ་བྲིས་སོ། །ཀྲུའི་མཁན་པོ་ཕ་ནར་རྗེ་གསར་གྱིས་མདོ་དགོངས་པ་ངེས་འགྲེལ་གྱིས་འགྲེལ་པར། ཐམས་ཅད་ཡོད་པར་སྨྲ་བ་དང་ཕལ་ཆེན་པ་གཉིས་ལ་རེ་རེ་ཞིང་བཅུ་བཅུ་གྱིས་པས་སྡེ་པ་ཉི་ཤུ་བཤད་དོ། །གལ་ཏེ་སྡེ་པ་བཅོ་བརྒྱད་པོ་ཀུན་གྱི་བསླབ་པ་ཡང་ཤེས་ན་བསླབ་བྱ་གཅིག་ཏུ་འགྱུར་ཞེ་ན། བསླབ་པ་ཤེས་ཀྱང་ཕལ་ཆེར་ཐ་དད་ཡིན་ཏེ། དཔེར་ན་ཐམས་ཅད་ཡོད་སྨྲ་བ་ཡི་མདོ་སྡེ་ལེགས་སྦྱར་གྱི་སྐད་དུ་ཡོད་ལ། གནས་བརྟན་པ་དག་ལེགས་སྦྱར་གྱི་སྐད་དུ་མདོ་སྡེ་བཏོན་ན་ལྟུང་བར་བྱེད་པའི་ཕྱིར་དང་། དཔེར་ན་ཐམས་ཅད་ཡོངས་སྨྲ་བ་རང་ཉིད་ཀྱི་གསོལ་བཞིའི་ཆོ་ག་བརྗོད་པ་གསུམ་དང་ལས་གཅིག་གིས་སྡོམ་པ་སྐྱེ་ལ། ཐམས་ཅད་ཡོད་སྨྲ་བ་དེ་ཡི་ཆོ་ག་བཞིན་བྱས་ན་ཕལ་ཆེན་པ་སོགས་སྡེ་པ་གཞན་གྱི་དགེ་སློང་འཇིག་པའི་ཕྱིར་དང་། དཔེར་ན་ཐམས་ཅད་ཡོད་སྨྲ་བ་སྨིན་མའི་སྤྱི་བཞར་ན་ལྟུང་བ་ཡིན་ལ། མ་བཞར་ན་ནི་ཕལ་ཆེན་པ་སོགས་སྡེ་པ་འགའ་ཞིག་ལྟུང་བར་འདོད་པའི་ཕྱིར་དང་། དཔེར་ན་གནས་བརྟན་པ་སོགས་ལ་ལ་བུ་རམ་ཕྱི་དྲོ་འགོག་ལ། ཐམས་ཅད་ཡོད་སྨྲ་བ་སོགས་ཁ་ཅིག་ལྟུང་བ་མེད་ཅེས་ཟེར་བའི་ཕྱིར་དང་། དཔེར་ན་ཐམས་ཅད་ཡོད་སྨྲ་བ་སོགས་ལ་ལའི་བྱིན་ལེན་ལག་པ་བཀན་ནས་བྱེད་ལ། གནས་བརྟན་པ་སོགས་ལ་ལ་དེ་ལས་གཞན་དུ་བྱིན་ལེན་བསྒྱུར་ཐབས་སུ་བྱེད་ཅིང་། ཕལ་ཆེན་སྡེ་པ་སོགས་འགའ་ཞིག་ལྟུང་བཟེད་བྱིན་ལེན་བྱེད་ལ། སྡེ་པ་ལ་ལ་ལྟུང་བཟེད་བྱིན་ལེན་འགོག་པའི་ཕྱིར་དང་། དཔེར་ན་ཐམས་ཅད་ཡོད་སྨྲ་བ་སོགས་ཁ་ཅིག་མིར་ཆགས་པ་བསད་པ་ལ་ཕམ་པ་ཡིན་ལ། སྡེ་པ་ལ་ལ་ཕམ་པ་མེད་ཅེས་ཟེར་བའི་ཕྱིར་དང་། འདུལ་བ་འོད་ལྡན་ལས། མི་ནི་བཙས་པའི་གནས་སྐབས་སོ་མིར་ཆགས་པ་ནི་མངལ་གྱི་གནས་སྐབས་སོ། །དེ་གཉིས་ཀ་བསྡུ་བའིཕྱིར་མིར་གྱུར་པ་ཞེས་སྨོས་སོ་ཞེས་བཤད། སྡེ་པ་ལ་ལའི་སོ་སོར་ཐར་པ་ལ་གླེང་གཞི་ཚིགས་བཅད་གཅིག་ལས་མེད་ལ། ཐམས་ཅད་ཡོད་སྨྲ་བ་སོགས་ལ་ལའི་རིང་ཐུང་གཞན་དུ་ཡོད་པའི་ཕྱིར་རོ། །མདོར་ན་ཕམ་པ་བཞི་པོ་ནས་བརྩམས་ཏེ་ལྷག་མ་བཅུ་གསུམ་པོ་སོགས་བསླབ་པར་བྱ་བ་ཀུན་སྡེ་པ་བཅོ་བརྒྱད་པོ་ཐམས་ཅད་མི་མཐུན་པས།གནས་བརྟན་པ་སོགས་གང་གིས་བཀག་པ་ལ་ཡོད་སྨྲ་བ་སོགས་གང་གིས་གནང་བ་ཡོད་དེ། དཔེར་ན་བུ་རམ་ཕྱི་དྲོའི་ཁ་ཟས་སུ་ཡེ་གནང་ཡིན་ན་གནས་བརྟན་པ་སོགས་སྡེ་པ་གཞན་ལྟུང་བ་དག་དང་བཅས་པར་འགྱུར་ལ། ཡེ་བཀག་ཡིན་ན་ཡོད་སྨྲ་བ་ཡི་དགེ་སློང་

ལྟུང་བ་ཅན་དུ་འགྱུར་བའི་ཕྱིར་དང་། དཔེར་ན་བྱིན་ལེན་མ་བྱས་པར་ཟ་བའི་ལྟུང་བ་མི་སྐྱ་ལ་འབྱུང་ན་མི་སྐྱ་འང་དགེ་སློང་ཉིད་དུ་འགྱུར་བས། མི་སྐྱས་བྱིན་ལེན་བྱས་ན་ཡང་། །དགེ་སློང་གིས་ནི་དགེ་སློང་ལ། །བྱིན་ལེན་བྱས་པ་ཇི་བཞིན་དུ། །བཟའ་བར་རུང་བར་མི་འགྱུར་རོ། །དཔེ་དེ་བཞིན་ཀུན་ལ་སྦྱར་བར་གྱིས་ཤིག་སྟེ་གོ་དགོས་པའི་ཕྱིར་རོ། །གཉིས་པ་ནི། གང་ལས་འཕྲོས་ན། ཡི་བཀག་ཡི་གནང་ཞེས་བྱ་བའང་། །སངས་རྒྱས་བསྟན་དང་མཐུན་པ་མིན། །ཞེས་གསུངས་པ་ལ། འབྲི་ཁུང་པ་ཁ་ཅིག་དགོངས་གཅིག་ཏུ་རྡོ་རྗེའི་གསུང་། བཅས་པ་དང་རང་བཞིན་གྱི་ཁ་ན་མ་ཐོ་བ་གཅིག་པ་ཡིན་ཞེས་བྱ་བ་འདི་བཞུགས། དེ་ཡང་རང་བཞིན་གང་ཡོད་ཀྱི་སྟེང་དུ་བཅས་པ་ཡོད་ལ་བཅས་པ་གང་བྱུང་དེ་དག་ཏུ་རང་བཞིན་ཡོད་ཅིང་། བཅས་པས་རང་བཞིན་ལ་ཁྱབ། རང་བཞིན་གྱིས་བཅས་པ་ལ་ཁྱབ་པས། དེ་ལྟར་ན་དེ་གཉིས་གཅིག་པ་ཡིན་ནོ། །འོ་ན་བསྲུངས་པའི་ཕན་ཡོན་ཡང་འདྲ་ལ་མ་བསྲུངས་པའི་ཉེས་དམིགས་ཀྱང་འདྲ་བས། རང་བཞིན་གང་ཡོད་དུ་བཅས་པ་མཛད་པ་ཡིན་ན། དུད་འགྲོ་ལ་བཅས་པ་མཛད་པ་མེད་པས་བཅས་འགལ་གྱི་ཉེས་པ་མི་འབྱུང་ངམ་སྙམ་ན། དུད་འགྲོ་ལ་ཡང་བཅས་ལ་ཡོད་དེ། ཡང་རྡོ་རྗེའི་གསུང་། ཁམས་གསུམ་ཆོས་ཀྱི་རྒྱལ་པོས་འགྲོ་བ་སྤྱི་ལ་བཅས་བྱ་བ་བཞུགས། དེ་ལ་སངས་རྒྱས་བཅོམ་ལྡན་འདས་དང་པོ་ཐུགས་བསྐྱེད་པར་དུ་ཚོགས་བསགས་ཐ་མར་ཆོས་འཁོར་བསྐོར་བ་དེ། རྗེས་འབྲང་གི་སྲས་ཁོ་ནའི་དོན་དུ་མིན་འགྲོ་བ་ཐམས་ཅད་ཀྱི་དོན་དུ་ཡིན་པ་དང་གཅིག །དེ་ལ་གང་ཟག་རེ་རེ་ལུང་སྟོན་པའི་ཚེ་ཞལ་ནས་འོད་ཟེར་ཁ་དོག་སྣ་ཚོགས་བཀྱེ་སྟེ་འོག་མིན་གྱི་བར་སྣང་བར་བྱས་ནས། བརྩམ་པར་བྱ་ཞིང་དབྱུང་བར་བྱ། །ཞེས་སོགས་ཚིགས་བཅད་གཉིས་པོ་སེམས་ཅན་གྱི་རིགས་ཐམས་ཅད་དུ་འབྱུང་བའི་གནད་དང་གཉིས། འཁོར་ལོ་དང་པོ་འདུལ་བ་ཡིན་ལ་དེ་བསྡུས་པའི་སྙིང་པོ་ནི༑ སྡིག་པ་ཅི་ཡང་མི་བྱ་སྟེ། །ཞེས་སོགས་གསུངས། གནད་འདི་དང་གསུམ་གྱིས་བཅས་པ་ཐམས་ཅད་འགྲོ་བ་སྤྱི་ལ་དགག་སྒྲུབ་ཀྱི་ཚུལ་དང་བཅས་པ་བཤད་པ་ཡིན་ཞེས་ཟེར། རབ་ཏུ་བྱུང་བ་ལ་ལྟུང་བ་ཇི་སྙེད་འབྱུང་བ་དེ་ཁྲིམས་པ་ནས་ནི་དམྱལ་བའི་བར་དུད་འགྲོ་ལ་སོགས་ཐམས་ཅད་ལ་ལྟུང་བ་མཚུངས་པར་འབྱུང་ཞེས་ཟེར་བ་འདི་ནི་སངས་རྒྱས་ཀྱི་དགོངས་པ་མིན་པར་ཐལ། ཅི་སྐད་ཅེ་ན་ལྟུང་བ་དེ་བཅས་པ་ཕན་ཆད་འབྱུང་མོད་ཀྱི་མ་བཅས་པ་ལ་ལྟུང་བ་མེད་པའི་ཕྱིར། རྒྱུ་མཚན་དེས་ན་ཐུབ་པས་དགེ་སློང་ནོར་ཅན་གྱིས་ཤིང་བཀྲུས་པ་ལྟ་བུ་ལས་དང་པོ་པས་ཉེས་པ་བྱས་ཀྱང་ལྟུང་བ་མེད་ཅེས་གསུངས་ཏེ། མི་ཤེས་པས་བྱས་པ་ནི་མ་གཏོགས་ཞེས་འདུལ་བ་ལུང་ལས་གསུངས་སོ། །ཤིང་ཐུན་གྱིས་གཏེར་རྙེད་པ་ལ་ཁྲིམས་པ་ཡིན་པས་བསླབ་པ་མ་བཅས་སོ། །དེ་ལྟ་མིན་པར་ཁྲིམས་པ་ནས་ནི་དམྱལ་བའི་བར་ཐམས་ཅད་ལ་གལ་ཏེ་ལྟུང་བ་ཀུན་འབྱུང་ན་སེམས་ཅན་གྱིས་ཐར་པ

ཐོབ་པ་ལྟ་ཅི་སྨོས་མཐོ་རིས་ཀྱང་ནི་འབྱུང་རེ་སྐན་ཏེ་འབྱུང་མི་སྲིད་པར་ཐལ། འགྲོ་བ་ཀུན་ལྟུང་བ་དང་བཅས་པས་སོ། །གསུམ་པ་ནི། ཕ་རོལ་ཕྱིན་པ་མཚན་ཉིད་དང་གསང་སྔགས་ཀྱི་ནི་ལྟུང་བ་ལ་གནང་བཀག་འགའ་ཞིག་ཐ་དད་ཡོད་པ་དེ་འདྲའི་འགལ་བ་ལྟག་སྤྲོད་ལ་ཡེ་བཀག་ཡེ་གནང་གི་རྣམ་གཞག་ཇི་ལྟར་རུ་སྟེ་མི་རིགས་པར་ཐལ། ཉན་ཐོས་པའི་རབ་བྱུང་བཙུན་པ་ལ་སྐྱོར་གསོད་པའི་མཐོང་ཐོས་དོགས་གསུམ་མེད་པའི་རྣམ་གསུམ་དག་པའི་ཤ་བཟར་རུང་བར་གནང་སྟེ། འདུལ་བ་ལས། དེ་ལ་རྣམ་པ་གསུམ་ཡོངས་སུ་དག་པའི་ཤ་ཟོས་ན་སྤྱོང་བའི་བར་ཆད་དུ་མི་འགྱུར་རོ་ཞེས་གསུངས་པ་བསླབ་པ་ཀུན་ལས་བཏུས་ལས་བཤད་པའི་ཕྱིར་དང་། ཐེག་པ་ཆེན་པོ་ཕ་རོལ་ཏུ་ཕྱིན་པ་ལ་བཤད་པ་དང་ཤི་བའི་ཤ་རྣམས་ཟ་བ་དང་ཉོ་བ་ཡང་བཀག་ཅིང་། གལ་ཏེ་ཟོས་ན་ངན་འགྲོའི་རྒྱུ་རུ་མདོ་ལས་གསུངས་པ་དེ་བཞིན་མཚན་ཉིད་པ་དང་གསང་སྔགས་པ་ལ་ཡང་རིགས་པ་མཚུངས་པའི་ཕྱིར་རོ། །གལ་ཏེ་སྟོན་པ་སངས་རྒྱས་ཀྱིས་བཅས་པ་དེ་མི་འཐད་ལྷ་སྦྱིན་གྱི་བཅས་པ་ཚད་མར་བྱས་ནས་ཤ་མི་ཟ་བའི་བརྟུལ་ཞུགས་ལ་གནས་པ་འཐད་ཟེར་ན། དེ་ལྟ་ན་ལྷ་སྦྱིན་གྱི་བརྟུལ་ཞུགས་ལྔའི་གཅིག་དང་མཚུངས་པར་འགྱུར་ཏེ། ལྔ་གང་ཞེ་ན། རྟོགས་བརྗོད་བརྒྱ་པའི་དགེ་འདུན་དབྱེན་ཞེས་བྱ་བའི་སྐབས་ལས། གང་དག་བརྟུལ་ཞུགས་ཀྱི་གཞི་འདི་ལྔ་མཐོང་ནས་འདོད་ཅིང་བཟོད་ལ་འཐད་པར་སེམས་པ་དང་། དགེ་སློང་གོའུ་ཏ་མའི་ཐད་ནས་འབྱེ་བ་དང་གཞན་དུ་འགྲོ་བ་དང་། དགེ་སློང་གོའུ་ཏ་མའི་ཐད་ནས་འབྱེད་པ་དང་གཞན་དུ་འགྲོ་བ་དང་། དགེ་སློང་གོའུ་ཏ་མ་དང་འབྲལ་བར་འདོད་པ་དེ་དག་གིས་ནི་ཤིང་བུ་ལོངས་ཤིག་ཅེས་སྨྲས་ནས། དེས་དགེ་འདུན་གྱི་ནང་དུ་ཤིང་བུ་བྲིས་ཏེ་དགེ་སློང་ལྔ་བརྒྱས་ཤིང་བུ་བླངས་ནས། ཤིང་བུ་བྲིམས་པའི་འོག་ཏུ་གསོལ་བ་བྱེད་པ་ལ་ཞུགས་ཏེ། བཙུན་པའི་དགེ་འདུན་རྣམས་གསན་དུ་གསོལ། དགེ་སློང་གོའུ་ཏ་མ་དགོན་པར་གནས་ན་ནི་བདག་ཅག་གྲོང་འདབ་ཏུ་གནས་པར་བྱའོ། །དེ་ཅིའི་ཕྱིར་ཞེ་ན། དགེ་སློང་དག་དགོན་པར་གནས་པ་ལ་ནི་ཉེས་དམིགས་མང་བའི་ཕྱིར་རོ། །དགེ་སློང་གོའུ་ཏ་མས་ཤ་ཟ་བར་གནང་ན་ནི་བདག་ཅག་གིས་བཟའ་བར་མི་བྱའོ། །དེ་ཅིའི་ཕྱིར་ཞེ་ན། གཞི་དེ་ལས་སེམས་ཅན་རྣམས་གསོད་པར་འགྱུར་བའི་ཕྱིར་རོ། །དགེ་སློང་གོའུ་ཏ་མ་ལན་ཚྭ་ཟ་ན་ནི་བདག་ཅག་གིས་བཟའ་བར་མི་བྱའོ། །དེ་ཅིའི་ཕྱིར་ཞེ་ན།ཁྲུ་ཆུ་ལས་བྱུང་བའི་ཕྱིར་རོ། །དགེ་སློང་གོའུ་ཏ་མ་འོ་མ་འཐུང་ན་ནི་བདག་ཅག་གིས་བཏུང་བར་མི་བྱའོ། །དེ་ཅིའི་ཕྱིར་ཞེ་ན་གཞི་དེ་ལས་བེའུ་རྣམས་ཉོན་མོངས་པར་འགྱུར་བའི་ཕྱིར་རོ། །དགེ་སློང་གོའུ་ཏ་མ་ཆོས་གོས་དྲས་པ་གྱོན་ན་ནི་བདག་ཅག་གིས་བགོ་བར་མི་བྱའོ། །དེ་ཅིའི་ཕྱིར་ཞེ་ན་མི་རྣམས་ཀྱིས་ཞོ་ཤས་བསྐྱབས་པ་ཆུད་ཟོས་པར་འགྱུར་བའི་ཕྱིར་རོ་ཞེས་གསུངས། །ཁ་ཅིག་ཤ་མི་ཟ་བའི་བརྟུལ་ཞུགས་ཙམ་གྱིས

དག་གྲོལ་དུ་འཛིན་ན་ལྷ་སྦྱིན་གྱི་བརྟུལ་ཞུགས་སུ་འགྱུར་ཞེས་སྨྲ་ཇི་བཞིན་བར་འཆད་པ་མི་འཐད་དེ། ལྷ་སྦྱིན་ཡང་བརྟུལ་ཞུགས་གཅིག་ཙམ་གྱིས་ཚོག་པར་མི་འཛིན་ཅིང་གཞན་བཞི་ཡང་བཅའ་བ་བྱས་པའི་ཕྱིར། འཕགས་པ་སོར་མོའི་ཕྲེང་བ་ལ་ཕན་པ་ཞེས་བྱ་བ་ཐེག་པ་ཆེན་པོའི་མདོ་ལས་ཀྱང་། གནས་བརྟན་འོད་སྲུང་ཆེན་པོ་བདུད་རྩི་ལྷ་བུའི་ཁ་ཟས་སྣ་ཚོགས་དང་ཤའི་རོའི་ཁ་ཟས་སྤྱངས་ཏེ། ཤ་མེད་པར་བརྟུལ་ཞུགས་ཀྱི་སྤྱོད་པ་ལ་ཡང་དག་པར་སྤྱོད་ཅེས་གསུངས། དེས་ན་ལྷ་སྦྱིན་གྱི་བརྟུལ་ཞུགས་དེས་གྲོལ་བར་སེམས་ཤིང་སྟོན་པའི་བཅས་པ་སུན་ཕྱུང་ནས་ཤ་མི་ཟ་ན་དགེ་འདུན་དབེན་དུ་གཏོགས་པའི་སྦོམ་པོར་འགྱུར་ཞེས་གསུངས་འདུལ་བ་ལས། དྲུག་སྡེས་སྡུག་གིས་གོང་མའི་ཤ་བླངས་པ་བཀག་སྟེ། མི་ཤ་ཟ་བ་དང་འདི་བར་སྦོམ་པོར་གསུངས་པ་ལ་འཁྲོས་ནས། འདུལ་བ་འོད་ལྡན་དུ། ཆེད་དུ་བྱས་པའི་ཤ་དང་ཉ་ཤ་དག་བཟའ་བར་མི་བྱའོ། །གལ་ཏེ་བྱས་པ་དང་བྱེད་དུ་བཅུག་པ་དང་རྗེས་སུ་ཡི་རང་བ་འཁོར་གསུམ་ཡོངས་སུ་དག་པ་ཡིན་དུ་ཟིན་ཀྱང་། ཆེད་དུ་བྱས་པ་རྣམས་ལས་སྙིང་བརྩེ་བ་མེད་པ་སྐྱེ་བའི་ཕྱིར་དང་ཆ་མ་ཡིན་པའི་ཕྱིར་བཀག་གོ །དེ་ལས་གཞན་པ་ནི་མ་བཀག་པའོ་ཞེས་བཤད་པའི་ཁུངས་ལ། གཞུང་གླེང་གཞི་ལས། སྟོན་པས་དགེ་སློང་བྱེ་མ་སྐྱེས་ལྟུང་ནད་བྱུང་བ་ལ་ཤ་རྗེན་པ་སྦྱིན་པར་བྱའོ་ཞེས་བཀའ་སྩལ་པ་དེ་གང་ནས་བླང་བར་བགྱི་ཞུས་པས། ཤན་པ་དང་རི་དྭགས་པ་ལ་སོགས་པ་གནས་ལྔ་ལས་བླང་བར་བྱའོ། །སུས་བླང་བར་བགྱི་ཞུས་པས། ཉེ་བ་འཁོར་དགེ་བསྙེན་དད་པ་ཅན་གྱིས་སོ་ཞེས་གསུངས་པ་ཡིན་ཏེ། དགེ་བསྙེན་དད་པ་ཅན་སློས་པ་ནི་ཆེད་དུ་གསོད་པའི་དོགས་པ་མེད་པར་བསྟན་པ་ཡིན་ནོ་ཞེས་འོད་ལྡན་ལས་འབྱུང་ངོ་། །དེས་ན་འདི་འདྲའི་ཤ་ནི་ཤའི་ཆེད་དུ་བསད་པ་ཡིན་ཡང་ནད་པའི་ཆེད་དུ་བསད་པ་མིན་པས། དགེ་སློང་ཐམས་ཅད་དགེ་སློང་བྱེ་མ་སྐྱེས་ལྟ་བུར་ན་བ་ག་ལ་སྲིད། ན་བའི་ཚད་ཀྱང་སྨན་འདི་བཏང་ན་སོས་ལ་མ་བཏང་ན་མི་སོས་པ་ཙམ་མོ། །འོད་ལྡན་ལས། འདིར་ཡང་སྲོག་གཅོད་པའི་ཕྱོགས་དང་མཐུན་པའི་ཁ་ཟས་ཀྱི་སྐབས་ཡིན་པའི་ཕྱིར་འདིར་བསྟན་ཏོ་ཞེས་བཤད། དེ་བཞིན་དུ་དགེ་སློང་ཡང་དག་བློ་གྲོས་ན་བ་ལ་ཡང་རང་ལ་དམིགས་པའི་ཤ་གནང་བའི་སྐབས་མེད་མོད། སྤྱིར་ཤའི་ཆེད་དུ་བྱས་པའི་ཤ་གནང་བ་ཡིན་ཏེ། མདོ་ཏིང་ངེ་འཛིན་རྒྱལ་པོའི་བུ་མོ་ཡེ་ཤེས་ལྡན་གྱི་ལེའུ་ལས། ཤ་ཟ་བ་གང་བྱུང་བ་དེ་ནི་དོན་ཆེན་པོ་སྒྲུབ་པའི་ཕྱིར་ཉེས་པ་མེད་དེ་དེ་ལས་འདི་སྐད་དུ་འབྱུང་ངོ་། །དགེ་སློང་འདི་ནི་འཆི་བའི་དུས་བགྱིས་ན། །འཛམ་བུའི་གླིང་དུ་ཏིང་འཛིན་སྒྲ་རྣམས་ནི། །སེམས་ཅན་རྣམས་ལ་རྟག་ཏུ་མྱུན་པར་འགྱུར། །འདི་སོས་པས་ནི་ཏིང་འཛིན་རྣམས་ཀྱང་འཐོབ། །ཅེས་གསུངས། གལ་ཏེ་ཆེད་དུ་བྱས་པའི་ཤ་བཟའ་བར་མི་བྱའོ་ཞེས་གསུངས་པ་དེ་ནི་གང་ཟག་རང་ལ་དམིགས་ནས་བསད་པའི་ཤ་ཡིན་ཏེ། གཞན་དུ་ན་སྤྱི་ལ་དམིགས་ནས

གང་ཟག་གིས་ལོངས་སྤྱོད་པས་ཆོང་འདུས་ལན་གསུམ་བསྒོར་བའི་བསད་ཤ་ལྟ་བུ་མིན་པའི་དགེ་སློང་ལ་ཡང་གནང་ངོ་ཞེ་ན། དེ་ནི་མི་འཐད་དེ། དེ་ལྟ་ན་སྡེ་པའི་དུས་ཤ་ཕལ་ཆེར་ཡང་མི་ན་བའི་དགེ་སློང་ལ་གནང་བར་འགྱུར་ཏེ། སྤྱི་ལ་དམིགས་ནས་གང་ཟག་གིས་ལོངས་སྤྱོད་པའི་ཕྱིར་རོ། །དེ་ཡང་འདོད་ན། མདོ་དྲན་པ་ཉེར་བཞག་ལས། སྐྱེ་བོ་མང་པོའི་ཆེད་དུ་ཤ་བྱེད་ན་དམྱལ་བ་མནར་མེད་ཀྱི་འཁོར་དུ་ཁྱིའི་སོ་བར་དུ་གཅེམ་པར་འགྱུར་རོ་ཞེས་གསུངས། དེས་ན་རྟོག་གེ་འབར་བ་ལས། ཉན་ཐོས་ཐེག་པའི་གཞུང་ལས་ནི། །རྣམ་གསུམ་དག་པའི་ཤ་གང་དག །ཟོས་ཀྱང་སྡིག་ཏུ་མི་འགྱུར་ཏེ། །དྲངས་མ་སོགས་སུ་འགྱུར་བའི་ཕྱིར། །སློང་མོའི་ཟས་ལ་སྡིག་མེད་བཞིན། །ཞེས་བཤད། རྣམ་གསུམ་དག་པའི་ཚུལ་ཡང་ལང་ཀར་གཤེགས་པའི་མདོ་ལས། ཉན་ཐོས་རྣམས་ལ་གནང་བར་བྱ་བ་མ་བྱས་པ་དང་བྱེད་དུ་མ་གཞུག་པ་དང་། མ་བརྟགས་པ་ཞེས་བྱ་བའི་ཤ་ཡང་རུང་བ་མེད་ན་བློ་གྲོས་ཆེན་པོ་ཞེས་པ་དང་། རྣམ་གསུམ་དག་པའི་ཤ་རྣམས་ནི། །མ་བརྟགས་པ་དང་མ་སླངས་པ། །མ་བསྐུལ་བ་ཡང་ཡོང་མེད་པས། །དེས་ན་ཤ་ནི་མི་ཟའོ། །ཞེས་གསུངས། དེ་ཡང་འདུལ་བ་དགེ་སློང་གི་ཚིག་ལེའུར་བྱས་པ་ལས། གང་ཡང་ཆེད་དུ་བྱས་པའི་ཤ །མཐོང་ངམ་ཐོས་སམ་དོགས་པ་ནི། །ནམ་ཡང་བཟའ་བར་བྱ་མིན་པར། །འགྲོ་ཀུན་ཕན་པར་བཞེས་པས་གསུངས། །ཞེས་སོ། །དགེ་སློང་ནད་པའི་དབང་དུ་མཛད་ནས་འདུལ་བ་ལུང་སྨན་གྱི་གཞི་ལས་ཀྱང་། བཅོམ་ལྡན་འདས་ཀྱིས་བཀའ་སྩལ་པ། ངས་གནས་གསུམ་གྱིས་རུང་བ་མ་ཡིན་པའི་ཤ་བཟའ་བར་མི་བྱའོ་ཞེས་གསུངས་པ། གསུམ་གང་ཞེ་ན། བདག་གི་ཆེད་དུ་བྱས་པར་མངོན་སུམ་དུ་མཐོང་བ་དང་། ཡིད་ཆད་པ་ལས་ཁྱོད་ཀྱི་ཆེད་དུ་བྱས་པ་ཡིན་ནོ་ཞེས་ཐོས་པ་དང་། རང་ཉིད་ཀྱི་བློ་ལ་རྣམ་པར་རྟོག་པ་སྐྱེས་པ་ཚུལ་གསུམ་ལས། འདི་ནི་བདག་གི་ཆེད་དུ་བྱས་པ་ཡིན་ནོ་སྙམ་པའོ་ཞེས་གསུངས། ལང་ཀར་གཤེགས་པ་སངས་རྒྱས་ཐམས་ཅད་ཀྱི་གསུང་རབ་ཀྱི་སྙིང་པོའི་ཤ་མི་ཟ་བའི་ལེའུ་ལས། བློ་གྲོས་ཆེན་པོ་སེམས་ཅན་ཤ་མི་བཟའ་བའི་བག་ཆགས་ཅན་ཤའི་རོ་ལ་སྲེད་པ་རྣམས་ཆོས་ཀྱི་རོས་ཕན་ཚུན་བྱམས་པའི་སེམས་ཀྱིས་བྱང་ཆུབ་སེམས་དཔའི་ས་སྦྱངས་ནས་བླ་ན་མེད་པའི་ས་ཐོབ་པར་འགྱུར་བའི་ཆོས་བཤད་དུ་གསོལ། འཇིག་རྟེན་རྒྱང་འཕེན་པ་དག་ཀྱང་ཤ་ཟ་བ་བཀག་ན། ཁྱེད་ཀྱི་བསྟན་པ་ཐུགས་རྗེའི་རོ་གཅིག་ཏུ་གྱུར་པ་ལ་ཤ་ཟ་བའི་ཉེས་པ་ལེགས་པར་བཤད་དུ་གསོལ། ཞེས་ཞུས་པས། བཅོམ་ལྡན་འདས་ཀྱིས། བྱང་ཆུབ་སྙིང་རྗེའི་བདག་ཉིད་ཅན་གྱིས་ཤ་ཐམས་ཅད་ཟ་བར་མི་བྱ་སྟེ། ཡུན་རིང་དུ་འཁོར་བའི་ཕ་དང་མ་ལ་སོགས་པའི་ཉེ་དུར་མ་གྱུར་པའི་སེམས་ཅན་གང་ཡང་མེད་དེ། ཞེས་གསུངས། འཇམ་དཔལ་གྱི་རང་གི་འདོད་པ་མདོར་བསྟན་པ་ལས། ཤ་ཟ་བ་ཡི་མི་གང་ཞིག །དང་པོར་ཡི་དྭགས་གནས་འགྲོ་སྟེ། །ཕྱི་ནས་དུ་འབོད་འགྲོ་བ

ཡིན། །ཞེས་པ་དང་། ཟ་བོ་ཤ་ལ་སྲེད་པ་དག །བསྐལ་པ་བྱེ་བར་འཚེད་པ་དང་། །གསོད་པོ་ནོར་ལ་སྲེད་པ་ནི༑ ༑བསྐལ་པ་འབུམ་དུ་འཚེད་པར་འགྱུར། །ཞེས་པ་དང་། གལ་ཏེ་རི་ཞིག་ངན་འགྲོ་ལས་ཐར་ན་ཡང་། མདོ་ལང་གཤེགས་ལས། གླང་པོའི་རྒྱལ་དང་སྤྲིན་ཆེན་དང་། །མྱང་ངན་འདས་དང་སོ་ཕྲེང་དང་། །ལང་ཀར་གཤེགས་པའི་མདོ་ལས་ཀྱང་། །ངས་ནི་ཤ་རྣམས་རྣམ་པར་སྤང་། །སངས་རྒྱས་བྱང་ཆུབ་སེམས་དཔའ་དང་། །ཉན་ཐོས་རྣམས་ཀྱིས་སྨད་པ་ལ། །ངོ་མི་ཚ་བར་ཟ་བ་ནི། །རྟག་ཏུ་སྨྱོན་པར་སྐྱེ་བར་འགྱུར། །ཞེས་གསུངས།

བཞི་པ་ནི། ཐེག་པ་ཆེན་པོའི་བྱང་སེམས་རྣམ་གསུམ་དག་པའི་ཤ་ཡང་བཀག་ལ་ཉན་ཐོས་ལ་གནང་བ་ལྟར་མཛད་པ་དེས་ན། ཡེ་བཀག་ཡེ་གནང་གིས་རྣམ་གཞག་ཕྱོགས་གཅིག་ཏུ་བྱ་མི་རུང་སྟེ། དཔེར་ན་པདྨའི་སོ་ནམ་ལ། །རྟག་ཏུ་འདམ་དང་ལྡན་ལྡིང་དགོས། །ཤུ་དག་སོགས་ཀྱིས་བསྐོར་ན་སྐྱེ། །མེ་ཏོག་གཞན་ལ་དེ་མི་དགོས། །ཆུ་ལས་སྐྱེ་ལ་སྐམ་ས་དགྲ། །སྐམ་སར་སྐྱེ་ལ་རློན་པ་དགྲ། །གྲང་སར་དྲོ་བའི་རྫས་མི་སྨིན། །དྲོ་སར་བསིལ་བ་འཐད་མ་ཡིན། །དེ་ན་བྱ་བ་གང་ཅིའང་རུང་། །རང་རང་ལུས་བཞིན་བྱས་ན་འགྲུབ། །དེ་ལས་བཟློག་པའི་ལུགས་བྱས་ན། །མི་འགྲུབ་འགྲུབ་ཀྱང་བཟང་པོ་དཀའ། །དེ་བཞིན་གནང་བཀག་ཐམས་ཅད་ཀྱང་། །རང་རང་ལུགས་བཞིན་བྱས་ན་འགྲུབ། །ཅེས་པ་འདི་ནི་གོ་སླ་བར་ཟད་པའི་ཕྱིར་རོ། །དེ་ཡང་དོ་ཀོར་བའི་དྲིས་ལན་ལས། བཀའ་གདམས་འདུལ་བའི་སློར་ཞུགས་ནས། །རབ་གནས་སྦྱིན་སྲེག་བདུན་ཚིགས་སོགས། །མཛད་ཀྱང་ངལ་བ་དོན་མེད་ཡིན། །ཞེས་གསུངས། འགྲེལ་པ་དོན་གསལ་ལས་ཀྱང་། རྣམ་པར་བཞག་པ་འདི་ནི་གཞན་ཁོ་ན་ཡིན་ཏེ་དེའི་ཕྱིར་ཐེག་པ་གཞན་ལ་བརྟེན་ནས་ནི་གང་དུ་ཡང་སུན་འབྱིན་པ་བརྗོད་པར་མི་བྱའོ་ཞེས་བཤད། ལྔ་པ་ལ། ཐུབ་པས་རབ་བྱུང་ལ་སྙིང་ནད་བྱས་པར་ཐལ་བའི་རྩོད་པ་སྤྱང་། བདེ་སྡུག་གི་བྱེད་པོ་སངས་རྒྱས་ཡིན་པར་ཐལ་བའི་རྩོད་པ་སྤང་བ་དང་གཉིས་ལས། དང་པོ་ལ་རྩོད་པ་དང་ལན་གཉིས་ལས། དང་པོ་ནི། གལ་ཏེ་འབྲི་ཁུང་པ་ཁ་ཅིག་དགོངས་གཅིག་ཏུ་རྡོ་རྗེའི་གསུང་། འགྲོ་དྲུག་གིས་བསྲུངས་ཀྱང་ཕན་ཡོན་འབྱུང་བྱ་བ་འདི་བཞུགས། དེ་ཡང་བཅས་པ་འགྲོ་བ་སྤྱི་ལ་བཅས་པ་དང་གཅིག །རྒྱུ་འབྲས་རྟེན་འབྲེལ་གྱི་གཤིས་ལ་མི་བསླུ་བ་དང་གཉིས། འགྲོ་དྲུག་གང་གིས་བཅས་པ་ལས་འདས་ཀྱང་ཉེས་པ་འབྱུང་བ་དང་རྒྱུ་མཚན་གསུམ་གྱིས་འགྲོ་དྲུག་གང་གིས་བསྲུངས་ཀྱང་ཕན་ཡོན་འབྱུང་། དཔེར་ན་རྫ་མཁན་དགའ་སྐྱོང་ས་མི་རྐོ་བར་གཞན་གྱིས་བརྐོས་པ་དང་གད་ཆད་སོགས་ཀྱི་ས་ལ་རྫ་མ་བྱེད་དེའི་རིན་གྱིས་ཕ་གསོ། བཅོམ་ལྡན་འདས་འོད་སྲུང་ལ་ཡང་དུས་དུས་སུ་བསྙེན་བཀུར་བྱེད་པས་འོད་སྲུང་དེ་ལ་ཐུགས་དགྱེས་པའང་བཅས་པ་བསྲུང་བའི་གནས་སྐབས་ཀྱི་འབྲས་བུ་ཡིན། ཀ་ཤིའི་ནགས་ཁྲོད་དུ་གོང་མ་སྲེག་སོགས་བཞིས་ཁྲིམས་བསྲུངས་པས་ཡུལ་

དུ་བདེ་ལེགས་དཔག་མེད་འབྱུང་བ་བཞིན། དེ་ལྟ་མིན་པར་སྤྱིར་རྗེས་འབྲང་གི་ཐྲས་དང་ཁྱེ་བྲག་ཏུ་དགེ་སློང་ཁོ་ན་ལ་བཅས་ན། བཅོམ་ལྡན་འདས་ཕྱུ་དང་དབང་ཕྱུག་ཁྱེད་པ་པོར་འགྱུར་ཏེ། མ་བཅས་ན་སྡིག་པ་མེད་པ་ཡིན་པ་ལ་བཅས་པ་མཛད་པས་དེ་སྲུབ་མ་ནུས་ན་སྡིག་པ་ལྷག་པོ་ཞིག་འབྱུང་བའི་ཕྱིར་དང་། ཉེ་ཕྱུང་དུ་ཡང་འགྱུར་ཏེ༑ ཚུར་ཉེ་བའི་དགེ་སློང་རྣམས་ལ་རང་བཞིན་རྒྱབ་ཁལ་གྱི་སྟེང་དུ་བཅས་པའི་གོང་ཆ་བཀལ་བས། མཛོ་རྒན་རྐེད་པ་ཆག་ནས་ཤི་བ་དང་འདྲ་བར་རང་བཞིན་གྱི་སྡིག་པའི་སྟེང་དུ་བཅས་འགལ་གྱི་ཉེས་པ་འབྱུང་བས་ངན་སོང་གསུམ་དུ་ལྟུང་བའི་ཕྱིར་རོ་ཞེས་ཟེར་བའི་དོན་བསྡུས་ན། སྡོམ་པ་མ་བླངས་པར་ཕྱི་དྲོ་ཟ་བ་སོགས་བྱས་ན་ལྟུང་བའི་ཐ་སྙད་མི་ཐོབ་ཀྱང་། རབ་ཏུ་བྱུང་བ་ལ་བཅས་པ་དང་འགལ་བའི་སྡིག་པ་ཐམས་ཅད་ཁྱིམ་པ་ལ་ཡང་འབྱུང་ལ། དེ་ལྟ་མིན་པར་རབ་ཏུ་བྱུང་བ་ལ་ཆེད་དུ་བྱས་ནས་ལྟུང་བའི་སྡིག་པ་འགོ་ན། ཐུབ་པས་རབ་ཏུ་བྱུང་བ་ལ་སྙིང་ནད་བྱས་པར་འགྱུར་ཞེས་ཟེར། གཉིས་པ་ལ། མདོར་བསྟན་དང་། རྒྱས་བཤད་གཉིས་ལས། དང་པོ་ནི། དེ་སྐད་ཟེར་བ་འདི་འདྲའི་རིགས་པ་གཟུ་ལུམ་ཡིན་ཏེ། འོ་ན་ཞིང་བཟང་པོ་བྱིན་པའང་སྙིང་ནད་དུ་འགྱུར། ཞིང་ཡོད་པ་རྣམས་ལ་ཡང་སེར་བ་ལ་སོགས་འབྱུང་བར་འགྱུར་གྱི་ཞིང་མེད་པ་རྣམས་ལ་མི་འབྱུང་བས་སོ༑ ༑དེས་ན་ཞིང་ལ་སེར་བ་ལ་སོགས་ཀྱི་དགྲ་ཡོད་ཀྱང་ལོ་ཐོག་འབྱུང་བའི་ཕན་ཡོན་ཡོད་པ་དེ་བཞིན་དུ་རབ་ཏུ་བྱུང་བ་ལ་ལྟུང་བ་སྲིད་མོད་ཕན་ཡོན་ཆེ་སྟེ། དཔེར་ན་སྤྲང་པོ་སེར་བ་སོགས་ཀྱིས་ཞིང་ལ་མི་འཇིགས་མོད་ཀྱི༑ ལོ་ཐོག་འབྱུང་བའི་ཡོན་ཏན་མེད་པ་དེ་བཞིན་དུ་ཁྱིམ་པ་རྣམས་ལ་ཡང་བཅས་པའི་ལྟུང་བ་མེད་མོད་སྡོམ་པའི་དགེ་བ་མི་འབྱུང་བའི་ཕྱིར། དེས་ན་མདོ་དང་དགོངས་འགྲེལ་བསྟན་བཅོས་ལས། བྱས་པ་ཙམ་གྱིས་སྡིག་པར་འགྱུར་བ་རང་བཞིན་གྱི་ཁ་ན་མ་ཐོ་བ་དང་། བསླབ་པ་བཅས་པ་དང་འགལ་བའི་ཁ་ན་མ་ཐོ་བ་དང་རྣམ་པ་གཉིས་སུ་བསྡུས་ཏེ་གསུངས་པའི་ཉེས་པ་གཉིས་ཡོད་དེ། རང་བཞིན་གྱི་ཁ་ན་མ་ཐོ་བ་ནི་གང་བྱས་པའི་སེམས་ཅན་ཀུན་ལ་སྡིག་པར་འགྱུར་ལ། བཅས་པའི་ཁ་ན་མ་ཐོ་བ་ནི་བསླབ་པ་བཅས་པ་ཕྱིན་ཆད་གང་བྱས་ན་ལྟུང་བར་འགྱུར་བའི་ཕྱིར། དེ་ཡང་ཁ་ཆེ་བྱེ་བྲག་སྨྲ་བ་ནི་བཅས་པ་དང་རང་བཞིན་གཉིས་རྫས་ཐ་དད་དུ་འདོད་པར་གསལ་ཏེ། མཛོད་འགྲེལ་ལས། ཕ་དང་མ་མཚོན་ཐབས་གཅིག་གིས་བསད་ནས་མཚམས་མེད་ཀྱི་ལས་དང་། དེ་མ་ཡིན་པའི་སྲོག་གཅོད་ཀྱི་སྡིག་པ་འབྱུང་བར་བཤད་པས་སོ། ༑རྗེ་འཇིག་གི་རྒྱལ་པོས་ཕ་དགྲ་བཅོམ་པ་བསད་པའི་ཚེ་ཁྲོད་ཀྱིས་མཚམས་མེད་པ་གཉིས་བྱས་སོ་ཞེས་གསུངས་པའི་ཕྱིར་རོ། ༑མདོ་སྡེ་པ་ནི་ལྡོག་པ་ཐ་དད་ཙམ་དུ་འདོད་དོ། ༑བོད་ཀྱི་རྒྱ་འདུལ་འཛིན་ནི་ལྟུང་བ་སྡེ་ལྔ་པོ་ཐམས་ཅད་བཅས་པའི་ཁ་ན་མ་ཐོ་བར་བཞེད་དོ། ༑ཆང་འཐུང་བ་ནི་བཅས་པའི་ཉེས་པ་ཡིན་ཏེ། འོད་ལྡན་ལས། ཇི་ལྟར་ཆང་འཐུང་བ་བཅས་པའི་ཁ

ན་མ་ཐོ་བ་དང་བཅས་པ་ཡིན་ཡང་ཤིན་ཏུ་སྨད་པར་བྱ་བ་དེ་བཞིན་དུ། སྲོག་སྐྱ་ལ་སོགས་པའང་ཤིན་ཏུ་སྨད་པར་བྱ་བ་དང་ཆོས་མཐུན་པའི་ཕྱིར་སྤོང་བར་འགྱུར་བའི་ཕྱོགས་དང་མཐུན་པ་ཡིན་ནོ། །བཅས་པ་ཡིན་ནོ་ཞེས་བྱ་བའི་ཁྲུངས་ནི་ནད་པ་རྣམས་ཀྱི་ལུས་ལ་སྐུད་པ་དང་མཁྲུར་བར་རྡུབ་པར་གནང་བའི་ཕྱིར་ལ། རང་བཞིན་གྱི་ཁ་ན་མ་ཐོ་བ་དང་བཅས་པ་ནི་སྲོག་ལ་བབ་ཀྱང་མ་གནང་བའི་ཕྱིར། འཕགས་པ་ཉེར་སྦས་ཀྱིས། སྨོས་པར་འགྱུར་བའི་ཁྲུ་བ་བཅས་པའི་ཁ་ན་མ་ཐོ་བ་ཡིན་ཀྱང་ཤིན་ཏུ་སྨད་པ་ནི་རང་བཞིན་གྱི་ཁ་ན་མ་ཐོ་བའི་རྒྱུ་ཡིན་པའི་ཕྱིར་དང་། མཚམས་མེད་པ་བཞི་དང་ལྟུང་བའི་རིགས་ལྔ་པོ་དག་ལ་རབ་ཏུ་འཇུག་པར་བྱེད་པས་ཉེས་པ་ཐམས་ཅད་ཀྱི་འབྱུང་གནས་ཡིན་པའི་ཕྱིར་ཞེས་གསུངས། གཉིས་པ་ལ། ཡོངས་སྐྱ་དང་བྱང་སེམས་ལྟུང་ཅན་དུ་ཐལ་བ། གྲུབ་ཐོབ་ཕལ་ཆེར་ལྟུང་ཅན་དུ་ཐལ་བ། ལྷས་བལྷས་ཀྱི་དགེ་སློང་རྣམས་ལྟུང་ཅན་དུ་ཐལ་བ། དགེ་བསྙེན་དགེ་ཚུལ་ལྟུང་མེད་མི་སྲིད་པར་ཐལ་བ། འདི་སྐད་སྨྲས་ན་བླ་མ་ལ་སྨད་པར་འགྱུར་བ། བཅས་པ་དང་རང་བཞིན་མི་མཚུངས་པར་བསྟན་པ། དེ་དག་ལུང་གིས་སྒྲུབ་པ། ཆ་ལུགས་ཙམ་ལ་དགེ་བ་མེད་པར་བསྟན་པ་དང་བརྒྱད་ལས། དང་པོ་ནི། བཅས་པ་ཕྱིན་ཆད་ལྟུང་བར་འགྱུར་བ་དེ་ལྟ་མིན་པར་མ་བཅས་ཀྱང་ཅི་ནས་གང་ཟག་ཀུན་ཡེ་བཀག་པ་ལ་སྤྱོད་པས་གཤིས་ཀྱི་སྡིག་པར་འགྱུར་ན་ནི། འོག་མིན་སྟུག་པོ་བཀོད་པར་བཞུགས་པའི་རྒྱལ་བ་རིགས་ལྔ་དང་དྲུག་པ་རྡོ་རྗེ་འཆང་ཆེན་པོ་ལ་སོགས་པ་ལོངས་སྤྱོད་རྫོགས་པའི་སྐུ་རྣམས་དང་ཉེ་བའི་སྲས་བརྒྱད་དང་བློ་གྲོས་ཆེན་པོ་ལ་སོགས་པའི་བྱང་ཆུབ་སེམས་དཔའ་ཕལ་ཆེར་ཡང་། དབུ་སྐྲ་རིང་ཞིང་རིན་པོ་ཆེ་སྣ་ཚོགས་ཀྱི་རྒྱན་དང་བཅས་པ་དང་ཁ་དོག་སྣ་ཚོགས་ཀྱི་ན་བཟའ་ཅན་རལ་གྲི་སོགས་ཕྱག་མཚན་སྣ་ཚོགས་འཛིན་པ་རྣམས་ཆོས་ཅན། གཤིས་ཀྱི་མི་དགེ་ཅན་དུ་འགྱུར། ཡེ་བཀག་པ་ལ་སྤྱོད་པའི་ཕྱིར། ཕལ་ཆེར་ཞེས་སྨོས་པས་བྱང་ཆུབ་སེམས་དཔའ་དབུ་སྐྲ་ཐུང་ཞིང་རྒྱན་དང་བྲལ་བ་ན་བཟའ་ངུར་སྨྲིག་ཅན་ཡང་ཡོད་པར་མཚོན་ནོ། །ཉེ་བའི་སྲས་བརྒྱད་གང་ཞེ་ན། སྤྱན་རས་གཟིགས་བྱམས་པ་སྒྲིབ་པ་རྣམ་སེལ་སའི་སྙིང་པོ་ནམ་མཁའི་སྙིང་པོ་ཀུན་ཏུ་བཟང་པོ་ཕྱག་ན་རྡོ་རྗེ་འཇམ་པའི་དབྱངས་སོ། །ཅིའི་ཕྱིར་ཉེ་བའི་སྲས་ཞེས་བྱ་ན། བཅོམ་ལྡན་འདས་ཀྱི་དབང་པོ་དང་སྐྱེ་མཆེད་ཀྱི་བདག་ཉིད་ཡིན་པའི་ཕྱིར་ཉེ་བ་ཞེས་བཤད། གཉིས་པ་ནི། སྐྱོན་དེ་ར་མ་ཟད་རྣལ་འབྱོར་གྱི་དབང་ཕྱུག་བིརྺ་པ་དང་ཏི་ལོ་པ་དང་ནཱ་རོ་པ་ལ་སོགས་པ་དགེ་སློང་གི་བརྟུལ་ཞུགས་བོར་ནས་རུས་པའི་རྒྱན་དང་ཐོད་ཕོར་སོགས་འཆང་བ་ཡི་གྲུབ་ཐོབ་རྣམས་ཀྱང་ཆོས་ཅན། ལྟུང་བའི་སྡིག་ཅན་དུ་འགྱུར། ཡེ་བཀག་པ་ལ་སྤྱོད་པའི་ཕྱིར། གསུམ་པ་ནི། ལྷས་བལྷས་ཞེས་བྱའི་འཇིག་རྟེན་ན་ཙན་དན་སྤོས་ཀྱི་དྲི་ལྡན་པའི་དགེ་སློང་ཇི་སྙེད་ཡོད་པ་ཐམས་ཅད་ཀྱང་གསེར་གྱི་རྒྱན་དང་བཅས་ཤིང་ངུར་སྨྲིག་

མེད་པའི་གོས་དཀར་སྔོ་སོགས་གྱོན་པ་དེ་དག་ཀུང་ནི་ཆོས་ཅན། ལྟུང་བའི་སྡིག་ཅན་དུ་འགྱུར། གཞིས་ཀྱི་མི་དགེ་བ་སྤྱོད་པའི་ཕྱིར་རོ། །དེ་ཡང་དཀོན་བརྩེགས་ཀྱི་གཙུག་ན་རིན་པོ་ཆེས་ཞུས་པའི་མདོ་ལས། སྟོན་བྱུང་བ་འདས་པའི་དུས་བསྐལ་བ་གྲངས་མེད་པས་ཀུང་ཆེས་གྲངས་མེད་པ་ཡངས་པ་ཚད་མེད་པ་བསམ་གྱིས་མི་ཁྱབ་པར་གྱུར་པ་དེའི་ཚེ་དེའི་དུས་ན། བསྐལ་པ་དགའ་བར་གྱུར་པ་ཞེས་བྱ་བ་ལ་འཇིག་རྟེན་གྱི་ཁམས་ལྷས་རྣམ་པར་བལྟས་པ་ཞེས་བྱ་བར། དེ་བཞིན་གཤེགས་པ་དགྲ་བཅོམ་པ་ཡང་དག་པར་རྫོགས་པའི་སངས་རྒྱས་རིག་པ་དང་། ཞབས་སུ་ལྡན་པ། བདེ་བར་གཤེགས་པ་འཇིག་རྟེན་མཁྱེན་པ་སྐྱེས་བུ་འདུལ་བའི་ཁ་ལོ་བསྒྱུར་བ་བླ་ན་མེད་པ། ལྷ་དང་མི་རྣམས་ཀྱི་སྟོན་པ་སངས་རྒྱས་བཅོམ་ལྡན་འདས་འཇིག་རྟེན་ཐམས་ཅད་མངོན་པར་དགའ་བ་ཞེས་བྱ་བ་འཇིག་རྟེན་དུ་བྱུང་ངོ་། །རིགས་ཀྱི་བུ་ཅིའི་ཕྱིར་བསྐལ་པ་དེ་དགའ་བར་གྱུར་པ་ཞེས་བྱ་ཞེ་ན༔ རིགས་ཀྱི་བུ་བསྐལ་པ་དེ་ལ་སངས་རྒྱས་སྟོང་ཕྲག་དྲུག་ཅུ་འབྱུང་བར་འགྱུར་ཏེ། དེ་ལ་གནས་གཙང་མའི་རིས་ཀྱི་ལྷ་དེ་དག་གིས་ཨེ་མ་ཧོ་གྲོགས་པོ་དག་འདི་ནི་བསྐལ་པ་བཟང་པོ་ཡིན་ཏེ། བསྐལ་པ་འདི་ལ་སངས་རྒྱས་སྟོང་ཕྲག་དྲུག་ཅུ་འབྱུང་བར་འགྱུར་རོ་ཞེས་དགའ་བའི་སྒྲ་བསྒྲགས་པ་དང་། དེ་ནས་ལྷ་དང་བཅས་པའི་འཇིག་རྟེན་གྱིས་དགའ་བའི་སྒྲ་དེ་ཐོས་སོ། །ཐོས་ནས་ཀུང་དགའ་བ་དང་དད་པ་དང་མོས་པ་ཆེན་པོ་སྐྱེས་ཏེ། དེ་ནས་ལྷ་དང་མི་དེ་དག་གིས་ཨེ་མ་ཧོ་བསྐལ་པ་འདི་ན་དགའ་བར་གྱུར་པའོ་ཞེས་དེ་སྐད་སྨྲས་ནས་དེའི་ཕྱིར་བསྐལ་པ་དེའི་མིང་དགའ་བར་གྱུར་པ་ཞེས་བཏགས་སོ། །རིགས་ཀྱི་བུ་འཇིག་རྟེན་གྱི་ཁམས་དེ་ལྷ་ཐམས་ཅད་ཀྱིས་བལྟས་བརྟགས་ཀུང་དེ་ངོམས་པར་མི་འགྱུར་བ་ཙམ་དུ་བལྟ་ན་སྡུག་ཅིང་དེ་ཙམ་དུ་ཉམས་དགའ་བར་གྱུར་པས་དེའི་ཕྱིར། འཇིག་རྟེན་གྱི་ཁམས་དེ་ལྷས་རྣམ་པར་བལྟས་པ་ཞེས་བྱའོ། །རིགས་ཀྱི་བུ་འཇིག་རྟེན་གྱི་ཁམས་ལྷས་རྣམ་པར་བལྟས་པ་དེའི་གཞི་ནི་ཙན་དན་སྦྲུལ་གྱི་སྙིང་པོ་ཤ་སྟག་སྟེ། སྟེང་གི་འཇིག་རྟེན་གྱི་ཁམས་ཀྱི་ཙན་དན་སྦྲུལ་གྱི་སྙིང་པོ་དེའི་བྲེ་མ་ཁལ་གཅིག་གི་རིན་དུ་ཡང་མི་བཟོད་དོ། །འཇིག་རྟེན་གྱི་ཁམས་དེ་ནས་ སྤྱོས་ཀྱི་དྲི་ལངས་པའི་དྲིས་ནི་ཕྱོགས་བཅུའི་འཇིག་རྟེན་གྱི་ཁམས་ཚད་མེད་གྲངས་མེད་བདག་ཏུ་ཁྱབ་བོ། །ཙན་དན་སྦྲུལ་གྱི་སྙིང་པོ་ལས་གྱུར་པའི་ས་ཆེན་པོ་དེ་ལས། འོད་ཟེར་གྱི་དྲ་བ་སྣང་བ་ཞེས་བྱ་བའི་པདྨ་ཆེན་པོ་ཤ་སྟག་བྱུང་བར་གྱུར་ཏེ། པདྨ་དེ་དག་གི་འོད་ཀྱིས་འཇིག་རྟེན་གྱི་ཁམས་དེ་རྟག་ཏུ་སྣང་བར་འགྱུར་ཏེ་མི་དེ་དག་ཀུང་ནམ་མཁའ་ལ་འགྲོའོ། །དེ་དག་མངོན་པར་ཤེས་པ་རབ་ཏུ་ཐོབ་ནས་ནམ་མཁའི་དཀྱིལ་ན་འདུག་པའི་ཁང་པ་བརྩེགས་པ་དག་གི་ནང་དུ་འཇུག་ཅིང་ནམ་མཁའ་ལ་འགྲོའོ། །འཇིག་རྟེན་གྱི་ཁམས་འདི་ན་མངལ་ན་གནས་པ་ཡང་མེད་དེ་དེ་དག་ཐམས་ཅད་ཀུང་བརྫུས་ཏེ་སྐྱེ་བ་ཤ་སྟག་གོ །དེ་ན་བུད་མེད་ཀྱི་མིང་ཡང་མི་གྲག་

གོ་ངན་སོང་རྣམས་ཀྱང་མེད་དོ་ངན་འགྲོ་རྣམས་ཀྱང་མེད་དོ། །སྡུག་བསྔལ་ཡང་མེད་དོ་འཇིག་རྟེན་གྱི་ཁམས་དེ་ན་ཁ་ཟས་རགས་པ་ཡང་མེད་དོ། །མི་དེ་དག་ཐམས་ཅད་ཀྱང་མངོན་པར་ཤེས་པ་དང་བསམ་གཏན་གྱི་དགའ་བའི་ཟས་ཅན་ནོ། །མོས་པ་བས་པོ་ཆེས་ཐེག་པ་ཆེན་པོ་ལ་ཞུགས་པ་སྟེ་དེ་ན་ཐེག་པ་གཞན་གྱི་མིང་ཡང་མེད་དོ། །གང་འཇིག་རྟེན་གྱི་ཁམས་དེའི་མི་དེ་དག་ཐམས་ཅད་ཀྱང་གསེར་གྱི་ཙོད་པན་ཐོགས་ཤིང་། དཔུང་རྒྱན་དང་རྣ་ཆས་བརྒྱན་པ། ལྷའི་ཁ་དོག་དང་གཟུགས་དང་ལྡན་པར་གྱུར་པ་ཤ་སྟག་གོ །གང་ཉོན་མོངས་པ་དང་བྲལ་བར་འགྱུར་པ་ཤ་སྟག་གོ །གང་ཉོན་མོངས་པ་དང་བྲལ་བར་གྱུར་པ་དེ་ཉིད་དེ་དག་གི་རབ་ཏུ་བྱུང་བ་ཡིན་ཏེ། བཅོམ་ལྡན་འདས་དེ་བཞིན་གཤེགས་པ་དེས་བྱང་ཆུབ་སེམས་དཔའ་དག་ལ་གོས་ངུར་སྨྲིག་ཏུ་བཀའ་སྩལ་པ་ཡང་མེད་དེ། འདི་ལྟར་སེམས་ལ་རྟོག་པ་མེད་པའི་ཕྱིར་རོ་ཞེས་གསུངས། བཞི་པ་ནི། གཞན་ཡང་དགེ་བསྙེན་དང་དགེ་ཚུལ་སྡོམ་བརྩོན་དེ་དག་ཆོས་ཅན། ཁྱོད་ལའང་ལྟུང་བའི་སྡིག་མེད་སྲིད་པར་མི་འགྱུར་བར་ཐལ་ཏེ། ཁྱོད་ལ་ཡང་དགེ་སློང་གི་བསླབ་པ་དང་འགལ་བའི་ལྟུང་བ་ཐམས་ཅད་འབྱུང་བའི་ཕྱིར་རོ། །ལྔ་པ་ནི། རབ་ཏུ་བྱུང་ལ་བཅས་པ་ཡི། །སྡིག་པ་ཁྲིམ་པ་ལ་ཡང་འབྱུང་། །ཞེས་འདི་འདྲ་གང་དག་སྨྲ་ཟེར་བ་དེ་ཡིས་ཆོས་ཅན། རང་གི་རྩ་བའི་བླ་མ་དང་བརྒྱུད་པའི་བླ་མར་གང་གྱུར་པའི་ཆ་ལུགས་ཁྲིམ་པའམ་ནི་དགེ་བསྙེན་ནམ་རྣལ་འབྱོར་པ་རུ་གང་བཞུགས་པ་དེ་དག་ཐམས་ཅད་སྨད་པ་ཡིན་ཏེ། གཤིས་ཀྱི་མི་དགེ་མཛད་ཟེར་བའི་ཕྱིར་དང་ལྟུང་བ་ཐམས་ཅད་སྤྱོད་ཟེར་བའི་ཕྱིར་རོ། །དྲུག་པ་ནི། ངེས་ན་མདོ་ལས་རབ་བྱུང་བཙུན་པའི་བརྟུལ་ཞུགས་ལ་མཐའ་གཅིག་ཏུ་ལས་དགེ་སྡིག་གཉིས་ཀ་མེད་པར་གསུངས་ཏེ། དེ་ལྟ་ན་ཡང་ཞིང་གི་གྲབ་བཞིན་ཚུལ་ཁྲིམས་ལ་གྲུས་པའི་རྒྱུ་རུ་གསུངས་པར་ཟད་དེ། འདུལ་བ་ལ་བསྟོད་པ་ལས། ར་བ་མཚམས་ཀྱི་འོབས་དང་འདྲ་བ་ཡི། །ཟག་པ་ཀུན་གྱི་ཆུ་ལོན་འདུལ་བ་ཡིན། །ཞེས་གསུངས་པའི་ཕྱིར། དེས་ན་འདོད་པས་དབེན་པ་ནི་བཅས་པའི་ཁ་ན་མ་ཐོ་བས་དབེན་པ་རབ་བྱུང་དང་། སྡིག་ཏོ་མི་དགེ་བའི་ཆོས་ཀྱིས་ནི་དབེན་པ་ཞེས་བྱ་བ་དགེ་བསྙེན་ཁྲིམ་པ་དང་རབ་བྱུང་གཉིས་ཀའི་དབང་དུ་བྱས་ནས་རྣམ་པ་གཉིས་སུ་གསུངས་པས་ཐུབ་པའི་དགོངས་པ་ཇི་ལྟ་བ་བཞིན་དུ་བཟུངས་ཏེ། ཁྲངས་ཅན་ལྟར་གཤིས་ལ་དགེ་སྡིག་གི་ལམ་ཡོད་ཟེར་བ་མི་འཐད་པའི་ཕྱིར། ཊཱི་ཀ་བྱེད་ཁ་ཅིག་འདིའི་དབེན་པ་གཉིས་ནི་བཅས་རང་གི་ཉེས་པ་གཉིས་ཡིན་ཟེར་རོ། །བདུན་པ་ནི༔ བུ་མོ་གསེར་མཆོག་འོད་དཔལ་གྱིས་བློ་གྲོས་ཆེན་པོ་ འཕགས་པ་འཇམ་དཔལ་ལ་རབ་ཏུ་འབྱུང་བར་ཞུས་པའི་ཚེ་ལུས་ཀྱི་རབ་ཏུ་བྱུང་བ་བཀག་ནས་ཀྱང་སེམས་ཀྱི་རབ་ཏུ་བྱུང་བ་ཐོབ་པར་མཛད་དེ། གལ་ཏེ་གཤིས་ལ་དགེ་ལས་ཡོད་ན། འཇམ་དཔལ་གྱིས་བུ་མོ་དེའི་ལུས་ལ་ཆོས་གོས་སོགས་ངུར་སྨྲིག་ཅིས་མི་བསྒོན་ཏེ་བསྒོན་

པར་རིགས་པ་ལ་ཡེ་མ་བསྙོན་པའི་ཕྱིར་རོ། །དེ་ཡང་མདོ་ལས། བུ་མོ་གསེར་མཆོག་འོད་དཔལ་བྱ་བ་ཞིན་ཏུ་མཛེས་པ་གཅིག་དང་ཚོང་དཔོན་གྱི་ཁྱེའུ་གཉིས་ལྷུམ་རར་འཛིག་རྟེན་པའི་བདེ་བ་ལ་ལོངས་སྤྱོད་ཅིང་ཡོད་པའི་དུས་སུ། བུ་མོ་དེ་འཇམ་དཔལ་གྱིས་གདུལ་བའི་དུས་ལ་བབ་པར་ཤེས་ནས་ཚོང་དཔོན་གྱི་ཁྱེའུ་དེ་ཤི་བའི་ཚུལ་དང་། དབང་པོའི་ལམ་རྣམས་ནས་མི་གཙང་བ་འཛག་པར་སྤྲུལ། ཁྱེའུ་ཤི་བ་དེའི་འཁོར་རྣམས་ཀྱིས་བུ་མོ་དེ་ཐ་ཤེས་པ་བཅད་ཀྱིས་དོགས་པ་དང་། འཁོར་བ་ལ་ཟུང་ཟད་སྐྱོ་བ་སྐྱེས་ནས་འཇམ་དཔལ་ལ་བདག་རབ་ཏུ་འབྱུང་བར་ཞུ་ཞེས་གསོལ་བས། ལུས་རབ་ཏུ་བྱུང་ཡང་འཛིགས་པ་ལས་མི་སློབ་སེམས་རབ་ཏུ་བྱུང་གསུངས་ཞེས་པ་དང་། འཕགས་པ་འཇམ་དཔལ་རྣམ་པར་རོལ་པ་ཞེས་བྱ་བ་ཐེག་པ་ཆེན་པོའི་མདོ་ལས། སྔད་འཚོང་མ་གསེར་མཆོག་འོད་དཔལ་ཚོང་དཔོན་གྱི་ཁྱེའུ་འཛིགས་མེད་དང་ལྷན་ཅིག་རིན་པོ་ཆེས་བརྒྱན་པའི་ཤིང་རྟར་ཞུགས་ཏེ་གྲོང་ཁྱེར་གྱི་སྐྱེས་པ་ཐམས་ཅད་སྙིང་བསྐྱལ་བར་བྱེད་པའི་ཚེ། འཕགས་པ་འཇམ་དཔལ་གྱིས་སྐྱུ་ལུས་ཤིན་ཏུ་མཛེས་པ་བསྟན་ནས་བུ་མོ་བཏུལ་ཏེ་རབ་ཏུ་བྱུང་བའི་ཚེ། བུ་མོ་ལུས་རབ་ཏུ་བྱུང་བས་རབ་ཏུ་བྱུང་བ་མ་ཡིན་གྱི་སེམས་རབ་ཏུ་བྱུང་བ་ནི་རབ་ཏུ་བྱུང་བ་ཡིན་ཏེ་ཞེས་པ་དང་། བུ་མོ་རབ་ཏུ་བྱུང་བ་ཞེས་བྱ་བ་ནི་སེམས་ཅན་གཞན་དག་པ་སྙིང་རྗེ་ཆེ་བ་ཞེས་བྱ་བའི་ཚིག་བླ་དྭགས་སོ། །བུ་མོ་རབ་ཏུ་བྱུང་བ་ཞེས་བྱ་བ་ནི་གཞན་གྱི་འཁྲུལ་པ་ལ་སྐྱོན་དུ་མི་ལྟ་བ་ཞེས་བྱ་བའི་ཚིག་བླ་དྭགས་སོ། །བུ་མོ་རབ་ཏུ་བྱུང་བ་ཞེས་བྱ་བ་ནི་གཞན་གྱི་རྙེད་པ་ལ་ཕྲག་དོག་མེད་པ་ཞེས་བྱ་བའི་ཚིག་བླ་དྭགས་སོ་ཞེས་པ་དང་། བུ་མོ་ཡང་ཆོས་ཉན་པའི་དགའ་བ་དང་མཆོག་ཏུ་འགའ་བས་ཆོས་རྣམས་ལ་རྗེས་སུ་མཐུན་པའི་བཟོད་པ་ཐོབ་པར་གྱུར་ཏོ། །དེས་བཟོད་པ་ཐོབ་ནས་འཇམ་དཔལ་གཞོན་ནུར་གྱུར་པའི་ཞབས་པ་ལ་གཏུགས་ཏེ། འཇམ་དཔལ་ཐུབ་པ་བརྩེ་བའི་སྤྱང་དུ་བདག་རབ་ཏུ་དབྱུང་དུ་གསོལ། ཚུལ་བཞིན་མ་ལགས་པ་ཀུན་བསྐྱེད་པ་འཕགས་པ་མ་ལགས་པ་འཕགས་པའི་ཆོས་ལས་ཉམས་པར་བགྱིད་པའི་ལུས་འདི་ལས་ཐར་བར་མཛད་དུ་གསོལ་ཞེས་རབ་ཏུ་འབྱུང་བར་གསོལ་བ་བཏབ་བོ། །འཇམ་དཔལ་གྱིས་སྨྲས་པ་སྲིང་མོ་འདི་ལྟ་སྟེ་མགོའི་སྐྲ་འབྲེག་པ་དེ་ནི་བྱང་ཆུབ་སེམས་དཔའི་རབ་ཏུ་བྱུང་བ་མ་ཡིན་ནོ། །དེ་ཅིའི་ཕྱིར་ཞེ་ན་བུ་མོ་གང་སེམས་ཅན་ཐམས་ཅད་ཀྱི་ཉོན་མོངས་དང་གཅད་པའི་ཕྱིར་བརྩོན་པ་དེ་ནི་བྱང་ཆུབ་སེམས་དཔའི་རབ་ཏུ་བྱུང་བ་ཡིན་པའི་ཕྱིར་རོ། །བུ་མོ་གང་གོས་ངུར་སྨིག་འཆང་བ་དེ་ནི་བྱང་ཆུབ་སེམས་དཔའི་རབ་ཏུ་བྱུང་བ་མ་ཡིན་གྱི། བུ་མོ་གང་བདག་ཉིད་ཀྱིས་བསླབ་པ་དང་ཚུལ་ཁྲིམས་ཡང་དག་པར་བླངས་ལ་ཚུལ་ཁྲིམས་འཆལ་བའི་སེམས་ཅན་རྣམས་ཀྱང་ཚུལ་ཁྲིམས་ཀྱི་སྡོམ་པ་དང་བརྟུལ་ཞུགས་ལ་ཡང་དག་པར་སྦྱོར་བར་བྱེད་པ་དེ་ནི་བྱང་ཆུབ་སེམས་དཔའི་རབ་ཏུ་བྱུང་བ་ཡིན་ནོ།

།བུ་མོ་བདག་ཉིད་དབེན་པར་གནས་པ་དེ་ནི་བྱང་ཆུབ་སེམས་དཔའི་རབ་ཏུ་བྱུང་བ་མ་ཡིན་གྱི། བུ་མོ་གང་འགྲོ་བ་ལྔའི་འཁོར་བ་ན་རྣམ་པར་རྒྱུག་པའི་སེམས་ཅན་རྣམས་དབེན་པ་ཤེས་པ་ལ་འགོད་པར་བྱེད་པ་དེ་ནི་བྱང་ཆུབ་སེམས་དཔའི་རབ་ཏུ་བྱུང་བ་ཞེས་བྱའོ། །ཁ་དོག་དང་གཟུགས་ཀྱི་རྟགས་དང་སྤྱོད་ལམ་གྱི་དབྱིབས་ནི་བྱང་ཆུབ་སེམས་དཔའི་རབ་ཏུ་བྱུང་བ་མ་ཡིན་གྱིས། སེམས་ཅན་གཞན་དང་གང་ཟག་གཞན་དག་ལ་བྱམས་པ་དང་སྙིང་རྗེ་བའི་སེམས་བསྐྱེད་པ་ནི་བྱང་ཆུབ་སེམས་དཔའི་རབ་ཏུ་བྱུང་བ་ཡིན་ནོ། །ཞེས་གསུངས། སྒྱུ་མ་མཁན་བཟང་པོ་ལུང་བསྟན་པའི་མདོ་ལས། དེ་ནས་བྱམས་པས་རིས་ཀྱི་བུ་བཟང་པོ་རབ་ཏུ་ཕྱུང་རྫོགས་པར་བསྙེན་པར་བྱས་སོ། །རབ་ཏུ་ཕྱུང་རྫོགས་པར་བསྙེན་ནས་ཀྱང་བཅོམ་ལྡན་འདས་ལ་འདི་སྐད་ཅེས་གསོལ་ཏོ། །བཅོམ་ལྡན་འདས་བྱང་ཆུབ་སེམས་དཔའ་རྣམས་ནི་ཁ་དོག་དང་རྟགས་དང་ཚུལ་གྱིས་རབ་ཏུ་བྱུང་བ་མ་ལགས་སོ་ཞེས་གསུངས། གཞན་ཡང་དཀོན་མཆོག་བརྩེགས་ཀྱི་འོད་སྲུང་གིས་ཞུས་པ་ལས། དད་རྫས་ཟ་བའི་ཉེས་པ་མཐོང་ནས་དགེ་སློང་ལྔ་བརྒྱས་སྡོམ་པ་ཕུལ་བས། དེ་ལ་ཐུབ་པས་ལེགས་ཞེས་གསུངས་ནས་འཕགས་པ་བྱམས་པའི་བསྟན་པ་ལ་འཁོར་འདུས་པ་དང་པོར་དེ་དག་ལུང་བསྟན་ནོ། །དེ་ཡང་མདོ་དེ་ཉིད་ལས། བསྟན་པ་འདི་བཤད་པ་ན་དགེ་སློང་རྣལ་འབྱོར་སྤྱོད་པ་ལྔ་བརྒྱས་བདག་ཅག་ཚུལ་ཁྲིམས་ཡོངས་སུ་མ་དག་བཞིན་དུ་དད་པས་བྱིན་པ་སྤྱད་པར་གྱུར་ན་མི་རུང་ཞེས་ཉམས་པར་བྱས་ཏེ་སླར་ཁྱིམ་དུ་དོང་ངོ་། །དེ་ལ་དགེ་སློང་གཞན་དག་གཅིག་འདི་སྐད་དུ་དགེ་སློང་ཆེ་བའི་བདག་ཉིད་ཅན་རྣལ་འབྱོར་སྤྱོད་པ་འདི་དག་བསྟན་པ་ལས་ཉམས་པ་ནི་ཤིན་ཏུ་མ་ལེགས་སོ་ཞེས་འཕྱའོ། །བཅོམ་ལྡན་འདས་ཀྱིས་དགེ་སློང་དེ་དག་ལ་འདི་སྐད་ཅེས་བཀའ་བསྩལ་ཏོ། །དགེ་སློང་དག་ཁྱེད་འདི་སྐད་དུ་དགེ་སློང་ཆེ་བའི་བདག་ཉིད་ཅན་འདི་དག་འདི་ལྟར་བསྟན་པ་ལས་ཤིན་ཏུ་ཉམས་པ་འདི་ནི་ཤིན་ཏུ་མ་ལེགས་སོ་ཞེས་མ་སྨྲ་ཤིག །དེ་ཅིའི་ཕྱིར་ཞེ་ན། དགེ་སློང་དག་མཐོན་པར་མི་དགའ་ནས་ཁྱིམ་ན་གནས་པ་འདི་ནི་དད་པ་ཅན་རྣམས་ཀྱི་ཆོས་ཡིན་གྱི་དགེ་སློང་དད་པ་དང་མོས་པ་མང་བ་འགྲོད་པ་དང་ལྡན་པ་འདི་དག་གིས་བསྟན་པ་འདི་ཐོས་ནས། བདག་ཅག་ཚུལ་ཁྲིམས་ཡོངས་སུ་མ་དག་བཞིན་དུ་དད་པས་བྱིན་པ་ཡོངས་སུ་སྤྱད་ན་མི་རུང་ངོ་ཞེས་ཉམས་པར་གྱུར་ཏོ། །འོད་སྲུང་ངས་ལུང་བསྟན་ཏེ་དགེ་སློང་འདི་དག་ནི་འདི་ནས་ཤི་འཕོས་ནས་དགའ་ལྡན་གྱི་ལྷའི་རིས་སུ་སྐྱེ་བར་འགྱུར་ཏེ། དེ་དག་དེ་བཞིན་གཤེགས་པ་བྱམས་པའི་ཉན་ཐོས་ཐོག་མར་འདུས་པའི་གྲངས་སུ་ཆུད་པར་འགྱུར་རོ་ཞེས་པ་དང་། བྱམས་པ་སེང་གེའི་སྒྲས་ཞུས་པའི་མདོ་ལས་ཀྱང་། བྱང་ཆུབ་སེམས་དཔའ་སེམས་དཔའ་ཆེན་པོ་བྱམས་པས་སེང་གེའི་སྒྲ་བསྒྲགས་པ་འདི་བཤད་པ་ན། འཁོར་དེ་ནས་དགེ་སློང་ལྔ་བརྒྱ་སྟན་ལས་ལངས་ཏེ་དོང་ངོ་། །དེ་ནས་གནས་བརྟན་འོད་

སྲུང་ཆེན་པོས་དགེ་སློང་ལྔ་བརྒྱ་པོ་དེ་དག་ལ་འདི་སྐད་ཅེས་སྨྲས་སོ། །དགེ་སློང་ཆེན་པོ་དག་ཁྱེད་ཅག་ཡོ་བྱད་བསྟུངས་པའི་གཏམ་བརྗོད་པའི་ཚེ་སྟན་ལས་ལངས་ཏེ་གར་འདོང་དེ་སྐད་ཅེས་སྨྲས་པ་དང་། གནས་བརྟན་འོད་སྲུང་ཆེན་པོ་ལ་དགེ་སློང་ལྔ་བརྒྱ་པོ་དེ་དག་གིས་འདི་སྐད་ཅེས་སྨྲས་སོ། །བཙུན་པ་འོད་སྲུང་ཆེན་པོ། བྱང་ཆུབ་སེམས་དཔའ་སེམས་དཔའ་ཆེན་པོ་བྱམས་པས་ཡོ་བྱད་བསྟུངས་པའི་གཏམ་དེ་ལྟ་བུ་བསྟན་པའི་གནས་དེ་དག་ནི་སྲིད་པར་དགའ་བ་ལགས་སོ། །བདག་ཅག་འདི་སྙམ་དུ་ཡོ་བྱད་བསྟུངས་པའི་ཡོན་ཏན་དེ་དག་བདག་ཅག་ལ་ཡང་དག་པར་མི་སྣང་བས། བདག་ཅག་ཕྱིར་ཁྲིམ་དུ་འདོང་གོར་མ་ཆག་གོ །དེ་ཅིའི་ཕྱིར་ཞེ་ན། དད་པས་བྱིན་པ་ནི་རེག་པར་དཀའ་ཞིང་སྦྱང་བར་དཀའ་བའི་ཕྱིར་རོ་སྙམ་དུ་སེམས་པའི་སླད་དུའོ། །དེ་ནས་འཇམ་དཔལ་གཞོན་ནུར་གྱུར་པས། དགེ་སློང་དེ་དག་ལ་ལེགས་སོ་ཞེས་བྱ་བ་བྱིན་ཏེ་རིགས་ཀྱི་བུ་དག་ལེགས་སོ་ལེགས་སོ། །གང་དག་དད་པས་བྱིན་པ་ལ་ཡོངས་སུ་ལོངས་སྤྱོད་པར་མི་སྤྲོ་བ་དེ་དག་གིས་ནི་དེ་ལྟར་འཛེམ་པ་དང་ལྡན་པ་དང་འགྱོད་པ་དང་ལྡན་པར་བྱ་སྟེ། ཉིན་གཅིག་ལ་ལན་བརྒྱ་རབ་ཏུ་བྱུང་བ་ཕྱིར་སྤྱངས་པ་ནི་བླའི་ཚུལ་ཁྲིམས་ཡོངས་སུ་མ་དག་པས་དད་པས་བྱིན་པ་ལ་ཡོངས་སུ་ལོངས་སྤྱོད་པ་ནི་དེ་ལྟ་མིན་ནོ་ཞེས་པ་ནས། བསྟན་པ་འདི་བཤད་པ་ན་དགེ་སློང་ལྔ་བརྒྱ་པོ་དེ་དག་ལེན་པ་མེད་པར་ཟག་པ་རྣམས་ལས་སེམས་རྣམ་པར་གྲོལ་ལོ་ཞེས་པ་དང་། འཇམ་དཔལ་ངས་ནི་རིགས་པ་དང་གྲོལ་བ་ལ་དང་བས་བྱིན་པ་རྗེས་སུ་གནང་ངོ་ཞེས་པ་དང་། འོད་སྲུང་ངས་ཀྱང་དེ་ལ་དགོངས་ནས་འདི་སྐད་ཅེས་ལྟུགས་ཀྱི་གླེགས་མ་དག་གྱོན་པ་ནི་བླའི་ཚུལ་ཁྲིམས་འཆལ་བས་གོས་ངུར་སྨྲིག་བགོ་བ་ནི་དེ་ལྟ་མ་ཡིན་ནོ། །ལྟུགས་ཀྱི་ཐོ་ལུམ་དག་ཟ་བ་ནི་བླའི་ཚུལ་ཁྲིམས་འཆལ་བས་བསོད་སྙོམས་དག་ལ་ཡོངས་སུ་ལོངས་སྤྱོད་པ་ནི་དེ་ལྟ་མ་ཡིན་ནོ་ཞེས་གསུངས། བརྒྱད་པ་ནི༑ དེས་ན་སྡོམ་པ་དགེ་བ་ཡིན་ཞིང་ཆོས་གོས་སོགས་ཆ་ལུགས་ཙམ་ལ་དགེ་བ་མེད་དེ། སྡོམ་པ་མེད་པའི་ཆོས་གོས་སོགས་ཆ་ལུགས་ཀུན་འཆང་བ་མདོ་དང་བསྟན་བཅོས་རྣམས་ལས་བཀག་ལ་གཤིས་ལ་དགེ་བ་ཡོད་ན་ནི༑ སྡོམ་པ་མེད་ཀྱང་རབ་བྱུང་གི་ཆ་ལུགས་ཙམ་རེ་མི་སྐྱུས་ཀྱང་ཅེས་མི་གཟུང་སྟེ་གཟུང་རིགས་པ་ལས་འཛིན་པར་མ་ངེས་པའི་ཕྱིར། ངེས་ན་གཤིས་ལ་ལས་དགེ་སྡིག་ཡོད་ཟེར་བ་འདི་འབྲིའི་ཆོས་ལུགས་སངས་རྒྱས་ཀྱི་བསྟན་པ་མིན་ནོ། །དེ་ཡང་འཕགས་པ་འོད་སྲུང་གིས་ཞུས་པའི་ལེའུ་ལས། འོད་སྲུང་འདི་ལྟ་སྟེ་དཔེར་ན། མི་རོའི་མགོ་ལ་གསེར་གྱི་ཕྲེང་བ་བཏགས་པ་དེ་བཞིན་དུ་ཚུལ་ཁྲིམས་འཆལ་བ་ངུར་སྨྲིག་གྱོན་པར་བལྟའོ། །དེ་ལ་འདི་སྐད་ཅེས་བྱ་སྟེ། དཔེར་ན་མི་རོའི་མགོ་ལ་གསེར་ཕྲེང་དམ། །ཡང་ན་མེ་ཏོག་ཕྲེང་བ་གདགས་བྱས་པ། །དེ་བཞིན་ཁྲིམས་མེད་ངུར་སྨྲིག་གྱོན་པ་དང་། །མཐོང་ནས་དེ་ལ་ཡིད་ནི་དང་མི་འགྱུར། །ཞེས་པ་དང་། ཏོག་གེ

འབར་བར་མདོ་དྲངས་པ་ལས་ཀྱང་། གང་ཞིག་དུར་སྨྲིག་བགོས་ཀྱང་སེམས་ཀྱི་སྐྱོན་མ་སྤངས། །ལག་ཏུ་ལྷུང་བཟེད་ཐོགས་ཀྱང་ཡོན་ཏན་སྣོད་མ་གྱུར། །སྐྲ་དང་ཁ་སྤུ་བྲེགས་ཀྱང་དགེ་སྦྱོང་ཚུལ་མ་ཞུགས། །རབ་ཏུ་བྱུང་ཡང་དངོས་པོ་ཀུན་ལ་ངེས་མ་བྱུང་། །དགེ་སྦྱོང་དེ་ནི་དགེ་སྦྱོང་མ་ཡིན་ཁྱིམ་པའང་མིན། །དེ་ནི་ཆུ་མེད་ཁྲོམ་པ་རི་མོའི་མར་མེ་བཞིན། །ཞེས་པ་དང་། དགེ་སློང་ལ་རབ་ཏུ་གཅེས་པའི་མདོར། ཇི་ལྟར་སྡོང་པོ་བཟང་པོ་ལ། །ཡུན་རིང་ཡལ་ག་འཕེལ་བ་ལྟར། །རྟགས་ཙམ་འཛིན་པ་ཡུན་རིང་ན། །ཁ་ན་མ་ཐོའི་གཏམ་རྣམས་དང་། །སྡིག་པ་དག་ནི་འཕེལ་བར་བཤད། །ཅེས་པ་དང་། ཚེད་དུ་བརྗོད་པའི་ཚོམས་ལས། གང་ཞིག་བསླབ་ལ་མི་གནས་པ༑ ༑ཡུལ་འཁོར་བསོད་སྙོམས་སྤྱོད་པ་བས། །ལྕགས་གོང་འབར་བ་ཟོས་པ་བླ། །ཞེས་པ་དང་། བདེ་གཤེགས་རྒྱལ་མཚན་འཆང་པ་བས། །གཟུགས་པོར་ཁྱིམ་པར་གནས་པ་བཟང་། །ཞེས་གསུངས། རབ་ཏུ་བྱུང་བ་ཡང་རྣམ་པ་གཉིས་ཏེ་ཉན་ཐོས་དང་བྱང་ཆུབ་སེམས་དཔའི་འོ། །དེ་ལ་ཉན་ཐོས་ཀྱི་སོ་སོར་ཐར་པ་ནི། །འཕགས་པ་མར་མེ་མཛད་ཀྱིས་ལུང་བསྟན་པའི་མདོ་ལས། གཞོན་ནུས་སྨྲས་པ་ཁ་ལོ་བསྒྱུར་བ་མགོ་བྲེགས་ཏེ་དུར་སྨྲིག་གྱོན་ལ་ཞི་ཞིང་ཉེ་བར་ཞི་བ་གཉའ་ཤིང་གང་ཙམ་དུ་བལྟ་བ་འདི་སུ་ཞིག ཁ་ལོ་བསྒྱུར་བས་སྨྲས་པ། གཞོན་ནུ་འདི་ནི་དགེ་སློང་སྟེ་སྡིག་པ་ཐམས་ཅད་སྤངས་པ། ཐར་པ་ལ་མངོན་པར་དགའ་བའི་འདུ་ཤེས་བསྐྱེད་ནས་ཁྱིམ་ནས་ཁྱིམ་མེད་པར་རབ་ཏུ་བྱུང་བ་ལགས་སོ་ཞེས་གསུངས། དཀོན་བརྩེགས་ཀྱི་དཔལ་ཕྲེང་སེང་གེ་སྒྲའི་མདོ་ལས་ཀྱང་། བཅོམ་ལྡན་འདས་ཐེག་པ་ཆེན་པོ་ནུབ་པ་ཉིད་ནི་དམ་པའི་ཆོས་ནུབ་པ་ལགས་སོ་ཞེས་པ་དང་། བཅོམ་ལྡན་འདས་དེ་ལྟ་ལགས་པས་འདི་ལྟར་འདུལ་བ་ཞེས་བགྱི་བ་དང་རབ་ཏུ་བྱུང་བ་དང་བསྙེན་པར་རྫོགས་པ་ཞེས་བགྱི་བའི་བརྟགས་པ་འདི་ནི་ཐེག་པ་ཆེན་པོའི་གོ་ཆའི་ཚུལ་ཁྲིམས་ཀྱི་ཕུང་པོ་ལགས་སོ། །བཅོམ་ལྡན་འདས་ཉན་ཐོས་དང་རང་སངས་རྒྱས་ཀྱི་ཐེག་པ་ལ་ནི་རབ་ཏུ་བྱུང་བ་དང་བསྙེན་པར་རྫོགས་པ་མ་མཆིས་སོ་ཞེས་པ་དང་། འཕགས་པ་འཇམ་དཔལ་རྣམ་པར་རོལ་པའི་མདོ་ལས། འཇམ་དཔལ་གཞོན་ནུར་གྱུར་པས་རབ་ཏུ་འབྱུང་བའི་ལེའུའི་ཆོས་ཀྱི་རྣམ་གྲངས་འདི་བཤད་པ་ན། ལེགས་པར་བཤད་པའི་ཕྱིར་བྱང་ཆུབ་སེམས་དཔའ་ལྔ་བརྒྱས་རང་རང་གི་གོས་དང་རྒྱན་ཐམས་ཅད་ལུས་ལས་ཕུད་དེ། འཇམ་དཔལ་གཞོན་ནུར་གྱུར་པ་ལ་ཕུལ་ནས་འདི་སྐད་ཅེས་སྨྲས་སོ། །འཇམ་དཔལ་ཁྱོད་ཀྱིས་བྱང་ཆུབ་སེམས་དཔའ་རྣམས་ཀྱི་རབ་ཏུ་འབྱུང་བ་ལེགས་པར་བཤད་དེ། བདག་ཅག་རྣམས་ཀྱིས་ཀྱང་རབ་ཏུ་འབྱུང་བ་འདི་བསྒྲུབ་པར་བགྱིའོ་ཞེས་གསུངས། མདོ་འདི་དག་གིས་ཁ་ཅིག་སོ་ཐར་ལ་ཉན་ཐོས་ཀྱི་སོ་ཐར་གྱིས་ཁྱབ་ཅེས་སྨྲ་བ་ཡང་བཀག་པ་ཡིན་ནོ། །དེ་ལྟར་ན་འདིར་ཡང་། སོ་སོར་ཐར་པའི་སྡོམ་པ་ལས། །ཉན་ཐོས་ཐེག་ཆེན་ལུགས་གཉིས་ཡོད། །ཅེས་གསུངས་པ་

ཡང་སྤྱིས་ཕྱིན་པར་བྱས་སོ། །

གཉིས་པ་ལ། རྩོད་པ་དང་། ལན་གཉིས་ལས། དང་པོ་ནི། དེ་ལ་འབྲི་ཁུང་པ་ཁ་ཅིག་འདི་སྐད་དུ་གལ་ཏེ་གཞིས་ལ་དགེ་བ་དང་སྡིག་པ་གཉིས་ཀ་མེད་པ་ལ་ཐུབ་པས་གསར་དུ་ལྡང་བ་འཆའ་ན་ནི། དགོངས་གཅིག་ཏུ་རྡོ་རྗེ་གསུང་ལས། ཕྲུ་དང་དབང་ཕྱུག་ལྷ་བུར་བདེ་སྡུག་ཀུན་གྱི་བྱེད་པ་པོ་སངས་རྒྱས་བཅོམ་ལྡན་འདས་ཡིན་པར་འགྱུར་ཞེ་ན། གཉིས་པ་ལ་མགོ་མཚུངས་ཀྱི་ལན། རྣལ་མའི་ལན། བསླབ་པ་མི་འདྲ་བ་འཆའ་བའི་འཐད་པ། བཅས་པའི་བསླབ་པ་ལ་གྲུས་པར་གདམས་པ། ཆོས་དང་མི་མཐུན་པའི་བྱ་བ་གཞན་དགག་པ་དང་ལྔ་ལས། དང་པོ་ནི། འདི་ཡི་ལན་ལ་རྣམ་པ་གཉིས་ལས་དང་པོ་མགོ་བསྒྲེའི་ལན་ནི་འདི་ལྟར་ཡིན་ཏེ། ཁྱེད་ཀྱིས་མུ་སྟེགས་གྲངས་ཅན་པ་འགའ་ཞིག་ལྟར་ངོ་བོ་ཉིད་རང་བཞིན་གཙོ་བོ་རྒྱུར་སྨྲ་བར་འགྱུར་ཏེ། སྤྱོད་འཇུག་ལས། གཙོ་བོ་རྟག་པ་འགྲོ་བ་ཡི། །རྒྱུ་ཡིན་པར་ནི་གྲངས་ཅན་འདོད། །ཅེས་བཤད་པས་སོ། །ཊཱི་ཀ་བྱེད་ཁ་ཅིག །མུ་སྟེགས་རྒྱུད་འཕེན་པའི་གཞུང་ལས། འབྱུང་བ་ལྔ་དང་ཉི་ཟླ་དང་། །ཁ་བ་དང་ནི་མདངར་བ་ལྟར། །དགེ་དང་སྡིག་པ་ཐམས་ཅད་ཀྱང་། །སུས་ཀྱང་མ་བྱས་ངོ་བོས་གྲུབ། །ཅེས་བཤད་ཟེར་བ་མི་འཐད་དེ། ངོ་བོ་ཉིད་རྒྱུར་སྨྲ་བ་དང་རྒྱུ་མེད་དུ་སྨྲ་བ་གཉིས་ཀ་རྒྱུད་འཕེན་པས་ཀྱང་ཁས་མི་ལེན་པའི་ཕྱིར་རོ་ཞེས་བླ་མ་གསུང་། གཉིས་པ་ནི། གཉིས་པ་དངོས་པོའི་ལན་ལ་ནི་འདི་ལྟར་ཡིན་ཏེ། གཞིས་ལ་དགེ་ལས་དང་སྡིག་པ་མེད་ཀྱང་བདེ་སྡུག་ལས་ཀྱིས་བྱས་པ་ཡིན་ཞིང་ལས་ཀྱི་བྱེད་པ་པོ་སེམས་ཉིད་ཡིན་ལ་སེམས་ནི་དགེ་བ་དང་མི་དགེ་བའི་སྟོབས་ཀྱིས་ལས་ལ་བཟང་ངན་འབྱུང་། བཟང་ངན་དེ་ལས་བདེ་སྡུག་འབྱུང་བས་ལས་བཟང་ངན་དེ་དག་བླང་དོར་བྱེད་པ་ཡི་ཐབས་ནི་སྡོམ་པའི་ཚུལ་ཁྲིམས་ཡིན་ཞིང་། སྐྲ་བྲེགས་པ་སོགས་ཀྱི་བརྟུལ་ཞུགས་ནི་ཚུལ་ཁྲིམས་བསྲུང་བའི་ཐབས་ཡིན་ལ། ཚུལ་ཁྲིམས་བསྲུང་བ་དེ་ལ་གང་ལ་གང་དགོས་པའི་བསླབ་པ་མཐའ་དག་འཆའ་བའི་བྱེད་པ་པོ་རྫོགས་པའི་སངས་རྒྱས་ཉག་གཅིག་ཡིན་པའི་ཕྱིར། གསུམ་པ་ནི། དེས་ན་བདེ་བ་དང་སྡུག་བསྔལ་གྱི་བྱེད་པ་པོ་སངས་རྒྱས་མ་ཡིན་ཡང་ལས་བརྒྱ་རྩ་གཅིག་སོགས་བསླབ་པ་འཆའ་བ་དང་སྡིགས་སྦྱོར་བའི་བྱེད་པ་པོ་སངས་རྒྱས་ཡིན་པར་གསུངས་ཏེ། ཞིང་མི་འདྲ་བ་ལ་སོ་ནམ་མི་འདྲ་བ་དགོས་པ་བཞིན་དུ། བསམ་པའི་ཁྱད་པར་རིས་གཉེན་པོའི་བྱེ་བྲག་བཅས་པ་མི་འདྲ་བ་དུ་མ་ཡོད་ལ། གཉེན་པོ་དེ་བསྲུང་བའི་ཐབས་སུ་བརྟུལ་ཞུགས་དང་འདུལ་བའི་བཅས་པ་མི་འདྲ་བ་མཛད་པའི་རྒྱུ་མཚན་དེ་ལྟར་ཡིན་པ་རིས་ནའོ། །དེ་ཡང་འདུལ་བ་ལུང་ལས། དགག་པ་དང་སྒྲུབ་པ་དང་གནང་བའི་བཅས་པ་གསུམ་ལས། གསུམ་པོ་རེ་རེ་ལ་ཡང་དགག་སྒྲུབ་གནང་བའི་བཅས་པ་གསུམ་གསུམ་དུ་དབྱེ་བས་དགུ་དགུར་འགྱུར་རོ། །དེ་ཡང་སྔར་བཀག་ནས

ཕྱིས་དགག་པ་དང་སྒྲུབ་པ་དང་གནང་བ་ལྟ་བུ་ལ་སོགས་པའོ། །བཅས་པ་ལྡོག་པའི་རྒྱུ་མཚན་ནི། དགག་བྱ་མེད་པས་དགག་པའི་བཅས་པ་ལོག་པ་དང་། དགོས་པ་མེད་པས་སྒྲུབ་པའི་བཅས་པ་ལོག་པ་དང་། གནང་བའི་གཞི་ལ་དགག་བྱ་ཞུགས་པས་གནང་བའི་བཅས་པ་ལོག་པ་དང་། ཡུལ་དུས་གནས་སྐབས་ཀྱི་དབང་གིས་བཅས་པའི་གཞི་ལ་དགག་བྱ་དང་དགོས་པ་གོ་ལོག་ཏུ་བྱུང་བ་ཡིན་ཏེ། དཔེར་ན་སྦྲིན་བལ་ཤིན་ཏུ་མོད་པའི་ཡུལ་དུ་སྟན་བྱེད་པའི་ཉེས་པ་མེད་པ་དང་། བལ་ནག་པོ་མོད་ཅིང་དཀར་པོ་ཤིན་ཏུ་དཀོན་པའི་ཡུལ་དུ་དཀར་པོ་ལ་ལྟུང་བྱེད་དང་ནག་པོ་ལ་ལྟུང་བ་མེད་དོ། །ཨཤྨ་པ་ར་ན་ཏ་ར་ཉིན་རེ་བཞིན་དུ་ཁྲུས་བྱས་ཀྱང་ཉེས་མེད་དང་སྨུ་གེའི་དུས་སུ་ལག་ཉ་དང་གསོག་འཛོག་དང་ཞག་ལོན་ནས་ཟ་བ་ཉེས་མེད་དང་བྱུད་མེད་ན་བའི་གཡོག་བྱེད་པ་དང་། ཆུས་ཁྱེར་བའི་ལག་པ་ནས་བཟུང་བ་ཉེས་པ་མེད་པ་ལ་སོགས་པ་དང་དགོས་པ་མེད་བཞིན་དུ་སྒྲུབ་པ་དང་དགག་བྱ་མེད་ཀྱང་སྤྱོང་བ་སོགས་མི་བྱའོ། །རྣམ་པར་སྨིན་པ་ལྟི་ཡང་གིས་བཅས་པ་ཆེ་ཆུང་དུ་བཞག་པ་ཡང་མ་ཡིན་ཏེ། འདུལ་བ་འོད་ལྡན་ལས། ཁ་ན་མ་ཐོ་བ་ལྕི་བ་དང་ཡང་བ་ཉིད་དུ་འགྱུར་བ་ནི་བསམ་པའི་དབང་ལས་འགྱུར་བ་དང་ཡུལ་གྱི་དབང་ལས་འགྱུར་བར་བཞག་གི།ལྟུང་བའི་དབང་ལས་ནི་མ་ཡིན་ཏེ། ལྟུང་བ་ནི་བཅས་པ་ཙམ་གྱི་རྗེས་སུ་འབྲང་བས་སོ་ཞེས་བཤད། འདུལ་བ་ལུང་ལས། ཀུན་དགའ་བོ་ལ་རུང་བ་དང་མཐུན་ལ་མི་རུང་བ་དང་འགལ་བ་ནི་རུང་བར་བསྟུས་ཤིག །མི་རུང་བ་དང་མཐུན་ལ་རུང་བ་དང་འགལ་བ་ནི་མི་རུང་བར་བསྡུས་ཤིག་ཅེས་གསུངས་པའི་དོན། བསྒྲུབ་བྱའི་དགོས་པ་དང་བཅས་པའི་རྣམ་གཞག་དང་བརྒྱུད་པའི་རྒྱུར་འགྲོ་བ་གསུམ་སྒྲུབ་ཕྱོགས་སུ་མཐུན་པ་ནི་རུང་བ་དང་མཐུན་པ་དང་། དགག་བྱའི་ཉེས་དམིགས་དང་བཅས་པའི་རྣམ་གཞག་དང་བརྒྱུད་པའི་རྒྱུར་འགྲོ་བ་གསུམ་དགག་ཕྱོགས་སུ་མཐུན་པ་ནི་མི་རུང་བ་དང་མཐུན་པའོ། །བཅས་པ་ལྡོག་མཚམས་ཡང་རང་བཞིན་གྱི་ཉེས་པ་ལ་མི་སྦྱོར་ཞིང་བཅས་རྐྱང་གི་སྟེང་དུ་རྩི་བ་ཡིན་ནོ། །དེས་ན་འདུལ་བའི་བཅས་པ་མི་འདྲ་བ་མཛད་གསུང་པ་ཡང་། འདུལ་བ་ལུང་ལས། ཉེས་པ་བྱུང་ཡང་མ་བཅས་པ་དང་བྱུང་ནས་བཅས་པ་དང་མ་བྱུང་ཡང་བཅས་པ་དང་བཅས་པའི་རྗེས་སུ་བཅས་པ་ལ་སོགས་པ་གསུངས་སོ། །བཞི་པ་ནི། དགེ་སྦྱོང་གི་གོས་བར་མ་རབ་བྱུང་གི་སྐབས་སུ་ཁྱིམ་པའི་རྟགས་སྤོང་བར་ཁས་བླངས་པ་དང་འགལ་བའི་གོས་སྔོ་གུ་ཅན་ཕུ་རུང་མ་ལྟ་བུ་དང་། གོང་བ་ཅན་རྩ་ར་མོ་དང་ཟླ་ཁམ་ལྟ་བུ་དང་། རྟ་ལ་ཞོན་པ་ལ་སོགས་བཞོན་པས་འགྲོ་བ་དང་ཁྲིད་པར་རྒོད་མ་ལ་སོགས་པའི་བཞོན་པ་བཀག་པ་དང་། བྱིན་ལེན་མེད་པའི་ཟས་ལ་དགེ་སློང་རང་ངམ་དགེ་སློང་གཞན་གྱིས་རེག་པའི་ལག་ཉ་དང་། བསྙེན་པར་མ་རྫོགས་པ་དང་ལྷན་ཅིག་གནས་གཅིག་པར་གྱུར་པར་ལྔའི་ནང་དུ་ཉུབ་གསུམ་ཚང་བར་ཉལ་བ་ཉུབ་ཚངས

དང་། ལ་སོགས་པ་སྒྲོན་མེའི་སྣང་བ་དང་བཅས་པར་ཉལ་བ་དང་ཟ་བར་བརྩམས་ཏེ་བྱིན་ལེན་བྱས་ནས་ལངས་པ་དང་། སྟོད་གཡོགས་མེད་པར་ཕྱི་དོར་གྱི་ལས་བྱེད་པ་དང་བླ་གོས་གྱོན་བཞིན་དུ་མི་གཙང་བའི་སྐྱབས་སུ་འཇུག་པ་དང་། སྦྲ་བརྡ་མ་བྱས་པར་དངོས་པོ་མཆིལ་སྣབས་འདོར་བ་ལ་སོགས་པ་འདུལ་བའི་སྤྱོད་པ་མ་ཡིན་པ་བཅས་པ་དང་འགལ་བ་ཀུན་ལ་གནོང་པ་ཡི་ཚུལ་གྱིས་ལྟུང་བ་རིགས་མཐུན་མེད་པའི་དགེ་སློང་གི་མདུན་དུ་བཤགས་པ་ལེགས་པར་བྱ་སྟེ། དེ་དག་ལ་བཤགས་པ་མི་བྱེད་པར་ལྟུང་བ་མེད་དོ་ཞེས་སྨྲ་ན་སངས་རྒྱས་ཀྱི་བསྟན་པ་ལ་གནོད་པ་ཡིན་པའི་ཕྱིར་ཏེ། རབ་ཏུ་བྱུང་བ་འབབ་པ་དང་རབ་ཏུ་བྱུང་བ་ཕན་ཚུན་རྩོད་པ་བྱེད་པ་དང་དམ་པའི་ཆོས་ཉོ་ཚོང་བྱེད་པ་དང་། དགེ་སློང་ཕྱི་དྲོ་དུས་རུང་གི་ཟས་ཟ་བ་དང་ཆང་འཐུང་བ་དང་སྙིག་པ་ཟ་བ་ལ་སོགས་པ་དང་། ཆོས་གོས་དང་ལྷུང་བཟེད་གདིང་བ་ཆུ་ཚགས་མེད་པ་ལ་སོགས་པ་འདུལ་བའི་ཆོས་དང་འགལ་བའི་སྤྱོད་པ་ཀུན་ལ་ལྟུང་བ་མེད་ཅེས་སྒྲོགས་པ་དང་། གྲུབ་མཐའ་སོགས་ལ་ཕན་ཚུན་འཐབ་རྩོད་བྱེད་པ་དེ་དག་བླ་མའི་ཞབས་ཏོག་ཡིན་པ་དང་སངས་རྒྱས་ཀྱི་བསྟན་པ་ལ་ཕན་པ་སོགས་སྨྲ་ན་བསྟན་པ་སྤྱི་ལ་གནོད་ལ། དགེ་སློང་རང་གིས་བསླབ་པར་མ་ནུས་པའམ་རང་གི་ལས་ངན་ཡིན་ཞེས་སྨྲ་བ་ནི། རང་ལ་གནོད་ཀྱི་བསྟན་པ་སྤྱི་ལ་གནོད་པ་མིན་པའི་ཕྱིར། དེ་ཡང་ལང་ཀར་གཤེགས་པའི་མདོ་ལས། ང་ཡི་བསྟན་པ་སུན་འབྱིན་པ། །ཧུར་སྙིག་གི་ནི་གོས་གྱོན་ཅིང་། །འབྲས་བུ་མེད་དང་ཡོད་སྨྲ་བ། །མ་འོངས་དུས་ན་འབྱུང་བར་འགྱུར། །ཞེས་པ་དང་། འཇིག་རྟེན་འཛིན་གྱི་མདོ་ལས་ཀྱང་། ལྔ་བརྒྱ་པ་ཐ་མ་ལ་བབ་པའི་ཚེ་ངའི་ཆོས་ལ་རབ་ཏུ་བྱུང་ནས། ཆོས་གོས་གཉའ་བ་ལ་བཀལ་ཏེ་རྟག་ཏུ་ཁྱིམ་དུ་འགྲོ་བ་ལ་དགའ་བར་བྱེད་དོ། །གང་ཟག་དེ་ནི་མུ་སྟེགས་ཅན་དང་ཐ་མི་དད་པ་ཡིན་ཀྱང་ངའི་ཆོས་ཀྱི་གཟི་བྱིན་གྱིས་དེ་ལ་འཚང་མཆོད་པ་དང་སྦྱིན་པར་བྱ་བ་མང་བར་རིག་པར་བྱའོ། །དེ་ནི་གཞན་གྱི་རྒྱུ་ཡོར་གང་ཙམ་ཡང་ལེན་པར་མི་དབང་སྟེ་མཐུན་པའི་ཆོས་ལ་བཟོད་པ་ཡང་མེད་པའི་ཕྱིར་རོ་ཞེས་གསུངས། གལ་ཏེ་གང་ཟག་འགའ་ཞིག་ལ་སྐྱེ་བ་སྔ་མ་ཡི་ལས་ངན་སྨིན་པའི་ཤུགས་ཉིད་ལས་ཆོས་དང་འགལ་བའི་སྤྱོད་པ་སོགས་ཀུན་དབང་མེད་བྱ་དགོས་བྱུང་ན་ཡང་། སྤྱོད་པ་འདི་ནི་མདོ་སྡེ་དང་མི་མཐུན་པས་ཆོས་མིན་ཞིང་ཚུལ་ཁྲིམས་དང་འགལ་བས་འདུལ་བ་མིན་ལ། རྟེན་འབྲེལ་གྱི་ཆོས་ཉིད་དང་འགལ་བས་སངས་རྒྱས་ཀྱི་བསྟན་པ་མིན་ནོ་ཞེས་གནོང་པའི་ཚུལ་གྱིས་སྟོབས་བཞི་ཚང་བའི་སྒོ་ནས་ལེགས་པར་བཤགས་དགོས་ཏེ། རབ་ཏུ་བྱུང་བ་འབབ་པ་དང་། །ཞེས་སོགས་འདི་དག་དམ་པའི་ཆོས་དང་མི་འགལ་ཞིང་སངས་རྒྱས་ཀྱི་བསྟན་པ་ཡིན་ནོ་ཞེས་སྨྲ་ན་སངས་རྒྱས་ཀྱི་བསྟན་པ་ལ་གནོད་པའི་ཕྱིར། བཤགས་པས་སྡིག་པ་ཐམས་ཅད་བདག་གམ་ཞེ་ན། གནས་བརྟན་པའི་ལུང་ལས། བཤགས་དང་སྡོམ་

པར་བྱེད་པ་དེ་དག་གིས། །རྒྱ་བ་བྲུངས་ནས་འབྱིན་པ་མ་ཡིན་ནོ། །ཞེས་འབྱུང་ཡང་ཐེག་ཆེན་པ་ལྟར། སྡིག་པ་ཀུན་ལས་རྣམ་པར་ཐར། །ཞེས་གསུངས། དེས་ན་རབ་ཏུ་བྱུང་བ་ཆོས་ཅན། སངས་རྒྱས་བསྟན་པ་ལ་མ་ཕན་ཡང་རྣམ་པ་ཀུན་ཏུ་གནོད་པ་མི་བྱ་སྟེ། སངས་རྒྱས་བསྟན་པའི་སྒྲོར་ཞུགས་པས་སོ། །ལེགས་པར་བཤད་པ་རིན་པོ་ཆེའི་གཏེར་ལས། དཔའ་བོས་དགྲ་སྡེ་མ་གསོད་ན། །རང་ཕྱོགས་གསོད་པར་བྱེད་དམ་ཅི། །ཞེས་གསུངས། ལྔ་པ་ལ། འདུལ་བ་དང་འགལ་བའི་མདོ་བསྐུལ་དགག །མདོ་སྡེ་དང་འགལ་བའི་ཐོས་བསམ་དགག །དེས་ན་ཐོས་བསམ་སྒོམ་གསུམ་རྣམ་དག་བྱ་བར་གདམས་པ་དང་གསུམ་ལས། དང་པོ་ནི། གཙུག་ལག་ཁང་དུ་དགེ་འདུན་འདུས་པའི་དབུས་དེར་མདོ་བསྐུལ་བ་དང་། ཉི་མའི་གྲངས་བརྗོད་པ་ལ་སོགས་པ་འཕྲུལ་གྱི་བྱ་བ་ཀུན་འདུལ་བའི་གཞུང་དང་མཐུན་པར་གྱིས་ཤིག །དེ་ཡང་འདུལ་བ་ལས། དགེ་འདུན་གྱི་གནས་བརྟན་གྱིས་སླིག་མའི་ཐུར་མ་སྐྱུད་པ་ལ་བཀྲུས་པ་སྦྱོ་བས་ཉི་མ་བགྲང་བར་བྱའོ། །དགེ་བསྐོས་ཀྱིས་དེ་ལས་བརྟགས་ཏེ་དགེ་འདུན་ལ་བརྗོད་པར་བྱའོ། །ཁྲི་བྲག་ཏུ་བྱས་པའི་འོ། །ངོ་བོའི་དབྱེ་བས་སོ། །གཙུག་ལག་ཁང་གི་བདག་པོ་དང་ལྷའི་ཕྱིར་ཚིགས་སུ་བཅད་པ་གདོན་པར་བསྐུལ་བའི་ཚིག་ཀྱང་བྱའོ། །མོད་ལའོ་དེང་ནི་ཡར་གྱི་ངོའི་ཚེས་གཅིག་ལགས་ཏེ། གཙུག་ལག་ཁང་གི་བདག་པོ་དང་གཙུག་ལག་ཁང་གི་ལྷ་རྣམས་ཀྱི་སླད་དུ་ཚིགས་སུ་བཅད་པ་བགླག་ཏུ་གསོལ་ཞེས་བཤད། དེ་ཡང་གཙུག་ལག་ཁང་གི་ཀ་བའི་བར་དུ་ཁྲིད་བྱ་ལ་ཤིང་གི་ཐུར་མ་བཀྲུས་ནས་གནས་བརྟན་གྱིས་ཉིན་རེ་བཞིན་ཐུར་མ་བཤུགས་ཏེ། དེ་ལ་བལྟས་ནས་དགེ་འདུན་ལ་ཚེས་གྲངས་གོ་བར་བྱེད་པ་དང་མདོ་འདོན་པར་བསྐུལ་བ་ཡིན་ནོ། །དེ་རམ་ཟད་མི་མ་ཡིན་གནས་པའི་རྟེན་ལྗོན་ཤིང་ལ་སོགས་པའི་མདུན་དུ་ཡང་འདོན་པར་གསུངས་སོ། །བཀའ་གདམས་པ་དང་འདུལ་འཛིན་ཁ་ཅིག་མདོ་བསྐུལ་རིང་མོ་ཞེས་བྱ་བ་ཀྱི་གསོན་ཅིག་དགེ་འདུན་བཙུན་པ་རྣམས། ཚངས་པ་བརྒྱ་བྱིན་རྒྱལ་ཆེན་དང་། །ཆོས་སྐྱོང་གཙུག་ལག་བསྲུང་མ་དང་། །ལྷ་ཀླུ་ལ་སོགས་སྡེ་བརྒྱད་དང་། །ཆོས་རྒྱལ་རྗེ་བློན་ཡོན་བདག་དང་། །ཕ་མ་མཁན་པོ་སློབ་དཔོན་དང་། །མཐའ་ཡས་སེམས་ཅན་དོན་སླད་དུ། །ཞལ་ནས་གསུངས་པའི་མདོ་བརྗོད་ཞུ། །ཞེས་པའི་མཇུག་ཏུ་ཨུ་རུ་ལགས་ཟེར་བ་མི་འཐད་དེ། སངས་རྒྱས་ཀྱི་བཀའ། བཅོམ་པར་བྱ་ཞིང་དབྱུང་བར་བྱ། །ཞེས་སོགས་ལྷ་བུ་འདོན་རྒྱུ་ཡིན་པ་ལ། རང་བཟོའི་ནོར་བ་བྱེད་པ་མཐོང་བ་མདོ་བསྐུལ་རིང་མོ་འདི་འདྲ་མདོ་རྒྱུད་ཀུན་ལས་མ་གསུངས་པས། འདི་འདྲའི་རིགས་ཀྱི་ཆོས་ལོག་འཕེལ་ན་བསྟན་པའི་རྩ་བ་འདུལ་བ་ནུབ་པར་འགྱུར་བའི་ཕྱིར། དེས་ན་སངས་རྒྱས་ཀྱིས་གསུངས་པའི་ཚིག་ཀུན་སླུ་བར་གྱུར་ཀྱང་མི་བྱེད་ལ་སངས་རྒྱས་ཀྱིས་ནི་མ་གསུངས་ན་དཀའ་ཡང་འབད་ནས་བྱེད་པ་མཚར་ཏེ། སྡུག་ལ

སྤྱོང་ཆུང་བའི་ཕྱིར། རྒྱལ་བའི་བཀའ་ལ་དད་དཀའ་བྱེད་པའི་འཁྲུལ་གཞི་ཡང་གཞུང་འདིས་བྱས་གནང་ངོ་། །གལ་ཏེ་སངས་རྒྱས་ཀྱི་གསུང་དང་མི་མཐུན་ཡང་མདོ་བསྐུལ་རིང་མོ་ཞེས་བྱ་བ་འདི་འདྲ་བདེན་པར་འདོད་ན་ནི། ལས་ཆོག་སྤྱི་བོར་བཞག་པས་དགེ་སློང་དུ་སོང་ཟེར་བ་དང་སྡོམ་པ་ཐག་རྒྱ་མ་དང་ཟླ་བ་བྱུང་ངོ་ཙོག་བསླབ་བ་བསྒྱུར་བའི་ཆེད་དུ་ལས་ཆོག་ཀློག་པ་སོགས་ལག་ལེན་ཕྱིན་ཅི་ལོག་གཞན་ཡང་འཁྲུལ་ཞེས་བརྗོད་པར་མི་ནུས་ཏེ༑ ལུང་དང་འགལ་བའི་ཆོས་ཡིན་པར་རང་བཟོར་ཐམས་ཅད་མཚུངས་པ་ལ་མདོ་བསྐུལ་རིང་མོ་སོགས་འགའ་ཞིག་བདེན་ལ་སྡོམ་པ་ཐག་རྒྱ་མ་སོགས་འགའ་ཞིག་ནི་བརྫུན་པ་ཡིན་ཞེས་དཔྱད་དུ་མི་རུང་བའི་ཕྱིར་དང་། མུ་སྟེགས་པ་སྒྲིག་བཅད་པས་མཐོ་རིས་ཐོབ་ཟེར་བ་ལ་སོགས་ཆོས་ལོག་ཀྱང་སྲུན་དབྱུང་བར་ནི་མི་ནུས་ཏེ༑ མདོ་བསྐུལ་རིང་མོ་ཞེས་བྱ་བ་དང་ལུང་རིགས་མེད་པར་མཚུངས་པ་ལ་བདེན་རྫུན་དབྱེ་བ་ནུས་པ་མེད་པའི་ཕྱིར་རོ། །གཉིས་པ་ནི། ཞང་མཚལ་པ་དང་བཀའ་ཕྲུག་པ་ལ་ལན་ནི། རྫོགས་པའི་སངས་རྒྱས་ཀྱི་གསུང་རབ་ཚིག་དོན་ཟབ་མོ་དང་གྲུབ་ཐོབ་ཆེན་པོ་རྣམས་དང་། རྒྱན་དྲུག་མཆོག་གཉིས་ལ་སོགས་པའི་མཁས་པ་རྣམས་ཀྱིས་ཤིན་ཏུ་ལེགས་པར་བཤད་པའི་ཆོས་འདི་རྣམས་ཚིག་གི་ན་ཡ་ཙམ་ཡིན་པས་ན་དགོས་པ་མེད་པ་མདོར་ཞེས་ཟེར་བ་མི་འཐད་དེ། ཚིག་ཀྱང་སྙིག་ལེགས་པོ་མི་ཤེས་ན་དོན་བཟང་པོ་སློས་ཀྱང་ཅི་དགོས་པའི་བློན་པོ་རྣམས་ཀྱི་རང་དགའི་ཚིག །མཁས་པ་རྣམས་བཞད་གད་བསྐྱེད་པ་ཡི་འབྲེལ་མེད་སྣ་ཚོགས་བྲིས་པ་ལ་བླ་མའི་བཀའ་འམ་བསྟན་བཅོས་རྣམ་དག་ཡིན་ཞེས་ཉན་བཤད་བྱེད་པ་ལ། བློན་པོ་དགའ་བ་བསྐྱེད་ནུས་ཀྱི་མཁས་པ་རྣམས་དགའ་བ་བསྐྱེད་མི་ནུས་པས་དུས་དང་བློ་གྲོས་གཉིས་ཀ་གྲོན་དུ་འགྱུར་བའི་ཕྱིར། ཀྱེ་མ་ཞེས་བརྩེ་བའི་ཚིག་གིས་སྐབས་ཕྱེ་སྟེ་སངས་རྒྱས་ཀྱི་བསྟན་པ་ནི་གཟུགས་བརྙན་ཙམ་འདི་ལྟར་གྱུར་པ་ད་གཟོད་གོ་སྟེ༑ རྒྱལ་སྲས་ལམ་བཟང་ལས། སངས་རྒྱས་ཀྱིས་གསུངས་ངེས་པའི་སྡེ་སྣོད་གསུམ་མམ་དབང་ཐོབ་པ་ཡིན་ན་རྒྱུད་སྡེ་བཞི་མཉན། ཡང་ན་བཀའི་དགོངས་པ་འགྲེལ་བའི་བསྟན་བཅོས་མགོན་པོ་བྱམས་པའམ་ཐོགས་མེད་སྐུ་མཆེད་དམ་ཀླུ་སྒྲུབ་ཡབ་སྲས་སམ། ཕྱོགས་ཀྱི་གླང་པོའམ་ཆོས་ཀྱི་གྲགས་པའམ་སློབ་དཔོན་ཞི་བ་ལྷའམ་ཡོན་ཏན་འོད་ལ་སོགས་པས་མཛད་པའི་ཁུངས་ཐུབ་པའི་ཆོས་མཉན་དགོས་ལ། གསང་སྔགས་ཡིན་ན་ཡང་བྱང་ཆུབ་སེམས་དཔའི་འགྲེལ་པ་གསུམ་མམ་གྲུབ་ཐོབ་རྣམས་ཀྱིས་མཛད་པའི་གྲུབ་པ་སྡེ་བདུན་ནམ། སློབ་དཔོན་རྣལ་འབྱོར་གྱི་དབང་ཕྱུག་བིརྺ་པ་དང་རྒྱལ་པོ་ཨིནྡྲ་བྷཱུ་ཏི་དང་རྡོ་རྗེ་དྲིལ་བུ་པ་ལ་སོགས་པས་མཛད་པའི་བསྟན་བཅོས་ཁུངས་ནས་བྱུང་བ་མཉན་དགོས་ཏེ། མདོར་ན་སངས་རྒྱས་ཀྱིས་གསུངས། སྡུད་པ་པོས་བསྡུས། གྲུབ་ཐོབ་ཀྱིས་བསྒོམས། པཎྜི་ཏས་བཤད། ལོ་ཙཱ་བས་བསྒྱུར་མཁས་པ་རྣམས་ལ་གྲགས་པ་ཞིག་

སངས་རྒྱས་ཀྱི་བསྟན་པ་ཡིན་པས་དེ་ལ་ཉན་བཤད་བསྒོམ་སྒྲུབ་བྱེད་དགོས་སོ། །དེ་རྣམས་ལས་བཟློག་པའི་ཆོས་གཅིག་བྱེད་ན་ཟབ་ཟབ་འདྲ་ཡང་སངས་རྒྱས་ཀྱི་བསྟན་པ་མ་ཡིན་པས་ཉན་བཤད་སྒོམ་སྒྲུབ་བྱར་མི་ཉན་ནོ༑ ༑ལེགས་ལེགས་འདྲ་བ་མུ་སྟེགས་དང་ཆོས་ལོག་གཞན་ལའང་འདུག་སྟེ་སངས་རྒྱས་ཀྱི་བསྟན་པ་མ་ཡིན་པས་དོར་ལ་བཞག་གོ་ཞེས་གསུངས། གསུམ་པ་ནི། དེས་ན་སངས་རྒྱས་ཀྱི་གསུང་རབ་སྡེ་སྣོད་གསུམ་དང་རྒྱུད་སྡེ་བཞི་དང་རྒྱུད་ཀྱི་དགོངས་འགྲེལ་བསྟན་བཅོས་གྲུབ་ཐོབ་རྣམས་ཀྱིས་མཛད་པ་དང་མདོའི་དགོངས་འགྲེལ་བསྟན་བཅོས་བྱམས་ཆོས་ལྔ་དང་། རྒྱན་དྲུག་མཆོག་གཉིས་ལ་སོགས་པའི་མཁས་པ་རྣམས་ཀྱི་བསྟན་བཅོས་ཀྱི་ཚིག་དང་དོན་ལ་ནི་བྱིན་བརླབས་ཡོད་པས་མདོ་རྒྱུད་བསྟན་བཅོས་འདི་འདྲ་ཉན་བཤད་བྱེད་པ་ལ་ཐོས་པ་ཞེས་ནི་བརྗོད་པ་ཡིན་ཞིང་། ཐོས་པ་དེ་ཡི་དོན་ལུང་དང་རིགས་པས་དཔྱོད་པ་ནི་བསམ་པ་ཡིན་ལ། བསམ་པ་དེ་ཡི་དོན་ནན་ཏན་གྱིས་ནི་རྩེ་གཅིག་ཏུ་སྒྲུབ་པར་སྒོམ་པ་ཡིན་པར་ཤེས་པར་བྱ་སྟེ། སངས་རྒྱས་ཀྱི་བསྟན་པ་འཛིན་པར་འདོད་ན་ཐོས་བསམ་སྒོམ་གསུམ་འདི་ལྟར་གྱིས་ལ་འདི་ནི་སངས་རྒྱས་བསྟན་པ་ཡིན་པའི་ཕྱིར་རོ། །དེ་ཡང་བློ་གྲོས་རྒྱ་མཚོས་ཞུས་པའི་མདོ་ལས། བདུད་ཀྱི་ལས་ནི་ཐོས་པ་ཉུང་ངུས་བསམ་གཏན་རློམ་པ་དང་མང་དུ་ཐོས་ཀྱང་བདག་ལ་བསྟོད་པའོ་ཞེས་པ་དང་། དེ་བཞིན་གཤེགས་པའི་དམ་པའི་ཆོས་འཛིན་པ༑ ༑རྒྱལ་བ་རྣམས་ཀྱིས་ཡོངས་སུ་གཟུང་བར་འགྱུར། །ལྷ་དང་ཀླུ་དང་མིའམ་ཅི་རྣམས་དང་། །བསོད་ནམས་ཡེ་ཤེས་ཀྱིས་ནི་ཡོངས་སུ་གཟུང་། །དེ་བཞིན་གཤེགས་པའི་དམ་པའི་ཆོས་འཛིན་པ། །དྲན་ལྡན་བློ་གྲོས་ལྡན་ཞིང་བློ་ལྡན་འགྱུར། །ཤེས་རབ་རྒྱ་ཆེན་ཀུན་ནས་ཡེ་ཤེས་ལྡན། །མཁས་པས་བག་ཆགས་བཅས་པའི་ཉོན་མོངས་སྤོང་། །ཞེས་གསུངས། བསོད་ནམས་ཐམས་ཅད་བསྡུས་པའི་མདོ་ལས་ཀྱང་། རིགས་ཀྱི་བུ་བྱང་ཆུབ་སེམས་དཔའ་དམ་བཅས་ཏེ་བདག་སངས་རྒྱས་སུ་གྱུར་ཅིག་ཅེས་སྨྲས་ལ། དེ་ཡང་ཐོས་པ་ཚོལ་བ་ལ་མི་བརྩོན་ན་སེམས་ཅན་ཐམས་ཅད་ཤེས་རབ་འཚལ་བར་བྱ་བའི་ཕྱིར་ཞུགས་པ་ཡིན་ནོ་ཞེས་གསུངས་ཤིང་། ཡང་སྦྱིན་པ་དང་ཚུལ་ཁྲིམས་དང་ཐོས་པའི་ཚོགས་གང་ཆེས་མཆོག་ཏུ་གྱུར་པ་ལགས་ཞེས་ཞུས་པས། དྲི་མ་མེད་པའི་གཟི་བརྗིད་ཚོགས་གསུམ་པོ་དེ་དག་གི་ནང་ནས། ཐོས་པའི་ཚོགས་འབའ་ཞིག་རབ་ཅེས་བྱ་གཙོ་བོ་ཞེས་བྱ་གོང་ན་མེད་པ་ཞེས་བྱ་གོང་མའི་ཡང་གོང་མ་ཞེས་བྱའོ། །རིགས་ཀྱི་བུ་འདི་ལྟ་སྟེ་དཔེར་ན་རིའི་རྒྱལ་པོ་རི་རབ་ཀྱི་དྲུང་ན་ཡུངས་འབྲུ་གཅིག་འདུག་པ་དེ་བཞིན་དུ་སྦྱིན་པ་དང་ཚུལ་ཁྲིམས་ཀྱི་ཚོགས་ཀྱང་དེ་དང་འདྲ་བར་ལྟའོ། །རིའི་རྒྱལ་པོ་རི་རབ་ཇི་ལྟ་བ་དེ་བཞིན་དུ་ཐོས་པའི་ཚོགས་ལྟ་བར་བྱའོ་ཞེས་གསུངས།

སྐྱེས་རབས་ལས། ཐོས་ཆུང་དམུས་ལོང་བསྒོམ་པའི་ཚུལ་མི་ཤེས། །ཤེས་རབ་རྒྱས་བྱེད་པ་ནི་ཐོས་པ་

ཡིན། །ཐོས་པ་གཏི་མུག་མུན་སེལ་སྒྲོན་མེ་སྟེ། །ཡ་རབས་རྣམས་དང་ཕྲད་ན་སྐྱེས་ཀྱི་མཆོག །རྐུན་པོས་འཕྲོག་ཏུ་མེད་པ་ནོར་གྱི་མཆོག །ཅེས་བཤད། བྱང་ཆུབ་སེམས་དཔའི་སྡེ་སྣོད་ལས། ཐོས་པས་ཆོས་རྣམས་ཤེས་པར་བྱེད། །ཐོས་པས་སྡིག་ལས་བཟློག་པར་བྱེད། །ཐོས་པས་དོན་མ་ཡིན་པ་སྤོང་། །ཐོས་པས་མྱ་ངན་ལས་འདས་པ་འཐོབ། །ཅེས་གསུངས། ལུང་རྣམ་འབྱེད་ལས། མང་དུ་ཐོས་པ་ལ་ཕན་ཡོན་ལྔ་ཡོད་དེ། ཕུང་པོ་ལ་མཁས་པ་དང་ཁམས་ལ་མཁས་པ་དང་སྐྱེ་མཆེད་ལ་མཁས་པ་དང་རྟེན་ཅིང་འབྲེལ་བར་འབྱུང་བ་ལ་མཁས་པ་དང་དེའི་གདམས་ངག་དང་རྗེས་སུ་བསྟན་པ་གཞན་ལ་རག་མ་ལས་པ་ཡིན་ཞེས་པ་དང་། བྱང་ཆུབ་སེམས་དཔའི་སོ་ཐར་ཆོས་བཞི་སྒྲུབ་པའི་མདོ་ལས། ཤཱ་རིའི་བུ་རབ་ཏུ་བྱུང་བར་གྱུར་པའི་བྱང་ཆུབ་སེམས་དཔའ་གང་གིས་ཚིག་བཞི་པའི་ཚིགས་སུ་བཅད་པ་གཅིག་བསྟན་ན་ཞེས་སོགས་བྱང་སེམས་སྡོམ་པར་འཆད་པས་ལྟོས། ཐོས་པ་ཙམ་གྱིས་མཆོག་སྟེ། དཀོན་བརྩེགས་ཀྱི་ཡབ་སྲས་མཇལ་བའི་མདོ་ལས། ཤཱ་རིའི་བུ་གང་གིས་བསྐལ་པ་བརྒྱའི་བར་དུ་ཉན་པ་བས་གང་གིས་སེམས་ཅན་གཅིག་ལ་འདི་བསྟན་ན་དེ་ཉིད་དེ་བས་བསོད་ནམས་ཆེས་མང་དུ་འཕེལ་ལོ། །གང་གིས་བསྐལ་པ་བརྒྱའི་བར་དུ་མཉན་ཏེ་གཞན་ལ་བསྟན་པ་བས་གང་གིས་སེ་གོལ་ཏོག་པ་ཙམ་དུ་འདི་བསྒོམས་ན་དེ་ཉིད་དེ་བས་བསོད་ནམས་ཆེས་མང་དུ་འཕེལ་ལོ་ཞེས་གསུངས། འཕགས་པ་ཐར་པ་ཆེན་པོ་ཕྱོགས་སུ་རྒྱས་པ་ཞེས་བྱ་བ་ཐེག་པ་ཆེན་པོའི་མདོ་ལས། རྒྱལ་བའི་དྲིན་ལན་བླན་འདོད་པས། །སྐད་ཅིག་ཡུད་ཙམ་བསྒོམ་བྱེད་པ། །སྟོང་ཁམས་གང་བའི་སེམས་ཅན་གྱི། །སྲོག་གི་སྦྱིན་པ་བྱིན་པ་བས། །བསམ་གཏན་བསྒོམ་པ་ཡོན་ཏན་ཆེ། །ཞེས་པ་དང་། མངོན་པར་འབྱུང་བའི་མདོ་ལས། ཚེ་དང་ལྡན་པ་ཤཱ་རིའི་བུས་སྨྲས་པ། བཞིན་བཟང་ཐུབ་པའི་དབང་པོའི་གསུང་རབ་འདི་ལ་ནི་རིགས་སྙིང་པོར་བྱེད་པ་མ་ཡིན་རུས་སྙིང་པོར་བྱེད་པ་མ་ཡིན་རྒྱུད་སྙིང་པོར་བྱེད་པ་མ་ཡིན་ཐོས་པ་སྙིང་པོར་བྱེད་པ་མ་ཡིན་ཏེ། འདི་ལྟར་ཐུབ་པའི་དབང་པོའི་གསུང་རབ་འདི་ལ་ནི་སྒྲུབ་པ་སྙིང་པོར་བྱེད་པ་ཡིན་ནོ་ཞེས་གསུངས། བསྒོམ་པ་དེ་ཡང་ཐོས་པ་སྔོན་དུ་འགྲོ་དགོས་ཏེ། ལེགས་བཤད་པས། ཐོས་པ་མེད་པར་བསྒོམ་པ་དེ། །འབད་ཀྱང་དུད་འགྲོའི་སྒྲུབ་ཐབས་ཡིན། །རྒྱུ་འབྲས་བསླུ་བ་མེད་པ་འདི། །ཐམས་ཅད་མཁྱེན་པའི་ཁྱད་ཆོས་ཡིན། །ཞེས་པ་དང་། འདུལ་བ་ལས། སྡེ་སྣོད་འཛིན་པ་མ་ཡིན་པ་རི་ཁྲོད་དུ་མི་བསྒོམ་ཞེས་གསུངས། འདི་འདྲ་ཉན་བཤད་བྱེད་པ་ལ། །ཞེས་གསུངས་པའི་འཆད་པ་པོ་ནི། རིན་ཆེན་ཕྲེང་བ་ལས། འདོད་ཆུང་ཚོག་ཤེས་སྙིང་རྗེར་ལྡན། །ཉོན་མོངས་སེལ་བའི་ཤེས་རབ་ཅན། །ཞེས་བཤད། ཉན་པ་པོ་ནི། བཞི་བརྒྱ་པ་ལས། གཟུར་གནས་དོན་གཉེར་བློ་གྲོས་ལྡན། །ཉན་པའི་སྣོད་ཅེས་བྱ་བར་བརྗོད། །ཅེས་བཤད། འཆད་པ་པོ་དང་ཉན་པ་པོ་གཉིས་ཀ་ཡང་། རིགས་གཏེར་ལས། ཤེས

ལྡན་གཟུ་བོར་གནས་པ་དོན་གཉེར་བ། །གཞན་ལ་བརྩེ་བའི་བསམ་པས་འདི་བཤད་དོ། །ཞེས་གསུངས། ཉན་བཤད་བྱས་པའི་ཕན་ཡོན་ཡང་། རིན་ཆེན་འཕྲེང་བ་ལས། ཆོས་ཀྱི་སྦྱིན་པ་དྲི་མེད་པས། །ཚེ་རབས་དྲན་པ་ཐོབ་པར་འགྱུར། །ཞེས་པ་དང་། བསླབ་བཏུས་ལས། ཆོས་ཀྱི་སྦྱིན་པ་ཟང་ཟིང་མེད། །བསོད་ནམས་འཕེལ་བའི་རྒྱུ་ཡིན་ནོ། །ཞེས་པ་དང་། མངོན་པ་ཀུན་ལས་བཏུས་ལས། འཛིན་པ་དང་ཁ་ཏོན་བྱེད་པ་དང་བཤད་པ་འོས་ལས་བྱུང་བར་ལྟའོ་ཞེས་བཤད། ཆོས་ཉན་པའི་ཕན་ཡོན་ཡང་ལྟ་སྟེ། རྣམ་བཤད་རིགས་པ་ལས། རྣམ་པར་མི་ཤེས་པ་དམ་པར་ཤེས་པར་བྱེད་པ་དང་ཉེས་པར་བཟུང་བ་འདོར་བ་དང་ཐེ་ཚོམ་ཟློས་པ་ངེས་པར་བྱེད་པ་དང་ངེས་པར་བྱས་པ་སྙིང་པོར་བྱེད་པ་དང་འཕགས་པའི་ཤེས་རབ་ཀྱིས་མིག་སྦྱོང་བར་བྱེད་པའོ་ཞེས་བཤད། ལྷག་བསམ་བསྐུལ་བའི་མདོ་ལས། བྱམས་པ་གང་རྙེད་པ་དང་བཀུར་སྟི་མི་འདོད་པར་ཆོས་ཀྱི་སྦྱིན་པ་བྱེད་ན་ཆོས་ཀྱི་སྦྱིན་པ་ཟང་ཟིང་མེད་པའི་ཕན་ཡོན་ཉི་ཤུ་སྟེ། ཉི་ཤུ་གང་ཞེ་ན་འདི་ལྟ་སྟེ། དྲན་པ་དང་ལྡན་པ་ཡིན་བློ་དང་ལྡན་པ་ཡིན་བློ་གྲོས་དང་ལྡན་པའི་ཡིན་མོས་པ་དང་ལྡན་པ་ཡིན་ཤེས་རབ་དང་ལྡན་པ་ཡིན། འཇིག་རྟེན་ལས་འདས་པའི་ཤེས་རབ་ཞེས་སུ་རྟོགས་པར་འགྱུར་བ་ཡིན་འདོད་ཆགས་ཆུང་བ་ཡིན་ཞེ་སྡང་ཆུང་བ་ཡིན་གཏི་མུག་ཆུང་བ་ཡིན་བདུད་ཀྱིས་དེ་ལ་གླགས་མི་རྙེད་པ་ཡིན། སངས་རྒྱས་བཅོམ་ལྡན་འདས་རྣམས་ཀྱིས་དེ་ལ་དགོངས་པ་ཡིན་མི་མ་ཡིན་པ་རྣམས་ཀྱིས་དེ་བསྲུང་བ་ཡིན་ལྷ་རྣམས་དེའི་ལུས་ལ་མདངས་འཇུག་པ་ཡིན། མི་མཛའ་བ་རྣམས་ཀྱིས་དེ་ལ་གླགས་མི་རྙེད་པ་ཡིན་དེ་མཛའ་བོ་རྣམས་དང་མི་ཕྱེད་པ་ཡིན་ཚིག་གཟུང་བར་འོས་པ་ཡིན་མི་འཇིགས་པ་ཐོབ་པ་ཡིན། ཡིད་བདེ་བ་མང་བ་ཡིན་མཁས་པས་བསྔགས་པ་ཡིན། དེ་ཆོས་ཀྱི་སྦྱིན་པ་དེ་རྗེས་སུ་དྲན་པར་འགྱུར་བ་ཡིན་ཏེ་བྱམས་པ་ཕན་ཡོན་ཉི་ཤུ་པོ་དེ་དག་གོ་ཞེས་པ་དང་། ཀླུའི་རྒྱལ་པོ་རྒྱ་མཚོས་ཞུས་པའི་མདོ་ལས། ཆོས་སྦྱིན་པས་ནི་ཟག་པ་ཟད་པའི་མངོན་པར་ཤེས་པ་རྣམ་པར་དག་པར་འགྱུར་རོ་ཞེས་པ་དང་། བྱམས་པ་སེང་གེ་སྒྲས་ཞུས་པའི་མདོ་ལས། གངྒའི་བྱེ་རྙེད་འཇིག་རྟེན་གསེར་དག་གིས། །བཀང་སྟེ་གང་ལ་སྦྱིན་པ་བྱིན་བྱས་པས། །དུས་ངན་ཚེ་ན་ཚིགས་བཅད་གཅིག་བརྗོད་པ། །དེ་ཡི་ཕན་འདོགས་ཅི་འདྲ་དེ་ལ་མེད། །ཅེས་པ་དང་། འཇིག་རྟེན་གསུམ་ན་སེམས་ཅན་ཐམས་ཅད་ཀྱི། །བདེ་བ་གང་དག་ཡོད་པ་དེ་དག་ཀུན། །སེམས་ཅན་གཅིག་ལ་སྦྱིན་པ་བྱས་པ་བས། །གང་གིས་དེ་ལ་སངས་རྒྱས་ལུགས་ཀྱི་ནི། །ཚིག་བཞིའི་ཚིགས་སུ་བཅད་པ་གཅིག་བསྒྲགས་པ། །དེ་ནི་ཤིན་ཏུ་ཕན་འདོགས་མཆོག་ཡིན་ཏེ། །དེས་ནི་སྡུག་བསྔལ་དག་ལས་གྲོལ་བར་འགྱུར། །ཞེས་གསུངས། དེ་ལྟར་ན་སོ་སོར་ཐར་པའི་སྡོམ་པའི་སྐབས་ཏེ་གཞུང་གི་དོན་དང་པོ་བཤད་པའོ། །

༄ གཉིས་པ་བྱང་ཆུབ་སེམས་དཔའི་སྡོམ་པ་བཤད་པ་ལ། སེམས་བསྐྱེད་དངོས། དེའི་བསླབ་བྱ་ལ་འཁྲུལ་པ་དགག་པ་དང་གཉིས་ལས། དང་པོ་ལ། ཀུན་རྫོབ་སེམས་བསྐྱེད་དང་། དོན་དམ་སེམས་བསྐྱེད་གཉིས་ལས། དང་པོ་ལ། སེམས་བསྐྱེད་ཀྱི་དབྱེ་བ་སྤྱིར་བསྟན། ཐེག་ཆེན་སེམས་བསྐྱེད་བྱེ་བྲག་ཏུ་བཤད་པ་གཉིས་ལས། དང་པོ་ནི། གང་ལ་འཕྲོས་ན། བྱང་ཆུབ་སེམས་དཔའི་སེམས་བསྐྱེད་དེ། །ཞེས་བྱ་བ་དེ་གང་ཞེ་ན༑ སྤྱིར་སེམས་བསྐྱེད་ལ་ནི་རྣམ་པ་གཉིས་གྲུབ་སྟེ། ཉན་ཐོས་དང་། ཐེག་པ་ཆེན་པོའི་ལུགས་ཀྱི་སེམས་བསྐྱེད་གཉིས་ཡོད་པའི་ཕྱིར། ཉན་ཐོས་རྣམས་ཀྱི་ལུགས་ལ་སེམས་བསྐྱེད་གསུམ་ཡོད་དེ། ཉན་ཐོས་དགྲ་བཅོམ་དང་། རང་རྒྱལ་དང་། སངས་རྒྱས་སར་སེམས་བསྐྱེད་པ་གསུམ་གྲུབ་པས་སོ། །དེ་ཡང་འདུལ་བ་ལུང་ལས། ཁ་ཅིག་ནི། ཉན་ཐོས་སུ་སེམས་བསྐྱེད་དོ། ཁ་ཅིག་གིས་ནི་རང་སངས་རྒྱས་སུ་སེམས་བསྐྱེད་དོ། ཁ་ཅིག་གིས་ནི་སངས་རྒྱས་སུ་སེམས་བསྐྱེད་དོ། །ཞེས་གསུངས། དེ་དག་གི་སྤྱངས་རྟོགས་ཀྱང་རིམ་བཞིན། མངོན་རྟོགས་རྒྱན་ལས། འཕགས་པའི་བདེན་པ་བཞི་དག་གི །རྣམ་པ་ཉན་ཐོས་ལམ་འདི། ཞེས་པ་དང་། རང་རྒྱལ་ནི། གཟུང་དོན་རྟོག་པ་སྤོང་ཕྱིར་དང་། །འཛིན་པ་མི་སྤོང་ཕྱིར་དང་ནི། །ཞེས་པ་དང་། ཞར་ལ་འབྱུང་བའི་དུས་ཀྱང་། དབུ་མའི་བསྟན་བཅོས་རྩ་བ་ཤེས་རབ་ལས། རྫོགས་སངས་རྒྱས་རྣམས་མ་བྱུང་ཞིང་། །ཉན་ཐོས་རྣམས་ཀྱང་ཟད་པ་ན། །རང་སངས་རྒྱས་ཀྱི་ཡེ་ཤེས་ནི། །བསྟེན་པ་མེད་ལས་རབ་ཏུ་སྐྱེ། །ཞེས་པ་དང་། བྱང་སེམས་ཆེན་པོས། འཛིན་པ་མི་སྤོང་བའི་ལོག་ཕྱོགས་སྤོང་བའི་ཚུལ་ཡང་། གཟུགས་རྟག་མ་ཡིན་མི་རྟག་མིན། །ཞེས་སོགས། ཡུམ་གྱི་མདོ་དང་བཅས་པས་བསྟན། དེ་ཡང་ལང་ཀར་གཤེགས་པའི་མདོ་ལས། ཉོན་མོངས་པའི་སྒྲིབ་པ་ནི། གང་ཟག་གི་བདག་མེད་པ་རྟོགས་པས་རྣམ་པར་དག་པར་འགྱུར་རོ། །ཤེས་བྱའི་སྒྲིབ་པ་ནི། ཆོས་ཀྱི་བདག་མེད་པ་རྟོགས་པས་རྣམ་པར་དག་པར་འགྱུར་རོ། །ཞེས་གསུངས། དེ་ལ་གཟུང་རྟོག་ཤེས་སྒྲིབ་ནི། གཟུང་བ་ཆོས་ཀྱི་བདག་མེད་རྟོགས་པས་རྣམ་པར་དག་ལ། འཛིན་རྟོག་ཤེས་སྒྲིབ་ནི་འཛིན་པ་ཆོས་ཀྱི་བདག་མེད་རྟོགས་པས་རྣམ་པར་དག་ཅེས་བྱའོ། །ཉན་ཐོས་སུ་སེམས་བསྐྱེད་པའི་ཚུལ་ཡང་། འདུས་བ་ལུང་ལས། སྔོན་པ་འདི་རྒྱལ་པོ་འོད་ལྡན་དབང་པོར་གྱུར་པ་ན། གླང་པོ་ཆེའི་རྗེ་བོ་ལས། སངས་རྒྱས་ཀྱི་ཡོན་ཏན་ཐོས་ནས། སྨིན་པ་བཏང་སྟེ། དགེ་བ་རྒྱ་ཆེན་གྱུར་པ་འདི་ཡིས་ནི། །འགྲོ་བར་རང་བྱུང་སངས་རྒྱས་གྱུར་ནས་ཀྱང་། །སྔོན་གྱི་རྒྱལ་བ་རྣམས་ཀྱིས་མ་བསྒྲལ་བའི། །སྐྱེ་བོའི་ཚོགས་རྣམས་བདག་གིས་བསྒྲལ་བར་བྱ། །ཞེས་པ་དང་། རང་སངས་རྒྱས་སུ་སེམས་བསྐྱེད་པའི་ཚུལ་ཡང་། སྔོན་གྱི་སྨོན་ལམ་གྱི་དབང་གིས་ཡིན་ཏེ། འདི་ལྟར་རང་ཉིད་གཅིག་པུ་སངས་རྒྱས་མི་བཞུགས་ཤིང་། ཉན་ཐོས་མེད་པའི་འདོད་ཁམས་སུ། སྲིད་པ་ཐ་མ་པའི་ཚེ་སློབ་དཔོན་

གཞན་ལ་མ་བསྟེན་པར། མ་རིག་པའི་གཉེན་པོར། རྟེན་འབྲེལ་རིག་པ་ཡེ་ཤེས་ཀྱི་སྟོབས་ཀྱིས་རང་བྱང་ཆུབ་མངོན་དུ་བྱེད་པར་གྱུར་ཅིག །ཅེས་པ་དང་། སངས་རྒྱས་སུ་སེམས་བསྐྱེད་པའི་ཚུལ་ཡང་། སྟོན་པ་འཁོར་བཅས་ལ། རྒྱལ་པོ་གསལ་རྒྱལ་གྱིས་ཟླ་བ་གསུམ་དུ་གདུགས་ཚོད་གསོལ་ཞིང་། དགེ་སློང་རེ་ལ་གོས་འབུམ་རི་བ་རེ་ཕུལ་ལོ། །མར་མེ་བྱེ་བ་ཕུལ་བ་ན། དབུལ་མོ་གྲོང་ཁྱི་ལྷག་མ་ཞེས་པས་ཀྱང་། སློང་མོ་བྱས་པ་ལས་བྱུང་བའི་མར་མེ་ཚུང་ཟད་ཕུལ་ཏེ། ད་ལྟར་གྱི་སྟོན་པ་འདི་མཆོག་ཟུང་གཅིག་ལས་སོགས་པའི་འཁོར་དང་བཅས་པ་བཞིན་དུ་བདག་ཀྱང་གྱུར་ཅིག་ཅེས་སྨོན་ལམ་བཏབ་པས། སྟོན་པས་སངས་རྒྱས་སུ་ལུང་བསྟན་པ་ལྟ་བུའོ། །ཞེས་པ་འབྱུང་། དེ་ལྟ་ན་ཡང་། འཆད་ཁ་བ་ནམ་མཁའ་འབུམ་གྱི་དྲིས་ལན་ལས། མདོ་ལ་ལའི་དགོངས་པ་རྟགས་ཙམ་འཛིན་པ་ཡིན་པར་ཡང་མངོན། ཞེས་གསུངས་པ་དགོངས་པ་ཅན་ཡིན་པ་ལྟར། ཉན་ཐོས་ཀྱི་བསྟན་པ་ཡང་མར་འགྲིབ་ཏུ་སོང་བ་ཚུང་ཟད་ཚུང་ཟད་ཉམས་པའི་ཚུལ་གྱིས་སྐྱིན་མེད་ནུབ་པས་ན། ཉན་ཐོས་ཀྱི་བསྟན་པ་དེ་ཡི་སེམས་བསྐྱེད་ལ། སྦྱོར་དངོས་རྗེས་གསུམ་གྱི་ཆོ་ག་སྤྱོད་པའི་ལག་ལེན་བོད་འདིར་ཉུང་བ་ཡིན་ནོ། །དེ་ཡང་། ཀུན་དགའ་བོས། སྟོན་པ་ལ་བུད་མེད་རབ་ཏུ་འབྱུང་བར་ཞུས་ནས། སྐྱེ་རྒུའི་བདག་མོ་རབ་ཏུ་བྱུང་བས། ལོ་ཉིས་སྟོང་འགྲིབས་པར་གསུངས། སྟོན་པ་འདས་ནས་ལོ་བརྒྱ་དང་བཅུ་ལོན་པ་ན། འདིར་ཡང་། ཡངས་པ་ཅན་གྱི་དགེ་སློང་གིས། །སངས་རྒྱས་བསྟན་དང་འགལ་བ་ཡི། །མི་རུང་བ་ཡི་གཞི་བཅུ་བྱས། །དེ་ལ་འཕགས་པ་བདུན་བརྒྱ་ཡིས། །ཆོས་ལོག་ལེགས་པར་སུན་དབྱུང་ཕྱིར། །བསྡུ་བ་གཉིས་པ་མཛད་ཅེས་གྲག །ཅེས་པ་དང་། སྟོན་པ་འདས་ནས་ལོ་སུམ་བརྒྱ་ལོན་པ་ན། བསྡུ་བ་གསུམ་པ་བྱུང་སྟེ། འོན་ཀྱང་དེ་ཡི་ལེ་ལན་གྱིས། །སྡེ་པ་བཅོ་བརྒྱད་རྣམས་ལ་ཡང་། །ཚུང་ཟད་བསླད་པ་ཡོད་ཅེས་ཟེར། །མཁས་པའི་གཙུག་རྒྱན་དབྱིག་གཉེན་གྱིས། །ཡང་དག་བསྡུས་པའི་གཞི་ཉམས་ཕྱིར། །མཐའ་དག་མིན་པར་རྟོགས་པ་ཡིན། །ཞེས་གསུངས་པ་ཡང་དེ་ལ་དགོངས། དེ་ནི་ཉན་ཐོས་རྣམས་ཀྱི་ཡིན། །ཞེས་གསུངས། སྟོན་པ་འདས་ནས་ལོ་དགུ་བརྒྱ་ལོན་པ་ན་སློབ་དཔོན་དབྱིག་གཉེན་བྱོན་ལ། དེའི་དུས་སུ་ཡང་བསྟན་པ་ཉམས་པར་བཤད་དེ། མངོན་པ་མཛོད་ལས། དེ་ལྟར་ཐུབ་པ་དག་གི་བསྟན་པ་ནི། །གྲོག་མར་སྲོག་ཕྱིན་འདྲ་དང་དྲི་མ་རྣམས། །སྟོབས་དང་ལྡན་པའི་དུས་སུ་རིག་ནས་ནི། །ཐར་པ་འདོད་པ་རྣམས་ཀྱིས་བག་ཡོད་བྱིས། །ཞེས་བཤད། དེས་ན། ཉན་ཐོས་བསྟན་པ་ནུབ་པས་ན། །ཞེས་པ་ཡང་སྒྲ་ཇི་བཞིན་པར་མི་གཟུང་སྟེ། རྗེ་ཉིད་ཀྱིས་སྤྱན་རས་གཟིགས་ལ་བསྟོད་པ་ལས། བདེ་བར་གཤེགས་པའི་བསྟན་པ་ཡང་། །མར་མེ་སྣུམ་ཟད་ཇི་བཞིན་དུ། །རིང་པོར་མི་ཐོགས་ནུབ་པར་འགྱུར། །ཞེས་གསུངས། བོད་འདིར་ཡང་། བསྟན་པ་སྔ་དར་དང་། ཕྱི་དར་ཞེས་བྱ་བ་ཡང་། ཉན་ཐོས་ཀྱི་བསྟན་པའི་དབང་

དུ་བྱས་པ་ཡིན་གྱི། དམ་པའི་ཆོས་དར་མ་དར་ལ་མི་འཛོག་སྟེ། ཐེག་པ་ཆེན་པོའི་ཆོས་ནི་ད་བར་ཡོད་ལ། འདུལ་བ་དང་མངོན་པའི་བཤད་ཉན་ཡང་། སློབ་དཔོན་བརྒྱུད་པའི་རིམ་པ་ད་བར་སྣང་བའི་ཕྱིར་རོ། །ལྷ་མོ་དཔལ་ཕྲེང་གི་མདོ་ལས་ཀྱང་། བཅོམ་ལྡན་འདས། ཐེག་པ་ཆེན་པོ་ནུབ་པ་ཉིད་ནི་དམ་པའི་ཆོས་ནུབ་པ་ལགས་སོ། །ཞེས་གསུངས། དེས་ཐེག་པ་ཆེན་པོའི་བསྟན་པ་ནི། དམ་པའི་ཆོས་ཇི་སྲིད་ཡོད་པ་དེ་སྲིད་དུ་ཡོད་ཅེས་བྱའོ། །དེ་ལ་ཁ་ཅིག ཛོ་བོ་ཨ་ཏི་ཤ་དང་། ལོ་ཆེན་རིན་ཆེན་བཟང་པོའི་དུས་སུ་བསྟན་པ་སྔ་དར། རྔོག་ལོ་ཆེན་པོའི་དུས་སུ་བསྟན་པ་ཕྱི་དར་ཟེར་རོ། ཁ་ཅིག་དེ་མི་འཐད་དེ། དེ་ལ་ནི་བར་དུ་བསྟན་པ་མེད་པས་བར་ཆོད་པ་མེད་པས་སོ། །

སྔ་དར་དང་ཕྱི་དར་འབྱེད་པ་ནི། རྒྱལ་པོ་དར་མས་བསྟན་པ་བསྣུབས་པས་དབུས་གཙང་དུ་བསྟན་པ་ཡེ་མེད་པ་ལོ་འགའ་བྱུང་བས། དེ་ཡིས་བཞག་གོ་ཟེར། བསྟན་པ་མེད་པ་ལོ་དུ་བྱུང་བྱས་པས། དབུས་གཙང་དུ། བསྟན་པ་མེད་པ་ལོ་བདུན་ཅུ་བྱུང་ནས། དབུས་གཙང་གི་མི་བཅུས་བསྟན་པ་བཙུགས་པ་ཡིན་ཏེ་མི་བཅུ་དབུས་སུ་བྱོན་ཙ་ན། རྒན་མོ་ཞིག་ན་རེ། ང་ལོ་དྲུག་ལོན་པ་ན་བཙུན་པ་མཐོང་ཟེར། ད་ཇི་ཙམ་ལོན་དྲིས་པས་བདུན་ཅུ་དོན་དྲུག་ལོན་ཟེར་བས་སོ། །ཞེས་ཟེར་བ་ལ། ཁ་ཅིག་ལོ་བརྒྱ་ཅུ་རྩ་བརྒྱད་སོང་ཟེར་རོ། །དེ་ནི་ལུངས་ཐུབ་མ་ཡིན་ཏེ། སྤྱིར་བསྟན་རྩིས་སྐབས་སུ་རྒན་མོ་ཤེས་བྱེད་རྣམ་དག་མ་ཡིན་ཞིང་། ལོ་གྲངས་ཡང་མི་མཐུན་པའི་ཕྱིར་རོ། །དེས་ན་བསྟན་པ་སྔ་དར་དང་། བར་དར་དང་། ཕྱི་དར་གསུམ་བྱུང་ཡང་། བསྟན་པ་མེད་པས་བར་དུ་ཆོད་མི་དགོས་ཏེ། དཔེར་ན། སྟོན་པའི་འཁོར་འདུས་པ་དང་པོ་དང་། བར་པ་དང་། ཐ་མ་གསུམ་བྱུང་ཡང་། འཁོར་མེད་པས་བར་དུ་ཆོད་མི་དགོས་པ་བཞིན་ནོ། །དེ་ཡང་། ཡོད་སྒྲའི་སྟེ་ལ་རབ་ཏུ་བྱུང་བ་མཁན་པོ་བོ་དྷི་ས་ཏྭའི་དུས་སུ། བསྟན་པ་སྔ་དར་ཞེས་བྱ་སྟེ། འཁོན་ཀླུའི་དབང་པོ་བསྲུང་བ་ལ་སོགས་པ། བསྟན་པའི་རྩ་བ་འདུལ་བ་ལ་རབ་བྱུང་བསྙེན་རྫོགས་ཀྱི་སྲོལ་བཏོད། བར་དར་ནི། འདུལ་བའི་ལས་བརྒྱ་རྩ་གཅིག་དང་། འཁོར་རྣམ་བཞི་ཡོད་ན། བསྟན་པ་གནས་ཞེས་སྤྱིར་བཤད་ཀྱང་། དབུས་གཙང་འདིར་ནི་བར་སྐབས་དེར་བཙུན་པ་ཡེ་མེད་པ་མ་ཡིན་ཡང་། འདུལ་བའི་ཕྱག་ལེན་ཆེར་མ་བྱུང་བས་གླང་དར་མའི་སྲས་འོད་སྲུང་། དེའི་སྲས་ཇེ་དཔལ་འཁོར་བཙན། དེའི་སྐུ་ཚེའི་སྨད་ནི། མདོ་ཁམས་སྨད་ནས་བསྟན་པ་བླངས་པར་ཇེ་བཙུན་རྩེ་མོ་བཞེད་པས། དེ་ཡང་གཡོ་དགེ་འབྱུང་དང་། གཙང་རབ་གསལ་དང་། དམར་ཤཱཀྱ་མུ་ནེ་མདོ་སྨད་ཅོང་ཁའི་རི་བོ་དན་ཏིག་ན་བཞུགས་པ་ལ་བོན་པོའི་བུ་མོས་པ་སྐྱོད་པའི་ས་ལ་གནས་པ་ཞིག་དད་ཏེ་རབ་ཏུ་བྱུང་ནས་དགེ་བ་རབ་གསལ་དང་བླ་གྲོས་ཆེ་བས་དགོངས་པ་རབ་གསལ་དུ་གྲགས་སོ། །རྒྱའི་ཧྭ་ཤང་གཉིས་ཀྱིས་ལས་ཀྱི་ཁ་

སྐྱིང་བྱས་ནས་རབ་ཏུ་བྱུང་སྟེ། དགེ་སློང་བྱས་ནས་ལོ་ལྔ་ལོན་པའི་ཚེ། དབུས་ཀྱི་གླུ་མེས་ཚུལ་ཁྲིམས་ཤེས་རབ་དང་། འབྲིང་ཡེ་ཤེས་ཡོན་ཏན་དང་། རྐྱི་ཚུལ་ཁྲིམས་འབྱུང་གནས་དང་། ཐ་ཚུལ་ཁྲིམས་བློ་གྲོས། སུམ་པ་ཡེ་ཤེས་བློ་གྲོས་དང་དབུས་པ་ལྔ། ལོ་སྟོན་རྡོ་རྗེ་དབང་ཕྱུག་དང་། ཚོང་གེ་ཤེས་རབ་སེང་གེ་དང་། ཨུ་པ་དེ་ཀར་དང་། འོ་བརྒྱད་སྤྱན་གཉིས་ཏེ། གཙང་པ་ལྔ་དང་མི་བཅུས་བླ་ཆེན་དགོངས་པ་རབ་གསལ་གྱི་དྲུང་དུ་རབ་བྱུང་བསྙེན་རྫོགས་མཛད། བླ་ཆེན་གྱི་སྡོམ་ཕྱུག །གྲུམ་ཡེ་ཤེས་རྒྱལ་མཚན་ལ་གླུ་མེས་ཀྱིས་འདུལ་བ་བསླབས། བསྟན་པའི་རྩ་བ་འདུལ་བ་དར་བར་མཛད་དོ། །ཚུལ་འདི་ནི། སྔོན་གྱི་ཡིག་ཚང་དག་ལས། མཁན་པོ་བོ་དྷི་ས་ཏྭ། ལས་སློབ་ཞྭ་ན་ཤྲཱི་ལ། གསང་སྟོན་ཛཱི་ན་མི་ཏྲས་བྱས་ནས། ཐ་རཏྣ། དེས་གཡོ་དགེ་འབྱུང་། དེས་བླ་དགོངས་པ་རབ་གསལ། དེས་གྲུམ་ཡེ་ཤེས་རྒྱལ་མཚན། དེས་གླུ་མེས་ཞེས་སོགས་འབྱུང་བའི་སྡོམ་བརྒྱུད་དང་མཐུན་ནོ། །འ་ཞ་ཡེ་ཤེས་གཡུང་དྲུང་གིས་གླུ་མེས་ཀྱི་སྡོམ་ཕྱུག་ཀྲི་བོ་མཆོག་བླ་ལ། སྡོམ་པ་ལེན་དུ་ཕྱིན་པས། ཆབ་གཏོར་བཏང་ལ་བྱའོ་ཞེས་གསུངས་ཏེ། ཚོ་ག་མ་ཚར་བར་སྐུ་གཤེགས་ནས་སྡོམ་པ་ཐོབ་པའི་ལུགས་སུ་བྱས་ཏེ། སྡོམ་བརྒྱུད་ཆབ་གཏོར་མ་དང་། འབྲི་བཙུན་གཞོན་ཚུལ་གྱིས། བླ་ཆེན་གྱི་སྡོམ་ཕྱུག་ཡ་བི་བོན་སྟོན་ལ་སྡོམ་པ་ལེན་དུ་ཕྱིན་པས། བགྲེས་དྲགས་ནས་དེ་ལྟར་བས་གདའོ་ཞེས་པས་སྡོམ་པ་ཐོབ་བར་མ་ནུས། དེར་བར་མའི་སྡོམ་བརྒྱུད་བྱུང་ངོ་ཞེས་ཟེར། གླུ་མེས་དང་དུས་མཉམ་དུ་གྲ་ཕྱི་བ་གླུངས་ལོ་ཙྪ་བ་ལེགས་པའི་ཤེས་རབ་ཀྱིས། བལ་པོའི་འདུལ་འཛིན་ཤཱཀྱ་སེ་ར་ལ་འདུལ་བ་ཞུས་ཏེ། མཁས་བཙུན་དམ་པར་གྱུར་ནས། སྐྱོགས་གད་པ་སྟེངས་པ་ལ་སོགས་པ་འདུལ་བའི་བརྒྱུད་འཛིན་མང་དུ་བྱུང་ལ། ཞང་ཞུང་བ་ཤེས་རབ་ནས་བརྒྱུད་པའི་སྟོད་བདུལ་བར་གྲགས་པ་རྣམས་ཀྱང་བྱུང་ངོ་། །དེ་ལ་ཁ་ཅིག །དབུས་ཀྱི་སུམ་པ་དང་། གཙང་གི་འོ་བརྒྱད་སྤྱན་གཉིས་པས་མཆེད་པ་མེད་པས་མི་དྲུག་ཏུ་གྲགས་ཟེར་རོ། །དེ་མི་འཐད་དེ། དབུས་གཙང་མི་བཅུས་བསྟན་པའི་མེ་རོ་མདོ་ཁམས་སྨད་ནས་བླངས་སོ་ཞེས་བྱ་བ་མཁས་པ་ལ་གྲགས་པའི་ཕྱིར་དང་། དབུས་ཀྱི་སུམ་པ་དང་གཙང་གི་འོ་བརྒྱད་སྤྱན་གཉིས་ལས་སྡོམ་བརྒྱུད་མཆེད་པ་མེད་ཀྱང་། འདི་གསུམ་གྱིས་སྡོམ་པ་བླངས་པ་ལ་འགལ་བ་མེད་པའི་ཕྱིར་དང་། འ་ཞ་དང་འབྲི་གཞོན་ཚུལ་ལས་གཞན་པའི་བླ་ཆེན་ལས་སྡོམ་པ་བླངས་པ་གཞན་བཅུ་གོང་དུ་དམིགས་བསལ་བྱས་པའི་ཕྱིར་དང་། འདི་གཉིས་ཀྱིས་བླ་ཆེན་ལས་སྡོམ་པ་མ་བླངས་པར་ཁྲིད་རང་གིས་ཀྱང་ཁས་བླངས་པའི་ཕྱིར་དང་། སྡོམ་པ་ཆབ་གཏོར་མ་དང་། དེར་བར་མའི་གཏམ་བརྒྱུད་འདི་ལ་ཡང་ཐེ་ཚོམ་ཟ་བའི་ཕྱིར་རོ། །ཇོ་བོ་རྗེས། བཀའ་གདམས་གཞུང་གདམས་དག་གི་བཤད་སྲོལ་བཙུགས་ཀྱང་། ཐལ་ཆེན་སྟེ་པ་ཡིན་པས། རབ་བྱུང་བསྙེན་རྫོགས་ཀྱི་སྲོལ་མ་བཏོད་པས། འདུལ་བའི་བསྟན་པ་བར་

དར་ཞེས་མི་བྱ་ལ། ཇོག་པོ་རྩ་བ་ཆེན་པོས་ཀྱང་། བཀའ་བསྟན་བཅོས་ཀྱི་བཤད་སྲོལ་བཙུགས་ཀྱང་། གཞི་གསུམ་གྱི་ཕྱག་ལེན་གྱི་སྲོལ་མ་བཏོད་པས། འདུལ་བའི་བསྟན་པ་ཕྱི་དར་ཞེས་ཀྱང་མི་བྱའོ། །དེས་ན་ཁ་ཆེ་པཎ་ཆེན་བོད་དུ་བྱོན་པའི་དུས་སུ། བསྟན་པ་ཕྱི་དར་ཞེས་བྱ་སྟེ། རབ་བྱུང་བསྙེན་རྫོགས་ལ་སོགས་པ་གཞི་གསུམ་གྱི་ཕྱག་ལེན་གྱི་སྲོལ་བཏོད། འཆག་མེད་དགེ་འདུན་ཚོགས་པ་སྡེ་དང་བཅས་པ་ད་ལྟའི་བར་སྣང་ངོ་། །འདིའི་སྡོམ་བརྒྱུད་ཀྱང་། བཅོམ་ལྡན་ཐུབ་པ་ཉིད་དང་ཤཱ་རིའི་བུ། །སྒྲ་གཅན་འཛིན་ནས་རབ་ཏུ་བཟང་པོ་གཉིས། །ཀླུ་སྒྲུབ་སྙིང་པོ་གུ་ན་མི་ཏྲ་དང་། །རཏྣ་མི་ཏྲ་ཛམ་པུ་ལ་དང་། །གུ་ན་པ་ཏི་ཆོས་ཀྱི་ཕྲེང་བ་དང་། །འབྱུང་གནས་སྦས་པ་ཆོས་རྗེ་པཎ་ཆེན་དང་། །ཞེས་སོགས་འབྱུང་། མཁན་པོ་བོ་ཧི་ས་ཏྭའི་མཁན་བརྒྱུད་ནི། ཀླུ་སྒྲུབ་ཡན་ཆད་འདྲ་ལ། དེ་ནས་ལེགས་ལྡན་བྱེད། དཔལ་སྦས། ཡེ་ཤེས་སྙིང་པོ་ནས་བརྒྱུད་དོ། །

གཉིས་པ་ལ་བསྟན་བཤད་གཉིས་ལས། དང་པོ་ནི། ཐེག་པ་ཆེན་པོའི་སེམས་བསྐྱེད་པ་ལ། དབུ་མ་དང་། སེམས་ཙམ་པའི་ལུགས་རྣམ་པ་གཉིས་པོ་ཆོ་ག་ཡང་ནི་ཐ་དད་ཡིན་ལ། ལྟུང་བ་དང་ཉམས་ན་ཕྱིར་བཅོས་པ་དང་མི་ཉམས་པར་བསྲུང་བར་བྱ་བའང་སོ་སོར་ཡོད་དེ། དབུ་མ་པ་དང་སེམས་ཙམ་པ་དེ་གཉིས་ལྟ་བ་ཐ་དད་པའི་རྒྱུ་མཚན་གྱིས་ཆོ་ག་ཐ་དད་མཛད། ཁ་ཅིག་རྒྱུ་མཚན་གཞགས་ལ་ཁྲབ་པ་འགྲོ་ཟེར་བ་དེས་པ་མེད་དོ། །གཉིས་པ་ལ། སེམས་ཙམ་པའི་སེམས་བསྐྱེད་ཀྱི་སྡོམ་པ་སྐྱེ་བའི་རྟེན་ངེས་པ་ཅན་དུ་བསྟན། དབུ་མ་པའི་སེམས་བསྐྱེད་ཀུན་ལ་སྐྱེ་བ་དེ་བསྟན། དེ་དག་དཔེའི་སྒོ་ནས་སྒྲུབ་པ། དེ་དག་ལ་ཀླན་ཀ་སྤང་བ་དང་བཞི་ལས། དང་པོ་ནི། སེམས་ཙམ་པ་ཡི་ལུགས་ཀྱི་སེམས་བསྐྱེད་ཀྱི་ཆོ་ག་འདི་བོད་ན་བྱེད་པ་མང་མོད་ཀྱི། སེམས་བསྐྱེད་དང་སྡོམ་པ་དེ་ནི་སུ་ཡང་རུང་བ་ཡི་གང་ཟག་རྣམས་ལ་བྱར་མི་རུང་སྟེ། དེ་ལྟར་དུ་བྱང་ཆུབ་སེམས་དཔའི་ས་སོགས་ལས་བཤད་པའི་ཕྱིར། དགེ་བཤེས་ཕྱག་སོར་བ་ལ་སོགས་པ་ལ་ལ་སྐྱེ་བོ་འགའ་ཞིག་རྨི་ལམ་དུ་སེམས་ཅན་ཀུན་ལ་སེམས་བསྐྱེད་བྱས་ན་སྐྱེ་ཞེས་པའི་ལུང་བསྟན་གྱི་ནི་རྗེས་སུ་འབྲངས་ནས། སེམས་ཅན་ཀུན་ལ་སེམས་བསྐྱེད་བྱེད་མོད་ཀྱི། རྨི་ལམ་དེ་བདུད་ཀྱི་ཆོ་འཕྲུལ་མིན་ན་རུང་མོད། འོན་ཀྱང་སེམས་ཅན་ཀུན་ལ་སེམས་ཙམ་པའི་སེམས་བསྐྱེད་ཀྱི་སྡོམ་པ་བྱེད་པའི་ལུགས་དེ་སངས་རྒྱས་ཀྱི་བསྟན་པ་མིན་པར་ཐལ། དེ་འདྲའི་ལུགས་དེ་འཕགས་པ་ཐོགས་མེད་ཀྱིས་སའི་དངོས་གཞིར་ས་བཅུ་བདུན་བཤད་པའི་བྱང་ཆུབ་སེམས་དཔའི་ས་ཚུལ་ཁྲིམས་ལེའུའི་སྐབས་དང་ནི། དཔལ་མར་མེ་མཛད་ཀྱིས་ལམ་སྒྲོན་དུ་བཀག་པའི་ཕྱིར་དང་། དེར་མ་ཟད། དེ་གཉིས་ཀྱིས་མཛད་པའི་སེམས་ཙམ་པའི་སེམས་བསྐྱེད་ཀྱི་ཆོ་ག་ལས་ཀྱང་། སེམས་ཅན་ཀུན་ལ་སེམས་ཙམ་པའི་འཇུག་པ་སེམས་བསྐྱེད་བྱེད་པ་བསལ་བའི་ཕྱིར། འདིར་ག་གསལ་སྦྱོར་བ་དག་གིས་ནི་

ཀྱང་སྦྲ་མ་ཐོན་ཅིང་། ཡི་གེ་པའི་སྐྱོན་ཡིན་པའང་སྲིད། དེ་ཡང་བྱང་ས་ལས། རིགས་ཀྱི་བུ་ཁྱོད་བྱང་ཆུབ་སེམས་དཔའ་ཡིན་ནམ། བྱང་ཆུབ་ཏུ་སྨོན་ལམ་བཏབ་པ་ཞེས་སོགས་དང་། སོ་ཐར་སྡོམ་པ་མེད་པའི་མི་སྐྱེ་དང་། ཡོད་ཀྱང་བྱང་ཆུབ་སེམས་དཔའི་སྡེ་སྣོད་མི་ཤེས་པ་དང་། ཤེས་ཀྱང་བསླབ་པ་ཉམས་འོག་ཏུ་མ་ཆུད་པ་སོགས་ལ་བཀག་པའི་ཕྱིར་དང་། ལམ་སྒྲོན་དུའང་། སོ་སོར་ཐར་པ་རིགས་བདུན་གྱི། །རྟག་ཏུ་སྡོམ་གཞན་ལྡན་པ་ལ། །བྱང་ཆུབ་སེམས་དཔའི་སྡོམ་པ་ཡི། །སྐལ་པ་ཡོད་ཀྱི་གཞན་དུ་མིན། །ཞེས་པ་དང་། རང་འགྲེལ་དུ་གྲགས་པ་ལས། དགེ་ཚུལ་ཁྲིམས་ཀྱི་སྡོམ་པའི་རྟེན་ཁྱད་པར་ཅན་བསྟན་པར་འདོད་ནས། ཞེས་བཤད། དེས་ན་སེམས་བསྐྱེད་དང་སེམས་བསྐྱེད་ཀྱི་སྡོམ་པའི་རྟེན་ལ་ཁྱད་པར་ཡོད་པར་ཤེས་སོ། །གནས་བརྟན་བྱང་ཆུབ་བཟང་པོས། སྡོམ་པ་ཉི་ཤུ་པའི་འགྲེལ་པར་ཡང་། སོ་སོར་ཐར་པའི་སྡོམ་པ་ནི་བྱང་ཆུབ་སེམས་དཔའི་སྡོམ་པའི་ཡན་ལག་ཏུ་གྱུར་པ་ཡིན་པས་ཕྱོགས་གཅིག་ཏུ་ཤེས་པར་བྱའོ། །དེའི་ཕྱིར་སོ་སོར་ཐར་པའི་སྡོམ་པ་གཞན་དང་ལྡན་པ་འདིས་བྱང་ཆུབ་སེམས་དཔའི་སྡོམ་པ་ཡང་དག་པར་ལེན་པའི་སྣོད་དུ་འགྱུར་བ་ལ་བསླབ་པའི་ཚིག་འདི་ཡང་སྦྱིན་པར་བྱའོ། །ཞེས་པའི་དོན་ཏོ། །ཞེས་བཤད། འདིས་ནི། ཁ་ཅིག །ཉི་བ་འཁོར་གྱིས་སྟོན་པ་ལ༑ བྱང་སེམས་སོ་ཐར་ཞུས་པ་ཡིན་ལ། བྱང་སེམས་སྡོམ་པ་མ་ཞུས་ཟེར་བ་ཡང་། ལུང་འདིས་ཤུགས་ལ་བཀག་པ་ཡིན་ནོ། །དེ་གཉིས་ལྟ་བ་ཐ་དད་པས། །ཚོགས་ཡང་ནི་ཐ་དད་ཡིན། །ཞེས་གསུངས་པ་ཡང་། སྤྱིར་དབུ་མ་ལྟ་བ་མཐོ་བས་སྤྱོད་པ་ཡངས་པ། དེས་ན་ཚོག་ལ་བར་ཆད་འདྲི་བ་སོགས་མི་མཛད། སེམས་ཙམ་པ་ལྟ་བ་དམའ་བས་སྤྱོད་པ་ཡང་དོག་ལ། དེས་ན་ཚོག་ལ་ཡང་ཉན་ཐོས་བཞིན་བར་ཆད་འདྲི་བ་སོགས་བྱེད་དོ། །སེམས་བསྐྱེད་སེམས་ཙམ་ལུགས་ལ་ཡང་ཚོག་ཐ་དད་ཡོད་དེ། དེ་ཡང་། འཕགས་པ་ཐོགས་མེད་དང་། སློབ་དཔོན་ཙནྡྲ་གོ་མི་དང་། མཁན་པོ་ཞི་བ་འཚོ་དང་། སློབ་དཔོན་བྱང་ཆུབ་བཟང་པོ་ལ་སོགས་པས་སློན་པའི་ཚོག་མ་བཤད། བྱང་སར་འཇུག་པའི་བར་ཆད་འདྲི་བ་ན། མིང་འདི་ཞེས་བྱ་བ་ཁྱོད་བྱང་ཆུབ་སེམས་དཔའ་ཡིན་ནམ། བྱང་ཆུབ་ཏུ་སྨོན་ལམ་བཏབ་བམ། ཞེས་འབྱུང་ཞིང་། ཙནྡྲ་གོ་མི་སོགས་ཀྱང་དེའི་རྗེས་སུ་འབྲང་བའི་ཕྱིར་རོ། །ཇོ་བོས་མཛད་པའི་སེམས་བསྐྱེད་དང་། སྡོམ་པའི་ཚོག་ལས། སྨོན་པ་ལའང་ཚོག་བཤད་ནས། དེའི་འོག་ཏུ་བར་ཆད་འདྲི་བ་ལ་སོགས་པ་བྱས་ནས། འཇུག་པ་སེམས་བསྐྱེད་ལེན་ཏེ། འདི་ར་སྡིག་པ་བཤགས་པ་སོགས་བཤད་པ་དབུ་མའི་ལག་ལེན་འདྲེས་པར་མཛད་དེ། གླུ་བོ་ལོ་ཙཱ་བའི་དྲིས་ལན་ལས། བྱང་ཆུབ་སེམས་དཔའི་སྡོམ་པ་ལ་སེམས་ཙམ་དབུ་མ་གཉིས་ཀྱི་དབྱེ་བ་མི་ཤེས་པར། སེམས་ཙམ་པའི་ཚོག་ལ་དབུ་མའི་སྡིག་བཤགས་ལ་སོགས་པ་བསྟན་ནས། ཚོག་ཐམས་ཅད་དཀྲུགས་ནས་བྱེད། ཅེས་གསུངས་པས་སོ། །འོན་ཁྱེད་

རང་གི་མཁན་པོ་བསོད་སྙོམས་པ་ཆེན་པོ་ཤཱཀྱ་ཤྲཱི་བྷ་དྲས། སེམས་ཙམ་པའི་ལུགས་ཀྱི་སེམས་བསྐྱེད་ལ། དབུ་མ་པའི་ལུགས་ཀྱི་སྡིག་བཤགས་ལ་སོགས་པ་བསྟན་ནས་བྱེད་པ་ཅི་ཡིན་ཞེ་ན། ཆག་ལོ་ཙཱ་བ་ཆོས་ཀྱི་དཔལ་གྱི་ཞུས་ལན་དུ། འདི་ལྟར་གསུངས་ཏེ། བླ་མ་ཨ་བྷ་ཡའི་ཚིགས། དེད་ཀྱི་མཁན་པོ་ཆོས་རྗེ་བ་སྐྱེ་བོ་ཀུན་ལ་སེམས་བསྐྱེད་མཛད་པ་དེ་བྱུང་ས་དང་ཇི་ལྟར་མཐུན་གསུངས་པ་ལ། དེད་ཀྱི་མཁན་པོ་བསོད་སྙོམས་པ་ཆེན་པོ་ལ༑ འགའ་ཞིག་གིས་སེམས་བསྐྱེད་ཞུ་ཡིན་གདའ་བས། ཛོ་ཏ་རིའི་ལུགས་ཀྱི་དབུ་མའི་དཔེ་རྒྱ་གར་དུ་ལུས་ནས་མེད་གསུང་། དེར་སྡོམ་པ་ཉི་ཤུ་པའི་ལུགས་ཞུ་བྱས་པས། བསྙེན་གནས་མི་ཐུབ་པ་ལ་སེམས་བསྐྱེད་གར་ཡོང་གསུང་ནས་མ་གནང་། དགེ་སློང་གི་མཁན་པོ་ཞུ་བ་ཀུན་ལའང་ངའི་དྲུང་དུ་ལོ་བཅུ་སྡོད་ན་བྱ་གསུང་ནས་མ་གནང་། དབང་ཞུ་བ་ལ་ཡང་རྩ་བའི་ལྟུང་བ་བསྲུང་དགོས། རིམ་གཉིས་བསྒོམ་དགོས། རྒྱུད་སྡེ་ཕྱོགས་རེ་སློབ་ནུས་ན་བྱ། དེ་ཁྱོད་ཀྱིས་མི་ནུས་གསུང་ནས་མི་གནང་བར་གདའ། ཕྱིས་དད་པ་ཅན་ཆོས་མཆི་མ་ཕྱུང་། ཡང་ཡང་ཞུས་པས། བོད་དཔེ་ཁྲིར་ལ་ཤོག་གསུང་ནས། བོད་ཀྱི་ལས་ཆོག་ལ་རྒྱ་ཡིག་གི་མཆན་བཏབ། བོད་ཀྱི་སེམས་ཙམ་པའི་ཡི་གེ་ལ་དབུ་མ་པའི་ལུགས་ཀྱི་སྡིག་བཤགས་ལ་སོགས་པ་བསྟན་ནས་མཛད་ཀྱིན་གདའ། ཡུལ་ཆོས་ཀྱི་དགེ་སློང་། ཡུལ་ཆོས་ཀྱི་སེམས་བསྐྱེད། བོད་དུ་ཡོངས་པས་ཆུད་ཟོས་གསུང་ཞིང་། ཞུ་མཁན་ཀུན་ལ་མི་མཉེས་བཞིན་དུ་མཛད་ཀྱིན་གདའ། སེམས་ཙམ་པའི་ཆོ་ག་ལ་སྡིག་བཤགས་ལ་སོགས་པ་དང་། ཡུལ་ཡང་སྐྱེ་བོ་ཀུན་ལ་བྱེད་ན་བྱུང་ས་དང་མི་མཐུན་པས་མ་དག་པར་མཆི། འོན་ཀྱང་མཁན་པོས་གཞན་གྱི་ངོ་བསྲུང་བས། བོད་རྣམས་ཀྱི་ངོར་མཛད་པར་གདའ། རྒྱ་གར་ཡུལ་དུའང་། ཕལ་ཆེན་སྡེ་པ་ལ་སོགས་པ་མི་འདྲ་བ་མང་པོའི་ནང་དུ་ཞུགས་པས། དེ་རྣམས་ཀྱི་ངོར་ལྟུང་བཟེད་ཀྱི་བྱིན་ལེན་དང་། ཕྱི་དྲོ་བུ་རམ་མི་ཟ་བ་ལ་སོགས་པ་ཐམས་ཅད་ཡོད་སྨྲའི་འདུལ་བའི་ལག་ལེན་དང་མི་མཐུན་པ་འགའ་ཞིག་བྱེད་དགོས་སུ་སོང་གསུང་གིན་གདའ། ལ་ལ་སོགས་རྐང་པ་གསུམ་ལ་ཕྱག་སོར་བའི་རྗེས་འབྲང་ཁ་ཅིག །བླུན་པོ་སྡིག་པ་ཅན་ཡིན་ཡང་དེར་འཚོགས་པ་ཐམས་ཅད་ནི་སེམས་བསྐྱེད་ཀྱི་སྡོམ་པའི་རྟེན་དུ་དགོས་པའི་སོ་སོར་ཐར་པའི་སྡོམ་པ་ཅན་བྱང་ཆུབ་སེམས་དཔའི་སྡེ་སྣོད་ལ་མཁས་པ་ཤ་སྟག་ཡིན་ནོ་ལོ། །ཟེར་བ་འདི་འདྲའི་ཚིག་ལའང་བདེན་འཛིན་ཡོད་པ་མི་རིགས་ཏེ། ལུང་རིགས་ལ་དཔྱོད་པའི་སེམས་ཡོད་རྣམས་ཀྱིས་འདི་ལ་དཔྱོད་ཅིག །དཔྱད་ན་དབང་རྣོན་ཆོས་ཀྱི་རྗེས་སུ་འབྲང་བའི་མཁས་པ་རྣམས་ཀྱིས་ལུགས་འདི་སྤོང་བར་རིགས་ཏེ། གལ་ཏེ་འདི་འདྲའི་ཚིག་སྨྲ་བ་བདེན་ན། ཚིག་དེ་ལས་མི་བདེན་པ་གཞན་ཅི་ཡོད་དེ་མེད་པ་དེས་ན། ཐར་པ་ཐོབ་ཕྱིར་དུ་རྩེ་གསུམ་ལ་མཆོང་ཞེས་པའི་བླུན་པོ་ཤེས་རབ་འཆལ་པའི་ཚིག་འདི་ཡང་བདེན་པར་ཐལ་བའི་ཕྱིར་རོ། །གཉིས་པ་ནི། དབུ་

མའི་ལུགས་ཀྱི་ད་ལྟར་གྱི་ཚོགས་སེམས་བསྐྱེད་འདི། སེམས་ཅན་བརྡ་ཤེས་ཤིང་ལེན་འདོད་ཡོད་པ་ཀུན་གྱིས་ལེགས་པར་ཐོབ་ན། རྫོགས་པའི་སངས་རྒྱས་ཀྱི་རྒྱུར་འགྱུར་ཞེས་མདོ་དང་བསྟན་བཅོས་རྣམས་ལས་གསུངས་ཏེ། མདོ་སྡེ་ཡང་། སྡོང་པོ་བཀོད་པ་དང་། བསྐལ་བཟང་དང་། ནམ་མཁའི་སྙིང་པོ་དང་། དཀོན་མཆོག་བརྩེགས་པ་དང་། རྒྱལ་པོ་གཟུགས་ཅན་སྙིང་པོ་ལ་གདམས་པའི་མདོ་སྡེ་ལ་སོགས་པ་རྣམས་སུ་ལྟོས་ཤིག་ཏེ་དེ་ལྟར་གོ་དགོས་པའི་ཕྱིར་དང་། བསྟན་བཅོས་དེ་ཡང་། འཕགས་པ་ཀླུ་སྒྲུབ་ཀྱིས་མཛད་པ་དང་། རྒྱལ་སྲས་ཞི་བ་ལྷས་མཛད་པའི་བསྟན་བཅོས་ལ་སོགས་པ་རྣམས་ལས་གསུངས་པའི་ཕྱིར་རོ། །

དེ་ཡང་སྡོང་པོ་བཀོད་པའི་མདོ་ལས། འཕགས་པ་འཇམ་དཔལ་གྱིས། གྲོང་ཁྱེར་སྐྱིད་པའི་འབྱུང་གནས་ཀྱི་ཤར་ཕྱོགས། ནགས་ཚལ་ས་ལ་སྣ་ཚོགས་ཀྱི་རྒྱལ་མཚན་ཞེས་བྱ་བར་ཆོས་ཀྱི་དབྱིངས་ཀྱི་ཚུལ་སྣང་བ་ཞེས་པའི་ཆོས་ཀྱི་རྣམ་གྲངས་བསྟན་པས་རྒྱ་མཚོའི་ཀླུ་སྟོང་ཕྲག་བཅུ་བླ་ན་མེད་པའི་བྱང་ཆུབ་ཏུ་ངེས་པར་གྱུར་ཏོ། །ཞེས་པ་དང་། བསྐལ་པ་བཟང་པོའི་མདོ་ལས། དེ་བཞིན་གཤེགས་པ་འོད་འཕྲོ་ཅན། །གྲོང་གི་སྤྱང་པོར་གྱུར་པ་ན། །རྩ་ཡི་མ་སྤྲིན་ཕུལ་ནས་ཀྱང་། །དང་པོ་བྱང་ཆུབ་སེམས་བསྐྱེད་དོ། །ཞེས་སོགས་དང་། ནམ་མཁའི་སྙིང་པོའི་མདོ་ལས། བྱང་ཆུབ་སེམས་དཔའ་རྒྱལ་པོ་ལ་ལྔ་དང་། བློན་པོ་ལ་ལྔ་དང་། ལས་དང་པོ་པ་ལ་བརྒྱད་དེ། རང་སངས་འབྱུང་ཉེ་བས་རྟེན་གྱི་སྒོ་ནས་དབྱེ་བ་བཅོ་བརྒྱད་དང་། ཞར་ལ་ཐབས་ལ་མཁས་པའི་མདོ་ལས། ཐུན་མོང་དུ་སྨོན་པ་བཏང་བ་དང་བཅུ་དགུ་གསུངས། དཀོན་མཆོག་བརྩེགས་པའི་གཙུག་ན་རིན་པོ་ཆེས་ཞུས་པའི་མདོ་ལས། ཤེས་རབ་ཀྱི་ཕ་རོལ་ཏུ་ཕྱིན་པའི་སྤྱོད་པ་ཡོངས་སུ་དག་པ་འདི་བསྟན་པ་ན། འཁོར་དེའི་ནང་ནས་ལྷ་དང་མིའི་སྲོག་ཆགས་ཁྲི་ཉི་སྟོང་བླ་ན་མེད་པ་ཡང་དག་པར་རྫོགས་པའི་བྱང་ཆུབ་ཏུ་སེམས་བསྐྱེད་དོ༔ ༔ཞེས་པ་དང་། རྒྱལ་པོ་ལ་གདམས་པའི་མདོ་ལས། རྒྱལ་པོ་ཆེན་པོ། འདི་ལྟར་ཁྱོད་བྱ་བ་མང་བ་བྱེད་པ་མང་བ་སྟེ། ཞེས་པ་ནས། ཁྱོད་རྫོགས་པའིབྱང་ཆུབ་འདོད་པ་དང་དད་པ་དང་དོན་དུ་གཉེར་བ་དང་། སྨོན་པས་འགྲོ་ཡང་རུང་ཞེས་པ་ནས། རྒྱལ་པོའི་བྱ་བ་ཡང་ཉམས་པར་མི་འགྱུར་ཞིང་བྱང་ཆུབ་ཀྱི་ཚོགས་ཀྱང་ཡོངས་སུ་རྫོགས་པར་འགྱུར་རོ། །ཞེས་པ་དང་། ལ་སོགས་པ་ཀླུའི་རྒྱལ་པོ་རྒྱ་མཚོས་ཞུས་པའི་མདོ་ལས། ཀླུ་ཁྲི་ཉི་སྟོང་གིས་བྱང་ཆུབ་ཏུ་སེམས་བསྐྱེད། ཅེས་པ་དང་། འཕགས་པ་སྤྱན་རས་གཟིགས་དབང་ཕྱུག་གིས་ངན་སོང་གི་གནས་རྣམས་སུ་བྱོན་ཏེ། ངན་སོང་འདི་དག་བདེན་པ་མཐོང་བ་ལ་བཀོད་ཅེས་སོགས་རྒྱ་ཆེར་གསུངས་སོ། །བསྟན་བཅོས། ཀླུ་སྒྲུབ་ཀྱི་རིན་ཆེན་ཕྲེང་བ་དང་། མདོ་ཀུན་ལས་བཏུས་སུ། བྱང་ཆུབ་སེམས་དཔའ་རྒྱལ་པོའི་བསླབ་བྱ་དང་། ཞི་བ་ལྷའི་སྤྱོད་འཇུག་དང་། ལ་སོགས་པ་སློབ་དཔོན་དགྲ་ལས་རྣམ་རྒྱལ་གྱིས་མཛད་པའི་ཡི་དམ་

བླང་བའི་ཚིག་ལས་ཀྱང་། བྱང་ཆུབ་སེམས་དཔའི་བསླབ་པ་ལ་རང་གིས་ཇི་ལྟར་ནུས་པ་བཞིན་རིམ་པ་བཞིན་དུ་བསླབ་པར་གསུངས་ལ། དེ་ཙམ་ནི་སྡིག་ཅན་རྣམས་ཀྱིས་ཀྱང་ནུས་པས་སོ། །སྡོང་པོ་བཀོད་པའི་མདོ། མདོ་ཀུན་ལས་བཏུས་སུ་དྲངས་པ་ལས། ལོ་འབུམ་དུ་བསགས་པའི་མུན་པ། མར་མེ་སྣང་ཅིག་མས་སེལ་བ་བཞིན། ཐོག་མེད་ནས་བསགས་པའི་ལས་དང་ཉོན་མོངས་པ་ཡང་བྱང་ཆུབ་ཀྱི་སེམས་སྐད་ཅིག་གིས་སེལ་བ་དང་། ཡིད་བཞིན་གྱི་ནོར་བུ་ཐོགས་པའི་ཀླུའི་རྒྱལ་པོ་ རྣམས་ལ་གཞན་གྱིས་གནོད་པ་མི་འབྱུང་བ་བཞིན་དུ། བྱང་ཆུབ་སེམས་ཀྱི་མཐུས་བྱང་ཆུབ་སེམས་དཔའ་ལ་ངན་སོང་གི་གནོད་པ་མི་འཇུག་པ་དང་། རྒྱ་མཚོ་ཆེན་པོ་བ་དང་མ་ཧེ་དང་རའི་འོ་མས་གང་བའི་ནང་དུ་སེང་གེའི་འོ་མ་ཐིགས་པ་གཅིག་བླུག་པས། དེ་ཐམས་ཅད་འཐོར་བར་འགྱུར་བ་བཞིན་དུ། ཐོག་མེད་དུས་ཀྱི་ལས་དང་ཉོན་མོངས་པ་རྣམས་བྱང་ཆུབ་ཀྱི་སེམས་གཅིག་གིས་ཟད་པར་བྱེད་པར་གསུངས་ཞེས་བཤད། དེ་བཞིན་དུ་མ་སྐྱེས་དགྲའི་ལེའུ་མདོ་ཀུན་ལས་བཏུས་སུ་དྲངས་པ་ལས་ཀྱང་། སེང་གེའི་ཕྲུག་གུ་བཙས་མ་ཐག་པའི་དྲིས་རི་དྭགས་དང་གླང་པོ་ཆེ་དང་བྱའི་ཚོགས་ཐམས་ཅད་འབྲོས་པ་བཞིན་དུ། བྱང་ཆུབ་ཏུ་སེམས་བསྐྱེད་མ་ཐག་པས་ཀྱང་ཉན་ཐོས་དང་རང་སངས་རྒྱས་ཟིལ་གྱིས་གནོན་ཅིང་བདུད་ཐམས་ཅད་སྐྲག་པར་བྱེད་པར་གསུངས་ཞེས་བཤད། གསང་བ་བསམ་གྱིས་མི་ཁྱབ་པའི་མདོ་དང་། ཁྱིམ་བདག་དཔལ་སྦྱིན་གྱིས་ཞུས་པའི་མདོ་ལས་ཀྱང་། བྱང་ཆུབ་སེམས་ཀྱི་བསོད་ནམས་གང་། །གལ་ཏེ་དེ་ལ་གཟུགས་མཆིས་ན། །ནམ་མཁའི་ཁམས་ནི་ཀུན་གང་སྟེ། །དེ་བས་ཀྱང་ནི་ལྷག་པར་འགྱུར། །ཞེས་གསུངས། བྱང་ཆུབ་སེམས་འགྲེལ་ལས་ཀྱང་། བྱང་ཆུབ་སེམས་བསྐྱེད་ཙམ་གྱིས་ནི། །བསོད་ནམས་ཕུང་པོ་གང་ཐོབ་པ། །གལ་ཏེ་གཟུགས་ཅན་ཡིན་ན་ནི། །ནམ་མཁའ་གང་བ་ལས་ནི་ལྷག །སྐྱེས་བུ་གང་ཞིག་སྐད་ཅིག་ཙམ། ། བྱང་ཆུབ་སེམས་ནི་སྒོམ་བྱེད་པ། །དེ་ཡི་བསོད་ནམས་ཕུང་པོ་ནི། །རྒྱལ་བ་ཡིས་ཀྱང་བགྲང་མི་སྤྱོད། །ཅེས་བཤད། དཔའ་བར་འགྲོ་བའི་མདོ་བསླབ་བཏུས་སུ་དྲངས་པ་ལས། གཡོ་སྒྱུས་སེམས་བསྐྱེད་པ་ཡང་སངས་རྒྱས་ཀྱི་རྒྱུར་གསུངས་ན། དགེ་བ་སྣ་འགའ་བྱས་པའི་སེམས་བསྐྱེད་པ་ལྟ་ཅི་སྨོས། ཞེས་བཤད། གསུམ་པ་ནི། ཇི་ལྟར་དཔེར་ན། འབྲས་ཀྱི་ས་བོན་ནི་གྲང་བའི་ ཡུལ་དུ་མི་སྐྱེ་བ་དེ་བཞིན་དུ། སེམས་ཙམ་པ་ཡི་ཡང་ལུགས་ཀྱི་སེམས་བསྐྱེད་སྡོམ་མེད་སྡིག་པ་ཅན་ལ་མི་སྐྱེ་ལ། ཇི་ལྟར་དཔེར་ན་ནས་ཀྱི་ས་བོན་ནི། གྲང་བ་དང་། དྲོ་བའི་ཡུལ་གང་དུའང་སྐྱེ་བ་ལྟར། དེ་བཞིན་དུ་དབུ་མ་པའི་ལུགས་ཀྱི་སེམས་བསྐྱེད་ཀྱང་། བརྗེ་ཤེས་དོན་གོ་ལེན་འདོད་དང་ལྡན་ན་སྡིག་པ་ཡོད་མེད་ཀྱི་སེམས་ཅན་ཀུན་ལ་སྐྱེ་སྟེ། དཔེ་དོན་མཚུངས་པའི་ཕྱིར། བཞི་པ་ནི། གལ་ཏེ་མདོ་བསྟན་བཅོས་དེ་དག་ལས་བཤད་པ་ཡི་གཞུང་དེ་སེམས་ཙམ་པ་ཡི་ཡང་ལུགས་ཀྱི་སེམས་བསྐྱེད་

ཀྱི་སྡོམ་པ་སྡིག་པ་ཡོད་མེད་ཀུན་ལ་སྐྱེ་བའི་ལུང་དུ་སྦྱར་ན་ཅི་འགལ་ཞེས་སྨྲས་ན། དེ་ནི་ལུང་སྦྱོར་འཁྲུལ་པ་ཡིན་ཏེ། རྒྱལ་བ་ཕན་བཞེད་ཀྱིས། སྟོན་ཉིན་གཅིག་གི་སྲོག་གཅོད་སྡོམ་པ་བླངས་པ་ཙམ་ལ་བྱང་ཆུབ་སེམས་དཔའི་སེམས་བསྐྱེད་ཀྱི་ཆོ་ག་མཛད་ཀྱང་། ཉིན་གཅིག་གི་སྲོག་གཅོད་སྡོམ་པ་དེ་ནི་སོ་སོར་ཐར་པ་རིགས་བདུན་པོ་གང་ཡང་མིན་ཏེ། སོ་སོར་ཐར་པ་ལ་ཉིན་ཞག་གཅིག་པ་དང་། ཇི་སྲིད་འཚོ་བའི་སྡོམ་པ་གཉིས་ལས། དང་པོ་ནི། བསྙེན་གནས་ཡན་ལག་བརྒྱད་པ་ཡིན་པའི་ཕྱིར་རོ། །འདིར་ཧོར་དཔར་ན། རྒྱལ་བ་ཕན་བཞེད། ཅེས་སོགས་མཆན་དཀྲུས་ལ་ཞོར་སྣང་སྔེ་ཚིག་ཆང་མང་ཞུང་ཡང་མི་འགྲིགས་པས་སོ། །དེ་ཡང་མདོ་སྡེ་བསྐལ་བཟང་ལས། རྒྱལ་བ་ཕན་བཞེད་གྲོང་དཔོན་གྱུར་པའི་ཚེ། །དེ་བཞིན་གཤེགས་པ་བསོད་ནམས་འོད་དེ་ལ། །ཉིན་གཅིག་སྲོག་གཅོད་སྡོམ་པ་བླངས་ནས་ཀྱང་། །དང་པོ་བྱང་ཆུབ་མཆོག་ཏུ་སེམས་བསྐྱེད་དོ། །ཞེས་གསུངས་པ་དང་། ང་ནི་སྟོན་ཆེ་དམན་པར་གྱུར་པ་ན། །དེ་བཞིན་གཤེགས་པ་ཤཱཀྱ་ཐུབ་དེ་ལ། །འཇམ་གང་ཞིག་ནི་དབུལ་བར་བྱས་ནས་ཀྱང་། །དང་པོ་བྱང་ཆུབ་མཆོག་ཏུ་སེམས་བསྐྱེད་དོ། །ཞེས་པ་ལ་སོགས་པའི་འཐད་པ་རྣམས་དབུ་མའི་ལུགས་ཀྱི་སེམས་བསྐྱེད་ལ་འཐད་མོད་ཀྱི། སེམས་ཙམ་པའི་ལུགས་ཀྱི་སེམས་བསྐྱེད་ལ་འཐད་པ་མིན་པའོ། །དེས་ན་གལ་ཏེ་སེམས་ཙམ་པའི་ལུགས་ཀྱི་སེམས་བསྐྱེད་དེ་འདོད་ན། ཐོག་མར་སོ་སོར་ཐར་པའི་སྡོམ་པ་ལོངས་ལ། དེ་ནས་བྱང་ཆུབ་སེམས་དཔའི་སྡེ་སྣོད་སློབས་ཤིག །དེ་ལ་དད་ཅིང་བསླབ་པར་ནུས་སྙམ་དུ་གྱུར་ན༑ ཕྱི་ནས་འཇུག་པའི་སེམས་བསྐྱེད་སྡོམ་པ། ཞི་བ་འཚོ་དང་། གནས་བརྟན་བྱང་བཟང་གི་གཞུང་བཞིན་ལོངས། ཅི་སྟེ་སེམས་ཅན་ཐམས་ཅད་ལ་སངས་རྒྱས་ཀྱི་ས་བོན་རྒྱས་འགྱུར་གྱི་རིགས་འཛོག་པར་འདོད་ན། སེམས་བསྐྱེད་ཀྱི་ཆོ་ག་འཁྲུལ་པ་མེད་པ་ཡི་གནད། དབུ་མ་པ་ཞི་བ་ལྷ་དང་། དགྲ་ལས་རྣམ་པར་རྒྱལ་བའི་གཞུང་བཞིན་གྱིས་ཤིག །དེ་ལྟར་བྱས་ན། ཐེག་པ་ཆེན་པོའི་སེམས་བསྐྱེད་ལ། །དབུ་མ་སེམས་ཙམ་རྣམ་པ་གཉིས། །ཞེས་པ་ཡང་ལེགས་པར་བཤད་པས་སོ། །ཆག་ལོའི་དྲིས་ལན་ལས། སྡོམ་པ་གཏོང་བའི་ཚུལ་ཡང་། སོ་སོར་ཐར་པ་ལའང་ལྟུང་བ་བྱུང་བས་སྡོམ་པ་གཏོང་བ་དང་། མི་གཏོང་བའི་ལུགས་གཉིས་གདའ། དེ་བཞིན་དུ་ཐེག་པ་ཆེན་པོ་ལའང་ལུགས་གཉིས་ཡོད་པའི་སེམས་ཙམ་པ་ལྟུང་བས་སྡོམ་པ་གཏོང་བའི་ལུགས་སུ་གསལ། དབུ་མ་པ་ལ་ལུགས་གཉིས་ཀ་གདའ། ངེད་ཅག་སློན་པའི་སེམས་མ་བཏང་ན། ལྟུང་བ་གཞན་བྱུང་ཡང་། སྡོམ་པའི་རྩ་བ་མི་གཏོང་བའི་ལུགས་དེའི་རྗེས་སུ་འབྲང་བ་ལགས། སྤྱོད་འཇུག་ལས། གལ་ཏེ་དེ་ལྟར་དམ་བཅས་ནས། །ལས་ཀྱིས་བསྒྲུབ་པར་མ་བྱས་ན། །སེམས་ཅན་དེ་དག་ཀུན་བསླུས་པས། །བདག་གི་འགྲོ་བ་ཅི་འདྲར་འགྱུར། །ཞེས་བྱ་བ་ལ་སོགས་པ་གསུངས་པའང་སློན་པ་མ་ཉམས་པར། འཇུག་པ་འགའ་ཞིག་ལས་ཉམས་ན།

ངན་སོང་དུ་ཙུང་ཟད་སྐྱེ་བར་གསུངས་ཀྱི། མཐར་འཚང་མི་རྒྱ་བའི་ལུགས་མ་ལགས། ལྟུང་བས་རེ་ཞིག་ངན་སོང་དུ་སྐྱེས་ཀྱང་། སྨོན་པ་མ་ཉམས་ན་མཐར་འཚང་རྒྱ་སྟེ། སྐྱེས་རབས་ལས། ལས་ཀྱི་རྣམ་པར་སྨིན་པ་བསམ་མི་ཁྱབ། །སྙིང་རྗེའི་བདག་ཉིད་ཅན་ཡང་ངན་འགྲོར་སྐྱེ། །དེ་ནའང་ཆོས་ཀྱི་འདུ་ཤེས་ཉམས་པ་མེད། །ཅེས་བྱ་བ་ལ་སོགས་པ་དང་། མདོ་སྡེ་རྒྱན་ལས། རིང་མོ་ཞིག་ནས་ངན་སོང་དུ། །འགྲོ་ཞིང་མྱུར་དུ་ཐར་པ་དང་། །དེ་ནའང་སྡུག་བསྔལ་ཆུང་ངུ་མྱོང་། །སྐྱོ་བཅས་སེམས་ཅན་ཡོངས་སྨིན་བྱེད། །ཅེས་གསུངས་པ་ལྟར། སྤྱོད་འཇུག་ལས། དངོས་པོ་ཕལ་པ་ཙུང་ཟད་ལའང་། །ཡིད་ཀྱིས་སྦྱིན་པར་བསམ་བྱས་ནས། །མི་གང་སྦྱིན་པར་མི་བྱེད་པ། །དེ་ཡང་ཡི་དྭགས་རྒྱུར་གསུངས་ན། །བླ་ན་མེད་པའི་བདེ་བ་ལ། །བསམ་པ་ཐག་པས་འགྲོན་གཉེར་ནས། །འགྲོ་བ་ཐམས་ཅད་བསླུས་བྱས་ན། །བདེ་འགྲོར་ཇི་ཀ་འགྲོ་འགྱུར་རམ། །ཞེས་བྱ་བ་ནི། སྨོན་པ་ཉམས་ན་འཚང་མི་རྒྱ་བ་ལ་དགོངས་སོ། །དེའི་ཕྱིར། སེམས་ཅན་ཐམས་ཅད་ཀྱི་དོན་དུ་སངས་རྒྱས་ཐོབ་པར་བྱ་སྙམ་པའི་སྨོན་པ་མ་ཉམས་ན། འཇུག་པ་ལ་རིམ་གྱིས་སློབ་པས་འཁོར་བ་མཐའ་ཅན་དུ་འགྱུར་ཏེ། དཔེར་ན་མི་རྒྱུད་མ་ཆད་ན་ཟས་ནོར་ཞར་ལ་འབྱུང་བ་བཞིན་ནོ། །དེས་ན་སེམས་བསྐྱེད་ཐུས་ཐོབ་ཀྱང་སྨོན་པ་འཆོར་དཀའ་བས་མཐར་འཚང་རྒྱ་བའི་དགོངས་པ་དེར་གདའ། བསླབ་བཏུས་ཀྱི་དགོངས་པའང་དེ་བཞིན་དུ་ཤེས་པར་བྱའོ། །དེས་ན་སེམས་བསྐྱེད་ཀྱི་བསླབ་བྱ་རྒྱས་བསྡུས་དང་བརྩོན་པ་ཆེ་ཆུང་ལས་འཚང་རྒྱ་བ་སྔ་ཕྱི་འབྱུང་བས། དེས་ན་རིམ་གྱིས་འཚང་རྒྱ་བའི་སེམས་བསྐྱེད་ཀྱི་ལུགས་ལ་མྱུར་དུ་འཚང་རྒྱ་བ་ལ་དགོས་པའི་བསླབ་བྱ་ཆོ་མ་སྤྱུར་བས་སྐྱོན་དུ་མི་འགྲོ་སྟེ། དཔེར་ན་རིམ་གྱིས་གསོ་དགོས་པའི་ནད་ལ་གཅིག་ཅར་གསོ་བའི་སྨན་མ་བཏང་ཡང་སྐྱོན་དུ་མི་འགྲོ་བ་བཞིན་ནོ། །དེས་ན་བསླབ་བྱ་སླབ་པ་ལ་དགོངས་པ་ཡིན་གྱི། གཏན་བསླབ་མ་དགོས་པ་མ་ལགས། དེ་དག་སྤྱོད་འཇུག་གི་སྡོམ་པ་ལེན་པའི་ཆོ་གའི་སྐབས་སུ། བྱང་ཆུབ་སེམས་ནི་བསྐྱེད་བགྱི་ཞིང་། །ཞེས་སྨོན་པ་བླངས་ནས། བྱང་ཆུབ་སེམས་དཔའི་བསླབ་པ་ལ། །རིམ་པ་བཞིན་དུ་བསླབ་པར་བགྱི། །ཞེས་འཇུག་པ་ལ་རིམ་གྱིས་སློབ་པར་ཁས་བླངས་ཀྱི། བསླབ་བྱ་ཐམས་ཅད་ད་ལྟ་ཉིད་ནས་སློབ་པར་ཁས་བླངས་པ་མེད་པས། དམ་བཅའ་ཉམས་པའི་ཉེས་པ་མེད་མཆི། སྨོན་པ་བླངས་ནས་དགེ་བ་ཕྲ་མོ་ཙམ་ཡང་མ་སྤྱད་ན། དམ་བཅའ་ཉམས་པའི་ཉེས་པ་མཆི་མོད། འོན་ཀྱང་སྨོན་པ་གཏོང་བའི་རྒྱུ་ཤིན་ཏུ་དཀའ། འཇུག་པ་ལ་དགེ་བ་ཕྲ་མོ་ཙམ་རེ་མི་བྱེད་པའང་མི་སྲིད་པའི་ཚོད་ཙམ་དུ་མཐོང་བས། དབུ་མའི་ལུགས་ཀྱི་སེམས་བསྐྱེད་གཏོང་དཀའ་བར་གདའ། སྤྱིར་ཚིག་ལ་ཕན་ཡོན་ཤས་ཆེ་བ་གཅིག །ཉེས་དམིགས་ཤས་ཆེ་བ་གཅིག །གཉིས་ཀ་ཆ་མཉམ་པ་གཅིག་ལས། སེམས་བསྐྱེད་འདི་ཕན་ཡོན་ཤས་ཆེ་བར་གསུངས། ད་ནི་འདི་དཔྱད་པར་བྱ་སྟེ། སྨོན་འཇུག་གི་

ཁྱད་པར་ལ། དཔལ་ཡེ་ཤེས་གྲགས་པས། ཕ་རོལ་ཏུ་ཕྱིན་པའི་ཐེག་པའི་བསྒོམ་རིམ་གྱི་མན་ངག་ལས། འདུན་པའི་གནས་སྐབས་སོགས་དབྱེ་བས། །སྨོན་པའི་སེམས་ནི་རྣམ་པ་གསུམ། །འཇུག་པ་ཞེས་ནི་བྱ་བའི་སེམས། །རྣམ་པ་བཅུ་དྲུག་དག་ཏུ་འདོད། །ཅེས་པ་དང་། སློབ་དཔོན་ཨ་བྷ་ཡ་ཀ་ར་ཡང་། དེ་དང་མཐུན་པར་བཞེད་ཅིང་། སློབ་དཔོན་སངས་རྒྱས་ཡེ་ཤེས་ཞབས། འཇིག་རྟེན་པའི་ལམ་ཐམས་ཅད་སྨོན་པ་དང་། བདེན་པ་མཐོང་བའི་ལམ་འཇུག་པར་བཞེད་ཅིང་། ཇོ་བོས་བྱང་ཆུབ་ལམ་སྒྲོན་གྱི་འགྲེལ་པར་གྲགས་པ་ལས། འབྲས་བུ་རྫོགས་པའི་སངས་རྒྱས་ཡུལ་དུ་བྱེད་ཅིང་དམིགས་པ་ནི་སྨོན་པའི་སེམས་ཡིན་ཏེ། ཞེས་པ་དང་། ལམ་གྱི་ཆོས་ཡུལ་དུ་བྱེད་ཅིང་དམིགས་པ་ནི་འཇུག་པའི་སེམས་ཡིན། ཞེས་པ་དང་། སློབ་དཔོན་ཤེར་འབྱུང་བློ་གྲོས་ཀྱིས། སྨོན་པ་དང་འཇུག་པའི་མཚན་ཉིད་ཅན་བྱང་ཆུབ་ཀྱི་སེམས་རྣམ་པ་གཉིས་ཀའང་གཞན་གྱི་དོན་དུ་ཡང་དག་པར་རྫོགས་པའི་བྱང་ཆུབ་འདོད་པ་ཉིད་ལས་མི་འདའ་ཡང་། ལུས་དང་ངག་དང་ཡིད་ཀྱི་ལས་ཡོད་པ་དང་མེད་པ་ལས་མཚན་ཉིད་ཐ་དད་པར་རྟོག་པར་བྱའི། དམིགས་པ་ཐ་དད་པ་ནི་མ་ཡིན་ཏེ། གཞན་གྱི་དོན་དང་ཡང་དག་པར་རྫོགས་པའི་བྱང་ཆུབ་ལ་མོས་པའི་ཡུལ་ཡིན་པའི་ཕྱིར། ཞེས་པ་དང་། སློབ་དཔོན་ཀ་མ་ལ་ཤཱི་ལས་བསྒོམ་རིམ་དུ། དེ་ལ་འགྲོ་བ་མཐའ་དག་ལ་ཕན་པའི་ཕྱིར་སངས་རྒྱས་སུ་གྱུར་ཅིག །ཅེས་ཐོག་མར་དོན་དུ་གཉེར་བ་དེ་ནི་སྨོན་པའི་སེམས་སོ། །གང་ཕན་ཆད་སྡོམ་པ་བཟུང་སྟེ་ཚོགས་རྣམས་ལ་ཞུགས་པ་དེ་ནི་འཇུག་པའི་སེམས་སོ༔ །ཞེས་པ་དང་། བུདྡྷ་ཤྲཱིས། སྨོན་ལམ་གྱི་གྲོགས་ཅན་བསམ་པས་སྨོན་པ་དང་སྦྱོར་བས་འཇུག་པའི་ངོ་བོ་ཉིད་རྣམ་པ་གཉིས་ཞེས་པ་དང་། སློབ་དཔོན་ཆོས་ཤེས་ཀྱིས། སྨོན་པ་ཞེས་པ་ནི་སྨོན་པ་ཙམ་སྟེ། ཚོགས་བསགས་པས་སེམས་དེ་བསྐྱེད་པའི་ཚོགས་བླང་བ་ཡང་མ་བྱས་པའོ། །འཇུག་པ་ཞེས་པ་ནི་དགེ་བའི་བཤེས་གཉེན་མཉེས་པར་བྱས་ཏེ། ཡང་དག་པར་བླངས་པ་ལས་བྱུང་བའི་སེམས་བསྐྱེད་པ་ནས་བརྩམས་ཏེ། བར་ཆད་མེད་པའི་ལམ་གྱི་བར་དུ་གནོགས་པའི་སྒྲུབ་པའི་སྦྱོད་པའོ། །ཞེས་པ་དང་། སློབ་དཔོན་རྒྱ་མཚོ་སྤྲིན་གྱིས་ཚོགས་མ་བསྐྱེད་པ་དང་བསྐྱེད་ཅེས་པ་དང་། ཇོ་བོའི་ལམ་སྒྲོན་རྩ་བར་སྡོམ་པས་མ་ཟིན་པ་དང་ཟིན་པ་ཞེས་བཤད་པའི་རྣམ་གྲངས་བཅུ་བྱུང་བ་ཡང་སྨོན་འཇུག་གི་ཁྱད་པར་ཙམ་ཡིན་པར་སེམས་ལ། དེ་གཉིས་འགལ་བར་མི་བྱ་སྟེ། དེ་ལ་དང་པོ་གཉིས་ནི་སློབ་དཔོན་སེང་གེ་བཟང་པོ་ལྟར་ཡིན་ལ། བཞི་པ་ནི། ལམ་སྒྲོན་རྩ་བ་དང་འགལ་བ་ལྟར་སྣང་ཡང་སྤྱོད་འཇུག་ལས། འགྲོ་བར་འདོད་དང་འགྲོ་བ་ཡི། །བྱེ་བྲག་ཇི་ལྟར་ཤེས་པ་ལྟར། །ཞེས་སོགས་འབྲས་བུ་ལ་སྨོན་པ་དང་། ལམ་ལ་འཇུག་པ་ཞེས་བཤད་ཅིང་། བདུན་པ་ཡང་འདི་དང་མཐུན་ལ། གཞན་དྲུག་པོ་སེམས་བསྐྱེད་སེམས་ཙམ་པའི་ལུགས་ཀྱི་བཤད་སྲོལ་དུ་སྣང་བའི་ཕྱིར་དང་། གཞན་ཡང་། མི་

ལྷ་བུའི་སྦྱོར་བ་དང་མཚུངས་པར་ལྡན་པའི་ཐེག་ཆེན་སྦྱོར་ལམ་པའི་སེམས་བསྐྱེད་ཆོས་ཅན། བདེན་པ་མཐོང་བའི་འཕགས་པའི་ལམ་ཡིན་པར་ཐལ། འཇུག་པ་སེམས་བསྐྱེད་ཡིན་པའི་ཕྱིར། ཡང་སྡོམ་པ་མེད་པ་དང་ཚོགས་མ་ཟིན་པ་ཡིན་པར་ཐལ། སྨོན་པ་སེམས་བསྐྱེད་ཡིན་པའི་ཕྱིར། དཔེར་ན། འགྲོ་བར་འདོད་པ་དང་འགྲོ་བཞིན་པ་གཉིས་མི་འགལ་བ་ལྟར། བསམ་པས་འབྲས་བུ་ལ་སྨོན་པ་དང་སྦྱོར་བས་ལམ་ལ་འཇུག་པ་ཡང་མི་འགལ་ཞེས་བྱའོ། །དེས་ན་ཐལ་འགྱུར་དེ་གཉིས་ཀྱི་རྟགས་གྲུབ་ཅིང་འདོད་མི་ནུས་ཏེ། མི་ལྷ་བུའི་སྦྱོར་བ་དང་མཚུངས་པར་ལྡན་པའི་ཐེག་ཆེན་སྦྱོར་ལམ་པའི་སེམས་བསྐྱེད་དེ་ནི་ལམ་ལ་ཞུགས་པའི་བྱང་སེམས་སོ་སྐྱེའི་སེམས་བསྐྱེད་ཡིན་པའི་ཕྱིར་རོ། །དེ་ཡང་འགྲེལ་པ་དོན་གསལ་ལས། ཐམས་ཅད་མཁྱེན་པ་ཉིད་གསུམ་གྱི་སྒྲིབ་པའི་བུད་ཤིང་སྲེག །ཅེས་པ་དང་། སྤྱོད་འཇུག་ལས། དེས་ནི་དུས་མཐའི་མེ་བཞིན་སྡིག་ཆེན་རྣམས། །སྐད་ཅིག་གཅིག་གིས་ངེས་པར་སྲེག་པར་བྱེད། །ཅེས་པ་དང་། སྡོང་པོ་བཀོད་པ་ལས། ཉེས་པར་བྱས་པ་ཐམས་ཅད་བསྲེགས་པས་བསྐལ་པའི་མེ་ལྟ་བུའོ། །ཞེས་གསུངས། འོ་ན་སྨོན་འཇུག་གཉིས་ཀྱི་ཁྱད་པར་མི་འཐད་པར་ཐལ། སྨོན་འཇུག་གཞི་མཐུན་སྲིད་པའི་ཕྱིར། འདོད་ན། སྤྱོད་འཇུག་ལས། དེ་བཞིན་མཁས་པས་འདི་གཉིས་ཀྱི། །བྱེ་བྲག་རིམ་བཞིན་ཤེས་པར་བྱ། །ཞེས་པ་དང་འགལ་ཞེ་ན། འོ་ན་མདོ་རྒྱུད་གཉིས་ཀྱི་ཁྱད་པར་མི་འཐད་པར་ཐལ། དཔུང་བཟང་ལྷ་བུའི་རྒྱུད་མདོ་ཡིན་ལ། རྣམ་འཇོམས་ལྷ་བུའི་མདོ་རྒྱུད་ཡིན་པའི་ཕྱིར། འདོད་ན། འདི་རུ་ཡང་། མདོ་དང་རྒྱུད་ཀྱི་ཁྱད་པར་ནི། །ཚིག་འི་བྱ་བ་ཡོད་མེད་ཡིན། །ཞེས་གསུངས། དེ་ཡང་ཐོག་མའི་སྨོན་འཇུག་གི་སེམས་རྐྱང་པ་ནི་ལམ་མ་ཞུགས་ལ་ཡོད་དེ། འོ་སྐོལ་གྱི་སྟོན་པ་འདི་དམྱལ་བའི་ཤིང་རྟ་འདྲེན་པའི་ཕྱུགས་ཀྱི་ཚེ་བྱང་ཆུབ་ཀྱི་སེམས་འཁྲུངས་པས་སོ། །དེའི་རྗེས་ལ། རྗེ་ན་དྲག་ཞབས་ཀྱི་བྱེ་བྲག་གིས། སྨོན་འཇུག་སེམས་བསྐྱེད་ནི་ཆོགས་ལེན་མི་ལེན་ཅི་རིགས་ཡོད་ལ། སྨོན་འཇུག་གི་སྡོམ་པ་ནི་མི་མཐུན་ཕྱོགས་སྤོང་འདོད་ཀྱི་ཆོགས་ལེན་དགོས་སོ། །ཞེས་བྱ་བ་ནི་སེམས་བསྐྱེད་དབུ་མ་ལུགས་ཀྱི་བཤད་སྲོལ་དུ་སྣང་ངོ་། །ཆག་ལོའི་དྲིས་ལན་ལས། བྱང་ཆུབ་སེམས་ནི་བསྐྱེད་བགྱི་ཞིང་། །ཞེས་སྨོན་པ་བླངས་ནས། བྱང་ཆུབ་སེམས་དཔའི་བསླབ་པ་ལ། །རིམ་པ་བཞིན་དུ་བསླབ་པར་བགྱི། །ཞེས་འཇུག་པ་ལ་རིམ་གྱིས་སློབ་པར་ཁས་བླངས་ཞེས་གསུངས་པ་ཡང་། རྣམ་པ་གསལ་བའི་མཚན་གཞི་ངོས་གཟུང་བ་ཡིན་གྱི། གཞུང་ཚིག་སྔ་མས་སེམས་བསྐྱེད་གཉིས་དང་། ཕྱི་མས་སྡོམ་པ་གཉིས་བསྟན་པར་བཞེད་དེ། ཆོས་རྗེའི་སེམས་བསྐྱེད་ཀྱི་ཆོ་ག་ལས། སྨོན་འཇུག་གཉིས་པོ་རེ་རེ་ལ་ཡང་། རིམ་བཞིན་སྨོན་པའི་སེམས། སྨོན་པ་སེམས་བསྐྱེད། སྨོན་པ་སེམས་བསྐྱེད་ཀྱི་སྡོམ་པ༑ འཇུག་པའི་སེམས། འཇུག་པ་སེམས་བསྐྱེད། འཇུག་པ་སེམས་བསྐྱེད་ཀྱི་སྡོམ་པ་གསུམ་གསུམ་དུ་འབྱེད་

པ་ནི་གསུང་རབ་ཀྱི་དགོངས་པ་ཡིན་ནོ་ཞེས་གསུངས་པའི་ཕྱིར་རོ། །གལ་ཏེ་སྨོན་པ་ལ་སྡོམ་པ་མེད་ན། སྤྱོད་འཇུག་ལས། བྱང་ཆུབ་སྨོན་པའི་སེམས་ལས་ནི། །འཁོར་ཚེ་འབྲས་བུ་ཆེ་འབྱུང་ཡང་། །ཇི་ལྟར་འཇུག་པའི་སེམས་བཞིན་དུ། །བསོད་ནམས་རྒྱུན་ཆགས་འབྱུང་བ་མིན། །ཞེས་དང་འགལ་ལོ་ཞེ་ན། དེ་མི་འགལ་ཏེ། གཞུང་དེའི་དོན་ནི། ཐོག་མའི་སྨོན་སེམས་ལ། འཇུག་པ་དང་མཉམ་པའི་བསོད་ནམས་རྒྱུན་ཆགས་པ་མི་འབྱུང་ཞེས་བྱ་ལ། གཞན་དུ་ན་སངས་རྒྱས་ལ་དམིགས་ནས་མེ་ཏོག་ཕུལ་བ་ལ་ཡང་བསོད་ནམས་རྒྱུན་ཆགས་པ་འབྱུང་བར་མདོ་ལས་གསུངས་པའི་ཕྱིར་དང་། ཕན་པར་བསམས་པ་ཙམ་གྱིས་ཀྱང་། །སངས་རྒྱས་མཆོད་ལས་ཁྱད་འཕགས་ན། །སེམས་ཅན་མ་ལུས་ཐམས་ཅད་ཀྱི། །བདེ་དོན་བརྩོན་པ་སྨོས་ཅི་དགོས། །ཞེས་པ་ལྟ་བུས་མཚོན་པའི་སྤྱོད་འཇུག་གི་ཕན་ཡོན་གྱི་ལེའུ་ནས་བཤད་པའི་ཕན་ཡོན་ཕལ་ཆེར། འཇུག་པར་མ་ཟད་སྨོན་པ་ལ་ཡང་ཡོད་དོ་ཞེས་ཀྲྀཥྞ་ལ་སོགས་པ་ཁ་ཅིག་བཞེད་དོ། །འཕགས་པ་སངས་རྒྱས་ཀྱི་སྟོབས་བསྐྱེད་པའི་ཆོ་འཕྲུལ་གྱི་ཡུལ་ལ་རྣམ་པར་འཕྲུལ་པ་བསྟན་པའི་མདོ་ལས། ལྷའི་བུ་དག་གང་སེམས་ཅན་ལ་ལས་སངས་རྒྱས་བཅོམ་ལྡན་འདས་མྱ་ངན་ལས་འདས་ནས། ལོ་བརྒྱ་སྟོང་དམ་བསྐལ་པ་བྱེ་བ་ལོན་ཡང་སངས་རྒྱས་ལ་ཕྱག་འཚལ་ལོ་ཞེས་མཚན་ལན་བདུན་དུ་བརྗོད་ནས། ནམ་མཁའ་ལ་མེ་ཏོག་གཏོར་ན་དེ་དག་ཐམས་ཅད་སྡུག་བསྔལ་གྱི་མཐར་བྱེད་པར་འགྱུར་རོ། །མེ་ཏོག་ནམ་མཁའ་ལ་གཏོར་བ་ལྟ་ཞོག་གི །གང་དག་དད་པས་དེ་བཞིན་གཤེགས་པའི་རྗེས་སུ་སློབ་པ་ལ་ལ་ཞིག་གིས། དེ་བཞིན་གཤེགས་པ་ལ་མཆོད་པའི་ཕྱིར། དེ་བཞིན་གཤེགས་པའི་ཚུལ་ཁྲིམས་བསླབ་པ་གཅིག་ཙམ་འཛིན་ཏེ་ཉིན་གཅིག་གམ་མཚན་གཅིག་གམ་ཡུད་ཙམ་ཞིག་དེ་བཞིན་གཤེགས་པ་ལ་མཆོད་པ་ཡིད་ལ་བྱེད་པར་བརྩོན་ན། དེ་སྡུག་བསྔལ་མཐར་བྱས་ནས་རིམ་གྱིས་བླ་ན་མེད་པ་ཡང་དག་པར་རྫོགས་པའི་བྱང་ཆུབ་ཏུ་མངོན་པར་རྫོགས་པར་འཚང་རྒྱ་བར་འགྱུར་རོ། །ཞེས་པ་དང་། བུད་མེད་ཀྱི་ལུས་ཉོན་མོངས་པ་དང་། ཉེ་བའི་ཉོན་མོངས་པས་ཉོན་མོངས་པར་གྱུར་པ་ལ་ལ་ཞིག་ཉིན་གཅིག་གམ་ཉི་མ་ཕྱེད་དམ་ཡུད་ཙམ་ཡང་རུང་སྟེ། གསུམ་ལ་སྐྱབས་སུ་འགྲོ་བ་ཡང་དག་པར་ལེན་ཅིང་བསླབ་པ་འཛིན་པར་བྱེད་ན། དེ་དག་ཐམས་ཅད་བུད་མེད་ཀྱི་དངོས་པོ་དང་སྡུག་བསྔལ་དང་ཡིད་མི་བདེ་བ་དང་འཁྲུག་པ་ཐམས་ཅད་རྣམ་པར་བཟློག་སྟེ། སྡུག་བསྔལ་མཐར་བྱས་ནས་བླ་ན་མེད་པ་ཡང་དག་པར་རྫོགས་པའི་བྱང་ཆུབ་ཏུ་མངོན་པར་རྫོགས་པར་སངས་རྒྱས་ཀྱི་བར་དུ་བདེ་འགྲོར་འགྲོ་བར་འགྱུར་རོ། །ཞེས་གསུངས། འདིས་ནི་འཇུག་པ་སེམས་བསྐྱེད་ཀྱི་རྟེན་དུ། སོ་སོར་ཐར་པ་རིགས་བདུན་གང་རུང་དགོས་ཟེར་བའང་བཀག་པ་ཡིན་ཏེ༑ དེ་བདུན་ནི་རྫི་སྲིད་འཚོའི་སྡོམ་པ་ཡིན་པའི་ཕྱིར་རོ། །ལག་བཟངས་ཀྱིས་ཞུས་པའི་མདོ་ལས་ཀྱང་།

བདག་ནི་སེམས་ཅན་གྱི་ཚོགས་མཐའ་ཡས་པ་ལ་ཕན་པ་དང་བདེ་བའི་ཕྱིར་གོ་ཆ་བགོས་ན། དེའི་དགེ་བའི་རྩ་བ་མཐའ་ཡས་པ་དག་བག་མེད་པར་གྱུར་ཏམ་སེམས་གཞན་དུ་གྱུར་ཏམ་གཉིད་ཀྱིས་ལོག་ཀྱང་། ཉིན་མཚན་དུ་སེམས་ཀྱི་སྐད་ཅིག་གཅིག་ལ་འཕེལ་བ་དང་རྒྱས་པ་དང་ཡོངས་སུ་རྫོགས་པར་འགྱུར་ཏེ། བྱང་ཆུབ་ཀྱི་ཚོགས་མཐའ་ཡས་པ་སྐྱེ་བས་རྫོགས་པའི་བྱང་ཆུབ་རྙེད་དཀའ་བར་མི་འགྱུར་ན། ཞེས་སོ། །གལ་ཏེ་མདོ་འདིས་སྨོན་པ་ལ་སྡོམ་པ་དང་བསོད་ནམས་རྒྱུན་ཆགས་པ་གཉིས་ཀ་མེད་པར་བསྟན་ནོ་ཞེ་ན། དེ་མི་འཐད་དེ། མདོ་འདི་ལས། གང་ཞིག་ཉན་རང་གི་ཡོན་ཏན་འདོད་པ་ཡང་སེམས་ཀྱི་སྐད་ཅིག་གཅིག་པ་དགེ་བའི་རྩ་བ་མཐའ་ཡས་ཤིང་རྒྱས་པར་འགྱུར་ན། གང་སངས་རྒྱས་ཀྱི་ཡོན་ཏན་མཐའ་ཡས་པ་ལ་མོས་པ་དང་སྨོན་པ་ལྟ་སྨོས་ཀྱང་ཅི་དགོས་ཏེ། བག་མེད་པར་གྱུར་ཏམ་གཉིད་ཀྱིས་ལོག་ཀྱང་། བྱང་ཆུབ་ཀྱི་ཚོགས་མཐའ་ཡས་ཤིང་མུ་མེད་པ་སེམས་ཀྱི་སྐད་ཅིག་གཅིག་ལ་འཕེལ་ཞིང་རྒྱས་པར་འགྱུར་རོ། །ཞེས་པ་དང་། དཔའ་བར་འགྲོ་བའི་མདོ་ལས། གཡོ་སྒྱུས་སེམས་བསྐྱེད་པ་ཡང་སངས་རྒྱས་ཀྱི་རྒྱུར་གསུངས་ན། དགེ་བ་སྔ་འགའ་བྱས་ཏེ་སེམས་བསྐྱེད་པ་ལྟ་ཅི་སྨོས། ཞེས་གསུངས་པ་བསླབ་བཏུས་སུ་དྲངས་པ་འདིས་ནི། འཇུག་པའི་སྡོམ་པ་སོ་སོ་སྐྱེ་བོ་ཉིད་ལ་ཡང་ཡོད་པར་བཤད། ཅེས་ས་པཎ་གསུང་། རྒྱལ་པོ་ལ་གདམས་པའི་མདོ་ལས། རྒྱལ་པོ་ཆེན་པོ་ཁྱོད་བླ་ན་མེད་པ་ཡང་དག་པར་རྫོགས་པའི་བྱང་ཆུབ་ཀྱི་སེམས་དགེ་བའི་ལས་ཀྱི་རྣམ་པར་སྨིན་པས་ལན་དུ་མར་ལྷ་དང་མིའི་ནང་དུ་སྐྱེས་ཤིང་དབང་པོ་བྱེད་པར་གྱུར་ཀྱང་། ད་དུང་ཁྱོད་ཀྱི་བྱང་ཆུབ་ཀྱི་སེམས་དགེ་བའི་ལས་ལ་བྲི་བའམ་གང་བར་མི་མངོན་ནོ། །ཞེས་གསུངས། འདི་ནི་སྨོན་པ་གཙོ་ཆེ། གཉིས་པ་ལ། དེ་ཆོག་ལས་མི་སྐྱེ་བར་བསྟན། སྐྱེ་ན་ཀུན་རྫོབ་ཏུ་ཐལ་བ། དཔེ་དང་སྦྱར་ཏེ་བཤད་པ། སེམས་བསྐྱེད་པར་གསུངས་པའི་དགོངས་པ་བསྟན་པ་དང་བཞི་ལས། དང་པོ་ནི། དོན་དམ་སེམས་བསྐྱེད་ཅེས་བྱ་བ་ནི། བསྒོམས་པའི་སྟོབས་ཀྱིས་སྐྱེ་མོད་ཀྱི། ཆོ་གའི་སྒོ་ནས་འདི་མི་སྐྱེ་སྟེ། བྱང་ཆུབ་སེམས་འགྲེལ་ལས། དོན་དམ་པ་བྱང་ཆུབ་ཀྱི་སེམས་ནི་བསྒོམ་པའི་སྟོབས་ཀྱིས་བསྐྱེད་པར་བྱ་སྟེ། ཞེས་པ་དང་། དེལྟར་དུ་མདོ་སྡེ་རྒྱན་ལས་ཀྱང་བཤད་པའི་ཕྱིར་རོ༑ །གཉིས་པ་ནི། བཀའ་ཕྱུག་པ་ཕལ་ཆེར། གལ་ཏེ་དོན་དམ་སེམས་བསྐྱེད་འདི་ཡང་ཆོ་གའི་སྒོ་ནས་སྐྱེ་སྟེ། ཨོཾ་ཤུ་ནྱ་ཏ་ཞེས་སོགས་ཀྱི་སྒོ་ནས་སྟོང་ཉིད་བསྒོམ་པ་དང་། དབང་བཞི་པ་ཡང་ཆོ་གའི་སྒོ་ནས་སྤྲོས་བྲལ་དུ་ངོ་སྤྲོད་པས་སྐྱེ་བོ་ཟེར་ན་ནི། འོ་ན་དོན་དམ་སེམས་བསྐྱེད་དང་དབང་བཞི་པ་ཡང་བརྡ་ལས་བྱུང་བའི་སེམས་བསྐྱེད་དུ་འགྱུར་ཏེ། ཁས་ལེན་རྟགས། འདོད་མི་ནུས་ཏེ། དོན་དམ་སེམས་བསྐྱེད་འདི་ནི་དོན་དམ་ཆོས་ཉིད་ཀྱིས་ཐོབ་པ་ཞེས་བྱ་བའི་སེམས་བསྐྱེད་ཡིན་པའི་ཕྱིར། དབང་བཞི་པ་ཡང་བསྒོམས་པའི་སྟོབས་ཀྱིས་སྐྱེའི།

སློབ་མས་རྗེས་ཟློས་མི་བྱེད་བླ་མས་ཟུང་འཇུག་ཏུ་ངོ་སྤྲོད་པ་ཙམ་དུ་ཟད་དོ། །གཞན་ཡང་། ཨོཾ་སྭ་བྷ་ཝ་ཞེས་སོགས་དང་། རྒྱས་འབྲིང་བསྡུས་གསུམ་གྱི་སྒོ་ནས་སྟོང་ཉིད་བསྒོམ་པ་ཡང་སེམས་བསྐྱེད་ཀྱི་ཆོ་གར་ཐལ། ཁས་ལེན་རྟགས། འདོད་པ་འདི་འདྲའི་རིགས་ཅན་ཀུན་སངས་རྒྱས་ཀྱི་བསྟན་པ་འཛིན་པའི་གཟུགས་བརྙན་ཡིན་ཏེ། དོན་དམ་སེམས་བསྐྱེད་འདི་ལ་སྦྱོར་དངོས་རྗེས་གསུམ་གྱི་ཆོ་ག་སློབ་དཔོན་གྱི་རྗེས་ཟློས་ལན་གསུམ་བྱེད་དགོས་པར་རྒྱལ་བས་གསུངས་པ་མེད་ཅིང་། ཀུན་རྫོབ་སེམས་བསྐྱེད་ལ་དེ་འདྲའི་ཆོ་ག་གསུངས་པའི་ཕྱིར་དང་། སེམས་བསྐྱེད་ལ་མཁས་པ་ཐམས་ཅད་ཀུན་རྫོབ་སེམས་བསྐྱེད་ལ་ཆོ་ག་མཛད་ཅིང་། དོན་དམ་སེམས་བསྐྱེད་འདིའི་ཆོ་ག་མི་མཛད་ལ། མཛད་ཀྱང་དམ་བཅའ་ཡིན་གྱི་ཆོ་གར་མི་འགྱུར་རོ། །ཞེས་པ་དེས་ནོ། །

གསུམ་པ་ནི། དཔེར་ན་ཆུ་ལུད་ས་བོན་སོགས། །སོ་ནམ་ཞིང་པས་བྱ་ནུས་ཀྱི། །མྱུ་གུ་སྐྱོང་བུ་སྐྱེ་མ་སོགས། །ཞིང་ལས་འབྱུང་གི་མི་ལས་མིན། །དེ་བཞིན་ཀུན་རྫོབ་བྱང་ཆུབ་སེམས། །ཆོ་གའི་སྒོ་ནས་བསྐྱེད་ནུས་ཀྱི༔ །དོན་དམ་བྱང་ཆུབ་སེམས་དང་ནི། །ཟག་པ་མེད་པའི་སྡོམ་པ་དང་། །བསམ་གཏན་གྱི་ནི་སྡོམ་པ་སོགས། །ངང་གིས་སྐྱེ་ཡིས་ཆོ་གས་མིན་ཏེ། དཔེ་དོན་འདི་དག་འཐད་པ་དང་བཅས་པ་མདོ་དང་བསྟན་བཅོས་ཀུན་ལས་འབྱུང་བའི་ཕྱིར། དེ་ཡང་ཀ་མ་ལ་ཤཱི་ལའི་སྒོམ་རིམ་དུ་མདོ་དགོངས་པ་ངེས་འགྲེལ་དྲངས་པ་ལས། དོན་དམ་པའི་བྱང་ཆུབ་ཀྱི་སེམས་དེ་ནི་འཇིག་རྟེན་ལས་འདས་པ་སྤྲོས་པ་མཐའ་དག་དང་བྲལ་བ། ཤིན་ཏུ་གསལ་བ། དོན་དམ་པའི་སྤྱོད་ཡུལ་དྲི་མ་མེད་པ་མི་གཡོ་བ་ངང་མེད་པའི་མར་མེའི་རྒྱུན་བཞིན་དུ་མི་གཡོ་བའོ། །དེ་འགྲུབ་པ་ནི། རྟག་ཏུ་གུས་པས་ཞི་གནས་དང་ལྷག་མཐོང་གི་རྣལ་འབྱོར་གོམས་པ་ལས་འགྱུར་རོ། །ཞེས་གསུངས།

བཞི་པ་ནི། གལ་ཏེ་རྣམ་སྣང་མངོན་བྱང་ལས། ཡན་ལག་བདུན་པའི་སྐབས་སུ། དོན་དམ་སེམས་བསྐྱེད་ཀྱི་ཚིག་ལན་གསུམ་གསུངས་པ་ལྟ་བུ། སྤྱང་བསྐོང་ཕྱག་བརྒྱ་པ་ལས། དོན་དམ་སེམས་བསྐྱེད་བྱའོ། །ཞེས་བརྒྱ་ལ་གསུངས་པ་སྲིད་ཀྱང་དམ་བཅའ་ཙམ་ཡིན་གྱི་ཆོ་ག་མིན་ཏེ། དཔེར་ན་སྦྱིན་པ་བཏང་བར་བྱ། །ཚུལ་ཁྲིམས་དམ་པ་བསྲུང་བར་བྱ། །སངས་རྒྱས་ཡོན་ཏན་བསྒྲུབ་པར་བྱ། །དེ་ལ་སོགས་པ་གསུངས་པ་ཀུན། །དམ་བཅའི་ཚིག་ཙམ་ཉིད་ཡིན་གྱི། །ཆོ་གའི་སྒོ་ནས་སྐྱེ་བ་མིན། །གལ་ཏེ་དམ་བཅའ་ཡང་ཆོ་ག་ཡིན་ན། འགྲོ་འཆག་ཉལ་བར་བྱ་སོགས་ཆོ་གར་ཧ་ཅང་ཐལ་བར་འགྱུར་ཞིང་། ཆོ་ག་ཡང་ནི་ཐུག་མེད་དུ་འགྱུར་བའི་ཕྱིར། སྤྱང་བསྐོང་ཕྱག་བརྒྱ་པ་ལས། སྐྱབས་འགྲོའི་ཚིག་དང་རྗེས་སུ་ཡི་རང་གི་བར་དུ། ཇི་ལྟར་ན་དུས་གསུམ་གྱི་

སངས་རྒྱས་དང་བྱང་ཆུབ་སེམས་དཔའ་དངོས་པོ་ཐམས་ཅད་དང་བྲལ། ཕུང་པོ་དང་ཁམས་དང་སྐྱེ་མཆེད་ཀྱིས་མ་ཟིན་པའི་ཆོས་བདག་མེད་པ་དང་མཉམ་པ། ཐོག་མ་ནས་མ་སྐྱེས་པ། སྟོང་པ་ཉིད་ཀྱི་རང་བཞིན་གྱིས། བྱང་ཆུབ་ཀྱི་མཆོག་ཏུ་ཐུགས་བསྐྱེད་པ་ལྟར། བདག་མིང་འདི་ཞེས་བགྱི་བས་ཀྱང་། དུས་འདི་ནས་ནམ་བྱང་ཆུབ་སྙིང་པོ་ལ་མཆིས་ཀྱི་བར་དུ། བྱང་ཆུབ་ཏུ་སེམས་བསྐྱེད་པར་བགྱིའོ། །ཞེས་གསུངས་པ་ཡང་། དོན་དམ་སེམས་བསྐྱེད་ཆོ་ག་ལས་སྐྱེ་བའི་ལུང་མ་ཡིན་ཏེ་སངས་རྒྱས་རྗེས་དྲན་ལས། ཕུང་པོ་དག་ལས་རབ་ཏུ་རྣམ་པར་གྲོལ་བ། ཁམས་རྣམས་དང་མི་ལྡན་པ། སྐྱེ་མཆེད་རྣམས་བསྡམས་པ་ཞེས་གསུངས་པ་ལྟར། སངས་རྒྱས་ཀྱི་ཡོན་ཏན་བརྗོད་པར་སྣང་བའི་ཕྱིར་རོ། །སྤྱོད་འཇུག་ལས་ཀྱང་། ཇི་ལྟར་སྔོན་གྱི་བདེ་གཤེགས་ཀྱིས། །བྱང་ཆུབ་ཐུགས་ནི་བསྐྱེད་པ་ལྟར། །ཞེས་སོགས་བཤད་པ་བཞིན་នོ། །ལ་སོགས་པ་དཔེར་ན་འདུལ་བ་ལས། བརྟམ་པར་བྱ་ཞིང་དབྱུང་བར་བྱ། །སངས་རྒྱས་བསྟན་ལ་འཇུག་པར་བྱ། །འདམ་བུའི་ཚལ་ན་གླང་ཆེན་བཞིན། །འཆི་བདག་སྡེ་ནི་གཞོམ་པར་བྱ། །ཞེས་པ་ལྟ་བུའོ། །ཀྱེ་མ་ཞེས་པས་ནས། འཇིག་རྟེན་མཁས་པའི་ཟླས་དྲངས་པའི་བླུན་པོ་འདི་རྣམས་སྡོམ་པ་གསུམ་གྱི་ལག་ལེན་རྒྱལ་བས་གསུངས་པ་ཀུན་པོར་ནས། མ་གསུངས་པའི་ལག་ལེན་ནན་གྱིས་འཚང་བ་ནི། འདི་འདྲ་དགེ་མི་དགེ་ཅིར་འགྱུར་མཁས་པས་བརྟག་དགོས་སོ། །དེའི་རྒྱུ་མཚན་སྡོམ་པ་གསུམ་གྱི་རབ་ཏུ་དབྱེ་བ་འདི་སངས་རྒྱས་ཀྱི་བསྟན་པའི་རྩ་བ་ཡིན་པའི་ཕྱིར་རོ། །

གཉིས་པ་ལ། སྤང་བྱ་ལྟུང་བ་མུ་བཞིར་འདོད་པ་དགག །བསྟན་བྱ་སེམས་ལ་འཁྲུལ་པ་དགག །བླུན་དགེ་ཕལ་ཆེར་ལྟར་སྣང་དུ་བསྟན་པ། དེས་ན་རྣམ་དག་བསྒྲུབ་པར་གདམས་པ་དང་བཞི་ལས། དང་པོ་ནི། དེ་ལྟར་ན་སེམས་ཙམ་པ་དང་དབུ་མ་པ་གཉིས་ཀྱི་སེམས་བསྐྱེད་ཀྱི་ཆོ་གའི་རྣམ་གཞག་ཐ་དད་ཡོད་མོད་ཀྱི། འོན་ཀྱང་ཐེག་ཆེན་ཀུན་མཐུན་པར་ལྟུང་བའི་རྣམ་གཞག་མུ་བཞི་གསུངས་ཏེ། ལྟུང་མེད་དང་ལྟུང་བ་དང་ལྟུང་བ་ཡི་གཟུགས་བརྙན་དང་ལྟུང་བ་མེད་པ་ཡི་གཟུགས་བརྙན་ཞེས་བྱ་བ་རྣམ་པ་བཞི་གྲུབ་པའི་ཕྱིར། མུ་བཞི་པོའི་དཔེར་བརྗོད་ཡོད་དེ། བསམ་པ་དག་པའི་སྦྱིན་པ་སོགས། །རྣམ་པ་ཀུན་ཏུ་ལྟུང་བ་མེད། །བསམ་པ་ངན་པའི་སྲོག་གཅོད་སོགས། །རྣམ་པ་ཀུན་ཏུ་ལྟུང་བར་འགྱུར། །དགེ་བའི་སེམས་ཀྱིས་བསད་པ་སོགས། །ལྟུང་བའི་གཟུགས་བརྙན་ཡིན་ཞེས་གསུངས་ཤིང་། གསོད་ངེས་པའི་སྲོག་ཆགས་གར་སོང་འདྲི་ན། དྲང་པོར་འཆད་པ་ལྟ་བུ་གཞན་ལ་གནོད་ན་བརྫུན་མིན་ཡང་། ལྟུང་བ་མེད་པའི་གཟུགས་བརྙན་ཡིན་པའི་ཕྱིར། མདོར་ན་སེམས་ཀྱི་འཕེན་པས་འཕངས་པ་ལས་གཞན་པའི་དགེ་བའི་ལས་དང་སྡིག་པ་ཡོད་པ་མ་ཡིན་ཏེ། འཕགས་པ་ལྷ་ཡིས་བཞི་བརྒྱ་པར། བསམ་པས་བྱང་ཆུབ་སེམས་དཔའ་ལ། །དགེ་བའམ་ཡང་ན་མི་དགེ་བ། །ཐམས་ཅད་དགེ་བ

ཉིད་འགྱུར་ཏེ། །གང་ཕྱིར་སེམས་དེ་གཙོ་བོའི་ཕྱིར། །ཞེས་གསུངས། སེམས་ཀྱི་སྒྲིབ་སྦྱོང་ལས་ཀྱང་། དགེ་སློང་རང་གི་ཕ་རྒན་ལ། །མྱུར་འདོད་ཞེས་ནི་བསྐུལ་གྱུར་ནས། །ཕུལ་བས་དེ་ནི་ཤི་གྱུར་ཀྱང་། །མཚམས་མེད་སྦྱོར་བ་མ་ཡིན་ནོ། །ཤིན་ཏུ་ན་བའི་དགྲ་བཅོམ་པས། །དགེ་སློང་ནད་གཡོག་བྱེད་པ་ལ། །ང་ཡི་མགྲིན་པ་བསྡམས་ཞེས་བསྐུལ། །དེ་ཤི་ན་ཡང་སྐྱོན་མེད་བསྟན། །འདུ་ཤེས་གཞན་གྱིས་གཞན་དག་ནི། །ཤི་ཡང་ཉེས་པས་མི་གོས་པར། །འདི་ལྟར་འདུལ་ལས་གསལ་པོར་བསྟན། །དེ་ཕྱིར་སེམས་དགེ་ཉེས་པ་མེད། །དེ་འདྲ་བྱ་བའི་བློ་ཡིས་ནི། །མཆོད་རྟེན་བཤིག་ཀྱང་ཉེས་མེད་དེ། །ཉེ་བའི་མཚམས་མེད་བྱས་པས་ཀྱང་། །བསོད་ནམས་ཕུང་པོ་འབའ་ཞིག་གོ །བསམ་པ་བཟང་པོས་མཆིལ་ལྷམ་གཉིས། །ཐུབ་པའི་དབུ་ལ་བཞག་པ་དང་། །དེ་བཞིན་གཞན་གྱིས་བསལ་བྱས་པ། །གཉིས་ཀས་རྒྱལ་སྲིད་ཐོབ་པར་གྱུར། །དེ་ཕྱིར་བསམ་པའི་རྩ་བ་ལ། །བསོད་ནམས་སྡིག་པ་རྣམ་པར་གནས། །ལུང་ལས་དེ་ལྟར་གསུངས་པའི་ཕྱིར། །སེམས་དགེ་བ་ལ་ཉེས་པ་མེད། །ཅེས་བཤད། ལས་གྲུབ་པ་ལས། ལུས་ངག་གི་ལས་རྣམ་པར་རིག་བྱེད་དང་རིག་བྱེད་མ་ཡིན་པ་གཟུགས་ཅན་ནི། དགེ་བ་དང་མི་དགེ་བ་མཚན་ཉིད་པ་མ་ཡིན་ཏེ། ལུས་པོར་ནས་ཚེ་ཕྱི་མ་ལ་འབྲས་བུ་ཡིད་དུ་འོང་བ་དང་མི་འོང་བ་འགྲུབ་པ་དེ། དགེ་བ་དང་མི་དགེ་བ་ཡིན་པར་འཆད་པའི་ཕྱིར་རོ། །ལས་ནི་སེམས་པའི་ཁྱད་པར་ཡིན་ནོ། །སྲོག་གཅོད་པ་དང་མ་བྱིན་པར་ལེན་པ་དང་འདོད་པས་ལོག་པར་གཡེམ་པ་ལ་ལུས་ཀྱི་ལས་ཞེས་བྱ་ན། ཇི་ལྟར་སེམས་པ་ལ་དེ་སྐད་ཅེས་བྱ་བར་འགྱུར་ཞེ་ན། དེས་དེ་གསོད་པ་དང་ལེན་པ་དང་ལོག་པར་གཡེམ་པ་བྱེད་པའི་ཕྱིར་རོ། །དེས་བསྐྱེད་པའི་ལུས་ཀྱི་རྒྱུད་ཀྱིས་བྱས་པ་ནི་དེས་བྱས་པ་ཞེས་བྱ་སྟེ། ཆོམ་རྐུན་གྱིས་གྲོང་བསྲེགས་འབྲས་ཚན་བཙོས་ཞེས་པ་བཞིན་ནོ། །སེམས་པ་དེ་ལས་ཀྱང་ཡིན་ལ་བདེ་འགྲོ་དང་ངན་འགྲོའི་ལམ་ཀྱང་ཡིན་ནོ༑ ༑འཇིག་རྟེན་དང་མཐུན་པར་བྱ་བའི་ཕྱིར་ལུས་ཀྱི་ལས་ཞེས་བསྟན་ཏོ། །ངག་ནི་ཚིག་སྟེ་དབྱངས་ཀྱི་ཁྱད་པར་དག་གི་དོན་གོ་བར་བྱེད་པའོ། །ལས་ནི་དེ་སློང་བར་བྱེད་པའི་སེམས་པའོ། །སེམས་པས་རྒྱུད་ཡོངས་སུ་འགྱུར་བའི་བག་ཆགས་སེམས་ལ་བགོས་པས་ཕྱིས་འབྲས་བུ་འབྱུང་བ་ཡིན་ཏེ། འབྲས་སྣ་ལུའི་ས་བོན་རྐྱེན་གྱིས་མྱུ་གུ་འབྱུང་བ་དང་མ་དུ་ལུང་གའི་མེ་ཏོག་རྒྱ་སྐྱག་གི་ཁུ་བས་བསྒྱུར་བས་ཕྱིས་དབུས་ཀྱི་ཤ་དམར་པོར་འབྱུང་བ་བཞིན། ཞེས་སློབ་དཔོན་དབྱིག་གཉེན་གྱིས་བཤད། ཕལ་པོ་ཆེ་དང་། ས་ར་ཧ་པས། སེམས་ཉིད་གཅིག་པུ་ཀུན་གྱི་ས་བོན་ཏེ། །ཞེས་སོགས་མདོ་རྒྱུད་བསྟན་བཅོས་གཞན་ལས་ཀྱང་། དགེ་སྡིག་གི་རྣམ་གཞག་ཀུན་སློང་སེམས་ལ་རག་ལས་པ་དེ་ལྟར་གསུངས་པའི་ཕྱིར། མདོ་དཀོན་མཆོག་སྤྲིན་ལས། དགེ་བའམ་འོན་ཏེ་མི་དགེ་བའི། །ལས་ནི་སེམས་ཀྱིས་བསགས་པ་ཡིན། །ཞེས་པ་དང་། ཆོས་ཡང་དག་པར་སྡུད་པ་ལས། ཆོས

ཐམས་ཅད་ཀྱང་སེམས་ལ་རག་ལས་པ་ཡིན་ནོ། །ཞེས་པ་དང་། སློབ་དཔོན་ནག་པོ་པས། དགྲ་ནག་གི་འགྲེལ་པར་རྒྱུད་ཀྱི་ལུང་དྲངས་པ་ལས། མཆོག་གསུམ་ཡོན་ཏན་རིག་པར་འགྱུར། །བདུད་རྩི་ཡིད་འོང་འཁོར་ལས་བརྒལ། །འབྲས་བུ་ངེས་པར་ལེགས་པ་འཐོབ། །དེ་ཕྱིར་དམ་པའི་ཞལ་ལས་ནི། །གསུངས་པའི་བྱ་བ་སྡིག་ཀྱང་བྱ། །དམ་པའི་ཞལ་ལས་མ་གསུངས་པའི། །དགེ་བའང་མཁས་པས་སྤང་བར་བྱ། །ཞེས་གསུངས།

གཉིས་པ་ལ། རིགས་པས་དགག །ལུང་གིས་དགག །དམ་ཆོས་ལྟར་སྣང་བསྟན་པ་དང་གསུམ་ལས། དང་པོ་ནི། བྱང་ཆུབ་སེམས་དཔའི་བསླབ་པ་ལ་ཆོས་ཅན། བསྒོམ་ཚུལ་གཉིས་ཡོད་དེ། བདག་གཞན་མཉམ་པ་དང་བརྗེ་བའི་བསྒོམ་ཚུལ་གཉིས་གསུངས་པའི་ཕྱིར། དེ་ཡང་སྤྱོད་འཇུག་ལས། བདག་དང་གཞན་དུ་མཉམ་པ་ནི། །དང་པོ་ཉིད་དུ་འབད་དེ་བསྒོམ། །བདེ་དང་སྡུག་བསྔལ་མཉམ་པས་ན། །ཐམས་ཅད་བདག་བཞིན་བསྲུང་བར་བྱ། །ཞེས་པ་དང་། གང་ཚེ་བདག་དང་གཞན་གཉིས་ཀ །བདེ་བ་འདོད་དུ་མཚུངས་པ་ལ། །བདག་དང་ཁྱད་པར་ཅི་ཡོད་ན། །གང་ཕྱིར་བདག་གཅིག་བདེ་བར་བརྩོན། །གང་ཚེ་བདག་དང་གཞན་གཉིས་ཀ །སྡུག་བསྔལ་མི་འདོད་མཚུངས་པ་ལ། །བདག་དང་ཁྱད་པར་ཅི་ཡོད་ན། །གང་ཕྱིར་གཞན་མིན་བདག་སྲུང་བྱེད། །ཅེས་བཤད།

འབྲི་ཁུང་པ་ཁ་ཅིག་དགོངས་གཅིག་ཏུ་རྡོ་རྗེའི་གསུང་རང་གཞན་བརྗེས་པས་ཉེས་པར་འགྱུར་བའི་སྐབས་ཡོད་བྱ་བ་བཞུགས། དེས་ན་རང་གཞན་བརྗེ་བ་བླ་མ་དམ་པའི་ཐུགས་དགོངས་མིན་ཏེ། རྗེ་རིན་པོ་ཆེ་ཏྲག་པར་ཞབས་བསྟུང་ངམ་མི་བདེ་བ་ཅི་ལགས། ཞེས་འཇིག་རྟེན་མགོན་པོས་ཞུས་པས། ཁོ་བོ་སྡོན་དད་པ་ནི་ཆེ་ཤེས་རབ་ནི་ཆུང་བས། ཏྲག་པར་གཞན་གྱི་སྡུག་བསྔལ་བདག་ལ་སྨིན་པར་གྱུར་ཅིག །ཅེས་སྨོན་ལམ་བཏབ་པ་དེ་མཐའ་བཙན་པས། དེ་ལྟར་ཏྲག་པར་ཞབས་བསྟུང་བ་དེས་ལན་ཞེས་གསུང་། འོན་ཀྱང་བདག་ཅག་རྣམས་ལས་རྒྱུད་ཚོད་ཅུང་ཟད་མཐོ་བས་བཟོད་དམ་སྙམ་ན། འཕགས་པ་ཤཱ་རིའི་བུས་དྲུག་པ་བ་གཅིག་ཡིན་པ་ལ་དུས་ལ་མ་བབ་པར་མིག་སྦྱིན་པར་བཏང་བས་ཉན་ཐོས་སར་ལྷུང་བའི་རྐྱེན་དུ་གྱུར་པའི་ཕྱིར། དེས་ན་བདག་གཞན་བརྗེ་བའི་བྱང་ཆུབ་ཀྱི་སེམས་བསྒོམ་དུ་མི་རུང་ཞེས་སྨྲའོ། །དེ་ཡི་རྒྱུ་མཚན་དྲིས་པས་འདི་སྐད་ཡིན་ལོ། །བདག་གི་བདེ་བ་གཞན་ལ་བྱིན་ནས་ནི། གཞན་གྱི་སྡུག་བསྔལ་བདག་གིས་བླངས་པར་གྱུར་ན། སྨོན་ལམ་འདེབས་པ་པོ་བདག་ནི་ཏྲག་ཏུ་སྡུག་བསྔལ་བར་འགྱུར་ཏེ། སྨོན་ལམ་མཐའ་ནི་བཙན་པའི་ཕྱིར། དེས་ན་བདག་གཞན་བརྗེ་བ་འདི་འདྲའི་བྱང་ཆུབ་སེམས་བསྒོམ་པ་དེ་དག་ཐབས་མི་མཁས་པས་ནོར་བ་ཆེན་པོའི་ཆོས་སྐད་ཡིན་ལོ། །ཕྱོགས་སྔ་དེའི་དོན་འདི་ལྟར་བསམ་པར་བྱ་སྟེ། བདག་གཞན་བརྗེ་བའི་བྱང་ཆུབ་ཀྱི་

སེམས་དེ་དགེ་བ་ཡིན་ནམ་སྡིག་པ་ཡིན་བརྟག་གོ །གལ་ཏེ་དགེ་བ་ཡིན་ན་ནི་བདག་གཞན་བརྗེ་བའི་བྱང་ཆུབ་ཀྱི་སེམས་དེ་ལ་སྡུག་བསྔལ་འབྱུང་བ་འགལ། ཁས་ལེན་རྟགས། གལ་ཏེ་སྡིག་པ་ཡིན་ན་བདག་གཞན་བརྗེ་བའི་བྱང་ཆུབ་ཀྱི་སེམས་དེ་ངུག་གསུམ་གྱིས་བསྐྱེད་པའི་ལས་སུ་ཐལ་བར་འགྱུར། ཁས་ལེན་རྟགས། དེས་ན་བདག་གཞན་བརྗེ་བའི་བྱང་ཆུབ་ཀྱི་སེམས་དེ་ལ་ཆོས་ཅན། སྡུག་བསྔལ་ག་ལ་འབྱུང་སྟེ་མི་འབྱུང་བར་ཐལ། དུག་གསུམ་མ་ཡིན་པའི་དགེ་བ་ཡིན་པས་སོ། །དུག་གསུམ་པོ་གང་ཞེ་ན། དཀོན་མཆོག་སྤྲིན་ལས། །འདོད་ཆགས་ཆེན་པོ་ནི་ལུས་ཐམས་ཅད་དུ་ཁྱབ་པ་སེམས་ཀུན་ནས་གཟུང་ཞིང་གཞོལ་ལ་བྲལ་བའི་སེམས་མ་ཐོབ་པ༑ ངོ་ཚ་བ་དང་འཛེམ་པ་མེད་པ་གཅིག་པུ་ཀློག་ཏུ་སེམས་ལ་སྨོན་ཞིང་ཡོན་ཏན་དུ་ལྟ་བའོ། །ཕ་དང་མ་དང་བླ་མ་དང་རྒན་རབས་ལ་རྩོད་ཅིང་མི་བཟློག་པར་གྱུར་པའོ། །འདོད་ཆགས་འབྲིང་ནི་འདོད་པ་ཡི་ཡོན་ཏན་ལ་བརྟེན་ནས་ཆགས་པ་བྲལ་ཞིང་འགྱོད་པ་ཐོབ་སྟེ་མི་འཆབ་པའོ། །འདོད་ཆགས་ཆུང་ངུ་ནི་འདོད་པའི་ཡོན་ཏན་ལ་རེག་པ་དང་ཚོར་བ་དང་སྨྲ་བ་ཙམ་གྱིས་ཚིམ་པའོ། །ཞེ་སྡང་ཆེན་པོ་ནི་སེམས་སྡང་ཞིང་འཁྲུགས་ཏེ། གནོད་སེམས་མང་བས་དམ་པའི་ཆོས་སྤྱངས་ནས་དམྱལ་བར་འགྲོ་བ་སྟེ། མཚམས་མེད་པ་ལྔའི་ལས་ཀྱང་ལྷི་བར་གྱུར་པའོ། །ཞེ་སྡང་འབྲིང་ནི་ལས་བྱས་ནས་མྱུར་བར་འགྱོད་ཅིང་གཉེན་པོ་བསྟེན་པའོ། །ཞེ་སྡང་ཆུང་ངུ་ནི་ཚིག་རྩུབ་མོ་ཙམ་ངན་དུ་བརྗོད་པས་ཞི་ཞིང་གཉེན་པོ་བསྟེན་པའོ། །གཏི་མུག་ཆེན་པོ་ནི་ཉེས་པ་ལ་དགའ་ཞིང་མི་འགྱོད་པའོ། །འབྲིང་པོ་ནི་འགྱོད་ཅིང་འཆགས་པ་ལ་ཡོན་ཏན་དུ་མི་ལྟ་བའོ། །ཆུང་ངུ་ནི་རང་བཞིན་གྱི་ཉེས་པ་ལས་མི་འདའ་ཞིང་བཅས་པ་ལས་འདས་པ་མི་སྤྱོད་ཅིང་འགྱོད་པ་བསྐྱེད་པའོ། །ཞེས་གསུངས། ཉེ་བ་འཁོར་གྱིས་ཞུས་པའི་མདོ་ལས། ཤཱ་རིའི་བུས་གསོལ་པ། བཅོམ་ལྡན་འདས། བྱང་ཆུབ་སེམས་དཔའ་རྣམས་འདོད་ཆགས་ཀྱིས་མི་འཇིགས་ལགས་སམ། ཞེ་སྡང་དང་གཏི་མུག་གིས་མི་འཇིགས་ལགས་སམ། བཅོམ་ལྡན་འདས་ཀྱིས་བཀའ་སྩལ་པ། ཤཱ་རིའི་བུ་གཉིས་པོ་འདི་དག་ནི་བྱང་ཆུབ་སེམས་དཔའ་རྣམས་ཀྱི་ཁ་ན་མ་ཐོ་བ་ཆེན་པོ་དང་བཅས་པའི་ཉེས་པ་ནི་གཉིས་ཏེ། གཉིས་གང་ཞེ་ན། འདི་ལྟ་སྟེ། ཞེ་སྡང་དང་ལྡན་པ་དང་གཏི་མུག་དང་ལྡན་པ་སྟེ། ཤཱ་རིའི་བུ། གཉིས་པོ་འདི་དག་ནི་བྱང་ཆུབ་སེམས་དཔའ་རྣམས་ཀྱི་ཁ་ན་མ་ཐོ་བ་ཆེན་པོ་དང་བཅས་པའི་ཉེས་པ་ཡིན་ནོ། །ཞེས་པ་དང་། ཕུང་པོ་གསུམ་པ་ཉིན་ལན་གསུམ་མཚན་ལན་གསུམ་དུ་བརྗོད་པས་ཉེས་པའི་འགྱོད་པའི་གནས་ལས་གྲོལ་ཞིང་ཏིང་ངེ་འཛིན་ཀྱང་ཐོབ་པར་འགྱུར་རོ། །ཞེས་གསུངས།

སྨོན་ལམ་མཐའ་ནི་བཙན་པའི་ཕྱིར། ལ་རྟགས་མ་གྲུབ་ཏེ། བྱང་ཆུབ་སེམས་དཔའ་བློ་སྦྱོང་བའི་སྨོན་ལམ་འགའ་ཞིག་མཐའ་མི་བཙན་པའི་ཕྱིར། ཤཱ་རིའི་བུའི་གཏམ་བརྒྱུད་དེའང་མ་དག་ཅིང་། སྦྱིར་ས་དྲུག་པ་ལ

གནས་པའི་བྱང་སེམས་ཉན་ཐོས་སུ་ལྟུང་བ་མི་སྲིད་ལ་ལྟུང་ངམ་སྙམ་པའི་དོགས་པ་འབྱུང་། ཞེས་བྱ་བ་ཡང་དྲང་དོན་ཡིན་པའི་ཕྱིར་དང་། ཁྱད་པར་འཕགས་པ་ཤཱ་རིའི་བུ་ནི་སྤྲུལ་པའི་ཉན་ཐོས་སུ་དམ་ཆོས་པད་དཀར་སོགས་ནས་ངེས་དོན་དུ་གསུངས་པའི་ཕྱིར་རོ། །གལ་ཏེ་གོང་གི་རྟགས་དེ་མ་གྲུབ། རང་གཞན་བརྗེ་བའི་སྨོན་ལམ་བཏབ་པ་དེ་མཐའ་བཙན་ནོ་ཞེ་ན། དེ་ལྟ་ན་དེད་དཔོན་མཛའ་བོའི་བུ་རྒྱུན་དུ་ཀླད་ནད་ཆེན་པོར་འགྱུར། ཁས་ལེན་རྟགས། དེ་ཡང་གང་པོ་ལ་སོགས་པའི་རྟོགས་པར་བརྗོད་པ་དང་། མདོ་དྲིན་ལན་གསབ་པ་ལས། སྔོན་འདས་པའི་དུས་ན་ཨཱ་རཱ་ཋ་སཱིར་དེད་དཔོན་མཛའ་བོ་ཞེས་པའི་བུ་བྱུང་ངོ་ཅོག་ཤི་ནས། ཕྱིས་གཅིག་སྐྱེས་པ་ལ་མཛའ་བོའི་བུ་མོར་བཏགས་ཏེ། ཕ་རྒྱ་མཚོར་ནོར་བུ་འདོན་དུ་ཕྱིན་པས་ཤི་ནས། མས་ཆེར་བསྐྱེད་ནས་ཕའི་ལས་གང་ཡིན་འདྲི་བ་ལ། དྲང་པོར་སྨྲས་ན་རྒྱ་མཚོར་ཤི་དོགས་ནས། འབྲུ་འཚོང་བ་ཡིན་ཞེས་སྨྲས་པས། ཁྲི་འུས་ཀར་ཤ་པ་ནི་བཞི་སྙེད་པ་དང་། དེ་བཞིན་དུ་སྤོས་བཙོངས་པས་བརྒྱ་དང་། གོས་ཀྱིས་བཅུ་དྲུག་དང་། གསེར་དངུལ་བཙོངས་པས་སོ་གཉིས་སྙེད་པ་ཐམས་ཅད་མ་ལ་ཕུལ། དེ་ནས་ཚོང་པ་དེའི་རིགས་ཅན་རྣམས་ཀྱིས། ཁྲི་འུ་ཚོང་ལ་མཁས་པར་ཤེས་ནས་ཕྲག་དོག་བྱས་ཏེ། ཁྱོད་རང་གི་ཕའི་ལས་ཀ་གྱིས་ཤིག་ཟེར། ལས་གང་ཡིན་དྲིས་པས། ངེད་ལས་ལྷག་ཏེ་རྒྱ་མཚོར་ནོར་བུ་ལེན་པའི་དེད་དཔོན་ཡིན་ནོ། །ཞེས་སྨྲས་པས། དེ་མ་ལ་བསྙད་པས། དེ་ལྟར་ཡིན་མོད་ཀྱིས་ཕ་བཞིན་རྒྱ་མཚོར་ཤི་དོགས་པས་གསང་བ་ཡིན་གྱིས་དེ་ར་མ་འགྲོ་ཞིག །ཅེས་ཡང་ཡང་བཀག་ཀྱང་མ་ཉན་པར་འགྲོ་བའི་དྲིལ་བསྒྲགས་ཏེ། ཚོང་པ་ལྔ་བརྒྱ་དང་ལྷན་ཅིག་ཆས་པ་ལ༑ མས་མ་བཟོད་པར། སྒོ་འཕྲེད་བཅད་ནས་ཉལ་ཡང་མ་ཕན་པར་མའི་མགོ་ལ་རྡོག་པས་བསྣུན་སོང་ངོ་། །མས་བུ་ཁྱོད་ལ་ལས་དེའི་རྣམ་པར་སྨིན་པ་མྱོང་བར་མ་གྱུར་ཅིག །ཅེས་སྨྲས་སོ། །དེར་ཚོང་གཡོག་ལྔ་བརྒྱ་དང་བཅས་ཏེ་རྒྱ་མཚོར་ཞུགས་པས། གྲུ་བོ་ཆེ་ཆུ་སྲིན་ཉ་མིད་ཀྱིས་བཅོམ་ནས་བཤིག །མཛའ་བོའི་བུ་མོས་གྲུའི་ཤིང་ཚལ་གཅིག་ལ་འཛུས་ནས་རྒྱ་མཚོའི་མཐར་ཕྱིན་པས། གྲོང་ཁྱེར་མྱོས་བྱེད་དུ་ལྷའི་བུ་མོ་བཞི་དང་། རྟག་མྱོས་སུ་བརྒྱད་དང་། དགའ་བྱེད་དུ་བཅུ་དྲུག་དང་། ཚངས་པའི་བླ་མར་སོ་གཉིས་དང་ཕྲད་དེ། བསུ་ནས་ལོ་གྲངས་དུ་མར་དགའ་བདེ་མྱོང་ངོ་། །དེ་ཐམས་ཅད་ཀྱིས་ཀྱང་གཞོན་ནུ་འདི་ནས་ལྷོ་ཕྱོགས་སུ་མ་བཞུད་ཅེས་བསྒོ་ཡང་མ་ཉན་པར་ལྷོ་ཕྱོགས་སུ་སོང་བ་དང་། ལྕགས་ཀྱི་ཁང་པ་ཆེན་པོ་ཞིག་མཐོང་སྟེ། འགྲོ་འདོད་པར་གྱུར་ནས་ནང་དུ་ཕྱིན་པ་དང་སྒོ་རང་འགྲིག་ཏུ་སོང་ངོ་། །ནང་ན་མི་ཞིག་མགོ་ལ་ལྕགས་ཀྱི་འཁོར་ལོ་མེ་རབ་ཏུ་འབར་བ་འཁོར་བའི་རྣག་ཁྲག་ཟགས་པས་འཚོ་བ་ཞིག་མཐོང་ནས་དྲིས་པས། མའི་མགོ་ལ་རྡོག་པས་བསྣུན་པའི་རྣམ་སྨིན་ནོ་ཟེར་བ་དང་། རང་གི་དེ་དྲན་ཏེ་ང་ཡང་ལས་ཀྱིས་འདིར་ཁྲིད་དོ་སྙམ་པ་དང་། ནམ་མཁའ་

ལས་གང་མ་བཅིངས་པ་དེ་དག་ནི་ཆིངས་ཤིག །བཅིངས་པ་དེ་དག་གྲོལ་ཅིག་ཟེར་བ་དང་། འཁོར་ལོ་དེ་དག་རང་གི་མགོ་ལ་འཁོར་བར་གྱུར་པས། མི་དེ་ལ་ཡུན་ཇི་སྲིད་ཅིག་འཁོར་དྲིས་པས། ལོ་གྲངས་སྟོང་ཕྲག་དྲུག་ཅུ་དང་བརྒྱ་ཕྲག་དྲུག་ཅུའི་བར་དུའོ་ཟེར། ངོ་མ་ཤེས་ཏུ་ཐར་དཀའོ་སྙམ་སྟེ། ཡི་མུག་ནས་འདིར་གཞན་ཡང་ཡོད་དམ་མེད་དྲིས་པས། གང་མའི་མགོ་ལ་སྡོག་པས་བསྡུན་པ་ཐམས་ཅད་འདིར་འོང་ཞེས་ཟེར་བ་དང་། གཞན་གཅིས་འཛིན་གྱི་སྙིང་རྗེ་ཚད་མེད་པ་སྐྱེས་ཏེ། འདི་ལྟ་བུའི་མྱོང་ངེས་ཀྱི་ལས་བསགས་པ་ཐམས་ཅད་ཀྱི་སྡུག་བསྔལ་བདག་ལ་སྨིན་པར་གྱུར་ཅིག །གཞན་སུ་ཡང་འདིར་འོང་བར་མ་གྱུར་ཅིག །ཅེས་བརྗོད་མ་ཐག་སྙིང་རྗེའི་སྟོབས་ཀྱིས། མཛའ་བོའི་བུ་མོའི་མགོ་ལ་འཁོར་བའི་འཁོར་ལོ་དེ་ཤིང་ཏ་ལ་བདུན་སྲིད་ཙམ་དུ་འཕགས་ནས་དེ་ཚེའི་དུས་བྱས་ནས་དགའ་ལྡན་དུ་སྐྱེས་སོ། །ཞེས་གསུངས། དུས་གསུམ་སངས་རྒྱས་ཐམས་ཅད་ཀྱང་ཆོས་ཅན། རྒྱུན་དུ་སྡུག་བསྔལ་ཐོབ་པར་འགྱུར། བདག་གཞན་བརྗེ་བ་བསྒོམ་པའི་ཕྱིར། བདག་གཞན་བརྗེས་པའི་སེམས་ཅན་དེ་དག་ཀུན་ཆོས་ཅན། སྡུག་བསྔལ་འབྱུང་བ་སྲིད་པར་མི་འགྱུར། རྒྱུན་དུ་རྒྱལ་བས་བྱིན་པའི་བདེ་བ་མྱོང་བའི་ཕྱིར། དེས་ན་ཁ་ཅིག་བརྗེ་བའི་བྱང་ཆུབ་ཀྱི་སེམས་སྒོམ་དུ་མི་རུང་ཞེས་ཟེར་བ་འདི་འདྲའི་གསང་ཚིག་ནི་བདུད་ཀྱི་ཡིན་པའང་བླུན་པོ་དག་གིས་མི་ཤེས་སོ། །

ཐབས་ལ་བསླུ་བའི་བདུད་ཡོད་ཅེས། རྒྱལ་བས་གསུངས་པའང་དྲན་པར་བྱ་སྟེ། ཆོས་ཟབ་ན་བདུད་ཟབ་པར་གྲགས་པའི་ཕྱིར། དེ་ཡང་བརྒྱད་སྟོང་པ་ལས། གང་ཤེས་རབ་ཀྱི་ཕ་རོལ་ཏུ་ཕྱིན་པ་འདི་མི་བཟུང་བར་སེམས་པ་དང་ཞེས་པ་ནས། ཐ་ན་ཡི་གེར་མི་འབྲི་བར་སེམས་པའི་བྱང་ཆུབ་སེམས་དཔའ་དེ་དག་ནི་བདུད་ཀྱིས་བྱིན་གྱིས་བརླབས་པ་ལགས་པ་དང་ཞེས་གསུངས། མདོ་སྡེ་རྒྱན་ལས། ཐབས་དང་སྐྱབས་དང་དག་པ་དང་། །ཐེག་ཆེན་ངེས་པར་འབྱུང་བ་ལ། །སེམས་ཅན་རྣམས་ནི་རབ་བསླུ་བའི། །བདུད་འཇོམ་ཁྱོད་ལ་ཕྱག་འཚལ་ལོ། །ཞེས་བཤད་དོ། །

གཉིས་པ་ནི། བདག་གཞན་བརྗེ་བ་སངས་རྒྱས་ཀྱིས་ཕ་རོལ་ཏུ་ཕྱིན་པའི་བསྟན་པའི་སྙིང་པོ་ཡིན་པར་གསུངས་ཏེ། ཁྱིམ་བདག་དཔལ་སྦྱིན་དང་། གསང་བ་བསམ་གྱིས་མི་ཁྱབ་པའི་མདོ་ལྟར། འཕགས་པ་ཀླུ་སྒྲུབ་འགྲོ་བ་འཁོར་བ་ལས་སྐྱོབ་པ་ཉིད་ཀྱིས། དབུ་མ་རིན་ཆེན་ཕྲེང་བར་འདི་སྐད་གསུངས་ཏེ། བདག་ལ་དེ་དག་སྡིག་སྨིན་ཅིང་། །བདག་དགེ་མ་ལུས་དེར་སྨིན་ཤོག །ཇི་སྲིད་སེམས་ཅན་འགའ་ཞིག་ཀྱང་། །གང་དུ་མ་གྲོལ་དེ་སྲིད་དུ། །དེ་ཕྱིར་བླ་ན་མེད་པ་ཡི། །བྱང་ཆུབ་ཐོབ་ཀྱང་གནས་གྱུར་ཅིག །དེ་སྐད་བརྗོད་པའི་བསོད་ནམས་འདི། །གལ་ཏེ་དེ་ནི་གཟུགས་ཅན་གྱུར། །གངྒཱའི་བྱེ་མ་སྙེད་ཀྱི་ནི། །འཇིག་རྟེན་ཁམས་སུ་ཤོང་མི་འགྱུར། །འདི

ནི་བཅོམ་ལྡན་འདས་ཀྱིས་གསུངས། །གཏན་ཚིགས་ཀྱང་ནི་འདི་ལ་གནང་། །དེ་ལ་སོགས་པ། སེམས་ཅན་ཁམས་ནི་ཚད་མེད་ལ། །ཕན་འདོད་ཉིད་ནི་དེ་འདྲའོ། །ཞེས་ལེགས་པར་གསུངས་པའི་ཕྱིར། འདིར་གླེགས་བམ་འགའ་ཞིག་ཏུ། རྒྱུད་མཆོག་རྡོ་རྗེ་རྩེ་མོ་ལས། །སེམས་ཅན་སངས་རྒྱས་མ་ཐོབ་པར། །བདག་འཚང་རྒྱ་བར་མ་གྱུར་ཅིག །ཅེས་འབྱུང་བ་ནི་མཆན་དཀྱུས་ལ་ཤོར་བར་མངོན་ཏེ། རྒྱུད་དེ་ལས། འཁོར་བ་མཐར་ཐུག་བར་དུ་ནི། །བདག་འཚང་རྒྱ་བར་མ་གྱུར་ཅིག །དེ་ཀུན་བདག་ལ་སྨིན་གྱུར་ཅིག །བྱང་ཆུབ་སེམས་དཔའི་དགེ་བ་ཡིས། །འགྲོ་བ་བདེ་ལ་སྤྱོད་པར་ཤོག །ཅེས་གསུངས་པས་སོ། །བྱང་ཆུབ་སེམས་དཔའི་སྤྱོད་འཇུག་ལས་ཀྱང་འདི་སྐད་དུ། བདག་བདེ་གཞན་གྱི་སྡུག་བསྔལ་དག །ཡང་དག་བརྗེ་བ་མ་བྱས་ན། །སངས་རྒྱས་ཉིད་དུ་མི་འགྲུབ་ཅིང་། །འཁོར་བ་ན་ཡང་བདེ་བ་མེད། །དེ་སྐད་གསུངས་པའི་མཇུག་ཏུ། འཇིག་རྟེན་ཕ་རོལ་ཕར་ཞོག་གི །བྲན་གཡོག་ལས་མི་བྱེད་པ་དང་། །རྗེ་དཔོན་རྔན་པ་མི་སྟེར་བས། །ཚེ་འདིའི་དོན་ཡང་འགྲུབ་མི་འགྱུར། །ཞེས་པའང་ལེགས་པར་བྲུངས་ཤིག །བ་རྒྱ་ཅན་གྱི་ཀླུ་ཀུན་གྱི་མདོ་དང་། བསླབ་བཏུས་གཞན་ལས་ཀྱང་ཆོས་ཀྱི་སྙིང་པོར་བདག་གཞན་བརྗེ་བ་འདི་གསུངས་པས་སོ། །གསང་ཆེན་ཐབས་ལ་མཁས་པའི་མདོ་ལས། གཞན་ཡང་བྱང་ཆུབ་སེམས་དཔའ་ཆེན་པོ་ཐབས་ལ་མཁས་པ་ནི་ཞེས་པ་ནས། འདི་ལྟར། སེམས་ཅན་དེ་དག་གི་སྡུག་བསྔལ་གྱི་ཚོར་བ་གང་ཡིན་པ་དེ་དག་ཐམས་ཅད་བདག་གི་ལུས་ལ་འབབ་པར་གྱུར་ཅིག །སེམས་ཅན་དེ་དག་བདེ་བར་གྱུར་ཅིག །ཅེས་གསུངས། བྱང་ཆུབ་སེམས་འགྲེལ་ལས། བསམ་གཏན་བདེ་བ་དོར་ནས་ཀྱང་། །མནར་མེད་པར་ཡང་འཇུག་པར་བྱེད། །འདི་ནི་ངོ་མཚར་བསྔགས་འོས་སོ། །འདི་ནི་དམ་པའི་ཚུལ་ལུགས་མཆོག །ཅེས་བཤད། དེས་ན་བདག་གཞན་བརྗེ་བ་ཤེས་ནས་བསྒོམ་པ་དེ་ནི་མྱུར་དུ་མངོན་པར་རྫོགས་པར་འཚང་རྒྱ་ལ། འཚང་མ་རྒྱས་པ་དེ་ཡི་བར་དུ་ཡང་འཇིག་རྟེན་གྱི་ཕུན་སུམ་ཚོགས་པ་འབྱུང་བར་གསུངས་ཏེ། སྡོང་པོ་བཀོད་པའི་མདོ་ལས། རིགས་ཀྱི་བུ་བྱང་ཆུབ་ཀྱི་སེམས་དེ་ནི། སངས་རྒྱས་ཀྱི་ཆོས་ཐམས་ཅད་ཀྱི་ས་བོན་ལྟ་བུའོ། །ཞེས་གསུངས། སྤྱོད་འཇུག་ལས། དེ་ལྟར་ངེས་པར་གཞན་དག་གི །དོན་ལ་རབ་ཏུ་འཇུག་གྱིས་དང་། །ཐུབ་པའི་བཀའ་ནི་མི་བསླུ་བས། །འདི་ཡི་ཕན་ཡོན་ཕྱིས་མཐོང་འགྱུར། །ཞེས་བཤད་པས་སོ། །

གསུམ་པ་ནི། བདག་གཞན་བརྗེ་བའི་བྱང་ཆུབ་སེམས་ཀྱི་གནད་པ་ཆུགས་ན། ཟབ་ཟབ་འདྲ་བའི་ཆོས་གཞན་གྱིས་ནི་འཚང་མི་རྒྱ་སྟེ། ཐབས་མཁས་པ་དང་བྲལ་བའི་སྟོང་ཉིད་ཉན་ཐོས་ཀྱིས་ཀྱང་བསྒོམ་ལ། བསྒོམ་དེ་ཡི་འབྲས་བུ་ཕུང་པོ་ལྷག་བཅས་དང་ལྷག་མེད་ཀྱི་འགོག་པ་དམན་པའི་མྱང་འདས་ཐོབ་པའི་ཕྱིར། རྫ་བོའི

ཆོས་ཀྱི་དབྱིངས་ཀྱི་རྡོ་རྗེའི་གླུ་ལས། འགོག་པ་མྱ་ངན་འདས་པ་གཉིས། །ཞེས་བཤད། ཉན་ཐོས་དེ་ཡང་བཞི་ལས། ཞི་བ་བགྲོད་པ་ཕྱོགས་གཅིག་པའི་ཉན་ཐོས་ཡིན་ནོ། །རྫོགས་པའི་བྱང་ཆུབ་ཏུ་འགྱུར་པའི་ཉན་ཐོས་ནི། མདོ་སྡེ་རྒྱན་ལས། རྒྱན་ཞུགས་དང་། ཕྱིར་འོང་ནི་འདོད་ཁམས་སུ་སྐྱེ་བ་མཚན་ཉིད་པ་འཛིན་ལ། ཕྱིར་མི་འོང་ནི་སྤྲུལ་པའི་ལུས་ཀྱིས་སྐྱེ་བ་འཛིན་ཞེས་བཤད། མཛོད་རྩ་འགྲེལ་ལས། བཟོད་པ་ཐོབ་ནས་སངས་རྒྱས་སུ་མི་འགྱུར། ཞེས་བཤད། ཉན་ཐོས་དགྲ་བཅོམ་ནི། རིན་ཆེན་ཕྲེང་བ་ལས། དེ་ལྟར་ཡང་དག་ཇི་བཞིན་དུ། །འགྲོ་བ་དོན་མེད་ཤེས་ནས་ནི། །རྒྱུ་མེད་པ་ཡི་མེ་བཞིན་དུ།།གནས་མེད་ལེན་མེད་མྱ་ངན་འདའ། །དེ་ལྟར་བྱང་ཆུབ་སེམས་དཔས་ཀྱང་། །མཐོང་ནས་བྱང་ཆུབ་ངེས་པར་འདོར། །དེ་ནི་སྙིང་རྗེ་འབའ་ཞིག་གིས། །བྱང་ཆུབ་བར་དུ་སྲིད་མཚམས་སྦྱོར། །ཞེས་པ་དང་། སེམས་འགྲེལ་ལས། ཇི་སྲིད་སངས་རྒྱས་ཀྱིས་མ་བསྐུལ།།དེ་སྲིད་ཡེ་ཤེས་ལུས་དངོས་ཅན། །ཏིང་འཛིན་མྱོས་པས་བརྒྱལ་གྱུར་པའི། །ཉན་ཐོས་དེ་དག་གནས་པར་འགྱུར། །བསྐུལ་ནས་སྣ་ཚོགས་གཟུགས་ཀྱིས་ནི། །སེམས་ཅན་དོན་ལ་ཆགས་གྱུར་ཅིང་། །བསོད་ནམས་ཡེ་ཤེས་ཚོགས་བསགས་ནས། །སངས་རྒྱས་བྱང་ཆུབ་ཐོབ་པར་འགྱུར། །གཉིས་ཀྱི་བག་ཆགས་ཡོད་པའི་ཕྱིར། །བག་ཆགས་ས་བོན་བརྗོད་པ་ཡིན། །ཞེས་བཤད། དེ་གསུམ་ནི། ཉན་ཐོས་ཐེག་ཆེན་ལམ་དུ་ཞུགས་ནས་གཞན་དོན་བྱེད་པའི་ཚུལ་ལོ། །ཉན་ཐོས་བཞི་གང་ཞེ་ན། ཇོ་བོ་རྗེས། ཉན་ཐོས་རྣམ་བཞི་སྤྲུལ་པ་དང་། །རྫོགས་པའི་བྱང་ཆུབ་འགྱུར་བ་དང་། །ཞི་བགྲོད་གྲུབ་མཐའ་འཛིན་པའོ། །ཞེས་བཤད་པའི་ཐོག་མཐའ་གཉིས་གོ་སླའོ། །

སོ་སོར་ཐར་པ་བཏོན་པ་ཡི། །བསོད་ནམས་གྲུབ་པ་གང་ཡོད་པ། །དེ་ཡིས་འཇིག་རྟེན་མ་ལུས་པ། །ཐུབ་དབང་གོ་འཕང་ཐོབ་པར་ཤོག ཅེས་གསུངས་པ་བཞིན་དུ། གཞན་དོན་དུ་བསྔོ་བ་ཉན་ཐོས་རྣམས་ཀྱང་བྱེད་ཅིང་། འདུལ་བ་ལུང་ལ་སོགས་པ་སྣ ཀཱ་ཏྱཱ་ཡ་ནའི་གདམས་ངག་ལས། སྟོང་པ་ཉིད་དང་། མདོ་སྡེ་ལས་བརྒྱ་དང་། གང་པོའི་རྟོགས་བརྗོད་སོགས་ལས། སྐྱེ་མེད་དང་། ནམ་མཁའ་དང་ལག་མཐིལ་མཉམ་པ་སོགས་ཆོས་ཀུན་མཉམ་ཉིད་རྟོགས་པའང་གསུངས་ལ། རྒྱལ་བུ་ཐམས་ཅད་སྒྲོལ་གྱི་སྐྱེས་རབས་ལས་ཀྱང་། བདག་གིས་བྲམ་ཟེ་འདོད་པ་ལ། །དགའ་བས་ཤིང་རྟ་འདི་བཏང་བས། །དངོས་པོ་ཐམས་ཅད་བཏང་ནས་ནི། །རྫོགས་པའི་བྱང་ཆུབ་ཐོབ་པར་ཤོག །དེ་སོགས་བསྔོ་བའམ་མང་དུ་གསུངས་ཏེ། དཔལ་གྱི་སྡེའི་རྟོགས་བརྗོད་ལས། འཕྲུལ་དུ་སེང་གེའི་ཁྲི་ལས་བབས་ནས། བྱང་ཆུབ་ཏུ་སྨོན་པའི་སེམས་ཀྱིས་བཙུན་མོ་རྒྱལ་བའི་འོད་ལྡའི་བུ་མོ་བཞིན་དུ་རྣམ་པར་མཛེས་པ་ཁྲོད་དང་བྲལ་བའི་གདུང་བས་ཤིན་ཏུ་དབུགས་རིང་པོ་ཕྱུང་སྟེ། མཆི་མས་གང་བའི་མིག་དང་ལྡན་པའི་གཡང་ས་ཆེན་པོར་ལྷུང་བ་བཞིན་དུ། མཆོག་ཏུ་སྡུག་བསྔལ་བས་གདོང་ཕབ་པ། ལག་

པ་གཡོན་པས་བཟུང་སྟེ། ལག་པ་གཡས་པས་གསེར་གྱི་བུམ་པ་ཐོགས་ནས་བྲམ་ཟེའི་ཁྱེའུ་དེ་ལ་འདི་སྐད་ཅེས་སྨྲས་སོ། །བྲམ་ཟེ་ཆེན་པོ་ཚུར་ཤོག་ཚུར་ཤོག །བྲམ་ཟེ་དམ་པ་གཟུགས་བཟང་བ། །སྡུག་པའི་ཆུང་མ་འདི་སྟོང་ཞིག །སྦྱིན་པ་འདི་ཡིས་མྱུར་དུ་ནི། །བྱང་ཆུབ་དམ་པ་ཐོབ་པར་ཤོག །ཅེས་སྨྲས་ནས། བྱང་ཆུབ་སེམས་དཔས་བྲམ་ཟེ་དེའི་ལག་པར་ཆུའི་རྒྱུན་བླུགས་སོ། །དེ་ནས་ཡང་དགེ་སློང་དག །རྒྱལ་པོ་དཔལ་གྱི་སྟེས་ཆུའི་རྒྱུན་བླུགས་པའི་རྗེས་ཐོགས་ཉིད་ལ་དེའི་ཚེ་འཕྲུལ་དུ་ས་རྣམ་པ་དྲུག་ཏུ་གཡོས་པར་གྱུར་ཏོ། །ཞེས་གསུངས། དེས་ན་ཐེག་པ་ཐུན་མོང་བ་ལྟར་ན། ཉན་ཐོས་ལ་ཉོན་སྒྲིབ་ཀྱི་གཉེན་པོ་གང་ཟག་ལ་བདག་མེད་རྟོགས་པའི་ཤེས་རབ་དང་གཞན་དོན་དུ་བསྔོ་བ་བྱེད་པ་སོགས་ཡོད་ལ། རང་སངས་རྒྱས་ལ་གཟུང་རྟོག་ཤེས་སྒྲིབ་ཀྱི་གཉེན་པོ་གཟུང་བ་ཆོས་ཀྱི་བདག་མེད་རྟོགས་པའི་ཤེས་རབ་དང་རྫུ་འཕྲུལ་གྱིས་སེམས་ཅན་འདུལ་བ་སོགས་ཡོད་པ་འོན་ཀྱང་། ཉན་རང་ལ་ཐེག་ཆེན་ཐུན་མོང་མ་ཡིན་པའི་ཐབས་ལ་མཁས་པ་ཡི་ཁྱད་པར། རྣམ་མཁྱེན་ཡིད་ལ་བྱེད་པའི་བསྔོ་བ་སྨོན་ལམ་བདག་གཞན་མཉམ་པ་དང་བརྗེ་བའི་བྱང་ཆུབ་ཀྱི་སེམས་དང་། འཛིན་རྟོག་ཤེས་སྒྲིབ་ཀྱི་གཉེན་པོ་འཛིན་པ་ཆོས་ཀྱི་བདག་མེད་རྟོགས་པའི་ཤེས་རབ་སོགས་འགའ་ཞིག་མ་གསུངས་པས། རང་ལམ་དུ་རྫོགས་པའི་སངས་རྒྱས་སྒྲུབ་མི་ནུས་པའི་ཕྱིར་ན་བྱང་སེམས་ཆེན་པོའི་ཐབས་ལ་མཁས་པ་དང་། ཤེས་རབ་མཆོག་ཉིད་རྫོགས་པའི་སངས་རྒྱས་ཀུན་མཁྱེན་སྒྲུབ་པའི་རྒྱུའི་གཙོ་བོ་ཡིན་ཏེ། དེ་ཡང་མངོན་རྟོགས་རྒྱན་གྱི་སྒྲུབ་དང་། ཞེས་པའི་འགྲེལ་པ་དོན་གསལ་ལས། ཉན་ཐོས་ལ་སོགས་པ་དང་ཐུན་མོང་མ་ཡིན་པ་ཞེས་པའི་ཡུམ་གྱི་མདོ་ལས། ཤཱ་རིའི་བུ་གལ་ཏེ་ཕྱོགས་བཅུའི་ཞིང་གངྒཱའི་ཀླུང་གི་བྱེ་མ་སྙེད་ཀྱི་འཇིག་རྟེན་གྱི་ཁམས་དགེ་སློང་ཤཱ་རིའི་བུ་དང་མོ་གལ་གྱི་བུ་ལྟ་བུ་ཤ་སྟག་གི་འདི་ལྟ་སྟེ། འདམ་བུའི་ཚལ་ལམ་འོད་མའི་ཚལ་ལམ་སྨྱིག་མའི་ཚལ་ལམ་འབྲས་ཀྱི་ཚལ་ལམ་ཏིལ་གྱི་ཚལ་ལྟར་གང་བར་གྱུར་ཀྱང་དེ་དག་གི་ཤེས་རབ་གང་ཡིན་པ་དེས། བྱང་ཆུབ་སེམས་དཔའ་ཡུམ་ལ་སྤྱོད་པའི་ཤེས་རབ་ཉིན་གཅིག་བསྒོམ་པ་ཙམ་གྱི་བརྒྱའི་ཆར་ཡང་ཉེ་བར་མི་འགྲོ་སྟོང་དང་བརྒྱ་སྟོང་དང་། ཞེས་པ་ནས། གྲངས་ཀྱི་ཆར་ཡང་བགྲང་བར་ཡང་རྒྱུར་ཡང་དཔེར་ཡང་ཉེ་བར་མི་འགྲོ། དེ་ཅིའི་ཕྱིར་ཞེ་ན།ཤཱ་རིའི་བུ་འདི་ལྟར། བྱང་སེམས་ཀྱི་ཤེས་རབ་ནི་སེམས་ཅན་ཐམས་ཅད་ཡོངས་སུ་མྱ་ངན་ལས་འདའ་བའི་དོན་དུ་ཉེ་བར་གནས་པ་ཡིན་གྱི། ཉན་ཐོས་དང་རང་སངས་རྒྱས་ཀྱི་ཤེས་རབ་ནི་དེ་ལྟ་མ་ཡིན་ནོ། །ཞེས་པ་དང་། མདོ་སྡུད་པ་ལས། ཐབས་མེད་ཤེས་རབ་བྲལ་བ་ཉན་ཐོས་ཉིད་དུ་ལྟུང་། །ཞེས་པ་དང་། ཡི་ཅ་པིས་ཞུས་པའི་མདོ་ལས། བྱང་ཆུབ་སེམས་དཔའ་རྣམ་དག་གི །ཡབ་ནི་ཐབས་ལ་མཁས་པ་སྟེ། །ཡུམ་ནི་ཤེས་རབ་ཕ་རོལ་ཕྱིན། །འདྲེན་པ་རྣམས་ནི་དེ་ལས་སྐྱེས། །ཞེས་པ་དང་། དཀོན་མཆོག་བརྩེགས་པའི་མདོ་

ལས། ཇི་ལྟར་གྲོང་ཁྱེར་སྐྱེ་བོའི་མི་གཙང་ལུད། །དེ་ནི་བུ་རམ་ཤིང་པའི་ཞིང་ལ་ཕན། །དེ་བཞིན་བྱང་ཆུབ་སེམས་དཔའི་ཉོན་མོངས་ལུད། །དེ་ནི་སངས་རྒྱས་ཆོས་རྣམས་བསྐྱེད་ལ་ཕན། །ཞེས་གསུངས། གདམས་ངག་རིན་ཆེན་ཕྲེང་བ་ལས། ཉན་ཐོས་ཐེག་པ་དེ་ལས་ནི། །བྱང་ཆུབ་སེམས་དཔའི་སྨོན་ལམ་དང་། །སྤྱོད་པ་ཡོངས་བསྔོ་མ་བཤད་དེ། །བྱང་ཆུབ་སེམས་དཔར་ག་ལ་འགྱུར། །ཞེས་པ་དང་། སྤྱོད་འཇུག་ལས། བདག་དང་གཞན་དུ་བརྗེ་བྱ་བ། །གསང་བའི་དམ་པ་སྤྱད་པར་བྱ། །ཞེས་བཤད། གལ་ཏེ་སློབ་དཔོན་ཟླ་བ་གྲགས་པས། ཉན་ཐོས་ལ་ཆོས་ཀྱི་བདག་མེད་རྟོགས་པ་ཡོད་པར་བཤད་པ་དང་འགལ་ཞེ་ན། དབུ་མ་དང་ཡུམ་གྱི་མདོ་གཉིས་མི་འགལ་ཏེ། རྩ་ཤེས་དང་འཇུག་པ་ནས་བཤད་པའི་ལུང་བརྒྱད་རིགས་པ་གཉིས་ནི། ཕར་ཕྱིན་པ་ལྟར་ན་གང་ཟག་གི་བདག་མེད་སྟོན་བྱེད་ལས་མ་འདས་ཏེ། ཕལ་ཆེར་ཐར་པ་ལ་སྒྲིབ་བྱེད་ཉོན་མོངས་པའི་སྒྲིབ་པ་མ་རིག་པ་སྤྱོང་བྱེད་ཀྱི་ཡན་ལག་ཏུ་སྣང་བས་སོ། །

དེ་ཡང་། འཕགས་པའི་བདེན་པ་བཞི་དག་གི །རྣམ་པ། ཞེས་པའི་རྩ་འགྲེལ་དུ། གཟུགས་ཀྱི་ཕུང་པོ་སོགས་ལ་མི་རྟག་སྡུག་བསྔལ་སྟོང་བདག་མེད་དུ་རྟོགས་པ་ཉན་ཐོས་ལ་ཡོད་པར་བཤད་པའི་ཕྱིར་རོ། །བྱང་སེམས་ཆེན་པོའི་སྦྱོར་ལམ་དེ་ཡང་། དམིགས་པ་མི་རྟག་ལ་སོགས་པ། །བདེན་པའི་རྟེན་ཅན་དེ་ཡི་ནི། །རྣམ་པ་མངོན་ཞེན་ལ་སོགས་འགོག །ཅེས་བྱ་བ་ཡིན་ཏེ། འདིའི་ཡུམ་གྱི་མདོ་ལས། གཟུགས་མི་རྟག་ཅེས་བྱ་བར་མངོན་པར་ཞེན་པ་དང་ལྷག་པར་གནས་པ་དང་ཀུན་ཤེས་པ་འདི་ནི། ཤཱ་རིའི་བུ་བྱང་སེམས་ཆེན་པོ་མཐུན་པའི་ཆོས་ལ་ཆགས་པ་སྐྱེ་སྐྱོན་ནོ། །ཞེས་གསུངས། ཊཱིཀྐ་བྱེད་པ་ཁ་ཅིག་བདེན་པར་མངོན་པར་ཞེན་པ་ཞེས་སྦྱོར་བས་ནི༑ མཐུན་པའི་ཆོས་ལ་ཆགས་པ་སྐྱེ་ཞེས་པའི་དོན་མ་གོ་བར་ཟད་ཅིང་། ཤེས་སྒྲིབ་འཛིན་རྟོག་ཡིན་ན་བདེན་འཛིན་ཡིན་པས་ཁྱབ་པར་ཡང་ཐལ་བའི་ཕྱིར་རོ། །རྒྱས་པར་ཁོ་བོས་དབུ་མའི་དཀའ་འགྲེལ་རིགས་ཚོགས་སྙི་བའི་མགྲིན་པ་ལུང་རིགས་མན་ངག་གི་ཁ་རྒྱན་ཅེས་བྱ་བར་བཤད་ཟིན་ཏོ། །

གསུམ་པ་ནི། ཐེག་པ་ཐུན་མོང་བ་དང་ཐུན་མོང་མ་ཡིན་པའི་སངས་རྒྱས་ཀྱི་དགོངས་པ་མི་ཤེས་པར། ཆོས་ལྟར་བཅོས་པས་བླུན་པོ་འགའ། །ངོ་མཚར་བསྐྱེད་ཀྱི་མཁས་པ་རྣམས། །ཁྲེལ་བར་འགྱུར་བ་འདི་འདྲ་ཡོད། །ཆང་དང་དུག་དང་མཚོན་ཆ་དང་། །གཞན་གྱི་ལོངས་སྤྱོད་སྟེར་བ་དང་། །གསོད་སར་ཕྱུགས་མ་སྟེར་བ་དང་། །མཆོག་གི་ནོར་ནི་མཆོག་མིན་ལ། །སྟེར་བ་སོགས་སུམ་ཅུ་སོ་གཉིས་དྲང་སྲོང་རྒྱས་པས་ཞུས་པའི་མདོ་ལས་བཀག་པས་ན་མ་དག་པའི་སྦྱིན་པ་ཡིན་ཏེ། དེ་ཡང་དཀོན་མཆོག་བརྩེགས་པའི་མདོ་དེ་ལས། མ་དག་པའི་སྦྱིན་པ་རྣམ་པ་སུམ་ཅུ་རྩ་གཉིས་གང་ཞེ་ན། འདི་ལྟ་སྟེ་དྲང་སྲོང་ཆེན་པོ། འདི་ལ་གཏོང་བ་པོ་ཕྱིན་ཅི་ལོག་ཏུ་ལྟ་བར་གྱུར་

ཅིང་མ་དད་པ་དང་མ་དད་པ་མང་ལ་དེས་སྦྱིན་པ་བྱིན་ན་དེའི་སྦྱིན་པ་དེ་ཡོངས་སུ་མ་དག་པ་ཡིན་ནོ། །དྲང་སྲོང་ཆེན་པོ་གཞན་ཡང་ཕན་གདགས་པའི་ལན་དུ་ཕན་འདོགས་པར་བྱ་བའི་ཕྱིར་སྦྱིན་པ་བྱིན་ན་དེ་ཡོངས་སུ་མ་དག་པ་ཡིན་ནོ། །དེས་དམན་པ་དང་འདོད་པའི་རྒྱུའི་ཕྱིར་གང་འདི་ལྷ་བུའི་སེམས་ཀྱིས་མི་ལ་སྦྱིན་པ་བྱིན་ནོ་ཞེའམ་མི་ལྟེ་ལ་སྦྱིན་པ་བྱིན་ཞེའམ། ཆུ་ལ་སྦྱིན་པ་བྱིན་ནོ་ཞེའམ། དེས་བདག་ཡོངས་སུ་ཤེས་པར་བྱ་བའི་ཕྱིར་རྒྱལ་པོ་ལ་སྦྱིན་པ་བྱིན་ན་སྦྱིན་པ་དེ་ཡོངས་སུ་མ་དག་པ་ཡིན་ནོ། །གང་འཇིགས་པའི་ཕྱིར་ཆོམ་པོ་ལ་སོགས་པ་ལ་སྦྱིན་པ་བྱིན་ཏེ་ཐུན་མོང་མ་ཡིན་པ་ལྟ་སྦྱིན་ན་ཡོངས་སུ་མ་དག་པ་ཡིན་ནོ། །དུག་སྦྱིན་པ་དང་། མཚོན་ཆ་སྦྱིན་པ་དང་། སྲོག་ཆགས་བསད་དེ་ཤ་སྦྱིན་པ་དང་། བག་མེད་པ་རྣམས་ལ་ཆང་སྦྱིན་པ་དང་། འདི་དག་ནི་བདག་གིར་གྱུར་ཏེ་བདག་གི་རིམ་གྲོ་དང་མཆོད་པར་འགྱུར་རོ་སྙམ་ནས་སེམས་ཅན་བསྟུ་བ་དང་ཐོབ་པའི་ཕྱིར་སྦྱིན་པ་དང་། གང་བཛོད་པ་དང་སྒྲ་དང་ཚིགས་བཅད་པའི་ཕྱིར་སྦྱིན་པ་བྱིན་པ་དང་། གང་གར་དང་གླུ་དང་བཞད་གད་དང་རྩེད་མོ་དང་གཏམ་དང་དགའ་བར་བྱ་བའི་ཕྱིར་རོལ་མོ་མཁན་རྣམས་ལ་སྦྱིན་པ་བྱིན་ན་སྦྱིན་པ་དེ་ཡོངས་སུ་མ་དག་པ་ཡིན་ནོ། །གང་གཟའི་མཚན་མའི་ཕྱིར་སྐར་མཁན་ལ་སྦྱིན་པ་གཏོང་བར་བྱེད་པ་དང་། གང་གཞན་གྱི་ནོར་མཛའ་བོ་ལ་སྦྱིན་པ་དང་། གང་གི་ཁྱིམ་ཞིང་ལ་འབྲུའི་ཕུང་པོའམ་ནས་དང་གྲོའི་ཕུང་པོ་ལ་རི་དྭགས་དང་བྱས་ཟ་ལ་དེ་དེ་ལ་དགའ་བ་དང་མགུ་བསྐྱེས་ན་དེ་ཡང་སྦྱིན་པ་ཡོངས་སུ་མ་དག་པ་ཡིན་ནོ། །གང་བཟོའི་ཕྱིར་སྦྱིན་པ་བྱིན་པ་དང་། གང་ཡང་ལུས་ཀྱི་མི་བདེ་བས་འཇིགས་པའི་ཕྱིར་སྨན་པ་ལ་སྦྱིན་པ་དང་། གང་ཡང་སློང་བ་རྣམས་ལ་སྨྲོས་པ་བྱས་ཏེ་ཚིག་པ་ཟ་བར་བྱས་ནས་སྦྱིན་པ་བྱིན་ན་དེ་ཡང་ཡོངས་སུ་མ་དག་པ་ཡིན་ནོ། །གང་ཡང་སྦྱིན་པ་བྱིན་པ་འདིའི་རྣམ་པར་སྨིན་པ་ཡོད་དམ་མེད་ཅེས་ཐེ་ཚོམ་ཟ་ན་དེ་ཡང་ཡོངས་སུ་མ་དག་པ་ཡིན་ནོ། །གང་ཡང་སྦྱིན་པ་བྱིན་ནས་གདུང་བ་དང་འགྱོད་པས་གདུངས་ན་དེ་ཡང་ཡོངས་སུ་མ་དག་པ་ཡིན་ནོ། །གང་སྦྱིན་པ་བྱིན་ནས་བདག་ལས་ཁྱེར་བ་ཐམས་ཅད་ཀྱིས་ཚེ་ཕྱི་མ་ལ་སླར་སྦྱིན་པར་འགྱུར་རོ་སྙམ་དུ་འདི་ལྟ་བུའི་སེམས་བསྐྱེད་ན་འདི་ཡང་ཡོངས་སུ་མ་དག་པ་ཡིན་ནོ། །གང་བསོད་ནམས་ཀྱི་རྣམ་པར་སྨིན་པ་འདི་ནི་བདག་ཉིད་ཀྱིས་སྤྱད་ཀྱིས་སེམས་ཅན་གཞན་གང་ལ་ཡང་མ་གྱུར་ཅིག་སྙམ་དུ་དེ་ལྟར་སེམས་བསྐྱེད་ན་དེ་ཡང་ཡོངས་སུ་མ་དག་པ་ཡིན་ནོ། །གང་ལང་ཚོ་ལ་བབ་པས་སྦྱིན་པ་བྱིན་པ་དང་། ཕྱིས་དར་ཆེད་དང་རྒ་བའི་གནས་ཀྱི་ཚེ་སྦྱིན་པ་བྱིན་པ་དང་། ན་བས་གཟིར་བ་དང་འཆི་བའི་དུས་ཀྱི་ཚེ་གནད་དུ་ཕོག་པའི་སྡུག་བསྔལ་བ་དང་གནད་པ་དང་འཆི་བའི་སྡུག་བསྔལ་དུ་གྱུར་པ་ན་སངས་རྒྱས་ལ་དགའ་བ་དང་དད་པ་མེད་པར་རྩ་ལག་རྣམས་ཀྱིས་བྱེད་དུ་བཅུག་སྟེ་སྦྱིན་གནས་རྣམས་ལ་སྦྱིན་པ་བྱིན་ན་དེ་ཡང་ཡོངས་སུ་མ་དག་པ་ཡིན་ནོ། །གང་

ཡུལ་གཞན་ན་གནས་ན་ཡང་ཡུལ་དང་གནས་ག་གེ་མོ་ཞེས་བྱ་བ་ན་བདག་སྦྱིན་བདག་ཏུ་གྲགས་པར་འགྱུར་རོ་སྙམ་སྟེ་གྲགས་པའི་རྒྱུར་སྦྱིན་པ་བྱིན་ན་དེ་ཡང་ཡོངས་སུ་མ་དག་པ་ཡིན་ནོ། །གང་ཡང་ཁ་ཟས་གཏོང་མི་ཕོད་པ་ལ་འཇིག་རྟེན་པ་མི་དགའ་བར་མཐོང་ནས་སྦྱིན་ཕོད་པའི་ཉེས་པ་ནི་འཇིག་རྟེན་གྱིས་བཟོད་སྙམ་ཏེ་སྦྱིན་པ་བྱིན་ན་དེ་ཡང་ཡོངས་སུ་མ་དག་པ་ཡིན་ནོ། །གང་ཡང་བུད་མེད་སྙིང་དུ་སྡུག་སྟེ་ཆུང་མ་བླངས་པའི་འབྲེལ་བའི་ཕྱིར་བྱེད་པར་བྱ་བའི་དོན་དུ་བུད་མེད་ཀྱི་གཞི་ལས་མཛའ་བཤེས་དང་གཉེན་འདབ་དང་འབྲེལ་བའི་ཕྱོགས་ལ་ནོར་བུ་དང་གསེར་དང་དངུལ་དང་རྡོ་རྗེ་དང་བཻ་ཌཱུརྻ་དང་བྱི་རུ་དང་དུ་གུ་ལའི་རས་ལ་སོགས་པས་མགུ་བར་བྱེད་ན་དེ་ཡང་ཡོངས་སུ་མ་དག་པ་ཡིན་ནོ། །གང་ཡང་འདི་ལྟར་བདག་ལ་ནོར་ནི་མང་དུ་ཡོད་ན་བདག་ལ་བུ་མེད་དེ་དེས་ན་བདག་གིས་གང་རིགས་པ་ལ་གཏོང་བར་བྱའོ་སྙམ་སྟེ་སྦྱིན་པ་བྱིན་ན་དེ་ཡང་ཡོངས་སུ་མ་དག་པ་ཡིན་ནོ། །གང་ཡང་ཚེ་འདི་ལ་བྱིན་པས་འཇིག་རྟེན་ཕ་རོལ་ཏུ་རྙེད་པར་འགྱུར་རོ་སྙམ་པའི་སེམས་ཀྱིས་སྦྱིན་པ་བྱིན་ན་དེ་ཡང་ཡོངས་སུ་མ་དག་པ་ཡིན་ནོ། །གང་མེ་ཏོག་དང་འབྲས་བུ་དང་ཟང་ཟིང་འདོད་པས་དབུལ་བ་དང་བཀྲེན་པ་དང་སྡུག་ཕོངས་པ་གོས་དེངས་ཤིང་བཀྲེན་པ་རྣམས་བཀྲོལ་ཏེ་བོར་ལ་ཕྱུག་པོ་རྒྱ་ཆེན་པོ་ལ་སྦྱིན་པ་བྱིན་ན་དེ་ཡང་ཡོངས་སུ་མ་དག་པ་ཡིན་ཏེ། དྲང་སྲོང་ཆེན་པོ། རྣམ་པ་སུམ་ཅུ་རྩ་གཉིས་པོ་འདི་དག་གི་སྦྱིན་པ་བྱིན་ན་ཡོངས་སུ་མ་དག་པ་ཡིན་པར་ལྟའོ། །ཞེས་པ་དང་། དྲང་སྲོང་ཆེན་པོ་རྒྱས་པས་གསོལ་པ། བཅོམ་ལྡན་འདས་སྦྱིན་པ་ཡོངས་སུ་དག་པ་གང་ལགས། བཅོམ་ལྡན་འདས་ཀྱིས་བཀའ་སྩལ་པ། གང་དད་པ་བསྐྱེད་དེ་སེམས་ཅན་ཐམས་ཅད་ལ་དམིགས་ཤིང་བྱམས་པ་དང་ལྡན་པའི་སེམས་ཀྱིས་གུས་པར་བྱས་ཏེ་དུལ་བས་སྦྱིན་པ་དེ་ཐམས་ཅད་ཡོངས་སུ་དག་པ་ཡིན་ནོ། །ཐར་པར་བསྔོས་ཏེ་སྦྱིན་པ་ནི་ཡོངས་སུ་དག་པ་ཞེས་བྱའོ། །ཞེས་གསུངས།

ཐུབ་པ་དགོངས་གསལ་ལས། ཡོག་ལྷ་མ་དད། ཕན་བཏགས་ལན། མི། ཆུ། རྒྱལ་སྟེར། འཇིགས་ཕྱིར་སྟེར། དུག །མཚོན།བསང་ཤ །བག་མེད་ཆང་། བསྟུ་ཕྱིར། བསྟོད་ཕྱིར། རོལ་མོ་མཁན། སྐར་མཁན། གཞན་ནོར་མཛའ་ལ་སྟེར། གཞན་གྱི་འབྲུ་བསྐོད། བཟོ་བོ་དང་། ནད་ཕྱིར་སྨན་པ། སྒྱོས་ནས་སྟེར། རྣམ་སྨིན་ཐེ་ཚོམ། བྱིན་རྗེས་འགྱོད། འདི་ཡིས་ཕྱི་མར་བདག་ལ་སྦྱིན། རྣམ་སྨིན་རང་ཉིད། ལང་ཚོ། ཀྲས། ན་དང་འཆི་ཚེ་བསྐུལ་ནས་མཆོད། ཡུལ་གཞན་གྲགས་ཕྱིར། ཕོད་བསྟན་ཕྱིར། བུད་མེད་ཕྱིར་སྟེར། བུ་མེད་ཕྱིར། ཕྱི་མར་རྙེད་ཕྱིར། དམན་པ་རྣམས་བོར་ནས་ཕྱུག་པོ་རྣམས་ལ་སྟེར། །མ་དག་སྦྱིན་པ་སུམ་ཅུ་གཉིས། །རྒྱས་པའི་མདོ་ལས་གསུངས་ཕྱིར་སྤང་། །ཞེས་གསུངས། རང་ཉིད་ཅེས་པ་གཉིས་སུ་བགྲངས་པའི་ཊཱི་ཀ་བྱེད་ཁ་ཅིག །མདོ་

ནས་རྣམ་སྨིན་ཞེས་པ་སྔ་ཕྱི་གཉིས་ཡོད་པ་དང་མི་འགྲིག་ཅིང་། དེས་ན་སྔ་ཕྱི་གཉིས་ལ་འཁྲུལ་པའི་ཡི་གེ་པས་ཚིགས་རྐང་ཆད་པར་མངོན་ནོ། །བུའི་ཕྱིར་ཞེས་པ་ཡང་མདོ་ནས་བུ་མེད་ཅེས་པ་དང་འགལ་ལོ། །ཚུལ་ཇི་ལྟར་མ་དག་ཅེ་ན། མདོའི་གོ་རིམ་ཇི་ལྟ་བ་བཞིན་འཆད་དེ། དང་པོ་དྲུག་དང་བཅུ་གསུམ་པ། །བཅུ་བཞི་པ་དང་བཅོ་ལྔ་པ། །བཅུ་བདུན་པ་དང་བཅོ་བརྒྱད་པ། །ཐ་མ་གཅིག་ཏེ་བཅུ་གཉིས་པོ། །ཞིང་ནི་མ་དག་པ་ཡིན་ནོ། །བདུན་པ་བརྒྱད་པ་དགུ་པ་དང་། །བཅུ་པ་དང་ནི་བཅུ་དྲུག་པ། །ལྔ་ནི་དངོས་པོ་མ་དག་པའོ། །བསམ་པ་མ་དག་ལྷག་བཅོ་ལྔ། །ཞེས་སོ། །

གཞན་ཡང་བྱང་ཆུབ་སེམས་དཔའི་སོ་སོར་ཐར་པ་ཆོས་བཞི་བསྟན་པའི་མདོ་ལས། ཤཱ་རིའི་བུ་གང་ཡང་བྱང་ཆུབ་སེམས་དཔའ་མཁས་པས་སྨད་པའི་སྦྱིན་པ་འདི་རྣམས་ལས་རབ་ཏུ་བཟློག་པ་ཡིན་ཏེ། འདི་ལྟ་སྟེ༔ དུས་སུ་མ་ཡིན་པའི་སྦྱིན་པ་དང་། རྫུང་བ་མ་ཡིན་པའི་སྦྱིན་པ་དང་། ཆང་གི་སྦྱིན་པ་དང་། དུག་གི་སྦྱིན་པ་དང་། གནོད་པའི་སྦྱིན་པ་དང་། འཁྲོད་པའི་སྦྱིན་པ་དང་། མཚོན་ཆའི་སྦྱིན་པ་དང་། ཕྲོག་པའི་སྦྱིན་པ་དང་། བརྣས་པའི་སྦྱིན་པ་དང་། རང་གི་ལག་གིས་མ་ཡིན་པའི་སྦྱིན་པ་དང་། རྒྱབ་ཀྱིས་ཕྱོགས་པའི་སྦྱིན་པ་དང་། འདོད་པ་ལ་བརྟེན་པའི་སྦྱིན་པ་དང་། མི་མཐུན་པའི་སྦྱིན་པ་དང་། དམ་པ་མ་ཡིན་པའི་སྦྱིན་པ་དང་། སྨད་པའི་སྦྱིན་པ་དང་། དུག་དང་སྦྱར་བའི་སྦྱིན་པ་དང་། སོ་སོར་གནོད་པའི་སྦྱིན་པ་དང་། རྙེད་པའི་ཕྱིར་སྦྱིན་པ་དང་། རྟག་ཏུ་འཇིགས་པ་བསྐྱེད་པའི་སྦྱིན་པ་དང་། བྱང་ཆུབ་ཡོངས་སུ་ཉམས་པར་བྱེད་པའི་སྦྱིན་པ་དང་། འཆི་བའི་ཞགས་པའི་སྦྱིན་པ་དང་། རྨོངས་པའི་སྦྱིན་པ་དང་། བསྟེན་པའི་ཕྱིར་སྦྱིན་པ་དང་། འཇིགས་པའི་སྦྱིན་པ་དག་ལས་བཟློག་པར་འགྱུར་རོ། །ཞེས་གསུངས།

འོན་ཁྱིམ་བདག་དྲག་ཤུལ་ཅན་གྱིས་ཞུས་པའི་མདོ་ལས། དེས་གཞན་ལ་ཆང་ཡང་སྦྱིན་ཏེ། དེ་མེད་སྐམ་དུ་འདི་ནི་སྦྱིན་པའི་ཕ་རོལ་ཏུ་ཕྱིན་པའི་དུས་ཡིན་ཏེ། གང་ལ་གང་གི་དོན་དུ་འགྱུར་བ་དེ་ལ་སྦྱིན་པའི་དུས་ལ་བབ་ཀྱིས། བདག་གིས་འདི་ལྟར་བྱས་ཏེ་གང་དང་གང་ལ་ཆང་ཡང་བྱིན་ནས། གང་འདི་འཁྲུལ་པ་མེད་པའི་སྤྱོད་པ་ལ་དེ་དང་དེ་དག་དྲན་པ་དང་ཤེས་བཞིན་ཡང་དག་པར་དྲན་དུ་གཞུག་གོ་སྙམ་པའི་འདུ་ཤེས་བསྐྱེད་པར་བྱའོ་ཞེས་གསུངས་པ་ཇི་ལྟར་དྲང་ཞེ་ན། བསླབ་བཏུས་ལས། མདོ་དེའི་འགལ་སྤོང་དུ། གང་ཞེས་གསུངས་པ་ནི་ཆང་སློང་བ་པོས་བྱང་ཆུབ་སེམས་དཔའ་ལ་རེ་ཐག་ཆད་ནས་ཁོང་ཁྲོ་བ་ལྷོ་བར་འགྱུར་བས་འདིས་སེམས་ཅན་བསྡུ་བ་ཉམས་པར་འགྱུར་ཏེ། དེ་བས་ན་གཞན་དད་པར་བྱ་བའི་ཐབས་སུ་ཆང་སྦྱིན་ནོ་ཞེས་བྱ་བར་དགོངས་པའོ་ཞེས་བཤད། མདོ་འདིར་ཡང་འཁྲུལ་པ་མེད་པའི་སྤྱོད་པ་ལ་དྲན་ཤེས་བཞིན་ཡང་དག་པར་དྲན་

ཟུ་གཞུག་གོ་ཞེས་གསུངས་པའི་ཕྱིར་རོ། །

ཐུབ་པ་དགོངས་གསལ་ལས། ཉེ་བ་འཁོར་གྱིས་ཞུས་པའི་མདོ་ལྟར། བྱང་ཆུབ་སེམས་དཔའ་རབ་ཏུ་བྱུང་བའི་སྦྱིན་པ་དང་། ཁྱིམ་པའི་སྦྱིན་པ་དང་། མི་སྐྱེ་བའི་ཆོས་ལ་བཟོད་པ་ཐོབ་པའི་སྦྱིན་པའོ། །དང་པོ་རབ་ཏུ་བྱུང་བའི་སྦྱིན་པ་ནི། གཙོ་བོར་མི་འཇིགས་པ་དང་བྱམས་པ་དང་ཆོས་ཀྱི་སྦྱིན་པ་སྟེ་གསུམ་ཡིན། ཟང་ཟིང་ལ་སྣག་ཚ་དང་སྨྱུ་གུ་དང་ཤོག་བུ་གསུམ་སྦྱིན་པར་གསུངས་ཀྱི། རབ་ཏུ་བྱུང་བས་ནོར་རླབས་པོ་ཆེ་སྟེར་བར་མ་གསུངས་ཏེ། དེ་ལྟར་བྱས་ན་ཟང་ཟིང་གི་རྩོལ་བས་ཐོས་བསམ་སྒོམ་གསུམ་གྱི་གེགས་སུ་འགྱུར་བའི་ཕྱིར་དང་། རབ་ཏུ་བྱུང་བ་ལྟ་དང་བཅས་པའི་འཇིག་རྟེན་གྱི་མཆོད་གནས་ཡིན་གྱི་ཡོན་བདག་མ་ཡིན་པས། ཡོན་མཆོད་གོ་བཟློག་ན་འཇིག་རྟེན་དུ་མུ་གེ་ལ་སོགས་པ་རྒྱུད་པའི་རྒྱུར་འགྱུར་བའི་ཕྱིར་རོ། །ཞེས་གསུངས། གཉིས་པ་ནི། ཚོད་མ་ལ་སོགས་སྦྱིན་པ་ལ། །འདྲེན་པས་ཐོག་མར་སྦྱོར་བར་མཛད། །དེ་དག་གོམས་ནས་ཕྱི་ནས་ནི། །རིམ་གྱིས་རང་གི་ཤ་ཡང་གཏོང་། །གང་ཚེ་རང་གི་ལུས་ལ་ནི། །ཚོད་སོགས་ལྟ་བུའི་བློ་སྐྱེས་ན། །དེ་ཚེ་ཤ་ལ་སོགས་གཏོང་བ། །དེ་ལ་དཀའ་བ་ཅི་ཞིག་ཡོད། །ཅེས་སྤྱོད་འཇུག་ལས་གསུངས་པ་དང་། གསང་ཆེན་ཐབས་ལ་མཁས་པའི་མདོ་ལས། ལས་དང་པོ་པས། ཚུ་རྗེའུ་རེ་ཙམ་སྦྱིན་པ་ལ་བསླབ་པར་བྱའོ། །ཞེས་གསུངས། དེ་ཡང་མི་སྐྱེ་བའི་ཆོས་ལ་བཟོད་པ་མ་ཐོབ་བར་དུ། སྤྱོད་འཇུག་ལས། དམ་པའི་ཆོས་ནི་སྤྱོད་པའི་ལུས། །ཕྲན་ཚེགས་ཆེད་དུ་བཏང་མི་བྱ། །དེ་ལྟར་བྱས་ན་སེམས་ཅན་གྱི། །བསམ་པ་མྱུར་དུ་རྫོགས་མི་འགྱུར། །སྙིང་རྗེའི་བསམ་པ་མ་དག་པར། །ལུས་འདི་བཏང་བར་མི་བྱ་སྟེ། །ཅི་ནས་འདི་དང་གཞན་དག་ཏུ། །དོན་ཆེན་འགྲུབ་པའི་རྒྱུར་བཏང་ངོ་། །ཞེས་གསུངས་པ་ལྟར་རོ། །དེ་ཡང་ཉེ་བ་འཁོར་གྱིས་ཞུས་པའི་མདོ་ལས། ཤཱ་རིའི་བུ་གཞན་ཡང་བྱང་ཆུབ་སེམས་དཔའ་སེམས་དཔའ་ཆེན་པོ་ཁྱིམ་པ་ཁྱིམ་ན་གནས་པས་ནི་སྦྱིན་པ་གཉིས་ལ་གནས་པར་བྱའོ། །གཉིས་གང་ཞེ་ན། འདི་ལྟ་སྟེ། ཆོས་ཀྱི་སྦྱིན་པ་དང་ཟང་ཟིང་གི་སྦྱིན་པ་སྟེ། ཤཱ་རིའི་བུ་བྱང་ཆུབ་སེམས་དཔའ་སེམས་དཔའ་ཆེན་པོ་ཁྱིམ་པ་ཁྱིམ་ན་གནས་པས་ནི་རྗེས་སུ་ཆགས་པ་མེད་པ་དང་ཁོང་ཁྲོ་བ་མེད་པས་སྦྱིན་པ་དེ་གཉིས་ལ་གནས་པར་བྱའོ། །ཤཱ་རིའི་བུ་བྱང་ཆུབ་སེམས་དཔའ་སེམས་དཔའ་ཆེན་པོ་རབ་ཏུ་བྱུང་བར་གཏོགས་པས་ནི་སྦྱིན་པ་བཞི་ལ་གནས་པར་བྱའོ། །བཞི་གང་ཞེ་ན། འདི་ལྟ་སྟེ། སྨྱུ་གུ་སྦྱིན་པ་དང་། སྣག་ཚ་སྦྱིན་པ་དང་། གླེགས་བམ་སྦྱིན་པ་དང་། ཆོས་སྦྱིན་པ་སྟེ། ཤཱ་རིའི་བུ་བྱང་ཆུབ་སེམས་དཔའ་སེམས་དཔའ་ཆེན་པོ་རབ་ཏུ་བྱུང་བར་གཏོགས་པས་ནི་སྦྱིན་པ་བཞི་པོ་དེ་དག་ལ་གནས་པར་བྱའོ། །

གསུམ་པ་ནི། ཤཱ་རིའི་བུ་བྱང་ཆུབ་སེམས་དཔའ་སེམས་དཔའ་ཆེན་པོ་མི་སྐྱེ་བའི་ཆོས་ལ་བཟོད་པ་ཐོབ

པས་ནི་གཏོང་བ་གསུམ་ལ་གནས་པར་བྱའོ། །གསུམ་གང་ཞེ་ན། འདི་ལྟ་སྟེ། གཏོང་བ་དང་། གཏོང་བ་ཆེན་པོ་དང་། ཤིན་ཏུ་གཏོང་བ་ལའོ། །དེ་ལ་གཏོང་བ་ནི་རྒྱལ་སྲིད་ཡོངས་སུ་གཏོང་བའོ། །གཏོང་བ་ཆེན་པོ་ནི། ཆུང་མ་དང་བུ་དང་བུ་མོ་ཡོངས་སུ་གཏོང་བའོ། །ཤིན་ཏུ་གཏོང་བ་ནི་མགོ་དང་ལག་པ་དང་རྐང་པ་དང་མིག་དང་པགས་པ་དང་རུས་པ་དང་རྐང་ཡོངས་སུ་གཏོང་སྟེ། ཤཱ་རིའི་བུ་བྱང་ཆུབ་སེམས་དཔའ་སེམས་དཔའ་ཆེན་པོ་མི་སྐྱེ་བའི་ཆོས་ལ་བཟོད་པ་ཐོབ་པས་ནི་ཡོངས་སུ་གཏོང་བ་གསུམ་པོ་དེ་དག་ལ་གནས་པར་བྱའོ། །ཞེས་གསུངས། ཐུབ་པ་དགོངས་གསལ་ལས། འདི་ལ་དགོངས་ནས་རྒྱལ་བའི་ཡུམ་ལས། ཐབས་ལ་མཁས་པས་སྦྱིན་པའི་ཕ་རོལ་ཏུ་ཕྱིན་པ་ཡོངས་སུ་རྫོགས་པར་བྱེད་ན་འཁོར་ལོས་བསྒྱུར་བ་ལ་སོགས་པའི་ལུས་བླངས་ཏེ། ང་ལས་ཡོ་བྱད་རྣམས་ལོང་ལ་སྦྱིན་པ་ཐོངས་ཚུལ་ཁྲིམས་བསྲུངས། ཞེས་བྱ་བ་ནས། ང་ནི་ནང་གི་ལུས་ལའང་ཆགས་པ་མེད་ན་ཕྱིའི་ལོངས་སྤྱོད་ལ་ལྟ་ཅི་སྨོས་ཞེས་བྱ་བ་ལ་སོགས་པ་རྒྱས་པར་གསུངས་པ་ལྟ་རོ། །ལུང་འདི་རབ་ཏུ་བྱུང་བའི་སྦྱིན་པ་ལ་སྦྱོར་བ་ཡོད། དེ་དག་གིས་མདོ་སྡེའི་དགོངས་པ་མ་ཤེས་པར་ཟད་དོ། །

འདིའི་སྐབས་སུ་ཐམས་ཅད་སྒྲོལ་གྱིས་བུ་དང་བུ་མོ་བྲམ་ཟེའི་གཡོག་ཏུ་བྱིན་པ་དང་། ཤི་བི་ལའི་རྒྱལ་པོས་བྲམ་ཟེ་ལོང་བ་ལ་མིག་བྱིན་པ་དང་། རི་བོང་གིས་བྲམ་ཟེ་འཕྲམས་པ་ལ་ལུས་བྱིན་པ་ལ་སོགས་པ་སྐྱེས་རབས་ནས་ཇི་ལྟར་འབྱུང་བ་བཞིན་དང་། རྒྱལ་པོ་ཟླ་འོད་ཀྱིས་བྲམ་ཟེ་ལ་དབུ་བྱིན་པ་དང་། རྒྱལ་པོ་གསེར་མདོག་གིས་ལུས་སྟོང་སྨད་དུ་གཏུབས་ནས་བྱིན་པ་ལ་སོགས་པ་མདོ་རྣམས་ལས་འབྱུང་བའི་དོན་རང་གིས་བསམ་ཞིང་གཞན་ལ་བསྟན་པར་བྱའོ། །ཞེས་པ་དང་། མ་དག་པའི་སྦྱིན་པ་བཏང་ཡང་། ཞིང་ཕྱོགས་ཅན་ལས་བོན་བཏབ་པ་ལྟར་འབྲས་བུ་འབྱིན་མི་ནུས། འབྲས་བུ་ཅུང་ཟད་བྱུང་ཡང་། ཆུ་སྐྱར་གྱིས་ཉ་རོ་རྙེད་པ་ལྟར་ལོངས་སྤྱོད་བདེ་བའི་གྲོགས་སུ་མི་འགྱུར། ཅུང་ཟད་བདེ་བའི་གྲོགས་སུ་གྱུར་ནའང་། ཆུ་ཤིང་གི་འབྲས་བུ་སྨིན་པ་ལྟར་འཁོར་བ་དང་མྱ་ངན་ལས་འདས་པའི་མཐའ་གཅིག་ཏུ་ཟད་པར་འགྱུར་རོ། །ཞེས་གསུངས།

གཞན་ཡང་ལོག་པའི་འཚོ་བ་ནི་ལྔའོ། །ལྔ་གང་ཞེ་ན། རིན་ཆེན་ཕྲེང་བ་ལས། ཚུལ་འཆོས་རྙེད་དང་བཀུར་སྟིའི་ཕྱིར། །དབང་པོ་སྡོམ་པར་བྱེད་པ་སྟེ། །ཁ་གསག་རྙེད་དང་བཀུར་སྟིའི་ཕྱིར། །ཚིག་འཇམ་སྨྲར་ནི་སྨྲ་བའོ། །གཞོག་སློང་དེ་ནི་ཐོབ་བྱའི་ཕྱིར། །གཞན་གྱི་རྫས་ལ་བསྔགས་བྱེད་པ། །ཐོབ་ཀྱིས་འཇལ་བ་རྙེད་པའི་ཕྱིར། །མངོན་སུམ་གཞན་ལ་སྨོད་པར་བྱེད། །རྙེད་པས་རྙེད་པ་རྣམས་འདོད་པ། །སྔར་ཐོབ་པ་ལ་བསྔགས་བྱེད་པའོ། །ཞེས་པ་དང་། སློབ་དཔོན་དབྱིག་གཉེན་གྱིས། ལྔ་པོ་རེ་རེ་ལ་གསུམ་གསུམ་སྟེ་བཅོ་ལྔར་བཤད། གཞན་ཡང་། ཉན་ཐོས་ཀྱི་ནི་སྡོམ་པ་ལ། །ཐེག་པ་ཆེན་པོར་འཆོས་པ་དང་། །དེ་བཞིན་ཐེག་ཆེན་ཉན་ཐོས་སུ། །འཆོས་པ་

ཚུལ་ཁྲིམས་མ་དག་པ་ཡིན་ཏེ། །ཁ་ཅིག་ཉན་ཐོས་སོ་ཐར་སེམས་ཇི་སྲིད་འཚོའི་བར་དུ་ལེན་པ་དང་ཐེག་ཆེན་སེམས་བསྐྱེད་ལུས་ཇི་སྲིད་འཚོའི་བར་དུ་ལེན་པས་སོ། །རང་ཉིད་ཚུལ་ཁྲིམས་བསྲུང་ན་ཡང་། །ཚུལ་ཁྲིམས་ལ་ནི་མཆོག་འཛིན་ཅིང་། །གཞན་ལ་ཁྱད་གསོད་བྱེད་པ་ནི། །མ་དག་པ་ཡི་ཚུལ་ཁྲིམས་ཡིན་ཏེ། །མདོ་སྡུད་པ་ལས། སེམས་ཅན་འདི་དག་ཁྲིམས་ལྡན་འདི་དག་ཁྲིམས་འཆལ་ཞེས། །སྣ་ཚོགས་འདུ་ཤེས་ཞུགས་པ་ཤིན་ཏུ་ཚུལ་ཁྲིམས་འཆལ། །ཞེས་གསུངས། བྱང་ཆུབ་སེམས་དཔའི་སྡེ་སྣོད་ལས། ཤཱ་རིའི་བུ་གཞན་ཡང་རྣམ་པ་བཅུས་བྱང་ཆུབ་སེམས་དཔའི་ཚུལ་ཁྲིམས་ཡོངས་སུ་དག་པར་རིག་པར་བྱ་སྟེ། བཅུ་གང་ཞེ་ན། འདི་ལྟ་སྟེ་ཐ་བའི་སེམས་མེད་པས་སངས་རྒྱས་ལ་དད་པའི་ཚུལ་ཁྲིམས་ཡིན། དམ་པའི་ཆོས་བསྲུང་བས་ཆོས་ལ་དད་པའི་ཚུལ་ཁྲིམས་ཡིན། འཕགས་པ་འདུས་པ་ལ་གུས་པས་དགེ་འདུན་ལ་དད་པའི་ཚུལ་ཁྲིམས་ཡིན། སངས་རྒྱས་དང་བྱང་ཆུབ་སེམས་དཔའ་ཡིད་ལ་བྱེད་པ་དང་མ་བྲལ་བས་འདུད་པའི་ཚུལ་ཁྲིམས་ཡིན། བྱང་ཆུབ་ཀྱི་ཡན་ལག་གི་ཚོགས་བསགས་པས་དགེ་བའི་བཤེས་གཉེན་ལ་བསྟེན་པའི་ཚུལ་ཁྲིམས་ཡིན། མི་དགེ་བའི་ཆོས་ཐམས་ཅད་ཡོངས་སུ་སྤངས་པས་སྡིག་པའི་གྲོགས་པོ་ཡོངས་སུ་སྤོང་བའི་ཚུལ་ཁྲིམས་ཡིན། སེམས་ཅན་ཐམས་ཅད་ཡོངས་སུ་སྨིན་པར་བྱེད་པས་བྱམས་པའི་ཚུལ་ཁྲིམས་ཡིན། ཉམས་ཐག་པར་གྱུར་པའི་སེམས་ཅན་ཡོངས་སུ་སྨིན་པར་བྱེད་པས་སྙིང་རྗེའི་ཚུལ་ཁྲིམས་ཡིན། ཆོས་ལ་དགའ་ཞིང་རབ་ཏུ་མོས་པས་དགའ་བའི་ཚུལ་ཁྲིམས་ཡིན། རྗེས་སུ་ཆགས་པ་དང་ཁོང་ཁྲོ་བ་སྤངས་པས་བཏང་སྙོམས་ཀྱི་ཚུལ་ཁྲིམས་ཡིན་ཏེ། ཤཱ་རིའི་བུ་རྣམ་པ་བཅུ་པོ་དེ་དག་གིས་བྱང་ཆུབ་སེམས་དཔའི་ཚུལ་ཁྲིམས་ཡོངས་སུ་དག་པར་རིག་པར་བྱའོ། །ཞེས་གསུངས། དཀོན་མཆོག་གསུམ་དང་བླ་མ་ལ། །གནོད་ཅིང་བསྟན་པ་འཇིག་པ་ལ། །ཁྲོས་ན་བཟློག་པར་ནུས་བཞིན་དུ། །བཟོད་པ་བསྒོམ་ན་མ་དག་པའོ། །དེ་ཡང་སྤྱོད་རྒྱུད་ལས། དཀོན་མཆོག་གསུམ་ལ་གནོད་བྱེད་ལ། །བཟོད་པ་བསྒོམ་པར་མི་བྱ་སྟེ། །བླ་མར་སྨོད་བརྩོན་མ་རུངས་དང་། །དམ་ཚིག་ལས་ནི་འདའ་བ་དང་། །དེ་སྤྱོང་བྱེད་པ་ཚར་བཅད་ནས། །འགྲུབ་འགྱུར་ཞེས་ནི་ཀུན་རིག་གསུང་། །ཞེས་གསུངས་པས་སོ། །སྐྱེས་རབས་ལས། རྒྱལ་པོ་རྩེད་བྱུང་ཞེས་བྱ་བས་བློན་པོ་བཞི་དང་འགྲོགས་ཏེ་བཙུན་མོ་ཚོལ་ཞིང་སོང་བ་ན། བཙུན་མོ་རྣམས་དྲང་སྲོང་གི་མདུན་ན་འཁོད་པ་མཐོང་བ་ལས། དྲང་སྲོང་དེ་ལ་སྨྲས་པ། ཀྱེ་ཁྱོད་ཀྱི་སྐྱེ་མཆེད་མཐའ་ཡས་ཀྱི་ཏིང་ངེ་འཛིན་བཞི་ཐོབ་བམ། མ་ཐོབ་བོ། །འོན་ཏེ་ཚད་མེད་པ་བཞི་ཐོབ་བམ། མ་ཐོབ་བོ། །འོ་ན་བསམ་གཏན་བཞི་ཐོབ་བམ། མ་ཐོབ་བོ། །དེ་ནས་རྒྱལ་པོ་ཁྲོས་ཏེ་ཡོན་ཏན་འདི་དག་གང་ཡང་མེད་ན་མ་རབས་ཐ་མ་ཡིན་ཏེ། བུད་མེད་དང་དབེན་པ་སྐྱབས་ཡོད་ཀྱི་གནས་ན་འདུག་པ་ཇི་ལྟར་ཡིད་ཆེས། ཁྱོད་འདི་ན་ཅི་ཞིག་བྱེད། དྲང་

སྲོང་གིས་སྨྲས་པ། བདག་འདི་ན་བཟོད་པ་བསྒོམ་མོ། །དེ་ནས་རྒྱལ་པོས་རལ་གྲི་ཕྱུང་སྟེ། ཁྱོད་བཟོད་པ་བསྒོམ་ན་བཟོད་མི་བཟོད་སད་དོ། །ཞེས་དྲང་སྲོང་གི་ལག་པ་གཉིས་བཅད་དེ་ཁྱོད་སུ་ཡིན་ཞེས་ཡང་དྲིས་པ་ན། བདག་ནི་བཟོད་པ་ཅན་නོ་ཞེས་ཟེར་རོ། །དེ་ནས་རྐང་པ་གཉིས་པོའང་བཅད་དེ་དྲིས་པ་ནའང་བཟོད་པ་ཅན་ནོ་ཞེས་སྨྲས་སོ།།དེའི་ཚེ་གནམ་ས་དྲུག་ཏུ་གཡོས་ནས་དྲང་སྲོང་གི་ཉེ་གནས་བརྒྱ་ཙམ་ཡང་ནམ་མཁའ་ལ་འཕུར་ཏེ་དེར་ལྷགས་ནས་སྨྲས་པ། སློབ་དཔོན་གྱིས་འདི་ལྟ་བུའི་སྡུག་བསྔལ་ཉམས་སུ་མྱོང་ན། བཟོད་པའི་སེམས་ཉམས་པར་འགྱུར་ཏམ། དྲང་སྲོང་གིས་སྨྲས་པ། བདག་གི་བཟོད་པའི་སེམས་ནི་ཙུང་ཟད་ཀྱང་ཉམས་པར་མ་གྱུར་ཏོ། །རྒྱལ་པོས་སྨྲས་པ། ཁྱོད་བཟོད་པ་ཅན་ཡིན་པར་ཅིས་ཡིད་ཆེས་པར་འགྱུར། དྲང་སྲོང་གིས་སྨྲས་པ། བདག་གི་ཚིག་འདི་བདེན་ན་བདེན་པ་དེས་ཁྲག་འོ་མ་དང་ཡན་ལག་བཅད་པ་ཡང་སྔ་མ་བཞིན་དུ་གྱུར་ཅིག །ཅེས་སྨྲས་མ་ཐག་ཏུ་དེ་བཞིན་དུ་གྱུར་ཏོ། །དེ་ནས་རྒྱལ་པོས་བཟོད་པ་དང་ལྡན་པར་མཐོང་སྟེ། ཤིན་ཏུ་འགྱོད་པས་བཟོད་པར་གསོལ་ལོ། །དྲང་སྲོང་གིས་སྨྲས་པ། ཁྱོད་ཀྱིས་བུད་མེད་ཀྱི་ཕྱིར་མཚོན་རྣོན་པོས་བདག་གི་རྐང་ལག་བཅད་མོད་ཀྱི་བདག་གི་བཟོད་པ་ནི་ས་དང་འདྲ་བས། ཕྱིས་སངས་རྒྱས་ནས་ཤེས་རབ་ཀྱི་རལ་གྲིས་ཁྱོད་ཀྱི་དུག་གསུམ་གཅོད་པར་ཤོག་ཅིག །ཅེས་བཤད།

ལོག་པའི་ཆོས་ལ་དགའ་བ་དང་། །ཐོས་བསམ་བསྒོམ་གསུམ་ནོར་བ་ལ། །བརྩོན་འགྲུས་ཆེན་པོ་བྱེད་པ་སོགས། །མ་དག་པ་ཡི་བརྩོན་འགྲུས་ཡིན་ཏེ། འཕགས་པ་ཐོགས་མེད་ཀྱིས། ཆོས་འདི་བདག་ལས་གཞན་པའི་མུ་སྟེགས་བྱེད་དག་གི་བརྩོན་འགྲུས་ནི་ལེ་ལོ་ཉིད་དོ། །ཞེས་པ་དང་སྤྱོད་འཇུག་ལས་ཀྱང་། ལེ་ལོ་ངན་ལ་ཞེན་པ་དང་། །ཞེས་བྱ་བ་ངན་ཞེན་གྱི་ལེ་ལོ་ཡིན་པར་བཤད་པས་སོ། །མི་མཁས་སྟོང་ཉིད་བསྒོམ་པ་དང་། །ཞེས་བྱ་བ་ཡང་མི་འཐད་དེ། རྣམ་སྣང་མངོན་བྱང་གི་རྒྱུད་ལས། དུག་གི་སེམས་གང་ཞེ་ན། གང་ཤིན་ཏུ་དངོས་པོ་མེད་པ་ཉིད་དུ་སེམས་པའོ། །ཞེས་གསུངས། རིན་ཆེན་ཕྲེང་བ་ལས། ཆོས་འདི་ལོག་པར་ཤེས་གྱུར་ན། །མི་མཁས་རྣམས་ནི་ཆུད་ཀྱང་འཛའ། །འདི་ལྟར་མེད་པར་ལྟ་བ་ཡི། །མི་གཙང་དེར་ནི་བྱིང་བར་འགྱུར། །ཞེས་བཤད་པས་སོ། །རྩ་བ་ཐིག་ལེའི་གནད་འཆུགས་པ་ཡི་ཐབས་ལམ་རས་རྐྱང་སོགས་གྲང་བའི་རྣམ་རྟོག་གཞན་འགའ་ཞིག་ཡུད་ཙམ་འཛིན་པ་དང་། སེམས་རྩེ་གཅིག་པའི་ཏིང་འཛིན་ཕྲ་མོ་སྐད་ཅིག་ཅིག་བསྐྱེད་པའི་ཐབས་ཆོས་ཅན། མ་དག་པ་ཡི་བསྒོམ་པ་ཡིན་ཏེ། འབད་པ་ཆེན་པོས་བསྒོམས་ན་ཡང་། །ཡང་དག་ཡེ་ཤེས་མི་སྐྱེ་བས། །སངས་རྒྱས་གསུང་དང་མི་མཐུན་པའི། །འཆད་རྩོད་རྩོམ་ལ་མཁས་གྱུར་ཅིང་། །བྱ་བ་ཐམས་ཅད་ཤེས་གྱུར་ཀྱང་། །མ་དག་པ་ཡི་ཤེས་རབ་ཡིན་ཏེ། །འོད་ཟེར་བཀྲ་བའི་མདོ་ལས། བླུན་པོ་གང་ཞིག་ཆོས་སྟོན་པ། །དགེ་བའི་རྩ་བ

འཇིག་བྱེད་པས། །སྐྱེ་དགུ་མང་པོ་ཚད་མེད་སྐྱེད། །སེམས་ཅན་དམྱལ་བར་ལྟུང་བར་བྱེད། །ཡང་དག་ཆོས་ནི་སྤོང་བྱེད་ཅིང་། །ཆོས་མ་ཡིན་པ་སྤྱོད་པར་བྱེད། །དེ་ལྟ་བས་ན་རྨོངས་པ་ཡི། །སྐྱེས་བུ་དམན་པ་སྤང་བར་བྱ། །ཞེས་པ་དང་། ལང་ཀར་གཤེགས་པ་རྒྱ་ནག་འགྱུར་ལས། དགེ་བའི་རྩ་བ་ཐམས་ཅད་སྤངས་པ་གང་ཞེ་ན། འདི་ལྟར་བྱང་ཆུབ་སེམས་དཔའི་སྡེ་སྣོད་ལ་འདི་དག་ནི་ཐར་པ་དང་མཐུན་པའི་མདོ་དང་འདུལ་བ་མ་ཡིན་ནོ་ཞེས་སྨྲ་བས་སྤོང་ཞིང་སྐུར་བ་འདེབས་པ་ཡིན་ཏེ། དགེ་བའི་རྩ་བ་ཐམས་ཅད་སྤངས་པའི་ཕྱིར་མྱ་ངན་ལས་མི་འདའོ། །ཞེས་གསུངས་སོ། །

བླ་མ་ངན་ལ་དད་པ་དང་། །ཆོས་ངན་པ་ལ་མོས་པ་དང་། །བསྒོམ་ངན་པ་ལ་དགའ་བ་ནི། །མ་དག་པ་ཡི་དད་པ་ཡིན་ཏེ། །རིམ་པ་བཞིན་དུ་ལེགས་བཤད་ཉི་མའི་འོད་ཟེར་ལས། རང་དང་བླ་མས་མ་བསླུས་མ། །གཞན་གྱིས་བསླུ་བ་བརྟན་པོ་ཡིན། །ཞེས་པ་ལྟ་བུ་དང་། ཕྱོགས་བཅུའི་སངས་རྒྱས་ཀྱི་འཕྲིན་ཡིག་ལས། བསོད་ནམས་ཟད་པའི་སེམས་ཅན་འགའ། །ལྷ་སྐལ་ཆད་ནས་འབྱུང་པོ་སྒྲུབ། །ཅེས་པ་ལྟ་བུ་དང་། རྩ་ཤེར་ལས། སྟོང་པ་ཉིད་ལ་ལྟ་ཉེས་ན། །ཤེས་རབ་ཆུང་རྣམས་ཕུང་བར་འགྱུར། །ཇི་ལྟར་སྦྲུལ་ལ་བཟུང་ཉེས་དང་། །རིག་སྔགས་ཉེས་པར་བསྒྲུབས་པ་བཞིན། །ཞེས་པ་ལྟ་བུའོ། །དད་པ་ཕུན་སུམ་ཚོགས་པ་གང་ཞེ་ན། ཆོས་མངོན་པ་ལས། ལས་རྒྱུ་འབྲས་ལ་ཡིད་ཆེས་པའི་དད་པ་དང་། དཀོན་མཆོག་གསུམ་ལ་སེམས་དད་པའི་དད་པ་དང་། ཡང་དག་པའི་ཡོན་ཏན་བསྒྲུབ་པར་འདོད་པའི་དད་པ་སྟེ་སེམས་བྱུང་དགེ་བ་ཞེས་བཤད། སློབ་དཔོན་ཤན་ཏི་པས་ཀྱང་། དད་པ་མེད་པ་གཙོ་བོའི་དགྲ། །ལྷག་དང་ཤིན་ཏུ་གོལ་བའི་གནས། །ཞེས་བཤད། ནད་པ་དགའ་བའི་ཁ་ཟས་སྟེར། །ངན་པར་སྤྱོད་པ་ཚར་མི་གཅོད། །དབང་བསྐུར་མེད་པར་གསང་སྔགས་སྟོན། །སྣོད་མིན་པ་ལ་ཆོས་འཆད་སོགས་ཆོས་ཅན། སྙིང་རྗེའི་དབང་གིས་བྱེད་ན་ཡང་། །མ་དག་པ་ཡི་སྙིང་རྗེ་ཡིན་ཏེ། །སྙིང་རྗེས་འཕྲུལ་ལ་ཕན་པ་ལྟར་སྣང་ཡང་ཕྱི་ནས་གནོད་པ་ཆེན་པོར་འགྱུར་བས་སོ། །དང་པོ་བཞི་ནི། རིམ་བཞིན་འདུལ་བ་ལུང་ལས། བྲན་མོ་སྐྱོང་མས་ཁྱིམ་བདག་ན་བའི་མགོ་ལ་སྤོང་དུམ་བཞག་པ་དང་། དགེ་སློང་ཞིག་གིས་ནད་པའི་མགུལ་པ་བཅད་པ་ལྟ་བུ་དང་། རྡོ་རྗེ་གུར་ལས། གདུག་ལ་བྱམས་པར་མི་བྱ་ཞིང་། །ཞེས་པ་ལྟ་བུ་དང་། རྩ་ལྟུང་བཅུ་བཞི་པ་ལས། ཡོངས་སུ་མ་སྨིན་སེམས་ཅན་ལ། །གསང་བ་སྒྲོག་པ་བདུན་པ་ཡིན། །ཞེས་པ་ལྟ་བུ་དང་། འཁོར་ལོ་བཅུ་པའི་མདོ་ལས། ནང་ནི་ཡང་དག་ཆད་པར་ལྟ་ཞིང་། །ཐེག་པ་ཆེན་པོ་ཅན་ཞེས་ཁས་འཆེ། །མི་དགེ་གསུམ་གྱི་ལས་ནི་མི་བསྲུང་། །དེ་ཡི་དམ་ཆོས་མ་རུངས་འཇིག་བྱེད། །གང་ཞིག་དེ་ནི་ཚེ་འཕོས་གྱུར་ན། །མཚམས་མེད་སེམས་ཅན་དམྱལ་བར་ལྟུང་ངེས། །དེ་བས་དབང་པོ་བརྟགས་ཤིང་བཤད་བྱའི། །སྣོད་དུ

མ་གྱུར་པ་ལ་མ་ཡིན། །ཞེས་གསུངས། སྣོད་མིན་པ་དེ་ཡང་། རྣམ་བཤད་རིགས་པ་ལས། ང་རྒྱལ་དང་ནི་མ་དད་དང་། །དོན་དུ་གཉེར་བ་མེད་ཉིད་དང་། །ཕྱི་རོལ་རྣམ་གཡེང་ནང་བསྡུས་དང་། །སྨྲ་བ་ཉན་པའི་དྲི་མ་ཡིན། །ཞེས་གསུངས། དཀོན་བརྩེགས་ཀྱི་འཕགས་པ་བྱམས་པས་ཞུས་པའི་མདོ་ལས། སྙིང་རྗེ་ཕུན་སུམ་ཚོགས་པ་གང་ཡིན་ཞེ་ན། བྱམས་པ་འདི་ལ་བྱང་ཆུབ་སེམས་དཔའ་སེམས་དཔའ་ཆེན་པོ་ནི། གནོད་སེམས་མེད་པའི་ལུས་ཀྱི་ལས་དང་ལྡན་པ་ཡིན། གནོད་སེམས་མེད་པའི་ངག་གི་ལས་དང་ལྡན་པ་ཡིན། གནོད་སེམས་མེད་པའི་ཡིད་ཀྱི་ལས་དང་ལྡན་པ་ཡིན་ཏེ། བྱམས་པ་དེ་ལྟར་ན་བྱང་ཆུབ་སེམས་དཔའ་སེམས་དཔའ་ཆེན་པོ་སྙིང་རྗེ་ཕུན་སུམ་ཚོགས་པ་ཡིན་ནོ། །ཞེས་གསུངས། གདུག་པ་ཅན་ལ་བྱམས་པ་དང་། །བུ་དང་སློབ་མ་མི་འཚོས་དང་། །བསྲུང་བའི་འཁོར་ལོ་མི་བསྒོམ་ཞིང་། །ཁྲོ་བོའི་བཟླས་པ་འགོག་པ་སོགས་ཆོས་ཅན། བྱམས་པའི་དབང་གིས་བྱེད་ན་ཡང་མ་དག་པ་ཡི་བྱམས་པ་ཡིན་ཏེ། བྱམས་པས་འཕྲུལ་ལ་བདེ་བ་ལྟར་སྣང་ཡང་བྱམས་པ་ཕུན་ཚོགས་སྟོན་པའི་རྒྱུད་སྡེ་ཀུན་དང་འགལ་བས་ནའོ། །དང་པོ་བཞི་ནི། རིམ་བཞིན་རྩ་ལྟུང་བཅུ་བཞི་པ་ལས། གདུག་ལ་རྟག་ཏུ་བྱམས་ལྡན་པར། །བྱེད་པ་དེ་ནི་བཅུ་པར་འདོད། །ཅེས་པ་ལྟ་བུ་དང་། འདུལ་བ་ལུང་ལས་མཁན་པོས་མཁན་བུ་ལ་ད་ཕྱིན་ཆད་ངས་ཁྱོད་ལ་བུའི་འདུ་ཤེས་བཞག་གི །ཁྱོད་ཀྱིས་ཀྱང་ང་ལ་ཕའི་འདུ་ཤེས་བཞག་པར་བྱ། ཞེས་པ་དང་། བཅོམ་ལྡན་འདས་ཀྱིས་ཀུན་དགའ་བོ་ལ་ལེགས་པ་རབ་ཏུ་ཉོན་ལ་ཡིད་ལ་ཟུངས་ཤིག །ཅེས་པ་ལྟ་བུ་དང་། བརྟག་པ་གཉིས་པ་ལས། རྡོ་རྗེ་དེ་ཉིད་ཀྱི་ནི་ར་བ་དང་། །གུར་བཅིང་བ་ཡང་རྣམ་པར་བསྒོམ་པ་ཉིད། །ཅེས་པ་ལྟ་བུ་དང་། གལ་ཏེ་ཆར་མི་འབབ་ན་དེའི་ཚེ་སྔགས་འདི་བཟློག་ལ་བཟླ་སྟེ་ཆར་འབབ་བོ། །གལ་ཏེ་མི་འབབ་ན་དེའི་ཚེ་མགོ་བོ་ཨ་ཙ་ཀའི་དོག་པ་ལྟར་འགས་སོ། །ཞེས་པ་ལྟ་བུ་དང་། རྡོ་རྗེ་རྣམ་འཇོམས་ལས། རྡོ་རྗེ་ཁྲོ་བོ་ལས་བྱུང་བ། །ཞེས་པ་དང་། གདོན་ཐམས་ཅད་བརླག་པར་བྱེད་པ་ཞེས་གསུངས། བྱམས་པས་ཞུས་པ་ལས། བྱམས་པ་ཕུན་སུམ་ཚོགས་པ་གང་ཡིན་ཞེ་ན། བྱམས་པ་འདི་ལ་བྱང་ཆུབ་སེམས་དཔའ་སེམས་དཔའ་ཆེན་པོ་ནི་བྱམས་པའི་ལུས་ཀྱི་ལས་དང་ལྡན་པ་ཡིན། བྱམས་པའི་ངག་གི་ལས་དང་ལྡན་པ་ཡིན། བྱམས་པའི་ཡིད་ཀྱི་ལས་དང་ལྡན་པ་ཡིན་ཏེ། བྱམས་པ་དེ་ལྟར་ན། བྱང་ཆུབ་སེམས་དཔའ་སེམས་དཔའ་ཆེན་པོ་བྱམས་པ་ཕུན་སུམ་ཚོགས་པ་ཡིན་ནོ། །ཞེས་གསུངས། ཐབས་ལམ་སྟོན་པའི་མདོ་རྒྱུད་ཀུན་ལས་མ་གསུངས་ཤིང་། རིགས་པས་ཀྱང་སྒྲུབ་པར་མི་ནུས་པ་ལྟོ་བའི་ནང་དུ་མེ་མཐེ་བོང་ཙམ་བསྒོམས་པས་ལུས་ལ་དྲོ་དང་བདེ་བའི་ཉམས་སྣང་ཙུང་ཟད་སྐྱེ་བ་དང་། སློབ་དཔོན་དབྱིག་གཉེན་གྱིས། སེམས་མེད་གཉིད་དང་བརྒྱལ་མ་གཏོགས། །ཞེས་བཤད་པ་བཞིན། སེམས་མི་རྟོག་པ་ལྟར་ཙུང་ཟད་སྐྱེ་བ

སོགས་ཀྱི་ཐབས་བསྒོམ་པ་ནི་མ་དག་པ་ཡི་ཐབས་ལམ་ཡིན་ཏེ། ད་ལྟའི་རབས་རྒྱུད་པ་ཁ་ཅིག་ཕྱིའི་གཏུམ་མོས་ནད་དང་ནང་གི་གཏུམ་མོས་གདོན་ཙུང་ཟད་སེལ་བ་དག་ཡོད་མོད། གསང་བའི་གཏུམ་མོ་དང་དེ་ཁོ་ན་ཉིད་ཀྱི་གཏུམ་མོ་མ་ཤེས་པའི་བླུན་པོ་དག་དགའ་བ་བསྐྱེད་ན་ཡང་། གཅེར་བུ་བ་སོགས་མུ་སྟེགས་བྱེད་ལའང་གོས་རས་རྐྱང་ཙམ་གྱི་ཚོགས་པ་དེ་ལས་ལྷག་པའང་ཡོད་པའི་ཕྱིར། ཐབས་ལམ་ཕུན་སུམ་ཚོགས་པ་གང་ཞེ་ན། ལམ་འབྲས་པ་ལྟར་ན་དབང་གཉིས་པ་གསང་བའི་དབང་བསྐུར་ཐོབ་ནས་བདག་བྱིན་གྱིས་བརླབ་པའི་རིམ་པ་བསྒོམ་པ་ལྟ་བུའོ། །བདག་ལྟའི་རྩ་བ་མ་ཆོད་ཅིང་། །འཁོར་འདས་གཉིས་ལ་སྨོན་པ་ཅན། །དགེ་བ་ལ་ནི་ངོ་མཚར་ལྟ། །ཆོས་ཀུན་སྤྲོས་བྲལ་མ་ཤེས་པས། །སངས་རྒྱས་ཉིད་དུ་བསྔོ་ན་ཡང་། །མ་དག་པ་ཡི་སྨོན་ལམ་ཡིན། །དེ་ལ་སོགས་པའི་ནོར་བ་མཐའ་ཡས་པ་ཐེག་ཆེན་ཐུན་མོང་མ་ཡིན་པ་སྟོན་པའི་སངས་རྒྱས་གསུང་གི་གནད་འཆུགས་པས། ཐེག་པ་ཐུན་མོང་བ་ལྟར་ན་དགེ་བ་བྱེད་པ་ལྟར་སྣང་ན་ཡང་བྱང་སེམས་ཆེན་པོའི་སྐབས་འདིར་མ་དག་པ་རུ་ཤེས་པར་གྱིས། བྱམས་པས་ཞུས་པ་ལས། ཡོངས་སུ་བསྔོ་བ་ལ་མཁས་པ་གང་ཡིན་ཞེ་ན། བྱམས་པ་འདི་ལ་བྱང་ཆུབ་སེམས་དཔའ་སེམས་དཔའ་ཆེན་པོ་ནི་ལུས་དང་ངག་དང་ཡིད་ཀྱིས་དགེ་བའི་རྩ་བ་མངོན་པར་འདུ་བྱེད་པ་གང་ཅི་ཡང་རུང་སྟེ། དེ་ཐམས་ཅད་བླ་ན་མེད་པ་ཡང་དག་པར་རྫོགས་པའི་བྱང་ཆུབ་ཏུ་ཡོངས་སུ་བསྔོ་བར་བྱེད་དེ། བྱམས་པ་དེ་ལྟར་ན་བྱང་ཆུབ་སེམས་དཔའ་སེམས་དཔའ་ཆེན་པོ་ཡོངས་སུ་བསྔོ་བ་ལ་མཁས་པ་ཡིན་ནོ། །ཞེས་གསུངས། ད་ནི་འདི་དཔྱད་པར་བྱ་སྟེ། བདག་ལྟའི་རྩ་བ་མ་ཆོད་ཅིང་། །འཁོར་འདས་གཉིས་ལ་སྨོན་པ་ཅན། །ཞེས་གསུངས་པ་དེ་ཉིད།

ཡུམ་གྱི་མདོ་དང་སྦྱར་བ་དང་། བསྟན་བཅོས་མངོན་རྟོགས་རྒྱན་དང་སྦྱར་བ་དང་། དེ་ལ་རྩོད་པ་སྤང་བ་དང་གསུམ་ལས། དང་པོ་ནི། ཆོས་ཀུན་འགྲོ་བའི་མདོ་ལས། འཁོར་བ་ནི་སྨོན་ཆགས་པའོ། །མྱ་ངན་ལས་འདས་པ་ནི་རྣམ་པར་གྲོལ་བའོ་སྙམ་དུ་སེམས་པ་འདི་ནི་རྣམ་པར་གྲོལ་བ་མ་ལགས་སོ། །དེ་ཅིའི་སླད་དུ་ཞེ་ན། བདག་ཏུ་འཛིན་པ་དེ་ནི་འདི་ལྟར་དུ་སེམས་པ་ལགས་སོ། །ཞེས་གསུངས། འོན་ཀྱང་འཁོར་བའི་ཕུན་ཚོགས་ལ་སྨོན་པ་ཅན་ནི་གཙུང་དགའ་བོ་ལྟ་བུའི་ལེགས་སྨོན་གྱི་ཚུལ་ཁྲིམས་ཡིན་ནོ། །ཞེས་གསུངས། དེ་ཡང་འདུལ་བ་ལུང་ལས། མཛེས་དགའ་ནི་ལྷའི་བུ་མོའི་ཕྱིར་ཚངས་པར་སྤྱོད་པས་དགེ་སློང་རྣམས་ཀྱིས་དེ་སྤོངས་ཤིག །ཅེས་སྟོན་པས་བཀའ་སྩལ་པ་ལྟ་བུའོ། །ཡུམ་གྱི་མདོ་ལས། ཐབས་མི་མཁས་པས་ཡུམ་འདི་དམིགས་པའི་ཚུལ་གྱིས་འདུ་ཤེས་པ་བགྱིད་ན་ཡུམ་འདི་འདོར་བར་བགྱིད་རིང་དུ་བགྱིད། ཅེས་གསུངས། དམིགས་པའི་ཚུལ་གྱིས་ཞེས་བྱ་བས་ནི་འཛིན་པ་ཆོས་ཀྱི་བདག་འཛིན་བསྟན། འདི་ལ་དབྱེ་ན་གསུམ་ལས། དང་པོ་གཞི་ལ

མཚན་འཛིན་ནི། གཟུགས་སྟོང་ཞེས་བྱ་བར་འདུ་ཤེས་ན་ཆགས་པའོ། །དེ་བཞིན་དུ་ཚོར་བ་དང་འདུ་ཤེས་དང་འདུ་བྱེད་དང་རྣམ་པར་ཤེས་པ་སྟོང་ཞེས་བྱ་བར་འདུ་ཤེས་ན་ཆགས་པའོ། །འདིས་གཞི་ཆོས་ཉིད་ལ་མཚན་འཛིན་བསྟན། འདས་པའི་ཆོས་རྣམས་ལ་འདས་པའི་ཆོས་སོ་ཞེས་བྱ་བར་འདུ་ཤེས་ན་ཆགས་པའོ། །དེ་བཞིན་དུ་མ་འོངས་པ་དང་ད་ལྟར་བྱུང་བའི་ཆོས་སོ་ཞེས་བྱ་བར་འདུ་ཤེས་ན་ཆགས་པའོ། །འདིས་གཞི་ཆོས་ཅན་ལ་མཚན་འཛིན་བསྟན།

གཉིས་པ་ལམ་ལ་མཚན་འཛིན་ནི། སྦྱིན་པའི་ཕ་རོལ་ཏུ་ཕྱིན་པ་ལ་སྤྱོད་ན་ཆགས་པའོ། །དེ་བཞིན་དུ་ཕར་ཕྱིན་ལྷག་མ་ལྔ་དང་ལུས་དྲན་པ་ཉེ་བར་བཞག་པ་ལ་སོགས་པ་སུམ་ཅུ་རྩ་བདུན་དང་། འབྲས་བུ་ལ་མཚན་འཛིན་ནི། དེ་བཞིན་གཤེགས་པ་ལ་མཚན་མར་ཡིད་ལ་བྱེད་ན་ཇི་ཙམ་དུ་མཚན་མར་འཛིན་པ་དེ་ཙམ་དུ་ཆགས་པ་བསྟན་པའོ། །ཞེས་གསུངས། གཉིས་པ་བསྟན་བཅོས་མངོན་རྟོགས་རྒྱན་དང་སྦྱར་བ་ནི། དེ་ནི་མཚན་མར་དམིགས་སྒོ་ནས། །ཞེས་བྱ་བས་ནི་འཛིན་པ་ཆོས་ཀྱི་བདག་འཛིན་བསྟན། འདི་ལ་དབྱེ་ན་གསུམ་ལས། གཞི་ལ་མཚན་འཛིན་ནི། གཟུགས་སོགས་ཕུང་པོ་སྟོང་ཉིད་དང་། །དུས་གསུམ་རྟོགས་པའི་ཆོས་རྣམས་ལ༑ །སྤྱོད་པའི་འདུ་ཤེས་མི་མཐུན་ཕྱོགས། །ཞེས་སོ། །འདིས་ཀྱང་རིམ་བཞིན། གཞི་དོན་དམ་དང་ཀུན་རྫོབ་ལ་མཚན་འཛིན་བསྟན་པ་མདོ་དང་མཐུན། གཉིས་པ་ལམ་ལ་མཚན་འཛིན་ནི། སྦྱིན་སོགས་བྱང་ཆུབ་ཕྱོགས་རྣམས་ལ། །སྤྱོད་པའི་འདུ་ཤེས་མི་མཐུན་ཕྱོགས། །ཞེས་པ་དང་། གསུམ་པ་འབྲས་བུ་ལ་མཚན་འཛིན་ནི། རྒྱལ་ལ་སོགས་པ་ཆགས་པ་ཕྲ། །ཞེས་བཤད། གསུམ་པ་དེ་ལ་རྩོད་པ་སྤང་བ་ནི། ཁ་ཅིག་མདོ་ལས། མཚན་མར་འཛིན་པ་ཞེས་བྱ་བ་དང་བསྟན་བཅོས་ལས་མཚན་མར་དམིགས་པ་ཞེས་འབྱུང་བ་ནི། སྤྱིར་མངོན་པར་ཞེན་པའི་ཞེན་པ་ཙམ་ལ་མི་བྱེད། བདེན་པར་མངོན་པར་ཞེན་པའི་བདེན་འཛིན་ཡིན་པས། བྱང་སེམས་ཆེན་པོའི་མི་མཐུན་ཕྱོགས་ཤེས་སྒྲིབ་འཛིན་རྟོག་མ་ཡིན། ཉན་རང་གི་མི་མཐུན་ཕྱོགས་བདེན་འཛིན་ཉོན་སྒྲིབ་ཡིན་ཞེས་ཟེར། དེ་མི་འཐད་དེ། ཁྱེད་རང་གི་རྩ་བའི་གྲུབ་མཐའ་དང་འགལ་བས་སོ། །དེ་ཡང་འདི་ལྟར། ཉན་རང་དགྲ་བཅོམ་པ་ཆོས་ཅན། ཕྱི་རོལ་པ་བཞིན་ཕྲ་རྒྱས་ཐམས་ཅད་མ་སྤངས་པར་ཐལ། གང་ཟག་གི་བདག་མེད་ཀྱང་མ་རྟོགས་པར་ཐལ། གཟུགས་ཀྱི་ཕུང་པོ་སོགས་བདེན་པར་འཛིན་པའི་ཕྱིར། དེས་ན་དབུ་མ་རྩ་འཇུག་ནས་ཉན་རང་ལ་ཆོས་ཀྱི་བདག་མེད་རྟོགས་པ་ཡོད་པའི་སྒྲུབ་བྱེད་རིགས་པ་གཉིས་དང་། ལུང་བརྒྱད་བཤད་པས་ལན་མེད་པར་བྱས་སོ། །དེས་ན་གཟུགས་ལ་གཟུགས་སུ་ཞེན་པ་ཙམ་ནི་ཤེས་སྒྲིབ་གཟུང་རྟོག་ཡིན་ལ། སེམས་ལ་སེམས་སུ་ཞེན་པ་ཙམ་ནི་ཤེས་སྒྲིབ་འཛིན་རྟོག་ཡིན་ཅིང་། ལུས་སེམས་ལ་བདེན་པར་འཛིན་པ་ནི་

ཉན་རང་གཉིས་ཀས་རང་ལམ་དུ་སྤྱོང་ངོ་། །

དེ་ལ་ཁ་ཅིག །གཟུང་དོན་རྟོག་པ་སྤོང་ཕྱིར་དང་། །འཛིན་པ་མི་སྤོང་ཕྱིར་དང་ནི། །ཞེས་པ་ལྟར། རང་རྒྱལ་གྱིས་གཟུང་བ་བེམས་པོ་ལ་བདེན་འཛིན་སྤང་ཡང་འཛིན་པ་སེམས་ལ་བདེན་འཛིན་མི་སྤོང་ཟེར། དེ་ཡང་མི་འཐད་དེ། དེ་ལྟ་ནའང་རང་རྒྱལ་ཆོས་ཅན། སློབ་དཔོན་ཟླ་བ་གྲགས་པའི་ལུགས་ཀྱི་ཆོས་ཀྱི་བདག་མེད་དེ་མ་རྟོགས་པར་ཐལ། ཚོར་བ་སོགས་མིང་བཞིའི་ཕུང་པོ་ལ་བདེན་པར་འཛིན་པའི་ཕྱིར། འཇུག་པའི་རང་འགྲེལ་དུ་ཉན་ཐོས་ལ་བསྟན་པའི་མདོ་ལས། གཟུགས་ནི་དབུ་བ་རྡོས་པ་འདྲ། །ཚོར་བ་ཆུ་ཡི་ཆུ་བུར་འདྲ། །འདུ་ཤེས་སྨིག་རྒྱུ་ལྟ་བུ་སྟེ། །འདུ་བྱེད་རྣམས་ནི་ཆུ་ཤིང་བཞིན། །རྣམ་པར་ཤེས་པ་སྒྱུ་མ་ལྟར། །ཉི་མའི་གཉེན་གྱིས་བཀའ་བསྩལ་ཏོ། །ཞེས་སོགས་སྟར་བཞིན་ལུང་བརྒྱད་དང་། རིགས་པ་གཉིས་ཀྱི་རྗེས་སུ་ཞུགས་པས་ཡང་ལན་མེད་དོ། །དེས་ན་གཟུང་བའི་དོན་ལ་ཞེན་པ་ཙམ་ཉན་ཐོས་ལ་ཡོད་ལ། རང་སངས་རྒྱས་ལ་དེ་མེད་ཀྱང་འཛིན་པའི་དོན་ལ་ཞེན་པ་ཙམ་ཡོད། དེས་ན་འཛིན་པ་ཆོས་ཀྱི་བདག་འཛིན་འཛིན་རྟོག་ཤེས་སྒྲིབ་རང་ལམ་དུ་སྤོང་བ་ནི། བྱང་སེམས་ཆེན་པོའི་ཡུམ་གཞི་ཤེས་ཀྱི་ཡང་ཁྱད་ཆོས་ཡིན་ཏེ། དེ་ནི་ཐབས་ལ་མཁས་པ་ཡིས། །ཡང་དག་ཉེ་བ་ཉིད་དུ་བཤད། །ཅེས་པའི་ཡུམ་གྱི་མདོ་ལས། ཡུམ་འདི་ལེགས་པར་བཤད་པ་དང་ལེགས་པར་མཐར་ཕྱིན་པའི་བར་ནི་ངོ་མཚར་ཆེའོ་ཞེས་གསུངས། དེའི་ཕྱིར་བྱང་སེམས་ནི། ཞི་བས་སྲིད་ལ་མི་གནས་ཤིང་། །སྙིང་རྗེས་ཞི་ལ་མི་གནས་པ། །ཞེས་པ་དང་། ཉན་རང་ནི། སྲིད་དང་ཞི་བར་ལྷུང་བའི་ཕྱིར། །རྟོགས་པ་དམན་པ་ཉིད་དུ་ནི། །ཞེས་བཤད། དགེ་བ་ལ་ནི་ངོ་མཚར་ལྟ། །ཆོས་ཀུན་སྤྲོས་བྲལ་མ་ཤེས་པས། །ཞེས་གསུངས་པའི་དོན་ཡང་། ཉན་རང་དགེ་བ་ལ་བླང་བྱར་ཞེན་ལ། བྱང་སེམས་ཆེན་པོས་ནི་དགེ་བ་ལ་བླང་བྱའི་སྤྲོས་པ་དང་བྲལ་བ་དང་དེ་བཞིན་དུ་ཆོས་ཐམས་ཅད་རྟག་མི་རྟག་གི་སྤྲོས་པ་དང་བྲལ་བར་མཁྱེན་པ་སོགས། གཟུགས་རྟག་པ་ཡིན་མི་རྟག་མིན། །ཞེས་སོགས་རྒྱ་འགྲེལ་ཡུམ་གྱི་མདོ་དང་བཅས་པ་ལ་ལྟོས། །རྒྱས་པར་ཕྱིན་གྱི་ཊཱིཀྐ་ཆེ་འབྲིང་གཉིས་སུ་བཤད་ཟིན་ཏོ། །དེ་ལྟར་དུ་ཐུབ་པ་དགོངས་གསལ་ལས་ཀྱང་། དཔེར་ན། དགེ་བའི་རྩ་བ་འགའ་ཞིག་མཐོ་རིས་ལྷ་དང་མིའི་ཕུན་སུམ་ཚོགས་པར་འགྲོ། འགའ་ཞིག་ཉན་ཐོས་དང་རང་སངས་རྒྱས་ཀྱི་མྱ་ངན་ལས་འདས་པའི་རྒྱུར་འགྲོ་བས་དེ་བཟློག་པའི་དོན་དུ་ཐབས་ཀྱིས་མྱ་ངན་ལས་འདས་པའི་མཐའ་མནན། ཤེས་རབ་ཀྱིས་འཁོར་བའི་མཐའ་མནན། བརྩོན་འགྲུས་ཀྱི་སྟོབས་ཀྱིས་དེ་གཉིས་མྱུར་དུ་མཐར་ཕྱིན་པར་བྱས་པས། སྦྱིན་པས་མཚོན་པའི་དགེ་བ་ཅུང་ཟད་བྱས་པ་ཐམས་ཅད་མྱུར་དུ་མངོན་པར་རྫོགས་པར་འཚང་རྒྱ་བའི་རྒྱུར་འགྱུར་བ་ལ་བསླབ་ཏེ། མདོ་ལས། གང་དག་རྒྱལ་བ་རྣམ་འདྲེན་ལ། །བྱེད་པ

ཆུང་དུའང་བྱེད་འགྱུར་བ། །དེ་དག་མཐོ་རིས་སྣ་ཚོགས་པར། །བགྲོད་ནས་འཆི་མེད་གནས་ཐོབ་བོ། །ཞེས་གསུངས་པ་བཞིན་ནོ། མདོར་ན་སངས་རྒྱས་གསུང་རབ་དང་། །མཐུན་པའི་ཐོས་བསམ་སྒོམ་པ་གསུམ། །བསམ་པ་དག་པས་སྒྲུབ་བྱེད་ན། །སངས་རྒྱས་བསྟན་པར་ཤེས་པར་བྱ། །དེ་ཡང་མཛོད་ལས། ཚུལ་གནས་ཐོས་དང་བསམ་ལྡན་པ། །སྒོམ་པ་ལ་ནི་རབ་ཏུ་སྦྱོར། །ཞེས་བཤད། གཞི་ཚུལ་ཁྲིམས་ལ་གནས་ནས་ཐོས་བསམ་བསྒོམ་གསུམ་གྱི་གོ་རིམ་དེ་ལྟར་ཡིན་ན་ཡང་། སྐབས་འདིར་ནི་ཐེག་པ་ཆེན་པོའི་ཆོས་ལ་ཉན་བཤད་བྱ་བའི་རིགས་ཏེ། བློ་གྲོས་རྒྱ་མཚོས་ཞུས་པའི་མདོ་ལས། ཐེག་པ་ཆེན་པོ་བསྟུད་པར་བྱེད་པའི་ཆོས་གཅིག་ཏེ། བྱ་བ་འདུག་པར་འོས་པ་ལ་ཞུགས་ཤིང་ལས་ཀྱི་རྣམ་པར་སྨིན་པ་ལ་ཡིད་ཆེས་པའོ། །ཞེས་པ་དང་། སོ་སོར་ཐར་པའི་ཆོས་བཞི་སྒྲུབ་པའི་མདོ་ལས། ཤཱ་རིའི་བུ་རབ་ཏུ་བྱུང་བར་གྱུར་པའི་བྱང་ཆུབ་སེམས་དཔའ་གང་གིས་ཚིག་བཞི་པའི་ཚིགས་སུ་བཅད་པ་གཅིག་བསྟན་ན། དེ་ཉིད་དེ་བས་ཆེས་བསོད་ནམས་མང་དུ་བསྐྱེད་དེ། ཤཱ་རིའི་བུ་དེ་བཞིན་གཤེགས་པས་ནི་རབ་ཏུ་བྱུང་བས་ནི་ཟང་ཟིང་གི་སྦྱིན་པ་བྱ་བར་མ་གནང་ངོ་། །དེ་ཅིའི་ཕྱིར་ཞེ་ན། ཤཱ་རིའི་བུ་ང་རབ་ཏུ་བྱུང་བར་གྱུར་ནས་བསྐལ་པ་གྲངས་མེད་བསམ་གྱིས་མི་ཁྱབ་པར་ཁྱིམ་པའམ་རབ་ཏུ་བྱུང་བའི་ཆོས་གོས་དང་བསོད་སྙོམས་ལ་འགྲོན་དུ་བོས་པར་མ་དགོངས་སོ་གཞན་དུ་ན་ཆོས་ཁོ་ན་ལ་སྙི་སྙང་དང་བླ་མར་བྱས་ཏེ་ཉེ་བར་བསྙེན་ནས་གནས་པར་བྱའོ། །དེ་ཅིའི་ཕྱིར་ཞེ་ན། ཤཱ་རིའི་བུ་ངའི་ཉན་ཐོས་རྣམས་ཀྱིས་ཆོས་ཀྱི་ནོར་ཅན་དུ་བྱའི་ཟང་ཟིང་གི་ནོར་ཅན་དུ་མི་བྱའོ། །ཞེས་པ་དང་། ཡུམ་གྱི་མདོ་ལས་ཀྱང་། སྟོང་གསུམ་གྱི་སྟོང་ཆེན་པོའི་འཇིག་རྟེན་གྱི་ཁམས་ཀྱི་སེམས་ཅན་དེ་དག་ཐམས་ཅད་དགྲ་བཅོམ་པ་ཉིད་ཐོབ་པར་གྱུར་ལ། དགྲ་བཅོམ་པ་དེ་དག་གི་སྦྱིན་པ་ལས་བྱུང་བའི་བསོད་ནམས་བྱ་བའི་དངོས་པོ་དང་། ཚུལ་ཁྲིམས་ལས་བྱུང་བའི་བསོད་ནམས་བྱ་བའི་དངོས་པོ་དང་། བསྒོམས་པ་ལས་བྱུང་བའི་བསོད་ནམས་བྱ་བའི་དངོས་པོ་གང་ཡིན་པ་དེ་ལ། ཀུན་དགའ་བོ་འདི་ཇི་སྙམ་དུ་སེམས། བསོད་ནམས་ཀྱི་ཕུང་པོ་དེ་མང་བ་ཡིན་སྙམ་མམ། གསོལ་པ། བཅོམ་ལྡན་འདས་མང་ལགས་སོ། །བདེ་བར་གཤེགས་པ་མང་ལགས་སོ། །བཀའ་སྩལ་པ། ཀུན་དགའ་བོ། དེ་བས་ཀྱང་སུ་ཞིག་བྱང་ཆུབ་སེམས་དཔའ་ཆེན་པོ་ལ་ཤེས་རབ་ཀྱི་ཕ་རོལ་ཏུ་ཕྱིན་པ་དང་ལྡན་པའི་ཆོས་ཐ་ན་ཉི་མ་གཅིག་སྟོན་ན། དེས་བསོད་ནམས་ཀྱི་ཕུང་པོ་ཆེས་མང་དུ་སྐྱེའོ། །ཞེས་པ་ནས། ཀུན་དགའ་བོ། འདི་ནི་བྱང་ཆུབ་སེམས་དཔའ་ཆེན་པོ་དེའི་ཆོས་ཀྱི་སྦྱིན་པ་སྟེ། ཉན་ཐོས་ཀྱི་ཐེག་པ་པ་ཐམས་ཅད་དང་རང་སངས་རྒྱས་ཀྱི་ཐེག་པ་པའི་གང་ཟག་ཐམས་ཅད་ཀྱི་དགེ་བ་ཐམས་ཅད་ཟིལ་གྱིས་གནོན་པའོ། །ཞེས་གསུངས། ཆོས་ཉན་པ་པོ་ཡང་བསྟུ་བའི་དངོས་པོ་བཞིའི་སྒོ་ནས་བསྡུ་བར་བཤད་དེ། དེ་ཡང་སྐྱེས་རབས་ལས། སྦྱིན་པའི་གཡབ་

མོས་ལེགས་པོས་ནས། །སྐྱོན་པར་སྨྲ་བས་གདམ་བྱས་ཏེ། །དོན་སྤྱོད་པ་ཡི་བག་ཕབ་ལ། །དོན་མཐུན་གྲོས་ཆེན་གདབ་པར་བྱ། །ཞེས་བཤད། བཞི་གང་ཞེ་ན། བྱང་ཆུབ་སེམས་དཔའི་སྡེ་སྣོད་ཅེས་བྱ་བ་ཐེག་པ་ཆེན་པོའི་མདོ་ལས། གཞན་ཡང་སྦྱིན་པ་ནི་བསམ་པས་བཏང་བའོ། །སྐྱོན་པར་སྨྲ་བ་ནི་སྦྱོར་བས་ཡོངས་སུ་འཆད་པའོ། །དོན་སྤྱོད་པ་ནི་ལྷག་པའི་བསམ་པས་འགྲོད་པ་མང་བའོ། །དོན་མཐུན་པ་ནི་ཐེག་པ་ཆེན་པོ་ལ་བསྔོ་བའོ། །ཞེས་པ་དང་། གཞན་ཡང་སྦྱིན་པ་ནི་སྦྱིན་པའི་ཕ་རོལ་ཏུ་ཕྱིན་པའོ། །སྐྱོན་པར་སྨྲ་བ་ནི་ཚུལ་ཁྲིམས་ཀྱི་ཕ་རོལ་ཏུ་ཕྱིན་པ་དང་བཟོད་པའི་ཕ་རོལ་ཏུ་ཕྱིན་པའོ། །དོན་བྱེད་པ་ནི་གང་བརྩོན་འགྲུས་ཀྱི་ཕ་རོལ་ཏུ་ཕྱིན་པའོ། །དོན་མཚུངས་པ་ནི་བསམ་གཏན་གྱི་ཕ་རོལ་ཏུ་ཕྱིན་པ་དང་ཤེས་རབ་ཀྱི་ཕ་རོལ་ཏུ་ཕྱིན་པའོ། །གཞན་ཡང་སྦྱིན་པ་ནི་བྱང་ཆུབ་སེམས་དཔའ་སེམས་དང་པོ་བསྐྱེད་པ་རྣམས་ཀྱིའོ། །སྐྱོན་པར་སྨྲ་བ་ནི་བྱང་ཆུབ་སེམས་དཔའ་སྤྱོད་པ་ལ་ཞུགས་པ་རྣམས་ཀྱིའོ། །དོན་བྱེད་པ་ནི་བྱང་ཆུབ་སེམས་དཔའ་ཕྱིར་མི་ལྡོག་པ་རྣམས་ཀྱིའོ། །དོན་མཚུངས་པ་ནི་བྱང་ཆུབ་སེམས་དཔའ་སྐྱེ་བ་གཅིག་གིས་ཐོགས་པ་རྣམས་ཀྱིའོ། །གཞན་ཡང་སྦྱིན་པ་ནི་བྱང་ཆུབ་ཀྱི་རྩ་བའི་གནས་སོ། །སྐྱོན་པར་སྨྲ་བ་ནི་བྱང་ཆུབ་ཀྱི་མྱུ་གུ་ཡོངས་སུ་རྫོགས་པའོ། །དོན་བྱེད་པ་ནི་བྱང་ཆུབ་ཀྱི་མེ་ཏོག་ཡོངས་སུ་གྲུབ་པའོ། །དོན་མཚུངས་པར་བྱེད་པ་ནི་བྱང་ཆུབ་ཀྱི་འབྲས་བུ་མངོན་པར་གྲུབ་པ་སྟེ། དེ་དག་ནི་བྱང་ཆུབ་སེམས་དཔའ་རྣམས་ཀྱི་བསྡུ་བའི་དངོས་པོ་རྣམ་པ་བཞིའོ། །ཞེས་གསུངས། དེ་ལྟར་ན་བྱང་ཆུབ་སེམས་དཔའི་སྡོམ་པའི་སྐབས་ཏེ་གཞུང་གི་དོན་གཉིས་པ་བཤད་པའོ། །

༈ གསུམ་པ་གསང་སྔགས་ཀྱི་སྡོམ་པ་བཤད་པ་ལ། དབང་ལ་འཁྲུལ་པ་དགག །ལམ་ལ། ལྟ་བ་ལ། བསྒོམ་པའི་གནད་ལ། འབྲས་བུ་ལ་འཁྲུལ་པ་དགག་པ་དང་ལྔ་ལས། དང་པོ་ལ། མ་ཁྲུལ་པ་ལ་འཇུག་པར་གདམས། འཁྲུལ་པ་ལ་འཇུག་པ་དགག་པ་དང་གཉིས་ལས། དང་པོ་ནི། གང་ལ་འཕྲོས་ན། གསང་སྔགས་ཀྱི་ནི་དབང་བསྐུར་དང་། །ཞེས་པ་དང་། རིམ་པ་གཉིས་ཀྱི་གསང་ཚིག་དང་། །ཞེས་པ་གང་ལ་ཟེར་ཞེ་ན། གསང་སྔགས་རྡོ་རྗེ་ཐེག་པའི་ལམ་ལ་ཞུགས་ཏེ་མྱུར་བ་ཚེ་འདི་འམ་སྐྱེ་བ་བཅུ་དྲུག་ཙུན་ཆད་དུ་སངས་རྒྱས་ཐོབ་པར་འདོད་ན་སྨིན་གྲོལ་གཉིས་ལ་འབད་པར་བྱ་དགོས་ཏེ། སྨིན་གྲོལ་གཉིས་སངས་རྒྱས་ཀྱི་རྒྱུ་རྐྱེན་གྱི་གཙོ་བོ་ཡིན་པའི་ཕྱིར། ཅིའི་ཕྱིར་རྡོ་རྗེ་ཐེག་པ་ཞེས་བྱ་ན། ལུས་ངག་ཡིད་གསུམ་རྣམ་པར་རྟོག་པས་མི་ཕྱེད་པས་ན་རྡོ་རྗེ་སྟེ། ཀྱེ་རྡོ་རྗེ་ལས། རྡོ་རྗེ་མི་ཕྱེད་ཅེས་བྱར་བརྗོད། །ཅེས་པ་དང་། གསང་བ་འདུས་པ་ལས། འདོད་ཆགས་ཞེ་སྡང་གཏི་མུག་རྣམས། །རྡོ་རྗེ་དག་ལ་རྟག་པར་གནས། །དེས་ན་སངས་རྒྱས་རྣམས་ཀྱི་ཐབས། །རྡོ་རྗེ་ཐེག་པ་ཞེས་བཤད་དོ། །ཞེས་གསུངས། དུས་ཆེས་ཤིན་ཏུ་མྱུར་བར་སངས་རྒྱས་འདོད་ན་སྨིན་པར་བྱེད་པའི་དབང་བསྐུར

ཡང་ཚུལ་འདི་ལྟར་བླང་དགོས་ཏེ། བླ་མ་དམ་པའི་དབང་གི་ཆུ་བོ་མ་ནུབ་པ། བྱིན་བརླབས་ཀྱི་བརྒྱུད་པ་མ་ཉམས་ཤིང་། གདམས་ངག་གི་སཀྲ་མ་ལོག་པ། མོས་གུས་ཀྱི་བསམ་པ་ཚིམ་པ། གསང་སྔགས་ལག་ལེན་གྱི་མཐའ་ཅན་ཡིན་པས་སྦྱོར་དངོས་རྗེས་གསུམ་གྱི་ཆོ་ག་འཁྲུགས་པར་མ་གྱུར་པ་བླ་མ་གོང་མའི་ཕྱག་ལེན་བཞིན་བྱེད་པ་དང་། ཕྱི་ནང་གསང་བ་སོགས་ཀྱི་རྟེན་འབྲེལ་ལམ་ལྟ་སྒྲིག་མཁྱེན་ཅིང་། རང་ལ་སྐུ་བཞིའི་ས་བོན་ཐེབས་ནུས་པ་སངས་རྒྱས་ཀྱི་གསུང་བཞིན་མཛད་པ་ཡི་བླ་མ་རྗེ་བཙུན་གྲགས་པ་རྒྱལ་མཚན་ལྟ་བུ་བཙལ་ལ་དབང་བཞི་བླངས་ན། ཐབས་དེ་ཡིས་སློབ་མ་སྡོམ་པ་གསུམ་དང་ལྡན་པར་འགྱུར་བའི་ཕྱིར།

གཉིས་པ་ལ། དབང་མ་ཡིན་པ་དབང་དུ་འདོད་པ་དགག །དབང་མི་དགོས་པར་འདོད་པ་དགག །རྒྱུད་སྡེ་འོག་མ་ལ་དབང་བཞི་དགོས་པ་དགག མོས་པ་གསང་སྔགས་ཀྱི་ཆོས་སྒོ་ཡིན་པ་དགག །དབང་བསྐུར་མུ་བཞིར་འདོད་པ་དགག་པ་དང་ལྔ་ལས། དང་པོ་ལ། བྱིན་བརླབས་དབང་བསྐུར་ཡིན་པ་དགག །ཕག་མགོའི་དབང་བསྐུར་ཡོད་པ་དགག །རང་བཟོའི་ཆོ་ག་བྱེད་པ་དགག །གཡུང་དྲུང་རིས་སོགས་དཀྱིལ་འཁོར་དགག་པ་དང་བཞི་ལས། དང་པོ་ནི། དེང་སང་བོད་འདི་ན་རྡོ་རྗེ་ཕག་མོ་ཡི་བྱིན་བརླབས་རྒྱུ་དུས་ཀྱི་དབང་བསྐུར་ཡིན་ཞེས་ཟེར། བྱིན་བརླབས་འདི་ཡིས་ཆོས་ཀྱི་སྒོ་ཕྱེ་ནས་དབང་གཉིས་པའི་ལམ་གཏུམ་མོ་ལ་སོགས་ཆོས་དྲུག་བསྒོམ་པ་མཐོང་ཡང་སྤྱིར་རྒྱུད་དང་བྱེ་བྲག་ཕག་མོའི་རང་གཞུང་དང་ཡང་འགལ་ཏེ། འདི་འདྲ་རྒྱུད་སྡེ་ལས་མ་གསུངས་ཤིང་རྒྱུད་འགྲེལ་བསྟན་བཅོས་རྣམས་ལས་བཤད་པ་མེད་ལ་ཁྱེད་བརྒྱུད་པ་གང་གི་རྗེས་སུ་འབྲང་ཡང་། རྡོ་བོ་རྗེས་མཛད་པའི་རྡོ་རྗེ་ཕག་མོ་ཉིད་ཀྱི་གཞུང་ལས་ཀྱང་། དབང་བསྐུར་བ་ཐོབ་ཅིང་དམ་ཚིག་དང་ལྡན་པའི་རྣལ་འབྱོར་པ་དེ་ལ་རྡོ་རྗེ་རྣལ་འབྱོར་མའི་བྱིན་བརླབས་བྱའོ་ཞེས་གསུངས་ཀྱི་དབང་བསྐུར་བ་མ་ཐོབ་ཅིང་དམ་ཚིག་མེད་པ་ལ་བྱིན་བརླབས་བྱ་བ་བཀག་པའི་ཕྱིར། གཞུང་དེའང་གང་ཞེ་ན། རྗེ་བཙུན་མ་རིན་ཆེན་རྒྱན་གྱི་སྒྲུབ་ཐབས་ལས། འདི་ལྟར་རྣལ་འབྱོར་པ་དབང་བསྐུར་བ་ཐམས་ཅད་ཡོངས་སུ་རྫོགས་པས་ཡིད་དང་རྗེས་སུ་མཐུན་པའི་གནས་སུ་ཞེས་པ་དང་། སྔོན་གྱི་བླ་མའི་མན་ངག་གིས་དབང་བསྐུར་བའི་རིམ་པས་དེའི་དོན་ལ་དམིགས་ནས་རྡོ་རྗེ་རྣལ་འབྱོར་མར་བསམ་པར་བྱའོ་ཞེས་བཤད། དེ་གཉིས་དཔེ་དང་སྦྱར་བ་ནི་དཔེར་ན་མུ་ཟིའི་བཅུད་ལེན་འཛད་བྱེད་ཐོག་མར་ཟོས་ནས་དེ་ནས་དངུལ་ཆུ་ཟ་བར་གསུངས་ཀྱི། མུ་ཟི་ཐོག་མར་མ་བསྟེན་པར་སྔགས་མེད་ཀྱི་དངུལ་ཆུ་ཟོས་ན་འཆི་བ་བཞིན། དཔེ་དེ་བཞིན་ཐོག་མར་སྨིན་བྱེད་ཀྱི་དབང་བསྐུར་བླང་དེ་ནས་རྡོ་རྗེ་ཕག་མོའི་བྱིན་བརླབས་སྦྱིན་གྱི། དབང་བསྐུར་མེད་པར་བྱིན་བརླབས་བྱས་ན་དམ་ཚིག་ཉམས་པར་ཐུབ་པས་གསུངས་ཏེ། དཔེ་དོན་མཚུངས་པའི་ཕྱིར། རྡོ་རྗེ་ཕག་མོའི་བྱིན་བརླབས་འདི་ནི་རྡོ་

ཧེ་ཕག་མོའི་བྱིན་བརླབས་ཙམ་ཡིན་གྱི་སྨིན་པར་བྱེད་པའི་དབང་བསྐུར་མ་ཡིན་ཏེ། རྡོ་རྗེ་ཕག་མོའི་བྱིན་བརླབས་ཙམ་ལ་སྡོམ་པ་གསུམ་ལྡན་བྱར་མི་རུང་ཞིང་། ཕྱི་ནང་གི་རྟེན་འབྲེལ་འགྲིག་པར་མི་འགྱུར་ལ་སྐྱེ་བཞིའི་ས་བོན་ཐེབས་མི་ནུས་པ་དེའི་ཕྱིར། ཕག་མོས་ཆོས་སྒོ་འབྱེད་པ་ནི་དྭགས་པོ་ལྷ་རྗེའི་དུས་སུ་བྱུང་སྟེ་བླ་མ་གཞན་ལ་སློབ་མ་རྣམས་དབང་ཞུ་བ་ལ་བཏང་བས། དེར་བསྡད་ནས་ཕལ་ཆེར་ལོག་མ་བྱུང་བས་རང་རེ་ཚང་ལ་ཡང་དབང་བྱེད་མཁན་རེ་དགོས་པ་འདུག་གསུངས་པས། གོར་ནེ་རུ་པས་ངས་ཕག་མོའི་དབང་རེ་བྱས་ན་ཞུས་པས་དེས་ཆོག་གསུང་ནས། ཕག་མོའི་བྱིན་བརླབས་རེ་བྱས་དེ་ནས་བླ་མས་ན་རོ་ཆོས་དྲུག །ཕྱག་ཆེན་སོགས་བསྟན་པ་དེ་ནས་བཟུང་སྟེ་ཆོས་སྒོ་བ་ལ་དབང་ཞུས། བླ་མས་ཁྲིད་གསུངས་པས་བདེ་མཆོག་གི་དབང་མ་ཐོབ་ཀྱང་རྡོ་རྗེ་ཕག་མོའི་བྱིན་བརླབ་ཙམ་གྱིས་ཆོས་དྲུག་གི་ཆོས་སྒོ་འབྱེད་པ་བྱུང་ངོ་ཞེས་བླ་ཆེན་འཕགས་པ་གསུང་། དེས་ན་ཐུབ་པས་རྒྱུད་སྡེ་ལས། དཀྱིལ་འཁོར་ཆེན་པོ་མ་མཐོང་བའི། །མདུན་དུ་འདི་ནི་མ་སྨྲ་ཞིག །སྨྲས་ན་དམ་ཚིག་ཉམས་ཞེས་གསུངས་ཏེ། དེ་ཉིད་བསྡུས་པ་ལས། དཀྱིལ་འཁོར་ཆེན་པོ་མ་མཐོང་བ་རྣམས་ཀྱི་མདུན་དུ་མ་སྨྲ་ཞིག་སྨྲས་ན་དམ་ཚིག་ཉམས་པར་འགྱུར་རོ་ཞེས་གསུངས་པའི་ཕྱིར་དང་། སྤྱོད་རྒྱུད་ཀྱི་ཚེ་དཔག་མེད་ཀྱི་སྐབས་ལས་ཀྱང་དེ་བཞིན་དུ་གསུངས་སོ། །ཞར་ལ་རྡོ་རྗེ་སློབ་དཔོན་གྱི་དེ་ཉིད་བཅུ་ནི། རབ་གནས་ཀྱི་རྒྱུད་ལས། སློབ་དཔོན་དེ་ཉིད་བཅུ་ཤེས་ཤིང་། །མཚན་ཉིད་ཀུན་དང་ཡང་དག་ལྡན། །ཕྱག་རྒྱ་སྔགས་དང་ཆོ་ག་ཤེས། །ལས་རྣམས་ཀུན་ལ་མཁས་པའོ། །ཞེས་གསུངས།

དེ་ལ་ཆོ་གའི་དེ་ཉིད་བཅུ་ནི། དཀྱིལ་འཁོར་དང་ནི་ཏིང་འཛིན་མཆོག ཕྱག་རྒྱ་སྟངས་སྟབས་གདན་དང་ནི། །བཟླས་བརྗོད་སྦྱིན་སྲེག་མཆོད་པ་དང་། །ལས་ལ་སྦྱོར་དང་སླར་བསྡུ་བའོ། །ཞེས་པ་དང་། རྡོ་རྗེ་སློབ་དཔོན་ལ་ཉེ་བར་མཁོ་བའི་དེ་ཉིད་བཅུ་ནི།བླ་མ་ཡོངས་བཟུང་གི་རྒྱུད་ལས། གནས་དང་དུས་དང་ལྷ་དང་སྔགས། །བགྲང་ཕྲེང་ཕྱག་རྒྱ་སྦྱིན་སྲེག་དང་། །དཀྱིལ་འཁོར་ཐིམ་པའི་དེ་ཉིད་དང་། །དབང་བསྐུར་དང་ནི་རབ་གནས་ཀྱི། །དེ་ཉིད་བཅུ་ནི་ཡོངས་སུ་ཤེས། །ཞེས་གསུངས། དབང་བསྐུར་མཆོག་གི་དེ་ཉིད་བཅུ་ནི་སྒྲུབ་ཐབས་རིན་ཆེན་འབར་བར། རྡོ་རྗེ་དྲིལ་བུ་ཡེ་ཤེས་དང་། །ལྷ་དང་དཀྱིལ་འཁོར་སྦྱིན་སྲེག་དང་། །སྔགས་དང་རྡུལ་ཚོན་གཏོར་མ་དང་། །དབང་བསྐུར་དེ་ཉིད་བཅུ་པའོ། །ཞེས་བཤད།

གཉིས་པ་ནི། ཕྱག་རྒྱ་པ་འགའ་ཞིག་ན་རེ། རྡོ་རྗེ་ཕག་མོའི་བྱིན་བརླབས་འདི་ལའང་ཕག་མགོ་དང་གྲི་གུག་དང་མདའ་གཞུ་དང་ཆངས་པ་སྟོང་པ་ལ་སོགས་པའི་དབང་བསྐུར་ཡོད་ཅེས་ཟེར་བ་མི་འཐད་དེ། འདི་འདྲ་སྨིན་བྱེད་ཀྱི་དབང་བསྐུར་ཉིད་མ་ཡིན་ཞིང་རྒྱུད་སྡེ་ཀུན་ལས་འདི་འདྲ་མ་གསུངས་ལ། གལ་ཏེ་རྒྱ་ལ

གསུངས་པ་སྲིད་ཀྱང་རྗེས་གནང་ཡིན་གྱི་རྒྱུད་དུས་ཀྱི་དབང་བསྐུར་མཆོག་ཉིད་མ་ཡིན་པའི་ཕྱིར་ཏེ། དེའི་མཚན་ཉིད་རྫུལ་ཚོན་གྱི་དཀྱིལ་འཁོར་ལ་སོགས་པ་མ་ཚང་བའི་ཕྱིར་རོ། །དེ་ཡང་ཆག་ལོའི་དྲི་བར། རྒྱ་ལ་ཕག་མགོའི་དབང་ལ་སོགས་པ་གསུངས་ན་དབང་ཞེས་བརྗོད་པ་ལ་འགལ་བ་ཅི་མཆིས་ཞུས་པའི་ལན་དུ། དེ་འདྲ་རྒྱུད་སྡེ་གང་ནས་ཀྱང་གསུངས་པ་མི་གདའ་བཏགས་པ་མཐའ་བཟུང་གི་གསུངས་པ་སྲིད་ན་དབང་བཏགས་པ་པ་ཡིན་ཏེ། དབང་བསྐུར་ལ་སྦྱོར་དངོས་རྗེས་གསུམ་གྱི་ཆོ་ག་མང་དུ་ཡོད་ནའང་དངོས་གཞི་དེ་དབང་ཡིན་གཞན་རྣམས་ཆ་ལག་ཡིན། དགེ་སློང་གི་སྡོམ་པ་འབོགས་པའི་ཆོ་ག་ལ་མང་པོ་ཡོད་ནའང་གསོལ་བཞིའི་ལས་དེ་ཆོ་ག་དངོས་ཡིན། བུམ་དབང་བཅུ་གཅིག་ཟེར་ཀྱང་ཡན་ལག་ལ་མིང་བཏགས་པ་ཡིན། སཾ་བུ་ཊི་ལས་ཀྱང་། དབང་དང་རྗེས་གནང་ཐོབ་པ་ཡིས། །ཁྲུ་བ་ཁྲུས་པར་རབ་འཇུམ་ཞིང་། །འགྲོ་ཀུན་དགའ་བར་བྱེད་པ་ཡི། །ཤིན་ཏུ་སྣན་པའི་ཚིག་འདི་བརྗོད། །ཅེས་ཐ་དད་དུ་གསུངས་ལ། དབང་གི་མིང་བཏགས་ཚད་དབང་ཡིན་ན། འདུལ་བ་སུམ་བརྒྱ་པར། རྫོགས་པའི་སངས་རྒྱས་དཔལ་སྟོད་དབང་བསྐུར་ཡིན། །ཞེས་པ་དང་། མདོ་ལས། དབང་ཐོབ་པའི་བྱང་སེམས་ཞེས་པ་དང་། རྒྱལ་རིགས་སྤྱི་བོ་ནས་དབང་བསྐུར་བ་ཞེས་སོགས་ཀྱང་གསུངས། དེས་ན་མདའ་གཞུ་གཏོད་པ་ལ་སོགས་ཀྱང་རྗེས་གནང་ཡིན་གྱི་དབང་མ་ཡིན། ཕག་མགོའི་དབང་བསྐུར་ཡང་གསུངས་འདུག་ན་འདི་འདྲར་བསྟུ་དགོས་ཏེ་བརྫུན་འབབ་ཞིག་ཡིན་གྱི་གསུངས་པ་གཅིག་ཀྱང་མེད་ཅེས་པའི་ལན་མཛད་དོ། །དབང་བསྐུར་དང་རྗེས་གནང་གི་ཁྱད་པར་ཡང་། ཚེ་འདིར་འཚང་རྒྱ་བ་ཉེ་བར་ལེན་པའི་རྒྱུ་དང་ལྡན་ཅིག་བྱེད་པའི་རྐྱེན་ཡིན་ཞེས་བླ་མ་གསུང་།

གསུམ་པ་ལ་གཉིས་ཏེ། རང་བཟོའི་ཆོ་ག་ལ་སྡོམ་པ་མི་འཆགས་པར་བསྟན། ད་ལྟ་གསང་སྔགས་ཅི་རིགས་ནས་ཉུབ་པར་དཔེས་མཚོན་ཏེ་བསྟན་པའོ། །དང་པོ་ནི། ཀྻ་ལོའི་སློབ་མ་སྔགས་ཆུང་བ་ལ་ལ་རྡོ་རྗེ་ཕག་མོ་ལ་གསང་སྔགས་ཀྱི་སྡོམ་པ་འབོགས་པའི་ཆོ་ག་དང་། དཀྱིལ་འཁོར་བཞེངས་པ་དང་ནི་དབང་བསྐུར་བ་སོགས་རང་བཟོའི་ཆོ་ག་བྱེད་པ་ཐོས་ཀྱང་རང་བཟོ་གསང་སྔགས་ཀྱི་ཆོ་གར་འགྱུར་བ་མི་སྲིད་དེ། གསང་སྔགས་ཀྱི་ཆོ་ག་ཐམས་ཅད་སངས་རྒྱས་ཁོ་ནའི་སྤྱོད་ཡུལ་ཡིན་པའི་ཕྱིར། དཔེར་ན་ཁྲིམ་པས་གསོལ་བཞིའི་ལས་བྱས་ཀྱང་དགེ་སློང་གི་སྡོམ་པ་མི་འཆགས་པ་ལྟར། རྡོ་རྗེ་ཕག་མོའི་བྱིན་བརླབས་ལ་གསང་སྔགས་ཀྱི་སྡོམ་པ་ཕོག་ཀྱང་འཆགས་པར་མི་འགྱུར་ཏེ། དཔེ་དོན་མཚུངས་པའི་ཕྱིར། ཆོ་ག་ཕལ་ཆེར་ཉམས་པ་ལ་ཆོ་ག་འཆགས་པར་འགྱུར་རེ་སྐན་ཏེ། འདུལ་བ་མདོ་རྩ་ལས། ཆོ་ག་ལས་འདས་ན་ལས་མི་ཆགས་ཞེས་པ་དང་། བདག་གི་མིང་མ་བརྗོད་པ་དང་མཁན་པོ་དང་དགེ་འདུན་གྱི་མིང་མ་བརྗོད་ན་ཡང་བསྙེན་རྫོགས་ཀྱི་ཆོ་གའི་

བྲུར་ཉམས་པས་ལས་མི་འཆགས་ཞེས། ཆོ་ག་ཙུང་ཟད་ཉམས་པ་ལ་ཆོ་ག་འཆགས་པར་མ་གསུངས་པས་ནོ། །དེས་ན་རྒྱུད་འཆད་པའི་གནས་སྐབས་ཙུང་ཟད་ནོར་བར་གྱུར་ཀྱང་བླ་ལ། དབང་གི་ཆོ་ག་ནོར་བར་གྱུར་པ་ལ་གྲུབ་པ་ནམ་ཡང་མེད་པར་གསུངས་ཏེ། དེ་ཡང་གསང་བ་སྤྱི་རྒྱུད་ལས། ཁྱད་པར་ཅན་གྱི་ལས་རྣམས་ལ༑ ༑ལྷ་དུས་བྱ་བ་དུས་བཞིན་སྤྱད། །གཞན་དུ་ཆོ་ག་ཉམས་པའི་ཕྱིར། །གྲུབ་པ་ནམ་ཡང་ཡོད་མ་ཡིན། །ཞེས་གསུངས།

གཞན་ཡང་དྭགས་པོ་ལྷ་རྗེས་རྡོ་རྗེ་ཕག་མོའི་བྱིན་བརླབས་ལ་གསང་སྔགས་གཏུམ་མོ་སོགས་བསྒོམ་པའི་ཆོས་སྒོར་བྱེད་པ་ནི་རྒྱུད་སྡེ་གང་ནའང་བཤད་པ་མེད་ལ། དེ་བས་དགེ་སློང་བྱེད་པ་ལ། མི་ཧོག་ཕྲེང་རྒྱུད་ལས། འདྲེན་པ་རང་རྒྱལ་རབ་བྱུང་གི །ཞེས་རབ་འབྱུང་གི་ནི་བསྙེན་པར་རྫོགས་པ་དང་། ལྔ་སྡེ་བཟང་པོ་ཡེ་ཤེས་ཁོང་དུ་ཆུད་པ་དང་། མཆོད་སྦྱིན་མ་འཕྲེན་གྱིས་བསྙེན་པར་རྫོགས་པ་དང་། དེ་བཞིན་དུ་འོད་སྲུང་ཆེན་པོ་སྟོན་པར་ཁས་བླངས་པ་དང་། གྲགས་པ་ཚུར་ཤོག་དང་ལ་སོགས་པ་སྐྱེ་དགུའི་བདག་མོ་ལྟི་བའི་ཆོས་བརྒྱད་ཁས་བླངས་པ་དང་། བྲམ་ཟེ་སོ་ཏ་ཡ་ནའི་བུ་དྲིས་པའི་ལན་ལོན་པ་དང་། བཟང་སྡེའི་ཚོགས་དྲུག་ཅུ་སྐྱབས་གསུམ་ཁས་བླངས་པ་དང་། གསོལ་བཞིའི་ལས་ཀྱིས་གཅིག་ཅར་རབ་ཏུ་བྱུང་ཞིང་བསྙེན་པར་རྫོགས་པ་ སྟེ། འདི་གཉིས་འབྲུལ་པ་ཡིན་པ་མཉམ་པོ་ལ་ཕྱི་མ་འདི་རྣམས་སྔོན་གྱི་ཆོ་གར་འདུལ་བ་ལུང་ལས་བཤད་ཅིང་སྔ་མ་དེ་སྔོན་གྱི་ཆོ་གར་མ་གསུངས་པའི་ཕྱིར།

གཉིས་པ་ནི། དེས་ན་ཉན་ཐོས་ཐེག་པ་ནི་མངོན་རྟོགས་དང་སྒྲུབ་པ་དང་ལུང་ཅི་རིགས་ནས་ནུབ་ཀྱང་གཟུགས་བརྙན་ཙམ་ཞིག་སྣང་ལ། གསང་སྔགས་རྡོ་རྗེ་ཐེག་པའི་བསྟན་པ་ལ་གཟུགས་བརྙན་ཙམ་ཡང་མི་སྣང་ངོ༑ ༑དེའི་རྒྱུ་མཚན་བླུན་པོ་སྙིང་པོད་ཅན་གྱིས་ཀྱང་འདུལ་བའི་ཆོ་ག་བཀྲལ་མ་ནུས་ལ། གསང་སྔགས་ཆོ་ག་ཐམས་ཅད་ལ་བླུན་པོ་རྣམས་ཀྱིས་རང་བཟོར་སྤྱོད་པའི་ཕྱིར། དཔེར་ན་འདུལ་བ་ལས། ཚོགས་ཀྱིས་ཚོགས་ཀྱི་ལས་མི་བྱ་ཞེས་གསུངས་པས། རབ་བྱུང་བྱེད་པའི་ཚེ་གང་ཟག་ནི་གསུམ་ལས་མང་བ་འཛུག་མི་ནུས་ལ། སྤྱོད་རྒྱུད་མ་གཏོགས་པའི་གསང་སྔགས་ཀྱི་དབང་བསྐུར་བྱེད་པ་ན་སློབ་མ་གྲངས་ངེས་མེད་པར་དབང་བསྐུར་བྱེད་པ་བཞིན་ནོ། །དེས་ན་ཐང་པ་ཕྱི་མ་གཉིས་པོ་འདི་ནི་རྡོ་རྗེ་འཆང་གིས་བཀག་གོ །སྤྱོད་པའི་རྒྱུད་ཀྱི་དབང་བསྐུར་ལ་སློབ་མ་གྲངས་ངེས་མེད་པར་གསུངས་ཤིང་ཟུར་དུ་གྱུར་པ་ཡང་གཟུང་སྟེ། རྣམ་སྣང་མངོན་བྱང་ལས། གཅིག་གཉིས་བཞི་ལས་ལྷག་ཀྱང་རུང་། །དཔྱད་མི་དགོས་པས་གཟུང་བར་བྱ། །ཞེས་པ་དང་། དེས་བྱང་ཆུབ་ཀྱི་སེམས་ཀྱི་རྒྱུར་འགྱུར་བར་བྱ་བའི་ཕྱིར་སེམས་ཅན་ཚད་མེད་པ་ཡོངས་སུ་གཟུང་བར་བྱའོ་ཞེས་གསུངས

པས་སོ། །སྤྱོད་རྒྱུད་ཀྱི་ལྷག་མ་རྒྱུད་སྡེ་གཞན་གསུམ་ལ་དམིགས་བསལ་མཛད་པ་ཡི་དབང་བསྐུར་བའི་སློབ་མ་ལ་ནི་གྲངས་ངེས་ཡོད་པར་གསུངས་ཤིང་ཟུང་དུ་མ་གྱུར་པ་གཟུང་སྟེ། ཚུལ་འདི་ནི་གསང་བ་སྤྱི་རྒྱུད་ལས། མཁས་པས་སློབ་མ་གཅིག་གམ་གསུམ། །ལྔ་པའམ་ཡང་ན་བདུན་དག་གམ། །ཉི་ཤུ་རྩ་ནི་ལྔ་ཡི་བར། །ཟུང་དུ་མ་གྱུར་ཡོངས་སུ་ཟུངས། །དེ་བས་ལྷག་པའི་སློབ་མ་ནི། །ཡོངས་སུ་གཟུང་བར་མི་ཤེས་སོ། །ཞེས་གསུངས་པ་འདི་ནི་རྒྱུད་སྡེ་ལྷག་མ་གཞན་གསུམ་པོ་ཀུན་ལ་འཇུག་པའི་ཕྱིར།

གླེགས་བམ་ཁ་ཅིག་ལས། ལྷག་མ་དམིགས་བསལ་མ་མཛད་པའི། །ཞེས་པ་འབྱུང་སྟེ་དཔྱད་པར་བྱའོ། །ཉི་ཤུ་རྩ་ལྔ་པོ་དེ་བས་ལྷག་པའི་སློབ་མ་ལ་དངོས་གཞིའི་ཚིག་ཡོངས་སུ་རྫོགས་པ་ནི་མཚན་མོ་གཅིག་ལ་ཚར་བར་མི་ནུས་ལ། དེ་ཡི་མཚན་མོ་མ་ཚར་ན་དབང་གི་ཚིག་ཉམས་པར་འགྱུར་བར་གསུངས་ཏེ། དེ་ཡང་གསང་བ་སྤྱི་རྒྱུད་ལས། ལྷ་ཡང་ཉི་མ་ནུབ་པ་ན། །ངེས་པར་བྱིན་གྱིས་བརླབས་ཀྱིས་འདུ། །ཉི་མ་ཤར་བར་མ་གྱུར་བར། །མཆོད་ནས་གཤེགས་སུ་གསོལ་བ་ཤིས། །ཞེས་འབྱུང་བའི་ཕྱིར། གལ་ཏེ་གསང་བ་སྤྱི་རྒྱུད་འདི་ནི་བྱ་བའི་རྒྱུད་ཡིན་པས་རྒྱུད་གཞན་གྱི་ཚིག་མིན་སྙམ་ན། གསང་བ་སྤྱི་རྒྱུད་ཀྱི་ཚིག་འདི་རྒྱུད་གཞན་གསུམ་པོ་རྣམས་ཀུན་ལ་འཇུག་པ་ཡིན་ཏེ། རྒྱུད་གཞན་གསུམ་པོ་རྣམས་ཀུན་ལའང་འདི་འཇུག་པར་གསང་བ་སྤྱི་རྒྱུད་ཉིད་ལས་འདི་སྐད་གསུངས་པས་སོ། །ཇི་ལྟར་གསུངས་ཤེ་ན། རྒྱུད་གཞན་གསུམ་པོ་གང་དུ་དབང་བསྐུར་ལ་སོགས་པའི་ལས་ནི་ཡོད་པར་གྱུར་ལ་ལས་ཀྱི་ཚིག་རྣམས་གསལ་པོ་མེད་པ་དེ་ར་ནི་སྤྱི་ཡི་རྒྱུད་དག་ལས་ཀྱང་གསུངས་པའི་ཚིག་མཁས་པས་བསྟེན་པར་བྱའོ་ཞེས་དེ་སྐད་གསུངས་པའི་ཕྱིར།

བཞི་པ་ནི། དེང་སང་རྫོ་རྗེ་ཕག་མོ་ཡི་བྱིན་བརླབས་སོགས་མི་བྱེད་ཅིང་དབང་བསྐུར་བྱེད་པ་ཁ་ཅིག་ཀྱང་། རྫོགས་པའི་སངས་རྒྱས་ཀྱིས་རྒྱུད་སྡེ་ལས་གསུངས་པ་ཡི་རྡུལ་ཚོན་གྱི་དཀྱིལ་འཁོར་ཆོག་ལ། ས་ཆོག་སྔ་གོན་དཀྱིལ་འཁོར་དུ་འཇུག་པ་དབང་བསྐུར་གྱི་དངོས་གཞི་མཐར་རྗེས་དང་། ས་ཆོག་ལ་ཡང་ས་བརྟག་པ་ས་བླང་བ་ས་སྦྱང་བ་ས་བསྲུང་བ་ས་ཡོངས་སུ་གཟུང་བ་དང་། སྟ་གོན་ལ་ཡང་སའི་ལྷ་མོ་དང་ལྷ་དང་བུམ་པ་དང་སློབ་མ་སྟ་གོན་ཏེ་བཞི་དང་། འཇུག་པ་ལ་ཡང་དེའི་སྔོན་དུ་དཀྱིལ་འཁོར་བྲི་བ་སྒྲུབ་ཅིང་མཆོད་པ་སློབ་དཔོན་བདག་ཉིད་འཇུག་ཅིང་དབང་ལེན་པ་སློབ་མ་ཡོལ་བའི་ཕྱི་རོལ་དང་ནང་དུ་འཇུག་པ་སོགས་མི་བྱེད་པས། གཡུང་དྲུང་རིས་ཀྱི་དཀྱིལ་འཁོར་དང་ནས་འདྲུ་རིས་དང་པདྨ་འདབ་བརྒྱད་ལ་སོགས་བྱེད་པ་ཐོས་ཏེ། འདི་འདྲའི་དཀྱིལ་འཁོར་དག་ཏུ་དབང་བསྐུར་ཡང་གསང་སྔགས་ཀྱི་སྡོམ་པ་ཐོབ་པར་མི་འགྱུར་རོ། །དེ་ཡི་རྒྱུ་མཚན་བཤད་ཀྱིས་ཉོན་ཞིག །ཕྱི་དང་ནང་དང་གསང་བ་དང་དེ་ཁོ་ན་ཉིད་དང་མཐར་ཐུག་གི་རྟེན་འབྲེལ་གྱི་

སྟོབས་ཀྱིས། གྲུ་བཞི་པ་ལ་སྒོ་བཞི་པ། །ཀ་བ་བརྒྱད་ཀྱིས་ཉེ་བར་མཛེས། །ཞེས་སོགས་ལྷ་བུའི་དཀྱིལ་འཁོར་བཞི་འབྱུང་བ་ཡིན་ལ། གཡུང་དྲུང་རིས་ཀྱི་དཀྱིལ་འཁོར་སོགས་འདི་ལ་རྟེན་འབྲེལ་ལམ་ལྷ་སྒྲིག་མི་ནུས་པ་དེས་ན་སངས་རྒྱས་རྡོ་རྗེ་འཆང་རྣམས་ཀྱིས་དེ་འདྲའི་དཀྱིལ་འཁོར་དུ་དབང་བསྐུར་བ་བཀག་པས་སོ། །རྟེན་འབྲེལ་ལྷའི་བཤད་པ་ནི་ཞིབ་པར་ཆོས་རྗེ་ཉིད་ཀྱིས་མཛད་པའི་ཡི་གེ་ལས་ཤེས་པར་བྱའོ། །དེང་སང་དབང་བསྐུར་བྱེད་པ་ཕལ་ཆེར་ཡང་སློབ་མ་བརྒྱ་དང་སྟོང་དང་གྲངས་ངེས་མེད་པ་ལ། དབང་གི་སྦྱོར་བ་དང་དངོས་གཞི་དང་རྗེས་ཀྱི་ཆོག་རྣམས་སངས་རྒྱས་ཀྱི་གསུང་བཞིན་མི་ཤེས་པར། ཚིག་སྔ་ཕྱི་མ་འབྲེལ་ལ་འགལ་ཞིང་ཟུར་ཉམས་པ་ཡི་དབང་གིས་ཆོ་གའི་གཟུགས་བརྙན་བྱེད་པ་ལ་དབང་བསྐུར་ཡིན་ཞེས་བླུན་པོ་སླུ་བ་མི་འཐད་དེ༑ ཡེ་ཤེས་ཕབ་པས་སློབ་མ་དེ་ཡི་ལུས་ངག་ཡིད་གསུམ་གྱི་རྣམ་པ་འཕར་བ་དང་དགོད་པ་དང་ལྷའི་ཞལ་མཐོང་བ་སྣང་བྱེད་པ་སོགས་གདོན་གྱིས་བསྐུར་བ་ལ་བླ་མ་ཡི་དམ་དེའི་བྱིན་བརླབས་ཡིན་པར་འཁྲུལ་པ་མང་སྟེ། དཔལ་ལྡན་དམ་པ་དང་པོ་དུས་ཀྱི་འཁོར་ལོའི་རྒྱུད་རྗོགས་པར་ནི་བོད་དུ་མ་འགྱུར་ཡང་། རྒྱ་དཔེ་ལས། དབང་གི་ཆོ་ག་ཉམས་པའི་བྱིན་བརླབས་ལྟར་སྣང་ཀུན་རྟུལ་ཁྲིད་ཀྱི་ཤ་ཟ་སོགས་བགེགས་ཀྱིས་ཡིན་པར་རྒྱལ་བས་གསུངས་ལ། དབང་གི་ཆོ་ག་དག་པར་གྲུར་པ་ལས་བྱུང་བའི་བྱིན་བརླབས་སངས་རྒྱས་ཀྱི་ཡིན་པའི་ཕྱིར། དེ་ཡང་རྒྱུད་ལས། དབང་དང་རྗེས་གནང་ཐོབ་ནས་ནི། །མ་བསྙེན་པར་ཡང་དེ་ལ་ནི། །ལྷ་ནི་འགོ་ཞིང་ཉེ་བར་གནས། །ཞེས་གསུངས།

གཉིས་པ་ལ། དབང་བསྐུར་མེད་པར་ལམ་ཟབ་མོ་བསྒོམ་པ་དགག །དབང་རྫོགས་ལ་དབང་བསྐུར་མི་དགོས་པ་དགག །སེམས་བསྐྱེད་པ་ཙམ་གྱིས་གསང་སྔགས་སྤྱོད་པ་དགག །གཏོར་དབང་སོགས་སྨིན་བྱེད་ཀྱི་དབང་དུ་འདོད་པ་དགག །དབང་གི་སྔོན་དུ་གསང་སྔགས་སྤྱོད་པ་དགག །སེམས་རྟོགས་ན་དབང་བསྐུར་མི་དགོས་པ་དགག །བླ་མའི་སྐུ་ལ་སྨིན་བྱེད་རྒྱུ་དུས་ཀྱི་དབང་བཞི་ལེན་པ་དགག་པ་དང་བདུན་ལས། དང་པོ་ནི། སྒོམ་ཆེན་པ་ཁ་ཅིག །དབང་བསྐུར་མེད་ཀྱང་ལམ་ཟབ་མོ་བསྒོམས་ན་སངས་རྒྱས་འགྲུབ་སྙམ་ན། དེ་མི་འཐད་དེ། སྨིན་བྱེད་བདེ་མཆོག་ལྷ་བུའི་དབང་བསྐུར་མེད་པར་གྲོལ་བྱེད་ལམ་ཟབ་མོ་ནཱ་རོ་ཆོས་དྲུག་ལྷ་བུ་བསྒོམ་པ་ངན་འགྲོའི་རྒྱུ་རུ་གསུངས་པའི་ཕྱིར་ཏེ། ཕྱག་རྒྱ་ཆེན་པོ་ཐིག་ལེའི་རྒྱུད་ལས། དབང་མེད་ན་ནི་དངོས་གྲུབ་མེད། །བྱེ་མ་བཙིར་ཡང་མར་མེད་བཞིན། །གང་ཞིག་རྒྱུད་ལུང་ང་རྒྱལ་གྱིས། །དབང་བསྐུར་མེད་པར་འཆད་བྱེད་པ། །སློབ་དཔོན་སློབ་མ་ཤི་མ་ཐག །དངོས་གྲུབ་ཐོབ་ཀྱང་དམྱལ་བར་སྐྱེ། །དེ་བས་འབད་པ་ཐམས་ཅད་ཀྱིས། །བླ་མ་ལ་ནི་དབང་ནོད་ཞུ། །ཞེས་གསུངས་རྒྱུད་སྡེ་གཞན་དམ་པ་དང་པོ་དང་རྡོ་རྗེ་ཕྲེང་བ་སོགས་ལས་ཀྱང་དེ་ལྟར་

གསུངས་པའི་ཕྱིར། ཐོག་མར་རྒྱུ་དུས་ཀྱི་དབང་ཞུ་བ་ལ་འབད་པར་བྱའོ། །དེ་ཡང་དམ་པ་དང་པོ་ལས། དབང་བསྐུར་མེད་པར་སྔགས་འཆད་དང་། །ཟབ་མོའི་དེ་ཉིད་སྒོམ་བྱེད་པ། །དེ་དོན་ལེགས་པར་ཤེས་ན་ཡང་། །དམྱལ་བར་འགྱུར་གྱི་གྲོལ་བ་མེད། །ཅེས་པ་དང་། བཤད་རྒྱུད་རྡོ་རྗེ་ཕྲེང་བ་ལས། དབང་བསྐུར་མེད་པར་རྒྱུད་འཆད་པ༑ །སློབ་པོས་སྔགས་ཀྱི་དོན་ཤེས་ཀྱང་། །སློབ་དཔོན་སློབ་མ་མཚུངས་པ་ནི། །ཤི་ནས་དུ་འབོད་ཆེན་པོར་ལྟུང་། །ཞེས་སོགས་གསུངས།

གཉིས་པ་ནི། ཕྱག་རྒྱ་བ་ཁ་ཅིག་གང་ཟག་དབང་པོ་རབ་སྨིན་བྱེད་དུ་ཕག་མོའི་བྱིན་བརླབས་མཛད་པ་ཡིན་ལ་དབང་པོ་འབྲིང་དང་ཐ་མ་དག་ལ་ནི་དབང་བསྐུར་གྱི་ཆོག་དགོས་ཞེས་ཟེར་བ་མི་འཐད་དེ། གང་ཟག་དབང་པོ་རབ་འབྲིང་ཐ་མ་གསུམ་ཀ་ལ་ཕག་མོའི་བྱིན་བརླབས་སྨིན་བྱེད་རྒྱུ་དུས་ཀྱི་དབང་ཉིད་དུ་རྒྱུད་སྡེ་ཀུན་ལས་གསུངས་པ་མེད་ལ། འཕགས་པ་རྣམས་ཀྱིས་གང་ཟག་དབང་པོ་རབ་རྒྱལ་པོ་ཨིནྡྲ་བྷཱུ་ཏི་དང་ཟླ་བ་བཟང་པོ་སོགས་སྤྲུལ་པ་ཡི་ནི་དཀྱིལ་འཁོར་དུ་དབང་བསྐུར་མཛད་ཅེས། དེ་ཉིད་བསྡུས་པ་སོགས་ལས་གསུངས་པ་ནི་སྔོན་གྱི་ཆོ་ག་འཕགས་པའི་རྣམ་འཕྲུལ་ཡིན་གྱི་སོ་སོ་སྐྱེ་འོས་ད་ལྟ་བྱར་མི་རུང་བའི་ཕྱིར། དེ་ཡང་ཕྱོགས་བཅུའི་སངས་རྒྱས་ཀྱི་འཕྲིན་ཡིག་ལས། མཆོག་གི་སྤྲུལ་པ་སྣ་ཚོགས་པ། །གདུལ་དཀའ་འགའ་ཞིག་གདུལ་བའི་ཕྱིར། །རི་རབ་རི་ཡི་རྩེ་མོ་རུ། །སྤྲུལ་པའི་དཀྱིལ་འཁོར་ཆེན་པོ་དེར། །དབང་བསྐུར་མཛད་ནས་རྣམ་པར་བཏུལ། །ཞེས་པ་དང་། དུས་འཁོར་ལས་ཀྱང་། རིགས་ལྡན་གྱི་རྒྱལ་པོ་འཇམ་དཔལ་གྲགས་པས་ཕྱི་རོལ་པའི་དྲང་སྲོང་བྱེ་བ་ཕྲག་དུ་མ་ལ་དུས་ཀྱི་འཁོར་ལོའི་དབང་བསྐུར་བར་གསུངས། དེང་སང་ལས་དང་པོ་པའི་གང་ཟག་དབང་པོ་རབ་འབྲིང་ཀུན་དབང་བསྐུར་རྒྱས་པ་བྱེད་ན་རྡུལ་ཚོན་གྱི་ནི་དཀྱིལ་འཁོར་དུ་དབང་བསྐུར་བྱ་བར་གསུངས་མོད་ཀྱི། གཞན་སྤྲུལ་པ་དང་ལུས་དང་མེ་ཏོག་ཚོམ་བུ་སོགས་ཀྱི་དཀྱིལ་འཁོར་དུ་སྨིན་པར་བྱེད་པ་རྒྱུ་དུས་ཀྱི་དབང་བསྐུར་རྒྱས་པ་རྒྱུད་ལས་བཀག་པ་ཡིན་ཏེ། རྒྱུད་སྒྲུབ་དྲའི་གཉིས་པ་ལས། དང་པོ་ས་གཞི་ཡོངས་སུ་གཟུང་། །གཉིས་པ་སྟ་གོན་གནས་པ་སྟེ། །ཉུབ་གསུམ་པར་ནི་འཇུག་པ་ཡིན། །ཞེས་གསུངས། རྒྱུད་འགྲེལ་ལས། ལས་དང་པོ་པའི་རྡོ་རྗེ་སློབ་དཔོན་གྱིས་གྲངས་ཀྱི་བསྙེན་པ་ཇི་ལྟར་བྱ་བ་དང་ས་སྦྱང་བ་ལ་སོགས་པའི་ཆོ་ག་ཇི་ལྟར་བྱ་བ་དང་སྟ་གོན་ཇི་ལྟར་བྱ་བ་དང་དངོས་གཞིའི་དཀྱིལ་འཁོར་ཇི་ལྟར་བྲི་བའི་ཕྱིར། ཐིག་དང་ཚོན་དང་སློབ་མ་ལ་ཇི་ལྟར་དབང་བསྐུར་བ་ལ་སོགས་པ་ལས་དང་པོ་པའི་སྤྱོད་པ་བྱ་བ་འབའ་ཞིག་ལས། སྤྲུལ་པའི་དཀྱིལ་འཁོར་ལ་སོགས་པ་མ་གསུངས་པའི་ཕྱིར། རྡུལ་ཚོན་གྱི་ནི་དཀྱིལ་འཁོར་དུ། །ཞེས་སོགས་དབང་བསྐུར་རྒྱས་པ་ལ་དགོངས་པ་ཡིན་གྱི། གཞན་དུ་ན་རྒྱུད་སྡེ་བཞི་ལས་གསུངས་པའི་བྲིས་སྐུ་ཚོག

བཞིན་བྲིས་པའི་རས་བྲིས་ཀྱི་དཀྱིལ་འཁོར་ལ་ཡང་དབང་བསྐུར་བྱ་བ་མི་རུང་བར་འགྱུར། དེ་ལྟ་ན་སློབ་དཔོན་སླྀ་གཙན་འཛིན་དཔལ་བཤེས་གཉེན་དང་རྟག་པའི་རྡོ་རྗེ་དང་ངག་དབང་གྲགས་པ་སོགས་མཁས་གྲུབ་མང་པོས་རས་བྲིས་ཀྱི་དཀྱིལ་འཁོར་དུ་དབང་བསྐུར་བའི་ཚུལ་བཤད་ལ། རས་བྲིས་དེ་ཉིད་ད་ལྟ་རྒྱ་གར་ན་གཙོ་བོར་མཛད་ཀྱི་ཡོད་པར་འདུག་ཅེས་རྗེ་བཙུན་རྩེ་མོས་ནག་པོ་དཀྱིལ་ཆོག་ཏུའང་གསུངས་ལ། དེ་ཉིད་གྲགས་པའི་མཚན་ཅན་གྱིས་ཀྱང་གསལ་བར་མཛད་པའི་ཕྱིར་རོ། ཁ་ཅིག་བདག་འཇུག་གི་དབང་དུ་མཛད་ཟེར་ཏེ། དབང་བསྐུར་ལ་ཡང་བདག་འཇུག་སྔོན་དུ་འགྲོ་དགོས་པའི་ཕྱིར་རོ། །དེས་ན་གང་ཟག་ལས་དང་པོ་པ་དབང་པོ་ཐ་མ་ལ་རས་བྲིས་ཀྱི་དཀྱིལ་འཁོར་དུ་དབང་བསྐུར་བྱས་ཀྱང་འགལ་བ་མེད་པར་མངོན་ནོ། །ཆོས་རྗེ་ས་པཎ་གྱི་གསུང་སྒྲོས་ལས། རས་བྲིས་ཀྱི་དཀྱིལ་འཁོར་ལ་ཡང་ཆོ་ག་རྒྱས་འབྲིང་བསྡུས་པ་གསུམ་ལས། རྒྱས་པ་ལ་ས་ཆོག་བྱས་ནས་དཀྱིལ་འཁོར་དང་རྒྱན་དགྲམ་པར་གསུངས་ལ་ཞིབ་པར་སྤྱི་དོན་དུ་ལྟོས།

གསུམ་པ་ནི། གསང་འདུས་སྟོད་ལུགས་པ་ལ་ལ་ན་རེ། དབང་བསྐུར་མ་ཐོབ་ཀྱང་འཇུག་པ་སེམས་བསྐྱེད་ཙམ་བྱས་པ་ལས་གསང་སྔགས་བསྒོམ་དུ་འདོད་ཅེས་ཟེར་བ་འདི་ནི་སྔགས་ཀྱི་འཁྲུལ་བྱ་བ་ཡིན་ལོ། །དེ་ཡང་ཕྱེ་དེ་བཤད་ཀྱིས་ཉོན་ཞིག །བྱ་བའི་རྒྱུད་ལ་རྣམ་པ་གསུམ་ཡོད་དེ། དོན་ཡོད་ཞགས་པ་དང་། གཙུག་ཏོར་རྣམ་རྒྱལ་དང་། གདུགས་དཀར་སོགས་འགའ་ཞིག་ལ་དབང་བསྐུར་དང་འཇུག་པ་སེམས་བསྐྱེད་མ་ཐོབ་ཀྱང་། བསྙུང་གནས་ལ་སོགས་བྱེད་པར་ནུས་ན་དེའི་གདུལ་བྱ་གང་ཟག་ཀུན་གྱིས་སྒྲུབ་པར་གསུངས་པའི་ཕྱིར། ཀྱང་ཞེས་པའི་སྒྲས་དོན་ཡོད་ཞགས་པ་ལྟ་བུ་ལ་དབང་བསྐུར་ཡོད་པ་གཏན་བཀག་པ་མ་ཡིན་ཏེ། སེམས་བསྐྱེད་བཞིན། དམ་ཚིག་གསུམ་བཀོད་པའི་རྒྱལ་པོ་ལ་སོགས་ལ་འཇུག་པ་སེམས་བསྐྱེད་ཐོབ་ནས་ནི།ཞི་དྲག་ལ་སོགས་པའི་ཕྲིན་ལས་འགའ་ཞིག་བསྒྲུབ་པའི་ཕྱིར་དུ་དེའི་ཅོ་ག་ཤེས་ན་སྒྲུབ་པར་གནང་བའི་ཕྱིར། དེ་ཡང་བསླབ་བཏུས་ལས། དམ་ཚིག་གསུམ་གྱི་བརླས་བརྗོད་བྱེད་པས་ནི།ལུས་མ་བྱས་ཀྱང་ཉེས་པ་མེད་དོ་ཞེས་པ་དང་། གང་ཞིག་བྱང་ཆུབ་སེམས་བརྟན་ཞིང་། །བློ་གྲོས་ཆགས་པ་མེད་པ་དང་། །ཐེ་ཚོམ་དག་ཀྱང་མི་བྱེད་པ། །དེས་འདི་ངེས་པར་འགྲུབ་པར་འགྱུར། །ཞེས་པ་དང་། མི་གཡོ་བའི་རྟོག་པ་ལས། བྱང་ཆུབ་ཏུ་སེམས་མ་བསྐྱེད་པ་མ་དད་པ་དང་སོམ་ཉི་ཟ་བ་རྣམས་སྤངས་ནས་སྔང་བ་ཐོབ་པར་གྱུར་པས་རྟོག་པ་ཐམས་ཅད་ཀྱི་ཅོ་ག་སྒྲུར་བར་བྱའོ་ཞེས་གསུངས། ལེགས་པར་གྲུབ་པའི་རྒྱུད་དང་དཔུང་བཟང་སོགས་ཡན་ཆད་དུ་རྒྱུད་རང་གི་དབང་བསྐུར་མ་ཐོབ་ན་སེམས་བསྐྱེད་ཐོབ་ཀྱང་གསང་སྔགས་བཀག་སྟེ། ལེགས་པར་གྲུབ་པའི་རྒྱུད་ལས། དབང་བསྐུར་མ་བྱས་པ་དག་ལ། །ཅོ་ག་ཤེས་པས་སྔགས་མི་སྦྱིན། །རྒྱུད་ཤེས་མཁས་པས་གསང་སྔགས་དང་། །ཕྱག་རྒྱ་ཅོ་ག

ཞིབ་མོ་དང་། །རྒྱུད་དང་དཀྱིལ་འཁོར་བཤད་པ་དག །དཀྱིལ་འཁོར་མ་ཞུགས་ལ་མི་སྦྱིན། །ཞེས་པ་དང་། དཔུང་བཟང་ལས་ཀྱང་། གང་དག་རིགས་དང་དབང་བསྐུར་ཆོ་ག་མེད། །གང་དག་དཀྱིལ་འཁོར་དུ་ནི་མ་ཞུགས་དང་། །གང་དག་བྱང་ཆུབ་སེམས་ནི་མ་བསྐྱེད་ལ། །ང་ཡི་གསང་སྔགས་བཟླས་ན་ཕུང་བར་འགྱུར། །ཞེས་སོགས་རྒྱས་པར་གསུངས་པ་ལ་ལྟོས་ཏེ་གོ་དགོས་པའི་ཕྱིར། བྱ་རྒྱུད་མ་གཏོགས་པའི་ལྷག་མ་སྤྱོད་པ་དང་རྣལ་འབྱོར་དང་བླ་ན་མེད་པའི་རྒྱུད་སྡེ་གསུམ་པོ་ལ། རང་གི་དབང་བསྐུར་ཐོབ་པ་མ་གཏོགས་པ་སེམས་བསྐྱེད་ཙམ་ལ་བརྟེན་པ་ཡི་ཡི་དམ་བསྒོམ་པ་གསུངས་པ་མེད་པའི་ཕྱིར། དེས་ན་གསང་སྔགས་བསྒོམ་པ་ལ་རྒྱུད་སྡེའི་རྣམ་དབྱེ་ཤེས་དགོས་སོ། །དེའི་རྒྱུ་མཚན་དབང་བསྐུར་ནི་ཕྱི་མཚན་ཉིད་ཀྱི་ཐེག་པ་ལ་ལྟོས་ཏེ་ནང་གི་རྟེན་འབྲེལ་ཡིན་ལ། ཕྱིའི་སེམས་བསྐྱེད་ལ་ནི་ནང་གི་རྟེན་འབྲེལ་དབང་བསྐུར་འགྲིག་པའི་ངེས་པ་མེད་པ་དེའི་ཕྱིར་ན༏ འཇུག་པ་སེམས་བསྐྱེད་བྱས་ན་ཡང་དབང་བསྐུར་མ་ཐོབ་ན་གསང་སྔགས་ཟབ་མོ་བསྒོམ་པ་ལ་ལྟུང་བ་ཡོད་པར་རྒྱལ་བས་གསུངས་ཏེ། རྒྱུད་དུ་མ་ལས། ཡོངས་སུ་མ་སྨིན་སེམས་ཅན་ལ། །གསང་བ་སྒྲོག་པ་བདུན་པ་ཡིན། །ཞེས་གསུངས།

བཞི་པ་ནི། ཕ་དམ་པའི་རྗེས་འབྲང་ཁ་ཅིག་དབང་བཞི་མ་ཐོབ་ཀྱང་གཏོར་མའི་དབང་བསྐུར་ཞེས་བྱ་བ་དང་། ཏིང་ངེ་འཛིན་གྱི་དབང་བསྐུར་དང་ཨཱ་ལི་ཀཱ་ལིའི་དབང་བསྐུར་ཡང་སློབ་མ་སྨིན་བྱེད་ཀྱི་ཆོ་ག་རུ་འདོད་པ་མི་འཐད་དེ། དེ་འདྲ་རྒྱུད་སྡེ་ཀུན་ལས་གསུངས་པ་མེད་པའི་ཕྱིར། དེ་ཡང་ཕྱོགས་བཅུའི་སངས་རྒྱས་ཀྱི་འཕྲིན་ཡིག་ལས། ཁ་ཅིག་ཕག་མོའི་བྱིན་བརླབས་དང་། །ཏིང་ངེ་འཛིན་གྱི་དབང་བསྐུར་དང་། །གཏོར་མའི་དབང་བསྐུར་ལ་སོགས་པ། །བརྫུན་མས་སྦྱར་བའི་ཆོ་ག་ལ། །བླུན་པོ་འཇུག་པ་སློས་ཅི་དགོས། །སྡེ་སྣོད་འཛིན་པར་རློམ་པ་ཡི། །སྙིང་མེད་རྣམས་ཀྱང་འདི་ལ་དད། །འདི་འདྲ་གལ་ཏེ་ཆོས་ཡིན་ན། །དེ་ལས་ཆོས་མིན་གང་ཞིག་ལགས། །མདོ་རྒྱུད་ཀུན་ལས་འདི་མ་གསུངས། །ཞེས་སོ། །

ལྔ་པ་ནི། གསང་འདུས་པའི་དབང་སྟོན་མ་བྱ་བ་རྒྱུད་དབྱར་ལྟ་བུ་ཉན་དབང་སྟོན་ལྟ་བུ་ཡོ་བྱད་སླ་བའི་དུས་སུ་ཞུ་བ་གསང་འདུས་འཆད་པ་འགའ་དང་རྣམ་དབྱེ་ཆུང་བའི་སྔགས་པར་ཁས་ཆེ་བ་འགའ་ཞིག་གསང་སྔགས་ད་ལྟ་སྤྱོད་ལ་དབང་བསྐུར་ཕྱི་ནས་བྱེད་པའི་ཁས་ལེན་བྱེད་པ་འདི་ཡང་སངས་རྒྱས་ཀྱི་བསྟན་པ་མ་ཡིན་ཏེ༏ དབང་བསྐུར་མ་ཐོབ་པ་ལ་གསང་སྔགས་ཀྱི་ཆོས་བཤད་ན་སློབ་དཔོན་རྩ་བའི་ལྟུང་བ་ཅན་དུ་འགྱུར་ཞིང་། སློབ་མའང་ཆོས་ཉན་པའི་སྔོན་དུ་དམ་ཚིག་གམ་ཆོ་ག་ལས་ཉམས་པར་འགྱུར་བས་སོ། །ཉམས་པར་གྱུར་པ་དམ་ཆོས་ཀྱི་སྣོད་མ་ཡིན་ཞེས་ནི་རྒྱལ་བས་གསུངས་ཏེ། དེ་ཉིད་བསྡུས་པ་ལས། དེ་ནི་འདི་ལྟར་དཀྱིལ་འཁོར

ཆེན་པོ་མ་མཐོང་བའི་སེམས་ཅན་དེ་དག་གིས་ཕྱག་རྒྱ་བཅིང་བར་བྱས་ན། དེའི་ཚེ་དེ་དག་དེ་ལྟར་འགྲུབ་པར་མི་འགྱུར་རོ། །དེ་ནས་དེ་དག་ཐེ་ཚོམ་དུ་གྱུར་ཏེ་གནོད་པ་མ་སྤངས་པས་མྱུར་བ་ཉིད་དུ་དུས་བྱས་ནས་དམྱལ་བ་ཆེན་པོ་མནར་མེད་པ་ཞེས་བྱ་བར་ལྟུང་བར་འགྱུར་རོ་ཁྱོད་ཉིད་ཀྱང་ངན་སོང་དུ་འགྲོ་བར་འགྱུར་རོ་ཞེས་པ་དང་། འདུལ་བ་ལས་ཀྱང་། རྐྱ་ཐབས་སུ་གནས་པ་ལ་སྐྱེ་བའི་ཆོས་ཉིད་མེད་པ་ཡིན་པས་བསྒྲིལ་བར་བྱའོ་ཞེས་གསུངས་པ་དང་། རིགས་གཅིག་པ་ཡིན་ཞིང་འོན་ཀྱང་དེ་ར་ནི་ཚེ་དེ་ལ་རབ་བྱུང་གི་སྡོམ་པ་སྐྱེ་བའི་སྐལ་བ་མེད་ཅིང་། འདིར་ནི་དེ་ལྟ་བུ་ཡང་སྨོན་བྱས་པ་ལ་འགྱོད་པ་དང་ཕྱིན་ཆད་སྡོམ་པའི་སེམས་ཀྱིས་དབང་བསྐུར་བ་བླང་དུ་རུང་བ་ནི་ཁྱད་པར་རོ། །བཞི་བརྒྱ་པ་ལས་ཀྱང་། ཉམས་པར་གྱུར་པ་དམ་ཆོས་ཀྱི། །སྣོད་ནི་ཅིས་ཀྱང་མ་ཡིན་ནོ། །ཞེས་བཤད་དོ། །མདོར་ན་ཆོས་ཀྱིས་དགོས་པ་ཅི་བྱེད་པ་སོམས་ཤིག །སངས་རྒྱས་བྱེད་ན་སངས་རྒྱས་ཀྱིས་གསུངས་པའི་ཆོས་བཞིན་གྱིས་ཞེས་གདམས་པའོ། །

དྲུག་པ་ནི། སྤྱོད་ཡུལ་བ་ལ་ལན་རེ། རང་གི་སེམས་ཉིད་མ་རྟོགས་ན་དབང་བསྐུར་ཐོབ་ཀྱང་འཚང་རྒྱ་བ་ལ་མི་ཕན་ཟེར་ལ། གལ་ཏེ་སེམས་ཉིད་རྟོགས་པར་གྱུར་ན་དབང་བསྐུར་བྱ་ཡང་མི་དགོས་ཟེར་ལོ། །འོན་རང་གི་སེམས་ཉིད་མ་རྟོགས་ན་འཚང་རྒྱ་བ་ལ་སྡོམ་པ་བསྲུངས་ཀྱང་ཅི་ཞིག་ཕན། གལ་ཏེ་སེམས་ཉིད་རྟོགས་པར་གྱུར་ན་འཚང་རྒྱ་བ་ལ་སྡོམ་པ་བསྲུང་ཡང་ཅི་ཞིག་དགོས་ཏེ་མི་དགོས་པར་ཐལ། ཁས་ལེན་རྟགས། རྡོ་རྗེ་ཕག་མོའི་བྱིན་བརླབས་ཀྱང་རང་གི་སེམས་ཉིད་རྟོགས་ན་འཚང་རྒྱ་བ་ལ་བྱ་ཅི་དགོས། གལ་ཏེ་སེམས་ཉིད་མ་རྟོགས་ན་བྱིན་བརླབས་བྱས་ཀྱང་འཚང་རྒྱ་བ་ལ་ཅི་ཞིག་ཕན་ཏེ་མི་ཕན་པར་ཐལ། ཁས་ལེན་རྟགས། དེ་བཞིན་སེམས་བསྐྱེད་དང་སོ་ཐར་སྡོམ་པ་ལ་སོགས་པའི་ཆོ་ག་ཀུན་ལ་རྩོལ་འདི་མཚུངས་ཏེ། རྒྱུ་མཚན་འདྲ་བའི་ཕྱིར། དེས་ན་རབ་བྱུང་སྡོམ་པ་ལེན་པ་དང་རྡོ་རྗེ་ཕག་མོའི་བྱིན་བརླབས་ཞུ་བ་དང་སེམས་བསྐྱེད་ཀྱི་ཆོ་ག་འབད་ནས་བྱེད་བཞིན་དུ་གསང་སྔགས་ལ་དབང་བསྐུར་མི་དགོས་ཞེས་སྨྲ་བ་མི་འཐད་དེ། དེ་འདྲ་ཕལ་ཆེར་གསང་སྔགས་སྤོང་བའི་བདུད་ཀྱི་གསང་ཚིག་ཡིན་པར་སྲིད་པའི་ཕྱིར།

བདུན་པ་ནི། ཕྱག་རྒྱ་བ་ཁ་ཅིག་སྨིན་བྱེད་དབང་བཞིའི་ཆོ་ག་མེད་བཞིན་དུ་བླ་མའི་ལུས་ཀྱི་དཀྱིལ་འཁོར་ལ་རྒྱུ་དུས་ཀྱི་དབང་བཞི་རྫོགས་པར་ལེན་ཞེས་ལུས་བཙུན་མོ་ལྟ་བུར་སྐྱ་ལ་འཁྲིལ། །སྙིང་ལ་སྙིང་ཕྲད་དཔྲལ་བར་གཏུགས། །དུས་དེར་དབང་རྫོགས་སེམས་ལ་བསྐུར། །ཆོས་རྫོགས་དོན་གྱི་ངོ་བོ་མཐོང་། །ཟེར་བ་མི་འཐད་དེ། འོན་སོ་ཐར་ཆོ་ག་མེད་བཞིན་དུ་དགེ་ཚུལ་དང་དགེ་སློང་གི་སྡོམ་པ་ཡང་བླ་མའི་སྐུ་ལས་ཅིས་མི་ལེན་ཏེ་ལེན་པར་ཐལ། ཁས་ལེན་རྟགས། སེམས་བསྐྱེད་ཀྱི་ཆོ་ག་ཡང་ཅི་ཞིག་དགོས་ཏེ་མི་དགོས་པར་ཐལ།

སེམས་བསྐྱེད་ཀྱང་ནི་བླ་མ་ཡི་སྐྱུ་ཉིད་ལས་ཐོབ་པའི་ཕྱིར། རྡོ་རྗེ་ཕག་མོའི་བྱིན་བརླབས་ཀྱང་ཆོས་སྒོ་བ་ལས་ཆོ་གས་བླང་ཅི་དགོས་ཏེ་མི་དགོས་པར་ཐལ། དེའི་ཆོ་ག་མེད་བཞིན་དུ་བླ་མའི་སྐྱུ་ལས་ཐོབ་པའི་ཕྱིར། དེ་བཞིན་རྫོགས་པའི་སངས་རྒྱས་ཀྱིས་གསུངས་པའི་སྡོམ་པ་གསུམ་གྱི་ཆོ་ག་ཟབ་མོ་ཐམས་ཅད་སྤོང་རིགས་པར་ཐལ། ཡི་དམ་ལྷའི་རྗེས་གནང་ནས་ནག་པོ་ཆེན་པོའི་རྗེས་གནང་གི་བར་གྱི་ཆོ་ག་གཞན་ཐམས་ཅད་ཀྱང་བླ་མའི་སྐྱུ་ཉིད་ལས་བླངས་པས་ཆོག་པའི་ཕྱིར། མ་རིག་པའི་གཉེན་པོ་རིག་པ་ཡེ་ཤེས་འཛིན་པ་སྔགས་ཀྱི་སྡོམ་པ་ཡང་དབང་བསྐུར་གྱི་ཆོ་ག་མེད་ན་ཐོབ་མི་ནུས་པར་ཐལ། གལ་ཏེ་རང་རང་གི་ཆོ་ག་ཉམས་པར་གྱུར་ནའང་སོ་སོར་ཐར་པ་དང་སེམས་བསྐྱེད་ཀྱི་སྡོམ་པ་འཆགས་པར་མི་འགྱུར་ཞིང་། རྡོ་རྗེ་ཕག་མོ་ལ་སོགས་པའི་བྱིན་བརླབས་འཇུག་པར་མི་འགྱུར་བས་ནའོ། །སོ་སོར་ཐར་པའི་སྡོམ་པ་སོགས་ཆོ་ག་གཞན་དག་ལ་འབད་པ་ཆེན་པོ་བྱེད་བཞིན་དུ་དབང་བསྐུར་གྱི་ཆོ་ག་འདོར་བར་བྱེད་པ་ཐབས་ལ་བསླུ་བའི་བདུད་ཡོད་ཅེས་སངས་རྒྱས་ཀྱིས་གསུངས་པ་འདིར་ཡང་དྲན་པར་བྱ་སྟེ། སྡོམ་གསུམ་ཆོ་ག་དགོས་པར་རྒྱུ་མཚན་མཚུངས་པ་དེས་ནའོ། །མདོ་སྡུད་པ་ལས། ཆོས་བཏང་ནས་ནི་ཆོས་མིན་བྱ་བ་སྤྱོད་འགྱུར་བ། །ལམ་བོར་ལམ་གོལ་འགྲོ་བ་འདི་ནི་བདུད་ཀྱི་ལས། །ཞེས་གསུངས། རྒྱུ་མཚན་དེའི་ཕྱིར་དོན་དམ་དང་ཀུན་རྫོབ་དེ་འདྲའི་དབྱེ་བ་ཤེས་ནས་ནི། སྡོམ་གསུམ་གྱི་ཆོ་ག་བྱེད་ན་ཐམས་ཅད་ཀྱིས་ལ་བྱེད་པ་མིན་ན་ཐམས་ཅད་དོར་བར་བྱོས་ཏེ། དམ་པའི་དོན་དུ་ནི་ཆོས་རྣམས་ཐམས་ཅད་སྤྲོས་བྲལ་ཡིན་པས་སྤྲོས་བྲལ་དེ་ལ་ཆོ་གའི་སྤྲོས་པ་གང་ཡང་མེད་ལ། དོན་དམ་པར་སངས་རྒྱས་ཉིད་ཀྱང་འོང་བ་མིན་ན་ཆོ་ག་གཞན་ལྟ་སྨོས་ཀྱང་ཅི་དགོས། རྒྱུ་དང་ལམ་དང་འབྲས་བུ་ཡི་དབྱེ་བ་ཐམས་ཅད་ཀུན་རྫོབ་ཏུ་ཡིན་པས་སོ་སོར་ཐར་དང་བྱང་ཆུབ་སེམས་བསྐྱེད་དང་དབང་བསྐུར་ལ་སོགས་ཀྱི་ཆོ་ག་དང་བསྒོམ་པའི་དམིགས་པ་ཇི་སྙེད་དང་ཕྱི་ནང་གི་རྟེན་འབྲེལ་ཟབ་མོ་ཐམས་ཅད་དང་ས་དང་ལམ་གྱི་དབྱེ་བ་དང་རྫོགས་པའི་སངས་རྒྱས་ཐོབ་པ་ཡང་ཀུན་རྫོབ་ཏུ་ཡིན་གྱི་དོན་དམ་པར་མིན་པའི་ཕྱིར། ལང་ཀར་གཤེགས་པའི་མདོ་ལས། ཀུན་རྫོབ་ཏུ་ནི་ཐམས་ཅད་ཡོད། །དམ་པའི་དོན་དུ་ཡོད་མ་ཡིན། །དེས་ན་དངོས་པོ་གཅིག་ཉིད་ལ། །ཡོད་དང་མེད་པ་ཇི་ལྟར་འགལ། །ཞེས་གསུངས། སྡོམ་པ་གསུམ་གྱི་ཆོ་ག་ལ་ལ་དགོས་བཞིན་དུ་སྡོམ་པ་ལ་ལའི་ཆོ་ག་མི་དགོས་ཞེས་སྨྲ་བ་ནི་མི་རིགས་ཏེ། མཁས་པའི་བཞད་གད་ཀྱི་གནས་ཡིན་ཞིང་སངས་རྒྱས་བསྟན་པའང་དགྲུགས་པ་ཡིན་ལ། བདུད་ཀྱི་བྱིན་བརླབས་ཞེས་བྱ་བའང་འདི་འདྲའི་རིགས་ཅན་ཡིན་པར་སངས་རྒྱས་ཀྱིས་གསུངས་པའི་ཕྱིར། འབུམ་ལས། བདུད་སྡིག་ཅན་དེ་བཞིན་གཤེགས་པའམ་བྱང་སེམས་ཆེན་པོར་སྤྲུལ་ནས་མདུན་དུ་འོངས་ཏེ། ཉན་ཐོས་དང་རང་སངས་རྒྱས་ཀྱི་ས་མངོན་དུ་གྱིས་ཤིག །ཁྱོད་

ལ་བླ་མེད་རྫོགས་པའི་བྱང་ཆུབ་ཀྱིས་ཅི་ཞིག་བྱ་ཞེས་གསུངས།

གསུམ་པ་ནི། སྙིང་མ་པ་ཁ་ཅིག་བྱ་བའི་རྒྱུད་དང་ལ་སོགས་པ་སྤྱོད་པ་དང་རྣལ་འབྱོར་གྱི་རྒྱུད་ལ་འང་དབང་བཞིའི་ཆོ་ག་བྱེད་པ་དང་དོན་ཡོད་ཞགས་པ་དང་ཐུགས་རྗེ་ཆེན་པོ་ལ་སོགས་པ་ལ་འང་རྣལ་འབྱོར་ཆེན་པོའི་རིམ་གཉིས་སྒོམ་པར་བྱེད་པ་ཐོས་པ་འདི་ཡང་སངས་རྒྱས་ཀྱི་དགོངས་པ་མ་ཡིན་པར་ཐལ། དེའི་རྒྱུ་མཚན་འདི་ལྟར་ཡིན་ཏེ་བྱ་སྤྱོད་རྣལ་འབྱོར་རྒྱུད་གསུམ་ཀར་དབང་བཞི་དང་ནི་དེ་ལ་ལྟོས་པའི་རིམ་པ་གཉིས་མེད་པའི་ཕྱིར། གལ་ཏེ་རྟགས་མ་གྲུབ་ཡོད་ཟེར་ན། བྱ་སྤྱོད་རྣལ་འབྱོར་རྒྱུད་གསུམ་པོ་དེ་དག་ཀྱང་རྣལ་འབྱོར་ཆེན་པོ་ཉིད་དུ་འགྱུར། ཁས་ལེན་རྟགས། ཁྱབ་པ་ཡོད་དེ། དབང་བཞི་དང་ནི་དབང་བཞི་ལ་ལྟོས་པའི་རིམ་པ་གཉིས་རྣལ་འབྱོར་ཆེན་པོའི་ཁྱད་ཆོས་ཡིན་པའི་ཕྱིར། གཞུང་འདི་སྒྲ་ཇི་བཞིན་པ་མིན་ཏེ། གལ་ཏེ་ཡིན་ན་རྒྱུད་སྡེ་འོག་མ་གསུམ་ལ་གྲོལ་བྱེད་ལམ་རིམ་པ་གཉིས་མེད་པར་འགྱུར་ལ། དེ་ལྟ་ན་ཕྱོགས་བཅུའི་སངས་རྒྱས་ཀྱི་འཕྲིན་ཡིག་ལས། བཅོམ་ལྡན་ཁྱོད་ཀྱིས་གསང་སྔགས་ལམ། །རིམ་པ་གཉིས་སུ་བསྟུས་ཏེ་གསུངས། །དེ་ལ་རིམ་གཉིས་མི་དགོས་ཞེས། །གསང་སྔགས་བསྒོམ་པ་ཕལ་ཆེར་སྒྲོགས། །དེ་དག་ཁྱེད་ཀྱི་གསུང་གིས་བཀག །དེ་ལའང་དེ་ཡི་རིགས་ཅན་ཁྲོ། །ཞེས་གསུངས་པ་དང་འགལ། གལ་ཏེ་གསང་སྔགས་ཀྱི་ལམ་འདི་ནི་བླ་མེད་ལ་དགོངས་པ་ཡིན་གྱི་རྒྱུད་སྡེ་འོག་མ་གསུམ་ལ་ལམ་རིམ་པ་གཉིས་བསྒོམ་པ་མེད་དོ་ཞེ་ན་དེ་ཡང་མི་འཐད་དེ། རྒྱུད་སྡེ་འོག་མ་གསུམ་ལ་རྡོ་རྗེ་ཐེག་པའི་བསྟན་པ་མེད་པར་ཐལ། དེ་ལ་སྨིན་བྱེད་དབང་དང་གྲོལ་བྱེད་རིམ་པ་གཉིས་མེད་པའི་ཕྱིར།འདིར་ཡང་། དབང་དང་རིམ་གཉིས་མི་ལྡན་ན། །རྡོ་རྗེ་ཐེག་པའི་བསྟན་པ་མིན། །ཞེས་སོ། །འདི་ཡང་བླ་མེད་གཅིག་པུ་ལ་དགོངས་ཞེ་ན། དེར་མ་ཟད། འདིར་ཡང་། གསང་སྔགས་ལ་ནི་དབང་བསྐུར་དང་། །རིམ་པ་གཉིས་ཀྱི་གནད་བཅོས་ན། །གསང་སྔགས་ཀྱི་ནི་ཆོས་ཀུན་འཇིག །ཅེས་སོ། །ཡང་རྒྱུད་སྡེ་འོག་མ་གསུམ་གྱི་སྨིན་བྱེད་དབང་དང་གྲོལ་བྱེད་ལམ་བསྒོམ་པའི་རྣལ་འབྱོར་པ་ཆོས་ཅན། རྒྱུ་མཚན་ཉིད་ཐེག་པའི་སྒོམ་ཆེན་དུ་ཐལ། སྒོམ་ཆེན་བཟང་ཡང་ལམ་རིམ་པ་གཉིས་མི་བསྒོམ་པའི་ཕྱིར། འདིར་ཡང་། རིམ་པ་གཉིས་པོ་མི་བསྒོམ་པའི། །སྒོམ་ཆེན་བཟང་ཡང་ཕ་རོལ་ཏུ། །ཕྱིན་པའི་སྒོམ་ཆེན་ལས་མ་འདས། །ཞེས་གསུངས། གལ་ཏེ་རྒྱུད་སྡེ་འོག་མ་ལ་བསྐྱེད་རིམ་ཡོད་ཀྱང་རྫོགས་རིམ་མེད་དོ་ཞེ་ན། དེ་ནི་རང་ཚིག་འགལ་ཏེ། དོན་ཐོབ་ལ་བྱ་རྒྱུད་ཀྱི་ལྷ་མདུན་དུ་བསྐྱེད་ནས་དེ་ལ་རྣལ་འབྱོར་རྫོགས་པའི་རིམ་པ་ཡང་ཡོད། དེ་བཞིན་དུ་སྤྱོད་རྒྱུད་དང་རྣལ་འབྱོར་རྒྱུད་ཀྱི་ལྷ་ལའང་བདག་བསྐྱེད་ཀྱི་རྗེས་ལ། རྣལ་འབྱོར་རྫོགས་པའི་རིམ་པ་ཡང་ཡོད་དོ༑ །དེས་ན་རིམ་གཉིས་ཀྱི་ཐ་སྙད་དངོས་སུ་མེད་ཀྱང་མཚན་བཅས་དང་མཚན་མེད་ཀྱི་རྣལ་འབྱོར་ཞེས་བྱ་བ

ལ་ཡང་རྫོགས་རིམ་གྱི་དོན་ཚང་སྟེ། མི་འཁྲུགས་པའི་རྒྱ་གཞུང་ལས། སྒྲ་དང་སེམས་དང་གཞི་ལ་གཞོལ། །ཡན་ལག་བཞི་དང་དམིགས་པ་གསུམ། །ཞེས་པ་དང་། བཞི་གང་ཞེ་ན། ངག་དང་ཤུབ་བུ་རྡོ་རྗེ་བཟླས། །ཡིད་དེ་བརྗོད་དང་བཅས་པ་བཞི། །ཞེས་པ་དང་། གསུམ་གང་ཞེ་ན། མེ་དང་སྒྲ་དང་སྒྲ་མཐར་གསུམ། །ཐུན་གསུམ་དག་ཏུ་བཟླས་པ་བྱ། །ཞེས་སོ། །བསམ་གཏན་ཕྱི་མ་ལས། གསང་སྔགས་མེ་གནས་དངོས་གྲུབ་སྟེར། །སྒྲ་གནས་རྣལ་འབྱོར་སྟེར་བ་དྲན། །སྒྲ་མཐར་ཐར་པ་སྟེར་བ་ཉིད། །འདི་དག་དེ་ཉིད་གསུམ་པོ་ཡིན། །ཞེས་སོ༔ །དཔེར་ན་བདག་བྱིན་གྱིས་བརླབས་པའི་རིམ་པ། གཏུམ་མོ་སོགས་ཆོས་དྲུག་ལ་རྫོགས་རིམ་གྱི་ཐ་སྙད་དངོས་སུ་མེད་ཀྱང་དོན་ཚང་བ་བཞིན། འདིར་ཡང་། སྤྱོད་པའི་རྒྱུད་ལ་རིགས་ལྔ་ཡི། །དོན་གྲུབ་ན་ཡང་ཐ་སྙད་མེད། །ཅེས་པ་ལྟར་རོ། །གཞན་ཡང་། བསྐྱེད་པའི་རིམ་པ་མཐར་ཐུག་པའི། །དབུ་རྒྱན་ལ་ནི་རིགས་བདག་འབྱུང་། །ཞེས་པས་ཀྱང་བསྐྱེད་རིམ་གསལ་བར་བསྟན་ཏེ་འབྲས་བུ་རྒྱུའི་རྗེས་སུ་བྱེད་པའི་ཕྱིར་རོ། །ཞིབ་པར་སྤྱི་དོན་དུ་ལྟོས། དེས་ན་དཔལ་ལྡན་ས་སྐྱ་པའི་མདོ་སྔགས་ཀྱི་གྲུབ་མཐའ་ནི་ཁོ་བོས་བཤད་པ་ལྟར་ཡིན་ཏེ། ཕྱོགས་བཅུའི་སངས་རྒྱས་ཀྱི་འཕྲིན་ཡིག་ལས། རྒྱུད་སྡེ་བཞི་པོའི་ལག་ལེན་ཡང་། །དེང་སང་འཚོལ་བར་སྤྱོད་པ་མང་། །དོན་ཡོད་ཞགས་པ་ལ་སོགས་པའི། །ཚིག་བྱ་བའི་རྒྱུད་ཀྱི་ཡིན། །དེ་ལ་རྣལ་འབྱོར་ཆེན་པོ་ཡི། །རིམ་གཉིས་ལ་སོགས་སྦྱོར་བ་མཐོང་། །དེ་བཞིན་རྒྱུད་སྡེ་གཞན་ལ་ཡང་། །ཚིག་འཚོལ་བར་བྱེད་པ་མང་། །ཞེས་གསུངས། དེས་ན་རྒྱུད་སྡེ་འོག་མ་ལ་རྣལ་འབྱོར་ཆེན་པོའི་དབང་བཞི་རིམ་གཉིས་སྦྱོར་བ་ནི། དཔེ་ཅི་དང་འདྲ་ན་གྲུབ་མཐའ་བཞིའི་རྣམ་དབྱེ་མི་ཕྱེད་ཅིང་། རྒྱུད་སྡེ་བཞིའི་རིམ་པ་མི་ཤེས་པར་རྣམ་གཞག་ལེགས་ལེགས་འདྲ་བ་སྣ་ཚོགས་བྱེད་ན་ཡང་ལྐུམ་དཔེ་ཞྭ་ལ་བཀབ་པ་དང་འདྲ་བ་ཡིན་ཏེ། མཛོད་ལས། མིག་གིས་གཟུགས་རྣམས་མཐོང་རྟེན་བཅས། །དེ་ལ་བརྟེན་པའི་རྣམ་ཤེས་མིན། །ཞེས་བཤད་པ་ལྟར་བྱེ་བྲག་སྨྲ་བ་མིག་སོགས་དབང་པོ་རྟེན་བཅས་གཟུགས་ཅན་གྱིས་གཟུགས་སོགས་ཕྱི་རོལ་གྱི་སྐྱེ་མཆེད་དེ་དངོས་སུ་མཐོང་བར་འདོད་པ་ལྟར། ཕྱི་རོལ་གྱི་ལྷའི་གཟུགས་མིག་གི་དབང་པོའི་ཡུལ་དུ་སྣང་བ་ལ་ཡི་དམ་གྱི་ལྷ་དངོས་སུ་མཐོང་བར་ངེས་ཤེས་དྲངས་ནས་བསྒོམ་པ་བྱ་བའི་རྒྱུད་དང་། མདོ་སྡེ་པ་ཕྱི་རོལ་གྱི་དོན་ཁ་དོག་གི་རྟུལ་ཕྲན་འདུས་པའི་དབྱིབས་རགས་པ་གཟུང་ཡུལ་དུ་བྱས་ནས་དེའི་རྣམ་པ་དངོས་སུ་རིག་པའི་རྣམ་ཤེས་ཀྱིས་ཡུལ་འཛིན་པར་འདོད་པ་ལྟར་རང་དང་མདུན་བསྐྱེད་ཀྱིས་གཟུགས་གཉིས་ཀ་ལྟར་བསྒོམ་པ་སྤྱོད་པའི་རྒྱུད་དོ། །ཨཙྪ་དེ་བའི་ཞལ་སྔ་ནས། ཤེས་པ་རྣམ་བཅས་སྐྱེད་བྱེད་ནི། །དབང་པོའི་སྤྱོད་ཡུལ་སྣང་བ་མིན། །ཞེས་སོ། །སྡེ་པ་འདི་ནི་སྒོ་དྲུག་པ་དང་བཟང་པོ་སྤྱོད་པ་ལ་སོགས་པའི་མདོ་སྡེ་རྣམས་སྒྲ་ཇི་ལྟ་བ་བཞིན་ཁས་ལེན་ཅིང་མདོ་སྡེ་དང་དེ་

དག་གི་རྗེས་སུ་འབྲང་བས་མདོ་སྡེ་པ་སྟེ། མིང་གཞན་ནི་དཔེས་སྟོན་པ་ལ་མཁས་པའི་ཕྱིར་དཔེ་སྟོན་པ་ཞེས་ཀྱང་བྱ་སྟེ། བྱེ་བྲག་སྨྲ་བ་ལ་སོགས་པ་རྣམས་ལས་བློ་ཞིབ་པས་ན་མཁས་པ་རྣམས་ཞེས་བྱ་སྟེ། དགེ་བ་ཡང་དག་པར་རྫོགས་པའི་བྱང་ཆུབ་ཏུ་བསྔོ་བ་སྨོན་ལམ་གྱིས་མྱ་ངན་ལས་འདས་པའི་ཉན་ཐོས་ཡིན་པས་ལོ་བརྒྱད་ཁྲིར་སླར་ལྡང་བས་མཁས་པའོ་ཞེས་སློབ་དཔོན་བྱང་ཆུབ་བཟང་པོའི་འགྲེལ་པ་ལས་བྱུང་བས། བསྟན་པ་འདི་ལ་ལྷག་མེད་དུ་མྱ་ངན་ལས་འདའ་བའི་ཚེ། རྒྱལ་བ་མ་ཕམ་པ་སངས་རྒྱས་པའི་དུས་སུ་ཐེག་པ་ཆེན་པོའི་ལམ་དུ་ཞུགས་ནས་རྒྱལ་སྲས་ཀྱི་སྤྱོད་པ་ལ་སློབ་པར་གྱུར་ཅིག་ཅེས་སྨོན་ལམ་བཏབ་པ་ཡིན་ནོ། །དེས་ན་རྣམ་གྲངས་ཀྱི་བྱང་ཆུབ་སེམས་དཔའ་ཞེས་ཀྱང་བྱའོ། །སེམས་ཙམ་པ་ཕྱི་རོལ་དོན་དུ་སྣང་བ་རྣམས་སེམས་ཀྱི་བག་ཆགས་ལས་བྱུང་བ་ཡིན་ལ་སེམས་རང་རིག་ཅིང་གསལ་བའི་བདག་ཉིད་དུ་འདོད་པ་ལྟར། ཡོ་གའི་རྒྱུད་དུ་བདག་དམ་ཚིག་པ་ལ་ཡེ་ཤེས་པ་བཙུག་ནས་ཕྱག་རྒྱས་བཏབ་སྟེ། བདག་ཉིད་ལྷའི་ང་རྒྱལ་བརྟན་པོས་སྔགས་བཟླས་པ་སོགས་བྱེད་དོ། །དབུ་མ་པ་ཆོས་ཐམས་ཅད་བདེན་མེད་ཡིན་ཀྱང་རྟེན་འབྲེལ་གྱི་སྣང་བ་སྒྱུ་མ་ལྟ་བུ་མི་འགོག་པ་ལྟར། རང་དམ་ཚིག་པ་ལ་ཡེ་ཤེས་པ་བཙུག་ནས་གཤེགས་སུ་གསོལ་བ་ལ་སོགས་པ་མི་བྱེད་པར་ཡུལ་དང་ཡུལ་ཅན་ཐམས་ཅད་ལྷར་བསྒོམ་པའི་ངང་ནས་སྤྱོད་ལམ་ལ་འཇུག་གོ །དེ་ལྟར་ན་སངས་རྒྱས་པའི་གྲུབ་མཐའ་བཞི་དང་རྒྱུད་སྡེ་བཞིའི་ལྷ་བསྒོམ་ཚུལ་ཆ་འདྲ་བར་ཉམས་སུ་ལེན་པ་ལ་སོགས་མཁས་པའི་ཚུལ་དང་མཐུན་པའི་རྣམ་དབྱེ་ཤེས་དགོས་སོ། །འདིར་གྲུབ་མཐའི་རྣམ་དབྱེ་མི་འདྲ་བ་བཞི་ཡོད་པ་དེས་ན། རྒྱུད་སྡེ་བཞི་པོ་ཡི་སྨིན་བྱེད་དབང་དང་གྲོལ་བྱེད་ལམ་གྱི་དབྱེ་བ་ལ་མི་འདྲ་བའི་དབྱེ་བ་རྣམ་པ་བཞི་ཡོད་ལ། རྒྱུད་སྡེ་རང་རང་གི་ཚིག་བཞིན་བྱས་ན་རྒྱུད་སྡེ་བཞི་པོ་དེ་ནས་གསུངས་པའི་དངོས་གྲུབ་འབྱུང་སྟེ། ལྷམ་དང་ཞྭ་གཉིས་སོ་སོར་བཟོ་དགོས་པ་བཞིན་ནོ། །དེ་ཡང་ཡེ་ཤེས་ཐིག་ལེའི་རྒྱུད་ལས། ཆུ་ཡི་དབང་བསྐུར་དབུ་རྒྱན་དག །བྱ་བའི་རྒྱུད་ལས་རབ་ཏུ་གྲགས། །རྡོ་རྗེ་དྲིལ་བུ་དེ་བཞིན་མིང་། །སྤྱོད་པའི་རྒྱུད་ལས་རབ་ཏུ་གསལ། །ཕྱིར་མི་ལྡོག་པ་ཡི་ནི་དབང་། །རྣལ་འབྱོར་རྒྱུད་དུ་གསལ་བར་ཕྱེ། །དེ་ནི་དྲུག་གི་བྱེ་བྲག་དབང་། །དེ་ནི་སློབ་དཔོན་དབང་ཞེས་བྱ། །རྣལ་འབྱོར་བླ་མ་ཡི་ནི་མཆན། །གསང་བ་ཡི་ནི་དབང་རྒྱལ་བཤད། །ཤེས་རབ་ཡེ་ཤེས་བླ་ན་མེད། །བཞི་པ་དེ་ལྟར་དེ་བཞིན་ནོ། །ཞེས་གསུངས།

བཞི་པ་ལ་མགོ་མཚུངས་ཀྱིས་དགག །ཆོས་སྒོའི་མིང་གིས་འཁྲུལ་གཞི་བྱས་པར་བསྟན། དབང་བསྐུར་གསང་སྔགས་ཀྱི་སྙིང་པོར་བསྟན་པ་དང་གསུམ་ལས། དང་པོ་ནི། ཕྱག་རྒྱ་པ་ལ་ལ་ན་རེ་དབང་བསྐུར་མ་བྱས་ཀྱང་གལ་ཏེ་གསང་སྔགས་ལ་མོས་པ་ཐོབ་ན། དེ་ཉིད་ཆོས་ཀྱི་སྒོ་ཡིན་པས་གསང་སྔགས་བསྒོམ་དུ

རྫུང་ཞེས་ཟེར་རོ། །འོ་ན་སོ་སོར་ཐར་པའི་སྡོམ་པ་མ་ཐོབ་ཀྱང་རབ་ཏུ་བྱུང་བ་ལ་མོས་པ་ཉིད་སོ་སོར་ཐར་པའི་སྡོམ་པ་ལེན་པའི་སྒོ་ཡིན་པས་སྡོམ་པ་བསྲུངས་པས་ཚོག་གམ་ཅི་སྟེ་ཚོག་པར་ཐལ། སེམས་བསྐྱེད་ཀྱི་སྡོམ་པ་མ་ཐོབ་ཀྱང་སེམས་བསྐྱེད་པ་ལ་མོས་པ་ཉིད་བྱང་ཆུབ་སྤྱོད་པའི་སྒོ་ཡིན་པས་སེམས་བསྐྱེད་བླང་ཡང་ཅི་ཞིག་དགོས་ཏེ་མི་དགོས་པར་ཐལ། དེ་བཞིན་སོ་ནམ་མ་བྱས་ཀྱང་ལོ་ཐོག་ལ་ནི་མོས་པ་ཉིད་བཟའ་རྒྱུ་ཟ་བའི་སྒོ་ཡིན་པས་སོ་ནམ་ལ་ནི་འབད་ཅི་དགོས་ཏེ་མི་དགོས་པར་ཐལ། ཁས་ལེན་རྟགས། འདི་འདྲའི་རིགས་ཀྱི་ཆོས་ལུགས་ཀུན་དེ་འདྲའི་རིགས་ཀྱིས་སྲུན་དབྱུང་ངོ་ཞེས་གསུངས་ཏེ། རྒྱུ་མཚན་མཚུངས་པའི་ཕྱིར།

གཉིས་པ་ནི། དེས་ན་རྒྱ་གར་ན་མེད་པའི་ཁྱེད་ཕྱག་རྒྱ་པའི་ཆོས་སྒོ་ཞེས་བྱ་བ་འདི་ཡི་མིང་གིས་འཁྲུལ་གཞི་བྱས་ནས། དབང་བསྐུར་ནི་ཆོས་སྒོ་འབྱེད་པ་ཙམ་ཡིན་གྱི་འཚང་རྒྱ་བ་ཡི་ཆོས་དབང་དོན་ལས་གཞན་ཞིག་བསྒོམ་རྒྱུ་ལོགས་ན་ཡོད་དོ་ཞེས་བླུན་པོ་རྣམས་ཀྱིས་མོན་བསྒོམ་བྱས་པ་མི་འཐད་དེ། འོ་ན་དགེ་སློང་གི་སྡོམ་པ་ཡང་དགེ་སློང་བྱེད་པའི་སྒོ་ཡིན་གྱི་དགེ་སློང་སྡོམ་པའི་ངོ་བོ་ཞིག་གཞན་ནས་བཙལ་དུ་ཡོད་དམ་ཅི་སྟེ་ཡོད་པར་ཐལ། དེ་བཞིན་སོ་ནམ་བྱེད་པ་ཡང་སྟོན་ཐོག་འབྱུང་བའི་སྒོ་ཡིན་གྱི་ཁ་ཟས་འབྱུང་བའི་ཐབས་གཞན་ཞིག་ལོགས་ནས་བཙལ་དུ་ཡོད་དམ་ཅི་སྟེ་ཡོད་པར་ཐལ། ཁས་ལེན་རྟགས། ཕྱོགས་བཅུའི་སངས་རྒྱས་ཀྱི་འཕྲིན་ཡིག་ལས། ཁ་ཅིག་གང་ཟག་དབང་པོ་རབ། །ཕག་མོའི་དབང་གིས་སྨིན་ཞེས་ཟེར། །གང་ཟག་རབ་འབྲིང་ཐམས་ཅད་ལ། །ཕག་མོའི་སྨིན་བྱེད་བཤད་པ་མེད། །གལ་ཏེ་ཡོད་ན་ཁྱོད་ཉིད་དབང་། །ལས་ཚོག་མགོ་ལ་བཞག་པ་ཡིས། །དགེ་སློང་འགྱུར་ཞེས་ཟེར་བ་དང་། ཁྱིམ་པས་མཁན་སློབ་བྱས་པ་ལ། །བསྙེན་རྫོགས་འབྱུང་ཞེས་ཟེར་བ་ཐོས། །འདི་ལ་མཁས་རྣམས་བཞད་གད་བྱེད། །ཕག་མོའི་དབང་བསྐུར་ལ་སོགས་ལ། །དེང་སང་བཞད་གད་བྱེད་པ་མེད། །གསུང་རབ་ཚད་མར་བྱེད་ན་ནི། །དེ་འདྲའི་རབ་བྱུང་ཆོག་དང་། །འདི་འདྲའི་དབང་བསྐུར་བཤད་པ་མེད། །དེ་དག་གཉིས་ཀ་འཁྲུལ་པ་ཡིན། །དམ་པ་རྣམས་ཀྱིས་འདི་མ་བྱེད། །འདི་འདྲའི་ལོག་རྟོག་བཀག་པ་ལ། །ཆགས་སྡང་ཅན་རྣམས་བདག་ལ་ཁྲོལ། །བདག་གི་སྨྲས་པ་བདེན་མི་བདེན། །སངས་རྒྱས་སྲས་བཅས་དགོངས་སུ་གསོལ། །ཞེས་གསུངས།

གསུམ་པ་ནི། དེས་ན་ཁོ་བོའི་སྙིང་གཏམ་འདི་ལྟར་ཡིན་ཏེ། ལམ་འབྲས་ལས། རྟེན་ཅིང་འབྲེལ་བར་འབྱུང་བ་ལྔས་ལམ་ཡོངས་སུ་རྫོགས་པའོ་ཞེས་བཤད་པ་ལྟར། དབང་བསྐུར་ནི་ཆོས་སྒོ་འབྱེད་པ་ཙམ་མ་ཡིན་གྱི་གསང་སྔགས་རྟེན་འབྲེལ་ལམ་དུ་བྱེད་པས། ཕྱི་ནང་གསང་བ་དེ་ཁོ་ན་ཉིད་མཐར་ཐུག་སྟེ་རྟེན་འབྲེལ་ལྔ་སྒྲིག་པའི་གདམས་ངག་ཡིན་ཏེ། གསང་སྔགས་པའི་ཕུང་པོ་དང་ཁམས་དང་སྐྱེ་མཆེད་ལ་ནོར་བ་མེད་པའི་

དབང་བཞིའི་ཚོགས་སངས་རྒྱས་སྐུ་བཞིའི་ས་བོན་བཏབ་ནས་ནི། ཚེ་འདིར་སངས་རྒྱས་རྡོ་རྗེ་འཆང་བྱེད་པ་ཡི་ཐབས་ལ་དབང་བཞི་རྫོགས་པ་བསྐུར་ཞེས་སུ་སངས་རྒྱས་ཀྱིས་མིང་བཏགས་པའི་ཕྱིར། ཐོག་མར་བུམ་པའི་དབང་བསྐུར་བའི་ཚེ་ཕུང་པོ་ལྔ་རྒྱལ་བ་རིགས་ལྔ་དང་ཁམས་ལྔ་ལྷ་མོ་ལྔ་སྐྱེ་མཆེད་དྲུག་བྱང་ཆུབ་སེམས་དཔའ་བརྒྱད་དང་ཡུལ་དྲུག་ལྷ་མོ་དྲུག་དང་ཚིགས་ཆེན་བཅུ་ཁྲོ་བོ་བཅུ་དང་ཁྲོ་མོར་ངོ་སྤྲོད་ནས་བསྒོམ་དུ་འཇུག་ལ་རྡོ་རྗེ་སློབ་དཔོན་བླ་མེད་པ་རང་གི་ལུས་ལ་ཡང་ལྷ་དེ་དག་ཚང་བར་བསྒོམ་མོ། །རྒྱུ་མཚན་དེས་ན་གང་ཟག་དབང་པོ་རབ་ཨིནྡྲ་བྷཱུ་ཏི་ལྟ་བུ་དབང་བསྐུར་ཉིད་ཀྱིས་གྲོལ་བར་གསུངས་ལ། ཁམས་གསུམ་རྣམ་རྒྱལ་གྱི་སྒྲུབ་ཐབས་མཛད་པ་ལས་ཀྱང་ཁམས་གསུམ་གྱི་སེམས་ཅན་ཐམས་ཅད་བཙུད་པ་ལས་དེ་མ་ཐག་ཏུ་གྲུབ་པར་འགྱུར་རོ་ཞེས་གསུངས། དབང་གིས་གྲོལ་བར་མ་ནུས་པའི་གང་ཟག་གཞན་དབང་པོ་འབྲིང་དང་ཐ་མ་ལ་དབང་དོན་ལམ་རིམ་བསྒོམ་དགོས་སོ། །དེའི་རྒྱུ་མཚན་གང་ཟག་དབང་པོ་རབ་ཚེ་འདིར་དབང་བསྐུར་ཐོབ་པ་ཙམ་གྱིས་མཐོང་ལམ་ཐོབ་ལ་འབྲིང་བར་དོ་དང་ཐ་མ་སྐྱེ་བ་བདུན་ནམ་བཅུ་དྲུག་ཙམ་ལ་ཐོབ་པར་གསུངས་པའི་ཕྱིར། ཞིབ་པར་སྤྱི་དོན་དུ་ལྟོས། དབང་བསྐུར་ཐོབ་པ་དེ་མི་ཉམས་པར་བསྲུང་ཞིང་འཕེལ་བར་བྱེད་པ་ལ་བསྒོམ་པ་ཞེས་སུ་སངས་རྒྱས་ཀྱིས་མིང་བཏགས་པ་ཡིན་ཏེ། དབང་དོན་ངོ་སྤྲོད་ནས་བསྒོམ་པ་དེས་ནའོ། །རྒྱུ་མཚན་དེའི་ཕྱིར་ཐུབ་པས་རྒྱུད་སྡེ་ལས་སྨིན་གྲོལ་གཉིས་ཀྱི་ནང་ནས་དབང་བསྐུར་ཁོ་ན་བསྔགས་པ་དང་། གསང་སྔགས་ལ་མཁས་པ་རྣམས་ཅི་ནས་དབང་བསྐུར་ལ་གུས་པའི་རྒྱུ་མཚན་དེ་ལྟར་ཡིན་ཏེ། ཕ་རོལ་ཏུ་ཕྱིན་པ་ལ་སེམས་བསྐྱེད་ལས་གཙོ་ཆེ་བའི་ཆོས་གཞན་མེད་ལ། དེ་ཡང་ཐེག་ཆེན་ཀུན་རྫོབ་སེམས་བསྐྱེད་དང་དོན་དམ་སེམས་བསྐྱེད་གཉིས་ལས། དང་པོའི་མཚན་ཉིད་དུ་རྫོགས་པའི་བྱང་ཆུབ་ཀྱི་སླུབ་པ་ཁྱད་པར་བ་དང་མཚན་གཞིར་སྟོང་ཉིད་སྙིང་རྗེའི་སྙིང་པོ་ཅན་ཞེས་རྗེ་བཙུན་ཡབ་སྲས་གསུང་། བྱང་ཆུབ་སེམས་འགྲེལ་ལས། གཟུངས་རྣམས་དང་ནི་ས་རྣམས་དང་། །སངས་རྒྱས་ཕ་རོལ་ཕྱིན་པ་རྣམས། །དེ་དག་བྱང་ཆུབ་སེམས་ཀྱི་ཆར། །ཀུན་མཁྱེན་རྣམས་ཀྱིས་གསུངས་པ་ཡིན། །ཞེས་པ་དང་། མདོ་སྡེ་ས་བཅུ་པ་ལྟར་འཇུག་པ་ལས་ཀྱང་། ས་བཅུ་ལ་སེམས་བསྐྱེད་བཅུ་ཞེས་བཤད། གསང་སྔགས་རྡོ་རྗེ་ཐེག་པའི་སྒོར་ཞུགས་ནས་དབང་བསྐུར་ལས་གཙོ་ཆེ་བའི་ཆོས་གཞན་མེད་དོ། །རྒྱུ་མཚན་དེས་ནའོ། །ལམ་འབྲས་ལས། རྒྱུ་དང་ལམ་དང་འབྲས་བུའི་དབང་ཞེས་པ་དང་། འབྲས་བུའི་དབང་བཞིས་ཐམས་ཅད་མཁྱེན་ཏོ་ཞེས་བཤད། མཚན་བརྗོད་ལས། རྡོ་རྗེ་རིན་ཆེན་དབང་བསྐུར་དཔལ་ཞེས་པ་དང་། རྡོ་རྗེ་རྩེ་མོ་ལས། གསང་བ་བཞི་ཡིས་དབང་བསྐུར་ནས། །རྫོགས་སངས་རྒྱས་ཀྱི་བྱང་ཆུབ་ཐོབ། །ཅེས་སོགས་གསུངས།

ལྔ་པ་ནི། ཧེ་ཝཱ་ཛྲ་དང་རབ་ཆུང་བ་སོགས་ལ་ལ་ན་རེ་དབང་བསྐུར་རྒྱལ་པོའི་རྒྱུད་བྱ་བ་ནས་བཤད་པ་བཞིན་དུ་མུ་བཞི་འདོད་དེ། དབང་བསྐུར་བྱས་ཀྱང་དབང་མ་ཐོབ་པ་དང་དབང་བསྐུར་མ་བྱས་ཀྱང་ནི་ཐོབ་པ་དང་དབང་བསྐུར་བྱས་ན་ཐོབ་ལ་མ་བྱས་ན་མི་ཐོབ་པ་དང་རྣམ་པ་བཞིར་འདོད་པ་མི་འཐད་དེ། དབང་བསྐུར་མུ་བཞི་འདི་འདྲ་རྒྱུད་རྣམ་དག་གང་ནའང་བཤད་པ་མེད་ཅིང་གསང་སྔགས་ཀྱི་བསྟན་པ་དགྲུག་པའི་སྐད་གཟར་ཟད་པའི་ཕྱིར། འོན་ཀྱང་དབང་བསྐུར་མུ་བཞི་འདི་ཡང་བརྟག་པར་བྱ་སྟེ། སོ་སོར་ཐར་པའི་སྡོམ་པ་དང་བྱང་ཆུབ་སེམས་དཔའི་སེམས་བསྐྱེད་ལའང་མུ་བཞི་ཅི་ཡི་ཕྱིར་མི་རྩི་སྟེ་རྩི་བར་ཐལ། དེ་བཞིན་བསྒོམ་ལའང་མུ་བཞི་ཅིས་མི་མཚུངས་ཏེ་མཚུངས་པས་བསྒོམས་ཀྱང་མི་སྐྱེ་མ་བསྒོམས་ཀྱང་སྐྱེ་བ་ལ་སོགས་མུ་བཞི་ཡོད་པར་ཐལ། ཁས་ལེན་རྟགས། འདོད་ན། དབང་མི་ལེན་བཞིན་དུ་སྡོམ་པ་དང་སེམས་བསྐྱེད་དང་སྒོམ་གསུམ་ཡང་ལེན་པ་དང་བསྒོམ་པ་ཞིག་ཅིག དེས་ན་མུ་བཞི་ཀུན་ལ་ཡོད་བཞིན་དུ་བསྒོམ་སོགས་གཞན་ལ་མུ་བཞི་མི་རྩི་བར་དབང་བསྐུར་ཉིད་ལ་མུ་བཞི་རྩི་བ་ནི་མི་འཐད་དེ། གསང་སྔགས་སྤྱོད་པའི་བདུད་ཀྱི་གསང་ཚིག་ཡིན་པར་དོགས་པའི་ཕྱིར། གལ་ཏེ་དབང་བསྐུར་མུ་བཞི་ཡོད་པར་འདོད་ན་ཡང་མུ་བཞི་པོ་སོ་སོའི་མཚན་ཉིད་ཤེས་མི་ནུས་ལ། ཅི་སྟེ་ཤེས་པར་ནུས་ཟེར་ན་ནི་མུ་བཞི་པོ་དེ་ཡི་མཚན་ཉིད་སྨྲ་དགོས་སོ་འོལ་ཚོད་ཀྱིས་སྨྲས་ཀྱང་མི་འཐད་དེ། རང་བཟོ་མ་ཡིན་པ་ལུང་རྣམ་དག་དང་མཐུན་པ་ཁྱེད་ལ་མེད་པའི་ཕྱིར། གལ་ཏེ་དབང་བསྐུར་མུ་བཞི་བདེན་སྲིད་ན་མུ་གཞན་གསུམ་ལ་དབང་བསྐུར་མི་བྱེད་ཀྱང་། དབང་བསྐུར་བྱས་ན་ཐོབ་པའི་གང་ཟག་ལ་དབང་བསྐུར་ཅིའི་ཕྱིར་མི་དགོས་དྲིས་ན། མུ་གཞན་ལ་དབང་བསྐུར་མི་དགོས་པས། མུ་བྱས་ན་ཐོབ་པའི་གང་ཟག་དེ་ལའང་དབང་བསྐུར་མི་དགོས་ཟེར་ན་མི་འཐད་དེ། ནད་མེད་པ་ལ་སྨན་སྤྱོད་པས་ནད་པ་ལ་ཡང་སྨན་སྤྱོད་རམ་ཅི་སྟེ་རྒྱུ་མཚན་མཚུངས་པའི་ཕྱིར། དབང་བསྐུར་མུ་བཞི་འདི་འདྲའི་ཆོས་ལོག་ཐམས་ཅད་ནི་མི་འཐད་དེ། སྒོམ་ཆེན་པ་ལ་བདུད་ཀྱི་བྱིན་བརླབས་བྱུང་བ་ཡིན་ཞེས་བྱ་བའི་ཕྱིར།

གཉིས་པ་ལ། འཁྲུལ་པའི་ལམ་དགག །མ་འཁྲུལ་པའི་ལམ་སྒྲུབ། སྡོམ་མིན་གྱི་དགེ་བ་རྣམ་གྲོལ་གྱི་ལམ་ཡིན་པ་དགག །མ་དག་པའི་ཐབས་ལམ་སངས་རྒྱས་ཀྱི་རྒྱུར་འགྱུར་བ་དགག །ཐེག་པ་གསུམ་གྱི་ལག་ལེན་འཆོལ་བ་དགག །འཁྲུལ་པའི་ལག་ལེན་གཞན་ཡང་དགག་པ་དང་དྲུག་ལས། དང་པོ་ལ། སྲུང་བྱ་གསང་སྒྲོགས་ལ་འཁྲུལ་པ་དགག །བསྙེན་བྱ་ཐབས་ལམ་ལ་འཁྲུལ་པ་དགག་པ་གཉིས་ལས། དང་པོ་ནི། རྙིང་མ་བ་ཁ་ཅིག་ན་རེ། གསང་སྔགས་ནི་གསང་དགོས་པ་ལ་བཤད་ཀྱང་གསང་སྒྲོགས་ཀྱི་ལྟུང་བ་མེད་དེ། ཡེ་གསང་ཐབས་ཀྱིས་ཆོད་པའི་ཕྱིར་ཞེས་ཟེར་བ་འདི་ཡང་ཅུང་ཟད་བརྟག་པར་བྱ་སྟེ། ཡེ་གསང་ཞེས་བྱ་བའི་དོན་ཅི་ཞིག

ཡིན་དྲིས་པས། གལ་ཏེ་གོ་བ་མེད་པ་ལ་ཟེར་ན་གོ་བའི་གང་ཟག་ལ་བཤད་ཀྱང་གསང་སྒྲོགས་ལྟུང་བར་འགྱུར། ཡེ་གསང་མ་ཡིན་པའི་ཕྱིར། གལ་ཏེ་གསང་སྔགས་དམ་པའི་ཆོས་ཡིན་པས་དམ་ཆོས་བདེན་པའི་བྱིན་བརླབས་འདི་གང་ཟག་སུ་ཡིས་ཐོས་ཀྱང་ཕན་ཡོན་ཆེ་བ་དེས་ན་གསང་སྒྲོགས་མི་འབྱུང་ཟེར་ན། གལ་ཏེ་གསང་སྔགས་དམ་ཆོས་བདེན་པ་རྣ་གོ་ན་དམ་པའི་ཆོས་ནས་འབྱུང་བ་བཞིན་གྱིས་ཏེ། ཡེ་གསང་ཞེས་བྱ་བ་འདི་ཡང་གསང་སྔགས་ཀྱི་བསྟན་པ་ལ་གནོད་ཚིག་ཡིན་པར་ཐལ། དམ་པའི་ཆོས་ནས་གསང་བ་གསང་སྔགས་དང་མི་གསང་བ་ཕ་རོལ་ཏུ་ཕྱིན་པའི་ལུགས་གཉིས་ཡོད་པར་རྒྱལ་བ་རྣམས་ཀྱིས་གསུངས་པའི་ཕྱིར་ཏེ། ཁྱེད་རང་གི་རྒྱུད་གསང་བའི་སྙིང་པོ་ལས་ཀྱང་། བླ་མ་མཉེས་པར་མ་བྱས་ཤིང་། །དབང་རྣམས་བསྐུར་བར་མ་བྱས་པར། །ཉན་པ་ལ་སོགས་རྩོམ་པ་ནི། །འབྲས་བུ་མེད་ཅིང་བརླག་པར་འགྱུར། །ཞེས་གསུངས་པ་དེས་ནའོ། །

གཉིས་པ་ལ། འདོད་པ་བརྗོད། དེ་དགག །དོན་བསྡུ་བ་དང་གསུམ་ལས། དང་པོ་ནི། ཨ་མ་ན་སེ་བ་དང་རྫོགས་ཆེན་པ་ཁ་ཅིག་ན་རེ། ལམ་འཁྲུལ་པ་དང་མ་འཁྲུལ་བ་ཞེས་བྱ་བའི་ངེས་པ་ཅི་ཡང་མེད་ཅིང་འཚང་རྒྱ་བའི་ཐབས་ལམ་ཡང་གཅིག་ཏུ་ངེས་པ་མེད་དེ། འཕགས་པ་ཀླུ་སྒྲུབ་དབུ་མའི་ལྟ་བ་རྟོགས་པས་གྲོལ། པདྨ་འབྱུང་གནས་བསྐྱེད་རིམ་གྱིས་གྲོལ། ལཱུ་ཨི་པ་ཉའི་རྒྱུ་ལྟོ་ཟ་བའི་དཀའ་ཐུབ་སྤྱད་པས་གྲོལ། ནག་པོ་པ་ཙུང་ཟད་མ་རན་པར་སྤྱོད་པ་བྱས་པའི་སྟོབས་ཀྱིས་བར་དོར་གྲོལ། གོ་རཀྵ་སྟེ་བ་ལང་བསྲུང་ཞེས་བྱ་བ་རླུང་གི་སྟོབས་ཀྱིས་གྲོལ། ཤཱ་བ་རི་གཏུམ་མོའི་སྟོབས་ཀྱིས་གྲོལ། ས་ར་ཧ་པ་ཕྱག་རྒྱ་ཆེན་པོས་གྲོལ། ཏོག་ཙེ་བ་བླ་མ་དང་ཡི་དམ་གྱི་བྱིན་བརླབས་སྟོབས་ཀྱིས་གྲོལ། ཞི་བ་ལྷ་འདུ་ཤེས་གསུམ་པ་ཟ་ཉལ་འཆག་གིས་གྲོལ། ཨིནྡྲ་བྷཱུ་ཏི་ཕྱག་རྒྱ་དང་རོལ་བའི་འདོད་ཡོན་གྱིས་གྲོལ། རྟེན་འབྲེལ་ལྟའི་གནད་ཐམས་ཅད་ཚོགས་པ་ལས་པིནྡྲ་པ་ལ་གྲུབ་ཐོབ་བྱུང་བས། འདི་འདྲའི་རིགས་ཀྱི་ཐབས་ལམ་སྣ་ཚོགས་ལ་སྐྱར་བ་གདབ་ཏུ་མི་རུང་ཟེར་རོ། །

གཉིས་པ་ལ། ཐབས་ལམ་ཐམས་ཅད་གནད་མཐུན་པར་བསྟན་པ། སྐྱེ་བའི་སྣ་འདྲེན་ཐབས་ཀྱི་དབྱེ་བས་བྱེད་པའི་ཚུལ། ཕྱོགས་རེ་བ་ནས་གྲོལ་བ་མི་འཐད་པ་དང་གསུམ་ལས། དང་པོ་ནི། འདི་ཡང་ལེགས་པར་བཤད་ཀྱིས་ཉོན་ཞིག །གྲུབ་ཐོབ་ཐམས་ཅད་ཀྱང་ལྟ་བ་སོགས་ཕྱོགས་རེའི་ཐབས་ཀྱིས་གྲོལ་བ་མིན་གྱི་དབང་བཞི་དང་རིམ་པ་གཉིས་ལས་བྱུང་བའི་ཡེ་ཤེས་སྐྱེས་པས་གྲོལ་བ་ཡིན་ཏེ། ཐབས་དང་ཤེས་རབ་གཉིས་མིན་པའི་སངས་རྒྱས་སྒྲུབ་པའི་ཐབས་གཞན་མེད་པ་དེས་ནའོ། །དེ་ཉིད་འཆད་པ་ནི་ལྟ་བ་དང་ནི་བསྐྱེད་རིམ་དང་གཏུམ་མོ་དང་ནི་བྱིན་བརླབས་དང་སྤྱོད་པ་སོགས་དེ་དག་རྐྱང་པས་ཀླུ་སྒྲུབ་སོགས་གྲོལ་བ་མིན་ཏེ། དབང་བཞི་བསྐུར་བ་ཡི་བྱིན་བརླབས་དང་རིམ་གཉིས་བསྒོམས་པའི་རྟེན་འབྲེལ་གྱིས་ཡེ་ཤེས་རྟོགས་ནས་གྲོལ་བ

ཡིན་པའི་ཕྱིར། ཁྱབ་པ་ཡོད་དེ། བསྐྱེད་རིམ་དང་རླུང་དང་གཏུམ་མོ་དང་བདེ་བ་བསྒོམ་པ་སོགས་རིམ་པ་གཉིས་ལས་ངོ་བོ་ཐ་དད་པ་མ་ཡིན་པའི་ཕྱིར་དང་། རླུང་དང་གཏུམ་མོ་སོགས་རྫོགས་རིམ་དང་བྱིན་བརླབས་ནི་རིམ་གཉིས་དེ་ལས་བྱུང་བ་ཡིན་ཞིང་། ལྟ་བ་ཡང་རིམ་གཉིས་དེ་ཡི་ཡན་ལག་ཡིན་ལ། ཕྱག་རྒྱ་ཆེན་པོ་དབང་དང་རིམ་གཉིས་དེ་ཡི་ཡེ་ཤེས་ལ་ཟེར་བ་ཡིན་གྱི་དབང་བཞི་རིམ་གཉིས་ལྡན་པ་དེ་ཡི་སྤྲོས་བཅས་ཀྱི་སྤྱོད་པ་ཕྱག་རྒྱ་དང་རོལ་པ་ལྟ་བུ་ནི་ཨིནྡྲ་བྷཱུ་ཏིས་མཛད་པ་ཡིན་ཞིང་། དེ་ཡི་སྤྲོས་མེད་ཀྱི་སྤྱོད་པ་ལ་བུ་སུ་ཀུ་འདུ་ཤེས་གསུམ་ཞེས་སངས་རྒྱས་གསུང་ལ། དེ་ཡི་ཤིན་ཏུ་སྤྲོས་མེད་ཀྱི་སྤྱོད་པ་ནི་རིམ་གཉིས་ཀྱི་རྣལ་འབྱོར་བརྟན་པར་བྱ་བའི་ཕྱིར་དུ་བིརྺ་པ་སོགས་གྲུབ་ཐོབ་རྣམས་ཀྱིས་མཛད་པ་ནི་ཀུན་ཏུ་བཟང་པོའི་སྤྱོད་པར་རྒྱུད་ལས་བཤད་པའི་ཕྱིར། ཞིབ་པར་སྤྱི་དོན་དུ་ལྟོས།

གཉིས་པ་ནི། རྒྱུ་མཚན་དེས་ན་རྒྱུ་འབྲས་མ་ཚོགས་པར་སངས་རྒྱས་འབྲས་བུ་མི་འབྱུང་མོད་སྐྱེ་བ་སྔ་མའི་ལས་འཕྲོའི་བྱེ་བྲག་དང་ནང་གི་རྟེན་འབྲེལ་ཁྱད་པར་གྱིས། ཡེ་ཤེས་སྐྱེ་བའི་སྣ་འདྲེན་ནི་ཐབས་ཀྱི་དབྱེ་བས་བྱེད་པར་རྒྱུད་འགྲེལ་རྣམས་ལས་གསུངས་ཏེ། དཔེར་ན་ནད་པའི་ལུས་བརྟས་པ་བཟའ་བ་དང་བཏུང་བས་བྱེད་མོད་ཀྱི་ནད་པ་དེ་ཡི་ཡི་གཞའམ་དང་ཁ་འབྱེད་པ་ནི་སེ་འབྲུའམ་ཞོ་སོགས་ཟས་ཀྱི་ཁྱད་པར་ཡིན་པ་བཞིན་མཚུངས་པའི་ཕྱིར། ཐབས་ཀྱི་དབྱེ་བ་གང་ཞེ་ན། གཞན་དུ་ཕྱེ་བ་འདུག་སྟེ་ཀླུ་སྒྲུབ་ཀྱི་ཞལ་སྔ་ནས་འཁོར་བའི་རྩ་བ་ཉོན་མོངས་ཡིན་ལ་དེའི་རྩ་བ་རླུང་ཡིན་ཞིང་ང་ལ་བརྟེན་ནས་རྣམ་རྟོག་འཕྲོ་བས་ང་བཟུང་ཞིང་བསྒོམ་པ་གནད་དུ་ཆེ་བར་བཞེད། སངས་རྒྱས་ཡེ་ཤེས་ཞབས་འཁོར་བའི་རྩ་བ་རྣམ་རྟོག་ཡིན་པས་དེའི་གཉེན་པོར་བསྐྱེད་རིམ་བསྒོམ་པ་གནད་དུ་ཆེ་བར་བཞེད། སློབ་དཔོན་དྲིལ་བུ་པ་འཁོར་བའི་རང་བཞིན་རྒྱུ་རྣམ་རྟོག་དང་འབྲས་བུ་སྡུག་བསྔལ་ཡིན་པས་དེའི་གཉེན་པོར་ཏིང་ངེ་འཛིན་བསྒོམ་དགོས་ལ་དེ་ཡང་བླ་མ་དང་མཁའ་འགྲོའི་བྱིན་བརླབས་ལས་སྐྱེ་བས་བྱིན་བརླབས་གནད་དུ་ཆེ་བར་བཞེད། སློབ་དཔོན་ཨིནྡྲ་བྷཱུ་ཏི་འཁོར་བའི་རང་བཞིན་སྡུག་བསྔལ་ཡིན་ལ་དེའི་གཉེན་པོ་བདེ་བ་ཡིན་པས་ཕྱག་རྒྱ་བསྟེན་པའི་ལམ་གནད་དུ་ཆེ་བར་བཞེད། ས་ར་ཧ་པ་དང་ཧོག་ཙེ་པ་སོགས་འཁོར་བའི་རྩ་བ་མངོན་ཞེན་ཡིན་པས་དེའི་གཉེན་པོར་སྟོང་ཉིད་བསྒོམ་པ་གནད་དུ་ཆེ་བར་བཞེད། རྣལ་འབྱོར་དབང་ཕྱུག་བིརྺ་པའི་ཞལ་མངའ་ནས་རྟེན་འབྲེལ་གྱི་གནད་ཤེས་ན་ཆོས་ཀུན་ལ་མཁས་པས་འཁོར་བའི་གཉེན་པོར་རྟེན་འབྲེལ་བསྒོམ་པ་གནད་དུ་ཆེ་བར་བཞེད་ལ། ཁོ་བོ་ནི་ཐོག་མཐའ་གཉིས་ཀྱི་རྗེས་སུ་འབྲང་ངོ། །

གསུམ་པ་ནི། དབང་དང་རིམ་གཉིས་སོགས་ཐབས་ཀྱི་ཁྱད་པར་ལ་བསྐུར་པ་འདེབས་ན་བླུན་པོ་ཡིན

ཞིང་འོན་ཀྱང་སེམས་ཛོ་འཕྲོད་པ་ལྟ་བུ་ཐབས་རེ་རེས་འཚང་རྒྱ་བར་འདོད་ན་ཤིན་ཏུ་འཁྲུལ་པར་བཤད་དེ། དཔེ་དོན་གཉིས་པོ་དེའི་ཕྱིར།

གསུམ་པ་ནི། སྨིན་བྱེད་དབང་དང་གྲོལ་བྱེད་རིམ་པ་གཉིས་ལ་འབད་པར་གྱིས་ཏེ། རེ་རེས་སོགས་དེས་ནའོ། །གཉིས་པ་ལ། བསྟན་བཤད་གཉིས་ལས། དང་པོ་ནི། དཔེར་ན་སོ་ནམ་ཚུལ་བཞིན་བྱས་པ་ཡི་ལོ་ཐོག་རིམ་གྱིས་སྨིན་པ་ལྟར་རྒྱུ་ཕ་རོལ་ཏུ་ཕྱིན་པའི་ལམ་དུ་ཞུགས་ན་ཚོགས་སྦྱོར་དུ་གྲངས་མེད་གཅིག་མ་དག་ས་བདུན་དུ་གཅིག་དག་པ་ས་གསུམ་དུ་གཅིག་སྟེ་བསྐལ་པ་གྲངས་མེད་གསུམ་གྱིས་རྫོགས་འཚང་རྒྱ་སྟེ། དཔེ་དོན་མཚུངས་པའི་ཕྱིར། བོད་པས་མོན་གྱི་ཡུལ་དུ་ཕྱིན་པའི་གཏམ་བརྒྱུད་ལས། དཔེར་ན་སྔགས་ཀྱིས་བཏབ་པའི་ས་བོན་ནི་ཉི་མ་གཅིག་ལ་ལོ་ཐོག་སྨིན་པ་ལྟར་འབྲས་བུ་རྡོ་རྗེ་ཐེག་པའི་ཐབས་ཤེས་ན་རབ་ཚེ་འདི་ཉིད་ལ། འབྲིང་བར་དོའམ་སྐྱེ་བ་བདུན་ཐ་མ་སྐྱེ་བ་བཅུ་དྲུག་ལ་སངས་རྒྱས་འགྲུབ་སྟེ། དཔེ་དོན་མཚུངས་པའི་ཕྱིར།

གཉིས་པ་ལ། ཕར་ཕྱིན་ལམ་གྱིས་འབྲས་བུ་འགྲུབ་ཚུལ། དེ་དག་མདོ་རྒྱུད་ལྟར་ཉམས་སུ་བླང་བར་གདམས་པ། དེ་དང་མི་མཐུན་ན་སངས་རྒྱས་ཀྱི་བསྟན་པར་མི་རུང་བ། དེ་ཉིད་དཔེའི་སྒོ་ནས་བསྟན་པ་དང་ལྔ་ལས། དང་པོ་ནི། སྟོང་ཉིད་སྙིང་རྗེའི་སྙིང་པོ་ཅན་སོགས་བསྒོམ་པ་པ་ཕ་རོལ་ཕྱིན་པའི་གཞུང་ལུགས་ཡིན་ལ་བསྒོམ་ཆེན་དེ་ཡིས་ཇི་ལྟར་སྦྱར་ན་ཡང་དམན་ལམ་སྟོན་དུ་མ་སོང་ན། བསྐལ་ཆེན་གྲངས་མེད་གསུམ་གྱི་བར་དུ་དཀའ་སྤྱད་དགོས་ཏེ། མཛོད་ལས། བསྐལ་པ་རྣམ་པ་མང་བཤད་པ། །འཇིག་པའི་བསྐལ་པ་དམྱལ་བ་ཡི༑ ༑སྲིད་པ་མེད་ནས་སྣོད་ཟད་བར། །འཆགས་པ་དང་པོ་རླུང་ནས་ནི། །དམྱལ་བའི་སྲིད་པའི་བར་དུའོ། །བར་གྱི་བསྐལ་པ་དཔག་མེད་ནས། །ཚེ་ལོ་བཅུ་པའི་བར་དུའོ། །དེ་ནས་ཡར་སྐྱེ་མར་འབྲི་བའི། །བསྐལ་པ་གཞན་ནི་བཅོ་བརྒྱད་དང་། །ཡར་སྐྱེ་བ་ནི་གཅིག་ཡིན་ཏེ། །དེ་དག་ཚེ་ནི་བརྒྱད་ཁྲིའི་བར། །དེ་ལྟར་འཇིག་རྟེན་ཆགས་པ་འདི། །བར་གྱི་བསྐལ་པ་ཉི་ཤུར་གནས། །འཆགས་པ་དང་ནི་འཇིག་པ་དང་། །ཞིག་ནས་འདུག་པ་དག་མཉམ་མོ། །དེ་དག་བརྒྱད་ཅུ་བསྐལ་ཆེན། །དེ་གྲངས་མེད་གསུམ་ལ་སངས་རྒྱས། །ཞེས་བཤད།

དེ་ལ་གྲངས་མེད་ཅེས་བྱ་བ་ནི། གྲངས་ཀྱི་གནས་གཞན་དྲུག་ཅུ་པ་ཡིན་ལ། ལུང་སིལ་བུ་ལས། གྲངས་མེད་བཅུ་གཉིས་ལས་མེད་པས་བར་ནས་བརྒྱད་དབྱིག་གཉེན་གྱིས་ཀྱང་མ་བརྩིས་ལ་དེ་ནི་བཅུ་འགྱུར་གྱི་གྲངས་ཡིན་ཏེ། ཐེག་པ་ཐུན་མོང་བའི་དབང་དུ་མཛད་དོ། །རྒྱ་ཆེ་རོལ་པ་ལས། བྱེ་བ་ཕྲག་བརྒྱ་ནས་ཐེར་འབུམ་བྱའོ་ཐེར་འབུམ་ཕྲག་བརྒྱ་ནས་ཁྲག་ཁྲིག་ཅེས་བྱའོ་ཞེས་སོགས་གསུངས་པ་ནི་བརྒྱ་འགྱུར་གྱི་གྲངས་ཏེ་བྱང་སེམས་དབང་མ་ཐོབ་པའི་དབང་དུ་མཛད་དོ། །སངས་རྒྱས་ཕལ་པོ་ཆེ་ལས། བརྒྱ་སྟོང་ཕྲག་བརྒྱ་ན་བྱེ་

བའོ་བྱེ་བ་བྱེ་བ་ན་ཁོད་དོ་ཞེས་སོགས་གྲངས་ཀྱི་གནས་གཞན་བརྒྱ་ཉེར་དྲུག་གསུངས་པ་ནི་ཡང་ལོག་གི་གྲངས་ཏེ་བྱང་སེམས་དབང་ཐོབ་པའི་དབང་དུ་མཛད་དོ། །

ད་ནི་བར་དུ་ཚོགས་གསོག་པའི་བསྐལ་པའི་གྲངས་ལ་དཔྱད་ན། གསུང་རབ་ནས་མི་འདྲ་བ་མང་དུ་བྱུང་སྟེ་བསྐལ་པ་གྲངས་མེད་གསུམ་དང་བདུན་དང་བཅུ་དང་སུམ་ཅུ་རྩ་གསུམ་ལ་སོགས་པ་བཤད་ལ་བཅུ་གསུམ་དུ་བཤད་པའང་ཡོད་ཅེས་གྲག་གོ །དེ་ལ་གྲངས་མེད་གསུམ་ནི་གསུང་རབ་ཕལ་ཆེར་ལས་འབྱུང་ཞིང་གྲངས་མེད་ཀྱི་དོན་ཡང་། མཛོད་འགྲེལ་ལས། བགྲང་བ་ལས་འདས་པའི་གྲངས་མེད་མ་ཡིན་གྱི་གྲངས་ཀྱི་གནས་གཞན་དྲུག་ཅུར་ཕྱིན་པའི་གྲངས་མེད་ལ་བཞེད་ལ། གྲངས་ནི་གཅིག་བཅུ་བརྒྱ་སྟོང་ཁྲི་འབུམ་ས་ཡ་བྱེ་བ་དུང་ཕྱུར། ཐེར་འབུམ་ཐེར་འབུམ་ཆེན་པོ་ཁྲག་ཁྲིག་ཁྲག་ཁྲིག་ཆེན་པོ་རབ་བཀྲམ་རབ་བཀྲམ་ཆེན་པོ་གཏམས་གཏམས་ཆེན་པོ་དཀྲིགས་དཀྲིགས་ཆེན་པོ་མི་འཁྲུགས་མི་འཁྲུགས་ཆེན་པོ་ཁྲུད་ཕྱིན་ཁྲུད་ཕྱིན་ཆེན་པོ་པང་རྟེན་པང་རྟེན་ཆེན་པོ་དེད་འདྲེན་དེད་འདྲེན་ཆེན་པོ་མཐའ་སྣང་མཐའ་སྣང་ཆེན་པོ་རྒྱུ་རིག་རྒྱུ་རིག་ཆེན་པོ་དབང་པོ་དབང་པོ་ཆེན་པ་འོད་མཛེས་འོད་མཛེས་ཆེན་པོ་ལེགས་བྱིན་ལེགས་བྱིན་ཆེན་པོ་སྟོབས་འགྲོ་སྟོབས་འགྲོ་ཆེན་པོ་བྱིང་རྡུལ་བྱིང་རྡུལ་ཆེན་པོ་རྒྱ་རྟགས་རྒྱ་རྟགས་ཆེན་པོ་སྟོབས་འཁོར་སྟོབས་འཁོར་ཆེན་པོ་བརྡ་ཤེས་བརྡ་ཤེས་ཆེན་པོ་རྣམ་འབྱུང་རྣམ་འབྱུང་ཆེན་པོ་སྟོབས་མིག་སྟོབས་མིག་ཆེན་པོ་གྲངས་མེད་པ་སྟེ་བར་ནས་གྲངས་ཀྱི་གནས་གཞན་བརྒྱད་ཆད་ཅེས་བཤད་དོ། །བྱང་ཆུབ་སེམས་དཔའི་ས་ལས་བསྐལ་པ་ཆེན་པོ་གྲངས་མེད་པ་བགྲང་བའི་ཚུལ་གཉིས་ཏེ། བསྐལ་པ་ཆེན་པོ་རེ་རེ་ལའང་ལོ་དང་ཟླ་བ་དང་སྐད་ཅིག་ལ་སོགས་པ་གྲངས་མེད་པ་ཞེས་བྱ་བ་དང་། བསྐལ་པ་ཆེན་པོ་བགྲང་བ་ལས་འདས་པའི་གྲངས་མེད་པ་ལ་བསྐལ་པ་ཆེན་པོ་གྲངས་མེད་པ་ཞེས་བྱ་བ་གཉིས་ལས། འཚང་རྒྱ་བ་ལ་གྲངས་མེད་མང་པོ་དགོས་པར་བཤད་པ་ལྟར་ན་གྲངས་མེད་དང་པོ་བཟུང་ལ། གྲངས་མེད་གསུམ་གྱིས་ཚོག་པ་ལྟར་ན་གྲངས་མེད་ཀྱི་ལུགས་ཕྱི་མ་འཛིན་པར་བཞེད་དོ༑ ༑འདི་ལྟར་བྱས་ནས་མདོ་དག་ལས་བསྐལ་པ་ཆེན་པོ་གང་གཱའི་ཀླུང་གི་བྱེ་མ་སྙེད་ལས་འདས་པ་ཞེས་པ་དང་མཐུན་པར་སྣང་ངོ་། །བརྒྱད་སྟོང་འགྲེལ་པར་གྲངས་མེད་གསུམ་དུ་བཤད་པ་དགོངས་པ་ཅན་ཡིན་གྱི་ངེས་དོན་དུ་གྲངས་མེད་སུམ་ཅུ་རྩ་གསུམ་དུ་བཞེད་དེ་ཧི་སྐད་དུ་བསྐལ་པ་གྲངས་མེད་པ་དང་པོས་ནི་ཚོགས་ཀྱི་ས་ནས་བརྩམས་ཏེ་ས་དང་པོའི་བར་དུ་རྫོགས་པར་འགྱུར་རོ། །གཉིས་པས་ནི་དྲི་མ་མེད་པའི་ས་ནས་བཟུང་སྟེ་ས་བདུན་པའི་བར་དུའོ། །ཡང་བསྐལ་པ་གྲངས་མེད་པ་གསུམ་པས་ནི་ས་མི་གཡོ་བ་ནས་བཟུང་ནས་སངས་རྒྱས་ཀྱི་སའི་བར་དུའོ། །དེ་ལྟར་བསྐལ་པ་གྲངས་མེད་པ་གསུམ་གྱིས་སངས་རྒྱས་ཉིད་ཐོབ་པར་འགྱུར་བ་ཡིན་པས

ན་སྣྲ་ཧེ་བཞིན་པ་ཉིད་ཀྱི་མདོ་དང་འགལ་ལོ་ཞེ་ན། མཚན་དུ་མཚུངས་པས་ན་བསྐལ་པ་གྲངས་མེད་པ་གསུམ་གྱིས་ཞེས་གསུངས་པ་ཡིན་གྱིས་དོན་དམ་པར་ནི་མ་ཡིན་ནོ། །དེས་ན་དེ་ལྟར་དྲང་བའི་དོན་གྱི་མདོ་བཤད་པ་ནི་ཤིན་ཏུ་འགལ་བ་ཁོ་ནའོ། །འདི་ལྟར་དབྱིག་གཉེན་གྱི་ཞལ་སྔ་ནས་ཀྱིས། ཚོགས་ཀྱི་ས་ཀུན་ཏུ་རྫོགས་པར་བྱེད་པ་ལ་བསྐལ་པ་གྲངས་མེད་པ་གཅིག་འདའ་བར་བྱེད་དོ། །དེའི་འོག་ཏུ་མོས་པས་སྤྱོད་པའི་ས་རྫོགས་པར་བྱེད་པ་ན་བསྐལ་པ་གྲངས་མེད་པ་གཉིས་འདའ་བར་བྱེད་དོ། །དེའི་འོག་ཏུ་ས་རབ་ཏུ་འགའ་བ་ནས་བརྩམས་ཏེ་བྱང་ཆུབ་སེམས་དཔའི་ས་ཆོས་ཀྱི་སྤྲིན་གྱི་བར་ལ་སོ་སོར་བསྐལ་པ་གྲངས་མེད་གསུམ་གསུམ་གྱིས་བྱང་ཆུབ་སེམས་དཔའི་ས་རྫོགས་པར་བྱས་ནས་སངས་རྒྱས་ཀྱི་ས་ཀུན་ཏུ་འོད་སྒྲུབ་པར་བྱེད་པ་ཡིན་ཏེ། དེ་ལྟར་ན་བསྐལ་པ་གྲངས་མེད་པ་སུམ་ཅུ་རྩ་གསུམ་གྱིས་སངས་རྒྱས་ཉིད་ཐོབ་པ་ཡིན་ནོ་ཞེས་བཤད་དོ་ཞེས་སོ། །རྒྱ་ཆེ་རོལ་པར། བསྐལ་པ་གྲངས་མེད་པ་བདུན་དུ་དགེ་བའི་རྩ་བ་ཐམས་ཅད་ཡང་དག་པར་བསྒྲུབས་པ་ཞེས་བདུན་དུ་བཤད་དོ། །ཉན་ཐོས་སྡེ་པ་ཁ་ཅིག་གྲངས་མེད་བཅུར་འདོད་པར་དུལ་ལྡའི་སྡེ་པ་ཐ་དད་བསྒྲུག་པར་བཤད་དོ༑ ༑དེས་ན་ལུང་མང་པོ་སྣང་ཡང་མང་པོས་འདོད་ཅིང་གྲགས་པ་དང་། བྱམས་པས། ས་ནི་དང་པོ་ཡིན་པར་འདོད། །འདི་དེ་བསྐལ་པ་དཔག་མེད་ཀྱིས། །ཞེས་པ་དང་། གྲངས་མེད་གསུམ་ནི་རྫོགས་པ་ཡིས། །བསྒོམ་པའི་ལམ་ནི་ཚར་ཕྱིན་ཏོ། །ཞེས་པས་གྲངས་མེད་གསུམ་དུ་བཤད་པས་སོ། །དེའང་སེམས་བསྐྱེད་བྱས་མ་ཐག་གྲངས་མེད་རྫོགས་པ་ལ་མ་ལྟོས་ཏེ། དཀོན་མཆོག་སྤྲིན་ལས། རིགས་ཀྱི་བུ་དེ་བཞིན་གཤེགས་པ་ནི་བསྐལ་པ་གྲངས་མེད་པ་དུ་མས་ཡང་དག་པར་གྲུབ་པ་ཡིན་ཏེ། རིགས་ཀྱི་བུ་དེ་བཞིན་གཤེགས་པ་ནི་དཔག་པ་དང་བསམ་པ་དང་བརྟག་པར་མི་ནུས་སོ། །བྱང་ཆུབ་སེམས་དཔའ་སྒྲིབ་པ་ཐམས་ཅད་རྣམ་པར་སེལ་བས་གསོལ་པ༑ བཅོམ་ལྡན་འདས་བསྐལ་པ་གྲངས་མ་མཆིས་པ་གསུམ་གྱིས་དེ་བཞིན་གཤེགས་པ་རྣམས་ཡང་དག་པར་འགྲུབ་པ་མ་ལགས་སམ། བཅོམ་ལྡན་འདས་ཀྱིས་བཀའ་སྩལ་པ། རིགས་ཀྱི་བུ་དེ་ཅིའི་ཕྱིར་ཞེ་ན། བྱང་ཆུབ་སེམས་དཔའ་དེ་བཞིན་གཤེགས་པའི་ཡུལ་བསྒྲུབ་པར་བྱ་བ་ནི་བསམ་གྱིས་མི་ཁྱབ་སྟེ། དེ་ནི་བསྐལ་པ་གྲངས་མེད་པ་གསུམ་གྱིས་ཡང་དག་པར་སྒྲུབ་པར་མི་ནུས་ཀྱི་ནམ་བྱང་ཆུབ་སེམས་དཔའ་ཆོས་མཉམ་པ་ཉིད་དུ་ཞུགས་པར་གྱུར་པ་དེའི་ཚེ་ནས་བརྩམས་ཏེ་བསྐལ་པ་བགྲང་བར་བྱའི་ཐོག་མའི་སེམས་ནས་བརྩམས་ཏེ་དེ་ནི་མ་ཡིན་ནོ་ཞེས་གསུངས་སོ། །

དེས་ན་ཐེག་བསྡུས་ལས། བཟང་དང་སྨོན་པའི་སྟོབས་ཅན་དང་། །སེམས་བརྟན་ཁྱད་པར་འགྲོ་བ་ཡིས། །བྱང་ཆུབ་སེམས་དཔའ་གྲངས་མེད་གསུམ། །ཀུན་ཏུ་རྫོམ་པར་མཛད་པ་ཡིན། །ཞེས་པའི་འགྲེལ་པར།

བཟང་པོ་ནང་དགེ་བ་སྟེ་དེ་སྟོབས་དང་ལྡན་པར་གྱུར་པ་ནི་བཟང་པོའི་སྟོབས་ཅན་ཏེ་དེ་ལ་དེ་ཡོད་པའི་ཕྱིར་རོ། །སྨོན་པ་ནི་འདིར་སྨོན་ལམ་དུ་འདོད་དེ་དེ་ལ་དེ་ཡོད་པས་སྨོན་ལམ་གྱི་སྟོབས་ཅན། དེ་ལ་དགེ་བའི་རྩ་བའི་སྟོབས་ཅན་ནི་མི་མཐུན་པའི་ཕྱོགས་ཀྱིས་ཟིལ་གྱིས་མི་ནོན་པའིཕྱིར་རོ། །སྨོན་ལམ་གྱི་སྟོབས་ཅན་ནི་རྟག་ཏུ་དགེ་བའི་བཤེས་གཉེན་དང་ཕྲད་པའི་ཕྱིར་རོ། །སེམས་བརྟན་པ་ཉིད་ནི་མི་དགེ་བའི་གྲོགས་པོས་མོས་པ་བཟློག་ཀྱང་བྱང་ཆུབ་ཀྱི་སེམས་ཡོངས་སུ་མི་གཏོང་བའི་ཕྱིར་རོ། །ཁྱད་པར་དུ་འགྲོ་བ་ནི་མཐོང་བའི་ཆོས་དང་ཚེ་རབས་ཕྱི་མ་ལ་དགེ་བའི་ཆོས་འཕེལ་བ་དང་ཡོངས་སུ་མི་ཉམས་པའི་ཕྱིར་རོ། །དེ་ལྟར་གང་གི་ཚེ་དགེ་བའི་རྩ་བ་དང་སྨོན་ལམ་གྱི་སྟོབས་ཅན་དང་སེམས་བརྟན་ཏེ་བར་མ་དོར་མི་བཟློག་པ་དང་ཁྱད་པར་དུ་འགྲོ་བ་སྟེ༑ ཡོན་ཏན་ཙུང་ཟད་ཀྱིས་ཆོག་པར་མི་འཛིན་པ་དེ་ནས་བརྩམས་ཏེ་གྲངས་མེད་པ་གསུམ་བརྩམས་སོ་ཞེས་སོ༑ ༑ཁ་ཅིག་ན་རེ་གྲངས་མེད་ཀྱི་མགོ་སྦྱོར་ལམ་ནས་རྩོམ་སྟེ། བྱང་ས་ལས། བསྐལ་པ་ཆེན་པོ་གྲངས་མེད་པ་དང་པོས་ནི་མོས་པས་སྤྱོད་པ་ལ་གནས་པ་ལས་ཡང་དག་པར་འདས་ནས་ས་རབ་ཏུ་དགའ་བ་ལ་གནས་པ་འཐོབ་སྟེ་ཞེས་པ་དང་། དེའི་འགྲེལ་པར། བརྩོན་འགྲུས་འབར་བ་རྒྱུན་མི་འཆད་པར་དགེ་བའི་རྩ་བ་ལ་གནས་པས་ནི་མོས་པས་སྤྱོད་པའི་ས་ནས་གྲངས་མེད་པ་ཡིན་པར་བསྟན་པའི་ཕྱིར་ཞེས་བཤད་པས་སོ་ཞེས་ཟེར་རོ། །

འདི་དཔྱད་པར་བྱ་སྟེ་མོས་པས་སྤྱོད་པའི་ས་ནས་རྩོམ་པར་བཤད་པས་སྦྱོར་ལམ་ཁོ་ན་ནས་རྩོམ་པར་མི་འགྲུབ་སྟེ། བྱང་ས་ནས་མོས་པས་སྤྱོད་པ་སེམས་དང་པོ་བསྐྱེད་པ་ཡན་ཆད་ལ་བཤད་ཅིང་། ཀུན་ལས་བཏུས་ཀྱི་འགྲེལ་པར་ཡང་། མོས་པས་སྤྱོད་པ་ཅན་གྱི་བྱང་ཆུབ་སེམས་དཔའ་ནི་རིགས་ལ་གནས་པ་ཐོག་མར་སྨོན་ལམ་ཆེན་པོ་བཏབ་པ་ནས་བཟུང་ནས། རབ་ཏུ་དགའ་བའི་ས་ལ་མ་ཞུགས་པའི་བར་དུ་སྟེ་སོ་སོ་རང་གི་འཇིག་རྟེན་ལས་འདས་པ་ཐོབ་པ་མེད་པའི་ཕྱིར་རོ་ཞེས་པས་སོ། །དེས་ན་ཚོགས་ལམ་དུ་བཟང་པོའི་སྟོབས་ཅན་ལ་སོགས་པ་ནི་གྲུབ་པ་ནས་གྲངས་མེད་རྩོམ་མོ། །ཡང་བསྡུ་བར། ཇི་ལྟར་སྐྱེ་བ་གཅིག་གིས་བླ་ན་མེད་པ་ཡང་དག་པར་རྫོགས་པའི་བྱང་ཆུབ་མངོན་པར་སྒྲུབ་ཏུ་རུང་སྟེ། དགྲ་བཅོམ་པ་ལ་ནི་རེ་ཤིག་སྐྱེ་བ་གཅིག་ཀྱང་མེད་ན་སྐྱེ་བའི་རྒྱུན་ལྟ་སྨོས་ཀྱང་ཅི་དགོས་ཤེ་ན། སླས་པ་ཚོའི་འདུ་བྱེད་བསྲིངས་ནས་མངོན་པར་སྒྲུབ་པར་བྱེད་དོ་ཞེས་བཤད་དོ། །

དབུ་མ་པ་ཆོས་ཀྱི་བཤེས་གཉེན་ནི་བྱང་ཆུབ་སེམས་དཔའི་དབང་པོ་དང་བརྩོན་འགྲུས་ལ་སོགས་པའི་དབང་གིས་གྲངས་མེད་གསུམ་གྱི་ངེས་པ་མེད་ཅེས་བཤད་དོ། །གཞན་ཡང་། གཅིག་བཅུ་བརྒྱ་སྟོང་ཁྲི་འབུམ་དང་། །ས་ཡ་བྱེ་བ་དུང་ཕྱུར་རྣམས། །རྒྱང་པ་གཅིག་ཏུ་ཤེས་པར་བྱ། །ཐེར་འབུམ་ཁྲག་ཁྲིག་རབ་

བཀྲམ་དང་། །གཏམས་དཀྱིགས་མི་འབྲུགས་ཁྱད་འཕྱིན་དང་། །སྤྱང་རྟེན་དེད་འདྲེན་མཐའ་སྣང་དང་། །རྒྱ་རིག་དབང་པོ་འོད་མཛེས་དང་། །ལེགས་བྱིན་སྟོབས་འགྲོ་བྱིང་རྫུལ་དང་། །རྒྱ་རྟགས་སྟོབས་འཁོར་བཟ་ཤེས་དང་། །རྣམ་འབྱུང་སྟོབས་མིག་ཡལ་ཡལ་དང་། །བགྲང་ཡས་ཐུག་ཡས་ཤང་ཤང་སྟེ། །རྒྱང་པ་ཉི་ཤུ་རྩ་ལྔ་ལ། །ཁྲུག་པར་སྦྱར་བས་ལྔ་བཅུར་འགྱུར། །ཐམ་གྲངས་མེད་རྒྱང་པ་ཡིན། །མདོན་པས་སིལ་བུའི་ལུང་ལས་ནི། །པཋ་ཆེན་ཤཱཀྱ་ཤྲཱི་ཡིས་རྟེད། །བཅུ་འགྱུར་དག་ཏུ་ཤེས་པར་བྱ། །གནས་གཞན་གྲངས་ཀྱི་ཡི་གེའོ། །ཞེས་བཤད། ཁ་ཅིག་གིས་ཡལ་ཡལ་སོགས་བཞིའི་ཚབ་ཏུ་ཚད་མེད་བཞི་སྦྱར་སྣང་ངོ་། །དེ་ཉིད་འཆད་པ་ནི། རྫོགས་པའི་སངས་རྒྱས་རལ་པོ་ཆེ། །རྩོད་པ་ཀུན་ལས་གྲོལ་བའི་ཆོས། །མཚན་ཉིད་ཐེག་པ་ལ་མཁས་པ་རྣམས་ཀྱིས་གྲུས་པས་བསྙེན་ཏེ། གལ་ཏེ་ཕ་རོལ་ཕྱིན་པའི་གཞུང་འདི་བཞིན་སྒྲུབ་པར་འདོད་ན་རྡོ་རྗེ་ཕག་མོའི་བྱིན་བརླབས་ཀྱི་ཐ་སྙད་མེད་ཅིང་ལྷན་སྐྱེས་དང་ལྷ་ལྕམ་ལ་སོགས་པའི་ལྷ་འདིར་མི་བསྒོམ་ལ་གཏུམ་མོ་དང་འཁྲུལ་འཁོར་ལ་སོགས་པའི་ཐབས་ལམ་དང་བྲལ་ཞིང་། ཕྱག་རྒྱ་ཆེན་པོའི་ཐ་སྙད་མེད་ལ་ཚེ་འདི་དང་ནི་བར་དོ་དང་ཕྱི་མར་འཚང་རྒྱ་བ་མཚན་ཉིད་པ་ཁོང་མི་བཞེད། འོན་ཀྱང་ཐེག་པ་ཆེན་པོ་ཡི་སྡེ་སྣོད་རྣམས་ལས་འབྱུང་བ་བཞིན། དང་པོར་བྱང་ཆུབ་མཆོག་ཏུ་སེམས་བསྐྱེད་ལ་བར་དུ་བསྐལ་པ་གྲངས་མེད་གསུམ་དུ་ཚོགས་གཉིས་གསོག གདུལ་བྱ་སེམས་ཅན་ཡོངས་སུ་སྨིན་པ་དང་སངས་རྒྱས་ཀྱི་ཞིང་རྣམས་ལེགས་པར་སྦྱོངས། ས་བཅུའི་ཐ་མར་བདུད་བཞི་བཅུལ་ནས་རྫོགས་པའི་སངས་རྒྱས་ཐོབ་པར་མདོ་ལས་གསུངས་པའི་ཕྱིར། འོ་ན་མདོ་ལས། མི་སྐྱེ་བའི་ཆོས་ལ་བཟོད་པ་ཐོབ་ནས་འདོད་ན་ཞག་བདུན་གྱིས་ཀྱང་འཚང་རྒྱ་བར་གསུངས་པ་དང་འགལ་ལོ་ཞེ་ན། དེ་ནི་བཟོད་པ་ཆེན་པོ་ཐོབ་པ་ས་བརྒྱད་པ་ཡན་ལ་དགོངས་སོ། །

བསྟན་བཤད་གཉིས་ཀྱི་ངག་དོན། མཚན་ཉིད་ཀྱི་ཐེག་པ་བཞིར་བྱས་ལ་ཆོས་ཅན། ཚེ་གཅིག་ལུས་གཅིག་ལ་འཚང་རྒྱ་བའི་ཐ་སྙད་དོན་མཐུན་མེད་དེ། འཚང་རྒྱ་བ་ལ་གྲངས་མེད་གསུམ་དགོས་པའི་ཕྱིར།

གཉིས་པ་ནི། ཕ་རོལ་ཏུ་ཕྱིན་པའི་གཞུང་འཛིན་མི་ནུས་པར། གལ་ཏེ་གསང་སྔགས་བསྒོམ་པའི་ཐབས་ཀྱིས་དུས་བཞིན་དུ་ཆེས་མྱུར་བར་སངས་རྒྱས་ཐོབ་པར་འདོད་ན་ཚུལ་འདི་ལྟར་བྱེད་དགོས་ཏེ། བླ་མ་མཚན་ཉིད་དང་ལྡན་པ་ལ་ཐོག་མར་ནོར་བ་མེད་པའི་དབང་བཞི་ལོངས། དེ་ནས་འཁྲུལ་པ་མེད་པའི་རིམ་གཉིས་སྒོམས་དབང་དང་རིམ་གཉིས་དེ་ལས་བྱུང་བའི་ཡེ་ཤེས་ཕྱག་རྒྱ་ཆེན་པོ་ནི་སྒོམས་པར་བྱ་ཞིང་། དེ་ནས་གཞི་ལམ་འབྲས་བུའི་འཁོར་འདས་བསྲེ་བའི་ཕྱིར་དུ་རྣམ་པར་དག་པའི་སྤྱོད་པ་གསུམ་རྒྱུད་ནས་གསུངས་པ་བཞིན་སྤྱད་ལ། ནང་གི་རྟེན་འབྲེལ་གྱི་ས་བཅུ་གཉིས་དང་ལམ་ལྔ་པོ་ཀུན་བགྲོད་ནས་རྡོ་རྗེ་འཛིན་པའི་ས་དགེ་བ་བཅུ

གསུམ་པ་ནི་ཐོབ་པར་འགྱུར་བའི་ཕྱིར། བཅུ་གསུམ་རྡོ་རྗེ་འཛིན་པའི་ས་ཐོབ་པའི་ཚུལ་འདི་ནི་ཆོས་ཅན། མཚན་ཉིད་ཀྱི་ཐེག་པ་ལ་མ་གྲགས་ཏེ། དུས་གསུམ་སངས་རྒྱས་ཐམས་ཅད་ཀྱི་དམ་པའི་ཆོས་ཀྱི་སྙིང་པོ་ཡིན་ཞིང་རྒྱུད་སྡེ་རྣམས་ཀྱི་གསང་ཚིག་མཆོག་འདི་ཉིད་ཡིན་པར་ཤེས་པར་བྱ་བའི་ཕྱིར། ད་ནི་འབྲས་བུའི་ས་དཔྱད་པར་བྱ་སྟེ་འདི་ལ་བྱང་ཆུབ་སེམས་དཔའི་ས་བཅུ་པ་སངས་རྒྱས་ཀྱི་སར་འདོད་པ་དགག །ཕ་རོལ་ཏུ་ཕྱིན་པའི་ས་བཅུ་གཅིག་པ་སངས་རྒྱས་མིན་པར་འདོད་པ་དགག །ས་བཅུ་གཅིག་པ་སངས་རྒྱས་ཡིན་ཡང་རྡོ་རྗེ་འཆང་དང་ཁྱད་མེད་པ་འདོད་པ་དགག་པ་དང་གསུམ་ལས། ཕྱོགས་སྔ་མ་འདི་རྣམས་ནི་ལུང་དང་རིགས་པའི་སྒོ་ནས་དགག་པ་རྒྱ་ཆེར་གསང་སྔགས་ཀྱི་སྡོམ་པའི་སྤྱི་དོན་གྱི་སྐབས་སུ་བཤད་ཟིན་ཏོ། །

འདིར་ཡང་ཅུང་ཟད་བཤད་ན་མདོ་སྔགས་ཀྱི་གདུལ་བྱའི་རིགས་ཅན་དབང་པོ་རབ་འབྲིང་རྟུལ་གསུམ་ཡོད་པ་ལས། དབང་རྟུལ་ཕར་ཕྱིན་ཐེག་པའི་རང་ལམ་གྱིས་འཚང་རྒྱ་བ་ཡང་ཡོད་ལ། དབང་འབྲིང་ཕར་ཕྱིན་ཐེག་པ་དང་གསང་སྔགས་ཀྱི་ཐེག་པ་རིམ་ཅན་དུ་འཚང་རྒྱ་བ་ཡོད་ཅིང་། དབང་རྣོན་འབྲས་བུ་གསང་སྔགས་ཀྱི་ཐེག་པས་སྐལ་ལྡན་གཅིག་ཅར་དུ་འཚང་རྒྱ་བ་ཡང་སྲིས་བུ་དམ་པའི་འཕྲིན་ཡིག་ལས་ས་པཎ་གྱིས་གསུངས། འདིར་ཡང་། ཡང་ན་ཕ་རོལ་ཕྱིན་པ་ཡི། །མདོ་སྡེ་བཞིན་དུ་ཉམས་སུ་ལོང་། །ཡང་ན་རྡོ་རྗེ་ཐེག་པ་ཡི། །རྒྱུད་སྡེ་བཞིན་དུ་ཉམས་སུ་ལོང་། །འདི་གཉིས་མིན་པའི་ཐེག་ཆེན་ནི། །སངས་རྒྱས་རྣམས་ཀྱིས་གསུངས་པ་མེད། །ཅེས་གསུངས། ཡང་ཞེས་པའི་སྒྲས་མཚན་ཉིད་དང་གསང་སྔགས་ཀྱི་སྒོ་ནས་འབྲས་བུ་སངས་རྒྱས་སྒྲུབ་པའི་ལམ་གྱི་སྲོལ་གཉིས་ཡོད་པར་ཤེས་པར་བྱའོ། །དེ་ཁོ་ན་ཉིད་གྲུབ་པ་ལས། དཔལ་བདེ་བ་ཆེན་པོ་རྡོ་རྗེ་སེམས་དཔའ་ཡི་གཞན་དག་གིས་བསྐལ་པ་གྲངས་མེད་པས་རྟོགས་པར་བྱ་བ། རྡོ་རྗེ་ཐེག་པའི་ཐབས་དང་ལྡན་པ་རྣམས་ཀྱིས་ཚེ་འདི་ཉིད་ལ་དཀའ་བ་མེད་པས་བསྒྲུབ་པར་བྱ་བ་ཞེས་རྒྱལ་སྲས་ཞི་བ་འཚོས་བཤད་པ་དང་། དགྲ་ནག་གི་རྒྱུད་ཀྱི་གླེང་གཞི་འཆད་པའི་སྐབས་ལས། བཅོམ་ལྡན་འདས་མངོན་པར་བྱང་ཆུབ་པ་མངོན་དུ་མཛད་པའི་ཚེ་བར་དུ་གཅོད་པ་རྫོམ་པའི་བདུད་རྣམས་འདུལ་བ་ན། སྐུ་དང་གསུང་དང་ཐུགས་རྡོ་རྗེ་ལས་གཤིན་རྗེའི་གཤེད་ཀྱི་ཁྲོ་བོ་སྤྲོས་ཏེ། གཤིན་རྗེའི་གཤེད་ཀྱི་དཀྱིལ་འཁོར་སྤྲུལ་ནས་བདུད་དེ་རྣམས་བཏུལ་ཞེས་གྲུབ་ཆེན་དཔལ་འཛིན་གྱིས་བཤད་པ་དང་། ལྷ་མོ་བཞི་ཞུས་ཀྱི་འགྲེལ་པ་ལས། ཡང་དག་པར་རྫོགས་པའི་སངས་རྒྱས་ནི་རྣམ་པར་སྣང་མཛད་ལ་སོགས་པ་སྟེ། གསང་བའི་རྒྱུད་རྡོ་རྗེ་ཐེག་པ་ལས་སངས་རྒྱས་པ་ནི་བླ་ན་མེད་པ་སྟེ་དེའི་གོང་ན་ཐེག་པ་གཞན་མེད་པའི་ཕྱིར་རོ། །དེ་ཡང་དག་པ་ཡང་ཡིན་ཏེ་ཐེག་པ་ཆེན་པོ་ལ་གནས་པའི་ཕྱིར་རོ། །རྣལ་འབྱོར་དང་བྱ་བ་དང་མདོ་སྡེ་ལས་སངས་རྒྱས་པ་ནི་ཐེག་པ་གོང་ན་ཡོད་པས་བླ་དང་བཅས་པའང་

ཡིན་ལ་ཡང་དག་པར་རྫོགས་པའང་ཡིན་ཏེ། ཐེག་པ་གོང་ན་ཡོད་པ་དང་ཐེག་པ་ཆེན་པོ་ལ་གནས་པའི་ཕྱིར་རོ། །ཐེག་པ་ཆུང་ངུ་ལས་སངས་རྒྱས་པ་དགྲ་བཅོམ་པ་དང་རང་སངས་རྒྱས་ནི་བླ་དང་བཅས་པའང་ཡིན་ལ་ཡང་དག་པར་རྫོགས་པའང་མ་ཡིན་ཏེ། ཐེག་པ་གོང་ན་ཡོད་པ་དང་ཐེག་པ་ཆུང་ངུ་ལ་གནས་པའི་ཕྱིར་རོ༑ ༑སངས་རྒྱས་ནི་ཡིན་ཏེ་ཉོན་མོངས་པ་ལས་སངས་པའི་ཕྱིར་དང་རྣམ་པར་གྲོལ་བའི་ཤེས་པ་བཟུ་རྒྱས་པའི་ཕྱིར་རོ་ཞེས་མཁས་པ་སྐྱི་ཏི་ཛྙཱ་ནས་བཤད་པ་དང་། སཾ་བུ་ཊའི་ཊཱི་ཀ་ཆེན་ལས། དེ་ལྟར་འགྲུབ་པའི་འབྲས་བུ་ཉིད་གང་ཡིན་ཞེ་ན། སངས་རྒྱས་ཉིད་དམ་རྡོ་རྗེ་སེམས་དཔའ་ཐོབ་པར་འགྱུར་ཞེས་སྨོས་སོ། །དེ་ལ་སངས་རྒྱས་ཉིད་ཅེས་བྱ་བ་ནི་ཉན་ཐོས་དང་རང་སངས་རྒྱས་ཀྱིས་བགྲོད་པ་བྱ་བའམ། ཕ་རོལ་ཏུ་ཕྱིན་པའི་ཐེག་པས་བགྲོད་པར་བྱ་བ་ས་བཅུ་གཅིག་པའམ་ས་བཅུ་གཉིས་པའོ། །རྡོ་རྗེ་སེམས་དཔའ་ཞེས་བྱ་བ་ནི་གསང་བ་བླ་ན་མེད་པས་ཐོབ་པར་བྱ་བ་ས་བཅུ་གསུམ་པའོ་ཞེས་བཤད་པ་དང་། གྲོལ་བའི་ཐིག་ལེ་ལས། ཅི་ཕྱིར་ཤཱཀྱ་ཐུབ་པ་ཡིས། །གྲངས་མེད་བར་དུ་ཚོགས་བསགས་ཀྱང་། །འདི་དོན་མ་རྟོགས་ན་ར་ཛར། །ཅི་ཡང་མ་ཡིན་ཏིང་འཛིན་གནས། །དེ་ཚེ་བདེ་གཤེགས་ཀུན་གྱིས་ཀྱང་། །ཐལ་སྦྱར་སློ་ཆེན་དེ་བཟློགས་ཏེ། །ནམ་མཁའི་དཀྱིལ་ལྟར་རྣམ་དག་པའི། །ཟབ་གསལ་དྲི་མེད་རབ་བསྟེན་ཏོ། །ནམ་ཕྱེད་དུས་སུ་རྒྱལ་བ་ལྟར། །དེ་ཉིད་བསྒོམས་པས་ཐོ་རངས་དུས། །སྐད་ཅིག་གཅིག་གིས་ཡང་དག་རྟོགས། །ཞེས་བཤད་པ་དང་། ཐམས་ཅད་གསང་བའི་འགྲེལ་པ་ལས། གང་ཡང་རྒྱུའི་རྣལ་འབྱོར་ཉིད་ཀྱིས་འཚང་རྒྱ་བ་ནི་ཕ་རོལ་ཏུ་ཕྱིན་པའི་ཚུལ་དང་བྱ་བའི་རྒྱུད་ལ་སོགས་པ་ལས་བཤད་པ་སྟེ་དེ་ནི་དུས་ཤིན་ཏུ་རིང་བས་འབྱུང་བ་ཡིན་ནོ། །རྣལ་འབྱོར་གྱི་རྒྱུད་རྣམས་སུ་ནི་རྒྱུ་དང་འབྲས་བུའི་སྦྱོར་བ་ལ་སོགས་པས་ཐེག་པ་ཆེན་པོ་མཐའ་དག་བསྡུས་པ་ཡིན་པའི་ཕྱིར། ཤིན་ཏུ་མྱུར་བ་ཉིད་དུ་བྱང་ཆུབ་ཐོབ་པ་ཡིན་ནོ་ཞེས་བཤད་དོ། །

ཁ་ཅིག་ལུང་འདི་དག་མཚན་ཉིད་ཀྱི་ཐེག་པ་རྐྱང་པས་སངས་རྒྱས་མི་ཐོབ་ལ། མཐར་ངེས་པར་གསང་སྔགས་ཀྱི་ཐེག་པ་ལ་བརྟེན་ནས་སངས་རྒྱས་ཐོབ་དགོས་པའི་ཤེས་བྱེད་དུ་དྲངས་སྣང་ན་ཡང་། ལུང་མཐོང་བ་ཙམ་དུ་ཟད་ཀྱི་ལུང་གི་སྐབས་མི་ཕྱེད་པར་མངོན་ནོ། །གལ་ཏེ་མཚན་ཉིད་ཀྱི་ཐེག་པ་རྐྱང་པས་རྫོགས་པའི་སངས་རྒྱས་མི་ཐོབ་ན། རང་སངས་རྒྱས་ཀྱི་ཐེག་པ་རྐྱང་པས་ཀྱང་སངས་རྒྱས་འབྲིང་པོ་མི་ཐོབ་པར་འགྱུར་རོ༑ ༑གཞན་ཡང་ཕ་རོལ་ཏུ་ཕྱིན་པའི་སངས་རྒྱས་ཀྱི་ཆོས་མ་འདྲེས་པ་བཅོ་བརྒྱད་ཀྱང་སེམས་ཅན་དང་འདྲེས་པའི་ཆོས་སུ་འགྱུར་རོ། །དེ་བཞིན་དུ་སྟོབས་བཅུ་ཡང་མ་རིག་བག་ཆགས་ཀྱིས་འཇོམས་པ་ལ་རྡོ་རྗེ་དང་མི་འདྲ་བ་ཉིད་དུ་ཐལ་ལོ། །

དེ་ཡང་འདོད་མི་ནུས་ཏེ། རྒྱུད་བླ་མ་ལས། སྟོབས་ཉིད་མ་རིག་སྒྲིབ་ལ་རྡོ་རྗེ་བཞིན། །ཞེས་བཤད་པས་སོ༑ ༑མདོ་སྡེ་གདམས་ངག་འབོགས་པའི་རྒྱལ་པོ་ལས་ཀྱང་། རྒྱ་ལ་མོས་པ་རྒྱ་ཆོས་ཀྱི། །འཁོར་ལོ་ཤིན་ཏུ་བསྐོར་བྱས་ནས། །རྡོ་རྗེ་ཐེག་པའི་ཉེ་ལམ་ཞིག །མ་འོངས་དུས་སུ་འབྱུང་བར་འགྱུར། །ཞེས་གསུངས་པ་ཡང་སངས་རྒྱས་སར་འགྲོ་བའི་ལམ་ལ་ཉེ་རིང་ཡོད་ཅེས་བྱའི་ཕར་ཕྱིན་ཐེག་པའི་ལམ་རྐྱང་པས་སངས་རྒྱས་ཀྱི་སར་མི་འགྲོ་ཞེས་ནི་མ་གསུངས་སོ། །གཏན་མི་འགྲོ་ན་ལམ་ཉེ་རིང་གི་ཁྱད་པར་ཡང་སྨོས་ཅི་ཞིག་དགོས། རྡོ་རྗེ་ཐེག་པས་སངས་རྒྱས་ཐོབ་པའི་ཚུལ་ཡང་། རྒྱུད་སྡེ་འོག་མ་གསུམ་གྱི་གསང་སྔགས་པས་ཚེ་འདི་ཉིད་ལ་བཅུ་གཅིག་ཀུན་ཏུ་འོད་ཀྱི་ས་ཐོབ་པར་འགྱུར་ལ། རྣལ་འབྱོར་ཆེན་པོའི་གསང་སྔགས་པས་ཚེ་འདི་ཉིད་ལ་བཅུ་གསུམ་རྡོ་རྗེ་འཛིན་པའི་ས་རྡོ་རྗེ་འཆང་གི་གོ་འཕང་ཉིད་ཐོབ་པར་འགྱུར་རོ། །དེ་དག་ཀྱང་ལུང་དང་སྦྱར་ན་རིམ་བཞིན། རྣམ་སྣང་མངོན་བྱང་ལས། གང་བསྐལ་པ་དུ་མར་རྩོལ་ཞིང་འབད་དེ་བྱ་དཀའ་བ་རྣམས་བརྩམས་ཀྱང་ཐོབ་པར་མི་འགྱུར་བ་དེ་བྱང་ཆུབ་སེམས་དཔའ་གསང་སྔགས་ཀྱི་སྒོ་ནས་བྱང་ཆུབ་སེམས་དཔའི་སྤྱོད་པ་སྤྱོད་པ་རྣམས་ཀྱིས་ཚེ་འདི་ཁོ་ན་ལ་ཐོབ་པར་འགྱུར་རོ་ཞེས་པ་དང་། དེའི་རྒྱུད་ཕྱི་མ་ལས་ཀྱང་། བྱང་ཆུབ་སེམས་དཔའ་གསང་སྔགས་ཀྱི་སྒོ་ནས་བྱང་ཆུབ་སེམས་དཔའི་སྤྱོད་པ་སྤྱོད་པ་རྣམས་ཀྱིས་ཚེ་འདི་ཉིད་ལ་བླ་ན་མེད་པ་ཡང་དག་པར་རྫོགས་པའི་བྱང་ཆུབ་ཏུ་མངོན་པར་རྫོགས་པར་འཚང་རྒྱ་བར་འགྱུར་རོ་ཞེས་གསུངས། དེ་བཞིན་དུ་འཇམ་དཔལ་རྩ་རྒྱུད་སོགས་ཀྱི་ལུང་ཡང་འབྲས་བུའི་སའི་སྐབས་སུ་རྒྱ་ཆེར་བཤད་ཟིན་ཏོ༑ ༑

བཤད་རྒྱུད་དགོངས་པ་ལུང་སྟོན་ལས། སངས་རྒྱས་རྣམས་ཀྱིས་གང་བསྟེན་པའི། །ས་ གྱུར་དེ་ནི་བཅུ་གསུམ་པ། །ཞེས་པ་དང་།གསང་འདུས་ལས། སངས་རྒྱས་བྱང་ཆུབ་སེམས་དཔའ་ནི། །སྔགས་ཀྱི་སྤྱོད་པ་མཆོག་སྤྱོད་པ། །ཆོས་དང་མི་འགྱུར་མཆོག་བརྙེས་རྣམས། །འདོད་པ་ཐམས་ཅད་བསྟེན་པའོ།།ཞེས་གསུངས། དེའི་འགྲེལ་པར། འདས་པའི་ཡེ་ཤེས་ཅན་རྣམས་ཀྱིས་ཀྱང་སྤྱོད་པ་འདི་ཉིད་ཀྱིས་རྡོ་རྗེ་འཆང་ཆེན་པོ་ཐོབ་བོ་ཞེས་པ་དང་། སྤྱོད་བསྡུས་སྒྲོན་མེ་ལས། དེ་བས་ན་ཁྱད་པར་གྱི་རྒྱུ་ལས་ཁྱད་པར་གྱི་འབྲས་བུ་འབྱུང་བར་འགྱུར་རོ། །དེ་བཞིན་དུ་གཟུགས་ལ་སོགས་པ་འདོད་ཡོན་ལྔའི་ཡུལ་རྣམས་ལ་ཁྱད་པར་གྱི་ལོངས་སྤྱོད་ཀྱི་དངོས་པོར་འགྱུར་བས་ཁྱད་པར་གྱི་འབྲས་བུ་ཐོབ་པར་ཤེས་པར་བྱའོ་ཞེས་པ་དང་། དེའི་འགྲེལ་པར། དེ་བས་ན་ཁྱད་པར་གྱི་རྒྱུ་ལས་ཁྱད་པར་གྱི་འབྲས་བུ་འབྱུང་བར་འགྱུར་རོ་ཞེས་པ་ནི། དངོས་པོ་གང་དང་གང་ལ་རྒྱུ་ལ་ཁྱད་པར་ཡོད་པ་དེ་ལས་འབྲས་བུ་ལ་ཁྱད་པར་འབྱུང་བར་འགྱུར་ཏེ། དཔེར་ན་ཨ་རུ་རའི་འབྲས་བུའི་ཁྱད་པར

མི་འདྲ་བ་འབྱུང་བ་བཞིན་ནོ། །དཔེ་དེ་བཞིན་དུ་གསང་སྔགས་ཀྱི་ལམ་གྱི་རིམ་པ་འདི་ལ་ཡང་གཟུགས་ལ་སོགས་པ་འདོད་ཡོན་ལྔའི་ཡུལ་རྣམས་ལ་ཁྱད་པར་གྱི་ལོངས་སྤྱོད་ཀྱི་དངོས་པོར་འགྱུར་བས་ཞེས་བྱ་བ་ནི། ཁྱད་པར་གྱི་ལོངས་སྤྱོད་ནི་དེ་ཁོ་ན་ཉིད་ཀྱི་ཏིང་ངེ་འཛིན་དང་ལྡན་པའི་སྒོ་ནས་གཟུགས་ལ་སོགས་པའི་ཡུལ་ལྔ་པོ་དེ་ལྷ་དང་སེམས་དང་སྟོང་པའི་ངོ་བོར་ཤེས་པ་ནི་ཁྱད་པར་གྱི་ལོངས་སྤྱོད་པ་རྒྱུའི་ཁྱད་པར་ཡིན་ལ། དེ་ལས་ཁྱད་པར་གྱི་འབྲས་བུ་ནི་རྡོ་རྗེ་འཆང་ཆེན་པོ་མཐར་ཐུག་གི་དབང་ཕྱུག་བརྒྱད་དམ་ཡན་ལག་བདུན་དང་ལྡན་པའི་སྐྱབ་བྱེད་ཐོབ་པར་འགྱུར་བ་ཡིན་ནོ་ཞེས་པ་དང་། གྲུབ་ཆེན་དཔལ་འཛིན་གྱིས། རིག་མའི་བརྟུལ་ཞུགས་བླ་ན་མེད། །སྨོངས་པ་གང་ཞིག་འདལ་བྱེད་ན། །དེ་ལ་མཆོག་གི་དངོས་གྲུབ་མེད། །ཅེས་པ་དང་། ཧ་རི་ཀ་པས། ཐབས་གཞན་སངས་རྒྱས་མི་རྙེད་དོ། །ཞེས་བཤད། ལུང་དེ་དག་ནི་སྔགས་ཀྱི་ཐེག་པའི་སངས་རྒྱས་ཀྱི་ལུང་སྦྱོར་ཡིན་ནོ། །

དེ་ལ་ཁ་ཅིག་མཚན་ཉིད་ཐེག་པའི་སངས་རྒྱས་ཆོས་ཅན། སངས་རྒྱས་མིན་པར་ཐལ། བདག་མེད་མའི་བསྟོད་འགྲེལ་ལས། སངས་རྒྱས་བཏགས་པར་གསུངས་པའི་ཕྱིར་ཟེར་ན། བདེ་ལ་མཚུངས་པ་དང་། དངོས་ལན་གཉིས་ལས། དང་པོ་ནི། དོན་རིག་དབང་པོའི་མངོན་སུམ་ཆོས་ཅན། དོན་རིག་མ་ཡིན་པར་ཐལ། དོན་རིག་བཏགས་པ་བར་རིགས་གཏེར་རང་འགྲེལ་ལས་གསུངས་པའི་ཕྱིར། མ་གྲུབ་ན་ཚད་འབྲས་ཀྱི་སྐབས་སུ་ལྟོས། ཡང་མི་སློབ་ལམ་ཆོས་ཅན། ལམ་མིན་པར་ཐལ། ལམ་བཏགས་པ་བར་ཐུབ་པ་དགོངས་གསལ་ལས་གསུངས་པའི་ཕྱིར། མ་གྲུབ་ན་ས་ལམ་གྱི་སྐབས་སུ་ལྟོས།

གཉིས་པ་དངོས་ལན་ནི། ཕར་ཕྱིན་ཐེག་པའི་སངས་རྒྱས་དེ་རྡོ་རྗེ་ཐེག་པའི་སངས་རྒྱས་ལ་ལྟོས་ཏེ་བཏགས་པ་ཡིན་གྱི་སངས་རྒྱས་མཚན་ཉིད་པ་མ་ཡིན་ཞེས་གསུངས། དེས་ན་དོན་རིག་དང་དོན་རིག་མཚན་ཉིད་པ་ལའང་ཁྱད་པར་ཡོད་པར་བཞེད་དོ། །གལ་ཏེ་མཚན་ཉིད་ཀྱི་སངས་རྒྱས་ཆོས་ཅན། སངས་རྒྱས་མིན་པར་ཐལ། གསང་སྔགས་ཀྱི་སངས་རྒྱས་ལ་ལྟོས་ཏེ་བཏགས་པ་བ་ཡིན་པའི་ཕྱིར་ཞེ་ན། ས་བཅུ་པའི་ཡེ་ཤེས་ཆོས་ཅན། སངས་རྒྱས་ཡིན་པར་ཐལ། འདས་པ་ས་དགུ་ལ་ལྟོས་ཏེ་སངས་རྒྱས་སུ་གསུངས་པའི་ཕྱིར། བདག་མེད་མའི་བསྟོད་འགྲེལ་གྱི་དགོངས་པ་དེ་ལྟ་མིན་ན་ལུང་གིས་ཀྱང་གནོད་དེ། རྣལ་འབྱོར་བླ་བའི་མིག་རྒྱུད་སྡེ་སྤྱི་རྣམ་ལས། མཐར་ཐུག་པ་ནི་དེ་ལས་གོང་དུ་བོགས་དབྱུང་དུ་མེད་པས་མཐར་ཐུག་པ་སྟེ་སངས་རྒྱས་ཀྱི་ཡེ་ཤེས་སོ། །དེའང་རྣམ་པ་གཉིས་ཏེ་སྤྱི་དོན་གྱི་མཐར་ཐུག་སྟེ་ཐེག་པ་ཐུན་མོང་མ་ཡིན་པ་ལ་གྲགས་པ་ས་བཅུ་གཅིག་པ་དང་། སྔགས་དོན་གྱི་མཐར་ཐུག་སྟེ་སངས་རྒྱས་ལ་གྲགས་པའི་ས་བཅུ་གཉིས་པ་དང་བཅུ་གསུམ་པའོ་

ཞེས་མི་ཐུབ་ཟླ་བའི་སྤྲུལ་པ་རྡོ་རྗེ་བཙུན་རྩེ་མོ་གསུང་། དེས་ན་ཐེག་པ་གཉིས་ཀྱི་སངས་རྒྱས་གཉིས་ཡོད་པར་གྲུབ་སྟེ། ཐེག་པ་གཉིས་ཀྱི་སངས་རྒྱས་ཀྱི་ཡེ་ཤེས་རྣམ་པ་གཉིས་ཡོད་པའི་ཕྱིར་རོ། ཁ་ཅིག་ཕར་ཕྱིན་ཐེག་པའི་སངས་རྒྱས་ཆོས་ཅན། སངས་རྒྱས་མིན་པར་ཐལ། ཁྱོད་ལས་སྤྱངས་རྟོགས་ལྷག་པའི་སངས་རྒྱས་ཡོད་པའི་ཕྱིར། དཔེར་ན་སྒྲིབ་པ་ཕྲ་བའི་ཕྲ་བ་སྤྱངས་ཤེས་བྱ་ཕྲ་བའི་ཕྲ་བ་མཁྱེན་པའི་རྡོ་རྗེ་འཆང་བཞིན་ཟེར་ན། འོ་ན་ཤེས་རབ་ཀྱི་སྟོབས་ཀྱིས་རྣམ་པར་གྲོལ་བའི་ཉན་ཐོས་དགྲ་བཅོམ་ཆོས་ཅན། ཉན་ཐོས་དགྲ་བཅོམ་མིན་པར་ཐལ། ཁྱོད་ལས་སྤྱངས་རྟོགས་ལྷག་པའི་ཉན་ཐོས་དགྲ་བཅོམ་ཡོད་པའི་ཕྱིར། དཔེར་ན་སྙོམས་འཇུག་གི་སྒྲིབ་པ་ནི་སྤྱངས་སྤྱངས་པ་གསར་ཐོབ་ཀྱི་ཤེས་བྱ་ནི་མཁྱེན་པའི་གཉིས་ཀའི་ཆ་ལས་རྣམ་པར་གྲོལ་བའི་ཉན་ཐོས་དགྲ་བཅོམ་བཞིན་ནོ། །དེ་བཞིན་དུ་ཐེག་པ་གཉིས་ཀྱི་སངས་རྒྱས་ཀྱི་ཡེ་ཤེས་གཅིག་མཐར་ཐུག་ཡིན་ན། གཅིག་ཤོས་མཐར་ཐུག་མ་ཡིན་མི་དགོས་པ་སོགས་ཤེས་པར་བྱའོ། །དེ་ལྟར་ན་དགེ་སློང་རྡོ་རྗེ་འཛིན་པས་ཉན་ཐོས་ལ་དགྲ་བཅོམ་མེད་ཅེས་སྨྲས་ན་རྩ་ལྟུང་འབྱུང་བ་ལྟར། ཕ་རོལ་ཏུ་ཕྱིན་པའི་ཐེག་པ་ཆེན་པོ་ལ་སངས་རྒྱས་མེད་ཅེས་སྨྲས་ན་ཉེས་པ་ཇི་ལྟར་འབྱུང་དཔྱད་པར་བྱའོ། །གཞན་ཡང་སངས་རྒྱས་ཀྱི་སྤྲུལ་པའི་སྐུ་ཆོས་ཅན། སངས་རྒྱས་མིན་པར་ཐལ། ཁྱོད་ཀྱི་ཡོན་ཏན་མཚན་དང་དཔེ་བྱད་ལས་ལྷག་པའི་སངས་རྒྱས་ལོངས་སྐུའི་མཚན་དཔེ་ཡོད་པའི་ཕྱིར། རྒྱུད་བླ་མ་ལས། ཆུ་དང་ནམ་མཁར་ཟླ་གཟུགས་བཞིན། །ཞེས་བཤད། དེས་ན་སངས་རྒྱས་སུ་མཚུངས་ཀྱང་ཡོན་ཏན་གྱི་ཁྱད་ཆོས་དུ་མ་ཡོད་དེ། མཛོད་ལས། སངས་རྒྱས་ཐམས་ཅད་ཚོགས་དང་ནི། །ཆོས་སྐུ་འགྲོ་བའི་དོན་སྤྱོད་པར། །མཉམ་པ་ཉིད་དེ་སྐུ་ཚེ་དང་། །རིགས་དང་སྐུ་བོངས་ཚད་ཀྱིས་མིན། །ཞེས་བཤད། ཡང་དག་སྦྱོར་བའི་རྒྱུད་ལས་ཀྱང་། གང་ཕྱིར་ཆོས་ནི་དུ་མས་ཀྱང་། །ཆུ་བོའི་རྒྱུན་ནི་རྒྱ་མཚོ་ལྟར། །ཐར་པ་ཉིད་ནི་གཅིག་པུ་ཉིད། །མང་པོ་དམིགས་པར་མི་འགྱུར་རོ། །ཞེས་གསུངས་པ་ཡང་ཐེག་པ་གཉིས་ཀྱི་སངས་རྒྱས་གཉིས་ཀྱང་འབྲས་བུ་རྫོགས་པའི་སངས་རྒྱས་སུ་གཅིག་ཅེས་བྱ་སྟེ། རྒྱ་མཚོར་འབབ་པའི་ཆུ་བོ་བཞི་ཡང་མཐར་རྒྱ་མཚོར་རོ་གཅིག་པ་བཞིན་ནོ། །ཚུལ་གསུམ་སྒྲོན་མར་རྒྱུད་ཀྱི་ལུང་དྲངས་པ་ལས། དོན་གཅིག་ན་ཡང་ཞེས་སོགས་ཀྱི་དོན་དུ་རྒྱས་པར་བཤད་ཟིན་པས་འདིར་ནི་དེ་ཙམ་ཞིག་ལས་མ་སྤྲོས་སོ། །གསུམ་པ་ནི། སེམས་ཅན་གང་ཞིག་སངས་རྒྱས་བྱེད་འདོད་ན་སེམས་ཅན་དེ་ཡིས་ཚུལ་འདི་བཞིན་སྤྱོད་པར་བྱ་སྟེ། ཡང་ན་རྒྱུ་ཕ་རོལ་ཏུ་ཕྱིན་པ་ཡི་མདོ་ལས་ཇི་ལྟར་འབྱུང་བ་བཞིན་གྱིས་ལ་ཡང་ན་འབྲས་བུ་རྡོ་རྗེ་ཐེག་པ་ཡི་རྒྱུད་སྡེ་བཞིན་དུ་ཉམས་སུ་ལོངས་ཤིག །འདི་གཉིས་མིན་པའི་ཐེག་ཆེན་ནི་སངས་རྒྱས་རྣམས་ཀྱིས་གསུངས་པ་མེད་པའི་ཕྱིར།

བཞི་པ་ནི། ད་ལྟའི་ཆོས་པ་ཕལ་ཆེ་བ་ནི་བསླབ་པ་གསུམ་པོ་མི་སྤྱོད་པས་ཕ་རོལ་ཕྱིན་པའི་ཆོས་ལུགས་མིན་ཞིང་། དབང་དང་རིམ་གཉིས་མི་ལྡན་པས་རྡོ་རྗེ་ཐེག་པའི་བསྟན་པ་མིན་ལ། འདུལ་བའི་སྡེ་སྣོད་མི་ཤེས་པས་ཉན་ཐོས་ཀྱི་ཡང་ཆོས་ལུགས་མ་ཡིན་མོད། འོན་ཀྱང་ཆོས་པར་ཁས་འཆེ་བ་ཀྱེ་མ་མཚན་ཉིད་དང་གསང་སྔགས་གང་གི་བསྟན་པར་འགྱུར་ཏེ་མི་རུང་བར་ཐལ། ཐེག་ཆེན་ལ་རྒྱུ་འབྲས་གཉིས་སུ་ཁ་ཆོན་ཆོད་པའི་ཕྱིར། ཐུབ་པ་དགོངས་གསལ་ལས་ཀྱང་། དེང་སང་བོད་འདི་ན་སྡེ་སྣོད་གསུམ་དང་མི་མཐུན་རྒྱུད་སྡེ་བཞི་དང་འགལ་བའི་ཆོས་པ་ངོ་མཚར་ཅན་དུ་བྱེད་པ་མང་དུ་འདུག་སྙིང་རས་ཅི་ཡིན་ངོ་མ་ཤེས་ཞེས་པ་དང་། དོ་གོར་བའི་ཞུས་ལན་ལས་ཀྱང་། དེ་བས་ལྟོ་ཕྱིར་ཆོས་པར་གོ །ཞེས་གསུངས།

ལྔ་པ་ནི། ཕ་རོས་བཟུང་རྒྱུ་མེད་པ་ཡི་བུ་མང་ཡང་རུས་ཅི་ཡིན་རྒྱུས་མེད་པས། རིགས་ཀྱི་ནང་དུ་ཚུད་མི་ནུས་པ་དེ་བཞིན་མདོ་རྒྱུད་ཀྱི་ཁུངས་ནས་མ་བྱུང་བའི་ཆོས་པ་བསྟན་པའི་ནང་དུ་འདུ་བ་མིན་ལ། དག་དུག་བསྲེས་པའི་སྨྲང་པོའི་གོས་ལ་ནི་མི་ཆེན་པོ་རྣམས་ཀྱི་ཆས་མི་རུང་བ་དེ་བཞིན། དཔེ་རུལ་སྣ་ཚོགས་ནས་ཐུན་ཚགས་བསྲེས་པ་ཡི་ཆོས་ཀྱི་དད་ཅན་འཚང་མི་རྒྱ་སྟེ། དཔེ་དོན་མཚུངས་པའི་ཕྱིར།

གསུམ་པ་ལ། བརྒལ་བ་དང་། ལན་གཉིས་ལས། དང་པོ་ནི། མུ་སྟེགས་བྱེད་གཅེར་བུ་པ་སོགས་ཁ་ཅིག་ནི་སངས་རྒྱས་པ་ལ་འདི་སྐད་ཟེར། སྡིག་པ་སྤོང་ཞིང་དགེ་བ་བྱེད་ན་མུ་སྟེགས་པ་ཡིན་ཡང་ཅི་ཞིག་སྐྱོན་དགེ་བ་མེད་ཅིང་སྡིག་པ་བྱེད་ན་ཆོས་པ་ཡིན་ཡང་ཅི་ཕན་ལོ། །དེ་བཞིན་བོད་འདི་ནའང་བླུན་པོ་འགའ་དད་པ་དང་ལྡན་ཞིང་སྙིང་རྗེ་ཆེ་ལ་སྦྱིན་པ་དང་ཚུལ་ཁྲིམས་བཟོད་པ་བསྒོམ། བསམ་གཏན་བསྒོམ་ཞིང་སྟོང་པ་ཉིད་རྟོགས་ན་སངས་རྒྱས་ཀྱིས་གསུངས་པའི་མདོ་རྒྱུད་རྣམས་དང་མི་མཐུན་ཡང་བསྒོམ་ཆེན་པ་དེ་ལ་སྐྱོན་མེད། དད་སོགས་དེ་མེད་ན་མདོ་རྒྱུད་དང་མཐུན་ཡང་ཅི་ཕན་ལོ། །

གཉིས་པ་ལ། མུ་སྟེགས་པ་ལ་དགེ་རྒྱུན་མེད། དབང་མ་ཐོབ་ལ་གསང་སྔགས་མེད། གསུམ་ལྡན་གྱི་རིམ་གཉིས་བསྒོམ་པར་བསྟན་པ་དང་གསུམ་ལས། དང་པོ་ནི། དེ་ཡང་བརྟག་པར་བྱ་བས་ཉོན་ཞིག་མུ་སྟེགས་བྱེད་ལ་དགེ་བ་བྱུས་ན་ཡང་བར་མ་ཡིན་གྱི་སྡོམ་པ་ལས་བྱུང་བའི་དགེ་བ་སྲིད་པ་མ་ཡིན་ཏེ། སྡོམ་པ་མེད་པ་དེའི་ཕྱིར། གཉིས་པ་ནི། དེ་བཞིན་གསང་སྔགས་ཀྱི་སྡོམ་པ་མེད་པ་དེ་ཡི་དགེ་བ་སྒྲུབ་ཀྱང་བར་མ་ཡིན་གྱི་གསང་སྔགས་ཀྱི་སྡོམ་པ་ལས་བྱུང་བའི་དགེ་བ་མིན་ཏེ། དབང་བསྐུར་མ་ཐོབ་པ་དེ་ལ་རིག་འཛིན་སྡོམ་པ་མེད་པའི་ཕྱིར། ཆོས་མངོན་པ་ལས། སྡོམ་པ་དང་སྡོམ་མིན་དུ་མ་གཏོགས་པའི་དགེ་མི་དགེ་ལ་བར་མ་དགེ་མི་དགེར་གསུངས་པ་ལྟར་རོ། །ཐ་ནའང་རིག་པའི་དབང་ལྔ་ཙམ་ཐོབ་པའི་སྡོམ་པས་བསྡུས་པའི་དགེ་བ་མ་ཡིན་

ན་གསང་སྔགས་ཐབས་ལམ་རབ་ཟབ་ཀྱང་འཚང་མི་རྒྱ་བར་ཐུབ་པས་གསུངས་ཏེ། རྡོ་རྗེ་གུར་ལས། དཀྱིལ་འཁོར་དུ་མ་ཞུགས་པ་དང་། །དབང་བསྐུར་མེད་པའི་རྣལ་འབྱོར་ལ། གང་གིས་རབ་གནས་མི་མཐོང་ཞིང་། །གང་གིས་སྦྱིན་སྲེག་མ་བྱས་ན། །འཇིག་རྟེན་འདི་དང་གཞན་དུ་ཡང་། །དེ་ལ་མཆོག་གི་དངོས་གྲུབ་མེད། །ཅེས་གསུངས་པའི་ཕྱིར།

གསུམ་པ་ནི། དབང་བསྐུར་འདི་ལ་མཁས་པ་རྣམས་གསུས་ཏེ། དབང་བསྐུར་ཐོབ་ནས་སྡོམ་པ་གསུམ་དང་ལྡན་པ་ཡི་རིམ་གཉིས་ཟབ་མོ་བསྒོམ་པའི་གནད་ཤེས་ན། སྒོམ་ཆེན་དེ་ནི་ཚེ་འདི་འམ་བར་དོ་འམ་སྐྱེ་བ་བཅུ་དྲུག་ཙུན་ཆད་ལ་སངས་རྒྱས་འགྲུབ་པར་རྫོགས་པའི་སངས་རྒྱས་ཀྱིས་གསུངས་པ་དེའི་ཕྱིར། དེ་ཡང་སཾ་བུ་ཊི་ལས། གཞན་དུ་བསྐལ་པ་བྱེ་བར་ནི། །གྲངས་མེད་པས་ནི་གང་ཐོབ་པ། །གང་གི་དམ་པའི་བདེ་བས་ཁྱོད། །སྐྱེ་བ་འདི་ར་ནི་འགྲུབ་པར་འགྱུར། །ཞེས་པ་དང་། གསང་འདུས་ལས། འདི་ཡིས་ཆོས་ཀྱི་བདག་ཉིད་ཆེ། །སྐུ་གསུམ་མི་ཕྱེད་ལས་བྱུང་བའི། །ཡེ་ཤེས་རྒྱ་མཚོས་རྣམ་བརྒྱན་པ། །ཚེ་འདི་ཉིད་ལ་འགྲུབ་པར་འགྱུར། །ཞེས་པ་དང་། ཡེ་ཤེས་ཐིག་ལེ་ལས། ཡང་ན་ལུས་ནི་སྤྱངས་མ་ཐག །བརྩོན་པ་མི་ལྡན་པས་ཀྱང་འགྲུབ། །ཅེས་པ་དང་། གསང་བའི་མཛོད་ལས། དབང་བསྐུར་ཡང་དག་སྦྱིན་ལྡན་ན། །སྐྱེ་ཞིང་སྐྱེ་བར་དབང་བསྐུར་འགྱུར། །དེ་ཡི་སྐྱེ་བ་བདུན་ལ་ནི། །མ་བསྒོམས་པར་ཡང་དངོས་གྲུབ་ཐོབ། །ཅེས་པ་དང་། རྡོ་རྗེ་རྩེ་མོ་ལས། ཕ་རོལ་ཕྱིན་ལས་བྱུང་བས་ནི། །བསྐལ་པ་གྲངས་མེད་མི་ཐོབ་པ། །གལ་ཏེ་རྣལ་འབྱོར་པ་དེ་བརྩོན། །ཚེ་འདི་ཉིད་ལ་མྱ་ངན་འདའ། །ཡང་ན་མཐོང་བ་ཙམ་གྱིས་ནི། །སྐྱེ་བ་གཅིག་ཏུ་མྱ་ངན་འདའ། །སོ་སོའི་སྐྱེ་བོས་སངས་རྒྱས་ཉིད། །གྲུབ་པར་འགྱུར་ཏེ་གཞན་དུ་མིན། །ཞེས་གསུངས། ཞིབ་པར་སྤྱི་དོན་དུ་ལྟོས།

བཞི་པ་ལ། སོ་ཐར་མ་དག་པ། སེམས་བསྐྱེད། བསྒོམ་པ། དབང་བསྐུར། བསྐྱེད་རིམ། གཏུམ་མོ། ཡེ་ཤེས། མོས་གུས། ཕྱག་ཆེན་མ་དག་པ་སངས་རྒྱས་ཀྱི་རྒྱུར་འགྱུར་བ་དགག་པ་དང་དགུ་ལས། དང་པོ་ནི། སེམས་ཅན་གང་དག་རབ་ཏུ་འབྱུང་འདོད་ན་སྡོམ་པ་བསྲུང་བའི་ཕྱིར་དུ་གུས་པས་འདུལ་བ་བཞིན་ཡོངས་ཤིག །ཚེ་འདི་འི་ལྟོ་གོས་ཙམ་ལ་དམིགས་པ་ཡི་རབ་ཏུ་བྱུང་བ་ཐུབ་པས་བཀག་ཏེ། མདོ་རྩ་ལས། ངེས་པར་འབྱུང་བ་ཚུལ་ཁྲིམས་ཀྱི་དབང་དུ་བྱས་ཏེ་ཞེས་བཤད་པའི་ཕྱིར། ལུང་ལས། མཛེས་དགའ་ནི་ལྷའི་བུ་མོའི་ཕྱིར་ཚངས་པར་སྤྱོད་པས་དགེ་སློང་རྣམས་ཀྱིས་འདི་སྤྱོངས་ཤིག་ཅེས་སྟོན་པས་བཀའ་བསྩལ་པ་ལྟ་བུའོ། །

གཉིས་པ་ནི། དེང་སང་སེམས་བསྐྱེད་བྱེད་པ་དེ་དག་ཀྱང་མདོ་བསྟན་བཅོས་ནས་བསྟན་པའི་ལུགས་བཞིན་མི་བྱེད་ཀྱི་ཐོས་ཆུང་རྣམས་ཀྱིས་མགོ་བསྐོར་ནས་སེམས་ཙམ་པའི་སེམས་བསྐྱེད་ཁྲིམ་ལ་བྱེད་པ་ཆོས

ཅན། མ་དག་པ་ཡིན་ཏེ། བླུན་པོ་དགའ་བར་བྱ་བ་ཙམ་ཡིན་པའི་ཕྱིར།

གསུམ་པ་ནི། གསང་སྔགས་བསྒོམ་པ་མང་མོད་ཀྱི་རྒྱུད་སྡེ་ནས་བཤད་པ་བཞིན་དུ་སྒྲུབ་པ་ཉུང་སྟེ། བསྒོམ་ཆེན་པ་སྤྱོད་པ་བདེ་བའི་འདུ་ཤེས་ཀྱིས་རང་བཟོར་གསང་སྔགས་སྤྱོད་པར་ཟད་པའི་ཕྱིར།

བཞི་པ་ནི། གལ་ཏེ་དབང་བསྐུར་བྱེད་ན་ཡང་སྔགས་དང་ཕྱག་རྒྱ་དང་ཏིང་ངེ་འཛིན་ལ་སོགས་པ་ཆོག་བཟང་པོའི་གཞུང་ལུགས་ཀུན་དོར་ནས། ཕག་མགོའི་དབང་བསྐུར་སོགས་གང་དག་བརྫུན་གྱིས་བསླད་པ་ལ་ངོ་མཚར་བཞིན་དུ་གུས་པས་ལེན་པ་མ་དག་སྟེ། འཁྲུལ་པའི་ཕྱིར།

ལྔ་པ་ནི། བརྒྱ་ལ་ཀྱེ་རྡོ་རྗེ་ལྟ་བུའི་ད་ལྟ་བསྐྱེད་རིམ་བསྒོམ་ན་ཡང་སྲུང་གཞི་ཕུང་པོ་སོགས་དང་སྲུང་བྱ་ཆགས་སོགས་དང་སྦྱོད་བྱེད་ལྷ་དང་དཀྱིལ་འཁོར་སོགས་ལེགས་པར་འབྱོད་པའི་ཆོ་གའི་ཡན་ལག་བཞི་པའམ་དྲུག་པ་ལྟ་བུ་ཀུན་དོར་ནས་རང་བཟོའི་ཡི་དམ་དཀྱོངས་བསྐྱེད་བསྒོམ་པར་ཟད་པར་བྱེད་པ་སོགས་འདུག་སྟེ། འཁྲུལ་པའི་ཕྱིར།

དྲུག་པ་ནི། གཏུམ་མོ་བསྒོམ་པ་ཕལ་ཆེར་ཡང་རྒྱུད་ནས་གསུངས་པའི་ནང་གི་རྟེན་འབྲེལ་ཟབ་མོ་མི་ཤེས་པར། གཅེར་བུ་པ་སོགས་མུ་སྟེགས་བྱེད་ཀྱི་གཏུམ་མོ་ལྟར་བྱེད་པ་མ་དག་སྟེ། རས་ཐུབ་ཅེས་ལུས་ཀྱི་དྲོད་ཙམ་ལ་ནི་དམིགས་པར་གོ་བའི་ཕྱིར། བདུན་པ་ནི་གཏུམ་མོ་བསྒོམས་པས་ཡེ་ཤེས་ཅུང་ཟད་སྐྱེས་ན་ཡང་བསྒོམ་དེ་དག་ཐམས་ཅད་ཆོས་ཅན། རྫོགས་པའི་སངས་རྒྱས་ཀྱི་ལམ་དུ་མི་འགྱུར་ཏེ། ལམ་འབྲས་ལྟ་བུའི་མན་ངག་མེད་པས་ཉོན་མོངས་རྣམ་རྟོག་དང་ལམ་འདྲེས་པ་འབྱེད་པའི་ཐབས་ལ་མི་མཁས་པས་སོ། །

བརྒྱད་པ་ནི། དེ་ལྟ་རས་ཐུབ་གནང་བའི་བླ་མ་ལ་ནི་མོས་ན་ཡང་གསང་སྔགས་ཀྱི་དབང་མེད་པ་དེ་འདྲའི་བླ་མ་གསང་སྔགས་པའི་རྩ་བའི་བླ་མ་དམ་པ་མིན་ཏེ། དཔོན་སློབ་གཉིས་ཀ་ལ་གསང་སྔགས་ཀྱི་སྡོམ་པ་མེད་པ་ཡིན་པའི་ཕྱིར་རོ། །དཔེར་ན་རབ་བྱུང་མ་བྱས་ན་རབ་བྱུང་གི་མཁན་པོའི་ཐ་སྙད་མེད་པ་བཞིན། དེ་བཞིན་དབང་བསྐུར་མ་ཐོབ་ན་དབང་བསྐུར་གྱི་བླ་མའི་ཐ་སྙད་མི་འཐུང་ངོ་། །རྒྱུ་མཚན་དཔེ་དོན་མཚུངས་པའི་ཕྱིར། འདུལ་བ་ལས། མཁན་པོ་མ་ཡིན་པ་ལ་མཁན་པོ་མི་བྱ་ཞེས་པ་དང་། ཐུན་མོང་མ་ཡིན་པའི་གསང་བ་ལས། གང་ལ་དབང་རབ་མཆོག་ཐོབ་པ། །དེ་ནི་བླ་མར་ཡོངས་སུ་གཟུང་། །ཞེས་སོ། །གསང་སྔགས་ཐོས་པ་མེད་པའི་བླ་མ་ལ་མོས་པ་བྱས་ཀྱང་ཚེ་འདི་ཡི་བདེ་སྐྱིད་ཕུན་ཚོགས་ཙམ་ཞིག་གམ། ཕྱི་མ་ལ་ཕན་བདེ་རིམ་གྱིས་འགྲུབ་པའི་རྒྱུ་སྲིད་ཀྱི། དེས་ནི་ཚེ་འདིའམ་བར་དོ་དང་ལ་སོགས་པ་སྐྱེ་བ་བཅུ་དྲུག་ཙུན་ཆད་ལ་སངས་རྒྱས་ཉིད་དངོས་སུ་སྟེན་མི་ནུས་སོ། །དེའི་རྒྱུ་མཚན་ཕ་རོལ་ཕྱིན་པའི་གཞུང་ལུགས་སངས་རྒྱས་ཕལ་པོ་ཆེ་

སོགས་ལས་བླ་མ་སངས་རྒྱས་ལྟ་བུ་རུ་ལྟ་བར་བྱའོ་ཞེས་གསུངས་ཏེ། འདུལ་བ་ལས་ཀྱང་། ལྡན་ཅིག་གནས་པ་དང་ཉེ་གནས་ཀྱིས་མཁན་པོ་དང་སློབ་དཔོན་ལ་སྟོན་པའི་འདུ་ཤེས་བསྐྱེད་པར་བྱའོ་ཞེས་པ་དང་། འཇམ་དཔལ་རྣམ་པར་འཕྲུལ་པ་ལས། འཇམ་དཔལ་དེ་ལྟ་བས་ན་བྱང་ཆུབ་སེམས་དཔས་དེ་བཞིན་གཤེགས་པ་ལ་བྱ་བ་དེ་བཞིན་དུ་དགེ་བའི་བཤེས་གཉེན་རྣམས་ལ་བསྙེན་པར་བྱའོ་བསྙེན་བཀུར་བྱའོ་ཞེས་གསུངས། དེ་ལྟ་མོད་ཀྱི་བླ་མ་སངས་རྒྱས་དངོས་སུ་གསུངས་པ་མེད་ཅིང་བླ་མ་སངས་རྒྱས་ཉིད་ཡིན་ཞེས་བྱ་བ་དབང་བསྐུར་ཐོབ་ནས་ཡིན་ཏེ། དབང་བསྐུར་སྡོམ་པས་དཔོན་སློབ་མ་སྦྲེལ་ན་བླ་མ་བཟང་ཡང་ཕ་རོལ་ཕྱིན་པའི་བླ་མ་ཡིན་པའི་ཕྱིར། དེས་ན་འདུལ་བ་ལྟར་རབ་བྱུང་མིན་ལ་མཁན་པོ་མེད། གསང་སྔགས་པ་ལྟར་དབང་མ་བསྐུར་བ་ལ་དབང་ཞུས་ཀྱི་བླ་མ་མེད། གཉིས་ཀ་ལྟར་སྡོམ་པ་མེད་པ་ལ་སྡོམ་པ་ལས་བྱུང་བའི་དགེ་རྒྱུན་མེད་ཅེས་བྱའི་གཞུང་འདི་སྒྲ་ཇི་བཞིན་པ་མི་འཐད་དེ། སངས་རྒྱས་ལ་དམིགས་ནས་མེ་ཏོག་ཕུལ་བ་ལྟ་བུ་ལའང་སྡོམ་པ་མེད་ཀྱང་དགེ་བ་རྒྱུན་ཆགས་ཡོད་པར་གསུངས་པའི་ཕྱིར། སངས་རྒྱས་ལྟར་སྐྱབས་འགྲོ་མེད་ན་ཆོས་པ་མིན་ཏེ། དགེ་སྦྱོང་སྡོམ་པ་མེད་པ་དང་རྒྱལ་སྲས་སེམས་བསྐྱེད་མ་ཐོབ་པ་སྔགས་པ་དབང་བསྐུར་མེད་པ་གསུམ་སངས་རྒྱས་བསྟན་པའི་ཆོམ་རྐུན་ཡིན་པའི་ཕྱིར།

དགུ་པ་ལ། རྟོག་པ་ཁ་ཆོམ་ཕྱག་ཆེན་དུ་འདོད་པ་དགག །རྟོག་པ་རྩུང་ཟད་འགགས་པ་ཕྱག་ཆེན་དུ་འདོད་པ་དགག །ཞི་གནས་ཕྲ་མོ་མཐོང་ལམ་དུ་འདོད་པ་དགག་པ་དང་གསུམ་ལས། དང་པོ་ལ། གཞན་ལུགས་ཀྱི་ཕྱག་ཆེན་ཐར་ལམ་མ་ཡིན་པ། རང་ལུགས་ཀྱི་ཕྱག་ཆེན་ཡེ་ཤེས་སུ་བསྟན། དུས་ཕྱིས་ཀྱི་ཕྱག་ཆེན་རྒྱ་ནག་པ་དང་འདྲ་བ་དང་གསུམ་ལས། དང་པོ་ནི། དེང་སང་ཕྱག་རྒྱ་ཆེན་པོ་བསྒོམ་པར་རློམ་ན་ཡང་རྟོག་པ་ཁ་ཆོམ་ཉིད་བསྒོམ་གྱི་རིམ་པ་གཉིས་ལས་བྱུང་བའི་ཡེ་ཤེས་ལ་ཕྱག་རྒྱ་ཆེན་པོར་མི་ཤེས་སོ། །དེའི་རྒྱུ་མཚན་དེང་སང་བླུན་པོའི་ཕྱག་རྒྱ་ཆེན་པོ་རྟོག་པ་ཁ་ཆོམ་བསྒོམ་པ་ཕལ་ཆེར་དུད་འགྲོའི་རྒྱུ་རུ་ཡེ་ཤེས་གྲུབ་པ་ལས་གསུངས་ཏེ། རྨོངས་པའི་བསྒོམ་པ་གང་ཡིན་པ། །རྨོངས་པས་རྨོངས་པ་ཐོབ་པར་འགྱུར། །ཞེས་པ་དང་ཏིང་ངེ་འཛིན་རྒྱལ་པོ་ལས། འཇིག་རྟེན་པ་དག་ཏིང་འཛིན་བསྒོམ་ན་ཡང་། །དེ་ཡིས་དངོས་པོར་འཛིན་པ་འཇིག་མི་ནུས། །དེ་ཡིས་ཉོན་མོངས་ཕྱིར་ཡང་རབ་ཏུ་ལྡང་། །ལྷག་དཔྱོད་ཀྱིས་ནི་ཏིང་འཛིན་འདིར་བསྒོམས་བཞིན། །ཞེས་ལྷག་དཔྱོད་ཀྱིས་ལོ་བཅུ་གཉིས་སྟོང་པ་ཉིད་ཀྱི་ཏིང་ངེ་འཛིན་ལ་མཉམ་པར་བཞག་པའི་མཐར་བྱི་ལར་སྐྱེས་པ་དཔེར་མཛད་པ་བཞིན་ནོ། །

དུད་འགྲོར་སྐྱེ་བ་མིན་ན་སེམས་སྟོང་རྐྱང་ལ་ངོ་སྤྲོད་ནས་དགེ་སྦྱོར་གང་ནུས་བྱས་ན་གཟུགས་མེད

ཁམས་སུ་སྐྱེ་ལ། ཡང་ན་མྱུར་བ་སྲིད་པ་གསུམ་གྱི་མཐར་ཉན་ཐོས་འགོག་པར་ལྟུང་སྲིད་དེ། ཆོས་རྗེ་པ་ཉིད་ཀྱིས། སྤྱིར་ཐོས་པ་ཆེ་ན་གོལ་ས་ཆུང་ཆུང་ན་གོལ་ས་ཆེ་སེམས་བག་ཆགས་ཀྱི་རྗེས་སུ་འབྲང་ན་བྱིས་པ་མ་རབས་སུ་གོལ་སེམས་ལོག་པར་ལྷུས་ན་མུ་སྟེགས་སུ་གོལ། སེམས་འགོག་པ་ཉན་ཐོས་སུ་གོལ་སེམས་གསལ་བ་སེམས་ཙམ་དུ་གོལ་སེམས་ཡན་པར་བཏང་ན་འཆལ་བར་གོལ་སེམས་སྟོང་པར་ལྷུས་ན་ཆད་པར་གོལ་སེམས་ཐེར་ཟུག་ཏུ་ལྷུས་ན་རྟག་པར་གོལ་ཞེས་གསུངས། བློ་གྲོས་རྒྱ་མཚོས་ཞུས་པའི་མདོ་ལས། བྱང་ཆུབ་སེམས་དཔའ་བསམ་གཏན་བཞི་དང་གཟུགས་མེད་པའི་སྙོམས་པར་འཇུག་པ་བཞི་བསྐྱེད་ཅིང་སྦྱབ་སྟེ། ཞི་བའི་སྙོམས་པར་འཇུག་པ་དེ་དག་ལ་གནས་ཤིང་སེམས་ཅན་སྨིན་པར་བྱེད་པ་ལ་དམིགས་ཆོས་བསྟན་པ་ལ་དམིགས་སེམས་ཅན་དང་འདྲེ་བ་ལ་དམིགས་བསོད་ནམས་ཀྱི་འདུ་བྱེད་ལ་དམིགས་མི་གཡོ་བའི་འདུ་བྱེད་ཀྱི་རོ་མྱང་གཅིག་ཕྱུར་དགའ་བ་ཐོབ་སྟེ། འདོད་པའི་ཁམས་དང་གཟུགས་ཀྱི་ཁམས་ལ་སྨོན་དུ་ཤེས་ཤིང་གཟུགས་མེད་པའི་ཁམས་ཀྱི་རོ་མྱང་བར་བྱེད་ལ། དེ་ལུས་དམན་པས་གཟུགས་མེད་པའི་ཁམས་སུ་སྐྱེ་བར་བྱེད་ཅིང་ལྷ་ཚེ་རིང་པོ་རྣམས་དང་སྐལ་བ་མཉམ་པར་སྐྱེ་སྟེ། དེར་སྐྱེས་ནས་སངས་རྒྱས་མཐོང་བ་དང་བྲལ་ཆོས་ཉན་པ་དང་བྲལ་དགེ་འདུན་ལ་བསྙེན་བཀུར་བྱེད་པ་དང་བྲལ་བར་འགྱུར། སེམས་ཅན་སྨིན་པར་བྱེད་པ་དང་དམ་པའི་ཆོས་ཡོངས་སུ་གཟུང་བ་དང་བསོད་ནམས་ཀྱི་ཚོགས་བསགས་པ་དང་བྲལ་བར་འགྱུར་ཞིང་དེའི་དབང་པོ་རྣམས་བླུན་ཞིང་རྟུལ་བའི་རང་བཞིན་ཅན་དུ་འགྱུར་རོ། །དེ་ནས་ཤི་འཕོས་ནས་གང་དང་གང་དུ་སྐྱེས་པ་དེར་དབང་པོ་རྟུལ་བའི་རྒྱུ་ཅན་དུ་འགྱུར་ཞིང་རྨུགས་པ་དང་གཉིད་ཆེ་བར་འགྱུར་བ་འདི་ནི་བསམ་གཏན་དང་ལྡན་པའི་བདུད་ཀྱི་ལྕུགས་ཀྱུ་སྟེ་ལྔ་པའོ། །བྱང་ཆུབ་སེམས་དཔའ་ཤེས་རབ་དང་ལྡན་པར་འགྱུར་ཏེ་བསོད་ནམས་ཀྱི་འདུ་བྱེད་རྣམས་ལ་དམིགས་ཐབས་དང་བྲལ་ཏེ་སྦྱིན་པ་དང་ཚུལ་ཁྲིམས་དང་བཟོད་པ་དང་བརྩོན་འགྲུས་དང་བསམ་གཏན་བརྩོན་པར་མི་བྱེད་དེ། ཤེས་རབ་ཀྱི་ཕ་རོལ་ཏུ་ཕྱིན་པ་ནི་མཆོག་ཁྱད་པར་དུ་འཕགས་པ་ཡིན་ཏེ། ཕ་རོལ་ཏུ་ཕྱིན་པ་གཞན་རྣམས་ནི་དམན་པའོ་སྙམ་ནས་སྦྱོར་བ་མེད་པ་དང་མངོན་པར་འདུ་བྱེད་པ་མེད་པ་གཉིས་ཀྱི་རོ་མྱང་བར་བྱེད་པ་འདི་ནི་ཤེས་རབ་དང་ལྡན་པའི་བདུད་ཀྱི་ལྕུགས་ཀྱུ་སྟེ་དྲུག་པའོ་ཞེས་གསུངས། གལ་ཏེ་བླུན་པོའི་ཕྱག་ཆེན་དེ་ནི་མ་གོལ་བར་བསྒོམ་ལེགས་ཀྱང་ཐེག་ཆེན་དབུ་མའི་བསྒོམ་ལས་ལྷག་པ་མེད་ཅིང་། དབུ་མའི་བསྒོམ་དེ་བཟང་མོད་ཀྱང་འབྲས་བུ་འགྲུབ་པ་ཤིན་ཏུ་དཀའ་ལ། ཇི་སྲིད་ཚོགས་གཉིས་མ་རྫོགས་པ་དེ་སྲིད་དབུ་མའི་བསྒོམ་དེ་མཐར་མི་ཕྱིན་ཏེ། དབུ་མ་པ་འདི་ཡི་ཚོགས་གཉིས་རྫོགས་པ་ལ་བསྐལ་པ་གྲངས་མེད་གསུམ་དགོས་པར་གསུངས་པའི་ཕྱིར།

གཉིས་པ་ནི། རྡོ་རྗེ་འཆང་གིས་གསུངས་པའི་རེད་ཀྱི་ཕྱག་རྒྱ་ཆེན་པོ་ནི་ཆོས་ཅན། བླུན་པོའི་ཕྱག་རྒྱ་ཆེན་པོ་དང་མི་འདྲ་སྟེ། དབང་བསྐུར་ལས་བྱུང་བའི་ཡེ་ཤེས་དང་རིམ་པ་གཉིས་ཀྱི་ཏིང་ངེ་འཛིན་ལས་བྱུང་བའི་ཡེ་ཤེས་རང་བྱུང་ལྷན་ཅིག་སྐྱེས་པ་ནི་དངོས་ཡིན་ལ། ཞུ་བདེ་ལྷན་སྐྱེས་ནི་དཔེའི་ཡེ་ཤེས་ཙམ་ཡིན་པའི་ཕྱིར། ད་ནི་ཕྱག་རྒྱ་ཆེན་པོ་ལ་མོས་ན་གསང་སྔགས་བླ་མེད་ཀྱི་གཞུང་བཞིན་བསླབས་ཏེ། ཕྱག་ཆེན་འདི་ཡི་རྟོགས་པ་གསང་སྔགས་ཀྱི་ཐབས་ལ་མཁས་ན་ཚེ་འདིར་འགྲུབ་ལ། དེ་ལས་གཞན་དུ་ཕྱག་རྒྱ་ཆེན་པོ་རྟོགས་པ་སངས་རྒྱས་ཀྱིས་མ་གསུངས་པ་དེས་ནའོ། །

གསུམ་པ་ལ་བསྟན་བཤད་གཉིས་ལས། དང་པོ་ནི། ད་ལྟའི་ཕྱག་རྒྱ་བར་གྲགས་པ་རྣམས་བསྒོམ་པའི་ཕྱག་རྒྱ་ཆེན་པོ་དང་རྒྱ་ནག་ཧ་ཤང་གི་ལུགས་ཀྱི་རྫོགས་ཆེན་ལ་ལྟ་བ་ཡས་བབ་དང་ནི་སྤྱོད་པ་མས་འཛེག་གཉིས། ཕྱག་རྒྱ་བའི་རིམ་གྱིས་པ་དང་གཅིག་ཅར་བར་མིང་འདོགས་བསྒྱུར་པ་ཙམ་མ་གཏོགས་པ་དོན་ལ་ཁྱད་པར་དབྱེ་བ་མེད་དེ། དེ་བཞི་མིང་ཐ་དད་ཀྱང་དོན་གཅིག་ཡིན་པའི་ཕྱིར།

གཉིས་པ་ལ། སྔོན་བྱུང་གི་ལོ་རྒྱུས་བཤད་པ། བོད་ཀྱི་ཕྱག་ཆེན་དེ་དང་འདྲ་བར་བསྟན་པ། དེ་གྲུབ་ཐོབ་རྣམས་ཀྱི་དགོངས་པ་དང་འགལ་བ། དབང་དང་མ་འབྲེལ་བའི་ཕྱག་ཆེན་རྒྱུད་དང་འགལ་བ། དབང་ལས་བྱུང་བའི་ཡེ་ཤེས་ཕྱག་ཆེན་དུ་བསྟན་པ་དང་ལྔ་ལས། དང་པོ་ནི། རྒྱ་ནག་པའི་ཆོས་ལུགས་འདི་འདྲ་འབྱུང་བ་ཡང་། བྱང་ཆུབ་སེམས་དཔའ་ཞི་བ་འཚོས། །རྒྱལ་པོ་ཁྲི་སྲོང་ལྡེ་བཙན་ལ། །ལུང་བསྟན་ཇི་བཞིན་ཐོག་ཏུ་བབ། །ལུང་བསྟན་དེ་ཡང་བཤད་ཀྱིས་ཉོན། །རྒྱལ་པོ་ཁྱོད་ཀྱི་བོད་ཡུལ་འདི། །སློབ་དཔོན་པདྨ་འབྱུང་གནས་ཀྱིས། །བསྟན་མ་བཙུ་གཉིས་ལ་བཏང་པས། །མུ་སྟེགས་འབྱུང་བར་མི་འགྱུར་མོད། །འོན་ཀྱང་ཉིན་མཚན་གཉིས་ཡར་ངོ་མར་ངོ་གཉིས་སོགས་རྟེན་འབྲེལ་འགའ་ཡི་རྒྱུས་ཆོས་ལུགས་དག་མ་དག་གཉིས་སུ་འགྲོ་བར་འགྱུར་ཏེ། དེའི་རྒྱུ་མཚན་ཡང་ཐོག་མར་ང་འདས་ནས་རྒྱ་ནག་དགེ་སློང་བྱུང་ནས་ནི་བྱ་བྱེད་ཀྱི་ཆོས་ཀྱིས་འཚང་མི་རྒྱ་བས། རྣམ་པར་མི་རྟོག་པ་བསྒོམས་པས་སེམས་རྟོགས་པ་འབའ་ཞིག་གིས་འཚང་རྒྱ་སྟེ། དཔེར་ན་ཁྱུང་ནམ་མཁའ་ལས་ཤིང་རྩེར་འབབ་པ་ལྟར་ལྟ་བ་ཡས་འབབ་ཀྱི་ཆོས་དཀར་པོ་ཆིག་ཐུབ་ཅེས་བྱ་བ་གཅིག་ཅར་བ་ཡི་ལམ་སྟོན་པར་འགྱུར་བའི་ཕྱིར། དེ་ཚེ་ང་ཡི་སློབ་མ་ནི་མཁས་པ་ཆེན་པོ་ཀ་མ་ལ་ཤཱི་ལ་ཞེས་བྱ་བ་རྒྱ་གར་ནས་སྤྱན་དྲོངས། སྨྲ་བཤད་ལས་བལ་པོ་ནས་ཞེས་འབྱུང་ཡང་འགལ་བ་མེད། མཁས་པ་ཆེན་པོ་དེ་ཡིས་དཀར་པོ་ཆིག་ཐུབ་དེ་སུན་འབྱིན་ཏེ། ཐོག་མར་དཔེ་མི་འཐད། ཁྱུང་ནི་མཁའ་ལས་གློ་བུར་དུ་འདབ་གཤོག་རྫོགས་པར་སྐྱེས་ནས་ཤིང་རྩེར་འབབ་བམ། བྲག་ལ་སོགས་པར་རིམ་གྱིས་འདབ་གཤོག་རྫོགས་པར་བྱས་ཏེ་འབབ།

དང་པོ་ནི་མི་སྲིད་ལ།

གཉིས་པ་ནི་གཅིག་ཅར་བའི་དཔེར་མི་རུང་ཞིང་དོན་ཡང་མི་འཐད་དེ། རྣམ་རྟོག་ཕྱོགས་གཅིག་གམ་མཐའ་དག་དགག་དགོས། དང་པོ་ལྟར་ན་གཉིད་དང་བརྒྱལ་བ་སོགས་ཀྱང་རྣམ་པར་མི་རྟོག་པ་བསྒོམ་པར་འགྱུར། གཉིས་པ་ལྟར་ན་རྣམ་པར་མི་རྟོག་པ་བསྒོམ་སྙམ་པའི་རྟོག་པ་སྔོན་དུ་གཏོང་དགོས་སམ་མི་དགོས། མི་དགོས་ན་འཁོར་བ་པ་ཐམས་ཅད་མི་རྟོག་པ་བསྒོམ་པར་འགྱུར། དགོས་ན་དེ་ཉིད་རྟོག་པ་ཡིན་ཏེ།དཔེར་ན་སྨྲ་བཅད་ལ་ཡོད་དོ་ཞེས་སྨྲས་པ་དང་རྒྱ་མཚན་མཚུངས་པའི་ཕྱིར་བྱས་པས། རྒྱ་ནག་ཧྭ་ཤང་སྤོབས་པ་མེད་པར་གྱུར་པའི་ཕྱིར། དེ་ནས་ཀ་མ་ལ་ཤཱི་ལ་དེ་ཡི་ཆོས་ལུགས་བཞིན་དད་ལྡན་རྣམས་ཀྱིས་སྤྱོད་ཅིག་གསུང་། བྱང་ཆུབ་སེམས་དཔའ་ཞི་བ་འཚོ་དེ་ཡིས་སྔ་ཡེ་ཤེས་དབང་པོ་ལ་སོགས་པར་ཇི་སྐད་གསུངས་པ་བཞིན་ཕྱི་ནས་ཐམས་ཅད་བདེན་པར་འགྱུར་ཏེ། ཀཱ་མ་ལ་ཤཱི་ལས་རྒྱ་ནག་ལུགས་ཀྱི་རྫོགས་ཆེན་གཅིག་ཅར་བ་དེ་ནུབ་པར་མཛད་ནས་ཞི་འཚོའི་རིམ་གྱིས་པ་ཡི་ཆོས་ལུགས་སྤེལ་བར་དབུ་མ་སྒོམ་རིམ་ལས་གསུངས་པའི་ཕྱིར་རོ། །སྔོན་རྒྱལ་པོ་ཁྲི་སྲོང་ལྡེ་བཙན་གྱི་དུས་སུ་རྒྱ་ནག་གི་དགེ་སློང་ཧྭ་ཤང་མ་ཧཱ་ཡ་ན་ན་རེ། ཚིག་ལ་སྙིང་པོ་མེད་ཐ་སྙད་ཀྱི་ཆོས་ཀྱིས་འཚང་མི་རྒྱ་ཟེར། དེའི་བསྟན་བཅོས་བསམ་གཏན་ཉལ་ཚོག་གི་འཁོར་ལོ་བསམ་གཏན་གྱི་ལོན་ཡང་ལོན། རིགས་པ་ལྔ་བའི་རྒྱབ་ཤར། གང་ཡིད་ལ་བྱེད་པ་ནི་མི་དགེ་བའོ་ཞེས་སོགས་ལུང་མདོ་སྡེ་བརྒྱད་ཅུ་ཁུངས་ཞེས་བྱ་བ་བརྩམས་པ་ནི། བཅོམ་ལྡན་འདས་ཀྱི་མདོ་ལས། སྒྲིགས་མ་ལྔའི་ནང་ནས་ལྔ་བའི་སྙིགས་མ་ཞེས་བྱ་བ་སྟོང་པ་ཉིད་ལ་དགའ་བ་ཡིན་པར་གསུངས་པས། བོད་ཁོ་ནར་མ་ཟད་སྙིགས་མ་ལྔ་བདོའི་སེམས་ཅན་ཐམས་ཅད་ལ་འདིའི་ཡམས་ནད་ཀྱིས་མ་གོས་པར་བྱའོ། །དེང་སང་རྒྱལ་བཞེད་དང་དབའ་བཞེད་མི་སྣང་ཞིང་། སྦ་བཞེད་དང་སྒོམ་རིམ་ཐ་མ་ལས། ཧྭ་ཤང་དགག་པའི་ཚིག་འདིར་བཤད་པ་དང་ཅུང་ཟད་མི་འདྲ་བར་སྣང་ཡང་ཆོས་ཀྱི་རྗེའི་ཞལ་མངའ་ནས་གོ་སླ་བའི་ཕྱིར་དེ་དག་གི་དོན་བསྡུས་ནས་ཐུབ་པ་དགོངས་གསལ་ལྟར་འདིར་བྲིས་པ་ཡིན་ལ་ཞིབ་པར་དེར་ལྟོས།

གཉིས་པ་ནི། ཕྱི་ནས་རྒྱལ་ཁྲིམས་ནུབ་པ་དང་རྒྱ་ནག་མཁན་པོའི་གཞུང་ལུགས་ཀྱི་ཡི་གེ་ཙམ་ལ་བརྟེན་ནས་ཀྱང་དཀར་པོ་ཆིག་ཐུབ་དང་རྫོགས་ཆེན་དེ་ཡི་མིང་འདོགས་གསང་ནས་ནི་ཕྱག་རྒྱ་ཆེན་པོར་མིང་བསྒྱུར་ནས། ད་ལྟའི་ཕྱག་རྒྱ་ཆེན་པོ་འདི་ཕལ་ཆེར་རྒྱ་ནག་ཆོས་ལུགས་ཡིན་ཏེ། ད་ལྟའི་ཕྱག་རྒྱ་པ་ན་རེ། གོལ་ས་གསུམ་དང་ཤོར་ས་བཞི། །སྤངས་ཏེ་གཉུག་མ་བསྒོམ་པར་བྱ། །ཁྲམ་ཟེ་སྐུད་པ་འཁལ་པ་བཞིན། །སོ་མ་བཅོས་ལྷུག་པར་བཞག །ཅེས་པའི་དོན་ཕྱག་རྒྱ་ཆེན་པོ་བདེ་གསལ་མི་རྟོག་པ་གསུམ་ལ་གོལ་ན་རིམ་བཞིན་

།ཁམས་གསུམ་གྱི་ལྷར་སྐྱེ་ལ། ཤོར་ས་བཞི་ནི་ཕྱག་རྒྱ་ཆེན་པོ་གཞིས་ལ་ཤོར་བ་བསྒོམ་དུ་ཤོར་བ་ལམ་དུ་ཤོར་བ་རྒྱས་འདེབས་སུ་ཤོར་བ་བཞི་སྤྲངས་ཏེ་བསྒོམ་པར་བྱ་ཞེས་པའི་དཔེ་དོན་གཉིས་ཀ་མི་འཐད་དེ། མ་བཅོས་ན་སྐྱོད་པ་དང་ཡང་འགལ་ཞིང་བསྒོམ་དུ་ཤོར་བ་ཡང་བསྒོམ་པ་དང་འགལ་བའི་ཕྱིར། ཁ་ཅིག་ཤཱཀྱ་པ་ལྟར་རྩེ་གཅིག་སྤྲོས་བྲལ་རོ་གཅིག་བསྒོམ་མེད་ཅེས་པའི་བསྒོམ་རྣལ་འབྱོར་བཞི་ལ། ཕྱག་རྒྱ་ཆེན་པོར་མིང་འདོགས་ནའང་སེམས་ཙམ་རྣམ་བརྟན་པའི་བསྒོམ་ཡིན་པའི་ཕྱིར་དང་། ཁ་ཅིག་ཡུམ་ལས། ཆོས་ཐམས་ཅད་ནམ་མཁའི་ངང་ཚུལ་ཅན་ཞེས་པ་ལ་བརྟེན་ནས། ཕྱག་རྒྱ་ཆེན་པོ་ངོ་སྤྲོད་གསུམ་པ་ཞེས་བྱ་བ་ཆོས་ཐམས་ཅད་སེམས་དང་སེམས་ནམ་མཁའ་དང་ནམ་མཁའ་སྟོང་པ་ཉིད་ལ་ངོ་སྤྲོད་པ་དང་། ཁ་ཅིག་དྲན་པ་མེད་ཅིང་ཡིད་ལ་བྱར་མེད་པ་ནི་སངས་རྒྱས་རྗེས་སུ་དྲན་པའོ་ཞེས་བྱ་བ་དང་། ཁ་ཅིག་སེམས་ལ་སེམས་མ་མཆིས་ཏེ་སེམས་ཀྱི་རང་བཞིན་ནི་འོད་གསལ་བའོ་ཞེས་བྱ་བ་གཉིས་ཕྱག་རྒྱ་ཆེན་པོར་ངོ་སྤྲོད་པ་སོགས་དཀར་པོ་ཆིག་ཐུབ་དང་དོན་འདྲ་བའི་ཕྱིར་རོ། །དེ་ལྟའི་སོགས་བརྒྱད་ཀྱི་ངག་དོན། རྒྱ་ནག་ཧྭ་ཤང་གི་རྫོགས་ཆེན་དཀར་པོ་ཆིག་ཐུབ་ཅེས་བྱ་བ་དང་ད་ལྟའི་བླུན་པོའི་ཕྱག་ཆེན་དུ་གྲགས་པ་གཉིས་ཆོས་ཅན། ཡེ་ཤེས་ཕྱག་རྒྱ་ཆེན་པོ་ཡིན་མིན་གྱི་དབྱེ་བ་མེད་དེ། དེ་མ་ཡིན་པར་དོན་གཅིག་ཀྱང་མིང་འདོགས་ཐ་དད་ཡིན་པའི་ཕྱིར། སྔོན་གྱི་དགེ་བའི་བཤེས་གཉེན་མཁས་པ་རྣམས་ན་རེ། རྒྱ་ནག་མཁན་པོས་ཆོས་མི་ཤེས་ཀྱང་ལྷས་ཅུང་ཟད་ཤེས་པ་ཞིག་སྟེ། དེང་སང་ཆོས་ཁུངས་མ་རྣམས་བོར་ཏེ་སེམས་ངོ་འཕྲོད་པས་འཚང་རྒྱ་བར་འདོད་པ་དཀར་པོ་ཆིག་ཐུབ་ཏུ་འགྲོ་བའི་རྒྱུ་མཚན་དེ་ཡིན་གསུང་།

བཀའ་ཆེམས་ཀྱི་ཡི་གེ་གཞན་ཞིག་ལས་ནི། མཁན་པོ་མ་ཡིན་པའི་ཧྭ་ཤང་གཞན་ཞིག་ཡི་ཆད་དེ་རྒྱ་ནག་ཏུ་འགྲོ་བའི་ཚེ་ལྷམ་ལས་པ་ལ་དཔགས་ནས་དེ་སྐད་ཟེར་ཞེས་ཡི་གེར་བྲིས་པའང་སྣང་ངོ་། །དེར་རྒྱ་ནག་མཁན་པོ་མགོ་ལ་མེ་སྤྲར་ནས་ནུབ་ཕྱོགས་བདེ་བ་ཅན་དུ་ཁ་བལྟས་ཏེ་ཤི །གཟིམས་མལ་བཅོ་ལྔ་རང་གི་དབང་པོ་རྫོས་བརྡུངས་ནས་ཤིབས་ཞེས་བྱ་བ་ཡང་ཐུབ་པ་དགོངས་གསལ་ལས་འབྱུང་ངོ་། །ཕྱོགས་བཅུའི་སངས་རྒྱས་ཀྱི་འཕྲིན་ཡིག་ལས། ཁ་ཅིག་དཀར་པོ་ཆིག་ཐུབ་ལ། །ཕྱག་རྒྱ་ཆེན་པོར་ངོ་སྤྲོད་བྱེད། །ཤོར་ས་བཞི་དང་གོལ་ས་གསུམ། །སྤྲངས་ལ་གཉུག་མ་བསྒོམ་པར་བྱ། །བྲམ་ཟེ་སྐྱུད་པ་འཁལ་བ་ལྟར། །སོ་མ་མ་བཅོས་ལྷུག་པར་བཞག །འདི་ལ་ཕྱག་རྒྱ་ཆེན་པོ་ཟེར། །འདི་དོན་བརྟགས་ན་འདི་ལྟར་མཐོང་། །སོ་མར་བཞག་ན་བལ་ཉིད་ཡིན། །སྐྱུད་པར་བྱས་ན་བཅོས་པར་འགྱུར། །དེ་ཕྱིར་འདི་ལ་དཔེ་སྐྱོན་ཡོད། །དོན་གྱི་སྐྱོན་ཡང་འདི་ལྟར་མཐོང་། །གོལ་ས་གསུམ་པ་བཅད་ཙམ་གྱིས། །ཕྱག་རྒྱ་ཆེན་པོར་འགྱུར་ན་ནི། །ཉན་ཐོས་འགོག་པའང་དེར

འགྱུར་རོ། །ཤོར་ས་བཞི་པོ་སྤང་སླམ་པའི། །རྣམ་རྟོག་ཕྱག་རྒྱ་ཆེན་པོ་མིན། །རྟོག་པ་མེད་ན་སྒོམ་མི་ནུས། །རྟོག་པ་མེད་ཀྱང་སྒོང་ནུས་ན། །སེམས་ཅན་ཀུན་ལ་འབད་མེད་པར། །ཕྱག་རྒྱ་ཆེན་པོ་ཅིས་མི་སྐྱེ། །དེས་ན་ཕྱག་རྒྱ་ཆེན་པོ་ཉིད། །ཡིན་ན་ཤོར་ས་གོལ་ས་མེད། །ཡོད་ན་ཕྱག་རྒྱ་ཆེན་པོ་མིན། །དེ་ཕྱིར་འདི་འདྲའི་ཆོས་ལུགས་ཀྱི། །ཕྱག་རྒྱ་ཆེན་པོ་གསུངས་པ་མེད། །དེས་ན་རྒྱུད་ལས་མ་གསུངས་པའི། །ཕྱག་རྒྱ་ཆེན་པོ་དེད་མི་འདོད། །དེ་སྐད་བདག་གིས་བསྒྲགས་པ་ལ། །རྒྱུད་སྡེ་མི་ཤེས་བདག་ལ་ཁྲོ། །ཁྲོ་བ་དེ་དང་བདག་གང་བདེན། །རྒྱལ་བ་སྲས་བཅས་དགོངས་སུ་གསོལ། །ཞེས་གསུངས། བྲམ་ཟེ་ས་ར་ཧས་བཤད་པའི་དམངས་དོ་ཧ་ཞེས་གྲགས་པ་དང་དེའི་འགྲེལ་པ་མཻ་ཏྲི་པ་དང་དམ་པ་རྒྱ་གར་གྱི་འགྲེལ་པ་ལས་ཤེས་པར་བྱའོ། །དོ་ཧ་སྐོར་གསུམ་དུ་གྲགས་ན་ཡང་གཞན་རྒྱལ་པོ་དོཧ་ཧ་དང་བཙུན་མོ་དོཧ་ཧ་གཉིས་རྫོད་པ་ཅན་དུ་བཞེད་དོ། །དེས་ན་ཕྱོགས་སྔའི་ཚིགས་རྐང་གཉིས་པོ་འདི་བྲམ་ཟེ་ཆེན་པོའི་གསུང་ལྟད་མེད་མིན་ནོ། །ཆོས་རྗེ་ཉིད་ཀྱི་ཞལ་མངའ་ནས་ཀྱང་། །སྡོམ་བརྩོན་དམ་པ་དཔལ་ལྡན་ཞི་བ་འཚོ། །བརྟུལ་ཞུགས་གྲུབ་པ་པདྨ་འབྱུང་གནས་དཔལ། །བློ་གསལ་དབང་པོ་པདྨའི་ངང་ཚུལ་སོགས། །སྙིགས་མའི་དུས་ཀྱི་རྒྱལ་བ་གཉིས་པ་ཡིན། །བདེ་བར་གཤེགས་པའི་རིང་ལུགས་བླ་ན་མེད། །ཞུ་ཆེན་བསྒྱུར་བྱེད་མཆན་བུའི་གནས་འདུག་པའི། །སྐད་གཉིས་སྨྲ་བ་བློ་གྲོས་གསལ་ལྡན་པ༑ ༑དེ་དག་བདག་ཅག་རྣམས་ཀྱི་མིག་ཏུ་གྱུར། །མི་ཡི་བདག་པོ་ཆོས་བཞིན་སྐྱོང་བ། །རྣམ་དཔྱོད་བློ་ཅན་དེས་པས་འགྲོ་བ་འདུལ། །དཔའ་འཛངས་བློན་པོའི་ཚོགས་ཀྱིས་ཡོངས་བསྐོར་ནས། །སྐྱེ་དགུ་འདི་དག་བུ་བཞིན་ལེགས་པར་བསྐྱངས། །ཞེས་བཀའ་དྲིན་རྗེས་སུ་དྲན་པའི་བསྟགས་པ་མཛད་དོ། །

གསུམ་པ་ནི། ནཱ་རོ་དང་ནི་མཻ་ཏྲི་པའི་ཕྱག་རྒྱ་ཆེན་པོ་གང་ཡིན་པ་དེ་ནི་ལས་དང་ཆོས་དང་ནི་དམ་ཚིག་གི་ཕྱག་རྒྱ་དང་ནི་ཕྱག་རྒྱ་ཆེན་པོ་ཞེས་བྱ་སྟེ། གསང་སྔགས་རྒྱུད་ནས་ཇི་སྐད་དུ་གསུངས་པ་དེ་ཉིད་ཁོང་རྣམ་གཉིས་བཞེད་དོ། །དེའི་རྒྱུ་མཚན་ལས་རྒྱ་ཆོས་རྒྱ་ཕྱག་རྒྱ་ཆེན་པོ་དམ་རྒྱ་བཞི་ལ་རིམ་བཞིན། ཨེ་ཝཾ་མ་ཡ་བཞི་དང་ས་ཆུ་མེ་རླུང་བཞི་དང་། སྤྱན་མ་མཱ་མ་ཀཱི་གོས་དཀར་མོ་སྒྲོལ་མ་བཞི་དང་། ལྟེ་བ་སྙིང་ཁ་མགྲིན་པ་སྤྱི་བོ་བདེ་ཆེན་བཞི་དང་། སྙིང་རྗེ་བྱམས་པ་དགའ་བ་བཏང་སྙོམས་བཞི་དང་། ཐབས་སྨོན་ལམ་སྟོབས་ཡེ་ཤེས་ཀྱི་ཕར་ཕྱིན་བཞི་དང་། སྣ་ཚོགས་མཁའ་འགྲོ་རྡོ་རྗེ་པདྨ་རིན་ཆེན་ལས་ཀྱི་མཁའ་འགྲོ་བཞི་དང་། སྤྲུལ་པའི་འཁོར་ལོ་སོགས་བཞི་དང་། སྦྱང་བྱ་ཕྲག་དོག་འདོད་ཆགས་ཞེ་སྡང་གཏི་མུག་བཞི་ཞེས་དཔལ་ཡང་དག་སྦྱོར་བའི་རྒྱུད་སོགས་ལས་གསུངས་པའི་ཕྱིར།

དེ་ཡང་ནཱ་རོ་ཏ་པའི་ཕྱག་རྒྱ་ཆེན་པོ་ནི། ཆོས་དྲུག་རྡོ་རྗེའི་ཚིག་རྐང་ལས། ཕྱག་རྒྱ་ཆེན་པོ་ཡེ་ཤེས

གསལ་བྱེད་ནི། །སྒོ་གསུམ་གཡོ་མེད་སྒོ་ལྔ་ཧད་དེ་བཞག །བལྟས་པས་མཐོང་མེད་སེམས་ཀྱི་མཚན་ཉིད་ལྟོས། །དམིགས་སུ་མེད་པས་མ་བཅོས་རང་སོར་བཞག ། གཞན་དུ་མ་ཆོལ་ངོ་བོ་རྟོགས་པར་གྱིས། །གཞི་ནས་མ་བཅོས་ཡེ་ནས་ལྷུན་གྲུབ་ལ། །ཐ་མལ་རང་ལུགས་ཆེན་པོར་བཞག་པ་ན། །འཕོ་འགྱུར་མེད་པ་ནམ་མཁའི་ཀློང་ཡངས་སུ། །སྐྱེ་ཤི་མེད་པ་ཆོས་སྐུའི་ལུས་ཐོབ་འགྱུར། །ཕྱི་རོལ་ཡུལ་སེམས་ཆོས་རྣམས་ཇི་སྙེད་པ༑ ༑རང་སེམས་ཡིན་ཕྱིར་གཞན་ན་གྲུབ་པ་མེད། །འཁྲུལ་རྟོག་གཉིས་འཛིན་སྣ་ཚོགས་གང་ཤར་རྣམས། །ཅིར་སྣང་གཞི་མེད་རང་སྣང་རང་དག་ལྟོས། །སེམས་ཉིད་སྐྱེ་མེད་སྟོང་པ་ཆོས་ཀྱི་སྐུ། །འགག་མེད་གསལ་དྭངས་གང་ཤར་སྤྲུལ་པའི་སྐུ། །གནས་མེད་ཟུང་འཇུག་བདེ་ཆེན་ལོངས་སྤྱོད་རྫོགས། །ཕྱག་ནི་གཉིས་མེད་ཡེ་ཤེས་དེ་ཡིས་བཟུང་། །རྒྱ་ནི་འཁོར་བའི་མདུད་པ་གྲོལ་བ་སྟེ། །ཆེན་པོ་ཟུང་འཇུག་སྒྲིན་མ་བལྟམས་པ་ལས། །གཞན་གྱིས་མ་རྟོགས་རང་གྲོལ་ཆོས་སྐུའོ། །སྒྲིབ་གཉིས་རང་དག་གཟུང་འཛིན་མཐའ་དག་གྲོལ། །འདུ་ཤེས་བློ་དང་འཁོར་འདས་ཆོས་རྣམས་ཟད། །མཁྱེན་ཚད་ཡོན་ཏན་རང་ལ་ཇི་སྙེད་རྫོགས། །བསམ་བརྗོད་བློ་འདས་སངས་རྒྱས་རང་འཁྲུངས་ཡིན། །ཞེས་པ་དང་། མཻ་ཏྲི་པའི་ཕྱག་རྒྱ་ཆེན་པོ་ཚིག་ཏུ་བསྡུས་པ་ལས། སྣང་བ་རང་གྲོལ་ཆོས་ཀྱི་དབྱིངས། །རྟོག་པ་རང་གྲོལ་ཡེ་ཤེས་ཆེ། །གཉིས་མེད་མཉམ་པ་ཆོས་ཀྱི་སྐུ། །ཆུ་བོ་ཆེན་པོའི་རྒྱུན་ལྟར་འབབ། །ཅེས་པ་དང་།

དེ་ཉིད་ཉི་ཤུ་པ་ལས། ལས་དང་དམ་ཚིག་ཕྱག་རྒྱ་གཉིས། །འཁོར་ལོ་རྫོགས་པར་བསྒོམ་པ་ཉིད། །ཐ་མའི་བྱང་ཆུབ་བསྒོམ་པ་ནི། །དག་པའི་དེ་ཉིད་ཕྱིར་ཕྱོགས་པའོ། །ཡེ་ཤེས་ཕྱག་རྒྱ་མཉམ་སྦྱོར་བས། །འཇམ་པའི་རྡོ་རྗེ་ལ་སོགས་གཙོ། །བདེན་མིན་རྫུན་མིན་རྣམ་པར་ནི། །བདག་ཉིད་བསྒོམ་པ་འབྲིང་པོའོ། །ཞེས་པ་དང་། ཐེག་ཆེན་ཉི་ཤུ་པ་ལས། ཟུང་འཇུག་གོ་འཕངས་སྤྱོད་པ་པོའི། །རྣམ་པ་ཀུན་གྱི་མཆོག་ལྡན་པ། །མཚན་ཉིད་མེད་ཅིང་འདུས་མ་བྱས། །གཉུག་མའི་སྐུ་ལ་བདག་ཕྱག་འཚལ། །ཞེས་པ་དང་། ཏཻ་ལོ་པས། ནཱ་རོ་པ་ལ་བཤད་པའི་ཕྱག་རྒྱ་ཆེན་པོ་ཆུ་བོ་གངྒཱ་མ་ལས། ལས་ནི་དང་པོ་གཙོང་རོང་ཆུ་འབབ་འདྲ། །བར་དུ་ཆུ་བོ་གངྒཱ་དལ་གྱིས་གཡོ། །ཐ་མ་ཆུ་བྲན་མང་པོ་འཕྲད་པ་འདྲ། །སྔགས་སུ་སླ་དང་ཕ་རོལ་ཕྱིན་པར་སླ། །འདུལ་བའི་སྡེ་སྣོད་ལ་སོགས་ཆོས་རྣམས་དང་། །རང་རང་གཞུང་དང་གྲུབ་པའི་མཐའ་ཡིས་ཀྱང་། །འོད་གསལ་ཕྱག་རྒྱ་ཆེན་པོ་མཐོང་མི་འགྱུར། །ཡིད་ལ་མི་བྱེད་ཞེ་འདོད་ཀུན་དང་བྲལ། །ཞེས་པ་དང་། བློ་དམན་སྐྱེ་བོ་དོན་ལ་མི་གནས་ན། །རླུང་གི་གནད་གཟུང་རིག་པ་བཅུད་ལ་བོར། །ལྟ་སྟངས་དང་ནི་སེམས་འཛིན་དུ་མ་ཡིས། །རིག་པ་ནང་དུ་མི་གནས་བར་དུ་བཅུན། །ལས་རྒྱ་བསྟེན་ནས་བདེ་སྟོང་ཡེ་ཤེས་འཆར། །ཐབས་དང་ཤེས་རབ་བྱིན

བརླབས་སློམས་པར་ཞུགས། །དལ་བར་དབབ་ཅིང་བསྐྱིལ་བཟློག་དྲངས་པ་དང་། །གནས་སུ་བསྐྱིལ་དང་ལུས་ལ་ཁྱབ་པར་བྱ། །དེ་ལ་ཞེན་མེད་བདེ་སྟོང་ཡེ་ཤེས་འཆར། །ཞེས་པ་དང་། ཧོག་ཅེ་པས། གཉིས་སུ་མེད་པའི་ཡེ་ཤེས་མཆོག །འདི་ནི་ཕྱག་རྒྱ་ཆེན་པོ་ཉིད། །ཅེས་པ་དང་། རྣལ་འབྱོར་སྐྱེས་བུར་བཤད་པ་སྟེ། །རྗེས་སུ་རྣལ་འབྱོར་རིག་པའི་མཆོག །གཉིས་བསྡུས་ཤིན་ཏུ་རྣལ་འབྱོར་ཏེ། །གཉིས་མེད་ཡེ་ཤེས་རྣལ་འབྱོར་ཆེ། །ཞེས་གསུངས། འདི་བཞི་ཡང་རིམ་བཞིན་དབང་གསུམ་པའི་ལམ་ཉམས་སུ་བླངས་པས་དེ་རིག་པའི་སྐྱེས་བུ་རྣལ་འབྱོར་ལས་ཀྱི་ཕྱག་རྒྱ་དང་། ཉམས་མྱོང་དེ་ཉིད་རྗེས་སུ་ཆེར་འཕེལ་བ་རྗེས་སུ་རྣལ་འབྱོར་ཆོས་ཀྱི་ཕྱག་རྒྱ་དང་། དེ་ལས་ཀྱང་ཤིན་ཏུ་འཕེལ་བས་ཐབས་ཤེས་དཀར་དམར་གཉིས་རྩ་དབུ་མའི་ནང་དུ་འདུས་ནས་བདེ་སྟོང་དབྱེར་མེད་རིག་པ་ཤིན་ཏུ་རྣལ་འབྱོར་དམ་ཚིག་གི་ཕྱག་རྒྱ་དང་། དེ་ནས་ཆོས་ཐམས་ཅད་གཉིས་སུ་མེད་པའི་ཡེ་ཤེས་སུ་རོ་གཅིག་པར་གྱུར་པ་རྣལ་འབྱོར་ཆེན་པོ་ཕྱག་རྒྱ་ཆེན་པོའོ། །འཕགས་པ་ཀླུ་སྒྲུབ་ཉིད་ཀྱིས་ཀྱང་། ཕྱག་རྒྱ་བཞི་བསྟན་པར་འདི་སྐད་གསུངས་ཏེ། ལས་ཀྱི་ཕྱག་རྒྱ་མི་ཤེས་པས་ཆོས་ཀྱི་ཕྱག་རྒྱའང་མི་ཤེས་ན༑ ཕྱག་རྒྱ་ཆེན་པོའི་མིང་ཙམ་ཡང་རྟོགས་པ་ཉིད་ནི་མི་སྲིད་གསུངས་པའི་ཕྱིར།

བཞི་པ་ནི། རྒྱུད་ཀྱི་རྒྱལ་པོ་གཞན་བརྟག་པ་གཉིས་པ་སོགས་དང་ནི་བསྟན་བཅོས་ཆེན་པོ་གཞན་ལས་ཀྱང་། དབང་བསྐུར་བཞི་པ་དག་དང་མ་འབྲེལ་པ་དེ་ལ་ཡེ་ཤེས་ཕྱག་རྒྱ་ཆེན་པོ་བཀག་སྟེ། ཕྱག་རྒྱ་ཆེན་པོ་མཆོག་གི་དངོས་གྲུབ་ཐོབ་པ་ནི་ཕར་ཕྱིན་པ་ལྟར་ན་མཐོང་སྤངས་ཀྱི་སྒྲིབ་པ་སྦྱངས་པ་དང་། གསང་སྔགས་པ་ལྟར་ན་རྩ་དབུ་མའི་མདུད་པ་གྲོལ་བ་ལ་ཟེར་ཏེ། གནད་དམ་པ་ནི་བླ་མའི་ཞལ་ལས་ཤེས་དགོས་པའི་ཕྱིར། དེ་ཡང་བརྟག་པ་གཉིས་པ་ལས། དེ་ནས་རྣལ་འབྱོར་མས་ཞུས་པ། །ཕྱག་རྒྱ་ཆེན་པོ་ཇི་ལྟ་བུ། །ཀུན་རྫོབ་རྣམ་པའི་གཟུགས་ཀྱིས་ནི། །བདེ་བ་སྒྲིན་པས་བཤད་དུ་གསོལ། །ཞེས་པ་དང་། གཞན་གྱིས་བརྗོད་མིན་ལྷན་ཅིག་སྐྱེས། །གང་དུ་ཡང་ནི་མི་རྙེད་དེ། །བླ་མའི་དུས་ཐབས་བསྟེན་པ་དང་། །བདག་གི་བསོད་ནམས་ལས་ཤེས་བྱ༑ ༑ཞེས་པ་དང་། སམ་བུ་ཊ་ལས། ནང་གི་དབྱེ་བ་འདི་ཉིད་ནི། །བླ་མའི་ཞལ་ལས་རྙེད་པར་འགྱུར། །ཞེས་པ་དང་། གསང་བ་མཛོད་ཀྱི་མདོ་ལས་ཀྱང་། རྡོ་རྗེ་སེམས་དཔའ་ཉོན་ཅིག་དང་། གསང་སྔགས་ཀྱི་ཐེག་པ་མཆོག་གི་དབང་བསྐུར་གསང་བ་ཆེན་པོ་འདིས་སངས་རྒྱས་ཐོབ་པར་ནུས་ཀྱི། ཐེག་པ་གཞན་གྱིས་ནི་བསྐལ་པ་བྱེ་བས་ཀྱང་སངས་རྒྱས་ཐོབ་པར་མི་འགྱུར་རོ་ཞེས་པ་དང་། ཡེ་ཤེས་གྲུབ་པ་ལས། རྟོག་པ་ཐམས་ཅད་རྣམ་སྤྱངས་པའི། །ཡེ་ཤེས་མཆོག་བཟང་ཐོབ་པ་ཡི། །རྡོ་རྗེ་ཡེ་ཤེས་དབང་བསྐུར་བས། །དངོས་གྲུབ་མཆོག་ནི་བསྒྲུབ་པ་བྱ། །ཞེས་པ་དང་། སློབ་དཔོན་ཨཙྪ་དེ་བས། དེ་ནི་དཔེ་ཡིས་ཉེར་མཚོན་ནས། །བླ་མའི་ཞལ་གྱི་དྲིན་

གྱིས་སོ། །ཞེས་པ་དང་། ཐབས་དང་ཤེས་རབ་རྣམ་པར་གཏན་ལ་དབབ་པ་གྲུབ་པ་ལས། བདེ་གཤེགས་གནས་ཀྱི་དཀྱིལ་འཁོར་དུ། །རྒྱུད་ཀྱི་ལམ་གྱི་རྗེས་འབྲངས་ནས། །མཁས་པ་གང་ཆེ་དབང་བསྐུར་ན། །སངས་རྒྱས་ཐམས་ཅད་མངོན་སུམ་ཡིན། །དཔག་མེད་འཇིག་རྟེན་ཁམས་དབང་ཕྱུག །བདག་བྱིན་བརླབས་པའི་རིམ་ཐོབ་པ། །ཞེས་གསུངས།

བསྟན་བཅོས་ཆེན་པོ་དེ་ཡང་གང་ཞེ་ན། གྲུབ་པ་སྡེ་བདུན་དང་སྙིང་པོ་སྐོར་དྲུག་ཏུ་གྲགས་པའོ། །དང་པོ་ནི། ཨིནྡྲ་བྷཱུ་ཏིས་མཛད་པའི་ཡེ་ཤེས་གྲུབ་པ་དང་ཡན་ལག་མེད་པའི་རྡོ་རྗེས་མཛད་པའི་ཐབས་ཤེས་གྲུབ་པ་དང་། པདྨ་བཛྲའི་གསང་བ་གྲུབ་པ་དང་ཧཱུཾ་ཀྲི་པའི་ལྷན་ཅིག་སྐྱེས་པ་གྲུབ་པ་དང་དཔལ་ཆེན་མོའི་གཉིས་མེད་གྲུབ་པ་དང་། ཌཱ་རི་ཀ་པའི་གསང་བའི་དེ་ཁོ་ན་ཉིད་གྲུབ་པ་དང་རྣལ་འབྱོར་མ་ཙི་ཏིས་མཛད་པའི་དངོས་པོ་གསལ་བའི་དེ་ཉིད་གྲུབ་པ་དང་བདུན་ནོ། །

གཉིས་པ་ནི། བྲམ་ཟེ་ཆེན་པོའི་དོ་ཧ་མཛོད་ཀྱི་གླུ་དང་ཏོག་ཙེ་པའི་བསམ་མི་ཁྱབ་དང་ལྷན་སྐྱེས་རྡོ་རྗེའི་གནས་པ་བསྡུས་པ་དང་། ཨརྻ་དེ་བའི་སེམས་ཀྱི་སྒྲིབ་སྦྱོང་དང་དེ་བ་ཙནྡྲའི་ཤེས་རབ་ཡེ་ཤེས་གསལ་བ་དང་འཕགས་པ་ཀླུ་སྒྲུབ་ཀྱིས་མཛད་པའི་ཕྱག་རྒྱ་བཞི་པ་དང་དྲུག་གོ །ཕྱག་རྒྱ་བཞི་པ་ལས། ལས་ཀྱི་ཕྱག་རྒྱའི་ཉམས་ལེན་མི་ཤེས་པས་ཆོས་ཀྱི་ཕྱག་རྒྱ་རྒྱུད་ལ་བསྐྱེད་ཚུལ་མི་ཤེས་ལ། དེ་མ་ཤེས་ན་དམ་ཚིག་གི་ཕྱག་རྒྱའི་དོན་མི་གོ་ཞིང་ཕྱག་རྒྱ་ཆེན་པོའི་སྒྲ་དོན་ཙམ་ཡང་ལེགས་པར་མི་ཤེས་པར་གསུངས་ཏེ། དེ་རྣམས་དབང་བཞི་དང་རིམ་པ་བཞིན་སྦྱོར་བ་དང་། འབྲས་བུ་སྐུ་བཞི་དང་སྦྱོར་བ་ཡོད་ནའང་། ཕྱི་རོལ་གྱི་བུད་མེད་རྒྱུད་ནས་བཤད་པའི་མཚན་ཉིད་དང་ལྡན་པ་ལས་ཀྱི་ཕྱག་རྒྱ་ནི་དེ་ལས་བྱུང་བའི་ཡེ་ཤེས་ལ་རྒྱས་འདེབས་པ་དང་། རྡོ་རྗེ་ལུས་ཀྱི་རྩ་འཁོར་ལོ་བཞི་རྟེན་དང་བཅས་པ་ཆོས་ཀྱི་ཕྱག་རྒྱས་ནི་དེ་ལ་བརྟེན་པའི་ཡེ་ཤེས་ལ་རྒྱས་འདེབས་པ་དང་། ཁམས་བྱང་སེམས་མ་ཉམས་པའི་དམ་ཚིག་གི་ཕྱག་རྒྱས་དེའི་ཡེ་ཤེས་ལ་རྒྱས་འདེབས་པ་དང་། འབྲས་བུ་ཕྱག་རྒྱ་ཆེན་པོས་ཆོས་ཐམས་ཅད་ལ་རྒྱས་འདེབས་པ་དང་། ཡང་འཇིག་རྟེན་པའི་ལམ་གྱི་ཡེ་ཤེས་ཆོས་ཀྱི་ཕྱག་རྒྱ་ཆོས་སྐུ་ཕྱག་རྒྱ་ཆེན་པོ་གཟུགས་སྐུ་གཉིས་དམ་ཚིག་གི་ཕྱག་རྒྱ་ཞེས་བཤད། ཨ་དྷྭ་ཡ་ན་རེ། ཕྱག་རྒྱ་བཞི་པ་ཀླུ་སྒྲུབ་ཀྱིས་མཛད་པ་མིན་ཟེར་ཏེ་ཤེས་བྱེད་མི་སྣང་ངོ་། །

ལྔ་པ་ནི། དབང་བསྐུར་བཞི་པ་ལས་བྱུང་བའི་ཡེ་ཤེས་ཕྱག་རྒྱ་ཆེན་པོ་མངོན་སུམ་དུ་རྟོགས་ན་ད་གཟོད་མཚན་མ་དང་བཅས་པའི་འབད་རྩོལ་ཀུན་ལ་མི་ལྟོས་སོ། །དེའི་རྒྱུ་མཚན་མཆོག་གི་དངོས་གྲུབ་ཐོབ་པའི་ཕྱིར། ལམ་འབྲས་ལས། རྟོག་པའི་འགྲོ་བཟློག་བྱེད་ཅེས་ཏེ་འཁོར་ལོ་བསྐོར་བ་འཇིག་རྟེན་ལས་འདས་པའི་ལམ་

ཡིན་པས་སོ། །

གཉིས་པ་ལ། དགག་པ་དངོས་དང་། ཞར་ལ་དད་ཐོབ་ལ་དབང་མི་དགོས་པ་དགག །མདོ་རྒྱུད་ཀྱི་ཉན་བཤད་འགོག་པ་མི་རིགས་པ་དང་གསུམ་ལས། དང་པོ་ནི། དེང་སང་བོད་འགའ་ཞིག་བླ་མ་ཡི་མོས་གུས་ཙམ་གྱིས་སེམས་བསྒྱུར་ནས་རྟོག་པ་ཅུང་ཟད་འགགས་པ་ལ་ཕྱག་རྒྱ་ཆེན་པོའི་ངོ་སྤྲོད་བྱེད་པ་མི་འཐད་དེ། དེ་འདྲ་འདྲུད་ཀྱི་ཆོ་འཕྲུལ་ཡིན་པའང་སྲིད་ལ་ཡང་ན་སྒོམ་ཆེན་པ་ཁམས་འདུས་པ་འགའ་ལའང་འབྱུང་བའི་ཕྱིར་རོ། །དཔེར་ན་སྟོན་ཀ་རུ་འཛིན་ཞེས་བྱ་བ་ཡི། །རྫུན་བས་ཅན་གྱི་གྲུབ་ཐོབ་ཏུ་གྲགས་པ་མངའ་རིས་ལྷ་མཆོ་བྱ་བའི་འགྲམ་དུ་སྟོན་མི་ཀྲན་ཞིག་གིས་ཞྭ་དཀར་གཅིག་རྐེད་པ་གྱོན་པས་གཞན་གྱིས་མཚན་དཔེས་བརྒྱན་པར་མཐོང་བ་བྱུང་སྟེ། དེ་ནས་ཀ་རུ་འཛིན་དེ་ཡི་དགོན་པ་མཐོང་ཙམ་གྱིས་འགའ་ལ་ཏིང་འཛིན་སྐྱེས་ཞེས་ཟེར། ཕྱི་ནས་ཞྭ་དཀར་པོ་དེ་ཕུད་པས་ཀ་རུ་འཛིན་དེ་ཡི་གྲུབ་ཐོབ་ཅིག་དེ་ནས་སྔར་གྱི་ཏིང་ངེ་འཛིན་དེ་རྒྱུན་ཆད་པར་གྱུར་ཏོ། །དེ་འདྲའི་ཏིང་འཛིན་སྐྱེ་བ་ནག་པོ་རོ་ཟན་བྱ་བ་གཅིག་མཐོང་ཙམ་གྱིས་བྱུང་ཟེར་ཡང་བདུད་རིགས་ཀྱི་འབྱུང་པོ་རྣམས་ཀྱིས་བྱེད་པར་མདོ་ལས་གསུངས་ལ། སངས་རྒྱས་གསུང་བཞིན་ཏིང་འཛིན་བསྒྲུབས་པ་ཡི་བྱིན་བརླབས་ནི་སངས་རྒྱས་རྣམས་ཀྱིས་མཛད་པ་ཡིན། དེ་ཡང་ལམ་འབྲས་ལས། ཤེས་རབ་ཀྱི་ཕྱོགས་སུ་ལྷུང་བའི་ལམ་ལ་ལྷའི་བུའི་འདུད་ཡོང་བས་སད་པ་བཞིས་བསྲུང་ཞེས་པ་དང་། ཤེས་རབ་ལ་ཕྱིའི་བདུད་ལམ་གཉིས་ལྷ་གྲུབ་བརྒྱུད་བསྒྱུར་བ་འོང་ཞེས་བཤད།

གཉིས་པ་ནི། སྒོམ་ཆེན་ཁ་ཅིག་སྐྱེ་བ་སྔ་མ་ལ་སེམས་བསྐྱེད་དབང་བསྐུར་མ་བྱུས་ན་སྐྱེ་བ་འདིར་ཆོས་ལ་དད་པ་མི་སྲིད་པས་གང་དག་ཐེག་ཆེན་ལ་དད་པ་ཐོབ་པ་དེ་དག་སྔར་སྦྱངས་པ་ཡིན་པས་ན་ད་ལྟ་དབང་བསྐུར་མི་དགོས་ཟེར་རོ། །འོན་སོ་སོར་ཐར་པ་ཡི་སྡོམ་པ་དག་ལ་དེ་ལྟ་མོས་པ་ཡང་ཆོས་ཅན། ད་ལྟ་རབ་ཏུ་དབྱུང་ཅི་དགོས་ཏེ་མི་དགོས་པར་ཐལ། སྔ་མའི་སྡོམ་པ་ཡོད་པའི་ཕྱིར། ད་ལྟ་བྱང་ཆུབ་སེམས་དཔའི་སེམས་བསྐྱེད་ཀྱང་ཆོས་ཅན། ད་ལྟ་སེམས་བསྐྱེད་བྱ་མི་དགོས་པར་ཐལ། སྔ་མའི་སེམས་བསྐྱེད་ཡོད་པའི་ཕྱིར། གལ་ཏེ་ཁྱབ་པ་མེད་དེ་དག་དགོས་ཟེར་ན། གསང་སྔགས་ཀྱི་དབང་བསྐུར་ཡང་ནི་ཅིས་མི་དགོས་ཏེ་རྒྱུ་མཚན་མཚུངས་པའི་ཕྱིར། གསུམ་པ་ནི། སངས་རྒྱས་པའི་ཆོས་ལ་མི་དགའ་བའི་མུ་སྟེགས་བྱེད་ཀྱིས་སངས་རྒྱས་པའི་ཆོས་སྤྱངས་པ་དེ་ལ་མཚར་དུ་མི་རུང་ཡི་སངས་རྒྱས་པའི་ཆོས་ལ་བརྟེན་བཞིན་དུ། མདོ་རྒྱུད་ཉན་བཤད་འགོག་པར་བྱེད་པ་དེ་ལ་ཁོ་བོ་ངོ་མཚར་སྐྱེས་ཏེ། ཁྲེལ་བའི་ཕྱིར་རོ། །དེ་ཡང་རིགས་པ་དྲུག་ཅུ་པ་ལས། གལ་ཏེ་ཡོད་པར་སྨྲ་བ་རྣམས། །དངོས་ལ་ཞེན་པར་གནས་པ་ནི། །ལམ་དེ་ཉིད་ལ་གནས་པ་སྟེ། །དེ་ལ་ངོ་མཚར་ཅུང་ཟད་

མེད། །སངས་རྒྱས་ལམ་ལ་བརྟེན་ནས་ནི། །ཐམས་ཅད་མི་རྟག་སྒྱུ་བ་སྟེ། །ཚོང་པ་ཡིས་ནི་དངོས་པོ་ལ། །ཆགས་གནས་གང་ཡིན་དེ་སྨད་དོ། །ཞེས་བཤད།

གསུམ་པ་ལ། ཁས་བླངས་བརྗོད། དེ་དགག་པ། རང་ལ་ལུང་འགལ་སྤང་བ། དོན་བསྡུ་བ་དང་བཞི་ལས། དང་པོ་ནི། ཕྱག་རྒྱ་པ་ལ་ལ་ན་རེ། སེམས་ལ་སེམས་གནས་པའི་ཞི་གནས་ཙུང་ཟད་དང་། སྣང་སྟོང་གི་རྟོགས་པ་ཕྲ་མོ་ལ་མཐོང་ལམ་ཡིན་ཞེས་ངོ་སྤྲོད་བྱེད་ཅིང་ཁྱུང་གི་སྒོང་རྒྱ་མ་ཆག་པར་འཕུར་མི་ནུས་པ་ཇི་བཞིན་དུ་རྣལ་འབྱོར་པའི་ལུས་ཀྱི་རྒྱ་ཡིས་བཅིངས་པས་ན། ད་ལྟ་ཡོན་ཏན་མི་འབྱུང་ཡང་ལུས་རྒྱ་ཞིག་པའི་ཤི་མ་ཐག་སངས་རྒྱས་བརྒྱའི་ཞལ་མཐོང་བ་སོགས་ཡོན་ཏན་བརྒྱ་ཕྲག་བཅུ་གཉིས་ཕྱི་ནས་འབྱུང་ཞེས་ཟེར་རོ། །

གཉིས་པ་ནི། དེ་ཡང་མི་འཐད་དེ། དེ་ལྟ་ན་ལྟེབ་པར་རིགས་སོ། །གཞན་ཡང་ལུང་རིགས་གཉིས་ཀྱིས་མི་འཐད་དེ། ཐེག་པ་ཆེན་པོའི་མདོ་རྒྱུད་ལས། མཐོང་ལམ་ད་ལྟ་ཐོབ་པའི་ཡོན་ཏན་ཕྱི་ནས་འབྱུང་བ་འདི་འདྲའི་ཆོས་ལུགས་བཤད་པ་མེད་ཅིང་། ཉི་མ་དེ་རིང་ཤར་པ་ཡི་འོད་ཟེར་ནངས་པར་འབྱུང་བ་མཚར་ཏེ། ནང་འགལ་བའི་ཕྱིར། ཕྱག་རྒྱ་བ་ཁ་ཅིག་ན་རེ་ཕ་རོལ་ཕྱིན་པ་དང་གསང་སྔགས་གཉིས་ཀྱི་མཐོང་ལམ་ལ་རིམ་བཞིན་རྣམ་ཐར་སོགས་ཀྱི་རྒྱན་ཅན་དང་རྒྱན་མེད་ཡིན་ཞེས་ཟེར་རོ། །དེ་ལྟ་ཡིན་ན་ཕ་རོལ་ཕྱིན་པ་དང་གསང་སྔགས་གཉིས་ཀྱི་སངས་རྒྱས་ཀྱང་རྒྱན་ཅན་རྒྱན་མེད་གཉིས་སུ་འགྱུར། ཁས་ལེན་རྟགས། ཉན་ཐོས་རྣམས་ཀྱི་དགྲ་བཅོམ་བསམ་གཏན་གྱི་དངོས་གཞི་ལ་བརྟེན་ནས་འགོག་པའི་སྙོམས་འཇུག་གི་རྒྱན་ཅན་དང་། རྒྱན་མེད་གཉིས་འཐད་དེ། མཛོད་ལས། འགོག་ཐོབ་གཉིས་ཀ་ལས་རྣམ་གྲོལ། །ཤེས་རབ་ཀྱིས་ནི་གཅིག་པོས་སོ། །ཞེས་བཤད། དེ་ལྟ་མོད་ཀྱི། ཐེག་པ་ཆེན་པོའི་འཕགས་པ་ལ་དེ་འདྲའི་རྒྱན་ཅན་རྒྱན་མེད་གཉིས་མི་སྲིད་དེ། མདོ་སྡེ་རྒྱན་ལས། རྒྱལ་སྲས་བྱང་ཆུབ་ཕྱོགས་མཐུན་པ། །རྣམ་ཐར་སྣ་ཚོགས་ཐམས་ཅད་ནི། །རྟག་ཏུ་མཐོང་བའི་ལམ་དེ་དང་། །ལྷན་ཅིག་ཏུ་ནི་ཐོབ་པར་འདོད། །ཅེས་གསུངས་པའི་ཕྱིར། ཉན་ཐོས་ཀྱི་གཞུང་ལས། ཤིང་ཞོགས་ཀྱིས་གྲུབ་མ་ཐག་ཏུ་འཆི་བ་དང་ལྕུགས་ཀྱི་ཚ་ཚ་གནམ་དུ་ཡར་ནས་འབབ་པར་མ་བརྒྱམས་པར་འཆི་བ་དང་། བརྒྱམས་ཏེ་ས་ལ་མ་ལྷུང་བར་འཆི་བའི་དཔེ་གསུམ་གྱིས་ཕྱིར་མི་འོང་ཚེ་འདིར་མྱ་ངན་ལས་མ་འདས་པ་གཟུགས་ཁམས་ཀྱི་བར་དོ་གྲུབ་མ་ཐག་སྲིད་པ་ལེན་པར་བརྒྱམས་པ་དང་བརྒྱམས་ནས་མ་བླངས་པ་ཕུང་པོ་ལྷག་མེད་དུ་མྱ་ངན་ལས་འདའ་བ་ནི་རིམ་པ་བཞིན་མྱུར་བ་དང་མྱུར་བ་མ་ཡིན་པ་དང་ཆེས་རིང་མོ་ཞིག་ནས་མྱ་ངན་ལས་འདའ་བ་ཞེས་གསུངས་པ་དེ་བཞིན་གསང་སྔགས་བསྒོམས་པ་ལས། ཚེ་འདིར་མཐོང་ལམ་མ་ཐོབ་པ་ཡང་བར་དོར་མཐོང་ལམ་ཐོབ་སྟེ། རྒྱུད་ལས། ཡང་ན་ལུས་འདི་སྤངས་མ་ཐག །བརྩོན་པ་མི་ལྡན་པས་ཀྱང་

འགྲུབ། །ཅེས་གསུངས། དེ་ལྟ་མོད་ཀྱི་ཚེ་འདིར་མཐོང་ལམ་ཡོན་ཏན་མེད་པ་སྐྱེས་པ་ལ་ཡོན་ཏན་ཤི་ནས་འབྱུང་བ་ནི་མི་འཐད་དེ། འདི་འདྲའི་ཆོས་ལུགས་བླུན་པོ་ཐོས་ཆུང་རྣམས་ཀྱི་བཟྟུན་རིས་ཡིན་ཞིང་མདོ་རྒྱུད་ཀུན་དང་མི་མཐུན་པས་མཁས་པས་སྤང་བར་བྱ་བའི་ཕྱིར།

དེ་ནི་འདི་དཔྱད་པར་བྱ་སྟེ། བར་དོ་དེ་ཡང་གང་ཞེ་ན། འདི་ལ་གསུམ་སྟེ། སྤྱང་གཞི་བར་དོ། སྦྱོང་བྱེད་མན་ངག །ཤེས་བྱེད་མདོ་ལུང་དང་སྦྱར་བའོ། །དང་པོ་ལ་ཁྱད་པར་བཅུ་ལས། རྒྱུའི་ཁྱད་པར་ནི་ཀུན་ལས་བཏུས་ལས། འདོད་ཆགས་ནི་རྒྱུ་ཡིན་ལ་དེ་ལས་གཞན་པའི་ཉོན་མོངས་པ་རྣམས་ནི་རྐྱེན་དུ་འགྱུར་རོ་ཞེས་བཤད། སྐྱེ་གནས་ཚོལ་བའི་ཁྱད་པར་ནི། མངལ་སྐྱེས་སམ་སྒོང་སྐྱེས་སུ་འགྱུར་ཞིང་ཕོར་སྐྱེ་ན་མ་ལ་ཆགས་ཤིང་ཕ་ལ་སྡང་མོར་སྐྱེ་ན་དེ་ལས་ལྡོག །མ་ནིང་དུ་སྐྱེ་ན་གཉིས་ཀ་ལ་མཉམ་དུ་ཆགས། དྲོད་གཤེར་ལས་སྐྱེ་ན་དྲི་ལ་ཆགས་སོ། །བརྫུས་ཏེ་སྐྱེ་ན་སྤྱིར་ཁྲི་ལ་སོགས་པའི་གནས་ལ་ཆགས་ལ་བྱེ་བྲག་ཚ་དམྱལ་དུ་སྐྱེས་ན་དང་ལ་སོགས་པའི་གྲང་བས་ཉེན་ནས་དྲོ་བའི་གནས་འདོད་ཅིང་། གྲང་དམྱལ་དུ་སྐྱེ་ན་ཉི་མ་ལ་སོགས་པ་ཚ་བས་ཉེན་ནས་བསིལ་བའི་གནས་འདོད་པར་ཆོས་མངོན་པ་ནས་བཤད་དོ། །བློ་ནི་ཕྱིན་ཅི་ལོག་གྱུར་པས། །རྩེ་དགའ་འགྲོ་བའི་ཡུལ་དུ་འགྲོ། །དྲི་དང་གནས་ལ་མངོན་འདོད་བཞིན། །ཞེས་སོ། །འདིར་ལུང་ཁུངས་མ་སྨོས་པའི་ཚིག་བཅད་རྣམས་མཛོད་ལས་ཡིན་ནོ། །སྐྱེས་གནས་ཀྱི་ཁྱད་པར་ནི་སྲིད་པ་བར་མ་བརྫུས་ཏེ་སྐྱེ། །ཞེས་སོ། །

དབྱེ་བའི་ཁྱད་པར་ནི། ནཱ་རོ་པ་དང་ནཻ་གུ་མས། སྐྱེ་ཤི་བར་དོ་རྨི་ལམ་བར་དོ་སྲིད་པ་བར་དོ་དང་གསུམ། དེ་ཡང་བར་དོའི་ཁྲིད་ཡིག་ལས། ལུས་གསུམ་ལ་བར་དོ་གསུམ་བཤད། དེ་ཡང་རྣམ་སྨིན་གྱི་ལུས་ལ་སྐྱེ་ཤི་བར་དོ་བག་ཆགས་ཀྱི་ལུས་ལ་རྨི་ལམ་བར་དོ་ཡིད་ཀྱི་ལུས་ལ་སྲིད་པ་བར་དོ་ཞེས་བཤད། དམ་པ་རྒྱ་གར་གྱིས་སྒྲོལ་མ་སྐོར་གསུམ་དུ་བར་དོ་བཞིར་བཤད། མི་ལ་རས་པས་ཚེ་རིང་མ་མཆེད་ལྔ་ལ་བར་དོ་དྲུག་གསུངས་ལ། སྐྱེ་ཤི་རྨི་ལམ་སྲིད་པ་བར་དོ་གསུམ་དང་འཕོ་འདས་བར་དོ་ཏིང་ངེ་འཛིན་ཉམས་ཀྱི་བར་དོ་སྐྱེ་གནས་བརྒྱུད་པའི་བར་དོ་དང་དྲུག་གོ །གཟུགས་ཀྱི་ཁྱད་པར་ནི། སྲིད་པ་བཞི་བསྟན་པའི་མདོ་ལས། འཆི་སྲིད་སྐྱེ་སྲིད་སྔོན་དུས་ཀྱི་སྲིད་པ་བར་སྲིད་དང་བཞི་གསུངས་པ་ནི། འདོད་ཁམས་དང་གཟུགས་ཁམས་སུ་སྐྱེ་བའི་བར་སྲིད་དེ་ཡང་། སྔོན་དུས་ཀྱི་ཞེས་པ་ཕྱི་མ་གང་དུ་སྐྱེ་བར་འགྱུར་བའི་ཕུང་པོ་དེ་དང་འཕེན་བྱེད་ཀྱི་ལས་གཅིག་གིས་འཕེན་པའི་རྒྱུ་མཚན་གྱིས་དེ་དང་བྱད་གཟུགས་སམ་ཤ་ཚུགས་འདྲ་བ་ཡིན་ཏེ། དེ་ནི་འཕེན་པ་གཅིག་པའི་ཕྱིར། སྔོན་དུས་སྲིད་འབྱུང་ཤ་ཚུགས་ཅན། །ཞེས་པ་དང་། ཀུན་ལས་བཏུས་ལས་ཀྱང་། གང་དུ་སྐྱེ་བར་འབྱུང་བའི་བྱད་གཟུགས་ཅན་ནོ་ཞེས་པ་དང་། མདོ་ལས་ཀྱང་། གང་དུ་སྐྱེ་བར་འགྱུར་བ་དེ་དང་དབྱིབས

འདུ་བའི་བར་མ་དོའི་སྲིད་པ་འགྲུབ་པར་འགྱུར་རོ་ཞེས་སོ། །འདི་ལ་བོད་ཁ་ཅིག་གིས་སྔོན་ཞེས་པ་མདུན་དུ་འདོད་པ་ནི། མདོ་ནས་སྲིད་པ་བཞི་གསུངས་པའི་ཚུལ་འདི་མ་གོ་བར་ཟད་དོ།།དེ་ནི་འཆི་བའི་སྔོན་རོལ་ཏེ། །སྐྱེ་བའི་སྐད་ཅིག་ཕན་ཆད་དེ། །ཞེས་སོ། །ཚུལ་འདིས་ནི་ཚེ་འདིའི་གཟུགས་བརྙན་ཚེ་ཕྱི་མའི་བར་སྲིད་དུ་འཆར་བར་འདོད་པའི་བོད་ཕལ་ཆེར་དགག་གོ །དེའི་རྒྱུ་མཚན་ཡང་ཚེ་འདིའི་མི་ལུས་དང་ཚེ་ཕྱི་མ་ལྟར་སྐྱེ་བའི་དབང་དུ་བྱས་ནས་ལྷའི་ལུས་དང་གཉིས་པོ་འཕེན་བྱེད་ཀྱི་ལས་མི་གཅིག་པའི་ཕྱིར་དང་། སྲིད་པ་གཞན་གྱིས་མཚམས་བཅད་པའི་ཕྱིར། འདི་འདྲའི་ཉམས་སྣང་འབྱུང་བ་ནི་འཆི་བར་འགྱུར་བ་ལུང་བསྟན་པའི་མདོ་ལས། དྲི་ཟ་འཆི་ཁ་མའི་སེམས་ལ་ཉེ་བར་འཇུག་པ་ཞེས་བྱ་བ་དང་ལྷ་ཅིག་སྐྱེས་པའི་འདྲེ་ཞེས་བྱ་བ་གཉིས་གསུངས་པ་ལྟར་འདི་གཉིས་ཀྱིས་གསོན་པོའི་ཆ་བྱད་གཟུང་ནས། ལས་རྒྱུ་འབྲས་ལ་འཁྲུལ་དུ་འཇུག་པའོ་ཞེས་རྗེ་བཙུན་གྲགས་པ་རྒྱལ་མཚན་གསུངས་སོ། །དེ་འདྲའི་བར་སྲིད་རྣམས་ནང་ཕན་ཚུན་རིགས་མཐུན་གཅིག་གིས་གཅིག་ཤེས་མཐོང་ལ་བསྒོམ་བྱུང་གི་ལྷ་མིག་རྣམ་པར་དག་པས་ཀྱང་མཐོང་སྟེ། རིགས་མཐུན་ལྷ་མིག་དག་པས་མཐོང་། །ཞེས་སོ། །དག་པ་ཞེས་བྱ་བ་ནི་བསམ་གཏན་གྱི་སྐྱོན་རྟོག་དཔྱོད་དབུགས་འབྱུང་རྔུབ་ཚོར་བ་བདེ་སྡུག་ཡིད་བདེ་མི་བདེ་གཉིད་རྨུགས་སོགས་དང་བྲལ་བའོ། །ཚུལ་འདིས་ནི་ད་ལྟའི་གཤེད་འགུགས་སུ་གྲགས་པའི་སྡུགས་པས་ཐ་མལ་པའི་བར་དོའི་སེམས་ཅན་མཐོང་ཞེས་ཟེར་བའི་ཆོས་ལོག་ཀྱང་བཀག་གོ །དེས་ན་ཡིད་ལུས་ཀྱི་རྣམ་པ་ཅན་ཡིན་ཏེ། རྣམ་འགྲེལ་ལས། ལུས་ཅན་ཡིན་ཡང་ཕྲ་བའི་ཕྱིར། །འགའ་ཞིག་ལ་ལར་ཐོགས་མེད་དེ། །ཆུ་བཞིན་གསེར་ལ་དངུལ་ཆུ་བཞིན། །མ་མཐོང་ཕྱིར་ན་མེད་པ་མིན། །ཞེས་སོ། །འདིས་ནི་རྒྱང་འཕེན་པ་ལྟ་བུ་བར་དོ་མེད་པར་འདོད་པ་བཀག་གོ །ལས་ཀྱི་ཁྱད་པར་ནི། ལས་ཀྱི་རྫུ་འཕྲུལ་ཤུགས་དང་ལྡན། །དབང་པོ་ཀུན་ཚང་ཐོགས་མེད་རྒྱུ། །ཞེས་སོ། །དབང་པོ་ཀུན་ཚང་ཞེས་པ་ནི་ཁམས་གང་གི་བར་སྲིད་ཡིན་པ་དེའི་ཡིད་ལུས་ཀྱི་དབང་པོ་ཀུན་ཚང་བ་ཡིན་གྱི་རྣམ་སྨིན་གྱི་དབང་པོ་ཀུན་ཚང་བར་འདོད་པ་མི་འཐད་དེ༑ རྣམ་སྨིན་གྱི་ལུས་ཀྱི་གཟུགས་བརྙན་ཙམ་ཞིག་སྐབས་དེར་ཤར་བའི་ཕྱིར། དཔེར་ན་རྨི་ལམ་དུ་རྣམ་སྨིན་གྱི་ལུས་མི་འགྲོ་ཡང་བག་ཆགས་ཀྱི་ལུས་འགྲོ་བ་མི་འགལ་བ་བཞིན་ནོ། །འོ་ན། ལུས་ཅན་ཡིན་ཡང་ཕྲ་བའི་ཕྱིར། །འབའ་ཞིག་ལ་ལར་ཐོགས་མེད་དེ། །ཞེས་པ་དང་འགལ་ལོ་ཞེ་ན། དེ་ནི་མི་འགལ་ཏེ། བར་དོའི་གནས་སྐབས་སུ་སྐྱེ་སྲིད་མ་ཐོབ་པས་འབྲས་གཟུགས་མིག་གི་དབང་པོ་སོགས་རྣམ་སྨིན་གྱི་ལུས་དངོས་དང་མི་ལྡན་ཡང་། རྒྱུ་གཟུགས་ལས་ཀྱི་ང་དང་ལྡན་པས་ལུས་ཅན་ཡིན་ཡང་ཞེས་སྨོས་པའི་ཕྱིར་རོ། །ཐོགས་མེད་རྒྱུ་ཞེས་པའི་དོན་ནི། ཀུན་ལས་བཏུས་ལས། སྒྱིར་བཏང་ལ་གང་དུའང་ཐོགས་པ་མེད་དམིགས་བསལ་དུ་སྐྱེ་བའི་

གནས་ལ་ཐོགས་ཞེས་བཤད་དོ། །མི་ལས་ལམ་གླྀ་ནས་གཙོད་པ་བར་དོའི་ཁྲིད་ལས། རྡོ་རྗེ་གདན་དང་རྟེན་རབ་གནས་ཅན་ལ་ཡང་ཐོགས་གསུང་། སྔགས་པ་བྱིན་བརླབས་ཅན་གྱི་བསྲུང་འཁོར་ལ་ཐོགས་ཟེར་བ་ལ་ནི་ཟིན་སོ་མ་མཐོང་ངོ་། །འོན་མིའི་བར་སྲིད་ལས་ལྷའི་འགྲོ་བར་སྐྱེ་བ་སྲིད་དམ་མི་སྲིད་ཞེ་ན།

ལས་བརྟན་མི་བརྟན་གཉིས་ལས། དང་པོ་ནི། མི་བཟློག་དེ་ནི་དྲི་ཟའོ། །ཞེས་པའི་རང་འགྲེལ་དུ། འགྲོ་བ་གང་དུ་སྐྱེ་བར་འགྱུར་བ་དེ་ལས་རྣམ་པ་ཐམས་ཅད་དུ་མི་བཟློག་ཅེས་བཤད། གཉིས་པ་ནི། ཀུན་ལས་བཏུས་ལས། ཅི་སྟེ་ན་བཟློག་གོ་དེ་ན་གནས་པ་ཡང་ལས་གསོག་གོ་ཞེས་སོ། །དཔེར་ན་བསམ་གཏན་བཞི་པ་ཐོབ་པའི་དགེ་སློང་དགྲ་བཅོམ་པའོ་སྙམ་པའི་མངོན་པའི་ང་རྒྱལ་ཅན་བཞི་པའི་བར་མ་དོའི་སྲིད་པ་གྲུབ་པས། ཐར་པ་ལ་སྐུར་འདེབས་ཀྱི་ལོག་ལྟ་སྐྱེས་ནས་སེམས་ཅན་དམྱལ་བའི་བར་དོ་གྲུབ་པར་ཆོས་མངོན་པའི་མདོ་ནས་འབྱུང་བ་བཞིན་ནོ། །ཟས་ཀྱི་ཁྱད་པར་ནི། དྲི་ཟ་ཞེས་པའི་རང་འགྲེལ་ལས། ཟས་རགས་པ་མི་ཟ་བས་དྲི་སྣད་ཅེས་བྱའོ། །རྒྱུད་ལས། སྔགས་དང་ཕྱག་རྒྱ་དང་ཏིང་ངེ་འཛིན་གྱིས་བསྔོས་ན་བདུད་རྩི་ཐོབ་པས་རྡོ་རྗེ་སེམས་དཔའི་ཚོགས་སྐལ་ལེན་པར་གསུངས་སོ། །ཁམས་ཀྱི་ཁྱད་པར་ནི། འདོད་ཁམས་དང་གཟུགས་ཁམས་ཀྱི་བར་སྲིད་ཡོད་ལ་གཟུགས་མེད་ཁམས་ཀྱི་མེད་དེ། དེ་ན་གཟུགས་མེད་པའི་ཕྱིར་རོ་ཞེས་ཐེག་པ་ཐུན་མོང་བའི་མདོ་དཀའ་བོ་མདངལ་འཛུག་ལས་གསུངས། ཐེག་ཆེན་ཐུན་མོང་མ་ཡིན་པའི་མདོ་མྱང་འདས་ལས། གཟུགས་མེད་ཁམས་ནས་ལྷའི་བུ་རྣམས་ཀྱིས་མེ་ཏོག་ལག་ཏུ་ཐོགས་ནས་བཅོམ་ལྡན་འདས་ལ་མཆོད་དོ་ཞེས་གསུངས། བོངས་ཚོད་ཀྱི་ཁྱད་པར་ནི། མཛོད་འགྲེལ་ལས། དཔེར་ན་ལོ་ལྔའམ་དྲུག་ལོན་པ་ལྟ་བུ་སྟེ་དེ་ཡང་དབང་པོ་གསལ་བ་ཡིན་ནོ་ཞེས་སོ། །ཚེ་ཚད་ཀྱི་ཁྱད་པར་ལ། སྤྱིར་བཏང་དང་། དམིགས་བསལ་གཉིས་ལས། དང་པོ་ནི། བདེ་མཆོག་སྡོམ་འབྱུང་ལས། ཚོགས་པ་མ་རྙེད་དེ་སྲིད་དུ། །ཞག་བདུན་བར་དོའི་སྲིད་པར་གནས། །ཞེས་གསུངས། ཀུན་ལས་བཏུས་ལས། རེ་ལྟར་ཐོགས་ན་ཞག་བདུན་གནས་ཏེ་དེ་ཙམ་ཚད་ཀྱིས་འཆི་འཕོ་བོ་ཞེས་བཤད། ས་སྡེ་ལས། ཞག་བདུན་གྱིས་ཤི་འཕོས་དེ་ཡང་། ཡང་ན་ནི་དེ་ཉིད་དུ་མངོན་པར་འགྲུབ་པར་འགྱུར་རོ། །ཡང་ན་ནི་དེ་དང་སྐལ་བ་མི་མཉམ་པ་བཞིན་དུས་འདས་ཏེ་གལ་ཏེ་ལས་གཞན་གྱི་བྱ་བ་ཡོངས་སུ་གྱུར་པས་བར་དོའི་སྲིད་པའི་ས་བོན་ཡོངས་སུ་འགྱུར་བར་བྱེད་པའི་ཕྱིར་རོ་ཞེས་པ་དང་། བར་མདོའི་སྲིད་པ་དེ་ཡང་སྐྱེ་བའི་རྐྱེན་མ་རྙེད་ཀྱི་བར་དུ་རེ་ལྟར་ཐོགས་ནའང་ཞག་བདུན་གནས་པར་ཟད་དོ། །རྐྱེན་རྙེད་ན་ངེས་པ་མེད་ཀྱང་མ་རྙེད་ན་ནི་ལུས་བརྗེས་ནས་ཡང་ཞག་བདུན་གནས་སོ། །སྐྱེ་བའི་རྐྱེན་མ་རྙེད་ན་བདུན་ཕྲག་བདུན་གྱི་བར་དུ་ཡང་གནས་སོ་དེ་ལས་འདས་ཕན་ཆད་ནི་གདོན་མི་ཟ་བར་སྐྱེ་བའི་རྐྱེན་རྙེད་པར་འགྱུར་རོ། །ཞེས་པ་

དང་། བཙུན་པ་དབྱིག་བཤེས་ན་རེ་ཞག་བདུན་ཏེ་སྐྱེ་གནས་མ་རྙེད་ན་དེ་རུ་ཤི་ནས་དེ་ཉིད་དུ་སྐྱེ་ཞིང་སྐྱེ་གནས་འཚོལ་བར་བྱེད་ཅེས་པ་འཆད་ལ། ཀུན་ལས་བཏུས་ལས། རེ་ལྟར་ཐོགས་ན་ཞག་བདུན་གནས་ཏེ་དེ་ཙུན་ཆད་ཀྱིས་འཆི་འཕོའོ་ཞེས་པའི་འགྲེལ་པར། ཞག་བདུན་ཕྲག་བདུན་གནས་པར་བཤད། ཏི་ལོ་གཞུང་ཆུང་ལས། བདུན་ཕྲག་རེ་རེ་ལ་བརྒྱལ་བར་འགྱུར། ཞེས་པ་དང་། ཕ་དམ་པས། བདུན་བདུན་བཞི་བཅུ་ཞེ་དགུའི་བར། །གཤེད་མས་འཚེ་ཞིང་སྡུག་རེ་སྡུག །ཅེས་སོ། །

གཉིས་པ་ནི། གནས་བརྟན་བཙུན་པས་འགའ་ཞིག་ནི་ཡུད་ཙམ་དེར་གནས་ཏེ་ཤི་འཕོས་ནས་སྐྱེ་བ་ལེན་ལ་རིང་བ་ནི་ལོ་དུ་མར་གནས་པ་ཡང་ཡོད་དོ་ཞེས་བཤད། ཆོས་རྒྱལ་འཕགས་པས། དུས་ནི་ཕལ་ཆེར་ཞག་བདུན་ནོ། །བདུན་ཕྲག་བདུན་པའང་ཡོད་ཅེས་གྲག །ལས་ཀྱི་འཕེན་པ་དྲག་ཞན་གྱིས། །མཚམས་མེད་པ་ཡང་འབྱུང་འགྱུར་ཞིང་། །ལོ་དང་བསྐལ་པར་གནས་པའང་སྲིད། །དེས་ན་ངེས་པ་འགའ་ཡང་མེད། །ཅེས་བཤད། དཔེར་ན་སྤྱིར་མིར་སྐྱེ་བ་མིའི་མངལ་དུ་ཟླ་བ་དགུ་བཅུ་གནས་པར་བཤད་ཀྱང་། སྟོན་མི་ཞིག་མངལ་དུ་ལོ་དྲུག་ཅུར་གནས་ནས་སྐྱེས་པ་ལ་རྒན་པོ་དྲུག་ཅུ་སྐྱེས་སུ་མིང་གྲགས་པ་འདུལ་བ་ནས་འབྱུང་བ་བཞིན་ནོ། །མཐོང་སྣང་གི་ཁྱད་པར་ནི། ས་སྒྲ་སོགས་འཇིགས་པའི་སྒྲ་བཞི་དམྱལ་བ་སོགས་ཡ་ངའི་གཡང་གསུམ་རྣམ་ཆ་འོད་ལྔ་སོགས་འབྱུང་སྟེ། ཕ་དམ་པས། མ་རིག་པ་ཡི་ངང་གིས་འཁྲུལ། །ཞེས་སོ། །

གཉིས་པ་སྦྱོང་བྱེད་མན་ངག་ནི། མདོ་ལས། ལས་ཀྱི་ངང་གིས་རྒྱབ་ནས་དེད་གཤིན་རྗེའི་ཕོ་ཉས་ནི་མདུན་ནས་བསུ་མུན་ནག་ཆེན་པོར་ནི་འཇུག་གཡང་ས་ཆེན་པོར་ནི་ལྟུང་ནགས་ཁྲོད་ཆེན་པོར་ནི་འཛུག་དགོན་པ་ཆེན་པོར་ནི་འགྲོ། རྒྱ་མཚོ་ཆེན་པོས་ནི་ཁྱེར་ལས་ཀྱི་ངང་གིས་ནི་བདས་ས་རྒྱུས་མེད་པའི་ས་ཕྱོགས་སུ་ནི་འགྲོ། དེ་ལྟ་བུའི་དུས་ན་ཆོས་མ་གཏོགས་པའི་མགོན་གཞན་མེད་དཔུང་གཉེན་གཞན་མེད་ཅེས་སོ། །རྒྱུད་ལས་ཀྱང་། ཚོགས་ལམ་མིག་རྒྱུ་ལྟ་བུ་སྟེ། །གཉིས་པ་དུ་བ་ལྟ་བུ་ཡིན། །གསུམ་པ་གློག་ཏུ་ཁྱོད་ཀྱིས་མཐོང་། །བཞི་པ་མར་མེ་ལྟ་བུ་ཡིན། །ལྔ་པ་ཐམས་ཅད་སྟོང་པ་ཉིད། །སྲིད་པ་བར་མ་དོ་ཉིད་དུ། ཁྱོད་ཀྱི་ལམ་ལྔ་མཐར་ཕྱིན་ཤོག །ཅེས་གསུངས། ཡང་སང་སེར་པོ་ཆུང་དཀར་པོ་མེ་ང་དམར་པོ་ང་གི་ང་སྔོན་པོ་ནམ་མཁའི་ང་ལྡང་ཁྱུ་ཞེས་བྱ་སྟེ། ཟླ་བའི་རླུང་ལྔའི་ཁ་དོག་རྣམ་ཆ་འོད་ལྔ་དོན་དུ་གཉེར་བའི་ཚེ་ན་སངས་རྒྱས་ལྔ་ལ་བསླབ་པར་བྱའོ། །རྣམ་བྱང་ཟེར་བ་ནི་བརྫམ་དགག་གོ །དེ་ཡང་འདི་ལྟར་སེམས་ལ་འོད་དཀར་པོ་སྣང་བའི་ཚེ་སངས་རྒྱས་རྣམ་པར་སྣང་མཛད་བསྒོམ་པ་ལྟ་བུའོ། །ནཱ་རོ་ཆོས་དྲུག་གི་རྡོ་རྗེའི་ཚིག་རྐང་ལས། རྡོ་རྗེའི་བཟླས་པ་ཟླ་བའི་ང་ལྔ་བསྒོམ། །ཞེས་པ་དང་། ཏི་ལོ་གཞུང་ཆུང་ལས། རྡོ་རྗེའི་བཟླས་པ་ཡིག་འབྲུ་གསུམ་ལ་གོམས་ཤིང་སངས

རྒྱས་ལྡེ་ལ་ཁ་དོག་སོ་སོར་བསླབ་པར་བྱ་ཞེས་བཤད། གཞན་ཡང་བར་དོ་གསུམ་ལ་འདོད་ཆགས་ལ་སོགས་དུག་གསུམ་ཤེས་པ་ཟག་མེད་འོད་གསལ་སྒྱུ་ལུས་བསྲེས་ལ་བསྒོམ་ཞེས་པ་དང་། ལུང་སྡེ་མ་ལས། སྐྱེ་ཤི་རྨི་ལམ་སྲིད་པ་བར་དོ་གསུམ། །བསྐྱེད་རིམ་སྒྱུ་ལུས་འོད་གསལ་ཚོས་སྐུར་བསྲེ། །ཞེས་བཤད། བརྟག་གཉིས་ལས། ཇི་ལྟར་སྒྱུ་མ་རྨི་ལམ་དང་། །ཇི་ལྟར་བར་མའི་སྲིད་ཡིན་པ། །ཞེས་གསུངས། སྦྱོད་བསྡུས་ལས། རང་བཞིན་བརྒྱད་ཅུའི་ཐིམ་འགྲོས་དུག་གསུམ་འགག་པའི་རིམ་པས་དཀར་ལམ་དམར་ལམ་ནག་ལམ་གསུམ་དང་སྦྱར་ཏེ་གོ་རིམ་ལ་ངེས་པ་མི་སྣང་ངོ་། །

གསུམ་པ་ཤེས་བྱེད་མདོ་ལུང་དང་སྦྱར་བ་ནི། དྲན་པ་ཉེར་བཞག་ལས། སྲིད་པ་བར་མར་དེའི་གཟུགས་ལྟར་སྣང་ལ་ཐོགས་པ་མེད་པ་བྱིས་པ་ལོ་བརྒྱད་ལོན་པ་ལྟ་བུར་སྐྱེ་བར་འགྱུར་རོ་ཞེས་པ་དང་། ལས་དམར་པོས་ཡོངས་སུ་བཟུང་བ་དག་ནི་དུད་འགྲོ་ཡིན་ཏེ་དེ་དག་ཀྱང་གཅིག་ལ་གཅིག་ཟ་ཞིང་དམར་པོ་ལ་དགའ་བའི་འདུ་ཤེས་ཀྱི་མཚན་མ་ལ་དམིགས་པར་བྱེད་དོ། །ལས་ཁ་དོག་དཀར་པོས་ཡོངས་སུ་བཟུང་བ་ནི་ལྷ་དང་མི་ཡིན་ཏེ༑ གཙང་ཞིང་དགེ་བའི་ལས་ཀྱི་ལམ་རིན་པོ་ཆེ་ལས་བྱུང་བའི་རིམ་གྱིས་ལྷ་དང་མིར་སྐྱེ་བ་འཛིན་ཏེ་ཞེས་པ་དང་། སེམས་རི་མོ་མཁན་ལྟ་བུ་དེས་ཚོན་སེར་པོ་བླངས་ནས་དུད་འགྲོ་མངོན་པར་འགྲུབ་པར་བྱེད་དེ། དེ་དག་ཀྱང་སེར་པོའི་དབང་གིས་གཅིག་ལ་གཅིག་ཁྲག་འཐུང་བར་བྱེད་ཅིང་ཤ་ཟ་བར་བྱེད་ལ་གཅིག་ལ་གཅིག་ཚོན་སེར་པོ་ལྟ་བུར་གྱུར་པའི་འདོད་ཆགས་ཞེ་སྡང་གཏི་མུག་གིས་གསོད་དོ་ཞེས་པ་དང་། དེ་བོར་ནས་དེ་རྗེན་མེད་པ་ནམ་མཁའ་ལ་ཀུན་ཏུ་འཁྱམ་ཞིང་ཡོངས་སུ་འཁྱམ་མོ། །དེ་ནས་རྒྱུའི་འབྲུར་ལྟ་བུར་དེའི་སྲིད་པ་ཐ་མའི་སེམས་དང་ལྡན་པར་འགྱུར་ཏེ། དེས་གཤིན་རྗེའི་མི་བྱད་བཞིན་དང་རྐང་ལག་མི་སྡུག་པར་བསྒྱུར་བ་ཁ་གདོང་གླང་པོ་ཆེ་དང་རྟ་དང་བོང་བུ་དང་ཕག་དང་གྲུང་དང་སེང་གེ་དང་སྟག་དང་གཟིག་དང་ནེའུ་ལེ་དང་ཝ་དང་། སྐྱུགས་པ་ཟ་བ་ལག་ན་མཚོན་ཆ་སྣ་ཚོགས་ཐོགས་པ་དག་སེམས་ཅན་དམྱལ་བ་པ་དེ་ལ་སྟོགས་ན་དེ་གཅིག་པུས་མཐོང་གི་གཞན་གང་གིས་ཀྱང་དེ་མི་མཐོང་ངོ་ཞེས་པ་དང་། ཡང་སེམས་རི་མོ་མཁན་ལྟ་བུ་དེས་ཚོན་ཕུག་རོན་ཁ་ལྟ་བུ་ལ་དམིགས་པ་མཐོང་ནས་ཚོན་ཕུག་རོན་ཁ་ལྟ་བུའི་ལས་དྲི་མ་ཅན་ཡི་དྭགས་ཀྱི་འགྲོ་བ་བྱེད་དེ་ཞེས་པ་དང་། ཡང་སེམས་རི་མོ་མཁན་ལྟ་བུ་དེས་ཚོན་རྩི་ནག་པོ་ལྟ་བུའི་ལས་ཀྱི་ངོ་བོ་བླངས་ནས་སེམས་ཅན་དམྱལ་བའི་གཟུགས་ནག་པོ་འབྲི་བ་ལྟ་བུ་དེ་དག་ཀྱང་ལས་ནག་པོས་ལྕགས་ནག་པོའི་རབ་འབར་བས་བསྐོར་བ་དེར་སྐྱེས་ཏེ་ཞེས་པ་དང་། མངལ་དུ་སྐྱེ་བར་འགྱུར་བའི་ལས་ངེས་པ་དང་དྲི་ཟ་ཉེ་བར་ལེན་པ་ཡོད་ན་སྐྱེ་བ་འབྱུང་བ་ཡོད་དེ་ཞེས་པ་དང་། གཙོ་བོ་དག་གཤིན་རྗེའི་མིས་འཇིགས་ཤིང་སྐྲག་པ་ལྟའམ་མིས་སྲིད་པ་བར

མའི་འགྲོ་བ་དང་འབྲེལ་བ་ཟག་པ་བཅུ་བདུན་སྤྱང་བར་བྱ་སྟེ། སྲིད་པ་བར་མའི་དེ་དག་གང་ཞེ་ན། འདི་ལྟ་སྟེ་འཆི་བའི་ཚེ་གང་གཟུགས་སྣང་བར་འགྱུར་བ་དག་ཡིན་ཏེ། འདི་ལྟ་སྟེ་མི་གང་མིའི་འཇིག་རྟེན་ནས་འཆི་ལ་ལྷ་རྣམས་ཀྱི་ནང་དུ་སྐྱེ་བ་དེ་ནི་སྲིད་པ་བར་མར་མཚན་མ་སྔ་ཀུན་དག་མཐོང་བར་འགྱུར་ཏེ། འདི་ལྟ་སྟེ་སྣམ་བུ་དཀར་པོའམ་སྐྱ་ནར་ཞིན་ཏུ་སྲབ་ཅིང་འཇམ་པ་དག་འབབ་སྟེ། དེ་མ་ཐག་ཏུ་དེའི་སྟེང་རབ་ཏུ་དགའ་ཞིང་བཞིན་མདོག་གསལ་བར་འགྱུར་རོ་ཞེས་པ་དང་།

གལ་ཏེ་འཛམ་བུ་གླིང་ནས་མི་དག་འཆི་ལ་དེ་གལ་ཏེ་བྱང་གི་སྒྲ་མི་སྙན་དུ་སྐྱེ་བར་འགྱུར་ན། དེས་སྣམ་བུ་དམར་པོ་ཕྱུག་དཀར་པོ་ཡང་ཞིང་འཇམ་ལ་ཤིན་ཏུ་ཡིད་དུ་འོང་བ་མཐོང་ངོ་ཞེས་པ་དང་། དེ་འཆི་བའི་ཚེ་ན་ནམ་མཁའ་ལ་ལག་པ་གཡོབ་པར་བྱེད་དོ། །གཉེན་བདུན་དེ་དག་ན་རེ་ནམ་མཁའ་ཉིད་ལ་ཧྲུག་པར་བྱེད་དོ་ཞེས་བརྗོད་དོ། །དེའི་འོག་ཏུ་ཡང་ང་འབྱུང་ལ་འཆི་བ་ཡིན་པའི་དུས་གྲང་བར་འགྱུར་ཏེ་དྲོ་བ་འདོད་པའི་དུས་ཤེས་འབྱུང་ངོ་། །དེ་ནས་དྲོ་བ་འབྱུང་བ་དང་དེའི་གྲང་བ་ལོག་པར་འགྱུར་རོ། །རིག་པ་དེས་དེའི་བདེ་བ་འབྱུང་ལ་དེ་སེམས་བདེ་བ་དེ་ལ་དམིགས་པར་སེམས་ཀྱིས་འཕྲོག་པར་བྱེད་དོ། །ངུ་བ་དང་ཚོ་རིས་འདེབས་པ་དང་སྒྲ་འབལ་བའི་སྒྲ་མི་ཐོས་སོ། །རྒྱ་ལ་ལས་ནི་བརྟན་པ་ཉིད་ཀྱི་ཐོས་ན་ཡང་དེ་ལས་ཀྱི་རླུང་གཞན་རྣམས་ཀྱིས་གཞན་དུ་འཕྱེར་བར་བྱེད་དེ། དེ་ལྟར་གཉེན་འདུན་དག་འཆི་བའི་དུས་སུ་བར་ཆད་བྱེད་པ་ཡིན་ནོ་ཞེས་པ་དང་། དེ་གང་གི་ཚེ་བྱང་གི་སྒྲ་མི་སྙན་དུ་མའི་མངལ་དུ་སྐྱེ་བར་འགྱུར་ན་དེ་མཚོ་དེ་ནས་ཐང་ལ་འབྱུང་ངོ་། །དེས་དེར་འཁྲིག་པའི་མི་གཙང་བས་ཕ་མ་སྦྱོར་བ་མཐོང་བ་དང་ལོག་པར་མཐོང་སྟེ། ཕ་ནི་བུ་དང་བར་མཐོང་ངོ་མ་ནི་བུ་དང་མོར་མཐོང་ངོ་། །གལ་ཏེ་བདག་ཉིད་བུད་མེད་དུ་འགྱུར་ན་ནི་བདག་ཉིད་དང་མོར་མཐོང་ངོ་། །ཅི་སྟེ་སྐྱེས་པར་འགྱུར་ན་ནི་དེ་བདག་ཉིད་དང་པར་མཐོང་སྟེ་དེས་དང་པ་དེ་བསྐྲད་ནས་མ་དང་འཁྲིག་པའི་ཆོས་ཀྱིས་སྦྱོར་བར་བྱེད་དོ། །དེ་ལྟར་བྱང་གི་སྒྲ་མི་སྙན་དུ་སྐྱེ་བར་འགྱུར་རོ་ཞེས་པ་དང་། གལ་ཏེ་ནུབ་ཀྱི་བ་ལང་སྤྱོད་ཀྱི་མི་རྣམས་ཀྱི་ནང་དུ་སྐྱེ་བར་འགྱུར་ན་དེའི་མཚན་མ་འདི་དག་འབྱུང་བར་འགྱུར་ཏེ། འདི་ལྟ་སྟེ་འཆི་བའི་ཚེ་དེའི་ཁྲིམ་ཐམས་ཅད་སེར་པོར་མཐོང་ལ་སྣམ་བུ་སེར་པོ་ཁ་དོག་བཟང་པོ་སེར་པོར་སྣང་བ་ཀུན་ནས་སྤྲིན་ལྟ་བུར་མཐོང་ངོ་ཞེས་པ་དང་། དེའི་འོག་ཏུ་སྲིད་པ་ཐ་མ་པའི་སེམས་འབྱུང་སྟེ་དེས་བདག་ཉིད་བ་ལང་གི་གཟུགས་དང་བ་ལང་ལོང་ལོང་པོར་འཁོད་པ་ཀུན་རྨི་ལམ་ལྟ་བུར་མཐོང་ངོ་། །དེ་གང་གི་ཚེ་ཕ་མ་དག་སྦྱོར་བ་བྱེད་པ་དང་དེ་གལ་ཏེ་སྐྱེས་པར་འགྱུར་ན་ནི་དེ་བདག་ཉིད་ཕོ་ཁྱུ་མཆོག་བྱ་གཟུགས་ཆེན་པོ་ཁྱུ་མཆོག་གི་ཟླ་བ་ལྟ་བུར་མཐོང་ངོ་། །ཕ་དེ་འོང་བ་དང་དེས་བསྐྲད་ནས་དེ་དང་ལྷན་ཅིག་སྦྱོར་བར་བྱེད་དོ། །དེ་ལྟར་ནུབ་ཀྱི་བ་ལང་སྤྱོད་དུ་སྐྱེ

བར་འགྱུར་རོ་ཞེས་པ་དང་། གལ་ཏེ་ཤར་གྱི་ལུས་འཕགས་གླིང་གི་མི་རྣམས་ཀྱི་ནང་དུ་སྐྱེ་བར་འགྱུར་ན། དེ་འཆི་བའི་དུས་ན་སྲིད་པ་ཐ་མ་དང་ཉེ་བའི་སེམས་ལ་སྣམ་བུ་སྔོན་པོ་མཐོང་སྟེ། དེས་ཁྱིམ་གྱི་ནང་ན་གནས་བཞིན་དུ་ནམ་མཁའ་དེ་ལ་ཀུན་ནས་ཤིན་ཏུ་སྔོན་པོར་སྣང་ཞིང་སྟུག་པ་གཅིག་མཐོང་ངོ་ཞེས་པ་དང་། དེའི་འོག་ཏུ་དེའི་སྲིད་པ་ཐ་མ་པའི་སེམས་འབྱུང་སྟེ་དེ་སྲིད་པ་བར་མ་ལ་བདག་ཉིད་ལྟ་བུར་མཐོང་ངོ་། །ཤར་གྱི་ལུས་འཕགས་གླིང་དེ་ན་ཕ་མ་ནི་རྟ་གསེབ་དང་རྐྱང་མ་སྦྱོར་བ་ལྟ་བུར་སྣང་ལ། དེ་གལ་ཏེ་སྐྱེས་པར་འགྱུར་ན་ནི་དེ་འདི་སྙམ་དུ་སེམས་ཏེ་རྐྱང་མ་འདི་དང་བདག་སྦྱོར་བར་བྱའོ་སྙམ་པའི་སེམས་འབྱུང་ངོ་། །གལ་ཏེ་བུད་མེད་དུ་འགྱུར་ན་ནི་དེ་འདི་སྙམ་དུ་སེམས་ཏེ་འདི་ལྟར་གསེབ་འདི་བདག་ལ་བརྒྱལ་དུ་གཞུག་པར་བྱའོ་སྙམ་པ་དེ་ནི་བུད་མེད་དུ་འགྱུར་ཏེ་ཞེས་པ་དང་། གཙོ་བོ་དག་འགྲོ་བ་བར་མའི་བྱེད་པ་འདི་ནི་ཕྲ་སྟེ་ཕྱི་རོལ་པའི་ཤེས་པ་འཇིག་རྟེན་པའི་ལྟ་བ་དང་ཡང་དག་པར་ལྡན་པ་གང་ཡང་རུང་བ་དག་གིས་དེ་དག་ཤེས་པར་མི་ནུས་སོ་ཞེས་པ་དང་། དེ་ཕ་མ་གཉིས་འཁྲིག་པའི་ཆོས་དང་ལྡན་པར་གྱུར་ན་ནི་དེ་ལོག་པར་མཐོང་བར་འགྱུར་ཏེ་མ་ལ་ནི་ཆུང་མའི་འདུ་ཤེས་སྐྱེའོ་ཕ་ལ་ནི་དགྲའི་འདུ་ཤེས་སྐྱེའོ། །དེ་འདི་སྙམ་དུ་སེམས་ཏེ་བདག་གི་དྲུང་དུ་འགྲོའོ་སྙམ་ནས་དེ་མ་དེ་ལ་འཁྲིག་པའི་ཕྱིར་འཕྲད་པར་བྱེད་དོ། །ཅི་སྟེ་བུད་མེད་དུ་འགྱུར་ན་ནི་དེ་འདི་སྙམ་དུ་སེམས་ཏེ། བདག་གི་ཁྱིམ་ཐབ་འདི་འདིས་ཕྲོགས་སོ་སྙམ་ནས་དེ་ལ་ཞེ་སྡང་སྐྱེད་པར་བྱེད་དོ། །ངོ་མ་དེ་སྐྱེས་པ་དེ་དང་འབྱེད་པར་འདོད་ཅིང་བདག་ཉིད་དེ་དང་འཕྲད་པར་བྱེད་དོ། །དེའི་ཚེ་དེའི་སྲིད་པ་བར་མའི་རྣམ་པར་ཤེས་པ་འགག་ཅིང་སྐྱེ་བའི་སྲིད་པའི་རྣམ་པར་ཤེས་པ་འབྱུང་སྟེ་ཞེས་པ་དང་། བསོད་ནམས་དག་ནི་ཉམས་དགའ་ལ། །དེ་དག་འབྲས་བུ་མཆོག་ཏུ་དགེ །བསོད་ནམས་ལྟ་བུར་སྒྲོལ་བ་མེད། །དེ་ལྟ་བས་ན་བསོད་ནམས་བྱས། །བསོད་ནམས་གཉེན་གྱི་མཆོག་ཡིན་ཏེ། །བསོད་ནམས་གཏེར་ནི་ཟད་མི་ཤེས། །བསོད་ནམས་མར་མེ་ལྟ་བུ་ཡིན། །དེ་བཞིན་ཕ་དང་མ་དང་མཚུངས། །བསོད་ནམས་བྱས་ན་འགྲོ་བའི་ལྷ། །བསོད་ནམས་ཀྱིས་ནི་བཟང་འགྲོར་འཕྲིད། །མི་ཡུལ་བསོད་ནམས་བྱས་པ་ནི། །དེ་དག་ལྷ་ཡུལ་དགའ་བར་བྱེད། །འདི་ལྟར་བསོད་ནམས་ཆེ་བའི་མི། །རྟག་ཏུ་བདེ་དང་ལྡན་པར་འགྱུར། །བསོད་ནམས་ལྟ་བུའི་བདེ་བ་མེད། །དེ་ལྟ་བས་ན་བསོད་ནམས་ཀྱིས། །འཇིག་རྟེན་གཉིས་ལ་ཕན་བྱེད་ཅིང་། །དགའ་དང་ནོར་གྱི་རྒྱུར་གྱུར་པ། །བསོད་ནམས་ཡིན་པར་རྟག་ཏུ་མཐོང་། །དེ་ལྟར་བསོད་ནམས་བདེ་མཆོག་ལྡན། །རྟག་ཏུ་བསོད་ནམས་རྗེས་འབྲང་སྟེ། །དེ་ནི་གྲིབ་མ་བཞིན་དུ་འབྲང་། །དེ་བས་བསོད་ནམས་བདེ་མཆོག་སྟེ། །ཞེས་པ་དང་། ཡང་བག་མེད་པ་དེ་ཉིད་ཀྱི་དབང་དུ་གྱུར་ཏེ་སྲིད་པས་སྲིད་པར་སྤྱོད་པ་དེ་དག་ཐམས་ཅད་ནི་སེམས་ལ་རྟག་ཏུ་རག་ལས་པ་ཡིན་ནོ་ཞེས་གསུངས།

དཀོན་བརྩེགས་ཀྱི་དགའ་བོ་མངལ་དུ་འཇུག་པའི་མདོ་ལས། སེམས་ཅན་དམྱལ་བ་རྣམས་ཀྱི་བར་མ་དོའི་སྲིད་པའི་ཁ་དོག་ནི་མི་སྡུག་པ་ཡིན་ཏེ། འདི་ལྟ་སྟེ་དཔེར་ན་སྡོང་དུམ་ཚིག་པ་དང་འདྲའོ། །དུད་འགྲོ་རྣམས་ཀྱི་བར་མ་དོའི་སྲིད་པའི་ཁ་དོག་ནི་འདི་ལྟ་སྟེ་དཔེར་ན་དུད་པ་དང་འདྲའོ། །ཡི་དྭགས་ཀྱི་བར་མ་དོའི་སྲིད་པའི་ཁ་དོག་ནི་འདི་ལྟ་སྟེ་དཔེར་ན་ཆུ་དང་འདྲའོ། །ལྷ་དང་མི་རྣམས་ཀྱི་བར་མ་དོའི་སྲིད་པའི་ཁ་དོག་ནི་འདི་ལྟ་སྟེ་དཔེར་ན་གསེར་གྱི་ཁ་དོག་དང་འདྲའོ། །གཟུགས་ཀྱི་ཁམས་ཀྱི་བར་མ་དོའི་སྲིད་པའི་ཁ་དོག་ནི་དཀར་པོར་འདུག་གོ །གཟུགས་མེད་པའི་ཁམས་ཀྱི་ལྷ་རྣམས་ཀྱི་བར་མ་དོའི་སྲིད་པ་མེད་དེ་འདི་ལྟར་དེ་ནི་གཟུགས་མེད་པའི་ཕྱིར་རོ། །བར་མ་དོའི་ཕུང་པོའི་སེམས་ཅན་ཁ་ཅིག་ནི་ལག་པ་གཉིས་དང་རྐང་པ་གཉིས་དང་ལྡན་ནོ། །ཁ་ཅིག་ནི་རྐང་པ་བཞི་དང་རྐང་པ་མང་པོ་དང་ལྡན་ནོ། །ཁ་ཅིག་ནི་རྐང་པ་མེད་དེ་སྔོན་གྱི་ལས་ཇི་ལྟ་བ་བཞིན་དུ་གང་དུ་སྐྱེ་བར་འགྱུར་བ་དེ་དང་དབྱིབས་འདྲ་བའི་བར་མ་དོའི་སྲིད་པ་མངོན་པར་འགྲུབ་པར་འགྱུར་རོ། །ལྷའི་བར་མ་དོའི་སྲིད་པ་གང་ཡིན་པ་དེ་ནི་མགོ་གྱེན་དུ་བལྟའོ། །མི་དང་དུད་འགྲོ་དང་ཡི་དྭགས་རྣམས་ཀྱི་ཐད་ཀར་བལྟ་ཞིང་འགྲོའོ། །སེམས་ཅན་དམྱལ་བ་རྣམས་ཀྱི་བར་མ་དོའི་སྲིད་པ་ནི་མགོ་ཐུར་དུ་བལྟའོ། །བར་མ་དོའི་སྲིད་པ་ཐམས་ཅད་ཀྱང་རྫུ་འཕྲུལ་དང་ལྡན་པས་ནམ་མཁའ་ལ་འགྲོ་ཞིང་ལྷའི་མིག་བཞིན་དུ་སྐྱེ་བའི་གནས་ཐག་རིང་པོར་ཡང་མཐོང་བར་ནུས་སོ་ཞེས་པ་དང་། འདི་ལྟར་དགེ་སློང་དག་གང་གཅིག་ཏུ་གནག་པའི་ལས་ཀྱི་རྣམ་པར་སྨིན་པ་ཡང་གཅིག་ཏུ་གནག་གོ །གང་གཅིག་ཏུ་དཀར་བའི་ལས་ཀྱི་རྣམ་པར་སྨིན་པ་ཡང་གཅིག་ཏུ་དཀར་རོ། །ལས་འདྲེན་མ་གང་ཡིན་པ་དེའི་རྣམ་པར་སྨིན་པ་ཡང་འདྲེན་མར་མྱོང་བར་འགྱུར་ཏེ། དེ་ལྟ་བས་ན་ཁྱེད་ཀྱི་གཅིག་ཏུ་གནག་པ་དང་འདྲེན་མའི་ལས་སྤྱོངས་ལ་གཅིག་ཏུ་དཀར་བའི་ལས་བསྒྲུབ་པར་བྱའོ་ཞེས་གསུངས། མངོན་པ་ཀུན་ལས་བཏུས་ལས་ཀྱང་། སྡོན་མི་དགེ་བ་བྱས་པའི་བར་སྲིད་ནི་དཔེར་ན་འོག་གཞི་ཕྱུར་བ་ནག་པོ་བར་སྣང་ཡང་མཚན་མོ་མུན་པ་མུན་ནག་ཏུ་སྣང་བ་ལྟ་བུའོ། །སྔོན་དགེ་བ་བྱས་པའི་བར་སྲིད་ནི་དཔེར་ན་འོག་གཞི་སྣམ་བུ་དཀར་པོ་བར་སྣང་ཡང་ཟླ་བའི་འོད་དང་བཅས་པའི་མཚན་མོར་སྣང་བ་ལྟ་བུར་བཤད་དོ། །དེ་དག་ཀྱང་ཤས་ཆེ་བའི་དབང་དུ་བྱས་ཀྱིས། སྤྱོད་འཇུག་ལས། ལས་ཚུལ་བསམ་གྱིས་མི་ཁྱབ་པ། །ཐམས་ཅད་མཁྱེན་པ་ཁོ་ནས་མཁྱེན། །ཞེས་བཤད། གནས་བརྟན་བཙུན་པས། རིང་བ་ནི་ལོ་དུ་མར་གནས་པ་ཡང་ཡོད་དོ་ཞེས་བཤད་པའི་ཤེས་བྱེད་ནི། མདོ་སྡུད་འདས་ལས། སངས་རྒྱས་འོད་སྲུང་འཇིག་རྟེན་དུ་བྱོན་དུས་རྒྱལ་པོ་འོད་མཛེས་བྱ་བ་ལ་ཁྱེའུ་གཞོན་ནུ་ཞེས་པ་མཛེས་ཤིང་ལྟ་ན་སྡུག་པ་གཅིག་ཡོད་པ་ལས། ཚེའི་དུས་བྱས་ནས་རྒྱལ་པོ་བཙུན་མོ་འབངས་ལ་སོགས་པ་ཐམས་ཅད་ཀྱིས་མྱ་ངན་གྱི་སྨྲེ་ཆེན་པོ་

བཏབ་བོ། །ཡུལ་དེའི་ཉེ་འཁོར་ན་རང་སངས་རྒྱས་གཅིག་ཡོད་པས་རྒྱལ་བུ་གང་ན་འདུག་གཟིགས་པས། བར་དོ་ན་འདུག་སྟེ་རྒྱལ་བུའི་རྩ་ར་བྱོན་ནས། ཁྱོད་ནི་ཤི་ནས་ལོ་གསུམ་ལོན་པ་ལ་ད་དུང་ལུས་མི་ལེན་པ་ཅི་ཡིན་དྲིས་པས། རྒྱལ་བུ་ན་རེ་རྒྱལ་པོ་འཁོར་དང་བཅས་པས་མྱ་ངན་གྱི་གདུང་བ་ཆེན་པོ་བྱས་ཏེ་ལུས་ལེན་དུ་མ་སྟེར། ངན་སོང་གི་སྡུག་བསྔལ་ཕྱོགས་གཅིག་ཏུ་བཞག་པ་བས་བར་དོའི་དྲི་སྣད་རེ་སྡུག་བསྔལ་ཆེ་སྟེ། དུས་པའི་མཆི་མ་བུ་ཡུག་ཁྲག་ཏུ་འབབ། །འཆིངས་པའི་སྨྲ་ལེགས་ན་བུན་དམག་ཏུ་འཐིབས། །གདུང་པའི་ང་རོ་འཛིགས་པའི་སྒྲ་ཡང་སྒྲོགས། །མྱ་ངན་བྱས་པས་དཀར་པོའི་ལྷ་ཡང་གྱེས། །མྱ་ངན་བྱས་པས་ནག་པོའི་བདུད་རྣམས་འདུས། །དེ་ཡི་སྟོབས་ཀྱིས་སྡུག་བསྔལ་དཔག་མེད་མྱོང་། །འཕགས་པ། གསོན་པ་རྣམས་ལ་མྱ་ངན་མ་བྱེད་ཅིག་ཅེས་འཕྲིན་བསྐུར་བས། རྒྱལ་པོ་འཁོར་བཅས་ཐམས་ཅད་ཀྱིས་སྨྲ་ལེགས་པར་བཀྲུས། རྒྱུན་བཏགས་ཁྲིལ་མེད་ཀྱི་མྱ་ངན་བཤོལ་ཁྲིལ་ཅན་གྱི་མྱ་ངན་བདུན་ཚིགས་བྱས། སངས་རྒྱས་འོད་སྲུང་འཁོར་བཅས་སྤྱན་དྲངས་ནས་ཞབས་ཏོག་གིས་མཉེས་པར་བྱས། ཚོགས་གསོག་རྒྱ་ཆེན་པོ་བསགས། ཡང་བསྔོ་བ་ཞུས་པས། རྒྱལ་བུ་དེ་མ་ཐག་ཏུ་སུམ་ཅུ་རྩ་གསུམ་དུ་ལྷར་སྐྱེས་ནས་ཐེག་པ་ཆེན་པོའི་ཆོས་ལ་ལོངས་སྤྱོད་པར་གྱུར་ཏེ་ཞེས་གསུངས།

གངས་ཅན་རས་པའི་སྒྲོལ་འབྱེད་མི་ལས། ཚེ་རིང་མ་མཆེད་ལྔ་ལ་གསུངས་པའི་བར་དོ་དྲུག་ནི། དར་རེས་འཁོར་འདས་གཉིས་ཀྱི་བར་དོ་སྲུ །གནས་ལུགས་ངོ་སྤྲོད་ཕྲུག་རྒྱ་ཆེ། །གཞི་ལྟ་བ་གཏན་ལ་དབབ་ཀྱང་འཚལ། །སྣང་བ་སྐྱེ་ཤི་བར་དོ་སྲུ །རིག་པ་སེམས་ཀྱི་རྩལ་སྦྱང་ཕྱིར། །ལམ་བསྐྱེད་རྫོགས་གཉིས་ལ་འབད་ཀྱང་འཚལ། །ཏིང་འཛིན་ལམ་གྱི་བར་དོ་སྲུ །གཉུག་མ་ཡེ་ཤེས་ངོས་བཟུང་ཕྱིར། །སྙན་བརྒྱུད་ཀྱི་གདམས་ངག་བསྒོམ་ཡང་འཚལ། །རྨི་ལམ་གཉིད་ཀྱི་བར་དོ་སྲུ །བག་ཆགས་ལམ་དུ་བླང་བའི་ཕྱིར། །འོད་གསལ་སྒྱུ་ལུས་སྦྱང་ཡང་འཚལ། །འཆི་ཁ་སྲིད་པའི་བར་དོ་སྲུ །སྐུ་གསུམ་མངོན་དུ་བྱས་ནས་ཀྱང་། །ཞིང་ཁམས་གསུམ་དུ་བགྲོད་ཀྱང་འཚལ། །གལ་ཏེ་མངོན་དུ་མ་གྱུར་ན། །སྐྱེ་གནས་བརྒྱུད་པའི་བར་དོ་སྲུ །སྨོན་ལམ་དག་པའི་མཚམས་སྦྱོར་འཚལ། །ཞེས་བཤད། དེ་ལྟར་ན་མི་ལས་བར་དོ་དྲུག་ཏུ་བཤད་པ་དང་དམ་པས་བཞིར་བཤད་ཀྱང་བར་དོ་གསུམ་དུ་འདུས་ཏེ། དབྱེ་བསྡུ་ལ་མཁས་དགོས་པའི་ཕྱིར་རོ། །

གསུམ་པ་ནི། ཇོ་བོ་ན་རོ་ཏ་པ་ནི་མཐོང་ལམ་ལ་གཉིས་ཡོད་པའི་དབང་བསྐུར་དུས་སུ་མཐོང་ལམ་སྐྱེ་བ་དེ་ནི་ཉི་ཤུ་དགུའི་ཟླ་བ་ལྟར་སྣད་ཅིག་དེ་ཉིད་ལ་འགག་ཅིང་། འཇིག་རྟེན་ཆོས་མཆོག་གི་རྗེས་ཀྱི་མཐོང་ལམ་ནི་ཚེས་གཅིག་ཟླ་བ་ལྟར་སྣད་ཅིག་དེ་ལ་འགག་པ་མེད་ཅེས་གསུང་བར་གྲག་ཅེས་པ་སྒྲ་ཇི་བཞིན་པ་མི་འཐད་དེ༑ དབང་བསྐུར་དུས་སུ་མཐོང་ལམ་སྐྱེ་བར་གསུངས་པ་འདི་ནི་མཚོན་བྱེད་དཔེ་ཡི་ཡེ་ཤེས་ཞུ་བདེ་ལྷན་སྐྱེས

ལ་མཐོང་ལམ་དུ་བཏགས་པར་ཟད་ལ་དགོས་པ་དེ་ལ་གཅེས་སྤྲས་སུ་བྱ་བའི་ཕྱིར་རོ། །

འཕགས་པ་ལྷ་ཡིས་སྤྱོད་བསྡུས་སུ། ཀུན་རྫོབ་བདེན་པ་མཐོང་ཡང་སྔོན་གྱི་བག་ཆགས་ལ་གོམས་པའི་སྟོབས་ཀྱིས་ཞིང་ལས་དང་ཚོང་སོགས་ལས་ཀྱི་མཐའ་ལ་ཆགས་པར་སྲིད་མོད། འོན་ཀྱང་སྲིད་པ་གཞན་མི་ལེན་པར་གསུངས་པ་འཇིག་རྟེན་པའི་བསྒོམ་བྱུང་རྫོགས་རིམ་གྱི་རང་བྱུང་ཡེ་ཤེས་རྟོགས་པ་ནི་དགོངས་གཞི་དེ་ཁོ་ན་ཉིད་མཚོན་བྱེད་དཔེ་ཡི་ཡེ་ཤེས་ཉིད་ལ་དགོངས་ནས་བདེན་པ་མཐོང་བར་གསུངས། དེ་དང་ལམ་འབྲས་ལ་སོགས་པ་གྲུབ་ཐོབ་རྣམས་ཀྱི་དགོངས་པ་དཔེའི་ཡེ་ཤེས་ལ་བདེན་པ་མཐོང་ཞེས་བཏགས་པར་མཐུན་པའི་ཕྱིར། དེ་ཡང་སྤྱོད་བསྡུས་སྒྲོན་མ་ལས། རྡོ་རྗེ་སློབ་མས་གསོལ་བ། གལ་ཏེ་སྒྲུབ་པ་པོ་བདེན་པ་མཐོང་ཡང་སྔོན་གྱི་བག་ཆགས་ལ་གོམས་པའི་སྟོབས་ཀྱིས་ཞིང་ལས་དང་ཚོང་དང་བསྙེན་བཀུར་ལ་སོགས་པས་གཡེངས་པར་སྤྱོད་པ་རྣམ་པ་གསུམ་སྤྱོད་པར་མི་བྱེད་པ་དང་། སྒྲུབ་པ་པོ་གཞན་དག་འགྲོར་པ་མ་ཚང་བས་རྒྱུད་ལས་ཇི་སྐད་གསུངས་པའི་ཚོ་ག་རྫོགས་པར་བྱེད་མི་ནུས་པའི་ཕྱིར། མི་སྤྱོད་པ་དེ་དག་འཆི་བའི་དུས་བྱས་ནས་ཡང་སྲིད་པ་གཞན་དུ་འགྲོ་བར་འགྱུར་རམ། ཡང་ན་རྡོ་རྗེ་འཆང་ཉིད་ཐོབ་པར་འགྱུར་ཞེས་དྲིས་པའི་ལན་དུ། ཚེ་འདི་ཉིད་ཕྱི་མར་མི་འཕོ་སྟེ་དེ་ལྟ་ན་རྟག་པར་འགྱུར་ལ། ཚེ་འདི་མེད་པར་ཡང་ཕྱི་མ་མི་འབྱུང་སྟེ། དེ་ལྟ་ན་རྒྱུ་མེད་དུ་འགྱུར་བས་དཔེར་ན། ཁ་དོན་མར་མེ་མེ་ལོང་རྒྱ། །ཞེས་སོགས་ལྟར་རྟེན་ཅིང་འབྲེལ་འབྱུང་ཡིན་ཞེས་བྱ་བ་སྔོན་དུ་བཤད་ནས། ལན་དངོས་ནི། དེ་བས་ན་དེ་ཁོ་ན་ཉིད་ཤེས་པ་ནི་རྐྱེན་མ་ཚང་བ་ནི་ཇི་སྐད་དུ་བཤད་པའི་སྤྱོད་པ་གལ་ཏེ་མ་སྤྱད་དུ་ཟིན་ཀྱང་ལྟ་བ་ཐམས་ཅད་རྣམ་པར་སྤངས་ནས་འཆི་བར་འགྱུར་བ་ནི་དོན་དམ་པའི་བདེན་པ་ཡིན་ལ། སྐྱེ་བ་ནི་ཀུན་རྫོབ་ཀྱི་བདེན་པའོ་ཞེས་ཡང་དག་པར་མངོན་པར་རྟོགས་ནས་བརྒྱ་ལམ་ན་འོད་གསལ་བར་ཞུགས་ནས་ཐ་མལ་པའི་ཕུང་པོ་བོར་ནས་བདག་ལ་བྱིན་གྱིས་བརླབས་པའི་རིམ་གྱིས་ལྡང་བར་བྱའོ་ཞེས་བརྟན་པའི་སེམས་བསྐྱེད་དེ། དེ་ཡིད་ལ་བྱེད་པས་གནས་པར་བྱེད་ན་དེ་སྐྱེ་བ་གཞན་དུ་ཡིད་ལ་བྱེད་པ་དེ་འདོར་བར་མི་འགྱུར་ཏེ་དེ་བས་ན་ཐམས་ཅད་མཁྱེན་པར་འགྱུར་རོ་ཞེས་པ་དང་། བསམ་པ་གང་དང་གང་གིས་ནི། །མི་རྣམས་ཡིད་ནི་ཡང་དག་སྦྱོར། །དེས་ན་དེ་ཡི་རང་བཞིན་འགྱུར། །ནོར་བུ་རིན་ཆེན་ནོར་བུ་ཇི་བཞིན་ནོ༑ ༑ཞེས་བཤད། ལམ་འབྲས་ལས། ཁམས་འདུས་པ་དང་པོའི་ཉམས་འགའ་ཞིག་ལ་ཆོས་སྐུ་ཉམས་སུ་མྱོང་ཞིང་གཟུང་འཛིན་ལས་གྲོལ་ཞེས་པ་དང་། ལ་སོགས་པ་ཕྱག་རྒྱ་བཞི་པ་ལས་ཀྱང་ལྷན་ཅིག་སྐྱེས་པའི་གྲིབ་མའི་རྗེས་སུ་བྱེད་པ་ལ་ལྷན་ཅིག་སྐྱེས་པ་ཞེས་བརྗོད་དོ། །ལྷན་ཅིག་སྐྱེས་པའི་གྲིབ་མ་ནི་ལྷན་ཅིག་སྐྱེས་པ་འདྲ་བའི་ཡེ་ཤེས་ཁོང་དུ་ཆུད་པར་བྱ་བའི་ཕྱིར་ལྷན་ཅིག་སྐྱེས་པ་ནི་ཤེས་རབ་ཡེ་ཤེས་སོ་ཞེས་བཤད།

བཞི་པ་ནི། ངེད་ཀྱི་མཐོང་ལམ་ནི་འཕགས་པ་མིན་ལ་འབྱུང་མི་སྲིད་དེ། མཐོང་ལམ་བཏགས་པ་བ་ཡོད་པ་དེས་ནའོ། །ལྟ་བ་ལ། རང་གཞུང་དང་མི་མཐུན་པའི་ལག་ལེན་དགག །ཐེག་པ་དང་མི་མཐུན་པའི་གསོལ་འདེབས་དགག །དབང་དང་མི་མཐུན་པའི་བསྒོམ་པ་དགག །བསྙེན་པར་མ་རྫོགས་པའི་མཁན་སློབ་དགག་པ་དང་བཞི་ལས། དང་པོ་ནི། ཐེག་པ་གསུམ་གྱི་ལག་ལེན་ཡང་རང་རང་གཞུང་ལུགས་བཞིན་བྱེད་ན་སངས་རྒྱས་ཀྱི་བསྟན་པ་ཡིན་ལ་མི་བྱེད་ན་བསྟན་པའི་གཟུགས་བརྙན་ཡིན་ཞེས་བྱ་སྟེ། དགག་བྱ་དང་ནི་དགོས་པ་གཉིས། །གཙོ་བོ་གང་ཆེའི་དབང་དུ་ཐོངས། །ཞེས་ས་པཎ་ཁོ་བོས་སྨྲས་པ་ལུང་དང་མཐུན་པའི་ཕྱིར།

གཉིས་པ་ནི། ཉན་ཐོས་དང་ཕ་རོལ་ཕྱིན་པ་དང་གསང་སྔགས་ཀྱི་བླ་མ་གསུམ་ལ་ཁྱད་པར་ཡོད་དེ། སྟོན་པ་སངས་རྒྱས་དེ་ཅི་རིགས་ནས་དེ་གསུམ་ཀའི་བླ་མ་ཡིན་ཀྱང་དམིགས་བསལ་དུ་གནས་སྐབས་ཉན་ཐོས་རྣམས་ཀྱི་ལུགས་ལ། སྐྱབས་འགྲོ་བདུན་ཅུ་པ་ལས། སྐྱེས་བུ་གང་ཟག་ཟུང་བརྒྱད་པོ། །མི་ཕྱེད་དགེ་འདུན་ཞེས་བཤད་དོ། །ཞེས་པ་ལྟར་དགེ་འདུན་ལ་གང་ཟག་བཞི་རྫོགས་དགོས་པས། བླ་མ་སོ་སོ་སྐྱེ་བོ་དེ་བཟང་ཡང་གང་ཟག་ཁོ་ནར་ལས་དགེ་འདུན་མ་ཡིན། ཕ་རོལ་ཕྱིན་པའི་ལུགས་ལ་བླ་མ་ནི་བཟང་ན་བྱང་སེམས་མཐོང་ལམ་ལྟ་བུ་དགེ་འདུན་དཀོན་མཆོག་ཡིན། གསང་སྔགས་པ་ཡི་བླ་མ་མཆོག་དབང་བཞི་ཐོབ་པ་དཀོན་མཆོག་གསུམ་དང་ངོ་བོ་དབྱེར་མེད་ཡིན་པ་དེས་ན་དེ་ལ་གསོལ་བ་བཏབ་པས། དཀོན་མཆོག་གསུམ་པོ་ཚེ་འདིར་འགྲུབ་པ་རྟེན་འབྲེལ་གྱི་ཆོས་ཉིད་ཡིན་པའི་ཕྱིར། དེ་ཡང་ཧེ་རུ་ཀ་སྡོམ་འབྱུང་གི་རྒྱུད་ལས། བླ་མ་སངས་རྒྱས་བླ་མ་ཆོས། །དེ་བཞིན་བླ་མ་དགེ་འདུན་ཏེ། །བླ་མ་དཔལ་ལྡན་ཧེ་རུ་ཀ །ཀུན་གྱི་བྱེད་པ་བླ་མ་ཡིན། །ཞེས་གསུངས། སློབ་དཔོན་རྡོ་རྗེ་དྲིལ་བུ་པས། བླ་མའི་བྱིན་བརླབས་ཙམ་གྱིས་ནི། །སྐད་ཅིག་ཉིད་ལ་འབྱུང་གང་ཡིན། །ཞེས་བཤད།

དགེ་འདུན་དཀོན་མཆོག་ལ་ཡང་གང་ཟག་དང་དགེ་འདུན་གཉིས་སུ་ཕྱེ་བ་དང་མ་ཕྱེ་བའི་དབང་དུ་མཛད་པ་གཉིས་ལས། དང་པོ་ནི། ཉན་ཐོས་པ་ལྟར་མངོན་རྟོགས་རྒྱན་ལས་ཀྱང་། སློབ་པ་ཕྱིར་མི་ལྡོག་པའི་ཚོགས། །ཞེས་པ་དང་། རྒྱུད་བླ་མ་ལས། སངས་རྒྱས་ཆོས་ཚོགས་ཞེས་པ་དང་། སྤྱོད་འཇུག་ལས། བྱང་ཆུབ་སེམས་དཔའི་ཚོགས་ལ་ཡང་། ཞེས་བཤད།

གཉིས་པ་ནི། སྔར་བཤད་པ་ལྟར་ཡིན་ཏེ། སྐྱབས་འགྲོ་བདུན་ཅུ་པ་ལས། སངས་རྒྱས་ཆོས་དང་དགེ་འདུན་རྣམས། །བདུད་རྣམས་བྱེ་བ་བརྒྱ་ཡིས་ཀྱང་། །གང་ཕྱིར་དབྱེ་བར་མི་ནུས་པ། །དེ་ཕྱིར་དགེ་འདུན་ཞེས་བརྗོད་དོ། །ཞེས་བཤད། བླ་མ་དང་བླ་མ་དམ་པ་ལ་ཁྱད་པར་ཡོད་དེ། སྔར་བཤད་པ་དེ་ལྟ་བུའི་ཐེག་པ་གསུམ

པོ་ཡི་སོ་སོའི་གཞུང་ནས་བཤད་པ་བཞིན་བླ་མ་དམ་པའི་མཚན་ཉིད་དང་མི་ལྡན་པའི་བླ་མ་ཡིན་ན་བླ་མ་ཡིན་གྱི་བླ་མ་དམ་པ་མིན་པའི་ཕྱིར། དེ་ཡང་འདུལ་བ་ལས། མཁན་པོ་དང་གནས་ཀྱི་སློབ་དཔོན་གྱི་མཚན་ཉིད་བསྙེན་པར་རྫོགས་ནས་ལོ་བཅུ་ལོན་ཞིང་ལྔ་ཕྲུགས་ཉི་ཤུ་རྩ་གཅིག་ལས་གང་རུང་དང་ལྡན་པ་དང་། ཕ་རོལ་ཕྱིན་པའི་ལུགས་བྱང་སེམས་སྡོམ་པ་དང་། གསང་སྔགས་པའི་ལུགས་བླ་མ་ལྔ་བཅུ་པ་སོགས་གསང་སྔགས་སྡོམ་པའི་སྤྱི་དོན་དུ་བཤད་ཟིན་ཏོ། །བླ་མ་དང་བླ་མ་དམ་པ་གཉིས་ཀྱི་བྱིན་བརླབས་མི་འདྲ་སྟེ། བླ་མ་དམ་པ་མིན་པ་དེ་ལ་གསོལ་བ་བཏབ་ན་ཡང་བྱིན་བརླབས་ཅུང་ཟད་འབྱུང་མོད་ཀྱི། ཚེ་འདིའམ་བར་དོ་ལ་སོགས་སུ་སངས་རྒྱས་ཉིད་དངོས་སུ་སྦྱིན་མི་ནུས་པས་སོ། །དེས་ན་དབང་བསྐུར་ཐོབ་མ་ཐོབ་ཀྱི་གསོལ་འདེབས་ལ་ཁྱད་པར་ཡོད་དེ། དབང་བསྐུར་ཐོབ་པའི་མིས་དཀོན་མཆོག་གསུམ་པོ་བླ་མ་རུ་འདུས་པར་མཐོང་ནས་བླ་མ་ལ་གསོལ་བ་བཏབ་ན་བྱིན་བརླབས་འཇུག་ཅིང་། གལ་ཏེ་དབང་བསྐུར་མ་ཐོབ་ན་བླ་མ་དཀོན་མཆོག་གསུམ་ཉིད་དུ་ཕར་ལ་བསྟུས་ལ་གསོལ་བ་ཐོབ། རིམ་གྱིས་བྱིན་བརླབས་ཅི་རིགས་འཇུག་མོད་ཞར་ལ་བླ་མ་རྒྱང་པ་བཟང་སྲིད་ཀྱང་གསོལ་བ་བཏབ་པ་བྱིན་བརླབས་ཆུང་། དེ་བས་དཀོན་མཆོག་གསུམ་ཉིད་ལ་གསོལ་བ་བཏབ་པ་ཤིན་ཏུ་བཟང་སྟེ། སངས་རྒྱས་ཐོབ་ནས་ཆོས་འཁོར་བསྐོར་བའི་ཚེ་དགེ་འདུན་འདུ་བའི་རྟེན་འབྲེལ་ཡོད་པའི་ཕྱིར། གསང་སྔགས་རྡོ་རྗེ་ཐེག་པའི་དཀོན་མཆོག་གསུམ་ཡང་འདི་ལས་ལྷག་པའི་སངས་རྒྱས་མེད་ཅེས་རྗེ་བཙུན་གསུང་པས། རྡོ་རྗེ་རྣལ་འབྱོར་མ་ལྷ་བུ་སངས་རྒྱས་དང་ཨོཾ་གསུམ་མ་ལྷ་བུ་ཆོས་དང་དཔའ་བོའི་གོ་ཆ་དྲུག་གི་རྡོ་རྗེ་སེམས་དཔའ་དཀར་པོ་སོགས་དགེ་འདུན་དཀོན་མཆོག་གོ །

གསུམ་པ་ནི། དབང་བསྐུར་དང་པོ་མ་ཐོབ་པར་བདག་བསྐྱེད་པའི་རིམ་པ་བསྒོམ་པ་དང་། དབང་བསྐུར་གཉིས་པ་མ་ཐོབ་པར་གཏུམ་མོ་ལ་སོགས་བདག་བྱིན་གྱིས་བརླབ་པའི་རིམ་པ་བསྒོམ་པ་དང་། དབང་བསྐུར་གསུམ་པ་མ་ཐོབ་པར་བདེ་སྟོང་ལ་སོགས་དཀྱིལ་འཁོར་འཁོར་ལོ་བསྒོམ་པ་དང་། དབང་བསྐུར་བཞི་པ་མ་ཐོབ་པར་ཕྱག་རྒྱ་ཆེན་པོ་སོགས་ལམ་རྡོ་རྗེ་ཟབ་གསུམ་བསྒྱོང་བ་དང་།

བཞི་པ་ནི། དགེ་སློང་སྡོམ་པ་མ་ཐོབ་པར་རབ་བྱུང་གི་མཁན་སློབ་ལ་སོགས་བྱེད་པ་ནི་ཆོས་ཅན། མཁས་པ་རྣམས་ཀྱིས་རྒྱང་རིང་སྤང་དགོས་ཏེ། གསང་སྔགས་མེད་པར་སྤྲུལ་གདུག་གི། །མགོ་ལས་རིན་ཆེན་ལེན་པ་ལྟར། །རང་གཞན་བརླག་པའི་རྒྱུ་རུ་བས་པའི་ཕྱིར། ཨིནྡྲ་བྷཱུ་ཏིས། དཔེར་ན་སྐྱེས་བུ་ལ་ལ་ཞིག །སྨན་དང་སྔགས་སོགས་མི་འཛིན་པར། །དུག་སྦྲུལ་མགོ་ལ་འཛིན་བྱེད་པ། །གཤིན་རྗེའི་ཁར་འགྲོ་ཁོ་ནར་ཟད། །དེ་བཞིན་དེ་ཉིད་མེད་བཞིན་དུ། །ངོ་མཚར་ཆེ་བ་ལྟར་བྱེད་པ། །རི་སྲིད་ནམ་མཁའ་མི་འཇིག་པ། །ཤི་བའི་འོག་ཏུ

དམྱལ་བར་སྐྱེ། །ཞེས་བཤད།

དྲུག་པ་ལ། ཆོས་སྤྱོད་ཀྱི་ལག་ལེན་འཁྲུལ་པ་དགག །དམིགས་རྟེན་ལྷ་སྐུ་ལ་འཁྲུལ་པ་དགག །སྔགས་ལུགས་མདོ་ལུགས་སུ་འཆོས་པ་དགག་པ་དང་གསུམ་ལས། དང་པོ་ལ། གཏོར་མ་དང་། ཆུ་སྦྱིན་དང་། ཟན་ཕུད་ལ་འཁྲུལ་པར་དགག་པ་དང་གསུམ་ལས། དང་པོ་ནི། གཞན་ཡང་གངས་རིའི་ཁྲོད་འདི་ན་འཁྲུལ་པའི་ལག་ལེན་དུ་མ་ཡོད་ལ་དེ་ཡང་བཀའ་གདམས་པ་འགའ་ཞིག །ཡི་དྭགས་ཁ་འབར་མ་ཡི་གཏོར་མ་ལ་དེ་བཞིན་གཤེགས་པ་རིན་ཆེན་མང་སོགས་བཞི་ཡི་མཚན་སྔོན་ལ་བརྗོད་པའི་ལག་ལེན་མཐོང་བ་འདི་ཡང་མདོ་དང་མཐུན་པ་མ་ཡིན་ཏེ། མདོ་ལས་སྔོན་ལ་སྔགས་བརྗོད་ནས་སངས་རྒྱས་བཞི་པོའི་མཚན་ཕྱི་ནས་གསུངས་པའི་ཕྱིར། ཁ་འབར་གཏོར་མའི་མདོ་ལས། རྒྱ་ཆེན་ཤུགས་ལྡན་འོད་ཀྱི་སྔགས་ནི། ན་མཿསརྦ་ཏ་ཐཱ་ག་ཏ་ཨ་ཝ་ལོ་ཀི་ཏེ་ཨོཾ་སཾ་བྷ་ར་སཾ་བྷ་ར་ཧཱུྃ་ཞེས་པ་འདི་འཕགས་པ་ལ་མཆོད་པ་འབུལ་ན་ལན་ཉི་ཤུ་རྩ་གཅིག་བཟླས་ནས་འབུལ། ཡི་དྭགས་ལ་ལན་བདུན་བཟླས་པའི་རྗེས་སུ། དེ་བཞིན་གཤེགས་པ་རིན་ཆེན་མང་དང་གཟུགས་དམ་པ་དང་སྐུ་འཇམ་ཀླུས་དང་འཇིགས་པ་ཐམས་ཅད་དང་བྲལ་བ་ལ་ཕྱག་འཚལ་ལོ་ཞེས་བརྗོད་པར་གསུངས། དེ་ཡང་ཕྱིས་ཕྱག་འཚལ་བ་ནི་བདེན་སྟོབས་བརྗོད་པའི་དོན་ཏོ། །འོད་ཁ་ཅིག་དེ་བཞིན་གཤེགས་པ་བཞི་ནི་ཐུབ་པ་དང་རིགས་གསུམ་མགོན་པོ་ཡིན་ཟེར་རོ། །

གཉིས་པ་ནི། དགེ་བཤེས་སྤྱན་སྔ་བ་སོགས་འགའ་ཞིག་ཆུ་སྦྱིན་ནང་དུ་ཟན་འཇུག་པའི་ལག་ལེན་བྱེད་པ་ཐོས་ཏེ་ཆུ་སྦྱིན་ནང་དུ་ཟན་འདེབས་པ་གཏོར་མའི་ཚོག་ཉམས་པ་ཡིན་པར་ཐལ། འཇུར་འགེགས་ཅན་གྱི་ཡི་དྭགས་ཀྱིས་ཆུ་སྦྱིན་ནང་དུ་ཟན་མཐོང་ན་མེ་འབར་བའི་འཇིགས་པ་ཆེན་པོ་འབྱུང་བར་གསུངས་པ་དེས་ནའོ། །དེ་ཡང་ཆུ་སྦྱིན་གྱི་སྔགས་ནི། ཨོཾ་ཛ་ལ་མི་དཾ་སརྦ་པྲེ་ཏེ་བྷྱཿསྭཱ་ཧཱ། ཞེས་པས་ཆུ་ཐིགས་པ་རྒྱུན་བཅད་ཅིང་སྟེར་བ་དང་སེ་གོལ་ཏོག་པའི་ལག་ལེན་ཡོད། འདི་ལ་མེ་ཁ་ལའི་གཟུངས་ཞེས་གསུངས་པས། འདིར་ཛྭ་ལ་ཞེས་རིང་པོ་བྱེད་པ་ནི་ནོར་བའོ། །

གསུམ་པ་ནི། ཟན་གྱི་ཕུད་ལ་ལྷ་བཤོས་དང་ཚང་བུ་བྱ་བར་སངས་རྒྱས་ཀྱིས་གསུངས་ཏེ། རྡོ་རྗེ་རྩེ་མོའི་རྒྱུད་ལས་ནི། ཟན་གྱི་ཕུད་ལ་ཚང་བུ་སྦྱིན། །ཞེས་གསུངས། འཁྲུག་མའི་མདོ་ལས་ཀྱང་། ང་ལ་སངས་རྒྱས་སྟོན་པར་ཁས་འཆེ་ན་འཁྲུག་མ་ལ་ནི་ཚང་བུ་སྦྱིན་ཞེས་གསུངས་པའི་ཕྱིར། ཚང་བུ་སྦྱིན་པ་དེའི་ཚོག་ནི་མི་ཏྲི་པའི་ལྷ་བ་དན་སེལ་དང་ཛེ་ཏ་རིའི་ཡི་དམ་བླང་བ་དང་རྗེ་བཙུན་ཆེན་པོའི་ལས་དང་པོ་པའི་བྱ་བ་དང་ཐུབ་པ་དགོངས་གསལ་ལ་སོགས་པར་ལྟོས། བརྟག་གཉིས་ལས། ཨོཾ་བཛྲ་ནཻ་ཝེ་དྱེ་ཨཱཿཧཱུྃ་ཞེས་པ་དང་། ཨོཾ་ཧྲཱིཿཧྲཱིཿལྷ་

བཞོས་ཀྱི་སྔགས་སོ་ཞེས་གསུངས། ཨོཾ་ཧ་རི་ཏེ་མ་ཧཱ་ཡཀྵི་ཎི་སྭཱ་ཧཱ་འཁོར་མ་ལ་ཆང་བུ་སྦྱིན། ཨོཾ་ཧ་རི་ཏེ་ཡཀྵི་ནི་སྭཱ་ཧཱ། འཁོར་མའི་བུ་ལྔ་བརྒྱ་ལ་ཆང་བུ་གཅིག་སྦྱིན། ཕུད་ལ་དབང་བ་ལ་ཨོཾ་ཨཱ་གྲ་པིཎྜ་ཨ་ཤི་བྷྱ་སྭཱ་ཧཱ་ཆང་བུ་གཅིག་སྦྱིན། ཨོཾ་ཨུཙྪིཥྚ་བ་ལིཾ་ཏ་བྷཀྵ་སི་སྭཱ་ཧཱ། ཞེས་པས་ལྷག་མའི་ཆང་བུ་སྦྱིན། དེ་ཡང་རྡོ་རྗེ་རྩེ་མོའི་རྒྱུད་ལས། དེ་ནས་ཟས་ཀྱི་དུས་སུ་ནི། །རྣམ་པ་ཀུན་ཏུ་ཆང་བུ་སྦྱིན། །ཞེས་པ་དང་། འཁོར་མའི་མདོ་ལས། ང་ལ་སྟོན་པར་ཁས་འཆེ་བའི་ཉན་ཐོས་རྣམས་ཀྱིས་འཁོར་མ་བུ་དང་བཅས་པ་ལ་ཆང་བུ་སྦྱིན་པར་བྱའོ་ཞེས་གསུངས། ཅིའི་ཕྱིར་འཁོར་མ་ཞེས་བྱ་ན་རྒྱལ་པོའི་ཁབ་ཀྱི་བྱིས་པ་རྣམས་ཀྱི་སྲོག་འཁོར་བས་སོ། །བཀའ་ཕྱག་པ་འགའ་ཞིག་སངས་རྒྱས་ཀྱིས་གསུངས་པའི་ལྷ་བཤོས་ཆང་བུ་མི་བྱེད་པར། མ་གསུངས་པ་ཡི་སྣར་ཐང་པ་འབྲང་རྒྱས་དང་འབྲི་ཁུང་པ་གྲུ་གསུམ་ལ་སོགས་བྱེད་པ་མཐོང་བ་ཐེ་ཚོམ་ཟ་སྟེ། གསང་སྔགས་རྙིང་མ་འགའ་ཞིག་ལས། །གྲུ་གསུམ་དབང་ཕྱག་ཆེན་པོའི་སྙིང་། །དེ་ཡི་ཤ་དང་ཁྲག་གིས་བརྒྱན། །མཐེབ་ཀྱུ་མགོ་བོའི་ཐོད་པས་བསྐོར། །ཆང་སོགས་བདུད་རྩིས་དེ་བཀང་ནས། །ཧེ་རུ་ཀ་ལ་མཆོད་ཅེས་ཟེར་ཡང་། གསང་སྔགས་གསར་མར་གྲུ་གསུམ་གྱི་གཏོར་མ་གཞུང་ནས་བཤད་པ་མེད་ཅིང་། ཟས་ཀྱི་ཕུད་ལ་ཁྱད་པར་དུ་གྲུ་གསུམ་འབུལ་བར་གསུངས་པ་མེད་པས་མདོ་སྔེ་མ་དཀྲུག་པར་སངས་རྒྱས་ཀྱི་གསུང་བཞིན་ཉམས་སུ་ལོངས། དེའི་རྒྱུ་མཚན་ཆོས་སྤྱོད་ཀྱི་ལག་ལེན་ཐམས་ཅད་སངས་རྒྱས་ཀྱི་གསུང་དང་མཐུན་ན་བསྟན་པ་ཡིན་པ་དེས་ནའོ། །

གཉིས་པ་ནི། ཀླུ་སྒྲུབ་ལ་སྟོད་བཏགས་པའི་བོད་ཁ་ཅིག་ལྟུང་བཤགས་ཀྱི་སངས་རྒྱས་རབ་ཏུ་བྱུང་བ་ཡི་ཕྱག་ཏུ་མདའ་གཞུ་སོགས་མཚོན་ཆ་བསྐུར་བའི་ལྷ་བྱེད་པ་མཐོང་བ་ཐེ་ཚོམ་ཟ་སྟེ། ཁྱིམ་པའི་ཆ་ལུགས་ཅན་ལོངས་སྐུ་དག་ལ་རྒྱན་དང་མཚོན་ཆ་སོགས་སྲིད་ཀྱི་རབ་བྱུང་རྣམས་ལ་དེ་འདྲ་མི་སྲིད་པའི་ཕྱིར། དེ་ཡང་ཁྱད་པར་འཕགས་བསྟོད་ལས། ཁྱོད་ནི་འཁོར་ལོ་མདུང་མེད་པར། །བྱམས་པའི་མཚོན་གང་ལགས་པས་རྒྱལ། །ཞེས་བཤད།

གསུམ་པ་ལ། སྤྱིར་དགག་པ་དང་། སོ་སོར་དགག་པ་གཉིས་ལས། དང་པོ་ནི། བྱང་ཆུབ་མཆོག་གི་ཕྱག་རྒྱ་དང་མཆོག་སྦྱིན་དང་ཏིང་ངེ་འཛིན་དང་སྐྱབས་སྦྱིན་སོགས་མཛད་པའི་རིགས་ལྔ་ཁ་དོག་སེར་འབྱམ་བྱེད་པ་མཐོང་ཞིང་མདོ་ལུགས་ཡིན་ཞེས་བཀའ་གདམས་པ་ལ་ལ་སྨྲ་བ་མི་འཐད་དེ། མདོ་ནས་འདི་འདྲ་གསུངས་པ་མེད་ཅིང་བྱ་སྤྱོད་གཉིས་ཀྱི་རྒྱུད་ལས་ཀྱང་སངས་རྒྱས་རིགས་ལྔར་བསྟུས་པ་མེད་པའི་ཕྱིར་དང་། དེ་ཡང་བྱ་རྒྱུད་དུ་རིགས་ཀྱི་བདག་པོ་འཇམ་དབྱངས་སྤྱན་རས་གཟིགས་ཕྱག་ན་རྡོ་རྗེ་སྟེ་གསུམ་དུ་གསུངས་ཤིང་། སྤྱོད་རྒྱུད་དུའང་རིགས་ལྔའི་ཐ་སྙད་གསལ་བར་གསུངས་པ་མེད་ཅིང་། རྣལ་འབྱོར་རྒྱུད་དེ་ཉིད་བསྡུས

པ་ལས་གསུངས་པའི་རིགས་ལྔའི་ཁ་དོག་སྣང་རྣམ་དཀར་པོ་སོགས་ཐ་དད་ཅིང་བྱང་ཆུབ་ཕྱོགས་སོགས་ཕྱག་རྒྱ་ཡང་ནི་ཐ་དད་གསུངས་ལ། དེ་ཡི་སྐུ་མདོག་ཕྱག་རྒྱ་ནི་རྟེན་ཅིང་འབྲེལ་འབྱུང་སྒྲུ་ཡིན་པས་མ་འོངས་པ་ན་ཡེ་ཤེས་ལྔ་འགྲུབ་པའི་རྟེན་འབྲེལ་ལ་འཐད་པར་ཡིན་པའི་ཕྱིར་དང་། དཔལ་དུས་ཀྱི་འཁོར་ལོ་དང་སེམས་འགྲེལ་ལ་སོགས་ལས་རིགས་ལྔའི་ཁ་དོག་གཞན་གསུངས་པ་ནི་རྟེན་ཅིང་འབྲེལ་འབྱུང་སྒྲུ་ཡིན་ནོ། །དེའི་རྒྱུ་མཚན་མི་བསྐྱོད་པ་ལྗང་ཁུ་དོན་གྲུབ་ནག་པོ་རིན་འབྱུང་དམར་པོ་སྣང་བ་མཐའ་ཡས་དཀར་པོ་རྣམ་སྣང་སེར་པོ་རྣམས་རིམ་བཞིན་འབྱུང་བ་ནམ་མཁའ་ང་མེ་ཆུ་ས་རྣམ་པ་ལྔ་སྦྱོང་བ་ཡི་རྟེན་འབྲེལ་ཡོད་པའི་ཕྱིར། དེས་ན་ཇོ་བོ་རྗེའི་གཟིགས་སྣང་ཡིན་ཟེར་བའི་རིགས་ལྔ་སེར་འབྲུམ་ལ་ནི་དོན་དེ་དག་མཚོན་མི་ནུས་སོ། །འོ་ན་གསེར་འོད་དམ་པ་ལས། སངས་རྒྱས་ཐམས་ཅད་ཁ་དོག་མཚུངས། །འདི་ནི་སངས་རྒྱས་ཆོས་ཉིད་ཡིན། །ཞེས་པའི་དོན་ཇི་ལྟར་འཆད་ཅེ་ན། མདོ་སྡེ་རྒྱན་ལས། དེ་བཞིན་ཟག་མེད་དབྱིངས་འདི་ནི། །སངས་རྒྱས་དཔག་ཏུ་མེད་འདྲེས་ཤིང་། །མཛད་པ་གཅིག་ནི་མཛད་པ་ལའང་། །ཐམས་ཅད་མཛད་པ་སྣང་བར་འདོད། །ཅེས་བཤད་པ་དང་རིགས་པ་མཚུངས་སོ། །ཡང་། པགས་པ་གསེར་མདོག་པགས་པ་སྲབ་པ་དང་། །ཞེས་བཤད་པའི་དོན་ཇི་ལྟར་འཆད་ཅེ་ན། རིགས་ལྔ་སེར་འབྲུམ་མི་འཐད་ཀྱང་སངས་རྒྱས་གསེར་མདོག་ཅེས་གསུངས་པ་ནི་གསེར་ལྟར་དྲི་མ་མེད་ཅིང་དྭངས་པའམ་སྤྲུལ་སྐུ་ཕལ་ཆེ་བ་ལ་དགོངས་ཏེ་གསུངས་པ་ཡིན་གྱི། གཞན་དུ་སངས་རྒྱས་ཐམས་ཅད་ལ་གསེར་མདོག་གིས་མ་ཁྱབ་སྟེ། སྣན་བླ་ནམ་མཁའི་མདོག་ཅན་སྔོན་པོ་ཉིད་དུ་མདོ་ལས་གསུངས་པའི་ཕྱིར། ཡི་དམ་ལྷ་ཡི་སྒྲུབ་ཐབས་དང་འབྲེལ་བའི་སྔགས་ཀྱི་བཟླས་པའི་ཚིག་དང་མཆོག་དང་ཐུན་མོང་དངོས་གྲུབ་ཀྱི་ཚིག་ཇི་སྙེད་པ་མདོ་སྡེ་ཀུན་ལས་གསུངས་པ་མེད། དེང་སང་སྔགས་ལ་མི་མོས་པར་སྒྲོལ་མ་སོགས་ལྷ་བསྒོམ་པ་ལ་སོགས་བྱེད་པ་ཡང་སངས་རྒྱས་ཀྱི་བསྟན་པ་དང་མཐུན་པ་མིན་ཏེ། བསམ་སྦྱོར་ནོར་བའི་ཕྱིར། གཞན་ཡང་བཀའ་གདམས་གཞུང་པ་སོགས་སྦྱིན་སྲེག་རོ་སྲེག་དང་བདུན་ཚིགས་དང་ཚ་ཚའི་ཚིག་སོགས་དེང་སང་གསང་སྔགས་ལུགས་བོར་ནས། མདོ་ནས་བཤད་པའི་དཀོན་མཆོག་མཆོད་པ་ཙམ་ལ་བརྟེན་པ་ཡི་ཚིག་ཡིན་ཟེར་ནས་ཡི་དམ་ལྷ་སྒྲུབ་པ་དང་འབྲེལ་བའི་སྔགས་བཟླས་པ་སོགས་ཚིག་འི་རྣམ་གཞག་བྱེད་པ་ཡོད་ཀྱང་མི་འཐད་དེ། ཕ་རོལ་ཕྱིན་པའི་མདོ་སྡེ་དང་དེའི་དགོངས་འགྲེལ་བསྟན་བཅོས་རྣམ་དག་ཀུན་ལས་དེ་འདྲའི་ཚིག་གསུངས་པ་མེད་ཅིང་། སྦྱིན་སྲེག་སོགས་འདི་དག་ངན་སོང་སྦྱོང་རྒྱུད་ལ་སོགས་པའི་རྒྱུད་སྡེ་འགའ་ཞིག་ལས་གསུངས་པའི་རྗེས་སུ་འབྲངས་པ་ཡི་གསང་སྔགས་པ་ལ་གྲགས་པ་ཡིན་པའི་ཕྱིར།

དེ་བཞིན་བཀའ་གདམས་གཞུང་པ་རབ་གནས་མདོ་ལུགས་དང་གྲུ་གོ་ཆའི་རྗེས་འབྲང་ཕྱག་ན་རྡོ་རྗེ་མདོ་ལུགས་དང་། ལྷུང་བཤགས་དང་ནི། ཤེར་སྙིང་སོགས་སྔགས་ལུགས་ཡིན་ཞེས་འཆད་པ་ཐོས་པ་མི་འཐད་དེ༑ མདོ་སྔགས་ཕན་ཚུན་ནོར་བའི་ཕྱིར། དེ་ཡང་ངན་སོང་སྦྱོང་རྒྱུད་ཀྱི་ཀུན་རིག་རྩ་བའི་དཀྱིལ་འཁོར་ལས། དྲི་ཡིས་བསྐུས་པའི་ཡམ་ཤིང་གིས། །ཚོགས་བཞིན་དུ་སྦྱིན་བསྲེག་བྱ། །ཞེས་པ་དང་། རོ་ལ་སྔགས་ཀྱིས་བཏབ་ནས་ཀྱང་། །ཆུ་མཆོག་གིས་ནི་བཀྲུས་ནས་ནི། །ཞེས་པ་དང་། དེ་ཡི་གཟུགས་བརྙན་བྲི་བའམ། །གུར་གུམ་གྱིས་ནི་མིང་ཡང་བྲི། །ངན་སོང་གསུམ་གྱི་འཇིག་རྟེན་ལས། །སེམས་ཅན་རྣམས་ནི་གྲོལ་བའི་ཕྱིར། །སྔགས་མཁན་གཞན་ལ་ཕན་བརྩོན་ཞིང་། །སྙིང་རྗེ་ཅན་གྱིས་དབང་བསྐུར་རོ། །དེ་ནས་རྣལ་འབྱོར་ཅན་གྱིས་ནི། །སྔགས་དང་ཕྱག་རྒྱས་དེ་དབང་བསྐུར། །ལྷ་ཡི་གཟུགས་སུ་བཏགས་ནས་ཀྱང་། །མཆོད་རྟེན་དབུས་སུ་བཞག་པར་བྱ། །རང་གི་ལྷའམ་ལྷ་གཞན་གྱི། །སྙིང་པོ་སྙིང་ཁར་བྲིས་ནས་ཀྱང་། །ལྷ་འདྲ་བར་ནི་སེམས་བསྐྱེད་དེ། ཁྱིམ་གྱི་ནང་དུ་བཞག་པར་བྱ། །དེ་ཡི་མིང་ནས་སློས་ནས་སུ། །གུར་གུམ་བཟང་པོས་སྔགས་བྲིས་ལ། །རིམས་ཀྱིས་འབུམ་ནི་ཚད་ཙམ་དུ། །མཆོད་རྟེན་ལས་ནི་རབ་ཏུ་བྱ། །སྡིག་ཅན་སྡིག་ནི་ཟད་བྱའི་ཕྱིར། །བྱེ་བ་སྟེང་ནི་ཚང་བར་བྱ། །དེ་ནི་ངེས་པར་དམྱལ་བ་ནས། །འདི་བྱས་པས་ནི་གྲོལ་བར་འགྱུར། །ཞེས་པ་དང་། དེ་ནས་ཐལ་བར་གྱུར་པ་དང་། རྡོ་རྗེ་བསྡུ་བའི་སྔགས་ཀྱིས་ནི། །ཚོགས་བཞིན་དུ་བསྡུ་བར་བྱ། །ཐལ་བ་དེ་དང་རུས་པའི་རྡུལ། །སྔགས་བཏབ་པ་ཡི་དྲི་ཆུ་དང་། །ཁ་སྐྱེས་འོ་མ་ལ་སོགས་ལྷས། །སྦྱོང་བའི་སྔགས་ཀྱིས་བློ་ལྡན་གྱིས། །འབུམ་དུ་བཟླས་པས་བརྫིས་ནས་ནི། །ག་བུར་དྲི་དང་བསྒོས་པ་ཡིས། །འཇིམ་པ་དང་ནི་བསྲེས་ནས་ཀྱང་། །གཟུགས་སུ་བྱའམ་ཡང་ན་ནི། །མཆོད་རྟེན་གྱི་ནི་ལྷར་བྱས་ལ། །ཞེས་གསུངས།

སྦྱོང་བའི་སྔགས་ཞེས་བྱ་བ་ནི་སྦྱོང་རྒྱལ་གཅིག་པོར་མ་ངེས་སོ། །རྣལ་འབྱོར་རྒྱུད་དུ་མ་ཟད་གསང་སྔགས་བླ་མེད་ཀྱི་རྒྱུད་སྡེ་འགའ་ཞིག་གི་རྗེས་སུ་འབྲང་བ་ནག་པོ་པའི་རོ་སྲེག་གི་ཆོ་ག་དང་། རྗེ་བཙུན་ཆེན་པོའི་དུས་ཐ་མའི་ཆོ་ག་སོགས་སྔགས་ལུགས་ཡིན་ནོ། །ཇོ་བོ་རྗེས་ཕ་རོལ་ཏུ་ཕྱིན་པའི་ཚ་ཚ་འདེབ་པའི་ཆོ་ག་མཛད་པ་ནི། འཇིམ་པ་བྱིན་གྱིས་རློབ་པའི་སྔགས་ཉི་ཤུ་རྩ་གཅིག་བརྗོད་ནས་བྱམས་པ་དང་སྙིང་རྗེའི་སེམས་ཀྱིས་བརྟུང་བ་དང་འབི་འབི་བྱས་ཏེ་སྔགས་དེ་ཉིད་བརྗོད་ཅིང་། འོག་མིན་ན་བཞུགས་པའི་རྣམ་པར་སྣང་མཛད་ལ་ཕྱག་འཚལ་བར་མོས་ནས། རྟེན་འབྲེལ་སྙིང་པོའི་སྔགས་བཟླས་ཤིང་བཏབ་སྟེ་འབྲུའམ་མེ་ཏོག་ལ་རྟེན་འབྲེལ་གྱི་སྔགས་བཟླས་ཏེ་ཕུལ་ནས། བསོད་ནམས་འདི་ཡིས་ཐམས་ཅད་གཟིགས་པ་ཉིད། །ཅེས་སོགས་བསྔོ་བ་བྱེད་པར་གསུངས་སོ། །འདི་ལ་ནི་མདོ་མཆོད་ཙམ་ལ་བརྟེན་པའི་ཡི་དམ་ལྷ་སྒྲུབ་པ་དང་འབྲེལ་

བ་སོགས་ཚོགས་ཆོ་གའི་རྣམ་གཞག་བྱས་པའི་ཉེས་པ་མེད་དེ། ཡི་དམ་ལྷ་བསྒོམ་པ་དང་མ་འབྲེལ་བའི་ཕྱིར། བསླབ་བཏུས་ལས། ལྷ་བསྒོམ་པ་དང་མ་འབྲེལ་བའི་ཡི་གེ་བརྒྱ་པའི་སྔགས་བཟླས་པ་སོགས་དང་། འདུལ་བ་ལུང་ལས་ཀྱང་། རྨ་བྱ་ཆེན་མོའི་རིགས་སྔགས་དང་ཡངས་པ་ཅན་དུ་རིམས་ནད་ཞི་བའི་གཟུངས་སྔགས་དང་ཚངས་པ་མཚུངས་པར་སྤྱོད་པ་ཤི་བའི་ལུས་ལ་མཆོད་པར་བྱའོ་ཞེས་པ་དང་། ཤི་བའི་མིང་ནས་སྨོས་ཏེ་བསྔོ་བ་བྱེད་པ་དང་། མཆོད་རྟེན་ནི་རྣམ་པ་གཉིས་ཏེ་གཙང་ཁང་ཅན་དང་ཀ་བ་ལྷ་བུ་ཉིད་དོ་དེ་རབ་ཏུ་བྱུང་བ་རྣམས་ལ་འོས་པ་ཉིད་དོ་ཞེས་གསུངས་པ་ལྟ་བུའོ། །འདིར་ཡང་། མདོ་དང་རྒྱུད་ཀྱི་ཁྱད་པར་ནི། །ཆོག་འི་བྱ་བ་ཡོད་མེད་ཡིན། །ཞེས་གསུངས།

གཉིས་པ་ལ། རབ་གནས་དང་གསང་འདུས་མདོ་ལུགས་དགག །ཕྱག་རྫོར་མདོ་ལུགས་དགག །ལྟུང་བཤགས་སྔགས་ལུགས་དགག་པ་དང་གསུམ་ལས། དང་པོ་ནི། རབ་གནས་མདོ་ལུགས་འཆད་པ་ཐོས་པ་འདི་ཡང་བརྟག་པར་བྱ་བས་ཉོན་ཞིག །བརྟགས་ན་མི་འཐད་དེ། མདོ་ནས་རབ་གནས་ཀྱི་ཆོ་ག་བཤད་པ་མེད་ཅིང་འོན་ཀྱང་མཆོད་པ། མེ་ཏོག་ཐལ་ཆེར་མེ་ཏོག་བླ་བྲེ་དང་། །ཞེས་སོགས་དང་། བསྟོད་པ། རྣམ་དག་སྐུ་མདའ་མཆོག་ཏུ་གཟུགས་བཟང་བ། །ཞེས་སོགས་དང་། བཀྲ་ཤིས། ཕུན་སུམས་ཚོགས་པ་མདའ་བ་གསེར་གྱི་རི་བོ་འདྲ། །ཞེས་སོགས་དང་། རྒྱལ་པོ་རྒྱལ་སར་བསྐོས་པའི་མངའ་དབུལ་བྱེད་པ་ལྟ་བུ་ལ་རབ་གནས་ཡིན་ཞེས་སྨྲ་ན་སྨོས་ཏེ་མིང་ལ་མི་རྩོད་པའི་ཕྱིར། རྟགས་ཟུར་དང་པོ་གྲུབ་སྟེ། ལྷ་བསྒོམ་པ་དང་སྔགས་བཟླས་དང་། །བུམ་པ་ལྷ་ཡི་སྟ་གོན་དང་། །དངོས་གཞིའི་དམ་ཚིག་སེམས་དཔའ་དང་། །ཡེ་ཤེས་འཁོར་ལོ་དགུག་གཞུག་དང་། །སྤྱན་དབྱེ་བརྟན་པར་བཞུགས་པ་དང་། །སྔགས་ཀྱི་བྱིན་གྱིས་བརླབས་པ་ཡི། །མེ་ཏོག་དོར་ནས་ལེགས་མཆོད་དེ། །བཀྲ་ཤིས་རྒྱས་པར་བྱེད་པ་ཡི། །རབ་གནས་ཀྱི་ཆོ་ག་གསང་སྔགས་ཀྱི་རྒྱུད་སྡེ་ལས་གསུངས་ཀྱི་ཕ་རོལ་ཕྱིན་པ་ལས་གསུངས་པ་མིན་པའི་ཕྱིར། དེ་ཡང་རྒྱུད་ཀྱི་དོན་ལོ་ཆེན་རིན་ཆེན་བཟང་པོའི་སྡོམ་ཚིག་ནི། རྟེན་གྱི་བྱ་བ་ཡོངས་རྫོགས་ནས། །སློབ་དཔོན་མཚན་ཉིད་གནས་དང་དུས། །ཡོ་བྱད་ཡོངས་སུ་ཚང་ནས་ནི། །ཆོ་ག་དག་ལ་འཇུག་པར་བྱ། །ལེགས་བཤམས་བདག་བསྐྱེད་བུམ་པ་བཟླས། །རྟེན་སྦྱང་བཀྲུ་ཞིང་ཕྱེ་བ་དང་། །རྟེན་བསྐྱེད་ཡེ་ཤེས་སྤྱན་དྲངས་ལ། །བགེགས་སྤྱད་མཆོད་ལ་དགུག་གཞུག་བྱ། །རྒྱས་བཏབ་མཆོད་བསྟོད་གཏོར་མ་བཏབ། །སྣན་གསན་དབབ་ཅིང་མཆོད་བསྟོད་བྱ། །བཟོད་པར་གསོལ་ཞིང་གཤེགས་སུ་གསོལ། །རྟེན་དགབ་བདག་བསྲུང་སྟ་གོན་ནོ། །ཐོ་རངས་བདག་བསྐྱེད་མདུན་བསྐྱེད་མཆོད། །རྟེན་སྦྱང་བཀྲུ་ཞིང་ཕྱེ་བ་དང་། །རིང་བསྲེལ་གཞུག་ཅིང་གསོལ་བ་གདབ། །རྟེན་བསྐྱེད་སྤྱན་དྲངས་དགུག་རྒྱས་གདབ། །དབང་བསྐུར་མཆོད་

བསྟོད་སྦྱིན་དབྱེ་བ། །གསོལ་བཏབ་མངའ་དབུལ་རྒྱས་པར་བྱ། །དེ་ལ་མཆོད་བསྟོད་བྱེ་བྲག་དང་། །སྦྱིན་སྲེག་སྔགས་ཏེ་དངོས་གཞིའོ། །གཏོར་མ་སྦྱིན་དང་ཆོས་སྐྱོང་བསྒོ། །དཀྱིལ་འཁོར་མཆོད་དེ་དངོས་གྲུབ་བླང་། །བཟོད་པར་གསོལ་ཞིང་གཤེགས་སུ་གསོལ། །ཡོན་བདག་བསྒོ་ཞིང་ཤིས་པ་བརྗོད། །རྟེན་མཆོད་བསོད་ནམས་ཡོངས་སུ་བསྔོ། །སློབ་དཔོན་མཆོད་དེ་དགའ་སྟོན་བྱ། །སླར་ཡང་ཤིས་པ་རྒྱས་པར་བརྗོད། །རྗེས་བསྔུ་སྦྱིན་སྲེག་མཇུག་དོན་ནོ། །ཞེས་གསུངས་པ་ལྟར་རབ་གནས་བྱའོ། །

བཀའ་གདམས་པ་ལ་ལ་ན་རེ། རབ་གནས་མདོ་ལུགས་འདི་ཇོ་བོ་རྗེའི་གདམས་ངག་ཡིན་ཞེས་སྨྲ་བ་མི་འཐད་དེ། འོན་རབ་གནས་མདོ་ལུགས་འདི་མདོ་སྡེ་གང་དག་ལ་བརྟེན་པ་ཡིན་དྲིས་པའི་ཚེ་ན་སྨྲ་དགོས་སོ། །དེའི་རྒྱུ་མཚན་ཇོ་བོ་རྗེ་ཡང་རབ་གནས་ཀྱི་ཆོག་རང་བཟོ་མི་མཛད་པའི་ཕྱིར། དེང་སང་བཀའ་ཕྱག་པ་ལ་ལ་གསང་བ་འདུས་པའི་ལྷ་བསྒོམ་པ་སྔགས་བཟླས་ནས་མདོ་ལུགས་ཡིན་ཞེས་ཟེར་བ་མི་འཐད་དེ། གསང་འདུས་ལ་སོགས་ཆོག་ལ་མདོ་ལུགས་ཆོག་འབྱུང་བ་མཚར་ཏེ་ནང་འགལ་བའི་ཕྱིར། དཔེར་ན་སེང་གེའི་ཕྲུག་གུ་གླང་ཆེན་ལས་བྱུང་ན་སྟོན་མེད་སྒྲོག་ཆགས་ཡིན་པ་བཞིན་ནོ། །དེས་ན་གསང་སྔགས་ལ་མཁས་པ་རྣམས་ཀྱིས་འདི་འདྲ་ཡི་རང་བཟོའི་ཆོག་དེ་སྐྱོན་ཆད་མ་བྱེད་ཅིག་སྟེ་བྱས་ན་འགལ་ཚབས་ཅན་དུ་འགྱུར་བའི་ཕྱིར། ལྟ་ལ་རབ་ཏུ་གནས་པ་དང་མི་ལ་དབང་བསྐུར་བྱ་བ་སོགས་རྡོ་རྗེ་སློབ་མའི་དབང་བསྐུར་བ་ཐོབ་ཀྱང་སློབ་དཔོན་གྱི་དབང་མ་ཐོབ་པས་བྱ་བར་མ་གསུངས་ན། དབང་བསྐུར་གཏན་ནས་མ་ཐོབ་པའི་གང་ཟག་རྣམས་ཀྱིས་ལྟ་ཅི་སྨོས་དགོས་ཏེ། རྡོ་རྗེ་སློབ་མའི་དབང་བསྐུར་ཙམ་ཐོབ་ནས་ལྷ་བསྒོམ་ཙམ་དང་ནི་བཟླས་བརྗོད་ཙམ་དང་དེའི་ནུས་པ་འཕྲིན་པ་སྦྱིན་སྲེག་ཙམ་དང་། ཞི་རྒྱས་དབང་དྲག་གི་ལས་ཚོགས་ལ་སོགས་སྒྲུབ་པ་ཡི་དངོས་གྲུབ་འཇིག་རྟེན་པའི། མིག་སྨན་དང་ནི་རྐང་མགྱོགས་དང་། །ཞེས་སོགས་རྡོ་རྗེ་གུར་ནས་གསུངས་པ་བརྒྱད་དང་བཅས་པ་ནི་སྤྱི་དོན་དུ་བཤད་ཟིན་ལ། ལུས་ཀྱི་ཕྱག་རྒྱ་ཡི་ཡེ་ཤེས་སྒྲུབ་པའི་ཆོག་དང་གསང་སྔགས་རྒྱུད་དང་རྟོག་པ་འགའ་ཞིག་ཉན་པ་ལ་དབང་བ་ཡིན་གྱི་རྡོ་རྗེ་སློབ་དཔོན་གྱི་དབང་དུ་བྱས་པའི་རྒྱུད་མཐའ་དག་འཆད་པ་དང་། དབང་བསྐུར་དང་ནི་རབ་གནས་དང་དམ་ཚིག་སྦྱིན་པ་སོགས་སློབ་དཔོན་གྱི་ཕྲིན་ལས་བྱར་མི་རུང་ལ། རྡོ་རྗེ་སློབ་དཔོན་དབང་ཐོབ་ནས་འཁོར་ལོ་ལྷ་ཡི་དེ་ཉིད་དང་གཞལ་ཡས་ཁང་དེ་ཉིད་དང་རྡོ་རྗེའི་ལུས་དང་ལྷའི་རྣམ་དག་ངོ་སྤྲོད་ནས་རྟེན་དང་བརྟེན་པའི་དཀྱིལ་འཁོར་བསྒོམ་པ་དང་སོགས་སྨྲས་བསྡུས་པ་སྔགས་དང་ཕྱག་རྒྱ་དང་བདག་དང་གནས་ལ་སོགས་པ་བསྲུང་བ་དང་ལྷ་སྤྱན་དྲངས་པ་དང་བཟླས་བརྗོད་དང་བསྒོམ་པ་དང་ཕྱི་ནང་གི་སྦྱིན་སྲེག་དང་ལྷ་ཉེ་བར་བསྟུ་བ་དང་གཤེགས་སུ་གསོལ་བའི་ཆོག་བཅུ། དེ་ཉིད་སྣང་བ་ལས་བཤད་

པའི་ཕྱག་རྒྱ་ནི་ལྷ་རྣམས་ལ་ཕྱག་རྒྱ་བཞིས་རྒྱས་འདེབས་པའོ། །དབང་བསྐུར་དང་ནི་རབ་གནས་སོགས་སློབ་དཔོན་གྱི་ནི་ཕྲིན་ལས་དང་། གོང་གི་སོགས་སྒྲས་བསྡུས་པ་སངས་རྒྱས་ཀུན་གྱི་དམ་ཚིག་དང་ཐེག་པ་བླ་ན་མེད་པའི་རིག་འཛིན་གྱི་སྡོམ་པ་དང་རྩ་བ་དང་ཡན་ལག་གི་ལྟུང་བ་འཆད་པ་སོགས། རྡོ་རྗེ་སློབ་དཔོན་ཁོ་ནའི་ལས་ཉིད་ཡིན་ཞིང་སློབ་དཔོན་གྱི་དབང་མ་ཐོབ་པ་གཞན་གྱིས་བྱར་མི་རུང་བའི་ཕྱིར། དེས་ན་དེང་སང་རབ་གནས་མདོ་ལུགས་ཞེས་འཆད་པ་སངས་རྒྱས་བསྟན་པ་མིན་ཏེ། བཀའ་གདམས་འདུལ་བའི་སྐོར་ཞུགས་ནས། །རབ་གནས་སྦྱིན་སྲེག་བདུན་ཚིགས་སོགས། །མཛད་ཀྱང་ངལ་བ་དོན་མེད་ཡིན། །ཞེས་ས་པཎ་ཁོ་བོ་སྨྲ་བའི་ཕྱིར།

ཁྱིམ་པས་མཁན་སློབ་བྱེད་པ་དང་། །རྡོ་རྗེ་སློབ་དཔོན་མ་ཡིན་པས། །དབང་བསྐུར་རབ་གནས་བྱེད་པ་ནི། །གཉིས་ཀ་བསྟན་པ་མིན་པར་མཚུངས་ཏེ། རྒྱུ་མཚན་འདྲ་བའི་ཕྱིར། གཉིས་པ་ནི། ཕྱག་ན་རྡོ་རྗེ་མདོ་ལུགས་དང་། །ཞེས་འཆད་པ་མི་འཐད་དེ། ཕྱག་ན་རྡོ་རྗེའི་བསྒོམ་བཟླས་ཀྱང་མདོ་སྡེ་རྣམས་ལས་བཤད་པ་མེད་ཅིང་གཟུངས་འབུམ་ནས་བཤད་པ་དེ་དག་ནི་ཕལ་ཆེར་བྱ་བའི་རྒྱུད་ཀྱི་ཚིག་ཡིན་པའི་ཕྱིར། གསུམ་པ་ནི། ལྟུང་བཤགས་དང་ནི་ཞེས་སོགས་གཉིས་མི་འཐད་དེ། བྱང་ཆུབ་ལྟུང་བཤགས་ཀྱི་སངས་རྒྱས་ཀྱི་ཕྱག་མཚན་ལ་ཕྱུབ་དང་རལ་གྲི་སོགས་འཛིན་པའི་སྒྲུབ་ཐབས་སངས་རྒྱས་ཀྱིས་མ་གསུངས་པའི་ཕྱིར། ས་པཎ་ཁོ་བོ་ལྷ་བུའི་མཁས་པས་ཆོས་ཅན། མདོ་སྡེ་དང་སྔགས་ཀྱི་ལུགས་རྣམས་གང་ཡིན་གྱི་ཁྱད་པར་དཔྱད་དེ་སློབས་ཤིག་སྟེ། མདོ་དང་རྒྱུད་ཀྱི་ཁྱད་པར་ནི་ལྷ་བསྒོམ་པ་དང་སྔགས་བཟླས་པ་དང་དབང་སོགས་ཀྱི་ཚོ་གའི་བྱ་བ་ཡོད་མེད་ཡིན་པ་དེ་ལྟར་ཤེས་ནས་སྨྲས་པའི་ཕྱིར་རོ། །

གསུམ་པ་ལ། ཐེག་པ་རིམ་དགུ་ལ་ལྟ་བ་ཐ་དད་དགག་པ་དང་། རྣལ་འབྱོར་རྣམ་བཞི་ཐེག་པའི་རིམ་པར་འདོད་པ་དགག་པ་དང་གཉིས་ལས། དང་པོ་ནི། རྙིང་མ་བ་ལ་ལ་ན་རེ། ཉན་ཐོས་རང་རྒྱལ་བྱང་སེམས་གསུམ། །ཀྲི་ཡ་ཨུ་པ་ཡོ་ག་གསུམ། །མ་ཧཱ་ཨ་ནུ་ཨ་ཏི་གསུམ་སྟེ་ཐེག་པ་རིམ་པ་དགུ་ལ་ལྟ་བ་ཐ་དད་པ་དགུ་ཡོད་ཅེས་ཟེར་བ་མི་འཐད་དེ། ཉན་ཐོས་དང་ནི་ཐེག་ཆེན་ལ་ལྟ་བའི་རིམ་པ་ཡོད་མོད་ཀྱི། ཕ་རོལ་ཏུ་ཕྱིན་པ་དང་གསང་སྔགས་ལ་ཐོས་པའི་ལྟ་བའི་དབྱེ་བ་བཤད་པ་མེད་པའི་ཕྱིར། ཕ་རོལ་ཕྱིན་པའི་ལྟ་བ་ལ་སྤྲོས་བྲལ་ལས་ལྷག་པའི་ལྟ་བ་ཡོད་ན་ནི་དེ་འདྲའི་ལྟ་བ་དེ་སྤྲོས་པ་ཅན་དུ་འགྱུར་ལ། གསང་སྔགས་ཀྱི་ལྟ་བ་སྤྲོས་བྲལ་ཡིན་ན་ཕ་རོལ་ཏུ་ཕྱིན་པའི་སྤྲོས་བྲལ་དང་ཁྱད་པར་མེད་པའི་ཕྱིར། དེས་ན་ཕ་རོལ་ཏུ་ཕྱིན་པ་དང་གསང་སྔགས་ལ་བཤད་པས་གོ་བ་ཡི་ཐོས་པའི་ལྟ་བ་གཅིག་ཉིད་ཡིན་ལ་འོན་ཀྱང་དེ་གཉིས་ཁྱད་མེད་མ་ཡིན་ཏེ། སྤྲོས་བྲལ་རྟོགས་པ་ཡི་ཐབས་ལ་གསང་སྔགས་པར་ཕྱིན་ལས་ཁྱད་པར་འཕགས་པའི་ཕྱིར།

ད་ནི་དབུ་མ་ཐལ་རང་གི་ཁྱད་པར་བཤད་པར་བྱ་སྟེ། འདི་ལ་དགག་བཞག་སྤང་གསུམ་ལས། དང་པོ་ནི༑ བཙོམ་རལ་ལྟར་ན་སྔོན་གྱི་སློབ་དཔོན་རྣམས་ཐལ་རང་གི་བཞེད་ཚུལ་ལ། འདི་གཉིས་ཀྱི་ཁྱད་པར་སངས་རྒྱས་ལ་ཡེ་ཤེས་ཡོད་མེད་དུ་སྨྲ་བའམ་ཀུན་རྫོབ་ལ་བདེན་པ་ཁས་ལེན་མི་ལེན་ནམ་ཁས་ལེན་གྱི་ལྟ་བ་ཡོད་མེད་དམ་ཚད་མའི་གྲངས་མང་ཉུང་ངམ། ཡུལ་ཐམས་ཅད་བརྫུན་པའམ་བློ་ཐམས་ཅད་འཁྲུལ་པར་འདོད་མི་འདོད་ཀུན་རྫོབ་ལ་དབྱེ་བ་འདོད་མི་འདོད་དམ་དོན་དམ་མེད་དགག་དང་སྤྲོས་བྲལ་སོགས་སུ་རྣམ་པར་དབྱེ་བ་ཙུང་ཟད་ཙམ་གྱིས་ནི་ཁྱད་པར་མི་ཕྱེད་དེ། མ་ཁྱབ་པ་དང་འཁྲུལ་བའི་ཕྱིར་རོ། །འོན་ཀྱང་ཐལ་འགྱུར་དང་རང་རྒྱུད་ནི་གཏན་ཚིགས་ཀྱི་དབྱེ་བ་ཡིན་ནོ་ཞེས་སོ། །

ཕྱི་རབས་པའི་དབུ་མ་པར་ཁས་འཆེ་བ་ཁ་ཅིག་རང་རྒྱུད་པ་ལ་མེད་པའི་ཐལ་འགྱུར་བའི་ཁྱད་ཆོས་སྤྱིར་བརྒྱད་ཡོད་ལ་ཁྱད་པར་དུ་ཞིག་པ་དངོས་པོར་སྨྲ་བ་དང་དགུ་ཡོད་དོ། །བརྒྱད་གང་ཞེ་ན། གཞིའི་སྐབས་སུ་ཐ་སྙད་དུ་ཡང་རང་མཚན་དང་ཀུན་གཞི་ཁས་མི་ལེན་ཅིང་ཕྱི་དོན་ཁས་ལེན་ནོ། །ལམ་གྱི་སྐབས་སུ་དེ་ཁོ་ན་ཉིད་རྟོགས་པའི་ཐབས་ལ་རང་རྒྱུད་དང་རང་རིག་ཁས་མི་ལེན་ཅིང་། སྒྲིབ་གཉིས་ཀྱི་འཛིན་ཚུལ་དང་ཉན་རང་ལ་ཆོས་རང་བཞིན་མེད་པར་རྟོགས་པ་དང་། འབྲས་བུའི་སྐབས་སུ་སངས་རྒྱས་ཀྱི་ཇི་སྙེད་པ་མཁྱེན་ཚུལ་ཏེ་ཁས་ལེན་པའི་དམ་བཅའ་བཞི་དང་མི་ལེན་པའི་ཕྱོགས་བཞི་སྟེ། བརྒྱད་པོ་འདི་ནི་སློབ་དཔོན་སངས་རྒྱས་བསྐྱངས་དང་། སློབ་དཔོན་ཟླ་བ་གྲགས་པ་གཉིས་ཀྱི་ལུགས་ཐུན་མོང་མ་ཡིན་པ་ཡིན་ནོ་ཞེས་ཟེར་རོ། །ཀུན་གཞི་ཁས་མི་ལེན་ཅིང་ཕྱི་དོན་ཁས་ལེན་པ་ནི་སོ་སོར་ཐར་པའི་སྡོམ་པའི་སྐབས་སུ་བཀག་ཟིན་ཏོ། །ད་ནི་གཞིའི་སྐབས་སུ་ཐ་སྙད་དུ་ཡང་རང་མཚན་ཁས་མི་ལེན་པ་དབུ་མ་ཐལ་འགྱུར་བའི་ཐུན་མོང་མ་ཡིན་པའི་ལུགས་གཅིག་ཡིན་ཟེར་བ་ཡང་མི་འཐད་དེ། དེ་ལྟ་ན། གཟུགས་ནི་གཟུགས་རུང་མཚན་ཉིད་ཅན། །ཞེས་པ་ནས། རྣམ་ཀུན་མཁྱེན་ཉིད་ཡེ་ཤེས་ནི། །མངོན་སུམ་མཚན་ཉིད་ཅན་དུ་འདོད། །ཅེས་པའི་བར་སློབ་དཔོན་ཟླ་བ་གྲགས་པའི་རང་གཞུང་མ་ཡིན་པར་ཐལ་བའི་ཕྱིར་རོ། །གལ་ཏེ་དེ་དག་རང་གཞུང་ཡིན་ན་གཟུགས་ནས་རྣམ་མཁྱེན་གྱི་བར་གྱི་རང་གི་མཚན་ཉིད་བརྒྱ་རྩ་བརྒྱད་དབུ་མ་ཐལ་འགྱུར་བས་ཀྱང་བཞེད་པས་སོ། །གལ་ཏེ་སངས་རྒྱས་བསྐྱངས་ལ་སོགས་པའི་ཐལ་འགྱུར་བ་རྣམས་རང་གི་མཚན་ཉིད་ཀྱིས་གྲུབ་པ་མི་བཞེད་ལ། ལེགས་ལྡན་འབྱེད་ལ་སོགས་པའི་རང་རྒྱུད་པ་རྣམས་རང་གི་མཚན་ཉིད་ཀྱིས་གྲུབ་པ་འདོད་དེ། མདོ་དགོངས་པ་ངེས་འགྲེལ་ལས། ཀུན་བརྟགས་མཚན་ཉིད་ངོ་བོ་ཉིད་མེད། ཅེས་གསུངས་པའི་དོན་སེམས་ཙམ་པས་རང་གི་མཚན་ཉིད་ཀྱིས་ངོ་བོ་ཉིད་མེད་པར་འདོད་ན་ནི་བཏགས་པ་ལ་སྐུར་པ་བཏབ་པར་འགྱུར་རོ་ཞེས་དགག་པ

མཛད་པའི་ཕྱིར་ཞེ་ན། དེ་ལ་སྐྱོན་མེད་དེ། དེ་ཙམ་གྱིས་རང་གི་མཚན་ཉིད་ཀྱིས་གྲུབ་པར་ཡང་མི་འགྱུར་བའི་ཕྱིར། གལ་ཏེ་འགྱུར་ན་ཀུན་བརྟགས་ཆོས་ཅན། རང་གི་མཚན་ཉིད་ཀྱིས་གྲུབ་པར་ཐལ། རང་གི་མཚན་ཉིད་ཡོད་པའི་ཕྱིར། རྟགས་མ་གྲུབ་ན། བཏགས་པ་ལ་སྐྱུར་པ་བཏབ་པར་འགྱུར་ཏེ། ཀུན་བརྟགས་གཏན་མེད་དུ་སོང་བའི་ཕྱིར་ཞེས་བྱ་བའི་དོན་ཡིན་ནོ། །རྒྱས་པར་སོ་ཐར་སྡོམ་པའི་སྐབས་སུ་བཤད་ཟིན་ཏོ། །

གལ་ཏེ་རང་རྒྱུད་པས་རང་གི་མཚན་ཉིད་ཀྱིས་གྲུབ་པ་འདོད་པའི་སྒྲུབ་བྱེད་གཞན་ཡང་ཡོད་དེ། རང་རྒྱུད་པ་ནི་འཇུག་པ་ལས། གལ་ཏེ་རང་གིམཚན་ཉིད་རྟེན་གྱུར་ན། །དེ་ལ་སྐུར་པས་དངོས་པོ་འཇིག་པའི་ཕྱིར། །སྟོང་ཉིད་དངོས་པོ་འཇིག་པའི་རྒྱུར་འགྱུར་ན། །དེ་ནི་རིགས་མིན་དེ་ཕྱིར་དངོས་ཡོད་མིན། །ཞེས་པ་དང་། གང་ཕྱིར་དངོས་པོ་འདི་དག་རྣམ་དཔྱད་ན། །དེ་ཉིད་བདག་ཅན་དངོས་ལས་ཕྱི་རོལ་དུ། །གནས་རྙེད་མ་ཡིན་དེ་ཕྱིར་འཇིག་རྟེན་གྱི། །ཐ་སྙད་བདེན་ལ་རྣམ་པར་དཔྱད་མི་བྱ། །ཞེས་པ་དང་། དེ་ཉིད་སྐབས་སུ་རིགས་པ་གང་ཞིག་གིས། །བདག་དང་གཞན་ལས་སྐྱེ་བ་རིགས་མིན་པའི། །རིགས་དེས་ཐ་སྙད་དུ་ཡང་རིགས་མིན་ན། ཁྱོད་ཀྱི་སྐྱེ་བ་གང་གི་ཡིན་པར་འགྱུར། །ཞེས་པའི་རིགས་པ་གསུམ་གྱི་ཕྱོགས་སྔ་ཡིན་པའི་ཕྱིར་ཟེར་ན། རྩོད་པ་དང་པོ་མི་འཐད་དེ། འགྲེལ་པ་དོན་གསལ་ལས། རང་གི་མཚན་ཉིད་སྟོང་པ་ཉིད་ཀྱིས་གཟུགས་ལ་སོགས་པའི་ཆོས་སུ་རྟོག་པ་ལས་བཟློག་པ་དང་ཞེས་སོ། །རྩོད་པ་གཉིས་པ་དང་གསུམ་པ་ཡང་མི་འཐད་དེ། བདེན་གཉིས་ལས་འདི་ལ་དཔྱད་པ་མི་འཇུག་གོ །ཞེས་པ་དང་། རྣམ་པར་དཔྱོད་པ་བྱེད་ན་དོན། །གཞན་དུ་སོང་བས་གནོད་པར་འགྱུར། །ཞེས་པ་དང་། གལ་ཏེ་རིགས་པའི་སྟོབས་ཀྱིས་ན། །ཀུན་རྫོབ་ཏུ་ཡང་མི་སྐྱེ་ཟེར། །དེ་བདེན་དེ་ཡི་ཕྱིར་ན་དེ། །ཇི་ལྟར་སྣང་བཞིན་ཡིན་པར་གསུངས། །ཞེས་སོ། །

རྣལ་ལན་ནི། སྟོང་ཉིད་ཅེས་པ་དང་། རྣམ་དཔྱད་ན་ཞེས་པ་དང་། དེ་ཉིད་སྐབས་སུ་ཞེས་གསུངས་པས། དེ་ཁོ་ན་ཉིད་ལ་དཔྱོད་པའི་རིགས་པས་དཔྱད་ན་དུས་ནམ་ཡང་སྐྱེ་བ་མེད་ཅེས་གསུངས་པས་སེམས་ཙམ་པ་ལྟ་བུ་འདིའི་ཕྱོགས་སྔར་བཞེད་དོ། །འཇུག་འགྲེལ་ལས། གལ་ཏེ་རྣམ་པར་ཤེས་པ་རང་གི་བདག་ཉིད་ཀྱིས་གྲུབ་པར་འགྱུར་ན་ནི་དེ་མ་རིག་པའམ་འདུ་བྱེད་ལ་མི་ལྟོས་པར་འགྱུར་བ་ཞིག་ན་ལྟོས་པ་ཡང་ཡིན་ནོ། །དེའི་ཕྱིར་རྣམ་པ་ཐམས་ཅད་དུ་རྣམ་པར་ཤེས་པ་རང་བཞིན་གྱིས་ཡོད་པ་མ་ཡིན་པ་ཁོ་ན་སྟེ་ཞེས་པ་དང་། རྣམ་པར་ཤེས་པ་རྫས་སུ་སྨྲ་བའི་བརྗོད་བྱེད་ཀྱིས་གདོན་གྱིས་བཟུང་བའི་ཕྱི་རོལ་གྱི་ཡུལ་ལ་སྐུར་བ་འདེབས་པ་འདི་ཞེས་སོ། །འདི་འདྲའི་རིགས་ཅན་ཚིག་གསལ་མཐུག་ན་ཕྱོགས་སྔ་སྨྲ་བ་པོ་རང་གི་མཚན་ཉིད་ཀྱིས་གྲུབ་པ་འདོད་པའི་གང་ཟག་གསལ་པོར་བཀོད་བཞིན་དུ་རང་རྒྱུད་པ་ལ་བརྒྱུད་པའི་དུབ་པས་ཅི་ཞིག་བྱ། གལ་ཏེ་རང་རྒྱུད་པས་ནི་

དོན་དམ་པར་མེད་བདེན་པར་མེད་ཡང་དག་པར་མེད་པ་ལྟ་བུ་ལ་དོན་དམ་པར་མེད་ཅེས་པ་སྦྱར་མི་དགོས་ལ། རང་བཞིན་གྱིས་མེད་ངོ་བོ་ཉིད་ཀྱིས་མེད་རང་གི་མཚན་ཉིད་ཀྱིས་མེད་པ་ལྟ་བུ་ལ་དོན་དམ་པར་སྦྱར་དགོས། ཐལ་འགྱུར་བས་ནི་དེ་དག་ཐམས་ཅད་ལ་དགག་བྱ་དོན་དམ་གྱིས་ཁྱད་པར་དུ་བྱེད་མི་དགོས་ཏེ། ཐ་སྙད་དུའང་རང་བཞིན་གྱིས་སྐྱེ་བ་མེད་པ་སོགས་བཞེད་པའི་ཕྱིར་རོ། །དེ་ནི་མི་འཐད་དེ། དེ་ལྟ་ན་འཇུག་པ་ལས། དེ་ཕྱིར་དངོས་པོ་བདག་ལས་འབྱུང་ཞེས་རབ་ཏུ་བརྟགས་པ་འདི། །དེ་ཉིད་དང་ནི་འཇིག་རྟེན་དུ་ཡང་རིགས་པ་མ་ཡིན་ནོ། །ཞེས་གསུངས་པས། སློབ་དཔོན་ཟླ་བ་གྲགས་པ་ཆོས་ཅན། དོན་དམ་པར་བདག་ལས་སྐྱེ་བ་མེད་ཅེས་མི་བཞེད་པར་ཐལ། ཐ་སྙད་དུ་ཡང་བདག་སྐྱེ་མེད་པར་བཞེད་པའི་ཕྱིར་ལན་མེད་དོ། །དེ་བཞིན་དུ། རིགས་དེས་ཐ་སྙད་དུ་ཡང་རིགས་མིན་ན། །ཞེས་བཤད་མ་ཐག་པ་ལ་ཡང་ཁྱེད་ལྟར་ན་ལན་མེད་དོ། །གཞན་ཡང་། ཐལ་རང་གི་ཁྱད་པར་དགག་བྱ་དོན་དམ་གྱིས་བྱེད་མི་བྱེད་ཟེར་བའི་རྟོག་བཟོའི་ཕྲེང་བ་ལ་སུ་ཞིག་ཡིད་ཆེས་ཏེ། ཐལ་འགྱུར་བའི་དབུ་མ་ཤེས་རབ་ལ་འཇུག་པ་ལས། སྣང་བའི་དངོས་པོ་འདི་དག་ནི། །ཡང་དག་པ་ཡི་རང་བཞིན་མེད། །གཅིག་དང་དུ་མ་དང་བྲལ་ཕྱིར། །སྒྱུ་མའི་གླང་པོ་ཇི་བཞིན་ནོ། །ཞེས་པ་དང་། རང་རྒྱུད་པའི་བདེན་གཉིས་རང་འགྲེལ་དུ་དྲངས་པའི་མདོ་ལས། དངོས་རྣམས་སྐྱེ་བ་ཀུན་རྫོབ་ཏུ། །དམ་པའི་དོན་དུ་རང་བཞིན་མེད། །རང་བཞིན་མེད་ལ་འཁྲུལ་པ་གང་། །དེ་ནི་ཡང་དག་ཀུན་རྫོབ་འདོད། །ཅེས་པར་སློབ་དཔོན་ཡེ་ཤེས་སྙིང་པོ་ཡང་རང་བཞིན་གྱིས་མེད་པ་དང་བདེན་པར་མེད་པ་དོན་གཅིག་ཏུ་བཞེད་དེ། རང་བཞིན་མེད་ཅེས་པའི་ཤེས་བྱེད་དུ། རབ་འབྱོར་ཕྱིན་ཅི་མ་ལོག་པར་རྟོག་པ་གང་ལ་གནས་ནས་བྱིས་པ་སོ་སོའི་སྐྱེ་བོ་རྣམས་ལས་མངོན་པར་འདུ་བྱེད་པར་འགྱུར་བའི་དངོས་པོ་བདེན་པ་ནི་སྐྲའི་རྩེ་མོའི་ཆ་ཤས་གཟུགས་པའི་ཚོད་ཙམ་ཡང་མེད་དོ་ཞེས་པ་དང་། སྒོམ་རིམ་བར་པ་ལས། དོན་དམ་པར་ན་སེམས་ཀྱང་བདེན་པར་མི་རུང་ཞེས་པ་དང་། འགྲེལ་པ་དོན་གསལ་ལས། ངོ་བོ་ཉིད་བཀག་པས་གཟུགས་ལ་སོགས་པ་ལ་རང་གིར་མི་བྱེད་ཅེས་པ་དང་། ཆོས་ཐམས་ཅད་རང་བཞིན་གྱིས་སྟོང་པ་ཉིད་གོམས་པ་ལའོ་ཞེས་པ་དང་། སྐྱེ་བོ་དམིགས་པ་ཅན་གྱི་ངོར་གཟུགས་ལ་སོགས་པ་དངོས་པོ་མེད་པ་ཉིད་ཅེས་པ་དང་། སྣང་བརྙན་ཙམ་གྱི་ངོ་བོས་སྒྱི་ལམ་དང་འདྲ་བ་ཉིད་དུ་རྟོགས་པའི་ཕྱིར་ཞེས་སོ། །གལ་ཏེ་དོན་དམ་པར་བདེན་པར་མེད་ཅེས་ཀཱ་མ་ལ་ཤཱི་ལས་བཤད་པ་ལྟར། དོན་དམ་པར་རང་བཞིན་གྱིས་མེད་ཅེས་སོགས་རང་རྒྱུད་པ་རྣམས་ཀྱིས་ཀྱང་བཤད་དགོས་པར་རིགས་འགྲོའོ་ཟེར་ན། ཁྱེད་ལྟར་ན་དོན་དམ་པར་མེད་པ་དང་བདེན་པར་མེད་པ་དང་ཡང་དག་པར་མེད་པ་དང་དེ་ཁོ་ན་ཉིད་དུ་མེད་པ་དང་བཞི་ཐལ་རང་གཉིས་ཀས་སྒྲ་ཇི་བཞིན་པར་ཁས་ལེན་པས། དོན་དམ་པར་སྦྱར་མི་དགོས་ཟེར

བ་དང་དངོས་སུ་འགལ་ལོ། །གཞན་ཡང་། དམ་པའི་དོན་དུ་རང་བཞིན་མེད། །ཅེས་སྟོན་པ་སངས་རྒྱས་ཀྱིས་བཤད་པ་དང་། ཡང་དག་པ་ཡི་རང་བཞིན་མེད། །ཅེས་སློབ་དཔོན་ཟླ་བ་གྲགས་པས་བཤད་པ་ལྟར། དམ་པའི་དོན་དུ་བདེན་པར་མེད། །ཅེས་སོགས་དང་། ཡང་དག་པ་ཡི་བདེན་པར་མེད། །ཅེས་སོགས་ཐལ་འགྱུར་བ་རྣམས་ཀྱིས་ངེས་པར་བཤད་དགོས་པར་འགྱུར་རོ། །དེ་ལྟ་ན་ཁྱེད་ལྟར་ན། རང་བཞིན་གྱིས་མེད་རང་གི་མཚན་ཉིད་ཀྱིས་མེད་རང་གི་ངོ་བོ་ཉིད་ཀྱིས་མེད་རྫས་སུ་མེད་པ་དང་བཞི་ཐལ་འགྱུར་བ་ཁོ་ནས་སྨྲ་ཇི་བཞིན་པར་ཁས་ལེན་གྱི། རང་རྒྱུད་པ་དག་གིས་ནི་དགག་བྱ་དོན་དམ་གྱིས་ཁྱད་པར་དུ་ངེས་པར་བྱེད་དགོས་ཟེར་བའི་རྫ་བའི་གྲུབ་མཐའ་གཏིང་ནས་ཉམས་སོ། །

ཁོ་བོ་ལྟར་ན་དོན་དམ་པར་བདེན་པར་མེད་ཅེས་སྨྲར་བས་ཀུན་རྫོབ་ཏུ་བདེན་པར་ཡོད་པར་མི་འགྱུར་ཏེ༑ གལ་ཏེ་འགྱུར་ན་སྟོན་པ་སངས་རྒྱས་དང་སློབ་དཔོན་ཟླ་བ་གྲགས་པ་ཆོས་ཅན། ཀུན་རྫོབ་ཏུ་རང་བཞིན་གྱིས་ཡོད་པར་བཞེད་པར་ཐལ། དོན་དམ་པར་རང་བཞིན་གྱིས་མེད་ཅེས་པ་དང་ཡང་དག་པར་རང་བཞིན་གྱིས་མེད་ཅེས་པ་སྨྲར་བའི་ཕྱིར། གལ་ཏེ་ཀུན་རྫོབ་ཏུ་རང་བཞིན་གྱིས་མེད་པ་ཐལ་འགྱུར་བའི་ཐུན་མོང་མ་ཡིན་པའི་ལུགས་གཅིག་ཡིན་ཏེ། འཇུག་པ་ལས། དངོས་པོ་སྟོང་པ་གཟུགས་བརྙན་ལ་སོགས་པ། །ཚོགས་ལ་ལྟོས་རྣམས་མ་གྲགས་པའང་མིན། །ཇི་ལྟར་དེར་ནི་གཟུགས་བརྙན་སོགས་སྟོང་ལས། །ཤེས་པ་དེ་ཡི་རྣམ་པ་སྐྱེ་འགྱུར་ལྟར། །དེ་བཞིན་དངོས་པོ་ཐམས་ཅད་སྟོང་ན་ཡང་། །སྟོང་ཉིད་དག་ལས་རབ་ཏུ་སྐྱེ་བར་འགྱུར། །བདེན་པ་གཉིས་སུའང་རང་བཞིན་མེད་པའི་ཕྱིར། །དེ་དག་རྟག་པ་མ་ཡིན་ཆད་པའང་མིན། །ཞེས་ཟེར་རོ། །དེ་ནི་མི་འཐད་དེ། དེ་ལྟ་ན་ཡང་དག་ཀུན་རྫོབ་ཏུ་ཡང་རང་བཞིན་གྱིས་མེད་པ་རང་རྒྱུད་པའི་ཐུན་མོང་མ་ཡིན་པའི་ལུགས་གཅིག་ཡིན་པར་འགྱུར་ཏེ། འགྲེལ་པ་དོན་གསལ་ལས། རྟེན་ཅིང་འབྲེལ་བར་འབྱུང་བ་ཀུན་རྫོབ་ཏུ་ཡང་དག་པར་ཡོད་པའི་ངོ་བོ་ཉིད་འདི་ལ་རང་བཞིན་མེད་པ་ལ་སོགས་པའི་ངོ་བོར་བརྟག་པར་བྱ་སྟེ་ཞེས་པ་དང་། དེ་ཡང་རྟེན་ཅིང་འབྲེལ་བར་འབྱུང་བ་ཡིན་པའི་ཕྱིར་སྒྱུ་མ་བཞིན་དུ་ངོ་བོ་ཉིད་མེད་པ་སྟེ་ཞེས་པ་དང་། རྐྱེན་ཉིད་འདི་པ་ཙམ་གྱི་བདག་ཉིད་ཀྱིས་རྟེན་ཅིང་འབྲེལ་བར་འབྱུང་བ་མ་བརྟགས་གཅིག་བུ་ཉམས་དགའ་བ་ཞེས་པ་དང་། ཡུམ་གྱི་མདོ་ལས། ཆོས་ཐམས་ཅད་རང་གི་མཚན་ཉིད་ཀྱིས་སྟོང་ཞེས་པ་དང་། ཆོས་ཐམས་ཅད་རང་བཞིན་གྱིས་སྟོང་ངོ་། །དེ་ཅིའི་ཕྱིར་ཞེ་ན་རྟེན་ཅིང་འབྲེལ་བར་འབྱུང་བ་ཡིན་པའི་ཕྱིར་རོ་ཞེས་པ་ལྟ་བུའི་མདོ་ནི་ཐལ་རང་གཉིས་ཀའི་ཐུན་མོང་བའི་ཆོས་སུ་སྣང་བས་སོ། །

བློ་གྲོས་རྒྱ་མཚོས་ཞུས་པའི་མདོ་ལས། བདུད་ཀྱི་ལས་ཤེས་པར་འདོད་པས་བརྩོན་འགྲུས་བརྩམ་པར་

བྱའོ་ཚིག་གཙོ་བོར་གཟུང་བར་མི་བྱའོ་ཞེས་གསུངས། དེས་ན་སྐབས་ཀྱི་དོན་གཙོ་བོར་གཟུང་གི་ཚིག་རིགས་ཙམ་ལ་ངེས་པ་ཅི་ཡང་མེད་དེ། འཕགས་པ་བདེན་པ་གཉིས་ལ་འཇུག་པའི་མདོ་ལས། ལྷའི་བུས་སྨྲས་པ་འཇམ་དཔལ་ཡང་དག་པར་སྦྱོར་བ་ནི་གང་ཡིན། འཇམ་དཔལ་གྱིས་སྨྲས་པ་ལྷའི་བུ་དོན་དམ་པར་འཁོར་བ་གང་དུ་མཚུངས་པ་དེར་ནི་དོན་དམ་པར་ཀུན་ནས་ཉོན་མོངས་པ་ཡང་མཚུངས་སོ། །དོན་དམ་པར་ཀུན་ནས་ཉོན་མོངས་པ་གང་དུ་མཚུངས་པ་དེར་ནི་དོན་དམ་པར་རྣམ་པར་བྱང་བ་ཡང་མཚུངས་སོ། །དོན་དམ་པར་རྣམ་པར་བྱང་བ་གང་དུ་མཚུངས་པ་དེར་ནི་ཆོས་ཐམས་ཅད་ཀྱང་མཚུངས་སོ། །ལྷའི་བུ་ཆོས་ཐམས་ཅད་མཉམ་པ་ཉིད་ལ་ཡང་དག་པར་སྦྱོར་བའི་དགེ་སློང་ནི་དོན་དམ་པར་ཡང་དག་པར་སྦྱོར་བ་ཞེས་བྱ་སྟེ་ཞེས་པ་དང་།

གསེར་འོད་དམ་པར་ཡང་། དེ་བཞིན་གཤེགས་པའི་ཆོས་ཀྱི་སྐུ་ནི་ཡང་དག་པའི་བདེན་པ་དེ་ཉིད་ཡིན་པས་དེ་ལ་མྱ་ངན་ལས་འདས་པ་ཞེས་བྱའོ་ཞེས་པ་དང་། དཔལ་ཕྲེང་དུ་ཡང་། སྡུག་བསྔལ་འགོག་པའི་བདེན་པ་ཉིད་ནི་ཡང་དག་པར་ན་བདེན་པ་དང་རྟག་པ་དང་སྐྱབས་ལགས་སོ་ཞེས་པ་དང་། དབུ་མ་ཚིག་གསལ་དུ་ཡང་། བཅོམ་ལྡན་འདས་ཀྱིས་དགེ་སློང་དག་འདི་ནི་བདེན་པ་དམ་པ་སྟེ། འདི་ལྟ་སྟེ་བསླུ་བ་མེད་པའི་ཆོས་ཅན་མྱ་ངན་ལས་འདས་པའོ་ཞེས་པ་དང་། རང་འགྲེལ་ག་ལས་འཇིགས་མེད་དུ་ཡང་། དོན་དམ་པའི་བདེན་པ་ནི་འཕགས་པ་རྣམས་ཀྱིས་ཕྱིན་ཅི་མ་ལོག་པ་ཐུགས་སུ་ཆུད་པས་ཆོས་ཐམས་ཅད་སྐྱེ་བ་མེད་པར་གཟིགས་པ་གང་ཡིན་པ་སྟེ་དེ་ནི་དེ་དག་ཉིད་ལ་དོན་དམ་པར་བདེན་པ་ཉིད་ཡིན་པས་དོན་དམ་པའི་བདེན་པའོ་ཞེས་པ་དང་། བདེན་གཉིས་རང་འགྲེལ་ལས་ཀྱང་། དོན་དམ་པར་བདེན་པ་ནི་དོན་དམ་པའི་བདེན་པ་སྟེ། དེ་ནི་རིགས་པའི་རྗེས་སུ་འགྲོ་བ་ཅན་གྱི་བདེན་པ་ཉིད་ཅེས་བྱ་བའི་ཐ་ཚིག་གོ་ཞེས་པ་དང་། རྒྱུད་བླ་མའི་འགྲེལ་པ་ལས་ཀྱང་། དོན་དམ་པར་འཁོར་བ་ཉིད་མྱ་ངན་ལས་འདས་པར་བརྗོད་པ་ཡིན་ཏེ་ཞེས་སོ། །

ཁོ་བོ་ལྟར་ན། ཐལ་རང་གི་ཤིང་རྟ་ཆེན་པོ་རྣམས་མདོ་དོན་སྨྲ་བའི་ཚེ་ཆོས་ཐམས་ཅད་དོན་དམ་པར་མེད་ཀྱང་། དོན་དམ་གྱི་སྒྲ་དོན་དམ་དཔྱོད་པའི་རིགས་པ་ལ་འཇུག་པ་མི་འགལ་ཏེ། བྱང་ཆུབ་སེམས་འགྲེལ་ལས། དོན་དམ་པ་བྱང་ཆུབ་ཀྱི་སེམས་ཞེས་པ་དང་། བདེན་གཉིས་ལས། བསླུ་བ་མེད་པའི་རིགས་པ་ནི། །དོན་དམ་ཡིན་པར་ཁོ་བོ་འདོད། །ཅེས་པ་དང་། འགྲེལ་པ་དོན་གསལ་ལས། དོན་དམ་པར་སྟོང་པ་ཉིད་ཅེས་པའི་དོན་དམ་དེ་མྱ་ངན་ལས་འདས་པའི་ལམ་ལ་བཤད་པ་དང་། བརྒྱད་སྟོང་འགྲེལ་ཆེན་ལས་ཀྱང་། ཚུལ་གསུམ་པ་ཅན་གྱི་རྗེས་སུ་དཔག་པ་ལ་དོན་དམ་པའི་སྒྲས་བརྗོད་ཅེས་པ་དང་། ལང་ཀར་གཤེགས་པ་ལས། ཡེ་ཤེས་དམ་པ་བདག་མེད་པ། །སྣང་བ་མེད་ལ་མི་གཟིགས་སོ། །ཞེས་སོ། །ཡང་ཅི་ག་ཐམས་ཅད་བདེན་པར་མེད་

ཀྱང་བདེན་པའི་སྒྲ་མི་བསླུ་བ་ལ་འཇུག་པ་མི་འགལ་ཏེ། མདོ་ལས། དགེ་སློང་དག་འདི་ལྟ་སྟེ་མི་བསླུ་བའི་ཆོས་མྱ་ངན་ལས་འདས་པ་དེ་ནི་བདེན་པའི་མཆོག་གོ་ཞེས་པ་དང་། རྩ་ཤེས་ལས། བཅོམ་ལྡན་འདས་ཀྱིས་ཆོས་གང་ཞིག བསླུ་བ་དེ་ནི་རྫུན་ཞེས་གསུངས། །འདུ་བྱེད་ཐམས་ཅད་བསླུ་བའི་ཆོས། །དེས་ན་དེ་དག་རྫུན་པ་ཡིན། །ཞེས་སོ། །

དེ་བཞིན་དུ་ཆོས་ཐམས་ཅད་རང་བཞིན་གྱིས་མེད་ཀྱང་ཐ་སྙད་པའི་རང་བཞིན་ཡོད་པ་མི་འགལ་ཏེ། བྱང་ཆུབ་སེམས་འགྲེལ་ལས། ཇི་ལྟར་བུ་རམ་མངར་བ་དང་། །མེ་ཡི་རང་བཞིན་ཚ་བ་ལྟར། །དེ་བཞིན་ཆོས་རྣམས་ཐམས་ཅད་ཀྱི། །རང་བཞིན་སྟོང་པ་ཉིད་དུ་བཤད། །ཅེས་པ་དང་། མདོ་སྡེ་བསྐལ་པ་བཟང་པོ་ལས། རང་བཞིན་གྱིས་ཞུམ་པ་མེད་པའི་སྤོབས་པ་ཞེས་པ་དང་། མ་བཅོས་པའི་ཕ་རོལ་ཏུ་ཕྱིན་པ་དྲུག་ཅེས་སོ། །དེ་བཞིན་དུ་ཆོས་ཐམས་ཅད་ཡང་དག་པར་མེད་ཀྱང་ཡང་དག་པའི་ཀུན་རྫོབ་དང་ཡང་དག་པའི་ལྟ་བ་ཡོད་པ་ལ་འགལ་བ་མེད་དེ། མདོ་ལས། འཇིག་རྟེན་པ་ཡི་ཡང་དག་ལྟ། །ཆེན་པོ་གང་ལ་ཡོད་གྱུར་པ། །དེ་ནི་བསྐལ་པ་སྟོང་དུ་ཡང་། །ངན་འགྲོར་འགྲོ་བར་མི་འགྱུར་རོ། །ཞེས་པ་དང་། ཡང་དག་པར་སྦྱོར་བ་བཞི་ཞེས་པ་དང་། འགྲེལ་པ་དོན་གསལ་ལས་ཀྱང་། རྣལ་འབྱོར་པས་ཤེས་བྱའི་སྒྲིབ་པ་ཡང་དག་པར་སྦྱོང་ངོ་ཞེས་སོ། །དེ་བཞིན་དུ་ཆོས་ཐམས་ཅད་དེ་ཁོ་ན་ཉིད་དུ་མེད་ཀྱང་དོན་དམ་པའི་དེ་ཁོ་ན་ཉིད་དང་ཐ་སྙད་པའི་དེ་ཁོ་ན་ཉིད་ཡོད་པ་ལ་འགལ་བ་མེད་དེ། རིམ་བཞིན་རྩ་ཤེར་ལས། གཞན་ལས་ཤེས་མིན་ཞི་བ་དང་། །སྤྲོས་པ་རྣམས་ཀྱིས་མ་སྤྲོས་པ༔ །རྣམ་རྟོག་མེད་དོན་ཐ་དད་མེད། །དེ་དེ་ཁོ་ནའི་མཚན་ཉིད་དོ། །གང་ལ་བརྟེན་དེ་གང་འབྱུང་བ། །དེ་ནི་རེ་ཤིག་དེ་ཉིད་མིན། །དེ་ལས་གཞན་པའང་མ་ཡིན་པ། །དེ་ཕྱིར་རྟག་མིན་ཆད་པ་མིན། །ཞེས་སོ། །

དེ་བཞིན་དུ་ཆོས་ཐམས་ཅད་རང་གི་མཚན་ཉིད་ཀྱིས་མེད་ཀྱང་། ཆོས་རྣམས་ཀྱི་རང་གི་མཚན་ཉིད་ཡོད་པ་ལ་འགལ་བ་མེད་དེ། གཞི་ཕྱི་ནང་གི་ཆོས་རྣམས་ཀྱི་རང་དང་སྤྱིའི་མཚན་ཉིད་སྟོན་པ་མངོན་པའི་མདོ་ལྟར། མཁས་པའི་གཙུག་རྒྱན་དབྱིག་གཉེན་གྱིས་ཀྱང་། གཟུགས་ཀྱི་རྣལ་ལ་ཕྲ་རགས་གཉིས་སུ་ཕྱེ་བའི་ཕྲ་བ་ནི་རྡུལ་ཀྱི་རང་གི་མཚན་ཉིད་དང་། རགས་པ་ནི་སྐྱེ་མཆེད་ཀྱི་རང་གི་མཚན་ཉིད་དུ་བཤད་དོ། །ཚུལ་འདི་ནི་ཀླུ་སྒྲུབ་ཡབ་སྲས་དོན་དམ་པར་མི་བཞེད་ཀྱང་ཀུན་རྫོབ་ཏུ་བཞེད་པ་ཡིན་ཏེ། ཆོས་མངོན་པའི་མདོ་མི་སྤོང་ཞིང་། འཇུག་པ་ལས་ཀྱང་། དེ་དག་ཤེས་རབ་ཚུལ་མདོར་སངས་རྒྱས་ཀྱིས། །མཚུངས་པར་སྣང་ཞིང་མངོན་པའི་ཆོས་ལས་གསུངས། །བདེན་གཉིས་རིམ་པ་འདི་དག་བཤིག་ནས་ཀྱང་། ཁྱོད་ཀྱིས་རྫས་ནི་བཀག་པས་འགྲུབ་མི་འགྱུར། །དེ་ཕྱིར་དེ་ལྟའི་རིམ་པས་དངོས་གནོད་ནས། །དེ་ཉིད་མ་སྐྱེས་འཇིག་རྟེན་སྐྱེས་རིག་བྱ། །ཞེས་སོ། །

འདིར་ཟླ་བ་གྲགས་པས་རྫས་དང་དངོས་པོ་མིང་གི་རྣམ་གྲངས་སུ་མཛད་ནས། དངོས་གདོད་ནས། དེ་ཉིད་མ་སྐྱེས་ཞེས་པ་འདིས་ནི། ཁ་ཅིག་དེ་ཁོ་ན་ཉིད་དུ་མེད་ཅེས་པ་ཐལ་རང་གཉིས་ཀས་སྨྲ་ཇི་བཞིན་པར་དོན་དམ་པར་དེ་ཁོ་ཉིད་དུ་མེད་ཅེས་སྨྲར་མི་དགོས། གལ་ཏེ་དགོས་ན་ཀུན་རྫོབ་ཏུ་དེ་ཁོ་ན་ཉིད་དུ་ཡོད་པར་འགྱུར་ཟེར་བ་ཡང་བཀག་པ་ཡིན་ཏེ། དེ་ལྟ་ན་དངོས་པོ་ཆོས་ཅན། གདོད་མ་ནས་འཇིག་རྟེན་དུ་སྐྱེས་པར་ཐལ། གདོད་མ་ནས་དེ་ཁོ་ན་ཉིད་དུ་མ་སྐྱེས་ཞེས་སྨྲར་བའི་ཕྱིར་ལན་མེད་དོ། །གལ་ཏེ་རང་རྒྱུད་པ་རྣམས་ཀྱིས་ནི་ཚད་མ་སྡེ་བདུན་ལྟར། རང་མཚན་ཡིན་ན་དོན་དམ་པར་ཡོད་དགོས་ཏེ། རྣམ་འགྲེལ་ལས། དོན་དམ་དོན་བྱེད་ནུས་པ་གང་། །དེ་འདིར་དོན་དམ་ཡོད་པ་ཡིན། །གཞན་ནི་ཀུན་རྫོབ་ཡོད་པ་སྟེ། །དེ་དག་རང་སྤྱིའི་མཚན་ཉིད་བཤད། །ཅེས་ཟེར་རོ། །དེ་ནི་མི་འཐད་དེ། གཞུང་འདི་ལ་དབུ་ཚད་པ་དག་གི་བཤད་སྲོལ་དུ་མ་ཞིག་བྱུང་ན་ཡང་འཐད་པའི་ཆ་ནི་འདི་ཡིན་ཏེ། ཐ་སྙད་པའི་ཚད་མ་འཆད་པའི་སྐབས་འདིར་འཇིག་རྟེན་པའི་དོན་དམ་མངོན་སུམ་གྱི་སྣང་ངོར་དོན་བྱེད་ནུས་པ་ལ་རང་གི་མཚན་ཉིད་དུ་བཤད་དེ། དཔེར་ན། ས་བོན་སོགས་ནི་མྱུག་སོགས་ལ། །ནུས་མཐོང་ཞེས་པ་ལྟར་རོ། །གལ་ཏེ་ཐམས་ཅད་ནུས་མེད་ན། །ཞེས་རྩོད་པ་ནི། སྟོང་ཉིད་ལྟ་བས་གྲོལ་འགྱུར་གྱི། །ཞེས་པ་ལ་རྩོད་དོ། །

ལན་དུ་དོན་དམ་པའི་ཚད་མ་འཆད་པའི་སྐབས་དང་ཐ་སྙད་པའི་ཚད་མ་འཆད་པའི་སྐབས་གཉིས་མི་གཅིག་པས་སྐྱོན་མེད་ཅེས་སོ། ། རིགས་གཏེར་རང་འགྲེལ་དྲི་མ་མེད་པ་ལས་ཀྱང་། དོན་དམ་ལ་སྐྱོས་བྲལ་གྱི་དོན་དམ་དང་དོན་བྱེད་ནུས་པའི་དོན་དམ་གཉིས་སུ་གསུངས་པའི་ཕྱི་མ་འདི་ལ་དབུ་མ་བདག་གིས་ཡང་དག་པའི་ཀུན་རྫོབ་ཅེས་བཤད་དོ། །དེ་ཡང་དོན་དམ་དུ་ཡོད་ཅེས་པའི་དོན་དམ་དང་ཀུན་རྫོབ་ཏུ་ཡོད་ཅེས་པའི་ཀུན་རྫོབ་ཀྱང་། ཡུལ་དུ་མ་ཟད་ཡུལ་ཅན་ལ་ཡང་འཇུག་སྟེ། རྣམ་འགྲེལ་ལས། དབྱུག་པ་ཅན་སོགས་ཐམས་ཅད་ལའང་། །ཀུན་རྫོབ་པ་ལས་ཐ་སྙད་འདོགས། །ཞེས་པ་ལྟ་བུའོ། །

ཐ་སྙད་དུ་དོན་བྱེད་ནུས་པ་ལ་དོན་དམ་དུ་གྲགས་པའི་ཚུལ་འདི་ནི། ཟླ་བ་གྲགས་པའང་བཞེད་དེ། ཚིག་གསལ་ལས། འཇིག་རྟེན་པའི་དོན་དམ་པ་ཁས་བླངས་པ་དོན་དམ་པ་བསྟན་མི་នུས་ཞེས་པ་དང་། འཇུག་པ་ལས། འཇིག་རྟེན་པ་ཡི་དེ་ཉིད་ལ་གནས་ན། །ཕུང་པོ་འཇིག་རྟེན་གྲགས་དེ་ལྟ་ཆར་ཡོད། །ཅེས་པ་དང་། གང་ཕྱིར་འཇིག་རྟེན་ས་བོན་ཙམ་བཏབ་ནས། །བདག་གིས་བུ་འདི་བསྐྱེད་ཅེས་སྨྲ་བྱེད་ཅིང་། །ཤིང་ཡང་བཙུགས་སོ་སྙམ་དུ་རྟོག་དེ་ན། །གཞན་ལས་སྐྱེ་བ་འཇིག་རྟེན་ལས་ཀྱང་མེད། །ཅེས་པ་ལྟར་འཇིག་རྟེན་ནས་ཤིང་གི་ས་བོན་ལས་ཤིང་སྐྱེ་བ་མཐོང་བའི་མངོན་སུམ་མི་འགོག་པ་བཞིན་ནོ། །

གལ་ཏེ་ཁ་ཅིག་དེ་ནི་མི་འཐད་དེ། རྣམ་འགྲེལ་ལས། རང་རིག་དང་དྲན་པས་མཚོན་པའི་དངོས་པོ་རང་གི་མཚན་ཉིད་ཀྱིས་གྲུབ་པར་བསྟན་པ་ཟླ་བ་གྲགས་པས་འགོག་པ་ཡིན་ཏེ། གང་ཕྱིར་དངོས་ཀུན་རང་བཞིན་གྱིས། །རང་རང་ངོ་བོ་ལ་གནས་ཕྱིར། །ཞེས་པ་དང་། ནུས་པ་དངོས་པོའི་རང་བཞིན་དུ། །གྱུར་ཀྱང་ཞེས་པ་དང་། ངོ་བོ་ཉིད་ཀྱིས་རང་དང་ནི། །རྗེས་སུ་མཐུན་པའི་བློ་སྐྱེད་བྱེད། །ཅེས་པ་དང་། བྱས་དང་མ་བྱས་པ་རྣམས་སུ། །སྣ་ཚོགས་རང་བཞིན་ཉིད་ཀྱིས་རུང་། །ཞེས་པ་དང་། གྲགས་པ་མེད་ཀྱང་དངོས་པོ་ལ། །རུང་ཉིད་དེ་ཡི་སྟོབས་ཉིད་ལས། །ཞེས་པ་དང་། ཇི་ལྟར་དེ་ཡི་བདག་ཉིད་ཕྱིར། །གསལ་བྱེད་རབ་ཏུ་གསལ་བ་ན། །རང་གི་ངོ་བོ་གསལ་བྱེད་འདོད། །དེ་ལྟར་བློ་བདག་རིག་ཅན་ཡིན། །ཞེས་པ་དང་། དྲན་པ་ལས་ཀྱང་བདག་རིག་གྲུབ། །ཅེས་འབྱུང་བ་རྣམས་འགོག་པ་ལ། ལུང་དང་རིགས་པ་གཉིས་ལས། དང་པོ་ནི། ཚིག་གསལ་དུ། གལ་ཏེ་མུན་པས་བདག་ཉིད་སྒྲིབ་པར་བྱེད་ན་ནི་མུན་པས་སྒྲིབ་པའི་ཕྱིར། དེ་ཉིད་ཀྱང་མི་དམིགས་པར་འགྱུར་ཏེ་བུམ་པ་ལ་སོགས་པ་བཞིན་ཞེས་པ་དང་། འཇུག་པ་ལས། རང་རིག་པ་ནི་གྲུབ་ལ་རག་མོད་ཀྱི། །དེ་ལྟའང་དྲན་པའི་དྲན་པ་རིགས་མིན་ཏེ། །གཞན་ཕྱིར་མ་ཤེས་རྒྱུད་ལ་སྐྱེས་པ་བཞིན། །གཏན་ཚིགས་འདིས་ནི་ཁྱད་པར་དག་ཀྱང་འཇོམས། །ཞེས་པ་དང་། དེ་ཡང་ཇི་ལྟ་བུ་སྙམ་ན། བྱམས་པ་ཉེར་སྦྱས་ལ་བརྟེན་ཆོས་རྣམས་ནི། །གཞན་ཉིད་ཕྱིར་ན་རྒྱུད་གཅིག་རྟོགས་མིན་ཏེ། །གང་དག་རང་མཚན་ཉིད་ཀྱིས་སོ་སོ་བ། །དེ་དག་རྒྱུད་གཅིག་རྟོགས་པར་རིགས་མ་ཡིན། །ཞེས་སོ་རིགས་པ་ནི། རང་རིག་ཡོད་ན་ཤེས་པ་ཆོས་ཅན། གཞན་ལ་མི་ལྟོས་པར་ཐལ། རང་རིག་ཡོད་པར་རང་གིས་འཛིན་ནུས་པའི་ཕྱིར་ཟེར་རོ། །

དེ་ནི་མི་འཐད་དེ། མཚུངས་པ་ནི་ཁྱེད་ལྟར་ན་གཞན་རིག་ཡོད་དམ་མེད། དང་པོ་ལྟར་ན། གཞན་རིག་ཆོས་ཅན། རང་ལ་མི་ལྟོས་པར་ཐལ། རང་ཉིད་ཡོད་པར་གཞན་གྱིས་འཛིན་ནུས་པའི་ཕྱིར། འདོད་ན། རང་རིག་ཡོད་པར་གྲུབ་པས་ལན་མེད་དོ། །དངོས་ལན་ནི། རྣམ་འགྲེལ་ལས། རང་བཞིན་ཞེས་བཤད་པ་ནི་ཐ་སྙད་པའི་རང་བཞིན་ལ་དགོངས་ཏེ། དཔེར་ན། ཐ་དད་ཀྱང་གང་དངོས་ཆོས་ཀྱིས། །དེ་འདྲའི་རྣམ་ཤེས་རྒྱུ་ཡིས་ནི། །དོན་དེ་དག་ལ་ཤེས་པ་དེས། །དེ་ལྟར་རྟོགས་པར་འགྱུར་བ་ཡིན། །ཞེས་པ་ལྟ་བུ་ཡང་གསེར་བུམ་དང་དངུལ་བུམ་མཐོང་བ་ན་བུམ་པའོ་སྙམ་པའི་ཤེས་པ་སྐྱེ་བ་ནི་དངོས་པོ་རྟེན་འབྲེལ་གྱི་ཆོས་ཉིད་ཀྱིས་བྱེད་པ་ཡིན་ཞེས་བྱའོ། །དེ་ཡང་། མཐོང་བ་ཐ་དད་ཉིད་ཡིན་ཡང་། །ངོ་ཤེས་པ་ཞེས་བྱ་བ་ཡི། །རྣམ་རྟོག་གཅིག་ནི་རང་བཞིན་གྱིས། །བྱེད་པ་ཡིན་ཞེས་བརྗོད་ཟིན་ཏོ། །ཞེས་པ་ལྟར་རོ། །དེས་ན་རྣམ་འགྲེལ་འདིར་རང་བཞིན་གྱིས་ཞེས་བྱ་བ་ནི་ཐ་སྙད་པའི་དེ་ཁོ་ན་ཉིད་རྟེན་འབྲེལ་གྱི་ཆོས་ཉིད་དུ་གོ་དགོས་སོ།།འཕགས་པ་ཐེག་པ་ཆེན་པོ་ལ་

དད་པ་རབ་ཏུ་བསྒོམ་པའི་མདོ་ལས། དེ་ལ་རང་བཞིན་གྱིས་དད་པ་ནི་རིགས་ཀྱི་བུ་འདི་ལྟ་སྟེ་དཔེར་ན་བཻ་ཌཱུརྱ་དང་ནོར་བུ་རིན་པོ་ཆེ་ལ་སོགས་པ་ནི་རང་བཞིན་གྱིས་དང་བའི་རྗེས་སུ་འཇུག་པའོ། །དེ་བཞིན་དུ་བྱང་ཆུབ་སེམས་དཔའི་རྣམ་པ་མི་རྟོག་པ་འཇིག་རྟེན་ལས་འདས་པའི་ཐེག་པ་ཆེན་པོ་ལ་དད་པ་ཡང་ངོ་བོ་ཉིད་ཀྱིས་རྗེས་སུ་འཇུག་གོ་ཞེས་པ་དང་། རྒྱལ་བུ་དོན་གྲུབ་ཀྱི་མདོ་ལས་ཀྱང་། དཔེར་ན་མེ་ནི་རང་བཞིན་གྱིས་ཚ་ཞིང་འབར་བ་ཡིན་ན་དེའི་སྟེང་དུ་ནི་ཤིང་བསྣན་པ་དང་འདྲ་སྟེ། བདག་ཀྱང་དེ་ལྟར་མྱུ་ངན་གྱིས་གདུངས་ཏེ། མེ་དང་འདྲ་བ་ལས་ང་ཡང་རྒྱལ་བུ་གཱ་རེ་ཞེས་འདྲི་བ་ནི་མེ་ལ་ཤིང་གིས་བསྣན་པ་དང་འདྲའོ་ཞེས་པ་དང་། བརྒྱད་སྟོང་པའི་རྟག་ཏུ་ངུའི་ལེའུ་ལས། བདེན་པ་དང་བདེན་པའི་ཚིག་དེས་བདག་གི་ལུས་སྔོན་གྱི་ལུས་བཞིན་དུ་གྱུར་ཅིག་ཅེས་བརྗོད་པ་དང་། སྐད་ཅིག་ཡུད་ཙམ་ཐང་ཅིག་དེ་ཉིད་ལ་སངས་རྒྱས་ཀྱི་མཐུ་དང་ལྷག་པའི་བསམ་པ་ཡོངས་སུ་དག་པས། བྱང་ཆུབ་སེམས་དཔའ་རྟག་ཏུ་ངུའི་ལུས་སྔོན་གྱི་དེ་བཞིན་དུ་གནས་པར་གྱུར་ཏོ་ཞེས་སོ། །འོན་རྣམ་ངེས་ལས། དེ་ནི་ཐུན་མོང་མ་ཡིན་པའི་དངོས་པོའི་རང་བཞིན་ཏེ་རང་གི་མཚན་ཉིད་དོ་ཞེས་བྱ་བ་ཡང་ཇི་ལྟར་འཆད་ཅེ་ན། ཚུལ་འདི་དང་འདྲ་སྟེ། དཔེར་ན་རྣམ་འགྲེལ་ལས། ཁྲ་བོ་ཡི་ནི་ངོ་བོ་གང་། །དེ་ནི་སེར་སྐྱ་ལ་ཡོད་མིན། །ཞེས་བྱ་བ་ལྟ་བུའོ། །ཚུལ་འདི་ནི་སློབ་དཔོན་ཟླ་བ་གྲགས་པ་ཡང་བཞེད་དེ། བུམས་པ་ཡི་ནི་ཡོན་ཏན་གང་། །དེ་ནི་ཉེར་སྦྲས་ལ་ཡོད་མིན། །ཞེས་སོ། །

གལ་ཏེ་རང་བཞིན་ཞེས་བྱ་བ་བྱུང་ན་དེ་སྐད་ཡིན་ཀྱང་། རང་བཞིན་གྱིས་ཞེས་བྱ་བ་སྣང་བས་དགག་བྱའི་རང་བཞིན་ཡིན་ནོ་ཞེ་ན།འདིར་ནི་དོན་དམ་དཔྱོད་པའི་སྐབས་མ་ཡིན་པས་དེར་མི་འགྱུར་ཏེ། རྣམ་ངེས་ཀྱི་མངོན་སུམ་ལེའུ་ལས། འདིར་ནི་ཀུན་ཏུ་ཐ་སྙད་པའི་ཚད་མའི་རང་བཞིན་བསྟན་པ་ཡིན་ཞེས་པ་དང་། རྣམ་འགྲེལ་གྱི་མངོན་སུམ་ལེའུར་ཡང་། དེ་འདིར་དོན་དམ་ཡོད་པ་ཡིན་ཞེས་པ་དང་། བསྐལ་བཟང་ལས་ཀྱང་། རང་བཞིན་གྱིས་རྟོགས་པ་འཛིན་པའི་ཤེས་རབ་དང་ཞེས་པ་དང་། དྲིལ་བུ་པའི་རྒྱ་གཞུང་ལས། ངོ་བོ་ཉིད་ཀྱིས་སྒོམ་བྱེད་ཀྱང་། །ཞེས་པ་དང་། མ་བཅོས་ནང་གི་བདག་ཉིད་དོ། །ཞེས་པ་དང་། མདོ་རྒྱ་ཆེ་རོལ་པ་ལས། དགེ་སློང་དག་བྱང་ཆུབ་སེམས་དཔའ་དེ་ནི་དེ་ལྟར་རང་བཞིན་གྱིས་ཆོས་ལ་གནས་པ་ཡིན་ཞེས་པ་དང་། དགུན་ས་གང་ཡིན་པ་དེ་ནི་རང་བཞིན་གྱིས་དྲོའོ་ཞེས་གསུངས་པ་ལྟར་སྦྲོས་པས་ཆོག་གོ །

ད་ནི་ལམ་གྱི་སྐབས་སུ་རང་རྒྱུད་ཁས་མི་ལེན་པ་ནི་དབུ་མ་ཐལ་འགྱུར་བའི་ཐུན་མོང་མ་ཡིན་པའི་ལུགས་གཅིག་ཡིན་ཟེར་བ་ཡང་མི་འཐད་དེ། དེ་ལ་རང་རྒྱུད་ཁས་མི་ལེན་པའི་རྒྱུ་མཚན་དྲི་བར་བྱའོ། །ཁ་ཅིག་ཤེས་རབ་སྒྲོན་མེ་ལས། རང་དབང་དུ་བྱས་ནས་དེ་སྐད་དུ་བརྗོད་དམ་འོན་ཏེ་སུན་འབྱིན་པའི་དབང་དུ་བྱས

ནས་དེ་སྐད་དུ་བརྗོད་ཅེས་རང་རྒྱུད་ལ་རང་དབང་ཞེས་གསུངས་པས་རང་རྒྱུད་ཀྱི་དོན་ནི་རང་དབང་ངོ་། །རང་དབང་ཞེས་བྱ་བ་ཡང་གཞན་ལ་མ་ལྟོས་པར་རང་གི་མཚན་ཉིད་ཀྱིས་གྲུབ་པའམ་རང་གི་ངོ་བོས་གྲུབ་པ་ལ་བྱ་བའི་དོན་ཏོ། །དེས་ན་སྣང་ཡུལ་རང་མཚན་ལ་མ་འཁྲུལ་བའི་ཚད་མ་ནི་ཚད་མ་རང་རྒྱུད་པ་དང་། དེ་ལྟ་བུའི་ཚད་མས་ངེས་པའི་ཚུལ་གསུམ་དང་ལྡན་པའི་རྟགས་ལ་རང་རྒྱུད་ཀྱི་རྟགས་དང་། དེ་ལྟ་བུའི་རྟགས་ཀྱི་བསྒྲུབ་བྱ་ལ་རང་རྒྱུད་ཀྱི་བསྒྲུབ་བྱ་ཞེས་བྱའོ། །དེ་ལྟ་བུ་མི་སྲིད་པར་གཞན་ལ་གྲགས་པའི་གཏན་ཚིགས་ཀྱིས་གཞན་གྱི་དངོས་པོའི་དེ་ཁོ་ན་ཉིད་ཁོང་དུ་ཆུད་པར་མཛད་པ་ནི་དབུ་མ་ཐལ་འགྱུར་བ་ཞེས་བྱའོ་ཟེར་རོ། །

དེ་ནི་མི་འཐད་དེ་རང་མཚན་དང་རང་གི་མཚན་ཉིད་ཀྱིས་གྲུབ་པ་དོན་གཅིག་ཏུ་སྨྲ་བ་སྔར་བཀག་ཟིན་ལ༑ ད་ནི་གཞན་དགག་པ་ལ་གཉིས་ལས་མཚུངས་པ་ནི། རང་དབང་ཞེས་བྱ་བའི་མིང་ཙམ་ལ་འཁྲུལ་བར་མི་བྱ་སྟེ། ཟླ་བ་གྲགས་པ་ལྟར་ན་བཅས་ལྡན་དགེ་སློང་ཆོས་ཅན། གཞན་ལ་མ་ལྟོས་པར་རང་གི་མཚན་ཉིད་ཀྱིས་འཇུག་པར་ཐལ། རང་དབང་དུ་འཇུག་པའི་ཕྱིར་འཇུག་པ་ལས། གང་ཚེ་རང་དབང་འཇུག་ཅིང་མཐུན་གནས་པས། །གལ་ཏེ་འདི་བདག་འཛིན་པར་མི་བྱེད་ན། །གཡང་སར་ལྷུང་བས་གཞན་དབང་འཇུག་འགྱུར་བ། །དེ་ལས་ཕྱི་ནས་གང་གིས་སློང་བར་འགྱུར། །ཞེས་སོ། །བྱམས་པ་དང་ཉེར་སྦས་ཆོས་ཅན། གཞན་ལ་མ་ལྟོས་པར་རང་གི་མཚན་ཉིད་ཀྱིས་སོ་སོ་བ་ཡིན་པར་ཐལ། རང་རྒྱུད་སོ་སོ་བ་ཡིན་པའི་ཕྱིར་ལན་མེད་དོ། །ཆོས་ཀྱི་གྲགས་པ་ལྟར་ན། གཟུགས་འཛིན་མིག་ཤེས་ཆོས་ཅན། རང་གི་ཐུན་མོང་མིན་པའི་བདག་རྐྱེན་དབང་པོ་ལ་མི་ལྟོས་པར་ཐལ། གཟུགས་ལ་འཛིན་པ་རང་དབང་ཅན་ཡིན་པའི་ཕྱིར་ལན་མེད་དེ། རྣམ་འགྲེལ་ལས། དེ་ལ་འཛིན་པ་རང་དབང་ཅན། །ཞེས་སོ། །མདོ་ལས་ཀྱང་། མིག་ལ་བརྟེན་ཅིང་གཟུགས་ལ་དམིགས་ནས་མིག་གི་རྣམ་པར་ཤེས་པ་སྐྱེ་ཞེས་སོ། །དབུ་ཚད་ཀྱི་གཞུང་གི་ཆ་འགར་རང་དབང་དང་གཞན་དབང་ཞེས་བྱ་བ་དང་ཐུན་མོང་མིན་པ་དང་ཐུན་མོང་བ་ཞེས་བྱ་བའི་སྒྲ་མ་གཉིས་ཐ་སྙད་ཀྱི་སྐབས་སུ་བཤད་པ་ནི། འདིར་དགག་བྱ་མ་ཡིན་ཏེ། དཔེར་ན་འཇིག་རྟེན་པའི་རྟེན་འབྲེལ་གྱི་ཆོས་ཉིད་ཀྱི་རིགས་པ་མེ་རང་བཞིན་གྱིས་ཚ་བར་བཤད་པ་བཞིན་ནོ། །མདོ་བསྐལ་བཟང་ལས། ཐུན་མོང་བ་དང་ཐུན་མོང་མ་ཡིན་པའི་ཕར་ཕྱིན་དྲུག་དྲུག་གསུངས་པ་དང་། མངོན་རྟོགས་རྒྱན་ལས། སློབ་མ་ཐུན་མོང་མིན་ཉིད་དང་། །ཞེས་པ་ལྟར་རོ། །གཞན་ཡང་ཐལ་འགྱུར་བས་རང་རྒྱུད་ཁས་མི་ལེན་ན། རང་རྒྱུད་པས་ཀྱང་ཐལ་འགྱུར་ཁས་མི་ལེན་པར་མཚུངས་སོ། །

རང་ལུགས་དྲི་མ་མེད་པ་ནི། ཐལ་རང་ཞེས་བྱ་བ་ཡང་རྟགས་ཀྱི་དབྱེ་བ་ཡིན་ནོ། །དེ་ཡང་ཐལ་འགྱུར་གྱི་རྟགས་དང་རང་རྒྱུད་ཀྱི་རྟགས་གཉིས་སོ། །དེ་ཡང་དབུ་མ་ཐལ་འགྱུར་བ་དག་གིས་ནི་ཕྱིར་རྒོལ་དེ་བདེན་

མེད་སྟོན་པའི་སྐོར་དུ་རུང་མི་རུང་གཉིས་ལས། དང་པོ་ལྟར་ན། བདེན་པའི་སྐྱེ་བ་བཀག་ནས་བདེན་མེད་ཀྱི་ལྟ་བ་རྒྱུད་ལ་བསྐྱེད་པ་ཐལ་འགྱུར་གྱི་རྟགས་ཀྱི་བྱེད་པས་འགྲུབ་ལ། གཉིས་པ་ལྟར་ན། རང་རྒྱུད་ཀྱི་རྟགས་བཀོད་ཀྱང་དོན་མེད་པས་ཐལ་འགྱུར་གྱི་རྗེས་སུ་དེས་པར་རང་རྒྱུད་ཀྱི་སྦྱོར་ངག་འགོད་མི་དགོས་ཞེས་བྱའོ། །དབུ་མ་རང་རྒྱུད་པ་དག་གིས་ནི། དངོས་སྨྲ་བས་དངོས་པོ་བདེན་པའི་སྐྱེ་བར་འཛིན་པའི་སྒྲོ་འདོགས་ཐལ་འགྱུར་གྱི་རིགས་པས་ཆར་བཅད་ནས། དེའི་རྗེས་སུ་བདེན་མེད་ཀྱི་ལྟ་བ་རྒྱུད་ལ་བསྐྱེད་པ་ལ་དེས་པར་རང་རྒྱུད་ཀྱི་རིགས་པས་རྗེས་སུ་འཛིན་དགོས་ཞེས་བྱའོ། །དེས་ན་རྟགས་ཀྱི་དབྱེ་བ་ཐལ་རང་གི་རིགས་པའི་འགྲོ་ཚུལ་གྱི་བྱེད་ལས་མི་འདྲ་བའི་བཤད་སྲོལ་ཕྱེ་བ་ཙམ་གྱིས་ལྟ་བ་བཟང་ངན་དུ་འཛོག་མི་ནུས་ཏེ། དཔེར་ན་རང་རྒྱུད་ཀྱི་སྦྱོར་བ་ལ་ཡང་ལྔ་ལྡན་དང་གཉིས་ལྡན་བཤད་སྲོལ་མི་འདྲ་བ་ཙམ་གྱིས་ལྟ་བ་བཟང་ངན་དུ་འཛོག་མི་ནུས་པ་བཞིན་ནོ། །དེ་ཡང་སྒྲུབ་ངག་ཡན་ལག་ལྔ་ལྡན་པ་ལྟ་བ་བཟང་ངམ་ངན་འདྲིའོ། །དང་པོ་ལྟར་ན། གྲངས་ཅན་ལྟ་བ་བཟང་བར་འགྱུར་ལ། གཉིས་པ་ལྟར་ན། འཕགས་པ་ཐོགས་མེད་ལྟ་བ་ངན་པར་འགྱུར་ཏེ། མངོན་པ་ཀུན་ལས་བཏུས་ལས། སྒྲུབ་པ་ནི་དམ་བཅའ་བ་དང་གཏན་ཚིགས་དང་དཔེ་དང་ཉེ་བར་སྦྱོར་བ་དང་མཇུག་སྡུད་ཅེས་སོ། །

འོན་ཐལ་རང་གི་སྦྱོར་བའི་དབྱེ་བ་ལ་ཇི་ལྟ་བུ་ཞེ་ན། གོ་སླའི་ཆེད་དུ་སྒྲ་རྟག་པར་འདོད་པའི་གྲངས་ཅན་ཆར་བཅད་པ་དང་རྗེས་སུ་འཛིན་པའི་སྦྱོར་ངག་དཔེར་བརྗོད་དུ་བྱའོ། །དེ་ཡང་སྤྱིར་ཐལ་རང་གི་སྦྱོར་བ་རེ་རེ་ལ་ཡང་གོ་སླའི་སྦྱོར་བ་དང་མཚན་ཉིད་ཇི་ལྟ་བའི་སྦྱོར་བ་གཉིས་གཉིས་སོ། །དེ་ལ་ཐལ་འགྱུར་དང་རང་རྒྱུད་ཀྱི་གོ་སླའི་སྦྱོར་བ་གཉིས་གཉིས་རིགས་ཚོགས་དང་རྣམ་འགྲེལ་ལྟ་བུའི་དབུ་ཚད་ཀྱི་གཞུང་གི་སྒྲ་ཟིན་གྱི་རིགས་པ་ཐལ་ཆེར་ལ་ཅི་རིགས་སུ་སྣང་ངོ་། །

མཚན་ཉིད་ཇི་ལྟ་བའི་ཐལ་རང་གི་སྦྱོར་བ་ལ་ཡང་། ཐལ་འགྱུར་ལ་སྒྲུབ་བྱེད་འཕེན་མི་འཕེན་གཉིས་ལས། དང་པོ་ནི། སྒྲ་ཆོས་ཅན། མ་བྱས་པར་ཐལ། རྟག་པའི་ཕྱིར། དཔེར་ན་ནམ་མཁའ་བཞིན་ཞེས་བྱ་བ་ལྟ་བུ་དང་། གཉིས་པ་ནི། སྒྲ་ཆོས་ཅན། མི་རྟག་པར་ཐལ། བྱས་པའི་ཕྱིར། དཔེར་ན་བུམ་པ་བཞིན་ཞེས་བྱ་བ་ལྟ་བུའོ། །རང་རྒྱུད་ཀྱི་སྦྱོར་བ་ལ་ཡང་སྒྲུབ་ངག་ལྔ་ལྡན་དང་གཉིས་ལྡན་གཉིས་ལས། དང་པོ་ནི། སློབ་དཔོན་སྔ་མ་དག་གི་རྗེས་སུ་འབྲངས་ནས་སྒྲ་ཆོས་ཅན། མི་རྟག་སྟེ། བྱས་པའི་ཕྱིར། དཔེར་ན་བུམ་པ་བཞིན་བུམ་པ་བྱས་པ་བཞིན་དུ་སྒྲ་ཡང་བྱས་དེའི་ཕྱིར་སྒྲ་མི་རྟག་ཅེས་བྱ་བ་ལྟ་བུའོ། །

གཉིས་པ་ནི། ཕྱི་རབས་པའི་སློབ་དཔོན་དག་གི་རྗེས་སུ་འབྲངས་ནས། རིགས་གཏེར་ལས། ཡན་ལག་

ལྷ་ལ་དམ་བཅའ་དང་། །ཉེར་སྤྱོད་མཇུག་སྡུད་གསུམ་པོ་ལྷག །སྤྱི་ཁྱབ་མ་ཚང་ཕྱིར་མི་འཐད། །ཅེས་ལུགས་སྔ་མ་སུན་ཕྱུང་ནས། །རང་ལུགས་ལ་གང་བྱས་མི་རྟག་དཔེར་ན་བུམ་པ་བཞིན་སྒྲ་ཡང་བྱས་སོ་ཞེས་བྱ་བ་ལྟ་བུའོ། །ཐ་སྙད་དཔྱོད་པའི་ཐལ་རང་གི་སྦྱོར་བའི་དཔེ་འདིས་དོན་དམ་དཔྱོད་པའི་ཐལ་རང་གི་སྦྱོར་བའི་དོན་ལ་ཡང་སྐབས་ཅི་རིགས་སུ་ཤེས་པར་བྱའོ། །དེ་ལྟ་ན་ཡང་དབུ་མ་ཐལ་རང་གཉིས་བཤད་སྲོལ་མཐུན་པའི་ཆ་ནི་རིགས་ཚོགས་ཀྱི་རིགས་པ་ཕལ་ཆེར་སྒྲ་ཇི་ལ་གོ་སླའི་ཐལ་འགྱུར་དུ་གནས་ཀྱང་སྐབས་འགར་གོ་སླའི་རང་རྒྱུད་མེད་པ་མ་ཡིན་ཏེ། རྩ་ཤེས་ལས། བདག་ལས་མ་ཡིན་གཞན་ལས་མིན། །གཉིས་ལས་མ་ཡིན་རྒྱུ་མེད་མིན། །དངོས་པོ་གང་དང་གང་ན་ཡང་། །སྐྱེ་བ་ནམ་ཡང་ཡོད་མ་ཡིན། །ཞེས་པ་ལྟར། འཇུག་པ་ལས་ཀྱང་། གང་གི་ཕྱིར་ན་བདག་དང་གཞན་དང་གཉིས་ཀ་ལས་སྐྱེ་བ། །རྒྱུ་ལ་མ་ལྟོས་ཡོད་པ་མིན་པས་དངོས་རྣམས་རང་བཞིན་བྲལ། །ཞེས་པ་དང་། རྩ་ཤེར་ལས། རྟེན་ཅིང་འབྲེལ་འབྱུང་མ་གཏོགས་པའི། །ཆོས་འགའ་ཡོད་པ་མ་ཡིན་ནོ། །དེ་ཕྱིར་སྟོང་ཉིད་མ་གཏོགས་པའི། །ཆོས་འགའ་ཡོད་པ་མ་ཡིན་ནོ། །ཞེས་པ་ལྟར། འཇུག་པ་ལས་ཀྱང་། གང་ཕྱིར་དངོས་པོ་རྟེན་ནས་རང་འབྱུང་བས། །རྟོག་པ་འདི་དག་རྟག་པ་མི་བྱུས་པ། །དེ་ཕྱིར་རྟེན་འབྱུང་རིགས་པ་འདི་ཡིས་ནི༔ །ལྟ་ངན་དྲྭ་བ་མཐའ་དག་གཅོད་པར་བྱེད། །ཅེས་པ་དང་། རྩ་ཤེར་ལས། སྒྱུ་ལམ་ཇི་བཞིན་སྨྲེ་མ་བཞིན། །དྲི་ཟའི་གྲོང་ཁྱེར་ཇི་བཞིན་དུ། །དེ་བཞིན་སྐྱེ་དང་དེ་བཞིན་གནས། །དེ་བཞིན་དུ་ནི་འཇིགས་པ་གསུངས། །ཞེས་པ་ལྟར། འཇུག་པ་ལས་ཀྱང་། སྒྱུ་ལམ་སྨིས་པའི་ཡུལ་དག་མཐོང་ནས་ནི། །སད་ཀྱང་བློན་ལ་ཆགས་པ་སྐྱེ་འགྱུར་པ། །དེ་བཞིན་འགགས་ཤིང་རང་བཞིན་ཡོད་མིན་པའི། །ལས་ལས་ཀྱང་ནི་འབྲས་བུ་ཡོད་པ་ཡིན། །ཞེས་སོ༔ །དེ་བཞིན་དུ་གཞན་ཡང་དཔྱད་པར་བྱའོ། །གལ་ཏེ་འདི་དག་གིས་རང་རྒྱུད་བསྟན་པ་མིན་ནོ་ཞེ་ན། འོ་ན་ཡུམ་གྱི་མདོ་ལས། གཟུགས་རང་བཞིན་གྱིས་སྟོང་ངོ་། །དེ་ཅིའི་ཕྱིར་ཞེ་ན་རྟེན་ཅིང་འབྲེལ་བ་འབྱུང་བ་ཡིན་པའི་ཕྱིར་རོ། །ཞེས་བྱ་བ་ལྟ་བུ་དང་། ཆོས་ཐམས་ཅད་མེད་དེ་མ་དམིགས་པའི་ཕྱིར། དེ་ཡང་དོན་དམ་པར་ཞེས་པ་དང་། ས་བཅུ་པའི་མདོ་ལས། དུ་བ་ལས་ནི་མེར་ཤེས་དང་། །ཆུ་སྐྱར་ལས་ནི་ཆུར་ཤེས་ལྟར། །བྱང་ཆུབ་སེམས་དཔའ་བློ་ལྡན་གྱི། །རིགས་ནི་མཚན་མ་དག་ལས་ཤེས། །ཞེས་པ་ལྟ་བུས་ཀྱང་རང་རྒྱུད་མ་བསྟན་པར་ནམ་པ་ཀུན་ཏུ་མཚུངས་སོ། །

གཞན་ཡང་ཁྱེད་ལྟར་ན་ཚད་མ་རྣམ་འགྲེལ་ལས་ཀྱང་། རང་རྒྱུད་ཙུང་ཟད་ཀྱང་མ་བསྟན་པར་འགྱུར་ཏེ། འཇིགས་ལ་འབྲས་དང་ཡོད་ཉིད་བཞིན། །ཞེས་པ་དང་། ས་བོན་མེད་པར་སྨྱུ་གུ་བཞིན། །ཞེས་པ་དང་། གཞལ་བྱ་གཉིས་ཕྱིར་ཚད་མ་གཉིས། །ཞེས་པ་དང་། འབྲས་བུའི་ལས་ལ་བགེགས་བྱེད་པ། །མེད་པ་ཅན་གྱི་ཚོགས

པ་བཞིན། །ཞེས་པ་ལྟ་བུའི་དཔེ་དོན་དེ་རྣམས་ཀྱིས་ཀྱང་རང་རྒྱུད་མ་བསྟན་པར་འདོད་དགོས་པའི་ཕྱིར་རོ། །གལ་ཏེ་མི་མཚུངས་ཏེ། རྩ་ཤེར་ལས། ནམ་མཁའི་མཚན་ཉིད་སྔ་རོལ་ན། །ནམ་མཁའ་ཅུང་ཟད་ཡོད་མ་ཡིན། །གལ་ཏེ་མཚན་མ་སྔར་གྱུར་ན། །མཚན་ཉིད་མེད་པར་ཐལ་བར་འགྱུར། །ཞེས་པ་དང་། གཟུགས་ཀྱི་རྒྱུ་ནི་མ་གཏོགས་པར། །གཟུགས་ནི་གཟུགས་ཀྱི་རྒྱུ་མེད་པར། །ཐལ་བར་འགྱུར་ཏེ་དོན་གང་ཡང་། །རྒྱུ་མེད་པ་ནི་གང་ནའང་མེད། །ཅེས་པ་ལྟ་བུས་མཚོན་ནས། རིགས་ཚོགས་ལས་ཐལ་འགྱུར་འབའ་ཞིག་འབྱུང་ངོ་ཞེ་ན། འོ་ན་རྣམ་འགྲེལ་ལས། འདི་ཡང་དབང་ཡིན་འདི་ཁོ་ན། །ཞེས་བྱའི་ཐལ་བ་བཟློག་ཏུ་མེད། །ཅེས་པ་དང་། གཞན་དུ་བསྒྲུབ་བྱ་བརྗོད་པ་ཀུན། །དམ་བཅའ་བར་ནི་ཐལ་བར་འགྱུར། །ཞེས་པ་ལྟ་བུས་མཚོན་ནས། རྣམ་འགྲེལ་ལས་ཀྱང་ཐལ་འགྱུར་འབའ་ཞིག་འབྱུང་བར་མཚུངས་སོ། །དེས་ན་ཐ་སྙད་པའི་རང་རྒྱུད་ཕྱོགས་ཙམ་མཚོན་པ་ནི་དབུ་མ་ཤེས་རབ་བརྒྱ་པའི་རིགས་པ་ཕལ་ཆེར་ཡིན་ལ། ཁྱད་རང་ཐལ་འགྱུར་པའི་ལུགས་སུ་སྒྲ་ཇི་བཞིན་པར་འདོད་པའི་ཐེག་པ་ཆེན་པོ་རྒྱུད་བླ་མ་ལས་ཀྱང་། རྟོག་མེད་ཐུགས་ནི་གཏན་ཚིགས་སོ། །རང་བཞིན་དོན་ནི་གྲུབ་དོན་དུ། །དཔེ་ནི་བརྒྱ་བྱིན་གཟུགས་སོགས་བཞིན། །ཞེས་སོ། །གལ་ཏེ་དོན་དམ་དཔྱོད་པའི་སྐབས་འདིར་ཐ་སྙད་དཔྱོད་པའི་སྐབས་དང་དཔེ་དོན་དང་མི་མཚུངས་སོ་ཞེ་ན། འོ་ན་སློབ་དཔོན་ཀླུ་སྒྲུབ་ཀྱིས། ཇི་ལྟར་བུ་རམ་མངར་བ་དང་། །མེ་ཡི་རང་བཞིན་ཚ་བ་དང་། །དེ་བཞིན་ཆོས་རྣམས་ཐམས་ཅད་ཀྱི། །རང་བཞིན་སྟོང་པ་ཉིད་དུ་བཤད། །ཅེས་པ་དང་། ཟླ་བ་གྲགས་པས་ཀྱང་། སྣང་བའི་དངོས་པོ་འདི་ཡང་ནི། །ཡང་དག་པ་ཡི་རང་བཞིན་མེད། །གཅིག་དང་དུ་མ་དང་བྲལ་ཕྱིར། །སྒྱུ་མའི་གླང་པོ་ཇི་བཞིན་ནོ། །ཞེས་བྱ་བ་དང་དཔེ་དོན་དུ་མི་མཚུངས་པར་འགྱུར་རོ། །དབུ་མ་ཤེས་རབ་ལ་འཇུག་པའི་གཅིག་དང་དུ་བྲལ་གྱི་གཏན་ཚིགས་འདི་རང་རྒྱུད་མ་ཡིན་ན། དབུ་མ་རྒྱན་ལས། བདག་དང་གཞན་སྨྲའི་དངོས་འདི་དག །ཡང་དག་ཏུ་ན་གཅིག་པ་དང་། །དུ་མའི་རང་བཞིན་བྲལ་བའི་ཕྱིར། །རང་བཞིན་མེད་དེ་གཟུགས་བརྙན་བཞིན། །ཞེས་བྱ་བ་ལ་ཡང་མཚུངས་སོ། །དེ་ལྟ་ན་ཐལ་རང་གི་ཤིང་རྟ་ཆེན་པོ་དག་དོན་དམ་ལྟ་བའི་ཆ་ལ་རྩོད་པར་འདོད་པ་ནི་དགོངས་པ་གཏན་མ་ཡིན་པས། སློབ་དཔོན་གྱི་རིགས་ཚོགས་ཀྱི་གཞུང་འདི་ཆ་འགའ་ཞིག་གི་བཤད་སྲོལ་འདྲ་མི་འདྲ་དང་། ཐལ་འགྱུར་གྱིས་ཕྱི་རྒོལ་ཚར་བཅད་པའི་མཐར་རང་རྒྱུད་ཀྱིས་ངེས་པར་རྗེས་སུ་འཛིན་དགོས་མི་དགོས་རྩོད་པ་ཡིན་པས། བཤད་སྲོལ་འདི་གཉིས་ཀ་དངོས་ཀྱི་རྗེས་སུ་འབྲང་བར་བྱའི་ལྟ་བའི་སྒོ་ནས་ཡུལ་ཁྱད་པར་ཅན་ལ་སྐུར་བ་མི་གདབ་བོ། །

ད་ནི་འདི་དཔྱད་པར་བྱ་སྟེ། བོད་ཁ་བ་ཅན་པའི་དབུ་མ་པ་ལ་ཐལ་རང་གཉིས་ལས། རང་རྒྱུད་པ་ན

རེ་ཐལ་འགྱུར་བ་ཁྱེད་ཅག་ལ་འདི་དྲི་བར་བྱའོ། །གདུལ་བྱ་དེ་ཆོས་ཉིད་སྟོན་པའི་སྣོད་དུ་རུང་ངམ་མི་རུང་། དང་པོ་ལྟར་ན། དབུ་མའི་རིགས་པ་ཀླུ་སྒྲུབ་ཙམ་ཞིག་བསྟན་པས་ཆོག་གིས་ལུང་དང་མན་ངག་ཅི་ཞིག་དགོས་ལ༑ གཉིས་པ་ལྟར་ན། ལུང་དང་མན་ངག་བསྟན་ཀྱང་དོན་མེད་པར་མཚུངས་སོ། །དེ་སྐད་དུ་འདོད་པ་ཡང་མི་རིགས་ཏེ། འཇུག་པ་ལས། ལུང་ཇི་བཞིན་དང་མན་ངག་ནི། །ཇི་ལྟ་བ་བཞིན་བརྗོད་པ་ཡིན། །ཞེས་པ་དང་། ཇོ་བོའི་བདེན་གཉིས་ལས། སྟོང་ཉིད་གང་གིས་རྟོགས་ཞེ་ན། ཀླུ་སྒྲུབ་སློབ་མ་ཟླ་གྲགས་ཡིན། །དེ་ལས་བྱུང་བའི་མན་ངག་གིས། །ཆོས་ཉིད་བདེན་པ་མཐོང་བར་འགྱུར། །ཞེས་སོ། །དེ་ལ་ཐལ་འགྱུར་བ་ན་རེ། དངོས་སྨྲ་བའི་ལོག་རྟོག་ཐལ་འགྱུར་གྱིས་བཀག་པའི་རྗེས་སུ་ངེས་ཤེས་བསྐྱེད་པ་ལ་རང་རྒྱུད་ངེས་པར་དགོས་ན། ཐལ་འགྱུར་ཇི་སྙེད་ཡོད་པ་དེ་སྙེད་དུ་རང་རྒྱུད་ཀྱང་དེ་ཙམ་ཞིག་དགོས་པས་མཐའ་ཡས་ཤིང་། རང་རྒྱུད་ཀྱི་རྟགས་ཡང་དག་ལ་རང་རྒྱུད་ཀྱི་ཚུལ་གསུམ་ཚད་མས་གྲུབ་དགོས། དེ་ལྟ་ན་རང་རྒྱུད་ཀྱི་ཕྱོགས་ཆོས་ཚད་མས་འགྲུབ་པ་ལ་ཆོས་ཅན་རྒོལ་ཕྱི་རྒོལ་གཉིས་ཀའི་མཐུན་སྣང་དུ་གྲུབ་དགོས་པ་ཞིག་ན་དེ་འདྲ་ནི་མི་སྲིད་དེ། དཔེར་ན་མྱུ་གུ་བདག་ལས་སྐྱེ་མེད་དུ་སྒྲུབ་པའི་ཚེ་དངོས་སྨྲ་བ་ལ་མྱུ་གུའི་ཡོད་པ་དང་རང་བཞིན་གྱིས་ཡོད་པ་དོན་ལྡོག་གཅིག་ཏུ་འཆར་ལ། དབུ་མ་པ་ལ་མྱུ་གུའི་ཡོད་པ་དང་རང་བཞིན་གྱིས་མེད་པ་གཉིས་དོན་ལྡོག་གཅིག་ཏུ་འཆར་བ་གང་ཞིག །རང་བཞིན་གྱིས་ཡོད་མེད་གཉིས་གཞི་མྱུ་གུའི་སྟེང་དུ་མཐུན་པ་མི་སྲིད་པའི་ཕྱིར་རོ། །དེས་ན་རང་རྒྱུད་དགོས་པས་མ་ཁྱབ་ཟེར་རོ། །དེ་ལ་རང་རྒྱུད་པ་ན་རེ་ཁྱེད་ཀྱི་དེ་ནི་རང་རྒྱུད་འགག་ཞིག་ཙམ་འདོད་པ་ལ་ཡང་མཚུངས་སོ། །

གཞན་ཡང་སྒྲ་མི་རྟག་པར་སྒྲུབ་པའི་ཚེ་ཤེས་འདོད་ཆོས་ཅན་རྒོལ་ཕྱི་རྒོལ་གཉིས་ཀའི་མཐུན་སྣང་དུ་གྲུབ་པ་མི་སྲིད་པར་ཐལ། གྲངས་ཅན་ལ་སྒྲའི་ཡོད་པ་དང་རྟག་པར་ཡོད་པ་གཉིས་དོན་སྤྱི་གཅིག་ཏུ་འཆར་ལ། སངས་རྒྱས་པ་ལ་སྒྲའི་ཡོད་པ་དང་མི་རྟག་པར་ཡོད་པ་གཉིས་དོན་སྤྱི་གཅིག་ཏུ་འཆར་བ་གང་ཞེ་ན། གཞི་སྒྲའི་སྟེང་དུ་རྟག་མི་རྟག་གཉིས་མཐུན་པ་མི་སྲིད་པའི་ཕྱིར། གཟུགས་ནས་རྣམ་མཁྱེན་གྱི་བར་མཚུངས་ཏེ། དངོས་སྨྲ་བ་ལ་མྱུ་གུ་བདེན་འཛིན་གྱི་བག་ཆགས་ཐོག་མ་མེད་པ་ནས་ཀྱང་ཡོད་ལ། དུས་ཕྱིས་གྲུབ་པའི་མཐའ་ལས་ཀྱང་མྱུ་གུའི་རྫུལ་ཕྲན་ཆ་མེད་བདེན་པར་འདོད་པ་ལྟར། གྲངས་ཅན་ལ་ཡང་སྒྲ་མི་རྟག་འཛིན་གྱི་བག་ཆགས་ཐོག་མ་མེད་པ་ནས་ཀྱང་ཡོད་ལ་དུས་ཕྱིས་ཀྱང་སྒྲ་རྟག་པར་འདོད་པས་སོ། །དེ་ལྟ་ན་ཡང་དངོས་སྨྲ་བ་ལ་ལ་ནི་མྱུ་གུ་ཙམ་གྲུབ་མཐའི་དབང་གིས་བདེན་པར་མི་འདོད་ལ་མྱུ་གུའི་ཁ་དོག་དབང་ཤེས་ཀྱིས་མཐོང་བའི་ཚེ། ཡིད་ཤེས་རྟོག་པ་ལ་བདེན་སྣང་འཆར་བ་སྲིད་ཀྱང་མཐོང་རྟོག་གཉིས་དོན་སྤྱི་གཅིག་ཏུ་འཆར་བ་ནི་ག་ལ་སྲིད། དེ་

བཞིན་དུ་གྲངས་ཅན་གྱིས་སྒྲ་ཉན་ཤེས་ཀྱིས་ཐོས་པའི་ཚེ་ཡིད་ཤེས་རྟོག་པ་ལ་སྒྲ་རྟག་པའི་དོན་སྤྱི་འཆར་བ་སྲིད་ཀྱང་མཐོང་རྟོག་དོན་སྤྱི་གཅིག་ཏུ་འཆར་བ་ཤེས་བྱ་ལ་མེད་དོ། །མཐོང་རྟོག་གཅིག་ཏུ་མེད་ཀྱང་གཅིག་ཏུ་འཁྲུལ་པ་བློན་པོ་རིགས་པ་ཅན་པའི་ལུགས་ངན་ཡིན་ནོ། །དེ་ལ་ཁ་ཅིག་དེ་འདྲའི་དཔེ་དོན་མི་མཚུངས་ཏེ། མྱུ་གུ་བདེན་མེད་དུ་དཔྱོད་པ་ནི་དོན་དམ་དཔྱོད་པའི་སྐབས་ཡིན་ལ། སྒྲ་མི་རྟག་པར་དཔྱོད་པ་ནི་ཐ་སྙད་དཔྱོད་པའི་སྐབས་ཡིན་པའི་ཕྱིར་ཟེར་རོ། །འོན་དེ་འདྲའི་དཔེ་དོན་མཚུངས་པར་ཐལ། སྒྲ་མི་རྟག་པར་དཔྱོད་པ་ལྟར་མྱུ་གུ་བདག་ལས་སྐྱེ་མེད་དུ་དཔྱོད་པ་ཡང་ཐ་སྙད་དཔྱོད་པའི་སྐབས་ཡིན་པའི་ཕྱིར་བྱས་པ་ལ། ཕྱིར་དེ་ཐ་སྙད་དཔྱོད་པའི་སྐབས་ཡིན་ཀྱང་སྐབས་འདིར་བདེན་སྐྱེ་འགོག་པའི་ཕྱོགས་ཆོས་སྒྲུབ་པའི་སྐབས་ཡིན་པས་དོན་དམ་དཔྱོད་པའི་སྐབས་སུ་སོང་བ་ཡིན་ཟེར་རོ། །འོ་ན། སྒྲ་མི་རྟག་པར་དཔྱོད་པ་ཡང་དོན་དམ་དཔྱོད་པའི་སྐབས་སུ་སོང་བ་སྲིད་པར་ཐལ། བདེན་སྐྱེ་འགོག་པའི་ཕྱོགས་ཆོས་སྒྲུབ་པའི་སྐབས་སུ་སོང་བ་སྲིད་པའི་ཕྱིར། སེམས་འགྲེལ་ལས། མདོར་ན་སངས་རྒྱས་རྣམས་ཀྱིས་སེམས། །མི་རྟག་ཉིད་དུ་བཞེད་གྱུར་ན། །དེ་དག་སེམས་དེ་སྟོང་ཉིད་དུ། །ཅི་ཡི་ཕྱིར་ན་བཞེད་མི་འགྱུར། །ཞེས་སོ། །འདོད་ན་དེ་འདྲའི་དཔེ་དོན་མཚུངས་དགོས་པས་ཆོས་ཅན་མཐུན་སྣང་དུ་གྲུབ་པ་མི་སྲིད་པའི་རྟ་བའི་གྲུབ་མཐའ་དེ་མ་ཐག་ཉམས་སོ། །

གཞན་ཡང་རིགས་པའི་དབང་ཕྱུག་གིས་མཐུན་པ་དཔེའི་ཆོས་ཅན་མི་མཐུན་པ་དཔེའི་ཆོས་ཅན་ཤེས་འདོད་ཆོས་ཅན་གསུམ་ཚད་མ་རྣམ་ངེས་ལས་གསུངས་པའི་དང་པོ་ནི། མཐུན་སྣང་དུ་གྲུབ་པ་ཡོད་པ་སྒྲོད་འཇུག་དང་འཇུག་པ་ལས་གསལ་བར་འགྱུར་ཏེ། གཉིས་ཀ་ཡང་ནི་འདོད་པའི་དཔེས། །འབྲས་བུའི་དོན་དུ་མ་དཔྱད་ཕྱིར། །ཞེས་པ་དང་། དངོས་པོ་སྟོང་པ་གཟུགས་བརྙན་ལ་སོགས་པ། །ཚོགས་ལ་ལྟོས་རྣམས་མ་གྲགས་པ་ཡང་མིན། །ཞེས་སོ། །དེས་ན་རང་རྒྱུད་ཀྱི་གཏན་ཚིགས་གྲུབ་པའོ། །གལ་ཏེ་མ་གྲུབ་ན་རང་རྒྱུད་ཀྱི་དམ་བཅའ་ཡང་མེད་པར་འགྱུར་བ་ལས་དེ་ཡང་རིགས་པ་མ་ཡིན་ཏེ། སེམས་འགྲེལ་ལས། བྱང་ཆུབ་སེམས་དཔའ་ཆེན་པོ་ཇི་ལྟར་སངས་རྒྱས་བཅོམ་ལྡན་འདས་དང་བྱང་ཆུབ་སེམས་དཔའ་རྣམས་ཀྱིས་བསྐྱེད་པ་དེ་བཞིན་དུ། བདག་གིས་ཀྱང་སེམས་ཅན་མ་བསྒྲལ་བ་རྣམས་བསྒྲལ་བ་དང་མ་གྲོལ་བ་རྣམས་སྒྲོལ་བ་དང་དབུགས་མ་ཕྱུང་བ་རྣམས་དབུགས་དབྱུང་བ་དང་། ཡོངས་སུ་མྱ་ངན་ལས་མ་འདས་པ་རྣམས་ཡོངས་སུ་མྱ་ངན་ལས་འདའ་བའི་ཕྱིར། དུས་འདི་ནས་བཟུང་སྟེ་བྱང་ཆུབ་ཀྱི་སྙིང་པོ་ལ་མཆིས་ཀྱི་བར་དུ་བྱང་ཆུབ་ཀྱི་སེམས་ཆེན་པོ་བསྐྱེད་པར་བགྱིའོ། །

དེ་ལྟར་བྱང་ཆུབ་ཀྱི་སེམས་སྨོན་ལམ་གྱི་རང་བཞིན་ཀུན་རྫོབ་ཀྱི་རྣམ་པ་བསྐྱེད་ནས། བྱང་ཆུབ་སེམས

དཔའ་གསང་སྔགས་ཀྱི་སྒོའི་སྤྱོད་པ་སྤྱོད་པར་འདོད་པ་རྣམས་ཀྱིས་དོན་དམ་པ་བྱང་ཆུབ་ཀྱི་སེམས་ཀྱང་བསྒོམས་པའི་སྟོབས་ཀྱིས་བསྐྱེད་པར་བྱ་སྟེ། དེའི་ཕྱིར་དེའི་རང་བཞིན་བསྐྱེད་པར་བྱའོ་ཞེས་པ་དང་། རང་ཉིད་ངེས་ཤེས་གཞན་དག་ལ།།ངེས་པ་བསྐྱེད་པར་བྱ་དགོས་ན། །རྟག་ཏུ་འདི་ཞེས་བསྟན་མེད་པས། །བསྒྲུབ་པར་བྱ་བ་དག་ཏུ་འགྱུར། །ཞེས་སོ། །རིགས་པ་འདིས་ནི། བདག་ལས་མ་ཡིན་གཞན་ལས་མིན། །གཉིས་ལས་མ་ཡིན་རྒྱུ་མེད་མིན། །དངོས་པོ་གང་དག་གང་ན་ཡང་། །སྐྱེ་བ་ནམ་ཡང་ཡོད་མ་ཡིན། །ཞེས་སྨྲས་པའི་ཚིག་གསལ་ལས། དབུ་མ་པ་ཡིན་ན་ནི་རང་རྒྱུད་ཀྱི་རྗེས་སུ་དཔག་པ་བྱ་བ་རིགས་པ་ཡང་མ་ཡིན་ཏེ། ཕྱོགས་གཞན་ཁས་བླངས་པ་མེད་པའི་ཕྱིར་རོ། །ཞེས་པའི་ཕྱོགས་སྔ་སྨྲ་ཇི་བཞིན་དུ་སྨྲ་བ་ཁ་ཅིག་བཀག་པ་ཡིན་ནོ། །རང་གི་རྒྱུད་ཀྱི་རྗེས་སུ་དཔག་པར་བྱ་བ་ཞེས་འདོན་པ་ནི་ཡི་གེ་མ་དག་གོ །འོན་ལུང་འདིའི་དོན་ཇི་ལྟར་ཡིན་ཞེ་ན། བླ་མ་ན་ལེནྡྲ་པའི་བཤད་སྲོལ་རྣམ་པ་གཉིས་ལས། དུས་ཕྱིས་ཊཱིཀྐ་ལས་བྱུང་བའི་ཚུལ་གཞན་སྐྱེ་དོན་དམ་དཔྱོད་པའི་སྐབས་འདིར་མི་རིགས་པ་ནི། དེ་ཉིད་ལས། སློབ་དཔོན་སངས་རྒྱས་བསྐྱངས་ཀྱིས་ཀྱང་དངོས་པོ་རྣམས་བདག་ལས་སྐྱེ་བ་མེད་དེ། དེ་དག་གི་སྐྱེ་བ་དོན་མེད་པ་ཉིད་དུ་འགྱུར་བའི་ཕྱིར་དང་ཤིན་ཏུ་ཐལ་བར་འགྱུར་བའི་ཕྱིར་རོ། །དངོས་པོ་བདག་གི་བདག་ཉིད་དུ་ཡོད་པ་རྣམས་ལ་ནི་ཡང་སྐྱེ་བ་ལ་དགོས་པ་མེད་དོ། །ཅི་སྟེ་ཡོད་ཀྱང་སྐྱེ་ན་ནམ་ཡང་མི་སྐྱེ་བར་མི་འགྱུར་རོ་ཞེས་གསུངས་སོ། །འདི་ལ་ཁ་ཅིག་གིས་དེ་ནི་རིགས་པ་མ་ཡིན་ཏེ༑ གཏན་ཚིགས་དང་དཔེ་མ་བརྗོད་པའི་ཕྱིར་དང་གཞན་གྱིས་སྨྲས་པའི་ཉེས་པ་མ་བསལ་བའི་ཕྱིར་རོ། །ཐལ་བར་འགྱུར་བའི་ཚིག་ཡིན་པའི་ཕྱིར་སྐབས་ཀྱི་དོན་ལས་བཟློག་པས་བསྒྲུབ་པར་བྱ་བ་དང་དེའི་ཆོས་བཟློག་པའི་དོན་མངོན་པས་དངོས་པོ་རྣམས་གཞན་ལས་སྐྱེ་བར་འགྱུར་བ་དང་སྐྱེ་བ་འབྲས་བུ་དང་བཅས་པ་ཉིད་དུ་འགྱུར་བ་དང་སྐྱེ་བ་ཐུག་པ་ཡོད་པར་འགྱུར་བའི་ཕྱིར། གྲུབ་པའི་མཐའ་དང་འགལ་བར་འགྱུར་བའི་ཕྱིར་རོ་ཞེས་པའི་སྐྱོན་སྨྲས་ཏེ་ཞེས་སོ། །འདིའི་དོན་ནི་སློབ་དཔོན་ལེགས་ལྡན་འབྱེད་ཀྱིས་སངས་རྒྱས་བསྐྱངས་ལ་སྐྱོན་བརྗོད་པ་ནི། དངོས་སུ་བཀོད་པའི་ངག་འདི་རང་རྒྱུད་དུ་འདོད་ན་མི་འཐད་དེ། གཏན་ཚིགས་དང་དཔེ་མ་བརྗོད་པའི་ཕྱིར། ཐལ་འགྱུར་དུ་འདོད་ན་ལྡོག་པའི་སྒོ་ནས་རང་རྒྱུད་འཕེན་དགོས་ཏེ། འདིར་རང་རྒྱུད་གདོན་མི་ཟ་བར་བྱ་དགོས་ལ་ལོགས་སུ་རང་རྒྱུད་བཀོད་པ་མི་སྣང་བའི་ཕྱིར་རོ། །བཟློག་པ་འཕེན་པ་དེའི་ཚེ་བདག་ལས་སྐྱེ་བ་མེད་པ་ལས་བཟློག་ནས་གཞན་ལས་སྐྱེ་བ་ཉིད་དུ་འགྱུར་བ་དང་། སྐྱེ་བ་དོན་མེད་པ་ལས་བཟློག་ནས་སྐྱེ་བ་དོན་བཅས་སུ་འགྱུར་བ་དང་། སྐྱེ་བ་ཐུག་པ་མེད་པ་ལས་བཟློག་ནས་སྐྱེ་བ་ཐུག་ཡོད་དུ་འགྱུར་རོ། །

དེ་ལྟ་ན་གཞན་ལས་སྐྱེ་བ་དགག་པ་མཛད་པ་དང་འགལ་བ་ཡིན་ནོ་ཞེས་སྐྱོན་བརྗོད་མཛད་པ་ཡིན་ལ།

སློབ་དཔོན་ཟླ་བས་འདིའི་སྐྱོན་སྤོང་བར་འདོད་ནས། དབུ་མ་པ་ཡིན་ན་ནི་བདག་ལས་སྐྱེ་བ་མེད་པ་ལས་བཟློག་ནས་གཞན་ལས་སྐྱེ་བ་ཉིད་དུ་སྒྲུབ་པའི་རང་རྒྱུད་ཀྱི་རྗེས་སུ་དཔག་པ་བྱ་བ་རིགས་པ་མ་ཡིན་ཏེ། བདག་ལས་སྐྱེ་བ་ལས་ཕྱོགས་གཞན་གཞན་ལས་སྐྱེ་བ་ཡང་ཁས་བླངས་པ་མེད་པའི་ཕྱིར་ཞེས་བཤད་ནས་འཕགས་པ་ལྷའི་ལུང་དང་སྦྱར་ཏེ་གསུངས་སོ། །དེ་ལྟ་བས་ན་གཞན་ལས་སྐྱེ་བ་ཉིད་དུ་སྒྲུབ་པའི་རང་རྒྱུད་ཀྱི་རྗེས་སུ་དཔག་པ་བྱ་བ་མི་རིགས་ཞེས་བྱེ་བྲག་ཏུ་བཤད་པར་བྱ་བ་ཡིན་གྱི། སྤྱིར་རང་རྒྱུད་ཁས་མི་ལེན་པ་ལ་སྦྱར་བ་ནི་མ་ཡིན་ནོ། །གང་དུ་རང་རྒྱུད་མི་འཐད་ཅེས་སྨྲ་བ་ཐམས་ཅད་དོན་དམ་པ་ལ་དཔྱོད་པའི་དབང་དུ་བྱས་པ་ཡིན་པར་ཤེས་པར་བྱའོ་ཞེས་སོ། །

དེ་ཡང་བདག་སྐྱེ་བཀག་པ་ཙམ་གྱིས་གཞན་སྐྱེར་མི་འགྱུར་ནའང་། སྐྱེ་བ་དོན་བཅས་སུ་ཡང་འགྱུར་བས་གཞན་སྐྱེ་ཡོད་པར་སོང་ལ། དེ་ཡང་རང་རྒྱུད་ཀྱི་རྟགས་ཀྱིས་མ་བསྒྲུབས་ན་དོན་དམ་དཔྱོད་པའི་ངེས་པའི་ལྟ་བ་མི་རྙེད་པས། མཐར་རང་རྒྱུད་ཀྱི་རྗེས་སུ་དཔག་པ་དགོས་སོ་སྙམ་དུ་ལེགས་ལྡན་འབྱེད་ཀྱིས་དགོངས་སོ། །

བཤད་སྲོལ་གཉིས་པ་སྔར་གསུང་རྒྱུན་ལས་བྱུང་བའི་ཚུལ། ཐལ་འགྱུར་གྱིས་གཞན་ཕྱོགས་ཆར་བཅད་པའི་མཐར་རྗེས་སུ་འཛིན་པའི་ཡན་ལག་རང་རྒྱུད་ངེས་པར་དགོས་པ་མི་རིགས་པ་ནི། སློབ་དཔོན་སངས་རྒྱས་བསྐྱངས་ཀྱིས་བརྟགས་ནས་བདག་སྐྱེ་འགོག་པའི་རིགས་པ་འདི་ཐལ་འགྱུར་དང་རང་རྒྱུད་གང་ཡིན་སློབ་དཔོན་ལེགས་ལྡན་འབྱེད་ཀྱིས་མི་མཁྱེན་པ་ག་ལ་སྲིད། དེ་ལྟ་ན་ཡང་གྲངས་ཅན་དོན་དམ་པར་བདག་སྐྱེ་འདོད་པ་ཐལ་འགྱུར་གྱིས་བརྟགས་ནས་བཀག་པའི་མཐར་བདག་ལས་སྐྱེ་བ་མེད་པ་སྒྲུབ་པའི་རང་རྒྱུད་ངེས་པར་འདོད་དགོས་པ་ལས། དེ་འདྲའི་རྟགས་དང་དཔེ་མ་བརྗོད་པའི་ཕྱིར་ཞེས་པའི་སྐྱོན་སྤོང་དུ། ཟླ་བ་གྲགས་པས་དབུ་མ་ཐལ་འགྱུར་བ་ཡིན་ན་ནི་དོན་དམ་དཔྱོད་པའི་སྐབས་འདིར་བདག་སྐྱེ་ཐལ་འགྱུར་གྱིས་བཀག་པའི་མཐར་བདག་ལས་སྐྱེ་མེད་དུ་སྒྲུབ་པའི་རང་རྒྱུད་ཀྱི་རྗེས་སུ་དཔག་པ་བྱ་བ་ངེས་པར་དགོས་པ་ཉིད་དུ་རིགས་པ་ཡང་མ་ཡིན་ཏེ། གྲངས་ཅན་བདག་ལས་སྐྱེ་བ་དོན་དམ་པར་འདོད་པའི་ཕྱོགས་ལས་གཞན་དེ་ལྟར་སྒྲུབ་པའི་རང་རྒྱུད་ཀྱི་དམ་བཅའ་ངེས་པར་ཁས་བླངས་པ་མེད་པའི་ཕྱིར་རོ། །དེ་སྐད་དུ་ཡང་འཕགས་པ་ལྷས། ཡོད་དང་མེད་དང་ཡོད་མེད་ཅེས། །ཕྱོགས་ནི་གང་ལ་ཡོད་མིན་པ། །དེ་ལ་ཡུན་ནི་རིང་པོ་ནའང་། །ཀླན་ཀ་བརྗོད་པ་ནུས་མ་ཡིན། །ཞེས་བཤད་དོ། །རྩོད་བཟློག་ལས་ཀྱང་། གལ་ཏེ་ངས་དམ་བཅས་འགའ་ཡོད། །དེས་ན་ང་ལ་སྐྱོན་དེ་ཡོད། །ང་ལ་དམ་བཅའ་མེད་པས་ན། །ང་ནི་སྐྱོན་མེད་ཁོ་ན་ཡིན། །གལ་ཏེ་མངོན་སུམ་ལ་སོགས་པའི། །དོན་གྱིས་འགའ་ཞིག་དམིགས་ན་ནི། །སྒྲུབ་པའམ་བཟློག་པར་བྱ་ན་དེ། །མེད་ཕྱིར་ང་ལ་ཀླན་

ཀ་མེད། །ཅེས་སོ། །སྐྱོན་སྤོང་ལྷག་མ་ནི་གཏན་ཚིགས་དང་དཔེ་སམ་བརྗོད་པ་མ་ཡིན་པ་འབའ་ཞིག་ཏུ་མ་ཟད་ཀྱི༑ གཞན་གྱིས་སླུས་པའི་ཉེས་པ་མ་བསལ་བ་ཡང་མ་ཡིན་ནོ་ཞེས་སོགས་ལྟར་རོ། །སྐབས་ཀྱི་དོན་ལ་སྦྱར་ན། བདག་ལས་མ་ཡིན་གཞན་ལས་མིན། །གཉིས་ལས་མ་ཡིན་རྒྱུ་མེད་མིན། །ཞེས་པ་ལྟ་བུའི་རྟགས་དང་། དངོས་པོ་གང་དག་གང་ན་ཡང་། །སྐྱེ་བ་ནམ་ཡང་ཡོད་མ་ཡིན། །ཞེས་པ་ལྟ་བུའི་དམ་བཅའ་རྣམ་བཅད་དུ་མེད་པ་མ་ཡིན་ཡོངས་གཅོད་དུ་ཡོད་པ་མ་ཡིན་པ་དེ་བཞིན་དུ། དེ་འདྲའི་བསྒྲུབ་བྱ་སྒྲུབ་བྱེད་ཀུན་རྫོབ་ཏུ་མེད་པ་མ་ཡིན་དོན་དམ་པར་ཡོད་པ་མ་ཡིན་ཞེས་བྱ་བའི་དོན་ཡིན་གྱི། སྤྱིར་རང་རྒྱུད་ཀྱི་རྟགས་དང་དམ་བཅའ་སྤྱི་ཕྱོག་ནས་འགོག་པ་ཟླ་བ་གྲགས་པའི་དགོངས་པ་གཏན་མ་ཡིན་ནོ། །རིགས་པ་དྲུག་ཅུ་པ་ལས་ཀྱང་། རྩོད་མེད་ཆེ་བའི་བདག་ཉིད་ཅན། །གང་རྣམས་ལ་ནི་ཕྱོགས་ཉིད་མེད། །གང་ལ་ཕྱོགས་ནི་ཡོད་མིན་པ། །དེ་ལ་གཞན་ཕྱོགས་ག་ལ་ཡོད། །ཅེས་པའི་དགོངས་པ་ཡང་འདི་ཉིད་ཡིན་ནོ། །སྤྱིར་ཡོངས་གཅོད་སྒྲུབ་པའི་དམ་བཅའ་མེད་པ་ཡང་མ་ཡིན་ཏེ། ཡུམ་གྱི་མདོ་ལས། ངའི་ཟག་པ་ཐམས་ཅད་ཟད་དོ་ཞེས་ཞལ་གྱིས་བཞེས་པ་སོགས་མི་འཇིགས་པ་བཞིའི་དམ་བཅའ་དང་། འཕགས་པ་བསོད་ནམས་ཐམས་ཅད་བསྡུས་པའི་ཏིང་ངེ་འཛིན་གྱི་མདོ་ལས། བྱང་ཆུབ་སེམས་དཔས་ནི་སངས་རྒྱས་ཀྱི་རིགས་མི་ཆད་པར་བྱ་བའི་ཕྱིར་དམ་བཅས་པ་ལ་བརྟན་པར་བྱའོ་ཞེས་པ་དང་། བྱང་ཆུབ་སེམས་དཔས་ནི་སྔོན་དམ་བཅས་པ་ཉམས་སུ་ལེན་པར་བྱེད་པ་བསླུ་བ་མེད་པར་བྱའོ་ཞེས་སོ། །

དབུ་མ་རྟེན་འབྲེལ་སྙིང་པོ་ལས། །ཁ་ཏོན་མར་མེ་མེ་ལོང་རྒྱ། །མེ་ཤེལ་ས་བོན་སྐྱུར་དང་སྒྲ། །ཕུང་པོ་ཉིང་མཚམས་སྦྱོར་བ་རྣམས། །མི་འཕོ་བར་ཡང་མཁས་རྟོགས་བྱ། །ཞེས་རྟེན་འབྲེལ་གྱི་དཔེ་བརྒྱད་ཀྱི་དམ་བཅའ་དང་། བཤེས་སྤྲིང་ལས། རྟེན་ཅིང་འབྲེལ་བར་འབྱུང་འདི་རྒྱལ་རྣམས་ཀྱི། །གསུང་གི་མཛོད་ཀྱི་གཅེས་པ་ཟབ་མོ་ཡིན། །ཞེས་པ་ལྟར་མ་རིག་པའི་རྐྱེན་གྱིས་འདུ་བྱེད་འབྱུང་བ་སོགས་རང་རྒྱུད་ཀྱི་དམ་བཅའ་མཐའ་ཡས་སོ། །འཇུག་པ་ལས་ཀྱང་། འདིར་འབྱུང་ལུགས་ཀྱང་གཞན་ན་ནི། །མེད་ཅེས་མཁས་རྣམས་ངེས་པར་བརྗོད། །ཅེས་པ་དང་། རིན་ཆེན་ཕྲེང་བ་ལས། བསྟན་པ་འཆི་མེད་ཡོད་མེད་ལས། །འདས་པ་ཟབ་མོ་ཞེས་བྱ་བ༑ །ཆོས་ཀྱི་ཐུན་མོང་མིན་ཤེས་གྱིས། །ཞེས་སོ། །དེ་ལ་ཁ་ཅིག་ན་རེ། རང་རྒྱུད་ཀྱི་དམ་བཅའ་ནི་མེད་དེ། རང་རྒྱུད་ཀྱི་དོན་ནི་རང་དབང་ཡིན་པས་རང་དབང་དུ་གྲུབ་པའི་ཆོས་དམ་བཅའ་བ་མེད་དེ། བདེན་དངོས་འགོག་པའི་ཕྱིར་ཞེས་ཟེར་རོ། །དེ་ནི་སྨྲ་བ་ཀག་ཟིན་ལ། རོང་ཊཱི་ཀ་ལས། གང་དག་མདོ་སྡེ་པ་དག་གིས་གང་ཟག་ཡོད་པར་རང་རྒྱུད་དུ་དམ་བཅའ་ན་གང་ཟག་རང་དབང་ཅན་དུ་དམ་འཆའ་བར་འགྱུར་བས། དེ་ལྟ་ན་གང་ཟག་རང་དབང་ཅན་དུ་གྲུབ་པ་འགོག་པའི་དོན་དེ་ཅི་ཡིན་སླ་དགོས་སོ། །ཚིག་གི་ལོ་མས་དོན་གྱི་སྐྱོན་སྤོང

བར་འདོད་པ་ནི་བཤད་གད་ཀྱི་གནས་སོ་ཞེས་སོ། །རྩ་ཤེར་ལས། གཟུགས་སྒྲ་རོ་དང་རེག་པ་དང་། །དྲི་དང་ཆོས་དག་འབའ་ཞིག་པ། །ཞེས་པའི་འགྲེལ་པར་ལེགས་ལྡན་འབྱེད་ཀྱིས། འབའ་ཞིག་ནི་ངོ་བོ་ཉིད་མེད་པ་སྟེ་ངོ་བོ་ཉིད་ཀྱི་དྲི་ཙམ་གྱིས་ཀྱང་མ་གོས་པ་དག་ཡིན་ནོ། །ཐ་སྙད་ཀྱི་བདེན་པ་ལ་བསྒྲུར་བ་འདེབས་པ་ཡང་མ་ཡིན་ཏེ། དེ་དག་ནི། དྲི་ཟའི་གྲོང་ཁྱེར་ལྟ་བུ་དང་། །སྨིག་རྒྱུ་རྨི་ལམ་འདྲ་བ་ཡིན། །ཞེས་སོ། །འཇུག་པ་ལས་ཀྱང་རང་རྒྱུད་གསལ་བར་གསུངས་ཏེ། འཇིག་རྟེན་ཕ་རོལ་འགོག་པར་བྱེད་པའི་དུས་སུ་བདག་ཉིད་ནི། །ཤེས་བྱའི་རང་བཞིན་ཕྱིན་ཅི་ལོག་ཏུ་ལྟ་བར་རྟོགས་བྱ་སྟེ། །དེ་ཡི་ལྟ་བའི་རྣམ་པའི་རྟེན་མཚུངས་ལུས་དང་ལྡན་ཉིད་ཕྱིར། །གང་ཚེ་འབྱུང་བའི་བདག་ཉིད་ཡོད་ཉིད་ཁས་ལེན་དེ་ཚེ་བཞིན། །ཞེས་པ་དང་། རང་ཤ་སྟེར་ལའང་གྲུས་པར་བྱས་པ་ཡིས། །སྟོང་དུ་མི་རུང་དཔོག་པའི་རྒྱུར་ཡང་འགྱུར། །ཞེས་པ་དང་། དེའི་རང་འགྲེལ་དུ། བྱང་ཆུབ་སེམས་དཔའ་དེའི་ཡོན་ཏན་སྟོང་དུ་རུང་བ་མ་ཡིན་པ་གང་ཡིན་པ་དེ་དག་ཀྱང་། ཕྱི་དང་ནང་གི་བདག་ཉིད་ཀྱིས་དངོས་པོ་གཞན་ལ་ལྟོས་པའི་ཁྱད་པར་གྱི་རྗེས་སུ་དཔག་པ་ཉིད་ལས་གསལ་བར་དཔོག་སྟེ། དུ་བ་ལ་སོགས་པ་ལས་མེ་དཔོག་པ་བཞིན་ནོ་ཞེས་སོ། །གལ་ཏེ་བདག་ལས་མ་ཡིན་གཞན་ལས་མིན། །ཞེས་སོགས་ཀྱིས་རང་རྒྱུད་མ་བསྟན་པར་གཞན་ལ་གྲགས་ཀྱི་རྗེས་དཔག་ལ་སྦྱོར་བ་ཁ་ཅིག་ལྟར་ན་འདི་འདྲི་བར་བྱའོ། །བདག་ལས་མ་ཡིན་ཞེས་བྱ་བ། དབུ་མ་པ་ལས་གཞན་པའི་གྲངས་ཅན་ལ་གྲགས་པ་ཡིན་ནམ་གྲངས་ཅན་ལས་གཞན་པའི་དབུ་མ་པ་ལ་གྲགས་པ་ཡིན། དང་པོ་ལྟར་ན། གྲངས་ཅན་བདག་སྐྱེ་འདོད་པ་དང་འགལ་ལོ། །གཉིས་པ་ལྟར་ན་རང་རྒྱུད་ཀྱི་གཏན་ཚིགས་མ་བསྟན་པར་ཡང་འགལ་ལོ། །

ཡང་རྩོལ་བ་འདི་ན་རེ། གཞན་ལ་གྲགས་ཀྱི་རྗེས་དཔག་ནི་དཔེར་ན། ནང་གི་སྐྱེ་མཆེད་རྣམས་བདག་ལས་སྐྱེ་བ་མེད་དེ། ཡོད་པའི་ཕྱིར། མངོན་པར་གསལ་བའི་བུམ་པ་བཞིན། རང་རྒྱུད་ནི་དཔེར་ན། ནང་གི་སྐྱེ་མཆེད་རྣམས་ཆོས་ཅན། བདག་ལས་སྐྱེ་བ་མེད་པར་ངེས་ཏེ། ཡོད་པའི་ཕྱིར། ཤེས་པ་ཡོད་པ་ཉིད་བཞིན་ཞེས་བྱ་བ་ལྟ་བུའོ། །ཟེར་བ་ཚིག་གསལ་གྱི་དགོངས་པར་འཆད་པ་ནི་ནང་འགལ་ཏེ། འདིར་ཚིག་གསལ་ལས། ཡང་སྐྱེ་བ་དགག་པ་ལ་མི་འཁྲུལ་བ་རང་གི་བདག་ཉིད་དུ་ཡོད་པ་ཉིད་ཀྱིས་རྗེས་སུ་དཔག་པ་འགལ་བར་བརྗོད་པ་མཛད་པ་ཡིན་ཏེ། ཞེས་པའི་རང་གྲགས་དང་གཞན་གྲགས་དོན་གཅིག་པར་སྨྲས་པའི་ཕྱིར། གཞན་ཡང་ཁྱེད་ལྟར་ན། སངས་རྒྱས་པས་གྲངས་ཅན་པའི་ངོར་གང་བྱས་མི་རྟག་དཔེར་ན་བུམ་པ་བཞིན་སྒྲ་ཡང་བྱས་སོ་ཞེས་བརྗོད་པའི་ཚེ། བྱས་པ་དེ་གཞན་ལ་གྲགས་ཀྱི་རྗེས་དཔག་ཏུ་སྨྲ་དགོས་སོ། །དེ་ལྟ་ན་རྟོག་གེ་པ་དང་དབུ་མ་པའི་ཁྱད་པར་རང་རྒྱུད་འདོད་མི་འདོད་ཀྱིས་འཇོག་པའི་རྩ་བའི་གྲུབ་མཐའ་ཤོར་རོ། །

རོང་ཊཱིཀ་ལས། དབུ་མ་རྩ་བའི་དགོངས་པ་ཐལ་འགྱུར་དང་རང་རྒྱུད་དུ་འཆད་པའི་བྱེ་བྲག་གིས། ཐལ་རང་གཉིས་ཁྱད་པར་བཤད་པའི་དོན་མ་རྟོགས་པར་ལྟ་བ་བཟང་ངན་གྱི་བྱེ་བྲག་གིས་འབྱེད་པ་ནི། འཕགས་པའི་ཡུལ་གྱི་དབུ་མ་སྨྲ་བ་ཆེན་པོ་དེ་དག་གི་ལྟ་བ་ལ་སྒྲོ་འདོགས་སྐུར་འདེབས་སུ་སྨྲ་བ་ཡིན་པས་མཆིལ་མའི་ཐལ་བ་བཞིན་དུ་དོར་བར་བྱའོ། །གཞུང་གི་བཤད་ཚུལ་ཙུང་ཟད་མི་འདྲ་བ་ཙམ་གྱིས་ཀྱང་ཁྱད་པར་ཕྱེད་པ་མ་ཡིན་ཏེ། སངས་རྒྱས་བསྐྱངས་དང་ཟླ་བ་ལ་ཡང་ཡོད་པའི་ཕྱིར་དང་། རབ་ཏུ་བྱེད་པ་ཉི་ཤུ་རྩ་དྲུག་པའི་འཆད་ཚུལ་སངས་རྒྱས་བསྐྱངས་དང་མི་མཐུན་པར་ལེགས་ལྡན་འབྱེད་དང་མཐུན་པར་བཤད་པའི་ཕྱིར་རོ་ཞེས་སོ། །

དེ་ཡང་སྔར་གསུང་རྒྱུན་ལ་དོན་དམ་པར་བདག་དང་གཞན་ལས་སྐྱེ་བ་ཐལ་འགྱུར་གྱིས་ཚར་བཅད་པའི་མཐར་རྗེས་སུ་འཛིན་པའི་ཡན་ལག་ངེས་པར་རང་རྒྱུད་དགོས་མི་དགོས་ཀྱི་དབང་དུ་བྱས་པར་བཞེད་དེ། ཚིག་གསལ་ལས། ཕལ་ཆེར་ཐལ་བ་བསྒྲུབ་པའི་སྒོ་ནས་གཞན་གྱི་ཕྱོགས་སེལ་བར་མཛད་དོ་ཞེས་སོ། །དབུ་མ་པ་ཡིན་ན་ཞེས་སོགས་ཀྱི་དགོངས་པ་དེ་ལྟ་མ་ཡིན་པར་ཁྱེད་ལྟར་སྨྲ་ཧི་བཞིན་པ་ཡིན་ན་ཏ་ཙང་ཐལ་ཏེ། སློབ་དཔོན་ལེགས་ལྡན་འབྱེད་ཆོས་ཅན། དབུ་མ་པ་མ་ཡིན་པར་ཐལ། རང་རྒྱུད་ཀྱི་རྟགས་དང་དམ་བཅའ་ཁས་ལེན་པའི་ཕྱིར། ཚིག་རིགས་ཙམ་ལ་སྙིང་པོ་མེད་མོད་ཞེ་འདོད་ལ་འཁོར་གསུམ་ཀ་དངོས་འགལ་ཡིན་ཏེ། སྐབས་འདིར་ཚིག་གསལ་ལས། དབུ་མའི་ལྟ་བ་ཁས་ལེན་བཞིན་དུ་ཡང་རང་རྒྱུད་ཀྱི་སྦྱོར་བའི་ངག་བརྗོད་པ་ཞེས་པ་དང་། ནང་གི་སྐྱེ་མཆེད་རྣམས་བདག་ལས་སྐྱེ་བ་མེད་དེ་ཞེས་བྱ་བའི་རང་རྒྱུད་ཀྱི་དམ་བཅའ་ལྟ་ག་ལ་ཡོད་ཅེས་སོ། །དེ་བཞིན་དུ་ཀླུ་སྒྲུབ་ཡབ་སྲས་སངས་རྒྱས་བསྐྱངས་ཟླ་བ་གྲགས་པ་རྣམས་ཀྱང་། དེར་ཐལ། དེའི་ཕྱིར། ཡེ་ཤེས་འབྱུང་གནས་འོད་ཀྱིས་ཀྱང་དོན་དམ་དཔྱོད་པའི་སྐབས་མིན་པས་རང་རྒྱུད་བྱས་ཀྱང་འགལ་བ་མེད། བདག་ལས་སམ་གཞན་ལས་སམ་བདག་གཞན་གཉིས་ཀ་ལས་སམ་རྒྱུ་མེད་པ་ལས་འགྱུར་ཀྱང་། བརྟགས་ན་རྣམ་པ་ཐམས་ཅད་ལས་སྐྱེ་བ་མི་འཐད་ཅེས་པ་དང་། ལེགས་ལྡན་འབྱེད་ཀྱིས་ཀྱང་། དོན་དམ་པར་སྐྱེ་བ་མེད་ཅེས་པ་དང་། ཟླ་བ་གྲགས་པས། དེ་ཕྱིར་དེ་ལྟའི་རིམ་པས་དངོས་གདོད་ནས། །དེ་ཉིད་མ་སྐྱེས་འཇིག་རྟེན་སྐྱེས་རིག་བྱ། །ཞེས་སོ། །དེས་ན་གཞན་སྐྱེ་དོན་དམ་པར་མེད་ཀྱང་ཀུན་རྫོབ་ཏུ་ཡོད་པ་ཡིན་ནོ༑ ༑གལ་ཏེ་འཇུག་པ་ལས། གཞན་ལས་སྐྱེ་བ་འཇིག་རྟེན་ལས་ཀྱང་མེད། །ཅེས་པ་དང་འགལ་ལོ་ཞེ་ན། དེ་ནི་དོན་དམ་དཔྱོད་བྱེད་ཀྱི་རིགས་པས་བརྟགས་ན་གཞན་སྐྱེ་ཐ་སྙད་དུ་ཡང་མེད་ཅེས་སངས་རྒྱས་བསྐྱངས་ལྟར་ཟླ་བ་གྲགས་པས་ཀྱང་འཆད་དགོས་ཏེ། དེ་ཉིད་སྐབས་སུ་རིགས་པ་གང་ཞིག་གིས། །བདག་དང་གཞན་ལས་སྐྱེ་བ་རིགས་མིན་པའི། །རིགས་དེས་ཐ་སྙད་དུ་ཡང་རིགས་མིན་ན། །ཁྱོད་ཀྱི་སྐྱེ་བ་གང་གི་ཡིན་པར་འགྱུར། །ཞེས

པ་ལྟར་རོ། །

གཞན་དུ་ན་འཇུག་པ་ལས། ཉན་ཐོས་སངས་རྒྱས་འབྲིང་རྣམས་ཐུབ་དབང་སྐྱེས། །སངས་རྒྱས་བྱང་ཆུབ་སེམས་དཔའ་ལས་འབྲུངས་ཤིང་། །སྙིང་རྗེའི་སེམས་དང་གཉིས་སུ་མེད་བློ་དང་། །བྱང་ཆུབ་སེམས་ནི་རྒྱལ་སྲས་རྣམས་ཀྱི་རྒྱུ། །ཞེས་པ་དང་། རིན་ཆེན་ཕྲེང་བ་ལས། ཆོས་ཀྱི་སྐུ་ནི་མདོར་བསྡུ་ན། །རྒྱལ་པོ་ཡེ་ཤེས་ཚོགས་ལས་འབྲུངས། །གཟུགས་ཀྱི་སྐུ་ནི་མདོར་བསྡུ་ན། །རྒྱལ་པོ་བསོད་ནམས་ཚོགས་ལས་འབྲུངས། །ཞེས་པ་དང་ཡང་འགལ་ལོ། །གཞན་ཡང་ཀླུ་སྒྲུབ་ཡབ་སྲས་ཆོས་ཅན། རང་རྒྱུད་ཀྱི་སྐབས་འགྲོ་སེམས་བསྐྱེད་བསྔོ་བ་སྨོན་ལམ་སྟོང་ཉིད་སྙིང་རྗེའི་སྙིང་པོ་ཅན་བསྒོམ་པའི་དམ་བཅའ་མེད་པར་ཐལ། རང་རྒྱུད་ཀྱི་དམ་བཅའ་མེད་པའི་ཕྱིར། རྒྱུད་བླ་མ་ལས། ལུས་དང་སྲོག་དང་ལོངས་སྤྱོད་རྣམས། །བཏང་ནས་དམ་ཆོས་འཛིན་ཕྱིར་དང་། །སེམས་ཅན་ཀུན་ལ་ཕན་པའི་ཕྱིར། །དང་པོར་དམ་བཅའ་མཐར་ཕྱིན་ཕྱིར། །ཞེས་སོ། །འདུལ་བ་ལུང་ལས་ཀྱང་། བརྩམ་པར་བྱ་ཞིང་དབྱུང་བར་བྱ། །སངས་རྒྱས་བསྟན་ལ་འཇུག་པར་བྱ། །འདམ་བུའི་ཁྱིམ་ན་གླང་ཆེན་བཞིན། །འཆི་བདག་སྡེ་ནི་གཞོམ་པར་བྱ། །ཞེས་པ་དང་། སྡུག་བསྔལ་ཤེས་པར་བྱ་ཀུན་འབྱུང་སྤང་བར་བྱ་འགོག་པ་མངོན་དུ་བྱ་ལམ་བསྒོམ་པར་བྱ་ཞེས་པ་དང་། འདུས་བྱས་མི་རྟག་ཟག་བཅས་སྡུག་བསྔལ་ཆོས་བདག་མེད་མྱ་ངན་ལས་འདས་པ་ཞི་བའོ། །ཞེས་བྱ་བ་ལྟ་བུ་ཡང་སངས་རྒྱས་པའི་རང་རྒྱུད་ཀྱི་དམ་བཅའ་མ་ཡིན་ན་གཞན་སུ་སྟེགས་བྱེད་ཀྱི་དམ་བཅའ་ཅི་ཡིན་དཔྱད་དགོས་སོ། །

དེ་ལྟར་ན་དོན་དམ་པར་ནི་ཐལ་འགྱུར་ཡང་མེད་ལ་ཀུན་རྫོབ་ཏུ་ནི་རང་རྒྱུད་ཀྱང་ཡོད་པར་ཤེས་པར་བྱའོ། །ཁོ་བོ་དང་ཁོ་བོའི་བླ་མ་བརྒྱུད་པ་མ་གཏོགས་བོད་དག་གིས་ཚིག་གསལ་གྱི་སྟོང་ཐུན་འདིའི་ཕྱོགས་སུ་གོམ་པ་ཙམ་ཡང་མ་བཞག་གོ །གལ་ཏེ་དབུ་མ་ཐལ་རང་གཉིས་ཀ་མཐུན་པར་གཟུགས་སོགས་ཐ་སྙད་དུ་ཡང་བདེན་མེད་དུ་གྲུབ་ན། ཆོས་རྗེ་ས་སྐྱ་པཎྜི་ཏ་ལ་དབུ་ཚད་གཉིས་ཀྱི་ཁྱད་པར་གང་ཡིན་ཞུས་པའི་ལན་དུ། དབུ་ཚད་གཉིས་ཀྱི་ཁྱད་པར་ནི། །ཐ་སྙད་དུ་ནི་མི་བསླུ་བ། །འདོད་པ་ཚད་མའི་ལུགས་ཡིན་གྱི། །རང་རྒྱུད་ཕལ་ཆེར་དེ་དང་མཚུངས། །ཐལ་འགྱུར་པ་དག་ཐ་སྙད་དུའང་། །བདེན་པ་མི་འདོད་ཁྱད་པར་ཡིན། །ཞེས་པ་དང་འགལ་ལོ་ཞེ་ན། དེ་ནི་དྲིས་ལན་གྱི་སྐབས་ཡིན་པས་འཇིག་རྟེན་མཐུན་འཇུག་གི་མདོ་ལྟར་ཕལ་ཆེར་གཞན་ངོ་དང་མཐུན་པར་མཛད་པ་ཡིན་ནོ། །

དེ་ལྟ་ན་ཡང་ཚད་མ་སྔ་བདུན་ལྟར་བླ་གཉིས་དང་བླ་གཅིག་སྣང་བའི་དབང་ཤེས་ལ་བསླུ་མི་བསླུའི་ཐ་སྙད་མཛད་དེ། ཚད་མ་རིགས་གཏེར་ལས། བག་ཆགས་བརྟན་པ་མི་བརྟན་ལས། །བདེན་དང་རྫུན་པའི་རྣམ

གཞག་བྱེད། །ཅེས་པ་དང་། བག་ཆགས་བརྟན་པ་ཞེས་བྱ་བ་ཚད་མ་རྣམ་ངེས་ལས། གཞན་ནི་བག་ཆགས་བརྟན་པའི་ཕྱིར། འཁོར་བ་ཇི་སྲིད་པར་ནི་འབྲེལ་བར་རྗེས་སུ་འབྲེལ་བ་ནི་ཐ་སྙད་དུ་མི་བསླུ་བ་ལ་ལྟོས་ནས་འདིར་ཚད་མ་ཡིན་ནོ་ཞེས་པ་དང་། འདིར་ནི་ཀུན་ཏུ་ཐ་སྙད་པའི་ཚད་མའི་རང་བཞིན་བརྗོད་པ་ཡིན་ཏེ། འདི་ལ་ཡང་ཕ་རོལ་རྨོངས་པའི་འཇིག་རྟེན་བསླུ་བར་བྱེད་པའི་ཕྱིར་རོ། །བསམ་པ་ལས་བྱུང་བ་ཉིད་ཀྱི་ཤེས་རབ་གོམས་པར་བྱས་པས་རྣམ་པར་འཕྲུལ་པས་དབེན་ཞིང་དྲི་མ་མེད་ལ་ལྡོག་པ་མེད་པའི་དོན་དམ་པའི་ཚད་མ་མངོན་དུ་བྱེད་དོ་ཞེས་གསུངས་པ་ལྟར། དབུ་མ་རང་རྒྱུད་པར་གྲགས་པ་ཕལ་ཆེར་ཡང་དེ་ལྟར་བཞེད་དོ། །ཐལ་འགྱུར་བ་དག་ནི་འཇིག་རྟེན་པ་ལ་གྲགས་པའི་ཐ་སྙད་པའི་ཚད་མ་ནི་འཇིག་རྟེན་ཁོ་ནའི་ངོར་མི་བསླུ་བ་ཡིན་གྱི་དབུ་མ་པའི་རང་ལུགས་ལ་མི་བསླུ་བར་མི་བཞེད་དེ། འཇུག་པ་ལས། དེ་བློ་ལ་ལྟོས་གཉིས་ཅར་བདེན་པ་སྟེ། །དོན་གསལ་མཐོང་ལ་གཉིས་ཀ་འང་རྫུན་པ་ཡིན། །ཞེས་པ་དང་། ཇི་ལྟར་ཕུང་པོ་སྤངས་ནས་ཞིར་ཞུགས་པ། །དགྲ་བཅོམ་རྣམས་ལ་ཡོད་པ་མིན་དེ་ལྟར། །འཇིག་རྟེན་ལ་ཡང་མེད་ན་དེ་བཞིན་འདིར། །འཇིག་རྟེན་ལ་ཡང་ཡོད་ཅེས་བདག་མི་སྨྲ། །ཞེས་པ་དང་། གལ་ཏེ་འཇིག་རྟེན་ཚད་མ་ཡིན་ན་ནི། །འཇིག་རྟེན་དེ་ཉིད་མཐོང་བས་འཕགས་གཞན་གྱིས།།ཅི་དགོས་འཕགས་པའི་ལམ་གྱིས་ཅི་ཞེས་བྱ། །བླུན་པོ་ཚད་མར་རིགས་པའང་མ་ཡིན་ནོ༎ ༎ཞེས་པ་དང་། འདི་ཡང་འཇིག་རྟེན་ཐ་སྙད་ཚུལ་ལུགས་ཡིན། །ཞེས་པའི་འཇུག་འགྲེལ་དུ། འདི་ཡང་འཇིག་རྟེན་ཚུལ་ལུགས་ཡིན་གྱི་ཤིན་ཏུ་དཔྱད་པར་བྱ་བ་ནི་མ་ཡིན་ཏེ། རྫུན་པའི་དོན་ཅན་ཉིད་ཀྱིས་འཇིག་རྟེན་གྱི་ཐ་སྙད་ཡིན་པའི་ཕྱིར་རོ་ཞེས་སོ། །གལ་ཏེ་སློབ་དཔོན་ཟླ་བ་གྲགས་པ་འདི་ཀུན་རྫོབ་འཇིག་རྟེན་གྱི་གྲགས་པ་ལ་བརྟེན་ནས་ཚད་མའི་རྣམ་གཞག་མཛད་པས། དེ་བློ་ལ་ལྟོས་གཉིས་ཅར་བདེན་པ་སྟེ། །ཞེས་པ་ལྟར་ཟླ་བ་གཉིས་སྣང་གི་དབང་ཤེས་ཀྱང་རང་གི་སྣང་ངོ་ལ་ལྟོས་ཏེ་ཚད་མ་ཡིན་པར་རང་ལུགས་ལ་བཞེད་དོ་ཞེ་ན། འོན་ལོང་པའི་མིག་ཤེས་ཀྱང་རྨི་ལམ་དུ་གཟུགས་སྣང་བ་ལ་ལྟོས་ཏེ་ཚད་མ་ཡིན་པ་སློབ་དཔོན་ཟླ་བ་གྲགས་པའི་རང་ལུགས་སུ་འགྱུར་ཏེ། འཇུག་པ་ལས། དེ་ཕྱིར་རྨི་ལམ་དུ་ཡང་དེ་དངོས་མིག །རྫུན་པའི་ཡུལ་ཅན་རྟོགས་པའི་རྒྱུར་ཁས་བླངས། །ཞེས་སོ། །གཞན་ཡང་འཇིག་རྟེན་པའི་ངོར་གྲགས་པ་ཁྱད་དུ་མི་གསོད་པ་ཡིན་གྱི་དབུ་མ་རང་ལུགས་ལ། འཇིག་རྟེན་པའི་གྲགས་པ་རྣམ་པ་ཀུན་ཏུ་ཚད་མར་མཛད་པ་མ་ཡིན་ཏེ། སྤྱོད་འཇུག་ལས། གཟུགས་སོགས་མངོན་སུམ་ཉིད་ཀྱང་ནི། །གྲགས་པས་ཡིན་གྱི་ཚད་མས་མིན། །དེ་ནི་མི་གཙང་ལ་སོགས་ལ། །གཙང་སོགས་གྲགས་པ་བཞིན་དུ་རྫུན། །ཞེས་སོ། །

འཇུག་པའི་རང་འགྲེལ་ལས་ཀྱང་། བསླུ་བ་མེད་པ་ཉིད་ཀྱིས་དོན་དམ་པའི་བདེན་པ་ཡིན་ཞེས་སོ། །དབུ་

མ་རང་རྒྱུད་པ་ཕལ་ཆེར་ཚད་མའི་གྲགས་དང་མཚན་གཞི་སོགས་འཇིག་རྟེན་གྲགས་པའི་རྗེས་སུ་འབྲངས་ན་ཚད་མའི་རྣམ་གཞག་འཆོལ་བར་འགྱུར་བས། དབུ་ཚད་སྟོན་པའི་མདོ་དང་ཀླུ་སྒྲུབ་ཡབ་སྲས་ཀྱི་རྗེས་སུ་འབྲངས་ནས་ཐ་སྙད་པའི་ཚད་མ་ཐ་སྙད་ལ་མི་བསླུ་བ་དང་དོན་དམ་པའི་ཚད་མ་དོན་དམ་ལ་མི་བསླུ་བའི་རྣམ་གཞག་གཉིས་ལས། ཕྱི་མའི་དབང་དུ་མཛད་ནས་རིགས་པ་དྲུག་ཅུ་པ་ལས། མྱ་ངན་འདས་པ་བདེན་གཅིག་པོ། །རྒྱལ་བ་རྣམས་ཀྱིས་གང་གསུངས་པ། །དེ་ཚེ་ལྷག་མ་ལོག་མིན་ཞེས། །མཁས་པ་སུ་ཞིག་རྟོག་མི་བྱེད། །ཅེས་པ་དང་། མདོ་ལས་ཀྱང་། བདེན་པ་དམ་པ་ནི་གཅིག་ཁོ་ན་སྟེ་འདི་ལྟ་སྟེ་བསླུ་བ་མེད་པའི་ཆོས་མྱང་ངན་ལས་འདས་པའོ་ཞེས་པ་དང་། རྩ་ཤེར་ལས། བཅོམ་ལྡན་འདས་ཀྱིས་ཆོས་གང་ཞིག །བསླུ་བ་དེ་ནི་རྫུན་ཞེས་གསུངས། །འདུ་བྱེད་ཐམས་ཅད་བསླུ་བའི་ཕྱིར། །དེས་ན་དེ་དག་རྫུན་པ་ཡིན། །ཞེས་སོ། །དེས་ན་འཇིག་རྟེན་མངོན་སུམ་ཚད་མར་གྲགས་པའི་གཟུགས་འཛིན་མིག་ཤེས་དེ་གཟུགས་ཀྱི་དོན་དམ་པའི་དེ་ཁོ་ན་ཉིད་ལ་ཚད་མ་མ་ཡིན་ཏེ། དེ་ལ་ལྟོས་ཏེ་བསླུ་བའི་ཕྱིར། རྩ་ཤེར་ལས། འབྱུང་བ་དང་ནི་འཇིག་པ་དག །མཐོང་ངོ་སྙམ་དུ་ཁྱོད་སེམས་ན། །འབྱུང་བ་དང་ནི་འཇིག་པ་དག །གཏི་མུག་གཉིད་ཀྱིས་མཐོང་བ་ཡིན། །ཞེས་པ་དང་། བཞི་བརྒྱ་པ་ལས། གཟུགས་མཐོང་ཆོན་བུམ་པ་ནི། །ཐམས་ཅད་ཁོན་མཐོང་མི་འགྱུར། །བུམ་པ་མངོན་སུམ་ཞེས་བྱ་བ། །དེ་ཉིད་རིག་པ་སུ་ཞིག་སྨྲ། །གལ་ཏེ་གཟུགས་མཐོང་པ་ཡིས་དེ། །ཐམས་ཅད་མཐོང་བར་འགྱུར་ན་ནི། །མ་མཐོང་པ་ཡི་གཟུགས་མཐོང་བ། །མཐོང་བ་མིན་པར་ཅིས་མི་འགྱུར། །གཟུགས་ནི་འབའ་ཞིག་ཁོན་ལའང་། །མངོན་སུམ་ཉིད་ནི་ཡོད་མ་ཡིན། །གང་ཕྱིར་དེ་ལ་ཕ་རོལ་གྱི། །ཆ་དང་ཚུ་རོལ་དབུས་ཡོད་ཕྱིར། །རྡུལ་ལ་ཆ་ཤས་ཡོད་མེད་ཅེས། །དཔྱད་པ་དེར་ཡང་འཇུག་པར་འགྱུར། །དེ་ཕྱིར་བསྒྲུབ་པར་བྱ་བ་ཡི། །བསྒྲུབ་བྱ་གྲུབ་པར་མི་འཐད་དོ༑ ༑ཞེས་སོ། །

ཇོ་བོའི་བདེན་གཉིས་ལས་ཀྱང་། མངོན་སུམ་དང་ནི་རྗེས་སུ་དཔག །སངས་རྒྱས་པ་ཡིས་དེ་ཉིད་བཟུང་། །གཉིས་པོས་སྟོང་ཉིད་རྟོགས་སོ་ཞེས། །ཚུ་རོལ་མཐོང་བའི་རྨོངས་པ་སྨྲ། །མུ་སྟེགས་ཉན་ཐོས་རྣམས་ཀྱིས་ཀྱང་། །ཆོས་ཉིད་རྟོགས་པར་ཐལ་བར་འགྱུར། །རྣམ་རིག་པ་དེ་སྨོས་ཅི་དགོས། །དབུ་མ་པ་ལ་མི་མཐུན་མེད། །དེས་ན་གྲུབ་མཐའ་ཐམས་ཅད་ཀྱང་། །ཚད་མས་གཞལ་ཕྱིར་མཐུན་པར་འགྱུར། །རྟོག་གེ་ཐམས་ཅད་མི་མཐུན་པས། །ཚད་མས་གཞལ་བས་ཆོས་ཉིད་ཀྱང་། །མང་པོ་ཉིད་དུ་མི་འགྱུར་རམ། །མངོན་སུམ་རྗེས་དཔག་དགོས་པ་མེད། །མུ་སྟེགས་རྒོལ་བ་བཟློག་པའི་ཕྱིར། །མཁས་པ་རྣམས་ཀྱིས་བྱས་པ་ཡིན། །ལུང་ལས་ཀྱང་ནི་གསལ་པོ་རུ། །རྟོག་བཅས་རྟོག་པ་མེད་པ་ཡི། །ཤེས་པ་ཉིད་ཀྱིས་མི་རྟོགས་ཅེས། །སློབ་དཔོན་མཁས

པ་འབབ་བྱ་གསུང་། །སྟོང་ཉིད་གང་གིས་རྟོགས་ཞེ་ན། །དེ་བཞིན་གཤེགས་པས་ལུང་བསྟན་ཅིང་། །ཆོས་ཉིད་བདེན་པ་གཟིགས་པ་ཡི། །ཀླུ་སྒྲུབ་སློབ་མ་ཟླ་གྲགས་ཡིན། །དེ་ལས་བརྒྱུད་པའི་མན་ངག་གིས། །ཆོས་ཉིད་བདེན་པ་རྟོག་པར་འགྱུར། །ཞེས་སོ། །གལ་ཏེ་རང་རྒྱུད་པ་ཚད་མ་གཉིས་ལ། ཐལ་འགྱུར་བ་ཚད་མ་བཞིར་བཞེད་པས་ལྟ་བ་མ་མཐུན་ནོ་ཞེ་ན། ཚད་མའི་གྲངས་དང་ཐ་སྙད་མ་མཐུན་པ་ཙམ་གྱིས་ལྟ་བ་བཟང་ངན་དུ་མི་འགྱུར་ཏེ། དེ་ལྟ་ན་ལམ་འབྲས་རྡོ་རྗེའི་ཚིག་རྐང་ལས། ཚད་མ་བཞིས་འབྲས་བུ་གཏན་ལ་ཕབ་ནས་ཞེས་འབྱུང་བའི་ཚད་མའི་གྲངས་དང་། ཐ་སྙད་དབུ་ཚད་ཕལ་ཆེར་དང་མི་འདྲ་བའི་ཕྱིར། འོན་ཟླ་གྲགས་ཚད་མ་བཞིར་བཞེད་པ་ཇི་ལྟ་བུ་ཞེ་ན། ཚིག་གསལ་ལས། མངོན་སུམ་དང་རྗེས་དཔག་དང་དཔེ་ཉེར་འཇལ་དང་ལུང་ཚད་མ་དང་བཞི་གསུངས་པའི། གཉིས་པ་ནི་དངོས་པོ་སྟོབས་ཞུགས་ཀྱི་རྗེས་དཔག་དང་། གསུམ་པ་ནི་གྲགས་པའི་རྗེས་དཔག་དང་། བཞི་པ་ནི་ཡིད་ཆེས་པའི་རྗེས་དཔག་གཙོ་ཆེའོ། །མདོ་དགོངས་པ་ངེས་འགྲེལ་ལས། གང་གིས་མངོན་སུམ་དུ་མ་གྱུར་པ་ལ་རྗེས་སུ་དཔག་པ་བྱ་བ་ཡིན་ནོ་ཞེས་པ་དང་། ཕྱི་རོལ་གྱི་ཕྱུན་སུམ་ཚོགས་པ་དང་རྒྱུད་པར་དམིགས་པ་འཛིག་རྟེན་ཐམས་ཅད་ལ་གྲགས་པ་ཉེ་བར་སྦྱར་བ་འདི་དང་རྣམ་པ་འདི་ལྟ་བུ་དག་ནི་རང་གི་རིགས་ཀྱི་དཔེ་ཉེ་བར་སྦྱར་བའི་མཚན་ཉིད་དུ་ཤེས་པར་བྱའོ་ཞེས་པ་དང་། གཏན་ཚིགས་སྒྲུབ་པའི་རིགས་པ་ནི་དེ་ལྟར་མངོན་སུམ་གྱི་ཚད་མ་དང་རྗེས་སུ་དཔག་པའི་ཚད་མ་དང་ཡིད་ཆེས་པའི་ལུང་ཚད་མ་ཡང་མཚན་ཉིད་ལྔ་རྣམས་ཀྱིས་ཡོངས་སུ་དག་པ་ཡིན་ནོ་ཞེས་སོ། །

མངོན་སུམ་ལ་དབྱེ་ན། དབང་པོའི། ཡིད་ཀྱི། རང་རིག །རྣལ་འབྱོར་མངོན་སུམ་དང་བཞིའོ། །དེ་ལ་དང་པོ་གསུམ་ནི། བཞི་བརྒྱ་པའི་འགྲེལ་པ་ལས། དབང་པོའི་རྣམ་པར་ཤེས་པའི་སྟོབས་ཀྱིས་དེ་ལྟར་རྟོགས་ཤིང་སྐྱེ་བ་ན་ངེས་ཀྱང་དོན་དེ་རྣམ་པར་ཤེས་སོ་ཞེས་ཉེ་བར་འདོགས་སོ་ཞེས་པ་དང་། ཚོར་བ་ལ་སོགས་པ་ལྟར་ཉམས་སུ་མྱོང་བའི་རྣམ་པ་ཡང་མ་ཡིན་ལ་གཟུགས་དང་སྒྲ་ལ་སོགས་པ་བཞིན་དབང་པོའི་སྒོ་ནས་ཡོངས་སུ་དཔྱོད་པར་བྱ་བ་ཡང་མ་ཡིན་ནོ་ཞེས་སོ། །དེ་ལ་དབང་པོའི་རྣམ་པར་ཤེས་པ་ཞེས་པས་དབང་མངོན་བསྟན་ནོ༑ ༑ཚོར་བ་ལ་སོགས་པ་ལྟར་ཉམས་སུ་མྱོང་བའི་རྣམ་པ་ཞེས་པས་རང་རིག་མངོན་སུམ་དང་འགྲེལ་ཚིག་ལྟག་མས་ཡིད་མངོན་བསྟན་ཏེ། རིམ་བཞིན་རྣམ་འགྲེལ་ངེས་ལས། དཔེར་ན་འདོད་ཆགས་སོགས་མྱོང་བཞིན། །རང་བདག་ཡུལ་དུ་བཞག་པ་ན། །གཞལ་བྱ་འཇལ་བྱེད་འབྲས་གནས་པ། །འདི་ནི་ཀུན་ལ་སྦྱར་བར་བྱ། །ཞེས་པ་དང་། དབང་ཤེས་དེ་མ་ཐག་རྐྱེན་ལས། །བྱུང་ཞིང་དེ་དོན་དེ་མ་ཐག །འཛིན་པར་བྱེད་པ་ཡིད་ཀྱང་ངོ་། །མངོན་སུམ་ཞེས་སོ། །དབུ་ཚད་གཉིས་ཇི་ལྟ་བ་བཞིན་མི་འདྲ་ཡང་ཕྱོགས་ཙམ་འདྲའོ། །

ཁ་ཅིག་རང་རིག་མི་འདོད་པ་ནི་སྔར་བཀག་ཟིན་ལ། བོ་དོང་པ་ཡིད་མངོན་མི་འདོད་པ་ཡང་མི་འཐད་དེ; མདོ་ལས། དགེ་སློང་དག་གཟུགས་ཤེས་པའི་ཤེས་པ་ནི་རྣམ་པ་གཉིས་ཏེ། མིག་ལ་བརྟེན་པ་དང་ཡིད་ལ་བརྟེན་པའོ་ཞེས་སོ། །ཁ་ཅིག་དེས་ཀྱང་དོན་དེ་རྣམ་པར་ཤེས་སོ་ཞེས་ཐ་སྙད་འདོགས་སོ་ཞེས་པ་ལ་བརྟེན་ནས། དོན་རིག་མངོན་སུམ་གྱི་རྗེས་སུ་སྐྱེས་པའི་ངེས་ཤེས་དེ་དྲན་པ་བཅད་ཤེས་ཡང་ཡིན་ཅིང་མངོན་སུམ་ཡང་ཡིན་ལ; དེས་ན་མངོན་སུམ་སྒྲ་དོན་འཛིན་པའི་རྟོག་པ་ཡིན་པ་ཡོད་ཅེས་ཟེར་རོ། །དེ་ནི་མི་འཐད་དེ། དེས་ཀྱང་དོན་དེ་རྣམ་པར་ཤེས་ཞེས་པ་ནི་དོན་རིག་དབང་མངོན་དུ་མ་ཟད་དེའི་སྟོབས་ཀྱིས་བསྐྱེད་པའི་དོན་རིག་ཡིད་མངོན་དེས་ཀྱང་དོན་རྣམ་པར་ཤེས་པའོ་ཞེས་ཐ་སྙད་འདོགས་པ་ནི་ཡིད་མངོན་གྱི་རྗེས་སུ་སྐྱེས་པའི་རྟོག་པ་གཞན་ཞིག་གོ། །དེ་ལྟ་མ་ཡིན་ན་རྣམ་འགྲེལ་ལས། མངོན་སུམ་རྟོག་དང་བྲལ་བར་ནི། །མངོན་སུམ་ཉིད་ཀྱིས་འགྲུབ་པར་འགྱུར། །ཞེས་པ་དང་། བྲལ་བྱ་རྟོག་པ་དེ་གང་ཞེ་ན། རྣམ་ངེས་ལས། རྟོག་པ་ནི་བརྗོད་པ་དང་འདྲེར་རུང་བར་སྣང་བའི་ཤེས་པ་སྟེ་ཞེས་སོ། །རིགས་གཏེར་ལས་ཀྱང་། མངོན་སུམ་རྟོག་བྲལ་མ་འཁྲུལ་བ། །ཉིད་ཀྱིས་ཚད་མ་གྲུབ་པ་ཡིན། །ཞེས་པ་དང་། ངེས་པ་ཡོད་ན་མངོན་སུམ་མིན། །འདྲ་བར་འཛིན་པ་རྟོག་པ་ཡིན། །དེས་ན་མངོན་སུམ་བཅད་ཤེས་དང་། །གཞི་མཐུན་རིགས་པ་ཤེས་པས་བཀག །ཅེས་སོ། །ཆོས་མངོན་པ་ལྟར་དབུ་མ་པས་ཀྱང་། སྤྱིར་རྟོག་པ་དང་སྒྲ་དོན་འཛིན་པའི་རྟོག་པ་ལ་ཁྱད་པར་འབྱེད་མེད་དབང་ཤེས་སྒྲ་དོན་འཛིན་པའི་རྟོག་པ་ཡིན་ཟེར་བ་ནི་འཕགས་པའི་ཡུལ་གྱི་གཏམ་མ་ཡིན་ཏེ། མདོ་ལས། སྔོན་པོ་ཤེས་པ་ཡིན་གྱི་སྔོན་པོའོ་སྙམ་དུ་ཤེས་པ་ནི་མ་ཡིན་ནོ་ཞེས་སོ། །རིགས་གཏེར་ལས་ཀྱང་། ཆོས་ཀྱི་གྲགས་པས་བོར་བ་ཡི། །ངན་རྟོག་ཐལ་ཆེར་བླུན་པོ་ལེན། །སྐྱུགས་སླན་བཏང་ནས་སྐྱུགས་པ་ལ། །ཁྱི་ལས་གཞན་པ་སུ་ཞིག་ཟ། །ཞེས་པ་ལྟར་ར། །

རྨ་བྱ་བཟང་རིངས་བཙོམ་རལ་སོགས་ལྟར་ཁ་ཅིག །ཚད་མ་བཞི་ཀ་ཡང་སློབ་དཔོན་ཟླ་བ་གྲགས་པ་ལྟར་ན་གྲགས་པའི་ཚད་མ་ཡིན་ཏེ། ཐ་སྙད་ཀྱི་རྣམ་གཞག་འཇིག་རྟེན་ན་ཇི་ལྟར་གྲགས་པ་དང་མཐུན་པར་ཁས་ལེན་པའི་ཕྱིར། འཇུག་པའི་རང་འགྲེལ་ལས། ཀུན་རྫོབ་ཀྱི་བདེན་པ་ནི་འཇིག་རྟེན་པའི་ལུགས་ཁས་ལེན་པར་བྱེད་པ་ཡིན་ཞེས་ཟེར་རོ། །དེ་ནི་མི་འཐད་དེ། དེ་ལྟ་ན་མངོན་སུམ་ཡིན་ན་ཐ་སྙད་པའི་མངོན་སུམ་དང་རྗེས་དཔག་ཡིན་ན་གྲགས་པའི་རྗེས་དཔག་ཡིན་པས་ཁྱབ་པར་ཐལ། ཚད་མ་ཡིན་ན་གྲགས་པའི་ཚད་མ་ཡིན་དགོས་པའི་ཕྱིར། འདོད་ན། འཇུག་པའི་རང་འགྲེལ་ལས། དངོས་པོ་གཟུགས་བརྙན་དང་འདྲ་བ་དེ་དག་ཐམས་ཅད་ལ་རང་གི་མཚན་ཉིད་ཀྱང་མེད་ལ། མངོན་སུམ་མམ་རྗེས་སུ་དཔག་པའང་ཅི་ཞིག་ཡོད་འདིར་ནི་

མངོན་སུམ་གཅིག་ཉིད་ཁོ་ནར་ཟད་དེ་གང་ཐམས་ཅད་མཁྱེན་པའི་ཡེ་ཤེས་སོ་ཞེས་པ་དང་། རིན་ཆེན་ཕྲེང་བ་ལས། དོན་འདི་ལ་ནི་རྒྱལ་བ་ལས། །ལྷག་པའི་ཚད་མ་གཞན་སུ་ཡོད། །ཅེས་པ་དང་། མདོ་དགོངས་པ་ངེས་འགྲེལ་རྣམ་འགྲེལ་ལས་ཀྱང་། གནས་གསུམ་པར་ནི་འཕོ་བ་ན། །བསྟན་བཅོས་ལེན་པ་རིགས་ལྡན་ཡིན། །ཞེས་སོ༔ །གལ་ཏེ་དོན་དམ་པའི་དེ་ཁོ་ན་ཉིད་སྒྱུ་མའི་དཔེ་བརྒྱ་གཉིས་དང་འདྲ་བར། དཔེ་ཉེར་འཇལ་གྱིས་སྒྲུབ་པ་གྲགས་པའི་རྗེས་དཔག་གི་བྱེད་ལས་ཡིན་ཏེ། སྟོང་ཉིད་བདུན་ཅུ་པ་ལས། འདུ་བྱེད་དྲི་ཟའི་གྲོང་ཁྱེར་དང་། །སྒྱུ་མ་སྨིག་རྒྱུ་ཆུ་བུར་དང་། །ཆུ་ཡི་དབུ་བ་མཚུངས་པ་སྟེ། །རྨི་ལམ་མགལ་མེའི་འཁོར་ལོ་འདྲ། །ཞེས་པ་ལྟར། ཚད་མ་ལ་གྲགས་པས་ཁྱབ་ཟེར་ན། འོ་ན་འཇིག་རྟེན་པའི་མངོན་སུམ་གྱིས་ཁྱབ་པའི་སྟོང་ཉིད་མཐོང་བར་ཐལ་བའི་ཕྱིར་རོ། །དེ་ལྟ་ན་མདོ་ཏིང་ངེ་འཛིན་རྒྱལ་པོ་ལས། མིག་དང་རྣ་བ་སྣ་ཡང་ཚད་མ་མིན། །ལྕེ་དང་ལུས་དང་སེམས་ཀྱང་ཚད་མ་མིན། །གལ་ཏེ་དབང་པོ་འདི་དག་ཚད་ཡིན་ན། །འཕགས་པའི་ལམ་གྱིས་སུ་ལ་ཅི་ཞིག་བྱ༔ །ཞེས་སོ། །ཀུན་རྫོབ་ཐམས་ཅད་འཇིག་རྟེན་དང་མཐུན་པར་སྨྲ་བ་ཡང་ཟླ་བ་གྲགས་པའི་དགོངས་པ་གཏན་མ་ཡིན་ནོ། །

དམ་ཆོས་པདྨ་དཀར་པོ་ལས། ཆོས་ཀྱི་རྣམ་གྲངས་ཐམས་ཅད་ཀྱི་ནང་ན་ཆོས་ཀྱི་རྣམ་གྲངས་འདི་ཟབ་སྟེ་འཇིག་རྟེན་ཐམས་ཅད་དང་མི་མཐུན་པའོ་ཞེས་པ་དང་། འཇིག་རྟེན་ཐམས་ཅད་དང་མི་མཐུན་པ་འཇིག་རྟེན་ཐམས་ཅད་ཡིད་མི་ཆེས་པ་སྟོན་མ་བཤད་སྟོན་མ་བསྟན་པའི་ཆོས་ཀྱི་རྣམ་གྲངས་ཞེས་སོ། །གལ་ཏེ་དེ་མི་འཐད་དེ། ཚད་མ་སྡེ་བདུན་མདོ་དང་བཅས་པ་ནས་བཤད་པའི་ཚད་མ་དང་གཞལ་བྱ་ཐམས་ཅད་དབུ་མའི་རིགས་པས་བཀག་གོ་ཞེ་ན། དེ་ནི་ཚད་མ་དང་གཞལ་བྱ་དོན་དམ་པར་འདོད་པའི་རྟོག་གེ་པ་དག་འགོག་པ་ཡིན་ཏེ། དཔེར་ན་དབུ་མ་རྟོག་གེ་འབར་བ་བཞིན་ནོ། །ཞིབ་མོ་རྣམ་འཐག་ལས། མར་མེས་མུན་པ་ཕྲད་ནས་སེལ་ལམ་མ་ཕྲད་པར་སེལ་ཞེས་བརྟགས་ན་མི་རྟེན་པ་བཞིན་དུ། ཚད་མ་དང་གཞལ་བྱ་ལ་ཡང་མཚུངས་སོ་ཞེས་པ་དང་། བློ་ནི་ཚད་མ་མ་ཡིན་ཏེ། །གཞལ་བྱ་ཡིན་པར་བརྗོད་པའི་ཕྱིར། །ཞེས་པ་དང་། དོན་དམ་དཔྱོད་པའི་སྐབས་ཡིན་པའི་ཕྱིར་རོ་ཞེས་སོ། །རྩོད་བཟློག་ལས་ཀྱང་། གལ་ཏེ་རང་ལས་ཚད་མ་གྲུབ། །གཞལ་བྱ་རྣམས་ལ་མ་ལྟོས་པར། །ཁྱོད་ཀྱི་ཚད་མ་འགྲུབ་འགྱུར་འདིར། །གཞན་ལ་མི་ལྟོས་རང་འགྲུབ་འགྱུར། །ཞེས་པ་དང་། ཚིག་གསལ་ལས་ཀྱང་། དེ་དག་ཀྱང་ཕན་ཚུན་ལྟོས་པར་འགྲུབ་པར་འགྱུར་ཏེ་ཚད་མ་དག་ཡོད་ན་གཞལ་བྱའི་དོན་དག་ཏུ་འགྱུར་ལ། གཞལ་བྱའི་དོན་དག་ཡོད་ན་ཚད་མ་དག་ཏུ་འགྱུར་གྱི་ཚད་མ་དང་གཞལ་བྱ་གཉིས་ངོ་བོ་ཉིད་ཀྱིས་གྲུབ་པ་ནི་ཡོད་པ་མ་ཡིན་ནོ་ཞེས་སོ། །ཚུལ་འདི་ལས་གཞན་དུ་སྨྲ་བ་ཁ་ཅིག་དག་མཁན་པོ་

གཟེག་ཟན་གྱི་རྗེས་སུ་འབྲང་བའི་པེ་ཐ་ར་དང་ལུ་ཀ་ལྟར། ཁ་ཅིག་སློབ་དཔོན་ཟླ་བ་གྲགས་པས་ཚད་མིན་གྱི་བློའི་རྣམ་གཞག་མ་མཛད་ལ། ཚད་མ་དང་ཤེས་པ་འཇོག་བྱེད་ཡང་འདྲ་བས། ཟླ་བ་གཉིས་སྣང་ལ་སོགས་པའི་རྟོག་མེད་ལོག་ཤེས་ཐམས་ཅད་ཚད་མ་ཡིན་ཏེ། ཡུལ་གྱི་གཙོ་བོ་སྣང་ཡུལ་ལ་ཚད་མ་ཡིན་པའི་ཕྱིར། སྒྲ་རྟག་འཛིན་ལ་སོགས་པའི་རྟོག་པ་ལོག་ཤེས་ཐམས་ཅད་ཚད་མ་མིན་ཏེ། ཡུལ་གྱི་གཙོ་བོ་ཞེན་ཡུལ་ལ་ཚད་མ་མིན་པའི་ཕྱིར་ཞེས་ཟེར་རོ། །ཁ་ཅིག་བདག་འཛིན་གཉིས་སྣང་གི་དབང་ཤེས་ལ་སོགས་པ་རང་ལ་ཤར་བའི་སྣང་བ་ལ་ཚད་མ་ཡིན་ཀྱང་སྤྱིར་ཚད་མ་མ་ཡིན་ཟེར་རོ། །ཕྱོགས་དེ་གཉིས་ཀ་མི་འཐད་དེ། སྒྲ་རྟག་འཛིན་གྱི་སྒྲོ་འདོགས་ཆོས་ཅན། ཚད་མ་ཡིན་པར་ཐལ། ཤེས་པ་ཡིན་པའི་ཕྱིར། ཟླ་བ་གཉིས་སྣང་གི་དབང་ཤེས་བཞིན་ནོ། །ཡང་ཟླ་བ་གཉིས་སྣང་གི་དབང་ཤེས་ཆོས་ཅན། ཚད་མ་མ་ཡིན་པར་ཐལ། ལོག་ཤེས་ཡིན་པའི་ཕྱིར། སྒྲ་རྟག་འཛིན་གྱི་སྒྲོ་འདོགས་བཞིན་ལན་མེད་དོ། །གཞན་ཡང་ཟླ་བ་གཉིས་སྣང་གི་དབང་ཤེས་ཟླ་བ་གཉིས་སྣང་ལ་ཚད་མ་ཡིན་ན། ཚད་མ་བཞི་པོ་གང་ཡིན་དྲིའོ། །མངོན་སུམ་ཡིན་ན་རང་རིག་དང་གཞན་རིག་གང་ཡིན་དཔྱད་ན་འཇིག་གོ། །དེས་ན་ལོག་ཤེས་ཡང་དག་ཤེས་པར་སྨྲ་བའི་ཚུལ་འདི་ཡང་རང་རྒྱུད་པ་མན་ཆད་ལ་མ་གྲགས་པའི་ཐལ་འགྱུར་བའི་ལུགས་ཞིག་ཏུ་སྨྲ་དགོས་སོ། །

ད་ནི་འདི་དཔྱད་པར་བྱ་སྟེ། ཚིག་གསལ་ལས། གཞན་ཡང་མངོན་སུམ་གྱི་སྒྲ་ནི་ལྐོག་ཏུ་མ་གྱུར་པའི་དོན་གྱི་རྗོད་པར་བྱེད་པ་ཡིན་པའི་ཕྱིར་དབང་པོ་མངོན་དུ་ཕྱོགས་པའི་དོན་ནི་མངོན་སུམ་ཡིན་ནོ། །འདི་ལ་དབང་པོ་མངོན་དུ་ཕྱོགས་པས་ཞེས་བྱས་ནས་བུམ་པ་དང་སྔོན་པོ་ལ་སོགས་པ་ལྐོག་ཏུ་མ་གྱུར་པ་རྣམས་མངོན་སུམ་ཉིད་དུ་གྲུབ་པར་འགྱུར་ལ་དེ་ཡོངས་སུ་དཔྱོད་པར་བྱེད་པའི་ཤེས་པ་ནི་རྩྭ་དང་སོག་མའི་མེ་བཞིན་དུ་མངོན་སུམ་གྱི་རྒྱུ་ཅན་ཡིན་པའི་ཕྱིར་མངོན་སུམ་ཉིད་དུ་རྗོད་པར་བྱེད་དོ། །ཞེས་པའི་དོན་ལ་མི་དཔྱོད་པ་ཁ་ཅིག་དབུ་ཚད་གཉིས་མངོན་སུམ་གྱི་འདོད་ཚུལ་ཕྱོགས་མི་གཅིག་སྟེ། འདི་ནི་ཡུལ་ལ་མངོན་སུམ་གྱི་སྒྲ་དངོས་ཡིན་ལ་ཡུལ་ཅན་ལ་བཏགས་པ་བ་ཡིན་ཟེར་རོ། །དེ་ནི་མི་འཐད་དེ། དེ་ཡོངས་སུ་དཔྱོད་པར་བྱེད་པའི་ཤེས་པ་མངོན་སུམ་གྱི་རྗེས་སུ་སྐྱེས་པའི་དྲན་པ་བཅད་ཤེས་ནི་མངོན་སུམ་བཏགས་པ་བ་ཡིན་ཞེས་བྱའོ། །གལ་ཏེ་འགྲེལ་ཚིག་ལྷག་མས་ཡུལ་མངོན་དུ་གྱུར་པ་ནི་མངོན་སུམ་དངོས་ཡིན་པར་བསྟན་ནོ་ཞེ་ན། འོ་ན་རྣམ་འགྲེལ་ལས་ཀྱང་། མངོན་སུམ་ལྐོག་ཏུ་གྱུར་པ་ལས། །གཞལ་བྱ་གཞན་ནི་ཡོད་མ་ཡིན། །ཞེས་གསུངས་པས། ཡུལ་མངོན་དུ་གྱུར་པ་ཡང་མངོན་སུམ་དངོས་ཡིན་པར་བསྟན་པ་ཉིད་དུ་འགྱུར་རོ། །དེ་ལྟ་ན་དེ་ཉིད་ལས། མངོན་སུམ་སོགས་ཀྱི་གཞལ་བྱ་ཡང་། །འཇལ་བྱེད་སྒྲ་སྒྲོ་བཏགས་ནས་བརྗོད། །ཅེས་པ་དང་འགལ་ལོ། །གལ་ཏེ

ཚད་མ་བཞིའི་གཉིས་པས་དངོས་པོ་སྟོབས་ཞུགས་ཀྱི་རྗེས་དཔག་བསྟན་ན། དབུ་མ་རང་ལུགས་ལ་དངོས་པོ་སྟོབས་ཞུགས་ཀྱི་གཏན་ཚིགས་ཡོད་པར་འགྱུར་ལ། དེ་ལྟ་ན་རྟོག་གེ་འབར་བ་ལས། དངོས་པོ་ནི་ཡུལ་དང་སྟོབས་ནི་མཐུ་དང་ཞུགས་པ་ནི་སྐྱེས་པའོ་ཞེས་བཤད་ནས་བཀག་པ་དང་འགལ་ལོ་ཞེ་ན། དེ་ནི་བདེན་པར་གྲུབ་པ་བཀག་པ་ཡིན་གྱི་ཐ་སྙད་དུ་མེད་པ་མིན་ཏེ། མདོ་དགོངས་པ་ངེས་འགྲེལ་ལས། བྱ་བ་བྱེད་པའི་རིགས་པ་ཆོས་ཉིད་ཀྱི་རིགས་པ་ རྟེན་འབྲེལ་གྱི་རིགས་པ་འཐད་སྒྲུབ་པའི་རིགས་པ་དང་བཞི་གསུངས་པའི་ཕྱི་མ་ལས་འཕྲོས་ནས་མངོན་སུམ་དང་རྗེས་དཔག་གཉིས་བསྟན་ནོ། །རྣམ་འགྲེལ་ལས། ཇི་ལྟ་ཇི་ལྟར་དོན་བསམས་པ། །དེ་ལྟ་དེ་ལྟར་རྣམ་བྲལ་ཞེས། །མཁས་པ་རྣམས་ཀྱིས་གང་གསུངས་པ། །དེ་ནི་དངོས་སྟོབས་འོངས་པ་ཡིན། །ཞེས་པ་དང་། མེད་པ་དབང་སྐྱེས་བློ་མིན་ཏེ། །དོན་གྱི་སྟོབས་ལས་སྐྱེས་པའི་ཕྱིར། །ཞེས་ཐ་སྙད་པའི་ཚད་མ་འཆད་པའི་སྐབས་སོ། །

འདིར་ཡང་། དེས་ན་སངས་རྒྱས་བསྟན་པ་མཆོག །ངེས་དོན་ཚད་མ་ཡིན་པར་ཟུངས། །ཡང་ན་དངོས་པོ་སྟོབས་ཞུགས་ཀྱི། །རིགས་པས་གྲུབ་པ་ཚད་མར་ཟུངས། །ཞེས་པ་དང་། མཁས་པ་འཇུག་པའི་སྒོར་ཡང་། ཕྱི་རོལ་དཔྱོད་ན་མདོ་སྡེ་པའི། །གྲུབ་མཐའ་དངོས་པོ་སྟོབས་ཞུགས་ཡིན། །ཕྱི་རོལ་དོན་རྣམས་འགོག་པ་ན། །རྣམ་རིག་དངོས་པོ་སྟོབས་ཞུགས་ཡིན། །ཆོས་ཉིད་གཏན་ལ་འབེབས་པ་ན། །དབུ་མའི་གཏན་ཚིགས་དངོས་སྟོབས་ཡིན། །དེ་ལྟར་མཁས་པ་ཐམས་ཅད་ཀྱི། །གཞུང་ལུགས་ཐམས་ཅད་དེ་ལྟར་ཡོད། །ཅེས་སོ། །ལམ་གྱི་སྐབས་སུ་རང་རིག་ཁས་མི་ལེན་པ་ནི་དབུ་མ་ཐལ་འགྱུར་བའི་ཐུན་མོང་མ་ཡིན་པའི་ལུགས་གཅིག་ཡིན་ཟེར་བ་ཡང་མི་འཐད་དེ། བྱེ་བྲག་སྨྲ་བའི་ལུགས་ལའང་རང་རིག་མེད་པའི་ཕྱིར། དཔེར་ན་བྱེ་བྲག་པ་བཞིན་ནོ། །

དེ་ཡང་བྱེ་བྲག་སྨྲ་བས་མདོ་སྡེ་པ་ལ་རང་རིག་ཡོད་ན་བདག་སྐྱེ་ཡང་ཡོད་དགོས་ཞེས་སྨྲས་པའི་ལན་དུ། རིགས་གཏེར་ལས། རང་སྐྱེ་སྟོན་མེད་སྐྱེ་བ་ཡིན། །རང་རིག་བེམས་པོ་བཟློག་ཙམ་ཡིན། །དེས་ན་རང་རིག་རང་སྐྱེ་གཉིས། །མཚུངས་པའི་གོ་སྐབས་ཡོད་མ་ཡིན། །ཞེས་པ་ལྟར་རོ། །གལ་ཏེ་བྱེ་བྲག་སྨྲ་བའི་ལུགས་ལ་རང་རིག་གཏན་མེད་ཡིན་ལ། ཐལ་འགྱུར་བས་ནི་ཐ་སྙད་དུ་རང་རིག་བཞེད་ཀྱང་། མདོ་སྡེ་པས་རང་རིག་དོན་དམ་པར་འགོག་པས་བྱེ་བྲག་སྨྲ་བ་དང་ཁྱད་པར་ཡོད་དོ་ཞེ་ན། ཚུལ་འདི་ནི་ཀླུ་སྒྲུབ་ཡབ་སྲས་ལྟར་ཁོ་བོ་ཅག་ཀྱང་འདོད་དོ། །དེ་ཉིད་ལུང་དང་སྦྱར་བར་བྱ་སྟེ། རང་རིག་དོན་དམ་པར་མེད་པའི་ཚུལ། ཀུན་རྫོབ་ཏུ་ཡོད་པའི་ཚུལ་གཉིས་གཉིས་གསུངས་པ་ནི། ལང་ཀར་གཤེགས་པའི་མདོ་ལས། ཇི་ལྟར་རལ་གྲིས་རང་གི་སོ། །གཅོད་པར་མི་བྱེད་སོར་མོ་ནི། །རང་ལ་རེག་པར་མི་བྱེད་ལྟར། །རང་གི་སེམས་ཀྱང་དེ་བཞིན་ནོ། །ཞེས་པ་དང་།

ཡུམ་ལ་བསྟོད་པ་ལས། སོ་སོ་རང་རིག་ཡེ་ཤེས་སྤྱོད་ཡུལ་བ། །དུས་གསུམ་ཞེས་པ་ལྟར་སྤྱོད་འཇུག་ལས་ཀྱང་། ཀུན་རྫོབ་ཏུ་བྱང་ཆུབ་ཀྱི་སེམས་གཟུང་བ་ཕན་ཡོན་དང་བཅས་པ་དང་། གཞན་སྐྱོང་བ་དང་འབྲེལ་བ་ལས། །དྲན་འགྱུར་བྱེ་བའི་དུག་བཞིན་ནོ། །ཞེས་པ་དང་། དོན་དམ་པར་ནི། འཇིག་རྟེན་གྱི་ནི་མགོན་པོས་ཀྱང་། །སེམས་ཀྱིས་སེམས་མི་མཐོང་ཞེས་གསུངས། །རལ་གྲིའི་སོ་ནི་རང་བ་རང་། །ཇི་ལྟར་མི་གཅོད་དེ་བཞིན་ཡིད། །ཅེས་པ་དང་། གལ་ཏེ་རང་རིག་ཡོད་མིན་ན། །རྣམ་ཤེས་དྲན་པར་ཇི་ལྟར་འགྱུར། །ཞེས་སོ། །གལ་ཏེ་ཕྱིས་དུས་དྲན་པ་ལས་གྲུབ་ན། །མ་གྲུབ་བསྒྲུབ་པར་བྱ་ཕྱིར་བརྗོད་པ་ཡི། །མ་གྲུབ་འདི་ནི་སྒྲུབ་པར་བྱེད་པ་མིན། །ཞེས་པའི་འཇུག་འགྲེལ་དུ། དེ་ལ་གལ་ཏེ་རེ་ཞིག་རྫས་སྒྲུབ་པར་བྱེད་པ་ཡིན་པའི་དབང་དུ་བྱས་ནས་དེ་སྐད་དུ་སྨྲ་ན་ནི། དེའི་ཚེ་བདག་དང་གཞན་ལས་སྐྱེ་བ་མེད་པའི་ཕྱིར་རྣམ་པ་ཐམས་ཅད་དུ་དྲན་པ་མི་སྲིད་པས། ཇི་ལྟར་མ་གྲུབ་པའི་དྲན་པས་མ་གྲུབ་པའི་རང་རིག་པ་སྒྲུབ་པར་འགྱུར། འོན་ཏེ་འཇིག་རྟེན་གྱི་ཐ་སྙད་ཀྱི་དབང་དུ་ཡིན་ན་དེ་ལྟ་ན་ཡང་རང་རིག་པའི་རྒྱུ་ཅན་གྱི་དྲན་པ་མི་སྲིད་པ་ཉིད་དོ་ཞེས་པ་དང་། འདི་ལྟར་ཆུ་ཙམ་མཐོང་བ་ལས་ནོར་བུ་ཆུ་ཤེལ་ལམ་མེ་ཙམ་མཐོང་བ་ལས་ནོར་བུ་མེ་ཤེལ་ཡོད་པ་ཉིད་ནི་མ་ཡིན་ཏེ། དེ་དག་མེད་པར་ཆར་ལ་སོགས་པ་དང་བཙུབ་ཤིང་བཙུགས་པ་ལ་སོགས་ལས་ཆུ་དང་མེ་དག་འབྱུང་བའི་ཕྱིར་རོ། །དེ་བཞིན་དུ་འདིར་ཡང་རང་རིག་པ་མེད་པར་དྲན་པ་ཇི་ལྟར་འབྱུང་བ་སྟོན་པར་འགྱུར་རོ་ཞེས་སོ། །འདིའི་དོན་མ་ནོར་བ་ནི་དེ་ཉིད་ཀྱིས་དེ་སྐྱོང་བར་གྲུབ་མ་ཡིན། ཞེས་པའི་འཇུག་འགྲེལ་དུ། འདིར་ཁ་ཅིག་གིས་མདོ་སྡེ་པའི་ཕྱོགས་ཁས་བླངས་ནས་རང་རིག་པ་རབ་ཏུ་སྒྲུབ་པའི་ཕྱིར། དཔེ་བསྟུས་པ། ཇི་ལྟར་མེས་རང་གཞན་གཉིས་ཀ་གསལ་བར་བྱེད་སྒྲས་ཀྱང་རང་གཞན་གཉིས་ཀ་སྟོན་པར་བྱེད་པ་བཞིན་དུ། ཤེས་པས་ཀྱང་རང་གཞན་གཉིས་ཀ་རིག་པར་བྱེད་པ་དེའི་ཕྱིར་རང་རིག་པ་ཞེས་བྱ་བ་ཡོད་པ་ཁོ་ན་ཡིན་ནོ་ཞེས་སེམས་ཙམ་པས་ཤེས་པ་ད་ལྟའི་སྐད་ཅིག་ཆ་མེད་ཀྱི་རང་རིག་གཅིག་ཉིད་ལ། ཚད་འབྲས་གཞལ་གསུམ་འཛོག་པའི་དོན་དམ་པའི་རང་རིག་སྒྲུབ་པ་ལ། དོན་དམ་པའི་དྲན་པ་རྟགས་སུ་འགོད་ན་སྒྲུབ་བྱེད་བསྒྲུབ་བྱ་དང་མཚུངས་པའི་མ་གྲུབ་པ་ཡིན་ནོ། །ཡང་ཐ་སྙད་པའི་དྲན་པ་ཙམ་རྟགས་སུ་འགོད་ན་ཁྱབ་པ་མ་ངེས་ཏེ། ཆུ་ལས་ཆུ་ཤེལ་དང་མེ་ལས་མེ་ཤེལ་དཔོག་པ་བཞིན་ནོ། །གལ་ཏེ་ཐ་སྙད་དུ་དྲན་པ་རྟགས་སུ་བཀོད་ནས་རང་རིག་སྒྲུབ་ན་ནི་གྲུབ་ཟིན་བསྒྲུབས་པ་ཡིན་ཏེ། འཇུག་པ་ལས། རང་རིག་པ་ནི་གྲུབ་ལ་རག་མོད་ཀྱི། །ཞེས་པའི་མཚམས་སྦྱོར་དུ་འཇུག་འགྲེལ་ལས། ཅི་སྟེ་དེ་ལྟར་རྣམ་པར་དཔྱོད་པ་བཏང་ནས་ཀྱང་། རང་རིག་པ་ནི་གྲུབ་ལ་རག་མོད་ཀྱི། ཞེས་པའི་ཐ་སྙད་དུ་དགོངས་སོ། །

སྤྱོད་འཇུག་ལས། དྲན་འགྱུར་བྱི་བའི་དུག་བཞིན་ནོ། །ཞེས་པ་ཡང་ཐ་སྙད་དུ་རང་རིག་པ་དྲན་པར་མ་ཟད་གཞན་རིག་པ་དྲན་པ་ཡང་ཡོད་དེ། སྔར་ལུས་ལ་བྱི་བས་རྨུགས་པའི་དུག་གི་བག་ལ་ཉལ་ཕྱིས་མངོན་དུ་གྱུར་པའི་ཚེ་དྲན་པ་བཞིན་བྱའོ། །དེས་ན་དོན་དམ་པར་ཤེས་པ་ཆ་མེད་གཅིག་ལ་བྱ་བྱེད་ལས་གསུམ་འཇོག་པ་མི་འཐད་པ་ལ་དགོངས་ནས། འཇུག་པ་ལས། བྱེད་པོ་ལས་དང་བྱ་བ་གཅིག་མིན་པས། །དེ་ཉིད་ཀྱིས་དེ་འཛིན་པར་རིགས་མ་ཡིན། །ཞེས་སོ། །

ཐ་སྙད་དུ་ང་བདེའོ་ཞེས་བྱ་བའང་སྡུག་བསྔལ་ལོ་ཞེས་བྱ་བ་ལྟ་བུའི་བདེ་བ་མྱོང་བ་དང་སྡུག་བསྔལ་མྱོང་བའི་རང་རིག་འཐད་པ་ཡིན་ཏེ། འཇུག་པ་ལས། སྡུག་བསྔལ་རང་རིག་ཉིད་དུ་མཐོང་ནས་ནི། །དེ་བཅད་བྱ་ཕྱིར་མྱུར་དུ་བརྩོན་འགྲུས་རྩོམ། །དེ་བཞིན་དུ་དོན་དམ་པར་རང་རིག་དང་གཞན་རིག་གཉིས་ཀ་དྲན་པ་མེད་ཀྱང་། ཀུན་རྫོབ་ཏུ་ངས་བདེ་བ་མྱོང་བ་དྲན་ཞེས་བྱ་བ་དང་ངས་སྡུག་བསྔལ་མྱོང་བ་དྲན་ཞེས་བྱ་བ་ལྟ་བུའི་དྲན་པ་ཡོད་དེ། འཇུག་པ་ལས། གང་ཕྱིར་གང་གིས་ཡུལ་མྱོང་གྱུར་དེ་ལས། །དྲན་པ་འདི་བཞིན་ང་ལ་ཡོད་མིན་པ། །དེ་ཕྱིར་ང་ཡིས་མཐོང་སྙམ་དྲན་འགྱུར་ཏེ། །འདི་ཡང་འཇིག་རྟེན་ཐ་སྙད་ཚུལ་ལུགས་ཡིན། །ཞེས་པ་དང་། འདིར་ཡང་། དཔེར་ན་ནད་དང་བྲལ་བ་ཡི། །ལུས་བདེ་མྱུང་ངན་མེད་པ་ལ། །སེམས་བདེ་ཞེས་ནི་འཇིག་རྟེན་ཟེར། །ཞེས་སོ༑ །སློབ་དཔོན་ཟླ་བ་གྲགས་པའི་དགོངས་པ་མི་ཤེས་པ་ཁ་ཅིག །རང་རིག་དྲན་པས་སྒྲུབ་ན་དཔེ་མ་གྲུབ། །མྱོང་བ་དྲན་པས་སྒྲུབ་ན་ཁྱབ་པ་མ་ངེས་ཏེ། མེ་ལས་མེ་ཤེལ་དང་ཆུ་ལས་ཆུ་ཤེལ་བཞིན་ཟེར་བ་ནི་མི་འཐད་དེ། དེ་ལྟ་ན་རང་རིག་པ་ནི་གྲུབ་ལ་རག་མོད་ཀྱི། །ཞེས་པ་དང་ཡང་འགལ་ཞིང་དྲན་པ་ཡོད་ན་མྱོང་བ་ཡོད་དགོས་པའི་ཕྱིར་ཏེ། རང་མྱོང་བའི་དྲན་པ་མི་འདོད་ཀྱང་གཞན་མྱོང་བའི་དྲན་པ་ཁྱེད་རང་འདོད་པ་དང་འགལ་ལོ། །

ཁ་ཅིག་འཇུག་འགྲེལ་དུ། གང་ཉམས་སུ་མྱོང་བས་མྱོང་བ་དེ་དྲན་པའི་ཤེས་པས་མྱོང་བ་མིན་པ་མིན་པས་དྲན་པ་ཡུལ་དང་ལྡན་པ་འབྱུང་ལ། ཉམས་སུ་མྱོང་བའི་ཤེས་པ་ཡོངས་སུ་བཅད་པ་གང་ཡིན་པ་དེ་དྲན་པས་ཡོངས་སུ་མ་བཅད་པ་མ་ཡིན་པས་བདག་གིས་མཐོང་ཞེས་བྱ་བར་ཡང་འགྱུར་རོ་ཞེས་ཡུལ་གྱི་སྐབས་སུ་ཉམས་སུ་མྱོང་ཞེས་པས། སྔོ་འཛིན་གྱི་སྔོན་པོ་རིག་པ་དང་། ཡུལ་ཅན་གྱི་སྐབས་སུ་ཡོངས་སུ་བཅད་པ་ཞེས་པས་སྔོ་འཛིན་ཤུགས་ལ་རིག་པར་གསུངས་པས། རང་རིག་དོན་མེད་ཅིང་སྔོ་འཛིན་དྲན་པའི་ལག་རྗེས་ཀྱང་འཇོག་ནུས་ཟེར་རོ། །དེ་ནི་ནང་འགལ་ཏེ། སྔོ་འཛིན་ཆོས་ཅན། རང་རིག་པར་ཐལ། རང་ཤུགས་ལ་རིག་པའི་ཕྱིར་ལན་མེད་དོ། །གཞན་ཡང་ཕྱིས་ཀྱི་དྲན་པས་སྔར་གྱི་མྱོང་བ་དངོས་སུ་རིག་པ་ཡང་ཡིན་ལ་ཤུགས་ལ་རིག་པ་ཡང་ཡིན་པར་ཐལ། རིམ་བཞིན་མྱོང་བ་དེ་དྲན་པའི་ཤེས་པས་མྱོང་བ་མིན་པ་མིན་པ་ཞེས་པ་དང་། དྲན་པས

ཡོངས་སུ་མ་བཅད་པ་མ་ཡིན་པས་བདག་གིས་མཐོང་ཞེས་གསུངས་པའི་ཕྱིར། བྱང་ཆུབ་སེམས་འགྲེལ་ལས་ཀྱང་། དེ་ལྟར་བྱང་ཆུབ་ཀྱི་སེམས་སྨོན་ལམ་གྱི་རང་བཞིན་ཀུན་རྫོབ་ཀྱི་རྣམ་པ་བསྐྱེད་ནས་བྱང་ཆུབ་སེམས་དཔའ་གསང་སྔགས་ཀྱི་སྒོའི་སྤྱོད་པ་སྤྱོད་པར་འདོད་པ་རྣམས་ཀྱིས་དོན་དམ་པ་བྱང་ཆུབ་ཀྱི་སེམས་ཀྱང་བསྒོམས་པའི་སྟོབས་ཀྱིས་བསྐྱེད་པར་བྱ་སྟེ། དེའི་ཕྱིར་དེའི་རང་བཞིན་བསྐྱེད་པར་བྱའོ་ཞེས་པ་དང་།

དོན་དམ་ལ་དགོངས་ནས། ལུས་མེད་རྣམ་ཤེས་མེད་པ་ལ། །ཡོད་པར་ཡོངས་སུ་བརྟགས་པ་ཡིན། །འདི་ཡི་སོ་སོ་རང་རིག་ཉིད། །ཇི་ལྟ་བུ་ཞིག་ཡིན་པར་སྨྲོས། །རང་གིས་རིག་པ་སྨྲས་ཉིད་དེ། །དངོས་པོ་ཉིད་དུ་འདོད་ན་ནི། །དེ་འདིའོ་ཞེས་སྨྲ་དགོས་ན། །དེ་ཡང་བརྗོད་པར་ནུས་མ་ཡིན། །རང་ལ་ངེས་ཤེས་གཞན་དག་ལ། །ངེས་ཤེས་བསྐྱེད་པར་བྱ་དགོས་ན། །རྟག་ཏུ་འདི་ཞེས་བསྟན་མེད་པས། །བསྒྲུབ་པར་བྱ་བ་དག་ཏུ་འགྱུར། །རིག་པོས་རིག་བྱ་རིག་བྱེད་ན། །རིག་བྱ་མེད་ན་རིག་པོ་མེད། །དེ་ལྟ་བས་ན་རིག་བྱ་དང་། །རིག་བྱེད་མེད་པར་ཅིས་མི་འདོད། །སེམས་ནི་མིང་ཙམ་ཡིན་པ་དེ། །མིང་ལས་གཞན་དུ་འགའ་ཡང་མེད། །རྣམ་རིག་མིང་དུ་ལྟ་བྱ་སྟེ། །མིང་ཡང་རང་བཞིན་མེད་པ་ཡིན། །ནང་ངམ་དེ་བཞིན་ཕྱི་རོལ་ལ། །ཡང་ན་གཉིས་ཀའི་བར་དག་ཏུ། །རྒྱལ་བ་རྣམས་ཀྱིས་སྐྱུ་མ་ཡི། །རང་བཞིན་སེམས་ནི་མ་གཟིགས་སོ། །གཟུང་དང་འཛིན་པ་གཉིས་དག་དང་། །ཁ་དོག་དབྱིབས་ཀྱི་དབྱེ་བ་དང་། །ཕོའམ་མོའམ་མ་ནིང་ལས། །སོགས་པའི་གཟུགས་སུ་སེམས་མི་གནས། །མདོར་ན་སངས་རྒྱས་ཐམས་ཅད་ཀྱིས། །མ་གཟིགས་གཟིགས་པར་མི་འགྱུར་ཏེ། །རང་བཞིན་མེད་པའི་ངོ་བོ་ལ། །ཇི་ལྟ་བུ་ཞིག་གཟིགས་པར་འགྱུར། །དངོས་པོ་ཞེས་བྱ་རྣམ་རྟོག་སྟེ། །རྣམ་རྟོག་མེད་པ་སྟོང་ཉིད་ཡིན། །གང་ལ་རྣམ་རྟོག་སྣང་ཡོད་པ། །དེ་ལ་སྟོང་ཉིད་ག་ལ་ཡོད། །རྟོགས་བྱ་རྟོགས་པའི་རྣམ་པར་སེམས། །མ་གཟིགས་པ་ནི་དེ་བཞིན་གཟིགས། །གང་ལ་རྟོགས་བྱ་རྟོགས་བྱེད་ཡོད། །དེ་ལ་བྱང་ཆུབ་ག་ལ་ཡོད། །ཅེས་སོ། །

དོན་དམ་དཔྱོད་པའི་རིགས་པ་འདིས་ནི་རང་རིག་གཞན་རིག་ཏུ་མ་ཟད་ལུས་སེམས་ཀྱིས་མཚོན་པའི་དངོས་པོ་ཐམས་ཅད་ཆོས་ཅན། དོན་དམ་པར་མེད་དེ། དོན་དམ་པར་མ་དམིགས་པའི་ཕྱིར་ཞེས་དཔྱད་དོ། །དེ་ལྟ་ན་ཡང་ཀུན་རྫོབ་ཏུ་གསང་འདུས་རིམ་ལྔའི་སེམས་ལ་དམིགས་པའི་རིམ་པ་ལས། ཇི་ལྟར་ཆུ་ལ་ཆུར་བཞག་དང་། །ཇི་ལྟར་མར་ལ་མར་བཞིན་དུ། །རང་གིས་རང་གི་ཡེ་ཤེས་ནི། །ལེགས་མཐོང་གང་ཡིན་འདིར་ཕྱག་ཡིན། །ཞེས་པ་དང་། འཇམ་དཔལ་མཚན་བརྗོད་ལས། བདག་རིག་གཞན་རིག་ཐམས་ཅད་པ། །ཞེས་པ་དང་། དེ་བཞིན་དུ་གསང་སྔགས་བླ་ན་མེད་པའི་རྒྱུད་ལས་ཀྱང་། རང་རིག་གསུངས་པའི་ཚུལ་ཤིན་ཏུ་མང་ངོ། །

ཁ་ཅིག་བདེན་འཛིན་ཡིན་ན་ཉོན་སྒྲིབ་ཡིན་པས་ཁྱབ་ལ་བདེན་འཛིན་མ་ཡིན་པའི་ཤེས་སྒྲིབ་ཡོད་པས།

སྒྲིབ་གཉིས་ཀྱི་འཛོག་མཚམས་འདི་དབུ་མ་ཐལ་འགྱུར་བའི་ཐུན་མོང་མ་ཡིན་པའི་ལུགས་དྲུག་པ་ཡིན་ནོ་ཟེར་བ་ཡང་མི་འཐད་དེ། གང་ཟག་དང་ཆོས་བདེན་པར་འཛིན་པའི་བདེན་འཛིན་གཉིས་ཀ་འཆིང་བྱེད་ཀྱི་ཉོན་སྒྲིབ་དང་བག་ལ་ཉལ་གྱི་ཉོན་སྒྲིབ་ཀྱིས་བསྐྱེད་པའི་གཉིས་སྣང་གི་སྤྲོས་པ་ཕྲ་མོ་ཤེས་སྒྲིབ་ཏུ་རྒྱུད་བླ་མ་དང་། མངོན་རྟོགས་རྒྱན་ལྟར་འགྲེལ་པ་དོན་གསལ་ལས་ཀྱང་གསུངས་པའི་ཕྱིར་རོ། །དེ་སྐད་དུ་ཡང་རྒྱུད་བླ་མ་ལས། སེར་སྣ་ལ་སོགས་རྣམ་རྟོག་གང་། །དེ་ཉིད་ཉོན་མོངས་སྒྲིབ་པར་འདོད། །འཁོར་གསུམ་རྣམ་པར་རྟོག་པ་གང་། །དེ་ནི་ཤེས་བྱའི་སྒྲིབ་པར་འདོད། །ཅེས་པ་དང་། མངོན་རྟོགས་རྒྱན་ལས། གཞི་དང་དེ་ཡི་གཉེན་པོ་ཡི། །གཟུང་བར་རྟོག་པ་རྣམ་པ་གཉིས། །ཞེས་པའི་ཀུན་ནས་ཉོན་མོངས་གཟུང་རྟོག་དང་རྣམ་བྱང་གཟུང་རྟོག་ནི་ཤེས་སྒྲིབ་ཡིན་ལ་ཀུན་ནས་ཉོན་མོངས་ནི་ཉོན་སྒྲིབ་གཙོ་ཆེའོ། །རྫས་དང་བཏགས་པའི་རྟེན་ཅན་གྱི། །འཛིན་པའང་རྣམ་པ་གཉིས་སུ་འདོད། །ཅེས་པའི་རྫས་འཛིན་རྟོག་པ་དང་བཏགས་འཛིན་རྟོག་པ་ནི་ཤེས་སྒྲིབ་ཡིན་ལ། རྫས་འཛིན་ནི་ཉོན་སྒྲིབ་དང་བཏགས་འཛིན་ནི་ཤེས་སྒྲིབ་གཙོ་ཆེའོ། །སྒྲིབ་གཉིས་ཀྱི་ཁྱད་པར་ཡང་སྒྲིབ་པ་གཞིར་བཅས་ལ་ཕལ་ཆེར་འཛིན་སྟངས་དོན་དང་མཐུན་མི་མཐུན་ས་བོན་དང་བཅས་པའོ། །

སྐབས་ལྔ་པ་རྩ་འགྲེལ་ནས་བཤད་པའི་གཟུང་རྟོག་གཉིས་འཛིན་རྟོག་གཉིས་ཏེ་བཞི་ལ་ཡང་ཚུལ་འདིས་ཤེས་པར་བྱའོ། །དེ་ཡང་ལང་ཀར་གཤེགས་པའི་མདོ་ལས། ཉོན་མོངས་པའི་སྒྲིབ་པ་ནི་གང་ཟག་གི་བདག་ཏུ་འཛིན་པའི་རྒྱ་བ་ཅན་ཡིན་ལ་ཤེས་བྱའི་སྒྲིབ་པ་ནི་ཆོས་ཀྱི་བདག་ཏུ་འཛིན་པའི་རྒྱ་བ་ཅན་ཡིན་ནོ། །ཞེས་གསུངས་པའི་གང་ཟག་གི་བདག་འཛིན་ཡིན་ན་བདེན་འཛིན་ཡིན་པས་ཁྱབ་སྟེ། བདེན་བཞི་མི་རྟག་བཅུ་དྲུག་ཏུ་འཛིན་པ་བཞིན་ནོ། །དེ་སྐད་དུའང་འཕགས་པ་བསམ་གཏན་པའི་དཔེ་མཁྱུད་ཀྱི་མདོ་ལས། དེ་ནས་བཅོམ་ལྡན་འདས་ཀྱིས་འཇམ་དཔལ་གཞོན་ནུར་གྱུར་པ་ལ་འདི་སྐད་ཅིག་བཀའ་བསྩལ་ཏོ། །འཇམ་དཔལ་འཕགས་པའི་བདེན་པ་རྣམས་ཡང་དག་པར་ཇི་ལྟ་བ་བཞིན་མཐོང་བས། སེམས་ཅན་ཕྱིན་ཅི་ལོག་བཞིས་སེམས་ཕྱིན་ཅི་ལོག་ཏུ་གྱུར་པ་རྣམས་འཁོར་བར་ཡང་དག་པ་མ་ཡིན་པ་འདི་ལས་འདའ་བར་མི་འགྱུར་རོ་ཞེས་སོ། །འདིའི་ཆོས་ཀྱི་བདག་འཛིན་ཡིན་ན་བདེན་འཛིན་མ་ཡིན་པས་ཁྱབ་སྟེ། མངོན་རྟོགས་རྒྱན་ལས། རྒྱལ་ལ་སོགས་པ་ཆགས་པ་ཕྲ། །ཞེས་པ་ལྟར་རོ། །

འདི་ལ་ལྷ་མོ་དཔལ་ཕྲེང་གི་མདོ་ལས། མ་རིག་བག་ཆགས་ཀྱི་སར་ཡང་གསུངས་སོ། །རྒྱུད་བླ་མ་ལས་ཀྱང་། ཉི་མའི་དཀྱིལ་འཁོར་འོད་འབར་བ། །མིག་མེད་པས་ནི་མཐོང་བ་མེད། །ཅེས་པ་དང་། འདིའི་འགྲེལ་པར། མདོར་བསྡུ་ན་གང་ཟག་བཞི་པོ་འདི་ནི་དེ་བཞིན་གཤེགས་པའི་སྙིང་པོ་མཐོང་བ་ལ་མིག་དང་མི་ལྡན་

པར་རྣམ་པར་བཞག་པ་ཡིན་ཏེ། བཞི་གང་ཞེ་ན་འདི་ལྟ་སྟེ་སོ་སོའི་སྐྱེ་བོ་དང་ཉན་ཐོས་དང་རང་སངས་རྒྱས་དང་ཐེག་པ་ལ་གསར་དུ་ཞུགས་པའི་བྱང་ཆུབ་སེམས་དཔའ་སྟེ། ཇི་སྐད་དུ་བཅོམ་ལྡན་འདས་དེ་བཞིན་གཤེགས་པའི་སྙིང་པོ་འདི་ནི་འཇིག་ཚོགས་ལ་བལྟ་བ་ལྷུང་བ་རྣམས་དང་ཕྱིན་ཅི་ལོག་ལ་མངོན་པར་དགའ་བ་རྣམས་དང་སྟོང་པ་ཉིད་ལ་སེམས་རྣམ་པར་གཡེངས་པ་རྣམས་ཀྱི་སྤྱོད་ཡུལ་མ་ལགས་སོ་ཞེས་པ་དང་། འཇུག་འགྲེལ་ལས། དེ་ལ་མ་རིག་པའི་བག་ཆགས་ནི་ཤེས་བྱ་ཡོངས་སུ་དཔྱོད་པའི་གེགས་སུ་གྱུར་པ་ཡིན་ལ། འདོད་ཆགས་ལ་སོགས་པའི་བག་ཆགས་ཡོད་པ་ནི་ལུས་དང་ངག་གི་འཇུག་པ་དེ་ལྟ་བུའི་རྒྱུ་ཡང་ཡིན་ཏེ། མ་རིག་པ་དང་འདོད་ཆགས་ལ་སོགས་པའི་བག་ཆགས་དེ་ཡང་རྣམ་པ་ཐམས་ཅད་མཁྱེན་པ་དང་སངས་རྒྱས་ཁོ་ན་ལ་ལྡོག་པར་འགྱུར་གྱི་གཞན་དག་ལ་ནི་མ་ཡིན་ནོ་ཞེས་སོ། །

དེ་ཡང་ཉོན་མོངས་པའི་སྒྲིབ་པ་ལ་དབྱེ་ན་འཆིང་བྱེད་ཀྱི་ཉོན་སྒྲིབ་དང་། བག་ལ་ཉལ་གྱི་ཉོན་སྒྲིབ་གཉིས་སོ། །དང་པོ་ལ། གང་ཟག་དང་ཆོས་བདེན་པར་འཛིན་པའི་བདག་འཛིན་གཉིས་སོ། །དེ་འདྲའི་བདག་འཛིན་གཉིས་པོ་རེ་རེ་ལ་ཡང་མངོན་གྱུར་ས་བོན་གཉིས་གཉིས་སོ། །དེ་གཉིས་ཀྱི་ཁྱད་པར་ཡང་སྒྱུར་དམིགས་རྣམ་འཛིན་མི་འཛིན་ཡིན་ཞེས་བླ་མ་གསུང་། སྟོང་ཉིད་བདུན་ཅུ་པ་ལས་ཀྱང་། རྒྱུ་དང་རྐྱེན་ལས་སྐྱེས་དངོས་རྣམས། །ཡང་དག་པར་ནི་རྟོག་བྱེད་གང་། །དེ་ནི་སྟོན་པས་མ་རིག་གསུངས། །དེ་ལས་ཡན་ལག་བཅུ་གཉིས་འབྱུང་། །ཞེས་སོ། །ཉོན་མོངས་པ་ཅན་གྱི་མ་རིག་པ་ལ་དབྱེ་ན། ལས་རྒྱུ་འབྲས་ལ་རྨོངས་པ་དང་དེ་ཁོ་ན་ཉིད་ལ་རྨོངས་པའི་མ་རིག་པ་གཉིས་སོ། །ཆགས་སོགས་ཉོན་མོངས་པའི་རྒྱུ་ནི་རང་གི་རིགས་འདྲ་སྔ་མ་ལས་སྐྱེ་བ་དང་རང་གི་ས་བོན་ལས་སྐྱེ་བ་ཅི་རིགས་པ་ཡོད་དོ། །མངོན་པ་གོང་འོག་ལས་འབྱུང་བ་གང་ཞེ་ན། ཉོན་མོངས་པའི་བག་ལ་ཉལ་མ་སྤངས་པར་གྱུར་པ་དང་ཉོན་མོངས་པའི་གནས་ཀྱི་ཆོས་ཀྱང་སྣང་བར་གྱུར་པ་དང་དེ་ལ་ཡང་ཚུལ་བཞིན་མ་ཡིན་པའི་ཡིད་ལ་བྱེད་པ་ཉེ་བར་གནས་པ་ཡིན་ཏེ་དེ་ལྟ་བུ་ལས་ཉོན་མོངས་པ་འབྱུང་བར་འགྱུར་རོ་ཞེས་པ་དང་། ཕྲ་རྒྱས་སྤངས་པ་མ་ཡིན་དང་། །ཡུལ་ནི་ཉེ་བར་གནས་པ་དང་། །ཚུལ་བཞིན་མ་ཡིན་ཡིད་བྱེད་ལས། །ཉོན་མོངས་རྒྱུ་ནི་ཚང་བ་ཡིན། །ཞེས་སོ། །

ཤེས་སྒྲིབ་ལ། གཟུང་བ་ཆོས་ཀྱི་བདག་འཛིན་དང་འཛིན་པ་ཆོས་ཀྱི་བདག་འཛིན་གཉིས་ཡོད་པའི་བྱེ་བྲག་གིས། གཟུང་བ་ལ་གཟུང་བར་ཞེན་པའི་གཟུང་འཛིན་ཤེས་སྒྲིབ་དང་འཛིན་པ་ལ་འཛིན་པར་ཞེན་པའི་འཛིན་རྟོག་ཤེས་སྒྲིབ་གཉིས་ཡོད་པར་སྟར་བཤད་ཟིན་ཏོ། །ཤེས་སྒྲིབ་གཉིས་པོ་རེ་རེ་ལ་ཡང་མངོན་གྱུར་དང་ས་བོན་གཉིས་གཉིས་སོ། །ཤེས་སྒྲིབ་དེ་དག་ཀྱང་བག་ལ་ཉལ་གྱི་ཉོན་སྒྲིབ་ལས་སྐྱེ་བ་དང་རང་གི་རིགས་འདྲ

སྔ་མ་ལས་སྐྱེ་བ་དང་རང་གི་ས་བོན་ལས་སྐྱེ་བ་འི་རིགས་པ་ཡོད་དོ། །འགྲེལ་པ་དོན་གསལ་ལས། མཐོང་ལམ་རྩེ་སྦྱོར་བཤད་མ་ཐག་དེ་སྐྱེས་ན་འདོད་པ་དང་གཟུགས་དང་གཟུགས་མེད་པའི་ཁམས་ཀྱི་དབྱེ་བས་རྣམ་པར་རྟོག་པ་བཞི་པོ་སོ་སོར་རྣམ་པ་དགུ་ཉིད་ཀྱིས་གཟུང་བ་དང་འཛིན་པའི་རྣམ་པར་རྟོག་པ་བརྒྱ་རྩ་བརྒྱད་སྤངས་པས། དེ་དག་གིས་བསྡུས་པའི་རྣམ་པར་རྟོག་པ་སྐྱེད་པར་བྱེད་པའི་བག་ཆགས་ཀྱི་ཉོན་མོངས་པ་བརྒྱ་རྩ་བརྒྱད་སྤངས་པ་རྟེན་ཅིང་འབྲེལ་བར་འབྱུང་བའི་ཆོས་ཉིད་ཀྱིས་འཐོབ་བོ་ཞེས་སོ། །

མངོན་རྟོགས་རྒྱན་རྩ་འགྲེལ་འདིས་ནི་ཁ་ཅིག་ཉོན་སྒྲིབ་ཀུན་བརྟགས་དང་ཉོན་སྒྲིབ་མཐོང་སྤངས་དོན་གཅིག་ལ། ཉོན་སྒྲིབ་ལྷན་སྐྱེས་དང་ཉོན་སྒྲིབ་སྒོམ་སྤངས་དོན་གཅིག་ཅིང་། ཤེས་སྒྲིབ་ཡིན་ན་སྒོམ་སྤངས་ཡིན་པས་ཁྱབ་ཀྱི་མཐོང་སྤངས་མི་སྲིད་དོ། །ཟེར་བ་ཡང་ལེགས་པར་བཀག་པ་ཡིན་ཏེ། མཐོང་ལམ་རྩེ་སྦྱོར་གྱིས་མཐོང་སྤངས་ཤེས་སྒྲིབ་དང་དེ་སྐྱེད་པར་བྱེད་པའི་མཐོང་སྤངས་བག་ལ་ཉལ་གྱི་ཉོན་སྒྲིབ་གཉིས་ཀ་སྤོང་བ་དེ་བཞིན་དུ། སྒོམ་ལམ་རྩེ་སྦྱོར་གྱིས་ཀྱང་སྒོམ་སྤངས་ཤེས་སྒྲིབ་དང་དེ་སྐྱེད་པར་བྱེད་པའི་བག་ལ་ཉལ་གྱི་ཉོན་སྒྲིབ་གཉིས་ཀ་སྤོང་བའི་ཚུལ་འདྲ་བར་བཤད་པའི་ཕྱིར། དེ་ཉིད་ལས། སྔ་མ་བཞིན་དུ་རྣམ་པར་རྟོག་པ་བརྒྱ་རྩ་བརྒྱད་སྤ ངས་པ་དང་དུས་མཉམ་པ་ཁོ་ནར་དེ་དག་གིས་བསྡུས་པའི་ཉོན་མོངས་པ་བརྒྱ་རྩ་བརྒྱད་སྤངས་ཞེས་སོ༎ ༎ཡང་མཐོང་སྤངས་ཉོན་སྒྲིབ་ལྷན་སྐྱེས་མི་སྲིད་ཟེར་བ་དང་བདེན་འཛིན་ལྷན་སྐྱེས་རིགས་པའི་ཆེད་དུ་བྱ་བའི་དགག་བྱའི་གཙོ་བོ་ཡིན་ཟེར་བ་ཡང་ནང་འགལ་ཏེ། བདག་དང་བདག་གིར་འཛིན་པ་ལྷན་སྐྱེས་ལས་ཆགས་སོགས་ཉོན་མོངས་སྐྱེ་བའི་ཕྱིར། གཞན་ཡང་ཤེས་སྒྲིབ་ཡིན་ན་སྒོམ་སྤངས་ཡིན་པས་ཁྱབ་ན། ཉོན་སྒྲིབ་ཡིན་ན་མཐོང་སྤངས་ཡིན་པས་ཁྱབ་པ་བསྐལ་བའི་བར་དུ་མཚུངས་སོ། །

རྒྱན་རབས་ཁ་ཅིག་མཐོང་སྤངས་ལ་སྤང་བྱ་ཀུན་བརྟགས་དང་སྒོམ་སྤངས་ལ་སྒྲིབ་པ་ལྷན་སྐྱེས་ཟེར་བ་ནི་གཙོ་ཆེ་བའི་དབང་དུ་བྱས་པ་ཡིན་གྱི། མཐོང་སྤངས་ཉོན་སྒྲིབ་ལྷན་སྐྱེས་ཡོད་པ་ལྟར་སྒོམ་སྤངས་ཤེས་སྒྲིབ་ཀུན་བརྟགས་ཀྱང་ཡོད་དེ། གཞི་ལམ་འབྲས་བུ་ལ་མཚན་མར་འཛིན་པའི་ཤེས་སྒྲིབ་འཛིན་རྟོག་ཕལ་ཆེར་ཤེས་སྒྲིབ་ཀུན་བརྟགས་ཡིན་པའི་ཕྱིར་རོ། །

མངོན་རྟོགས་རྒྱན་ལས། སེམས་ཅན་བཏགས་དང་དེ་རྒྱུ་ཡི། །ཡུལ་ཅན་དེ་ཡིས་རྣམ་འཛོམས་པས། །སྒོམ་པའི་ལམ་དང་འབྲེལ་བ་ཡི། །མི་མཐུན་ཕྱོགས་གཞན་རྣམ་པ་དགུ། །ཞེས་པའི་སྒོམ་སྤངས་བཏགས་འཛིན་རྟོག་པ་དང་ཡུལ་བཏགས་འཛིན་བཞིན་དུ། འཕགས་དབྱེ་བས། སེམས་ཅན་བཏགས་ཡོད་པར། །རྣམ་རྟོག་འཛིན་པ་དག་ཏུ་འདོད། །ཅེས་པའི་ཡུལ་བཏགས་འཛིན་དང་ཡུལ་ཅན་མཐོང་སྤངས་བཏགས་འཛིན་རྟོག་པ

ཕལ་ཆེར་ཡང་ཤེས་སྒྲིབ་ཀུན་བརྟགས་ཡིན་ནོ། །དེས་ན་མཐོང་སྤང་ས་ལ་སྒྲིབ་གཉིས་ཀུན་བརྟགས་དང་ལྷན་སྐྱེས་གཉིས་ཀ་ཡོད་ལ། སྒོམ་སྤངས་ལ་ཤེས་སྒྲིབ་ཀུན་བརྟགས་དང་ལྷན་སྐྱེས་གཉིས་ཡོད་མེད། སྒོམ་ལམ་རྩེ་སྦྱོར་གྱི་སྤང་བྱ་ཉོན་སྒྲིབ་ཀུན་བརྟགས་ནི་མེད་དེ། རྒྱུད་བླ་མར། འཕགས་པས་ན་དང་འཆི་བ་དང་། །ན་བའི་སྡུག་བསྔལ་རྩད་ནས་སྤངས། །ལས་དང་ཉོན་མོངས་དབང་གིས་སྐྱེ། །དེ་ལ་དེ་མེད་ཕྱིར་དེ་མེད། །ཅེས་སོ། །

དོན་འདི་ལ་དགོངས་ནས་མངོན་པ་གོང་མར། སྒོམ་པའི་ལམ་ལ་ཤེས་བྱའི་སྒྲིབ་པའི་གཉེན་པོའི་ལམ་བསྒོམ་གྱི་ཉོན་མོངས་པའི་སྒྲིབ་པའི་གཉེན་པོ་ནི་མིན་ཏེ་ཞེས་སོ། །ས་ལྷག་མ་དགུ་ལ་འཆིང་བྱེད་ཀྱི་ཉོན་སྒྲིབ་མེད་ཀྱང་བག་ལ་ཉལ་གྱི་ཉོན་སྒྲིབ་ཡོད་དེ། དེ་ལྟ་མིན་ན་དེ་ཉིད་ལས། གཅིག་ཆར་ཉོན་མོངས་པ་དང་ཤེས་བྱའི་སྒྲིབ་པ་སྤོང་ངོ་། །གཅིག་ཆར་དགྲ་བཅོམ་པ་དང་དེ་བཞིན་གཤེགས་པར་འགྱུར་རོ་ཞེས་པ་དང་ནང་འགལ་ལོ། །གོང་དུ་དྲངས་པ་ལྟར་རྣམ་པར་རྟོག་པ་སྐྱེད་པར་བྱེད་པའི་བག་ཆགས་ཀྱི་ཉོན་མོངས་བརྒྱ་རྩ་བརྒྱད་སྤངས་པ་སྔ་མ་བཞིན་དུ། ཞེས་གཞུང་གོང་འོག་སྦྱར་བའི་ཚེ་མཐོང་སྤངས་སྒོམ་སྤངས་གཉིས་ཀ་ལ་བག་ལ་ཉལ་གྱི་ཉོན་སྒྲིབ་ཡོད་པར་བཤད་པ་ལས་ཀྱང་ཤེས་སོ། །

ད་ནི་འདི་དཔྱད་པར་བྱ་སྟེ། བག་ལ་ཉལ་གྱི་ཉོན་སྒྲིབ་དང་ཉོན་མོངས་པའི་བག་ཆགས་དང་ཉོན་མོངས་པའི་ས་བོན་གསུམ་ལ་ཁྱད་པར་ཅི་ཡོད་ཅེ་ན། དང་པོ་དང་ཕྱི་མ་ལ་ཉོན་སྒྲིབ་ཀྱིས་ཁྱབ་ལ། ཉོན་མོངས་པའི་བག་ཆགས་ལ་མ་ཁྱབ་སྟེ། ཤེས་སྒྲིབ་ཀྱི་ཆར་གྱུར་པའི་མ་རིག་བག་ཆགས་ཀྱི་ས་བཞིན་ནོ། །གཞན་ཡང་ཉོན་མོངས་པའི་ས་བོན་ལས་རྐྱེན་དང་ཕྲད་ན་འབྲས་བུ་ཉོན་མོངས་འབྱུང་རུང་དུ་སྒྲུབ་ནུས་ལ། ཉོན་མོངས་པའི་བག་ཆགས་ལས་རྐྱེན་དང་ཕྲད་ཀྱང་འབྲས་བུ་ཉོན་མོངས་འབྱུང་རུང་དུ་མ་ངེས་པ་དེ་དང་འདྲའོ། །ཉན་ཐོས་དགྲ་བཅོམ་པས་ཉོན་མོངས་པའི་ས་བོན་སྤངས་ཀྱང་ཉོན་མོངས་པའི་བག་ཆགས་ཡོད་དེ། བསྐལ་བཟང་གི་སངས་རྒྱས་སྟོང་གི་འཁོར་འདུས་པའི་སྐབས་སྐབས་སུ། ཀུན་ལའང་ཉོན་མོངས་སྤངས་པ་དགྲ་བཅོམ་པ༑ ༑ཞེས་པ་དང་། ཀུན་ལའང་གཏི་མུག་མ་རིག་མུན་བཅོམ་པ། །ཞེས་པ་དང་། ངམེད་ཕུང་པོར་འཛིན་པ་སྤངས་པའོ། །ཞེས་པ་དང་། ཐ་སྤངས་དུག་རྩ་བཅད་པར་མཚུངས་པ་པོ། །ཞེས་པ་དང་། བསྒོམ་རྒྱུས་ཉོན་མོངས་ཐལ་བར་བརླག་པ་པོ། །ཞེས་སོ། །

ཚུལ་འདི་དག་མ་ཤེས་པའི་རྨོངས་པ་འདི་ན་རེ། ས་བདུན་པ་མན་ཆད་དུ་བདེན་འཛིན་ས་བོན་དང་བཅས་པའི་ཉོན་མོངས་ཡོད། ས་བརྒྱད་པ་ནས་ཤེས་སྒྲིབ་ཀྱི་ས་བོན་སྤོང་བའི་ཐོག་མ་འཛིན་པ་ཐལ་འགྱུར་བའི་ལུགས་ཡིན་ཅིང་། དབང་ཤེས་ལྔ་ལ་ཡུལ་རང་ངོས་ནས་གྲུབ་པ་ལྟ་བུར་སྣང་བའི་བདེན་པར་སྣང་བའི་ཆ་ཤེས

སྒྲིབ་མངོན་གྱུར་པ་ཡིན་ཏེ། དཔེར་ན་མདོ་སྡེ་པའི་ལུགས་ལ། བུམ་འཛིན་རྟོག་པ་ལ་རང་གི་སྣང་བ་ཕྱི་རོལ་གྱི་བུམ་པ་ལྟ་བུར་སྣང་བའི་ཆ་སྒྲོ་བཏགས་ཡིན་པ་བཞིན་ཟེར་བ་ནི་མཐོང་རྟོག་གཅིག་ཏུ་ཞེན་པར་ཟད་དེ། རྣམ་འགྲེལ་ལས། དེ་ལ་ངོ་བོ་ཕྱི་རོལ་དང་། །གཅིག་ལྟ་གཞན་ལས་ལོག་ལྟ་བུར། །སྣང་བ། ཞེས་པའི་རྟོག་པ་དང་། བདེན་པར་སྣང་བའི་དབང་ཤེས་གཉིས་དཔེ་དོན་དུ་མི་རིགས་ཏེ། དབང་ཤེས་ལ་བདེན་པར་སྣང་བ་མི་སྲིད་པའི་ཕྱིར་ཏེ། བདེན་པར་སྣང་བ་ཕལ་ཆེར་ནི་བདེན་པར་འཛིན་པས་བཞག་པའི་ཡིད་ཤེས་ཁོ་ནའི་བྱེད་ལས་ཡིན་པའིཕྱིར། གཞན་དུ་ན་དབང་ཤེས་ཀྱིས་བདག་ཏུ་འཛིན་པ་ཡང་ཡོད་པར་མཚུངས་སོ། །ཚད་མ་པ་ལྟར་ན་བུམ་འཛིན་རྟོག་པ་ལ་ཤར་བའི་བུམ་པའི་སྤྱི་རྣམ་ཆོས་ཅན། བུམ་པའི་སྒྲོ་བཏགས་མ་ཡིན་པར་ཐལ། བུམ་འཛིན་རྟོག་པའི་རྫས་ཡིན་པའི་ཕྱིར། རྣམ་འགྲེལ་ལས། ཤེས་ལས་ཐ་དད་མ་ཡིན་པ། །ཇི་ལྟར་དོན་གཞན་འབྲང་བར་འགྱུར། །ཞེས་སོ། །དེས་ན་དཔེ་དོན་གཉིས་ཀ་བཞད་གད་ཀྱི་གནས་ཡིན་ནོ། །

གཞན་ཡང་ཁྱེད་ལྟར་ན་བློ་ལ་ཡུལ་རང་ངོས་ནས་གྲུབ་པ་ལྟ་བུར་སྣང་བའི་བདེན་སྣང་ཆོས་ཅན། ཁྱོད་ཀྱི་ཆ་ཤེས་སྒྲིབ་མངོན་འགྱུར་བ་མ་ཡིན་པར་ཐལ། བདེན་འཛིན་ཡིན་ན་ཉོན་སྒྲིབ་ཡིན་ཅིང་། བདེན་འཛིན་མངོན་གྱུར་པ་ཡིན་ན་ཁྱོད་ཡིན་དགོས་པའི་ཕྱིར་དང་། ས་བདུན་པར་བདེན་འཛིན་ས་བོན་དང་བཅས་པ་ཡོད་པས་ཤེས་སྒྲིབ་ཀྱི་ས་བོན་ཙུང་ཟད་ཀྱང་སྤོང་མི་ནུས་ན། ཐེག་ཆེན་མཐོང་ལམ་པའི་རྒྱུད་ལ་གང་ཟག་དང་ཆོས་ལ་བདེན་པར་འཛིན་པའི་བདེན་འཛིན་ཡོད་དམ་མེད། གཉིས་པ་ལྟར་ན། རྩ་བའི་གྲུབ་མཐའ་ཤོར་རོ། །དང་པོ་ལྟར་ན། ལས་དང་ཉོན་མོངས་ཟད་ལས་ཐར། །ཞེས་སོགས་དང་། ཇི་སྲིད་ཕུང་པོར་འཛིན་ཡོད་པ། །ཞེས་སོགས་དང་འགལ་ལོ། །དེས་ན་ཐེག་ཆེན་མཐོང་ལམ་པ་ཆོས་ཅན། ཆོས་རྣམས་གཟུགས་བརྙན་ལྟ་བུར་མངོན་སུམ་དུ་མཐོང་ནས་གཞན་གྱི་དོན་ལ་བསམས་བཞིན་དུ་སྲིད་པར་སྐྱེ་བ་འཛིན་པ་མ་ཡིན་པར་ཐལ། རང་རྒྱུད་བདག་དང་བདག་གིར་ལྟ་བའི་བདེན་འཛིན་ཅན་ཡིན་པའི་ཕྱིར་དང་། བྱུང་བའི་ཚེ་རང་གི་སེམས་རྒྱུད་རབ་ཏུ་མ་ཞི་བ་ཅན་ཡིན་པའི་ཕྱིར། ཁྱབ་འབྲེལ་ཡོད་དེ། བྱུང་བའི་ཚེ་སེམས་རྒྱུད་རབ་ཏུ་མ་ཞི་བ་འདི་ཉོན་མོངས་ཀྱི་དོན་ཡིན་པས་སོ། །གཞན་ཡང་ཤེས་སྒྲིབ་ཡིན་ན་དག་པ་ས་འི་བསྒོམ་སྤང་ཡིན་པས་ཁྱབ་པར་ཐལ། ཤེས་སྒྲིབ་ཡིན་ན་སྒོམ་སྤངས་ཡིན་པས་ཁྱབ་པ་གང་ཞིག །ཤེས་སྒྲིབ་ཀྱི་ས་བོན་སྤོང་བའི་ཐོག་མ་ས་བརྒྱད་པ་ནས་འཛིན་པའི་ཕྱིར། གལ་ཏེ་གང་ཟག་དང་ཆོས་ལ་བདག་ཏུ་འཛིན་པའི་བདེན་འཛིན་ས་དང་པོ་ནས་མེད་ན་ས་བདུན་པའི་སྐབས་སུ། བདག་དང་སེམས་ཅན་འཛིན་པ་དང་། །ཞེས་སོགས་མངོན་རྟོགས་རྒྱན་ལས་འབྱུང་བ་དང་འགལ་ལོ་ཞེ་ན། དེ་ནི་ས་བདུན་པའི་སྐབས་སུ་བདེན་འཛིན་གྱི་བག་ཆགས་ཡོད་པ་ལ་དགོངས་ཏེ། མདོ་

སྡེ་རྒྱན་ལས། ཡིད་དང་འཛིན་དང་རྣམ་པར་རྟོག །གྱུར་ཕྱིར་ཞེས་པས། ས་བརྒྱད་པ་ནས་བདག་ཏུ་ལྟ་བ་བདག་ཏུ་རློམ་པ་བདག་ཏུ་ཆགས་པ་བདག་ཏུ་ང་རྒྱལ་བའི་ཉོན་མོངས་པའི་བག་ཆགས་ཅན་གྱི་ཡིད་གནས་གྱུར་པས་སོ། །

དེས་ན་བདག་འཛིན་གྱི་བག་ཆགས་ལ་དགོངས་པ་ཡིན་གྱི་ཉོན་མོངས་པ་ཅན་གྱི་མ་རིག་པའི་ས་བོན་ནི་ས་དང་པོ་ནས་སྤངས་ཏེ། མདོ་ལས། ཉན་ཐོས་དང་རང་སངས་རྒྱས་ཀྱི་ཤེས་པ་དང་སྤྱོད་པ་གང་ཡིན་པ་དེ་ནི་མི་སྐྱེ་བའི་ཆོས་ལ་བཟོད་པ་ཐོབ་པའི་བཟོད་པའོ་ཞེས་སོ། །ཉི་ཁྲི་སྣང་བ་ལས། བཟོད་པ་དེ་ཡང་གང་ཞེ་ན། སྡུག་བསྔལ་ལ་ཆོས་ཤེས་པའི་བཟོད་པའི་ཞེས་སོ། །དེ་ལྟ་ན་ཡང་ཉན་ཐོས་དགྲ་བཅོམ་ལ་སྒོ་གསུམ་གྱི་གནས་ངན་ལེན་གྱི་བག་ཆགས་ཡོད་པ་མི་འགལ་ཏེ། སྟོན་སྤྲེའུར་སྐྱེས་པའི་བག་ཆགས་ཅན་གྱི་དགྲ་བཅོམ་པ་སྐྱ་ཚེ་འདིར་སྤྲེ་མཆོངས་བྱེད་པ་ལྟ་བུ་དང་། དེ་བཞིན་དུ་གནྒཱའི་ལྷ་མོ་ལ་དམང་རིགས་ཞེས་བརྗོད་པ་ལྟ་བུ་དང་ཐམས་ཅད་མཁྱེན་པའི་ལམ་གྱི་བཤད་པ་བྱེད་པ་ན་ཐུགས་མི་གསལ་བ་ལྟ་བུའོ། །རྣམ་འགྲེལ་ལས། ལུས་ངག་སེམས་ཀྱི་གནས་ངན་ལེན། །ཉོན་མོངས་མེད་དང་ནད་མེད་དང་། །ལམ་བཤད་མི་གསལ་ཉིད་ལུས་ཡིན། །ཞེས་སོ༑ ༑བདག་དང་སེམས་ཅན་འཛིན་པ་དང་། །ཞེས་སོགས་སྒྲ་ཇི་བཞིན་པ་ཡིན་ན་ས་ལྔ་པར། འདྲིས་དང་ཁྱིམ་ལ་འཁྲིན་པ་དང་། །འདུ་འཛིར་གྱུར་པའི་གནས་དང་ནི། །བདག་བསྟོད་གཞན་ལ་བསྙས་པ་དང་། །མི་དགེ་ལས་ཀྱི་ལམ་བཅུ་དང་། །རློམ་པས་ཁེངས་དང་ཕྱིན་ཅི་ལོག །བློ་ངན་དང་ནི། ཞེས་སོགས་སྒྲ་ཇི་བཞིན་པ་ཡིན་པར་འགྱུར་ལ། དེ་ལྟ་ན་ས་བཞི་པར་ནམ་ཡང་མི་དགེ་བ་བཅུ་སོགས་ཡོད་པར་འགྱུར་རོ། །དེ་ཡང་འདོད་ན་ས་གཉིས་པར། འཇུག་པ་ལས། རྨི་ལམ་དུ་ཡང་འཆལ་ཁྲིམས་དྲི་མ་སྤངས། །ལུས་ངག་ཡིད་ཀྱི་རྒྱུ་བ་དག་གྱུར་པས། །དམ་པའི་ལས་ལམ་བཅུ་ཆར་གསོག་པར་བྱེད། །ཅེས་པ་དང་འགལ་ལོ། །

གཞན་ཡང་ས་བདུན་པ་ན་གང་ཟག་དང་ཆོས་ལ་བདེན་པར་འཛིན་པ་ཡོད་ན། སྦྱོར་ལམ་རྩེ་སྦྱོར་ལ་གནས་པའི་བྱང་ཆུབ་སེམས་དཔའ་རྨི་ལམ་གྱི་གནས་སྐབས་ན་ཡང་ཆོས་ཐམས་ཅད་རྨི་ལམ་ལྟ་བུར་ལྟ་བ་ལ་སོགས་པའི་རྟགས་ཐོབ་པར་འགལ་ལོ། །མངོན་རྟོགས་རྒྱན་ལས་ཀྱང་། རྨི་ལམ་ན་ཡང་ཆོས་རྣམས་ཀུན། །རྨི་ལམ་ལྟ་བུར་ལྟ་བ་སོགས། །རྩེ་མོར་ཕྱིན་པ་སྦྱོར་བའི་རྟགས། །རྣམ་པ་བཅུ་གཉིས་དག་ཏུ་བཞེད། །ཅེས་སོ། །རྣམ་འགྲེལ་ལས། གོམས་ཕྱིར་མ་ལུས་སྤངས་པ་ཉིད། །ཅེས་པ་ལྟར་ཀུན་མཁྱེན་ཡེ་ཤེས་ཀྱིས་ནི་སྒྲིབ་གཉིས་བག་ཆགས་དང་བཅས་པ་སྤངས་པ་ཡིན་ནོ། །སྒྲིབ་གཉིས་སྤོང་བའི་ཚུལ་ཡང་། རྒྱུད་བླ་མར། སྒྲིབ་པ་གཉིས་དང་བྲལ་བ་ཡི། །རྒྱུ་ནི་ཡེ་ཤེས་གཉིས་ཡིན་ཏེ། །མི་རྟོག་པ་དང་དེ་ཡི་ནི། །རྗེས་ཐོབ་དེ་ནི་ཡེ་ཤེས་འདོད། །ཅེས་པ

ལྟར་སར་གནས་བྱང་ཆུབ་སེམས་དཔའི་མཉམ་གཞག་གིས་ཉོན་སྒྲིབ་དང་རྗེས་ཐོབ་ཡེ་ཤེས་ཀྱིས་ཤེས་སྒྲིབ་སྤོང་བ་གཙོ་ཆེ་བ་ཡིན་གྱི། མཉམ་རྗེས་རེ་རེས་ཀྱང་སྒྲིབ་པ་གཉིས་ཀ་མི་སྤོང་བ་མ་ཡིན་ནོ། །དཔེར་ན་རང་སངས་རྒྱས་ཀྱི་སྐབས་སུ། འགྲེལ་བ་དོན་གསལ་ལས། ཤེས་བྱའི་སྒྲིབ་པའི་གཉེན་པོ་ཉིད་དུ་བསྒོམ་པའི་ལམ་ཟག་པ་དང་བཅས་པ་དང་ཟག་པ་མེད་པ་གཉིས་ཞེས་པ་ལྟར་རོ། །

འདིའི་ཟག་མེད་འདིར་སྒོམ་ལམ་དུ་བཤད་ལ། བརྒྱད་སྟོང་འགྲེལ་ཆེན་དུ་མཐོང་ལམ་དུ་གསལ་བར་བཤད་པས་སོ། །ཁྱད་ཆོས་བདུན་པ་ཉན་རང་ཆོས་རང་བཞིན་མེད་པ་རྟོགས་པ་ཡོད་ཟེར་བ་ཡང་མི་འཐད་དེ། དབུ་མ་ཚིག་གསལ་འཇུག་ལས། ཉན་རང་ལ་ཆོས་ཀྱི་བདག་མེད་རྟོགས་པ་ཡོད་པའི་སྒྲུབ་བྱེད་རིགས་པ་གཉིས་དང་ལུང་བདུན། འགྲེལ་པ་དོན་གསལ་ལྟར་ན། ཉན་ཐོས་ལ་གང་ཟག་དང་རང་སངས་རྒྱས་ལ་གཟུང་བ་ཆོས་ཀྱི་བདག་མེད་རྟོགས་པ་ཡོད་པའི་སྒྲུབ་བྱེད་ལས་མ་འདས་སོ། །ཞེས་སོ་ཐར་དང་བྱང་སེམས་སྡོམ་པའི་སྐབས་སུ་བཤད་ཟིན་པའི་ཕྱིར་རོ། །སློབ་དཔོན་སེང་གེ་བཟང་པོས་མཚོན་པའི་རང་རྒྱུད་པ་རྣམས་ལ་ཡང་དེས་རིགས་འགྲེའོ། །ཁྱད་ཆོས་བརྒྱད་པ་འབྲས་བུའི་སྐབས་སུ་སངས་རྒྱས་ཀྱི་ཇི་སྙེད་པ་མཁྱེན་པའི་ཚུལ་ལ། ཇི་ལྟ་བ་མཁྱེན་པས་ཇི་སྙེད་པ་མི་མཁྱེན་ཟེར་བ་མི་འཐད་དེ། སངས་རྒྱས་ཀྱི་ཇི་ལྟ་བ་མཁྱེན་པའི་ཡེ་ཤེས་ཆོས་ཅན། ཇི་སྙེད་པ་མཁྱེན་པར་ཐལ། སངས་རྒྱས་ཀྱི་ཡེ་ཤེས་ཡིན་པའི་ཕྱིར། འོན་ཤིང་བཟོ་བའི་མིག་ཤེས་ཆོས་ཅན། ཤིང་བཟོ་ཤེས་པར་ཐལ། ཤིང་བཟོ་བའི་ཤེས་པ་ཡིན་པའི་ཕྱིར་ཟེར། དེ་གཉིས་མི་མཚུངས་ཏེ། ཤིང་བཟོ་བའི་མིག་ཤེས་ཀྱིས་ཤིང་བཟོ་ལ་སྒྲིབ་བྱེད་ཀྱི་དྲི་མ་མ་སྤངས་ལ། སངས་རྒྱས་ཀྱི་ཇི་ལྟ་བ་མཁྱེན་པའི་ཡེ་ཤེས་ཀྱིས་ཇི་སྙེད་པ་ལ་སྒྲིབ་བྱེད་ཀྱི་དྲི་མ་སྤངས་པའི་ཕྱིར་རོ། །དེ་བཞིན་དུ་སངས་རྒྱས་ཇི་སྙེད་པ་མཁྱེན་པས་ཇི་ལྟ་བ་མི་མཁྱེན་ཟེར་བ་ཡང་ཚུལ་འདིས་ཁེགས་སོ། །

ཡང་ཕྱིས་ཁ་ཅིག་ན་རེ། སངས་རྒྱས་ཀྱི་སར་ཡེ་ཤེས་གཅིག་གིས་ཀུན་རྫོབ་ཐམས་ཅད་གཉིས་སྣང་དང་བཅས་པ་དང་དོན་དམ་ཐམས་ཅད་གཉིས་སྣང་ནུབ་པའི་ཚུལ་གྱིས་གཅིག་ཅར་མཁྱེན་ལ། སློབ་ལམ་གྱི་སྐབས་སུ་བློ་གཅིག་ལ་བདེན་གཉིས་གཅིག་ཅར་མཁྱེན་པ་མི་སྲིད་དེ། བདེན་གཉིས་ཐ་དད་དུ་འཛིན་པའི་གཉིས་སྣང་འཁྲུལ་པའི་བག་ཆགས་ཀྱི་དྲི་མ་མ་སྤངས་པའི་ཕྱིར་ཟེར་རོ། །དེ་ནི་ནང་འགལ་ཏེ། ས་དང་པོ་ནས་བདེན་གཉིས་ཟུང་དུ་ཆུད་པའི་ཚུལ་གྱིས་ཡེ་ཤེས་གཅིག་གིས་དབྱིངས་རིག་གཅིག་ཅར་མངོན་སུམ་དུ་མཐོང་བའི་ཕྱིར། འགྲེལ་པ་དོན་གསལ་ལས། ཆོས་ཀྱི་དབྱིངས་ཀུན་ཏུ་འགྲོ་བར་རྟོགས་པའི་མཚན་ཉིད་ས་རབ་ཏུ་དགའ་བ་ལ་སོགས་པ་ཞེས་པ་དང་། གཉིས་སུ་སྣང་བའི་བག་ཆགས་དྲུངས་ཕྱུང་བའི་བྱང་ཆུབ་སེམས་དཔའ་ཞེས་པ་དང

ཡང་འགལ་ལོ། །གཞན་ཡང་སངས་རྒྱས་ཀྱི་ཡེ་ཤེས་ཀྱིས་སངས་རྒྱས་ཀྱི་ཡེ་ཤེས་གཉིས་སྣང་དང་བཅས་པ་མཁྱེན་པར་ཐལ། དེས་ཀུན་རྫོབ་ཐམས་ཅད་གཉིས་སྣང་དང་བཅས་པར་མཁྱེན་པའི་ཕྱིར་ལན་མེད་དོ། །ཁྱད་ཆོས་དགུ་པ་ཞིག་པ་དངོས་པོར་འདོད་པ་ཁ་ཅིག་ན་རེ། དབུ་མ་རང་རྒྱུད་པ་རྣམས་ཀྱིས་ཞིག་པ་དངོས་མེད་དུ་འདོད་པས་ལས་འབྲས་ཀྱི་འཇོག་མཚམས་མ་ཤེས། ཐལ་འགྱུར་བའི་ལུགས་ལ་ལས་བྱས་མ་ཐག་ཏུ་འགག་ཀྱང་། ལས་ཀྱི་ཞིག་པ་དངོས་པོ་བ་ལས་འབྲས་བུ་འབྱུང་སྟེ། རྩ་ཤེར་ལས། དངོས་དང་དངོས་མེད་འདུས་བྱས་ཡིན། །ཞེས་པ་དང་། རིགས་པ་དྲུག་ཅུ་པ་ལས་ཀྱང་། རྒྱུ་ཟད་ཉིད་ལས་ཞི་བ་ནི། །ཟད་ཅེས་བྱ་བར་དམིགས་པ་སྟེ། །ཞེས་པ་དང་། བཞི་བརྒྱ་པ་ལས། འབྲས་བུ་ཡིས་ནི་རྒྱུ་ཞིག་པ། །དེས་ན་མེད་པ་སྐྱེ་མི་འགྱུར། །ཞེས་པ་དང་། ཚིག་གསལ་ལས། སྐྱེ་བའི་རྐྱེན་གྱིས་རྒ་ཤི་ཞེས་བྱ་བ་དང་འདུས་བྱས་ཀྱི་མཚན་ཉིད་རྣམས་ཀྱང་འདུ་བྱེད་ཀྱི་ཕུང་པོའི་ནང་དུ་འདུ་ཞེས་བྱ་བར་མདོ་ལས་གསུངས་པའི་ཕྱིར་ཞེས་ཟེར་རོ། །དེ་ནི་འཕགས་པ་ཡབ་སྲས་ཀྱི་དགོངས་པ་གཏན་མ་ཡིན་ཏེ། ཞིག་འཇིག་གཅིག་ཏུ་འགྲུབ་པའི་ཕྱིར། དེ་ཡང་འདི་ལྟར་དངོས་མེད་འདུས་བྱས་ཡིན་ཞེས་པའི་ཚིག་གསལ་ལས། དངོས་པོ་མེད་པ་ཡང་དངོས་པོ་ལ་བརྟེན་ནས་འབྱུང་བའི་ཕྱིར་དང་སྐྱེ་བའི་རྐྱེན་གྱིས་རྒ་ཤི་ཞེས་འབྱུང་བའི་ཕྱིར་འདུས་བྱས་ཡིན་ནོ་ཞེས་པའི་སྒྲ་ཇི་བཞིན་པ་ལ་འགྲུབ་པར་མངོན་ཏེ། དེ་ལྟ་ན་ཚིག་གསལ་དུ་འཕགས་པ་སཱ་ལུ་ལྗང་བའི་མདོ་ལས། རྟེན་ཅིང་འབྲེལ་བར་འབྱུང་བའི་ཡན་ལག་བཅུ་གཉིས་པོ་འདི་དག་ནི་འདུས་བྱས་མ་ཡིན་ཞེས་པ་དང་། ཟད་པའི་ཆོས་མ་ཡིན་འཇིག་པའི་ཆོས་མ་ཡིན་འགོག་པའི་ཆོས་མ་ཡིན་ཏེ། ཐོག་མ་མེད་པའི་དུས་ནས་ཞུགས་པ་རྒྱུན་མ་ཆད་པ་ངང་གི་རྒྱུན་བཞིན་དུ་རྗེས་སུ་ཞུགས་པའོ་ཞེས་གསུངས་པས། རྒ་ཤི་དེ་འདུས་བྱས་མ་ཡིན་པར་འགྱུར་ཞིང་ཟབ་པ་ཞེས་བྱ་བ་ཡང་དོན་མེད་དོ། །གཞན་ཡང་དེ་ལྟ་ན་མྱ་ངན་ལས་འདས་པ་དང་ཞི་བ་དང་འགོག་པ་དང་ངོ་བོ་ཉིད་ཀྱི་སྐུ་དང་ཆོས་དབྱིངས་རྣམས་དངོས་པོ་ཡིན་པར་ཐལ། རྩ་ཤེར་ལས། ལས་དང་ཉོན་མོངས་ཟད་ལས་ཐར། །ཞེས་པ་དང་། རྒྱུ་ལམ་བདེན་ལས་འབྲས་བུ་འགོག་པ་དང་ཞི་བ་འབྱུང་བ། མངོན་རྟོགས་རྒྱན་ལྟར་འགྲེལ་པ་དོན་གསལ་ལས། དེ་ལྟར་ངོ་བོ་ཉིད་སྐུའི་བདག་ཉིད་བསྒོམས་པའི་སྟོབས་ལས་བྱུང་བ་ཞེས་པ་དང་། ཤིན་ཏུ་རྣམ་པར་དག་པ་ཆོས་ཀྱི་དབྱིངས་ལས་བྱུང་བ་ཉིད་ནི་ཟླ་ན་མེད་པའི་སངས་རྒྱས་ཀྱི་ཡིན་པར་འདོད་དོ་ཞེས་བཤད་པའི་ཕྱིར། ཐལ་བ་དང་པོ་གཉིས་ལ་འདོད་ན། རྩ་ཤེར་ལས། གལ་ཏེ་མྱ་ངན་འདས་དངོས་ན། །མྱ་ངན་འདས་པ་འདུས་བྱས་འགྱུར། །ཞེས་པ་དང་། རྟག་དང་མི་རྟག་ལ་སོགས་བཞི། །ཞི་བ་འདི་ལ་ག་ལ་ཡོད། །ཅེས་སོ། །

དེས་ན་དབུ་མའི་ཟབ་དོན་ལ་དཔྱོད་པའི་ཚེ་ལུང་གི་སྒྲ་ཇི་བཞིན་པ་ལ་ཞེན་པར་མི་བྱ་སྟེ། ལང་ཀར

གཤེགས་པའི་མདོ་ལས། བློ་གྲོས་ཆེན་པོ་ངས་ཆོས་ཐམས་ཅད་རང་བཞིན་གྱིས་མ་སྐྱེས་པ་ལ་དགོངས་ནས་སྐྱེ་བ་མེད་ཅེས་བཤད་དོ། །ཞེས་པ་ལྟར་རོ། །གལ་ཏེ་ཞིག་པ་དངོས་པོ་ཡིན་པའི་རིགས་པ་ཡོད་དེ། ལས་ཞིག་མ་ཞིག་གཉིས་ཀ་ལས་ཡུལ་རང་ངོས་ནས་གྲུབ་པའི་ལས་འབྲས་མེད་པར་ཡང་མཚུངས། ཐ་སྙད་ཀྱི་དབང་གིས་བཞག་པ་ཙམ་གྱིས་ལས་འབྲས་ཡོད་པར་ཡང་མཚུངས་པའི་ཕྱིར་དང་། སྨྱུ་གུའི་ཞིག་པ་ཡང་སྔར་སྨྱུ་གུའི་དུས་ན་མེད་ལ་ཕྱིས་ཡོད་པས་རྒྱུ་བཅས་སུ་གྲུབ་བོ་ཟེར་རོ། །དེ་ནི་མི་འཐད་དེ། དེ་ལྟ་ན་ཐ་སྙད་ཀྱི་དབང་གིས་ལས་མ་ཞིག་པ་ལས་འབྲས་བྱ་སྨིན་ན་ལས་བྱས་མ་ཐག་ཏུ་མི་འགག་པས་རྟག་པར་ཐལ་བའི་ཕྱིར་དང་། བུམ་པས་དག་པའི་ས་ཕྱོགས་ཀྱི་བུམ་མེད་ཀྱང་སྔར་བུམ་པའི་དུས་ན་མེད་ལ། ཕྱིས་ས་ཕྱོགས་ཀྱི་དུས་སུ་ཡོད་པས་མེད་དགག་དངོས་པོར་ཐལ་བའི་ཕྱིར་རོ། །གཞན་ཡང་སྨྱུ་གུའི་ཞིག་པ་དངོས་པོ་ཡིན་ན། སྨྱུ་གུའི་དངོས་པོ་ཡིན་ནམ་སྨྱུ་གུ་ལས་གཞན་པའི་དངོས་པོ་སྨྱུ་གུར་མ་གཏོགས་པ་ཞིག་ཡིན་ནམ་རྣམ་པ་དེ་གཉིས་ལས་གཞན་པའི་དངོས་པོར་འདོད་དྲི་བར་བྱའོ། །གལ་ཏེ་སྨྱུ་གུའི་དངོས་པོ་ཡིན་ན་སྨྱུ་གུའི་དུས་སུ་མེད་པ་འགལ་ལ། གཉིས་པ་ལྟར་ན་ལས་ཀྱི་ཞིག་པ་དངོས་པོ་ཡིན་པར་སྒྲུབ་པའི་ངལ་བས་ཅི་ཞིག་བྱ་སྟེ་མི་ཕན་ནོ། །གསུམ་པ་ལྟར་ན་ཕུང་པོ་དང་དེ་ཉིད་དང་གཞན་དུ་བརྗོད་དུ་མེད་པའི་གང་ཟག་རྫས་ཡོད་གནས་མ་བུ་པས་འདོད་པ་དང་མཚུངས་ཤིང་། ཡང་ཕྱི་བུམ་པ་དང་ཡང་མི་ལྡན་ནང་བུམ་འཛིན་ཤེས་པ་དང་ཡང་མི་ལྡན་པའི་བུམ་པའི་མིང་སོགས་ལྡན་མིན་འདུ་བྱེད་རྫས་ཡོད་དུ་བྱེ་བྲག་སྨྲ་བས་འདོད་པ་དང་མཚུངས་པའི་ཐལ་འགྱུར་བའི་ཁྱད་ཆོས་ཞིག་གོ། །

བུམ་པའི་མིང་དང་དོན་གྱི་མཚན་མ་སྒྲ་སྤྱི་དང་དོན་སྤྱིའི་ལྡན་མིན་འདུ་བྱེད་ཀྱང་འདུ་བྱེད་ཀྱི་ཕུང་པོའི་ནང་དུ་འདུ་བར་གསུངས་པས་དངོས་པོར་འགྱུར་རོ། །མདོ་ནས་འདུས་བྱས་ཀྱི་མཚན་ཉིད་དུ་སྐྱེ་འཇིག་གནས་པ་འཇིག་གི་ཞིག་པ་མཚན་ཉིད་ཀྱི་ཟུར་དུ་མི་འཇོག་གོ། །གལ་ཏེ་འཇིག་ན་ཁྱེད་ལྟར་ན་མ་འོངས་པ་ཆོས་ཅན། ཞིག་པར་ཐལ། འདུས་བྱས་ཡིན་པའིཕྱིར། འདས་པ་ཆོས་ཅན། སྐྱེ་བར་ཐལ། འདུས་བྱས་ཡིན་པའི་ཕྱིར་ལན་མེད་དོ། །གཞན་ཡང་སྨྱུ་གུའི་ཞིག་པ་དེ་འཇིག་པ་ཡིན་ནམ་མ་ཡིན། དང་པོ་ལྟར་ན་ཞིག་འཇིག་གཅིག་ཏུ་འདོད་པའི་གནས་མ་བུ་པ་དང་མཚུངས་ལ། གཉིས་པ་ལྟར་ན་དངོས་པོ་རྟག་པར་འགྱུར་རོ། །རང་ལུགས་ནི་ལས་ཞིག་པ་དང་ཞིག་པའི་ལས་ལ་ཁྱད་པར་ཡོད་པས། ཤི་བའི་སེམས་ཅན་དེ་དངོས་པོ་ཡིན་ཡང་སེམས་ཅན་གྱི་དངོས་པོར་མེད་པས། དངོས་མེད་འདུས་བྱས་ཡིན་ཞེས་པའི་རྒྱ་འགྲེལ་གྱི་དོན་ནི། ད་ལྟ་སྐྱེ་བའི་རྐྱེན་གྱི་དངོས་པོ་མེད་པའི་ཤི་བའི་སེམས་ཅན་ཡང་འདས་པའི་དངོས་པོ་སྐྱེ་བའི་རྐྱེན་ལ་བརྟེན་ནས་འདུས་བྱས་པ་ཡིན་

ཞེས་བྱའོ། །དཔེར་ན་དུས་འདས་པ་དང་དུས་མ་འོངས་པ་དངོས་པོ་མ་ཡིན་ཡང་། འདས་པའི་དུས་དང་མ་འོངས་པའི་དུས་དངོས་པོ་ཡིན་ཏེ། རྩ་ཤེར་ལས། དུས་ནི་དངོས་པོ་ལས་གཞན་མེད། །ཞེས་སོ། །

བཞི་བརྒྱ་པའི་འགྲེལ་པ་ལས། དེ་ལ་མ་འོངས་པ་ནི་ད་ལྟར་བའི་དུས་སུ་མ་ཕྱིན་པའོ་འདས་པ་ནི་དེ་ཉིད་ལས་འདས་པའོ་ད་ལྟར་བྱུང་བ་ནི་སྐྱེས་ལ་མ་འགགས་པའོ། །ད་ལྟར་བྱུང་བ་ནི་ད་ལྟར་དམིགས་པའི་ཕྱིར་གཙོ་བོ་ཡིན་གྱི་དེ་ར་མ་འོངས་པ་དང་བརྒལ་བ་དང་མ་འོངས་པ་དང་འདས་པའི་དུས་གཉིས་རྣམ་པར་འཇོག་པ་ནི་གཙོ་བོ་མ་ཡིན་ནོ་ཞེས་གསུངས་པའི་དུས་གསུམ་ཡང་ཚུལ་འདི་དང་འདྲའོ། །ལུང་འདི་ལ་འཁྲུལ་ནས་ཁ་ཅིག་གིས་འདས་མ་འོངས་དངོས་པོར་འདོད་པ་ནི་བྱེ་བྲག་སྨྲ་བའི་དབུ་མ་ཐལ་འགྱུར་བར་སྣང་ལ། མྱུ་གུ་སྐྱེས་པ་དང་ས་བོན་འགགས་པ་དུས་མཉམ་པས་ས་བོན་འགགས་ཟིན་དངོས་པོ་ཡིན་ཟེར་བ་ཡང་། ས་བོན་འགགས་པའི་དུས་དང་ས་བོན་འགགས་པ་གཉིས་གཅིག་ཏུ་འཁྲུལ་བར་ཟད་དོ། །

རྣམ་པ་གཅིག་ཏུ་ན་ས་ལུ་ལྗང་པའི་མདོ་ལས། སྐྱེ་བའི་རྐྱེན་གྱིས་རྒ་ཤི་ཞེས་པའི་ཤི་བའི་སྒྲ་ནི། འཆི་བ་ལ་འཇུག་པས་འཇིག་པ་དངོས་པོ་ཡིན་པར་བསྟན་གྱི་ཞིག་པ་དངོས་པོ་ཡིན་པའི་དོན་མ་ཡིན་ཏེ། མཚན་ཉིད་ལས། སྐྱེས་ནས་ཕུང་པོ་སྨིན་པ་ནི་རྒ་བའོ་རྒས་ནས་ཕུང་པོ་འཇིག་པ་ནི་འཆི་བའོ་ཞེས་པ་དང་། ཕུང་པོ་འབྱུང་བའི་ཕྱིར་སྐྱེ་བའོ་ཕུང་པོ་སྨིན་པའི་ཕྱིར་རྒ་བའོ་འཇིག་པའི་ཕྱིར་འཆི་བའོ་ཞེས་པ་དང་། རྩ་ཤེར་ལས། རྒ་ཤི་དང་ནི་མྱ་ངན་དང་། །ཞེས་པའི་ཚིག་གསལ་དུ། རྒ་བ་ནི་ཕུང་པོ་ཡོངས་སུ་སྨིན་པའོ་འཆི་བ་ནི་རྒས་པའི་ཕུང་པོ་འཇིག་པའོ་ཞེས་པ་དང་། མདོ་གཞན་ལས་ཀྱང་སྐྱེ་བ་དང་རྒ་བ་དང་འཆི་བ་དང་མྱ་ངན་དང་ཞེས་སོགས་འབྱུང་བ་ལ་ལྟོས། ཚིག་གསལ་ལས། གལ་ཏེ་དེ་ལྟ་ན་བྱེད་བཞིན་པ་ཡིན་པའི་ཕྱིར་འཇིག་པ་ཡང་དངོས་པོར་འགྱུར་བ་མ་ཡིན་ནམ། འདི་ནི་འདོད་པ་ཉིད་ཡིན་ཏེ་འཇིག་པ་ནི་རང་གི་ངོ་བོ་ལ་ལྟོས་ནས་དངོས་པོ་ཡིན་ལ། གཟུགས་ལ་སོགས་པའི་ཆོས་ལོག་པའི་རང་བཞིན་ཡིན་པའི་ཕྱིར་དངོས་པོ་མེད་པ་ཡིན་ནོ་ཞེས་སོ། །འགྲེལ་ཚིག་འདི་ལ་བརྟེན་ནས་ཁ་ཅིག་ཞིག་འཇིག་གཅིག་ཏུ་སྨྲ་བ་མི་འཐད་དེ། གཟུགས་ལ་སོགས་པའི་རང་གི་ངོ་བོ་འཇིག་པ་དངོས་པོ་དང་གཟུགས་ལ་སོགས་པའི་ཆོས་ལོག་པའི་རང་བཞིན་ཞིག་པ་དངོས་མེད་དུ་དཔལ་ལྡན་ཟླ་བས་དགོངས་པའི་ཕྱིར་རོ། །ཚད་མ་རྣམ་ངེས་ལས། རྣམ་པར་ཤེས་པ་དང་དབང་པོ་དང་ཚེ་འགགས་པ་འཆི་བའི་མཚན་ཉིད་ཡིན་པའི་ཕྱིར་རོ་ཞེས་པ་དང་། རིགས་པའི་གཏེར་ལས་ཀྱང་། འཇིག་པར་བྱ་རྒྱུའི་དངོས་པོ་དང་། །ཞིག་པ་དངོས་མེད་གཉིས་ཀ་ལ། །འཇིག་པའི་སྒྲ་ནི་འཇུག་མོད་ཀྱི། །གཉིས་ཀ་ལ་ཡང་རྒྱུ་མི་དགོས། །ཞེས་སོ། །

བཤད་མ་ཐག་པའི་རིགས་པ་འདིས་ནི། རྒྱུ་ཟད་གཉིས་ལས་ཞི་བ་ནི། །ཟད་ཅེས་བྱ་བར་དམིགས་པ་སྟེ། །ཞེས་བྱ་བ་ཡང་དཔྱད་པ་ཡིན་ཏེ། དཔེར་ན་མར་མེ་ཟད་པའི་ཆ་དངོས་མེད་ཀྱི་རྒྱུ་རྐྱེན་འདུས་པས་མྱུན་པ་བྱས་པ་ཡིན་ཞེས་བྱ་བ་ལ་ནི་རིགས་པའི་གནོད་བྱེད་འཇུག་གོ། །འོ་ན་གང་ཡིན་ཞེ་ན་མུན་པའི་འགལ་རྐྱེན་མར་མེ་ཟད་མཐུན་རྐྱེན་རྒྱུ་ཚོགས་གྲངས་ཚང་བ་ལས་མུན་པ་འབྱུང་དུ་རུང་ཞེས་བྱ་བ་ཡིན་ནོ། །དེ་ལྟ་མ་ཡིན་པར་འགལ་རྐྱེན་ཟད་པ་ཙམ་གྱིས་འབྲས་བུ་འབྱུང་ན་མཐུན་རྐྱེན་དོན་མེད་པའི་ཕྱིར་རོ། །ཁྱད་ཆོས་བཅུ་པ་དབུ་མ་རང་རྒྱུད་པ་ལ་མེད་པའི་འཇིག་ལྟའི་དངོས་འཛིན་ཐལ་འགྱུར་བའི་ཐུན་མོང་མ་ཡིན་པའི་ལུགས་གཅིག་ཡོད་ཟེར་བ་ཡང་མི་འཐད་དེ། དེ་ཡང་གང་ཞེ་ན་ཐོག་མར་འཇིག་ཚོགས་ལ་ལྟ་བའི་དམིགས་རྣམ་ལ་དཔྱད་པར་བྱའོ། །

འདི་ལ་དགག །གཞག །སྤང་གསུམ་ལས། དང་པོ་ནི། སྨྲ་ཧེ་བཞིན་པ་ལ་འཁྲུལ་བའི་དབུ་མ་པ་ཁ་ཅིག་ན་རེ། གང་ཟག་དང་ཆོས་ལ་དམིགས་ནས་རིམ་བཞིན་ང་དང་ངའི་བའི་རྣམ་པ་ཅན་ཡིན་ཏེ། ཉོན་མོངས་སྐྱོན་རྣམས་མ་ལུས་འཇིག་ཚོགས་ལ། །ཞེས་སོགས་ཀྱི་རང་འགྲེལ་དུ། དེ་ལ་འཇིག་ཚོགས་ལ་ལྟ་བ་ནི་ང་དང་ངའི་སྙམ་པ་དེ་ལྟ་བུའི་རྣམ་པར་བཞུགས་པ་ཤེས་རབ་ཉོན་མོངས་པ་ཅན་ནོ་ཞེས་གསུངས་པའི་ཕྱིར་ཟེར་རོ། །དེ་ནི་མི་འཐད་དེ། དེ་ལྟ་བུའི་རྣམ་པར་ཞུགས་པ་ཞེས་པ་ནི། ང་དང་ངའི་བའི་རྣམ་པར་འབྱེད་པ་མ་ཡིན་གྱི། དང་པོར་ང་ཞེས་བདག་ལ་ཞེན་གྱུར་ཅིང་། །ཞེས་སོགས་རྩ་འགྲེལ་ལ་བསྒྲིགས་པས་སོ། །དེ་ལྟ་མིན་ན་སྔ་ཕྱིར་བཤད་པའི་འཇིག་ལྟ་རྣམས་དམིགས་རྣམ་འགལ་བར་འགྱུར་རོ། །ཡང་ཁ་ཅིག་ན་རེ་ངར་འཛིན་པའི་འཇིག་ལྟ་ནི་ང་ཙམ་དང་གང་ཟག་ཙམ་ལ་དམིགས་ཤིང་། ངཡིར་འཛིན་པའི་འཇིག་ལྟས་ནི་ངཡི་བ་ཉིད་ལ་དམིགས་ཀྱི་བདག་གི་བའི་མཚན་གཞི་མིག་སོགས་དམིགས་པར་མི་གནང་ངོ་། །གལ་ཏེ་འཛིན་ན་འཇིག་ལྟ་དང་ཆོས་ཀྱི་བདག་འཛིན་མི་འགལ་བར་འགྱུར་བའི་ཕྱིར་རོ། །དེ་བཞིན་དུ་འཇིག་ལྟ་ལ་གང་ཟག་གི་བདག་འཛིན་གྱིས་ཁྱབ་ཀྱང་རྒྱུད་གཞན་གྱི་གང་ཟག་རང་གི་མཚན་ཉིད་ཀྱིས་གྲུབ་པར་འཛིན་པ་གང་ཟག་གི་བདག་འཛིན་ཡིན་ཀྱང་འཇིག་ལྟ་མིན་ཟེར་རོ། །དེ་ནི་ཤིན་ཏུ་འཁྲུལ་ཏེ། འོ་ན་ངཡིར་འཛིན་པའི་འཇིག་ལྟ་དེས་རང་གི་མིག་སོགས་ཆོས་ཙམ་ལ་དམིགས་པར་ཐལ། ངར་འཛིན་པའི་འཇིག་ལྟ་དེས་རང་གི་གང་ཟག་ཙམ་ལ་དམིགས་པའི་ཕྱིར། རྟགས་གསལ། ཁྱད་ལྟར་ན་བདག་གི་བ་དེ་ཆོས་དང་གང་ཟག་གཉིས་སུ་ཕྱེ་བའི་གང་ཡིན། གཉིས་པ་ལྟར་ན་བདག་གི་བ་ཆོས་ཅན། ཁྱོད་གང་ཟག་མ་ཡིན་པར་ཐལ། ཁྱོད་ཀྱི་མཚན་གཞི་མིག་སོགས་ཡིན་པའི་ཕྱིར། རྟགས་གསལ། དང་པོ་ལྟར་ན། བདག་གིར་ལྟ་བའི་འཇིག་ལྟ་ཆོས་ཅན། ཆོས་ཀྱི་བདག་འཛིན་མ་ཡིན

པར་ཐལ། འཇིག་ལྟ་ཡིན་པའི་ཕྱིར་ལན་མེད་དོ། །ཡང་དེ་ཆོས་ཅན། གང་ཟག་གི་བདག་འཛིན་ཡིན་པར་ཐལ། འཇིག་ལྟ་ཡིན་པའི་ཕྱིར་ལན་མེད་དོ། །

ཡང་གཞན་རྒྱུད་ཀྱི་གང་ཟག་རང་གི་མཚན་ཉིད་ཀྱིས་གྲུབ་པར་འཛིན་པ་དེ་འཇིག་ལྟ་མིན་པའི་རྒྱུ་མཚན་དྲིས་པས། གཞན་རྒྱུད་ལ་དམིགས་པའི་ཕྱིར་ཟེར་ན། ང་ཡི་བ་བདེན་པར་འཛིན་པའི་འཇིག་ལྟ་ཡང་དེར་ཐལ། དེའི་ཕྱིར། དེ་བཞིན་དུ་རྒྱུད་ཀྱིས་མ་བསྡུས་པ་ང་ཡི་ཁང་པ་སོགས་ལ་དམིགས་པའི་འཇིག་ལྟ་ཡང་ཡོད་དོ། །གཞན་རྒྱུད་ཀྱི་གང་ཟག་ཅེས་པ་ཡང་ཐ་སྙད་ངོར་རོ། །

རྗེས་འབྲང་དག་ན་རེ། འཇིག་ལྟ་དང་གང་ཟག་གི་བདག་འཛིན་ལ་མུ་བཞི་ཡོད་དེ། དེ་ཡང་འཇིག་ལྟ་ལྷན་སྐྱེས་ཡིན་ལ་གང་ཟག་གི་བདག་འཛིན་མ་ཡིན་པ་དང་། གང་ཟག་གི་བདག་འཛིན་ཡིན་ལ་འཇིག་ལྟ་ལྷན་སྐྱེས་མ་ཡིན་པ་དང་། གཉིས་ཀ་ཡིན་པ་དང་གཉིས་ཀ་མ་ཡིན་པ་སྟེ་མུ་བཞིའོ། །དང་པོ་ནི་ང་ཡི་བ་རང་གི་མཚན་ཉིད་ཀྱིས་གྲུབ་པར་འཛིན་པའོ། །གཉིས་པ་ནི་གང་ཟག་གཞན་རང་གི་མཚན་ཉིད་ཀྱིས་གྲུབ་པར་འཛིན་པའོ། །གསུམ་པ་ནི་རང་རྒྱུད་ཀྱིས་བསྡུས་པའི་ང་ཙམ་རང་གི་མཚན་ཉིད་ཀྱིས་གྲུབ་པར་འཛིན་པའོ། །བཞི་པ་ནི་གཟུགས་སོགས་ཕུང་པོ་རང་གི་མཚན་ཉིད་ཀྱིས་གྲུབ་པར་འཛིན་པའོ་ཞེས་ཟེར་རོ། །དེ་ནི་མི་འཐད་དེ། ཁྱེད་རང་ལྟར་ན་བདེན་འཛིན་ཙམ་ལ་ཡང་ཀུན་བརྟགས་དང་ལྷན་སྐྱེས་གཉིས་ཐལ་འགྱུར་བའི་ལུགས་ལའང་ཡོད་ཟེར་བ་དང་ནང་འགལ་བས་སོ། །དེ་ཡང་རིམ་པ་ལྟར་མུ་བཞིའི་དང་པོ་མི་འཐད་དེ། ང་ཡི་བ་རང་གི་མཚན་ཉིད་ཀྱིས་གྲུབ་པར་འཛིན་པ་ཆོས་ཅན། ཁྱོད་འཇིག་ལྟ་ལྷན་སྐྱེས་མ་ཡིན་པར་ཐལ། ཁྱོད་ཡིན་པའི་འཇིག་ལྟ་ཀུན་བརྟགས་ཡོད་པའི་ཕྱིར། དེ་བཞིན་དུ་མུ་བཞི་པ་ཡང་མི་འཐད་དེ། དེ་ལྟ་ན། ང་ཡི་བ་རང་གི་མཚན་ཉིད་ཀྱིས་གྲུབ་པར་འཛིན་པ་ཡང་འཇིག་ལྟ་ལྷན་སྐྱེས་མ་ཡིན་པར་མཚུངས་སོ། །མུ་གསུམ་པ་ཡང་མི་འཐད་དེ། མུ་དང་པོ་འགོག་པ་དང་རིགས་པའི་གནད་འདྲ་བས་སོ། །རང་རྒྱུད་ཀྱིས་བསྡུས་པའི་ང་ཙམ་རང་གི་མཚན་ཉིད་ཀྱིས་གྲུབ་པར་འཛིན་པ་ཆོས་ཅན། ཁྱོད་འཇིག་ལྟ་ལྷན་སྐྱེས་མ་ཡིན་པར་ཐལ། གྲུབ་མཐའི་འཐད་པ་སྔོན་དུ་བཏང་བའི་ཁྱོད་འཇིག་ལྟ་ཀུན་བརྟགས་ཡིན་པའི་ཕྱིར། མུ་གཉིས་པ་ཡང་དཔྱད་ན་འཇིག་ལྟ། གང་ཟག་གཞན་རང་གི་མཚན་ཉིད་ཀྱིས་གྲུབ་པར་འཛིན་པ་དེ་གང་ཟག་གི་བདག་འཛིན་ཀུན་བརྟགས་ཡིན་ནམ་ལྷན་སྐྱེས་ཡིན། དང་པོ་ལྟར་ན་མུ་དང་པོ་དང་ནང་འགལ་ཏེ། འོན་ང་ཡི་བ་རང་གི་མཚན་ཉིད་ཀྱིས་གྲུབ་པར་འཛིན་པ་ཡང་འཇིག་ལྟ་ཀུན་བརྟགས་ཡིན་པས་མཚུངས་ལ། གཉིས་པ་ལྟར་ན་མུ་དང་པོ་དང་གསུམ་པ་འགོག་པ་དང་ཚུལ་འདྲའོ། །དེས་ན་ཁྱད་གཞི་འཇིག་ལྟའི་དམིགས་རྣམ་འཚོལ་བའི་ཁྱད་ཆོས་མུ་བཞི་བརྩི་བ་ཡང་བཞད་གད

ཀྱི་གནས་ཡིན་ནོ། །

རང་ལུགས་ནི་ཐེག་པ་ཆེན་པོ་ལྟར་ན་སྒྲིབ་པ་ལ་ཉོན་སྒྲིབ་དང་ཤེས་སྒྲིབ་གཉིས། ཤེས་སྒྲིབ་ལ་ཡང་གཟུང་རྟོག་དང་འཛིན་རྟོག་གཉིས་ཏེ་སྒྲིབ་པ་ལ་གསུམ་དུ་ཡོད་པ་ལྟར་གང་ཟག་གི་བདག་འཛིན་གཟུང་བ་ཆོས་ཀྱི་བདག་འཛིན་འཛིན་པ་ཆོས་ཀྱི་བདག་འཛིན་ཏེ་བདག་འཛིན་ལ་གསུམ་དུ་ཕྱེ་བ་མངོན་རྟོགས་རྒྱན་རྩ་འགྲེལ་དང་། ཡུམ་གྱི་མདོ་དང་ལང་ཀར་གཤེགས་པའི་མདོ་སོགས་ལྟར་ཡིན་པས། འདིའི་ལུགས་ལ་འཇིག་ཚོགས་ལ་ལྟ་བ་ཡང་གང་ཟག་གི་བདག་འཛིན་ཡིན་གྱི་ཆོས་ཀྱི་བདག་འཛིན་མ་ཡིན་ཏེ། གལ་ཏེ་ཡིན་ན་ཤེས་སྒྲིབ་ཏུ་ཐལ་བས་སོ། །ཐེག་པ་ཐུན་མོང་བ་ལྟར་ན་འཇིག་ལྟ་ལ་གང་ཟག་གི་བདག་འཛིན་དང་ཆོས་ཀྱི་བདག་འཛིན་གཉིས་སུ་ཕྱེ་ནས་གཉིས་ཀ་ཡང་ཉོན་སྒྲིབ་ཡིན་ཏེ། འདིར་བདག་དང་བདག་གིར་ལྟ་བ་ནི་འཁོར་བའི་རྩ་བ་ཡིན་པའི་ཕྱིར། ཁོ་བོ་ལྟར་ན་ང་ལ་བདག་ཏུ་ལྟ་བའི་འཇིག་ལྟ་དང་ང་ཡི་བ་ལ་བདག་གིར་ལྟ་བའི་འཇིག་ལྟ་གཉིས་ཀ་ལ་ཡང་ཀུན་བརྟགས་དང་ལྷན་སྐྱེས་གཉིས་གཉིས་ཡོད་པར་མ་ཟད། འཇིག་ཚོགས་ལ་ལྟ་བའི་རི་བོ་ཉི་ཤུ་ལ་ཡང་ཀུན་བརྟགས་དང་ལྷན་སྐྱེས་གཉིས་གཉིས་ཡོད་པར་མངོན་ཏེ། མདོ་ལས། འཇིག་ཚོགས་ལ་ལྟ་བའི་རི་བོ་ཉི་ཤུ་བཅོམ་ནས་རྒྱུན་དུ་ཞུགས་པ་ཐོབ་པར་མ་ཟད། ཡང་སྲིད་མེད་པར་ཟག་པ་རྣམས་ལས་སེམས་རྣམ་པར་གྲོལ་བའི་དགྲ་བཅོམ་པ་ཐོབ་པར་གསུངས་པའི་ཕྱིར། རྣམ་འགྲེལ་ལས། ལྷན་ཅིག་སྐྱེས་པ་མ་སྤངས་ཕྱིར། །སྤངས་ན་འང་སྲིད་པ་ག་ལ་ཡོད། །ཅེས་པ་ལྟར་རོ། །འཇིག་ལྟ་ཉི་ཤུ་ནི་འཇུག་པ་ལས། གཟུགས་བདག་མ་ཡིན་བདག་ནི་གཟུགས་ལྡན་མིན། །གཟུགས་ལ་བདག་མེད་བདག་ལ་གཟུགས་ཡོད་མིན། །དེ་ལྟར་རྣམ་བཞིར་ཕུང་ཀུན་ཤེས་བྱས་ནས། །དེ་དག་བདག་ཏུ་ལྟ་བ་ཉི་ཤུར་འདོད། །ཅེས་སོ། །ང་དང་ང་ཡི་བ་ལ་བདག་དང་བདག་གིར་ལྟ་བའི་འཇིག་ལྟ་གཉིས་ཀྱི་དམིགས་རྣམ་ནི། དང་པོར་ང་ཞེས་སོགས་རྩ་འགྲེལ་ལྟར་ཡིན་ལ་འཇིག་ལྟ་ཉི་ཤུའི་དམིགས་རྣམ་ནི་དེ་དང་མི་འདྲའོ། །འཇིག་ལྟ་ཡིན་ན་ཆོས་ཀྱི་བདག་འཛིན་དུ་འགལ་བ་ཁ་ཅིག་ལྟར་ན། འདིར་ཕུང་པོ་ལྔ་བདག་ཏུ་ལྟ་བའི་འཇིག་ལྟ་ལྔ་ཆོས་ཅན། དེར་ཐལ། དེའི་ཕྱིར། དཔེར་ན་ཕུང་པོ་ལྔ་ལ་བདག་ཡོད་པར་ལྟ་བའི་འཇིག་ལྟ་ལྔ་བཞིན་ནོ། །བདག་ཕུང་པོ་ལྔ་དང་ལྡན་པར་ལྟ་བའི་འཇིག་ལྟ་ལྔ་དང་བདག་ལ་ཕུང་པོ་ལྔ་ཡོད་པར་ལྟ་བའི་འཇིག་ལྟ་ལྔ་སྟེ། བཅུ་ནི་དམིགས་ཡུལ་བདག་ཏུ་ཐ་སྙད་བཏགས་པའི་ང་ལ་དམིགས་པར་མངོན་ཏེ། དེ་ལྟ་མ་ཡིན་ན་དམིགས་ཡུལ་འཇིག་པའི་ཚོགས་ལ་ལྟ་བར་མི་འགྱུར་བས་འཇིག་ལྟའི་དོན་མི་གནས་སོ། །ང་དང་ང་ཡི་བ་ནི་འཇིག་པའི་ཚོགས་ཡིན་ཏེ། རྣམ་འགྲེལ་ལས། བདག་དང་བདག་གིར་འཛིན་བྱས་པ། །འདུས་བྱས་སྤྱོད་ཡུལ་ཅན་ཆགས་ནི། །ཞེས་པ་ལྟར་རོ། །བདག་དང་བདག་གི་བ

ནི་མེད་དེ། དེ་ཉིད་ལས། བདག་གི་ཉིད་ནི་མི་འདོད་ན། །དེ་ཡི་ཟ་བ་པོ་ཡང་མེད། །བྱ་དང་ལོངས་སྤྱོད་མཚན་ཉིད་ཅན། །དེ་ཆེ་དེ་ཡི་བདག་ཀྱང་མེད། །དེ་ཕྱིར་གྲོལ་འདོད་ཐོགས་མེད་པའི། །རྒྱུ་ཅན་རིགས་མཐུན་ས་བོན་ལས། །བྱུང་བའི་འཇིག་ཚོགས་ལྟ་བ་དག །རྩ་བ་ཉིད་ནས་དབྱུང་བར་གྱིས། །ཞེས་སོ། །དེ་ཡང་ཞིབ་མོར་དཔྱད་ན་ཉོན་སྒྲིབ་ཀྱི་དབང་དུ་བྱས་པའི་འཇིག་ལྟ་ཉི་ཤུའི་བཙུ་ནི་གང་ཟག་གི་བདག་འཛིན་དང་། གཞན་བཅུ་ནི་ཆོས་ཀྱི་བདག་འཛིན་ལས་མ་འདས་པས་སོ། །བདག་ནི་གཟུགས་ལྡན་མིན། ཞེས་པ་ལྟ་བུའི་བདག་ཅེས་པ་ནི་ང་ལ་བདག་ཏུ་ཐ་སྙད་བཏགས་པ་ཙམ་ཡིན་ཏེ། འདི་ནི་ཕུང་པོ་རྣམས་རྟེན་གྲུབ་པར་འགྱུར། །ཞེས་པའི་འཇུག་འགྲེལ་ལས། བདག་ཏུ་ཐ་སྙད་བཏགས་པ་མཐོང་བའི་ཕྱིར་རོ། །བདག་བཏགས་པ་ཙམ་དུ་གྲུབ་པར་དོན་དུ་ཇི་སྐད་བཤད་པའི་དོན་ཉིད་གསལ་བར་བྱ་བའི་ཕྱིར་ཕྱི་རོལ་གྱི་དཔེ་སྟོན་ཅིང་བཤད་པ་ཤིང་རྟ་ཞེས་སོ། །

རྩོད་སྤོང་ནི། འོན་ཉོན་མོངས་སྐྱོན་རྣམས་མ་ལུས་འཇིག་ཚོགས་ལ། །ཞེས་པའི་མཚམས་སྦྱོར་དུ་ཆོས་ཀྱི་བདག་མེད་བསྟན་ནས་གང་ཟག་གི་བདག་མེད་བཤད་ཅེས་གསུངས་པས། འཇིག་ལྟ་ལ་གང་ཟག་གི་བདག་འཛིན་གྱིས་མ་ཁྱབ་པར་འགལ་ལོ་ཟེར་ན། དེ་ནི་བདག་ཏུ་འཛིན་པའི་འཇིག་ལྟ་ལ་གང་ཟག་གི་བདག་འཛིན་གྱིས་ཁྱབ་པས་དེ་རྒྱས་པར་འཆད་པ་དང་། བདག་གིར་འཛིན་པའི་འཇིག་ལྟ་ལ་ཡང་ང་ཡི་སེམས་ཅན་ལ་བདག་གིར་འཛིན་པ་ལྟ་བུ་གང་ཟག་གི་བདག་འཛིན་ཡོད་པས་དེ་ཡང་ཟུར་དུ་ཤེས་དགོས་པ་ལ་དགོངས་སོ། །དེས་ན་བརྗོད་བྱ་གཙོ་ཆེ་ཆུང་གི་སྒོ་ནས་བདག་མེད་གཉིས་སུ་བཤད་པ་དེ་ལྟ་མིན་ན་ཆོས་ཀྱི་བདག་མེད་ཀྱི་སྐབས་སུ་ཡང་། འཇིག་ཚོགས་ལྟ་དང་བྲལ་ཡང་སངས་རྒྱས་ཀྱིས། །ཇི་ལྟར་ང་དང་ང་ཡིར་གསུངས་པ་ལྟར། །ཞེས་བཤད་པས་འཇིག་ལྟ་ལ་ཆོས་ཀྱི་བདག་འཛིན་གྱིས་ཁྱབ་པར་ཡང་འགྱུར་རོ། །

གཞུང་གི་དོན་ནི་འདི་ཡིན་ཏེ། ཉོན་མོངས་སྐྱོན་རྣམས་མ་ལུས་འཇིག་ཚོགས་ལ། །ལྟ་ལས་བྱུང་བར་བློ་ལས་མཐོང་གྱུར་ཅིང་། །ཞེས་པ་འདི། དང་པོ་ང་ཞེས་བདག་ལ་ཞེན་གྱུར་ཅིང་། །བདག་གི་འདི་ཞེས་དངོས་ལ་ཆགས་བསྐྱེད་པ། །ཞེས་པའི་ཕྱེད་སྔ་མ་ལ་གཙོ་ཆེར་འཕྲོས་པ་ཡིན་ཏེ། ང་ལ་བདག་གིར་ལྟ་བའི་འཇིག་ལྟ་དེ་གང་ཟག་ལ་བདག་ཏུ་འཛིན་པ་ཡིན་པས། དེ་ལས་ང་ཡི་བ་ལ་བདག་གིར་ལྟ་བའི་འཇིག་ལྟ་ཆོས་ཀྱི་བདག་འཛིན་ཆགས་སོགས་ཉོན་མོངས་སྐྱེ་བར་གསུངས་པའི་ཕྱིར། འདིར་ལྟ་ལས་བྱུང་ཞེས་པ་དང་། གོང་དུ་དངོས་ལ་ཆགས་བསྐྱེད་ཞེས་པ་གཉིས་ཀྱི་ཚིག་གི་ནུས་པ་ལས་ཁོང་དུ་ཆུད་དགོས་སོ། །བདག་གི་འདི་ཞེས་དངོས་ལ་ཆགས་བསྐྱེད་པ། །ཞེས་པ་ལས་འཕྲོས་ནས། གང་ཕྱིར་བདག་དང་གཞན་དང་གཉིས་ཀ་ལས་སྐྱེ་དང་། །རྒྱུ་ལ་མ་ལྟོས་ཡོད་པ་མིན་པས་དངོས་རྣམས་རང་བཞིན་བྲལ། །ཞེས་སོགས་གཙོ་ཆེར་གསུངས་པ་ཡིན་ཏེ། ང་ཡི་

བའི་ཆོས་ཕུང་ཁམས་སྐྱེ་མཆེད་མ་ལུས་པ་བདག་མེད་པར་བསྒྲུབ་པ་ལ་འདིར་ཆོས་ཀྱི་བདག་མེད་དང་། ང་ཞེས་བྱ་བའི་ཉེ་བར་ལེན་པ་པོ་ལས་བྱེད་པ་པོ་རྣམ་སྨིན་མྱོང་བ་པོ་རྣམས་བདག་མེད་དུ་བསྒྲུབ་པ་ལ་གང་ཟག་གི་བདག་མེད་དུ་བཞེད་པའི་ཕྱིར་རོ། །དེས་ན་ང་ཡི་བས་ཁྱད་པར་དུ་མ་བྱས་པའི་ཆོས་གཅིག་ཡོད་ན་ཡང་དེ་ཡང་བདག་མེད་དུ་ཟུར་དུ་ཤེས་དགོས་པ་ལ་དགོངས་ནས་ཆོས་ཀྱི་བདག་མེད་ལོགས་ཞིག་ཏུ་གསུངས་སོ། །འོ་ན་ཐོག་མར་ཆོས་ཀྱི་བདག་མེད་བཤད་ནས་དེའི་རྗེས་སུ་གང་ཟག་གི་བདག་མེད་སྟོན་པའི་རྒྱུ་མཚན་ཅི་ཡིན། འཁྲུལ་ཡུལ་གྱི་གོ་རིམ་དང་མི་མཐུན་ནོ་ཞེ་ན། འཁྲུལ་ཡུལ་དུ་རྒྱུ་བདག་ཏུ་ལྟ་བ་ལས་འབྲས་བུ་བདག་གིར་ལྟ་བ་འབྱུང་བས་རྒྱུ་འབྲས་ཀྱི་གོ་རིམ་ཡིན་ཏེ། དང་པོར་ཞེས་པའི་རང་འགྲེལ་དུ། འཇིག་རྟེན་འདི་ནི་བདག་གིར་མངོན་པར་ཞེན་པའི་སྔ་རོལ་ཉིད་དུ་ཞེས་སོ། །ང་ཞེས་བདག་ལ། ཞེས་པ་ནི་སླྲའི་བསྟན་བཅོས་ལས། དུ་ལ་སོགས་པ་ལ་དང་མཐུན། །ཞེས་པ་ལྟར་ཡིན་ཏེ། འདིའི་རང་འགྲེལ་ལས་འདི་ཉིད་དུ་བདེན་པར་མངོན་པར་ཞེན་ཞེས་སོ། །

འཁྲུལ་དོན་རྒྱས་བཤད་དུ། བདག་གིར་ལྟ་བའི་འཇིག་ལྟ་ཆོས་ཀྱི་བདག་འཛིན་སྔོན་བ་ཡང་བདག་ཏུ་ལྟ་བའི་འཇིག་ལྟ་གང་ཟག་གི་བདག་འཛིན་སྔོན་བ་ལ་རག་ལས་པས། ཐོག་མར་ཆོས་ཀྱི་བདག་མེད་བཤད་ནས་དེའི་རྗེས་སུ་གང་ཟག་གི་བདག་མེད་བཤད་པ་ཡིན་ནོ། །དེ་ཡང་གང་ཟག་གི་བདག་འཛིན་པ་ལ་བདག་ཏུ་ལྟ་བའི་འཇིག་ལྟ་སྐྱུན་འབྱིན་པའི་ཚེ། དམིགས་པའི་ཡུལ་ང་མི་འགོག་གི་འཛིན་སྟངས་ཀྱི་ཡུལ་དུ་རློམ་པའི་བདག་འགོག་པ་ཡིན་ཏེ། བདག་ནི་འདི་ཡི་ཡུལ་དུ་རྟོགས་བྱས་ནས། །རྣལ་འབྱོར་པ་ཡིས་བདག་ནི་འགོག་པར་བྱེད། །ཅེས་སོ། །བདག་དེ་ཡང་རྟག་གཅིག་རང་དབང་ཅན་ལས་མ་འདས་པས་གང་ཟག་གི་སྟེང་དུ་བདེན་པར་གྲུབ་པ་འགོག་གོ། །དེ་བཞིན་དུ་ཆོས་ཀྱི་བདག་མེད་ཀྱི་སྐབས་སུ་ཆོས་ཀྱི་བདག་འཛིན་ང་ཡི་བ་ལ་བདག་གིར་ལྟ་བའི་འཇིག་ལྟ་སྐྱུན་འབྱིན་པའི་ཚེ། ཞེན་པའི་ཡུལ་ང་ཡི་བའི་ཆོས་མི་འགོག་གི་ཞེན་སྟངས་ཀྱི་ཡུལ་དུ་རློམ་པའི་བདག་གི་བ་འགོག་གོ། །བདག་གི་བ་དེ་ཡང་རྟག་གཅིག་རང་དབང་ཅན་ལས་མ་འདས་པས་ཆོས་ཀྱི་སྟེང་དུ་བདེན་པར་གྲུབ་པ་འགོག་གོ། །དེ་ཡང་བདག་རྟག་པ་གཅིག་པུ་རང་དབང་ཅན་ཡིན་ན། བདག་གི་བ་ཡང་རྟག་པ་གཅིག་པུ་རང་དབང་ཅན་ཡིན་དགོས་ཏེ། རྒྱུ་མཚན་མཚུངས་པའི་ཕྱིར་ཏེ། བདག་གི་བ་ནི་བདག་རང་དབང་ཅན་གྱི་དབང་བསྒྱུར་བྱར་འཛིན་པས་སོ། །དཔེར་ན་བཏག་ན་ངའི་མིག་རྟག་དགོས་པ་བཞིན་ནོ། །དེས་ན་ཆོས་ཀྱི་སྟེང་དུ་བདག་གི་བ་འགོག་པའི་སྐབས་སུ་མིག་སོགས་རང་གི་མཚན་ཉིད་ཀྱིས་གྲུབ་པ་འགོག་པའི་གནད་དེ་ཡིན་ནོ། །འཇུག་པ་ལས། གང་ཕྱིར་བྱེད་པོ་མེད་ཅན་ལས་མེད་པ། །དེ་ཕྱིར

བདག་གི་བདག་མེད་པར་ཡོད་མིན། །དེ་ཕྱིར་བདག་དང་བདག་གིས་སྟོང་ལྟ་བ། །རྣལ་འབྱོར་པ་དེ་རྣམ་པར་གྲོལ་བར་འགྱུར། །ཞེས་སོ། །དེའི་དོན་ཡང་བྱེད་པ་པོའི་གང་ཟག་དང་བྱ་བའི་ལས་ཆོས་བདེན་པར་མེད་ཅེས་བྱའོ། །

ཁ་ཅིག་སྐབས་འདིར་བརྗོད་དུ་མེད་པའི་བདག་འདོད་པའི་ཉན་ཐོས་གནས་མ་བུ་བ་ལྟར། ལས་འབྲས་ཀྱི་རྟེན་ཞེས་བྱ་བའི་ཟོལ་སྒྱུར་གྱིས་བདག་ནི་ང་ལྟ་བུའི་གང་ཟག་དང་དོན་གཅིག་ཅེས་སྨྲ་བ་ནི། འཇིག་རྟེན་ཕལ་པ་ལྟར་མུ་སྟེགས་པ་དང་ཉན་ཐོས་མང་བཀུར་བ་སོགས་ཀྱི་བདག་སྨྲའི་བསྟན་པ་རྒྱས་པར་བྱས་པ་ཡིན་ཏེ། རང་གཞན་གྱི་སྡེ་པ་དེ་དག་གིས་ནི་དམིགས་ཡུལ་གྱི་ང་དང་ངའི་བ་དང་འཛིན་སྟངས་ཀྱི་བདག་དང་བདག་གི་བ་གཅིག་ཏུ་འཁྲུལ་པས་གང་ཟག་དང་ཆོས་དོན་གཅིག་ཏུ་འདོད་པའི་ཕྱིར། འཇུག་པ་ལས། ཟ་པོ་རྟག་དངོས་བྱེད་པོ་མིན་པའི་བདག །ཡོན་ཏན་བྱ་མེད་མུ་སྟེགས་རྣམས་ཀྱིས་བརྟགས། །དེ་དབྱེ་ཅུང་ཟད་ཅུང་ཟད་ལ་བརྟེན་ནས། །མུ་སྟེགས་ཅན་རྣམས་ལུགས་ནི་ཐ་དད་འགྱུར། །ཞེས་པ་དང་། ལུགས་ཐ་དད་དེ་ཡང་རིགས་པ་ཅན་ལ་སོགས་འགོག་པའི་སྐབས་སུ། སྤྱོད་འཇུག་ལས། དེ་ལྟར་ཤེས་མེད་བྱ་བྲལ་བ། །ནམ་མཁའ་བདག་ཏུ་བྱས་པར་འགྱུར། །ཞེས་སོ། །ཡང་འཇུག་པ་ལས། ཕུང་པོ་ལས་གཞན་བདག་གྲུབ་མེད་པའི་ཕྱིར། །བདག་ལྟའི་དམིགས་པ་ཕུང་པོ་ཁོ་ནའོ། །ཞེས་པ་དང་། ཤིང་རྟ་དཔེར་བྱས་ནས། དེ་བཞིན་འཇིག་རྟེན་གྲགས་པས་ཕུང་པོ་དང་། ཁམས་དང་དེ་བཞིན་སྐྱེ་མཆེད་དྲུག་བརྟེན་ནས། །བདག་ཀྱང་ཉེ་བར་ལེན་པ་ཉིད་དུ་འདོད། །ཉེར་ལེན་ལས་ཡིན་འདི་ནི་བྱེད་པོའང་ཡིན། །ཞེས་སོ། །

འདིའི་དོན་ནི་འཇིག་རྟེན་ན་བདག་ཏུ་གྲགས་པའི་ང་ལྟ་བུའི་གང་ཟག་འདི་ནི་ལེན་པ་པོ་དང་བྱེད་པ་པོ་དང་ཟ་བ་པོ་ཡིན་ཞེས་དང་། ཤིང་རྟ་དཔེར་བྱས་ནས། དེ་བཞིན་འཇིག་རྟེན་གྲགས་པས་ཕུང་པོ་དང་། ཁམས་དང་དེ་བཞིན་སྐྱེ་མཆེད་དྲུག་བརྟེན་ནས། །བདག་ཀྱང་ཉེ་བར་ལེན་པོ་ཉིད་དུ་འདོད། །ཉེར་ལེན་ལས་ཡིན་འདི་ནི་བྱེད་པོའང་ཡིན། །ཞེས་སོ། །འདིའི་དོན་ནི་འཇིག་རྟེན་ན་བདག་ཏུ་གྲགས་པའི་ང་ལྟ་བུའི་གང་ཟག་འདི་ནི་ལེན་པ་པོ་དང་བྱེད་པ་པོ་དང་ཟ་བ་པོ་ཡིན་ཞེས་བྱའི་སྒྲ་ཇི་བཞིན་པར་སྨྲ་བ་གཞུང་གི་དོན་མ་ཡིན་ནོ། །གལ་ཏེ་ཡིན་ན་དབུ་མ་པ་དང་། མུ་སྟེགས་པ་གཉིས་བདག་གི་ཁྱད་ཆོས་བྱ་བྱེད་ཡོད་མེད་ཙམ་མི་འདྲ་བ་མ་གཏོགས། ཁྱད་གཞི་བདག་ཏུ་སྨྲ་བར་མཚུངས་པ་ཉིད་དུ་ཐལ་བ་བཟློག་ཏུ་མེད་དོ། །བཤད་སོགས་ལ་འདི་ནི་ད་ལྟའི་དབུ་མ་པ་ཐལ་ཆེར་ལ་མི་སྣང་ཡང་སློབ་དཔོན་ཟླ་བ་གྲགས་པའི་དགོངས་པ་ཇི་ལྟ་བ་བཞིན་ཡིན་པ་ལ་ཐེ་ཚོམ་མེད་དོ༑ །རྟོགས་དཀའ་བ་འཇིག་ལྟའི་དམིགས་རྣམ་དཔྱད་ཟིན་ཏོ། །

ད་ནི་གང་ཟག་དང་ཆོས་ཀྱི་བདག་འཛིན་ཀུན་བཏགས་དང་ལྷན་སྐྱེས་བཤད་པར་བྱའོ། །འདི་ལ། དགག །བཞག །སྤྲང་གསུམ་ལས། དང་པོ་ནི། ཁ་ཅིག་ན་རེ་རང་རྒྱུད་པ་རྣམས་ཀྱི་བདག་འཛིན་གཉིས་ཀ་ངོས་འཛིན་པའི་ཚུལ་ལ་ཀུན་བཏགས་དང་ལྷན་སྐྱེས་གཉིས་ཀུན་བཏགས་ནི་ཕུང་པོ་ལྔ་དང་མཚན་ཉིད་མི་མཐུན་པའི་རྟག་གཅིག་རང་དབང་ཅན་དུ་འཛིན་པ་ཡིན་ལ། ལྷན་སྐྱེས་པ་ནི་རང་རྐྱ་ཐུབ་པའི་རྫས་ཡོད་དུ་འཛིན་པ་ཡིན་ནོ། །འདི་གཉིས་འཁོར་བའི་རྩ་བ་ཉོན་མོངས་པ་ཅན་གྱི་མ་རིག་པ་ཡིན་ཞིང་ཉོན་སྒྲིབ་ཏུ་ཡང་བཞེད་དོ། །ཆོས་ཀྱི་བདག་འཛིན་ཀུན་བཏགས་ནི་སེམས་ཙམ་པའི་སྐབས་སུ་བཤད་པ་ལྟར་གཟུང་འཛིན་རྫས་ཐ་དད་དུ་འཛིན་པའོ། །ལྷན་སྐྱེས་ནི་གཟུགས་སོགས་ཕུང་པོ་དང་གང་ཟག་བདེན་པར་གྲུབ་པར་འཛིན་པའོ། །འདི་ནི་འཁོར་བའི་རྩ་བ་མ་རིག་པ་ཡིན་ལ་ཤེས་སྒྲིབ་ཏུ་བཞེད་དོ། །ཞིབ་ཏུ་ཕྱེ་ན་བདེན་འཛིན་ཙམ་ལ་ཡང་ཀུན་བཏགས་དང་ལྷན་སྐྱེས་གཉིས། ཀུན་བཏགས་ནི་བདེན་པར་ཡོད་པ་འཐད་དོ་སྙམ་པའི་གྲུབ་མཐའི་འཐད་པ་སྔོན་དུ་བཏང་ནས་བདེན་པར་འཛིན་པའོ། །ལྷན་སྐྱེས་ནི་དེ་ལྟ་བུའི་འཐད་པ་སྔོན་དུ་མ་བཏང་བར་རང་གར་བདེན་པར་འཛིན་པ་སྟེ་འདི་ཐལ་འགྱུར་བ་ལའང་འགྲེའོ། །

ཐལ་འགྱུར་བའི་ལུགས་ལ་གང་ཟག་གི་བདག་འཛིན་དང་ཆོས་ཀྱི་བདག་འཛིན་གཉིས། དང་པོ་ལ་ཀུན་བཏགས་དང་ལྷན་སྐྱེས་སོ། །དང་པོ་ནི་རང་རྒྱུད་པ་མན་ཆད་ཀྱིས་འདོད་པའི་གང་ཟག་གི་བདག་འཛིན་ནོ། །གཉིས་པ་ནི། གང་ཟག་རང་གི་མཚན་ཉིད་ཀྱིས་གྲུབ་པར་འཛིན་པའོ། །གཉིས་པ་ལ་ཀུན་བཏགས་ནི་སེམས་ཙམ་པས་འདོད་པའི་ཆོས་ཀྱི་བདག་འཛིན་ལྟ་བུའོ། །ལྷན་སྐྱེས་ནི། གཟུགས་སོགས་ཆོས་རང་གི་མཚན་ཉིད་ཀྱིས་གྲུབ་པར་འཛིན་པ་སྟེ། འདི་གཉིས་ཀ་འཁོར་བའི་རྩ་བ་ཅན་གྱི་མ་རིག་པ་ཡིན་ཞིང་ཉོན་སྒྲིབ་ཏུ་བཞེད་དོ་ཞེས་ཟེར་རོ། །དེ་མི་འཐད་དེ། རང་རྒྱུད་པའི་ལུགས་ཀྱི་སྒྲ་ཇི་བཞིན་པ་ལ་ནི་ངེས་པ་ཅི་ཡང་མི་འདུག་ཅིང་ཞེ་འདོད་གོ་དོན་དུ་བླངས་ནས་བཀག་ན། ཕུང་པོ་ལྔ་དང་མཚན་ཉིད་མི་མཐུན་པའི་རྟག་གཅིག་རང་དབང་ཅན་དུ་འཛིན་པ་ལ་གང་ཟག་གི་བདག་འཛིན་ཀུན་བཏགས་ཀྱིས་མ་ཁྱབ་པར་ཐལ། ཐོག་མ་མེད་པ་ནས་ང་ལ་བདག་ཏུ་ལྟ་བའི་འཇིག་ལྟ་ལྷན་སྐྱེས་ཡང་གང་ཟག་རྟག་གཅིག་རང་དབང་ཅན་དུ་འཛིན་པ་ཡིན་པའི་ཕྱིར། དེ་དེའི་ངོས་འཛིན་དུ་བཞག་པས་འདོད་མི་ནུས། རྟགས་མ་གྲུབ་ན། གང་ཟག་གི་བདག་འཛིན་ལྷན་སྐྱེས་ནི་གང་ཟག་རང་རྐྱ་ཐུབ་པའི་རྫས་ཡོད་དུ་འཛིན་པ་ཡིན་པ་ཡང་མ་གྲུབ་པ་རྣམ་པ་ཀུན་ཏུ་མཚུངས་སོ། །དེའི་རྒྱུ་མཚན་གང་ཟག་རང་རྐྱ་ཐུབ་པའི་རྫས་ཡོད་ཡིན་ན་གཞན་ལ་ལྟོས་མེད་ཀྱི་རང་དབང་ཅན་ཡིན་དགོས་ལ། དེ་ཡིན་ན་རྟག་པ་དང་གཅིག་པུ་ཡིན་དགོས་པས་སོ། །གལ་ཏེ་ཡུལ་གྱི་སྟེང་ནས་དེ་ལྟར་ཡིན་མོད་ཡུལ་ཅན་སྒྲ་རྟོག་ཡུལ་ལ་སེལ་བས

འཇུག་པས་རྣམ་པ་འཛིན་སྟངས་མི་གཅིག་གོ་ཞེ་ར་ན། འོ་ན་གང་ཟག་གི་བདག་འཛིན་ཀུན་བཏགས་དང་ཕུང་པོ་ལྔ་དང་མཚན་ཉིད་མི་མཐུན་པའི་གང་ཟག་རྟག་གཅིག་རང་དབང་ཅན་དུ་འཛིན་པ་གཉིས་ཀྱང་རྣམ་པ་འཛིན་སྟངས་མི་གཅིག་པས་ཁྱེད་ཀྱི་རྩ་བའི་དམ་བཅའ་ཉམས་སོ། །གཞན་ཡང་ཕུང་པོ་དང་གང་ཟག་མཚན་ཉིད་མི་མཐུན་པའི་དོན་གང་ལ་བྱེད། ཕན་ཚུན་འགལ་བ་ལ་བྱེད་དམ་གཅིག་གཅིག་ཤོས་མིན་པ་ལ་བྱེད། གང་ལྟར་ནའང་མི་འཐད་དེ། ཕུང་པོ་ལ་ཉེ་བར་ལེན་པ་པོ་དང་བླང་བྱ་གཉིས་སུ་ཕྱེ་བའི་ཉེ་བར་ལེན་པ་པོའི་ཕུང་པོ་ཡིན་པའི་ཕྱིར། རྟགས་མ་གྲུབ་ན། གང་ཟག་རྟག་གཅིག་རང་དབང་ཅན་དུ་ཁས་ལེན་དགོས་སོ། །

འཇུག་པ་ལས། དངོས་པོ་མེད་པ་མདོར་བསྟན་ན། །འདུས་མ་བྱས་ཆོས་རྣམས་ལ་བརྗོད། །ཅེས་སོ། །དེས་ན་བདེན་པར་གྲུབ་པའི་རྫས་དང་རྫས་ལ་ཁྱད་པར་ཡོད་དེ། ཡུམ་གྱི་མདོ་ལས། ཤེར་ཕྱིན་གྱི་མཚན་བརྒྱ་རྩ་བརྒྱད་པའི་སྐབས་སུ་གཞི་མེད་པ་ཞེས་ཀྱང་གསུངས་ལ། ཡང་འབུམ་ལས། རྟ་དང་གླང་པོ་ལ་སོགས་པའི་སྒྱུ་མའི་གཞི་རྫས་ཀྱི་རྣམ་པ་ཕྱིན་པ་ཙམ་ལ་བརྟེན་ནས་ཞེས་ཀྱང་གསུངས་སོ། །གཞན་དུ་ན་ཕུང་པོ་ཡིན་ན་ཉེ་བར་བླང་བྱའི་ཕུང་པོ་ཡིན་པས་ཁྱབ་པར་ཐལ། ཉེ་བར་ལེན་པ་པོའི་ཕུང་པོ་མ་གྲུབ་པའི་ཕྱིར། རྩ་ཤེར་ལས། ཉེ་བར་བླངས་པ་ཇི་ལྟ་བུར། །ཉེ་བར་ལེན་པོ་ཡིན་པར་འགྱུར། །ཞེས་པ་དང་། བྱེད་པོ་ལས་ལ་བརྟེན་བྱ་ཞིང་། །ལས་ཀྱང་བྱེད་པོ་དེ་ཉིད་ལ། །བརྟེན་ནས་འབྱུང་བ་མ་གཏོགས་པར། །འགྲུབ་པའི་རྒྱུ་ནི་མ་མཐོང་ངོ་། །དེ་བཞིན་ཉེར་ལེན་ཤེས་པར་བྱ། །ཞེས་སོ། །ཆོས་ཀྱི་བདག་འཛིན་ཀུན་བཏགས་ཀྱི་ངོས་འཛིན་དེ་ཡང་མི་འཐད་དེ༑ དེ་ལྟ་ན་ལེགས་ལྡན་འབྱེད་དང་ཡེ་ཤེས་སྙིང་པོ་ལྟ་ར་ན། ཆོས་ཀྱི་བདག་གྲུབ་པར་ཐལ། གཟུང་འཛིན་རྫས་ཐ་དད་དུ་གྲུབ་པའི་ཕྱིར། རྟགས་མ་གྲུབ་ན། མདོ་སྡེ་པ་ལྟར་ཤེས་པ་ལས་དོན་གཞན་པའི་ཕྱི་དོན་འདོད་པ་ཉམས་སོ། །གལ་ཏེ་ཁྱད་པར་ཡོད་དེ། སློབ་དཔོན་འདི་གཉིས་ནི་གཟུང་འཛིན་རྫས་ཐ་དད་དུ་བདེན་པར་གྲུབ་པར་འཛིན་པ་ཆོས་ཀྱི་བདག་འཛིན་ཀུན་བཏགས་སུ་བཞེད་དོ་ཞེ་ན། འོ་ན་གཟུགས་སོགས་ཕུང་པོ་དང་གང་ཟག་བདེན་པར་གྲུབ་པར་འཛིན་པ་ཡང་ཆོས་ཀྱི་བདག་འཛིན་ཀུན་བཏགས་ཡིན་གྱི་ལྷན་སྐྱེས་མ་ཡིན་པར་རྣམ་པ་ཀུན་ཏུ་མཚུངས་སོ། །གཞན་ཡང་བཤད་པ་འདི་དག་དང་། བདེན་འཛིན་ཙམ་ལ་ཡང་ཀུན་བཏགས་དང་ལྷན་སྐྱེས་གཉིས་ཡོད་པ་གྲུབ་མཐའི་འཐད་པ་སྟོན་དུ་བཏང་མ་བཏང་གིས་ཐལ་རང་གཉིས་ཀའི་ལུགས་ཡིན་ཟེར་བ་དང་ནང་འགལ་བའི་ཚུལ་ནི། འཇིག་ལྟ་མུ་བཞི་འགོག་པའི་སྐབས་སུ་བཤད་ཟིན་པས་ཐལ་འགྱུར་བའི་ལུགས་ཀྱི་གང་ཟག་དང་ཆོས་ཀྱི་བདག་འཛིན་ཀུན་བཏགས་དང་ལྷན་སྐྱེས་གཉིས་ཀྱི་ངོས་འཛིན་འགོག་ཚུལ་ལ་ཡང་ཤེས་པར་བྱའོ། །དེ་ཡང་དཔེར་ན་འདི་ལྟར་རང་རྒྱུད་པ་མན་ཆད་ཀྱིས་འདོད་པའི་གང་ཟག་གི་

བདག་འཛིན་ལ་གང་ཟག་གི་བདག་འཛིན་ཀུན་བརྟགས་ཀྱིས་མ་ཁྱབ་པར་ཐལ། ཕྱིས་གྲུབ་མཐས་བརྟགས་པ་མ་ཡིན་པའི་དང་པོ་རང་ལ་བདག་ཏུ་འཛིན་པའི་འཇིག་ལྟ་ཡང་གང་ཟག་གི་བདག་འཛིན་དུ་མི་འདོད་པའི་དབུ་མ་རང་རྒྱུད་པ་སྔོན་ཆད་མ་བྱུང་བའི་ཕྱིར་རོ། །སྔར་ལྟར་འདོད་མི་ནུས་ཏེ། རྟགས་མ་གྲུབ་ན། གང་ཟག་རང་གི་མཚན་ཉིད་ཀྱིས་གྲུབ་པར་འཛིན་པ་ཡང་གང་ཟག་གི་བདག་འཛིན་ཀུན་བརྟགས་ཡིན་གྱི་ལྷན་སྐྱེས་མ་ཡིན་པར་རྣམ་པ་ཀུན་ཏུ་མཚུངས་སོ། །རིགས་པ་འདིས་ནི་ཆོས་ཀྱི་བདག་འཛིན་ཀུན་བརྟགས་དང་ལྷན་སྐྱེས་ཀྱི་ངོས་འཛིན་ཐལ་འགྱུར་བའི་ལུགས་ཡིན་ཟེར་བ་ཡང་བཀག་གོ། །

རང་ལུགས་ནི་བདག་མེད་གཉིས་ཀྱི་ངོས་འཛིན་ལ། ཐེག་ཆེན་ཐུན་མོང་མིན་པ་དང་། ཐེག་པ་ཐུན་མོང་བའི་ལུགས་གཉིས་ལས། དང་པོ་ནི། ལང་ཀར་གཤེགས་པའི་མདོ་ལས། ཉོན་མོངས་པའི་སྒྲིབ་པ་ནི་གང་ཟག་གི་བདག་ཏུ་འཛིན་པའི་རྒྱ་བ་ཅན། ཤེས་བྱའི་སྒྲིབ་པ་ནི་ཆོས་ཀྱི་བདག་ཏུ་འཛིན་པའི་རྒྱ་བ་ཅན་ནོ་ཞེས་གསུངས། དེས་གང་ཟག་གི་བདག་འཛིན་ནི་འཇིག་ཚོགས་ལ་ལྟ་བ་དང་འདྲ་ལ། དེ་ལ་ཡང་ལྷན་སྐྱེས་དང་ཀུན་བརྟགས་གཉིས་སུ་ཕྱེ་ནས། ཅིའི་ཕྱིར་ལྷན་ཅིག་སྐྱེས་པ་ཡིན་ཞེ་ན། ཐོག་མ་མེད་པ་ནས་ཡིད་དང་ལྷན་ཅིག་སྐྱེས་པའི་ཕྱིར་རོ་ཞེས་དེ་ཉིད་ལས་འབྱུང་ངོ་། །ཆོས་ཀྱི་བདག་འཛིན་ལ། ཤེས་སྒྲིབ་གཟུང་རྟོག་དང་འཛིན་རྟོག་གཉིས་སུ་འབྱེད་པ་མངོན་རྟོགས་རྒྱན་དང་འདྲ་ལ། འགྲེལ་པ་དོན་གསལ་ལས་ཀྱང་། གཉིས་སུ་སྣང་བའི་བག་ཆགས་དྲུངས་ཕྱུང་བའི་བྱང་ཆུབ་སེམས་དཔའ་གང་གི་ཚེ་གཟུང་བ་དང་འཛིན་པའི་ཚུལ་དུ་སྨྲི་ལམ་ལ་གཟུང་དང་སྨྲི་ལམ་མཐོང་བ་ལ་འཛིན་པར་མི་མཐོང་བ་དེའི་ཚེ་ཆོས་ཐམས་ཅད་ཀྱང་དེ་ལྟ་བུའི་ཆོས་ཉིད་ཡིན་ནོ༔ ༔ཞེས་ཆོས་རྣམས་ཀྱི་དེ་ཁོ་ན་ཉིད་གཉིས་སུ་མེད་པ་སྐད་ཅིག་མ་གཅིག་ཁོ་ནས་རྟོགས་པས་ན་སྐད་ཅིག་མ་གཅིག་པའི་མངོན་པར་རྫོགས་པར་བྱང་ཆུབ་པ་ཡིན་ནོ་ཞེས་སོ། །སློབ་དཔོན་འདིས་ཀྱང་བདེན་འཛིན་ཉོན་སྒྲིབ་དང་། བདེན་འཛིན་གྱིས་ཁྱད་པར་དུ་མ་བྱས་པའི་གཟུང་འཛིན་གཉིས་སྣང་གི་སྦྲོས་པ་ཤེས་སྒྲིབ་ཏུ་བཞེད་དོ༔ ༔དེ་བཞིན་དུ་ཀ་མ་ལ་ཤཱི་ལའི་སྒོམ་རིམ་དང་པོ་ལས། བདེན་པ་གཉིས་བསྟན་པའི་མདོ་སོགས་ཁུངས་སུ་མཛད་ནས་སྒྲིབ་གཉིས་ཀྱི་ངོས་འཛིན་འདི་དང་འདྲ་བ་ཡང་སྣང་ངོ་། །

གཉིས་པ་ནི། བརྒྱད་སྟོང་པ་ལས། ངར་འཛིན་པ་དང་ངའི་ར་འཛིན་པས་སེམས་ཅན་རྣམས་འཁོར་བ་ན་འཁོར་རོ་ཞེས་པ་དང་། རིན་ཆེན་ཕྲེང་བ་ལས། ཇི་སྲིད་ཕུང་པོར་འཛིན་ཡོད་པ། །དེ་སྲིད་དེ་ལ་ངར་འཛིན་ཡོད། །ཅེས་སོགས་དང་། སྤྱོད་འཇུག་ལས། བཙལ་ན་བདག་ཀྱང་ཡང་དག་མིན། །ཞེས་པ་དང་། བདག་མེད་བསྒོམ་པ་མཆོག་ཡིན་ནོ། །ཞེས་སོ། །དང་པོར་ང་ཞེས་བདག་ལ་ཞེན་གྱུར་ཅིང་། །བདག་གི་འདི་ཞེས་དངོས་

ལ་ཆགས་བསྐྱེད་པ། །ཞེས་པའི་འཇུག་འགྲེལ་ལས། འཇིག་རྟེན་འདི་ནི་བདག་གིར་མངོན་པར་ཞེན་པའི་སྔ་རོལ་ཉིད་དུ་ངར་འཛིན་པས་ཡོད་པ་མ་ཡིན་པའི་བདག་ཡོད་དོ་སྙམ་དུ་ཉེ་བར་བརྟགས་ནས། འདི་ཉིད་དུ་བདེན་པར་མངོན་པར་ཞེན་ཅིང་འདི་ནི་བདག་གིའོ་སྙམ་དུ་ངར་འཛིན་པའི་ཡུལ་ལས་གཞན་པའི་དངོས་པོའི་རྣམ་པ་མ་ལུས་པ་ལ་མངོན་པར་ཞེན་པ་ཡིན་ནོ། །བདག་དང་བདག་གིར་མངོན་པར་ཞེན་པའི་འཇིག་རྟེན་འདི་ནི་ལས་དང་ཉོན་མོངས་པའི་ཐག་པས་ཆེས་དམ་དུ་བསྡམས་པ་ཞེས་གསུངས་པ་ལྟར། ངའི་སྟེང་དུ་བདག་དང་ང་ཡི་བའི་སྟེང་དུ་བདག་གི་བ་དེ་དབུ་མའི་མཐར་ཐུག་དཔྱོད་པའི་རིགས་པའི་དགག་བྱ་ཡིན་པས། དེ་འགོག་བྱེད་གང་ཟག་དང་ཆོས་ལ་བདག་མེད་བསྒྲུབ་པའི་དབུ་མའི་རང་རྒྱུད་དང་བདག་གཉིས་ལ་གནོད་བྱེད་ཐལ་འགྱུར་གྱི་རིགས་པའི་ཚོགས་བསམ་པར་བྱའོ། །འོ་ན་འདིའི་སྐབས་ཀྱི་གང་ཟག་དང་ཆོས་དེ་གང་ཡིན་ཞེ་ན། སའི་དངོས་གཞི་ལས། རྒྱུན་ལ་གང་ཟག་ཅེས་བྱ་སྟེ། །མཚན་ཉིད་འཛིན་ལ་ཆོས་ཞེས་བརྗོད། །ཅེས་པ་དང་། མདོ་ལས། ཆོས་ནི་གཟུགས་སོགས་དངོས་པོ་ཐམས་ཅད་སྟེ། །བྱེད་པོ་མེད་ལ་མཚན་ཉིད་འཛིན་ཕྱིར་རོ། །ཞེས་གསུངས་པ་ལྟར། འཇིག་རྟེན་འདིར་ཉེར་ལེན་གྱི་ཕུང་པོ་ལ་ཉེ་བར་ལེན་པ་པོ་དང་ཉེ་བར་བླང་བྱ་གཉིས་སུ་ཕྱེ་བའི་སྔ་མ་ལ་གང་ཟག་དང་ཕྱི་མ་ལ་ཆོས་སུ་བྱས་པའོ། །

དེ་ཡང་དང་པོ་ནི། མདོ་ལས། བྱེད་པའི་སྐྱེས་བུ་བཅུ་གཉིས་སུ་སྦྱར་བཤད་ལ། ཕྱི་མ་ནི་གོང་དུ་བྱེད་པོ་མེད་ལ་ཞེས་གསུངས་པས། བྱེད་པ་པོ་ལས་གཞན་པའི་ཆོས་ཕུང་པོའི་མཚན་ཉིད་འཛིན་པ་ཞིག་བཤད་དོ། །ཅིའི་ཕྱིར་ཉེ་བར་ལེན་པ་པོ་ལ་གང་ཟག་ཅེས་བྱ་ན། ལས་དང་ཉོན་མོངས་པས་གང་ཞིང་ཟག་པས་ན་གང་ཟག་ཅེས་བྱ་སྟེ་ཕུང་པོའི་རྒྱུན་ལ་གཙོ་ཆེའོ། །ཅིའི་ཕྱིར་ཉེ་བར་བླང་བྱའི་ཆོས་ལ་མཚན་ཉིད་འཛིན་ཞེས་བྱ་ན། འཇུག་པ་ལས། གཟུགས་ནི་གཟུགས་རུང་མཚན་ཉིད་ཅན། །ཚོར་བ་མྱོང་བའི་བདག་ཉིད་དོ། །འདུ་ཤེས་མཚན་མར་འཛིན་པ་སྟེ། །འདུ་བྱེད་མངོན་པར་འདུ་བྱེད་པའོ། །ཡུལ་ལ་སོ་སོར་རྣམ་རིག་པ། །རྣམ་ཤེས་རང་གི་མཚན་ཉིད་འདོད། །ཅེས་སོ། །

དེ་སྐད་དུ་ཡུམ་གྱི་མདོ་ལས་ཀྱང་གསུངས། དེ་ལ་གང་ཟག་གི་མཚན་གཞི་ནི་ང་ལྟ་བུ། ཆོས་ཀྱི་མཚན་གཞི་ནི་ང་ཡི་བ་ལྟ་བུའོ། །བདག་ནི་གང་ཟག་དང་བདག་གི་བ་ནི་ཆོས་སུ་མི་འཐད་དེ། དེ་གཉིས་ནི་ཡོད་པ་མ་ཡིན་པའི་ཕྱིར། གོང་དུ་འཇུག་འགྲེལ་ལས། ངར་འཛིན་པས་ཡོད་པ་མ་ཡིན་པའི་བདག་ཡོད་དོ་སྙམ་དུ་ཉེ་བར་བརྟགས་ཞེས་པ་དང་། རྩ་ཤེར་ལས། བདག་ཉིད་ཡོད་པ་མ་ཡིན་ན། །བདག་གི་ཡོད་པར་ག་ལ་འགྱུར། །ཞེས་སོ༑ ༑ཁ་ཅིག་གང་ཟག་གི་བདག་འཛིན་ལྷན་སྐྱེས་ཀྱི་འཛིན་སྟངས་ཀྱིས་བཟུང་བྱའི་བདག་དེ་ལས་བྱེད་པ་པོ

དང་རྣམ་སྨིན་སྨྱོང་བ་པོའི་གང་ཟག་ཡིན་ནོ། །དེས་ན་ལས་འབྲས་ཀྱི་རྟེན་དུ་གྱུར་པའི་བདག་གྲུབ་པོ་ཟེར་བ་ནི་མི་འཐད་དེ། འབུམ་ལས། བདག་ཅེས་བཏགས་པའི་བདག་མངོན་པར་མ་གྲུབ་ཅེས་པ་དང་། ལྷ་བ་དཀར་བཏགས་ཀྱི་ཕྱུག་རྒྱུ་སྟོན་པའི་མདོ་ལས། འདུས་བྱས་ཐམས་ཅད་མི་རྟག་ཆོས་ཐམས་ཅད་བདག་མེད་ཅེས་གསུངས་པས་སོ། །དེ་ལྟ་མིན་པར་ང་གང་ཟག་ཡིན་པ་བཞིན་དུ་བདག་ཀྱང་ཡིན་ན། གྲངས་ཅན་བདག་ཤེས་རིག་གི་སྐྱེས་བུ་འདོད་པ་དང་ཁྱད་པར་མེད་པར་འགྱུར་ལ། མདོ་ལས་ཀྱང་། འཇིག་རྟེན་སྐྱེ་བ་ན་གང་ཟག་ཉག་གཅིག་སྐྱེ་ཞེས་གསུངས་པའི་ཤུགས་ལ། འཆི་བ་ན་ཡང་གང་ཟག་ཉག་གཅིག་འཆི་ཞེས་པ་ཐོབ་པས། བདག་གཅིག་བུ་སྐྱེ་འཆི་བྱེད་པར་ཐལ་བ་བཟློག་ཏུ་མེད་དོ། །དེ་ཡང་འདོད་ན། རྩ་ཤེར་ལས། གལ་ཏེ་ཕུང་པོ་བདག་ཡིན་ན། །སྐྱེ་དང་འཇིག་པ་ཅན་དུ་འགྱུར། །ཞེས་པའི་ཐལ་འགྱུར་ལ་ཕ་རོལ་པོས་འདོད་ལན་དོན་མཐུན་དུ་ཐེབས་པར་འགྱུར་རོ། །

གཞན་ཡང་ང་བདག་ཡིན་ན་ང་ལ་བདག་ཏུ་འཛིན་པ་འཁོར་བ་ཐོག་མ་མེད་པ་ནས་འབྲུལ་པར་ཡང་ཇི་ལྟར་འགྱུར། ཆོས་དབྱིངས་བསྟོད་པ་ལས། བདག་མེད་རྣམ་པ་གཉིས་མཐོང་ན། །སྲིད་པའི་ས་བོན་འགག་པར་འགྱུར། །ཞེས་པ་དང་། གང་ཕྱིར་གཉིས་ནི་བྱིས་པས་བརྟགས། །དེ་ཡི་གཉིས་མེད་རྣལ་འབྱོར་གནས། །ཞེས་སོ༔ །འཇུག་པ་ལས། བདག་ནི་འདི་ཡི་ཡུལ་དུ་རྟོགས་བྱས་ནས། །རྣལ་འབྱོར་པ་ཡིས་བདག་ནི་འགོག་པར་བྱེད། །ཅེས་སོ། །འདིར་ཡུལ་ཞེས་པ་ནི་རྣམ་པ་གཉིས་ཏེ་ཞེན་ཡུལ་དང་ཞེན་སྟངས་ཀྱི་ཡུལ་ལོ། །ཡང་ན་དམིགས་ཡུལ་དང་རྣམ་པ་འཛིན་སྟངས་ཀྱི་ཡུལ་ལོ། །དེ་ཡང་དཔེར་ན། གང་ཟག་ལ་བདག་ཏུ་འཛིན་པའི་ཚེ་གང་ཟག་ནི་ཞེན་ཡུལ་དང་དམིགས་ཡུལ་ཡིན་ལ། བདག་ནི་ཞེན་སྟངས་ཀྱི་ཡུལ་དང་རྣམ་པ་འཛིན་སྟངས་ཀྱི་ཡུལ་དུ་འཛིན་པ་ཙམ་མོ། །དེའི་རྒྱུ་མཚན་གང་ཟག་བདག་ཏུ་འཛིན་པ་དང་གང་ཟག་བདག་མེད་དུ་རྟོགས་པའི་ཤེས་རབ་གཉིས་དམིགས་ཡུལ་གཅིག་ལ་དམིགས་ནས་རྣམ་པ་འཛིན་སྟངས་འགལ་བར་འཇུག་དགོས་པས་སོ༔ །དཔེར་ན་རིགས་གཏེར་ལས། ངེས་དང་སྒྲོ་འདོགས་ཞེན་ཡུལ་གཅིག །ཞེན་སྟངས་ཐ་དད་ཕྱིར་ན་སེལ། །ཞེས་པ་ལྟར་རོ། །དེས་ན་མདོ་བསྟན་བཅོས་ཀྱི་སྐབས་འགར་གང་ཟག་སྟོན་པའི་སྐབས་སུ་བདག་ཅེས་འབྱུང་བ་ནི་དམིགས་རྣམ་ཕན་ཚུན་མཚོན་པའམ་བདག་ཏུ་ཐ་སྙད་བཏགས་པ་ཙམ་ལ་དགོངས་སོ། །

འཁོར་བ་པས་ང་ལ་བདག་ཅེས་འདོགས་པ་ལྟར་མུ་སྟེགས་པས་ཀྱང་གྲུབ་མཐའི་སྒོ་ནས་ང་བདག་ཡིན་པའི་སྒྲུབ་བྱེད་འཚོལ་བས་དེ་དག་རྗེས་སུ་གཟུང་བའི་ཆེད་དུ་ཡིན་ཏེ། ཡུམ་གྱི་མདོ་ལས། བདག་དང་ཤེད་ཅན་དང་བཤེད་བདག་ཅེས་ཐ་སྙད་བཏགས་པ་མང་དུ་ཡོད་ལ་བདག་གི་སྒྲ་ཙམ་ལ་འབྲུལ་བར་མི་བྱའོ། །འདིར་ནི་

འཇིག་རྟེན་ཐ་མལ་པས་ཐོག་མར་ང་ལ་བདག་ཅེས་འཛིན་པའི་བདག་ཡོད་མེད་རྩོད་པའི་བདག་དེ་མ་གྲུབ་སྟེ། མདོ་སྡུད་འདུས་ཆེན་པོར་ཡང་། བྱིས་པ་མ་རབས་ཀྱི་བདག་ཏུ་འཛིན་པ་ནི་མཐེ་བོང་ཙམ་ཞེའམ་ཡུངས་ཀར་ཙམ་ཞེའམ་རྡུལ་ཕྲ་མོ་ཙམ་དུ་འཛིན་ཏོ་ཞེས་གསུངས། དེ་ལྟར་མིན་ན་སངས་རྒྱས་པ་བདག་མེད་སྨྲ་བ་དང་མུ་སྟེགས་པ་བདག་ཏུ་སྨྲ་བའི་ཁྱད་པར་ཡང་མི་འཐད་དོ། །དེས་ན་ང་ལ་བདག་ཏུ་འཛིན་པ་གང་ཟག་གི་བདག་འཛིན་ཡིན་པ་ལྟར་ངཱ་ཡི་བ་ལ་བདག་གིར་འཛིན་པ་ཆོས་ཀྱི་བདག་འཛིན་ཡིན་ཏེ། འདིའི་དམིགས་རྣམ་ཡང་སྔ་མ་དང་རྩུལ་འདྲ་ཞིང་ངཱ་ཡི་བའི་ཆོས་ནི་དམིགས་པའི་ཡུལ་དང་ཞེན་པའི་ཡུལ་ཡིན་ལ། བདག་གི་བ་ནི་རྣམ་པ་འཛིན་སྟངས་ཀྱི་ཡུལ་དང་ཞེན་སྟངས་ཀྱི་ཡུལ་ཡིན་ནོ། །དེ་ཡང་། བདག་གི་འདི་ཞེས་དངོས་ལ་ཆགས་བསྐྱེད་པ༑ ༑ཞེས་པའི་འཇུག་འགྲེལ་ལས། འདི་ནི་བདག་གིའོ་སྙམ་དུ་ངར་འཛིན་པའི་ཡུལ་ལས་གཞན་པའི་དངོས་པོའི་རྣམ་པ་མ་ལུས་པ་ལ་མངོན་པར་ཞེན་པ་ཡིན་ནོ་ཞེས་སོ། །ལུང་འདི་ཤིན་ཏུ་གསལ་ཡང་ཁ་ཅིག་གིས་སྣང་ལ་མ་ငེས་པས་འདིར་འཇིག་ལྟའི་དམིགས་རྣམ་དང་སྙིང་རྗེ་གསུམ་གྱི་སྐབས་སུ་སྙིང་རྗེའི་དམིགས་རྣམ་མ་ཕྱེད་དོ། །དེ་ལ་འདི་ནི་ཞེས་པས་ངཱ་ཡི་བ་ཞེན་ཡུལ་དང་བདག་གིའོ་སྙམ་དུ་ཞེས་པས་ཞེན་སྟངས་བསྟན་ལ། ཞེན་པའི་ཡུལ་ངཱ་ཡི་བ་དེ་གང་ཡིན་ཞེ་ན། ངར་འཛིན་པ་ནི་ཡུལ་ལས་གཞན་པའི་དངོས་པོའི་རྣམ་པ་མ་ལུས་པ་ལ་མངོན་པར་ཞེན་པ་ཡིན་ནོ་ཞེས་སོ། །དངོས་པོའི་རྣམ་པ་མ་ལུས་པ། ༑ཞེས་པའི་དོན་ནི། འཇུག་པ་ལས། དངོས་པོའི་སྒྲ་ནི་མདོར་བསྡུར་ན། །ཕུང་པོ་ལྔ་ལ་བརྗོད་པ་ཡིན། །ཞེས་པ་དང་། མདོ་ལས། བྲམ་ཟེ་ཆོས་ཐམས་ཅད་ནི་ཕུང་པོ་ལྔའོ་ཞེས་གསུངས་པ་ལྟར། སྤྱིར་བཏང་ལ་ཡིན་མོད་དམིགས་བསལ་དུ། ངར་འཛིན་པའི་ཡུལ་ལས་གཞན་ཞེས་གསུངས་པའི་ནུས་པས་ང་དང་ངཱ་ཡི་བ་གཉིས་ཀྱི་ནང་ནས་ངཱ་ཡི་བས་ཁྱད་པར་དུ་བྱས་པའི་ཕུང་ཁམས་སྐྱེ་མཆེད་རྣམས་ལ་འཇུག་གོ། །དཔེར་ན་རྣམ་འགྲེལ་ལས། འདི་ཡུལ་སུན་ཕྱུང་མེད་པར་ནི༑ ༑དེ་སྤོང་བར་ནི་ནུས་མ་ཡིན། །ཞེས་པའི་ཡུལ་ཡང་གང་ཟག་ལ་བདག་བཀག་ནས་བདག་མེད་སྒྲུབ་པའི་ཚེ་དམིགས་ཡུལ་གང་ཟག་ཡོད་པ་བཀག་ནས་མེད་པ་མི་སྒྲུབ་ལ། རྣམ་པ་འཛིན་སྟངས་ཀྱི་ཡུལ་དུ་རློམ་པའི་བདག་ཡོད་པ་བཀག་ནས་མེད་པར་སྒྲུབ་པ་བཞིན་ནོ། །གང་ཟག་དང་ཆོས་ལ་བདག་ཏུ་འཛིན་པའི་ཚུལ་མདོར་བསྟན་ཟིན་ཏོ། །

དེ་ལྟར་ན་སྐབས་འདིའི་དགག་བྱའི་ཚད་འཛིན་ཐལ་རང་ཐུན་མོང་དུ་ཤེས་པར་བྱའོ། །དེ་ཡང་བདག་གཉིས་ནི་མཐར་ཐུག་དཔྱོད་པའི་རིགས་པའི་དངོས་ཀྱི་དགག་བྱ་ཡིན་ལ། བདག་འཛིན་གཉིས་ནི་ཆེད་དུ་བྱ་བའི་དགག་བྱ་ཡིན་ཏེ། བདག་གཉིས་འགོག་པ་ཡང་བདག་འཛིན་གཉིས་འགོག་པའི་ཆེད་ཡིན་པའི་ཕྱིར། ཕྱི་

མ་འདི་ལ་ལམ་གྱི་སྣང་བྱ་དང་སྡུ་མ་ལ་རིགས་པའི་དགག་བྱ་ཞེས་བླ་མ་གསུང་ངོ་། །སྤྱོད་འཇུག་ལས། ཇི་ལྟར་མཐོང་ཐོས་ཤེས་པ་དག །འདིར་ནི་དགག་པར་བྱ་མིན་ཏེ། །འདིར་ནི་སྡུག་བསྔལ་རྒྱུར་གྱུར་པའི། །བདེན་པར་རྟོག་པ་བཟློག་བྱ་ཡིན། །ཞེས་སོ། །དེས་ན་བདེན་པར་གྲུབ་ན་བདག་ཡིན་ལ་བདེན་པར་འཛིན་པའི་རྟོག་པ་ནི་བདག་འཛིན་ཡིན་པས། འདི་ལ་དབྱེ་ན་གང་ཟག་ལ་བདག་ཏུ་འཛིན་པ་དང་ཆོས་ལ་བདག་ཏུ་འཛིན་པ་གཉིས་ཡོད་དེ། བདེན་འཛིན་ལ་གང་ཟག་བདེན་པར་འཛིན་པ་དང་ཆོས་བདེན་པར་འཛིན་པ་གཉིས་གྲུབ་པའི་ཕྱིར། ཉོན་སྒྲིབ་ཀྱི་གཉེན་པོར་ཐར་ལམ་འཆད་པའི་སྐབས་འདིར་ནི་དབུ་མ་པ་དག་གིས་ང་ལ་བདག་ཏུ་ལྟ་བ་དང་ང་ཡིར་ལ་བདག་གིར་ལྟ་བ་བསྲུན་འབྱིན་དགོས་པས། བདེན་པར་གྲུབ་པ། དོན་དམ་པར་གྲུབ་པ། རང་བཞིན་གྱིས་གྲུབ་པ། རང་གི་ངོ་བོ་ཉིད་ཀྱིས་གྲུབ་པ། རང་གི་མཚན་ཉིད་ཀྱིས་གྲུབ་པ། རང་དབང་དུ་གྲུབ་པ། རང་རྐྱ་ཐུབ་པར་གྲུབ་པ། གཞན་ལ་ལྟོས་མེད་དུ་གྲུབ་པ་དང་བརྒྱད་ནི་སྒྲ་ཇི་བཞིན་པ་དགག་བྱ་ཡིན་ལ། རྟས་མེད་པ་དངོས་པོ་མེད་པ་མཚན་ཉིད་མེད་པ་མཚན་མ་མེད་པ་སྐྱེ་བ་མེད་པ་སོགས་ནི། ཤེར་ཕྱིན་སྣ་ཚོགས་ཀྱི་མདོ་ལས། ལྟེམ་པོར་དགོངས་པའི་ངག་ཡིན་གྱི་སྒྲ་ཇི་བཞིན་པ་མ་ཡིན་ནོ་ཞེས་གསུངས།

འབུམ་ལས། རྟས་དང་དངོས་པོ་མིང་གི་རྣམ་གྲངས་སུ་ཡང་ཡང་གསུངས་པས། ཁ་ཅིག་གིས་རྟས་དགག་བྱར་བྱེད་ན་དངོས་པོ་ཡང་དགག་བྱར་མཚུངས་སོ། །ཚིག་གསལ་ལས་ཇི་སྐད་དུ། དེ་ལ་བརྒྱ་བྱིན་ལྷ་ཡི་རྒྱལ། །དབང་བསྒྱུར་གྱིས་ནི་ཞུས་པ་དང་། །སྲོག་ཆགས་ཞིང་པ་རྒྱལ་འགྱུར་ཞིང་། །དད་ལྡན་བསོད་ནམས་དག་འདོད་པ། །རྟས་ལས་བྱུང་བའི་བསོད་ནམས་ནི། །རྟག་ཏུ་བྱེད་པ་རྣམས་ཀྱི་ཞིང་། །གང་ལ་ཕུལ་ན་འབྲས་ཆེ་བ། །བཟང་པོ་རབ་ཏུ་བཤད་བྱ་སྟེ། །རིག་དང་ཞབས་སུ་ལྡན་པ་ཡི། །སྦྱིན་གནས་འགྱུར་ཞིང་དགེ་འདུན་ཆེ། །ཞུགས་པ་རྣམ་པ་བཞི་དང་ནི། །འབྲས་ལ་གནས་པ་བཞི་རྣམས་སོ། །ཞེས་སོ། །ཡུམ་གྱི་མདོ་ལས། སྒྱུ་མ་ཡང་གཞི་རྟས་ཀྱི་ན་བ་འགའ་ཞིག་ལ་བརྟེན་ནས་ཞེས་སོ། །ཆོས་མངོན་པ་ལས་ཀྱང་། གློ་བུར་ནད་པ་ནད་གཡོག་དང་། །ཀུན་དགའ་ར་བ་སྐྱིད་མོས་ཚལ། །མལ་སྟན་འཚོ་བ་ནར་མ་སྟེ། །རྟས་ལས་བྱུང་བའི་བསོད་ནམས་བདུན། །ཞེས་པ་དང་། རྒྱུད་བླ་མ་ལས། ཡོན་ཏན་རྟས་ཀྱིས་ནི། དབུ་བ་སེལ་བར་བྱེད་ཕྱིར་དང་། །ཞེས་འབྱུང་བ་སྒྲ་ཇི་བཞིན་པར་འདོད་པས་སོ། །

དེ་ལྟར་སྤྱིའི་གོ་བ་ཆགས་པའི་ཆེད་དུ་བཤད་ནས་ད་ནི་བདག་འཛིན་གཉིས་ལ་དབྱེ་ན། རང་རྒྱུད་ཀྱིས་བསྡུས་པའི་བདག་འཛིན་གཉིས་དང་གཞན་རྒྱུད་ཀྱིས་བསྡུས་པའི་བདག་འཛིན་གཉིས་སོ། །དང་པོ་ལ། རང་གི་གང་ཟག་དང་ཆོས་ལ་དམིགས་པའི་བདག་འཛིན་གཉིས། གཞན་གྱི་གང་ཟག་དང་ཆོས་ལ་དམིགས་པའི་

བདག་འཛིན་གཉིས་ཏེ་བཞིའོ། །གཉིས་པ་ལ་ཡང་། གང་ཟག་དང་ཆོས་ལ་དམིགས་པའི་བདག་འཛིན་གཉིས་ཏེ་མདོར་ན་དྲུག་གོ །དྲུག་པོ་རེ་རེ་ལ་ཡང་ལྷན་སྐྱེས་དང་ཀུན་བརྟགས་གཉིས་གཉིས་ཏེ་བཅུ་གཉིས་སོ། །དེ་ཡང་གོ་རིམ་བཞིན་དུ་རང་གི་གང་ཟག་ལ་དམིགས་པའི་ལྷན་སྐྱེས་དང་ཀུན་བརྟགས་ཀྱི་གང་ཟག་གི་བདག་འཛིན་གཉིས་ནི། དཔེར་ན་གྲུབ་མཐས་བརྟགས་པ་མ་ཡིན་པ་དང་པོ་ནས་རང་གི་ཡིད་དང་ལྷན་ཅིག་ཏུ་སྐྱེས་པ་འདི་ལ་བདག་ཏུ་ལྟ་བའི་བདག་འཛིན་དང་ཕྱིས་གྲུབ་མཐས་བརྟགས་པའི་ང་ལ་བདག་ཏུ་ལྟ་བའི་བདག་འཛིན་ལྟ་བུའོ། །རང་གི་ཆོས་ལ་དམིགས་པའི་ལྷན་སྐྱེས་དང་ཀུན་བརྟགས་ཀྱི་ཆོས་ཀྱི་བདག་འཛིན་གཉིས་ནི། གྲུབ་མཐས་བརྟགས་པ་མ་ཡིན་པར་རང་གི་ཡིད་དང་ལྷན་ཅིག་ཏུ་སྐྱེས་པའི་ང་ལ་བདག་གིར་ལྟ་བའི་བདག་འཛིན་དང་ཕྱིས་གྲུབ་མཐས་བརྟགས་པའི་ང་ཡི་བ་ལ་བདག་གིར་ལྟ་བའི་བདག་འཛིན་ལྟ་བུའོ། །གཞན་གྱི་གང་ཟག་ལ་དམིགས་པའི་ལྷན་སྐྱེས་དང་ཀུན་བརྟགས་ཀྱི་གང་ཟག་གི་བདག་འཛིན་གཉིས་ནི། དཔེར་ན་གྲུབ་མཐས་བརྟགས་པ་མ་ཡིན་པར་རང་གི་ཡིད་དང་ལྷན་ཅིག་ཏུ་སྐྱེས་པ་གང་ཟག་ཕ་རོལ་པོ་ལ་དམིགས་ནས་བདེན་པར་འཛིན་པ་དང་ཕྱིས་གྲུབ་མཐས་བརྟགས་པ་གང་ཟག་ཕ་རོལ་པོ་ལ་དམིགས་ནས་བདེན་པར་འཛིན་པ་ལྟ་བུའོ། །

ཡུམ་གྱི་མདོ་ལས། གང་ཟག་ཕ་རོལ་པོ་རྣམས་དང་སེམས་ཅན་ཕ་རོལ་པོ་རྣམས་ཀྱི་སེམས་ཡང་དག་པར་རབ་ཏུ་ཤེས་སོ་ཞེས་གསུངས་པའིཤུགས་ལ་ཤེས་དགོས་པས། གཞན་གྱི་ཆོས་ལ་དམིགས་པའི་ལྷན་སྐྱེས་དང་ཀུན་བརྟགས་ཀྱི་ཆོས་ཀྱི་བདག་འཛིན་གཉིས་ནི། དཔེར་ན་གྲུབ་མཐས་བརྟགས་པ་མ་ཡིན་པར་རང་གི་ཡིད་དང་ལྷན་ཅིག་ཏུ་སྐྱེས་ལ་ཕ་རོལ་པོའི་སེམས་ལ་དམིགས་ནས་བདེན་པར་འཛིན་པ་དང་ཕྱིས་གྲུབ་མཐས་བརྟགས་པའི་ཕ་རོལ་པོའི་སེམས་ལ་དམིགས་ནས་བདེན་པར་འཛིན་པ་ལྟ་བུའོ། །གཞན་རྒྱུད་ཀྱིས་བསྡུས་པའི་གང་ཟག་ལ་དམིགས་པའི་ལྷན་སྐྱེས་དང་ཀུན་བརྟགས་ཀྱི་གང་ཟག་གི་བདག་འཛིན་གཉིས་ནི། དཔེར་ན་གྲུབ་མཐས་བརྟགས་པ་ཡིན་པར་སོ་སོའི་ཡིད་དང་ལྷན་ཅིག་ཏུ་སྐྱེས་པའི་མུ་སྟེགས་པའི་རྒྱུད་ལ་ཐོག་མ་མེད་པ་ནས་ཡོད་པའི་གང་ཟག་བདེན་པར་འཛིན་པ་དང་ཕྱིས་གྲུབ་མཐས་བརྟགས་པའི་གྲངས་ཅན་གྱི་རྒྱུད་ལ་ཡོད་པའིཤེས་པས་གང་ཟག་ལ་དམིགས་ནས། ཟ་པོ་རྟག་དངོས་བྱེད་པོ་མིན་པའི་བདག་ཡོན་ཏན་བྲ་མེད་ཁྱད་ཆོས་ལྔ་ལྡན་དུ་འཛིན་པ་ལྟ་བུའོ། །གཞན་རྒྱུད་ཀྱིས་བསྡུས་པའི་ཆོས་ལ་དམིགས་པའི་ལྷན་སྐྱེས་དང་ཀུན་བརྟགས་ཀྱི་ཆོས་ཀྱི་བདག་འཛིན་གཉིས་ནི། དཔེར་ན་གྲུབ་མཐས་བརྟགས་པ་མ་ཡིན་པར་སོ་སོའི་ཡིད་དང་ལྷན་ཅིག་སྐྱེས་པ་ཉན་ཐོས་སྡེ་གཉིས་ཀྱི་རྒྱུད་ལ་ཡོད་པའི་སེམས་ཀྱི་ཆོས་ལ་དམིགས་ནས་བདེན་པར་འཛིན་པ་ལྟ་བུ་དང་། ཕྱིས་གྲུབ་མཐས་བརྟགས་པའི་ཉན་ཐོས་སྡེ་གཉིས་ཀྱི་རྒྱུད་ལ་ཡོད་པའིཤེས་པས་གཟུང་བ་རྡུལ་ཕྲན་ཆ

མེད་བདེན་པར་འཛིན་པ་དང་སེམས་ཙམ་པའི་རྒྱུད་ལ་ཡོད་པ་སེམས་ད་ལྟའི་སྐད་ཅིག་ཆ་མེད་དུ་བདེན་པར་འཛིན་པ་ལྟ་བུ་སྟེ་དེ་ལྟར་ན་བཅུ་གཉིས་སོ། །དེ་ཡང་འཇིག་རྟེན་ཕལ་པ་ལ་ནི་བདག་འཛིན་གཉིས་ལྷན་སྐྱེས་ཤས་ཆེ་ལ། གྲུབ་མཐའ་སྨྲ་བ་འོག་མ་རྣམས་ལ་ནི་བདག་འཛིན་གཉིས་ལས་ཀུན་བརྟགས་ཤས་ཆེའོ། །དེ་ཡང་ནང་པའི་དངོས་སྨྲ་བ་ལ་ཆོས་ཀྱི་བདག་འཛིན་ཀུན་བརྟགས་གཙོ་ཆེ་མོད་གང་ཟག་གི་བདག་འཛིན་ལྷན་སྐྱེས་མེད་པ་མ་ཡིན་ཏེ། ཉན་ཐོས་སྡེ་གཉིས་བཅོམ་ལྡན་འདས་ཀྱིས་དབུ་མ་བསྟན་པའི་རྗེས་སུ་འཇུག་པར་འདོད་ཀྱང་། དབུ་མའི་ལྟ་བ་རྒྱུད་ལ་མ་སྐྱེས་པས་གང་ཟག་གི་བདག་མེད་དབུ་མ་བཞིན་གཏན་ལ་འབེབས་མི་ནུས་པའི་ཕྱིར། དཔེར་ན་སེམས་ཙམ་པས་ཆོས་ཀྱི་བདག་མེད་གཏན་ལ་ཕབ་པར་རློམ་ཡང་དབུ་མ་པ་བཞིན་མི་ནུས་པ་ལྟར་རོ། །འོན་འདིར་དགག་བྱའི་གཙོ་བོ་ལྷན་སྐྱེས་དང་ཀུན་བརྟགས་གཉིས་པོ་གང་ཡིན་ཞེ་ན། སྔ་མ་ཡིན་ཏེ། རྒྱུ་ལྷན་སྐྱེས་ཀྱི་བདག་འཛིན་བཀག་པས་འབྲས་བུ་ཀུན་བརྟགས་ཀྱི་བདག་འཛིན་མི་འབྱུང་བའི་ཕྱིར། ལྷན་སྐྱེས་ལ་ཡང་ང་ལ་བདག་ཏུ་ལྟ་བ་དང་ང་ཡི་བ་ལ་བདག་གིར་ལྟ་བ་གཉིས་ལས། སྔ་མ་དགག་བྱའི་གཙོ་བོ་ཡིན་ཏེ། འབྲས་བུ་རྒྱུའི་རྗེས་སུ་བྱེད་པའི་ཕྱིར། ཡུམ་གྱི་མདོ་ལས། ས་བོན་ཇི་ལྟ་བ་བཞིན་དུ་འབྲས་བུ་འབྱུང་ཞེས་པ་དང་། ཀླུ་སྒྲུབ་ཡབ་སྲས་ཀྱིས་ཀྱང་། ཇི་སྲིད་ཕུང་པོར་འཛིན་ཡོད་པ། །དེ་སྲིད་དེ་ལ་ངར་འཛིན་ཡོད། །ཅེས་པ་དང་། དང་པོར་ང་ཞེས་བདག་ལ་ཞེན་གྱུར་ཅིང་། །བདག་གི་འདི་ཞེས་དངོས་ལ་ཆགས་བསྐྱེད་པ། །ཞེས་སོ། །ཚུལ་འདི་ནི་དབུ་མའི་གནད་དམ་པ་ཡིན་ནོ། །གལ་ཏེ་བདག་ཏུ་ལྟ་བ་བདག་འཛིན་ཡིན་མོད་བདག་གིར་ལྟ་བ་བདག་འཛིན་ཇི་ལྟར་ཡིན་ཞེ་ན། འདི་གཉིས་ཀ་ཡང་རྒྱུ་མཚན་མཚུངས་ཏེ། བདག་ཏུ་ལྟ་བའི་འཛིན་སྟངས་ལ་བདེན་པར་འཛིན་པ་ལྟར་བདག་གིར་ལྟ་བའི་འཛིན་སྟངས་ལ་ཡང་བདེན་པར་འཛིན་པ་མཐོང་བའི་ཕྱིར། དེས་ན་ཆོས་ཀྱི་བདག་འགོག་པའི་སྐབས་སུ་བདག་གི་བ་འགོག་པའི་གནད་དེ་ཡིན་ནོ། །འདི་ཙམ་ཡང་གཞན་དག་གིས་མ་རྟོགས་པར་སྣང་ངོ་། །

དབུ་མའི་དགག་བྱ་འགག་ཚུལ་འདི་ནི་སྤྱིར་ཐེག་པ་གསུམ་ཀའི་ལམ་སྟོན་པའི་མདོ་བསྟན་བཅོས་རྣམས་དག་ནས་གསུངས་མོད། ཁྱད་པར་རྒྱས་འབྲིང་བསྡུས་གསུམ་ཁྲི་བརྒྱད་སྟོང་པ་མྱང་འདས་ཆེན་མོ་དྲན་པ་ཉེར་བཞག་ཆོས་དབྱིངས་དབྱེར་མེད་པར་བསྟན་པ་ལག་བཟང་གིས་ཞུས་པ། བྱང་ཆུབ་སེམས་དཔའི་སྡེ་སྣོད་དཀོན་མཆོག་སྤྲིན་དཀོན་མཆོག་འབྱུང་གནས། ཟ་མ་ཏོག་གསུམ་ལང་གཤེགས་སྒྲ་ལུ་ལྗང་པའི་མདོ་སོགས་མཐོང་ན་ཁོ་བོ་ལ་ཡིད་ཆེས་པར་འགྱུར་རོ། །རྩོད་སྤོང་ནི། ཁ་ཅིག་གིས་གྲངས་ཅན་གྱིས་ཀུན་བརྟགས་པའི་རྟག་གཅིག་རང་དབང་ཅན་གྱི་བདག་དེ་བཀག་པས། འཇིག་རྟེན་ཐ་མལ་པས་ང་ལྟ་བུའི་གང་ཟག་ལ་བདག་ཏུ

འཁྲུལ་པའི་ལྷན་སྐྱེས་ཀྱི་གཟུང་བྱའི་བདག་མི་ཁེགས་ཏེ། ཀུན་བཏགས་ཀྱི་བདག་འཛིན་མ་མཐོང་བའི་དུད་འགྲོ་ལ་ཡང་ལྷན་སྐྱེས་ཀྱི་བདག་འཛིན་མཐོང་བའི་ཕྱིར་ཞེས་སྨྲས་ནས། འདིའི་ཕྱོགས་སྔ་རང་རྒྱུད་པ་ལ་སྦྱོར་བ་ནི་གཞུང་གི་འཕྲོས་ཚུལ་འདི་ཁོང་དུ་མ་ཆུད་པར་ཟད་ཅིང་གཞུང་དོན་ལ་འབྲེལ་བ་ཡང་མེད་པར་འོག་ནས་འཆད་དོ། །དེས་ན། དེ་རིག་མིན་པའང་བདག་ལྟའི་ཕྱིར། །ཞེས་པ་ལ་གཞུང་འདི་འཕྲོས་པ་ཡིན་ཏེ། མུ་སྟེགས་པས་ཀུན་བཏགས་པའི་བདག་དེ་རིག་པ་མིན་པ་ལའང་ལྷན་སྐྱེས་ཀྱི་བདག་ཏུ་ལྟ་བ་ཡོད་དེ། དཔེར་ན་བསྐལ་པ་མང་པོར་དུད་འགྲོར་སྐྱེས་པ་དང་དམྱལ་བ་སོགས་བཞིན་ཞེས་དགག་པ་མཛད་པའི་ཕྱོགས་སྔ་མ་མུ་སྟེགས་པ་ལ་སྦྱོར་བ་སློབ་དཔོན་ཟླ་བ་གྲགས་པའི་དགོངས་པ་མཐར་ཐུག་པ་ཡིན་ནོ། །དེ་ཕྱིར་ཕུང་པོ་ལས་གཞན་བདག་མེད་དེ། ཞེས་པ་ལས་འཕྲོས་ནས་རང་སྡེ་མང་བཀུར་བ་གཞན་དག་ན་རེ། ཕུང་པོ་ལས་གཞན་བདག་གྲུབ་མེད་པའི་ཕྱིར། །བདག་ལྟའི་དམིགས་པ་ཕུང་པོ་ཁོ་ནའོ། །ཞེས་སོ། །

དེ་ཡང་ཁ་ཅིག་བདག་ལྟའི་རྟེན་དུ་ཕུང་པོ་ནི། །ལྔ་ཆར་ཡང་འདོད་ཁ་ཅིག་སེམས་གཅིག་འདོད། །ཅེས་སོགས་སྨྲར་དྲངས་པ་ལྟར་རོ། །གལ་ཏེ་ཕུང་པོ་བདག་ན་དེ་ཕྱིར་དེ། །མང་བས་བདག་དེ་དག་ཀྱང་མང་པོར་འགྱུར། །དེ་ཡང་འདོད་ན་རང་འགྲེལ་དུ། འཇིག་རྟེན་སྐྱེ་བ་ན་གང་ཟག་ཉག་ཅིག་སྐྱེའོ་ཞེས་བྱ་བའི་ལུང་དང་འགལ་ཞེས་བདག་དང་གང་ཟག་གཅིག་པ་ལྟ་བུར་འཆད་པ་ནི། མང་བཀུར་བས་དེ་ལྟར་འདོད་པའི་དབང་དུ་བྱས་ཀྱི་རང་ལུགས་མ་ཡིན་ནོ། །གཞན་དུ་ན་ཕུང་པོ་དང་བདག་ཀྱང་རང་ལུགས་ལ་དོན་གཅིག་པར་འདོད་དགོས་སོ། །

ཁ་ཅིག་བདག་དང་བདག་གིར་ལྟ་བ་ལྷན་སྐྱེས་ཀྱི་འཛིན་སྟངས་ལ་རྟག་གཅིག་རང་དབང་ཅན་དུ་འཛིན་པ་མེད་དེ། རྟག་གཅིག་རང་དབང་ཅན་དུ་འཛིན་པ་ནི་ཀུན་བཏགས་ཀྱི་བདག་འཛིན་ཁོ་ནའི་ཁྱད་ཆོས་ཡིན་པའི་ཕྱིར། དེ་ལྟ་མ་ཡིན་ན། གང་དག་དུད་འགྲོར་བསྐལ་མང་བསྐྱལ་གྱུར་པ། །ཞེས་སོགས་ཀྱི་རིགས་པས་གནོད་དོ། །དེ་ཡང་འདི་ལྟར་ཀུན་བཏགས་ཀྱི་བདག་བཀག་པས་ལྷན་སྐྱེས་ཀྱི་གཟུང་བྱའི་བདག་མི་ཁེགས་པར་ཐལ། ཀུན་བཏགས་ཀྱི་བདག་འཛིན་མེད་པའི་དུད་འགྲོ་ལ་ཡང་བདག་འཛིན་ལྷན་སྐྱེས་ཡོད་པའི་ཕྱིར་ཟེར་རོ། །དེ་ནི་མི་འཐད་དེ། གཞུང་འདིའི་ཕྱོགས་སྔ་རང་རྒྱུད་པར་བྱས་ནས་གཞུང་དོན་དེ་སྐད་དུ་སྨྲ་བ་ལ་འབྲེལ་བ་ཅི་ཡང་མེད་པས་སོ། །གཞན་ཡང་མཐའ་བཞིའི་སྐྱེ་བ་བཀག་པས་བདེན་པའི་སྐྱེ་བ་མི་ཁེགས་པར་ཐལ། མཐའ་བཞིར་འཛིན་པ་མེད་པའི་དུད་འགྲོ་ལ་ཡང་བདེན་པར་འཛིན་པ་ཡོད་པའི་ཕྱིར་དང་། འཇུག་པ་ལས། རྣམ་པ་བདུན་གྱིས་འགྲུབ་འགྱུར་མིན་མོད་ཀྱི། །ཞེས་པ་ལྟར། གང་ཟག་གི་བདག་འགོག་པའི་ཚེ་

ཕུང་པོ་དང་བདེན་པའི་གཅིག་དང་ཐ་དད་དང་རྟེན་དང་བརྟེན་པ་ལྡན་པ་རྣམ་པ་ལྔ་དང་། ཕུང་པོ་ཚོགས་པ་ཙམ་དང་དབྱིབས་ཙམ་བདག་ཡིན་པ་བཀག་པས་གང་ཟག་གི་བདག་འཛིན་མི་ཁེགས་པར་ཐལ། ཕུང་པོ་དང་བདག་བདེན་པའི་གཅིག་དང་ཐ་དད་སོགས་རྣམ་པ་བདུན་དུ་འཛིན་པ་མེད་པའི་དུད་འགྲོ་ལ་ཡང་གང་ཟག་གི་བདག་འཛིན་ཡོད་པའི་ཕྱིར། ཞེས་པའི་བླ་མའི་ཐལ་འགྱུར་ཕ་རོལ་པོ་དག་གིས་བསྐལ་པའི་བར་དུ་བསློག་པར་མ་ནུས་སོ། །

འཇུག་པ་ལས། བདག་མེད་རྟོགས་ཚེ་རྟག་པའི་བདག་སྤོང་ཞིང་། །འདི་ནི་ངར་འཛིན་རྟེན་དུའང་མི་འདོད་པ། །དེ་ཕྱིར་བདག་མེད་ཤེས་པས་བདག་ལྟ་བ། །དཔྱིས་ཀྱང་འབྱིན་ཞེས་སྨྲ་བ་ཤིན་ཏུ་མཚར། །རང་ཁྱིམ་རྩིག་ཕུག་སྦྲུལ་གནས་མཐོང་བཞིན་དུ། །འདི་ན་གླང་ཆེན་མེད་ཅེས་དོགས་བསལ་ཏེ། །སྦྲུལ་གྱི་འཇིགས་པའང་སྤོང་བར་བྱེད་པ་ནི། །ཀྱེ་མ་གཞན་གྱི་གནམ་པོར་གྱུར་ཉིད་དོ། །ཞེས་པའི་གཞུང་གི་དོན་ནི་ཤེས་རབ་ཡོད་ན་ཁོ་བོས་བཤད་པའི་འཕྲོས་ཡུལ་ལྟར་ཡིད་ལ་ཟུངས་ཤིག །འཕྲོས་ཡུལ་དེ་ཡང་གང་ཞེ་ན། འཇིག་རྟེན་ཐམལ་པས་ང་ལྷ་བྱིའི་གང་ཟག་ལ་བདག་དང་གཅིག་ཏུ་འབྲེལ་པ་ལྟར་མུ་སྟེགས་གྲངས་ཅན་པ་དང་བྱེ་བྲག་པ་སོགས་ཀྱིས་ཀྱང་དེའི་སྐབས་བྱེད་བཙལ་བས། ཟ་པོ་རྟག་དངོས་ཞེས་སོགས་ནས། ལུགས་འདི་ཐ་དད་འགྱུར་ཞེས་བྱ་བ་ལྷ་བྱིན་ཏེ་ངོ་། །དེ་འདྲའི་ཁྱད་གཞིའི་བདག་འགོག་པ་ནི། མོ་གཤམ་བུ་ལྟར་སྐྱེ་བ་དང་བྲལ་ཕྱིར། །དེ་ལྟར་གྱུར་པའི་བདག་ནི་ཡོད་མིན་ཞིང་། །འདི་ནི་ངར་འཛིན་རྟེན་དུའང་མི་རིགས་ལ། །འདི་ནི་ཀུན་རྫོབ་དུའང་ཡོང་མི་འདོད། །ཅེས་སོ། །བདག་གི་ཁྱད་ཆོས་འགོག་པ་ནི། གང་ཕྱིར་བསྟན་བཅོས་བསྟན་བཅོས་ལས་དེའི་ཁྱད། །མུ་སྟེགས་རྣམས་ཀྱིས་གང་བསྟན་དེ་ཀུན་ལ། །རང་གྲགས་མ་སྐྱེས་གཏན་ཚིགས་གིས་གནོད་པ། །དེ་ཕྱིར་དེ་ཁྱད་ཀུན་ཀྱང་ཡོད་མ་ཡིན། །ཞེས་བཤད། གྲངས་ཅན་ལ་དགག་པ་མཛད་པ་དེ་བཞིན་བྱེ་བྲག་པ་སོགས་ཀྱི་ལུགས་ལ་ཡང་བརྗོད་པར་བྱའོ། །འདི་ནི་ངར་འཛིན་རྟེན་དུའང་མི་རིགས་ལ། །ཞེས་པའི་སྐབས་བྱེད་དུ༑ འཇིག་རྟེན་ངར་འཛིན་བློ་ཡི་རྟེན་དུ་ཡང་། །མི་འདོད་དེ་རིག་མིན་པའང་བདག་ལྟའི་ཕྱིར། །ཞེས་སོ། །

འདིའི་སྐབས་བྱེད་དུ། གང་དག་དུད་འགྲོར་བསྐལ་མང་བསྐྱལ་གྱུར་པ། །དེས་ཀྱང་མ་སྐྱེས་རྟག་འདི་མ་མཐོང་ལ། །ངར་འཛིན་དེ་དག་ལ་ཡང་འཇུག་མཐོང་སྟེ། །དེས་ན་ཕུང་པོ་ལས་གཞན་བདག་འགའང་མེད། །ཅེས་བཤད། དེས་ན་ཀུན་བརྟགས་ཞེས་བྱ་བ་ནི་ཐོག་མ་མེད་པ་ནས་རྟོག་པས་ཀུན་ནས་བརྟགས་པ་དང་དུས་ཕྱིས་གྲུབ་མཐས་ཀུན་ནས་བརྟགས་པ་གཉིས་ལ་འཇུག་གོ། །ཕྱི་མའི་དབང་དུ་བྱས་ནས་འཇུག་པ་ལས། གླང་པོ་ཆེ་ལ་འཇིགས་པའི་དོགས་པ་བསལ་བས་སྦྲུལ་ལ་འཇིགས་པའི་དོགས་པ་སེལ་མི་ནུས་པ་བཞིན་དུ། ཀུན་

བཏགས་ཀྱི་བདག་འཛིན་མེད་པ་ཙམ་གྱིས་ལྷན་སྐྱེས་ཀྱི་བདག་འཛིན་སུན་འབྱིན་མི་ནུས་ཞེས་དཔེ་དོན་དུ་སྦྱར་བ་ཡིན་གྱི། རྟག་གཅིག་རང་དབང་ཅན་གྱི་བདག་བཀག་པས་བདག་འཛིན་ལྷན་སྐྱེས་ཀྱིས་བཟུང་བའི་བདག་མི་ཁེགས་པར་བཞེད་པའི་སྒྲུབ་བྱེད་དུ། གང་དག་དུད་འགྲོར་བསྐལ་མང་བསྐྱལ་གྱུར་པ། །ཞེས་སོགས་ལེགས་ལྡན་འབྱེད་ལ་སོགས་པའི་རང་རྒྱུད་པ་ལ་གནོད་བྱེད་ཀྱི་གཞུང་དུ་འཆད་པ་ནི་སློབ་དཔོན་ཟླ་བའི་དགོངས་པ་གཏན་མ་ཡིན་ནོ། །གཞན་ཡང་ལྷན་སྐྱེས་ཀྱི་འཛིན་པ་ཡང་ཕུང་པོ་ལ་དམིགས་ནས་བདག་རྟག་གཅིག་རང་དབང་ཅན་དུ་འཛིན་པ་མཐོང་སྟེ། བདག་མི་འཆི་བར་འདོད་པ་དང་ཡུལ་འདི་ན་སུ་ཞིག་གནས་དྲིས་པ་ན་བདག་གཅིག་པུ་གནས་སོ་ཞེས་སྨྲ་བ་མཐོང་བའི་ཕྱིར་དང་། གཞན་ལ་མ་ལྟོས་པར་རང་དགར་གྲུབ་པར་འཛིན་པ་ཡང་མཐོང་ལ་གང་ཟག་རང་རྐྱ་ཐུབ་པའི་རྫས་ཡོད་དུ་འཛིན་པའང་མཐོང་བའི་ཕྱིར་རོ། །བདག་ལ་རྟག་པར་མི་འཛིན་ན། གལ་ཏེ་ཕུང་པོ་བདག་ཡིན་ན། །སྐྱེ་དང་འཇིག་པ་ཅན་དུ་འགྱུར། །ཞེས་པས། མི་འདོད་པ་ཐལ་བར་འཕེན་པའི་ཐལ་འགྱུར་འདི་ས་ཅི་ཞིག་བསྟན་པར་འགྱུར་ཤེས་པར་བྱོས་ཤིག །ཀུན་བཏགས་ཀྱི་འཛིན་པ་ལ་རྟག་འཛིན་སྤྱོང་བའི་དབང་དུ་བྱས་སོ་ཞེ་ན། འོན་ཙ་ཤེའི་གང་ཟག་གི་བདག་འགོག་པའི་རིགས་པའི་གཙོ་བོ་འདི་ལྟ་བུ་ཡིན་པས། ཀུན་བཏགས་ཀྱི་བདག་དགག་བྱའི་གཙོ་བོ་མིན་པའི་གྲུབ་མཐའ་གཏིང་ནས་ཉམས་ཞེས་བླ་མ་གསུང་། དེས་ན་ལོ་མང་པོའི་བར་དུ་བདག་གི་ལུས་སེམས་གནས་པར་འཛིན་པ་དང་སྐྱེ་འཆི་སོགས་ཅི་བྱེད་ཀྱང་རང་གཅིག་པུར་འཛིན་པ་དང་བདག་གི་ལུས་སེམས་གཞན་དང་ཐུན་མོང་མ་ཡིན་པ་ཉིད་དུ་འཛིན་པར་མྱོང་བས་གྲུབ་བོ། །

གོང་དུ་བཤད་པའི་འཇུག་པའི་གཞུང་གི་འགྲོས་ཚུལ་འདི་མ་ཤེས་པའི་དཔྱད་མ་པ་ཁ་ཅིག །ཤེས་རབ་སྒྲོན་མ་ལས། རྣམ་པར་ཤེས་པ་བདག་ཏུ་བླངས་ནས་དོན་དམ་པར་རྣམ་པར་ཤེས་པ་བདག་མ་ཡིན་ནོ་ཞེས་དམ་བཅས་པ་ལ། དམ་བཅས་པའི་སྐྱོན་དུ་མི་འགྱུར་པ་ལྟ་བུ་དང་ཞེས་པ་དང་། རྟོག་གེ་འབར་བ་ལས། འདི་ལྟར་ཁོ་བོ་ཅག་ཀྱང་ཐ་སྙད་དུ་རྣམ་པར་ཤེས་པ་ལ་བདག་གི་སྒྲ་དངོས་སུ་འདོགས་ཏེ། འདི་ལྟར་རྣམ་པར་ཤེས་པ་ནི་ཡང་སྲིད་པ་ལེན་པའི་ཕྱིར་བདག་ཡིན་ནོ་ཞེས་སོ། །དེས་ན་ལེགས་ལྡན་འབྱེད་ལྟར་རང་རྒྱུད་པ་རྣམས་ཀྱང་ཡིད་ཀྱི་རྣམ་ཤེས་ལ་བདག་གི་གང་ཟག་ཏུ་འདོད་ལ། སེམས་ཙམ་པ་རྣམས་ནི་ཀུན་གཞིའི་རྣམ་ཤེས་ལ་བདག་གི་གང་ཟག་ཏུ་འདོད་ཟེར་རོ། །དེ་ནི་ལུང་གི་དོན་མ་ཡིན་ཏེ། བློས་བཟུང་པ་ལྟར་སྒྲས་བརྗོད་ཀྱང་ཡུལ་གྱི་གནས་ཚུལ་ལ་མ་ཞུགས་པའི་ཕྱིར་རོ། །འོན་ལུང་གི་དོན་གང་ཡིན་ཞེ་ན། རྣམ་པར་ཤེས་པའི་རྒྱུན་དོན་དམ་པར་བདག་ཏུ་བཏགས་པའི་གང་ཟག་མ་ཡིན་པ་ཐ་སྙད་དུ་ཡིན་ནོ་ཞེས་བྱ་སྟེ། སོ་སོ་སྐྱེ་བོའི་དབྱེ་བས་སེམས

ཅན་རྫས་ཡོད་དུ་འཛིན་པའི་རྟོག་པ་དེས་ཡུལ་འཛིན་པའི་ཚུལ་ཡང་། འགྲེལ་པ་དོན་གསལ་ལས། དོན་དམ་པའི་དངོས་པོ་ལ་མངོན་པར་ཞེན་པ་ཉིད་ཀྱིས་ཞེས་སོ། །

འཕགས་པའི་དབྱེ་བས་སེམས་ཅན་བཏགས་ཡོད་དུ་འཛིན་པའི་ཚུལ་ཡང་། དེ་ཉིད་ལས། རྫས་སུ་ཡོད་པར་མི་སྐྱེ་བས་སེམས་ཅན་དུ་བཏགས་པ་དང་ཞེས་སོ། །ལུང་ཕྱི་མའི་དོན་ཡང་སྔ་མ་ལྟར་དོན་དམ་པར་རྫས་ཡོད་དུ་མ་སྐྱེ་ཡང་ཐ་སྙད་དུ་སེམས་ཅན་སྐྱེ་ཞེས་བྱའོ། །དེས་ན་ལེགས་ལྡན་འབྱེད་ལྟར་རང་རྒྱུད་པ་རྣམས་ཀྱང་ཡིད་ཀྱི་རྣམ་ཤེས་ལ་བདག་གམ་གང་ཟག་ཏུ་འདོད་ལ། སེམས་ཙམ་པ་རྣམས་ནི་ཀུན་གཞིའི་རྣམ་ཤེས་ལ་བདག་གམ་གང་ཟག་ཏུ་འདོད་ཟེར་བ་ཡང་ནང་འགལ་ཏེ། གང་ཟག་ནི་རྫས་ཡོད་དང་བདག་ནི་མེད་པར་བཤད་ཟིན་པའི་ཕྱིར་དང་། ལེགས་ལྡན་འབྱེད་མདོ་སྡེ་པ་ལྟར་ཡིད་ཀྱི་རྣམ་ཤེས་གང་ཟག་ཏུ་འདོད་ན། ཞི་བ་འཚོ་ཡབ་སྲས་ཀྱང་སེམས་ཙམ་པ་ལྟར་ཀུན་གཞིའི་རྣམ་ཤེས་གང་ཟག་ཏུ་འདོད་དགོས་པ་རྣམ་པ་ཀུན་ཏུ་མཚུངས་པའི་ཕྱིར་རོ། །སེམས་ཙམ་པ་རྣམས་ནི་ཀུན་གཞིའི་རྣམ་ཤེས་གང་ཟག་ཏུ་འདོད་ཟེར་བ་ཡང་མི་འཐད་དེ༑ སེམས་ཙམ་པས་ཀྱང་ཐ་སྙད་དུ་སེམས་དང་སེམས་ཅན་གཉིས་དང་ལམ་དང་གང་ཟག་སོགས་ལ་ཁྱད་པར་འདོད་པའི་ཕྱིར་རོ། །གནས་པའི་མདོ་ལས་ཀྱང་། ཀུན་དགའ་བོ་བདག་ཡོད་དོ་ཞེས་གསུངས་པ་ནི་རྟག་པར་འགྱུར་ལ། ཀུན་དགའ་བོ་བདག་མེད་དོ་ཞེས་བྱ་བ་ནི་ཆད་པར་འགྱུར་རོ་ཞེས་སོ། །དེའི་དོན་མཛོད་ལས། བདག་ཡོད་ཉིད་དུ་ཁས་བླངས་ན། །ལྟ་བའི་མཆེ་བས་རྨུས་པར་འགྱུར། །ཞེས་པ་དང་། བཏགས་པའང་མེད་པར་འགྱུར་བས་ན། །མེད་དོ་ཞེས་ཀྱང་མ་གསུངས་སོ། །ཞེས་པ་དང་། བདག་མེད་ཕུང་པོ་ཙམ་ཉིད་དོ། །ཞེས་པ་དང་། མར་མེ་བཞིན་དུ་མངལ་དུ་འགྲོ། །ཞེས་སོ། །དེས་ན་བདག་ཏུ་བཏགས་པའི་གང་ཟག་སེམས་ཀྱི་རྒྱུན་ལ་སྐྱེ་བ་དང་འཆི་བ་དང་སྡུར་མཐོང་བ་ཕྱིས་ངོ་ཤེས་ནས་དྲན་པའི་ལྷ་དང་མི་སོགས་ཐ་སྙད་འཇིག་རྟེན་ན་བྱེད་པ་དགག་ཏུ་མེད་དོ། །

ཤེས་རབ་སྒྲོན་མ་ལས། ཐ་སྙད་དུ་བདག་སྐྱིར་དམ་འཆའ་བ་ནི་གྲུབ་པ་སྒྲུབ་པ་ཡིན་ནོ་ཞེས་བྱ་བ་ཡང་། བདག་ཏུ་བཏགས་པའི་གང་ཟག་ལ་དགོངས་སོ། །དེ་ལྟ་མ་ཡིན་པར་སྒྲ་ཇི་བཞིན་པ་ཡིན་ན། ལུང་མ་བསྟན་གྱི་ལྟ་བ་བཅུ་བཞི་ཡང་བདག་ལས་བརྩམས་པའི་དྲི་བ་ཡིན་པས། བཅོམ་ལྡན་འདས་ཀྱིས་ཁྱད་གཞི་བདག་མེད་པའི་ཁྱད་ཆོས་མེད་པ་ལ་དགོངས་ནས། ལན་ལུང་དུ་མ་བསྟན་ཞེས་བྱ་བ་ཡང་མི་འཐད་པས་ལུང་དུ་བསྟན་པའི་ལྟ་བ་བཅུ་བཞིར་འགྱུར་རོ། །འོན་ལུང་མ་བསྟན་གྱི་ལྟ་བ་བཅུ་བཞི་གང་ཞེ་ན། ཡུམ་གྱི་མདོ་ལས། བདག་དང་འཇིག་རྟེན་རྟག་པ་དང་མི་རྟག་པ་དང་གཉིས་ཀ་དང་གཉིས་ཀ་མ་ཡིན་པ་དང་མཐའ་དང་ལྡན་པ

དང་མི་ལྡན་པ་དང་གཉིས་ཀ་དང་གཉིས་ཀ་མ་ཡིན་པ་དང་། དེ་བཞིན་གཤེགས་པ་གྲོངས་ནས་འབྱུང་བ་དང་མི་འབྱུང་བ་དང་གཉིས་ཀ་དང་གཉིས་ཀ་མ་ཡིན་པ་དང་། ལུས་དེ་ཉིད་སྲོག་གོ་སྲོག་ཀྱང་གཞན་ལ་ལུས་ཀྱང་གཞན་ནོ་ཞེས་བྱ་བ་འདི་ཉིད་བདེན་གྱི་གཞན་ནི་གཏི་མུག་གོ་ཞེས་སོ། །རྒྱ་བར་འདོད་ན། འཇུག་པ་ལས། འཇིག་རྟེན་མཐའ་ལྡན་ལ་སོགས་མེད་ཕྱིར་རོ། །ཞེས་སོ། །

འོན་འདུལ་བ་ལུང་ཕྲན་ཚེགས་ལས། རྣམ་པར་བསམས་ནས་འདི་ཀུན་ལ། །གང་ཟག་དམིགས་པ་མ་ཡིན་ནོ། །ཞེས་པའི་དོན་ཇི་ལྟར་འཆད་ཅེ་ན། ཁ་ཡར་བ་དང་ཚོགས་པ་ཞེས་པའི་ཚིགས་བཅད་འོག་ནས་འབྱུང་བ་ལྟར། ལུས་སེམས་ཀྱི་རྒྱུན་ལ་བཞག་པའི་གང་ཟག་ཆོས་ཅན། དོན་དམ་པར་མེད་དེ། དོན་དམ་པར་མ་དམིགས་པའི་ཕྱིར། འོན་ཀྱང་རྒྱུན་ལ་བཞག་པའི་གང་ཟག་ཐ་སྙད་ཙམ་དུ་དོན་བྱེད་ནུས་པ་ཡིན་ཏེ། འཇུག་འགྲེལ་དུ་མདོ་དྲངས་པ་ལས། ཕུང་པོ་ནི་ཁུར་རོ།ཁུར་འཁུར་བ་པོ་ནི་གང་ཟག་གོ་ཞེས་སོ། །འདི་འདྲའི་རིགས་ཀྱི་ཕུང་པོ་ཞེས་བྱ་བ་ནི་ཕུང་པོ་ལ་ཉེ་བར་བླང་བྱའི་ཕུང་པོ་དང་ཉེ་བར་ལེན་པ་པོའི་ཕུང་པོ་གཉིས་སུ་ཕྱེ་བའི་སྐབས་ལ་གོ་དགོས་སོ། །དེ་ལྟ་མིན་ན་སེམས་དང་སེམས་ཅན་གཅིག་ཏུ་འཁྲུལ་པའི་འཁྲུལ་གཞི་ཆེན་པོར་འགྱུར་རོ༑ ༑

ད་ནི་འདི་དཔྱད་པར་བྱ་སྟེ། མདོ་ལས། ཉེ་བར་ལེན་པའི་ཕུང་པོ་ལྔ་ཁོ་ན་ལ་བདག་གམ་བདག་གིར་ལྟའོ་ཞེས་འབྱུང་བས། གང་ཟག་གི་མཚན་གཞི་ནི་ཉེར་ལེན་ཕུང་པོའི་རྒྱུན་ལ་གང་ཟག་དང་ཉེར་ལེན་ཕུང་པོའི་སྐད་ཅིག་སྔ་ཕྱི་ལ་ཆོས་སུ་བཞེད་པའི་མདོ་དོན་སླ་བ་ལ། ཐོགས་མེད་སྐུ་མཆེད་ཀྱང་ཀླུ་སྒྲུབ་ཡབ་སྲས་བཞིན་དུ་འཁྲུལ་མེད་ཡིན་ཏེ། མདོ་ལས། ལེན་པའི་རྣམ་པར་ཤེས་པ་ཟབ་ཅིང་ཕྲ། །ས་བོན་ཐམས་ཅད་ཆུ་བོའི་རྒྱུན་དང་འདྲ། །ཞེས་པ་དང་། བཤད་རྒྱུད་རྡོ་རྗེ་རྩེ་མོ་ལས། ཀུན་གཞི་ས་བོན་ཐམས་ཅད་པ། །ཞེས་གསུངས། རྒྱ་ཤེར་ལས། གང་ཕྱིར་ཕུང་པོ་རྣམས་ཀྱི་རྒྱུན། །འདི་ནི་མར་མེའི་འོད་དང་མཚུངས། །ཞེས་པ་དང་། བཞི་བརྒྱ་པ་ལས། ཇི་ལྟར་རྒྱུན་ལ་ལྟ་ཉེས་པ། །བརྟག་ཅེས་བྱ་བར་མི་འགྱུར་རམ། །ཞེས་སོ། །སྤྱོད་འཇུག་ལས། ཕྲེང་བ་དམག་ལ་སོགས་བཞིན་རྫུན། །ཞེས་པ་དང་། འཇུག་པ་ལས། མ་བདེན་པ་ཡི་རྒྱུ་ལ་བརྟེན་བྱུས་ནས། །འབྲས་བུའི་རྣམ་པ་མི་བདེན་རང་བཞིན་ཅན། །ཞེས་པ་དང་། སའི་དངོས་གཞི་ལས། རྒྱུན་ལ་གང་ཟག་ཅེས་བྱ་སྟེ། །མཚན་ཉིད་འཛིན་ལ་ཆོས་ཞེས་བྱ། །འདི་ལ་འགའ་ཡང་འཁོར་བ་མེད། །སུ་ཡང་མྱ་ངན་འདས་པ་མེད། །ཅེས་པ་དང་། རྒྱུད་གསུམ་རྣམ་པར་ངེས་པ་ལས། ཁ་ཡར་བ་དང་ཚོགས་པ་ཞེས། །བརྟགས་ན་ཕུང་པོ་ལྔ་ཡི་རྒྱུན། །གང་ཟག་མ་ཡིན་དེ་ཡི་ཕྱིར། །ས་བོན་ཀུན་གཞིའི་རྣམ་ཤེས་ཀྱི། །རྒྱུན་ནི་གང་ཟག་ཡིན་པར་འདོད། །ཅེས་པ་དང་།

མཛོད་ལས། ཕུང་པོའི་རྒྱུན་ནི་གང་ལ་དགག །མི་དགེ་འབྲས་བུ་ཡོད་པ་ཉིད། །ཅེས་སོ། །མཛོད་འགྲེལ་ལས། བདག་ཏུ་མངོན་པར་བརྗོད་པ་འདི་ནི་ཕུང་པོའི་རྒྱུན་ཁོ་ན་ལ་འཇུག་གི་བརྗོད་པར་བྱ་བ་གཞན་ལ་མ་ཡིན་ནོ་ཞེས་སོ། །བདག་ཏུ་མངོན་པར་བརྗོད་པ་ཞེས་བྱ་བ་ནི་གང་ཟག་ལ་བདག་གི་སྒྲ་འཇུག་པ་ཙམ་མོ། །དེས་ན་རྒྱུན་ལ་བཞག་པའི་གང་ཟག་ནི་ཡོད་ལ་བདག་ནི་མེད་དོ། །སྐད་ཅིག་སྔ་ཕྱི་ལ་བཞག་པའི་ཆོས་ནི་ཡོད་ལ་བདག་ནི་མེད་དོ། །དེ་སྐད་དུ་ཡང་ས་པཎ་གྱི་གཞུང་ལུགས་ལེགས་བཤད་དྲི་མ་མེད་པ་ལས། ཉན་ཐོས་ཀྱི་ལྟ་བ་ནི་གང་ཟག་གི་བདག་མེད་རྟོགས་པ་ཡིན་ནོ། །དེ་ཡང་མུ་སྟེགས་བྱེད་ཀྱིས་བརྟགས་པའི་གང་ཟག་གི་བདག་རྟག་པ་གཅིག་པུ་གཙང་བར་བྱེད་པ་པོ་རང་དབང་ཅན་ཞེས་བྱ་བ་དེ་མེད་དོ། །དེ་ལྟ་བུའི་གང་ཟག་གི་བདག་ཡོད་པར་འཛིན་པའི་བློ་ཆོས་ཅན། འཁྲུལ་པ་ཡིན་ཏེ། ཡུལ་མེད་པའི་བློ་ཡིན་པའི་ཕྱིར། ཐག་པ་ལ་སྦྲུལ་དུ་འཛིན་པ་བཞིན་ནོ། །གཏན་ཚིགས་དེ་ཉིད་མ་གྲུབ་པོ་ཞེ་ན། ཕུང་པོ་ཉིད་གང་ཟག་གི་བདག་ཡིན་ནམ་ཕུང་པོ་ལས་གཞན་དུ་ཡོད། དང་པོ་ལྟར་ན། ཕུང་པོ་ཆོས་ཅན། གང་ཟག་གི་བདག་མ་ཡིན་པར་ཐལ། བདག་དང་མཚན་ཉིད་མི་མཐུན་པའི་ཕྱིར། མ་གྲུབ་པོ་ཞེ་ན། ཕུང་པོ་ཆོས་ཅན། བདག་དང་མཚན་ཉིད་མི་མཐུན་པར་ཐལ། མི་རྟག་པ་དུ་མ་ཡིན་ཞིང་བྱེད་པ་པོ་མ་ཡིན་པ་མི་གཙང་བ་གཞན་དབང་དུ་གྱུར་པའི་ཕྱིར་རོ། །

དེ་སྐད་དུ་ཡང་མདོ་སྡེ་རྒྱན་ལས། བདག་ཏུ་ལྟ་བ་བདག་ཉིད་བདག་མཚན་མིན། །ངན་པར་གནས་མིན་མཚན་ཉིད་མི་འདྲའི་ཕྱིར། །ཞེས་སོ། །ཕུང་པོ་ལས་གཞན་དུ་གང་ཟག་གི་བདག་ཡོད་དོ་ཞེ་ན། ཕུང་པོ་ལས་གཞན་ན་ཆོས་ཅན། གང་ཟག་གི་བདག་མེད་པར་ཐལ་ཏེ། གང་ཟག་མེད་པའི་ཕྱིར་རོ། །དེ་སྐད་དུ་ཡང་སའི་དངོས་གཞི་ལས། རྒྱུན་ལ་གང་ཟག་ཅེས་བྱ་སྟེ། །ཞེས་བཤད་པས་ཕུང་པོའི་རྒྱུན་རྒྱུ་ལས་དང་ཉོན་མོངས་པས་གང་ཞིང་ཟག་པས་གང་ཟག་ཅེས་བྱའོ། །དེ་ཡང་གཞུང་ལུགས་ཁ་ཅིག་གི་དབང་དུ་བྱས་ནས། གང་ཟག་གི་བདག་མེད་རྟོགས་ཤིང་ཆོས་ཀྱི་བདག་མེད་མ་རྟོགས་སོ་ཞེས་རྣམ་པར་བཞག་པ་ཡིན་གྱི། དོན་གྱི་གནས་ལུགས་ལ་ཉན་རང་གི་བདག་མེད་གཉིས་ཀ་རྟོགས་པ་ཡིན་ཏེ། གལ་ཏེ་ཉན་རང་གིས་ཆོས་ཀྱི་བདག་མེད་མ་རྟོགས་ན། ཉན་ཐོས་དགྲ་བཅོམ་པ་དང་རང་སངས་རྒྱས་ཆོས་ཅན། ཁམས་གསུམ་དུ་སྐྱེ་བ་ལེན་པར་ཐལ་ཏེ། དངོས་པོའམ་ཕུང་པོར་འཛིན་པ་ཡོད་པའི་ཕྱིར་རོ། །རྟགས་མ་གྲུབ་ན་ཆོས་ཅན་ལ་བདག་འཛིན་ཡོད་པ་ཉམས་སོ༔ །ཁྱབ་པ་མ་གྲུབ་ན། སློབ་དཔོན་ཀླུ་སྒྲུབ་ཀྱིས། ཇི་སྲིད་ཕུང་པོར་འཛིན་ཡོད་པ། །དེ་སྲིད་དེ་ལ་ངར་འཛིན་ཡོད། །ངར་འཛིན་ཡོད་ན་ཡང་ལས་དེ། །དེ་ལས་ཡང་ནི་སྐྱེ་བར་འགྱུར། །ཞེས་བཤད་པས་གྲུབ་པ་འདོད་ན། མྱ་ངན་ལས་འདས་ནས་འཁོར་བ་མི་གནས་པའི་སྐྱེ་བ་ལེན་པ་མ་ཡིན་པར་འགྱུར་ཏེ། ཁམས་གསུམ་དུ་སྐྱེ་བ

ལེན་པའི་ཕྱིར་རོ། །འདོད་ན། དཔལ་ཕྲེང་གི་མདོ་ལས། བཅོམ་ལྡན་འདས་དཔེར་ན་ལེན་པའི་རྐྱེན་གྱིས་ཟག་པ་དང་བཅས་པའི་ལས་ཀྱི་རྒྱུ་ལས་བྱུང་བའི་སྲིད་པ་གསུམ་འབྱུང་བ་དེ་བཞིན་དུ། བཅོམ་ལྡན་འདས་མ་རིག་པའི་བག་ཆགས་ཀྱི་སའི་རྐྱེན་གྱིས་ཟག་པ་མེད་པའི་ལས་ཀྱི་རྒྱུ་ལས་བྱུང་བ་དགྲ་བཅོམ་པ་དང་རང་སངས་རྒྱས་དང་དབང་ཐོབ་པའི་བྱང་ཆུབ་སེམས་དཔའ་རྣམས་ཀྱི་ཡིད་ཀྱི་རང་བཞིན་གྱི་ལུས་གསུམ་འབྱུང་སྟེ། བཅོམ་ལྡན་འདས་མ་རིག་པའི་བག་ཆགས་ནི་ས་གསུམ་པོ་འདི་དག་ཏུ་ཡིད་ཀྱི་རང་བཞིན་གྱི་ལུས་གསུམ་པོ་འདི་དག་འབྱུང་བ་དང་ཟག་པ་མེད་པའི་ལས་མངོན་པར་འགྲུབ་པའི་རྐྱེན་ལགས་སོ་ཞེས་གསུངས་པའང་འགལ་ལོ་ཞེས་སོ། །གཞི་བསྡུ་བ་ལས། དེ་ལ་གང་ཟག་གི་བདག་མེད་ནི་རྟེན་ཅིང་འབྲེལ་བར་འབྱུང་བའི་འདུ་བྱེད་ཕུང་པོ་རྣམས་ལས་དོན་ཐ་དད་པའི་བདག་མེད་པའི་ཕྱིར་རོ། །ཆོས་ལ་བདག་མེད་པ་ནི་ཕུང་པོ་དེ་དག་ཉིད་བདག་མེད་དེ། མི་རྟག་པའི་ཕྱིར་ཞེས་སོ། །སའི་དངོས་གཞི་ལས་ཀྱང་། གང་ཟག་ལ་བདག་མེད་པ་དང་ཆོས་ལ་བདག་མེད་པ་དང་མཐའ་གཉིས་རྣམ་པར་སྤངས་པའི་ཐ་མའི་ལམ་སྟེ། སྒྲོ་བཏགས་པའི་མཐའ་རྣམ་པར་སྤངས་པ་དང་སྐུར་བ་བཏབ་པའི་མཐའ་རྣམ་པར་སྤངས་པ་ཞེས་སོ། །

ད་ལྟའི་དབུ་མ་པ་ཕལ་མོ་ཆེ་ན་རེ། ཆོས་ཕུང་པོ་ལྔ་བུ་ནི་ཐལ་རང་གཉིས་ཀའི་ལུགས་ལ་རྫས་ཡོད་ཡིན་ལ༑ གང་ཟག་ནི་རྫས་ཡོད་མ་ཡིན་པར་བཏགས་ཡོད་དུ་བཞེད་པར་འདྲ་བ་ལ། ཇི་ལྟར་འདོགས་པའི་ཚུལ་དང་ངོས་འཛིན་གྱི་ཚུལ་མི་གཅིག་སྟེ། རང་རྒྱུད་པས་ནི་གདགས་གཞི་ཕུང་པོ་ལ་གང་ཟག་གམ་བདག་ཏུ་འདོགས་པར་འདོད། ཐལ་འགྱུར་བས་ནི་ཕུང་པོ་གདགས་གཞིར་མི་འདོད་པར་ཕུང་པོ་ལ་བརྟེན་ནས་བདག་ཏུ་འདོགས་པར་འདོད་དོ། །རྟེན་པའི་དོན་ཡང་ཕུང་པོ་བློ་ཡུལ་དུ་མ་བྱས་པར་ནམ་མཁའ་སྟོང་པ་ལྟ་བུ་ལ་དམིགས་ནས་བདག་གོ་ཞེས་མི་འདོགས་ཀྱི། བདག་ཏུ་ལྟ་བས་ཕུང་པོ་ལ་དམིགས་བཞིན་པ་མ་ཡིན་ཡང་སྔར་ཕུང་པོ་བློ་ཡུལ་དུ་བྱས་པ་གཅིག་སྔོན་དུ་བཏང་ནས་བདག་གོ་ཞེས་ཐ་སྙད་འདོགས་སོ། །རང་རྒྱུད་པས་གདགས་གཞི་ཕུང་པོ་ལ་བདག་ཏུ་འདོགས་པའི་ཚུལ་ཡང་བྱེ་བྲག་སྨྲ་བའི་ནང་ཚན་མང་བཀུར་བ་ཁ་ཅིག་དང་། མདོ་སྡེ་པ་ལྟར་ན་སློབ་དཔོན་ལེགས་ལྡན་འབྱེད་སེམས་ཡིད་ཀྱི་རྣམ་ཤེས་ལ་བདག་ཏུ་ཐ་སྙད་འདོགས་སོ། །དེ་ཡང་ཆོས་ཐམས་ཅད་བདག་མེད་པར་གསུངས་པའི་མེད་རྒྱུའི་བདག་ནི་ཀུན་བརྟགས་ཀྱི་བདག་ཡིན་ལ་ལྷན་སྐྱེས་ཀྱི་བདག་ནི་ལས་འབྲས་ཀྱི་རྟེན་ཡིན་པས་ཡོད་དོ། །དེས་ན་ཐལ་རང་གཉིས་ཀ་ལྟར་ཡང་སྐབས་འདིར་བདག་དང་གང་ཟག་དོན་གཅིག་གོ། །

དེ་དག་གི་ཤེས་བྱེད་ཀྱང་། ཁ་ཅིག་བདག་ལྟའི་རྟེན་དུ་ཕུང་པོ་ནི། །ལྔ་ཆར་ཡང་འདོད་ཁ་ཅིག་སེམས

གཅིག་འདོད། །གལ་ཏེ་ཕུང་པོ་བདག་ན་དེ་ཕྱིར་དེ། །མང་བས་བདག་དེ་དག་ཀྱང་མང་པོར་འགྱུར། །བདག་ནི་རྫས་སུ་འགྱུར་ཞིང་དེར་ལྟ་བ། །རྫས་ལ་འཇུག་པས་ཕྱིན་ཅི་ལོག་མི་འགྱུར། །མྱ་ངན་འདས་ཚེ་ངེས་པར་བདག་ཆད་འགྱུར། །མྱ་ངན་འདས་སྔོན་སྐད་ཅིག་དག་ལ་ནི། །སྐྱེ་འཇིག་བྱེད་པོ་མེད་པས་དེ་འབྲས་མེད། །གཞན་གྱིས་བསགས་ལས་གཞན་གྱིས་ཟ་བར་འགྱུར། །ཞེས་པའི་རྐང་པ་ལྔ་པ་དང་དྲུག་པའི་འཇུག་འགྲེལ་ལས། གཟུགས་ལ་སོགས་པའི་རྫས་འདས་པ་ལ་སོགས་དབྱེ་བས་ཐ་དད་པར་འགྱུར་བ་རྣམས་ཁོ་ན་ལ་ཕུང་པོ་ཉིད་དུ་བརྗོད་པའི་ཕྱིར་དང་། དེ་རྣམས་ཁོ་ན་བདག་ཏུ་བསྟད་པའི་ཕྱིར་བདག་རྫས་སུ་ཡོད་པར་འགྱུར་ན། དགེ་སློང་དག་ལྔ་པོ་འདི་རྣམས་ནི་མིང་ཙམ་ཐ་སྙད་ཙམ་བཏགས་པ་ཙམ་སྟེ། གང་འདི་ལྟ་སྟེ་འདས་པའི་དུས་དང་མ་འོངས་པའི་དུས་དང་ནམ་མཁའ་དང་མྱ་ངན་ལས་འདས་པ་དང་གང་ཟག་གོ་ཞེས་བྱ་བ་དང་དེ་བཞིན་དུ། ཇི་ལྟར་ཡན་ལག་ཚོགས་རྣམས་ལ། །བརྟེན་ནས་ཤིང་རྟར་བརྗོད་པ་ལྟར། །དེ་བཞིན་ཕུང་པོ་རྣམས་བརྟེན་ནས། །ཀུན་རྫོབ་སེམས་ཅན་ཞེས་བྱའོ། །ཞེས་བྱ་བ་འདི་ལས་ནི་འདོད་པ་ཡང་མ་ཡིན་ནོ། །དེའི་ཕྱིར་བདག་རྫས་སུ་ཡོད་པར་ཐལ་བར་འགྱུར་བའི་ཕྱིར་ན་ཕུང་པོ་རྣམས་བདག་མ་ཡིན་ནོ། །གཞན་ཡང་འཇིགས་ཚོགས་ལ་ལྟ་བ་རྫས་ཀྱི་ཡུལ་ཅན་ཡིན་པའི་ཕྱིར་ན། སྔོན་པོ་དང་སེར་པོ་ལ་སོགས་པའི་ཤེས་པ་ལྟར་ཕྱིན་ཅི་ལོག་ཉིད་དུ་མི་འགྱུར་རོ་ཞེས་སོ། །དེས་ན་ཕུང་པོ་རེ་རེ་བ་དང་ཚོགས་པ་དང་རྒྱུན་གང་ཡང་གང་ཟག་ཡིན་པ་བཀག་ལ། གང་ཟག་ཕུང་པོ་ལ་བརྟེན་ནས་བཏགས་པའི་བཏགས་ཡོད་ཡིན་པའི་ཕྱིར། རྫས་ཡོད་མིན་པས་ཁྱབ་ཟེར་རོ། །དེ་ནི་དཔྱད་པ་དང་མ་དཔྱད་པའི་སྐབས་མ་ཕྱེད་པ་ཟད་དེ། མངོན་པར་མཛོད་ཀྱི་གནས་དགུ་པ་གང་ཟག་དགག་པ་ཞེས་བྱ་བ་ལས། གང་ཟག་ནི་དོན་དམ་པར་རྫས་སུ་མེད་ཀྱང་ཐ་སྙད་དུ་དོན་བྱེད་ནུས་པར་བཤད་པའི་ཕྱིར་རོ། །

ཡང་དབུ་མ་ཐལ་འགྱུར་བ་ཆོས་ཅན། ཉེ་བར་ལེན་པ་པོའི་ཕུང་པོ་བདག་གི་བདག་གཞིར་འདོད་པར་ཐལ། ཕུང་པོ་ལ་བརྟེན་ནས་བདག་ཏུ་འདོགས་པར་འདོད་པའི་ཕྱིར། བདག་ཏུ་ལྟ་བའི་འཇིག་ལྟ་ཆོས་ཅན། ཉེ་བར་ལེན་པ་པོའི་ཕུང་པོ་དམིགས་ཡུལ་དུ་བྱེད་པར་ཐལ། སྔར་ཕུང་པོ་བློ་ཡུལ་དུ་བྱས་པ་གཅིག་སྔོན་དུ་བཏང་ནས་བདག་གོ་ཞེས་ཐ་སྙད་འདོགས་པའི་ཕྱིར། ཐལ་བ་གཉིས་ཀ་ལ་ལན་མེད་དོ། །དབུ་མ་རང་རྒྱུད་པས་ལྷན་སྐྱེས་ཀྱི་བདག་ནི་ལས་འབྲས་ཀྱི་རྟེན་དུ་ཡོད་པས་དགག་བྱ་མ་ཡིན་ཟེར་བ་ཡང་མི་འཐད་དེ། རྣམ་འགྲེལ་ལས་ཀྱང་། དེ་ཕྱིར་གྲོལ་འདོད་ཐོགས་མེད་པའི། །རྒྱུ་ཅན་རིགས་མཐུན་ས་བོན་ལས། །བྱུང་བའི་འཇིག་ཚོགས་ལྟ་བ་དག །རྩ་བ་ཉིད་ནས་དབྱུང་བར་གྱིས། །ཞེས་པ་དང་། འདི་ཡུལ་སུན་དབྱུང་མེད་པར་ནི། །དེ་སྤོང་བར་ནི་ནུས་མ་ཡིན། །ཞེས་བཤད་པའི་ཕྱིར་རོ། །

དེས་ན་ལེགས་ལྡན་འབྱེད་ལ་སོགས་པའི་རང་རྒྱུད་པས་ཀྱང་བདག་འཛིན་ལྷན་སྐྱེས་ཀྱི་གཉེན་པོར་བདག་མེད་རྟོགས་པའི་ཤེས་རབ་བསྒོམ་པ་ལྟ་སྨོས་ཀྱང་ཅི་དགོས། དེ་ནི་ཕུང་པོ་ལ་བརྟེན་ནས་བཏགས་པའི་བཏགས་ཡོད་ཡིན་པའི་ཕྱིར། རྫས་ཡོད་མིན་པས་ཁྱབ་ཟེར་བ་ལ་ཡང་ལན་བརྗོད་པར་བྱ་སྟེ། འོ་ན་ཉེ་བར་བླང་བྱའི་ཕུང་པོ་སྐད་ཅིག་སྔ་ཕྱི་རྣམས་ཆོས་ཅན། རྫས་ཡོད་མ་ཡིན་པར་ཐལ། རང་གི་ཉེ་བར་ལེན་པ་པོ་ལ་བཏགས་པའི་བཏགས་ཡོད་ཡིན་པའི་ཕྱིར་ལན་མེད་དོ། །བྱེད་པོ་ལས་ལ་བརྟེན་བྱ་ཞིང་། །ཞེས་སོགས་སྔར་དྲངས་པ་དང་། འཇུག་འགྲེལ་ལས། ཇི་སྐད་དུ། རྒྱུ་འབྲས་མཚན་ཉིད་མི་མཐུན་པ། །ནམ་ཡང་མཐོང་བ་མ་ཡིན་ནོ། །ཞེས་སོ། །

གཞན་ཡང་བུམ་པ་དང་སྣོད་པོའི་གཟུགས་ཆོས་ཅན། རྫས་ཡོད་མ་ཡིན་པར་ཐལ། རིམ་བཞིན་རང་གི་རྡུལ་རྫས་བརྒྱད་དང་རྒྱུ་འབྱུང་བཞི་ལ་བརྟེན་ནས་བཏགས་པའི་བཏགས་ཡོད་ཡིན་པའི་ཕྱིར། དེ་ཉིད་ལས། ཇི་སྐད་དུ། གཟུགས་ལ་སོགས་པ་མ་གཏོགས་པར། །ཇི་ལྟར་བུམ་པ་ཡོད་མིན་ལྟར། །དེ་བཞིན་ང་སོགས་མ་གཏོགས་པ། །གཟུགས་ཀྱང་ཡོད་པ་མ་ཡིན་ནོ། །ཞེས་སོ། །རང་ལུགས་ལ་གོང་དུ་དྲངས་པའི་འཇུག་པ་རྩ་འགྲེལ་གྱི་ལུང་གི་དོན་ནི་འདི་ལྟར་ཡིན་ཏེ། ཕུང་པོ་ལ་གཉིས་སུ་ཕྱེ་བའི་ཉེ་བར་ལེན་པ་པོའི་ཕུང་པོ་ནི་གང་ཟག་དང་ཉེ་བར་བླང་བྱ་ནི་ཆོས་ཡིན་ལ་དེ་གཉིས་ཀ་ཡང་ཕུང་པོར་གཏོགས་པས་རྫས་ཡང་ཡིན་ནོ། །འོན་ཀྱང་གང་ཟག་ནི་ཉེ་བར་བླང་བྱའི་ཕུང་པོ་ལྟར་རྫས་སུ་མེད་པ་ལ་དགོངས་ནས་དགེ་སློང་དག་ལྟ་བོ་འདི་རྣམས་ནི་མིང་ཙམ་ཐ་སྙད་ཙམ་བཏགས་པ་ཙམ་སྟེ་ཞེས་གསུངས་པ་ཡིན་ནོ། །དེ་ལྟར་མ་ཡིན་ན་འདས་མ་འོངས་ཀྱི་དུས་ཀྱང་དངོས་པོར་མེད་པར་ཐལ། ད་ལྟ་བ་བཞིན་དངོས་པོར་མེད་པའི་ཕྱིར། འདོད་ན་རྩ་ཤེར་ལས། དུས་ནི་དངོས་པོ་ལས་གཞན་མིན། །ཞེས་སོ། །གཞན་ཡང་། བཏགས་པའི་ཆོས་ཉིད་མི་འགལ་བ། །ཞེས་བྱ་བའི་ཡུམ་གྱི་མདོ་ལས། གཟུགས་བརྟགས་པ་ཙམ་མོ་བརྟགས་པ་ཙམ་གང་ཡིན་པ་དེ་ནི་ཆོས་ཉིད་དོ་དེ་ཡང་གནས་བརྟན་རབ་འབྱོར་གྱིས་མི་འགལ་བར་གཞན་བསྟན་ནོ་ཞེས་གསུངས་པས། གཟུགས་སོགས་ཕུང་པོ་ལྔ་ཡང་དངོས་མེད་དུ་ཐལ་ལོ། །སྐུ་དང་འདས་སྟོན་སྐད་ཅིག་དག་ལ་ནི། །ཞེས་པའི་རང་འགྲེལ་ལས། སྐུ་དང་ལས་འདས་པར་ཞུགས་པའི་སྟ་རོལ་གྱི་སྐད་ཅིག་དག་ཏུ་ཇི་ལྟར་ཕུང་པོ་རྣམས་སྐད་ཅིག་དག་ཏུ་ཇི་སྐད་ཕུང་པོ་རྣམས་སྐད་ཅིག་རེ་རེ་ལ་སྐྱེ་ཞིང་འཇིག་པ་ཙམ་ཡིན་པ་དེ་བཞིན་དུ་ཞེས་བཤད་པ་ལྟར། ཕུང་པོ་ལ་གཉིས་སུ་ཕྱེ་བའི་ཉེ་བར་བླང་བྱའི་ཕུང་པོ་སྐད་ཅིག་སྔ་ཕྱི་རེ་རེ་ལ་ལྟོས་པའི་རྒྱུན་ལ་གང་ཟག་ཏུ་བཞག་པ་ལ་ཉེ་བར་ལེན་པ་པོའི་ཕུང་པོ་ཞེས་བྱ་སྟེ། དེ་ཉིད་རྫས་སུ་གྲུབ་ཀྱང་ཉེ་བར་བླང་བྱའི་ཕུང་པོ་སྐད་ཅིག་སྔ་ཕྱི་རེ་རེ་ལ་སྐྱེ་འཇིག་ཙམ

བྱེད་པ་དེ་བཞིན་རྫས་ཡོད་མ་ཡིན་ཏེ། སྐད་ཅིག་སྔ་ཕྱིའི་ཕྲེང་བའི་རྒྱུན་ལ་གང་ཟག་ཏུ་བཞག་པའི་ཕྱིར། དེ་ཡང་སྐད་ཅིག་སྔ་ཕྱི་རེ་རེ་བ་ནི་དུས་མཐའི་སྐད་ཅིག་ཡིན་ལ་རྒྱུན་ནི་བྱ་རྫོགས་ཀྱི་སྐད་ཅིག་ཡིན་ཏེ། ལོ་དང་བསྐལ་པ་བཞིན་ནོ། །དེས་ན་ཕུང་པོ་རེ་རེ་བ་དང་ཕུང་པོ་ཚོགས་པ་དང་ཕུང་པོའི་རྒྱུན་རྣམས་རྫས་ཡོད་དུ་འདྲ་ཡང་རྫས་ཀྱི་ཡོད་ཚུལ་མི་འདྲ་བ། དཔེར་ན་ཤིང་རྟའི་ཡན་ལག་དང་ཡན་ལག་ཚོགས་པ་ཤིང་རྟ་བཞིན་ནོ། །རྫས་ལ་འདུག་པས་ཕྱིན་ཅི་ལོག་མི་འགྱུར། །ཞེས་པ་རྩ་འགྲེལ་གྱི་དོན་ཡང་མུ་སྟེགས་པ་དང་ཉན་ཐོས་མང་བཀུར་བས་བདག་དང་བདག་གིར་ལྟ་བའི་འཇིག་ལྟ་དོན་དམ་པའི་དངོས་པོ་དང་གང་ཟག་རང་རྐྱ་ཐུབ་པའི་རྫས་ཀྱི་ཡུལ་ཅན་དུ་འདོད་པ་ལ། འོན་སྔོ་སེར་སྣང་བའི་ཤེས་པ་མ་འཁྲུལ་བར་འདོད་པ་ལྟར། འཇིག་ཚོགས་ལ་ལྟ་བ་ཡང་ཕྱིན་ཅི་ལོག་ཉིད་དུ་མི་འགྱུར་རོ་ཞེས་བྱའོ། །དེ་ལྟ་མ་ཡིན་པར་སྒྲ་ཇི་བཞིན་པ་དོན་ཡིན་ན། འཇིག་ཚོགས་ལ་ལྟ་བ་ཆོས་ཅན། འཇིག་ཚོགས་ལ་མི་ལྟ་བར་ཐལ། རྫས་ཀྱི་ཡུལ་ཅན་མ་ཡིན་པའི་ཕྱིར། རྟགས་མ་གྲུབ་ན། རྫས་ལ་འདུག་པས་ཕྱིན་ཅི་ལོག་མི་འགྱུར། །ཞེས་པའི་འཁོར་གསུམ་དངོས་འགལ་སློབ་དཔོན་ཟླ་བ་གྲགས་པས་ཀྱང་ལན་གྱིས་བཟློག་པར་མི་ནུས་སོ། །

དེས་ན་ཟླ་བའི་ཞབས་ཀྱི་དགོངས་པ་ནི་འདི་ཡིན་ཏེ། འཇིག་རྟེན་ན་གྲགས་པའི་ཞག་དང་ཟླ་བ་ལྟ་བུ་སྐད་ཅིག་མཐུད་པའི་རྒྱུན་དང་། རྒྱ་མཚོ་དང་རི་རབ་ལྟ་བུ་རྡུལ་ཕྲན་བསགས་པའི་རིགས་པ་རྣམས་ཐ་སྙད་ཙམ་དུ་རྫས་སུ་ཡོད་དེ། འཇུག་པ་ལས། གཞན་གྱི་དབང་གིས་རྫས་ལ་ཆགས་པ་ཡིས། །འཇིག་རྟེན་གྲགས་པའི་རྣམ་གཞག་ཀུན་ཀྱང་བརླག །ཅེས་པ་དང་། འཇིག་རྟེན་དོན་ནི་འཇིག་རྟེན་གྲགས་ཉིད་ཀྱིས། །གལ་ཏེ་སེལ་ན་འཇིག་རྟེན་གྱིས་གནོད་འགྱུར། །དཔེར་ན་ཁ་ཅིག་གིས་ངའི་རྫས་ཕྲོགས་སོ་ཞེས་སྨྲས་པ་དང་། གཅིག་ཤོས་ཀྱིས་དེ་ལ་བརྒལ་ཞིང་བརྟགས་པ་རྫས་དེ་ཅི་ཞིག་ཡིན་ནམ། དེས་བུམ་པའོ་ཞེས་སྨྲས་པ་ལ། བུམ་པ་ནི་རྫས་མ་ཡིན་ཏེ། གཞལ་བྱ་ཡིན་པའི་ཕྱིར། རྨི་ལམ་གྱི་བུམ་པ་བཞིན་ནོ་ཞེས་དེ་དེས་སུན་འབྱིན་པར་བྱེད་པ་དེ་ལྟ་བུ་ལ་སོགས་པའི་ཡུལ་འཇིག་རྟེན་པའི་དོན་འཇིག་རྟེན་པའི་གྲགས་པ་ཉིད་ཀྱིས་སེལ་བར་བྱེད་པ་འཇིག་རྟེན་གྱིས་གནོད་པར་འགྱུར་ཞེས་སོ། །དེ་བཞིན་དུ་ལྷ་དང་མི་ལ་སོགས་པ་སེམས་ཅན་གྱི་དོན་བྱེད་མི་ནུས་པར་དམ་བཅས་པ་ལ་ཡང་འཇིག་རྟེན་གྱི་གྲགས་པས་གནོད་དོ། །གཞན་ཡང་རྒྱུན་དང་རགས་པ་ནི་དོན་བྱེད་ནུས་ལ། རྒྱུན་དུ་བཏགས་པ་དང་རགས་པར་བཏགས་པ་ནི་དངོས་མེད་ཡིན་ཏེ། རྣམ་འགྲེལ་ལས། དངོས་རྣམས་སྐད་ཅིག་རེ་རེར་ནི། །འཇིག་ན་དངོས་རྒྱུན་དེ་ལྟ་བུར། །སྐྱེ་རྒྱུ་ཡིན་ཕྱིར་དེ་རྟེན་ཡིན། །དེ་ལྟ་མིན་ན་རིགས་མ་ཡིན། །ཞེས་པ་དང་། རིགས་གཏེར་ནས། དང་པོ་སྐད་ཅིག་མི་འཇིག་ན། །རགས་པའི་འགྱུར་བ་ག་ལ་འཐད། །ཞེས་པ

དང་། སྐད་ཅིག་སྟ་མ་སྟ་མ་ལས། །སྔོན་མེད་ཕྱི་མ་ཕྱི་མ་སྐྱེ། །དེ་ལ་རྒྱུན་དུ་སྒྲོ་བཏགས་པ། །བཟློག་པར་བྱེད་པ་ཉེས་པ་མེད། །ཅེས་སོ། །གལ་ཏེ་ཀུན་གཞི་རྣམ་ཤེས་ཀྱི་རྒྱུན་དང་ཡིད་ཀྱི་རྣམ་ཤེས་ཀྱི་རྒྱུན་དང་ཕུང་པོ་ལྔའི་རྒྱུན་ལ་གང་ཟག་ཏུ་བཤད་པ་རྣམས་ནང་ཕན་ཚུན་འགལ་ལོ་ཞེ་ན། དེ་ནི་མི་འགལ་ཏེ། དེ་དག་གང་ཟག་གི་མཚན་གཞིར་གཟུང་གི་མཚན་ཉིད་དུ་བཞག་པ་མ་ཡིན་པའི་ཕྱིར། དཔེར་ན་གཟུགས་ཀྱི་ཕུང་པོ་ཆོས་ཡིན་ན་མིང་བཞིའི་ཕུང་པོ་ཆོས་ཡིན་པ་མི་འགལ་བ་བཞིན་ནོ། །མདོ་རྒྱུད་བསྟན་བཅོས་ཀྱི་སྐབས་ལ་ལར་ལུས་ཀྱི་རྒྱུན་ལ་གང་ཟག་དང་ལ་ལར་སེམས་ཀྱི་རྒྱུན་ལ་གང་ཟག་དང་ལ་ལར་ལུས་སེམས་གཉིས་ཀའི་རྒྱུན་ལ་གང་ཟག་ཏུ་འདོག་པའི་རྒྱུ་མཚན་ཡང་། འཇིག་རྟེན་པ་དག་གིས་རེས་འགའ་ནི་ལུས་ཀྱི་རྒྱུན་ལ་བདག་ཏུ་འཛིན། རེས་འགའ་ནི་སེམས་ཀྱི་རྒྱུན་ལ་བདག་ཏུ་འཛིན། རེས་འགའ་ནི་ལུས་སེམས་གཉིས་ཀའི་རྒྱུན་ལ་བདག་ཏུ་འཛིན་པའི་དམིགས་ཡུལ་ཤེས་པའི་དབང་དུ་བྱས་སོ། །འོ་ན་གང་ཟག་གཅིག་ལ་ཡང་བདག་མང་པོ་ཡོད་པར་འགྱུར་རོ་ཞེ་ན། བློའི་འཛིན་ཚུལ་དང་ཡུལ་གྱི་གནས་ཚུལ་མི་གཅིག་པ་ཡིན་ཏེ། རྣམ་འགྲེལ་ལས། བརྗོད་པར་འདོད་པའི་གཞན་དབང་ཕྱིར། །སྒྲ་རྣམས་གང་ལ་འང་མེད་མ་ཡིན། །ཞེས་པ་དང་། འབུམ་ལས་ཀྱང་། བྱིས་པ་སོ་སོའི་སྐྱེ་བོས་ཇི་ལྟར་གཟུང་བ་དེ་ལྟར་མེད་ཅེས་གསུངས།

མདོར་ན་དབུ་མ་ཐལ་རང་གཉིས་རིགས་ཚོགས་ཀྱི་བཤད་སྲོལ་ཅུང་ཟད་ཙམ་མི་འདྲ་བ་མ་གཏོགས། སློབ་དཔོན་ཟླ་བས་བདག་གཉིས་འགོག་པའི་སྐབས་སུ་ལེགས་ལྡན་འབྱེད་དགག་བྱའི་གཙོ་བོར་བྱེད་པ་མི་འཐད་དེ། ཇི་ལྟར་ཡན་ལག་ཚོགས་རྣམས་ལ། །བརྟེན་ནས་ཤིང་རྟར་བརྗོད་པ་ལྟར། །དེ་བཞིན་ཕུང་པོ་རྣམས་བརྟེན་ནས། །ཀུན་རྫོབ་སེམས་ཅན་ཞེས་བྱའོ། །ཞེས་པའི་མདོའི་དོན་ཤེས་རབ་སྒྲོན་མ་ལས། ཐ་སྙད་དུ་མིང་དང་གཟུགས་དང་དེ་ལ་བརྟེན་ནས་ཉེ་བར་ལེན་པ་པོར་གདགས་པར་ཟད་ཀྱི་ཞེས་སོ། །འདིས་ནི་ལེགས་ལྡན་འབྱེད་ཀྱིས་ཀྱང་འཇིག་ལྟས་འཇིག་ཚོགས་བློ་ཡུལ་དུ་བྱེད་པར་བསྟན་ནོ། །གཞན་ཡང་རྩ་ཤེའི་རབ་བྱེད་ཉི་ཤུ་རྩ་དྲུག་པའི་ཚིག་གསལ་སངས་རྒྱས་བསྐྱངས་ཀྱི་རྗེས་སུ་མ་འབྲངས་པར་ལེགས་ལྡན་འབྱེད་ཀྱི་རྗེས་སུ་འབྲངས་ནས་བཤད་དོ། །ཚིག་གསལ་དུ་ཡང་། ལེགས་ལྡན་འབྱེད་ཀྱི་ལེགས་བཤད་གང་ཡིན་དང་། །ཞེས་བཤད་པ་ལས་ཤེས་སོ། །

སྤྱན་རས་གཟིགས་ཀྱི་བརྟུལ་ཞུགས་ཀྱིས་ཀྱང་། སློབ་དཔོན་ཟླ་བ་གྲགས་པ་དང་མཐུན་པར་བཤད་དེ། ཕུང་པོ་ལ་བརྟེན་ནས་གདགས་པ་ནི་གང་ཟག་ཡིན་ལ་དེ་ངོ་བོ་ཉིད་མེད་པ་ནི་གང་ཟག་གི་བདག་མེད་པའོ། །ཆོས་ནི་གཟུགས་ལ་སོགས་པའི་ཕུང་པོ་ཡིན་ལ་དེ་རང་བཞིན་སྣང་བ་བཞིན་མེད་པ་ནི་ཆོས་ཀྱི་བདག་མེད་པའོ་ཞེས

བཤད། དབུ་མ་ཐལ་རང་གི་ཁྱད་པར་རེ་ཞིག་བསྡུས་པ་ཙམ་ཡིན་ལ། རྒྱས་པ་ཁོ་བོས་དབུ་མའི་དཀའ་འགྲེལ་དང་ཐལ་ཕྲེང་གཉིས་སུ་བཤད་ཟིན་ཏོ། །

གཉིས་པ་ལ། འདོད་པ་བརྗོད་པ་དང་། དེ་དགག་པ་གཉིས། དང་པོ་ནི། རྙིང་མ་བ་ཁ་ཅིག་ན་རེ་དབུ་མའི་ལྟ་བ་ནི་ཀུན་རྫོབ་ཇི་ལྟར་སྣང་བ་བཞིན་གསལ་བ་ཡིན་ཞིང་དོན་དམ་པར་མཐའ་བཞིའི་སྤྲོས་པ་དང་བྲལ་ལ༑ བྱ་བའི་རྒྱུད་ཀྱི་ཀུན་རྫོབ་ནི་སྐུ་གསུང་ཐུགས་རིགས་གསུམ་རྒྱལ་བའི་དཀྱིལ་འཁོར་ཡིན་ཞིང་དོན་དམ་ནི་དབུ་མ་དང་མཚུངས་ཟེར་ལ། སྤྱོད་པའི་རྒྱུད་ཀྱི་ཀུན་རྫོབ་དང་རྣལ་འབྱོར་རྒྱུད་ཀྱི་ཀུན་རྫོབ་ནི་རིགས་ལྔའི་རྒྱལ་བར་སྣང་བ་ཡིན་ཞིང་རྣལ་འབྱོར་ཆེན་པོའི་ཀུན་རྫོབ་ནི་དམ་པ་རིགས་བརྒྱ་ཡིན་ཏེ། དེ་ཡང་ལྟ་ཐོག་ནས་བསྒོམ་སྒོམ་ཐོག་ནས་སྤྱོད་པ་བྱེད་དོ། །དེ་ཡང་ལོ་ཙཱ་བ་ཆེན་པོ་ཀ་བ་དཔལ་བརྩེགས་ཀྱིས་མཛད་ཟེར་བའི་ལྟ་བའི་རིམ་པ་བཤད་པ་ལས། ཀྱཻ་ཡ་དོན་དམ་ཆོས་ཉིད་ལྟ། །ཀུན་རྫོབ་རང་རིག་ཡོན་ཏན་ལྟ། །རིགས་གསུམ་དཀྱིལ་འཁོར་སྣང་བ་ལ། །སྐྱེ་བོ་འཕྲུལ་པ་མེད་པར་འདོད། །ཅེས་པ་དང་། གཙང་ནག་པའི་སློབ་མ་རྫོ་སྲས་རྡོ་རྗེ་འོད་ཅེས་པས་བྱས་པའི་ཐེག་པ་སྤྱི་ཞེས་བྱ་བ་ལས། ཀྱཻ་ཡ་སུ་ཏྲི་ཀ་ར་ལས། ཀུན་རྫོབ་རིགས་གསུམ་དཀྱིལ་འཁོར་གྱི། །རང་བཞིན་ཉིད་དུ་བརྟག་བྱ་སྟེ། །དོན་དམ་དག་པའི་ཆོས་ཉིད་དུ། །ཞེས་པ་དང་། ཡོ་ག་སང་ཀྲི་ཏ་ལས། ཆོས་རྣམས་རང་བཞིན་འོད་གསལ་བས། །ངོ་བོ་ཉིད་ཀྱིས་གདོད་ནས་དག །ཅེས་པ་དང་། ཁམས་གསུམ་མ་ལུས་འདི་དག་ཀུན། །དཀྱིལ་འཁོར་ཆེན་པོའི་ངོ་བོ་ཡིན། །ཞེས་བཤད་པ་ལྟར་ཡིན་ཟེར་རོ། །

གཉིས་པ་ལ། དངོས་དང་། འཕྲོས་དོན་གཉིས་ལས། དང་པོ་ལ། རྒྱུད་སྡེ་འོག་མར་སྣང་བ་ལྟ་རུམ་གསུངས་པའི་ཚུལ། རྒྱུད་སྡེ་སོ་སོའི་བསྒོམ་སྒྲུབ་ཀྱི་ཁྱད་པར་བསྟན་པ་དང་གཉིས་ལས། དང་པོ་ནི། ལྟ་སྒོམ་འདི་འདྲའི་དབྱེ་བ་འཁྲུལ་པ་ཡིན་པར་ཐལ། ལྟ་སྒོམ་གྱི་རྣམ་དབྱེ་མ་ཕྱེད་ཅིང་བསྒོམ་པ་ཐབས་དང་ལྟ་བ་ཤེས་རབ་དང་སྤྱོད་པ་དེ་གཉིས་མཐར་ཕྱིན་པའི་གྲོགས་ཡིན་པར་མ་ཤེས་པས་སོ། །འདི་ཡི་འཐད་པ་བཤད་ཀྱིས་ཉོན་ཞིག་རྟགས་ཟུར་དང་པོ་གྲུབ་སྟེ། བྱ་སྤྱོད་རྣལ་འབྱོར་རྒྱུད་སོགས་ཀྱི་རིགས་གསུམ་ལ་སོགས་སངས་རྒྱས་སུ་དམིགས་པ་དེ་བསྒོམ་པ་ཡིན་གྱི་ལྟ་བ་མིན་ཞིང་། བྱ་སྤྱོད་རྣལ་འབྱོར་རྒྱུད་གསུམ་ལས་ཀུན་རྫོབ་སྣང་བ་འདི་ལྟ་རུ་གསུངས་པ་མེད་པའི་ཕྱིར།

གཉིས་པ་ནི། རྒྱུད་སྡེ་བཞིའི་ལྟ་བསྒོམ་ཚུལ་ལ་ཁྱད་པར་ཡོད་དེ། འོན་ཀྱང་བྱ་བའི་རྒྱུད་དུ་ནི་རིགས་གསུམ་གྱི་བྲིས་སྐུ་ལྷ་རུ་བསྒོམས་ནས་ཀྱང་དེ་ལ་རྗེ་འབབས་ལྷ་བབ་འི་དངོས་གྲུབ་ལེན་པ་ཡིན་པ་དེས་ན་དཀའ་ཐུབ་གཙང་སྦྲ་ཡིས་སངས་རྒྱས་མཉེས་ནས་དངོས་གྲུབ་གནང་ཞིང་། སྤྱོད་པའི་རྒྱུད་དུ་མདུན་གྱི་བྲིས་སྐུ་དང་

རང་ཉིད་གཉིས་ཀ་ལྟར་བསྒོམས་ནས་གྲོགས་པོ་ལྟ་བུའི་དངོས་གྲུབ་ལེན་ལ། རྣལ་འབྱོར་རྒྱུད་དུ་ཕྱི་རོལ་གྱི་བྲིས་སྐུ་ལ་དམིགས་པའི་རྐྱེན་ཙམ་བྱས་ནས་ཀྱང་། རང་ཉིད་དམ་ཚིག་སེམས་དཔའ་བསྒོམས་པ་ལ་ཡེ་ཤེས་འཁོར་ལོ་སྤྱན་དྲངས་ནས། ཇི་སྲིད་ཕྱག་རྒྱ་མ་བཀྲོལ་བ་དེ་ཡི་བར་དུ་རང་གི་ལུས་ལ་སངས་རྒྱས་བཞུགས་ལ། ཕྱག་རྒྱ་བཀྲོལ་ནས་སངས་རྒྱས་རང་བཞིན་གྱི་གནས་སུ་གཤེགས་པས་དེ་ནས་རང་ཉིད་ཐ་མལ་དུ་འགྱུར་བའི་ཚུལ་འདི་དག་གི་ནི་ལུང་སྦྱོར་རྣམས་ཡི་གེ་མངས་ཀྱི་དོགས་པས་རེ་ཞིག་རྩ་བར་བཞག་ལ། རྡོ་རྗེ་གུར་གྱི་འགྲེལ་པ་ལས། བྱ་བའི་རྒྱུད་ཅེས་བྱ་བ་ནི་ཕྱི་རོལ་བརྟུངས་མ་ལ་སོགས་པའི་ལྟར་དམིགས་པ་དང་གཙང་སྦྲ་དང་སྡོམ་པ་ལ་སོགས་པ་ལྷུར་ལེན་པའོ། །བྱ་བའི་སྦྱོར་བ་ཞེས་བྱ་བ་ནི་བདག་ལས་ཕྱི་རོལ་དུ་དམིགས་པའོ་ཞེས་པ་དང་། དགྲ་ནག་གི་འགྲེལ་པ་ལས། བྱ་བ་དང་སྤྱོད་པའི་ལུགས་ལའང་བསྒྲུབ་བྱ་དང་སྒྲུབ་པའི་ཐབས་དུས་ཡུན་རིང་པོར་རྗེས་སུ་མི་འཇུག་སྟེ། དེ་དག་ནི་བརྟགས་པ་ལས་བྱུང་བ་ཉིད་ཡིན་ཏེ། དེར་ནི་འདི་ལྟར་རས་བྲིས་ལ་སོགས་པར་ལྷའི་སྟོབས་ཀྱིས་དངོས་གྲུབ་རྫོགས་པར་བྱེད་པའི་ཕྱིར་རོ། །རྣལ་འབྱོར་གྱི་རྒྱུད་དུ་ནི་ཁྱད་པར་འདི་ཡོད་དེ། རང་གི་ལྷའི་རྣལ་འབྱོར་གྱིས་རས་བྲིས་ལ་སོགས་པར་གཏོགས་པའི་ལྷ་ལ་དམིགས་ནས་མཐུན་པར་སྒྲུབ་པའི་དངོས་གྲུབ་སྒྲུབ་པར་བྱེད་དོ་ཞེས་པ་དང་། འོད་ཟེར་ཅན་གྱི་རྟོགས་པ་ལས། བདག་ཉིད་རྣམ་པར་སྣང་མཛད་ཀྱི་གཟུགས་པད་མའི་ལྟེ་བར་སེང་ལྡེང་གི་ཁྲི་ལ་རྡོ་རྗེའི་དཀྱིལ་ཀྲུང་དག་གིས་བཞུགས་པ། གསེར་གྱི་མདོག་ཅན་བྱང་ཆུབ་མཆོག་གི་ཕྱག་རྒྱ་ཅན་ཏིང་ངེ་འཛིན་ལ་སྙོམས་པར་ཞུགས་པ། རལ་བའི་དབུ་རྒྱན་འཆང་ཞིང་ཞི་བ་ཡི་གེ་མཾ་ཉིད་ཀྱིས་བརྗོད་པའི་རྣམ་པར་བསམ་པར་བྱའོ། །དེ་ནས་མདུན་དུ་ཟླ་བའི་གཟུགས་རྣམ་པར་སྣང་མཛད་ལས་བྱུང་བའི་འོད་ཟེར་ཅན་ནམ། ཨོཾ་མཱ་རཱི་ཙྱཻ་སྭཱ་ཧཱ། ཞེས་བྱ་བས་གསེར་གྱི་མདོག་ཅན་སྐྱུད་པ་དང་བཅས་པའི་ཁབ་འཛིན་པའི་ཕྱག་གིས་གདུག་པ་ཅན་གྱི་ཁ་དང་མིག་ཡང་དག་པར་དྲུབས་པ་མདུན་དུ་རྣམ་པར་བསམ་པར་བྱའོ་ཞེས་པ་དང་། རྟོག་པ་བསྡུས་པའི་རྒྱུད་ལས། དོན་དམ་སྤྲོས་བྲལ་སྟོང་པའི་ངང་ཉིད་ལས། །ཀུན་རྫོབ་སྒྱུ་མ་ལྟ་བུའི་སྐུར་གནས་པ། །རྗེ་འབངས་ཚུལ་གྱིས་དད་པ་རབ་བསྒོམས་ན༔ ༔དངོས་གྲུབ་དམ་པ་སངས་རྒྱས་ཉིད་དུ་འགྱུར། །ཞེས་པ་དང་། བློ་གྲོས་རྒྱ་མཚོས་ཞུས་པའི་རྒྱུད་ལས། དོན་དམ་རྣམ་དག་ཡེ་ཤེས་ཆེན་པོ་ལས། སྒྱུ་མའི་སྐུར་སྟོན་གྲོགས་པོའི་ཚུལ་དུ་བསྒོམ། །ཞེས་ཏེ། ལུང་ཕྱི་མ་འདི་གཉིས་ལོ་ཆེན་རིན་ཆེན་བཟང་པོས་མཛད་ཟེར་བའི་རྒྱུད་སྡེ་སྤྱིའི་རྣམ་གཞག་ཞིག་ལས་འབྱུང་སྟེ་དཔྱད་པར་བྱའོ། །དེ་ཉིད་སྣང་བ་ལས། ཕྱག་རྒྱ་གང་དང་གང་ནས་འབྱུང་བ་དེ་དང་དེ་ཉིད་དུ་བཀྲོལ་ཏེ་ཡེ་ཤེས་པ་གཤེགས་སུ་གསོལ་ལོ། །གཞན་དུ་ན་ལྷ་ལ་བརྙས་པར་འགྱུར་རོ་ཞེས་བཤད། རྣལ་འབྱོར་ཆེན་པོའི་རྒྱུད་དུ་ནི་

དེ་བཞིན་ཉིད་ཀྱི་དག་པ་རང་བཞིན་རྣམ་དག་དང་ལྷ་སོ་སོའི་དག་པ་བསྐྱེད་རིམ་གྱི་དག་པ་དང་རང་རིག་གི་དག་པ་རྫོགས་རིམ་གྱི་དག་པ་སྟེ། དག་པ་གསུམ་གྱི་རང་བཞིན་བཤད་པ་འདི་ཡི་ལུང་རིགས་མན་ངག་རྣམས་བླ་མ་དམ་པའི་ཞལ་ལས་ལེགས་པར་དྲིས་ནས། ཡོན་དུ་གསེར་སྲང་མང་པོ་ཕུལ་ལ་གུས་པས་ཞུ་དགོས་པའི་ཕྱིར། དེ་ཡང་ཀྱེ་རྡོ་རྗེ་ལས། ངེས་པར་དངོས་པོ་ཐམས་ཅད་ཀྱི། །དག་པ་དེ་བཞིན་ཉིད་དུ་བརྗོད། །ཕྱིས་ནས་རེ་རེའི་དབྱེ་བ་ཡིས། །ལྷ་རྣམས་ཀྱིས་ནི་བརྗོད་པར་བྱ། །ཞེས་པ་དང་། རང་རིག་བདག་ཉིད་དག་པ་ཉིད། །དག་པ་གཞན་གྱིས་རྣམ་གྲོལ་མིན། །ཞེས་གསུངས། གལ་ཏེ་བྱ་བའི་རྒྱུད་ཀྱི་ཡང་ཀུན་རྫོབ་སྣང་བ་འདི་ལྷ་རུ་གནས་ཟེར་ན་ནི། ཅི་ཡང་མི་ཟ་བའི་དཀའ་ཐུབ་དང་འཐོར་འཁྲུད་ལ་སོགས་པའི་གཙང་སྦྲ་ག་ལ་འཐད་དེ་མི་འཐད་པར་ཐལ། ཁས་ལེན་རྟགས། ཁྱབ་པ་ཡོད་དེ། ལྷ་ལ་གཙང་བ་དང་མི་གཙང་བའི་ལྷ་གཉིས་མེད་ཅིང་ལྷ་རྣམས་དཀའ་ཐུབ་ཀྱིས་མི་གདུང་བའི་ཕྱིར།

ཁ་ཅིག་ན་རེ་སྤྱོད་རྒྱུད་ལྟ་བུ་སྤྱོད་པའི་རྒྱུད་ཀྱི་ཡང་ལྟ་བ་རྣལ་འབྱོར་རྒྱུད་དང་མཐུན་ལ། སྤྱོད་པ་བྱ་བའི་རྒྱུད་བཞིན་བྱེད་ཟེར་བ་འདི་ཡང་དེ་ལྟར་ངེས་པ་མེད་དེ། སྤྱོད་པའི་རྒྱུད་འདི་ནི་བྱ་བ་དང་རྣལ་འབྱོར་གཉིས་ཀ་སྟོན་པའི་རྒྱུད་ཡིན་པས། ལྷ་མི་བསྒོམ་པའི་གནས་སྐབས་རེས་འགའ་འཁྲུས་བྱེད་པ་སོགས་གཙང་སྦྲ་སྤྱོད་མོད་ཀྱི་ལྷ་བསྒོམ་པའི་གནས་སྐབས་ཕལ་ཆེར་ནང་གི་རྣལ་འབྱོར་ཏིང་ངེ་འཛིན་སོགས་ཅི་བདེར་སྤྱོད་པར་གསུངས་པའི་ཕྱིར། དེ་ཡང་ངན་སོང་སྦྱོང་རྒྱུད་ལས། རྡོ་རྗེ་སེམས་དཔའི་གནས་འདུག་སྟེ། །ཐམས་ཅད་ཟོས་ཏེ་ཀུན་བྱས་ཀྱང་། །འགྲུབ་འགྱུར་ཉེས་པས་མ་གོས་ན། །སྙིང་རྗེ་ལྡན་པས་སློས་ཅི་དགོས། །ཞེས་གསུངས། སྤྱོད་པའི་རྒྱུད་དུ་ཕྱེད་འདོད་པའི་སྦྱོང་རྒྱུད་ལ་རིགས་ལྔ་ཡི་དོན་གྲུབ་ན་ཡང་རིགས་ལྔའི་མིང་གི་ཐ་སྙད་མེད་དེ། རྣམ་སྣང་ལ་ཀུན་རིག་མི་བསྐྱོད་པ་ལ་སྦྱོང་བའི་རྒྱལ་པོ་རིན་འབྱུང་ལ་རྒྱལ་མཆོག་རིན་ཆེན་འོད་དཔག་མེད་ལ་ཤཱཀྱ་ཐུབ་པ་དོན་གྲུབ་ལ་མེ་ཏོག་ཆེར་རྒྱས་ལ་སོགས་པའི་ཐ་སྙད་དང་། ཕྱག་རྒྱ་སྐུ་མདོག་རྣམ་དག་ཀྱང་རྣལ་འབྱོར་རྒྱུད་དེ་ཁོ་ན་ཉིད་བསྡུས་པ་དང་རྡོ་རྗེ་རྩེ་མོ་བཞིན་སྦྱོང་བའི་རྒྱུད་དེར་མ་གསུངས་པའི་ཕྱིར། དེ་ཡང་རྣལ་འབྱོར་རྒྱུད་དེར་རྣམ་སྣང་བྱང་ཆུབ་མཆོག་གི་ཕྱག་རྒྱ་ཅན་དང་མི་བསྐྱོད་པ་ས་གནོན་སྐུ་མདོག་སྔོན་པོ་སོགས་དང་། སྦྱོང་རྒྱུད་ལས། ཀུན་རིག་དང་སྦྱོང་རྒྱལ་ཏིང་ངེ་འཛིན་གྱི་ཕྱག་རྒྱ་ཅན་དང་སྦྱོང་རྒྱལ་དཀར་པོ་དང་རྒྱལ་མཆོག་རིན་ཆེན་སྔོན་པོ་དང་ཤཱཀྱ་ཐུབ་པ་སེར་པོ་ཆོས་འཆད་ཀྱི་ཕྱག་རྒྱ་ཅན་སོགས་གསུངས་ལ། རྣམ་དག་ཀྱང་སྦྱོང་གཞི་ཕུང་པོ་ལྔ་དང་སྦྱོང་བྱེད་ཉོན་མོངས་ལྔ་དང་སྦྱངས་འབྲས་དེ་བཞིན་གཤེགས་པ་ལྔ་འབྱུང་བ་སོགས་སྤྱོད་རྒྱུད་དུ་ཕྱེད་འདོད་པའི་སྦྱོང་རྒྱུད་དེར་རྣལ་འབྱོར་རྩ་རྒྱུད་བཞིན་མ་གསུངས་སོ། །

ས་སྐྱ་པར་ཁས་འཆེ་བའི་སློབ་དཔོན་སྔ་མ་ཁ་ཅིག་སྦྱོང་རྒྱུད་ནི། རྣལ་འབྱོར་རྒྱུད་ཀྱི་དབྱེ་བ་ཆ་མཐུན་པའི་རྒྱུད་ཡན་ལ་སྦྱོང་རྒྱུད་ཀྱི་དངོས་གཞི་ཡིན་པས་རྒྱུད་དེ་གཉིས་ལ་ཁྱད་པར་ཡོད་ཀྱང་མི་འགལ་ཟེར། གཞུང་གི་སྐབས་འདི་དཔྱད་གཞིར་སྣང་ན་ཡང་རྗེ་བཙུན་ལྟར་སྤྱོད་རྒྱུད་མིན་ཏེ། རྒྱུད་ཀྱི་སྤྱི་ཆིངས་སུ་རྣལ་འབྱོར་རྒྱུད་དུ་བཤད་པའི་ཕྱིར་དང་ཀུན་རིག་རྩ་བའི་དཀྱིལ་འཁོར་གྱི་སྐབས་ལས་ཀྱང་། གཙོ་བོ་རྒྱལ་བ་སྲས་ཀྱི་འཁོར། །མང་པོ་རྣམས་ནི་སྤྱན་དྲངས་ཏེ། །ཕྱག་རྒྱ་སྡུགས་དང་བདག་ལྡན་ཞིང་། །ལྕུགས་ཀྱུ་ལ་སོགས་རྣལ་འབྱོར་གྱིས། །ཛཿཧཱུྃ་བཾ་ཧོཿཐུགས་རྗེའི་བདག །ཚུར་གཤེགས་ཞེས་ནི་བརྗོད་ནས་ཀྱང་། །གསང་བའི་བཅིང་བ་བཅིངས་ནས་ནི། །འཇུབ་གཉིས་ལྕུགས་ཀྱུའི་ཚུལ་དུ་བྱ། །ཞེས་སོགས་གསུངས་པའི་ཕྱིར། དེས་ན་རྣལ་འབྱོར་རྒྱུད་མན་ཆད་ཀུན་རྫོབ་སྣང་བ་འདི་ལྷ་རུ་གསུངས་པ་མེད་དེ། འོན་ཀྱང་ཀུན་རྫོབ་ཐམས་ཅད་ནི་བྱིས་པ་ནས་མཁས་པའི་བར་ལ་ཇི་ལྟར་སྣང་བ་བཞིན་དུ་བས་ཀྱི། བྲིས་སྐུ་དང་བདག་ཉིད་ལ་སོགས་ལྷར་བསྒོམ་པ་དེ་ནི་བསྐྱེད་ཚོགས་ཀྱི་ཐབས་ཀྱི་ཁྱད་པར་གྱིས་ལྷར་བསྒྱུར་བ་ཡིན་པའི་ཕྱིར། མདོར་ན་ཀུན་རྫོབ་རང་ལྡོག་ཏུ་འདོད་པ་དང་ལྷ་བའི་རང་ལྡོག་ཏུ་འདོད་པ་གཉིས་ཤན་མ་ཕྱེད་པས། གསང་སྔགས་སྙིང་མའི་ཀུན་རྫོབ་ཡུལ་ཀུན་ཡུལ་ཅན་ལྷ་བ་དང་གཅིག་ཏུ་འབྲེལ་པའི་རྒྱུ་མཚན་དེ་ལྟར་ཡིན་ཏེ། རྣལ་འབྱོར་ཆེན་པོའི་རྒྱུད་སྡེ་ལས་ཀུན་རྫོབ་ཇི་ལྟར་སྣང་བ་ཕུང་ཁམས་སྐྱེ་མཆེད་འདི་ཐབས་ལ་མཁས་པའི་ཁྱད་པར་གྱིས་སྦྱང་གཞི་སྦྱོང་བྱེད་ངོ་སྤྲོད་པ་དེའི་ཚེ་དམ་པ་རིགས་བརྒྱ་ལ་སོགས་པའི་དབྱེ་བ་རྒྱལ་བས་གསུངས་པ་དེས་ནའོ། །

དེ་ལ་དམ་པ་རིགས་བརྒྱ་ནི། སྦྱང་གཞི་འབྱུང་བ་ལྔ་པོ་རེ་རེ་ལ་སྦྱང་བྱ་ཉོན་མོངས་པ་ལྔ་ལྔ་གནས་པས་ཉེར་ལྔ། དེ་རེ་རེ་ལ་ཡང་ནང་སེམས་ཀྱིས་ཕྱེ་ན་ཤ་ཆེན་སྤྱི་ཁྱབ་ཏུ་བཏང་བའི་བདུད་རྩི་བཞི་བཞི་སྟེ་བརྒྱའོ། །སྦྱོང་བྱེད་ལམ་ལ་སྦྱར་ན་བསྐྱེད་རིམ་གྱི་རིགས་བརྒྱ་ནི། རིགས་ལྔ་པོ་རེ་རེ་ལ་མངོན་བྱེད་ཡེ་ཤེས་ལྔ་ལྔས་ཕྱེ་བས་ཉེར་ལྔ། དེ་འཁོར་ཡུམ་བཞི་བཞི་དང་ལྡན་པས་བརྒྱའོ། །རྫོགས་རིམ་གྱི་རིགས་བརྒྱ་ནི། འདིར་ཐིག་ལེ་ལ་སྦྱར་ན་ཐིག་ལེ་ཕྲ་མོ་གཅིག་ཀྱང་འབྱུང་བ་ལྔ་དང་ལྡན་ལ། དེ་རེ་རེ་ཡང་བདུད་རྩི་བཞི་བཞིས་ཕྱེ་བས་ཉི་ཤུ། བརྟེན་པ་ཐིག་ལེ་རེ་རེ་ལ་ཡང་མཚོན་བྱེད་དཔེའི་ཡེ་ཤེས་ལྔ་ལྔ་དང་ལྡན་པས་བརྒྱའོ། །འབྲས་བུའི་དམ་པ་རིགས་བརྒྱ་ནི། སྤྲུལ་པའི་སྐུ་རིགས་ལྔ་པོ་རེ་རེ་ལ་ཡེ་ཤེས་ལྔ་ལྔ་ཕྱེ་བས་ཉེར་ལྔ། དེ་ཚད་མེད་པའི་ལྷ་མོ་བཞི་བཞི་དང་ལྡན་པས་བརྒྱའོ། །ལ་སོགས་པ་རིགས་འབུམ་དང་བྱེ་བ་དང་གྲངས་མེད་དུ་འགྱུར་བར་སཾ་བུ་ཊི་ལས་གསུངས་སོ། །

ལུང་དང་སྦྱར་བ་ནི་ཀྱེ་རྡོ་རྗེ་ལས། རྒྱས་པར་རབ་ཏུ་ཕྱེ་བ་ལས། །རིགས་ནི་རྣམ་པ་དྲུག་ཏུ་བརྗོད། །རྣམ་

གསུམ་རྣམ་པ་ལྔ་ཉིད་ཀྱང་། །ཞེས་པ་དང་། ཐུགས་ཀྱི་བདག་པོའི་རིགས་གཅིག་ཉིད། །ཅེས་པ་དང་། ཟླ་གསང་ཐིག་ལེ་ལས། རིགས་ནི་རྣམ་པ་བརྒྱར་བསྟན་དང་། །མདོར་ན་བསྡུ་ན་རྣམ་པ་ལྔ། །ལུས་དང་ངག་དང་ཡིད་སྦྱོར་བའི། །གསུམ་དུ་ཡང་ནི་འགྱུར་བ་ཡིན། །ཞེས་པ་དང་། ཀྱེ་རྡོ་རྗེ་ལས། རིགས་ཀྱི་ཚོགས་ལ་རིགས་ནི་དྲུ་མ་སྟང་། །དེ་རྣམས་རིགས་ནི་རྣམ་པ་བརྒྱ། །དེ་རྣམས་ལ་ཡང་འབུམ་ཕྲག་རིགས་ཆེན་རྣམས། །བྱེ་བའི་རིགས་ལ་གྲངས་ནི་མེད་པར་འགྱུར། །ཞེས་གསུངས། དམ་པ་རིགས་བརྒྱ་ནི་སྙིང་མ་པ་རྣམས་བུདྡྷ་བཞི་བཅུ་ཞེ་གཉིས་དང་ཁྲག་འཐུང་ལྔ་བཅུ་རྩ་བརྒྱད་ལ་འདོད་ཅིང་ལྷ་དེ་དག་ཀྱང་ན་རག་དོངས་སྤྲུགས་ནས་འབྱུང་། གསར་མ་བ་རྣམས་གསང་འདུས་ཀྱི་དགོངས་པ་སྤྱོད་བསྡུས་ལས། དེ་བཞིན་གཤེགས་པ་རིགས་ལྔ་ཡུམ་བཞི་ས་སྙིང་ཕྱག་རྡོར་མཁའ་སྙིང་འཇིག་རྟེན་དབང་ཕྱུག་སྒྲིབ་པ་རྣམ་སེལ་ཏེ་ལྔ། གཟུགས་རྡོ་རྗེ་མ་སོགས་ལྷ་མོ་ལྔ་སྟེ་བཅུ་དགུ་པོ་རེ་རེ་ལ་ལྔ་ལྔར་ཕྱེ་བས་དགུ་བཅུ་རྩ་ལྔ་དང་ཡེ་ཤེས་ལྔ་སྟེ་བརྒྱ་ལ་བཤད་ཅིང་། བླ་མ་ཆོས་ཀྱི་རྒྱལ་པོས་རིགས་ལྔ་པོ་རེ་རེ་ལ་ཡང་ཡེ་ཤེས་ལྔ་ལྔ་ཕྱེ་བ་ཉི་ཤུ་རྩ་ལྔ་དང་། དེ་ལ་ལྷ་མོ་བཞིས་བསྒྱུར་བ་ལ་བཤད་དོ༎ ༎

གཉིས་པ་ལ། གསང་སྔགས་སྔ་འགྱུར་བའི་ལུགས་དགོད། ཕྱི་འགྱུར་བའི་ལུགས་དགོད། སྔ་འགྱུར་བ་མིང་གིས་འཁྲུལ་པར་བསྟན། རྣལ་འབྱོར་ཆེན་པོའི་གོང་ན་རྒྱུད་སྡེ་མེད་པར་བསྟན། ཨ་ཏི་ཡོ་གའི་ལྟ་བ་ཐེག་པ་མ་ཡིན་པར་བསྟན། ཐེག་ཆེན་ཕལ་ཆེར་ཐོས་བསམ་གྱི་ལྟ་བ་མཐུན་པར་བསྟན། སྒོམ་པ་དང་སྤྱོད་པའི་བྱེ་བྲག་ཕྱེ་སྟེ་བསྟན་པ་དང་བདུན་ལས། དང་པོ་ནི། གསང་སྔགས་སྔ་འགྱུར་རྙིང་མ་བར་གྲགས་པ་རྣམས་ནི་རྣལ་འབྱོར་ཡོ་ག་དང་རྣལ་འབྱོར་ཆེན་པོ་མ་ཧཱ་ཡོ་ག་དང་རྗེས་སུ་རྣལ་འབྱོར་ཨ་ནུ་ཡོ་ག་དང་ཤིན་ཏུ་རྣལ་འབྱོར་ནི་ཨ་ཏི་ཡོ་ག་ཞེས་བྱ་བ་རྣམ་པ་བཞི་ཐེག་པའི་རིམ་པ་ཡིན་ཞེས་ཟེར་ལ། ཤིན་ཏུ་རྣལ་འབྱོར་ཐེག་པ་རིམ་པ་དགུའི་ཡང་རྩེ་ཡིན་པས་བཟང་བར་འདོད་དོ། །འདི་དག་གི་ལྟ་བ་ནི་གོང་དུ་བཤད་ཟིན་ལ་སྒོམ་པ་དང་སྤྱོད་པ་དང་འབྲས་བུའི་ཁྱད་པར་ནི། རྗོ་སྲས་རྣམས་ཀྱིས་མང་དུ་བཤད་འདུག་པས་ཤེས་པར་འདོད་ན་དེར་བལྟ་བར་བྱ་ལ་ཁོ་བོས་ནི་འདིར་མ་བྲིས་སོ། །

གཉིས་པ་ནི། གསང་སྔགས་ཕྱི་འགྱུར་གསར་མ་བར་གྲགས་པ་རྣམས་ནི་རྣལ་འབྱོར་དང་རྗེས་སུ་རྣལ་འབྱོར་དང་ཤིན་ཏུ་རྣལ་འབྱོར་ཆེན་པོ་ཞེས་བྱ་བ་འདི་དག་བསྐྱེད་རྫོགས་ཀྱི་ཏིང་འཛིན་རིམ་པ་ཡིན་གྱི་ཐེག་པ་དགུ་དང་རྒྱུད་སྡེའི་རིམ་པར་མི་བཞེད་དོ། །དཔལ་མཆོག་འགྲེལ་པ་ལས། དེ་ལ་དེ་ཁོ་ན་ཉིད་རྣམ་པ་ལྔ་བསྒོམས་པས་བདག་ཉིད་རང་གི་ལྷའི་ངོ་བོ་ཉིད་དུ་བསྐྱེད་པ་བསྒོམ་པའི་རྣལ་འབྱོར་ཞེས་བྱའོ། །ཡེ་ཤེས

སེམས་དཔའ་བཅུག་ནས་དེ་དང་ལྡན་ཅིག་ཏུ་གྱུར་པར་ལྷག་པར་མོས་པ་ནི་རྗེས་སུ་རྣལ་འབྱོར་ཞེས་བྱའོ། །རྒྱུ་བ་དང་མི་རྒྱུ་བ་ཐམས་ཅད་ཀྱི་ངོ་བོ་ཉིད་ཀྱི་རང་བཞིན་དུ་བདག་ཉིད་བསྒོམ་པ་ནི་ཐམས་ཅད་ཀྱི་རྣལ་འབྱོར་ཞེས་བྱའོ། །རྣལ་འབྱོར་དང་རྗེས་སུ་རྣལ་འབྱོར་དང་ཐམས་ཅད་ཀྱི་རྣལ་འབྱོར་རྣམ་པར་བསྒོམས་པས་སེམས་རྩེ་གཅིག་ཏུ་གྱུར་པ་གང་ཡིན་པ་དེ་ནི་ཤིན་ཏུ་རྣལ་འབྱོར་ཞེས་བྱའོ་ཞེས་པ་དང་། དགྲ་ནག་གི་རྒྱུད་ལེའུ་བཅུ་བདུན་པ་ལས། རྡོ་རྗེ་སེམས་དཔའ་རྗོགས་པ་ཡིན། །རྣལ་འབྱོར་ཡིན་པར་འདི་ལྟར་འདོད། །དེ་ནི་རྒྱུ་མཐུན་ལྷ་ཡི་སྐུ། །རྗེས་ཀྱི་རྣལ་འབྱོར་ཡིན་པར་གྲགས། །འཁོར་ལོ་ཐམས་ཅད་ཡོངས་རྫོགས་པ། །ཤིན་ཏུ་རྣལ་འབྱོར་ཡིན་པར་གྲགས། །སྐུ་དང་གསུང་དང་ཐུགས་རྣམས་དང་། །ལྷ་ཡི་མིག་སོགས་བྱིན་བརླབས་དང་། །ཡེ་ཤེས་འཁོར་ལོར་བཞུགས་པ་དང་། །བདུད་རྩི་མྱང་བ་དག་དང་ནི། །མཆོད་དང་བསྟོད་པ་ཆེན་པོ་དག །རྣལ་འབྱོར་ཆེན་པོ་ཞེས་བྱའོ། །ཞེས་གསུངས།

གསུམ་པ་ནི། དེས་ན་རྒྱུད་སྡེ་བཞི་པོ་ཡི་རྣལ་འབྱོར་རྒྱུད་དང་རྣལ་འབྱོར་ཆེན་པོའི་རྒྱུད་དང་རྣལ་འབྱོར་བཞི་ཡི་རྣལ་འབྱོར་གྱི་ཏིང་ངེ་འཛིན་དང་རྣལ་འབྱོར་ཆེན་པོའི་ཏིང་ངེ་འཛིན་ནི་མི་གཅིག་གོ། །དེའི་རྒྱུ་མཚན། དཔེར་ན་ཀླུ་ཆེན་པདྨ་དང་། །པདྨ་ཆེན་པོ་ཞེས་བྱ་དང་། །མེ་ཏོག་པདྨ་པད་ཆེན་གཉིས། །མིང་མཐུན་ན་ཡང་དོན་མི་གཅིག་པའི་ཕྱིར། དེ་ཡང་སྔ་མ་གཉིས་ཀླུ་ཡིན་ཞིང་ཕྱི་མ་གཉིས་མེ་ཏོག་ཡིན་པས་སོ། །

བཞི་པ་ནི། དེས་ན་གསང་སྔགས་གསར་མ་བར་གྲགས་པ་ལ་རྣལ་འབྱོར་ཆེན་པོའི་རྒྱུད་ཀྱི་ལྷག་ན་ནི་དེ་བས་ལྷག་པའི་རྒྱུད་སྡེ་མེད་ཅིང་། སྒོམ་པའི་དམིགས་པ་ཉིད་ཀྱང་ནི་རྣལ་འབྱོར་ཆེན་པོའི་ཏིང་ངེ་འཛིན་གྱི་གོང་ན་མེད་ལ། སྒོམ་པའི་དམིགས་པ་འདི་ལས་སྐྱེས་པའི་ཡེ་ཤེས་ནི་སྤྲོས་པ་མེད་ཅིང་སྤྲོས་པས་དངོས་སུ་བརྗོད་པ་དང་བྲལ་བས། རྒྱུད་སྡེ་བཞི་འམ་ཐེག་པ་དགུའི་རིམ་པར་སངས་རྒྱས་མི་བཞེད་དོ། །དེའི་རྒྱུ་མཚན་རྣལ་འབྱོར་བླ་མེད་ལས་ལྷག་པའི་རྒྱུད་དམ་དམིགས་པའི་ཡེ་ཤེས་མེད་པའི་ཕྱིར།

ལྔ་པ་ནི། ལུགས་འདི་ལེགས་པར་ཤེས་པར་གྱུར་ན། རྫོགས་ཆེན་པའི་ཨ་ཏི་ཡོ་གའི་ལྟ་བ་ཡང་ཁྱེད་ལྟར་ན་ཡེ་ཤེས་ཡིན་གྱི་ཐེག་པ་དགུའི་རིམ་པ་མིན་ཏེ། བརྗོད་བྲལ་བརྗོད་བྱར་བྱས་ནས་ཐེག་པ་དགུའི་རིམ་པར་འདོད་པ་ནི་མཁས་པའི་དགོངས་པ་མིན་ཞེས་བྱ་བའི་ཕྱིར།

དྲུག་པ་ནི། དེས་ན་གསང་སྔགས་པའི་ལྟ་བའི་ལུང་སྒྲོར་ཀུན་ཕ་རོལ་ཏུ་ཕྱིན་པ་རྒྱས་འབྲིང་བསྡུས་གསུམ་ནས་གསུངས་པ་བཞིན་མཁས་པ་ཐམས་ཅད་ཀྱིས་མཛད་དེ། སྤྲོས་བྲལ་བཤད་པས་གོ་བའི་ཐོས་པའི་ལྟ་བ་ནི་དབུ་མ་ཡན་ཆད་ཐམས་ཅད་མཐུན་པ་དེའི་ཕྱིར།

བདུན་པ་ལ། བསྟན་བཤད་གཉིས་ལས། དང་པོ་ནི། འོན་ཀྱང་ལྟ་བ་དེ་རྟོགས་པ་ཡི་ཐབས་ལ་ནི་ཕར་ཕྱིན་དང་གསང་སྔགས་གཉིས་ཀྱི་ཐེག་པའི་རིམ་པ་ཡོད་པ་ཡིན་ཏེ། ཕར་ཕྱིན་ལས་གསང་སྔགས་ཐབས་ཀྱིས་ཁྱད་པར་འཕགས་པའི་ཕྱིར། རྡོ་རྗེ་སྙིང་འགྲེལ་ལས། ཉན་ཐོས་རང་སངས་རྒྱས་དང་ནི། །ཐེག་པ་ཆེན་པོ་གསུམ་པ་ཡིན། །སངས་རྒྱས་པ་ཡི་བཞི་པ་དང་། །ཐུབ་པའི་གཞུང་ནི་ལྔ་པ་མེད། །ཅེས་བཤད། རྒྱུད་སྡེ་བཞི་ཡི་སྒྲུབ་པ་ཡང་འབྲུལ་པར་བྱས་ན་དངོས་གྲུབ་རིང་སྟེ། དངོས་གྲུབ་འབྱུང་བ་ལ་སྒྲུབ་པ་མ་འཁྲུལ་དགོས་པའི་ཕྱིར་ཞིབ་པར་སྤྱི་དོན་དུ་ལྟོས།

གཉིས་པ་ལ་བཞི་སྟེ། བྱ་བའི་རྒྱུད་དང་། སྤྱོད་པ་དང་རྣལ་འབྱོར་གྱི་རྒྱུད་དང་། རྣལ་འབྱོར་ཆེན་པོའི་རྒྱུད་ཀྱི་ཁྱད་པར་བསྟན་པ། དེ་དག་དགྲུགས་པ་ལ་སྨད་པ་མཛད་པའོ། །དང་པོ་ནི། རྒྱུད་སྡེ་བཞིའི་སྒྲུབ་པ་མ་འཁྲུལ་པ་ཇི་ལྟར་བྱ་ཞེ་ན། སྤྱིར་ཐ་དད་དུ་བྱ་བའི་རྒྱུད་ཀྱི་སྒྲ་ཟིན་ལ་བདག་ལྷར་བསྐྱེད་པ་མེད་ལ་མདུན་གྱི་བྲིས་སྐུ་མཆོད་ནས་གསོལ་བ་འདེབས་པ་ཡིན་ཏེ། འོན་ཀྱང་སློབ་དཔོན་ལྷན་ཅིག་སྐྱེས་པའི་རོལ་པས་དོན་ཞགས་དང་། སློབ་དཔོན་ཧེ་ཏ་རིས་རྣམ་རྒྱལ་ལ་བདག་བསྐྱེད་སྒྲུབ་ཐབས་ཡོད་པ་ནི་བླ་མའི་མན་ངག་གིས། རྣལ་འབྱོར་རྒྱུད་ཀྱི་རྗེས་སུ་འབྲངས་ནས་དེ་ཡི་ལུགས་བཞིན་མཛད་པ་ཡིན་པའི་ཕྱིར། བདག་བསྐྱེད་སྒྲུབ་ཐབས་རྣལ་འབྱོར་རྒྱུད་དེ་ལྟར་བྱེད་ན་བསྟུང་གནས་མེད་དེ། བདག་ཉིད་ལྷ་རུ་བསྐྱེད་པ་ལ་མཆོད་ན་བསོད་ནམས་བཀྲུས་ན་སྡིག་པ་འབྱུང་བའི་ཕྱིར། གལ་ཏེ་བྱ་བའི་རྒྱུད་ལ་བསྟུང་གནས་བྱེད་འདོད་ན་རང་ཉིད་ཐ་མལ་པའི་ང་རྒྱལ་གྱིས་བྲིས་སྐུ་གཞུང་ནས་འབྱུང་བའི་ཆོ་ག་བཞིན་བྲིས་ལ། རྗེ་དཔོན་ལ་འབབས་ཀྱིས་ཞུ་བ་བཞིན་དུ་དངོས་གྲུབ་བླང་བར་བྱ་སྟེ། ལྷ་བསྟུང་བར་གནས་པ་ལ་དོན་མེད་པའི་ཕྱིར། བྲིས་སྐུ་ཆོ་ག་བཞིན་བྲིས་ཞེས་བྱ་བ་ཡང་། སྤྱན་རས་གཟིགས་ཀྱི་ཆོ་ག་ཞིབ་མོ་དང་འཇམ་དཔལ་རྩ་བའི་རྒྱུད་དང་ཕྱག་ན་རྡོ་རྗེའི་རིག་པ་མཆོག་དང་བཅུ་གཅིག་ཞལ་གྱི་རྒྱུད་ཆེ་ཆུང་ལ་སོགས་པ་རྣམས་ཀྱི་ལུགས་ལ།རྒྱུད་ནས་ཇི་ལྟར་གསུངས་པའི་བྲིས་སྐུ་མཚན་ཉིད་ཚང་བ་མདུན་དུ་བཞུགས་པ་ལ། བསྐྱེད་ཆོག་གི་ཐབས་ལ་མཁས་པས་ཡི་དམ་གྱི་ལྷར་བསྒོམས་ནས་གཟུངས་སྔགས་བཟླ་བ་སོགས་བྱེད་པར་གསུངས། བྱ་བའི་རྒྱུད་དེ་ལ་ཤ་ཆང་གི་གཏོར་མ་མེད་ཅིང་གླ་རྩི་ལ་སོགས་སྤྲོག་ཆགས་དང་འབྲེལ་བའི་མཆོད་པ་ཐམས་ཅད་སྤོང་ས་ལ། དཔུང་བཟང་དང་ལེགས་གྲུབ་ལས། གུ་ལང་འབྱུང་པོ་མཆོད་པའི་ལྷག་མ་དང་གཏོར་མའི་ཁ་ཟས་བྱ་རྒྱུད་འདིར་མི་ཟ། ལྷ་ལ་ཕུལ་བའི་དམན་མ་སོགས་ཟ་བ་དང་འགོ་བ་གཉིས་ཀ་འགོག་སྟེ། དཀར་གསུམ་མངར་གསུམ་སོགས་ཁ་ཟས་དང་གཙང་སྦྲ་དཀའ་ཐུབ་ལ་སོགས་བརྟུལ་ཞུགས་ཀྱིས་བྱ་བའི་རྒྱུད་ཀྱི་གསང་སྔགས་འགྲུབ་པའི་ཕྱིར། ཞིབ་པར་སྤྱི་དོན་

དུ་ལྡོས། དོན་ཞགས་ལས་ཁྲག་མེད་པའི་གཏོར་མ་ཤ་དང་བཅས་པ་ཞེས་འབྱུང་བ་ནི་འགྱུར་གྱི་སྐྱོན་ཡིན་ཞིང་། རྒྱུད་ལས། གླ་རྩིའི་མཆོད་པ་བྱ་གསུངས་པ་ནི་སྦྱིར་བཏང་ངོ་། །

གཉིས་པ་ནི། སྤྱོད་པ་དང་རྣལ་འབྱོར་རྒྱུད་གཉིས་སུ་ལས་ཚོགས་སྒྲུབ་པ་འགའ་ཞིག་ལ་གཙང་སྦྲ་དང་དཀའ་ཐུབ་བཤད་པ་ཡོད་ཀྱི། གཞན་དུ་དཀའ་ཐུབ་དང་བསྟུང་གནས་སོགས་བརྟུལ་ཞུགས་ཁྱད་པར་གཙོ་བོར་མི་མཛད་དེ། རང་ཉིད་ལྷ་ཡི་རྣལ་འབྱོར་བསྒོམ་ཞིང་གླ་རྩིའི་རེང་བུ་དང་གི་ཧྃ་ལ་སོགས་པ་སྒྲོག་ཆགས་ཀྱི་ཡན་ལག་ལས་བྱུང་བའི་མཆོད་པ་རྣམས་ཀྱང་སྤྱོད་པ་དང་རྣལ་འབྱོར་གྱི་རྒྱུད་འདིར་མི་འགོག་ལ། སངས་རྒྱས་མཆོད་པའི་ལྷག་མ་རྣམས་སྡིག་པ་སྤྱང་བའི་ཕྱིར་དུ་བཟའོ་ཞེས་རབ་ཏུ་གནས་པའི་རྒྱུད་ལས་གནང་གི །འབྱུང་པོའི་གཏོར་མ་ནི་རྣལ་འབྱོར་གྱི་རྒྱུད་འདིར་རང་ཉིད་མི་བཟའ་བའི་ཕྱིར། རྒྱུད་དེ་ལས། བདེ་གཤེགས་ལྷག་མ་འདི་དག་ནི། །ཟོ་ཞིག་སྡིག་པ་བྱང་བར་འགྱུར། །ཞེས་གསུངས། གསུམ་པ་ནི། རྣལ་འབྱོར་ཆེན་པོའི་རྒྱུད་རྣམས་ལས་གྲུབ་ཐོབ་ཨ་བ་ཧྲུ་ཏིའི་སྤྱོད་པ་བྱེད་པ་སོགས་ལ་འབྱུང་པོའི་གཏོར་མ་ཟ་བའང་གནང་ཞིང་དཀའ་ཐུབ་ལ་སོགས་བརྟུལ་ཞུགས་འགོག་སྟེ། ལམ་འཇུག་པ་བདེ་བའི་རྣལ་འབྱོར་གྱིས་གསང་སྔགས་རྒྱལ་པོ་དབང་པོ་རབ་ཀྱིས་ཚེ་འདིར་འགྲུབ་པའི་ཕྱིར། འདི་དག་གི་དོན་རྒྱས་པར་མཚན་ཉིད་གསུམ་ལྡན་གྱི་བླ་མའི་ཚོ་ག་རྗེ་བཙུན་ཆེན་པོ་ལྷ་བུའི་མཁས་པའི་གསུང་ལས་ཤེས་པར་གྱིས་ཤིག་སྟེ་གོ་དགོས་སོ། །དེ་ཡང་ཀྱེ་རྡོ་རྗེ་ལས། བཟའ་བཅའ་དེ་བཞིན་བཏུང་བ་ཉིད། །ཇི་ལྟར་རྙེད་པ་རབ་ཏུ་ཟ། །ཡིད་འོང་མི་འོང་རྣམ་རྟོག་ཕྱིར། །ཞེན་པ་ཙམ་དུ་མི་བྱའོ། །ཞེས་པ་དང་། རྡོ་རྗེ་གུར་ལས། བདག་གི་ལུས་ལ་ངེས་མི་སྣད། །ཅེས་པ་དང་། གསང་འདུས་ལས་འདོད་པའི་ལོངས་སྤྱོད་ཐམས་ཅད་ནི། །ཇི་ལྟར་འདོད་པས་བསྟེན་བྱ་སྟེ། །ཞེས་གསུངས།

བཞི་པ་ནི། ཕྱི་རོལ་རྟོག་གེ་སྟེ་ལྔ་དང་ནང་པའི་གྲུབ་མཐའ་བཞིའི་རྣམ་དབྱེ་མི་ཤེས་ཤིང་རྒྱུད་སྡེ་བཞིའི་ཁྱད་པར་མ་ཕྱེད་པར་རྒྱུད་སྡེ་བཞི་སྒྲུབ་པའི་ཚོ་ག་ཐམས་ཅད་དཀྲུགས་ནས་ནི། ལུང་རིགས་མེད་ཀྱང་བླ་མའི་བཀའ་སྲོལ་ཡིན་ཟེར་ནས་རང་བཟོའི་རྣམ་ཐར་སྤྱོད་པ་མཚར་ཏེ། ནང་འགལ་བའི་ཕྱིར།

བཞི་པ་ལ། སྒོམ་པའི་གནས་བསྟན་པ། རྒྱ་བ་པོའི་གང་ཟག་བསྟན་པ། དེ་དག་ལ་འཁྲུལ་པ་དགག་པ་དང་གསུམ་ལས། དང་པོ་ནི། དབང་བཞི་ཡོངས་སུ་རྫོགས་པ་དང་དང་པོ་རང་གི་ཁྱིམ་དུ་བསྒོམ་ཞིང་སེམས་ཙམ་ཟད་བརྟན་པ་དྲོད་ཆུང་དུ་ཐོབ་ནས་དུར་ཁྲོད་དང་ཤིང་གཅིག་སོགས་སུ་བསྒོམ་ལ། བརྟན་པ་ཆེན་པོ་དྲོད་ཆེན་པོ་ཐོབ་ནས་ནི། ཀྱེ་རྡོ་རྗེ་ལས། གང་ཞིག་སོར་མོ་གཅིག་སྟོན་དང་། །གཉིས་ཀྱིས་ལེགས་པར་འོངས་པ་ཡིན། །ཞེས་སོགས་ལུས་ཀྱི་བརྡ་དང་། བརྡ་ཞེས་པ་སྐྱེས་བུར་བཤད། ཊེ་ཞེས་པ་བུད་མེད་ཡིན། །ཞེས་སོགས་

ངག་གི་བརྡ་རྣམས་ལ་ལེགས་པར་སྦྱངས་ཤིང་དེའི་དོན་ཉིད་རྟོགས་པ་ཡིས། གནས་དང་ཉེ་བའི་གནས་ལ་སོགས་པ་ཡུལ་ཆེན་སུམ་ཅུ་སོ་བདུན་དུ་རྒྱུ་བ་ཆོས་ཅན། དགོས་པ་ཡོད་དེ། ནང་གི་ས་བཅུ་གསུམ་པོ་རྣམས་བགྲོད་པར་བྱ་བ་དང་ཕྱི་རོལ་དུ་ཡུལ་སུམ་ཅུ་སོ་བདུན་ནང་དུ་བྱང་ཕྱོགས་སོ་བདུན་རྣམས་དབང་དུ་བསྡུ་བའི་ཕྱིར་དུ་ཡེ་ཤེས་རིག་པའི་བརྟུལ་ཞུགས་སྤྱོད་པའི་ཕྱིར། ལུགས་འདི་ཆོས་ཅན། རང་བཟོ་མ་ཡིན་ཏེ། རྣལ་འབྱོར་ཆེན་པོའི་རྒྱུད་དང་དེའི་དགོངས་འགྲེལ་བསྟན་བཅོས་རྣམས་ལས་གསུངས་པའི་ཕྱིར། འདི་འདྲའི་སྤྱོད་པ་ཤེས་ནས་ནི་ཆོས་ཅན། འབྲས་བུ་འབྱུང་སྟེ། དབང་པོ་རབ་ཚེ་འདི་ཉིད་ལ་རྫོགས་འཚང་རྒྱ་བའི་ཕྱིར། འོན་ཡུལ་ཆེན་སུམ་ཅུ་སོ་བདུན་གང་ཞེ་ན། ཀྱེ་རྡོ་རྗེ་ལས། གནས་ནི་ཛཱ་ལན་དྷ་ར་རར་བཤད་ཅེས་པ་ནས། ཉེ་བའི་དུ་ཁྲོད་བརྗོད་པར་བྱ། །ཞེས་གསུངས་ཏེ། དེ་ཡང་གནས་དང་ཉེ་གནས་ཞིང་ཚན་ཚནྡྷ་དང་ཉེ་བའི་ ཚན ཚནྡྷ་འཐུང་གཅོད་དང་ཉེ་བའི་འཐུང་གཅོད་དུར་ཁྲོད་དང་ཉེ་བའི་དུར་ཁྲོད་ཞེས་བྱ་བའི་རིགས་ཀྱིས་དབྱེ་བ་བཅུ་ལ། ནང་སེལ་གྱི་དབྱེ་བ་སུམ་ཅུ་རྩ་གཉིས་ཀྱི་སྟེང་དུ་གླིང་བཞི་དང་བཞི་པོ་གཅིག་ཏུ་བསྡོམ་པས་ཏེ་ལྟ་བསྟན་པས་སུམ་ཅུ་སོ་བདུན་ནོ་ཞེས་རྗེ་བཙུན་ཆེན་པོས་གསུངས།

ཨིནྡྲ་བྷཱུ་ཏིའི་ལམ་སྐོར་དུ་བཤད་དེ་ཕྱི་རོལ་ནའང་རེ་རེ་ནས་སོ་སོར་བགྲང་དུ་མེད་ཀྱང་ནང་གི་དག་པ་དང་སྦྱར་བས་སུམ་ཅུ་སོ་བདུན་དུ་བཞེད་པར་མངོན་ནོ། །བདེ་མཆོག་རྩ་རྒྱུད་ལས། ཀུ་མུ་ཏ་དང་མ་རུ་དང་སིནྡྷུའི་ཡུལ་དང་ན་ག་ར་ཞེས་སོགས་ཡུལ་ཉི་ཤུ་རྩ་བཞི་བཤད་ཅིང་། དུས་འཁོར་འགྲེལ་ཆེན་ལས། ད་ནི་གནས་དང་ཉེ་བའི་གནས་ལ་སོགས་པ་བརྗོད་པར་བྱ་སྟེ་ཞེས་སོགས་གསུངས། ཞིབ་པར་སྤྱི་དོན་དུ་བཤད་ཟིན་པས་དེར་བལྟ་བར་བྱའོ། །

ཟུང་འཇུག་རབ་ཏུ་མི་གཉིས་པ་ནི། དེང་སང་གསང་སྔགས་མི་ཤེས་པར་སྔགས་ཀྱི་ཚུལ་དུ་འཆོས་པ་མཐོང་བ་མི་འཐད་དེ། ལམ་རིམ་པ་གཉིས་པོ་མི་བསྒོམ་ན་ཡུལ་ཆེན་སུམ་ཅུ་སོ་བདུན་དུ་སྒོམ་ཆེན་འགྲོ་བ་སངས་རྒྱས་ཀྱིས་མ་གསུངས་པའི་ཕྱིར་ཏེ། ལམ་རིམ་པ་གཉིས་པོ་མི་བསྒོམ་པའི་སྒོམ་ཆེན་བཟང་ཡང་ཕ་རོལ་ཏུ་ཕྱིན་པའི་སྒོམ་ཆེན་ལས་མ་འདས་པའི་ཕྱིར། ཁྱབ་པ་ཡོད་དེ། མདོ་ལས་ཡུལ་ཆེན་སུམ་ཅུ་སོ་བདུན་དེ་དག་ཏུ་འགྲོ་བའི་ཆོ་ག་བཤད་པ་མེད་པའི་ཕྱིར། ཆོ་ག་མེད་ཀྱང་ཕྱིན་པས་ཆོག་སྟེ། ཙ་རི་སོགས་གནས་གསུམ་བསྐོར་བའི་རི་པ་བཞིན་ཞེ་ན། གལ་ཏེ་གསང་སྔགས་ཀྱི་དབང་མ་ཐོབ་རིམ་གཉིས་མི་བསྒོམ་ཞིང་རྟོགས་པ་ཡོད་པར་རློམ་པ་ཡིས་ཡུལ་ཆེན་སུམ་ཅུ་སོ་བདུན་དེར་ཕྱིན་ན་མཁའ་འགྲོ་རྣམས་ཀྱིས་བར་ཆད་འབྱུང་ལ། ཅི་ཡང་མེད་པའི་སྒོམ་ཆེན་གྱིས་ཕྱིན་ཡང་ཕན་གནོད་གང་ཡང་མེད་དེ།

ཨུ་རྒྱན་ཛ་ལན་དྷ་ར་དང་། །གངས་ཅན་དེ་ཝི་ཀོ་ཊ་སོགས། །པཱུ་ལླཱི་ར་མ་ལ་དང་སྲུ་སྟེགས་བྱེད། །འབྲོག་པ་རྣམས་ཀྱིས་གང་མོད་ཀྱང་། །དེ་དག་གྲུབ་པ་ཐོབ་བམ་ཅི་སྟེ་མ་ཐོབ་པའི་ཕྱིར་དང་། གསང་སྔགས་རིམ་གཉིས་བསྒོམ་པའི་རྟོགས་པ་ཅན་ལུས་ངག་གི་བརྡ་དོན་འཕྲོད་པའི་སྐལ་བར་ལྡན་པ་དེ་ ལ་ཡུལ་སུམ་ཅུ་སོ་བདུན་དེར་གནས་པ་ཡི་མཁའ་འགྲོ་རྣམས་ཀྱིས་བྱིན་གྱིས་རློབ་པའི་ཕྱིར། འདི་དོན་རྒྱས་པར་རྣལ་འབྱོར་ཆེན་པོའི་རྒྱུད་སྡེ་རྣམས་སུ་ལེགས་པར་ལྡོས་ཏེ་གོ་དགོས་པའི་ཕྱིར། དེ་ཡང་རྣལ་འབྱོར་ཆེན་པོའི་རྒྱུད་བདེ་མཆོག་གི་དགོངས་པ་སློབ་དཔོན་རྡོ་རྗེ་དྲིལ་བུ་པའི་ལུགས་ལ། སྤྱི་བོ་པུ་ལི་ར་མ་ལ་དང་སྤྱི་གཙུག་ཛ་ལན་དྷ་ར་དང་རྣ་བ་གཡས་པ་ཨོ་ཊེ་ཡཱ་ན་དང་ལྟག་པ་ཨར་བུ་ད་དང་བཞི་ནི་ས་དང་པོ་གནས་སོ། །རྣ་བ་གཡོན་པ་གོ་ད་ཝ་རི་དང་སྨིན་མཚམས་ར་མེ་ཤ་རི་དང་མིག་གཉིས་དེ་ཝི་ཀོ་ཊ་དང་ཕྲག་པ་གཉིས་མ་ལ་བ་དང་བཞི་ནི་ས་གཉིས་པ་ཉེ་བའི་གནས་སོ། །མཆན་ཁུང་གཉིས་ཀ་ཀཱ་མ་རུ་པ་དང་ནུ་མ་གཉིས་ཨོཾ་ཊེ་དང་གཉིས་ནི་ས་གསུམ་པ་ཞིང་ངོ་། །ལྟེ་བ་ཏྲི་ཤ་ཀུ་ནེ་དང་སྣ་རྩེ་ཀོ་ས་ལ་དང་གཉིས་ནི་ས་བཞི་པ་ཉེ་བའི་ཞིང་ངོ་། །ཁ་ཀ་ལིང་ཀ་དང་མགྲིན་པ་ལཾ་པ་ཀ་དང་གཉིས་ནི་ས་ལྔ་པ་ཚན་དྷོའོ། །སྙིང་ཀཉྩི་དང་འདོམས་པར་ཧི་མ་ལ་ཡ་དང་གཉིས་ནི་ས་དྲུག་པ་ཉེ་བའི་ཚན་དྷོའོ། །མཚན་མ་པྲེ་ཏ་པུ་རི་དང་བཤང་ལམ་གྲི་ཧ་དང་གཉིས་ནི་ས་བདུན་པ་འདུ་བའོ། །བརླ་གཉིས་སཽ་རཥྚ་དང་བྱིན་པ་གཉིས་སུ་སུཪྞ་དང་གཉིས་ནི་ས་བརྒྱད་པ་ཉེ་བའི་འདུ་བའོ། །སོར་མོ་བཅུ་དྲུག་ན་ག་ར་དང་ཨོལ་གོང་གཉིས་སིནྡྷུ་དང་གཉིས་ནི་ས་དགུ་པ་དུར་ཁྲོད་དོ། །མཐེ་བོང་བཞི་མ་རུ་དང་པུས་མོ་གཉིས་ཀུ་ལུ་ཏ་དང་གཉིས་ནི་ས་བཅུ་པ་ཉེ་བའི་དུར་ཁྲོད་དོ། །དེ་དག་ནི་ཡུལ་ཉི་ཤུ་རྩ་བཞིའོ། །དེ་དག་གི་སྟེང་དུ་སྙིང་ཁར་པདྨ་འདབ་མ་བརྒྱད་རིམ་པ་གཉིས་ཡོད་པའི་ནང་མའི་ཕྱོགས་བཞི་དབུས་དང་བཅས་པ་ལྔ་དང་། ཕྱི་མའི་ཕྱོགས་མཚམས་བརྒྱད་དང་བཅས་པས་ཡུལ་སུམ་ཅུ་སོ་བདུན་ཞེས་བྱའོ། །

ནང་ན་ཡུལ་སུམ་ཅུ་སོ་བདུན་ཡོད་པ་ལྟར་ཕྱི་ནའང་ཙ་རི་ཏྲ་སོགས་སུམ་ཅུ་སོ་བདུན་ཡོད་པར་ཤེས་པར་བྱའོ། །ཕྱོགས་བཅུའི་སངས་རྒྱས་ཀྱི་འཕྲིན་ཞུ་ལས་ཀྱང་། ཨུ་རྒྱན་ཛྷ་ལན་དྷ་ར་དང་། །ཀོང་ཀ་ན་དང་སིནྡྷུའི་ཡུལ། །ཁ་ཆེ་དང་ནི་ཁ་ཤ་སོགས། །མ་ཁ་དང་ནི་ལི་ཡི་ཡུལ། །དེ་བཞིན་ཧོར་དང་ཧོར་ཆེན་པོ། །ཧཱ་ལ་ཤན་དང་ཉེ་བའི་ལྗོངས། །རྒྱ་ནག་རྒྱ་ནག་ཆེན་པོ་དང་། །གན་དྷ་ར་དང་འདོད་པའི་གཟུགས། །ཟངས་གླིང་དང་ནི་གསེར་གྱི་གླིང་། །ཟླ་བའི་གླིང་དང་སེང་གེའི་གླིང་། །ཧྲང་ག་ཧྲ་རེད་ཧཱ་ལ་སོགས། །ལྷོ་དང་ནུབ་ན་གནས་པའི་ལྗོངས། །སྟོན་ནི་ཁྱོད་ཀྱི་བསྟན་པའི་གཞི། །ཞེས་གསུངས་པ་དང་ཆ་འདྲའོ། །

གསང་སྔགས་རྡོ་རྗེ་ཐེག་པའི་ས་ལམ་དང་སྦྱར་ན། ཕྲག་པ་གཉིས་དང་རྐང་མཐིལ་དང་སྙིང་ཁའི་མདུན་

དང་གཡས་དང་བཞི་ནི་ས་བཅུ་གཅིག་པ་འཕྲུང་གཙོད་དོ། །ལྷག་པ་དང་སྙིང་པ་དང་སྙིང་ཁའི་རྒྱབ་དང་གཡོན་དང་བཞི་ནི་ས་བཅུ་གཉིས་པ་ཉེ་བའི་འཕྲུང་གཙོད་དོ། །སྙིང་ཁར་སླེབས་པའི་རྩ་ལྷའི་ང་སེམས་དབུ་མར་ཐིམ་པས་ས་བཅུ་གསུམ་པའོ་ཞེས་བླ་མ་གསུང་། ད་དུང་སྤྲོས་པས་ཆོག་གོ། །དེས་ན་གསང་སྔགས་མི་བསྒོམ་པར་ཡུལ་ཆེན་སུམ་ཅུ་སོ་བདུན་བགྲོད་པ་ནི་དོན་མེད་ཡིན་ཏེ། པཎ་ཆེན་ཤཱཀྱ་ཤྲཱི་ལ་ཏི་སེ་དང་ཙ་རི་ཡུལ་ཉི་ཤུ་རྩ་བཞིའི་ཕྱོགས་རེ་ལགས་སམ་ཞེས་སློམ་ཆེན་གཅིག་གིས་ཞུས་པས། གསང་སྔགས་བསྒོམ་མམ་མི་བསྒོམ་གསུང་། གསང་སྔགས་མི་བསྒོམ་ཕྱག་རྒྱ་ཆེན་པོ་བསྒོམ་ཞུས་པས། ཁྱེད་བོད་འདི་ན་འདི་འདྲའི་ནོར་པ་མང་གསང་སྔགས་མི་བསྒོམ་ན་ཡུལ་ཉི་ཤུ་རྩ་བཞིས་ཅི་བྱེད་ཅེས་གསུངས་པ་ལ་ས་པཎ་ཁོ་བོ་ཡང་ཚད་མར་བྱེད་པའི་ཕྱིར།

གསུམ་པ་ལ་གསུམ་སྟེ། ཏི་སེ་གངས་ཅན་དུ་འདོད་པ་དགག །ཙ་རི་གནས་ཆེན་དུ་མ་ངེས། གནས་ཆེན་རྒྱ་བའི་གང་ཟག་ངོས་བཟུང་བའོ། །དང་པོ་ལ་གསུམ་ཏེ། ཏི་སེ་གངས་ཅན་མ་ཡིན་པར་བསྟན། ཡིན་ན་ལུང་དང་འགལ་བ། དེ་ལ་རྩོད་པ་སྤང་བའོ། །དང་པོ་ནི། བོད་ཁ་ཅིག་ན་རེ། གནྡྷ་དེ་ལས་འབབ་པའི་ཕྱིར། །མ་ངོས་གཞན་དུ་བཙལ་མི་དགོས། །འདུས་བྱས་རྟག་པ་མེད་པའི་ཕྱིར། །སྔོན་བཞིན་ད་དུང་གནས་པ་མེད། །ཅེས་སྨྲ་བ་མི་འཐད་དེ། དཔལ་ལྡན་དུས་ཀྱི་འཁོར་ལོའི་ཁམས་ལེ་དང་། མངོན་པའི་གཞུང་འཇིག་རྟེན་བསྟན་གཞག་ལས་གསུངས་པ་ཡི་བྲག་རི་གསེར་གྱི་བྱ་སྐྱིབས་དང་འཛམ་བུའི་ཤིང་དང་། འདུལ་བ་ལུང་ལས་གླང་པོ་ཆེ་ས་བསྲུངས་བུ་གླང་ཆེན་ལྔ་བརྒྱས་བསྐོར་བ་དང་ཞེས་གསུངས་ལ། གདགས་པ་ལས། གླང་པོ་ཆེ་རབ་བརྟན་གླང་གཡོག་བརྒྱད་སྟོང་དང་བཅས་པ་དགུན་དཔྱིད་དང་དབྱར་རྣམས་ཟླ་བ་བཞི་བཞི་རིམ་པ་བཞིན་བྲག་གསེར་གྱི་བྱ་སྐྱིབས་ཅན་དང་ཤིང་སཱ་ལའི་དབང་པོ་རབ་བརྟན་དང་རྫིང་བུ་དལ་གྱིས་འབབ་རྣམས་སུ་གནས་ཞེས་བཤད། བཅོམ་ལྡན་འདས་མྱ་ངན་ལས་འདའ་བའི་ཚུལ་སྟོན་པར་ཉེ་བའི་ཚེ་འཁོར་དགྲ་བཅོམ་པ་ལྔ་བརྒྱ་དང་བཅས་པས། རང་རང་གི་ལས་རྒྱུ་བ་ལུང་བསྟན་པ་མཛད་པ་ལ་བཞུགས་པའི་གནས་རི་བོ་གངས་ཅན་དེ་ནི། ཕྱུ་ཕྲངས་དང་ཉེ་བའི་གངས་རི་ཏི་སེ་མིན་ལ་མ་ངོས་པའི་རྒྱ་མཚོ་ཕམ་གཡུ་མཚོ་མིན་ཏེ། གླང་པོ་རྣམས་ཀྱང་དེ་ན་མེད། །དེ་བཞིན་འཛམ་བུའི་ལྗོན་པ་དང་། །གསེར་གྱི་བྱ་སྐྱིབས་ག་ལ་ཡོད་དེ་མེད་པའི་ཕྱིར།

གཉིས་པ་ལ། དུས་ཀྱི་འཁོར་ལོའི་ལུང་དང་འགལ། མངོན་པ་མཛོད་ཀྱི་གཞུང་དང་འགལ། མུ་སྟེགས་པ་ཡི་གཞུང་དང་འགལ། རྨ་བྱ་ཆེན་མོའི་མདོ་དང་འགལ། ཕལ་པོ་ཆེ་ཡི་མདོ་དང་འགལ་བ་དང་ལྔ་ལས། དང་པོ་ནི། གངས་ཅན་དེ་ནི་ཏི་སེ་མིན་པ་དེ་ཡི་གཏན་ཚིགས་འདི་ལྟར་ཡིན་ཏེ། དཔལ་ལྡན་དུས་ཀྱི་འཁོར་ལོ་ལས། །རྒྱུ

པོ་སི་ཏའི་བྱང་ཕྱོགས་ན། །རི་བོ་གངས་ཅན་ཡོད་པར་གསུངས། །གངས་ཅན་དེ་ཡི་འགྲམ་ཙ་ན་ཤཾ་བྷ་ལའི་གྲོང་ཁྱེར་བྱེ་བ་དགུ་བཅུ་རྩ་དྲུག་སྟེ། ཕྱི་རོལ་གྱི་ས་གཞི་པད་མ་འདབ་མ་བརྒྱད་འདྲ་བའི་འདབ་མ་རེ་རེ་ལ་གྲོང་ཁྱེར་བྱེ་བ་བཅུ་གཉིས་བཅུ་གཉིས་ཡོད་པས་སོ། །གྲོང་ཁྱེར་དེ་དག་གི་དབུས་ན་རྒྱལ་པོའི་ཕོ་བྲང་མཆོག་ཀ་ལ་པ་ཞེས་བྱ་བ་ཡོད། ཕོ་བྲང་དེ་ན་སྤྲུལ་པའི་རྒྱལ་པོ་རིམ་པར་འབྱོན་པ་རྣམས་ལོ་གྲངས་བརྒྱ་བརྒྱར་ཆོས་གསུང་ངོ་། །དེ་ན་ནགས་ཚལ་སྣ་ཚོགས་དང་བཟའ་ཤིང་གི་ར་བ་དུ་མ་ཡོད་ལ་སྐྱིགས་མའི་དུས་སུ་འཕགས་པའི་ཡུལ་ཐམས་ཅད་ཀླ་ཀློའི་ཆོས་ཀྱིས་གང་བར་འགྱུར་ཞིང་། དེ་ནས་ཀླ་ཀློ་སོག་པོའི་རྫུ་འཕྲུལ་གྱིས་ཤཾ་བྷ་ལ་རུ་དམག་འདྲེན་པ་རྩོམ་པར་འགྱུར་རོ། །དེའི་ཚེ་ཕྱག་ན་རྡོ་རྗེ་ཡི་སྤྲུལ་པ་དྲག་པོ་འཁོར་ལོ་འཆང་ཞེས་བྱ་བའི་རྒྱལ་པོས་ཀླ་ཀློ་ཀུན་བཅོམ་ནས་འཕགས་པའི་ཡུལ་གྱི་བར་དུ་ཡང་རྡོ་རྗེ་ཐེག་པའི་སངས་རྒྱས་ཀྱི་བསྟན་པ་སྤེལ་བར་གསུངས། དེས་ན་རི་བོ་གངས་ཅན་དུ་རྫུ་འཕྲུལ་མེད་པས་འགྲོ་མི་ནུས་པའི་ཕྱིར། དུས་འཁོར་རྩ་རྒྱུད་ལས། ཕྱག་ན་རྡོ་རྗེ་ཟླ་བཟང་ཁྱོད། །ས་སྐྱོང་གཤིན་རྗེ་མཐར་བྱེད་དོ། །སྒྲིབ་པ་ཐམས་ཅད་རྣམ་སེལ་དང་། །རྨུགས་བྱེད་དང་རྒྱལ་བྱེད་རིམ་གྱིས། །ནམ་མཁའི་སྙིང་པོ་འཇམ་དབྱངས་དང་། །འཇིག་རྟེན་མགོན་པོ་རིམ་ཇི་བཞིན། །གཤིན་རྗེ་གཤེད་སོགས་ཁྲོ་བཅུ་དང་། །བྱང་ཆུབ་སེམས་དཔའ་བར་བར་དུ། །བཅུ་གསུམ་པོ་རྣམས་རིམ་པ་ཡིས། །འདུས་པའི་རིགས་སུ་གྱུར་པ་སྟེ། །ཞེས་གསུངས།

གཉིས་པ་ནི། ཆོས་སྤྱར། མདོན་པ་མཛོད་ལས་ཀྱང་འདི་སྐད་གསུངས་ཏེ། རྡོ་རྗེའི་གདན་འདི་ནས་བྱང་དུ་རི་གངས་ཐང་ཐིང་ཆགས་པའི་རི་ནག་པོ་གསུམ་དང་ཡང་གསུམ་དང་ཡང་གསུམ་སྟེ་དགུ་འདས་པ་ན་ནག་ནོག་མེད་པའི་གངས་རི་འོ། །དེ་ནས་དེའི་ཕ་རོལ་ཏུ་ནི་རི་སྤོས་ངད་ལྡན་པའི་ཚུ་རོལ་ན་ཆུ་དང་ཞེང་གཉིས་ཀར་དཔག་ཚད་ལྔ་བཅུ་ལྔ་བཅུ་ཡོད་པའི་མཚོ་ཆེན་པོ་མ་དྲོས་པ་ཞེས་བྱ་བ་ཡོད་ཅེས་པ་དང་། སོགས་པ་འགྲེལ་པ་ལས། དེའི་དྲུང་ན་ཤིང་འཛམ་བུ་ཡོད་ཅིང་ཞེས་པ་དང་། གདགས་པ་ལས། སྤོས་ངད་ལྡན་ནས་བྱང་དུ་དཔག་ཚད་ཉི་ཤུ་ན་བྲག་གསེར་གྱི་བྱ་སྐྱིབས་ཅན་དང་། དེ་ནས་བྱང་དུ་ཉི་ཤུ་ན་ཤིང་སཱ་ལའི་དབང་པོ་རབ་བརྟན་དང་། དེ་ནས་ཤར་དུ་ཉི་ཤུ་ན་རྫིང་བུ་དལ་གྱིས་འབབ་ཅེས་པ་ཡོད་ཅེས་འདིའི་མཚན་ཉིད་རྒྱས་པར་གསུངས་སོ༔ །མཛོད་འགྲེལ་ལས། དེར་ནི་རྫུ་འཕྲུལ་དང་མི་ལྡན་པའི་མིས་བགྲོད་པར་དཀའོ་ཞེས་དེས་བགྲོད་པར་བྱ་བ་མིན་པར་བཤད་དོ། །དེས་ན་ད་ལྟའི་ཏི་སེ་འདི་ལ་གངས་ཅན་གྱི་མཚན་ཉིད་དེ་དག་གང་ཡང་མེད་པའི་ཕྱིར།

གསུམ་པ་ནི། ཆོས་སྤྱར། མུ་སྟེགས་བྱེད་ཀྱི་གཞུང་གཞོན་ནུ་འབྱུང་བ་ཞེས་བྱ་བ་ལས་ཀྱང་ཤར་ནུབ་གཉིས་ཀྱི་རྒྱ་མཚོའི་བར་དུ་རི་བོ་གངས་ཅན་གྱིས་ཁྱད་པར་བཤད་ལ། སྤྲེའུ་ཧ་ནུ་མ་དས་ཤི་སོས་ཀྱི་སྨན་སྲིན་པོ་

ཤི་བ་རྣམས་ལ་དགོས་བྱུང་བས། དེ་ཡོད་པའི་རི་བོ་གངས་ཅན་བླངས་ཏེ་སྲིན་པོ་ལང་ཀ་མགྲིན་བཅུའི་ཡུལ་ནས་སླར་ཡང་རང་གནས་སུ་འཕངས་པ་ཡི་གངས་རིའི་དུམ་བུ་ལམ་དུ་འཚར་བ་ཞིག་ཏི་སེ་ཡིན་ཞེས་གྲོག་མཁར་བ་སླུ་བ་ལེགས་བཤད་གཏམ་རྒྱུད་ལས་ཀྱང་འབྱུང་ལ། དེས་ན་དབང་ཕྱུག་ཆེན་པོའི་གནས། །ས་བསྲུངས་བུ་ཡིས་བརྟེན་པའི་ས། །དགྲ་བཅོམ་ལྔ་བརྒྱ་བཞུགས་པའི་ཡུལ་གྱི་གངས་ཅན་དེ་ད་ལྟའི་ཏི་སེ་འདི་མ་ཡིན་པའི་ཕྱིར། མཁས་པ་འཇུག་པའི་སྒོ་ལས་ཀྱང་། ཏི་སེ་ཞེས་པ་ལོ་ཙྪ་བ་འགའ་ཞིག་གིས་རྒྱ་སྐད་དུ་འཁྲུལ་ནས་གངས་ཅན་དུ་བསྒྱུར་བ་ནི་མ་དག་པ་ཡིན་ཏེ། ཏི་སེའི་སྐད་དོད་ཀེ་ལཤ་དང་གངས་ཅན་གྱི་སྐད་དོད་ཧི་མ་ལ་ཡ་ཞེས་པ་ཡིན་པས། དེ་གཉིས་རྒྱ་སྐད་ཀྱང་ཐ་དད་ལ་བོད་སྐད་ཀྱང་ཐ་དད་ཅིང་དོན་ཡང་ཐ་དད་ཡིན་ནོ། །དེས་ན་ད་ལྟའི་ཏི་སེ་འདི་གངས་ཅན་ཡིན་པ་འགོག་གི་ཏི་སེ་ཡིན་པ་མི་འགོག་ཅེས་གསུངས། ཁྱད་པར་འཕགས་བསྟོད་ཀྱི་འགྲེལ་པ་ལས་ཀྱང་། གངས་ཅན་ཏི་སེར་བཤད་པ་ཡང་འཁྲུར་གྱི་སྐྱོན་ཡིན་ནོ། །

བཞི་པ་ནི། ཆོས་སྨྲར། རྨ་བྱ་ཆེན་མོའི་མདོ་ལས་ཀྱང་། རིའི་རྒྱལ་པོ་གངས་ཅན་དང་རིའི་རྒྱལ་པོ་ཏི་སེ་དང་ཞེས་མིང་དང་དོན་གཉིས་ཀ་ཐ་དད་གསུངས་པའི་ཕྱིར། ལྔ་པ་ནི། ཆོས་སྨྲར། སངས་རྒྱས་ཕལ་པོ་ཆེ་ཡི་མདོ་ལས་ཀྱང་། མ་དྲོས་པ་ཡི་ཆུ་ཞེང་དུ། །དཔག་ཚད་ལྔ་བཅུ་ལྔ་བཅུར་གསུངས། །ས་གཞི་རིན་ཆེན་གསེག་མ་བདལ། །ངོས་ནི་རིན་ཆེན་ཕ་གུར་བརྩིགས། །དེ་ལས་འབབ་པའི་ཆུ་བོ་བཞི། །གཾ་ག་གླང་ཆེན་ཁ་ནས་ནི། །དངུལ་གྱི་བྱེ་མ་འདྲེན་ཅིང་འབབ། །སི་ཏ་སེང་གེའི་ཁ་ནས་ནི། །རྡོ་རྗེའི་བྱེ་མ་འདྲེན་ཅིང་འབབ། །སིནྡྷུ་གླང་གི་ཁ་ནས་ནི། །གསེར་གྱི་བྱེ་མ་འདྲེན་ཅིང་འབབ། །པ་ཀྵུ་རྟ་ཡི་ཁ་ནས་ནི། །བཻ་ཌཱུརྻ་སྔོན་འདྲེན་ཅིང་འབབ། །ཐམས་ཅད་ཀྱི་ནི་ཁ་བཞེང་ལ། །དཔག་ཚད་རེ་རེ་ཡོད་པར་གསུངས། །ཆུ་བོ་དེ་བཞིས་མ་དྲོས་ལ། །ལན་གྲངས་བདུན་བདུན་གཡས་བསྐོར་ནས། །ཕྱོགས་བཞིའི་རྒྱ་མཚོ་བཞི་དག་ཏུ་འབབ་པར་བཤད་ལ། ཕྱོགས་བཞི་པོ་དེའི་བར་མཚམས་ཐམས་ཅད་ནི། ཨུཏྤལ་པདྨོ་ལ་སོགས་ཀྱི། །མེ་ཏོག་རྣམ་པ་སྣ་ཚོགས་དང་། །རིན་ཆེན་ལྗོན་ཤིང་སྣ་ཚོགས་ཀྱིས། །རབ་ཏུ་གང་བར་གནས་པ་ཡིན། །དེ་སོགས་མཚན་ཉིད་རྒྱས་པར་ནི། །ཕལ་པོ་ཆེ་ཡི་མདོ་སྡེ་ལྟོས། །ད་ལྟའི་མ་ཕམ་འདི་ལ་ནི། །མ་དྲོས་པའི་མཚན་ཉིད་དེ་དག་གང་ཡང་མེད་པའི་ཕྱིར།

ཅིའི་ཕྱིར་མ་དྲོས་པ་ཞེས་བྱ་ན། ཀླུའི་རྒྱལ་པོ་མ་དྲོས་པ་འདི་སྔོན་འཛམ་བུ་གླིང་གི་རྒྱལ་པོར་གྱུར་པའི་ཚེ། རང་སངས་རྒྱས་མང་པོ་ལ་གདུགས་ཚོད་དྲངས་པའི་ལས་ཀྱི་རྣམ་པར་སྨིན་པས། མཚོ་ནང་དུ་འབྲས་ཀྱི་ཁྱུ་བ་ཚ་མོ་ བླུགས་ཀྱང་མཚོ་མ་དྲོས་པས་མ་དྲོས་པའི་མཚོ་ཞེས་གྲགས་སོ། །སངས་རྒྱས་ཕལ་པོ་ཆེའི་མདོ་ལས། འདི་ལྟ་སྟེ་དཔེར་ན་ཀླུའི་རྒྱལ་པོ་ཆེན་པོ་མ་དྲོས་པའི་གནས་ནས་ཆུ་ཀླུང་ཆེན་པོ་མ་འདྲེས་པ་རྣོག་པ་མེད་པ

དྲངས་པ་འོད་གསལ་བ་དྲི་མ་མེད་པ་དག་པ་ནམ་མཁའ་ལྟ་བུ་དྲི་མ་དང་བྲལ་བ་བཞི་འབབ་སྟེ། དེ་དག་ཀྱང་གཉིས་དང་གསུམ་དང་བཞིའི་སྒོ་ནས་འབབ་སྟེ་དེ་ལྟར་ཆུ་ཀླུང་ཆེན་པོ་གཾ་ག་ནི་གླང་པོའི་ཁ་ནས་འབབ་བོ། །ཆུ་ཀླུང་ཆེན་པོ་སི་ཏ་ནི་སེང་གེའི་ཁ་ནས་འབབ་བོ། །ཆུ་ཀླུང་ཆེན་པོ་སིནྡྷུ་ནི་གླང་གི་ཁ་ནས་འབབ་བོ། །ཆུ་ཀླུང་ཆེན་པོ་པཀྵུ་ནི་རྟའི་ཁ་ནས་འབབ་བོ། །དེ་དག་དེ་ལྟར་ཕྱོགས་བཞི་ནས་ཁ་བཞི་ནས་འབབ་སྟེ། ཆུ་ཀླུང་ཆེན་པོ་གཾ་ག་ནི་དངོས་ནས་དངུལ་གྱི་བྱེ་མ་འདྲེན་ཅིང་འབབ་སྟེ་དངུལ་གྱི་བྱེ་མ་ལ་གནས་སོ། །ཆུ་ཀླུང་ཆེན་པོ་སི་ཏ་ནི་དངོས་ནས་རྡོ་རྗེའི་བྱེ་མ་འདྲེན་ཅིང་འབབ་སྟེ་རྡོ་རྗེའི་བྱེ་མ་ལ་གནས་སོ། །ཆུ་ཀླུང་ཆེན་པོ་སིནྡྷུ་ནི་དངོས་ནས་གསེར་གྱི་བྱེ་མ་འདྲེན་ཅིང་འབབ་སྟེ་གསེར་གྱི་བྱེ་མ་ལ་གནས་སོ། །ཆུ་ཀླུང་ཆེན་པོ་པཀྵུ་ནི་དངོས་ནས་བཻ་ཌཱུརྻ་སྔོན་པོའི་བྱེ་མ་འདྲེན་ཅིང་འབབ་སྟེ་བཻ་ཌཱུརྻ་སྔོན་པོའི་བྱེ་མ་ལ་གནས་སོ། །ཆུ་ཀླུང་ཆེན་པོ་གཾ་ག་ནི་ལྷ་རྫས་ཀྱི་དངུལ་གྱི་ཁ་དོག་ལྟ་བུའི་སྒོ་ནས་འབབ་བོ། །ཆུ་ཀླུང་ཆེན་པོ་སི་ཏ་ནི་ལྷ་རྫས་ཀྱི་རྡོ་རྗེའི་ཁ་དོག་ལྟ་བུའི་སྒོ་ནས་འབབ་བོ། །ཆུ་ཀླུང་ཆེན་པོ་སིནྡྷུ་ནི་ལྷ་རྫས་ཀྱི་གསེར་གྱི་ཁ་དོག་ལྟ་བུའི་སྒོ་ནས་འབབ་བོ། །ཆུ་ཀླུང་ཆེན་པོ་པཀྵུ་ནི་ལྷ་རྫས་ཀྱི་བཻ་ཌཱུརྻ་སྔོན་པོའི་ཁ་དོག་ལྟ་བུའི་སྒོ་ནས་འབབ་བོ། །ཆུ་ཀླུང་ཆེན་པོ་དེ་བཞི་ཆར་ཡང་ཁའི་སྒོ་དཔག་ཚད་ཙམ་གྱི་ཚད་ནས་འབབ་སྟེ་དེ་དག་འབབ་པའི་ཚེ་རེ་རེས་ཀྱང་མཚོ་ཆེན་པོ་ལ་ལན་བདུན་དུ་གཡས་སུ་བསྐོར་ཏེ། ཕྱོགས་བཞིར་འབབ་ཅིང་རྒྱ་མཚོ་ཆེན་པོ་གངས་ཆེན་མཚོ་ལ་ཞེན་པར་འདོད་དོ། །དེ་ལྟར་ཆུ་ཀླུང་ཆེན་པོ་རྣམས་ཀྱིས་ལན་བདུན་དུ་གཡས་ཕྱོགས་སུ་བསྐོར་བའི་བར་གྱི་གླིང་དེ་དག་ཀྱང་མེ་ཏོག་ཨུཏྤལ་དང་པདྨོ་དང་ཀུ་མུ་ཏ་དང་པུཎྜ་རི་ཀ་ལྷ་རྫས་ཀྱི་རིན་པོ་ཆེའི་རང་བཞིན་ལས་གྲུབ་པ། ཡིད་དུ་འོང་བ་དྲི་ཞིམ་པ་མཐའི་རྒྱན་དུ་སྤྱུག་པ་མདོག་གསལ་བ་རིན་པོ་ཆེ་སྣ་ཚོགས་ཀྱི་ཁ་དོག་ལྟར་འདུག་པ་འོད་དང་ཞིང་གསལ་བ་གཅིག་གི་གཟུགས་བརྙན་གཅིག་ཏུ་སྣང་བ་མདངས་དགའ་བ་བལྟ་ན་ཡིད་དུ་འོང་བ་རང་བཞིན་དང་ཞིང་ཤིན་ཏུ་རྣམ་པར་དག་པས་བརྒྱན་པ་སྟེ། བལྟ་ན་ཁ་དོག་གསལ་བ་མུན་པ་སེལ་ཞིང་སྣང་བ་འབྱིན་པ་བལྟ་ན་གཏང་མི་བྲ་ཞིང་ཤིན་ཏུ་རྣམ་པར་ཕྱེ་བར་བརྒྱན་པ་ཁ་དོག་སྣ་ཚོགས་སུ་མེ་ཏོག་གིས་ཀུན་ནས་གཡོགས་པ། འདབ་མ་སྣ་ཚོགས་དང་ལྡན་ཞིང་སྙིང་པོ་ཁ་དོག་སྣ་ཚོགས་ཅན་ཟེ་བ་མདོག་དུ་མར་སྣང་བའི་མེ་ཏོག་གིས་ཡོངས་སུ་བརྒྱན་པ་སྟེ། མཚོ་ཆེན་པོ་དེའི་ནང་དང་མཚོའི་དཀྱིལ་འཁོར་ནི་རྒྱར་དཔག་ཚད་ལྔ་བཅུ་ཡོད་དེ་ཟབས་སུ་ཡང་དཔག་ཚད་ལྔ་བཅུ་ཡོད་དོ། །དེའི་གཞི་ནི་རིན་པོ་ཆེའི་གསེག་མ་བདལ་བ་སྟེ་རིན་པོ་ཆེ་སྣ་ཚོགས་ཁ་དོག་དུ་མ་དང་ལྡན་པས་ཤིན་ཏུ་བརྒྱན་པར་གནས་པའོ། །དེའི་ངོས་ནས་རིན་པོ་ཆེ་སྣ་ཚོགས་པ་གྲུ་བརྒྱིགས་པ་ལྟར་འདུག་པས་ཀུན་ནས་འཁོར་བའོ། །དེའི་དྲི་ནི་ཙན་དན་བཟང་པོའི་བསུང་ལྟ་བུ་སྟེ་མེ་ཏོག་ཁ་དོག་དུ་མ་ཅན་ལས་བསུང་གི་དད་རྣམ་

པ་དྲུ་མ་ལྔངས་པ་དང་ལྡན་པ། མེ་ཏོག་ཨུཏྤལ་དང་པདྨ་དང་ཀུ་མུ་ཏ་དང་པུཎྜ་རི་ཀས་ཀུན་ནས་གཡོགས་པ་རིན་པོ་ཆེའི་ཤིང་མེ་ཏོག་རབ་ཏུ་རྒྱས་པས་ཀུན་ནས་འཁོར་བ་སྟེ། ནམ་ལྷའི་བུ་ཉི་མ་འཆར་བའི་ཚེ་ཉི་མའི་འོད་ཟེར་དེ་དག་མཚོའི་རིན་པོ་ཆེ་དང་གསེག་མ་དང་མེ་ཏོག་དང་ཆུ་སྐྱུང་གི་རྒྱུད་ཀྱི་བྱེ་མ་དང་། དངོ་ཁ་དང་ཆུ་སྐྱུང་གིས་གཡས་ཕྱོགས་སུ་བསྐོར་བའི་མཚོ་དང་རིན་པོ་ཆེའི་ཤིང་གི་ལྗོན་དང་ཡལ་ཁ་དང་ལོ་མ་དང་མེ་ཏོག་ལ་བབ་པར་གྱུར་ན། དེའི་ཚེ་འོད་ཟེར་རེ་རེས་ཕོག་ཀྱང་རིན་པོ་ཆེའི་འབྱུང་གནས་སྣ་ཚོགས་ཀྱི་དབྱིངས་ན་གནས་པའི་འོད་ཟེར་གྱི་དྲྭ་བ་བྱེ་བ་ཕྲག་ཁྲིག་བརྒྱ་སྟོང་གིས་ཀུན་ནས་གཡོགས་པ་ལྟ་བུར་སྣང་སྟེ། ཐམས་ཅད་ཀྱང་འོད་ཀྱི་མདོག་དམ་པ་དེས་འཇམ་འཇམ་ལྟ་བུར་འདུག་པས་མཚོ་ཆེན་པོ་མ་དྲོས་པ་རྣམ་པའི་མཆོག་ཐམས་ཅད་དང་ལྡན་པར་སྣང་ངོ་ཞེས་གསུངས།

མདོ་མྱང་འདས་ལས། རིགས་ཀྱི་བུ་དཔེར་ན་རི་སྤོས་ཀྱི་ངད་ཅན་ལ་མཚོ་མ་དྲོས་པ་ཞེས་བྱ་བ་ཞིག་ཡོད་དེ་མཚོ་དེ་ལས་ཆུ་སྐྱུང་ཆེན་པོ་བཞི་འབྱུང་ངོ་། །བཞི་གང་ཞེ་ན། ཆུ་བོ་གཾ་ག་དང་སིནྡྷུ་དང་སི་ཏ་དང་པཀྵུ་སྟེ༔ འཇིག་རྟེན་པ་རྣམས་འདི་སྐད་དུ་གང་ཞིག་ཁ་ན་མ་ཐོ་བའི་ལས་བྱས་པ་དེ་ཆུ་སྐྱུང་ཆེན་པོ་དེ་བཞིའི་ནང་དུ་ཁྲུས་བྱས་ན་ཁ་ན་མ་ཐོ་བའི་སྡིག་པ་མང་པོ་འབྱུང་བར་འགྱུར་རོ་ཞེས་སྨྲའོ། །དེ་ལྟར་སྨྲ་བ་དེ་ནི་ཡང་དག་པ་མ་ཡིན་པར་རིག་པར་བྱ་སྟེ་དེ་མ་གཏོགས་པར་བདེན་པ་གང་དག་ཡིན་ཞེ་ན། འདི་ལྟར་སངས་རྒྱས་དང་བྱང་ཆུབ་སེམས་དཔའ་རྣམས་ནི་ཡང་དག་པ་ཡིན་ནོ། །དེ་ཅིའི་ཕྱིར་ཞེ་ན་གང་ཞིག་གིས་བསྙེན་བཀུར་བྱས་ན་ཁ་ན་མ་ཐོ་བའི་སྡིག་པ་ཐམས་ཅད་འབྱུང་བར་འགྱུར་ཏེ་དེ་ལྟ་བས་ན་དགེ་བའི་བཤེས་གཉེན་ཞེས་བྱའོ་ཞེས་གསུངས། ཡབ་སྲས་མཇལ་བའི་མདོ་ལས། ཡན་ལག་བརྒྱད་དང་ལྡན་པའི་ཆུ་བྱུང་བར་གྱུར་ཏེ། འདི་ལྟ་སྟེ་བསིལ་བ་དང་ཞིམ་པ་དང་ཡང་བ་དང་འཇམ་པ་དང་དྭངས་པ་དང་དྲི་ང་བ་མེད་པ་དང་འཐུང་ན་ལྐོག་མར་མི་གནོད་པ་དང་འཐུང་ན་ལྟོ་བདེ་བས་ཡོངས་སུ་གང་བར་གྱུར་ཏོ་ཞེས་གསུངས།

གསུམ་པ་ལ། བསྟན། བཤད། བསྡུ་བ་དང་གསུམ་ལས། དང་པོ་ནི། གང་ལ་འཕྲོས་ན། ད་ལྟའི་ཏི་སེ་སོགས་གཉིས་པོ་དེ་ལ་ཁ་ཅིག་འདི་སྐད་དུ། བྱ་རྒོད་ཕུང་པོའི་རི་ལ་ཡང་། །དགོན་བརྩེགས་བཞིན་དུ་ད་ལྟ་མེད། །དུས་ཀྱི་སྟོབས་ཀྱིས་ཡུལ་ཀུན་ཡང་། །རྣམ་པ་འགྱུར་བར་སྣང་ཞེས་ཟེར། །འདི་ཡང་ཕྱེ་སྟེ་བཤད་ཀྱིས་ཉོན། །དངོས་པོའི་གནས་ལུགས་འཆད་པ་དང་། །སྐྱོན་ཡོན་བསྡུགས་པ་རྣམ་གཉིས་ཡོད། །སྐྱོན་དང་ཡོན་ཏན་སྒྲོགས་པ་ན། །སྟོན་ངག་མཁན་གྱི་ལུགས་བཞིན་དུ། །བྱ་རྒོད་ཕུང་པོའི་རི་ལ་ཡང་། །མཐོ་བ་ཆླུམ་པ་ལ་སོགས་བཤད། །དེ་ཡང་དགོན་བརྩེགས་ཀྱི་སྡོམ་པ་གསུམ་བསྟན་པའི་གླེང་གཞི་ལས། བྱ་རྒོད་ཕུང་པོའི་རི་ལ་

དབྱིབས་མཐོ་བ་ཀླུམ་པ་དེ་ལ་ཤིང་ལྗོན་པ་སྣ་ཚོགས་པ་མེ་ཏོག་དང་འབྲས་བུས་མཛེས་པ་དང་། དེ་ལ་འདབ་ཆགས་མཛེས་ཤིང་ཡིད་དུ་འོང་བ་དུ་མ་སྐད་སྙན་པ་སྒྲོགས་པ་དང་ལྷ་རྫས་ཀྱི་མེ་ཏོག་དྲི་བསུང་ཕུན་སུམ་ཚོགས་པས་ཁྱབ་ཅེས་སོགས་གསུངས། བོད་ཀྱི་ཐང་རྒྱང་གྲགས་རི་ལ་ཆེན་པོ་ཟེར་བ་ཇི་ལྟ་བ་བཞིན་དུ་འཕགས་པའི་ཡུལ་གྱི་མ་ག་དྷ་ན་རི་གཞན་མེད་པས། བྱ་རྒོད་ཕུང་པོའི་རི་ལ་ཡང་རི་ཆེན་ཡིན་ཞེས་དེ་ལྟར་འཆད་པ་སྐྱེ་ན་ངག་མཁན་ལ་སྐྱོན་དུ་རྩི་བ་གང་ཡང་མེད་པའི་ཕྱིར་དང་། དངོས་པོའི་གནས་ལུགས་མཚན་ཉིད་འཆད་པ་ན་ལྟག་ཆད་འཕྲུལ་པ་བྱུང་བ་ལ་དེ་ལ་མཁས་རྣམས་སྐྱོན་དུ་རྩི་བའི་ཕྱིར།

གསེར་འོད་དམ་པ་ལས། བྱ་རྒོད་ཕུང་པོ་ཆོས་ཀྱི་དབྱིངས། །ཟབ་མོ་སངས་རྒྱས་སྤྱོད་ཡུལ་ན། །དེ་བཞིན་གཤེགས་པ་བཞུགས་ནས་ནི། །དག་ཅིང་རྟུལ་རྣམས་མེད་པ་ཡི། །བྱང་ཆུབ་སེམས་དཔའ་མཆོག་རྣམས་ལ། །མདོ་སྡེའི་དབང་པོའི་འདི་འཆད་དོ། །ཞེས་གསུངས།

གཉིས་པ་ལ། སྙན་ངག་མཁན་ལ་སྒྲོ་སྐུར་སྐྱོན་དུ་མི་རྩི་བ་དང་། གནས་ལུགས་འཆད་ན་སྒྲོ་སྐུར་སྐྱོན་དུ་བསྟན་པ་དང་གཉིས་ལས། དང་པོ་ནི། དེ་ལྟར་འཆད་པ་སོགས་གཉིས་ཏེ། དཔེར་ན་བ་ལང་བསྟུགས་པའི་ཚེ། །གངས་རིའི་ཕུང་པོ་འགྲོ་ཤེས་པ། །སྤྲིན་ཆད་པ་ཡི་དུམ་བུ་དང་། །ར་རྩེ་རྡོ་རྗེ་འདྲ་བ་དང་། །སྨིག་པ་ཨིནྡྲ་ནི་ལ་དང་། །རྔ་མ་དཔག་བསམ་ལྗོན་པ་སོགས། །གཞན་ཡང་སྐྱེས་བུ་བསྟུགས་པ་ན། །བཞིན་ལ་ཉི་མ་ཟླ་བ་དང་། །སོ་ལ་གངས་རིའི་ཕྲེང་བ་སོགས། །དེ་ཡང་གོང་གི་སོགས་སྒྲས་བསྡུས་པ། གླང་པོ་ཆེའི་སྐྱེས་རབས་ལས། མི་དེ་དག་གིས་ཀྱང་སེམས་དཔའ་ཆེན་པོ་དེ་གངས་རིའི་རྩེ་མོ་འགྲོ་ཤེས་པའམ་སྟོན་ཀའི་སྤྲིན་དང་ན་བུན་གྱི་ཚོགས་རླུང་གིས་བསྐྱོད་པ་བཞིན་དུ་ཚུར་འོང་བ་མཐོང་ངོ་ཞེས་པ་དང་། མ་ཧེའི་སྐྱེས་པའི་རབས་ལས། སྤྲིན་གྱི་ཕུང་པོ་ལོགས་ཤིག་ཏུ་ཆད་པ་རླུང་གིས་འགྲོ་ཤེས་པ་འདྲ་བ་ཞིག་ཏུ་གྱུར་ཏེ་ཞེས་བཤད།

གཞན་ཡང་། རྒྱ་ཆེ་བ་ལ་ནམ་མཁའི་དཔེ། །ཆུང་ལ་རྡུལ་ཕྲན་དཔེ་སྦྱོར་དང་། །རགས་པའི་དཔེ་ལ་རི་རབ་དང་། །ཁྱི་བ་ལ་ནི་གླང་ཆེན་དཔེ། །ཕྲུག་པོ་ལ་ནི་རྣམ་ཐོས་བུ། །རྒྱལ་ཕྲན་ལ་ཡང་བརྒྱ་བྱིན་དཔེ། །དགེ་བའི་བཤེས་གཉེན་ཕལ་བ་ལའང་། །སངས་རྒྱས་ལྟ་བུར་བསྟུགས་པ་ནི། །སྙན་ངག་མཁན་ལ་བཀག་པ་མེད་པའི་ཕྱིར།

གཉིས་པ་ནི། དངོས་པོའི་གནས་ལུགས་སོགས་གསུམ་སྟེ། དངོས་པོའི་གནས་ལུགས་འཆད་པའམ། །མཚན་ཉིད་གཏན་ལ་འབེབས་པ་ན། །གནས་ལུགས་ཇི་བཞིན་མ་ཡིན་པ། །བཤད་ན་མཁས་རྣམས་གང་ལ་དགའ་སྟེ་མི་དགའ་བའི་ཕྱིར། དཔེར་ན་རི་བོང་ཅན་ཟླ་བ་མ་ཡིན་པ་ལ་གྲགས་པའི་ཚད་མས་གནོད་པ

བཞིན་ནོ། །གསུམ་པ་ནི། དེས་ན་དགོན་བརྩེགས་ནས་བྱ་རྒོད་ཕུང་པོའི་རི་བཤད་པ་དང་། མངོན་པ་ནས་གངས་ཅན་མ་དྲོས་སོགས་བཤད་པ་གཉིས་མི་མཚུངས་ཏེ། བྱ་རྒོད་ཕུང་པོ་སོགས་བསྒྲགས་པ་སྔན་ངག་ལུགས་བཞིན་ཡིན་ལ། གངས་ཅན་མ་དྲོས་ལ་སོགས་པ། དངོས་པོའི་གནས་ལུགས་འཆད་པ་ན། དེ་ལ་འཁྲུལ་ན་ཀུན་མཁྱེན་མིན་ཞིང་སྐྱིགས་མའི་དུས་ཀྱི་ཤུགས་བཏུས་པས་ཅུང་ཟད་ངན་པར་འགྲོ་སྲིད་ཀྱི་གངས་ཅན་མ་དྲོས་ལ་སོགས་པ་ཐམས་ཅད་མངོན་པ་ནས་བཤད་པ་འཁྲུལ་པ་ག་ལ་སྲིད་དེ་མི་སྲིད་པའི་ཕྱིར། དེ་ལ་སྙིགས་མ་ནི་ལྔ་སྟེ་ཚེ་དང་དུས་དང་ཉོན་མོངས་པ་དང་ལྟ་བ་དང་སེམས་ཅན་གྱི་སྙིགས་མའོ། །

བཅོམ་རལ་ན་རེ། ཏི་སེ་གངས་ཅན་དང་མ་ཕམ་མ་དྲོས་པ་ཡིན་ལ། གཾ་ག་ཡང་མ་ཕམ་ལས་འབབ་པར་དེར་ཕྱིན་པའི་མིས་ཚད་མས་གྲུབ་པའི་ཕྱིར་ཞེ་ན། ཨ་ཙ་ར་འདྲས་ཏི་སེ་དང་མ་ཕམ་གཡུ་མཚོར་ཕྱིན་ནའང་། རི་བོ་གངས་ཅན་དང་མཚོ་མོ་མ་དྲོས་པར་རྫུ་འཕྲུལ་གྱི་སྟོབས་ཀྱིས་འགྲོ་ན་མ་གཏོགས་རང་སྟོབས་ཀྱིས་བགྲོད་མི་ནུས་ཏེ། འདུལ་བ་ལུང་སྔན་གྱི་གཞི་ལས། གནོད་སྦྱིན་གཏུམ་པོ་མི་ཟད་གནས་པའི་ཡིད་འོང་ཞིང་། །མེ་ཏོག་སྣ་ཚོགས་ཤིང་གིས་རྣམ་པར་མཛེས་བྱས་པ། །དེ་ལས་རྒྱ་མཚོ་དྲུག་ཅན་དག་ཏུ་འགྲོ་བ་ཡི། །ཆུ་བོ་བཞི་པོ་འདི་དག་ཕྱོགས་བཞིར་འབབ། །གཾ་ག་དང་ནི་སི་ནྡྷུ་པཀྵུ་དང་། །སི་ཏ་དེ་ལ་རྫུ་འཕྲུལ་སྟོབས་ཐོབ་པ། །མ་གཏོགས་མི་རྣམས་ཀྱིས་ནི་མི་བགྲོད་པས། །དེར་ནི་ཐུབ་པ་དགེ་འདུན་བཅས་པ་བཞུགས། །ཞེས་པ་དང་། གོས་ཀྱི་གཞི་ལས་ཀྱང་། བཅོམ་ལྡན་འདས་ཀྱིས་འཚོ་བྱེད་ཁྲིད་ནས་རི་བོ་གངས་ཅན་དུ་གཤེགས་ཏེ། འཚོ་བྱེད་སྨན་ཐུར་བཏང་བས་འཇིགས་ནས་འགྲོ་མ་ནུས་པ་ལ་གནོད་སྦྱིན་ལག་ན་རྡོ་རྗེ་འཚོ་བྱེད་བསྲུང་བར་བསྐོས་སོ། །ཞེས་གསུངས།

དེས་ན་གཾ་ག་ཡང་མ་ཕམ་ལས་འབབ་པ་མཐོང་ཟེར་བ་ནི་མིག་འཁྲུལ་པར་ཟད་དོ། །གནས་གསུམ་བསྐོར་བའི་རི་པ་ཕལ་ཆེར་མི་ལ་རས་པས། གངས་དཀར་ཏི་སེ་སྙད་པ་དེ། །དགྲ་བཅོམ་ལྔ་བརྒྱ་བཞུགས་པའི་གནས། །རི་བོ་གངས་ཅན་བྱ་བ་ཡིན། །མ་ཕང་གཡུ་མཚོ་སྙད་པ་དེ། །མ་དྲོས་མཚོ་མོ་བྱ་བ་ཡིན། །བྲག་དམར་སྤོ་མཐོ་བྱ་བ་དེ། །རི་ནག་པོ་འབིགས་བྱེད་བྱ་བ་ཡིན། །ཞེས་པའི་མགུར་འདིས་འཁྲུལ་གཞི་བྱས་པ་འདྲ་སྟེ་འདི་ནི་གོང་དུ་སྨོས་པའི་སྙན་ངག་པའི་ལུགས་ཡིན་ནོ། །

གཉིས་པ་ནི། ཙ་རི་ཏྲ་ཞེས་བྱ་བའི་ཡུལ་བོད་ཀྱི་ཙ་རི་ཙ་གོང་དེ་མ་ཡིན་ཏེ། ལྷོ་ཕྱོགས་རྒྱ་མཚོའི་འགྲམ་ན་འབྲས་སྤུ་ལུ་སྐྱེ་བ་ཡོད་པའི་ཕྱིར། དེ་བི་ཀོ་ཊའི་གནས་གཉིས་ཡོད་པའི་ཆེ་ཤོས་རྒྱ་གར་ལྷོ་ཕྱོགས་ན་ཡོད། གཞན་ཆུང་བ་ཞིག་ཙ་རི་འདི་ཡིན་ཞེས་རི་པ་ལ་ལ་སྨྲ་མོད། ཙ་རི་ཙ་གོང་དེ་ཡི་ཕྱོགས་ན་ཧྥ་ཊའི་ཤིང་ཡོད་ན

ཡུལ་དེ་ཡིན་པ་ལ་འགལ་བ་མེད་དེ། རྡོ་རྗེ་མཁའ་འགྲོའི་རྒྱུད་ལས་ནི། །དེ་བི་ཀོ་ཊ་ར་ཧ་ཊ་གནས། །ཞེས་གསུངས་གཞན་ཡང་དེ་ཉིད་ལས། །བོད་ཡུལ་ལྷན་ཅིག་སྐྱེས་མ་ནི། །རྗོ་བའི་ཕུག་ལ་བརྟེན་ཏེ་གནས། །ཡུལ་དེར་གནས་པའི་ལྷ་མོ་ནི། །ཧ་ཊའི་ཤི་ལ་བརྟན་ཞེས་གསུངས་པའི་ཕྱིར། རྒྱུད་དེ་ལས། གྲེན་དུ་འབར་སྒྲ་ཞེས་བྱ་བ། །ཀླུ་ཏྲ་པླ་ལ་གཙོགས་པ་ཆེ། །དེ་བི་ཀོ་ཊ་ར་སྣ་ཆེན་མོ། །སྟོབས་པོ་ཆེ་ཡི་སྐྱེ་གནས་བྱུང་། །ལྷ་མོ་ལག་ན་མདུང་ཅན་ཏེ། །རྣལ་འབྱོར་དབང་ཕྱུག་ཀུན་གྱི་མཆོག །གནས་དེར་ལྷ་མོ་དྲག་ཆེན་མོ། །ཧ་ཊའི་ཤིང་ལ་བརྟེན་ཏེ་གནས། །བོད་ཡུལ་དུ་ནི་ལྷན་སྐྱེས་ཏེ། །རང་བྱུང་གི་ནི་སྐྱེས་གནས་བྱུང་། །ཆུ་སྲིན་རྒྱལ་མཚན་ལག་ན་ཐོགས། །ཞི་ཞིང་གསལ་བའི་གཟུགས་ཅན་ཏེ། །ཡུལ་དེར་གནས་པའི་ལྷ་མོ་དེ། །བྲག་གི་ཁྲིམ་ལ་བརྟེན་ཏེ་གནས། །ཞེས་གསུངས།

གསུམ་པ་ནི། ཏི་སེ་དང་ནི་ཙ་རི་སོགས་གལ་ཏེ་རྒྱུད་ནས་བཤད་པའི་གནས་ཆེན་ཡིན་ན་ཡང་། ཡུལ་དེར་འགྲོ་བའི་གང་ཟག་ནི་དབང་བསྐུར་ཐོབ་ཅིང་དམ་ཚིག་ལྡན་ལ་ལུས་དང་ངག་གི་བརྡ་དང་བརྡ་ཡི་ལན་ཤེས་ཤིང་རིམ་གཉིས་རྫོགས་པ་བརྟན་པ་དྲོད་ཐོབ་པ་ཡིས་སྤྱོད་པའི་དོན་དུ་རྒྱུ་བར་གསུངས་ཏེ། དབང་བསྐུར་ཐོབ་པ་སོགས་དེ་ལྟ་མིན་པའི་གང་ཟག་གིས་ཡུལ་ཆེན་དེར་འགྲོ་བ་རྒྱུད་ནས་བཀག་པའི་ཕྱིར་རོ། །

ལྔ་པ་ལ། མཐར་ཐུག་གི་འབྲས་བུ་ལ་འཁྲུལ་པ་དགག །གནས་སྐབས་ཀྱི་འབྲས་བུ་ལ་འཁྲུལ་པ་དགག་པ་དང་གཉིས་ལས། དང་པོ་ལ། དཀར་པོ་ཆིག་ཐུབ་ལས་སྐུ་གསུམ་འབྱུང་བ་དགག །རྒྱུ་འབྲས་ཕྱིན་ཅི་ལོག་དགག །མཐར་ཐུག་གི་འབྲས་བུ་འོད་གསལ་རྐྱང་པར་འདོད་པ་དགག་པ་དང་གསུམ་ལས། དང་པོ་ལ། སྟོང་ཉིད་རྐྱང་པས་སངས་རྒྱས་མི་ཐོབ་པར་བསྟན། སྟོང་ཉིད་བསྔགས་པའི་དགོངས་པ་བསྟན། དེའི་ཤེས་བྱེད་རྣམ་དག་དགོད། འབྲས་བུའི་ཁྱད་པར་ཐབས་ལ་ལྟོས་པར་བསྟན་པ་དང་བཞི་ལས། དང་པོ་ནི། ཞང་ཚལ་པ་སོགས་ཁ་ཅིག་དཀར་པོ་ཆིག་ཐུབ་ལས། འབྲས་བུ་སྐུ་གསུམ་འབྱུང་ཞེས་ཟེར་བ་མི་འཐད་དེ། རྐྱེན་མེད་པའི་རྒྱུ་སྟོང་ཉིད་གཅིག་ལས་འབྲས་བུ་གང་ཡང་འབྱུང་མི་ནུས་ལ་གལ་ཏེ་སྟོང་ཉིད་གཅིག་ལས་འབྲས་བུ་ཞིག་འབྱུང་ཡང་ཉན་ཐོས་ཀྱི་འགོག་པ་བཞིན། སྐུ་གསུམ་གྱི་རྣམ་གཞག་བྱར་མི་རུང་བར་འབྲས་བུ་དེ་ཡང་གཅིག་ཏུ་འགྱུར་བའི་ཕྱིར། དེ་ཡང་སྐྱེས་རབས་ལས་ཀྱང་། རྒྱུ་གཅིག་གིས་ནི་ཀུན་འགྲུབ་པའི། །འབྲས་བུ་གང་ནའང་ཡོད་མ་ཡིན། །ལྷ་རྣམས་ཀྱིས་ནི་བྱས་པ་ཡང་། །རྒྱུ་རྐྱེན་གཞན་ལ་ལྟོས་པ་ཡོད། །ཅེས་པ་དང་། སྤྱོད་འཇུག་ལས། རྐྱེན་གཅིག་གིས་ནི་ཀུན་ནུས་པ། །གང་ན་ཡང་ནི་ཡོད་མ་ཡིན། །སྣ་ཚོགས་རྐྱེན་ལས་སྐྱེས་པ་ཡི། །སྒྱུ་མ་དེ་ཡང་སྣ་ཚོགས་ཉིད། །ཅེས་བཤད།

དགཱས་པོ་ལྷ་རྗེ་སོགས་འགའ་ཞིག་ཚིག་ཐུབ་བསྒོམས་པ་ཡི་རྗེས་ལ་བསྔོ་བ་བྱ་དགོས་ཞེས་ཟེར་རོ། །ཚིག་ཐུབ་འདི་འདྲའི་ལུགས་རྫོགས་པའི་སངས་རྒྱས་ཀྱིས་གསུངས་པ་མེད་པར་ཐལ། བསྔོ་བ་བྱ་དགོས་ན་འོ་ན་ཚིག་ཐུབ་གཉིས་སུ་འགྱུར་ལ་ཚིག་ཐུབ་དེ་ལའང་སྐྱབས་འགྲོ་སེམས་བསྐྱེད་དང་ཡི་དམ་ལྷ་བསྒོམ་པ་ལ་སོགས་པ་དགོས་ན་ཚིག་ཐུབ་དུ་མར་འགྱུར་བ་དེས་ནའོ། །

གཉིས་པ་ནི། གང་ལ་འཕྲོས་ན། གཅིག་ལས་འབྲས་བུ་འབྱུང་མི་ནུས་ཀྱང་ཐུབ་པས་སྟོང་ཉིད་བསྟོགས་པ་ནི་ཆོས་ཅན། དགོས་པ་ཡོད་དེ། དངོས་པོར་འཛིན་པ་བཟློག་ཕྱིར་ཡིན་པའི་ཕྱིར། དཔེར་ན་སངས་རྒྱས་བླ་འོད་དྲི་མེད་ལ་ཕྱག་འཚལ་ཞེས་བརྗོད་པ་ཙམ་གྱིས་འཁོར་བ་ལས་ནི་ཐར་ཅེས་གསུངས། དེ་བཞིན་མཆོད་རྟེན་བསྐོར་བའི་གཟུངས་དང་རྟེན་འབྲེལ་སྙིང་པོ་ཙམ་ཞིག་ཐོས་པ་དང་སོགས་པ་སངས་རྒྱས་ཀྱི་མཚན་ཐོས་པ་དང་ཡི་གེ་དྲུག་མའི་གཟུངས་སོགས་སྔགས་འབྲུ་འགའ་ཞིག་དྲན་ཙམ་གྱིས་སྡིག་པ་ཀུན་ལས་གྲོལ་འགྱུར་ཞེས་གསུངས་པའི་དགོངས་པ་མི་ཤེས་པར་ཚིག་འབྲུ་ཙམ་ལ་བདེན་པ་ཁོ་ནར་བཟུང་བར་མི་བྱ་སྟེ། སྤྱིར་གང་ཟག་ལས་ཆོས་དང་ཆོས་དེ་ཡང་ཚིག་ལས་དོན་དང་དོན་དེ་ཡང་དྲང་དོན་ལས་ངེས་དོན་དང་ངེས་དོན་དེ་ཡང་རྣམ་ཤེས་ལས་ཡེ་ཤེས་གཙོ་ཆེ་བར་གསུངས་པའི་ཕྱིར།

དེ་ཡང་གསང་བ་བསམ་གྱིས་མི་ཁྱབ་པའི་མདོ་ལས། སེམས་ཅན་ཀུན་གྱི་བསོད་ནམས་ཀྱི། །ཕུང་པོ་ཇི་སྙེད་ཡོངས་བཟུང་བ། །དེ་སྙེད་བྱང་ཆུབ་སེམས་དཔའ་ཡི། །བྱང་ཆུབ་སེམས་ལས་རབ་ཏུ་འབྱུང་། །བྱང་ཆུབ་སེམས་ཀྱི་བསོད་ནམས་ཀྱི། །ཕུང་པོ་ཇི་སྙེད་བརྗོད་པ་བས། །དམ་པའི་ཆོས་ནི་ཡོངས་འཛིན་ན། །དེ་བས་བསོད་ནམས་ཆེས་མང་ངོ་། །དམ་ཆོས་འཛིན་པའི་བསོད་ནམས་ནི། །སངས་རྒྱས་ཀུན་གྱིས་ནན་ཏན་དུ། །བསྐལ་པ་བྱེ་བར་བརྗོད་མཛད་ཀྱང་། །མཐའ་མར་ཕྱིན་པར་འགྱུར་མ་ལགས། །དམ་པའི་ཆོས་ནི་འཛིན་པ་དང་། །བྱང་ཆུབ་སེམས་ཀྱི་བསོད་ནམས་དེས། །སྟོང་པ་ཉིད་ལ་མོས་པ་ཡི། །བཅུ་དྲུག་ཆར་ཡང་མི་ཕོད་དོ། །ཞེས་གསུངས། རྣམ་འགྲེལ་ལས་ཀྱང་། སྟོང་ཉིད་ལྟ་བས་གྲོལ་འགྱུར་གྱི། །སྒོམ་པ་ལྷག་མ་དེ་དོན་ཡིན། །ཞེས་བཤད། དམ་ཆོས་པད་དཀར་ལས། མཆོད་རྟེན་དེ་ལ་གང་གིས་ཐལ་མོ་སྦྱར། །ཡོངས་སུ་ཆད་པའི་ཐལ་མོ་ཡ་གཅིག་གམ། །ཡང་ན་མགོ་བོ་སྐད་ཅིག་བཏུད་པ་དང་། །དེ་བཞིན་ལན་གཅིག་ལུས་ཀྱང་བཏུད་པ་དང་། །གང་གིས་རིང་བསྲེལ་གནས་པ་དེ་དག་ལ། །གཡེངས་པའི་སེམས་ཀྱིས་ཕྱག་འཚལ་སངས་རྒྱས་ཞེས། །ཚིག་གཅིག་ལན་འགའ་བརྗོད་པར་བྱེད་པ་ཡང་། །དེ་དག་ཀུན་གྱིས་བྱང་ཆུབ་མཆོག་འདི་འཐོབ། །ཅེས་པ་དང་། མདོ་རྒྱལ་མཚན་དམ་པ་ལས་ཀྱང་། དགེ་སློང་དག་དཀོན་མཆོག་གསུམ་ལ་སྐྱབས་སུ་སོང་ངམ་ཤེས་ཤིག་དང་འཛིགས་པ་

དང་སྡུག་བསྔལ་བ་དང་སྨྱུ་ཟིང་ཞེས་པ་དེ་མེད་པར་འགྱུར་རོ་ཞེས་པ་དང་།

སྐྱབས་འགྲོ་བདུན་ཅུ་པ་ལས། གལ་ཏེ་སྐྱབས་སོང་གཟུགས་ཡོད་ན། ཁམས་གསུམ་འདི་ཡང་སྣོད་དུ་ཆུང་། །ཞེས་པ་དང་། མདོ་ཉི་མའི་སྙིང་པོ་ལས། གང་ཞིག་སངས་རྒྱས་ལ་ནི་སྐྱབས་འགྲོ་བ། །བདུད་རྣམས་བྱེ་བས་བསད་པར་མི་ནུས་ཏེ། །ཚུལ་ཁྲིམས་ཉམས་ཤིང་རྣམ་པར་བློ་འཁྲུགས་ཀྱང་། །དེ་ནི་ངེས་པར་སྐྱེ་བའི་ཕ་རོལ་འགྲོ། །ཞེས་གསུངས། མཆོད་རྟེན་བསྐོར་བའི་གཟུངས་ལས། གཟུངས་འདི་ལན་ཅིག་བརྗོད་པས་ཕྱོགས་བཅུ་དུས་གསུམ་གྱི་དཀོན་མཆོག་གསུམ་ལ་ཕྱག་འཚལ་ཞིང་བསྐོར་བ་བྱས་པར་འགྱུར་རོ། །ཐོག་མ་མེད་པ་ནས་བསགས་པའི་སྡིག་པ་ཐམས་ཅད་དག་པར་འགྱུར་རོ། །དག་པ་སྟ་གཅིག་བྱས་ན་ཡང་བྱེ་བ་ཕྲག་ཏུ་འགྱུར་རོ་ཞེས་གསུངས། རྟེན་འབྲེལ་སྙིང་པོའི་གཟུངས་ལས། སྙིང་པོ་འདི་ལན་ཅིག་བརྗོད་པས་སྡིག་པ་ཐམས་ཅད་བྱང་བར་འགྱུར་རོ། །མི་མཐུན་པའི་ཕྱོགས་ཐམས་ཅད་ཞི་ཞིང་བཟློག་པར་འགྱུར་རོ་ཞེས་གསུངས། དེ་བཞིན་གཤེགས་པ་བདུན་གྱི་སྔོན་གྱི་སྨོན་ལམ་གྱི་ཁྱད་པར་རྒྱས་པའི་མདོ་ལས། ཀུན་དགའ་བོ་དེ་བཞིན་གཤེགས་པ་དེའི་མཚན་ སུའི་རྣ་ལམ་དུ་གྲགས་པར་གྱུར་པ་དེ་ངན་འགྲོ་ངན་སོང་དུ་འགྲོ་བར་འགྱུར་བ་ནི་གནས་མེད་དེ་སྐབས་མ་ཡིན་ནོ་ཞེས་པ་དང་།

ཕལ་པོ་ཆེའི་མདོ་ལས། སེམས་ཅན་ལ་ལ་ཞིག་གིས་དེ་བཞིན་གཤེགས་པ་མཐོང་ངམ་ཐོས་ཀྱང་ལས་ཀྱི་སྒྲིབ་པས་ཀུན་ནས་འཁོར་བའི་ཕྱིར། དེ་བཞིན་གཤེགས་པ་ལ་མ་དད་པ་ཞིག་བྱས་ན་ཡང་དེ་དག་གིས་མཐོང་བ་དང་ཐོས་པའི་དགེ་བའི་རྩ་བ་དེ་ནི་ཡོངས་སུ་མྱ་ངན་ལས་འདའ་བའི་བར་དུ་དོན་ཡོད་པ་ཡིན་ནོ་ཞེས་པ་དང་། མཚན་མོའི་ལྷ་མོ་སེམས་ཅན་ཀུན་ཏུ་སྐྱོང་བའི་གཟི་བརྗིད་དཔལ་གྱིས་འདས་པའི་ཚེ་རབས་མང་པོའི་སྔོན་རོལ་ཏུ་དེ་བཞིན་གཤེགས་པའི་སྐུ་གཟུགས་པད་མོའི་སྙིང་ན་བཞུགས་པ་ཞིག་པར་གྱུར་པ་གཅིག་བཅོས་པ་དེ་ནི་ཁོ་མོའི་བླ་མེད་རྫོགས་པའི་བྱང་ཆུབ་ཀྱི་རྒྱུར་གྱུར་ཏེ། ལུས་ཀྱང་འདི་ལྟར་ཤིན་ཏུ་མཛེས་པ་ཐོབ་བོ་ཞེས་པ་དང་། ངེས་པ་དང་མ་ངེས་པ་ལ་འཇུག་པ་ཕྱག་རྒྱའི་མདོ་ལས། སངས་རྒྱས་ཐམས་ཅད་མཁྱེན་པ་འཇིག་རྟེན་པའི་མགོན་པོ་ཞེས་ཐོས་སམ་རི་མོ་མཐོང་ངམ་གཟུགས་བྱས་པ་མཐོང་ན་སེམས་ཅན་ཐམས་ཅད་རང་སངས་རྒྱས་སུ་གྱུར་པ་ལ་ལྷའི་ཞལ་ཟས་དང་ན་བཟའ་བསྐལ་པ་གཾ་གའི་ཀླུང་གི་བྱེ་མ་སྙེད་དུ་ཕུལ་བས་ཀྱང་ལྷག་སྟེ། གུས་པས་ཐལ་མོ་སྦྱོར་བ་དང་ཕྱག་འཚལ་བ་དང་མཆོད་པ་དང་བཀུར་སྟི་བྱེད་པ་ལྟ་སྨོས་ཀྱང་ཅི་དགོས་ཞེས་གསུངས།

གསེར་འོད་ལས། གང་གིས་བསྐལ་པ་སྟོང་རྣམས་སུ། །སྡིག་པ་ཤིན་ཏུ་མི་བཟད་བགྱིས། །ལན་ཅིག་

རབ་ཏུ་བཤགས་པ་ཡིས། །དེ་དག་ཐམས་ཅད་བྱང་བར་འགྱུར། །ཞེས་པ་དང་། དོན་ཞགས་ཀྱི་ཕ་རོལ་ཏུ་ཕྱིན་པ་དྲུག་གི་གཟུངས་ལས། གཟུངས་འདིས་སེམས་ཅན་དུ་གྱུར་པ་ཐམས་ཅད་ལ་བཟོད་པ་ཆེན་པོ་དང་སྙིང་རྗེ་ཆེན་པོ་དང་བརྩེ་བའི་སེམས་ཀྱི་སེམས་ཅན་དམྱལ་བར་གནས་པ་དང་། བྱོལ་སོང་གི་སྐྱེ་གནས་སུ་གཏོགས་པའི་རི་དྭགས་དང་བྱ་གང་དག་འདས་པ་གང་ཡིན་པ་དང་གནས་པ་གང་ཡིན་དང་སྐྱེ་བ་གང་ཡིན་པ་དེ་རྣམས་ལ་སྙིང་རྗེ་བའི་ཕྱིར་གང་ཟག་གིས་གཟུངས་ཀྱི་ཚིག་དྲན་པར་བྱེད་ན། དམྱལ་བའི་སེམས་ཅན་ལས་ཐར་བར་འགྱུར་ཞིང་སྐྱེ་བོ་མང་པོ་རྣམས་གནས་པ་གང་ཡིན་པ་རྣམས་གྲོལ་བར་འགྱུར་རོ་ཞེས་པ་དང་། སྦྱོང་རྒྱུད་ཀྱི་ཀུན་རིག་རྩ་བའི་དཀྱིལ་འཁོར་ལས། ཧཱུྃ་ལྷའི་དབང་པོ་གཞན་ཡང་མདོར་ན་དྲན་པ་ཙམ་གྱིས་ཀྱང་བསོད་ནམས་ཆུང་བའི་སེམས་ཅན་རྣམས་ངན་སོང་གི་རྒྱུད་ཐམས་ཅད་ལས་བདེ་བླག་ཏུ་རྣམ་པར་གྲོལ་བར་འགྱུར་བ་ནི་འདི་ཡིན་ནོ་ཞེས་གསུངས། འོན་མདོ་དེ་དག་གི་དགོངས་པ་གང་ཡིན་ཞེ་ན། དཀོན་མཆོག་སྤྲིན་ལས། དེ་བཞིན་གཤེགས་པ་ཤཱཀྱ་ཐུབ་པའི་མཚན་ཐོས་པས་རྫོགས་པའི་བྱང་ཆུབ་ལས་ཕྱིར་མི་ལྡོག་པར་གསུངས་པ་ལ་ཐེ་ཚོམ་སྐྱེས་པའི་དོན་ཞུས་པས། དེ་མ་ཐག་འབྲས་བུ་དེ་ཐོབ་པ་མ་ཡིན་གྱི་དེ་ཉིད་རྒྱུའི་ཐོག་མར་བྱས་ཏེ། དགེ་བའི་རྩ་བ་གཞན་དག་ཀྱང་སྐྲུན་པར་འགྱུར་བས་ཚིག་དེ་མི་བསླུ་བ་ཡིན་ནོ་ཞེས་གསུངས།

གསུམ་པ་ལ། རིགས་པ་དང་ལུང་གཉིས་ལས། དང་པོ་ནི། དཔེར་ན། མདའ་རྐྱང་ལ་ནི་བྱེད་པ་མེད་ཀྱང་གཞུ་བཟང་དང་བཅས་ཏེ་འཕེན་པར་གྱུར་ན། མདའ་གཞུ་དེ་ཡིས་འདོད་པའི་བྱ་བ་འགྲུབ་པ་དེ་བཞིན་དུ་སྟོང་ཉིད་རྐྱང་པ་ལ་བྱེད་པ་ཅི་ཡང་ཡོད་པ་མ་ཡིན་ཀྱང་། ཐབས་དང་ཤེས་རབ་ལེགས་པར་འབྲེལ་ན་འདོད་པའི་འབྲས་བུ་རིམ་བཞིན་ཐོབ་སྟེ་དཔེ་དོན་མཚུངས་པའི་ཕྱིར།

གཉིས་པ་ལ། རྒྱུད་ཀྱི་ལུང་དང་། བསྟན་བཅོས་ཀྱི་ལུང་གཉིས་ལས། དང་པོ་ནི། དེ་སྐད་དུ་ཡང་རྡོ་རྗེ་གུར་ལས་འདི་སྐད་གསུངས་ཏེ། ཐབས་ནི་སྟོང་པ་ཉིད་དུ་ལྟ་བ་མ་ཡིན་པར་ཐལ། འབྲས་བུའི་འདྲ་བ་རྒྱུའི་འདྲ་བ་ལས་གཞན་མིན་པའི་ཕྱིར། ཁྱབ་པ་ཡོད་དེ། གལ་ཏེ་སྟོང་པ་ཉིད་དུ་ལྟ་བ་ཐབས་ཡིན་ན་དེ་ཚེ་སངས་རྒྱས་སྐུ་གསུམ་ཉིད་མི་འབྱུང་བའི་ཕྱིར། ཡང་དཀྱིལ་འཁོར་འཁོར་ལོ་ཞེས་བསྐྱེད་རིམ་དང་ཐབས་ནི་བདེ་བའི་སྡོམ་པ་ཞེས་རྫོགས་རིམ་སྟེ། སངས་རྒྱས་ང་རྒྱལ་བསྐྱེད་རིམ་དང་རྫོགས་རིམ་གྱི་རྣལ་འབྱོར་གྱིས་སངས་རྒྱས་ཉིད་དུ་ངེས་པར་འགྲུབ་སྟེ་དངོས་སྨྲ་བ་དངོས་པོར་ལྟ་བ་རྣམས་ལས་བཟློག་པ་དང་མུ་སྟེགས་བདག་ཏུ་ལྟ་བ་ཚོལ་བ་རྣམས་ཀྱི་བདག་ཞེན་བསམ་པ་བཟློག་པའི་ཕྱིར་དུ་སྟོང་པ་རྒྱལ་བ་རྣམས་ཀྱིས་གསུངས་པ་དེའི་ཕྱིར། དེ་སོགས་འཚང་རྒྱ་བ་ལ་ཐབས་ཤེས་གཉིས་ཀ་དགོས་པ་ཤིན་ཏུ་གསལ་བར་གསུངས་ལ། རྣམ་སྣང་མངོན་བྱང་

ལས་ཀྱང་ནི། ཐབས་དང་མི་ལྡན་ཡེ་ཤེས་དང་། བསླབ་པ་དག་ཀྱང་གསུངས་པ་ནི་ཆོས་ཅན། དགོས་པ་ཡོད་དེ། དཔའ་བོ་ཆེན་པོས་ཉན་ཐོས་རྣམས་ཐེག་ཆེན་དེ་ལ་གཞུག་པའི་ཕྱིར་དུ་གསུངས་པས་སོ། །

གང་དག་དུས་གསུམ་མགོན་པོ་རྣམས། །ཐབས་དང་ཤེས་རབ་ལྡན་པ་ལ། །བསླབས་ནས་བླ་མེད་ཐེག་པ་ནི་ལས་ཉོན་གྱིས་འདུས་མ་བྱས་པ་ཆོས་སྐུ་དང་གཟུགས་སྐུ་དེས་ཐོབ་བོ་ཞེས་གསུངས་པ་ཡང་ཤེས་པར་གྱིས་ཏེ། འཚང་རྒྱ་བ་ལ་ཐབས་ཤེས་གཉིས་ཚང་བར་གོ་དགོས་པའི་ཕྱིར།

གཉིས་པ་ནི། ཆོས་ཀྱི་གྲགས་པས་རྣམ་འགྲེལ་ལས། རྒྱུ་ཡི་བག་ཆགས་སྒྲིབ་པ་གཉིས་དང་བཅས་པ་སྤངས་པ་ཡིན་པ་ཐུབ་ཆེན་གཞན་དོན་འཇུག་ཅན་གྱི་བསེ་རུ་ལ་སོགས་ལས་ཁྱད་འདི་ཡིན་ཏེ། སྒྲིབ་སོགས་རྣམ་པ་དུ་མར་ཐབས་མང་པོ་བསྐལ་པ་ཡུན་རིང་དུས་སུ་གོམས་པ་ལས་ཐུབ་ཆེན་དེ་ལ་སེམས་ཅན་གྱི་སྐྱོན་དང་ཡོན་ཏན་དག་རབ་ཏུ་གསལ་བ་ཉིད་དུ་འགྱུར་བ་དེས་ན་ཤེས་བྱ་ཀུན་ལ་ཐུགས་ཀྱང་ཤིན་ཏུ་གསལ་བའི་ཕྱིར་ཞེས་གསུངས། གཞན་ཡང་རྣམ་འགྲེལ་དེ་ཉིད་ལས། ཐུབ་ཆེན་དེ་ཉིད་སྟོན་པ་ཡིན་པར་བཞེད་དེ། ཐུབ་ཆེན་དེ་ཐོབ་པའི་དོན་གྱི་ཕྱིར་དུ་ན་གྲངས་མེད་གསུམ་དུ་ཐབས་གོམས་པའི་ཕྱིར་ཞེས་གསུངས་པ་ཡང་འཚང་རྒྱ་བ་ལ་ཐབས་ཤེས་གཉིས་དགོས་པ་དེ་ཉིད་ཡིན་ནོ། །ཁ་ཅིག་སྟོན་པ་བཏགས་པ་བ་ཡིན་ཟེར་རོ། །

བཞི་པ་ལ། ཐབས་ལ་མ་སྦྱངས་ན་སངས་རྒྱས་མི་འགྲུབ་པར་བསྟན། གྲོལ་བ་གསུམ་ཐབས་ཀྱིས་ཕྱེ་བར་བསྟན། སྟོང་ཉིད་མངོན་དུ་བྱ་རྒྱུ་མ་ཡིན་པར་བསྟན་པ་དང་གསུམ་ལས། དང་པོ་ནི། སྒྲིབ་སོགས་ཐབས་ལ་མ་སྦྱངས་ན་ཤེས་བྱ་ཐམས་ཅད་མཁྱེན་པ་དང་གཞན་དོན་མཛད་པ་མི་སྲིད་དེ། དེའི་རྒྱུ་མཚན་རྣམ་པ་དུ་མ་ནས་ཁྱད་འདི་ཡིན་ཞེས་པའི་བར་དེས་ནའོ། །

གཉིས་པ་ནི། ཟ་འོག་སོགས་ཐགས་ཀྱི་རྒྱུ་རྣམས་ཕལ་ཆེར་མཐུན་ཡང་སྤུན་གྱི་དབྱེ་བས་རི་མོ་བཟང་ངན་འབྱུང་བ་དེ་བཞིན་གྲོལ་བའི་རྒྱུ་སྟོང་ཉིད་ལྟ་བ་ཕལ་ཆེར་མཐུན་ཡང་གྲོལ་བ་འབྲས་བུའི་བཟང་ངན་ཐབས་ཀྱིས་བྱེད་པ་ཡིན་ཏེ། དཔེ་དོན་མཚུངས་པའི་ཕྱིར། ད་ནི་སངས་རྒྱས་ཐོབ་འདོད་ན་ཐབས་མཁས་པ་ལ་ནན་ཏན་གྱིས་ཏེ། སྟོང་ཉིད་ལྟ་བས་མྱ་ངན་འདའ་ཐབས་ལ་མཁས་ན་རྫོགས་འཚང་རྒྱ་བ་དེས་ནའོ། །ཉན་ཐོས་དགྲ་བཅོམ་པ་དང་རང་སངས་རྒྱས་དང་རྫོགས་པའི་སངས་རྒྱས་རྣམ་པ་གསུམ་འཁོར་བ་ལས་རྣམ་པར་གྲོལ་བར་མཚུངས་ན་ཡང་ཡོན་ཏན་བཟང་ངན་ཐབས་ཀྱིས་ཕྱེ་བ་ཡིན་ཏེ། དེ་ཡང་མདོ་སྡེ་རྒྱན་ལས་ནི། ཇི་ལྟར་མདུད་པའི་བྱེ་བྲག་གིས། །གོས་ལ་ཚོན་བཀྲ་མི་བཀྲ་བ། །དེ་བཞིན་འཕེན་པའི་དབང་གིས་ནི། །གྲོལ་བའི་ཡེ་ཤེས་བཀྲ་མི་བཀྲ། །དེ་སྐད་གསུངས་པའང་དོན་སྤྱི་མ་དེ་ཉིད་ཡིན་པའི་ཕྱིར་དང་། སློབ་དཔོན་མ་ཏི་ཙི་ཏྲས

ཀྱང་། །བསེ་རུའི་རྭ་དང་འདྲ་གང་དང་། །གང་ལ་ཁྱོད་ཀྱི་རྗེས་འགྲོ་སློབ། །ཞི་བ་ཙམ་གྱིས་ཁྱོད་དང་མཚུངས། །ཁམས་ལས་ཡོན་ཏན་ཚོགས་ཀྱིས་མིན། །ཞེས་གསུངས་པ་ཡང་དོན་སྟེ་མ་འདི་ཉིད་ཡིན་པའི་ཕྱིར།

གསུམ་པ་ནི། དེས་ན་སངས་རྒྱས་ཐོབ་འདོད་ན་སྟོང་པ་ཉིད་ལ་འདྲིས་པར་གྱིས་ལ་ཐབས་མཁས་པ་ལ་འབད་པས་བསྒོམ་དགོས་ཏེ། སྟོང་ཉིད་ལ་ནི་འདྲིས་བྱ་ཡི། །སྟོང་ཉིད་མངོན་དུ་མ་བྱེད་ཅེས། །ཤེས་རབ་ཕ་རོལ་ཕྱིན་པ་ལས་གསུངས་པའི་ཕྱིར། དེ་ཡང་བརྒྱད་སྟོང་པ་ལས། རབ་འབྱོར་འདི་ལྟར་བྱང་ཆུབ་སེམས་དཔའ་ཆེན་པོ་རྣམ་པ་ཐམས་ཅད་ཀྱི་མཆོག་དང་ལྡན་པ་སྟོང་པ་ཉིད་ལ་རྟོག་མེད་ཀྱི་མངོན་སུམ་དུ་བྱ་བའི་དུས་ནི་མ་ཡིན་ནོ་སྙམ་དུ་རྟོག་གོ་ཞེས་གསུངས། སྟོང་ཉིད་རྐྱང་པ་བསྒོམས་ན་ནི་སྟོང་ཉིད་ཉིད་ཀྱང་རྟོགས་མི་ནུས་ལ་གལ་ཏེ་ཉི་ཚེ་བའི་སྟོང་ཉིད་རྟོགས་ན་ཡང་ཉན་ཐོས་ཀྱི་ནི་འགོག་པར་ལྷུང་སྟེ། འཕགས་པ་དཀོན་མཆོག་བརྩེགས་པ་སྟོང་ཕྲག་བརྒྱ་པ་ལས། འདི་ལྟ་སྟེ་དཔེར་ན་སེང་གེ་ནི་གཞན་གང་ལའང་མི་འཇིགས་མོད་ཀྱི་མེ་ཆེན་པོ་མཐོང་ན་འཇིགས་པ་སྐྱེའོ། །དེ་བཞིན་དུ་བྱང་ཆུབ་སེམས་དཔའ་ཆེན་པོ་ཡང་ཆོས་གཞན་གང་ལའང་མི་འཇིགས་ཀྱང་སྟོང་པ་ཉིད་ལ་སྐྲག་ཅེས་གསུངས་པའི་ཕྱིར། མདོ་དེ་ཡི་དགོངས་པ་འདི་ལྟར་ཡིན་ཏེ། སྙིང་རྗེ་ཆེན་པོ་སོགས་ཐབས་དང་བྲལ་བའི་སྟོང་ཉིད་ཀྱིས་དམན་པའི་མྱ་ངན་ལས་འདས་པར་འགྱུར་བའི་ཕྱིར་རོ། །

གཉིས་པ་ནི། དེང་སང་ལ་ལ་སྟོང་ཉིད་འབའ་ཞིག་བསྒོམས་པ་ལས་འབྲས་བུ་སྐུ་གསུམ་འདོད་པ་དང་། ལ་ལ་ཐབས་ཤེས་ཟུང་འཇུག་བསྒོམས་པ་ལས་འབྲས་བུ་འོད་གསལ་འདོད་པ་ཡོད་ལ་དེ་གཉིས་ཀ་ཡང་ནི་བསྒོམ་སྐྱོན་ཅན་ཡིན་ཏེ། རྒྱུ་འབྲས་ཕྱིན་ཅི་ལོག་པའི་ཕྱིར། སྤྱིར་སེམས་ཀྱི་ངོ་སྤྲོད་པའི་ཚེ་སེམས་རྐྱང་པ་ངོ་སྤྲོད་དམ་ཕྱི་རོལ་གྱི་དོན་ཡང་ངོ་སྤྲོད་དགོས། སེམས་རྐྱང་པ་ངོ་སྤྲོད་པ་མུ་སྟེགས་པའི་ལུགས་ཡིན་དེས་གཟུང་འཛིན་སྤོང་མི་ནུས་པའི་ཕྱིར་ལམ་འཁྲུལ་པ་ཡིན།

ཕྱི་རོལ་གྱི་ཡུལ་ངོ་སྤྲོད་དགོས་ན། ཡུལ་དེ་དག་མུ་སྟེགས་ཀྱི་ལྟར་དབང་ཕྱུག་ལ་སོགས་པའམ་ཉན་ཐོས་ལྟར་རྡུལ་ཕྲན་ནམ་སེམས་ཙམ་པ་ལྟར་སེམས་སམ་དབུ་མ་པ་ལྟར་རྟེན་འབྲེལ་ལས་འབྱུང་བ་ཡིན་བརྟག །འདི་དག་ཀྱང་ཡོད་པ་དང་མེད་པར་འདོད་ན་རྟག་ཆད་ལས་མ་འདས་པས། དེ་སུན་འབྱིན་པ་ལ་ལུང་རིགས་ཤེས་དགོས། སྣང་བ་དང་སེམས་རྟེན་འབྲེལ་དུ་འདོད་པ་ལའང་སངས་རྒྱས་པའི་ལུང་དང་རིགས་པ་ཤེས་དགོས། དེ་མ་ཤེས་ན་གང་ཟག་དང་ཆོས་ཀྱི་བདག་མེད་ལེགས་པར་མི་རྟོགས། གང་ཟག་གི་བདག་མེད་མ་རྟོགས་ན་མུ་སྟེགས་ཀྱི་སྒོམ་དང་ཁྱད་པར་མེད། ཆོས་ཀྱི་བདག་མེད་མ་རྟོགས་ན་ཉན་ཐོས་ཀྱི་སྒོམ་དང་ཁྱད་པར་མེད། བདག་མེད་གཉིས་རྟོགས་པ་ལ་ཐོག་མར་ཐོས་བསམ་གྱི་ཤེས་རབ་ཀྱིས་སྒྲོ་འདོགས་བཅད་དགོས།

ཐོས་བསམ་ལ་མ་ལྟོས་པར་བདག་མེད་རྟོགས་མི་ནུས། བདག་མེད་མ་རྟོགས་ན་བདག་མེད་བསྒོམ་མི་ཤེས། བསྒོམ་མ་ཤེས་ན་སྒོམ་བྱུང་གི་ཤེས་རབ་མི་སྐྱེ་སྒོམ་བྱུང་གི་ཤེས་རབ་མ་སྐྱེས་ན་འཕགས་པའི་མཐོང་ལམ་སྐྱེ་མི་ནུས་སྟེ། མདོ་ཏིང་ངེ་འཛིན་རྒྱལ་པོ་ལས། འགྲོ་མང་ཕུང་པོ་སྟོང་པར་སྟོན་བྱེད་ཀྱང་། །ཇི་ལྟར་བདག་མེད་དེ་དག་མི་ཤེས་ཏེ། །མི་ཤེས་དེ་དག་གཞན་གྱིས་བརྒྱལ་བ་ན། །ཁྲོ་བའི་ཚིལ་གྱིས་གནོན་ཅིང་ཚིག་རྩུབ་སྨྲ། །ཞེས་པ་དང་། ཐུབ་པ་དགོངས་གསལ་ལས། གནས་ལུགས་ཀྱི་དོན་བསྒོམ་པ་ལ་ལུགས་མང་བར་སྣང་། ཉན་ཐོས་བདེན་པ་བཞི་བསྒོམ། སེམས་ཙམ་རྣམ་མེད་ཀྱི་བསྒོམ་ནི་སློབ་དཔོན་ཤན་ཏི་པས་རྩེ་གཅིག་རོ་གཅིག་སྤྲོས་བྲལ་བསྒོམ་མེད་དེ་རྣལ་འབྱོར་བཞི་ལ་བྱེད་པའང་སྣང་། དབུ་མ་རང་རྒྱུད་པས་ཟུང་འཇུག་རབ་ཏུ་མི་གནས་པ་ལ་བྱེད། ཐལ་འགྱུར་བས་སྟོང་ཉིད་རབ་ཏུ་མི་གནས་པ་ལ་བྱེད། གསང་སྔགས་རྙིང་མ་པས་ཐེག་པ་རིམ་པ་དགུའི་མཐར་ཐུག་ཤིན་ཏུ་རྣལ་འབྱོར་ལ་བྱེད། གསང་སྔགས་གསར་མ་བས་དབང་བཞི་དང་ལམ་རིམ་པ་གཉིས་ཀྱི་ཡེ་ཤེས་ལ་བྱེད། དེ་ལ་རྒྱུད་ཐ་དད་ཀྱི་དགོངས་པས་དོན་གཅིག་ཀྱང་དམིགས་པའི་རིམ་པ་མི་འདྲ་བ་ཡོད། སློབ་དཔོན་མཚོ་སྐྱེས་ཕྱིན་ཅི་མ་ལོག་པའི་དེ་ཁོ་ན་ཉིད་ཅེས་གསུང་། སློབ་དཔོན་རྣལ་འབྱོར་གྱི་དབང་ཕྱུག་བིརྺ་པ་ཤིན་ཏུ་རྣམ་པར་དག་པའི་དེ་ཁོ་ན་ཉིད་ཅེས་གསུང་། སློབ་དཔོན་ཀླུ་སྒྲུབ་རིམ་པ་ལྔའི་མཐར་ཐུག་ཟུང་འཇུག་ཅེས་ཀྱང་གསུང་། རིམ་པ་གཉིས་ལ་ཕྱག་རྒྱ་བཞིར་དབྱེ་ན། ལས་ཀྱི་ཕྱག་རྒྱ་ཆོས་ཀྱི་ཕྱག་རྒྱ་དམ་ཚིག་གི་ཕྱག་རྒྱ་ཕྱག་རྒྱ་ཆེན་པོ་ཞེས་ཀྱང་བྱ། དེ་ལ་སོགས་པའི་རིམ་པ་མང་པོ་ཡོད་ཀྱང་སངས་རྒྱས་དང་གྲུབ་ཐོབ་དགོངས་པ་གཅིག །འདི་ཐམས་ཅད་དབང་བཞི་དང་ལམ་རིམ་པ་གཉིས་ཀྱི་ཏིང་ངེ་འཛིན་གྱི་བྱེ་བྲག་ཡིན། འདིའི་གནད་ཟབ་མོ་གསང་སྔགས་ཀྱི་སྐབས་སུ་འབྱུང་བས་འདིར་མ་བཤད་དོ། །མདོར་ན་ཕྱག་རྒྱ་ཆེན་པོ་ཡིན་ན་གསང་སྔགས་ཉམས་སུ་བླངས་པ་ལས་འབྱུང་དགོས་དཔེར་ན་ལྗོ་ཤུར་ལ་སོགས་པ་ལ་དུ་བར་མིང་བཏགས་ཀྱང་མེ་ལས་མི་སྐྱེ་བའི་ཕྱིར་དུ་བ་མཚན་ཉིད་པ་མ་ཡིན་པ་འདྲ། བྱའི་སྐད་མིས་འདོན་ཟེར་ཡང་བྱ་སྐད་བྱ་ཉིད་ཀྱི་ཁ་ནས་འབྱུང་གི་མིའི་ཁ་ནས་འབྱུང་མི་ནུས་དོ། །དེ་བཞིན་དུ་ཕྱག་རྒྱ་ཆེན་པོ་བསྒོམ་ཟེར་ཡང་རིམ་པ་གཉིས་ཀྱི་ཡེ་ཤེས་ལས་མ་སྐྱེས་པའི་ཕྱིར་ཚེ་འདི་ལ་འཚང་རྒྱ་བའི་ཕྱག་རྒྱ་ཆེན་པོ་དངོས་མ་ཡིན་ནོ། །འདིར་རྒྱུད་སྡེའི་རིམ་པ་དེ་ཙམ་ཅིག་མ་བཤད་ན་མུ་སྟེགས་ཉན་ཐོས་སེམས་ཙམ་དབུ་མ་པ་གསང་སྔགས་ཀྱི་བསྒོམ་གྱི་ཁྱད་པར་རྣམས་མི་ཤེས་པས་མུན་སྤྲུལ་དུ་ཉམས་སུ་བླངས་ནས། གསང་སྔགས་ཀྱི་ཕྱག་རྒྱ་ཆེན་པོ་མུ་སྟེགས་ཀྱི་བསྒོམ་དང་འདྲ་བ་བག་རེ་མཐོང་བས་བཤད་པ་ཡིན་ནོ། །རྒྱས་པར་བླ་མའི་ཞལ་ལས་ཤེས་པར་བྱའོ་ཞེས་གསུངས།

ཞང་ཚལ་པ་སོགས་ཁ་ཅིག་ས་ལམ་མི་བགྲོད་པར་རྫོགས་འཚང་རྒྱ་བར་འདོད་པ་ཡོད་དེ། ཕྱག་རྒྱ་ཆེན་པོ་ཅིག་ཆོད་ལ། །ས་ལམ་རྩེ་བ་རྨོངས་པ་འཁྲུལ། །ཟེར་བ་དང་། ཏི་སེ་ལ་སོགས་བསྐོར་བ་དང་མཉམ་པོར་རྩ་མདུད་མེད་སོགས་འདོད་པ་ཡང་དེ་དག་སོགས་རྒྱུད་སྡེའི་དགོངས་པ་མ་ཤེས་པས་ཤིན་ཏུ་འགལ་བ་ཡིན་ཏེ། ཕྱི་ཛཱ་ལནྡྷ་ར་སོགས་ཡུལ་ཉི་ཤུ་རྩ་བཞི་རྣམས་བགྲོད་པ་དང་ནང་དུ་རྩ་མདུད་གྲོལ་བ་ནི་རྣལ་འབྱོར་པས་ས་བཅུ་ལ་སོགས་བགྲོད་པ་ཡི་རྟེན་འབྲེལ་ཉིད་ཀྱིས་འབྱུང་བ་ཡིན་པའི་ཕྱིར། ཕྱི་ནང་སྦྱར་བ་འདི་ཡི་དོན་རྣལ་འབྱོར་ཆེན་པོ་ཡི་རྒྱུད་ཀྱི་ས་ལམ་སྐབས་སུ་ལྟོས་ཏེ་དབང་ཐོབ་ནས་གོ་དགོས་པའི་ཕྱིར། རྡོ་རྗེ་མཁའ་འགྲོའི་འགྲེལ་པ་ལས་ཆོས་ཀྱི་འབྱུང་གནས་ཀྱི་ནང་དུ་སྣ་ཚོགས་མདུད་པའི་འཆར་བ་ཆེན་པོར་བར་མའི་སྟེང་དུ་ཟླ་བ་ལ་བསྒོམ་པར་བྱའོ་ཞེས་འབྲེལ་ཏོ། །

སྣ་ཚོགས་མདུད་པ་ཞེས་བྱ་བ་ནི་དེའི་དབུས་ཏེ་རྩ་གཅིག་པུ་དེ་ཉིད་ཀྱི་གཡས་དང་གཡོན་གྱི་ཆ་གཉིས་སུ་གྱེས་པ་ལས། གཡས་ཀྱི་ཆ་ལ་གནས་པ་ནི་གཡོན་ཕྱོགས་ནས་བསྐོར་ཏེ་སྟེང་དུ་རྒྱུ་ལ། གཡོན་ན་གནས་པ་དེ་ཡང་གཡས་ཕྱོགས་ནས་བསྐྱོད་ཅིང་དེ་བཞིན་དུ་རྒྱུའོ། །དེ་ལྟར་འོག་ཏུ་རྒྱུ་བའི་རྩ་གཉིས་ཀྱང་ཕན་ཚུན་དུ་བསྐོར་ནས་རྒྱུ་སྟེ། དེ་ལྟར་ཀུན་ཏུ་འཁྱིལ་བའི་རྩ་ཡི་གནས་དེ་སྣ་ཚོགས་མདུད་པའོ། །དེ་ཉིད་འཆར་བ་ཆེན་པོ་སྟེ་སེམས་ཅན་ཐམས་ཅད་འབྱུང་བར་བྱེད་པའི་ཕྱིར་རོ་ཞེས་པ་དང་། པདྨ་འདབ་མ་དྲུག་ཅུ་རྩ་བཞི་ནི་ཁ་གྱེན་དུ་བལྟ་བར་བྱའོ། །དེར་ཡི་གེ་ནི་སྟེང་དུ་བལྟས་པ་ཉེ་བར་གནས་པའོ། །རྟག་ཏུ་དབུགས་ཀྱི་ངོ་བོ་སྟེ། །ཞེས་བྱ་བ་ནི་དེ་ལ་དབུགས་སྟེང་དུ་རྒྱུ་བའི་རང་བཞིན་ཡིན་པའི་ཕྱིར་རོ། །མན་ངག་གིས་ནི་ཟླ་ཆོས་དང་བཅས་པའི་དབྱངས་ཡིག་དང་པོ་ཐིག་ལེའི་གཟུགས་ལས་མེའི་རང་བཞིན་དུ་སྟེང་དུ་འབར་ཞིང་དབུགས་ཕྱིར་རྒྱུ་བའིཕྱིར་རོ༑ །རྟག་ཏུ་ཞེས་བྱ་བ་ནི་ཇི་སྲིད་འཚོའི་བར་དུའོ་ཞེས་པ་ལ་སོགས་པ་དང་། སྟོ་ཚན་གྱི་དང་པོ་བརྒྱད་གནས་པའི་ཚུལ་ལ་སོགས་པ་རྒྱས་པར་གསུངས།

སམ་བུ་ཊ་ལས། གནས་ནི་རབ་ཏུ་དགའ་བའི་ས། །དེ་བཞིན་ཉེ་གནས་དྲི་མ་མེད། །ཞིང་ནི་འོད་བྱེད་ཤེས་པར་བྱ། །ཉེ་བའི་ཞིང་ནི་འོད་འཕྲོ་ཅན། །ཚན་དྷོ་མངོན་དུ་གྱུར་པ་སྟེ། །ཉེ་བའི་ཚན་དྷོ་སྦྱང་དཀའ་བ། །འདུ་བ་རིང་དུ་སོང་བ་ཉིད། །ཉེ་བའི་འདུ་བ་མི་གཡོ་བ། །དུར་ཁྲོད་ལེགས་པའི་བློ་གྲོས་ཉིད། །ཉེ་བའི་དུར་ཁྲོད་ཆོས་ཀྱི་སྤྲིན། །ཕ་རོལ་ཕྱིན་བཅུའི་ས་རྣམས་ལ། །རྣལ་འབྱོར་མ་ཡི་གླུ་གླེའི་སྐད། །ཕུ་ལ་སོགས་པ་ཅི་གསུངས་པ། །ཕྱི་དང་ནང་དུ་ཡང་དག་བསམ། །ཞེས་པ་དང་། ཀྱཻ་རྡོ་རྗེ་ལས་ཀྱང་། གནས་དང་ཉེ་བའི་གནས་དང་ནི། །ཞེས་སོགས་ཀྱི་མཇུག་ཏུ། འདི་རྣམས་ས་ནི་བཅུ་གཉིས་ཏེ། །ས་བཅུའི་དབང་ཕྱུག་མགོན་པོ་ཉིད། །ཅེས་པ་དང་།

ལམ་འབྲས་ལས་ཀྱང་། ས་ཐོག་མཐའ་ལ་རེ་རེ་ཞེས་སོགས་གསུངས་ཏེ། དེ་ཡང་ས་བཅུ་གཅིག་པ་ནི་དཔེ་མེད་པ་དང་བཅུ་གཉིས་པ་ཡེ་ཤེས་ཆེན་པོ་དང་བཅུ་གསུམ་རྡོ་རྗེ་འཛིན་པ་ཞེས་བྱ་སྟེ། ཀྱེ་རྡོ་རྗེ་འབུམ་ཕྲག་ལྔ་པའི་ལུང་ཀུ་སུ་ཏིར་དྲངས་པ་དང་། ངེས་བརྗོད་བླ་མ་ལས། འཕྲུང་གཙོད་དཔེ་མེད་དེ་བཞིན་དུ། །ཉེ་བའི་འཕྲུང་གཙོད་ཡེ་ཤེས་ཆེ། །ཞེས་པ་དང་། ལུང་ཕྱི་མ་ལས། རྡོ་རྗེའི་ས་ནི་བཅུ་གསུམ་པ། །ཞེས་གསུངས། དེ་ཡང་རྣལ་འབྱོར་དབང་ཕྱུག་ནི་ས་བཅུ་གསུམ་པའི་ཕྱེད་འབྲས་བུ་དང་ལྷག་མ་རྒྱུའི་སར་བཞེད་པ་ཡིན་ནོ། །དེས་ན་རང་ཉིད་ས་ལམ་མི་བགྲོད་པར་ཕྱིའི་ཡུལ་སོགས་བགྲོད་པ་བཤད་གད་ཀྱི་གནས་ཡིན་ཏེ། བ་ལང་གི་རྨིག་རྗེས་ཀྱི་ཆུ་ལས་ནོར་བུ་འཚོལ་བ་དང་མཚུངས་པའི་ཕྱིར། སྒོམ་ཆེན་པ་ལ་ལ་རྒྱུ་དུས་ཀྱི་དབང་བཞི་མི་འདོད་ཅིང་བསྐྱེད་རིམ་དང་ལ་སོགས་པ་རང་བྱིན་རླབས་དང་དཀྱིལ་འཁོར་འཁོར་ལོ་དང་ཕྱག་རྒྱ་ཆེན་པོ་སྟེ་ལམ་བཞི་པོའི་རྣམ་པར་བཞག་པ་མི་འདོད་པར། རྡོ་རྗེ་ཐེག་པའི་འབྲས་བུ་ནི་སྤྲུལ་སྐུ་ལ་སོགས་སྐུ་བཞི་ཞེས་འདོད་པ་དེ་ཡང་ལོག་ཤེས་ཡིན་ཏེ། རྒྱུ་མེད་ཀྱི་འབྲས་བུ་མི་སྲིད་པའི་ཕྱིར།

གསུམ་པ་ནི། གསང་འདུས་ཀྱི་རྗེས་སུ་འབྲང་པ་ཁ་ཅིག་འབྲས་བུའི་མཐར་ཐུག་ནི་སེམས་འོད་གསལ་སྟོང་ཉིད་དུ་སངས་རྒྱས་པ་ཡིན་ཞེས་སྨྲ་བ་ཐོས་པ་དེ་ནི་གསང་འདུས་འཕགས་ལུགས་པའི་དགོངས་པ་མིན་ཏེ། ཀླུ་སྒྲུབ་ཀྱི་རིམ་ལྔ་དང་ནི་ཨཱ་ར་དེ་བའི་སྤྱོད་བསྡུས་སུ། འོད་གསལ་བ་ལས་སྣང་སྟོང་ཟུང་འཇུག་སྒྱུ་མ་ལྟ་བུའི་སྐུར་ལྡང་བ་རིམ་ལྔའི་མཐར་ཐུག་ཡིན་པར་གསུངས་པའི་ཕྱིར། དེ་ཡང་གསང་བསྡུས་རིམ་ལྔ་ལས། ཡང་དག་མཐའ་ལས་ལངས་ནས་ནི། །གཉིས་མེད་ཡེ་ཤེས་ཐོབ་པར་འགྱུར། །ཟུང་འཇུག་ཏིང་འཛིན་ལ་གནས་ནས། །སླར་ཞིང་གང་ལའང་མི་སློབ་བོ། །འདི་ནི་རྫོགས་པའི་རྣལ་འབྱོར་པ། །རྡོ་རྗེ་འཛིན་པ་ཆེན་པོའང་སྟེ། །རྣམ་པ་ཀུན་གྱི་མཆོག་ལྡན་པའི། །ཐམས་ཅད་མཁྱེན་པར་དེ་ནས་འགྱུར། །ཞེས་པ་དང་། ཀུན་རྫོབ་དང་ནི་དོན་དམ་དག །སོ་སོའི་ཆར་ནི་ཤེས་གྱུར་ནས། །གང་དུ་ཡང་དག་འབྲེལ་འགྱུར་བ། །ཟུང་དུ་འཇུག་པར་དེ་བཤད་དོ། །ཞེས་པ་དང་། ཇི་ལྟར་དྭངས་བའི་ཆུ་དག་ལས། །ཉ་དག་མྱུར་དུ་འཕར་བ་ལྟར། །དེ་བཞིན་ཐམས་ཅད་སྟོང་པ་ལས། །སྒྱུ་འཕྲུལ་དྲ་བ་འབྱུང་བར་འགྱུར། །ཞེས་པ་དང་། སྤྱོད་བསྡུས་ལས། རིམ་པ་འདི་གཉིས་ཀྱིས་བཅོམ་ལྡན་འདས་ཤཱཀྱ་ཐུབ་པ་ལ་དེ་བཞིན་གཤེགས་པ་ཐམས་ཅད་ཀྱིས་སེ་གོལ་གྱི་སྒྲས་བསྐུལ་བར་གྱུར། མི་གཡོ་བའི་ཏིང་ངེ་འཛིན་ལས་བཞེངས་ཏེ། བྱང་ཆུབ་ཀྱི་ཤིང་དྲུང་ལ་བཞུགས་ནས་མཚན་ཕྱེད་ཀྱི་དུས་སུ་འོད་གསལ་མངོན་དུ་མཛད་དེ། སྒྱུ་མ་ལྟ་བུའི་ཏིང་ངེ་འཛིན་ལས་བཞེངས་ནས་འགྲོ་བ་རྣམས་ལ་སྟོན་པར་མཛད་པ་ཡིན་ནོ། །དེ་ནས་བརྩམས་ཏེ་དམ་པའི་ཆོས་ཇི་སྲིད་གནས་པ་དེ་སྲིད་དུ་བླ་མའི་ཁ་ནས་བླ་མའི་ཁར་བརྒྱུད་པ་ཡིན་ནོ་ཞེས

གསུངས།

གཉིས་པ་ལ། གྲུབ་ཐོབ་ལས་རྟོགས་ལྡན་བཟང་པོ་དགག །ཉམས་ལས་གོ་རྟོགས་བཟང་བ་དགག །བསྒོམ་རྣལ་འབྱོར་བཞི་པོ་ལམ་དང་སྦྱོར་བ་དགག་པ་དང་གསུམ་ལས། དང་པོ་ནི། ཕྱག་རྒྱ་བ་ལ་ལ་ན་རེ་གྲུབ་ཐོབ་ངན་ཞེས་ཟེར་རྟོགས་ལྡན་བཟང་པོ་ཡིན་ནོ་ལོ། །དེའི་རྒྱུ་མཚན་གྲུབ་ཐོབ་བརྒྱད་ཅུ་པོའི་ནང་ན་ཡང་རྟོགས་ལྡན་ཡིན་པ་མེད་ཅེས་ཟེར་བ་ཐོས་པ་མི་འཐད་དེ། འདི་འདྲའི་ཚིག་འཕགས་པའི་གང་ཟག་དང་བླ་མ་རྣམས་ལ་སྐུར་འདེབས་ཡིན་ཞིང་འདི་འདྲའི་ཚིག་འཛིན་པ་ལྟ་ཅི་སྨོས་ཐོས་པར་གྱུར་ཀྱང་རྣ་བ་དགབ་དགོས་པའི་ཕྱིར་རོ། །དེ་ཡི་འཐད་པ་བཤད་ཀྱིས་ཉོན་ཞིག་གྲུབ་ཐོབ་ཆུང་དུ་མཐོང་ལམ་པ་ཡིན་ཞིང་གྲུབ་ཐོབ་འབྲིང་པོ་ས་བརྒྱད་པ་གྲུབ་ཐོབ་ཆེན་པོ་སངས་རྒྱས་ས་ཡིན་པས། འཕགས་པ་མིན་པ་ལ་གྲུབ་ཐོབ་མེད་པའི་ཕྱིར་ཏེ། མདོ་སྡེ་རྒྱན་ལས་འདི་སྐད་གསུངས། །ས་རྣམས་ཐམས་ཅད་མ་གྲུབ་དང་། །གྲུབ་པ་དག་ཏུ་ཤེས་པར་བྱ། །གྲུབ་པ་དག་ཀྱང་མ་གྲུབ་དང་། །གྲུབ་པ་དག་ཏུ་ཡང་དག་འདོད། །ཅེས་གསུངས་པའི་དགོངས་པ་ས་དང་པོ་ནི་དག་པ་ས་གསུམ་ལ་ལྟོས་ཏེ་མ་གྲུབ་པ་དང་འཇིག་རྟེན་པའི་ས་ལ་ལྟོས་ཏེ་གྲུབ་པ་ཡིན་ལ། གྲུབ་པ་དག་པ་ས་གསུམ་ཡང་སངས་རྒྱས་ལ་ལྟོས་ཏེ་མ་གྲུབ་པ་དང་ས་དང་པོ་ལ་ལྟོས་ཏེ་གྲུབ་པ་དེ་ཉིད་ཡིན་པའི་ཕྱིར། གླེགས་པ་ཁ་ཅིག་ལས་གཞུང་འདིའི་ཚིག་རྐང་གསུམ་མ་དག་པ་ནི་ཡི་གེ་པའི་སྐྱོན་ནོ། །རྣལ་འབྱོར་དབང་ཕྱུག་ཆེན་པོ་ཡིས་ལམ་འབྲས་ལས་ཀྱང་འཕགས་པ་མིན་ལ་གྲུབ་ཐོབ་མེད་པ་དེ་སྐད་གསུངས་པའི་ཕྱིར། ཁྱེད་ཀྱི་རྟོགས་ལྡན་གྲུབ་པ་ལས་བཟང་ཞེས་བྱ་བ་འདི་ཡང་ཆོས་མི་ཤེས་པའི་བླུན་པོ་ལ་གྲགས་ཀྱི་མཁས་པ་སྡེ་སྣོད་འཛིན་པ་རྣམས་ལ་གྲགས་པ་མིན་ཏེ། ངེད་ཀྱི་གྲུབ་ཐོབ་འཕགས་པ་དེ་འདྲ་ཡིན་ལ་གྲུབ་ཐོབ་ལས་བཟང་བའི་རྟོགས་ལྡན་གྱི་མཚན་ཉིད་འདི་ཡིན་ཞེས་མདོ་རྒྱུད་ཀུན་ལས་གསུངས་པ་མེད་པ་དེས་ནའོ། །གཞུང་འདིའི་དོན་དེ་སྐད་ཡིན་ལ། གཞན་དུ་ནི། རྗེ་བཙུན་རྩེ་མོའི་རྣལ་འབྱོར་ལྟ་བའི་མིག་ལས། རྟོགས་ལྡན་ཞེས་པའི་ཐ་སྙད་གསུངས་ལ༑ ཆོས་རྗེ་ཉིད་ཀྱི་ལེགས་བཤད་ཉི་མའི་འོད་ཟེར་ལས་ཀྱང་། རྟོགས་ལྡན་ཟེར་བ་མང་མོད་ཀྱི། །འབྲེལ་པ་ཞིག་ན་རྟོགས་ལྡན་ཡིན། །ཞེས་གསུངས།

གཉིས་པ་ནི། གླིང་རས་སོགས་ལ་ལ་ན་རེ་ཉམས་དང་གོ་བ་དང་རྟོགས་པ་ཞེས་བྱ་བ་རྣམ་པ་གསུམ་ལས། ཉམས་ནི་ངན་ལ་གོ་བ་འབྲིང་ཡིན་ཞིང་རྟོགས་པ་བཟང་བ་ཡིན་ཞེས་ཟེར་བ་འདི་ཡང་རེ་ཞིག་བརྟག་པར་བྱ་སྟེ། ཉམས་ཞེས་བྱ་བ་ཉམས་སུ་མྱོང་བ་ལ་ཟེར་ན་སེམས་ཡོད་ཐམས་ཅད་ལ་མྱོང་བ་དེ་ཡང་ཡོད་པ་ཡིན་ཞིང་། གལ་ཏེ་བསྒོམས་པའི་ཉམས་མྱོང་ལ་ཟེར་ན་ཚོགས་ལམ་ཆུང་ངུ་ནས་མཐར་ཕྱིན་ལམ་གྱི་བར་དུ

ཡོད་ལ། འོན་ཏེ་མཉམ་གཞག་སོ་སོ་རང་རིག་པའི་ཡེ་ཤེས་ཡིན་ན་འཕགས་པ་ཡི་གང་ཟག་རྣམས་ལ་ཉམས་ཞེས་བྱ་བ་དེ་ཡོད་དེ། གོ་བ་དང་ནི་རྟོགས་པ་གཉིས་ཆོས་ཅན། མིང་གི་རྣམ་གྲངས་སྒྲ་ཐ་དད་ཙམ་ཡིན་ལ་དོན་ངོ་བོ་གཅིག་ཡིན་ཏེ། རྒྱ་སྐད་པི་རྡྷ་ག་ཏི་ཞེས་པ་གཅིག་ལ་ལོ་ཙྪ་བའི་འགྱུར་གྱི་དབྱེ་བ་ཐ་དད་ཁོ་ནར་ཟད་པའིཕྱིར། རྟོགས་པ་གསལ་དང་མི་གསལ་བ་ལ་རིམ་བཞིན་གོ་བ་དང་རྟོགས་པར་འདོགས་ན་ཐོགས་ཏེ་དོན་གཅིག་ན་མིང་ལ་མི་རྩོད་པའི་ཕྱིར། ལམ་འབྲས་ཀྱི་གཞུང་ལུགས་འགའ་རྡོ་རྗེའི་ཚིག་རྐང་ལས་བསྒོམས་པ་ཡི་ཏིང་ངེ་འཛིན་ཉམས་ཀྱི་སྣང་བ་སྟེ་རྫོགས་པའི་སངས་རྒྱས་ཀྱི་ཡེ་ཤེས་ལ་དག་པའི་སྣང་བར་བཤད་པ་ཡོད་དེ། དེ་ཉིད་ལས། རྣལ་འབྱོར་པ་ལ་ཏིང་ངེ་འཛིན་ལ་ཉམས་ཀྱི་སྣང་བ་བདེ་བར་གཤེགས་པ་ལ་སྐུ་གསུང་ཐུགས་མི་ཟད་པ་རྒྱན་གྱི་འཁོར་ལོ་ལ་དག་པའི་སྣང་བའོ་ཞེས་བཤད། རྒྱུད་སྡེ་འགའ་ལས། སྡོམ་ཉམས་སྐྱོན་མེད་ཅེས་བྱ་བ་སངས་རྒྱས་ས་ལ་བཤད་པའང་མཐོང་བ་དེ་འདྲའི་ཉམས་དང་རྟོགས་པ་ལ་བཟང་ངན་རྣམ་པར་དབྱེ་བ་མེད་དེ། སངས་རྒྱས་སའི་ཉམས་རྟོགས་ཕལ་ཆེར་ལ་བཟང་ངན་མེད་པའི་ཕྱིར། རྡོ་རྗེའི་ཚིག་རྐང་ལས། སྡོམ་ཉམས་སྐྱོན་ཡོད་མེད་ཕྱེད་པས་ས་བཅུ་གསུམ་པའོ་ཐམས་ཅད་མཁྱེན་ཏོ་ཞེས་བཤད།

གསུམ་པ་ལ། སོ་སྐྱེ་ལ་ཆོས་མཐུན་རྩེ་ན་མི་འགལ། འོན་ཀྱང་མདོ་རྒྱུད་ལས་མ་གསུངས་པ་འཕགས་པ་ལ་སྦྱོར་ན་མི་རིགས་པ་དང་གཉིས་ལས། དང་པོ་ནི། ཤཱཀྱ་པའི་སེམས་ཙམ་རྒྱན་ལས། རྩེ་གཅིག་དང་ནི་སྤྲོས་བྲལ་དང་རོ་གཅིག་དང་ནི་བསྒོམ་མེད་བཞི་བཤད་པ་དེ་ལ། རྩེ་གཅིག་མཐོང་ལམ་སྤྲོས་བྲལ་ནི། །ས་བདུན་པར་ཡིན་རོ་གཅིག་ནི། །དག་པ་ས་གསུམ་སྒོམ་མེད་ནི། །སངས་རྒྱས་ས་ཞེས་ཀོར་ནི་རུ་པའི་གདམས་ངག་ཁས་ལེན་པ་ལ་ལ་ཟེར་རོ། །འདི་ཡང་ཕྱི་སྟེ་བཤད་ཀྱིས་ཉོན་ཞིག་སོ་སོ་སྐྱེ་བོ་ཉིད་ཀྱི་ས་ཡིན་ཡང་གལ་ཏེ་ཆོས་མཐུན་ཙམ་རྩེའམ། འོན་ཏེ་འཕགས་པ་ཉིད་ཀྱི་ཡིན་པའི་བདེན་པའི་ས་ལམ་དངོས་སུ་བྱེད། དང་པོ་སོ་སོ་སྐྱེ་བོའི་གང་ཟག་ལ་ཆོས་མཐུན་ཙམ་ཞིག་སྦྲིག་ན་ནི་རྩེ་གཅིག་སོགས་བཞི་དམ་པའི་ཆོས་ནས་བཤད་ན་འགལ་བ་མེད་དེ། ཆོས་མཐུན་སྦྲིག་པ་དཔེར་ན་དཀོན་མཆོག་བརྩེགས་པའི་རྨི་ལམ་ངེས་པར་བསྟན་པའི་ལེའུ་ལས། ཐུབ་པའི་མཆོད་རྟེན་འཛིམ་པ་ལས་བྱས་པ་མཐོང་ན་ས་དང་པོ་ལ་གནས་པར་ལྟའོ། །དེ་བཞིན་དུ། རྡོ་ལས་བྱས་མཐོང་ས་གཉིས་པ། །རྡོ་ཐལ་གྱིས་བྱུགས་ས་གསུམ་པ། །སྔོགས་བུ་གདུགས་བྱས་ས་བཞི་པ། །རྡོ་སྐས་ཀྱི་དོར་བྱས་པ་ལྔ། །གསེར་གྱིས་སྦྲེལ་མཐོང་ས་དྲུག་པ། །རིན་ཆེན་དྲ་བས་གཡོགས་པ་བདུན། །གཡེར་ཁའི་དྲ་བས་གཡོགས་པ་བརྒྱད། །ས་དགུ་དང་ནི་བཅུ་པ་ལ། །རྨི་ལམ་ལོག་པར་མཐོང་མེད་གསུང་། །རྨི་ལྟས་དེ་རྣམས་རང་གི་མདུན་དུ་མཐོང་བ་ཡིན་ལ། རང་ཉིད་མཐོང་བའི་དབང་དུ་བྱས་ཏེ་རྡོ་རྗེ་རབ་འཇོམས་བྱང་ཆུབ་

སེམས་དཔས་རྨི་ལམ་དུ་བདག་ཉིད་དེ་བཞིན་གཤེགས་པའི་སྐུ་ཡིན་པར་ཤེས་ནས་དང་པོ། དེ་བཞིན་གཤེགས་པ་བཞེངས་པ་ལ་བསོད་སྙོམས་འབུལ་བ་མཐོང་ནའང་ས་དང་པོ། བཞུགས་པ་ལ་འབུལ་ན་ས་གཉིས་པ། བཀོད་པ་ཕུན་སུམ་ཚོགས་པ་ལ་འབུལ་ན་ས་གསུམ་པ། གཉེན་འདབ་ཀྱིས་བསྐོར་བ་ལ་འབུལ་བ་མཐོང་ན་ས་བཞི་པ། སྐྱེ་བོ་ཤིན་ཏུ་མང་པོས་བསྐོར་བ་ལ་འབུལ་ན་ས་ལྔ་པ། དེ་གཉིས་ཀས་བསྐོར་བ་ལ་འབུལ་ན་ས་དྲུག་པ༑ བཀོད་པ་ཕུན་སུམ་ཚོགས་པ་ཐམས་ཅད་བསམ་གཏན་ལ་སྙོམས་པར་ཞུགས་པ་ལ་འབུལ་ན་ས་བདུན་པ། བསྟོད་པ་མཛད་པ་ལ་འབུལ་ན་ས་བརྒྱད་པ། ཆོ་འཕྲུལ་མཛད་པ་ལ་འབུལ་བ་མཐོང་ན་ས་དགུ་པར་ལྟས་ཏེ་ཐམས་ཅད་དུའང་བདུད་ཀྱི་ལས་ནི་མ་གཏོགས་སོ་ཞེས་གསུངས། དེ་སོགས་རྨི་ལམ་བྱེ་བྲག་ལ་ཚོགས་ལམ་ས་གཅིག་སྦྱོར་ལམ་དང་པོ་གསུམ་ལ་ས་གསུམ་གསུམ་སྟེ། ས་བཅུའི་དབྱེ་བ་མཛད་པ་མཐོང་བའི་གསེར་འོད་དམ་པར་གསུངས་པ་འདི་ནི་མོས་པ་སྤྱོད་པ་ཡི་ས་བཅུ་བཏགས་པ་བ་ཡིན་གྱི་འཕགས་པའི་ས་མིན་ལ། དེ་བཞིན་རྩེ་གཅིག་ལ་སོགས་ལའང་། །གལ་ཏེ་མདོ་དང་རྒྱུད་སྡེ་ལས། །མོས་པ་སྤྱོད་པའི་ས་ལམ་དུ། །གསུངས་པ་མཐོང་ན་མི་འགལ་མོད། །འོན་ཀྱང་འདི་འདྲ་བཤད་པ་མེད་པའི་ཕྱིར། གཉིས་པ་ནི། ཅི་སྟེ་གཉིས་པ་ལྟར་མི་འཐད་དེ། རྩེ་གཅིག་སོགས་འཕགས་པའི་སར་བྱེད་ན་མདོ་རྒྱུད་ཀུན་དང་འགལ་བར་འགྱུར་བའི་ཕྱིར།

གཉིས་པ་ལ། དོན་ལ་འཁྲུལ་པ་དགག །ཚིག་ལ་འཁྲུལ་པ་དགག་པ་དང་གཉིས་ལས། དང་པོ་ལ། ཐེག་པ་རང་སར་བདེན་པ་དགག །དེ་ལ་རྩོད་པ་སྤང་། ཆོས་ཀྱི་གནད་མི་འཁྲུལ་བར་གདམས་པ་དང་གསུམ་ལས། དང་པོ་ལ། ཚིག་གྲུབ་མཐའ་ཀུན་རང་སར་བདེན་པ་དགག །སངས་རྒྱས་པའི་ཐེག་པ་ཀུན་རང་སར་བདེན་པར་དགག་པ་དང་གཉིས་ལས། དང་པོ་ནི། དམ་པ་ཕྱུར་ཚུང་པ་ཁ་ཅིག་ཐེག་པ་ཀུན་རང་སར་བདེན་པ་ཡིན་ཞེས་ཀུན་ལ་སྒྲོགས་པར་བྱེད་དོ། །འདི་ཡང་མི་འཐད་པས་བརྟག་པར་བྱ་བས་ཉོན་ཞིག །དེའི་རྒྱུ་མཚན་གལ་ཏེ་སྨྲས་ཚད་བདེན་ན་ནི་རྫུན་ཚིག་ཤེས་བྱ་ལ་མི་སྲིད་ཅིང་། འོན་ཀྱང་གྲུབ་མཐའ་ཀུན་བདེན་ན་དབང་ཕྱུག་པས་འཚེ་བ་ཆོས་སུ་སྨྲ་བ་དང་། རྒྱང་འཕེན་པས་འཇིག་རྟེན་ཕ་རོལ་མེད་པ་ཉིད་དུ་སྨྲ་བ་སོགས་ལྟ་ལོག་ཐམས་ཅད་བདེན་པར་འགྱུར་བའི་ཕྱིར། གལ་ཏེ་མུ་སྟེགས་སྟོན་པ་མཆོག་ལྟ་བ་རྣམས་ལ་རྟག་པའི་དངོས་པོ་ལ་སོགས་པ་རྫུན་པའང་དུ་མ་ཡོད་མོད་ཀྱི། བདེན་པའི་ཆ་ནས་གྲུབ་མཐའ་ཀུན་རང་སར་ནི་བདེན་ཏེ། སྦྱིན་དང་ཚུལ་ཁྲིམས་བཟོད་པ་སོགས་བདེན་པའང་དུ་མ་ཡོད་པའི་ཕྱིར་སྙམ་ན། མུ་སྟེགས་མཆོག་རྣམས་ཆོས་ཅན། སྦྱིན་སོགས་ཕལ་ཆེར་བདེན་མོད་ཀྱང་ཟས་བཟང་ཡང་དུག་ཡོད་ན་འཆི་བ་བཞིན་དུ་ཆོས་གཞན་ཚུལ་ཁྲིམས་སོགས་བཟང་ཡང་འཁོར་བ་ལས་སྐྱོབ་མི་ནུས་པར་ཐལ། སྐྱབས་གནས་དང་ནི་ལྟ་བ་དང་ཐབས་ཀྱི་གནས

རྣམས་འཕྲུལ་པས་ནའོ། །དེ་ཡང་སློབ་དཔོན་དཔའ་བོས། ཁྱོད་ཀྱི་ཆོས་ལ་མི་དགའ་བའི། །སྐྱེ་བོ་གཏི་མུག་གིས་ལྡོངས་པ། །སྲིད་པའི་རྩེ་མོར་སོང་ནས་ཀྱང་། །སྡུག་བསྔལ་ཡང་འབྱུང་སྲིད་པ་སྐྲུན། །ཞེས་བཤད། དེ་ལ་སྐྱབས་གནས་ཁྱབ་འཇུག་སོགས་ལྷ་གསུམ་དང་ལྷ་བ་རྟག་པའམ་ཆད་པར་ལྟ་བ་དང་ཐབས་སྲིད་རྩེ་ཐོབ་པའི་དོན་དུ་བསྟེན་པ་རྣམས་རང་རང་གི་གནད་འཕྲུལ་ལོ། །

གཉིས་པ་ལ། སོ་སོར་གྱི་དགོངས་པ་སོ་སོར་ཕྱེ་བ། དྲང་དོན་ལ་ཡིད་བརྟན་མི་རུང་ཞིང་ངེས་དོན་ལ་ཡིད་བརྟན་རུང་བ་དང་གཉིས་ལས། དང་པོ་ནི། ཅི་སྟེ་སངས་རྒྱས་ཐེག་པ་ཀུན། །རང་ས་ན་ནི་བདེན་ཞེན། །ལུགས་འདི་ཡང་ཅུང་ཟད་བརྟག་པར་བྱ་སྟེ། སངས་རྒྱས་གསུང་ལ་དྲང་དོན་དང་། །ངེས་དོན་རྣམ་པ་གཉིས་སུ་ཡོད། །སྒྲ་ཡང་ཇི་བཞིན་པ་དང་ནི། །ཇི་བཞིན་མིན་པ་གཉིས་སུ་ཡོད་པར་རྒྱུད་ནས་གསུངས་ལ་ཐེག་པ་ཡང་ནི་འཇིག་རྟེན་པ་དང་འཇིག་རྟེན་ལས་འདས་པ་གཉིས་སུ་གནས་པར་ལང་གཤེགས་ནས་གསུངས་མོད། བཤད་པ་ཡང་ནི་མཉམ་པ་ཉིད་དང་དོན་གཞན་དང་དུས་གཞན་དང་གང་ཟག་གི་བསམ་པ་ལ་དགོངས་པ་བཞི་དང་། ལྡེམ་པོར་དགོངས་པ་བཞི་དང་། དྲང་པོ་རུ་དགོངས་པ་ཞེས་བྱ་བ་རྣམ་པ་གསུམ་ཡོད་པར་མདོ་སྡེ་རྒྱན་ལས་གསུངས་པ་དེ་ལ་འཇིག་རྟེན་མཐུན་འཇུག་ལ་དགོངས་ནས། སྲིག་པའི་བསྐལ་པ་སྟོན་མཛད་པ། །འདི་ནི་འཇིག་རྟེན་མཐུན་འཇུག་ཡིན། །ཞེས་པའི་མདོ་ལྟར་ཕྱི་རོལ་དོན་དུ་གསུངས་ཤིང་། ཐ་སྙད་དཔྱོད་པའི་རིགས་པ་ལ་དགོངས་ནས་ཀྱི་རྒྱལ་བའི་སྲས་དག་ཁམས་གསུམ་པོ་འདི་དག་ནི་སེམས་ཙམ་མོ་ཞེས་པའི་མདོ་ལྟར། སྣང་བའི་ཆོས་རྣམས་སེམས་སུ་གསུངས་ལ། དམ་པའི་དོན་ལ་དགོངས་ནས་ནི་ཆོས་ཀུན་སྤྲོས་པ་བྲལ་ཞེས་རྒྱས་འབྲིང་བསྡུས་གསུམ་གྱི་མདོ་ལྟར་གསུངས་པའི་ཕྱིར།

དེ་ཡང་རྣམ་འགྲེལ་ལས། དེས་དེ་ཉིད་དོན་བཏང་སྙོམས་ཅན། །གླང་ཆེན་གཟིགས་སྟངས་ཉིད་མཛད་ནས། །འཇིག་རྟེན་ཐུགས་ནི་འབའ་ཞིག་གིས། །ཕྱི་རོལ་དཔྱོད་ལ་འཇུག་པར་མཛད། །ཅེས་བཤད། ལང་ཀར་གཤེགས་པའི་མདོ་ལས། སེམས་ཙམ་ལ་ནི་བརྟེན་ནས་ནི། །ཕྱི་རོལ་དོན་ལ་མི་རྟོག་གོ། །ཞེས་པ་དང་། འཇམ་དཔལ་རྣམ་པར་རོལ་པའི་མདོ་ལས་ཀྱང་། ལྷའི་བུ་བདུད་རྣམ་པར་རོལ་པས་སྨྲས་པ་འཇམ་དཔལ་ཕྱི་རོལ་གྱི་ཡུལ་འདི་ཇི་ལྟར་ལྟ་བར་བྱ། འཇམ་དཔལ་གྱིས་སྨྲས་པ་སེམས་རྟོག་པའི་བག་ཆགས་རྒྱས་པའི་དབང་གིས་སྣང་བར་ལྟ་བར་བྱའོ། །ལྷའི་བུས་སྨྲས་པ། བག་ཆགས་ཇི་ལྟར་བརྟས་པར་གྱུར་ཀྱང་སྲ་ཞིང་འཐས་པ་འདི་ལྟ་བུར་སྣང་དུ་ག་ལ་རུང་། འཇམ་དཔལ་གྱིས་སྨྲས་པ་ཐོག་མ་མེད་པ་ནས་ཡུན་རིང་དུ་གོམས་པ་ལ་ཤིན་ཏུ་འང་རུང་སྟེ། ཅུང་ཟད་ཙམ་གོམས་པ་ལ་འང་ལྷ་རྣ་ཋ་སྒིའི་བྲམ་ཟེ་མོ་ལ་སྡུག་ཏུ་སྣང་བར་གྱུར་པ་དང་། མི་སྡུག་པ་

བསྒོམས་པའི་དགེ་སློང་ཀེང་རུས་སུ་མཐོང་བ་བཞིན་ནོ་ཞེས་གསུངས། བདེན་པ་གཉིས་བསྟན་པའི་མདོ་ལས། དོན་དམ་པར་ན་རང་བཞིན་གྱིས་མི་སྐྱེ་མི་ཟད་པའི་ཕྱིར་དེ་བཞིན་གཤེགས་པ་ཆོས་སྟོན་ཏོ་ཞེས་གསུངས།

གཉིས་པ་ནི། ངེས་ན་དྲང་བའི་དོན་དང་ནི། །ཇི་བཞིན་མིན་པའི་སྒྲ་དག་དང་། །དགོངས་པ་དང་ནི་ལྡེམ་དགོངས་དང་། །འཇིག་རྟེན་པ་ཡི་ཐེག་པ་ལ། །དགོངས་ཏེ་གསུངས་པའི་མདོ་རྒྱུད་ཀུན། །དེ་ལྟར་བདེན་པར་མི་བཟུང་ངོ་། །དེའི་རྒྱུ་མཚན། ངེས་པའི་དོན་དང་ཇི་བཞིན་སྒྲ། །འཇིག་རྟེན་འདས་པའི་ཐེག་པ་དང་། །དྲང་པོར་དགོངས་པ་རྣམས་ལ་ནི། །ཇི་ལྟར་གསུངས་བཞིན་བདེན་པར་བཟུང་དགོས་པའི་ཕྱིར། ཁྱབ་པ་ཡོད་དེ། འགལ་བ་ལ་མི་འཁྲུལ་བ་མི་སྲིད་པའི་ཕྱིར། དྲང་ངེས་ཀྱི་ཁྱད་པར་ཞིབ་ཏུ་སོ་སོར་ཐར་པའི་སྡོམ་པའི་སྤྱི་དོན་དུ་ལྟོས།

གཉིས་པ་ནི། གལ་ཏེ་མུ་སྟེགས་བྱེད་ལ་ཡང་། །བྱམས་དང་སྙིང་རྗེ་སྦྱིན་ལ་སོགས། །བདེན་པའི་ཆོས་ཀྱང་མང་པོ་སྣང་། །སངས་རྒྱས་གསུང་ལའང་དྲང་དོན་དང་། །དགོངས་པ་དང་ནི་ལྡེམ་དགོངས་སྒྲ་ཇི་བཞིན་པ་མ་ཡིན་པ་སོགས། བདེན་པ་མིན་པའང་གསུངས་པས་ན། བདེན་རྫུན་གཉིས་ཀ་མཚུངས་པ་ལ། །སངས་རྒྱས་གསུང་ལེན་མུ་སྟེགས་བྱེད། །སྤོང་བའི་རྒྱུ་མཚན་ཅི་ཞེ་ན། །བདག་ཅག་སངས་རྒྱས་ལ་གུས་ཤིང་མུ་སྟེགས་བྱེད་སྤོང་བའི་རྒྱུ་མཚན་དེ་ལྟར་ཡིན་ཏེ། སངས་རྒྱས་དྲང་དོན་གྱིས་བློ་ཁྲིད་ནས་བདེན་པ་བདག་མེད་ཉིད་ལ་སྦྱོར་བར་མཛད། མུ་སྟེགས་མངོན་ཤེས་སོགས་ཅུང་ཟད་བདེན་པས་ཁྲིད་ནས་ནི་བདག་ཡོད་པ་སོགས་རྫུན་པ་ཉིད་ལ་སྦྱོར་བར་བྱེད་པ་དེས་ནའོ། །དེ་བཞིན་གངས་ཅན་འདི་ན་ཡང་རྒྱ་ནག་དགེ་སློང་ལྟ་བུ་རྣམ་ཐར་བཟང་པོ་བསྟན་ནས་ནི་ལོག་པའི་ཆོས་ལ་སྦྱོར་བ་མཐོང་ནས། མུ་སྟེགས་ཆོས་བཞིན་དེད་ཀྱིས་སྤྱངས། །ཐེག་པ་སྣ་ཚོགས་ཚུལ་བསྟན་ནས། །གནད་རྣམས་སངས་རྒྱས་གསུང་བཞིན་དུ། །ཡང་དག་སྟོན་མཛད་བླ་མ་རྗེ་བཙུན་གོང་མ་གསུམ་ལྟ་བུ་དེ་སངས་རྒྱས་ཉིད་དུ་ས་སྐྱ་པཎྜི་ཏ་བདག་གིས་བཟུང་སྟེ། སྤྱང་བླང་གོ་མ་ནོར་བའི་ཕྱིར། གསུམ་པ་ལ། གནད་བཅོས་ན་ཉེས་པ་ཉེ་བར་དཔེས་བསྟན། བཅོས་པར་དོགས་པའི་གནད་དགུ་བཤད། འཆོས་པའི་བདུད་ཇི་ལྟར་བྱུང་བའི་ཚུལ། བདུད་ཤེས་ནས་སྤང་བར་གདམས་པ། འཁྲུལ་པའི་རྣམ་གཞག་སུན་འབྱིན་པའི་ཚུལ་དང་ལྔ་ལས། དང་པོ་ནི། སྦྱིན་པ་ལྟ་བུའི་ཆོས་གཞན་ལེགས་པར་སྟོན་ན་ཡང་ཤེས་རབ་ལྟ་བུའི་ཆོས་ཀྱི་གནད་རྣམས་བཅོས་པ་ནི་ཤིན་ཏུ་འཇིགས་པ་ཆེན་པོར་ལྟ་བ་དེ་འདྲ་བ་ལས་སྐྱོན་བྱུང་བ་མང་སྟེ། དཔེར་ན་སྔོན་བྱུང་བ་འདས་པའི་དུས་ན་སྲིན་པོའི་རྒྱལ་པོ་ལང་ཀ་མགྲིན་བཅུ་ཞེས་བྱ་བས་འབད་པས་དབང་ཕྱུག་ཆེན་པོ་བསྒྲུབས། ལོ་གྲངས་ས་ཡ་བཅུ་གཉིས་དང་བཅུ་གཉིས་ཀྱི་ཕྱེད་ཀྱིས་ལྷག་པའི་དངོས་གྲུབ་བྱིན་

པས་ཁྱབ་འཇུག་ཕྲག་དོག་དག་གིས་གཟིར་ནས། མགྲིན་བཅུ་ལ་ནི་འདི་སྐད་སླས། ཁྱོད་ཀྱི་འབད་པ་ཆེ་མོད་ཀྱི། །དབང་ཕྱུག་གིས་ནི་དངོས་གྲུབ་ཆུང་། །ད་དུང་སྔར་གྱི་མ་ཡིན་པའི། །ས་ཡ་ཕྲག་ཕྱེད་ཐུབ་པ་སློངས། །མགྲིན་བཅུས་བདེན་པར་བསམས་ནས་ནི། །དབང་ཕྱུག་ལ་ནི་དོན་དེ་ཞུས། །དབང་ཕྱུག་ཆེན་པོས་ས་ཡ་ཕྲག་ཕྱེད་ཐུབ་པ་ཙམ་དེ་བྱིན་པས་ད་དུང་སྔར་གྱི་མ་ཡིན་པའི་ཞེས་གནད་བཅོས་པ་ཡི་ཚིག་དེ་ཡིས་སྔར་གྱི་དངོས་གྲུབ་ལོ་གྲངས་ས་ཡ་བཅུ་གཉིས་དང་ཕྱེད་ཀྱིས་ལྷག་པ་ཐམས་ཅད་ཡལ་ནས་ས་ཡ་ཕྲག་ཕྱེད་ལས་མ་ཐུབ་བོ་ཞེས། དགའ་བྱེད་འཇུག་པ་དང་། ལེགས་བཤད་འགྲེལ་པ་ལས་འབྱུང་བའི་ཕྱིར། དེ་བཞིན་ལྷ་མ་ཡིན་གསེར་ཅན་གྱི་ནི་དངོས་གྲུབ་ཀྱང་གནད་བཅོས་པའི་ཚིག་དེ་འདྲའི་ཚུལ་གྱིས་ཉམས་ཞེས་ཐོས་པའི་ཕྱིར་ཏེ། གསེར་ཅན་གྱིས་དབང་ཕྱུག་ཆེན་པོ་བསྒྲུབས་པས། ས་ལ་ཡང་མི་འཆི་ནམ་མཁའ་དང་ཁང་པའི་ཕྱི་དང་ནང་དུ་ཡང་མི་འཆི་ལ། མི་དང་མི་མ་ཡིན་པས་ཀྱང་མི་གསོད་པའི་དངོས་གྲུབ་བྱིན་མོད། དེའི་ཚེ་ཁྱབ་འཇུག་གིས་ལུས་པོ་མིའི་མགོ་བོ་སེང་གེ་སྟེར་མོ་ལྟ་གས་ཀྱུར་བྱས་ཏེ་གསེར་ཅན་ཐེམ་པའི་སྟེང་དུ་ཕང་དུ་བླངས་ཏེ་བསད་ཅེས་གྲག་གོ། །

གཞན་ཡང་། ཨོཾ་མེད་པ་ཡི་གསང་སྔགས་ལ། །གཡོ་ཅན་གྱིས་ནི་ཨོཾ་བཅུག་པས། །སྔགས་ཀྱི་ནུས་པ་ཉམས་པ་མཐོང་། །དེ་བཞིན་སྭཱ་ཧཱ་ཧཱུྃ་ཕཊ་གུག་འགྲེང་སོགས། །ཡོད་པ་རྣམས་ལ་ཕྲི་བ་དང་། །མེད་པ་རྣམས་ལ་བསྣན་པ་དང་། །གཞན་ཡང་སྔགས་ཀྱི་གནད་རྣམས་ལ། །གཡོ་ཅན་རྣམས་ཀྱིས་ཡི་གེ་རིང་ཐུང་སོགས་བསྒྱུར་ནས་བཅོས་པ་ཡིས། གསང་སྔགས་དག་གི་ནུས་པ་རྣམས་ཉམས་ཤིང་འགྱུར་བ་པ་མང་པོ་མཐོང་སྟེ། དེ་བཞིན་ཆོས་ཀྱི་གནད་རྣམས་ཀྱང་ཙུང་ཟད་ཙུང་ཟད་བཅོས་པ་ལས་ཆར་པ་ཐན་པར་འགྱོ་བ་སོགས་དངོས་གྲུབ་ཉམས་པར་འགྱུར་བར་རྒྱུད་ནས་གསུངས་ལ། སྔགས་ལ་ཡི་གེ་བཀྲུ་དགོས་པར་གསུངས་པའི་ཕྱིར།

གཉིས་པ་ལ། བསྟན། བཤད། བསྡུ་བ་གསུམ་ལས། དང་པོ་ནི། དེ་ཕྱིར་གནད་མིན་པའི་ཆོས་གཞན་ལེགས་ན་ཡང་གནད་རྣམས་བཅོས་ན་ཐམས་ཅ་འཇིག་སྟེ། རྒྱུ་མཚན་རྒྱས་བསྡུས་གཉིས་ཀྱིས་འཆད་པའི་ཕྱིར། དེས་ན་ཉན་ཐོས་ཐེག་པ་ལ་གཞིའི་སྐབས་སུ་སྡོམ་པ་དང་ནི་ལམ་གྱི་སྐབས་སུ་བདེན་བཞིའི་གནད་བཅོས་ན་ཉན་ཐོས་ཀྱི་ཆོས་ཀུན་འཇིག་ཅིང་། ཐེག་པ་ཆེ་ལ་སེམས་བསྐྱེད་དང་། །དེ་ཡི་བསླབ་བྱའི་གནད་བཅོས་ན། །ཐེག་པ་ཆེན་པོའི་ཆོས་ཀུན་འཇིག་ལ། གསང་སྔགས་ལ་ནི་དབང་བསྐུར་དང་། །རིམ་པ་གཉིས་ཀྱི་གནད་བཅོས་ན་གསང་སྔགས་ཀྱི་ནི་ཆོས་ཀུན་འཇིག་སྟེ། དེ་ལྟར་ཡིན་པ་རྟེན་འབྲེལ་གྱི་ཆོས་ཉིད་ཀྱིས་གྲུབ་པའི་ཕྱིར། མདོར་བསྟན་པ་དེས་ན་ད་ལྟའི་ཆོས་འགའ་ལ། གནད་ཀྱི་གནད་རྣམས་བཅོས་པ་སྣ །དོགས་པའི་ཆོས་ལུགས་འགའ་ཞིག་ཡོད། །དེ་ཡང་མདོ་ཙམ་བཤད་ཀྱིས་ཉོན། །

གཉིས་པ་ལ། སོ་སོར་ཐར་པ་དང་། སེམས་བསྐྱེད་དང་། དེ་ཡི་བསླབ་བྱ་དང་། དབང་བསྐུར་དང་། རིམ་གཉིས་དང་། རིགས་བདག་དང་། བསྔོ་བ་དང་། གཏུམ་མོ་ལ་སོགས་པ་དང་། ཟུང་འཇུག་གི་གནད་བཅོས་པར་དོགས་པ་དང་དགུ་ལས། དང་པོ་ནི། ད་ལྟའི་ཚོགས་ཐོབ་པའི་སོ་སོར་ཐར་པའི་སྡོམ་པ་རིགས་བདུན་ནམ་བརྒྱད་ནི་བྱང་ཆུབ་བར་དུ་བླངས་པར་གྱུར་ན་འདི་ཡང་ཆོས་ཅན། ཆོས་ཀྱི་གནད་རྣམས་བཅོས་པར་དོགས་ཏེ། སོ་སོར་ཐར་པ་ཤི་ནས་འཇིག་པའི་ཕྱིར།

གཉིས་པ་ནི། བྱང་ཆུབ་སེམས་དཔའི་སྡོམ་པ་ལ། །དབུ་མའི་ལུགས་བཞིན་མི་བྱེད་པར། །སེམས་ཙམ་པ་ཡི་ཆོག་ནི། །སྐྱེ་བོ་ཀུན་ལ་བྱེད་པ་མཐོང་བ་འདི་ཡང་ཆོས་ཅན། ཆོས་ཀྱི་གནད་རྣམས་བཅོས་པར་མཐོང་སྟེ། སེམས་ཙམ་པའི་སེམས་བསྐྱེད་འདི་ཡི་ཆོག་ངེས་པར་འཇིག་པའི་ཕྱིར།

གསུམ་པ་ནི། སེམས་བསྐྱེད་ཀྱི་ནི་བསླབ་བྱའི་མཆོག །བདག་གཞན་བརྗེ་བའི་བྱང་ཆུབ་སེམས། །བསྒོམ་དུ་མི་རུང་ཞེས་སྨྲ་བ་འདི་ཡང་ཆོས་ཀྱི་གནད་རྣམས་བཅོས་པར་མཐོང་སྟེ། བདག་གཞན་མ་བརྗེས་ན་སངས་རྒྱས་མི་འགྲུབ་པའིཕྱིར། །

བཞི་པ་ནི། གསང་སྔགས་ཀྱི་ནི་དབང་བསྐུར་བ་མེད་ཀྱང་གསང་སྔགས་བསྒོམ་དུ་རུང་ཞེས་ཟེར་བ་འདི་ཡང་ཆོས་ཅན། ཆོས་ཀྱི་གནད་རྣམས་བཅོས་པར་དོགས་ཏེ། རྡོ་རྗེ་འཆང་གིས་བཀག་པས་ནའོ། །

ལྔ་པ་ནི། གསང་སྔགས་ལམ་གྱི་མཆོག་གྱུར་པ། །རིམ་གཉིས་ཚུལ་བཞིན་མི་བསྒོམ་པར། །རང་བཟོའི་གདམས་ངག་དུ་མ་ཡིས། །བླུན་པོ་ངེས་ཤེས་བསྐྱེད་པ་ཐོས་པ་འདི་འདྲ་ཡང་ཆོས་ཅན། ཆོས་ཀྱི་གནད་རྣམས་བཅོས་པར་དོགས་ཏེ། མདོ་རྒྱུད་ཀུན་ལས་རང་བཟོ་འདི་བཀག་པས་སོ། །

དྲུག་པ་ནི། བསྐྱེད་པའི་རིམ་པའི་མཐར་ཐུག་པ། །དབུ་རྒྱན་ལ་ནི་རིགས་བདག་འབྱུང་། །རིགས་བདག་དེ་ནི་རྩ་བའི་བླ་མ་ཡིན་པས་རིགས་བདག་འདི་ནི་གལ་ཏེ་འཆོལ་བར་གྱུར་ན་དངོས་གྲུབ་མེད་པར་རྒྱུད་ལས་གསུངས་ཏེ། བརྟག་གཉིས་ལས། རིགས་འཆོལ་བསྒོམས་པའི་སྦྱོར་བ་ཡིས། །དངོས་གྲུབ་མེད་ཅིང་སྒྲུབ་པོའང་མེད། །ཅེས་གསུངས་པའི་ཕྱིར་རོ། །འོན་ཀྱང་འབྲི་ཁུང་པ་ལ་ལ་བླ་མ་སྤྱི་བོ་རུ་བསྒོམ་བྱ་མིན་ཏེ། བསྒོམས་ན་ཚེ་ལ་གནོད་པས་སོ་ཞེས་ཟེར་བ་འདི་ཡང་ཆོས་ཀྱི་གནད་རྣམས་བཅོས་པར་དོགས་ཏེ། ལམ་ཟབ་བླ་མ་རྣལ་འབྱོར་ཆེན་པོའི་རྒྱུད་ནས་གསུངས་པའི་ཕྱིར།

བདུན་པ་ནི། ཡོད་པའི་དགེ་བ་ཞེས་བྱ་བ། །ཆོས་ཀྱི་དབྱིངས་ལ་བསམས་ནས་ནི། །དེ་ནི་བསྔོ་བའི་རྒྱུར་བྱེད་པ། །འདི་ཡང་ཆོས་ཀྱི་གནད་རྣམས་བཅོས་པར་དོགས་ཏེ། དམིགས་པ་མེད་པའི་ཆོས་ཀྱི་དབྱིངས། །དམིགས་

པའི་དགེ་བར་བསྒྱུར་བ་ནི། །བསྔོ་བ་དྲུག་དང་བཅས་པར་གསུངས་པའི་ཕྱིར།

བརྒྱད་པ་ནི། དེ་བཞིན་དྲོད་ཙམ་ལ་དམིགས་པའི་གཏུམ་མོ་བསྒོམ་པ་དང་རྫོགས་པ་ཁ་ཆོམ་གྱི་ཕྱག་རྒྱ་ཆེན་པོ་དང་ལ་སོགས་པ་དབང་དང་པོ་དང་གཉིས་པ་དང་གསུམ་པའི་ལམ་འཁྲུལ་པ་དང་། དམ་ཚིག་དང་ནི་སྡོམ་པ་ཡི་དགག་དགོས་ནོར་བ་ལྟ་བུ་གནད་རྣམས་བཅོས་པ་མང་མོད་ཀྱི་འདིར་དབང་མ་ཐོབ་པ་ལ་མི་བཤད་དེ༑ གཏུམ་མོ་ཕྱག་ཆེན་སོགས་གསང་སྔགས་གོང་མ་ཡིན་པའི་ཕྱིར།

དགུ་པ་ནི། ལ་ལ་སྨྲོས་བྲལ་རྐྱང་པ་ནི་དཀར་པོ་ཆིག་ཐུབ་ཡིན་ཞེས་ཟེར་བ་འདི་ཡང་ཆོས་ཀྱི་གནད་རྣམས་བཅོས་པར་དགོས་ཏེ། ཐེག་པ་ཆེན་པོའི་ཆོས་རྣམས་ཀུན་གྱི་རྩ་བ་ནི་སྟོང་ཉིད་སྙིང་རྗེའི་སྙིང་པོ་ཅན་ཐབས་དང་ཤེས་རབ་ཟུང་འཇུག་ཏུ་མདོ་རྒྱུད་ཀུན་ལས་རྒྱལ་བས་གསུངས་པའི་ཕྱིར།

གསུམ་པ་ནི། དམ་ཆོས་ལ་ལ་འཁྲུལ་ཡང་བླ། །གནད་རྣམས་འཁྲུལ་མེད་དཔྱད་དགོས་སོ། །དེའི་རྒྱུ་མཚན། གནད་རྣམས་མིན་པའི་ཆོས་གཞན་འགའ། །མ་ཚང་བ་དང་ལྷག་པ་དང་། །ཅུང་ཟད་འཁྲུལ་པར་གྱུར་ན་ཡང་། །ཉེས་པ་ཆེན་པོ་བསྐྱེད་མི་ནུས། །ཆོས་ཀྱི་གནད་རྣམས་བཅོས་གྱུར་ན། །ཆོས་གཞན་བཟང་ཡང་འཚང་མི་རྒྱ། །དཔེར་ན་འགྲོ་བའི་སྲོག་རྩ་དང་། །ལྟོན་ཤིང་རྣམས་ཀྱི་རྩ་བ་དང་། །ས་བོན་གྱི་ནི་སྙེ་ས་དང་། །ཐགས་རྣམས་ཀྱི་ནི་སྲོག་ཤིང་དང་། །བཙུད་ཀྱི་ལེན་གྱི་རྩ་བ་དང་། །དབང་པོ་རྣམས་ཀྱི་གནད་རྣམས་ནི། །འཆུགས་ན་སྐྱབ་ཏུ་མི་རུང་བཞིན། །དེ་བཞིན་ཆོས་ཀྱི་གནད་འཆུགས་ན། །ལེགས་ལེགས་འདྲ་ཡང་འབྲས་བུ་མེད་པ་དེས་ནོ། །

གསུམ་པ་ལ། རྣམ་པ་ཇི་ལྟར་སྟོན་པ། ཐབས་གང་གིས་བསླུ་བ། དེ་སྟོན་བྱུང་གི་དཔེ་དང་སྦྱར་བ་དང་གསུམ་ལས། དང་པོ་ནི། ཆོས་ཀྱི་གནད་རྣམས་བཅོས་པར་དགོས་པ་དེ་ལ་གནད་རྣམས་འཆོས་པའི་བདུད་རྣམ་པ་འདི་ལྟར་འབྱུང་སྟེ། བདུད་ལ་ལ་སངས་རྒྱས་དངོས་སུ་སྟོན། བདུད་ཁ་ཅིག་མཁན་པོ་སློབ་དཔོན་དང་བླ་མའི་ཆ་ལུགས་འཛིན་པ་དང་། ཕ་མའམ་ཉེ་དུའི་ཆ་ལུགས་ཀྱིས་སེམས་ཅན་རྣམས་ལ་ནི་བསླུ་བར་བྱེད་པའི་ཕྱིར་དང་།

གཉིས་པ་ནི། ཆོས་སྒྲར། བདུད་འགའ་ཞིག་རྩུབ་མོར་སྨྲ་བྱེད་ཅིང་སྡིག་པའི་ཚུལ་གྱིས་བསྒྱུར་བར་བྱེད། བདུད་ལ་ལ་འཇམ་པོར་སྨྲ་བྱེད་ཅིང་བྱམས་པའི་ཚུལ་གྱིས་བསླུ་བར་བྱེད། བདུད་ལ་ལ་སངས་རྒྱས་ཀྱི་གསུངས་པའི་ལུང་ཕྱིན་ཅི་ལོག་ཏུ་བཤད་ནས་བསྒྱུར། བདུད་ལ་ལ་རིགས་པ་བཟང་པོ་ལ་ངན་པ་ཡིན་ཞེས་བཤད་ནས་བསྒྱུར། བདུད་ལ་ལ་རིགས་པ་ངན་པ་ལ་བཟང་པོ་ལྟ་བུར་བཅོས་ནས་བསྒྱུར། བདུད་ལ་ལ་ཟས

ནོར་ཅི་འདོད་པའི་རྫས་པ་བྱིན་ནས་ཆོས་ལོག་སྟོན། བདུད་ལ་ལ་ཀ་རུ་འཛིན་ལྷ་བུ་ལུས་དང་སེམས་ལ་ནི་ཏིང་ངེ་འཛིན་ཙུང་ཟད་བསྐྱེད་ནས་ཀྱང་དེ་ལ་ཡིད་ཆེས་སྐྱེས་པ་དང་ལོག་པའི་ཆོས་རྣམས་བསྟན་ནས་བསླུ། བདུད་ལ་ལ་སྣར་རྒྱལ་ལྷ་བུ་མངོན་པར་ཤེས་པ་དང་རྫུ་འཕྲུལ་ཙུང་ཟད་བསྟན་ནས་ཀྱང་། བླུན་པོ་ཡིད་ཆེས་བསྐྱེད་ནས་ནི། །ཕྱི་ནས་ཚིག་ལོག་སྟོན་པར་བྱེད། །བདུད་ལ་ལ་ང་ཡིས་འདི་ལྟར་བསྒོམས་པ་དེ་ལ་རྟོགས་པ་འདི་སྐྱེས་པས་ཁྱོད་ཀྱང་འདི་ལྟར་གྱིས་ཤིག་ཅེས་རང་གི་ཉམས་མྱོང་ཡིན་པའི་ཚུལ་དུ་བྱས་ནས་ལོག་པར་སྟོན། མདོར་ན་སངས་རྒྱས་གསུང་རབ་དང་། །ཕལ་ཆེར་མཐུན་པར་སྟོན་བྱེད་ཅིང་། །གནད་རྣམས་ལོག་པར་སྟོན་པའི་ཆོས། །ལེགས་ལེགས་འདྲ་བར་སྟོན་ན་ཡང་། །བདུད་ཀྱི་བྱིན་བརླབས་ཡིན་ནོ་ཞེས་མདོ་རྒྱུད་རིགས་མཐུན་ཀུན་ལས་གསལ་བར་གསུངས་པའི་ཕྱིར། དུས་འཁོར་ལས། སེམས་ཅན་རྣམས་ལ་སྡིག་པའི་སེམས་སུ་གྱུར་པ་བདུད་ཀྱི་ཚོགས་ཀྱིས་བྱིན་གྱིས་བརླབས་སོ་མིའི་བདག་པོ་ཀྱེ་ཞེས་པ་དང་། འཇམ་དཔལ་རྣམ་པར་འཕྲུལ་པ་ལས། ལྷའི་བུ་བྱང་ཆུབ་སེམས་དཔའ་རྣམས་ཀྱི་བདུད་ཀྱི་ལས་ནི་བརྩོན་འགྲུས་ལས་འབྱུང་བར་རིག་པར་བྱ་སྟེ་དེ་ཅིའི་ཕྱིར་ཞེ་ན་མི་བརྩོན་པ་ལ་ནི་བདུད་ཀྱིས་ཅི་ཞིག་བྱ་སྟེ་དེ་ཉིད་བདུད་ཡིན་པའི་ཕྱིར་རོ་ཞེས་པ་དང་། བརྒྱད་སྟོང་པ་ལས། རབ་འབྱོར་མདོ་སྡེ་དེ་དང་དེ་དག་ཏུ་སྟོང་པ་ཉིད་དང་མཚན་མ་མེད་པ་དང་སྨོན་པ་མེད་པ་དག་བཤད་མོད་ཀྱི། དེ་ལས་བྱང་ཆུབ་སེམས་དཔའ་སེམས་དཔའ་ཆེན་པོའི་ཐབས་ལ་མཁས་པ་དག་མ་བསྟན་ཏོ། །དེ་ལ་བྱང་ཆུབ་སེམས་དཔའ་གང་ཐབས་མཁས་པའི་ཡེ་ཤེས་ཀྱི་བྱེ་བྲག་མངོན་པར་མི་ཤེས་པ་དེ་དག་ནི་ཤེས་རབ་ཀྱི་ཕ་རོལ་ཏུ་ཕྱིན་པ་ཟབ་མོ་འདི་བཏང་བར་སེམས་ཏེ། དེ་དག་ཤེས་རབ་ཀྱི་ཕ་རོལ་ཏུ་ཕྱིན་པ་ཟབ་མོ་འདི་བཏང་ནས་ཉན་ཐོས་དང་རང་སངས་རྒྱས་ཀྱི་ཐེག་པ་དང་ལྡན་པའི་མདོ་སྡེ་དག་ལས་ཐབས་ལ་མཁས་པ་བཙལ་བར་སེམས་ཏེ། རབ་འབྱོར་འདི་ཡང་བྱང་ཆུབ་སེམས་དཔའ་སེམས་དཔའ་ཆེན་པོ་བདུད་ཀྱི་ལས་སུ་རིག་པར་བྱའོ་ཞེས་པ་དང་། ཕལ་པོ་ཆེ་ལས། མངོན་པར་ཆགས་པའི་ཕྱིར་ཕུང་པོའི་བདུད་དང་ཀླུགས་སུ་གྱུར་པའི་ཕྱིར་ཉོན་མོངས་པའི་བདུད་དང་སྒྲིབ་པའི་ཕྱིར་ལས་ཀྱི་བདུད་དང་སློང་བའི་ཕྱིར་སེམས་ཀྱི་བདུད་དང་སྐྱེས་པ་དང་བྲལ་བར་བྱེད་པ་ཙམ་གྱི་འདུད་དང་གཡོ་བ་དང་རློམ་པ་དང་འགྱུར་བ་དང་བག་མེད་པར་སྤྱོད་པ་ལྷའི་བུའི་བདུད་དང་། དེ་ལ་ཞེན་པའི་ཕྱིར་དགེ་བའི་རྩ་བའི་བདུད་དང་རོ་མྱང་བར་བྱེད་པའི་ཕྱིར་ཏིང་ངེ་འཛིན་གྱི་བདུད་དང་གཟུགས་བརྙན་གྱི་ཕྱིར་དགེ་བའི་བཤེས་གཉེན་གྱི་བདུད་དང་། ལས་མངོན་པར་མི་སྒྲུབ་པའི་ཕྱིར་ཆོས་ཀྱི་དབྱིངས་ཀྱི་ཡེ་ཤེས་ཁོང་དུ་ཆུད་པའི་བདུད་སྟེ། ཀྱེ་རྒྱལ་བའི་སྲས་དག་བདུད་ཀྱི་ལས་འདི་རྣམས་ཡོངས་སུ་ཤེས་ནས་སྤང་བའིཕྱིར་བརྩོན་པར་བྱའོ་ཞེས་པ་དང་། བློ་གྲོས་རྒྱ

མཆོས་ཞུས་པའི་མདོ་ལས། གཞན་ཡང་བདུད་ཀྱི་ལས་ནི་གཉིས་ཏེ་ཐོས་པ་ཉུང་ངུས་བསམ་གཏན་ཆོལ་བ་དང་མང་དུ་ཐོས་ཀྱང་བདག་ལ་བསྟོད་པའོ་ཞེས་གསུངས། གསུམ་པ་ནི། གནད་རྣམས་འཆོས་པའམ་བདུད་འདི་དག་ཇི་ལྟར་སྟོན་བྱུང་བའི་ཚུལ་གྱི་དཔེ་ཡོད་དེ། དེའི་རྒྱུ་མཚན་མདོ་ཙམ་ང་ཡིས་བཤད་ཀྱིས་ཉོན། ཐོ་ལིང་གསེར་གྱི་ལྷ་ཁང་དུ་ལོ་ཆེན་རིན་ཆེན་བཟང་པོ་བཞུགས་པའི་ཚེ་སྟོད་མངའ་རིས་སུ་སངས་རྒྱས་སྐར་རྒྱལ་ཞེས་བྱ་བ་ལུས་ཀྱི་སྒོ་ནས་དཔྲལ་བ་ནས་ནི་འོད་འབྱིན་ཅིང་། བར་སྣང་ལ་ནི་དཀྱིལ་ཀྲུང་འཆའ། །རིས་འགའ་འཇག་མའི་ཁྲི་ལ་སྡོད། །ངག་གི་སྒོ་ནས་སྟོང་པ་ཉིད་ཀྱི་ཆོས་རྣམས་སྟོན། ཡིད་ཀྱི་སྒོ་ནས་བྱམས་དང་སྙིང་རྗེ་ཆེ་བར་སྣང་། སྐར་རྒྱལ་དེ་ཡི་ཆོས་ཀྱིས་གཞན་དག་ལ་ཏིང་ངེ་འཛིན་ཡང་སྐྱེ་བར་བྱེད་ཅིང་དེ་ལ་འཇིག་རྟེན་ཐམས་ཅད་མོས། ཤཱཀྱའི་རྒྱལ་པོའི་བསྟན་པ་དང་། །འདྲ་མིན་ཅུང་ཟད་བཅོས་པར་འཆད། །སྐར་རྒྱལ་དེ་ཡི་བསྟན་པ་ཤིན་ཏུ་འཕེལ། དེ་ཚེ་རིན་ཆེན་བཟང་པོ་ཡིས། །སྒྲུབ་པ་ཟླ་བ་དྲུག་མཛད་ནས། །ཏིང་འཛིན་བརྟན་ནས་སངས་རྒྱས་སྐར་རྒྱལ་དེའི་དྲུང་དུ་ཕྱིན། སངས་རྒྱས་སྐར་རྒྱལ་བར་སྣང་ལ། །དཀྱིལ་ཀྲུང་བཅས་ནས་ཆོས་འཆད་ཚེ། །རིན་ཆེན་བཟང་པོས་གཟིགས་ཙམ་གྱིས། །ས་ལ་ལྷུང་ནས་བརྒྱལ་ཏེ་སྣ་ཁྲུང་ནས་སྦྲུལ་ནག་པོ་ཞིག་བྱུང་ཞེས་གྲག་གོ། །

གལ་ཏེ་རིན་བཟང་ཞེས་བྱ་བའི། །སྐྱེས་མཆོག་དེ་ཚེ་མི་བཞུགས་ན། །སངས་རྒྱས་སྐར་རྒྱལ་ཞེས་བྱ་བའི། །ཆོས་ལོག་བསྟན་པ་འབྱུང་ཞེས་ཐོས། །ཁུ་ནུ་ཞེས་བྱ་བའི་ཡུལ་ནས་ནག་པོའི་ཕྱོགས་ལ་དགའ་བ་ཡི་སྐར་རྒྱལ་ཞེས་བྱ་བའི་ཀླུ་ཆེན་ཞིག །སྐྱེས་ངན་ལུག་རྫི་གཉིད་དུ་སོང་བ་ཞིག་ལ་ཞུགས་ནས་ནི་སངས་རྒྱས་གཟུགས་སུ་བརྫུས་ཞེས་གསུངས་པའི་ཕྱིར། བཞི་པ་ནི། ཀླུ་ཆེན་འདི་འདྲའི་རིགས་ཀྱི་བདུད་རིགས་འགའ་མིའམ་འཕགས་པའི་གཟུགས་བཟུང་ནས་ལོག་པའི་བསྟན་པ་སྤེལ་བའི་ཕྱིར་དུ་ཆོས་དང་བསྲེས་ནས་གནད་རྣམས་སུ་ཆོས་ལོག་བསྲེས་ནས་འཆད་པ་སྲིད་པའི་དོན་དང་དཔེ་གཉིས་ཀྱིས་སྟོན་ཏེ། དཔེར་ན་ཁ་ཟས་བཟང་པོ་ལ་སྦྱར་བའི་དུག་གིས་ཕལ་ཆེར་གསོད་ལ་དུག་རྐྱང་ཡིན་པར་ཤེས་ན་ནི། འགའ་ཡང་བསད་པར་ནུས་པ་མ་ཡིན་པ་དེ་བཞིན་ཆོས་བཟང་འགའ་ཞིག་ལ་ཆོས་ལོག་བསླད་པས་ཕལ་ཆེར་བསླུ། ཆོས་ལོག་རྐྱང་པར་གོ་ན་ནི། །འགའ་ཡང་བདུད་ཀྱིས་བསླུ་མི་ནུས། །རི་དྭགས་རྔ་མ་མ་བསྟན་ན། །བོང་ཤ་བཙོང་བར་མི་ནུས་ལྟར། །དེ་བཞིན་བཟང་སྤྱོད་མ་བསྟན་ན། །ལོག་པའི་ཆོས་ཀྱིས་བསླུ་མི་ནུས་པའི་ཕྱིར། བདུད་ཀྱི་བྱིན་རླབས་ཐམས་ཅད་ཀྱང་། །ངན་པ་ཁོ་ནར་ངེས་པ་མིན་ཏེ། འོན་ཀྱང་བཟང་པོའི་ནང་ནས་ནི། །གནད་རྣམས་ཅུང་ཟད་བཅོས་པ་ཡིས། །ཕན་པ་ལྟ་བུས་ཕ་རོལ་བསླུ་བའི་ཕྱིར། །ལམ་འབྲས་ནས་གསུངས་པའི་རྣམ་གསུམ་རིགས་དབྱེ་ལྟ་བུས

ཆོས་བཟང་ལ་ཆོས་ཆོས་ལོག་བསླད་པ་འདི་འདྲ་འབྱེད་ཤེས་པར་བྱས་ནས་ནི། ཆོས་ཀྱི་གནད་རྣམས་མདོ་རྒྱུད་བཞིན་མ་བསླད་པར་ནི་ལེགས་པར་ཟུངས་ཞེས་པའི་ལྡོག་ཁྱབ་དཔེ་གཉིས་ཀྱིས་སྟོན་ཏེ། ཤིང་རྟའི་སྲོག་ཤིང་ཆག་གྱུར་ན། །འཁོར་ལོ་བཟང་ཡང་འགྲོ་མི་ནུས། །སྲོག་གི་དབང་པོ་འགགས་གྱུར་ན། །དབང་པོ་གཞན་དག་བྱ་བྱེད་མེད། །དེ་བཞིན་ཆོས་ཀྱི་གནད་འཆུགས་ན། །ཆོས་གཞན་བཟང་ཡང་ནུས་མེད་དུ་འགྱུར་བའི་ཕྱིར། སངས་རྒྱས་དེ་ཡིས་གསུངས་པ་ཡི་མདོ་རྒྱུད་རྣམ་པར་དཀྲུག་པར་མི་བྱ། མདོ་རྒྱུད་དཀྲུགས་ན་ཆོས་སྟོང་ཞིང་། །འཕགས་པ་རྣམས་ཀྱང་སྨད་འགྱུར་ཞེས། །མགོན་པོ་བྱམས་པས་རྒྱུད་བླར་གསུངས་པ་ལྟར་ཡིན་ཏེ། རྫོགས་སངས་རྒྱས་ལས་མཁས་པ་ཡི། །གང་ཟག་འཇིག་རྟེན་གསུམ་ན་མེད་པ་དེས་ན་འོ། །དེ་ཡང་རྒྱུད་བླ་མ་ལས། གང་ཕྱིར་རྒྱལ་ལས་ཆེས་མཁས་འགའ་ཡང་འཇིག་རྟེན་འདི་ན་ཡོད་མིན་ཏེ། །མ་ལུས་དེ་ཉིད་མཆོག་ནི་ཚུལ་བཞིན་ཀུན་མཁྱེན་གྱིས་མཁྱེན་གཞན་མིན་པ། །དེ་ཕྱིར་དྲང་སྲོང་རང་ཉིད་ཀྱིས་བཞག་མདོ་སྡེ་གང་ཡིན་དེ་མི་དཀྲུག །ཐུབ་ཚུལ་བཤིག་ཕྱིར་དེ་ཡང་དམ་ཆོས་ལ་ནི་གནོད་པ་བྱེད་པར་འགྱུར། །ཞེས་བཤད།

ལྔ་པ་ལ། སུན་འབྱིན་ཚུལ་སྟོན་བྱུང་གིས་བསྟན་པ། ལུང་རིགས་ཀྱིས་སུན་འབྱིན་པའི་ཚུལ། ཞར་ལ་སྐུ་གདུང་རིང་བསྲེལ་གྱི་བརྟག་པ་བསྟན་པ་དང་གསུམ་ལས། དང་པོ་ནི། གཞན་ཡང་འཁྲུལ་པའི་གྲུབ་མཐའ་སུན་འབྱིན་པའི་རྣམ་གཞག་ཅུང་ཟད་བཤད་ཀྱིས་ཉོན། མུ་སྟེགས་སྟོན་པ་དབང་ཕྱུག་དང་ཁྱབ་འཇུག་སོགས་མནན་པའི་སངས་རྒྱས་ཀྱི་ཀྱེ་རྡོ་རྗེ་བདེ་མཆོག་སོགས་མཐོང་ནས་ནི། དེ་ལས་བཟློགས་ནས་སངས་རྒྱས་མནན་པ་ཡི་དབང་ཕྱུག་གི་བྲིས་སྐུ་ཞིག་ཁ་ཆེའི་ཡུལ་དུ་མུ་སྟེགས་དབྱངས་ཅན་དགའ་བས་སངས་རྒྱས་པ་ལ་སྙིང་ནད་དུ་བསམས་ནས་བྱས་སོ། །དེའི་ཚེ་མཁས་པ་ཆེན་པོ་ཛྙཱ་ན་ཤྲཱིས་དབྱངས་ཅན་དགའ་བ་དེ་དང་རྩོད་པའི་རྩོད་གྲྭ་རུ། རང་གཞན་གཉིས་ཀའི་སྡེ་པ་དང་རྒྱལ་པོ་སོགས་ཀྱི་དབང་པོའི་གྲྭར་སངས་རྒྱས་མནན་པའི་དབང་ཕྱུག་གི་བྲིས་སྐུ་ཆོས་ཅན། འཁྲུལ་པ་ཡིན་པར་ཐལ། རང་བཟོ་ཡིན་པ་དེས་ན་འོ་ཞེས་བསྒྲགས་པ་ལ། དབྱངས་ཅན་དགའ་བ་དེས་ཀྱང་དབང་ཕྱུག་མནན་པ་ཡི་སངས་རྒྱས་ཆོས་ཅན། དེར་ཐལ། རང་བཟོ་ཡིན་པའི་ཕྱིར་ཞེས་མགོ་བསྒྲེས་སོ། །དེ་ལ་མཁས་པས་འདི་སྐད་བརྗོད་དེ། རྟགས་མ་གྲུབ། དེད་ཀྱི་དེ་རང་བཟོ་མིན་ཞིང་ཁྱེད་ཀྱི་དེ་རང་བཟོ་ཡིན་ཏེ། སངས་རྒྱས་མནན་པ་ཁྱེད་ཀྱི་གཞུང་ཁུངས་མ་རྣམས་ནས་བཤད་པ་མེད་ལ། མུ་སྟེགས་མནན་པ་དེད་ཀྱི་རྒྱུད་གདོད་མ་གྲུབ་ཙམ་ཉིད་ནས་ཡོད་པ་ཡིན་པ་དེས་ན་འོ། །དེ་ནས་དབྱངས་ཅན་དགའ་བ་སྤོབས་པ་མེད་པར་གྱུར་བའི་ཚེ་མཁས་པ་ཆེན་པོ་ན་རེ། སངས་རྒྱས་མནན་པ་འདི་འདྲའི་རང་བཟོའི་ཆོས་ལུགས་ནི་སངས་རྒྱས་པ་ལ་བྱུང་ན་ཡང་རྒྱལ་པོ་ཁྱོད་ཀྱིས་དགག་དགོས་སོ། །དེའི་རྒྱུ་མཚན་རྒྱལ་པོ་ཁྱོད་

ཀྱི་ཡུལ་འདི་རུ་སངས་རྒྱས་མནན་པ་འདི་འདྲའི་རང་བཟོ་འཕེལ་ན་ནི། ད་དུང་རང་བཟོ་གཞན་འབྱུང་བས་བསྟན་པ་སྤྱི་ལ་གནོད་པ་འདི་རང་བཟོ་བྱེད་མཁན་ཁོ་རང་ལ་ཡང་ཅིས་མི་གནོད་སྟེ་གནོད་པའི་ཕྱིར། དེ་སྐད་བསྒོས་ནས་སངས་རྒྱས་མནན་པའི་དབང་ཕྱུག་གི་གྲུང་རིས་རྩོད་པའི་གྲྭ་དེ་ཉིད་དུ་བསྐུབས་སོ། །དེའི་དུས་ཕྱི་ནས་དབྱངས་ཅན་དགའ་བ་དང་དབུང་རྩད་དགོས་ཟེར་ཏེ་དུས་བཏབ་གྲུབ་མཐའ་བརྩད་པ་ལའང་། མུ་སྟེགས་གྲུབ་མཐའ་ཕམ་མཛད་ནས་སངས་རྒྱས་བསྟན་པ་སྤྱེལ་ཞེས་ཐོས་ཏེ། རྣ་བའི་ཡུལ་དུ་གྲག་པའི་ཕྱིར། ཆོས་རྗེ་ཉིད་ཀྱི་ཞལ་མངའ་ནས། ད་ལྟ་བོད་ཡུལ་འདིར་ཡང་བདེ་མཆོག་སོགས་ཡུལ་བཏོན་ནས། བླ་མའི་སྐུ་འདྲ་འབྲི་བ་སོགས་འདི་བོད་དུ་ཧོར་དམག་སོགས་མཐའ་མི་འོང་བའི་རྟེན་འབྲེལ་དུ་སོང་གི་དོགས་གསུང་ངོ་། །

གཉིས་པ་ལ། ལུང་རིགས་ཀྱི་གནོད་ཡུལ་སྤྱིར་བསྟན། གནོད་ཚུལ་བྱེ་བྲག་ཏུ་བཤད། དེས་རིགས་ཅན་གཞན་ཡང་དགག །ལུང་ཁས་མི་ལེན་པའི་འགོག་ཚུལ་བཤད། ལུང་སྦྱོར་གྱི་གནད་བསྟན་པ་དང་ལྔ་ལས། དང་པོ་ནི། གལ་ཏེ་མུ་སྟེགས་བྱེད་པའི་གཞུང་གདོད་མ་ནས་གྲུབ་པའི་རིག་བྱེད་སྔན་ངག་མཆོད་སྦྱིན་སྲིད་བསྲུང་ངེས་བརྗོད་བཞི་ལས། སངས་རྒྱས་མནན་པ་སོགས་ཆོས་ལོག་དེ་འདྲ་བཤད་ན་ཡང་དབྱངས་ཅན་དགའ་བའི་རང་བཟོ་ཡིན་ཞེས་བྱར་མི་རུང་ལ། འོན་ཀྱང་གྲུབ་མཐའི་རྣམ་གཞག་འཁྲུལ་མ་འཁྲུལ་ཡིད་ལ་བཟུང་ནས་འཁྲུལ་ན་ནི་ལུང་དང་རིགས་པ་གཞན་གྱིས་སུན་དབྱུང་དགོས་ཏེ། བདག་དང་གཞན་གྱི་གྲུབ་མཐའ་ལའང་། །གལ་ཏེ་འགལ་བ་སྣང་ན་ནི། །རིགས་པ་དག་དང་འགལ་གྱུར་ན། །དེ་ནི་རིགས་པས་སུན་ཕྱུང་ཞིག་སྟེ་གོ་དགོས་པའི་ཕྱིར། དཔེར་ན་དཔལ་ལྡན་ཆོས་ཀྱི་གྲགས་པས་རིག་བྱེད་སྐྱེས་བུས་མ་བྱས་པ་སུན་ཕྱུང་བ་བཞིན། གལ་ཏེ་ལུང་དང་འགལ་གྱུར་ན། །དེ་ནི་ལེགས་པར་སུན་འབྱིན་པའི། །གདམས་ངག་ཧུང་ཟད་བཤད་ཀྱིས་ཉོན། །ཆོས་སྨྲ་ཕ་རོལ་ལུང་དེ་ཁས་ལེན་ཅིང་། །དེ་དང་འགལ་བའི་ཆོས་སྤྱོད་ན། །ལུང་དང་འགལ་བས་སུན་དབྱུང་བྱ་བར་རིགས་པ་ཡིན་པའི་ཕྱིར། དཔལ་ལྡན་ཆོས་ཀྱི་གྲགས་པས་རྒོལ་བ་དབང་ཕྱུག་སྡེ་བཀག་པ་བཞིན། ཆོས་སྨྲ་གལ་ཏེ་ལུང་དེ་ཁས་མི་ལེན། །རང་གི་ལུང་གཞན་ཁས་ལེན་ན། །དེ་ཚེ་དེད་ཀྱི་ལུང་གིས་ནི། །དེ་ཡི་ཆོས་ལོག་དགག་མི་ནུས་ཏེ། འོན་ཀྱང་དེ་ཡི་ལུང་ཉིད་ཀྱིས་དེ་ཡི་ཆོས་ལོག་དགག་དགོས་པས་སོ། །

གང་ལ་འགྲོས་ན། དེ་ཚེ་སོགས་གཉིས་ཏེ། དཔེར་ན་ཕ་རོལ་ཕྱིན་པ་བ། །གལ་ཏེ་ཆོས་ལོག་སྤྱོད་ན་ནི། །གསང་སྔགས་གཞུང་དང་འགལ་ལོ་ཞེས། །དེ་ནི་སུན་དབྱུང་ནུས་མ་ཡིན། །དེ་བཞིན་གསང་སྔགས་པ་འགའ་ཞིག །ལག་ལེན་ལོག་པར་སྤྱོད་གྱུར་ཀྱང་། །ཕ་རོལ་ཕྱིན་གཞུང་དང་འགལ་ཞེས། །སུན་དབྱུང་བར་ནི

ནུས་མ་ཡིན། །དེ་བཞིན་ཐེག་པ་ཆེ་ཆུང་ལའང་། །ཕན་ཚུན་གྱི་ནི་ལུང་འགལ་གྱིས། །སོ་སོའི་གཞུང་ལུགས་དགག་མི་ནུས་པའི་ཕྱིར། འགྲེལ་པ་དོན་གསལ་ལས། ཐེག་པ་གཞན་ལ་བརྟེན་ནས་ནི་གང་དུ་ཡང་སུན་འབྱིན་པ་བརྗོད་པར་མི་བྱའོ་ཞེས་བཤད།

གཉིས་པ་ནི། གང་ལ་འཕྲོས་ན། འོན་ཀྱང་སོགས་གཉིས་ཏེ། ཉན་ཐོས་གཞུང་ལུགས་ཁས་ལེན་ཅིང་། །དེ་ཡི་ལུང་དང་འགལ་གྱུར་ན། །དེ་ཡི་ལུང་གིས་དགག་པར་ནུས། །དེ་བཞིན་བཀའ་གདམས་ལ་སོགས་ཀྱང་། །ཛོ་བོའི་གཞུང་ལུགས་ཁས་ལེན་ཅིང་། །དེ་ཡི་གསུང་དང་འགལ་གྱུར་ན། །བཀའ་གདམས་པ་ལ་གནོད་པ་ཡིན། །དེ་བཞིན་ཕྱག་རྒྱ་པ་ཡང་ནི། །ནཱ་རོ་པ་ལ་མོས་བྱེད་ཅིང་། །ནཱ་རོའི་གཞུང་དང་འགལ་གྱུར་ན། །ཕྱག་རྒྱ་པ་ལ་གནོད་པ་ཡིན། །དེ་བཞིན་གསང་སྔགས་སྤྱོད་བཞིན་དུ། །གསང་སྔགས་རྒྱུད་སྡེ་དང་འགལ་ན། །གསང་སྔགས་པ་ལ་གནོད་པར་འགྱུར། །ཕ་རོལ་ཕྱིན་པའི་ལུགས་བྱེད་ཅིང་། །མདོ་སྡེ་རྣམས་དང་འགལ་གྱུར་ན། །ཕར་ཕྱིན་པ་ལ་ཅིས་མི་གནོད་དེ་གནོད་པའི་ཕྱིར། གང་ལ་འཕྲོས་ན། དེ་བཞིན་བཀའ་གདམས་སོགས་བཞི་པོ་དེ་ཡི་དཔེར་བརྗོད་མདོ་ཙམ་ཞིག་ལེགས་པར་བཤད་ཀྱིས་མཉན་པར་གྱིས་ཏེ། ཇོ་བོའི་གསང་སྔགས་བདེ་མཆོག་གསང་འདུས་སོགས་སྤྱོད་བཞིན་དུ། ཤ་ར་བ་དང་གླང་རི་ཐང་པ་སོགས་བཀའ་གདམས་པ་ཁ་ཅིག །གསང་སྔགས་སྤྱོད་པའི་དུས་མིན་ཞེས་སྨྲ་བ་ཇོ་བོའི་ལུགས་ཉིད་དང་འགལ་བ་ཡིན་པར་ཤེས་པར་བྱ་བའི་ཕྱིར་དང་། སེམས་བསྐྱེད་ཇོ་བོའི་ལུགས་བྱེད་ཅིང་ཇོ་བོ་གཏན་ནས་མི་བཞེད་པའི་སེམས་ཙམ་པའི་སེམས་བསྐྱེད་ཀུན་ལ་བྱེད་པ་དང་། དོན་དམ་སེམས་བསྐྱེད་ཆོག་ས་བྱེད་པ་ནི་གཞན་དང་འགལ་བ་སྨོས་ཅི་དགོས་ཇོ་བོའི་རིང་ལུགས་དང་ཡང་འགལ་བ་ཡིན་པའི་ཕྱིར། གང་ལ་འཕྲོས་ན། དེ་བཞིན་ཕྱག་རྒྱ་པ་སོགས་བཞི་སྟེ། ནཱ་རོ་ཏ་པ་དབང་བསྐུར་དང་རིམ་གཉིས་དང་དམ་ཚིག་དང་སྤྱོད་པ་དང་ཡན་ལག་སྟེ། ཆོས་ལྔའི་དང་པོ་གཉིས་ཆོས་ཀྱི་གཙོ་བོར་མཛད་པས། ནཱ་རོའི་བརྒྱུད་པ་འཛིན་བཞིན་དུ། །དབང་དང་རིམ་གཉིས་མི་བསྒོམ་པ། །རྒྱུད་དང་འགལ་བ་སྨོས་ཅི་དགོས། །ནཱ་རོ་ཏ་པའི་རང་ལུགས་དང་ཡང་འགལ་བ་ཡིན་པའི་ཕྱིར་དང་།

ཇོ་རྗེ་ཕག་མོའི་བྱིན་བརླབས་ཀྱིས་ཆོས་སྐོར་འབྱེད་པ་ནི། མར་པ་ལྷོ་བྲག་པ་ལ་མེད། །མར་པའི་བརྒྱུད་པ་འཛིན་བཞིན་དུ། །ཕག་མོས་ཆོས་སྐོར་འབྱེད་པ་ནི། །རྒྱུད་དང་འགལ་བ་སྨོས་ཅི་དགོས། །མར་པའི་རང་ལུགས་དང་ཡང་འགལ་བ་ཡིན་པའི་ཕྱིར་དང་། བྱིན་བརླབས་དང་འབྲེལ་བའི་ནཱ་རོ་ཆོས་དྲུག་ཅེས་བྱ་བའི་དམར་ཁྲིད་རྗེ་བཙུན་མི་ལ་རས་ཆེན་ཡན་ཆད་དེ་ལས་མེད་ལ། རས་ཆུང་བ་མན་ལ་རྗེ་མི་ལས་མཛད་པའི་བྱིན་བརླབས་དང་འབྲེལ་བའི་ཁྲིད་ཡིག་དེ་ལ། སྟེང་སྒོ་རྣམ་གྲོལ་གྱི་ཆོས་དྲུག་གི་ཁྲིད་ཡིག་སོགས་ཡི་གེར་བཀོད་པ

ཆ་བཞི་ཙམ་སྣང་ངོ་། །དེས་ན་ནཱ་རོའི་ཆོས་དྲུག་ལ་རྒྱུད་དང་འབྲེལ་བའི་ཆོས་དྲུག་དང་བྱིན་བརླབས་དང་འབྲེལ་བའི་ཆོས་དྲུག་གཉིས་ཡོད་པ་ལས། དང་པོ་ནི། དྭགས་པོ་ལྷ་རྗེ་དང་མི་སྟོན་ཆེན་པོ་སོགས་ལས་བརྒྱུད་པ་ཡིན་ཏེ། འདི་ལ་ནི་རྡོ་རྗེའི་ཚིག་རྐང་དང་རྗེ་བཙུན་གྱིས་མཛད་པའི་ཁྲིད་ཡིག་མེད་ཅིང་དབང་བྱིན་བརླབས་དང་འབྲེལ་བའི་ངེས་པ་ཡང་མེད་དོ། །

འདི་ལས་གཞན་དུ་འཆད་པ་ཐམས་ཅད་གཞུང་རྩོམ་པ་པོའི་དགོངས་པ་མ་ཡིན་ནོ། །དེས་ན་དབང་བྱིན་བརླབས་དང་འབྲེལ་བའི་ནཱ་རོའི་ཆོས་དྲུག་དེ་འདྲ་བོར་ནས་ལམ་འབྲས་དང་ཕྱག་རྒྱ་ཆེན་པོ་ལྷ་ལྡན་ལ་སོགས་པ། གཞན་གྱི་གདམས་ངག་བསྒོམ་བཞིན་དུ་ནཱ་རོའི་ཆོས་དྲུག་གི་བརྒྱུད་པ་འདེད་བྱེད་པ་གཞན་དང་འགལ་བ་ལྟ་ཅི་སྨོས་ནཱ་རོའི་རང་ལུགས་དང་ཡང་འགལ་བ་ཡིན་པའི་ཕྱིར། འདི་ནི་དྭགས་པོ་ཀོ་བྲག་པ་ཡང་དགོན་པ་སོགས་ལ་ཟུར་ཟ་བར་མངོན་ནོ། །གང་ལ་འཕྲོས་ན། དེ་བཞིན་བཀའ་གདམས་ལ་སོགས་ཀྱང་། །ཞེས་པའི་སོགས་སྒྲ་འདི་ཡིན་ཏེ། བརྟུལ་ཞུགས་གྲུབ་པ་པདྨ་འབྱུང་གནས་ལ་སྐད་བཏགས་པའི་གུ་རུ་བར་གྲགས་པའི་མངའ་བདག་ཉང་རལ་དང་གུ་རུ་ཆོས་དབང་སོགས་གཏེར་ནས་བྱུང་བའི་གླེགས་བམ་དང་། གཞན་ནས་བརྐུས་པའི་ཆོས་ལུགས་དང་། །བརྩམས་ཆོས་དང་ནི་སྐྱི་ལམ་ཆོས། །བློས་བཟོས་པ་ཡི་ཆོས་ལུགས་ལ། །རྡོ་རྗེ་འཆང་ལ་བརྒྱུད་པ་བསྣེག །དེ་ལའང་གཞན་དག་ལུང་ལེན་པ། དམ་པའི་ཆོས་དང་འགལ་བ་ལྟ་ཅི་སྨོས་གུ་རུ་བར་གྲགས་པའི་རང་ཚིག་དང་ཡང་འགལ་བ་ཡིན་པའི་ཕྱིར།

གསུམ་པ་ནི། གལ་ཏེ་འདི་འདྲའི་རིགས་ཅན་གྱི། །འགལ་བ་ཁས་ལེན་སྣང་གྱུར་ན། །དེ་ཡི་རིགས་སུ་ཤེས་པར་བྱ། །མདོར་ན་སངས་རྒྱས་ཞག་བདུན་མར་གྲགས་པ་ལྟ་བུ་ཆོས་དང་འགལ་བ་ཡི་ཆོས་ཞིག་གང་ན་འདུག་ན་ཡང་ལུང་དང་རིགས་པས་སུན་ཕྱུངས་ཤིག་སྐྱེ་སུན་མ་ཕྱུང་ན་ནད་ངན་བཞིན་དུ་གདོད་འཕེལ་བར་འགྱུར་བའི་ཕྱིར།

བཞི་པ་ལ། རྫ་བའི་བརྒྱུད་པ་དྲིས་ཏེ་དགག་པ་དང་། དེ་ཆད་པས་བཅད་པར་འོས་པ་དཔེ་དང་བཅས་པ་དང་གཉིས་ལས། དང་པོ་ནི། གལ་ཏེ་མུ་སྟེགས་ལ་སོགས་པ་ལུང་དེ་ཁས་མི་ལེན་པ་དང་ལུང་དང་འགལ་ཡང་ལུགས་འདི་ངེད་ཅག་གི་བླ་མའི་བཀའ་སྲོལ་ཡིན་ཟེར་བ་དེ་དག་ལུང་དེ་ཁས་མི་ལེན་ཡང་རྫ་བའི་བརྒྱུད་པ་གང་ཡིན་དྲིས་ལ། གདོད་ནས་ཆོས་དེ་ཡོད་ན་ནི་འཕྲུལ་ཡང་མཁས་པས་རང་བཟོར་བགྲང་རྒྱུ་མེད་དེ། སེམས་ཅན་ལས་ངན་སྤྱོད་པ་ལ། སངས་རྒྱས་ཀྱིས་ཀྱང་ཅི་བྱར་ཡོད་དེ་འཕྲུལ་པ་ལུང་དང་རིགས་པས་སུན་དབྱུང་དགོས་པའི་ཕྱིར། གལ་ཏེ་གདོད་ནས་མེད་པའི་ཆོས། །བློ་བུར་བྱས་པ་ཡིན་ན་ནི། །སངས་རྒྱས་པའམ་མུ་

སྟེགས་བྱེད། །སྲུ་ལ་འདུག་ཀྱང་དོར་བྱ་ཡིན་ཏེ། རང་གཞན་ཀུན་གྱིས་རང་བཟོར་གོ་བའི་ཆེད་ཡོད་པའི་ཕྱིར། དཔལ་ལྡན་ས་སྐྱ་པ་ངེད་ལའང་རང་བཟོ་དེ་འདྲ་འདུག་ནའང་མཁས་པ་རྣམས་ཀྱིས་བཞད་གད་གྱིས་ཏེ། དོར་བྱ་ཡིན་པའི་ཕྱིར། གཉིས་པ་ནི། གལ་ཏེ་རྒྱལ་པོའི་ཁྲིམས་ཡོད་ན། །ཆད་པས་བཅད་པའི་འོས་ཡིན་ནོ། །དེའི་རྒྱུ་མཚན་ནོར་ལ་ཐོག་ཚོང་བྱས་པ་ལའང་རྒྱལ་པོའི་ཁྲིམས་ལ་ཐུག་འགྱུར་ན། ཆོས་ལོག་བརྫུན་མས་སླུར་བ་ལ་རྒྱལ་པོའི་ཁྲིམས་ལ་ཅིས་མི་ཐུག་སྟེ་ཐུག་དགོས་པའི་ཕྱིར།

ལྔ་པ་ལ། བླུན་པོའི་ལུང་སྦྱོར་གྱིས་འདོད་དོན་མི་འགྲུབ། ལུང་གི་དགོངས་པ་ཕྱེ་སྟེ་བསྟན། ཁུངས་མེད་ཀྱི་ཆོས་ལ་ཡིད་བརྟན་མི་རུང་། བརྫུན་མས་སླུར་བའི་མདོ་རྒྱུད་ཚད་མར་མི་བཟུང་བ་དང་བཞི་ལས། དང་པོ་ནི། བླུན་པོ་མཁས་པར་འཆོས་པ་འགའ་ལྟ་སྒོམ་སྤྱོད་པ་གསུམ་འཇིག་རྟེན་པ་དང་འཇིག་རྟེན་ལས་འདས་པ་གཉིས་ཀྱི་ལུང་གི་གནས་སྐབས་མི་ཤེས་པར། མདོ་རྒྱུད་ལུང་སྦྱོར་བྱེད་མོད་ཀྱི་ཕྱོགས་གང་དུ་འགྲོ་བ་མི་ཤེས་སོ༑ ༑དེའི་རྒྱུ་མཚན་དེ་ནི་བླུན་པོའི་ཁ་ཤགས་ལྟར་རང་ལ་འཁོར་བའི་ཕྱིར།

གཉིས་པ་ལ། ལྟ་སྒོམ་ལ་དགོངས་པའི་ལུང་། འཁོར་འདས་ལ་དགོངས་པའི་ལུང་། མཁས་རློམས་ཀྱི་ཁྱད་པར་དཔེས་བསྟན་པ་དང་གསུམ་ལས། དང་པོ་ནི། ལྟ་སྒོམ་སྤྱོད་པ་གསུམ་གྱི་ལུང་གི་གནས་སྐབས་མི་འདྲ་སྟེ། དཔེར་ན་ཕྱག་དང་མཆོད་པ་དང་། །སྦྱིན་དང་ཚུལ་ཁྲིམས་སོགས་མི་དགོས། །སེམས་བསྐྱེད་དབང་བསྐུར་བྱ་མི་དགོས། །བསམ་གཏན་ཀློག་པ་འདིར་མི་དགོས། །དགེ་དང་སྡིག་པ་གཉིས་ཀ་མེད། །སངས་རྒྱས་སེམས་ཅན་ཡོད་མིན་སོགས། །དབུ་མ་ཤེས་རབ་ལ་འཇུག་པ་ལས། ཀུན་རྫོབ་མེད་ལ་དོན་དམ་མེད། །སངས་རྒྱས་མེད་ལ་སེམས་ཅན་མེད། །ལྟ་བ་མེད་ཅིང་སྒོམ་པ་མེད། །འབྲས་བུ་མེད་ཅིང་སྤྱོད་པ་མེད། །ཅེས་པ་དང་། ཀྱཻ་རྡོ་རྗེ་ལས། བསྒོམ་པ་པོ་མེད་སྒོམ་པ་མེད། །ཅེས་པ་དང་། ས་བཅུ་པའི་མདོ་ལས། བྱེད་པ་པོ་མེད་པ་དེ་ལྟ་ན་དོན་དམ་པར་ལས་ཀྱང་མི་དམིགས་སོ་ཞེས་པ། འདི་འདྲ་གསུངས་པའི་ལུང་རྣམས་ཀུན། །ལྟ་བའི་ཡིན་གྱི་སྒོམ་པ་དང་། །སྤྱོད་པ་གཉིས་ཀྱི་ལུང་མ་ཡིན། །རྒྱུད་ལས། དབང་མེད་པ་ལ་དངོས་གྲུབ་མེད། །ཅེས་གསུངས། ཚིག་འབྲུགས་ན་ལས་མི་ཆགས་ཏེ། འདུལ་བ་ལས། ཚིག་ལས་འདས་ན་ལས་མི་ཆགས་ཞེས་གསུངས། ལོག་པར་སྤྱད་ན་ལྟུང་བ་འབྱུང་། །ལྷ་བསྒོམ་འཁྲུལ་ན་བྱིན་མི་རློབ། །སངས་རྒྱས་ཀྱི་མཐུ་བསམ་གྱིས་མི་ཁྱབ་པ་ལ་ཐེ་ཚོམ་ཟ་ན་ཉེས་པ་སྐྱེ་སྟེ། རྒྱ་ལྷུང་བཅུ་བཞི་པ་ལས། རང་བཞིན་དག་པའི་ཆོས་རྣམས་ལ། །སོམ་ཉི་ཟ་བ་དགུ་པ་ཡིན། །ཞེས་པ་དང་། སྙན་བླའི་མདོ་ལས། དེ་བཞིན་གཤེགས་པ་དེའི་མཚན་འདི་དྲན་པ་ཙམ་གྱིས་ཇི་ལྟར་ཤིན་ཏུ་ཡོན་ཏན་དང་ཕན་ཡོན་དུ་འགྱུར་སྙམ་ནས་དེ་དག་མི་དད་ཅིང་ཡིད་མི་ཆེས་ཏེ་སྤོང་བས་ཡུན་རིང་དུ

གནོད་པ་དང་མི་ཕན་པ་དང་མི་བདེ་བ་དང་ལོག་པར་ལྟུང་བར་འགྱུར་རོ་ཞེས་གསུངས། འདུལ་བ་ལས། ལེགས་པར་ཐོན་པས་འདོན་ཏེ་ཚིག་ཕྱེད་ཀྱང་མ་འཁྲུལ་བ་ཉིད་ནའོ་ཞེས་པ་ལྟར། དེས་ན་ཚིག་ཅི་བྱེད་ཀྱང་། །ཤིན་ཏུ་དག་པར་བྱ་དགོས་ཞེས། །འདི་འདྲའི་ལུང་ཀུན་སྤྱོད་པ་དང་། །སྒོམ་པའི་ལུང་ཡིན་གྱི་ལྟ་བའི་མིན་པའི་ཕྱིར།

གཉིས་པ་ནི། གཞན་ཡང་ལུང་སྦྱོར་བྱེད་པ་ལ་འཇིག་རྟེན་པ་དང་འཇིག་རྟེན་ལས་འདས་པའི་གནས་སྐབས་རྣམ་པ་གཉིས་ཡོད་དེ། དབང་དང་དམ་ཚིག་སྡོམ་པ་སོགས། །འབད་ནས་སྒྲུབ་པར་གསུངས་པ་ནི། །འཁོར་བའི་རྒྱ་མཚོ་མ་བརྒལ་བའི། །འཇིག་རྟེན་པ་ལ་གསུངས་པ་ཡིན་ཏེ། ཀྱེ་རྡོ་རྗེ་ལས། དང་པོ་བྱམས་པ་བསྒོམ་པར་བྱ་ཞེས་གསུངས་པ་ལྟ་བུའོ། །དབང་དང་དམ་ཚིག་སོགས་མི་དགོས། །ཕྱག་དང་མཆོད་པ་ཀུན་ལས་གྲོལ། །བསམ་གཏན་བསྒོམ་པ་ཀུན་སྤངས་ཏེ། །ལམ་ཀུན་གཟིགས་བཞིན་དོར་བྱ་ཞེས། །གསུངས་པ་འཁོར་བའི་རྒྱ་མཚོ་ལས། །བརྒལ་བའི་གང་ཟག་རྣམས་ལ་གསུངས་པའི་ཕྱིར། དེ་ཡང་མདོ་ལས། ཆོས་ཀྱི་རྣམ་གྲངས་གཟིངས་ལྟ་བུར་ཤེས་པ་རྣམས་ནི་ཆོས་རྣམས་ཀྱང་སྤང་བར་བྱ་ན་ཆོས་མ་ཡིན་པ་ལྟ་སྨོས་ཀྱང་ཅི་དགོས་ཞེས་གསུངས།

གསུམ་པ་ནི། དེ་འདྲའི་གནས་སྐབས་ཤེས་ནས་ནི། །དེ་དང་འཚམས་པའི་ལུང་སྦྱོར་བྱ། །དེ་འདྲའི་རྣམ་གཞག་མི་ཤེས་པའི། །ལུང་སྦྱོར་མཁས་པའི་བཞད་གད་ཡིན། །དཔེར་ན་མིག་ལྡན་ཇི་ལྟར་ལམ་ནོར་ཡང་། །གཡང་སར་གོམ་པ་འཇོག་མི་སྲིད། །དེ་བཞིན་མཁས་པ་འཁྲུལ་ན་ཡང་། །སངས་རྒྱས་བསྟན་ལས་འདའ་མི་ནུས། །མིག་མེད་གལ་ཏེ་ལམ་ནོར་ན། །གཡང་སར་མཆོངས་ནས་ལྟུང་བར་འགྱུར། །དེ་བཞིན་བླུན་པོ་འཁྲུལ་གྱུར་ན། །སངས་རྒྱས་བསྟན་ལས་འདས་ཏེ་ལྟུང་། །དཔེར་ན་ཆག་ཚད་ཤེས་པའི་བཟོ་ལ་ནི། རིང་ཐུང་བྱུང་ཡང་སོར་གང་ཡིན། །ཆག་ཚད་མེད་པའི་བཟོ་འགའ་ཞིག །ཉེས་ན་བཞད་གད་གནས་སུ་འགྱུར། །དེ་བཞིན་གཞུང་ལུགས་ཤེས་པའི་མིས། །འཁྲུལ་ཡང་ཚིག་དོན་ཙུང་ཟད་ཡིན། །གཞུང་ལུགས་གང་ཡང་མི་ཤེས་པ། །འཁྲུལ་ན་བསྟན་པ་འཇིག་ལ་ཐུག་པའི་ཕྱིར། ད་ནི་སངས་རྒྱས་བསྟན་པ་བཞིན་སྒྲུབ་པར་འདོད་ན་གཞུང་བཞིན་བྱ་དགོས་ཏེ། མིག་དང་བཟོ་བོའི་དཔེ་གཉིས་ཀྱིས་དོན་དེ་སྟོན་པ་དེས་ནའོ། །

གསུམ་པ་ནི། མིག་མངས་རྒྱ་དང་མ་འབྲེལ་ན། །རྫེའུ་མང་ཡང་ཤི་རོ་ཡིན། །དེ་བཞིན་ལུང་དང་མ་འབྲེལ་བའི། །ཆོས་ལུགས་མང་ཡང་རོ་དང་འདྲ་སྟེ། དཔེ་དོན་མཚུངས་པའི་ཕྱིར། དེ་ཉིད་འཆད་པ་ནི། ལུང་དང་མ་འབྲེལ་བའི་སྙན་བརྒྱུད་དང་ནི་ཚིག་བརྒྱུད་དུ་གྲགས་པའི་ཆོས་ལུགས་མང་པོ་སྣང་ཡང་མཐའ་གཅིག་ཏུ་བླང་བྱ་མ་ཡིན་ཏེ། རྒྱུད་དང་མཐུན་ན་བླང་དུ་རུང་གིས་མིན་ན་རྫུན་གྱི་བསྙེབ་ཕྱོགས་ཡིན་པའི་ཕྱིར། དེ་བཞིན་

ཁུངས་དང་མ་འབྲེལ་བའི། །རྨི་ལམ་གྱི་ནི་ཆོས་ལུགས་དང་། །ཞལ་མཐོང་གི་ནི་ལྷ་ལ་སོགས། །འདི་དག་ཀྱང་མཐའ་གཅིག་ཏུ་བླང་བྱ་མ་ཡིན་ཏེ། མདོ་རྒྱུད་དང་མཐུན་ན་བླངས་ཀྱང་སྐྱོན་དུ་འགྱུར་བ་མེད་ལ་མདོ་རྒྱུད་ཀུན་དང་མི་མཐུན་ན་བདུད་ཀྱི་བྱིན་བརླབས་ཡིན་ཞེས་བྱ་བའི་ཕྱིར། ཡུམ་བར་མ་ལས། གཞན་ཡང་བདུད་སྡིག་ཏོ་ཅན་སངས་རྒྱས་ཀྱི་ཆ་བྱད་དུ་ལུས་གསེར་གྱི་ཁ་དོག་དང་འོད་མདོམ་གང་བ་འཛིན་པ་མཐོང་ནས་འདོད་པ་སྐྱེས་པ་དང་། བདུད་ཀྱིས་སྤྲུལ་པའི་བྱང་ཆུབ་སེམས་དཔའ་མཐོང་ནས་དད་ཅིང་འདོད་པ་བསྐྱེད་པ་ནི་རྣམ་པ་ཐམས་ཅད་མཁྱེན་པ་ཉིད་ལས་ཉམས་པར་འགྱུར་རོ་ཞེས་གསུངས་པའི་ཕྱིར་དང་། འདི་དག་སྟོན་པའི་བླ་མ་དེ་ནི་མདོ་རྒྱུད་དང་མཐུན་ན་བླ་མ་ཡིན་པར་གྲུབ་པས་བཟུང་། སངས་རྒྱས་བསྟན་བཞིན་མི་གསུང་ན་བླ་མ་ཡིན་ཡང་བཏང་སྙོམས་བཞག་དགོས་པའི་ཕྱིར། དེས་ན་ཁུངས་དང་མ་འབྲེལ་བའི་རྨི་ལམ་གྱི་ཆོས་ལུགས་དང་། ཞལ་གཟིགས་པ་ཡི་ཡི་དམ་དང་། །ལུང་བསྟན་པ་ཡི་སངས་རྒྱས་དང་། །བླ་མའི་གསུང་སྒྲོས་ལ་སོགས་པ། །མ་དཔྱད་པར་ནི་ཧ་ཅོལ་དུ། །ཚད་མ་ཡིན་ཞེས་གཟུང་བར་མི་བྱ་སྟེ། འདི་འདྲ་བདུད་ཀྱི་བྱིན་བརླབས་ལས། །འབྱུང་བ་སྲིད་པར་རྒྱལ་བས་གསུངས་པའི་ཕྱིར། དེ་ཡང་མདོ་སྡུད་པ་ལས། མིང་གི་གཞི་ལས་བདུད་ནི་ཉེ་བར་འོངས་གྱུར་ནས། །ཇི་སྐད་སྨྲས་ཏེ་འདི་ནི་ཁྱོད་ཀྱི་ཕ་མ་དང་། །ཁྱོད་ཀྱི་བདུན་མེས་བརྒྱུད་ཀྱི་བར་གྱི་མིང་ཡིན་ཞིང་། །གང་ཚེ་ཁྱོད་ནི་སངས་རྒྱས་འགྱུར་བའི་མིང་འདི་ཡིན། །སྦྱངས་སྟོབས་རྣལ་འབྱོར་ལྡན་པ་ཅི་འདྲ་འབྱུང་འགྱུར་ལ། ཁྱོད་སྔོན་ཡོན་ཏན་ཚུལ་ཡང་འདི་འདྲ་ཞེས་བརྗོད་དེ། །དེ་སྐད་གང་ཐོས་རློམ་སེམས་བྱང་ཆུབ་སེམས་དཔའ་ནི། །བདུད་ཀྱིས་ཡོངས་སུ་བསླུས་ཞིང་བློ་ཆུང་རིག་པར་བྱ། །ཞེས་གསུངས། ད་ནི་སངས་རྒྱས་བསྟན་པ་མཆོག །ངེས་དོན་ཚད་མ་ཡིན་པར་བཟུང་། །ཡང་ན་དངོས་པོ་སྟོབས་ཞུགས་ཀྱི་རིགས་པས་གྲུབ་པ་ཚད་མར་བཟུང་སྟེ། མིག་མངས་སོགས་བཞི་པོ་དེས་ནའོ། །

བཞི་པ་ནི། གང་ལ་འཕྲོས་ན། བླ་མའི་གསུང་སྒྲོས་ལ་སོགས་པ་ཞེས་པའི་སོགས་སྒྲ་ནས། སྐྱེས་བུ་བརྫུན་མས་བྱས་པའི་མདོ་རྒྱུད་ཚད་མར་གཟུང་བར་མི་བྱ་སྟེ། ཀོ་ཤུ་ཤི་ཀའི་མདོ་དང་དེ་བཞིན་དུ་འཕགས་པ་ཤིག་ཅན་དང་བློ་གྲོས་བཟང་མོ་ཆུང་དུ་དང་སྡོང་པོ་རྒྱན་ལ་སོགས་པ་བོད་ཀྱིས་སྦྱར་བའི་མདོ་སྡེ་ཡིན་ཞིང་། གཞན་ཡང་གསང་སྔགས་གསར་མ་ལ་དབང་བསྐུར་རྒྱལ་པོ་དང་ལམ་ལྷ་བཀོལ་བ་དང་དུས་འབྱུང་དང་ཕྱག་ན་རྡོ་རྗེ་མཁའ་འགྲོ་དང་ར་ལི་ཉི་ཤུ་རྩ་བཞི་དང་གཉིས་མེད་རྣམ་རྒྱལ་སོགས་དང་། རྙིང་མ་པ་ལའང་ཀུན་བྱེད་རྒྱལ་པོ་དང་མདོ་དགོངས་འདུས་དང་ཞི་ཁྲོ་སྒྱུ་འཕྲུལ་དང་ལྷ་མོའི་སྐྱེ་རྒྱུད་དང་པཾ་རིལ་ཐོད་མཁར་ལ་སོགས་པ་བོད་ཀྱིས་སྦྱར་བའི་རྒྱུད་སྡེ་མང་པོ་ཡོད་ཅིང་། སྣང་བརྒྱད་དང་ལས་དགེ་སྡིག་བསྟན་པ་སོགས་རྒྱ་ནག་པས

བྱས་པ་ཡིན་པས་དེ་འདྲའི་རང་བཟོའི་མདོ་རྒྱུད་ལ་མཁས་པས་སངས་རྒྱས་ཀྱི་གསུང་ཡིན་ཞེས་ཡིད་བརྟན་མི་བྱའོ། །

གཙུག་ཏོར་ནག་མོ་དང་བྱ་ཁྱུང་བསམ་ཡས་མ་ལ་སོགས་པ་བོད་ཀྱིས་ལྷ་འདྲེས་སྦྱར་བའང་ཡོད། འཕྲུལ་གྱི་ནད་གདོན་ཞི་བ་ལ་སོགས་པའི་བྱིན་བརླབས་ཅུང་ཟད་འབྱུང་མོད་འོན་ཀྱང་ཚད་མར་གཟུང་བར་མི་བྱའོ། །ལྷ་མོ་གནས་མཁར་དང་ནམ་མཁའ་ལྡིང་གི་རྟོག་པ་ལ་སོགས་པ་མུ་སྟེགས་བྱེད་ཀྱིས་བྱས་པའི་རྒྱུད་ཀྱང་ཡོད་དོ། །དེ་དག་ལ་ཅུང་ཟད་ཙམ་བདེན་པ་ཡོད་མོད་ཀྱི་དེ་ལ་ཡིད་ཆེས་པའི་ལུང་དུ་བྱར་མི་རུང་སྟེ། དེ་ཡི་འཐད་པ་རྒྱུད་བླ་མ་བཀའ་ཐམ་མར་མགོན་པོ་འགྲོ་བ་ལ་བྱམས་པས་འདི་སྐད་གསུངས། མ་རིག་ལྡོངས་པའི་མུ་སྟེགས་ལ་འང་། །ཕྲིན་བུའི་ཡི་གེ་འདྲ་བ་ཡི། །ཅུང་ཟད་བདེན་པ་ཡོད་མོད་ཀྱི། །འོན་ཀྱང་ཡིད་རྟོན་མི་བྱ་གསུང་ཚིགས་བཅད་འདི་བསྟན་བཅོས་རྒྱུད་བླ་རྩ་འགྲེལ་གང་ནའང་མི་སྣང་ཞིང་ཊཱིཀྐ་རྙིང་པ་ཁ་ཅིག་ན། དེ་ཡང་དྲང་སྲོང་བཀའ་བཞིན་སྨྲི་བོས་བླང་། །ཞེས་པའི་མཇུག་ན་ཡོད་ཟེར་ཡང་ཇི་ལྟ་བ་བཞིན་མི་འདུག་པས། མདོའི་དོན་ཆོས་རྗེ་ས་པཎ་ཉིད་ཀྱིས་གཞུང་དུ་མཛད་པར་མངོན་ནོ། །

མྱང་འདས་ཀྱི་མདོ་ལྷའི་ཟླ་བས་བསྒྱུར་བ་ལས། དཔེར་ན་ཤིང་ངམ་རྩིགས་པ་ལ་སྲིན་བུས་བཀྲོས་ཏེ་ཡི་གེའི་འབྲུ་འདྲ་བར་གྱུར་པ་མཐོང་ཡང་མཁས་པ་རྣམས་ཀྱིས་སྲིན་བུས་ཡི་གེ་ཤེས་སོ་ཞེས་བརྗོད་པར་མི་བགྱི་ཞེས་པ་དང་། མུ་སྟེགས་པ་རྣམས་ཀྱིས།བདག་བསྟན་པ་ནི་སྲིན་བུས་བཀྲོས་པའི་ཡི་གེ་དང་འདྲ་སྟེ། དེའི་ཕྱིར་ང་སེམས་ཅན་ཐམས་ཅད་ལ་བདག་མེད་དོ་ཞེས་བསྟན་པ་སྟོན་པར་མཛད་དེ། བདག་མེད་པ་ནི་སངས་རྒྱས་ཀྱི་ཚིག་ཡིན་ནོ་ཞེས་གསུངས། དེ་ཡང་བཀའ་ཐམ་ལ་རྒྱུད་བླ་མའི་ཐ་སྙད་མཛད་པ་ཡང་། རྒྱུད་བླ་ལས། སྤྲིན་དང་རྨི་ལམ་སྒྱུ་བཞིན་དེ་དང་དེར། །ཤེས་བྱ་ཐམས་ཅད་རྣམ་ཀུན་སྟོང་པ་ཞེས། །གསུངས་ནས་ཡང་འདིར་རྒྱལ་རྣམས་སེམས་ཅན་ལ། །སངས་རྒྱས་སྙིང་པོ་ཡོད་ཅེས་ཅི་སྟེ་གསུང་། །ཞེས་པའི་ལན་དུ། སྔར་ནི་དེ་ལྟར་རྣམ་གཞག་ནས། །སླར་ཡང་བླ་མའི་རྒྱུད་འདིར་ནི། །ཉེས་པ་ལྔ་དག་སྤང་བའི་ཕྱིར། །ཁམས་ཡོད་ཉིད་ཅེས་བསྟན་པ་ཡིན། །ཞེས་སོ། །ཚུལ་འདི་ནི་སློབ་དཔོན་སྔ་མ་དག་གིས་ལེགས་པར་མ་ཕྱེ་མོད་ཁོ་བོས་ནི་ལེགས་པར་བཤད་པ་ཡིན་ནོ། །

ཁ་ཅིག་སངས་རྒྱས་ལ་མགོན་པོ་བྱམས་པ་ཞེས་གསུངས་པས་མ་ཐོབ་ཞེ་ན། དེ་ནི་སྟེ་སྣོད་ལ་འདྲིས་ཆུང་བར་ཟད་དེ། འདུལ་བ་ལུང་ལས། མགོན་པོ་བྱམས་པ་ཁྱོད་ཀྱིས་ནི། །བདག་ནི་ཚོང་པ་རྙེད་ལྡན་ལྟར། །མཐོ་རིས་རྙེད་པས་སྲིད་པ་ཡི། །ལོངས་སྤྱོད་དག་ནི་རྙེད་པར་མཛད། །ཅེས་གསུངས། འདི་སྐབས་གང་ན་ཡོད་རྟམ་

ན༑ ཐུབ་པས་ཡབ་ལ་ཡོན་བསྔོ་བ་མཛད་པ། སྦྱིན་པའི་བསོད་ནམས་གང་ཡིན་འདིས། །ཤཱཀྱ་རྣམས་ཀྱི་བསམ་པ་ཡི། །ཡིད་ལ་རེ་བ་རྫོགས་ནས་ནི། །རྟག་པའི་གནས་ནི་ཐོབ་པར་ཤོག །ཅེས་གསུངས་པའི་གོང་ན་ཡོད་དོ། །

གསུམ་པ་ནི། རིང་བསྲེལ་དང་ནི་ཐུགས་དང་ལྷུགས་དང་སྐུ་གཟུགས་དང་སྤྱན་ལ་སོགས་པ་རྡུལ་པ་དང་ཤ་ལས་འབྱུང་བའི་རྒྱུ་མཚན་ཅུང་ཟད་དཔྱད་པར་བྱའོ། །ཉན་ཐོས་རང་སངས་རྒྱས་ཐེག་ཆེན་འཕགས་པ་གསུམ་གྱི་རིང་བསྲེལ་ནི་ནང་གི་ཡོན་ཏན་གྱི་སྟོབས་ཀྱིས་འབྱུང་བ་སྟེ། ལུས་ཅན་རྣམས་ཀྱི་བསོད་ནམས་གསོག་པའི་རྟེན་དུ་གྱུར་པས་རིན་པོ་ཆེའི་འབྱུང་ཁུངས་ལས་བྱུང་བའི་རིན་ཆེན་དང་འདྲ་བར་ཡིད་ཆེས་པའི་གནས་ཡིན་ནོ། །རིང་བསྲེལ་ལ་ལ་གདོན་གྱིས་གཞན་བསླུ་བའི་ཕྱིར་བྱེད་པའང་ཡོད། ལ་ལ་ས་ཆུ་མེ་རླུང་གི་འབྱུང་བ་བཞི་པོ་རྡུལ་པའི་ནང་དུ་འཁྲིམས་པའི་སྟོབས་ལས་འབྱུང་ཞིང་། རིང་བསྲེལ་ཁ་ཅིག་བསྟན་པ་ལ་དགའ་བའི་ལྷས་ཤེ་བ་དེ་ལ་གཞན་དད་པར་བྱ་བའི་ཕྱིར་སྤྲུལ་པའང་སྲིད་དོ། །དེང་སང་རིང་བསྲེལ་ཕལ་ཆེ་བ་ཉའི་མིག་དང་ཆུ་ཚན་ཁའི་རྗེའུ་དང་རྡུལ་པ་ལ་བལ་པོ་སོགས་བཙུན་མས་བྱས་པའི་རིང་བསྲེལ་ཡིན་པ་དེས་ན་རིང་བསྲེལ་གྱི་རྣམ་དབྱེ་མཁས་པས་དཔྱད་དགོས་ལ། སྔོན་གྱི་འཕགས་པ་གསུམ་ལ་རིང་བསྲེལ་འབྱུང་མོད་འོན་ཀྱང་སྔོན་ཐུགས་དང་ལྷུགས་དང་སྐུ་གཟུགས་དང་སྤྱན་ལ་སོགས་པ་མ་ཚོགས་པར་རྡུལ་པ་བསྲེགས་ནས་ཀྱང་འབྱུང་བ་ཆོས་སྡེ་སྡོད་གསུམ་དང་རྒྱུད་སྡེ་བཞི་ནས་གསུངས་པ་མེད་ལ། འོན་ཀྱང་དེང་སང་རོ་བསྲེགས་ནས་ཀྱང་སྤྱན་སོགས་མ་ཚོགས་པ་དེ་འདྲ་འབྱུང་བ་ཀུན་ཕལ་ཆེར་བཙུན་མས་བྱས་པ་ཡིན། གལ་ཏེ་དེ་འདྲ་བདེན་པ་ཡིན་ན་ཡང་བཟང་ངན་གཉིས་ཀ་ལུང་བསྟན་པ་དཀའ་སྟེ། བཟང་ངན་གཉིས་ཀར་སྒྲུབ་པའི་ལུང་རིགས་གཉིས་ཀ་མེད་པའི་ཕྱིར། འོན་དཀོན་བརྩེགས་ཀྱི། ཡབ་སྲས་མཇལ་བའི་ཕྲེང་ལྷན་གླང་པོ་ཆེ་ལུང་བསྟན་པ་ལས། གྲགས་པ་མ་སྨད་དེ་དག་གི། །རིང་བསྲེལ་དག་ཀྱང་རྒྱས་པར་འགྱུར། །དེ་དག་རྣམས་ཀྱི་རིང་བསྲེལ་ལའང་། །རྒྱལ་བའི་སྐུ་ལྔ་འབྱུང་བར་འགྱུར། །ཞེས་པ་དང་འགལ་ལོ་ཞེ་ན། །དེ་ནི་མ་འོངས་པ་ན་རིང་བསྲེལ་ལ་བརྟེན་པའི་སྐུ་གཟུགས་བཞེངས་པ་འབྱུང་བ་ལ་དགོངས་པ་ཡིན་པས་སྐྱོན་མེད་དོ། །

གང་ལ་འཕྲོས་ན། སྐུ་གཟུགས་ལ་སོགས་པའི་སོགས་སྒྲ་ནས་འདི་འབྱུང་སྟེ། ཉི་མ་དྲུ་མ་ཤར་བ་དང་། །མཁའ་ལ་སྦྲ་ཁ་དོད་པ་དང་། །མཚན་མོ་འཇའ་ཚོན་བྱུང་བ་དང་། །ལུས་ལ་འོད་ཟེར་འཕྲོ་བ་དང་། །གློ་བུར་ལྷ་འདྲེ་མཐོང་བ་དང་། །གསོན་པོའི་ལུས་ལ་བརྙན་མེད་པར། །རིང་བསྲེལ་འཛག་པ་ལ་སོགས་པ། །བླུན་པོས་བཟང་རྟགས་སུ་བྱེད་མོད་ཀྱི་མཁས་པས་འདི་འདྲ་མཐོང་གྱུར་ན་བར་ཆད་རྟགས་སུ་ཤེས་པར་གྱིས་ཏེ་གོ་དགོས་སོ། །རིང་བསྲེལ་འཛག་པ་ལ་སོགས་པའི་སོགས་སྒྲ་ནས། སྐུ་གཟུགས་མཆི་མ་འཛག་པ་དང་། །དེ་བཞིན་གོམ་པས་འགྲོ་

བ་དང་། །གར་བྱེད་པ་དང་སྐད་འབྱིན་དང་། ཁྲག་གི་ཆར་བ་འབབ་པ་དང་། །ས་འོག་པོང་བུའི་སྒྲ་སྒྲོགས་དང་། །དུད་འགྲོ་མི་སྐད་སྨྲ་བ་སོགས། །ལྟུན་པོ་ངོ་མཚར་སྐྱེ་མོད་ཀྱི། །མཁས་པས་འདི་འདྲ་མཐོང་གྱུར་ན། །ཡུལ་དེ་ར་དགྲ་བོ་གཞན་དག་འཇུག །ཡང་ན་ལྟས་ངན་གཞན་དག་འབྱུང་། །འདི་འདྲའི་རིགས་ཅན་མཐོང་ན་ཡང་། །མཁས་པ་རྣམས་ལ་ལེགས་པར་དྲིས་ནས་རྣམ་དབྱེ་དཔྱད་དགོས་པའི་ཕྱིར། དེ་ཡང་མིག་བཅུ་གཉིས་པ་ཞེས་བྱ་བའི་མདོ་ལས། གཙུག་ལག་ཁང་གི་སྐུ་གཟུགས་འཕོས་སམ་སྨྱུན་ནས་མཆི་མ་བྱུང་ན་ཡུལ་ཁམས་དེའི་མི་དཔའ་བོ་གཅེས་པ་བུད་མེད་དང་བཅས་པ་ཡུལ་ཕྱུང་བར་འགྱུར་ཞེས་པ་དང་། བུད་མེད་ལས་སྐྱེ་ནུབ་པ་དང་སོ་སྐྱེ་བ་བྱུང་ན་ཡུལ་ཁམས་དགོན་པར་འགྱུར་ཏེ་མི་ཐམས་ཅད་ཀྱང་ཕྱོགས་གཞན་དུ་འགྲོ་བར་འགྱུར་ཞེས་པ་དང་། འཇིག་རྟེན་པའི་ལྷ་མཆོད་པའི་ཚེ་ལྷ་སྐྱུའམ་འཇུམ་ན་རྒྱལ་པོ་ལ་བགེགས་དང་གནོད་པ་འབྱུང་ཞེས་པ་དང་། ཐུབ་པ་ཆེན་པོ་དྲང་སྲོང་གར་ལྒས་ལྟས་ཀྱི་རྣམ་པ་བསྟན་པ་ཞེས་བྱ་བའི་གཙུག་ལག་ལས། གང་དག་ཏུ་མཚན་མོ་འཇའ་ནམ་མཁའ་ལ་མངོན་པ་བྱུང་ན་དེ་ནི་དགེ་བ་མ་ཡིན་ཏེ། ཕ་རོལ་གྱི་དམག་ཚོགས་འོང་བ་དང་ཡུལ་འཁྲུག་ཅིང་རྒྱལ་པོ་འཆི་བ་དང་ཡང་ན་རྒྱལ་པོ་རྨ་འབབ་པ་ལ་སོགས་པར་སྟོན་པས་ན། དབང་པོ་མཆོད་པདེ་ལེགས་སུ་འགྱུར་བའི་ཆོག་བྱས་ནས་ཡུལ་དེ་ནས་གཞན་དུ་འགྲོ་བར་བྱའོ་ཞེས་པ་དང་། གང་གི་ཚེ་སྐར་མདའ་ཆར་པ་འབབ་པ་དང་ཁྲག་གི་ཆར་བ་དང་མར་དང་འབྲུ་མར་དང་ཞག་གི་ཆར་པ་བབ་ན་རྒྱལ་པོ་དང་བཅས་པའི་གྲོང་ཁྱེར་འཇིག་པར་འགྱུར་རོ་ཞེས་པ་དང་།

ཡང་ས་གཡོ་བ་གནམ་གྲུམ་པ་དང་བཅས་པར་འབྱུང་བ་དེའི་ཚེ་ནི་ངེས་པར་རྒྱལ་པོ་འཆི་བར་འགྱུར་རོ་ཞེས་པ་དང་། ཡང་གང་གི་ཚེ་མཆོད་སྦྱིན་གྱི་ཤིང་དང་ལྷ་རྟེན་བྱས་པ་དང་ཀ་བ་དང་གཟུགས་ལ་སོགས་པ་ཤིང་སྐམ་པོ་དག་ལས་ལོ་མར་སྐྱེ་བར་སྟོན་པ་ནི་རྒྱལ་པོ་འཆི་བའི་ལྟས་དང་དེ་བཞིན་དུ་སྐྱེ་བོ་དག་འཁྲུག་པའི་ལྟས་སུ་བསྟན་ཏོ་ཞེས་པ་དང་། གང་གི་ཚེ་ཕྱོགས་ཐམས་ཅད་དུ་ཉིན་མོའམ་མཚན་མོ་ཡང་རུང་སྟེ། ནགས་ཀྱི་མི་སྣང་བར་གྱུར་པ་དེར་ནི་ལོ་ཉེས་པ་དང་སྐྱེ་བོ་ངེས་པར་འགྱུར་རོ་ཞེས་པ་དང་། གལ་ཏེ་དགུན་དྲོ་བར་གྱུར་ལ་དཔྱིད་ནི་གྲང་བར་གྱུར་ན་ལུས་ཅན་རྣམས་ཀྱིས་ཉེས་པ་དང་འཆི་བར་འགྱུར་རོ་ཞེས་པ་དང་། གང་དུ་ཁྱི་རྣམས་འདུས་ཏེ་ཁ་གྱེན་དུ་བལྟས་ནས་ཡང་དང་ཡང་དུ་ངུ་བར་བྱེད་པ་ནི་ཡུལ་འཕོ་བར་བྱེད་པར་འགྱུར་རོ་ཞེས་པ་དང་། དེ་བཞིན་དུ་མི་དང་རྟ་དང་ཛ་མོ་དང་པོང་བུའི་རིགས་དང་བ་ལང་མོ་དང་བྱ་དང་རི་དྭགས་རྣམས་དང་ཁྱི་དང་བྱི་བ་དང་སྤྲུལ་དག་དང་སྲོག་ཆགས་ཕྲ་མོ་གཞན་དག་གི་ཡང་མངལ་ཕྱིན་ཅི་ལོག་ཏུ་གྱུར་པ་དེ་ར་ན་ཡུལ་རྣམས་འཁྲུག་པ་དང་རྒྱལ་པོ་ཡང་འཆི་བར་འགྱུར་རོ། །ཡང་གང་དུ་བྱ་དང་རི་དྭགས་ཀྱི་རིགས་རྣམས་དང་ཁྱུང་

ན་ཉལ་བ་རྣམས་ལོག་པར་འཁྲིག་པ་དང་ལྡན་པར་སྨྲ་བ་དེ་ར་ནི་རྒྱལ་པོ་འཆི་བར་འགྱུར་རོ། །བྱ་རོག་གི་གཤོག་པ་དཀར་པོ་མཐོང་ན་མི་དགེ་བ་ཡིན་ཏེ། ཡུལ་དེ་ནས་འགྲོ་བར་བྱའོ། །དེ་བཞིན་དུ་བྱ་ཐོད་ལ་སོགས་པའི་གཤོག་པ་ལྷུང་བར་མཐོང་བ་དང་ཕ་དངལ་མི་སོས་པར་བརྒྱལ་བར་གྱུར་པ་དེ་ར་ནི་ཡུལ་གྱི་བདག་པོ་དང་རྒྱལ་པོ་དག་འཆི་བའི་ལྟས་སུ་བསྟན་ཏོ་ཞེས་པ་དང་། གལ་ཏེ་གང་དུ་འཇིག་རྟེན་པའི་ལྷའི་གཟུགས་གར་བྱེད་པ་དང་རབ་ཏུ་གཡོ་བར་གྱུར་པ་དང་སྨྲ་བར་གྱུར་པ་དང་མིག་མཆི་མས་གང་བ་དང་རྡུལ་བར་གྱུར་པ་དང་གས་པར་གྱུར་པ་དང་དུམ་བུར་གྱུར་པ་དང་ཐམས་ཅད་ཞིག་པར་འགྱུར་བ་ལ་སོགས་པས་ནི་འཇིགས་པ་རྣམ་པ་དུ་མ་འབྱུང་བར་རིག་པར་བྱའོ་དེ་ལ་ཡང་གར་གྱིས་ནི་དམག་མང་པོ་འབྱུང་ངོ་ཞེས་པ་དང་། གོམ་པ་འདོར་བས་ནི་ཡུལ་བོར་ཏེ་འགྲོ་བར་འགྱུར་ཞེས་གསུངས། ཨཪྻ་བྷ་ཀ་ར་རྣའི་ནང་ནས་འབྱུང་བ་གཟའ་དང་རྒྱུ་སྐར་གྱི་རང་བཞིན་བཤད་པ་ལས། མཚན་མོ་ཤར་ཕྱོགས་སུ་འཛའ་ཟུག་ན་རྒྱལ་པོ་ལ་གནོད་དོ། །ནུབ་ཕྱོགས་སུ་མཚན་མོ་འཛའ་ཟུག་ན་མིའི་གཙོ་བོ་ལ་གནོད་དོ། །ཆར་འབབ་པའི་ཚེ་འཛའ་ཟུག་ན་ཆར་འཆད་དོ། །ཆར་མི་འབབ་པའི་ཚེ་འཛའ་ཟུག་ན་ཆར་འབབ་བོ། །ཤར་ཕྱོགས་སུ་འཛའ་ཟུག་ན་ཆར་འབབ་བོ་ཞེས་བཤད།

གཉིས་པ་ལ། ནོར་བ་ལ་མ་ནོར་བར་རྟོག་པ་དགག །མ་ནོར་བ་ལ་ནོར་བར་རྟོག་པ་དགག་པ་དང་གཉིས་ལས། དང་པོ་ལ། བོད་སྐད་ལ་བཤད་པ་ནོར་བའི་ཚུལ། རྒྱ་སྐད་ལ་བསྒྱུར་བ་ནོར་བའི་ཚུལ་དང་གཉིས་ལས། དང་པོ་ནི། སྔར་གྱི་ཕྱོགས་སྔ་དེ་དག་དོན་ལ་འཁྲུལ་པ་ཡི་རྣམ་པར་དབྱེ་བ་མདོ་ཙམ་ཡིན། དེ་ནས་ཚིག་ལ་འཁྲུལ་པ་ཡི་རྣམ་དབྱེ་ཅུང་ཟད་བཤད་ཀྱིས་ཉོན། ཚིག་ལ་འཁྲུལ་པ་ཡོད་དེ། བཅོམ་ལྡན་འདས་ཀྱི་བཤད་པ་ལ་བདུད་བཞི་བཅོམ་དབང་ཕྱུག་སོགས་སྐལ་བ་དྲུག་ལྡན་འཆད་པ་དང་། གླིགས་བམ་གྱི་ནི་བཤད་པ་ལ་བམ་པོ་གླིགས་ཤིང་བར་དུ་གླིགས་ཐག་གིས་བཅིངས་པ་འཆད་པ་དང་། ཕྱག་རྒྱ་ཆེན་པོའི་བཤད་པ་ལ་ལག་པའི་སྦྲ་དོན་འཆད་པ་དང་། ཡེ་ཤེས་ཀྱི་ནི་བཤད་པ་ལ། །གདོད་མའི་ཤེས་པར་འཆད་པ་དང་། །རྣལ་འབྱོར་འཆད་ལ་སེམས་རྣལ་མ། །རིག་པ་འབྱོར་ཞེས་འཆད་པ་དང་། །རྒྱལ་མཚན་རྩེ་མོའི་དཔུང་རྒྱན་ལ། །དམག་གི་དཔུང་དུ་འཆད་པ་དང་། །གཏུམ་མོའི་སྒྲ་བཤད་བདག་འཛིན་གསོད་པའི་ཤན་པར་འཆད་དགོས་པ་ལ། རྣམ་རྟོག་གིས་ཆོས་ཉིད་བཏུམས་པར་འཆད་པ་དང་། གླུ་ཡི་སྒྲ་བཤད་བྱེད་པ་ལ། །སེམས་ཅན་བསླུ་བར་འཆད་པ་དང་། །ཕྱུར་མ་རི་རབ་མཉམ་པ་ལ། །དྲི་རབ་མཉམ་པར་འཆད་པ་དང་། །འཆད་ལུགས་ནོར་བ་དུ་མ་ཡོད་པའི་ཕྱིར། །

གཉིས་པ་ནི། གཞན་ཡང་ཚིག་ལ་འཁྲུལ་པ་ཡོད་དེ། ཤཱཀྱའི་བུ་མོ་གོ་པཱའི་སྒྲ། །གོ་ནི་ངག་ཕྱོགས་ས

དང་འོད་ཟེར་སོགས་དོན་དགུ་ལ་འཇུག་ཀྱང་འདིར་ས་ཡིན་ལ། པུའི་སྒྲ་འཚོ་བའམ་སྐྱོང་བ་སོགས་ལ་འཇུག །དེས་ན་བོད་སྐད་ས་འཚོ་ཡིན། །དེ་ལ་གོ་པུའི་སྒྲ་བཤད་ནི། །རྟོགས་པའི་དོན་དུ་འཆད་པ་དང་། །རྒྱ་སྐད་རཏྣ་ཀེ་ཏུ་ལ། །ཀེ་ཏུའི་སྒྲ་ནི་དཔལ་དང་ཏོག །གཟའ་དུ་བ་མཇུག་རིངས་དང་རྒྱལ་མཚན་སོགས་ལ་འཇུག སྐད་སྙིང་རྣམས་ལ་དཔལ་དུ་ཡོད། །གསར་བཅད་མན་ཆད་ཏོག་ཏུ་བསྒྱུར། །དེས་ན་འབུམ་ལས་བྱང་ཆུབ་སེམས་དཔའ་རིན་ཆེན་དཔལ་གྱི་བསླབ་པ་ལ་བསླབ་པར་བྱའོ་ཞེས་པ་ལ། གསར་བཅད་ཀྱིས་ནི་ཞུས་པ་ཡིས། །བརྒྱད་སྟོང་པ་ལས་རིན་ཆེན་ཏོག །ཅེས་བྱར་བསྒྱུར་བ་མི་ཤེས་པ་དང་། འབྲི་ཁྱུང་པ་ཁ་ཅིག་རིན་ཆེན་དཔལ་དུ་འཆད་པ་དང་། པོ་ཏ་ལ་ཞེས་བྱ་བའི་སྒྲ། །བོད་སྐད་དུ་གྲུ་འཛིན་ཡིན། །རི་བོ་གྲུ་འཛིན་ཞེས་བྱ་བར། །བསྒྱུར་ན་བོད་ལ་འཕྲད་མོད་ཀྱི། །ལ་ལས་རྒྱ་སྐད་སོར་བཞག་ནས། །པོ་ཏ་ལ་ཡི་རི་ཞེས་བསྒྱུར། །དེ་ལ་སྒྲ་བསྒྱུར་ལ་ལ་ཡིས། །རི་སྒྲ་གོང་དུ་ཕྱུང་ནས་ནི། །རི་བོ་ཏ་ལ་ཞེས་བྱར་བསྒྱུར། །དེ་དོན་མ་རྟོགས་པའི་དོན་ཞུགས་པ་རྣམས་ཀྱིས་རི་བོ་ཏ་ལར་འཆད་པ་འཁྲུལ། འཁོར་གསུམ་ཡོངས་དག་ཅེས་བྱ་བ། །རྒྱ་སྐད་དུ་ནི་ཏྲི་མཎྜལ། །པ་རི་ཤུདྡྷ་ཞེས་བྱར་ཡོད། ཏྲི་ནི་གསུམ་ཡིན་མཎྜལ། །ཞེས་བྱ་བོད་སྐད་དཀྱིལ་འཁོར་ཡིན། །པ་རི་ཤུདྡྷ་ཡོངས་དག་པ། །དྲང་པོར་བསྒྱུར་ན་དཀྱིལ་འཁོར་གསུམ། །ཡོངས་སུ་དག་པ་ཞེས་བྱར་འགྱུར། །མཁས་པ་རྣམས་ཀྱི་སྒྲ་བསྡུས་ནས། །འཁོར་གསུམ་ཡོངས་དག་ཅེས་བྱར་བསྒྱུར། །དེ་ཡི་སྒྲ་དོན་མི་ཤེས་པར། །འཁོར་གསུམ་གཡོག་ཏུ་འཆད་པ་འཁྲུལ། །རྒྱ་སྐད་ལཀྵ་པུ་རི་ལ། །པུ་རིའི་སྒྲ་ནི་གྲོང་ཁྱེར་ཡིན། །བོད་སྐད་ལ་ལང་ཀའི་གྲོང་ཁྱེར་ཡིན་ཏེ། ལྷོ་ཕྱོགས་རྒྱ་མཚོའི་གླིང་ན་ཡོད་པར་ལང་ཀར་གཤེགས་པའི་མདོ་ནས་གསུངས་ལ། འོན་ཀྱང་རྒྱ་སྐད་མ་ཤེས་པར། །པུ་ཧྲངས་སུ་ནི་འཆད་པ་དང་། །རྒྱ་སྐད་བི་མ་ལ་མི་ཏྲ། །བོད་སྐད་དྲི་མེད་བཤེས་གཉེན་ཡིན། །དེ་ཡི་སྒྲ་དོན་མི་ཤེས་པར། །སྙིང་མ་པ་ཁ་ཅིག །བྲི་མའི་ལ་དང་མུ་ཏྲའི་སྒྲ། །ཕྱག་རྒྱ་ཡིན་པར་འཆད་པ་དང་། །རྒྱ་སྐད་ནཱ་རོ་ཏ་ཡི་སྒྲ། །བྲམ་ཟེའི་རིགས་ཀྱི་བྱེ་བྲག་ཡིན། །དེ་ཡི་རྒྱུ་མཚན་མི་ཤེས་པར། །ཕྱག་རྒྱ་པ་ཁ་ཅིག །དགའ་བ་སྤྱོད་པས་ཨ་ན་ན། །རོ་རུ་སོང་ཞེས་འཆད་པ་དང་། །ཧེ་ལོ་ཞེས་བྱ་ཧེ་ལ་བཏུང་ཡིན། །དེ་ལ་ཧེ་ལོར་འཆད་པ་དང་། །རྒྱ་སྐད་ལུ་ཧི་ཞེས་བྱ་བ། །བོད་སྐད་ཉ་ཡི་རྒྱུ་ལྟོ་ཡིན། །དེ་ཡི་སྒྲ་དོན་མི་ཤེས་པར། །མར་པ་དོ་པ་གླུ་ཡི་བ་རུ་འཆད་པ་དང་། རྒྱ་སྐད་ཨིནྡྲ་བྷཱུ་ཏི་ནི། །བོད་སྐད་འབྱུང་པོའི་དབང་པོ་ཡིན། །ཕག་གྲུ་པ་དེ་ཡི་སྒྲ་དོན་མི་ཤེས་པར། །བརྒྱ་བྱིན་བྱང་ཆུབ་ཏུ་འཆད་པ་དང་། །རྒྱ་སྐད་ཨ་བ་དྷཱུ་ཏིའི་སྒྲ། །གཉིས་སྤངས་སམ་ནི་ཀུན་འདར་ཡིན། །དེ་ལ་འདོད་སྐྱེར་འཆད་པ་དང་། །རྒྱ་སྐད་དོ་ཧ་ཞེས་བྱ་བ། །བོད་སྐད་ལྷུག་པའམ་མ་བཅོས་པ། །ཞེས་བྱའི་དོན་ལ་འཇུག་མོད་ཀྱི། །དེ་ཡི་རྒྱུ་མཚན་མི་ཤེས་པར། །དོ་ནི་གཉིས

ཡིན་ཏ་དགོད་པ། །གཉིས་ལ་དགོད་པར་འཆད་པ་དང་། །རྒྱ་སྐད་ཛ་བ་ཞེས་བྱ་བ། །མེ་ཏོག་དམར་པོ་ཞིག་ལ་འཇུག །དེ་ཡི་བརྡ་དོན་མི་ཤེས་པར། །བྱམས་པའི་མཛའ་བར་འཆད་པ་སོགས། །བླུན་པོ་རྣམས་ལ་ལེགས་ལེགས་འདྲ། །མཁས་པས་མཐོང་ན་བཞད་གད་ཀྱི་གནས་ཡིན་པའི་ཕྱིར།

རྒྱུ་མཚན་ཅིའི་ཕྱིར་ཞེ་ན། སཾསྐྲྀ་ཏ་ཡི་སྒྲ་དོན་ལ། །བཤད་དུ་མི་རུང་ཉིད་ཕྱིར་དང་། །རྒྱ་སྐད་ཡིན་པ་མ་ཤེས་པར། །རྒྱ་སྐད་ལ་བོད་སྐད་ཡིན་པར་བཤད་པའི་ཕྱིར་རོ། །དེས་ན་དེ་འདྲའི་བཤད་པ་ཚིག་ལ་འཁྲུལ་པ་ཀུན་ཆོས་ཅན། མཁས་པ་རྣམས་ཀྱིས་དོར་བར་བྱ་སྟེ། བོད་ཀྱི་བླུན་པོས་སྦྱར་བས་ནའོ། །

གཉིས་པ་ནི། བཤད་པ་མ་འཁྲུལ་བའི་ཆ་འདི་འདྲ་ཡོད་དེ། དེ་བཞིན་གཤེགས་པའི་བཤད་པ་ནི། །དེ་ཉིད་རྟོགས་པར་འཆད་པ་དང་། །དགྲ་བཅོམ་སྒྲ་དོན་མཆོད་འོས་དང་། །རྒྱལ་པོའི་བཤད་པ་གསལ་བ་དང་། །བཟོད་པའི་བཤད་པ་མི་འབྱེད་དང་། །ཕུང་པོ་ཕྲུག་པར་འཆད་པ་དང་། ཁམས་ལ་དབྱིངས་སུ་འཆད་པ་དང་། །བཅོམ་པ་སྐལ་བར་འཆད་པ་དང་། །སྤྱོད་དཀའ་ཐུབ་དཀར་འཆད་པ་དང་། །བག་ཆགས་གནས་སུ་འཆད་པ་དང་། །ཤཱཀྱ་ཕོད་པར་འཆད་པ་སོགས་ཆོས་ཅན། མཁས་པས་བླང་བར་བྱ་སྟེ། བོད་ལ་ཅུང་ཟད་མི་བདེ་ཡང་ལེགས་པར་སྦྱར་བའི་སྒྲ་དག་ལ་ཤིན་ཏུ་འཐད་པའི་ཕྱིར།

གསུམ་པ་ལ་གཉིས། སྔོན་མཁས་པས་བསྟན་པ་ལུང་ཆོས་ལ་བྱི་དོར་བྱས་པའི་ཚུལ། རྗེས་འཇུག་མཁས་པས་དེའི་རྗེས་སུ་བསླབ་པར་རིགས་པའོ། །དང་པོ་ལ། རྒྱ་གར་དུ་བསྟན་པ་ལུང་ཆོས་ལ་འཕེལ་འགྲིབ་བྱུང་བའི་ཚུལ། བོད་དུ་བསྟན་པ་ལུང་ཆོས་ལ་འཕེལ་འགྲིབ་བྱུང་བའི་ཚུལ་དང་གཉིས་ལས། དང་པོ་ལ། ཉན་ཐོས་པ་ལྟར་ན་བཀའ་བསྡུ་བྱས་པའི་ཚུལ། ཐེག་ཆེན་པ་ལྟར་ན་དམ་ཆོས་ལ་འཕེལ་འགྲིབ་བྱུང་བའི་ཚུལ་དང་གཉིས་ལས། དང་པོ་ལ། སྤྱི་གཞུང་གཉིས། དང་པོ་ལ། རིམ་པ་གསུམ་ལས། བསྡུ་བ་དང་པོ་ནི། མདོ་ལྟར་ན་ས་ག་ཟླ་བའི་ཚེས་བཅོ་ལྔ་འམ། བསྟན་བཅོས་ལྟར་ན་སྨིན་དྲུག་ཟླ་བའི་ཚེས་བརྒྱད་ལ་སྟོན་པ་མྱ་ངན་ལས་འདས་པའི་དབྱར་དེའམ་ལོ་ཕྱི་མ་དེའི་དབྱར་ནང་དུ་བསྡུས། དེ་ཡང་དཔྱིད་ཟླ་འབྲིང་པོ་ལ་ཡོངས་སུ་མྱ་ངན་ལས་འདའོ་ཞེས་པ་དང་། རིགས་ཀྱི་བུ་ཧི་ལྟར་ཆོས་བཅོ་ལྔ་ལ་ཟླ་བ་སྐྱེད་གྲི་མེད་པ་ལྟར་སངས་རྒྱས་བཅོམ་ལྡན་འདས་ཀྱང་དེ་དང་འདྲ་སྟེ་ཡོངས་སུ་མྱ་ངན་ལས་འདས་པ་ལ་སྐྱེད་གྲི་མེད་དོ། །དེ་ལྟ་བས་ན་ཆོས་བཅོ་ལྔ་ལ་ཡོངས་སུ་མྱ་ངན་ལས་འདའོ་ཞེས་མདོ་མྱ་འདས་ལས་གསུངས། དེ་ཡང་ཤཱ་རིའི་བུ་འཁོར་བརྒྱད་ཁྲི་མོའུ་གལ་གྱི་བུ་འཁོར་བདུན་ཁྲི་སྟོན་པ་འཁོར་དགེ་སློང་ཁྲི་བརྒྱད་སྟོང་དང་བཅས་པ་འདས་པས་ཚེ་བསྐལ་པ་མང་པོ་ཐུབ་པའི་ལྷ་རྣམས་སྟོན་པའི་གསུང་རབ་ནི་དུད་པ་ཙམ་དུ་གྱུར་ཏེ། དགེ་སློང་དབང་ཡོད་པ་དག་ཀྱང་འདས

པས་སྡེ་སྣོད་གསུམ་མི་སྒྲོགས་སོ་ཞེས་འབྱུ་བ་བསལ་བའི་ཕྱིར། འོད་སྲུང་ཆེན་པོས་དགེ་སློང་བསྡུ་བའི་ཕྱིར་གང་པོ་ལ་དགེ་སློང་བསྡུས་ཤིག་ཅེས་བརྗོད་དོ། །གང་པོས་རབ་མཐའི་བསམ་གཏན་ལ་ཞུགས་ཏེ་བལྟས་ནས་གཉེ་བཏྲངས་པས་བ་ལང་བདག་མ་གཏོགས་པ་འདུས་སོ། །གང་པོ་བ་ལང་བདག་འབོད་པར་བསྒོ་བས་རྫུ་འཕྲུལ་གྱིས་ཤི་རི་ཤ་ཀའི་གཞལ་མེད་ཁང་ན་བ་ལང་བདག་གནས་པར་སོང་ནས་ཕྱག་བྱས་ཏེ་འདི་སྐད་ཅེས། འོད་སྲུང་ལ་སོགས་པའི་དགེ་སློང་གི་དགེ་འདུན་རྣམས་ཚེ་དང་ལྡན་པ་བ་ལང་བདག་ནད་མེད་པར་གྱུར་ཅིག །དགེ་འདུན་གྱི་བྱ་བ་ཅུང་ཟད་ཡོད་ཀྱིས་མྱུར་དུ་པོས་ཤིག་ཅེས་ཟེར་རོ་ཞེས་སྨྲས་པ་དང་། དེ་འདོད་ཆགས་དང་བྲལ་བ་ཡིན་ཡང་བྱམས་པའི་བག་ཆགས་ཀྱིས་བགོས་པས། ཚེ་དང་ལྡན་པ་གང་པོ་བཅོམ་ལྡན་འདས་གདུལ་བྱའི་དོན་དུ་འཇིག་རྟེན་གཞན་དུ་མ་གཤེགས་སམ། དགེ་འདུན་འཐབ་པ་དང་རྩོད་པ་དང་འགྱེད་པ་དང་མཚང་མི་འབྲུའམ། དེ་བཞིན་གཤེགས་པས་ཆོས་ཀྱི་འཁོར་ལོ་བསྐོར་བ་མུ་སྟེགས་ཀྱིས་མ་བཟློག་གམ། དེ་དག་འདུས་ནས་ཉན་ཐོས་ཀྱི་དགེ་འདུན་ལ་གནོད་པ་མ་བྱས་སམ། དེ་བཞིན་གཤེགས་པ་ཉི་མ་དང་འདྲ་བ་ལ་ཉེན་མོངས་པས་དཀྲིས་པའི་དབང་དུ་གྱུར་པའི་དགེ་སྦྱོང་དང་བྲམ་ཟེ་དང་སྤྱོད་པ་བ་དང་ཀུན་ཏུ་རྒྱུ་དག་གིས་བརླས་པར་མ་གྱུར་ཏམ། མ་རིག་པའི་མུན་པས་གཡོགས་པའི་བློ་གྲོས་ཅན་དག་གིས་དགེ་འདུན་འདུས་པའི་དབྱེན་མ་བྱས་སམ། དེ་བཞིན་གཤེགས་པའི་ཆོས་དང་འདུལ་བ་ལ་ཆོས་དང་འདྲ་བའི་ཚིག་དང་ཡི་གེ་དང་ལྟ་བའི་དྲི་མ་མ་བྱུང་ངམ། ཚངས་པ་མཚུངས་པར་སྤྱོད་པ་དག་ཀློག་པ་དང་འདོན་པ་དང་ཡིད་ལ་བྱེད་པ་དག་ལས་བློ་བསྒྱུར་ཞིང་འདུས་ནས་བྲེ་མོའི་གཏམ་བྱེད་པར་མ་གྱུར་ཏམ། ཐེ་ཚོམ་དང་ཡིད་གཉིས་ལ་ཞུགས་པའི་སེམས་ཀྱིས་ཆོས་མ་ཡིན་པ་ལ་ཆོས་སུ། ཆོས་ལ་ཆོས་མ་ཡིན་པར། འདུལ་བ་མ་ཡིན་པ་ལ་འདུལ་བར། འདུལ་བ་ལ་ནི་འདུལ་བ་མ་ཡིན་པར་མ་བཤད་དམ། དགེ་སློང་དག་སེར་སྣའི་དྲི་མས་གཡོགས་པས་ཚངས་པ་མཚུངས་པ་གློ་བུར་དུ་འོངས་པ་རྣམས་ལ་ཀུན་ཏུ་རྒྱུ་དགའ་བར་བྱེད་པའི་ཆོས་དྲུག་ལ་སོགས་པ་མི་བྱེད་ཅིང་ཁྱད་དུ་གསོད་པར་མི་བྱེད་དམ། རབ་ཏུ་བྱུང་བ་ངན་པ་དག་གིས་བྲམ་ཟེ་དང་ཁྱིམ་བདག་དད་པ་དག་བསྟན་པ་ལ་མ་དད་པར་བྱས་ནས་མུ་སྟེགས་པ་བསྟེན་པར་མ་གྱུར་ཏམ། ལོག་པར་འཚོ་བ་ཀུན་ཏུ་སྤྱོད་ཅིང་ཞིང་རྨོ་བ་དང་ཉོ་ཚོང་བྱེད་པ་དང་རྒྱལ་པོ་ལ་བརྟེན་ཅིང་འཚོ་བ་ལྟོས་པར་མ་གྱུར་ཏམ། སྦྱངས་པའི་ཡོན་ཏན་བླངས་ནས་བས་མཐའི་གནས་མལ་དུ་བརྟེན་པ་ལས་སྦྱངས་པའི་ཡོན་ཏན་བོར་བར་མ་གྱུར་ཏམ། དགེ་སློང་མ་ཡིན་པ་ལ་དགེ་སློང་དུ་ཁས་འཆེ་བ་ནས་ཚངས་པ་མཚུངས་པར་སྤྱོད་པ་འཁྲུག་པ་མེད་དམ། དེ་ལྟ་མོད་ཀྱི་ཇོ་བོ་གང་པོ། སངས་རྒྱས་ལ་སོགས་པའི་དགེ་སློང་གི་དགེ་འདུན་ཞེས་སྨྲ་བ་རིགས་ན་འོད་སྲུང་ལ་སོགས་པ་ཞེས་སྨྲའམ།

ཐུགས་རྗེ་ཆེན་པོ་ལ་གོམས་པར་གནས་པ་ཀུན་ཏུ་སྤྱོད་པ་ལ་ཞུགས་པའི་སྟོན་པ་ཕུང་པོ་ལྷག་མ་མེད་པའི་མྱ་ངན་ལས་འདའ་བའི་དབྱིངས་སུ་ཡོངས་སུ་མྱ་ངན་ལས་འདས་པར་མ་ཞུགས་སམ། འགྲོ་བའི་གནས་འཛིན་པ་མེད་ནས་འཇིག་རྟེན་འཕྲུགས་པར་མ་གྱུར་ཏམ། སྟོབས་བཅུ་ལྡན་པ་མི་རྟག་པའི་སྟོབས་ཀྱིས་མ་མནན་ནམ། སེམས་ཅན་གྱི་སྟོན་པ་བདག་ཅག་སད་པར་བྱེད་པའི་མགོན་པོ་མ་གཟིམས་སམ། སངས་རྒྱས་ཉིན་བྱེད་མ་ནུབ་བམ། ཐུབ་པའི་དབང་པོའི་ཟླ་བ་སྒྲ་གཅན་གྱིས་བཅོམ་ནས་སྣང་བ་མེད་པར་མ་གྱུར་ཏམ། སུམ་ཅུ་རྩ་གསུམ་ན་དབང་ཕྱུག་དཔག་བསམ་གྱི་ཤིང་དྲི་ཞིམ་པ་བྱང་ཆུབ་ཡན་ལག་མེ་ཏོག་གིས་མཛེས་པར་བྱས་པ་དགེ་སྦྱོང་གི་འབྲས་བུ་བཟང་པོ་བཞི་དང་ལྡན་པ་མི་རྟག་པའི་གླང་པོ་ཆེ་སྨྱོན་པས་མ་བཅོམ་མམ། ཡེ་ཤེས་ཀྱི་སྒྲོན་མེ་མི་རྟག་པའི་རླུང་གིས་འདས་ནས་ཡོངས་སུ་མྱ་ངན་ལས་མ་འདས་སམ་ཞེས་དྲིས་པ་དང་།

གང་པོས། བློ་ལྡན་བསྟན་པ་གནས་བྱའི་ཕྱིར། །ཉན་ཐོས་དགེ་འདུན་ཚོགས་ནས་ནི། །དེ་དག་དེར་ནི་འདུས་གྱུར་ཏེ། །ཁྱོད་ལ་སྟོད་ཅིང་དེར་བསྐོན་བྱེད། །གྲུ་ཆེན་རྒྱལ་བ་དེ་ཞིག་སྟེ། །ཡེ་ཤེས་རི་ཡང་རྣམ་པར་བསྙིལ། །བསྟན་པ་རབ་མཆོག་ལྡན་པ་ཡི། །དགེ་སློང་མང་པོ་རྣམ་པར་ཞི། །ཁྱི་ན་མ་ཡིན་ལེགས་པར་ནི། །བདག་ནི་ཕོ་ཉར་འདིར་འོངས་ན། །བསྟན་པ་གནས་པར་བྱ་བའི་ཕྱིར། །དེ་བས་ཁྱོད་ནི་ངེས་པར་བཞུད། །ངེས་སླས་པ༔ གང་པོ་ཚིག་གིས་འགྲོ་བའི་དུས་མིན་ནོ། །འགྲོ་བའི་སྒྲོན་མེ་མགོན་པོ་བཞུགས་པ་དེར། །བདག་ནི་འགྲོ་བར་བྱ་བའི་བློ་ཡོད་ཀྱང་། །དེ་ནས་ཕ་རོལ་རབ་ཞིར་གཤེགས་གྱུར་ན། །བློ་ལྡན་གང་ཞིག་འཇིག་རྟེན་དེ་དག་འགྲོ། །ལྷུང་བཟེད་ཆོས་གོས་རྣམ་གསུམ་མཆོག་འདི་དག །ཁྱོད་ཀྱིས་དགེ་འདུན་དག་ལ་དབུལ་བར་གྱིས། །བདག་ནི་ཞི་བ་ཡང་སྲིད་མེད་པར་འགྲོ། །བདག་གིས་བསམ་པ་འཕགས་ལ་བཟོད་པར་གསོལ། །ཞེས་སྨྲས་ཏེ། རྫུ་འཕྲུལ་བསྟན་ཏེ་འདས་སོ། །དེའི་ལུས་ལ་རང་བྱུང་བའི་མེས་ཚིག་ཅིང་དེ་ལས་ཆུ་རྒྱུན་བཞི་བབས་པ་ལས་ཚིགས་སུ་བཅད་པ་བཞི་བྱུང་སྟེ།

ཁ་ཅིག །མེ་དེའི་ཕྱོགས་བཞིའི་དུ་བ་ལས་རིམ་བཞིན་བྱུང་ཟེར། ད་ལྟ་དུས་རྣམས་ངན་གྱུར་ཏེ། །སེམས་ཅན་རང་གི་ལས་ལ་བརྟེན། །འགྲོ་བའི་སྒྲོན་མེ་དེ་འདས་པས། །ཐམས་ཅད་འགྲོ་བར་འཇུག་པར་རྟོགས། །འདུས་བྱས་བསགས་པའི་སྐད་ཅིག་འཇིག་འགྱུར་ཏེ། །སྐྱེ་ལ་སོགས་པའི་སྡུག་བསྔལ་ཉོན་མོངས་ལྡན། །སོ་སོའི་སྐྱེ་བོ་བདག་ཏུ་ང་རྒྱལ་ཏེ། །དེ་དག་བྱིང་བ་མེད་པར་རིག་པར་བྱ། །མཁས་པས་རྟག་ཏུ་དགོངས་པས་བག་ཡོད་ཅིང་། །བསོད་ནམས་ཡིད་ལ་བྱ་བ་དེ་བརྩོན་བྱ། །འབྱུང་པོའི་ཚོགས་ཀུན་སོང་ཞིང་འཇིགས་གྱུར་ཏེ། །སྲོག་དང་བཅས་པའི་དཔལ་ནི་གཡོ་བར་འགྱུར། །ཐུབ་པ་དེ་ལ་བློ་མཆོག་ཡང་དག་བཏུད། །རང་གི་དགོས་པ་མ་

ལུས་ཐམས་ཅད་བྱས། །གུས་ཤིང་རབ་ཏུ་དད་པས་བླ་མ་དེའི། །ཕྱི་བཞིན་བ་ལང་བདག་ཀྱང་དེ་ལྟར་སོང་། །དེ་ནས་གང་པོས་རྫུ་འཕྲུལ་གྱིས་དགེ་འདུན་འདུས་པའི་ནང་དུ་ཕྱག་བྱས་ཏེ་ལྷུང་བཟེད་ལ་སོགས་པ་ཕུལ་ནས། མགོན་པོའི་སྐུ་ནི་མེད་པར་དེས་ཐོས་ནས། །བསོད་ནམས་ལས་ཀྱིས་རབ་ཏུ་ཞི་བར་སོང་། །དེ་ཡི་ལྷུང་བཟེད་ཆོས་གོས་འདི་ཡིན་ཏེ། །དེ་བསམ་དགེ་འདུན་དག་ལ་བཟོད་པར་གསོལ། །དེ་ནས་འོད་སྲུང་ཆེན་པོས་དགེ་སློང་དག་ཉོན་ཅིག །ཇི་ལྟར་དེ་ནི་འཕགས་པའི་ཚུལ་གྱིས་འདས། །གཞན་གྱིས་དེ་བཞིན་རབ་ཞིར་འགྲོ་མི་བྱ། །དེ་བས་ཇི་སྲིད་དགོས་པའི་དོན་བྱ་ཞིང་། །དབང་ཅན་ཚོགས་ནས་དེ་སྲིད་བགྲོ་བར་བྱ། །ཇི་ལྟར་བསོད་ནམས་ལས་ཀྱི་གཞིར་གྱུར་པ། །ཤི་རི་ཥ་ཀའི་སེམས་མཆོག་བ་ལང་བདག །དེ་ལྟར་ཁྱེད་ཀྱིས་དེ་བཞིན་མི་བསམ་སྟེ། །འགྲོ་དོན་དགོངས་ཕྱིར་ཚོགས་ནས་བློ་གྲོས་བྱ། །ཞེས་ཁྲིམས་སུ་བཅས་ནས་སྨྲས་པ།

འདིར་ཆོས་ཀྱི་ཚུལ་བཤད་ནས་དགེ་སློང་མང་པོ་འོངས་ན་གཡེང་བ་བྱེད་པས་མ་ག་དྷར་འགྲོའོ། །ལེགས་སོ་ཟེར་ནས་སློབ་པའི་དགེ་སློང་གཞན་བཟློག་ཅིང་ཀུན་དགའ་བོ་ཆུའི་ཞལ་ལྟ་བར་བསྐོས་ནས་ཀུན་དགའ་བོ་དགེ་འདུན་དང་བཅས་པ་ལྡོངས་རྒྱ་ཞིང་སོང་། འོད་སྲུང་ཆེན་པོ་དང་པོ་ནས་སོང་སྟེ་རྒྱལ་པོའི་ཁབ་ཏུ་སོང་བ་དང་མ་སྐྱེས་དགྲས་མཐོང་སྟེ་སྟོན་པ་དྲན་ཏེ་གླང་པོ་ཆེ་ལས་ལྷུང་བ་འོད་སྲུང་གི་མཐུས་བཟུང་སྟེ་ཕྱིས་དེ་ལྟར་མི་བྱེད་པར་བཅས་ཏེ་ལྷའི་གནས་འདིར་ཆོས་ཀྱི་ཚུལ་བགྲོ་བར་འཚལ་ལོ། །དེས་སྨྲས་པ་ལེགས་ཀྱི། བདག་གིས་ཡོ་བྱད་ཐམས་ཅད་སྦྱར་རོ་ཞེས་སོ། །

དེ་ནས་འདུས་ཏེ་ཤིང་ཐ་གྲོ་དྷའི་ཕུག་ཏུ་རྒྱལ་པོས་མལ་སྟན་དང་ཡོ་བྱད་སྦྱར་ཏེ་དབྱར་གནས་པར་ཁས་བླངས་ཏེ་འོད་སྲུང་ཆེན་པོས་ཀུན་དགའ་བོའི་སེམས་ལ་ཀུན་ཏུ་ལྟས་ནས། མ་འགགས་པ་ལ་འཁོར་འདི་དེ་བཞིན་གཤེགས་པས་རབ་ཏུ་བསྟགས་པའི་ནང་ན། དགེ་སློང་འདོད་ཆགས་དང་བཅས་པ་ཞེ་སྡང་དང་བཅས་པ་གཏི་མུག་དང་བཅས་པ་སྲིད་པ་དང་བཅས་པ་ལེན་པ་དང་བཅས་པ་སློབ་པ་དག་ཡོད་དོ། །མ་འགགས་པས་མངོན་ཤེས་ཀྱིས་ལྟས་ཏེ་སྨྲས་པ། མཁྱེན་པར་མཛོད་ཅིག་དགེ་སློང་གི་དགེ་འདུན་ནི་སྙིང་པོ་མེད་པ་དང་བྲལ་བ་དག་པ་གཙང་བ་སྙིང་པོ་ཅན་བླ་ན་མེད་པ་བསོད་ནམས་ཀྱི་ཞིང་འཇིག་རྟེན་གྱི་སྦྱིན་གནས་སུ་གྱུར་པ་ཡིན་མོད་ཀྱི་ཀུན་དགའ་བོ་ནི་སྔར་གྱི་དེ་ལྟ་བུ་མིན་ནོ། །དེ་ནས་འོད་སྲུང་གིས་སྐྱོ་བས་འདུལ་བར་ཤེས་ཏེ། དེས་དེ་ལ་འདི་ནི་མཆོག་འདུས་པ་ཡིན་ལ་ཁྱེད་དང་ལྡན་ཅིག་ཆོས་བགྲོ་བར་མི་བྱའོ་ཁྱོད་སོང་ཞིག །དེ་གནད་དུ་ཕོག་པ་བཞིན་དུ་གཡོས་ཏེ་འོད་སྲུང་ཆེན་པོ་ཚོགས་གོ། །བདག་གིས་ཚུལ་ཁྲིམས་ལྟ་བ་སྤྱོད་པ་འཚོ་བ་ཉམས་པར་མ་བྱས་དགེ་འདུན་ལ་ཉེས་པ་ཅུང་ཟད་ཀྱང་མ་བྱས་ཀྱི་བཟོད་པ་མཛོད་ཅིག །འོད་སྲུང་གིས་ཁྱོད་སྟོན་པའི་ཞབས

འབྲིང་ན་འདུག་པས་ཉམས་པ་བཞི་མ་བྱས་པ་ངོ་མཚར་ཅི་ཆེ། དགེ་འདུན་ལ་ཉེས་པ་མ་བྱས་ན་ལོངས་ལ་ཚུལ་ཤིང་ཟུང་ཞིག་ཉེས་པ་བསྟན་པར་བྱའོ། །ཀུན་དགའ་བོ་ལངས་པ་དང་སྟོང་གསུམ་གཡོས་ལྷ་རྣམས་ངོ་མཚར་དུ་གྱུར་ཏེ། ཀྱེ་མ་འོད་སྲུང་བདེན་པ་དང་ཕན་པར་སྨྲ་བས་ཐུབ་པ་ལུས་འཕགས་ཀྱི་གནས་འདི་ནས་ཀུན་དགའ་བོ་ལ་དྲག་ཏུ་སྐྱོས་སོ་ཞེས་ཟེར་རོ། །དེ་ནས་འོད་སྲུང་གིས་ཁྱོད་ཀྱིས་བུད་མེད་རབ་ཏུ་འབྱུང་བར་གསོལ་བས། སྟོན་པས་ཀུན་དགའ་བོ་བུད་མེད་རབ་ཏུ་དབྱུང་ཞིང་བསྙེན་པར་རྫོགས་ཏེ་དགེ་སློང་མའི་དངོས་པོ་ཐོབ་པར་འགྱུར་བ་མ་སྨྲ་ཤིག །དེ་ཅིའི་ཕྱིར་ཞེ་ན། ཆོས་འདུལ་བ་འདི་ལ་བུད་མེད་རབ་ཏུ་བྱུང་ན་ཆོས་འདུལ་བ་ཡུན་རིང་དུ་མི་གནས་ཏེ་དཔེར་ན་འབྲས་སཱ་ལུ་ཕུན་སུམ་ཚོགས་པའི་ཞིང་ལ་སེར་བ་བབ་ན་མེད་པར་འགྱུར་བ་བཞིན་དུ། བུད་མེད་རབ་ཏུ་བྱུང་ན་ཆོས་འདུལ་བ་ཡུན་རིང་དུ་མི་གནས་པར་འགྱུར་ཞེས་མ་གསུངས་སམ། དེ་ངོ་ཚ་མེད་པ་ལ་སོགས་པ་མ་ལགས་ཀྱི་འོན་ཀྱང་སྲུ་སྐྱེ་རྒྱུའི་བདག་མོ་སྟོན་པའི་ནུ་མ་བསྣུན་པའི་མ་མ་ཡིན་པས་བྱས་པ་གཟོ་བ་དང་འཁོར་རྣམ་བཞི་དང་ལྡན་པའི་ཕྱིར་དུ་ལགས་སོ། །ཁྱོད་ཀྱི་བྱས་པ་བཟོ་བ་ནི་ཆོས་སྐུ་ལ་གནོད་པ་བྱེད་པ་སྟེ་སངས་རྒྱས་ཀྱི་ཞིང་ཕུན་སུམ་ཚོགས་པ་ལ་སེར་བ་བབ་པས་སྟོང་ཚང་བར་གནས་པ་ཡུན་ཐུང་དུར་ལྷག་མ་ཙམ་དུ་བྱས་སོ། །སྔོན་སེམས་ཅན་ཉོན་མོངས་ཆུང་བ་ལ་འཁོར་རྣམ་བཞི་རིགས་ཀྱི། ད་ལྟ་སྟོན་པ་མི་བཞེད་བཞིན་དུ་གསོལ་བ་བཏབ་པས་འདི་ནི་ཉེས་པ་དང་པོ་སྟེ་ཚུལ་ཤིང་ཞོག་ཅིག །ཡང་མྱ་ངན་ལས་མི་འདའ་བར་གསོལ་བ་མ་བཏབ་བོ། །དེ་བདུད་ཀྱིས་ཁྱབ་པར་གྱུར་བྱས་པས། དེ་ཉིད་ཉེས་པས་ཚུལ་ཤིང་ཞོག་ཅིག །ཡང་དྲིས་པའི་ལན་གཞན་དུ་བཏབ་པས་ཚུལ་ཞིང་ཞོག་ཅིག །ཡང་ན་བཟའ་ཕྱུགས་རྐང་པས་བརྫིས་པ། དེ་འཐེན་པའི་གྲོགས་མེད་དོ། །དེ་ནམ་མཁར་དོར་ན་ལྷས་འཛིན་ཏེ་ཚུལ་ཤིང་ཞོག་ཅིག །ཡང་རྙོག་ཆུ་དྲངས་སོ། །དེ་ཆུ་བོ་ཀ་ཀུ་ཏ་ལ་ཤིང་རྟ་ལྔ་བརྒྱས་ཕྱིན་ནས་རྙོགས་པར་གྱུར་ཏོ། །དེ་ཉིད་ཉེས་ཏེ་ནམ་མཁར་བཟུང་ན་ལྷས་ཆུ་ཡན་ལག་བརྒྱད་ལྡན་འབེབས་ཏེ་ཚུལ་ཤིང་ཞོག་ཅིག །ཡང་ཚུལ་ཁྲིམས་ཕྲ་མོ་དང་ཕྲན་ཚེགས་དག་འདོན་ན་དགེ་འདུན་གྱི་ཕྱིར་གླེང་ལ་བདེ་བ་ལ་རེག་པར་མཛོད་ཤིག་ཅེས་གསུང་བྱུང་བ་ན་ཕྲན་ཚེགས་གང་ལགས་ཞེས་མ་ཞུས་སོ། །དེ་ལ་ལྟུང་བ་སྡེ་ལྔ་མན་ཆད་དང་སོ་སོར་བཤགས་པ་མན་ཆད་དང་ལྟུང་བྱེད་མན་ཆད་དང་སྤང་ལྟུང་མན་ཆད་དང་མ་ངེས་པ་མན་ཆད་ཕྲན་ཚེགས་སུ་གསུངས་པས། དེ་ལ་བརྟེན་ནས་ཁ་ཅིག་ཕམ་པ་བཞི་ལས་མི་བསྲུང་ཁ་ཅིག་མ་ངེས་པ་ཡན་ཆད་ལས་མི་བསྲུང་བས་མུ་སྟེགས་ཀྱི་སྐབས་རྙེད་ཅིང་འཕྱ་བས་ཉེས་སོ། །དེ་སྟོན་པ་དང་བྲལ་བའི་མྱ་ངན་གྱིས་ནོན་ནོ། །དེ་ཉིད་ཉེས་པས་ཚུལ་ཤིང་ཞོག་ཅིག །ཡང་ཁྱིམ་པ་དང་བུད་མེད་ལ་འདོམས་ཀྱི་སྦ་བ་སྦུབས་སུ་ནུབ་པ་བསྟན་ནོ། །དེ་བུད་མེད་མོ་མཚན་དང་བྲལ་ལམ་སྙམ་པའོ། །དེ་ཉིད་

ཉེས་པས་ཚུལ་ཤིང་ཞོག་ཅིག །ཡང་སྐུ་བུད་མེད་ལ་བསྟན་པས་མཆི་མས་དྲི་མ་ཅན་དུ་གྱུར་པ། དེ་སྐུ་དེ་ལྟ་བུ་མཐོང་ན་སེམས་ཅན་རྣམས་ཀྱང་སེམས་བསྐྱེད་པར་འགྱུར་རམ་སྙམ་པའོ། །དེ་ཉིད་ཉེས་པས་ཆགས་པ་ཅུང་ཟད་དང་ལྡན་པས་འདོད་ཆགས་དང་མ་བྲལ་བ་མཆོག་འདུས་པའི་ནང་དུ་མ་འདུག་པར་སོང་ཞིག །

དེ་ནས་ཀུན་དགའ་བོ་ཕྱོགས་བཞིར་བལྟས་ཏེ་སྙིང་རྗེ་དང་སྡུག་བསྔལ་བའི་སེམས་ཀྱིས་དལ་བུས་སྨྲས་པ༑ ཀྱེ་མ་ངའི་དུས་ནི་འདི་འདྲ་སྟེ། བདག་དེ་བཞིན་གཤེགས་པས་ནི་སྤངས། མགོན་སྐྱབས་དང་སྐྱང་བ་ཡང་སུ་ལ་བརྟེན་པར་བྱ། དེའི་ཚེ་ལྷས་ཀྱང་ལྷ་རྒྱས་ལྷ་མིན་དམན་བསྟན་པ་རྒྱས་ཏེ་སྟོན་པ་དང་འདྲ་བའི་ཉན་ཐོས་ཀྱིས་སྟོན་པ་དང་འདྲ་བའི་ཉན་ཐོས་ལ་སྨྲོས་སོ་ཞེས་སོ། །དེ་ནས་ཀུན་དགའ་བོས་འོད་སྲུང་བཟོད་པར་མཛོད་ཅིག །དེ་ལྟར་ཆོས་བཞིན་བགྱིད་ཅིང་སྔན་ཆད་མི་བགྱི་མོད་ཀྱི་སྟོན་པས་བདག་ཁྱོད་ལ་གཏད་དོ། །ཀུན་དགའ་བོ་ཁྱོད་མྱ་ངན་མ་བྱེད་ཅིག །ཁྱོད་འོད་སྲུང་ཆེན་པོ་ལ་གཏད་དོ། ཁྱོད་ཉེས་པ་ཆུང་དུ་ལ་མི་བཟོད་པ་མ་བྱེད་པར་བཀའ་བཞིན་བྱོས་ཤིག་གསུང་ངོ་། །དེས་ཀུན་དགའ་བོ་ཁྱོད་མ་དུབ་པར་ཁྱོད་ཀྱི་དགེ་བའི་ཆོས་འཕེལ་བར་འགྱུར་གྱི་འགྲིབ་པར་མི་འགྱུར་རོ། །ངས་ཁྱོད་ལ་བསྟན་པ་ལ་བསྒོན་པའི་ཕྱིར་ཆད་པ་བཅད་དོ་ཞེས་སྨྲས་སོ། །དེ་ནས་མ་འགགས་པས་འོད་སྲུང་ལ་ཀུན་དགའ་བོ་མེད་ན་བཀའ་ཇི་ལྟར་བསྡུ། དེས་ཀུན་དགའ་བོ་ཡོན་ཏན་དང་ལྡན་ཡང་ལྷན་ཅིག་མི་གནས་སོ། །དེ་ནི་འདོད་ཆགས་ལ་སོགས་པ་དང་བཅས་པས་བསླབ་དགོས་ཏེ་ལྷན་ཅིག་བཟླས་པ་མི་བྱའོ། །དེ་ནས་ཀུན་དགའ་བོ་ཁྱོད་སོང་ཞིག ཁྱོད་བརྩོན་པས་དགྲ་བཅོམ་པར་གྱུར་ན་ལྷན་ཅིག་ཡང་དག་པར་བཟླས་པ་བྱའོ། །

དེ་ནས་ཀུན་དགའ་བོ་མིག་མཆི་མས་གང་བཞིན་དུ་སྟོན་པ་དང་བྲལ་བས་ཡིད་མི་དགའ་བཞིན་དེ་ནས་སོང་སྟེ། འབྲི་ཛིའི་གྲོང་དུ་སོང་སྟེ་འབྲི་ཛིའི་བུས་གཡོག་བྱས་ཏེ་ཆོས་འཆད་པའི་ཚེ་འབྲི་ཛིའི་བུས་མཁན་པོའི་སེམས་ལ་ལྟས་ནས། གོའུ་ཏ་མ་བག་མེད་མ་མཛད་པར། །ཤིང་དྲུང་ཐིབས་པོ་བརྟེན་ན་མྱ་ངན་འདའ། །ཐུགས་ལ་བཞག་སྟེ་བསམ་གཏན་མཛོད་ཅིག་དང་། །རིང་པོར་མི་ཐོགས་ཞི་བའི་གནས་ཐོབ་འགྱུར། །དེ་ལྟར་སྤྱོད་བྱེད་བུའི་གདམས་ངག་ལ་ཉིན་མོ་དང་མཚན་མོའི་ཐུན་དང་པོ་ལ་འཆག་པ་དང་འདུག་པས་སེམས་ཀྱི་སྒྲིབ་པ་སྦྱངས་ཏེ། གུང་ཐུན་ལ་གཙུག་ལག་ཁང་གི་ཕྱི་རོལ་རྐང་པ་བཀྲུས་ནས་ནང་དུ་གློ་གཡས་པ་ཕབ་སྟེ་ཧྲས་ལ་མགོ་མ་བཞག་པ་ཁོ་ནར་དགྲ་བཅོམ་པ་ཐོབ་སྟེ་སླར་ཅུ་གྲོ་རྡའི་ཕྱག་ཏུ་ཕྱིན་ནོ། །དེ་ནས་འོད་སྲུང་གིས་ཕྱི་མའི་དུས་ཀྱི་དགེ་སློང་བརྗེད་ངས་པའི་དོན་དུ་སཱུ་ཏྲོ་ཚིགས་བཅད་དང་ཕྱི་ཏྲོ་ལྷུག་པས་བགྲོ་ཞིང་། དེ་ཡང་སྔར་མདོ་སྡེ་བསྡུ་བར་བགྲོས་པ་དང་འོད་སྲུང་གིས་ཀུན་དགའ་བོ་ལ་སྒྲོ་བ་དྲིས་གསོལ་གཉིས་ཀྱི་ལས་ཀྱི་མདོ་སྡེ་བསྡུ་

བར་བསྒོས་ནས། སེང་གེའི་ཁྲི་ལ་དགྲ་བཅོམ་པ་ལྔ་བརྒྱས་སྣམ་སྦྱར་བཏིང་། དེ་ལ་ཀུན་དགའ་བོ་འདུག་སྟེ་མདོ་སྡེ་བཟུང་བ་ཐམས་ཅད་བཤད་པར་བྱའོ་སྙམ་པ་དང་ལྷ་རྣམས་ཀྱིས་ཤེས་ནས་གུས་པས་ཉན་ནོ། །

དེ་ནས་འོད་སྲུང་གིས། སྟོན་པ་འཇིག་རྟེན་ཕན་བཞེད་པ། །རྒྱལ་བས་གསུངས་པའི་ཆོས་རྣམས་ཀྱི། །རྣམ་པ་མཆོག་ནི་གང་བཤད་པ། །ཚེ་དང་ལྡན་པས་མདོ་སྡེ་གསུངས། །ཞེས་གསོལ་བ་བཏབ་བོ། །དེ་ནས་ཀུན་དགའ་བོས་སྟོན་པའི་ཡོན་ཏན་དྲན་པས་ཁ་བྱང་ཆུབ་སྙིང་པོར་བལྟས་ཐལ་མོ་སྦྱར་སྨྲས་ཁྱབ་པར་བྱས་ཏེ། འདི་སྐད་བདག་གིས་ཐོས་པའི་དུས་གཅིག་ན་བཅོམ་ལྡན་འདས་ཡུལ་ཝཱ་རཱ་ཎ་སཱི་དྲང་སྲོང་ལྷུང་བ་རི་དྭགས་ཀྱི་ཚལ་ན་བཞུགས་སོ་ཞེས་བརྗོད་མ་ཐག་ལྷ་མི་རྣམས་མྱ་ངན་སྐྱེས་ཏེ། ཀྱེ་མ་འཇིག་རྟེན་འདི་དག་ཏུ། །མི་རྟག་པར་ནི་ཁྱད་པར་མེད། །གང་གི་རིན་ཆེན་གཏེར་དེ་ཡིས། །ཡོན་ཏན་རྒྱ་མཚོ་དག་ཀྱང་སྐམས། །གང་ལས་བདག་གིས་སྟོན་ཐོས་པ། །ཆོས་ནི་ཐར་པའི་དབྱེ་བ་བྱེད། །འདི་སྐད་ཐོས་ཞེས་རབ་སྦྱར་ཏེ། །དེ་ཡང་དེ་རིང་བསྒྲགས་པ་ཡིན། །ཞེས་སོ། །དེ་ནས་བཅོམ་ལྡན་འདས་ཀྱིས་དགེ་སློང་ལྔ་པོ་ལ་འདི་སྐད་ཅེས་བཀའ་བསྩལ་ཏེ། དགེ་སློང་དག་མ་ཐོས་པའི་ཆོས་འདི་ནི་སྡུག་བསྔལ་འཕགས་པའི་བདེན་པའོ་ཞེས་སོགས་མདོ་སྡེ་བཤད་དོ། །དེ་ནས་ཀུན་ཤེས་ཀྱིས་འོད་སྲུང་ལ་བདག་གི་ཆོས་ཀྱི་རྣམ་གྲངས་འདི་མངོན་སུམ་དུ་ཐོས་ཏེ་བདག་གི་ཁྲག་དང་མཆིལ་མའི་རྒྱ་མཚོ་སྐམས་རུས་པའི་རི་ལས་བརྒལ། ངན་སོང་གི་སྒོ་ནི་བཅད་མཐོ་རིས་ཐར་པའི་སྒོ་ཕྱེ་སྟེ་འདི་བཤད་པས་བདག་དང་ལྷ་བརྒྱད་ཁྲིས་ཆོས་ཀྱི་མིག་ཐོབ་ན་དེ་རིང་འདིར་འདི་སྐད་ཐོས་ནས་བཤད་དེ། ཀྱེ་མ་ཐམས་ཅད་མི་རྟག་པར་ཁྱད་མེད་དོ་ཞེས་སྨྲས་ནས་སྟན་ལས་བབས་ཏེ་འདུག་གོ། །

གཞན་རྣམས་ཀྱང་སྟན་ལས་བབས་ཏེ་བདག་ཅག་གིས་ཆོས་འཆད་པ་མངོན་སུམ་དུ་མཐོང་བ་ལས་མི་རྟག་པའི་སྟོབས་ཀྱིས་བཅོམ་ལྡན་འདས་དེ་ཡང་ཐོས་པའི་ལམ་དུ་གཤེགས་པར་གྱུར་ཏོ། །དེ་ནས་དགྲ་བཅོམ་པ་རྣམས་ཀྱིས་མངོན་ཤེས་ཀྱིས་ལྟས་ནས་ཀུན་དགའ་བོ་ཁྱོད་ཀྱི་ལུང་དེ་ཡིན་ནམ། དེས་བདག་ཅག་གི་ལུང་དེ་ལགས་སོ། །ཁྱེད་ཅག་གི་ལུང་དེ་ལྟ་བུ་ལགས་སམ། དེ་ཁོ་ནའོ། །དེ་ནས་འོད་སྲུང་གིས་བདག་གིས་མདོ་སྡེ་དང་པོ་བསྡུས་ནས་གང་གིས་ཀྱང་མ་བཟློག་པའི་ཆོས་སོ་སྙམ་སྟེ་ཀུན་དགའ་བོ་ལ་མདོ་སྡེ་གཉིས་པ་གང་དུ་བཤད། འདི་སྐད་བདག་གིས་ཐོས་ནས་སྡུག་བསྔལ་འཕགས་པའི་བདེན་པ་གང་ཞེ་ན། སྐྱེ་བའི་སྡུག་བསྔལ་དང་ཞེས་སོགས་སྔར་བཞིན་ནོ། །མདོ་སྡེ་གསུམ་པ་གང་དུ་བཤད། དེས་འདི་སྐད་ཅིག་སོགས་ནས་དགེ་སློང་དག་གཟུགས་ནི་བདག་མིན་ནོ། །ཞེས་སོགས་ཀུན་དགའ་བོས་བཟླས་ནས་དགྲ་བཅོམ་པ་ལྔ་བརྒྱར་གཅིག་གིས་མ་ཚང་བས་གཞུང་དུ་བྱས་ཏེ་ཕུང་པོ་དང་ལྡན་པ་ནི་ཕུང་པོར། སྐྱེ་མཆེད་དང་ལྡན་པ་ནི་སྐྱེ་མཆེད་དུ། རྟེན་

འབྲེལ་དང་འཕགས་པའི་བདེན་པ་དང་ལྡན་པ་ནི་གླིང་གཞི་དང་ལྡན་པར་ཉན་ཐོས་ཀྱི་བཤད་པ་མང་པོ་དེ་ནི་ཉན་ཐོས་ཀྱི་བཤད་པར། སངས་རྒྱས་ཀྱི་ནི་སངས་རྒྱས་ཀྱི་བཤད་པར། བྱང་ཕྱོགས་དང་ལྡན་པ་ནི་ལམ་གྱི་ཡན་ལག་ཏུ། བརྗོད་པ་མང་བ་ནི་ཡང་དག་པར་བརྗོད་པའི་ཕྱིར། ཚིགས་བཅད་མང་བ་ནི་ཡང་དག་པར་ལྡན་པའི་མིང་དུ། ལུང་རིང་པོ་ནི་རིང་པོར། བར་མ་ནི་བར་མར། ཚིག་གཅིག་ལ་སོགས་པ་ནི་གཅིག་ལས་འཕྲོས་པའི་ལུང་ཞེས་བསྟུས་ཏེ་བཞག་གོ། །དེ་ནས་འོད་སྲུང་གིས་ཀུན་དགའ་བོ་ལ་ལུང་དེ་སྐད་ཅིག་གམ། དེ་སྐད་ཅིག་ལགས་ཏེ་འདི་ལས་ལྷག་པ་མེད་དོ་ཞེས་སྨྲས་ནས་ཁྲི་ལས་བབས་ཏེ་ས་ལ་འདུག་གོ། །དེ་ནས་ཉེ་བ་འཁོར་ལ་སྒྲོ་བར་བྱས་ཏེ་གསོལ་གཉིས་ཀྱི་ལས་ཀྱིས་འདུལ་བ་བསྡུ་བར་བསྐོས་ཏེ། ཉེ་བ་འཁོར་སེང་གེའི་ཁྲི་ལ་བཞག་ནས་བཅོམ་ལྡན་འདས་ཀྱིས་བསླབ་གཞི་དང་པོ་གང་དུ་བཅས་ཨྠ་རྣཀ་སྨྲིར་རོ། །གང་གི་དོན་དུ་ན་ལྷ་སྡེའི་དོན་དུ་ཤམ་ཐབས་ཟླུམ་པོར་བགོ་བར་བྱའོ་ཞེས་བཅས་སོ། །དེ་ནས་དགྲ་བཅོམ་པ་རྣམས་ཀྱིས་མངོན་ཤེས་ཀྱིས་ལྟས་ཞེས་པ་ནས། ཆོས་སོ་སྐམ་སྟེ་བསླབ་གཞི་གཉིས་པ་གང་དུ་བཅས་ཨྠ་རྣཀ་སྨྲིར་ལྷ་སྡེ་ལ་ཆོས་གོས་ཟླུམ་པོར་བགོ་བར་བྱའོ་ཞེས་སོགས་ནས་སྔར་བཞིན་ནོ། །

བསླབ་གཞི་གསུམ་པ་གང་དུ་བཅས་ཀ་ལན་ཏ་ཀའི་གྲོང་དུ་བཟང་སྦྱིན་ལ་མི་ཚངས་སྤྱོད་བསླབ་གཞིར་བཅས་པ་ནས། ཕམ་པ་དང་ལྷག་མ་དང་མ་ངེས་པ་དང་སྤང་ལྟུང་དང་ལྟུང་བྱེད་དང་སོ་སོར་བཤགས་པ་དང་བསླབ་པ་མང་པོ་དང་རྩོད་པ་ཞི་བྱེད་དང་བཅས་པ་རྗེས་བཅས་དང་སྤང་གནང་དང་རབ་བྱུང་དང་གསོ་སྦྱོང་དང་དགག་དབྱེ་དང་། ཕྲ་མོ་དང་གླེང་གཞི་དང་མོས་པ་ནི་འདིའོ་ཞེས་འདུལ་བ་བསྟུས་ནས་ཉེ་བ་འཁོར་ཁྲི་ལས་བབས་སོ། །དེ་ནས་འོད་སྲུང་གིས་མ་འོངས་པའི་གང་ཟག་གི་དོན་དུ་མ་མོ་བསྡུ་བའི་ཕྱིར་གསོལ་གཉིས་ཀྱིས་ལས་བྱས་ཏེ་མ་མོ་ཞེས་བྱ་བ་ནི། བདག་ཁོ་ནས་སྨྲ་བར་བྱ་སྟེ་མ་མོ་ལྷ་བུ་ནི་ཤེས་བྱའི་མཚན་ཉིད་རབ་ཏུ་གསལ་བར་བྱེད་པ་སྟེ་འདི་ལྟ་སྟེ་དྲན་པ་ཉེ་བར་བཞག་པ་བཞི་དང་ཞེས་སོགས་སྔར་བཞིན་ནོ། །དེ་ནས་ལྷ་རྣམས་ཀྱིས་དགྲ་བཅོམ་པ་ལྔ་བརྒྱས་སྡེ་སྣོད་གསུམ་བསྡུས་པས་ལྷ་འཕེལ་ལྷ་མིན་འགྲིབས་སོ། །ཞེས་སྒྲོགས་ཤིང་ལྔ་བརྒྱས་ཡང་དག་པར་བསྡུས་པ་ཞེས་བྱ་བའི་མིང་དུ་འགྱུར་རོ། །ཁ་ཅིག་ལྔ་བརྒྱར་གཅིག་གིས་མ་ཚང་བ་བ་ལང་བདག་ཅེས་ཟེར་རོ། །

དེ་ནས་འོད་སྲུང་ཆེན་པོས། ཀྱེ་མ་སྟོབས་བཅུ་མངའ་བའི་གསུང་ནི་ཚད་མེད་པ། །འགྲོ་ལ་ཕན་ཕྱིར་ཆོས་ཀྱི་བསྟན་ཆོས་འདི་བསྡུས་པས། །གང་ན་འཇིག་རྟེན་བློ་ངན་མུན་བྱེད་རྒྱུད་ཟློས་པ། །བློ་གྲོས་རབ་རིབ་བསལ་བས་སྒྲོན་མར་ཡང་དག་ལྡན། །དེ་ནས་འོད་སྲུང་གིས་སྟོན་པའི་གསུང་ཅི་ནུས་སུ་བསྒྲུབས་ཤིང་ཕན་

གདགས་པ་ཙུང་ཟད་བྱས་ཏེ་མ་ལུས་པར་སྲུས་ནས། ང་མྱ་ངན་ལས་འདའ་བར་བྱའོ་སྙམ་སྟེ། བདག་གིས་ཐུབ་པའི་མདོ་སྡེ་ནི། །ཡང་དག་བསྡུས་ནས་ཚོས་ལམ་བཞག །གཅིག་ནས་གཅིག་ཏུ་ཡུན་རིང་བར། །སྟོན་པའི་གསུང་རབ་འདི་གནས་གྱུར། །ངོ་ཚ་མེད་རྣམས་ཚད་པས་བཅད། །ངོ་ཚ་བྱེད་ནི་ཡོངས་སུ་བཟུང་། །བདག་གིས་ཕན་དང་དགེ་བྱས་པས། །བདག་ནི་མྱ་ངན་འདས་དུས་བབ། །ཀུན་དགའ་བོ་ཤེས་པར་གྱིས་ཤིག །སྟོན་པས་ང་ལ་བསྟན་པ་གཏད་ནས་འདས་སོ། །ང་ཡང་མྱ་ངན་ལས་འདའ་བས་བསྟན་པ་ཁྱོད་ཀྱིས་སྐྱོངས་ཤིག །ཁྱོད་ཀྱིས་ཀྱང་ཤ་ནའི་གོས་ཅན་ལ་གཏོད་ཅིག །

དེ་ནས་འོད་སྲུང་གིས་སྐུ་གདུང་གི་མཆོད་རྟེན་བརྒྱད་ཀླུའི་ཡུལ་གྱི་ཚེམས་མཆེ་བ་མཆོད་དེ། སུམ་ཅུ་རྩ་གསུམ་དུ་ཕྱིན་ཏེ་ཚེམས་མཆེ་བ་ལ་མིག་མི་འཛུམས་པར་བལྟས་ནས་སྤྱི་བོ་ལ་བཞག་ནས་མཆོད་ནས་ལྷ་རྣམས་ལ་བག་ཡོད་པར་གྱིས་ཤིག་ཅེས་གདམས་ནས་རྒྱལ་པོའི་ཁབ་ཏུ་བྱོན་ཏེ། མ་སྐྱེས་དགྲ་ལ་སྤྲིན་པས་གཉིད་དུ་སོང་སྟེ་སད་པ་དང་སྤྲན་ནོ་ཞེས་སློས་ཤིག་ཅེས་བྱས་ནས། ལྷོ་རི་བྱ་རྐང་རི་ལ་འཛེགས་ཏེ་རི་གསུམ་གྱི་དབུས་སུ་རྩྭ་བཏིང་སྟེ་བཅོམ་ལྡན་འདས་ཀྱི་ཕྱག་དར་ཁྲོད་ཀྱི་སྣམ་སྦྱར་གོན་ཏེ་བྱམས་པའི་གསུང་རབ་རྒྱས་ཀྱི་བར་དུ་མི་ཉམས་པར་བྱིན་གྱིས་བརླབས་ཏེ་ཆོ་འཕྲུལ་དུ་མ་བསྟན་ནས་མྱ་ངན་ལས་འདས་སོ། །དེ་ནས་ལྷ་རྣམས་ཀྱིས་མཆོད་ནས་རི་གསུམ་བཀབ་སྟེ་སྐུ་ཐུགས་མང་པོ་བཏོན་ནས་མི་སྣང་བར་གྱུར་ཏོ། །དེའི་ཚེ་མ་སྐྱེས་དགྲ་རྒྱལ་རིགས་ཀྱི་ཞང་པོ་བརྒྱད་ཚད་པ་རྨིས་ནས་སད་པ་དང་འོད་སྲུང་འདས་པ་ཐོས་ཏེ་བརྒྱལ་ལོ། །སངས་པ་དང་བྱ་རྐང་གི་རི་ལ་འཛེགས་པས་གནོད་སྦྱིན་གྱིས་ཕྱེའོ། །དེ་ལ་རྒྱལ་པོས་ཕྱག་བྱས་ཏེ་སྲེག་པར་བརྩམས་པ་དང་། ཀུན་དགའ་བོས་འདི་ནི་བྱམས་པའི་གསུང་རབ་བྱུང་གི་བར་བྱིན་གྱིས་བརླབས་ཏེ་བྱམས་པའི་ཉན་ཐོས་བྱེ་བ་དགུ་བཅུ་རྩ་དགུས་འོད་སྲུང་གི་ལུས་འདི་བཟུང་ནས་འདི་ཤཱཀྱ་ཐུབ་པའི་ཉན་ཐོས་སྦྱངས་པའི་ཡོན་ཏན་འཆང་བའི་མཆོག་སྟེ་དེས་བསྟན་པ་བསྡུས་སོ། །ཞེས་བསྟན་པས་དེ་དག་གིས་མི་རྣམས་ཆུང་ཞིང་སྟོན་པའི་སྐུ་ཆེ་བར་ཤེས་སོ། །

དེ་ནས་བྱམས་པས་འདི་ཤཱཀྱ་ཐུབ་པའི་སྣམ་སྦྱར་རོ་ཞེས་བསྟན་པས་འཁོར་རྣམས་ཀྱིས་སྦྱངས་པའི་ཡོན་ཏན་ལེན་ཅིང་དགྲ་བཅོམ་པ་ཐོབ་པར་བྱེད་པས་འདི་སྲེག་མི་ནུས་ཀྱིས་མཆོད་རྟེན་རྩིག་པར་བྱའོ། །དེ་ནས་མཆོད་རྟེན་བརྩིགས་ནས་མཆོད་པ་བྱས་སོ་དེ་ནས་རི་གསུམ་བཀབ་བོ། །དེ་ནས་ཀུན་དགའ་བོ་མྱ་ངན་ལས་འདའ་བ་མ་སྐྱེས་དགྲ་ལ་སྟོན་པར་ཁས་བླངས་ཏེ། འོད་མའི་ཚལ་དུ་གནས་པའི་ཚེ་ཤ་ནའི་གོས་ཅན་རྒྱ་མཚོ་བདེ་བར་བརྒལ་ཏེ་འོངས་ནས་བདག་ལོ་ལྔའི་དུས་སྟོན་བགྱིད་ན་སྟོན་པ་གང་ན་བཞུགས། དེ་འདས་སོ་

ཞེས་སླུས་པས་བརྒྱལ་ལོ། །སངས་པ་དང་ཤཱ་རིའི་བུ་ལ་སོགས་པ་གན། དེ་དག་ཀུང་འདས་སོ། །དེ་ནས་ཀུན་དགའ་བོ་དགེ་འདུན་དང་བཅས་པ་ལ་ལོ་ལྔའི་དུས་སྟོན་བྱས་ཏེ་མཐར་རབ་ཏུ་བྱུང་ནས་སྡེ་སྣོད་གསུམ་ལ་མཁས་པར་བྱས་སོ། །

དེའི་ཚེ་དགེ་སློང་ཞིག་གིས། གང་ན་ལོ་བརྒྱ་འཚོ་བ་ནི། །ངེས་པར་ཆུ་ལ་བྱ་གག་བཞིན། །ཆུ་ལ་བྱ་གག་མཐོང་བ་ལྟར། །བདག་ཉིད་གཅིག་པུའི་འཚོ་བ་དགེ། །དེ་ཀུན་དགའ་བོས་ཐོས་ནས་སྟོན་པས་དེ་སྐད་མ་གསུངས་ཀྱི་འོན་ཀུང་། གང་ན་ལོ་བརྒྱ་འཚོ་བ་ནི། །ངེས་པར་སྐྱེ་དང་འཇིག་པ་ཡིན། །གང་ཟག་གཉིས་ལ་སྟོན་པ་ཡིས། །ས་འདིར་བརྟག་པར་བཤད་པ་ཡིན། །མ་དད་ཞེ་སྡང་བློ་ཅན་དང་། །དད་ལ་ཕྱིན་ཅི་ལོག་གྱུར་པའོ། །མདོ་སྡེ་ལོག་པར་བཟུང་གྱུར་པས། །ཁ་ལང་འདམ་དུ་སོང་བ་བཞིན། །དེ་ནི་ཉེ་བར་འཇིག་འགྱུར་ཏེ། །རང་གི་འཆི་བློས་བློ་མེད་པ། །ཐོས་པ་མི་ཤེས་འབྲས་བུ་མེད། །ལོག་པར་ཤེས་པ་དུག་དང་འདྲ། །ཐོས་པ་ཡང་དག་ཉིད་ཤེས་པ། །བྲལ་ལ་འབྲས་བུ་བློ་ལྡན་ཡིན། །དེས་དེའི་མཁན་པོ་ལ་སླུས་པ། ཀུན་དགའ་བོ་ནི་རྒས་གྱུར་ཏེ། །དེ་ཡི་དྲན་པའང་ཉམས་པར་གྱུར། །སླུས་པ། རྒ་བ་དག་གིས་གཟིར་གྱུར་པ། །ལུས་ཅན་དེ་ནི་དྲན་པ་ཉམས། །ཡང་དག་རྗེས་སུ་མི་དྲན་པ། །དེ་ཡི་བློ་ནི་རྒས་པས་ནོན། །དེ་ཀུན་དགའ་བོས་ཐོས་ནས་དེ་ལ་སླུས་ན་འཐབ་མོར་འགྱུར། དེའི་མཁན་པོའི་དྲུང་དུ་བདག་འགྲོ་བར་མི་རིགས་པས་མྱ་ངན་ལས་འདའ་བར་བྱའོ་སྙམ་སྟེ། སྙིང་པ་དག་ཀུང་སྔར་འདས་ཏེ། །གསར་བུ་དེ་དང་བདག་མི་མཐུན། །བདག་ནི་གཅིག་པུ་བསམ་གཏན་ལ། །སྒྲོ་ང་ལས་སྐྱེས་བཞིན་དུ་གནས། །བདག་གི་གྲོགས་དང་མཛའ་བོ་ཀུན། །སྔོན་དུ་འདས་ཤིང་སོང་བར་གྱུར། །ཧི་ལྟར་བསམ་གཏན་གནས་དྲན་པ། །དེ་འདྲིའི་བཤེས་གཉེན་འདི་ན་མེད། །ཅེས་སོ། །

དེས་ན་ཀུན་དགའ་བོས་མདོ་སྡེ་བསྡུས་ཏེ། བརྒྱད་སྟོང་པའི་ལེའུ་སུམ་ཅུ་སོ་གཉིས་པ་ཤེར་ཕྱིན་ཡོངས་སུ་གཏད་པའི་ལེའུ་ལས། ཀུན་དགའ་བོ་ཅི་ནས་ཀྱང་ཤེས་རབ་ཀྱི་ཕ་རོལ་ཏུ་ཕྱིན་པ་འདི་ནུབ་པར་མི་འགྱུར་ཞིང་ཅི་ནས་ཀྱང་ཁྱོད་སྐྱེས་བུ་ཐ་མར་མི་འགྱུར་བར་ཁྱོད་ལ་ལན་གཉིས་ལན་གསུམ་དུ་ཡོངས་སུ་གཏད་དོ། །ཀུན་དགའ་བོ་ཤེས་རབ་ཀྱི་ཕ་རོལ་ཏུ་ཕྱིན་པ་འདི་འཇིག་རྟེན་ན་ཇི་སྲིད་དུ་སྤྱོད་པ་དེ་སྲིད་དུ་དེ་བཞིན་གཤེགས་པ་བཞུགས་པར་རིག་པར་བྱའོ་ཞེས་གསུངས། འོ་ན་ཡུམ་འདི་འཇིག་རྟེན་ན་ཇི་ལྟར་བཞུགས་ཞེ་ན། རྒྱལ་བའི་ཡུམ་ཤིན་ཏུ་རྒྱས་པ་བྱེ་བ་ཁྲག་བརྒྱ་པ་ནི་དྲི་ཟའི་རྒྱལ་པོ་རྣམ་པར་རྒྱལ་བའི་གནས་ན་བཞུགས་ལ། འབྲིང་འབུམ་ཁྲག་བརྒྱ་པ་ནི་ལྷའི་དབང་པོའི་གནས་ན་བཞུགས་ཞེས་གྲག་གོ། །བསྡུས་པ་འབུམ་ནི་ཀླུའི་ཡུལ་ནས་སློབ་དཔོན་ཀླུ་སྒྲུབ་ཀྱིས་སྤྱན་དྲངས་ནས་ད་ལྟ་མི་ཡུལ་ན་བཞུགས་པ་འདི་ཡིན་ནོ་ཞེས་བཤད་དོ། །

དེ་ནས་ཀུན་དགའ་བོས་ཤ་ནའི་གོས་ཅན་ལ། སྟོན་པས་འོད་སྲུང་ལ། དེས་ཀྱང་ང་ལ་བསྟན་པ་གཏད་དོ། །ང་ཡང་འདའ་བས་བསྟན་པ་ཁྱོད་ཀྱིས་སྐྱོངས་ཤིག །ཡུལ་བཅོམ་བརླག་གི་རི་མུ་རུན་ད་ར་ཚོང་དཔོན་གྱི་བུ་ན་ཏ་དང་ཕ་ཏས་གཙུག་ལག་ཁང་བརྩིགས་ནས་སྦྱིན་བདག་བྱེད་པར་ལུང་བསྟན་ནོ། །དེར་སྤོས་འཚོང་སྤྲས་པའི་བུ་ཉེར་སྦས་རབ་ཏུ་ཕྱུང་ཤིག །ང་འདས་ནས་ལོ་བརྒྱ་ན་དེ་མཚན་མེད་པའི་སངས་རྒྱས་སུ་འགྱུར་ཏེ་སངས་རྒྱས་ཀྱི་བྱ་བ་བྱེད་དོ་ཞེས་སྟོན་པས་ལུང་བསྟན་ནོ། །དེས་དེ་བཞིན་བྱའོ་ཞེས་སོ། །དེ་ནས་མ་སྐྱེས་དགྲ་ལ་སྤྲིན་ཏེ་གནྡྷའི་དབུས་སུ་སོང་ངོ་། །རྒྱལ་པོ་གདུགས་ཀྱི་ཡུ་བ་ཆག་པ་རྨིས་ནས་སད་པ་དང་སྤྲིན་པ་ཐོས་ཏེ་བརྒྱལ་ལོ། །སངས་པ་དང་དཔུང་དང་བཅས་ཏེ་གནྡྷར་སོང་ངོ་། །དེའི་ཚེ་ལྷས་ཡངས་པ་ཅན་པ་ལ། འཕགས་པ་ཀུན་དགའ་འགྲོ་བའི་སྒྲོན་མེ་ནི། །སྐྱེ་བོ་ཕལ་པོ་ཆེ་ལ་ཐུགས་རྗེ་མཛད། །ཐུབ་པ་འདིས་ནི་མྱ་ངན་མུན་བསལ་ནས། །རབ་ཞི་བསྟན་པར་ཡངས་པ་ཅན་དུ་གཤེགས། །དེ་ནས་ལི་ཙ་བྱི་རྣམས་ཀྱང་གནྡྷར་སོང་ངོ་དེའི་ཚེ་དྲང་སྲོང་ཞིག་འཁོར་ལྔ་བརྒྱས་བསྐོར་ཏེ་རབ་ཏུ་འབྱུང་བར་ཞུས་པས་ཀུན་དགའ་བོས་གནྡྷའི་དབུས་སུ་གླིང་སྤྲུལ་ཏེ་དེར་བསྙེན་པར་རྫོགས་པས་དགྲ་བཅོམ་པར་གྱུར་ནས་དུས་དང་གནས་ཀྱི་དབང་གིས་ཉི་མ་གུང་པའི་ཆུ་དབུས་པ་ཞེས་གྲགས་སོ། །

ཀུན་དགའ་བོའི་སྟོན་ལ་འདའ་བར་ཞུས་པས་ཁ་ཆེ་ནི་བསམ་གཏན་དང་མཐུན་པ་དང་གནས་མལ་གྱི་མཆོག་ཏུ་གྱུར་པ་དང་། ང་འདས་ནས་ལོ་བརྒྱ་ན་དགེ་སློང་ཉི་མའི་གུང་པ་ཞེས་བྱ་བས་བསྟན་པ་འཛུགས་གོ་ཞེས་ལུང་བསྟན་པས་དེ་བཞིན་གྱིས་ཤིག །དེས་དེ་བཞིན་བགྱིའོ་ཞེས་སོ། །དེ་ནས་ཀུན་དགའ་བོས་ཆོ་འཕྲུལ་སྣ་ཚོགས་བསྟན་ནས་མྱ་ངན་ལས་འདས་ཏེ། ལུས་ཕྱེད་ཡངས་པ་ཅན་པས། ཕྱེད་མ་སྐྱེས་དགྲས་ཐོབ་སྟེ། ཡེ་ཤེས་རྡོ་རྗེ་རྣོན་པོ་ཡིས། །རང་གི་ལུས་ཀྱི་རི་བོ་བཅོམ། །ཕྱེད་ནི་མི་ཡི་དབང་པོར་བྱིན། །ཕྱེད་ནི་ཐུབ་པའི་ཚོགས་ལ་བྱིན། །དེ་ནས་ཡུལ་ཡངས་པ་ཅན་དང་སྐྱ་ནར་བུར་མཆོད་རྟེན་བརྩིགས་སོ། །དེ་ནས་ཉི་མའི་གུང་པས་སྟོན་པའི་ལུང་བསྟན་དང་མཁན་པོའི་གསུང་སྒྲུབ་པའི་ཕྱིར། ཁ་ཆེར་སོང་སྟེ་དཀྱིལ་ཀྲུང་བཅས་ཏེ་མཉམ་པར་བཞག་པས་ཀླུ་འཁྲུགས་ཏེ་ས་གཡོས་རྡེའུ་ཆར་དྲག་པོ་ཕབ་ཀྱང་། ཆོས་གོས་ཀྱི་མཐའ་ཡང་མ་གཡོས་མདའ་མཚོན་གྱི་ཆར་ཕབ་པ་མེ་ཏོག་ཏུ་བསྒྱུར་བས། ཀླུ་རྣམས་ངོ་མཚར་དུ་གྱུར་ཏེ་བཀའ་ཅི་སྒྲུལ་ཟེར་བ་དང་། སྟོན་པས་ལུང་བསྟན་པས་གནས་འདི་ངའི་ཡིན་ནོ་གསུང་སྟེ་དཀྱིལ་ཀྲུང་གཅིག་གིས་ལུང་པ་དགུའི་མདོ་ནོན་པའི་ས་དེ་ཕུལ་ཏེ་འཁོར་ཇི་སྙེད་མངའ། དགྲ་བཅོམ་པ་ལྔ་བརྒྱའོ། །དེས་དེ་ལ་གཅིག་གིས་མ་ཚང་ན་ཡང་གནས་དགྲོག་གོ། །གནས་བརྟན་གྱིས་དེ་ལྷ་མོད་ཀྱི་སྦྱིན་བདག་གནས་པར་ལེན་པ་ཡོད་པས་ཁྱིམ་བདག་ཀྱང་གཞུག

པར་བྱའོ། །དེ་ནས་སྐྱེ་བོའི་ཚོགས་བཅུག་ཅིང་དེ་དག་སྐྱེལ་བའི་ཕྱིར་རི་སྒྱོས་ཀྱི་དད་ལྡང་ཏུ་ཕྱིན་ནས་གུར་གུམ་སྟོན་ནས་ཀླུ་རྣམས་འབྲུགས་པ་དང་དེ་དག་བཏུལ་བ་དང་། ཀླུ་རྣམས་ཀྱིས་བསྟན་པ་ཇི་སྲིད་གནས། གནས་བརྟན་གྱིས་ལོ་སྟོང་ངོ་། །དེ་དག་གིས་སྟོན་པའི་བསྟན་པ་གནས་ཀྱི་བར་གནང་ངོ་། །གནས་བརྟན་གྱིས་དེ་བཞིན་དུ་གྱུར་ཅིག་ཅེས་སྨྲས་སོ། །དེ་ལྟར་ཁ་ཆེར་བསྟན་པ་བཞག་སྟེ་མྱ་ངན་ལས་འདས་སོ། །ཤ་ནའི་གོས་ཅན་གྱིས་ཉེར་སྦས་ལ། དེས་དྷི་ཏི་ཀ་ལ། དེས་ནག་པོ་ལ། དེས་ལེགས་མཐོང་ལ་བསྟན་པ་གཏད་དེ་རྒྱས་པར་བྱའོ། །འོད་སྲུང་ཀུན་དགའ་ཤ་ནའི་གོས་ཅན་དང་། །ཉེར་སྦས་དྷི་ཏི་ཀ་དང་ནག་པོ་པ། །ལེགས་མཐོང་ཆེན་པོ་བསྟན་པའི་གཏད་རབས་བདུན། །འདུལ་བ་ཕྲན་ཚེགས་ནང་ནས་འབྱུང་བ་ཡིན། །

བཀའ་བསྡུ་གཉིས་པ་ནི། སྟོན་པ་མྱ་ངན་ལས་འདས་ནས་ལོ་བརྒྱ་དང་བཅུ་ལོན་པ་ན་ཡངས་པ་ཅན་གྱི་དགེ་སློང་རྣམས་ཀྱིས་རུང་བ་མ་ཡིན་པའི་གཞི་བཅུ་ནི། ཨ་ལ་ལ་དང་རྗེས་སུ་ཡི་རང་སྤྱོད་པ་དང་། །ས་རྐོ་བ་དང་ལན་ཚྭ་དག་དང་ལྃ་དང་ནི། །སོར་མོ་གཉིས་རུང་འཐིབ་དང་དགྲུགས་དང་གདིང་བ་དང་། །གསེར་དངུལ་བྱས་པ་འདི་ནི་བར་སྡོམ་ཡང་དག་བསྡུས། །ཞེས་པ་དེ་དག་ཀུན་ཏུ་སྤྱོད་དོ། །

དེའི་ཚེ་ཡངས་པ་ཅན་ན་དགྲ་བཅོམ་པ་ཐམས་ཅད་འདོད་ཅེས་པ་རྣམ་ཐར་བརྒྱད་ལྡན་ཞིག་སྡིང་ལས་ཆུང་ངུར་འདུག་གོ། །གྲོང་ཁྱེར་ནོར་ཅན་ནས་དགྲ་བཅོམ་པ་གྲགས་པ་འཁོར་ལྔ་བརྒྱ་དང་བཅས་པ་ལྷོངས་རྒྱུ་ཞིང་ཡངས་པ་ཅན་དུ་ཕྱིན་པས་རྙེད་པ་བགོས་པ་དང་ཐུག་སྐྱེ་རྙེད་པའི་སྐལ་པ་ཆེན་པོ་བྱུང་སྟེ་དྲིས་པས་རུང་བ་མ་ཡིན་པའི་གཞི་བཅུ་སྤྱོད་པ་རིག་ནས། ཐམས་ཅད་འདོད་ཅན་ཕྱིན་ཏེ་ཨ་ལ་ལའི་རུང་བ་བགྱིད་པ་རུང་ངམ་དེ་ཅི་ཡིན། ཡངས་པ་ཅན་གྱི་དགེ་སློང་རྣམས་ཆོས་མིན་དང་མཐུན་པའི་ལས་བྱས་ནས་ཨ་ལ་ལ་ཞེས་བྱ་བར་བྱེད་དོ། །ཚེ་དང་ལྡན་པ་རུང་བ་མ་ཡིན་པའོ། །གང་དུ་བཅས། ཙམ་པ་ར་རོ། །གང་ལ་བརྟེན་ནས་བཅས། དྲུག་སྡེ་ལའོ། །ལྟུང་བ་ཅིར་འགྱུར། ཞེས་བྱས་སུའོ། །གནས་བརྟན། འདི་ནི་བཞི་དང་པོ་མདོ་སྡེ་ལས་འདས་འདུལ་བ་ལས་བཏེན་པའི་བསྟན་པ་དང་བྲལ་ཏེ། མདོ་སྡེ་ལ་མི་འཇུག་འདུལ་བ་ལ་མི་སྣང་ཆོས་ཉིད་དང་འགལ་བ་སྟེ་དེ་ལ་རུང་བར་སྟོན་ཅིང་སྤྱོད་ན་དེ་བཏང་སྙོམས་སུ་བཞག་གམ། དེ་ཙང་མི་སླ་བར་འདུག་གོ །གནས་བརྟན། དེ་ནི་དེར་བས་ན་འདི་ཞུ་བར་བགྱི་སྟེ་རྗེས་སུ་ཡི་རང་གི་རུང་བ་རུང་ངམ། སྟར་བཞིན་སྨྲར་ལ། སྟར་ལྟ་བུ་ལས་ཀ་བྱས་ནས་ཉེ་འཁོར་གྱི་དགེ་སློང་རྣམས་རྗེས་སུ་ཡི་རང་བ་བྱེད་དུ་འཇུག་ཅིང་དེས་རུང་བར་བྱེད་དོ། །མི་རུང་སྟེ་ཙམ་པར་དྲུག་སྡེ་ལ་ཉེས་བྱས་སུའོ། །ཀུན་སྤྱོད་ནི་རང་གི་ལག་གིས་ས་བརྐོས་ནས་ཀུན་ཏུ་སྤྱོད་པས་རུང་བར་བྱེད་དེ་མཉན་ཡོད་དུ་དྲུག་སྡེ་ལ་ལྟུང་བྱེད་དུའོ། །ཚྭ་ནི་ཇི་སྲིད་འཚོའི་བར་དུ་ཚྭ་དུས་རུང་དང་བསྲེས་ནས

སྤྱོད་ཅིང་དུས་རུང་དུ་བྱེད་དེ་རྒྱལ་པོའི་ཁབ་ཏུ་ཤཱ་རིའི་བུ་ལ་ལྟུང་བྱེད་དོ། །ལམ་གྱིས་རུང་བ་ནི་དཔག་ཚད་དང་དཔག་ཚད་ཕྱེད་དུ་སོང་ནས་འདུས་ཤིང་ཟན་ཟོས་ནས་ལམ་གྱིས་རུང་བར་བྱེད་དེ་རྒྱལ་པོའི་ཁབ་ཏུ་ལྷ་སྦྱིན་ལ་ལྟུང་བྱེད་དུའོ། །སོར་མོ་གཉིས་ནི་ལྷག་པོར་མ་བྱས་པའི་བཟའ་བཅའ་སོར་མོ་གཉིས་ཀྱིས་རུང་བར་བྱས་པས་ཟ་སྟེ་མཉན་ཡོད་དུ་མང་པོ་ལ་ལྟུང་བྱེད་དུའོ། །ནད་པས་ནི་སྨིན་བུ་པད་མ་བཞིན་དུ་ཚང་འཛིབས་ཏེ་འཐུང་ནས་ནད་པས་རུང་བར་བྱེད་དེ་མཉན་ཡོད་དུ་ལེགས་འོངས་ལ་ལྟུང་བྱེད་དུའོ། །བསྲེས་པས་རུང་བ་ནི་འོ་མ་བྲེ་གང་དང་ཞོ་བྲེ་གང་དཀྲུགས་ནས་དུས་མིན་དུ་ཟོས་ནས་རུང་བར་བྱེད་དེ་མཉན་ཡོད་དུ་མང་པོ་ལ་ལྟུང་བྱེད་དུའོ། །གདིང་བ་ནི་གདིང་བ་རྙིང་པ་བདེ་བར་གཤེགས་པའི་མཐོ་གང་གིས་འཁོར་བས་གསར་པ་ལ་མ་བསྣན་པར་སྤྱོད་དེ་མཉན་ཡོད་དུ་མང་པོ་ལ་ལྟུང་བྱེད་དུའོ། །གསེར་དངུལ་ནི་ལྟུང་བཟེད་དྲི་ཞིམ་པོས་བསྐུས་ཏེ་དགེ་སློང་གི་མགོ་བོའི་སྟེང་དུ་ཁྲིའི་སྟན་དང་བཅས་པའི་སྟེང་དུ་བཞག་ནས་ལམ་སྲང་དང་གཞི་མདོར་ལྟུང་བཟེད་འདི་ནི་བཟང་པོ་སྟེ་འདིར་སྦྱིན་ནམ་བླུག་ན་འབྲས་བུ་ཆེན་པོར་འགྱུར་རོ་ཞེས་བྱས་པས་གཞན་གྱིས་དེར་གསེར་དངུལ་བླུག་པ་ལོངས་སྤྱོད་དེ་དྲུག་སྡེ། སོགས་ལ་སྦྱང་ལྟུང་དུ་བཅས་སོ། །དེ་ནས་ཐམས་ཅད་འདོད་ན་རེ་ཁྱོད་སོང་ལ་ཕྱོགས་ཆོལ་ཞིག ངས་ཆོས་བཞིན་གྲོགས་བྱའོ། །དེ་ནས་གྲགས་པས་གྲོང་ཁྱེར་ནོར་ཅན་གྱི་གཡོ་ལྡན་དང་སང་ཀ་ཤའི་ནོར་ཅན་དང་དམར་བུ་ཅན་གྱི་ བླ་རྒྱུར་འགོག་སློམས་མཛད་པས་ཡིད་དགའ་བ་དང་། སུག་ནན་དང་མ་ཕམ་པ་དང་མ་ཕེ་ལྡན་ན་ཡང་དག་སྐྱེས་དང་ལྷན་ཅིག་སྐྱེས་ན་ནམ་གྲུ་གནས་པ་ལ་སྔར་བཞིན་བརྗོད་པས། དེས་ཁྱོད་ངལ་གསོ་ལ་ངས་ཕྱོགས་བཅལ་ལོ་ཞེས་དེ་ཕྱོགས་ཆོལ་དུ་སོང་ངོ་། །

དེ་ནས་ཡངས་པ་ཅན་གྱི་དགེ་སློང་རྣམས་ཀྱིས་གྲགས་པའི་སློབ་མ་ལ་མཁན་པོ་གར་སོང་དྲིས་པས། ཁྱེད་ཅག་གནས་ནས་དབྱུང་བའི་ལས་བྱེད་པའི་ཕྱོགས་ཆོལ་ལོ། །དེ་དག་གིས་སྨྲས་པ། དེ་ལེགས་པ་མ་ཡིན་པ་བྱེད་དེ་སྟོན་པ་འདས་པའི་གསུང་རབ་ལ་རྣམ་པ་དེ་དང་དེ་དག་གིས་འཚོ་བར་རུང་ན་དེད་རྣམས་ལ་ཅིའི་ཕྱིར་ཐོ་འཚམ། གཞན་ཞིག་གིས་སྨྲས་པ་ཁྱེད་རུང་བ་ཁ་ཅིག་སྤྱོད་ཅིང་བསྟན་པ་ལ་ཆུ་བུར་བསྐྱེད་པས་ངེས་པར་གནས་ནས་དབྱུང་བའི་ལས་བྱེད་དོ་ཞེས་སྨྲས་པས་སྐྲག་སྟེ། གྲགས་པའི་སློབ་མ་ལ་སྣམ་སྦྱར་དང་ཆོས་གོས་ལ་སོགས་པ་བྱིན་ནས་བར་བཅོལ་ལོ། །དེ་ནས་གྲགས་པས་ཕྱོགས་བཅལ་ཏེ་སླར་འོངས་པ་དང་དེ་དག་གིས་མཁན་པོ་ཐུགས་འདི་ལྟ་བུ་བཟློག་པར་རིགས་ཏེ། སྟོན་པ་འདས་པའི་གསུང་རབ་ལ་རྣམ་པ་དེ་དང་དེ་དག་གིས་འཚོ་བར་རུང་ན་ཅིའི་སླད་དུ་དེ་དག་ལ་གནོད་པའི་ལས་བགྱི་ཞེས་སྨྲས་པས། དེ་དག་གིས་སུག་བླངས་པར་ཤེས་ནས་དེ་དག་བཤད་དེ། གང་གིས་བཤོལ་བར་བྱ་བ་རིངས་བྱེད་རིངས་པ་བཤོལ་བྱེད་པ། །ཚུལ་

བཞིན་བྱ་བ་རབ་སྦྱངས་བྱིས་པ་དེ་ནི་སྡུག་བསྔལ་འགྲོ། །དེ་ནི་གྲགས་པ་མེད་པའི་སྐལ་ལྡན་གྲོགས་ཀྱིས་རྣམ་པར་སྦྱངས། །དེ་ཡི་དོན་ནི་མི་འཕེལ་མར་གྱི་ངོ་ཡི་ཟླ་བ་བཞིན། །གང་གིས་དགོངས་པ་དེ་བཞིན་རིངས་བྱེད་བློ་ལྡན་མི་བཤོལ་བ། །ཚུལ་བཞིན་མ་ཡིན་རབ་སྦྱངས་མཁས་པ་དེ་ནི་བདེ་བ་ཐོབ། །དེ་ནི་གྲགས་པ་སྐལ་ལྡན་གྲོགས་པོ་རྣམས་ཀྱིས་སྦྱངས་མི་འགྱུར། །དེ་ཡི་དོན་ནི་འཕེལ་བ་ཡར་གྱི་ངོ་ཡི་ཟླ་བ་བཞིན། །དེ་ནས་གྲགས་པ་འཁོར་གྱི་ཁྲིམས་སུ་ཞུགས་ཏེ་སློན་གནས་ཤེས་པས་བརྟགས། གཉྫི་བཏུངས་པས་དགྲ་བཅོམ་པ་བདུན་བརྒྱར་གཅིག་གིས་མ་ཚང་བ་འདུས་ཏེ་ཀུན་དགའ་བོའི་སློབ་མ་ཤ་སྟག་གོ། །ཟླ་རྒྱུར་འགོག་སྙོམས་ལ་ཞུགས་པས་མ་ཐོས་སོ། །དེ་ནས་གྲགས་པས་མིང་ཕྱུང་སྟེ་བཟླས་ན་འཁྲུག་པ་ཆེན་པོར་འགྱུར་བས་མིང་མི་དབྱུང་བར་བརྗོད་པར་བྱའོ་སྙམ་སྟེ་ཤན་པའི་མཐའ་ལོགས་ཐལ་མོ་སྦྱར་ཏེ་འདུག་གོ། །དེའི་ཚེ་ཟླ་རྒྱུར་འགོག་པ་ལས་ལངས་པ་ལ་ལྷ་ཞིག་གིས་ཁྲིད་མཁན་པོ་གཅིག་པའི་དགྲ་བཅོམ་པ་བདུན་བརྒྱར་གཅིག་གིས་མ་ཚང་བས་བསྟན་པ་སྐྱོང་བས་རིངས་པར་བཞུད་ཅིག །དེས་རྫུ་འཕྲུལ་གྱིས་ཁྲིམས་ཀྱི་སྒོར་འདུག་སྟེ་སྒོ་བརྡུངས་པས་ཁྱོད་སུ་ཡིན་འདྲི་བ་ལ། གང་དག་དམར་བུ་ཅན་ན་གནས་པ་ཡི། །དགེ་སློང་མང་དུ་ཐོས་པ་འདུལ་བ་འཛིན། །དེ་དག་ལས་ནི་གཞན་ཞིག་འདིར་འོངས་ཏེ། །དབང་པོ་དུལ་ཞེས་བྱ་བ་སྒོ་ན་འདུག །དབང་པོ་དུལ་བ་གཞན་ཡང་ཡོད་ཀྱིས་སུ་ཡིན། ཐེ་ཚོམ་བཅད་དང་འགྱོད་པ་མེད་དང་ཟླ་རྒྱུར་ཞེས་སྨྲས་པས་སྒོ་ཕྱེ་སྟེ་ནང་དུ་ཞུགས་སོ། །

དེ་ནས་གྲགས་པས། རྒན་རིམ་དུ་ཚེ་དང་ལྡན་པ་དག་ཨ་ལ་ལའི་རུང་བ་རུང་ངམ། ཞེས་སོགས་སྔར་བཞིན་ལས་དགེ་སློང་ཁ་ཅིག་ཅེས་མིང་མ་ཕྱུང་བར་བཟླས་ཏེ་རབ་ཏུ་སྤྱོད་དེ་བདག་ཅག་གིས་དོར་བར་བགྱིའོ་ཞེས་གཞི་བཅུ་རྒྱས་པར་མཛད་ནས་དེ་དག་གིས་ཀྱང་ཡང་དག་པར་བརྗོད་ནས། ཕྱིར་བྱུང་ནས་གཉྫི་བཏུངས་པས་ཡངས་པ་ཅན་གྱི་དགེ་སློང་རྣམས་བསྡུས་ཏེ། རྒན་རིམ་དུ་ཡངས་པ་ཅན་གྱི་དགེ་སློང་ཞེས་མིང་ཕྱུང་སྟེ་གཞི་བཅུ་རྒྱས་པར་བརྗོད་ནས། ཐམས་ཅད་ཀྱིས་དེ་དག་བདག་ཅག་གིས་དོར་བར་བྱའོ་ཞེས་བརྗོད་པས་བདུན་བརྒྱས་ཡང་དག་པར་བརྗོད་པ་ཞེས་གྲགས་སོ། །དེ་ལྟར་ན་དགོས་པ་རུང་མིན་གཞི་བཅུ་བསལ་བའི་ཕྱིར། དུས་སྟོན་པ་འདས་ནས་ལོ་བརྒྱ་དང་བཅུ་ན་གནས་ཡངས་པ་ཅན་གྱི་ཀས་སྨ་པུ་རིའི་གཙུག་ལག་ཁང་དུ། སྦྱིན་བདག་ཆོས་རྒྱལ་མྱ་ངན་མེད་ཀྱིས་བྱས་ཏེ་དགྲ་བཅོམ་པ་བདུན་བརྒྱས་བསྡུ་བ་གཉིས་པ་བྱས་སོ། །

བསྡུ་བ་གསུམ་པ་ནི། འདུལ་བ་ལུང་ན་མེད་པས་མི་མཐུན་པ་ཅི་རིགས་སུ་སྣང་ནའང་། དགོས་པ་ནི་གྱིས་པ་བཅོ་བརྒྱད་བཀའ་མ་ཡིན་པའི་དོགས་པ་བསལ་བའི་ཕྱིར། དུས་སྟོན་པ་འདས་ནས་ལོ་སུམ་བརྒྱ་ན་གནས་ཁ་ཆེའི་ཡུལ་ཀུན་བན་ཞེས་བྱ་བའི་དགོན་པར། སྦྱིན་བདག་ཛ་ལན་དྷ་རའི་རྒྱལ་པོ་ཀ་ནི་ཀས་བྱས་ཏེ།

སྡུད་པ་པོ་བུར་ནི་ཀ་ལ་སོགས་པ་དགྲ་བཅོམ་པ་ལྔ་བརྒྱ། ཐ་སུ་མི་ཏྲ་ལ་སོགས་པ་བྱང་ཆུབ་སེམས་དཔའ་ལྔ་བརྒྱ། སོ་སོ་སྐྱེ་བོའི་པཎྜི་ཏ་ཉིས་བརྒྱ་ལྔ་བཅུའམ་ཁྲི་དྲུག་སྟོང་འདུས་ནས་ཞལ་ཐོན་དུ་མཛད་དེ། བཅོ་བརྒྱད་པོ་ཐམས་ཅད་བཀར་བསྒྲུབས་སོ། །དེ་ལ་སྡེ་པ་གྱེས་ཚུལ་ལ་ཐ་བྱེད་ན་རེ་རྩ་བ་ཕལ་ཆེན་པ་དང་གནས་བརྟན་པ་གཉིས་ཡིན་ཟེར་རོ། ཁ་ཅིག་རྣམ་པར་ཕྱེ་སྟེ་སྨྲ་བ་དང་གསུམ་ཡིན་ཟེར་རོ། །གཞི་ཡོད་སྨྲ་བ་ན་རེ་བསྡུ་བ་གཉིས་པའི་བར་དུ་གཞི་ཐམས་ཅད་ཡོད་པར་སྨྲ་བ་གཅིག་པུ་ལས་མེད་པ་ལ་དེ་རྗེས་ནས་སྐད་ཐ་དད་ཀྱིས་འདོན་པས་བཅུ་བདུན་ཏེ། གྱེས་པ་ནི་བསྟན་པ་མིན་ཏེ། སྡོམ་གྱིས་མ་བསྡུས་པས་འདུལ་བ་ལ་མི་སྣང་། དོན་ཕན་ཚུན་འགལ་བས་མདོ་སྡེ་ལ་མི་འཇུག །ཚིག་གི་དོན་གཞན་དུ་སྟོན་པས་ཆོས་ཉིད་དང་མི་མཐུན་པས་བཀའ་མིན་ནོ་ཟེར་བ་ལ། གྱེས་པ་བཅུ་བདུན་གྱི་གཞུང་བཀའ་ཡིན་ཏེ། ཚུལ་ཁྲིམས་སྟོན་པས་འདུལ་བ་ལ་སྣང་། ལྷག་པའི་སེམས་སྟོན་པས་མདོ་སྡེ་ལ་འཇུག་མྱང་འདས་དང་མཐུན་ཞིང་ལྷག་པའི་ཤེས་རབ་སྟོན་པས་ཆོས་ཉིད་དང་མི་འགལ་བའི་ཕྱིར་རོ། །ཆོས་ཐམས་ཅད་བདག་མེད་ལ་སོགས་པའི་ཕྱག་རྒྱ་གསུམ་གྱིས་བཏབ་པའི་ཕྱིར་དང་། སངས་རྒྱས་ཀྱི་གསུང་དོན་ཁོ་ན་གཙོར་བཞེད་པའི་ཕྱིར་དང་དགྲ་བཅོམ་པ་རྣམས་ཀྱིས་རྣམ་པར་དབྱེ་བ་མཛད་པའི་ཕྱིར་དང་། དེ་དག་ཀྱང་སངས་རྒྱས་ཀྱི་བྱིན་བརླབས་ལས་བྱུང་བའི་ཕྱིར་དང་། རྒྱལ་པོ་ཀྲི་ཀྲིའི་རྨི་ལམ་བཤད་པའི་མདོ་ལས། རྒྱལ་པོ་ཆེན་པོ་ཁྱོད་ཀྱི་རྨི་ལམ་དུ་མི་བཅོ་བརྒྱད་ཀྱིས་རས་ཡུག་འདྲེན་པ་མཐོང་བ་དེ་ནི་ཤཱཀྱ་ཐུབ་པའི་བསྟན་པ་རྣམ་པ་བཅོ་བརྒྱད་དུ་གྱེས་པར་འགྱུར་ལ་དེའི་རྣམ་པར་གྲོལ་བའི་རས་ནི་གྱེས་པར་མི་འགྱུར་བའོ་ཞེས་གསུངས་པས་བཀར་བསྒྲུབས་སོ། །

འདིར་འདུལ་བ་འོད་ལྡན་ལས། དེ་ནས་རྒྱལ་པོ་ཧྨ་ཨ་ཤོ་ཀ་ཤི་བ་དང་དགྲ་བཅོམ་པ་རྣམས་ཀྱིས་ཐ་མལ་པ་དང་ཟུར་ཆག་པ་དང་བར་མར་འདོན་པའི་ཚིག་ལ་མངོན་པར་ཞེན་པ་གདུལ་བའི་དབང་གི་ཕྱིར། རིམ་གྱིས་གཞུང་གཞན་དང་གཞན་དུ་བསྒྱུར་ཏེ་རྒྱ་ཆེན་པོའི་སྐད་དུ་བསྒྱུར་བའི་མདོ་སྡེ་ལ་སོགས་པ་ལྟ་བུ་སྟེ། བསྟན་པ་བཅོ་བརྒྱད་ཀྱི་བར་དུ་གྱུར་པ་ཡིན་ནོ་ཞེས་བཤད།

གཉིས་པ་གཞུང་དོན་ལ། བཀའ་བསྡུ་བ་དང་པོ་དང་། གཉིས་པ་དང་། གསུམ་པ་རྣམས་ལས། དང་པོ་ནི། སངས་རྒྱས་གསུང་རབ་དྲི་མ་མེད་པ་ལ་བཀའ་བསྡུ་བ་དང་པོ་བྱས་པའི་ཚུལ་ནི། སྡུད་པ་པོ་འོད་སྲུང་ཆེན་པོ་ལ་སོགས་དགྲ་བཅོམ་ལྔ་བརྒྱ་ལ། ཀུན་དགའ་བོས་མདོ་སྡེ་དང་འོད་སྲུང་ཆེན་པོས་མངོན་པ་དང་ཉེ་བ་འཁོར་གྱིས་འདུལ་བའི་སྡེ་སྣོད་བསྡུས་སོ། །

གཉིས་པ་ནི། བཀའ་བསྡུ་བ་དང་པོའི་རྗེས་སུ་བསྟན་པ་དག་པར་གནས་པ་ན། སྟོན་པ་འདས་ནས་ལོ

བརྒྱ་དང་བཅུ་ལོན་པའི་ཚེ་ཡངས་པ་ཅན་གྱི་དགེ་སློང་གིས་སངས་རྒྱས་བསྟན་དང་འགལ་བ་ཡི་མི་རུངས་བ་ཡི་བཞི་བཅུ་བྱས་པས་དེ་ལ་སྡུད་པ་པོ་གྲགས་པ་དང་སེང་གེ་སོགས། འཕགས་པ་དགྲ་བཅོམ་བདུན་བརྒྱ་ཡིས་བཀའ་བསྡུ་བ་གཉིས་པ་མཛད་པ་ཆོས་ཅན། དགོས་པ་ཡོད་དེ། ཆོས་ལོག་མི་རུངས་བའི་གཞི་བཅུ་ལེགས་པར་སུན་དབྱུང་བའི་ཕྱིར་ཅེས་ལུང་ཕྲན་ཚེགས་ལས་གྲགས་སོ། །གསུམ་པ་ནི། དེ་ལྟར་བསྟན་པ་དག་པར་བྱས་པའི་རྗེས་སྡུད་པ་པོ་དགྲ་བཅོམ་ལྔ་བརྒྱ་བྱང་ཆུབ་སེམས་དཔའ་ལྔ་བརྒྱ། སོ་སོ་སྐྱེ་བོའི་པཎྜི་ཏ་ཁྲི་དྲུག་སྟོང་རྣམས་ཀྱིས་བཀའ་བསྡུ་བ་གསུམ་པ་བྱས་ཞེས་རྒྱ་གར་མཁས་པའི་གཏམ་བརྒྱུད་ལས་ཐོས་པ་ཆོས་ཅན། དགོས་པ་ཡོད་དེ། སྔོན་རྒྱ་གར་ལྷོ་ཕྱོགས་ཀྱི་རྒྱུད་དུ་ཁྱིམ་བདག་ཕྱུག་པོ་ཞིག་ལ། བུ་མེད་ནས་ལྷ་ལ་གསོལ་བ་བཏབ་པས་ཟླ་བ་བཅུ་ནས་བུ་གཅིག་བཙས་ཏེ་དེའི་མིང་། ལྷ་ཆེན་ཞེས་བྱའི་དགེ་སློང་ཞིག །བསྟན་པ་འདི་ཡི་ཚོམ་རྐུན་བྱུང་། །དེ་ཡིས་རང་གི་ཕ་མ་བསད། །སློབ་དཔོན་ཡིན་པའི་དགྲ་བཅོམ་བཀྲོངས། །མཁན་སློབ་མེད་པའི་དགེ་སློང་བྱས། །ཕྱི་ནས་དགོན་པར་བསྡད་ནས་ནི། །སྦྱིན་བདག་རྣམས་ཀྱི་དད་རྫས་ཟོས། །བླུན་པོ་རྣམས་ཀྱི་མཁན་སློབ་བྱས། །བླུན་པོ་ལོངས་སྤྱོད་ཅན་རྣམས་ཀྱིས། །ཕུལ་བའི་ཟས་ནོར་ཆར་བཞིན་བབས། །སྐལ་མེད་དད་ཅན་འདུས་པ་ཡི། །དགེ་འདུན་འབུམ་ཕྲག་དུ་མས་བསྐོར། །དེ་ནས་བརྫུན་རླབས་ཆེན་པོ་དེས། །དགྲ་བཅོམ་ཡིན་པར་ཁས་བླངས་སོ། །འཁོར་གྱིས་རྫུ་འཕྲུལ་ཞུས་པ་ན། །རྫུ་འཕྲུལ་ཐོ་རངས་ཉམས་ཞེས་ཟེར། །རང་གི་སྡིག་པ་དྲན་པ་ཡིས། །སྨྲེ་སྔགས་ཆེན་པོ་བཏོན་པ་ལ། །སྡུག་བསྔལ་བདེན་པ་བོས་ཞེས་བསྒྲགས། །དེ་ལ་སོགས་པའི་བརྫུན་ཚིག་གིས། །ཚོགས་པ་རྣམས་ཀྱི་མགོ་བོ་བསྐོར། །འཕགས་པ་རྣམས་ལ་འབྱུང་རྒྱུ་ཡི། །དད་རྫས་རྣམས་ཀུན་དེ་ལ་འགྱུར། །རབ་བྱུང་བླུན་པོ་ཕལ་ཆེར་གྱིས། །དགྲ་བཅོམ་བོར་ནས་དེ་ལ་འདུད། །སངས་རྒྱས་མྱ་ངན་འདས་འོག་ཏུ། །སོ་སོ་སྐྱེ་བོས་འཁོར་བསྡུས་པ། །དེ་ལས་མང་བ་མེད་ཅེས་གྲག །དེ་ཡིས་ཆོས་ལོག་བཤད་པ་ཡི། །རྗེས་སུ་སློབ་མ་རྣམས་འབྲངས་ནས། །འཕྲུལ་པའི་གྲུབ་མཐའ་དུ་མ་བྱུང་། །ལྷ་ཆེན་བླུན་པོ་དེ་ཤི་ནས། །སེམས་ཅན་དམྱལ་བར་ཁྱུར་ཅེས་གྲག །དེ་ཡི་ལོག་པའི་ཆོས་དེ་དག །དགྲ་བཅོམ་རྣམས་ཀྱིས་སུན་ཕྱུང་ནས། །སྡེ་པ་བཅོ་བརྒྱད་སངས་རྒྱས་ཀྱི་བསྟན་པ་མ་ཡིན་པར་དོགས་པ་བསལ་བའི་ཕྱིར། །འོན་ཀྱང་། མཁས་པའི་གཙུག་རྒྱན་དབྱིག་གཉེན་གྱིས། །ཡང་དག་བསྡུས་པའི་གཞི་ཉམས་ཕྱིར། །མཐའ་དག་མིན་པར་རྟོགས་པ་ཡིན། །ཞེས་གསུངས་པ་ཡང་ཆོས་ཅན། རྒྱུ་མཚན་ཡོད་དེ། དགེ་སློང་ལྷ་ཆེན་གྱིས་བཤད་པའི་ཆོས་ལོག་དེ་ཡི་ལེ་ལན་གྱིས་སྡེ་པ་བཅོ་བརྒྱད་རྣམས་ལ་ཡང་ཅུང་ཟད་བསླད་པ་ཡོད་ཅེས་ཟེར། ཁྱད་པར་དུ་ལུང་སྡེ་བཞི་གཞུང་བླ་མ་སོགས་བྲམ་ཟེའི་རྒྱལ་པོ་བསྟན་པ་ལ་སྡང་བ་ཞིག་གིས་བསྲེགས་པ་སོགས་བསྟན་པ་ཉམས

པའི་རྒྱུ་མཚན་དེ་ལ་དགོངས་པའི་ཕྱིར། སྔར་བཤད་པ་དེ་ནི་ཉན་ཐོས་རྣམས་ཀྱི་བསྟན་པ་ལ་དར་ནུབ་བྱུང་བའི་ཚུལ་ཡིན་ནོ། །

གཉིས་པ་ནི། སྟོན་པ་འདས་པའི་རྗེས་སུ་འང་ཐེག་པ་ཆེན་པོའི་བསྟན་པ་ནི་ཤིན་ཏུ་དར་བར་གྱུར་པའི་ཚེ་ཆོས་མངོན་པ་ལ་དགྲ་ལན་གསུམ་བྱུང་སྟེ།དང་པོ་ནི། ནང་པའི་གཙྟོའི་རྒྱུད་གསུམ་ལ། ལྷ་དང་ལྷ་མིན་ཀླུ་དབང་གིས་མཆོད་པའི། །དཀོན་མཆོག་གསུམ་གྱི་ཏོག་སྟེ་འདི་བརྟུངས་པས། །མུ་སྟེགས་འཆལ་བའི་ཀླད་པ་རྣམ་པར་འགེམས། །ཞེས་པའི་སྒྲ་མུ་སྟེགས་པའི་སྒྲ་མཁན་གྱིས་ཤེས་ནས་ཕྱི་རོལ་པ་དཔུང་དར་བས་བསྟན་པ་ལན་ཅིག་བསྣུབས་སོ། །ཡང་མཐའ་ནས་བསྟན་པ་རིམ་གྱིས་དར་བའི་ཚེ་ཡུལ་དབུས་ཀྱི་རྒྱལ་པོ་ལ་སྟག་གཟིག་གི་རྒྱལ་པོས་དམག་དྲངས་ནས་བསྟན་པ་ལན་ཅིག་བསྣུབས་སོ། །ཡང་མཐའ་ནས་བསྟན་པ་རིམ་གྱིས་དར་བའི་ཚེ་ལོ་བཅུ་གཉིས་ཀྱི་བར་དུ་ཉི་མ་བསྒྲུབས་པའི་མུ་སྟེགས་བྱེད། སྤྲང་པོ་ཉི་མའི་དངོས་གྲུབ་ཀྱིས་མིག་ནས་ཉི་མ་བདུན་ཕྱུང་ནས་ནཱ་ལེནྡྲ་སོགས་གཙུག་ལག་ཁང་རྣམས་བསྲེགས་པའི་ཚེ། དམ་ཆོས་མངོན་པ་ལ་སོགས་པའི་སྡེ་སྣོད་ཕལ་ཆེར་བསྲེགས་པས། ཕལ་པོ་ཆེ་ལང་ཀར་གཤེགས་པ་ཟླ་བ་སྒྲོན་མེ་དྲན་པ་ཉེར་བཞག་སོགས་གཞུང་འབུམ་ཕྲག་རེ་ཡོད་པ་དང་། དཀོན་མཆོག་བརྩེགས་པ་ཆོས་ཀྱི་རྣམ་གྲངས་སྟོང་ཕྲག་བརྒྱ་ཡོད་པ་སོགས་ད་ལྟ་མ་ཚང་བའི་རྒྱུ་མཚན་དེ་ལྟར་ཡིན་ཞེས་གྲག་གོ། །དེ་ནས་འཕགས་པ་ཐོགས་མེད་ཀྱིས་ལོ་བཅུ་གཉིས་ཀྱི་བར་དུ་བྱམས་པ་བསྒྲུབས་པས་ཞལ་གཟིགས་ནས་དགའ་ལྡན་དུ་བྱོན་ཏེ། མི་ཕམ་མགོན་ལ་དམ་ཆོས་མངོན་པ་ལ་སོགས་གསན་ནས་ནི་དེ་ཡི་གཞུང་ལུགས་མི་ཡུལ་དུ་དར་བར་མཛད་དོ། །དེ་ཡི་རྗེས་ལ་མཁས་པ་དང་བླུན་པོ་རྣམས་ཀྱི་བྱེ་བྲག་གིས་བསྟན་པའི་འཕེལ་འགྲིབ་དུ་མ་བྱུང་ངོ་། །

གཉིས་པ་ལ། བསྟན་པ་ལུང་ཆོས་ལ་སྔ་དར་དང་། བར་དར་དང་། ཕྱི་དར་བྱུང་བའི་ཚུལ་དང་གསུམ་ལས། དང་པོ་ནི། རྒྱ་གར་གྱི་དུས་ཕྱི་ནས་བོད་གངས་རིའི་ཁྲོད་འདི་རུ་ལྷ་ཐོ་ཐོ་རི་སྙན་ཤལ་གྱི་རིང་ལ་དམ་པ་ཆོས་ཀྱི་དབུ་བརྙེས། སྲོང་བཙན་སྒམ་པོའི་རིང་ལ་སྲོལ་བཏོད། ཁྲི་སྲོང་ལྡེ་བཙན་གྱི་རིང་ལ་དར་ཞིང་རྒྱས་པར་མཛད་དེ་ཀ་ཅོག་སོགས་ཀྱིས་སངས་རྒྱས་བསྟན་པ་ལེགས་པར་བསྒྱུར། དེ་ནས་བསྟན་པ་དར་བའི་ཚེ་མངའ་བདག་ཁྲི་རལ་གྱི་རྗེས་སུ་རྒྱལ་པོ་གླང་དར་མའི་སྙིང་དུ་གདོན་ཞུགས་ཏེ། རབ་བྱུང་ཕལ་ཆེར་ཕབ་མི་ཉན་པ་རྣམས་བསད་ལྷ་ཤཱཀྱ་མུ་ནེ་བྱེ་ཐེམས་སུ་སྦས། བསམ་ཡས་དང་ར་མོ་ཆེའི་སྒོ་ལ་འདམ་ཞལ་བྱས་པོ་ཏི་ཕལ་ཆེར་ལྷ་སའི་བྲག་ལ་སྦས། ལོ་པཎ་ལ་ལ་ཡུལ་ནས་བསྒྲད་ཕལ་ཆེར་བྲོས། ཉང་ཏིང་འཛིན་བཟང་པོ་དང་རྨ་རིན་ཆེན་མཆོག་བསད་པ་སོགས་བསྟན་པ་བསྣུབས་ཏེ་དེའི་རྗེས་ལ་ཆོས་ལོག་དུ་མ་འཕེལ།

གཉིས་པ་ནི། དེའི་ཚེ་ལྷ་བ་མཐོ་མཐོ་འདྲ་ཡང་སྒྱུར་སྒྲོལ་ལམ་དུ་བྱེད་པ་སོགས་སྤྱོད་པ་ཤིན་ཏུ་དམན་པས་བླ་མ་ཡེ་ཤེས་འོད་ཆོས་རྒྱལ་དེ་ཡིས་མངའ་རིས་ཀྱི་བྱིས་པ་ལོ་བཅོ་ལྔ་ནས་བཅོ་བརྒྱད་ཀྱི་བར་ཐམས་ཅད་བསྡུས་ཏེ། ཤེས་རབ་ཆེ་བ་ཉི་ཤུ་རྩ་བདུན་དང་འབྲིང་མ་ཉི་ཤུ་རྩ་བདུན་ལ་གསེར་མང་པོ་བསྐུར་ནས། སྐྱེས་བུ་མཆོག་རིན་ཆེན་བཟང་པོ་སོགས་སློབ་གཉེར་ལ་ཁ་ཆེར་བཙུགས་པས་ཕལ་ཆེར་བར་ཆད་དུ་སོང་། ཤེས་རབ་ཆེ་བ་ལོ་ཆེན་རིན་བཟང་དང་འབྲིང་མ་ལོ་ཆུང་ལེགས་པའི་ཤེས་རབ་གཉིས་ཀྱིས་བོད་དུ་སླེབས་ནས། འཇམ་པའི་དབྱངས་ཀྱིས་བྱིན་གྱིས་བརླབས་པའི་མཁས་པ་རིན་བཟང་དེ་ཡིས་ཕྱིས་བོད་དུ་སྒྲུབ་པ་ཟླ་བ་དྲུག་མཛད་པས་མཆོག་གི་དངོས་གྲུབ་བརྙེས་ཏེ། བོད་དུ་སྔོན་མེད་པའི་ཆོས་རྣམས་ཕལ་ཆེར་བསྒྱུར་ཅིང་ཞུས། ཆོས་དང་ཆོས་མིན་རྣམ་པར་འབྱེད་པ་ཞེས་བྱའི་བསྟན་བཅོས་མཛད་ནས་ནི་ཆོས་ལོག་ཐམས་ཅད་ནུབ་པར་མཛད་དོ། །ལོ་ཆེན་དེ་ཡི་སློབ་མ་ཞི་བ་འོད་དེས་ཀྱང་སྔགས་ལོག་སུན་འབྱིན་པ་ཞེས་བྱའི་བསྟན་བཅོས་མཛད་ཅེས་ཟེར་རོ། །དེ་ཡང་པུ་རངས་ཀྱི་ཆོས་རྒྱལ་ཞི་བ་འོད་ཀྱིས་བོད་ཀྱི་རྒྱལ་ཁམས་ལ་ཐུགས་བརྩེ་བར་དགོངས་ནས་ཆུ་ཕོ་སྤྲེའུའི་ལོ་ལ་བཀའ་ཤོག་བཙུགས་པའི་དོན་བསྡུས་པ་འདི་ལྟར། ད་ལྟ་བོད་འདི་ན་སངས་རྒྱས་ཀྱི་བཀའ་ལྟར་བཅོས་པའི་མདོ་རྒྱུད་འགྲེལ་པ་སྒྲུབ་ཐབས་སོགས་དུ་མ་རྒྱ་གར་ན་མེད་པའི་བོད་དུ་བྱས་པ་འདུག་ཅིང་། ཁྱད་པར་དུ་རྫོགས་པ་ཆེན་པོ་ནི་ལྷ་བ་མུ་སྟེགས་ཀྱི་རིམ་པ་དང་འདྲེས་པས་འདི་བྱས་ན་ངན་སོང་གི་ལམ་དུ་འགྱུར་ཞིང་བྱང་ཆུབ་ཀྱི་གེགས་སུ་འགྱུར་བས་རྣམ་པ་ཐམས་ཅད་དུ་བྱར་མི་རུང་ངོ་། །གཞན་ཡང་གསང་སྔགས་རྙིང་མ་བའི་སྤྱོད་པ་བྱེ་བྲག་ཏུ་དགག་པ་ལ་ཚིགས་སུ་བཅད་པ་མཛད་འདུག་ནའང་འདིར་མ་བྲིས་སོ། །

ལོ་ཆེན་རིན་ཆེན་བཟང་པོ་སོགས་དེ་དག་འདས་པའི་འོག་ཏུ་ཡང་། ཆོས་ལོག་འགའ་ཞིག་འཕེལ་བའི་རྒྱུས། །ལྷ་བཙས་ཞེས་བྱའི་ལོ་རྩ་བ། །དེས་ཀྱང་ཆོས་ལོག་སུན་འབྱིན་པ། །ཞེས་བྱའི་བསྟན་བཅོས་མཛད་ནས་ཆོས་དང་ཆོས་མིན་རྣམ་པར་ཕྱེ་བའི་ཚུལ་ནི། མགོས་ཁུག་པ་ལྷ་བཙས་ཞེས་བྱ་བས་བོད་ཀྱི་ཆོས་པ་རྣམས་ལ་སྤྲིངས་པའི་ཡི་གེ་ལས། གསང་སྔིང་ནི་རྨ་རིན་ཆེན་མཆོག་གིས་བརྩམས་ཤིང་དེའི་ཁ་སྐོང་དུ་སྒྱུ་འཕྲུལ་ལེ་ལག་བརྩམས། ཟུར་ཆེ་ཆུང་གིས་གསང་སྙིང་འགྲེལ་པ་དང་དཀྱིལ་ཆོག་སོགས་བརྩམས་སོ། ཁྲི་སྲོང་ལྡེ་བཙན་གྱི་རིང་ལ་བཻ་རོ་ཙ་ནས་རྒྱ་གར་ནས་ཁྱུངས་བཙལ་ཏེ། སེམས་ཕྱོགས་ནམ་མཁའ་ཆེ་དང་ཀུན་ལ་འཇུག་པ་དང་རྩལ་ཆེན་དང་རྫོགས་པ་སྤྱི་སྤྱོད་དང་རིགས་པའི་ཁུ་བྱུག་དང་ལྔ་བརྩམས། དེ་རྒྱལ་བློན་གྱིས་རིག་ནས་ཚ་བ་རོང་དུ་སྤྱུགས་སོ་ཟེར་ཏེ་དཔྱད་དགོས་སོ། །

གནུབས་སངས་རྒྱས་རིན་པོ་ཆེས་སྨད་དུ་བྱུང་བའི་ཆོས་བཅུ་གསུམ་བརྩམས། སྤར་གྱི་ལྷ་བསྟན་པས

སེམས་སྡེ་བཅོ་བརྒྱད་དོ། །ཨ་རོ་ཡེ་ཤེས་འབྱུང་གནས་ཀྱིས་སེམས་ཕྱོགས་ལྷུའི་འགྲེལ་པ་དང་སེམས་ཆེ་ཆུང་བརྩམས། དར་ཆེན་དཔལ་གྱིས་དགོངས་འདུས་ཀུན་འདུས་སོགས་རྒྱལ་པོའི་ཆོས་ལྔ་བརྩམས། ཡང་གནུབས་ཀྱིས་ཀཱི་ལ་ཡ་བཅུ་གཉིས་ཀྱི་རྒྱུད་བརྩམས་པ་སོགས་ཆོས་ལོག་བསམ་གྱིས་མི་ཁྱབ་པ་བྱུང་བ་དེ་དག་ནི་རྒྱ་གར་ན་མེད་དེ། ཁོ་བོས་རྒྱ་གར་དུ་ལན་གསུམ་ཕྱིན་ཀྱང་མ་རྙེད་པཎྜི་ཏ་མང་པོ་ལ་དྲིས་པས་ནོར་བ་ཡིན་གསུང་ངོ་ཞེས་སོགས་ཉིད་ཀྱི་སྤྲིང་ཡིག་ལས་ཤེས་པར་བྱའི་འདི་ར་ཡི་གེ་ལ་འཛིགས་པས་མ་བྲིས་སོ། །ཅིའི་ཕྱིར་མགོས་ཁྲུག་པ་ལྷ་བཙས་ཞེས་བྱ་ན་ཡབ་ཡུམ་གཉིས་ཀ་མགོས་ཡིན་པས་ཁྲུག་པ་དང་འབྲོག་པའི་ལྷས་སུ་བཙས་པས་ལྷ་བཙས་ཞེས་བྱའོ། །ལོ་ཙཱ་བ་འདིས་རྒྱ་གར་ཤར་ནུབ་དབུས་གསུམ་དང་ཁ་ཆེ་དང་བལ་པོ་སོགས་སུ་མཁས་གྲུབ་ཀྱི་བླ་མ་བདུན་ཅུ་རྩ་གཉིས་ཙམ་ལ་གསང་སྔགས་མཐར་ཕྱིན་པར་ཞུས། བོད་དུ་ཡང་གཡ་ཧྲ་ར་ལ་རྒྱུད་དང་འགྲེལ་པ་མང་དུ་གསན་ཅིང་བསྒྱུར་ཏེ་གཏན་ལ་ཕབ་བོ། །

གསུམ་པ་ནི། དེ་ནས་ཆོས་རྗེ་ས་སྐྱ་པ་ཆེན་པོ་ཀུན་སྙིང་བཞུགས་པ་ཡན་ཆད་དུ་ཆོས་ལོག་སྤྱོད་པ་ཉུང་ཞེས་ཐོས། ཕྱི་ནས་ཕག་མོའི་བྱིན་བརླབས་ཀྱིས་ཆོས་སྒོ་འབྱེད་པ་དང་། སེམས་བསྐྱེ་རྨི་ལམ་མ་ལ་སོགས། །ཡི་དམ་བསྒོམ་པ་དགྲོངས་བསྐྱེད་དང་། །དཀར་པོ་ཆིག་ཐུབ་དང་བསྔོ་བ་ཡོད་དགེ་མ་ལ་སོགས་པ་སངས་རྒྱས་བསྟན་དང་འགལ་བ་ཡི་ཆོས་ལོག་དུ་མ་དེང་སང་འཕེལ་བའི་རྒྱུ་མཚན་ཡོད་དེ། ཁ་ཆེ་པཎ་ཆེན་སོགས་མཁས་རྣམས་འདི་ལ་མི་དགྱེས་ཀྱང་དུས་ཀྱི་ཤུགས་ཀྱིས་བཟློག་མ་ནུས་པའི་ཕྱིར། དེ་ཡང་བླ་བ་སྙིང་པོ་ཞུས་པའི་མདོ་ནི་སྔར་དྲངས་ཟིན་ལ་ཆོས་རྗེ་ཉིད་ཀྱིས་ཀྱང་། སངས་རྒྱས་བསྟན་པའི་སྒྲོག་འཛིན་པའི། །སྡེ་སྣོད་འཛིན་པ་ཕལ་ཆེར་འདས། །ད་ནི་ཐུབ་པའི་དགོངས་མིན་པ། །ཆོས་ལྟར་བཅོས་པ་དུ་མ་བྱུང་། །ཞེས་གསུངས། བླུན་པོ་སྨྲ་ངས་པ་ཆུང་བ་རྣམས་འདི་འདྲ་སྤྱོད་པ་བདེན་མོད་ཀྱི་མཁས་པ་སྨྲ་ངས་པར་རློམ་པ་ཡང་འདི་འདྲ་ལ་སྤྱོད་པ་མི་བདེན་ཏེ། རི་བོང་ཅལ་བཞིན་མཆུངས་པའི་ཕྱིར། དཔེར་ན་མཚོ་ཞིག་གི་འགྲམ་ན་རི་བོང་དྲུག་ཡོད་པ་ཤིང་པ་ལི་ཡལ་ག་ཞིག་མཚོའི་ནང་དུ་ལྷུང་བས་ཅལ་ཞེས་པའི་སྒྲ་བྱུང་རི་བོང་རྣམས་ཀྱིས་མ་བརྟགས་པར་བྲོས་པས་རི་དྭགས་གཞན་པས་ཀྱང་གང་བྱུང་དྲིས་པས། ཅལ་ཅལ་བྱུས་པས་མ་བརྟགས་པར་ཐམས་ཅད་བྲོས་པ་བཞིན། མཁས་རློམ་སྤྱར་ཕུ་བ་བློ་གྲོས་སེང་གེ་དང་བཟང་རིངས་སོགས་ལ་ཡང་ཟུར་ཟ་བར་མངོན་ཞེས་ཊཱིཀྐ་བྱེད་ཁ་ཅིག་ཟེར་རོ། །

ཕྱི་ནས་ཕག་མོའི་བྱིན་བརླབས་ཀྱིས་ཆོས་སྒོ་འབྱེད་པ་འདི་འདྲའི་རིགས་ཅན་འཕེལ་གྱུར་ན། སངས་རྒྱས་བསྟན་ལ་གནོད་མི་གནོད་མཁས་པ་རྣམས་ཀྱིས་དཔྱོད་ལ་སླས་ཀྱང་གནོད་པའི་ཕྱིར། གལ་ཏེ་འདི་འདྲའི

ཆོས་ལོག་གིས་སངས་རྒྱས་བསྟན་ལ་མི་གནོད་ཟེར་ན། མུ་སྟེགས་སོགས་ཀྱི་ཆོས་ལོག་ཀྱིས་ཀྱང་སངས་རྒྱས་བསྟན་ལ་ཅི་སྟེ་གནོད་དེ་མི་གནོད་པར་ཐལ། ཁས་ལེན་བརྟགས། ཁྱབ་པ་ཡོད་དེ། ཆོས་ལོག་གཞན་གྱིས་གནོད་ན་ནི་འདི་དག་གིས་ཀྱང་མི་གནོད་དམ་སྟེ་གནོད་པའི་ཕྱིར། འདི་དག་གིས་གནོད་ཀྱང་སྲུན་འབྱིན་མི་འཐད་ཅེ་ན། མུ་སྟེགས་བྱེད་དང་ཉན་ཐོས་སོགས་འདི་ལའང་སྲུན་དབྱུང་ཅི་སྟེ་བྱ་སྟེ་མི་བྱ་བར་ཐལ། ཁས་ལེན་རྟགས། གལ་ཏེ་ཁྱབ་པ་མེད། མུ་སྟེགས་བྱེད་སོགས་འདི་དག་བསྟན་ལ་གནོད་པའི་ཕྱིར་ན་མཁས་རྣམས་སྲུན་འབྱིན་མཛད་ཅེ་ན་ནི། ཕྱི་ནས་ཕག་མོའི་བྱིན་བརླབས་ཀྱིས་ཆོས་སྐོར་འབྱེད་པ་སོགས་ཆོས་ལོག་ཀྱང་ཆོས་ཅན། མཁས་པ་རྣམས་ཀྱིས་སྲུན་ཕྱུང་ཤིག་སྟེ། བསྟན་ལ་གནོད་པའི་ཕྱིར། ཅི་བསླད་ཅེ་ན་རྒྱལ་བ་ཡིས་ཡོན་ཏན་རིན་ཆེན་སྟོད་པར། རིན་ཆེན་ཆོས་ཀྱང་དཀོན་ལ་ནི། །རྟག་ཏུ་འཚེ་བ་མང་ཞེས་གསུངས། །འདི་ལ་བསམས་ལ་མཁས་རྣམས་ཀྱིས། །རྟག་ཏུ་བསྟན་པའི་བྱི་དོར་བྱ་དགོས་ཏེ། མཁས་པ་ལ་བསྟན་པའི་བྱ་བ་ལས་གཞན་བྱ་རྒྱུ་མེད་པའི་ཕྱིར།

གཉིས་པ་ལ་གསུམ་སྟེ། ཆོས་དང་བླ་མ་ལ་རྟོག་དཔྱོད་གཏོང་རིགས་པ། ཆོས་ལོག་བཀག་པ་ལ་ཁོང་ཁྲོ་མི་རིགས་པ། འགོག་བྱེད་བསྟན་བཅོས་ལ་འཁྲུལ་པ་མེད་པའོ། །དང་པོ་ནི། ཉི་མ་གཅིག་གི་བཟའ་བཏུང་ལའང་། །བཟང་ངན་རྟོག་དཔྱོད་སྣ་ཚོགས་གཏོང་། །གོས་དང་མཁར་ལྡན་ལ་སོགས་པའི། །བྱ་བ་གང་ལའང་ལེགས་ཉེས་དང་། །བཟང་ངན་མཁས་དང་མི་མཁས་ཞེས། །བླང་དོར་རྟོག་དཔྱོད་སྣ་ཚོགས་བྱེད། །རྟ་དང་ནོར་བུ་ལ་སོགས་པ། །ཙུང་ཟད་ཙམ་གྱི་ཉོ་ཚོང་ལའང་། །ཀུན་ལ་འདྲི་ཞིང་བརྟགས་ནས་དཔྱོད། །ཚེ་འདིའི་བྱ་བ་ཙུང་ཟད་ལའང་། །འདི་འདྲའི་འབད་པ་བྱེད་པ་མཐོང་། །སྐྱེ་བ་གདན་གྱི་ལེགས་ཉེས་ནི། །དམ་པའི་ཆོས་ལ་རག་ལས་ཀྱང་། །ཆོས་འདི་ཁྱི་ཡི་ཟས་བཞིན་དུ། །བཟང་ངན་གང་དུའང་མི་དཔྱོད་པར། །གང་ཕྲད་དེ་ལ་གུས་པར་འཛིན། །ཉིན་གཅིག་གི་ནི་སྐྱེལ་མའམ། །ཚེ་གཅིག་གི་ནི་གཉེན་འབྲེལ་ལའང་། །འབད་དེ་བརྟགས་ནས་ལེན་པ་མཐོང་། །དེང་ནས་བཟུམས་ཏེ་རྫོགས་པ་ཡི།།སངས་རྒྱས་མ་ཐོབ་བར་གྱི་དོན། །བླ་མ་མཆོག་ལ་རག་ལས་མོད། །འོན་ཀྱང་རྟོག་དཔྱོད་མི་བྱེད་པར། །ཚོང་འདུས་ངན་པའི་ཟོང་བཞིན་དུ། །སུ་ཕྲད་རྣམས་ལས་ལེན་པ་མཐོང་། །ཀྱེ་མ་སྙིགས་མའི་དུས་འདི་མཚར། །འབད་མི་དགོས་པར་འབད་པ་བྱེད། །འབད་དགོས་ཆོས་དང་བླ་མ་ནི། །ཅི་ཡང་རུང་བས་ཆོག་པར་སྣང་སྟེ། ཆོས་དང་བླ་མ་ལ་རྟོག་དཔྱོད་གཏོང་དགོས་པ་མཆོན་པའི་ཕྱིར།

གཉིས་པ་ལ། བསམ་སྦྱོར་དག་པས་ཁོང་ཁྲོ་མི་རིགས། ནོར་བ་བཀག་པས་ཁྲོ་ན་ཧ་ཅང་ཐལ། ཉན

བཤད་བྱས་པའི་འབྲས་བུ་ལུང་དང་སྦྱར་བ། འདི་འདྲས་བསྟན་པ་འཛིན་ནུས་པ་དང་བཞི་ལས། དང་པོ་ནི། དམ་ཆོས་འདི་ཡི་ལེགས་ཉེས་དཔྱོད་པ་ལ་སྟང་ཞེས་སྨྲ་ན་རང་སྐྱོན་ཡིན་ཏེ། བདག་ནི་སེམས་ཅན་ཀུན་ལ་བྱམས། །གང་ཟག་ཀུན་ལ་བདག་མི་དམོད། །བརྒྱ་ལ་མཉམ་པར་མ་བཞག་པས། །སྨྲད་པ་སྲིད་ནའང་སྡིག་དེ་བཤགས། །དམ་ཆོས་འཁྲུལ་དང་མ་འཁྲུལ་བ། །སྐྱེ་བ་གཏན་གྱི་གྲོས་ཡིན་པས་སོ། །

གཉིས་པ་ལ། ཀླུ་སྒྲུབ་སོགས་ལ་ཧ་ཅང་ཐལ། སངས་རྒྱས་ལ་ཧ་ཅང་ཐལ། ཡོང་ཁྲིད་ལ་ཧ་ཅང་ཐལ། སྨན་པ་ལ་ཧ་ཅང་ཐལ། སེམས་ཅན་བློས་གཏོང་བར་ཧ་ཅང་ཐལ་བ་དང་ལྔ་ལས། དང་པོ་ནི། ཀླུ་སྒྲུབ་དང་ནི་དབྱིག་གཉེན་དང་། ། ཕྱོགས་ཀྱི་གླང་པོ་ཆོས་གྲགས་སོགས། །མཁས་པ་ཀུན་གྱིས་རང་གཞན་གྱི། །ཆོས་ལོག་ཐམས་ཅད་སུན་ཕྱུང་བ། །དེ་ལའང་སྡང་ཞེས་ཟེར་རམ་ཅི་སྟེ་ཟེར་བར་ཐལ། དམ་ཆོས་འདི་ཡི་ལེགས་ཉེས་དཔྱོད་པ་ལ་སྡང་ཞེས་སྨྲ་བའི་ཕྱིར།

གཉིས་པ་ནི། རྫོགས་པའི་སངས་རྒྱས་ཀུན་གྱིས་ཀྱང་། །བདུད་དང་མུ་སྟེགས་སུན་ཕྱུང་བ། །དེ་ལའང་ཕྲག་དོག་ཉིད་འགྱུར་རམ་ཅི་སྟེ་འགྱུར་བར་ཐལ། རྟགས་སྔར་བཞིན།

གསུམ་པ་ནི། མཁས་རྣམས་བླུན་པོའི་ཡོང་ཁྲིད་ཡིན། །ནོར་བའི་ཆོས་དང་མ་ནོར་བའི། །ཡོང་ཁྲིད་ལེགས་པར་བྱས་པ་ལ་སྡང་ཞེས་སྨྲ་བར་ཐལ། རྟགས་སྔར་བཞིན། འདོད་ན། ད་ལྟན་ཆད་སངས་རྒྱས་བསྟན་པ་ཇི་ལྟར་བསྲུང་། དཔེར་ན་ཡོང་ཁྲིད་རྣམས་ཀྱིས་ལོང་བ་ལ་གཡང་ས་བཀག་ཅིང་ལམ་བཟང་པོ་རུ་ཁྲིད་པའང་ཕྲག་དོག་ཡིན་ནམ་ཅི། འོན་ལོང་བ་ཇི་ལྟར་བཀྲི་སྟེ་བཀྲི་བའི་ཐབས་མེད་དོ། །

བཞི་པ་ནི། ནད་པ་ལ་ནི་གནོད་པ་ཡི། །ཁ་ཟས་སྤྱོད་ཤིག་ཕན་པ་བསྟེན། །དེ་སྐད་སྨན་པས་སྨྲས་ན་ཡང་། །སྡང་དང་ཕྲག་དོག་འགྱུར་བར་ཐལ། རྟགས་སྔར་བཞིན། འདོད་ན་ནི། འོན་ནད་པ་ཇི་ལྟར་གསོ། །

ལྔ་པ་ནི། འོན་འཁོར་བའི་རྒྱ་མཚོ་ལས། །སེམས་ཅན་ཐམས་ཅད་ཇི་ལྟར་བསྒྲལ་ཏེ་བློས་བཏང་བར་ཐལ། ཆོས་ལོག་པ་དང་མ་ལོག་པའི། །རྣམ་པར་དབྱེ་བ་བྱས་པ་ལ། །སྡང་དང་ཕྲག་དོག་ཡིན་ཟེར་བས་ནའོ། །

གསུམ་པ་ནི། སངས་རྒྱས་འཇིག་རྟེན་བྱོན་པ་དང་། །མཁས་རྣམས་བཤད་པ་བྱེད་པ་ལ། །འབྲས་བུ་རྣམ་གསུམ་འབྱུང་བ་ནི། །སངས་རྒྱས་བསྟན་པའི་སྤྱི་ལུགས་ཡིན་ཏེ། མ་ཁོལ་གྱིས་ཀྱང་བསྟོད་པ་བརྒྱད་ཅུ་པ་ལས་འདི་སྐད་གསུངས་ལ། དཔའ་བོ་ཁྱོད་ཀྱི་བསྟན་པ་ནི། །མུ་སྟེགས་ཐམས་ཅད་སྐྲག་མཛད་ཅིང་། །བདུད་ནི་སེམས་ཁོང་ཁྲུད་མཛད་ལ། །ལྷ་དང་མི་རྣམས་དབུགས་ཀྱང་འབྱིན། །ཞེས་གསུངས་པའི་ཕྱིར། བཞི་པ་ནི། དེ་བཞིན་དེང་སང་འདི་ན་ཡང་། མཁས་པ་རྣམས་ཀྱིས་ཆོས་བཤད་ན། །ཆོས་ལོག་སྤྱོད་པ་ཕམ་བྱེད་ཅིང་། །བདུད་

རིགས་ཐམས་ཅད་ཡི་མུག་འགྱུར། །མཁས་པ་ཐམས་ཅད་དགའ་བར་བྱེད། །འདི་འདྲས་བསྟན་པ་འཛིན་པར་ནུས། །གསུམ་པོ་འདི་ལས་བཟློག་པ་བྱས་གྱུར་ན་བསྟན་ལ་གནོད་པར་ཤེས་པར་གྱིས་ཏེ་གོ་དགོས་པའི་ཕྱིར།

གསུམ་པ་ལ། གཞན་ཕན་གྱི་བློས་བྱས་པས་འཁྲུལ་བར་མི་སྟོན། ཤེས་བྱ་ལ་མཁས་པས་འཁྲུལ་བའི་རྒྱུ་སྤངས། ཀུན་ལ་སྙིངས་པས་ཕྱོགས་འཛིན་གྱི་འཆིང་བ་མེད་པ་དང་གསུམ་ལས། དང་པོ་ལ། རྙེད་བཀུར་དོན་དུ་མི་གཉེར་བ། བསྟན་པ་ལ་ཕན་པར་བསམས་པ། དགག་པ་གཞན་མི་སྟོན་པའི་འཐད་པ་དང་གསུམ་ལས། དང་པོ་ནི། བདག་ཀྱང་རྡོ་རྗེ་ཕག་མོ་ཡི། །བྱིན་བརླབས་ཙམ་རེ་བྱས་པ་ལ། །དཀར་པོ་ཆིག་ཐུབ་བསྟན་ནས་ཀྱང་། །མྱོང་བ་ཙུང་ཟད་སྐྱེས་པ་ལ། །མཐོང་ལམ་དུ་ནི་ངོ་སྤྲོད་ནས། །རྩོལ་སྒྲུབ་མེད་པའི་དོན་བསྟན་ན། །ཚོགས་པའང་འདི་བས་མང་བ་འདུ། །ལོངས་སྤྱོད་འབུལ་བའང་མང་བར་འགྱུར། །བླུན་པོ་རྣམས་ཀྱི་བསམ་པ་ལའང་། །སངས་རྒྱས་ལྟ་བུར་མོས་པ་སྐྱེ། །ཆོས་ཀྱི་གནད་རྣམས་མི་ཤེས་པའི། །སྡེ་སྣོད་འཛིན་པར་རློམ་པ་ཡང་། །དེ་ལ་ལྷག་པར་དད་འགྱུར་བས། །བདག་གིས་ལེགས་པར་གོ་མོད་ཀྱི། །ཆོས་དང་ངོ་སྤྲོད་དེ་ལྟར་མ་བསྟན་ཏེ། འཁོར་དང་ཟང་ཟིང་སྒྲུབ་པའི་ཕྱིར་དུ་བདག་གིས་སེམས་ཅན་བསླུས་པ་མིན་པའི་ཕྱིར།

གཉིས་པ་ནི། འོན་ཀྱང་སངས་རྒྱས་བསྟན་པ་ལ་ཕན་པར་བསམས་ནས་བཤད་པ་ཡིན་ཏེ། སངས་རྒྱས་བསྟན་པ་བཞིན་བསྒྲུབས་ན་སངས་རྒྱས་བསྟན་ལ་ཕན་པར་བསམ་དགོས་པའི་ཕྱིར། དེ་ཡང་སེམས་བསྐྱེད་པ་ནི་གཞན་དོན་ཕྱིར། །ཡང་དག་རྫོགས་པའི་བྱང་ཆུབ་འདོད། །ཅེས་བཤད་པ་ལྟར། བསོད་ནམས་ཐམས་ཅད་བསྡུས་པའི་ཏིང་ངེ་འཛིན་གྱི་མདོ་ལས། རིགས་ཀྱི་བུ་བྱང་ཆུབ་སེམས་དཔའ་གང་བྱང་ཆུབ་ཏུ་སེམས་བསྐྱེད་ནས་བྱང་ཆུབ་སེམས་དཔར་དམ་བཅས་ཏེ། བདག་སངས་རྒྱས་སུ་གྱུར་ཅིག་ཅེས་སྨྲས་ལ་དེའང་ཐོས་པ་ཚོལ་བ་ལ་ཡོངས་སུ་མི་བརྩོན་ན། སེམས་ཅན་ཐམས་ཅད་ཤེས་རབ་འཆལ་བར་བྱ་བ་ལ་ཞུགས་པ་ཡིན་ནོ། །རིགས་ཀྱི་བུ་གང་གི་ཚེ་བྱང་ཆུབ་སེམས་དཔའ་ཆེན་པོ་ཐོས་པ་ཚོལ་བ་ལ་ཡོངས་སུ་བརྩོན་པར་བྱེད་ན་དེས་ནི་སེམས་ཅན་ཐམས་ཅད་ཀྱི་ཤེས་རབ་ཡོངས་སུ་རྫོགས་པར་བྱ་བའི་ཕྱིར་ཉེ་བར་བརྟན་པ་ཡིན་ནོ་ཞེས་པ་དང་། ཡེ་ཤེས་རྒྱས་པའི་མདོ་ལས། ཉན་ཐོས་དང་རང་སངས་རྒྱས་ནི་བདག་ཉིད་ལ་ཕན་པར་ཞུགས་པ་ཡིན། བྱང་ཆུབ་སེམས་དཔའ་ནི་རང་དང་གཞན་དང་གཉིས་ཀ་ལ་ཕན་པར་ཞུགས་པ་ཡིན་ནོ་ཞེས་གསུངས།

གསུམ་པ་ལ། མུ་སྟེགས་པ་དང་ཉན་ཐོས་ཀྱི་འཁྲུལ་པ་དགག་པ་འདིར་མི་སྟོན་པ། རྡོ་རྗེ་ཐེག་པའི་གནད་ལ་འཁྲུལ་པ་དགག་པ་འདིར་མི་སྟོན་པ། འཁྲུལ་པ་གཞན་ཡང་དགག་པ་འདིར་ཞིབ་ཏུ་མི་སྟོན་པའི་རྒྱུ་མཚན། ཕྱི་རབས་ཀྱི་མཁས་པས་དཔྱད་དེ་དགག་པར་བསྟན་པ་དང་བཞི་ལས། དང་པོ་ནི། མུ་སྟེགས་བྱེད་དང

ཉན་ཐོས་དང་། །ཐེག་པ་ཆེན་པོ་འགའ་ཞིག་ལའང་། །འཕྲུལ་པ་རྙིང་པ་ཡོད་མོད་འདིར་དགག་པ་མ་བཤད་དེ། རྒྱན་དྲུག་ལ་སོགས་མཁས་པ་རྣམས་ཀྱིས་སུན་ཕྱུང་ཟིན་པའི་ཕྱིར་ནའོ། །

གཉིས་པ་ནི། དེང་སང་གངས་རིའི་ཁྲོད་འདི་ན། །རིགས་པས་སྒྲུབ་པར་མི་ནུས་ཤིང་། །སངས་རྒྱས་བསྟན་དང་འགལ་བ་ཡི། །འཕྲུལ་པ་གསར་པ་དུ་མ་བྱུང་། །རྡོ་རྗེ་ཐེག་པའི་གནད་འཆུགས་པ། །རྒྱུད་སྡེ་རྣམས་དང་གྲུབ་ཐོབ་ཀྱི། །དགོངས་པ་རྣམས་དང་འགལ་བའི་གནད། །དཔག་མེད་ཡོད་མོད་ས་སྐྱ་པཎྜི་ཏ་ཁོ་བོས་བདག་མེད་མའི་བསྟོད་འགྲེལ་སོགས་གཞན་དུ་བཤད་དགོས་ཏེ། དབང་མ་ཐོབ་པ་ལ་གསང་སྔགས་ཉིད་ཡིན་པའི་ཕྱིར། དེ་ཡང་ཕྱོགས་བཅུའི་སངས་རྒྱས་ཀྱི་འཕྲིན་ཡིག་ལས།

གཞན་ཡང་གངས་རིའི་ཁྲོད་འདི་ན། །རབ་གནས་སྦྱིན་སྲེག་གཏོར་མ་དང་། །རོ་སྲེག་དང་ནི་བདུན་ཚིགས་དང་། །བར་དོ་དང་ནི་འཕོ་བ་དང་། །དམིགས་པའི་བྱེ་བྲག་མང་པོ་ལ། །ད་ལྟའི་ཚིག་བྱེད་པ་རྣམས། །ཕལ་ཆེར་ཁྲིད་ཀྱི་གསུང་དང་འགལ། །ལྟག་ཆད་ནོར་བ་མང་པོ་མཐོང་། །དེ་དག་སངས་རྒྱས་བསྟན་པ་ལ། །གནོད་པར་བསམས་ནས་བདག་གིས་བཀག །དེ་ལའང་མདོ་རྒྱུད་ལ་སྟོང་ཞིང་། །བླ་མ་ངན་ལ་གུས་པ་ཡི། །བླུན་པོ་ཕལ་ཆེར་བདག་ལ་དམོད། །འདི་ལའང་བདག་ཚིག་བདེན་ནམ་འཕྲུལ། །མགོན་པོ་སྲས་དང་བཅས་རྣམས་དགོངས། །ཞེས་གསུངས།

གསུམ་པ་ནི། འདིར་ནི་དབང་མ་ཐོབ་པ་ཀུན་ལ་བཤད་རུང་བའི་འཕྲུལ་པ་རགས་རིམ་ཅི་རིགས་པ་ཆེ་ལོང་ཙམ་ཞིག་བཤད་པ་ཡིན་ཏེ། རྒྱ་མཚན་འཕེལ་ན་བསྟན་པ་ལ་གནོད་པར་མཐོང་ནས་སོ། །ད་དུང་འཕྲུལ་པའི་རྣམ་གཞག་ནི་སྐྱོན་ཅན་དཔག་མེད་སྣང་ན་ཡང་ཆོས་ཅན། རེ་ཞིག་བཞག་སྟེ། གཞུང་མངས་ནས་རྗེས་འཇུག་གི་གདུལ་བྱས་མ་ཟིན་དོགས་པས་སོ། །

བཞི་པ་ནི། གལ་ཏེ་སྡེ་སྣོད་གསུམ་སོགས་ལུང་དང་བྱ་བ་བྱེད་པ་སོགས་རིགས་པ་བཞིའི་གནད་ཤེས་པའི་བློ་ལྡན་རྣམས་ཀྱིས་དེ་ལེགས་པར་དཔྱོད་ལ་དགག་སྒྲུབ་ཀྱིས། ཕྱི་རབས་ཀྱི་མཁས་པ་རྣམས་ཀྱིས་ལེགས་པར་རྟོགས་ལ་གཟུ་བོར་གནས་པའི་བློ་ཡིས་དཔྱོད་དགོས་ཏེ། སངས་རྒྱས་བསྟན་དང་ཕྲད་དཀའ་ཞིང་དལ་བ་འབྱོར་པའང་རྙེད་དཀའ་བས་སོ། །དེ་ཡང་དལ་བ་ནི་མི་ཁོམ་པ་བརྒྱད་སྤངས་པའོ། །བརྒྱད་གང་ཞེ་ན་མདོའི་དོན་འགྲེལ་པ་དོན་གསལ་ལས། ལོག་པར་ལྟ་བ་དང་དམྱལ་བ་དང་ཡི་དྭགས་དང་དུད་འགྲོར་སྐྱེ་བ་དང་སངས་རྒྱས་ཀྱི་བཀའ་མི་ཐོས་པ་དང་ཡུལ་མཐའ་ཁོབ་ཏུ་སྐྱེ་བ་དང་དབང་པོ་མ་ཚང་བ་གླེན་པ་དང་ལྐུགས་པའི་དངོས་པོ་དང་ལྷ་ཚེ་རིང་པོར་སྐྱེ་བའོ་ཞེས་བཤད། འབྱོར་པ་བཅུ་གང་ཞེ་ན། དེ་ལ་རང་འབྱོར་ལྔ་ནི་མིར་གྱུར

པ་ཡུལ་དབུས་སུ་སྐྱེས་པ་དབང་པོ་ཚང་བ་ལས་ཀྱི་མཐའ་མ་ལོག་པ་གནས་ལ་དད་པའོ། །མིར་གྱུར་པ་ཡང་རྙེད་པར་དཀའ་སྟེ། མདོ་སྡུང་འདས་ལས། རྒྱ་མཚོའི་རྡུས་སྦལ་གྱི་མགྲིན་པ་གཉའ་ཤིང་བུ་གར་ལོ་བརྒྱ་བརྒྱ་ལ་ལན་རེ་རེར་ཚུད་པ་དཀའ་བའི་དཔེས་གསུངས། གཞན་འགྱུར་ལྔ་ནི་སངས་རྒྱས་འཇིག་རྟེན་དུ་བྱོན་པ་དེས་ཆོས་གསུངས་པ་དེའི་བསྟན་པ་གནས་པ་བསྟན་པ་ལ་འཇུག་པ་ཡོད་པ་དེ་ལ་རྗེས་སུ་ཡི་རང་ཞིང་སྦྱིན་བདག་ཡོད་པའོ། །གཞན་ཡང་འཇིག་རྟེན་སངས་རྒྱས་འབྱུང་བའང་བརྒྱ་ལམ་སྟེ། །མི་ཡི་ལུས་ནི་ཚོགས་ཀྱིས་རྙེད་པ་མིན། །ཀྱེ་མ་དད་པ་དང་ནི་ཆོས་ཉན་པ། །འདི་འདྲ་བསྐལ་པ་བརྒྱར་ཡང་རྙེད་པར་དཀའ། །ཞེས་གསུངས།

གཉིས་པ་ནི། བདག་གིས་སྒྲ་དང་ཚད་མ་བསླབས། །ཚིག་གི་སྡེབ་སྦྱོར་རྣམས་ཀྱང་ཤེས། །རྒྱན་དང་མངོན་བརྗོད་ཕལ་ཆེར་གོ། །དེ་ཡང་སྒྲ་དང་བཟོ་རིག་པའི་ཁོངས་སུ་འདུ་ཡང་མཁས་པ་རྣམས་ཀྱིས་རིག་པའི་གནས་ཆུང་དུ་ལྔ་ཞེས་ཐ་སྙད་བཏགས་པའི་སྡེབ་སྦྱོར་ཤེས་ན་ཚིགས་བཅད་ལ་མི་སྨྲོངས། ཚིག་རྒྱན་ཤེས་ན་སྙན་ངག་ལ་མི་སྨྲོངས། མངོན་བརྗོད་ཤེས་ན་མིང་ལ་མི་སྨྲོངས། ཟློས་གར་ཤེས་ན་སྐད་ལ་མི་སྨྲོངས། རྩིས་ཤེས་ན་གཟའ་སྐར་སྦྱོར་བྱེད་སོགས་ལ་མི་སྨྲོངས་ཞེས་པ་རྣམས་ལ་མཁྱེན་པ་རྒྱས་པའི་ཚུལ་ཙམ་ཟད་བརྗོད་ན། དེ་ལ་སྒྲ་ནི་བརྡ་སྤྲོད་པར་བྱེད་པའི་བསྟན་བཅོས་ཡིན་ལ། དེའི་གཙུག་གི་ནོར་བུ་ལྷ་བུ་སྒྲ་ཀཱ་ལ་པ་དང་ཙནྡྲ་པ་དང་དེ་དག་གི་མིང་གི་སྒྲ་སྒྲུབ་པ་དང་སྒྲའི་དབྱངས་སྒྲུབ་པ་དང་བྱེད་པའི་ཚིག་སྒྲུབ་པ་ལ་སོགས་པ་སྒྲའི་བསྟན་བཅོས་ཡན་ལག་དང་བཅས་པ་ཐོས་པ་ཡིན་ནོ། །དེས་ན་སྒྲའི་བསྟན་བཅོས་བོད་ལ་ཉེ་བར་མཁོ་བ་ཙམ་ཞིག་ཁོ་བོས་མཁས་པ་རྣམས་འཇུག་པའི་སྒོ་ཞེས་བྱ་བའི་བསྟན་བཅོས་སྦྱར་བ་དེར་བལྟ་བར་བྱའོ། །

ཚད་མ་ཞེས་བྱ་བ་རྟོག་གེ་ནི་དོན་གྱི་འགལ་འབྲེལ་དཔྱོད་པའི་བསྟན་བཅོས་ཡིན་ལ། དེའི་གཙུག་གི་ནོར་བུ་ལྷ་བུ་ཚད་མ་ཀུན་ལས་བཏུས་དང་དེའི་ཚིག་དོན་གཏན་ལ་འབེབས་པ་ཚད་མ་རབ་ཏུ་བྱེད་པ་སྡེ་བདུན་ཡན་ལག་དང་བཅས་པ་ཤེས་ལ། རྣམ་འགྲེལ་ཉན་པ་ཉིད་ཀྱི་ཚེ་ཀུན་ལས་བཏུས་ཀྱང་བཤད་གཞིར་བྱས་ནས་ཐོས་པ་ཡིན་ནོ། །དེས་ན་རིགས་པའི་འཇུག་ཚུལ་འདི་ཡང་ཁོ་བོས་བྱས་པའི་ཚད་མའི་བསྟན་བཅོས་རིགས་པའི་གཏེར་ཞེས་བྱ་བ་དེར་བལྟ་བར་བྱའོ། །

སྡེབ་སྦྱོར་ནི་ཡི་གེ་དང་ཚིག་སྡེབ་པའི་སྦྱོར་བའོ། །དེ་ཡང་ཚིགས་སུ་བཅད་པ་གཉིས་ཏེ། རྒྱུད་འཕེལ་དང་བསྒྱིད་པའོ། །དང་པོ་ལའང་མཉམ་པ་དང་ཕྱེད་མཉམ་པ་དང་མི་མཉམ་པ་སྟེ་གསུམ་ལས་དེ་དག་སོ་སོའི་རྣམ་པར་བཞག་པ་དང་། གཉིས་པ་བསྒྱིད་པ་ལ་དབྱེ་ན། འཕགས་པ་དང་རོ་ལངས་དང་ཕྱི་མོ་མཉམ་པ་སྟེ་གསུམ་མོ། །དེ་དག་སོ་སོའི་རྣམ་པར་བཞག་པ་ཡང་ཤེས་པར་འདོད་པས་ཁོ་བོས་བྱས་པའི་སྡེབ་སྦྱོར་སྣ་ཚོགས

མེ་ཏོག་གི་ཆུན་པོ་ཞེས་བྱ་བའི་བསྟན་བཅོས་སུ་བལྟ་བར་བྱའོ། །

ཚིག་གི་རྒྱན་ནི་སྙན་ངག་གི་མཚན་ཉིད་སྟོན་པར་བྱེད་པ་རྒྱན་གྱི་བསྟན་བཅོས་དང་། དེའི་མཚན་ཉིད་དང་མི་འགལ་བར་སྟོན་པ་བྱེད་པ་སྙན་ངག་གི་གཞུང་གཉིས་ལས། དང་པོ་ལ་ཡང་ཡི་གེ་དང་མིང་དང་ཚིག་དང་ངག་དང་རབ་ཏུ་བྱེད་པ་དང་དཔེ་དང་དོན་གྱི་རྒྱན་ལ་སོགས་པ་དང་། དབྱངས་ཅན་གྱི་མགུལ་རྒྱན་སྟོང་ཕྲག་གཞུང་ལས་ཇི་ལྟར་འབྱུང་བའི་གནད་རྣམས་ཤེས་པ་དང་།

གཉིས་པ་སྙན་ངག་གི་གཞུང་ལ་ཡང་། སྐྱེས་རབས་ལ་རྒྱུད་སྦྱར་བ་དང་ཟློས་གར་ལ་གཞི་སྦྱར་བ་གཉིས་ལས། དེ་དག་སོ་སོའི་རྣམ་པར་བཞག་པ་དང་བཅས་པ་འདི་དག་འཆད་པའི་བསྟན་བཅོས་ཀྱང་ཁོ་བོས་བྱས་པའི་མཁས་པའི་ཁ་རྒྱན་ཞེས་བྱ་བའི་བསྟན་བཅོས་དེར་བལྟ་བར་བྱའོ། །

ཟློས་གར་གྱི་དབྱངས་འདྲེན་པའི་ཕྱོགས་ཙམ་ཡང་ཁོ་བོས་བྱས་པའི་རོལ་མོའི་བསྟན་བཅོས་སུ་བལྟ་བར་བྱའོ། །མིང་གི་མངོན་བརྗོད་ཡང་འཆི་མེད་མཛོད་དང་སྣ་ཚོགས་གསལ་བ་ལ་སོགས་པ་ནས་ཇི་ལྟར་འབྱུང་བའི་སངས་རྒྱས་དང་བྱང་ཆུབ་སེམས་དཔའ་ལ་སོགས་པའི་མཚན་གྱི་རྣམ་གྲངས་དང་། ལྷ་དང་ཀླུ་ལ་སོགས་པའི་མིང་གི་རྣམ་གྲངས་དང་མདོར་ན་སོ་སོ་ཡང་དག་པར་རིག་པ་བཞིའི་རྒྱུར་འགྱུར་བའི་མིང་གི་རྣམ་གྲངས་རྣམས་ཕྱིན་ཅི་མ་ལོག་པར་ཤེས་པ་ཡིན་ནོ། །མིང་གི་རྣམ་གྲངས་འདི་དག་སྟོན་པ་ཡང་ཁོ་བོས་བྱས་པའི་མངོན་བརྗོད་ཀྱི་བསྟན་བཅོས་ཚིག་གི་གཏེར་ཞེས་བྱ་བ་དེར་བལྟ་བར་བྱའོ། །

རྩིས་ནི། དཔལ་དུས་ཀྱི་འཁོར་ལོ་ལས་བྱུང་བའི་ཨང་ཀི་དང་དབྱི་བསྟན་དང་བགོས་བསྒྱུར་ཏེ་ཡི་གེའི་ཡན་ལག་ལྔ་དང་། གཟའ་དང་ཚེས་དང་སྐར་མ་དང་སྦྱོར་བ་དང་བྱེད་པ་སྟེ་རྩིས་ཀྱི་ཡན་ལག་ལྔ་དང་། གཟའ་ལྔ་སོ་སོ་མྱུར་བ་དང་བུལ་བ་དང་དྲང་པོ་དང་འཁྱོག་པོའི་རྐང་པ་བཅལ་བ་དང་ཁྱིམ་དང་ལོངས་སྤྱོད་དེ་དག་གི་དགེ་ལེགས་ཀྱི་རྩིས་དང་། སྒྲ་གཅན་དང་དུས་ཀྱི་མེ་དང་དེ་དག་གིས་ཉི་ཟླ་འཛིན་པ་དང་དུ་བ་མཇུག་རིང་འཆར་བ་དང་ནུབ་པ་ལ་སོགས་པ་ཕྱིའི་རྩིས་མཐའ་དག་དང་། ནང་གི་རྩ་དང་རླུང་དང་ཉི་མ་དང་ཟླ་བ་དང་གཟའ་དང་རྒྱུ་སྐར་དང་དུས་སྦྱོར་དང་དབུགས་དང་ཆུ་སྲང་དང་དབྱུག་གུ་དང་འཕོ་བ་དང་ཐུན་ཚོད་དང་ཉིན་མཚན་དང་ཉི་ཟླ་གཟའ་འཛིན་དང་། དེ་དག་ལ་བརྟེན་ནས་ཡེ་ཤེས་འཆར་བ་དང་ནུབ་པ་དང་མངོན་པར་རྫོགས་པར་འཚང་རྒྱ་བའི་རྩིས་མཐའ་དག་ལེགས་པར་མཁྱེན་པ་ཡིན་ནོ། །ཕྱོགས་བཅུའི་སངས་རྒྱས་ཀྱི་འཕྲིན་ཡིག་ལས། སྒྲ་ལ་ཡི་གེ་མིང་དང་ཚིག །ངག་དང་རབ་ཏུ་བྱེད་པ་སོགས། །ཆོས་ཀྱི་ཕུང་པོའི་བར་དུ་ཡང་། །ཚིག་བཟང་བ་དང་དོན་བཟླུང་བ། །བདེན་པ་དང་ནི་སྙན་པ་སོགས། །ཡོན་ཏན་ཀུན་ལྡན་ཐུབ་པས་གསུངས། །ཡི་གེ་ལ་ནི་

རིང་ཐུང་དང་། །ཤིན་ཏུ་རིང་དང་འཕྲུག་རྐྱང་དང་། །དྲག་ཞན་དང་ནི་ལྷི་ཡང་དང་། །ཨུ་དད་ཨ་ནུ་ད་ཏ་ལ་སོགས། །བོད་ལ་གྲགས་པ་མེད་སྟོབས་ཀྱིས། །ཕལ་ཆེར་དག་པ་ཤིན་ཏུ་ཉུང་། །དེ་ལ་བདག་གིས་རིང་ཐུང་སོགས། །རྣམ་དབྱེ་སྒྲ་དང་མཐུན་པར་བགྱིས། །དེ་ལ་སྒྲ་སྦྱོར་མི་ཤེས་པ། །ཕལ་ཆེར་བདག་ལ་འགལ་བར་འཛིན། །སྡེབ་སྦྱོར་ལ་ནི་ལྷི་ཡང་དང་། །ངལ་གསོའི་གནས་སོགས་གཞུང་ལུགས་དང་། །ལེགས་པར་བསྟུན་ནས་བཀོད་པ་ལ། །སྡེབ་སྦྱོར་མེད་རྣམས་ཐེ་ཚོམ་ཟ། །ཚིག་གི་རྒྱན་དང་མངོན་བརྗོད་སོགས། །མཁས་པའི་གཞུང་དང་མཐུན་པར་བྱས། །དེ་ལ་བླུན་པོ་རྒྱབ་ཀྱིས་ཕྱོགས། །ཚད་མའི་མཚན་ཉིད་དབྱེ་བསྡུ་དང་། །མངོན་སུམ་རྗེས་སུ་དཔག་པ་ལ། །སྣང་བ་དང་ནི་སེལ་བ་དང་། །འབྲེལ་བ་དང་ནི་འབྲེལ་མེད་སོགས། །སྒྲ་དང་རྟོག་པའི་འཇུག་ཚུལ་ལ། །ལུང་དང་རིགས་པས་མི་འགལ་ཞིང་། །ཆོས་ཀྱི་གྲགས་པའི་སྡེ་བདུན་ལྟར། །བདག་གིས་ལེགས་པར་བརྗོད་པ་ལ། །ཚད་མ་ལྟར་སྣང་སྨྲ་རྣམས་རྒོལ། །ཞེས་གསུངས།

འདུལ་བ་དང་ནི་མངོན་པ་དང་། །ཕ་རོལ་ཕྱིན་པའང་ཕལ་ཆེར་ཐོས། །གསང་སྔགས་རྒྱུད་སྡེ་བཞི་པོ་ཡང་། །ཉན་བཤད་ཡོད་པ་ཕལ་ཆེར་ཐོས། །ཐོས་པ་དེ་དག་ཐམས་ཅད་ཀྱང་། །མིང་རྐྱང་ཙམ་དུ་མ་བཞག་གོ། །འཕྲིན་ཡིག་ལས། ཁྱོད་ཀྱི་འདུལ་བའི་སྡེ་སྣོད་ལ། །སྟོང་མཛད་ཕྱི་མས་སྡེ་པ་བཞི། །སྐད་རིགས་རྣམ་པ་བཞི་དག་གིས། །འདུལ་བ་ལུང་རྣམས་སྡེ་བཞིར་བསྡུས། །དེ་ལ་སྡེ་པ་བཅོ་བརྒྱད་ཀྱི། །གནད་བཀག་མི་འདྲ་སྣ་ཚོགས་གསུངས། །དང་པོ་ལེན་པའི་ཆོ་ག་དང་། །བར་དུ་བསྲུང་བའི་གནད་བཀག་དང་། །ཐ་མར་སྡོམ་པའི་གཏོང་ཚུལ་དང་། །ཕྱིན་བརླབས་དང་ནི་ཕྱི་བཅོས་པའི། །ཆོ་གའི་བྱེ་བྲག་ཐམས་ཅད་ལ། །སྡེ་པ་བཞི་པོ་མི་འདྲ་བའི། །རྣམ་པར་དབྱེ་བ་དུ་མ་མཐོང་། །ཕ་རོལ་ཕྱིན་དང་གསང་སྔགས་ཀྱི། །ཐེག་པའི་རིམ་པ་དབྱེ་བ་ཡིས། །སེམས་ཅན་རྗེས་སུ་གཟུང་བའི་ཕྱིར། །གནད་བཀག་དབྱེ་བ་དུ་མ་སྣང་། །དེ་དག་བདག་གིས་ལུང་བཞིན་བཤད། །ཅེས་གསུངས།

མངོན་པ་གོང་འོག་སོགས་ཐོས་པའི་ཚུལ་ནི་རྣམ་ཐར་རྒྱས་བསྡུས་གཉིས་བཞིན་བཤད་ཟིན་ཏོ། །བྱེ་བྲག་སྨྲ་དང་མདོ་སྡེ་པ། །སེམས་ཙམ་དང་ནི་དབུ་མ་ཡི། །གདམས་ངག་ཇི་སྙེད་ཕལ་ཆེར་ཐོས། །དེ་ཡང་རང་གི་སྡེ་པ་གྲུབ་མཐའ་འཛིན་པ་བྱེ་བྲག་ཏུ་སྨྲ་བ་དང་མདོ་སྡེ་པ་སྡེ་དོན་སྨྲ་བ་གཉིས་དང་། རྣམ་བཅས་དང་རྣམ་མེད་དེ་རྣམ་རིག་སྨྲ་བ་གཉིས། ཐམས་ཅད་དུ་ངོ་བོ་ཉིད་མེད་པར་སྨྲ་བ་དབུ་མ་པ་སྟེ་བདེ་བར་གཤེགས་པའི་བསྟན་པ་ཁས་ལེན་པ་སངས་རྒྱས་པའི་རིགས་པ་སྨྲ་བ་ལྔ་དང་། ཆོས་འདི་ལས་ཕྱི་རོལ་ཏུ་གྱུར་པ་གྲངས་ཅན་དང་རིགས་པ་ཅན་པ་དང་རིག་བྱེད་པ་དང་ཟད་བྱེད་པ་དང་རྒྱང་འཕེན་པ་མཛེས་པ་དང་མུ་སྟེགས་རྟོག་གེ་སྡེ་ལྔ་སྟེ།

མདོར་ན་རང་དང་གཞན་གྱི་སྡེ་པ་བཅུ་པོ་དེ་དག་ལ་གྲགས་པའི་ལུང་དང་རིགས་པའི་འགལ་འབྲེལ་གྱི་གནད་ཤེས་པ་ཡིན་ནོ། །འབྲུ་བསྡོན་སྔ་མ་དང་ཕྱི་མ་འདི་དག་ནི་ང་བརྒྱད་མའི་འགྲེལ་པ་ལས་འབྱུང་ལ། རྩ་བ་ལས་ཀྱང་། སྙིང་རྗེ་འཛིན་པ་སྙིང་རྗེའི་བརྟུལ་ཞུགས་ཅན། །སྙིང་བུ་མིན་པས་སྙིང་རྗེའི་བཅུད་མི་རྙེད། །སྡེ་སྣོད་འཛིན་པ་ཀུན་དགའ་རྒྱལ་མཚན་དཔལ། །བཟང་པོ་མིན་པས་ཤེས་བྱའི་བཅུད་མ་རྙེད། །ཅེས་གསུངས།

དེང་སང་བོད་ལ་གྲགས་པ་ཡི་ཕ་དམ་པའི་ཞི་བྱེད་བརྒྱུད་པ་གསུམ་དང་། ཨ་རོའི་རྫོགས་ཆེན་དང་ཨ་མ་ལབ་ཀྱི་སྒྲོན་མའི་གཅོད་དང་། ཡང་ཕ་དམ་པའི་ཕྱག་ཆེན་ལྷན་ཅིག་སྐྱེས་སྦྱོར་ལ་སོགས་པ་དང་། མངོན་རྟོགས་རྒྱན་གྱི་སྐབས་བརྒྱད་ཀྱི་དོན་གཅིག་ཅར་བསྒོམ་པ་ཇོ་བོ་རྗེ་ནས་བརྒྱུད་པ་དང་། ཕ་རོལ་ཕྱིན་པའི་བློ་སྦྱོང་དོན་བདུན་མ་སོགས་དང་། བཀའ་གདམས་གཞུང་པ་དང་གདམས་ངག་པའི་ལུགས་གཉིས་ཏེ། སྤྱོ་ཏོ་བ་དང་སྣེ་ཟུར་པ་ནས་བརྒྱུད་པ་དང་། ས་ར་ཧའི་དོ་ཧ་མཛོད་ཀྱི་གླུ་ལ་སོགས་པ་ཕྱག་རྒྱ་ཆེན་པོའི་གཞུང་གྲུབ་པ་སྡེ་བདུན་སྙིང་པོའི་སྐོར་དྲུག་ལ་སོགས་པ་དང་། ཏེ་ལོ་པ་དང་ནག་པོ་སྤྱོད་པའི་རྡོ་རྗེའི་རྟོགས་པ་གླུར་བླངས་པའི་དོ་ཧ་དང་། རྣལ་འབྱོར་དབང་ཕྱུག་བིརྺ་པའི་རྟོགས་པ་གླུར་བླངས་པ་དོ་ཧ་སེང་གེ་ཞེས་བྱ་བ་དང་། མཻ་ཏྲི་པ་དང་ཐག་པ་སོགས་ཀྱི་དོ་ཧའི་བྱེ་བྲག་དུ་མ་ཐོས། འཁོན་གད་པ་ཀཱིརྟི་ནས་བརྒྱུད་པའི་གསང་འདུས་རིམ་ལྔ་སྟན་ཐོག་གཅིག་མ་དང་། ནཱ་རོའི་ཆོས་དྲུག་ལུགས་གསུམ་ལ་རྒྱུད་དང་འབྲེལ་བའི་ཆོས་དྲུག་མར་པའི་བུ་ཆེན་མེ་སྟོན་ཚོན་པོ་དང་དྭགས་པོ་ལྷ་རྗེའི་སློབ་མ་རྩང་བཞེར་དང་། བྱིན་བརླབས་དང་འབྲེལ་བའི་ཆོས་དྲུག་རས་ཆུང་པའི་དངོས་སློབ་བུར་བསྒོམ་ནག་པོ་ལ་ཐོས་པ་རྨོག་ལྕོག་པ་ནས་བརྒྱུད་པ་དང་གསུམ་མོ། །འདི་ལས་གཞན་དུ་འཆད་པ་ནོར་རོ། །གསང་བ་འདུས་པ་ཡེ་ཤེས་ཞབས་ལུགས་འགྲེལ་པ་གཞུང་གདམས་ངག་དང་བཅས་པ་དང་། དེ་བཞིན་གསང་འདུས་འཕགས་སྐོར་ལ་རྗེ་བཙུན་ཆེན་པོ་དང་ཁ་ཆེ་པཎ་ཆེན་ལས་གསན་པའི་ལུགས་གཉིས་ཀྱི་གཞུང་གདམས་ངག་དང་བཅས་པ་དང་། ཡང་ན་ལུགས་གཉིས་ནི་མགོས་དང་གནམ་ཁའུ་པ་ལས་བརྒྱུད་པའོ། །

དགྱེས་པ་རྡོ་རྗེ་སྙིང་པོའི་སྐོར་གྱི་གཞུང་གདམས་ངག་དང་བཅས་པ་དང་གཤིན་རྗེའི་གཤེད་དགྲ་ནག་དང་རྡོ་རྗེ་འཇིགས་བྱེད་དང་གདོང་དྲུག་སོགས་དེ་ཡི་གཞུང་གདམས་ངག་གསར་དུ་འགྱུར་བ་དང་། རྙིང་མ་བའི་གཤིན་རྗེ་ཚེ་བདག་དང་ཁ་ཐུན་སོགས་ཀྱི་གདམས་ངག་དང་། འཁོར་ལོ་སྡོམ་པའི་གཞུང་གདམས་ངག་དང་བཅས་པ་དང་། དུས་ཀྱི་འཁོར་ལོའི་སྦྱོར་དྲུག་དང་སོགས་པ་ཀྱེ་རྡོ་རྗེའི་སྦྱོར་དྲུག་དང་གསང་འདུས་པའི་སྦྱོར་དྲུག་དང་། མཚན་བརྗོད་ཀྱི་བཤད་པ་སློབ་དཔོན་འཇམ་དཔལ་བཤེས་གཉེན་གྱིས་མཛད་པའི་འགྲེལ་པ་

ཆེ་ཆུང་གཉིས་དང་སྒྲིག་པ་རྡོ་རྗེའི་འགྲེལ་པ་བར་པ་དང་ལམ་འབྲས་ཀྱི་ལུགས་ཏེ་བཞི་དང་། དུས་འཁོར་གྱི་ལུགས་དང་དབུ་མ་ལ་དགའ་བས་བྱས་པའི་འགྲེལ་པ་སྟེ་ལུགས་དྲུག་པོ་སྔ་མ་བཞི་རྗེ་བཙུན་པ་དང་ཕྱི་མ་གཉིས་པཎ་ཆེན་ལས་གསན་པ་དང་། བིརྺ་པའི་ལུས་དང་སེམས་འཆི་མེད་སྒྲུབ་པའི་གདམས་ངག་དང་། ལམ་འབྲས་ལ་སོགས་ལམ་སྐོར་དགུའི་དང་པོ་ནི། སློབ་དཔོན་བིརྺ་པས་རྩ་བའི་རྒྱུ་བརྟག་པ་གཉིས་པ་ལ་བརྟེན་ནས་ལམ་འབྲས་བུ་དང་བཅས་པས་ལམ་ཡོངས་སུ་རྫོགས་པའི་གདམས་ངག་གཅིག །སློབ་དཔོན་པདྨ་བཛྲས་མཚོ་སྐྱེས་ཀྱི་གཞུང་ལ་བརྟེན་ནས་གང་ཟག་བཞིའི་གཉེན་པོར་ཧེ་རུ་ཀ་རྣམ་པ་བཞི་ལ་ལམ་ཟབ་པའི་ཚུལ་རྣམ་པ་དགུས་ཟབ་པ་ལ་བསྟེན་སྒྲུབ་ཀྱི་ཆ་དབྱེ་བས་ལམ་ཡོངས་སུ་རྫོགས་པའི་གདམས་ངག་གཅིག །སློབ་དཔོན་ཏོག་ཙེ་ཞབས་ཀྱིས་བསམ་གྱིས་མི་ཁྱབ་པའི་གཞུང་ལ་བརྟེན་ནས་སློབ་དཔོན་དགུའི་དགོངས་རྒྱུད་གཅིག་པའི་དབང་དུ་བྱས་ནས་བསམ་གྱིས་མི་ཁྱབ་པ་ལྔས་ལམ་ཡོངས་སུ་རྫོགས་པའི་གདམས་ངག་གཅིག །སློབ་དཔོན་ངག་གི་དབང་ཕྱུག་གྲགས་པས་བདུད་རྩི་འོད་ཀྱི་གཞུང་ལ་བརྟེན་ནས་ཕྱག་རྒྱ་ཆེན་པོ་ཡི་གེ་མེད་པས་ལམ་ཡོངས་སུ་རྫོགས་པའི་གདམས་ངག་གཅིག །སློབ་དཔོན་བརྟུལ་ཞུགས་ཀྱི་སྤྱོད་པ་ནག་པོ་པས་ཨོ་ལ་པ་ཏི་ལ་བརྟེན་ནས་གཏུམ་མོས་ལམ་ཡོངས་སུ་རྫོགས་པའི་གདམས་ངག་གཅིག །སློབ་དཔོན་དེ་ཉིད་ཀྱིས་ཐིག་ལེ་འབྱུང་བ་ལ་བརྟེན་ནས་ཡོན་པོ་བསྲང་བ་ཞེས་ཀྱང་བྱ། སྲིད་པའི་ལུ་གུ་བརྒྱུད་བཅད་པས་ལམ་ཡོངས་སུ་རྫོགས་པའི་གདམས་ངག་གཅིག །སློབ་དཔོན་ཀླུ་སྒྲུབ་ཀྱིས་གསང་བ་འདུས་པ་ལ་བརྟེན་ནས་མཆོད་རྟེན་གྱི་དྲུང་དུ་སེམས་ཐག་བཅད་པས་ལམ་ཡོངས་སུ་རྫོགས་པའི་གདམས་ངག་གཅིག །རྒྱལ་པོ་ཨིནྡྲ་བྷཱུ་ཏིས་དབང་ཡོན་ཏན་རིམ་པ་ལ་བརྟེན་ནས་ཕྱག་རྒྱས་ལམ་ཡོངས་སུ་རྫོགས་པའི་གདམས་ངག་གཅིག །སློབ་དཔོན་ཌོཾ་བྷི་ཧེ་རུ་ཀས་ལྷན་ཅིག་སྐྱེས་པ་གྲུབ་པ་ལ་བརྟེན་ནས་ལྷན་ཅིག་སྐྱེས་པ་གསུམ་གྱིས་ལམ་ཡོངས་སུ་རྫོགས་པའི་གདམས་ངག་གཅིག །དེ་ལྟར་ལམ་སྐོར་དགུར་གྲགས་པ་ལས། ཡི་གེ་མེད་པ་གུ་རུ་ཨ་མོ་ག་བཛྲ་ལ་བོད་དུ་ཐོབ་པ་ཡིན། ཨིནྡྲ་བྷཱུ་ཏིའི་ལམ་ཨ་ཙནྡྲ་དམར་པོ་ཞབས་ལ་བོད་དུ་ཐོབ་པ་ཡིན། བསམ་གྱིས་མི་ཁྱབ་པ་ནི་རྒྱ་གར་ཤར་ཕྱོགས་སུ་དགེ་སློང་དཔའ་བོ་རྡོ་རྗེ་དང་། བོད་དུ་ག་ཡ་དྷ་ར་ལ་ཐོབ་པ་ཡིན། ལྷག་མ་རྣམས་ནི་བོད་དུ་ག་ཡ་དྷ་ར་ལ་ཐོབ་པ་ཡིན་ཞེས་འབྲོག་མི་ལོ་ཙཱ་བ་གསུང་། ལམ་འབྲས་དེ་ལས་འཕྲོས་པ་ལམ་སྦས་བཤད་དང་ཐུན་མོང་བ་གྲུབ་ཆེན་བཅུ་དང་ཕྲ་མོ་བརྒྱད་ལ་སོགས་པ་དུ་མ་དང་། གཞན་ཡང་བོད་དང་རྒྱ་གར་ལ་དེང་སང་གྲགས་པ་ཁ་རག་སྒོམ་ཆུང་གི་རིན་དཔུང་སྐོར་གསུམ་དང་། ཆོས་བུ་པའི་དམར་ཁྲིད་དང་། འབྲོག་མི་ལོ་ཙཱ་བས་བྲི་ཀཱ་མ་ལ་ཤཱི་ལའི་མཁས་པ་སྒོ་དྲུག་ལ་གསན་པའི་གདམས་ངག་དྲུག་དང་། ངག་དབང་གྲགས་པའི་

གཞུག་མ་དྲན་གསལ་དང་ཤེར་འབྱུང་བློ་གྲོས་ཀྱི་ཕྱི་རོལ་གདོན་གྱི་བར་ཆད་བསྲུང་བ་དང་། ནཱ་རོ་ཏ་པའི་སྡིག་བསྡུལ་གསུམ་སེལ་བ་དང་། རྣཱ་ན་ཤྲཱིའི་འབྱུང་བ་ལུས་འཁྲུགས་སེལ་བ་དང་ཁ་ཆེ་རིན་ཆེན་རྡོ་རྗེའི་ཏིང་ངེ་འཛིན་སེམས་ཀྱི་བར་ཆད་བསྲུང་བ་དང་གོ་རཀྵའི་གདམས་ངག་ལ་སོགས་པ་ཕལ་མོ་ཆེ་ཞིག་བདག་གིས་འབད་དེ་ལེགས་པར་མནན་ཅིང་བསླབས་པ་དེ་དག་མིང་ཙམ་མིན་པར་དོན་གོ་བས་སོ། །

གསུམ་པ་ནི། རྒྱུ་མཚན་དེའི་ཕྱིར་རྒྱ་བོད་ཀྱི་དམ་པའི་ཆོས་རྣམས་ཕལ་ཆེར་ཐོས་ཤིང་ཤེས་པ་དེས་ན་བདག་ལ་ཐོས་པ་ལ་ཆགས་པ་དང་མ་ཐོས་པ་ལ་སྡང་བའི་ཕྱོགས་ལྷུང་མེད་པ་དེའི་ཕྱིར་ན། ཆགས་སྡང་མེད་པའི་བློ་གཟུ་བོས་དཔྱད་པ་འདི་བློ་ལྡན་རྣམས་ཀྱིས་འདི་ཁོ་ན་ལྟར་ཟུང་ཞིག་སྟེ། ཐར་པ་དང་ཐམས་ཅད་མཁྱེན་པའི་ལམ་མ་ནོར་བ་ནི་འདི་ཉིད་ཡིན་པའི་ཕྱིར་རོ། །སྡོམ་པ་གསུམ་གྱི་རབ་ཏུ་དབྱེ་བ་ཞེས་བྱ་བ་ལས་གསང་སྔགས་ཀྱི་སྡོམ་པའི་གཞུང་དོན་གྱི་སྐབས་ཏེ་གསུམ་པ་བཤད་པའོ། །ཞེས་བྱ་བ་ནི་རིགས་པས་ཐོབ་བོ། །

གསུམ་པ་ལ། བསྟན་བཅོས་ཀྱི་ཆེ་བ་བརྗོད་པ། དེ་བླུན་པོས་རྟོགས་དཀའ་བ། བརྩམས་པའི་དགེ་བ་གཞན་དོན་དུ་བསྔོ་བ། བཀའ་དྲིན་དྲན་པའི་སྒོ་ནས་གཏང་རག་གིས་ཕྱག་བྱ་བ་དང་བཞི་ལས། དང་པོ་ནི། བསྟན་བཅོས་འདི་ཉི་མ་དང་ཆོས་རྣམ་པ་གསུམ་གྱིས་མཚུངས་ཏེ། ཐུབ་པའི་བསྟན་པ་རིན་ཆེན་གཞལ་མེད་ཁང་། །ལོག་ལྟའི་མུན་ནག་ཚང་ཚིང་རྣམ་པར་བསལ། །བློ་གསལ་བློ་ཡི་པདྨོ་ཁ་འབྱེད་པ། །བསྟན་བཅོས་ཉི་མའི་སྣང་བ་དེང་འདིར་ཤར་བའི་ཕྱིར། དཔེར་ན། རིགས་པའི་འོད་ཟེར་སྟོང་གིས་བརྒྱན་པ་ཡི། །ཤེས་རབ་འབྱུང་གནས་བློ་ཡི་ཉི་མ་ཤར། །མུ་སྟེགས་བློ་ངན་མཚན་མོ་རབ་རྒྱུ་བའི། །རྒྱུ་སྐར་མེ་ཁྱེར་ཚོགས་རྣམས་རབ་ཏུ་བྲོས། །ཞེས་པ་ལྟ་བུའོ། །

གཉིས་པ་ནི། རྒྱལ་བ་ཀུན་གྱི་དགོངས་པ་འདི་ཡིན་ཞེས། །འགྲོ་ལ་ཕན་པའི་བསམ་པས་བདག་གིས་བཤད། །མཁས་པ་ཀུན་གྱི་དགོངས་པ་འདི་ཡིན་མོད། །ད་དུང་བླུན་པོ་རྣམས་ཀྱིས་རྟོགས་པར་དཀའ་སྟེ། །སྡེ་སྣོད་གསུམ་དང་རྒྱུད་སྡེ་བཞིའི་དོན་བསྟན་བཅོས་འདིས་ཚང་བར་སྟོན་པའི་ཕྱིར་རོ། །དེ་ཡང་འཕགས་པ་བྱམས་པས། གང་ཞིག་ཡོད་པ་མི་མཐོང་མེད་ལ་མངོན་ཞེན་པ། །འཇིག་རྟེན་རྨོངས་པའི་མུན་ནག་ཚབས་ཆེན་འདི་གོ་ཅི། །ཞེས་པ་ལྟ་བུའོ། །

གསུམ་པ་ནི། ཀུན་དགའི་ཉི་མས་སངས་རྒྱས་བསྟན་པ་ཡི། །པད་མོ་རྣམ་པར་ཕྱེ་བ་ལས་བྱུང་བའི། །དམ་པའི་སྦྲང་རྩིས་འགྲོ་བའི་བུང་བ་ཀུན། །རྒྱུན་ཏུ་བདེ་བའི་དགའ་སྟོན་འགྱེད་པར་ཤོག །ཅེས་གསུངས། བཞི་པ་ནི༑ གང་གི་ཐུགས་བརྩེས་ཉེར་བཟུང་ནས། །ལོག་པའི་ཆོས་རྣམས་སྤྲངས་ནས་ཀྱང་། །སངས་རྒྱས་བསྟན་ལ

ལེགས་སྦྱོད་པའི། །འཇམ་མགོན་བླ་མ་དེ་ལ་འདུད། །དེ་ཡང་། རྒྱལ་སྲས་ཞི་བ་ལྷས་སྤྱོད་འཇུག་གི་མཇུག་ཏུ། གང་གི་དྲིན་གྱིས་དགེ་བློ་འབྱུང་། །འཇམ་པའི་དབྱངས་ལ་ཕྱག་འཚལ་ལོ། །གང་གི་དྲིན་གྱིས་བདག་དར་བ། །དགེ་བའི་བཤེས་ལའང་བདག་ཕྱག་འཚལ། །ཞེས་པ་ལྟ་བུའོ། །

སྡོམ་པ་གསུམ་གྱི་རབ་ཏུ་དབྱེ་བ་ཞེས་བྱ་བ་ཆོས་དང་ཆོས་མ་ཡིན་པ་རྣམ་པར་འབྱེད་པ་ཞེས་བྱ་བའི་བསྟན་བཅོས་འདི་ནི་མང་དུ་ཐོས་པའི་ནོར་དང་ལྡན་པ་རིགས་པ་དང་མི་རིགས་པ་དཔྱོད་པར་ནུས་པའི་བློ་གྲོས་ཅན། སྡེ་སྣོད་འཛིན་པ་ཀུན་དགའ་རྒྱལ་མཚན་དཔལ་བཟང་པོས་སྦྱར་བའི་ཊཱི་ཀཱ་རྫོགས་སོ། །ཕྱི་བྲག་ཏུ་གསང་སྔགས་ཀྱི་གནད་གཏན་ལ་དབབ་པ་གསང་ཆེན་ཡིན་པས་ས་སྐྱ་པཎྜི་ཏ་ཁོ་བོས་ལོགས་སུ་བཤད་པར་རྗེས་འཇུག་གི་གདུལ་བྱས་བལྟ་བར་བྱའོ། །ཊཱི་ཀཱ་སྔ་ཕྱི་རྣམས་ཙུང་ཟད་མི་འདྲ་བ་ཡོད་ནའང་རྩོམ་པ་པོའི་བློ་ཁྱད་དུ་ཤེས་པར་བྱའོ། །

རྒྱ་ཆེན་སྤྱོད་པའི་རྒྱ་མཚོ་ཆེན་པོ་ལས། །ཐབས་ཤེས་ཟུང་གི་རླབས་ཕྲེང་གིས་བསྐྱོད་པས། །དཔལ་ལྡན་ཕུན་ཚོགས་འདོད་རྒུའི་གཏེར་གྱུར་པ། །ཐུབ་དབང་བསམ་འཕེལ་ནོར་བུས་དགེ་ལེགས་བསྩོལ། །གང་གི་ཐུགས་རྗེ་ས་འཛིན་རྒྱས་པའི་རྩེར། །རབ་འབྱམས་ཤེས་བྱ་གསལ་བའི་འོད་དཀར་གྱིས། །འགྲོ་འདིར་བློ་གྲོས་སྣང་བའི་དཔལ་སྟེར་བ། །འཇམ་དབྱངས་སྨྲ་བའི་ཟླ་བས་བདག་སྐྱོངས་ཤིག །ཀུན་མཁྱེན་ཀུན་ལ་སྙོམས་པའི་ཐུགས་མངའ་ཞིང་། །དགའ་བཞིའི་དགའ་བ་ཕུལ་བྱུང་རབ་རྒྱས་པ། །རྒྱལ་ཚབ་རྒྱལ་བའི་མཛད་པས་དུས་འདའ་བའི། །མཚན་འཛིན་མཚན་མས་མ་གོས་དེ་ལ་འདུད། །གང་གི་མཁྱེན་པ་ཆུ་གཏེར་ཡངས་པ་ལས། །ལྷག་པར་སྙིང་བརྩེའི་དེད་དཔོན་ཆེན་པོ་ཡིས། །གངས་ཅན་དབུལ་བ་མཐའ་དག་སེལ་བའི་ཆེད། །གཞུང་ལུགས་ཡིད་བཞིན་ནོར་བུའི་མཆོག་འདི་ཕྱུང་། །གང་ཡང་སྔ་རབས་མཁས་པ་དུ་མ་ཡིས། །ལེགས་བཤད་རྣམ་གཞག་མང་དུ་མཛད་ན་ཡང་། །བསྟན་བཅོས་མཁན་པོ་འཇམ་དབྱངས་བཞེད་པའི་ལམ། །ཀུན་མཁྱེན་དགའ་བ་གདོང་པས་གསལ་བར་ཕྱེ། །གང་ཞིག་རང་དང་གཞན་གྱི་གྲུབ་མཐའ་ཡི། །འཁྲུལ་པའི་དྲི་མ་མཐའ་དག་བསལ་བའི་ཕྱིར། །མདོ་སྔགས་མང་དུ་ཐོས་པའི་རྣམ་དཔྱོད་ཀྱི། །བདུད་རྩིའི་ལེགས་བཤད་ཕྱོགས་བཅུར་སྦྱིན་པར་བྱ། །འོན་ཀྱང་འདི་ན་ཚུ་རོལ་མཐོང་བའི་བློས། །ལེགས་པར་བསམས་ཀྱང་ཉེས་པའི་བག་ཆགས་ཀྱི། །དྲི་མ་མཆིས་ན་རྒྱལ་བ་སྲས་བཅས་ལ། །ནོངས་པ་བཤགས་ཀྱི་ལམ་བཟང་བསྟན་དུ་གསོལ། །འདི་ན་དྲང་ངེས་འབྱེད་ལ་མི་བརྟེན་ཞིང་། །ཕལ་ཆེར་ངེས་པའི་དོན་དུ་འཛིན་པ་དང་། །རིགས་ལམ་ལས་དྲངས་རྣམ་བཤད་ཆེན་པོ་འདི། །པར་དུ་བསྒྲུབས་པའི་སྦྱིན་བདག་ཆེན་པོ་ནི། །དཕྱུང་ཚོགས་འགྱུར་པའི་གཏིང་མཐའ་མི་སྟོན་

ཞིང་། །སངས་རྒྱས་བསྟན་ལ་མི་ཕྱེད་དད་གུས་ཅན། །ཕོ་བྲང་ལྷུན་གྱིས་གྲུབ་པའི་རྩེ་མོ་ནས། །ཆོས་རྒྱལ་གྲགས་པ་ཡབ་ཡུམ་དཔོན་བློན་དང་། །སྐལ་བཟང་འགྲོ་བ་དུ་མའི་བསོད་ནམས་ལས། །འདྲེན་པ་གཅིག་ཏུ་བསྐུས་པ་སྤྲུལ་པའི་སྐུ། །གུ་རུའི་བྱིན་བརླབས་ཞུགས་པའི་གང་ཟག་མཆོག །སྐྱུ་བསྒོམ་པ་ཞེས་གྲགས་པ་དང་པས་མཛད། །འདི་ཡི་ཞལ་བཀོད་ཚིག་དོན་ཞུ་དག་པ། །ཆོས་འདིའི་རིགས་སུ་སྐྱེས་པའི་རྣམ་དཔྱོད་ཅན། །མང་དུ་ཐོས་པ་ཆོས་སྐྱོང་རྒྱལ་མཚན་དང་། །དཀའ་བཅུ་སྨྲ་བ་དཔལ་ལྡན་མེ་ཏོག་ཡིན། །ཡི་གེའི་འདུ་བྱེད་མཁས་པ་དཔལ་མཆོག་སྟེ། །གྲངས་མེད་པར་དུ་སྤེལ་བའི་བཟོ་བོ་ནི། །ལེགས་སྦྱངས་གཙང་པོ་དཔལ་ཤེར་དཔོན་སློབ་དང་། །དབུས་འབྲས་ཆོས་བཟང་གྲོགས་མཆེད་རྣམས་ཀྱིས་བསྒྲིས། །འདི་ཡི་ཕྱོགས་སུ་སྒོ་གསུམ་དངལ་བ་དང་། །ཟས་ནོར་མཐུན་རྐྱེན་སྦྱར་བ་ཇི་སྙེད་པ། །དེང་ནས་བཟུང་སྟེ་ས་སྐྱ་པཎ་ཆེན་གྱི། །འཁོར་གྱི་ཐོག་མར་བདུད་རྩིས་འཚོ་བར་ཤོག །དགེ་བ་འདི་དང་དུས་གསུམ་དགེ་བ་གཞན། །གཅིག་ཏུ་བསྡུས་ནས་མཁའ་མཉམ་འགྲོ་བ་ཡིས། །སྡོམ་གསུམ་དྲི་མ་མེད་པའི་ལམ་ཞུགས་ནས། །བཅུ་གསུམ་རྡོ་རྗེ་འཛིན་པའི་ས་ཐོབ་ཤོག །

སྡོམ་པ་གསུམ་གྱི་རབ་ཏུ་དབྱེ་བ་དར་ཞིང་རྒྱས་པར་བྱེད་པའི་ཐབས་རྟེན་འབྲེལ་བཟང་པོ་ཞེས་བྱ་བ་འདི་ལ་སྔ་མོའི་དུས་སུ་ཊཱི་ཀཱ་ཤིན་ཏུ་བསྡུས་པ་དང་། བར་སྐབས་སུ་འབྲིང་པོ་དང་། དུས་ཕྱིས་ཤིན་ཏུ་རྒྱས་པ་འདི་ནི་གསུང་རབ་འབྱུར་རོ་ཅོག་གི་མཁྱེན་པ་ཅན། མིང་གཞན་ཆོས་ལུང་དཀའ་བཅུ་པ་ཞེས་བྱ་བས། སྟོན་པ་མྱ་ངན་ལས་འདས་ནས་ལོ་སུམ་སྟོང་ལྔ་བརྒྱ་གོ་གཅིག་པ་ས་ཕོ་སྟག་འབྲུ་མང་པོའི་ལོ་ལ་དཔལ་དགའ་བ་གདོང་གི་གཙུག་ལག་ཁང་བྱམས་པ་གསུང་འགྱུར་གྱི་དྲུང་དུ་སྦྱར་བའོ། །འདིས་སངས་རྒྱས་ཀྱི་བསྟན་པ་དར་ཞིང་རྒྱས་པ་དང་། དཔལ་ལྡན་བླ་མ་དམ་པ་འཇམ་པའི་དབྱངས་རིན་ཆེན་རྒྱལ་མཚན་དཔལ་བཟང་པོ་དང་། ཐམས་ཅད་མཁྱེན་པ་ཀུན་མཁྱེན་རོང་པོ་དང་། རྡོ་རྗེ་འཆང་ཀུན་དགའ་བཟང་པོའི་ཞལ་སྔ་ནས་གཙོ་བོར་སྐྱོས་པའི་བླ་མ་གོང་མ་རྣམས་ཀྱི་ཐུགས་དགོངས་ཡོངས་སུ་རྫོགས་པ་དང་། སེམས་ཅན་ཐམས་ཅད་ལ་ཕན་བདེ་བསམ་གྱིས་མི་ཁྱབ་པ་འབྱུང་བར་གྱུར་ཅིག །མངྒ་ལཾ་བྷ་ཝནྟུ། ཤུབྷཾ།། ||

༄༅། །སྡོམ་པ་གསུམ་གྱི་རབ་ཏུ་དབྱེ་བའི་ལེགས་པར་བཤད་པ་ཕྲིན་ལས་རྒྱས་བྱེད་ཅེས་བྱ་བ་བཞུགས་སོ། །

ལས་ཆེན་པ་གཞོན་ནུ་སེངྒེ།

ཨོཾ་བདེ་ལེགས་སུ་གྱུར་ཅིག སྡོམ་པ་གསུམ་གྱི་རབ་ཏུ་དབྱེ་བའི་ལེགས་པར་བཤད་པ་ཕྲིན་ལས་རྒྱས་བྱེད་ཅེས་བྱ་བ། བླ་མ་དང་ལྷག་པའི་ལྷ་དཔལ་ཀྱེའི་རྡོ་རྗེ་ལ་ཕྱག་འཚལ་ལོ། །སྡོམ་པ་གསུམ་གྱི་ཆུ་གཏེར་ཆེན་པོ་ལ། །ཐོས་བསམ་སྒོམ་གསུམ་གྲུ་གཟིངས་རབ་ཞུགས་ནས། །སྐུ་གསུམ་ནོར་བུའི་དཔལ་འབྱོར་གདེངས་ཀས་བརྙེད། །འགྲོ་བའི་དེད་དཔོན་ཐུབ་དབང་ཞབས་ལ་འདུད། །རྒྱལ་བ་ཀུན་དངོས་རྒྱལ་སྲས་སྙིང་པ་འཛིན། །བདེ་ལེགས་ཀུན་དགའ་སྙིང་པོ་དཔལ་ཡོན་ཅན། །ཚོགས་གཉིས་བསོད་ནམས་རྩེ་མོར་ལེགས་མཆོད་པ། །གྲགས་པའི་རྒྱལ་མཚན་འཛིན་པ་དེ་ལ་འདུད། །ཕུན་ཚོགས་ཡོན་ཏན་ཀུན་དགའི་ཉི་མ་ལ། །ཐར་པའི་རྒྱལ་མཚན་དཔལ་འབྱོར་བཟང་པོ་ཅན། །ཀུན་མཁྱེན་གཉིས་པ་ས་སྐྱ་པཎྜི་ཏ། །བསྟན་པའི་སྒྲོན་མེ་འཛིན་པ་དེ་ལ་འདུད། །རྣམ་དཀར་བློ་གྲོས་ཟླ་བའི་དཀྱིལ་འཁོར་ལ། །བསྟན་པའི་རྒྱལ་མཚན་རྣམ་དཔྱོད་འབུམ་ཕྲག་འཕྲོ། །ཕྱུགས་རྗེའི་དཔལ་ཡས་འོད་ཟེར་བཟང་པོ་ཅན། །ཆོས་ཀྱི་རྒྱལ་པོ་འཕགས་པའི་ཞབས་ལ་འདུད། །རྒྱ་ཆེན་ཤེས་བྱའི་གནས་ལ་མཁྱེན་པ་རྒྱས། །འཆད་རྩོད་རྩོམ་པའི་པད་ཚལ་རབ་ཏུ་འཕྲོ། །སངས་རྒྱས་བསྟན་པའི་དཔལ་གྱུར་འགྲོ་བའི་གཉེན། །མཚུངས་མེད་བླ་མའི་ཞབས་ལ་གུས་པས་འདུད། །མདོ་རྒྱུད་མན་ངག་ཀུན་ལ་དབང་འབྱོར་ཞིང་། །ཟག་མེད་དགའ་བདེ་འགྲོ་ཀུན་བཟང་པོས་སྐྱོང་། །ཀུན་མཁྱེན་བླ་མ་ཀུན་གྱི་སྐྱབས་གཅིག་པུ། །བཀའ་དྲིན་མཉམ་མེད་བླ་མའི་ཞབས་ལ་འདུད། །རྒྱལ་བ་ཀུན་གྱི་བགྲོད་པ་གཅིག་པུའི་ལམ། །སྡོམ་པ་གསུམ་གྱི་རབ་ཏུ་དབྱེ་བའི་དོན། །མདོ་རྒྱུད་བསྟན་བཅོས་བླ་མའི་གསུང་བཞིན་དུ། །ལེགས་པར་བཤད་ཀྱི་གུས་པའི་ཡིད་ཀྱིས་ཉོན། །

འདིར་བྱང་ཆུབ་ཀྱི་སྙིང་པོ་རྡོ་རྗེ་གདན་ལས་བྱང་ཕྱོགས་སུ་དཔག་ཚད་བརྒྱ་བགྲོད་པའི་སའི་ཆ། འགྲན་ཟླ་མེད་པ་མཁས་པའི་རྒྱུན་མི་འཆད་པ་འབྱུང་བའི་མཚན་མ་དང་ལྡན་པ། དཔལ་ས་སྐྱའི་དབེན་གནས་དམ་པར

སྐུ་འཁྲུངས་པ། འཇམ་པའི་རྡོ་རྗེས་དངོས་སུ་བྱིན་གྱིས་བརླབས་པ་ཤེས་བྱའི་དཀྱིལ་འཁོར་མ་ལུས་པ་ཐུགས་སུ་ཆུད་པའི་མཁྱེན་རབ་དཔག་ཏུ་མེད་པས། མི་མཐུན་པའི་ཕྱོགས་མཐའ་དག་ལས་འཁོན་པའི་གདུང་བརྒྱུད་བདག་ཉིད་ཆེན་པོ། དཔལ་ལྡན་ས་སྐྱ་པཎྜི་ཏས་མཛད་པའི་སྡོམ་པ་གསུམ་གྱི་རབ་ཏུ་དབྱེ་བ་ཞེས་བྱ་བ། སྡེ་སྣོད་གསུམ་གྱི་དེ་ཉིད། རྒྱུད་སྡེ་བཞིའི་སྙིང་པོ། ཐར་པ་དང་ཐམས་ཅད་མཁྱེན་པའི་འཇུག་ངོགས། མངོན་པར་མཐོ་བ་དང༌། ངེས་པར་ལེགས་པའི་འབྱུང་གནས་སུ་གྱུར་པའི། བསྟན་བཅོས་ཆེན་པོ་འདི་འཆད་པ་ལ། སྤྱི་དོན་དང་གཞུང་དོན་ནོ། །དང་པོ་ལ་གསུམ་ལས། མཛད་པ་པོ་གང་གིས་མཛད་པ་ནི། ཆོས་རྗེ་ས་སྐྱ་པཎྜི་ཏ་ཞེས་བྱ་བ། སྐུ་སྐྱེ་བ་སྔ་མ་ནས་སངས་རྒྱས་དང༌། བྱང་ཆུབ་སེམས་དཔའ་རྣམས་ཀྱིས་ཐུགས་རྗེས་བཟུང་ཞིང༌། ཤེས་བྱ་ལ་སྦྱངས་པ་སྔོན་དུ་སོང་བས་འདིར་འབད་པ་ཆུང་ངུ་ཙམ་གྱིས་ཤེས་བྱ་ལ་མ་ཆགས་མ་ཐོགས་པའི་མཁྱེན་རབ་ཅན། ཡང་དག་པའི་ལམ་ཚུལ་བཞིན་དུ་གོམས་པས། རྟོགས་པའི་ཡོན་ཏན་ཐུལ་དུ་བྱུང་བ། དམིགས་པ་མེད་པའི་ཐུགས་རྗེས་སེམས་ཅན་ལ་བུ་གཅིག་པ་ལྟར་དགོངས་པ། མཁས་པའི་བྱ་བ་རྣམ་གསུམ་གྱིས་སངས་རྒྱས་ཀྱི་བསྟན་པ་དང༌། འགྲོ་བའི་དོན་ལ་བརྩོན་པ་མི་འདོར་བའི་བདག་ཉིད་ཅན། མདོར་ན་འཇམ་དབྱངས་དང་གཉིས་སུ་མེད་པ་དེས་མཛད་པའོ། །

གཉིས་པ་དགོས་པ་གང་གི་ཕྱིར་མཛད་པ་ནི། སངས་རྒྱས་ཀྱི་བསྟན་པ་གསལ་བར་བྱ་ཞིང༌། དེས་འགྲོ་བ་ལ་ཕན་བདེ་འབྱུང་བའི་ཕྱིར་ཏེ། དེའང་སེམས་ཅན་གྱི་བདེ་སྐྱིད་སངས་རྒྱས་ཀྱི་བསྟན་པ་ལ་རག་ལས་ཏེ། འགྲོ་བའི་སྡུག་བསྔལ་སྨན་གཅིག་པུ། །བདེ་བ་ཐམས་ཅད་འབྱུང་བའི་གནས། །བསྟན་པ་ཞེས་འབྱུང་བས་སོ། །བསྟན་པའི་རྩ་བ་ནི་སྡོམ་པ་གསུམ་ཡིན་ཏེ། དེ་མེད་ན་འདོད་པའི་འབྲས་བུ་མི་འགྲུབ་ཅིང༌། དེ་དག་རྣམ་པར་དག་པ་དང་ལྡན་ན་འགྲུབ་པར་འོག་ནས་རྒྱས་པར་བསྟན་ཏོ། །

དེ་ལྟ་བུའི་སྡོམ་པ་གསུམ་ལ་བརྟེན་ནས། ཐར་པ་དང་ཐམས་ཅད་མཁྱེན་པ་བསྒྲུབ་པར་འདོད་ཀྱང༌། རང་གིས་མི་ཤེས་ཤིང༌། གཞན་གྱིས་ངན་རྟོག་གི་རྗེས་སུ་བཟུང་བའི་ཕྱིར་མཛད་ཀྱིས། མཁས་འདོད་དམ། ཆགས་སྡང་གིས་ཀུན་ནས་བསླང་བ་ནི་མ་ཡིན་នོ། །དེའང་ཆོས་ཀྱི་རྗེ་ཉིད་བསྟན་བཅོས་འདི་བརྩམ་པར་བཞེད་ནས། མཆོད་བརྗོད། བཤད་པར་དམ་བཅའ་མཛད་པའི་དུས་སུ། སློབ་དཔོན་ཟངས་ཚས། དབུང་ན་ཡོད་པའི་གྲྭ་པ་རྣམས་དང་གྲོས་མཛད་ནས། ཕྱག་འཚལ་ཏེ་ཞུས་པ། སྡོམ་གསུམ་རབ་དབྱེ་འདི་མཛད་ན། གཞན་ལ་ཕོག་སྡུག་བསྔལ་མང་པོ་མཆི་བར་གདའ། སྔར་ཡང་ཆོས་ཞུ་འདོད་པ་ཀུན་ཀྱང༌། ས་སྐྱ་པ་ཆོས་ལ་ཕྱོགས་འཛིན་ཆེ་ཟེར་ནས་དགག་པ་མང་དུ་ཡོད་པར་གདའ། དེས་ན་རང་རེ་ལ་སྡང་བ་མང་ཞིང༌། སྐུ་བསོད་ལ་གནོད་པ

གདའ་བས་མི་མཛད་པར་ཞུ་ཞེས་ཞུས་པས། ཆོས་རྗེ་བ་ཅུང་ཟད་བཞད་ནས། གཞན་ཀུན་བསྟན་བཅོས་རྩོམ་པར་ཞུ་བ་ཡིན་པ་ལ། ཁྱེད་མི་རྩོམ་པར་ཞུ་ལ། འོན་བཞག་པར་བྱ་གསུངས་དེ་ནས་ཞག་གཉིས་ཙམ་ནས། བླ་མས་ཁོང་རྣམས་བོས་ནས། ཁྱེད་སྡོམ་གསུམ་རབ་དབྱེ་མ་རྩོམས་ཟེར་ཏེ། བརྩམ་དགོས་པ་འདུག དེ་མ་བརྩམས་ན་རང་ལ་ཟས་ནོར་དང་། འཁོར་འདུ་བ་ཡོང་ཡང་། འཕགས་པ་འཇམ་དཔལ་དང་། སློབ་དཔོན་ཞི་བ་ལྷ་མི་མཉེས་པར་འདུགངས་སྨྲ ལམ་ན་འཕགས་པ་འཇམ་དཔལ་གྱི་སྐུ་ཞིག་ལ་མི་མང་པོས་ལུག་ལུད་སོགས་མང་པོ་འཐོར་ཞིང་འདུག སློབ་དཔོན་ཞི་བ་ལྷ་ཡིན་ཟེར་བ་ཞིག སྐུའི་རོ་རྒྱབ་བསྟུང་གསུངས་ནས། རྒྱབ་བསྟན་ནས་འདུག་པ་རྨིས་གསུངས་ནས་བརྩམས་པ་ཡིན་ནོ། །དེ་ཕྱིར་འདི་ཉིད་ཀྱི་མཇུག་ཏུ། བདག་ནི་སེམས་ཅན་ཀུན་ལ་བྱམས། །ཞེས་བྱ་བ་རྩོད་སྤངས་དང་བཅས་ཏེ་བསྟན་པ་ཡིན་ནོ། །

གསུམ་པ་བརྗོད་བྱ་གང་སྟོན་པ་ནི། སྤྱིར་དོན་མེད་དོན་ལོག་དོན་དང་ལྡན། །ཐོས་རྩོད་སྒྲུབ་པ་ལྷུར་ལེན་དང་། །ངན་གཡོ་བརྩེ་བྲལ་སྡུག་བསྔལ་སྤོང་ས། །བསྟན་བཅོས་དྲུག་བྲལ་གསུམ་དུ་འདོད། །ཅེས་འབྱུང་བ་ལས། འདིར་དོན་མེད་དང་། ལོག་པ་མ་ཡིན་ཏེ། བསྟན་པའི་རྩ་བ་སྡོམ་གསུམ། མ་ཐོབ་པ་ཐོབ་པར་བྱེད་པ་དང་། ཐོབ་པ་མི་ཉམས་ཤིང་འཕེལ་བར་བྱེད་པ་དང་། དེས་ས་ལམ་རྣམ་པར་བགྲོད་དེ། འབྲས་བུ་མངོན་དུ་བྱེད་ཚུལ་ལ་སོགས་པ་རྣམས་ལ། མདོ་རྒྱུད་དང་མི་མཐུན་པ་རྣམས་བཀག་ནས། ཕྱིན་ཅི་མ་ལོག་པའི་གནད་སྟོན་པའི་ཕྱིར་དང་། དོན་དང་ལྡན་པ་ཡིན་ལ། དེའང་ཐོས་པ་ལྷུར་ལེན་པ་སླན་ངག་གམ། རྩོད་པ་ལྷུར་ལེན་པ་ལྟ་བུ་མ་ཡིན་གྱིས་སྒྲུབ་པ་ལྷུར་ལེན་པའོ། །དེ་ཡང་ངན་གཡོ་འམ། བརྩེ་བ་མེད་པས་ཀུན་ནས་བླང་བ་མ་ཡིན། སེམས་ཅན་སྲིད་པའི་རྒྱ་མཚོ་ལས་བསྒྲལ་ནས། ཐར་པ་དང་ཐམས་ཅད་མཁྱེན་པ་ལ་དགོད་པར་བཞེད་པས་ཏེ། མདོར་ན་ཐེག་པ་གསུམ་གྱི་གཞི་ལམ་འབྲས་བུའི་གནད་རྣམ་པ་གསུམ་དུ་སྟོན་པ་ཡིན་ནོ། །

གཉིས་པ་གཞུང་གི་དོན་ལ། ཐ་སྙད་རྟོགས་པའི་དོན་དུ་མཚན་གྱི་དོན། བར་ཆད་ཞི་བའི་དོན་དུ་ཕྱག་འཚལ། གདུལ་བྱ་འཇུག་པའི་དོན་དུ་དགོས་འབྲེལ་དགོད། དགོས་པ་དེ་དང་ལྡན་པའི་བསྟན་བཅོས་དངོས། བཤད་པ་མཐར་ཕྱིན་པའི་ཚིག་དགོད་པ་དང་ལྔ། དང་པོ་ནི། སྡོམ་པ་གསུམ་གྱི་རབ་ཏུ་དབྱེ་བ་ཞེས་བྱ་བ། སྡོམ་པ་ནི་རྒྱ་གར་གྱི་སྐད་དུ་སམ་བྷ་ར་ཞེས་ཟེར་ལ། དེ་དོན་བཤད་ན་མི་མཐུན་པའི་ཕྱོགས་མཐའ་དག་སྡོམ་པ་ཡིན་ལ༔ གསུམ་ནི། སོ་སོར་ཐར་པ་དང་། བྱང་ཆུབ་སེམས་དཔའ་དང་། གསང་སྔགས་ཀྱི་སྡོམ་པའོ། །རབ་ཏུ་དབྱེ་བ་ནི། སོ་སོ་ཐར་པ་ལ། ཉན་ཐོས་སོ་ཐར་དང་། བྱང་སེམས་སོ་ཐར་གཉིས། བྱང་ཆུབ་སེམས་དཔའི་སྡོམ་པ་ལ། དབུ་མ་ལུགས་ཀྱི་སེམས་བསྐྱེད་པ་དང་། སེམས་ཙམ་ལུགས་ཀྱི་སེམས་བསྐྱེད་གཉིས། རྡོ་རྗེ་ཐེག་པའི་སྡོམ་པ་ལ།

རྒྱུད་སྡེ་བཞིའི་སྡོམ་པའི་དབྱེ་བ་ཞེས་བྱ་བ་ཤེས་པར་བྱའོ། །

སྡོམ་པ་གསུམ་པོ་ལའང་། དང་པོ་ལེན་པ་དང་། བར་དུ་གནས་པ་དང་། མཐར་བསྲུང་བ་དང་། ཉམས་ན་ཕྱིར་བཅོས་པའི་ཚུལ་རྣམས་ལ། འཁྲུལ་བ་དང་མ་འཁྲུལ་བའི་རྣམ་པར་དབྱེ་བ་སྟོན་ཏེ། བརྗོད་བྱ་ལས་མིང་དུ་བཏགས་པའོ། །

གཉིས་པ་ལ། སྤྱིར་བླ་མ་དམ་པ་ལ་ཕྱག་འཚལ་བ་དང་། ཁྱད་པར་བླ་མ་སངས་རྒྱས་ལ་དད་པ་འབུལ་བ་དང་། རྩ་བའི་ཡོན་ཏན་བརྗོད་པ་དང་གསུམ་ལས་དང་པོ་ནི། བླ་མ་དམ་པའི་ཞབས་ལ་ཕྱག་འཚལ་ལོ། །

གཉིས་པ་ནི། བདེ་གཤེགས་བསྟན་པའི་གསུང་རབ་སེང་གེའི་སྒྲ། །ལྷ་ངན་རི་དྭགས་མཐའ་དག་སྐྲག་པར་མཛད། །སངས་རྒྱས་དགོངས་པ་ཇི་བཞིན་ལེགས་སྒྲུབ་པ། །མཚུངས་མེད་བླ་མ་དེ་ལ་བདག་ཅག་དད། །ཅེས་པ། བདེ་བར་གཤེགས་པ་ནི། སུ་ག་ཏ་ག་མ་ནི་བྱས་ན་སྤངས་པ་ལ་འཇུག་ལ། དེའང་ལེགས་པར་སྤངས་པ། མ་ལུས་པར་སྤངས་པ། སླར་མི་ལོག་པར་སྤངས་པ་སྟེ། རྣམ་འགྲེལ་ལས། རྒྱུ་སྤངས་ཡོན་ཏན་གསུམ་བདེ་གཤེགས། །ཉིད་ཡིན་ཞེས་འབྱུང་ངོ་། །སུ་ག་ཏི་བྱས་ན་རྟོགས་པ་ལ་འཇུག་ལ། དེ་ཡང་ལེགས་པར་རྟོགས་པ་དང་། མ་ལུས་པར་རྟོགས་པ། སླར་མི་རྟོགས་པ་སྟེ། རྣམ་འགྲེལ་ལས། སྐྱོབ་ལས་དེ་ཉིད་ལྡན་བརྟན་དང་། །མ་ལུས་ཁྱད་པར་མཁྱེན་པར་གྲུབ། །གཤེགས་པ་རྟོགས་པའི་དོན་ཕྱིར་ཏེ། །དེ་ཕྱིར་ཕྱི་རོལ་བ་དང་སློབ། །མི་སློབ་ལས་ལྷག་ཅེས་གསུངས་སོ། །

དེས་བསྟན་པའི་གསུང་རབ་ནི། གསུང་རབ་ཡན་ལག་བཅུ་གཉིས་སམ། སྡེ་སྣོད་གསུམ་དང་། རྒྱུད་སྡེ་བཞིས་བསྡུས་པས་ཏེ། དེ་ནི་སེང་གེའི་སྒྲ་དང་མཚུངས་པའི་ཕྱིར་དེ་སྐད་ཅེས་བྱའོ། །དེའང་སངས་རྒྱས་ནི་ཆོས་བཞིས་སེང་གེ་དང་འདྲ་སྟེ། རྒྱུད་བླ་མ་ལས། འཇིགས་མེད་ཕྱིར་དང་ལྟོས་མེད་ཕྱིར། །བརྟན་ཕྱིར་རྩལ་ནི་ཕུན་ཚོགས་ཕྱིར། །ཐུབ་པ་སེང་གེ་སེང་གེ་བཞིན། །འཁོར་གྱི་ནང་དུ་འཇིགས་མི་མངའ། །ཞེས་འབྱུང་ངོ་། ། དེའི་གསུང་རབ་ཀྱི་མུ་སྟེགས་བྱེད་ལ་སོགས་པའི་ལྷ་བ་ངན་པ་རི་དྭགས་དང་འདྲ་བ་རྣམས་སྐྲག་ཅིང་སྤྲོ་སྐྲོང་བར་འགྱུར་བས། སེང་གེའི་སྒྲ་དང་མཚུངས་ཏེ། མངོན་བརྗོད་ལས། བདག་མེད་སེང་གེའི་སྒྲ་སྒྲོག་པ། །མུ་སྟེགས་རི་དྭགས་ངན་འཇིགས་བྱེད། །ཅེས་གསུངས་སོ། །དེ་ལྟ་བུའི་གསུང་རབ་ཀྱི་དགོངས་པ་ཇི་ལྟ་བ་བཞིན་ལེགས་པར་རྟོགས་ནས། བདག་ཉིད་སྒྲུབ་ཅིང་གཞན་ལ་སྟོན་པར་མཛད་པའི་མཚུངས་མེད་བླ་མ་སྟེ། མཁྱེན་པ་དང་བརྩེ་བ་དང་ནུས་པའི་སྒོ་ནས་ཕུལ་དུ་བྱུང་བའོ། །དེ་གང་ཞེ་ན། ཤཱཀྱ་ཤྲཱི་བྷ་དྲ་དང་། གཱིརྟི་ཛྙཱ་ན་སྟེ། ཆོས་ཀྱི་གནས་རྣམས་དེ་དག་ལ་མཉེས་པའི་ཕྱིར་རོ། །བདག་ཅག་ཅེས་པ་ནི། དང་བ་དང་། ཡིད་ཆེས་པ་དང་། འདོད་པས་ཏེ

དད་པ་གསུམ་དང་ལྡན་པས་ཞབས་ལ་ཕྱག་འཚལ་ཞེས་པ་འདི་འང་སྦྱར་རོ། །དེ་ལྟ་བུའི་བླ་མ་དེ་ཉིད་སངས་རྒྱས་ཡིན་ཏེ། དཀོན་མཆོག་གསུམ་གྱི་ངོ་བོ་ཡིན་པའི་ཕྱིར་མདོར་ན། བདེ་བར་གཤེགས་པའི་གསུང་རབ་ཆོས་ཅན། སེང་གེའི་སྒྲ་ཡིན་ཏེ། ལྟ་བ་ངན་པའི་རི་དྭགས་མཐའ་དག་སྐྲག་པར་མཛད་པའི་ཕྱིར། འདི་ནི་གཟུགས་ཀྱི་རྒྱན་ཡིན་ཏེ། དོན་གཅིག་ཏུ་སྒྲིབ་བཏགས་ནས་དཔེ་དང་དཔེར་བྱ་བ། ཐ་དད་དུ་སྣང་བ་མིན་པའི་ངོ་བོ་ཅན་གྱི་རྒྱན་ཡིན་པའི་ཕྱིར་ཏེ། སློབ་དཔོན་དབྱུག་པ་ཅན་གྱིས། ཐ་དད་སྣང་མིན་གྱུར་པ་ཡིན། །དཔེ་ཉིད་ངོ་བོ་ཅན་འདོད་དཔེར། །ཞེས་བཤད་པའི་ཕྱིར་རོ། །

གསུམ་པ་ནི། སྐྱོན་མེད་ཡོན་ཏན་ཀུན་གྱི་མཛོད་མངའ་བ། །འགྲོ་བའི་བླ་མའི་ཞབས་ལ་ཕྱག་འཚལ་ནས། །ཞེས་པས་ཕྱག་འཚལ་ལོ། །གང་ལ་ན། ཉོན་མོངས་པ་ཆགས་སོགས་ཀྱི་སྐྱོན་མེད་ཅིང་། སྤངས་རྟོགས་ཀྱི་ཡོན་ཏན་ཀུན་གྱི་མཛོད་མངའ་བའི། འགྲོ་བའི་བླ་མ་རྗེ་བཙུན་གྲགས་པ་རྒྱལ་མཚན་དཔལ་གྱི་ཞབས་ལ་ཀུན་དགའ་རྒྱལ་མཚན་དཔལ་བཟང་པོས་ཕྱག་འཚལ་ནས། སྡོམ་པ་གསུམ་གྱི་རབ་ཏུ་དབྱེ་བ་རྩོམ་པར་དམ་བཅའ་བའོ། །

གསུམ་པ་ལ། སངས་རྒྱས་ཀྱི་དགོངས་པ་བཞིན་སྡོམ་གསུམ་རབ་དབྱེ་བཤད་པ་དང་། ཚིག་གི་སྡེབ་སྦྱོར་སྤངས་ནས་ཀུན་གྱིས་གོ་བར་བྱ་ཕྱིར་སྡོམ་གསུམ་རབ་དབྱེ་བཤད་པ་དང་། འཁྲུལ་བར་སྤྱོད་པ་དགག་པའི་ཕྱིར་དུ་སྡོམ་གསུམ་རབ་དབྱེ་བཤད་པ་དང་གསུམ། དང་པོ་ནི། དད་ལྡན་སངས་རྒྱས་གསུང་བཞིན་བསྒྲུབ་འདོད་པ། །དེ་ལ་སྡོམ་གསུམ་དབྱེ་བ་བདག་གིས་བཤད། །ཅེས་པ་གང་གིས་བཤད་ན། ས་སྐྱ་པཎྜི་ཏ་བདག་གིས་བཤད། གང་བཤད་ན། སྡོམ་པ་གསུམ་གྱི་རབ་ཏུ་དབྱེ་བ་བཤད། གང་ལ་བཤད་ན། སངས་རྒྱས་ཀྱི་བསྟན་པ་ལ་རྐྱེན་གཞན་གྱིས་མི་འཕྲོག་པའི་ཡིད་ཆེས་པའི་དང་བ་དང་། དཀོན་མཆོག་གསུམ་ལ་དང་པའི་དད་པ་དང་། ལས་རྒྱུ་འབྲས་ལ་མི་བསླུ་བར་ཤེས་པའི་དད་པ་དང་ལྡན་པའི་གང་ཟག་སངས་རྒྱས་ཀྱི་གསུང་བཞིན་སྒྲུབ་པར་འདོད་པ་དེ་ལའོ། །

འདིར་སྡོམ་གསུམ་གྱི་ངོ་བོ་དང་། གཅིག་དང་ཐ་དད་དཔྱད་པ་དང་གཉིས། དང་པོ་སྡོམ་པའི་ངོ་བོ་ནི། མི་མཐུན་ཕྱོགས་སྡོམ་པ་ཡིན་ལ། སོ་སོར་ཐར་པའི་སྡོམ་པ་ནི། འཆལ་བའི་ཚུལ་ཁྲིམས་ཀྱི་རྒྱུན་སྡོམ་པ་ཆུ་ལོན་ལྟ་བུ་ཡིན་ལ། དེ་ཡང་། ལུས་ངག་གི་ཁ་ན་མ་ཐོ་བ་གཙོ་བོར་སྡོམ་ཞིང་། སེམས་ཀྱི་ཁ་ན་མ་ཐོ་བཤུགས་ལ་སྡོམ་པ་ཡིན་ནོ། །བྱེ་བྲག་ཏུ་སྨྲ་བ་ལྟར་ན། རྣམ་པར་རིག་བྱེད་མ་ཡིན་པའི་གཟུགས་བསྟན་དུ་མེད་ཅིང་། ཐོགས་པ་མེད་པའི་རྫས་གྲུབ་ཏུ་འདོད་ལ། མདོ་སྡེ་པ་དང་། སེམས་ཙམ་པ་ནི། སྤང་བྱ་སྤོང་བའི་སེམས་དང་སེམས་བྱུང་

འབའ་ཞིག་ལ་འདོད་དོ། །བྱང་ཆུབ་སེམས་དཔའི་སྡོམ་པ་ནི། སེམས་ཀྱི་ཁ་ན་མ་ཐོ་བ་གཙོ་བོར་སྡོམ་ཞིང་། ལུས་ངག་གི་ཁ་ན་མ་ཐོ་བ་ཞུགས་ལ་སྡོམ་པར་བྱེད་དོ། །གསང་སྔགས་ཀྱི་སྡོམ་པ་ནི། མཚན་མ་དང་རྣམ་པར་རྟོག་པ་སྡོམ་པར་བྱེད་དོ། །

གཉིས་པ་གཅིག་དང་ཐ་དད་དཔྱད་པ་ལ། ཐ་དད་དུ་འདོད་པའི་ལུགས་དགོད་པ་དང་། གཅིག་ཏུ་འདོད་པའི་ལུགས་བསྒྲུབ་པ་དང་། དེ་ལ་རྩོད་པ་སྤང་བ་གསུམ། དང་པོ་ལ། བྱེ་བྲག་ཏུ་སྨྲ་བ་ནི། དགེ་བསྙེན་ནས་དགེ་སློང་གི་བར་གྱི་སྡོམ་པ་རྣམས། རྫས་ཐ་དད་དུ་ཡོད་དེ། མཛོད་ལས། ཐ་དད་དེ་དག་འགལ་བ་མེད། །ཅེས་དང་། རང་འགྲེལ་ལས། སྡོམ་པ་དེ་དག་ལྔ་དང་། བཅུ་དང་། ཉིཤུ་ཞེས་བྱ་བ་བཞིན་དུ། གཞན་དང་གཞན་ཞེས་བྱ་བའམ། འོན་ཏེ་དེ་དག་ཐམས་ཅད་གཅིག་ཏུ་སྐྱེ་ཞེ་ན། སྨྲས་པ། ཐ་དད་དེ་དག་ནི་མ་འདྲེས་པ་ཉིད་དེ་སྡོམ་པ་གསུམ་དག་ལ་སྲོག་གཅོད་པ་སྤོང་བ་གསུམ་ནས། སྨྲས་པར་འགྱུར་བའི་ལྟུང་བ་སྤོང་བ་གསུམ་གྱི་བར་དུ་མཚན་ཉིད་ཐ་དད་པར་སྐྱེ་སྟེ། ལྷག་མ་རྣམས་དེ་འདྲའོ། །

དེ་དག་ལ་ཁྱད་པར་ཅི་ཡོད་ཅེ་ན། གཞིའི་ཁྱད་པར་ལས་ཁྱད་པར་ཡོད་ཅེས་དང་། དེ་ལྟར་མ་ཡིན་ན་གཉིས་ཀ་ཡང་དགེ་སློང་གི་སྡོམ་པ་དེར་འདུས་པའི་ཕྱིར། དགེ་སློང་གི་སྡོམ་པ་བཏང་བས་སྡོམ་པ་གསུམ་ཆར་ཡང་། བཏང་བར་འགྱུར་བ་ཞིག་ན། དེ་མི་འདོད་དེ། དེ་བས་ན་སྡོམ་པ་དེ་དག་ནི་ཐ་དད་པ་ཁོ་ནའོ། །ཞེས་སོ། །སོ་ཐར་དང་བསམ་གཏན་སོགས་ཀྱང་ཐོབ་པ་དང་གཏོང་བའི་རྒྱུ་སོགས་ཐ་དད་པའི་ཕྱིར་རྫས་ཐ་དད་དུ་འདོད་དོ། །

བི་ཀྲ་ཧི་ཙནྡྲ་ལྟར་ན། གསང་སྔགས་རབ་བྱུང་ཞིག་ལ། སྡོམ་པ་གསུམ་སོ་སོར་ལྡན་པ་ཡིན་ཏེ། དེས་ནི་སོ་སོ་ཐར་ལྡན་པའི། །བྱང་ཆུབ་མཆོག་གི་སེམས་བླངས་ནས། །དང་པོ་དེ་ནི་ཀུན་གཞི་ལ། །བག་ལ་ཉལ་བའི་ཚུལ་ལ་གནས། །རིག་འཛིན་སྡོམ་པ་ཐོབ་པ་ན། །འོག་མ་གཉིས་ཀ་བག་ལ་ཉལ། །དཔེར་ན་མཁའ་ལ་སྐར་མ་ཤར། །ཅུང་ཟད་སྣང་བར་བྱར་འགྱུར་མོད། །ཟླ་བའི་འོད་ཟེར་ཤར་བ་ན། །སྐར་འོད་ཉམས་མོད་འཛིག་རྟེན་སྣང་། །ཉི་བདུན་ཚ་ཟེར་བྱུང་བ་ན། །ཟླ་བའི་འོད་ཉམས་འཛིག་རྟེན་གསལ། །གལ་ཏེ་རིག་པ་འཛིན་པ་ཡི། །གདུལ་བྱ་གང་དང་གང་དོན་དུ། །འོག་མའི་སྡོམ་པ་བླངས་པ་ན། །གོང་མ་ཟིལ་གྱིས་མི་གནོན་ནོ། །སྡོམ་པ་ཚོགས་ཐོབ་པ་ཡིན། །མཁའ་ལ་ཉི་མ་ཤར་གྱུར་མོད། །ཟླ་སྐར་འཆར་བ་བཀག་པ་མེད། །དེས་ན་ཐོབ་ཚུལ་གཏོང་བའི་ཚུལ། །རང་རང་ཆོ་ག་བཞིན་དུ་གནས། །ཀུན་གཞིའི་བག་ཆགས་མང་པོ་ཅན། །ཡིན་ཡང་ཤེས་རྒྱུད་ཐ་དད་མེད། །ཅེས་བཤད་དོ། །

གཉིས་པ་སྡོམ་གསུམ་ངོ་བོ་གཅིག་ཏུ་བསྒྲུབ་པ་ནི། རྡོ་རྗེ་རྩེ་མོ་ལས། སོ་སོ་ཐར་དང་བྱང་ཆུབ་སེམས། །

རིག་འཛིན་སྔགས་ཀྱི་སྡོམ་པའོ། །ཞེས་གསུངས་པའི་དོན། གང་ཟག་གཅིག་གི་རྒྱུད་ལ་སོ་སོར་ཐར་པ་དང་། བྱང་ཆུབ་སེམས་དཔའ་དང་། རིག་པ་འཛིན་པའི་སྡོམ་པ་དང་། ཡོན་ཏན་ཡར་ལྡན་ངོ་བོ་གནས་གྱུར་དུ་གཅིག་པ་ཡིན་ཏེ། དེ་ཉིད་ལས། སྡོམ་པ་གསུམ་ལ་གནས་པ་ནི། །དང་པོ་ཁྲུས་སུ་བཤད་པ་ཡིན། །ཞེས་དང་། འོ་ན། ཁྱེད་ཀྱི་སོ་སོར་ཐར་པ་སྔོན་དུ་སོང་སྡོམ་པ་གསུམ་ལྡན་གང་ཡིན་ཞེ་ན། སོ་སོར་ཐར་པའི་རང་བཞིན་ནི། གཞན་ལ་གནོད་པ་གཞི་དང་བཅས་པ་ལས་ལྡོག་པ་ཡིན་ལ། བྱང་ཆུབ་སེམས་དཔའི་སྡོམ་པ་ནི། དེའི་སྟེང་དུ་གཞན་ལ་ཕན་འདོགས་པར་ཞུགས་པ་ཡིན་གྱི། རིག་འཛིན་ནི་དེ་དག་ཀྱང་། ལྷའི་རྣམ་པའམ་ཡེ་ཤེས་ཀྱི་བྱིན་གྱིས་བརླབས་ཀྱི་ལོངས་སྤྱོད་པ་ཡིན་ནོ། །སོ་སོར་ཐར་པའི་སྡོམ་པ་ཐོབ་པའི་དགེ་སློང་ཞིག་གིས་སེམས་བསྐྱེད་ཚེ། སོ་སོར་ཐར་པ་བྱང་ཆུབ་སེམས་དཔའི་སྡོམ་པར་འགྱུར་ལ། དཀྱིལ་འཁོར་དུ་ཞུགས་པའི་ཚེ་སྡོམ་པ་ཐམས་ཅད་རིག་པ་འཛིན་པར་འགྱུར་བ་ཡིན་ཏེ། རྒྱུད་འབུམ་ཕྲག་ལྔ་པའི་ལུང་། དེ་ཁོ་ན་ཉིད་ཀྱི་ཡེ་ཤེས་གྲུབ་པ་ལས། ཇི་ཡི་རིགས་ཀྱི་བྱེ་བྲག་གིས། །བཞུབས་ལྕགས་དང་ཟངས་དངུལ་འགྱུར། །གསེར་འགྱུར་རྩི་ཡི་དངོས་པོ་ཡིས། །ཀུན་ཀྱང་གསེར་དུ་འགྱུར་བ་བཞིན། །དེ་བཞིན་སེམས་ཀྱི་བྱེ་བྲག་གིས། །རིགས་ཅན་གསུམ་གྱི་སྡོམ་པ་ཡང་། །དཀྱིལ་འཁོར་ཆེན་པོ་འདིར་ཞུགས་ན། །རྡོ་རྗེ་འཛིན་པ་ཞེས་བྱའོ། །ཞེས་གསུངས་པའི་ཕྱིར།

གསུམ་པ་རྩོད་པ་སྤོང་བ་ལ། རྩོད་པ་ནི། གོང་མའི་རྒྱ་ལྡུང་བྱུང་བ་ན། འོག་མའི་སྡོམ་པ་གཏོང་བར་ཐལ། སྡོམ་གསུམ་གནས་གྱུར་ངོ་བོ་གཅིག་ཡིན་པའི་ཕྱིར། འདོད་ན། གོང་མའི་བུད་མེད་ལ་སྤྱོད་པའི་ལྟུང་བ་བྱུང་ན། འོག་མའི་བུད་མེད་ལ་རེག་པའི་སྡོམ་པ་གཏོང་བར་ཐལ། འདོད་པའི་ཕྱིར། དེའང་འདོད་ན། མཁའ་ལ་སྤྲིན་ཅན་འཁྲིགས་པ་ཡི། །ས་ཡི་ལོ་ཐོག་རླམ་པར་ལོ། །གཞན་ཡང་སྡོམ་གསུམ་གནས་གྱུར་ངོ་བོ་གཅིག་མ་ཡིན་པར་ཐལ། སྡོམ་པ་གསུམ་འགལ་བའི་ཕྱིར། ཁྱབ་པ་ཡོད་ན། འགལ་བ་ལྷག་སྤྱོད་ལ་གནས་གྱུར་བསྐྱེ་མི་རིགས་ཤིང་། རིགས་ན་ཉི་མའི་དཀྱིལ་འཁོར་འདི་གཞྐྵའི་ཚུར་འགྱུར་བར་ཐལ་ལོ། །སྡོམ་པ་གསུམ་ལྡན་ཞེས་གསུངས་པ་དེ། ཤེས་རྒྱུད་གཅིག་ལ་བསྐྱེ་ན་གཅིག་ཏུ་འདོད་ཀྱང་གསུམ་དུ་འགྱུར་བར་ཐལ། ལྡན་ཆོས་རྫས་གཞན་ཐ་དད་ཡོད་པའི་ཕྱིར། འོན་ཏེ་ཤེས་པ་སྣ་ཕྱི་ལ་བསྐྱེ་ན། གསུམ་ལྡན་ཞེས་པའི་སྒྲ་དོན་མི་འཐད་པར་ཐལ། སྡོམ་གསུམ་ངོ་བོ་གཅིག་ཡིན་པའི་ཕྱིར། གཞན་ཡང་སྡོམ་གསུམ་རྫས་གཅིག་ཏུ་ཤེས་རྒྱུད་གཅིག་ལ་བསྐྱེ་ན། སྡོམ་གསུམ་གཏོང་ཐོབ་ཚིག་གཅིག་ཏུ་ཐལ། དེའི་ཕྱིར་ཞེས་ཟེར་རོ། །

གཉིས་པ་ལན་ལ་ལྔ་ལས། ཐལ་འགྱུར་དང་པོའི་ལན་ནི། གོང་མའི་ལྟུང་བ་ཕོག་པ་ན། འོག་མའི་སྡོམ་པ་གཏོང་ལ་འདོད་ལན་ཐེབས་པ་ཡིན་ཏེ། བྱང་ཆུབ་སེམས་དཔའ་དང་ཐུན་མོང་བཞི་ནི། རྡོ་རྗེ་ཐེག་པའི་རྩ་བའི

ལྟུང་བར་འགྱུར་ཏེ། དེ་བཞི་ནི། སྟ་གོན་དང་དངོས་བཞིའི་སྐབས་སུ་བསྲུང་བར་ཁས་བླངས་ཤིང་། བྱང་ཆུབ་ཀྱི་མཆོག་ཏུ་སེམས་བསྐྱེད་པའི་ཕྱིར་དང་། སོ་སོར་ཐར་པ་དང་ཐུན་མོང་བའི་ཕམ་པ་བཞི་ཡང་། རྡོ་རྗེ་ཐེག་པའི་རྩ་བའི་ལྟུང་བར་འགྱུར་ཏེ། སྟ་གོན་དང་དངོས་གཞིའི་སྐབས་སུ་སྲོག་གཅོད་པ་ལ་སོགས་པ་རྩ་བཞི་སྤོང་བར་ཁས་བླངས་པའི་ཕྱིར། རྡོ་རྗེ་རྩེ་མོ་ལས། སྲོག་གཅོད་ཞུ་དང་འཕྲོག་པ་དང་། །རྫུན་དང་མྱོས་བྱེད་རྣམ་སྤང་སྟེ། །ཁྲིམ་པའི་སྡོམ་པ་ལ་གནས་ཤིང་། །གསང་སྔགས་རྒྱལ་པོ་བསྒྲུབ་པར་བྱ། །གལ་ཏེ་དེ་ནི་རབ་བྱུང་འགྱུར། །སྡོམ་པ་གསུམ་ལ་ཡང་དག་གནས། །སོ་སོར་ཐར་དང་བྱང་ཆུབ་སེམས། །རིག་འཛིན་སྔགས་ཀྱི་སྡོམ་པའོ། །ཞེས་གསུངས་པའི་ཕྱིར། བུད་མེད་ལ་སྨྱོད་པའི་རྩ་ལྟུང་བཅུ་བཞི་པ་ཡོག་ན། བུད་མེད་ལ་རེག་པའི་ལྟུང་བར་འགྱུར་ཏེ། དེ་གཉིས་ཀ་བདེ་གཤེགས་བཀའ་ལས་འདས་པའི་རྩ་ལྟུང་གཉིས་པ་ཡིན་པའི་ཕྱིར། རྡོ་རྗེ་རྩེ་མོ་ལས། དམ་ཚིག་བླངས་པ་ཁྲུད་དུ་གསོད། །དེ་ཕྱིར་བཀའ་ལས་འདས་པའོ། །ཞེས་དང་། དྲི་མ་མེད་པའི་སྟོང་ཕྲག་བཅུ་པ་ལས། པད་མ་དཀར་པོས་བཤད་པ་དེའི་བཀའ་ལས་འདས་པ་གང་ཞེས་བྱ་བ་ནི། རྩ་བའི་ལྟུང་བ་གཉིས་པར་འགྱུར་ཏེ། བླ་མའི་བཀའ་བཅག་ཅིང་མི་དགེ་བ་བཅུ་བྱེད་པས་སོ། །ཞེས་གསུངས་སོ། །

ཐལ་བ་གཉིས་པའི་ལན་ནི། ཤེས་རྒྱུད་གཅིག་ལ་སྡོམ་གསུམ་འགལ་བ་རྟགས་མ་གྲུབ་ཏེ། ཤེས་རྒྱུད་གཅིག་ལ་སྡོམ་གསུམ་གཞི་མཐུན་ཡོད་པའི་ཕྱིར་ཏེ། ཤེས་རྒྱུད་གཅིག་ལ་ལུས་ངག་གི་ཁ་ན་མ་ཐོ་བ་སྡོམ་པ་དང་། སེམས་ཀྱི་ཁ་ན་མ་ཐོ་བ་སྡོམ་པ་དང་། རྣམ་པར་རྟོག་པ་མཐའ་དག་སྡོམ་པའི་ཚུལ་ཁྲིམས་ཀྱི་ངོ་བོར་གཅིག་པའི་ཕྱིར་དང་། དགེ་བ་ཆོས་སྡུད་དང་། སེམས་ཅན་དོན་བྱེད་དང་། སྡོམ་པའི་ཚུལ་ཁྲིམས་གསུམ་ཡང་གཞན་དོན་བྱེད་ཚུལ་གྱི་ལྡོག་པས་སོ་སོར་ཕྱེ་བ་ཡིན་གྱི། ཚུལ་ཁྲིམས་ཀྱི་བསླབ་པ་ངོ་བོ་གཅིག་པའི་ཕྱིར། དེ་སྐད་དུ། ཚུལ་ཁྲིམས་ཀྱི་ནི་བསླབ་པ་དང་། །དགེ་བའི་ཆོས་ནི་སྡུད་པ་དང་། །སེམས་ཅན་དོན་བྱེད་ཚུལ་ཁྲིམས་གསུམ། །ཞེས་བཤད་པའི་ཕྱིར།

ཐལ་འགྱུར་གསུམ་པའི་ལན་ནི། ལྡན་ཆོས་སྡོམ་གསུམ་རྫས་ཐ་དད་པ་ཡིན་པར་རྟགས་མ་གྲུབ་སྟེ། མཛོད་ལས། སོ་སོ་ཐར་ཞེས་བྱ་རྣམས་བརྒྱད། །རྫས་སུ་རྣམ་པ་བཞི་ཡིན་ནོ། །ཞེས་རྩ་འགྲེལ་དང་བཅས་པའི་འོག་ཏུ་བཤད་པ་ལས་ཤེས་པར་བྱའོ། །

ཐལ་འགྱུར་བཞི་པའི་ལན་ནི། ཁྱབ་པ་མ་ངེས་ཏེ། དབང་བསྐུར་རྒྱུད་བཤད། མན་ངག་བསྟན་པའི་བླ་མ་གཅིག་ལ་གསུམ་ལྡན་ཞེས་པའི་སྒྲ་དོན་མི་འཐད་པར་ཐལ། དགེ་བའི་བཤེས་གཉེན་གཅིག་ཡིན་པའི་ཕྱིར། འདོད་མི་ནུས་ཏེ། དགེ་བའི་བཤེས་གཉེན་གཅིག་ལ། གསུམ་ལྡན་དང་། གཉིས་ལྡན་དང་། གཅིག་ལྡན་གྱི་བླ་

མ་ཞེས་སྒྲ་འཇུག་པའི་ཕྱིར།

ལྔ་པའི་ལན་ནི། དགེ་བསྙེན་གྱི་སྡོམ་པ་དང་། དགེ་བསྙེན་མའི་སྡོམ་པ་གཉིས་གཏོང་ཐོབ་ཆོག་གཅིག་ཏུ་ཐལ། དེ་རྫས་གཅིག་ཡིན་པའི་ཕྱིར། དེ་བཞིན་དུ་དགེ་ཚུལ་དང་། དགེ་སློབ་མ་དང་། དགེ་ཚུལ་མ་དང་། དགེ་སློང་དང་། དགེ་སློང་མ་གཉིས་ཀྱང་། གཏོང་ཐོབ་ཆོག་གཅིག་ཏུ་ཐལ། དེ་རྫས་གཅིག་ཡིན་པའི་ཕྱིར། རྟགས་གྲུབ་སྟེ། མཛོད་ལས། སོ་སོ་ཐར་ཞེས་བྱ་རྣམ་བརྒྱད། །རྫས་སུ་རྣམ་པ་བཞི་ཡིན་ནོ། །ཞེས་པའི་འགྲེལ་པར་ཡང་། དགེ་སློང་གི་སྡོམ་པ་དང་། དགེ་ཚུལ་གྱི་སྡོམ་པ་དང་། དགེ་བསྙེན་གྱི་སྡོམ་པ་དང་། བསྙེན་གནས་ཀྱི་སྡོམ་པའོ། །དེ་ལྟར་སོ་སོ་ཐར་པའི་སྡོམ་པ་ནི། མཚན་ཉིད་སོ་སོ་ངེས་པའི་རྫས་ཉིད་དུ་རྣམ་པ་བཞི་ཡིན་ཏེ། དགེ་སློང་གི་སྡོམ་པ་ལས་ནི། དགེ་སློང་མའི་སྡོམ་པ་གཞན་མ་ཡིན་ནོ། །དགེ་ཚུལ་ཀྱང་། དགེ་ཚུལ་མའི་སྡོམ་པ་ལས་གཞན་མ་ཡིན་ནོ། །དགེ་བསྙེན་གྱི་སྡོམ་པ་ལས། དགེ་བསྙེན་མའི་སྡོམ་པ་གཞན་མ་ཡིན་ནོ། །དེ་ཡང་ཇི་ལྟར་ཤེས་ན། མཚན་ལས་མིང་ནི་འཕོ་བའི་ཕྱིར། །མཚན་ཞེས་བྱ་བ་ནི་རྟགས་ཞེས་བྱ་བས། གང་གིས་སྐྱེས་པ་དང་བུད་མེད་དག་ཏུ་མཚོན་པར་བྱེད་པའོ། །

མཚན་ལས་ནི། དགེ་སློང་མ་ལ་སོགས་པའི་མིང་འཕོ་བར་འགྱུར་ཏེ། དགེ་སློང་ནི་དགེ་སློང་མ་ཞེས་བྱ། དགེ་སློང་མ་ཡང་དགེ་སློང་ཞེས་བྱའོ། །ཞེས་གསུངས་པའི་ཕྱིར། བྱེ་བྲག་ཏུ་སྨྲ་བའི་ལུགས་ལ་ཡང་། དགེ་བསྙེན་ནས་དགེ་སློང་བར་གྱི་སྡོམ་པ་རྣམས་སྤང་བྱ་ཐ་དད་པ་ཡིན་ཀྱིས། ངོ་བོ་རྫས་གཅིག་ཡིན་ཏེ། མཛོད་ལས། ཐ་དད་དེ་དག་འགལ་བ་མེད། །ཅེས་གསུངས་པའི་ཕྱིར། གཞན་ཡང་། སོ་སོར་ཐར་པ་དང་། བསམ་གཏན་དང་། ཟག་པ་མེད་པའི་སྡོམ་པ་གསུམ་གང་ཟག་གཅིག་གིས་རིམ་པ་ཅན་དུ་ཐོབ་པ་ན། སྔ་མ་རྣམས་ཕྱི་མ་དེའི་ངོ་བོར་འགྱུར་ཏེ། མི་དགེ་བའི་རྒྱུན་སྡོམ་པའི་སྤོང་བའི་ཚུལ་ཁྲིམས་ཡིན་པའི་ཕྱིར། དེ་སྐད་དུ་སྤོང་བའི་སེམས་ནི་ཐོབ་པ་ལ། །ཚུལ་ཁྲིམས་ཕ་རོལ་ཕྱིན་ཞེས་བཤད། །དཔེར་ན། ལྕགས་དང་མེ་གཉིས་སོ་སོ་ཡིན་ཡང་། ལྕགས་མེས་བསྲེག་པ་ན། ལྕགས་གོང་དེ་ཉིད་མེའི་ངོ་བོ་ཡིན་པ་བཞིན་ནོ། །

གཉིས་པ་ནི། མཁས་རྣམས་དགའ་བའི་སྤེལ་སྦྱོར་ནི། །བླུན་པོ་རྣམས་ཀྱིས་གོ་དཀའ་བས། །ཚིག་གི་སྦྱོར་བ་སྤངས་ནས་ཀྱང་། །ཀུན་གྱིས་གོ་བར་བྱ་ཕྱིར་བཤད། །ཅེས་པ་ནི། མཁས་པ་རྣམས་དགའ་བའི་སྤེལ་སྦྱོར། རིན་ཆེན་འབྱུང་གནས་ནས། བཤད་པ་ལྟ་བུ་ནི། སྤེལ་སྦྱོར་མི་ཤེས་པའི་བླུན་པོ་རྣམས་ཀྱིས་གོ་དཀའ་བས། ངལ་གསོ་དང་། ལྕེ་ཡང་ལ་སོགས་པའི་ཚིག་གི་སྦྱོར་བ་སྤངས་ནས་ཀྱང་། ཀུན་གྱིས་གོ་བར་བྱ་བའི་ཕྱིར་དུ་ཚིག་རྐང་བདུན་པ་རབ་དགའི་སྤེལ་སྦྱོར་དུ་ཕལ་ཆེར་བཤད་དོ། །ཚིག་རྐང་བ་བདུན་པ་རབ་དགའི་སྤེལ་སྦྱོར

ཡིན་པ་ཅི་ཡིན་ཞེ་ན། ཚིག་རྐང་བ་དང་པོ་ནས་ཉི་ཤུ་རྩ་དྲུག་པ་ཡན་གྱི་ཚིགས་སུ་བཅད་པ་རྣམས་ལ། མིང་རེ་རེ་ཡོད་ལ། སློབ་དཔོན་རིན་ཆེན་འབྱུང་གནས་ཞི་བས། རྐང་བ་དྲུག་པ་ཡན་ལ་མིང་དཔེར་བརྗོད་མཛད་པ་ལགས། དཔལ་ལྡན་ས་སྐྱ་པཎྜི་ཏས་རྐང་བ་ལྔ་བ་མན་ཆད་ལ་མིང་དང་དཔེར་བརྗོད་མཛད་པ་ནི། ཡི་གེ་གཅིག་པའི་ཚིག་བཤད་ལ་བརྗོད་པ། གཉིས་པ་ལ་ཤིན་ཏུ་བརྗོད་པ། གསུམ་པ་ལ་ལྡན་གཅིག་བར་མ། བཞི་པ་ལ་རབ་གནས། ལྔ་པ་ལ་ལེགས་པར་རབ་གནས། དྲུག་པ་ལ་དབྱངས་འགྲོ། བདུན་པ་ལ་རབ་དགའ། བརྒྱད་པ་ལ་རྗེས་བསྡུགས། དགུ་པ་ལ་བྲི་ཧ་ཏི། བཅུ་པ་ལ་འཕྲེང་ལྡན། བཅུ་གཅིག་པ་ལ་གསུམ་སྟུགས། བཅུ་གཉིས་པ་ལ་སྐྱེ་འགྲོ། བཅུ་གསུམ་པ་ཤིན་ཏུ་སྐྱེ་འགྲོ། བཅུ་བཞི་པ་ནུས་ལྡན། བཅོ་ལྔ་པ་ཤིན་ཏུ་ནུས་ལྡན། བཅུ་དྲུག་པ་ལེགས་སྦྱོད། བཅུ་བདུན་པ་ཤིན་ཏུ་ལེགས་སྦྱོད། བཅོ་བརྒྱད་པ་བསྟན་འཛིན། བཅུ་དགུ་པ་ཤིན་ཏུ་བསྟན་འཛིན། ཉི་ཤུ་པ་བྱེད་ལྡན། ཉེར་གཅིག་པ་ཤིན་ཏུ་བྱེད་ལྡན། ཉེར་གཉིས་པ་ཀུན་བྱེད། ཉེར་གསུམ་པ་རྣམ་འབྱེད། ཉེར་བཞི་པ་ལེགས་བྱེད། ཉེར་ལྔ་པ་ཤིན་ཏུ་ལེགས་བྱེད། ཉེར་དྲུག་པ་ལྷག་བྱེད། ཉེར་བདུན་པ་མན་ཆད་རྒྱུན་ཆགས་ཀྱི་སྟེབ་སྦྱོར་དུ་འདོད།

གསུམ་པ་ནི། བདག་ནི་སངས་རྒྱས་བསྟན་པ་ལ། །མི་ཕྱེད་པ་ཡི་དད་པ་ཡོད། །འོན་ཀྱང་སངས་རྒྱས་བསྟན་པ་ལ། །འཁྲུལ་བར་སྤྱོད་ལ་བདག་མ་དད། །ཅེས་པ་བདག་ས་སྐྱ་པཎྜི་ཏ་ནི། ལུང་དང་རྟོགས་པའི་བདག་ཉིད་ཅན་གྱི་སངས་རྒྱས་ཀྱི་བསྟན་པ་ལ་མི་ཕྱེད་པའི་དད་པ་ཡོད་ལ། འོན་ཀྱང་སངས་རྒྱས་ཀྱི་བསྟན་པ་ལ་ཐོས་བསམ་འཁྲུལ་བར་སྤྱོད་ལ་བདག་མ་དད་དོ། །འོ་ན་ཁྱོད་ཀྱིས། རང་གི་ལྷག་པའི་ལྷ་ལ་ཕྱག་འཚལ་ནས། སྡོམ་གསུམ་རབ་དབྱེ་རྩོམ་པའི་རྒྱུ་མཚན་ཅི་ཡིན། བདེ་གཤེགས་ཉིད་ཀྱིས་བདག་སོགས་ལ། །འཆད་པ་ལ་ཡང་མངོན་མཆོད་ནས། །དོན་དམ་དབྱེ་ཕྱིར་འབད་པར་བྱ། །ཞེས་བཤད་དོ། །

གཞན་དག་ནི། བཤད་པར་དམ་བཅའ་མི་དགོས་སོ་སྙམ་ན། མ་ཡིན་ཏེ། དམ་བཅའ་བ་དང་བསྐུལ་བའི་ཚིག །འཆད་ཕྱིར་སྒྲོ་བ་སྟོན་པ་སྟེ། །མཆོག་རྟོགས་བསྒྲུབ་པའི་རྒྱུར་འགྱུར་བས། །ཁས་ལེན་པ་ལ་འགལ་བ་མེད། །བཤད་པར་དམ་བཅའ་བ་ལ། དགོས་དོན། བསྡུས་དོན། ཚིག་དོན་གསུམ་ལས། དང་པོ་ནི་རང་རང་གི་ཚིག་གཞུང་གིས་ཤེས་པར་བྱའོ། །བཞི་པ་ལ། བསྡུས་དོན་ལུས་རྣམ་བཞག་དང་། ཚིག་དོན་ཡན་ལག་རྒྱས་བཤད་གཉིས། དང་པོ་ནི། སོ་སོར་ཐར་པའི་སྡོམ་པ་དང་། །བྱང་ཆུབ་སེམས་དཔའི་སེམས་བསྐྱེད་དང་། །གསང་སྔགས་ཀྱི་ནི་དབང་བསྐུར་དང་། །དེ་དག་གི་ནི་ཆོ་ག་དང་། །སོ་སོའི་བསླབ་པར་བྱ་བ་དང་། །སེམས་བསྐྱེད་པ་ཡི་གནད་རྣམས་དང་། །སྟོང་ཉིད་སྙིང་རྗེའི་སྙིང་པོ་དང་། །རིམ་པ་གཉིས་ཀྱི་གསང་ཚིག་དང་། །ཡེ་ཤེས

ཕྱག་རྒྱ་ཆེན་པོ་དང་། །ཕྱི་དང་ནང་གི་རྟེན་འབྲེལ་དང་། །ས་དང་ལམ་གྱི་རྣམ་བཞག་གི། །རྣམ་པར་དབྱེ་བ་བཤད་ཀྱིས་ཉོན། །ཅེས་པ་སོ་སོ་ཐར་པའི་སྡོམ་པ་དང་། དེ་དག་གི་ནི་ཆོག་དང་། །སོ་སོའི་བསླབ་པར་བྱ་བ་ཡི། ། རྣམ་པར་དབྱེ་བ་བཤད་ཀྱིས་ཉོན། །བྱང་ཆུབ་སེམས་དཔའི་སེམས་བསྐྱེད་དང་། །དེ་དག་གི་ནི་ཆོག་དང་། །སོ་སོའི་བསླབ་པར་བྱ་བ་དང་། །སེམས་བསྐྱེད་པ་ཡི་གནད་རྣམས་དང་། །སྟོང་ཉིད་སྙིང་རྗེ་སྙིང་པོ་ཡི། །རྣམ་པར་དབྱེ་བ་བཤད་ཀྱིས་ཉོན། །གསང་སྔགས་ཀྱི་ནི་དབང་བསྐུར་དང་། །དེ་དག་གི་ནི་ཆོག་དང་། །སོ་སོའི་བསླབ་པར་བྱ་བ་དང་། །རིམ་པ་གཉིས་ཀྱི་གསང་ཚིག་དང་། །ཕྱི་དང་ནང་གི་རྟེན་འབྲེལ་དང་། །ས་དང་ལམ་གྱི་རྣམ་བཞག་གི། ། རྣམ་པར་དབྱེ་བ་བཤད་ཀྱིས་ཉོན། །ལུས་རྣམ་པར་བཞག་པ་བསྟན་པ་ལ་དགོས་པ་གསུམ་ཡོད་དེ། འཆད་པ་པོས་བཤད་སླ། ཉན་པ་པོས་བཟུང་བདེ། ཐུན་མོང་དུ་བསྟན་བཅོས་ལ་ངེས་པ་སྐྱེ། ཉན་པ་པོས་བཟུང་བདེ་བ་ལ་གསུམ། ཐོས་པའི་སྐབས་སུ་བརྗོད་བྱ་བདེ་བླག་ཏུ་ངོས་ཟིན། བསམ་པའི་སྐབས་སུ་གོ་རིམ་མ་འཁྲུལ་བར་རྟོགས་སླ། བསྒོམ་པའི་སྐབས་སུ་བསྡུ་ནས་ཉམས་སུ་བླངས་པས་བསྒོམ་བྱུང་གི་ཤེས་རབ་མྱུར་དུ་སྐྱེ་བའི་དགོས་པའོ། །བསྟན་བཅོས་ལ་ངེས་པ་སྐྱེ་བའི། ལུས་དང་ཡན་ལག་རྗེས་སུ་འབྲེལ་བ་ལྷག་པ་དང་། ཆད་པ་དང་འཁྲུལ་བའི་སྐྱོན་ལས་གྲོལ་བས་བསྟན་བཅོས་ཡང་དག་པའོ། །ཞེས་ངེས་ཤེས་སྐྱེས་པའོ། །

གཉིས་པ་ཚིག་དོན་ཡན་ལག་རྒྱས་བཤད་ལ། དོན་ལ་འཁྲུལ་བ་དགག ཚིག་ལ་འཁྲུལ་བ་དགག བསྟན་པ་རིན་པོ་ཆེ་དག་པར་བྱ་བའི་ཕྱིར་དུ། བཀའ་བསྡུ་བ་མཛད་པའི་ཚུལ་དང་གསུམ། དང་པོ་ལ། སྡོམ་གསུམ་སོ་སོ་ལ་འཁྲུལ་བ་དགག ཐེག་པ་རང་སར་བདེན་པར་འདོད་པ་དགག་པའོ། །དང་པོ་ལ་གསུམ། སོ་སོར་ཐར་པ་དང་། བྱང་ཆུབ་སེམས་དཔའི་སེམས་བསྐྱེད་དང་། རྡོ་རྗེ་ཐེག་པའི་ལམ་ལ་འཁྲུལ་བ་དགག་པ་དང་གསུམ། དང་པོ་ལ་དབྱེ་བ། སོ་སོའི་རང་བཞིན། ལས་འབྲས་ཀྱི་རྣམ་དབྱེ་བསྟན་པའོ། །དང་པོ་ནི། སོ་སོར་ཐར་པའི་སྡོམ་པ་ལ། །ཉན་ཐོས་ཐེག་ཆེན་ལུགས་གཉིས་ཡོད། །ཅེས་པ་ནི། སོ་སོར་ཐར་པའི་སྡོམ་པ་ཆོས་ཅན། ཁྱོད་ལ་གཉིས་ཡོད་དེ། ཉན་ཐོས་ལུགས་ཀྱི་སོ་སོར་ཐར་པ་དང་། བྱང་ཆུབ་སེམས་དཔའི་ལུགས་ཀྱི་སོ་སོར་ཐར་པ་གཉིས་ཡོད་པའི་ཕྱིར།

གཉིས་པ་ལ། སྡོམ་པ་གནས་པའི་དུས། ལེན་པའི་ཚུལ་དང་གཉིས། དང་པོ་ལ་དུས་ཀྱི་ཁྱད་པར། དེའི་ཤེས་བྱེད་དགོད། དེ་ལ་ལོག་རྟོག་དགག་པ་དང་གསུམ། དང་པོ་ལ་ཉན་ཐོས་ཀྱི་སྡོམ་པ་གནས་པའི་ཚུལ་དང་། བྱང་ཆུབ་སེམས་དཔའི་སྡོམ་པ་ལ་གནས་པའི་ཚུལ་གཉིས། དང་པོ་ནི། ཉན་ཐོས་རྣམས་ཀྱི་སྐྱབས་འགྲོ་ནས། ། དགེ་སློང་གི་ནི་སྡོམ་པའི་བར། །ཇི་སྲིད་འཚོ་ཡི་བར་དུ་ཡིན། །ཤི་བའི་ཚེ་ན་སྡོམ་པ་གཏོང་། །སྡོམ་པ་རྣམས་ཀྱི་

འབྲས་བུ་ནི། །ཚེ་འཕོས་ནས་ནི་འབྱུང་བར་འགྱུར། །ཞེས་པ་ལ། ཉན་ཐོས་རྣམས་ཀྱིས་སྐྱབས་འགྲོའི་སྡོམ་པ་ནས། དགེ་སློང་གི་སྡོམ་པའི་བར་ཇི་སྲིད་འཚོའི་བར་དུ་ལེན་ཅིང་གནས་པ་ཡིན་ཏེ། མཛོད་ལས། ཇི་སྲིད་འཚོ་དེ་ཉིན་ཞག་གི་སྡོམ་པ་ཡང་དག་བླང་བར་བྱ། ཞེས་བཤད་པའི་ཕྱིར། འབྲི་གུང་པ་ན་རེ། ཤི་བའི་ཚེ་ན་སྡོམ་པ་གཏོང་ན། བསྲུང་བ་དོན་མེད་པར་འགྱུར་བས། ཤི་བས་སྡོམ་པ་གཏོང་བ་མི་འཐད་ཟེར་རོ། །འདི་མི་འཐད་དེ། འདུལ་བའི་ལུགས་ཀྱི་སྡོམ་པ་ལུས་ངག་ལས་སྐྱེ་ཞིང་། རྣམ་པར་རིག་བྱེད་མ་ཡིན་པའི་དགེ་གཟུགས་སུ་འདོད་ལ། དེ་གང་ཟག་གི་རྒྱུད་ལ་ཐོབ་པའི་ཐག་པས་སྦྲེལ་ནས། གནས་པར་འདོད་ཅིང་། ཤི་ནས་ཐོབ་ཐག་ཆད་པར་འདོད་པའོ། །མདོ་སྡེ་པ་ཡང་སྤོང་སེམས་སུ་འདོད་ཀྱང་། དེ་ཕན་ཆད་སྤོང་སེམས་མེད་ལ། ལེན་པ་ན་ཡང་ཇི་སྲིད་འཚོའི་བར་དུ་ཞེས་ཁས་བླངས་པས་སོ། །བསྲུང་བ་དོན་མེད་དུ་མི་འགྱུར་ཏེ། དེའི་བསོད་ནམས་སེམས་ལ་བག་ཆགས་བགོས་པའི་ཚུལ་གྱིས་གནས་ལ། དེ་ཤི་ཡང་རྗེས་སུ་གནས་པའི་ཕྱིར་རོ། །ཤི་བའི་ཚེ་ན་སྡོམ་པ་གཏོང་བ་ཡིན་ཏེ། སྡོམ་པ་ཇི་སྲིད་འཚོའི་བར་ལས་མ་བླངས་པའི་ཕྱིར། འོ་ན་སྡོམ་པ་བླངས་པ་ལ་དགོས་པ་མེད་དམ་སྙམ་ན་མ་ཡིན་ཏེ། སྡོམ་པ་རྣམས་ཀྱི་གནས་སྐབས་ཀྱི་འབྲས་བུ་ལྷ་མི་དང་། ངེས་པར་ལེགས་པ་བྱང་ཆུབ་ཀྱི་འབྲས་བུ་ནི། ཚེ་འཕོས་ནས་འབྱུང་བར་འགྱུར་ཏེ། ཁྲིམས་ཀྱི་འགྲོ་བ་བཟང་པོའི་རྒྱུ། ཞེས་པ་དང་། ཁྲིམས་ནི་རྒྱུ་དང་མི་རྒྱུའི་ས་བཞིན་དུ། །ཡོན་ཏན་ཀུན་གྱི་གཞི་རྟེན་ལེགས་པར་གསུངས་ཞེས་བཤེས་སྤྲིངས་ལས་གསུངས་པའི་ཕྱིར་དང་། སོ་ཐར་ལས། སྟོན་པའི་བ་དན་འདིག་རྟེན་གསུམ་ན་གཡོ། །དམ་པའི་ཆོས་སྒྲ་སེང་གེའི་སྒྲ་སྒྲོག་པ། །ཐམས་ཅད་མཁྱེན་པ་དཀོན་མཆོག་མཛོད་བརྩེགས་པ། །ཞེས་གསུངས་པའི་ཕྱིར།

ཉན་ཐོས་ཀྱི་སོ་སོར་ཐར་པ་ལ། ངོ་བོ། ངེས་ཚིག གང་ཟག བསམ་པ། རབ་དབྱེ། ཐོབ་པ་གཏོང་བའི་རྒྱུ་དང་དྲུག དང་པོ་ནི། ཉན་ཐོས་བྱེ་བྲག་ཏུ་སྨྲ་བའི་ལུགས་ཀྱི། རྣམ་པར་རིག་བྱེད་མ་ཡིན་པའི་གཟུགས་ལ་འདོད་ཅིང་། དེའི་མཚན་ཉིད། རང་ཀུན་སློང་གི་སེམས་ཡོད་མེད་ཀྱིས་གནས་སྐབས་ཐམས་ཅད་དུ་རྒྱུན་རྗེས་སུ་འབྲེལ་བའི་ལུང་དུ་བསྟན་པའི་གཟུགས་གང་ཞིག བསྟན་དུ་མེད། ཐོགས་པ་མེད་པའོ། །མཚན་ཉིད་གཞིའི་ཁྱད་པར་རྣམ་པ་དྲུག་སྟེ། སེམས་གཡེངས་པའི་གནས་སྐབས་ལ་ཡང་རྗེས་སུ་འབྲེལ། སེམས་མེད་པ་འགོག་པའི་སྙོམས་འཇུག་གི་གནས་སྐབས་ལ་ཡང་རྗེས་སུ་འབྲེལ། ཡང་ཞེས་པས། སེམས་མ་གཡེང་བའི་གནས་སྐབས་ལ་ཡང་རྗེས་སུ་འབྲེལ། དགེ་བའི་སེམས་ཀྱི་གནས་སྐབས་ལ་ཡང་རྗེས་སུ་འབྲེལ། མི་དགེ་བའི་སེམས་ཀྱི་གནས་སྐབས་ལ་ཡང་རྗེས་སུ་འབྲེལ། འབྱུང་བ་ཆེན་པོ་བཞི་རྒྱུར་བྱས་པའོ། །དེ་སྐད་དུ། གཡེང་དང་སེམས་མེད་པ་ཡི་ཡང་། །དགེ་དང་མི་དགེ་རྗེས་འབྲེལ་གང་། །འབྱུང་བ་ཆེ་རྣམས་རྒྱུར་བྱས་པ། །དེ་ནི་རྣམ་རིག་བྱེད

མིན་ཞེས་བརྗོད། །ཅེས་དང་། དེ་ནི། ཐོགས་པ་མེད་པའི་གཟུགས་ཀྱང་ཡིན། དེ་སྐད་དུ། ལུང་བསྟན་ཐོགས་པ་མེད་པའི་གཟུགས། །དེ་ནི་རྣམ་རིག་བྱེད་མིན་འདོད། །དབྱེ་ན། སྡོམ་པ་དང་། སྡོམ་པ་མ་ཡིན་པ་དང་། སྡོམ་པ་ཡང་མ་ཡིན། སྡོམ་པ་མ་ཡིན་པ་ཡང་མ་ཡིན་པ་དང་གསུམ་ཏེ། རྣམ་རིག་མིན་རྣམས་གསུམ་ཞེས་བྱ། ། སྡོམ་དང་སྡོམ་པ་མིན་དང་གཞན། །ཞེས་གསུངས་པའི་ཕྱིར། གཉིས་པ་མི་དགེ་བ་སྡོམ་པས་སྡིག་པ་ལས་སོ་སོར་ཐར་པ་ཡིན་ཏེ། སྡོམ་པ་སོ་སོར་ཐར་ཞེས་བྱ། །ཞེས་བཤད་པའི་ཕྱིར། དེ་ཉིད་ལམ་ལ་ཡང་འཇོག་པས་ཚུལ་ཁྲིམས་ཡིན་ལ། མཁས་པ་རྣམས་ཀྱིས་བསྔགས་པར་བྱ་བ་ཡིན་པས། ལེགས་པར་སྤྱད་པ་ཡིན་ཞིང་། བྱ་བའི་རང་བཞིན་ཡིན་པའི་ཕྱིར། ལས་ཡིན་པ་དང་། ལུས་ངག་སྡོམ་པའི་ཕྱིར། སྡོམ་པ་ཡིན་ཏེ། ཚུལ་ཁྲིམས་དང་ནི་ལེགས་སྤྱད་དང་། །ལས་དང་སྡོམ་པ་ཞེས་བྱའོ། །ཞེས་གསུངས་པའི་ཕྱིར།

གསུམ་པ་རྟེན་ནི། སྤྱིར་བཏང་ལ་གླིང་གསུམ་གྱི་སྐྱེས་པ་དང་། བུད་མེད་ལ་སྐྱེ་བར་བཤད་ཀྱང་། བྱེ་བྲག་ཏུ་ཡི་སྲིད་འཚོར་བསྲུང་བར་མི་འདོད་པའི་བསམ་པ་ཉམས་པ་དང་། ནད་ཀྱིས་ལུས་ཉམས་པ་དང་། མ་ནིང་སོགས་སྐྱེས་པ་ཉམས་པ་དང་། མཚམས་མེད་ལྔ་བྱས་པ་དང་། ཀུ་ཐབས་སུ་གནས་པ་སོགས་དགེ་རྩ་ཉམས་པ་དང་། རྒྱལ་པོའི་བཀའ་ལ་སོགས་གཞན་དབང་གིས་ཉམས་པ་དང་། སྤྲུལ་པ་ནི། ཡུལ་གཞན་རྗེས་སུ་བསྲུང་བ་ཉམས་པ་སྟེ། སྡོམ་པ་མི་ཐོབ་པའི་རྐྱེན་དྲུག་བྱས་པའོ། །འདུལ་བ་ལྟར་ན། འགལ་རྐྱེན་སྡོམ་པ་སྐྱེ་བ་དང་། གནས་པ་དང་། ཁྱད་པར་དུ་འགྲོ་བ་དང་། མཛེས་པའི་བར་ཆད་བཞི་དང་མི་ལྡན་ཞིང་། མཐུན་རྐྱེན་རྣམ་པ་ལྔ་ཚང་བ་ལ་སྐྱེའོ། །ལྔ་ནི། ཡུལ་དང་། རྟེན་དང་། རྟགས་དང་། བསམ་པ་དང་། ཆོ་གའོ། །བཞི་པ་ནི། དེ་ལྟ་བུའི་ཚུལ་ཁྲིམས་འདི་ཡང་། གང་ཟག་གི་བསམ་པའི་བྱེ་བྲག་གིས་བཞིར་འགྱུར་ཏེ། ཚེ་འདིའི་འཚོ་བ་དང་། རྒྱལ་པོའི་འཇིགས་པ་དང་། ཕྱི་མ་ངན་སོང་གི་འཇིགས་པའི་སྒོ་ནས། ཚུལ་ཁྲིམས་བསྲུང་བ་རྣམས་ནི། འཇིགས་སྐྱོབ་ཀྱི་ཚུལ་ཁྲིམས་དང་། ཚེ་འདིའི་བདེ་བ་དང་། ཕྱི་མ་མཐོ་རིས་ཀྱི་བདེ་བ་དོན་དུ་གཉེར་བའི་སྒོ་ནས་ཚུལ་ཁྲིམས་བསྲུང་བ་རྣམས་ནི། ལེགས་སྨོན་གྱི་ཚུལ་ཁྲིམས་དང་། འཁོར་བའི་རྒྱ་མཚོ་ལས་ཐར་པ་དོན་དུ་གཉེར་བའི་སྒོ་ནས་བསྲུང་བ་རྣམས་ནི། བྱང་ཆུབ་ཀྱི་ཡན་ལག་གི་ཚུལ་ཁྲིམས་ཞེས་ཀྱང་བྱ། སོ་སོར་ཐར་པའི་སྡོམ་པ་ཞེས་ཀྱང་བྱའོ། །བདེན་པ་མཐོང་བ་རྣམས་ལ་ནི་ཟག་པ་མེད་པའི་ཚུལ་ཁྲིམས་ཞེས་ཀྱང་བྱའོ། །

ལྔ་པ་ལ། སོ་སོར་ཐར་པ་རིགས་བདུན་དང་། དེ་བསླབ་པའི་གནས་བཅུར་བསྡུ་བའོ། །དང་པོ་བདུན་ལ་རྫས་བཞི་སྟེ། དགེ་བསྙེན་ཕ་མ་གཉིས་དང་། དགེ་ཚུལ་ཕ་མ་གཉིས་དང་། དགེ་སློང་མའི་རྩ་བའི་ཆོས་དྲུག་དང་། རྗེས་སུ་མཐུན་པའི་ཆོས་དྲུག་བསྲུང་བ་སྟེ། མདོ་རྩའི་རྒྱ་ཆེར་འགྲེལ་དུ། གཅིག་པུ་ལམ་དུ་འགྲོ་མི་བྱ། །

ཆུ་བོའི་ཕ་རོལ་རྐྱལ་མི་བྱ། །སྐྱེས་པ་ལ་ནི་རེག་མི་བྱ། །སྐྱེས་པ་དང་ནི་འདུག་མི་བྱ། །སྨྱན་དུ་འགྱུར་བ་མི་བྱ་ཞིང་། ། ཁ་ན་མ་ཐོ་བཅས་མི་བྱ། །ཞེས་པ་དང་། གསེར་ལ་གཟུང་བར་མི་བྱ་ཞིང་། །འདོམ་གྱི་སྤུ་ནི་འབྲེག་མི་བྱ། །ས་ནི་བསྐོ་བར་མི་བྱ་སྟེ། །རྩྭ་སྔོན་དག་ཀྱང་གཅད་མི་བྱ། །བྱིན་ལེན་མ་བྱས་ཟ་མི་བྱ། །གསོག་འཇོག་བྱས་པ་བཟའ་མི་བྱ། །ཞེས་བྱའོ། །དགེ་སློང་ཕ་མ་གཉིས་སོ། །དང་པོ་དགེ་བསྙེན་ལ། བསླབ་པའི་རྣམ་གྲངས་དང་། དེ་ལ་འགལ་བ་སྤང་བའོ། །དང་པོ་ལ། བྱེ་བྲག་ཏུ་སྨྲ་བ་ལྟར་ན། དཀོན་མཆོག་གསུམ་ལ་སྐྱབས་སུ་འགྲོ་བ། སྐྱབས་སུ་འགྲོ་བའི་དགེ་བསྙེན་སྟེ། བརྒྱད་སྟོང་འགྲེལ་བ་དང་། འདུལ་བ་དང་ལུང་ལས། བསླབ་གཞི་མི་གཙོད་ཀྱང་དཀོན་མཆོག་གསུམ་གྱི་སྐྱབས་འགྲོ་བླངས་ན་སྐྱབས་སུ་འཛིན་པའི་དགེ་བསྙེན་ནོ། །ཞེས་སོ། །དེའི་སྟེང་དུ། སྲོག་གཅོད་པ་ལ་སོགས་པའི་གང་རུང་གཅིག་ལ་སློབ་ན། སྣ་གཅིག་སྤྱོད་པའི་དགེ་བསྙེན། གཉིས་ལ་བསླབ་ན། སྣ་འགའ་སྤྱོད་པ་དང་། གསུམ་ལ་སློབ་ན། ཕལ་ཆེར་སྤྱོད་པ་དང་། རྩ་བ་བཞི་ཆང་དང་ལྔ་སྤོང་ན་ཡོངས་སུ་རྫོགས་པའི་དགེ་བསྙེན་ཡིན་ཏེ། མིང་ཆེན་གྱིས་ཞུས་པར་བསླབ་གཞི་གཅིག་ཁོ་ན་བསྲུང་བ་སྣ་གཅིག་སྤྱོད་པ་དང་། གཉིས་པ་བསྲུང་བ་སྣ་འགའ་སྤྱོད་པ་དང་། གསུམ་མམ་བཞི་བསྲུང་བ་ཕལ་ཆེར་གཅོད་པ་དང་། ལྔ་ཆར་བསྲུང་བ་ཡོངས་རྫོགས་ཀྱི་དགེ་བསྙེན་ནོ། །ཞེས་བཤད་དོ། །མདོ་སྡེ་པ་ལྟར་ན། ཚངས་པར་སྤྱོད་པའི་དགེ་བསྙེན་ནི་དེའི་སྟེང་དུ་མི་ཚངས་པར་སྤྱོད་པ་བསྲུང་ན། ཚངས་པར་སྤྱོད་པའི་དགེ་བསྙེན་ཡིན་ཏེ། ལུང་རྣམ་འབྱེད་ལས། ལྔ་པ་ཚངས་པར་སྤྱོད་པའི་དགེ་བསྙེན་ཡང་ལོངས་ཤིག ཅེས་དང་། རྒྱན་གྱིས་བརྒྱན་པར་བྱས་ཀྱང་ཆོས་སྤྱོད་ན། །དུལ་ཞིང་ཡང་དག་སྡོམ་ལ་ཚངས་པར་སྤྱོད། །ཅེས་དང་། དགེ་བསྙེན་འདི་ནི་མི་དགེ་བ་བཅུ་ཀ་སྤོང་བ་ལ་བསླབ་པར་བྱ་བ་ཡིན་ཏེ། མདོ་ལས། དགེ་བསྙེན་སྟོན་པ་ལྷ་གཞན་དག་ལ་མི་བརྟེན་པ། ཆོས་དགེ་བ་བཅུ་སྤྱོད་པ་ཞེས་དང་། ཆོས་ལྡན་རབ་འབྱོར་གྱིས། དགེ་བཅུ་བསྟན་པས་ཚངས་པར་སྤྱོད་པའི་དགེ་བསྙེན་ནོ། ། ཞེས་བཤད་པའི་ཕྱིར། བསྙེན་གནས་ཡན་ལག་བརྒྱད་ཇི་སྲིད་འཚོའི་བར་དུ་ཁས་ལེན་པ་གོ་མིའི་དགེ་བསྙེན་ཡིན་ནོ། །ཞེས་འཕགས་པ་གནས་བརྟན་སྡེ་པའི་མན་ངག་ལས་ཐོས་སོ། །ཐེག་པ་ཆེན་པོའང་འདི་བཞེད་དེ། དཀོན་མཆོག་བརྩེགས་པའི་ལྷའི་དེད་དཔོན་གྱི་ཞུས་པ་ལས། རྒྱལ་པོའི་བུ་སྙིང་རྗེ་ཆེ་བའི་སེམས་ཀྱིས་བསྙེན་གནས་ཡན་ལག་བརྒྱད་པ་ཇི་སྲིད་འཚོའི་བར་དུ་བླང་བར་བྱའོ། །ཞེས་བཤད་དོ། །

གཉིས་པ་དེ་ལ་འགལ་བ་སྤངས་པ་ནི། དེ་ལྟར་ན་བསླབ་བྱ་ལྔ་དང་། བཅུ་མི་འགལ་ལམ་ཞེ་ན། མི་འགལ་ཏེ། དེ་སྐད་དུ། ཡན་ལག་ལྔ་ཡི་ཚིག་ནི། །གཞུག་པ་རུ་ནི་འདོད་པ་སོགས། །ཞེས་གསུངས་པས། བཅུ་སློས་ན་མང་བས་འཇིགས་ལ། ལྔ་སློས་པས་འཇུག་པ་ཡིན་ཞིང་། ལྔ་བསྲུངས་པས་བཅུ་ཤུགས་ཀྱིས་བསྲུང་

བར་འགྱུར་ཏེ། སྲོག་གཅོད་པ་སྤྱངས་པས་གནོད་སེམས་ཤུགས་ལ་སྤྱངས་ཤིང་། མ་བྱིན་པར་ལེན་པ་སྤྱངས་པས་བརྣབས་སེམས་ཤུགས་ལ་སྤོང་། འདོད་ལོག་གིས། མི་ཚངས་པར་སྤྱོད་པ་ཤུགས་ལ་སྤྱངས། རྫུན་སྤྱངས་པས་ཕྲ་མ་དང་ཚིག་རྩུབ་ཤུགས་ལ་སྤྱངས་ཤིང་། དགེ་བསྙེན་ལེན་པ་ཉིད་ཀྱིས་ལས་རྒྱུ་འབྲས་ལ་ཡིད་ཆེས་པས་ལོག་ལྟ་ཤུགས་ལ་སྤོང་བ་ཡིན་ནོ། །དེའི་སྟེང་དུ། བསླབ་པའི་གནས་བཅུ་སྲུང་བ་དགེ་ཚུལ་ཡིན་ཞིང་། དེའི་སྟེང་དུ། ཁྲིམས་ཉིས་བརྒྱ་ལྔ་བཅུ་རྩ་གསུམ་སྲུང་བ་དགེ་སློང་ཡིན་ནོ། །འདི་དག་ཞིབ་པར་དམ་པའི་ཆོས་འདུལ་བ་ལས་ཤེས་པར་བྱའོ། །

གཉིས་པ། དེ་བསླབ་པའི་གནས་བཅུར་བསྡུ་བ་ནི། དགེ་སློང་གི་ཁྲིམས་ཉིས་བརྒྱ་ལྔ་བཅུ་རྩ་གསུམ་ཡང་ལ་ལ་ལུས་ཀྱི་ལས་གསུམ་དུ་འདུས་ཤིང་། ལ་ལ་ངག་གི་བཞིར་འདུས་ལ། ལ་ལ་སེམས་ཀྱི་གསུམ་དུ་འདུས་སོ། །བྱུག་པ་གཏོང་བའི་ཚུལ་ནི་འོག་ཏུ་འཆད་ལ། གཉིས་པ། བྱང་ཆུབ་སེམས་དཔའི་སྡོམ་པ་གནས་པའི་ཚུལ་ནི། བྱང་ཆུབ་སེམས་དཔའི་སྡོམ་པ་རྣམས། །ཤི་འཕོས་ནས་ཀྱང་རྗེས་སུ་འབྲངས། །དེ་དག་གི་ནི་རྒྱུ་མཚན་ཡང་། །ཉན་ཐོས་སྡོམ་པ་རྣམ་རིག་མིན། །ལུས་ངག་ལས་ནི་སྐྱེ་བར་འདོད། །སྡོམ་པ་གཟུགས་ཅན་ཡིན་པའི་ཕྱིར། །ཤི་བའི་ཚེ་ན་སྡོམ་པ་གཏོང་། །བྱང་ཆུབ་སེམས་དཔའི་སྨོན་པ་དང་འཇུག་པའི་སྡོམ་པ་རྣམས་ནི་ཆོས་ཅན་ཤི་འཕོས་ཀྱང་རྗེས་སུ་འབྲང་སྟེ། བྱང་ཆུབ་བར་དུ་བླང་བའི་ཕྱིར། གཉིས་པ་དེ་དག་གི་ཤེས་བྱེད་དགོད་པ་ལ། ཉན་ཐོས་ཀྱི་སྡོམ་པ་ཤི་ནས་གཏོང་བ་དང་། བྱང་ཆུབ་སེམས་དཔའི་སྡོམ་པ་ཤི་ནས་མི་གཏོང་བ་གཉིས། དང་པོ་ལ། རིགས་པའི་ཤེས་བྱེད་དང་། ལུང་གི་ཤེས་བྱེད་གཉིས། དང་པོ་ནི། ཉན་ཐོས་སྡོམ་པ་ཤི་ནས་གཏོང་བ་དེ་དག་གི་རྒྱུ་མཚན་ཡང་། ཉན་ཐོས་སྡོམ་པ་ཆོས་ཅན། ཤི་བའི་ཚེ་ན་གཏོང་བ་ཡིན་ཏེ། སྡོམ་པ་གཟུགས་ཅན་ཡིན་པར་འདོད་པའི་ཕྱིར་དང་། ལུས་ངག་ལས་སྐྱེ་བར་འདོད་པའི་ཕྱིར་ཏེ། རྣམ་པར་རིག་བྱེད་མ་ཡིན་པའི་གཟུགས་སུ་འདོད་པའི་ཕྱིར།

གཉིས་པ་ནི། འདི་ནི་ཆོས་མངོན་མཛོད་ལས་ཀྱང་། །བསླབ་པ་ཕུལ་དང་ཤི་འཕོས་དང་། །མཚན་གཉིས་ཅིག་ཅར་བྱུང་བ་དང་། །རྩ་བ་ཆད་དང་མཚན་འདས་ལས། །སོ་སོར་ཐར་པའི་འདུལ་བ་གཏོང་། །ཞེས་གསུངས་འདི་ཡང་ཚད་མ་ཡིན། །ཞེས་པ། ཉན་ཐོས་ཀྱི་སྡོམ་པ་གཏོང་བའི་ཚུལ་ནི། ཆོས་མངོན་པ་མཛོད་ལས་ཀྱང་། དང་པོ་དགེ་སློང་གི་བསླབ་པ་ཕུལ། དེ་ནས་དགེ་ཚུལ་གྱི་བསླབ་པ་ཕུལ། དེ་ནས་དགེ་བསྙེན་གྱི་བསླབ་པ་ཕུལ་བ་རིམ་གྱིས་གཏོང་བ་དང་། རྟེན་པོར་ཞིང་སྲོག་འགགས་པ་ཤི་འཕོ་བ་དང་། རྟེན་ཉམས་པ་མཚན་གཉིས་དག་གི་བྱུང་བ་དང་། ལོག་ལྟ་སྐྱེས་པ་དགེ་རྩ་ཆད་པ་དང་། དེ་བཞིན་ནི། སོ་སོར་ཐར་པ་རིགས་བདུན་གྱི་

སྡོམ་པ་གཏོང་བའི་ཚུལ་ཡིན་ལ། མཚན་འདས་ནི། བསྙེན་གནས་ཀྱི་སྡོམ་པ་གཏོང་བའི་ཚུལ་ཡིན་ནོ། །བྱེ་བྲག་ཏུ་བསྙེན་གནས་ཀྱི་སྐབས་སུ་སེམས་མི་མཐུན་པ་སྐྱེས་པ་དང་། ཉི་མ་ཤར་བ་དང་། བསྙེན་གནས་ཀྱི་སྔགས་ལ་ཤི་བ་བྱུང་ན་གཏོང་བར་བཤད་དོ། །ཞེས་གསུངས་པ་འདི་ཉན་ཐོས་ཀྱི་སོ་ཐར་ལ་མཚན་མ་ཡིན་ནོ། །ཉན་ཐོས་མདོ་སྡེ་པ་ལྟར་ན། རྒྱུ་ལྔ་པོ་དང་། རྩ་བའི་ལྟུང་བ་བཞི་པོ་གང་ཡང་རུང་བ་གཅིག་བྱུང་བས་གཏོང་བར་འདོད་ཅིང་། གོས་དམར་ཅན་གྱི་སྡེ་པ་གཞན་དག་དམ་ཆོས་ནུབ་པ་ལས་ཁས་བླངས་པ་མི་གཏོང་། སླར་མི་སྐྱེ་བར་བཤད་ལ། ཁ་ཆེ་བྱེ་བྲག་ཏུ་སྨྲ་བ་རྣམས་ནི། རྩ་ལྟུང་གཅིག་བྱུང་བ་ལ་བུ་ལོན་ཅན་དང་ནོར་ཅན་གཉིས་སུ་འདོད་དེ། ཁ་ཅིག་ལྟུང་བ་འབྱུང་བ་ལས། །གཞན་དག་དམ་ཆོས་ནུབ་པ་ལས། །ཁ་ཆེ་རྣམས་ནི་འབྱུང་བ་ན། །བུ་ལོན་ནོར་བཞིན་གཉིས་སུ་འདོད། །

གཉིས་པ། བྱང་ཆུབ་སེམས་དཔའི་སྡོམ་པ་ཤི་ནས་མི་གཏོང་བ་ལ། རིགས་པའི་ཤེས་བྱེད་དགོད་པ་དང་། དེ་ལུང་གིས་བསྒྲུབ་པ་དང་གཉིས། དང་པོ་ནི། བྱང་ཆུབ་སེམས་དཔའི་སྡོམ་པ་ནི། །སེམས་ལས་སྐྱེ་ཕྱིར་གཟུགས་ཅན་མིན། །དེས་ན་ཇི་སྲིད་སེམས་མ་ཉམས། །དེ་ཡི་བར་དུ་སྡོམ་པ་ཡོད། །ཅེས་པ། བྱང་ཆུབ་སེམས་དཔའི་སྡོམ་པ་ནི་ཆོས་ཅན། གཟུགས་ཅན་མ་ཡིན་ཏེ། ཉེར་ལེན་སེམས་ལས་སྐྱེ་བའི་ཕྱིར། ཁྱབ་པ་ཡོད་དེ། ཇི་སྲིད་སེམས་མ་ཉམས་པ་དེའི་བར་དུ་སྡོམ་པ་ཡོད་པའི་ཕྱིར་ཏེ། རྣམ་འགྲེལ་ལས། སེམས་ལ་བརྟེ་སོགས་གོམས་སྐྱེ་བས། །རང་གི་ངག་གིས་འཇུག་འགྱུར་ཏེ། །ཞེས་གསུངས་པའི་ཕྱིར།

གཉིས་པ་ནི། མདོ་རྒྱུད་བསྟན་བཅོས་ཐམས་ཅད་ཀྱི། །དགོངས་པ་ཡང་ནི་དེ་ཉིད་ཡིན། །ཞེས་པ་ནི། བྱང་ཆུབ་སེམས་དཔའི་སྡོམ་པ་ནི་ཡང་མི་གཏོང་བ་མདོ་རྒྱུད་བསྟན་བཅོས་ཐམས་ཅད་ཀྱི་དགོངས་པ་ཡིན་པར་མ་ཟད། རིག་པས་ཀྱང་འགྲུབ་པ་ཡིན་ནོ། །

གསུམ་པ་དེ་ལ་ལོག་རྟོག་དགག་པ་ལ། འདོད་པ་བརྗོད་པ་དང་། དེ་དགག་པ་དང་། དེ་ལ་རྩོད་པ་སྤང་བ་དང་གསུམ། དང་པོ་ནི། ཁ་ཅིག་ཇི་སྲིད་འཚོ་ཡི་སྒྲ། །ལུས་དང་སེམས་ལ་དགོངས་ཞེས་ཟེར། །ཞེས་པ། བཀའ་གདམས་པ་འགའ་ཞིག་དང་། འབྲི་ཁུང་བ་ཁ་ཅིག་ཇི་སྲིད་འཚོའི་སྒྲ་ལུས་ཇི་སྲིད་འཚོ་དང་། སེམས་ཇི་སྲིད་འཚོ་ལ་དགོངས་ནས་སྡོམ་པ་ལེན་ཟེར་རོ། །འབྲི་གུང་བའི་དགོངས་གཅིག་ཏུ། སྡོམ་པ་གཏོང་རྒྱུ་དགུ་པ་དེ་དག་གི་ནང་ནས་འགའ་མི་གཏོང་བ་ཡང་ཡོད། དེ་ལ་བསླབ་པ་ཕུལ་བ་ལ་མུ་བཞི་ལ། ཕུལ་ལ་ཉམས་པས་གཏོང་། ཕུལ་ཡང་མ་ཉམས་པ་སོགས་མུ་གཞན་གསུམ་གྱིས་མི་གཏོང་། ཤི་འཕོས་པ་ཡང་། དབང་པོ་རབ་རྣམས་ཀྱིས་མི་གཏོང་སྟེ། ཚུལ་ཁྲིམས་རབ་ཏུ་གྱུར་པ་འདི་སེམས་ལ་སྐྱེ་བའི་ཉོན་མོངས་པ་རྣམས་བསྡམས་ནས། དབང་པོ་ཡུལ་གྱི་རྗེས་སུ་མི་འབྲངས་པའི་གང་ཟག་དེའི་ཚུལ་ཁྲིམས་ཀྱི་བག་ཆགས་འདྲིས་པ་དེ་

རྨི་ལམ་དང་བར་དོ་དང་། སྐྱེ་བ་ཕྱི་མ་ཡན་ཆད་དུ་འབྱུང་སྟེ། ཁྲི་རྐང་གི་གླེང་གཞི་ལས། དགེ་སློང་དགོན་པ་བ་ཞིག་ལྷོ་ཕྱོགས་སུ་བཞུད། ཚུར་འོང་ནས་ཁྲུས་བྱས། ཁྲི་སྟེང་དུ་སྟན་མཛད། གཉིད་ཡུར་བ་དང་། དུག་སྦྲུལ་ཞིག་སྟར་ཚད་པས་ཉེན་བསིལ་བ་བཙལ་བས། ཁྲི་ཞབས་སུ་བརླན་དང་འཕྲད་ནས་བསྡད། དགེ་སློང་གཉིད་ཡུར་བས། མནན་པ་ལྟར་སོང་ནས། ཁྲོས་ཏེ་དགེ་སློང་གི་སྙིན་མཚམས་སུ་སོ་བཏབ་པས། ཚེ་དུས་བྱས། སུམ་ཅུ་རྩ་གསུམ་དུ་སྐྱེས། ལྷའི་བུ་མོ་རྣམས་ཀྱིས་རོལ་མོ་སོགས་འདོད་ཡོན་བསྟབ་པས། ད་རུང་དགེ་སློང་གི་འདུ་ཤེས་དང་མ་བྲལ་བས། དབང་པོ་ནང་དུ་བསྡམས་ནས། འདོད་ཡོན་དང་དུ་མ་བླངས། དེ་བརྒྱ་བྱིན་ལ་ཞུས་པས། མེ་ལོང་སྟོན་ཅིག་ཟེར། བསྟན་པས་ལྷའི་བུ། རྒྱན་སྣ་ཚོགས་ཀྱིས་བརྒྱན་པར་མཐོང་ནས། ལྷར་སྐྱེས་པར་རྟོགས་པ་དང་། འདོད་ཡོན་དང་དུ་ལེན་པར་བྱུང་བ་ལ། དེས་མི་ཡན་སྟོན་ལ་བརྒྱ་བྱིན་ལ་ཕྱག་བྱེད་དགོས་སླས་པས། ང་ཐུབ་པའི་དགེ་སློང་ཞིག་གིས་བརྒྱ་བྱིན་ལ་ཕྱག་བྱེད་པ་མི་འོང་སྙམ་ནས། ཕྱག་གི་ཡུལ་དམ་པའི་ལྷ་ཡོད་དམ་དྲིས་པས། ལྷའི་དྲུང་སྲོང་ཡོད་ཟེར་ནས་དེའི་ནང་དུ་བསྐྱལ་བ་དང་། བརྒྱ་བྱིན་གྱིས་ཚུར་ཕྱག་བྱས་པར་གསུང་སྟེ། ཤི་འཕོས་པ་དེ་ལྟ་བུས་ཀྱང་སྡོམ་པ་མི་གཏོང་ཟེར་རོ། །དབང་པོ་འབྲིང་ཚུར་ཤོག་གི་བསྙེན་རྫོགས་ལྟ་བུས་མི་གཏོང་། དབང་པོ་ཐ་མ། ཡེ་སྡོང་སེམས་ཆུང་བ་དེས་ལན་ཅིག་གཏོང་ངམ་སྙམ། དེ་ཡང་འབྲས་བུ་ལ་འདས་ན་ཕལ་ཆེར་མི་གཏོང་ལོ། །

གཉིས་པ་ནི། དེ་འདྲ་སངས་རྒྱས་དགོངས་པ་མིན། །མཁས་པའི་གཞུང་ལས་དེ་མ་བཤད། །དེ་ལྟ་ཡིན་ན་ཉན་ཐོས་དང་། །ཐེག་ཆེན་སྡོམ་པ་ཁྱད་མེད་འགྱུར། །ཐུན་མོང་ཐུན་མོང་མ་ཡིན་པའི། །སྐྱབས་འགྲོ་གཉིས་སུ་དབྱེ་མི་རུང་། །སྡོམ་པ་འབོགས་པའི་ཆོ་ག་དང་། །དེ་ཡི་བསླབ་བྱ་འང་གཅིག་ཏུ་འགྱུར། །ཤི་ཡང་དགེ་སློང་མི་འདོར་ན། །བསླབ་པ་ཕུལ་བ་ལ་སོགས་པ། །སྡོམ་པ་གཏོང་རྒྱུ་གཞན་གྱིས་ཀྱང་། །སྡོམ་པ་གཏོང་བ་མི་སྲིད་འགྱུར། །ཞེས་པ་ནི། ཤེས་བྱ་ཆོས་ཅན། ཉན་ཐོས་ཀྱི་སྡོམ་སེམས་ཇི་སྲིད་འཚོ་ལ་དགོངས་པ་མ་ཡིན་པར་ཐལ། དེ་འདྲ་སངས་རྒྱས་ཀྱི་དགོངས་པ་མ་ཡིན་པའི་ཕྱིར། རྒྱན་དྲུག་མཆོག་གཉིས་ཏེ་བརྒྱད་ལ་སོགས་པའི་མཁས་པའི་གཞུང་ལས། ཉན་ཐོས་ཀྱི་སྡོམ་པ་སེམས་ཇི་སྲིད་འཚོ་ལ་དགོངས་པ་མ་བཤད་པའི་ཕྱིར། ཉན་ཐོས་ཀྱི་སྡོམ་པ་སེམས་ཇི་སྲིད་འཚོ་ལ་དགོངས་པ་དེ་ལྟ་ཡིན་ན། ཤེས་བྱ་ཆོས་ཅན། ཉན་ཐོས་ཀྱི་སྡོམ་པ་དང་། ཐེག་ཆེན་གྱི་སྡོམ་པ་ཁྱད་མེད་དུ་འགྱུར་བར་ཐལ། དེ་ཕྱིར་གཞན་ཡང་། ཐུན་མོང་བ་ཉན་ཐོས་ཀྱི་སྐྱབས་འགྲོ་དང་། ཐུན་མོང་མ་ཡིན་པ་བྱང་སེམས་ཀྱི་སྐྱབས་འགྲོ་གཉིས་སུ་དབྱེ་མི་རུང་བར་ཐལ། དེའི་ཕྱིར། འདོད་ན། ཉན་ཐོས་དང་བྱང་སེམས་ཀྱི་སྡོམ་པ་འབོགས་པའི་ཆོ་ག་དང་། དེའི་བསླབ་པ་གཅིག་ཏུ་འགྱུར་བར་ཐལ། འདོད་པ་དེའི་ཕྱིར། སྐྱོན་གཞན་ཡང་དགེ་སློང་ཆོས་ཅན། ཁྱོད་ཤི་ཡང་སྡོམ་པ་མི་འདོར་བ་ཡིན་པར་ཐལ། ཁྱོད་ཀྱི་སྡོམ་པ་སེམས་ཇི་སྲིད་འཚོའི་བར་དུ་ཡོད་པའི་ཕྱིར། འདོད་ན། བསླབ་པ་ཕུལ་བ་ལ་སོགས་པ་གཏོང་རྒྱུ་གཞན་གྱིས་ཀྱང་། སྡོམ་པ་གཏོང་བ་མི་སྲིད་པར་འགྱུར་བར་ཐལ། འདོད་པ་དེའི་ཕྱིར།

གསུམ་པ་རྩོད་པ་སྤང་བ་དང་། འདོད་པ་བརྗོད་པ་དང་། དེ་དགག་པ་གཉིས། དང་པོ་ནི། དེ་ལ་ཁ་ཅིག་འདི་སྐད་དུ། །སེམས་བསྐྱེད་པས་ནི་མ་ཟིན་པའི། །སྡོམ་པ་གལ་ཏེ་གཏོང་ན་ཡང་། །བྱང་ཆུབ་སེམས་ཀྱིས་ཟིན་པ་ཡི། །སྡོམ་པ་གཏོང་བ་མི་སྲིད་དོ། །ཞེས་པ། ཉན་ཐོས་ཀྱི་སྡོམ་པ་ཤི་ནས་གཏོང་བ་དེ་ལ། བཀའ་གདམས་པ་དང་། འབྲི་ཁུང་བ་ཁ་ཅིག་འདི་སྐད་དུ། གལ་ཏེ་སེམས་བསྐྱེད་ཀྱིས་མ་ཟིན་པའི་སྡོམ་པ་གཏོང་ན་ཡང་། སེམས་བསྐྱེད་ཀྱིས་ཟིན་པའི་སྡོམ་པ་གཏོང་བ་མི་སྲིད་དོ། །

གཉིས་པ་ནི། འོན་སེམས་བསྐྱེད་ཀྱིས་ཟིན་པའི། །དགེ་སློང་ལ་སོགས་སྡོམ་པ་རྣམས། །བསླབ་པ་ཕུལ་དང་ཤི་འཕོས་དང་། །རྩ་བ་ཆད་པ་ལ་སོགས་པ། །གཏོང་རྒྱུ་ཀུན་གྱིས་མི་གཏོང་འགྱུར། །དེ་ལྟ་ཡིན་ན་དགེ་སློང་གི། །སྡོམ་པ་ཕུལ་ཡང་བསྲུང་དགོས་འགྱུར། །མ་བསྲུང་དགེ་སློང་ཉམས་པར་འགྱུར། །ཤི་འཕོས་ནས་ཀྱང་དགེ་སློང་འགྱུར། །གལ་ཏེ་དེ་ནི་ལྷར་སྐྱེས་ན། །ལྷ་ཡི་དགེ་སློང་སྲིད་པར་འགྱུར། །མིར་སྐྱེས་ན་ཡང་བྱིས་པ་ལ། །བླང་མི་དགོས་པར་དགེ་སློང་འགྱུར། །དེ་ལ་ལྟུང་བ་བྱུང་གྱུར་ན། །དགེ་སློང་སྡོམ་པ་ཉམས་པར་འགྱུར། །ཉམས་ནས་འཆབ་སེམས་སྐྱེས་པ་ལ། །སླར་ཡང་བླང་དུ་མེད་པར་གསུངས། །ལྷ་དང་བྱིས་པའི་དགེ་སློང་ནི། །འདུལ་བའི་སྡེ་སྣོད་རྣམས་ལས་བཀག །སེམས་བསྐྱེད་ལྡན་པའི་བསྙེན་གནས་ཀྱང་། །ཞག་པར་ཕན་ཆད་ཡོད་པའི་ཕྱིར། །རྟག་ཏུ་བསྙེན་གནས་བསྲུང་དགོས་འགྱུར། །མིན་ན་བསྙེན་གནས་ཉམས་པར་འགྱུར། །ཞག་པར་བསྙེན་གནས་གཏོང་ན་ནི། །སྡོམ་པ་རྒྱུན་དུ་འབྱུང་བ་འགལ། །དེས་ན་སོ་སོ་ཐར་པ་ཡི། །སྡོམ་པ་ཤི་ཡང་ཡོད་དོ་ཞེས། །སྨྲ་བའི་སྐྱེས་བུ་དེ་ལ་ནི། །སྡེ་སྣོད་རྣམ་དབྱེར་མེད་པར་ཟད། །འོ་ན་ཤེས་བྱ་ཆོས་ཅན། སེམས་བསྐྱེད་ཀྱིས་ཟིན་པའི་དགེ་སློང་ལ་སོགས་སྡོམ་པ་རྣམས། བསླབ་པ་ཕུལ་དང་ཤི་འཕོས་དང་། རྩ་བ་ཆད་པ་ལ་སོགས་པ། གཏོང་རྒྱུ་ཀུན་གྱི་སྡོམ་པ་མི་གཏོང་བར་ཐལ། སེམས་བསྐྱེད་ཀྱིས་ཟིན་པའི་སྡོམ་པ་མི་གཏོང་བའི་ཕྱིར། འདོད་པ་དེ་ལྟ་ཡིན་ན། ཤེས་བྱ་ཆོས་ཅན། དགེ་སློང་གིས་སྡོམ་པ་ཕུལ་ཡང་སླར་བསྲུང་དགོས་པར་འགྱུར་ཞིང་། མ་བསྲུངས་དགེ་སློང་ཉམས་པར་འགྱུར་བར་ཐལ་འདོད་པ་དེའི་ཕྱིར། སྐྱོན་གཞན་གལ་ཏེ་སྐྱེ་བ་སྔ་མ་ལ་དགེ་སློང་བྱས་པ་དེ་ནི་ཆོས་ཅན། ཁྱོད་ཤི་ཡང་དགེ་སློང་དུ་འགྱུར་བར་ཐལ་བ་དང་། ཁྱོད་ལྷར་སྐྱེས་ན་ལྷའི་དགེ་སློང་སྲིད་པར་ཐལ། མིར་སྐྱེ་ན་འང་བྱིས་པ་ཆུང་དུས་ཀྱང་བླང་མི་དགོས་དགེ་སློང་དུ་འགྱུར་བར་ཐལ། ཁྱོད་ཤི་ཡང་སྡོམ་པ་མི་གཏོང་བའི་ཕྱིར། འདོད་ན། ལྷ་དང་བྱིས་པའི་དགེ་སློང་དེ་ལྟུང་བ་བྱུང་བ་ན། དགེ་སློང་གི་སྡོམ་པ་ཉམས་པར་འགྱུར་བར་ཐལ། འདོད་པ་དེའི་ཕྱིར། ཁྱབ་པ་ཡོད་དེ། ཉམས་ནས་འཆབ་སེམས་སྐྱེས་པ་ལ་སླར་ཡང་བླང་དུ་མེད་པར་འདུལ་བའི་སྡེ་སྣོད་ལས་གསུངས་ཤིང་། ལྷ་དང་བྱིས་པའི་དགེ་སློང་ནི། འདུལ་

པའི་སྡེ་སྣོད་རྣམས་ལས་བཀག་པའི་ཕྱིར་ཏེ། ལས་བརྒྱ་པ་ལས། མི་མ་ཡིན་པའི་འགྲོ་བ་མ་ཡིན་ནམ། ལོ་ཉི་ཤུ་ལོན་ནམ། ཞེས་གསུངས་པའི་ཕྱིར། གཞན་ཡང་བསྙེན་གནས་ཀྱང་དེ་དང་མཚུངས་པར་ཐལ། སེམས་བསྐྱེད་ལྡན་པའི་བསྙེན་གནས་ཀྱང་། ནང་བར་ཕན་ཆད་ཡོད་པའི་ཕྱིར། འདོད་ན་རྟག་ཏུ་བསྙེན་གནས་བསྲུང་དགོས་པར་འགྱུར་ལ། བསྲུང་དགོས་པ་དེ་མ་ཡིན་ན་བསྙེན་གནས་ཉམས་པར་འགྱུར་རོ། །ནངས་པར་ནམ་ལངས་ནས་བསྙེན་གནས་གཏོང་ན་ནི། བསྙེན་གནས་ཀྱི་སྡོམ་པ་རྒྱུན་དུ་འབྱུང་བ་འགལ་ལོ། །རྒྱུ་མཚན་དེས་ན། སོ་སོར་ཐར་པ་ཤི་ཡང་ཡོད་དོ་ཞེས་སྨྲ་བའི་སྐྱེས་བུ་དེ་ལ་ནི། ཐེག་པ་ཆེ་ཆུང་གི་སྡེ་སྣོད་ཀྱི་རྣམ་དབྱེ་མེད་པར་ཟད་དོ། །

གཉིས་པ་ལེན་པའི་ཚུལ་ལ། ཉན་ཐོས་ཀྱི་སྡོམ་པ་ལེན་པའི་ཚུལ། ཐེག་ཆེན་གྱི་སྡོམ་པ་ལེན་པའི་ཚུལ་དང་གཉིས། དང་པོ་ལ། བསྙེན་གནས་ཀྱི་ཆོ་ག་དང་། དེ་ལ་འཕྲུལ་བ་དགག་པའོ། །དང་པོ་ལ། བླང་བའི་ཡུལ། ཇི་ལྟར་ལེན་པའི་ཁྱད་པར་དང་གཉིས། དང་པོ་བླང་བའི་ཡུལ་ལ་བྱེ་བྲག་སྨྲ་བའི་ལུགས་དང་། མདོ་སྡེ་པའི་ལུགས་དང་། བསྙེན་གནས་རང་གིས་ལེན་པའི་ཆོ་ག་དང་གསུམ། དང་པོ་ནི། བྱེ་བྲག་སྨྲ་བ་བསྙེན་གནས་ཀྱང་། །དགེ་སློང་ལས་ལེན་གང་ཟག་ནི། །གླིང་གསུམ་སྐྱེས་པ་བུད་མེད་ལས། །འགྲོ་བ་གཞན་ལ་སྡོམ་པ་བཀག ཅེས་པ། བྱེ་བྲག་སྨྲ་བའི་བསྙེན་གནས་ཀྱང་། ཡུལ་དགེ་སློང་ལ་ལེན་ཞིང་། ལེན་པའི་གང་ཟག་ནི། གླིང་གསུམ་གྱི་སྐྱེས་པ་དང་། བུད་མེད་ལ་སྐྱེ་ཡི། འགྲོ་བ་གཞན་ལ་སྡོམ་པ་སྐྱེ་བ་བཀག་པའི་ཕྱིར་ཏེ། སྤྲིངས་ཡིག་ལས། གསོ་སྦྱོང་འདོད་སྦྱོད་ལྷ་ལུས་ཡིད་འོང་བ། །སྐྱེས་པ་བུད་མེད་དག་ལས་བསྩལ་བར་བགྱི། །ཞེས་གསུངས་པའི་ཕྱིར།

གཉིས་པ་ནི། མདོ་སྡེ་པ་རྣམས་དུད་འགྲོ་སོགས། །འགྲོ་བ་གཞན་ལའང་སྐྱེ་བར་བཤད། །བླང་བའི་ཡུལ་ཡང་དགེ་བསྙེན་སོགས། །གང་ཡང་རུང་ལས་བླང་བར་གསུང་། །ཉན་ཐོས་རྣམས་ཀྱི་ཆོ་ག་ཡང་། །སྐྱབས་སུ་འགྲོ་བའི་ཚུལ་གྱིས་འཐོབ་གས། །ཞེས་པ་ལ། མདོ་སྡེ་པ་རྣམས་ལེན་པའི་གང་ཟག་དུད་འགྲོ་སོགས་རིགས་དྲུག་གཞན་ལའང་སྐྱེ་བར་བཤད་དེ། རི་བོང་གི་སྐྱེས་པའི་རབས་ལས། དཀྱིལ་འཁོར་ཅུང་ཟད་མ་རྫོགས་པར། །བཟང་པོ་འདི་ནི་གྲོད་པ་བཞིན། །དགེ་བ་རྣམས་ལ་གསོ་སྦྱོང་གིས། །སྦྲོ་བའི་ཟླ་བ་འདི་སྟོན་ནོ། །ཞེས་གསུངས་པས། རི་བོང་གིས་བསྙེན་གནས་སྤྲ་དང་སྤྲེའུ་ལྕེ་སྤྱང་རྣམས་ལ་ཕོག་པ་ལྟ་བུའོ། །བླང་བའི་ཡུལ་ཡང་། དགེ་བསྙེན་ལ་སོགས་པ་གང་ཡང་རུང་བ་ལས་བླང་གསུངས་ཏེ། གནས་འཇོག་གི་ཞུས་པ་ལས། དགེ་སློང་ངམ་བྲམ་ཟེའམ་གང་ཡང་རུང་བ་ཚོགས་ཤེས་པ་གཅིག་གི་མདུན་དུ་འདུག་ལ་ཞེས་སོ། །ཉན་ཐོས་རྣམས་ཀྱི་བསྙེན་གནས་ཀྱི་ཆོ་ག་དང་། སྐྱབས་སུ་འགྲོ་བའི་ཚུལ་གྱིས་འཐོབ་གས་པ་ཡིན་ཏེ། མཛོད་ལས། བསྙེན་གནས

གཞན་ལ་ཡོད་མོད་ཀྱི། །སྐྱབས་སུ་མ་སོང་བ་ལ་མེད། །ཅེས་བཤད་པའི་ཕྱིར་རོ། །

གསུམ་པ་ནི། དོན་ཡོད་ཞགས་པའི་རྟོགས་པ་ལས། །བསྙེན་གནས་རང་གིས་ལེན་པ་ཡི། །ཆོ་ག་སེམས་བསྐྱེད་འདྲ་བར་གསུངས། །དེས་ན་ཆོ་ག་ཁྱད་པར་ཡོད། །ཅེས་པ། དོན་ཡོད་ཞགས་པའི་རྟོག་པ་ལས། བསྙེན་གནས་རང་གིས་ལེན་པ་ཡི། ཆོ་ག་སེམས་བསྐྱེད་ལེན་པའི་ཚུལ་དང་འདྲ་བར་གསུངས་ཏེ། དེ་སྐད་དུ། གང་ཡང་བཙོམ་ལྡན་འདས་རིགས་ཀྱི་བུའམ། རིགས་ཀྱི་བུ་མོའམ། དགེ་སློང་ངམ། དགེ་སློང་མའམ། དགེ་བསྙེན་ཕའམ། དགེ་བསྙེན་མའམ། དེ་ལས་གཞན་པའམ། ཁ་ཅིག་དོན་ཡོད་ཞགས་པའི་སྙིང་པོ་ཆེན་དུ་བྱས་ནས། དཀར་པོའི་ཕྱོགས་ཀྱིས་ཚེས་བརྒྱད་ལ་བསྙུང་བར་གནས་པ་བྱས་ཏེ། ལན་བདུན་དོན་ཡོད་ཞགས་པའི་སྙིང་པོ་ཚིག་ཏུ་མི་བརྗོད་པར་ཡོངས་སུ་བཟླས་ན། ཞེས་དང་། ཉིན་ཞག་གཅིག་ལ་བསྙུང་བར་གནས་པའམ། ཞག་གསུམ་དུ་དཀར་གསུམ་ཟ་ཞིང་དུས་གསུམ་དུ་ཁྲུས་བྱས་ནས་གོས་གཙང་མ་གོན་པར་གྱུར་པས་བཟླ་བར་བྱའོ། །དེ་ནས་སྐུ་གཟུགས་ཀྱི་མདུན་དུ་རང་ཉིད་བྲིས་པ་ལྟར་བལྟས་ཏེ། དེ་མཐོང་ན་དགའ་བར་འགྱུར་རོ། །ཞེས་བཤད་པའི་ཕྱིར་རོ། །རྒྱུ་མཚན་དེས་ན། བྱེ་བྲག་ཏུ་སྨྲ་བ་དང་། མདོ་སྡེ་པ་དང་བསྙེན་གནས་རང་གི་ལེན་པའི་ཆོ་ག་རྣམས་ལ། ལེན་པའི་ཡུལ་དང་། ལེན་པ་པོའི་གང་ཟག་དང་། ཇི་ལྟར་ལེན་པའི་ཚུལ་དང་། དགོས་པ་གང་གི་ཡུལ་དུ་ལེན་པ་རྣམས་ལ་ཁྱད་པར་ཡོད་དོ། །

གཉིས་པ་དེ་ལ་འཁྲུལ་བ་དགག་པ་ལ། བསྙེན་གནས་འབུལ་བ་དགག །འཚོལ་བ་དགག །ལྟ་བསྒོམ་ཐ་དད་དགག་པ་དང་གསུམ། དང་པོ་ནི། ལ་ལ་བསྙེན་གནས་བསྲུང་བ་ཡི། །ནངས་པར་བསྙེན་གནས་འབུལ་དགོས་ཟེར། །བསྙེན་གནས་མཚན་མོ་འདས་པ་ན། །གཏོང་ཕྱིར་འདི་ལ་འབུལ་མི་དགོས། །མདོ་སྡེ་པ་ཡི་ལུགས་བཞིན་དུ། །ཇི་ལྟར་འདོད་ཚེ་ལེན་ན་ཡང་། །ནངས་པར་ཕན་ཆད་བསྲུང་བའི་ཕྱིར། །བསམ་པ་མེད་ཕྱིར་སྡོམ་པ་གཏོང་། །དེ་ཡི་ཕྱིར་ན་འབུལ་མི་དགོས། །ཞེས་པ། བཀའ་གདམས་པ་ལ་ལ་བསྙེན་གནས་བསྲུང་བའི་ནམ་ལངས་ནས་བསྙེན་གནས་འབུལ་དགོས་ཟེར་རོ། །དེ་མི་འཐད་དེ། བསྙེན་གནས་ཀྱི་སྡོམ་པ་ནམ་ལངས་པ་འདི་ལ་འབུལ་མི་དགོས་ཏེ། བསྙེན་གནས་མཚན་མོ་འདས་པ་ན། གཏོང་བའི་ཕྱིར། མདོ་སྡེ་པའི་ལུགས་བཞིན་ཇི་ལྟར་འདོད་ཚེ་ལེན་ན་ཡང་། བསྙེན་གནས་ཀྱི་སྡོམ་པ་ཆོས་ཅན། ནམ་ལངས་ནས་འབུལ་མི་དགོས་ཏེ། ནམ་ལངས་པ་ན་སྡོམ་པ་གཏོང་བའི་ཕྱིར་ཏེ། ནངས་པར་ཕན་ཆད་སྲུང་བའི་བསམ་པ་མེད་པའི་ཕྱིར། གཉིས་པ་འཚོལ་བ་དགག་པ་ནི། ལ་ལ་བསྙེན་གནས་འཚོལ་བ་ཐོས། །འདི་འདྲ་གང་ནའང་བཤད་པ་མེད། །ཅེས་པ། སྔ་རྟོལ་ལ་རྒྱུས་མེད་པ་ལ་ལ། དོན་བསྒྲུབ་དགོས་བྱུང་བ་ན་རོགས་ལ་བསྙེན་གནས་འཚོལ་བ

ཐོས་སོ། །དེ་མི་འཐད་དེ། བསྙེན་གནས་འདི་འདུ་མདོ་རྒྱུད་བསྟན་བཅོས་གང་ནའང་བཤད་པ་མེད་པའི་ཕྱིར།

གསུམ་པ་ལྷ་བསྒོམ་པ་ཐ་དད་དགག་པ་ལ། འདོད་པ་བརྗོད་པ་དང་། དེ་དགག་པ་གཉིས། དང་པོ་ནི། །ཁ་ཅིག་བསྙེན་གནས་འབོགས་པའི་ཚེ། །ཉ་དང་གནམ་སྟོང་ཚེས་བརྒྱད་ལ། །ལྷ་སྒོམ་ཐ་དད་མ་བྱས་ན། །བསྙེན་གནས་བསྲུང་དུ་མི་འདོད་ཟེར། །ཞེས་པ། བྱ་ཡུལ་བའི་དགེ་བཤེས་ཁ་ཅིག་ཉ་ལ་སྣང་བ་མཐའ་ཡས་ཀྱི་ལྷ་བསྒོམ། གནམ་སྟོང་ལ་སྨན་བླ་བསྒོམ། ཚེས་བརྒྱད་ལ་ཤཱཀྱ་ཐུབ་པའི་ལྷ་བསྒོམ་ཐ་དད་མ་བྱས་ན། བསྙེན་གནས་བསྲུང་དུ་མི་འདོད་ཟེར་རོ། །གཉིས་པ་དེ་དགག་པ་ནི། འདི་ཡང་རེ་ཞིག་བརྟག་པར་བྱ། །བསྙེན་གནས་སོ་སོར་ཐར་པའི་ལུགས། །གཙོ་ཆེར་ཉན་ཐོས་གཞུང་ལུགས་ཡིན། །ཡི་དམ་ལྷ་ཡི་བསྒོམ་བཟླས་ནི། །གསང་སྔགས་པ་ཡི་གདམས་ངག་ཡིན། །ཉན་ཐོས་གཞུང་ལས་བཤད་པ་མེད། །དེས་ན་ལྷ་བསྒོམ་མ་བྱས་ཀྱང་། །བསྙེན་གནས་ཉམས་པར་འགྱུར་བ་མེད། །འོན་ཀྱང་གསང་སྔགས་ལུགས་བྱེད་ན། །ཡི་དམ་སྒོམ་པ་བསོད་ནམས་ཆེ། །བསྙེན་གནས་བསྲུང་བ་ལ། ལྷ་བསྒོམ་དགོས་ཟེར་བ་འདི་ཡང་རེ་ཞིག་བརྟག་པར་བྱ་སྟེ། ལྷ་བསྒོམ་མ་བྱས་ཀྱང་བསྙེན་གནས་ཉམས་པར་འགྱུར་བ་མེད་དེ། བསྙེན་གནས་སོ་སོར་ཐར་པའི་ལུགས། དེའི་ནང་ནས་གཙོ་ཆེར་ཉན་ཐོས་ཀྱི་ལུགས་ཡིན་པའི་ཕྱིར་དང་། ཡི་དམ་ལྷའི་བསྒོམ་ནི་གསང་སྔགས་པའི་གདམས་ངག་ཡིན་ཞིང་། ཉན་ཐོས་ཀྱི་གཞུང་ལས། ཡི་དམ་ལྷའི་བསྒོམ་བཟླས་བཤད་པ་མེད་པ་དེའི་ཕྱིར། འོན་ཀྱང་གསང་སྔགས་ཀྱི་ལུགས་བྱེད་ན། ཡི་དམ་བསྒོམ་ནས་བསྙེན་གནས་བྱེད་ན་བསོད་ནམས་ཆེན་པོ་ཐོབ་པ་ཡིན་ནོ། །

བསྙེན་གནས་ལ་མིང་གི་དོན། བསླབ་བྱ། ཆོ་ག དགོས་པ་དང་བཞི། དང་པོ་ནི། དགེ་བ་གསོ་ཞིང་སྡིག་པ་སྦྱོང་བ་ན། གསོ་སྦྱོང་ཡིན་ལ། འཕགས་པ་རྣམས་ལ་ཉེ་བར་བསྙེན་པས། བསྙེན་གནས་ཞེས་ཀྱང་བྱ་སྟེ། འདུལ་བ་ལས། གང་ཕྱིར་དགེ་བ་མ་ལུས་གསོ་བ་དང་། །སྡིག་པའི་སྡིག་པ་དེ་ཡང་དག་བྱའི་ཕྱིར། །དེ་ཕྱིར་གསོ་དང་སྦྱོང་བར་བྱེད་པས་ན། །དེ་བཞིན་གཤེགས་པས་གསོ་སྦྱོང་ཞེས་སུ་གསུངས། །ཞེས་གསུངས་པའི་ཕྱིར། གཉིས་པ་ནི། སྲོག་གཅོད་པ་སྤོང་བ་དང་། མ་བྱིན་པར་ལེན་པ་དང་། མི་ཚངས་པར་སྤྱོད་པ་དང་། བརྫུན་དུ་སྨྲ་བ་བཞི་སྤོང་བ་ནི། ཚུལ་ཁྲིམས་ཀྱི་ཡན་ལག་ཡིན་ཏེ། རང་བཞིན་གྱི་ཁ་ན་མ་ཐོ་བ་སྤོང་བའི་ཕྱིར། ཆང་སྤོང་བ་ནི། བག་ཡོད་པའི་ཡན་ལག་གཅིག་ཡིན་ཏེ། ཆང་འཐུང་བ་ནི། ཚུལ་ཁྲིམས་རྫོགས་ཀྱང་བག་མེད་པར་འགྱུར་བའི་ཕྱིར། ཁྲི་སྟན་དང་། མལ་སྟན་ཆེན་པོ་སྤོང་བ་ནི། མལ་སྟན་དང་འབྲེལ་བའི་བརྟུལ་ཞུགས་ཀྱི་ཡན་ལག་དང་། དུས་མ་ཡིན་པའི་ཁ་ཟས་སྤོང་བ་ནི་ཁ་ཟས་དང་འབྲེལ་བའི་བརྟུལ་ཞུགས་ཀྱི་ཡན་ལག་ཡིན་ཏེ། སྐྱོ་བའི་རྗེས་སུ་མཐུན་པའི་ཕྱིར། གླུ་གར་དང་། རོལ་མོ་དང་། རྒྱན་ཕྲུག་པ་དང་། ཁ་དོག་འཆང་བ་སྤོང་བ་ནི།

སྡིག་པ་སྤོང་བའི་བརྟུལ་ཞུགས་ཀྱི་ཡན་ལག་ཡིན་ཏེ། སྡིག་པ་ནི། འཆལ་བའི་ཚུལ་ཁྲིམས་ལ་ཐག་མི་རིང་བའི་ཕྱིར། དེ་ལྟར་ན་བསླབ་བྱ་གསུམ་ལས་བརྒྱད་དུ་ཕྱེ་བ་ཡིན་ཏེ། མཛོད་ལས། ཚུལ་ཁྲིམས་ཡན་ལག་བག་ཡོད་པའི། །ཡན་ལག་བརྟུལ་ཞུགས་ཡན་ལག་སྟེ། །བཞི་གཅིག་དེ་བཞིན་གསུམ་རིམ་བཞིན། །ཞེས་བཤད་དོ། །

གསུམ་པ་ཚིག་ནི། རང་ཉིད་རྟེན་གྱི་མདུན་དུ་དམའ་བའི་སྟན་ལ་ཙོག་པུར་ཐལ་མོ་སྦྱར་ནས་འདུག་སྟེ། འབོགས་པའི་ཚིག་མ་སླ་བར་མི་སླ། འབོགས་པ་པོ་དང་མཉམ་དུ་ཚིག་མི་སླ་ཞིང་།འབོགས་པའི་ཚིག་རྫོགས་མ་ཐག་རྗེས་བཟློས་བྱ། སྡིག་པ་ལ་སོགས་པའི་རྒྱན་སྤྲངས་ཏེ། ཉི་མ་མ་ཤར་དུ་ཡན་ལག་བརྒྱད་དང་ལྡན་པའི་བསྙེན་གནས་བླང་བར་བྱ་བ་ཡིན་ཏེ། མཛོད་ལས། དམའ་བར་འདུག་ལས་བཟླས་པ་ཡིས། །མི་བརྒྱན་ནམ་ནི་ལངས་པར་དུ། །བསྙེན་གནས་ཡན་ལག་ཚང་བར་ནི། །ནངས་པར་གཞན་ལ་གསོད་པར་བྱ། །

བཞི་པ་དགོས་པ་ནི། ཐེག་ཆེན་གྱི་གང་ཟག་ནི། སེམས་ཅན་གྱི་དོན་གྱི་དགོས་པ་ཡོད་དོ། །སེམས་ཅན་ཐམས་ཅད་ལ་ཕན་པར་བྱ་བའི་ཕྱིར་དང་། གྲོལ་བར་བྱ་བའི་ཕྱིར་དུ་གསོ་སྦྱོང་ངེས་པར་བྱའོ། །ཉན་རང་རྣམས་ནི་བྱང་ཆུབ་རྣམ་པར་གྲོལ་བའི་ཡན་ལག་ཏུ་གྱུར་ཏེ། བྱང་ཆུབ་ཀྱི་ཡན་ལག་ཅེས་བཤད་པ་ལྟ་བུའོ། །

གཉིས་པ་ཐེག་ཆེན་གྱི་སོ་ཐར་ལ། ཉན་པར་གདམས་པ་དང་། ལེན་པའི་ཚིག བསླབ་པའི་ཁྱད་པར། གཏོང་དུས་བསྟན་པའོ། །དང་པོ་ནི། ཐེག་པ་ཆེན་པོ་ལས་བྱུང་བའི། །སོ་སོར་ཐར་པ་བཤད་ཀྱིས་ཉོན། །ཅེས་པ། ཐེག་པ་ཆེན་པོ་ལས་བྱུང་བའི་སོ་སོར་ཐར་པའི་སྡོམ་པ་བཤད་ཀྱིས་ཉོན་ཅེས་གདམས་སོ། །ཐེག་ཆེན་སོ་ཐར་གྱི་ངོ་བོ་ནི། ཐེག་ཆེན་སེམས་བསྐྱེད་ཀྱི་ཀུན་ནས་བླངས་ཏེ། གཞན་ལ་གནོད་པ་གཞི་དང་བཅས་པ་སྤོང་བར་བྱེད་པའི་སྡོམ་པའི་ཚུལ་ཁྲིམས།

གཉིས་པ་ལེན་པའི་ཚིག་ལ། ཆོ་ག་ཕལ་ཆེར་ནུབ་པར་བསྟན། འཇམ་དབྱངས་སོགས་ཀྱི་མཁན་པོ་མཛད་པ་སྔོན་གྱི་ཆོ་གར་བསྟན། ཇི་ལྟར་ལེན་པའི་ཆོ་ག་དང་གསུམ། དང་པོ་ནི། བྱང་ཆུབ་སེམས་དཔའ་ཉིད་ལ་ནི། །སོ་སོ་ཐར་པ་འབོགས་པ་ཡི། །ཆོ་ག་འགའ་ཞིག་ཡོད་མོད་ཀྱི། །དེ་ཡི་ཆོ་ག་ཕལ་ཆེར་ནུབ། །གསོ་སྦྱོང་རང་གིས་བླང་བ་སོགས། །ཆོ་གའི་ལག་ལེན་འགའ་ཞིག་ཡོད། །ཅེས་པ། ཉན་ཐོས་སུ་མ་ཟད་བྱང་ཆུབ་སེམས་དཔའ་ཉིད་ལ། སོ་སོ་ཐར་པ་འབོགས་པའི་ཆོ་ག་འགའ་ཞིག་ཡོད་མོད་ཀྱི། དེའི་ཆོ་ག་ཕལ་ཆེར་ནུབ་བོ། །འོ་ན་ཐེག་ཆེན་སོ་ཐར་ལེན་པའི་ཆོ་ག་མེད་དམ་ཞེ་ན་ཡོད་དེ། གསོ་སྦྱོང་རང་གིས་བླང་བའི་ཆོ་གའི་ལག་ལེན་འགའ་ཡོད་པའི་ཕྱིར། སེམས་ཅན་ཐམས་ཅད་ལ་ཕན་པར་བྱ་བའི་ཕྱིར་དང་། གྲོལ་བར་བྱ་བའི་ཕྱིར། ཞེས་བཤད་དོ། །གཉིས་པ་ནི། རྒྱལ་སྲས་བྱམས་པ་འཇམ་དབྱངས་སོགས། །བདག་ཉིད་ཆེན་པོ་འགའ་ཞིག་གིས། །

མཁན་པོ་མཛད་ནས་འགྲོ་མང་ལ། །བསྟེན་པ་རྫོགས་ནས་མཛད་དོ་ཞེས། །ཚིག་འབྲུ་ཙམ་ཞིག་གསུངས་མོད་ཀྱི། །འོན་ཀྱང་དེ་ཡི་ཚིག་ནི། །མདོ་ལས་གསུངས་པ་ངས་མ་མཐོང་། །འདི་འདྲ་སྟོན་གྱི་ཚིག་སྟེ། །འཕགས་པ་རྣམས་ཀྱི་སྤྱོད་ཡུལ་ཡིན། །སོ་སོའི་སྐྱེ་བོས་བྱར་མི་རུང་། །ཞེས་པ། རྒྱལ་བའི་སྲས་པོ་འཇམ་དཔྱངས་དང་། བྱམས་པ་ལ་སོགས་པ་འགའ་ཞིག་གི་མཁན་པོ་མཛད་ནས་འགྲོ་བ་མང་པོ་ལ་ཐེག་པ་ཆེན་པོ་སོ་ཐར་གྱི་སྒོ་ནས་བསྟེན་པ་རྫོགས་པར་མཛད་དོ་ཞེས་དཀོན་མཆོག་བརྩེགས་པའི་མདོ་ལས་ཚིག་འབྲུ་ཙམ་ཞིག་གསུངས་མོད་ཀྱི། འོན་ཀྱང་དེའི་ཚིག་མདོ་ལས་གསུངས་པ་ངས་མ་མཐོང་ངོ་། །དེའི་རྒྱུ་མཚན་བྱང་ཆུབ་སེམས་དཔའ་ཁྲིམ་པའི་ཆ་ལུགས་ཅན་གྱི་མཁན་པོ་མཛད་ནས་འགྲོ་བ་མང་པོ་ལ་བསྟེན་པར་རྫོགས་པའི་ཚིག་མཛད་པའི་འདི་འདྲ་སྟོན་གྱི་ཚིག་ཡིན་ཏེ། བྱམས་པ་ལ་སོགས་པ་དབུ་སྨྲ་རིང་པོ། རྒྱན་དང་བཅས་པ་རྣམས་ཀྱི་མཛད་པ་ནི། འཕགས་པ་རྣམས་ཀྱིས་སྤྱོད་ཡུལ་ཡིན་པའི་ཕྱིར་དང་། སོ་སོའི་སྐྱེ་བོ་དེའི་རྗེས་སུ་ཞུགས་ནས་སྟོན་གྱི་ཚིག་དང་འདྲ་བ་བྱར་མི་རུང་བའི་ཕྱིར།

གསུམ་པ་ཇི་ལྟར་བླང་བའི་ཚུལ་ནི། དེས་ན་ད་ལྟའི་ཚིག་ནི། བསམ་པ་སེམས་བསྐྱེད་ཀྱིས་ཟིན་པའི། །ཆོ་ག་ཉན་ཐོས་ལུགས་བཞིན་གྱིས། །སོ་སོར་ཐར་པ་རིགས་བརྒྱད་པོ། །བྱང་སེམས་སོ་སོར་ཐར་པར་འགྱུར། །ཞེས་པ། ད་ལྟའི་ཐེག་ཆེན་སོ་ཐར་གྱི་ཚིག་ནི། བསམ་པ་གཞན་དོན་དུ་སངས་རྒྱས་ཐོབ་པར་བྱ་སྙམ་པའི་སེམས་བསྐྱེད་ཀྱིས་བཟུང་ནས་ཚིག་ཉན་ཐོས་ཀྱི་ལུགས་བཞིན་བྱེད་པ་ཡིན་ནོ། །དེ་ལྟར་བྱས་ན་ཉན་ཐོས་ཀྱི་སོ་སོར་ཐར་པ་རིགས་བརྒྱད་པོ་བྱང་ཆུབ་སེམས་དཔའི་སོ་སོར་ཐར་པར་འགྱུར་བ་ཡིན་ཏེ། དཔེར་ན། མི་གཙང་བའི་ཉེར་ལེན་གྱི་ཕུང་པོ་འདི་བྱང་ཆུབ་ཀྱི་མཆོག་ཏུ་སེམས་བསྐྱེད་པའི་གསེར་འགྱུར་གྱིས་རྩིས་བསྒྱུར་བ་ན། རིན་ཆེན་རིན་ཐང་མེད་པའི་རྒྱལ་བའི་སྐུར་འགྱུར་བ་བཞིན་ནོ། །སྤྱོད་འཇུག་ལས། གསེར་འགྱུར་རྩི་ཡི་རྣམ་པ་མཆོག་ལྟ་བུ། །མི་གཙང་ལུས་འདི་བླངས་ནས་རྒྱལ་བའི་སྐུ། །རིན་ཆེན་རིན་ཐང་མེད་པར་བསྒྱུར་བས་ན། །བྱང་ཆུབ་སེམས་ཞེས་བྱ་བ་རབ་བརྟན་ཟུངས། །ཞེས་གསུངས་སོ། །

གསུམ་པ་བསླབ་བྱའི་ཁྱད་པར་ནི། དེས་ན་བྱང་ཆུབ་སེམས་དཔའ་ཡི། །སོ་སོར་ཐར་པའི་བསླབ་བྱ་ཡི། །ཁྱད་པར་ཅུང་ཟད་བཤད་ཀྱིས་ཉོན། །འདི་ལ་སྡིག་ཏོ་མི་དགེའི་ཕྱོགས། །ཕལ་ཆེར་ཉན་ཐོས་ལུགས་བཞིན་བསྲུང་། །འདོད་པས་བདེན་པའི་ལྟུང་བ་འགའ། །བྱང་ཆུབ་སེམས་དཔའི་ལུགས་བཞིན་བསྲུང་། །འཇིག་རྟེན་མ་དད་འགྱུར་པའི་ཆ། །གཉིས་ཀ་མཐུན་རྣམས་འབད་པས་བསྲུང་། །འཇིག་རྟེན་འཇུག་པའི་རྒྱུར་འགྱུར་ན། །ཐེག་ཆེན་སོ་སོར་ཐར་ལ་གནང་། །དཔེར་ན་ཉན་ཐོས་དགེ་སློང་ནི། །གསེར་དངུལ་ལེན་པ་ཐུབ་པས་དགག

བྱང་ཆུབ་སེམས་དཔའི་དགེ་སློང་ལ། །གཞན་དོན་འགྱུར་ན་ལྟུང་བ་མེད། །ཉན་ཐོས་སེམས་ཅན་དོན་ཡིན་ཡང་། །འདོད་ཆེན་པོ་ལ་ལྟུང་བར་འབྱུང་། །ཐེག་ཆེན་གཞན་གྱི་དོན་ཡིན་ཡང་། །འདོད་ཆེན་ལྟུང་བ་མེད་ཅེས་ཟེར། །སོ་སོ་ཐར་པ་ལུགས་གཉིས་པོ། །དེ་འདྲའི་རྣམ་དབྱེ་ཤེས་པར་བྱ། །ཞེས་པ། བྱང་ཆུབ་སེམས་དཔའི་སོ་སོར་ཐར་པའི་བསླབ་པར་བྱ་བའི་ཁྱད་པར་མི་འདྲ་ཙུང་ཟད་བཤད་ཀྱིས་ཉོན་ཅེས་གདམས་སོ། །ཐེག་ཆེན་གྱི་སོ་ཐར་འདི་ལ་སྡིག་ཏོ་མི་དགེ་བ་སྲོག་གཅོད་པ་དང་། མ་བྱིན་པར་ལེན་པ་དང་། རྫུན་དུ་སྨྲ་བའི་ཕྱོགས་ཕལ་ཆེར་ཉན་ཐོས་ཀྱིས་སོ་ཐར་ལུགས་བཞིན་བསྲུང་ལ། བདག་ཉིད་རང་དོན་ལ་མ་ཆགས་པས་མི་ཚངས་པར་སྤྱོད་པ་དང་། འདོད་པས་ལོག་པར་གཡེམ་པའི་ལྟུང་བ་འགའ་བྱང་ཆུབ་སེམས་དཔའི་ལུགས་བཞིན་བསྲུང་། འཇིག་རྟེན་མ་དད་པར་འགྱུར་བ་ཐེག་པ་ཆེ་ཆུང་གཉིས་ཀ་མཐུན་པ་རྣམས་འབད་པས་བསྲུང་། འཇིག་རྟེན་པ་ཆོས་ལ་འཇུག་པའི་རྒྱུར་འགྱུར་ན། མ་བྱིན་པར་ལེན་པའང་ཉན་ཐོས་ལ་བཀག་ཀྱང་ཐེག་ཆེན་སོ་སོར་ཐར་པ་ལ་གནང་སྟེ། ཕྱུག་ཅིང་སེར་སྣའི་དབང་གིས་སྦྱིན་པ་གཏོང་མི་ནུས་པའི་གང་ཟག་ལ། ཕན་འདོགས་པའི་ཕྱིར་དུ་མ་བྱིན་པར་ལེན་པའི་ཕྱིར། དེ་སྐད་དུ། མ་བྱིན་པར་ཡང་ཁྱོད་ཀྱིས་ལོངས། །ཞེས་སོ། །དེར་མ་ཟད་གཞན་དོན་དུ་འགྱུར་ན་སྲོག་གཅོད་པ་གནང་སྟེ། སྟོན་པ་སངས་རྒྱས་ཀྱིས། ཚོང་པ་ལྔ་བརྒྱའི་སྲོག་བསྐྱབ་པའི་ཕྱིར་དུ། མི་ནག་མདུང་ཐུང་བསད་པས་ཚོགས་རྫོགས་པའི་ཕྱིར་དང་། གཞན་དོན་དུ་འགྱུར་ན་མི་ཚངས་པར་སྤྱོད་པ་དང་། རྫུན་དུ་སྨྲ་བ་གནང་སྟེ། སྤྱོད་འཇུག་ལས། ཐུགས་རྗེ་མངའ་བས་རིང་གཟིགས་པས། །བཀག་པ་རྣམས་ཀྱང་དེ་ལ་གནང་། །ཞེས་བཤད་པའི་ཕྱིར། འོན་ཐེག་ཆེན་སོ་ཐར་ལ་ཉེས་པར་མི་འགྱུར་རམ་ཞེ་ན་མི་འགྱུར་ཏེ། སྙིང་རྗེ་ལྡན་ཞིང་བྱམས་ཕྱིར་དང་། །སེམས་དགེ་བ་ལ་ཉེས་པ་མེད། །ཅེས་སྡོམ་པ་ཉི་ཤུ་པ་ལས་བཤད་པའི་ཕྱིར། དཔེར་ན། ཉན་ཐོས་དགེ་སློང་ནི། གསེར་དངུལ་ལེན་པ་ལྟུང་བར་འགྱུར་ཏེ། ཉན་ཐོས་ལ། གསེར་དངུལ་ལེན་པ་ཐུབ་པས་བཀག་པའི་ཕྱིར། བྱང་ཆུབ་སེམས་དཔའི་དགེ་སློང་ནི། གཞན་དོན་དུ་འགྱུར་ན་གསེར་དངུལ་ལེན་པ་ལ་ཉེས་པ་མེད་དེ། གསེར་ལ་སོགས་པའི་ནོར་ཕུལ་བ་ཁོང་ཁྲོ་བས་མི་ལེན་ན། ཉོན་མོངས་པ་ཅན་གྱི་ཉེས་པར་འགྱུར་བའི་ཕྱིར། དེ་སྐད་དུ། གསེར་ལ་སོགས་པ་ལེན་མི་བྱེད། །ཅེས་གསུངས་པའི་ཕྱིར་རོ། །འོ་ན་ཉན་ཐོས་ཀྱི་གཞན་དོན་དུ་རྩ་བ་བཞི་སྤྱད་ནས་ལྟུང་བར་འགྱུར་རམ་ཞེ་ན། ཉན་ཐོས་སེམས་ཅན་གྱི་དོན་ཡིན་ན་ཡང་འདོད་པ་ཆེན་པོ་ལ་ལྟུང་བ་འབྱུང་ལ། ཐེག་པ་ཆེན་པོ་སེམས་ཅན་གྱི་དོན་ཡིན་ན། འདོད་ཆེན་པོ་ལ་ལྟུང་བ་མེད་དེ། སློབ་དཔོན་ཞི་བ་ལྷས་བསླབ་བཏུས་སུ། མི་ཚངས་པར་སྤྱད་པས་སེམས་ཅན་གྱི་དོན་དུ་འགྱུར་ན། ཐོག་མར་བསླབ་པ་ཕུལ་བས་བྱང་སེམས་ཀྱི་སྤྱོད་པ་ལ་འཇུག །དེ་ལ་སོ་སོར་ཐར་པ་དང་

འགལ་བའི་ཉེས་པར་མི་འགྱུར། སླར་སེམས་ཅན་གྱི་དོན་དུ་འགྱུར་ན་ལེགས། ཞེས་གསུངས་པའི་ཕྱིར། ཉན་ཐོས་སོ་སོར་ཐར་པ་དང་། བྱང་ཆུབ་སེམས་དཔའི་སོ་སོར་ཐར་པའི་ལུགས་གཉིས་པོ་གཞན་བཀག་དེ་འདྲའི་རྣམ་དབྱེ་ཤེས་པར་བྱའོ། །

བཞི་པ། གཏོང་བའི་དུས་བསྟན་པ་ནི། ཐེག་ཆེན་སོ་སོ་ཐར་ཡིན་ཡང་། །དགེ་སློང་ལ་སོགས་སྡོམ་པ་ཡི། །ལྡོག་པ་ཤི་བའི་ཚེ་ན་གཏོང་། །བྱང་ཆུབ་སེམས་དཔའི་ལྡོག་པ་དང་། །དེ་ཡི་འབྲས་བུ་ཤི་ཡང་འབྱུང་། །ཞེས་པ། འོ་ན་ཉན་ཐོས་སོ་ཐར་གྱི་སྡོམ་པ་ཤི་ནས་གཏོང་བ་བཞིན་དུ། ཐེག་ཆེན་སོ་ཐར་གྱི་སྡོམ་པ་ཡང་གཏོང་ངམ་ཞེ་ན། བྱང་ཆུབ་ཀྱི་མཆོག་ཏུ་སེམས་བསྐྱེད་པ་ཐེག་ཆེན་སོ་སོར་ཐར་པ་ཡིན་ཡང་། དགེ་སློང་ལ་སོགས་པའི་སྡོམ་པའི་ལྡོག་པ་ཤི་བའི་ཚེ་ན་གཏོང་སྟེ། སོ་སོར་ཐར་པ་གཉིས་པོ་ངོ་བོ་གཅིག་ལ་བྱེད་ལས་ཐ་དད་ཡིན་པའི་ཕྱིར་དང་། བྱང་ཆུབ་སེམས་དཔའི་སྡོམ་པའི་ལྡོག་པ་དང་དེའི་འབྲས་བུ་ཤི་ཡང་འབྱུང་སྟེ། ཚེ་འདིར་ཚུལ་ཁྲིམས་བསྲུངས་པས་ཕྱི་མ་བདེ་འགྲོ་ཐོབ་པའི་ཕྱིར།

གསུམ་པ་ལས་འབྲས་ཀྱི་རྣམ་དབྱེ་བསྟན་པ་ལ། མདོར་བསྟན། རྒྱས་པར་བཤད། གཞིས་ཀྱི་དགེ་བ་དགག་པའོ། །དང་པོ་ནི། དེ་ནས་ལས་དང་རྣམ་སྨིན་གྱི། །རྣམ་པར་དབྱེ་བ་བཤད་ཀྱིས་ཉོན། །ཅེས་པ། ལས་རྒྱུ་འབྲས་ཀྱི་རྣམ་དབྱེ་བསྟན་པ་དེ་ནས་དགེ་མི་དགེ་ལུང་མ་བསྟན་གྱི་ལས་དང་། དེ་གསུམ་གྱི་རྣམ་སྨིན་གྱི་རྣམ་པར་དབྱེ་བ་བཤད་ཀྱིས་ཉོན་ཅེས་གདམས་སོ། །

གཉིས་པ་རྒྱས་པར་བཤད་པ་ལ། ངོ་བོའི་སྒོ་ནས་དབྱེ་བ་དང་། ཀུན་སློང་གི་སྒོ་ནས་དབྱེ་བ་དང་། ལས་དང་རྣམ་པར་སྨིན་པའི་སྒོ་ནས་དབྱེ་བ་དང་། འཕེན་བྱེད་དང་རྫོགས་བྱེད་ཀྱི་སྒོ་ནས་དབྱེ་བ་དང་། དཀར་ནག་གི་ལས་ཀྱི་སྒོ་ནས་དབྱེ་བ་དང་ལྔ། དང་པོ་ལ་སྤྱིར་བསྟན་པ་དང་སོ་སོར་བཤད་པ་དང་གཉིས། དང་པོ་ནི། ལས་ལ་དགེ་སྡིག་ལུང་མ་བསྟན། །ཡིན་ཞེས་རྒྱལ་བས་མདོ་ལས་གསུངས། །ཞེས་པ། ལུས་ངག་ཡིད་གསུམ་གྱི་བྱས་པའི་ལས་ལ། དགེ་མི་དགེ་ལུང་མ་བསྟན་ཡིན་ཞེས་བྱ་བར་མདོ་སྡེ་རྣམས་ལས་གསུངས་སོ། །

གཉིས་པ་ནི། དགེ་བ་ལེགས་པར་སྤྱད་པ་སྟེ། །རྣམ་སྨིན་བདེ་བ་བསྐྱེད་པ་ཡིན། །སྡིག་པ་ཉེས་པར་སྤྱད་པ་སྟེ། །རྣམ་སྨིན་སྡུག་བསྔལ་བསྐྱེད་པར་བྱེད། །བཏང་སྙོམས་གཉིས་ཀ་མ་ཡིན་པས། །རྣམ་པར་སྨིན་པའང་གཉིས་ཀ་མིན། །འདི་དག་བྱས་པའི་ལས་ཡིན་པས། །འདུས་བྱས་ཡིན་པར་ཤེས་པར་བྱ། །ཆོས་ཀྱི་དབྱིངས་ནི་འདུས་མ་བྱས། །དེས་ན་དགེ་དང་སྡིག་པ་མིན། །ཞེས་པ། དགེ་བ་ནི་ལུས་ངག་ཡིད་གསུམ་གྱི་ལེགས་པར་སྤྱད་པ་སྟེ། ལུས་ཀྱི་སྒོ་ནས་སྲོག་གཅོད་པ་དང་། མ་བྱིན་པར་ལེན་པ་དང་། འདོད་པས་ལོག་པར་གཡེམ་པ་དང་།

ངག་གི་སྒོ་ནས། རྫུན་ཕྲ་མ་ཚིག་རྩུབ་ངག་འཁྱལ། སེམས་ཀྱི་སྒོ་ནས་བརྣབ་སེམས། གནོད་སེམས། ལོག་པར་ལྟ་བ་སྟེ། མི་དགེ་བ་བཅུ་སྤྱོད་པ་ཡིན་ནོ། །དེའི་རྣམ་པར་སྨིན་པ་འཇིག་རྟེན་པ་དང་ཐུན་མོང་བ་བདེ་འགྲོ་བསྐྱེད་པར་བྱེད་ཅིང་། འཇིག་རྟེན་ལས་འདས་པ་དང་ཐུན་མོང་བ། ཉན་རང་གི་བྱང་ཆུབ་བསྐྱེད་ལ། ཐུན་མོང་མ་ཡིན་པ་བླ་ན་མེད་པའི་བྱང་ཆུབ་བསྐྱེད་པར་བྱེད་དོ། །སྡིག་པ་ནི། ལུས་ངག་ཡིད་གསུམ་གྱི་ཉེས་པར་སྤྱོད་པ་མི་དགེ་བ་བཅུ་སྟེ། རྣམ་སྨིན་གྱི་འབྲས་བུས་ངན་སོང་གསུམ་གྱི་སྡུག་བསྔལ་བསྐྱེད་པར་བྱེད་དོ། །བཏང་སྙོམས་ནི། དགེ་མི་དགེ་གཉིས་ཀ་མ་ཡིན་པས། རྣམ་པར་སྨིན་པའང་ངན་འགྲོ་དང་བདེ་འགྲོ་གཉིས་ཀ་བསྐྱེད་པ་མ་ཡིན་ནོ། །མདོར་ན། དགེ་མི་དགེ་ལུང་མ་བསྟན་འདི་དག་ཆོས་ཅན། འདུས་བྱས་ཡིན་པར་ཤེས་པར་བྱས་ཏེ། ལུས་ངག་ཡིད་གསུམ་གྱི་བྱས་པའི་ལས་ཡིན་པའི་ཕྱིར། ཆོས་ཀྱི་དབྱིངས་ནི། དགེ་བ་དང་སྡིག་པ་གཉིས་ཀ་མ་ཡིན་ཏེ། འདུས་མ་བྱས་ཡིན་པ་དེའི་ཕྱིར།

གཉིས་པ་ཀུན་སློང་གི་སྒོ་ནས་དབྱེ་བ་ནི། ལས་ལ་ཐུབ་པས་རྣམ་གཉིས་གསུངས། །སེམས་པ་དང་ནི་བསམ་པའོ། །སེམས་པ་ཡིད་ཀྱི་ལས་ཡིན་ཏེ། །བསམ་པ་དེ་ནི་ལུས་ངག་གིའོ། །ཆོས་ཀྱི་དབྱིངས་ནི་གཉིས་ཀ་མིན། །དེ་ཕྱིར་དགེ་སྡིག་ལས་ལས་གྲོལ། །ཞེས་པ། གཞན་ཡང་ལས་ལ་ཐུབ་པ་སངས་རྒྱས་ཀྱིས་རྣམ་པ་གཉིས་གསུངས་སོ། །གཉིས་གང་ཞེ་ན། སེམས་པའི་ལས་དང་། བསམ་པའི་ལས་སོ། །སེམས་པའི་ལས་ནི་ཡིད་ཀྱི་ལས་ཡིན་ལ། དེས་བསྐྱེད་པའི་བསམ་པ་དེ་ནི་ལུས་ངག་གི་ལས་ཡིན་ཏེ། མཛོད་ལས། འཇིག་རྟེན་སྣ་ཚོགས་ལས་ལས་སྐྱེས། །ལས་ནི་སེམས་པ་དང་དེས་བྱས། །སེམས་པ་ཡིད་ཀྱི་ལས་ཡིན་ནོ། །དེས་བསྐྱེད་ལུས་དང་ངག་གི་ལས། །ཞེས་བཤད་པའི་ཕྱིར་རོ། །ཆོས་ཀྱི་དབྱིངས་ནི་ཆོས་ཅན། དགེ་སྡིག་ལས་གྲོལ་བ་ཡིན་ཏེ། བསམ་པ་དང་སེམས་པའི་ལས་གཉིས་ཀ་མ་ཡིན་པ་དེའི་ཕྱིར། གསུམ་པ་ལས་དང་རྣམ་སྨིན་གྱི་སྒོ་ནས་དབྱེ་བ་ལ། མདོར་བསྟན། རྒྱས་བཤད་གཉིས། དང་པོ་ནི། གཞན་ཡང་ལས་ལ་རྣམ་བཞི་གསུང་། །ལས་དཀར་རྣམ་སྨིན་དཀར་བ་དང་། །ལས་གནག་རྣམ་སྨིན་གནག་པ་དང་། །ལས་དཀར་རྣམ་སྨིན་གནག་པ་དང་། །ལས་གནག་རྣམ་སྨིན་དཀར་བའོ། །ཞེས་པའོ། །

རྒྱས་པར་བཤད་པ་ནི། བསམ་པ་དག་པས་སྦྱིན་པ་སོགས། །གཉིས་ཀ་དཀར་བས་མཁས་པས་བྱ། །བཟའ་བའི་དོན་དུ་གསོད་པ་སོགས། །གཉིས་ཀ་གནག་པས་མཁས་པས་སྤང་། །མང་པོ་སྐྱོབ་ཕྱིར་གསོད་པ་སོགས། །ལས་གནག་རྣམ་སྨིན་དཀར་ན་བྱ། །གསོད་ཕྱིར་སྦྱིན་པ་གཏོང་བ་སོགས། ། ལས་དཀར་རྣམ་སྨིན་གནག་པ་སྤང་། །ཞེས་པ་ནི། བསམ་པ་དག་པས་སྦྱིན་པ་ལ་སོགས་པ་དྲུག་ནི་ཆོས་ཅན། མཁས་པས་སྤྱད་པར

བྱ་བ་ཡིན་ཏེ། བསམ་སྦྱོར་གཉིས་ཀ་དཀར་བ་ཡིན་པའི་ཕྱིར། ཟ་བའི་དོན་དུ་གསོད་པ་ལ་སོགས་པ་ཆོས་ཅན། མཁས་པས་སྤང་བར་བྱ་བ་ཡིན་ཏེ། བསམ་སྦྱོར་གཉིས་ཀ་གནག་པའི་ཕྱིར། མང་པོའི་སྲོག་བསྐྱབ་པའི་ཕྱིར་གསོད་པ་ལ་སོགས་པ་ཆོས་ཅན། མཁས་པས་སྤྱད་པར་བྱ་བ་ཡིན་ཏེ། ལས་གནག་ཀྱང་རྣམ་སྨིན་དཀར་བའི་ཕྱིར། དགྲ་གསོད་པའི་ཕྱིར་སྦྱིན་པ་གཏོང་བ་ལ་སོགས་པ་ཆོས་ཅན། མཁས་པས་སྤང་བར་བྱ་བ་ཡིན་ཏེ། ལས་དཀར་ཡང་རྣམ་སྨིན་གནག་པའི་ཕྱིར།

བཞི་པ་འཕེན་བྱེད་དང་རྫོགས་བྱེད་ཀྱི་སྒོ་ནས་དབྱེ་བ་ལ། སྤྱིར་བསྟན་པ་དང་། སོ་སོར་བཤད་པ་གཉིས། དང་པོ་ནི། གཞན་ཡང་ལས་ལ་རྣམ་གཉིས་གསུང་། །འཕེན་བྱེད་ལས་དང་རྫོགས་བྱེད་ལས། །དེ་དག་དབྱེ་བ་མུ་བཞི་ཡོད། །འཕེན་བྱེད་དགེ་བས་འཕངས་པ་ལ། །རྫོགས་བྱེད་ཀྱང་ནི་དགེ་བ་དང་། །འཕེན་བྱེད་སྡིག་པས་འཕངས་པ་ལ། །རྫོགས་བྱེད་ཀྱང་ནི་སྡིག་པ་དང་། །འཕེན་བྱེད་དགེ་ལ་རྫོགས་བྱེད་སྡིག འཕེན་བྱེད་སྡིག་ལ་རྫོགས་བྱེད་དགེ། །ཞེས་པ། ལས་ལ། ངོ་བོའི་སྒོ་ནས་དབྱེ་བ་དང་། ཀུན་སློང་དང་། ལས་དང་རྣམ་སྨིན་གྱི་སྒོ་ནས་དབྱེ་བ་ཡོད་པར་མ་ཟད། གཞན་ཡང་ལས་རྣམ་པ་གཉིས་སུ་གསུངས་ཏེ། འཕེན་བྱེད་ཀྱི་ལས་དང་། རྫོགས་བྱེད་ཀྱི་ལས་ཏེ། དེ་ལ་དབྱེ་བ་མུ་བཞི་ཡོད་དོ། །བཞི་གང་ཞེ་ན། འཕེན་བྱེད་དགེ་བས་འཕངས་པ་ལ། རྫོགས་བྱེད་ཀྱང་ནི་དགེ་བའི་མུ་དང་། འཕེན་བྱེད་སྡིག་པས་འཕངས་པ་ལ། རྫོགས་བྱེད་ཀྱང་ནི་སྡིག་པ་དང་། འཕེན་བྱེད་དགེ་བ་ལ། རྫོགས་བྱེད་སྡིག་པས་འཕངས་པའི་མུ་དང་། འཕེན་བྱེད་སྡིག་པས་འཕངས་པ་ལ། རྫོགས་བྱེད་དགེ་བས་འཕངས་པའི་མུ་དང་བཞིའོ། །

གཉིས་པ་སོ་སོར་བཤད་པ་ནི། དེ་དག་དཔེར་བརྗོད་མདོར་བསྡུས་པ། །བཤད་པར་བྱ་བས་ཡིད་ལ་ཟུངས། །མཐོ་རིས་གསུམ་པོ་འགྲུབ་པ་ནི། །དགེ་བའི་ལས་ཀྱི་འཕེན་པ་ཡིན། །དེ་དག་བདེ་བ་འབྱུང་བ་ནི། །རྫོགས་བྱེད་དགེ་བས་འཕངས་པ་ཡིན། །ངན་སོང་གསུམ་དུ་སྐྱེ་བ་ནི། །འཕེན་བྱེད་སྡིག་པ་ཡིན་པར་གསུངས། །དེ་ཡི་སྡུག་བསྔལ་བྱེ་བྲག་ཀུན། །རྫོགས་བྱེད་ལས་ནི་སྡིག་པ་ཡིན། །མཐོ་རིས་དགེ་བས་འཕངས་མོད་ཀྱང་། །དེ་ཡི་ནད་དང་གནོད་པ་ཀུན། །རྫོགས་བྱེད་སྡིག་པ་ཡིན་པར་གསུང་། །ངན་འགྲོའི་འཕེན་བྱེད་སྡིག་ཡིན་ཡང་། །དེ་ཡི་ལུས་སེམས་བདེ་བ་ཡི། །གནས་སྐབས་དགེ་བས་འཕངས་པར་གསུངས། །ཞེས་པ། འཕེན་བྱེད་དང་རྫོགས་བྱེད་ཀྱི་ལས་དེ་དག་མུ་བཞིར་དཔེར་བརྗོད་མདོར་བསྡུས་པ་བཤད་པར་བྱ་བས་ཡིད་ལ་ཟུངས་ཤིག ཕྱི་མ་མཐོ་རིས་གསུམ་པོ་འགྲུབ་པ་ནི་ཆོས་ཅན། འཕེན་བྱེད་དགེ་བའི་འཕངས་པ་ཡིན་ཏེ། ཚེ་འདིར་དགེ་བ་སྤྱད་པའི་ལས་ཀྱི་འབྲས་བུ་ཡིན་པའི་ཕྱིར། ཕྱི་མ་མཐོ་རིས་གསུམ་པོ་དེ་དག་ཏུ། ཚེ་རིང་བའི་དགེ་བ་འགྲུབ་པ་ནི་ཆོས་ཅན།

རྫོགས་བྱེད་དགེ་བས་འཕངས་པ་ཡིན་ཏེ། ཚེ་འདིའི་འཆི་ཀའི་མཚམས་སྦྱོར་དགེ་བས་འཕངས་པའི་འབྲས་བུ་ཡིན་པའི་ཕྱིར། ཕྱི་མ་ངན་སོང་གསུམ་དུ་སྐྱེ་བ་ནི་ཆོས་ཅན། འཕེན་བྱེད་སྡིག་པས་འཕངས་པ་ཡིན་ཏེ། ཚེ་འདིར་མི་དགེ་བ་སྤྱད་པའི་འབྲས་བུ་ཡིན་པའི་ཕྱིར། ངན་སོང་གསུམ་པོ་དེའི་སྡུག་བསྔལ་གྱི་བྱེ་བྲག་ཀུན་རྫོགས་བྱེད་ཀྱི་ལས་ནི་ཆོས་ཅན། སྡིག་པས་འཕངས་པ་ཡིན་ཏེ། འཆི་ཁའི་མཚམས་སྦྱོར་མི་དགེ་བ་བྱས་པ་ཡིན་པའི་ཕྱིར། ཕྱི་མར་མཐོ་རིས་ཐོབ་པ་དགེ་བས་འཕངས་པ་ཡིན་མོད་ཀྱི། མཐོ་རིས་ཐོབ་པའི་གནས་སྐབས་སུ་ནད་གནོད་པ་ཀུན་འབྱུང་བ་ཆོས་ཅན། རྫོགས་བྱེད་སྡིག་པས་འཕངས་པ་ཡིན་ཏེ། འཕེན་བྱེད་དགེ་བས་འཕངས་ཀྱང་། འཆི་ཁའི་མཚམས་སྦྱོར་མི་དགེ་བ་བྱས་པ་ཡིན་པའི་ཕྱིར། ཕྱི་མ་ངན་འགྲོའི་འཕེན་བྱེད་སྡིག་པ་ཡིན་ཡང་། དེའི་ལུས་སེམས་བདེ་བ་གནས་སྐབས་དགེ་བས་འཕངས་པ་ཡིན་ཏེ། ཚེ་འདིར་མི་དགེ་བ་སྤྱད་ཀྱང་འཆི་ཁའི་མཚམས་སྦྱོར་དགེ་བ་བྱས་པ་ཡིན་པའི་ཕྱིར། ཞེས་ཆོས་མངོན་པ་དང་། མདོ་སྡེ་ནས་གསུངས་སོ། །

ལྔ་པ་དཀར་ནག་གི་སྒོ་ནས་དབྱེ་བ་ནི། གཞན་ཡང་གཅིག་ཏུ་དཀར་བ་དང་། །གཅིག་ཏུ་ གནག་དང་འདྲེས་མའི་ལས། །རྣམ་པ་གསུམ་དུ་ཐུབ་པས་གསུངས། །གཅིག་ཏུ་དཀར་བས་བདེ་བ་དང་། །གཅིག་ཏུ་གནག་པས་སྡུག་བསྔལ་བསྐྱེད། །འདྲེས་མའི་ལས་ཀྱིས་བདེ་བ་དང་། །སྡུག་བསྔལ་འདྲེས་མ་བསྐྱེད་པར་གསུངས། །འདི་འདྲའི་ལས་དང་རྣམ་སྨིན་གྱི། །རྣམ་པར་དབྱེ་བཤེས་གྱུར་ན། །ད་གཟོད་ལས་ཀྱི་རྒྱུ་འབྲས་ལ། །ཤིན་ཏུ་མཁས་པ་ཉིད་དུ་འགྱུར། །ཞེས་པ། བཅོམ་ལྡན་འདས་ཀྱིས་ལས་ཀྱི་རྣམ་པར་དབྱེ་བ་གཞན་ཡང་། སྦྱིན་སོགས་ཕར་ཕྱིན་དྲུག་སྤྱད་པ་མཐའ་གཅིག་ཏུ་དཀར་བའི་ལས་དང་། རང་དོན་དུ་སྲོག་གཅོད་པ་ལ་སོགས་གཅིག་ཏུ་གནག་པའི་ལས་དང་། དགེ་མི་དགེ་སྤེལ་མར་སྤྱད་པའི་དཀར་ནག་འདྲེས་མའི་ལས་རྣམ་པ་གསུམ་དུ་ཐུབ་པ་སངས་རྒྱས་ཀྱིས་གསུངས་སོ ། །དཀར་ནག་གི་ལས་དེ་རྣམས་ཀྱི་འབྲས་བུ་གང་བསྐྱེད་ན། གཅིག་ཏུ་དཀར་བས་བདེ་འགྲོ་བསྐྱེད་པར་བྱེད་པ། གཅིག་ཏུ་གནག་པས་སྡུག་བསྔལ་བསྐྱེད་པར་བྱེད་ཅིང་། འདྲེས་མའི་ལས་ཀྱིས་བདེ་བ་དང་སྡུག་བསྔལ་འདྲེས་མ་བསྐྱེད་པ་མངོན་པ་དང་མདོ་སྡེ་ནས་གསུངས་སོ། །ཇི་ལྟར་ན་བསླེན་གནས་ཉིན་མོ་བསྲུངས་པས་བདེ་བ་དང་། མཚན་མོ་མ་བསྲུངས་བས་སྡུག་བསྔལ་འབྱུང་བའོ། །དཀར་ནག་འདི་འདྲའི་ལས་དང་རྣམ་སྨིན་གྱི་རྣམ་པར་དབྱེ་བ་ཤེས་པར་གྱུར་ན་ད་གཟོད་ལས་རྒྱུ་འབྲས་ལ་ཤིན་ཏུ་མཁས་པ་ཉིད་དུ་འགྱུར་ཏེ། ལས་རྒྱུ་འབྲས་ལ་ཡིད་ཆེས་པ་འཇིག་རྟེན་པའི་ལྟ་བ། ཆོས་ཉིད་སྤྲོས་བྲལ་དུ་ཤེས་པ་འཇིག་རྟེན་ལས་འདས་པའི་ལྟ་བ་ཡིན་ནོ། །དགྲ་བཅོམ་པ་ཆོས་སྐྱོབ་ཀྱིས་ཆེད་དུ་བརྗོད་པའི་ཚོམས་ལས། འཇིག་རྟེན་པ་ཡི་ཡང་དག་ལྟ། །ཆེན་པོ་སུ་ལ་ཡོད་གྱུར་པ། །དེ་ནི་བསྐལ་བ་སྟོང་དུ་ཡང་། །ངན་འགྲོར་སྐྱེ་བ་མ་

ཡིན་ནོ། །ཞེས་གསུངས་པའི་ཕྱིར།

གསུམ་པ་གཞིས་ཀྱི་དགེ་བ་དགག་པ་ལ། ཆོས་དབྱིངས་དགེ་བར་འདོད་པ་དགག སེམས་ཅན་གྱི་ཁམས་དགེ་བར་འདོད་པ་དགག སེམས་ཅན་གྱི་ཆོས་དབྱིངས་ཁོ་ན་དགེ་བར་འདོད་པ་དགག དཀར་ནག་ཟངས་ཐལ་དགག ཡེ་བཀག་ཡེ་གནང་དགག་པ་དང་ལྔ། དང་པོ་ལ་གཉིས། ཕྱོགས་སྔ་མ་དགོད་པ་དང་། དེ་དགག་པ་དང་གཉིས། དང་པོ་ནི། མུ་སྟེགས་གྲངས་ཅན་པ་རྣམས་ནི། །གཞིས་ལ་དགེ་བ་ཡོད་ཅེས་ཟེར། །རྒྱུ་ལ་འབྲས་བུ་གནས་པར་འདོད། །བོད་ཀྱང་ལ་ལ་དེ་རྗེས་འབྲང་། །རྡོ་རྗེ་རྒྱལ་མཚན་བསྔོ་བ་ལས། །འགྲོ་ཀུན་དགེ་བ་ཇི་སྙེད་ཡོད། །བྱས་དང་བྱེད་འགྱུར་བྱེད་པ་ཞེས། །གསུངས་པའི་དགོངས་པ་འཆད་པ་ལ། །ཞེས་པ། དགེ་དང་མི་དགེ་ཇི་སྙེད་པ། །འཁོར་བ་དང་ནི་གྲོལ་བ་དང་། །གཙོ་བོའི་ནང་ན་གདོད་ནས་ཡོད། །འོན་ཀྱང་ཐབས་ཀྱིས་གསལ་བར་འབྱིན། །ཞེས་དང་། འོ་མའི་དུས་ན་ཞོ་གང་དང་། །ཞོ་ཡི་དུས་ན་མར་གང་དང་། །དྲན་པའི་ལས་ཀྱི་བཤད་པ་སྟེ། །འབིགས་བྱེད་གནས་པ་དེ་སྐད་སྨྲ། །ཞེས་བཤད་པས། གཞིས་ལ་དགེ་སྡིག་ཡོད་ཟེར་ཞིང་། རྒྱུ་ལ་འབྲས་བུ་གནས་པར་འདོད་དོ། །ཞང་གཡུ་བྲག་པ་ལ་སོགས་པ་བོད་ལ་ལའང་རྒྱུ་ལ་འབྲས་བུ་གནས་པར་འདོད་པ་དེའི་རྗེས་སུ་འབྲངས་ནས། རྒྱུ་ཡི་དུས་ན་འབྲས་བུ་ཡོད། །ལས་འཕྲོ་ཅན་གྱིས་རྟོགས་པར་འགྱུར། །ཞེས་དང་། ལམ་མཆོག་མཐར་ཐུག་ལས། ས་ནི་ས་ཡི་འབྲས་བུ་བཞིན། །རྒྱུ་དང་འབྲས་བུ་དུས་མཚུངས་ཡིན། །ཞེས་འདོད་དོ། །ཕལ་པོ་ཆེ་རྡོ་རྗེ་རྒྱལ་མཚན་གྱི་བསྔོ་བ་ལས། འགྲོ་ཀུན་དགེ་བ་ཇི་སྙེད་ཡོད། བྱས་དང་བྱེད་འགྱུར་བྱེད་པ་བཞིན། གསུངས་པའི་དགོངས་པ་བཤད་པ་ལ། ཡོད་པའི་སྒྲས་ཆོས་ཉིད་བསྔོ་རྒྱུའི་དགེ་བར་འདོད་དོ། །

གཉིས་པ་དེ་དགག་པ་ལ། ཆོས་དབྱིངས་དགེ་བ་མི་འཐད། དེ་བསྔོ་བྱར་མི་རུང་བའོ། །དང་པོ་ལ། ལུང་དང་འགལ་བ་དགག དེའི་ལན་དགག རང་ལ་ལུང་འགལ་སྤང་། བྱམས་སྙིང་རྗེ་གཞིས་ཀྱི་དགེ་བ་ཡིན་པ་དགག རྡོ་རྗེ་རྒྱལ་མཚན་གྱི་བསྔོ་བའི་དོན་བཤད་པ་དང་ལྔ། དང་པོ་ནི། ཁ་ཅིག་གྲངས་ཅན་ལུགས་བཞིན་དུ། །ཡོད་པའི་དགེ་བ་ཞེས་བྱ་བ། །རང་བྱུང་དུ་ནི་གྲུབ་པར་འདོད། །དེ་ལ་བདེ་གཤེགས་སྙིང་པོ་ཟེར། ། ཞེས་པ། འབྲི་གུང་བ་ཡོད་པའི་དགེ་བ་བསྔོ་བ་ཡིན་ཞིང་། གོད་ཚང་བ་གནས་པའི་དགེ་བ་བསྔོ་བ་དང་། སྟག་ལུང་པ་མང་པོ་སོགས་སྨྲིན་པ་དང་། ཚུལ་ཁྲིམས་བསྒོམ་པའི་རང་བཞིན་གྱིས་དགེ་བའི་རྩ་བ་བསྔོ་རྒྱུར་བྱེད་པ་རྣམས་ཀྱང་དེ་དང་འདྲ་ཞིང་། དུས་གསུམ་གྱིས་བསྡུས་པའི་དགེ་བ་ལས་གཞན་ཡོད་པ་དང་། གནས་པ་དང་། རང་བཞིན་གྱི་བསྔོ་རྒྱུ་ཡིན་ནོ། །ཞེས་གྲངས་ཅན་གྱི་ལུགས་བཞིན་དུ་ཡོད་པའི་དགེ་བ་ཞེས་བྱ་བ་རང་བྱུང་དུ་གྲུབ་

པར་འདོད་དོ། །དེ་ལ་བདེ་གཤེགས་སྙིང་པོ་ཞེས་ཟེར་རོ། །

གཉིས་པ་ལུང་དང་འགལ་བས་དགག་པ་ལ། སྤྱིར་དགག་པ་དང་། སོ་སོར་དགག་པ་གཉིས། དང་པོ་ནི། གྲངས་ཅན་ལུགས་འདི་མི་འཐད་པས། །ལུང་དང་རིགས་པས་དགག་པར་བྱ། །ཞེས་པ། རྒྱུ་དུས་ན་འབྲས་བུ་ཡོད་པར་འདོད་པ་གྲངས་ཅན་གྱི་ལུགས་འདི་ཆོས་ཅན། མི་འཐད་པ་ཡིན་ཏེ། ལུང་ཚད་མ་དང་། རིག་པ་རྣམ་དག་གིས་དགག་པར་བྱ་བ་ཡིན་པའི་ཕྱིར། སོ་སོར་དགག་པ་ནི། དེ་སྐད་དུ་ཡང་རྒྱུད་བླ་ལས། །སེམས་ནི་རང་བཞིན་འོད་གསལ་བ། །ནམ་མཁའ་བཞིན་དུ་འགྱུར་མེད་གསུངས། །མདོ་ལས་དེ་བཞིན་གཤེགས་པ་ཡི། །སྙིང་པོ་འགྱུར་མེད་ཡིན་ཞེས་བཤད། །ཀླུ་སྒྲུབ་ཀྱིས་ཀྱང་དབུ་མ་ལས། །དེ་བཞིན་གཤེགས་པའི་རང་བཞིན་གང་། །དེ་ནི་འགྲོ་བའི་རང་བཞིན་ཡིན། །དེ་བཞིན་གཤེགས་པའི་རང་བཞིན་མེད། །འགྲོ་བ་འདི་ཡི་རང་བཞིན་མེད། །ཅེས་གསུངས་པ་ཡང་དེ་ཉིད་ཡིན། །ཤེས་རབ་ཕ་རོལ་ཕྱིན་པ་ལས། །ཆོས་ཀྱི་དབྱིངས་ནི་དུས་གསུམ་དང་། །ཁམས་གསུམ་དང་ནི་དགེ་སྡིག་ལས། །རྣམ་པར་གྲོལ་བ་ཡིན་ཞེས་གསུངས། །དེས་ན་ཆོས་ཀྱི་དབྱིངས་ལ་ནི། །བསྔོ་བ་མེད་ཅེས་རྒྱལ་བས་བཤད། །ཡང་དག་སྦྱོར་བའི་རྒྱུད་ལས་ཀྱང་། །དེ་ཡི་སྡིག་དང་བསོད་ནམས་ཀྱི། །ཆ་གཉིས་རྣམ་པར་རྟོག་པ་སྟེ། །མཁས་པས་འདི་གཉིས་རྣམ་པར་སྤང་། །ཞེས་གསུངས་དེ་བཞིན་གསང་འདུས་ལས། །སོགས་པའི་རྒྱུད་སྡེ་ཀུན་ལས་གསུངས། །འཕགས་པ་ཀླུ་སྒྲུབ་ཉིད་ཀྱིས་ཀྱང་། །དབུ་མ་རིན་ཆེན་ཕྲེང་བ་ལས། །སྡིག་དང་བསོད་ནམས་བྱ་བ་འདས། །ཟབ་མོ་དགྲོལ་བའི་དོན་དང་ལྡན། །མུ་སྟེགས་གཞན་དང་རང་ཉིད་ཀྱང་། །གནས་མིན་སྐྲག་པས་མ་མྱུངས་པ། །ཞེས་གསུངས་གཞན་ཡང་དེ་ཉིད་ལས། །ཤེས་པ་ཡོད་དང་མེད་ཞིའི་ཕྱིར། །སྡིག་དང་བསོད་ནམས་ལས་འདས་པ། །དེ་ཡི་བདེ་འགྲོ་ངན་འགྲོ་ལས། །དེ་ནི་ཐར་པ་དམ་པར་བཞེད། །ཅེས་གསུངས་འདི་ཡང་ཆོས་ཀྱི་དབྱིངས། །དགེ་སྡིག་མེད་པའི་ལུང་ཡིན་ནོ། །ཞེས་པ། ཤེས་བྱ་ཆོས་ཅན། གཤིས་ཆོས་ཉིད་ལ་དགེ་བ་དང་། སྡིག་པ་ཡོད་པ་མ་ཡིན་པར་ཐལ། ཆོས་དབྱིངས་བདེ་བར་གཤེགས་པའི་སྙིང་པོ་ནི། འགྱུར་མེད་དུ་གསུངས་པའི་ཕྱིར། དེ་སྐད་དུ་ཡང་རྒྱུ་བླ་མ་ལས། སེམས་ཀྱི་རང་བཞིན་འོད་གསལ་བ། །ནམ་མཁའ་བཞིན་དུ་འགྱུར་མེད་གསུངས། །གཞན་ཡང་ཤེས་བྱ་ཆོས་ཅན། དེ་བཞིན་གཤེགས་པའི་སྙིང་པོ་འགྱུར་མེད་ཡིན་པར་མདོ་ལས་བཤད་དེ། དེ་བཞིན་གཤེགས་པའི་སྙིང་པོའི་མདོ་ལས། བཅོམ་ལྡན་འདས་དེ་བཞིན་གཤེགས་པའི་སྙིང་པོ་ནི་སྐྱེ་བའམ། འགག་པའམ། འཆི་བའམ། འཆི་འཕོ་སྐྱེ་བ་མ་ལགས་སོ། །ཅིའི་སླད་དུ་ཞེ་ན། བཅོམ་ལྡན་འདས་དེ་བཞིན་གཤེགས་པའི་སྙིང་པོ་ནི། འདུས་བྱས་ཀྱི་མཚན་ཉིད་ཀྱི་ཡུལ་ལས་འདས་པ་སྟེ། རྟག་པ། བརྟན་པ། ཞི་བ། གཡུང་དྲུང་ངོ་ཞེས་པ་དང་།

ཤཱ་རིའི་བུ། དོན་དམ་པ་ཞེས་བྱ་བ་ནི། སེམས་ཅན་གྱི་ཁམས་ཀྱི་ཚིག་བླ་དྭགས་སོ། །ཤཱ་རིའི་བུ། སེམས་ཅན་གྱི་ཁམས་ཞེས་བྱ་བ་ནི། དེ་བཞིན་གཤེགས་པའི་སྙིང་པོའི་ཚིག་བླ་དྭགས་སོ། །ཤཱ་རིའི་བུ་དེ་བཞིན་གཤེགས་པའི་སྙིང་པོ་ཞེས་བྱ་བ་འདི་ནི་ཆོས་ཀྱི་སྐུའི་ཚིག་བླ་དྭགས་སོ་ཞེས་གསུངས་སོ། །ཀླུ་སྒྲུབ་ཀྱིས་ཀྱང་རྩ་ཤེ་ར་ལས། བདེ་བར་གཤེགས་པའི་རང་བཞིན་གང་། །དེ་ནི་འགྲོ་བའི་རང་བཞིན་ཡིན། །དེ་བཞིན་གཤེགས་པའི་རང་བཞིན་མེད། །འགྲོ་བ་འདི་ཡི་རང་བཞིན་མེད། །ཅེས་གསུངས་པ་ཆོས་ཀྱི་དབྱིངས་འདི་དགེ་སྡིག་མེད་པའི་ལུང་དུ་བཤད་པའི་ཕྱིར། ཤེས་རབ་ཀྱི་ཕ་རོལ་ཏུ་ཕྱིན་པ་ལས་ཀྱང་། ཆོས་ཀྱི་དབྱིངས་ནི་དུས་གསུམ་དང་། འདས་མ་འོངས་ད་ལྟར་གྱི་དགེ་སྡིག་ལས་རྣམ་པར་གྲོལ་བའི་ཕྱིར་དང་། འདོད་ཁམས་དང་། གཟུགས་ཁམས་དང་། གཟུགས་མེད་ཁམས་ཀྱི་དགེ་སྡིག་ལས་རྣམ་པར་གྲོལ་བ་ཡིན་པའི་ཕྱིར། བརྒྱད་སྟོང་པ་ལས། ཆོས་རྣམས་ཀྱི་ཆོས་ཉིད་གང་ཡིན་པ་དེ་ནི་འདས་པའང་མ་ཡིན། མ་འོངས་པའང་མ་ཡིན། ད་ལྟར་བྱུང་བའང་མ་ཡིན་པ་དེ་ནི། དུས་གསུམ་ལས་རྣམ་པར་གྲོལ་བའོ། །གང་དུ་གསུམ་ལས་རྣམ་པར་གྲོལ་བ་དེ་ནི། ཡོངས་སུ་བསྔོ་བར་བྱ་བར་མི་ནུས་ཤིང་། དེ་ནི་དམིགས་པ་མེད་པ་དང་། མཐོང་བ་དང་རྟོགས་པ་དང་། རྣམ་པར་ཤེས་པ་མ་ཡིན་ནོ། །ཞེས་གསུངས་པ་འབུམ་དང་། ཉི་ཁྲི་ལས་རྒྱས་པར་གསུངས་སོ། །རྒྱུ་མཚན་དེས་ན། ཆོས་ཀྱི་དབྱིངས་ལ་བསྔོ་བ་མེད་ཅེས། རྒྱལ་བའི་ཡུམ་ལས་བཤད་དོ། །ཇི་ལྟར་བཤད་ན། འབུམ་ལས། ཆོས་ཀྱི་དབྱིངས་ལ་ཡོངས་སུ་བསྔོ་བ་མེད་དོ། །ཞེས་དང་། ཡང་དག་པར་སྦྱོར་བའི་རྒྱུད་ལས་ཀྱང་། དེ་ཡི་སྡིག་དང་བསོད་ནམས་ཀྱི། །ཆ་གཉིས་རྣམ་པར་རྟོག་པ་སྟེ། །མཁས་པས་འདི་གཉིས་རྣམ་པར་སྤང་། །ཞེས་གསུངས་པའི་ཕྱིར་དང་། དེ་བཞིན་དུ། གསང་བ་འདུས་པ་ལས། ཕུང་པོ་ཁམས་དང་སྐྱེ་མཆེད་རྣམས། །གཟུང་དང་འཛིན་པ་དང་བྲལ་བ། །ཆོས་བདག་མེད་པ་མཉམ་ཉིད་དེ། །རང་སེམས་གདོད་ནས་མ་སྐྱེས་པ། །སྟོང་པ་ཉིད་ཀྱི་མཚན་ཉིད་དོ། །ཞེས་གསུངས་ཤིང་། རྒྱུད་སྡེ་གཞན་རྣམས་ལས་ཀྱང་། ཆོས་ཀྱི་དབྱིངས་འགྱུར་བ་མེད་པར་གསུངས། འཕགས་པ་ཀླུ་སྒྲུབ་ཀྱིས་ཀྱང་། གཏམ་བྱ་རིན་ཆེན་ཕྲེང་བ་ལས། སྡིག་དང་བསོད་ནམས་བྱ་བ་འདས། །ཟབ་མོ་དགྲོལ་བའི་དོན་དང་ལྡན། །མུ་སྟེགས་གཞན་དང་རང་ཉིད་ཀྱི། །གནས་མིན་སྐྲག་པས་མ་མྱངས་པ། །ཞེས་གསུངས་གཞན་ཡང་དེ་ཉིད་ལས། །ཤེས་པ་ཡོད་དང་མེད་ཞིའི་ཕྱིར། །སྡིག་དང་བསོད་ནམས་ལས་འདས་པ། །དེ་ཡི་བདེ་འགྲོ་ངན་འགྲོ་ལས། །དེ་ནི་ཐར་པ་དམ་པར་བཞེད། །ཅེས་གསུངས་པ་འདི་འང་། ཆོས་དབྱིངས་དགེ་སྡིག་མེད་པའི་ལུང་ཡིན་ནོ། །

གཉིས་པ་དེའི་ལན་དགག་པ་ལ། འདོད་པ་བརྗོད་པ་དང་། དེ་དགག་པ་གཉིས། དང་པོ་ནི། ཁ་ཅིག་བདེ་

གཤེགས་སྙིང་པོའི་སྒྲ། །སྟོང་ཉིད་སྙིང་རྗེའི་སྙིང་པོར་འདོད། །ཅེས་པ། སྟོད་ལུང་རྒྱ་དམར་ལ་སོགས་པ་ཁ་ཅིག བདེ་བར་གཤེགས་པའི་སྙིང་པོའི་སྒྲ། སྟོང་ཉིད་སྙིང་རྗེའི་སྙིང་པོ་ཅན་ལ་འདོད་དོ། །

གཉིས་པ་ནི། འདི་ནི་བདེ་གཤེགས་སྙིང་པོའི་ཁམས། །སྦྱོང་བྱེད་ཡིན་གྱི་ཁམས་དངོས་མིན། །དེ་སྐད་དུ་ཡང་རྣམ་འགྲེལ་ལས། །སྒྲུབ་བྱེད་ཐུགས་རྗེ་གོམས་པ་ལས། །ཞེས་གསུངས་བསླབ་བཏུས་ཉིད་ལས་ཀྱང་། །སྟོང་ཉིད་སྙིང་རྗེའི་སྙིང་པོ་ཅན། །བསྐྱེད་པས་བསོད་ནམས་དག་པར་འགྱུར། །ཞེས་གསུངས་དེ་བཞིན་མདོ་སྡེ་དང་། །རྒྱུད་ཀུན་ལས་ཀྱང་དེ་སྐད་གསུངས། །ཞེས་པ། སྟོང་ཉིད་སྙིང་རྗེའི་སྙིང་པོ་ཅན་འདི་ནི་ཆོས་ཅན། ཁམས་བདེ་བར་གཤེགས་པའི་སྙིང་པོའི་ཆོས་དབྱིངས་དངོས་མ་ཡིན་ཏེ། ཁྱོད་བདེ་བར་གཤེགས་པའི་སྙིང་པོའི་ཁམས་སྦྱོང་བྱེད་ཡིན་པའི་ཕྱིར། གཞན་ཡང་ཆོས་ཅན་ཁྱོད་ཆོས་དབྱིངས་ཡིན་པར་ཐལ། ཁྱོད་བདེ་བར་གཤེགས་པའི་སྙིང་པོ་ཡིན་པའི་ཕྱིར། རྟགས་ཁས་བླངས། ཁྱབ་པ་ཡོད་དེ། བདེ་བར་གཤེགས་པའི་སྙིང་པོ་ཆོས་དབྱིངས་ཡིན་པར་མདོ་རྒྱུད་བསྟན་བཅོས་ཐམས་ཅད་ནས་བཤད་པའི་ཕྱིར། འདོད་ན། ཁྱོད་དགེ་བ་མ་ཡིན་པར་ཐལ། ཁྱོད་ཆོས་དབྱིངས་ཡིན་པའི་ཕྱིར། ཁྱབ་པ་མེད་ན། ཆོས་ཀྱི་དབྱིངས་ཡིན་ན་དགེ་བ་མ་ཡིན་དགོས་ཏེ། ཆོས་ཀྱི་དབྱིངས་ནི་འགྱུར་བ་མེད་ཅིང་། དགེ་བ་ཡིན་ན་འགྱུར་བའི་ཕྱིར། དེ་སྐད་དུ་ཡང་རྣམ་འགྲེལ་ལས། །སྒྲུབ་བྱེད་ཐུགས་རྗེ་གོམས་ལས་དེ། །ཞེས་གསུངས་བསླབ་བཏུས་ཉིད་ལས་ཀྱང་། །སྟོང་ཉིད་སྙིང་རྗེའི་སྙིང་པོ་ཅན། །བསྐྱེད་པས་བསོད་ནམས་དག་པར་འགྱུར། །ཞེས་གསུངས་པའི་ཕྱིར།

དེ་བཞིན་དུ། བློ་གྲོས་རྒྱ་མཚོས་ཞུས་པའི་མདོ་ལས། རིན་པོ་ཆེའི་དཔེ་དྲི་མ་འདག་པ་དང་འདྲ་བར་གསུངས། དེའི་དོན་རྒྱས་པའི་རིགས་སྟོང་པ་ཉིད། སྙིང་རྗེ་ཟུང་འཇུག་དགེ་བའི་བཤེས་གཉེན་ལ་བརྟེན་ནས་ཐོས་བསམ་བསྒོམ་པ་དང་། དང་པོ་གསུམ་གྱིས་མཐོང་སྤང་ཉོན་མོངས་པ་སྒོམ་སྤང་ཤེས་བྱའི་དྲི་མ་བསལ་ནས། ཉེར་ལེན་བསོད་ནམས་ཀྱི་ཚོགས་དང་ལྷན་ཅིག་བྱེད་རྐྱེན་ཡེ་ཤེས་ཀྱི་ཚོགས་བསགས་ནས། གཞན་དོན་དུ་སྤྲུལ་པ་དང་ཕྲིན་ལས་ཕུན་སུམ་ཚོགས་པ་འབྱུང་། དེ་བཞིན་དུ་རྡོ་རྗེ་གུར་ལས། སྟོང་ཉིད་སྙིང་རྗེ་ཐ་དད་མེད། །གང་དུ་སེམས་ནི་རབ་བསྒོམ་པ། །དེ་ནི་སངས་རྒྱས་ཆོས་དང་ནི། །དགེ་འདུན་གྱི་ཡང་བསྟན་པ་ཡིན། །ཞེས་དང་། གཞན་རྒྱུད་སྡེ་ཀུན་ལས་ཡང་དེ་སྐད་དུ་གསུངས་སོ། །

གསུམ་པ་ལུང་འགལ་སྤང་བ་ལ། ལུང་དོན་དགོངས་པ་ཅན་དུ་བསྒྲུབ་པ་དང་། ཅི་ནས་དགེ་བ་ཡིན་ན་ཧ་ཅང་ཐལ་བ་དང་གཉིས། དང་པོ་ནི། མདོན་པའི་གཞུང་ལས་ཉན་ཐོས་རྣམས། །ངོ་བོ་ཉིད་ཀྱི་དགེ་བ་ཞེས། །བཤད་པ་དད་པ་ལ་སོགས་པ། །བཅུ་གཅིག་པོ་ན་ཡིན་ཞེས་གསུངས། །དོན་དམ་དགེ་བ་ཞེས་བཤད་པ། །དེ་

བཞིན་ཉིད་ལ་གསུངས་པ་ཡིན། །དོན་དམ་སྡིག་པ་འཁོར་བ་ཀུན། །ནམ་མཁའ་སོ་སོར་བརྟགས་མིན་གཉིས། །དོན་དམ་ལུང་མ་བསྟན་ཅེས་བཤད། །དེ་བཞིན་ཉིད་ལ་དགེ་བ་ཞེས། །བཤད་པའི་དགོངས་པ་འདི་ལྟར་ཡིན། །དཔེར་ན་ནད་དང་བྲལ་བ་ནི། །ལུས་བདེ་མྱ་ངན་མེད་པ་ལ། །སེམས་བདེ་ཞེས་ནི་འཇིག་རྟེན་ཟེར། །འདི་དག་སྡུག་བསྔལ་མེད་པ་ལས། །གཞན་པའི་བདེ་བ་མེད་མོད་ཀྱང་། །འོན་ཀྱང་སྡུག་བསྔལ་མེད་ཙམ་ལ། །བདེ་བ་ཡིན་ཞེས་ཀུན་ལ་གྲགས། །དེ་བཞིན་ཆོས་ཀྱི་དབྱིངས་ལ་ཡང་། །སྡིག་པ་མེད་པ་ཙམ་ཞིག་ལས། །ལྷག་པའི་དགེ་བ་མེད་མོད་ཀྱི། །དགེ་བ་ཡིན་ཞེས་བཏགས་པར་ཟད། །གཞན་ཡང་མདོན་པའི་གཞུང་རྣམས་ལས། །ཟས་ཀྱི་འགྲངས་པ་ལ་སོགས་ལ། །འདོད་ཆགས་བྲལ་བར་གསུངས་མོད་ཀྱི། །འོན་ཀྱང་གཏན་ནས་བྲལ་བ་ཡི། །འདོད་ཆགས་བྲལ་བ་མ་ཡིན་ནོ། །དེ་བཞིན་ཆོས་ཀྱི་དབྱིངས་ལ་ཡང་། །དགེ་བ་ཡིན་ཞེས་གསུངས་གྱུར་ཀྱང་། །འབྲས་བུ་བདེ་བ་བསྐྱེད་པ་ཡི། །དགེ་བ་དངོས་ནི་མ་ཡིན་ནོ། །ཞེས་པ། འོན། ཆོས་དབྱིངས་དགེ་བ་མ་ཡིན་ན། མངོན་པའི་གཞུང་ནས་ཉན་ཐོས་རྣམས་ཀྱི་ངོ་བོ་ཉིད་ཀྱི་དགེ་བ་གང་ཞེ་ན། དད་པ་ལ་སོགས་པ་སེམས་ལས་བྱུང་བའི་ཆོས་བཅུ་གཅིག་གོ། །ཞེས་བཤད་པ་དོན་དམ་པའི་དགེ་བ་གང་ཞེ་ན། དེ་བཞིན་ཉིད་དོ་ཞེས་གསུངས་པ་དང་། དོན་དམ་པའི་མི་དགེ་བ་གང་ཞེ་ན། འཁོར་བ་ཐམས་ཅད་དོ། །ཞེས་པ་དང་། དོན་དམ་པའི་ལུང་དུ་མ་བསྟན་པ་གང་ཞེ་ན། ནམ་མཁའ་དང་སོ་སོར་བརྟགས་པ་མ་ཡིན་པའི་འགོག་པའོ། །ཞེས་བཤད་པ་ནི། ཉན་ཐོས་ཁོ་ནའི་ལུགས་ཡིན་གྱི། ཐེག་ཆེན་ཕྱུན་མོང་མ་ཡིན་པའི་ལུགས་མ་ཡིན་པའི་རྒྱུ་མཚན་ཅི་ཞེ་ན། ཉན་ཐོས་ཤེས་བྱ་ཐམས་ཅད་རྫས་སུ་གྲུབ་པར་འདོད་པས། དེ་བཞིན་ཉིད་ཀྱང་རྫས་སུ་གྲུབ་པར་འདོད་ཅིང་། སྟོང་པར་མི་འདོད་དོ། །ཐེག་པ་ཆེན་པོ་ནི་དེ་བཞིན་ཉིད་རྫས་སུ་གྲུབ་པ་འགོག་སྟེ། དེ་བཞིན་ཉིད་སྟོང་པ་ཉིད་ཡིན་པའི་ཕྱིར་སྟེ། དབུས་མཐའ་ལས། སྟོང་པ་ཉིད་ནི་མདོར་བསྡུ་ན། །དེ་བཞིན་ཉིད་དང་ཡང་དག་མཐའ། །མཚན་མ་མེད་དང་དོན་དམ་དང་། །ཆོས་ཀྱི་དབྱིངས་ནི་རྣམ་གྲངས་སོ། །ཞེས་བཤད་ཅིང་། དོན་དམ་པའི་དགེ་བ་དང་། མི་དགེ་བ་དང་། ལུང་མ་བསྟན་རྣམས་ནི་བཏགས་པ་བ་ཡིན་ཏེ། དཔེར་ན། བཙོ་བསྲེག་བྱ་བ་མི་བྱེད་པ་ལ་མེར་བཏགས་པ་བཞིན་ནོ། །འོན་དེ་བཞིན་ཉིད་ལ་དགེ་བར་འདོགས་པའི་དགོངས་གཞི་ནི། སྡིག་པ་མེད་པ་ཙམ་ལ་དགོངས་ལ། དགོས་པ་ནི། ཞུམ་པ་གཟེངས་བསྟོད་དངོས་ལ་གནོད་བྱེད་ནི། དེ་བཞིན་ཉིད་ཆོས་ཅན། འབྲས་བུ་བདེ་བ་འབྱིན་པ་ཡིན་པར་ཐལ། དགེ་བ་མཚན་ཉིད་པ་ཡིན་པའི་ཕྱིར། ཁྱབ་རྟགས་ཁས་བླངས། འདོད་ན། ཤེས་བྱ་ཆོས་ཅན། ངན་འགྲོ་མི་སྲིད་པར་འགྱུར་བར་ཐལ། ཆོས་དབྱིངས་དགེ་བ་ཡིན་པ་གང་ཞིག ཆོས་ཀྱི་དབྱིངས་ལས་མ་གཏོགས་པའི་ཆོས་མེད་པ་དེའི་ཕྱིར། ཞེས་གསུངས་པ་ལྟར་རོ། །འོན་འབྲས་བུ

བདེ་བ་མི་བསྐྱེད་ཀྱང་དགེ་བ་ཡིན་པས་ཅི་སྐྱོན་སྙམ་ན། ཆོས་དབྱིངས་དགེ་བ་མཚན་ཉིད་པ་མ་ཡིན་ཀྱང་དགེ་བར་བཏགས་པ་ལ་འགལ་བ་མེད་དེ། དཔེར་ན་མི་རྟག་པ་ལས་ལོག་པ་ཙམ་ལ་རྟག་པའི་ཐ་སྙད་འདོགས་ཏེ། རྣམ་འགྲེལ་ལས། གང་གི་རང་བཞིན་འཇིག་མེད་པ། །དེ་ལ་མཁས་རྣམས་རྟག་ཅེས་བརྗོད། །ཅེས་བཤད་པའི་ཕྱིར། འཁོར་བ་ལ་དོན་དམ་པའི་སྡིག་པར་འདོགས་པའི་དགོངས་གཞི་ནི། ཉེར་ལེན་གྱི་ཕུང་པོ་ལྔ། སྡུག་བསྔལ་གྱི་གཞི་ཡིན་པ་ལ་དགོངས། དགོས་པ་འཁོར་བ་ལས་སྐྱོ་བ་བསྐྱེད་པའི་ཆེད་ཡིན་ལ། དངོས་ལ་གནོད་བྱེད་ནི། ཤེས་བྱ་ཆོས་ཅན། བདེ་འགྲོའི་ལམ་ཡང་སྡིག་པར་འགྱུར་བར་ཐལ། འཁོར་བ་ཐམས་ཅད་སྡིག་པ་ཡིན་པའི་ཕྱིར། འདོད་ན། མངོན་མཐོ་ངེས་ལེགས་མི་སྲིད་པར་ཐལ། འདོད་པའི་ཕྱིར། ནམ་མཁའ་དང་སོ་སོར་བརྟགས་མིན་གྱི་འགོག་པ་ལ། ལུང་མ་བསྟན་དུ་འཆད་པའི་དགོངས་གཞི་ནི། བདེ་འགྲོ་ངན་འགྲོ་གཉིས་ཀའི་རྒྱུ་མ་ཡིན་པ་ལ་དགོངས། དགོས་པ་ནི། འབྲས་བུ་མེད་པའི་བླང་དོར་ལ་མི་འཇུག་པའི་ཕྱིར། དངོས་ལ་གནོད་བྱེད་ནི། ནམ་མཁའ་དང་སོ་སོར་བརྟག་མིན་གྱི་འགོག་པ་ཆོས་ཅན། སྒོ་གསུམ་གྱི་བསྐྱེད་པའི་ལས་སུ་ཐལ། ལུང་མ་བསྟན་ཡིན་པའི་ཕྱིར། ཁྱབ་པ་ཡོད་དེ་མདོ་ལས། དགེ་སྡིག་ལུང་མ་བསྟན་སྒོ་གསུམ་གྱིས་བསྐྱེད་པའི་ལས་སུ་བསྟན་པའི་ཕྱིར། འདོད་ན། ཆོས་ཅན། འདུས་བྱས་སུ་ཐལ། འདོད་པ་དེའི་ཕྱིར། མདོར་ན་དེ་བཞིན་ཉིད་ལ་དགེ་བ་དང་། འཁོར་བ་ལ་མི་དགེ་བ་དང་། ནམ་མཁའ་སོ་སོར་བརྟགས་མིན་གྱི་འགོག་པ་ལ་ལུང་མ་བསྟན་དུ་བཤད་པའི་དགོངས་པ་དེ་ལྟར་ཡིན་ནོ། །དཔེར་ན་ནད་དང་བྲལ་བ་ལ། ལུས་བདེ་བ་དང་། མྱ་ངན་མེད་པ་ལ་སེམས་བདེ་ཞེས་ནི་འཇིག་རྟེན་པ་ཟེར་རོ། །དེ་བཞིན་ཉིད་འདི་དག་སྡུག་བསྔལ་མེད་པ་ལས་གཞན་པའི་བདེ་བ་མེད་མོད་ཀྱི། འོན་ཀྱང་སྡུག་བསྔལ་མེད་པ་ལ་བདེ་བ་ཡིན་ཞེས་འཇིག་རྟེན་ཀུན་ལ་གྲགས་སོ། །དེ་བཞིན་དུ་ཆོས་ཀྱི་དབྱིངས་ལ་ཡང་སྡིག་པ་མེད་པ་ཙམ་ཞིག་ལས་ལྷག་པའི་དགེ་བ་མེད་མོད་ཀྱི། དགེ་བ་ཡིན་ཞེས་ཐ་སྙད་བཏགས་པར་ཟད། དེ་བཞིན་གཤེགས་པས་གཞན་ཡང་མངོན་པའི་གཞུང་ལས། འགྲངས་པ་དང་འཁྲིག་པའི་རྗེས་ལ་སོགས་པ་ལ་འདོད་ཆགས་དང་བྲལ་བར་གསུངས་མོད་ཀྱི། འོན་ཀྱང་གཏན་ནས་འདོད་ཆགས་དང་བྲལ་བ་མ་ཡིན་ནོ། །དེ་བཞིན་དུ་ཆོས་ཀྱི་དབྱིངས་ལ་ཡང་དགེ་བ་ཡིན་ཞེས་མདོན་པ་ལས་གསུངས་པར་གྱུར་ཀྱང་། འབྲས་བུ་བདེ་བ་བསྐྱེད་པའི་དགེ་བ་བཅུ་དངོས་ནི་མ་ཡིན་ཏེ། དགེ་བའི་མཚན་ཉིད་དང་མི་ལྡན་པའི་ཕྱིར།

གཉིས་པ་ཅི་ནས་དགེ་བ་ཡིན་ན་ཧ་ཅང་ཐལ་བ་ནི། ཅི་ནས་ཆོས་དབྱིངས་དགེ་བ་ཉིད། །ཡིན་ན་ཧ་ཅང་ཐལ་འགྱུར་སྟེ། །ཆོས་ཀྱི་དབྱིངས་ལས་མ་གཏོགས་པའི། །ཆོས་གཞན་མེད་ཕྱིར་སྡིག་པ་དང་། །ལུང་མ་བསྟན་ཡང་དགེ་བར་འགྱུར། །དེ་ལྟ་ཡིན་ན་སེམས་ཅན་ཀུན། །ངན་འགྲོར་འགྲོ་བ་མི་སྲིད་དོ། །ཞེས་པ། ཅི་ནས་ཆོས་

ཀྱི་དབྱིངས་དགེ་བ་ཉིད་ཡིན་ན། །ཧ་ཅང་ཐལ་བར་འགྱུར་ཏེ། ཤེས་བྱ་ཆོས་ཅན། སྡིག་པ་དང་ལུང་མ་བསྟན་ཡང་དགེ་བར་འགྱུར་བར་ཐལ། ཆོས་དབྱིངས་དགེ་བ་ཡིན་པའི་ཕྱིར། ཁྱབ་པ་ཡོད་དེ། ཁྱབ་བྱེད་ཆོས་ཀྱི་དབྱིངས་ལས་མ་རྟོགས་པའི་ཁྱབ་བྱ་སེམས་ཅན་ཐམས་ཅད་ལ་ཁྱབ་པའི་ཆོས་གཞན་གང་ཡང་མེད་པའི་ཕྱིར། མདོ་སྡེ་རྒྱན་ལས་ཆོས་ཀྱི་དབྱིངས་ལས་མ་གཏོགས་པའི། །གང་ཕྱིར་ཆོས་མེད་དེ་ཡི་ཕྱིར། །འདོད་ན། ཤེས་བྱ་ཆོས་ཅན། སེམས་ཅན་ཀུན་ངན་འགྲོར་འགྲོ་བ་མི་སྲིད་པར་ཐལ། སྡིག་པ་དང་ལུང་མ་བསྟན་དགེ་བར་འགྱུར་བ་དེ་ལྟ་ཡིན་པའི་ཕྱིར།

བཞི་པ། བྱམས་སྙིང་རྗེ་སོགས་གཞིས་ཀྱི་དགེ་བ་མི་འཐད་པ་ལ་འདོད་པ་དང་། དེ་དགག་པའོ། །དང་པོ་ནི། བཀའ་གདམས་པ། ལ་ལ་བྱམས་དང་སྙིང་རྗེ་སོགས། །གཞིས་ཀྱི་དགེ་བ་ཡིན་ཞེས་ཟེར། །གཉིས་པ་ནི། འདི་ཡང་དེ་ལྟར་ངེས་པ་མེད། །མི་མཁས་པ་ཡི་བྱམས་སྙིང་རྗེ། །ངན་སོང་རྒྱུ་རུ་ཐུབ་པས་གསུངས། །ཐབས་ལ་མཁས་པའི་སྙིང་རྗེ་ལ། །དགོངས་ནས་དགེ་བར་གསུངས་པ་ཡིན། །ཞེས་པ། བྱམས་པ་དང་སྙིང་རྗེ་འདི་ཡང་ཆོས་ཅན། དགེ་བ་ཡིན་པ་དེ་ལྟར་ངེས་པ་མེད་དེ། ཐབས་མི་མཁས་པའི་བྱམས་པ་ཉེ་དུ་ལ་ཕན་པའི་ཕྱིར་དུ། དཀོན་མཆོག་གསུམ་གྱི་དཀོར་འཕྲོགས་ནས་གསོ་བ་དང་། ཐབས་མི་མཁས་པའི་སྙིང་རྗེ་གཞན་གྱི་རླུང་ནད་གསོ་བའི་ཕྱིར། སྲོག་ཆགས་བསད་ནས་ཤ་སྟེར་བ་ལ་སོགས་པ། ངན་སོང་གི་རྒྱུ་རུ་ཐུབ་པ་ཆེན་པོས་གསུངས་པའི་ཕྱིར། བྱམས་སྙིང་རྗེ་སོགས་འདི་ཡང་ཆོས་ཅན། དགེ་བ་ཡིན་པའི་ངེས་པ་མེད་དེ། ཐབས་ལ་མཁས་པའི་སྙིང་རྗེ་ལ་དགོངས་ནས་དགེ་བར་གསུངས་པའི་ཕྱིར། ལྔ་པ་རྡོ་རྗེ་རྒྱལ་མཚན་གྱི་མདོ་དོན་བཤད་པ་ལ། ཕྱིར་བསྟན་པ་དང་། སོ་སོར་བཤད་པ་གཉིས། དང་པོ་ནི། དེས་ན་འགྲོ་བ་ཐམས་ཅད་ཀྱི། །བྱས་པའི་དགེ་བ་ལ་དགོངས་ནས། །འགྲོ་ཀུན་དགེ་བ་ཇི་སྙེད་ཡོད། །ཅེས་པའི་ཚིག་གིས་གསུངས་པ་ཡིན། །ཞེས་པ། ཤེས་བྱ་ཆོས་ཅན། འགྲོ་བ་ཐམས་ཅད་ཀྱི་བྱས་པའི་དགེ་བ་ལ་དགོངས་ནས། འགྲོ་ཀུན་དགེ་བ་ཇི་སྙེད་ཡོད་པ་དང་། ཞེས་བྱ་བའི་ཚིག་གིས་རྡོ་རྗེ་རྒྱལ་མཚན་གྱི་བསྔོ་བ་གསུངས་པ་ཡིན་ཏེ། ཆོས་ཉིད་བསྔོས་ན་སྐྱོན་ཡོད་པ་དེ་ཡི་ཕྱིར། གཉིས་པ་ལ། གཞན་གྱི་བཤད་པ་མདོའི་དགོངས་པ་མ་ཡིན་པར་བསྟན། རང་གི་བཤད་པ་མདོའི་དགོངས་པ་ཡིན་པར་བསྟན་པ་དང་གཉིས། དང་པོ་ལ། མདོར་བསྟན་རྒྱས་བཤད་དོ། །དང་པོ་ནི། གལ་ཏེ་ཆོས་ཀྱི་དབྱིངས་ཡིན་ན། །ཇི་སྙེད་ཞེས་བྱའི་སྒྲ་མི་འཐད། །ཡོད་ཅེས་བྱ་བའི་སྒྲའང་འགལ། །ཞེས་པ། ཤེས་བྱ་ཆོས་ཅན། ཆོས་ཀྱི་དབྱིངས་ལ་ཇི་སྙེད་ཅེས་བྱ་བ་མང་པོའི་སྒྲ་མི་འཐད་པར་ཐལ། ཆོས་དབྱིངས་ཇི་ལྟ་བ་ཡིན་པའི་ཕྱིར། །ཆོས་ཅན། ཆོས་ཀྱི་དབྱིངས་ལ་ཡོད་ཅེས་བྱ་བའི་སྒྲ་འགལ་བར་ཐལ། ཆོས་ཀྱི་དབྱིངས་ཡོད་པ་མ་ཡིན་པའི་ཕྱིར། བསལ་བ་སྤྲོ་ཕྱི་

གཉིས་ཀ་ཁས་བླངས།

གཉིས་པ་རྒྱས་པར་བཤད་པ་ལ། ཇི་སྙེད་ཀྱི་སྒྲ་མི་འཐད། ཡོད་པའི་སྒྲ་འགལ། འགྲོ་ཀུན་གྱི་དམིགས་བསལ་མི་འཐད་པའོ། །དང་པོ་ནི། དེའི་རྒྱུ་མཚན་འདི་ལྟར་ཡིན། །ཇི་སྙེད་ཅེས་བྱ་མང་པོའི་སྒྲ། །ཆོས་ཀྱི་དབྱིངས་ལ་མང་ཉུང་མེད། །དེ་ནི་སྤྲོས་བྲལ་ཡིན་ཕྱིར་རོ། །ཞེས་པ་ཆོས་ཀྱི་དབྱིངས་ལ་ཇི་སྙེད་ཀྱི་སྒྲ་མི་འཐད་པ་དེའི་རྒྱུ་མཚན། འདི་ལྟར་ཡིན་ཏེ། ཤེས་བྱ་ཆོས་ཅན། ཆོས་ཀྱི་དབྱིངས་ལ་ཇི་སྙེད་ཅེས་བྱ་མང་པོའི་སྒྲ་མི་འཐད་པར་ཐལ། ཆོས་ཀྱི་དབྱིངས་ལ་མང་ཉུང་མེད་པའི་ཕྱིར་ཏེ། ཆོས་དབྱིངས་དེ་སྤྲོས་བྲལ་ཡིན་པའི་ཕྱིར།

གཉིས་པ་ནི། ཆོས་དབྱིངས་ཡོད་པའང་མ་ཡིན་ཏེ། །ཡོད་ཙམ་མི་རྟག་གིས་ཁྱབ་པར། །ཆོས་ཀྱི་གྲགས་པས་ལེགས་པར་གསུངས། །ཀླུ་སྒྲུབ་ཀྱིས་ཀྱང་དབུ་མ་ལས། །གལ་ཏེ་མྱ་ངན་འདས་བསྒོ་ན། །མྱ་ངན་འདས་པ་འདུས་བྱས་འགྱུར། །དངོས་པོ་འདུས་བྱས་མ་ཡིན་པ། །འགའ་ཡང་གང་ནའང་ཡོད་མ་ཡིན། །ཞེས་གསུངས་གཞན་ཡང་དེ་ཉིད་ལས། །གང་དག་རང་བཞིན་གཞན་དངོས་དང་། །དངོས་དང་དངོས་མེད་ཉིད་བལྟ་བ། །དེ་དག་སངས་རྒྱས་བསྟན་པ་ལ། །དེ་ཉིད་མཐོང་བ་མ་ཡིན་ནོ། །ཞེས་གསུངས་གཞན་ཡང་དེ་ཉིད་ལས། །བཅོམ་ལྡན་དངོས་དང་དངོས་མེད་པ། །མཁྱེན་པས་ཀ་ཏྱཱ་ཡ་ན་ཡི། །གདམས་ངག་ལས་ནི་ཡོད་པ་དང་། །མེད་པ་གཉིས་ཀ་བཀག་པ་མཛད། །ཅེས་གསུངས་གཞན་ཡང་དེ་ཉིད་ལས། །ཡོད་ཅེས་བྱ་བ་རྟག་པར་འཛིན། །མེད་ཅེས་བྱ་བ་ཆད་པར་བལྟ། །དེ་ཕྱིར་ཡོད་དང་མེད་པ་ལ། །མཁས་པས་གནས་པར་མི་བྱའོ། །ཞེས་གསུངས་པ་ཡང་ཆོས་ཀྱི་དབྱིངས། །ཡོད་མེད་གཉིས་ཀ་མིན་པའི་ལུང་། །དེས་ན་སངས་རྒྱས་བསྟན་པ་ལ། །གྲུབ་པ་བྱེད་ན་ཆོས་ཀྱི་དབྱིངས། །ཡོད་མེད་གཉིས་ཀ་མ་བཟུང་ཞིག རིགས་པས་ཀྱང་ནི་འདི་འགྲུབ་སྟེ། །ཡོད་ཙམ་དོན་བྱེད་ནུས་ཕྱིར་རོ། །ཆོས་ཀྱི་དབྱིངས་ལ་བྱ་བྱེད་མེད། །དེ་ནི་སྤྲོས་བྲལ་ཡིན་ཕྱིར་རོ། །ཞེས་པ་ཤེས་བྱ་ཆོས་ཅན། ཆོས་དབྱིངས་ལ་ཡོད་ཅེས་བྱ་བའི་སྒྲ་འགལ་བ་ཡིན་ཏེ། ཆོས་དབྱིངས་ཡོད་པ་མ་ཡིན་པའི་ཕྱིར། ཁྱབ་པ་ཡོད་དེ། ཡོད་པ་ཙམ་ཡིན་ན་མི་རྟག་པ་ཡིན་པས་ཁྱབ་པར། ཆོས་ཀྱི་གྲགས་པས་རྣམ་འགྲེལ་ལས་ལེགས་པར་གསུངས་ཏེ། འཇིག་པ་ཡོད་ཙམ་འབྲེལ་བ་ཙམ། །ཉིད་ཕྱིར་སྒྲ་ནི་མི་རྟག་ཉིད། །ཅེས་གསུངས་པའི་ཕྱིར། གཞན་ཡང་ཆོས་དབྱིངས་ཆོས་ཅན། དངོས་པོ་ཡིན་པར་ཐལ། ཡོད་པའི་ཕྱིར། འདོད་ན། ཆོས་ཅན། མི་རྟག་པར་ཐལ། དངོས་པོ་ཡིན་པའི་ཕྱིར། དེ་ཡང་འདོད་ན། སྐྱེ་འཇིག་བྱེད་པ་ཡིན་པར་ཐལ། མི་རྟག་པ་ཡིན་པའི་ཕྱིར། ཁྱབ་པ་ཡོད་དེ། འཇིག་ལས་འབྲས་དང་ཡོད་ཉིད་བཞིན། །ཞེས་བཤད་པའི་ཕྱིར་དང་། སློབ་དཔོན་གྱི་དབུ་མ་རྩ་བའི་ཤེས་རབ་ལས། གལ་ཏེ་མྱ་ངན་འདས་བསྒོ་ན། །མྱ་ངན་འདས་པ་འདུས་བྱས་སུ་འགྱུར་ལ། དངོས་པོ་འདུས་བྱས་མ་ཡིན་པ་མྱ

ངན་ལས་འདས་པ་འགའ་ཡང་། དངོས་པོར་ཡོད་པ་མ་ཡིན་ནོ་ཞེས་གསུངས་པའི་ཕྱིར། གཞན་ཡང་དེ་ཉིད་ལས། གང་དག་རང་བཞིན་གྱི་གཞན་གྱི་དངོས་པོ་ཉིད་ལ་བལྟ་བ་དང་། རང་བཞིན་གྱི་རང་གི་དངོས་པོ་ལ་བལྟ་བ་དང་། དངོས་པོ་མེད་པར་བལྟ་བ་དེ་དག སངས་རྒྱས་ཀྱི་བསྟན་པ་ལ་གནས་ལུགས་དེ་ཁོ་ན་ཉིད་མཐོང་བ་མ་ཡིན་ནོ་ཞེས་དང་། གཞན་ཡང་དེ་ཉིད་ལས། བཅོམ་ལྡན་འདས་ཀྱི་དངོས་པོ་དང་དངོས་པོ་མེད་པ་མཁྱེན་པས། ཉན་ཐོས་ཀཱ་ཏྱཱ་ཡ་ན་ལ་གདམས་པའི་མདོ་ལས། ཡོད་པ་དང་མེད་པ་གཉིས་ཀ་དགག་པ་མཛད་པ་ཡིན་ཏེ༑ བཅོམ་ལྡན་འདས་ཀྱི་དངོས་པོ་དང་དངོས་པོ་མེད་པ་གཉིས་ཀ་མཁྱེན་པའི་ཕྱིར། ཀཱ་ཏྱཱ་ན་གང་གི་ཕྱིར་འཇིག་རྟེན་འདི་ན། ཕལ་ཆེར་ཡོད་པ་དང་མེད་པ་ཉིད་ལ་མངོན་པར་ཞེན་ཏེ། དེས་ན་སྐྱེ་བ་དང་། དགའ་བ་དང་། ན་བ་དང་། འཆི་བ་དང་། མྱ་ངན་དང་། སྨྲེ་སྔགས་འདོན་པ་དང་། སྡུག་བསྔལ་དང་། ཡིད་མི་བདེ་བ་དང་། འཁྲུག་པ་ལས་གྲོལ་བར་མི་འགྱུར་རོ་ཞེས་རྒྱ་ཆེར་གསུངས་སོ། །

གཞན་ཡང་དེ་ཉིད་ལས། ཡོད་ཅེས་བྱ་བ་རྟག་པར་འཛིན། །མེད་ཅེས་བྱ་བ་ཆད་པར་བལྟ། །དེ་ཕྱིར་ཡོད་དང་མེད་པ་ལ། །མཁས་པས་གནས་པར་མི་བྱའོ། །ཞེས་གསུངས་པ་ཡང་ཆོས་ཀྱི་དབྱིངས། །ཡོད་མེད་གཉིས་ཀ་མིན་པའི་ལུང་། །དེས་ན་སངས་རྒྱས་བསྟན་པ་ལ། །གྲུབ་པར་བྱེད་ན་ཆོས་ཀྱི་དབྱིངས། །ཡོད་མེད་གཉིས་ཀར་མ་བཟུང་ཞིག མདོར་ན། ཆོས་དབྱིངས་ཆོས་ཅན། ཁྱོད་ཡོད་མེད་གཉིས་ཀ་ལས་རྣམ་པར་གྲོལ་བ་ཡིན་ཏེ། ཁྱོད་རྟག་ཆད་ཀྱི་མཐའ་ལས་རྣམ་པར་གྲོལ་བ་ཡིན་པའི་ཕྱིར་ཏེ། ཁྱོད་ཆོས་རྣམས་ཀྱི་གནས་ལུགས་སྟོང་པ་ཉིད་ཡིན་པའི་ཕྱིར། ཁྱབ་པ་ཡོད་དེ། འོད་སྲུང་གི་ཞུས་པ་ལས། ཡོད་ཅེས་བྱ་བ་ནི་མཐའ་གཅིག་གོ། །མེད་ཅེས་བྱ་བ་ནི་མཐའ་གཅིག་གོ། །དེ་གཉིས་ཀྱི་བར་དབུས་གང་ཡིན་པ་དེ་ནི་དཔྱད་དུ་མེད་པ། གཏན་དུ་མེད་པ། སྣང་བ་མེད་པ། རྣམ་པར་རིག་པ་མེད་པ་སྟེ། དབུ་མའི་ལམ་ཆོས་རྣམས་ལ་སོ་སོར་མི་རྟོག་པའོ། །ཞེས་བཤད་པའི་ཕྱིར་དང་། ཏིང་ངེ་འཛིན་རྒྱལ་པོ་ལས། མྱ་ངན་འདས་པའི་ཆོས་ལ་ཆོས་མེད་དེ། །གང་ཕྱིར་དེ་མེད་ནམ་ཡང་ཡོད་མི་འགྱུར། །རྟོག་བཅས་རྣམས་ཀྱིས་ཡོད་དང་མེད་པར་བསྟན། །དེ་ལྟར་བཏགས་པས་སྡུག་བསྔལ་ཞི་མི་འགྱུར། །ཞེས་པ་དང་། ཡོད་དང་མེད་ཅེས་བྱ་བ་འདི་འང་མཐའ་ཡིན་ཏེ། །གཙང་དང་མི་གཙང་འདི་འང་མཐའ་ཡིན་ལ། །དེ་ལྟར་མཐའ་བཞི་རྣམ་པར་སྤང་བྱ་སྟེ། །མཁས་པས་དབུས་ལའང་གནས་པར་ཡོང་མི་བྱ། །ཞེས་པ་དང་། ཡོད་དང་མེད་ཅེས་བྱ་བ་རྩོད་པ་སྟེ། །གཙང་དང་མི་གཙང་འདི་ཡང་རྩོད་པ་ཡིན། །རྩོད་པར་གྱུར་བས་སྡུག་བསྔལ་ཞི་མི་འགྱུར། །རྩོད་པ་མེད་པར་གྱུར་ན་སྡུག་བསྔལ་འགག ཅེས་གསུངས་སོ། །

གཞན་ཡང་། ཆོས་དབྱིངས་དགེ་བ་མ་ཡིན་པ་ལུང་གིས་འགྲུབ་པར་མ་ཟད། རིགས་པས་ཀྱང་ནི་ཆོས

དབྱིངས་དགེ་བ་མ་ཡིན་པ་འགྱུར་སྟེ། ཆོས་དབྱིངས་ཡོད་པ་མ་ཡིན་པའི་ཕྱིར། མ་གྲུབ་ན་ཆོས་དབྱིངས་དོན་བྱེད་ནུས་པར་ཐལ། ཁྱབ་པ་ཡོད་དེ། ཡོད་པ་ཙམ་དོན་བྱེད་ནུས་པ་ཡིན་པའི་ཕྱིར། ཆོས་ཀྱི་དབྱིངས་དེ་ནི་ཆོས་ཅན། མང་ཉུང་མེད་དེ། སྤྲོས་བྲལ་ཡིན་པའི་ཕྱིར།

གསུམ་པ་འགྲོ་ཀུན་གྱི་དམིགས་བསལ་མི་འཐད་པ་ནི། གཞན་ཡང་ཡོད་པའི་དགེ་བ་ནི། །ཆོས་ཉིད་ཡིན་ན་འགྲོ་ཀུན་གྱི། །དགེ་བ་ཞེས་བྱ་སྨོས་ཅི་དགོས། །ཐེམ་པོ་དང་ནི་དངོས་མེད་དང་། །འཕགས་པའི་ཆོས་ཉིད་ཅེས་མི་བསྔོ། །ཐམས་ཅད་བསྔོ་རྒྱུ་ཡིན་ཕྱིར་རོ། །ཞེས་པ་ཤེས་བྱ་ཆོས་ཅན། རྡོ་རྗེ་རྒྱལ་མཚན་གྱི་བསྔོ་བ་ལས། འགྲོ་ཀུན་གྱི་དགེ་བ་ཞེས་དམིགས་བསལ་སྨོས་པ་ལ། དགོས་པ་མེད་པར་ཐལ། ཡོད་པའི་དགེ་བ་ནི་ཆོས་ཉིད་ཡིན་པའི་ཕྱིར། འདོད་ན། ཐེམ་པོའི་ཆོས་ཉིད། དངོས་མེད་ཀྱི་ཆོས་ཉིད་ཅེས་ཏེ་མི་བསྔོ་སྟེ་བསྔོ་བར་ཐལ། ཆོས་ཉིད་ཐམས་ཅད་བསྔོ་རྒྱུ་ཡིན་པའི་ཕྱིར།

གཉིས་པ་ཇི་ལྟར་ཡིན་པའི་དགོངས་པ་ལ་གཉིས་ཏེ། དགོངས་པ་དངོས་བཤད་པ་དང་། རྒྱ་མཚུངས་པ་གཞན་ལ་སྦྱར་བའོ། །དང་པོ་ནི། དེས་ན་གཞུང་འདིའི་དགོངས་པ་ནི། །ལེགས་པར་བཤད་ཀྱིས་ཡིད་ལ་ཟུང་། །འགྲོ་བ་ཀུན་གྱི་བྱས་པ་ཡིན། །དགེ་བ་ཇི་སྙེད་ཡོད་པ་ཞེས། །བྱ་བའི་སྒྲ་ནི་སྤྱིར་བསྟན་ཡིན། །བྱས་དང་བྱེད་འགྱུར་བྱེད་པ་ཞེས། །དུས་གསུམ་དབྱེ་བ་དམིགས་བསལ་ཡིན། །ཡང་ན་གཞན་གྱིས་བྱས་པ་ཡི། །དགེ་བ་ཇི་སྙེད་ཡོད་པ་དང་། །རྡོ་རྗེ་རྒྱལ་མཚན་རང་ཉིད་ཀྱིས། །བྱས་དང་བྱེད་འགྱུར་བྱེད་པ་ཞེས། །བཤད་ཀྱང་མདོ་དང་འགལ་བ་མེད། །ཡང་ན་མདོར་བསྟན་རྒྱས་བཤད་བྱ། །ཞེས་པ། ཆོས་ཉིད་བསྔོ་རྒྱུ་ཡིན་པ་དེས་ན། རྡོ་རྗེ་རྒྱལ་མཚན་གྱི་གཞུང་དེའི་དགོངས་པ་ནི་ལེགས་པར་བཤད་ཀྱིས། འདི་ལྟར་ཟུང་ཞེས་གདམས་པར་བྱ་སྟེ། དེའི་དོན་འགྲོ་བ་ཀུན་གྱི་ལུས་ངག་ཡིད་གསུམ་གྱིས་བྱས་པའི་དགེ་བ་དུས་གསུམ་དུ་བསགས་པ་ཇི་སྙེད་ཡོད་པ་ཞེས་བྱ་བའི་སྒྲ་ནི་སྤྱིར་བསྟན་ཡིན་ཏེ། དུས་གསུམ་བྱ་བའི་དབྱེ་གཞི་ཡིན་པའི་ཕྱིར། འདས་པ་བྱས་པ་དང་། མ་འོངས་པ་བྱེད་འགྱུར་དང་། ད་ལྟར་བ་བྱེད་པ་ཞེས་དུས་གསུམ་གྱི་དབྱེ་བ་དམིགས་གསལ་ཡིན་ནོ། །ཡང་ན། གཞན་གྱིས་བྱས་པའི་དགེ་བ་ཇི་སྙེད་ཡོད་པ་དང་། རྡོ་རྗེ་རྒྱལ་མཚན་རང་ཉིད་ཀྱི་བྱས་དང་བྱེད་འགྱུར་བྱས་པ་ཞེས་བཤད་ཀྱང་མདོ་དང་འགལ་བ་མེད་དོ། །ཡང་ན། འགྲོ་ཀུན་དགེ་བ་ཇི་སྙེད་ཡོད་པས་མདོར་བསྟན་དང་། བྱས་དང་བྱེད་འགྱུར་དེ་བཞིན་བྱེད་པ་དང་། ཞེས་རྒྱས་བཤད་དུ་བཤད་པ་ཡིན་ནོ། །

མདོར་ན་རྡོ་རྗེ་རྒྱལ་མཚན་གྱི་མདོའི་དོན་ནི། སྤྱིར་བསྟན་དང་། དམིགས་བསལ་དུ་འཆད་པ་དང་། རང་ཉིད་ཀྱི་བྱས་པའི་དགེ་བ་ཇི་སྙེད་ཡོད་པ་དང་། བྱས་དང་བྱེད་འགྱུར་དེ་བཞིན་བྱེད་པ་དང་། གཞན་གྱི་བྱས་པའི་

དགེ་བ་ཇི་སྙེད་ཡོད་པ་དང་། བྱས་དང་བྱེད་འགྱུར་དེ་བཞིན་བྱེད་པ་ཞེས་བཤད་པ་དང་། མདོར་བསྟན་དང་། རྒྱས་བཤད་དེ། བཤད་སྲོལ་གསུམ་པོ་འདི་དག་རྡོ་རྗེ་རྒྱལ་མཚན་གྱི་མདོའི་དོན་གྱི། ཡོད་པའི་དགེ་བ་ཆོས་ཉིད་ཡིན་ཞིང་། དེ་བསྔོ་བར་བྱེད་པ་གསུང་རབ་ཀྱི་དོན་ལ་མ་ཞུགས་པ་ཡིན་ཏེ། ཆོས་ཉིད་དགེ་བ་ཡིན་ན་ཡོད་དགོས། ཡོད་ན་དངོས་པོ་ཡིན་དགོས། དངོས་པོ་ཡིན་ན་མི་རྟག་པ་ཡིན་དགོས། མི་རྟག་པ་ཡིན་ན་སྐྱེ་འཇིག་བྱེད་པ་ཡིན་དགོས། ཆོས་ཀྱི་དབྱིངས་ནི་ཡོད་མེད་སྐྱེ་འཇིག་གནས་འགྱུར་དང་བྲལ་བའི་ཕྱིར།

གཉིས་པ་རྒྱ་མཚན་མཚུངས་པ་གཞན་ལ་སྦྱར་བ་ནི། དཔེར་ན་འགྲོ་བ་ཀུན་གྱི་སྡིག ཇི་སྙེད་ཡོད་པ་བྱས་པ་དང་། །བྱེད་འགྱུར་དེ་བཞིན་བྱེད་པ་རྣམས། །རྒྱལ་བའི་མདུན་དུ་བཤགས་པར་བགྱི ཞེས་བྱའི་ཚིག་དང་མཚུངས་པ་ཡིན། །འདི་ལའང་དུས་གསུམ་ལས་གཞན་པའི། །ཡོད་པའི་སྡིག་པ་གང་ཡང་མེད། །དེ་བཞིན་དུས་གསུམ་ལས་གཞན་པའི། །ཡོད་པའི་དགེ་བ་སྲིད་མ་ཡིན། །རྡོ་རྗེ་རྒྱལ་མཚན་ཉིད་ལས་ཀྱང་། །ཡོད་པ་ཞེས་བྱ་བསྒྲུབ་པར་གསུངས། །ཞེས་པ། རྡོ་རྗེ་རྒྱལ་མཚན་གྱི་བསྔོ་བའི་དོན་དཔེར་བརྗོད་ན། འགྲོ་བ་ཀུན་གྱི་སྡིག་པ་ཇི་སྙེད་ཡོད་པ་བྱས་དང་བྱེད་འགྱུར་དེ་བཞིན་བྱེད་པ་རྣམས། རྒྱལ་བའི་མདུན་དུ་བཤགས་པར་བགྱི ཞེས་བྱ་བའི་ཚིག་དང་མཚུངས་པ་ཡིན་ལ། ཆོས་དབྱིངས་འདི་ལའང་ཆོས་ཅན་སྡིག་པ་ཡོད་པ་མ་ཡིན་པར་ཐལ། དུས་གསུམ་ལས་གཞན་པའི་ཡོད་པའི་སྡིག་པ་གང་ཡང་མེད་པའི་ཕྱིར། དེ་བཞིན་དུ་ཆོས་དབྱིངས་ཆོས་ཅན། དུས་གསུམ་ལས་གཞན་པའི་ཡོད་པའི་དགེ་བ་སྲིད་པ་མ་ཡིན་ཏེ། ཁྱོད་དགེ་བ་མ་ཡིན་པའི་ཕྱིར། རྡོ་རྗེ་རྒྱལ་མཚན་གྱི་བསྔོ་བ་ཉིད་ལས་ཀྱང་། ཕྱོགས་བཅུའི་འཇིག་རྟེན་ཀུན་ན་གང་ཡོད་པའི། །དགེ་བ་དེ་དག་ཡང་དག་བསྒྲུབས་པས་ན། །འགྲོ་བ་ཀུན་ལ་ཕན་དང་བདེ་སེམས་ཀྱི། །ཡེ་ཤེས་མཁས་པ་དེ་ཡིས་ཡོངས་སུ་བསྔོ། །ཞེས་གསུངས་པ། ཕྱོགས་བཅུའི་འཇིག་རྟེན་གྱི་ཁམས་ན་ཡོད་པའི་དགེ་བ་ཞེས་བྱ་བ། རྫོགས་པའི་བྱང་ཆུབ་ཏུ་བསྔོ་བར་བྱ་ཞིང་། སྒྲུབ་པར་གསུངས་སོ། །

གཉིས་པ་དེ་བསྔོ་བྱར་མི་རུང་བར་བསྟན་པ་ལ། བརྟག་ན་མི་འཐད་པ་དགག་པ་དང་། བྱང་སེམས་ཀྱི་བློ་སྦྱོང་དུ་འདོད་པ་དགག་པའོ། །དང་པོ་ནི། ཆོས་དབྱིངས་དགེ་བར་བྱས་ནས་ནི། །དེ་ལ་བསྔོ་བའི་རྒྱུ་བྱེད་པ། །བསྔོ་བས་འགྱུར་ན་འདུས་བྱས་འགྱུར། །མི་འགྱུར་བསྔོ་བ་དོན་མེད་ཡིན། །མདོ་སྡེ་རྣམས་ལས་ཆོས་ཀྱི་དབྱིངས། །འགྱུར་བ་མེད་ཅེས་རྒྱལ་བས་གསུངས། །རྩ་བའི་ཤེས་རབ་ཉིད་ལས་ཀྱང་། །རང་བཞིན་རྒྱུ་དང་རྐྱེན་ལས་ནི། །འབྱུང་བར་རིགས་པ་མ་ཡིན་ནོ། །རྒྱུ་དང་རྐྱེན་ལས་བྱུང་བ་ཡི། །རང་བཞིན་བྱས་པ་ཅན་དུ་འགྱུར། །རང་བཞིན་བྱས་པ་ཅན་ཞེས་བྱ། །ཇི་ལྟ་བུར་ནི་རུང་བར་འགྱུར། །རང་བཞིན་དག་ནི་བཅོས་མིན་དང་། །གཞན་ལ་ལྟོས་པ

མེད་པ་ཡིན། །ཞེས་གསུངས་གཞན་ཡང་དེ་ཉིད་ལས། །གལ་ཏེ་རང་བཞིན་གྱིས་ཡོད་ན། །དེ་ནི་མེད་ཉིད་མི་འགྱུར་རོ། །རང་བཞིན་གཞན་དུ་འགྱུར་བ་ནི། །ནམ་ཡང་འཐད་པར་མི་འགྱུར་རོ། །དེ་ལ་སོགས་པའི་ལུང་རིགས་རྣམས། །ཆོས་དབྱིངས་དགེ་བ་མིན་པར་གསུངས། །ཞེས་པ། ཁ་ཅིག་ན་རེ། ཕལ་ཆེན་ནས། འགྲོ་ཀུན་དགེ་བ་ཇི་སྙེད་ཡོད་པ་དང་། །བྱས་དང་བྱེད་འགྱུར་དེ་བཞིན་བྱེད་པ་དག ཅེས་བཤད་པས་འདུས་མ་བྱས་དགེ་བར་མི་འདོད་པ་རྣམ་པར་འཁྲུམ་སྟེ། དབུས་མཐར་དེ་དག་གཉིས་འཐོབ་པར་བྱ་བའི་ཕྱིར། ཞེས་པའི་འགྲེལ་པར། དགེ་བ་ནི་འདུས་བྱས་དང་འདུས་མ་བྱས་སོ། །ཞེས་སོགས་གསུངས། ཆོས་དབྱིངས་དེ་བསྔོར་མི་རུང་ཞེས་པ་ནོར་བར་མངོན་ཏེ། རྡོ་རྗེ་རྒྱལ་མཚན་ལས། དེ་བཞིན་ཉིད་ཀྱི་དང་ཚུལ་ཅི་འདྲ་དང་། །དེ་བཞིན་ཉིད་ཀྱི་རང་བཞིན་ཅི་འདྲ་དང་། །དེ་འདྲ་ལས་རྣམས་ཀུན་ཀྱང་རྗེས་སུ་བསྔོ། །ཞེས་སོ། །འོན་ཆོས་ཉིད་འགྱུར་བ་དང་བཅས་པར་ཐལ་ཞིང་། ཁམས་གསུམ་དང་། དུས་གསུམ་དུ་མ་རྟོགས་པར་བསྔོ་བྱ་མ་ཡིན་པར་བཤད་པ་དང་འགལ་ལོ་ཞེ་ན། སྐྱོན་མེད་དེ། ཆོས་ངོ་བོ་འགྱུར་བ་མེད་ཀྱང་། དྲི་བཅས་དྲི་མེད་དུ་གནས་སྒྱུར་བ་ཡོད་པའི་ཕྱིར། དེ་སྐད་དུ། ཀུན་ནས་ཉོན་མོངས་རྣམ་པར་དག དེ་ནི་དྲི་བཅས་དྲི་མ་མེད། །ཅེས་སོ། །དེ་ལྟ་མ་ཡིན་ན། རང་བཞིན་དུ་གནས་པའི་རིགས་ངོ་བོ་ཉིད་སྐུར་གནས་སྒྱུར་མི་སྲིད་པར་ཐལ་ལོ། །ལུང་དེ་ནི་ཚད་མར་བཟུང་སྟེ། བསྔོ་བྱ་ཡིན་པ་ལ་དགོངས་ཏེ། དེའི་རྗེས་ལ་གཟུགས་ནས་རྣམ་མཁྱེན་གྱི་བར་དུ་སྦྲེལ་ནས་གསུངས་སོ་ཞེས་སྨྲ་རབས་པ་ཁ་ཅིག་འདོད་དོ། །

དེ་མི་འཐད་དེ། ཆོས་ཉིད་དགེ་བ་ཡིན་པ་ལ་དགོངས་གཞི་དགོངས་པ་དངོས་ལ་གནོད་བྱེད་ཀྱི་ཚད་མ་ཡོད་པའི་ཕྱིར། ཆོས་ཉིད་དགེ་བ་ཡིན་པ་གོང་དུ་ལུང་རིགས་ཀྱིས་བཀག་ཟིན་ལ། དབུས་མཐར་འདུས་མ་བྱས་ཀྱི་དགེ་བ་བཤད་པ་ནི། སྡིག་པ་མེད་ཙམ་ལ་དགེ་བར་བཏགས་པ་ཡིན་ཏེ། དཔེར་ན་མི་རྟག་པ་ལས་ལོག་ཙམ་ལ་རྟག་པའི་ཐ་སྙད་འདོགས་པ་ཡིན་ཏེ། ཆོས་ཀྱི་གྲགས་པས་མི་རྟག་པ། །ལོག་ལ་རྟག་པའི་ཐ་སྙད་འདོགས། །ཞེས་བཤད་པའི་ཕྱིར། རྡོ་རྗེ་རྒྱལ་མཚན་རང་གིས། དེ་བཞིན་ཉིད་ཀྱིས་དང་ཚུལ་ཇི་འདྲ་དང་ཞེས་སོགས་གསུངས་པ་དེ། ཆོས་དབྱིངས་བསྔོར་རུང་བའི་སྒྲུབ་བྱེད་མ་ཡིན་པར་ཐལ། དེ་ལྟ་བུའི་ལུང་དེ་ཆོས་ཉིད་སྤྲོས་བྲལ་གྱི་ངང་ནས་ཇི་ལྟར་བསྔོ་བའི་ཚུལ་དུ་བསྟན་པའི་ཕྱིར། ཁྱོད་རང་གི་ཏེ་ཀར་བཀོད་པ་རྣམས་དང་ཡང་ནང་འགལ་ཏེ། ཆོས་ཉིད་ཆོས་ཅན། ཁྱོད་བསྔོར་མི་རུང་བ་ཡིན་པར་ཐལ། ཁྱོད་ཀྱི་ངོ་བོ་འགྱུར་བ་མེད་པའི་ཕྱིར། རྟགས་གསལ་ཁས་བླངས། ཁྱབ་པ་འགྱུར་བ་མེད་ན་བསྔོས་པས་འགྱུར་བ་བུད། གཞན་ཡང་ཆོས་དབྱིངས་ཆོས་ཅན། འགྱུར་བ་ཡིན་པར་ཐལ། དྲི་བཅས་དྲི་མ་མེད་པར་གནས་འགྱུར་བའི་ཕྱིར། རྟགས་གསལ་དངོས་སུ་ཁས་བླངས། ཤེས་བྱ་

ཆོས་ཅན། ཆོས་ཀྱི་དབྱིངས་འགྱུར་བར་ཐལ། རང་བཞིན་གནས་རིགས་ཉིད་ངོ་བོ་ཉིད་སྐྱུར་གནས་འགྱུར་བའི་ཕྱིར། རྟགས་གསལ་ཁས་བླངས། སྐབས་དོན་གཞུང་ལ་སྦྱར་ན། ཆོས་ཀྱི་དབྱིངས་ཡོད་པའི་དགེ་བར་བྱས་ནས་ནི། ཆོས་དབྱིངས་དེ་ལ་བསྔོ་བའི་རྒྱུར་བྱེད་ན། ཆོས་དབྱིངས་བསྔོ་བས་འགྱུར་རམ་མི་འགྱུར། འགྱུར་ན་ཆོས་དབྱིངས་ཆོས་ཅན། འདུས་བྱས་སུ་འགྱུར་བར་ཐལ། བསྔོས་པས་འགྱུར་བའི་ཕྱིར། མི་འགྱུར་ན། ཆོས་དབྱིངས་ཆོས་ཅན། བསྔོས་ཀྱང་དོན་མེད་ཡིན་པར་ཐལ། བསྔོས་པས་མི་འགྱུར་བའི་ཕྱིར། སྔ་མ་ལ་འདོད་མི་ནུས་ཏེ། མདོ་སྡེ་རྣམས་ལས་ཆོས་ཀྱི་དབྱིངས་ཡོད་པ་དང་མེད་པ་དང་དུས་གསུམ་ལས་གྲོལ་བ་འགྱུར་བ་མེད་ཅེས་རྒྱལ་བས་གསུངས་པའི་ཕྱིར་དང་། རྩ་བའི་ཤེས་རབ་ཉིད་ལས་ཀྱང་། རང་བཞིན་ཆོས་དབྱིངས་ཆོས་ཅན། ཁྱོད་རྒྱུ་དང་རྐྱེན་ལས་འབྱུང་བ་རིགས་པ་ཡིན་པར་ཐལ། ཁྱོད་ཡོད་པའི་དགེ་བ་ཡིན་པའི་ཕྱིར། འདོད་ན། རང་བཞིན་ཆོས་དབྱིངས་ཆོས་ཅན། བྱས་པ་ཅན་དུ་འགྱུར་བར་ཐལ། རྒྱུ་དང་རྐྱེན་ལས་བྱུང་བའི་ཕྱིར། རྟགས་ཁས་བླངས། འདོད་མི་ནུས་ཏེ་རང་བཞིན་ཆོས་དབྱིངས་ཆོས་ཅན། བྱས་པ་ཅན་ཞེས་བྱ་བར་ཇི་ལྟ་བུར་ན་རུང་བར་འགྱུར་བ་མ་ཡིན་པར་ཐལ། རང་བཞིན་ཆོས་དབྱིངས་དག་ནི། རྒྱུ་རྐྱེན་གྱི་བཅོས་མ་མ་ཡིན་པའི་ཕྱིར་དང་། རྒྱུ་རྐྱེན་གཞན་ལ་ལྟོས་པ་མེད་པ་ཡིན་པའི་ཕྱིར། །ཞེས་གསུངས་སོ། །གཞན་ཡང་དེ་ཉིད་ལས། གལ་ཏེ། ཆོས་དབྱིངས་རང་བཞིན་གྱིས་ཡོད་ན། ཆོས་དབྱིངས་དེ་ནི་ཆོས་ཅན།མེད་པ་ཉིད་དུ་མི་འགྱུར་བར་ཐལ། དེའི་ཕྱིར། རྟགས་ཁས་བླངས། འདོད་མི་ནུས་ཏེ། རང་བཞིན་གཞན་དུ་འགྱུར་བ་ནི། །ནམ་ཡང་འཐད་པར་མི་འགྱུར་རོ། །དེ་ལ་སོགས་པའི་ལུང་དང་། རིགས་པ་རྣམས་ཀྱི་ཆོས་དབྱིངས་དགེ་བ་མ་ཡིན་པར་གསུངས་པ་ཡིན་ནོ། །

གཉིས་པ་བྱང་སེམས་ཀྱི་བློ་སྦྱོང་དུ་འདོད་པ་དགག་པ་ལ། འདོད་པ་བརྗོད་པ་དང་། དེ་དགག་པ་གཉིས། དང་པོ་ནི། གལ་ཏེ་ཆོས་ཉིད་དེ་བཞིན་ཉིད། །བསྔོ་བྱའི་དགེ་བ་མ་ཡིན་མོད། །བྱང་ཆུབ་སེམས་དཔའི་བློ་སྦྱོང་ལ། །བསྔོས་ཀྱང་ཉེས་པ་མེད་སྙམ་ན། །ཞེས་པས། ཕ་རོལ་པོའི་དམ་བཅའི་སྣ་འདྲེན་པར་བྱེད་པས་ན་གལ་ཏེ། ཆོས་ཉིད་དེ་བཞིན་ཉིད་བསྔོ་བྱའི་དགེ་བ་མ་ཡིན་མོད། བྱང་ཆུབ་སེམས་དཔའི་བློ་སྦྱོང་ལ། ཆོས་ཉིད་བསྔོས་ཀྱང་ཉེས་པ་མེད་མོད་སྙམ་ན། དེ་དགག་པ་ལ། བསྔོ་བ་དུག་ཅན་འགྱུར་བ་དང་། དུག་མེད་ཀྱི་བསྔོ་བ་ངོས་བཟུང་། དུག་ཅན་དུ་འགྱུར་བའི་ཤེས་བྱེད་དགོད། དུག་མེད་མི་སྲིད་པར་བསྟན། ཁས་བླངས་སྔ་ཕྱི་འགལ་བར་བསྟན་པ་དང་ལྔའི་དང་པོ་ནི། མ་ཡིན་འདི་ལ་ཉེས་པ་ཡོད། །དམིགས་པའི་འདུ་ཤེས་ཡོད་པའི་ཕྱིར། །བསྔོ་བ་དུག་དང་བཅས་པར་འགྱུར། །འདི་འདྲའི་བསྔོ་བ་བྱས་གྱུར་ན། །སྦྲལ་བ་རྨ་ཅན་ཇི་བཞིན་དུ། །བསྔོ་བ་ཐམས་ཅད་འཇིག་པར་འགྱུར། །ཞེས་པ། ཤེས་བྱ་ཆོས་ཅན། ཆོས་ཉིད་བྱང་ཆུབ་པའི་བློ་སྦྱོང་ལ། བསྔོས་ཀྱང་ཉེས་པ་མེད་པ་མ་ཡིན་

ཏེ་ཆོས་ཉིད་བསྔོ་བར་བྱེད་པ་བྱང་ཆུབ་སེམས་དཔའི་བློ་སྦྱོང་ལས་མ་བཤད་པའི་ཕྱིར། ཆོས་ཉིད་བསྔོ་བ་འདི་ལ། བྱང་ཆུབ་སེམས་དཔའི་བློ་སྦྱོང་ལའང་ཉེས་པ་ཡོད་དེ། དམིགས་པའི་འདུ་ཤེས་ཡོད་པའི་ཕྱིར། བསྔོ་བ་ཐམས་ཅད་དུག་དང་བཅས་པར་འགྱུར་བའི་ཕྱིར། ཁྱབ་པ་ཡོད་དེ། དམིགས་པའི་འདུ་ཤེས་ཡོད་པ་འདི་འདྲའི་བསྔོ་བ་བྱས་པར་གྱུར་ན། སྨྲ་བ་རྨ་ཅན་སྨྲ་བའི་དོང་དུ་ཞུགས་པ་ན། ཐམས་ཅད་འཆི་བ་ཇི་ལྟ་བ་བཞིན་དུ། བསྔོ་བ་ཐམས་ཅད་དམིགས་པའི་འདུ་ཤེས་ཀྱིས་ཞུགས་ནས་འཇིག་པར་འགྱུར་བའི་ཕྱིར།

གཉིས་པ་ནི། ཆོས་ཉིད་སྦྲོས་བྲལ་ངང་ནས་ནི། །དགེ་བ་ཇི་སྙེད་བྱས་པ་རྣམས། །འགྲུབ་བམ་གལ་ཏེ་མི་འགྲུབ་ཀྱང་། །འགྲོ་བའི་དོན་དུ་བསྔོ་བྱེད་ན། །བྱང་ཆུབ་སེམས་དཔའི་བློ་སྦྱོང་ཡིན། །ཞེས་པ། ཆོས་ཉིད་སྦྲོས་བྲལ་གྱི་ངང་ནས་ནི། དུས་གསུམ་གྱི་དགེ་བ་ཇི་ལྟ་བ་བཞིན་དུ་བྱས་པ་རྣམས། རང་གཞན་དོན་དུ་སྒྲུབ་པའམ། གལ་ཏེ་མ་གྲུབ་ཀྱང་འགྲོ་བ་སེམས་ཅན་གྱི་དོན་དུ་ཡོངས་སུ་བསྔོ་བར་བྱེད་ཅིང་། ཆོས་ཅན་ལ་ཆོས་ཉིད་ཀྱིས་རྒྱས་བཏབ་ནས་བསྔོས་ན། བྱང་ཆུབ་སེམས་དཔའི་བློ་སྦྱོང་དུ་འགྱུར་གྱི་ཆོས་ཉིད་དགེ་བར་བསྔོས་ན། བློ་སྦྱོང་དུ་མི་འགྱུར་ཏེ། དམིགས་པའི་འདུ་ཤེས་ཡོད་པའི་ཕྱིར།

གསུམ་པ་ནི། ཆོས་ཉིད་བསྔོ་རྒྱུར་བྱེད་ན་ནི། །བློ་སྦྱོང་དུ་ཡང་མི་རུང་ངོ་། །དེའི་རྒྱུ་མཚན་འདི་ལྟར་ཡིན། །ཆོས་དབྱིངས་སྤྲོས་དང་བྲལ་བ་ལ། །དགེ་བར་བྱེད་ན་དམིགས་པར་འགྱུར། །དམིགས་དང་བཅས་པའི་འདུ་ཤེས་ཀྱིས། །བསྔོ་བ་དུག་དང་བཅས་པར་གསུངས། །དཔེར་ན་དུག་དང་བཅས་པ་ཡི། །ཁ་ཟས་བཟང་པོ་ཟ་བ་ལྟར། །དཀར་པོའི་ཆོས་ལ་དམིགས་པ་ཡང་། །དེ་དང་འདྲ་བར་རྒྱལ་བས་གསུངས། །མདོན་པར་རྟོགས་པའི་རྒྱན་ལས་ཀྱང་། །ཡོངས་སུ་བསྔོ་བ་ཁྱད་པར་ཅན། །དེ་ཡི་བྱེད་པ་མཆོག་ཡིན་ནོ། །དེ་ནི་དམིགས་མེད་རྣམ་པ་ཅན། །ཕྱིན་ཅི་མ་ལོག་མཚན་ཉིད་དོ། །ཞེས་གསུངས་མདོ་རྒྱུད་ཐམས་ཅད་མཐུན། །ཞེས་པ། ཤེས་བྱ་ཆོས་ཅན། ཆོས་ཉིད་བསྔོ་རྒྱུའི་དགེ་བར་བྱེད་ན་ནི། བྱང་ཆུབ་སེམས་དཔའི་བློ་སྦྱོང་དུ་མི་རུང་སྟེ། བྱང་ཆུབ་སེམས་དཔའི་བློ་སྦྱོང་ལ་ཆོས་ཉིད་སྤྲོས་པ་དང་བྲལ་བར་བསྒོམ་པ་ཡིན་གྱི། ཆོས་ཉིད་དགེ་བར་བྱས་ནས་བསྔོ་བ་མ་ཡིན་པའི་ཕྱིར་རོ། །དེའི་རྒྱུ་མཚན་འདི་ལྟར་ཡིན་ཏེ། ཆོས་ཀྱི་དབྱིངས་སྤྲོས་པ་དང་བྲལ་བ་ལ་དགེ་བར་བྱེད་ན། ཆོས་དབྱིངས་ཆོས་ཅན། ཁྱོད་དམིགས་པའི་འདུ་ཤེས་དང་བཅས་པར་འགྱུར་བར་ཐལ། ཁྱོད་དགེ་བ་ཡིན་པ་བློ་ཡུལ་དུ་བྱས་ནས་དམིགས་པར་བསྒྱུར་བར་བྱེད་པའི་ཕྱིར། འདོད་ན། ཆོས་དབྱིངས་ཆོས་ཅན་བསྔོ་བ་དུག་དང་བཅས་པར་འགྱུར་བར་ཐལ། ཁྱོད་དམིགས་པ་དང་བཅས་པའི་འདུ་ཤེས་ཀྱིས་བསྔོས་པའི་ཕྱིར། ཁྱབ་པ་ལུང་གིས་གྲུབ་པ་ཡིན་ཏེ། དཔེར་ན། དུག་དང་བཅས་པའི་ཁ་ཟས་བཟང་པོ་ཟོས་པས་ལུས་མི་གནས་ཤིང་འཆི་བའི་རྒྱུ་བྱེད་པ་ལྟར། དཀར་

པོའི་ཆོས་ལ་དམིགས་པའང་དགེ་བ་མི་ཕན་ཞིང་། དགེ་བ་འཇིག་པར་བྱེད་པ་དེ་དང་འདྲ་བར། རྒྱལ་བས་སྤྱད་པ་ལས་གསུངས་ཏེ། ཅིས་ཏེ་མཚན་མར་བྱེད་ན་དེ་ནི་བསྔོ་མ་ཡིན། །ཅིས་ཏེ་མཚན་མ་མེད་ན་བྱང་ཆུབ་བསྔོ་བ་ཡིན། །ཇི་ལྟར་དུག་དང་བཅས་པའི་ཁ་ཟས་བཟང་ཟ་བ། །དཀར་པོའི་ཆོས་ལ་དམིགས་པའང་དེ་དང་འདྲ་བར་རྒྱལ་བས་གསུངས། །ཞེས་དང་། འབུམ་ལས། དམིགས་པའི་འདུ་ཤེས་ཅན་ལ་ཡོངས་སུ་བསྔོ་བ་མེད་དོ། །ཞེས་དང་། མངོན་པར་རྟོགས་པའི་རྒྱན་ལས་ཀྱང་། རང་གཞན་གྱི་དུས་གསུམ་དུ་གསགས་པའི་དགེ་བའི་རྩ་བ་རྫོགས་པའི་བྱང་ཆུབ་ཏུ་བསྔོ་བ་ནི་དམིགས་པའི་འདུ་ཤེས་ཅན་གྱི་བསྔོ་བ་ལས། ཁྱད་པར་དུ་འཕགས་པ་ཅན་དེའི་བྱེད་པའི་མཆོག་སངས་རྒྱས་ཉིད་ཐོབ་པ་ཡིན་ནོ། །དེ་ལྟ་བུའི་བསྔོ་བ་དེ་ན་དོན་དམ་པར་དམིགས་པ་མེད་པའི་རྣམ་པ་ཅན་གྱིས་ཀུན་རྫོབ་ཏུ་སྒྱུ་མ་བཞིན་དུ་སྣང་ལ་རང་བཞིན་མེད་པའི་རྣམ་པ་ཅན་གྱི་ཕྱིན་ཅི་མ་ལོག་པའི་བསྔོ་བའི་མཚན་ཉིད་དོ། །ཞེས་མདོ་རྒྱུད་བསྟན་བཅོས་ཐམས་ཅད་ལས་མཐུན་པར་གསུངས་སོ། །

བཞི་པ་ནི། གང་དག་དམིགས་པ་མེད་པ་ཡི། །ཆོས་ཀྱི་དབྱིངས་ལ་ཡོད་པ་ཡི། །དགེ་བ་ཡིན་ཞེས་དམིགས་བྱེད་པ། །དེ་ཡི་ཆོས་ཅན་གཞན་དག་ལ། །དམིགས་པར་འགྱུར་བ་ལྟ་ཅི་སྨོས། །ཞེས་པ། གཞན་ཡང་རིགས་པ་གང་དག་དམིགས་པ་མེད་པའི་ཆོས་ཀྱི་དབྱིངས་ལ་ཡོད་པའི་དགེ་བ་ཡིན་ཞེས་དམིགས་པར་བྱེད་ན། ཆོས་ཉིད་དམིགས་པ་ཡིན་པ་དེའི་རིགས་པས་ཆོས་ཅན་གཞན་དག་ཐམས་ཅད་དམིགས་པར་འགྱུར་བ་ལྟ་སྨོས་ཅི་དགོས་སོ། །ཤེས་བྱ་ཆོས་ཅན། ཆོས་ཅན་ཐམས་ཅད་དམིགས་པར་ཐལ། ཆོས་ཉིད་ཐམས་ཅད་དམིགས་པ་ཡིན་པའི་ཕྱིར། དཔེར་ན། བྱི་བས་དབྱུག་པ་ཟོས་པ་ན། །སྣུམ་ཁུར་ཟོས་པ་སྨོས་ཅི་དགོས། །དེ་ཡི་གཏམ་རྒྱུད་ནི། འཕགས་པའི་ཡུལ་དུ་མགྲོན་པོ་གཅིག་གིས་དབྱུག་པ་གཅིག་དང་། སྣུམ་ཁུར་རྐྱལ་བ་གང་བཅོལ་བ། ཕྱིས་ལེན་དུ་ཕྱིན་པ་ན། དབྱུག་པ་བྱི་བས་ཟོས་ནས་མེད་ཟེར་རོ། །མགྲོན་པོས། བྱི་བས་དབྱུག་པ་ཟོས་པ་ན། །སྣུམ་ཁུར་ཟོས་པ་སྨོས་ཅི་དགོས། །ཟེར་ཏེ། གནས་ས་ལ་ཡིད་མི་གཏོད་པར་སོང་སྐད། དཔེ་དེ་བཞིན་དུ་ཆོས་ཉིད་དགེ་བར་བྱས་ནས། དམིགས་པ་དང་བཅས་པའི་འདུ་ཤེས་ཀྱིས་ཡིད་གཏད་ན་སངས་རྒྱས་ཐོབ་པ་ལྟ་ཅི་སྨོས་དགོས།

ལྔ་པ་ནི། གཞན་ཡང་ཆོས་ཉིད་དེ་བཞིན་ཉིད། །བསྔོ་བའི་ཡུལ་དུ་བྱེད་པ་དང་། །ཆོས་ཉིད་མི་འགྱུར་བདེན་པ་ཞེས། །ཟེར་བ་གོང་འོག་འགལ་བ་ཡིན། །དེས་ན་ལེགས་པར་བསམ་ལ་སློས། །ཞེས་པ། ཆོས་ཉིད་དགེ་བ་ཡིན་ན་ལུང་དང་རིགས་པ་དང་འགལ་བར་མ་ཟད། རང་གི་ཁས་བླང་དང་ཡང་འགལ་ཏེ། ཤེས་བྱ་ཆོས་ཅན། ཆོས་ཉིད་དེ་བཞིན་ཉིད་བསྔོ་བའི་ཡུལ་དུ་བྱེད་པ་དང་། ཆོས་ཉིད་མི་འགྱུར་བདེན་པའི་བྱིན་རླབས་དང་ཟེར་བ་གོང་

འོག་འགལ་བ་ཡིན་ཏེ། ཆོས་ཉིད་མི་འགྱུར་ན་བསྒོ་བའི་ཡུལ་དུ་བྱས་ནས་སྒྱུར་བ་འགལ་བའི་ཕྱིར། ནང་འགལ་བ་དེས་ན་ལེགས་པར་སོམས་ལ་མི་འགལ་བར་སྨྲོས་ཤིག་ཅེས་གདམས་སོ། །འདིར་བསྒོ་བའི་རྣམ་པར་བཞག་པ་འཆད་དགོས་ཀྱང་། མཁས་པ་མང་པོས་ལེགས་པར་བཤད་པས་འདིར་མ་བཀོད་པ་ཡིན་ནོ། །

གཉིས་པ་སེམས་ཅན་གྱི་ཁམས་དགེ་བར་འདོད་པ་དགག་པ་ལ། འདོད་པ་བརྗོད་པ་དང་། ཁམས་ཀྱི་དོན་གང་ཡིན་དྲི་བ་དང་། དེ་དགག་པའོ། །དང་པོ་ནི། བོད་ལས་བདེ་གཤེགས་སྙིང་པོའི་སྒྲ། །ཆོས་ཀྱི་དབྱིངས་ལ་མི་ཟེར་བར། །སེམས་ཅན་ཁོ་ནའི་ཁམས་ལ་འདོད། །ཅེས་པའོ། །གཉིས་པ་ནི། སེམས་ཅན་ཁམས་དེ་བརྟག་པར་བྱ། །ཁམས་དེ་དངོས་པོའམ་དངོས་མེད་དམ། །གཉིས་ཀ་མིན་པར་སྤྲོས་བྲལ་ཡིན། །རྣམ་པ་གསུམ་ལས་གཞན་མི་སྲིད། །ཅེས་པ། སེམས་ཅན་གྱི་ཁམས་དེ་བརྟག་པར་བྱ་སྟེ། ཁམས་དེ་དངོས་པོ་ཡིན་ནམ། དངོས་མེད་ཡིན་ནམ། གཉིས་ཀ་མིན་པའི་སྤྲོས་བྲལ་ཡིན་ནམ་བརྟག་པར་བྱ་སྟེ། རྣམ་པ་གསུམ་པོ་དེ་ལས་གཞན་མི་སྲིད་པའི་ཕྱིར།

གཉིས་པ་ལ། དངོས་པོ་ཡིན་པ་བརྟགས་ནས་དགག ཟག་མེད་སེམས་རྒྱུན་བརྟགས་ནས་དགག སྤྲོས་བྲལ་ཡིན་ན། ཆོས་དབྱིངས་སུ་བསྟན་པ་དང་བཞི། དང་པོ་ནི། དངོས་པོ་ཡིན་ན་བེམ་པོ་དང་། །རིག་པ་གཉིས་སུ་ཁ་ཚོན་ཆོད། །བེམ་པོ་སེམས་ཅན་ཁམས་ཉིད་དུ། །འདོད་པ་མུ་སྟེགས་འགའ་ཡི་ལུགས། །ཡིན་གྱི་སངས་རྒྱས་པ་ལ་མེད། །རིག་པ་ཡིན་ན་རྣམ་ཤེས་ཀྱི། །ཚོགས་བརྒྱད་ཉིད་ལས་འདའ་བ་མེད། །ཚོགས་བརྒྱད་འདུས་བྱས་ཡིན་པའི་ཕྱིར། །བདེ་གཤེགས་སྙིང་པོ་མི་འཐད་དེ། །མདོ་ལས་བདེ་གཤེགས་སྙིང་པོ་ནི། །འདུས་མ་བྱས་སུ་གསུངས་ཕྱིར་རོ། །ཞེས་པ། སེམས་ཅན་གྱི་ཁམས་ཆོས་ཅན། བེམ་པོ་དང་རིག་པ་གཉིས་སུ་ཁ་ཚོན་ཆོད་དེ། དངོས་པོ་ཡིན་པའི་ཕྱིར། བེམ་པོ་ཡིན་ན། ཤེས་བྱ་ཆོས་ཅན། བེམ་པོ་སེམས་ཅན་གྱི་ཁམས་ཉིད་དུ་འདོད་པ་མི་འཐད་དེ། དེ་འདོད་པ་སངས་རྒྱས་པ་ལ་མེད་པའི་ཕྱིར་ཏེ། དེ་འདོད་པ་མུ་སྟེགས་བྱེ་བྲག་པ་འགའ་ཞིག་གི་ལུགས་ཡིན་པའི་ཕྱིར། བྱེ་བྲག་པའི་གཞུང་ལས། གཞན་དག་ཀྱང་ནི་འདིར་རྟག་ཉིད། །འདོད་དང་སྡང་སོགས་ཡོན་ཏན་ཅན། །རྟེན་དང་ཀུན་འཛུག་ཟད་བྱེད་པ། །རང་ཉིད་བེམ་པོའི་ངོ་བོར་འདོད། །ཅེས་སོ། །རིག་པ་ཡིན་ན་སེམས་ཅན་གྱི་ཁམས་ཆོས་ཅན། བདེ་གཤེགས་སྙིང་པོར་མི་འཐད་དེ། རིག་པ་ཡིན་ན་རྣམ་ཤེས་ཚོགས་བརྒྱད་ལས་འདའ་བ་མེད་པའི་ཕྱིར་དང་། ཚོགས་བརྒྱད་འདུས་བྱས་ཡིན་པའི་ཕྱིར། ཁྱབ་པ་ཡོད་དེ། དེ་བཞིན་གཤེགས་པའི་སྙིང་པོའི་མདོ་ལས། བདེ་བར་གཤེགས་པའི་སྙིང་པོ་ནི་འདུས་མ་བྱས་སུ་གསུངས་པའི་ཕྱིར། དེ་སྐད་དུ། བཅོམ་ལྡན་འདས་དེའི་སླད་དུ་དེ་བཞིན་གཤེགས་པའི་སྙིང་པོ་ནི་འབྲལ་བ་རྣམ་པར་དབྱེ་བ་མེད་པ།

འབྲལ་མི་ཤེས་པ། འདུས་མ་བྱས་ཀྱི་ཆོས་རྣམས་ཀྱི་གནས་དང་གཞི་དང་རྟེན་ལ་སོགས་ཞེས་གསུངས་སོ། །

གཉིས་པ་ནི། འགའ་ལས་ཟག་མེད་སེམས་རྒྱུད་ཅེས། གསུང་བ་ཀུན་གཞིའི་རྣམ་ཤེས་ཀྱི། །གསལ་ཆ་ཉིད་ལ་དགོངས་པ་ཡིན། །དེ་ནི་མ་སྒྲིབས་ལུང་མ་བསྟན། །ཡིན་ཕྱིར་དགེ་བའི་ཐ་སྙད་མེད། །འོན་ཏེ་ཟག་མེད་སེམས་རྒྱུད་ཅེས། །ཚོགས་བརྒྱད་ལས་གཞན་ཡོད་ན་ནི། །དེ་ཚེ་རྣམ་ཤེས་ཚོགས་དགུར་འགྱུར། །དེས་ན་ཚོགས་བརྒྱད་ལས་གཞན་པའི། །ཟག་མེད་སེམས་རྒྱུད་མི་འཐད་དོ། །ཅེས་པར་འགའ་ཞིག་སྟོན་པའི་མདོ་སྡེ་ལས་གསུངས་པའི་ཟག་པ་མེད་པའི་སེམས་རྒྱུད་ཅེས་པ། ཀུན་གཞིའི་རྣམ་ཤེས་ལ་གསལ་ཆ་དང་རིག་པ་གཉིས་སུ་ཕྱེ་བའི་གསལ་བྱ་ཉིད་ལ་དགོངས་པ་ཡིན་ནོ། །ཞེས་འདོད་དོ། དེ་མི་འཐད་དེ། ཀུན་གཞིའི་རྣམ་ཤེས་ཀྱི་གསལ་བྱ་དེ་ནི་ཆོས་ཅན་དགེ་བའི་ཐ་སྙད་མེད་དེ། མ་སྒྲིབས་ལ་ལུང་མ་བསྟན་ཡིན་པའི་ཕྱིར། འོན་ཏེ། ཟག་པ་མེད་པའི་སེམས་རྒྱུད་ཅེས་པ་རྣམ་ཤེས་ཚོགས་བརྒྱད་ལས་གཞན་པ་ཡོད་ན་ནི། དེའི་ཚེ། རྣམ་ཤེས་ཚོགས་དགུར་འགྱུར་ཏེ། རྣམ་ཤེས་ཚོགས་བརྒྱད་ལས་གཞན་པའི་ཟག་མེད་སེམས་རྒྱུད་ཡོད་པའི་ཕྱིར། རྟགས་ཁས་བླངས། འདོད་ན། ཚོགས་བརྒྱད་ལས་གཞན་པའི་ཟག་མེད་སེམས་རྒྱུད་མི་འཐད་དེ། ཚོགས་བརྒྱད་ལས་གཞན་ཡོད་ན། རྣམ་ཤེས་ཚོགས་དགུར་འགྱུར་བ་དེས་ནའོ། །

གསུམ་པ་ནི། སེམས་ཅན་གྱི་ཁམས་དེ་དངོས་མེད་ཡིན་ན། ཤེས་བྱ་ཆོས་ཅན། སེམས་ཅན་གྱི་ཁམས་དེ་ལ་དགེ་སྡིག་ཡོད་པ་མ་ཡིན་ཏེ། དེ་ལ་དོན་བྱེད་པ་མེད་པའི་ཕྱིར། བཞི་པ་ནི། གལ་ཏེ་སེམས་ཅན་ཁམས་དངོས་དང་། །དངོས་མེད་གཉིས་ཀ་མ་ཡིན་པ། །སྤྲོས་བྲལ་ཡིན་ན་སྔར་བཤད་པའི། །ཆོས་ཀྱི་དབྱིངས་ལས་འདའ་བ་མེད། །དེ་ལྟ་ཡིན་ན་ཆོས་ཀྱི་དབྱིངས། །དགེ་སྡིག་མེད་པར་བཤད་ཟིན་ཏོ། །ཞེས་པ། གལ་ཏེ་སེམས་ཅན་གྱི་ཁམས་དངོས་པོ་དང་དངོས་མེད་དང་། གཉིས་ཀ་མ་ཡིན་པའི་སྤྲོས་བྲལ་ཡིན་ན། ཆོས་དབྱིངས་ཆོས་ཅན། དགེ་སྡིག་མེད་པར་བཤད་ཟིན་ཏེ། སྔར་བཤད་པའི་ཆོས་ཀྱི་དབྱིངས་ལས་འདའ་བ་མེད་པ། དེ་ལྟར་ཡིན་པའི་ཕྱིར།

གསུམ་པ་སེམས་ཅན་གྱི་ཆོས་དབྱིངས་ཁོ་ན་བདེ་གཤེགས་སྙིང་པོར་འདོད་པ་དགག་པ་ལ། འདོད་པ་བརྗོད་པ་དང་། དེ་དགག་པའོ། །དང་པོ་ནི། གལ་ཏེ་ཐེག་པོའི་ཆོས་ཀྱི་དབྱིངས། །བདེ་གཤེགས་སྙིང་པོ་མ་ཡིན་ཡང་། །སེམས་ཅན་རྣམས་ཀྱི་ཆོས་ཀྱི་དབྱིངས། །བདེ་གཤེགས་སྙིང་པོ་ཡིན་སྙམ་ན། །ཞེས་པ། གལ་ཏེ་ཐེག་པོའི་ཆོས་ཀྱི་དབྱིངས་བདེ་བར་གཤེགས་པའི་སྙིང་པོ་མ་ཡིན་ཀྱང་། སེམས་ཅན་གྱི་སེམས་ཀྱི་ཆོས་ཀྱི་དབྱིངས་ཁོ་ན་བདེ་བར་གཤེགས་པའི་སྙིང་པོ་ཡིན་ནོ་སྙམ་སེམས་ན། གཉིས་པ་ལ། ཆོས་དབྱིངས་སྤྱིའི་མཚན་ཉིད་ལ་དབྱེ་བ་མེད་པར་བསྟན། སེམས་ཅན་ཐམས་ཅད་ལ་རྒྱུ་བདེ་གཤེགས་སྙིང་པོ་ཡོད་པར་བསྟན། སེམས་ཅན་ལ་འབྲས་

བུ་བདེ་གཤེགས་སྙིང་པོ་ཡོད་པར་གསུངས་པ་དགོངས་པ་ཅན་དུ་བསྟན། ཞར་ལ་བསྒོ་བ་ལ་འབྲུལ་བ་དགག་པ་དང་བཞི། དང་པོ་ནི། མ་ཡིན་ཆོས་ཀྱི་དབྱིངས་ལ་ནི། །དབྱེ་བ་མེད་པར་རྒྱལ་བས་གསུངས། །རིགས་པས་ཀྱང་ནི་འདི་འགྲུབ་པོ། །ཞེས་པ། ཤེས་བྱ་ཆོས་ཅན། སེམས་ཅན་གྱི་ཆོས་དབྱིངས་ཁོན་བདེ་གཤེགས་སྙིང་པོ་མ་ཡིན་ཏེ། བདེ་བར་གཤེགས་པའི་སྙིང་པོ་ཡིན་ན། སེམས་ཅན་གྱི་སེམས་ཀྱི་ཆོས་དབྱིངས་ཡིན་པར་བསྟན་པས་མ་ཁྱབ་པའི་ཕྱིར་ཏེ། བདེ་བར་གཤེགས་པའི་སྙིང་པོ་ལ་རང་བཞིན་དང་། རྒྱུ་དང་འབྲས་བུ་བདེ་བར་གཤེགས་པའི་སྙིང་པོ་གསུམ་ཡོད་པའི་ཕྱིར། དེ་སྐད་དུ། རྒྱུད་བླ་མ་ལས། རྫོགས་སངས་སྐུ་ནི་འཕྲོ་ཕྱིར་དང་། །དེ་བཞིན་ཉིད་དབྱེར་མེད་ཕྱིར་དང་། །རིགས་ཡོད་ཕྱིར་ན་ལུས་ཅན་ཀུན། །རྟག་ཏུ་སངས་རྒྱས་སྙིང་པོ་ཅན། །ཞེས་བཤད་པའི་ཕྱིར། ཤེས་བྱ་ཆོས་ཅན། ཆོས་དབྱིངས་སྤྱིའི་མཚན་ཉིད་ལ་བེམ་རིག་ལ་སོགས་པའི་དབྱེ་བ་མེད་དེ། ཆོས་དབྱིངས་སྤྱིའི་མཚན་ཉིད་ལ་དབྱེ་བ་མེད་པར་རྒྱལ་བའི་ཡུམ་རྒྱས་པ་ལས་གསུངས་པའི་ཕྱིར། ཇི་ལྟར་དུ་གསུངས་ན། ཆོས་ཀྱི་དབྱིངས་ལ་དབྱེ་བ་མེད་དོ། །ཞེས་སོགས་གསུངས་པའི་ཕྱིར། ཆོས་དབྱིངས་སྤྱིའི་མཚན་ཉིད་ལ་དབྱེ་བ་མེད་པར་ལུང་གིས་སྒྲུབ་པར་མ་ཟད་རིགས་པས་ཀྱང་འདི་འགྲུབ་བོ། །

གཉིས་པ་ནི། དེས་ན་དེ་བཞིན་གཤེགས་པ་ཡི། །སྙིང་པོ་སྤྲོས་བྲལ་ཡིན་པའི་ཕྱིར། །སེམས་ཅན་རྣམས་ལ་སངས་རྒྱས་དང་། །འཁོར་བ་གཉིས་ཀ་འབྱུང་བ་འཐད། །འཕགས་པ་ཀླུ་སྒྲུབ་སློབ་ཉིད་ཀྱིས། །གང་ལ་སྟོང་པ་ཉིད་རུང་བ། །དེ་ལ་ཐམས་ཅད་རུང་བ་ཡིན། །གང་ལ་སྟོང་ཉིད་མི་རུང་བ། །དེ་ལ་ཐམས་ཅད་རུང་མ་ཡིན། །ཞེས་གསུངས་པའང་དོན་འདི་ཡིན། །ཐེག་པ་ཆེན་པོ་རྒྱུད་བླ་མར། །བདེ་གཤེགས་ཁམས་ཀྱི་སྒྲུབ་བྱེད་ནི། །གལ་ཏེ་བདེ་གཤེགས་ཁམས་མེད་ན། །སྡུག་ལ་སྐྱོ་བར་མི་འགྱུར་ཞིང་། །མྱ་ངན་འདས་ལ་འདོད་པ་དང་། །དོན་གཉེར་སྨོན་པའང་མེད་པར་འགྱུར། །ཞེས་གསུངས་པ་ཡང་འདི་ཉིད་དེ། །ཉེ་བར་ལེན་པ་ཕུང་པོ་ལྔ། །སྡུག་བསྔལ་ཡིན་ཞིང་མྱ་ངན་ལས། །འདས་པ་བདེ་བ་ཡིན་པས་ན། །སེམས་ནི་རང་གནས་སྙེག་པའི་ཕྱིར། །མེ་ཡི་སྒྲུབ་བྱེད་ཚ་བ་ལྟར། །བདེ་གཤེགས་ཁམས་ཀྱི་སྒྲུབ་བྱེད་འཐད། །འདི་དོན་རྒྱས་པར་བརྒྱད་སྟོང་པའི། །ཆོས་འཕགས་ཀྱི་ནི་ལེའུར་ལྟོས། །ཞེས་པ། ཤེས་བྱ་ཆོས་ཅན། སེམས་ཅན་རྣམས་ལ་སངས་རྒྱས་དང་འཁོར་བ་གཉིས་ཀ་འབྱུང་བ་འཐད་དེ། དེ་བཞིན་གཤེགས་པའི་སྙིང་པོ་ཆོས་དབྱིངས་སྤྲོས་བྲལ་ཡིན་པའི་ཕྱིར། ཁྱབ་པ་ཡོད་དེ། འཕགས་པ་ཀླུ་སྒྲུབ་སློབ་ཉིད་ཀྱིས། གང་ལ་དངོས་པོ་ཐམས་ཅད་ཀྱི་རང་བཞིན་སྟོང་པ་ཉིད་དུ་རུང་བ་དེ་ལ་རྟེན་ཅིང་འབྲེལ་བ་འབྱུང་བ་དང་། འཕགས་པའི་བདེན་པ་བཞི་དང་། དཀོན་མཆོག་གསུམ་རུང་བ་ཡིན་ལ། གང་ལ་སྟོང་པ་ཉིད་མི་རུང་བ་དེ་ལ་ཐམས་ཅད་རུང་བ་མ་ཡིན་པའི་ཕྱིར། ཞེས་གསུངས་པ་ཡང་དོན་འདི་ཉིད་ལ

དགོངས་པ་ཡིན་ནོ། །གཞན་ཡང་ཐེག་པ་ཆེན་པོ་རྒྱུད་བླ་མར། བདེ་བར་གཤེགས་པའི་ཁམས་རང་བཞིན་དུ་གནས་པའི་རིགས་སེམས་ཅན་ཐམས་ཅད་ལ་ཁྱབ་པར་བྱེད། དེ་ལྟར་མི་བྱེད་ན། སེམས་ཅན་ཆོས་ཅན། སྡུག་པ་ལ་སྐྱོ་བ་དང་། མྱ་ངན་ལས་འདས་པ་ལ་འདོད་པའི་དོན་གཉེར་སྨོན་པའང་མེད་པར་འགྱུར་བར་ཐལ། སེམས་ཅན་ལ་སངས་རྒྱས་ཀྱི་ཁམས་མེད་པའི་ཕྱིར། ཁྱབ་པ་ཡོད་དེ། སྡུག་བདེའི་སྐྱོན་མཐོང་བ་འདི། རིགས་ཡོད་པ་ལ་ཡིན་གྱིས། རིགས་མེད་པ་ལ་མེད་པའི་ཕྱིར། ཞེས་གསུངས་པའང་དོན་འདི་ཉིད་ཡིན་པའི་ཕྱིར་རོ། །ཤེས་བྱ་ཆོས་ཅན། མེ་ཡི་ཁྱབ་བྱེད་ཚ་བ་ལྟར། བདེ་བར་གཤེགས་པའི་ཁམས་རང་བཞིན་གནས་རིགས་སེམས་ཅན་ཐམས་ཅད་ལ་ཁྱབ་པར་བྱེད་པ་འཐད་དེ། སེམས་ཀྱི་རང་གི་གནས་ལུགས་སྟོང་པ་ཉིད་ལ་སྙིག་པའི་ཕྱིར་ཏེ། ཟག་བཅས་ཀྱི་ཕུང་པོ་ལྔ་ཀུན་རྫོབ་ཏུ་སྡུག་བསྔལ་ཞིང་། མྱ་ངན་ལས་འདས་པ་ཀུན་རྫོབ་ཏུ་བདེ་བ་ཡིན་པའི་ཕྱིར། འདི་དོན་རྒྱས་པ། འཕགས་པ་བརྒྱད་སྟོང་པའི་བྱང་ཆུབ་སེམས་དཔའི་ཆོས་འཕགས་ཀྱི་ལེའུ་བལྟ་བར་བྱའོ། །ཇི་ལྟར་ན། བྱང་ཆུབ་སེམས་དཔའ་ཆོས་འཕགས་ཀྱིས། བྱང་ཆུབ་སེམས་དཔའ་རྟག་ཏུ་ངུ་ལ་འདི་སྐད་ཅེས་སྨྲས་སོ། ། རིགས་ཀྱི་བུ་དེ་བཞིན་གཤེགས་པ་དག་ནི། གང་ནས་ཀྱང་མ་བྱོན། གང་དུ་ཡང་མ་བཞུད་དེ། དེ་བཞིན་ཉིད་ལས་མ་གཡོས་སོ། །དེ་བཞིན་ཉིད་གང་ཡིན་པ་དེ་ནི། དེ་བཞིན་གཤེགས་པ་སྟེ། རིགས་ཀྱི་བུ་མི་སྐྱེ་བ་དང་། ཡང་དག་པའི་མཐའ་དང་། སྟོང་པ་ཉིད་དང་། འདོད་ཆགས་དང་བྲལ་བ་དང་། འགོག་པ་དང་། ནམ་མཁའ་ལ་ནི་འོང་བ་འམ་འགྲོ་བ་མེད་དེ། ནམ་མཁའི་ཁམས་གང་ཡིན་པ་དེ་ནི་དེ་བཞིན་གཤེགས་པའོ། །རིགས་ཀྱི་བུ་ཆོས་དག་ལ་དེ་བཞིན་གཤེགས་པ་གྱུད་ན་མེད་དེ། རིགས་ཀྱི་བུ་ཆོས་དེ་དག་གི་དེ་བཞིན་ཉིད་གང་ཡིན་པ་དང་། དེ་བཞིན་གཤེགས་པའི་དེ་བཞིན་ཉིད་གང་ཡིན་པ་དང་། དེ་བཞིན་གཤེགས་པའི་དེ་བཞིན་ཉིད་གང་ཡིན་པ་དེ་ནི། དེ་བཞིན་ཉིད་གཅིག་པ་སྟེ། ཞེས་གསུངས་པའི་ཕྱིར། གསུམ་པ་ལ། དགོངས་གཞི་དང་། དགོས་པ་དང་། དངོས་ལ་གནོད་བྱེད་དང་གསུམ། དང་པོ་ནི། འོན་ཀྱང་མདོ་སྡེ་འགའ་ཞིག་དང་། །ཐེག་པ་ཆེན་པོ་རྒྱུད་བླ་མར། །གོས་ངན་ནང་ན་རིན་ཆེན་ལྟར། །སེམས་ཅན་རྣམས་ལ་སངས་རྒྱས་ཀྱི། །སྙིང་པོ་ཡོད་པར་གསུངས་པ་ནི། །དགོངས་པ་ཡིན་པར་ཤེས་པར་བྱ། །དེ་ཡི་དགོངས་གཞི་སྟོང་ཉིད་ཡིན། ། ཞེས་པ། ཕ་རོལ་པོའི་དམ་བཅའ་ཁོང་དུ་ཆུད་ནས་དགག་པའི་སྔོ་འདྲེན་པར་བྱེད་པ་འོན་ཀྱང་། དཔལ་འཕྲེང་སེང་གེ་སྒྲ་དང་། གཟུངས་ཀྱི་དབང་ཕྱུག་རྒྱལ་པོ་ལ་སོགས་པའི་མདོ་སྡེ་འགའ་ཞིག་དང་། ཐེག་པ་ཆེན་པོ་རྒྱུད་བླ་མར། གོས་ངན་ནང་ན་རྒྱལ་བ་རིན་པོ་ཆེའི་སྐུ་ཡོད་པ་ལྟར། སེམས་ཅན་རྣམས་ལ་སངས་རྒྱས་ཀྱི་སྙིང་པོ་འབྲས་བུ་བདེ་བར་གཤེགས་པ་ཡོད་པར་གསུངས་པ་ནི། དགོངས་པ་ཅན་ཡིན་པར་ཤེས་པར་བྱའོ། །དེའི་དགོངས་གཞི་སེམས་ཅན་ལ་རྒྱུ་བདེ་བར་གཤེགས་པའི་སྙིང་

པོ་རང་བཞིན་དུ་གནས་པའི་རིགས། སྙིང་མཆེད་དྲུག་གི་ཆོས་དབྱིངས་སྟོང་པ་ཉིད་ཡོད་པ་ལ་དགོངས་པ་ཡིན་ནོ། །

གཉིས་པ་ནི། དགོས་པ་ནི་སེམས་ཞུམ་པ་དང་། སེམས་ཅན་དམན་པ་ལ་བརྙས་པ་དང་། ཡང་དག་མི་འཛིན་པ་དང་། ཡང་དག་པའི་ཆོས་ལ་བསྐུར་བ་དང་། བདག་ལ་ཆགས་པའི་སྐྱོན་ལྔ་སྤངས་པའི་ཕྱིར་དུ་གསུངས་ཏེ། རྒྱུད་བླ་མ་ལས། སེམས་ཞུམ་སེམས་ཅན་དམན་ལ་བརྙས་པ་དང་། །ཡང་དག་མི་འཛིན་ཡང་དག་ཆོས་ལ་སྐུར། །བདག་ཆགས་ལྷག་པའི་སྐྱོན་ལྔ་གང་དག་ལ། །ཡོད་པ་དེ་དག་དེ་སྤང་དོན་དུ་གསུངས། །ཞེས་སོ། །

གསུམ་པ་ནི། དངོས་ལ་གནོད་བྱེད་ཚད་མ་ནི། །དེ་འདྲའི་སངས་རྒྱས་ཁམས་ཡོད་ན། །སུ་སྟེགས་བདས་དང་མཚུངས་པ་དང་། །བདེན་པའི་དངོས་པོར་འགྱུར་ཕྱིར་དང་། །ངེས་པའི་དོན་གྱི་མདོ་སྡེ་དང་། །རྣམ་པ་ཀུན་དུ་འགལ་ཕྱིར་རོ། །དེ་དོན་དེ་བཞིན་གཤེགས་པ་ཡི། །སྙིང་པོ་ལེའུའི་མདོ་སྡེར་ལྟོས། །སློབ་དཔོན་ཟླ་བ་གྲགས་པས་ཀྱང་། །དབུ་མ་ལ་ནི་འཇུག་པ་ལས། །བདེ་གཤེགས་སྙིང་པོ་དྲང་དོན་དུ། །གསུངས་པ་དེ་ཡང་ཤེས་པར་གྱིས། །ཞེས་པ། དངོས་ལ་གནོད་བྱེད་ཀྱི་ཚད་མ་ནི། སེམས་ཅན་ལ་རིན་པོ་ཆེ་རིན་ཐང་ཆེན་པོ་དེའི་སངས་རྒྱས་ཀྱི་ཁམས་འབྲས་བུ་བདེ་བར་གཤེགས་པའི་སྙིང་པོ་རྟག་པ། བརྟན་པ། ཐེར་ཟུག་པའི་ཁམས་ཡོད་པ་མི་འཐད་དེ། དེ་འདྲ་ཡོད་པར་འཐད་ན། མུ་སྟེགས་བྱེད་ཀྱི་བདག རྟག་པ། བྱེད་པ་པོ། ཡོན་ཏན་མེད་པ། ཁྱབ་པ། མི་འཇིགས་པར་འདོད་པ་དང་མཚུངས་པའི་ཕྱིར་དང་། བདེན་པའི་དངོས་པོ་རྟག་དངོས་ཡོད་པར་འགྱུར་བའི་ཕྱིར་དང་། ངེས་པའི་དོན་གྱི་མདོ་སྡེ་དང་རྣམ་པ་ཀུན་ཏུ་འགལ་བའི་ཕྱིར་རོ། །དེའི་རྒྱུ་མཚན། སེམས་ཅན་གྱི་རྒྱུད་ལ་ངོ་བོ་ཉིད་སྐུ་ཡོད་ན། ངེས་པའི་དོན་གྱི་མདོ་སྡེ་དང་འགལ་བའི་དོན། དེ་བཞིན་གཤེགས་པའི་སྙིང་པོའི་མདོ་སྡེར་ལྟོས་ཞེས་གདམས་པ་ནི། བློ་གྲོས་ཆེན་པོ་དེ་བཞིན་གཤེགས་པ་དགྲ་བཅོམ་པ་ཡང་དག་པར་རྫོགས་པའི་སངས་རྒྱས་རྣམས་ནི་སྟོང་ཉིད་དང་། ཡང་དག་པའི་མཐའ་དང་། མྱ་ངན་ལས་འདས་པ་དང་། མ་སྐྱེས་པ་དང་། མཚན་མ་མེད་པ་དང་། སྨོན་པ་མེད་པ་ལ་སོགས་པའི་ཚིག་དང་དོན་རྣམས་ལ་དེ་བཞིན་གཤེགས་པའི་སྙིང་པོར་བསྟན་པར་བྱས་ནས། བྱིས་པ་རྣམས་བདག་མེད་པས་འཇིགས་པར་འགྱུར་བའི་གནས་རྣམ་པར་སྤང་བའི་དོན་དུ། དེ་བཞིན་གཤེགས་པའི་སྙིང་པོའི་སྒོ་བསྟན་པས། རྣམ་པར་མི་རྟོག་པའི་གནས་སྣང་བ་མེད་པའི་སྤྱོད་ཡུལ་སྟོན་ཞེས་བྱ་བ་དང་། བློ་གྲོས་ཆེན་པོ། དེ་ལྟར་དེ་བཞིན་གཤེགས་པ་རྣམས་ཀྱི་མུ་སྟེགས་བྱེད་བདག་ཏུ་ཞེན་པ་རྣམས་དྲང་བའི་ཕྱིར། དེ་བཞིན་གཤེགས་པའི་སྙིང་པོ་བསྟན་པ་སྟེ། ཞེས་བྱ་བ་ལ་སོགས་པ་རྒྱས་པར་གསུངས་སོ། །སློབ་དཔོན་ཟླ་བ་གྲགས་པས་ཀྱང་། དབུ་མ་འཇུག་པ་ལས། མདོ་སྡེ་གང་ལས་ཕྱི་རོལ་སྣང་ཡོད་མིན། །སེམས་ནི་སྣ་ཚོགས་སྣང་ཞེས་གསུངས་པ་དང་། །བཅོམ་ལྡན་འདས་ཀྱིས་ཀྱང་། ཀྱེ་རྒྱལ་བའི་

སྲས་དག །ཁམས་གསུམ་པོ་འདི་ནི་སེམས་ཙམ་མོ། །ཞེས་གསུངས་པའི་དགོངས་པ་ནི། གཟུགས་ལ་ཞེན་ཏུ་ཆགས་པ་གང་དེ་དག་ལ། གཟུགས་ལོག་པ་སྟེ་དེ་ཡང་དྲང་དོན་ཉིད། སེམས་ནི་སྣ་ཚོགས་སུ་སྣང་བ་ཁོ་ན་ཡིན་ཏེ། སེམས་ལོགས་ན་ཕྱི་རོལ་ཡོད་པ་མ་ཡིན་པའི་ཕྱིར། ཞེས་པ་འདི། བྱིས་པ་གཟུགས་ལ་ཞེན་ཏུ་ཆགས་པ་གང་ཡིན་པ་དེ་དག་ལས་གཟུགས་ལ་ཞེན་པ་ལྡོག་པའི་ཕྱིར་དུ། མདོ་དེ་ཡང་དྲང་དོན་དུ་གསུངས་པ་ཡིན་ནོ། །མདོ་དེ་དྲང་དོན་དུ་གང་གིས་སྒྲུབ་པར་བྱེད་ན། ལུང་དང་རིགས་པས་སྒྲུབ་པར་བྱེད་དེ། འདི་ནི་སྟོན་པས་དྲང་དོན་ཉིད་དུ་གསུངས་ཤིང་། འདི་ནི་དྲང་དོན་ཉིད་དུ་རིགས་པས་འཐད། །ཅེས་བཤད་པས། རྣམ་པ་དེ་ལྟའི་མདོ་སྡེ་གཞན་ཡང་ནི། །དྲང་དོན་ཉིད་དུ་ལུང་གིས་གསལ་བར་བྱེད། །མདོ་དེ་དྲང་དོན་ཡིན་པར་མ་ཟད། རྣམ་པ་དེ་ལྟའི་མདོ་སྡེ་དགོངས་པ་ངེས་པར་འགྲེལ་བ་ལས། ངོ་བོ་ཉིད་གསུམ་ལ་དགོངས་ནས། ཀུན་བཏགས་མེད་པ་ཉིད་དང་། གཞན་དབང་ཡོད་པ་ཉིད་དང་། དེ་བཞིན་དུ་ལེན་པའི་རྣམ་པར་ཤེས་པ་ཟབ་ཅིང་ཕྲ། །ས་བོན་ཐམས་ཅད་ཆུ་བོའི་རྒྱུན་ལྟར་འབབ། །བདག་ཏུ་རྟོགས་པར་གྱུར་ན་མི་རུང་ཞེས། །བྱིས་པ་རྣམས་ལ་ངས་ནི་དེ་མ་བསྟན། །ཞེས་ དྲང་དོན་དུ་བསྟན་ཏོ། །

དེ་རྣམས་དྲང་དོན་དུ་གང་གིས་བསྟན་ན། ཇི་ལྟར་སྨན་པས་ནད་པ་ལ། །སྨན་རྣམས་ཇི་ལྟར་གཏོང་བ་ལྟར། །དེ་བཞིན་སངས་རྒྱས་སེམས་ཅན་ལ། །སེམས་ཙམ་དུ་ཡང་རབ་ཏུ་གསུང་། །ཞེས་པའི་མདོས་སེམས་ཙམ་པ་རྣམས་ཡང་དག་པའི་ལམ་ལ་ཁ་དྲངས་པའི་ ཕྱིར་དུ་དྲང་དོན་དུ་བཤད་དོ། །གཞན་ཡང་ནི་ཞེས་པས་མུ་སྟེགས་བྱེད་བདག་ཏུ་སྨྲ་བ་ལ་མངོན་པར་ཞེན་པ་རྣམས། དྲང་བའི་ཕྱིར་དུ་བདེ་བར་གཤེགས་པའི་སྙིང་པོ་རྟག་པ་བརྟན་པ་ཐེར་ཟུག་པ། དྲང་དོན་དུ་གསུངས་པ་དེ་ཡང་ཤེས་པར་གྱིས་ཤིག ཇི་ལྟར་ན། བཅོམ་ལྡན་འདས་ཀྱིས་མདོ་བརྗོད་པ་ལས། དེ་བཞིན་གཤེགས་པའི་སྙིང་པོ་གསུངས་པ། དེ་བཅོམ་ལྡན་འདས་ཀྱི་རང་བཞིན་གྱི་འོད་གསལ་བ་རྣམ་པར་དག་པས་ཐོག་མ་ནས་རྣམ་པར་དག་པའི་མཚན་ཉིད་སུམ་ཅུ་རྩ་གཉིས་དང་ལྡན་པ། སེམས་ཅན་ཐམས་ཅད་ཀྱི་ལུས་ཀྱི་ནང་ན་མཆིས་པར་བརྗོད་དེ། བཅོམ་ལྡན་འདས་ཀྱི་རིན་པོ་ཆེ་རིན་ཐང་ཆེན་པོ། གོས་དྲི་མ་ཅན་གྱིས་ཡོངས་སུ་དཀྲིས་པ་ལྟར། ཕུང་པོ་ཁམས་དང་། སྐྱེ་མཆེད་ཀྱི་གོས་ཀྱི་ཡོངས་སུ་དཀྲིས་པ། འདོད་ཆགས་དང་ཞེ་སྡང་དང་གཏི་མུག་གི་ཟིལ་གྱིས་ནོན་པ། ཡོངས་སུ་རྟོག་པའི་དྲི་མས་རྟོག་པ་དྲི་ཅན་དུ་གྱུར་པ། རྟག་པ་དང་བརྟན་པ་དང་ཐེར་ཟུག་པ་ནི་བརྗོད་ན། དེ་བཞིན་གཤེགས་པའི་སྙིང་པོར་སྨྲ་བ་འདི་ནི། མུ་སྟེགས་བྱེད་ཀྱི་བདག་ཏུ་སྨྲ་བ་དང་ཇི་ལྟར་འདྲ་བ་མ་ལགས། བཅོམ་ལྡན་འདས་མུ་སྟེགས་བྱེད་རྣམས་ཀྱང་རྟག་པ་བྱེད་པ་པོ་ཡོན་ཏན་མེད་པ་ཁྱབ་པ་མི་འཇིགས་པའོ། །ཞེས་བདག་ཏུ་སྨྲ་བ་སྟོན་པར་བགྱིད་དོ། །བཅོམ་ལྡན་འདས་ཀྱིས

བཀའ་སྩལ་པ། བློ་གྲོས་ཆེན་པོ། ངས་ཡིས་དེ་བཞིན་གཤེགས་པའི་སྙིང་པོ་བསྟན་པ་ནི། མུ་སྟེགས་ཅན་གྱི་བདག་ཏུ་སྨྲ་བ་དང་མཚུངས་པ་མ་ཡིན་ཏེ། བློ་གྲོས་ཆེན་པོ་དེ་བཞིན་གཤེགས་པ་དགྲ་བཅོམ་པ་ཡང་དག་པར་རྫོགས་པའི་སངས་རྒྱས་རྣམས་ནི་སྟོང་པ་ཉིད་དང་། ཡང་དག་པའི་མཐའ་དང་། མྱ་ངན་ལས་འདས་པ་དང་། མ་སྐྱེས་པ་དང་། མཚན་མ་མེད་པ་དང་། སྨོན་པ་མེད་པ་ལ་སོགས་པའི་ཚིག་གི་དོན་རྣམས་ལ། དེ་བཞིན་གཤེགས་པའི་སྙིང་པོར་བསྟན་པར་བྱས་ནས། བྱིས་པ་རྣམས་བདག་མེད་པས་འཇིགས་པར་འགྱུར་བའི་གནས་རྣམ་པར་སྤང་བའི་དོན་དུ། དེ་བཞིན་གཤེགས་པའི་སྙིང་པོའི་སྒོ་བསྟན་པས། རྣམ་པར་མི་རྟོག་པའི་གནས་སྣང་བ་མེད་པའི་སྤྱོད་ཡུལ་སྟོན་ཏེ། བློ་གྲོས་ཆེན་པོ། མ་འོངས་པ་དང་། ད་ལྟར་བྱུང་བའི་བྱང་ཆུབ་སེམས་དཔའ་སེམས་དཔའ་ཆེན་པོ་རྣམས་ཀྱིས་བདག་ལ་མངོན་པར་ཞེན་པར་མི་བྱའོ། །བློ་གྲོས་ཆེན་པོ་དཔེར་ན། རྫ་མཁན་ནི་འཇིམ་པའི་རྡུལ་གྱི་ཕུང་པོ་ཞིག་ལས་ལག་པ་དང་། བཟོ་དང་། ལག་ཟུང་དང་ཆུ་དང་སྲད་བུ་དང་། ནན་ཏན་དང་ལྡན་པ་ལས་གནོད་རྣམ་པ་སྣ་ཚོགས་བྱེད་དོ། །བློ་གྲོས་ཆེན་པོ་དེ་བཞིན་དུ། དེ་བཞིན་གཤེགས་པ་རྣམས་ཀྱང་ཆོས་ལ་བདག་མེད་པར་རྣམ་པར་མི་རྟོག་པའི་མཚན་ཉིད་ཐམས་ཅད་རྣམ་པར་ལོག་པ། དེ་བཞིན་ཤེས་རབ་ཐབས་ལ་མཁས་པ་དང་ལྡན་པ་རྣམ་པ་སྣ་ཚོགས་ཀྱིས། དེ་བཞིན་གཤེགས་པའི་སྙིང་པོར་བསྟན་པའི། བདག་མེད་པ་བསྟན་པར་ཡང་རུང་སྟེ། རྫ་མཁན་བཞིན་དུ་ཚིག་དང་ཡི་གེ་རྣམ་པར་སྣ་ཚོགས་ཀྱིས་སྟོན་ནོ། །དེ་ལྟར་དེའི་ཕྱིར་བློ་གྲོས་ཆེན་པོ་དེ་བཞིན་གཤེགས་པའི་སྙིང་པོར་བསྟན་པའི་མུ་སྟེགས་བྱེད་ཀྱི་བདག་ཏུ་སྨྲ་བའི་བསྟན་པ་དང་མི་འདྲའོ། །བློ་གྲོས་ཆེན་པོ། དེ་ལྟར་དེ་བཞིན་གཤེགས་པ་རྣམས་ཀྱིས་མུ་སྟེགས་བྱེད་བདག་ཏུ་སྨྲ་བ་ལ་མངོན་པར་ཞེན་པ་རྣམས་དྲང་བའི་ཕྱིར། དེ་བཞིན་གཤེགས་པའི་སྙིང་པོ་བསྟན་པས། དེ་བཞིན་གཤེགས་པའི་སྙིང་པོ་སྟོན་ཏེ། ཡང་དག་པའི་བདག་ཏུ་སྨྲ་བ་རྣམ་པར་རྟོག་པའི་ལྟ་བར་ལྷུང་བའི་བསམ་པ་ཅན་དག རྣམ་པར་ཐར་པ་གསུམ་གྱི་སྤྱོད་ཡུལ་ལ་གནས་པའི་བསམ་པ་དང་ལྡན་ཞིང་། མྱུར་དུ་བླ་ན་མེད་པ་ཡང་དག་པར་རྫོགས་པའི་བྱང་ཆུབ་ཏུ་མངོན་པར་རྫོགས་པ་འཚང་རྒྱ་བར་ཇི་ལྟར་འགྱུར་ཞེས་ཏེ། ཞེས་བྱ་བ་དང་། ཡང་དེ་ཉིད་ལས། བློ་གྲོས་ཆེན་པོ་སྟོང་པ་ཉིད་དང་། མི་སྐྱེ་བ་དང་། མི་གཉིས་དང་། རང་བཞིན་མེད་པའི་མཚན་ཉིད་སངས་རྒྱས་ཐམས་ཅད་ཀྱི་མཚན་ཉིད་མདོ་སྡེའི་ནང་དུ་ཆུད་པ་འདི་ཞེས་བསྟན་ཏོ། །མདོ་དེ་རྣམས་རིགས་པས་དྲང་དོན་དུ་བསྒྲུབ་ན། ཤེས་བྱ་མེད་ན་ཤེས་པ་གསལ་བ་ནི། །བདེ་སླག་སྙེད་ཅེས་སངས་རྒྱས་རྣམས་ཀྱིས་གསུངས། །ཤེས་བྱ་མེད་ན་ཤེས་པ་བཀག་འགྲུབ་པས། །དང་པོ་ཤེས་བྱ་དགག་པར་མཛད་པ་ཡིན། །དེ་ཡི་དོན་བཅོམ་ལྡན་འདས་ཀྱིས་ངོ་བོ་ཉིད་གསུམ་དྲང་དོན་དུ་བསྟན་པའི་ཕྱིར་དང་པོར་ཡུལ་ཤེས་བྱ་བདེན་པ་ལ་དགག

པ་མཛད་པ་ཡིན་ཏེ། ཡུལ་ཤེས་བྱ་བདེན་པ་མེད་ན། ཡུལ་ཅན་ཤེས་པ་བདེན་པ་ཁེགས་པ་ཤུགས་ལ་གྲུབ་པའི་ཕྱིར། ཁྱབ་པ་ཡོད་དེ། ཤེས་བྱ་མེད་ནཤེས་པ་གསལ་བ་ནི། །བདེ་བླག་ཉིད་ཅེས་སངས་རྒྱས་རྣམས་ཀྱིས་གསུངས་པའི་ཕྱིར། གཞན་ཡང་སེམས་ཅན་ལ་འབྲས་བུ་བདེ་བར་གཤེགས་པའི་སྙིང་པོ་ཡོད་པར་གསུངས་པ་དྲང་དོན་ཡིན་པར་རིག་པསཤེས་པར་བྱ་སྟེ། ཇི་ལྟར་ན། ཤེས་བྱ་ཆོས་ཅན། བཅོམ་ལྡན་འདས་ཀྱིས་མུ་སྟེགས་བྱེད་ཀྱི་བདག་དགག་པ་ཡིན་ཏེ། མུ་སྟེགས་ཀྱི་བདག་མེད་ན། སེམས་ཅན་ལ་སངས་རྒྱས་ཀྱི་ངོ་བོ་ཉིད་སྐུ་ཡོད་པ་ཁེགས་པའི་ཕྱིར། ཤེས་བྱ་ཆོས་ཅན། སེམས་ཅན་ལ་མཚན་དཔེས་བརྒྱན་པའི་སངས་རྒྱས་ཀྱི་སྐུ་ཡོད་པར་གསུང་བ་དེ། དྲང་དོན་ཡིན་པར་ཐལ། མུ་སྟེགས་བྱེད་ཀྱི་བདག་རྟག་པ་ཡོད་པ་དྲང་དོན་ཡིན་པའི་ཕྱིར། མུ་སྟེགས་ཀྱི་བདག་མ་གྲུབ་པའི་ཕྱིར། འོན། དྲང་དོན་ངེས་དོན་གང་ཡིན་ཞེན། དེ་ལྟར་ལུང་གི་ལོ་རྒྱུསཤེས་བྱ་སྟེ། །མདོ་གང་དེ་ཉིད་མ་ཡིན་བཤད་དོན་ཅན། །དྲང་དོན་གསུངས་པའམ་རྟོགས་ན་དྲང་བྱ་སྟེ། །སྟོང་ཉིད་དོན་ཅན་ངེས་དོན་ཡངཤེས་གྱིས། །ཞེས་གསུངས་པས། དྲང་དོན་ངེས་དོན་མཐའ་དཔྱད་ན། བརྗོད་བྱའི་དབང་དུ་བྱས་པའི་དྲང་ངེས་དོན་ལ། ཀུན་རྫོབ་གང་ཡིན་དྲང་དོན་དང་། །དོན་དམ་གང་ཡིན་ངེས་དོན་ནོ། །ཀུན་རྫོབ་ལ་ཡང་། ལོག་པའི་ཀུན་རྫོབ་ཐམས་ཅད་དྲང་དོན་གྱི་དྲང་དོན་ཡིན་ཏེ། སྣང་བ་ལྟར་དོན་བྱེད་མི་ནུས་པའི་ཕྱིར། ཡང་དག་པའི་ཀུན་རྫོབ་ཐམས་ཅད། དྲང་དོན་གྱི་ངེས་དོན་ཡིན་ཏེ། སྣང་བ་ལྟར་དོན་བྱེད་ནུས་པའི་ཕྱིར། དོན་དམ་པར་ཡང་ལོག་གཉིས་མི་འབྱེད་དེ། དེ་ལྟར་འབྱེད་པའི་རྒྱུ་མཚན་མེད་པའི་ཕྱིར། རྗོད་བྱེད་ཀྱི་དབང་དུ་བྱས་པའི་དྲང་དོན་དང་ངེས་དོན་ལ། མདོ་གང་ཞིག་བརྗོད་བྱ་ཀུན་རྫོབ་དངོས་སུ་གསལ་བར་སྟོན་པ་ནི། རྗོད་བྱེད་ཀྱི་དབང་དུ་བྱས་པའི་དྲང་དོན་ཡིན་ལ། དེ་ལ་དབྱེ་ན། ཀུན་རྫོབ་དངོས་སུ་གསལ་བར་སྟོན་པའི་མདོ་གང་ཞིག་སྒྲ་ཇི་བཞིན་དུ་འབྲུ་མནན་དུ་མི་བཏུབ་པ་ནི། རྗོད་བྱེད་ཀྱི་དབང་དུ་བྱས་པའི་དྲང་དོན་ཡིན་ལ། ཀུན་རྫོབ་དངོས་སུ་གསལ་བར་སྟོན་པའི་མདོ་གང་ཞིག སྒྲ་ཇི་བཞིན་དུ་འབྲུ་མནན་དུ་བཏུབ་པ་ནི། རྗོད་བྱེད་ཀྱི་དབང་དུ་བྱས་པའི་དྲང་དོན་གྱི་ངེས་དོན་ཡིན་ནོ། །དཔེར་བརྗོད་ན། དང་པོ་ནི་ལོག་སྲེད་ཅན་མྱ་ངན་ལས་མི་འདའ་བར་སྟོན་པའི་མདོ་ལྟ་བུའོ། །

གཉིས་པ་ནི། ཐེག་པ་གསུམ་སྟོན་པའི་མདོ་ལྟ་བུའོ། །གཉིས་པ་རྗོད་བྱེད་ཀྱི་དབང་དུ་བྱས་པའི། ངེས་དོན་ནི། མདོ་གང་ཞིག དོན་དམ་གཙོ་བོར་དངོས་སུ་སྟོན་པའོ། །དེ་ལ་དབྱེ་ན། དོན་དམ་དངོས་སུ་སྟོན་པའི་མདོ་གང་ཞིགསྒྲ་ཇི་བཞིན་དུ་འབྲུ་མནན་དུ་མི་བཏུབ་པ་ནི། རྗོད་བྱེད་ཀྱི་དབང་དུ་བྱས་པའི་ངེས་དོན་ཡིན་ཏེ། དཔེར་ན་སྟོང་པ་ཉིད་ལ་གཟུགས་མེད་ཅེས་པ་ལྟ་བུའོ། །གཉིས་པ་ནི། དོན་དམ་དངོས་སུ་སྟོན་པའི་མདོ་གང་

ཞིག སྣྲ་ཧི་བཞིན་དུ་འབྲུ་མནན་དུ་བཏུབ་པ། དཔེར་ན། གཟུགས་ཡང་དག་པར་རྫེས་སུ་མ་མཐོང་ཞེས་པའོ། །བཞི་པ་ཞར་ལ་བསྔོ་བ་ལ་འཁྲུལ་བ་དགག་པ་ལ། རྒྱུ་ཚོགས་སྒྲིང་བའི་ལག་ལེན་དགག གནས་དང་གནས་མིན་གྱི་བསྔོ་བ་ངོས་བཟུང་། དགེ་སྡིག་ལས་ལ་རག་ལས་པར་བསྟན། དེའི་འཐད་པ་བསྟན་པ་དང་བཞི། དང་པོ་ལ། འདོད་པ་བརྗོད་པ་དང་། དེ་དགག་པའོ། །དང་པོ་ནི། འགའ་ཞིག་བསྔོ་བའི་ཚོན་རྒྱུ། །བསྒྲིང་བའི་ལག་ལེན་བྱེད་ཅེས་གྲག ཅེས་པ་འདུལ་བ་སྟོད་ལུགས་པ་འགའ་ཞིག་བསྔོ་བའི་ཚེ། རིལ་བ་སྤྱི་བླུགས་ཀྱི་རྒྱུ་བསྒྲིང་བའི་ལག་ལེན་བྱེད་ལ། བལ་པོ་ནའང་འདུག་ཟེར། དེའི་དགོས་པ་རྒྱུ་བསྒྲིང་བའི་བར་དུ་ཡོན་བདག་གི་བློས་མ་ཐོངས་པ་སྲིད་པས། ཐོངས་པའི་བཏར་རྒྱུ་བསྒྲིང་བ་ཡིན་ནོ། །ཞེས་གྲག་གོ །

གཉིས་པ་ནི། འདི་ནི་མུ་སྟེགས་རིགས་བྱེད་པའི། །ལུགས་ཡིན་སངས་རྒྱས་པ་ལ་མེད། །དེས་ན་གང་དང་གང་བྱེད་པ། །སངས་རྒྱས་གསུང་བཞིན་གྲུས་པས་སྒྲུབས། །ཞེས། བསྔོ་བའི་རྒྱུ་བསྒྲིང་བའི་ལག་ལེན་འདི་ཆོས་ཅན། ཁྱོད་མི་འཐད་པ་ཡིན་ཏེ། ཁྱོད་མུ་སྟེགས་རིགས་བྱེད་ཀྱི་ལུགས་ཡིན་གྱི། སངས་རྒྱས་པ་ལ་མེད་པའི་ཕྱིར། དེ་མུ་སྟེགས་རིགས་བྱེད་པའི་ལུགས་ཡིན་པའི་རྒྱུ་མཚན། སྐྱེས་རབས་ལས། ཐམས་ཅད་སྒྲོལ་གྱི་གླང་པོ་ཆེ་བྱིན་པ་ན། བྲམ་ཟེས་རྒྱུ་བསྒྲིང་བ་དེ་མུ་སྟེགས་ཀྱི་བྲམ་ཟེ་ཡིན་པར་བཤད་པའི་ཕྱིར། བསྔོ་བའི་རྒྱུ་བསྒྲིང་བ་སངས་རྒྱས་པ་ལ་མེད་པ་དེས་ན། བསྟན་པའི་བྱ་བ་གང་དང་གང་བྱེད་པ་སངས་རྒྱས་ཀྱི་གསུང་བཞིན་གྲུས་པས་བསྒྲུབ་ན་བསོད་ནམས་ཆེན་པོ་ཐོབ་པ། གཉིས་པ་ལ། མདོར་བསྟན་པ་དང་། རྒྱས་པར་བཤད་པའོ། །དང་པོ་ནི། བསྔོ་བ་དེ་ཡང་མདོར་བསྡུ་ན། གནས་དང་གནས་མ་ཡིན་པ་གཉིས། །གནས་ཀྱི་བསྔོ་བ་འགྲུབ་པར་གསུངས། །གནས་མིན་བསྔོས་ཀྱང་འགྲུབ་མི་འགྱུར། །འདི་དག་གཉིས་ཀ་མདོ་ལས་གསུངས། །ཞེས་པ། བསྔོ་བ་དེ་ཡང་མདོར་བསྡུ་ན། གནས་དང་གནས་མ་ཡིན་པའི་བསྔོ་བ་གཉིས་སུ་མདོ་ལས་བཤད་དོ། །གནས་ཀྱི་བསྔོ་བ་ནི། དུས་གསུམ་བསགས་པའི་དགེ་བའི་རྩ་བ་རྣམས། ཐབས་ཤེས་རབ་ཁྱད་པར་ཅན་གྱི་སྒོ་ནས་བསྔོས་ན། རྫོགས་པའི་བྱང་ཆུབ་འགྲུབ་པར་གསུངས་སོ། །གནས་མིན་པ་ཆོས་ཉིད་བསྔོས་ཀྱང་བྱང་ཆུབ་འགྲུབ་པར་མི་འགྱུར་རོ། །འདི་དག་གཉིས་ཀ་མདོ་ལས་གསུངས་སོ། །

གཉིས་པ། གནས་ཀྱི་བསྔོ་བ་དང་། གནས་མིན་གྱི་བསྔོ་བ་གཉིས། དང་པོ་ནི། འཇམ་དཔལ་སངས་རྒྱས་ཞིང་ལས་ནི། །ཆོས་རྣམས་ཐམས་ཅད་རྐྱེན་བཞིན་ཏེ། །འདུན་པའི་རྩེ་ལ་རབ་ཏུ་གནས། །གང་གིས་སྨོན་ལམ་ཅི་བཏབ་པ། །དེ་འདྲའི་འབྲས་བུ་ཐོབ་པར་འགྱུར། །ཞེས་གསུངས་འདི་ནི་གནས་ལ་དགོངས། །ཞེས་པ། ཤེས་བྱ་ཆོས་ཅན། དུས་གསུམ་དུ་བསགས་པའི་དགེ་བའི་རྩ་བ་གནས་ཀྱི་བསྔོ་བ་འདི་ཡང་འགྲུབ་པ་ཡིན་ཏེ།

འཕགས་པ་འཇམ་དཔལ། སངས་རྒྱས་ཀྱི་ཞིང་གི་བཀོད་པ་ལས་ཀྱང་། འདུས་བྱས་ཀྱི་དགེ་བའི་ཆོས་ཐམས་ཅད། འབྲས་བུ་སྐྱེ་བའི་རྐྱེན་བཞིན་ཏེ་རྫོགས་པའི་བྱང་ཆུབ་ལ་འདུན་པའི་དགེ་བའི་རྩ་བ་ལ་རབ་ཏུ་གནས་པ། གང་ཟག་གང་གིས་སྨོན་ལམ་ཅི་བཏབ་པ་དེ་འདྲ་བའི་འབྲས་བུ་ཐོབ་པར་འགྱུར་བའི་ཕྱིར། ཞེས་པ་འདི་ནི། གནས་ཀྱི་བསྔོ་བ་ལ་དགོངས་པ་ཡིན་ནོ། །

གཉིས་པ་ནི། དྲི་མེད་བྱིན་གྱིས་ཞུས་པའི་མདོར། །ཆོས་རྣམས་ཆོས་ཉིད་བསྔོ་བ་ཡིས། །མི་འགྱུར་གལ་ཏེ་འགྱུར་ན་ནི། །དང་པོའི་སངས་རྒྱས་གཅིག་ཉིད་ཀྱི། །བསྔོ་བ་དེང་སང་ཅིས་མི་འགྲུབ། །ཅེས་གསུངས་འདི་ནི་གནས་མིན་གྱི། །བསྔོ་བ་ཉིད་ལ་དགོངས་པ་ཡིན། །ཞེས་པ། དཀོན་མཆོག་བརྩེགས་པའི། བུ་མོ་དྲི་མེད་བྱིན་གྱིས་ཞུས་པའི་མདོར། ཆོས་རྣམས་ཆོས་ཉིད་བསྔོས་པས་མི་འགྱུར་ན། ཆོས་རྣམས་ཀྱི་ཆོས་ཉིད་ཆོས་ཅན། ཁྱོད་བསྔོས་པ་དོན་མེད་པ་ཡིན་པར་ཐལ། ཁྱོད་བསྔོས་པས་མི་འགྱུར་བའི་ཕྱིར། གལ་ཏེ་བསྔོས་པས་འགྱུར་ན་ནི། ཤེས་བྱ་ཆོས་ཅན། དང་པོའི་སངས་རྒྱས་གཅིག་ཉིད་ཀྱི་བསྔོ་བ་དེ་ཡང་ཅིས་མི་འགྲུབ་སྟེ་འགྲུབ་པར་ཐལ། ཆོས་ཉིད་བསྔོས་པས་འགྱུར་བའི་ཕྱིར། རྟགས་ཁས་བླངས། འདོད་ན་ཤེས་བྱ་ཆོས་ཅན། སེམས་ཅན་ཐམས་ཅད་སངས་རྒྱས་ཟིན་པར་ཐལ། དང་པོའི་སངས་རྒྱས་གཅིག་ཉིད་ཀྱི་བསྔོ་བ་འགྲུབ་པའི་ཕྱིར། འདོད་མི་ནུས་ཏེ། དྲི་མེད་བྱིན་གྱི་ཞུས་པ་ལས། རིགས་ཀྱི་བུ་ཆོས་རྣམས་ཀྱི་ཆོས་ཉིད་ནི་སྨོན་ལམ་གྱིས་བསྒྱུར་བར་མི་ནུས་སོ། །གལ་ཏེ་ནུས་པར་གྱུར་ན། སེམས་ཅན་ཐམས་ཅད་མྱ་ངན་ལས་འདའོ་ཞེས་དེ་བཞིན་གཤེགས་པ་རེ་རེའི་དགོངས་པ་དེ་སྨོན་ལམ་གྱི་དབང་གིས་ཇི་ལྟར་མི་འགྲུབ་སྟེ། རྣམ་གྲངས་དེས་ན་སྨོན་ལམ་གྱི་དབང་གིས་བསྒྱུར་བར་མི་ནུས་པར་རིག་པར་བྱའོ། །ཞེས་གསུངས་པ་འདི་ནི། གནས་མིན་གྱི་བསྔོ་བ་ལ་དགོངས་པ་ཡིན་ནོ། །

བཞི་པ་དེའི་འཐད་པ་བསྟན་པ་ལ། མདོར་བསྟན་རྒྱས་བཤད་གཉིས། དང་པོ་ནི། དེས་ན་བསྔོ་རྒྱུའི་དགེ་བ་དང་། །བཤགས་པར་བྱ་བའི་སྡིག་པ་ཡང་། །བྱས་པའི་དགེ་སྡིག་ཡིན་མོད་ཀྱི། །མ་བྱས་པ་ལ་དགེ་སྡིག་མེད། །དེ་ཡི་རྣམ་བཞག་བཤད་ཀྱིས་ཉོན། །འདོད་ཆགས་ཞེ་སྡང་གཏི་མུག་གསུམ། །དེས་བསྐྱེད་ལས་ནི་མི་དགེ་བ། །མ་ཆགས་ཞེ་སྡང་གཏི་མུག་མེད། །དེས་བསྐྱེད་ལས་ནི་དགེ་བ་ཞེས། །གསུངས་པའི་དགོངས་པ་ཤེས་ནས་ནི། །མཁས་པ་རྣམས་ཀྱིས་དཔྱད་པར་བྱ། །ཞེས་པ་བསྔོ་རྒྱུའི་དགེ་བ་ཡང་བྱས་པའི་དགེ་བ་ཡིན་མོད་ཀྱི། མ་བྱས་པ་ལ་དགེ་བ་མེད་དོ། །དེའི་རྣམ་བཞག་བཤད་ཀྱིས་ཉོན་ཅེས་གདམས་སོ། །འདོད་ཆགས་ཞེ་སྡང་གཏི་མུག་ནི་ཆོས་ཅན་མི་དགེ་བ་ཡིན་ཏེ། དུག་གསུམ་དེས་བསྐྱེད་པའི་ལས་ཡིན་པའི་ཕྱིར། མ་ཆགས་པ་དང་། ཞེ་སྡང་མེད་པ་

དང་། གཏི་མུག་མེད་པ་ནི་ཆོས་ཅན། དགེ་བ་ཡིན་ཏེ། ཉོན་མོངས་པ་མེད་པ་དེས་བསྐྱེད་པའི་ལས་ཡིན་པའི་ཕྱིར། ཞེས་དབུ་མ་རིན་ཆེན་ཕྲེང་བ་ལས། གསུངས་པའི་དགོངས་པ་ཤེས་ནས་ནི། རྒྱ་འབྲས་ལ་མཁས་པ་རྣམས་ཀྱི་དཔྱད་པར་བྱ་བ་ཡིན་ནོ། །

གཉིས་པ་ནི། ཉན་ཐོས་དགེ་བ་ཕལ་ཆེར་ཡང་། །བྱང་ཆུབ་སེམས་དཔའི་སྡིག་པར་འགྱུར། །བྱང་ཆུབ་སེམས་དཔའི་དགེ་བ་ཡང་། །ཉན་ཐོས་སྡིག་ཏུ་འགྱུར་བར་གསུངས། །བསྐལ་བ་དུ་མར་དགེ་སྤྱད་ཀྱང་། །ཉན་ཐོས་ས་རུ་སེམས་བསྐྱེད་ན། །བྱང་ཆུབ་སེམས་དཔའི་སྡིག་པ་ལྕི། །དེ་ནི་ཉན་ཐོས་དགེ་ཆེན་ཡིན། །འདོད་པའི་ཡོན་ཏན་ལྔ་སྤྱད་ཀྱང་། །ཐབས་མཁས་བྱང་ཆུབ་སེམས་ལྡན་ན། །རྒྱལ་སྲས་རྣམས་ཀྱི་དགེ་ཆེན་ཡིན། །ཉན་ཐོས་རྣམས་ཀྱི་སྡིག་པར་གསུངས། །གཞན་གྱི་དོན་གྱི་སེམས་བརྟན་པའི། །ཕམ་པ་བཞི་པོ་སྤྱད་ན་ཡང་། །བྱང་ཆུབ་སེམས་དཔའི་དགེ་བ་སྟེ། །ཉན་ཐོས་རྣམས་ཀྱི་སྡིག་པར་གསུང་། །འཁོར་བའི་འགྲོ་ལ་ཆགས་པ་ནི། །གཞན་དོན་ཡིན་ཡང་ཉན་ཐོས་ཀྱི། །སྡིག་ཡིན་དེ་ཉིད་རྒྱལ་སྲས་ཀྱི། །དགེ་བ་ཡིན་པར་ཤེས་པར་བྱ། །ཞེས་པ། ཞི་བ་བགྲོད་པ་ཕྱོགས་གཅིག་པའི་ཉན་ཐོས་རྣམས་ཀྱི་དགེ་བ་ཕལ་ཆེ་བ་ཡང་བྱང་ཆུབ་སེམས་དཔའི་སྡིག་པར་འགྱུར་ལ། བྱང་ཆུབ་སེམས་དཔའི་དགེ་བ་ཡང་ཉན་ཐོས་ཀྱི་སྡིག་པར་འགྱུར་བར་སྟོང་པ་ལས་གསུངས་ཏེ། ཇི་ལྟར་གསུངས་ན། བྱང་ཆུབ་སེམས་དཔའ་བསྐལ་བ་དུ་མར་དགེ་བཅུ་སྤྱད་ཀྱང་ཉན་ཐོས་དང་རང་སངས་རྒྱས་ཀྱི་ས་རུ་སེམས་བསྐྱེད་པར་མི་བྱ་སྟེ། མདོ་ལས། སྔོན་བསྐལ་བ་བཞི་བཅུར་ཚོགས་བསགས་པའི་བྱང་ཆུབ་སེམས་དཔའ་ཞིག་ནགས་ཁྲོད་དུ་སོང་བའི་ཚེ། མ་ལ་ལོག་པར་སྤྱོད་པའི་གང་ཟག་འདི་ལྟ་བུའི་དོན་མི་ནུས་ཞེས་ཉན་རང་དུ་སེམས་བསྐྱེད་པ་ལྟ་བུ་ནི། བྱང་ཆུབ་སེམས་དཔའི་སྡིག་པ་ལྕི་བ་ཡིན་ཏེ། སྡུད་པ་ལས། གལ་ཏེ་བསྐལ་བ་དུ་མར་དགེ་བའི་ལས་ལམ་བཅུ། །སྤྱོད་པ་ཡུར་ཀྱང་རང་རྒྱལ་དགྲ་བཅོམ་ཉིད་དུ་སེམས་བསྐྱེད་ན། །དེ་ཚེ་ཚུལ་ཁྲིམས་སྐྱོན་བྱུང་ཚུལ་ཁྲིམས་ཉམས་པ་ཡིན། །སེམས་བསྐྱེད་དེ་ནི་ཕམ་པས་ཡང་ཤིན་ཏུ་ལྕི། །ཞེས་གསུངས་སོ། །ཉན་རང་གི་སེམས་བསྐྱེད་པ་ཆོས་ཅན། ཁྱོད་བྱང་ཆུབ་སེམས་དཔའ་ལ་ཕམ་པ་སྤྱད་པ་པས་སྡིག་པ་ལྕི་བ་ཡིན་ཏེ། ཁྱོད་བྱང་ཆུབ་ཀྱི་གཏན་གྱི་གེགས་ཡིན་པའི་ཕྱིར་ཏེ། དམྱལ་བར་འགྲོ་བ་སངས་རྒྱས་ཀྱི། །གཏན་གྱི་གེགས་བྱེད་མ་ཡིན་ཏེ། །ཉན་ཐོས་ཀྱི་ནི་ས་དག་དང་། །རང་སངས་རྒྱས་ཀྱི་ས་དག་ནི། །བྱང་ཆུབ་སེམས་དཔའི་གཏན་གྱི་གེགས། །ཞེས་གསུངས་སོ། །ཉན་རང་གི་སེམས་བསྐྱེད་དེ་ཆོས་ཅན། ཉན་ཐོས་ཀྱི་དགེ་བ་ཆེན་པོ་ཡིན་ཏེ། ཉན་ཐོས་ཀྱི་ལམ་གྱི་གཙོ་བོ་ཡིན་པའི་ཕྱིར། བྱང་ཆུབ་སེམས་དཔས་གཞན་དོན་དུ་འདོད་པའི་ཡོན་ཏན་ལྔ་སྤྱད་ཀྱང་། སྟོང་ཉིད་སྙིང་རྗེའི་སྙིང་པོ་ཅན་གྱི་ཐབས་མཁས་དང་། གཞན་དོན་དུ

འཁོར་བར་དངོས་སུ་འཇུག་ནུས་པའི་སྙིང་རྗེ་ཆེན་པོས་ཀུན་ནས་བསླངས་པའི་བྱང་ཆུབ་ཀྱི་སེམས་དང་ལྡན་ན། རྒྱལ་སྲས་རྣམས་ཀྱི་དགེ་བ་ཆེན་པོ་ཡིན་ཏེ། སྡུད་པ་ལས། གལ་ཏེ་བྱང་ཆུབ་སེམས་དཔའ་འདོད་ཡོན་ལྔ་སྤྱོད་ཀྱང་། །སངས་རྒྱས་ཆོས་དང་འཕགས་པའི་དགེ་འདུན་སྐྱབས་སོང་སྟེ། སངས་རྒྱས་བསྒྲུབ་བྱ་སྙམ་དུ་ཀུན་མཁྱེན་ཡིད་བྱེད་ན། །མཁས་པ་ཚུལ་ཁྲིམས་ཕ་རོལ་ཕྱིན་གནས་རིག་པར་བྱ། །ཞེས་གསུངས་སོ། །ཉན་ཐོས་རྣམས་ཀྱི་སྡིག་པ་འགྱུར་ཏེ། ཉན་ཐོས་རྣམས་ཀྱི་འདོད་ཡོན་ལྔ་དུག་ལྟར་སྤང་བར་བྱ་བ་ཡིན་པའི་ཕྱིར། ཉན་ཐོས་རྣམས་ཀྱི་སྡིག་པར་གསུངས་ཏེ། ཉན་ཐོས་རྣམས་ཀྱི་ཕམ་པ་བཞི་སྤྱད་ན་ངན་སོང་དུ་སྐྱེ་བའི་ཕྱིར། འཁོར་བའི་འགྲོ་བ་སེམས་ཅན་ལ་སྙིང་རྗེས་ཆགས་པ་ནི། གཞན་དོན་ཡིན་ཡང་ཉན་ཐོས་ཀྱི་སྡིག་པ་ཡིན་ལ། དེ་ཉིད་བྱང་ཆུབ་སེམས་དཔའ་རྒྱལ་བའི་སྲས་ཀྱི་དགེ་བ་ཡིན་པར། དཀོན་མཆོག་བརྩེགས་པ་ལས་ཤེས་པར་བྱའོ། །

བཞི་པ་དཀར་ནག་ཟང་ཐལ་དགག་པ་ལ། མདོར་བསྟན། རྒྱས་བཤད་གཉིས། དང་པོ་ནི། དཀར་ནག་ཟང་ཐལ་ཞེས་བྱ་བའི། །ཆོས་སྐད་ངོ་མཚར་ཆེ་བ་གྲགས། །ངེས་པའི་དོན་དུ་འཁྲུལ་བར་ཟད། །ཅེས་པ། འབྲི་གུང་པ་ཆེན་པོ་ན་རེ། ནག་པོའི་ལས་བྱས་པའང་སངས་རྒྱས་ཀྱིས་སར་ཟང་ཐལ་གྱིས་འགྱུར་ཏེ། སློབ་པ་ལམ་གྱི་གནས་སྐབས་སུ། ཚོང་པ་གཡོ་ཅན་བསད་པའི་ལས་ཀྱིས་རྫོགས་པའི་སངས་རྒྱས་ཀྱི་ཞབས་ལ་སེང་ལྡེང་གི་ཚལ་བ་ཟུག་པ་ལ་སོགས་པ་འདུལ་བ་ལུང་ལས་གསུངས་པའི་ཕྱིར། དཀར་པོའི་ལས་བྱས་པའང་སངས་རྒྱས་ཀྱི་སར་ཐལ་གྱིས་འབྱུང་ཞེས་བྱ་བའི་ཆོས་སྐད་ངོ་མཚར་ཆེ་བ། རྒྱ་གར་ན་མེད་པ་བོད་དུ་གྲགས་སོ། །ནག་པོའི་ལས་བྱས་པ་སངས་རྒྱས་ཀྱི་སར་ཐལ་གྱིས་འགྲོ་ཟེར་བ་དེ་དག་གིས་ནི། གདུལ་བྱ་ཁ་དྲངས་པའི་དོན་གྱི་མདོ་ལས། ངེས་པའི་དོན་གྱི་མདོར་འཁྲུལ་བར་ཟད་དོ། །

གཉིས་པ་ལ། ལུང་དོན་དགོངས་པ་ཅན་དུ་བསྒྲུབ། ངེས་དོན་ཡིན་ན་ཧ་ཅང་ཐལ་བ་དང་གཉིས། དང་པོ་ནི། དེད་དཔོན་སྙིང་རྗེ་ཆེན་པོ་ཡིས། །ཚོང་པ་གཡོ་ཅན་བསད་པ་ཡི། །ལས་ཀྱིས་རྫོགས་པའི་སངས་རྒྱས་ལ། །སེང་ལྡེང་ཚལ་བ་ཟུག་པ་དང་། །ལོ་དྲུག་དཀའ་བ་སྤྱད་པ་དང་། །རྟ་ཆས་རུལ་བ་གསོལ་བ་དང་། །བྲམ་ཟེས་བུ་མོས་བསྐུར་བ་དང་། །དགེ་འདུན་དབྱེན་གྱི་རྒྱུ་ལ་སོགས། །ཐུབ་པའི་སྐུ་ཚེ་སྔ་མ་ཡི། །ལས་ངན་སྨིན་པར་གསུངས་པ་ནི། །དེས་འདུལ་བ་ཡི་སྐྱེ་བ་ལ། །དགོངས་པའི་དབང་གིས་གསུངས་པ་སྟེ། །ཐབས་ལ་མཁས་པའི་མདོ་སྡེ་ལྟོས། །དེ་ནི་ངེས་དོན་མདོ་སྡེ་ཡིན། །དྲང་བའི་དོན་ལ་ཡིད་མ་རྟོན། །ཞེས་པ། དེད་དཔོན་སྙིང་རྗེ་ཆེན་པོས་ཚོང་གཡོ་ཅན་བསད་པའི་ལས་ཀྱིས་རྫོགས་པའི་སངས་རྒྱས་ཀྱི་ཞབས་ལ་སེང་ལྡེང་གི་ཚལ་བ་ཟུག་པར་གསུངས་པ། དེས་འདུལ་བའི་སྐྱེ་བོ་ལ་དགོངས་པའི་དབང་གིས་གསུངས་པ་ཡིན་ཏེ། དགོངས་གཞི།

མཉན་ཡོད་ཀྱི་གསང་བྱ་གསོད་བྱེད་ཀྱི་སྐྱེས་བུ་བཞི་བཅུ་པོ་དང་། སྐྱེ་བོའི་ཚོགས་ཆེན་པོ་འདུས་པ་ལ་ཕན་པར་དགོངས། དགོས་པ་སྐྱེས་བུ་དེ་རྣམས་སྲོག་གཅོད་པ་མི་དགེ་བའི་ལས་སྤྱངས་ཏེ། དགེ་བའི་ལས་བདེན་པ་མཐོང་བ་ལ་འགོད་པར་མཛད་པའི་ཆེད་ཡིན། དངོས་ལ་གནོད་བྱེད། ཚོགས་གཉིས་རྫོགས་ཤིང་རང་རྒྱུད་ཀྱི་སྒྲིབ་པ་གཉིས་བག་ཆགས་དང་བཅས་པ་མ་ལུས་པར་སྤྱངས་པས་སོ། །དེ་སྐད་དུ་ཡང་། རྟོག་གེ་འབར་བ་ལས། ལས་ཀྱི་རྣམ་པར་སྨིན་པ་བསྟན་པ་ཡང་། ཐབས་མཁས་པ་ཡིན་གྱི། མི་མཁྱེན་པ་ནི་མ་ཡིན་ཏེ། ཇི་ལྟར་ཞེ་ན། མཉན་ཡོད་དེ་ཉིད་དུ་སྐྱེས་བུ་སྲིད་པ་ཐ་མ་པ་ཉི་ཤུ་ཞིག་དགྲར་གྱུར་པ་ཉི་ཤུས་བསད་པར་འདོད་པར་འགྱུར་བ་ལ་དེ་དག་ཐམས་ཅད་ཀྱང་སངས་རྒྱས་ཀྱི་མཐུས། བཅོམ་ལྡན་འདས་ཀྱི་སྤྱན་སྔར་ལྷགས་པར་གྱུར་ཏོ། །

དེ་ནས་བཅོམ་ལྡན་འདས་ཀྱིས། མི་བཞི་བཅུ་པོ་དེ་དག་འདུལ་བའི་དུས་ལ་བབ་པ་དང་། དེའི་དུས་སུ་སྐྱེ་བོའི་ཚོགས་ཆེན་པོ་འདུས་པ་ལས་ཕན་པར་ཡང་གཟིགས་ནས། སེང་ལྡེང་གི་ཚལ་བ་དེ་ཡང་བཏོན་ནས། བཀའ་སྩལ་བ། སེང་ལྡེང་གི་ཚལ་བ་འདི་ངའི་ཞབས་ལ་འཛུག་པར་འགྱུར་རོ། །ཞེས་པ་ལ་སོགས་འོག་ནས་འབྱུང་བ་ལྟར་གསུངས་ཤིང་གསང་ཆེན་ཐབས་ལ་མཁས་པའི་མདོ། བྱང་ཆུབ་སེམས་དཔའ་ཡེ་ཤེས་དམ་པས་ཞུས་པ་ལས་ཀྱང་། དེ་ནས་བཅོམ་ལྡན་འདས་ཀྱིས་ཀྱང་། བྱང་ཆུབ་སེམས་དཔའ་ཡེ་ཤེས་དམ་པ་ལ་བཀའ་སྩལ་བ། རིགས་ཀྱི་བུ་སྔོན་བྱུང་བ་འདས་པའི་དུས་ནི། དེ་བཞིན་གཤེགས་པ་དགྲ་བཅོམ་པ་ཡང་དག་པར་རྫོགས་པའི་སངས་རྒྱས་མར་མེ་མཛད་ཀྱི་ཕ་རོལ་གྱི་ཡང་ཆེས་ཕ་རོལ། ཚོང་པ་ནོར་འདོད་པ་ལྔ་བརྒྱ་ཙམ་ཞིག་རྒྱ་མཚོ་ཆེན་པོར་ཞུགས་པ་དང་། དེའི་ཚེ་ན་མགྲོན་པོ་དེ་དག་ཉིད་ཀྱི་ནང་ན། མི་ལས་ནག་པོ་བྱེད་པ། སྡིག་པའི་ལས་བྱེད་པ། འཕོང་རྩལ་རིག་པ་ལ་ལེགས་པར་བསླབས་པ། ཆོམ་རྐུན་བྱེད་པ། ཚོང་བའི་ཆ་ལུགས་ཀྱིས་གཞན་གྱི་ནོར་འཕྲོག་པ་ཞིག་ཀྱང་། གྲུ་བོ་ཆེ་དེ་ཉིད་ཀྱི་ནང་དུ་ཞུགས་པར་གྱུར་ཏོ། །དེ་འདི་སྙམ་དུ་བསམས་ཏེ། བདག་གིས་གང་གི་ཚེ་ཚོང་བ་འདི་དག་དོན་གྲུབ་པ་དེའི་ཚེ་ན། ཚོང་བ་འདི་དག་ཐམས་ཅད་སྲོག་དང་བྲལ་ལ་ནོར་རྫས་ཀྱི་རྣམ་པ་འཕྲེར་ཏེ་འཛམ་བུ་གླིང་དུ་འགྲོ་སྙམ་དུ་སེམས་སོ། །རིགས་ཀྱི་བུ་དེ་ནས་ཚོང་བ་དེ་དག་དོན་གྲུབ་སྟེ། ཕ་རོལ་དུ་འགྲོ་འདོད་པར་གྱུར་པ་དང་། དེ་ནས་མི་གཡོ་ཅན་གྱི་རང་བཞིན་ཅན་དེས་འདི་སྙམ་དུ་སེམས་ཏེ། ད་ནི་བདག་གི་ཚོང་བ་འདི་དག་ཐམས་ཅད་སྲོག་དང་བྲལ་ལ་ནོར་རྫས་ཀྱི་རྣམ་པ་འདི་དག་ཐམས་ཅད་འཕྲེར་ཏེ། འཛམ་བུ་གླིང་དུ་འགྲོ་བའི་དུས་ལ་བབ་པོ་སྙམ་པ་དང་། དེའི་ཚེ་དེད་དཔོན་སྙིང་རྗེ་ཆེན་པོ་དང་ལྡན་པ་ཞེས་བྱ་བ་ཞིག་ཀྱང་གྲུ་བོ་ཆེ་དེ་ཉིད་དུ་ཞུགས་པར་གྱུར་ཏེ། དེ་ནས་དེད་དཔོན་སྙིང་རྗེ་ཆེན་པོ་དང་ལྡན་པ་ཞེས་བྱ་བ་དེ་གཉིད་ལོག་སྟེ་རྨི་ལམ་རྨི་བ་ན། རྒྱ་མཚོ་ཆེན་པོ་ཉིད་གནས་པའི་ལྷ་གང་ཡིན་པ་དེས། དེའི་རྨི་ལམ་དུ་བསྟན་པ།

མགྲོན་པོ་འདི་དག་ཉིད་ཀྱི་ནང་ན། མི་མིང་འདི་ཞེས་བྱ་བ། གཟུགས་ནི་འདི་འདྲ་བ། ཆ་བྱད་དང་། ཁ་དོག་དང་། དབྱིབས་ནི་འདི་འདྲ་བ། ཚོམ་རྐྱན་པར་འཕྲུ་བ། གཞན་གྱི་ནོར་ལ་འཕྲོག་པ་ཞིག་འདུག་པ་དེས་འདི་ལྟར་སེམས་བསྐྱེད་དེ། བདག་གིས་ཚོང་པ་འདི་དག་ཐམས་ཅད་སྲོག་དང་ཕྲལ་ལ་ནོར་རྫས་ཀྱི་རྣམ་པ་འདི་དག་ཐམས་ཅད་འཕྲོར་ལ་འཛམ་བུའི་གླིང་དུ་འགྲོའོ་སྙམ་དུ་སེམས་པས། གལ་ཏེ་མི་འདིས་ཚོང་པ་འདི་དག་ཐམས་ཅད་སྲོག་དང་ཕྲལ་བར་གྱུར་ན་ནི། དེའི་ཚེ་སྡིག་པའི་ལས་དམ་པོ་བྱས་པར་འགྱུར་རོ། །དེ་ཅིའི་ཕྱིར་ཞེ་ན། འདི་ལྟར་ཚོང་པ་ལྔ་བརྒྱ་པོ་འདི་དག་ཐམས་ཅད་ནི། བླ་ན་མེད་པ་ཡང་དག་པར་རྫོགས་པའི་བྱང་ཆུབ་ལ་ཡང་དག་པར་ཞུགས་ཤིང་། བྱང་ཆུབ་ལས་ཕྱིར་མི་ལྡོག་པ་ཤ་སྟག་ཡིན་ཏེ། གལ་ཏེ་མི་འདིས་བྱང་ཆུབ་སེམས་དཔའ་འདི་དག་བསད་པར་གྱུར་ན། དེ་ལས་ཀྱི་སྒྲིབ་པའི་ཉེས་པ་དེས་བྱང་ཆུབ་སེམས་དཔའ་རེ་རེའི་ཕྱིར་ཡང་། བྱང་ཆུབ་སེམས་དཔའ་གཅིག་གིས་ཡུན་རིང་པོ་ཇི་སྲིད་ཀྱི་བླ་ན་མེད་པ་ཡང་དག་པར་རྫོགས་པའི་བྱང་ཆུབ་ཡང་དག་པར་བསྒྲུབ་པར་འགྱུར་བའི་ཡུན་རིང་པོ་དེ་སྲིད་དུ་སེམས་ཅན་དམྱལ་བ་ཆེན་པོ་རྣམས་སུ་བསྲེག་པར་འགྱུར་བས། དེ་ལ་དེད་དཔོན་ཁྱོད་ཀྱིས་དེ་ལྟ་བུ་ལ་བརྟེན་ཏེ། ཅི་ནས་ཀྱང་མི་འདིས་ཚོང་པ་ལྔ་བརྒྱ་པོ་འདི་གསད་པར་མི་འགྱུར་བ་དང་། འདི་ཡང་སེམས་ཅན་དམྱལ་བ་ཆེན་པོ་རྣམས་སུ་འགྲོ་བར་མི་འགྱུར་བ་དེ་ལྟ་བུའི་ཐབས་ལ་མཁས་པར་བསམས་པར་གྱིས་ཤིག ཅེས་བསྟན་ཏོ། །

རིགས་ཀྱི་བུ་དེ་ནས་དེད་དཔོན་སྙིང་རྗེ་ཆེན་པོ་དང་ལྡན་པ་དེ་ཉིད་བསད་ནས་འདི་སྙམ་དུ་སེམས་ཏེ། མི་འདིས་ཚོང་པ་ལྔ་བརྒྱ་ཙམ་པོ་འདི་དག་གསད་པར་མི་འགྱུར་ལ། འདི་ཡང་སེམས་ཅན་དམྱལ་བ་ཆེན་པོ་རྣམས་སུ་འགྲོ་བར་མི་འགྱུར་བའི་ཐབས་ཅི་ཡོད་སྙམ་ན། དེ་ཞག་བདུན་གྱི་བར་དུ་འཛམ་བུའི་གླིང་དུ་འགྲོ་བ་དང་། མི་མཐུན་པའི་རླུང་ལངས་ཏེ་སྡོད་པའི་ཚེ། ཞག་བདུན་དུ་སུ་ལ་ཡང་མི་སྨྲ་བར་སེམས་པ་ལ་ཞུགས་པ་ན། དེ་འདི་སྙམ་དུ་སེམས་ཏེ། འདི་ལ་ཚོང་པ་འདི་དག་གསད་པར་མི་འགྱུར་བ་མི་འདི་ཡང་སེམས་ཅན་དམྱལ་བ་ཆེན་པོ་རྣམས་སུ་འགྲོ་བར་མི་འགྱུར་བའི་ཐབས་ནི་མི་འདི་ཉིད་སྲོག་དང་ཕྲལ་བར་བྱ་བ་མ་གཏོགས་ཐབས་གཞན་མེད་དོ་སྙམ་ནས། དེ་འདི་སྙམ་དུ་སེམས་ཏེ། གལ་ཏེ་བདག་གི་དོན་འདི་ཚོང་པ་ཐམས་ཅད་ལ་བསྒྲགས་པར་གྱུར་ན་ནི་འདི་དག་གིས་རབ་ཏུ་སྡང་བའི་སེམས་ཀྱིས་མི་འདི་ཡང་སྲོག་དང་བྲལ་ཞིང་གསད་པར་འགྱུར་ལ། འདི་དག་ཀྱང་སེམས་ཅན་དམྱལ་བ་རྣམས་སུ་འགྲོ་བར་འགྱུར་རོ་སྙམ་ནས་དེ་ཡང་འདི་སྙམ་དུ་སེམས་ཏེ། འདི་ལྟར་བདག་གིས་མི་འདི་སྲོག་དང་ཕྲལ་ནས་གཞི་དེས་བདག་བསྐལ་བ་འབུམ་དུ་སེམས་ཅན་དམྱལ་བ་ཆེན་པོ་རྣམས་སུ་བསྲེག་པར་འགྱུར་ཡང་བདག་གིས་སེམས་ཅན་དམྱལ་བ་ཆེན་པོའི་སྡུག་བསྔལ་མྱོང་བར་འགྱུར་བ་དེ་

ལ་སྒྲོ་བར་བྱ་བའི་ཆོང་བ་ལྔ་བརྒྱ་ཙམ་པོ་འདི་དག་སྲོག་དང་བྲལ་བར་འགྱུར་ཡང་མི་རུང་། མི་འདི་ལ་སྡིག་པའི་ལས་དེ་སྐྱེད་ཅིག་འཕེལ་བར་གྱུར་ན་ཡང་མི་རུང་བས། བདག་གིས་མི་འདི་སྲོག་དང་བྲལ་བར་བྱའོ་སྙམ་ན། རིགས་ཀྱི་བུ་དེ་ལྟར་དེད་དཔོན་སྙིང་རྗེ་ཆེན་པོ་དང་ལྡན་པ་དེས། ཚོང་པ་ལྔ་བརྒྱ་ཙམ་པོ་དེ་དག་ཀུན་ཏུ་བསྲུང་བ་དང་། མི་དེ་ཡང་སེམས་ཅན་དམྱལ་བ་ཆེན་པོ་རྣམས་སུ་འགྲོ་བ་ལས་ཀུན་བསྲུང་བའི་ཕྱིར། སྙིང་རྗེ་ཆེན་པོ་དང་། ཐབས་ལ་མཁས་པ་དེས། བསམ་བཞིན་དུ་ཆོམ་རྐུན་པའི་མི་དེ་མདུང་ཐུང་གིས་བཏབ་ཏེ་སྲོག་དང་ཕྲལ་ནས་མགྲོན་པོ་ཐམས་ཅད་དོན་གྲུབ་ཅིང་། རང་རང་གི་གྲོང་ཁྱེར་དུ་ཕྱིན་པར་གྱུར་ཏོ། །རིགས་ཀྱི་བུ་དེའི་ཚེ་དེའི་དུས་ན། དེད་དཔོན་སྙིང་རྗེ་ཆེན་པོ་དང་ལྡན་པར་གྱུར་པ་དེ་གཞན་ཞིག་ཡིན་སྙམ་དུ་ཁྱོད་ཡིད་གཉིས་དང་ཐེ་ཚོམ་ཟ་བར་གྱུར་ན་དེ་ལྟར་མི་ལྟའོ། །དེ་ཅིའི་ཕྱིར་ཞེ་ན། ང་ཉིད་དེའི་ཚེ་དེའི་དུས་ན་དེད་དཔོན་སྙིང་རྗེ་ཆེན་པོ་དང་ལྡན་པར་གྱུར་པའི་ཕྱིར། ཚོང་པ་ལྔ་བརྒྱ་ཙམ་པོ་གང་དེ་གྲུ་བོ་ཆེ་དེ་ཉིད་དུ་ཞུགས་པར་གྱུར་པ་དེ་དག་ནི་གང་དག་བསྐལ་པ་བཟང་པོ་འདི་ལ་བླ་ན་མེད་པ་ཡང་དག་པར་རྫོགས་པའི་བྱང་ཆུབ་ཏུ་མངོན་པར་རྫོགས་པར་སངས་རྒྱས་པར་འགྱུར་བ་བསྐལ་པ་བཟང་པོའི་བྱང་ཆུབ་སེམས་དཔའ་ལྔ་བརྒྱ་ཡིན་ནོ། །རིགས་ཀྱི་བུ་ངས་ཐབས་ལ་མཁས་པ་དེ་དང་། སྙིང་རྗེ་ཆེན་པོ་དེས་བསྐལ་པ་འབུམ་དུ་འཁོར་བ་བསྐྱིལ་བར་གྱུར་ཏོ། །ཆོམ་རྐུན་པ་དེ་ཡང་དེ་ནས་ཤི་འཕོས་ནས་མཐོ་རིས་ཀྱི་འཇིག་རྟེན་དུ་སྐྱེས་སོ། །རིགས་ཀྱི་བུ་འདི་ཇི་སྙམ་དུ་སེམས། གང་གི་ཕྱིར་ཐབས་ལ་མཁས་པ་དེ་དང་། སྙིང་རྗེ་ཆེན་པོ་དེས་བསྐལ་བ་འབུམ་གྱི་འཁོར་བ་བསྐྱིལ་དེ་བོར་བར་གྱུར་པའི་དོན་དེ་བྱང་ཆུབ་སེམས་དཔའི་ལས་ཀྱི་སྒྲིབ་པ་འདི་ཡིན་པར་བལྟ་སྙམ་ན། ཁྱོད་ཀྱིས་དེ་ལྟར་མི་ལྟ་སྟེ། དེ་ནི་ཐབས་ལ་མཁས་པ་ཉིད་ཡིན་པར་བལྟ་བར་བྱའོ། །རིགས་ཀྱི་བུ་དེ་བཞིན་གཤེགས་པས་སེམས་ཅན་ལས་ཀྱི་བྱ་བ་ལ་གནྡྲང་བའི་ཕྱིར་ཐབས་ལ་མཁས་པས་སེང་ལྡེང་གི་ཚལ་བ་ཞབས་ལ་ཟུག་པར་བསྟན་ཏེ། དེ་བཞིན་གཤེགས་པའི་ཞབས་ལ་སེང་ལྡེང་གི་ཚལ་བ་ཟུག་པ་གང་ཡིན་པ་དེ་ཡང་སངས་རྒྱས་ཀྱི་མཐུ་ཉིད་ཡིན་པར་བལྟ་བར་བྱའོ། །དེ་ཅིའི་ཕྱིར་ཞེ་ན། དེ་བཞིན་གཤེགས་པའི་སྐུ་རྡོ་རྗེ་མཁྲེགས་པ་ལྟར་མི་ཤིགས་པའི་སྐུ་ཡིན་པའི་ཕྱིར་རོ། །རིགས་ཀྱི་བུ་འོན་ཀྱང་། མཉན་ཡོད་ཀྱི་གྲོང་ཁྱེར་ཆེན་པོ་འདི་ཉིད་ན་སྲིད་པ་ཐ་མ་བའི་མི་ཉི་ཤུ་དང་། ཉི་ཤུ་དེ་དག་ཉིད་ཀྱི་དགྲ་བོ་མི་ཉི་ཤུ་ཞིག་ཀྱང་ཡོད་པར་གྱུར་ཏེ། དེ་ནས་མི་དགྲ་བོ་ཉི་ཤུ་པོ་དེ་དག་རང་རང་གི་རྒྱུ་དག་གིས་འདི་ལྟ་བུའི་རྣམ་པར་རྟོག་པ་སྐྱེས་པར་གྱུར་ཏེ། བདག་ཅག་གིས་མཛའ་བཤེས་ལྟར་བཅོས་ཏེ་རང་རང་གི་དགྲ་བོ་རྣམས་ཀྱི་ཁྱིམ་དུ་ཞུགས་ལ་དེ་དག་སྲོག་དང་བྲལ་བར་བྱའོ་སྙམ་དུ་བསམ་སྟེ། གཅིག་ལ་གཅིག་ཆིག་ཏུ་ནི་མ་སྨྲས་སོ། །རིགས་ཀྱི་བུ། དེས་ན་སངས་རྒྱས་ཀྱི་མཐུས། སྲིད་པ་ཐ་མ་པའི་ཉི་ཤུ་པོ་གང་ཡིན་པ་དེ་དག་དང་། མི་

དེ་དག་གི་དགྲ་བོ། གསོད་པ་པོའི་མི་ཉི་ཤུ་པོ་གང་ཡིན་པ་དེ་དག དེ་བཞིན་གཤེགས་པ་དགྲ་བཅོམ་པ་ཡང་དག་པར་རྫོགས་པའི་སངས་རྒྱས་ག་ལ་བ་དེ་ར་དོང་ངོ་། །རིགས་ཀྱི་བུ་དེ་ནས་དེ་བཞིན་གཤེགས་པ་དགྲ་བཅོམ་པ་ཡང་དག་པར་རྫོགས་པའི་སངས་རྒྱས་ཀྱིས་མི་བཞི་བཅུ་པོ་དེ་དག་གདུལ་བའི་དབང་གི་ཕྱིར་དང་། སྐྱེ་བོ་ཕལ་པོ་ཆེ་གཞན་དག་ཀྱང་གདུལ་བའི་དབང་གི་ཕྱིར། གནས་བརྟན་མོའུ་འགལ་གྱི་བུ་ཆེན་པོ་ལ་བཀའ་སྩལ་པ། མོའུ་འགལ་གྱི་བུ་ཆེན་པོ། ས་ཕྱོགས་འདི་ནས་སེང་ལྡེང་གི་ཚལ་པ་ཞིག་འབྱུང་བར་འགྱུར་ཏེ། དེས་དེ་བཞིན་གཤེགས་པའི་ཞབས་གཡས་པའི་མཐིལ་ལ་འཛུགས་པར་འགྱུར་རོ། །དེ་སྐད་ཅེས་བཀའ་སྩལ་ནས། རིང་པོ་མ་ལོན་པ་དེ་ནས་དེའི་མོད་ལ། ས་ཕྱོགས་དེ་ཉིད་ནས་སེང་ལྡེང་གི་ཚལ་པ་རྣོན་པོ་མཐོ་གང་ཙམ་ཞིག་བྱུང་བར་གྱུར་ཏོ། །དེ་ན་བཅོམ་ལྡན་འདས་ལ་གནས་བརྟན་མོའུ་འགལ་གྱི་བུ་ཆེན་པོས་འདི་སྐད་ཅེས་གསོལ་ཏོ། །བཅོམ་ལྡན་འདས་བདག་གིས་སེང་ལྡེང་གི་ཚལ་པ་འདི་འཇིག་རྟེན་གྱི་ཁམས་གཞན་དུ་དོར་བར་བགྱི་ལགས་སོ། །ངས་དེ་ལ་འདི་སྐད་ཅེས་བཀའ་སྩལ་ཏོ། །མོའུ་འགལ་གྱི་བུ་ཆེན་པོ། ཁྱོད་ཀྱི་སེང་ལྡེང་གི་ཚལ་པ་འདི་ས་ཕྱོགས་འདི་ནས་གཞན་དུ་དོར་བར་མི་នུས་སོ། །རིགས་ཀྱི་བུ། དེ་ནས་གནས་བརྟན་མོའུ་འགལ་གྱི་བུ་ཆེན་པོས་སྟོབས་ཀྱིས་ཤུགས་ཀྱིས་སེང་ལྡེང་གི་ཚལ་པ་དེ་བཟུང་བ་དང་། འདི་ལྟར་སྟོང་གསུམ་གྱི་སྟོང་ཆེན་པོ་འཇིག་རྟེན་གྱི་ཁམས་འདི་ཁ་ཕྱིན་དུ་བལྟས་ཏེ་རབ་ཏུ་གཡོས་པར་གྱུར་ཀྱང་སེང་ལྡེང་གི་ཚལ་པ་དེ་ནི་ཐ་ན་སྐྲའི་རྩེ་མོའི་ཆ་ཤས་ཙམ་ཡང་མི་འགྱུལ་ལོ། །རིགས་ཀྱི་བུ་དེ་ནས་དེ་བཞིན་གཤེགས་པ་རྫུ་འཕྲུལ་གྱི་སྟོབས་ཀྱིས། རྒྱལ་ཆེན་རིགས་བཞི་ལྷ་རྣམས་ཀྱི་ནང་དུ་གཤེགས་པ་དང་། སེང་ལྡེང་གི་ཚལ་པ་དེ་ཡང་རྒྱལ་ཆེན་བཞིའི་རིས་ཀྱི་ལྷ་རྣམས་ཀྱི་གནས་སུ་འོངས་སོ། །དེ་ནས་དེ་བཞིན་གཤེགས་པ་སུམ་ཅུ་རྩ་གསུམ་པའི་ལྷ་རྣམས་ཀྱི་གནས་སུ་རི་རབ་ཀྱི་སྟེང་དུ་གཤེགས་པ་དང་། སེང་ལྡེང་གི་ཚལ་པ་དེ་ཡང་རི་རབ་ཀྱི་སྟེང་དུ་འོངས་སོ། །དེ་ནས་དེ་བཞིན་གཤེགས་པ་འཐབ་བྲལ་དང་། དགའ་ལྡན་དང་། འཕྲུལ་དགའ་དང་། གཞན་འཕྲུལ་དབང་བྱེད་ཀྱི་ལྷ་རྣམས་ཀྱི་གནས་སུ་ཡང་གཤེགས། ཚངས་པའི་འཇིག་རྟེན་གྱི་བར་དུ་ཡང་གཤེགས་པ་དང་། སེང་ལྡེང་གི་ཚལ་པ་དེ་ཡང་ཚངས་པའི་འཇིག་རྟེན་གྱི་བར་དུ་འོངས་སོ། །

དེ་ནས་དེ་བཞིན་གཤེགས་པས་ཚངས་པའི་འཇིག་རྟེན་ནས་བབས་ཏེ་གདན་ལ་བཞུགས་པ་དང་། སེང་ལྡེང་གི་ཚལ་པ་དེ་ཡང་ཚངས་པའི་འཇིག་རྟེན་ནས་བབས་ཏེ། བཅོམ་ལྡན་འདས་ཀྱི་སྤྱན་སྔར་འདུག་གོ། །རིགས་ཀྱི་བུ་དེ་ནས། དེ་བཞིན་གཤེགས་པས། ཕྱག་གཡས་པས་ཞབས་གཡས་པ་ནས་བཟུང་སྟེ། སེང་ལྡེང་གི་ཚལ་པ་རྩེ་མོ་ཡ་གཅིག་ས་ལ་ཟུག་པ་རྩེ་མོ་གཅིག་ས་ལས་ཕྱིན་དུ་བལྟ་བ་དེའི་སྟེང་དུ་ཞབས་བཞག་གོ། །

བཅོམ་ལྡན་འདས་ཀྱི་སེང་ལྡེང་གི་ཚལ་པའི་སྟེང་དུ་ཞབས་བཞག་མ་ཐག་ཏུ། དེ་ནས་དེའི་མོད་ལ་སྟོང་གསུམ་གྱི་སྟོང་ཆེན་པོ་འཇིག་རྟེན་གྱི་ཁམས་ནི་རབ་ཏུ་གཡོས་པར་གྱུར་ཏོ། །དེ་ནས་ང་ལ་གནས་བརྟན་ཀུན་དགའ་བོས་འདི་སྐད་ཅེས་གསོལ་ཏོ། །བཙུན་པ་བཅོམ་ལྡན་འདས་ཀྱིས་སྔོན་ལས་ཀྱི་སྒྲིབ་པ་འདི་ཅི་ཞིག་མཛད་པ་ལགས་ན༑ དེའི་ལས་ཀྱི་རྣམ་པར་སྨིན་པ་འདི་ལྟ་བུར་གྱུར་ལགས། ངས་དེ་ལ་འདི་སྐད་ཅེས་བཀའ་བསྩལ་ཏོ། །ཀུན་དགའ་བོ་ང་སྔོན་རྒྱ་མཚོ་ཆེན་པོའི་ནང་དུ་སོང་བ་ན། ཚོང་པ་གཡོ་ཅན་ཅིག་མདུང་ཐུང་གིས་བཏབ་སྟེ་སྲོག་དང་བྲལ་བར་གྱུར་བས་འདི་ནི་ལས་དེའི་ལྷག་མ་ཡིན་ནོ། །རིགས་ཀྱི་བུ་དེ་ནས་མི་ཉི་ཤུ་པོ་དེ་དག་གསོད་པར་འདོད་པའི། མི་མཛའ་བཤེས་ལྟར་བཅོས་པ་ཉི་ཤུ་གང་ཡིན་པ་དེ་དག་འདི་སྙམ་དུ་སེམས་ཏེ། དེ་བཞིན་གཤེགས་པ་ཆོས་ཀྱི་བདག་པོ་ལ་ཡང་ལས་སྨིན་པར་འགྱུར་ན། བདག་ལ་ཅིའི་ཕྱིར་རྣམ་པར་སྨིན་པར་མི་འགྱུར་སྙམ་ནས། དེ་དག་གིས་དེའི་མོད་ལ་དེ་བཞིན་གཤེགས་པའི་སྤྱན་སྔར། བཙུན་པ་བཅོམ་ལྡན་འདས་བདག་ཅག་ཀུང་སྲོག་ཆགས་འགུམ་པ་དང་། རྗེས་སུ་འགུམ་འཚལ་བ་ལགས་ཏེ། བདག་ཅག་བཅོམ་ལྡན་འདས་ཀྱི་སྤྱན་སྔར་ནོངས་པ་དེ་དག་འཆགས་ཤིང་མཆིས་ན། བཅོམ་ལྡན་འདས་ཀྱིས་བདག་གིས་ནོངས་པ་ལ་ནོངས་པར་བཤགས་པ་དེ་དག་རྗེས་སུ་བཟུང་དུ་གསོལ། ཅེས་ཉེས་པ་ལ་ཉེས་པར་བཤགས་སོ། །དེ་བཞིན་གཤེགས་པ་དེ་དག་ལ་ལས་ཀྱི་བྱ་བ་དང་ལས་ཟད་པར་འགྱུར་བ་ལས་བརྩམས་ཏེ་དེ་ལྟ་དེ་ལྟར་ཆོས་བསྟན་པས། མི་བཞི་བཅུ་པོ་གང་ཡིན་པ་དེ་དག་གིས་ནི་ཡེ་ཤེས་མངོན་པར་རྟོགས་པར་འགྱུར་རོ། །སྲོག་ཆགས་གཞན་བཞི་ཁྲིས་ནི་ཆོས་མངོན་པར་རྟོགས་པར་གྱུར་ཏོ། །གང་གི་ཕྱིར་དེ་བཞིན་གཤེགས་པ་དགྲ་བཅོམ་པ་ཡང་དག་པར་རྫོགས་པའི་སངས་རྒྱས་ཀྱི་ཞབས་ལ་སེང་ལྡེང་གི་ཚལ་པ་ཟུག་པར་གྱུར་པའི་རྒྱུ་ནི་དེ་ཡིན། རྐྱེན་ནི་དེ་ཡིན་ཏེ། དེ་ཡང་དེ་བཞིན་གཤེགས་པའི་ཐབས་ལ་མཁས་པ་ཡིན་ནོ། །ཞེས་གསུངས་པའི་ཕྱིར་རོ། །ཡང་བྲམ་ཟེར་འོད་ཟེར་ཕྲེང་གིས་སངས་རྒྱས་འོད་སྲུང་ལ་དགེ་སློང་མགོ་རེག་ལ་བྱང་ཆུབ་ག་ལ་ཡོད་ཅེས་སྨྲས་པའི་ལས་ཀྱི་རྣམ་སྨིན་གྱིས། རྒྱ་བོ་ནེ་རཉྫ་ནའི་འགྲམ་དུ་ལོ་དྲུག་ཏུ་དཀའ་བ་སྤྱད་པར་གསུངས་པའི་དགོངས་གཞི། ལྷ་དང་ཕྱི་རོལ་པའི་དྲང་སྲོང་ངན་པ་ལ་མོས་པ་ས་ཡ་ཕྲག་བཞི་དང་། ཉིས་འབུམ་འབྲུ་གཅིག་ཙམ་ཟ་ཞིང་ཟས་གཞན་མི་ཟ་བས་རྣམ་པར་དག་པར་འགྱུར་བར་འདོད་པ་དེ་དག་ཚར་བཅད་པ་ལ་དགོངས། དགོས་པ་འཕགས་པའི་ལམ་ལ་མ་བརྟེན་པར་འབྲུ་གཅིག་ཙམ་གྱི་ཟས་ངན་པ་ཟ་བས་རྣམ་པར་དག་པར་མི་ནུས་པར་བསྟན་པའི་ཕྱིར་ཡིན། དངོས་ལ་གནོད་བྱེད། བཅོམ་ལྡན་འདས་ལ་ལས་ཀྱི་སྒྲིབ་པ་མི་མངའ་བས་སོ། །དེ་སྐད་དུ་ཡང་རྟོག་གེ་འབར་བ་ལས། ང་སྔོན་བྲམ་ཟེ་བླ་མ་ཞེས་བྱ་བར་གྱུར་པའི་དུས་སུ། ཡང་དག་པར་རྫོགས་པའི་སངས་རྒྱས

འོད་སྲུང་ལ་དགེ་སློང་མགོ་རིག་ལ་བྱང་ཆུབ་ག་ལ་ཡོད། བྱང་ཆུབ་ནི་ཤིན་ཏུ་དཀའ་བས་བསྒྲུབ་པར་བྱ་བ་ཡིན་ནོ། །ཞེས་དང་། ཕྱག་ཏུ་བརྗོད་པའི་ལས་དེའི་རྣམ་པར་སྨིན་པས། ངས་ལོ་དྲུག་ཏུ་དཀའ་བ་སྤྱད་པ་ཡིན་ནོ། །ཞེས་ཅིའི་ཕྱིར་གསུང་བར་འགྱུར་ཞེ་ན། ང་ནི་དེ་ལྟར་ཤིན་ཏུ་མཐུན་པར་གྱུར་པའི་རིགས་དག་གསལ་བར་བྱའོ། །ཇི་ལྟར་ན། དེ་ལྟ་བུའི་དགོངས་པ་ཅན་དག་ལ་བྲང་དོན་དུ་དད་པར་གྱུར་ནས་སྨྲོ་བར་བྱེད། གང་ཁྱིམ་བདག་མགོན་མེད་ཟས་སྦྱིན་གྱིས་སངས་རྒྱས་ཞེས་བྱ་བའི་སྒྲ་སྔར་མ་ཐོས་པ་ན། བ་སྤུ་ཐམས་ཅད་ལངས་པར་གྱུར་ཅིང་། མཆོག་ཏུ་དགའ་བ་དང་བདེ་བ་སྐྱེས་ཏེ། ཤིན་ཏུ་མཐོང་བར་འདོད་པར་གྱུར་ཏོ། །ཞེས་གསུངས་པའི་ཕྱིར་དང་། གསང་ཆེན་ཐབས་ལ་མཁས་པའི་མདོ་ལས་ཀྱང་། དེ་ནས་བཅོམ་ལྡན་འདས་ཀྱིས་ཀྱང་བྱང་ཆུབ་སེམས་དཔའ་སེམས་དཔའ་ཆེན་པོ་ཡེ་ཤེས་དམ་པ་ལ་བཀའ་སྩལ་པ། རིགས་ཀྱི་བུ་གཞན་ཡང་གང་གི་ཕྱིར་བྱང་ཆུབ་སེམས་དཔའ་ལོ་དྲུག་ཏུ་དཀའ་བ་སྤྱོད་པ་སྤྱད་པ་ཡང་ཉོན་ཅིག འདི་ལྟར་བྱང་ཆུབ་སེམས་དཔའ་ནི་ཐབས་ལ་མཁས་པས་སེམས་ཅན་རྣམས་མི་དགེ་བའི་ལས་ཀྱི་བྱ་བ་དག་ལ་ངེས་པར་སྐྲོ་བར་བྱ་ཞིང་འདུན་པར་བྱ་བའི་ཕྱིར་ཏེ། རིགས་ཀྱི་བུ་འདི་ལྟར་བྱང་ཆུབ་སེམས་དཔའ་ལ་དེ་བཞིན་གཤེགས་པ་དགྲ་བཅོམ་པ་ཡང་དག་པར་རྫོགས་པའི་སངས་རྒྱས་འོད་སྲུང་གི་གསུང་རབ་ལ་ཚིག་འདི་སྐད་ཅེས་དགེ་སློང་མགོ་རིག་མཐོང་བས་ཁོ་བོ་ལ་ཅི་ཞིག་བྱ། བྱང་ཆུབ་ནི་མཆོག་ཏུ་རྙེད་པར་དཀའ་བ་ཡིན་པས། དགེ་སློང་མགོ་རིག་ལ་བྱང་ཆུབ་ག་ལ་ཡོད་ཅེས་སྨྲས་པ་དེ་ཡང་། བྱང་ཆུབ་སེམས་དཔའི་ཐབས་ལ་མཁས་པ་དང་། བདེན་པའི་ངག་དག་ཡིན་པར་བལྟ་བར་བྱ་སྟེ། ལས་ཀྱི་སྒྲིབ་པའི་རྒྱུ་བྱང་ཆུབ་སེམས་དཔའ་ལོ་དྲུག་ཏུ་དཀའ་བ་སྤྱོད་པ་སྤྱད། བྱང་ཆུབ་སེམས་དཔའ་ཇི་ལྟར་བསམས་ཏེ་ཚིག་དེ་སྐད་སྨྲ་ཞེ་ན། རིགས་ཀྱི་བུ་དེའི་ཚེ་དེའི་དུས་ན། དེ་བཞིན་གཤེགས་པ་དགྲ་བཅོམ་པ་ཡང་དག་པར་རྫོགས་པའི་སངས་རྒྱས་འོད་སྲུང་གི་གསུང་རབ་ལ། བྲམ་ཟེའི་ཁྱེའུ་འོད་ཟེར་ཕྲེང་དེ་ལ་ནེའུ་ལྡངས་བྲམ་ཟེའི་རིགས་ཤིང་སྣ་ལ་ཆེན་པོ་ལྔ་བུའི་བྱང་ཆུབ་སེམས་དཔའི་ཐེག་པ་ལ་ཡང་དག་པར་ཞུགས་པ་ལྔ་ཞིག་ཡོད་པ་དེ་དག་སྡིག་པའི་གྲོགས་པོའི་དབང་དང་། སྡིག་པའི་གྲོགས་པོ་དང་ཕྲད་པས། བྱང་ཆུབ་ཀྱི་སེམས་དེ་དག་བརྗེད་པར་གྱུར་ནས། དེའི་ཚེ་ན་རིགས་ཀྱི་བུ་ལྔ་པོ་དེ་དག་མུ་སྟེགས་ཅན་གྱི་བརྟུལ་ཞུགས་སྤྱོད་པར་གྱུར་ཅིང་། སངས་རྒྱས་ཀྱི་བརྟུལ་ཞུགས་མི་སྤྱོད་པ་དང་། མུ་སྟེགས་ཅན་གྱི་གསང་སྔགས་ལ་བརྩོན་ཞིང་། སངས་རྒྱས་ཀྱི་གསང་སྔགས་ལ་མི་བརྩོན་པ་དང་། མུ་སྟེགས་ཅན་ལ་མོས་ཤིང་མུ་སྟེགས་ཅན་གྱི་དབང་གིས་བྱང་ཆུབ་ནི་བདག་ལ་ཡོད་དེ། བདག་ཅག་ཀྱང་སངས་རྒྱས་ཡིན་ནོ་བདག་ཉིད་སྟོན་པ་ཡིན་པར་ཁས་འཆེ་བར་བྱེད་དོ། །བྲམ་ཟེའི་ཁྱེའུ་འོད་ཟེར་ཕྲེང་གིས་རིགས་ཀྱི་བུ་དེ་དག་སྣོད་ཡིན་པར་རིག་ནས། དེ་ཐབས་ལ་མཁས་པས།

བྲམ་ཟེའི་ཤིང་ས་ལ་ཆེན་པོ་ལྷ་བུའི་བུ་ལྷ་པོ། དེ་དག་རིམ་གྱིས་མུ་སྟེགས་ཅན་དེ་དག་གི་དྲུང་ནས་ཕྱིར་ལྡོག་པར་འདོད་པས། དེ་ཐབས་ལ་མཁས་པས། རྗེ་མཁན་བུམ་བྱེད་ལ། ཚིག་འདི་སྐད་ཅེས། དགེ་སློང་མགོ་རེག་མཐོང་བས་ཁོ་བོ་ཅི་ཞིག་བྱ། བྱང་ཆུབ་ནི་མཆོག་ཏུ་རྙེད་པར་དཀའ་བ་ཡིན་པས། དགེ་སློང་མགོ་རེག་ལ་བྱང་ཆུབ་ག་ལ་ཡོད་ཅེས་སྨྲས་ཏེ། རིགས་ཀྱི་བུ་དེའི་ཚེ་བྲམ་ཟེའི་ཁྱེའུ་འོད་ཟེར་ཕྲེང་དེས་ཕྱོགས་གཞན་ཞིག་ཏུ་བྲམ་ཟེའི་རིགས་ཤིང་སཱ་ལ་ཆེན་པོ་ལྷ་བུའི་བུ་ལྷ་པོ་དེ་དང་། ལྷན་ཅིག་ཏུ་འགོད་དོ། །དེ་ནས་རྗེ་མཁན་བུམ་བྱེད་ས་ཕྱོགས་དེ་ག་ལ་བ་དེར་སོང་སྟེ། དེ་བཞིན་གཤེགས་པ་དགྲ་བཅོམ་པ་ཡང་དག་པར་རྫོགས་པའི་སངས་རྒྱས་འོད་སྲུང་གི་བསྔགས་པ་བརྗོད་ཅིང་། བསྔགས་པ་བརྗོད་ནས་བྲམ་ཟེའི་ཁྱེའུ་འོད་ཟེར་ཕྲེང་བ་ལ་འདི་སྐད་ཅེས་སྨྲས་སོ། །ཀྱེ་འོད་ཟེར་ཕྲེང་ཚུར་ཤོག དེ་བཞིན་གཤེགས་པ་དགྲ་བཅོམ་པ་ཡང་དག་པར་རྫོགས་པའི་སངས་རྒྱས་འོད་སྲུང་གི་སྤྱན་སྔར་འདོང་ངོ་། །རིགས་ཀྱི་བུ་དེ་ནས་བྲམ་ཟེའི་ཁྱེའུ་འོད་ཟེར་འཕྲེང་འདི་སྙམ་དུ་སེམས་ཏེ། ཀྱེ་མ་བྲམ་ཟེའི་ཁྱེའུ་འདི་དག་ནི། དགེ་བའི་རྩ་བ་ཡོངས་སུ་མ་སྨིན་པ་ཡིན་པས། གལ་ཏེ་བདག་གི་དེ་བཞིན་གཤེགས་པ་དགྲ་བཅོམ་པ་ཡང་དག་པར་རྫོགས་པའི་སངས་རྒྱས་འོད་སྲུང་དང་བྱང་ཆུབ་ཀྱི་བསྔགས་པ་བརྗོད་ཅིང་། མུ་སྟེགས་ཅན་གྱི་བསྔགས་པ་མིན་པར་བརྗོད་པར་གྱུར་ན། རིགས་ཀྱི་བུ་འདི་དག་ཡོངས་སུ་དོགས་པར་གྱུར་ནས། དེ་བཞིན་གཤེགས་པ་དགྲ་བཅོམ་པ་ཡང་དག་པར་རྫོགས་པའི་སངས་རྒྱས་འོད་སྲུང་གི་སྤྱན་སྔར་འགྲོ་བར་མི་འགྱུར་བའི་གནས་དེ་ལྟ་བུ་ཡོད་དོ་སྙམ་ནས། བྲམ་ཟེའི་ཁྱེའུ་འོད་ཟེར་ཕྲེང་དེ་སྔར་དམ་བཅས་པ་ཉིད་རྗེས་སུ་བསྲུང་བཞིན་དུ་ཤེས་རབ་པའི་རྒྱུ་མཐུན་པའི་ཐབས་ལ་མཁས་པས་ཚིག་འདི་སྐད་ཅེས། དགེ་སློང་མགོ་རེག་མཐོང་བས་ཁོ་བོ་ཅི་ཞིག་བྱ། བྱང་ཆུབ་ནི་མཆོག་ཏུ་རྙེད་པར་དཀའ་བ་ཡིན་པས། དགེ་སློང་མགོ་རེག་ལ་བྱང་ཆུབ་ག་ལ་ཡོད་ཅེས་སྨྲས་སོ། །ཇི་ལྟར་ན་ཤེར་བའི་རྒྱུན་མཐུན་པའི་ཐབས་ལ་མཁས་པ་ཡིན་ཞེ་ན། ཤེས་རབ་ལ་སྤྱོད་པའི་བྱང་ཆུབ་སེམས་དཔའ་ནི་བྱང་ཆུབ་ཀྱི་འདུ་ཤེས་ཀྱང་མེད། སངས་རྒྱས་ཀྱི་འདུ་ཤེས་ཀྱང་མེད། སངས་རྒྱས་ཞེས་བྱ་བའི་སངས་རྒྱས་ཀྱང་ཡང་དག་པར་རྗེས་སུ་མི་མཐོང་ངོ་། །བྱང་ཆུབ་ཀྱང་ཡང་དག་པར་རྗེས་སུ་མི་མཐོང་སྟེ། བྱང་ཆུབ་ནི་ནང་དུ་ཡང་དག་པར་རྗེས་སུ་མི་མཐོང་། བྱང་ཆུབ་ནི་ཕྱི་རོལ་དུ་ཡང་དག་པར་རྗེས་སུ་མི་མཐོང་། བྱང་ཆུབ་ནི་ནང་དང་ཕྱི་རོལ་དུ་ཡང་དག་པར་རྗེས་སུ་མི་མཐོང་བའི་ཕྱིར་རོ། །དེ་ལྟར་ཆོས་ཐམས་ཅད་མ་སྐྱེས་མ་དམིགས་པའི་ཕྱིར། བྱང་ཆུབ་ནི་སྟོང་པ་ཉིད་ཡིན་པས། བྲམ་ཟེའི་ཁྱེའུ་འོད་ཟེར་ཕྲེང་གིས་ཤེར་བའི་རྒྱུ་མཐུན་པའི་ཐབས་ལ་མཁས་པ་དེས་ཚིག་འདི་སྐད་ཅེས། དགེ་སློང་མགོ་རེག་མཐོང་བས་ཁོ་བོ་ལ་ཅི་ཞིག་བྱ། བྱང་ཆུབ་ནི་མཆོག་ཏུ་རྙེད་པར་དཀའ་བ་ཡིན་པས། དགེ་སློང་མགོ་རེག་ལ་བྱང་ཆུབ་

ག་ལ་ཡོད་ཅེས་སྨྲས་སོ། །དེ་ནས་དུས་གཞན་ཞིག་གི་ཚེ་ན། བྲམ་ཟེའི་ཁྱེའུ་འོད་ཟེར་ཕྲེང་ཟེའུ་ལྡངས་ལྔ་པོ་དེ་དག་དང་ཆུ་འགྲམ་ཞིག་ན་འཁོད་པར་གྱུར་པ་དང་། དེ་ནས་སངས་རྒྱས་ཀྱི་མཐུས། རིགས་ཀྱི་བུ་ལྔ་པོ་དེ་གདུལ་བའི་དབང་གི་ཕྱིར། ཟ་མཁན་བུམ་བྱེད་དེ། ཆུ་འགྲམ་ག་ལ་བ་དེར་སོང་སྟེ། བྲམ་ཟེའི་ཁྱེའུ་འོད་ཟེར་ཕྲེང་དེ་ལ་འདི་སྐད་ཅེས་སྨྲས་སོ། །ཀྱེ་འོད་ཟེར་ཕྲེང་ཚུར་ཤོག སངས་རྒྱས་བཅོམ་ལྡན་འདས་རྣམས་ནི་འཇིག་རྟེན་དུ་འབྱུང་བ་ནི་ཤིན་ཏུ་རྙེད་པར་དཀའ་བ་ཡིན་གྱི། དེ་བཞིན་གཤེགས་པ་དགྲ་བཅོམ་པ་ཡང་དག་པར་རྫོགས་པའི་སངས་རྒྱས་འོད་སྲུང་ལ་བལྟ་བ་དང་། ཕྱག་བྱ་བ་དང་། བསྙེན་བཀུར་བའི་ཕྱིར་འདོང་ངོ། །བྲམ་ཟེའི་ཁྱེའུ་འོད་ཟེར་གྱིས་སྨྲས་པ། དགེ་སྦྱོང་སྒྲེ་བོ་མཐོང་བས་ཁོ་བོ་ཅི་ཞིག་བྱ། བྱང་ཆུབ་ནི་མཆོག་ཏུ་རྙེད་པར་དཀའ་བ་ཡིན་པས། དགེ་སྦྱོང་མགོ་རེག་ལ་བྱང་ཆུབ་ག་ལ་ཡོད་ཅེས་སྨྲས་ཏེ། བྲམ་ཟེའི་ཁྱེའུ་འོད་ཟེར་ཕྲེང་དེ་བཞིན་གཤེགས་པ་ལ་བལྟ་བ་དང་། ཕྱག་བྱ་བ་དང་། བསྙེན་བཀུར་བྱ་བའི་ཕྱིར་འགྲོར་མ་བཏུབ་པ་དང་། དེ་ནས་ཟ་མཁན་གྱི་བུམ་བྱེད་དེས། བྲམ་ཟེའི་ཁྱེའུ་འོད་ཟེར་ཕྲེང་གི་ཐོར་ཏོ་ནས་བཟུང་སྟེ། དེ་བཞིན་གཤེགས་པ་དགྲ་བཅོམ་པ་ཡང་དག་པར་རྫོགས་པའི་སངས་རྒྱས་འོད་སྲུང་ག་ལ་བ་དེར་ཁྲིད་དེ་སོང་ངོ་། །བྲམ་ཟེའི་ཁྱེའུ་ལྔ་པོ་དེ་དག་ཀྱང་། བྲམ་ཟེའི་ཁྱེའུ་འོད་ཟེར་ཕྲེང་ཡོངས་སུ་བསྐོར་ཏེ། ཡིད་མཐུན་པར་བྱས་ནས་དེ་བཞིན་གཤེགས་པ་དགྲ་བཅོམ་པ་ཡང་དག་པར་རྫོགས་པའི་སངས་རྒྱས་འོད་སྲུང་ག་ལ་བ་དེར་འདོང་ངོ་། །དེ་ནས་བྲམ་ཟེའི་རིགས་ཤིང་སྣ་ལ་ཆེན་པོ། ལྷ་བུའི་བུ་ལོག་པར་བལྟ་བའི་ཁྲིམ་དུ་སྐྱེས་པ་ལྔ་པོ་དེ་དག་ཆེར་འདུན་པར་གྱུར་ནས་འདི་སྙམ་དུ་འདི་ལྟར། བྲམ་ཟེའི་ཁྱེའུ་འོད་ཟེར་ཕྲེང་འདི། དེ་བཞིན་གཤེགས་པ་དགྲ་བཅོམ་པ་ཡང་དག་པར་རྫོགས་པའི་སངས་རྒྱས་འོད་སྲུང་ལ་བལྟ་བ་དང་། ཕྱག་བྱ་བ་དང་། བསྙེན་བཀུར་བྱ་བ་དང་། བྲུང་དུ་འགྲོ་བ་དང་། དགེ་བའི་ཆོས་ཡོངས་སུ་རྫོགས་པར་བྱ་བའི་ཕྱིར། ཟ་མཁན་བུམ་བྱེད་འདིས་ཐོར་ཏོ་ནས་བཟུང་བཞིན་དུ་ཡང་། བདག་ཉིད་ཀྱི་སྲོག་ཡོངས་སུ་བཏང་སྟེ། དེ་བཞིན་གཤེགས་པ་དགྲ་བཅོམ་པ་ཡང་དག་པར་རྫོགས་པའི་སངས་རྒྱས་འོད་སྲུང་གི་སྤྱན་སྔར་འགྲོ་བར་འགྱུར་བའི་སངས་རྒྱས་དེ་ནི་ཇི་འདྲ་བ་ཞིག་ཡིན་སངས་རྒྱས་ཀྱི་ཆོས་དེ་ནི་ཅི་འདྲ་བ་ཞིག་ཡིན་སྙམ་ནས། དེ་ནས་བྲམ་ཟེའི་རིགས་ཤིང་སྣ་ལ་ཆེན་པོ་ལྷ་བུའི་བུ་ལྔ་པོ་དེ་དག་གི་འདུན་པ་བྱས་ནས། དེ་བཞིན་གཤེགས་པ་འོད་སྲུང་ལ་བལྟ་བའི་ཕྱིར། དེ་བཞིན་གཤེགས་པ་འོད་སྲུང་གི་ཐད་དུ་འདོང་ངོ་། །དེ་དག་གིས་དེ་བཞིན་གཤེགས་པ་འོད་སྲུང་མཐོང་མ་ཐག་སྔོན་གྱི་དགེ་བའི་རྩ་བས་ཡང་དག་པར་བསྐུལ་བས་དད་པ་ཐོབ་པར་གྱུར་ཏོ། །དེ་དག་གིས་དད་པ་ཐོབ་ནས། བྲམ་ཟེའི་ཁྱེའུ་འོད་ཟེར་ཕྲེང་ལ་སྨྲས་པ། སྔོན་པའི་ཡོན་ཏན་འདི་ལྟ་བུ་དག ཁྱོད་ཀྱིས་སྔོན་ཆད་ཁོ་བོ་ལ་མ་སྨྲས་སོ། །ཞེས་སོགས་གསུངས་སོ། །རིགས་ཀྱི་བུ་དེ

ནས་བྲམ་ཟེའི་རིགས་ཤིང་སཱ་ལ་ཆེན་པོ་ལྟ་བུའི་བུ་ལྔ་པོ་དེ་དག་གིས། དེ་བཞིན་གཤེགས་པ་དགྲ་བཅོམ་པ་ཡང་དག་པར་རྫོགས་པའི་སངས་རྒྱས་འོད་སྲུང་གི་དཔལ་དང་གཟི་བརྗིད་ཀྱང་མཐོང་། སྤོབས་པ་ཡང་ཐོས། ཚངས་པའི་སྒྲ་དབྱངས་སྒྲོག་པ་ཡང་ཐོས་ནས། ལྷག་པའི་བསམ་པས་བླ་ན་མེད་པ་ཡང་དག་པར་རྫོགས་པའི་བྱང་ཆུབ་ཏུ་སེམས་བསྐྱེད་དོ། །རིགས་ཀྱི་བུ་དེ་ནས་དེ་བཞིན་གཤེགས་པ་དགྲ་བཅོམ་པ་ཡང་དག་པར་རྫོགས་པའི་སངས་རྒྱས་འོད་སྲུང་གིས། རིགས་ཀྱི་བུ་དེ་དག་གི་ལྷག་པའི་བསམ་པ་ཐུགས་སུ་ཆུད་ནས། དེའི་ཚེ་བྱང་ཆུབ་སེམས་དཔའི་སྡེ་སྣོད་ཀྱི་ཆོས་ཀྱི་རྣམ་གྲངས་ཕྱིར་མི་ལྡོག་པའི་འཁོར་ལོའི་གཟུངས། རྡོ་རྗེའི་ཚིག་ཆོས་ཐམས་ཅད་སྐྱེ་བ་མེད་པ་ཞེས་བྱ་བ། དེ་ལྟ་དེ་ལྟར་ཡང་དག་པར་བསྟན་པར་མཛད་དེ། དེས་རིགས་ཀྱི་བུ་ལྔ་པོ་དེ་དག་གིས་མི་སྐྱེ་བའི་ཆོས་ལ་བཟོད་པ་ཐོབ་པར་གྱུར་ཏོ། །རིགས་ཀྱི་བུ་དེ་ལྟ་ན་ང་ནི་སངས་རྒྱས་ཀྱི་ཡེ་ཤེས་ཐོགས་པ་མི་མངའ་བའི་ཁྱེད་ཅག་ལ་གལ་ཏེ་བྲམ་ཟེ་ཁྱེའུ་འོད་ཟེར་ཕྲེང་དེས། རིགས་ཀྱི་བུ་དེ་དག་གི་མདུན་དུ་དེ་བཞིན་གཤེགས་པ་དགྲ་བཅོམ་པ་ཡང་དག་པར་རྫོགས་པའི་སངས་རྒྱས་འོད་སྲུང་གི་བསྔགས་པ་བརྗོད་ཀྱང་མུ་སྟེགས་ཅན་རྣམས་ཀྱིས་བསྔགས་པ་མིན་པ་བརྗོད་པར་གྱུར་ན་ནི། དེས་ན་རིགས་ཀྱི་བུ་དེ་དག་དེ་བཞིན་གཤེགས་པ་དགྲ་བཅོམ་པ་ཡང་དག་པར་རྫོགས་པའི་སངས་རྒྱས་འོད་སྲུང་གི་སྤྱན་སྔར་འགྲོ་བའི་གནས་དང་སྐབས་ཀྱང་མེད་ན། དད་པ་ཐོབ་པར་གྱུར་པ་ལྟ་ཅི་སྨོས་ཏེ། དེ་ནི་གནས་མེད་དོ། །ཞེས་ལུང་སྟོན་ཏེ། རིགས་ཀྱི་བུ་དེ་ལྟར་ན། བྱང་ཆུབ་སེམས་དཔའི་ཐེག་པ་ལ་ཡང་དག་པར་ཞུགས་པའི་རིགས་ཀྱི་བུ་ལྔ་པོ་དེ་དག་ཡོངས་སུ་སྨིན་པར་བྱ་བའི་ཕྱིར། བྲམ་ཟེའི་ཁྱེའུ་འོད་ཟེར་ཕྲེང་གིས་ཤེར་བའི་རྒྱུ་མཐུན་པའི་ཐབས་ལ་མཁས་པས། ཚིག་འདི་སྐད་ཅེས་དགེ་སྦྱོང་མགོ་རེག་མཐོང་བས་ཁོ་བོ་ལ་ཅི་ཞིག་བྱ། བྱང་ཆུབ་ནི་མཆོག་ཏུ་རྙེད་པར་དཀའ་བ་ཡིན་པས། དགེ་སྦྱོང་མགོ་རེག་ལ་བྱང་ཆུབ་བྱང་ཆུབ་ག་ལ་ཡོད། ཅེས་སྨྲ་བར་ཟད་ཀྱི། རིགས་ཀྱི་བུ་ཕྱིར་མི་ལྡོག་པའི་བྱང་ཆུབ་སེམས་དཔའ་ནི། སངས་རྒྱས་ལ་ནེམ་ནུར་མེད་ཅིང་། བྱང་ཆུབ་ལ་ཡང་སོམ་ཉི་མེད། སངས་རྒྱས་ཀྱི་ཆོས་རྣམས་ལ་ཡང་སོམ་ཉི་མེད་དེ། དེ་ཡང་བྱང་ཆུབ་སེམས་དཔའི་ཐབས་ལ་མཁས་པ་ཡིན་ནོ། །རིགས་ཀྱི་བུ་བྱང་ཆུབ་སེམས་དཔའ་དེ་དག་ཡོངས་སུ་སྨིན་པར་བྱས་ཤིང་། ལས་ཀྱི་རྣམ་པར་སྨིན་པ་བསྟན་པ་གང་ཡིན་པའི་ལས་ཀྱི་རྣམ་པར་སྨིན་པ་དེས་ཀྱང་ངས་ལོ་དྲུག་ཏུ་དཀའ་བ་སྤྱོད་པ་སྤྱད་པར་གྱུར་པས། སེམས་ཅན་མི་ཤེས་པར་སྤྱོད་པ་གཞན་དག་གིས་ནི་དགེ་སྦྱོང་དང་། བྲམ་ཟེ་ཚུལ་ཁྲིམས་དང་ལྡན་པ་དག་ལ་ལྐོག་ནས་ཚིག་རྩུབ་པོ་སྨྲས་ལ། དེ་དག་གི་ཤེས་ཀྱང་རུང་། མི་ཤེས་ཀྱང་རུང་། ཤེས་པ་དང་ལྡན་ཡང་རུང་སྟེ་བརྗོད་པར་གྱུར་ན། དེ་དག་ལ་ཡུན་རིང་པོར་དོན་མེད་པ་དང་། གནོད་པ་དང་། སྡུག་བསྔལ་བ་དང་། ལོག་པར་ལྟུང་བར་

འགྱུར་བས་ན། སེམས་ཅན་དེ་དག་ལ་ལས་ཀྱི་བྱ་བ་བསྟན་པའི་ཕྱིར། དེ་བཞིན་གཤེགས་པ་ལས་ཀུན་ཏུ་སྟོན་པར་ཟད་ཀྱི། བྱང་ཆུབ་སེམས་དཔའ་ལ་ནི་ལས་ཀྱི་སྒྲིབ་པ་ཅུང་ཟད་ཀྱང་མེད་དོ། །

གཞན་ཡང་སེམས་ཅན་གང་དག་དགེ་སློང་དང་བྲམ་ཟེ་ཚུལ་ཁྲིམས་དང་ལྡན་པ་དག་ལ་ཚིག་རྩུབ་པོ་སྨྲས་ནས། བདག་ཅག་ལ་ནི་ཐར་པའི་བསྐལ་བ་མེད་དོ། །སྙམ་ནས་འགྱོད་པ་ལ་གནས་ཤིང་། ཕྱིན་ཆད་སྡོལ་བར་མི་བྱེད་པའི་སེམས་ཅན་དེ་དག་གིས་འགྱོད་པ་བསལ་བར་བྱ་བའི་ཕྱིར། ཡང་ལས་དེ་ཀུན་ཏུ་བསྟན་ཏེ། དེ་དག་འདི་སྙམ་དུ། བྱང་ཆུབ་སེམས་དཔའ་སྐྱེ་བ་གཅིག་གིས་ཐོགས་པས། དེ་བཞིན་གཤེགས་པ་དགྲ་བཅོམ་པ་ཡང་དག་པར་རྫོགས་པའི་སངས་རྒྱས་འོད་སྲུང་གི་གསུང་རབ་ལ་ཚིག་འདི་སྐད་དུ། བྱང་ཆུབ་ནི་མཆོག་ཏུ་རྙེད་པར་དཀའ་བ་ཡིན་པས། དགེ་སློང་མགོ་རེག་ལ་བྱང་ཆུབ་ག་ལ་ཡོད་ཅེས་སྨྲས་ཀྱང་། དེ་ལ་རྣམ་པར་གྲོལ་བའི་སྐལ་བ་ཡོད་པར་གྱུར་ན། བདག་མི་ཤེས་པ་རྣམས་ལྟ་སྨོས་ཀྱང་ཅི་དགོས་སྙམ་དུ་སེམས་ཤིང་། དེ་དག་སྡིག་པའི་ལས་ཀྱི་ཉེས་པ་དེ་ཡང་འཆགས་ལ། གཞན་ཡང་མངོན་པར་འདུ་མི་བྱེད་པར་འགྱུར་བའི་ཕྱིར་རོ། །རིགས་ཀྱི་བུ་གཞན་ཡང་མུ་སྟེགས་ཅན་གདུལ་བའི་ཕྱིར་བྱང་ཆུབ་སེམས་དཔའ་ལོ་དྲུག་ཏུ་དཀའ་བ་སྤྱད་པ་ཀུན་ཏུ་བསྟན་གྱི། ལས་ཀྱི་སྒྲིབ་པའི་རྒྱུས་ནི་མ་ཡིན་ནོ། །དེ་ཅིའི་ཕྱིར་ཞེ་ན། དགེ་སློང་དང་བྲམ་ཟེས། རྒྱ་ཤུགས་དང་། ཏིལ་དང་། འབྲས་འབྲུ་གཅིག་ཙམ་ཟ་ཞིང་། ཟས་གཞན་མི་ཟ་བས། རྣམ་པར་དག་པར་འགྱུར་བ་དག་ཡོད་པས་དེ་དག་ཚར་གཅད་པའི་ཕྱིར། བྱང་ཆུབ་སེམས་དཔས་འཕགས་པའི་ལམ་ལ་མ་བརྟེན་པར། རྒྱ་ཤུག་དང་། ཏིལ་དང་། འབྲས་བུ། འབྲུ་གཅིག་ཙམ་གྱི་ཟས་ངན་པ་ཟ་བས་རྣམ་པར་དག་པར་མི་འགྱུར་བཀྲན་པའི་ཕྱིར་ཏེ། འདི་ལྟར་བྱང་ཆུབ་སེམས་དཔས་ཚིག་འདི་སྐད་ཅེས་བྱང་ཆུབ་ནི་མཆོག་ཏུ་རྙེད་པར་དཀའ་བ་ཡིན་པས། དགེ་སློང་མགོ་རེག་ལ་བྱང་ཆུབ་ག་ལ་ཡོད་ཅེས་སྨྲས་པའི་རྒྱུ་ནི་དེ་ཡིན། རྐྱེན་ནི་དེ་ཡིན། ལས་ཀྱི་བྱ་བ་དེ་ལ་དམིགས་ནས་ལོ་དྲུག་ཏུ་དཀའ་བ་སྤྱད་པ་བསྟན་ཏོ། །བྱང་ཆུབ་སེམས་དཔས་ལོ་དྲུག་ཏུ་དཀའ་བ་སྤྱད་པ་བསྟན་པས། ལྷ་དང་ཕྱི་རོལ་པའི་དྲང་སྲོང་ངན་པ་ལ་མོས་པ་ས་ཡ་ཕྲག་བཞི་དང་། ཉིས་འབུམ་ཡང་ཁ་ཟས་ངན་པ་དེས་བཏུལ་ནས་དེ་དག་གིས་ཡེ་ཤེས་མངོན་པར་རྟོགས་པར་འགྱུར་ཏེ། དེ་ཡང་བྱང་ཆུབ་སེམས་དཔའི་ཐབས་ལ་མཁས་པ་ཡིན་ནོ། །ཞེས་གསུངས་པའི་ཕྱིར་བྲམ་ཟེའི་སློབ་དཔོན་དུ་གྱུར་པ་ན། སངས་རྒྱས་རྣམ་གཟིགས་ཀྱི་ཉན་ཐོས་ལ་རྟ་ཆས་རྩུལ་བ་སྨོད་རྒྱུ་ཡིན་ཞེས་སྨྲས་པའི་རྣམ་སྨིན་གྱིས། བྲམ་ཟེ་ཉོན་མོངས་མེད་ཀྱི་ལྗོངས་སུ་དབྱར་གནས་པའི་ཚེ། རྟ་ཆས་རྩུལ་བ་གསོལ་བའི་དགོངས་གཞི། དགེ་སློང་ལྔ་བརྒྱའི་ནང་ནས་བཞི་བཅུ་ནི་འདོད་པ་ལ་སྤྱོད་པ་དང་། སྡུག་པའི་མཚན་མ་ལ་སྤྱོད་པ་དེ་དག་གི་ཟས་བསོད་པ་དེ་དག་ཟློས་པར་གྱུར་

ན༔ འདོད་པ་དང་ལྡན་པར་འགྱུར་ལ། དེ་དག་གི་ཟས་ངན་པ་མ་ཟོས་ན་འདོད་ཆགས་སྲབ་པར་མི་འགྱུར་བ་ལ་དགོངས། དགོས་པ་འཁོར་གྱི་དགེ་སློང་ལྔ་བརྒྱ་པོ་དེ་གདུལ་བའི་ཕྱིར་དང་། རྟར་གྱུར་པའི་བྱང་ཆུབ་སེམས་དཔའ་ལྔ་བརྒྱ་ཡོངས་སུ་སྨིན་པར་བྱ་བའི་ཕྱིར་ཡིན། དངོས་ལ་གནོད་བྱེད་བཅོམ་ལྡན་འདས་ལ་ལས་ཀྱི་སྒྲིབ་པའི་ཉེས་པ་མི་མངའ་བའི་ཕྱིར་དང་། ཟས་ཅི་ཡང་གསོལ་ཡང་། རོ་བྲོ་བའི་མཆོག་དང་ལྡན་པའི་ཕྱིར། དེ་སྐད་དུ་ཡང་། གསང་ཆེན་ཐབས་ལ་མཁས་པའི་མདོ་ལས། ཅིའི་ཕྱིར་དེ་བཞིན་གཤེགས་པ་དགེ་སློང་གི་དགེ་འདུན་དང་བཅས་པ། ཉོན་མོངས་མེད་ཀྱི་ལྗོངས་སུ་དབྱར་གནས་པར་ཞལ་གྱིས་བཞེས་པ་ན། ཟླ་བ་གསུམ་དུ་སྐྱེ་བོ་ལ་བག་ཕེབས་ཏེ། བྲམ་ཟེ་ཉོན་མོངས་མེད་ཀྱི་རྟ་ཆས་ཀྱི་ནས་དག་གསོལ་ཞེ་ན། རིགས་ཀྱི་བུ་དེ་བཞིན་གཤེགས་པས་ཇི་ལྟར་ཁྲིམ་བདག་དེས་དེ་བཞིན་གཤེགས་པ་དགེ་སློང་གི་དགེ་འདུན་དང་བཅས་པ་སྤྱན་དྲངས་ནས། རི་མོ་བྱེད་པར་མཁྱེན། དེས་མཁྱེན་བཞིན་དུ་ཡང་དང་དུ་བླངས་ཤིང་བཏང་སྙོམས་མཛད་དོ། །དེ་ཅིའི་ཕྱིར་ཞེ་ན། དེ་བཞིན་གཤེགས་པ་དགེ་སློང་གི་དགེ་འདུན་དང་བཅས་པས། དབྱར་ཟླ་བ་གསུམ་དུ་གང་དང་རྟ་ཆས་ཀྱི་ནས་གསོལ་བའི་རྟ་ལྔ་བརྒྱ་པོ་གང་དག་ཡིན་པ་དེ་དག་ཐམས་ཅད་ནི། བྱང་ཆུབ་སེམས་དཔའ་ཐེག་པ་ལ་ཡང་དག་པར་ཞུགས་པ། སྔོན་གྱི་རྒྱལ་བ་ལ་ལྷག་པར་བྱ་བ་བྱས་པ་ཤ་སྟག་ཡིན་ཏེ། དེ་དག་སྡིག་པའི་གྲོགས་པོའི་དབང་གིས་སྡིག་པའི་ལས་དང་། ལས་དམན་པ་བྱས་ཤིང་མངོན་པར་འདུས་བྱས་པས། ལས་དེས་དེ་དག་དུད་འགྲོའི་སྐྱེས་གནས་སུ་སྐྱེས་ཏེ་རྟ་ལྔ་བརྒྱ་པོ་དེ་དག་གི་ནང་ན། རྟ་ཅང་ཤེས་གཅིག་ཡོད་པ་གང་ཡིན་པ་དེ་ནི། བྱང་ཆུབ་སེམས་དཔའ་ཉི་མའི་སྙིང་པོ་ཞེས་བྱ་སྨོན་ལམ་གྱི་དབང་གིས་བསམ་བཞིན་དུ་དེར་སྐྱེས་པ་ཡིན་ལ། རྟ་ལྔ་བརྒྱ་པོ་དེ་དག་ཀྱང་སྔོན་མིར་གྱུར་པ་ན། བྱང་ཆུབ་སེམས་དཔའ་ཉི་མའི་སྙིང་པོ་དེ་ཉིད་ཀྱིས་བྱང་ཆུབ་ཡང་དག་པར་འཛིན་དུ་བཙུག་པ་ཡིན་པས། དེ་དག་ཡོངས་སུ་ཐར་པར་བྱ་བ་དང་། ཡོངས་སུ་སྨིན་པར་བྱ་བའི་ཕྱིར་དེར་སྐྱེས་ཏེ། རྟ་ཅང་ཤེས་དེ་ཉིད་ཀྱི་མཐུས་རྟ་ལྔ་བརྒྱ་པོ་དེ་དག་ཐམས་ཅད་སྔོན་གྱི་ཚེ་རབས་རྗེས་སུ་དྲན་པར་གྱུར་ཅིང་། དེ་དག་གི་བྱང་ཆུབ་ཀྱི་སེམས་དེ་ཡང་མངོན་དུ་གྱུར་པའི་ཕྱིར་ཏེ། རིགས་ཀྱི་བུ་དེ་ལྟ་བས་ན། དེ་བཞིན་གཤེགས་པ་བྱང་ཆུབ་སེམས་དཔའ་རྟར་གྱུར་པ་ལྔ་བརྒྱ་པོ་དེ་དག་ལ་ཐུགས་བརྩེ་བའི་ཕྱིར། དེ་བཞིན་གཤེགས་པ་དུད་འགྲོའི་སྐྱེ་གནས་སུ་སྐྱེས་པ་དེ་དག་གི་དོན་དུ་དབྱར་ཟླ་བ་གསུམ་དུ་དེར་གནས་པར་ཞལ་གྱིས་བཞེས་སོ། །དེས་ན་རྟ་ལྔ་བརྒྱ་པོ་དེ་དག་གི་ཆས་ཀྱི་ནས་གང་དག་ཡིན་པ་དེ་དག་ལས་ཕྱེད་ཕྱེད་དག་ནི་དགེ་སློང་ལྔ་བརྒྱ་པོ་དག་ལ་འབུལ་ལོ། །ཕྱེད་ནི་རྟ་ལྔ་བརྒྱ་པོ་དེ་ཉིད་ཟའོ། །རྟ་ཅང་ཤེས་ཀྱི་ཆས་ཀྱི་ནས་གང་དག་ཡིན་པ་དེ་དག་ལས་ཕྱེད་ནི་དེ་བཞིན་གཤེགས་པ་འབུལ་ལོ། །ཕྱེད་ནི་རྟ་ཅང་ཤེས་དེ་ཉིད་ཟ་ཞིང་རྟ་ཅང

ཞེས་དེ་རྟའི་སྐད་ཀྱིས་རྟ་ལྔ་བརྒྱ་པོ་དེ་དག་ཐམས་ཅད་སྡིག་པ་འཆགས་སུ་བཅུག་ཅིང་སངས་རྒྱས་ལ་སོགས་པ་དགེ་སློང་གི་དགེ་འདུན་དེ་དག་ལ་ཕྱག་འཚལ་དུ་ཡང་བཅུག་གོ། །རྟ་ཅང་ཤེས་དེ་རྟ་ལྔ་བརྒྱ་པོ་དེ་དག་ལ་འདི་སྐད་ཅེས། ཁྱེད་ཅག་གི་ཆས་ཀྱི་ནས་དག་ལས་ཕྱེད་ཕྱེད་དེ་བཞིན་གཤེགས་པ་དང་། དགེ་སློང་གི་དགེ་འདུན་གྱིས་གསོལ་ཏོ། །ཞེས་གོ་བར་བྱས་སོ། །དེར་རྟ་ལྔ་བརྒྱ་པོ་དེ་དག་གིས་སྡིག་པ་བཤགས་ཤིང་སངས་རྒྱས་ལ་སོགས་པ་དགེ་སློང་གི་དགེ་འདུན་ལ་དད་པ་སྐྱེས་ནས་ཟླ་བ་གསུམ་པོ་དེ་དག་འདས་པའི་འོག་ཏུ་དུས་གཞན་གྱི་ཚེ་ན། རྟ་ལྔ་བརྒྱ་པོ་དེ་དག་ཐམས་ཅད་ཤི་འཕོས་ཏེ། དགའ་ལྡན་གྱི་ལྷ་རྣམས་དང་སྐལ་བ་མཉམ་པར་སྐྱེས་ནས་ལྷར་གྱུར་པ་དེ་དག་གིས་ཀྱང་། དེ་བཞིན་གཤེགས་པ་ལ་ཞལ་ཟས་ཕུལ་ཞིང་། བསྐོར་བསྐོ་བྱས། བླ་མར་བྱས། རི་མོར་བྱས། མཆོད་པ་བྱས་པ་དང་། དེ་བཞིན་གཤེགས་པས་ཀྱང་། དེ་དག་ལས་ཅི་ནས་ཀྱང་བླ་ན་མེད་པ་ཡང་དག་པར་རྫོགས་པའི་བྱང་ཆུབ་ཏུ་ངེས་པར་འགྱུར་བ་དེ་ལྟ་དེ་ལྟར་ཆོས་བསྟན་ཏོ། །རྟ་ལྔ་བརྒྱ་པོ་དེ་དག་འདུལ་ཞིང་འཚོ་བར་བྱེད་པའི་རྟ་རྫི་གང་ཡིན་པ་དེ་ཡང་སངས་རྒྱས་རབ་ཏུ་སེམས་དུལ་ཞེས་བྱ་བར་གྱུར་ཏོ། །ཞེས་བྱ་བར་ལུང་བསྟན་ཏོ། །དེ་བཞིན་གཤེགས་པས་རྟ་ཅང་ཤེས་དེ་ཡང་སངས་རྒྱས་བཅོམ་ལྡན་འདས་དཔག་ཏུ་མེད་པ་ལ་མཆོད་པ་བྱས་ཤིང་བྱང་ཆུབ་ཀྱི་ཕྱོགས་ཀྱི་ཆོས་རྣམས་ཡོངས་སུ་རྫོགས་པར་བྱས་ནས། དེ་བཞིན་གཤེགས་པ་དགྲ་བཅོམ་པ་ཡང་དག་པར་རྫོགས་པའི་སངས་རྒྱས་རབ་ཏུ་སེམས་དུལ་ཞེས་བྱ་བར་གྱུར་ཏེ། འཇིག་རྟེན་དུ་འབྱུང་བར་འགྱུར་རོ་ཞེས་བྱ་བར་ཡང་ལུང་བསྟན་ཏོ། །རིགས་ཀྱི་བུ་དེ་ལྟ་མོད་ཀྱི་མིའི་ཁ་ཟས་གང་ཡིན་པ་དེ་དག་ནི། དེ་བཞིན་གཤེགས་པ་ལ་མི་བསོད་པ་ཅུང་ཟད་ཀྱང་མེད་དེ། རིགས་ཀྱི་བུ་ཡོངས་སུ་བརྟག་པ་ཉེ་བར་བཟུང་ན། གལ་ཏེ་དེ་བཞིན་གཤེགས་པས་ཤིང་དང་བོང་བ་དང་། གསེག་མ་དང་། གྱོ་མོ་དག་ཞལ་ཟས་ཀྱི་ཕྱིར་ཡོངས་སུ་ལོངས་སྤྱོད་པར་གྱུར་ན་ཡང་ཤིང་དང་། བོང་བ་དང་། གསེག་མ་དང་། གྱོ་མོ་ལ་སོགས་པ་དེ་དག་གི་རོ་ལྟ་བུ་དང་། རོ་བྲོ་བའི་མཆོག་གི་ཁྱད་པར་གང་ཡིན་པ་དེ་ལྟ་བུ་དག་ནི། སྟོང་གསུམ་གྱི་སྟོང་ཆེན་པོ་འཇིག་རྟེན་གྱི་ཁམས་ན་འགའ་ཡང་མེད་དོ། །དེ་ཅིའི་ཕྱིར་ཞེ་ན། རིགས་ཀྱི་བུ་འདི་ལྟར་དེ་བཞིན་གཤེགས་པ་ནི་སྐྱེས་བུ་ཆེན་པོའི་མཚན་རོ་བྲོའི་མཆོག་དང་ལྡན་པ་ཡིན་པས་ན། དེ་བཞིན་གཤེགས་པའི་སྐུ་ལ་ཞལ་ཟས་མི་བསོད་པ་ཐམས་ཅད་གསོལ་མ་ཐག་ཏུ་ཡང་ལྷའི་ཁ་ཟས་ལས་ཡང་དག་པར་འདས་པའི་རོ་དང་ལྡན་པའི་ཕྱིར་ཏེ། རིགས་ཀྱི་བུ་དེའི་ཕྱིར་རྣམ་གྲངས་དེས་ན་ཁྱེད་ཀྱིས་འདི་ལྟར་དེ་བཞིན་གཤེགས་པའི་ཞལ་ཟས་ཐམས་ཅད་ནི་བསོད་པ་ཡིན་པར་རིག་པར་བྱའོ། །རིགས་ཀྱི་བུ་དེའི་ཚེ་ན་དགེ་སློང་ཀུན་དགའ་བོ་འདི་སྙམ་དུ། དེ་བཞིན་གཤེགས་པ་འདིས་འཁོར་ལོ་བསྒྱུར་བའི་རྒྱལ་སྲིད་སྤངས་པ་སྟེ། རབ་ཏུ་བྱུང་ནས་རྟ་ཆས་ཀྱི་ནས་དག་གསོད་

པར་མཛད་པ་ལྟ་ཞེས་ཡིད་མི་བདེ་བ་གྱུར་པ་དང་། དེ་བཞིན་གཤེགས་པས་དེའི་སེམས་ལ་རྣམ་པར་གཟིགས། ཀུན་དགའ་བོ་འདི་ཅིའི་རོ་ཡིན་ཤེས་སམ། ཞེས་ནས་འབྲུ་གཅིག་བྱིན་པ་དང་། དེ་ཟོས་ནས་ངོ་མཚར་དུ་འཛིན་པར་གྱུར་ཏེ། ང་ལ་འདི་སྐད་ཅེས། བཅོམ་ལྡན་འདས་བདག་གི་རྒྱལ་པོའི་ཁྱིམ་དུ་སྐྱེས་ཤིང་རྒྱལ་པོའི་ཁྱིམ་དུ་ལེགས་པར་རྒྱས་པ་ལགས་ན། བཅོམ་ལྡན་འདས་བདག་གི་རོ་མཆོག་འདི་ལྟ་བུ་ནི་སྔོན་ཆད་འཚལ་མ་མྱོང་ལགས་སོ། །ཞེས་ཟེར་ཏེ་དེའི་ཕྱིན་གྱིས། དགེ་སློང་ཀུན་དགའ་བོ་ཟས་གཞན་མི་ཟ་བར། དགེ་བ་དང་བདེ་བ་ཞག་བདུན་འདས་པར་གྱུར་རོ། །རིགས་ཀྱི་བུ་རྣམ་གྲངས་དེས་ན། ཁྱོད་ཀྱིས་འདི་ལྟར་དེ་ནི་དེ་བཞིན་གཤེགས་པའི་ཐབས་ལ་མཁས་པ་ཡིན་གྱི་ལས་ཀྱིས་བསྒྲིབ་པ་མ་ཡིན་པར་རིག་པར་བྱའོ། །རིགས་ཀྱི་བུ་གཞན་ཡང་སེམས་ཅན་གང་དག་དགེ་སྦྱོང་དང་བྲམ་ཟེ་ཚུལ་ཁྲིམས་དང་ལྡན་པ་དག་མགྲོན་དུ་གཉེར་ལ་སེམས་རྣམ་པར་གཡེངས་པས་རི་མོ་མི་བྱེད་པའི་སེམས་ཅན་དེ་དག་ལ་འདི་སྐད་སླུས་པ་དེ་བཞིན་མི་བྱེད་པ་ཉིད་ཀུན་ཏུ་བལྟ་བའི་ཕྱིར། ལས་ཀྱི་རྒྱུ་དེ་ལྟ་བུ་དག་ཀུན་ཏུ་སྟོན་པར་མཛད་དོ། །རིགས་ཀྱི་བུ་གང་གིས་དེ་བཞིན་གཤེགས་པ་སྤྱན་དྲངས་ལ། རི་མོ་བྱས་པ་དེ་ཡང་དེ་བཞིན་གཤེགས་པས་ལོག་པར་ལྟུང་བར་མི་འགྱུར་བའི་ཆོས་སུ་ལུང་བསྟན་པའི་དེ་བཞིན་གཤེགས་པ་རྣམས་ཀྱི་དེ་བཞིན་གཤེགས་པའི་ཆོས་ཉིད་ལ་ལྟོས། རིགས་ཀྱི་བུ་གཞན་ཡང་དེ་བཞིན་གཤེགས་པ་དང་། ཐབས་གཅིག་ཏུ་དབྱར་ཟླ་བ་གསུམ་གནས་པར་ཁས་བླངས་པའི་དགེ་སློང་ལྔ་བརྒྱ་པོ་གང་དག་གིས། རྟ་ཚས་ཀྱི་ནས་དེ་དག་ཟོས་པ་དེ་དག་ལས། དགེ་སློང་བཞི་བརྒྱ་ནི་འདོད་ཆགས་སྤྱོད་པ་དང་། སྡུག་པའི་མཚན་མ་སྤྱོད་པ་ཡིན་པས་གལ་ཏེ་དེའི་ཚེ་ན་དེ་དག་གིས་ཟས་བསོད་པ་དག་ཟོས་པར་གྱུར་ན། དེ་དག་གིས་འདོད་ཆགས་དང་ལྡན་པའི་རྣམ་པར་རྟོག་པ་ཤིན་ཏུ་ཤས་ཆེན་པོ་སྐྱེས་པར་འགྱུར་བ་ཞིག་ན། དེ་དག་གིས་ཟས་ངན་པ་ཟོས་དེས་འདོད་ཆགས་ཀྱིས་ཀུན་ནས་ལྡང་བ་དེ་དག་བསྲབས་ཤིང་མེད་པར་འགྱུར་ཏེ། དེ་དག་གི་འདོད་ཆགས་ཀྱིས་ཀུན་ནས་ལྡང་བ་དག་རྣམ་པར་གསལ་ནས་དེ་དག་ཐམས་ཅད་ཀྱིས་ཟླ་བ་གསུམ་པོ་དེ་དག་འདས་ནས་ཞག་བདུན་གྱིས་དགྲ་བཅོམ་པ་ཉིད་ཐོབ་པར་གྱུར་ཏོ། །

རིགས་ཀྱི་བུ་དེ་ལྟ་བས་ན། དགེ་སློང་ལྔ་བརྒྱ་པོ་དེ་དག་གདུལ་བའི་དབང་གི་ཕྱིར་དང་། བྱང་ཆུབ་སེམས་དཔའ་དེ་དག་ཡོངས་སུ་སྨིན་པར་བྱ་བའི་ཕྱིར། དེ་བཞིན་གཤེགས་པས་ཐབས་མཁས་པ་དེས་ཟླ་བ་གསུམ་དུ་རྟ་ཚས་ཀྱི་ནས་དག་གསོལ་བར་ཟད་ཀྱི་ལས་ཀྱི་སྒྲིབ་པའི་ཉེས་པ་ནི་མ་ཡིན་ཏེ། དེ་ཡང་དེ་བཞིན་གཤེགས་པའི་ཐབས་ལ་མཁས་པ་ཡིན་ནོ་ཞེས་གསུངས་པའི་ཕྱིར་རོ། །ཡང་བྲམ་ཟེ་འོད་ཟེར་ཕྲེང་གིས་བྲམ་ཟེ་རིན་ཆེན་ལ་རིག་བྱེད་སློབ་པའི་དུས་སུ་བྲམ་ཟེ་རིན་པོ་ཆེའི་འཁོར་ལོགས་སུ་ཕྲེ་སྟེ་བཤད་པའི་ལས་ཀྱི་རྣམ་

སྦྱིན་གྱིས་བྲམ་ཟེའི་བུ་མོ་དྲིགས་མས་ཤིང་གི་གཞོང་བུ་ལྷོ་བར་བཅིངས་ཏེ། དགེ་སློང་ཁྱོད་ཀྱིས་ཁོ་མོ་སྦྲུམ་པར་བྱས་ཀྱི། ཁོ་མོ་ལ་ཟས་དང༌། གོས་ཕྱིན་ཅིག་ཅེས་དེ་བཞིན་གཤེགས་པ་ལ་སྐུར་བ་བཏབ་པའི་དགོངས་གཞི། མ་འོངས་པའི་དགེ་སློང་རྣམས་ལ་ཡང་དག་མ་ཡིན་པའི་སྐུར་བ་འདེབས་པ་ལ་དགོངས། དགོས་པ་དགེ་སློང་རྣམས་ཀྱིས་བསྐུར་བ་དེ་དག་བཟོད་ཅིང་ཉམས་པ་ལ་མི་འཇུག་པར་བྱ་བའི་ཕྱིར་ཡིན། དངོས་ལ་གནོད་བྱེད་དེ་བཞིན་གཤེགས་པ་ལ་ལས་ཀྱི་སྒྲིབ་པ་ཕྲ་རགས་ཀྱང་མི་མངའ་བས་སོ། །

དེ་སྐད་དུ་གསང་ཆེན་ཐབས་ལ་མཁས་པའི་མདོ་ལས། ཅིའི་ཕྱིར་བྲམ་ཟེའི་བུ་མོ་དྲིགས་མས་ཤིང་གི་གཞོང་བུ་ལྷོ་བར་བཅིངས་སྟེ། དགེ་སློང་ཁྱོད་ཀྱིས་ཁོ་མོ་སྦྲུམ་མར་བྱས་ཀྱིས། ཁོ་མོ་ལ་ཟས་དང་གོས་ཕྱིན་ཅིག་ཅེས་དེ་བཞིན་གཤེགས་པ་ལ་སྐུར་བ་བཏབ་པར་གྱུར་ཅེ་ན། རིགས་ཀྱི་བུ་དེ་བཞིན་གཤེགས་པ་ལ་ནི་ལས་ཀྱི་སྒྲིབ་པ་ཕྲ་རགས་ཀྱང་མི་མངའ་སྟེ། དེ་བཞིན་གཤེགས་པས་བྲམ་ཟེའི་བུ་མོ་དྲིགས་པ་འཇིག་རྟེན་གྱི་ཁམས་གཞན་ལྷའི་གླིང་གི་བྱེ་མ་སྙེད་དུ་འཕང་བར་ཡང་སྤྱོད་མོད་ཀྱི། དེ་བཞིན་གཤེགས་པ་དེས་མཁྱེན་བཞིན་དུ་བཏང་སྙོམས་མཛད་ཅིང་ཐབས་ལ་མཁས་པས་ལས་ཀྱི་བྱ་བ་ཀུན་ཏུ་བསྟན་པ་མཛད་དོ། །ཅིའི་ཕྱིར་ཞེ་ན། ཕྱི་མའི་དུས་ན་བསྟན་པ་འདི་ལ་རབ་ཏུ་བྱུང་བའི་དགེ་སློང་དག་འབྱུང་བར་འགྱུར་ཏེ། དེ་དག་ལ་ཡང་དག་པ་མ་ཡིན་པའི་སྐུར་བ་བཏབ་པས་དེ་དག་འགྱོད་དང་སེམས་ཞུམ་པར་འགྱུར་ཞིང༌། དེ་དག་མངོན་པར་མི་དགའ་བ། ཉམས་པ་ལ་འཇུག་པར་འགྱུར་བ་དེ་དག་སྐུར་བ་བཏབ་པའི་ཚེ། འདི་སྐད་དུ། དེ་བཞིན་གཤེགས་པ་དཀར་པོའི་ཆོས་ཐམས་ཅད་དང་ལྡན་པ་དེ་ཉིད་ཀྱང་སྐུར་བ་བཏབ་པར་གྱུར་ན་བདག་གི་བལྟ་ཅིའི་ཕྱིར་མི་རྟེན་ཅེས་དེ་བཞིན་གཤེགས་པ་རྗེས་སུ་དྲན་པར་བྱེད་ཅིང་དེ་དག་དེའི་ཚེ་ན་སྐུར་བ་དེ་ཟིལ་གྱིས་མནན་ནས། ཚངས་པར་སྤྱོད་པ་ཡོངས་སུ་དག་པ། ཡོངས་སུ་བྱང་བ་སྤྱོད་པར་འགྱུར་བ་དང༌། ཉམས་པ་ལ་སྤྱོད་པར་མི་འགྱུར་བར་བྱ་བའི་ཕྱིར་རོ། །བྲམ་ཟེའི་བུ་མོ་དྲིགས་མ་ནི་རེ་ཞིག་སྡིག་པའི་ལས་ཀུན་ཏུ་རྒྱུས་པ་དང༌། རང་བཞིན་གྱིས་མ་དད་པ་མང་བ་ཡིན་པས་དེ་ལྟར་ལས་ཀྱི་སྒྲིབ་པས་བསྒྲིབས་པ་དེས་ན། ཕུང་པོ་དང༌། ཁམས་དང་སྐྱེ་མཆེད་དེ་དག་ཉིད་ཀྱིས་བསྟན་པ་འདི་ལ་གནོད་མི་ཟ་བར་རྨ་འབྱིན་པར་བྱེད་པ་ཡིན་ཏེ། དེ་སྡིག་པའི་ལས་ཀུན་རྒྱུས་པ་དེས། གལ་ཏེ་སྨི་ལམ་ན། དེ་བཞིན་གཤེགས་པ་ལ་སྐུར་བ་བཏབ་པར་གྱུར་ན་ཡང༌། དེ་ཉིད་སད་པའི་ཚེ་ན་དྲི་མར་ཡང་འགྱུར་རོ། །རིགས་ཀྱི་བུ་དེ་བཞིན་གཤེགས་པས་ཐབས་འགའ་ཞིག་གིས་དེ་མི་དགེ་བའི་ལས་མངོན་པར་འདུ་བྱེད་པ་དེ་ལས་ཟློག་པར་སྤྱོད་ན་ནི་ཟློག་པར་ཡང་མཛད་ལ་དེ་བཞིན་གཤེགས་པས་བསྲུང་བར་སྤྱོད་ན་སྲུང་བར་ཡང་མཛད་དོ། །དེ་ཅིའི་ཕྱིར་ཞེ་ན། དེ་བཞིན་གཤེགས་པས་སེམས་ཅན་འགའ་ཡང་ཡོངས་སུ་མ་བཏང་བའི་ཕྱིར་ཏེ།

དེ་ཡང་དེ་བཞིན་གཤེགས་པའི་ཐབས་ལ་མཁས་པ་ཡིན་ནོ། །ཞེས་གསུངས་པའི་ཕྱིར་རོ། །གཞན་ཡང་དགེ་འདུན་གྱི་དབྱེན་གྱི་རྒྱུ་ལ་སོགས་པ་འོད་སྲུང་ང་ནི་རོ་རྒྱབ་ན་ཁྱོད་ཀྱིས་བྱང་ཆུབ་ཀྱི་ཡན་ལག་གིས་ཤོད་ཅིག་ཅེས་དང་། ཀུན་དགའ་བོ་ང་ཀླད་པ་ན་ཞིང་མི་བདེའོ་ཞེས་པ་ལ་སོགས་པ། ཐུབ་པའི་སྐུ་ཆེ་སྟོ་མའི་ལས་ངན་སྨིན་པར་གསུངས་པ་ནི། དེས་འདུལ་བའི་སྐྱེ་བོ་ལ་དགོངས་པའི་དབང་གི་གསུངས་པ་ཡིན་པས། དེའི་དོན་ཡང་ཐབས་ལ་མཁས་པའི་མདོ་སྡེར་ལྟོས་ཤིག འདིར་ནི་མང་བས་མ་བྲིས་སོ། །གསང་ཆེན་ཐབས་ལ་མཁས་པའི་མདོ་དེ་ནི་ངེས་དོན་གྱི་མདོ་སྡེ་ཡིན་འདུལ་བ་ལུང་ནི་དྲང་དོན་གྱི་མདོ་ཡིན་པས་དེ་ལ་ཡིད་རྟོན་པར་མི་བྱའོ། །

གཉིས་པ་ལ། སྤྱངས་རྟོགས་མཐར་ཐུག་མ་ཡིན་པར་ཐལ་བ། སྤྲུལ་སྐུ་རྣམ་སྨིན་གྱི་ཡུལ་དུ་མི་རུང་བ། རྣམ་སྨིན་ཡོད་ན་ལོངས་སྐུ་ལ་སྨིན་པར་རིགས་པ། དཔེ་དང་བཅས་ཏེ་བསྟན་པ་དང་གསུམ། དང་པོ་ནི། གལ་ཏེ་རྫོགས་པའི་སངས་རྒྱས་ལ། །ལས་ངན་སྨིན་པ་བདེན་ན་ནི། །ཚོགས་གཉིས་རྫོགས་པ་དོན་མེད་ཅིང་། །དགྲ་བཅོམ་དང་ཡང་འདྲ་བར་གསུངས། །སྐུ་གསུམ་རྣམ་བཞག་བྱར་མི་རུང་། །ཞེས་པ། གལ་ཏེ་རྫོགས་པའི་སངས་རྒྱས་ལ་ལས་ངན་སྨིན་པ་བདེན་ན། རྫོགས་པའི་སངས་རྒྱས་ཆོས་ཅན། ཁྱོད་ཚོགས་གཉིས་རྫོགས་པ་དོན་མེད་པར་ཐལ། ཁྱོད་ལ་སྐུ་གསུམ་གྱི་རྣམ་བཞག་བྱར་མི་རུང་བར་ཐལ། ཁྱོད་ལ་ལས་ངན་སྨིན་པ་བདེན་པའི་ཕྱིར།

གཉིས་པ་ནི། དེའི་འཐད་པ་བཤད་ཀྱིས་ཉོན། །ཚོགས་གཉིས་རྫོགས་པའི་སངས་རྒྱས་ནི། །སྟུག་པོ་བཀོད་པར་སངས་རྒྱས་པའི། །ལོངས་སྤྱོད་རྫོགས་པའི་སྐུ་ཉིད་ཡིན། །དེ་ཡི་སྤྲུལ་པའི་སྐུ་ཉིད་ནི། །ཟས་གཙང་སྲས་སུ་འཁྲུངས་པ་ཡི། །ཤཱཀྱ་སེང་གེ་འདི་ཡིན་ནོ། །དེ་ཡི་གདུལ་བྱ་སྨིན་པའི་ཕྱིར། །གཤེགས་དང་བཞུགས་དང་མནལ་བ་དང་། །མུ་གེའི་གྲོང་དུ་གཤེགས་པ་དང་། །ལྷུང་བཟེད་སྟོང་པར་བྱོན་པ་དང་། །བསོད་སྙོམས་མང་དུ་རྙེད་པ་དང་། །དགྲ་དང་ཉེ་དུའི་འབྲེལ་བ་དང་། རང་རབ་ཅན་དུ་གཟིམས་པ་དང་། །རིས་འགའ་བསྡུང་བར་གཤེགས་པ་དང་། །གཞན་གྱིས་བསྐུར་བ་སྣ་ཚོགས་དང་། །རིས་འགའ་སྙན་པའི་བ་དན་དང་། །བདེ་དང་དགོས་པར་སྤྱོད་པ་སོགས། །རྣམ་པ་སྣ་ཚོགས་སྟོན་པ་ནི། །སྤྲུལ་པ་ཡིན་གྱི་རང་རྒྱུད་མིན། །ཞེས་པ། རྫོགས་པའི་སངས་རྒྱས་ལ་ལས་ངན་སྨིན་པ་བདེན་ན། ཚོགས་གཉིས་རྫོགས་པ་དོན་མེད་པ་དེའི་འཐད་པ་བཤད་ཀྱིས་ཉོན་ཅེས་གདམས་སོ། །ཚོགས་གཉིས་རྫོགས་པའི་སངས་རྒྱས་ནི། འོག་མིན་སྟུག་པོ་བཀོད་པར་སངས་རྒྱས་པའི་ངེས་པ་ལྔ་དང་ལྡན་པའི་ལོངས་སྤྱོད་རྫོགས་པའི་སྐུ་འདི་ཉིད་ཡིན་ནོ། །དེ་ལ་ངེས་པ་ལྔ་ནི། སྐུ་ངེས་པ་མཚན་དང་དཔེ་བྱད་གསལ་ལ་རྫོགས་པས་བརྒྱན་པ། ཆོས་ངེས་པ་ཐེག་པ་ཆེན་པོའི་ཆོས་ཁོ་ན་གསུང་བ། འཁོར་ངེས་པ་ས་བཅུའི་བྱང་ཆུབ་སེམས་དཔའ་ཁོ་ནས་བསྐོར་བ། དུས་ངེས་པ་རྟག་ཏུ་རྒྱུན་མི་འཆད་པ།

གནས་ངེས་པ་འོག་མིན་སྟུག་པོ་ཁོ་ནར་བཞུགས་པ་ཡིན་ཏེ། མངོན་རྟོགས་རྒྱན་ལས། མཚན་ནི་སུམ་ཅུ་རྩ་གཉིས་དང་། །དཔེ་བྱད་བརྒྱད་ཅུའི་བདག་ཉིད་འདི། །ཐེག་ཆེན་ཉེ་བར་ལོངས་སྤྱོད་ཕྱིར། །ཐུབ་པའི་ལོངས་སྤྱོད་རྫོགས་སྐུར་བཞེད། །ཞེས་གསུངས་པའི་ཕྱིར། སྤྱིར་འོག་མིན་ལ་གནས་གཙང་མའི་རིགས་ཀྱི་ལྷའི་གནས་འོག་མིན་དང་། ལྷ་དབང་ཕྱུག་ཆེན་པོའི་གནས་འོག་མིན་དང་། ལོངས་སྤྱོད་རྫོགས་པའི་སྐུའི་གནས་འོག་མིན་སྟུག་པོ་བཀོད་པ་རྣམས་ཡོད་དེ། སློབ་དཔོན་ཀ་མ་ལ་ཤཱི་ལས། འོག་མིན་ཞེས་བྱ་བ་ནི་ལྷ་དག་གི་སྟེ། དེ་དག་གི་ཕྱོགས་གཅིག་ན་གནས་གཙང་མའི་རིགས་ཀྱི་ལྷ་རྣམས་ཡོད་དོ། །དེར་འཕགས་པ་ཉིད་འབའ་ཞིག་གནས་སོ། །དེ་དག་གི་སྟེང་ན་དབང་ཕྱུག་ཆེན་པོའི་གནས་ཞེས་བྱ་བ་ཡོད་དེ། དེར་ས་བཅུ་པ་ལ་བཞུགས་པའི་བྱང་ཆུབ་སེམས་དཔའ་སྲིད་པ་ཐ་མ་པ་ཁོ་ན་སྐྱེ་བ་བཞེས་པ་ཡིན་ལ། འདི་ནི་ལྷ་བུས་སྤྲུལ་བ་དམིགས་པ་ཡིན་ནོ། །ཞེས་བཤད་པའི་ཕྱིར། གནས་དེ་ཉིད་ལ་སྤྲུལ་པའི་སྐུའི་གནས་འོག་མིན་ཞེས་ཀྱང་ཟེར་ཏེ། འཕགས་པ་མདའ་ཀ་ཡེ་ཤེས་ལས་བཅོམ་ལྡན་འདས་འོག་མིན་ལྷའི་རྒྱལ་པོའི་ཁང་བཟང་ན་བཞུགས་ཏེ། ཞེས་བཤད་པའི་ཕྱིར། མི་མཁས་པ་ཁ་ཅིག་དབང་ཕྱུག་ཆེན་པོའི་གནས་འོག་མིན་ནི། ལོངས་སྤྱོད་རྫོགས་སྐུའི་གནས་འོག་མིན་དུ་འདོད་པ་མི་འཐད་དེ། དབང་ཕྱུག་ཆེན་པོའི་གནས་འོག་མིན་སྣོད་འཇིག་པ་ལ་རྟེན་པའི་འཇིག་རྟེན་གྱི་ཁམས་ཡིན། ལོངས་སྤྱོད་རྫོགས་སྐུའི་གནས་འོག་མིན་ནི་མི་འཇིག་པའི་ཕྱིར། རྡོ་རྗེ་རྩེ་མོ་ལས། འོག་མིན་སྟུག་པོའི་ཉམས་དགའ་བར། །སྟུག་པོའི་ཞིང་ཁམས་འཇིག་མེད་པ། །དེས་ན་སངས་རྒྱས་རྣམས་ཀྱི་ཆོས། །རྫོགས་པར་ལོངས་སྤྱོད་ཚུལ་འདི་འབྱུང་། །ཞེས་བཤད་པའི་ཕྱིར། འོ་ན་དེ་ལྟ་བུའི་གནས་དེ་ཇི་ལྟ་བུ་ཞེ་ན། འཕགས་པ་སངས་རྒྱས་ཕལ་པོ་ཆེ་ལས། འཇིག་རྟེན་གྱི་ཁམས་མི་མཇེད་ལ་སོགས་པའི། གནས་བསམ་གྱིས་མི་ཁྱབ་པའི་ནང་དུ་ཚུད་པ་ནི་གཞི་དང་སྙིང་པོ་མེ་ཏོག་གི་རྒྱན་གྱིས་བརྒྱན་པ། ཞེས་བྱ་བ་ཡིན་ནོ། །དེ་ལྟ་བུ་བསམ་གྱིས་མི་ཁྱབ་པའི་ནང་དུ་ཚུད་པ་ནི། འཇིག་རྟེན་གྱི་ཁམས་རྒྱ་མཚོ་ཞེས་བྱ་བ་ཡིན་ནོ། །འཇིག་རྟེན་གྱི་ཁམས་རྒྱ་མཚོ་དེ་ནི་དེ་བཞིན་གཤེགས་པ་རྣམ་པར་སྣང་མཛད། ཡེ་ཤེས་གངས་ཅན་མཚོའི་ཕྱག་མཐིལ་ན་གནས་སོ། །བཅོམ་ལྡན་འདས་དེ་བྱང་ཆུབ་སེམས་དཔའ་རྣམས་ཀྱི་འཁོར་དང་བཅས་པ་གང་ན་བཞུགས་པའི་གནས་དེ་ནི་སྟུག་པོ་བཀོད་པའི་ཞིང་ཁམས་ཞེས་བྱ། ཡང་དག་པར་རྫོགས་པའི་སངས་རྒྱས་ལོངས་སྤྱོད་རྫོགས་པའི་སྐུའི་གནས་ཡིན་ལ། དེའི་ནང་ན་གནས་པའི་དུམ་བུ་ཐམས་ཅད་ནི་སྤྲུལ་པའི་སྐུའི་སངས་རྒྱས་ཀྱི་གནས་ཡིན་ནོ། །ཞེས་གསུངས་པ་དང་། ཕྱག་ན་རྡོ་རྗེ་དབང་བསྐུར་བའི་རྒྱུད་དང་། འཕགས་པ་མི་གཡོ་བའི་རྟོགས་པ་ཆེན་པོ་ལས། དེ་ནས་བཅོམ་ལྡན་འདས་ཀྱིས་འཇིག་རྟེན་གྱི་ཁམས་གཞི་དང་སྙིང་པོ་མེ་ཏོག་གིས་བརྒྱན་པ་ཐམས་ཅད་འོད་

ཟེར་གྱིས་གང་བར་ཀུན་ཏུ་མཛད་ཅེས་པ་དང་། དེ་ཉིད་འདུས་པའི་གླེང་གཞིར། བཅོམ་ལྡན་འདས་འོག་མིན་ལྷའི་རྒྱལ་པོའི་གནས་ན་བཞུགས་ཏེ་ཞེས་པའི་འགྲེལ་པར། སློབ་དཔོན་ཀུན་དགའ་སྙིང་པོས་འོག་མིན་གྱི་ལྷ་ཞེས་བྱ་བ་ནི་ཐོག་མའི་ལྷ་སྟེ། བཅོམ་ལྡན་འདས་རྣམ་པར་སྣང་མཛད་ཀྱི་སྲས་ཀྱི་ཐུ་བོ། ས་བཅུའི་བྱང་ཆུབ་སེམས་དཔའ་དེའི་གནས་ནི་ཐོག་མར་སངས་རྒྱས་པའི་གནས་སོ། །ཞེས་གསུངས་པ་ལྟར་རོ། །དེས་ན། འོག་མིན་སྟུག་པོ་བཀོད་པའི་གནས་ལ། ཞིང་ཁམས་ཞེས་བརྗོད་དེ། དེ་མི་འཇིག་པའི་ཕྱིར་རོ། །སྤྲུལ་པའི་སྐུའི་གནས་ན་ནི། འཇིག་རྟེན་གྱི་ཁམས་ཞེས་བྱ་སྟེ། དེ་ནི་སྟོད་འཇིག་པ་ལ་བརྟེན་པ་ཡིན་པའི་ཕྱིར་རོ། །ཆོས་སྐུའི་ཞིང་ཁམས་ནི་རྒྱ་ཆེ་བ་ནམ་མཁའ་དང་མཉམ་པ་ཡིན་ཏེ། དེ་ཉིད་འདུས་པ་ལས། བཅོམ་ལྡན་འདས་རྣམ་པར་སྣང་མཛད་ཆེན་པོ་ནམ་མཁའི་དབྱིངས་བཞིན་དུ་རྟག་ཏུ་བཞུགས་སོ། །ཞེས་བཤད་པའི་ཕྱིར་རོ། །ལོངས་སྤྱོད་རྫོགས་པའི་སྐུ་དེའི་སྤྲུལ་པའི་སྐུ་ནི། ལང་ཀར་གཤེགས་པ་ལས། རིན་ཆེན་སྣ་ཚོགས་མཛེས་པ་ཡིས། །འོག་མིན་གནས་ནི་ཉམས་དགའ་བ། །གཙང་མའི་གནས་ཀྱི་སྟེང་བཞུགས་ནས། །ཡང་དག་སངས་རྒྱས་དེར་སངས་རྒྱས། །སྤྲུལ་པ་པོ་གཅིག་འདིར་སངས་རྒྱས། །ཞེས་པ་ལྟར་འཛམ་བུའི་གླིང་དུ་འཚང་རྒྱ་བའི་ཚུལ་སྟོན་པའི་རྒྱལ་པོ་ཟས་གཙང་གི་སྲས་སུ་འཁྲུངས་པའི་ཤཱཀྱ་སེང་གེ་འདི་ཡིན་ནོ། །སྟོན་པ་འདིའི་རྣམ་པར་སྤྲུལ་པ་འདི་ནི་གདུལ་བྱ་ཡོངས་སུ་སྨིན་པར་བྱ་བའི་ཕྱིར་དུ། བྱང་ཆུབ་ཀྱི་སྙིང་པོར་གཤེགས་པ་དང་། རྡོ་རྗེ་ལྟ་བུའི་ཏིང་ངེ་འཛིན་ལ་སྙོམས་པར་བཞུགས་པ་དང་། བསམ་གཏན་ལ་རྣལ་ལོག་པ་དང་། མུ་གེའི་གྲོང་དུ་གཤེགས་པ་དང་། བསོད་སྙོམས་མ་རྙེད་པར་ལྷུང་བཟེད་སྟོང་པར་བྱོན་པ་དང་། བསོད་སྙོམས་མང་དུ་རྙེད་པ་དང་། ལྷ་སྦྱིན་གྱི་དགྲ་དང་། འདུན་པ་ལ་སོགས་པ་ཉེ་དུའི་འབྲེལ་བ་དང་། བྱ་རྒོད་ཕུང་པོའི་རི་ནས་མ་ག་དྷར་གཤེགས་པའི་དུས་སུ་རད་རོད་ཅན་དུ་གཟིམས་པ་དང་། གླུའི་རྒྱལ་པོ་མ་དྲོས་པས་གདན་དྲངས་པའི་དུས་སུ། རེས་འགའ་བསྒྲུང་བར་གཤེགས་པ་དང་གཞན་གྱིས་སྐུར་བ་སྣ་ཚོགས་བཏབ་པ་དང་། རེས་འགའ་སྙན་པའི་བ་དན་དང་། བདེ་བ་དང་དགེས་པར་སྤྱོད་པ་ལ་སོགས་པ་རྣམ་པ་སྣ་ཚོགས་སྟོན་པ་ནི། རང་རྒྱུད་ངེས་དོན་མཚན་ཉིད་པ་མ་ཡིན་ཏེ། གདུལ་བྱ་གང་ལ་གང་འདུལ་གྱི་སྐུར་སྤྲུལ་པ་དྲང་དོན་ཡིན་པའི་ཕྱིར།

གསུམ་པ་ནི། གལ་ཏེ་སངས་རྒྱས་དངོས་ལ་ནི། །ལས་ངན་སྨིན་པར་འདོད་ན་ཡང་། །ལོངས་སྤྱོད་རྫོགས་པའི་སྐུ་ཉིད་ལ། །སྨིན་པར་རིགས་ཀྱི་སྤྲུལ་པའི་སྐུ། །ཤཱཀྱ་ཐུབ་པ་ལ་སོགས་ལ། །སྨིན་པར་འདོད་པ་མུན་སྤྲུལ་ཡིན། །དཔེར་ན་སྒྱུ་མའི་མཁན་པོ་ལ། །ལས་ངན་འབྱུང་གི་དེས་སྤྲུལ་པའི། །སྒྱུ་མ་ལ་ནི་མི་འབྱུང་བཞིན། །དེས་ན་དགོངས་པ་ཤེས་དགོས་སོ། །དེ་ཡི་ལུང་དང་རིགས་པ་རྣམས། །དབྱིག་གཉེན་དང་ནི་ལེགས་ལྡན་སོགས། །

མཁས་པའི་གཞུང་ལས་ཤེས་པར་གྱིས། །ཞེས་པ། ཤེས་བྱ་ཆོས་ཅན། གལ་ཏེ་སངས་རྒྱས་དངོས་ལ་ལས་ངན་སྨིན་པར་འདོད་ན་ཡང་ལོངས་སྤྱོད་རྫོགས་པའི་སྐུ་ཉིད་ལ། ལས་ངན་སྨིན་པར་རིགས་ཀྱི་སྤྲུལ་པའི་སྐུ་ཤཱཀྱ་ཐུབ་པ་དང་། སྐྱེ་བའི་སྤྲུལ་སྐུ་ལ་སོགས་པ་ལ་ལས་ངན་སྨིན་པར་འདོད་པ་མུན་སྤྲུལ་ཡིན་ཏེ། དཔེར་ན་སྒྱུ་མ་སྤྲུལ་པའི་མཁན་པོ་ལ་ལས་ངན་འབྱུང་གི །སྒྱུ་མ་མཁན་དེས་སྤྲུལ་པའི་སྒྱུ་མ་ལ་ལས་ངན་མི་འབྱུང་བའི་ཕྱིར། རྒྱུ་མཚན་དེས་ན། དྲང་དོན་ངེས་དོན་གྱི་དགོངས་པ་ཤེས་དགོས་སོ། །འདིའི་ལུང་དང་རིགས་པ་རྣམས་སློབ་དཔོན་དབྱིག་གཉེན་གྱི་རྣམ་བཤད་རིག་པ་དང་། ལེགས་ལྡན་འབྱེད་ཀྱི་རྟོག་གེ་འབར་བ་ལ་སོགས་པ་མཁས་པའི་གཞུང་བཞིན་ཤེས་པར་བྱའོ། །

ལྔ་པ་ཡེ་བཀག་ཡེ་གནང་དགག་པ་ལ་འདོད་པ་བརྗོད་པ། དེ་དགག་པ་གཉིས་ལས་དང་པོ་ནི། ཡེ་བཀག་ཡེ་གནང་ཞེས་བྱ་བ། སངས་རྒྱས་བསྟན་དང་མཐུན་པ་མིན། །ཞེས་པ། འབྲི་ཁུང་པ་ཆེན་པོ་ན་རེ། ཐེག་ཆེན་ལ་ (དགོངས་གཅིག་ཏུ་རྡོ་རྗེའི་གསུང་། སྤྱིར་བཀག་པ་ཐམས་ཅད་ཡེ་བཀག གནང་བ་ཐམས་ཅད་ཡེ་གནང་། བྱ་བ་འདི་བཞུགས། དེ་ལ་བོད་རྣན་རྣམས། ནད་པ་ནི་ཆང་མ་གཏོགས་བཅས་པ་མཐའ་དག་གིས་སྐྱོང་ཞེས་གསུངས་པ་དང་། བུད་མེད་ལ་རེག་པ་བཀག་པ་ལ། བུད་མེད་ཆུས་ཁྱེར་བ་ན། ས་དང་པོང་བའི་འདུ་ཤེས་ཀྱིས་རེག་པར་གསུངས་པས། གནང་བཀག་གཅིག་ཏུ་མ་ངེས་ཞེས་ཟེར་བ་ལ། འདིར་ཞལ་སྔ་ནས། སྤྱིར་འཁོར་འདས་ཀྱི་གཞིས་ལ་དགེ་མི་དགེ་གཉིས་ཡོད་པས། ཆོས་ཐམས་ཅད་གནས་དང་གནས་མ་ཡིན་པ་མཁྱེན་པའི་ཡེ་ཤེས་ལས་མི་འདའ་བ་དང་གཅིག མི་དགེ་བ་དང་འབྲེལ་བའི་ལས་ལ་སྡུག་བསྔལ་འབྱུང་བར་ངེས་ལ། དགེ་བ་དང་འབྲེལ་བའི་ལས་ལ་བདེ་བ་འབྱུང་བ་རང་ངེས་པ་དང་གཉིས། བཅོམ་ལྡན་འདས་སེམས་ཅན་ཐམས་ཅད་ལ་བུ་གཅིག་བཞིན་བརྩེ་བར་དགོངས་ཀྱང་། འཇིག་རྟེན་གྱི་ཚུལ་ཁྲིམས་ལ་མ་ཞུགས་ན། སྨིན་སྦྱོང་བ་དང་། ཡོན་ཏན་སྒྲུབ་པའི་ཐབས་གཞན་མེད་པ་དང་གསུམ་པོ་འདིའི་གནད་ཀྱིས། ཡེ་བཀག་ཡེ་གནང་དུ་མི་ཡོང་ཁ་མེད་ཡིན། དང་པོ་གནང་བ་དེ་ཕྱིས་ཀྱང་གནང་སྟེ་བཀག་པ་མེད། དང་པོ་བཀག་པ་དེ་ཕྱིས་ཀྱང་བཀག་སྟེ་གནང་བ་མེད། དཔེར་ན་ནད་པ་ལ་ཕྱི་དྲོའི་ཁ་ཟས་ལ་མ་ཆགས་པར་ནད་གསོ་བའི་མཐུན་རྐྱེན་དུ་འགྲོ་ཞིང་སྨན་ལྟ་བུའི་འདུ་ཤེས་ཡོད་ན་བཀག་པ་མེད་ལ། དེ་ལྟ་བུའི་བསམ་པ་མེད་ན་གནང་བ་མེད་དོ། །ཡུལ་བུད་མེད་ལ་འང་ཆགས་སེམས་ཀྱི་རེག་པ་དང་པོ་ནས་གནང་བ་མེད་ལ། ཕྱིས་ཀྱང་གནང་བ་མེད། ས་དང་པོང་བའི་འདུ་ཤེས་ཀྱིས་རེག་པ་དང་པོ་ནས་བཀག་པ་མེད་ལ་ཕྱིས་ཀྱང་བཀག་པ་མེད་དོ། །གནང་བཀག་གི་བྱེ་བྲག་ཚུལ་ཐམས་ཅད་དེ་དང་འདྲའོ། །གཞིས་ཀྱི་མི་དགེ་བ་ནི། དུག་གསུམ་ཡིན་པས་དེ་ནམ་ཡང་གནང་བ་མེད། གཞིས་ཀྱི་དགེ་བ་ནི་དུག་གསུམ་མེད་པ་ཡིན་པས་དེ་དུས་ནམ་ཡང་བཀག་པ་མེད་དོ། །ཞེས་ཟེར་རོ། །)ཡེ་ནས་བཀག་ན་ཉན་ཐོས་ལའང་ཡེ་ནས་བཀག་ཐེག་ཆེན་ལ་ཡེ་ནས་གནང་ན་ཉན་ཐོས་ལ་ཡེ་ནས་གནང་བ་ གནང་ཞེས་བྱ་བ་ནི་སངས་རྒྱས་བསྟན་པ་དང་མཐུན་པ་མ་ཡིན་ནོ། །

གཉིས་པ་ལ་མདོར་བསྟན་རྒྱས་བཤད་གཉིས། དང་པོ་ནི། ཉན་ཐོས་དང་ནི་ཐེག་ཆེན་གྱི། །གནང་བཀག་ཐམས་ཅད་གཅིག་ཏུ་མེད། །དེས་ན་ལ་ལར་གནང་བ་ནི། །ལ་ལའི་བཀག་པ་ཉིད་དུ་འགྱུར། །དེ་ཡི་ཐད་ལ་འདི་ལྟར་ཡིན། །རྣམ་དག་ལུང་བཞིན་བཤད་ཀྱིས་ཉོན། །ཅེས་པ། ཡེ་བཀག་ཡེ་གནང་གི་རྣམ་གཞག་ཕྱོགས་གཅིག་ཏུ་བྱར་མི་རུང་སྟེ། སྤྱིར་ཉན་ཐོས་རྣམས་དང་། ཐེག་ཆེན་གྱི་གནང་བཀག་ཐམས་ཅད་གཅིག་ཏུ་མེད། བྱེ་བྲག་ཉན་ཐོས་ཀྱི་སྡེ་པ་ལ་ལར་གནང་བ་ལ་ལའི་བཀག་པ་ཡོད་པའི་ཕྱིར། གནང་བཀག་གཅིག་ཏུ་མ་ངེས་པ་དེའི་འཐད་པ་ཇི་ལྟར་ཡིན་པ་བཞིན་རྣམ་དག་ལུང་བཞིན་དུ་བཤད་ཀྱིས་ཉོན།

གཉིས་པ་ལ། ཉན་ཐོས་ཀྱི་སྡེ་པ་ཐམས་ཅད་བཅས་པ་མི་མཐུན་པར་བསྟན་པ། ཁྲིམ་པ་ལ་བཅས་ལྟུང་འབྱུང་བ་མི་འཐད་པར་བསྟན། འགྲོ་བ་ཐམས་ཅད་ལ་བཅས་ལྟུང་འབྱུང་བ་མི་འཐད་པར་བསྟན་ཐེག་པ་གཉིས་ལྟུང་བ་མི་མཐུན་པར་བསྟན། གནང་བཀག་མ་ངེས་པ་དཔེའི་སྒོ་ནས་བསྟན། དེ་ལ་རྩོད་པ་སྤོང་བ་དང་དྲུག དང་པོ་ལ། རྩ་བའི་སྡེ་བ་བཞིར་བསྟན། དེ་ལས་གྱེས་པ་བཅོ་བརྒྱད་བསྟན། དེ་རྣམས་གནང་བཀག་མི་འདྲ་བར་བསྟན། དེ་ལ་རྩོད་པ་སྤོང་བ་དང་བཞི། དང་པོ་ནི། ཉན་ཐོས་རྩ་བའི་སྡེ་བཞི་ལ། །འདུལ་བ་མི་འདྲ་རྣམ་བཞི་ཡོད། །སྐད་ཀྱང་ལེགས་སྦྱར་རང་བཞིན་དང་། །ཟུར་ཆག་པ་དང་ཤ་ཟའི་སྐད། །རྣམ་པ་བཞི་རུ་གནས་པ་ཡིན། །ཞེས་པ། ཤེས་བྱ་ཆོས་ཅན། ཉན་ཐོས་རྣམས་ཀྱི་གནང་བཀག་ཐམས་ཅད་གཅིག་ཏུ་མ་ངེས་ཏེ། ཉན་ཐོས་ཀྱི་རྩ་བའི་སྡེ་པ་ཐམས་ཅད་ཡོད་པར་སྨྲ་བ། གནས་བརྟན་པ། ཕལ་ཆེན་པ། མང་པོས་བཀུར་བ། བཞི་པོ་ལ་འདུལ་བ་མི་འདྲ་བ་རྣམ་པ་བཞི་ཡོད་པའི་ཕྱིར། དེ་ལ་གཞི་ཐམས་ཅད་ཡོད་པར་སྨྲ་བ་ནི། ཤཱཀྱའི་རྒྱལ་རིགས་བསླབ་པ་ལ་གུས་པའི་མཆོག་སྒྲ་གཅན་འཛིན་བཟང་པོའི་སློབ་རྒྱུད། སྐད་ལེགས་པར་སྦྱར་བ་སཾསྐྲིཏའི་སྐད་ཀྱིས་སོ་སོ་ཐར་པའི་མདོ་འདོན་པ། རྣམ་སྦྱར་སྣམ་ཕྲན་དགུ་ནས་ཉེར་ལྔའི་བར་ཟུང་སྦྱངས་པ། རྟགས་ཨུཏྤལ་ལ། པདྨ། རིན་པོ་ཆེ། ཤིང་ལོ། བུ་རམ་ཕྱི་དྲོ་ཟོས་ཀྱང་ལྟུང་བ་མེད་པ། སླེན་མའི་སྦྱུ་བཞར་ན་ལྟུང་བ་དང་། མེར་ཆགས་པ་བསད་ན་ཕམ་པ་དང་། བྱིན་ལེན་ལག་པ་བཀན་པ། གསོལ་བ་དང་བཞིའི་ལས་ཀྱི་ཚོགས་སྡོམ་པ་སྐྱེ་བ། གནས་བརྟན་པ་ནི། རྗེའི་རིགས་མཐའ་འཁོབ་འདུལ་བའི་མཆོག ཀཱ་ཏྱ་ཡ་ན་ཡི་སློབ་རྒྱུད། སྐད་རང་བཞིན་ཕལ་བའི་སྐད་ཀྱིས་སོ་སོ་ཐར་པའི་མདོ་འདོན་པ་སྣམ་སྦྱར་སྣམ་ཕྲན་ལྔ་ནས་ཉེར་གཅིག་གི་བར། རྟགས་དུང་། སཾསྐྲིཏའི་སྐད་ཀྱིས་མདོ་བཏོན་ན་ལྟུང་བ་འབྱུང་བ། བུ་རམ་ཕྱི་དྲོ་ཟོས་ན་ལྟུང་བ་འབྱུང་བ། སླེན་མའི་སྦྱུ་མ་བཞར་ན་ལྟུང་བ། མེར་ཆགས་པ་བསད་པ་ལ་ཕམ་པ་མེད་པ། བྱིན་ལེན་ལག་པ་སྟེང་འོག་ཏུ་བྱེད་པ། གསོལ་བཞིའི་ཚོགས་སྡོམ་པ་མི་སྐྱེ་བ། ཕལ་ཆེན་པ་ནི། བྲམ་ཟེའི་རིགས་སྦྱངས་པའི་ཡོན་ཏན་དང་ལྡན་པའི་

མཆོག འོད་སྲུང་ཆེན་པོའི་སློབ་རྒྱུད། ཟུར་ཆག་གི་སྐད་ཀྱིས་མདོ་འདོན་པ། སྣམ་སྦྱར་སྣམ་ཕྲན་བདུན་ནས་ཉེར་གསུམ་ཡན་ཆད། རྟགས་གཡུང་དྲུང་རིས། དཔལ་བེའུ། ཕུ་རམ་ཕྱི་དྲོ་ཟོས་ན་ལྟུང་བ། སྒྲིན་མའི་སྲུ་མ་བཞར་ན་ལྟུང་བ། མིར་ཆགས་པ་གསང་པ་ལ་ཕམ་པ་མེད་པ། ལྷུང་བཟེད་བྱིན་ལེན་བྱེད་པ། ཆང་རྩ་བ་ལྟ་བ། གསོལ་གཞིའི་ཚོགས་སྡོམ་པ་མི་སྐྱེ་བ། མང་པོས་བཀུར་བ་པ་ནི། དམངས་རིགས་འདུལ་བ་འཛིན་པོ་ཉེ་བ་འཁོར་གྱི་སློབ་རྒྱུད། ཤ་ཟའི་སྐད་ཀྱིས་མདོ་འདོན་པ། སྣམ་སྦྱར་སོགས་གཞན་གནས་བརྟན་པ་དང་མཐུན་ནོ། །

གཉིས་པ་ནི། དེ་ལས་གྱེས་པ་བཅོ་བརྒྱད་ལ། །འདུལ་བའི་དབྱེ་བའི་བཅོ་བརྒྱད་ཡོད། །ཅེས་པ། ཉན་ཐོས་ཀྱི་རྩ་བའི་སྡེ་པ་བཞི་པོ་དེ་ལས་གྱེས་པའི་སྡེ་པ་བཅོ་བརྒྱད་ལ་འདུལ་བའི་དབྱེ་བ་དང་། གྲུབ་མཐའི་དབྱེ་བ་བཅོ་བརྒྱད་ཡོད་ལ། སྡེ་པ་བཅོ་བརྒྱད་དུ་གྱེས་པའི་ཚུལ་ཡང་། བཙུན་པ་དབྱིག་གཉེན་དང་། དུལ་བའི་ལྷའི་སྡེ་པ་ཐ་དད་བསྒྲུག་པའི་འཁོར་ལོ་ནས་འབྱུང་བ་ལྟར་བཤད་ན། འདི་ལྟར། ཤར་དང་ནུབ་དང་གངས་རི་དང་། །འཛིག་རྟེན་འདས་པར་སྨྲ་བ་དང་། །བཏགས་པར་སྨྲ་བའི་སྡེ་པ་རྣམས། །ལྷ་ཚན་དགེ་འདུན་ཕལ་ཆེན་པ། །བཞི་པ་དང་ནི་འོད་སྲུང་དང་། །མང་སྟོན་དང་ནི་ཆོས་བསྲུངས་དང་། །མང་ཐོས་གོས་དམར་སློབ་པ་དང་། །རྣམ་པར་ཕྱེ་སྟེ་སྨྲ་བ་རྣམས། །ཐམས་ཅད་ཡོད་པར་སྨྲ་བའི་སྡེ། །འཇིགས་མེད་ཚལ་གནས་རྒྱལ་བྱེད་གནས། །གཙུག་ལག་ཁང་ཆེན་གནས་བརྟན་པ། །ས་སྒྲོགས་རི་དང་བསྲུང་བ་དང་། །གནས་མའི་བུ་ཡི་སྡེ་པ་རྣམས། །ཀུན་གྱིས་བཀུར་བ་རྣམ་པ་གསུམ། །ཡུལ་དོན་སློབ་དཔོན་བྱེ་བྲག་གིས། །ཐ་དད་རྣམ་པ་བཅོ་བརྒྱད་འགྱུར། །ཞེས་ལྟ་བ་དང་སྤྱོད་པ་མི་མཐུན་པ་དུ་མ་འབྱུང་བར་འགྱུར་ཏེ། དེའི་ཚེ་སངས་རྒྱས་མྱ་ངན་ལས་འདས་ནས་ལོ་སུམ་བརྒྱ་ལོན་ནོ། །

རྒྱའི་མཁན་པོ་ཞན་རྩེགས་ཀྱིས། མདོ་སྡེ་དགོངས་པ་ངེས་འགྲེལ་གྱིས་འགྲེལ་བར། ཐམས་ཅད་ཡོད་པར་སྨྲ་བ་དང་། ཕལ་ཆེན་པ་གཉིས་ལ། རེ་རེ་ཞིང་བཅུ་བཅུ་གྱེས་པས་སྡེ་པ་ཉི་ཤུ་བཤད་དོ། །སློབ་དཔོན་ཤཱཀྱ་འོད། གཞི་ཐམས་ཅད་ཡོད་པར་སྨྲ་བ་ཉིད་གཞན་བཅུ་བདུན་གྱིས་པར་བཞེད་དེ། འདུལ་བ་འོད་ལྡན་ལས། འདི་སྐད་དུ། སྟོན་ནི། ཐམས་ཅད་ཡོད་པར་སྨྲ་བ་འདི་གཅིག་པུ་ཡོད་པ་ལས། བཅོམ་ལྡན་འདས་ཡོངས་སུ་མྱ་ངན་ལས་འདས་པ་དང་། དེ་ལ་བརྟེན་ནས་སྡེ་པ་གཞན་དག་བྱུང་བས་དེ་དག་གི་གཞིར་གྱུར་པའི་གཞི་ཐམས་ཅད་ཡོད་པར་སྨྲ་བ་ཞེས་བྱའོ། །ཞེས་གསུངས་པའི་ཕྱིར།

སློབ་དཔོན་ལེགས་ལྡན་འབྱེད་ལྟར་ན། གྱེས་ཚུལ་རྣམ་པ་གསུམ་བཤད་པ་ལས། དང་པོ་ནི། སངས་རྒྱས་བཅོམ་ལྡན་འདས་ཡོངས་སུ་མྱ་ངན་ལས་འདས་ནས་ལོ་བརྒྱ་དྲུག་ཅུ་ལོན་པ་ན། གྲོང་ཁྱེར་མེ་ཏོག་གིས་བརྒྱན་པ་ཞེས་བྱ་བར། རྒྱལ་པོ་ནནྡ་ཨ་སོ་ཀ་ཞེས་བྱ་བས་རྒྱལ་སྲིད་བྱེད་པའི་ཚེ། རྩོད་པ་འབའ་ཞིག་བྱུང་བའི

དབང་གིས་དགེ་འདུན་གྱི་དབྱེན་ཆེན་པོར་གྱུར་ཏོ། །དེས་རེ་ཞིག་དང་པོར་སྡེ་པ་གཉིས་སུ་ཆད་ནས་གནས་ཏེ་དགེ་འདུན་ཕལ་ཆེན་པ་དང་། གནས་བརྟན་པའོ། །དེ་ལ་དགེ་འདུན་ཕལ་ཆེན་པའི་སྡེ་ཡང་། རིམ་གྱིས་ཕྱེ་བར་གྱུར་པ་ན་རྣམ་པ་བརྒྱད་དུ་གནས་ཏེ། འདི་ལྟ་སྟེ། དགེ་འདུན་ཕལ་ཆེན་སྡེ་པ་དང་། ཐ་སྙད་གཅིག་པ་དང་། འཇིག་རྟེན་ལས་འདས་པར་སྨྲ་བ་དང་། མང་དུ་ཐོས་པ་དང་། བཏགས་པར་སྨྲ་བ་དང་། མཆོད་རྟེན་པ་དང་། ཤར་གྱི་རི་བོ་པ་དང་། ནུབ་ཀྱི་རི་བོ་པའོ། །གནས་བརྟན་པ་ཡང་རིམ་གྱིས་ཕྱེ་བར་གྱུར་པ་ན། རྣམ་པ་བཅུར་གྱུར་ཏེ། འདི་ལྟ་སྟེ། གནས་བརྟན་པ་ཉིད་ལ་གངས་རི་པ་ཞེས་བརྗོད་པ་དང་། ཐམས་ཅད་ཡོད་པར་སྨྲ་བ་ཉིད་ལ་རྣམ་པར་ཕྱེ་སྟེ་སྨྲ་བ་དང་། རྒྱུར་སྨྲ་བ་དང་། ཁ་ཅིག་མུ་རན་ཏ་ཀ་པ་ཞེས་ཟེར་བ་དང་། གནས་མའི་བུ་དང་། ཆོས་མཆོག་དང་། བཟང་པོའི་ལམ་དང་། ཀུན་གྱིས་བཀུར་བ་ལ་ཁ་ཅིག་ཨ་བན་ཏ་ཀ་ཞེས་ཟེར། ཁ་ཅིག་ནི་ཀུ་རུ་ཀུ་ལ་བ་ཞེས་ཀྱང་ཟེར་བ་དང་། མང་སྟོན་པ་དང་། ཆོས་སྦས་པ་དང་། ཆར་བཟང་འབེབས་པ་ཞེས་བྱ་བ་ལ་ཁ་ཅིག་ནི་འོད་སྲུང་བ་ཞེས་ཟེར་བ་དང་། བླ་མ་པ་ལ་ཁ་ཅིག་ནི། འཕོ་བར་སྨྲ་བ་ཞེས་པ་ཟེར་བ་སྟེ། སྡེ་པ་བཅོ་བརྒྱད་ནི་དེ་དག་གོ།

དེ་ལ་དགེ་འདུན་ཡང་ཡིན་ལ་ཕལ་ཆེན་ཡང་ཡིན་པས་དགེ་འདུན་ཕལ་ཆེན་ཏེ། དེ་ཉེ་བར་སྟོན་པར་བྱེད་པ་ནི་དགེ་འདུན་ཕལ་ཆེན་པའོ། །ཁ་ཅིག་ནི་སངས་རྒྱས་བཅོམ་ལྡན་འདས་རྣམས་ཀྱི་ཆོས་ཐམས་ཅད་ཐུགས་གཅིག་གིས་རྣམ་པར་མཁྱེན་ཅིང་སྐད་ཅིག་དང་ལྡན་པའི་ཤེས་རབ་ཀྱིས་ཐམས་ཅད་ཡོངས་སུ་མཁྱེན་ནོ། །ཞེས་ཐ་སྙད་འདོགས་ཏེ། དེས་ན་ཐ་སྙད་གཅིག་པ་ཞེས་བྱའོ། །འཇིག་རྟེན་ཐམས་ཅད་ཀྱིས་འཇིག་རྟེན་པ་ལས་སངས་རྒྱས་བཅོམ་ལྡན་འདས་ཐམས་ཅད་འདས་པར་གྱུར་པས་དེ་བཞིན་གཤེགས་པ་ལ་འཇིག་རྟེན་པའི་ཆོས་མི་མངའོ་ཞེས་སྨྲ་བ་ནི་འཇིག་རྟེན་ལས་འདས་པར་སྨྲ་བའོ། །མང་དུ་ཐོས་པའི་སློབ་དཔོན་གྱི་རྗེས་སུ་སྟོན་པར་བྱེད་པས་ན་མང་ཐོས་པའོ། །འདུས་བྱས་རྣམས་ཕན་ཚུན་བཏགས་པ་ཉིད་གཉིས་སྣང་བ་ཡིན་ནོ། །ཞེས་སྨྲ་བས་བཏགས་པར་སྨྲ་བའོ། །མཆོད་རྟེན་རི་ལ་གནས་བཅས་པ་ཉིད་ཀྱིས་མཆོད་རྟེན་པའོ། །ཤར་གྱི་རི་དང་། ནུབ་རི་ལ་གནས་བཅས་པ་ཉིད་ནི་ཤར་གྱི་རི་བོ་པ་དང་། ནུབ་ཀྱི་རི་བོ་པའོ། །གནས་འཕགས་པའི་རིགས་ཡིན་པར་སྟོན་པ་ནི་གནས་བརྟན་པའོ། །དེ་ཉིད་ལ་གངས་རི་པ་ཞེས་ཀྱང་ཟེར་ཏེ། གངས་ཀྱི་རི་ལ་བརྟེན་ནས་གནས་པའི་ཕྱིར་རོ། །གང་ཞིག་འདས་པ་དང་། མ་འོངས་པ་དང་། ད་ལྟར་བྱུང་བ་ཐམས་ཅད་ཡོད་དོ་ཞེས་སྨྲ་བའི་ཕྱིར་ཐམས་ཅད་ཡོད་པར་སྨྲ་བའོ། །དེ་དག་ཉིད་ལ་འགའ་ཞིག་ནི་ཡོད་དེ་འདས་པའི་ལམ་འབྲས་བུམ་བྱུང་བ་གང་ཡིན་པའོ། །ལ་ལ་ནི་མེད་དེ་གང་འབྲས་བུ་སྨྱོང་ཟིན་པ་དང་། མ་འོངས་པ་དག་གོ །ཞེས་རྣམ་པར་ཕྱེ་ནས་སྨྲ་བར

བྱེད་པའི་ཕྱིར་དེ་ཉིད་ལས་རྣམ་པར་ཕྱེ་སྟེ་སྨྲ་བ་ཞེས་བྱའོ། །དེ་དག་ཉིད་ལ་གང་ཅུང་ཞིག་བྱུང་བ་དང་འབྱུང་བ་དང་། འབྱུང་བར་འགྱུར་བ་དེ་ཐམས་ཅད་ནི་རྒྱུ་དང་བཅས་པའོ། །ཞེས་སྨྲ་བ་རྒྱུར་སྨྲ་བའོ། །དེ་རྣམས་ཉིད་ལས་ཁ་ཅིག་མུ་རན་ཏ་ཀ་ལའི་རི་ལ་གནས་པའི་ཕྱིར་མུ་རན་ཏ་ཀ་པ་ཞེས་བྱའོ། །གནས་པའི་རིགས་ཉིད་ཀྱིས་བུད་མེད་ནི་གནས་མ་ཡིན་ལ་དེ་ལས་སྐྱེས་པའི་བུ་ནི་གནས་མའི་བུ་སྟེ། དེའི་རིགས་ཡིན་པར་སྟོན་པ་ནི་གནས་མ་བུའོ་སློབ་དཔོན་ཆོས་མཆོག་གིས་རྗེས་སུ་སྟོན་པར་བྱེད་པ་ནི་ཆོས་མཆོག་པའོ། །བཟང་པོའི་ལམ་པའི་སློབ་མ་ནི་བཟང་པོའི་ལམ་པའོ། །ཀུན་གྱིས་བསྐུར་བའི་སློབ་དཔོན་གྱི་ལུགས་སྟོན་པར་བྱེད་པ་ནི་ཀུན་གྱི་བསྐུར་བའོ། །

དེ་ཉིད་ལས་ཨ་པན་ཏའི་གྲོང་ཁྱེར་དུ་ཡང་དག་པར་བསྡུ་བ་བྱས་པའི་ཕྱིར་ཨ་པན་ཏ་ཀ་པའོ། །ཁ་ཅིག་ཀུ་རུ་ཀུ་ལའི་རི་ལ་གནས་པའི་ཕྱིར་ཀུ་རུ་ཀུ་ལ་པའོ། །ས་ཕུའི་སྐད་ཀྱིས་དབྱིངས་ལ་རྗེས་སུ་སྟོན་དུ་བསྒྱུར་ཏེ་སྐྱེ་བོའི་ཚོགས་ཆེན་པོ་ལ་ཡང་སྲིད་པར་མི་འབྱུང་བར་སྟོན་པར་བྱེད་པ་ནི་མང་སྟོན་པའོ། །སློབ་དཔོན་ཆོས་སྲུས་ཀྱི་ཡིན་པར་སྨྲ་བ་ནི། ཆོས་སྲུས་པའོ། །རབ་ཏུ་བསྡུགས་པའི་དམ་པའི་ཆོས་ཀྱི་ཆར་འབེབས་པ་ན་ཆར་བཟང་འབེབས་པའོ། །དེ་ཉིད་སློབ་དཔོན་འོད་སྲུང་གི་ཡིན་པར་སྨྲ་བ་ནི་འོད་སྲུང་པའོ། །དེ་བཞིན་དུ་བླ་མའི་ཡིན་པར་སྨྲ་བ་ནི་བླ་མ་པའོ། །དེ་ཉིད་ཁ་ཅིག་ན་རེ། འཇིག་རྟེན་འདི་ནས་འཇིག་རྟེན་ཕ་རོལ་ཏུ་གང་ཟག་འཕོ་བར་འགྱུར་བའོ། །ཞེས་སྨྲ་བ་ནི་འཕོ་བར་སྨྲ་བའོ། །དེ་རྣམས་ལས་སྔར་བསྟན་པའི་དགེ་འདུན་ཕལ་ཆེན་ལ་སོགས་པ་བརྒྱད་དང་། ཕྱིས་བསྟན་པའི་གནས་པ་དང་། ཐམས་ཅད་ཡོད་སྨྲ་བ་དང་། མང་སྟོན་པ་དང་། ཆོས་མཆོག་དང་། འོད་སྲུང་པ་རྣམས་ནི་བདག་མེད་པར་སྨྲ་བ་ཡིན་ཏེ། མུ་སྟེགས་པས་འདོད་པའི་བདག་དང་། བདག་གི་བ་དག་ནི་སྟོང་པ་ཡིན་པ་དང་། ཆོས་ཐམས་ཅད་ནི་བདག་མེད་པ་ཡིན་པར་སྨྲ་བ་ཡིན་ནོ་ཞེས་ཟེར་རོ། །ལྷག་མ་གནས་མའི་བུ་ལ་སོགས་པ་སྡེ་པ་ལྔ་ནི་གང་ཟག་ཏུ་སྨྲ་བ་ཡིན་ཏེ། གང་ཟག་ནི་ཕུང་པོ་དག་ལས་དེ་ཉིད་དང་གཞན་དུ་བརྗོད་དུ་མེད་པ་རྣམ་པར་ཤེས་པ་དྲུག་གིས་ཤེས་པར་བྱ་བ་འཁོར་བར་གྱུར་པ་ཡིན་ནོ་ཞེས་ཟེར་རོ། །དེ་དག་ནི་སྡེ་པ་བཅོ་བརྒྱད་ཀྱི་དབྱེ་བ་ཡིན་ནོ། །གཞན་ཉིད་ཀྱིས་སྨྲ་བ་ནི། གཞི་ནི་སྔ་མ་བཞིན་དུ་བརྗོད་པར་བྱའོ། །རྩ་བའི་དབྱེ་བ་ནི་གསུམ་སྟེ། འདི་ལྟར་གནས་བརྟན་པ་དང་། དགེ་འདུན་ཕལ་ཆེན་པོ་དང་། རྣམ་པར་ཕྱེ་སྟེ་སྨྲ་བའོ། །དེ་ལ་གནས་བརྟན་པ་ཡང་རྣམ་པ་གཉིས་ཏེ། ཐམས་ཅད་ཡོད་པར་སྨྲ་བ་དང་། གནས་མ་བུའི་སྡེ་པ་ཞེས་བྱའོ། །ཡང་ཐམས་ཅད་ཡོད་པར་སྨྲ་བ་ཡང་རྣམ་པ་གཉིས་ཏེ། ཐམས་ཅད་ཡོད་པར་སྨྲ་བ་ཞེས་མདོ་སྡེ་སྨྲ་བའོ། །གནས་མ་བུའི་བུ་ཡང་རྣམ་པ་བཞི་སྟེ། མང་པོས་བཀུར་བ་དང་། ཆོས་མཆོག་པ་དང་། བཟང་པོའི་ལམ་པ་དང་། གྲོང་ཁྱེར་དྲུག་པ་ཞེས་བྱ་བ་སྟེ། དེ་ལྟར་གནས་བརྟན་པ་ནི་རྣམ་པ་དྲུག་ཏུ་གནས་སོ། །ཡང་དགེ་འདུན་ཕལ

ཆེན་སྡེ་ནི་རྣམ་པ་བརྒྱད་དེ། དགེ་འདུན་ཕལ་ཆེན་དང་། ཤར་གྱི་རི་བོ་པ་དང་། ནུབ་ཀྱི་རི་བོ་པ་དང་། རྒྱལ་པོའི་རི་པ་དང་། གངས་རི་པ་དང་། མཆོད་རྟེན་པ་དང་། དོན་གྲུབ་པ་དང་། བ་གླང་གནས་པ་ཞེས་བྱ་བ་སྟེ། དེ་ལྟར་དེ་དག་ནི། དགེ་འདུན་ཕལ་ཆེན་གྱི་དབྱེ་བ་ཡིན་ནོ། །རྣམ་པར་ཕྱེ་སྟེ་སྨྲ་བ་ཡང་རྣམ་པ་བཞི་སྟེ། ས་སྟོན་པ་དང་། འོད་སྲུང་པ་དང་། ཆོས་སྦས་པ་དང་། གོས་དམར་བ་ཞེས་བྱ་བའོ། །དེ་ལྟར་འདི་དག་ནི་འཕགས་པའི་སྡེ་པ་རྣམས་རྣམ་པར་ཕྱེ་ནས་རྣམ་པ་བཅོ་བརྒྱད་དུ་གྱུར་པའོ། །ཡང་གཞན་དག་ནི་འདི་སྐད་སྨྲ་སྟེ། བཅོམ་ལྡན་འདས་ཡོངས་སུ་མྱ་ངན་ལས་འདས་པ་ནས་ལོ་བརྒྱ་དང་སུམ་ཅུ་ལོན་པ་ན། རྒྱལ་པོ་དགའ་བོ་དང་པདྨ་ཆེན་པོ་ཞེས་བྱ་བ་གྲོང་ཁྱེར་པ་ཏ་ལ་པ་ཏྲའི་ནང་དུ་བསྡུ་བ་བྱེད་པ་ལ་སོགས་པའི་འཕགས་པ་ཕལ་ཆེར་ནི། ཡང་ལེན་པ་མེད་པར་བསིལ་བའི་དངོས་པོར་ཐོབ་པར་གྱུར་པ་ན་འཕགས་པ་འོད་སྲུང་ཆེན་པོ་དང་། འཕགས་པ་སྒྲ་ཆེན་པོ་དང་། གཏོང་བ་ཆེན་པོ་དང་། བླ་མ་དང་། རེ་པ་ཏ་ལ་སོགས་པ་སོ་སོ་ཡང་དག་པར་རིག་པ་ཐོབ་པའི་དགྲ་བཅོམ་པའི་དགེ་འདུན། དེ་ལྟར་བཞུགས་པ་ན་བདུད་སྡིག་ཅན་བཟང་པོ་ཐམས་ཅད་ཀྱི་མི་མཐུན་པའི་ཕྱོགས་སུ་གྱུར་པ་དགེ་སློང་གི་ཆ་བྱད་འཛིན་པས། རྫུ་འཕྲུལ་སྣ་ཚོགས་བསྟན་ནས་གཞི་ལྔ་དགེ་འདུན་གྱི་དབྱེན་ཆེན་པོ་བསྐྱེད་དེ། གནས་བརྟན་ཀླུ་ཞེས་བྱ་བ་དང་། ཡིད་བརྟན་པ་ཞེས་བྱ་བ་མང་དུ་ཐོས་པ་དག་གིས་གཞི་ལྔ་བསྒྲགས་པར་བྱེད། རྗེས་སུ་སྟོན་པར་བྱེད་ཅིང་། དེ་གཞན་ལ་ལན་གདབ་པ་དང་། མི་ཤེས་པ་དང་། ཡིད་གཉིས་དང་། ཡོངས་སུ་བརྟག་པ་དང་། བདག་གིས་གསོ་བར་བྱེད་པ་ནི་ལམ་ཡིན་ཏེ། འདི་ནི་སངས་རྒྱས་ཀྱི་བསྟན་པ་ཡིན་ནོ་ཞེས་ཟེར་རོ། །དེས་ན་སྡེ་པ་གཉིས་སུ་ཆད་ནས་གནས་ཏེ། གནས་བརྟན་པ་དང་། དགེ་འདུན་ཕལ་ཆེན་སྡེ་པའོ། །དེ་ལྟར་ལོ་དྲུག་ཅུ་རྩ་གསུམ་གྱི་བར་དུ་དགེ་འདུན་དབྱེ་ནས་འཁྲུག་ལོང་གི་གནས་སོ། །དེ་ནས་ལོ་བརྒྱ་ཕྲག་གཉིས་འདས་པའི་རྗེས་ལ་གནས་བརྟན་གནས་མའི་བུས་བསྟན་པ་ཡང་དག་པར་བསྡུས་སོ། །དེས་ཡང་དག་པར་བསྡུས་པ་ལ། དགེ་འདུན་ཕལ་ཆེན་ཡང་རྣམ་པ་གཉིས་སུ་བྱུང་བར་གྱུར་ཏེ། ཐ་སྙད་པ་དང་། བ་གླང་གནས་པ་ཞེས་བྱའོ། །ཡང་བ་གླང་གནས་པ་རྣམས་ཀྱི་དབྱེ་བ་ནི། མང་དུ་ཐོས་པ་དང་། བཏགས་པར་སྨྲ་བ་ཞེས་བྱ་བའོ། །ཡང་བ་གླང་གནས་པ་རྣམས་ཀྱི་བྱེ་བྲག་གནས་བརྟན་མཆོད་རྟེན་པ་སྟེ། དེ་དག་གི་དགེ་འདུན་ཕལ་ཆེན་པ་རྣམས་ཀྱི་སྡེ་པ་དྲུག་ཏུ་བཞག་པ་ཡིན་ནོ། །

ཡང་གནས་བརྟན་པ་ཡང་རྣམ་པ་གཉིས་ཏེ། སྔར་གྱི་གནས་བརྟན་པ་དང་། གངས་རི་པ་ཞེས་བྱའོ། །ཡང་དང་པོའི་གནས་བརྟན་པ་ཡང་རྣམ་པ་གཉིས་སུ་གྱུར་ཏེ། ཐམས་ཅད་ཡོད་པར་སྨྲ་བ་དང་། གནས་མའི་བུ་ཞེས་བྱ་བའོ། །ཡང་ཐམས་ཅད་ཡོད་པར་སྨྲ་བའི་བྱེ་བྲག་ནི་རྣམ་པར་ཕྱེ་སྟེ་སྨྲ་བ་ཡིན་ནོ། །དེ་ཉིད་སྡེ་པ་བཅོ་བརྒྱད་དུ་བགྲང

བའི་ཆེ། ཡ་གྱལ་དུ་མི་བགྲང་ངོ་། །དེའི་བྱེ་བྲག་ནི། མང་སྟོན་པ་དང་། ཆོས་སྨྲས་པ་དང་། གོས་དམར་བ་དང་། འོད་སྲུང་པ་ཞེས་བྱའོ། །ཡང་ཐམས་ཅད་ཡོད་པར་སྨྲ་བ་རྣམས་ཀྱི་བྱེ་བྲག་སློབ་དཔོན་བླ་མའི་གཞུང་འདོན་པར་བྱེད་པའི་འཕོ་བར་སྨྲ་བའོ། །ཡང་གནས་མའི་བུ་ཡང་རྣམ་པ་གཉིས་ཏེ། རི་ཆེན་པོ་དང་། མང་པོས་བཀུར་བ་པའོ། །ཡང་རི་ཆེན་པོ་བ་ཡང་རྣམ་པ་གཉིས་ཏེ། ཆོས་མཆོག་པ་དང་། ལམ་བཟང་བའོ། །རི་ཆེན་པོ་པ་ཡང་ཡ་གྱལ་དུ་མི་བགྲང་ངོ་། །དེ་རྣམས་ནི་སྡེ་པ་བཅོ་བརྒྱད་ཀྱིས་གྱེས་ཚུལ་མི་འདྲ་བ་སྡེ་པ་ཐ་དད་བཤྒྲུག་པའི་འཁོར་ལོ་དང་། འདུལ་བ་འོད་ལྡན་དང་། རྟོག་གེ་འབར་བ་ནས་གསུངས་པ་རྣམས་བསྟན་པ་ཡིན་ནོ། །འདུལ་བའི་དབྱེ་བ་མི་འདྲ་བ་བཅོ་བརྒྱད་ནི། བོད་དུ་ཐམས་ཅད་ཡོད་པར་སྨྲ་བའི་སྡེ་པ་ལས་མ་འགྱུར་བས་སྡེ་པ་གཞན་རྣམས་ཀྱི་འདུལ་བའི་རྣམ་བཞག་བཤད་པར་མི་སྣང་ངོ་། །

གསུམ་པ་ནི། དང་པོ་སྡོམ་པ་ལེན་པ་དང་། །བར་དུ་བསྲུང་དང་ཕྱིར་བཅོས་དང་། །སོ་སོ་ཐར་པ་འདོན་པ་དང་། །ཐ་མ་སྡོམ་པ་གཏོང་བའི་ཚུལ། །སྡེ་པ་ཐམས་ཅད་མི་མཚུངས་པས། །གཅིག་གིས་བཀག་པ་གཅིག་ལ་གནང་། །ཞེས་སོ། །སྡེ་པ་བཅོ་བརྒྱད་པོ་སྡོམ་པ་མ་ཐོབ་པ་ཐོབ་པར་བྱ་བའི་ཕྱིར་དུ་དང་པོ་སྡོམ་པ་ལེན་པ་དང་། ཐོབ་པ་མི་ཉམས་པའི་ཕྱིར་དུ་བསྲུང་བ་དང་། ཉམས་པ་ཕྱིར་བཅོས་པ་དང་། སོ་སོར་ཐར་པའི་མདོ་འདོན་པ་དང་། ཐ་མ་སྡོམ་པ་བཏང་བའི་ཚུལ་སྡེ་པ་ཐམས་ཅད་མི་མཚུངས་པས་སྡེ་པ་གཅིག་གིས་བཀག་པ་སྡེ་པ་གཅིག་ལ་གནང་བ་ཡོད་དོ། །

བཞི་པ་སྡེ་པ་ཐམས་ཅད་ཀྱི་གནང་བཀག་བདེན་པ་ལ་རྩོད་པ་སྤང་བ་དང་། སྡེ་པ་ཐམས་ཅད་ཀྱི་བསླབ་བྱ་ཐ་དད་པ་ལ་རྩོད་པ་སྤང་བའོ། །དང་པོ་ལ་རྩོད་པ་དང་། ལན་གཉིས། དང་པོ་ནི། གལ་ཏེ་སྡེ་པ་གཅིག་བདེན་གྱི། །དེ་ལས་གཞན་པ་རྫུན་ཡིན་ན། །ཞེས་པ། གལ་ཏེ་ཐམས་ཅད་ཡོད་པར་སྨྲ་བའི་སྡེ་པའི་བསླབ་བྱ་གཅིག་པོ་བདེན་གྱི་དེ་ལས་གཞན་པའི་ཕལ་ཆེན་པ་ལ་སོགས་པའི་སྡེ་པའི་བསླབ་བྱ་རྣམས་རྫུན་པ་ཡིན་ནོ་སྙམ་ན། ལན་ནི། ཀྲྀ་ཀྲྀའི་རྨི་ལམ་ལྟར། །སྡེ་པ་ཐམས་ཅད་བདེན་པར་གསུངས། །འདི་དོན་རྒྱས་པར་སྡེ་པ་ནི། །ཐ་དད་བཤྒྲུག་པའི་འཁོར་ལོ་དང་། །འདུལ་བ་འོད་ལྡན་ལ་སོགས་ལྟོས། །ཞེས་པ། ཤེས་བྱ་ཆོས་ཅན། ཐམས་ཅད་ཡོད་པར་སྨྲ་བའི་སྡེ་པའི་བསླབ་བྱ་བདེན་གྱི་ཕལ་ཆེན་པོ་ལ་སོགས་པའི་སྡེ་པའི་བསླབ་བྱ་རྣམས་རྫུན་པ་ཡིན་པ་མི་འཐད་དེ། ཀྲྀ་ཀྲྀའི་རྨི་ལམ་ལྟར་སྡེ་པ་ཐམས་ཅད་བདེན་པར་གསུངས་པའི་ཕྱིར། དེ་ལྟར་ན། གླང་ཆེན་ཁྲིན་པ་ཆེ་དང་ཅན་དན་གླང་ཆེན་བེལྭ །དེ་བཞིན་ཀུན་དགའ་ར་བ་དང་ནི་སྤྲེའུ་དབང་བསྐུར་དང་། །མི་གཙང་སྤྲེའུ་སྐྱེད་དང་རས་ཡུག་འཐབ་མོ་ཞེས་བྱ་བ། །རྨི་ལམ་བཅུ་པོ་འདི་ནི་རྒྱལ་པོ་ཀྲྀ་ཀྲྀའི

མཐོང་བ་ཡིན། །དེ་ལ་གླང་པོ་ཆེ་སྐར་ཁུང་ནས་མཇུག་མ་མ་ཐོན་པ་རྨི་བ་ནི། མ་འོངས་པ་ན་ཤཱཀྱ་ཐུབ་པའི་བསྟན་པ་ལ་ཉན་ཐོས་རྣམས་ཉེ་དུ་ལ་སོགས་པ་འཁོར་བའི་བྱ་བ་ཕལ་ཆེར་སྤངས་ནས་རབ་ཏུ་བྱུང་ཀྱང་མྱ་ངན་ལས་འདས་པའི་ཕྱོགས་ལ་མངོན་པར་དགའ་བ། གཙུག་ལག་ཁང་ལ་སོགས་པ་དད་པས་བྱིན་པའི་དངོས་པོ་ལོངས་སྤྱོད་པའོ། །སྐོམ་པ་མེད་པར་ཁྲོན་པ་ཕྱི་བཞིན་རྟོག་པ་ནི་ཉན་ཐོས་གཅིག་གམ་ཁྲམ་ཟེ་དང་ཁྱིམ་པ་དག་ལ་ཆེད་དུ་ཆོས་འཆད་ཀྱང་། དེ་དག་ཉན་པར་མི་འདོད་དོ། །མུ་ཏིག་བྲེ་གང་དང་ཕྱེ་བྲེ་གང་བརྗེ་བ་ནི་དེའི་ཉན་ཐོས་དག་ཕྱེ་བླང་བའི་ཕྱིར་དུ་དབང་པོ་ལ་སོགས་པའི་ཆོས་འཆད་དོ། །ཙན་དན་ཤིང་གཞན་གྱི་རིན་ཐང་དུ་འཚོང་བ་ནི། མུ་སྟེགས་དང་། སངས་རྒྱས་བཀའ་སྐྱོམ་པའོ། །གླང་པོ་ཆེ་ཕྲུག་གུ་དག་གིས་སྦྱོས་ཀྱི་གླང་པོ་ཆེ་བསྐྲད་པ་ནི། ཚུལ་ཁྲིམས་འཆལ་བས་ཚུལ་ཁྲིམས་དང་ལྡན་པ་གནས་ནས་བསྐྲོད་པར་འགྱུར་བའོ། །ཀུན་དགའ་ར་བའི་མེ་ཏོག་ཆོམ་རྐུན་པས་འཕྲོག་པ་ནི། དགེ་འདུན་གྱི་ལྷུམ་ར་བཙོང་ཞིང་ཟ་བ་ཡིན་ནོ། །སྤྲེའུ་དབང་བསྐུར་བ་ནི། དེའི་ཉན་ཐོས་དང་གཙུག་ལག་ཁང་དུ་དེའི་བདག་པོ་ཡིན་པར་དབང་བསྐུར་བས་འཇིག་རྟེན་ཡང་མ་ཡིན་པའི་རྒྱལ་སྲིད་འཛིན་པར་འགྱུར་རོ། །སྤྲེའུ་མི་གཙང་བས་སྦགས་པས་གཞན་ལ་མི་གཙང་བ་བསྔུས་པ་ནི་དེའི་ཉན་ཐོས་ཚུལ་ཁྲིམས་འཆལ་བ་དག་བྱང་སེམས་དང་ལྡན་པ་ལ་སྐུར་བ་འདེབས་པའོ། །རས་ཡུག་གཅིག་མི་བཅོ་བརྒྱད་ཀྱིས་དྲས་པ་རྨི་བ་ནི། དེའི་ཉན་ཐོས་སྡེ་པ་བཅོ་བརྒྱད་དུ་གྱེས་པར་འགྱུར་ལ་རྣམ་པར་གྲོལ་བའི་རས་ནི་ཉམས་པར་མི་འགྱུར་བའོ། །

དེ་སྐད་དུ་ཡང་། རྒྱལ་པོ་ཀྲི་ཀྲིའི་རྨི་ལམ་བཤད་པའི་མདོ་ལས། ཡང་དག་པར་རྫོགས་པའི་སངས་རྒྱས་འོད་སྲུང་གིས་རྒྱལ་པོ་ལ་བཀའ་སྩལ་བ། རྒྱལ་པོ་ཆེན་པོ་ཁྱོད་ཀྱི་རྨི་ལམ་དུ་མི་བཅོ་བརྒྱད་ཀྱིས་རས་ཡུག་གཅིག་དྲས་པར་མཐོང་བ་དེ་ནི། ཤཱཀྱ་ཐུབ་པའི་བསྟན་པ་བཅོ་བརྒྱད་དུ་གྱེས་པར་འགྱུར་ལ། དེའི་རྣམ་པར་གྲོལ་བའི་རས་ནི་གྱེས་པར་མི་འགྱུར་རོ། །ཞེས་གསུངས་པས་སོ། །སྐྱེ་བོའི་ཚོགས་ཕལ་པོ་ཆེ་འཐབ་པ་ལ་སོགས་པ་རྨི་བ་ནི། དེའི་ཉན་ཐོས་སྡེ་ཚད་ནས་ཕན་ཚུན་རྩོད་པར་འགྱུར་རོ། །གཞན་ཡང་སྡེ་པ་བཅོ་བརྒྱད་པོ་ལྷ་བུའི་ཁྱད་པར་ཆེ་ཞིང་སྟོན་པའི་བསྟན་པ་ཡིན་ཏེ། ཇི་སྐད་དུ། ལྷ་བའི་བྱེ་བྲག་འབབ་ཞིག་གིས། །རྒྱུ་ཡི་འདི་དག་ཐ་དད་བྱས། །སྟོན་པ་ཐ་དད་ཡོད་མ་ཡིན། །ཞེས་པ་དང་། ཤཱཀྱ་སེང་གེའི་བསྟན་པ་ནི། ། དེ་ལྟར་དབྱེ་བ་བཅོ་བརྒྱད་དུ། །འགྱུར་ཏེ་འགྲོ་བའི་བླ་མ་དེའི། །སྟོན་གྱི་ཕྲིན་ལས་ངེས་པ་ཡིན། །ཞེས་སོ། །འདིའི་དོན་རྒྱས་པར་སྡེ་པ་ཐ་དད་བཀླག་པའི་འཁོར་ལོ་དང་། འདུལ་བ་འོད་ལྡན་དང་། རྟོག་གེ་འབར་བ་ལ་སོགས་པ་ལྟོས། ཞེས་པ་སྔ་གོང་དུ་བརྗོད་པ་རྣམས་ཡིན་ནོ། །

གཉིས་པ་ལ་རྩོད་པ་དང་ལན་གཉིས། དང་པོ་ནི། སྡེ་པ་ཀུན་གྱི་བསླབ་པ་ཡང་། །ཤེས་ན་གཅིག་ཏུ་འགྱུར་ཅེ་ན། །ཞེས་པ། སྡེ་པ་བཅོ་བརྒྱད་པོ་ཀུན་གྱི་བསླབ་པར་བྱ་བ་ཡང་། ཤེས་ན་གནང་བཀག་གཅིག་ཏུ་འགྱུར་རོ་ཞེ་ན།

གཉིས་པ་ལ་ཕྱེ་སྟེ་བཤད་པ་དང་། བསྡུས་ཏེ་བསྟན་པ་གཉིས། དང་པོ་ནི། ཤེས་ཀྱང་ཕལ་ཆེར་ཐ་དད་ཡིན། དཔེར་ན་ཐམས་ཅད་ཡོད་སྨྲ་ཡི། །མདོ་སྡེ་ལེགས་སྦྱར་སྐད་དུ་ཡོད། །གནས་བརྟན་པ་དག་ལེགས་སྦྱར་གྱི། །མདོ་སྡེ་བཏོན་ན་ལྟུང་བར་བྱེད། །ཐམས་ཅད་ཡོད་སྨྲ་རང་ཉིད་ཀྱི། །གསོལ་གཞིའི་ཆོགས་སྡོམ་པ་སྐྱེ། ། དེ་ཡི་ཆོག་བཞིན་བྱས་ན། །སྡེ་པ་གཞན་གྱི་དགེ་སློང་འཇིག །ཐམས་ཅད་ཡོད་སྨྲ་སླིན་མའི་སྦྱི། །བཞར་ན་ལྟུང་ཡིན་སྡེ་པ་ལ། །མ་བཞར་ན་ནི་ལྟུང་བར་འདོད། །ལ་ལ་བུ་རམ་ཕྱི་དྲོ་འགོག །ཁ་ཅིག་ལྟུང་བ་མེད་ཅེས་ཟེར། །ལ་ལ་བྱིན་ལེན་ལག་པ་བཀག། །ལ་ལ་དེ་ལས་གཞན་དུ་བྱེད། །འགའ་ཞིག་ལྟུང་བཟེད་བྱིན་ལེན་བྱེད། །ལ་ལ་ལྟུང་བཟེད་བྱིན་ལེན་འགོག །ཁ་ཅིག་མིར་ཆགས་གསད་པ་ལ། །ཕམ་པ་ལ་ལ་ཕམ་པ་མེད། །ལ་ལའི་སོ་སོ་ཐར་པ་ལ། །གླེང་གཞིའི་ཚིགས་བཅད་གཅིག་ལས་མེད། །ལ་ལའི་རིང་ཐུང་གཞན་དུ་ཡོད། །ཅེས་པ། ཤེས་བྱ་ཆོས་ཅན། སྡེ་པ་ཀུན་གྱི་བསླབ་པ་ཤེས་ཀྱང་། གནང་བཀག་ཅིག་མ་ཡིན་ཏེ། དེ་ཤེས་ཀྱང་གནང་བཀག་ཕལ་ཆེར་ཐ་དད་ཡིན་པའི་ཕྱིར་ཏེ། དཔེར་ན་ཐམས་ཅད་ཡོད་པར་སྨྲ་བའི་སྡེ་པ་མདོ་སྡེ་ལེགས་སྦྱར་གྱི་སྐད་དུ་བཏོན་ན་ལྟུང་བར་མི་བྱེད་གནས་བརྟན་པའི་སྡེ་པ་དག་ལེགས་སྦྱར་གྱི་སྐད་ཀྱིས་མདོ་སྡེ་བཏོན་ན་ལྟུང་བར་བྱེད་པའི་ཕྱིར་དང་། ཐམས་ཅད་ཡོད་སྨྲ་རང་ཉིད་ཀྱི་གསོལ་བཞིའི་ཆོགས་སྡོམ་པ་སྐྱེ་ལ། དེའི་ཆོག་བཞིན་བྱས་ན་ཕལ་ཆེན་པ་ལ་སོགས་པ་སྡེ་པ་གཞན་གྱི་དགེ་སློང་འཇིག་པའི་ཕྱིར་དང་། ཐམས་ཅད་ཡོད་པར་སྨྲ་བ་སླིན་མའི་སྦྱི་བཞར་ན་ལྟུང་བ་ཡོད་པར་འདོད་ལ། ཕལ་ཆེན་པ་ལ་སོགས་པའི་སྡེ་པ་འགའ་ཞིག་སླིན་མའི་སྤྱི་མ་བཞར་ན་ལྟུང་བར་འདོད་པའི་ཕྱིར་དང་། ཕལ་ཆེན་པ་ལ་སོགས་པའི་སྡེ་པ་ལ་ལ་བུ་རམ་ཕྱི་དྲོ་ཟ་བ་འགོག་ལ། ཐམས་ཅད་ཡོད་པར་སྨྲ་བ་ལ་སོགས་པའི་སྡེ་པ་ཁ་ཅིག བུ་རམ་ཕྱི་དྲོ་ཟོས་པ་ལ་ལྟུང་བ་མེད་ཅེས་ཟེར་བའི་ཕྱིར་དང་། ཐམས་ཅད་ཡོད་པར་སྨྲ་བ་ལ་སོགས་པའི་སྡེ་པ་ལ་ལ་བྱིན་ལེན་ལག་པ་བཀག་ནས་བྱེད་ལ། གནས་བརྟན་པ་ལ་སོགས་པའི་སྡེ་པ་ལ་ལ་དེ་ལས་གཞན་ལག་པ་སྟེང་འོག་ཏུ་བྱེད་པའི་ཕྱིར་དང་། ཕལ་ཆེན་པ་ལ་སོགས་པའི་སྡེ་པ་འགའ་ཞིག་ལྟུང་བཟེད་བྱིན་ལེན་བྱེད། ཐམས་ཅད་ཡོད་སྨྲ་བ་ལ་སོགས་པའི་སྡེ་པ་ལ་ལ་ལྟུང་བཟེད་བྱིན་ལེན་འགོག་པའི་ཕྱིར་དང་། ཡོད་སྨྲ་བ་ལ་སོགས་པ་ཁ་ཅིག་མིར་ཆགས་པ་གསད་པ་ལ་ཕམ་པར་འདོད་ལ། གནས་བརྟན་པ་ལ་སོགས་པ་ལ་ལ་ཕམ་པ་མེད་པར་འདོད་པའི་ཕྱིར་དང་། མང་བཀུར་བ་ལ་སོགས་པའི་སྡེ་པ་ལ་

ལའི་སོ་སོ་ཐར་པ་ལ་གླིང་གཞིའི་ཚོགས་བཅད་གཅིག་ལས་མེད་ལ་གནས་བརྟན་པ་ལ་སོགས་པ་ལ་ལའི་རིང་ལུགས་གཞན་དུ་ཡོད་པའི་ཕྱིར་རོ། །

གཉིས་པ་ནི། མདོར་ན་ཕམ་པ་བཞི་པོ་ནས། །བརྩམས་ཏེ་བསླབ་པར་བྱ་བ་ཀུན། །སྡེ་པ་ཐམས་ཅད་མི་མཐུན་པས། །གང་གིས་བཀག་ལ་གང་གིས་གནང་། །དཔེར་ན་ཕྱ་རམ་ཕྱི་དྲོ་ཟས། །ཡེ་གནང་ཡིན་ན་སྡེ་པ་གཞན། །ལྟུང་བ་དག་དང་བཅས་པར་འགྱུར། །ཡེ་བཀག་ཡིན་ན་ཡོད་སྨྲ་ཡི། །དགེ་སློང་ལྟུང་བ་ཅན་དུ་འགྱུར།། ཞེས་པ། སྡེ་པ་བཞི་པོའི་བསླབ་བྱ་ཐ་དད་དུ་མེད་པ་བཀག་པའི་དོན་མདོར་བསྡུས་ཕམ་པ་བཞི་པོ་ནས་བརྩམས་ཏེ། བསླབ་པར་བྱ་བ་ཀུན་སྡེ་པ་ཐམས་ཅད་གནང་བཀག་མི་མཐུན་པས་སྡེ་པ་གང་གིས་བཀག་པ་སྡེ་པ་གང་ལ་གནང་བ་ཡོད་དོ། །དཔེར་ན་ཕྱ་རམ་ཕྱི་དྲོ་ཟ་བ་ཡེ་ནས་གནང་བ་ཡིན་ན། ཤེས་བྱ་ཆོས་ཅན། ཕལ་ཆེན་པོ་ལ་སོགས་པའི་སྡེ་པ་གཞན་རྟག་ཏུ་ལྟུང་བ་དག་དང་བཅས་པར་ཐལ། དེའི་ཕྱིར། ཕྱ་རམ་ཕྱི་དྲོའི་ཟས་སུ་ཡེ་ནས་བཀག་པ་ཡིན་ན། ཤེས་བྱ་ཆོས་ཅན། ཐམས་ཅད་ཡོད་པར་སྨྲ་བའི་དགེ་སློང་རྟག་ཏུ་ལྟུང་བ་དང་བཅས་པར་ཐལ། དེའི་ཕྱིར་རོ། །གཉིས་པ་ནི། བྱིན་ལེན་མ་བྱས་ཟ་བ་ཡི། །ལྟུང་བ་མི་སྐྱ་ལ་བྱུང་ན། །མི་སྐྱ་འང་དགེ་སློང་ཉིད་འགྱུར་བས། །མི་སྐྱ་བྱིན་ལེན་བྱས་ན་ཡང་། །དགེ་སློང་གིས་ནི་དགེ་སློང་ལ། །བྱིན་ལེན་བྱས་པ་ཇི་བཞིན་དུ། །བཟའ་བར་རུང་བར་མི་འགྱུར་རོ། །དེ་བཞིན་ཀུན་ལ་སྦྱར་བར་གྱིས། །ཞེས་པ། བྱིན་ལེན་མ་བྱས་པར་ཟ་བའི་ལྟུང་བ་མི་སྐྱ་ལ་འབྱུང་ན། ཤེས་བྱ་ཆོས་ཅན། མི་སྐྱ་འང་དགེ་སློང་ཡིན་པར་ཐལ། དེའི་ཕྱིར་འདོད་ན། ཆོས་ཅན། མི་སྐྱས་མི་སྐྱ་ལ་བྱིན་ལེན་བྱས་ན་ཡང་དགེ་སློང་གི་དགེ་སློང་ལ་བྱིན་ལེན་བྱས་པ་ཇི་ལྟ་བ་བཞིན་དུ་བཟའ་བར་མི་རུང་བར་ཐལ། དེའི་ཕྱིར་རོ། །དེ་བཞིན་དུ་འདུལ་བའི་བཅས་པ་ཀུན་ལ་སྦྱར་བར་གྱིས་ཤིག

གསུམ་པ་ནི། ཁ་ཅིག་རབ་ཏུ་བྱུང་བ་ལ། །ལྟུང་བ་ཇི་སྙེད་འབྱུང་བ་དེ། །ཁྱིམ་པ་ནས་ནི་དམྱལ་བའི་བར། །དུད་འགྲོ་ལ་སོགས་ཐམས་ཅད་ལ། །ལྟུང་བ་མཚུངས་པར་འབྱུང་ཞེས་ཟེར། །འདི་ནི་སངས་རྒྱས་དགོངས་པ་མིན། །ཅིའི་ཕྱིར་ཞེ་ན་ལྟུང་བ་དེ། །བཅས་པ་ཕན་ཆད་འབྱུང་མོད་ཀྱི། །མ་བཅས་པ་ལ་ལྟུང་མེད་ཕྱིར། ། དེས་ན་ཐུབ་པས་ལས་དང་པོས། །ཉེས་སྨྲ་བྱས་ཀྱང་ལྟུང་མེད་གསུངས། །དེ་ལྟ་མིན་པར་ཐམས་ཅད་ལ། །གལ་ཏེ་ལྟུང་བ་ཀུན་འབྱུང་ན། །འགྲོ་ཀུན་ལྟུང་བ་དང་བཅས་པས། །ཐར་པ་ཐོབ་པ་ལྟ་ཅི་སྨོས། །མཐོ་རིས་ཀྱང་ནི་འབྱུང་རེ་སྐན། །ཞེས་པ། འབྲི་ཁུང་བ་ལ་སོགས་པ་ཁ་ཅིག རབ་ཏུ་བྱུང་བ་ལ་ལྟུང་བ་ཇི་སྙེད་བྱུང་བ་དེ་ཁྱིམ་པ་ནས་དམྱལ་བའི་བར་དུད་འགྲོ་ལ་སོགས་པ་ཐམས་ཅད་ལ་ལྟུང་བ་མཚུངས་པར་འབྱུང་ཞེས་ཟེར་རོ། །རབ་ཏུ་བྱུང་བ་ལ་ལྟུང་བ་འབྱུང་ན་འགྲོ་བ་ཐམས་ཅད་ལ་ལྟུང་བ་མཚུངས་པར་འབྱུང་ཞེས་ཟེར་བ་འདི་ནི་སངས་རྒྱས་ཀྱི་

དགོངས་པ་མ་ཡིན་ཏེ། རྒྱུ་མཚན་ཅིའི་སླད་དུ་ཞེ་ན། ལྟུང་བ་དེ་བཅས་པས་ཕན་ཆད་འབྱུང་བ་ཡིན་མོད་ཀྱི་མ་བཅས་པ་ལ་ལྟུང་བ་མེད་པའི་ཕྱིར། རྒྱུ་མཚན་དེས་ན་ཐུབ་པ་ལས་དང་པོ་པས། ཉེས་པ་བྱས་ཀྱང་ལྟུང་བ་མེད་པར་འདུལ་བ་ལུང་ལས་གསུངས་སོ། །ལྟུང་བ་དེ་བཅས་པ་ཕན་ཆད་འབྱུང་བ་དེ་ལྟ་མིན་པར་མ་བཅས་ཀྱང་། གལ་ཏེ་འགྲོ་བ་ཐམས་ཅད་ལ་ལྟུང་བ་ཀུན་འབྱུང་ན། འགྲོ་བ་ཀུན་རྟག་ཏུ་ལྟུང་བ་དང་བཅས་པར་ཐལ། དེའི་ཕྱིར། འདོད་ན། འགྲོ་བ་ཀུན་ཐར་པ་ཐོབ་པ་ལྟ་ཅི་སྨོས། མཐོ་རིས་ཀྱང་ནི་འབྱུང་རེ་སྐན་དེ་མི་འབྱུང་བར་ཐལ། དེའི་ཕྱིར་རོ། །

བཞི་པ་ནི། ཉན་ཐོས་རྣམ་གསུམ་དག་པའི་ཤ །བཟང་རུང་གལ་ཏེ་མི་ཟ་ན། །ལྷ་བྱིན་གྱིས་ནི་བརྟུལ་ཞུགས་འགྱུར། །ཐེག་པ་ཆེ་ལ་ཤ་རྣམས་བཀག ཟོས་ན་ངན་འགྲོའི་རྒྱུ་རུ་གསུངས། །དེ་བཞིན་ཕ་རོལ་ཕྱིན་པ་དང་། །གསང་སྔགས་ཀྱི་ནི་ལྟུང་བ་ལ། །གནང་བཀག་འགའ་ཞིག་ཐ་དད་ཡོད། །དེ་འདྲའི་འགལ་བ་ལྟག་སྤྱོད་ལ། །ཡེ་བཀག་ཡེ་གནང་ཇི་ལྟར་རྩི། །དེས་ན་ཡེ་བཀག་ཡེ་གནང་གི། །རྣམ་བཞག་ཕྱོགས་གཅིག་བྱར་མི་རུང་། །ཞེས་པ། ཤེས་བྱ་ཆོས་ཅན། ཡེ་བཀག་ཡེ་གནང་གི་རྣམ་བཞག་ཕྱོགས་གཅིག་བྱར་མི་རུང་སྟེ། ཉན་ཐོས་ལ་རྣམ་གསུམ་དག་པའི་ཤ་དགེ་སློང་ནད་པས་སྨན་གྱི་ཕྱིར་དུ་བཟར་རུང་ལ། གལ་ཏེ་དགེ་སློང་ནད་པས་སྨན་གྱི་ཕྱིར་དུ་རྣམ་གསུམ་དག་པའི་ཤ་མི་ཟ་ཞིང་ཤ་སྤངས་པ་ཙམ་གྱིས་དག་པར་འདོད་ན། ལྷ་སྦྱིན་གྱི་བརྟུལ་ཞུགས་སུ་འགྱུར་ལ། ཐེག་པ་ཆེན་པོའི་སྡེ་སྣོད་ལས་ཤ་རྣམས་བཀག་ཅིང་། ཟོས་ན་ངན་འགྲོའི་རྒྱུ་རུ་གསུངས་པ། དེ་འདྲའི་འགལ་བ་ལྟག་སྤྱོད་ལ་ཡེ་བཀག་ཡེ་གནང་ཇི་ལྟར་རྩི་སྟེ། བརྩི་བ་མི་རིགས་པ་རྒྱུ་མཚན་དེས་ན་སྟེ། དེའི་ཕྱིར། དཔེ་དེ་བཞིན་དུ། ཕ་རོལ་ཏུ་ཕྱིན་པ་དང་། གསང་སྔགས་ཀྱི་ལྟུང་བ་ལ་གནང་བཀག་འགའ་ཞིག་ཐ་དད་དུ་ཡོད་དོ། །

གཞུང་འདིའི་མཐའ་སྤྱད་པ་ནི། གཞུང་འདིའི་ཐད་ཀྱི་མཆན་ཁ་ཅིག་ལས། སྔོན་བླ་མ་པཎ་ཆེན་གྱིས་རྣམ་གསུམ་དག་པའི་ཤ་གསོལ་བས། ཇོ་གདན་སྤྱི་རྟོལ་ཅན་ཁ་ཅིག་ན་རེ། བླ་མ་ཐམས་ཅད་ཀྱི་མཁན་པོ་ལགས་པས། ཤ་གསོལ་བས་མཆིའམ། ཐེག་པ་ཆེན་པོའི་ལུང་ལང་ཀར་གཤེགས་པ་དང་། སྤྲིན་ཆེན་པོ་ནས་བཀག་གདའ་ཞེས་ཞུས་པས། པཎ་ཆེན་ན་རེ་ཁྱོད་ཀྱིས། ལང་ཀར་གཤེགས་པ་དང་སྤྲིན་ཆེན་པོ་ཇི་ཙམ་ཐོས་གསུང་སྐད། ཇོ་གདན་དེས། བདག་གིས་གཞན་ལས་མ་ཐོས་ཏེ། མཐོང་ཟེར་སྐད། མདོ་དེ་རྣམས་ཀྱི་དགོངས་པ་དྲང་དོན་ཡིན། ལང་ཀར་གཤེགས་པར་སྲིན་པོ་ཤ་རྗེན་ཟ་བ་དགག་པའི་དོན་དུ་ཡིན། ཀླུའི་རྒྱལ་པོ་སྤྲིན་ཆེན་པོས་ཞུས་པར། ཀླུ་ལ་རེག་པའི་དུག་ཡོད་པ་དེས་སྐྱེ་བོ་ཀྱིས་རྣམས་བསད་ནས་ཟ་བ་དགག་པའི་དོན་དུ་ཡིན། མྱ་ངན་ལས་འདས་པར་སངས་རྒྱས་མྱ་ངན་ལས་འདས་པའི་དུས་སུ་ལྷ་ཀླུ་གནོད་སྦྱིན་ལ་སོགས་པའི་སེམས་ཅན་ལ་འཚེ་བ་བསྐྱབ་པའི་

དོན་དུ་གསུངས་པས། ཐེག་ཆེན་ལས་ཀྱང་རྣམ་གསུམ་དག་པའི་ཤ་བཟར་རུང་བ་ལྷ་བུར་གདའ་གསུང་ཟེར་བ་དང་། ཁ་ཆེ་པཎ་ཆེན་གྱིས་ཐེག་པ་ཆེན་པོ་ལ་རྣམ་གསུམ་དག་པའི་ཤ་བཟར་རུང་གསུངས་པ་ལྷ་བུར་གདའ་ཟེར་བ་ནི་ཁ་ཆེ་པཎ་ཆེན་ལ་བསྐུར་བ་འདེབས་པར་ཟད་དེ། ཁ་ཆེ་པཎ་ཆེན་ནི་སྦྱངས་པའི་ཡོན་ཏན་དང་ལྡན་པ་ཐེག་པ་ཆེན་པོའི་དགེ་སློང་རྡོ་རྗེ་འཛིན་པ་ཐེག་པ་ཆེན་པོའི་སྡེ་སྣོད་ལ་མཁས་པ་ཡིན་པའི་ཕྱིར་དང་། ཐེག་པ་ཆེན་པོའི་སྡེ་སྣོད་ལས་ཤ་ཐམས་ཅད་བཀག་པའི་ཕྱིར། རྟོག་གེ་འབར་བ་ལས། ཉན་ཐོས་ཐེག་པའི་གཞུང་ལས་ནི། །རྣམ་གསུམ་དག་པའི་ཤ་གང་དག །ཟོས་ཀྱང་སྡིག་ཏུ་མི་འགྱུར་ཏེ། །དྲངས་མ་སོགས་སུ་འགྱུར་བའི་ཕྱིར། ། སློང་མོའི་ཟས་ལ་སྡིག་མེད་བཞིན། །ཞེས་འབྱུང་སྟེ། འདི་ལྟར་བདག་གི་ཆེད་དུ་སྲོག་ཆགས་བསད་པ་མཐོང་བ་ཡང་མེད། ཐོས་པ་ཡང་མེད། དོགས་པ་ཡང་མེད་པ་ནི་སྡིག་པའི་སེམས་དང་བྲལ་བ་ཡིན་པས། ནད་ལ་སོགས་པ་ཞི་བར་བྱ་བའི་ཕྱིར་དུ། དེ་ལྟ་བུའི་ཤ་ཟོས་ཀྱང་སྡིག་ཏུ་འགྱུར་བར་བརྟག་པར་མི་བྱ་སྟེ། དྭངས་མ་དང་། གཅིན་དང་། ངན་སྐྱུགས་ལ་སོགས་པར་འགྱུར་བའི་ཕྱིར། ཇི་ལྟར་སློང་མོའི་ཟས་དེ་ཟོས་པས་སྡིག་ཏུ་མི་འགྱུར་བ་བཞིན་ནོ་ཞེས་གསུངས་སོ། །

འདིར་བསྟན་པའི་རྣམ་གསུམ་དག་པའི་ཤ་ནི། ནད་ལ་སོགས་པ་ཞི་བའི་དོན་དུ་ཟོས་ཀྱང་སྡིག་ཏུ་མི་འགྱུར་ཏེ། སྡིག་པའི་སེམས་དང་བྲལ་བ་ཡིན་པའི་ཕྱིར། དཔེར་ན། སློང་མོའི་ཟས་ཟོས་པས་སྡིག་ཏུ་མི་འགྱུར་བ་བཞིན་ནོ། །ཞེས་པར་འདོད། གཞན་ཡང་ཤ་ནི་བཟའ་བར་མི་བྱ་སྟེ། ཕྱི་ས་ལ་སོགས་པ་བཞིན་ནོ་ཞེ་ན། རང་གི་ལུས་འདི་ཡང་། མི་གཙང་བའི་རིགས་སུམ་ཅུ་སོ་དྲུག་གིས་གང་བ། རྨའི་སྒོ་དགུ་ནས་རྟག་ཏུ་མི་གཙང་བ་འཛག་པ། མི་གཙང་བའི་ནང་ན་གནས་པའི་སྲིན་བུ་དང་འདྲ་བར་ཤིན་ཏུ་མི་གཙང་བ་ཡིན་ན། ཤ་ཟོས་པས་མི་གཙང་བ་ལྷག་པོ་ཅི་ཞིག་ཏུ་འགྱུར། གཞན་ཡང་ཉ་ཤ་ལ་སོགས་པའི་ཤ་ནི་བཟའ་བར་མི་བྱ་སྟེ། ཁྲུ་བ་དང་ཁྲག་ལས་བྱུང་བའི་ཕྱིར། བ་གླང་དང་བོང་བུའི་ཤ་བཞིན་ནོ་ཞེ་ན། མར་འོ་མ་ལ་སོགས་པ་ཆོས་ཅན། བཟའ་བར་བྱ་བ་མ་ཡིན་པར་ཐལ། ཁྲུ་བ་དང་ཁྲག་ལས་བྱུང་བའི་ཕྱིར་རོ། །གཞན་ཡང་། སྲོག་གཅོད་པ་ནི་ཟ་བ་པོ་ཡིན་ཏེ། ཟ་བ་པོ་མེད་ན་གསོད་པ་པོ་མེད་པའི་ཕྱིར་ཞེ་ན། ཤས་བྱ་ཆོས་ཅན། སྲོག་གཅོད་པ་ནི། ལྤགས་པ་འཚང་བ་པོ་ཡིན་པར་ཐལ། ལྤགས་པ་ལ་སོགས་ཐོགས་པའི་དགའ་ཐུབ་མེད་ན། ཤ་ར་བ་ལ་སོགས་པ་གསོད་པར་མི་འགྱུར་བའི་ཕྱིར་རོ། །གཞན་ཡང་། སྲོག་ཆགས་བསད་ནས་ཟོས་ན་སྐྱོན་དང་བཅས་པར་འགྱུར་གྱི། ལས་ཀྱིས་ཤི་བ་མཐའ་གསུམ་དག་པའི་ཤ་ཟོས་ན་སྐྱོན་མེད་དེ། དེ་ལྟ་བུ་སྡིག་པར་མི་འགྱུར་བའི་ཕྱིར། དཔེར་ན། ཉ་ཕྱིས་དང་རྨ་བྱའི་སྒྲོ་ལ་སོགས་པ་ལོངས་སྤྱོད་པའི་དུས་ན་སྲོག་ཆགས་ལ་སྡུག་བསྔལ་ཅུང་ཟད་ཀྱང་མེད་པ་བཞིན་ནོ། །ཞེས་

བཤད་དོ། །ཁོ་བོའི་ཡོངས་འཛིན་ཆེན་པོ་ནི། འདི་ལྟར་བཞེད་དེ། ཉན་ཐོས་ཀྱི་ཐེག་པ་ལ་ཞུགས་པ་རྣམས་ཀྱི་ཤ་ཟར་མི་རུང་བར་བསྟན་པ་ནི། འཕགས་པ་ལང་ཀར་གཤེགས་པར། བློ་གྲོས་ཆེན་པོ་རབ་ཏུ་བྱུང་བ་རྣམས་ལ་ཤའི་ཟས་ནི་མི་རུང་བར་བཤད་དོ། །གང་ང་ལ་དེ་བཞིན་གཤེགས་པས་ཀྱང་གསོལ་ཏོ་ཞེས་བསྐུར་བ་འདེབས་པ་དེ་ཡང་། བློ་གྲོས་ཆེན་པོ་སྐྱེས་བུ་བླུན་པོ། རང་གི་ལས་ཀྱི་ཉེས་པའི་སྒྲིབ་པ་ལ་གནས་པ་དེ་དག་ལ་ཡུན་རིང་པོར་དོན་མེད་པ་དང་། གནོད་པ་དང་། མི་བདེ་བ་བསྒྲུབ་པར་འགྱུར་རོ། །བློ་གྲོས་ཆེན་པོ་ངའི་འཕགས་པ་ཉན་ཐོས་རྣམས་ནི། ཁ་ཟས་ཐ་མལ་བའང་མི་ཟ་ན། ཤ་དང་ཁྲག་གི་ཟས་མི་རུང་བ་ལྟ་ཅི་སྨོས། ཞེས་ཉན་ཐོས་རྣམས་ལ་ཤ་བཀག་ཅིང་། དེ་བཞིན་དུ་འཕགས་པ་མྱ་ངན་ལས་འདས་པ་ཆེན་པོ་ལས། རིགས་ཀྱི་བུ། དེ་ཕྱིན་ཆད་ངའི་ཉན་ཐོས་རྣམས་ཤ་ཟར་མི་གནང་ངོ་། །ཡུལ་འཁོར་གྱི་བསོད་སྙོམས་བུའི་ཤ་དང་འདྲའོ། །ཞེས་བྱ་ན། ཤ་བཟའ་བར་ངས་ཇི་ལྟར་གནང་། ཤ་ཟ་བ་ཡིན་ནི་བྱམས་པ་ཆེན་པོ་ཆད་པར་འགྱུར་རོ། །ཞེས་ངས་བསྟན་ཏོ་ཞེས་གསུངས་སོ། །དེས་ན་ཉན་ཐོས་རྣམས་ཀྱི། ཤ་རྫོགས་པར་ཟ་བ་ནི་ལྟ་ཞོག ཤ་དང་འདྲེས་པའི་ཟས་ཀྱང་བཟར་མི་རུང་བར་བཤད་དེ། མདོ་དེ་ཉིད་ལས། དགེ་སློང་མའམ། དགེ་བསྙེན་ནམ། དགེ་བསྙེན་མ། གཞན་གྱི་བཙལ་བས་འཚོ་བ་རྣམས་ཀྱིས་ཡུལ་གང་མ་བརྟགས་པའི་ཟས་མོད་པ་དེར། བསོད་སྙོམས་ཤ་དང་འདྲེས་པ་ཇི་ལྟར་དག་པར་བགྱི་ལགས་བཀའ་བསྩལ་བ། རིགས་ཀྱི་བུ་ཅི་ནས་འདུལ་བ་དང་མི་འགལ་བར་ཆུས་བཀྲུས་ཏེ་བཟའ་བར་བྱའོ་ཞེས་ངས་བསྟན་ཏོ། །ཡུལ་དེ་ལྟ་བུ་ན་ཟས་དང་སྐོམ་ཤའི་ཟས་ཀྱི་ཤས་ཆེར་འདྲེས་པར་སྣང་བ་དེ་ལྟ་བུ་ནི་སྣང་བ་དེ་ལྟ་བུ་ནི་སྤང་བར་བྱའོ། །སྣོད་གཅིག་ལ་གཅིག་རེག་སྟེ་ཁ་ཟས་དངོས་མ་འདྲེས་པ་དེ་ལ་ནི་ཉེས་པ་མེད་དོ། །ཤའམ་ཉ་ཤའམ། རི་དྭགས་ཀྱི་ཤ་འམ། རྨིག་པ་སྐམ་པོའམ་ཤི་བའི་ཤ་གཞན་གྱིས་འབབས་པ་རྣམས་ནི་ལྟུང་བྱེད་དུ་འགྱུར་རོ། །ཞེས་ང་ཟེར་རོ། །ཞེས་བཤད་པའི་ཕྱིར་རོ། །འོ་ན་འདུལ་བ་ལས། ཡ་རབས་རྣམས་ལ་གནང་བའི་ཤ་དང་ཉ་ཤ་ལ་སོགས་པ་ལྟུང་བཟེད་དུ་འོང་བ་དག་ལ་མི་ཤ་ལ་སོགས་པ་མ་ཡིན་ནམ་སྙམ་དུ་བརྟགས་ཏེ་མ་ཡིན་ན་ཟའོ་ཞེས་དང་། སྟག་གིས་ཟོས་པའི་གོད་ཤ་དང་། ཆེད་དུ་བྱས་པ་མི་ཟ་ཞེས་བཅས་པ་གཉིས་གསུངས་པ་དང་འགལ་ཞེ་ན། དེའི་དགོངས་པ་ནི། ལྷ་སྦྱིན་ལ་སོགས་པ་ཤ་སྤངས་པ་ཙམ་གྱིས་དག་པར་བལྟ་བ་དང་། རྒྱལ་པོ་ཀྲང་ཁྲ་ལྟ་བུ་ཤའི་རོ་ལ་ཆགས་པས་བསྟན་པ་ལ་མི་འཇུག་པ་རྣམས་རྗེས་སུ་བཟུང་བ་ལ་དགོངས་པ་ཡིན། དགོངས་གཞི་དགེ་སློང་ནད་པས་སྨན་གྱི་ཆེད་དུ་ཤ་བསྟེན་པ་དང་། དགེ་སློང་ཡང་དག་བློ་གྲོས་ལྟ་བུ་བྱམས་པ་ཆེན་པོ་ལ་གནས་པས། ཤའི་སྨན་བསྟེན་ཅིང་། དེ་མ་བསྟེན་ན་འཆི་བའི་དུས་བྱེད་པར་འགྱུར་ལ། དེ་འདས་ན་འཛམ་བུའི་གླིང་དུ་ཆོས་ནུབ་པར་འགྱུར་བ་འདི་ལྟ་བུའི་གང་ཟག་གིས་བཟའ་རུ་རུང་བ་ལ་དགོངས

པ་ཡིན་ནོ། །

དངོས་ལ་གནོད་བྱེད། མྱ་ངན་ལས་འདས་པའི་མདོ་ལས། གསོལ་བ་བཅོམ་ལྡན་འདས་འོ་ན་ཇི་ལྟར་ལྟུང་བ་ཕམ་པ་བཞི་པོ་རྣམས་ལ་ཐབས་ཇི་ལྟར་བཤད་པ་ལགས། བཀའ་བསྩལ་པ། སྡོམ་པ་ཡོངས་སུ་དག་པ་ནི། ངས་རིམ་གྱིས་བསླབ་པའི་གཞི་བསྔམས་པའི་ཕྱིར། དེའང་ངས་བོར་རོ། །གསོལ་བ་བཅོམ་ལྡན་འདས་ཅི་ལས་དགོངས་ཏེ་དོན་བྱེད་ཀྱི་མྱུ་གུ་དང་། ཤ་རྣམ་པ་བཅུ་སྤངས་པ་བཀའ་བསྩལ་ལགས། བཀའ་བསྩལ་པ། ཚིག་བཞག་པ་དེ་དག་ཀུང་ཤ་མི་བཟའ་བར་བསྔམས་པའི་ཕྱིར་བཅད་དོ། །གསོལ་བ་བཅོམ་ལྡན་འདས་ཅི་ལས་དགོངས་ཏེ་ཤ་དང་ཉ་ཤ་བཟའ་བར་ཡང་ཁ་ཟས་བཟང་པོར་གསུངས་ལགས། བཀའ་བསྩལ་པ། ང་ནི་ཤ་དང་ཉ་ཤ་ཟས་བཟང་པོར་མ་གསུངས་ཀྱིས། ངས་ནི་བུ་རམ་ཤིང་དང་། འབྲས་བུ་ལུད་དང་། ཞེས་སོགས་ནས་འོ་མ་དང་། འབྲུ་མར་རྣམས་ཁ་ཟས་བཟང་པོར་གསུངས་སོ། །ཞེས་འདུལ་བའི་དངོས་བསྟན་དགོངས་པ་ཅན་དུ་སྟོན་པ་ཉིད་ཀྱིས་གསུངས་ཤིང་རྒྱལ་བའི་སྲས་པོ་ཞི་བ་ལྷས་ཀྱང་། བསླབ་པ་ཀུན་ལས་བཏུས་ལས། འདུལ་བ་ལས་དེ་ལ་རྣམ་གསུམ་ཡོངས་སུ་དག་པའི་ཤ་ཟོས་ན་སྤོང་བའི་བར་ཆད་དུ་མི་འགྱུར་རོ། །ཞེས་གནས་གནང་བ་ནི། དེ་ཡོངས་སུ་སྤངས་པས་དག་པར་བལྟ་བ་རྣམས་ཀྱིས་མངོན་པའི་ང་རྒྱལ་བསལ་བ་དང་། སྐལ་བ་ཡོད་ཀྱང་དེ་ལ་ཆགས་པས་བསྟན་པ་ལ་མི་འཇུག་པ་སྤང་བའི་ཕྱིར་རོ། །དེ་སྐད་དུ་ལང་ཀར་གཤེགས་པའི་མདོ་ལས། བསྟན་པར་བརྗོད་པ་དེ་ལས་བསླབ་པའི་གཞི་རིམ་པར་བཅུའི། སྐྲས་ཀྱི་ཧྲང་བུ་བྲི་བའི་ཚུལ་དུ་རྣམ་པ་གསུམ་བཅས་ནས་དེའི་ཆེད་དུ་བྱས་པ་རྣམས་ཀྱང་བཀག་སྟེ་དེ་ན་རང་ཤི་བ་བཅུའི་ཤ་ཡང་བཀག་གོ། །ཞེས་གསུངས་སོ། །ཞེས་ལུང་འདྲེན་དང་བཅས་པ་གསལ་བར་བཤད་པའི་ཕྱིར་རོ། །རྒྱུ་མཚན་དེས་ན། ལང་ཀར་གཤེགས་པར། བློ་གྲོས་ཆེན་པོ་ང་ནི་སེམས་ཅན་ལ་བུ་གཅིག་བཞིན་གྱི་འདུ་ཤེས་དང་ལྡན་པ་ཡིན་ན། ཇི་ལྟར་བདག་གི་བུའི་ཤ་ཟ་བར་ཉན་ཐོས་རྣམས་ལ་གནང་བར་བྱ། རང་གིས་བཟའ་བ་ལྟ་ཅི་སྨོས་ཏེ། ངས་ཉན་ཐོས་རྣམས་ལ་གནང་བ་དང་། བདག་ཉིད་ཀྱིས་ཟོས་སོ། །ཞེས་བྱ་བ་འདི་ནི། བློ་གྲོས་ཆེན་པོ་གནས་མེད་དོ། །ཞེས་བཀའ་བསྩལ་པ་ཉིད་དོན་ལ་གནས་སོ། །

ཐེག་ཆེན་ལ་ཞུགས་པ་རྣམས་ཀྱི་ཤ་ཟར་མི་རུང་བར་བསྟན་པ་ནི། ལང་ཀར་གཤེགས་པའི་མདོ་ལས། འདི་ལ་བློ་གྲོས་ཆེན་པོ་སྲོག་ཆགས་ཡུན་རིང་པོ་ནས་འཁོར་བ་རྣམས་ལ་གང་ཕའམ། མའམ། སྤུན་ནམ། སྲིང་མོའམ། བུ་མོའམ། གཉེན་བཤེས་སམ། གཉེན་ནམ། གཉེན་ལྟ་བུ་གང་རུང་བར་མ་གྱུར་པའི་སེམས་དེ་ནི་རྙེད་པར་སླ་བའི་རྣམ་པ་གང་ཡང་མེད་དོ། །གཉེན་དང་གཉེན་ལྟ་བུར་གྱུར་པ་དེ་དག་ཚེ་གཞན་དུ་ལུས་བརྗེས་པའི་

རིགས་དང་། ཕྱུགས་དང་། བྱའི་སྐྱེ་གནས་གང་ཡང་རུང་བར་འགྱུར་ལ། བྱང་ཆུབ་སེམས་དཔའ་སེམས་དཔའ་ཆེན་པོ། སངས་རྒྱས་ཀྱི་ཆོས་འདོད་པ། འབྱུང་པོ་ཐམས་ཅད་བདག་དང་འདྲ་བར་འགྱུར་བར་འདོད་ན་སྐྱེ་བ་སྲོག་ཆགས་སུ་གྱུར་པ་ཐམས་ཅད་ལས་བྱུང་བའི་ཤ་ཇི་སྐད་དུ་བཟའ་བར་བྱ། བློ་གྲོས་ཆེན་པོ་སྲིན་པོ་རྣམས་ཀྱང་དེ་བཞིན་གཤེགས་པ་རྣམས་ཀྱི་ཆོས་ཉིད་པ་བཟང་པོ་འདི་ཐོས་ནས་ཤ་ཟ་བ་ལས་རྣམ་པར་བཟློག་ཅིང་། སྲིན་པོའི་རང་བཞིན་དང་བྲལ་ནས་སྙིང་རྗེ་ཅན་དུ་གྱུར་ན། ཆོས་འདོད་པའི་སྐྱེ་བོ་རྣམས་ལྟ་ཅི་སྨོས། དེ་ལྟར་ན་བློ་གྲོས་ཆེན་པོ། ཚེ་རབས་འཁོར་བ་དེ་དག་དང་། དེ་དག་ཏུ་སེམས་ཅན་ཐམས་ཅད་གཉེན་བཤེས་དང་གཉེན་དུ་གྱུར་པའི་འདུ་ཤེས་ཀྱི་སེམས་ཅན་ཐམས་ཅད་ལ་བུ་གཅིག་གི་འདུ་ཤེས་བསྒོམ་པའི་ཕྱིར། བྱང་ཆུབ་སེམས་དཔའ་སྙིང་བརྗེ་བའི་བདག་ཉིད་ཅན་གྱིས་ཤ་ཐམས་ཅད་མི་བཟའོ། །ཞེས་གསུངས་པས་སོ། །ཤ་ཟོས་ན་ངན་འགྲོའི་རྒྱུ་རུ་གསུངས་ཏེ། ལང་ཀར་གཤེགས་པར། བློ་གྲོས་ཆེན་པོ་ཚེ་འདི་ཉིད་ལ་འང་ཁྲིམ་བདུན་པོའི་ནང་ནས་ཤ་ལ་ཞེན་ཏུ་རྨ་ཞིང་མ་འོངས་པར་བརྟེན་ན། མི་ཤ་ཟ་བའི་མཁའ་འགྲོ་མ་དང་མཁའ་འགྲོ་མ་རུང་བ་དག་ཏུ་སྐྱེའོ། །བློ་གྲོས་ཆེན་པོ་དེ་དག་ཚེ་བརྗེས་ནས་ཀྱང་ཤའི་རོ་ལ་ཆགས་པ་དེ་ཉིད་ཀྱིས་སེང་གེ་དང་། སྟག་དང་གཟིག་དང་སྤྱང་ཀི་དང་འཕར་བ་དང་། བྱི་ལ་དང་ཁྭ་ཏ་དང་ཁྲ་དང་། འུག་པ་དག་ཤ་མང་པོ་ཟ་བའི་སྐྱེས་གནས་དག་དང་། ཤ་མང་པོ་ཟ་བ་འབྲུ་སྲིན་ལ་སོགས་ཤིན་ཏུ་གདུག་པོའི་སྐྱེ་གནས་སུ་འང་ལྟུང་བར་བྱེད་དོ། །དེར་ལྟུང་བ་རྣམས་ནི་མའི་སྐྱེ་གནས་ཀྱང་ཐོབ་པར་དཀའ་ན། མྱ་ངན་ལས་འདས་པ་ལྟ་ཅི་སྨོས་ཞེས་གསུངས་པའི་ཕྱིར་རོ། །དེ་ལ་ཁྲིམ་བདུན་ནི་མཛེ་ཅན་དབུལ་པོ། གཡུང་པོ། ཤན་པའི་ཁྲིམ། རིགས་ངན། གདོལ་བ། དམུས་ལོང་གི་ཁྲིམ་མོ། །ཡང་ན་གཞུང་དེ་འདི་ལྟར་དུ་འཆད་དེ། ཡི་བགག་ཡི་གནང་གི་རྣམ་བཞག་ཕྱོགས་གཅིག་བྱུར་མི་རུང་སྟེ། ཉན་ཐོས་ཀྱི་སྡེ་སྣོད་ལས་སྤྱིར་བཏང་ལ། བསྟན་པ་ལ་མི་འཇུག་པ་བསྟན་པ་ལ་གཞུག་པའི་ཕྱིར་དུ་ཤ་བཟའ་བར་རུང་ཞེས་བཤད། འདུལ་བའི་སྐོར་ཞུགས་ནས་རང་བཞིན་གྱི་ཉེས་པ་ཆེ་བའི་ཤ་བཅུ་བཀག དགོས་པ་རྒྱ་ཆེན་པོ་མཐོང་བའི་ཚེ་རྣམ་གསུམ་དག་པའི་ཤ་བཟའ་བར་གནང་། དེ་ལ་དགོངས་གཞི་ནི། ལྷ་སྦྱིན་ན་རེ། དགེ་སློང་གོའུ་ཏ་མ་ཤ་ཟ་ཁོ་བོ་ནི་ཤ་མི་ཟ་སྟེ། སྲོག་ཆགས་ལ་གནོད་པའི་ཕྱིར་ཟེར་ནས་དེ་ཡོངས་སུ་སྤྱངས་པ་ཙམ་གྱིས་དག་པར་ལྟ་བ་རྣམས་ཀྱི་མངོན་པའི་ང་རྒྱལ་བསལ་བའི་ཕྱིར་ཡིན། རྒྱལ་པོ་ཧང་ཁྲའི་ལོ་རྒྱུས་ཀྱི་མདོ་འདྲེན་རྒྱུ་ཡིན་དགོངས་པ་རྒྱལ་པོ་ཧང་ཁྲ་ལ་སོགས་པ་བསྟན་པ་ལ་འཇུག་པའི་སྐལ་བ་ཡོད་ཀྱང་ཤའི་རོ་ལ་ཆགས་པས་བསྟན་པ་ལ་མི་འཇུག་པར་སྤྱངས་པའི་ཕྱིར་ཡིན། དངོས་ལ་གནོད་བྱེད། དགོས་པ་མེད་པར་རྣམ་གསུམ་དག་པའི་ཤ་ཟོས་ན་སྤོང་བའི་བར་ཆད་དུ་འགྱུར་བའི་ཕྱིར། ཐེག་པ་ཆེན་པོའི་སྡེ་སྣོད་ལས་སྤྱིར་བཏང་ལ་ཤ་ཟ་བ་རྣམ་

པ་ཐམས་ཅད་དུ་བཀག་སྟེ། སྤྱིར་བཏང་ལ་ཤ་བྲོས་ན་ངན་འགྲོའི་རྒྱུ་རུ་གསུངས་པའི་ཕྱིར། དམིགས་གསལ་དགོས་པ་རྒྱ་ཆེན་པོ་མཐོང་བའི་ཚེ་ཤ་ཟ་བ་གནང་སྟེ། འཕགས་པ་ཏིང་ངེ་འཛིན་རྒྱལ་པོའི་མདོའི་བུ་མོ་ཡེ་ཤེས་ལྡན་གྱི་ལེའུ་ལས། ཤ་ཟ་བ་གང་བྱུང་བ་དེ་ནི་དོན་ཆེན་པོ་སྒྲུབ་པའི་ཕྱིར་ཉེས་པ་མེད་དོ། །དགེ་སློང་འདི་ནི་འཆི་བའི་དུས་བགྱིས་ན། །འཛམ་བུ་གླིང་དུ་ཏིང་འཛིན་སྒྲ་ཡང་ནི། །སེམས་ཅན་རྣམས་ལ་རྟག་ཏུ་ནུབ་པར་འགྱུར། །འདི་བྲོས་པས་ནི་ཏིང་འཛིན་རྣམས་ཀྱང་ཐོབ། །ཅེས་གསུངས་པས། དགེ་སློང་ཡང་དག་བློ་གྲོས་ལྟ་བུ་བྱམས་པ་ཆེན་པོ་ལ་གནས་པས། ཤའི་སྨན་བསྟེན་ཅིང་དེ་མ་བསྟེན་ན་འཆི་བའི་དུས་བྱེད་པར་འགྱུར་ལ། དེ་འདས་ན་དམ་པའི་ཆོས་ནུབ་པར་འགྱུར་བ་འདི་ལྟ་བུའི་གང་ཟག་གིས་བཟའ་རུ་རུང་བར་གསུངས་པའི་ཕྱིར། དེ་བཞིན་དུ་ཕ་རོལ་དུ་ཕྱིན་པ་དང་། གསང་སྔགས་ཀྱི་གནང་བཀག་མི་འདྲ་བ་རྣམས་འོག་གསང་སྔགས་ཀྱི་སྐབས་སུ་འཆད།

ལྔ་པ་ནི། དཔེར་ན་པད་མོའི་སོ་ནམ་ལ། །རྟག་ཏུ་འདམ་དང་ལྡན་ལྡིན་དགོས། །ཤུ་དག་སོགས་ཀྱི་བསྐོར་ན་སྐྱེ། །མེ་ཏོག་གཞན་ལ་དེ་མི་དགོས། །ཆུ་ལས་སྐྱེ་ལ་སྐམ་ས་དགྲ། །སྐམ་སར་སྐྱེ་ལ་རློན་པ་དགྲ། །གྲང་སར་དྲོ་སའི་རྫས་མི་སྨིན། །དྲོ་སར་བསིལ་བ་འཐད་མ་ཡིན། །དེ་ནས་བྱ་བ་ཅིའང་རུང་། །རང་རང་ལུགས་བཞིན་བྱས་ན་འགྲུབ། །དེ་ལས་བཟློག་པའི་ལུགས་བྱས་ན། །མ་འགྲུབ་གྲུབ་ཀྱང་བཟང་པོ་དཀའ། །དེ་བཞིན་གནང་བཀག་ཐམས་ཅད་ཀྱང་། །རང་རང་ལུགས་བཞིན་བྱས་ན་འགྲུབ། །ཅེས་པ། ཤེས་བྱ་ཆོས་ཅན། གནང་བཀག་ཐམས་ཅད་ཀྱང་སྡེ་པ་རང་གི་ལུགས་བཞིན་དུ་བྱས་ན་འགྲུབ་སྟེ། བྱ་བ་གང་ཡང་རུང་བ་རང་རང་གི་ལུགས་བཞིན་དུ་བྱས་ན་འགྲུབ་ལ། དེ་ལས་བཟློག་པའི་ལུགས་བྱས་ན་མི་འགྲུབ་ཅིང་། གྲུབ་ཀྱང་བཟང་པོ་དཀའ་བ་ཡིན་པའི་ཕྱིར། དཔེར་ན་པད་མོའི་སོ་ནམ་ལ་རྟག་ཏུ་འདམ་དང་ལྡན་ལྡིན་དགོས་ཤིང་། ཤུ་དག་ལ་སོགས་པས་བསྐོར་ན་སྐྱེ་ལ། མེ་ཏོག་གཞན་ལ་འདམ་དང་ལྡན་ལྡིན་ལ་སོགས་པ་མི་དགོས་ཤིང་། ཆུ་ལ་སྐྱེས་པ་ལ་སྐམ་ས་དགྲ། སྐམ་ས་ལ་སྐྱེ་བ་ལ་རློན་པ་དགྲ། གྲང་སར་དྲོ་བའི་རྫས་མི་སྨིན་ཅིང་། དྲོ་སར་བསིལ་བའི་རྫས་སྨིན་པ་འཐད་པ་མ་ཡིན་པ་དེ་བཞིན་ནོ། །

དྲུག་པ་རྩོད་པ་སྤོང་བ་ལ། སངས་རྒྱས་ཀྱི་རབ་བྱུང་ལ་སྙིང་ནད་ཅེས་པར་ཐལ་བ་དགག་པ་དང་། བདེ་སྡུག་གི་བྱེད་པ་པོ་སངས་རྒྱས་སུ་ཐལ་བའི་རྩོད་པ་སྤང་བ་གཉིས། དང་པོ་ལ་རྩོད་པ་དང་། ལན་གཉིས། དང་པོ་ནི། གལ་ཏེ་སྡོམ་པ་མ་བླངས་ན། །ལྟུང་བའི་ཐ་སྙད་མི་ཐོབ་ཀྱང་། །རབ་ཏུ་བྱུང་ལ་བཅས་པ་ཡི། །སྡིག་པ་ཁྲིམས་པ་ལ་ཡང་འབྱུང་། །དེ་ལྟ་མིན་ན་རབ་བྱུང་ལ། །ཆེད་དུ་བྱས་ནས་སྡིག་བསྒོན་ན། །ཐུབ་པས་རབ་ཏུ་བྱུང་བ་ལ། །སྙིང་ནད་བྱས་པར་འགྱུར་ཞེས་ཟེར། །ཞེས་པ། ཁོ་ན་རེ། གལ་ཏེ་སྡོམ་པ། (དགོངས་གཅིག་ཏུ། རྡོ་རྗེའི་གསུང་། བཅས་པ

དང་རང་བཞིན་གྱི་ཁ་ན་མ་ཐོ་བ་གཅིག་ཡིན་བྱ་བ་འདི་བཞུགས། དེ་ཡང་རང་བཞིན་གར་ཡོད་ཀྱི་སྟེང་དུ་བཅས་པ་ཡོད་ལ། བཅས་པ་གར་བྱུང་དེ་དག་ཏུ། རང་བཞིན་ཡོད་ཅིང་། བཅས་པས་རང་བཞིན་ལ་ཁྱབ། རང་བཞིན་གྱིས་བཅས་པ་ལ་ཁྱབ་པས། དེ་ལྟར་ན་དེ་གཉིས་གཅིག་པ་ཡིན་ནོ། །འོན་བསྲུང་བའི་ཕན་ཡོན་ཡང་འདྲ་ལ། མ་བསྲུང་བའི་ཉེས་དམིགས་ཀྱང་འདྲ་བས། རང་བཞིན་གར་ཡོད་དུ་བཅས་པ་མཛད་པ་ཡིན་ན། དུད་འགྲོ་ལ་བཅས་པ་མཛད་པ་མེད་ལ། བཅས་འགལ་གྱི་ཉེས་པ་མི་འབྱུང་ངམ་སྙམ་ན། དུད་འགྲོ་ལ་ཡང་བཅས་པ་ཡོད་དེ། ཡང་རྡོ་རྗེའི་གསུང་། ཁམས་གསུམ་ཆོས་ཀྱི་རྒྱལ་པོས་འགྲོ་བ་སྤྱི་ལ་བཅས་བྱ་བ་འདི་བཞུགས། དེ་ལ་སངས་རྒྱས་བཅོམ་ལྡན་འདས་དང་པོ་ཐུགས་བསྐྱེད། བར་དུ་ཚོགས་བསགས། མཐར་ཆོས་འཁོར་བསྐོར་བ་དེ་རྗེས་འབྲང་གི་ཉན་ཐོས་ཁོ་ནའི་དོན་དུ་མིན་པར། འགྲོ་བ་ཐམས་ཅད་ཀྱི་དོན་དུ་ཡིན་པ་དང་གཅིག དེ་བཞིན་གཤེགས་པས་གང་ཟག་རེ་རེ་ལུང་སྟོན་པའི་ཚེ། ཞལ་ནས་འོད་ཟེར་ཁ་དོག་སྣ་ཚོགས་བཀྱེ་སྟེ་འོག་མིན་གྱི་བར་སྣང་བར་བྱས་ནས། བརྩམ་པར་བྱ་ཞིང་དབྱུང་བར་བྱ། །ཞེས་སོགས་ཚིགས་བཅད་གཉིས་པོ་སེམས་ཅན་གྱི་རིས་ཐམས་ཅད་དུ་འབྱུང་བའི་གནད་དང་གཉིས། འཁོར་ལོ་དང་པོ་འདུལ་བ་ཡིན་ལ། དེ་བསྡུས་པའི་སྙིང་པོ་ནི། སྡིག་པ་ཅི་ཡང་མི་བྱ་སྟེ། དགེ་བ་ཕུན་སུམ་ཚོགས་པ་སྤྱོད། །རང་གི་སེམས་ནི་ཡོངས་སུ་འདུལ། །འདི་ནི་སངས་རྒྱས་ཐམས་ཅད་ཀྱི། །འདུལ་བ་བསྡུས་ཏེ་བསྟན་པ་ཡིན། །ཞེས་གསུངས་པའི་གནད་འདི་གསུམ་གྱིས། བཅས་པ་ཐམས་ཅད་འགྲོ་བ་སྤྱི་ལ་དགག་སྒྲུབ་ཀྱི་ཆེད་དུ་བཅས་པར་ཤེས་པ་ཡིན། འོ་ན་དགག་སྒྲུབ་མེད་པ་མཉམ་ཉིད་དུ་གསུང་བ་ཅི་སྙམ་ན། དེའང་དགག་སྒྲུབ་ཀྱི་ཁོངས་སུ་འདུས་ཏེ་མཉམ་ཉིད་རྟོགས་པའི་ཡེ་ཤེས་དེས། སྤང་བྱ་ཉོན་མོངས་པ་སྤངས་པ་དེ་དགག་བཅས། དེའི་ངང་ནས་ཡོན་ཏན་དཔག་ཏུ་མེད་པ་ལ་འཇུག་པ་སྒྲུབ་བཅས་ཡིན། གནད་དེས་བཅས་པ་བསྲུང་བའི་ཕན་ཡོན་དང་། བཅས་པ་ལས་འདས་པའི་ཉེས་དམིགས་ཀྱང་མཐོ་དམན་ཀུན་ལ་འབྱུང་ངོ་། །དེ་ལྟ་མིན་པར། སྤྱིར་རྗེས་འབྲང་གི་སྲས་དང་། བྱེ་བྲག་ཏུ་དགེ་སློང་ཁོ་ན་ལ་བཅས་ན། བཅོམ་ལྡན་འདས་ཆ་དང་དབང་ཕྱུག་ཆེན་པོར་འགྱུར་ཏེ། མ་བཅོས་ན་སྡིག་པ་མེད་པ་ཡིན་པ་ལ། བཅས་པ་མཛད་པས་དེ་སྒྲུབ་པ་མ་ནུས་ན། སྡིག་པ་ལྷག་པོ་གཅིག་འབྱུང་བའི་ཕྱིར་དེ། ཉེ་ཕུང་དུ་འང་འགྱུར་ཏེ། ཚུར་ཉེ་མའི་དགེ་སློང་རྣམས་ལ་རང་བཞིན་རྒྱབ་ཁལ་གྱི་སྟེང་དུ། བཅས་པའི་གོང་ཚ་བཀལ་བས། མཛེ་རྣག་སྐྱེད་པ་ཆག་ནས་ཤི་བ་དང་འདྲ་བར་རང་བཞིན་གྱི་སྡིག་པའི་སྟེང་དུ་བཅས་འགལ་གྱི་ཉེས་པ་འབྱུང་བས་ངན་སོང་གསུམ་དུ་ལྷུང་བའི་ཕྱིར་རོ། །མ་བླང་ན་ལྷུང་བའི་ཐ་སྐད་མི་ཐོབ་ཀྱང་རབ་བྱུང་ལ་བཅས་པའི་སྡིག་པ་ཁྲིམ་པ་ལ་ཡང་འབྱུང་། དེ་ལྟ་མ་ཡིན་པར་རབ་ཏུ་བྱུང་བ་ལ་ཆེད་དུ་བྱས་ནས་སྡིག་པ་བགོན། ཐུབ་པས་རབ་ཏུ་བྱུང་བ་ལ་སྙིང་ནད་བྱས་པར་འགྱུར་ཞེས་ཟེར་རོ། །

གཉིས་པ་ལ་མགོ་མཚུངས་ཀྱི་ལན་དང་། རྣལ་མའི་ལན་དང་། ཧ་ཅང་ཐལ་བའི་ལན་དང་གསུམ། དང་པོ་ནི། འདི་འདྲའི་རིགས་པ་གཟུ་ལུམ་ཡིན། །འོན་ཞིང་ཡོད་རྣམས་ལ་ཡང་། །སེར་བ་ལ་སོགས་པ་འབྱུང་འགྱུར་གྱི། །ཞིང་མེད་རྣམས་ལ་མི་འབྱུང་བས། །ཞིང་བཟང་བྱེད་པའམ་སྙིང་ནད་འགྱུར། །དེས་ན་ཞིང་ལ་དགྲ་ཡོད་ཀྱང་། །ལོ་ཐོག་འབྱུང་བའི་ཕན་ཡོན་ཡོད། །དེ་བཞིན་རབ་ཏུ་བྱུང་བ་ལ། །ལྷུང་བ་སྲིད་མོད་ཕན་ཡོན་ཆེ། ། དཔེར་ན་སྒྲུང་པོ་

སེར་བ་སོགས། །མི་འཇིགས་མོད་ཀྱི་ལོ་ཏོག་མེད། །དེ་བཞིན་ཁྲིམས་པ་རྣམས་ལ་ཡང་། །ལྟུང་བ་མེད་མོད་དགེ་མི་འབྱུང་། །ཞེས་པ། ཁྲིམས་པ་ལ་བཅས་སྡིག་མི་འབྱུང་བར་རབ་བྱུང་ལ་བཅས་པའི་སྡིག་པ་འབྱུང་ན། ཐུབ་པས་རབ་བྱུང་ལ་སྙིང་ནད་བྱས་པར་འགྱུར་ཞེས་ཟེར་བ། འདི་འདྲའི་རིགས་པ་གཟུ་ལུམ་ཡིན་ཏེ། འོ་ན། ཤེས་བྱ་ཆོས་ཅན། ཞིང་མེད་རྣམས་ལ་ཞིང་བཟང་པོ་བྱིན་པའང་སྙིང་ནད་བྱས་པར་ཐལ། ཞིང་ཡོད་རྣམས་ལ་སེར་བ་ལ་སོགས་པ་འབྱུང་བར་འགྱུར་ཞིང་ཞིང་མེད་རྣམས་ལ་སེར་བ་ལ་སོགས་པ་མི་འབྱུང་བའི་ཕྱིར། རྒྱུ་མཚན་དེས་ན་ཞིང་ལ་སེར་བ་ལ་སོགས་པའི་དགྲ་ཡོད་ཀྱང་། ལོ་ཏོག་འབྱུང་བའི་ཕན་ཡོན་ཡོད་པ་དེ་བཞིན་དུ། རབ་ཏུ་བྱུང་བ་ལ་ལྟུང་བ་སྲིད་མོད་ཕན་ཡོད་ཆེ། དཔེར་ན། སྤྲང་པོ་སེར་བ་ལ་སོགས་པས་མི་འཇིགས་མོད་ལོ་ཏོག་མེད་པ་དེ་བཞིན་དུ། ཁྲིམས་པ་བསླབ་པ་མ་བླང་བ་རྣམས་ལ་ལྟུང་བ་མེད་མོད། སྡོམ་པ་ལས་བྱུང་བའི་དགེ་བ་མི་འབྱུང་ངོ་། །

གཉིས་པ་ནི། དེས་ན་མདོ་དང་བསྟན་བཅོས་ལས། །རང་བཞིན་ཁ་ན་མ་ཐོ་དང་། །བཅས་པ་ཁ་ན་མ་ཐོ་བ། །རྣམ་པ་གཉིས་སུ་བསྡུས་ཏེ་གསུངས། །རང་བཞིན་ཁ་ན་མ་ཐོ་བ། །སེམས་ཅན་ཀུན་ལ་སྡིག་པར་འགྱུར། །བཅས་པའི་ཁ་ན་མ་ཐོ་བ། །བཅས་པའི་ཕྱིན་ཆད་ལྟུང་བར་འགྱུར། །ཅེས་པ། རྒྱུ་མཚན་དེས། མདོ་དང་བསྟན་བཅོས་ལས། རང་བཞིན་གྱི་ཁ་ན་མ་ཐོ་བ་དང་། བཅས་པའི་ཁ་ན་མ་ཐོ་བ་རྣམ་པ་གཉིས་སུ་བསྡུས་ཏེ་གསུངས། དེ་ལ་རང་བཞིན་གྱི་ཁ་ན་མ་ཐོ་བ། སྲོག་གཅོད་པ་ལ་སོགས་སེམས་ཅན་ཀུན་གྱི་སྡིག་པར་འགྱུར་ལ། བཅས་པའི་ཁ་ན་མ་ཐོ་བ་ཆོས་གོས་མེད་པ་ལ་སོགས་པ་བཅས་པའི་ཕྱིན་ཆད་ལྟུང་བར་འགྱུར་ཏེ། ལྟུང་བ་དེ་བཅས་པ་ཕན་ཆད་འབྱུང་བ་ཡིན་མོད་ཀྱི་མ་བཅས་པ་ལ་ལྟུང་བ་མེད་པའི་རྒྱུ་མཚན་དེའི་ཕྱིར་རོ། །

གསུམ་པ་ལ། ཡོངས་སྐྱུ་དང་བྱང་སེམས་ཕལ་ཆེར་ལྟུང་བ་ཅན་དུ་ཐལ་བ། གྲུབ་ཐོབ་ཕལ་ཆེན་ལྟུང་བ་ཅན་དུ་ཐལ། ལྷ་ལྟས་ཀྱི་དགེ་སློང་ལྟུང་བ་ཅན་དུ་ཐལ། དགེ་བསྙེན་དང་དགེ་ཚུལ་ལྟུང་བ་མི་སྲིད་པར་ཐལ། དེ་སྐད་སྨྲས་པས་རང་གི་བླ་མ་རྣམས་སྨད་པར་འགྱུར་བ་རང་བཞིན་དང་བཅས་པ་མི་མཚུངས་པར་བསྟན། དེ་ལུང་གིས་བསྒྲུབ། ཆ་ལུགས་ཙམ་ལ་དགེ་བ་མེད་པར་བསྟན་པ་དང་བརྒྱད། དང་པོ་ནི། དེ་ལྟ་༼དགོངས་གཅིག་ཏུ། རྡོ་རྗེའི་གསུང་། འགྲོ་དྲུག་གང་གིས་བསྲུངས་ཀྱང་ཕན་ཡོན་འབྱུང་བྱ་བ་འདི་བཞུགས། དེའང་བཅས་པ་འགྲོ་བ་སྤྱི་བཅས་པ་དང་གཅིག རྒྱུ་འབྲས་རྟེན་འབྲེལ་གྱི་གཤིས་ལ་མི་སླུ་བ་དང་གཉིས། འགྲོ་དྲུག་གང་གི་བཅས་པ་ལས་འདས་ཀྱང་ཉེས་པ་འབྱུང་བ་དང་། རྒྱུ་མཚན་གསུམ་གྱིས། འགྲོ་དྲུག་གང་གིས་བསྲུངས་ཀྱང་ཕན་ཡོན་འབྱུང་། དཔེར་ན་རྫ་མཁན་དགའ་སྐྱོང་ས་མི་བརྐོ་བར་གཞན་གྱིས་བརྐོས་པ་དང་། གད་པ་ཆད་པའི་ས་ལ་རྫ་མ་བྱེད། དེའི་རིན་གྱིས་ཕ་མ་གསོ། བཅོམ་ལྡན་འདས་འོད་སྲུང་དུས་སུ་བསྙེན་བསྐུར་བྱེད་པས། འོད་སྲུང་དེ་ལའང་བཅས་པ་བསྲུང་བའི་གནས་སྐབས་ཀྱི་འབྲས་བུ་ཡིན། ཀ་ཤའི་ནགས་ཁྲོད་དུ་གོང་མ་སྲེག་ལ་སོགས་པའི་ཁྲིམས་

བསྔུངས་པས། ཕྱུལ་དུ་བདེ་ལེགས་དཔག་མེད་འབྱུང་བ་བཞིན་ཟེར་རོ། །མིན་པར་མ་བཅས་ཀྱང་། །ཅི་ནས་སྡིག་པར་འགྱུར་ན་ནི། །རྒྱལ་བ་རིགས་ལྔ་ལ་སོགས་པ། །ལོངས་སྤྱོད་རྫོགས་པའི་སྐུ་རྣམས་དང་། །ཉེ་བའི་སྲས་བརྒྱད་ལ་སོགས་པ། །བྱང་ཆུབ་སེམས་དཔའ་ཕལ་ཆེར་ཡང་། །དབུ་སྐྲ་རིང་ཞིང་རྒྱན་དང་བཅས། །ཁ་དོག་སྣ་ཚོགས་ན་བཟའ་ཅན། །ཕྱག་མཚན་སྣ་ཚོགས་འཛིན་པ་རྣམས། །ཡེ་བཀག་པ་ལ་སྤྱོད་པའི་ཕྱིར། །གཤིས་ཀྱི་མི་དགེ་ཅན་དུ་འགྱུར། །ཞེས་པ་བཅས་པའི་ཁ་ན་མ་ཐོ་བཅས་པའི་ཕྱིན་ཆད་ལྷུང་བར་འགྱུར་བ་དེ་ལྟ་མ་ཡིན་པར་མ་བཅས་ཀྱང་ཅི་ནས་བསླབ་པ་མ་བླང་བའི་ཁྱིམ་པ་ལ་སྡིག་པར་འགྱུར་ན། རྒྱལ་བ་རིགས་ལྔ་ལ་སོགས་པ་ལོངས་སྤྱོད་པའི་རྫོགས་པའི་སྐུ་རྣམས་དང་། བྱམས་པ། འཇམ་དབྱངས། ཕྱག་རྡོར། སྤྱན་རས་གཟིགས། སའི་སྙིང་པོ། ནམ་མཁའི་སྙིང་པོ། སྒྲིབ་པ་རྣམ་སེལ། ཀུན་ཏུ་བཟང་པོ་སྟེ། ཉེ་བའི་སྲས་བརྒྱད་ལ་སོགས་པ་དང་། བློ་གྲོས་ཆེན་པོ་ལ་སོགས་པ་བྱང་ཆུབ་སེམས་དཔའ་ཕལ་ཆེ་བ་ཡང་དབུ་སྐྲ་རིང་ཞིང་། རིན་པོ་ཆེའི་རྒྱན་དང་བཅས་པ་ཁ་དོག་སྣ་ཚོགས་པའི་ན་བཟའ་དང་། ཕྱག་མཚན་རལ་གྲི་ལ་སོགས་པ་སྣ་ཚོགས་པ་འཛིན་པ་རྣམས་ཆོས་ཅན། གཤིས་ཀྱི་མི་དགེ་བ་ཅན་དུ་ཐལ། ཡེ་བཀག་པ་ལ་སྤྱོད་པའི་ཕྱིར། རྟགས་ཁས་བླང་།

གཉིས་པ་ནི། རྣལ་འབྱོར་དབང་ཕྱུག་བིརྺ་པ། །ཏི་ལོ་ནཱ་རོ་ལ་སོགས་པ། །དགེ་སློང་བརྟུལ་ཞུགས་བོར་བ་ཡི། །གྲུབ་ཐོབ་རྣམས་ཀྱང་སྡིག་ཅན་འགྱུར། །ཅེས་པ། དགེ་སློང་གི་བརྟུལ་ཞུགས་བོར་བའི་གྲུབ་ཐོབ། རྣལ་འབྱོར་གྱི་དབང་ཕྱུག་བིརྺ་པ་དང་། ནཱ་རོ་པ་ལ་སོགས་པ་རྣམས་ཆོས་ཅན། སྡིག་ཅན་དུ་ཐལ། ཡེ་བཀག་པ་ལ་སྤྱོད་པའི་ཕྱིར། རྟགས་ཁས་བླང་།

གསུམ་པ་ནི། ཙན་དན་སྦྱོར་གྱི་འོད་ལྡན་པའི། །དགེ་སློང་ཧེ་སྙེད་ཐམས་ཅད་ཀྱང་། །རྒྱན་དང་བཅས་ཤིང་གོས་དཀར་བ། །དེ་དག་ཡང་ནི་སྡིག་ཅན་འགྱུར། །གཤིས་ཀྱི་མི་དགེ་སྤྱོད་ཕྱིར་རོ། །ཞེས་པ། ལྷས་བལྟས་པ་ཞེས་བྱ་བའི་འཇིག་རྟེན་གྱི་ཁམས་ན། ཙན་དན་སྦྱོར་གྱི་འོད་དང་ལྡན་པ་ཞེས་བྱ་བའི་འཇིག་རྟེན་གྱི་དགེ་སློང་ཧེ་སྙེད་ཐམས་ཅད་རྒྱན་དང་བཅས་ཤིང་། གོས་དཀར་བ་དེ་དག་ཀྱང་ཆོས་ཅན། སྡིག་ཅན་དུ་ཐལ། གཤིས་ཀྱི་མི་དགེ་བ་སྤྱོད་པའི་ཕྱིར་རོ། །རྟགས་ཁས་བླང་། ལྷས་བལྟས་པའི་འཇིག་རྟེན་ནི། དཀོན་མཆོག་བརྩེགས་པའི་གཙུག་ན་རིན་པོ་ཆེས་ཞུས་པའི་མདོ་ལས། སྔོན་བྱུང་བ་འདས་པའི་དུས་བསྐལ་བ་གྲངས་མེད་པ་ལས་ཀྱང་ཆེས་གྲངས་མེད་པ་ཡངས་པ་ཚད་མེད་པ་བསམ་གྱིས་མི་ཁྱབ་པར་གྱུར་པ་དེའི་ཚེ་དེའི་དུས་ན། བསྐལ་པ་དགའ་བར་འགྱུར་བ་ཞེས་བྱ་བ། འཇིག་རྟེན་གྱི་ཁམས་ལྷས་རྣམ་པར་བལྟས་པ་ཞེས་བྱ་བར། དེ་བཞིན་གཤེགས་པ་དགྲ་བཅོམ་པ་ཡང་དག་པར་རྫོགས་པའི་སངས་རྒྱས། རིག་པ་དང་ཞབས་སུ་ལྡན་པ་བདེ་བར་གཤེགས་པ་

འཇིག་རྟེན་མཁྱེན་པ། སྐྱེས་བུ་འདུལ་བའི་ཁ་ལོ་བསྒྱུར་བ། བླ་ན་མེད་པ། ལྷ་དང་མི་རྣམས་ཀྱི་སྟོན་པ་སངས་རྒྱས་བཅོམ་ལྡན་འདས་འཇིག་རྟེན་ཐམས་ཅད་མངོན་པར་དགའ་བ་ཞེས་བྱ་བ་འཇིག་རྟེན་དུ་འབྱུང་ངོ་། །རིགས་ཀྱི་བུ་ཅིའི་ཕྱིར། བསྐལ་པ་དེ་དགའ་བར་གྱུར་བ་ཞེས་བྱ་བ་ཞེ་ན། རིགས་ཀྱི་བུ་བསྐལ་པ་དེ་ལ། སངས་རྒྱས་སྟོང་ཕྲག་དྲུག་ཅུ་འབྱུང་བར་འགྱུར་ཏེ། དེ་ན་གནས་གཙང་མའི་རིགས་ཀྱི་ལྷ་དེ་དག་གིས། ཀྱེ་མ་ཧོ། གྲོགས་པོ་དག་འདི་ནི་བསྐལ་པ་བཟང་པོ་ཡིན་ཏེ། བསྐལ་པ་འདི་ལ་སངས་རྒྱས་སྟོང་ཕྲག་དྲུག་ཅུ་འབྱུང་བར་འགྱུར་རོ། །ཞེས་དགའ་བའི་སྒྲ་བསྒྲགས་པ་དང་། དེ་ན་ལྷ་དང་བཅས་པའི་འཇིག་རྟེན་གྱིས་དགའ་བའི་སྒྲ་དེ་ཐོས་སོ། །སྒྲ་ཐོས་ནས་ཀྱང་། དགའ་བ་དང་དད་པ་དང་། མོས་པ་ཆེན་པོ་སྐྱེས་ཏེ། དེ་ནས་ལྷ་དང་མི་དེ་དག་གིས། ཀྱེ་མའོ་བསྐལ་པ་འདི་ནི་དགའ་བར་གྱུར་བའོ། །ཞེས་དེ་སྐད་སྨྲས་ནས། དེའི་ཕྱིར་བསྐལ་བ་དེའི་མིང་དགའ་བར་གྱུར་བ་ཞེས་བཏགས་སོ། །རིགས་ཀྱི་བུ། འཇིག་རྟེན་གྱི་ཁམས་ཏེ། ལྷ་ཐམས་ཅད་ཀྱིས་ལྷས་བརྟགས་ཀྱང་དེ་ངོམས་པར་མི་འགྱུར་བ་ཙམ་དུ་བལྟ་ན་སྡུག་ཅིང་དེ་ཙམ་དུ་ཉམས་དགའ་བར་གྱུར་བས་དེའི་ཕྱིར་འཇིག་རྟེན་གྱི་ཁམས་དེ་ལྷས་རྣམ་པར་བལྟས་པ་ཞེས་བྱའོ། །རིགས་ཀྱི་བུ། འཇིག་རྟེན་གྱི་ཁམས་ལྷས་རྣམ་པར་བལྟས་པ་དེའི་གཞི་ནི་ཙན་དན་སྦྲུལ་གྱི་སྙིང་པོ་ཤ་སྟག་སྟེ། སྟེང་གི་འཇིག་རྟེན་གྱི་ཁམས་ཀྱིས་ཙན་དན་སྦྲུལ་གྱི་སྙིང་པོ་དེའི་བྱེ་མ་ཁལ་ཅིག་གི་རིན་དུ་ཡང་མི་བཟོད་དོ། །འཇིག་རྟེན་གྱི་ཁམས་དེ་ནས་ཕྱོགས་ཀྱི་དང་ལྡང་པའི་དྲིས་ནི་ཕྱོགས་བཅུའི་འཇིག་རྟེན་གྱི་ཁམས་ཚད་མེད་གྲངས་མེད་པ་དག་ཏུ་ཁྱབ་བོ། །ཙན་དན་སྦྲུལ་གྱི་སྙིང་པོ་ལས་གྱུར་པའི་ས་ཆེན་པོ་དེ་ལས། འོད་ཟེར་གྱི་དྲྭ་བ་སྣང་བ་ཞེས་བྱ་བའི་པདྨ་ཆེན་པོ་ཤ་སྟག་བྱུང་བར་གྱུར་ཏེ། པདྨ་དེ་དག་གི་འོད་ཀྱིས་འཇིག་རྟེན་གྱི་ཁམས་དེ་རྟག་ཏུ་སྣང་བར་འགྱུར་ཏེ། མི་དེ་དག་ཀྱང་ནམ་མཁའ་ལ་འགྲོའོ། །དེ་དག་མངོན་པར་ཤེས་པ་རབ་ཏུ་ཐོབ་ནས། ནམ་མཁའི་དཀྱིལ་ན་འདུག་པའི་ཁང་པ་བརྩེགས་པ་དག་གི་ནང་དུ་འཇུག་ཅིང་ནམ་མཁའ་ལ་འགྲོའོ། །འཇིག་རྟེན་གྱི་ཁམས་དེ་ན་མངལ་ན་གནས་པ་ཡང་མེད་དེ། དེ་དག་ཐམས་ཅད་ཀྱང་བརྫུས་ཏེ་སྐྱེ་བ་ཤ་སྟག་གོ། །དེ་ན་བུད་མེད་ཀྱི་མིང་ཡང་མི་གྲག་གོ། །ངན་སོང་རྣམས་ཀྱང་མེད་དོ། །ངན་འགྲོ་རྣམས་ཀྱང་མེད་དོ། །སྡུག་བསྔལ་ཡང་མེད་དོ་འཇིག་རྟེན་གྱི་ཁམས་དེ་ན་ཁ་ཟས་རགས་པ་ཡང་མེད་དོ། །མི་དེ་དག་ཐམས་ཅད་ཀྱང་མངོན་པར་ཤེས་པ་དང་། བསམ་གཏན་གྱི་དགའ་བའི་ཟས་ཅན་ནོ། །མོས་པ་བརྟན་པོ་ཆེས་ཐེག་པ་ཆེན་པོ་ལ་ཞུགས་པ་སྟེ། དེ་ན་ཐེག་པ་གཞན་གྱི་མིང་ཡང་མེད་དེ། གང་འཇིག་རྟེན་གྱི་ཁམས་དེའི་མི་དེ་དག་ཐམས་ཅད་ཀྱང་། གསེར་གྱི་ཁ་དོག་པན་ཐོགས་ཤིང་། དཔུང་རྒྱན་དང་། རྣ་ཆས་བརྒྱན་པ། ལྷའི་ཁ་དོག་དང་། གཟུགས་དང་ལྡན་པར་གྱུར་པ་ཤ་སྟག་གོ། །གང་ཉོན་མོངས་པ་དང་བྲལ་བར་གྱུར་པ་ཤ

སྡུག་གོ། །གང་ཉོན་མོངས་པ་དང་བྲལ་བར་གྱུར་པ་དེ་ཉིད་དེ་དག་གི་རབ་ཏུ་བྱུང་བ་ཡིན་ཏེ། བཅོམ་ལྡན་འདས་དེ་བཞིན་གཤེགས་པ་དེས་བྱང་ཆུབ་སེམས་དཔའ་དག་ལ་གོས་ངུར་སྨྲིག་ཏུ་བཀའ་བསྩལ་བ་ཡང་མེད་དེ། འདི་ལྟར་སེམས་རྟོག་པ་མེད་པའི་ཕྱིར་རོ། །ཞེས་གསུངས་སོ། །

བཞི་པ་ནི། དགེ་བསྙེན་དགེ་ཚུལ་སྡོམ་བརྩོན་ལ་འང་། །སྡིག་མེད་སྲིད་པར་མི་འགྱུར་ཏེ། །དེ་དག་ལ་ཡང་དགེ་སློང་གི། །ལྟུང་བ་ཐམས་ཅད་འབྱུང་ཕྱིར་རོ། །ཞེས་པ། དགེ་བསྙེན་དང་དགེ་ཚུལ་སྡོམ་བརྩོན་ཆོས་ཅན། ཁྱོད་ལ་འང་སྡིག་པ་མེད་པ་མི་སྲིད་པར་ཐལ། ཁྱོད་ལ་འང་དགེ་སློང་གི་ལྟུང་བ་ཐམས་ཅད་འབྱུང་བའི་ཕྱིར་རོ། །རྟགས་ཁས།

ལྔ་པ་ནི། འདི་འདྲ་གང་དག་སུ་ཞེ་ར་བ། །དེ་ཡི་རང་གི་རྩ་བ་དང་། །བརྒྱུད་པའི་བླ་མར་གང་གྱུར་པ། །ཁྲིམ་པའམ་ནི་དགེ་བསྙེན་རྣམས། །རྣལ་འབྱོར་བ་རུ་གང་གྱུར་པ། །དེ་དག་ཐམས་ཅད་སྨད་པ་སྟེ། །གཤིས་ཀྱི་མི་དགེ་མཛད་ཕྱིར་དང་། །ལྟུང་བ་ཐམས་ཅད་སྤྱད་ཕྱིར་རོ། །ཞེས་པ། བཅས་པའི་ཁ་ན་མ་ཐོ་བ་བཅས་པའི་ཕྱིན་ཆད་ལྟུང་བར་འགྱུར་བ་དེ་ལྟ་མིན་པར་མ་བཅས་ཀྱང་སྡིག་པར་འགྱུར་བ་འདི་འདྲ་གང་དག་སུ་ཞེ་ར་བ་དེ་དག་གིས་རང་གིས་རྩ་བའི་བླ་མ་དང་། བརྒྱུད་པའི་བླ་མར་གྱུར་པ་ཁྲིམ་པའམ་དགེ་བསྙེན་ནམ་རྣལ་འབྱོར་བ་སུ་གང་བཞུགས་པ་དེ་དག་ཐམས་ཅད་སྨད་པ་ཡིན་ཏེ། དེ་དག་ཐམས་ཅད་ཀྱི་གཤིས་ཀྱི་མི་དགེ་བ་མཛད་པར་ཁས་བླངས་པའི་ཕྱིར་དང་། ལྟུང་བ་ཐམས་ཅད་སྤྱོད་པར་ཁས་བླངས་པའི་ཕྱིར་རོ། །

དྲུག་པ་ནི། དེས་ན་མདོ་ལས་བརྟུལ་ཞུགས་ལ། །དགེ་སྡིག་གཉིས་ཀ་མེད་པར་གསུངས། །ཞིང་གི་གྲབ་བཞིན་ཚུལ་ཁྲིམས་ལ། །གྲུས་པའི་རྒྱུ་རུ་གསུངས་པར་ཟད། །དེས་ན་འདོད་པས་དབེན་པ་དང་། །སྡིག་ཏོ་མི་དགེའི་ཆོས་ཀྱི་ནི། །དབེན་པ་ཞེས་བྱ་རྣམ་གཉིས་གསུངས། །ཐུབ་པའི་དགོངས་པ་ཇི་བཞིན་ཟུངས། །ཞེས་པ། རྒྱུ་མཚན་དེས་ན། བཅོམ་ལྡན་འདས་ཀྱིས་འདུལ་བའི་མདོ་ལས། ངུར་སྨྲིག་གོན་པ་ལ་སོགས་པའི་བརྟུལ་ཞུགས་ལ་དགེ་སྡིག་གཉིས་ཀ་མེད་པར་གསུངས་ལ། འོན་དགོས་པ་མེད་དམ་ཞེ་ན། ཞིང་གི་གྲབ་བཞིན་དུ་ངེས་པར་འབྱུང་བའི་ཚུལ་ཁྲིམས་ལ་གྲུས་པའི་རྒྱུ་རུ་གསུངས་ཏེ་འདུལ་བ་ལ་བསྟོད་པ་ལས། རབ་མཚམས་ཀྱི་འོབས་དང་འདྲ་བ་ཡི། །ཟག་པ་ཀུན་གྱི་ཆུ་ལོན་འདུལ་བ་ཡིན། །ཞེས་གསུངས་པའི་ཕྱིར། བརྟུལ་ཞུགས་ཙམ་ལ་དགེ་སྡིག་མེད་པ་དེས་ན། འདོད་པས་དབེན་པ་བཅས་པའི་ཁ་ན་མ་ཐོ་བ་དང་། སྡིག་ཏོ་མི་དགེ་བའི་ཆོས་ཀྱིས་དབེན་པ་རང་བཞིན་གྱི་ཁ་ན་མ་ཐོ་བ་རྣམ་པ་གཉིས་སུ་གསུངས་པས་ཐུབ་པའི་དགོངས་པ་བཅས་པའི་ལྟུང་བ་བཅས་པའི་ཕྱིན་ཆད་ལྟུང་བར་འགྱུར་བ་དང་། རང་བཞིན་གྱི་སྡིག་པ་སེམས་ཅན་ཐམས་ཅད་ལ་སྡིག

པར་འགྱུར་བ་ཇི་ལྟ་བ་བཞིན་དུ་ཟུངས་ཤིག

བདུན་པ་ལ་ལུས་ཀྱི་ཆ་ལུགས་ལས་བསམ་པ་གཙོ་ཆེ་བར་བསྟན། བསླབ་པ་ལ་གུས་ན་ཕན་ཡོན་འབྱུང་བར་བསྟན་པ་གཉིས། དང་པོ་ནི། བུ་མོ་གསེར་མཆོག་འོད་ལྡན་གྱི། །བློ་གྲོས་ཆེན་པོ་འཇམ་དཔལ་ལ། །རབ་ཏུ་བྱུང་བ་ཞུས་པའི་ཚེ། །ལུས་ཀྱི་རབ་བྱུང་བཀག་ནས་ཀྱང་། །སེམས་ཀྱི་རབ་བྱུང་ཐོབ་པར་མཛད། །གལ་ཏེ་གཤིས་ལ་དགེ་ཡོད་ན། །ལུས་ལ་དུར་སྨྲིག་ཅིས་མི་སྙོན། །ཞེས་པ། ཤེས་བྱ་ཆོས་ཅན། ལུས་ཀྱི་ཆ་ལུགས་ལས་བསམ་པ་གཙོ་ཆེ་བ་ཡིན་ཏེ། བུ་མོ་གསེར་མཆོག་འོད་དཔལ་གྱི་བློ་གྲོས་ཆེན་པོ་འཇམ་དཔལ་ལ། རབ་ཏུ་བྱུང་བ་ཞུས་པའི་ཚེ། ལུས་ཀྱི་རབ་བྱུང་བཀག་ནས་སེམས་ཀྱི་རབ་བྱུང་ཐོབ་པར་མཛད་པའི་ཕྱིར། དེ་ཡང་མདོ་ལས། བུ་མོ་གསེར་མཆོག་འོད་དཔལ་བྱ་བ་ཤིན་ཏུ་མཛེས་པ་ཅིག་དང་། ཚོང་དཔོན་གྱི་ཁྱེའུ་གཉིས། ལྷུམ་རར་འཇིག་རྟེན་པའི་བདེ་བ་ལ་ལོངས་སྤྱོད་ཅིང་ཡོད་པའི་དུས་སུ། བུ་མོ་དེ་འཇམ་དཔལ་གྱིས་གདུལ་བའི་དུས་ལ་བབ་པར་ཤེས་ནས། ཚོང་དཔོན་གྱི་ཁྱེའུ་དེ་ཤི་བའི་ཚུལ་དང་། དབང་པོའི་ལམ་རྣམས་ནས་མི་གཙང་བ་འཛག་པར་སྤྲུལ། ཁྱེའུ་ཤི་བ་དེའི་འཁོར་རྣམས་ཀྱིས་བུ་མོ་དེ་ལ་ཉེས་པ་གཙོད་ཀྱིས་དོགས་པ་དང་། འཁོར་བ་ལ་ཙུང་ཟད་སྐྱོ་བ་སྐྱེ་ནས་འཇམ་དཔལ་ལ་བདག་རབ་ཏུ་འབྱུང་བར་ཞུ་ཞེས་གསོལ་བས་ལུས་རབ་ཏུ་བྱུང་ཡང་། འཇིགས་པ་ལས་མི་སྐྱོབས། སེམས་རབ་ཏུ་བྱུང་གསུང་། བུ་མོས་སེམས་རབ་ཏུ་འབྱུང་དུ་གསོལ་ཞུས་པས་རབ་ཏུ་བྱུང་རྒྱུའི་སེམས་དེ་སྟོན་དང་གསུང་། བུ་མོས་སེམས་ལ་ངོ་བོ་མ་གྲུབ་པས་བསྟན་རྒྱུ་མ་རྙེད། སེམས་ཀྱི་གནས་ལུགས་རྟོགས་པས་གྲོལ་བ་ཐོབ་སྟེ། མདོ་ལས། བུ་མོ་ལུས་རབ་ཏུ་བྱུང་བས་རབ་ཏུ་བྱུང་བ་མ་ཡིན་གྱི་སེམས་རབ་ཏུ་བྱུང་བ་ནི་རབ་ཏུ་བྱུང་བ་ཡིན་ཞེས་གསུངས་སོ། །གལ་ཏེ་གཤིས་ལ་དགེ་བ་ཡོད་ན་འཇམ་དཔལ་གྱི་བུ་མོའི་ལུས་ལ་དུར་སྨྲིག་ཅིས་ཕྱིར་མི་བསྙོན། གཉིས་པ་ནི། དཀོན་མཆོག་བརྩེགས་པའི་མདོ་སྡེ་ལས། །དད་རྫས་ཟ་བའི་ཉེས་མཐོང་ནས། །དགེ་སློང་ལྔ་བརྒྱས་སྡོམ་པ་ཕུལ། །དེ་ལ་ཐུབ་པ་ལེགས་ཞེས་གསུངས། །འཕགས་པ་བྱམས་པའི་བསྟན་པ་ལ། །འདུས་པ་དང་པོར་དེ་ལུང་བསྟན། །ཞེས་པ། ཤེས་བྱ་ཆོས་ཅན། བསླབ་པ་ལ་གུས་ན་ཕན་ཡོན་འབྱུང་སྟེ། དཀོན་མཆོག་བརྩེགས་པའི་མདོ་སྡེ་ལས། དད་རྫས་ཟ་བའི་ཉེས་མཐོང་ནས་དགེ་སློང་ལྔ་བརྒྱས་སྡོམ་པ་ཕུལ་བ་དེ་ལ་ཐུབ་པ་འཇམ་དཔལ་གྱིས་ལེགས་སོ་ཞེས་གསུངས་པའི་ཕྱིར་དང་། འཕགས་པ་བྱམས་པ་སངས་རྒྱས་པའི་བསྟན་པ་ལ་འཁོར་འདུས་པ་དང་པོར་ལེན་པ་མེད་པར་ཟག་པ་ལས་སེམས་རྣམ་པར་གྲོལ་བའི་དགྲ་བཅོམ་པར་ལུང་བསྟན་པའི་ཕྱིར། དེ་སྐད་དུ་བྱམས་པ་སེང་གེ་སྒྲའི་མདོ་ལས། བྱང་ཆུབ་སེམས་དཔའ་སེམས་དཔའ་ཆེན་པོ་བྱམས་པས་སེང་གེའི་སྒྲ་བསྒྲགས་པ་འདི་བཤད་པ་ན། འཁོར་དེ་ནས་དགེ་སློང་ལྔ་བརྒྱ་སྟན་ལས

ལངས་ཏེ་དོང་ངོ་། །དེ་ནས་གནས་བརྟན་འོད་སྲུང་ཆེན་པོས། དགེ་སློང་ལྔ་བརྒྱ་པོ་དེ་དག་ལ་འདི་སྐད་ཅེས་སྨྲས་སོ། །དགེ་སློང་ཆེན་པོ་དག་ཁྱེད་ཅག་ཡོ་བྱད་བསྒྲུང་བའི་གཏམ་བརྗོད་པའི་ཚེ་སྟན་ལས་ལངས་ཏེ་གར་འདོང་། དེ་སྐད་ཅེས་སྨྲས་པ་དང་། གནས་བརྟན་འོད་སྲུང་ཆེན་པོ་ལ་དགེ་སློང་ལྔ་བརྒྱ་པོ་དེ་དག་གིས་འདི་སྐད་ཅེས་སྨྲས་སོ། །བཙུན་པ་འོད་སྲུང་ཆེན་པོ། བྱང་ཆུབ་སེམས་དཔའ་སེམས་དཔའ་ཆེན་པོ་བྱམས་པ་ཡོ་བྱད་བསྒྲུངས་པའི་གཏམ་དེ་ལྟ་བུ་བསྟན་པའི་གནས་དེ་དག་ནི་སྤྲོད་པར་དཀའ་བ་ལགས་པས། བདག་ཅག་འདི་སྙམ་དུ་བདག་ཅག་ནི་ཡོ་བྱད་བསྒྲུངས་པའི་ཡོན་ཏན་དེ་དག་ལ་ཡང་དག་པར་མི་སྣང་བས། བདག་ཅག་ཕྱིར་ཁྱིམ་དུ་འོང་གོར་མ་ཆག་གོ། །དེ་ཅིའི་ཕྱིར་ཞེ་ན་སྟེ། དད་པས་བྱིན་པ་ནི་རེག་པར་དཀའ་ཞིང་སྦྱང་བར་དཀའ་བའི་ཕྱིར་རོ། །སྙམ་དུ་སེམས་པའི་སླད་དུའོ། །

དེ་ནས་འཇམ་དཔལ་གཞོན་ནུ་གྱུར་པས། དགེ་སློང་དེ་དག་ལ་ལེགས་སོ་ཞེས་བྱ་བ་བྱིན་ཏེ། རིགས་ཀྱི་བུ་དག་ལེགས་སོ་ལེགས་སོ། །གང་དག་དད་པས་བྱིན་པ་ལ་ཡོངས་སུ་ལོངས་སྤྱོད་པར་མི་སྤྲོ་བ་དེ་དག་གིས་ནི་དེ་ལྟར་མཛེས་པ་དང་ལྡན་པ་དང་། འགྱོད་པ་དང་ལྡན་པ་བྱས་ཏེ། ཉིན་གཅིག་ལ་ལན་བརྒྱ་རབ་ཏུ་བྱུང་བའི་ཕྱིར། སྤྱངས་པ་ནི་བླ། ཚུལ་ཁྲིམས་ཡོངས་སུ་མ་དག་པས་དད་པས་ཕྱིན་པ་ལ་ཡོངས་སུ་སྤྱོད་པ་ནི་དེ་ལྟ་མ་ཡིན་ནོ་ཞེས་ནས། བསྟན་པ་འདི་བཤད་པ་ན་དགེ་སློང་ལྔ་བརྒྱ་པོ་དེ་དག་ལེན་པ་མེད་པ་ཟག་པ་རྣམས་ལས་སེམས་རྣམ་པར་གྲོལ་ལོ། །ཞེས་གསུངས་པའི་ཕྱིར་རོ། །བརྒྱད་པ་ནི། དེས་ན་སྡོམ་པ་དགེ་བ་ཡིན། །ཆ་ལུགས་ཙམ་ལ་དགེ་བ་མེད། །སྡོམ་པ་མེད་པའི་ཆ་ལུགས་ཀུན། །མདོ་དང་བསྟན་བཅོས་རྣམས་ལས་བཀག །གཤིས་ལ་དགེ་བ་ཡོད་ན་ནི། །སྡོམ་པ་མེད་ཀྱང་རབ་བྱུང་གི། །ཆ་ལུགས་ཙམ་རེ་ཅིས་མི་བཟུང་། །འདི་འདྲའི་ཆོས་ལུགས་བསྟན་པ་མིན། །ཞེས་པ། རྒྱུ་མཚན་དེས་ན་ཤེས་བྱ་ཆོས་ཅན། སྡོམ་པ་དགེ་བ་ཡིན་གྱི། ཆ་ལུགས་ཙམ་ལ་དགེ་བ་མེད་དེ། སྡོམ་པ་མེད་པའི་ཆ་ལུགས་ཀུན་མདོ་དང་བསྟན་བཅོས་རྣམས་ལས་བཀག་པའི་ཕྱིར་ཏེ། འཕགས་པ་འོད་སྲུང་གིས་ཞུས་པའི་ལེའུ་ལས། འོད་སྲུང་འདི་ལྟ་སྟེ་དཔེར་ན། མི་རོའི་མགོ་ལ་གསེར་གྱི་ཕྲེང་བ་བཏགས་པ་དེ་བཞིན་དུ། ཚུལ་ཁྲིམས་འཆལ་བ་ངུར་སྨྲིག་གོན་པར་བལྟའོ། །དེ་ལ་འདི་སྐད་ཅེས་བྱ་སྟེ། དཔེར་ན་མི་རོའི་མགོ་ལ་གསེར་ཕྲེང་ངམ། །ཡང་ན་མེ་ཏོག་ཕྲེང་བ་གདགས་བྱས་པ། །དེ་བཞིན་ཁྲིམས་མེད་ངུར་སྨྲིག་གོན་པ་ཡང་། །མཐོང་ནས་དེ་ལ་ཡིད་ནི་དད་མི་འགྱུར། །ཅེས་གསུངས་པའི་ཕྱིར། གཤིས་ལ་དགེ་བ་ཡོད་ན་སྡོམ་པ་མེད་ཀྱང་རབ་ཏུ་བྱུང་བའི་ཆ་ལུགས་ཙམ་རེ་ཅིའི་ཕྱིར་མི་བཟུང་། འདི་འདྲའི་ཆོས་ལུགས་སངས་རྒྱས་ཀྱི་བསྟན་པ་མ་ཡིན་ནོ། །

གཉིས་པ་བདེ་སྡུག་གི་བྱེད་པ་པོ་སངས་རྒྱས་སུ་ཐལ་བའི་རྩོད་པ་སྤང་བ་ལ། རྩོད་པ་དང་། ལན་གཉིས།

དང་པོ་ནི། དེ་ལ་ཁ་ཅིག་འདི་སྐད་དུ། །གལ་ཏེ་གཞིས་ལ་དགེ་བ་དང་། །སྡིག་པ་གཉིས་ཀ་མེད་པ་ལ། །ཐུབ་པས་ལྟུང་བ་འཆའ་ན་ནི། །བདེ་སྡུག་ཀུན་གྱི་བྱེད་པ་པོ། །སངས་རྒྱས་ཡིན་པར་འགྱུར་ཅེ་ན། །ཞེས་པར་གཞིས་ལ་དགེ་བ་མེད་བྱས་པ་དེ་ལ། ཁ་ཅིག་འདི་སྐད་དུ་དོགས་ན། །གལ་ཏེ་གཞིས་ལ་དགེ་བ་དང་སྡིག་པ་གཉིས་ཀ་མེད་པ་ལ། ཐུབ་པ་བཅོམ་ལྡན་འདས་ཀྱིས་བཅས་པ་ལ་ལྟུང་བ་ཡོད་པར་འཆའ། མ་བཅས་པ་ལ་ལྟུང་བ་མེད་པར་འཆའ་ན་ནི། མུ་སྟེགས་ཀྱི་དབང་ཕྱུག་ལྟར་བདེ་སྡུག་ཀུན་གྱི་བྱེད་པ་པོ་སངས་རྒྱས་ཡིན་པར་འགྱུར་རོ་ཞེ་ན། གཉིས་པ་ལ། མགོ་མཚུངས་ཀྱི་ལན་དང་། རྣལ་མའི་ལན་དང་། བསླབ་པ་མི་འདྲ་བ་འཆའ་བའི་འཐད་པ། བཅས་པའི་བསླབ་པ་ལ་གུས་པར་གདམས་པ། ཞར་ལ་སྡེ་སྣོད་དང་མི་མཐུན་པའི་བྱ་བ་གཞན་དགག་པ་དང་ལྔ། དང་པོ་ནི། འདི་ཡི་ལན་ལ་རྣམ་གཉིས་ལས། །མགོ་སྙོའི་ལན་ནི་འདི་ལྟར་ཡིན། །གཞིས་ལ་དགེ་སྡིག་ཡོད་ན་ནི། །ཁྱོད་ཀྱང་མུ་སྟེགས་འགའ་ཞིག་ལྟར། །ངོ་བོ་ཉིད་རྒྱུར་སྨྲ་བར་འགྱུར། །ཅེས་པ། རྩོད་པ་འདིའི་ལན་ལ། མགོ་སྙོའི་ལན་དང་། རྣལ་མའི་ལན་རྣམ་པ་གཉིས་ལས། དང་པོ་མགོ་བསྙོའི་ལན་འདི་ལྟར་ཡིན་ཏེ། གཞིས་ལ་དགེ་སྡིག་ཡོད་པར་འདོད་པ་ཁྱོད་ཀྱང་། མུ་སྟེགས་ཅད་ལྟ་བ་འགའ་ཞིག འབྱུང་ལྔ་ཉི་མ་ཟླ་བ་དང་། །ཁ་བ་དང་ནི་མངར་བ་སོགས། །དགེ་བ་སྡིག་པ་ཐམས་ཅད་ཀྱང་། །སུས་ཀྱང་མ་བྱས་ངོ་བོས་གྲུབ། །ཅེས་པ་ལྟར་ངོ་བོ་ཉིད་རྒྱུར་སྨྲ་བར་ཐལ། གཞིས་ལ་དགེ་སྡིག་ཡོད་པའི་ཕྱིར། རྟགས་ཁྱབ་ཁས་བླངས་སོ། །

གཉིས་པ་ནི།གཉིས་པ་དངོས་པོའི་ལན་ལ་ནི། །གཞིས་ལ་དགེ་དང་སྡིག་མེད་ཀྱང་། །བདེ་སྡུག་ལས་ཀྱིས་བྱས་པ་ཡིན། །ལས་ཀྱི་བྱེད་པ་སེམས་ཉིད་ཡིན། །སེམས་ནི་དགེ་དང་མི་དགེ་བའི། །སྟོབས་ཀྱི་ལས་ལ་བཟང་ངན་འབྱུང་། །བཟང་ངན་དེ་ལས་བདེ་སྡུག་འབྱུང་། །དེ་དག་བླང་དོར་བྱེད་པ་ཡི། །ཐབས་ནི་སྡོམ་པའི་ཚུལ་ཁྲིམས་ཡིན། །བརྟུལ་ཞུགས་ཚུལ་ཁྲིམས་བསྲུང་བའི་ཐབས། །དེ་ལ་གང་ལ་གང་དགོས་པའི། །བསླབ་པ་འཆའ་བའི་བྱེད་པ་པོ། །རྫོགས་པའི་སངས་རྒྱས་ཉག་གཅིག་ཡིན། །ཞེས་པ། གཉིས་པ་དངོས་པོ་རྣལ་མའི་ལན་ནི། གཞིས་ལ་དགེ་བ་དང་སྡིག་པ་མེད་ཀྱང་། བདེ་སྡུག་རང་གི་ལས་ཀྱི་བྱས་པ་ཡིན་གྱི། གཞིས་ལ་ཡོད་པར་མི་འདོད་ཅིང་། ལུས་ངག་གི་ལས་ཀྱི་བྱེད་པ་པོ་སེམས་ཉིད་ཡིན། སེམས་དགེ་དང་མི་དགེ་བའི་སྟོབས་ཀྱི་ལས་ལ་བཟང་ངན་འབྱུང་ལ། ལས་བཟང་ངན་ལས་བདེ་སྡུག་སྐྱེ་ལ། བདེ་སྡུག་དེ་དག་བླང་དོར་བྱེད་པའི་ཐབས་ནི། ཉེས་པའི་རྒྱུན་གཅོད་སྡོམ་པའི་ཚུལ་ཁྲིམས་ཆུ་བོའི་ལྟ་བུ་ཡིན། ངུར་སྨྲིག་གོན་པ་ལ་སོགས་པའི་བརྟུལ་ཞུགས་ཚུལ་ཁྲིམས་བསྲུང་བའི་ཐབས་ཡིན་ནོ། །ཚུལ་ཁྲིམས་བསྲུང་བ་དེ་ལ་བསྲུང་བའི་ཐབས་གང་ལ་གང་དགོས་པའི་བསླབ་པ་མཐའ་དག་འཆའ་བའི་བྱེད་པ་པོ་རྫོགས་པའི་སངས་རྒྱས་ཉག་གཅིག་ཡིན་ནོ། །

གསུམ་པ་ནི། དེས་ན་བསམ་པའི་ཁྱད་པར་གྱིས། །གཉེན་པོའི་བྱེ་བྲག་དུ་མ་ཡོད། །དེ་ཡི་ཐབས་སུ་བརྟུལ་ཞུགས་དང་། །འདུལ་བའི་བཅས་པ་མི་འདྲ་བ། །མཛད་པའི་རྒྱུ་མཚན་དེ་ལྟར་ཡིན། །དེས་ན་བདེ་དང་སྡུག་བསྔལ་གྱི། །བྱེད་པོ་སངས་རྒྱས་མ་ཡིན་ཡང་། །བསླབ་པ་འཆའ་དང་སྡུགས་སྦྱོར་བའི། །བྱེད་པོ་སངས་རྒྱས་ཡིན་པར་གསུངས། །ཞེས་པ། བསླབ་པ་འཆའ་བའི་བྱེད་པ་པོ་རྫོགས་པའི་སངས་རྒྱས་ཉག་གཅིག་ཡིན་པ་དེས་ན། ཤེས་བྱ་ཆོས་ཅན། བཅོམ་ལྡན་འདས་ཀྱིས་ཚུལ་ཁྲིམས་བསྲུང་བའི་ཐབས་སུ་དུར་སྒྲིག་གོན་པ་ལ་སོགས་པའི་བརྟུལ་ཞུགས་དང་། འདུལ་བའི་བཅས་པ་སྡེ་པ་ཐ་དད་པ་ལ་མི་འདྲ་བ་མཛད་པའི་རྒྱུ་མཚན་ཡོད་དེ། བསམ་པ་མི་འདྲ་བའི་ཁྱད་པར་གྱིས་སྡེ་པ་ཐ་དད་ལ་གཉེན་པོ་མི་འདྲ་བའི་བྱེ་བྲག་གིས་བཅས་པ་མི་འདྲ་བ་དུ་མ་ཡོད་པའི་ཕྱིར། དཔེར་ན་ཞིང་མི་འདྲ་བ་ལ་སོནམ་མི་འདྲ་བ་དེ་ལྟར་ཡིན་པ་བཞིན་ནོ། །རྒྱུ་མཚན་དེས་ན་བདེ་སྡུག་གི་བྱེད་པ་པོ་སངས་རྒྱས་མ་ཡིན་ཡང་། བསླབ་པ་འཆའ་བ་དང་། སྡུགས་སྦྱོར་བའི་བྱེད་པ་པོ་རྫོགས་པའི་སངས་རྒྱས་ཡིན་པར་གསུང་སྟེ། འདུལ་བ་ལུང་ལས། བཅོམ་ལྡན་འདས་བསླབ་པ་འཆའ་བར་བཞེད་ནས་ཞེས་བྱ་བ་དང་། ཉེས་པ་བྱུང་ཡང་མ་བཅས་བྱུང་ནས་བཅས། མ་བྱུང་ཡང་བཅས་པ་དང་། བཅས་པའི་རྗེས་སུ་ཡང་བཅས་པ་ལ་སོགས་གསུངས་པའི་ཕྱིར་དང་། རྣམ་འགྲེལ་ལས། འགའ་ཡིས་བཟོ་བྱས་ཉིད་ཡིན་ན། །སྡུགས་རྣམས་འབྲས་བུ་བསྐྱབས་པ་ཡིན། །ཞེས་ཏེ་དངོས་པོའི་ནུས་ཡིན་ན། །ཁྱད་པར་མེད་ཕྱིར་གཞན་ལའང་འགྱུར། །ཞེས་སོགས་གསུངས་པའི་ཕྱིར། འདུལ་བ་དང་འགལ་བའི་སྤྱོད་པ་ལ་བཤགས་པ་བྱ་བར་བསྟམས་པ། ཆོས་དང་འགལ་བའི་སྤྱོད་པ་ལ་བཤགས་པ་བྱ་བར་བསྟམས། དེ་དག་གི་དོན་བསྡུས་པ་དང་གསུམ། དང་པོ་ནི། སྨྲ་གུ་ཅན་དང་གོང་བ་ཅན། །རྟ་ལ་གོན་པ་ལ་སོགས་དང་། །ལག་ཉ་དང་ནི་ནུབ་ཚངས་སོགས། །འདུལ་བའི་སྤྱོད་པ་མ་ཡིན་པ། །བྱས་པ་ཀུན་ལ་གནོད་པ་ཡི། །ཚུལ་གྱིས་བཤགས་པ་ལེགས་པར་བྱ། །དེ་དག་ལྟུང་བ་མེད་དོ་ཞེས། །སྨྲས་ན་བསྟན་ལ་གནོད་པ་ཡིན་ཞེས་པ། དམ་པའི་ཆོས་འདུལ་བའི་སྒོ་ནས་ཞུགས་པའི་དགེ་ཚུལ་དང་། དགེ་སློང་རྣམས་ཀྱི་ཆོས་དང་མི་མཐུན་པའི་གོས་སྨྲ་གུ་ཅན་ཡན་ལག་གི་ཤུབས་ཅན་དང་། གོང་བ་ཅན་གོན་པ་འདུལ་བའི་སྤྱོད་པ་དང་འགལ་བ་ཡིན་ཏེ། འདུལ་བ་ལས་ཆོས་གོས་རྣམ་པ་གསུམ་ལས་མ་བཤད་པའི་ཕྱིར། རྟ་ལ་ཞོན་པ་དང་། སོགས་པ་གླང་པོ་ཆེ་དང་། ཤིང་རྟ་ལ་ཞོན་པ་སོགས་མི་བྱ་སྟེ། ཁྲི་སྟན་མཐོན་པོར་ཉལ་བའི་ལྟུང་བ་འབྱུང་བའི་ཕྱིར། ལག་ཉ་ནི་སྔར་བྱིན་ལེན་མ་བྱས་པའི་ཟས་ལ་དགེ་སློང་གི་རེག་ན་ཕྱིས་བཟར་མི་རུང་བ་དང་། ནུབ་ཚངས་ནི། གནས་ཁང་ཉེ་འཁོར་དང་། བཅས་པའི་ནང་དུ་བསྐྱེན་པར་མ་རྫོགས་པ་དང་ལྷན་ཅིག་ཉལ་དུ་མི་རུང་བ་ལ་ཞག་གཉིས་ལས་ཐལ་ན་ལྟུང་བ་འབྱུང་བའོ། །འགའ་ཞིག་ཨ་ཧོ་ཤའི་གསུང་སྒྲོས་ལས

ཐམས་ཅད་ཡོད་པར་སྨྲ་ན། ཕལ་ཆེན་པ། མང་བཀུར་བ། གནས་བརྟན་པ་རྣམས་རིམ་པ་བཞིན། ནུབ་ཚངས་འཁྲུ་ཕྱེད་དང་། དགུ་དང་། བར་དུ་ཡོལ་བ་དང་། རི་མོ་དང་། ཐག་པས་ཆོད་ན་ཐུབ་པར་འདོད་ཟེར་རོ། །ཤེས་བྱེད་ཀྱི་ཁུངས་རྣམ་དག་མ་མཐོང་ངོ་། །དེ་ལ་སོགས་པ་འདུལ་བའི་སྤྱོད་པ་མ་ཡིན་པ་བྱས་པ་ཀུན་ལ། ལྟུང་བ་རིགས་མཐུན་མེད་པའི་དགེ་སློང་གི་མདུན་དུ། སེམས་གཏོང་བའི་ཚུལ་གྱིས་བཤགས་པ་ལེགས་པར་བྱའོ། །ཉེས་པ་དེ་དག་ལ་ལྟུང་བ་མེད་དོ་ཞེས་ཁྱད་དུ་བསད་ནས་སྨྲ་ན། སངས་རྒྱས་ཀྱི་བསྟན་པ་ལ་གནོད་པ་ཡིན་ནོ། །

གཉིས་པ་ནི། རབ་ཏུ་བྱུང་བ་འབབ་པ་དང་། །ཕན་ཚུན་རྩོད་པ་བྱེད་པ་དང་། །དམ་ཆོས་ཉོ་ཚོང་བྱེད་པ་དང་། །དགེ་སྦྱོང་ཕྱི་དྲོ་ཟ་བ་དང་། །ཆང་འཐུང་བ་ལ་སོགས་པ་དང་། །ཆོས་གོས་ལྟུང་བཟེད་མེད་པ་སོགས། །ཆོས་དང་འགལ་བའི་སྤྱོད་པ་ཀུན། །ལྟུང་བ་མེད་ཅེས་སྒྲོག་པ་དང་། །བླ་མའི་ཞབས་ཏོག་ཡིན་པ་དང་། །སངས་རྒྱས་བསྟན་ལ་ཕན་པ་སོགས། །སྨྲས་ན་བསྟན་པ་སྤྱི་ལ་གནོད། །རང་གི་བསྒྲུབ་པར་མ་ནུས་པའམ། །ལས་ངན་ཡིན་ཞེས་སྨྲས་ན་ནི། །རང་ལ་གནོད་ཀྱི་བསྟན་ལ་མིན། །གལ་ཏེ་སྐྱེ་བ་སྔ་མ་ཡི། །ལས་ངན་སྨིན་པའི་ཤུགས་ཉིད་ལས། །ཆོས་དང་འགལ་བའི་སྤྱོད་པ་ཀུན། །དབང་མེད་བྱ་དགོས་བྱུང་ན་ཡང་། །འདི་ནི་ཆོས་མིན་འདུལ་བ་མིན། །སངས་རྒྱས་བསྟན་པ་མིན་ནོ་ཞེས། །གནོད་པའི་ཚུལ་གྱིས་ལེགས་པར་བཤགས། །ཞེས་པ། རབ་ཏུ་བྱུང་བ་ལས་འབབ་པ་དང་། གཞན་རབ་ཏུ་བྱུང་བ་ལས་འབེབས་པ་དང་། ཕན་ཚུན་རྩོད་པ་བྱེད་པ་དང་། དམ་པའི་ཆོས་ལ་ཉོ་ཚོང་བྱེད་པ་དང་། དགོས་པ་མེད་པར་དགེ་སྦྱོང་ཕྱི་དྲོའི་ཁ་ཟས་ཟ་བ་དང་། བག་མེད་པར་ཆང་འཐུང་བ་ལ་སོགས་པ་དང་། དགེ་ཚུལ་དང་། དགེ་སློང་ཆོས་གོས་དང་ལྟུང་བཟེད་མེད་པ་ལ་སོགས་པ་དང་། ཆོས་དང་འགལ་བའི་སྤྱོད་པ་ཀུན་ལ་ལྟུང་བ་མེད་ཅེས་སྒྲོག་པ་དང་། བླ་མའི་ཞབས་ཏོག་ཡིན་ཞེས་སྒྲོག་པ་དང་། སངས་རྒྱས་ཀྱི་བསྟན་པ་ལ་ཕན་པ་ལ་སོགས་པ་སེམས་ཅན་གྱི་དོན་ཡིན་པར་སྨྲ་ན། སངས་རྒྱས་ཀྱི་བསྟན་པ་སྤྱི་ལ་གནོད་དོ། །འདི་དག་ལ་ཉེས་པ་ཆེན་པོ་ཡོད་ཀྱི། རང་གིས་བསྒྲུབ་པར་མ་ནུས་པའམ། སྐྱེ་བ་སྔ་མའི་ལས་ངན་ཡིན་ཞེས་སྨྲ་ན་ནི། རང་ལ་གནོད་ཀྱི་བསྟན་པ་སྤྱི་ལ་མི་གནོད་དོ། །གལ་ཏེ་སྐྱེ་བ་སྔ་མའི་ལས་ངན་སྨིན་པའི་ཤུགས་ཉིད་ལས། དམ་པའི་ཆོས་དང་འགལ་བའི་སྤྱོད་པ་ཀུན་དབང་མེད་བྱ་དགོས་པ་བྱུང་ན་ཡང་། འདི་ནི་ཆོས་མ་ཡིན་འདུལ་བ་མ་ཡིན། སངས་རྒྱས་ཀྱི་བསྟན་པ་མ་ཡིན་ནོ། །ཞེས་སོགས་གནོད་པའི་ཚུལ་གྱིས་ལེགས་པར་བཤགས་པ་བྱེད་དགོས་ཏེ། བཤགས་པ་མ་བྱས་ན་ཉེས་པ་ཆེན་པོ་འཕེལ་བར་འགྱུར་བའི་ཕྱིར། །

གསུམ་པ་ནི། འདི་དག་ཆོས་དང་མི་འགལ་ཞིང་། །སངས་རྒྱས་བསྟན་པ་ཡིན་ནོ་ཞེས། །སྨྲ་ན་སངས་རྒྱས་བསྟན་ལ་གནོད། །དེས་ན་བསྟན་པའི་སྒོར་ཞུགས་པས། །སངས་རྒྱས་བསྟན་ལ་མ་ཕན་ཡང་། །རྣམ་པ་ཀུན་ཏུ་གནོད

མི་བྱ། །ཞེས་པ། རབ་ཏུ་བྱུང་བ་ཕབ་པ་ལ་སོགས་པ་འདི་དག་ཆོས་དང་མི་འགལ་ཞིང་། སངས་རྒྱས་ཀྱི་བསྟན་པ་ཡིན་ནོ་ཞེས་སྨྲ་ན། སངས་རྒྱས་ཀྱི་བསྟན་པ་ལ་གནོད་པ་ཡིན་ཏེ། སངས་རྒྱས་ཀྱི་བསྟན་པ་བཤིག་པའི་ཕྱིར། རྒྱུ་མཚན་དེས་ན། སངས་རྒྱས་ཀྱི་བསྟན་པའི་སྒྲོར་ཞུགས་པའི་རབ་ཏུ་བྱུང་བ་རྣམས་ཀྱི་སངས་རྒྱས་ཀྱི་བསྟན་པ་ལ་མ་ཕན་ན་ཡང་། རྣམ་པ་ཀུན་ཏུ་གནོད་པར་མི་བྱ་སྟེ། བྱས་ན་ཆོས་སྤོང་གི་ལས་གསོག་པའི་ཕྱིར། ལྔ་པ་ལ་འདུལ་བ་དང་མི་མཐུན་པའི་མདོ་བསྐུལ་དགག སྡེ་སྣོད་དང་མི་མཐུན་པའི་ཐོས་བསམ་དགག ཐོས་བསམ་རྣམ་དག་བསྒྲུབ་པར་གདམས་པ་དང་གསུམ། དང་པོ་ལ། མདོ་བསྐུལ་རིང་མོ་བསྟན་པ་ལ་གནོད་པར་བསྟན། འཁྲུལ་བའི་ལག་ལེན་འཐད་པར་ཐལ་བ། མུ་སྟེགས་ལ་སོགས་པའི་ཆོས་ལོག་འཐད་པར་ཐལ་བ་དང་གསུམ། དང་པོ་ནི། མདོ་བསྐུལ་ལ་སོགས་བྱ་བ་ཀུན། །འདུལ་བའི་གཞུང་དང་མཐུན་པར་གྱིས། །མདོ་བསྐུལ་རིང་མོ་ཞེས་བྱ་བ། །བཀའ་ལ་ནོར་བ་བྱེད་པ་མཐོང་། །མདོ་རྒྱུད་ཀུན་ལས་འདི་མ་གསུངས། །འདི་འདྲའི་རིགས་ཀྱི་ཆོས་འཕེལ་ན། །བསྟན་པའི་རྩ་བ་ནུབ་པར་འགྱུར། །སངས་རྒྱས་གསུངས་པའི་ཚིག་ཀུན། །སླ་བར་གྱུར་ཀྱང་མི་བྱེད་ན། །སངས་རྒྱས་ཀྱིས་ནི་མ་གསུངས་པ། །དཀའ་ཡང་འབད་ནས་བྱེད་པ་མཚར། ཞེས་པ། མདོ་བསྐུལ་བ་དང་། ཞེས་ས་འབུལ་བ་ལ་སོགས་པའི་སྤྱོད་ལམ་གྱི་བྱ་བ་ཀུན་འདུལ་བའི་གཞུང་དང་མཐུན་པར་གྱིས་ཤིག ཞེས་གདམས་སོ། །འོ་ན་འདུལ་བ་དང་མི་མཐུན་པའི་མདོ་བསྐུལ་རིང་མོ་ཞེས་བྱ་བ་རྒྱ་གར་ན་མེད་ཅིང་། བོད་ཀྱི་འདུལ་བ་འཛིན་པ་རྣམས་ལ་ཡང་མེད་ལ། བཟུང་རྒྱུའི་ཚིག་མང་བས་དཀའ་ལ། འདུལ་བ་ནས་མ་བཤད་པས་ནོར་བ་བྱེད་པ་མཐོང་སྟེ། (ཀྱི་གསོན་ཅིག་དགེ་འདུན་བཙུན་པ་རྣམས། ཚངས་པ་བརྒྱ་བྱིན་རྒྱལ་ཆེན་དང་། །ཆོས་སྐྱོང་གཙུག་ལག་སྲུང་མ་དང་། །ལྷ་ཀླུ་ལ་སོགས་སྡེ་བརྒྱད་དང་། །ཆོས་རྒྱལ་རྗེ་བློན་དཔོན་བདག་དང་། །ཕ་མ་མཁན་པོ་སློབ་དཔོན་དང་། །མཐའ་ཡས་སེམས་ཅན་དོན་སླད་དུ། །ཞལ་ནས་གསུངས་པའི་མདོ་བཏོན་ཞུ། །འདི་འདྲའི་རིགས་ཀྱི་ཆོས་འཕེལ་ན།། བསྟན་པའི་རྩ་བ་འདུལ་བ་ནུབ་པར་འགྱུར་རོ། །) དེས་ན་སངས་རྒྱས་ཀྱིས་གསུངས་པའི་བསླབ་པར་བྱ་བའི་ཚིག་ཀུན་སླ་བར་གྱུར་ཀྱང་མི་བྱེད་ལ་སངས་རྒྱས་ཀྱིས་མ་གསུངས་པའི་མདོ་བསྐུལ་རིང་མོ་ལ་སོགས་པ་དཀའ་ཡང་། དགེ་འདུན་བཙུན་པ་རྣམས་གསན་དུ་གསོལ། དེང་ནི་ཡར་གྱི་ངོ་བོའི་ཚེས་གཅིག་ལགས་ཏེ། གཙུག་ལག་ཁང་གི་ལྷ་རྣམས་ཀྱི་སླད་དུ་ཚིགས་སུ་བཅད་པ་རེ་བགླག་ཏུ་གསོལ། ཅེས་པའི་འབད་ནས་བྱེད་པ་མཚར་ཆེ་སྟེ། ཁྲེལ་བའི་གནས་ཡིན་ནོ། །

གཉིས་པ་ནི། སངས་རྒྱས་གསུངས་དང་མི་མཐུན་ཡང་། །འདི་འདྲ་བདེན་པར་འདོད་ན་ནི། །ལག་ལེན་ཕྱིན་ཅི་ལོག་གཞན་ཡང་། །འཁྲུལ་ཞེས་བརྗོད་པར་མི་ནུས་ཏེ། །ལུང་དང་འགལ་བའི་ཆོས་ཡིན་པར། །རང་བཟོ་ཐམས་ཅད་མཚུངས་པ་ལ། །འགའ་ཞིག་བདེན་ལ་འགའ་ཞིག་ནི། །བརྫུན་པ་ཡིན་ཞེས་སྨྲད་མི་རུང་། །ཞེས་པ། སངས་རྒྱས་ཀྱིས་གསུང་བའི་འདུལ་བ་དང་མི་མཐུན་པ་ཡང་། མདོ་བསྐུལ་རིང་མོ་འདི་འདྲ་བདེན་པ་སྐྱེ་འཐད

པར་འདོད་ན། ཤེས་བྱ་ཆོས་ཅན། ལས་ཆོག་སྔྲི་བོར་བཞག་པས་དགེ་སློང་དུ་སོང་ཟེར་བ་དང་། གཏོར་མ་སྤྱི་བོར་བཞག་པས་དབང་ཐོབ་ཟེར་བ་དང་། དགེ་འདུན་གྱི་དོན་དུ་ཕྱུགས་བསད་པས་བསོད་ནམས་སུ་འགྱུར་ཟེར་བ་ལ་སོགས་པའི་ལག་ལེན་ཕྱིན་ཅི་ལོག་གཞན་ཡང་འབྲུལ་བ་ཡིན་ཞེས་བརྗོད་པར་མི་ནུས་པས་སྐྱེ། འཐད་པར་ཐལ། དེའི་ཕྱིར། ཁྱབ་པ་ཡོད་དོ། །ལུང་དང་འགལ་བའི་ཆོས་ཡིན་པར། མདོ་བསྐུལ་རིང་མོ་དང་། ལས་ཆོག་སྤྱི་བོར་བཞག་པས་དགེ་སློང་དུ་སོང་ཟེར་བ་ལ་སོགས་པ། རང་བཟོ་ཐམས་ཅད་མཚུངས་པ་ལ། མདོ་བསྐུལ་རིང་མོ་སོགས་འགའ་ཞིག་བདེན་ལ། ལས་ཆོག་སྤྱི་བོར་བཞག་པས་དགེ་སློང་དུ་སོང་ཟེར་བ་ལ་སོགས་པ་འགའ་ཞིག་བརྫུན་པ་ཡིན་ཞེས་སྨྲད་མི་རུང་བའི་ཕྱིར།

གསུམ་པ་ནི། མུ་སྟེགས་ལ་སོགས་ཆོས་ལོག་ཀུང་། །སུན་དབྱུང་བར་ནི་མི་ནུས་ཏེ། །ལུང་རིགས་མེད་པར་མཚུངས་པ་ལ། །བདེན་བརྫུན་དབྱེ་བ་ནུས་མ་ཡིན། །ཞེས་པ། ཤེས་བྱ་ཆོས་ཅན། སྲོག་བཅད་པས་མཐོ་རིས་ཐོབ་པ་དང་། བགླང་གི་ཆུ་དང་ལྕི་བ་ཟོས་པས་ལུས་ངག་གི་སྡིག་པ་འདག་པ་དང་། དཀའ་ཐུབ་བྱས་པས་སྡིག་པ་འདག་པར་འདོད་པ་མུ་སྟེགས་ལ་སོགས་པའི་ཆོས་ལོག་ཀུང་། སུན་དབྱུང་བར་མི་ནུས་པར་ཐལ། དེའི་ཕྱིར་ཁྱབ་པ་ཡོད་དེ། དེ་གཉིས་ལུང་རིགས་མེད་པར་མཚུངས་པ་ལ། མདོ་བསྐུལ་རིང་མོ་བདེན་ལ། སྲོག་བཅད་པས་མཐོ་རིས་ཐོབ་པ་སོགས་བརྫུན་པའི་དབྱེ་བ་རུང་བ་མ་ཡིན་པའི་ཕྱིར། གཉིས་པ་སྐྱེ་སྐྱོན་དང་མི་མཐུན་པའི་ཐོས་བསམ་དགག་པ་ལ། འདོད་པ་བརྗོད་པ། དེ་དགག་པ་གཉིས། དང་པོ་ནི། ལ་ལ་རྫོགས་པའི་སངས་རྒྱས་ཀྱི། །གསུང་རབ་ཚིག་དོན་ཟབ་མོ་དང་། །གྲུབ་ཐོབ་རྣམས་དང་མཁས་རྣམས་ཀྱི། །ཤིན་ཏུ་ལེགས་པར་བཤད་པའི་ཆོས། །ཚིག་གི་ན་ཡ་ཡིན་པས་ན། །དགོས་པ་མེད་པར་དོར་ཞེས་ཟེར། །ཞེས་པ། ཞང་ཚལ་པ་དང་། ཕྱ་ཤང་གི་སྟོན་པ་ཅང་ལ་ཏ་ལ་སོགས་པ་ལ་ལ། རྫོགས་པའི་སངས་རྒྱས་ཀྱི་གསུང་རབ་ཚིག་དོན་ཟབ་མོ་སྟོན་པའི་མདོ་རྒྱུད་དང་། གྲུབ་ཐོབ་རྣམས་དང་མཁས་པ་རྣམས་ཀྱིས་ཤིན་ཏུ་ལེགས་པར་བཤད་པའི་བསྟན་བཅོས་རྣམས་ཚིག་གི་ཡ་ཡིན་པས་ན། དགོས་པ་མེད་པར་དོར་ཞེས་ཟེར་རོ། །

གཉིས་པ་ནི། ཚིག་ཀྱང་སྙིག་ལེགས་མི་ཤེས་ན། །དོན་བཟང་སྨོས་ཀྱང་ཅི་དགོས་པའི། །བླུན་པོ་རྣམས་ཀྱི་རང་དགའི་ཚིག མཁས་རྣམས་བཞད་གད་བསྐྱེད་པ་ཡི། །འབྲེལ་མེད་སྣ་ཚོགས་བྲིས་པ་ལ། །བསྟན་བཅོས་ཡིན་ཞེས་ཉན་བཤད་བྱེད། །བླུན་པོ་དགའ་བ་བསྐྱེད་ནུས་ཀྱི། །མཁས་རྣམས་དགའ་བ་བསྐྱེད་མི་ནུས། ། དུས་དང་བློ་གྲོས་གྲོན་དུ་འགྱུར། །ཀྱེ་མ་སངས་རྒྱས་བསྟན་པ་ནི། །འདི་ལྟར་གྱུར་པ་དྲ་གཟོད་གོ། །ཞེས་པ། སངས་རྒྱས་ཀྱིས་གསུང་བའི་ཚིག་དོན་རྣམས་དོར་ནས་ཚིག་གི་སྡེབ་སྦྱོར་ཡང་སྙིག་ལེགས་པོ་མི་ཤེས་ན། དོན་བཟང

པོ་སྟོན་པ་ལྟ་སྨོས་ཀྱང་ཅི་དགོས་པའི་བླུན་པོ་རྣམས་ཀྱིས་རང་དགར་བརྩམས་པའི་ཚིག མཁས་པ་རྣམས་བཞད་གད་བསྐྱེད་པའི་འབྲེལ་མེད་ཆལ་ཆོལ་སྣ་ཚོགས་བྲིས་པ་ལ། བསྟན་བཅོས་ཡིན་ཞེས་བླུན་པོ་རྣམས་ཉན་བཤད་བྱེད་དོ། །

དེ་ལྟ་བུ་དེས་བླུན་པོ་རྣམས་དགའ་བ་བསྐྱེད་ནུས་ཀྱི། མཁས་པ་རྣམས་དགའ་བ་བསྐྱེད་མི་ནུས་ཏེ། དུས་དང་བློ་གྲོས་གྲོན་དུ་འགྱུར་བའི་ཕྱིར། ཀྱི་མ་སངས་རྒྱས་ཀྱི་བསྟན་པ་ནི་འདི་ལྟར་གྱུར་པ་ད་གཟོད་གོའོ། ། གསུམ་པ་ཐོས་བསམ་རྣམ་དག་བསྒྲུབ་པར་གདམས་པ་ནི། དེས་ན་སངས་རྒྱས་གསུང་རབ་དང་། །མཁས་པ་རྣམས་ཀྱི་བསྟན་བཅོས་ཀྱི། །ཚིག་དོན་ལ་ནི་བྱིན་རླབས་ཡོད། །འདི་འདྲ་ཉན་བཤད་བྱེད་པ་ལ། །ཐོས་པ་ཞེས་ནི་བརྗོད་པ་ཡིན། །དེ་དོན་དཔྱོད་པ་བསམ་པ་ཡིན། །ནན་ཏན་གྱིས་ནི་དེ་བསྒྲུབ་པ། ། སྒོམ་པ་ཡིན་པར་ཤེས་པར་བྱ། །ཐོས་བསམ་བསྒོམ་གསུམ་དེ་ལྟར་གྱིས། །འདི་ནི་སངས་རྒྱས་བསྟན་པ་ཡིན། །ཞེས་པ། དེས་ན་སངས་རྒྱས་ཀྱི་གསུང་རབ་ཡན་ལག་བཅུ་གཉིས་དང་། རྒྱུད་སྡེ་ཟབ་མོ་རྣམས་དང་། རྒྱན་དྲུག་མཆོག་བརྒྱད་ལ་སོགས་པ་མཁས་པ་རྣམས་ཀྱི་མདོ་དང་སྔགས་ཀྱི་བསྟན་བཅོས་ཀྱི་ཚིག་དོན་ལ་བྱིན་རླབས་ཡོད་དོ། །སངས་རྒྱས་ཀྱི་གསུང་རབ་དང་མཁས་པ་རྣམས་ཀྱི་བསྟན་བཅོས་ཀྱི་ཚིག་དོན་འདི་འདྲ་ལ་སྐྱོན་གསུམ་དང་བྲལ་བའི་སྒོ་ནས། ཉན་པ་དང་། ཚུལ་བཞིན་དུ་བཤད་པ་བྱེད་པ་ལ་ཐོས་པ་ཞེས་བརྗོད་པ་ཡིན། ཐོས་པ་དེའི་དོན་དཔྱོད་པ་བསམ་པ་ཡིན། ནན་ཏན་གྱིས་དེ་བསྒྲུབ་པ་བསྒོམ་པ་ཡིན་པར་ཤེས་པར་བྱའོ། །མདོར་ན་ཐོས་བསམ་སྒོམ་གསུམ་དེ་ལྟར་གྱིས་འདི་ནི་སངས་རྒྱས་ཀྱི་བསྟན་པ་ཡིན་ནོ། །ཞེས་གདམས་སོ། །འདིར་ཐོས་བསམ་སྒོམ་གསུམ་བྱེད་པའི་ཡུལ་ངོས་བཟུང་བ་དང་། ཚུལ་ཇི་ལྟར་ཐོས་བསམ་སྒོམ་གསུམ་བྱེད་པ་དང་། ཐོས་བསམ་སྒོམ་གསུམ་བྱས་པའི་ཕན་ཡོན་དང་གསུམ། དང་པོ་ནི། ཆོས་རྣམས་ཐམས་ཅད་བཀའ་དང་བསྟན་བཅོས་གཉིས། །ལེགས་པར་གསུངས་དང་དེའི་དགོངས་འགྲེལ་དང་། །དེའི་དབང་གིས་ཤཱཀྱ་སེང་གེ་ཡི། །བསྟན་པ་དག་ནི་យུན་རིང་གནས་པར་འགྱུར། ། ཞེས་པ་ལྟར། བཀའ་བསྟན་བཅོས་གཉིས། བཀའ་ལ་མཚན་ཉིད་དང་དབྱེ་བ་གཉིས། དང་པོ་ནི། སྒྲུབ་བྱེ་དོན་ལྡན་གྱི་ཚིག་དང་ལྡན་ཞིང་། བྱེད་ལས་ཁམས་གསུམ་གྱི་ཉོན་མོངས་པ་སྤོང་བ་ལ། འབྲས་བུ་ཞི་བའི་ཕན་ཡོན་སྟོན་པར་བྱེད་པའི་ཐབས། དེ་སྐད་དུ་རྒྱུད་བླ་མ་ལས། གང་ཞིག་དོན་ལྡན་ཆོས་དང་ཉེར་འབྲེལ་ཞིང་། །ཁམས་གསུམ་ཀུན་ནས་ཉོན་མོངས་སྤོང་བྱེད་གསུངས། །ཞི་བའི་ཕན་ཡོན་སྟོན་པར་མཛད་པ་གང་། །དེ་ནི་དྲང་སྲོང་གསུང་ཡིན་བཟློག་པ་གཞན། །ཞེས་གསུངས་དབྱེ་ན། ཞལ་ནས་གསུངས་པ་དང་། བྱིན་གྱིས་བརླབས་པ་དང་། རྗེས་སུ་གནང་བའོ། །དང་པོ་ནི། དེའི་ཚེ་ཚིགས་སུ་བཅད་པ་འདི་དག་བསྩལ་ཏོ། །ཞེས་ཤེས་རབ་ཀྱི་ཕ་རོལ་ཏུ

ཕྲིན་པའི་སྡུད་པ་ལྟ་བུའོ། །གཉིས་པ། སྐུ་དང་གསུང་དང་ཐུགས་ཀྱི་བྱིན་གྱིས་བརླབས་པའོ། །དང་པོ་ནི། བྱང་ཆུབ་སེམས་དཔའ་ཀུན་ཏུ་བཟང་པོའི་སྤྱི་བོར་ཕྱག་བཞག་ནས་ཀུན་ཏུ་བཟང་པོའི་རྣམ་པར་ཐར་པའི་མདོ་གསུངས་པ་ལྟ་བུའོ། །གཉིས་པ་ནི། རབ་འབྱོར་ཁྱོད་ཤེས་རབ་ཀྱི་ཕ་རོལ་ཏུ་ཕྱིན་པ་ལས་བརྩམས་ཏེ་སྤོབས་པར་གྱིས་ཤིག་ཞེས་གསུངས་པས། རབ་འབྱོར་གྱིས་ཤེས་རབ་ཀྱི་ཕ་རོལ་ཏུ་ཕྱིན་པའི་དོན་རྟོགས་ཏེ་འཆད་པའི་མདོ་ལྟ་བུའོ། །

གསུམ་པ་ནི། བཅོམ་ལྡན་འདས་ཆོས་ཀྱི་རྣམ་གྲངས་ཟབ་མོ་སྣང་བའི་ཏིང་ངེ་འཛིན་ལ་སྙོམས་པར་ཞུགས་ནས་བྱང་ཆུབ་སེམས་དཔའ་སྤྱན་རས་གཟིགས་ཀྱིས་ཤེས་རབ་སྙིང་པོའི་མདོ་གསུངས་པ་ལྟ་བུའོ། །རྗེས་སུ་གནང་བའི་བཀའ་ནི། དགེ་སློང་དག་ཁྱེད་ངའི་ཆོས་རྣམས་སྡུད་པར་བྱེད་པ་དེའི་ཚེ། ཐོག་མར་འདི་སྐད་བདག་གི་ཐོས་པ་ཞེས་པའི་ཚིག་གསུམ་གྱི་དགེ་སློང་། མཐར་བཅོམ་ལྡན་འདས་ཀྱིས་གསུངས་པ་ལ་མངོན་པར་བསྟོད་དོ་ཞེས་པས་འཇུག་བསྡུས་ཤིག གསུངས་པ་ལྟ་བུའོ། །

གཉིས་པ་བསྟན་བཅོས་ལ། མཚན་ཉིད་དང་དབྱེ་བ་དང་། ལོག་ཕྱོགས་སྤོང་བར་གདམས་པ་དང་གསུམ། དང་པོ་ནི། རྩོམ་པ་པོ་ཚད་དང་ལྡན་པས་བཀའི་དགོངས་འགྲེལ་དུ་བརྩམས་པའི་ཚིག་གང་ཞིག ཐར་པ་ཐོབ་པའི་ལམ་དང་རྗེས་སུ་མཐུན་པ། དེ་སྐད་དུ་རྒྱུད་བླ་མ་ལས། གང་ཞིག་རྒྱལ་བའི་བསྟན་པ་འབའ་ཞིག་གི། །དབང་བྱས་རྣམ་གཡེང་མེད་ཡིད་ཅན་གྱིས་བཤད། །ཐར་པ་ཐོབ་པའི་ལམ་དང་རྗེས་མཐུན་པ། །དེ་ཡང་དྲང་སྲོང་བཀའ་བཞིན་སྤྱི་བོས་བླངས། །ཞེས་གསུངས། གཉིས་པ་དབྱེ་བ་ལ། དོན་དང་ལྡན་པའི་བསྟན་བཅོས། སྒྲུབ་པ་ལྷུར་ལེན་གྱི་བསྟན་བཅོས་སྡུག་བསྔལ་སྤོང་བའི་བསྟན་བཅོས་དང་གསུམ། དེ་རྣམས་ངོ་བོ་གཅིག་ལ་བྱེད་ལས་ཐ་དད་པའི་བསྟན་བཅོས་ཡིན་ནོ། །གསུམ་པ་ནི། དོན་མེད་པ། དོན་ལོག་པ། ངན་གཡོ། བརྩེ་བ་དང་བྲལ་བ། ཐོས་པ་ལྷུར་ལེན་གྱི་བསྟན་བཅོས་ཏེ། དྲུག་པོ་སྤོང་བར་བྱེད་པ་ཡིན་ཏེ། རྣམ་བཤད་རིགས་པ་ལས། དོན་མེད་དོན་ལོག་དོན་དང་ལྡན། །ངན་གཡོ་བརྩེ་བྲལ་སྡུག་བསྔལ་སྤོང་། །ཐོས་རྩོད་སྒྲུབ་པ་ལྷུར་ལེན་པའི། །བསྟན་བཅོས་དྲུག་བྲལ་གསུམ་དུ་འདོད། །ཞེས་པ་ལྟར་རོ། །

གཉིས་པ་ཚུལ་ཇི་ལྟར་ཐོས་བསམ་སྒོམ་གསུམ་བྱེད་པ་ནི། མཛོད་ལས། ཚུལ་གནས་ཐོས་དང་བསམ་ལྡན་པས། །བསྒོམ་པ་ལ་ནི་རབ་ཏུ་སྦྱོར། །ཞེས་པ་ལྟར། གཞི་ཚུལ་ཁྲིམས་དག་པ་དང་ལྡན་པའི་སྒོ་ནས། རྒྱལ་བའི་གསུང་རབ་ལ་ཤེས་བྱ་ལ་ཕྱིན་ཅི་ལོག་གི་སྒྲོ་འདོགས་བཅད་པར་བྱ་བའི་ཕྱིར་དུ། ཐོས་བསམ་བྱེད་དགོས་པས། དེ་ལ་འཆད་པ་པོ་སློབ་དཔོན་གྱི་མཚན་ཉིད། ཉན་པ་པོ་སློབ་མའི་མཚན་ཉིད། འཆད་ཉན་བྱེད་པའི་ཚུལ

དངོས་དང་གསུམ། དང་པོ་ནི། རིན་ཆེན་ཕྲེང་བ་ལས། འདོད་ཆུང་ཆོག་ཤེས་སྙིང་རྗེར་ལྡན། །ཉོན་མོངས་སེལ་བའི་ཤེས་རབ་ཅན། །ཞེས་མཚན་ཉིད་བཞི་དང་ལྡན་པའམ། མདོ་སྡེ་རྒྱན་ལས། བྱང་ཆུབ་སེམས་དཔའ་ཐོས་མང་དང་། །བདེན་མཐོང་སྨྲ་མཁས་བརྩེ་བ་ཅན། །སྐྱོན་མེད་སྐྱེས་བུ་དམ་པ་ཉིད། །ཆེན་པོ་ཡིན་པར་ཤེས་པར་བྱ། །ཞེས་པ་ལྟར། ཡོན་ཏན་དྲུག་དང་ལྡན་པ་ལ་སོགས་པས། གང་འཆད་པའི་ཆོས་ཀྱི་མགོ་གཞུག་བར་གསུམ་གྱི་ཚིག་གི་དོན་ལ་མཁས་ཤིང་བརྡ་དག་པ། ངག་འབྲེལ་ཆགས་པ། དབྱངས་སྙན་པ། གསུམ་གྱིས་འཆད་པའི་ཚུལ་ལ་མཁས་པའི་ཤེས་རབ་ཅན་ཞིག་དགོས་ཏེ། དེ་ལྟར་མ་ཡིན་ན། སློབ་མ་ལ་ཐོས་བྱུང་གི་ཤེས་རབ་ཕུན་སུམ་ཚོགས་པའི་ཡན་ལག་ཏུ་མི་འགྱུར་བའི་ཕྱིར་རོ། །ཉན་པ་པོ་སློབ་མའི་མཚན་ཉིད་ནི། བཞི་བརྒྱ་པ་ལས། གཟུར་གནས་དོན་གཉེར་བློ་གསལ་བ། །ཉན་པའི་སྣོད་ཅེས་བྱ་བར་བརྗོད། །ཅེས་པ་ལྟར་ཆོས་གསུམ་དང་ལྡན་པའམ། བློ་གསལ་ཤེས་འདོད་བླ་མ་ལ་གུས་ཞེས་པ་ལྟར། རང་བཞིན་གྱི་བློ་གསལ་བ། རྩོལ་བས་ཤེས་པར་འདོད་པ། དད་པས་བླ་མ་ལ་གུས་པ་ཞིག་དགོས་སོ། །འཆད་ཉན་བྱེད་པའི་ཚུལ་དངོས་ནི། བཀའ་བསྟན་བཅོས་དེ་དག་ལ་འཆད་ཉན་ཇི་ལྟར་བྱེད་སྙམ་ན། སློབ་དཔོན་གྱིས་དམ་པའི་ཆོས་པད་མ་དཀར་པོ་ལས། གདོང་དང་བཞིན་གྱི་མདངས་ནི་རབ་སྣུམ་ཞིང་། །ཆོས་ཀྱི་སྟན་དེ་ལ་ནི་འདུག་ནས་སུ། །སེམས་ཅན་ལྷག་པར་རྩེ་གཅིག་གྱུར་རྣམས་ལ། །གདམས་ངག་རྣམ་པ་སྣ་ཚོགས་ཇི་ལྟར་སྟོན། །ཞེས་གསུངས་པའི་ཚུལ་གྱིས། སྣོད་དང་རྗེས་སུ་འཚམས་པའི་ཆོས་བཤད་དགོས་ཏེ། ཟླ་བ་སྒྲོན་མེའི་མདོ་ལས། གང་དང་གང་ལ་དང་པོར་ཕན། །དེ་དང་དེར་ནི་ཀུན་སྤྱོད་ཀྱི། །སྣོད་ཉམས་གྱུར་ལ་ནམ་ཡང་ནི། །དམ་ཆོས་བསྟན་པར་མི་བྱའོ། །ཞེས་གསུངས་པའི་ཕྱིར་རོ། །

ཆོས་ཉན་པའི་ཚུལ་ནི། སློབ་དཔོན་དབྱིག་གཉེན་གྱིས། ང་རྒྱལ་དང་ནི་མ་དད་དང་། །དོན་དུ་གཉེར་བ་མེད་ཉིད་དང་། །ཕྱི་རོལ་རྣམ་གཡེང་ནང་འདུས་དང་། །སྐྱོ་བས་ཉན་པའི་དྲི་མ་ཡིན། །ཞེས་རྣམ་བཤད་རིགས་པ་ལས་གསུངས་པ་ལྟར། སྣོད་ཀྱི་སྐྱོན་རྣམས་སྤང་ཞིང་གཞན་ཡང་ཉན་པའི་སྐྱོན་གསུམ་དང་བྲལ་བའི་སྒོ་ནས་ཉན་དགོས་ལ་དེ་ལ་སྐྱོན་གསུམ་ནི། དཔེར་ན་ཆར་བབས་ཀྱང་ཆུའི་བྱ་བ་མི་བྱེད་པའི་སྐྱོན་གསུམ་སྟེ། ཁ་ཕུབ་པའི་བཅད་པས་མི་འབབ་པའམ། མི་གཙང་ན་བབས་ཀྱང་སྐྱོན་ཅན་དུ་འགྱུར་བ་དང་། བུག་དང་བཅས་པར་བབས་ཀྱང་མི་གནས་པའོ། །དེ་བཞིན་དུ། ཆོས་ཀྱི་ཆར་བབས་ཀྱང་ཆོས་ཀྱི་ཆུའི་བྱ་བ་མི་བྱེད་པའི་སྐྱོན་གསུམ་སྟེ། རྣམ་གཡེང་དང་གཉིད་རྨུགས་ཀྱི་མི་ཉན་པས་མི་འབབ་པ་དང་། ཚུལ་བཞིན་ཡིད་ལ་མི་བྱེད་པས་བབས་ཀྱང་སྐྱོན་ཅན་དུ་འགྱུར་བ་དང་། དྲན་པས་བརྗེད་ངེས་པའི་ཕྱིར་མི་གནས་པའོ། །དེའི་གཉེན་པོར་བཅོམ་ལྡན་འདས་ཀྱིས། ལེགས་པར་རབ་ཏུ་ཉོན་ལ་ཡིད་ལ་ཟུངས་ཤིག་དང་ཞེས་གསུངས་སོ། །གསུམ་པ་ཆོས་བཤད་པའི་ཕན་ཡོན་ནི།

མདོ་ལས། སྟོང་ཆེན་འཇིག་རྟེན་ཁམས་འདི་གསེར་དག་གིས། །བཀང་ནས་ཧེ་གང་ལ་སྦྱིན་པར་བྱེད་པས་ནི། །ཚིག་བཞི་ཚིགས་སུ་བཅད་པ་གཅིག་བརྗོད་པའི། །རྫི་ལྟར་ཕན་ཐོགས་དེ་ལྟར་མ་ཡིན་ནོ། །ཞེས་སོགས་མཐའ་ཡས་སོ། །ཆོས་ཉན་པའི་ཕན་ཡོན་ནི། བྱང་ཆུབ་སེམས་དཔའི་སྡེ་སྣོད་ལས། །ཐོས་པས་ཆོས་རྣམས་རྣམ་པར་ཤེས། །ཐོས་པས་སྡིག་པ་སྤོང་བར་བྱེད། །ཐོས་པས་གནོད་པ་སྤོང་བར་བྱེད། །ཐོས་པས་མྱ་ངན་འདས་པ་ཐོབ། །ཅེས་སོགས་སོ། །ཐོས་བསམ་སྔོན་དུ་བྱས་པའི་ཕན་ཡོན་ནི། དཀོན་བརྩེགས་ལས། གང་གིས་བསྐལ་བ་བཅུ་བར་དུ། །ཉན་ཏེ་གཞན་ལ་བཤད་པ་བས། །གང་གིས་སྐད་ཅིག་བསྒོམ་པ་ཡི། །དེ་ཡི་བསོད་ནམས་དེ་བས་ལྷག །ཅེས་གསུངས་སོ། །དེ་ཡང་ཐོས་བསམ་སྔོན་དུ་སོང་བའི་བསྒོམ་པའི་དབང་དུ་བྱས་པ་ཡིན་གྱི། ཐོས་བསམ་གྱིས་མ་ཤེས་པར་བསྒོམ་པ་དེ་ལྟ་བུའི་ཕན་ཡོན་གང་ལས་འབྱུང་། འདུལ་བ་ལས་ཀྱང་། སྡེ་སྣོད་འཛིན་པ་མིན་པ་རི་ཁྲོད་དུ་མི་བསྒོམ་པར་བཤད་ཅིང་། སློབ་དཔོན་འཕགས་པ་ཀླུ་སྒྲུབ་ཀྱིས་ཀྱང་། ཐ་སྙད་ལ་ནི་མ་བརྟེན་པར། །དམ་པའི་དོན་ནི་རྟོགས་མི་འགྱུར། །དམ་པའི་དོན་ནི་མ་རྟོགས་པར། །མྱ་ངན་འདས་པ་ཐོབ་མི་འགྱུར། །ཞེས་བཤད་པའི་ཕྱིར་རོ། །མདོར་ན་ཐོས་བསམ་སྒོམ་གསུམ་བྱས་པ་ལ། བསོད་ནམས་དཔག་ཏུ་མེད་པ་ཡོད་དེ། དབུས་མཐའ་ལས། ཡི་གེ་འབྲི་མཆོད་སྦྱིན་པ་དང་། །ཉན་དང་ཀློག་དང་འཛིན་པ་དང་། །འཆད་པ་དང་ནི་ཁ་དོན་དང་། །དེ་སེམས་པ་དང་བསྒོམས་པ་སྟེ། །སྤྱོད་པ་འདི་བཅུའི་བདག་ཉིད་ནི། །བསོད་ནམས་ཕུང་པོ་དཔག་ཏུ་མེད། །ཅེས་གསུངས་པའི་ཕྱིར་རོ། །སོ་སོ་ཐར་པའི་སྡོམ་པའི་སྐབས་ཀྱི་འགྲེལ་བ་ལེགས་པར་བཤད་པའི་སྐབས་ཏེ་དང་པོའོ།། །།

༄༅། །སྡོམ་པ་གཉིས་པའི་འགྲེལ་པ་འཕྲིན་ལས་རྒྱས་བྱེད་བཞུགས།

སྡོམ་པ་གཉིས་པའི་འགྲེལ་པ་འཕྲིན་ལས་རྒྱས་བྱེད།

གཉིས་པ་བྱང་ཆུབ་སེམས་དཔའི་སེམས་བསྐྱེད་ལ་འཁྲུལ་བ་དགག་པ་དེ་ལ་སེམས་བསྐྱེད་དངོས་དང་། དེའི་བསླབ་བྱ་ལ་འཁྲུལ་བ་དགག་པ་གཉིས། དང་པོ་ལ། ཀུན་རྫོབ་སེམས་བསྐྱེད་དང་། དོན་དམ་སེམས་བསྐྱེད་གཉིས། དང་པོ་ལ་སེམས་བསྐྱེད་ཀྱི་དབྱེ་བ་སྤྱིར་བསྟན་པ་དང་། ཁྱད་པར་ཐེག་ཆེན་སེམས་བསྐྱེད་གཏན་ལ་ཕབ་པ་གཉིས། དང་པོ་ལ། མདོར་བསྟན་དང་རྒྱས་བཤད་གཉིས། སེམས་བསྐྱེད་ལ་ནི་ཉན་ཐོས་དང་། །ཐེག་པ་ཆེན་པོའི་ལུགས་གཉིས་ཡོད། །ཅེས་པ། རང་རང་གི་བྱང་ཆུབ་ཐོབ་པར་འདོད་པའི་སེམས་བསྐྱེད་པ་ལ་ནི། ཉན་ཐོས་ཀྱི་ལུགས་ཀྱི་སེམས་བསྐྱེད་དང་། ཐེག་ཆེན་པའི་ལུགས་ཀྱི་སེམས་བསྐྱེད་གཉིས་ཡོད་དེ། རང་དོན་དུ་བྱང་ཆུབ་ཐོབ་འདོད་ཀྱི་བསམ་པ་དང་། གཞན་དོན་དུ་བྱང་ཆུབ་ཐོབ་འདོད་ཀྱི་བསམ་པ་གཉིས་ཡོད་པའི་ཕྱིར། སེམས་བསྐྱེད་པ་ནི་གཞན་དོན་ཕྱིར། །ཡང་དག་རྫོགས་པའི་བྱང་ཆུབ་འདོད། །ཅེས་དངོས་སུ་བསྟན་པའི་ཤུགས་ལས། སེམས་བསྐྱེད་པ་ནི་རང་དོན་ཕྱིར། །ཉི་ཚེ་བ་ཡི་བྱང་ཆུབ་འདོད། །ཅེས་འབྱུང་བའི་ཕྱིར།

གཉིས་པ་ལ། ཉན་ཐོས་ཀྱིས་སེམས་བསྐྱེད་ཀྱི་དབྱེ་བ་དང་། ཐེག་ཆེན་སེམས་བསྐྱེད་ཀྱི་དབྱེ་བ་གཉིས། དང་པོ་ནི། ཉན་ཐོས་རྣམས་ལ་སེམས་བསྐྱེད་གསུམ། །དགྲ་བཅོམ་རང་རྒྱལ་སངས་རྒྱས་སོ། །ཉན་ཐོས་བསྟན་པ་ནུབ་པས་ན། །དེ་ཡི་ཆོ་ག་སྤྱོད་པ་ཉུང་། །ཞེས་པ། སྤྱིར་ཉན་ཐོས་རྣམས་ལ་སེམས་བསྐྱེད་པ་རྣམ་པ་གསུམ་སྟེ། ཉན་ཐོས་ཀྱི་བྱང་ཆུབ་ཏུ་རིགས་ངེས་པ་རྣམས་ནི་དགྲ་བཅོམ་པ་ཁོ་ནར་སེམས་བསྐྱེད་ལ། རིགས་མ་ངེས་པའི་ཉན་ཐོས་རྣམས་ལ་དགྲ་བཅོམ་པ་དང་། རང་སངས་རྒྱས་དང་། སངས་རྒྱས་སུ་སེམས་བསྐྱེད་པ་ཡོད་དོ། །

འོ་ན་ཉན་ཐོས་ཀྱིས་སེམས་བསྐྱེད་པའི་ཆོག་ཇི་ལྟར་ཡོད་ཅེ་ན། ཉན་ཐོས་ཀྱི་བསྟན་པ་རྣལ་མ་སངས་རྒྱས་མྱ་ངན་ལས་འདས་ནས་ལོ་སྟོང་ནས་ནུབ་པས་ན། དེང་སང་ཉན་ཐོས་དེའི་སེམས་བསྐྱེད་པའི་ཆོག་སྒྲུབ་དངོས་རྗེས་གསུམ་སྤྱོད་པ་ཉུང་ངོ་། །གཉིས་པ་ནི། ཐེག་པ་ཆེན་པོའི་སེམས་བསྐྱེད་ལ། །དབུ་མ་སེམས་ཙམ་རྣམ་གཉིས་ཡོད། །དེ་གཉིས་ལྟ་བ་ཐ་དད་པས། །ཆོག་ཡང་ནི་ཐ་དད་ཡིན། །ལྷུང་བ་དང་ནི་ཕྱིར་བཅོས་དང་། །བསླབ་པར་བྱ་བའང་སོ་སོར་ཡོད། །ཅེས་པ་ལ། །ཐེག་པ་ཆེན་པོའི་སེམས་བསྐྱེད་ཀྱི་ཆོག་ལ། དབུ་མའི་ལུགས་ཀྱི་སེམས

བསྐྱེད་དང་། སེམས་ཙམ་པའི་ལུགས་ཀྱི་སེམས་བསྐྱེད་པ་གཉིས། དང་པོ་ནི། སྡོང་པོ་བཀོད་པ་དང་། མདོ་སྡེ་བསྐལ་བཟང་དང་། ནམ་མཁའི་སྙིང་པོས་ཞུས་པའི་མདོ་དང་། དཀོན་བརྩེགས་དང་། རྒྱལ་པོ་ལ་གདམས་པའི་མདོའི་རྗེས་སུ་འབྲངས་ནས་འཕགས་པ་འཇམ་དཔལ་གཞོན་ནུར་གྱུར་པའི་གསུངས། འཕགས་པ་ཀླུ་སྒྲུབ་ལ་སོགས་པ་ལས་བརྒྱུད་པ་རྒྱལ་སྲས་ཞི་བ་ལྷའི་རྗེས་སུ་འབྲངས་ནས་སློབ་དཔོན་ཛེ་ཏ་རི་དང་ཛོ་བོ་ཕུ་ནེ་ཕྲི་ལ་སོགས་པའི་ཕྱག་ལེན། དཔལ་ལྡན་ས་སྐྱ་པས་མཛད་པ་འདི་ཡིན། བྱང་ཆུབ་སེམས་དཔའི་སྡེ་སྣོད་འགའ་ཞིག་གི་རྗེས་སུ་འབྲངས་ནས་འཕགས་པ་བྱམས་པའི་གསུང་། སློབ་དཔོན་ཐོགས་མེད་ལས་བརྒྱུད་པ། སློབ་དཔོན་ཙནྡྲ་གོ་མིའི་རྗེས་སུ་འབྲངས་ནས། ཇོ་བོ་རྗེ་ལ་སོགས་པའི་ཕྱག་ལེན་དང་། དགེ་བའི་བཤེས་གཉེན་བཀའ་གདམས་པ་ལ་སོགས་པས་མཛད་པ་དེ་ཡིན་ནོ། །

ནམ་མཁའི་སྙིང་པོའི་མདོ་ལ་སོགས་པའི་རྗེས་སུ་འབྲངས་པའི་སེམས་བསྐྱེད་པ་ནི་དབུ་མ་པའི་ལུགས་ཀྱིས་སེམས་བསྐྱེད་པ་ཡིན་ཏེ། སྟོན་པ་བདེ་བར་གཤེགས་པའི་བསྟན་པ་ལྟར། ། ངེས་དོན་མདོ་སྡེ་དག་གི་བྱེ་བྲག་བཤད། །ཅེས་པ་ལྟར་གདུལ་བྱ་དབུ་མ་པ་རྗེས་སུ་བཟུང་བའི་ཕྱིར་དུ། ཆོས་རྣམས་ཀྱི་གནས་ལུགས་ཟབ་པ་ངེས་དོན་དོན་དམ་པ་སྤྲོས་པའི་མཐའ་ཐམས་ཅད་བྲལ་བར་སྟོན་པའི་མདོ་ཡིན་པའི་ཕྱིར། བྱང་ཆུབ་སེམས་དཔའི་སྡེ་སྣོད་ཀྱི་མདོ་ལ་སོགས་པའི་རྗེས་སུ་འབྲངས་པའི་སེམས་བསྐྱེད་ནི། སེམས་ཙམ་པའི་ལུགས་ཀྱི་སེམས་བསྐྱེད་ཡིན། ཇི་ལྟར་སྨན་པས་ནད་པ་ལ། །སྨན་རྣམས་ཇི་ལྟར་གཏོང་བ་ལྟར། །དེ་བཞིན་སངས་རྒྱས་སེམས་ཅན་ལ། །སེམས་ཙམ་དུ་ནི་རབ་ཏུ་བཤད། །ཅེས་པ་ལྟར། གདུལ་བྱ་སེམས་ཙམ་པ་རྗེས་སུ་བཟུང་བའི་ཕྱིར་དུ་ཤེས་བྱའི་གནས་ཀུན་གཞི་དང་། མཚན་ཉིད་ངོ་བོ་ཉིད་གསུམ་དང་། གཟུགས་སོགས་ཆོས་ཐམས་ཅད་སེམས་ཙམ་དུ་སྟོན་པའི་མདོ་ཡིན་པའི་ཕྱིར། དབུ་མ་དང་སེམས་ཙམ་པ་གཉིས་ལ་ལྟ་བ་ཁྱད་པར་ཡོད་པ་བཞིན་དུ་སྤྱོད་པ་ལ་ཡང་ཁྱད་ཡོད། བླང་བའི་ཡུལ་མི་འདྲ། ལེན་པ་པོའི་གང་ཟག་མི་འདྲ། ལེན་པའི་ཆོ་ག་མི་འདྲ། བླངས་ནས་བསྲུང་ཚུལ་མི་འདྲ། ཉམས་ན་ཕྱིར་བཅོས་པ་མི་འདྲའོ། །དང་པོ་ནི་སེམས་ཙམ་པ་ལྟར་ན། མགོན་པོ་བྱམས་པས། བཤེས་གཉེན་དུལ་བ་ཞི་ཞིང་ཉེར་ཞི་བ། །ཡོན་ཏན་ལྷག་པར་བརྩོན་པས་ལུང་གིས་ཕྱུག །དེ་ཉིད་རབ་ཏུ་རྟོགས་པ་སྨྲ་མཁས་ལྡན། །བརྩེ་བའི་བདག་ཉིད་སྐྱོ་བ་སྤངས་ལ་བརྟེན། །ཅེས་གསུངས་ཏེ། ཚུལ་ཁྲིམས་ཀྱི་བསླབ་པ་དང་ལྡན་པས་དུལ་བ་དང་། སེམས་ཀྱི་བསླབ་པ་དང་ལྡན་པས་ཞི་བ་དང་། ཤེས་རབ་ཀྱི་བསླབ་པ་དང་ལྡན་པས་ཉེ་བར་ཞི་བ་དང་། སློབ་མ་ལས་ཡོན་ཏན་ལྷག་པ་དང་། ཆོས་སྟོན་པ་ལ་བརྩོན་འགྲུས་དང་ལྡན་པ་དང་། དེ་ཁོ་ན་ཉིད་མཐོང་བའམ་དེ་མ་ཡིན་ན། ལུང་གིས་ཕྱུག་པ་དང་། ཆོས་སྟོན་པ་ལ་རྫབ་རྫུབ་དང་བཅས

པའི་བཟློག་པ་ལ་སོགས་པའི་སྐྱོན་དང་བཅས་པ་མ་ཡིན་ཏེ། སླ་མཁས་ཤིང་བརྟུད་ཅིང་དྲིས་ན་ལན་འདེབས་ནུས་པས་སོ། །སེམས་ཅན་ཐམས་ཅད་དང་ཁྱད་པར་དུ་སློབ་མ་ལ་བརྩེ་བ་དང་། ཆོས་སྟོན་པ་ལ་སྐྱོ་བ་སྤངས་པ་དེ། ཡོན་ཏན་དེ་རྣམས་དང་ལྡན་པའམ། དེ་མ་འགྱུར་ན་བླ་མ་སྡོམ་ལ་གནས་ཤིང་མཁས། །ནུས་དང་ལྡན་ལ་བླང་བར་བྱ། །ཞེས་གསུངས་པ་ལྟར། སྡོམ་པ་ལ་གནས་པ་དེ་ལྟུང་བ་མ་འབྱུང་ཞིང་བྱུང་ཡང་ཕྱིར་བཅོས་པའི་ཐབས་དང་། ལྟ་བ་དང་སྤྱོད་པའི་ཡུལ་མཐའ་དག་ལ་མཁས་པ་སྟེ། བྱང་ཆུབ་སེམས་དཔའི་སྡེ་སྣོད་དང་། དེའི་མ་མོ་ལ་མཁས་པ་དང་། ནུས་པ་དང་ལྡན་པ་སྟེ། སྡོམ་པ་འབོགས་པར་ནུས་པ་དང་། གཞན་ཡང་མི་དད་པའི་དབང་དུ་བྱས་ཏེ། རང་ལ་མེད་པས་བསླབ་པ་ལ་མི་མོས་པ་དང་། མི་འཇུག་པ་དང་མི་དད་པ་མིན་པ་དང་། ཆགས་པ་ཅན་གྱི་དབང་དུ་བྱས་ཏེ། བརྐམ་ཆགས་ཅན་དང་། ཆགས་པས་ཟིལ་གྱིས་གནོན་པ་དང་། འདོད་པ་ཆུང་བ་དང་། ཆོག་མི་ཤེས་པ་མ་ཡིན་པ་དང་། འཆལ་བའི་དབང་དུ་བྱས་ཏེ་ཚུལ་ཁྲིམས་ཉམས་པ་དང་། བླ་མ་ལ་མི་གུས་པ་དང་། ལྷོད་པ་མ་ཡིན་པ་དང་། བཟོད་པ་མེད་པའི་དབང་དུ་བྱ་སྟེ་ཁྲོ་བ་དང་འཁོན་དུ་འཛིན་པ་དང་། མི་བཟོད་པ་ཤས་ཆེ་བ་དང་། ཕ་རོལ་གྱི་ཉེས་པ་མི་བཟོད་པ་མ་ཡིན་པ་དང་། ལེ་ལོ་ཅན་གྱི་དབང་དུ་བྱས་ཏེ། ལེ་ལོ་ཅན་དང་། སྙོམ་ལས་ཅན་དང་ཤས་ཆེར་གཉིད་དང་། བློས་འཕེབས་པ་དང་ཉལ་བའི་བདེ་བ་དང་དུ་ལེན་པ་དང་། འདུ་འཛིའི་གཏམ་གྱི་དུས་ཡོལ་བར་བྱེད་པ་མ་ཡིན་པ་དང་། རྣམ་པར་གཡེང་བའི་དབང་དུ་བྱས་སྟེ། སེམས་གཡེང་བ་དང་། བ་འཇོས་ཙམ་དུ་དགེ་བ་ལ་རྩེ་གཅིག་ཏུ་བསྒོམ་མི་ནུས་པ་མ་ཡིན་པ་དང་། ཤེས་རབ་ཆུང་བའི་དབང་དུ་བྱས་ཏེ། གསུང་རབ་ལ་རང་གིས་མི་ཤེས་པའི་ཡིད་རྟུལ་བ་དང་། བསླབས་ཀྱང་མི་ཤེས་པའི་རྨོངས་པ་དང་། རྒྱ་ཆེ་བ་ལ་མི་བཟོད་པའི་སེམས་ཞུམ་པ་དང་། བྱང་ཆུབ་སེམས་དཔའི་མདོ་སྡེའམ་མ་མོ་ལ་བསྐུར་བ་འདེབས་པ་མ་ཡིན་པ་དང་། ངག་གིས་རྣམ་པར་རིག་བྱེད་ཀྱི་བརྡ་མཐུན་ཞིང་དོན་གོ་བར་བྱེད་ནུས་པའི་ཁྲིམ་པའམ་རབ་ཏུ་བྱུང་བའི་བྱང་ཆུབ་སེམས་དཔའ་ལས་ནོད་པར་བྱའོ། །

དེ་ལས་བླང་བར་བྱ་ཞེས་པ་སྟེ། བྱང་ཆུབ་ཏུ་སེམས་བསྐྱེད་པའི་ཆོ་གའོ། །དབུ་མ་པ་ལྟར་ན། སློབ་དཔོན་ཀླུ་སྒྲུབ་ཀྱིས་རིན་ཆེན་ཕྲེང་བ་ལས། དགེ་བའི་བཤེས་གཉེན་དེ་དག་གིས། །མཚན་ཉིད་མདོར་བསྡུས་མཁྱེན་པར་མཛོད། །ཆོག་ཤེས་སྙིང་རྗེ་ཚུལ་ཁྲིམས་ལྡན། །ཉོན་མོངས་སེལ་བའི་ཤེས་རབ་ཅན། །དེ་དག་གིས་ནི་ཁྱོད་བསྟེན་ན། །ཁྱོད་ཀྱིས་མཁྱེན་གྱིས་གྲུབ་པར་མཛོད། །ཅེས་བཤད་པ་ལྟར་བྱང་ཆུབ་ཀྱི་མཆོག་ཏུ་སེམས་བསྐྱེད་པ་བླང་བའི་ཡུལ་དགེ་བའི་བཤེས་གཉེན་དེ་དག་གི་མཚན་ཉིད་དམ་མདོར་བསྡུས་ན། རྙེད་པ་དང་བཀུར་སྟི་ལ་མི་དགའ་བ་འདོད་པ་ཆུང་བ་དང་། ཆོག་ཤེས་པའི་ཡོན་ཏན་དང་། སེམས་ཅན་ལ་དམིགས་པའི་སྙིང་རྗེ་ཆེན་

པོ་དང་ལྡན་པ། ཚུལ་ཁྲིམས་གསུམ་དང་ལྡན་པ་དང་། ཉོན་མོངས་པ་སེལ་བའི་ཤེས་རབ་ཅན་དང་ལྡན་པ་སྟེ། ཡོན་ཏན་བཞི་དང་ལྡན་པའོ། །དེ་བསྡུས་ན་རྒྱལ་སྲས་ཞི་བ་ལྷའི་སྤྱོད་འཇུག་ཏུ། རྟག་པར་དགེ་བའི་བཤེས་གཉེན་ནི། །ཐེག་ཆེན་དོན་ལ་མཁས་པ་དང་། །བྱང་ཆུབ་སེམས་དཔའི་བརྟུལ་ཞུགས་མཆོག །སྲོག་གི་ཕྱིར་ཡང་མི་གཏོང་ངོ་། །ཞེས་པ་ལྟར་སྡོམ་པ་ཐོབ་པ་དང་། སྡོམ་པ་ཉམས་པ་དང་། ཉམས་ན་གསོ་བའི་ཐབས་ལ་མཁས་པ་དང་། རང་ཉིད་སྡོམ་པས་བསྡམས་པས་བརྟུལ་ཞུགས་ཀྱི་ཁུར་འཛིན་པ་དང་། བརྙ་གོ་བ་ལ་སོགས་པས་གཞན་རྗེས་སུ་འཛིན་པའི་ནུས་པ་ཡོད་པ་དེ་ལ་བླང་སྟེ་བསླབ་པ་ལ་གུས་པའི་ཡན་ལག་ཡོད་པས་སོ། །བསླབ་བཏུས་ལས་ཀྱང་། སྡོམ་པ་བཟུང་བ་ཡང་བྱང་ཆུབ་སེམས་དཔའི་བསླབ་པའི་གནས་ལ་བསྒྲིམ་པ་ལྷུར་བྱེད་པ་སྡོམ་པ་དང་ལྡན་པ་ལས་མེད་དོ། །ཞེས་གསུངས་སོ། །འོན་ཡོན་ཏན་དེ་དག་དང་ལྡན་པའི་བཤེས་གཉེན་མེད་པའམ། ཡོད་ཀྱང་སྲོག་དང་ཚངས་པར་སྤྱོད་པའི་བར་ཆད་དུ་འགྱུར་ན་ཇི་ལྟར་བྱེད་ཅེ་ན། རང་ཉིད་ཀྱི་སངས་རྒྱས་དང་བྱང་ཆུབ་སེམས་དཔའི་སྤྱན་སྔར་བླངས་པར་དབུ་སེམས་གཉིས་ཀར་མཐུན་ཏེ་བྱང་ཆུབ་སེམས་དཔའི་ས་ལས་བྱང་ཆུབ་སེམས་དཔའི་སྡོམ་པ་ཡང་དག་པར་བླང་བ་དེ་ཡང་། གལ་ཏེ་ཡོན་ཏན་དེ་དག་དང་ལྡན་པའི་དགེ་བའི་བཤེས་གཉེན་གང་ཟག་མེད་པར་གྱུར་ན། བྱང་ཆུབ་སེམས་དཔའ་དེ་བཞིན་གཤེགས་པའི་སྐུ་གཟུགས་ཀྱི་སྤྱན་སྔར་བདག་ཉིད་ཀྱི་བྱང་ཆུབ་སེམས་དཔའི་ཚུལ་ཁྲིམས་ཀྱི་སྡོམ་པ་ཡང་དག་པར་བླང་བར་བྱ་སྟེ། འདི་ལྟར་སྤྱན་སྔར་བླ་གོས་ཕྲག་པ་གཅིག་ཏུ་གཟར་ནས་པུས་མོས་གཡས་པའི་ལྷ་ང་ས་ལ་བཙུགས་པའི་ཙོག་ཙོག་པོར་འདུག་པས་འདི་སྐད་དུ་བདག་མིང་ཞེས་བགྱི་བ་ཕྱོགས་བཅུའི་དེ་བཞིན་གཤེགས་པ་ཐམས་ཅད་དང་། ས་ཆེན་པོ་ལ་བཞུགས་པའི་བྱང་ཆུབ་སེམས་དཔའ་ཐམས་ཅད་གསོལ་བར་འཚལ་ཏེ། དེ་དག་གི་སྤྱན་སྔར་བྱང་ཆུབ་སེམས་དཔའི་བསླབ་པའི་གཞི་ཐམས་ཅད་དང་། བྱང་ཆུབ་སེམས་དཔའི་ཚུལ་ཁྲིམས་ཐམས་ཅད་དང་། སྡོམ་པའི་ཚུལ་ཁྲིམས་དང་། དགེ་བའི་ཆོས་སྡུད་པའི་ཚུལ་ཁྲིམས་དང་། སེམས་ཅན་གྱི་དོན་བྱེད་པའི་ཚུལ་ཁྲིམས་དང་། གང་ལ་འདས་པའི་བྱང་ཆུབ་སེམས་དཔའ་ཐམས་ཅད་ཀྱི་བསླབ་པ་དང་། མ་འོངས་པའི་བྱང་ཆུབ་སེམས་དཔའ་ཐམས་ཅད་སློབ་པར་འགྱུར་བ་དང་། ཕྱོགས་བཅུ་ན་ད་ལྟར་བྱུང་བའི་བྱང་ཆུབ་སེམས་དཔའ་ཐམས་ཅད་ད་ལྟར་སློབ་པ་རྣམས་བདག་གིས་ཡང་དག་པར་བླང་ངོ་ཞེས་བརྗོད་པར་བྱ་སྟེ། ལན་གཉིས་ལན་གསུམ་དུ་བརྗོད་ནས་བླང་བར་བྱའོ། །ལྷག་མ་ཐམས་ཅད་ནི་སྔ་མ་བཞིན་དུ་རིག་པར་བྱའོ། །ཞེས་གསུང་ཞིང་། བསླབ་པ་ཀུན་ལས་བཏུས་པ་ལས་ཀྱང་། དགེ་བའི་བཤེས་གཉེན་མེད་ན་ཕྱོགས་བཅུ་ན་བཞུགས་པའི་སངས་རྒྱས་བྱང་ཆུབ་དང་སེམས་དཔའ་རྣམས་མངོན་སུམ་དུ་བསྒོམས་ནས། བདག་ཉིད་ཀྱི་ནུས་པ་དང་ཡང་སྦྱར་ལ་སྡོམ་པ་

བཟུང་ཞེས་བྱ་བ་དང་། སྤྱོད་འཇུག་ལས། སངས་རྒྱས་བྱང་ཆུབ་སེམས་དཔའ་རྣམས། །ཀུན་ཏུ་ཐོགས་མེད་གཟིགས་པར་ལྡན། །ཞེས་པ་དང་། དགྲ་ལས་རྣམ་རྒྱལ་གྱིས། རྣམ་པ་དེ་ལྟ་བུའི་དགེ་བའི་གཤེས་གཉེན་མེད་ན། སངས་རྒྱས་དང་བྱང་ཆུབ་སེམས་དཔའི་སྤྱན་སྔར་རོ། །ཞེས་བཤད་པའི་ཕྱིར། གཉིས་པ་ལེན་པའི་གང་ཟག་མི་འདྲ་བ་ནི། སེམས་ཅན་པ་ལྟར་ན་སྨོན་པའི་སེམས་བསྐྱེད། བྱང་ཆུབ་སེམས་དཔའི་བསླབ་པ་ཚུལ་ཁྲིམས་ཀྱི་ཕུང་པོ་བསླབ་པ་གསུམ་པོ་འདི་དག་ལ་བསླབ་པར་འདོད་ཅིང་བླ་ན་མེད་པ་ཡང་དག་པར་རྫོགས་པའི་བྱང་ཆུབ་ཏུ་སྨོན་ལམ་བཏབ་པས་ཞེས་གསུངས་པའི་ཕྱིར་རོ། །འོན་བྱང་ཆུབ་སེམས་དཔའི་སྡོམ་པའི་རྟེན་དུ་སོ་ཐར་དགོས་སམ་མི་དགོས་ཞེ་ན། འདི་ལ་དཔྱད་པར་བྱ་སྟེ། ཁ་ཅིག་ཉན་ཐོས་ཀྱི་སོ་སོར་ཐར་པ་རིགས་བདུན་པོ་གང་ཡང་རུང་བ་ཐོབ་པ་དང་གནས་པ་གཉིས་ཀའི་རྟེན་དུ་དགོས་ཟེར། ཁ་ཅིག་ཐོབ་པའི་རྟེན་དུ་དགོས་ཀྱི་གནས་པའི་རྟེན་དུ་མི་རུང་ཞེས་ཟེར། གཉིས་ཀའང་རིགས་པ་མ་ཡིན་ཏེ་ཐོབ་པ་དང་གནས་པ་གཉིས་ཀའི་རྟེན་མ་ཡིན་ནོ། །དེ་ཡང་དང་པོ་སྡོམ་པ་ཐོབ་པའི་རྟེན་མ་ཡིན་ཏེ། ཉན་ཐོས་དང་ཐུན་མོང་པའི་སོ་ཐར་ནི་གླིང་གསུམ་གྱི་སྐྱེས་པ་དང་བུད་མེད་མ་ཡིན་པ་ལ་མི་སྐྱེ་ལ། བྱང་ཆུབ་སེམས་དཔའི་སྡོམ་པ་ནི་འགྲོ་བ་ཐམས་ཅད་ལ་སྐྱེ་སྟེ། མདོ་ལས། ལྷའི་བུ་གང་དག་བླ་མེད་བྱང་ཆུབ་ཀྱི་མཆོག་ཏུ་སེམས་མ་བསྐྱེད་པ་དེ་དག་གི་བླ་མེད་བྱང་ཆུབ་ཀྱི་མཆོག་ཏུ་སེམས་བསྐྱེད་པར་བྱའོ། །ཞེས་སོ་ཐར་གྱི་སྣོད་མ་ཡིན་པ་ལའང་སྐྱེ་བར་བཤད་པས་སོ། །བྱང་ཆུབ་སེམས་དཔའི་སྡོམ་པ་གནས་པའི་རྟེན་དུའང་མི་བཏུབ་སྟེ། ཉན་ཐོས་དང་ཐུན་མོང་པའི་སོ་ཐར་ཤི་འཕོས་པས་གཏོང་ཞིང་། བྱང་སེམས་སྡོམ་པ་ཤི་ཡང་མི་གཏོང་བའི་ཕྱིར། འོན་གང་ཟག་གཅིག་གི་རྒྱུད་ལ་སོ་ཐར། བྱང་སེམས། རིག་འཛིན་གྱི་སྡོམ་པ་གསུམ་དང་ལྡན་པ་ཇི་ལྟར་བྱེད། སེམས་ཙམ་པའི་ལུགས་ལ་སོ་ཐར་རིགས་བདུན་དུ་དགོས་པ་ཇི་ལྟར་བྱེད་ཅེ་ན། འདི་ལྟར་བཤད་པར་བྱ་སྟེ། སྤྱིར་སོ་སོར་ཐར་པ་ལ། ཉན་ཐོས་སོ་ཐར་དང་། ཐེག་ཆེན་སོ་ཐར་གཉིས་ཉན་ཐོས་སོ་ཐར་ལ་ངོ་བོ་དབང་བཙན་དང་། བཅས་པ་དབང་བཙན་གཉིས། ཐེག་ཆེན་སོ་ཐར་ལའང་ངོ་བོ་དབང་བཙན་དང་། བཅས་པ་དབང་བཙན་གཉིས། ཉན་ཐོས་ཀྱི་སོ་ཐར་ནི་ཐོབ་པ་དང་གནས་པ་གཉིས་ཀའི་རྟེན་དུ་མི་རུང་བར་གོང་དུ་བཤད་ཟིན། ངོ་བོ་དབང་བཙན་དུ་བྱས་པའི་ཐེག་ཆེན་སོ་ཐར་ནི། གཞན་དོན་དུ་གཞན་ལ་གནོད་པ་གཞི་དང་བཅས་པ་ལས་ལོག་པ་ཡིན། དེ་ནི་དབུ་སེམས་གཉིས་ཀའི་ལུགས་ལ་ཐོབ་པའི་རྟེན་ཡིན་ཏེ། གཞན་དོན་དུ་གཞན་ལ་གནོད་པ་བྱེད་པ་ལས་ལྡོག་པའི་བསམ་པ་དེ། གཞན་ལ་ཕན་པའི་རྒྱུ་ཡིན་པའི་ཕྱིར། གནས་པའི་རྟེན་ཡང་ཡིན་ཏེ། དེ་ནི་ལྷ་ལ་སོགས་པ་ལའང་ཡོད་ཅིང་། ཤི་འཕོས་ནས་མི་གཏོང་བའི་ཕྱིར། བཅས་པ་དབང་བཙན་དུ་བྱས་པའི་ཐེག་ཆེན་སོ་ཐར་ལ་རིགས་བརྒྱད་ལས་བསྙེན་

གནས་མ་གཏོགས་པའི་སོ་སོར་ཐར་པ་རིགས་བདུན་གང་རུང་གཅིག སེམས་ཙམ་པའི་ལུགས་ལ་སྐྱེ་བའི་རྟེན་དུ་འདུས་པར་ཇོ་བོ་རྗེའི་གོང་དུ་དྲངས་པ་ལྟར་རོ། །སེམས་ཙམ་པའི་ལུགས་ལ་གནས་པའི་རྟེན་དུ་མི་རུང་སྟེ། ཐེག་ཆེན་སོ་སོ་ཐར་ཡིན་ཡང་། །དགེ་སློང་ལ་སོགས་སྡོམ་པ་ཡི། །ལྡོག་པ་ཤི་བའི་ཚེ་ན་གཏོང་། །ཞེས་པ་ལྟར་ཤི་བའི་ཚེ་ན་གཏོང་ཞིང་། བྱང་ཆུབ་སེམས་དཔའི་སྡོམ་པ་ཤི་བའི་ཚེ་མི་གཏོང་བའི་ཕྱིར། འོན་ཉན་ཐོས་སོ་ཐར་དང་། ཐེག་ཆེན་སོ་ཐར་ལ་ཁྱད་པར་ཇི་ལྟ་བུ་ཡོད་ཅེ་ན། ཉེ་བ་འཁོར་གྱིས་ཞུས་པའི་མདོ་ལས། ཉན་ཐོས་ཀྱི་ཐེག་པ་རྣམས་ཀྱི། སོ་སོར་ཐར་པའི་སྡོམ་པ་ནི་ཇི་ལྟར་བརྗོད་པར་བགྱི། རང་སངས་རྒྱས་ཀྱི་ཐེག་པ་རྣམས་ཀྱི་སོ་སོ་ཐར་པའི་སྡོམ་པ་ནི་ཇི་ལྟར་བརྗོད་པར་བགྱི། ཐེག་པ་ཆེན་པོ་ལ་ཡང་དག་པར་ཞུགས་པའི་བྱང་ཆུབ་སེམས་དཔའ་རྣམས་སོ་སོ་ཐར་པའི་སྡོམ་པ་ནི་ཇི་ལྟར་བརྗོད་པར་བགྱི། ཞེས་སོགས་ཞུས་པའི་ལན་དུ། བཅོམ་ལྡན་འདས་ཀྱིས་ཚེ་དང་ལྡན་པ་ཉེ་བ་འཁོར་ལ་འདི་སྐད་ཅེས་བཀའ་བསྩལ་ཏོ། །ཞེས་པ་ནས། ཤིན་ཏུ་ཚུལ་ཁྲིམས་འཆལ་བ་ཉིད་དོ། །ཞེས་པའི་བར་གོང་སོ་ཐར་གྱི་སྐབས་སུ་དྲངས་པ་བཞིན་ནོ། །དེའི་དེ་མ་ཐག་ཏུ་ཉེ་བ་འཁོར་དེ་ལྟ་བས་ན་ཁྱོད་ཀྱི་ཐེག་པ་ཆེན་པོ་ལ་ཡང་དག་པར་ཞུགས་པའི་བྱང་ཆུབ་སེམས་དཔའ་རྣམས་ཀྱི་བསླབ་པ་ནི་རྗེས་སུ་བསྲུང་བ་དང་བཅས་པ་ཡིན་པར་སྙོམས་ཤིག ཉན་ཐོས་ཀྱི་ཐེག་པ་རྣམས་ཀྱི་བསླབ་པ་ནི་རྗེས་སུ་སྲུང་བ་མེད་པ་ཡིན་པར་སྙོམས་ཤིག ཐེག་པ་ཆེན་པོ་ལ་ཡང་དག་པར་ཞུགས་པའི་བྱང་ཆུབ་སེམས་དཔའ་རྣམས་ཀྱི་བསླབ་པ་ནི་བཅོས་སུ་ཡོད་པ་ཡིན་པར་སྙོམས་ཤིག ཉན་ཐོས་ཀྱི་ཐེག་པ་རྣམས་ཀྱི་བསླབ་པ་ནི་བཅོས་སུ་མེད་པ་ཡིན་པར་སྙོམས་ཤིག ཐེག་པ་ཆེན་པོ་ལ་ཡང་དག་པར་ཞུགས་པའི་བྱང་ཆུབ་སེམས་དཔའ་རྣམས་ཀྱི་བསླབ་པ་རིང་དུ་རྗེས་སུ་འཇུག་པ་ཡིན་པར་སྙོམས་ཤིག ཉན་ཐོས་ཀྱི་ཐེག་པ་རྣམས་ཀྱི་བསླབ་པ་ནི་བཅོས་སུ་མེད་པ་ཡིན་པར་སྙོམས་ཤིག ཐེག་པ་ཆེན་པོ་ལ་ཡང་དག་པར་ཞུགས་པའི་བྱང་ཆུབ་སེམས་དཔའ་རྣམས་ཀྱི་བསླབ་པ་ནི་བཅོས་སུ་ཡོད་པ་ཡིན་པར་སྙོམས་ཤིག ཉན་ཐོས་ཀྱི་ཐེག་པ་རྣམས་ཀྱི་བསླབ་པ་ནི་མཐར་ཆགས་པ་ཡིན་པར་སྙོམས་ཤིག ཞེས་གསུངས་པས་ཐེག་ཆེན་སོ་ཐར་དང་ཉན་ཐོས་སོ་ཐར་ལ་ཁྱད་ལྔ་ཡོད་དེ། སྲུང་བའི་ཁྱད་པར། རྗེས་སུ་བསྲུང་བ་དང་བཅོས་མ་བཅོས་ཀྱི་ཁྱད་པར་ཕྱིར་བཅོས་སུ་ཡོད་མེད་ཀྱི་ཁྱད་པར་རིང་རྗེས་སུ་ཞུགས་པ་དང་། མཐར་ཆགས་པའི་ཁྱད་པར་རྣམས་སུ་ཡོད་པའི་ཕྱིར། བསམ་པའི་ཁྱད་པར་ཡོད་དེ། རང་དོན་དུ་ཚུལ་ཁྲིམས་བསྲུང་བ་ནི། ཉན་ཐོས་ཀྱི་ཚུལ་ཁྲིམས་དག་པ་ཡིན། བྱང་ཆུབ་སེམས་དཔའི་ཚུལ་ཁྲིམས་མ་དག་པ་ཡིན། གཞན་དོན་ཚུལ་ཁྲིམས་བསྲུང་བ་ནི། ཉན་ཐོས་ཀྱི་ཚུལ་ཁྲིམས་མ་དག་པ། བྱང་ཆུབ་སེམས་དཔའི་ཚུལ་ཁྲིམས་དག་པ་ཡིན་པའི་ཕྱིར། སྐྱོར་བའི་ཁྱད་པར་ཡོད་དེ། གཞན་དོན་དུ་འཁོར་བར་སྐྱེ་བ་ལེན་པ་ནི། ཉན་ཐོས་ཀྱི་ཚུལ་ཁྲིམས་མ

དག་པ། བྱང་ཆུབ་སེམས་དཔའི་ཚུལ་ཁྲིམས་དག་པ་ཡིན་པའི་ཕྱིར། རྗེས་སུ་བསྲུང་བ་དང་། བཅོས་མ་བཅོས་ཀྱི་ཁྱད་པར་ཡོད་དེ། བྱང་ཆུབ་སེམས་དཔའི་ནི་སེམས་ཅན་གྱི་རྗེས་སུ་འཇུག་པར་བྱ་དགོས་ལ་ཉན་ཐོས་པ་རྣམས་ཀྱིས་དེ་མི་དགོས་པའི་ཕྱིར། ཕྱིར་བཅོས་སུ་ཡོད་མེད་ཀྱི་ཁྱད་པར་ཡོད་དེ། བྱང་ཆུབ་སེམས་དཔའ་རྣམས་ནི་སྡོ་དྲོ་ལྟུང་བ་བྱུང་བ་ནི་ཉིན་ཕྱེད་ལ་སྨོན་སེམས་དང་མ་བྲལ་ན་བཅོས་སུ་ཡོད། ཉན་ཐོས་ལ་བཅོས་སུ་མེད་དེ། སྨོན་སེམས་མེད་པ་ཡིན་པའི་ཕྱིར། རིང་དུ་རྗེས་སུ་ཞུགས་པ་དང་མཐར་ཆགས་པའི་ཁྱད་པར་ཡོད་དེ། བྱང་ཆུབ་སེམས་དཔའ་ནི་སྲིད་པ་གསུམ་ཟེར་བ་འདྲ། གཅིག་གིས་ཉོན་མོངས་པ་ཐམས་ཅད་ཟད་པར་མི་བྱེད། རིམ་གྱིས་ཟད་པར་འགྱུར་བ་དང་། ཉན་ཐོས་རྣམས་ཀྱི་མགོ་ལ་མེ་སྦར་བ་ལྟ་བུར་དེའི་སྐད་ཅིག་ཙམ་ཡང་སྲིད་པར་སྐྱེ་བ་ལེན་པར་མི་བྱེད་པར་སྤྱར་ཉན་ཐོས་ཀྱི་བསླབ་པ་བླངས་པ་ཉིད་ཕྱིས་བསམ་པ་ཁྱད་པར་ཅན་གྱིས་ཟིན་ན་གནས་གྱུར་ནས་བྱང་ཆུབ་སེམས་དཔའི་སོ་སོ་ཐར་པར་འགྱུར་བ་ཡིན་ཏེ། དམན་པའི་བསམ་པ་བཏང་ཡང་སྡོང་བའི་སེམས་མ་དོར་བའི་ཕྱིར། སྔར་ཉན་ཐོས་ཀྱི་སོ་ཐར་སྡོན་དུ་མ་སོང་ན་བྱང་ཆུབ་སེམས་དཔའི་སྨོན་པའི་དུས་ཉིད་དུ་བྱང་ཆུབ་སེམས་དཔའི་སོ་སོར་ཐར་པ་ཐོབ་པ་ཡིན་ནོ། །བཅོས་པ་དབང་བཙན་དུ་བྱས་པའི་བྱང་སེམས་སོ་ཐར་ནི། བསམ་པ་ཐེག་ཆེན་སེམས་བསྐྱེད་ཀྱིས་ཟིན་པའི་ཚོ་ག་ཉན་ཐོས་ཀྱི་ལུགས་བཞིན་དུ་བྱས་པའི་སོ་ཐར་པ་རིགས་བརྒྱད་པོ་བྱང་སེམས་སོ་སོར་ཐར་པ་ཡིན་ནོ། །དབུ་མ་པ་ལྟར་ན་བཅས་པ་དབང་བཙན་དུ་བྱས་པའི་སོ་སོར་ཐར་པར་རིགས་བདུན་ནི་བྱང་ཆུབ་སེམས་དཔའི་སྡོམ་པའི་རྟེན་དུ་མི་དགོས་ཏེ། བྱང་ཆུབ་སེམས་དཔའི་སྡོམ་པ་ནི་ལྷ་དང་མི་ལ་སོགས་པ་རིགས་དྲུག་ཐམས་ཅད་སོ་སོར་ཐར་པ་རིགས་བདུན་བསྲུང་མི་ནུས་པའི་རྒྱལ་པོ་ནས་ཞན་པའི་བར་འགྲོ་བ་ཐམས་ཅད་ལ་སྐྱེ་བའི་ཕྱིར་མདོ་ལས་ལྷའི་བུ་གང་དག་ཅེས་སོགས་དང་། མདོ་སྡེ་བསྐལ་བཟང་ལས། རྒྱལ་བ་ཕན་བཞེད་གྲོང་དཔོན་གྱུར་པའི་ཚེ། །དེ་བཞིན་གཤེགས་པ་བསོད་ནམས་འོད་དེ་ལ། །ཉིན་གཅིག་སྲོག་གཅོད་སྡོམ་པ་བླངས་ནས་ཀྱང་། །དང་པོར་བྱང་ཆུབ་ཏུ་ནི་སེམས་བསྐྱེད་དོ། །ཞེས་གསུངས་པའི་ཕྱིར་དང་། སློབ་དཔོན་ཀླུ་སྒྲུབ་ཀྱིས་ཀྱང་།སེམས་ཅན་ཐམས་ཅད་བྱང་ཆུབ་ཏུ། །སེམས་བསྐྱེད་བཙུག་ཅིང་བརྟན་བྱས་ན། །རིའི་རྒྱལ་པོ་ལྟར་བརྟན་པའི། །བྱང་ཆུབ་སེམས་དང་རྟག་ལྡན་འགྱུར། །ཞེས་གསུངས་པའི་ཕྱིར། གསུམ་པ་ལེན་པའི་ཚོ་ག་མི་འདྲ་བ་ལ་གསུམ་ལས། སྦྱོར་བ་མི་འདྲ་བ་ནི། སེམས་ཙམ་པ་ལྟར་ན། སོ་སོར་ཐར་པ་རིགས་བདུན་གྱིས་ཟིན་པ་སེམས་དགའ་བ་ལ་སྐྱེ་བའི་དབང་དུ་བྱས་ནས་ཕྱག་དང་མཆོད་པ་ཙམ་བྱས་ལ། སེམས་ཙམ་པ་ལྟ་བ་ཙུང་ཟད་དམན། སྤྱོད་པ་ཙུང་ཟད་དོག་པས་ཉན་ཐོས་ཀྱི་སྡོམ་པ་འབོགས་པ་ལྟར་གསོལ་བ་གདབ་པ་དང་། བསམ་པ་བརྟན་པ་དང་མྱུར་དུ་སྦྱིན་

པར་གསོལ་བ་བཏབ་པ་དང་། བར་ཆད་དྲི་བ་དང་། བསླབ་པའི་གནས་གོ་བར་བྱས་ནས་སྨྲོ་བ་དྲི་བ་རྣམས་བྱེད། དབུ་མ་ལ་ལྟ་བ་མཐོ་སྤྱོད་པ་ཡངས་པས་གང་ཟག་སྡིག་པ་ཅན་སུ་རུང་རུང་ལ་སོ་སོ་ཐར་པ་རིགས་བདུན་དང་མ་འབྲེལ་ཡང་སེམས་བསྐྱེད་སྐྱེ་བ་ལ་དགོངས་ནས་སྡིག་པ་བཤགས་པ་ལ་སོགས་པ་ཡན་ལག་བདུན་པ་མཛད་དེ། བསླབ་བཏུས་ལས། སྐྱེ་བོ་མ་ལུས་པ་སྡུག་བསྔལ་སྐྱོབ་པར་ཁུར་བྱེད་པར་སྨྲོ་བ་དེས་ཕྱག་བྱ་བ་དང་། མཆོད་པ་དང་། སྡིག་པ་བཤགས་པ་དང་། བསོད་ནམས་ཀྱི་རྗེས་སུ་ཡིད་རང་བ་དང་། སངས་རྒྱས་ལ་བསྐུལ་བ་དང་གསོལ་བ་གདབ་པ་དང་། བྱང་ཆུབ་ཏུ་བསྔོ་བ་བྱས་ལ། ཞེས་གསུངས་པའི་ཕྱིར། བསླབ་པ་བརྗོད་པ་དང་། བར་ཆད་དྲི་བ་ལ་སོགས་པ་མི་མཛད་དོ། །

གཉིས་པ་དངོས་གཞི་མི་འདྲ་བ་ནི་སྡིག་པ་བཤགས་པ་སེམས་ཙམ་པ་སྨོན་པ་སྔར་བླངས་ནས་ཕྱིས་འཇུག་པ་མཛད། དབུ་མ་པ་སྨོན་འཇུག་གཉིས་ཀ་སྐབས་གཅིག་ཏུ་མཛད་ཅིང་། འབོགས་པའི་ཚིག་ཡང་བརྗོད་ཚུལ་ཁྱིམས་མི་འདྲའོ། །སྨོན་འཇུག་གཉིས་ཀྱི་ཁྱད་པར་ནི། ཁ་ཅིག་ན་རེ་སྨོན་པ་འགྲོ་བར་འདོད་པ་ནི་བཟོད་ལས་བྱུང་བའི་སེམས་བསྐྱེད་ལམ་མ་ཐོབ་པའི་སྔོན་ནས་མོས་པ་ཙམ་གྱིས་ཡུལ་དུ་བྱེད་པའི་ཕྱིར་རོ། །འཇུག་པ་ལ་འགྲོ་བ་ཡིན་པ་ནི་དོན་དམ་པའི་ཆོས་ཉིད་ཀྱིས་ཐོབ་པའི་སེམས་བསྐྱེད། བྱང་ཆུབ་དངོས་སུ་ཡུལ་དུ་བྱས་ཏེ་བདེན་པ་མཐོང་བས་ཟག་པ་མེད་པའི་ལམ་དངོས་སུ་ཞུགས་པའི་གནས་སྐབས་ཡིན་པའི་ཕྱིར་རོ། །ཞེས་ཟེར་རོ་དེ་ནི་མི་འཐད་དེ། འཇུག་པ་སེམས་བསྐྱེད་ཀུན་རྫོབ་སེམས་བསྐྱེད་ཡིན་པའི་ཕྱིར་དང་། འཇུག་པའི་སེམས་བསྐྱེད་སོ་སོའི་སྐྱེ་བོ་ལ་ཡང་ཡོད་པའི་ཕྱིར་ཏེ། བསླབ་བཏུས་ལས། ཅི་སྲར་མ་ཆུད་པ་ལ་ཡང་བྱང་ཆུབ་སེམས་དཔའི་སྡོམ་པ་ཡོད་དམ་མེད་ཅེ་ན། ཡོད་པར་རིག་པར་བྱ་སྟེ། །ཞེས་གསུངས་པའི་ཕྱིར། ཡང་འགའ་ཞིག་སྨོན་པ་ལ་སྡོམ་པ་མེད་དེ། བྱང་ཆུབ་སྨོན་པའི་སེམས་ལ་ནི། །འཁོར་ཚེ་འབྲས་བུ་ཆེ་འབྱུང་ཡང་། །ཇི་ལྟར་འཇུག་པའི་སེམས་བཞིན་དུ། །བསོད་ནམས་རྒྱུན་ཆགས་འབྱུང་བ་མེད། །ཅེས་བཤད་པས་སོ་ཟེར་རོ། །རང་ལུགས་ལ་སྨོན་འཇུག་གཉིས་ཀ་ལ། སྨོན་པའི་སེམས། སྨོན་པ་སེམས་བསྐྱེད། སྨོན་པའི་སེམས་བསྐྱེད་མི་ཉམས་པར་བསྲུང་བ་དང་གསུམ། འཇུག་པའི་སེམས། འཇུག་པའི་སེམས་བསྐྱེད་པ། འཇུག་པ་སེམས་བསྐྱེད་མི་ཉམས་པར་བསྲུང་བ་དང་གསུམ་ལ། སྨོན་འཇུག་གི་སེམས་བསྐྱེད་རྐྱང་པ་སྡོམ་པ་མིན་ལ་སྨོན་འཇུག་གི་སེམས་བསྐྱེད་པ་ལ་མི་མཐུན་པའི་ཕྱོགས་གཞི་དང་བཅས་པ་སྤོང་བའི་སེམས་པ་ཡོད་ན་གཉིས་ཀའང་སྡོམ་པར་འགྱུར་ཏེ། སྡོམ་པའི་མཚན་ཉིད་དང་ལྡན་པའི་ཕྱིར་རོ། །སྡོམ་པའི་མཚན་ཉིད་དང་ལྡན་ཡང་སྡོམ་པར་མི་འགྱུར་ན། སྡོམ་པ་གཞན་ཐམས་ཅད་ཀྱང་སྡོམ་པ་མ་ཡིན་པར་འགྱུར་རོ། །སློབ་དཔོན་ཞི་བ་ལྷས་ནི་སྡོམ་པས་མ་ཟིན་པའི་སྨོན་པ་རྐྱང་བ་ལ། བསོད་ནམས

རྒྱུན་ཆགས་རྒྱུན་ཆགས་པར་མི་བཞེད་པ་ཡིན་ནོ། །སྤྱིར་སྡོམ་པས་མ་ཟིན་ཀྱང་བསོད་ནམས་རྒྱུན་ཆགས་འབྱུང་བ་ལ་འགལ་བ་མེད་དེ། སངས་རྒྱས་ལ་དམིགས་ནས་མེ་ཏོག་ཙམ་ཞིག་ཕུལ་བ་ཡང་། བསོད་ནམས་རྒྱུན་ཆགས་པར་བཤད་པའི་ཕྱིར། སློབ་དཔོན་ཛེ་ཏ་རི་ནི། སེམས་ཅན་ལ་ཕན་བདེ་བསྒྲུབ་པའི་དོན་དུ་སེམས་བསྐྱེད་པར་ཁས་འཆེ་བ་ནི་སྨོན་པ། དེ་དུས་རྒྱུན་དུ་མི་ཉམས་པར་ཁས་འཆེ་བ་ནི་འཇུག་པ། བྱང་ཆུབ་སེམས་དཔའི་བསླབ་པ་མཐའ་དག་བཟུང་བར་ཁས་འཆེ་བ་སྨོན་པའི་སྡོམ་པ་ཇི་ལྟར་བཟུང་བ་ལྟར་སྤྱོད་པར་ཁས་འཆེ་བ་འཇུག་པའི་སྡོམ་པར་བཞེད་པ་ཡིན་ནོ། །སློབ་དཔོན་ཞི་བ་ལྷ་ནི། སེམས་བསྐྱེད་ལེན་པ་ཉིད་ལས་སེམས་བསྐྱེད་པའི་སྡོམ་པ་ལེན་པའི་ཆོ་ག་མི་བཞེད་ལ། སློབ་དཔོན་ཀླུ་སྒྲུབ་ཀྱང་། སེམས་བསྐྱེད་དང་སྡོམ་པ་ཐུན་མོང་དུ་ལེན་པ་བཞེད་པ་ཡིན་ནོ། །

གསུམ་པ་རྗེས་མི་འདྲ་བ་ནི། སེམས་ཙམ་པ་མཁྱེན་གསོལ་ལ་སོགས་པ་མཛད་ལ། དབུ་མ་པ་རང་དང་གཞན་དགའ་བ་བསྐྱེད་པ་ལ་སོགས་པ་མཛད་དོ། །བཞི་པ་བླངས་ནས་བསྲུང་ཚུལ་མི་འདྲ་བ་ལ། སྤང་བྱ་དང་། བསླབ་བྱ་གཉིས། དང་པོ་ལ། སེམས་ཙམ་པ་རྩ་བའི་ལྟུང་བ་བཞི་དང་། ཉེས་བྱས་བཞི་བཅུ་ཞེ་དྲུག་ཏུ་འདོད་པ་ལས། སྡོམ་པ་ཉི་ཤུ་པ་ལས་འབྱུང་བ་འདིར་བཤད་ན། རྩོམ་པ་ལ་འཇུག་པ་ཀླད་ཀྱི་དོན་དང་། བརྩམ་པར་བྱ་བ་གཞུང་གི་དོན། བརྩམ་མཐར་ཕྱིན་པ་མཇུག་གི་དོན་ནོ། །དང་པོ་ནི། རྒྱ་གར་སྐད་དུ། བོ་དྷི་སཏྭ་སཾ་བྷ་ར་བིཤི་ཀ ། བོད་སྐད་དུ། བྱང་ཆུབ་སེམས་དཔའི་སྡོམ་པ་ཉི་ཤུ་པ། འཇམ་དཔལ་གཞོན་ནུར་གྱུར་པ་ལ་ཕྱག་འཚལ་ལོ། །གཉིས་པ་ལ་སྡོམ་པ་ཡང་དག་པར་བླངས་པའི་ཚུལ་དང་། བསྲུང་བའི་ཚུལ་ལོ། །དང་པོ་ལ། སྡོམ་པ་བླང་བའི་སྔོན་དུ་འགྲོ་བ་དང་། སྡོམ་པ་རང་གི་ངོ་བོ་དང་། དགོས་པ་དང་། བླང་པའི་བསམ་པ་དང་། བླང་པའི་ཡུལ་དང་། བླང་པའི་ཕན་ཡོན་ནོ། །དང་པོ་ནི། སངས་རྒྱས་སྲས་དང་བཅས་རྣམས་ལ། །གུས་པར་ཕྱག་འཚལ་ཅི་ནུས་མཆོད། །ཞེས་པ་སྟེ་དམིགས་པའི་ཡུལ་སངས་རྒྱས་སྲས་དང་བཅས་པ་རྣམས་ལ། ཐོག་མར་ཕྱག་བྱས་ལ་དངོས་འབྱོར་ཡིད་ཀྱིས་སྤྲུལ་བའི་མཆོད་པ་ནི། སྔོན་འགྲོའོ། །གཉིས་པ་ནི། ཕྱོགས་དུས་ཀུན་ན་བཞུགས་པ་ཡི། །བྱང་ཆུབ་སེམས་དཔའ་རྣམས་ཀྱི་ཁྲིམས། །ཞེས་པ་སྟེ་ཕྱོགས་བཅུ་དང་དུས་གསུམ་ན་བཞུགས་པའི་བྱང་ཆུབ་སེམས་དཔའི་ཁྲིམས་ནི། སྡོམ་པའི་ཚུལ་ཁྲིམས་དང་། དགེ་བ་ཆོས་སྡུད་དང་། སེམས་ཅན་དོན་བྱེད་ཀྱི་ཚུལ་ཁྲིམས་ཏེ། དེ་བསྲུང་བར་འདོད་པའོ། །གསུམ་པ་ནི། བསོད་ནམས་ཀུན་གྱི་གཏེར་གྱུར་གང་། ཞེས་ཏེ། བྱང་ཆུབ་ཀྱི་སེམས་ནི་རང་གཞན་གྱི་དོན་ཐམས་ཅད་བསྒྲུབ་པ་མི་ཟད་པའི་གཏེར་ཆེན་པོ་དང་འདྲའོ། །བཞི་པ་ནི། དེ་ནི་བསམ་པ་དམ་པ་ཡིས། །ཞེས་ཏེ། བྱང་ཆུབ་ཀྱི་སེམས་ནི། བསམ་པ་དམ་པ་སེམས་ཅན་གྱི་དོན་དུ་བླང་བར་

བྱའོ། །ལྔ་པ་ནི། བླ་མ་སྡོམ་ལ་གནས་ཤིང་མཁས། །ནུས་དང་ལྡན་ལ་བླང་བར་བྱ། །ཞེས་ཏེ། བླ་མ་སྡོམ་པ་ལ་གནས་པ། བྱང་ཆུབ་སེམས་དཔའི་སྡོམ་པ་ལ་མཁས་པ། སྡོམ་པ་འབོགས་པའི་ནུས་པ་དང་ལྡན་པ་ལ་བླང་བར་བྱའོ། །དྲུག་པ་ནི། དེ་ཚེ་དེ་ལ་དགེ་བའི་ཕྱིར། །སངས་རྒྱས་སྲས་དང་བཅས་རྣམས་ཀྱིས། །དགེ་བའི་ཐུགས་ཀྱིས་རྟག་པར་ཡང་། །བུ་སྡུག་འདྲ་བར་དགོངས་པར་འགྱུར། །ཞེས་པའི་སེམས་བསྐྱེད་པ་དེ་ལ་སངས་རྒྱས་སྲས་བཅས་ཀྱི་བུ་གཅིག་པ་དང་འདྲ་བར་དགོངས་སོ། །གཉིས་པ་བསྲུང་ཚུལ་ལ་སྤྱིར་བསྟན་པ་དང་། སོ་སོའི་མཚན་ཉིད་གཉིས། དང་པོ་ནི། གཞན་རྣམས་ལ་ནི་བདག་ལའང་རུང་། །སྡུག་བསྔལ་ཡིན་ཡང་གང་ཕན་དང་། །ཕན་དང་བདེ་བ་རྣམས་བྱས་ཏེ། །བདེ་ཡང་མི་ཕན་མི་བྱའོ། །ཞེས་ཏེ། དེ་ལ་ཕན་པ་ནི་ཚེ་ཕྱི་མ་ལ་ཕན་པའོ། །བདེ་བ་ནི་འདི་ལ་བདེ་བའོ། །བྱ་སྟེ་ཞེས་བྱ་བ་ནི་ཕན་བདེ་གཉིས་བྱ་ཞིང་། མི་ཕན་པ་དང་། གནོད་པ་གཉིས་ཀ་སྤང་བར་བྱའོ། །དེ་ལ་རང་གཞན་གཉིས་ཀ་ལ་ཚེ་ཕྱི་མ་ལ་ཕན་པར་འགྱུར་ན་ཚེ་འདིར་མི་བདེ་བདེ་སྤྱད་པར་བྱ་སྟེ། དཔེར་ན་སྨན་པས་ཚད་པ་ན་བ་ལ་སྨན་ཁབ་དང་། རྩ་འཐར་པ་བཞིན་ནོ། །ཚེ་འདིར་བདེ་ཡང་ཕྱི་མ་ལ་མི་ཕན་ན་དེ་མི་བྱ་སྟེ། དཔེར་ན་ཁ་ཟས་དུག་གིས་སྦགས་པ་ལྷ་བུ་དང་། ཚད་པ་ན་བ་ལ་གཉིད་དང་ཆང་བཏང་བ་བཞིན་ནོ། །དེ་བས་ན་སྙིང་རྗེ་དང་ལྡན་པ་རྣམས་ཀྱི་བྱ་བའི་ཆ་དང་། བྱ་བ་མ་ཡིན་པའི་ཆ་ཤེས་པར་བྱའོ། །གཉིས་པ་ལ་ཕམ་པ་ལྟ་བུའི་ཆོས་དང་། ཉམ་པ་བཅོས་པའི་ཆོ་ག་དང་། ཉེས་བྱས་ཀྱི་རིགས་རྣམ་པར་བཞག་པ་དང་། ཉེས་པ་མེད་པའི་གནས་སྐབས་བསྟན་པའོ། །དང་པོ་ལ་ཕམ་པ་འབྱུང་བའི་རྒྱུ་དང་། ཕམ་པ་དངོས་སོ། །དང་པོ་ནི། ཉོན་མོངས་དྲག་ལས་བྱུང་བ་ཡི། །སྡོམ་པ་ཞིག་པར་གང་འགྱུར་པ། །དེ་ཡི་ཉེས་པ་བཞི་པོ་ནི། །ཕམ་པ་འདྲ་བར་དགོངས་པ་ཡིན། །ཞེས་ཏེ། བྱང་ཆུབ་སེམས་དཔའི་སྡོམ་པ་ཐོབ་པ་ཤེས་པ་རང་བཞིན་དུ་གནས་པ་སྟེ། ཐུན་མོང་གི་ཡན་ལག་གཉིས་དང་། ཉོན་མོངས་པ་དྲག་པོས་ཀུན་ནས་བསླངས་ཏེ་ཕམ་པ་ལྟ་བུ་གང་རུང་ཞིག་སྤྱད་ཀྱང་། བྱང་ཆུབ་སེམས་དཔའི་སྡོམ་པ་གཏོང་ན། ཐམས་ཅད་བྱས་ན་ལྟ་ཅི་སྨོས། དེ་ལ་ཀུན་ནས་བཀྲིས་པ་ཆེན་པོ་གང་ཞིག་ཡིན་ན། བྱང་ས་ལས། གང་གི་ཕྱིར་བྱང་ཆུབ་སེམས་དཔའི་ཕམ་པའི་གནས་ལྟ་བུའི་ཆོས་བཞི་པོ་འདི་དག་རྒྱུན་མི་འཆད་པར་ཀུན་ཏུ་སྤྱོད་པ་དང་། ངོ་ཚ་ཤེས་པ་དང་། ཁྲེལ་ཡོད་པ་ཙམ་ཡང་མ་སྐྱེས་པ་དང་། དེས་མགུ་བར་བྱེད་ཅིང་། དེ་ལ་དགའ་བ་དང་། དེ་ཉིད་ལ་ཡོན་ཏན་དུ་ལྟ་བ་ཅན་དུ་གྱུར་པ་ནི་ཀུན་ནས་དཀྲིས་པ་ཆེན་པོ་ཡིན་པར་རིག་པར་བྱའོ། །ཞེས་གསུངས་སོ། །དཀྲིས་པ་འབྲིང་དང་ཆུང་ངུས་ནི། །སྡོམ་པ་བཏང་བར་མི་འགྱུར་ཏེ། །བྱང་ས་ལས། ཕམ་པའི་གནས་ལྟ་བུ་བཞི་པོ་འདི་དག་ཀུན་ནས་དཀྲིས་པ་ཆུང་ངུ་དང་འབྲིང་གིས་ནི། ཚུལ་ཁྲིམས་ཀྱི་སྡོམ་པ་ཡང་དག་པར་བླངས་པ་སྟེ། བྱང་ཆུབ་སེམས་དཔས་བཏང་བར་མི་

འགྱུར་རོ། །ཀུན་ནས་དཀྲིས་པ་ཆེན་པོས་ནི་བཏང་བར་འགྱུར་ཏེ། ཞེས་གསུངས་པའི་ཕྱིར། དེ་ལ་འབྲིང་ནི། ཁ་ཅིག་ཉོན་མོངས་པའི་ཁྱད་པར་བཞི་པོ་གང་རུང་གཅིག་མ་ཚང་བ་ལ་འདོད། ཁ་ཅིག་རིང་ཞིག་ནས་ངོ་ཚ་སྐྱེས་པ་ལ་འདོད། ཁ་ཅིག་གཞན་གྱིས་བསྐུལ་བ་ལ་ཉན་ནས་ལྡོག་པ་ལ་འདོད། ཀུན་ནས་དཀྲིས་པ་ཆུང་ངུ་ནི། ཁ་ཅིག་ཉོན་མོངས་པའི་ཁྱད་པར་བཞི་པོ་གང་རུང་གཅིག་མ་ཚང་བ་ལ་འདོད། ཁ་ཅིག་དེའི་དེ་མ་ཐག་ཏུ་ངོ་ཚ་སྐྱེས་ཏེ་ལྡོག་པ་ལ་འདོད། ཁ་ཅིག་རང་གིས་ཉེས་པར་ཤེས་ནས་ལྡོག་པ་ལ་འདོད་ཀྱང་། ཉོན་མོངས་པ་ཆེ་འབྲིང་གསུམ་པོ་འདི་ལ་ནང་གི་ཉོན་མོངས་པའི་རིམ་པ་དང་སྦྱར་ན་ཆུང་ངུ་དང་འབྲིང་དང་ཆེན་པོ་གསུམ་ཡོད་དེ། སྐྱེས་པ་དང་། འཕབ་པ་དང་། བབས་པའོ། །དེ་ལ་སྐྱེས་པ་ནི་འདོད་ཆགས་ལ་སོགས་པ་འབྱུང་བས་སྐྱེ་ཆུང་ངུའོ། །འཕབ་པ་ནི། ཉོན་མོངས་པ་དེའི་རྗེས་སེམས་ཤིང་གཞོལ་བ་སྐྱེ་འབྲིང་ངོ་། །བབས་པ་ནི། ཉོན་མོངས་པ་དེའི་དབང་དུ་གྱུར་ནས་སྤྱོད་པ་སྐྱེ་ཆེན་པོའོ། །ཀུན་ནས་དཀྲིས་པ་ཆེན་པོས་ཕམ་པ་ལྟ་བུ་སྤྱད་པས་སྡོམ་པ་གཏོང་གི། གཞན་གཏོང་བའི་རྒྱུ་མེད་དམ་སྙམ་ན་ཡོད་དེ། བྱང་ས་ལས། རྒྱུ་གཉིས་ཁོ་ནར་བྱང་ཆུབ་སེམས་དཔའི་ཚུལ་ཁྲིམས་ཀྱི་སྡོམ་པ་ཡང་དག་པར་བླང་བ་དེ་བཏང་བར་འགྱུར་ཏེ། བླ་ན་མེད་པ་ཡང་དག་པར་རྫོགས་པའི་བྱང་ཆུབ་ཏུ་སྨོན་པ་ཡོངས་སུ་བཏང་བ་དང་། ཕམ་པའི་གནས་ལྟ་བུའི་ཆོས་ཀུན་དཀྲིས་པ་ཆེན་པོས་ཀུན་ཏུ་སྤྱད་པར་བྱའོ། །ཞེས་གསུངས་སོ། །འོན་གཞུང་འདིར་སྨོན་པ་བཏང་བས་སྡོམ་པ་བཏང་བར་འགྱུར་བ་ཅིའི་ཕྱིར་མ་བཤད་ཅེ་ན། འདི་བཏང་བས་ན་གཙོ་བོ་བཏང་བའི་ཕྱིར་གོ་སླ་བས་མ་བསྟན་ཏེ། དཔེར་ན་སངས་རྒྱས་བཏང་བས་དགེ་སློང་བཏང་བ་བཞིན་ནོ། །

དེ་ལྟ་བུའི་སྡོམ་པ་བཏང་བའི་རྒྱུ་གཉིས་པོ་ཡང་ཐུན་རྒྱུ་གཉིས་པོ་ཡང་ཐུན་ཚོད་མ་འདས་པས་གསོང་བ་དང་། དངོས་གཞིས་བཏང་བར་འདོད་པ་གཉིས་ཡོད་པ་ལས་སྔོན་མ་བདེ་སྟེ། ཉེ་བ་འཁོར་གྱི་ཞུས་པ་ལས། ཉེ་བ་འཁོར་འདི་ལ་ཐེག་པ་ཆེན་པོ་ལ་ཡང་དག་པར་ཞུགས་པ་ནི། བྱང་ཆུབ་སེམས་དཔའ་ལ་གལ་ཏེ་སྔ་དྲོའི་དུས་སུ་ལྟུང་བ་བྱུང་ཡང་། ཕྱེད་ཀྱི་དུས་སུ་ཐམས་ཅད་མཁྱེན་པའི་སེམས་དང་མི་འབྲལ་བར་གནས་ཏེ། དེ་ལྟར་ཐེག་པ་ཆེན་པོ་ལ་ཡང་དག་པར་ཞུགས་པའི་ཚུལ་ཁྲིམས་ཀྱི་ཕུང་པོ་མཐའ་མེད་དོ། །ཞེས་སོགས་ཕྱི་མ་རེད་དང་སྔོད་དང་ནམ་ཕྱེད་དང་ཐོ་རངས་སོགས་ནས་གསུངས་སོ། །གཉིས་པ་ཕམ་པ་དངོས་ནི། རྙེད་དང་བཀུར་སྟི་ཆགས་པ་ཡིས། །བདག་བསྟོད་གཞན་ལ་སྨོད་པ་དང་། །སྡུག་བསྔལ་མགོན་མེད་གྱུར་པ་ལ། ། སེར་སྣས་ཆོས་ནོར་མི་སྟེར་དང་། །གཞན་གྱིས་བཤགས་ཀྱང་མི་ཉན་པར། །ཁྲོས་ནས་གཞན་ལ་འཚོག་པ་དང་། །ཐེག་པ་ཆེན་པོ་སྤོང་བྱེད་ཅིང་། །དམ་ཆོས་འདྲར་སྣང་སྟོན་པའོ། །ཞེས་ཏེ། རྩ་བའི་ལྟུང་བ་བཞི་པོ་གཞིའི་དོན་དང་། སོ་སོའི་དོན་ནོ། །དང་

པོ་ལ་ལྟུང་བ་རྣམས་ཀྱི་ངོ་བོ་ཉིད་རྣམ་པར་བཞག་པ། དེ་ཡན་ལག་ཏུ་ཞིག་གིས་རྩ་བའི་ལྟུང་བར་འགྱུར་བ། ལྟུང་བའི་རྒྱུ་མཚན། རྒྱུ་མཚན་དང་བཅས་པ་དེ་མི་འབྱུང་བར་བྱ་བའི་ཕྱིར་བསླབ་པ། གལ་ཏེ་བྱུང་ན་ཕྱིར་བཅོས་པའི་ཐབས། རྣམ་སྨིན་རྫོགས་པར་བྱ་བའི་ཕྱིར་ཆུང་ངུ་དང་འབྲིང་དང་ཆེན་པོའི་རྣམ་བཞག་དང་དྲུག དང་པོ་ནི། ལུས་ངག་ཡིད་གསུམ་སྟེ་ཡིད་གཙོ་བོར་བཞག་གོ། །གཉིས་པ་ནི། རྟེན་གྱི་ཡན་ལག་སྡོམ་པ་དང་ལྡན་ཞིང་། ཤེས་རབ་རང་བཞིན་དུ་གནས་པ། ཡུལ་གྱི་ཡན་ལག་ལྟུང་བ་བཞི་པོ་སོ་སོ་འབྱུང་བའི་ཡུལ་ལོ། །ངོ་བོ་ཉིད་ཀྱི་ཡན་ལག་ཡིད་གཙོར་གྱུར་པ་སྟེ། ལུས་ངག་ནི་དེའི་གྲོགས་སུ་གྱུར་པའོ། །རྒྱུའི་ཡན་ལག་ནི། ཀུན་སློང་གི་བསམ་པ་ཡིན་ལ། དེ་ལ་བཞི་སྟེ། དེ་སྐད་དུ། བསྲུ་བ་རྣམ་པར་གཏན་ལ་ཕབ་པའི་གཞི། བསྲུ་བའི་སྐབས་ནས་འདུལ་བ་བསྲུ་བ་ལས། དེའི་རྒྱུ་རྣམ་པ་བཞི་སྟེ། མི་ཤེས་པ་དང་བག་མེད་དང་། ཉོན་མོངས་པ་དང་མ་གུས་པའོ། །ཞེས་གསུངས་ཏེ། དེ་ལ་བྱ་བ་དང་། བྱ་བ་མ་ཡིན་པའི་ཆ་མི་ཤེས་པ་ལྟུང་བ་འབྱུང་བའི་རྒྱུ། ཤེས་ཡུལ་དང་ལྟུང་བ་ལ་མ་གུས་པར་ལྟུང་བ་འབྱུང་བའི་རྒྱུ། སྤྱིར་གུས་པ་དང་། དྲན་པ་དང་ཤེས་བཞིན་གྱིས་མ་ཟིན་པ་བག་མེད་པ་ལྟུང་བ་འབྱུང་བའི་རྒྱུ། བསྲུང་བར་འདོད་ཀྱང་ཉོན་མོངས་པས་རང་དབང་མེད་པ་ཉོན་མོངས་པ་མང་བ་ལྟུང་བ་འབྱུང་བའི་རྒྱུ་སྟེ༑ རྒྱུའི་ཡན་ལག་བཞི་སྔོན་དུ་སོང་བའི་རང་རང་གི་ངོ་བོ་འབྱུང་བའི་བསམ་པའོ། །དུས་སྐབས་ཀྱི་ཡན་ལག་དུས་དེ་ལྟ་བུར་གྱུར་པའི་ཚེ་འབྱུང་གི་གཞན་དུ་མི་འབྱུང་ངོ་། །གསུམ་པ་ལྟུང་བར་འགྱུར་བའི་རྒྱུ་མཚན་ནི། ཅིའི་ཕྱིར་ལྟུང་བར་འགྱུར་ཞེ་ན། སྡོམ་པ་ལེན་པའི་དུས་སུ་ཁས་བླངས་པའི་ཕྱིར་རོ། །

བཞི་པ་ནི། རྩ་བ་དང་ཡན་ལག་གི་ལྟུང་བ་དེ་དག་མི་འབྱུང་བར་བྱ་བའི་ཕྱིར་བསླབ་པའོ། །ལྔ་པ་ནི། འོག་ཏུ་འཆད་དོ། །དྲུག་པ་ལ་ལྔ་སྟེ། བསྲུ་བ་ལས། ལྟུང་བ་རྣམས་ཀྱི་ཆུང་ལ་སོགས། །རྣམ་པ་ལྔ་ནི་རིག་པར་བྱ། །ངོ་བོ་ཉིད་དང་ཉེས་པ་དང་། །བསམ་དང་གཞི་དང་སོགས་པའོ། །ཞེས་འབྱུང་བས། ཡུལ་གྱི་སྒོ་ནས་དང་། བསམ་པའི་སྒོ་ནས་དང་། ངོ་བོ་ཉིད་ཀྱི་སྒོ་ནས་དང་། ཉེས་པ་བྱས་པའི་སྒོ་ནས་དང་། ལན་གྲངས་ཀྱི་སྒོ་ནས། ཆེ་འབྲིང་རྣམ་པར་བཞག་པ་སྟེ། ལྟུང་བ་ཐམས་ཅད་ལ་ལྟ་ཚང་བའི་ཉེས་པ་ནི་མེད་དོ། །དེ་ལ་མཆོག་ཏུ་གྱུར་པ་ལ་ཆེན་པོ། འབྲིང་ལ་འབྲིང་། ཆུང་ངུ་ལ་ཆུང་ངུ་ཡིན་ནོ། །བསམ་པ་ནི་ཉོན་མོངས་པ་མང་བས་བླང་བ་ལ་ཆེན་པོ། མ་གུས་པ་དང་བག་མེད་པ་ལ་འབྲིང་། མི་ཤེས་པ་ལ་ཆུང་ངུའོ། །ངོ་བོ་ཉིད་ནི། ལུས་ངག་ཡིད་གསུམ་ཚང་ན་ཆེན་པོ། གཉིས་ལ་འབྲིང་། ཡིད་གཅིག་པུ་ལ་ཆུང་ངུ་ཡིན་ནོ། །ཉེས་པ་བྱས་པའི་སྒོ་ནས་ནི། ཡུལ་དེ་ལ་གནོད་པ་ཆེན་པོ་ཆེན་པོ། འབྲིང་ན་འབྲིང་། ཆུང་ན་ཆུང་ངུ་ཡིན་ནོ། །ལན་གྲངས་ནི་ཡང་ཡང་བྱས་ན་ཆེན་པོ། གཉིས་སམ་གསུམ་ལ་འབྲིང་། ལན་གཅིག་ལ་ཆུང་ངུའོ། །དེ་དག་ལ་ཆེ་འབྲིང་རྣམ་པར་བཞག་པ་འདི་དག་ལྟུང་བའི་

ངོས་ནས་འཛོག་པ་ནི་མིན་ཏེ། ཆུང་དུ་རྣམས་སྤྱོད་ཀྱང་རུ་བའི་ལྟུང་བ་ཡིན་ནོ། །ཅིའི་ཕྱིར་ཞེ་ན། ལན་གྲངས་ཀྱི་སྒོ་ནས་ཆེ་འབྲིང་བཞག་པའི་དུས་སུ། དང་པོ་སྤྱོད་ནས་གཉིས་པ་གཅོད་པའི་དུས་སུ། རྟེན་གྱི་ཡན་ལག་མ་ཚང་བའི་ཕྱིར་རོ། །དེས་ན་འདི་ནི་རྣམ་པར་སྨིན་པ་ལ་དགོངས་ནས་ཆེ་འབྲིང་འཛོག་པ་ཡིན་ནོ། །དེ་ལའང་ཉིང་དགོས་ཅི་ཡོད་ཅེ་ན། སྡོམ་པ་ཡང་དག་པར་བླངས་པས་ལྟུང་བ་ཆུང་བ་རྣམས་ཀྱི། ལྟུང་བ་དང་རྣམ་སྨིན་སོར་ཆུད་པར་འགྱུར་ལ་ཆེན་པོ་རྣམས་ལ་དེའི་རྗེས་ལས་རྣམ་པར་སྨིན་པ་སོར་ཆུད་པར་བྱ་བའི་ཕྱིར་བཤགས་པའི་ཚད་ཤེས་པར་འགྱུར་བའི་དགོས་པ་ཡོད་དོ། །དབུ་མ་བའི་ལུགས་ཀྱི་རུ་ལྟུང་རྣམས་ལ་ཡང་འདི་ཉིད་ཀྱིས་རྟོགས་པར་བྱའོ། །གཉིས་པ་སོ་སོའི་དོན་ལ་བཞི་ལས། རུ་ལྟུང་དང་པོ་ནི་ཐུན་མོང་གི་ཡན་ལག་སྡོམ་པ་དང་ལྡན་པ། ཤེས་པ་རང་བཞིན་དུ་གནས་པ། ཉོན་མོངས་པ་དྲག་པོ་དང་ལྡན་པ་གསུམ་གྱིས་འོག་མ་རྣམས་ལ་ཡང་ཤེས་པར་བྱའོ། །ཐུན་མོང་མ་ཡིན་པའི་ཡན་ལག ཡུལ་སྨྲ་ཤེས་ཤིང་དོན་གོ་བའི་མི་ལ། ལོངས་སྤྱོད་ལ་སོགས་པའི་རྙེད་པ་དང་། ཕྱག་ལ་སོགས་པའི་བསྐུར་སྟི་ལ་ཆགས་པའི་ཡིད་ཅན་གྱིས། བརྗོད་བྱ་བདག་གི་བསྟོད་སྒྲ་དང་གཞན་གྱི་སྨད་སྒྲའི་དོན་སྨྲས་པ། ཕ་རོལ་གྱི་གོ་བ་དང་ཁྲད་པར་གྱི་ཡན་ལག་བཞི་ཚང་ནའོ། །རུ་ལྟུང་གཉིས་པ་རང་ལ་ཡོད་པའི་ནོར་དང་ཤེས་པའི་ཆོས་དག ཡུལ་སྡུག་བསྔལ་ཞིང་མགོན་མེད་པ་ལ་ཀུན་སློང་སེར་སྣས་མི་སྟེར་བས་ཏེ་ཡན་ལག་ཚང་ནའོ། །རུ་ལྟུང་གསུམ་པ་ནི། གཞན་གྱིས་བཤགས་ཤིང་བཤད་སྦྱངས་བྱས་ཀྱང་འཁོན་དུ་འཛིན་པ་མི་གཏོང་བར། ཁྲོ་བས་གཞན་ལ་བརྡེང་ལ་སོགས་པས་བརྡེགས་པ་སྟེ། ཡན་ལག་གཉིས་ཚང་ནའོ། །རུ་ལྟུང་བཞི་པ་ནི། ཉོན་མོངས་པ་ལོག་ལྟས་ཀུན་ནས་བསླངས་ནས་ཐེག་པ་ཆེན་པོ་སྤོང་བར་བྱེད་ཅིང་དམ་ཆོས་ལྟར་སྣང་སྟོན་པས་ཏེ་གཉིས་ཚང་ནའོ། །གོང་གི་ཕམ་པ་འདྲ་བར་དགོངས་པ་ཡིན་ཞེས་པ་ལ་སློབ་དཔོན་རྒྱ་མཚོ་སྤྲིན་གྱིས། ཉན་ཐོས་ཇི་ལྟར་འཁྲིག་པའི་འདོད་ཆགས་ཀྱིས་བདག་དང་གཞན་སུན་ཕྱུང་བས་སྐལ་བ་མེད་པར་འགྱུར་བ་དེ་བཞིན་དུ། བྱང་ཆུབ་སེམས་དཔའ་ཡང་རྙེད་པ་དང་བཀུར་སྟི་ལ་བརྐམ་པས་བདག་དང་གཞན་སུན་ཕྱུང་ན་ཕམ་པར་འགྱུར་རོ། །ཉན་ཐོས་ནི་རྐམ་ཆགས་ཀྱིས་གཞན་གྱི་ནོར་བརྐུས་ན་ཕམ་པར་འགྱུར་བའོ། །བྱང་ཆུབ་སེམས་དཔའ་བདག་ལ་ནོར་ཡོད་བཞིན་དུ་ཟང་ཟིང་ལ་སེར་སྣ་བྱེད་པས་སློང་བ་པོ་ཉམ་ཐག་པ་ལ་མ་བྱིན་ནམ། ཆོས་ཀྱི་བགོ་བཤའ་མ་བྱས་ན་ཕམ་པར་འགྱུར་རོ། །ཉན་ཐོས་ནི་མི་བསད་པས་ཕམ་པར་འགྱུར་ལ། བྱང་ཆུབ་སེམས་དཔས་སེམས་ཅན་ལ་ཀུན་ནས་མནར་སེམས་ཀྱི་སེམས་བསྐྱེད་ནས་ལག་པའི་བོང་བ་ལ་སོགས་པས་གནོད་པ་བསྐྱེད་ནས་གནོད་པ་བྱེད་པས་ཉེས་པ་བཤད་ཀྱིས་སྦྱངས་ཤིང་ཉེས་པ་བཤགས་པ་ལས་ཀྱང་མི་ཉན་ན་ཕམ་པར་འགྱུར་རོ། །ཉན་ཐོས་ནི་མེད་བཞིན་དུ་ཐོབ་པའི་ཆོས་བསྒྲགས་པས་ཕམ

པར་འགྱུར་ལ། བྱང་ཆུབ་སེམས་དཔའ་ནི་ཡོད་པ་མི་སྟོན་པ་དང་། དམ་ཆོས་ལ་སྐུར་བ་འདེབས་པ་དང་། དམ་ཆོས་མ་ཡིན་པ་སྟོན་པས་ཕམ་པར་འགྱུར་རོ་ཞེས་སོ། །གཉིས་པ་ཉམས་པ་བཅོས་པའི་ཆོ་ག་ལ། ཕམ་པ་བཅོས་པ། ཟག་པ་འབྲིང་དང་། ཆུང་ངུ་དང་། ཉེས་བྱས་བཅོས་པ་དང་བཞི། དང་པོ་ནི། སྡོམ་པ་སླར་ཡང་བླང་བར་བྱ། །གཉིས་པ་ནི། ཟག་པ་འབྲིང་ནི་གསུམ་ལ་བཤགས། །གསུམ་པ་ནི། གཅིག་གི་མདུན་དུ་ལྷག་མ་རྣམས། །བཞི་པ། ཉོན་མོངས་མི་མོངས་བདག་སེམས་བཞིན། །ཞེས་ཏེ། འདི་རྣམས་ཀྱི་དོན་འོག་ཉམས་པ་བཅོས་པའི་ཆོ་ག་མི་འདྲ་བའི་སྐབས་སུ་འཆད། །གསུམ་པ་ཉེས་བྱས་ཀྱི་རིགས་རྣམ་པར་བཞག་པ་ལ་གཉིས། དགེ་བ་ཆོས་སྡུད་དང་འགལ་བ་སུམ་ཅུ་རྩ་བཞི། སེམས་ཅན་དོན་བྱེད་དང་འགལ་བ་བཅུ་གཉིས། དང་པོ་ལ་དྲུག་སྟེ། སྦྱིན་པ་དང་འགལ་བ་བདུན། ཚུལ་ཁྲིམས་དང་འགལ་བ་དགུ། བཟོད་པ་དང་འགལ་བ་བཞི། བརྩོན་འགྲུས་དང་འགལ་བ་གསུམ། བསམ་གཏན་དང་འགལ་བ་གསུམ། ཤེས་རབ་དང་འགལ་བ་བརྒྱད་དོ། །དང་པོ་ལ་ལྔ་སྟེ། ཟང་ཟིང་གི་སྦྱིན་པ་དང་འགལ་བ། སེར་སྣའི་གཉེན་པོ་ལས་ཉམས་པ། མི་འཇིགས་པ་སྦྱིན་པའི་རྗེས་སུ་མི་མཐུན་པ། གཞན་གྱི་སྦྱིན་པའི་རྐྱེན་མི་བྱེད་པ། ཆོས་ཀྱི་སྦྱིན་པ་མི་བྱེད་པའོ། །དང་པོ་ནི། དཀོན་མཆོག་གསུམ་ལ་གསུམ་མི་མཆོད། ཅེས་གསུངས་ཏེ། བྱང་ཆུབ་སེམས་དཔའི་སྡོམ་པ་ལ་གནས་ཤིང་། ཤེས་པ་རང་བཞིན་དུ་གནས་པས། གཞན་ཞིང་དཀོན་མཆོག་གསུམ་དེའི་རྟེན་མཆོད་གླིགས་བམ་ལ་སོགས་པའམ། དགེ་འདུན་ལ་མཆོད་པ་སྣ་གཅིག་ཙམ་པའམ། ཚིགས་བཅད་གཅིག་གིས་བསྟོད་པའམ། ཕྱག་གཅིག་འཚལ་བའམ། དཀོན་མཆོག་གསུམ་གྱི་ཡོན་ཏན་དྲན་པ་ཙམ་ཡང་མི་བྱེད་པར་དུས་འདས་ན་མ་གུས་པ་དང་ལེ་ལོས་འདས་ན། ཉོན་མོངས་པ་ཅན་གྱི་ཉེས་པ་བརྗེས་པས་འདས་ན། ཉོན་མོངས་པ་མེད་པའོ། །སེམས་འཁྲུལ་བ་དང་ས་ཐོབ་པ་དང་། རང་བཞིན་གྱི་དགེ་བ་ལ་སྤྲོ་བ་རྣམས་ལ་ཉེས་པ་མེད་དོ། །

གཉིས་པ་ནི། འདོད་པའི་སེམས་ཀྱི་རྗེས་སུ་འཇུག་ཅེས་ཏེ། བྱང་ཆུབ་སེམས་དཔའི་འདོད་པ་ཆེ་ཞིང་ཆོག་མི་ཤེས་པ་རྙེད་པ་དང་བཀུར་སྟི་དང་དུ་ལེན་པའི་ཕྱིར། འདུན་པ་མི་བསྐྱེད་ན། ཉོན་མོངས་པ་ཅན་གྱི་ཉེས་པའོ། །གཉེན་པོ་བརྟན་ཡང་རང་བཞིན་ཉོན་མོངས་པ་ཤས་ཆེ་བས་ཀུན་ཏུ་སྤྱོད་པ་ལ་ཉེས་པ་མེད་དོ། །གསུམ་པ་ལ་གཉིས་ལས། དང་པོ། ཡུལ་གྱི་སྤྱི་དང་འབྲེལ་བ་ལས་ནི། རྒན་པ་རྣམས་ལ་གུས་མི་བྱེད། ཅེས་ཏེ། རྒན་པ་ནི་ཡོན་ཏན་དང་ལྡན་པ་བཀུར་སྟི་བྱ་བའི་འོས་སུ་གྱུར་པ་མཐོང་ནས་དེ་འདང་ང་རྒྱལ་ལམ་མནར་སེམས་ཁོང་ཁྲོ་བས་ནོན་ནས་ལྡང་བསྟབ་དང་ཕྱག་འཚལ་བར་མི་བྱེད་ན། ཉོན་མོངས་པ་ཅན་དང་། བརྗེད་ན་ཉོན་མོངས་པ་མེད་པའི་ཉེས་པའོ། །ན་བ་དང་གཞན་ལ་ཆོས་སྟོན་པའམ། རང་ཆོས་ཉན་ནམ། གཞན་མང་པོའི་སེམས

བསྲུང་ངམ། ཐབས་དེས་འདུལ་ལམ། དགེ་འདུན་གྱི་ནང་བྲིས་སམ། བཅས་པ་རྣམས་ལ་ཉེས་པ་མེད་དོ། །གཉིས་པ་ཡུལ་གྱི་ཁྱད་པར་དང་འབྲེལ་བ་ནི། དྲིས་པ་རྣམས་ལ་ལན་མི་འདེབས་ཞེས་ཏེ། བྱང་ཆུབ་སེམས་དཔས་རང་བཞིན་དུ་གནས་པ་ལ་འབྲེལ་བའི་གཏམ་འདྲི་བ་ལ་ལན་མི་འདེབས་ན། ཀུན་སློང་གི་བྱེ་བྲག་གིས་ཀུན་ནས་ཉོན་མོངས་པ་མེད་པའི་ཉེས་པ་སྔ་མ་བཞིན་ནོ། །གཉིད་ལོག་པ་ལ་སད་པའི་དུས་ཀྱིས་འདྲི་བ་ལ་ཉེས་པ་མེད་དོ༑ ༑གཞན་ཉེས་མེད་རྣམས་སྔ་མ་བཞིན་ནོ། །བཞི་པ་ལ་གཉིས་ལས་མགྲོན་དུ་བོས་པས་ཁས་མི་ལེན་པ་དང་། ལོངས་སྤྱོད་མི་ལེན་པ་གཉིས་ལས། དང་པོ་ནི། མགྲོན་པོས་བདག་གིར་མི་བྱེད་ཅིང་ཞེས་ཏེ། བྱང་ཆུབ་སེམས་དཔའི་གཞན་གྱི་ཡུལ་ལ་སོགས་པ་སྟོན་དུ་འགྲོ་བས་ན། ང་རྒྱལ་ལམ་ཁྲོ་བའམ། སྡང་བས་ནོན་ཏེ་མི་འགྲོན་ཉོན་མོངས་པ་ཅན་དང་ལེ་ལོའི་བརྗེད་པས་འདས་ནས་མི་འགྲོན་ཉོན་མོངས་པ་མེད་པའི་ཉེས་པའོ། །སེམས་འཁྲུལ་ནའང་ཐབས་དེས་འདུལ་ལམ། སྔར་བཞག་ལ་ཁས་བླངས་སམ། དགེ་བ་ལ་རྒྱུན་དུ་བརྩོན་པས་ཡིད་དམ་ལ་གནས་སམ། ཆོས་ཉན་པ་དང་འཆད་པའི་བར་འགྱུར་རམ། འཇིགས་པ་ཆེན་པོའམ་ཡུལ་ཐག་རིང་ངམ། གཞན་གྱིས་སེམས་བསྲུང་ངམ། ཐོ་རྩོམ་པའི་བསམ་པས་བོས་སུ་དོགས་སམ། སྦྱིན་བདག་འགྱོད་པ་སྐྱེས་སམ། དགེ་འདུན་གྱི་ནང་ཁྲིམས་སྲུང་བ་རྣམས་ལ་ཉེས་པ་མེད་དོ། །

གཉིས་པ་ནི་གསེར་ལ་སོགས་པ་ལེན་མི་བྱེད། ཅེས་ཏེ། བྱང་ཆུབ་སེམས་དཔའི་ས་རང་བཞིན་དུ་གནས་པ་ལ་སོགས་པས་ནོར་ཕུལ་བ་ཁོང་ཁྲོ་ལ་སོགས་པས་མི་ལེན་ན་ཉོན་མོངས་པ་ཅན་གྱི་ཉེས་པ་དང་། སྙོམ་ལས་དང་ལེ་ལོས་མི་ལེན་ནའང་ཉོན་མོངས་པ་མེད་པའི་ཉེས་པར་འགྱུར་ཏེ། དེ་ལ་སེམས་ཆགས་སུ་དོགས་པའམ། སྦྱིན་བདག་འགྱོད་པ་སྐྱེས་སུ་དོགས་སམ། སྦྱིན་པས་སྦྱིན་བདག་དབུལ་པོར་སོང་དོགས་སམ། དགེ་འདུན་གྱིའམ་མཆོད་རྟེན་གྱི་དཀོར་ཡིན་དུ་དོགས་སམ། རྒྱུ་དེས་སེམས་ཅན་གཞན་བསད་པ་ལ་སོགས་པའི་གནོད་པ་བྱུང་དུ་དོགས་སམ། ཐབས་དེས་འདུལ་ལམ། གཞན་ཡང་མང་པོའི་སེམས་བསྲུང་བ་རྣམས་ཉེས་པ་མེད་དོ། །ལྔ་པ་ནི། ཆོས་འདོད་པ་ལ་སྦྱིན་མི་བྱེད་ཅེས་ཏེ། བྱང་ཆུབ་སེམས་དཔའ་གཞན་ཆོས་འདོད་པ་རྣམས་ལ་ཁྲོ་བའམ་མནར་སེམས། ཕྲག་དོག་གི་ཆོས་མི་སྟོན་ན། ཉོན་མོངས་པ་དང་། ལེ་ལོའམ་བརྗེད་པས་ཉོན་མོངས་པ་མེད་པའི་ཉེས་པར་འགྱུར་རོ། །མུ་སྟེགས་ཅན་གླགས་འཚོལ་བ་ཡིན་ནམ། རང་ནའམ། སེམས་འཁྲུལ་ལམ། ཐབས་དེས་འདུལ་ལམ། རང་གི་ཆོས་མི་ཤེས་སམ། བླ་མ་ལ་མི་གུས་སམ། དེའི་ལག་ཏུ་སོང་བ་གཞན་གནོད་མིན་པའི་ལག་ཏུ་སོང་བར་དོགས་སམ་དབང་པོ་བརྟུལ་བ་ཆོས་ཐོས་པས་སྐྲག་པ་སྐྱེས་པ་ལོག་ལྟ་སྐྱེས་སུ་དོགས་པས། མ་བཤད་པ་རྣམས་ལ་ཉེས་པ་མེད་དོ། །སྦྱིན་པ་དང་འགལ་བ་བསྟན་ཏོ། །ཚུལ་ཁྲིམས་དང་འགལ་བ་ལ་གསུམ་སྟེ།

གཞན་དོན་གཙོ་བོར་གྱུར་པ་དང་འགལ་བ། རང་དོན་གཙོ་བོར་གྱུར་པ་དང་འགལ་བ། གཉིས་ཀ་ཆ་མཉམ་པ་ལས་ཉམས་པའོ། །དང་པོ་ལ་བཞི་ལས། སྡོམ་པ་ཉམས་པ་འདོར་བ་ནི། ཚུལ་ཁྲིམས་འཆལ་བ་ཡལ་བར་དོར་ཞེས་ཏེ། བྱང་ཆུབ་སེམས་དཔའ་གཞན་ཚུལ་ཁྲིམས་འཆལ་བ་རྣམས་སུ་ཀུན་ནས་མནར་སེམས་སམ། ཁྲོ་བ་དང་ལྡན་ནམ་ཁྱད་གསོད་ལས་ཡལ་བར་འདོར་ན། ཉོན་མོངས་པ་ཅན་དང་ལེ་ལོའམ་བརྗེད་པ་ཁྱད་དུ་བསད་པས་ཉོན་མོངས་པ་མེད་པའི་ཉེས་པར་འགྱུར་རོ། །དེ་ཡང་འདི་ལྟར་བྱང་ཆུབ་སེམས་དཔའ་ནི། སེམས་ཅན་ཚུལ་ཁྲིམས་འཆལ་བ་ལ་སོགས་པ་སྡུག་བསྔལ་ཅན་དང་། དེའི་རྒྱུ་ལ་གནས་པ་རྣམས་ལ་སྙིང་རྗེ་སྐྱེ་བའི་སྤྱོད་པ་ཞི་བ་དང་ལྡན་པ་རྣམས་ལ་ནི་དེ་ལྟར་མ་ཡིན་པའི་ཕྱིར་དང་། སེམས་འབྲུལ་ལམ། ཐབས་དེས་འདུལ་ལམ། གཞན་མང་བའི་སེམས་བསྲུང་ངམ། དགེ་འདུན་གྱི་ནང་ཁྲིམས་བསྲུང་བ་རྣམས་ལ་ཉེས་པ་མེད་དོ། །བཅས་ལྡན་མོང་བ་ལས་མདའ་བ་ན། ཕ་རོལ་དང་ཕྱིར་སློབ་མི་བྱེད། །ཅེས་ཏེ། བྱང་ཆུབ་སེམས་དཔའ་ནི་བཅོམ་ལྡན་འདས་ཀྱིས་གཞན་གྱི་སེམས་བསྲུང་བའི་ཕྱིར། མ་དད་པ་རྣམས་དད་པར་བྱ་བ་དང་། དད་པ་རྣམས་ཕྱིར་ཞིང་དད་པའི་ཕྱིར། སོ་སོ་ཐར་པའི་འདུལ་བ་ལས་འབྱུང་བ་བཞིན་སློབ་སྟེ། ཉོན་མོངས་རྣམས་ནི་རང་དོན་དུ་ཟད་ན། དེ་བས་བྱང་ཆུབ་སེམས་དཔའ་ནི་གཞན་དོན་དུ་ཆེས་དད་པར་བྱ་བ་ལ་བསླབ་དགོས། །ཀུན་སློང་གི་བྱེ་བྲག་གིས་ཉོན་མོངས་པ་དང་ཉོན་མོངས་པ་མེད་པའི་ལྟུང་བར་འགྱུར་རོ། །ན་བ་ལ་སོགས་པ་ལ་ཉེས་པ་མེད་དེ་སྔ་མ་བཞིན་ནོ། །

ཐུན་མོང་མིན་པ་ལ་མདའ་བ་ནི། སེམས་ཅན་དོན་ལ་བྱ་བ་ཆུང་ཞེས་ཏེ། །བྱང་ཆུབ་སེམས་དཔའ་གཞན་དོན་དུ་གོས་དང་ནོར་ལ་སོགས་པའི་རྙེད་པ་མང་པོ་ཉེ་དུར་མོང་བ་ལ་སོགས་པ་ལས་མི་ལེན་ཏེ། ཉན་ཐོས་བཞིན་དུ་དོན་ཞུང་བ་དང་བྱ་བ་ཞུང་བ་ལས་བསླབ་ན། ཀུན་ནས་མནར་སེམས་ལ་སོགས་པས་བསླངས་ནས་ཉོན་མོངས་པ་ཅན་དང་། ལེ་ལོ་ལ་སོགས་པས་བསླངས་ན་ཉོན་མོངས་པ་མེད་པའི་ཉེས་པར་འགྱུར་རོ། །ན་བ་དང་ཤེས་པ་རྣལ་དུ་མི་གནས་པ་ལ་ཉེས་པ་མེད་དོ། །གཞན་ལ་ཉེས་པ་མེད་པ་རྣམས་ནི། གསེར་ལ་སོགས་པ་ལེན་མི་བྱེད་དང་མཚུངས་སོ། །གཞན་དོན་དུ་རང་བཞིན་གྱི་ཁ་ན་མ་ཐོ་བ་ལས་མདའ་མི་ནུས་པ། སྙིང་བརྩེར་བཅས་ན་མི་དགེ་མེད་ཅེས་ཏེ། བྱང་ཆུབ་སེམས་དཔའ་རང་བཞིན་གྱི་ཁ་ན་མ་ཐོ་བ་དང་བཅས་པའི་ཁ་ན་མ་ཐོ་བ་ལ། གཞན་དོན་དུ་འགྱུར་ན་མཁས་པས་དེ་དག་ཀུན་ཏུ་སྤྱད་དོ། །ཉེས་པར་མི་འགྱུར་ལ་བསོད་ནམས་ཀྱང་མང་དུ་འཕེལ་བར་འགྱུར་ཏེ། སྡོམ་པ་སྒྲིར་བསྟན་པའི་སྐབས་སུ་བསྟན་པ་བཞིན་རྒྱས་པར་ཤེས་པར་བྱའོ། །རྣམ་པར་སྨྲོ་བར་བྱའོ། །གཉིས་པ་ལ་གསུམ་ལས། དང་པོ་ལོག་པར་འཚོ་བ་ནི། འཚོ་བ་ལོག་པ་དང་དུ་ལེན་

ཞེས་པ་སྟེ། བྱང་ཆུབ་སེམས་དཔའ་རང་བཞིན་དུ་གནས་པས་ཚུལ་འཆོས་དང་། ཁ་བསག་དང་གཞོག་སློང་དང་ཐོབ་ཀྱིས་འཇལ་བ་དང་། རྙེད་པས་རྙེད་པ་འཚོལ་བའོ། །དེ་ལ་དང་པོ་ནི། མ་དུལ་བ་དུལ་བར་འཆོས་པའོ། །གཉིས་པ་ནི་ངག་འཇམ་པོས་བྲིད་པའོ། །གསུམ་པ་ནི་དངོས་སུ་སློང་བའི་ཚིག་མ་བརྗོད་པར། དངོས་པོ་བདག་ལ་འཁོར་བར་བརྗོད་པའོ། །བཞི་པ་ནི་ཆེ་གེ་མོས་བདག་ལ་འདི་ལྟ་བུ་བྱིན་ཏེ་དེ་ལའང་བདག་གི་ཕན་པར་བྱས་སོ་ཞེས་བརྗོད་པའོ། །ལྔ་པ་ནི་ཡོངས་སྤྱོད་ཆུང་བ་བཏང་ནས་ཡོངས་སྤྱོད་ཆེ་བ་འདོད་པ་སྟེ། ཐམས་ཅད་ལའང་འདོད་པའི་སེམས་དང་ལྡན་པ་ཡིན་ལ་དེ་ལ་འཛེམ་པ་མེད་ཅིང་སེལ་བར་མི་བྱེད་ན་ཉོན་མོངས་པ་ཅན་གྱི་ཉེས་པར་འགྱུར་རོ། །དེ་བསལ་བའི་ཕྱིར་འདུན་པ་བསྐྱེད་ཀྱང་ཉོན་མོངས་པ་ཤས་ཆེ་བས་སྤྱོད་ན་ཉེས་པ་མེད་དོ། །གཉིས་པ་སྤྱོད་ལམ་ལས་ཉམས་པ་ནི། འཕྱར་དང་རབ་ཏུ་དགོད་ལ་སོགས་ཞེས་པ་སྟེ། བྱང་ཆུབ་སེམས་དཔའ་རྣམ་པར་མི་ཞི་བར་རྒོད་ཅིང་བཙལ་ལ་བདག་གཞན་གཡེངས་པར་བྱེད་ན་ཉོན་མོངས་པ་ཅན་དང་། བརྗེད་པས་བྱས་ན་ཉོན་མོངས་པ་མེད་པའི་ཉེས་པའོ། །གསལ་བར་བྱ་བའི་ཕྱིར་འདུན་པ་བསྐྱེད་ཀྱང་ཉོན་མོངས་པ་ཤས་ཆེ་བས་སྤྱོད་པ་དང་། གཞན་གྱི་མནར་སེམས་བསལ་བའི་ཕྱིར་དང་། གཞན་གྱི་མྱ་ངན་བསལ་བའི་ཕྱིར་གཞན་དེ་ལ་དགའ་བས་བསྟུ་བར་བྱ་བའམ། བྱང་ཆུབ་སེམས་དཔའ་ལ་མི་དགར་དགོས་པའི་སེམས་བསྲུང་བ་ལ་སོགས་པའི་ཉེས་པ་མེད་དོ། །གསུམ་པ་སྲིད་པའི་རོ་ལ་སྐྲམ་པ་ནི། འཁོར་བ་གཅིག་ཏུ་བགྲོད་པར་བྱེད་ཅེས་ཏེ། བྱང་ཆུབ་སེམས་དཔའ་རང་བཞིན་དུ་གནས་པས། གཞན་ལ་བྱང་ཆུབ་སེམས་དཔའ་ནི་བསྐལ་པ་གྲངས་མེད་གསུམ་དུ་འཁོར་བར་གནས་པར་བྱ། ཉོན་མོངས་པ་ལ་མི་སྐྲག་ཅིང་། མྱ་ངན་ལས་འདས་པ་ལ་དགའ་བར་མི་བྱའོ། །ཞེ་སྡིང་ཐག་པ་ནས་སྨོན་ཅིང་བདག་སྤྱོད་ན་ཉོན་མོངས་པ་ཅན་གྱི་ཉེས་པའོ། །འདི་ལྟར་ཉན་ཐོས་བདག་གཅིག་པུ་གྲོལ་བར་འདོད་པ་ཡང་མྱ་ངན་ལས་འདས་པ་ལ་དགའ་ན། བྱང་ཆུབ་སེམས་དཔའ་སེམས་ཅན་གྲོལ་བར་འདོད་པའི་བློ་གྲོས་ཅན་ཉན་ཐོས་པས་བྱེ་བ་འབུམ་འགྱུར་བས་འཁོར་བ་ན་གནས་བཞིན་དུ་མྱ་ངན་ལས་འདས་པ་ལ་སྐྱོ་བར་བྱ་དགོས་སོ། །དེ་དག་གི་དོན་ལེགས་པར་རྟོགས་པར་བྱའོ། །གསུམ་པ་ལ་གཉིས་ལས། དང་པོ་རང་གི་སྤྱགས་པ་བསྲུང་བ་ནི། གྲགས་པ་མ་ཡིན་མི་སྤྱོང་བ་ཞེས་ཏེ། བྱང་ཆུབ་སེམས་དཔས་གཞན་གྱི་ཡིད་དང་མི་འགལ་བ་སྤྱོང་དགོས་ཏེ། བྱང་ཆུབ་སེམས་དཔའ་རང་བཞིན་དུ་གནས་པ་ལ་གཞན་གྱི་རང་ལ་མི་སྙན་པ་དང་གཏམ་ངན་པར་གྱུར་པ་ལ་སོགས་པ་མི་འཛེམས་ན་ཉེས་པ་སྟེ། བདག་ལ་ལུས་ངག་གི་སྤྱོད་པ་མ་རངས་ལ་མ་ཞི་བའི་ཉེས་པ་ལ་བརྟེན་ཏེ། སྒྲིག་པ་ལ་མི་འཛེམས་ནས་ཁྲེལ་མེད་པས་བསླངས་ན་ཉོན་མོངས་པ་ཅན་གྱི་ཉེས་པར་འགྱུར་རོ། །ཉེས་པ་མེད་པར་ངན་པར་སྒྲོག་ཅིང་དེ་སྤང་

ཐབས་མེད་ན་མི་སྣན་པར་སྒྲོག་པའི་འཇིག་རྟེན་པ་ལ་ཐབས་ཀྱིས་བདག་ལ་ཉེས་པ་མེད་པར་ཡིད་ཆེས་པར་མ་བྱས་ན་ཉོན་མོངས་པ་མེད་པའི་ཉེས་པའོ། །སྨྱུ་རྫིགས་བྱེད་པ་དག་ལ་སྟང་བས་སྐྲག་གམ། བརྡ་སྤྲད་ཀྱང་ཡིད་ཆེས་པའི་སེམས་མེད་དམ། རབ་ཏུ་བྱུང་བ་འཚོ་བས་ཕོངས་ཏེ་རབ་ཏུ་ཞི་འམ། སོ་ནམ་པ་ནི་སྒྲུང་པོ་བཞིན་ཞི་འམ། དགེ་བ་བྱེད་པ་ཉིད་ལ་མ་དད་པའམ། བླ་མའི་ངག་ཉན་པ་ལས་སམ། ལ་ལ་འཕྲུལ་དུ་ཁྲིམས་ཉེན་ནམ། གཞན་སེམས་འཁྲུལ་བས་སླུས་པ་རྣམས་སྤྲངས་པ་ལ། ཉེས་པ་མེད་དོ། །

གཉིས་པ་གཞན་འཛིན་པ་སྤྱོར་བ་རྒྱུབ་མོས་སྐྲག་པ་ནི། ཉོན་མོངས་བཅས་དང་འཚོས་མི་བྱེད། ཅེས་ཏེ། བྱང་ཆུབ་སེམས་དཔའ་རང་བཞིན་དུ་གནས་པས། གཞན་ལ་ཐབས་དྲག་པོས་མ་འོངས་པའི་ཕན་བདེ་ཐུར་པ་མཐོང་བཞིན་དུ་དེ་ལ་ཡིད་མི་དགའ་བར་འགྱུར་དུ་དོགས་པ་བསྲུངས་པས་ཐབས་དེ་མི་བྱེད་ན། ཉོན་མོངས་ཅན་གྱི་ཉེས་པའོ། །བདག་ལ་སྡུག་བསྔལ་ཆེ་ཞིང་། ཕ་རོལ་པོ་ལ་ཕན་པ་ཆུང་ན་མ་སྤྱད་པ་ལ་ཉེས་པ་མེད་དོ། །

ཚུལ་ཁྲིམས་དང་འགལ་བའི་རྒྱུ་བསྟན་ཟིན་ཏོ། །བཟོད་པ་དང་འགལ་བ་ལ་གསུམ་སྟེ། དང་པོ་བཟོད་པའི་རྒྱུ་ལ་མི་སློབ་པ་ནི། གཤེ་ལ་ལན་དུ་གཤེ་ལ་སོགས། །ཞེས་ཏེ། བྱང་ཆུབ་སེམས་དཔའ་རང་བཞིན་དུ་གནས་པས། གཤེ་བ་ལ་ཕྱིར་གཤེ། ཁྲོ་བ་ལན་དུ་ཁྲོ་བའོ། །བརྡེག་པ་ལ་ལན་བརྡེག་པ་མཚང་འབྲུ་བ་ལ་ལན་དུ་མཚང་འབྲུ་ན་ཉོན་མོངས་པ་ཅན་གྱི་ཉེས་པའོ། །སྤྱི་དོན་གཉིས་པ་ཁྲོ་བའི་རྒྱུ་མི་འགོག་པ་ལ་གཉིས་ལས། རང་གིས་མི་འགོག་པ་ནི། ཁྲོས་པ་རྣམས་ནི་ཡལ་བར་འདོར། ཅེས་ཏེ། བྱང་ཆུབ་སེམས་དཔའ་བཞིན་དུ་གནས་པ་ལ་གཞན་ཞེ་སྡང་ན་ཉེས་པ་བྱས་ཀྱང་རུང་། མ་བྱས་ཀྱང་རུང་སྟེ། ཤད་ཀྱིས་མ་སྦྱངས་ཉོན་མོངས་པ་ཅན་གྱི་ཉེས་པའོ། །ལེ་ལོའམ་བག་མེད་པས་མ་སྦྱངས་ན་ཉོན་མོངས་པ་མེད་པའི་ཉེས་པའོ། །སྨྱུ་རྫིགས་ཅན་ནམ། ཐབས་དེས་འདུལ་ལམ། རུང་བ་མ་ཡིན་པའི་སྤྱོད་པས་སྦྱངས་པར་འདོད་པ་མ་ཡིན་པ་དང་། རང་བཞིན་གྱི་འཐབ་ཁྲོལ་ཅན་ཤད་ཀྱིས་སྦྱངས་པས་ཤེད་སྐྱེ་འམ། ཕ་རོལ་པོ་བཟོད་པ་ཅན་ཁྲོ་བ་མེད་དུ་རེ་བ་ཡིན་ནམ། ཤད་ཀྱིས་སྦྱངས་པས་ཕ་རོལ་པོ་ངོ་ཚ་བ་ཡིན་ན་ཉེས་པ་མེད་དེ།

གཉིས་པ་གཞན་གྱི་མི་འགོག་པ་ནི། ཕ་རོལ་ཤད་ཀྱི་ཆགས་པ་སྤོང་ཞེས་ཏེ། བྱང་ཆུབ་སེམས་དཔའ་རང་བཞིན་གྱི་གནས་པ་ལ་གཞན་ཉེས་པ་འབྱུང་བ་དག་ཆོས་དང་མཐུན་པས་བཤད་པ་བྱེད་ཀྱང་ཁྲོ་བའི་སེམས་སམ། མཐོ་ཙམ་པའི་སེམས་ཀྱིས་མི་ཉན་ན་ཉོན་མོངས་པ་ཅན་གྱི་ཉེས་པའོ། །མནར་སེམས་ཀྱང་མི་བཟོད་པ་མིན་ན། ཉོན་མོངས་པ་མེད་པའི་ཉེས་པའོ། །ཐབས་དེས་འདུལ་ལམ། ཆོས་བཞིན་མ་ཡིན་པ་དང་། དུས་མ་ཡིན་པར་ཡིན་ན་ཉེས་པ་མེད་དོ། །གསུམ་པ་གཉེན་པོ་ལ་མི་འབད་པ་ནི། ཁྲོ་བའི་སེམས་ཀྱི་རྗེས་འཇུག

ཅི་སྟེ། བྱང་ཆུབ་སེམས་དཔའ་གཞན་ཁྲོ་བའི་བསམ་པ་བྱུང་ཞིང་འཛིན་ལ་བརྟན་པས་དང་ལེན་པ་སྤྱང་བའི་འདུན་པ་མི་སྐྱེ་ན་ཉོན་མོངས་པ་ཅན་གྱི་ཉེས་པའོ། །སྤྱང་བའི་ཕྱིར་མདུན་པ་བསྐྱེད་ཅིང་སྦྱོད་ན་ཉེས་པ་མེད་དོ། །བཟོད་པ་དང་འགལ་བ་བཞིན་བསྟན་ཟིན་ཏོ། །བརྩོན་འགྲུས་དང་འགལ་བ་གསུམ་གྱི་དང་པོ་ལུས་ཀྱི་ལས་དམན་པ་དོར་བ་ནི། རྙེད་བསྐུར་འདོད་ཅིང་འཁོར་རྣམས་བསྡུད། ཅེས་ཏེ། བྱང་ཆུབ་སེམས་དཔའ་རང་བཞིན་དུ་གནས་པས་རིམ་འགྲོ་ལ་སོགས་པ་ལ་ཞེན་ཏེ། ཟང་ཟིང་དང་བཅས་པའི་སེམས་ཀྱིས་འཁོར་བསྡུད་ན་ཉོན་མོངས་ཅན་གྱི་ཉེས་པའོ། །ཟང་ཟིང་མེད་པའི་བསམ་པས་རིམ་གྲོ་བདག་གིར་བྱེད་པ་ལ་ཉེས་པ་མེད་དོ། །འདི་ལུས་ཀྱི་འགྱུར་བ་ནི་བསྙེན་བསྐུར་ལ་སོགས་ལུས་ཀྱི་ལེན་པའི་ཕྱིར་རོ། །

གཉིས་པ་སེམས་ཀྱི་དམན་པ་དོར་བ་ནི་ལེ་ལོ་ལ་སོགས་སེལ་མི་བྱེད། །ཅེས་ཏེ། བྱང་ཆུབ་སེམས་དཔའ་རང་བཞིན་དུ་གནས་པས་ལེ་ལོ་ནི་སེམས་དགེ་བ་ལ་གཡེལ་བའོ། །སོགས་པ་ནི་སྙོམས་ལ་སོགས་པ་སྟེ། དེ་ནི་ལེ་ལོ་ལ་དད་ཅིང་ནན་ཏན་བྱེད་པའོ། །གཉིད་དང་ཉལ་བ་དང་། གློས་འབེབས་པའི་བདེ་བ་དུས་མ་ཡིན་པ་དང་། ཚོད་མེད་པར་བདག་གིར་བྱེད་ན་ཉོན་མོངས་པ་དང་བཅས་པའི་ཉེས་པའོ། །ན་བ་དང་ལམ་གྱི་དུབ་པ་དང་། དེ་སྤྱང་བའི་ཕྱིར། འདུན་པ་བསྐྱེད་བཞིན་དུ་སྐྱོད་པ་རྣམས་པ་མེད་དོ། །གསུམ་པ་ངག་གི་དམན་པ་འདོར་བ་ནི། ཆགས་པས་བྲེལ་མོའི་གཏམ་ལ་ཞེན། ཞེས་ཏེ། བྱང་ཆུབ་སེམས་དཔའ་རང་བཞིན་དུ་གནས་པས་འདུ་འཛིའི་གཏམ་ལ་ཀུན་ཏུ་ཆགས་པའི་སེམས་ཀྱིས་དུས་དུག་ཏུ་ཆ་ཡོལ་བར་བྱེད་ན། ཉོན་མོངས་དང་བཅས་པའི་ཉེས་པའོ། །བརྗེད་པས་ཡོལ་ན་ཉོན་མོངས་པ་མེད་པའི་ཉེས་པའོ། ཕ་རོལ་འདུ་འཛིའི་གཏམ་སྨྲ་བ་ལ་དྲན་པ་དང་ལྡན་པས་ཅུང་ཟད་ཉན་ནམ། ངོ་མཚར་དུ་འཛིན་པ་སྟེ། འདྲི་བའི་ལན་འདེབས་པའམ། གཞན་འདུལ་བའི་ཕྱིར་ཡིན་ན། ཉེས་པ་མེད་དོ། །བརྩོན་འགྲུས་དང་འགལ་བ་གསུམ་བསྟན་ཟིན་ཏོ། །བསམ་གཏན་དང་འགལ་བ་གསུམ་གྱི་སྦྱོར་བའི་ཉེས་པ་ནི། ཏིང་ངེ་འཛིན་གྱི་དོན་མི་འཚོལ་ཞེས་ཏེ། བྱང་ཆུབ་སེམས་དཔའ་རང་བཞིན་དུ་གནས་པས་སེམས་མཉམ་པར་འཇོག་པར་འདོད་ལ། བདག་གིས་མི་ཤེས་པས་མན་ངག་དང་ལྡན་པའི་སྐྱེ་བོ་ལ་མནར་སེམས་སམ་ང་རྒྱལ་གྱིས་ནོད་དུ་མི་འགྲོ་ན་ཉོན་མོངས་པ་ཅན་གྱི་ཉེས་པ་དང་། ལེ་ལོས་མི་འགྲོ་བ་ཉོན་མོངས་པ་མེད་པའི་ཉེས་པའོ། །ན་བའམ་ཡང་དག་ལོག་པ་བྱུང་དུ་དོགས་ན་བདག་ཅེས་པ་དང་ལྡན་པས་མང་དག་ཤེས་སམ། སེམས་མཉམ་པར་འཇོག་ནུས་པ་རྣམས་ལ་ཉེས་པ་མེད་དོ། །གཉིས་པ་དངོས་གཞིའི་ཉེས་པ་ནི། བསམ་གཏན་སྒྲིབ་པ་སྤོང་མི་བྱེད་ཅེས་ཏེ། བྱང་ཆུབ་སེམས་དཔའ་རང་བཞིན་དུ་གནས་པས་འདོད་པའི་འདུན་པ་དང་གནོད་སེམས་དང་རྒོད་པ་དང་འགྱོད་པ་དང་། རྨུགས་དང་

གཉིད་དང་། ཐེ་ཚོམ་སེལ་བར་མི་བྱེད་ན། ཉོན་མོངས་པ་ཅན་གྱི་ཉེས་པའོ། །དེ་སྤང་བའི་ཕྱིར་མདུན་པ་བསྐྱེད་ཀྱང་སྤྱོད་ན་ཉེས་པའོ། །གསུམ་པ་རྗེས་ཀྱི་ཉེས་པ་མེད་པ་ནི། བསམ་གཏན་རོ་མ་ཡོན་ཏན་ལྟ་ཅེས་ཏེ། འདི་བསམ་གཏན་གྱིས་ཐོབ་པ་རྣམས་ལ་མི་འབྱུང་ངེ། བསམ་གཏན་གྱི་དགའ་བ་མེད་པའི་ཕྱིར་རོ། །བྱང་ཆུབ་སེམས་དཔའ་བསམ་གཏན་ཅན་རང་བཞིན་དུ་གནས་པས་བསམ་གཏན་གྱི་རོ་མྱང་བར་བྱེད་ཅིང་། ཡོན་ཏན་དུ་བལྟ་ན་ཉོན་མོངས་པ་ཅན་གྱི་ཉེས་པའོ། །སྤང་བའི་ཕྱིར་མདུན་པ་བསྐྱེད་བཞིན་དུ་སྤྱད་ན་ཉེས་པ་མེད་དོ། །བསམ་གཏན་དང་འགལ་བ་གསུམ་བསྟན་ཟིན་ཏོ། །ཤེས་རབ་དང་འགལ་བ་ལ་གཉིས། ཡུལ་དམན་པ་དང་འབྲེལ་བ་དང་། ཡུལ་དམ་པ་དང་འབྲེལ་བའོ། །དང་པོ་ལ་བཞི་ལས། ཐེག་པ་དམན་པའི་དོན་སྤོང་བ་ནི། ཉན་ཐོས་ཐེག་པ་སྤོང་བར་བྱེད་ཅེས་ཏེ། བྱང་ཆུབ་སེམས་དཔའ་རང་བཞིན་དུ་གནས་པ་ཉན་ཐོས་ཀྱི་ཐེག་པ་དང་ལྡན་པའི་ཆོས་མི་བྱ། བཟུང་བ་དང་བསྒྲུབ་པར་མི་བྱའོ། །ཞེས་སྨྲ་ན་ཉོན་མོངས་པ་ཅན་གྱི་ཉེས་པའོ། །དེ་ཡང་བྱང་ཆུབ་སེམས་དཔའ་ནི་མུ་སྟེགས་ཀྱི་ཆོས་ལ་ཡང་བརྩོན་པར་བྱ་དགོས་ན། སངས་རྒྱས་ཀྱི་གསུང་ལྟ་ཅི་སྨོས་གཞན་དེ་གཙོ་བོར་སྤྱོད་པའི་འདུན་པ་བཟློག་ན་ཉེས་པ་མེད་དོ། །

གཉིས་པ་གཞུང་ལ་བརྟེན་པ་ནི། རང་ཚུལ་ཡོད་བཞིན་དེ་ལ་བརྩོན། །ཅེས་ཏེ། བྱང་ཆུབ་སེམས་དཔའ་རང་བཞིན་དུ་གནས་པས་བྱང་ཆུབ་སེམས་དཔའི་སྡེ་སྣོད་ཡོད་བཞིན་དུ་དེ་ཡལ་བར་དོར་ནས་ཉན་ཐོས་ཀྱི་སྡེ་སྣོད་ལ་བརྩོན་པར་བྱེད་ན་ཉོན་མོངས་པ་ཅན་གྱི་ཉེས་པའོ། །ཉན་ཐོས་རྣམས་དྲང་བའི་ཕྱིར་ན་ཉེས་པ་མེད་དོ། །གསུམ་པ་ཕྱི་རོལ་བའི་གཞུང་ལ་རྟེན་པ་ནི། བརྩོན་མིན་ཕྱི་རོལ་བསྟན་བཅོས་བརྩམས། །ཞེས་ཏེ། བྱང་ཆུབ་སེམས་དཔའ་རང་བཞིན་དུ་གནས་པ་སངས་རྒྱས་པའི་གསུང་རབ་ཡོད་བཞིན་དུ་དོར་ནས་ཕྱི་རོལ་མུ་སྟེགས་བྱེད་ཀྱི་བསྟན་བཅོས་ལ་བརྩོན་ན་ཉོན་མོངས་པ་ཅན་གྱི་ཉེས་པའོ། །ཕྱི་རོལ་བའི་གཞུང་དཔེ་ལོབས་སྐྱེན་པ་དང་། ཡིད་གཞུངས་པ་མི་བརྗེད་པར་ནུས་པའི་གྲོགས་སུ་འགྱུར་ཞིང་སངས་རྒྱས་ཀྱི་གསུང་རབ་ལ་རིགས་པའི་རྟོགས་པ་དང་ལྡན་པས་བློ་མི་འགྱུར་བ་དང་ལྡན་ན་ཉི་མའི་སུམ་ཆ་རེ་ཕྱི་རོལ་བའི་ལྟ་ན་ཉེས་པ་མེད་དོ། །བཞི་པ་དོན་ལ་སྟོན་པ་ནི། བརྩོན་པར་བྱས་ཀྱང་དེ་ལ་དགའ། །ཞེས་ཏེ། བྱང་ཆུབ་སེམས་དཔའ་རང་བཞིན་དུ་གནས་པས་མུ་སྟེགས་ཀྱི་གཙུག་ལག་ལ་མཁས་པར་གྱུར་ཀྱང་དེ་ལ་དད་པར་མི་བྱ་སྟེ། དེ་ཉིད་སུན་ཕྱུང་བས་གཞན་ལ་ཕན་པའི་ཕྱིར་སློབ་ཀྱི། ལམ་དུ་མི་བྱ། དཔེར་ན་ནད་པ་ལ་ཕན་པའི་ཕྱིར་སྨན་ཚ་བསྟེན་པ་དང་། དེའི་རོ་ལ་ཆགས་པར་མི་བྱེད་པ་བཞིན་ནོ། །དེ་ལ་མངོན་པར་དགའ་བས་དང་དུ་ལེན་ན་ཉོན་མོངས་པ་ཅན་གྱི་ཉེས་པའོ། །གཞན་དུ་སྤྱོད་པ་ཉེས་པ་མེད་པ་སྔ་མ་བཞིན་ནོ། །སྤྱི་དོན་གཉིས་པ་ཡུལ་དམ་པ་དང་

འབྲེལ་བ་ལ་གསུམ་གྱི། དང་པོ་ཤེས་རབ་ཀྱི་ཡུལ་སྤྱོང་བ་ནི། ཐེག་པ་ཆེན་པོ་སྤྱོང་བར་བྱེད་ཅེས་ཏེ། བྱང་ཆུབ་སེམས་དཔའ་རང་བཞིན་དུ་གནས་པས་བྱང་ཆུབ་སེམས་པའི་སྡེ་སྣོད་ལས་རང་གི་རྟོགས་པར་མི་འགྱུར་བའོ། ། དེ་ཁོ་ན་ཉིད་ལ། སྟོང་གསུམ་ཡུངས་འབྲུར་ཆུད་པ་ལ་སོགས་པ་མཐུའི་ཁྱད་པར་ཟབ་པ་དང་རྒྱ་ཆེ་བ་ལས། མ་མོས་སམ། རང་གཞན་གྱི་པང་ལ་བརྒྱུགས་ནས་བསྐུར་བ་འདེབས་ན་ཉོན་མོངས་པ་ཅན་གྱི་ཉེས་པའོ། །འདི་རྩ་ལྟུང་དང་ཁྱད་པར་ཅི་ཡོད་ཅེ་ན། སྔར་ནི་ཐེག་པ་ཆེན་པོ་མཐའ་དག་སྤོང་བའམ། དམ་ཆོས་འདྲར་སྣང་སྟོན་པ་དང་མཚུངས་པ་ཡིན་ལ་འདིར་ནི་དམ་ཆོས་འདྲར་སྣང་སྟོན་པའོ། །དེ་ལ་དེ་བཞིན་གཤེགས་པ་ནི་ཆོས་ཀྱི་སྤྱི་ཡིན་ཞིང་བདག་ནི་ལོང་བ་ལྟ་བུ་སྙམ་དུ་བསམས་ཏེ། དད་པ་བསྐྱེད་ཅིང་ཞུགས་ན་དམ་པའོ། །དེ་ལྟར་ཤེས་པ་མོས་པ་མེད་པར་བྱེད་ཀྱང་བསྐུར་བ་མི་འདེབས་ན་ཉེས་པ་མེད་དོ་གཉིས་པ་འབྲས་བུ་ལ་ལོག་པར་བསླུབ་པ་ནི། བདག་ལ་བསྟོད་ཅིང་གཞན་ལ་སྨོད། ཅེས་ཏེ། བྱང་ཆུབ་སེམས་དཔའ་རང་བཞིན་དུ་གནས་པས་ཟང་ཟིང་དང་བཅས་ཁོང་ཁྲོའི་སེམས་ཀྱིས་བདག་ལ་བསྟོད་ཅིང་གཞན་ལ་སྨོད་ན་ཉོན་མོངས་པ་ཅན་གྱི་ཉེས་པའོ། །འདིར་སྔར་གྱི་ཕམ་པ་དང་ཁྱད་པར་ཅི་ཡོད་སྙམ་ན། སྔར་གྱི་ནི་རྙེད་བཀུར་ལ་ལྷག་པར་ཆགས་པས་བླང་བ་ཡིན་ལ། འདི་ནི་ཁྲོ་བའམ་ཟང་ཟིང་བཅས་པས་ཀུན་ནས་བླང་བ་ཡིན་ནོ། བསྟན་པ་གནས་པར་འདོད་པའི་ཕྱིར། མུ་སྟེགས་ཅན་ཟིལ་གྱིས་མནོན་པར་འདོད་དམ། །ཐབས་དེས་གཞན་འདུལ་ལམ། སེམས་ཅན་གྱི་དད་པ་འཕེལ་བར་བྱ་བའི་ཕྱིར་ཡིན་པ་རྣམས་ལ་ཉེས་པ་མེད་དོ། །

གསུམ་པ་རྒྱུ་ལས་ཉམས་པ་ལ་གཉིས་ལས། དང་པོ་ཐོབ་པའི་རྒྱུ་ལ་མི་འཇུག་པ་ནི། ཆོས་ཀྱི་དོན་དུ་འགྲོ་མི་བྱེད། །ཅེས་ཏེ། བྱང་ཆུབ་སེམས་དཔའ་རང་བཞིན་དུ་གནས་པས། གཞན་འབྲེལ་བའི་གཏན་ལ་འབེབས་པ་ལ། ང་རྒྱལ་ལམ་མནར་སེམས་སམ། ཁྲོ་བའི་སེམས་ཀྱིས་མི་ཉན་ཅིང་མི་འགྲོ་ན། ཉོན་མོངས་པ་ཅན་ནམ། དོན་བྱེད་པ་གཞན་ཡོད་དུ་རེ་བ་རྣམས་ལ་ཉེས་པ་མེད་དོ། །སྡུག་བསྔལ་སྤྱི་མི་སེལ་བ་ནི། སྡུག་བསྔལ་སེལ་བར་མི་བྱེད་པ་ཞེས་ཏེ། སེམས་ཅན་སྡུག་བསྔལ་ཅན་གྱི་སྡུག་བསྔལ་སེལ་བར་བྱེད་པ་སྟེ། ཉེས་པ་དང་བཅས་པ་དང་། ཉེས་པ་མེད་པ་རྣམས་ནི་ནད་པ་བཞིན་ནོ། །འོན་སྤྱི་ཉིད་སློས་པས་བཏུབ་མོད། སྔར་གྱི་བྱེ་བྲག་སློས་མི་དགོས་སྙམ་ན། ནད་པ་ནི་སྡུག་བསྔལ་གྱི་གཙོ་བོ་གལ་ཆེ་བས་སློས་སོ། །སྡུག་བསྔལ་གྱི་རྒྱུ་མི་སེལ་བ་ནི་བག་མེད་པ་ལ་རིག་མི་སྟོན། ཞེས་པས་ཏེ། བྱང་ཆུབ་སེམས་དཔའ་རང་བཞིན་དུ་གནས་པས་གཞན་ཚེ་འདིའམ། ཕྱི་མའི་ཚུལ་མ་ཡིན་པར་ཞུགས་པ་མཐོང་ན། དེ་ལ་རིག་པར་བསྟན་པར་བྱ་བ་ལས། ཀུན་ལས་མནར་སེམས་སམ། ཁྲོ་བས་རིགས་པ་མ་བསྟན་ན། ཉོན་མོངས་པ་ཅན་དང་སྙོམ་ལས་དང་ལེ་ལོས་མ་བསྟན་ན།

ཉོན་མོངས་པ་མེད་པའི་ཉེས་པའོ། །བདག་གིས་མི་ཤེས་མི་ནུས་ན་ཉེས་པ་མེད་དོ། །གཞན་ནུས་པ་ལ་བཅོལ་ལམ། དེ་ཉིད་ཀྱིས་ནུས་སམ། དགེ་བའི་བཤེས་གཉེན་གྱིས་ཟིན་ནམ། ཐབས་དེས་འདུལ་ལམ། བསྟན་པའི་ཡུལ་དེ་ཀ་ལོ་མི་བདེ་བས་ལོག་པར་འཛིན་པ་དང་། དགའ་ཞིང་གུས་པ་མེད་པས་དམུ་རྒོད་ཀྱི་རང་བཞིན་ཅན་ཡིན་པ་རྣམས་ལ་ཉེས་པ་མེད་དོ། །དོན་བྱ་བའི་ཁྱད་པར་དང་འབྲེལ་བ་ལ་གཉིས། ཕན་མི་འདོགས་པའི་ཉེས་པ་དང་། ཚར་མི་གཅོད་པའི་ཉེས་པའོ། །དང་པོ་ལ་དྲུག་གོ། །དང་པོར་དཔའ་རང་བཞིན་དུ་གནས་པས་སེམས་ཅན་གྲོགས་གཞན་བྱེད་པ་མེད་པ་ཆོས་དང་མཐུན་པ་བསོད་ནམས་ཀྱི་གྲོགས་བྱ་བའམ། བྱ་བ་བསྒྲུ་པ་ལ་སོགས་པ་མནར་སེམས་སམ། ཁྲོ་བའི་སེམས་ཀྱིས་གྲོགས་མི་བྱེད་ན། ཉོན་མོངས་པ་ཅན་གྱི་ཉེས་པ་དང་། སྙོམས་ལས་སམ་ལེ་ལོས་མི་བྱེད་ན། ཉོན་མོངས་པ་མེད་པའི་ཉེས་པའོ། །ན་བ་དང་གྲོགས་གཞན་བྱེད་པ་ཡོད་དམ། ཆོས་དང་མི་མཐུན་པའི་བྱ་བ་བྱེད་དམ། ཐབས་དེས་འདུལ་ལམ་གཞན་ལ་སྤྱར་ཁས་བླངས་སམ། ནུས་པ་གཞན་ལ་བཅོལ་ལམ། དུས་རྟག་ཏུ་དགེ་བ་ལ་བརྩོན་ནམ་རང་གི་ཡིད་བརྟུལ་བས་ལུང་འབོགས་མི་ནུས་སམ། གཞན་མང་པོའི་སེམས་སྲུང་ངམ། དགེ་འདུན་གྱི་ནང་ཁྲིམས་བཅས་པ་རྣམས་ལ་ཉེས་པ་མེད་དོ། །གཉིས་པ་གནོད་པ་མི་སེལ་བ་ལ་གཉིས་ལས། སྡུག་བསྔལ་མི་སེལ་བའོ། །དང་པོ་ནི། ནད་པའི་རིམ་གྲོ་བྱ་བའོ། །

ཞེས་པ་སྟེ། བྱང་ཆུབ་སེམས་དཔའ་རང་བཞིན་དུ་གནས་པས་ནད་ཀྱི་ཐེབས་པ་དང་འཕྲད་ནས། སྡང་བའམ་མནར་སེམས་ཀྱིས་རིམ་གྲོ་མི་བྱེད་ན་ཉོང་མོངས་པ་ཅན་གྱི་ཉེས་པ་དང་། སྙོམ་ལས་སམ་ལེ་ལོས་མི་བྱེད་ན་ཉོན་མོངས་པ་མེད་པའི་ཉེས་པའོ། །རང་ཉིད་ནའམ། ཕ་རོལ་ནུས་པ་གཞན་ལ་བཅོལ་ལམ་ནད་པ་མགོན་དང་བཅས་པའམ། ནད་པ་རང་གི་བྱ་བ་མ་ནུས་སམ། །ནད་ཡུན་རིང་པོ་ཙམ་འདུག་གམ། དགེ་བའི་ཕྱག་ཆེན་ལ་བརྩོན་ཏེ་དེ་བར་ཆད་དུ་འགྱུར་བ་བསྲུང་ངམ། གཞན་ལ་སྤྱར་ཁས་བླངས་ཀྱི་ཉེས་པའོ། །སྙོམ་ལས་སམ། ལེ་ལོས་མི་སྤྱོང་ན་ཉོན་མོངས་པ་མེད་པའི་ཉེས་པའོ། །མ་རྟོར་བ་དང་ན་བ་དང་ལོག་པར་སྟོན་དུ་དོགས་སམ། ཆོས་སྨྲ་བ་གཞན་གྱི་སེམས་སྲུང་ངམ། བདག་ཐོས་པ་ཆོས་ཉིད་ཡིན། བསམ་གཏན་ལ་རྩེ་གཅིག་ཏུ་བརྩོན་པ་ཅན་ཡིན་ནམ། བློ་བརྟུལ་བས་འཛིན་མི་ནུས་པ་རྣམས་ལ་ཉེས་པ་མེད་དོ། །གཉིས་པ་ཐོས་ཡུལ་ལ་ལོག་པར་སྨྲུབ་པ་ནི། དེ་ལ་སྨྲོད་ཅིང་ཡི་གེ་བརྗེན། །ཞེས་ཏེ། བྱང་ཆུབ་སེམས་དཔའ་རང་བཞིན་དུ་གནས་པས་ཆོས་སྨྲ་བའི་གང་ཟག་ལ་དེར་འདུ་ཤེས་བཞིན་དུ་ཁྱད་དུ་གསོད་ཅིང་བསྐུར་སྟེ་མི་བྱེད་ལ་འཕྱ་ཞིང་། ཡིད་ཆེས་པར་མི་བྱེད་ཅིང་། ལུས་ངག་གི་སྤྱོད་པ་མ་གུས་པ་ལ་ཚིག་འབྲུ་ལ་རྟེན་པ་སྟེ། ཚིག་ཟུར་ཆགས་པ་དང་། ཚིག་འབྲེལ་བ་དང་མ་འབྲེལ་བའི་རྗེས་སུ་རྟོག་པའོ། །ཁ་ཅིག་ན་རེ་ཚིག་འབྲུ་ཙམ་འཆད་ཅིང་། དོན་འཆད་པར་མི་བྱེད་དོ་ཞེས་སྨྲ་བ་ལ་

བྱའོ། །ཞེས་ཟེར་རོ། གང་ལྟར་ཡང་ཆོས་ལ་གུས་པ་མེད་པའོ། །ཁ་ཅིག་ན་རེ་རང་ཉིད་ཚིག་འབྲུ་ལ་རྟེན་གྱི་དོན་ལ་མ་རྟེན་པའོ། །ཞེས་ཟེར་རོ། །ཤེས་རབ་དང་འགལ་བ་བརྒྱད་བསྟན་ཟིན་ཏོ། །དགེ་བ་ཆོས་སྡུད་དང་འགལ་བའི་སུམ་ཅུ་སོ་བཞི་བསྟན་ཟིན་ཏོ། །སེམས་ཅན་དོན་བྱེད་དང་འགལ་བ་གཉིས། །དོན་བྱ་བའི་སྤྱི་དང་འབྲེལ་བ་དང་། དེ་བྱ་བའི་ཁྱད་པར་དང་འབྲེལ་བའོ། །དང་པོ་ལ་གཉིས། དོན་མི་སྒྲུབ་པ་དང་། གནོད་པ་མི་སེལ་བའོ། །དང་པོ་ནི། དགོས་པའི་གྲོགས་སུ་འགྲོ་མི་བྱེད་ཅེས་ཏེ། བྱང་ཆུབ་སེམས་སྔར་རང་ལ་ཕན་བཏགས་པ་ནི། བྱས་ལ་ལན་དུ་ཕན་མི་འདོགས། །ཞེས་པ་སྟེ། བྱང་ཆུབ་སེམས་དཔའ་ལ་སྔར་ཕན་འདོགས་པ་རྣམས་ལ་བྱས་པ་མི་བཟོ་ན། མནར་སེམས་ཀྱིས་ནི་ཉོན་མོངས་པ་ཅན་དང་། སྙོམ་ལས་དང་ལེ་ལོས་ནི་ཉོན་མོངས་པ་མེད་པའི་ཉེས་པའོ། །བསྒྲིམས་བཞིན་མ་ལྡོགས་ན་ཉེས་པ་མེད་དོ། །ཐབས་དེས་འདུལ་ལམ་དེ་ཉིད་ལན་དུ་ཕན་མི་འདོགས་ན་དེ་རྣམས་ལ་ཉེས་པ་མེད་དོ། །

གཉིས་པ་ཡིད་མི་བདེ་བ་དང་འབྲེལ་བ་ནི། གཞན་གྱི་མྱ་ངན་བསལ་མི་བྱེད། །ཅེས་པ་བྱང་ཆུབ་སེམས་དཔའ་རང་བཞིན་དུ་གནས་པས། སེམས་ཅན་གང་ཉེ་དུའམ་ལོངས་སྤྱོད་ལས་ཉམས་པ་མྱ་ངན་ལས་མནར་སེམས་སམ། ཁྲོ་བས་མྱ་ངན་མི་ལེན་ན་ཉོན་མོངས་པ་ཅན་དང་། ལེ་ལོ་དང་སྙོམས་ལས་ཀྱིས་མི་ལེན་ན་ཉོན་མོངས་པ་མེད་པའི་ཉེས་པའོ། །ཉེས་པ་མེད་པ་ནི་ནད་པའི་རིམ་གྲོའི་སྐབས་སུ་བསྟན་པ་བཞིན་ནོ། །གསུམ་པ་བཀྲེན་པ་ནི། ནོར་འདོད་པ་ལ་སྦྱིན་མི་བྱེད། །ཅེས་པ་སྟེ། བྱང་ཆུབ་སེམས་དཔའ་རང་བཞིན་དུ་གནས་པས་ཟས་སྐོམ་དང་ནོར་འདོད་རྣམས་ལ་མནར་སེམས་སམ། ཁོང་ཁྲོས་མི་སྟེར་ན་ཉོན་མོངས་པ་མེད་པའི་ཉེས་པའོ། །ལོངས་སྤྱོད་མེད་དམ་དགེ་སློང་ཚང་སློང་བ་ལྟ་བུ་མི་རུང་བ་དང་། ནད་པ་མི་འཕྲོད་པ་སློང་བ་དང་། ཐབས་དེས་འདུལ་ལམ། བྱིན་པས་རྒྱལ་པོ་མི་དགའམ། དགེ་འདུན་གྱིས་ནང་ཁྲིམས་བཅས་པ་རྣམས་ལ་ཉེས་པ་མེད་དོ། བཞི་པ་རང་གི་འཁོར་དང་འབྲེལ་བ་ནི། འཁོར་རྣམས་ཀྱིས་ནི་དོན་མི་བྱེད།། ཅེས་པ་སྟེ། བྱང་ཆུབ་སེམས་དཔའ་རང་བཞིན་དུ་གནས་པས་འཁོར་བསྡུས་ལ། མནར་སེམས་སམ་ཁོང་ཁྲོས་འཁྲིས་ལ་ཆོས་ཡོ་བྱད་ཀྱིས་ཅི་རིགས་པར་ཕན་མ་འདོགས་ན་ཉོན་མོངས་པ་ཅན་དང་། ལེ་ལོའི་སྙོམ་ལས་ཀྱིས་མི་བྱེད་ན་ཉོན་མོངས་པ་མེད་པའོ། །ཐབས་དེའི་ལམ། དགེ་འདུན་གྱི་ནང་ཁྲིམས་བསྲུང་ངམ། ན་སྟེ་མི་ནུས་སམ། ནུས་པ་གཞན་མ་བཅོལ་ལམ་འཁོར་བསོད་ནམས་ཆེའམ། ཕ་རོལ་པོ་ཆོས་ཤེས་ཤིང་ཆོས་གོ་བ་ལ་སོགས་པ་འཚོལ་ནུས་སམ། གདམས་ངག་བདག་ལ་ལོངས་སྤྱོད་མེད་དམ། མུ་སྟེགས་བྱེད་ཆོས་རྐུར་འོངས་སམ། དེས་འདུལ་བའི་སྐབས་མེད་པར་རང་བཞིན་ཅན་རྣམས་ལ་ཉེས་པ་མེད་དོ། །ལྔ་པ་ཕྱོགས་གཅིག་ཏུ་འགྲོགས་པ་ནི། གཞན་གྱི་བློ་དང་མི་འཐུན་མི་འཇུག །

ཅེས་པ། བྱང་ཆུབ་སེམས་དཔའ་རང་བཞིན་དུ་གནས་པས་མནར་སེམས་སམ། ཁོང་ཁྲོ་བས་གཞན་གྱི་བློ་དང་མཐུན་པར་མི་བྱེད་ན། ཉོན་མོངས་པ་ཅན་དང་། སྙོམ་ལས་སམ་ལེ་ལོས་མི་བྱེད་ཉོན་མོངས་མེད་པའི་ཉེས་པའོ། །ན་བ་འམ། དགེ་འདུན་གྱི་ནང་ཁྲིམས་བསྲུང་ངམ་གཞན་མང་པོའི་སེམས་བསྲུང་ངམ། མུ་སྟེགས་ཅན་ཚར་གཅོད་དམ། ཐབས་དེས་འདུལ་ལམ། མཐུན་པར་བྱེད་པ་དེ་ཉིད་དང་མི་མཐུན་པར་འགྱུར་དུ་དོགས་པ་རྣམས་ལ་ཉེས་པ་མེད་དོ། །དྲུག་པ་ཡོན་ཏན་དང་ལྡན་པ་ལ་ལོག་པར་བསྒྲུབ་པ་ནི། །ཡོན་ཏན་བསྔགས་པར་སྨྲ་མི་བྱེད། །ཅེས་པ། བྱང་ཆུབ་སེམས་དཔའ་རང་བཞིན་དུ་གནས་པས། གཞན་ཡོན་ཏན་དང་ལྡན་པའི་བསྔགས་པའམ། ཡོན་ཏན་མི་བརྗོད་པ་མནར་སེམས་ཡིན་ཉོན་མོངས་པ་ཅན་དང་། ལེ་ལོའམ་སྙོམ་ལས་ཀྱིས་མི་བརྗོད་ན། ཉོན་མོངས་པ་མེད་པའི་ཉེས་པའོ། །རང་བཞིན་གྱི་འདོད་པ་ཆུང་བས་དཔགས་ནས་དང་མཐུན་པས་མ་བརྗོད་དམ། ནའམ། ཐབས་དེས་འདུལ་ལམ། དགེ་འདུན་གྱི་ནང་ཁྲིམས་བསྲུང་ངམ། ཡོན་ཏན་བརྗོད་པས་ཕ་རོལ་པོ་ང་རྒྱལ་སྐྱེས་སུ་དོགས་སམ། དེའི་ཡོན་ཏན་རྣམས་བཅས་པ་ཡིན་ནམ་སྙམ་དུ་དགོས་སམ། མུ་སྟེགས་ཅན་ཚར་བཅད་དམ། གཞན་གྱི་གཏམ་རྫོགས་རྫོགས་སུ་བསྡད་དེ་སྐབས་ལ་མ་བབ་པ་རྣམས་སུ་བརྗོད་ན་ཉེས་པ་མེད་དོ། །ཚར་མི་གཅོད་པའི་ཉེས་པ་གཉིས་ཀྱི་དང་པོ། ཆོས་མིན་སྤྱོད་པ་ཚར་མི་གཅོད་པ་ནི། རྐྱེན་དུ་འཚམས་པར་ཚར་མི་སྤྱོད་ཅེས། བྱང་ཆུབ་སེམས་དཔའ་རང་བཞིན་དུ་གནས་པས་སེམས་ཅན་ལོག་པ་ལ་ཞུགས་པ་དེ་དག་མ་བཞག་པས། ཆོད་པ་འདི་ལྟ་བུས་དེ་དག་བར་ཆུད་པར་འགྱུར་བ་བསམ་སྟེ། སྙིང་བབ་པའི་རིགས་སམ། ཆད་པས་གཅད་པའི་རིགས་སམ། གནས་པའི་རིགས་སམ། གསུམ་པོ་གང་ལ་གང་དགོས་པ་མི་སྤྱོར་བ། མནར་སེམས་ཀྱིས་ཡིན་ན་ཉོན་མོངས་པ་ཅན་དང་། ལེ་ལོའམ་སྙོམ་ལས་ཀྱི་ཡོན་ཏན་ཉོན་མོངས་མེད་པའི་ཉེས་པའོ། །བཅོས་སུ་མི་རུང་བ་བཀའ་བློ་མི་བདེ་བས་ཏེ། སླར་ཁྲོ་བ་འཕེལ་བ་ཅན་ཡིན་ནམ། ཅུང་ཞིག་གམ། དུས་ལ་བྲོད་དམ། བཅོས་པས་སླར་ཁྲོ་བ་འམ། རྩོད་པ་འཕེལ་དུ་དོགས་སམ། དགེ་འདུན་འཁྲུག་ཅིང་དབྱེ་བར་འགྱུར་རམ། སེམས་ཅན་དེ་དག་གཡོ་དང་ལྡན་པ་ངོ་ཚ་དང་ཁྲེལ་ཡོད་ཅན་ཞིག་སྟེ། མྱུར་བར་མཐུན་པར་འགྱུར་ན་དེ་དག་ལ་ཉེས་པ་མེད་དོ། །བསྟན་པ་ལ་ཞེ་འགྲས་པ་དབང་དུ་མི་བྱེད་པ་ནི། རྫུ་འཕྲུལ་སྡིག་ལ་སོགས་མི་བྱེད་ཅེས་པ། བྱང་ཆུབ་སེམས་དཔའ་རང་བཞིན་དུ་གནས་པ། རྫུ་འཕྲུལ་དང་ལྡན་པས་མུ་སྟེགས་ཅན་བསྟན་པ་ལ་འདུན་པ་བསྐྱེད་པའི་རིགས་སམ། བསམ་གཏན་ལ་ཞུགས་པ་ཚུལ་ཁྲིམས་ཉམས་པ་དད་པས་བྱིན་པ་བླངས་པ་དེ་ཉིད་ཀྱི་དོན་དུ་མི་འགྱུར་བས། ད་བསྐད་པར་བྱས་ལ་དད་པས་བྱིན་པས་སྤོང་དུ་ཞུགས་ཅིང་། དེ་གཉིས་ཀ་ཡང་བསྡུས་ནས་ཡང་དག་པ་ལ་འཛུད་པར་བྱ་བ་ཡིན་པ་ལས། དེ་མི་བྱེད་ཉོན་མོངས་པ་ཅན་གྱི་ཉེས་པའོ། །

ཉེས་པ་མེད་པ་ནམ་མུ་སྟེགས་ཅན་འཕགས་པ་ལ་བསྐུར་བ་འདེབས་པ་དག འདི་ནི་འཕགས་པའི་རྫུ་འཕྲུལ་མ་ཡིན་ཏེ། རྫས་སམ་སྔགས་ཀྱིས་མིག་ལམ་སྒྱུ་མ་ཡིན་ནོ། །ཞེས་ལོག་པར་འཛིན་པ་དག་གིས་དུང་དུ་མ་བྱས་ཀྱང་ཉེས་པ་མེད་དོ། །ཐམས་ཅད་ལ་ཡང་ཉེས་པ་མེད་པའི་ཐུན་གྱིས་ཡན་ལག་སེམས་འཁྲུལ་བ་དང་། སྡུག་བསྔལ་གྱི་ཚོར་བ་དྲག་པོས་ཉེན་པ་དང་། སྡོམ་པ་ནོས་པ་རྣམས་ལ་ཉེས་པ་མེད་དོ། །སེམས་ཅན་དོན་བྱེད་དང་འགལ་བ་བཅུ་གཉིས་བསྟན་ཟིན་ཏོ། །ཉེས་བྱས་ཀྱི་རིགས་གང་ཡིན་པ་དེ། བཞི་བཅུ་རྩ་དྲུག་པོ་དེ་བསྟན་ཟིན་ཏོ། །ད་ནི་ཉེས་པ་མེད་པའི་གནས་སྐབས་སྡོམ་པ་རྣམས་ཀྱི་དོན་བསྡུས་ཏེ་བསྟན་པ་ནི། སྙིང་རྗེ་ལྡན་ཞིང་བྱམས་ཕྱིར་དང་། །སེམས་དགེ་བ་ལ་ཉེས་པ་མེད། །ཅེས་གསུངས་ཏེ། བྱང་ཆུབ་སེམས་དཔའ་འབྱུང་པོ་དེ་དག་དུས་དང་རྣམ་པ་ཐམས་ཅད་དུ། ཉེས་པར་འགྱུར་བ་གཅིག་ཀྱང་མེད་དེ། སེམས་ཅན་ལ་སྙིང་རྗེ་ཆེན་པོ་དང་ལྡན་པ་དག བྱམས་པ་དང་ལྡན་པས། ཚེ་འདིའི་རང་གི་བསམ་པ་ཙུང་ཟད་ཀྱང་མེད་པ་རྣམས་ལ་ནི། ཉེས་པ་བསྟན་པ་རྣམས་ལས་ཉེས་པ་གང་གིས་ཀྱང་ཉེས་པར་མི་འགྱུར་རོ། །བཅོམ་ལྡན་འདས་ཀྱིས་ཀྱང་། ཉེ་བ་འཁོར་གྱི་ཞུས་པ་ལས། བྱང་ཆུབ་སེམས་དཔའི་ཉེས་པ་ནི་ཕལ་ཆེར་ཞེ་སྡང་ལས་འབྱུང་གི །འདོད་ཆགས་ལས་འབྱུང་བ་ནི་མ་ཡིན་པར་ཤེས་པར་བྱའོ། །ཞེས་གསུངས་པ་ཡང་བྱམས་པ་དང་སྙིང་རྗེ་ལ་དགོངས་ཏེ་བཀའ་བསྩལ་བ་ཡིན་ནོ། ། འདི་དག་གི་དོན་དུ་ནི་སྡོམ་པ་བསྡུས་ཏེ་བསྟན་པའི་སྐབས་སུ་སྔར་བསྟན་ཟིན་ཏོ། །དེ་ལྟར་བྱང་ཆུབ་སེམས་དཔའ་ཉོན་མོངས་པ་ཆེན་པོ་དང་། འབྲིང་དང་ཆུང་དུ་ལས་འབྱུང་བ་ལ་ཤེས་པར་བྱ། ཉོན་མོངས་པ་དང་བཅས་པ་དང་། ཉོན་མོངས་པ་མེད་པའི་ཤེས་པ་ཡང་ཤེས་པར་བྱས་ན། ཐོག་མར་ཉེས་པ་མི་འབྱུང་བར་བྱ། བྱུང་ན་ཆོས་བཞིན་སླར་བསླར་བར་བཅོས་པར་བྱའོ། །ཉེས་པ་མེད་པ་རྣམས་ཀྱང་ཤེས་པ་བྱའོ། །ཉེས་པ་མེད་པའི་གནས་སྐབས་དང་། དོན་བསྡུས་ཏེ་བསྟན་པ་ཡང་བསྟན་ཟིན་ཏོ། །རྩ་བའི་གསུམ་པ་ནི། བྱང་ཆུབ་སེམས་དཔའི་སྡོམ་པ་ཉི་ཤུ་པ་སློབ་དཔོན་ཆེན་པོ་ཙནྡྲ་གོ་མིས་མཛད་པ་རྫོགས་སོ། །དེ་དག་གིས་སེམས་ཙམ་པའི་ལུགས་ཀྱི་སེམས་བསྐྱེད་པའི་རྩ་བའི་ལྟུང་བ་ཉེས་བྱས་དང་བཅས་པ་རྒྱས་པར་བསྟན་ཟིན་ཏོ། །དབུ་མ་པའི་ལུགས་ཀྱི་སྤང་བྱ་རྩ་ལྟུང་ནི། འཕགས་པ་ནམ་མཁའི་སྙིང་པོའི་མདོའི་རྗེས་སུ་འབྲངས་ནས། རྒྱལ་པོ་ལ་འབྱུང་བ་ལྔ། བློན་པོ་ལ་འབྱུང་བ་ལྔ། ཕལ་བ་ལ་འབྱུང་བ་འབྱུང་བ་བརྒྱད། ཐུན་མོང་དུ་ཐབས་ལ་མཁས་པའི་མདོའི་རྗེས་སུ་འབྲངས་ནས་སྨོན་སེམས་གཏོང་བ་དང་བཅུ་དགུར་བཞེད། དེ་ཉིད་ཧེན་གྱི་དབང་དུ་བྱས་པ་ཡིན་ལ། རྫས་ཀྱི་དབང་དུ་བྱས་ནས་བསྡུ་ན་རྒྱལ་བློན་གྱི་དང་པོ་བཞི་རྫས་གཅིག་ཡིན་ཞིང་། རྒྱལ་པོ་ལ་ལོག་ལྟ་འཛིན་པ་དང་། བློན་པོ་ལ་གྲོང་འཇོམས་པ་སྟེ་གཉིས་པོ་དེ་རྫས་དྲུག་ཡིན་ནོ། །ཕལ་པའི་བརྒྱད་དེ་

ཐུས་བཅུ་བཞི། ཐབས་ལ་མཁས་པའི་མདོ་ནས་བཤད་པའི་སྨོན་སེམས་གཏོང་བ་དང་ཐུས་བཅོ་ལྔ་ཡིན་ནོ། །འོན་རྒྱལ་པོ་ལ་ལོག་ལྟ་འཛིན་པ་དང་། བློན་པོ་ལ་གྲོང་འཇོམས་པ་རྒྱལ་བློན་གྱི་ཐུན་མོང་མ་ཡིན་པར་བཤད་པས་ལས་དང་པོ་པ་ལ་ལྟུང་བར་མི་འགྱུར་རམ་ཞེ་ན། དེ་གཉིས་ལ་རྒྱལ་བློན་གྱི་ཐུན་མོང་མ་ཡིན་པར་བཤད་པ་ནི། རྟེན་དེ་དག་ལ་འབྱུང་ཉེ་བས་འཛེམས་པ་བསྐྱེད་པའི་ཕྱིར་སྨོས་པ་ཡིན། ལས་དང་པོ་པ་ལ་མ་སྨོས་ཀྱང་ལྟུང་བ་ཡིན་ཏེ། བསླབ་བཏུས་ལས། གང་དུ་གང་དག་ལ་མང་དུ་བྱུང་བ་དེ་དག་ལ་དེ་རང་གི་མིང་ནས་སྨོས་ཏེ། བསྟན་པའི་འཛིགས་པ་བསྐྱེད་པའི་ཕྱིར་ཞློག་གོ། །ཐམས་ཅད་ཀྱིས་ཀྱང་ཕན་ཚུན་ལྟུང་བ་ཐམས་ཅད་སྤང་བར་བྱའོ། །ཞེས་གསུངས་པའི་ཕྱིར། བོད་ཀྱི་དགེ་བཤེས་ཁ་ཅིག སེམས་བསྐྱེད་པའི་ཆོ་ག་ལ་བྱང་ཆུབ་བཟང་པོ་དང་། ཨ་བྷྱ་ཡ་ཀ་ར་ས་སྨོན་པ་ལེན་པའི་ཆོ་ག་ཤིང་རྟ་ཆེན་པོ་གཉིས་ཀྱི་ཆོ་ག་ཐ་དད་པར་མཛད་པ་དང་། ལམ་སྒྲོན་གྱི་འགྲེལ་བར་ཡང་། ཇོ་བོས་མཛད་པའི་སེམས་བསྐྱེད་དང་སྨོན་པའི་ཆོ་ག་ནི། ཀླུ་སྒྲུབ་དང་། ཐོགས་མེད་དང་། ཞི་བ་ལྷའི་ལུགས་ཡིན་པར་གསུངས་སོ། །འདི་ནི་མི་འཐད་དེ། འོན་སློབ་དཔོན་བྱང་ཆུབ་བཟང་པོ་དང་། ཨ་བྷྱ་ཡ་ཀ་ར་རྣམ་པ་ཐམས་ཅད་དུ་ཚད་མར་བྱེད་དམ་མི་བྱེད། མི་བྱེད་ན་འདིའི་སྐབས་སུ་ཚད་མ་ཡིན་པའི་སྒྲུབ་བྱེད་ཅི་ཡོད། རྣམ་པ་ཐམས་ཅད་དུ་ཚད་མར་བྱེད་ན། འོན་ཤེས་བྱ་ཆོས་ཅན། ཀུན་བཀྲིས་ལ་སྟར་གྱི་ཡན་ལག་བཞིའི་སྟེང་དུ་གཞན་གྱི་གསོལ་བ་བཏབ་པས་མི་ལྡོག་པ་མནན་པ་འཐད་པར་ཐལ། བྱང་ཆུབ་བཟང་པོས་དེ་ལྟར་བཤད་པའི་ཕྱིར། འདོད་མི་ནུས་ཏེ། ཁྱེད་རང་གི་ཚུལ་ཁྲིམས་ལེའུའི་འགྲེལ་པར། འཐད་སྙམ་པ་མི་སྣང་སྟེ། འགྲེལ་བྱེད་རེས་ཡན་ལག་མནན་པ་བཞིན་བྱེད་ན། ཡན་ལག་གི་མཚམས་བཟུང་བ་མེད་པའི་ཕྱིར། མ་སླུས་སམ། རྟགས་ཁས་བླངས་ཏེ། སློབ་དཔོན་བྱང་ཆུབ་བཟང་པོས་སྨོན་པ་ཉི་ཤུ་པའི་འགྲེལ་པར་སྟར་གྱི་ཡན་ལག་བཞིའི་སྟེང་དུ་གཞན་གྱི་གསོལ་བ་བཏབ་པས་མི་ལྡོག་པ་མནན་པས་ལྟ་ཚང་ན་ཀུན་བཀྲིས་ཆེན་པོ་དང་། གསོལ་བ་བཏབ་པས་ལྡོག་ན་འབྲིང་དང་། གསོལ་བ་བཏབ་པ་ལ་མ་ལྟོས་པར་རང་སྟོབས་ཀྱིས་སླར་བར་ལྡོག་ན་ཆུང་དུར་བཤད། ཅེས་གསུངས་པའི་ཕྱིར། འཁོར་གསུམ་ཁས་བླངས་སོ། །གཞན་ཡང་ཤེས་བྱ་ཆོས་ཅན། ཟག་པ་ཆུང་འབྲིང་གི་ལྟུང་བ་དང་། ཉེས་བྱས་གཞན་རྣམས་ཕྱིར་བཅོས་པའི་ཚུལ་མི་མཚུངས་པར་ཐལ། བྱང་ཆུབ་བཟང་པོས་དེ་ལྟར་བཤད་པའི་ཕྱིར། འདོད་མི་ནུས་ཏེ། ཁྱེད་ཀྱིས་འདིའི་འགྲེལ་པ་གསར་མའི་ལུགས་སུ་འབྲིན་པར་སྣང་ངོ་། །འདི་ནི་འཐད་པར་མ་མཐོང་སྟེ། བྱང་ས་ལས། ཀུན་ནས་བཀྲིས་པ་ཆུང་ངུས་ཕམ་པའི་གནས་ལྟ་བུའི་ཆོས་འབྱུང་བ་དང་། དེ་ལས་གཞན་པའི་ཉེས་པ་རྣམས་ནི་གཅིག་གི་མདུན་དུ་བཤགས་པར་རིག་པར་བྱའོ། །གང་གི་མདུན་དུ་བཤགས་པར་བྱ་བའི་གང་ཟག་མཐུན་པ་མེད་ན། བྱང་ཆུབ

སེམས་དཔའ་བསམ་པ་ཐག་ནས་ཕྱིན་ཆད་མི་བྱ་བར་སེམས་བསྐྱེད་པར་བྱ་ཞིང་། ཕྱིན་ཆད་ཀྱང་བསྡམས་པར་བྱའོ། །དེ་ལྟར་བྱས་ན། ཉེས་པ་དེ་ལས་བྱུང་ཞེས་བྱའོ། །ཞེས་ཟག་པ་ཆུང་ངུའི་ཕྱིར་བཅོས་ཉེས་བྱས་གཞན་རྣམས་དང་འདྲ་བར་ཤིན་ཏུ་གསལ་བར་གསུངས་ལ། དེ་སྟུང་ན་ཟག་པ་འབྲིང་གི་ལྟུང་བ་ལ་ཡང་རིགས་པ་ཤིན་ཏུ་མཚུངས་ཏེ། བྱང་ས་ལས། བདག་སེམས་བཞིན་གྱི་སྒྲ་དངོས་སུ་མེད་ཀྱང་། གཅིག་གི་མདུན་དུ་བཤགས་ན་འདག་པ་བཞིན་དུ། དེ་མེད་པ་ན་རང་གི་སེམས་ལ་སྡོམ་པས་འདག་པར་གསུངས་པ་དོན་ཡོད་པའི་ཕྱིར། ཞེས་བྱང་ཆུབ་བཟང་པོས་མ་བཀག་གམ། རྟགས་ནི། སློབ་དཔོན་བྱང་ཆུབ་བཟང་པོས་ཟག་པ་ཆུང་འབྲིང་གི་ལྟུང་བ་དང་ཉེས་བྱས་གཞན་རྣམས་ཕྱིར་འཆོས་པའི་ཚུལ་གཏན་མི་འཚུངས་སྟེ། འདི་ལྟར་ཆུང་འབྲིང་གཉིས་ནི། གནས་དེ་ར་གསུམ་དང་གཅིག་མ་རྙེད་ཀྱང་གཞན་དུ་འཚོལ་དགོས་ལ་ཉེས་བྱས་ལ་ནི་གནས་དེ་ར་གང་ཟག་གཅིག་མ་རྙེད་ཀྱང་གཞན་དུ་འཚོལ་མི་དགོས་ཏེ། རང་གི་སེམས་ལ་སྡོམ་པའི་སྒོ་ནས་ལྡང་བའི་ཕྱིར་མ་ངེས་ལ། སྔ་མ་གཉིས་ནི་ངེས་པའོ། །དེ་ལྟ་མ་ཡིན་ན་གསུམ་ལ་ངེས་པ་དང་། གཅིག་གི་མདུན་དུ་ཞེས་ཡུལ་སོ་སོར་ངེས་པ་བཤད་པ་མི་རིགས་པས་གསུམ་ལས་ཉུང་བ་ལ། བཤགས་ཀྱང་མི་འདག་ན། བསྡམས་པས་འདག་པའི་གོ་སྐབས་ག་ལ་ཡོད། བདག་སེམས་བཞིན་ཞེས་བྱང་ས་ལས་མ་གསུངས་པས།

དེ་ལྟར་འདོད་པ་ནི། ལོག་པར་འདོན་པའོ། །ཉོན་མོངས་མི་མོངས་བདག་སེམས་ལའོ། །ཞེས་བྱའོ། ། བྱང་ས་ལས་ཀྱང་། འབྲིང་དང་ཆུང་ངུའི་ལྟུང་བ་ལ་ཡང་གསུམ་དང་། གཅིག་གི་མདུན་དུ་ཞེས་པ་དང་། ལྟུང་བ་གཞན་ལ་མཐུན་པའི་གང་ཟག་མེད་ན་སེམས་ཀྱིས་བསྡམས་པར་གསུངས་སོ། །ཞེས་གསུངས་པའི་ཕྱིར། འཁོར་གསུམ་མོ། །གཞན་ཡང་། ཤེས་བྱ་ཆོས་ཅན། ནམ་མཁའི་སྙིང་པོའི་མདོ་ལས། དཀོན་མཆོག་གསུམ་གྱི་དཀོར་འཕྲོག་པ་ལ་སོགས་པ་རྩ་ལྟུང་དུ་གསུངས་པ་རྣམས་རྩ་ལྟུང་མ་ཡིན་པར་ཐལ། བྱང་ཆུབ་བཟང་པོས་དེ་ལྟར་བཤད་པའི་ཕྱིར། འདོད་མི་ནུས་ཏེ། ཁྱད་པར་རང་གི་འགྲེལ་བ་གསར་མའི་ལུགས་དེ་ནི། འཐད་པར་མཐོང་སྟེ། མདོའི་དོན་འགྲེལ་བ་ལ་ཚད་མར་གྱུར་པའི་ཤིང་རྟ་ཆེན་པོ་ཞི་བ་ལྷའི་ལུགས་དང་འགལ་བར་གནང་བའི་ཕྱིར་རོ། །ཞེས་སོགས་ཀྱིས་བྱང་ཆུབ་བཟང་པོས་བཀག་ནས་རྩ་ལྟུང་ཁས་བླངས་པའི་ཕྱིར་རོ། །རྟགས་ནི། སློབ་དཔོན་བྱང་བཟང་གིས་ནམ་མཁའི་སྙིང་པོའི་མདོ་ལས། རྩ་ལྟུང་དུ་གསུངས་པ་རྣམས་རྩ་ལྟུང་མ་ཡིན་པའི་སྒྲུབ་བྱེད་ཡིན་པ་ལ་གནོད་བྱེད་གཉིས་ཀྱིས་འཆད་དོ། །དེ་ལ་སྒྲུབ་བྱེད་ནི། དེ་རྣམས་སྡོམ་པ་འཇིག་པའི་རྒྱུ་མིན་པའི་ཕྱིར་ཏེ། མདོ་དེ་ཉིད་ལས། རྩ་བའི་ལྟུང་བ་དེ་དག་དང་ལྡན་ན། རྒྱལ་རིགས་སྤྱི་པོ་ནས་དབང་བསྐུར་བ་སྔོན་བསྐྱེད་པའི་དགེ་བའི་རྩ་བ་ཐམས་ཅད་འཇིག་པར་བྱེད་ཅིང་། ལྷ་དང་མིའི་བདེ་བ་རྣམས་ལ་ཕམ་པར

འགྱུར། ངན་སོང་དུ་འགྲོ་བར་འགྱུར་རོ། །ཞེས་སྡོམ་པ་མ་བླངས་པའི་སྔར་བསྙེན་པའི་དགེ་རྩ་ལྷ་མིའི་བདེ་བ་ཕྲན་ཚེགས་པ་གཅོད་པའི་རྒྱུར་གསུངས་པའི་ཕྱིར་རོ། །གནོད་བྱེད་ནི། གལ་ཏེ་སྡོམ་པ་བླང་བ་ལ་ཡང་ལྟུང་བ་འདི་རྣམས་སྡོམ་པ་འཇིག་པའི་རྒྱུ་ཡིན་པས་ཕམ་པ་ཡིན་ན་ནི་དེའི་སྡོམ་ལྡན་གྱི་བྱང་སེམས་ལ་ཕམ་པའི་ལྟུང་བ་འདི་རྣམས་ལས་གང་རུང་བྱུང་བས་རྒྱུད་པ་གཏོང་ན་ཐམས་ཅད་ཀྱིས་ལྷ་ཙེ་སློས་ཞེས་རྒྱུ་མཚན་དང་བཅས་པ་བྱང་སེམས་ཀྱི་སོ་སོར་ཐར་པའི་མ་མོ་བྱང་སར་གསུངས་དགོས་ན་མ་གསུངས་པའི་ཕྱིར། ཞེས་བཤད་པའི་ཕྱིར། གཞན་ཡང་། ཤེས་བྱ་ཆོས་ཅན། བྱང་སར་གསུངས་པའི་རྩ་ལྟུང་བཞི་པོ་ཉིད་ཀྱིས། ནམ་སྙིང་གི་མདོར་གསུངས་པའི་རྩ་ལྟུང་རྣམས་བསྡུས་པར་ཐལ། ཨ་བྷྱ་ཀ་རས་དེ་ལྟར་གསུངས་པའི་ཕྱིར། འདོད་ན། ཁྱེད་ཀྱི་ཨ་བྷྱ་ཀ་རས་བསླབ་བཏུས་ནས་གསུངས་པ་རྣམས་རྩ་ལྟུང་དུ་བཞེད་པ་ལེགས་ཀྱང་། བྱང་སར་བཤད་པའི་བཞི་པོས་བསྡུས་པར་འདོད་པ་ཕལ་ཆེ་བ་ལ་ཡིད་བརྟན་མི་རུང་བར་སྣང་ངོ། ཞེས་སྨྲས་པ་དང་འགལ་ལོ། །འོན་ནམ་མཁའི་སྙིང་པོའི་མདོ་ནས་བཤད་པའི་རྩ་བའི་ལྟུང་བ་རྣམས་གང་ཞེ་ན། འདི་ལ་རྒྱལ་པོ་དང་བློན་པོ་ལ་སོ་སོར་ངེས་པ་དང་། ལས་དང་པོ་པ་ལ་སོ་སོར་ངེས་པའོ། །དང་པོ་ལ་གཉིས་ཏེ། རྒྱལ་པོ་ལ་ངེས་པའི་ལྟུང་བ་དང་། བློན་པོ་ལ་ངེས་པའི་ལྟུང་བའོ། །དང་པོ་ལ་གསུམ་སྟེ། གྲངས་དང་། ཉེས་པ་དང་། སོ་སོའི་རང་བཞིན་ནོ། །དང་པོ་ནི། གཞན་ཡང་མདོ་སྡེ་དག་ལས་གནོད་པ་ཆེན་པོ་དག་གསུངས་ཏེ། འཕགས་པ་ནམ་མཁའི་སྙིང་པོའི་མདོ་ལས། ཇི་སྐད་གསུངས་པ་ལྔ་བུ་སྟེ། རིགས་ཀྱི་བུ་རྒྱལ་པོ་རྒྱལ་རིགས་སྤྱི་བོ་ནས་དབང་བསྐུར་བའི་རྩ་བའི་ལྟུང་བ་ལྔ་སྟེ་ཞེས་སོ། །

གཉིས་པ་ནི། རྩ་བའི་ལྟུང་བ་དེ་དག་གིས་རྒྱལ་རིགས་སྤྱི་བོ་ནས་དབང་བསྐུར་བ་དགེ་བའི་རྩ་བ་སྔོན་བསྐྱེད་པ་ཐམས་ཅད་ཐལ་བར་བརླགས་ཏེ། ཕམ་པར་གྱུར་ཅིང་ལྷ་དང་མིའི་བདེ་བའི་གནས་ཐམས་ཅད་ལས་ལྟུང་ནས་ངན་སོང་དུ་འགྲོ་བར་འགྱུར་རོ། །གསུམ་པ་སོ་སོའི་རང་བཞིན་ནི། ལྔ་གང་ཞེ་ན། རིགས་ཀྱི་བུ་རྒྱལ་རིགས་སྤྱི་བོ་ནས་དབང་བསྐུར་བས། མཆོད་རྟེན་རྒྱུ་རྫས་འཕྲོག་གམ། དགེ་འདུན་གྱི་དང་། ཕྱོགས་བཞིའི་དགེ་འདུན་ལ་ཕུལ་བ་འཕྲོག་གམ། འཕྲོག་ཏུ་འཇུག་པ་འདི་ནི་རྩ་བའི་ལྟུང་བ་དང་པོའོ། །གང་ཡང་ཆོས་སྤོང་ཞིང་འགོག་ཏུ་འཇུག་སྟེ་ཉན་ཐོས་ངེས་པར་འབྱུང་བར་བཤད་པའམ། རང་སངས་རྒྱས་པར་འབྱུང་བ་བཤད་པའམ། ཐེག་པ་ཆེན་པོས་ངེས་འབྱུང་བཤད་པ་སྤོང་ཞིང་འགོག་ཏུ་འཇུག་པ་འདི་ནི་རྩ་བའི་ལྟུང་བ་གཉིས་པའོ། །གང་ཡང་རབ་ཏུ་བྱུང་སྟེ། སྐྲ་དང་ཁ་སྤུ་བྲེགས་ནས་གོས་ངུར་སྨྲིག་གོན་པས་བསླབ་པ་བཟུང་ཡང་རུང་། བསླབ་པ་མ་བཟུང་ཡང་རུང་སྟེ། ཚུལ་ཁྲིམས་འཆལ་ཡང་རུང་། ཚུལ་ཁྲིམས་དང་ལྡན་པའང་རུང་སྟེ། དེའི་གོས་ངུར་སྨྲིག་འཕྲོག་གམ། ཁྱིམ་ན་གནས་པ་བྱེད་དུ་འཇུག་གམ། ལུས་ལ་ལག་ཆས་བརྡུན་ནམ། བཙོན་རར་

འཇུག་གམ། སྲོག་དང་བྲལ་བར་བྱེད་དུ་འཇུག་པ་འདི་ནི་རྒྱ་བའི་ལྟུང་བ་གསུམ་པའོ། །རྒྱལ་རིགས་གང་ཆེད་དུ་བསམས་ཏེ་མ་སྲོག་གཅོད་པ་དང་། ཕ་དང་བཅོམ་ལྡན་འདས་ཀྱི་ཉན་ཐོས་དགྲ་བཅོམ་པའི་སྲོག་གཅོད་པ་དང་། དགེ་འདུན་འདུམ་པ་འབྱེད་པ་དང་། ཆེད་དུ་བསམ་སྟེ། ཡང་དག་པར་རྫོགས་པའི་སངས་རྒྱས་ལ་ངན་སེམས་ཀྱི་ཁྲག་འབྱིན་པ་དང་། འཚམས་མེད་ལས་ལྔ་པོ་འདི་དག་ལས་གང་ཡང་རུང་བའི་ལས་བྱེད་པ་འདི་ནི་རྩ་བའི་ལྟུང་བ་བཞི་པའོ། །རྒྱལ་རིགས་གང་ཡང་རྒྱུ་མེད་པར་སྨྲ་བར་གྱུར་ལ་འཇིག་རྟེན་ཕ་རོལ་ལ་གཡེལ་ཏེ། མི་དགེ་བ་བཅུའི་ལས་ཀྱི་ལམ་ཡང་དག་པར་བཟུང་ནས་གནས་ཤིང་། སེམས་ཅན་གཞན་མང་པོ་དག་ཀྱང་མི་དགེ་བ་བཅུའི་ལས་ཀྱི་ལམ་ཡང་དག་པར་འཛིན་ཏུ་འཇུག་སྟེ། འདུལ་ཞིང་འཛུད་ལ་འགོད་པ་འདི་ནི། རྩ་བའི་ལྟུང་བ་ལྔ་པའོ། །རྩ་བའི་གཉིས་པ་བློན་པོ་ལ་ངེས་པའི་ལྟུང་བ་ནི། གང་ཡང་གྲོང་འཇོམས་པ་དང་། ལྗོངས་འཇོམས་པ་དང་། གྲོང་ཁྱེར་འཇོམས་པ་དང་། ཡུལ་འཁོར་འཇོམས་པར་བྱེད་པ་འདི་ནི་རྩ་བའི་ལྟུང་བའོ། །རྩ་བའི་གཉིས་པ་ལས་དང་པོ་ལ་སོ་སོར་ངེས་པ་ལ། གྲངས། ཉེས་པ། ལྟུང་བ་རྣམ་པར་བཞག་པ་དང་གསུམ། དང་པོ་ནི། རིགས་ཀྱི་བུ་འམ་རིགས་ཀྱི་བུ་མོ་ཐེག་པ་ཆེན་པོ་ལ་ཡང་དག་པར་ཞུགས་པ་ལས་དང་པོ་པ་རྣམས་ཀྱིས་རྩ་བའི་ལྟུང་བ་བརྒྱད་དེ། ཞེས་སོ། །

གཉིས་པ་ནི། རྩ་བའི་ལྟུང་བ་དེ་དག་གིས་ཐེག་པ་ཆེན་པོ་ལ་ཡང་དག་པར་ཞུགས་པ་ལས་དང་པོ་པ་འབྲུལ་བ་རྣམས་དགེ་བའི་རྩ་བ་སྔོན་བསྐྱེད་པ་ཐམས་ཅད་ཐལ་བར་བརླག་སྟེ། ཕམ་པར་གྱུར་ཅིང་ལྷ་དང་མིའི་ཐེག་པ་ཆེན་པོའི་བདེ་བའི་གནས་ནས་ལྟུང་ནས་ངན་སོང་དུ་འགྲོ་བར་འགྱུར་རོ། །དགེ་བསྙེན་དང་འབྲལ་བར་འགྱུར་རོ། །གསུམ་པ་ལྟུང་བ་རྣམ་པར་བཞག་པ་ལ་གཉིས་ཏེ། ཡང་དག་པའི་ལམ་ལས་ཟློག་པ་དང་། དེ་དང་འགལ་བ་ཀུན་ཏུ་སྤྱོད་པའོ། །དང་པོ་ལ་གཉིས་ཏེ། བསམ་པ་སེམས་བསྐྱེད་ལས་བཟློག་པ་དང་། སྦྱོར་བ་སྤྱོད་པ་ལས་བཟློག་པའོ། །དང་པོ་ལ་གཉིས་ཏེ། ཟབ་མོ་སྟོན་པས་བཟློག་པ་དང་། རྒྱ་ཆེན་པོ་སྟོན་པས་བཟློག་པའོ། །དང་པོ་ལ་གསུམ་སྟེ། ལྟུང་བ་རྣམ་པར་བཞག་པ་དང་། ཉེས་དམིགས་དང་། རྗེས་སུ་བསྒྲུབ་པའི་ཚུལ་ལོ། །དང་པོ་ནི། བརྒྱད་གང་ཞེ་ན། སེམས་ཅན་གང་དག་སྔོན་ཉེས་པར་སྤྱད་པའི་རྒྱུས། སྙིགས་མ་ལྔ་པའི་འཇིག་རྟེན་གྱི་ཁམས་འདིར་སྐྱེས་པ་དེ་དག དགེ་བའི་བློ་ཆུང་བ། དགེ་བའི་བཤེས་གཉེན་ལ་བསྟེན་ཏེ། ཐེག་པ་ཆེན་པོ་མཆོག་ཏུ་ཟབ་པ་འདི་ཉན་ཞིང་། རིགས་ཀྱི་བློ་ཆུང་ངུ་དེ་དག་བླ་ན་མེད་པ་ཡང་དག་པར་རྫོགས་པའི་བྱང་ཆུབ་ཏུ་སེམས་བསྐྱེད་པ་དེ་དག་གི་ནང་ནས། བྱང་ཆུབ་སེམས་དཔའ་ལས་དང་པོ་པ་གང་དག་སྟོང་པ་ཉིད་དང་ལྡན་པའི་མདོ་སྡེ་མཆོག་ཏུ་ཟབ་པ་འདི་ཉན་པ་དང་། ལུང་འབོགས་པ་དང་། ཀློག་པ་དེ་དག་ཇི་ལྟར་ཐོས་པ

དང་། ཇི་ལྟར་ཆུབ་པར་བྱས་པ་བཞིན་དུ་སྦྱ་མའི་བློ་དང་འདྲ་ན། གཞན་དག་གི་མདུན་དུ་དོན་ཟབ་པ་དང་། ཚིག་འབྲུ་བཟང་པོ་བརྒྱར་དྲན་པར་བྱེད་ཅིང་། བར་ཏུ་སྟོན་ལ་དེ་དག་ནི་ནན་ཏན་ཏུ་མ་སྦྱངས་པས་བྱིས་པ་སོ་སོའི་སྐྱེ་བོ་དེ་དག མཉན་ནས་སྐྲག་ཅིང་སྤྲངས་སྟེ་སྤྲངས་པར་འགྱུར་ཞིང་། དེ་དག་སྤྱགས་པས་བླ་ན་མེད་པ་ཡང་དག་པར་རྫོགས་པའི་བྱང་ཆུབ་ཀྱི་སེམས་ལས་ཕྱིར་ལོག་ཏེ། ཉན་ཐོས་ཀྱི་བྱང་ཆུབ་ལ་སློན་ན། འདི་ནི་བྱང་ཆུབ་སེམས་དཔའ་ལས་དང་པོ་པའི་རྩ་བའི་ལྟུང་བ་དང་པོ་སྟེ་ཞེས་སོ། །གཉིས་པ་ཉེས་དམིགས་ནི། རྩ་བའི་ལྟུང་བ་དེ་རིགས་ཀྱི་བུ་དེས་དགེ་བའི་རྩ་བ་སྔོན་བསྐྱེད་པ་ཐམས་ཅད་ཐལ་བར་བརླགས་ཏེ་ཕམ་པར་གྱུར་ཅིང་། མཐོ་རིས་དང་ཐར་པའི་བདེ་བའི་གནས་ལས་ལྟུང་བ་དང་། དེས་བྱང་ཆུབ་ཀྱིས་སེམས་ཀྱང་བསླུས་ཤིང་ངན་སོང་དུ་འགྲོ་བར་འགྱུར་རོ། །ཞེས་སོ། །གསུམ་པ་ཇྙས་སུ་བསྒྲུབ་པ་ནི། དེ་ལྟ་བས་ན་བྱང་ཆུབ་སེམས་དཔས་སེམས་ཅན་གཞན་དག་དང་། གང་ཟག་གཞན་རྣམས་ཀྱི་བསམ་པ་དང་། བག་ལ་ཉལ་ཤེས་པར་བྱས་ལ། བསམ་པ་ཇི་ལྟ་བ་བཞིན་དུ་སེམས་ཅན་རྣམས་ལ་བག་ཆགས་ཀྱི་ཆོས་སྟོན་པར་བྱ་སྟེ། དཔེར་ན། རྒྱལ་མཚོ་ཆེན་པོར་བག་ཆགས་ཀྱིས་འཇུག་པ་བཞིན་དུ་བྱའོ་ཞེས་སོ། །རྩ་བའི་གཉིས་པ་རྒྱ་ཆེན་པོ་སྟོན་པས་བཟློག་པ་ནི། དེ་བཞིན་དུ་སྦྱར་སྟེ་གཞན་ཡང་བྱང་ཆུབ་སེམས་དཔའ་ལས་དང་པོ་པས་ཁ་ཅིག་ལ་འདི་སྐད་དུ་ཁྱོད་ཀྱིས་ཕ་རོལ་ཏུ་ཕྱིན་པ་དྲུག་ལ་སྤྱོད་པ་སྤྱད་པར་མི་ནུས། ཁྱོད་ཀྱིས་བླ་ན་མེད་པ་ཡང་དག་པར་རྫོགས་པའི་བྱང་ཆུབ་མངོན་པར་རྫོགས་པར་འཚང་རྒྱ་བར་མི་ནུས་ཀྱི་ཁྱོད་ཉན་ཐོས་ཀྱི་ཐེག་པའམ། རང་སངས་རྒྱས་ཀྱི་ཐེག་པར་མྱུར་དུ་སེམས་བསྐྱེད་ཅིག་དང་། དེས་ན་ཁྱོད་འཁོར་བ་ལས་ངེས་པར་འབྱུང་ངོ་། །ཞེས་སྨྲ་བ་འདི་ནི་བྱང་ཆུབ་སེམས་དཔའ་ལས་དང་པོ་པའི་རྩ་བའི་ལྟུང་བ་གཉིས་པ་སྟེ། གོང་དུ་ཇི་སྐད་སྨོས་པའི་བར་དུའོ། །ཞེས་སོ། །རྩ་བའི་གཉིས་པ་སྤྱོར་བ་སྤྱོད་པ་ལས་བཟློག་པ་ལ་གཉིས་ཏེ། སོ་སོ་ཐར་པའི་སྡོམ་པ་ལ་སློབ་པ་འགོག་པ་དང་། ཐེག་པ་གཉིས་ཀྱི་གཞུང་ལ་སློབ་པ་འགོག་པ་གཉིས། དང་པོ་ནི། གཞན་ཡང་བྱང་ཆུབ་སེམས་དཔའ་ལས་དང་པོ་པས་ཁ་ཅིག་ལ་འདི་སྐད་དུ། ཀྱེ་སོ་སོར་ཐར་པའི་འདུལ་བའི་ཚུལ་ཁྲིམས་ལ་ལེགས་པར་བསླབས་ཏེ། ཁྱོད་ནི་མྱུར་དུ་བླ་ན་མེད་པ་ཡང་དག་པར་རྫོགས་པའི་བྱང་ཆུབ་ཏུ་སེམས་བསྐྱེད་པས་ཅི་ཞིག་བྱ། ཐེག་པ་ཆེན་པོ་ལྷོགས་ཤིག་དང་། དེས་ན་ཁྱོད་ཀྱི་ཉོན་མོངས་པའི་རྐྱེན་གྱིས་ལུས་དང་ངག་དང་ཡིད་རྣམས་ཀྱི་མི་དགེ་བའི་ལས་གང་སྒྲུབ་པ་དེ་དག་རྣམ་པར་སྨིན་པར་མི་འགྱུར་བར་དག་པར་འགྱུར་རོ། །ཞེས་སྨྲས་པ་འདི་ནི། བྱང་ཆུབ་སེམས་དཔའ་ལས་དང་པོ་པའི་རྩ་བའི་ལྟུང་བ་གསུམ་པ་སྟེ། གོང་དུ་ཇི་སྐད་སྨོས་པའི་བར་དུའོ་ཞེས་སོ། །གཉིས་པ་ཐེག་པ་གཉིས་ཀྱི་གཞུང་ལ་སློབ་པ་འགོག་པ་ནི། རིགས་ཀྱི་བུ་གཞན་ཡང་བྱང་ཆུབ་སེམས་དཔའ

ལས་དང་པོ་པས་ཁ་ཅིག་ལ་འདི་སྐད་དུ་རིགས་ཀྱི་བུ་དག་ཁྱོད་ཉན་ཐོས་ཀྱི་ཐེག་པའི་གཏམ་ལ་མ་ཉན་ཅིག མ་ཀློག་ཅིག ལུང་མ་འབོགས་ཤིག ཉན་ཐོས་ཀྱི་ཐེག་པའི་གཏམ་ཆོམས་ཤིག དེས་ནི་ཁྱོད་ཀྱི་འབྲས་བུ་ཆེན་པོ་རྙེད་པར་མི་འགྱུར་ཞིང་། གཞི་དེས་ནི་ཁྱོད་ཀྱི་ཉོན་མོངས་པ་མཐར་འབྱིན་པར་མི་ནུས་ཀྱི་ཐེག་པ་ཆེན་པོའི་གཏམ་ཉིད་ལ་དད་པར་གྱིས་ཤིག ཐེག་པ་ཆེན་པོ་ཉོན་ཅིག ཐེག་པ་ཆེན་པོ་ཀློགས་ཤིག གཞན་དག་ལ་ཡང་ལུང་ཕོག་ཅིག་དང་། དེས་ནི་ཁྱེད་ཀྱི་ངན་འགྲོ་དང་། ངན་སོང་གི་ལམ་ཐམས་ཅད་ཞི་བར་འགྱུར། བླ་ན་མེད་པ་ཡང་དག་པར་རྫོགས་པའི་བྱང་ཆུབ་ཀྱང་མངོན་པར་རྫོགས་པར་འཚང་རྒྱ་བར་འགྱུར། བླ་ན་མེད་པ་ཡང་དག་པར་རྫོགས་པའི་བྱང་ཆུབ་ཀྱང་མངོན་པར་རྫོགས་པར་འཚང་རྒྱ་བར་འགྱུར་རོ། །ཞེས་སྨྲས་ལ་གལ་ཏེ་དེ་དག་གི །དེའི་ཚིག་བཞིན་དུ་ཉན་ཏེ། འདི་འདྲ་བའི་ལྟ་བར་གྱུར་པ་བླངས་ན་གཉིས་ཀ་ལ་ཡང་རྩ་བའི་ལྟུང་བར་འགྱུར་ཏེ༔ འདི་ནི་བྱང་ཆུབ་སེམས་དཔའ་ལས་དང་པོ་པའི་རྩ་བའི་ལྟུང་བ་བཞི་པའོ་ཞེས་སོ། །རྩ་བའི་གཉིས་པ་དེ་དང་འགལ་བའི་ཀུན་ཏུ་སྤྱོད་པ་ལ་བཞི་སྟེ། བདག་ལ་བསྟོད་ཅིང་གཞན་ལ་སྨོད་པ་དང་། མི་ཆོས་བླ་མའི་བརྫུན་སྨྲ་བ་དང་། དབེན་པའི་རྒྱུ་ལས་བྱུང་བ་དང་། ཁྲིམས་ངན་བཅས་པའི་རྒྱུ་ལས་བྱུང་བའོ། །དང་པོ་ལ་གཉིས་ཏེ། ལྟུང་བ་རྣམ་པར་བཞག་པ་དང་། ཉེས་པ་རྣམ་པར་བཞག་པའོ། །དང་པོ་ནི། གཞན་ཡང་བྱང་ཆུབ་སེམས་དཔའ་ལས་དང་པོ་པ་དང་། ལྕེ་གཉིས་བྱེད་པ་ཡིན་ཏེ། གཞན་དུ་སྟོན་ཅིང་བརྗོད་པ་དང་། སྒྲ་དང་ཚིགས་སུ་བཅད་པ་དང་། འཐོབ་པ་དང་། བསྐུར་སྟིའི་ཕྱིར་ཐེག་པ་ཆེན་པོ་འདི་ཚིག་ཏུ་འདོན་པ་དང་། ཁ་ཐོན་བྱེད་པ་དང་། ཀློག་པ་དང་། སྟོན་པ་དང་། ཐོས་པ་ཙམ་གཞན་ལ་ཡང་སྟོན་ལ་འདི་སྐད་དུ་བདག་ནི་ཐེག་པ་ཆེན་པོ་པ་ཡིན་གྱི་གཞན་ནི་མ་ཡིན་ནོ། །ཞེས་སྨྲ་ཞིང་། གཞན་དག་ཕ་རོལ་པོ་གང་དག་ལས་ལོངས་སྤྱོད་དང་ཡོངས་སུ་སྤྱད་པ་རྙེད་འགྱུར་བ་དེའི་རྐྱེན་གྱིས་འཐོབ་པ་དང་། བསྐུར་སྟིའི་ཕྱིར། དེ་དག་ལ་ཕྲག་དོག་བྱེད་དོ། །དེ་དག་ལ་འཁྲུག་པར་འགྱུར་ཞིང་། དེ་དག་གི་བསྔགས་པ་མ་ཡིན་པ་བརྗོད་དོ། །སྨོད་དོ། །བཤུང་ངོ་། །རྣམ་པར་སྨོད་དོ། །དེ་དག་ལ་འདུད་པ་དེ་རྣམས་ལ་ཡང་ཕྲག་དོག་གི་རྒྱུས། བདག་བསྟོད་ཅིང་། མི་ཆོས་བླ་མ་བདག་ཉིད་སྒྲོག་གོ་ཞེས་སོ། །གཉིས་པ་ཉེས་པ་རྣམ་པར་བཞག་པ་ལ་བཞི་སྟེ། དོན་དང་། དཔེ་དང་། དོན་ལ་སྦྱར་བ་དང་། དོན་བསྡུ་བའོ། །དང་པོ་ནི། དེའི་ཕྱིར་དེ་དག་དངོས་པོ་ངེས་ཕམ་པར་གྱུར་ཅིང་། ཐེག་པ་ཆེན་པོའི་བདེ་བ་ལས་ལྟུང་སྟེ། དེ་དག་ལ་ཉེ་བ་ཆེན་པོའི་ལྟུང་བ་དེ་འབྱུང་། དེས་ནི་ངན་སོང་འགྲོ་བར་འགྱུར་ཏེ། ཞེས་སོ། །གཉིས་པ་དཔེ། དཔེར་ན་མི་ལ་ལ་ཞིག་རིན་པོ་ཆེའི་གླིང་དུ་འགྲོ་བར་འདོད་ནས་གྲུ་ལས་རྒྱ་མཚོར་ཞུགས་ལ། དེ་རྒྱ་མཚོར་ཞུགས་ལ། དེ་རྒྱ་མཚོ་ཆེན་པོའི་ནང་དུ་བདག་ཉིད་ཀྱིས་གྲུ་བཤིག་ནས་དེ་ཉིད་དུ་འཆི་

བར་འགྱུར་བ་དེ་བཞིན་དུ་ཞེས་སོ། །གསུམ་པ་དོན་ལ་སྦྱར་བ་ནི། བྱང་ཆུབ་སེམས་དཔའ་ལས་དང་པོ་པ་ཐེག་པ་ཆེན་པོའི་རྒྱ་མཚོར་འཇུག་པར་འདོད་པ་གང་དག་ཕྲག་དོག་གི་རྒྱུ་དེ་དང་། དེ་སླས་ཏེ། དེའི་རྐྱེན་གྱིས་དེ་དག་དད་པའི་གྲུ་ཞིག་ནས། ཤེས་རབ་ཀྱི་སྲོག་དང་བྲལ་བར་འགྱུར་རོ། །ཞེས་སོ། །བཞི་པ་དོན་བསྡུ་བ་ནི། དེ་ལྟར་ན་བྱང་ཆུབ་སེམས་དཔའ་ལས་དང་པོ་པ་བྱིས་པ་དེ་དག་ལ་ཕྲག་དོག་གི་རྒྱུ་དང་། རྫུན་གྱི་རྐྱེན་གྱིས་ལྕི་བ་ཆེན་པོའི་ལྟུང་བ་འབྱུང་སྟེ། འདི་ནི་བྱང་ཆུབ་སེམས་དཔའ་ལས་དང་པོ་བའི་རྩ་བའི་ལྟུང་བ་ལྔ་པའོ། །ཞེས་སོ། །རྩ་བའི་གཉིས་པ་མི་ཆོས་བླ་མའི་རྫུན་སྨྲ་བ་ལ་གཉིས་ཏེ། ལྟུང་བ་རྣམ་པར་བཞག་པ་དང་། ཉེས་པས་རྣམ་པར་བཞག་པའོ། །དང་པོ་ནི། གཞན་ཡང་མ་འོངས་དུས་ན་ཁྱིམ་ན་གནས་པ་དང་། རབ་ཏུ་བྱུང་བ་ལས་དང་པོ་པའི་བྱང་ཆུབ་སེམས་དཔའ་དག་བྱང་ཆུབ་སེམས་དཔའ་ཡོན་ཏན་དུ་སྦྱངས་པ་མཁས་པ་སྐྱེས་བུ་ཆེན་པོའི་གཟུངས་དང་བཟོད་པ་དང་། ཏིང་ངེ་འཛིན་གྱིས་ལེགས་པར་བརྒྱན་པ་བྱས་པ་རྣམས་ཀྱི་སྤྱོད་ཡུལ། མདོ་སྡེ་ཟབ་མོ་སྟོང་པ་ཉིད་དང་ལྡན་པ། གང་ཡིན་པ་ཐེག་པ་ཆེན་པོའི་མདོ་སྡེ་དེ་དག་འཛིན་ཅིང་། ཚིག་ཏུ་འདོན་ལ། ཁ་དོན་བྱེད་ཅིང་། གཞན་དག་ལ་ཡང་རྒྱ་ཆེར་ཀློག་ཏུ་བཅུག་ནས། རབ་ཏུ་སྟེ། ཆོས་འདི་དག་ནི་ཁོ་བོ་ཉིད་ཀྱི་བློས་བརྟགས་ནས། ཁོ་བོ་སྙིང་རྗེ་ཆེ་བས་དེ་བཞིན་དུ་ཁྱོད་ལ་བསྟན་གྱིས། ཁྱོད་ཀྱིས་ཀྱང་ཅི་ནས་འདིར་སངས་རྒྱས་ཀྱི་ཆོས་ཟབ་མོ་རྣམས་ལ་མངོན་སུམ་དུ་འགྱུར་བ་དེ་ལྟར་སྒོམས་ཤིག དེ་ལྟར་བྱས་ན་ཁྱོད་ད་ལྟར་ཁོ་བོ་བཞིན་དུ་ཡེ་ཤེས་མཐོང་བར་འགྱུར་རོ། །ཞེས་སྨྲས། འདི་སྐད་དུ་ཁོ་བོས་མདོ་སྡེ་ཟབ་མོ་ཟབ་པ་འདི་ལྟ་བུ་འདི་ཀློག་པ་ཙམ་གྱིས་མངོན་སུམ་དུ་བྱས་ན་ནི་མ་ཡིན་ནོ། །ཞེས་མི་སྨྲ་སྟེ། རྙེད་པ་དང་བསྐུར་སྟིའི་ཕྱིར་བདག་ཆོང་ཞིང་། དེའི་རྐྱེན་གྱིས་དུས་གསུམ་དུ་གཤེགས་པའི་དེ་བཞིན་གཤེགས་པ་དགྲ་བཅོམ་པ་ཡང་དག་པར་རྫོགས་པའི་སངས་རྒྱས་དང་། བྱང་ཆུབ་སེམས་དཔའ་དང་འཕགས་པའི་གང་ཟག་ཐམས་ཅད་ཀྱི་སྤྱན་སྔར། ཉེས་པ་དང་བཅས་པ་ཡིན་ཏེ་ལྕི་བ་ཆེན་པོའི་ལྟུང་བར་འགྱུར་རོ། །གཉིས་པ་ཉེས་པ་རྣམ་པར་བཞག་པ་ལ་གསུམ་སྟེ། འཇིག་རྟེན་ཐམས་ཅད་བསླུས་པ། ཐེག་པ་ཐམས་ཅད་ལས་ཉམས་པ། མཁས་པ་ཐམས་ཅད་སྤྱངས་པས་སོ། །དང་པོ་ནི། ཐེག་པ་ཆེན་པོ་ལྷ་དང་བཅས་པའི་འཇིག་རྟེན་བསླུས་པར་འགྱུར་རོ། །གཉིས་པ་ནི། དེ་ནི་ཉན་ཐོས་ཀྱི་ཐེག་པར་ཡང་མི་འགྱུར་ན། ཐེག་པ་ཆེན་པོ་ལ་འཇུག་པའི་ཁྱད་པར་འཐོབ་པ་ལྟ་སྨོས་ཀྱང་ཅི་དགོས། བླ་ན་མེད་པ་ཡང་དག་པར་རྫོགས་པའི་བྱང་ཆུབ་ལྟ་སྨོས་ཀྱང་ཅི་དགོས་པ་དག་འབྱུང་བར་འགྱུར་ཏེ། དཔེར་ན་མི་ལ་ལ་ཞིག་འབྲོག་དགོན་པ་ཆེན་པོར་ཆས་ལ་བཀྲེས་པ་དང་སྐོམ་པས་ཉེན་ནས། དེ་ན་ཁ་འབྲུ་ཆེན་པོའི་ཤིང་ལས་འཛེགས་པ། དྲི་དང་རོ་ཕུན་སུམ་ཚོགས་པ་མ་མྱངས་པར་འབྲས་བུ་ཆེན་པོའི་ཤིང་པོར་ཏེ། དུག་གི་ཤིང་ལ

འཇིགས་ནས་དུག་གི་ཤིང་གིས་འབྲས་བུ་ཟོས་ཏེ། ཟོས་ནས་འཆི་བའི་དུས་བྱས་པ་ལྟར། གང་ཟག་དང་འདྲའོ། ཞེས་སྨྲའོ། །གསུམ་པ་མཁས་པ་ཐམས་ཅད་ཀྱིས་སྤྱངས་པ་སྟེ། གང་ཟག་རྙེད་པར་དཀའ་བའི་མི་རྙེད་ལ། རྙེད་ནས་ཀྱང་དགེ་བའི་བཤེས་གཉེན་ལ་བརྟེན་ཏེ། ཐེག་པ་ཆེན་པོ་ལ་འཇུག་པར་འདོད་ལ་རྙེད་པ་དང་བཀུར་སྟིས་རྒྱུ་བདག་ལ་སྟོད་ཅིང་གཞན་ལ་སྨོད་ལ་ལྟོ་བ་ཆེན་པོའི་ལྟུང་བ་འདི་ལྟ་བུ་དག་འབྱུང་སྟེ། ལྟུང་བ་ལྟོ་བ་དེས་མཁས་པ་ཐམས་ཅད་ཀྱིས་སྨད་པར་གྱུར་པ། ངན་སོང་དུ་འགྲོ་བའི་མི་གང་ཟག་དེ་ལྟ་བུ་ནི། རྒྱལ་རིགས་དང་། བྲམ་ཟེ་དང་། རྗེའུ་རིགས་དང་། དམངས་རིགས་ཐམས་ཅད་ཀྱིས་རྟེན་པར་བྱ་བ་མ་ཡིན་ནོ། །གང་དེ་ལ་བརྟེན་པ་དེ་ནི། མཁས་པ་ཐམས་ཅད་ཀྱིས་སྤྱང་བར་འགྱུར་ཏེ། འདི་ནི་བྱང་ཆུབ་སེམས་དཔའ་ལས་དང་པོ་པའི་རྩ་བའི་ལྟུང་བ་དྲུག་པའོ། །རྩ་བའི་གསུམ་པ་དཔེན་པའི་རྒྱུ་ལས་བྱུང་བ་ནི། རིགས་ཀྱི་བུ་གཞན་ཡང་མ་འོངས་པའི་དུས་ན། རྒྱལ་རིགས་རྣམས་ཀྱིས་མདུན་འདོན་ན་གདོལ་བ་དང་། ཞོར་བ་གདོལ་བ་དང་། བླུན་པོ་མི་མཁས་པའི་ང་རྒྱལ་ཅན་ལོངས་སྤྱོད་ཆེ་བ་དག་འབྱུང་སྟེ། དེ་དག་སྦྱིན་པའི་བསོད་ནམས་བྱ་བའི་དངོས་པོ་རྣམ་པ་མང་པོ་དག་སྣང་ཞིང་། དེ་དག་གཏོང་བས་རྒྱགས་དྲེགས་ནས་ང་རྒྱལ་དང་རྒྱགས་པས་དྲེགས་ཏེ། རྒྱལ་རིགས་ལ་དགེ་སྦྱོང་དང་། རྒྱལ་རིགས་རྣམ་འབྱེད་པའི་དབེན་བྱེད་ཅིང་། དེ་དག་རྒྱལ་རིགས་ལ་རྟེན་ནས་དགེ་སྦྱོང་རྣམས་ལ་ཆད་པས་གཅོད། འཆད་པས་ནོར་འཕྲོག་ཏུ་འཇུག་སྟེ། གནོད་པ་དེས་དགེ་སྦྱོང་དེ་དག་གང་ཟག་གི་འམ། དགེ་འདུན་གྱི་འམ། ཕྱོགས་བཞིའི་དགེ་འདུན་གྱི་འམ། མཆོད་རྟེན་གྱི་རྫས་དག་དགེ་སྦྱོང་རྣམས་ལ་ཕྲུར་བཅུག་ནས་དེ་དག་ལ་སྲུག་འབུལ་ལོ། །གདོལ་བ་དེ་དག་གིས་ཀྱང་རྒྱལ་རིགས་ལ་འབུལ་བར་འགྱུར་ཏེ། དེ་དག་གཉིས་ཀ་ལ་རྩ་བའི་ལྟུང་བར་འགྱུར་རོ། །རྩ་བའི་བཞི་པ་ཁྲིམས་ངན་བཅས་པའི་རྒྱུ་ལས་བྱུང་བ་ནི། རྒྱལ་རིགས་གདོལ་བ་དེ་དག་ཀྱང་དགེ་སློང་རྣམས་རབ་ཏུ་སྡང་བར་འགྱུར་ཏེ། ཆོས་འདི་ལྟ་བུ་ནི་ཆོས་མིན་པར་འདོགས་ཤིང་། ཆོས་ནི་སྤྱངས་ནས་ཆོས་མ་ཡིན་པ་ལ་འཇུག་པར་འགྱུར་རོ། །མདོ་དང་འདུལ་བ་དང་། བསླབ་པ་ལ་མི་བལྟ་ཞིང་། ནག་པོ་བསྟན་པ་དང་། ཆེན་པོ་བསྟན་པ་སྤྱངས་ཏེ། སྙིང་རྗེ་ཆེན་པོའི་ཚུལ་དང་། ཤེས་རབ་ཀྱི་ཕ་རོལ་ཏུ་ཕྱིན་པའི་བསླབ་པ་དང་། ཐབས་ལ་མཁས་པའི་བསླབ་པ་དང་། མདོ་སྡེ་གཞན་དག་ལས་བསླབ་པ་བསྟན་པ་དེ་དག་སྤྱངས་ནས། ཆོས་འདི་ལྟ་བུ་དང་ལྡན་པའི་དགེ་སློང་རྣམས་ལ་བརྩེ་བའི་ཕྱིར་བཀའ་ཁྲིམས་གང་གིས་དགེ་སློང་རྣམས་ལ་གནོད་པར་འགྱུར་བ་དང་། ཞི་གནས་དང་། ལྷག་མཐོང་དང་མཐུན་པའི་རྣལ་འབྱོར་ཡིད་ལ་བྱེད་པ་འབྱོར་བར་བྱེད་པ་དང་། འཕྲུ་བ་དང་གནོད་སེམས་མང་དུ་འགྱུར་བའི་བཀའ་ཁྲིམས་འཆའ་བར་བྱེད་དོ། །རྒྱུ་དེས་ན་དགེ་སློང་རྣམས་ཉེ་བར་མ་ཞི་སྟེ། ཉོན་མོངས་པ་རྣམས་ཉེ་བར་ཞི་བར

མི་འགྱུར། སྲབ་པར་མི་འགྱུར་རོ། །དེའི་ཚེ་དགེ་སློང་དེ་དག་བསམ་པ་ཉམས་པར་འགྱུར།ཚུལ་ཁྲིམས་ཉམས་པར་འགྱུར། ཚོགས་ཉམས་པར་འགྱུར། ལྟ་བ་ཉམས་པར་འགྱུར། དེ་ཅིའི་ཕྱིར་ཞེ་ན། སྲིད་ལུག་པར་འགྱུར་བ་དང་། བྱ་བ་མང་བར་འགྱུར་བ་དང་། དགེ་སྦྱོང་མ་ཡིན་པར་དགེ་སྦྱོང་དུ་ཁས་འཆེ་པ་དང་། ཚངས་པར་སྤྱོད་པ་མ་ཡིན་པར་ཚངས་པར་སྤྱོད་པར་ཁས་འཆེ་ཞིང་། ལུག་པོང་ལྟར་སྤྱོད་ཀྱང་། རིག་པར་བྱ་བའི་ཆོས་སྟོན་པ་དེས་ན། དེ་དག་ལ་རྒྱལ་རིགས་འཁོར་དང་བཅས་པས། བསྟི་སྟང་བྱེད་ཅིང་རིམ་གྲོ་དང་མཆོད་པར་བྱེད་པར་འགྱུར་རོ། །

དེ་དག་ཁྱིམ་པ་རྣམས་ལ་ཡང་དགེ་སློང་སྤྱོང་བ་ལ་བརྩོན་པ་རྣམས་ཀྱི་བསྔགས་པ་མ་ཡིན་པར་བརྗོད་པར་འགྱུར་རོ། །རྒྱལ་རིགས་འཁོར་དང་བཅས་པ་དེའང་དགེ་སློང་སྤྱོང་བ་ལ་བརྩོན་པ་རྣམས་ལ་རབ་ཏུ་སྡང་བར་འགྱུར། འཕྱ་བར་འགྱུར་ཞིང་། དགེ་སློང་སྤྱོང་བ་ལ་བརྩོན་པ་རྣམས་ཀྱི་ལོངས་སྤྱོད་དང་། ཉེ་བར་སྤྱོད་པ་གང་ཡིན་པ་དེ། དགེ་སློང་ཁ་ཐོན་བྱེད་པ་ལ་དགའ་བ་རྣམས་ལ་སྦྱིན་པར་འགྱུར་ཏེ། དེ་དག་གཉིས་ཀ་ལ་ཡང་རྩ་བའི་ལྟུང་བར་འགྱུར་རོ། །དེ་ཅིའི་ཕྱིར་ཞེ་ན། དགེ་སློང་བསམ་གཏན་པ་ནི་ཞིང་དམ་པ་ཡིན་གྱི། གློག་པ་དང་། ཞལ་ཏ་བྱེད་པ་ལ་གནས་པ་དང་། གློག་པ་ལ་བརྩོན་པ་ནི། ཏིང་ངེ་འཛིན་དང་། གཟུངས་དང་། བཟོད་པའི་ས་རྣམས་ཀྱི་སྣོད་དུ་གྱུར་པའམ། ཤིན་ཏུ་སྦྱིན་གནས་སུ་གྱུར་པའམ། སྣོད་དུ་གྱུར་པའམ། འཇིག་རྟེན་ལ་སྣང་བར་བྱེད་པའམ། ལམ་ཉེ་བར་སྟོན་པའམ། ལས་ཀྱི་ཞིང་དང་ཉོན་མོངས་པའི་ཞིང་ལས་སེམས་ཅན་རྣམས་སྒྲོལ་བ་དང་། མྱ་ངན་ལས་འདས་པར་འགྲོ་བའི་ལམ་ལ་འཛོག་པ་མ་ཡིན་པའི་ཕྱིར་ཏེ། རིགས་ཀྱི་བུ་བརྒྱད་པོ་འདི་དག་ནི། རྩ་བའི་ལྟུང་བའོ་ཞེས་འབྱུང་ངོ་། །འཕགས་པ་ནམ་མཁའི་སྙིང་པོའི་མདོ་དང་། ཐབས་ལ་མཁས་པའི་མདོའི་རྗེས་སུ་འབྲངས་པ་རྒྱལ་སྲས་ཞི་བ་ལྷས་བསླབ་བཏུས་སུ་ཚིགས་བཅད་དུ་བསྡུས་ནས་གསུངས་པའི་དོན་བཤད་ན། སྤྱིར་བརྗོད་པ་ཉིད་བསྟུ་བ་དང་། གཞན་གྱི་ལུགས་སོ། །དང་པོ་ལ་གཉིས་ཏེ། ནམ་མཁའི་སྙིང་པོའི་མདོ་ལས་གསུངས་པ་བསྡུ་བ་དང་། ཐབས་ལ་མཁས་པའི་མདོ་ནས་གསུངས་པ་བསྡུ་བའོ། །དང་པོ་གསུམ་སྟེ། ལྟུང་བ་རྣམ་པར་དག་པ་དང་། ཉེས་པར་རྣམ་པར་དག་པ་དང་། དག་པར་བྱེད་པའི་ཐབས་སོ། །དང་པོ་གཉིས་ཏེ། ཐུན་མོང་དང་ཐུན་མོང་མ་ཡིན་པ་གཉིས་ཀྱིས་རྒྱལ་བློན་ལ་ངེས་པ་དང་། ལས་དང་པོ་ལ་ངེས་པའོ། །དང་པོ་ནི། འདིའི་མཚམས་སྦྱར་དུ། རྩ་བའི་ལྟུང་བ་འདི་བདེ་བླག་ཏུ་བླངས་ཞིང་བཟུང་བ་དང་། ཅིག་གིས་འདོད་པ་ལྟ་བུར་བསྡུས་པའི་ཚིག་ལེའུར་བྱས་པ་དག་བརྗོད་པར་བྱའོ། །ཞེས་འགྱུར་སྐབས་པ་ལས་བཤད་དོ། །འགྱུར་གསར་ལས་གང་ཟག་གི་ལུགས་གནས་པར་བྱ་བའི་ཕྱིར། བསྡུ་བའི་ཚིག་ལེའུར་བྱས་པ་དག་བརྗོད

པར་བྱའོ་ཞེས་པར་བཤད། གཞུང་འདིའི་དོན་ལ་ཁ་ཅིག འགྱུར་རྙིང་ལྟར་ན། ལུགས་གཉིས་གཅིག་ཏུ་བསྡུས་པར་གསལ་ཞེས་ཟེར་བ་ནི་གཞུང་གི་དོན་མ་ཡིན། གཞུང་གི་དོན་ནི། ནམ་སྙིང་གི་མདོ་ནས་བཤད་པའི་རྩ་ལྟུང་རྣམས་བཟུང་བདེ་བར་བྱ་བའི་ཕྱིར་དང་ཐོགས་མེད་ཀྱི་ལུགས་ཀྱི་རྩ་ལྟུང་དེ་རྩ་ལྟུང་མ་ཡིན་ནམ་སྙམ་པ་ལ། ཐོགས་མེད་ཀྱི་ལུགས་རྩ་ལྟུང་ཕྱི་མ་གསུམ་པོ་དེ་ནམ་སྙིང་དང་། ཐབས་ལ་མཁས་པའི་མདོར་བཤད་ཀྱང་། དེ་གསུམ་ཡང་རྩ་ལྟུང་འདོད་ཅེས་པའོ། །དེ་ལྟར་མཚམས་ནས་ཚིགས་སུ་བཅད་པ་རྒྱལ་བློན་གྱི་ཐུན་མོང་བ་ནི། དཀོན་མཆོག་གསུམ་གྱི་དཀོར་འཕྲོག་པ། །ཕས་ཕམ་པའི་ལྟུང་བར་འདོད། །དམ་པའི་ཆོས་ནི་སྤོང་བྱེད་པ། །གཉིས་པར་ཐུབ་པས་གསུངས་པ་ཡིན། །ཚུལ་ཁྲིམས་འཆལ་བའི་དགེ་སློང་ལ། །ངུར་སྨྲིག་འཕྲོག་དང་བརྡེག་པ་དང་། །བཙོན་རར་འཇུག་པར་བྱེད་པ་དང་། །རབ་ཏུ་བྱུང་ལས་འབེབས་པ་དང་། །མཚམས་མེད་ལྔ་པོ་བྱེད་པ་དང་། །ཞེས་པའོ། །རྒྱལ་པོའི་ཐུན་མོང་མ་ཡིན་པ་ནི། ལོག་པར་ལྟ་བ་འཛིན་པ་དང་། ཞེས་སོ། །བློན་པོའི་ཐུན་མོང་མ་ཡིན་པ་ནི། གྲོང་ལ་སོགས་པ་འཇོམས་པ་ཡང་། །རྩ་བའི་ལྟུང་བར་རྒྱལ་བས་གསུངས། །ཞེས་སོ། །རྩ་བའི་གཉིས་པ་ལས་དང་པོ་པ་ལ་ངེས་པ་ནི། བློ་སྦྱངས་མ་བྱས་སེམས་ཅན་ལ། །སྟོང་པ་ཉིད་ནི་བརྗོད་པ་དང་། །སངས་རྒྱས་ཉིད་ལ་ཞུགས་པ་དག །རྫོགས་པའི་བྱང་ཆུབ་ལྡོག་པ་དང་། །སོ་སོར་ཐར་པ་ཡོངས་སྤངས་ཏེ། །ཐེག་པ་ཆེ་ལ་སྦྱོར་བ་དང་། སློབ་པའི་ཐེག་པ་ཆགས་ལ་སོགས། །སྤོང་བར་གྱུར་པ་མིན་ཞེས་འཛིན། །ཕ་རོལ་དག་ཀྱང་འཛིན་འཇུག་དང་། །རང་གི་ཡོན་ཏན་བརྗོད་པ་དང་། རྙེད་པ་དང་ནི་བཀུར་སྟི་དང་། །ཚིགས་བཅད་རྒྱུའི་གཞན་སྨོད་དང་། །བདག་གི་ཟབ་མོ་བཟོད་པ་ཞེས། །ལོག་པ་ཉིད་ནི་སྨྲ་པ་དང་། །དགེ་སྦྱོང་ཆད་པས་གཅོད་འཇུག་དང་། །དཀོན་མཆོག་གསུམ་གྱིས་སྦྱིན་བྱེད་དང་། །སྦྱིན་པ་ལེན་པར་བྱེད་པ་དང་། །ཞི་གནས་འདོར་བར་བྱེད་པ་དང་། །ཡང་དག་འཇོག་གི་ལོངས་སྤྱོད་རྣམས། །ཁ་དོན་བྱེད་ལ་སྦྱིན་པ་རྣམས། །དེ་དག་རྩ་བའི་ལྟུང་བ་སྟེ། །ཞེས་སོ། །རྩ་བའི་གཉིས་པ་ཉེས་པ་རྣམ་པར་བཤག་པ་ནི། སེམས་ཅན་དམྱལ་བ་ཆེན་པོའི་རྒྱུ། །ཞེས་སོ། །གསུམ་པ་དག་པར་བྱེད་པའི་ཐབས་ནི། །རྨི་ལམ་འཕགས་པ་ནམ་སྙིང་གི། །མདུན་དུ་འདུག་སྟེ་བཤགས་པར་བྱ། །ཞེས་སོ། །རྩ་བའི་གཉིས་པ་ཐབས་ལ་མཁས་པའི་མདོ་ནས་གསུངས་པ་བསྡུ་བ་ནི། །བྱང་ཆུབ་སེམས་ནི་ཡོངས་འདོར་དང་། །ཞེས་སོ། །གཉིས་པ་གཞན་ལུགས་ནི། ཆགས་དང་སེར་སྣ་མི་བཟོད་པས། །སློང་ལ་སྦྱིན་པར་མི་བྱེད་དང་། །ཁྲོས་ནས་སེམས་ཅན་བརྡེག་པ་དང་། །བསྒྲིམས་ཏེ་དག་པར་བྱེད་པ་ན། །སེམས་ཅན་ལ་ནི་མི་བཟོད་དང་། །ཉོན་མོངས་པ་དང་གཞན་མཐུན་པས། །ཆོས་ལྟར་བཅོས་པ་བརྗོད་པའོ། །ཞེས་སོ། །ཐབས་མཁས་པའི་མདོ་ནས་གསུངས་པའི་རྩ་ལྟུང་ནི། མདོ་ལས། རིགས་ཀྱི་བུ་གཞན་ཡང་བྱང་ཆུབ

སེམས་དཔའ་སོ་སོར་ཐར་པའི་བསླབ་པ་ལ་སློབ་ཅིང་། བསྐལ་པ་བརྒྱ་སྟོང་དུ་རྩ་བ་དང་འབྲས་བུ་ཟ་བར་འགྱུར་ལ། སེམས་ཅན་རྣམས་ཀྱི་ལེགས་པར་སྨྲས་པ་དང་། ཉེས་པར་སྨྲས་པ་བཟོད་ཀྱང་། ཉན་ཐོས་དང་རང་སངས་རྒྱས་དང་ལྡན་པའི་ཡིད་ལ་བྱེད་པས་གནས་ན། འདི་ནི་བྱང་ཆུབ་སེམས་དཔའི་རྩ་བའི་ལྟུང་བ་ལྔ་པའོ། །ཞེས་སོ། །མདོར་ན་རྗེ་བཙུན་ཆེན་པོས་སྡོམ་པ་ཉི་ཤུ་པའི་འགྲེལ་པར། ནམ་མཁའི་སྙིང་པོའི་མདོ་ལས། རྩ་ལྟུང་ཉི་ཤུར་གསུངས་པ་ནི། རྒྱལ་བློན་གཉིས་ཀྱི་ཐུན་མོང་བ་བཞི་བཞི་དང་། རྒྱལ་པོའི་ལོག་ལྟ་འཛིན་པ་དང་། བློན་པོའི་གྲོང་འཇོམས་པའང་གཉིས་ཀ་ལ་ལྟུང་བར་འགྱུར་བས་བཞི་སྟེ་བཅུ་གཉིས་དང་། ལས་དང་པོ་ལ་བརྒྱད་དེ་ཉི་ཤུར་བཞེད་པ་ཡིན། རྩ་ལྟུང་འབྲུལ་སྤྱོད་དུ་ནམ་སྙིང་གི་མདོར་རྩ་ལྟ་བུ་ཉི་ཤུ་རྩ་གཉིས་སུ་གསུངས་ཞེས་པ་ནི། མཚམས་མེད་ལྔ་སོ་སོར་ཕྱེ་བ་ཡིན་པས་འགལ་བ་མེད་དོ། །ཨ་བྷྱ་ཀ་རས་བྱང་སར་གསུངས་པའི་རྩ་ལྟུང་བཞི་པོ་ཉིད་ཀྱིས། ནམ་སྙིང་དང་ཐབས་ལ་མཁས་པའི་མདོ་ནས་གསུངས་པའི་རྩ་ལྟུང་རྣམས་བསྡུས་པར་བཞེད་དེ། དགོངས་རྒྱན་དུ། གང་ཟག་འབྲིང་དང་ཆུང་ངུའི་བྱེ་བྲག་གིས་ལྔ་དང་བརྒྱད་དང་བཞིའོ། །ཞེས་ལྟུང་བའི་རབ་ཏུ་དབྱེ་བ་རྒྱས་པར་བསྟན་ལ། གང་ཟག་ཅིག་ལ་ཡང་གཞན་ལྟུང་བ་དེ་རྣམས་ཀྱང་ངོ་། །ཞེས་རྒྱལ་རིགས་ལ་ལྔ་གསུངས་པ་གང་ཟག་འབྲིང་དང་། ལས་དང་པོ་པ་ལ་བརྒྱད་གསུངས་པ་ལ་གང་ཟག་ཆུང་ངུ་དང་། བྱང་སར་བཞི་གསུངས་པ་གང་ཟག་ཆེན་པོའི་དབང་དུ་བྱས་ལ། འོན་ཀྱང་གང་ཟག་དེ་དག་རེ་རེ་ཡང་ལྟུང་བ་གཞན་རྣམས་ཀྱང་འཇོག་པར་བཞེད་དོ། །

དེ་ལྟར་ན་གང་ཟག་གསུམ་པོ་རེ་རེ་ལ་ལྟུང་བ་བཅུ་བདུན་བཅུ་བདུན་དུ་འགྱུར་ཏེ། བྱང་སའི་དང་པོ་ནམ་སྙིང་གི་མདོར་གསུངས་པས་དེ་དང་བཅས་པའི་བཅུ་བཞི་དང་། བྱང་སའི་ལྷག་མ་གསུམ་གྱི་བར་བ་གཉིས་དང་། ཐ་མའི་དམ་ཆོས་ལྟར་སྣང་སྟོན་པ་སྟེ། རྩ་ལྟུང་བཅུ་བདུན་ཡོད་པའི་ཕྱིར། ཞེས་ན། བྱང་སར་གསུངས་པའི་བཞི་པོ་ཉིད་ཀྱིས་གཞན་རྣམས་བསྡུས་པས། བཞིར་མ་འདུས་པའི་རྩ་ལྟུང་གཞན་ཡོད་པར་མི་འགྱུར་རོ། །བསྡུས་ཚུལ་ལ། སྤྱོད་བྱེད་ནི། བདག་ལ་བསྟོད་པ་སོགས་བརྒྱད་དོ། །བསྡུ་བྱ་ནི་ཐེག་ཆེན་སྤོང་བ་དང་། རྙེད་བཀུར་གྱི་ཕྱིར་དུ་བདག་བསྟོད་ཅིང་། གཞན་སྨོད་པ་བསྡུ་བྱེད་ན་ཡོད་པས་དེ་དག་མ་རྫོགས་པའི། ནམ་སྙིང་གི་མདོ་ནས་འབྱུང་བ་དང་། ཐབས་ལ་མཁས་པ་ནས་གསུངས་པའི་བྱང་ཆུབ་ཀྱི་སེམས་མདོར་བས་ཏེ། རྩ་ལྟུང་བཅུ་བཞིའོ། །ཇི་ལྟར་བསྡུས་ཚུལ་ནི། སོ་སོར་ཐར་པ་སྤོང་བ་དང་། ཉན་ཐོས་ཀྱི་ཐེག་པས་འདོད་ཆགས་ལ་སོགས་པ་མི་སྤོང་བར་འཛིན་པ་དང་། ཟབ་མོའི་དོན་ལ་བཟོད་པ་ཐོབ་ཅེས་རྫུན་སྨྲ་བ་གསུམ་ནི། བདག་བསྟོད་གཞན་སྨོད་དུ་འདུ་སྟེ། ཐེག་ཆེན་བྱང་སེམས་རང་གི་ཡིན་པས་དེ་ལ་བསྟོད་ཅིང་། ཐེག་དམན་ལ་སྨད་པ་དང་།

ཛུན་དུ་སྨྲ་བ་ནི། གང་ཟག་རང་ལ་བསྟོད་ཅིང་། གང་ཟག་གཞན་ལ་སྨད་པས་སོ། །དཀོན་མཆོག་གསུམ་གྱི་དཀོར་དང་། ཆོས་གོས་འཕྲོག་པ་དང་། དགེ་སློང་ཆད་པས་གཅོད་འཇུག་སོགས་གསུམ་དང་ཡང་དག་འཇོག་གི་ལོངས་སྤྱོད་ཁ་དོན་བྱེད་པ་ལ་སྦྱིན་པ་རྣམས་ནི་སེར་སྣས་ནོར་མི་སྟེར་བར་འདུ་སྟེ། སེར་སྣ་དྲག་པོས་ཆགས་ནས་ཕ་རོལ་པོས་ཛུས་དེ་ལོངས་སྤྱོད་པ་མི་བཟོད་པས་ཚུར་ལ་འཕྲོག་དང་། སྟེར་དུ་འཇུག་པ་དང་། སྟེར་བ་དང་། ལེན་པ། གང་ཟག་འགའ་ཞིག་ལ་སེར་སྣར་འགྱུར་བའི་ཕྱིར་རོ། །དགེ་འདུན་གྱི་དབྱེན་བྱེད་པ་དང་། ཞི་གནས་འདོར་དུ་འཇུག་པ་ནི། སེར་སྣས་ཆོས་ནོར་མི་སྟེར་བར་འདུ་སྟེ། ཆོས་ལ་ཆགས་པའི་སེར་སྣས་ཆོས་ཀྱི་འཁོར་བ་མི་བཟོད་པས་འབྱེད་པ་དང་། སེར་སྣ་དྲག་པོས་རང་ཡང་མི་སྟོན་ལ། གཞན་ཡང་སྟོན་དུ་མི་འཇུག་པའི་ཕྱིར་རོ། །ཚུལ་ཁྲིམས་འཆལ་བ་སོགས་ལ་བརྡེག་པ་སོགས་དང་། མཚམས་མེད་གཞན་བཞི་དང་། གྲོང་ལ་སོགས་འཇིག་པ་ནི། སེམས་ཅན་ལ་བརྡེག་པ་བསྡུས་སོ། །ཉན་རང་གི་ཆོས་སྤོང་བ་དང་། བློ་མ་སྦྱངས་པ་ལ་སྟོང་ཉིད་བརྗོད་པ་དང་། བྱང་ཆུབ་ཀྱི་སེམས་སྤོང་བ་ནི། ཐེག་ཆེན་སྤོང་བས་བསྡུས་ཏེ། ཐེག་ཆེན་ལ་ཉན་རང་གི་ཐེག་པ་ཡང་སྟོན་པས། དེ་སྤང་བ་ན་དེ་གཉིས་ཀྱང་སྤོང་བ་དང་། བློ་སྦྱངས་པས་སྟོང་ཉིད་སྤངས་པའི་རྒྱུ་རང་གི་བྱས་པ་དང་། བྱང་ཆུབ་སེམས་ཉིད་ཐེག་ཆེན་ཡིན་པའི་ཕྱིར་རོ། །ལོག་ལྟ་བཟུང་ནས་མི་དགེ་བ་བཅུ་ལ་རང་གཞན་འགོད་པ་དང་། རྫོགས་བྱང་ལ་བཞུགས་པ་བཟློག་ནས་ཐེག་དམན་ལ་སྦྱོར་བ་ནི་དམ་ཆོས་ལྟར་སྣང་སྟོན་པར་འདུ་སྟེ། ཐེག་ཆེན་ལ་གཞན་གཉིས་ཀ་དམ་ཆོས་ལྟར་སྣང་ཡིན་པའི་ཕྱིར། ཞེས་གསུངས་སོ། །

ལུང་འདིའི་དོན། ཁ་ཅིག་བྱང་སར་གསུངས་པའི་བཞི་པས། ནམ་སྙིང་གི་མདོར་གསུངས་པ་རྣམས་ཡིན་པའི་ཚུལ་གྱིས་བསྡུས་པར་འདོད་པ་ནི་ཡིན་གྱི། དེའི་དོན་ལྟུང་བ་རིགས་མཐུན་གྱི་ཚུལ་གྱིས་བསྡུས་པར་བཞེད་པ་ཡིན་ནོ། །དེ་དག་གིས་ནི་དབུ་མ་པའི་ལུགས་ཀྱི་སྤང་བྱ་རྩ་ལྟུང་རྣམས་རྒྱས་པར་བསྟན་ཟིན་ཏོ། །

གཉིས་པ་བསླབ་བྱ་ལ། དབུ་མ་པ་དང་། སེམས་ཙམ་པ་གཉིས། དབུ་མའི་བསླབ་བྱ་སྨོན་འཇུག་ཐུན་མོང་དུ་བསླབ་པར་བྱ་བ་ཡིན་པས། དེ་ལ་བསྒྲུབ་པར་བྱ་བའི་ཆོས་གསུམ་དང་། ཤེས་པར་བྱ་བའི་ཆོས་བཞི་དང་། བསླབ་པར་བྱ་བ་ཡིན་པས། དེ་དག་གི་དོན་ཁོ་བོས་བྱས་པའི། སྡོམ་གསུམ་གྱི་རབ་ཏུ་དབྱེ་བའི་ལམ་གྱི་རིམ་པར་བལྟ་བར་བྱའོ། །སེམས་ཙམ་པའི་སེམས་བསྐྱེད་ཀྱི་བསླབ་བྱ་སྨོན་འཇུག་སོ་སོར་བསླབ་པར་བྱ་བ་ཡིན་པས། སྨོན་པ་སེམས་བསྐྱེད་ཀྱི་བསླབ་བྱ་ཆོས་བཞིན་སྤང་བ་ལ་བསླབ་པ་ནི། བྱང་ཆུབ་ཀྱི་སེམས་ཉམས་པར་བྱེད་པའི་ཆོས་སྤོངས་ནས། མ་ཉམས་པར་བྱེད་པའི་ཆོས་བཞི་ལ་སློབ་པར་བྱེད་པ་ཡིན། དེ་དག་ཀྱང་སྤང་གཉེན་དུ་བླ་མ་རྣམས་བཞེད་པས། དེ་ལ་བླ་མ་དང་མཆོད་པར་འོས་པ་བསླུ་བ་དང་། ལྟུང་བ་དང་གླེང་བ་ན་འགྱུར་བཞིན་དུ

མ་བྱུང་ཞེས་སྨྲ་བའམ། དགེ་བ་བསྒྲུབ་པའི་ནུས་པ་ཡོད་བཞིན་དུ་མེད་ཅེས་པ་ལྟ་བུ་རྫུན་གྱིས་བསླུ་བ་ཡིན་ལ། དེའི་གཉེན་པོར་སྲོག་གི་ཕྱིར་རམ་གཞན་གྱི་ཕྱིར་ཡང་བསམ་བཞིན་དུ་རྫུན་མི་སྨྲ་བ་ལ་བསླབ་པར་བྱའོ། །གཞན་འགྱོད་པའི་གནས་མ་ཡིན་པ་ལ་འགྱོད་པ་བསྐྱེད་པ་ནི། སྤྱིར་དགེ་བ་ལ་ཞུགས་པ་དང་། ཁྱད་པར་དུ་ཐེག་པ་ཆེན་པོ་ལ་ཞུགས་པ་ལ་འགྱོད་པ་བསྐྱེད་པ་ཡིན་ཏེ། དེའི་གཉེན་པོར་སེམས་ཅན་འགའ་ཞིག་དགེ་བ་ལ་འགོད་པ་དེ་དག་བླ་ན་མེད་པ་ཡང་དག་པར་རྫོགས་པའི་བྱང་ཆུབ་ལ་འགོད་ཀྱི་ཉན་ཐོས་དང་རང་སངས་རྒྱས་ཀྱི་ལམ་ཡིན་ནོ། །ཞེས་པའི་དོན་ལ་བསླབ་པར་བྱའོ། །སེམས་བསྐྱེད་པའི་བྱང་ཆུབ་སེམས་དཔའ་ལ་ཞེ་སྡང་གི་ཚིགས་སུ་བཅད་པ་མ་ཡིན་པ་བརྗོད་པའི་གཉེན་པོར། སེམས་བསྐྱེད་པའི་བྱང་ཆུབ་སེམས་དཔའ་ལ་སྟོན་པའི་འདུ་ཤེས་བསྐྱེད་ཅིང་། ཕྱོགས་བཅུར་ཡང་དག་པའི་ཡོན་ཏན་བརྗོད་པ་ལ་བསླབ་པར་བྱ་སྟེ། ཆོས་ཐམས་ཅད་འབྱུང་བ་མེད་པར་བསྟན་པ་ལས། དེ་བཞིན་ཉིད་དང་མཚན་མོ་དེ་བཞིན་དུ། །བྱང་ཆུབ་སེམས་དཔའ་རྣམས་ལ་མགོས་ཕྱག་འཚལ། །རྟག་ཏུ་འདོད་བཞིན་སྤྱད་པ་སྤྱོད་པ་ན། །དེ་དག་འབྲུག་པ་ཙམ་ཡང་མི་བཙལ་ལོ། །ཞེས་པ་ལྟར་རོ། །སེམས་ཅན་ཐམས་ཅད་ལ་སྒྱུ་དང་གཡོས་སྤྱོད་པའི་གཉེན་པོར། སེམས་ཅན་ཐམས་ཅད་ལ་ལྷག་པའི་བསམ་པ་རྣམ་པར་དག་པར་གནས་པར་བྱའོ། །གཡོ་དང་སྒྱུ་མ་ཡིན་པ་ལ་བསླབ་པར་བྱའོ། །ལྷག་པའི་བསམ་པ་ནི། སེམས་ཅན་བདེ་ལ་སྦྱོར་བར་འདོད་པའོ། །སེམས་བསྐྱེད་ཀྱི་བསླབ་བྱ་མདོར་བསྡུས་པ་ནི། རྒྱལ་པོ་ལ་གདམས་པ་ལས། རྒྱལ་པོ་ཆེན་པོ་འདི་ལྟར་ཁྱོད་ནི་བྱ་བ་མང་། བྱེད་པ་མང་བས་ཏེ། ཉིན་མཚན་དུ་སྦྱིན་པ་ནས་ཤེས་རབ་ཀྱི་བར་ལ་བསླབ་པར་མི་ནུས་ཏེ། དེ་བས་ན་རྒྱལ་པོ་ཁྱོད་ཡང་དག་པར་རྫོགས་པའི་བྱང་ཆུབ་ལ་དད་པ་དང་། དོན་དུ་གཉེར་བ་དང་། སྨོན་པ་རྟག་པར་རྒྱུན་དུ་དྲན་པར་གྱིས་ལ་ཡིད་ལ་སྒོམས་ཤིག གཞན་གྱི་དགེ་བ་ལ་རྗེས་སུ་ཡི་རང་བར་གྱིས་ཤིག རྗེས་སུ་ཡི་རང་ནས་ཀྱང་། སངས་རྒྱས་དང་བྱང་ཆུབ་སེམས་དཔའ་དང་། ཉན་ཐོས་དང་། རང་རྒྱལ་བ་ཐམས་ཅད་ལ་ཕུལ་ཅིག ཕུལ་ནས་ཐམས་ཅད་སེམས་ཅན་དང་ཐུན་མོང་དུ་གྱིས་ཤིག དེས་ན་སེམས་ཅན་ཐམས་ཅད་སངས་རྒྱས་ཀྱི་ཆོས་ཡོངས་སུ་རྫོགས་པར་འགྱུར་བ་ཉིད་ཅིག་བཞིན་དུ་བླ་ན་མེད་པའི་བྱང་ཆུབ་ཏུ་བསྔོས་ཤིག རྒྱལ་པོ་ཆེན་པོ་ཁྱོད་དེ་ལྟར་བྱེད་ན། རྒྱལ་སྲིད་ཀྱང་བྱེད་ལ་རྒྱལ་པོའི་བྱ་བ་ཡང་ཉམས་པར་མི་འགྱུར་ལ། བྱང་ཆུབ་ཀྱི་ཚོགས་ཀྱང་ཡོངས་སུ་རྫོགས་པར་འགྱུར་རོ། །ཞེས་སོ། །འདི་ནི་བསླབ་བྱའི་རྩ་བ་ཡིན་པས་ནམ་ཡང་སྤང་བར་མི་བྱའོ། །སྨོན་སེམས་མ་བཏང་ན་ཉེས་པ་འགའ་ཞིག་བྱུང་ཡང་བྱང་ཆུབ་སེམས་དཔའ་ཡིན་ཏེ། བྱམས་པའི་རྣམ་པར་ཐར་པ་ལས། །རིགས་ཀྱི་བུ་འདི་ལྟ་སྟེ་དཔེར་ན། རྡོ་རྗེ་རིན་པོ་ཆེ་ནི་ཆག་ཀྱང་གསེར་གྱི་རྒྱན་ཐམས་ཅད་ཟིལ་གྱིས་གནོན་ཅིང་། རྡོ་རྗེ་རིན་པོ་ཆེའི་

མིང་ཡང་མི་འདོར་ལ་དབྱུལ་བ་ཡང་རྣམ་པར་བཟློག དེ་བཞིན་དུ་ཐམས་ཅད་མཁྱེན་པར་སེམས་བསྐྱེད་པའི་རྡོ་རྗེ་རིན་པོ་ཆེ་ནན་ཏན་དང་བྲལ་ཡང་། ཉན་ཐོས་དང་རང་སངས་རྒྱས་ཀྱི་ཡོན་ཏན་ཐམས་ཅད་ཟིལ་གྱིས་གནོན་ཅིང་། བྱང་ཆུབ་སེམས་དཔའི་མིང་ཡང་མི་འདོར་ལ། འཁོར་བའི་དབྱུལ་བ་ཐམས་ཅད་རྣམ་པར་བཟློག་ཅེས་སོ། །

འཇུག་པ་སེམས་བསྐྱེད་ཀྱི་བསླབ་བྱ་ནི། ཚུལ་ཁྲིམས་གསུམ་པོ་ཡིན་ཏེ། བྱང་ས་ལས། ཚུལ་ཁྲིམས་རྣམ་པ་གསུམ་པོ་དེ་དག་ཀྱང་མདོར་བསྡུས་ན། བྱང་ཆུབ་སེམས་དཔའི་བྱ་བ་རྣམ་པ་གསུམ་བྱེད་དེ། སྡོམ་པའི་ཚུལ་ཁྲིམས་ནི་སེམས་གནས་པར་བྱེད་དོ། །དགེ་བའི་ཆོས་སྡུད་པས་ནི། བདག་གི་སངས་རྒྱས་ཀྱི་ཆོས་ཡོངས་སུ་སྨིན་པར་བྱེད་དོ། །སེམས་ཅན་གྱི་དོན་བྱ་བའི་ཚུལ་ཁྲིམས་ནི། སེམས་ཅན་ཡོངས་སུ་སྨིན་པར་བྱེད་དོ། །བྱང་ཆུབ་སེམས་དཔའི་བྱ་བ་ནི་གསུམ་པོ་དེ་དག་ཁོ་ནར་ཟད་དེ། འདི་ལྟ་སྟེ། ཚེ་འདི་ལ་བདེ་བར་གནས་པར་བྱ་བའི་ཕྱིར། སེམས་གནས་པར་བྱ་བ་དང་། ལུས་ལ་སེམས་དུབ་པ་མེད་པར་སངས་རྒྱས་ཀྱི་ཆོས་ཡོངས་སུ་སྨིན་པར་བྱ་བ་དང་། སེམས་ཅན་རྣམས་ཡོངས་སུ་སྨིན་པར་བྱེད་པ་ཡིན་ཏེ། བྱང་ཆུབ་སེམས་དཔའི་ཚུལ་ཁྲིམས་ནི་དེ་དག་ཁོ་ནར་ཟད་དོ། །ཞེས་གསུངས་པས། བྱང་ཆུབ་སེམས་དཔའི་བསླབ་བྱ་ཐམས་ཅད་དེར་འདུས་པས་གསུམ་པོ་དེ་ལ་འབད་དེ་བསླབ་པར་བྱའོ། །བཞི་པ་ཉམས་ན་ཕྱིར་བཅོས་པ་མི་འདྲ་བ་ནི། སེམས་ཙམ་པ་ལྟར་ན། ཕམ་པ་བཅོས་པ། ཟག་པ་འབྲིང་བཅོས་པ། ཟག་པ་ཆུང་ངུ་བཅོས་པ། ཉེས་བྱས་བཅོས་པ་དང་བཞི། དང་པོ་ནི། འདི་ལྟར་དགེ་སློང་སོ་སོར་ཐར་པ་ལས། །ཕམ་པ་བྱུང་ན་སླར་བླང་དུ་མེད་པ་བཞིན་དུ། འདིར་ཕམ་པའི་གནས་ལྟ་བུ་གང་རུང་ཞིག་ཀུན་དཀྲིས་ཆེན་པོས་སྤྱད་ན། སྡོམ་པ་ཉམས་པས་བླང་དུ་ཡོད་དམ་མེད་སྙམ་ན། ཡོད་དེ། སླར་ཡང་སྡོམ་པ་བླང་བར་བྱ། ཞེས་གསུངས་ཏེ། སྔར་ཐོབ་བཞིན་དུ་བླང་བར་བྱའོ། །གཉིས་པ་ཟག་པ་འབྲིང་བཅོས་པ་ནི། ཟག་པ་འབྲིང་ནི་གསུམ་ལ་བཤགས། ཞེས་གསུངས་ཏེ། ཕམ་པ་ལྟ་བུ་ཟག་པ་འབྲིང་གིས་སྤྱད་ན། ཉེས་བྱས་ཀྱི་ལྟུང་བ་ཞེས་བྱ་བར་འགྱུར་ཏེ། ཆུང་ངུ་དང་གཞན་རྣམས་དང་ཉེས་བྱས་ཏེ། བྱང་ཆུབ་སེམས་དཔའ་ཕྱོགས་ལ་ཉན་ཐོས་ལྟ་བུ་ལྟུང་བ་སྡེ་ལྔ་མེད་དེ། ཕམ་པ་ལྟ་བུ་དང་། ཉེས་བྱས་པ་གཉིས་སུ་འདུས་སོ། །ཟག་པ་ཆུང་ངུ་བཅོས་པ་ནི། གཅིག་གི་མདུན་དུ་ལྷག་མ་རྣམས། ཞེས་གསུངས་ཏེ། སྡོམ་ལྟ་བུའི་གང་ཟག་ཅིག་གི་མདུན་དུ་སྡོམ་ལྟར་བཤགས་པར་བྱའོ། །ཉེས་བྱས་བཅོས་པ་ནི། ཉོན་མོངས་མི་མོངས་བདག་སེམས་བཞིན། །ཞེས་པ། འོག་ནས་འབྱུང་བའི་ཉེས་བྱས་རྣམས་ཀྱང་ཉོན་མོངས་པ་དང་བཅས་པ་དང་། ཉོན་མོངས་པ་མེད་པའི་ཉེས་པ་གཉིས་སོ། །ཉོན་མོངས་པ་དང་བཅས་པའི་ཉེས་པ་ནི་བཞིན་དཔེས་བསྟན་པས། གང་ཟག་གཅིག་གི་མདུན་དུ་བཤགས་པར་བྱའོ། །ཉོན་མོངས་པ་མེད་པའི་ཉེས་པ་ནི། བདག་སེམས

ཞེས་ཏེ། རང་གི་སེམས་ཁྲེལ་ཡོད་པ་དང་། ངོ་ཚ་ཤེས་པ་དང་། དུལ་བ་དང་། ཞི་བ་དང་། ཕྱིས་མི་བྱེད་པའི་བསམ་པ་ཅན་དུ་བྱའོ། །འདི་ཟག་པ་འབྲིང་མན་ཆད་ཀྱི་བཤགས་པར་ཡང་འགྱུར་ཏེ། བྱང་ཆུབ་སེམས་དཔའི་སོ་སོར་ཐར་པའི་མདོ་ལས་ཀྱང་། གང་གི་མདུན་དུ་བཤགས་པར་བྱ་བའི་དགེ་སློང་ལ་སོགས་མཐུན་པ་དེ་ལྟ་བུ་མེད་ན་ཡང་། །བྱང་ཆུབ་སེམས་དཔའི་བསམ་མ་ཐག་པ་ནས་ཕྱིས་ཉེས་པ་མི་འབྱུང་བར་སེམས་བསྐྱེད་ཅིང་། ཕྱིས་ཀྱང་བསྡམས་པར་བྱའོ། །དེ་ལྟར་ནས་ཉེས་པ་ཚང་བར་སྤྱད་པར་བྱའོ། །ཕམ་པ་བཅོས་པའི་སྐབས་སུ། བོད་ཁ་ཅིག་ལན་གཉིས་ལས་བསྐྱར་མི་རུང་ཞེས་པ་དང་། ཁ་ཅིག་དང་པོ་བླང་བ་དང་། ཕྱིས་ལན་གཉིས་ཏེ། ལན་གསུམ་བསྐྱར་དུ་གནང་གི །དེ་བས་ལྷག་པ་ནི་ངོ་ཚ་མེད་པ་ཆེན་པོར་འགྱུར་བས་མ་གནང་ངོ་། །ཞེས་བཞེད་པ་ནི། བྱང་སར་ལན་གཉིས་ཞེས་པའི་གཞུང་དོན་ཡིན་པར་སེམས་ཀྱང་། མི་འཐད་དེ། ལན་གཉིས་ཞེས་པ་ནི། དང་པོར་སྔར་བླང་བ་ལ་ལྟོས་པའི་གཉིས་པ་ཡིན་གྱི། དེ་ཕན་ཆད་མི་རུང་བའི་ཚིག་མེད་པའི་ཕྱིར་དང་། ཞུང་ཐུབ་པའི་རྒྱ་གཞུང་ལས་ཀྱང་ཚད་དེ་ལྟར་བཟུང་བ་མི་སྣང་བའི་ཕྱིར་རོ། །ས་མུ་ཏྲའི་འགྲེལ་བ་ལས་ཀྱང་། ལན་གཉིས་སུ་ཞེས་པ་ནི། གཉིས་ཁོ་ནར་འཆད་པར་མི་བཟུང་སྟེ། ཐོག་མར་བླངས་པ་ལ་ལྟོས་ནས་ཀྱང་ལེན་པར་བྱེད་པར་དེ་ལ་གཉིས་ཞེས་བྱའོ། །ཞེས་བཤད་དོ། །དགེ་བཤེས་ཁ་ཅིག་ལན་བདུན་ལས་ཐལ་ན་མི་སྐྱེའོ་ཞེས་གསུངས་པ་ནི། ཇི་ཙམ་ཁྲེལ་མེད་པར་གྱུར་པ་ལ་དགོངས་ནས་གསུངས་པར་ཟད་ཀྱི་ཡང་དག་པའི་ལུང་དང་། རིགས་པས་མི་འཐད་པར་སེམས་སོ། །འདི་ལ་ནི། དབུ་སེམས་གཉིས་ཀར་མཐུན་ནོ། །

གཉིས་པ་དབུ་མ་པ་ལྟར་ན། གལ་ཏེ་ལྟུང་བ་བྱུང་བ་ན། །རྨི་ལམ་འཕགས་པ་ནམ་སྙིང་གིས། །སྤྱན་དྲངས་མདུན་དུ་བཤགས་པ་བྱེད། །ཅེས་ནམ་མཁའི་སྙིང་པོའི་མདོ་ལས་གསུངས་པས། བསླབ་བཏུས་སུ། རྨི་ལམ་འཕགས་པ་ནམ་སྙིང་པོའི། །མདུན་དུ་འདུག་སྟེ་བཤགས་པར་བྱ། །ཞེས་གསུངས་ཤིང་། བཤགས་ཚུལ་རྣམས་བསླབ་བཏུས་སུ་ཤེས་པར་བྱ་ཞིང་། ཡང་སྤྱོད་འཇུག་ལས། ཉིན་དང་མཚན་མོ་ལན་གསུམ་དུ། །ཕུང་པོ་གསུམ་པ་གདོན་བྱ་ཞིང་། །རྒྱལ་དང་བྱང་ཆུབ་སེམས་བརྟེན་པས། །ལྟུང་བའི་ལྷག་མ་དེས་ཞི་བྱ། །ཞེས་གསུངས་པ་ལྟར་རོ། །གཞུང་གི་དོན་ལ། ཐེག་པ་ཆེན་པོའི་ཀུན་རྫོབ་སེམས་བསྐྱེད་ལས། དབུ་མ་པ་དང་། སེམས་ཙམ་པའི་ལུགས་ཀྱི་སེམས་བསྐྱེད་གཉིས་ཡོད་ལ། དེ་གཉིས་ལ་དབུ་མ་པ་ཆོས་རྣམས་ཀྱི་གནས་ལུགས་མཐའ་བྲལ་སྟོང་པ་ཉིད་དུ་བལྟ་བ་དང་། སེམས་ཙམ་པ་བཟུང་འཛིན་གཉིས་མེད་ཀྱི་ཤེས་པ་རང་རིག་རང་གསལ་གྱི་ལྟ་བ་ཐ་དད་པའི་རྒྱུ་མཚན་གྱིས་སེམས་བསྐྱེད་པའི་ཆོ་ག་ཡང་། སྦྱོར་དངོས་རྗེས་གསུམ་ཐ་དད་པ་ཡིན་ནོ། །རྒྱུ་མཚན་དེའི་ཕྱིར་ལྟུང་བ་དང་། ཕྱིར་བཅོས་པ་དང་། བསླབ་པར་བྱ་བའང་སོ་སོ་ཡོད་དོ། །གཉིས

པ་ཐེག་ཆེན་སེམས་བསྐྱེད་གཏན་ལ་ཕབ་པ་ལ་བཞི་སྟེ། སེམས་ཙམ་པའི་སེམས་བསྐྱེད་དུ་རུང་མི་སྐྱེ་བར་བསྟན་ལ༑ དབུ་མ་པའི་སེམས་བསྐྱེད་སེམས་ཅན་ཐམས་ཅད་ལ་སྐྱེ་བར་བསྟན་པ། དེ་དག་དཔེའི་སྒོ་ནས་བསྒྲུབ་པ། དེ་ལ་ཀླན་ཀ་སྤང་བའོ། །དང་པོ་ལ་གསུམ་སྟེ། མི་སྐྱེ་བར་བསྟན་པ་དངོས་དང་། །ཕྱི་ལམ་ལ་ཡིད་བརྟན་མི་རུང་བར་བསྟན་པ། མ་བསླབ་པར་མཁས་པ་འབྱུང་ན་ཧ་ཅང་ཐལ་བའོ། །དང་པོ་ནི། སེམས་ཙམ་པའི་སེམས་བསྐྱེད་འདི། །བོད་ན་བྱེད་པ་མང་མོད་ཀྱི། །དེ་ནི་སུ་ཡང་རུང་བ་ཡི། །གང་ཟག་གཞན་ལ་བྱ་མི་རུང་། །ཞེས་པ། སེམས་ཙམ་པའི་སེམས་བསྐྱེད་པའི་ཆོ་ག་ནི། བོད་ན་བྱེད་པ་མང་པོ་ཡོད་མོད་ཀྱང་། དེ་ནི་སོ་སོ་ཐར་པ་རིགས་བདུན་གང་རུང་གི་སྡོམ་པ་མེད་པ་དང་། ཡོད་ཀྱང་བྱང་ཆུབ་སེམས་པའི་སྡེ་སྣོད་མི་ཤེས་པ་དང་། ཤེས་ཀྱང་བྱང་ཆུབ་སེམས་དཔའི་བསླབ་པ་ཉམས་འོག་མ་ཚུད་པའི་སུ་རུང་རུང་གི་གང་ཟག་རྣམས་ལ་བྱར་མི་རུང་སྟེ། ལམ་སྒྲོན་དུ། སོ་སོ་ཐར་པ་རིགས་བདུན་གྱི། །རྟག་ཏུ་སྡོམ་པ་ལྡན་པ་ལ། །བྱང་ཆུབ་སེམས་དཔའི་སྡོམ་པ་ཡི། །སྐལ་བ་ཡོད་ཀྱི་གཞན་དུ་མིན། །ཞེས་བཤད་པའི་ཕྱིར། འོན་ཁྱེད་རང་གི་མཁན་པོ་བསོད་སྙོམས་པ་ཆེན་པོ་ཤཱཀྱ་ཤྲཱི་བྷ་དྲས་སེམས་ཙམ་པའི་ལུགས་ཀྱི་སེམས་བསྐྱེད་ལ། དབུ་མ་པའི་ལུགས་སམ་སྡིག་བཤགས་ལ་སོགས་པ་མནན་ནས་བྱེད་པ་ཅི་ཡིན་ཞེ་ན། ཆག་ལོ་ཙཱ་བ་ཆོས་ཀྱི་དཔལ་གྱི་ཞུས་ལན་དུ། འདི་ལྟར་གསུངས་ཏེ། བླ་མ་ཤ་བྷ་ཡའི་ཚོགས་ངེད་ཀྱི་མཁན་པོ་ཆོས་རྗེ་པ་སྐྱེ་བོ་ཀུན་ལ་སེམས་བསྐྱེད་མཛད་པ་དེ། བྱང་ས་དང་ཇི་ལྟར་མཐུན་གསུངས་པ་ལ། ངེད་ཀྱི་མཁན་པོ་བསོད་སྙོམས་པ་ཆེན་པོ་ལ་འགའ་ཞིག་གི་སེམས་བསྐྱེད་ཞུ་ཡིན་གདའ་བས། ཛེ་ཏ་རིའི་ལུགས་ཀྱི་དབུ་མའི་དཔེ། རྒྱ་གར་དུ་ལུས་ནས་མེད་གསུང་། དེར་སྡོམ་པ་ཉི་ཤུ་པའི་ལུགས་སུ་བྱས་པས། བསྙེན་གནས་མི་ཐུབ་པ་ལ་སེམས་བསྐྱེད་གར་ཡང་གསུངས་ནས་མ་གནང་། དགེ་སློང་གི་མཁན་པོ་ཞུ་བ་ཀུན་ལ་འང་། ངའི་དྲུང་དུ་ལོ་བཅུ་སྡོད་ན་བྱ་གསུངས་མ་གནང་། དབང་ཞུ་བ་ལ་འང་རྩ་བའི་ལྟུང་བ་བསྲུང་དགོས། རིམ་གཉིས་བསྒོམ་དགོས། རྒྱུད་སྡེ་ཕྱོགས་རེ་སློབ་ནུས་ན་བྱ། དེ་ཁྱེད་ཀྱི་མི་ནུས་གསུང་ནས་མི་གནང་བར་གདའ། ཕྱིས་དད་པ་ཅན་མཆི་མ་བྱུང་། ཡང་ཡང་ཞུས་པས་བོད་དཔེ་ཁྱེར་ལ་ཤོག་གསུམ་གསུངས་ནས་བོད་ཀྱི་ལས་ཆོག་ལ་རྒྱ་ཡིག་གིས་མཚན་བཏབ། བོད་ཀྱི་སེམས་ཙམ་པའི་ཡི་གེ་ལ། དབུ་མ་པའི་ལུགས་ཀྱི་སྡིག་བཤགས་ལ་སོགས་པ་མནན་ནས་མཛད་ཀྱིན་གདའ། ཡུལ་ཆོས་ཀྱི་དགེ་སློང་ཡུལ་ཆོས་ཀྱི་སེམས་བསྐྱེད་བོད་དུ་ཡོང་བས་ཆུད་ཟོས་གསུང་ཞིང་། ཞུ་མཁན་ཀུན་ལ་མི་མཉེས་བཞིན་དུ་མཛད་ཀྱིན་གདའ། སེམས་ཙམ་པའི་ཆོག་ལ་སྡིག་བཤགས་ལ་སོགས་པ་དང་། ཡུལ་ཡང་སྐྱེ་བོ་ཀུན་ལ་བྱེད་ན། བྱང་ས་དང་མི་མཐུན་པས་མ་དག་པར་མཆི། འོན་ཀྱང་མཁན་པོ་པ་གཞན་གྱི་ངོ་བསྲུང་བས། བོད་རྣམས་ཀྱི་ངོ་མཚར་བར་གདའ། རྒྱ་གར་ཡུལ་

དུའང་། ཐལ་ཆེན་སྟེ་པ་ལ་སོགས་པ་མི་འདྲ་བ་མང་པོའི་ནང་དུ་ཞུགས་པས་དེ་རྣམས་ཀྱི་ངོར་ལྟུང་བཟེད་ཀྱི་བྱིན་ལེན་དང་། ཕྱི་དྲོ་བུ་རམ་མི་ཟ་བ་ལ་སོགས་པ་ཐམས་ཅད་ཡོད་སྨྲའི་འདུལ་བའི་ལག་ལེན་དང་མི་མཐུན་པ་འགའ་ཞིག་བྱེད་དགོས་སུ་སོང་གསུང་གིན་གདའ། ཞེས་གསུངས་པ་ལྟར་རོ། །གཉིས་པ་ནི། ལ་ལ་སྐྱེ་བོ་འགའ་ཞིག་གི །ཚི་ལམ་གྱི་ནི་རྗེས་འབྲངས་ནས། །སེམས་ཅན་ཀུན་ལ་སེམས་བསྐྱེད་བྱེད། །ཚི་ལམ་བདུད་ཀྱི་མིན་ན་རུང་། །བྱང་ཆུབ་སེམས་དཔའི་ས་དང་ནི། །མར་མེ་མཛད་ཀྱི་བཀག་ཕྱིར་དང་། །ཚིག་ལས་ཀྱང་གསལ་བའི་ཕྱིར། །ལུགས་དེ་སངས་རྒྱས་བསྟན་པ་མིན། །ཞེས་པ། བཀའ་གདམས་པ་ལ་ལ། དགའ་ལྡན་ན་མགོན་པོ་བྱམས་པས་ཁྲིམ་ལ་སེམས་ཙམ་པའི་འཇུག་པ་སེམས་བསྐྱེད་མཛད་པ་མཐོང་བའི་རྗེས་སུ་འབྲངས་ནས། སེམས་ཅན་ཀུན་ལ་སེམས་ཙམ་པའི་འཇུག་པ་སེམས་བསྐྱེད་བྱེད་དོ། །དེ་ལྟ་བུའི་ལུགས་དེ་སངས་རྒྱས་ཀྱི་བསྟན་པ་མིན་ཏེ། ཆོས་ནས་བཤད་པ་དང་མི་མཐུན་པའི་རྨི་ལམ་བདུད་ཀྱི་མིན་ན་རུང་སྟེ་ཡིན་པའི་ཕྱིར་དང་། བྱང་ཆུབ་སེམས་དཔའི་ས་ལས། རིགས་ཀྱི་བུ་ཁྱོད་བྱང་ཆུབ་སེམས་དཔའ་ཡིན་ནམ། ཞེས་བྱ་བ་ལ་སོགས་པས། བྱང་ཆུབ་སེམས་དཔའི་སྡེ་སྣོད་མི་ཤེས་པ་ལ་འཇུག་པ་སེམས་བསྐྱེད་བཀག་པའི་ཕྱིར་དང་། མར་མེ་མཛད་ཀྱི་སོ་སོ་ཐར་པ་རིགས་བདུན་གང་རུང་སེམས་བསྐྱེད་ཀྱི་རྟེན་དུ་མེད་པ་ལ། འཇུག་པ་སེམས་བསྐྱེད་བཀག་པའི་ཕྱིར་དང་། ཚིག་ལས་གསལ་བའི་ཕྱིར། གསུམ་པ་ནི། ཁ་ཅིག་བླུན་པོ་སྡིག་པ་ཅན། །ཡིན་ཡང་དེར་འཚོགས་ཐམས་ཅད་ནི། །སོ་སོ་ཐར་པའི་སྡོམ་པ་ཅན། །བྱང་ཆུབ་སེམས་དཔའི་སྡེ་སྣོད་ལ། །མཁས་པ་ཤ་སྟག་ཡིན་ནོ་ལོ། །འདི་འདྲའི་ཚིག་ལའང་བདེན་འཛིན་ཡོད། །སེམས་ཡོད་རྣམས་ཀྱིས་འདི་ལ་སྤྱོད། །གལ་ཏེ་འདི་འདྲའི་ཚིག་བདེན་ན། །དེ་ལ་མི་བདེན་གཞན་ཅི་ཡོད། །དེས་ན་ཆོས་ཀྱི་རྗེས་འབྲང་བའི། །མཁས་པ་རྣམས་ཀྱིས་ལུགས་འདི་སྤོངས། །ཞེས་པ། སེམས་ཙམ་པའི་ལུགས་བྱེད་པ་ཁ་ཅིག བླུན་པོ་སྡིག་པ་ཅན་ཡིན་ཡང་། དེར་འཚོགས་པ་ཐམས་ཅད་སོ་སོ་ཐར་པའི་སྡོམ་པ་ཅན། བྱང་ཆུབ་སེམས་དཔའི་སྡོམ་པ་ཅན། བྱང་ཆུབ་སེམས་དཔའི་སྡེ་སྣོད་ལ་མཁས་པ་ཤ་སྟག་ཡིན་ཞེས་ཟེར་རོ། །མེད་པར་མཐོང་བཞིན་དུ་ཡོད་ཅེས་བརྫུན་སྨྲ་བ་འདི་འདྲའི་ཚིག་ལ་བདེན་འཛིན་བྱེད་པ་ཡོད་པས་སེམས་ཡོད་རྣམས་ཀྱིས་འདི་ལ་སྤྱོད་ཅིག གལ་ཏེ་འདི་འདྲའི་ཚིག་བདེན་ན་དེ་ལས་མི་བདེན་པ་གཞན་ཅི་ཡོད། འོ་ན་མི་བསིལ་བ་ཡིན་རྒྱུ་བསྲིག་པ་ཡིན། སེམས་ཅན་སངས་རྒྱས་ཡིན་པས་སེམས་བསྐྱེད་བྱ་མི་དགོས་ཞེས་སྨྲས་ན་སྨྲོན་ཅི་ཡོད། རྒྱུ་མཚན་དེས་ན་དབང་རྟོན་ཆོས་ཀྱི་རྗེས་སུ་འབྲངས་པའི་མཁས་པ་རྣམས་ཀྱིས་འདི་འདྲ་བའི་སེམས་བསྐྱེད་ཀྱི་ལུགས་སྤོངས་ཤིག

གཉིས་པ་ལ། དངོས་དང་ཤེས་བྱེད་ཀྱི་ལུང་ཁུངས་དགོད་པའོ། །དང་པོ་ནི། དབུ་མའི་ལུགས་ཀྱི་སེམས་བསྐྱེད་

འདི། །སེམས་ཅན་ཀུན་གྱི་ལེགས་ཐོབ་ན། །རྫོགས་སངས་རྒྱས་ཀྱི་རྒྱུར་འགྱུར་ཞེས། །མདོ་དང་བསྟན་བཅོས་རྣམས་ལས་གསུངས། །ཞེས་པ། དབུ་མའི་ལུགས་འདི་སེམས་བསྐྱེད་པའི་ཆོ་ག་ནི། སེམས་ཅན་ཀུན་གྱི་ལེགས་ཐོབ་ན་རྫོགས་པའི་སངས་རྒྱས་ཀྱི་རྒྱུར་འགྱུར་ཞེས། ཐེག་པ་ཆེན་པོའི་མདོ་དང་བསྟན་བཅོས་རྣམས་ལས་གསུངས་སོ། །གཉིས་པ་ནི། དེ་ཡང་སྡོང་པོ་བཀོད་པ་དང་། །བསྐལ་བཟང་ནམ་མཁའི་སྙིང་པོ་དང་། །དཀོན་བརྩེགས་རྒྱལ་པོར་གདམས་པ་ཡི། །མདོ་སྡེ་ལ་སོགས་རྣམས་ལ་ལྟོས། །འཕགས་པ་ཀླུ་སྒྲུབ་ཀྱིས་མཛད་དང་། །རྒྱལ་སྲས་ཞི་བ་ལྷས་མཛད་པའི། །བསྟན་བཅོས་ལ་སོགས་རྣམས་ལས་གསུངས། །ཞེས་པ། དབུ་མ་པའི་ལུགས་ཀྱི་སེམས་བསྐྱེད་པ་དེ་ཡང་། མདོ་གང་ལས་གསུངས་ན། སྡོང་པོ་བཀོད་པ་དང་། མདོ་སྡེ་བསྐལ་པ་བཟང་པོ་དང་། ནམ་མཁའི་སྙིང་པོས་ཞུས་པའི་མདོ་དང་། དཀོན་བརྩེགས་དང་། རྒྱལ་པོ་ལ་གདམས་པའི་མདོ་རྣམས་ལས་གསུངས་སོ། །ཇི་ལྟར་གསུངས་ན། འཕགས་པ་སངས་རྒྱས་ཕལ་པོ་ཆེའི་སྡོང་པོ་བཀོད་པ་ལས། རིགས་ཀྱི་བུ་བྱང་ཆུབ་ཀྱི་སེམས་ནི་སངས་རྒྱས་ཀྱི་ཆོས་ཐམས་ཅད་ཀྱི་ས་བོན་ལྟ་བུའོ། །འགྲོ་བ་ཐམས་ཅད་ཀྱི་ཆོས་དཀར་པོ་རྣམ་པར་འཕེལ་བར་བྱེད་པས་ཞིང་ལྟ་བུའོ། །ཞེས་སོགས་གསུངས་སོ། །

མདོ་སྡེ་བསྐལ་བཟང་ལས། རྒྱལ་བ་ཕན་བཞེད་གྲོང་དཔོན་གྱུར་པའི་ཚེ། །དེ་བཞིན་གཤེགས་པ་བསོད་ནམས་འོད་དེ་ལ། །ཉིན་གཅིག་སྲོག་གཅོད་སྡོམ་པ་བླངས་ནས་ཀྱང་། །དང་པོར་བྱང་ཆུབ་མཆོག་ཏུ་སེམས་བསྐྱེད་དོ། །ཞེས་སོགས་གསུངས་སོ། །དཀོན་བརྩེགས་ཀྱིས་རྒྱལ་པོ་ལ་གདམས་པའི་མདོ་ནི་གོང་དུ་དྲངས་པ་ལྟར་རོ། །གཞན་ཡང་འཕགས་པ་སྤྱན་རས་གཟིགས་དབང་ཕྱུག་གིས་ཞུས་པའི་མདོ་ལ་སོགས་པ་ལ་ལྟ་བར་བྱའོ། །བསྟན་བཅོས་གང་ལས་གསུངས་ན། འཕགས་པ་ཀླུ་སྒྲུབ་ཀྱིས་མཛད་པའི་རིན་ཆེན་ཕྲེང་བ་ལས། སེམས་ཅན་ཐམས་ཅད་བྱང་ཆུབ་ཏུ། །ཞེས་སོགས་གསུངས་པ་གོང་དུ་དྲངས་པ་ལྟར་རོ། །རྒྱལ་སྲས་ཞི་བ་ལྷས། །སྤྱོད་འཇུག་ཏུ། བྱང་ཆུབ་སེམས་བསྐྱེད་གྱུར་ན་སྐད་ཅིག་གིས། །འཁོར་བའི་བཙོན་རར་བསྡམས་པའི་ཉམ་ཐག་རྣམས། །བདེ་གཤེགས་རྣམས་ཀྱི་སྲས་ཞེས་བརྗོད་བྱ་ཞིང་། །འཇིག་རྟེན་ལྷ་མིར་བཅས་པས་ཕྱག་བྱར་འགྱུར། །ཞེས་གསུངས་པ་ལྟར་རོ། །གསུམ་པ་ནི། ཇི་ལྟར་འབྲས་ཀྱི་ས་བོན་ནི། །གྲང་བའི་ཡུལ་དུ་མི་སྐྱེ་བ། །དེ་བཞིན་སེམས་ཙམ་པ་ཡིན་ཡང་། །སེམས་བསྐྱེད་སྡིག་ཅན་ལ་མི་སྐྱེ། །ཇི་ལྟར་ནས་ཀྱི་ས་བོན་ནི། །གྲང་དྲོ་གང་དུའང་སྐྱེ་བ་ལྟར། །དེ་བཞིན་དབུ་མའི་སེམས་བསྐྱེད་ཀྱང་། །སྡིག་པ་ཡོད་མེད་ཀུན་ལ་སྐྱེ། །ཞེས་པ། ཇི་ལྟ་སྟེ་དཔེར་ན། འབྲས་ཀྱི་ས་བོན་ནི། གྲང་པོའི་ཡུལ་དུ་མི་སྐྱེ་ཞིང་། དྲོ་བའི་ཡུལ་དུ་སྐྱེ་བ་དེ་བཞིན་དུ། སེམས་ཙམ་པའི་སེམས་བསྐྱེད་ཀྱང་། སྡིག་པ་ཅན་ཐམས་ཅད་ལ་མི་སྐྱེ་ཞིང་། སོ་སོ་ཐར་པ་རིགས་བདུན་གང་རུང་དང་ལྡན་

པ་ལ་སྐྱེའོ། །ཇི་ལྟར་དཔེར་ན་ནས་ཀྱི་ས་བོན་ནི་གྲང་དྲོའི་ཡུལ་གང་དུའང་སྐྱེ་བ་ལྟར། དབུ་མ་པའི་སེམས་བསྐྱེད་ཀྱང་། སྡིག་པ་ཡོད་མེད་ཀུན་ལ་སྐྱེ་བར་མདོ་བསྟན་བཅོས་ཐམས་ཅད་ལས་གསུངས། བཞི་པ་ལ་འདོད་པ་བརྗོད་པ་དང་། དེ་དགག་པ་རང་གཞུང་དང་མཐུན་པ་བསྒྲུབ་པར་གདམས་པ་དང་གསུམ། དང་པོ་ནི། གལ་ཏེ་མདོ་ལས་བཤད་པ་ཡི། །གཞུང་དེ་སེམས་ཙམ་པ་ཡི་དང་། །སེམས་བསྐྱེད་ལུང་དུ་ཅི་འགལ་ཞེས། །སྙམ་ན། ཞེས་པ། གལ་ཏེ་དེ་སྡོང་པོ་བཀོད་པ་ལ་སོགས་པ་ལས་སེམས་ཅན་ཐམས་ཅད་ལ་སེམས་བསྐྱེད་སྐྱེ་བར་བཤད་པའི་གཞུང་དེ་སེམས་ཙམ་པའི་སེམས་བསྐྱེད་ཀྱི་ལུང་དུ་ཅི་འགལ་ཏེ་མི་འགལ་ལོ་སྙམ་ན། གཉིས་པ་ནི། དེ་ནི་འཁྲུལ་བ་ཡིན། །རྒྱལ་བ་ཕན་བཞེད་ཉིན་གཅིག་གི །སྲོག་གཅོད་སྡོམ་པ་བླངས་པ་ལ། །བྱང་ཆུབ་སེམས་དཔའི་སེམས་བསྐྱེད་མཛད། །དེ་ནི་སོ་སོར་ཐར་པ་ཡིན། །དེ་ལ་སོགས་པའི་འཐད་པ་རྣམས། །དབུ་མའི་ལུགས་ལ་འཐད་མོད་ཀྱི། །སེམས་ཙམ་པ་ཡི་ལུགས་ལ་མིན། །ཞེས་པ་སྡོང་པོ་བཀོད་པ་དང་། བསྐལ་བཟང་ལ་སོགས་པ་ལས་སེམས་ཅན་ཐམས་ཅད་ལ་སེམས་བསྐྱེད་སྐྱེ་བར་བཤད་པ་དེ་སེམས་ཙམ་པའི་སེམས་བསྐྱེད་ཀྱི་ལུང་དུ་བྱེད་ན། དེ་ནི་འཁྲུལ་བ་ཡིན་ཏེ། མདོ་སྡེ་བསྐལ་བཟང་ལས་རྒྱལ་བ་ཕན་བཞེད་གྲོང་དཔོན་གྱུར་པའི་ཚེ། །དེ་བཞིན་གཤེགས་པ་བསོད་ནམས་འོད་དེ་ལ། །ཉིན་གཅིག་སྲོག་གཅོད་སྡོམ་པ་བླངས་ནས་ཀྱང་། །དང་པོར་བྱང་ཆུབ་མཆོག་ཏུ་སེམས་བསྐྱེད་དོ། །ཞེས་གསུངས་པའི་ཉི་མ་གཅིག་གི་སྲོག་གཅོད་ཀྱི་སྡོམ་པ་བླངས་པ་སྟེ། སོ་སོ་ཐར་པ་རིགས་བདུན་གང་ཡང་མ་ཡིན་ཕྱིར། ཁྱབ་པ་ཡོད་དོ། །སེམས་ཙམ་པའི་འཇུག་པ་སེམས་བསྐྱེད་སྐྱེ་བ་ལ་སོ་སོ་ཐར་པ་རིགས་བདུན་དགོས་པའི་ཕྱིར། དེ་ལ་སོགས་པའི་འཐད་པ་རྣམས་དབུ་མ་པའི་ལུགས་ལ་འཐད་མོད་ཀྱི། སེམས་ཙམ་པའི་ལུགས་ལ་འཐད་པ་མ་ཡིན་ནོ། །གསུམ་པ་ནི། དེས་ན་སེམས་ཙམ་པའི་ལུགས། གལ་ཏེ་སེམས་བསྐྱེད་དེ་འདོད་ན། །ཐོག་མར་སོ་སོར་ཐར་པ་ལོངས། །བྱང་ཆུབ་སེམས་དཔའི་སྡེ་སྣོད་སློབས། །དད་ཅིང་བསྒྲུབ་པར་ནུས་གྱུར་ན། །ཕྱི་ནས་སེམས་བསྐྱེད་སྡོམ་པ་ལོངས། །ཅི་སྟེ་སེམས་ཅན་ཐམས་ཅད་ལ། །སངས་རྒྱས་ས་བོན་འཛུག་འདོད་ན། །ཚིག་འཁྲུལ་བ་མེད་པ་ཡི། །དབུ་མ་པ་ཡི་གཞུང་བཞིན་གྱིས། །ཞེས་པ། རྒྱུ་མཚན་དེས་ན། སེམས་ཙམ་པའི་ལུགས་ཀྱི་སེམས་བསྐྱེད་དེ་གལ་ཏེ་ལེན་པར་འདོད་ན། ཐོག་མར་སོ་སོ་ཐར་པ་རིགས་བདུན་གང་རུང་གི་སྡོམ་པ་ལོངས། དེ་ནས་བྱང་ཆུབ་སེམས་དཔའི་སྡེ་སྣོད་སློབས། ཕྱིས་སེམས་བསྐྱེད་ལེན་པ་ལ་དད་ཅིང་སེམས་བསྐྱེད་ཀྱི་བསླབ་བྱ་བསྒྲུབ་པར་ནུས་པར་གྱུར་ན། འཇུག་པ་སེམས་བསྐྱེད་ཀྱི་སྡོམ་པ་ལོངས། ཅི་སྟེ་སོ་སོ་ཐར་པ་རིགས་བདུན་གང་རུང་བསྲུང་བར་མི་ནུས་ཤིང་། སེམས་ཅན་ཐམས་ཅད་ལ་སངས་རྒྱས་ཀྱི་ས་བོན་འཛུག་པར་འདོད་ན། ཚིག་འཁྲུལ་བ་མེད་པར་དབུ་མ་པའི

གཞུང་བཞིན་དུ་གྱིས་ཤིག ཞེས་གདམས་སོ། །གཉིས་པ་དོན་དམ་སེམས་བསྐྱེད་ལ། ཆོ་ག་ལས་མི་སྐྱེ་བར་བསྟན། སྐྱེ་ན་ཀུན་རྫོབ་ཏུ་ཐལ་བ། དེ་དག་དཔེ་དང་སྦྱར་ཏེ་བསྟན། སེམས་བསྐྱེད་པར་གསུངས་པའི་དགོངས་པ་བསྟན་པའོ། །དང་པོ་ནི། དོན་དམ་སེམས་བསྐྱེད་ཅེས་བྱ་བ། བསྒོམས་པའི་སྟོབས་ཀྱིས་སྐྱེ་མོད་ཀྱི། །ཆོ་གའི་སྒོ་ནས་འདི་མ་སྐྱེ། ། ཞེས་པ། བཀའ་གདམས་གདམས་ངག་པ་འགའ་དང་ཕྱག་རྒྱ་བ་འགའ་དོན་དམ་སེམས་བསྐྱེད་ཆོ་ག་ལས་སྐྱེ་བར་འདོད་པ་མི་འཐད་དེ། སློབ་དཔོན་ཀླུ་སྒྲུབ་ཀྱི་བྱང་ཆུབ་སེམས་འགྲེལ་ལས། དེ་ལྟར་ཀུན་རྫོབ་བྱང་ཆུབ་ཀྱི་སེམས་བསྐྱེད་ནས། དོན་དམ་པའི་བྱང་ཆུབ་ཀྱི་སེམས་བསྒོམས་པའི་སྟོབས་ཀྱིས་གོམས་པར་བྱས་པ་ལས་གྱུར་ཏེ། ཞེས་གསུངས་པའི་ཕྱིར། དོན་དམ་སེམས་བསྐྱེད་བསྒོམས་པའི་སྟོབས་ཀྱིས་བསྐྱེད་པར་བྱ་སྟེ། དེས་དེའི་རང་བཞིན་བཤད་པ། སངས་རྒྱས་རྣམས་ཀྱི་བྱང་ཆུབ་སེམས། །བདག་དང་ཕུང་སོགས་རྣམ་རིག་གི། །རྟོག་པ་རྣམས་ཀྱིས་མ་བསྒྲིབས་ཤིང་། །རྟག་ཏུ་སྟོང་ཉིད་མཚན་ཉིད་བཞེད། །སྙིང་རྗེ་བརླན་པའི་སེམས་ཀྱིས་ནི། །འབད་དེ་བསྒོམ་པར་བྱ་བ་ཉིད། །ཅེས་གསུངས་པ་དང་། མདོ་སྡེ་རྒྱན་ལས་ཀྱང་། རྫོགས་པའི་སངས་རྒྱས་རབ་བསྙེས་བྱས། །བསོད་ནམས་ཡེ་ཤེས་ཚོགས་རབ་བསགས། །ཆོས་ལ་མི་རྟོག་ཡེ་ཤེས་ནི། །སྐྱེས་ཕྱིར་དེ་ནི་དམ་པར་འདོད། །ཅེས་བྱ་བ་ལ་སོགས་པ་དང་། དེའི་འགྲེལ་པར། དོན་འགྲེལ་པར། དོན་དམ་པའི་སེམས་བསྐྱེད་པ་དེ་ཡང་ས་རབ་ཏུ་དགའ་བ་ཡིན་པས། ཞེས་གསུངས་པ་དང་། མདོ་དགོངས་པ་ངེས་པར་འགྲེལ་བ་ལས་བྱུང་བའི་ལུང་། དབུ་མ་སྒོམ་རིམ་ལས། དེ་ལྟ་ཀུན་རྫོབ་བྱང་ཆུབ་ཀྱི་སེམས་བསྐྱེད་པའི་ཕྱིར་འབད་པར་བྱའོ། །དོན་དམ་པ་བྱང་ཆུབ་ཀྱི་སེམས་དེ་ནི་འཇིག་རྟེན་ལས་འདས་པ་སྤྲོས་པ་མཐའ་དག་དང་བྲལ་བ། ཤིན་ཏུ་གསལ་བ། དོན་དམ་པའི་སྤྱོད་ཡུལ་དྲི་མ་མེད་པ། མི་གཡོ་བ། རླུང་མེད་པའི་མར་མེའི་རྒྱུན་བཞིན་དུ་མི་གཡོ་བའོ། །དེ་འགྲུབ་པ་ནི་རྟག་ཏུ་གུས་པར་ཞི་གནས་དང་ལྷག་མཐོང་གི་རྣལ་འབྱོར་གོམས་པ་ལས་གྱུར་ཏོ། །ཞེས་གསུངས་པས། སེམས་བསྐྱེད་བསྒོམས་པའི་སྟོབས་ཀྱིས་ས་དང་པོ་ལ་འབྱུང་བར་བཤད་ཀྱི། ཆོ་ག་ལས་མི་སྐྱེའོ། །སྤྱང་སྙིང་ལས། དོན་དམ་སེམས་བསྐྱེད་བགྱིའོ། །ཞེས་གསུངས་པ་དེའི་དགོངས་པ་ཡང་། བསྒོམས་ནས་བསྐྱེད་པ་ལ་དགོངས་ཀྱི་ཚོགས་བསྐྱེད་པ་ལ་དགོངས་པ་མ་ཡིན་ནོ། །ཕྱིར་སྤྱང་སྙིང་ཡང་བོད་ལ་གནམ་བབས་སུ་བྱུང་བ་ཡིན་གྱི། རྒྱ་གར་ལས་མ་བསྒྱུར་བས་མཁས་པ་རྣམས་ལུང་དུ་བྱེད་པ་དཀའོ། །ཁྱད་པར་དུ་སྤྱིར་སོ་སོ་ཐར་པའི་སྡོམ་པ། བྱང་ཆུབ་སེམས་དཔའི་སེམས་བསྐྱེད། གསང་སྔགས་ཀྱི་དབང་བསྐུར་རྣམས་ཆོ་ག་ལས་སྐྱེ། བསམ་གཏན་གྱི་སྡོམ་པ། ཟག་པ་མེད་པའི་སྡོམ་པ། དོན་དམ་པའི་སེམས་བསྐྱེད་རྣམས་ཆོ་ག་ལས་མི་སྐྱེ་བར་གསུངས། འོན་རྣམ་སྣང་མངོན་བྱང་ལས། ཡན་ལག་བདུན

པའི་སྐབས་སུ། དོན་དམ་སེམས་བསྐྱེད་ཀྱི་ཚིག་ལན་གསུམ་གསུངས་པ་དང་འགལ་ལོ་སྙམ་ན། འདིའི་ལན་ལ། མགོ་སྒྲེའི་ལན་དང་། རྣལ་མའི་ལན་གཉིས་སོ། དང་པོ་ནི་ཁྱེད་ཀྱང་ཕྱག་རྒྱ་ཆེན་པོ་བསྒོམ་མེད་དུ་འདོད་ན། དེ་ཉིད་བསྟུས་པར། ཕྱག་རྒྱ་ཆེན་པོ་བསྒོམ་པར་བཤད་པ་དང་འགལ་ལོ། །

དེ་ཉིད་འདུས་པ་རྣལ་འབྱོར་གྱི་རྒྱུད་ཡིན། དེ་ལ་ལྷ་སྐུ་བསྒོམ་པ་ཕྱག་རྒྱ་ཆེན་པོར་མིང་བཏགས་པ་ཡིན་གྱི། རྣལ་འབྱོར་ཆེན་པོའི་ལུགས་ཀྱི་ཕྱག་རྒྱ་ཆེན་པོ་དངོས་མ་ཡིན་སྙམ་ན། འོ་ན། རྣམ་སྣང་མངོན་བྱང་ཡང་སྤྱོད་པའི་རྒྱུད་ཡིན་པས་ཡེ་ཤེས་ཀྱི་ཚོགས་པའི་སྟགས་ལ་དོན་དམ་སེམས་བསྐྱེད་ཀྱི་མིང་བཏགས་པ་ཡིན་གྱི། ཕ་རོལ་ཏུ་ཕྱིན་པའི་ལུགས་ཀྱི་དོན་དམ་སེམས་བསྐྱེད་ཀྱི་ཆོ་ག་བཤད་པ་མ་ཡིན་ནོ། །རྣམ་སྣང་མངོན་བྱང་ཡང་གསང་སྔགས་ཡིན་པས། དེ་ཉིད་ཀྱི་ལུགས་ཕ་རོལ་ཏུ་ཕྱིན་པ་ལ་བྱས་ན་ཅི་འགལ་སྙམ་ན། དེ་ཉིད་བསྟུས་པ་ཡོ་ག་ཡིན་ཡང་། དེ་ཉིད་ཀྱི་ལུགས་ཕྱག་རྒྱ་ཆེན་པོ་རྣལ་འབྱོར་བླ་ན་མེད་པར་བསྒོམས་ཀྱང་ཅི་འགལ། ཡོ་ག་དང་། རྣལ་འབྱོར་ཆེན་པོའི་རྒྱུད་སྡེ་ཐ་དད་པས་ཆོ་ག་དཀྲུགས་པས་མི་འཐད་དོ་ཞེ་ན། རྣམ་སྣང་མངོན་བྱང་གསང་སྔགས་ཀྱི་ལུགས་དང་། དོན་དམ་སེམས་བསྐྱེད་ཕ་རོལ་ཏུ་ཕྱིན་པའི་ལུགས་དཀྲུགས་པའང་ག་ལ་འཐད། གལ་ཏེ་ཐེག་པ་མི་འདྲ་བའི་ཆོ་ག་དཀྲུགས་ཀྱང་མོས་པའི་སྒོ་ནས། དོན་དམ་སེམས་བསྐྱེད་ཀྱི་ཆོ་ག་བྱས་ཀྱང་ཅི་འགལ་སྙམ་ན། འོ་ན་རྒྱུད་སྡེ་ཐ་དད་ཀྱི་ལག་ལེན་འཁྲུགས་ཀྱང་ཡོ་གའི་ལུགས་ཀྱི་ཕྱག་རྒྱ་ཆེན་པོ་རྣལ་འབྱོར་བླ་ན་མེད་པར་བསྒོམས་ཀྱང་ཅི་འགལ། དེ་ཕྱག་རྒྱ་ཆེན་པོ་བསྒོམ་དུ་ཤོར་བའི་སྐྱོན་ཅན་ཡིན་སྙམ་ན། དོན་དམ་སེམས་བསྐྱེད་ཆོ་གར་ཤོར་བ་ཡང་སྐྱོན་ཅན་ཡིན་ནོ། །ཆོ་གར་ཤོར་བས་སྐྱོན་ཅི་ཡོད་སྙམ་ན། འོ་ན་བསྒོམ་དུ་ཤོར་བས་ཀྱང་སྐྱོན་ཅི་ཡོད། བསྒོམ་རྟོག་པ་ཡིན་ལ། ཕྱག་རྒྱ་ཆེན་པོ་མི་རྟོགས་པ་ཡིན་པས་འགལ་ལོ་ཞེ་ན། འོ་ན་ཆོ་ག་ཀུན་རྫོབ་ཡིན་ལ་དོན་དམ་སེམས་བསྐྱེད་དོན་དམ་ཡིན་པས་འགལ་བར་མཚུངས་སོ། །

དེས་ན་གྲུབ་མཐའ་དང་རྒྱུད་སྡེའི་རིམ་པ་མི་ཤེས་པའི་བླུན་པོ་དག་གི་མཐུན་པ་ཙམ་ལ་ཡང་། འཁྲུལ་གཞིར་གྱུར་ནས་དོན་གྱིས་མ་ཤེས་པར་ཟད་དོ། །གཉིས་པ་དངོས་པོའི་ལན་ནི། སྤྱིར་ཆོས་ཐམས་ཅད་ལ་གྲུབ་མཐའི་རྣམ་བཞག་དང་། ཐེག་པའི་རིམ་པ་གལ་ཆེ་སྟེ། མཚན་ཉིད་པ་དང་བཏགས་པའི་བྱེ་བྲག་གིས་ཤེས་དགོས། དེའང་གྲུབ་མཐའ་ལ་ཉན་ཐོས་ཀྱི་དོན་དམ་དང་། ཐེག་ཆེན་གྱི་ཀུན་རྫོབ་ཏུ་འགྲོ་བ་ཡང་ཡོད། གསང་སྔགས་ཀྱིས་ཀྱང་། དོན་དམ་སེམས་བསྐྱེད། ཁ་དོག་དང་དབྱིབས་སུ་བསྒོམ་པར་བཤད་པའང་ཡོད། ཞྭ་ཆ་ཏེ་དང་། དངོས་པོ་ཐམས་ཅད་དང་བྲལ་བ་ལ་སོགས་པའི་ཚིག་གིས། སྟོང་པར་བསྒོམ་པ་དོན་དམ་སེམས་བསྐྱེད་དུ་མིང་བཏགས་པ་ཡང་ཡོད། ཟླ་བ་ཀུན་རྫོབ། རྡོ་རྗེ་ལ་དོན་དམ་དུ་མིང་བཏགས་པ་ལ་སོགས་པ་དཔག་ཏུ་མེད་པ

ཡོད་པས་དེ་དག་གི་རྒྱུ་མཚན་ལེགས་པར་ཤེས་དགོས། གསང་སྔགས་ཀྱི་ཆོ་ག་དང་། ཕ་རོལ་ཏུ་ཕྱིན་པའི་སེམས་བསྐྱེད་བསྲེས་པས་མི་འདྲ། ཕ་རོལ་ཏུ་ཕྱིན་པའི་སྨོན་འཇུག་ལ་ཆོ་ག་མདོ་བསྟན་བཅོས་གཉིས་ལས་བཤད། དོན་དམ་སེམས་བསྐྱེད་ལ་ཆོ་ག་མདོ་བསྟན་བཅོས་ཀུན་ནས་བཤད་པ་མེད། ཁྱད་པར་དབུ་མའི་ལུགས། སློབ་དཔོན་ཀླུ་སྒྲུབ་དང་། སློབ་དཔོན་ཞི་བ་ལྷའི་སྤྱོད་འཇུག་ལ་སོགས་པ་ནས་མ་གསུངས། སེམས་ཙམ་པའི་ཐོགས་མེད་དང་། སྡོམ་པ་ཉི་ཤུ་པ་དང་། རྗེ་བོ་རྗེའི་སེམས་བསྐྱེད་ཀྱི་གཞུང་ལས་ཀྱང་། དོན་དམ་སེམས་བསྐྱེད་མ་གསུངས། མ་གསུངས་ཀྱང་མོས་པས་ཆོ་ག་བྱས་ན་ཅི་འགལ་ཞེ་ན། ཆོ་ག་ལས་སྐྱེ་ན། ཀུན་རྫོབ་སེམས་བསྐྱེད་དུ་འགྱུར་གྱི་དོན་དམ་དུ་ག་ལ་འགྱུར། མདོ་ཐམས་ཅད་ལས་ཀྱང་། མི་སྐྱེ་བའི་ཆོས་བཟོད་པ་ཐོབ་པར་གསུངས་ཀྱི། སྐྱེ་བའི་ཆོས་ལ་བཟོད་པ་ཐོབ་པར་གསུངས་པ་མ་ཐོས། དེས་ན་ཆོ་ག་མེད་ལ་ཆོ་གར་བྱས། དོན་དམ་ཀུན་རྫོབ་ཏུ་ཕབ། མི་སྐྱེ་བ་སྐྱེ་བར་བྱས། བརྗོད་བྲལ་བརྗོད་པར་བྱས། དམིགས་མེད་དམིགས་པར་བྱས་པ་ལས། །དཀྲུགས་པ་ཆེ་བ་གཞན་ཅི་ཡོད། །མདོ་སྡེ་རྒྱན་ལས། གང་ཞིག་ཡོད་པ་མི་མཐོང་མེད་མཐོང་བ། །དེ་འདྲའི་མུན་ནག་རྣམ་པ་འདི་ཅི་ཞིག ཅེས་གསུངས་པའང་། དེའི་རིགས་ཅན་ཡིན་ཏེ། མིག་གིས་གསལ་བས་ཡོད་པའི་གཟུགས་མི་མཐོང་བར་མ་བཤད་པའི་སྐྲ་ཤད་དང་། དུང་སེར་པོ་ལ་སོགས་པ་མཐོང་བ་ལྟར། བླུན་པོ་དག་གིས་ཀྱང་ཆོས་ནས་བཤད་པའི་སྟེ་སྣོད་ཀྱི་རྣམ་བཞག་དང་། དབང་བསྐུར་ལ་སོགས་པའི་ཆོ་ག་ཟབ་མོ་མི་མཐོང་བར་མ་བཤད་པའི་སྨོན་འཇུག་སེམས་བསྐྱེད་ལ་གསང་སྔགས་ཀྱི་ལྟ་བསྒོམ་པ་དང་། དོན་དམ་སེམས་བསྐྱེད་ལ་རྗེས་བརྗོད་ཀྱི་ཆོ་ག་བྱེད་པ་ལ་སོགས་པ་དེ་བསྟན་པ་ལ་གནོད་པ་ཡིན་ཏེ། མུན་ནག་ཏུ་མིག་མི་གསལ་བ་ཞུགས་པ་འདྲ་བ་དེ་ཡིན། འོན་ཀུན་རྫོབ་སེམས་བསྐྱེད་དང་། དོན་དམ་སེམས་བསྐྱེད་སྐྱེ་བའི་རྐྱེན་གང་ཡིན་ཞེ་ན། མདོ་སྡེ་རྒྱན་ལས། གྲོགས་སྟོབས་རྒྱུ་སྟོབས་རྩ་བའི་སྟོབས། །ཞེས་པ་ལ་སོགས་པ་ནས། གཞན་གྱིས་བསྟན་པའི་སེམས་བསྐྱེད་འདོད། །ཅེས་གསུངས་པས་ན། སློབ་དཔོན་གྱིས་རྗེས་སུ་བརྗོད་ནས། ཡང་དག་པར་བླང་བ་བརྡ་ལས་བྱུང་བའི་ཀུན་རྫོབ་སེམས་བསྐྱེད་སྐྱེ་བའི་རྒྱུ་གསུངས་ནས། གཉིས་པ་དོན་དམ་སེམས་བསྐྱེད་སྐྱེ་བའི་རྒྱུ། རྫོགས་པའི་སངས་རྒྱས་རབ་མཉེས་བྱ། །བསོད་ནམས་ཡེ་ཤེས་ཚོགས་རབ་བསགས། །ཆོས་ལ་མི་རྟོག་ཡེ་ཤེས་ནི། །སྐྱེ་ཕྱིར་དེ་ནི་དམ་པར་འདོད། །ཞེས་གསུངས་པས། དོན་དམ་སེམས་བསྐྱེད་སློབ་དཔོན་གྱི་ངག་ཏུ་བརྗོད་པ་ལ་རག་ལས་པ་མ་ཡིན། སངས་རྒྱས་མཉེས་པར་བྱས། བསོད་ནམས་དང་ཡེ་ཤེས་ཀྱི་ཚོགས་མང་དུ་བསགས་པའི་སྟོབས་ཀྱིས། འཇིག་རྟེན་ཆོས་མཆོག་གི་རྗེས་སུ་འབྲངས། ཆོས་ལ་མི་རྟོག་ཡེ་ཤེས་མཐོང་ལམ་སྐྱེས་པ་ལ། དོན་དམ་པའི་སེམས་ཟེར་བ་ཡིན། ཀུན་རྫོབ་སེམས་བསྐྱེད་ལྟར་ཆོ་ག་ལ་མ་ལྟོས་པས་འདི་

དོན་དམ་པ་ཡིན་ནོ། །དེས་ན་ཀུན་རྫོབ་སེམས་བསྐྱེད་གཞན་གྱིས་བསྟན་པ་ཡིན་ལ། དོན་དམ་སེམས་བསྐྱེད་རང་གིས་རྟོགས་པ་ཡིན་ནོ། །མཁན་པོ་བོ་དྷི་ས་ཏྭས་དྲི་མེད་ཀྱི་ཚོ་ག་སྲུ དོན་དམ་པའི་བྱང་ཆུབ་ཀྱི་མཆོག་ཏུ་སེམས་བསྐྱེད་པར་བྱའོ། །ཞེས་གསུངས་པའང་ཆོས་ཐམས་ཅད་ཀྱི་གནས་ལུགས་སྟོང་པ་ཉིད་བསྒོམ་པ་ལ་དོན་དམ་པའི་སེམས་བསྐྱེད་དུ་མིང་བཏགས་པ་ཡིན་གྱི། དོན་དམ་སེམས་བསྐྱེད་ཚོ་ག་ལས་སྐྱེ་བའི་ལུང་མ་ཡིན་ནོ། །མདོར་ན་དོན་དམ་པའི་སེམས་བསྐྱེད་ཅེས་བྱ་བ་དེ་ཆོས་ཉིད་བསྒོམ་པའི་སྟོབས་ཀྱིས་སྐྱེ་བ་ཡིན་མོད་ཀྱི། ཚོ་གའི་སྒོ་ནས་སྐྱེ་བ་མ་ཡིན་ནོ། །གཉིས་པ་ནི། གལ་ཏེ་ཚོ་གས་སྐྱེ་བ་ནི། བརྡ་ལས་བྱུང་བའི་སེམས་བསྐྱེད་འགྱུར། །འདི་ནི་དོན་དམ་ཆོས་ཉིད་ཀྱི། །ཐོབ་པ་ཞེས་བྱའི་སེམས་བསྐྱེད་ཡིན། །འདི་ལ་སྦྱོར་དངོས་རྗེས་གསུམ་གྱི། །ཚོ་ག་རྒྱལ་བས་གསུངས་པ་མེད། །མཁས་པ་ཐམས་ཅད་འདི་མི་མཛད། །མཛད་ཀྱང་ཚོ་གར་མི་འགྱུར་རོ། །

དེས་ནི་འདི་འདྲའི་རིགས་ཅན་ཀུན། །སངས་རྒྱས་བསྟན་པའི་གཟུགས་བརྙན་ཡིན། །ཞེས་པ། གལ་ཏེ་དོན་དམ་སེམས་བསྐྱེད་ཚོ་གས་བསྐྱེད་ན། དོན་དམ་སེམས་བསྐྱེད་ཆོས་ཅན། བླངས་པས་བརྡ་ལས་བྱུང་བའི་སེམས་བསྐྱེད་དུ་འགྱུར་བར་ཐལ། ཚོ་གའི་སྒོ་ནས་སྐྱེ་བའི་སེམས་བསྐྱེད་ཡིན་པའི་ཕྱིར། འདོད་མི་ནུས་ཏེ། དོན་དམ་སེམས་བསྐྱེད་འདི་ནི་དོན་དམ་པ་ཆོས་ཉིད་ཀྱི་ཐོབ་པ་ཞེས་བྱའི་སེམས་བསྐྱེད་པའི་ཕྱིར་དང་། འདི་ལ་སྦྱོར་དངོས་རྗེས་གསུམ་གྱི་ཚོ་ག་རྒྱལ་བས་གསུངས་པ་མེད་ཅིང་། མཁས་པ་ཐམས་ཅད་འདི་མི་མཛད་ལ། མཛད་ཀྱང་ཚོ་གར་མི་འགྱུར་བའི་ཕྱིར། རྒྱུ་མཚན་དེས་ན། དོན་དམ་སེམས་བསྐྱེད་ཚོ་ག་ལས་སྐྱེ་བ་འདིའི་རིགས་ཅན་དང་། ཆོས་ཉིད་བསྒོ་རྒྱུར་བྱེད་པ་ལ་སོགས་པ་ཀུན་སངས་རྒྱས་ཀྱི་བསྟན་པའི་གཟུགས་བརྙན་ཡིན་ནོ། །

གསུམ་པ་ནི། དཔེར་ན་ཆུ་ལུད་ས་བོན་སོགས། །སོ་ནམ་ཞིང་པས་བྱར་ནུས་ཀྱི། །མྱུ་གུ་སྡོང་བུ་སྙེ་མ་སོགས། །ཞིང་ལས་འབྱུང་གི་མི་ལས་མིན། །དེ་བཞིན་ཀུན་རྫོབ་བྱང་ཆུབ་སེམས། །ཚོ་གའི་སྒོ་ནས་བསྐྱེད་ནུས་ཀྱི། །དོན་དམ་བྱང་ཆུབ་སེམས་དང་ནི། །ཟག་པ་མེད་པའི་སྡོམ་པ་དང་། །བསམ་གཏན་གྱི་ནི་སྡོམ་པ་དང་། །བསམ་གཏན་གྱི་ནི་སྡོམ་པ་སོགས། །ངང་གིས་སྐྱེ་ཡི་ཚོ་ག་མིན། །འདི་དག་འཐད་པ་དང་བཅས་པ། །མདོ་དང་བསྟན་བཅོས་ཀུན་ལས་འབྱུང་། །ཞེས་པ། ཀུན་རྫོབ་བྱང་ཆུབ་ཀྱི་སེམས་ཚོ་གའི་སྒོ་ནས་བསྐྱེད་པར་ནུས་ཀྱི། དོན་དམ་བྱང་ཆུབ་ཀྱི་སེམས་དང་། ཟག་པ་མེད་པའི་སྡོམ་པ་དང་། བསམ་གཏན་གྱི་སྡོམ་པ་དང་། སོགས་པ་དབང་བཞིའི་ཡེ་ཤེས་དང་། ཕྱག་རྒྱ་ཆེན་པོ་རྣམས་རང་གིས་བསྒོམ་པའི་ངང་གིས་སྐྱེ་བ་ཡིན་གྱི། ཚོ་གའི་སྒོ་ནས་སྐྱེ་བ་མ་ཡིན་ནོ། །དཔེར་ན། ཆུ་ལུད་ས་བོན་ལ་སོགས་པའི་སོ་ནམ། ཞིང་པས་བྱར་ནུས་ཀྱི། མྱུ་གུ་དང་སྡོང་བུ་དང་། སྙེ་མ་ལ་

སོགས་པ་ཞིང་ལས་འབྱུང་གི་མི་ནུས་པ་བཞིན་ནོ། །ཀུན་རྫོབ་སེམས་བསྐྱེད་ཆོ་ག་ལས་སྐྱེ་བ་དང་། །དོན་དམ་སེམས་བསྐྱེད་བསྒོམ་པ་ལས་སྐྱེ་བ་འདི་དག་གི་འཐད་པ་དང་བཅས་པ་མདོ་བསྟན་བཅོས་ཀུན་ལས་འབྱུང་ངོ་། །

བཞི་པ་ནི། དོམ་དམ་སེམས་བསྐྱེད་བྱའོ་ཞེས། གལ་ཏེ་བརྒྱ་ལ་གསུང་སྲིད་ཀྱང་། །དམ་བཅའ་ཡིན་གྱི་ཆོ་ག་མིན། །དཔེར་ན་སྦྱིན་པ་བཏང་བར་བྱ། །ཚུལ་ཁྲིམས་དམ་པ་བསྲུང་བར་བྱ། །སངས་རྒྱས་ཡོན་ཏན་བསྒྲུབ་པར་བྱ། །དེ་ལ་སོགས་པ་གསུངས་པ་ཀུན། །དམ་བཅའི་ཚིག་ཙམ་ཉིད་ཡིན་གྱི། །ཆོ་གའི་སྒོ་ནས་བསྐྱེད་པ་མིན། །ཡོད་ན་ཧ་ཅང་ཐལ་འགྱུར་ཞིང་། །ཆོ་ག་ཡང་ནི་ཐུག་མེད་འགྱུར། །ཀྱེ་མ་འཇིག་རྟེན་བླུན་པ་འདི། །རྒྱལ་བས་གསུངས་པ་ཀུན་བོར་ནས། །མ་གསུངས་ནན་གྱིས་འཆང་བ་ན། །འདི་འདྲ་ཅིར་འགྱུར་བརྟག་དགོས་སོ། །ཞེས་པ། སྤང་སྐོང་དང་། དྲི་མེད་ཀྱི་ཆོ་ག་ལས། དོན་དམ་སེམས་བསྐྱེད་བྱའོ། །ཞེས་གལ་ཏེ་རྒྱ་ལ་གསུངས་པ་སྲིད་ཀྱང་དམ་བཅའ་བའི་ཚིག་ཙམ་ཡིན་གྱི་ཆོ་གའི་སྒོ་ནས་བསྐྱེད་པ་མ་ཡིན་ཏེ། དཔེར་ན། སྦྱིན་པ་བཏང་བར་བྱའོ་ཚུལ་ཁྲིམས་དམ་པ་བསྲུང་བར་བྱ། སངས་རྒྱས་ཀྱི་ཡོན་ཏན་བསྒྲུབ་པར་བྱ། དེ་ལ་སོགས་པ་སོ་སོ་ཐར་པ་ལས། བརྩམ་པར་བྱ་ཞིང་དབྱུང་བར་བྱ། །སངས་རྒྱས་བསྟན་ལ་འཇུག་པར་བྱ། །འདམ་བུའི་ཁྱིམ་ན་གླང་ཆེན་བཞིན། །འཆི་བདག་སྡེ་ནི་གཞོམ་པར་བྱ། །ཞེས་པ་ལ་སོགས་པ་གསུངས་པ་ཀུན་དམ་བཅའི་ཚིག་ཙམ་ཉིད་ཡིན་གྱི་ཆོ་གའི་སྒོ་ནས་བསྐྱེད་པ་མ་ཡིན་ནོ། །དེ་རྣམས་ཆོ་གའི་སྒོ་ནས་བསྐྱེད་པ་ཡིན་ན། ཉི་མའི་དཀྱིལ་འཁོར་འདི་ནམ་མཁའི་རྒྱུར་འགྱུར་བར་ཐལ་བ་ལ་སོགས་པ་ཧ་ཅང་ཐལ་བར་འགྱུར་ཞིང་ཆོ་ག་ཡང་ཐུག་མེད་དུ་འགྱུར་བའི་ཕྱིར། ཀྱེ་མ་མདོ་བསྟན་བཅོས་ཙུང་ཟད་མཐོང་ཡང་དོན་ཇི་ལྟ་བ་བཞིན་མ་རྟོགས་པའི་འཇིག་རྟེན་བླུན་པོ་འདི་རྣམས་རྒྱལ་བས་གསུངས་པའི་སོ་སོ་ཐར་པའི་ལག་ལེན། བྱང་ཆུབ་སེམས་དཔའི་བསླབ་བྱ། གསང་སྔགས་ཀྱི་དབང་བསྐུར་ཕྱག་རྒྱ་ཆེན་པོ་རྣམས་བོར་ནས། རྒྱལ་བས་མ་གསུངས་པའི་སོ་སོ་ཐར་པའི་སྡོམ་པ་སེམས་ཇི་སྲིད་འཚོའི་བར་དུ་ལེན་པ་དང་། ལྷ་མ་བསྒོམ་པར་བསྙེན་གནས་སྲུང་དུ་མི་འདོད་ཟེར་བ་དང་། ཕག་མགོ་དང་གྲི་གུག་ལ་སོགས་པའི་དབང་བསྐུར་དང་། རྟོག་པ་ཙུང་ཟད་འགགས་པ་ཕྱག་རྒྱ་ཆེན་པོ་ཡིན་ཟེར་བ་ལ་སོགས་ནན་གྱིས་འཆང་བས་ཏེ། འདོད་པ་འདི་འདྲ་ཆོས་སུ་འགྱུར་རམ། བདུད་ཀྱི་ཆོ་འཕྲུལ་དུ་འགྱུར་བརྟག་དགོས་སོ། །གཉིས་པ་སེམས་བསྐྱེད་ཀྱི་བསླབ་བྱ་ལ་འཁྲུལ་བ་དགག་པ་ལ། སྤང་བྱའི་ལྟུང་བ་ལ་མུ་བཞིར་བཞག་པ། རྟེན་བྱའི་བྱང་སེམས་ལ་ལོག་རྟོགས་དགག་པ། ཞར་ལ་བླུན་པོའི་དགེ་བ་ལྟར་གནད་དུ་བསྟན་པ། དེ་དག་གི་དོན་བསྡུས་པ་དང་བཞི། དང་པོ་ལ་མདོར་བསྟན། རྒྱས་བཤད། ལུང་དང་སྦྱར་བ་དང་གསུམ། དང་པོ་ནི། དེ་ལྟར་སེམས་ཙམ་དབུ་མ་གཉིས། །རྣམ་བཞག་ཐ་དད་ཡོད་མོད་ཀྱི། །འོན་ཀྱང་ཐེག་ཆེན་

ཀུན་མཐུན་པར། །ལྟུང་བའི་རྣམ་བཞག་མུ་བཞི་གསུངས། །ཅེས་པ། གོང་དུ་བཤད་པ་དེ་ལྟར་སེམས་ཙམ་པ་དང་དབུ་མ་པ་གཉིས་སེམས་བསྐྱེད་ཀྱི་རྣམ་བཞག་ཐ་དད་དུ་ཡོད་མེད་ཀྱི་འོན་ཀྱང་ཐེག་པ་ཆེན་པོ་ཀུན་མཐུན་པར་ལྟུང་བའི་རྣམ་བཞག་མུ་བཞིར་གསུངས་སོ། །གཉིས་པ་ནི། ལྟུང་མེད་ལྟུང་དང་ལྟུང་བ་ཡི། །གཟུགས་བརྙན་ལྟུང་བ་མེད་པ་ཡི། །གཟུགས་བརྙན་ཞེས་པ་རྣམ་པ་བཞི། །བསམ་པ་དག་པའི་སྦྱིན་པ་སོགས། །རྣམ་པ་ཀུན་ཏུ་ལྟུང་བ་མེད། །བསམ་པ་ངན་པའི་སྲོག་གཅོད་སོགས། །རྣམ་པ་ཀུན་ཏུ་ལྟུང་བར་འགྱུར། །དགེ་བའི་སེམས་ཀྱིས་བསད་པ་སོགས། །ལྟུང་བའི་གཟུགས་བརྙན་ཡིན་ཞེས་གསུངས། །གཞན་ལ་གནོད་ན་བརྟུན་མིན་ཡང་། །ལྟུང་བ་མེད་པའི་གཟུགས་བརྙན་ཡིན། །ཅེས་པ། འོན་ཇི་ལྟར་གསུངས་ན། ལྟུང་བ་མེད་པ་དང་། ལྟུང་བ་དང་ལྟུང་བའི་གཟུགས་བརྙན་དང་། ལྟུང་བ་མེད་པའི་གཟུགས་བརྙན་ཞེས་བྱ་བ་རྣམ་པ་བཞི་གསུངས་སོ། །དེ་རྣམས་གང་ཞེ་ན། བྱང་ཆུབ་སེམས་དཔའི་བསམ་པ་དག་པའི་སྦྱིན་པ་ལ་སོགས་པ་ཆོས་ཅན། རྣམ་པ་ཀུན་ཏུ་ལྟུང་བ་མེད་པ་ཡིན་ཏེ། བསམ་སྦྱོར་རྣམ་དག་གི་ཀུན་ནས་བླངས་པའི་ལས་ཡིན་པའི་ཕྱིར། བྱང་ཆུབ་སེམས་དཔའི་བསམ་པ་ངན་པའི་སྲོག་གཅོད་པ་ལ་སོགས་པ་ཆོས་ཅན། རྣམ་པ་ཀུན་ཏུ་ལྟུང་བར་འགྱུར་ཏེ། བསམ་སྦྱོར་ངན་པའི་ཀུན་ནས་བླངས་པའི་ལས་ཡིན་པ་ཕྱིར། དགེ་བའི་སེམས་ཀྱིས་གཞན་བསད་པ་ལ་སོགས་པ་ཆོས་ཅན། ལྟུང་བའི་གཟུགས་བརྙན་ཡིན་ཏེ། བསམ་པ་དཀར་ལ་སྦྱོར་བ་ནག་པའི་ལས་ཡིན་པའི་ཕྱིར། བྱང་ཆུབ་སེམས་དཔའི་བརྟུན་མིན་ཡང་གཞན་ལ་གནོད་པ་ཆོས་ཅན། ལྟུང་བ་མེད་པའི་གཟུགས་བརྙན་ཡིན་ཏེ། རྟུན་མིན་ཡང་སེམས་ཅན་ལ་གནོད་པར་འགྱུར་བའི་ཕྱིར། གསུམ་པ་ནི། མདོ་རུ་ན་སེམས་ཀྱི་འཕེན་པ་ལས། །གཞན་པའི་དགེ་སྡིག་ཡོད་མ་ཡིན། །འཕགས་པ་ལྷ་ཡི་བཞི་བརྒྱ་པར། །བསམ་པས་བྱང་ཆུབ་སེམས་དཔའ་ཡི། །དགེ་འམ་ཡང་ན་མི་དགེ་ལ། །ཐམས་ཅད་དགེ་བ་ཉིད་འགྱུར་ཏེ། །གང་ཕྱིར་སེམས་དེ་གཙོ་བོའི་ཕྱིར། །ཞེས་གསུངས་མདོ་རྒྱུད་གཞན་ལས་ཀྱང་། །དགེ་སྡིག་རྣམ་བཞག་དེ་ལྟར་གསུངས། །ཞེས་པ། མདོ་རུ་ན་སེམས་ཀྱི་འཕེན་པ་ལས་གཞན་པའི་དགེ་བ་ཡོད་པ་མ་ཡིན་ཏེ། འཕགས་པ་ལྷའི་བཞི་བརྒྱ་པའི་བྱང་ཆུབ་སེམས་དཔའི་སྤྱོད་པ་བསྟན་པའི་རབ་ཏུ་བྱེད་པ་ལྔ་བ་ལས། བསམ་པས་བྱང་ཆུབ་སེམས་དཔའི། །དགེའམ་ཡང་ན་མི་དགེ་བ། །ཐམས་ཅད་དགེ་བ་ཉིད་འགྱུར་ཏེ། །གང་ཕྱིར་སེམས་དེ་གཙོ་བའི་ཕྱིར། །ཞེས་གསུངས་པའི་ཕྱིར་དང་། མདོ་རྒྱུད་གཞན་ལས་ཀྱང་། དགེ་སྡིག་གི་རྣམ་བཞག་དེ་ལྟར་དུ་གསུངས་པའི་ཕྱིར། གཉིས་པ་ལ་བསླབ་བྱ་སྤྱིར་བསྟན་པ་དང་། དེ་ལ་འཁྲུལ་བ་དགག་པ་གཉིས། དང་པོ་ནི། བྱང་ཆུབ་སེམས་ཀྱི་བསླབ་པ་ལ། །བདག་གཞན་མཉམ་བརྗེ་གཉིས་སུ་གསུངས། །ཞེས་པ། ཀུན་རྫོབ་བྱང་ཆུབ་ཀྱི་སེམས་ཀྱི་བསླབ་བྱ་ལ། བདག་གཞན་མཉམ་

པའི་བྱང་ཆུབ་ཀྱི་སེམས་དང་། བདག་གཞན་བརྗེ་བའི་བྱང་ཆུབ་ཀྱི་སེམས་རྣམ་པ་གཉིས་གསུངས། དེ་ལ་ཐོག་མར་བདག་གཞན་མཉམ་པའི་བྱང་ཆུབ་ཀྱི་སེམས་བསྒོམ་པ་གསུངས་ཏེ། སྤྱོད་འཇུག་ལས། བདག་དང་གཞན་དུ་མཉམ་པ་ནི། །དང་པོ་ཉིད་དུ་འབད་དེ་བསྒོམ། །བདེ་དང་སྡུག་བསྔལ་མཉམ་པས་ན། །ཐམས་ཅད་བདག་གཞན་བསྲུང་བས་ན། །ཞེས་གསུངས་པའི་ཕྱིར་དང་། དེ་ལྟར་བདག་གནོད་ཞི་བ་དང་། །གཞན་གྱི་སྡུག་བསྔལ་ཞི་བའི་ཕྱིར། །བདག་ཉིད་གཞན་ལ་བཏང་བ་དང་། །གཞན་རྣམས་བདག་བཞིན་བསྲུང་བར་བྱ། །ཞེས་གསུངས་པའི་ཕྱིར། དེའི་རྗེས་ལ་བདག་གཞན་བརྗེ་བའི་བྱང་ཆུབ་ཀྱི་སེམས་བསྒོམ་པར་བྱ་བ་ཡིན་ཏེ། གང་ཞིག་བདག་དང་གཞན་རྣམས་ནི། །མྱུར་དུ་བསྐྱབ་པར་འདོད་པ་དེས། །བདག་དང་གཞན་དུ་བརྗེ་བར་བྱ། །གསང་བའི་དམ་པ་སྤྱད་པར་བྱ། །ཞེས་དང་། བདག་བདེ་གཞན་གྱི་སྡུག་བསྔལ་དག །ཞེས་སོགས་གསུངས་པའི་ཕྱིར། གཉིས་པ་ལ་འདོད་པས་བརྗོད་པ་དང་། དེ་དགག་པ། བདག་གཞན་བརྗེ་བ། ལམ་གྱི་རྩ་བར་བསྟན་པ། དེ་སྤངས་ན་ཐབས་གཞན་གྱིས་འཚང་མི་རྒྱ་བར་བསྟན་པ་དང་བཞི། །དང་པོ་ནི། ཁ་གཅིག་བརྗེ་བའི་བྱང་ཆུབ་སེམས། །བསྒོམ་དུ་མི་རུང་ཞེས་སུ་སྨྲ། །དེའི་རྒྱུ་མཚན་འབྲི་གུང་བའི་དགོངས་ཅིག་ཏུ། ཇོ་རྗེའི་གསུང་། རང་གཞན་བརྗེས་པས་ཉེར་བར་འགྱུར་བའི་སྐབས་ཡོད་བྱ་བ་འདི་བཞུགས། སྨོན་ལམ་ནི། བདག་གི་ལུས་སངས་རྒྱས་ཀྱི་ཞིང་གི་རྡུལ་ཤིན་ཏུ་ཕྲ་བ་སྙེད་འགྱུར་ཞིང་། ལུས་རེ་རེ་ཞིང་ཡང་རི་རབ་དང་མཉམ་པར་ཆེ་བར་གྱུར་ནས་ལུས་དེ་དག་རེ་རེས་ཀྱང་སེམས་ཅན་རྣམས་ཀྱི་སྡུག་བསྔལ་གྱི་ཚོར་བ་ཇི་སྙེད་པ་དེ་སྙེད་མྱོང་བར་གྱུར་ཅིག བདག་གི་དགེ་བའི་ཚོགས་ཇི་སྙེད་པ་སེམས་ཅན་ཐམས་ཅད་ཀྱི་དོན་དུ་བསྔོས་ཏེ། དགེ་བའི་རྩ་བ་དེས་སེམས་ཅན་རྣམས་སྡུག་བསྔལ་ནམ་ཡང་མི་མྱོང་ཞིང་། རྟག་ཏུ་བདེ་བར་གྱུར་ཅིག ཅེས་གསུངས་པ་ལྟ་བུ་ཡིན་པས། དེད་ཀྱི་དེ་ལྟ་བུ་མི་བཟོད་གསུངས། དེས་ན། བཟོད་པ་མ་ཐོབ་པ་རྣམས་ཀྱིས་སེམས་ཅན་གྱི་དོན་བྱ་བར་འདོད་ན། རྒྱ་མཚན་རྣམ་པ་ལྔའི་སྒོ་ནས། སྨོན་ལམ་དེ་བྱ་བའམ་མི་བྱ་བརྟག་དགོས། །དེ་ལྟ་བུ་དེ་བླ་མ་དམ་པའི་ཐུགས་དགོངས་ཡིན་ནམ་མིན། བསྔོ་བ་སེམས་བསྐྱེད་དང་མཐུན་ནམ་མི་མཐུན། སྨོན་ལམ་དེ་བཏབ་ན་འགྲུབ་བམ་མི་འགྲུབ། འགྲུབ་ན་སྡུག་བསྔལ་དེ་བཟོད་དམ་མི་བཟོད། དེ་མ་རྟོགས་པའི་ཐབས་གཞན་ཡོད་དམ་མེད། བྱ་བ་དང་ལྔ་ལས། བླ་མ་དམ་པའི་ཐུགས་དགོངས་མ་ཡིན་ཏེ། རྗེ་རིན་པོ་ཆེ་རྟག་པར་ཞབས་སྔ་ནས་གིན་མི་བདེ་བ་ཅི་ལགས། ཞེས་འཇིག་རྟེན་མགོན་པོས་ཞུས་པས། ཁོ་བོ་སྟོན་དད་པ་ནི་ཆེ། ཤེས་རབ་ནི་ཆུང་བས་རྟག་པར་གཞན་གྱི་སྡུག་བསྔལ་རྣམས་བདག་ལ་སྨིན་པར་གྱུར་ཅིག ཅེས་སྨོན་ལམ་བཏབ་པས། སྨོན་ལམ་དེ་གྲུབ་པས། ད་ལྟ་རྟག་པར་ཞབས་སྔུང་བ་དེས་ལན་ཞེས་གསུངས། བསྔོ་བ་སེམས་བསྐྱེད་དང་མི་མཐུན་ཏེ། རང་གཞན་ཐམས་ཅད་སངས་རྒྱས་ཐོབ་པར་བྱེད་པ་བསྔོ་བ་སེམས་བསྐྱེད་ཡིན་ལ། སྨོན་ལམ་དེས་ནི་ལེགས་ཏེ་བཟོད་པ་མ་ཐོབ་ན་གང་ཟག་དེ་སྡུག་བསྔལ་ཉེས་ཚོགས་ཀྱི་རྩུར་ཟེལ་གྱིས་མནན་ནས། ལེགས་སྤྱད་ཀྱི་བར་ཆད་དུ་འགྱུར་རོ། །སྨོན་ལམ་དེ་བཏབ་ན་འགྲུབ་སྟེ། ཆོས་རྣམས་ཐམས་ཅད་རྐྱེན་བཞིན་དུ། །ཞེས་སོགས་གསུངས་པའི་ཕྱིར། འགྲུབ་ན་སྡུག་བསྔལ་ཏེ་བཟོད

མི་བཟོད་རང་རྒྱུད་ལ་དྲིས་ཏེ། དེ་ལྟར་བདག་ཅག་རྣམས་ལྟ་བུས་ནི། ལུས་ལ་མེ་སྟག་ཕོག་པ་ཙམ་ཡང་མི་བཟོད་ན། སྡུག་བསྔལ་དེ་འདྲ་ལྟ་སྨོས་ཀྱང་ཅི་དགོས། འོན་བདག་ཅག་རྣམས་ལས་རྒྱུད་ཆོད་ཅུང་ཟད་མཐོ་བས་བཟོད་དམ་སྙམ་ན། འཕགས་པ་ཤཱ་རིའི་བུས་དྲུག་པ་བ་ཞིག་ཡིན་པ་ དུས་ལ་མ་བབ་པར། མིག་སྦྱིན་པར་བཏང་བས། ཉན་ཐོས་ཀྱི་སར་ལྷུང་བའི་རྐྱེན་དུ་འགྱུར་བའི་ཕྱིར། དེས་ན་ས་བརྒྱད་པ་ཡན་ཆད་མ་ཐོབ་པ་དང་། དེ་མན་ཆད་དུ་བདག་གཞན་བརྗེ་ན་ཉེས་པར་འགྱུར་ཏེ། དཔེར་ན། སྐྱེ་དགུ་མང་པོའི་གསོས་སུ་གྱུར་པའི་སྨན་གྱི་ཤིང་ལྗོན་པ་ཆེན་པོ་ཞིག་གི་མྱུ་གུ་གཞོན་ནུ་ཞིག་བསྐྲུན་ཡོད་པ་ལུས་རྒྱས་པའི་ལོང་སྐབས་མ་བྱུང་བར་གནས་སྐབས་སུ་ནད་པ་ཞིག་གི་སྒྲོག་གྲོན་པ་ལ་ལྟོས། མྱུ་གུ་དེ་རྩ་བ་ནས་དྲུང་ཕྱུངས་ཏེ་བྱིན་ན། སྨན་ཤིང་རྒྱས་པའི་ཚེ། ཡལ་ག་དང་། སྡོང་པོ་དང་། འདབ་མ་དང་། མེ་ཏོག་དང་། འབྲས་བུ་ཐམས་ཅད་ཀྱི་སྐྱེ་དགུ་དཔག་ཏུ་མེད་པ་ཉེ་བར་འཚོ་ནུས་པ་དེ། བར་ཆད་དུ་འགྱུར་བ་ལྟར། བྱང་སེམས་ཀྱི་མྱུ་གུ་གསར་པ་དེ་དུས་ལ་མ་བབ་པར། རང་གཞན་རྗེས་ན་བྱང་སེམས་ལམ་གྱི་བར་ཆད་དུ་གྱུར་ནས་འཁོར་བ་ཐམས་ཅད་ཀྱི་དབུལ་བ་སེལ་བར་བྱེད་པའི་དགོས་འདོད་ཀྱི་ལྗོན་ཤིང་ཡང་དག་པར་རྫོགས་པའི་སངས་རྒྱས་མི་འབྱུང་ངོ་ཞེས་ཟེར་རོ། །འདི་སྐད་དོ། །བདག་བདེ་གཞན་ལ་བྱིན་ནས་ནི། །གཞན་སྡུག་བདག་གིས་བླངས་གྱུར་ན། །སྨོན་ལམ་མཐའ་ནི་བཙན་པའི་ཕྱིར། །བདག་ནི་རྟག་ཏུ་སྡུག་བསྔལ་འགྱུར། །དེས་ན་འདི་འདྲའི་བྱང་ཆུབ་སེམས། །བསྒོམ་པ་དེ་དག་ཐབས་མི་མཁས། །ནོར་བ་ཆེན་པོའི་ཆོས་ཡིན་ནོ། །ཞེས་པ། འབྲི་གུང་བ་ལ་སོགས་པ་ཁ་ཅིག་བདག་གཞན་བརྗེ་བའི་བྱང་ཆུབ་ཀྱི་སེམས་བསྒོམ་དུ་མི་རུང་ཞེས་སྨྲ་ཞིང་དེའི་རྒྱུ་མཚན་འདི་སྐད་འཆད་དོ། །བདག་གི་བདེ་བ་གཞན་ལ་བྱིན་ནས། གཞན་གྱི་སྡུག་བསྔལ་བདག་གིས་བླངས་པར་གྱུར་ན། སེམས་ཅན་ཐམས་ཅད་ཀྱི་སྡུག་བསྔལ་བདག་ལ་སྨིན་པར་གྱུར་ཅིག བདག་གི་བདེ་དགེ་སེམས་ཅན་ཐམས་ཅད་ལ་སྨིན་པར་གྱུར་ཅིག ཅེས་པའི་སྨོན་ལམ་གྱི་མཐའ་བཙན་པའི་ཕྱིར། བདག་རྟག་ཏུ་སྡུག་བསྔལ་གྱི་གདུང་བར་འགྱུར་ལ། དེས་ན་འདི་འདྲའི་བྱང་ཆུབ་ཀྱི་སེམས་བསྒོམ་པ་དེ་དག་ཐབས་མི་མཁས་པས་ནོར་བ་ཆེན་པོའི་ཆོས་ཡིན་ནོ། །གཉིས་པ་ལ། བརྟགས་ན་མི་འཐད་པས་དགག་པ། སྨོན་ལམ་མཐའ་བཙན་ན་ཧ་ཅང་ཐལ་བས་དགག་པ། ལུང་དང་འགལ་བས་དགག་པ་དང་གསུམ། དང་པོ་ནི། དེ་དོན་འདི་ལྟར་བསམ་པར་བྱ། །བདག་གཞན་བརྗེ་བའི་བྱང་ཆུབ་སེམས། །དགེ་བ་ཡིན་ནམ་སྡིག་ཡིན་བརྟག གལ་ཏེ་དགེ་བ་ཡིན་ན་ནི། །དེ་ལ་སྡུག་བསྔལ་འབྱུང་བའང་འགལ། །སྡིག་པ་ཡིན་ན་དུག་གསུམ་གྱི། །བསྐྱེད་པའི་ལས་སུ་ཐལ་བར་འགྱུར། །བརྗེ་བ་དུག་གསུམ་མ་ཡིན་པས། །དེ་ལ་སྡུག་བསྔལ་ག་ལ་འབྱུང་། །བདག་གཞན་བརྗེ་བའི་བྱང་ཆུབ་ཀྱི་སེམས་བསྒོམ་དུ་མི་རུང་ཞེས་ཟེར་བ་དེའི་དོན་འདི་ལྟར་བསམ་པར་བྱ་སྟེ། བདག་གཞན་བརྗེ་བའི་བྱང་ཆུབ་ཀྱི་སེམས་དགེ་བ་ཡིན་ནམ་སྡིག་པ་བརྟག་པར་བྱ། གལ་ཏེ་དགེ་བ་ཡིན་ན། དེ་ལ་སྡུག་བསྔལ་འབྱུང་བ་འགལ་ཏེ། མི་འབྱུང་བར་ཐལ། དེའི་ཕྱིར། རྟགས་གསལ་

ཁས་བླངས། ཁྱབ་སྟེ། དགེ་བ་ཡིན་ན་འབྲས་བུ་བདེ་བ་བསྐྱེད་བྱེད་ཡིན་པས་ཁྱབ་པའི་ཕྱིར། དེ་སྡིག་པ་ཡིན་ན༏ དེ་དུག་གསུམ་གང་རུང་གིས་བསྐྱེད་པའི་ལས་སུ་ཐལ། དེའི་ཕྱིར། དེས་ན་བདག་གཞན་བརྗེ་བ་དུག་གསུམ་གང་ཡང་མ་ཡིན་པས་དེ་ལ་སྡུག་བསྔལ་ག་ལ་འབྱུང་སྟེ་མི་འབྱུང་ངོ་། །གཉིས་པ་ནི། བྱང་ཆུབ་སེམས་དཔའི་བློ་སྦྱོང་བའི། །སྨོན་ལམ་འགའ་ཞིག་མཐའ་མི་བཙན། །གལ་ཏེ་བཙན་ན་མཛའ་བོའི་བུ། །རྒྱུན་དུ་ཀླད་ནད་ཆེན་པོར་འགྱུར། །དུས་གསུམ་སངས་རྒྱས་ཐམས་ཅད་ཀྱང་། །བདག་གཞན་བརྗེ་བ་བསྒོམ་པའི་ཕྱིར། །རྒྱུན་དུ་སྡུག་བསྔལ་ཐོབ་པར་འགྱུར། །རྗེས་པའི་སེམས་ཅན་དེ་དག་ཀུན། །སྡུག་བསྔལ་འབྱུང་བ་མི་སྲིད་འགྱུར། །དེས་ན་འདི་འདྲའི་གསང་ཚིག་ནི། །བདུད་ཀྱི་ཡིན་པ་མི་ཤེས་སོ། །ཐབས་ལ་བསླུ་བའི་བདུད་ཡོད་ཅེས། །རྒྱལ་བས་གསུངས་པའང་དྲན་པར་བྱ། །ཞེས་པ། བྱང་ཆུབ་སེམས་དཔའི་བློ་སྦྱོང་བའི་སྨོན་ལམ་འགའ་ཞིག་མཐའ་མི་བཙན་ལ། གལ་ཏེ་བདག་གཞན་བརྗེ་བའི་སྨོན་ལམ་མཐའ་བཙན་ན། ཁྱིམ་བདག་མཛའ་བོའི་བུ་རྒྱུན་དུ་ཀླད་ནད་ཆེན་པོ་ཅན་དུ་ཐལ། དེས་སེམས་ཅན་ཐམས་ཅད་ཀྱི་ཀླད་ནད་བདག་ལ་སྨིན་ནས་སེམས་ཅན་ཐམས་ཅད་ཀླད་ནད་ལས་གྲོལ་བར་གྱུར་ཅིག་ཅེས་པའི་སྨོན་ལམ་བཏབ་པའི་ཕྱིར། འདོད་མི་ནུས་ཏེ། དེ་ཀླད་ནད་ལས་གྲོལ་ནས་མཐར་སངས་རྒྱས་པའི་ཕྱིར། དུས་གསུམ་གྱི་སངས་རྒྱས་ཐམས་ཅད་ཀྱིས་ཀྱང་རྒྱུན་དུ་སྡུག་བསྔལ་ཐོབ་པར་ཐལ། དེས་ཀྱང་བདག་གཞན་བརྗེ་བ་བསྒོམ་པའི་ཕྱིར་དང་། གཞན་བརྗེས་པའི་སེམས་ཅན་དེ་དག་ཀུན་ལ་སྡུག་བསྔལ་འབྱུང་བ་མི་སྲིད་པར་འགྱུར་རོ། །རྒྱུ་མཚན་དེས་ན་འདི་འདྲའི་གསང་ཚིག་ནི་བདུད་ཀྱི་ཡིན་པས་ཐབས་ལ་བསླུ་བའི་བདུད་ཡོད་ཅེས་རྒྱལ་བས་གསུངས་པའང་དྲན་པར་བྱའོ། །གསུམ་པ་ནི། བདག་གཞན་བརྗེ་བ་སངས་རྒྱས་ཀྱི། །བསྟན་པའི་སྙིང་པོ་ཡིན་པར་གསུངས། །འཕགས་པ་ཀླུ་སྒྲུབ་སློབ་ཉིད་ཀྱི། །རིན་ཆེན་ཕྲེང་བར་འདི་སྐད་གསུངས། །བདག་ལ་དེ་དག་སྡིག་སྨིན་ཅིང་། །བདག་དགེ་མ་ལུས་དེར་སྨིན་ཤོག །ཇི་སྲིད་སེམས་ཅན་འགའ་ཞིག་ཀྱང་། །གང་དུ་མ་གྲོལ་དེ་སྲིད་དུ། །དེ་ཕྱིར་བླ་ན་མེད་པ་ཡི། །བྱང་ཆུབ་ཐོབ་ཀྱང་གནས་གྱུར་ཅིག དེ་སྐད་བརྗོད་པའི་བསོད་ནམས་འདི། །གལ་ཏེ་དེ་ན་གཟུགས་ཅན་འགྱུར། །གང་གཱའི་བྱེ་མ་སྙེད་ཀྱིས་ནི། །འཇིག་རྟེན་ཁམས་སུ་གཤོངས་མི་འགྱུར། །འདི་ནི་བཅོམ་ལྡན་འདས་ཀྱིས་གསུངས། །གཏན་ཚིགས་ཀྱང་ནི་འདི་ལ་གནང་། །དེ་ལ་སོགས་པ་ལེགས་པར་གསུངས། །སྤྱོད་འཇུག་ལས་ཀྱང་འདི་སྐད་དུ། །བདག་བདེ་གཞན་གྱི་སྡུག་བསྔལ་དག །ཡང་དག་བརྗེ་བ་མ་བྱས་ན། །སངས་རྒྱས་ཉིད་དུ་མི་འགྲུབ་ཅིང་། འཁོར་བ་ན་ཡང་བདེ་བ་མེད། །དེ་སྐད་གསུངས་པ་ལེགས་པར་བཟུང་། །མདོ་དང་བསྟན་བཅོས་གཞན་ལས་ཀྱང་། །ཆོས་ཀྱི་སྙིང་པོར་འདི་གསུངས་སོ། །ཞེས་པ། བདག་གཞན་བརྗེ་བའི་བྱང་ཆུབ་ཀྱི་

སེམས་བསྒོམ་དུ་མི་རུང་ཞེས་སླུ་བ་མི་འཐད་དེ། བདག་གཞན་བརྗེ་བ་སངས་རྒྱས་ཀྱིས་བསྟན་པའི་སྙིང་པོ་ཡིན་པར་གསུངས་པའི་ཕྱིར་ཏེ། འཕགས་པ་ཀླུ་སྒྲུབ་སྐྱོབ་ཉིད་ཀྱི། །དབུ་མ་རིན་ཆེན་ཕྲེང་བ་ལས། ། བདག་ལ་དེ་དག་སྡིག་སྨིན་ཅིང་། །བདག་དགེ་མ་ལུས་དེར་སྨིན་ཤོག ཇི་སྲིད་སེམས་ཅན་འགའ་ཞིག་ཀྱང་། ། གང་དུ་མ་གྲོལ་དེ་སྲིད་དུ། །དེ་ཕྱིར་བླ་ན་མེད་པ་ཡི། །བྱང་ཆུབ་ཐོབ་ཀྱང་གནས་གྱུར་ཅིག དེ་སྐད་བརྗོད་པའི་བསོད་ནམས་འདི། །གལ་ཏེ་དེ་ནི་གཟུགས་ཅན་འགྱུར། །གང་གཱའི་བྱེ་མ་སྙེད་ཀྱིས་ནི། །འཇིག་རྟེན་ཁམས་སུ་གཤོངས་མི་འགྱུར། །འདི་ནི་བཅོམ་ལྡན་འདས་ཀྱིས་གསུངས། །གཏན་ཚིགས་ཀྱང་ནི་འདི་ལ་གནང་། །ཞེས་པ་ལ་སོགས་པ་ལེགས་པར་གསུངས་པ་ཡིན་པའི་ཕྱིར་དང་། སྤྱོད་འཇུག་ལས་ཀྱང་། བདག་བདེ་གཞན་གྱི་སྡུག་བསྔལ་དག ཡང་དག་བརྗེ་བ་མ་བྱས་ན། །སངས་རྒྱས་ཉིད་དུ་མི་འགྲུབ་ཅིང་། །ཞེས་པ་ལ་སོགས་པ་ལེགས་པར་གསུངས་པ་ཡིན་པའི་ཕྱིར་དང་། གཞན་ཡང་། འགྲོ་བའི་སྡུག་བསྔལ་ཅི་འང་རུང་། །དེ་ཀུན་བདག་ལ་སྨིན་གྱུར་ཅིག བྱང་ཆུབ་སེམས་ཀྱི་དགེ་འདུན་གྱི། །འགྲོ་བ་བདེ་ལ་འགོད་པར་ཤོག །ཅེས་པ་དང་། མདོ་སྡེ་སེམས་དཔའ་མཆོག་ལས། སེམས་ཅན་དམྱལ་བ་རྣམས་དང་གཤིན་རྗེའི་འཇིག་རྟེན་དང་། དུད་འགྲོ་ལྷ་དང་མིའི་སྡུག་བསྔལ་གང་། །འགྲོ་བའི་སྡུག་བསྔལ་ཕུང་པོ་མཐའ་ཡས་པ། །བདག་ལ་བབ་གྱུར་འགྲོ་བ་བདེ་བར་ཤོག ཅེས་གསུངས་ཤིང་། །རྒྱུད་རྡོ་རྗེ་རྩེ་མོ་ལས། སེམས་ཅན་སངས་རྒྱས་མ་ཐོབ་པར། །བདག་འཚང་རྒྱ་བར་མ་གྱུར་ཅིག ཅེས་གསུངས་ཤིང་། ཤིང་རྟའི་སྲོལ་འབྱེད་རྣམས་ཀྱི་བསྟན་བཅོས་གཞན་པས་ཀྱང་། ཆོས་ཀྱི་སྙིང་པོར་བདག་གཞན་བརྗེ་བའི་བྱང་ཆུབ་ཀྱི་སེམས་འདི་གསུངས་སོ། །གསུམ་པ་བདག་གཞན་རྗེ་བ་ལམ་གྱི་རྩ་བར་བསྟན་པ་ནི། དེས་ན་བདག་གཞན་བརྗེ་བ་ཤེས། །དེ་ནི་མྱུར་དུ་རྫོགས་འཚང་རྒྱ། །དེ་ཡི་བར་དུ་འཇིག་རྟེན་གྱི། ། ཕུན་སུམ་ཚོགས་པ་འབྱུང་བར་གསུངས། །ཞེས་པ། རྒྱུ་མཚན་དེས་ན། བདག་གཞན་བརྗེ་བའི་བྱང་ཆུབ་ཀྱི་སེམས་བསྒོམ་ཤེས་པ་དེ་ནི། མྱུར་དུ་མངོན་པར་རྫོགས་པར་འཚང་རྒྱ་ལ། སངས་རྒྱས་མ་རྒྱས་པ་དེའི་བར་དུ། འཇིག་རྟེན་གྱི་ཕུན་སུམ་ཚོགས་པ་འབྱུང་བར་གསུངས་སོ། །བཞི་པ་དེ་སྤྱང་ན་ཐབས་གཞན་གྱིས་འཚང་རྒྱ་བར་བསྟན་པ་ནི། བྱང་ཆུབ་སེམས་ཀྱི་གནད་ཆུགས་ན། །ཆོས་གཞན་གྱིས་ནི་འཚང་མི་རྒྱ། །སྟོང་ཉིད་ཉན་ཐོས་རྣམས་ཀྱང་བསྒོམ། །དེ་ཡི་འབྲས་བུ་འགོག་པ་ཐོབ། །སོ་སོ་ཐར་པ་མདོ་བཞིན་དུ། །བསྡོ་བ་ཉན་ཐོས་རྣམས་ཀྱང་བྱེད། །འདུལ་བ་ལུང་ལས་སོགས་པ་རུང་། །སྟོང་པ་ཉིད་དང་སྐྱེ་མེད་དང་། །མཁའ་དང་ལག་མཐིལ་མཉམ་པ་སོགས། །ཆོས་ཀུན་མཉམ་ཉིད་རྟོགས་པའང་གསུངས། །བདག་གི་བྲམ་ཟེ་འདོད་པ་ལ། ། དགའ་བས་ཤིང་རྟ་འདི་བཏང་བས། །དངོས་པོ་ཐམས་ཅད་བཏང་ནས་ནི། །རྫོགས་པའི་བྱང་ཆུབ་ཐོབ་པར་ཤོག དེ་སོགས་བསྡོ་

བ་མང་དུ་གསུངས། །འོན་ཀྱང་ཐབས་ལ་འཁས་པ་ཡི། །ཁྱད་པར་འགའ་ཞིག་མ་གསུངས་པས། ། རྫོགས་པའི་བྱང་ཆུབ་བསྒྲུབ་མི་ནུས། །དེ་ཕྱིར་ཐབས་མཁས་ཤེས་རབ་ཉིད། །སངས་རྒྱས་རྒྱུ་ཡི་གཙོ་བོ་ཡིན། ། ཞེས་པ༑ བདག་གཞན་བརྗེ་བའི་བྱང་ཆུབ་ཀྱི་སེམས་ཀྱི་གནད་འཆུགས་ན་ཆོས་གཞན་གྱི་འཚང་མི་རྒྱ་ལ། གལ་ཏེ་སྟོང་ཉིད་རྒྱུད་ལ་བསྒོམས་པས་འཚང་རྒྱ་ན། སྟོང་པ་ཉིད་རྒྱུད་པ་ཉན་ཐོས་རྣམས་ཀྱང་བསྒོམ། དེའི་འབྲས་བུ་དམན་པའི་འགོག་པ་ཐོབ། །སོ་སོ་ཐར་པའི་མདོ་བཞིན་དུ། །བསྔོ་བ་ཉན་ཐོས་རྣམས་ཀྱང་བྱེད་དེ། མདོ་ལས་སོ་སོ་ཐར་པ་གཏོང་བ་ལས། །བསོད་ནམས་བསྒྲུབ་པ་གང་ཡོད་པ། །དེ་ནི་འཇིག་རྟེན་མ་ལུས་པ། །ཐུབ་དབང་གོ་འཕང་ཐོབ་པར་ཤོག ཅེས་གསུངས་པའི་ཕྱིར། འདུལ་བ་ལུང་གི་བཀའ་རྒྱུའི་གདམས་ངག་དང་། ལས་བརྒྱ་པ་དང་། གང་པོའི་རྟོགས་པ་བརྗོད་པ་བརྒྱ་པ་སྭ། སྟོང་པ་ཉིད་དང་། སྐྱེ་བ་མེད་པ་དང་། ནམ་མཁའ་དང་ལག་མཐིལ་མཉམ་པ་ལ་སོགས་པ། ཆོས་ཀུན་མཉམ་པ་ཉིད་དུ་ཉན་ཐོས་རྣམས་ཀྱི་རྟོགས་པར་གསུངས་ལ། སངས་རྒྱས་ཀྱི་སར་བསྔོ་བ་ཡང་། འདུལ་བ་ལུང་གི་ཐམས་ཅད་སྒྲོལ་གྱི་སྐྱེ་རབས་ལས། བདག་གིས་བྲམ་ཟེ་འདོད་པ་ལ། །དགའ་བས་ཤིང་རྟ་འདི་བཏང་བས། །དངོས་པོ་ཐམས་ཅད་བཏང་ནས་ནི། །རྫོགས་པའི་བྱང་ཆུབ་ཐོབ་པར་ཤོག དེ་ལ་སོགས་པ་བསྔོ་བ་མང་དུ་གསུངས་སོ། །འོན་ཀྱང་ཐབས་ལ་མཁས་པའི་ཁྱད་པར་ཕ་རོལ་ཏུ་ཕྱིན་པ་ནས་བྱང་ཆུབ་ཀྱི་སེམས་དང་། གསང་སྔགས་ཀྱི་དབང་དང་རིམ་པ་གཉིས་ཀྱི་རྣམ་བཞག་ལ་སོགས་པ་འགའ་ཞིག་མ་གསུངས་པས། རྫོགས་པའི་སངས་རྒྱས་སྒྲུབ་པར་མི་ནུས་པ་དེའི་ཕྱིར་བྱང་ཆུབ་ཀྱི་སེམས་ལ་སོགས་པའི་ཐབས་མཁས་དང་། ཤེས་རབ་སྟོང་པ་ཉིད་སངས་རྒྱས་ཐོབ་པའི་རྒྱུའི་གཙོ་བོ་ཡིན་ནོ། །

གསུམ་པ་ཞར་ལ་བླུན་པོའི་དགེ་བ་ལྟར་སྣང་དུ་བསྟན་པ་ལ། མདོར་བསྟན་རྒྱས་བཤད། འདུག་བསྡུ་བ་དང་གསུམ། དང་པོ་ནི། སངས་རྒྱས་དགོངས་པ་མ་ཤེས་པར། །ཆོས་ལྟར་བཅོས་པའི་བླུན་པོ་འགའ། །ངོ་མཚར་བསྐྱེད་ཀྱི་མཁས་པ་རྣམས། །ཁྲེལ་བར་འགྱུར་བ་འདི་འདྲ་ཡོད། །ཅེས་པ། སངས་རྒྱས་ཀྱི་དགོངས་པ་མི་ཤེས་པར་ཆོས་ལྟར་བཅོས་པའི་བླུན་པོ་འགའ་ངོ་མཚར་བསྐྱེད་ཀྱི་མཁས་པ་རྣམས་ཁྲེལ་བར་གྱུར་པ་འདི་འདྲ་ཡོད་དོ། ། གཉིས་པ་ལ། མ་དག་པའི་སྦྱིན་པ་དང་། ཚུལ་ཁྲིམས་དང་། བཟོད་པ་དང་། བརྩོན་འགྲུས་དང་། བསྒོམ་པ་དང་། ཤེས་རབ་དང་། དད་པ་དང་། སྙིང་རྗེ་དང་། བྱམས་པ་དང་། ཐབས་ལམ་དང་། མ་དག་པའི་སྨོན་ལམ་དགེ་བ་ལྟར་སྣང་དུ་བསྟན་པ་དང་། བཅུ་གཅིག དང་པོ་ནི། ཆང་དང་དུག་དང་མཚོན་ཆ་དང་། ། གཞན་གྱི་ལས་སྤྱོད་སྟེར་བ་དང་། །གསོད་སར་ཕྱུགས་མ་རྣམས་སྟེར་བ་དང་། །མཆོག་གི་ནོར་ནི་མཆོག་མིན་ལ། ། སྟེར་སོགས་མེད་ལས་བཀག་པས་ན། ། མ་དག་པ་ཡི་སྦྱིན་པ་ཡིན། །ཞེས་པ། སྦྱིར་བཏང་ལ་རྫས་མ་དག་པ་ཆང

དང་། དུག་དང་། མཚོན་ཆ་དང་། རང་ལ་མི་དབང་བའི་གཞན་གྱི་ལོངས་སྤྱོད་སྟེར་བ་དང་། གསོད་སར་ཕྱུགས་མ་རྣམས་སྟེར་བ་དང་། གང་ཟག་མཆོག་གི་ནོར་མཆོག་ཡིན་པ་ལ་སྟེར་བ་དང་། བསམ་པ་མ་དག་པས་བདག་ཉིད་ཀྱི་ལོངས་སྤྱོད་རྙེད་པ་དང་། བཀུར་བསྟི་དང་གྲགས་པའི་ཕྱིར་སྟེར་བ་ནི་མ་དག་པའི་སྦྱིན་པ་ཡིན་ཏེ། མདོ་ལས་བཀག་པའི་སྦྱིན་པ་ཡིན་པའི་ཕྱིར། མདོ་ལས་ཇི་ལྟར་དུ་བཀག་ན། དྲང་སྲོང་རྒྱས་པའི་མདོའི་དོན། མཁྱེན་རབ་དབང་ཕྱུག་དཔལ་ལྡན་ས་སྐྱ་པཎྜི་ཏས། ཕྱོགས་གཅིག་ཏུ་བསྡུས་པ་ནི། །ལོག་ལྟས་མ་དད་ཕན་བཏགས་ལན། །མི་ཆུ་རྒྱལ་གཏེར་འཇིགས་ཕྱིར་གཏེར། །དུག་མཚོན་བསད་ཤ་བག་མེད་ཆང་། །བསྟུ་ཕྱིར་བསྟོད་ཕྱིར་རོལ་མོ་མཁན། །གར་མཁན་གཞན་ནོར་མཛའ་ལ་སྟེ། །གཞན་གྱི་འབྲས་སྟོད་བཟོ་བ་དང་། །གདུང་ཕྱིར་སྨན་པ་སྦྱོས་ན་སྟེར། །རྣམ་སྨིན་རང་ཉིད་ལང་ཚོ་རྒས། །ན་དང་འཆི་ཚེ་བསླུལ་ནས་མཆོང་། །ཡུལ་གཞན་གྲགས་ཕྱིར་ཕོད་བསྟན་ཕྱིར། །བུད་མེད་ཕྱིར་སྟེར་བུ་དེའི་ཕྱིར། །ཕྱི་མ་རྙེད་ཕྱིར་དམན་པ་རྣམས། །བོར་ནས་ཕྱུག་པོ་རྣམས་ལ་སྟེར། །མ་དག་སྦྱིན་པ་སུམ་ཅུ་གཉིས། །རྒྱས་པའི་མདོ་ལས་གསུངས་ཕྱིར་སྤངས། །ཞེས་གསུངས་པའི་དོན་མ་དག་པའི་སྦྱིན་པ་སུམ་ཅུ་རྩ་གཉིས་སོ་སོར་ཕྱེ་ན། ལོག་ལྟས་མ་དད་ཅེས་པ་ནི། དྲང་སྲོང་རྒྱས་པའི་མདོ་ལས། དྲང་སྲོང་ཆེན་པོ་རྣམ་པ་སུམ་ཅུ་རྩ་གཉིས་ཀྱིས་སྦྱིན་པ་ཡོངས་སུ་མ་དག་པར་ལྟའོ། །

རྣམ་པ་སུམ་ཅུ་རྩ་གཉིས་གང་ཞེ་ན། འདི་ལྟ་སྟེ། དྲང་སྲོང་ཆེན་པོ་འདི་ལ་གཏོང་བ་པོ་ཕྱིན་ཅི་ལོག་ཏུ་ལྟ་བར་གྱུར་ཅིང་། མ་དད་པ་དང་། མ་དད་པ་མང་ལ། དེས་སྦྱིན་པ་བྱིན་ན། དེའི་སྦྱིན་པ་དེ་ཡོངས་སུ་མ་དག་པ་ཡིན་ནོ། །ཞེས་སོ། །ཕན་བཏགས་ལན་ཞེས་པ་ནི། མདོ་ལས། དྲང་སྲོང་ཆེན་པོ་གཞན་ཡང་ཕན་བཏགས་པའི་ལན་དུ་ཕན་འདོགས་པར་བྱ་བའི་ཕྱིར། སྦྱིན་པ་བྱིན་ན། དེ་ཡོངས་སུ་མ་དག་པ་ཡིན་ནོ། །ཞེས་སོ། །མི་ཞེས་པ་ནི། དེས་དམན་པ་དང་། འདོད་པའི་རྒྱུའི་ཕྱིར་གང་འདི་ལྟ་བུའི་སེམས་ཀྱིས་མི་ལ་སྦྱིན་པ་བྱིན་ནོ། །ཞེས་པ་འམ། ཞེས་སོ། །རྒྱལ་གཏེར་ཞེས་བྱ་ནི། དེས་བདག་ཡོངས་སུ་ཤེས་པར་བྱ་བའི་ཕྱིར་རྒྱལ་པོ་ལ་སྦྱིན་པ་བྱིན་ན། སྦྱིན་པ་དེ་ཡོངས་སུ་མ་དག་པ་ཡིན་ནོ། །ཞེས་སོ། །འཇིགས་ཕྱིར་སྟེར་ཞེས་པ་ནི། གང་འཇིགས་པའི་ཕྱིར་ཆོམ་པོ་ལ་སོགས་པ་ལ་སྦྱིན་པ་བྱིན་ཏེ། ཐུན་མོང་མ་ཡིན་པ་ལྟ་བྱིན་ན། ཡོངས་སུ་མ་དག་པ་ཡིན་ནོ་ཞེས་སོ། །དུག་མཚོན་བསད་ཤ་བག་མེད་ཆང་། ཞེས་པ་ནི། དུག་སྦྱིན་པ་དང་། མཚོན་སྦྱིན་པ་དང་། སྲོག་ཆགས་བསད་དེ་ཤ་སྦྱིན་པ་དང་། བག་མེད་པ་ལ་ཆང་སྦྱིན་པ་དང་། ཞེས་ཏེ་བཞི་པོ་སོ་སོ་བགྲང་ངོ་། །བསྡུ་ཕྱིར་ཞེས་པ་ནི། འདི་དག་ནི་བདག་གིར་གྱུར་ཏེ་བདག་གི་རིམ་གྲོ་དང་མཆོད་པར་འགྱུར་རོ། །སྙམ་ནས་སེམས་ཅན་བསྡུ་བ་དང་། འཕྲོབ་པའི་ཕྱིར་བསྡུ་བ་སྦྱིན་པ་དང་། ཞེས་སོ། །བསྟོད་ཕྱིར་ནི། གང་བརྗོད་པ་དང་། སྒྲ་དང་། ཚིགས་སུ

བཅད་པའི་ཕྱིར་སྦྱིན་པ་སྦྱིན་པ་དང་། ཞེས་སོ། །རོལ་མོ་མཁན་ཞེས་པ་ནི། གང་གར་དང་། གླུ་དང་། བཞད་གད་དང་། རྩེད་མོ་དང་། གཏམ་དང་། དགའ་བར་བྱ་བའི་ཕྱིར་རོལ་མོ་མཁན་རྣམས་ལ་སྦྱིན་པ་བྱིན་ན། སྦྱིན་པ་དེ་ཡོངས་སུ་མ་དག་པ་ཡིན་ནོ། ཞེས་སོ། །གར་མཁན་ཞེས་པ་ནི། གང་གཟའི་མཚན་མའི་ཕྱིར། སྐར་མཁན་ལ་སྦྱིན་པ་གཏོང་བར་བྱེད་པ་དང་། ཞེས་སོ། །གཞན་ནོར་མཛའ་བཤེས་ལ་སྟེར་ཞེས་པ་ནི། གང་གཞན་གྱི་ནོར་མཛའ་བོ་ལ་སྦྱིན་པ་དང་ཞེས་སོ། །གཞན་གྱི་འབྲས་སྟོན་ཅེས་པ་ནི། །གང་གི་ཁྱིམ་མམ། ཞིང་ལ་འབྲས་བུའི་ཕུང་པོའམ་ནས་དང་གྲོ་ཕུང་ལ་རིགས་དང་བྱ་ཟ་ལ། དེ་དེ་ལ་དགའ་བ་དང་། མགུ་བ་བསྐྱེད་ནས། དེ་ཡང་སྦྱིན་པ་ཡོངས་སུ་མ་དག་པ་ཡིན་ནོ། །ཞེས་སོ། །བཟོ་དང་ཞེས་པ་ནི། གང་བཟོའི་ཕྱིར། སྦྱིན་པ་བྱིན་པ་གང་། ཞེས་སོ། །གདུང་ཕྱིར་ཞེས་པ་ནི། གང་ཡང་སྦྱིན་པ་བྱིན་ནས་གདུང་བ་དང་འགྱོད་པས་ཡོངས་སུ་གདུང་ན། དེ་ཡང་ཡོངས་སུ་མ་དག་པ་ཡིན་ནོ། །ཞེས་སོ། །སྨན་པ་ཅེས་པ་ནི། གང་ཡང་ལུས་ཀྱི་མ་བདེ་བས་འཇིགས་པའི་ཕྱིར་སྨན་པ་ལ་སྦྱིན་པ་དང་། ཞེས་སོ། །བཅོས་ནས་སྟེར་ཞེས་པ་ནི། གང་ཡང་སློང་བ་རྣམས་ལ་གྱོད་རྒྱབ་སྟེ་འཚོག་པ་ཟ་བར་བྱས་ནས་སྦྱིན་པ་སྦྱིན་པ་དེ་ཡང་ཡོངས་སུ་མ་དག་པ་ཡིན་ནོ། །ཞེས་སོ། །རྣམ་སྨིན་ཞེས་པ་ནི། གང་ཡང་སྦྱིན་པ་བྱིན་པ་དེའི་རྣམ་པར་སྨིན་པ་ཡོད་དམ། མེད་ཅེས་ཐེ་ཚོམ་ཟ་ན་དེ་ཡང་ཡོངས་སུ་མ་དག་པ་ཡིན་ནོ་ཞེས་སོ། །རང་ཉིད་ཅེས་པ་ནི། གང་ཡང་སྦྱིན་པ་བྱིན་ནས་གང་དག་བདག་ལས་ཁྱེར་བ་ཐམས་ཅད་ཀྱིས་ཚེ་ཕྱི་མ་ལ་སླར་སྦྱིན་པར་འགྱུར་རོ་སྙམ་དུ་འདི་ལྟ་བུའི་སེམས་བསྐྱེད་ན་དེ་ཡང་ཡོངས་སུ་མ་དག་པ་ཡིན་ནོ། །

གང་བསོད་ནམས་ཀྱི་རྣམ་པར་སྨིན་པ་འདི་ནི། བདག་ཉིད་ཀྱིས་སྤྱད་ཀྱི་སེམས་ཅན་གཞན་གང་ལ་ཡང་མ་གྱུར་ཅིག་སྙམ་དུ་ལྟ་དེ་ལྟར་སེམས་བསྐྱེད་ན་དེ་ཡང་ཡོངས་སུ་མ་དག་པ་ཡིན་ནོ། །ཞེས་ཏེ་དེ་གཉིས་སོ་སོར་བཤད་དོ། །ལང་ཚོ་ཞེས་པ་ནི། གང་ཡང་ལང་ཚོ་ལ་བབ་པས་སྦྱིན་པ་དང་། ཞེས་སོ། །ཁྲུས་ན་དང་ཞེས་པ་ནི། ཕྱིས་དར་ཕྱིད་དང་། ཁྲུས་པའི་གནས་དང་། ན་བས་གཟིར་བ་དང་ཞེས། འཆི་ཚེ་བསྐྱལ་ནས་ཞེས་པ་ནི། འཆི་བའི་དུས་ཀྱི་ཚེ་དང་། གནད་དུ་ཕོག་པའི་སྡུག་བསྔལ་བ་དང་། གནད་པ་དང་། འཆི་བའི་མྱ་ངན་དུ་གྱུར་པ་དང་། སངས་རྒྱས་ལ་དགའ་བ་དང་། དད་པ་མེད་པར་རྩ་ལག་རྣམས་ཀྱིས་བྱེད་དུ་བཅུག་སྟེ། སྦྱིན་གནས་རྣམས་ལ་སྦྱིན་པ་བྱེད་ན་དེ་ཡང་ཡོངས་སུ་མ་དག་པ་ཡིན་ནོ། །ཞེས་སོ། །ཡུལ་གཞན་གྲགས་ཕྱིར་ཞེས་པ་ནི། གང་ཡུལ་གཞན་ན་གནས་ན་ཡང་ཡུལ་དང་། གནས་ག་གེ་མོ་ཞེས་བྱ་བ་ན། བདག་སྦྱིན་བདག་ཏུ་གྲགས་པར་འགྱུར་རོ་སྙམ་ཏེ། གྲགས་པའི་རྒྱུར་སྦྱིན་པ་བྱིན་ན་དེ་ཡང་ཡོངས་སུ་མ་དག་པ་ཡིན་ནོ། །ཞེས་སོ། །ཕོད་བསྟན་ཕྱིར་ཞེས་པ་ནི། གང་ཡང་ཁ་ཟས་བཏོང་མ་ཕོད་པ་ལ་འཇིག་རྟེན་པ་མི་དགའ་བར་མཐོང་ནས་སྦྱིན་ཕོད་པའི་ཉེས་པ་ནི། འཇིག་རྟེན་

གྱིས་བཟོད་དོ་སྙམ་སྟེ་སྦྱིན་པ་བྱིན་ནོ། །དེ་ཡང་ཡོངས་སུ་མ་དག་པ་ཡིན་ནོ། །ཞེས་སོ། །བུད་མེད་ཕྱིར་སྟེར་ཞེས་པ་ནི། གང་ཡང་བུད་མེད་སྙིང་དུ་སྡུག་སྟེ། ཆུང་མ་བླང་བའི་འབྲེལ་བ་དང་། ཕྱིར་བྱེད་པར་བྱ་བའི་ཕྱིར་དུ། བུད་མེད་ཀྱི་གཞི་ལས་མཛའ་བཤེས་དང་། གཉེན་འདབས་དང་། འབྲེལ་བའི་ཕྱོགས་ལ་ནོར་བུ་དང་། གསེར་དང་། དངུལ་དང་། རྡོ་རྗེ་དང་། བེ་དུར་དང་། དར་དང་། བྱི་རུ་དང་། དུ་གུ་ལའི་རས་ལ་སོགས་པས་མགུ་བར་བྱེད་ན། དེ་ཡང་ཡོངས་སུ་མ་དག་པ་ཡིན་ནོ། །ཞེས་སོ། །བུའི་གང་འདི་ལྟར་བདག་ལ་ནོར་ནི་མང་དུ་ཡོད་ལ་བདག་ལ་བུད་མེད་དེ། བདག་གིས་གང་རིག་པ་ལ་གཏོང་བར་བྱའོ་སྙམ་སྟེ་སྦྱིན་པ་བྱིན་ན་དེ་ཡང་ཡོངས་སུ་མ་དག་པ་ཡིན་ནོ། །ཞེས་སོ། །ཕྱི་མར་སྙེད་ཕྱིར་ཞེས་པ་ནི། གང་ཡང་ཚེ་འདི་ལ་བྱིན་པས། འཇིག་རྟེན་ཕ་རོལ་ཏུ་ཕྱིན་པར་འགྱུར་རོ། །སྙམ་པའི་སེམས་ཀྱིས་སྦྱིན་པ་བྱིན་ན་དེ་ཡོངས་སུ་མ་དག་པ་ཡིན་ནོ་ཞེས་སོ། །དམན་པ་རྣམས་པོར་ནས། ཕྱུག་པོ་རྣམས་ལ་སྟེར་ཞེས་པ་ནི། གང་མི་རྟོག་དང་། འབྲས་བུ་དང་། ཟང་ཟིང་འདོད་པས། དབུལ་བ་དང་། བཀྲེས་པ་དང་། སྡུག་ཕོངས་པ། གོས་དང་ཤི་བ་བཀྲེན་པ་རྣམས་བཀོད་དེ་བོར་ལ། ཕྱུག་པོ་རྒྱ་ཆེན་པོ་ཐོབ་པ་དག་ལ་སྦྱིན་པ་བྱིན་ན། དེ་ཡང་སྦྱིན་པ་ཡོངས་སུ་མ་དག་པ་ཡིན་ནོ། །བྲང་སྲོང་ཆེན་པོ་རྣམ་པ་སུམ་ཅུ་རྩ་གཉིས་པོ་འདི་དག་ནི། སྦྱིན་པ་བྱིན་ཡང་ཡོངས་སུ་མ་དག་པ་ཡིན་པར་བལྟའོ། །

འོ་ན་མ་དག་པའི་སྦྱིན་པ་བཏང་བ་ལ། རྣམ་པར་སྨིན་པ་ཇི་ལྟར་འབྱུང་ན། ཚ་སྒོ་ཅན་གྱི་ཞིང་ལ་ས་བོན་བཏབ་པས། ལོ་མ་དང་སྡོང་བུ་འབྱུང་ཡང་། མེ་ཏོག་དང་འབྲས་བུ་མི་འབྱུང་བ་བཞིན་དུ། གནས་སྐབས་ཚེ་རིང་བ་དང་། ལོངས་སྤྱོད་ཆེ་བ་ལ་སོགས་པ་འབྱུང་ཡང་། མཐར་ཐུག་སངས་རྒྱས་ཐོབ་པའི་རྒྱུར་མི་འགྱུར་ཏེ། མདོ་ལས། དྲང་སྲོང་ཆེན་པོ་དེ་དག་གི་རྣམ་པར་སྨིན་པ་ནི། ཚ་སྒོ་ཅན་ཞིང་ལ་ས་བོན་ངན་པ་བཏབ་པ་བཞིན། མྱུ་གུ་མི་སྐྱེ་བ་ལྟ་བུ་སྟེ། སྦྱིན་པ་དེའི་རྣམ་པར་སྨིན་པ་མེད་པ་མ་ཡིན་མོད་ཀྱི། འོན་ཀྱང་ཞིང་དང་ས་བོན་གྱི་ཉེས་པས་མེ་ཏོག་དང་འབྲས་བུར་མི་འགྱུར་རོ། །དྲང་སྲོང་ཆེན་པོ་འདི་ལྟ་སྟེ། དཔེར་ན་སྐྱེས་བུ་ལ་ལ་ཞིག་གང་འདོད་པའི་ས་བོན་ཁྱེར་ཏེ། མ་རྨོས་ལ་གསལ་བའི་ཞིང་ལ་བཏབ་ན། དེའི་ས་བོན་སར་བཏབ་ན། དེའི་ས་བོན་ས་ལ་གནས་པ་དེ་ལ་ཆར་བབས་ནས་བངས་ན། གདོད་མི་ཟ་བར་མྱུ་གུ་སྐྱེ་ནུས་པར་འགྱུར་ཏེ། འོན་ཀྱང་མེ་ཏོག་དང་འབྲས་བུ་ནི་མི་འབྱུང་ངོ་། །དྲང་སྲོང་ཆེན་པོ་དེ་བཞིན་དུ། སྦྱིན་པ་དེའི་རྣམ་པར་དབྱེ་བ་དེ་ཡང་། བསམ་པ་དང་སྦྱོར་བ་ཀུན་ནས་ཉོན་མོངས་པ་ཅན་དུ་གྱུར་པས། འབྲས་བུ་རྣམ་པར་སྨིན་པ་གྲུང་པོར་མི་འགྱུར་རོ་ཞེས་གསུངས་སོ། །གཞན་ཡང་། བློ་གྲོས་མི་ཟད་པའི་མདོ་ལས། མི་རུང་བ་སྦྱིན་པ་མེད་དོ། །དུས་མ་ཡིན་པའི་སྦྱིན་པ་མེད་དོ། །དུག་དང་མཚོན་སྦྱིན་པ་མེད་དོ། །སེམས་ཅན་ལ་རྣམ་པར་འཚེ་བའི་སྦྱིན་པ་མེད་དོ་ཞེས

འབྱུང་ངོ་། །འོན་དྲག་ཤུལ་ཅན་གྱི་ཞུས་པའི་མདོ་ལས། དེས་གཞན་ལ་ཆང་ཡང་སྦྱིན་ཏེ། དེ་འདི་སྙམ་དུ་འདི་ནི་སྦྱིན་པའི་ཕ་རོལ་ཏུ་ཕྱིན་པའི་དུས་ཡིན་ཏེ། གང་ལ་གང་གི་དོན་དུ་འགྱུར་བ་དེ་ལ་སྦྱིན་པའི་དུས་ལ་བབ་ཀྱི། བདག་གིས་འདི་ལྟར་བྱས་ཏེ། གང་དང་གང་ལ་ཆང་ཡང་བྱིན་ནས་གང་འདི་འབྲུལ་བ་མེད་པའི་སྤྱོད་པ་ལ་དེ་དང་དེ་དག དྲན་པ་དང་། ཤེས་བཞིན་ཡང་དག་པར་དྲན་དུ་འཇུག་གོ་སྙམ་པའི་འདུ་ཤེས་བསྐྱེད་པར་བྱའོ། ། ཞེས་པ་དང་འགལ་ལོ་ཞེ་ན། མི་འགལ་ཏེ། དྲང་སྲོང་རྒྱས་པས་ཞུས་པའི་མདོ་དང་། བློ་གྲོས་མི་ཟད་པའི་མདོ་ལས་ནི། སྤྱིར་བཏང་བ་ཡིན་ལ། དྲག་ཤུལ་ཅན་གྱི་ཞུས་པའི་མདོ་ལས་ནི། དམིགས་ཀྱིས་གསལ་བ་ཡིན་נོ། ། བསླབ་བཏུས་ཀྱི་མདོའི་འགལ་སྤོང་དུ། ཞེས་གང་གསུངས་པ་ནི་ཆང་གི་སྒོ་ནས་ཀྱང་། བྱང་ཆུབ་སེམས་དཔའ་ལ་རེ་ཐག་ཆད་དེ། ཁོང་ཁྲོ་བ་ལྷ་བར་འགྱུར་བས་འདིས་སེམས་ཅན་བསྡུ་བ་ཉམས་པར་འགྱུར་ཏེ། གཞན་དང་པར་བྱ་བའི་ཐབས་སུ་འགྱུར་བས། ཆང་སྦྱིན་ནོ་ཞེས་བྱ་བར་དགོངས་པའོ། །མཚོན་ཆ་ལ་སོགས་པ་ཡང་བཙུགས་སུ་འགྱུར་བ་ལྟ་ན་ལྷ་ཡང་བཏགས་ཏེ་བྱིན་ན། ལྟུང་བ་མེད་པར་འདི་ཉིད་ཀྱིས་མཚོན་ནོ། །མདོ་སྡེ་ལས་ནི། སྤྱིར་བཀག་ནས་གསུངས་སོ། །ཞེས་གསུངས་པ་ལྟར་རོ། །

གཉིས་པ་ནི། ཉན་ཐོས་ཀྱི་ནི་སྡོམ་པ་ལ། ། ཐེག་པ་ཆེན་པོར་འཆོས་པ་དང་། །དེ་བཞིན་ཐེག་ཆེན་ཉན་ཐོས་སུ། །འཆོས་པ་ཚུལ་ཁྲིམས་མ་དག་པས། །རང་ཉིད་ཚུལ་ཁྲིམས་བསྲུང་ན་ཡང་། །ཚུལ་ཁྲིམས་ལ་ནི་མཆོག་འཛིན་གྱིས། །གཞན་ལ་ཁྱད་གསོད་བྱེད་པ་ནི། །མ་དག་པ་ཡི་ཚུལ་ཁྲིམས་ཡིན། །ཞེས་པ། ཉན་ཐོས་ཀྱི་སོ་སོ་ཐར་པའི་སྡོམ་པ། སངས་རྒྱས་མ་ཐོབ་ཀྱི་བར་དུ་ལེན་པ་ཐེག་པ་ཆེན་པོར་འཆོས་པ་དང་། དེ་བཞིན་དུ། ཐེག་ཆེན་གྱི་སྡོམ་པ་ཉན་ཐོས་ཀྱི་ལུགས་བཞིན་དུ་རྣམ་པར་རིག་བྱེད་མ་ཡིན་པའི་གཟུགས་སུ་འཆོས་པ་དང་། རང་ཉིད་ཚུལ་ཁྲིམས་བསྲུང་ན་ཡང་། ཚུལ་ཁྲིམས་དང་ལྡན་པའོ་ཞེས་མཆོག་ཏུ་འཛིན་ཅིང་། གཞན་ཚུལ་ཁྲིམས་དང་མི་ལྡན་པ་རྣམས་ལ་ཁྱད་གསོད་བྱེད་པ་ཆོས་ཅན། དགེ་བ་ལྟར་སྣང་ཡིན་ཏེ། མ་དག་པའི་ཚུལ་ཁྲིམས་ཡིན་པའི་ཕྱིར། གསུམ་པ་ནི། དཀོན་མཆོག་གསུམ་དང་བླ་མ་ལ། །གནོད་ཅིང་བསྟན་པ་འཇིག་པ་ལ། ། ཁྲོས་ན་ལྡོག་པར་ནུས་བཞིན་དུ། །བཟོད་པ་བསྒོམ་ན་མ་དག་པའི། །ཞེས་པ། དཀོན་མཆོག་གསུམ་དང་བླ་མ་དམ་པར་གནོད་ཅིང་། བསྟན་པ་འཇིག་པར་བྱེད་པ་ལ། རང་ཉིད་ཀྱི་ཁྲོས་ན་བཟློག་པར་ནུས་བཞིན་དུ། མི་ཁྲོ་བར་བཟོད་པ་བསྒོམ་པ་ནི། མ་དག་པའི་བཟོད་པ་ཡིན་ནོ། ། བཞི་པ་ནི། ལོག་པའི་ཆོས་ལ་དགའ་བ་དང་། ། ཐོས་བསམ་བསྒོམ་གསུམ་ནོར་བ་ལ། །བརྩོན་འགྲུས་ཆེན་པོ་བྱ་བས་ན། །མ་དག་པ་ཡི་བརྩོན་འགྲུས་ཡིན། ཞེས་པ། ལས་རྒྱུ་འབྲས་ལ་བསྐུར་བ་འདེབས་པ་ལ་སོགས་པ་ལོག་པའི་ཆོས་ལ་དགའ་བ་དང་། ཐོས་བསམ་

བསྒོམ་གསུམ་ནོར་བ་ལ། བརྩོན་འགྲུས་ཆེན་པོ་བྱེད་པ་ལ་སོགས་པ་ནི། མ་དག་པའི་བརྩོན་འགྲུས་ཡིན་ནོ། །ལྔ་པ་ནི། མི་མཁས་སྟོང་ཉིད་བསྒོམ་པ་དང་། །གནད་འཆུགས་པ་ཡི་ཐབས་ལམ་སོགས། །རྣམ་རྟོག་འགའ་ཞིག་འཛིན་བ་དང་། །ཏིང་འཛིན་ཕྲ་མོ་བསྐྱེད་པའི་ཐབས། །དད་པ་ཆེན་པོས་བསྒོམ་ན་ཡང་། །ཡང་དག་ཡེ་ཤེས་མི་སྐྱེ་བས། །མ་དག་པ་ཡི་བསྒོམ་པ་ཡིན། །ཞེས་པ། གསུང་རབ་ཀྱི་དོན་ལ་མི་མཁས་པའི་སྟོང་ཉིད་བསྒོམ་པ་དང་། གནད་འཆུགས་པའི་གཏུམ་མོའི་ཐབས་ལམ་ལ་སོགས་པ་ནི། རྣམ་པར་རྟོག་པ་འགའ་ཞིག་འཛིན་པ་དང་། ཏིང་ངེ་འཛིན་ཕྲ་མོ་བསྐྱེད་པའི་ཐབས་འབད་པ་ཆེན་པོས་བསྒོམ་ན་ཡང་། ཡང་དག་པའི་ཡེ་ཤེས་མི་སྐྱེ་བས། མ་དག་པའི་བསྒོམ་པ་ཡིན་ནོ། །དྲུག་པ་ནི། སངས་རྒྱས་གསུངས་དང་མི་མཐུན་པའི། །འཆད་རྩོད་རྩོམ་ལ་མཁས་གྱུར་ཅིང་། །བྱ་བ་ཐམས་ཅད་ཤེས་གྱུར་ཀྱང་། །མ་དག་པ་ཡི་ཤེས་རབ་ཡིན། །ཞེས་པ། སངས་རྒྱས་ཀྱི་གསུང་རབ་དང་མི་མཐུན་པའི། འཆད་རྩོད་རྩོམ་པ་ལ་མཁས་པར་གྱུར་ཅིང་།བྱ་བ་ཐམས་ཅད་ཤེས་པའི་ཤེས་རབ་ནི། མ་དག་པའི་ཤེས་རབ་ཡིན་ནོ། །བདུན་པ་ནི། བླ་མ་ངན་ལ་དད་པ་དང་། །ཆོས་ངན་པ་ལ་མོས་པ་དང་། །བསྒོམ་ངན་པ་ལ་དགའ་བ་ན། །མ་དག་པའི་དད་པ་ཡིན། ཞེས་པ། མཚན་ཉིད་དང་མི་ལྡན་པའི་བླ་མ་ངན་པ་ལ་དད་པ་དང་། ཆོས་ངན་པ་ལ་མོས་པ་དང་། དཀར་པོ་ཆིག་ཐུབ་ལ་སོགས་པའི་སྒོམ་ངན་པ་ལ་དགའ་བ་ནི། མ་དག་པའི་དད་པ་ཡིན་ནོ། །བརྒྱད་པ་ནི། ནད་པ་དགའ་བའི་ཁ་ཟས་སྟེར། །ངན་པར་སྤྱོད་པ་ཚར་མི་སྤྱོད། །དབང་བསྐུར་མེད་པར་གསང་སྔགས་སྟོན། །སྣོད་མིན་པ་ལ་ཆོས་འཆད་སོགས། །འཕྲལ་ལ་ཕན་པ་ལྟར་སྣང་ཡང་། །ཕྱི་ནས་གནོད་པ་ཆེར་འགྱུར་བ། །སྙིང་རྗེའི་དབང་གིས་དབྱེན་ཡང་། །མ་དག་པ་ཡི་སྙིང་རྗེ་ཡིན། །ཞེས་པ། ཚད་པ་ན་བ་ལ་འཕྲལ་དགའ་བའི་ཁ་ཟས་ཆང་སྟེར་བ་དང་། བསྟན་པ་ལ་གནོད་པའི་ངན་པར་སྤྱོད་པ་ཚར་མི་བཅད་པ་དང་། སྨིན་བྱེད་ཀྱི་དབང་བསྐུར་མེད་པ་གསང་སྔགས་ཀྱི་ལམ་ཟབ་མོ་སྟོན་པ་དང་། ཐེག་ཆེན་གྱི་སྣོད་མིན་པ་ལ་ཐེག་ཆེན་སྟོན་པ་ནི། འཕྲལ་ལ་ཕན་པ་ལྟར་སྣང་ཡང་། ཕྱི་ནས་རང་གཞན་ལ་གནོད་པ་ཆེན་པོར་འགྱུར་བས། སྙིང་རྗེའི་དབང་གིས་བྱེད་ན་ཡང་། མ་དག་པའི་སྙིང་རྗེ་ཡིན་ནོ། །དགུ་པ་ནི། གདུག་ཅན་ལ་བྱམས་པ་དང་། །བུ་དང་སློབ་མ་མི་འཚོས་དང་། །བསྲུང་བའི་འཁོར་ལོ་མི་བསྒོམ་ཞིང་། །ཁྲོ་བོའི་བཟླས་པ་འགོག་པ་སོགས། །རྒྱུད་སྡེ་ཀུན་དང་འགལ་བས་ན། །མ་དག་པ་ཡི་བྱམས་པ་ཡིན། །ཞེས་པ། བསྟན་ལ་གནོད་པའི་གདུག་པ་ཅན་ལ་བྱམས་པ་དང་། །བུ་དང་སློབ་མ་སྤྱོད་པ་ཕྱིན་ཅི་ལོག་ལས་མི་འཚོས་པ་དང་། བཀའ་གདམས་པ་ལ་ལ། བསྲུང་འཁོར་བསྒོམས་ན་བདུད་ལ་གནོད་ཟེར་ནས། མི་བསྒོམ་ཞིང་། ཁྲོ་བོའི་བཟླས་པ་བྱས་ན། བགེགས་ལ་གནོད་ཟེར་ནས། འགོག་པ་ལ་སོགས་པ་ནི། རྒྱུད་སྡེ་ཀུན་དང་འགལ་བས་ན།

མ་དག་པའི་བྱམས་པ་ཡིན་ནོ། །བཅུ་པ་ནི། མདོ་རྒྱུད་ཀུན་ལས་མ་གསུངས་ཤིང་། །རིག་པས་བསྒྲུབ་པར་མི་ནུས་པ། །དྲོད་དང་བདེ་བ་སྐྱེ་བ་དང་། །མི་རྟོག་ལྟར་སྣང་སྐྱེ་བ་སོགས། །ནད་གདོན་ཙུང་ཟད་སེལ་བ་དག །བླུན་པོ་དགའ་བ་བསྐྱེད་ན་ཡང་། །མུ་སྟེགས་བྱེད་ལ་འང་ཡོད་པའི་ཕྱིར། །མ་དག་པ་ཡི་ཐབས་ལམ་ཡིན། །ཞེས་པ། སངས་རྒྱས་ཀྱི་མདོ་རྒྱུད་ནས་མ་གསུངས་ཤིང་།རིག་པ་རྣམ་དག་གིས་བསྒྲུབ་པར་མི་ནུས་པའི། ལྟོ་བའི་ནང་དུ་མི་མཐེ་བོང་ཙམ་བསྒོམས་པས། དྲོད་དང་བདེ་བ་སྐྱེ་བ་དང་། མི་རྟོག་པ་ལྟར་སྣང་སྐྱེ་བ་ལ་སོགས་པ། ནད་གདོན་ཙུང་ཟད་སེལ་བ་དག བླུན་པོ་དགའ་བ་བསྐྱེད་ན་ཡང་། མུ་སྟེགས་བྱེད་ལ་འང་ཡོད་པའི་ཕྱིར། མ་དག་པའི་ཐབས་ལམ་ཡིན། བཅུ་གཅིག་པ་ནི། བདག་ལྟའི་རྩ་བ་མ་ཆོད་ཅིང་། །འཁོར་འདས་གཉིས་ལ་སློན་པ་ཅན། །དགེ་བ་ལ་ནི་ངོ་མཚར་ལྟ། །ཆོས་ཀུན་སྤྲོས་བྲལ་མ་ཤེས་པས། །སངས་རྒྱས་ཉིད་དུ་བསྔོ་ན་ཡང་། །མ་དག་པ་ཡི་སློན་ལམ་ཡིན། །ཞེས་པ། བདག་ཏུ་བལྟ་བའི་རྩ་བ་ངར་འཛིན་མ་ཆོད་ཅིང་། འཁོར་བའི་ཕུན་སུམ་ཚོགས་པ་དང་། མྱ་ངན་ལས་འདས་པའི་བདེ་བ་གཉིས་ལ་སློན་པ་ཅན། དེ་གཉིས་ཀྱི་དགེ་བ་ལ་ངོ་མཚར་དུ་བལྟ་ཞིང་། ཆོས་ཀུན་སྤྲོས་བྲལ་དུ་མ་ཤེས་པས། སངས་རྒྱས་ཉིད་དུ་བསྔོ་བར་བྱེད་ན་ཡང་། མ་དག་པའི་སློན་ལམ་ཡིན་ནོ། །གསུམ་པ་འཇུག་བསྡུ་བ་ནི། དེ་ལ་སོགས་པ་མཐའ་ཡས་པ། །སངས་རྒྱས་གསུང་གི་གནད་འཆུགས་པས། །དགེ་བ་བྱེད་པར་སྣང་ན་ཡང་། །མ་དག་པ་རུ་ཤེས་པར་གྱིས། །ཞེས་པ། དེ་ལ་སོགས་པ་ནོར་བ་མཐའ་ཡས་པ་ནི། སངས་རྒྱས་ཀྱི་གསུང་གནད་འཆུགས་པས། དགེ་བ་བྱེད་པ་ལྟར་སྣང་ཡང་མ་དག་པ་རུ་ཤེས་པར་གྱིས། །ཞེས་གདམས་སོ། །བཞི་པ་དོན་བསྡུ་བ་ནི། མདོར་ན་སངས་རྒྱས་གསུང་རབ་དང་། །མཐུན་པའི་ཐོས་བསམ་སྒོམ་པ་གསུམ། །བསམ་པ་དག་པས་བསྒྲུབ་བྱེད་ན། །སངས་རྒྱས་བསྟན་པར་ཤེས་པར་བྱ། །ཞེས་པ། མདོར་ན་སངས་རྒྱས་ཀྱི་གསུང་རབ་དང་མཐུན་པའི་ཐོས་བསམ་བསྒོམ་གསུམ་བསམ་པ་དག་པས་སྒྲུབ་པར་བྱེད་ན། སངས་རྒྱས་ཀྱི་བསྟན་པ་ཡིན་པར་ཤེས་པར་བྱའོ། །བྱང་ཆུབ་སེམས་དཔའི་སྡོམ་པའི་སྐབས་ཀྱི་འགྲེལ་པ་ལེགས་པར་བཤད་པའི་སྐབས་ཏེ་གཉིས་པའོ། །དགེའོ། །བཀྲ་ཤིས།

༄༅། །སྡོམ་པ་གསུམ་པའི་འགྲེལ་པ་འཕྲིན་ལས་རྒྱས་བྱེད་བཞུགས།

རྡོ་རྗེ་ཐེག་པའི་སྡོམ་པ་ལ་འཁྲུལ་བ་དགག་པ་ལ། སྤྱིར་བསྟན་པ་དང་། སོ་སོར་བཤད་པ་གཉིས། དང་པོ་ནི། རྡོ་རྗེ་ཐེག་པའི་ལམ་ཞུགས་ཏེ། །མྱུར་དུ་སངས་རྒྱས་ཐོབ་འདོད་ན། །སྨིན་གྲོལ་གཉིས་ལ་འབད་པར་བྱ། །སྨིན་པར་བྱེད་པའི་དབང་བསྐུར་ཡང་། །བླ་མ་བརྒྱུད་པ་མ་ཉམས་ཤིང་། །ཚིག་འཁྲུགས་པར་མ་གྱུར་པ། །ཕྱི་ནང་རྟེན་འབྲེལ་བསྒྲིག་མཁྱེན་ཅིང་། །སྐུ་བཞིའི་ས་བོན་ཐེབས་ནུས་པ། །སངས་རྒྱས་གསུང་བཞིན་མཛད་པ་ཡི། །བླ་མ་བཙལ་ལ་དབང་བཞི་བླང་། །དེ་ཡི་སྡོམ་པ་གསུམ་ལྡན་འགྱུར། །ཞེས་པ། སྤྱིར་ཐེག་པ་ཆེན་པོ་ལ་ཕ་རོལ་ཏུ་ཕྱིན་པའི་ཐེག་པ་དང་། གསང་སྔགས་ཀྱི་ཐེག་པ་གཉིས། གསང་སྔགས་ཀྱི་ཐེག་པའི་ནང་ནས།རྡོ་རྗེ་ཐེག་པ་རྣལ་འབྱོར་བླ་ན་མེད་པའི་ལམ་ལ་ཞུགས་ཏེ། དབང་པོ་རྣོན་པོ་ཚེ་འདི་དང་། འབྲིང་བར་དོ་དང་། ཐ་མ་སྐྱེ་བ་བདུན་ནམ་བཅུ་དྲུག་ནས་སངས་རྒྱས་ཐོབ་པར་འདོད་ན། སྟོན་དུ་འགྲོ་བ་སྨིན་བྱེད་ཀྱི་དབང་རྣམ་པ་བཞི་དང་། གྲོལ་བྱེད་ཀྱི་ལམ་རིམ་པ་གཉིས་འཁོར་དང་བཅས་པ་ལ་འབད་པར་བྱ་དགོས་ཏེ། སྨིན་པར་བྱེད་པའི་དབང་བསྐུར་བ་ལ་ཡང་། བླ་མ་རྡོ་རྗེ་འཆང་ཆེན་པོ་ནས་བཟུང་སྟེ་རང་གི་རྩ་བའི་བླ་མའི་བར། སྙན་བརྒྱུད་བཞིས་བརྒྱུད་པ་མ་ཉམས་ཤིང་། སྦྱོར་དངོས་རྗེས་གསུམ་གྱི་ཚིག་འཁྲུག་པར་མ་གྱུར་པ། ཕྱི་ནང་གི་རྟེན་འབྲེལ་བསྒྲིག་མཁྱེན་ཅིང་། སྐུ་བཞིའི་ས་བོན་ཐེབས་ནུས་པ་སངས་རྒྱས་ཀྱི་གསུང་བཞིན་མཛད་པའི་བླ་མ་དམ་པ་བཙལ་ལ་དབང་བླངས་པས། སློབ་མ་དེའི་རྒྱུད་སྡོམ་པ་གསུམ་ལྡན་དུ་འགྱུར་རོ། །

དེ་ལ་རྡོ་རྗེ་ནི། རྣམ་པར་རྟོག་པས་མི་ཕྱེད་པས་ན་སྟོང་བ་ཉིད་བརྗོད་དེ། རྡོ་རྗེ་རྩེ་མོ་ལས། སྲ་ཞིང་སྙིང་པོ་ཁོག་སྟོང་མེད། །བཅད་དང་བཞིག་པར་བྱ་བ་མེད། །བསྲེག་པར་བྱར་མེད་འཇིག་མེད་པས། །སྟོང་ཉིད་རྡོ་རྗེར་བརྗོད་པར་བྱ། །ཞེས་གསུངས་པའི་ཕྱིར། ཐེག་པ་ནི། འདིར་འདོད་པ་ལམ་གྱི་ཐེག་པ་སྨིན་གྲོལ་གྱི་ལམ་འཁོར་དང་བཅས་པ་ཡིན་ལ། འདིར་འདོད་པ་འབྲས་བུའི་ཐེག་པ་སངས་རྒྱས་ཀྱི་སྐུ་གསུང་ཐུགས་རྡོ་རྗེ་ཡིན་ནོ། །ཐབས་སྨིན་གྲོལ་གྱི་ལམ་འཁོར་དང་བཅས་པ་རྣམས་ཀྱི་སྣང་གཞི་ལུས་ངག་ཡིད་གསུམ་དང་། ཉོན་མོངས་པ་

ཐམས་ཅད་སྤྱོང་བར་བྱེད་པའི་ཕྱིར། རྡོ་རྗེ་ཐེག་པ་ཞེས་བྱ་སྟེ། གསང་བ་འདུས་པ་ལས། འདོད་ཆགས་ཞེ་སྡང་གཏི་མུག་རྣམས། །རྡོ་རྗེ་དག་ལ་རྟག་པར་གནས། །དེས་ན་སངས་རྒྱས་རྣམས་ཀྱི་ཐབས། །རྡོ་རྗེ་ཐེག་པ་ཞེས་བཤད་དོ། །ཞེས་གསུངས་པའི་ཕྱིར། མྱུར་དུ་སངས་རྒྱས་ཐོབ་པར་འདོད་པས། རྡོ་རྗེ་ཐེག་པའི་ལམ་ལ་བརྟེན་དགོས་ཏེ། མཚན་བརྗོད་ཀྱི་ཕན་ཡོན་ལས། བྱང་ཆུབ་སེམས་དཔའ་གསང་སྔགས་ཀྱི་སྒོ་ནས་སྤྱད་པ་སྤྱོད་པ་རྣམས་ཀྱིས་མྱུར་དུ་སངས་རྒྱས་འགྲུབ་ཅེས་གསུངས་པའི་ཕྱིར་རོ། །གསང་སྔགས་ཀྱི་ལམ་བསྒོམ་པའི་ཐོག་མར་སྨིན་བྱེད་ཀྱི་མངོན་པར་དབང་བསྐུར་བ་འཐོབ་དགོས་པས། དབང་ལ་གང་གིས་དབང་བསྐུར་བ་སློབ་དཔོན་གྱི་མཚན་ཉིད། གང་ལ་དབང་བསྐུར་བ་སློབ་མའི་མཚན་ཉིད། ཇི་ལྟར་དབང་བསྐུར་བ་དབང་གི་མཚན་ཉིད་དང་གསུམ། དང་པོ་ནི། རྩ་རྒྱུད་དམ་པ་དང་པོ་ནས། །བརྟན་ཞིང་དུལ་ལ་བློ་གྲོས་ལྡན། །བཟོད་ལྡན་དྲང་ལ་གཡོ་སྒྱུ་མེད། །སྔགས་དང་རྒྱུད་ཀྱི་སྦྱོར་བ་ཤེས། །སྙིང་རྗེ་ལྡན་ཞིང་བསྟན་བཅོས་མཁས། །དེ་ཉིད་བཅུ་ནི་ཡོངས་སུ་ཤེས། །དཀྱིལ་འཁོར་བྲི་བའི་ལས་ལ་མཁས། །གསང་སྔགས་འཆད་བྱེད་སློབ་དཔོན་སྟེ། །ཞེས་གསུངས་པ་ལྟར་རོ། །སྤྱིར་དེ་ཉིད་བཅུ་ལ་སློབ་དཔོན་གྱི་དེ་ཉིད་བཅུ་དང་། ཆོ་གའི་དེ་ཉིད་བཅུ་དང་། གསང་བའི་དེ་ཉིད་བཅུ་དང་། རྡོ་རྗེ་སློབ་དཔོན་ལ་ཉེ་བར་མཁོ་བའི་དེ་ཉིད་བཅུ་དང་། དབང་བསྐུར་བའི་དེ་ཉིད་བཅུའོ། །དང་པོ་ནི། གོང་དུ་བཤད་ལ༑ ཆོ་གའི་དེ་ཉིད་བཅུ་ནི། དཀྱིལ་འཁོར་ཏིང་འཛིན་ཕྱག་རྒྱ་དང་། །སྟེང་ཐབས་འདུག་ཐབས་བཟླས་བརྗོད་དང་། །སྦྱིན་སྲེག་མཆོད་ལ་སྦྱོར་བ་དང་། །སླར་བསྡུ་བ་ཡི་རྣམ་པ་ནི། །དཀྱིལ་འཁོར་དེ་ཉིད་བཅུ་ཡིན་ནོ། །ཞེས་རྡོ་རྗེ་སྙིང་པོ་རྒྱན་གྱི་རྒྱུད་ལས་གསུངས་པ་ལྟར་རོ། །

གསང་བའི་དེ་ཉིད་བཅུ་ནི། རྒྱུད་དེ་ཉིད་ལས། ཕྱིར་བཟློག་གཉིས་ཀྱི་ཆོ་ག་དང་། །གསང་བ་ཤེས་རབ་ཡེ་ཤེས་དང་། །ཁ་སྦྱོར་དབྱེ་བའི་ཆོག་དང་། །གཏོར་མ་རྡོ་རྗེ་བཟླས་པ་དང་། །དྲག་ཤུལ་བསྒྲུབ་པའི་ཆོག་དང་། །རབ་ཏུ་གནས་དང་དཀྱིལ་འཁོར་བསྒྲུབ། །གསང་བ་དེ་ཉིད་བཅུ་ཡིན་ནོ། །ཞེས་གསུངས་པ་ལྟར་རོ། །རྡོ་རྗེ་སློབ་དཔོན་ལ་ཉེ་བར་མཁོ་བའི་དེ་ཉིད་བཅུ་ནི། བླ་མ་ཡོངས་བཟུང་གི་རྒྱུད་ལས། གནས་དང་དུས་དང་ལྷ་དང་སྔགས། །བགྲང་ཕྲེང་ཕྱག་རྒྱ་སྦྱིན་སྲེག་དང་། །དཀྱིལ་འཁོར་བུམ་པའི་དེ་ཉིད་དང་། །དབང་བསྐུར་དང་ནི་རབ་གནས་ཀྱི། །དེ་ཉིད་བཅུ་ནི་ཡོངས་སུ་ཤེས། །ཞེས་གསུངས་པ་ལྟར་རོ། །དབང་བསྐུར་བའི་དེ་ཉིད་བཅུ་ནི། སྒྲུབ་ཐབས་རིན་ཆེན་འབར་བར། རྡོ་རྗེ་དྲིལ་བུ་ཡེ་ཤེས་དང་། །ལྷ་དང་དཀྱིལ་འཁོར་སྦྱིན་སྲེག་དང་། །སྔགས་དང་རྟུལ་མཆོག་གཏོར་མ་དང་། །དབང་བསྐུར་དེ་ཉིད་བཅུ་པའོ། །ཞེས་པ་ལྟར་རོ། །གཉིས་པ་གང་ལ་དབང་བསྐུར་བ་སློབ་མའི་མཚན་ཉིད། བླ་མར་དད་ཅིང་རིགས་བཙུན་པ། །དེ་ཉིད་དཀོན་མཆོག་གསུམ་ལ་དང་། །

བཟོད་དང་ལྡན་ཞིང་སེར་སྣ་མེད། །ཟབ་མོ་ཡི་ནི་བློ་དང་ལྡན། །སྤྲོ་བ་ཆེ་ཞིང་ཚུལ་ཁྲིམས་ལྡན། །དབང་ལ་ཡི་དམ་བསྟན་པ་ཡིན། །ཞེས་བཤད་པ་ལྟར་རོ། །གསུམ་པ་ཇི་ལྟར་དབང་བསྐུར་བའི་མཚན་ཉིད་ལ། དབང་གི་དགོས་པ། ངེས་ཚིག་རབ་དབྱེ། གོ་རིམ། ཕན་ཡོན་དང་ལྔའོ། །དང་པོ་ནི། གནས་སྐབས་རིགས་བཞིའི་ཀུན་རྫོབ་གི་དྲི་མ་སྦྱངས་ཏེ། ཟག་མེད་སྐུ་བཞིའི་གོ་འཕང་ཐོབ་པར་འགྱུར་བ་ཡིན་ཏེ། ཀྱེ་རྡོ་རྗེ་ལས། སེམས་ཅན་རྣམས་ཀྱི་དངོས་གྲུབ་ཕྱིར། །དབང་ནི་རྣམ་པ་བཞི་རུ་བཤད། །ཅེས་གསུངས་སོ། །གཉིས་པ་ནི། ཉོན་མོངས་པ་འཐོར་ཞིང་། ཡོན་ཏན་ཁྱད་པར་ཅན་བླུག་པས་ན་དབང་སྟེ། བུམ་དབང་གིས་སྤྱི་བོ་ནས་འཐོར་ཞིང་བླུགས། གསང་དབང་གིས་ལྕེ་ལ་ཤེས་རབ་ཡེ་ཤེས་ཀྱི་དབང་གི་གནས་སུ། བཞི་བས་རང་གི་སེམས་འཐོར་ཞིང་བླུགས་ཏེ། ཨ་བྷི་ཥེ་ཀ་ཏ་ཞེས་པའི་དོན་ནོ། །ཡང་ན། དབང་བར་བྱས་པས་ན་དབང་སྟེ། བུམ་དབང་གིས་བསྐྱེད་རིམ་བསྒོམ་པ་ལ་དབང་། གསང་དབང་གིས་ཙཎྜ་ལི། ཤེས་རབ་ཡེ་ཤེས་ཀྱིས་དཀྱིལ་འཁོར་འཁོར་ལོ། བཞི་བས་རྡོ་རྗེ་ཐ་རླབས་བསྒོམ་པ་ལ་དབང་སྟེ། ཨ་བྷི་ཥིཉྩ་ཞེས་པའི་དོན་ནོ། །འཁྲུད་པར་བྱེད་པས་ན་ཡང་དབང་སྟེ། བུམ་དབང་གིས་ལུས་ཀྱི། གསང་དབང་གིས་ངག་གི །ཤེས་རབ་ཡེ་ཤེས་ཀྱིས་ཡིད། བཞི་བས་སྒོ་གསུམ་གྱི་དྲི་མའི་བག་ཆགས་འཁྲུད། སྐལ་བ་དང་ལྡན་པར་བྱས་པས་ན་དབང་སྟེ། བུམ་དབང་གི་སྤྲུལ་སྐུ་ཐོབ་པའི་སྐལ་བ་དང་ལྡན་པར་བྱས། གསང་དབང་གིས་ཤེས་སྐུ། ཤེས་རབ་ཡེ་ཤེས་ཀྱིས་ཆོས་སྐུ། བཞི་བས་ངོ་བོ་ཉིད་ཀྱི་སྐུ་ཐོབ་པའི་སྐལ་བ་དང་ལྡན་པར་བྱས་ཏེ། ཀྱེ་རྡོ་རྗེ་ལས། འཐོར་དང་བླུགས་པ་ཞེས་བྱ་འདིས། །དེས་ན་དབང་ཞེས་རབ་ཏུ་རྗོད། །གསུམ་པ་རབ་དབྱེ་ལ། ལམ་ལ་སྨྲོར་བར་བྱེད་པ་རྒྱུའི་དབང་། ཀུན་ནས་གོམས་པར་བྱེད་པ་ལམ་གྱི་དབང་། མི་འཁྲུགས་པ་ལ་སྨྲོར་བར་བྱེད་པ་འབྲས་བུའི་དབང་། གསུམ་ཀ་ལ་ཡང་དབང་རྣམ་པ་བཞི་བཞི་སྟེ། སློབ་དཔོན་གསང་བ་ཤེས་རབ་དང་། བཞི་པ་ཡང་ནི་དེ་བཞིན་ནོ། །ཞེས་བཤད་པའི་ཕྱིར་རོ། །

བཞི་པ་གོ་རིམ་ནི། དབང་བཞི་རིམ་གྱིས་བསྐུར་བས། དྲི་མ་བཞི་རིམ་གྱིས་སྦྱོང་ལ། འབྲས་བུ་སྐུ་བཞི་རིམ་གྱིས་ཐོབ་པོ། །ལྔ་པ་ཕན་ཡོན་ནི། དང་པོ་རེ་ཞིག་སློབ་མ་ལ། །དབང་རྣམས་ལན་ཅིག་བསྐུར་བ་ཡིས། །དེ་ཚེ་གསང་ཆེན་བཤད་པ་ཡི། །སྣོད་དུ་ངེས་པར་འགྱུར་བ་ཡིན། །ཞེས་པ་ལྟར་རོ། །གྲོལ་བྱེད་ལམ་རིམ་གྱི་རྣམ་པར་བཞག་པ་ནི་འོག་ཏུ་འཆད་དོ། །གཉིས་པ་བྱེ་བྲག་ཏུ་བཤད་པ་ལ། དབང་ལ་འཁྲུལ་བ་དགག ལམ། ལྟ་བ། བསྒོམ་པའི་གནས། འབྲས་བུ་ལ་འཁྲུལ་བ་དགག་པ་དང་ལྔ། དང་པོ་ལ། དབང་མ་ཡིན་པ་དབང་དུ་འདོད་པ་དགག དབང་མི་དགོས་པར་འདོད་པ་དགག །དགོས་ཀྱང་ཆོས་སྒོ་ཙམ་དུ་འདོད་པ་དགག །དབང་ལ་སྨྲ་བཞིར་འདོད་པ་དགག་པ་དང་བཞི། དང་པོ་ལ། ཕག་མོའི་བྱིན་རླབས་སྨིན་བྱེད་དུ་འདོད་པ་དགག རང་

བཞིའི་དབང་བསྐུར་སློབ་བྱེད་དུ་འདོད་པ་དགག་པ་དང་གཉིས། དང་པོ་འདོད་པ་བརྗོད་པ་དང་། དབང་ལམ་དང་པོ་ལ་འདོད་པ་བརྗོད་པ་དང་། དེ་དགག་པ་གཉིས། དང་པོ་ནི། དེང་སང་རྡོ་རྗེ་ཕག་མོ་ཡིས། །བྱིན་རླབས་དབང་བསྐུར་ཡིན་ཞེས་ཟེར། །འདི་ཡིས་ཆོས་ཀྱི་སྒོ་ཕྱེ་ནས། །གཏུམ་མོ་ལ་སོགས་བསྒོམ་པ་མཐོང་། །ཞེས་པ། འདིར་དྭགས་པོ་ལྷ་རྗེ་ལ་སོགས་པ་ཁ་ཅིག རྡོ་རྗེ་ཕག་མོའི་བྱིན་རླབས་སློབ་བྱེད་ཀྱི་དབང་བསྐུར་ཡིན་ཞེས་ཟེར་ལ། བྱིན་རླབས་འདི་ཡིས་ཆོས་ཀྱི་སྒོ་ཕྱེ་ནས། རྫོགས་རིམས་གཏུམ་མོ་ལ་སོགས་པ་བསྐྱེད་རིམ་བསྒོམ་པ་མཐོང་ལ། དེ་ཡང་རྡོ་རྗེ་ཕག་མོའི་བྱིན་རླབས་ལ་དབང་དུ་བྱས་ན་ཆོས་སྒོ་འབྱེད་པ་དྭགས་པོ་ལྷ་རྗེ་ནས་བྱུང་ངོ་། །དེ་ཡང་འདི་ལྟར་རས་པ་སྒྲུབ་ཚུགས་བཟང་བས། སློབ་མ་མང་དུ་བྱུང་ཡང་དབང་བསྐུར་བའི་ཆོ་ག་མི་ཤེས་པས། དབང་གཞན་དུ་ཞུ་རུ་བཅུག་ནས་བཟོད་འཕྲིད་དང་ལམ་ཟབ་གཏེར་བའི་སྲོལ། དྭགས་པོ་ལྷ་རྗེའི་སྐུ་ཚེའི་སྟོད་ལ་ཡོད་པ་ལ། དབང་ཞུ་རུ་བཏང་བའི་སློབ་མ་འགའ་རེ་དེར་བསྡད་ནས་འོང་དུ་མ་འདོད་པར། དྭགས་པོ་ལྷ་རྗེ་ན་རེ། ཝ་ལ་དབང་ཆོག་ཤེས་པ་གཅིག་མཁོ་བར་འདུག་བྱས་པས། སྒོམ་པ་ཀེར་ཙེ་རུ་བ་ན་རེ། ཕག་མོའི་དབང་གཅིག་ཤེས་པས་གོ་ཆོད་དམ་ཞུས་པས། ཆོད་གསུངས་ནས་ཆོས་སྒོ་འབྱེད་པའི་སྲོལ་དེ་ནས་བྱུང་། འདི་ལ་དེ་ཡན་གྱི་རྒྱུད་པ་ཁུངས་མ་དང་། གཞུང་འདི་ནས་འབྱུང་གི་ཁུངས་མེད་བླ་མ་འཕགས་པ་ཆེན་པོས་གསུངས་སོ། །དེའི་རྗེས་སུ་འབྲང་ནས། དེང་སང་བོད་ཀྱི་མཁས་པར་རློམ་པ་ཁ་ཅིག །རང་ཉིད་ཀྱི་གསང་བ་འདུས་པའི་དབང་མི་བྱེད་པར། བསྐྱེད་རྫོགས་ཀྱི་མན་ངག །གསང་འདུས་རིམ་ལྔ་སྟོན་པར་བྱེད་དོ། །གཉིས་པ་ལ། དེ་སློབ་བྱེད་དུ་མི་རུང་བའི་རྒྱུ་མཚན་དང་། དབང་ཡིན་པའི་སྒྲུབ་བྱེད་དགག་པ་གཉིས། དང་པོ་ལ། བསྟན་བཅོས་ལས་མ་གསུངས་པར་བསྟན་པ། རང་གཞུང་དང་འགལ་བ་དེ་དཔེ་དང་སྦྱར་ཏེ་བསྟན་པ། དེ་ལ་ལུང་འགོད་པ་དང་བཞི། དང་པོ་ནི། འདི་འདྲ་རྒྱུད་སྡེ་ལས་མ་གསུངས། །བསྟན་བཅོས་རྣམས་ལས་བཤད་པ་མེད། །ཅེས་པ། རྡོ་རྗེ་ཕག་མོའི་བྱིན་བརླབས་འདི་འདྲ་སློབ་བྱེད་ཀྱི་དབང་དུ་རྒྱུད་སྡེ་གང་ནས་ཡང་མ་གསུངས་ཏེ། དབང་སྟོན་དུ་མ་སོང་བར་བྱིན་རླབས་བྱེད་མི་ཉན་པའི་ཕྱིར། ཕྱི་རྡུལ་ཚོན་གྱི་དཀྱིལ་འཁོར་དུ་དབང་བསྐུར་བ་མ་ཐོབ་པར་ནང་ལུས་ཀྱི་དཀྱིལ་འཁོར་དུ་དབང་བསྐུར་བ་བཀག་པའི་ཕྱིར་ཏེ། ཀྱེ་རྡོ་རྗེ་ལས། ཇི་ལྟར་ཕྱི་རོལ་དེ་བཞིན་ནང་། །སྡོམ་པའང་དེ་ཉིད་རབ་ཏུ་ཕྱེ། །ཞེས་གསུངས་པའི་ཕྱིར། དེར་མ་ཟད། སྔགས་ཀྱི་བསྟན་བཅོས་ལས་ཀྱང་དེ་འདྲ་བཤད་པ་མེད་དོ། །སློབ་བྱེད་ཀྱི་དབང་མ་བསྐུར་བར་གྲོལ་བྱེད་ཀྱི་ལམ་བསྒོམ་པ་རྡོ་རྗེ་འཆང་གིས་བཀག་སྟེ། ཕྱག་རྒྱ་ཆེན་པོ་ཐིག་ལེའི་རྒྱུད་ལས། དབང་མེད་ན་ནི་དངོས་གྲུབ་མེད། །ཅེས་གསུངས་པའི་ཕྱིར་དང་། གཉིས་པ་རང་གཞུང་དང་འགལ་བ་ནི། རྡོ་རྗེ་ཕག་མོ་ཉིད་ལས་ཀྱང་། །དབང་བསྐུར

ཐོབ་ཅིང་དམ་ཚིག་ལྡན། །དེ་ལ་བྱིན་རླབས་བྱ་ཞེས་གསུངས། །དབང་བསྐུར་མེད་ལ་བྱིན་རླབས་བཀག ཅེས་པ། རྡོ་རྗེ་ཕག་མོའི་རྒྱུད་ཉིད་ལས། དབང་བསྐུར་ཐོབ་ཅིང་དམ་ཚིག་དང་ལྡན་པ་ལ་བྱིན་རླབས་བྱ་ཞེས་གསུངས་ཏེ། དབང་བསྐུར་མེད་པར་བྱིན་རླབས་བཀག་པའི་ཕྱིར། གསུམ་པ་ནི། དཔེར་ན་མུ་ཟིའི་བཅུད་ལེན་འཇུག དེ་ནས་དངུལ་ཆུ་བཟའ་བར་གསུངས། །མུ་ཟི་ཐོག་མར་མ་བརྟེན་པར། །དངུལ་ཆུ་ཟོས་ན་འཆི་བ་བཞིན། དེ་བཞིན་ཐོག་མར་དབང་བསྐུར་བླང་། །དེ་ནས་རྡོ་རྗེ་ཕག་མོ་སྦྱིན། །དབང་བསྐུར་མེད་པར་བྱིན་རླབས་ན། །དམ་ཚིག་ཉམས་པར་ཐུབ་པས་གསུངས། །རྡོ་རྗེ་ཕག་མོའི་བྱིན་རླབས་ལ། སྡོམ་པ་གསུམ་ལྡན་བྱར་མི་རུང་། །ཕྱི་ནང་རྟེན་འབྲེལ་འགྲིག་མི་འགྱུར། །སྐུ་བཞི་ས་བོན་ཐེབས་མི་នུས། །དེ་ཕྱིར་འདི་ནི་བྱིན་རླབས་ཙམ། །ཡིད་ཀྱི་སྨིན་པར་བྱེད་པ་མིན། །ཞེས་པ། དཔེར་ན་མུ་ཟིའི་བཅུད་ལེན་བྱས་ནས་དངུལ་ཆུ་བཟའ་བར་གསུངས་ཀྱི། མུ་ཟིའི་ཐོག་མར་མ་བརྟེན་པར་དངུལ་ཆུ་ཟོས་ན་འཆི་བ་བཞིན་དུ། ཐོག་མར་དབང་བསྐུར་བླངས་ལ་དེ་ནས་རྡོ་རྗེ་ཕག་མོའི་བྱིན་རླབས་སྦྱིན་ནོ། །དབང་བསྐུར་མེད་པར་བྱིན་རླབས་བྱས་ན་དམ་ཚིག་ཉམས་པར་ཐུབ་པས་གསུངས་སོ། །རྡོ་རྗེ་ཕག་མོའི་བྱིན་རླབས་འདི་ནི་ཆོས་ཅན། བྱིན་རླབས་ཙམ་ཡིན་གྱི་སྨིན་པར་བྱེད་པའི་དབང་བསྐུར་བ་མ་ཡིན་ཏེ། ཁྱོད་ལ་སྡོམ་པ་གསུམ་ལྡན་བྱར་མི་རུང་བའི་ཕྱིར་དང་། ཕྱི་ནང་རྟེན་འབྲེལ་འགྲིག་པར་མི་འགྱུར་ཞིང་། སྐུ་བཞིའི་ས་བོན་ཐེབས་མི་ནུས་པའི་ཕྱིར།བཞི་ནི། དེས་ན་ཐུབ་པས་རྒྱུད་སྡེ་ལས། །དཀྱིལ་འཁོར་ཆེན་པོ་མ་མཐོང་བའི། །མདུན་དུ་འདི་ནི་མ་སྨྲ་ཞིག སྨྲས་ན་དམ་ཚིག་ཉམས་ཞེས་གསུངས། །ཞེས་པ། རྒྱུ་མཚན་དེས་ན་ཐོབ་པའི་རྒྱུད་སྡེ་དེ་ཉིད་འདུས་པ་ནས། དཀྱིལ་འཁོར་ཆེན་པོ་མ་མཐོང་བའི་སྨིན་བྱེད་ཀྱི་དབང་གིས་བྱས་པའི་སྣོད་དང་མི་ལྡན་པའི་མདུན་དུ་མ་སྨྲ་ཞིག གལ་ཏེ་སྨྲས་ན་དམ་ཚིག་ཉམས་པར་ཐུབ་པས་གསུངས་ཏེ། དེ་སྐད་དུ། དེ་ཉིད་འདུས་པ་ལས། ཡེ་ཤེས་གང་གིས་ཁྱོད། དེ་བཞིན་གཤེགས་པ་ཐམས་ཅད་ཀྱི་དངོས་གྲུབ་ཀྱང་ཐོབ་པར་འགྱུར་ན། དངོས་གྲུབ་གཞན་སློས་ཀྱང་ཅི་དགོས། དེ་ལྟ་བུ་རྡོ་རྗེ་ཡེ་ཤེས་བསྐྱེད་པར་བྱ་ཡི༑ ཁྱོད་ཀྱི་དཀྱིལ་འཁོར་ཆེན་པོ་མཐོང་བ་རྣམས་ཀྱི་མདུན་དུ་སྨྲ་བར་མི་བྱ་སྟེ། གལ་ཏེ་སྨྲས་ན་ཁྱོད་དམ་ཚིག་ཉམས་པར་གྱུར་ཏ་རེ། ཞེས་གསུངས་པའི་ཕྱིར།

གཉིས་པ་དབང་ཡིན་པའི་བསྒྲུབ་བྱེད་དགག་པ་ལ། འདོད་པ་བརྗོད་པ་དང་། དེ་དགག་པ་གཉིས། དང་པོ་ནི། འགའ་ཞིག་འདིའང་ཕག་མགོ་ལ་སོགས་པའི་དབང་བསྐུར་ཡོད་ཅེས་ཟེར། ཞེས་པ། ཕྱག་རྒྱ་འགའ་ཞིག རྡོ་རྗེ་ཕག་མོ་འདི་ལའང་། ཕག་མགོ་དང་། གྲི་གུག་དང་། འཁྱིགས་པར་བྱེད་པ་མདའ་གཞུའི་དབང་བསྐུར་ཡོད་ཅེས་ཟེར་རོ། །

གཉིས་པ་ལ་འདི་འདྲ་རྒྱུད་སྡེ་ལས་མ་གསུངས་པར་བསྟན་པ། གསུང་སྲིད་ཀྱང་རྗེས་གནང་ཡིན་གྱི་དབང་བསྐུར་མ་ཡིན་པར་བསྟན་པ། རང་བཟོའི་ཚིག་སྦྱིན་བྱེད་དུ་མི་རུང་བར་བསྟན་པ་དང་གསུམ། དང་པོ་ནི། དེ་འདྲ་དབང་བསྐུར་ཉིད་མ་ཡིན། །རྒྱུད་སྡེ་ཀུན་ལས་འདི་མ་གསུངས། །ཞེས་པ། ཕག་མགོ་ལ་སོགས་པའི་དབང་བསྐུར་དེ་འདྲ་དབང་བསྐུར་མ་ཡིན། འདི་འདྲ་དབང་བསྐུར་རྒྱུད་སྡེ་ལས་མ་གསུངས་བའི་ཕྱིར། གཉིས་པ་ནི། གལ་ཏེ་བརྒྱ་ལ་གསུངས་སྲིད་ཀྱང་། རྗེས་གནང་ཡིན་གྱི་དབང་བསྐུར་མིན། ཞེས་པ། གལ་ཏེ་བརྒྱ་ལ་ཕག་མགོའི་དབང་བསྐུར་གསུང་སྲིད་ཀྱང་རྗེས་གནང་ཡིན་གྱི་དབང་བསྐུར་མིན་ནོ། །གལ་ཏེ་གསུངས་ན་དབང་ཞེས་བརྗོད་པ་ལ་འགལ་བ་ཅི་ཡོད། རྡོ་རྗེ་དྲིལ་བུ་བས། སྔགས་གཏད་པ་ལ་སྔགས་ཀྱི་དབང་དུ་གསུངས་པའི་ཕྱིར་ཞེ་ན། སྤྱིར་ཕག་མགོའི་དབང་བསྐུར་ལ་སོགས་པ་རྒྱུད་སྡེ་གང་ནས་ཀྱང་བཤད་པ་མེད། གལ་ཏེ་གསུང་སྲིད་ན་རྟག་པ་མཐའ་བཟུང་ཡིན། དཔེར་ན། མེ་ལ་བསིལ་བ་མེད། ཡོད་ན་མེ་མ་ཡིན། སྒྱུ་མ་ལ་སོགས་པ་གཞན་ཡིན་ཟེར་བ་དང་འདྲ།

དེ་ལ་དབང་བསྐུར་ལ། སྦྱོར་དངོས་རྗེས་གསུམ་ཡོད་པའི་དངོས་བཞི་དབང་མཚན་ཉིད་པ་ཡིན། སྔ་གོན་དང་རྗེས་གནང་ཡང་དབང་བཏགས་པ་མ་ཡིན་ཏེ། དཔེར་ན་དགེ་སློང་གི་སྡོམ་པ་ཟེར་ཡང་སྦྱོར་བ་བར་ཆད་དྲི་བ་དང་། རྗེས་བསླབ་བྱ་ལ་སོགས་པ་བརྗོད་པའི་ཚེ་དགེ་སློང་གི་སྡོམ་པའི་ངོ་བོ་འབོགས་པ་མ་ཡིན། སྡོམ་པའི་ངོ་བོ་འབོགས་པ་ལ་སོགས་པའི་ལས་ཅིག་དང་། བརྗོད་པའི་ལས་གསུམ་ལས་མེད། སེམས་བསྐྱེད་ལ་སྦྱོར་བའི་ལས་གསུམ་ལས་མེད། སེམས་བསྐྱེད་ལ་སྦྱོར་བ་ཡན་ལག་བདུན་དང་། རྗེས་དགའ་བ་བསྒོམ་པ་ཀུན་སེམས་བསྐྱེད་དུ་མིང་བཏགས་ཀྱང་ཡན་ལག་ཡིན་གྱི་དངོས་གཞི་མ་ཡིན། སྡོམ་པ་ཉི་ཤུ་བ་ཟེར་ཀྱང་། སྡོམ་པ་ལེན་པའི་ཚིག་ལ་ཚིག་གཅིག་ལས་མེད། གཞན་ཐམས་ཅད་སྦྱོར་བ་དང་། རྗེས་ཀྱི་བསླབ་བྱ་ལ་མིང་བཏགས་པ་ཡིན། དེ་བཞིན་དུ་རྗེས་གནང་ལ་དབང་བསྐུར་གྱི་མིང་བཏགས་པ་ཡིན་ཏེ། སཾ་བུ་ཊི་ལས། དབང་དང་རྗེས་གནང་ཐོབ་པ་ཡིན། །བྱ་བ་བྱས་པར་རབ་འཇུམ་ཞིང་། །འགྲོ་ཀུན་དགའ་བར་བྱེད་པ་ཡི། །ཤིན་ཏུ་སྟན་པའི་ཚིག་འདི་བརྗོད། །ཅེས་དབང་དང་། རྗེས་གནང་གཉིས་ཐ་དད་དུ་གསུངས་པ་ལ། བུམ་དབང་བཅུ་གཅིག་ཅེས་བྱ་བར་མིང་དུ་བཏགས་པ་ནི། བུམ་དབང་གི་ཡན་ལག་དེར་མིང་བཏགས་པ་ཡིན། དཔེར་ན། རྒྱལ་པོའི་ཡོ་ཉ་བཅུ་གཅིག་ཟེར་བ་ཡང་། གཅིག་དཔོན། གཞན་ཚོ་འཁོར་དུ་འགྲོ་བ་དང་འདྲ་གསུངས། ཡང་དབང་དུ་མིང་བཏགས་ཚད་དབང་དུ་འགྲོ་ན། གསུམ་བརྒྱ་པ་ལས་རྗོད་པའི་བྱང་ཆུབ་སྐལ་ནོར་དབང་བསྐུར་ཡིན། ཞེས་པ་དང་། མདོ་ལས་དབང་བསྐུར་བ་ཐོབ་པའི་བྱང་ཆུབ་སེམས་དཔའ་ཞེས་གསུངས་པ་དང་། རྒྱལ་རིགས་སྤྱི་བོ་ནས་དབང་བསྐུར་བའང

སྔགས་ཀྱི་དབང་དུ་ཐལ་བར་འགྱུར་རོ། །དེས་མདའ་གཞུ་འམ། ཆོས་བཤད་པའི་རྗེས་སུ་གནང་བ་ལ་སོགས་པ་རྗེས་གནང་ཡིན་གྱི། དབང་དངོས་མ་ཡིན། ཕག་མགོའི་དབང་བསྐུར་ལ་སོགས་པ་གསུངས་པ་ཞིག་འདུག་ནའང་། འདི་འདྲའི་རིགས་སུ་བསྡུ་དགོས་ཏེ། འདི་གསུངས་པ་མེད་པས། རྫུན་འབའ་ཞིག་ཡིན་ནོ། །གསུམ་པ་ལ། རང་བཟོ་ཚིག་ར་འགྱུར་མི་སྲིད་པར་བསྟན། རབ་བྱུང་གི་བསྙེན་རྫོགས་དེ་བས་འབྲུལ་ཚབས་ཆུང་བར་བསྟན། དེས་ན་འདུལ་བ་བས་གསང་སྔགས་ཉུབ་པར་བསྟན། དེའི་དཔེར་བརྗོད་བསྟན། དེ་ལུང་དང་སྦྱར་བ། ལུང་དེ་རྒྱུད་གཞན་ལ་འཇུག་པར་བསྒྲུབ་པའོ། །དང་པོ་ལ་འདོད་པ་བརྗོད་པ་དང་། དེ་དགག་པ་གཉིས། དང་པོ་ནི། ལ་ལ་རྡོ་རྗེ་ཕག་མོ་ལས། །སྡོམ་པ་འབོགས་པའི་ཆོ་ག་དང་། །དཀྱིལ་འཁོར་དང་ནི་དབང་བསྐུར་སོགས། །རང་བཟོའི་ཆོ་ག་བྱེད་པ་མཐོང་། །ཞེས་པ། དྭགས་པོའི་སློབ་མ་སྔགས་ཆུང་བ་ལ་ལ། རྡོ་རྗེ་ཕག་མོའི་བྱིན་རླབས་ལ་སྡོམ་པ་འབོགས་པའི་ཆོ་ག་དང་། དཀྱིལ་འཁོར་དང་དབང་བསྐུར་བ་ལ་སོགས་པ་རང་བཟོའི་ཆོ་ག་བྱེད་པ་ཐོས་སོ། །

གཉིས་པ་ནི། རང་བཟོ་ཚིག་ར་འགྱུར་མི་སྲིད། །ཚིག་སངས་རྒྱས་སྤྱོད་ཡུལ་ཡིན། །ཁྲིམ་ལས་གསོལ་བཞིའི་ལས་བྱས་ཀྱང་། །དགེ་སློང་སྡོམ་པ་མི་འཆགས་ལྟར། །རྡོ་རྗེ་ཕག་མོའི་བྱིན་རླབས་ལ། །སྡོམ་པ་ཐོག་ཀྱང་འཆགས་མི་འགྱུར། །ཚིག་ཙུང་ཟད་ཉམས་པ་ལ། །ཚིག་འཆགས་པར་མི་གསུངས་ན། །ཚིག་ཕལ་ཆེར་ཉམས་པ་ལ། །ཚིག་འཆགས་པར་འགྱུར་རེ་སྐན། །དེས་ན་འཆད་པའི་གནས་སྐབས་སུ། །ཙུང་ཟད་ནོར་བར་གྱུར་ཀྱང་སླ། །ཚིག་ནོར་བར་གྱུར་བ་ལ། །གྲུབ་པ་ནམ་ཡང་མེད་པར་གསུང་། །གཞན་ཡང་ཕག་མོའི་བྱིན་རླབས་ལ། །གསང་སྔགས་ཚིག་བྱེད་པ་ནི། །རྒྱུད་སྡེ་གང་ནའང་བཤད་པ་མེད། །ཅེས་པ། རང་བཟོའི་སྡོམ་པ་འབོགས་པའི་ཆོ་ག་དང་། །དཀྱིལ་འཁོར་དང་དབང་བསྐུར་བ་ལ་སོགས་པ་ཚིག་ར་འགྱུར་མི་སྲིད་དེ། ཚིག་སངས་རྒྱས་སྤྱོད་ཡུལ་ཡིན་པའི་ཕྱིར། རང་བཟོའི་ཚིག་བྱས་ཀྱང་དན་སོང་དུ་འགྲོ་བར་འགྱུར་ཏེ། ཕྱག་རྒྱ་ཆེན་པོ་ཐིག་ལེ་ལས། གསང་སྔགས་རང་བཞིན་པ་ནི། འགྲོ་བ་དམྱལ་བ་འབའ་ཞིག་རྒྱུ། །བསྒྲུབས་ཀྱང་འགྲུབ་པར་མི་འགྱུར་ཏེ། །ལས་ཉོན་མོངས་པ་ཁོ་ནར་ཟད། །ཅེས་གསུངས་པའི་ཕྱིར། རང་བཟོའི་དབང་བསྐུར་བྱས་ཀྱང་། དངོས་གྲུབ་མི་ཐོབ་སྟེ། སངས་རྒྱས་ཐམས་ཅད་པའི་རྒྱུད་ལས། དཔེར་ན་པི་ཝང་རྒྱུད་ཚོགས་ཀུན། །རྒྱུ་དང་བྲལ་ན་རུང་མི་ནུས། །དེ་བཞིན་དབང་བསྐུར་མེད་པ་ལ། །དེ་ལ་མཆོག་གི་དངོས་གྲུབ་མེད། །ཅེས་གསུངས་པའི་ཕྱིར། དཔེར་ན་ཁྲིམ་པས་གསོལ་བཞིའི་ལས་བྱས་ཀྱང་དགེ་སློང་གི་སྡོམ་པ་མི་འཆགས་པ་ལྟར། རྡོ་རྗེ་ཕག་མོའི་བྱིན་རླབས་ལ་རིག་འཛིན་གྱི་སྡོམ་པ་ཐོག་ཀྱང་འཆགས་པར་མི་འགྱུར་རོ། །དེ་ནས་འདུལ་བའི་མདོ་ལས་ཀྱང་ཚིག

ལས་འདས་ན་ལས་མི་འཆགས་སོ་ཞེས་ཚིག་གི་བརྗོད་པ་བག་ཙམ་གྱིས་ཚིག་ཙུང་ཟད་ཉམས་པ་ལ་འཆགས་པར་མ་གསུངས་ན། ཚིག་ཕལ་ཆེར་ཉམས་པ་ལ། །ཚིག་འཆག་པར་འགྱུར་རེ་སྐན། །གསང་བ་སྤྱི་རྒྱུད་ལས། །ཁྱད་པར་ཅན་གྱི་ལས་རྣམས་ལ། །ལྷ་དུས་བྱ་བ་དུས་བཞིན་བཤད། །གཞན་དུ་ཚིག་ཉམས་པའི་ཕྱིར། །འགྲུབ་པ་ནམ་ཡང་ཡོད་མ་ཡིན། །ཞེས་གསུངས་པའི་ཕྱིར། དེས་ན་འཆད་པའི་གནས་སྐབས་སུ་ཙུང་ཟད་ནོར་བར་གྱུར་ཡང་སླའི། སྐན་སྤྱད་ནོར་བས་ནད་པ་མི་གསོས་པ་དང་། སོ་ནམ་ནོར་བས་སྟོན་ཐོག་མི་འབྱུང་བ་ལྟར། ཚིག་ནོར་བར་གྱུར་པ་ལ། མཆོག་གི་དངོས་གྲུབ་གྲུབ་པ་ནམ་ཡང་མེད་པར་རྒྱུད་ལས་གསུངས་སོ། །སྐྱོན་གཞན་ཡང་ཕག་མོའི་བྱིན་རླབས་གསང་སྔགས་ཀྱི་ཆོས་སྐོར་བྱེད་པ་ནི། རྒྱུད་སྡེ་གང་ནའང་བཤད་པ་མེད་དོ། །

གཉིས་པ་ནི། དེ་བས་དགེ་སློང་བྱེད་པ་ལ། །རབ་བྱུང་གི་ནི་བསྙེན་རྫོགས་དང་། །ཡེ་ཤེས་ཁོངས་སུ་ཆུད་པ་དང་། །ཁྲིན་གྱིས་བསྙེན་པ་རྫོགས་པ་དང་། །དེ་བཞིན་སྟོན་པར་ཁས་བླངས་དང་། །ཚུར་ཤོག་ལ་སོགས་བསྙེན་རྫོགས་བླང་། །འཁྲུལ་བ་ཡིན་པ་མཉམ་པ་ལ། །འདི་རྣམས་སྟོན་གྱི་ཚིག་ར་བཤད། །ཅེས་པ། ཁྱོད་ཀྱི་རང་བཟོའི་སྡོམ་པ་འབོགས་པ་དང་། རང་བཟོའི་ཚིག་དང་། རང་བཟོའི་དབང་བསྐུར་བྱེད་པ་དེ་བས། དགེ་སློང་བྱེད་པ་ལ་རང་བྱུང་གི་བསྙེན་རྫོགས་དང་། ཡེ་ཤེས་ཁོངས་སུ་ཆུད་པའི་བསྙེན་རྫོགས་དང་། ཕྲིན་གྱི་བསྙེན་རྫོགས་དང་། དེ་བཞིན་སྟོན་པར་ཁས་བླངས་པའི་བསྙེན་རྫོགས་དང་། ཚུར་ཤོག་གི་བསྙེན་རྫོགས་དང་། ལ་སོགས་པ་དྲི་བས་མཉེས་པའི་བསྙེན་རྫོགས་དང་། ལྕི་བའི་ཆོས་ཁས་བླངས་པའི་བསྙེན་རྫོགས་དང་། ལྔ་ཡི་བསྙེན་རྫོགས་དང་། བཅུ་ཡི་བསྙེན་རྫོགས་དང་། སྐྱབས་འགྲོའི་བསྙེན་པར་རྫོགས་པ་ནི། ད་ལྟ་སྤྱད་ན་འཁྲུལ་ཚབས་ཆུང་བ་ཡིན་ཏེ། དེ་རྣམས་འཁྲུལ་བ་ཡིན་པར་མཉམ་པ་ལ། རབ་བྱུང་གི་བསྙེན་རྫོགས་ལ་སོགས་པ་འདི་རྣམས་སྟོན་གྱི་ཚིག་གར་བཤད་པའི་ཕྱིར། རང་བཟོའི་ཚིག་དེ་རྣམས་སྟོན་དང་ད་ལྟར་གྱི་ཚིག་གང་དུའང་མ་བཤད་པའི་ཕྱིར། དེ་བསྙེན་པར་རྫོགས་པའི་ཚུལ་བཅུ་ནི། རབ་བྱུང་གི་བསྙེན་པར་རྫོགས་པ་སངས་རྒྱས་དང་། མཁན་སློབ་མེད་པར་བསྙེན་པར་རྫོགས་པར་སངས་རྒྱས་དང་། མཐོང་ལམ་སྐྱེས་ཏེ་ངེས་པ་ལ་འཇུག་པས་མངོན་པར་རྫོགས་པ་ཀུན་ཤེས་ཀོའུ་ཌི་ན་ལ་སོགས་པ་ལྔ་སྡེ་བཟང་པོ་དང་། ཆོས་སྦྱིན་མ་ཁྱིམ་འབྱུང་བའི་སྐབས་མེད་ཅིང་། རབ་ཏུ་བྱུང་བར་གསོལ་བ་བཏབ་པ་ན། དེ་རབ་ཏུ་བྱུང་བའི་སྐལ་བ་དང་ལྡན་པར་མཁྱེན་ནས་བཅོམ་ལྡན་འདས་ཀྱིས་བཀའ་གནང་སྟེ། རབ་བྱུང་བསྙེན་རྫོགས་ཀྱི་ཚིག་འཕྲིན་དུ་བསྐུར་ཏེ་ཡོ་ཉས་བསྙེན་པར་རྫོགས་པ་ཆོས་སྦྱིན་མ་དང་། འོད་སྲུང་ཆེན་པོ་མཐུ་ཆེ་བས་ལྷ་གང་ལ་ཕྱག་བྱས་པ་དེ་འགས་པ་ལ་སྟོན་པ་ལ་ཕྱག་འཚལ་བས་མ་གསལ་མཐོང་བས་འདི་ཉིད་བདག་གི་སྟོན་པར་བཟུང་ངོ་སྙམ་པས། དེ་བཞིན་གཤེགས་པ་ནི་བདག

གི་སྟོན་པའོ། །བདག་ནི་དེ་བཞིན་གཤེགས་པའི་སློབ་མའོ། །ཞེས་སྟོན་པར་ཁས་བླངས་པས་བསྙེན་པར་རྫོགས་པ་འོད་སྲུང་ཆེན་པོ་དང་། བདེ་བར་གཤེགས་པ་ཚུར་ཤོག་བཀའ་བསྩལ་བས། སྐྲ་བྲི་སྟམ་སྒྱུར་གོན་པའི་ལུས་ལྡན་ཞིང་། །མདོ་ལས་དབང་པོ་རབ་ཞིར་གནས་གྱུར་ཏེ། །བདེ་བར་གཤེགས་པས་ལུས་ཟུངས་བཀབ་པར་གྱུར། །ཅེས་པ་ལྟར་ཚུར་ཤོག་གིས་བསྙེན་པར་རྫོགས་པ་གྲགས་པ་ལ་སོགས་པའི་སྡེ་པ་ཐ་མ་དང་། དེ་བཞིན་གཤེགས་པས་དྲི་བ་ལ་ལན་ཚུལ་བཞིན་བཏབ་པས། མཉེས་ཏེ་བསྙེན་པར་རྫོགས་པ་ལེགས་བྱིན་དང་། གཉིས་ཀའི་དགེ་འདུན་ལ་བསྙེན་པར་རྫོགས་པ་བྱ་བ་དང་། གཉིས་ཀའི་དགེ་འདུན་ལ་གསོ་སྦྱོང་བྱ་བ་དང་། གཉིས་ཀའི་དགེ་འདུན་ལ་གནས་གསུམ་གྱི་དགག་དབྱེ་བྱེད་པ་དང་། ཟླ་བ་ཕྱེད་ཕྱེད་ཅིང་དགེ་སློང་གི་དགེ་འདུན་ལ་གདམས་པ་དང་། རྗེས་སུ་གདམས་ནོད་པ་དང་། དགེ་སློང་མས་དགེ་སློང་ལ་ཇི་ལྟར་ཡང་སྤྱོ་བར་མི་བྱ་བ་དང་། དགེ་སློང་གི་ཞེས་པ་གླེང་བར་མི་བྱ་བ་དང་། དགེ་སློང་མ་བསྙེན་པར་རྫོགས་ནས་ལོ་བརྒྱ་ལོན་པས་ཀྱང་། དགེ་སློང་གསར་བུ་ལ་ཕྱག་བྱ་སྟེ། ལྕི་བའི་ཆོས་བརྒྱད་ཁས་བླངས་པས་བསྙེན་པར་རྫོགས་པ་སྐྱེ་དགུའི་བདག་མོ་དང་། ཤར་དུ་ལི་ཁ་ར་ཤིང་འཕེལ། ལྷོར་ཆུ་ཀླུང་འདམ་བུ་ཅན། ནུབ་ཏུ་བྲམ་ཟེའི་གྲོང་ཀ་བ་དང་ཉེ་བའི་ཀ་བ། བྱང་དུ་ཨུ་ཤི་རའི་རི་སྟེ། དེ་དག་གི་ནང་ནི་ཡུལ་དབུས་དང་། ཕྱི་རོལ་ནི་མཐའ་འཁོར་ཡིན་པས། མཐའ་འཁོབ་ཏུ་ནི་དགེ་སློང་གཞན་མེད་ན། འདུལ་བ་འཛིན་པ་དང་ལྔའི་ཚོགས་ཀྱིས་བསྙེན་པར་རྫོགས་པར་རུང་ལ། ཡུལ་དབུས་སུ་མེད་ན་འང་བཅུའི་ཚོགས་ཀྱིས་བསྙེན་པར་རྫོགས་པར་རུང་ངོ། །

བཟང་སྡེའི་ཚོགས་དྲུག་བཅུ་ནི་སྐྱབས་སུ་འགྲོ་བ་ལན་གསུམ་བཟླས་པས་བསྙེན་པར་རྫོགས་པའོ། །

གསུམ་པ་ནི། དེས་ན་ཉན་ཐོས་ཐེག་པ་ནི། ནུབ་ཀྱང་གཟུགས་བརྙན་ཙམ་ཞིག་སྣང་། རྡོ་རྗེ་ཐེག་པའི་བསྟན་པ་ལ། །གཟུགས་བརྙན་ཙམ་ཡང་མི་སྣང་ངོ་། །བླུན་པོ་སྙིང་ཕོད་ཅན་གྱིས་ཀྱང་། །འདུལ་བའི་ཆོ་ག་བཅྭལ་མི་ནུས། །གསང་སྔགས་ཆོ་ག་ཐམས་ཅད་ཀྱང་། །བླུན་པོ་རྣམས་ཀྱི་རང་བཟོར་སྤྱོད། །ཅེས་པ། རྒྱུ་མཚན་དེས་ན། ཉན་ཐོས་ཐེག་པ་ནི། ནུབ་ཀྱང་གཟུགས་བརྙན་ཙམ་ཞིག་སྣང་ལ། རྡོ་རྗེ་ཐེག་པའི་བསྟན་པ་ལ་གཟུགས་བརྙན་ཙམ་ཡང་མི་སྣང་ངོ་། །རྒྱུ་མཚན་བླ་མ་མཚན་ཉིད་དང་ལྡན་པ་མ་རྟེན་ཅིང་གསུང་རབ་ཀྱི་དོན་ལ་མ་སྦྱངས་པ་དང་ལོག་འཚོ་ལ་ལོངས་སྤྱོད་མ་དག་པའི་གདུལ་བྱ་མང་པོས་བསྐོར་བའི་བླུན་པོ་སྙིང་ཕོད་ཅན་གྱིས་ཀྱང་། འདུལ་བའི་ཆོ་ག་ཚོགས་ཀྱིས་ཚོགས་ལ་ལས་མི་བྱེད་པ་ལ་སོགས་པ་བཅྭལ་མ་ནུས་ལ། གསང་སྔགས་ཀྱི་ཆོ་ག་བསྒོམ་པའི་གནས་དང་། སྦྱིན་སྲེག་གི་ཆོ་ག་དང་། གང་ལ་དབང་བསྐུར་བའི་སློབ་མས་གྲངས་ངེས་ལ་སོགས་པ་ཐམས་ཅད་ལ་བླུན་པོ་རྣམས་ཀྱིས་རང་བཟོར་སྤྱོད་དོ། །བཞི་པ་ནི། དཔེར་ན་རབ་བྱུང་གང་ཟག་ནི། གསུམ་ལ་མང་

བ་འཇུག་མི་ནུས། །སྔགས་ཀྱི་དབང་བསྐུར་བྱེད་པ་ན། །གྲངས་ངེས་མེད་པར་དབང་བསྐུར་བྱེད། །འདི་ནི་རྡོ་རྗེ་འཆང་གིས་བཀག ཅེས་པ། དཔེར་ན་རབ་བྱུང་གི་གང་ཟག་ནི་གསུམ་ལས་མང་འཇུག་མི་ནུས་ལ། སྤྱོད་རྒྱུད་མ་རྫོགས་པའི་སྔགས་ཀྱི་དབང་བསྐུར་བྱེད་པ་ན། གྲངས་ངེས་མེད་པར་དབང་བསྐུར་བྱེད་པ་རྡོ་རྗེ་འཆང་གིས་བཀག་གོ།

ལྔ་པ་ནི། སྤྱོད་པའི་རྒྱུད་ཀྱི་དབང་བསྐུར་ལ། །སློབ་མ་གྲངས་ངེས་མེད་པར་གསུངས། །ལྷག་མ་དམིགས་གསལ་མཛད་པ་ཡི། །སློབ་མ་ལ་ནི་གྲངས་ངེས་ཡོད། །འདི་ནི་གསང་བ་སྤྱི་རྒྱུད་ལས། །མཁས་པས་སློབ་མ་གཅིག་གམ་གསུམ། །ལྔ་འམ་ཡང་ན་བདུན་དག་གི །ཉི་ཤུ་རྩ་ནི་ལྔ་ཡི་བར། །ཟུང་དུ་མ་གྱུར་སློབ་མ་བཟུང་། །དེ་བས་ལྷག་པའི་སློབ་མ་ནི། །ཡོངས་སུ་བཟུང་བར་མི་ཤེས་སོ། །ཞེས་གསུངས་འདི་ནི་ཀུན་ལ་འཇུག དེ་བས་ལྷག་པའི་སློབ་མ་ལ། །ཆོ་ག་ཡོངས་སུ་རྫོགས་པ་ནི། །མཚན་མོ་གཅིག་ལ་ཚར་མི་ནུས། །དེ་ཡི་མཚན་མོ་མཚར་བ། །ཆོ་ག་ཉམས་པར་འགྱུར་བར་གསུངས། །དེ་ཡང་གསང་བ་སྤྱི་རྒྱུད་ལས། །ལྷ་ཡང་ཉི་མ་ནུབ་པ་ན། །ངེས་པར་བྱིན་གྱིས་བརླབས་ཀྱིས་འདུ། །ཉི་མ་ཤར་བར་མ་གྱུར་པ། །མཆོད་གནས་གཤེགས་སུ་གསོལ་བར་ཤོག ཅེས་པ། སྤྱོད་པའི་རྒྱུད་ཀྱི་དབང་བསྐུར་ལ་སློབ་མ་གྲངས་ངེས་མེད་པར་གསུངས་ཏེ། རྣམ་སྣང་མངོན་བྱང་ལས། སློབ་མ་དད་ཅིང་རིགས་བཙུན་པ། །དེ་བཞིན་དཀོན་མཆོག་གསུམ་ལ་དད། །དཔའ་ལ་ཡིད་རབ་བརྟན་པ་ནི། །གཅིག་གཉིས་བཞི་ལས་ལྷག་ཀྱང་རུང་། །སྤྱད་མི་དགོས་པར་གཟུང་བར་བྱ། །ཞེས་གསུངས་པའི་ཕྱིར། སྤྱོད་རྒྱུད་མ་གཏོགས་པའི་ལྷག་མ་དམིགས་བསལ་མ་མཛད་པའི་དབང་བསྐུར་བའི་སློབ་མ་ལ་ནི། གཅིག་ནས་ཉི་ཤུ་རྩ་ལྔ་བར། ཟུང་སྤངས་པའི་གྲངས་ངེས་ཡོད་དེ། གསང་བ་སྤྱི་རྒྱུད་ལས། མཁས་པས་སློབ་མ་གཅིག་གམ་གསུམ། །ལྔ་འམ་ཡང་ན་བདུན་དག་གམ། །ཉི་ཤུ་རྩ་ནི་ལྔ་ཡི་བར། །ཟུང་དུ་མ་གྱུར་སློབ་མ་བཟུང་། །དེ་བས་ལྷག་པའི་སློབ་མ་ནི། །ཡོངས་སུ་བཟུང་བར་མི་ཤེས་སོ། །ཞེས་རྒྱུད་ལས་གསུངས་པའི་གྲངས་ངེས་ཀྱི་དམིགས་པ་འདི་ནི། དམིགས་བསལ་མ་མཛད་པའི་རྣལ་འབྱོར་གྱི་རྒྱུད་དང་། རྣལ་འབྱོར་བླ་མེད་ཀྱི་རྒྱུད་ཀུན་ལ་འཇུག་པའི་ཕྱིར། དེ་བས་དེ་ཉི་ཤུ་རྩ་ལྔ་ལས་ལྷག་པའི་སློབ་མ་དབང་བསྐུར་བར་མི་བྱ་སྟེ། དེ་བས་ལྷག་པའི་སློབ་མ་ལ། དབང་བསྐུར་བའི་ཆོ་ག་ཡོངས་སུ་རྫོགས་པར་ནི་མཚན་མོ་གཅིག་ལ་ཚར་མི་ནུས་ལ། དེའི་མཚན་མོ་མ་ཚར་ན་ཆོ་ག་ཉམས་པར་འགྱུར་བར་གསུངས་པའི་ཕྱིར། དེ་ཡང་གསང་བ་སྤྱི་རྒྱུད་ལས། སླར་ཡང་ཉི་མ་ནུབ་པ་ན། །ངེས་པར་བྱིན་གྱིས་བརླབས་ཀྱིས་འདུ། །ཉི་མ་ཤར་བར་མ་གྱུར་བར། །མཆོད་ནས་གཤེགས་སུ་གསོལ་བར་ཤེས། །ཞེས་གསུངས་པའི་ཕྱིར། དྲུག་པ་ནི། འདི་ནི་བྱ་བའི་རྒྱུད་ཡིན་པས། །གཞན་གྱི་ཆོ་ག་མིན

སྐབས་ན། །གཞན་རྣམས་ཀུན་ལ་འའང་འདི་འཇུག་པར། །སྤྱི་རྒྱུད་ཉིད་ནས་འདི་སྐད་གསུངས། །གང་དུ་ལས་ནི་ཡོད་གྱུར་ལ། །ལས་ཀྱི་ཆོ་ག་རྣམས་མེད་པ། །དེ་ནི་སྤྱི་ཡི་རྒྱུད་དག་ལས། གསུངས་པའི་ཆོ་ག་མཁས་པས་བསྟེན། དེ་སྐད་གསུང་ཕྱིར་ཆོ་ག་འདི། །རྒྱུད་རྣམས་ཀུན་ལ་འཇུག་པ་ཡིན། །ཞེས་པ། གསང་བ་སྤྱི་རྒྱུད་འདི་ནི། བྱ་བའི་རྒྱུད་ཡིན་པས་རྒྱུད་སྡེ་གཞན་གྱི་ཆོ་ག་ལ་འཇུག་པ་མ་ཡིན་སྙམ་ན། རྒྱུད་གཞན་ཀུན་གྱི་ཆོ་ག་ཀུན་ལའང་། གསང་བ་སྤྱི་རྒྱུད་ཀྱི་དབང་བསྐུར་བའི་ཆོ་ག་འདི་འཇུག་པར་སྤྱི་རྒྱུད་དག་ལས། འདི་སྐད་དུ་གསུངས་པ་ཡིན་ཏེ། གང་དུ་ལས་ནི་ཡོད་གྱུར་ལ། །ལས་ཀྱི་ཆོ་ག་རྣམས་མེད་པ། །དེ་ཡི་རྒྱུད་ནི་སྤྱི་དག་ལས། །གསུངས་པའི་ཆོ་ག་མཁས་པས་བརྟེན། །ཞེས་གསུངས་པའི་ཕྱིར། དེའི་དོན་ནི། རྒྱུད་སྡེ་གང་དུ། དབང་དང་། རབ་གནས་དང་། སྦྱིན་སྲེག་དང་། གཏོར་མ་ལ་སོགས་པའི་ངོ་བོ་ཙམ་ཡོད་པར་གྱུར་ལ། ལས་ཀྱི་ཆོ་ག་གསལ་པོ་མེད་པ་རྣམས་གསང་བ་སྤྱི་རྒྱུད་ལས་གསུངས་པའི་ཆོ་ག་མཁས་པ་པ་བརྟེན་ཞེས་པའོ། །གཉིས་པ་རང་བཟོའི་དབང་བསྐུར་སྨིན་བྱེད་དུ་འདོད་པ་དགག་པ་ལ། རང་བཟོའི་དཀྱིལ་འཁོར་དུ་སྡོམ་པ་མི་ཐོབ་པར་བསྟན་པ། རང་བཟོའི་ཆོ་ག་བདུད་ཀྱི་ལས་སུ་བསྟན་པ། དེ་ལ་ལུང་དགོད་པ་དང་གསུམ། དང་པོ་ནི། དེང་སང་བྱིན་རླབས་མི་བྱེད་ཅིང་། །དབང་བསྐུར་བྱེད་པ་ཕལ་ཆེར་ཡང་། །རྫོགས་སངས་རྒྱས་ཀྱིས་གསུངས་པ་ཡིན། །དཀྱིལ་འཁོར་ཆོ་ག་མི་བྱེད་པར། གཡུང་དྲུང་རིས་ཀྱི་དཀྱིལ་འཁོར་དང་། །ནས་འདྲ་ལ་སོགས་བྱེད་པ་ཐོས། །འདི་འདྲ་དག་ཏུ་དབང་བསྐུར་ཡང་། །སྡོམ་པ་ཐོབ་པར་མི་འགྱུར་རོ། །དེ་ཡི་རྒྱུ་མཚན་བཤད་ཀྱིས་ཉོན། །ཕྱི་དང་ནང་གི་རྟེན་འབྲེལ་གྱི། །སྟོབས་ཀྱིས་དཀྱིལ་འཁོར་འབྱུང་བ་ཡིན། །འདི་ལ་རྟེན་འབྲེལ་བསྒྲིག་མི་ནུས། །དེས་ན་སངས་རྒྱས་རྣམས་ཀྱིས་བཀག ཅེས་པ། དེང་སང་ཕག་མོའི་བྱིན་རླབས་མི་བྱེད་ཅིང་། རང་བཟོའི་ཕག་མོའི་དབང་བསྐུར་བྱེད་པ་ཁ་ཅིག་ཀྱང་། རྫོགས་པའི་སངས་རྒྱས་ཀྱི་གསུངས་པའི་དཀྱིལ་འཁོར་གྱི་ཆོ་ག་མི་བྱེད་པར། མ་གསུངས་པའི་གཡུང་དྲུང་རིས་ཀྱི་དཀྱིལ་འཁོར་དང་། ནས་འདྲ་དང་། པད་མ་འདབ་བརྒྱད་ལ་སོགས་པའི་དཀྱིལ་འཁོར་བྱེད་པ་ཐོས་སོ། །ནས་འདྲ་ལ་སོགས་པའི་དཀྱིལ་འཁོར་འདི་འདྲ་དག་ཏུ་དབང་བསྐུར་ཡང་རིག་འཛིན་གྱི་སྡོམ་པ་ཐོབ་པར་མི་འགྱུར་ཏེ། དེའི་རྒྱུ་མཚན་བཤད་ཀྱིས་ཉོན། ཕྱིའི་རྟེན་འབྲེལ་སྣོད་ཀྱི་འཇིག་རྟེན་ལ་ཡུལ་སུམ་ཅུ་སོ་གཉིས། གནས་ཉི་ཤུ་རྩ་བཞི། དུར་ཁྲོད་བརྒྱད་ཡོད་པའི་རྒྱུ་མཚན་གྱིས་ནང་གི་རྟེན་འབྲེལ་རང་གི་ལུས་ལ་སྤྱི་བོ་ལ་སོགས་པའི་གནས་ཉི་ཤུ་རྩ་བཞི་དང་། མི་ཕྱེད་མ་ལ་སོགས་པའི་རྩ་སུམ་ཅུ་སོ་གཉིས་དང་། སྣ་བུག་གཉིས་གཅིག་ཏུ་བགྲང་བའི་བུ་ག་བརྒྱད་དང་། གཞན་གསང་བའི་རྟེན་འབྲེལ་ཕྱི་ནང་དེ་དག་ལ་དབང་བྱེད་པ་བྱང་ཆུབ་ཀྱི་སེམས་དང་། རླུང་གི་རྟེན་འབྲེལ་གྱི་སྟོབས་ཀྱིས་ཕྱི་ནང་གསང་གསུམ་གྱི་དཀྱིལ་འཁོར

འབྱུང་བ་ཡིན་པའི་ཕྱིར་དང་། ནས་འདྲ་ལ་སོགས་པའི་དཀྱིལ་འཁོར་འདི་ལ་ཕྱི་ནང་རྟེན་འབྲེལ་བསྒྲིག་མི་ནུས་པའི་ཕྱིར། རྒྱུ་མཚན་དེས་ན་སངས་རྒྱས་དེ་རྣམས་ཀྱིས་དེ་ལྟ་བུའི་དཀྱིལ་འཁོར་བཀག་པ་ཡིན་ནོ། །རྟེན་འབྲེལ་འདི་དག་གི་རྣམ་པར་བཞག་པ་རྒྱས་པར་ནི། རྡོ་རྗེ་ཐེག་པའི་གསང་བ་ལས་ཆེས་ཤིན་ཏུ་གསལ་བ་ཡིན་པས་འདིར་འཆད་པར་མི་བྱའོ། །གཉིས་པ་ནི། དབང་བསྐུར་བྱེད་པ་ཕལ་ཆེར་ཡང་། །སློབ་མ་བརྒྱ་སྟོང་གྲངས་མེད་ལ། །སྨིན་དངོས་རྗེས་ཀྱི་ཆོ་ག་རྣམས། །སངས་རྒྱས་གསུང་བཞིན་མི་བྱེད་པར། །མ་འབྲེལ་འགའ་ཞིག་ཉམས་པ་ཡི། །ཆོ་གའི་གཟུགས་བརྙན་བྱེད་པ་ལ། །དབང་བསྐུར་ཡིན་ཞེས་བླུན་པོས་སྨྲ། །དེ་ཡི་ལུས་ངག་ཡིད་གསུམ་གྱི། །རྣམ་པ་གདོན་གྱིས་བསླུར་པ་ལ། །བྱིན་རླབས་ཡིན་པ་འབྲུལ་བ་མང་། །ཞེས་པ། དེང་སང་དབང་བསྐུར་བྱེད་པ་ཕལ་ཆེར་ཡང་། སློབ་མ་བརྒྱ་སྟོང་གྲངས་མེད་པ་ལ་སྨིན་དངོས་རྗེས་གསུམ་གྱི་ཆོ་ག་རྣམས་སངས་རྒྱས་ཀྱི་གསུང་བཞིན་མི་ཤེས་པར་རྒྱུད་སྡེ་དང་མ་འབྲེལ། བླ་མ་དམ་པའི་གསུང་དང་འགལ་ཞིང་ཉམས་པའི་དབང་བསྐུར་བའི་ཆོ་ག་གཟུགས་བརྙན་བྱེད་པ་དབང་བསྐུར་ཡིན་ཞེས་བླུན་པོ་སྨྲའོ། །དེའི་ལུས་ངག་ཡིད་གསུམ་གྱི་རྣམ་པ་གདོན་གྱིས་བསླུར་ནས་འཕགས་པ་དང་ཀུ་ཅོ་འདོན་པ་ལ་བྱིན་རླབས་ཡིན་པར་འབྲུལ་བ་མང་ངོ་། །

གསུམ་པ་ནི། དཔལ་ལྡན་དམ་པ་དང་པོ་ལས། །ཆོ་ག་ཉམས་པའི་བྱིན་རླབས་ཀུན། །བགེགས་ཀྱི་ཡིན་པར་རྒྱལ་བས་གསུངས། །ཆོ་ག་དག་པར་གྱུར་བ་ལས། །འབྱུང་བ་སངས་རྒྱས་བྱིན་རླབས་ཡིན། ཞེས་པ། དཔལ་ལྡན་དམ་པ་དང་པོའི་རྒྱུད་ལས། དབང་བསྐུར་བའི་ཆོ་ག་ཉམས་པའི་བྱིན་རླབས་ཀུན། བགེགས་ཀྱི་བྱིན་རླབས་ཡིན་པར་རྒྱལ་བས་གསུངས་ལས། ཆོ་ག་དག་པར་གྱུར་བ་ལས་བྱུང་བའི་ལུས་ངག་ཡིད་གསུམ་འཕར་བ་དང་། སྨྲ་རྒོད་སོགས་ནི་སངས་རྒྱས་ཀྱི་བྱིན་རླབས་ཡིན་ནོ། །གཉིས་པ་དབང་མི་དགོས་པར་འདོད་པ་དགག་པ་ལ་དགུ་སྟེ། དབང་མ་ཐོབ་ཀྱང་དེའི་བསྒོམས་པས་འཚང་རྒྱ་བ་དགག་པ་དབང་པོ་རབ་ཀྱིས་ཀྱང་སྨིན་བྱེད་དུ་དགག་པ། སེམས་བསྐྱེད་ཐོབ་པས་གསང་སྔགས་སྤྱད་དུ་རུང་བ་དགག་པ། གཏོར་དབང་སོགས་དགག་པ། དབང་གི་སྟོན་དུ་སྔགས་སྤྱོད་པ་དགག་པ། སེམས་རྟོགས་ན་དབང་མི་དགོས་པ་དགག་པ། བླ་མའི་སྐུ་ལས་དབང་ལེན་པ་དགག་པ། རྒྱུད་སྡེ་དཀྲུགས་པའི་ཆོ་ག་དགག་པ། སྔགས་ལ་མོས་ན་དབང་མི་དགོས་པ་དགག་པའོ། །དང་པོ་ལ་འདོད་པ་བརྗོད་པ་དང་། དེ་དགག་པ་གཉིས། དང་པོ་ནི། དབང་བསྐུར་མེད་ཀྱང་ལམ་ཟབ་མོ། །བསྒོམས་ནས་སངས་རྒྱས་འགྲུབ་སྙམ་ན། །ཞེས་པ། སྨིན་བྱེད་ཀྱི་དབང་བསྐུར་བ་ཐོབ་པ་མེད་ཀྱང་། དེའི་གྲོལ་བྱེད་ཀྱི་ལམ་ཟབ་མོ་བསྒོམས་ནས་སངས་རྒྱས་འགྲུབ་པོ་སྙམ་ན། །གཉིས་པ་ནི། དབང་བསྐུར་མེད་པར་ལམ་

ཟབ་མོ། །བསྒོམ་པ་ངན་འགྲོའི་རྒྱུ་རུ་གསུངས། །ཕྱག་རྒྱ་ཆེན་པོའི་ཐིག་ལེ་ལས། །དབང་མེད་ན་ནི་དངོས་གྲུབ་མེད། །ཁྲེམ་བཅིར་ཡང་མར་མེད་བཞིན། །གང་ཞིག་རྒྱུད་ལུང་ང་རྒྱལ་གྱིས། །དབང་བསྐུར་མེད་པར་འཆད་བྱེད་པ། །སློབ་དཔོན་སློབ་མ་ཤི་མ་ཐག དངོས་གྲུབ་ཐོབ་ཀྱང་དམྱལ་བར་སྐྱེ། །དེ་ལས་འབད་པ་ཐམས་ཅད་ཀྱི། །བླ་མ་ལ་ནི་དབང་ནོད་ཞུ། །ཞེས་གསུངས་རྒྱུད་སྡེ་གཞན་ལས་ཀྱང་། །དེ་ལྟར་གསུངས་ཕྱིར་འབད་པར་བྱ། །ཞེས་པ། དབང་བསྐུར་ཐོབ་པ་མེད་པར་ལམ་ཟབ་མོ་བསྒོམས་ཀྱང་སངས་རྒྱས་མི་འགྲུབ་སྟེ། དེ་མེད་པར་བསྒོམས་པ་ངན་འགྲོའི་རྒྱུ་རུ་གསུངས་པའི་ཕྱིར་ཏེ། ཕྱག་རྒྱ་ཆེན་པོའི་ཐིག་ལེའི་རྒྱུད་ལས། དབང་མེད་ན་ནི་དངོས་གྲུབ་མེད། །ཁྲེ་མ་བཅིར་ཡང་མར་མི་བཞིན། །གང་ཞིག་རྒྱུད་ལུང་ང་རྒྱལ་གྱིས། །དབང་བསྐུར་མེད་པར་འཆད་བྱེད་པ། །སློབ་དཔོན་སློབ་མ་ཤི་མ་ཐག དངོས་གྲུབ་ཐོབ་ཀྱང་དམྱལ་བར་སྐྱེ། །དེ་བས་འབད་པ་ཐམས་ཅད་ཀྱིས། །བླ་མ་ལ་ནི་དབང་ནོད་ཞུ། །ཞེས་གསུངས་པའི་ཕྱིར། །དེའི་དོན་དབང་བསྐུར་མེད་པར་ལམ་ཟབ་མོ་བསྒོམས་པས། ཐུན་མོང་གི་དངོས་གྲུབ་ཆེ་རིང་བ་ལ་སོགས་པ་ཐོབ་ན་ཡང་། ཕྱི་མ་དམྱལ་བར་སྐྱེ་ཞེས་པའོ། །རྒྱུད་སྡེ་གཞན་དམ་པ་དང་པོ་ལས་ཀྱང་། དབང་བསྐུར་མེད་པར་སྔགས་འཆང་དང་། །ཟབ་མོའི་དེ་ཉིད་སྒོམ་བྱེད་པ། །དེ་དོན་ལེགས་པར་ཤེས་ན་ཡང་། །དམྱལ་བར་འགྱུར་གྱི་གྲོལ་བ་མེད། །ཅེས་པ་དང་། རྡོ་རྗེ་ཕྲེང་བ་ལས། དབང་བསྐུར་མེད་པར་རྒྱུད་འཆད་པ། །སློབ་པོས་སྔགས་ཀྱི་དོན་ཤེས་ཀྱང་། །ཤི་ནས་དུ་འབོད་ཆེན་པོར་ལྟུང་། །ཞེས་གསུངས་པའི་ཕྱིར།

དེ་ནི་སྨིན་བྱེད་ཀྱི་དབང་ཞུ་བ་ལ་འབད་པར་བྱ་སྟེ། རྡོ་རྗེ་ཐེག་པའི་ལམ་གྱི་རྩ་བ་ཡིན་པའི་ཕྱིར། གསུམ་པ་འདོད་པ་བརྗོད་པ་དང་། དེ་དགག་པ་གཉིས། དང་པོ་ནི། ཁ་ཅིག་གང་ཟག་དབང་པོ་རབ། །སྨིན་བྱེད་ཕག་མོ་བྱིན་རླབས་ཡིན། །འབྲིང་དང་ཐ་མ་དག་ལ་ནི། །དབང་བསྐུར་ཆོག་དགོས་ཞེས་ཟེར། །ཞེས་པ། ཕྱག་རྒྱ་བ་དང་བརྡའི་དབང་བསྐུར་བྱེད་པ་ཁ་ཅིག གང་ཟག་དབང་པོ་རབ་ལ་སྨིན་པར་བྱེད་པ་ཕག་མོའི་བྱིན་རླབས་ཀྱི་ཆོག་ཡིན་ཞིང་། དབང་པོ་འབྲིང་དང་ཐ་མ་དག་ལ་ནི་ཕག་མོའི་དབང་བསྐུར་བའི་ཆོག་དགོས་ཞེས་ཟེར། གཉིས་པ་ནི། གང་ཟག་རབ་འབྲིང་མཐའ་གསུམ་ལ། །ཕག་མོ་བྱིན་རླབས་སྨིན་བྱེད་དུ། །རྒྱུད་སྡེ་ཀུན་ལས་གསུངས་པ་མེད། །འཕགས་པ་རྣམས་ཀྱི་གང་ཟག་རབ། །སྤྲུལ་པ་ཡི་ནི་དཀྱིལ་འཁོར་དུ། །དབང་བསྐུར་མཛད་ཅེས་གསུངས་པ་ནི། །སྔོན་གྱི་ཆོ་ག་འཕགས་པ་ཡི། །དེང་སང་གང་ཟག་རབ་འབྲིང་ཀུན། །རྡུལ་ཚོན་གྱི་ནི་དཀྱིལ་འཁོར་དུ། །དབང་བསྐུར་བྱ་བར་གསུངས་མོད་ཀྱི། །གཞན་གྱི་སྨིན་བྱེད་རྒྱུད་ལས་བཀག ཅེས་པ། གང་ཟག་དབང་པོ་རབ་སྨིན་པར་བྱེད་པ་ཕག་མོའི་བྱིན་རླབས་མ་ཡིན་ཏེ། གང་ཟག་དབང་པོ་རབ་འབྲིང་གསུམ་ཀ་ལ། ཕག་མོའི་

བྱིན་རླབས་སྨིན་བྱེད་དུ་རྒྱུད་སྡེ་ཀུན་ལས་གསུངས་པ་མེད་པའི་ཕྱིར། འཕགས་པ་རྣམས་ཀྱི་གང་ཟག་དབང་པོ་རབ་ཏིང་ངེ་འཛིན་གྱི་སྤྲུལ་པའི་དཀྱིལ་འཁོར་དུ་དབང་བསྐུར་བ་མཛད་ཅེས་དེ་ཉིད་བསྡུས་པའི་རྒྱུད་ལས་གསུངས་པ་ནི། སྔོན་གྱི་ཆོ་ག་འཕགས་པ་རྣམས་ཀྱི་སྤྱོད་ཡུལ་ཡིན་ནོ། །དེང་སང་གང་ཟག་དབང་པོ་རབ་འབྲིང་ཀུན་རྟུལ་ཆོན་གྱི་དཀྱིལ་འཁོར་དུ་དབང་བསྐུར་བར་མངོན་བརྗོད་བླ་མ་ལས་གསུངས་མོད་ཀྱི་འཕགས་པ་ལ་སོགས་པ་གཞན་གྱི་སྤྲུལ་པའི་དཀྱིལ་འཁོར་དུ་སྨིན་བྱེད་པ་སོ་སོ་སྐྱེ་བོ་རྣམས་ལ་བཀག་གོ །གསུམ་པ་ལ་འདོད་པ་བརྗོད་པ་དང་། བྱ་བའི་རྒྱུད་ལ་རྣམ་པར་ཕྱེ་སྟེ་ལན་བཏབ་པ། ལྷག་མ་གསུམ་ལ་དབང་བསྐུར་དགོས་པར་བསྟན་པ་དང་གསུམ། དང་པོ་ནི། ལ་ལ་སེམས་བསྐྱེད་བྱས་པ་ལ། །གསང་སྔགས་བསྒོམ་དུ་འདོད་ཅེས་ཟེར། །འདི་ནི་སྔགས་ཀྱི་འཁྲུལ་ཡིན་ནོ། །ཞེས་པ། གསང་འདུས་བསྐྱོད་ལུགས་པ་རང་ལ་དབང་བཀའ་མེད་པ་ལ་ལན་རེ། དབང་མ་ཐོབ་ཀྱང་འཇུག་པ་སེམས་བསྐྱེད་ཙམ་བྱས་པ་ལ་གསང་སྔགས་བསྒོམ་དུ་འདོད་ཅེས་ཟེར་ཞིང་། འདི་ནི་སྔགས་ཀྱི་འཁྲུལ་བྱ་བ་ཡིན་ལོ། །

གཉིས་པ་ནི། འདི་ཡང་ཕྱེ་སྟེ་བཤད་ཀྱིས་ཉོན། །བྱ་བའི་རྒྱུད་ལ་རྣམ་གསུམ་ཡོད། །དོན་ཡོད་ཞགས་སོགས་འགའ་ཞིག་ལ། །དབང་བསྐུར་སེམས་བསྐྱེད་མ་ཐོབ་ཀྱང་། །བསྙུང་གནས་ལ་སོགས་བྱེད་ནུས་ན། །གང་ཟག་ཀུན་གྱི་བསྒྲུབ་པར་གསུངས། །དམ་ཚིག་གསུམ་བཀོད་ལ་སོགས་པ། །འཇུག་པ་སེམས་བསྐྱེད་ཐོབ་ནས་ནི། །འཕྲིན་ལས་འགའ་ཞིག་བསྒྲུབ་པའི་ཕྱིར། །ཆོ་ག་ཤེས་ན་བསྒྲུབ་པར་གནང་། །ལེགས་པར་གྲུབ་པ་ཡན་ཆད་དུ། །རང་གི་དབང་བསྐུར་མ་ཐོབ་ན། །སེམས་བསྐྱེད་ཐོབ་ཀྱང་གསང་སྔགས་བཀག །དེ་ཡང་ལེགས་པར་གྲུབ་པ་ལས། །དབང་བསྐུར་མ་བྱས་པ་དག་ལ། །ཆོ་ག་ཤེས་པས་སྔགས་མི་སྦྱིན། །ཞེས་གསུངས་རྒྱས་པར་གསུང་ལ་ལྟོས། །ཞེས་པ། དབང་བསྐུར་མ་ཐོབ་ཀྱང་འཇུག་པ་སེམས་བསྐྱེད་ཙམ་བྱས་པ་ལ་གསང་སྔགས་བསྒོམ་དུ་འདོད་པ་འདི་ཡང་རྣམ་པར་ཕྱེ་སྟེ་བཤད་ཀྱིས་ཉོན་ཅིག །སྤྱིར་བྱ་བའི་རྒྱུད་ལ། རྒྱུད་སྡེ་སྔོ་དྲུག་གསུངས་པ་ལ། འཇིག་རྟེན་པའི་རིགས་ལས་ནོར་བུའི་རིགས། ལྷ་ཚན་གྱི་རིགས། འཇིག་རྟེན་པའི་རིགས་དང་གསུམ། འཇིག་རྟེན་ལས་འདས་པའི་རིགས་ལ། དེ་བཞིན་གཤེགས་པའི་རིགས། པད་མའི་རིགས། རྡོ་རྗེའི་གསུམ་གྱི་ནང་ནས། པད་མའི་རིགས་ལ་དོན་ཡོད་ཞགས་པ་ལ་སོགས་འགའ་ཞིག་ལ། དབང་བསྐུར་བ་དང་འཇུག་པ་སེམས་བསྐྱེད་མ་ཐོབ་ཀྱང་བསྙུང་གནས་ལ་སོགས་པ་བྱེད་ནུས་ན། གང་ཟག་ཀུན་གྱིས་བསྒྲུབ་པར་གསུངས་ཏེ། དོན་ཡོད་ཞགས་པའི་སྙིང་པོ་ཞེས་བྱ་བའི་ཆོས་ཀྱི་རྣམ་གྲངས་འདི། སེམས་ཅན་རྣམས་ལ་ནུས་སམ་མི་ནུས་ཤེས་པར་བྱས་ལ་ཉན་དུ་གཞུག་པར་བྱའོ། །ཞེས་སོགས་རྒྱས་པར་གསུངས་པའི་ཕྱིར། རྡོ་རྗེའི་

རིགས་མི་གཡོ་བའི་རྫོགས་པ་དང་། །དམ་ཚིག་གསུམ་བཀོད་པའི་རྒྱུད་ལ་སོགས་པ་ལ་དབང་བསྐུར་བ་མ་ཐོབ་ཀྱང་འཇུག་པ་སེམས་བསྐྱེད་ཐོབ་ནས་ཞི་དྲག་ལ་སོགས་པའི་འཕྲིན་ལས་འགའ་ཞིག་བསྒྲུབ་པའི་ཕྱིར་ཆོག་ཤེས་ན་སྒྲུབ་པར་གནང་ངོ་། །དེ་བཞིན་གཤེགས་པའི་རིགས་ལེགས་པར་གྲུབ་པ་དང་། དཔུང་བཟང་ལ་སོགས་པའི་རྒྱུད་དུ། རང་གི་དབང་བསྐུར་བ་མ་ཐོབ་པར་འཇུག་པ་སེམས་བསྐྱེད་ཐོབ་ཀྱང་གསང་སྔགས་བཀག་སྟེ། དེ་ཡང་ལེགས་པར་གྲུབ་པའི་རྒྱུད་ལས། དབང་བསྐུར་མ་བྱས་པ་དག་ལ། ཆོ་ག་ཤེས་པས་སྔགས་མི་སྦྱིན་རྒྱུད་ཤེས་མཁས་པས་གསང་སྔགས་དང་། ཕྱག་རྒྱ་ཆོ་ག་ཞིབ་མོ་དང་། །རྒྱུད་དང་དཀྱིལ་འཁོར་བཤད་པ་དག དཀྱིལ་འཁོར་མ་ཞུགས་ལ་མི་སྦྱིན། །ཞེས་པ་ལ་སོགས་པ་རྒྱས་པར་གསུངས་པའི་ཕྱིར་དང་། དཔུང་བཟང་ལས། གང་དག་རིག་དང་དབང་བསྐུར་ཆོག་མེད། །གང་དག་དཀྱིལ་འཁོར་དུ་ནི་མི་ཞུགས་དང་། །གང་དག་བྱང་ཆུབ་སེམས་ནི་མ་བསྐྱེད་པ། །དེ་ཡི་གསང་སྔགས་བཟླས་ན་ཕུང་བར་འགྱུར། །ཞེས་གསུངས་པའི་ཕྱིར། གསུམ་པ་ནི། ལྷག་མ་རྒྱུད་སྡེ་གསུམ་པོ་ལ། །དབང་བསྐུར་ཐོབ་པ་མ་གཏོགས་པ། །སེམས་བསྐྱེད་ཙམ་ལ་རྟེན་པ་ཡིས། །ཡི་དམ་བསྒོམ་པ་གསུངས་པ་མེད། །དབང་བསྐུར་ནང་གི་རྟེན་འབྲེལ་ཡིན། །སེམས་བསྐྱེད་ལ་ནི་རྟེན་འབྲེལ་མེད། །དེས་ན་སེམས་བསྐྱེད་བྱས་ན་ཡང་། །གསང་སྔགས་ཟབ་མོ་བསྒོམ་པ་ལ། །ལྟུང་བ་ཡོད་པར་རྒྱལ་བས་གསུངས། །དེ་ཕྱིར་རྣམ་དབྱེ་ཤེས་དགོས་སོ། །ཞེས་པ། རྒྱུད་སྡེ་བཞི་ལ། བྱ་རྒྱུད་མ་རྫོགས་པའི་ལྷག་མ་སྤྱོད་པ་དང་། རྣལ་འབྱོར་དང་རྣལ་འབྱོར་བླ་མེད་ཀྱི་རྒྱུད་གསུམ་པོ་ལ་དབང་བསྐུར་བ་ཐོབ་པ་མ་རྫོགས་པ་སེམས་བསྐྱེད་ཙམ་ལ་བརྟེན་པའི་ཡི་དམ་བསྒོམ་པ་གསུངས་པ་མེད་དོ། །དེ་ལ་དབང་བསྐུར་ནང་གི་རྟེན་འབྲེལ་ཡིན་ཅིང་། སེམས་བསྐྱེད་ལ་ནང་གི་རྟེན་འབྲེལ་མེད་པ་རྒྱུ་མཚན་དེས་ན། དབང་མ་ཐོབ་པར་སེམས་བསྐྱེད་བྱས་ན་ཡང་། གསང་སྔགས་ཟབ་མོ་བསྒོམ་པ་ལ་ལྟུང་བ་ཡོད་པར་རྒྱལ་བས་གསུངས་ཏེ། དེ་ཉིད་བསྡུས་པ་ལས། དཀྱིལ་འཁོར་ཆེན་པོ་མ་མཐོང་བ་རྣམས་ཀྱི་མདུན་དུ་མ་སྨྲ་ཞིག སྨྲས་ན་དམ་ཚིག་ཉམས་པར་འགྱུར་ཞེས་པ་ལ་སོགས་པ་གསུངས་པས། རྒྱུ་མཚན་དེའི་ཕྱིར་རྒྱུད་སྡེའི་རྣམ་དབྱེ་ཤེས་དགོས་སོ། །

བཞི་པ་ནི། གཏོར་མའི་དབང་བསྐུར་ཞེས་བྱ་དང་། །ཏིང་ངེ་འཛིན་གྱི་དབང་བསྐུར་ཡང་། །སློབ་མ་སྨིན་བྱེད་ཆོ་ག་རུ། །རྒྱུད་སྡེ་ཀུན་ལས་གསུངས་པ་མེད། །ཅེས་པ། གཏོར་མའི་དབང་བསྐུར་ཞེས་བྱ་བ་དང་། ཏིང་ངེ་འཛིན་གྱི་དབང་བསྐུར་དང་། ཨ་ལི་ཀ་ལིའི་དབང་བསྐུར་ཡང་སློབ་མ་སྨིན་བྱེད་ཀྱི་ཆོ་ག་རུ་རྒྱུད་སྡེ་ཀུན་ལ་གསུངས་པ་མེད་དོ། །ལྔ་པ་ལ། འདོད་པ་བརྗོད་པ་དང་། དེ་དགག་པ་གཉིས། དང་པོ་ནི། འགའ་ཞིག་གསང་སྔགས་དད་ལྟ་སྤྱོད། །དབང་བསྐུར་ཕྱི་ནས་ཁས་ལེན་བྱེད། །ཅེས་པ། གསང་འདུས་པའི་དབང་སྟོན་མི་བྱ་བ།

རྒྱུད་དབྱར་ལྷ་བུ་ཉན། དབང་སྟོན་ལྷ་བུ་ཡོ་བྱད་བྱ་བའི་དུས་སུ་ཞུ་བ་གསང་འདུས་འཆད་པ་འགའ་དང་། རྣམ་དབྱེ་ཆུང་བའི་སྔགས་པར་ཁས་ཆེ་བ་འགའ་ཞིག གསང་སྔགས་ད་ལྟ་སྤྱོད་ལ། དབང་བསྐུར་ཕྱི་ནས་བྱེད་པའི་ཁས་ལེན་བྱེད་དོ། །གཉིས་པ་ནི། འདི་ཡང་སངས་རྒྱས་བསྟན་པ་མིན། དབང་མ་ཐོབ་ལ་ཆོས་བཤད་ན། །སློབ་དཔོན་ལྟུང་བར་ཅན་འགྱུར་ཞིང་། །སློབ་མའང་སྟོན་དུ་ཉམས་པར་འགྱུར། ཉམས་པར་གྱུར་བ་དམ་ཆོས་ཀྱིས། །གནོད་མིན་ཞེས་ནི་རྒྱལ་བས་གསུངས། །མདོར་ན་ཆོས་ཀྱི་ཅི་བྱེད་སོམས། །སངས་རྒྱས་བྱེད་ན་ཆོས་བཞིན་གྱིས། །ཞེས་པ། གསང་སྔགས་ད་ལྟ་སྤྱད་ནས་དབང་བསྐུར་ཕྱི་ནས་བྱེད་པ་འདི་ཡང་། སངས་རྒྱས་ཀྱི་བསྟན་པ་མིན་ཏེ། དབང་མ་ཐོབ་ལ་གསང་སྔགས་ཟབ་མོའི་ཆོས་བཤད་ན། སློབ་དཔོན་ཡང་རྩ་བའི་ལྟུང་བ་ཅན་དུ་འགྱུར་ཞིང་། སློབ་མའང་སློབ་དཔོན་གྱི་སྟོན་དུ་དམ་ཚིག་ཉམས་པར་འགྱུར་ལ། དམ་ཚིག་ཉམས་པར་འགྱུར་བ་དམ་པའི་ཆོས་གསང་སྔགས་ཀྱི་ཉན་པའི་སྣོད་མིན་ཞེས་རྒྱལ་བ་རྡོ་རྗེ་འཆང་གིས་གསུངས་པ་ཡིན་པའི་ཕྱིར། རྗེ་བཙུན་ཆེན་པོ་ནས་རྩ་ལྟུང་འབྲུལ་སྤོང་དུ། ཁ་ཅིག་འདི་སྐད་དུ་དབང་ནི་ཕྱིས་བླང་བར་བགྱི་སྟེ། གསང་བ་ནི་ད་ལྟར་ཉན་པར་འཚལ་ལོ་ཞེས་ཟེར་བ་འདི་ནི་བཀུབ་སྟེ།དེ་བཞིན་དུ་བྱའོ་ཞེས་ཁས་བླངས་ནས་གསང་བ་སྟོན་པ་དག་མཐོང་སྟེ། འདི་ནི་ཆེས་བཞད་གད་ཀྱི་གནས་སོ། །དེ་ཅིའི་ཕྱིར་ཞེ་ན། གསང་བ་བསྒྲགས་མ་ཐག་རྩ་བའི་ལྟུང་བར་འགྱུར་བའི་ཕྱིར་རོ། །དེ་ནི་མ་ཡིན་ཏེ་དབང་བསྐུར་བར་ཁས་བླངས་བའི་ཕྱིར་རོ་ཞེས་སྨྲ་ན། དེ་ལྟ་བུ་བཤད་པ་མེད་ཀྱང་བདེན་དུ་ཆུག དུས་ཕྱིས་དབང་བསྐུར་བ་ཕར་ཞོག་གི་སང་ནུབ་དཀྱིལ་འཁོར་བྲི་བར་འགྱུར་བའི་དོ་ནུབ་སློབ་མ་དེ་ཤི་ན་ཇི་ལྟར་བྱ། དེས་ན་ཕྱོགས་གཉིས་ཀའང་རྡོ་རྗེ་སློབ་དཔོན་གྱི་གཟུགས་བརྙན་སྨྱོངས་ཤིང་བརྩོན་འགྲུས་དང་བྲལ་བ། ཉེད་བསྐུར་ལ་ཆེས་སྲེད་པ་རྣམས་ཀྱིས་རང་དགར་བྱས་པ་ཡིན་མོད། བཀའ་དང་བསྟན་བཙོས་ནས་དེ་ལྟ་བུ་བཤད་པ་ནི་མེད་དོ། །ཞེས་གསུངས་པས་ཀྱང་བཀག་པ་ཡིན་ནོ། །མདོར་ན་ཆོས་ཀྱི་ཅི་བྱེད་པ་ཡིན་སོམས། སངས་རྒྱས་བྱེད་ན་ཆོས་བཞིན་གྱིསཤིག་ཅེས་གདམས་སོ། །

བཞི་པ་ལ། འདོད་པ་བརྗོད་པ་དང་། ཆོས་གཞན་ཡང་སྤྱོང་བར་ཐལ་བ། དབང་ཁོ་ན་སྤྱོང་བར་མི་རིགས་པ་དང་གསུམ། དང་པོ་ནི། ལ་ལ་སེམས་ཉིད་མ་རྟོགས་ན། །དབང་བསྐུར་ཐོབ་ཀྱང་མི་ཕན་ཟེར། །གལ་ཏེ་སེམས་ཉིད་རྟོགས་གྱུར་ན། །དབང་བསྐུར་བྱ་ཡང་མི་དགོས་ལ། །ཞེས་པ། ཕྱག་རྒྱ་བ་ལ་ལ་ན་རེ། དབང་བསྐུར་བྱ་མི་དགོས་ཏེ། སེམས་ཀྱི་གནས་ལུགས་མ་རྟོགས་ན་དབང་བསྐུར་བྱས་ཀྱང་མི་ཕན། གལ་ཏེ་སེམས་ཀྱི་གནས་ལུགས་རྟོགས་ན། དབང་བསྐུར་བྱ་ཡང་མི་དགོས་པའི་ཕྱིར་ཟེར་རོ། །གཉིས་པ་ནི། འོ་ན་སེམས་ཉིད་མ་རྟོགས་ན། །སྡོམ་པ་བསྲུངས་ཀྱང་ཅི་ཞིག་ཕན། །གལ་ཏེ་སེམས་ཉིད་རྟོགས་གྱུར་ན། །སྡོམ་པ་

བསྲུང་ཡང་ཅི་ཞིག་དགོས། །རྡོ་རྗེ་ཕག་མོའི་བྱིན་རླབས་ཀྱང་། །སེམས་ཉིད་རྟོགས་ན་བྱ་ཅི་དགོས། །གལ་ཏེ་སེམས་ཉིད་མ་རྟོགས་ན། །བྱིན་རླབས་བྱས་ཀྱང་ཅི་ཞིག་ཕན། །དེ་བཞིན་སེམས་བསྐྱེད་ལ་སོགས་པ། །ཆོ་ག་ཀུན་ལ་ཚུལ་འདི་མཚུངས། །ཞེས་པ། ཤེས་བྱ་ཆོས་ཅན། སྡོམ་པ་བསྲུང་མི་དགོས་པར་ཐལ། སེམས་ཀྱི་གནས་ལུགས་མ་རྟོགས་པ་བསྲུང་ཡང་མི་ཕན། གལ་ཏེ་སེམས་ཀྱི་གནས་ལུགས་རྟོགས་ན་སྡོམ་པ་བསྲུང་ཡང་མི་དགོས་པའི་ཕྱིར། རྡོ་རྗེ་ཕག་མོའི་བྱིན་རླབས་ཀྱང་བྱ་མི་དགོས་པར་ཐལ། སེམས་མ་རྟོགས་ན་རྡོ་རྗེ་ཕག་མོའི་བྱིན་རླབས་བྱས་ཀྱང་མི་ཕན། གལ་ཏེ་སེམས་ལས་རྟོགས་ན། རྡོ་རྗེ་ཕག་མོའི་བྱིན་རླབས་བྱ་མི་དགོས་པའི་ཕྱིར། དེ་བཞིན་སེམས་བསྐྱེད་དང་བླ་མའི་མོས་གུས་ལ་སོགས་ཆོ་ག་ཀུན་ལ་ཚུལ་འདི་མཚུངས་སོ། །

གསུམ་པ་ནི། དེས་ན་རབ་བྱུང་སྡོམ་པ་དང་། །རྡོ་རྗེ་ཕག་མོའི་བྱིན་རླབས་དང་། །སེམས་བསྐྱེད་འབད་ནས་བྱེད་བཞིན་དུ། །དབང་བསྐུར་མི་དགོས་ཞེས་སྨྲ་བ། །གསང་སྔགས་སྤོང་བའི་གསང་ཚིག་ཡིན། །ཞེས་པ། རྒྱུ་མཚན་དེས་ན་རབ་ཏུ་བྱུང་བའི་སྡོམ་པ་མཁན་སློབ་ལས་ལེན་པ་དང་། རྡོ་རྗེ་ཕག་མོའི་བྱིན་རླབས་ཆོས་བསྒོ་བ་ལས་ལེན་པ་དང་། སེམས་བསྐྱེད་བྱ་དགོས་ཟེར་བཞིན་འབད་ནས་བྱེད་བཞིན་དུ་དབང་བསྐུར་མི་དགོས་ཞེས་སྨྲ་བ་ནི་གསང་སྔགས་སྤོང་བའི་གསང་ཚིག་ཡིན་ནོ། །བདུན་པ་ལ། འདོད་པ་བརྗོད་པ་དང་། དེ་དགག་པ་གཉིས། དང་པོ་ནི། ཁ་ཅིག་ཆོ་ག་མེད་བཞིན་དུ། །བླ་མའི་ལུས་ཀྱི་དཀྱིལ་འཁོར་ལ། །དབང་བཞི་རྫོགས་པར་ལེན་ཞེས་ཟེར། །ཞེས་པ། ཕྱག་རྒྱ་པ་ཁ་ཅིག་བླ་མ་ལས་ལེན་པའི་ཆོ་ག་མེད་བཞིན་དུ་བླ་མའི་ལུས་ཀྱི་དཀྱིལ་འཁོར་ལ་དབང་བཞི་རྫོགས་པ་ལེན་ཞེས་ཟེར་རོ། །གཉིས་པ་ལ་ཆོ་ག་གཞན་ཡང་སྐུ་ལས་ཐོབ་པར་ཐལ་བ། ཆོ་ག་ཉམས་ན་ལས་མི་འཆགས་པར་བསྟན་པ། དབང་ཁོ་ན་སྤོང་བ་བདུད་ཀྱི་ལས་སུ་བསྟན་པ། དོན་བསྡུས་ཏེ་ཆོ་ག་ཡོད་མེད་བསྟན་པ་དང་བཞི། དང་པོ་ནི། འོ་ན་དགེ་ཚུལ་དགེ་སློང་ཡང་། །བླ་མའི་སྐུ་ལས་ཅིས་མི་ལེན། །སེམས་བསྐྱེད་ཀྱང་ནི་བླ་མ་ཡི། །སྐུ་ཉིད་ལས་ནི་ཐོབ་པའི་ཕྱིར། །སེམས་བསྐྱེད་ཆོ་ག་ཅི་ཞིག་དགོས། །རྡོ་རྗེ་ཕག་མོའི་བྱིན་རླབས་ཀྱང་། །བླ་མའི་སྐུ་ལས་ཐོབ་པའི་ཕྱིར། །ཆོས་བསྒོ་བ་ལས་བླང་ཅི་དགོས། །དེ་བཞིན་གཤེགས་པ་ཐམས་ཅད་ཀྱང་། །བླ་མའི་སྐུ་ལས་བླངས་པས་ཆོག ། རྫོགས་སངས་རྒྱས་ཀྱི་གསུངས་པ་ཡི། །ཆོ་ག་ཟབ་མོ་ཐམས་ཅད་སྤོངས། །ཞེས་པ། འོ་ན་དགེ་ཚུལ་དང་དགེ་སློང་གི་སྡོམ་པ་ཡང་། མཁན་སློབ་ལ་མི་ལྟོས་པར་བླ་མའི་སྐུ་ལས་ཅིས་མི་ལེན་ཏེ་ལེན་པར་ཐལ། བླ་མའི་ལུས་ཀྱི་དཀྱིལ་འཁོར་ལ་དབང་བཞི་རྫོགས་པར་ལེན་པའི་ཕྱིར། དེར་མ་ཟད་སྐྱོན་གཞན་ཡང་། སེམས་བསྐྱེད་ཀྱང་བླ་མའི་སྐུ་ལས་ཐོབ་པའི་ཕྱིར། སེམས་བསྐྱེད་ཀྱི་ཆོ་ག་ཅི་ཞིག་དགོས་ཏེ། མི་དགོས་པར་ཐལ། རྡོ་རྗེ་ཕག་མོའི་བྱིན་རླབས་ཀྱང་བླ་མའི་སྐུ་ལ་ཐོབ་པའི་

ཕྱིར། ཆོས་བསྒོ་བ་ལས་བླང་ཅི་དགོས་ཏེ་མི་དགོས་པར་ཐལ། དེ་བཞིན་དུ་ཆོ་ག་ཐམས་ཅད་ཀྱང་བླ་མའི་སྐྱ་ལས་བླང་བ་ཆོག་པའི་ཕྱིར། རྫོགས་པའི་སངས་རྒྱས་ཀྱི་གསུངས་པའི་ཆོ་ག་ཟབ་མོ་ཐམས་ཅད་སྤོང་བར་ཐལ་ལོ། །

གཉིས་པ་ནི། གལ་ཏེ་ཆོ་ག་ཉམས་གྱུར་ནའང་། །སོ་སོ་ཐར་དང་སེམས་བསྐྱེད་ཀྱི། །སྡོམ་པ་འཆགས་པར་མི་འགྱུར་ཞིང་། །རྡོ་རྗེ་ཕག་མོ་ལ་སོགས་པའི། །བྱིན་རླབས་འཇུག་པར་མི་འགྱུར་ན། །རིག་འཛིན་སྔགས་ཀྱི་སྡོམ་པ་ཡང་། །དབང་བསྐུར་མེད་ན་ཐོབ་མི་ནུས། །ཞེས་པ། གལ་ཏེ་སོ་ཐར་གྱི་ཆོ་ག་ཉམས་པར་གྱུར་ན། རྡོ་རྗེ་ཕག་མོའི་བྱིན་རླབས་འཇུག་པར་མི་འགྱུར་བ་ལྟར་དུ། རིག་འཛིན་སྔགས་ཀྱི་སྡོམ་པ་ཡང་དབང་བསྐུར་བ་མེད་ན་ཐོབ་པར་མི་ནུས་ཏེ། ཆོ་ག་ཉམས་ན་ལས་འཆགས་པར་མི་འགྱུར་བའི་ཕྱིར། འདིར་གསང་སྔགས་ཀྱི་སྡོམ་པའི་རྣམ་བཞག་རྒྱས་པར་བཤད་ན། ངོ་བོ་དང་། དབྱེ་བ་གཉིས། དང་པོ་ནི། མཚན་མ་དང་རྣམ་པར་རྟོག་པ་སྡོམ་པ་ཡིན་ལ། དེ་ལ་དང་པོར་ཐོབ་པ་ལ་དམ་ཚིག་མི་ཉམས་པར་བསྲུང་བ་ལ་སྡོམ་པ། ཡང་ན་གཉེན་པོ་བརྟེན་པ་ལ་དམ་ཚིག སྤང་བྱ་སྤོང་བ་ལ་སྡོམ་པ་སྟེ། བཟློག་པའི་ཚུལ་གྱིས་གཉིས་ཕྱེ་བ་ཡིན་གྱི། དོན་ལ་ངོ་བོ་གཅིག་ཡིན་ནོ། །གཉིས་པ་དབྱེ་བ་ལ་བྱ་བའི་རྒྱུད་དང་། སྤྱོད་པ་དང་། རྣལ་འབྱོར་དང་རྣལ་འབྱོར་བླ་མེད་ཀྱི་དམ་ཚིག་དང་སྡོམ་པ་དང་བཞི། དང་པོ་ལ། དབང་དུས་སུ་ཐོབ་པའི་དམ་ཚིག་ཉམས་པར་བསྲུང་བ་དང་། གལ་ཏེ་ཉམས་ན་ཕྱིར་བཅོས་པའོ། དང་པོ་ནི། བྱ་རྒྱུད་ཀྱི་དབང་ཐོབ་པའི་གང་ཟག་གིས་ངེས་པར་བསྲུང་དགོས་པའི་སྡོམ་པ་གང་ཡིན་སྙམ་ན། འདི་ལ་བླ་མ་དག་ཕར་ཕྱིན་ཐེག་པར་བཤད་པའི་སྨོན་འཇུག་སེམས་བསྐྱེད་ཀྱི་བསླབ་བྱ་རྣམས་འདིའི་དམ་ཚིག་ཡིན་གྱི། དེ་ལས་གཞན་པའི་དམ་ཚིག་གཟུང་དུ་མེད་དེ། དབང་བསྐུར་གྱི་སྐབས་སུ་སྨོན་འཇུག་སེམས་བསྐྱེད་ལས་གཞན་མ་གསུངས་པའི་ཕྱིར། ཞེས་འཆད་པ་མི་འཐད་དེ། དེ་ལྟར་ན་རྣལ་འབྱོར་ཆེན་པོའི་རྒྱུད་ཁ་ཅིག་ཏུ་སློབ་དཔོན་སློན་པ་ལ་སོགས་པའི་རྩ་ལྟུང་བཅུ་བཞི་བཟུང་མི་དགོས་པར་འགྱུར་ཏེ། དབང་བསྐུར་གྱི་སྐབས་སུ། རིགས་ལྔའི་སྡོམ་པ་འཛིན་པ་ལས་གཞན་མ་བཤད་པའི་ཕྱིར་རོ། །གལ་ཏེ་རིགས་ལྔའི་དམ་ཚིག་ནི་ཁས་བླངས་པའི་སྡོམ་པ་ཡིན་ན། རྩ་ལྟུང་ནི་དབང་གི་ཐོབ་པའི་སྡོམ་པ་ཡིན་པས་གཉིས་ཀ་གཟུང་དགོས་སོ་ཞེ་ན། འདི་འང་མཚུངས་ཏེ། སྨོན་འཇུག་གི་སྡོམ་པ་ནི་ཁས་བླང་བའི་སྡོམ་པ་ཡིན་ལ། གཞན་རྣམས་ནི་དབང་གིས་ཐོབ་པའི་དམ་ཚིག་ཡིན་པའི་ཕྱིར་གཉིས་ཀ་བསྲུང་དགོས་སོ། །འོན་གང་ཡིན་སྙམ་ན། གསང་བ་སྤྱི་རྒྱུད་ལས། དམ་ཚིག་འདི་དག་བསྒོ་བར་བྱ། །དེ་རིང་ཕྱིན་ཆད་ཁྱེད་རྣམས་ཀྱིས། །སངས་རྒྱས་ཆོས་དང་དགེ་འདུན་དང་། །བྱང་ཆུབ་སེམས་དཔའ་རྣམས་དང་ནི། །རིག་སྔགས་གསང་སྔགས་ཚོགས་རྣམས་དང་། །དད་པ་རབ་ཏུ་བསྟན་པར་བྱ། །ཐེག་པར་ཕྱག་རྒྱ་ཆེན་པོ་ལ། །ཁྱད་པར་དུ་ནི་མོས

པ་བྱ། །དམ་ཚིག་ཅན་དང་མཛའ་བོ་དང་། །བླ་མ་ལ་ཡང་གུས་བྱ་འོ། །ལྷ་རྣམས་ཀུན་ལ་སྡང་མི་བྱ། །དུས་མཚམས་དག་ཏུ་མཆོད་པ་བྱ། །སྟོན་པ་གཞན་གྱི་གཞུང་མི་བྱ། །རྟག་ཏུ་གློ་བུར་མགྲོན་མཆོད་བྱ། །སྲོག་ཆགས་རྣམས་ལ་བྱམས་པའི་སེམས། །རབ་ཏུ་བརྟན་པ་ཉེ་བར་བཞག ཐེག་པ་ལ་ནི་དགའ་རྣམས་ཀྱིས། །བསོད་ནམས་དག་ལ་ནན་ཏན་བསྐྱེད། །བཟླས་བརྗོད་བྱེད་ལ་འབད་པ་ཡིས། །གསང་སྔགས་སྤྱོད་ལ་བརྩོན་པར་བྱ། །གསང་སྔགས་རྒྱུད་ལས་བསྟན་པ་ཡིས། །དམ་ཚིག་རྣམས་ཀྱང་བསྲུང་བར་བྱ། །དམ་ཚིག་མེད་པ་རྣམས་ལ་ནི། །སྔགས་དང་ཕྱག་རྒྱ་མི་སྦྱིན་ནོ། །གསང་སྔགས་རྒྱུད་ནི་ལེགས་བསྲུང་ཞིང་། །དེའང་བདག་གིས་བརྟག་པར་བྱ། །དེ་ལྟར་དམ་ཚིག་བསྒོམས་ནས་ནི། །ཞེས་གསུངས་པ་འདི་རྣམས་ཡིན་ལ། དེ་ལ་སྤྱིའི་དམ་ཚིག་གསུམ་བསྲུང་བ་དང་། ཁྱད་པར་གྱི་དམ་ཚིག་བཅུ་གསུམ་བསྲུང་བའོ། །དང་པོ་ནི། སངས་རྒྱས་ཆོས་དང་དགེ་འདུན་ལ་དད་པ་དང་། བྱང་ཆུབ་སེམས་དཔའ་རྣམས་དང་། དེའི་སྡེ་སྣོད་དུ་གསུངས་པའི་ཚུལ་ཁྲིམས་གསུམ་ལ་བསླབ་པ་དང་། རིགས་སྔགས་ལྷ་མོ་དང་གསང་སྔགས་ལྷ་མོ་སྟེ། དེ་རྣམས་ཀྱི་བསྲུང་བའི་ལྷ་རྣམས་ལ་དད་པར་བྱའོ། །

གཉིས་པ་ལ་བཅུ་གསུམ་ཡོད་པའི་དང་པོ་ནི། རྟག་པར་ཕྱག་རྒྱ་ཆེན་པོ་ལ་མོས་པར་བྱ་བ་དང་། གཉིས་པ་ནི་དམ་ཚིག་ཅན་ལ་གུས་པ་དང་། གསུམ་པ་མཛའ་བོ་ལ་གུས་པ་དང་། བཞི་པ་བླ་མ་ལ་གུས་པ་དང་། ལྔ་པ་ལྷ་རྣམས་ལ་སྡང་བར་མི་བྱ་བ་དང་། དྲུག་པ་དུས་མཚམས་སུ་མཆོད་པ་བྱ་བ་དང་། བདུན་པ་སྟོན་པ་གཞན་གྱིས་གཞུང་འབྱུང་བ་ལྟར་མི་མཆོད་པ་དང་། བརྒྱད་པ་གློ་བུར་མགྲོན་པོ་མཆོད་པ་དང་། དགུ་པ་སྲོག་ཆགས་རྣམས་ལ་བྱམས་པའི་སེམས་བརྟན་པ་དང་། བཅུ་བ་ཐེག་པ་ཆེན་པོ་ལ་དགའ་བས་བསོད་ནམས་ལ་ནན་ཏན་བསྐྱེད་པ་དང་། བཅུ་གཅིག་པ་བཟླས་བརྗོད་ལ་འབད་པས་སངས་སྔགས་སྤྱོད་པ་ལ་བརྩོན་པ་དང་། བཅུ་གཉིས་པ་གསང་སྔགས་ཀྱི་རྒྱུད་དམ་ཚིག་གསུམ་བཀོད་ནས་བསྟན་པའི་དམ་ཚིག་མི་བསྲུང་བ་དང་། བཅུ་གསུམ་པ་དམ་ཚིག་མེད་པ་རྣམས་ལ་སྔགས་དང་ཕྱག་རྒྱ་མི་སྦྱིན་པའོ། །གཉིས་པ་གལ་ཏེ་ཉམས་པ་ཕྱིར་བཅོས་པའི་ཐབས་ནི། སྤྱི་དང་ཁྱད་པར་གྱི་དམ་ཚིག་དེ་དག་ལེགས་པར་བསྲུངས་ལ་ཉེས་པས་མ་གོས་པར་བྱའོ། །གལ་ཏེ་བག་མེད་པའི་དབང་གིས་ཉེས་པ་དེ་དག་བྱུང་ན། དཀོན་མཆོག་གསུམ་གྱི་རྟེན་དང་། ཡུལ་སྡོམ་ལྡན་གྱི་མདུན་དུ་ལྟུང་བའི་མིང་ནས་སྨོས་ཏེ། སྟོབས་བཞིའི་བཤགས་པ་བྱ། དེའི་སྟེང་དུ་ཉོན་མོངས་པ་ཆུང་ངུ་ལ་རང་གི་ལྷའི་སྙིང་པོ་འབུམ་དང་། མི་ལྟར་རྨོངས་བྱེད་མའི་གཟུངས་སྟོང་དང་། འབྲིང་པོ་ལ་ཞི་བའི་སྦྱིན་བསྲེག་མང་དུ་བྱ། ཉེས་པ་ཆེན་པོ་ལ་སླར་ཡང་དཀྱིལ་འཁོར་དུ་དབང་བསྐུར་བ་ཞུ་དགོས་ཏེ། །སྤྱི་རྒྱུད་ལས། ཇི་སྐད་བཤད་པའི་དམ་ཚིག་རྣམས། །གལ་ཏེ་ཉམས་པར་གང་གྱུར་བ། །དེ་ནི་རང་གི་སྙིང་པོ་ལྷ། ཚིག་འབུམ་དུ་ནི་

བཟླས་བརྗོད་བྱ། །ཡང་ན་མ་རྨོངས་བྱེད་པའི་གཟུངས། །སྟོང་དུ་བཟླས་བརྗོད་བྱས་ཀྱང་རུང་། །ཡང་ན་ཞི་བའི་སྦྱིན་སྲེག་བྱ། །ཡང་ན་དཀྱིལ་འཁོར་དུ་ཡང་འཇུག ཅེས་གསུངས་པའི་ཕྱིར་གཉིས་པ་སྦྱོད་རྒྱུད་ཀྱི་དམ་ཚིག་དང་སྡོམ་པ་ལ། དབང་དུས་སུ་ཐོབ་པའི་དམ་ཚིག་མ་ཉམས་པར་བསྲུང་བ་དང་། གལ་ཏེ་ཉམས་ན་ཕྱིར་བཅོས་པའོ། །དང་པོ་ནི། བོད་ཀྱི་མཁས་པ་དག སྤྱོད་རྒྱུད་ཀྱི་རྩ་བའི་ལྟུང་བ་ནི། མི་དགེ་བ་བཅུ་དང་། དམ་པའི་ཆོས་སྤོང་བ་ལ་སོགས་པ་བཅུ་བཞི་ཡིན་ནོ། །

ཞེས་པ་མི་འཐད་དེ། མི་དགེ་བ་བཅུ་ནི། སོ་ཐར་བྱང་སེམས་གསང་སྔགས་ཀྱི་ཐུན་མོང་བའི་སྤང་བྱར་བཤད་པའི་ཕྱིར་དང་། སྤྱོད་རྒྱུད་ཀྱི་དབང་ཐོབ་པའི་དམ་ཚིག་ཏུ་མ་གསུངས་པའི་ཕྱིར་དང་། ཡང་བླ་མ་དག སྨོན་འཇུག་སེམས་བསྐྱེད་ཀྱི་བསྡུས་པའི་སྡོམ་པ་ལས་གཞན་མི་འདོད་པ་མི་འཐད་དེ། སེམས་བསྐྱེད་དེ་དག ངེས་པར་བསྲུང་དགོས་ཀྱང་སྤྱོད་རྒྱུད་ཀྱི་ཐུན་མོངས་མ་ཡིན་པའི་དབང་གིས་ཐོབ་པ་མ་ཡིན་ཏེ། སྤྱོད་རྒྱུད་ཀྱི་ལམ་ལ་མ་ཞུགས་གང་དུ་སེམས་བསྐྱེད་དེ་དག་དང་ལྡན་པར་བྱས་ཟིན་པའི་ཕྱིར། དེས་ན་ཐུན་མོང་གི་བསླབ་བྱ་མི་དགེ་བ་བཅུ་སྤོང་བ་དང་། བྱང་ཆུབ་ཀྱི་སེམས་བསྐྱེད་པ་རྣམས་ཡིན་ནོ། །ཐུན་མོང་མ་ཡིན་པ་བཞི་གསུངས་པ་ནི། རྣམ་སྣང་མངོན་བྱང་ལས། དེ་ལ་དམ་ཚིག་བསྟན་པར་བྱ། །དེ་རིང་ཕྱིན་ཆད་ཁྱོད་ཀྱིས། །དམ་པའི་ཆོས་དང་བྱང་ཆུབ་སེམས། །སྲོག་གི་ཕྱིར་ཡང་དེང་ཕྱིན་ཆད། །ཡོངས་སུ་བཏང་བར་མི་བྱའོ། །ཁྱོད་ཀྱི་སེར་སྣ་དང་ནི་གང་། །སེམས་ཅན་གནོད་པ་མི་བྱའོ། །དམ་ཚིག་འདི་དག་སངས་རྒྱས་ཀྱིས། །རྟུལ་ཞུགས་བཟང་པོ་ཁྱོད་ལ་བཤད། །ཇི་ལྟར་རང་གི་སྲོག་བསྲུང་བ། །དེ་ལྟར་ཁྱོད་ཀྱིས་འདི་དག་བསྲུངས། །ཞེས་བྱས་པ་ལྟར་རོ། །གཉིས་པ་ནི། ལྟུང་བ་དེ་དག་གིས་རང་གི་རྒྱུད་ལ་མ་གོས་པར་བྱས་ལ་གལ་ཏེ་བག་མེད་པས་ལྟུང་བ་བྱུང་ན། དུས་ཀྱི་ཆ་དྲུག་ལས་ཐལ་དུ་མི་བཞུག་པར་ཕྱིར་བཅོས་པའི་ཐབས་ལ་འབད་པར་བྱའོ། །རྣལ་འབྱོར་རྒྱུད་ཀྱི་དམ་ཚིག་དང་སྡོམ་པ་ལ། དབང་དུས་སུ་ཐོབ་པའི་དམ་ཚིག་མ་ཉམས་པར་བསྲུང་བ་དང་། ཉམས་ན་ཕྱིར་བཅོས་པའོ། །དང་པོ་ནི། རྩ་བའི་རྒྱུད་དེ་ཉིད་འདུས་པ་དང་། བཤད་པའི་རྒྱུད་རྡོ་རྗེ་རྩེ་མོ་དང་། དཔལ་མཆོག་ནས་རྩ་བའི་ལྟུང་བ་བཅུ་བཞི་གསུངས་པ་ནི། གཞན་ཡང་བཅུ་བཞི་འདི་དག་ནི། །ཕས་ཕམ་པ་ནི་རབ་ཏུ་བཤད། །ཅེས་པ་དང་། དོན་མཐུན་པར་ཆ་མཐུན་གྱི་རྒྱུད། ངན་སོང་ཡོངས་སུ་སྦྱོང་བ་ནས། ཁྱོད་ཀྱི་སྲོག་ཆགས་བསད་མི་བྱ། །མ་བྱིན་པར་ཡང་བླང་མི་བྱ། །རྫུན་དང་འདོད་ལོག་སྤྱོད་པ་རྣམས། །དངོས་གྲུབ་འདོད་པས་བྱ་བ་མིན། །ཞེས་པ་རྩ་བ་བཞི་དང་། ཆང་ནི་བཏུང་བར་མི་བྱ་ཞིང་། །ཤ་ལ་སོགས་པ་བཟའ་མི་བྱ། །སེམས་ཅན་གནོད་པའི་སྦྱོར་བ་ནི། །ནམ་ཡང་བྱ་བ་མ་ཡིན་ནོ། །ཞེས་པ་གསུམ་དང་། དཀོན་མཆོག་གསུམ་ནི་

སྤྱང་མི་བྱ། །དུས་ཀུན་ཏུ་ནི་བྱང་ཆུབ་སེམས། །སྙིང་པོ་སྔགས་དང་ཕྱག་རྒྱ་དང་། །ལྷ་དང་ལྷ་མིན་དེ་བཞིན་ནོ། ། ཞེས་མི་སྤང་བར་བྱ་བ་གསུམ་དང་། སྡིག་ལ་སོགས་པ་གང་ཡིན་དང་། །བླ་མའི་བཀའ་ལས་འདའ་མི་བྱ། ། ཞེས་བཀའ་ལས་མི་འདའ་བར་བྱ་བ་གཅིག་དང་། ལྷ་ལ་ཕུལ་བའི་སྙིང་པོ་དང་། དེ་ཡི་གྲིབ་མའང་འགོམ་མི་བྱ། ། ཕྱག་རྒྱའི་གཟུགས་ལའང་དེ་བཞིན་ནོ། །མི་འགོམ་བྱ་བ་གཅིག་དང་། སྔགས་དང་ལྷ་ལ་སྨད་མི་བྱ། །གདོན་གྱི་ལས་སོགས་བྱ་བ་མིན། །ཞེས་པ་གཅིག་དང་། མུ་སྟེགས་ཅན་ལ་སྨད་མི་བྱ། །ཞེས་པ་གཅིག་དང་། མདོར་ན་བཅུ་བཞི་ཡིན་ནོ། །གཉིས་པ་ནི། སྤྱོད་རྒྱུད་ཀྱི་བཞིན་ནོ། །རྣལ་འབྱོར་བླ་མེད་ཀྱི་དམ་ཚིག་དང་སྡོམ་པ་ལ་དབང་དུས་སུ་ཐོབ་པའི་དམ་ཚིག་མ་ཉམས་པར་བསྲུང་བ་དང་། ཉམས་ན་ཕྱིར་བཅོས་པའོ། །དང་པོ་ལ་མཚན་ཉིད་དང་དབྱེ་བ་གཉིས། དང་པོ་ནི། རྡོ་རྗེ་ཐེག་པའི་སྒོར་ཞུགས་ཏེ། གང་ཟག་ཅིག་ཕྲིན་ལས་རྣམས་མ་ལུས་པར་འགྲུབ་པའི་དམ་ཚིག གཉིས་པ་ལ། ལུས་ངག་ཡིད་གསུམ་དང་འབྲེལ་བའི་དམ་ཚིག་དང་སྡོམ་པ་གསུམ། གང་ཟག་དང་འབྲེལ་བའི་དམ་ཚིག་དང་སྡོམ་པ་གསུམ་དང་། དབང་དང་འབྲེལ་བའི་དམ་ཚིག་དང་སྡོམ་པ་བཞིའོ། །དང་པོ་ནི། ལུས་རྡོ་རྗེར་བྱིན་གྱིས་བརླབ་པ་སྐུའི་དམ་ཚིག ལུས་ཀྱི་སྒོ་ནས་སྲོག་གཅོད་པ་ལ་སོགས་པ་གསུམ་སྤོང་བ་ལུས་ཀྱི་སྡོམ་པ། སེམས་ཐུགས་རྡོར་བྱིན་གྱིས་བརླབས་པ་ཐུགས་ཀྱི་དམ་ཚིག སེམས་ཀྱི་སྒོ་ནས་བརྣབ་སེམས་ལ་སོགས་པ་གསུམ་སྤོང་བ་སེམས་ཀྱི་སྡོམ་པ། ངག་གསུང་རྡོ་རྗེར་བྱིན་གྱིས་བརླབས་པ་གསུང་གི་དམ་ཚིག ངག་གི་སྒོ་ནས་རྫུན་ལ་སོགས་པ་བཞི་སྤོང་བ་ངག་གི་སྡོམ་པ་ཡིན་ཏེ། སཾ་བུ་ཊི་ར། བུད་མེད་དང་ནི་སྐྱེས་པའི་ལུས། །ལ་ནི་དུ་མས་སྐྱིད་པ་སྟོན། །མི་ཤེས་ལས་ཀྱང་མི་བྱ་སྟེ། །སྐུ་ཡི་རྡོ་རྗེའི་དམ་ཚིག་གོ །སེམས་ཅན་སྣ་ཚོགས་གདུལ་བ་དང་། །ཀུན་རྟོག་དྲ་བའི་ངན་རྟོག་གིས། །སེམས་ལ་སྨད་པར་མི་བྱེད་དོ། །ཐུགས་ཀྱི་རྡོ་རྗེའི་དམ་ཚིག་གོ །ཕྲ་མ་དག་དང་མ་རངས་པས། །རྣ་བ་མི་བདེ་བར་བྱེད་པའི། །ཚིག་རྩུབ་ལ་སོགས་སླ་མི་བྱ། ། གསུང་གི་རྡོ་རྗེའི་དམ་ཚིག་གོ །ཞེས་གསུངས་པའི་ཕྱིར། དམ་ཚིག་འདི། དབང་བསྐུར་བའི་སྟ་གོན་གྱི་དུས་སུ་ཐོབ་པ་ཡིན་ནོ། །

གཉིས་པ་ལ། ལས་དང་པོའི་དམ་ཚིག་དང་སྡོམ་པ་དང་། བརྟན་པ་ཐོབ་པའི་དམ་ཚིག་དང་སྡོམ་པ་དང་། བརྟན་པ་ཆེར་ཐོབ་པའི་དམ་ཚིག་དང་སྡོམ་པའོ། །དང་པོ་ལ་བསྲུང་བར་བྱ་བའི་དམ་ཚིག་རྩ་བའི་ལྟུང་བ་བཅུ་བཞི །ཡན་ལག་གི་ལྟུང་བ་བརྒྱད་དེ་ཉེར་གཉིས་བརླབ་པར་བྱ་བའི་དམ་ཚིག རིགས་ལྔ་ཁྱད་པར་གྱི་དམ་ཚིག་བཅུ་བཞི་དང་། སྤྱིའི་དམ་ཚིག་བཞི། མི་འབྲལ་བའི་དམ་ཚིག་བསྐྱེད་རྫོགས་གཉིས་བསྒོམ་པ་དང་། རྟེན་པའི་དམ་ཚིག་རྡོ་རྗེ་དྲིལ་བུ་དང་། ཧེ་རུ་ཀའི་ཆ་བྱད་དང་། བཟའ་བའི་དམ་ཚིག་བདུད་རྩི་རིལ་བུ་དང་། ཚོགས་ཀྱི་འཁོར་ལོ་

བྱེད་པའོ། །བརྟན་པ་ཐོབ་པ་དང་། བརྟན་པ་ཆེར་ཐོབ་པའི་དམ་ཚིག་ནི། གུར་གྱི་ལེའུ་བཅོ་ལྔ་བ་ལས། ཕྱག་བརྒྱ་བཅིང་བར་མི་བྱ་ཞིང་། །མཆོད་རྟེན་ལས་ནི་མི་བྱ་སྟེ། །རྡོ་རྗེ་གསུམ་མཆོག་ཕྱག་མི་བྱ། །དཀྱིལ་འཁོར་ལ་སོགས་ལུས་ཀྱི་ལས། །ཕྱི་ལམ་དུ་ཡང་མི་བྱ་ཞིང་། །སློབ་དཔོན་མ་ཡིན་ཕྱག་མི་བྱ། །བླ་མའི་རྒྱན་རབས་ཕྱག་འཚལ་ལོ། །ཞེས་བཤད་པ་ལྟར་རོ། །གསུམ་པ་དབང་དང་འབྲེལ་བའི་དམ་ཚིག་དང་། སྡོམ་པ་ལ་བུམ་དབང་། གསང་དབང་ཤེས་རབ་ཡེ་ཤེས། །དབང་བཞིའི་དམ་ཚིག་དང་སྡོམ་པ་སྟེ་བཞི། འདི་དག་ནི། ཤིན་ཏུ་རྒྱས་པར་གསང་བའི་གནད་ཡིན་པས་གཞན་དུ་ཤེས་པར་བྱའོ། །གཉིས་པ་ཉམས་ན་ཕྱིར་བཅོས་པ་ནི། རྩ་བའི་ལྟུང་བ་བྱུང་ན། བླ་མ་དང་རྡོ་རྗེ་སྤྱན་གྱི་སྤྱན་སྔར་ཉེས་པ་བཤགས་ཏེ། སླར་མི་བྱེད་པར་སྡོམ་སེམས་དྲག་པོ་བྱས་ཏེ། དགྲ་ནག་ནས། གལ་ཏེ་བག་མེད་བྱུང་གྱུར་ནས། །བླ་མའི་དམ་ཚིག་མནོད་ནས། །དེ་ནས་དཀྱིལ་འཁོར་བྲི་བར་བྱ། ། བདེ་གཤེགས་རྣམས་ལ་ཉེས་པ་བཤགས། །ཞེས་གསུངས་སོ། །འོན་མ་བསྲུངས་ན་ཉེས་པ་ཅི་ཡོད་ཅེ་ན། ལམ་ལ་འབད་ཀྱང་འབྲས་བུ་མི་འགྲུབ་ཅིང་། མནར་མེད་པར་འགྱུར་ཏེ། སངས་རྒྱས་ཐོབ་པར། རེ་ཞིག་དམ་ཚིག་ཉམས་པ་ལ། །དངོས་གྲུབ་ཐོབ་པ་ལྟ་ཞོག་གི། མི་ཡི་སྐྱེ་བའང་རྙེད་པར་དཀའ། །ཞེས་གསུངས་པའི་ཕྱིར། འོན་བསྲུངས་ན་ཕན་ཡོན་ཇི་ལྟར་ཡོད་ན། དེ་ཉིད་ལས། རིག་པ་འཛིན་པའི་ཕན་ཡོན་ནི། །གནས་སྐབས་ཀུན་ཏུ་བདེ་ལོངས་སྤྱོད། །གལ་ཏེ་བསྒོམ་པ་དང་བཅས་ན། །ཚེ་འདི་ཉིད་ལ་སངས་རྒྱས་འགྲུབ། །མ་བསྒོམ་གྱུར་ཡང་ལྟུང་མེད་ན། །སྐྱེ་བ་བཅུ་དྲུག་དག་ནས་འགྲུབ། །ཅེས་གསུངས་པའི་ཕྱིར་རོ། །

གསུམ་པ་དབང་ཁོ་ན་སྦྱོང་བ་བདུད་ཀྱི་ལས་བསྟན་པ་ནི། །དེས་ན་ཚོག་གཞན་དག་ལ། །འབད་པ་ཆེན་པོ་བྱེད་བཞིན་དུ། །དབང་བསྐུར་ཚོག་འདོད་བྱེད་པ། །ཐབས་ལ་བསླུ་བའི་བདུད་ཡོད་ཅེས། །གསུངས་པ་འདིར་ཡང་དྲན་པར་བྱ། །ཞེས་པ། རྒྱུ་མཚན་དེས་ན་སོ་སོ་ཐར་པ་དང་། སེམས་བསྐྱེད་ལ་སོགས་པའི་ཚོག་གཞན་དག་ལ་འབད་པ་ཆེན་པོ་བྱེད་བཞིན་དུ། དབང་བསྐུར་གྱི་ཚོག་བྱ་མི་དགོས་ཞེས་འདོར་བར་བྱེད་པ་ནི། ཐབས་ལ་བསླུ་བའི་བདུད་ཡོད་ཅེས། མདོ་དང་མདོ་སྡེ་རྒྱན་ལས་གསུངས་པ་དེ་ཡང་དྲན་པར་བྱའོ། །བཞི་པ་ནི། དེ་ཕྱིར་དམ་པའི་དོན་དུ་ནི། །ཆོས་རྣམས་ཐམས་ཅད་སྤྲོས་བྲལ་ཡིན། །དེ་ལ་ཚོག་གང་ཡང་མེད། །སངས་རྒྱས་ཉིད་ཀྱང་ཡོད་མིན་ན། །ཚོག་གཞན་ལྟ་སྨོས་ཅི་དགོས། །རྒྱུ་དང་ལམ་དང་འབྲས་བུ་ཡི། །དབྱེ་བ་ཐམས་ཅད་ཀུན་རྫོབ་ཡིན། །སོ་སོ་ཐར་དང་བྱང་ཆུབ་སེམས། །དབང་བསྐུར་ལ་སོགས་ཚོག་དང་། །བསྒོམ་པའི་དམིགས་པ་ཇི་སྙེད་པ། །རྟེན་འབྲེལ་ཟབ་མོ་ཐམས་ཅད་དང་། །ས་དང་ལམ་གྱི་དབྱེ་བ་དང་། །རྫོགས་པའི་སངས་རྒྱས་ཐུབ་པ་ཡང་། །ཀུན་རྫོབ་ཡིན་གྱི་དོན་དམ་མིན། །དེ་འདྲའི་དབྱེ་བ་ཤེས་ནས་ནི། །ཚོག་དབྱེ་བ་ཐམས་ཅད་ཀྱིས། །མིན་ན

ཐམས་ཅད་དོར་བར་བྱོས། །ཚིག་ལ་ལ་དགོས་བཞིན་དུ། །ལ་ལའི་ཚིག་མི་དགོས་ཞེས། །སློབ་མ་མཁས་པའི་གཞུང་གང་ནས། །སངས་རྒྱས་བསྟན་པའམ་དཀྲུགས་པ་ཡིན། །བདུད་ཀྱི་བྱིན་རླབས་བྱ་ཞེས་བྱ། །འདི་འདྲའི་རིགས་ཅན་ཡིན་པར་གསུངས། །ཞེས་པ། ཀུན་རྫོབ་ཏུ་རིག་པ་འཛིན་པའི་སྡོམ་པ་ཡང་དབང་བསྐུར་མེད་ན་ཐོབ་པར་མི་ནུས་པའི་ཕྱིར། དམ་པའི་དོན་དུ་ན་ཆོས་ཐམས་ཅད་སྤྲོས་པ་བྲལ་བ་མ་ཡིན་ལ། དེ་ལ་ཚིག་གང་ཡང་མེད་ཅིང་སངས་རྒྱས་ཉིད་ཀྱང་ཡོད་པ་མ་ཡིན་ནོ། །ཚིག་གཞན་ལྟ་སྨོས་ཀྱང་ཅི་དགོས། རྒྱུ་དང་ལམ་དང་འབྲས་བུའི་དགེ་བ་ཐམས་ཅད་ཀུན་རྫོབ་ཀྱི་དགེ་བ་ཡིན། སོ་སོ་ཐར་པའི་སྡོམ་པ་དང་། བྱང་ཆུབ་སེམས་དཔའི་སེམས་བསྐྱེད་དང་། དབང་བསྐུར་བ་ལ་སོགས་པའི་ཚིག་དང་། བསྒོམ་པའི་དམིགས་པ་ཧི་སྐྱེད་པ་དང་། རྟེན་འབྲེལ་ཟབ་མོ་ཐམས་ཅད་དང་། ས་ལམ་གྱི་དབྱེ་བ་དང་། རྫོགས་པའི་སངས་རྒྱས་ཐོབ་པ་ཡང་། ཀུན་རྫོབ་ཏུ་ཡིན་གྱི་དོན་དམ་པར་མ་ཡིན་པ་དེ་འདྲ་བའི་དབྱེ་བ་ཤེས་ནས་ཚིག་བྱེད་ན་དབང་བསྐུར་བ་ལ་སོགས་པའི་ཚིག་ཐམས་ཅད་ཀྱིསཤིག དེ་ལྟ་མ་ཡིན་ན་ཕག་མོའི་བྱིན་རླབས་ལ་སོགས་པ་ཐམས་ཅད་དོར་བར་བྱའོ། །སྨིན་བྱེད་དུ་མ་གསུངས་པའི་བྱིན་རླབས་ལ་སོགས་པའི་ཚིག་ལ་ལ་དགོས་བཞིན་དུ། དབང་དང་རིམ་གཉིས་ལ་སོགས་པའི་ཚིག་ལ་ལ་མི་དགོས་ཞེས་སློབ་མ་མཁས་པའི་བཤད་གད་ཀྱི་གནས་ཡིན་ཞིང་། སངས་རྒྱས་བསྟན་པའང་དཀྲུགས་པ་ཡིན། བདུད་ཀྱི་བྱིན་རླབས་ཞེས་བྱ་བའང་འདི་འདྲའི་རིགས་ཅན་ཡིན་པར་འབུམ་དང་ཐལ་ཆེར་ནས་གསུངས་སོ། །

བརྒྱད་པ་རྒྱུད་སྡེ་དཀྲུགས་པའི་ཚིག་དགག་པ་ལ་འདོད་པ་བརྗོད་པ་དང་། དེ་དགག་པ་གཉིས། དོན་བསྡུས་པ་དང་གསུམ། དང་པོ་ནི། ཁ་ཅིག་བྱ་བའི་རྒྱུད་སོགས་ལའང་། །དབང་བཞིའི་ཚིག་བྱེད་པ་དང་། །དོན་ཡོད་ཞགས་པ་ལ་སོགས་པའང་། །རིམ་གཉིས་བསྒོམ་པར་བྱེད་པ་ཐོས། །ཞེས་པ། རྒྱུད་སྡེ་བཞིའི་དབང་གི་རྣམ་བཞག་ཤེས་པ་ཁ་ཅིག བྱ་བའི་རྒྱུད་དང་། སོགས་པ་སྤྱོད་དང་། རྣལ་འབྱོར་གྱི་རྒྱུད་ལའང་། དབང་བཞིའི་ཚིག་བྱེད་པ་དང་། དོན་ཡོད་ཞགས་པ་དང་སོགས་པ་བྱ་སྤྱོད་དང་། རྣལ་འབྱོར་རྒྱུད་ལས་བཤད་པའི་ཐུགས་རྗེ་ཆེན་པོ་དང་། སྒྲོལ་མ་ལའང་རིམ་གཉིས་བསྒོམ་པར་བྱེད་པ་ཐོས་སོ། །གཉིས་པ་ནི། འདི་ཡང་སངས་རྒྱས་དགོངས་པ་མིན། ། དེ་ཡི་རྒྱུ་མཚན་འདི་ལྟར་ཡིན། །བྱ་སྤྱོད་རྣལ་འབྱོར་རྒྱུད་གསུམ་དཀར། །དབང་བཞི་དང་ནི་རིམ་གཉིས་མེད། ། གལ་ཏེ་ཡོད་ན་དེ་དག་ཀྱང་། །རྣལ་འབྱོར་ཆེན་པོ་ཉིད་དུ་འགྱུར། །དབང་བཞི་དང་ནི་རིམ་པ་གཉིས། །རྣལ་འབྱོར་ཆེན་པོའི་ཁྱད་ཆོས་ཡིན། །གྲུབ་མཐའི་རྣམ་དབྱེ་མི་བྱེད་ཅིང་། །རྒྱུད་སྡེའི་རིམ་པ་མི་ཤེས་པར། །རྣམ་བཞག་ལེགས་ལེགས་འདྲ་ན་ཡང་། །ལྷམ་དཔེ་ཞྭ་ལ་བཀབ་པ་ཡིན། །ཞེས་པ། བྱ་སྤྱོད་རྣལ་འབྱོར་རྒྱུད་གསུམ་ལ་དབང་བཞི་དང་རིམ་པ་གཉིས་སྒོམ་པར་བྱེད་པ་འདི་ཡང་སངས་རྒྱས་ཀྱི་དགོངས་པ་མིན་ཏེ། །དེའི་རྒྱུ་མཚན་འདི་ལྟར་ཡིན་ཏེ།

བྱ་སྤྱོད་རྣལ་འབྱོར་རྒྱུད་གསུམ་དཀར་ལ་དབང་བཞི་དང་རིམ་པ་གཉིས་མེད་པའི་ཕྱིར། གལ་ཏེ་ཡོད་ན། བྱ་སྤྱོད་རྣལ་འབྱོར་གྱི་རྒྱུད་དེ་དག་ཀྱང་རྣལ་འབྱོར་ཆེན་པོའི་རྒྱུད་དུ་ཐལ། དེའི་ཕྱིར་ཁྱབ་པ་ཡོད་དེ། དབང་བཞི་དང་རིམ་པ་གཉིས་རྣལ་འབྱོར་ཆེན་པོའི་ཁྱད་ཆོས་ཡིན་པའི་ཕྱིར་གྲུབ་མཐའ་བཞིའི་རྣམ་དབྱེ་མི་ཕྱེད་ཅིང་རྒྱུད་སྡེ་བཞིའི་རིམ་པ་ཤེས་པར་རྣམ་བཞག་ལེགས་ལེགས་འདྲ་ན་ཡང་ལྷམ་བཟོ་བའི་དཔེ་ཞྭ་མོ་ལ་བཀབ་པ་དང་འདྲ་བ་ཡིན་ནོ། །གསུམ་པ་ནི། དེས་ན་རྒྱུད་སྡེ་བཞི་པོ་ཡི། །དབང་དང་ལམ་གྱི་དབྱེ་བ་ལ། །མི་འདྲའི་དབྱེ་བ་རྣམ་བཞི་ཡོད། ། རང་རང་ཚིག་བཞིན་བྱས་ན། །དེ་ནས་གསུམ་པའི་དངོས་གྲུབ་འབྱུང་། །ཞེས་པ་རྒྱུ་མཚན་དེས་ན་རྒྱུད་སྡེ་བཞི་པོའི་དབང་དང་ལམ་གྱི་དབྱེ་བ་ལ། མི་འདྲ་བའི་དབྱེ་བ་བཞི་ཡོད་ལ། རྒྱུད་སྡེ་རང་རང་གི་ཚིག་བཞིན་བྱས་ན། དེ་ནས་གསུངས་པའི་དངོས་གྲུབ་འབྱུང་ངོ་། །འོ་ན་རྒྱུད་སྡེ་བཞི་པོའི་དབང་ལམ་གྱི་དབྱེ་བ་འདྲ་བའི་ཁྱད་པར་གང་ཞེ་ན། བྱ་རྒྱུད་ཀྱི་དབང་གི་ཁྱད་པར་ནི། ཆུ་དང་ཅོད་པན་གྱི་དབང་དང་། བྱིན་གྱིས་རླབས་པའི་དབང་དང་། བགེགས་བཟློག་པའི་དབང་དང་། འཁོར་བ་བསྐྱེད་པའི་དབང་དང་བཞི་གསུངས་ཏེ། སྤྱི་རྒྱུད་ལས། དབང་བསྐུར་བ་ནི་རྣམ་པ་བཞི། །བླ་མས་མཉམ་པར་བཞག་པ་ཡིས། །དེ་དག་ཤེས་ནས་ཅི་རིགས་བྱ། །སློབ་དཔོན་གོ་འཕང་འཐོབ་བྱའི་ཕྱིར། །དང་པོ་ཡོངས་སུ་བསྒྲགས་པ་ཡིན། །རིགས་སྔགས་རྣམས་ནི་བསྒྲུབ་བྱའི་ཕྱིར། ། གཉིས་པ་ལེགས་པར་བཤད་པ་ཡིན། །བགེགས་རྣམས་རབ་ཏུ་གཞོམ་པའི་ཕྱིར། །གསུམ་པ་རབ་ཏུ་བསྒྲགས་པ་ཡིན། ། བཞི་པ་འཁོར་བ་ཐོབ་པའི་ཕྱིར། །ཚིག་རྒྱས་པ་དེ་བཤད་དོ། །ཞེས་སོ། །དེ་ལ་ཆུ་དང་ཅོད་པན་གྱི་དབང་ནི་ལྷ་སོ་སོའི་སྔགས་ཀྱི་རྗེས་སུ། ཆུ་དབང་གི་སྔགས་བཏགས་ལ་ལྷ་སོ་སོའི་ཡེ་ཤེས་ལ་དབང་ཐོབ་ཅིང་། ས་བོན་རྒྱུད་ལ་བཞག་པར་བསམ་པ་ཡིན་ཏེ། རྒྱ་བའི་གསང་སྔགས་ཀུན་འདོན་ཞིང་། །བློ་དང་ལྡན་པས་དབང་བསྐུར་བྱ། །

ཞེས་པ། དགུ་བ་ལ་གཉིས། འདོད་པ་བརྗོད་པ་དང་། དེ་དགག་པ་གཉིས། དང་པོ་ནི། ལ་ལ་དབང་བསྐུར་མ་བྱས་ཀྱང་། །གལ་ཏེ་སྔགས་ལ་མོས་ཐོབ་ན། །དེ་ཉིད་ཆོས་ཀྱི་སྣོ་ཡིན་པས། །གསང་སྔགས་བསྒོམ་དུ་རུང་ཞེས་ཟེར། །ཞེས་པ། སྒོམ་ཆེན་པ་ལ་ལ་དབང་བསྐུར་མ་བྱས་ཀྱང་། གལ་ཏེ་སྔགས་ལ་མོས་པ་ཐོབ་པ་ན། དེ་ཉིད་ཆོས་ཀྱི་སྣོ་ཡིན་པས། གསང་སྔགས་བསྒོམ་དུ་རུང་ཞེས་ཟེར་རོ། །གཉིས་པ་ལ། སྡོམ་པ་གཞན་ལ་ཧ་ཅང་ཐལ་བ་དང་། འཇིག་རྟེན་གྱི་སོ་ནམ་ལ་ཧ་ཅང་ཐལ་བའོ། །དང་པོ་ནི། འོ་ན་སྡོམ་པ་མ་ཐོབ་ཀྱང་། །རབ་ཏུ་འབྱུང་ལ་མོས་པ་ཉིད། །སྡོམ་པ་ལེན་པའི་སྣོ་ཡིན་པས། །སྡོམ་པ་བསྲུང་བས་ཆོག་གམ་ཅི། །སེམས་བསྐྱེད་སྡོམ་པ་མ་ཐོབ་ཀྱང་། །སེམས་བསྐྱེད་པ་ལ་མོས་པ་ཉིད། །བྱང་ཆུབ་སྤྱོད་པའི་སྣོ་ཡིན་པས། །སེམས་བསྐྱེད་

བླང་ཡང་ཅི་ཞིག་དགོས། །ཞེས་པ།འོ་ན་སྡོམ་པ་མ་ཐོབ་ཀྱང་རབ་ཏུ་བྱུང་བ་ལ་མོས་པ་ཉིད། སྡོམ་པ་ལེན་པའི་བློ་ཡིན་པས། སྡོམ་པ་བསྒྲུངས་པས་ཆོག་པར་ཐལ་ལོ། །དེ་བཞིན་དུ་སེམས་བསྐྱེད་ཀྱི་སྡོམ་པ་མ་ཐོབ་ཀྱང་། སེམས་བསྐྱེད་ལ་མོས་ན། བྱང་ཆུབ་ཀྱི་སེམས་བསྐྱེད་པའི་བློ་ཡིན་པས། སེམས་བསྐྱེད་པ་བླང་ཡང་ཅི་ཞིག་དགོས་ཏེ་མི་དགོས་པར་ཐལ་ལོ། །གཉིས་པ་ནི། དེ་བཞིན་སོ་ནམ་མ་བྱས་ཀྱང་། །ལོ་ཐོག་ལ་ནི་མོས་པ་ཉིད། །བཟའ་རྒྱུ་བཟའ་བའི་བློ་ཡིན་པས། །སོ་ནམ་ལ་ཡང་འབད་ཅི་དགོས། །འདི་འདྲའི་རིགས་ཀྱི་ཆོས་ལུགས་ཀུན། དེ་འདྲའི་རིགས་ཀྱི་སུན་དབྱུང་ངོ་། །ཞེས་པ། དེ་བཞིན་དུ་སོ་ནམ་མ་བྱས་ཀྱང་། །ལོ་ཐོག་ལ་མོས་པ་ཉིད་ཀྱིས། བཟའ་རྒྱུ་བཟའ་བའི་བློ་ཡིན་པས། སོ་ནམ་ལ་འབད་ཅི་དགོས་ཏེ་མི་དགོས་སོ། །དེ་འདྲའི་རིགས་ཀྱི་ཆོས་ལུགས་ཀུན། རྒྱ་གར་ན་མེད། བོད་ཀྱིས་སྤྲུར་བ་ཡིན་པས། དེ་འདྲའི་རིགས་ཀྱིས་སུན་དབྱུང་ངོ་། །གསུམ་པ་ཆོས་སྒོ་ཙམ་དུ་འདོད་པ་དགག་པ་ལ་གཉིས་ཏེ། གཞན་གྱི་ལོག་རྟོག་དགག་པ། མ་འབྲེལ་བའི་དོན་བསྟན་པའོ། །

དང་པོ་ལ་གཉིས་ཏེ། འབྲེལ་བཞི་ངོས་བཟུང་བ་དང་། མ་འབྲེལ་བ་ངོས་བཟུང་བའོ། །དང་པོ་ནི། དེས་ན་ཆོས་སྒོ་ཞེས་བྱ་བ། །འདིའི་མིང་གི་འབྲེལ་གཞི་བྱས། །དབང་བསྐུར་ཆོས་སྒོ་ཙམ་ཡིན་གྱི། །འཚང་རྒྱ་བའི་ཆོས་གཞན་ཞིག སྒོམ་རྒྱུད་ལོགས་ན་ཡོད་དོ་ཞེས། །བླུན་པོ་རྣམས་ཀྱི་མོས་བསྒོམ་བྱས། །ཞེས་པ། རྒྱུ་མཚན་དེས་ན། བོད་ཀྱི་ཕྱག་རྒྱ་བར་གྲགས་པ་འགའ་ཞིག་གིས། ཆོས་སྒོ་འབྱེད་པ་ཞེས་བྱ་བ་གསང་སྔགས་ཀྱི་སྨིན་བྱེད་ཀྱི་དབང་བཞི་མི་ཤེས་པར། ཕག་མོའི་བྱིན་རླབས་ཙམ་ཤེས་པའི་གང་ཟག་ཅིག་ལ། ཆོས་སྒོ་བ་ཞེས་བྱ་བར་མིང་བཏགས་ལ། དེ་འདྲའི་མིང་གི་འབྲེལ་གཞི་བྱས་ནས། དབང་བསྐུར་ཆོས་སྒོ་ཙམ་ཡིན་གྱི། འཚང་རྒྱ་བའི་ཆོས་གཞན་ཞིག་ལ་གནས་ན་ཡོད་དོ་ཞེས་བླུན་པོ་རྣམས་ཀྱིས་མོས་བསྒོམ་བྱས་སོ། །

གཉིས་པ་ནི། འོ་ན་དགེ་སློང་སྡོམ་པ་ཡང་། །དགེ་སློང་བྱེད་པའི་བློ་ཡིན་གྱི། །དགེ་སློང་སྡོམ་པའི་ངོ་བོ་ཞིག གཞན་ནས་བཙལ་དུ་ཡོད་དམ་ཅི། །དེ་བཞིན་སོ་ནམ་བྱེད་པ་ཡང་། སྟོན་ཐོག་འབྱུང་བའི་བློ་ཡིན་གྱི། །ཁ་ཟས་འབྱུང་བའི་ཐབས་གཞན་ཞིག ལོགས་ནས་བཙལ་དུ་ཡོད་དམ་ཅི། །ཞེས་པ། འོ་ན་དགེ་སློང་གི་སྡོམ་པ་ཡང་། དགེ་སློང་བྱེད་པའི་བློ་ཡིན་གྱི། དགེ་སློང་གི་སྡོམ་པའི་ངོ་བོ་ཞིག་གཞན་ནས་བཙལ་རྒྱུ་ཡོད་དམ། དེ་ཡོད་པར་ཐལ། རྒྱུ་མཚན་དེའི་ཕྱིར། དེ་བཞིན་དུ་སོ་ནམ་བྱེད་པ་ཡང་། སྟོན་ཐོག་འབྱུང་བའི་བློ་ཡིན་གྱི། ཁ་ཟས་འབྱུང་བའི་ཐབས་གཞན་ཞིག་ལོགས་ནས་བཙལ་རྒྱུ་ཡོད་དམ་དེ་ཡོད་པར་ཐལ། དེའི་ཕྱིར། གཉིས་པ་ལ་དབང་གི་དགོངས་པ་ངོས་བཟུང་། དེ་གྲོལ་བྱེད་ཀྱི་ངོ་བོར་བསྟན། ལམ་གཞན་དེའི་ཡན་ལག་ཏུ་བསྟན། དབང་ལམ་གྱི་རྩ་བར་བསྒྲུབ་པའོ། །དང་པོ་ནི། དེས་ན་སྙིང་གཏམ་འདི་ལྟར་ཡིན། །དབང་བསྐུར་ཆོས་སྒོ་ཙམ་མ་ཡིན། །

གསང་སྔགས་རྟེན་འབྲེལ་ལམ་བྱེད་པས། །རྟེན་འབྲེལ་བསྒྲིག་པའི་གདམས་ངག་ཡིན། །ཕུང་པོ་ཁམས་དང་སྐྱེ་མཆེད་ལ། །སངས་རྒྱས་ས་བོན་བཏབ་ནས་ནི། །ཚེ་འདིར་སངས་རྒྱས་བྱེད་པ་ཡི། །ཐབས་ལ་དབང་བསྐུར་ཞེས་སུ་བཏགས། །ཞེས་པ། ཕ་རོལ་ལས་གཞན་པའི་ཁ་ཟས་གཞན་འབྱུང་བ་མེད་པ་དེས་ན། སྐྱིང་གདམ་འདི་ལྟར་ཡིན་ཏེ། ཕག་མོའི་བྱིན་རླབས། དབང་དུ་འདོད་པ་ཆོས་སྒོ་ཙམ་དུ་འདོད་པ་མ་ཡིན་ལ། གསང་སྔགས་རྟེན་འབྲེལ་ལམ་དུ་བྱེད་པ་ཡིན་པའི་ཕྱིར། རྟེན་འབྲེལ་སྒྲིག་པའི་གདམས་ངག །ཕུང་པོ་ཁམས་དང་སྐྱེ་མཆེད་ལ། ཆོག་འི་སྦྱོར་དངོས་རྗེས་གསུམ་གྱི་རྟེན་འབྲེལ་ཁྱད་པར་ཅན་གྱིས་འཚང་རྒྱ་བའི་ས་བོན་བཏབ་ནས་ནི། རབ་ཚེ་འདི་ལ། འབྲིང་འཆི་ཁར། སངས་རྒྱས་ཐོབ་པར་བྱེད་པའི་ཐབས་ལ་དབང་བསྐུར་ཞེས་སུ་བཏགས་པ་ཡིན་ཏེ། རྡོ་རྗེ་རྩེ་མོ་ལས། དཀྱིལ་འཁོར་ཆོག་ཇི་ལྟ་བུར། ཆོག་འི་ཆོས་རྣམས་རྣལ་འབྱོར་ཏེ། །གསང་བའི་ཐར་པ་ཡང་དག་འབྱུང་། །སྐྱེ་བ་འདི་ཉིད་ཁོ་ན་ལས། རབ་དགའ་བསྒྲུབ་པར་བྱེད་པ་ཡིན། །

གཉིས་པ་ནི། དེས་ན་གང་ཟག་དབང་པོ་རབ། །དབང་བསྐུར་ཉིད་ཀྱི་གྲོལ་བར་གསུངས། །ཞེས་པ། རྒྱུ་མཚན་དེས་ན། གང་ཟག་དབང་པོ་རབ། རྒྱལ་པོ་ཨིནྡྲ་བོ་དྷི་ལྟ་བུ། དབང་ཉིད་ཀྱིས་གྲོལ་བར་གསུངས་སོ། །གསུམ་པ་ནི། དབང་གིས་གྲོལ་བར་མ་ནུས་པའི། །གང་ཟག་གཞན་ལ་བསྒོམ་དགོས་སོ། །དེས་ན་དབང་བསྐུར་ཐོབ་པ་དེས། །བསྲིང་ཞིང་འཕེལ་བར་བྱེད་པ་ལ། །བསྒོམ་པ་ཞེས་སུ་བཏགས་པ་ཡིན། །ཞེས་པ་དབང་གིས་གྲོལ་བར་མ་ནུས་པའི་གང་ཟག་གཞན་ལ། རིམ་གཉིས་བསྒོམ་དགོས་སོ། དབང་མ་ཐོབ་ན་རིམ་གཉིས་བསྒོམས་ཀྱང་གསང་སྔགས་ཀྱི་གྲུབ་པ་མི་ཐོབ་པའི་ཕྱིར། བཞི་བ་ནི། དེ་ཕྱིར་ཕ་རོལ་ཕྱིན་པ་ལ། །སེམས་བསྐྱེད་མིན་པའི་ཆོས་གཞན་མེད། །རྡོ་རྗེ་ཐེག་པའི་སྒོར་ཞུགས་ནས། །དབང་བསྐུར་ལས་གཞན་ཆོས་མེད་དེ། །དེས་ན་ཐུབ་པའི་རྒྱུད་སྡེ་ལས། །དབང་བསྐུར་ཁོ་ནར་བསྔགས་པ་དང་། །མཁས་རྣམས་ཅི་ནས་དབང་བསྐུར་ལ། །གུས་པའི་རྒྱུ་མཚན་དེ་ལྟར་ཡིན། །ཞེས་པ། རྒྱུ་མཚན་དེའི་ཕྱིར། ཕ་རོལ་ཏུ་ཕྱིན་པ་ལ། སྨོན་འཇུག་སེམས་བསྐྱེད་བླངས་ནས། བསྲུང་བའི་ཐབས་མིན་པ་ཆོས་གཞན་ཡོགས་ན་མེད་དེ། རྡོ་རྗེ་ཐེག་པའི་སྒོར་ཞུགས་ནས། དབང་བསྐུར་ལས་གཞན་ཆོས་མེད་དོ། །མེད་པ་དེས་ན། ཐུབ་པའི་རྒྱུད་སྡེ་ལས་དབང་བསྐུར་ཁོ་ན་བསྔགས་པ་དང་། མཁས་པ་རྣམས་ཅི་ནས་ཀྱང་དབང་བསྐུར་ལ་གུས་པའི་རྒྱུ་མཚན་དེ་ལྟར་ཡིན་ནོ། །བཞི་པ་དབང་ལ་མུ་བཞིར་འདོད་པ་དགག་པ་ལ། འདོད་པ་བརྗོད་པ་དང་། དེ་དགག་པ་གཉིས། དང་པོ་ནི། ལ་ལ་དབང་བསྐུར་མུ་བཞི་འདོད། །དབང་བསྐུར་བྱས་ཀྱང་མ་ཐོབ་དང་། །མ་བྱས་ཀྱང་ནི་ཐོབ་པ་དང་། །བྱས་ནས་ཐོབ་ལ་མ་བྱས་དང་། །མི་ཐོབ་པ་དང་རྣམ་བཞིར་འདོད། །ཅེས་པ། ལ་ལ་སྟེ། ཞང་གཡུ་བྲག་པའི་ལམ་མཆོག་མཐར་ཐུག

རིམ་གྱིས་གང་ཟག་ཟུར་ཙམ་སློས། །གང་ཟག་རིགས་ནི་བརྗོད་མི་ལང་། །ཐོབ་པས་མས་འཛེག་དགོས་པ་ཡོད། །ཆེ་ལོང་བསླབས་པས་ཐོག་པ་ཡོད། །བསླབ་མི་དགོས་པ་དག་ཀྱང་ཡོད། །དབང་མ་བསྐུར་བ་ཐོབ་པ་ཡོད། །སྐུར་ཡང་མ་ཐོབ་ཤིན་ཏུ་ཡང་། །བསྐུར་ན་ཐོབ་པ་མ་བསྐུར་ན། །མི་ཐོབ་པའི་རིགས་ཀྱང་ཡོད། །ཡེ་ནས་དབང་དང་ལྡན་པ་ཡོད། །དེ་ལྟར་སྣོད་ཀྱི་རིགས་ཤེས་ནས། །སྣོད་དང་འཚམས་པའི་ལག་ལེན་བྱས། །རིམ་གྱིས་པའི་ལམ་དང་། གང་ཟག་གི་རིགས་བསྟན་པའི་ལེའུ་སྟེ་བཞི་བའོ།། །།

ཞེས་དབང་བསྐུར་ལ་མུ་དེས་ན། ཡེ་གསང་ཞེས་བྱ་བ་འདི་ཡང་གསང་སྔགས་ཀྱི་བསྟན་པ་ལ་གནོད་པའི་ཚིག་ཡིན་ནོ། །འདིར་གསང་སྔགས་སྙིང་མ་བ་ཁ་ཅིག །དབང་བསྐུར་མ་ཐོབ་པ་ལ་གསང་སྔགས་ཟབ་མོ་བཤད་ཀྱང་གསང་སྒྲོག་ཏུ་མི་འགྱུར་ཞེས་པ་ནི། བདུད་ཀྱིས་བསླུས་པ་ཡིན་ཏེ། དབང་མ་བྱས་པར་གསང་སྔགས་བཤད་ན། སྣོད་མིན་ལ་བཤད་པའི་རྩ་བའི་ལྟུང་བ་འབྱུང་བའི་ཕྱིར། །ཡོངས་སུ་མ་སྨིན་ཅན་ལ། །གསང་བ་སྒྲོགས་པ་བདུན་དེ་ཡིན། །ཞེས་བཤད་པའི་ཕྱིར། གསང་སྔགས་ཟབ་མོ་འདི་སོ་སོ་སྐྱེ་བོ་དང་། ཉན་ཐོས་དང་རང་རྒྱལ་གྱི་ཡུལ་མ་ཡིན་པའི་ཕྱིར། གསང་བ་བྱང་ཆུབ་སེམས་དཔའ་རྣམས་ལ་འང་དོན་དེ་སྦས་པ་ནི། ཤིན་ཏུ་གསང་བ་སྔགས་ཀྱི་རྒྱུད་སྡེ་འོག་མ་རྣམས་ལ་གྲགས་པས་ན་ཆེས་ཤིན་ཏུ་གསང་བ་ཡིན་ཏེ། དཔལ་བརྟག་པ་གཉིས་པ་ལས། རྫེ་བཙུན་གསང་བ་ལས་ཆེས་ཤིན་ཏུ་གསང་བ་འང་། ཞེས་བཤད་པའི་ཕྱིར། དཔེར་ན། ཐེག་པ་ཆེན་པོའང་སྣོད་མ་ཡིན་པ་ཉན་ཐོས་ལ་བཤད་ན་ངན་སོང་གི་རྒྱུར་འགྱུར་ཏེ། དེ་བཞིན་སྣོད་མིན་ཉན་ཐོས་ཐེག་པ་ལ། །ཐེག་ཆེན་བཤད་པ་ཚོར་ན་སྨྲོངས་འགྱུར་ཞིང་། །ཚད་པར་ལྟ་ན་ངན་སོང་ལྟུང་འགྱུར་ཏེ། །དེས་ན་དབང་པོ་བརྟག་སྟེ་ཆོས་བསྟན་ཏོ། །ཞེས་གསུངས་པའི་ཕྱིར། །གཉིས་པ་ལ་འདོད་པ་བརྗོད་པ་དང་། དེ་དགག་པ་གཉིས། དང་པོ་ནི། །ཁ་ཅིག་འབྲུལ་དང་མ་འབྲུལ་མེད། །ཐབས་ལ་ཅིག་ཏུ་ငེས་པ་མེད། །ལྟ་བ་རྟོགས་པའི་བཞི་མི་རྩེ་བར། །དབང་བསྐུར་ཉིད་ལ་བརྩེ་བ་ནི། །བདུད་ཀྱི་གསང་ཚིག་ཡིན་པར་དོགས། །ཞེས་པ། མུ་བཞི་ཀུན་ལ་ཡོད་བཞིན་དུ་གཞན། སོ་སོ་ཐར་པ། བྱང་སེམས། བསྒོམ་ལ་མུ་བཞི་མི་བརྩེ་བར། དབང་བསྐུར་ཉིད་ལ་བརྩེ་བ་ནི། བདུད་ཀྱི་གསང་ཚིག་ཡིན་པར་དོགས་ཏེ། གསང་སྔགས་ཀྱི་གནད་ཟབ་མོ་ཐམས་ཅད་དབང་བསྐུར་ཡིན་པ་བོར་བའི་ཕྱིར་ཏེ། དབང་མ་བསྐུར་ཡང་ཐོབ་པ་ཡོད་པའི་ཕྱིར། གསུམ་པ་ནི། གལ་ཏེ་མུ་བཞི་ཡོད་ན་ཡང་། །སོ་སོའི་མཚན་ཉིད་ཤེས་མི་ནུས། །ཅི་སྟེ་ཤེས་པར་ནུས་ན་ནི། །དེའི་མཚན་ཉིད་སྨྲ་དགོས་སོ། །སྨྲས་ཀྱང་རང་བཟོ་མ་ཡིན་པ། །ལུང་དང་མཐུན་པ་ཁྱེད་ལ་མེད། །ཅེས་པ། གལ་ཏེ་དབང་ལ་མུ་བཞི་ཡོད་ནའང་། མུ་བཞི་སོ་སོའི་མཚན་ཉིད་ཤེས་མི་ནུས། ཅི་སྟེ་ཤེས་པར་ནུས་ན་ནི། དེའི་མཚན་ཉིད་སོ་སོ་སྨྲ་དགོས་སོ། །སྨྲས་ཀྱང་

རང་བཟོ་མ་ཡིན་པ། རྒྱུད་སྡེའི་ལུང་དང་མཐུན་པ་ཁྱེད་ལ་མེད་པའི་ཕྱིར་ཏེ། དེ་འདྲ་རྒྱུད་སྡེ་ཁུངས་ཐུབ་གང་ནས་ཀྱང་མ་བཤད་པའི་ཕྱིར། བཞི་པ་ནི། གལ་ཏེ་ལུང་བཞིན་བདེན་སྲིད་ན། །གཞན་ལ་དབང་བསྐུར་མི་བྱེད་ཀྱང་། །བྱས་ན་ཐོབ་པའི་གང་ཟག་ལ། །དབང་བསྐུར་ཅི་ཡི་ཕྱིར་མི་དགོས། །གཞན་ལ་དབང་བསྐུར་མ་དགོས་པར། །དེ་ལའང་དབང་བསྐུར་མི་དགོས་ན། །ནད་མེད་པ་ལ་སྨན་སྦྱོང་བས། །ནད་པ་ལ་ཡང་སྦྱོང་དམ་ཅི། །འདི་འདྲའི་ཆོས་ལོག་ཐམས་ཅད་ནི། །བདུད་ཀྱི་བྱིན་རླབས་ཡིན་ཞེས་བྱ། །ཞེས་པ། གལ་ཏེ་དབང་ལ་མུ་བཞི་བདེན་སྲིད་ན། གཞན་ལ་དབང་བསྐུར་མི་བྱེད་ཀྱང་། བྱས་ན་ཐོབ་པའི་གང་ཟག་ལ། དབང་བསྐུར་ཅིའི་ཕྱིར་མ་དགོས་ཏེ་དགོས་ལ། གཞན་ལ་དབང་བསྐུར་མི་དགོས་པས། དེ་ལ་ཡང་མི་དགོས་ན། དཔེར་ན། ནད་མེད་པ་ལ་སྨན་སྦྱོང་བས། ནད་པ་ལ་སྦྱོང་དམ་ཅི་སྟེ་སྦྱོང་བ་དང་འདྲའོ། །དེ་འདྲའི་རིགས་ཀྱི་ཆོས་ལོག་ནི་བདུད་ལས་ཡིན་པར་ཤེས་པར་བྱའོ། །གཉིས་པ་ལམ་ལ་འཁྲུལ་བ་དགག་པ་དྲུག་སྟེ། འཁྲུལ་བའི་ལམ་དགག མ་འཁྲུལ་བའི་ལམ་བསྟན། སྡོམ་མིན་གྱི་དགེ་བ་རྣམ་གྲོལ་གྱི་རྒྱུ་མིན་པར་བསྟན། མ་དག་པའི་ཐབས་ལམ་སངས་རྒྱས་ཀྱི་ལམ་དུ་མི་འགྱུར་བར་བསྟན། ཐེག་པ་གསུམ་གྱི་ལག་ལེན་འཆོལ་བ་དགག འཁྲུལ་བའི་ལག་ལེན་གཞན་དགག་པའོ། །དང་པོ་ལ་གཉིས་ཟབ་མོ་གསང་སྔགས་ལ་འཁྲུལ་བ་དགག བརྟེན་བྱ་ཐབས་ལམ་ལ་འཁྲུལ་བ་དགག་པའོ། །དང་པོ་ལ་གཉིས་ཏེ། འདོད་པ་བརྗོད་པ་དང་། དེ་དགག་པ་ལ་གཉིས། དང་པོ་ནི། །ཁ་ཅིག་གསང་སྔགས་གསང་བ་ལ། །ཡེ་གསང་ཐབས་ཀྱིས་མཚོན་པའི་ཕྱིར། །གསང་སྒྲོག་ལྟུང་བ་མེད་ཅེས་ཟེར། ། ཞེས་པ། གསང་སྔགས་སྙིང་མ་བའི་ཁ་ཅིག གསང་སྔགས་ཡེ་ནས་ཏེ་གདོད་མ་ནས་གསང་བ་ཡིན་པ་ལ། དབང་བསྐུར་མ་ཐོབ་པ་ལ་གསང་སྔགས་བཤད་ཀྱང་གསང་སྒྲོག་ཏུ་འགྱུར་བ་མེད་དེ། ཡེ་གསང་ཐབས་ཀྱིས་མཚོན་པའི་ཕྱིར་ཟེར་རོ། །གཉིས་པ་དེ་དགག་པ་ལས་གསང་སྒྲོག་མི་འབྱུང་བར་འདོད་པ་དགག་པ། ཐོས་ན་ཕན་ཡོན་ཆེ་བས་གསང་མི་དགོས་པ་དགག་པའོ། །དང་པོ་ནི། འདི་ཡང་ཅུང་ཟད་བརྟག་པར་བྱ། ཡེ་གསང་ཞེས་བྱའི་དོན་ཅི་ཞིག །གལ་ཏེ་གོ་བ་མེད་པ་ལ། །ཟེར་ན་གོ་བའི་གང་ཟག་ལ། །ཡེ་གསང་མིན་ཕྱིར་ལྟུང་བར་འགྱུར། །ཞེས་པ། དབང་མ་ཐོབ་པ་ལ་གསང་སྔགས་བཤད་ཀྱང་ལྟུང་བ་མེད་ཅེས་པ་འདི་ཡང་བརྟག་པར་བྱ་སྟེ། ཡེ་གསང་ཞེས་བྱ་བའི་དོན་ཅི་ཞིག་ཡིན། གལ་ཏེ་གསང་སྔགས་གོ་བ་མེད་པ་ལ་ཟེར་ན། གསང་སྔགས་གོ་བའི་གང་ཟག་ལ། གསང་སྒྲོག་གི་ལྟུང་བར་ཐལ་ཏེ། ཡེ་གསང་མིན་ཕྱིར། གཉིས་པ་ནི། གལ་ཏེ་དམ་པའི་ཆོས་ཡིན་པས། །དམ་ཆོས་བདེན་པའི་བྱིན་རླབས་འདི། །སུ་ཡིས་ཐོས་ཀྱང་ཕན་ཡོན་ཆེ། དེས་ན་གསང་སྒྲོག་མི་འབྱུང་ན། །གལ་ཏེ་དམ་ཆོས་བདེན་པ་སྲུ །གོ་ན་ཆོས་ནས་འབྱུང་བཞིན་གྱིས། །ཆོས་ལ་གསང་དང་མི་

གསང་བའི། །ལུགས་གཉིས་རྒྱལ་བ་རྣམས་ཀྱིས་གསུངས། །དེས་ན་ཡེ་གསང་ཞེས་བྱ་བ། །འདི་འང་བསྟན་ལ་གནོད་ཚིག་ཡིན། །ཞེས་པ། གལ་ཏེ་གསང་སྔགས་དམ་པའི་ཆོས་ཡིན་པས། དམ་ཆོས་བདེན་པའི་བྱིན་རླབས་འདི། སུ་ཡིས་ཐོས་ཀྱང་བསོད་ནམས་ཆེ་བས། རྒྱུ་མཚན་དེས་ན། གསང་སྒྲོག་ཏུ་མི་འགྱུར་ཞེ་ན། གལ་ཏེ་ཁྱེད་དམ་ཆོས་བདེན་པ་རང་གོ་ལས་ཆེ། གོ་ན་གསང་སྔགས་ཀྱང་ཆོས་ནས་འབྱུང་བ་བཞིན་བྱེད་དགོས་ཏེ། གསང་སྔགས་ཀྱི་ཆོས་ནས་སྣོད་མིན་ལ་གསང་བ་དང་། སྣོད་ལྡན་ལ་མི་གསང་བའི་ལུགས་གཉིས། རྒྱལ་བ་རྡོ་རྗེ་འཆང་རྣམས་ཀྱིས་གསུངས་སོ། །རྒྱུ་མཚན་བཞིར་འདོད་པ། དབང་བསྐུར་རྒྱལ་བ་བྱ་བའི་རྒྱུད་ལས་གསུངས་ཟེར་རོ། །གཉིས་པ་དེ་དགག་པ་ལ། ཚུལ་གཞན་ལ་མུ་བཞིར་ཡོད་པར་མཚུངས་པ། དབང་ཁོ་ན་མུ་བཞིའི་བར་མི་རིགས་པ་དང་། མུ་བཞིར་ཡོད་ཀྱང་ཁྱེད་རྟོགས་པར་དཀའ་བ་དང་། རྟོགས་ཀྱང་དབང་བསྐུར་བར་རིགས་པར་དཔེ་དང་བཅས་ཏེ་བསྟན་པའོ། །དང་པོ་ནི། འདི་འདྲ་གང་ནའང་བཤད་པ་མེད། །བསྟན་པ་དགྲུག་པའི་སྐད་དཀར་ཟབ། །འོན་ཀྱང་འདི་ཡང་བརྟག་པར་བྱ། །སོ་སོ་ཐར་པའི་སྡོམ་པ་དང་། །བྱང་ཆུབ་སེམས་དཔའི་སེམས་བསྐྱེད་ལའང་། །མུ་བཞི་ཅི་ཡི་ཕྱིར་མི་རྩི། དེ་བཞིན་བསྒོམ་ལའང་ཅིས་མི་མཚུངས། །བསྒོམས་ཀྱང་མི་སྐྱེ་མ་བསྒོམས་ཀྱང་། །སྐྱེ་བ་ལ་སོགས་མུ་བཞི་ཡོད། །ཅེས་པ། དབང་ལ་མུ་བཞི་བརྩི་བ་འདི་འདྲ་ཁུངས་ཐུབ་ཀྱི་སྡེ་གང་ནས་མ་འབད་ཅིང་། དབང་བསྐུར་རྒྱལ་པོ་ཞེས་པའི་རྒྱུད་ནི། རྙིང་མ་བས་བོད་དུ་བྱས་པ་ཡིན་གྱི། རྒྱུད་སྡེ་ཁུངས་ཐུབ་མ་ཡིན། འོན་ཀྱང་། དབང་ལ་མུ་བཞི་བརྩི་བ་འདི་ཡང་། བརྟག་པར་བྱ་སྟེ། སོ་སོ་ཐར་པའི་སྡོམ་པ་དང་། བྱང་སེམས་ཀྱི་སེམས་བསྐྱེད་པ་ལའང་། མུ་བཞི་ཅིའི་ཕྱིར་མི་བརྩི་སྟེ་བརྩི་བར་ཐལ། དབང་ལ་མུ་བཞི་བརྩི་བའི་ཕྱིར། དེ་བཞིན་དུ་བསྒོམ་ལའང་ཅིས་མི་མཚུངས་ཏེ་མཚུངས་པར་ཐལ། བསྒོམས་ཀྱང་མི་སྐྱེ་བ་དང་། མ་བསྒོམས་ཀྱང་སྐྱེ་བ་དང་། བསྒོམས་ན་སྐྱེ་ལ། མ་བསྒོམས་ན་མི་སྐྱེ་བ་དང་། ཡེ་ནས་བསྒོམ་དང་ལྡན་པ་དང་བཞི་ཡོད་པའི་ཕྱིར།

གཉིས་པ་ནི། མུ་བཞི་ཀུན་ལ་ཡོད་བཞིན་དུ། །གཞན་ལ་མི་རྟོགས་པས་ཀླུ་སྒྲུབ་གྲོལ། །པད་མ་འབྱུང་གནས་བསྐྱེད་རིམ་གྱིས། །དཀའ་ཐུབ་སྤྱད་པས་ལོ་ཧི་པ། །སྤྱོད་པའི་སྟོབས་ཀྱིས་ནག་པོ་པ། །རླུང་གི་སྟོབས་ཀྱིས་མགོ་རཀྵ། །གཏུམ་མོའི་སྟོབས་ཀྱིས་ཤ་བ་རི། །ཕྱག་རྒྱ་ཆེན་པོས་ས་ར་ཧ། །བྱིན་རླབས་སྟོབས་ཀྱིས་ཏོག་རྩེ་བ། །ཟ་ཉལ་མཆོག་གི་ཞི་བ་ལྷ། །ཨིནྡྲ་བྷུ་ཏི་འདོད་ཡོན་གྱིས། །རྟེན་འབྲེལ་ཐམས་ཅད་འཚོགས་པ་ལས། །བིརྺ་པ་ལ་གྲུབ་ཐོབ་བྱུང་། །འདི་འདྲའི་ཐབས་ལམ་སྣ་ཚོགས་ལ། །སྐུར་བ་གདབ་ཏུ་མི་རུང་ཟེར། །ཞེས་པ། ཨ་མ་ན་ས་ལ་སོགས་པ་འགའ་ཞིག་ཐབས་ལམ་འཁྲུལ་བ་དང་མ་འཁྲུལ་བ་མེད་དེ། མདོ་རྒྱུད་ཁུངས་མ་ནས་བཤད་པ་

མེད་པའི་ཕྱིར། ཐབས་ལམ་གཅིག་ཏུ་མ་ངེས་ཏེ་ལྟ་བ་རྐྱང་བ་རྟོགས་པས་ཀླུ་སྒྲུབ་གྲོལ་ལ། སློབ་དཔོན་པད་མ་འབྱུང་གནས་བསྐྱེད་རིམ་གྱིས་གྲོལ། །དགའ་བ་སྤྱོད་པས་ལོ་ཧི་པ་གྲོལ། །རླུང་གི་སྟོབས་ཀྱིས་མགོ་རཀྵ། ། གཏུམ་མོའི་སྟོབས་ཀྱིས་ཤ་བ་རི། །བྱིན་རླབས་སྟོབས་ཀྱིས་ཏོག་ཙེ་བ། །ཟ་བ་དང་ཉལ་འཆག་གིས་ཞི་བ་ལྷ། རྟེན་འབྲེལ་ཐམས་ཅད་འཚོགས་པ་ལས། །བིརྺ་བ་པ་ལས་གྲུབ་ཐོབ་བྱུང་ལ། །འདི་འདྲའི་ཐབས་སྣ་ཚོགས་ལ། །བཀུར་བ་གདབ་ཏུ་མི་བཏུབ་པ་ཟེར་རོ། །གཉིས་པ་དེ་དགག་པ་ལ། རྒྱས་པར་བཤད་པ་དང་། དོན་བསྡུ་བ་གཉིས། དང་པོ་ལ་ཐབས་ལམ་ཐམས་ཅད་མཐུན་པར་བསྒྲུབ་པ། མི་མཐུན་པར་སྣང་བ་སྣ་འདྲེན་གྱི་བྱེ་བྲག་ཏུ་བསྟན། རེ་རེས་གྲོལ་བ་མི་སྲིད་པར་བསྟན་པའོ། །དང་པོ་ནི། །འདི་ཡང་ལེགས་པར་བཤད་ཀྱིས་ཉོན། །ཐབས་དང་ཤེས་རབ་གཉིས་མིན་པའི། །སངས་རྒྱས་བསྒྲུབ་པའི་ཐབས་གཞན་མེད། །ཅེས་པ། ལྟ་བ་རྐྱང་པ་རྟོགས་པས་ཀླུ་སྒྲུབ་གྲོལ་ཞེས་པ་ལ་སོགས་པ་འདི་འདྲ། ལེགས་པར་བཤད་ཀྱིས་ཉོན་ཅིག་ཅེས་གདམས་སོ། །ཀླུ་སྒྲུབ་ཀྱང་ལྟ་བ་རྐྱང་བས་གྲོལ་བ་མ་ཡིན་ཏེ། ལྟ་བ་དང་། ཐབས་ཀྱི་རྟེན་འབྲེལ་ཐམས་ཅད་འཚོགས་པས་གྲོལ་ལ། །སངས་རྒྱས་ཐོབ་པ་ལ། ཐབས་དང་ཤེས་རབ་གཉིས་མིན་པའི་གྲོལ་བའི་ཐབས་གཞན་མེད་པའི་ཕྱིར། དེས་ན་གྲུབ་ཐོབ་རྣམས་ཀྱང་ཐབས་རྐྱང་བས་སངས་རྒྱས་བསྒྲུབ་པ་མིན་ལ། ཤེས་རབ་རྐྱང་བས་ཀྱང་འགྲུབ་པ་མིན་ཏེ། ཐབས་ཤེས་རབ་གཉིས་ཀྱིས་སངས་རྒྱས་པ་ཡིན་ནོ། །གཉིས་པ་ནི། དེས་ན་གྲུབ་ཐོབ་ཐམས་ཅད་ཀྱང་། །ཕྱོགས་རེའི་ཐབས་ཀྱིས་གྲོལ་བ་མིན། །དབང་དང་རིམ་གཉིས་ལས་བྱུང་བའི། །ཡེ་ཤེས་སྐྱེས་པས་གྲོལ་བ་ཡིན། །ལྟ་བ་དང་ནི་བསྐྱེད་རིམ་དང་། །གཏུམ་མོ་དང་ནི་བྱིན་རླབས་སོགས། །དེ་དག་རྐྱང་བས་གྲོལ་བ་མིན། །དབང་བསྐུར་བ་ཡི་བྱིན་རླབས་དང་། །རིམ་གཉིས་བསྒོམ་པའི་རྟེན་འབྲེལ་གྱིས། །ཡེ་ཤེས་རྟོགས་ནས་གྲོལ་བ་ཡིན། །བསྐྱེད་རིམ་རླུང་དང་གཏུམ་མོ་སོགས། །རིམ་པ་གཉིས་ལས་ཐ་དད་མིན། །བྱིན་རླབས་དེ་ལས་བྱུང་བ་ཡིན། །ལྟ་བ་དེ་ཡི་ཡན་ལག་ཡིན། །ཕྱག་རྒྱ་ཆེན་པོ་དེའི་ཡེ་ཤེས། །དེ་ཡི་སྦྱོར་བཅས་སྤྱོད་པ་ནི། །ཨིནྡྲ་བྷུ་ཏིས་མཛད་པ་ཡིན། །དེ་ཡི་སྦྱོར་མེད་སྤྱོད་པ་ལ། །བྷུ་སུ་ཀུ་ཞེས་སངས་རྒྱས་གསུངས། །དེ་ཡི་ཤིན་ཏུ་སྦྱོར་མེད་ནི། །རིམ་གཉིས་རྟེན་པར་བྱ་བའི་ཕྱིར། །གྲུབ་ཐོབ་རྣམས་ཀྱི་མཛད་པ་ནི། །ཀུན་ཏུ་བཟང་པོའི་སྤྱོད་པར་བཤད། །ཅེས་པ། རྒྱུ་མཚན་དེས་ན། འཕགས་པ་ཀླུ་སྒྲུབ་ལ་སོགས་པའི་གྲུབ་ཐོབ་རྣམས་ཀྱང་། ལྟ་བ་ཕྱོགས་རེ་དང་། ཐབས་ཕྱོགས་རེས་གྲོལ་བ་མིན། སྨིན་བྱེད་ཀྱི་དབང་དང་། ལམ་རིམ་པ་གཉིས་ལས་བྱུང་བའི་ཡེ་ཤེས་སྐྱེས་ནས་གྲོལ་བ་ཡིན་ནོ། །རྟོགས་བྱེད་ཀྱི་ལྟ་བ་དང་། བསྐྱེད་རིམ་དང་། གཏུམ་མོ་དང་། བླ་མའི་བྱིན་རླབས་ལ་སོགས་པ་དེ་དག་རྐྱང་བས་གྲོལ་བ་མིན། དབང་བསྐུར་བའི་བྱིན་རླབས་དང་། རིམ་གཉིས་བསྒོམ་པའི་རྟེན་འབྲེལ་

གྱིས། ཡེ་ཤེས་རྟོགས་ནས་གྲོལ་བ་ཡིན་ནོ། །བསྐྱེད་རིམ་དང་། རླུང་གི་སྦྱོར་བ་དང་། གཏུམ་མོའི་རྣལ་འབྱོར། །རིམ་གཉིས་ལས་ཐ་དད་མིན་ནོ། །བྱིན་རླབས་ཀྱང་། རིམ་གཉིས་བསྒོམ་པ་ལས་འབྱུང་བ་ཡིན་ཞིང་། རྟོགས་བྱེད་ཀྱི་ལྟ་བ་ཡང་། རིམ་པ་གཉིས་པོ་དེའི་ཡན་ལག་ཡིན་ནོ། །ཕྱག་རྒྱ་ཆེན་པོ་དེ་དེའི་ཡེ་ཤེས་བྱ་བའོ། །དབང་རིམ་གཉིས་བསྒོམ་པ་ལས་བྱུང་བ་ལས་ཟེར་གྱི། བོད་ཀྱི་ལུགས་ཀྱི་ཕྱག་རྒྱ་ཆེན་པོ། འདི་ཕྱག་ཆེན་དུ་ཆོས་ནས་བཤད་པ་མེད་དོ། །

རིམ་གཉིས་དེའི་སྤྲོས་བཅས་ཀྱི་རིམ་པ་ནི། རྒྱལ་པོ་ཨིནྡྲ་བྷུ་ཏི་ཕྱག་རྒྱའི་ལམ་མཛད་པ་ཡིན་ལ། དེའི་སྤྲོས་མེད་སྤྱོད་པ་ལ། ཟ་ཧོལ་འཆག་གི་ལྷ་སུ་ཀུ་ཞེས་སངས་རྒྱས་ཀྱི་གསུངས་ལ། དེའི་ཤིན་ཏུ་སྤྲོས་པ་མེད་པའི་ཡེ་ཤེས་ནི། རིམ་པ་གཉིས་བསྟན་པར་བྱ་བའི་ཕྱིར། རྒྱ་གར་གྲུབ་ཐོབ་རྣམས་ཀྱིས་མཛད་དོ། །རིམ་གཉིས་དེའི་སྤྱོད་པ་ལ་ཀུན་ཏུ་བཟང་པོའི་སྤྱོད་པ་ཞེས་རྒྱུད་སྡེ་ཀུན་ནས་བཤད་དོ། །གསུམ་པ་ནི། །དེས་ན་རྒྱུ་རྐྱེན་མ་འཚོགས་པར། །སངས་རྒྱས་འབྲས་བུ་ནི་འབྱུང་མོད། །སྔ་མའི་ལས་འཕྲོའི་བྱེ་བྲག་དང་། །ནང་གི་རྟེན་འབྲེལ་ཁྱད་པར་གྱིས། །ཡེ་ཤེས་སྐྱེ་བའི་སྣ་འདྲེན་ནི། །ཐབས་ཀྱི་དབྱེ་བས་བྱེད་པར་གསུངས། །དཔེར་ན་ནད་པའི་ལུས་ལྟས་པ། །བཟའ་དང་བཏུང་བས་བྱེད་མོད་ཀྱི། །དེ་ཡིས་ཡི་ག་འབྱེད་པ་ནི། ཟས་ཀྱི་ཁྱད་པར་ཡིན་པ་བཞིན། །དེ་ཡི་ཐབས་ཀྱི་ཁྱད་པར་ལ། །བཀུར་བ་འདེབས་ན་བླུན་པོ་ཡིན། །འོན་ཀྱང་རེ་རེས་འཚང་རྒྱ་བར། །འདོད་ན་ཤིན་ཏུ་འཁྲུལ་བར་བཤད། །ཅེས་པ། རྒྱུ་མཚན་དེས་ན་ཐབས་ཤེས་རབ་ཀྱི་རྒྱུ་རྐྱེན་མ་འཚོགས་པར་སངས་རྒྱས་པའི་འབྲས་བུ་མི་འབྱུང་མོད། སྐྱེ་བ་སྔ་མའི་ལས་འཕྲོའི་བྱེ་བྲག་ལས། ནང་གི་རྟེན་འབྲེལ་གྱི་ཁྱད་པར། འགྲིག་པའི་སྟོབས་ཀྱིས་སྐྱེ་བ་འདི་ར། སྤྲོས་མེད་ཀྱི་ཡེ་ཤེས་སྐྱེ་བའི་སྣ་འདྲེན་པ་ནི། རྟེན་འབྲེལ་གྱི་ཐབས་ཀྱི་དབྱེ་བས་བྱེད་པ་ཡིན་པར་གསུངས། དཔེར་ན་ནད་པའི་ལུས་ལྟས་པས་བཟའ་བ་དང་བཏུང་བས་བྱེད་མོད་ཀྱི། དེའི་ཡི་ག་འབྱེད་པ་ནི། ཟས་ཀྱི་ཁྱད་པར་སེ་འབྲུ་ལ་སོགས་པའི་སྨན་ཡིན་པ་བཞིན། རྒྱུ་མཚན་དེའི་ཕྱིར། དབང་དང་རིམ་གཉིས་ལ་སོགས་པའི་ཐབས་ཀྱི་ཁྱད་པར་ལ། དབང་དང་རིམ་གཉིས་མི་དགོས་ཞེས་བཀུར་བ་བཏབ་པ་བླུན་པོ་ཡིན་ནོ། །འོན་ཀྱང་སེམས་ངོ་འཕྲོད་པ་ལྟ་བུ། རེ་རེས་སངས་རྒྱས་པར་འདོད་ན་ཤིན་ཏུ་འཁྲུལ་བ་ཡིན་པར། མདོ་རྒྱུད་ཀུན་ལས་བཤད་དོ། །གཉིས་པ་དོན་བསྡུ་བ་ནི། །དེས་ན་སྨིན་བྱེད་དབང་དང་ནི། །རིམ་པ་གཉིས་ལ་འབད་པར་གྱིས། །ཞེས་པ། སངས་རྒྱས་པ་ལ་ཐབས་ཤེས་གཉིས་ལ་འབད་དགོས་པ་དེས་ན། མྱུར་དུ་སངས་རྒྱ་བར་འདོད་ན་སྨིན་བྱེད་ཀྱི་དབང་བསྐུར་བ་དང་། གྲོལ་བྱེད་ཀྱི་ལམ་རིམ་པ་གཉིས་ལ་འབད་པར་བྱའོ། །གཉིས་པ་ལ་འཁྲུལ་པའི་ལམ་བསྙུབ་པ་ལ། མདོར་བསྟན། རྒྱས་བཤད་གཉིས། དང་པོ་ནི། །སོ་ནམ་ཚུལ་

བཞིན་བྱས་པ་ཡི། །ལོ་ཐོག་རིམ་གྱིས་སྨིན་པ་ལྟར། །ཕ་རོལ་ཏུ་ཕྱིན་པའི་ལམ་དུ་ཞུགས་ན། །གྲངས་མེད་གསུམ་གྱིས་རྫོགས་སངས་རྒྱས། །སྔགས་ཀྱིས་བཏབ་པའི་ས་བོན་ནི། །ཉི་མ་གཅིག་ལ་ལོ་ཐོག་སྨིན། །རྡོ་རྗེ་ཐེག་པའི་ཐབས་ཤེས་ན། །ཚེ་འདི་ཉིད་ལ་སངས་རྒྱས་འགྲུབ། །ཅེས་པ། འཇིག་རྟེན་པ་རྣམས་སོ་ནམ་ཚུལ་བཞིན་བྱས་པས། ལོ་ཐོག་རྣམས་རིམ་གྱིས་སྨིན་པ་ལྟར། ཕ་རོལ་ཏུ་ཕྱིན་པའི་ལམ་དུ་ཞུགས་ནས། བསྐལ་པ་གྲངས་མེད་གསུམ་གྱིས་མངོན་པར་རྫོགས་པར་སངས་རྒྱས་ལ། །གསང་སྔགས་ཀྱིས་བཏབ་པའི་ས་བོན་ནི། ཉི་མ་གཅིག་ལ་ལོ་ཐོག་སྨིན་པ་ལྟར། །རྡོ་རྗེ་ཐེག་པའི་ཐབས་ཤེས་ན། རབ་ཚེ་འདི་ལ་སངས་རྒྱས་འགྲུབ་ལ། འབྲིང་བར་དོ་རུ། ཐ་མ་ཡང་སྐྱེ་བ་བདུན་ནམ་བཅུ་དྲུག་ནས་སངས་རྒྱས་འགྲུབ་པོ། །དབང་པོ་རྣོན་པོ་ཚེ་འདི་ཉིད་ལ་འགྲུབ་སྟེ། གསང་བ་འདུས་པ་ལས། འདི་ཡི་ཆོས་ཀྱི་བདག་ཉིད་ཆེ། །སྐུ་གསུམ་མི་ཕྱེད་ལས་བྱུང་བ། །ཡེ་ཤེས་རྒྱ་མཚོས་རྣམ་པར་བརྒྱན། །ཚེ་འདི་ཉིད་ལ་འགྲུབ་པར་འགྱུར། །ཞེས་བཤད་པའི་ཕྱིར། འབྲིང་བར་དོར་འགྲུབ་སྟེ། ཡེ་ཤེས་ཐིག་ལེ་ལས། ཡང་ན་ལུས་འདི་སྤངས་མ་ཐག་བརྩོན་པར་མི་ལྡན་པས་ཀྱང་འགྲུབ། །ཅེས་གསུངས། ཐ་མ་སྐྱེ་བ་བདུན་ནས་འགྲུབ་པ་ནི། གསང་བ་མཛོད་ལས། དབང་བསྐུར་ཡང་དག་སྨིན་དང་ལྡན། །སྐྱེ་ཞིང་སྐྱེ་བར་དབང་བསྐུར་འགྱུར། །དེའི་སྐྱེ་བ་བདུན་ན་ནི། །མ་བསྒོམ་པར་ཡང་དངོས་གྲུབ་ཐོབ། །སྐྱེ་བ་བཅུ་དྲུག་ནས་འགྲུབ་པའང་། དམ་ཚིག་ལྔ་པ་ལས། གལ་ཏེ་ལྟུང་བ་མེད་གྱུར་ན། སྐྱེ་བ་བཅུ་དྲུག་དག་ནས་འགྲུབ། །ཅེས་གསུངས་སོ། །

གཉིས་པ་རྒྱས་པར་བཤད་པ་ལ། ཕར་ཕྱིན་གྱི་ལམ་གྱི་འབྲས་བུ་ཚུལ། སྔགས་ཀྱི་ལམ་གྱི་འབྲས་བུ་འགྲུབ་ཚུལ། དེ་དག་མདོ་རྒྱུད་ལྟར་ཉམས་སུ་བླང་བར་གདམས་པ། དེ་དག་དང་མི་མཐུན་པ་སངས་རྒྱས་ཀྱི་བསྟན་པར་མི་འབྱུང་བ་དཔེ་དང་བཅས་ཏེ་བསྟན་པ། དང་པོ་ནི། །སྟོང་ཉིད་སྙིང་རྗེ་སོགས་བསྒོམ་པ། །ཕ་རོལ་ཕྱིན་པའི་གཞུང་ལུགས་ཡིན། །དེ་ཡིས་ཇི་ལྟར་མྱུར་ན་ཡང་། །གྲངས་མེད་གསུམ་གྱི་དཀའ་སྤྱད་དགོས། །རྫོགས་པའི་སངས་རྒྱས་ལམ་པོ་ཆེ། །བརྩོན་པ་ཀུན་ལས་གྲོལ་བའི་ཆོས། །མཁས་པ་ཀུན་ཀྱི་གུས་པས་བསྟེན། །གལ་ཏེ་འདི་བཞིན་བསྒྲུབ་འདོད་ན། །རྡོ་རྗེ་ཕག་མོའི་བྱིན་རླབས་མེད། །ལྷན་སྐྱེས་ལ་སོགས་འདིར་མི་བསྒོམ། གཏུམ་མོ་ལ་སོགས་ཐབས་ལམ་བྲལ། ཕྱག་རྒྱ་ཆེན་པོའི་ཐ་སྙད་མེད། །ཚེ་འདི་དང་ནི་བར་དོ་དང་། །ཕྱི་མར་འཚང་རྒྱ་ཁོང་མི་བཞེད། །འོན་ཀྱང་ཐེག་པ་ཆེན་པོ་ཡི། །སྡེ་སྣོད་རྣམས་ལས་འབྱུང་བ་བཞིན། །བྱང་ཆུབ་མཆོག་ཏུ་སེམས་བསྐྱེད་ལ། །གྲངས་མེད་གསུམ་དུ་ཚོགས་གཉིས་སོགས། །སེམས་ཅན་ཡོངས་སུ་སྨིན་པ་དང་། །སངས་རྒྱས་ཞིང་རྣམས་ལེགས་པར་སྦྱོངས། །ས་བཅུའི་ཐ་མར་བདུད་བཏུལ་ནས། །རྫོགས་པའི་སངས་རྒྱས

ཐོབ་པར་གསུངས། །ཞེས་པ། སྟོང་པ་ཉིད་དང་སྙིང་རྗེ་ཆེན་པོ་དང་བསྡུ་བའི་དངོས་པོ་བཞི་ལ་སོགས། བསྒོམ་པ་ཕ་རོལ་ཏུ་ཕྱིན་པའི་གཞུང་ལུགས་ནས་ཇི་ལྟར་བཤད་པ་བཞིན་ཉམས་སུ་བླངས་པ་ཡིས། དེ་ཡི་འབྲས་བུ་ཇི་ལྟར་མྱུར་ན་ཡང་། བརྩོན་འགྲུས་ཅན་རབ་ཀྱི་བསྐལ་པ་གྲངས་མེད་གསུམ་དུ་དཀའ་བ་སྤྱད་དགོས། །འབྲིང་གི་བསྐལ་པ་སུམ་ཅུ་རྩ་དྲུག ཐ་མ་བསྐལ་བ་བསམ་གྱིས་མི་ཁྱབ་པར་དཀའ་བ་སྤྱད་ནས་སངས་རྒྱས་དགོས། །རྫོགས་པའི་སངས་རྒྱས་ཐོབ་པའི་ཐབས་ལམ་པོ་ཆེ། །འདི་ནི། རྟོད་པ་ཀུན་ལས་གྲོལ་བའི་ཆོས། མཁས་པ་ཀུན་གྱིས་གྲུས་པས་བརྟེན་པ་ཡིན་ནོ། །གལ་ཏེ་ཕ་རོལ་ཏུ་ཕྱིན་པའི་གཞུང་ནས་བཤད་པ་འདི་བཞིན། གྲུབ་པར་འདོད་ན། རྡོ་རྗེ་ཕག་མོའི་བྱིན་རླབས་མདོ་ལས་བཤད་མེད་ཅིང་། ལྷན་སྐྱེས་ལ་སོགས་པའི་ལྷ་འདིར་མི་བསྒོམ། གཏུམ་མོ་ལ་སོགས་འཁྲུལ་འཁོར་གྱི་ཐབས་ལམ་དང་བྲལ་བ། ཕྱག་རྒྱ་ཆེན་པོ་བསྒོམ་པའི་ཐ་སྙད་མེད། ཚེ་འདི་དང་ཕྱི་མ་བར་དོར་སངས་རྒྱས་པ་ཕ་རོལ་ཏུ་ཕྱིན་པར་མི་བཞེད། འོན་ཀྱང་ཐེག་པ་ཆེན་པོའི་སྡེ་སྣོད་ལས་འབྱུང་བ་བཞིན། ཐོག་མར་བྱང་ཆུབ་ཀྱི་མཆོག་ཏུ་སེམས་བསྐྱེད་ལ། བར་དུ་བསྐལ་པ་གྲངས་མེད་གསུམ་དུ་ཚོགས་གཉིས་པ་སོགས། སེམས་ཅན་ཡོངས་སུ་སྨིན་པ་དང་། སངས་རྒྱས་ཀྱི་ཞིང་ལེགས་པར་སྦྱངས་ནས། ས་བཅུ་རྡོ་རྗེ་ལྟ་བུའི་ཏིང་ངེ་འཛིན་གྱི་ཐ་མར་སྒྲིབ་ལ་བདུད་བཏུལ་ནས། ཐོ་རངས་ལ་མངོན་པར་རྫོགས་པར་སངས་རྒྱས་པར་གསུངས་སོ། །འདིར་ཐེག་པ་ཆེན་པོ་ལ། མཚན་ཉིད་དང་། ཁྱད་པར་བསྟན་པའི་ཚུལ་དང་། དབྱེ་བ་དང་གསུམ། དང་པོ་ནི། བསྒྲོད་པ་གང་ཞིག ཆེན་པོ་བདུན་དང་ལྡན་པ་ཡིན་ཏེ། མདོ་སྡེ་རྒྱན་ལས། དམིགས་པ་ཆེ་བ་ཉིད་ནི། དེ་བཞིན་བསྒྲུབ་པ་གཉིས་དག་དང་། །ཡེ་ཤེས་བརྩོན་འགྲུས་བརྩམ་པ་དང་། །ཐབས་ལ་མཁས་པར་གྱུར་བ་དང་། །ཡང་དག་འགྲུབ་པ་ཆེན་པོ་དང་། །སངས་རྒྱས་འཕྲིན་ལས་ཆེན་པོ་སྟེ། །ཆེན་པོ་བདུན་དང་ལྡན་པའི་ཕྱིར། །ཐེག་ཆེན་ཞེས་ནི་ངེས་པར་བརྗོད། །

ཁྱད་པར་བསྟན་ཚུལ་ནི། ལང་ཀར་གཤེགས་པ་ལས། ཆོས་ལྔ་དག་དང་རང་བཞིན་གསུམ། །རྣམ་པར་ཤེས་པ་བརྒྱད་ཉིད་དང་། །བདག་མེད་གཉིས་ཀྱི་དངོས་པོ་ནི། །ཐེག་པ་ཆེན་པོ་མཐའ་དག་འདུས། །ཞེས་གསུངས་ལས། ཆོས་ལྔ་ནི། མིང་དང་། རྒྱུ་མཚན་དང་། རྣམ་པར་རྟོག་པ་དང་། ཡང་དག་མཐའོ། །རང་བཞིན་གསུམ་ནི། ཀུན་བཏགས། གཞན་དབང་། ཡོངས་གྲུབ། རྣམ་ཤེས་བརྒྱད་ནི། མིག་སོགས་ཚོགས་དྲུག་པ་ལ་ཉོན་མོངས་པ་ཅན་གྱི་ཡིད་དང་། ཀུན་གཞི་རྣམ་ཤེས་སོ། །བདག་མེད་གཉིས་ནི། གང་ཟག་ཆོས་ཀྱི་བདག་མེད་དེ། དེ་དག་སྟོན་པ་ནི་ཐེག་པ་ཆེན་པོའོ། །ཐེག་བསྡུས་ལ། ཤེས་བྱའི་གནས་དང་མཚན་ཉིད་དེར་འཇུག་དང་། །དེ་ཡི་རྒྱུ་འབྲས་རབ་ཏུ་དབྱེ་བ་དང་། །བསླབ་པ་གསུམ་དང་དེ་འབྲས་སྤངས་པ་དང་། །ཡེ་ཤེས་ཐེག་པ་

མཆོག་ཏུ་ཁྱད་པར་འཕགས། །ཞེས་གསུངས་པ་ལྟར། ཤེས་བྱའི་གནས་ཀུན་གཞི་དང་། མཚན་ཉིད་ངོ་བོ་ཉིད་གསུམ་དང་། རྒྱུ་འབྲས་ཕར་ཕྱིན་དྲུག་གི་བཤད་པ་དང་། དེའི་དབྱེ་བ་ས་བཅུ་དང་། བསླབ་པ་གསུམ་དང་། འབྲས་བུ་སྤངས་པ་ཕུན་སུམ་ཚོགས་པ་དང་། ཡེ་ཤེས་ཕུན་སུམ་ཚོགས་ཏེ་ཐེག་པ་ཆེན་པོ་མཐའ་དག་ཆོས་བཅུར་བསྟན་ཏོ། །གསུམ་པ་དབྱེ་བ་ལ། རྒྱུའི་ཐེག་པ་དང་། འབྲས་བུའི་ཐེག་པ་གཉིས། དང་པོ་ནི། ཕ་རོལ་ཏུ་ཕྱིན་པའི་ཐེག་པ་སྟེ། ཐེག་པ་ཆེན་པོའི་ལམ་གྱི་བཞི་ཐུན་མོང་དུ་གྱུར་པའི་ཕྱིར་རོ། །སྔགས་ཀྱི་ཐེག་པ་ནི་འབྲས་བུའི་ཐེག་པ་སྟེ། དེ་ལ་ཁྱད་པར་འཕགས་པར་བསྟན་པའི་ཕྱིར་རོ། །ལམ་འདི་གཉིས་ཀྱང་ཕན་ཚུན་སྤངས་ཤིང་མི་མཐུན་པའི་དབྱེ་བ་མ་ཡིན་ཏེ། སྤྱི་དང་བྱེ་བྲག་གི་དབྱེ་བ་འབའ། མི་འཕགས་པའི་དབྱེ་བའོ། །དེ་ལ་ཕར་ཕྱིན་ཐེག་པ་ནི་སྤྱི་ཡིན་ཏེ། གཉིས་ཀའི་ལམ་དུ་གྱུར་པའི་ཕྱིར་རོ། །རྡོ་རྗེ་ཐེག་པ་ནི་བྱེ་བྲག་ཡིན་ཏེ། དེ་དག་ལམ་གྲགས་པའི་ཟབ་པ་དང་རྒྱ་ཆེ་བ་ཁྱད་པར་དུ་འཕགས་པའི་ཕྱིར། ཕར་ཕྱིན་གྱི་ཐེག་པའི་ལམ་གྱི་རྣམ་བཞག་ནི། མདོ་སྡེ་རྒྱན་ལས། རིགས་དང་ཆོས་ལ་མོས་པ་དང་། །དེ་བཞིན་དུ་ནི་སེམས་བསྐྱེད་དང་། །སྦྱིན་ལ་སོགས་པ་བསྒྲུབ་པ་དང་། །སྐྱོན་མེད་པ་ལ་འཇུག་པ་དང་། །སེམས་ཅན་ཡོངས་སུ་སྨིན་བྱེད་དང་། །ཞིང་ནི་རྣམ་པར་སྦྱོང་བ་དང་། །མི་གནས་མྱ་ངན་འདའ་བ་དང་། །བྱང་ཆུབ་མཆོག་དང་སྟོན་པའོ། །ཞེས་བཤད་པ་ལྟར། དང་པོ་ཁོ་ནར། རྒྱུ་རིགས་ལ་གནས་ལ། དེའི་སྙིང་རྗེའི་ཀུན་ནས་བླངས་ཏེ། དཀོན་མཆོག་གསུམ་ལ་སྐྱབས་སུ་སོང་ནས། ཆོས་ལ་མོས་པ་འགྱུར། དེནས་སྤྱོད་པ་ལ་འཇུག་པ་བཞིསེམས་བསྐྱེད། ཕ་རོལ་ཏུཕྱིན་པ་དྲུག་ལ་སྤྱོད་པའོ། །བཞི་པོ་འདི་ནི། མོས་པ་སྤྱོད་པའི་ས་ཞེས་བྱའོ། །

དེ་ནས་བྱང་ཆུབ་སེམས་དཔའི་སྐྱོན་མེད་པ་ལ་འཇུག་པ། ས་དང་པོ་ཐོབ་དེ་ནས་སེམས་ཅན་ཡོངས་སུ་སྨིན་པར་བྱེད་པ། ས་བདུན་པའི་བར་དུ་འགྱུར། དེ་ནས་ཞིང་སྦྱོང་བ་དང་། མི་གནས་པའི་མྱ་ངན་ལས་འདས་པ་གཉིས། ཕྱིར་མི་ལྡོག་པའི་ས་གསུམ་ཐོབ་པ་སྟེ། དེ་དག་ནི་ལམ་ཡིན་ནོ། །དེ་ནས་བྱང་ཆུབ་སེམས་ཏེ་མངོན་པར་བྱང་ཆུབ་དང་། མྱ་ངན་ལས་འདས་པ་ཆེན་པོ་སྟོན་པ་སྟེ། སེམས་ཅན་གྱི་དོན་མཛད་ནི་འབྲས་བུའོ། །དེ་སྐད་དུ། མདོ་སྡེ་རྒྱན་ལས། ས་ཐོབ་པ་ནི་མོས་པ་དང་། སྤྱོད་པ་དག་ལ་འཇུག་པ་དང་། །རྟོགས་པའི་ཕྱིར་དང་ས་རྣམས་ནི། །གྲུབ་པའི་སྒོ་ནས་རྣམ་པ་བཞི། །ཞེས་གསུངས་སོ། །སྔགས་ཀྱི་ཐེག་པའི་རྣམ་བཞག་ལ། བཞི་མི་སྤྱོང་བའི་ཚུལ་དང་། སྔགས་ཀྱི་སྤྱོད་པ་རྣམ་པར་བཞག་པ་དང་། རྡོ་རྗེ་ཐེག་པ་རྣམ་པར་བཞག་པ་དང་། འབྲས་བུའི་ཐེག་པ་རྣམ་པར་བཞག་པའོ། །དང་པོ་ནི། གཞི་འདོད་པའི་ཡོན་ཏན་ལྔ། མི་སྤོང་བར་ལམ་དུ་བྱེད་པ་ཡིན་ཏེ། རྡོ་རྗེ་གུར་ལས། འདོད་ཆགས་ཀྱིས་བསྐྱེད་འཇིག་རྟེན་པའོ། །འདོད་ཆགས་ཉིད་ཀྱིས་རྣམ་གྲོལ་འགྱུར། ཞེས

དང་། དཔལ་གསང་བ་འདུས་པ་ལས། ཆགས་ཅན་ཡེ་ཤེས་འདོད་པ་ཡི། །རྟག་ཏུ་འདོད་ཡོན་ལྔ་བརྟེན་ནོ། །ཞེས་གསུངས་སོ། །འོན་ཡུལ་གྱི་འཆིང་བར་མི་འགྱུར་རམ་ཞེ་ན། ཐབས་མེད་ན་འཆིང་བར་འགྱུར་ཏེ། སོ་སྐྱེ་བཞིན། ཐབས་དང་ལྡན་ན། དེ་ཉིད་གྲོལ་བའི་གྲོགས་བྱེད་དེ། དཔེར་ན་དུག་བཞིན་དེ་སྐད་དུ། ཀྱེ་རྡོར་ལས། སྐྱེ་བོ་མི་ཟད་པའི་ལས། གང་དང་གང་གི་འཆིང་གྱུར་བ། །ཐབས་དང་བཅས་པ་དེ་ཉིད་ཀྱི། །སྲིད་པའི་འཆིང་བ་ལས་གྲོལ་འགྱུར། །ཞེས་གསུངས། གཉིས་པ་སྔགས་ཀྱི་སྤྱོད་པ་ནི། མཚན་མ་དང་རྣམ་པར་རྟོག་པ་ལས་ཡིད་སྐྱོབ་པ་སྔགས་ཡིན་ལ། དེའང་རྗེས་སུ་མཐུན་པའི་སྤྱོད་པ། སངས་རྒྱས་ཀྱི་སྐུ་གསུང་ཐུགས་དམ་ཚིག་ནི་སྔགས་ཀྱི་སྤྱོད་པ་སྟེ། གསང་བ་འདུས་པའི་རྒྱུད་ཕྱི་མ་ལས། དབང་པོ་དང་ནི་ཡུལ་རྣམས་ཀྱི། །རྐྱེན་ལས་གང་གང་བྱུང་བ་ཡིན། །ཡིན་ཏེ་མིན་ཞེས་བྱ་བར་བཤད། །ཏྲ་ནི་སྐྱོབ་པར་བྱེད་པའི་དོན། །འཇིག་རྟེན་སྤྱོད་ལས་རྣམ་གྲོལ་བ། །གང་བཤད་དམ་ཚིག་སྡོམ་པ་སྟེ། །རྡོ་རྗེ་ཀུན་གྱི་བསྲུང་བ་ནི། །སྔགས་ཀྱི་སྤྱོད་པ་ཞེས་བཤད་དོ། །ཞེས་གསུངས། གསུམ་པ་ནི། དེ་ཉིད་ལ་རྡོ་རྗེ་ཐེག་པ་ཞེས་བྱ་སྟེ། ལུས་ངག་ཡིད་གསུམ་དང་། ཉོན་མོངས་པ་ཐམས་ཅད་རྡོ་རྗེའི་ངོ་བོ་ཡིན་པས་ཤེས་པར་བྱ་སྟེ། གསང་འདུས་ལས། འདོད་ཆགས་ཞེ་སྡང་གཏི་མུག་རྣམས། །རྡོ་རྗེ་ཐེག་ལ་རྟག་པར་གནས། །དེ་ནས་སངས་རྒྱས་རྣམས་ཀྱི་ཐབས། །རྡོ་རྗེ་ཐེག་པ་ཞེས་བཤད་དོ། །

བཞི་པ་ནི། དེ་ཉིད་ལས། འབྲས་བུའི་ཐེག་པ་ཞེས་བྱ་སྟེ། འབྲས་བུ་ཚོགས་མེད་པར་འགྲུབ་པའི་ཕྱིར་རོ། །འབྲས་བུ་འགྲུབ་པ་དེ་ཡང་། གང་ཟག་མཆོག་ལ་དགོངས་པ་མིན་ནམ། སོ་སྐྱེས་རྣམས་ཀྱི་འགྲུབ་བམ་སྙམ་ན་འགྲུབ་སྟེ། རྡོ་རྗེ་རྩེ་མོ་ལས། ཕ་རོལ་ཕྱིན་པའི་འབྱུང་བ་ནི། །བསྐལ་བ་གྲངས་མེད་མི་ཐོབ་པ། །གལ་ཏེ་རྣལ་འབྱོར་བ་དེ་བརྩོན། །ཚེ་དེ་ཉིད་ལ་མྱ་ངན་འདའ། །ཡང་ན་མཐོང་བ་ཙམ་གྱིས་ནི། །སྐྱེ་བ་བཅུ་དྲུག་མྱ་ངན་འདའ། །སོ་སོའི་སྐྱེ་བོའི་སངས་རྒྱས་ཉིད། །འགྲུབ་པར་འགྱུར་གྱི་གཞན་དུ་མིན། །ཞེས་བཤད་པའི་ཕྱིར་རོ། །གཉིས་པ་ནི། །ཕ་རོལ་ཕྱིན་གཞུང་མི་ནུས་པར། །གལ་ཏེ་གསང་སྔགས་བསྒོམ་འདོད་ན། །ནོར་བ་མེད་པའི་དབང་བཞི་ལོང་། །འཁྲུལ་བ་མེད་པའི་རིམ་གཉིས་བསྒོམ། །དེ་ལས་བྱུང་བའི་ཡེ་ཤེས་ནི། །ཕྱག་རྒྱ་ཆེན་པོ་གོམས་པར་བྱ། །དེ་ནས་འཁོར་འདས་བསྲེ་བའི་ཕྱིར། །རྣམ་པར་དག་པའི་སྤྱོད་པ་སྤྱོད། །ནང་གི་ས་ལམ་ཀུན་བགྲོད་ནས། །རྡོ་རྗེ་འཛིན་པའི་ས་དགེ་བ། །བཅུ་གསུམ་པ་ནི་ཐོབ་པར་འགྱུར། འདི་ནི་དུས་གསུམ་སངས་རྒྱས་ཀྱི། །དམ་པའི་ཆོས་ཀྱི་སྙིང་པོ་ཡིན། །རྒྱུད་སྡེ་ཀུན་གྱི་གསང་ཚིག་མཆོག འདི་ཉིད་ཡིན་པ་ཤེས་པར་བྱ། །ཞེས་པ། སྔོན་འགྲོ་སེམས་བསྐྱེད། ལམ་ཕར་ཕྱིན་དྲུག་ལྟ་བ་སྟོང་ཉིད་སྟོན་པ། ཕ་རོལ་ཏུ་ཕྱིན་པའི་གཞུང་ནས་བཤད་པ་ལྟར། མགོ་དང་ལག་པ་གཏོང་ཞིང་ཞུམ་པའི་སེམས་མེད་པ་ལ་སོགས་པ་གྲངས་མེད་གསུམ་གྱི་དཀའ་

བ་སྐྱེད་མི་ནུས་པར། འཇུག་པ་བདེ་བས་མྱུར་དུ་འཚང་རྒྱ་བར་འདོད་ནས། གལ་ཏེ་གསང་སྔགས་བསྒོམ་པར་འདོད་ན། ཆོ་ག་འཁྲུལ་བ་མེད་པའི་དབང་བཞི་བླངས་ནས། ལམ་འཁྲུལ་བ་མེད་པའི་རིམ་གཉིས་བསྒོམ་སྟེ། དབང་དང་རིམ་གཉིས་དེ་ལས། འབྲས་བུ་འབྱུང་བའི་ཡེ་ཤེས་ནི། ཕྱག་རྒྱ་ཆེན་པོ་ཡིན་པས་བསྒོམ་པར་བྱ་ཡི། བོད་ཀྱི་རྟོག་པ་ཁ་བཀག་པའི་ཕྱག་རྒྱ་ཆེན་པོ་བསྒོམ་པ་མ་ཡིན་ནོ། །དེ་ནས་འཁོར་བསྐྱེ་བའི་ཕྱིར། རྒྱུད་ནས་བཤད་པའི་སྤྲོས་བཅས་ཀུན་འདར་གྱི་སྤྱོད་པ་དང་། སྤྲོས་མེད་ཨ་བ་དྷཱུ་ཏིའི་སྤྱོད་པ་དང་། ཕྱོགས་ལས་རྣམ་པར་རྒྱལ་བ་ཀུན་ཏུ་བཟང་པོའི་སྤྱོད་པ་རྣམ་པར་དག་པའི་སྤྱད་དོ། །དེ་ནས་ཉེ་རྒྱུ་བརྟེན་ནས་ནང་གི་རྟེན་འབྲེལ། ས་བཅུ་ལམ་ལྔ་ཀུན་བགྲོད་ནས། རྡོ་རྗེ་འཛིན་པའི་ས་དགེ་བ་བཅུ་གསུམ་པ་འདི་ཐོབ་པ་འདི་ནི། དུས་གསུམ་སངས་རྒྱས་རྣམས་ཀྱི་དམ་པའི་ཆོས་ཀྱི་སྙིང་པོ་ཡིན་ལ། རྒྱུད་སྡེ་དྲི་མ་མེད་པ་རྣམས་ཀྱི་གསང་ཚིག་མཆོག་འདི་ཉིད་ཡིན་པར་ཤེས་པར་བྱའོ། །གསུམ་པ་ནི། །གང་ཞིག་སངས་རྒྱས་བྱེད་འདོད་ན། དེ་ཡིས་འདི་བཞིན་སྤྱད་པར་བྱ། ཡང་ན་ཕ་རོལ་ཕྱིན་པ་ཡི། །མདོ་ལས་ཇི་ལྟར་གསུངས་བཞིན་གྱི། །ཡང་ན་རྡོ་རྗེ་ཐེག་པ་ཡི། །རྒྱུད་སྡེ་བཞིན་དུ་ཉམས་སུ་ལོང་། །འདི་གཉིས་མིན་པའི་ཐེག་ཆེན་ནི། །སངས་རྒྱས་རྣམས་ཀྱིས་གསུངས་པ་མེད། །ཅེས་པ། སྐྱེས་བུ་གང་ཞིག་སངས་རྒྱས་ཐོབ་པ་བྱེད་པར་འདོད་ན། མདོ་རྒྱུད་དེའི་ལུང་གིས། འདི་བཞིན་སྤྱད་པར་བྱའོ། །ཡང་ན་ཕ་རོལ་ཏུ་ཕྱིན་པའི་མདོ་ནས་ཇི་ལྟར་འབྱུང་བ་བཞིན་གྱི་ལམ་ལ་འབད་ནས་འབྲས་བུ་འགྲུབ་པར་བྱ་ལ། ཡང་ན་རྡོ་རྗེ་ཐེག་པའི་རྒྱུད་སྡེ་བཞིན་དུ། དབང་མ་བོར་བར་ལོངས། རིམ་གཉིས་འཁོར་དང་བཅས་པ། མ་འཁྲུལ་བར་ཉམས་སུ་ལོངས་ལ་བསྒོམ། ཕ་རོལ་ཕྱིན་པ་དང་། གསང་སྔགས་འདི་གཉིས་མིན་པའི་ཐེག་པ་ཆེན་པོ་ནི། སངས་རྒྱས་རྣམས་ཀྱི་མདོ་རྒྱུད་ལས་གསུངས་པ་མེད་དོ། །

བཞི་པ་ནི། །ད་ལྟའི་ཆོས་ལ་ཕལ་ཆེ་བ། །བསླབ་པ་གསུམ་པོ་མི་སྲུང་བས། །ཕ་རོལ་ཕྱིན་པའི་ཆོས་ལུགས་མིན། །དབང་དང་རིམ་གཉིས་མི་ལྡན་པས། །རྡོ་རྗེ་ཐེག་པའི་བསྟན་པ་མིན། །འདུལ་བའི་སྡེ་གནད་མི་ཤེས་པས། །ཉན་ཐོས་ཀྱི་ཡང་ཆོས་ལུགས་མིན། །འོན་ཀྱང་ཆོས་པར་ཁས་འཆེ་ན། །ཀྱེ་མ་གང་གི་བསྟན་པར་འགྱུར། །ཕ་མེད་པ་ཡི་བུ་མང་ཡང་། །རིགས་ཀྱི་ནང་དུ་ཚུད་མི་ནུས། །དེ་བཞིན་ཁུངས་ནས་མ་བྱུང་བའི། །ཆོས་པ་བསྟན་པའི་ནང་དུ་མིན། ། དག་དུག་བསྲུས་པའི་གོས་ལྭ་ནི། །ཆེན་པོ་རྣམས་ཀྱི་ཆས་མི་རུང་། །དེ་བཞིན་ཐུན་ཚག་བསྲུས་པ་ཡི། །ཆོས་ཀྱི་དད་ཅན་འཚང་མི་རྒྱ། །ཞེས་པ། ད་ལྟའི་ཆོས་པ་ཕལ་ཆེ་བ་འདི་ལྟར་ཡིན་ཏེ། བསླབ་པ་མི་སྲུང་བས་ཕ་རོལ་ཏུ་ཕྱིན་པའི་ཆོས་ལུགས་མིན། དབང་བཞི་དང་རིམ་པ་གཉིས་དང་མི་ལྡན་པས། གསང་སྔགས་རྡོ་རྗེ་ཐེག་པའི་བསྟན་པ་མིན། འདུལ་བའི་སྡེ་སྣོད། ཐ་ན་ལྟུང་བ་སྡེ་ལྔའི་རྣམ་བཞག་ཙམ་ཡང་མི་

ཤེས་པས། ཉན་ཐོས་ཀྱི་ཆོས་ལུགས་མིན། འོན་ཀྱང་ཁོ་བོ་ཆོས་པར་ཁས་འཆེ་བ། འཇིག་རྟེན་པ་རྣམས་ཀྱིས་ཀྱང་ངོ་མཚར་ཅན་ཡིན་ནོ་ཞེས་སྐྱེ་མ་གང་གི་བསྟན་པར་འགྱུར་ཏེ། ཅི་ཡིན་མི་ཤེས་སོ། །དཔེར་ན། ཕ་མེད་པའི་བུ་མང་ཡང་། རུས་མེད་པའི་ཕྱིར། རིགས་ཀྱི་ནང་དུ་ཚུད་མི་ནུས་སོ། །དེ་བཞིན་དུ། མདོ་རྒྱུད་གང་རུང་གི་འཁུང་ནས་མ་བྱུང་བའི་ཆོས་པ་བསྟན་པའི་ནང་དུ་ཚུད་པ་མིན་ནོ། །མདོར་ན། དག་དུག་བསྲུས་པའི་གོས་ལྭ་ཆེན་པོ་རྣམས་ཀྱི་ཆས་མི་རུང་བ་དེ་བཞིན་དུ། ཐུན་ཚགས་བསྲུས་པའི་ཆོས་ཀྱི་དད་པ་ཅན་འཚང་མི་རྒྱའོ། །གསུམ་པ་སྡོམ་པ་དང་མི་ལྡན་པའི་དགེ་བ་རྣམས་ཀྱི་རྒྱུ་ཡིན་པར་བསྟན་པ་ལ། རྩོལ་བ་དང་། དེ་དགག་པ་གཉིས། དང་པོ་ལ། མུ་སྟེགས་དང་། བོད་བླུན་པོའི་རྩོལ་བ་གཉིས། དང་པོ་ནི། །མུ་སྟེགས་བྱེད་པ་ཁ་ཅིག་ཀྱང་། །སངས་རྒྱས་པ་ལ་འདི་སྐད་ཟེར། །སྡིག་པ་སྤོང་ཞིང་དགེ་བྱེད་ན། །མུ་སྟེགས་ཡིན་ཡང་ཅི་ཞིག་སྐྱོན། །དགེ་བ་མེད་ཅིང་སྡིག་བྱེད་ན། །ཆོས་པ་ཡིན་ཡང་ཅི་ཕན་ནོ། །ཞེས་པ། མུ་སྟེགས་ཁ་ཅིག སངས་རྒྱས་པ་ལ་འདི་སྐད་དོ། ། སྡིག་པ་སྤོང་ཞིང་དགེ་བྱེད་ན། །མུ་སྟེགས་ཡིན་ཡང་ཅི་ཞིག་སྐྱོན། །དགེ་བ་མེད་ཅིང་སྡིག་བྱེད་ན། །ཆོས་པ་ཡིན་ཡང་ཅི་ཕན་ནོ། །གཉིས་པ་ནི། །དེ་བཞིན་འདི་ནའང་བླུན་པོ་འགའ། །དད་དང་ལྡན་ཞིང་སྙིང་རྗེ་ཆེ། ། སྦྱིན་དང་ཚུལ་ཁྲིམས་བཟོད་པ་བསྒོམ། །བསམ་གཏན་བསྒོམ་ཞིང་སྟོང་པ་ཉིད། །རྟོགས་ནས་སངས་རྒྱས་ཀྱིས་གསུངས་པའི། །མདོ་རྒྱུད་རྣམས་དང་མི་མཐུན་ཡང་། །དེ་ལ་སྐྱོན་མེད་དེ་མེད་ན། །མདོ་རྒྱུད་མཐུན་ཡང་མི་ཕན་ནོ། །ཞེས་པ་ལ། མུ་སྟེགས་བྱེད་དེ་བཞིན་དུ། བོད་གངས་ཅན་གྱི་ཁྲོད་འདི་ན་ཡང་བླུན་པོ་འགའ་ཞིག དད་པ་དང་ལྡན་ཞིང་། སྙིང་རྗེ་ཆེ། སྦྱིན་པ་དང་ཚུལ་ཁྲིམས་བཟོད་པ་བསྒོམ། བསམ་གཏན་བསྒོམ་ཞིང་སྟོང་པ་ཉིད་རྟོགས་ན་སངས་རྒྱས་ཀྱིས་གསུངས་པའི་སོ་སོ་ཐར་པའི་སྡོམ་པ་དང་། སེམས་བསྐྱེད་དང་། དབང་དང་། རིམ་པ་གཉིས་ལ་སོགས་པ་མདོ་རྒྱུད་རྣམས་དང་མི་མཐུན་ཡང་། དེ་ལ་སྐྱོན་མེད་དེ། དད་པ་དང་སྙིང་རྗེ་ལ་སོགས་པ་ཡོད་པ་མིན་ན། མདོ་རྒྱུད་དང་ཐུན་ཡང་མིང་གིས་ཅི་ཕན་ནོ། །

གཉིས་པ་དེ་དགག་པ་ལ། མུ་སྟེགས་ལ་སྡོམ་པ་མེད་པས། དེའི་དགེ་བ་ཐར་ལམ་དུ་མི་རུང་། དབང་མ་ཐོབ་པའི་དགེ་བ་གསང་སྔགས་ཀྱི་ལམ་དུ་མི་འགྱུར། སྡོམ་པ་གསུམ་ལྡན་གྱི་རིམ་གཉིས་བསྒོམས་ན། མྱུར་དུ་འགྲུབ་པར་བསྟན་ཏོ། །དང་པོ་ནི། དེ་ཡང་བརྟག་པར་བྱ་བ་ཉོན། །མུ་སྟེགས་བྱེད་ལ་སྡོམ་པ་མེད། །དེ་ཕྱིར་དགེ་བ་བྱས་ན་ཡང་། །ཐར་མ་ཡིན་གྱི་སྡོམ་པ་ལས། །བྱུང་བའི་དགེ་བ་སྲིད་མ་ཡིན། །ཞེས་པ། རྒྱུ་མཚན་དེས་ན། བརྟག་པར་བྱ་བ་བཤད་ཀྱིས་ཉོན་ཅིག་མུ་སྟེགས་བྱེད་ལ་སྐྱབས་འགྲོ་མེད་པས། སྡོམ་པ་མེད་པ་དེའི་ཕྱིར། དགེ་བ་བྱས་ན་ཡང་། ཐར་མའི་དགེ་བ་བྱ་བ་ཡིན་གྱི། སྡོམ་པ་ལས་བྱུང་བའི་དགེ་བ་རྒྱུན་ཆགས་སྲིད་པ་མིན་ནོ། །

གཉིས་པ་ནི། དེ་བཞིན་དབང་བསྐུར་མ་ཐོབ་པ། །དེ་ལ་རིག་འཛིན་སྡོམ་པ་མེད། །སྡོམ་མེད་དེ་ཡིས་དགེ་སྤྱད་ཀྱང་། །བར་མ་ཡིན་གྱི་གསང་སྔགས་ཀྱང་། །སྡོམ་པ་ལས་བྱུང་དགེ་བ་མིན། །སྡོམ་པའི་དགེ་བ་མ་ཡིན་ན། །གསང་སྔགས་ཐབས་ལམ་བར་ཟབ་ཀྱང་། འཚང་མི་རྒྱ་བར་ཐུབ་པས་གསུངས། །ཞེས་པ། དེ་བཞིན་དུ། དབང་བསྐུར་མ་ཐོབ་པ་དེ་ལ། རིག་པ་འཛིན་པའི་སྡོམ་པ་མེད་པས། གསང་སྔགས་ཀྱི་སྡོམ་པ་མེད་པ་དེའི་དགེ་བ་སྤྱད་ཀྱང་། བར་མའི་དགེ་བ་ཡིན་གྱི། གསང་སྔགས་ཀྱི་སྡོམ་པ་ལས་བྱུང་བའི་དགེ་བ་མིན་ཏེ། བྱ་དང་རི་དྭགས་ལ་སོགས་པ་སྡིག་པ་མི་བྱེད་ཀྱང་། སྡོམ་པ་ལས་བྱུང་བའི་དགེ་བར་མི་འགྱུར་བ་བཞིན་ནོ། །གསུམ་པ་ནི། སྡོམ་པ་གསུམ་དང་ལྡན་པ་ཡི། །རིམ་གཉིས་ཟབ་མོའི་གནད་ཤེས་ན། །དེ་ནི་ཚེ་འདི་འམ་བར་དོ་འམ། །སྐྱེ་བ་བཅུ་དྲུག་ཚུན་ཆད་དུ། །འགྲུབ་པར་རྗོགས་པའི་སངས་རྒྱས་གསུངས། །དེ་ཕྱིར་འདི་ལ་མཁས་རྣམས་ཀྱིས། །ཞེས་པ། སྡོམ་པ་གསུམ་དང་ལྡན་པའི་གང་ཟག་གི།རིམ་གཉིས་ཟབ་མོ་བསྒོམ་པའི་གནད་ཤེས་ན། གང་ཟག་དེ་ནི་ཚེ་འདི་འམ་བར་དོ་འམ། །སྐྱེ་བ་བཅུ་དྲུག་ཚུན་ཆད་དུ་འགྲུབ་པར་རྗོགས་པར་སངས་རྒྱས་ཀྱིས་གསུངས་ཏེ། ཡང་དག་སྦྱོར་བ་ལས། གཞན་ཡང་བསྐལ་པ་བྱེ་བར་ནི། །གྲངས་མེད་པར་ནི་གང་ཐོས་པ། །གང་གི་དམ་པའི་དགེ་བ་ཁྱེད། །སྐྱེ་བ་འདིར་ནི་འགྲུབ་པར་འགྱུར། །ཞེས་གསུངས་པའི་ཕྱིར། རྒྱུ་མཚན་དེའི་ཕྱིར། ལམ་རིམ་པ་གཉིས་པོ་འདི་ལ། མཁས་པ་རྣམས་ཀྱིས་པ་ཡིན་ནོ། །

བཞི་པ་མ་དག་པའི་ཐབས་ལམ་ལ་སོ་ཐར་མ་དག་པ། སེམས་བསྐྱེད་བསྒོམ་པ། དབང་བསྐུར་བ། བསྐྱེད་རིམ། གཏུམ་མོ། ཡེ་ཤེས། མོས་གུས་ཕྱག་ཆེན་མ་དག་པ། སངས་རྒྱས་ཀྱི་ལམ་དུ་མི་འགྱུར་བར་བསྟན་པའོ། །དང་པོ་ནི། གང་དག་རབ་ཏུ་འབྱུང་འདོད་པ། །སྡོམ་པ་བསྲུང་ཕྱིར་གུས་པས་ལོངས། །ལྟོ་གོས་ཙམ་ལ་དམིགས་པ་ཡི། །རབ་ཏུ་འབྱུང་བ་ཐུབ་པས་དགག ཅེས་པ། སྐྱེས་བུ་གང་ཟག་རབ་ཏུ་འབྱུང་བར་འདོད་ན། །རྩ་བ་བཞི་ཡན་ལག་དང་བཅས་པའི་སྡོམ་པ་བསྲུང་བའི་ཕྱིར། འདུལ་བ་ལུང་བཞིན་གུས་པས་ལོང་། །ལྟོ་གོས་ཙམ་ལ་དམིགས་པའི་རབ་ཏུ་བྱུང་བ་ཐུབ་པས་བཀག་པའོ། །གཉིས་པ་ནི།སེམས་བསྐྱེད་བྱེད་པ་དེ་དག་ཀྱང་། །བསྟན་པའི་ལུགས་བཞིན་མི་བྱེད་པའི། །ཐོས་ཆུང་རྣམས་ཀྱིས་མགོ་བསྐོར་ནས། །བླུན་པོ་དགའ་བ་བྱ་ཕྱིར་ཡིན། །ཞེས་པ། སེམས་བསྐྱེད་བྱེད་པའི་གང་ཟག་དེ་དག་ཀྱང་། དབུ་མའི་སེམས་བསྐྱེད་གང་ཟག་ཐམས་ཅད་ལ་བྱ་བོར་གསུངས། སེམས་ཙམ་པའི་སེམས་བསྐྱེད་བློ་སྦྱངས་པ་ལ་བྱ་བར་མ་གསུངས་པ་ལ། བསྟན་པའི་ལུགས་བཞིན་མི་བྱེད་ཀྱི། ཐོས་ཆུང་རྣམས་ཀྱིས་མགོ་བསྐོར་ནས། བླུན་པོ་དགའ་བར་བྱ་བའི་ཕྱིར་དུ། སེམས་ཙམ་པའི་སེམས་བསྐྱེད་ཁྲིམ་ཆེན་པོ་ལ་བྱེད་པ་མཐོང་ངོ་། །གསུམ་པ་ནི། གསང་སྔགས་བསྒོམ་པ་མང

མོད་ཀྱི། །རྒྱུད་སྡེ་བཞིན་དུ་བསྒྲུབ་པ་ཙམ། །སྤྱོད་པ་བདེ་བའི་འདུ་ཤེས་ཀྱིས། །རང་བཟོར་གསང་སྔགས་སྤྱོད་པ་ཟད། །ཅེས་པ། གསང་སྔགས་ཀྱི་དབང་དང་། རིམ་པ་གཉིས་པ་གཉིས་ལ་སོགས་པ། བསྒོམ་པ་མང་མོད་ཀྱང་། རྒྱུད་སྡེ་བཞིན་བསྒྲུབ་པ་ཙམ་ལ། སྤྱོད་པ་བདེ་བའི་འདུ་ཤེས་ཀྱི། ཚོས་ནས་མ་བཤད་པའི་གང་བདེ་བ་དེ་ལ་བླ་མའི་མན་ངག་ཏུ་བཏགས་ནས་རང་བཟོའི་གསང་སྔགས་སྤྱོད་པ་ཟད་དོ། །བཞི་བ་ནི། གལ་ཏེ་དབང་བསྐུར་བྱེད་ན་ཡང་། །བཟང་པོའི་གཞུང་ལུགས་ཀུན་པོར་ནས། །གང་དག་རྫུན་གྱི་བསླད་པ་ལ། །ངོ་མཚར་བཞིན་དུ་གུས་པས་ལེན། །ཅེས་པ། གལ་ཏེ་དབང་བསྐུར་བྱེད་ན། བཟང་བའི་སྔགས་དང་ཏིང་ངེ་འཛིན་ལ་སོགས་ཚོགའི་གཞུང་ལུགས་ཀུན་པོར་ནས། གང་དག་རྫུན་གྱིས་བསླད་པ། ཕག་མོའི་དབང་ལ་སོགས་པ་ངོ་མཚར་བཞིན་དུ་གུས་པས་ལེན་ནོ། །ལྔ་པ་ནི། བརྒྱ་ལ་བསྐྱེད་རིམ་བསྒོམ་ན་ཡང་། །སྲུང་གཞི་སྦྱོང་བྱེད་ལེགས་འཕྲོད་པའི། །ཆོ་གའི་ཡན་ལག་ཀུན་པོར་ནས། །རང་བཟོའི་སྒྲོང་བསྐྱེད་བསྒོམ་པར་ཟད། །ཅེས་པ། བརྒྱ་ལ་བསྐྱེད་རིམ་བསྒོམ་ན་ཡང་། སྲུང་གཞི་སྦྱོང་བྱེད་ལེགས་སྦྱོད་པའི། ཆོ་གའི་ཡན་ལག་བསྙེན་བསྒྲུབ་བཞི་ལ་སོགས་ཀུན་སྤངས་ནས། རང་བཟོའི་སྒྲོང་བསྐྱེད་བསྒོམ་པར་ཟད་དེ། ལྷ་སྒྲོང་བསྒོམ་ཞིག་བྱ་བ་ཙམ་ལ། བསྐྱེད་རིམ་དུ་རེའོ། །དྲུག་པ་ནི། གཏུམ་མོ་བསྒོམ་པ་ཕལ་ཆེར་ཡང་། །ནང་གི་རྟེན་འབྲེལ་མི་ཤེས་པས། །སྒྱུ་སྟེགས་བྱེད་ཀྱི་གཏུམ་མོ་ལྟར། །དྲོད་ཙམ་ལ་ནི་དམིགས་པར་གོ། །ཞེས་པ། གཏུམ་མོ་བསྒོམ་པ་ཕལ་ཆེར་ཡང་། རྒྱུད་ནས་གསུངས་པའི་ནང་གི་སེམས་ལ་ཡེ་ཤེས་སྐྱེ་ལྟས། ལུས་ལ་དྲོད་འབྱུང་བ་རྟེན་འབྲེལ་དུ་མི་ཤེས་པར། མུ་སྟེགས་བྱེད་ཀྱི་གཅེར་བུ་བ་སོགས་ཀྱི་གཏུམ་མོ་ལྟར། དྲོད་ཙམ་ལ་ནི་དམིགས་པར་གོ་སྟེ། གཏུམ་མོ་རས་ཐུབ་ཟེར་བ་ཐོས། བདུན་པ་ནི། ཡེ་ཤེས་ཟུང་ཟད་བསྐྱེད་ན་ཡང་། །དེ་དག་ཉོན་མོངས་རྣམ་རྟོག་དང་། །འབྱེད་པའི་ཐབས་ལ་མི་མཁས་པས། །རྫོགས་པའི་སངས་རྒྱས་ལམ་མི་འགྱུར། ཅེས་པ། ཡེ་ཤེས་ཟུང་ཟད་བསྐྱེད་ན་ཡང་། །དེ་དག་ཉོན་མོངས་རྣམ་རྟོག་དང་། །འབྱེད་པའི་ཐབས་ལ་མི་མཁས་པས། །ལོ་ཐོག་དང་། སྲུར་མ་འདྲེས་ནས་སྐྱེས་པ་ལྟར། ཡེ་ཤེས་དང་རྣམ་རྟོག་གཉིས་འདྲེས་ནས་བྱེད་པ་ཡིན་ཏེ། འབྱེད་པ་ལ་ལམ་འབྲས་ལྷ་བུའི་གདམས་ངག་མེད། བསྒོམས་ཀྱང་འབྲས་བུ་མེད་དོ། །བརྒྱད་པ་ནི། བླ་མ་ལ་ནི་མོས་ན་ཡང་། །དེ་འདྲའི་བླ་མ་བླ་མ་མིན། །དཔོན་སློབ་གཉིས་ཀ་གསང་སྔགས་ཀྱི། སྡོམ་པ་མེད་པ་ཡིན་ཕྱིར་རོ། །དཔེར་ན་རབ་བྱུང་མ་བྱས་ན། །མཁན་པོའི་ཐ་སྙད་མེད་པ་བཞིན། །དེ་བཞིན་དབང་བསྐུར་མ་ཐོབ་ན། །བླ་མའི་ཐ་སྙད་མི་འབྱུང་ངོ་། །གསང་སྔགས་མིན་པའི་བླ་མ་ལ། །མོས་པ་བྱས་ན་ཚེ་འདི་ཡི། །བདེ་སྐྱིད་ཕུན་ཚོགས་ཙམ་ཞིག་གམ། །རིམ་གྱིས་འགྲུབ་པའི་རྒྱུད་སྲིད་ཀྱི། དེ་ནི་ཚེ་འདིའམ་བར་དོ་ལ། །སངས་རྒྱས་ཉིད་སྦྱིན་མི་ནུས་སོ། །ཕ་རོལ་ཕྱིན་

པའི་གཞུང་ལུགས་ལས། །བླ་མ་སངས་རྒྱས་ལྟ་བུ་རུ། །བལྟ་བར་བྱ་ཞེས་གསུང་མོད་ཀྱི། །སངས་རྒྱས་དངོས་སུ་གསུངས་པ་མེད། །བླ་མ་སངས་རྒྱས་ཉིད་ཡིན་ཞེས། །བྱ་བ་དབང་བསྐུར་ཐོབ་ནས་ཡིན། །དབང་དང་སྡོམ་པས་མ་སྦྲེལ་ན། །བཟང་ཡང་ཕ་རོལ་ཕྱིན་པ་ཡིན། །རས་ཕྱུང་མིན་ལ་མཁན་སློབ་མེད། །དབང་མ་བསྐུར་ལ་བླ་མ་མེད། །སྡོམ་པ་མེད་ལ་དགེ་རྒྱུ་མེད། །སྐྱབས་འགྲོ་མེད་ན་ཆོས་པ་མིན། །དགེ་སྦྱོང་སྡོམ་པ་མེད་པ་དང་། །རྒྱལ་སྲས་སེམས་བསྐྱེད་མེད་པ་དང་། །སྔགས་པ་དབང་བསྐུར་མེད་པ་གསུམ། །སངས་རྒྱས་བསྟན་པའི་ཆོམ་རྐུན་ཡིན། །ཞེས་པ། གསང་སྔགས་ཀྱི་སྡོམ་པ་མ་ཐོབ་པར། བླ་མ་ལ་ནི་མོས་ན་ཡང་། དེ་འདྲའི་བླ་མ་བླ་མ་མིན་ཏེ། མུ་སྟེགས་བཙུན་ཡང་སྡོམ་པ་མ་ཐོབ་པས་དགེ་སློང་མིན་ལ། དེས་མཁན་པོ་བྱས་ཀྱང་། མཁན་པོར་མི་འགྱུར་བ་དེ་བཞིན་དུ། །དཔོན་སློབ་གཉིས་ཀ་ཡང་གསང་སྔགས་ཀྱི་སྡོམ་པ་མེད་པ་ཡིན་པ་ལ། བླ་མ་མཚན་ཉིད་དང་ལྡན་པ་མི་སྲིད་པའི་ཕྱིར་རོ། །དཔེར་ན་རབ་བྱུང་མ་བྱས་ན། མཁན་པོའི་ཐ་སྙད་མི་ཐོབ་པ་བཞིན། དེ་བཞིན་དབང་མ་ཐོབ་པར་བླ་མའི་ཐ་སྙད་མི་འབྱུང་ངོ་ཞེས་ཐུན་མོང་མ་ཡིན་པའི་གསང་བ་ལས། གང་རབ་མཆོག་ཐོབ་པའི་དེའི་བླ་མར་ཡོངས་སུ་བཟུང་། ཞེས་གསུངས། རྡོ་རྗེ་གཙུག་ཏོར་ལ་སོགས་པ་ལས་ཀྱང་མང་དུ་གསུངས་སོ། །

དེ་དག་གི་དོན་བླ་མ་ལྔ་བཅུ་པ་ལས། དབང་བསྐུར་མཆོག་ཐོབ་རྡོ་རྗེ་ཡི། །སློབ་དཔོན་ལ་ནི་དེ་བཞིན་གཤེགས། །ཕྱོགས་བཅུའི་འཇིག་རྟེན་ཁམས་བཞུགས་པའི། །དུས་གསུམ་ལ་ནི་མངོན་ཕྱག་འཚལ། །ཞེས་བཤད་དོ། །གསང་སྔགས་མིན་པའི་བླ་མ་ལ། །མོས་པ་བྱས་ཀྱང་ཚེ་འདི་ཡི། །བདེ་སྐྱིད་ཕུན་ཚོགས་ཙམ་ཞིག་གམ། །རིམ་གྱིས་འགྲུབ་པའི་རྒྱུར་སྲིད་ཀྱི། །ཚེ་འདིའམ་བར་དོ་ལ་སོགས་པར། །སངས་རྒྱས་ཉིད་སྦྱིན་མི་ནུས་སོ། །ཕ་རོལ་ཏུ་ཕྱིན་པའི་གཞུང་ཕལ་པོ་ཆེ། ནོར་བཟང་གི་རྣམ་པ་ལྟ་བུའི་ལུགས་ལ། བླ་མ་སངས་རྒྱས་ལྟ་བུར་བལྟ་བར་བྱ་ཞེས་གསུངས་མོད་ཀྱི། སངས་རྒྱས་དངོས་སུ་མ་གསུངས། བླ་མ་སངས་རྒྱས་ཉིད་ཡིན་ཞེས་བྱ་བ། དབང་བསྐུར་ཐོབ་ནས་ཡིན་ནོ། །དབང་བསྐུར་སྡོམ་པ་དང་མ་འབྲེལ་ན། བླ་མ་བཟང་ཡང་ཕ་རོལ་ཏུ་ཕྱིན་པའི་བླ་མ་ཡིན་ནོ། །འདུལ་བའི་ལུགས་ཀྱི་རབ་བྱུང་མ་ཡིན་པ་ལ་མཁན་པོ་མེད་ལ། གསང་སྔགས་ཀྱི་ལུགས་ཀྱིས་དབང་མ་བསྐུར་བ་ལ་བླ་མ་མེད། སོ་སོར་ཀྱི་ལུགས་ཀྱི་སྡོམ་པ་མེད་པ་ལ་དགེ་བ་རྒྱུན་ཆགས་པ་མེད། དཀོན་མཆོག་གསུམ་ལ་སྐྱབས་འགྲོ་མེད་ན། སངས་རྒྱས་པའི་ཆོས་མིན་ནོ། །མདོར་ན། དགེ་སློང་སྡོམ་པ་མེད་པ་དང་། །རྒྱལ་སྲས་སེམས་བསྐྱེད་མེད་པ་དང་། །སྔགས་པ་དབང་བསྐུར་མེད་པ་གསུམ། ། སངས་རྒྱས་བསྟན་པའི་ཆོམ་རྐུན་ཡིན་ནོ། །གྲུས་པ་ལ། རྟོག་པ་ཁ་ཆེམ་ཕྱག་ལེན་དུ་འདོད་པ་དགག། རྣམ་རྟོག་རགས་རིམ་འགགས་པ་ཕྱག

ཆེན་དུ་འདོད་པ་དགག ཞིགནས་ཕྲ་མོ་མཐོང་ལམ་དུ་ངོ་སྤྲོད་པ་དགག དང་པོ་ལ། བསྒོམ་དེ་ཕྱག་རྒྱ་ཆེན་པོ་མ་ཡིན་པར་བསྟན། དེའི་འབྲས་བུ་འཁོར་འདས་ཀྱི་མཐར་ལྷུང་བར་བསྟན། མ་ལྷུང་ཡང་། གསང་སྔགས་ཀྱི་ཕྱག་ཆེན་དུ་མི་རུང་བར་བསྟན། རང་ལུགས་ཀྱི་ཕྱག་ཆེན་ངོས་བཟུང་། ད་ལྟའི་ཕྱག་ཆེན་ཕལ་ཆེར་རྒྱ་ནག་གི་ལུགས་དང་འདྲ་བར་བསྟན། དང་པོ་ནི། ཕྱག་རྒྱ་ཆེན་པོ་བསྒོམ་ན་ཡང་། །རྟོག་པ་ཁ་ཆོམ་ཉིད་ཡིན་གྱི། །རིམ་གཉིས་ལས་བྱུང་ཡེ་ཤེས་ལ། །ཕྱག་རྒྱ་ཆེན་པོར་མི་ཤེས་སོ། །ཞེས་པ། བོད་ཀྱི་ཕྱག་རྒྱ་ཆེན་པོ་བསྒོམ་ན་ཡང་། ། རྟོགས་པ་ཁ་ཆོམ་ཉིད་ལ་ཕྱག་རྒྱ་ཆེན་པོ་ཡིན་ཟེར་ནས། བསྒོམ་གྱི་རིམ་པ་གཉིས་ལས་མ་བྱུང་བའི་ཡེ་ཤེས་ལ། ཕྱག་རྒྱ་ཆེན་པོ་ཟེར་བ་ལ། དེ་ཕྱག་རྒྱ་ཆེན་པོར་མི་ཤེས་སོ། །

གཉིས་པ་ནི། བླུན་པོ་ཕྱག་རྒྱ་ཆེན་བསྒོམ་པ། ། ཕལ་ཆེར་དུད་འགྲོའི་རྒྱུ་རུ་གསུངས། །མིན་ན་གཟུགས་མེད་ཁམས་སུ་སྐྱེ། །ཡང་ན་ཉན་ཐོས་འགོག་པར་ལྷུང་། །ཞེས་པ། བླུན་པོ་རྣམས་ཀྱི་རྟོག་པ་ཁ་ཆོམ་ཚོད་པ་ལ་ཕྱག་རྒྱ་ཆེན་པོར་མིང་བཏགས་ནས་བསྒོམ་པ་ཕལ་ཆེར་དུད་འགྲོའི་རྒྱུ་རུ་གསུངས་ཏེ། ཡེ་ཤེས་གྲུབ་པ་ལས། རྨོངས་པའི་སྒོམ་པར་མིང་བཏགས་ནས་བསྒོམ་པ་དུད་འགྲོའི་རྒྱུ་ཡིན་གསུངས་སོ། །མིན་ན་གཟུགས་མེད་པའི་ཁམས་སུ་སྐྱེ་སྟེ། ཡེ་ཤེས་སྟོང་བ་ལ་ངོ་སྤྲད་ནས་དགེ་བའི་རིགས་ཅི་རིགས་པ་བྱུས་པས་སོ། །ཡང་ན་སྲིད་པ་གསུམ་དུ་ཚོགས་བསགས་ནས་སྟོང་ཉིད་བསྒོམ་ན། ཉན་ཐོས་ཀྱི་འགོག་པར་ལྷུང་ངོ་། །སེམས་སྟོང་བ་གོལ་ས་ཡོད་ན། ཐོས་པ་ཆེན་གོལ་ས་ཆུང་། ཐོས་པ་ཆུང་ན་གོལ་ས་ཆེ་བྱེ་བྲག་ཏུ་སེམས་བག་ཆགས་ཀྱི་རྗེས་སུ་འབྲང་བས། བླུན་པོ་རྣམས་ཀྱི་རྟོག་པ་ཁ་ཆོམ་ཚོད་པའི་ཕྱག་རྒྱ་ཆེན་པོ་བསྒོམ་ན་བྱིས་པ་མ་རབས་སུ་གོལ། སེམས་ལོག་པར་བལྟས་ན་མུ་སྟེགས་སུ་གོལ། སེམས་སྟོང་པར་བལྟས་ན་ཆད་པར་གོལ། སེམས་ཐེར་ཟུག་ཏུ་བལྟས་ན་བརྟག་པར་གོལ་ལོ། །གསུམ་པ་ནི། གལ་ཏེ་འདི་ནི་བསྒོམ་ལེགས་ཀྱང་། །དབུ་མའི་བསྒོམ་ལས་ལྷག་པ་མེད། །དབུ་མའི་བསྒོམ་དེ་བཟང་མོད་ཀྱི། །འོན་ཀྱང་འགྲུབ་པ་ཤིན་ཏུ་དཀའ། །ཇི་སྲིད་ཚོགས་གཉིས་མ་རྫོགས་པར། །དེ་སྲིད་བསྒོམ་དེ་མཐར་མི་ཕྱིན། །འདི་ཡི་ཚོགས་གཉིས་རྫོགས་པ་ལ། །བསྐལ་པ་གྲངས་མེད་དགོས་པར་གསུངས། །གལ་ཏེ་དེ་ལྟ་བུའི་བསྒོམ་དེ་ནི་ཐབས་ཤེས་ཟུང་དུ་འབྲེལ་ནས་བསྒོམ་ལེགས་ན། དབུ་མའི་བསྒོམ་དུ་འགྱུར་ལ། དེ་ལས་ལྷག་པའི་ཕྱག་རྒྱ་ཆེན་པོ་མེད་ལ། དབུ་མའི་བསྒོམ་དེ་བཟང་མོད་ཀྱི། འོན་ཀྱང་དེ་ལྟ་བུའི་ཕྱག་རྒྱ་ཆེན་པོ་བསྒོམས་པས་འགྲུབ་པ་ཤིན་ཏུ་དཀའ་སྟེ། བསོད་ནམས་དང་ཡེ་ཤེས་ཀྱི་ཚོགས་གཉིས་ཇི་སྲིད་མ་རྫོགས་པ་དེ་སྲིད་བསྒོམ་དེ་མཐར་མི་ཕྱིན་པའི་ཕྱིར་ཏེ། སྡུད་པ་ལས། དེ་དག་དགེ་བའི་རྩ་བ་ཇི་སྲིད་མ་རྫོགས་པར། །དེ་ཉིད་སྟོང་ཉིད་དམ་པ་ཐོབ་མི་འགྱུར། །ཞེས་གསུངས་པའི་ཕྱིར། དབུ་མའི་བསྒོམ་འདི་ཚོགས

གཉིས་རྫོགས་པ་ལ། བསྐལ་བ་གྲངས་མེད་གཉིས་ས་དང་པོ་དང་། གཉིས་པ་ས་བདུན་པ་མན་ཆད། གསུམ་པ། ས་བརྒྱད་དང་། དགུ་བ་དང་། བཅུ་པ་རྣམས་རྫོགས་དགོས་པའི་ཕྱིར། བཞི་བ་ནི། ངེད་ཀྱི་ཕྱག་རྒྱ་ཆེན་པོ་ནི། །དབང་ལས་བྱུང་བའི་ཡེ་ཤེས་དང་། །རིམ་པ་གཉིས་ཀྱི་ཏིང་འཛིན་ལས། །བྱུང་བའི་རང་བྱུང་ཡེ་ཤེས་ནི། །འདི་ཡི་རྟོགས་པ་གསང་སྔགས་ཀྱི། །ཐབས་ལ་མཁས་ན་ཚེ་འདི་འགྲུབ། །དེ་ལས་གཞན་དུ་ཕྱག་རྒྱ་ཆེ། །རྟོགས་པ་སངས་རྒྱས་ཀྱིས་མ་གསུངས། །དེས་ན་ཕྱག་རྒྱ་ཆེན་པོ་ལ། །མོས་པ་གསང་སྔགས་གཞུང་བཞིན་བསྒྲུབ། །ངེད་ཀྱི་ཕྱག་རྒྱ་ཆེན་པོ་ནི། བླ་མ་མཚན་ཉིད་དང་ལྡན་པ་ལ་སློབ་མ་མཚན་ཉིད་དང་ལྡན་པས། མཚན་ཉིད་དང་ལྡན་པའི་དབང་བསྐུར་བའི་དུས་སུ་སྐྱེས་པའི་ཡེ་ཤེས་ལ་ཟེར་བ་ཡིན། དེ་ཡང་བུམ་པའི་དབང་བསྐུར་ནས། ལམ་བསྐྱེད་པའི་བསྒོམ་པ་ལས། ལྷ་བ་ངོ་བོ་ཉིད་གསུམ་ནི་བུམ་དབང་ལ་དབང་བསྐུར་བའི་ཕྱག་རྒྱ་ཆེན་པོ་ཡིན། གསང་དབང་བསྐུར་ནས་རླུང་དང་གཏུམ་མོའི་རྣལ་འབྱོར་བསྒོམ་པ་ལས་བྱུང་བའི་ལྷ་བ་རང་བྱུང་གི་ཡེ་ཤེས་བཞི་ནི། གསང་དབང་གི་ཕྱག་རྒྱ་ཆེན་པོ་ཡིན། ཤེས་རབ་ཡེ་ཤེས་ཀྱི་དབང་བསྐུར་ནས་དཀྱིལ་འཁོར་འཁོར་ལོ་བསྒོམ་པ་ལས་བྱུང་བའི་བདེ་སྟོང་གི་ཡེ་ཤེས་ནི། ཤེས་རབ་ཡེ་ཤེས་ཀྱི་ཕྱག་རྒྱ་ཆེན་པོ་ཡིན། དབང་བཞི་པ་བསྐུར་ནས་རྡོ་རྗེ་ཐ་རླབས་བསྒོམ་པ་ལས་བྱུང་བའི་དབང་བཞི་པའི་ཕྱག་རྒྱ་ཆེན་པོ་ཡིན། ཕྱག་རྒྱ་ཆེན་པོ་འདི་རྟོགས་པ་གསང་སྔགས་ཀྱི་ཐབས་ལ་མཁས་ན། རབ་ཀྱི་ཚེ་འདི་ཉིད་ལ་འགྲུབ། གསང་སྔགས་ནས་བཤད་པའི་ཕྱག་རྒྱ་ཆེན་པོ་དེ་ལས་གཞན་དུ། རྟོགས་པ་ཁ་ཚོམ་ཚོད་པའི་ཕྱག་རྒྱ་ཆེན་པོ་རྟོགས་པ་སངས་རྒྱས་ཀྱིས་མ་གསུངས་སོ། །རྒྱུ་མཚན་དེས་ན། ཕྱག་རྒྱ་ཆེན་པོ་ལ་མོས་ན་གསང་སྔགས་ཀྱི་གཞུང་ནས་བཤད་པ་བཞིན་བསྒྲུབ་པར་བྱའོ། །

ལྔ་པ་ལ། བསྟན་བཤད་གཉིས། དང་པོ་ནི། ད་ལྟའི་ཕྱག་རྒྱ་ཆེན་པོ་དང་། །རྒྱ་ནག་ལུགས་ཀྱི་རྫོགས་ཆེན་ལ། །ཡས་འབབ་དང་ནི་མས་འཛེག་གཉིས། །རིམ་གྱི་བ་དང་ཅིག་ཆར་བར། །མིང་འདོགས་བསྒྱུར་བ་མ་གཏོགས་པ། །དོན་ལ་ཁྱད་པར་དབྱེ་བ་མེད། །ཅེས་པ། བོད་ཕལ་ཆེར་བསྒོམ་པའི་ད་ལྟའི་ཕྱག་རྒྱ་ཆེན་པོ་དང་། རྒྱ་ནག་གི་མཁན་པོ་ཧྭ་ཤང་མ་ཧཱ་ཡ་ནའི་ལུགས་ཀྱི་རྫོགས་ཆེན་ལ། ཡས་འབབ་དང་། མས་འཛེག་གཉིས་ལ། བོད་ཕལ་ཆེར་གྱི་རིམ་གྱིས་དང་ཅིག་ཆར་བའི་མིང་འདོགས་བསྒྱུར་བ་མ་གཏོགས། དོན་ལ་རྣམ་པར་དབྱེ་བ་མེད་དོ། །གཉིས་པ་ལ། སྟོན་བྱུང་གི་ལོ་རྒྱུས་བསྟན་པ། དེ་བོད་ཀྱི་ཕྱག་རྒྱ་ཆེན་པོ་དང་འདྲ་བར་བསྟན་པ། དེ་གྲུབ་ཐོབ་རྣམས་ཀྱི་དགོངས་པ་དང་འགལ་ལོ། དབང་དང་མ་འབྲེལ་བའི་ཕྱག་ཆེན་རྒྱུད་དང་འགལ་བ། དབང་ལ་འབྱུང་བའི་ཡེ་ཤེས་ཕྱག་ཆེན་དུ་བསྟན་པ་དང་ལྔ། དང་པོ་ནི། ཆོས་ལུགས་འདི་འདྲ་བྱུང་བ་ཡང་། །བྱང་ཆུབ་སེམས་དཔའ་ཞི་བ་འཚོས། །རྒྱལ་པོ་ཁྲི་སྲོང་ལྡེ་བཙན་ལ། །ལུང་བསྟན་ཇི་བཞིན་ཐོག་ཏུ་བབ། །ལུང་བསྟན་དེ་

ཡང་བཤད་ཀྱིས་ཉོན། །རྒྱལ་པོ་ཁྱོད་ཀྱི་བོད་ཡུལ་འདི། །སློབ་དཔོན་པད་མ་འབྱུང་གནས་ཀྱིས། །བསྟན་མ་བཅུ་གཉིས་ལ་གཏད་པས། །མུ་སྟེགས་འབྱུང་བ་མི་འགྱུར་མོད། འོན་ཀྱང་རྟེན་འབྲེལ་འགའ་ཡི་རྒྱུས། །ཆོས་ལུགས་གཉིས་སུ་འགྲོ་བར་འགྱུར། །དེ་ཡང་ཐོག་མར་ང་འདས་ནས། །རྒྱ་ནག་དགེ་སློང་བྱུང་ནས་ནི། །དཀར་པོ་གཅིག་ཐུབ་ཞེས་བྱ་བར། །ཅིག་ཅར་བ་ཡི་ལམ་སྟོན་འགྱུར། །དེ་ཚེ་ང་ཡི་སློབ་མ་ནི། །མཁས་པ་ཆེན་པོ་ཀ་མ་ལ། །ཤཱི་ལ་ཞེས་བྱ་རྒྱ་གར་ནས། །སྤྱན་དྲོང་དེ་ཡི་དེ་སུན་འབྱིན། །དེ་ནས་དེ་ཡི་ཆོས་ལུགས་བཞིན། །དད་ལྡན་རྣམས་ཀྱིས་སྤྱོད་ཅིག་གསུངས། །དེ་ཡི་ཇི་སྐད་གསུངས་པ་བཞིན། །ཕྱི་ནས་ཐམས་ཅད་བདེན་པར་འགྱུར། །རྒྱ་ནག་ལུགས་དེ་ནུབ་མཛད་ནས། །རིམ་གྱིས་པ་ཡི་ཆོས་ལུགས་སྤེལ། །རྒྱ་ནག་གི་ཆོས་ལུགས་འདི་འདྲ་བྱུང་བ་ཡང་། བྱང་ཆུབ་སེམས་དཔའ་ཞི་བ་འཚོ་སྟེ་པོ་དྷི་ས་ཏྭ་ཆོས་རྒྱལ་ཆེན་པོ་ཁྲི་སྲོང་ལྡེའུ་བཙན་ལ་ལུང་བསྟན་ཇི་བཞིན་ཐོག་ཏུ་བབས། ལུང་བསྟན་དེ་ཡང་བཤད་ཀྱིས་ཉོན། རྒྱལ་པོ་ཁྱོད་ཀྱིས་བོད་ཡུལ་འདིར་ཨུ་རྒྱན་གྱི་སློབ་དཔོན་པད་མ་འབྱུང་གནས་ཀྱིས་བོད་ཡུལ་དུ་ལྷ་འདྲེ་གདུག་པ་ཅན་ཐམས་ཅད་བཏུལ་ཏེ། ཁྱད་པར་དུ་བསྟན་མ་བཅུ་གཉིས་ལ་བོད་དུ་མུ་སྟེགས་མི་འབྱུང་བར་བཀའ་བསྒོ་བ་གཏད་པས་མུ་སྟེགས་འབྱུང་བར་མི་འགྱུར་མོད། འོན་ཀྱང་རྟེན་འབྲེལ་འགའི་རྒྱུན། ཆོས་ལུགས་གཉིས་སུ་འགྲོ་བར་འགྱུར། དེ་ལ་ཐོག་མར་ང་འདས་ནས་རྒྱ་ནག་དགེ་སློང་བྱུང་ནས་ནི། དཀར་པོ་ཆིག་ཐུབ་ཞེས་བྱ་བའི་ལམ་སྟོན་པར་འགྱུར་ལ། དེའི་ཚེ་འདི་སློབ་མ་མཁས་པ་ཆེན་པོ་ཀ་མ་ལ་ཤཱི་ལ་ཞེས་བྱ་རྒྱ་གར་ནས་སྤྱན་དྲོངས། དེའི་རྒྱ་ནག་དགེ་སློང་སུན་འབྱིན་no།

དེ་ནས་ཀ་མ་ལ་ཤཱི་ལ་དེའི་ཆོས་ལུགས་བཞིན་དད་ལྡན་རྣམས་ཀྱི་སྤྱོད་ཅིག་གསུངས། མཁན་པོ་བོ་དྷི་ས་ཏྭ་དེའི་ཇི་སྐད་གསུངས་པ་བཞིན་ཕྱི་ནས་ཐམས་ཅད་བདེན་པར་གྱུར་ལ། །རྒྱ་ནག་གི་ཆོས་ལུགས་ནུབ་པར་མཛད་ནས། རིམ་པའི་ཆོས་ལུགས་སྤེལ་བར་མཛད་དོ། །འདི་ལ་སྔོན་བྱུང་རྒྱ་ནག་གི་ལུགས་བརྗོད་ན། རྒྱལ་པོ་ཁྲི་སྲོང་ལྡེའུ་བཙན་གྱི་སྐུ་ཚོའི་དཀྱིལ་ལ། རྒྱ་ནག་དགེ་སློང་ཧྭ་ཤང་ཅིག་བྱུང་ནས། ཆིག་ལ་སྙིང་པོ་མེད་དེ། ཐ་སྙད་ཀྱི་ཆོས་ཀྱིས་སངས་མི་རྒྱ། སེམས་རྟོགས་ན་དཀར་པོ་ཆིག་ཐུབ་ཡིན་པས་དེས་ཆོག་ཟེར། འཁོར་བར་སྐྱེ་བའི་རྒྱུ་རང་ངོ་མ་ཤེས་པས་ལན། རང་ངོ་རང་གིས་ངོ་ཤེས་ན་འཚང་རྒྱ། དེའི་ཕྱིར་སེམས་ངོ་འཕྲོད་ན་དཀར་པོ་ཆིག་ཐུབ་ཡིན། འདིའི་ཆོས་ལུགས་ཀྱི་གཞུང་འཛུགས་པ་ལ། སེམས་ངོ་འཕྲོད་ན། ཉལ་བས་ཆོག་ཟེར་ནས། བསམ་གཏན་ཉལ་བའི་འཁོར་ལོ། དེའི་གནད་སྟོན་པ་ལ་བསམ་གཏན་གྱིས་ལོན། དེའི་གེགས་སེལ་བ་ལ་བསམ་གཏན་གྱིས་ཡང་ལོན། །དེའི་གདམས་ངག་རིགས་པས་སྒྲུབ་པ་ལ་ལྟ་བའི་རྒྱབ་ཞལ། དེ་ལུང་གིས་བསྒྲུབ་པ་ལ་མདོ་སྡེ་བརྒྱ་བཅུ་ཁུངས་ཞེས་བྱ་བའི་བསྟན་བཅོས་ལྔ་བརྩམས་ནས། རྒྱ་ནག་གི་ཆོས་ལུགས་དཀར་པོ་ཆིག་ཐུབ

འདི། བོད་ཁམས་ཐམས་ཅད་དུ་འཕེལ་ལོ། །དེར་རྒྱ་གར་གྱི་ཆོས་ལུགས་དང་མ་མཐུན་པར། ཐ་ཡེ་ཤེས་དབང་པོ་བསྲུང་བ་ལྷོ་བྲག་ནས་སྤྱན་དྲངས། རྒྱ་གར་དང་རྒྱ་ནག་གི་ཆོས་ལུགས་པ་དེ་ལ་དྲིས་པས། དེའི་ཞལ་ནས། འོ་གོལ་ལ། སློབ་དཔོན་ཞི་བ་འཚོས་ཞལ་ཆེམས་འདི་ལྟར་བཞག་སྟེ། བོད་ཁམས་འདི་སློབ་དཔོན་པད་མ་འབྱུང་གནས་ཀྱིས་བསྟན་མ་བཙུ་གཉིས་ལ་གཏད་པས་མུ་སྟེགས་མི་འབྱུང་། འོན་ཀྱང་ཉིན་མཚན་དང་། གཡས་གཡོན་དང་། ཡར་ངོ་མར་ངོའི་རྟེན་འབྲེལ་གྱིས། ཆོས་དག་མ་དག་གཉིས་འབྱུང་བ། རྟེན་འབྲེལ་གྱི་ཆོས་ཉིད་ཡིན་པས། ང་འདས་པའི་འོག་ཏུ། རྒྱ་ནག་གི་མཁན་པོ་ཞིག་འབྱུང་བས། ཐབས་ཤེས་རབ་ལ་བསྐུར་བ་འདེབས། དཀར་པོ་ཆིག་ཐུབ་ཅེས་བྱ་བ་སེམས་རྟོགས་པ་འབའ་ཞིག་གིས་འཚང་རྒྱའོ། །ཞེས་ཟེར་བ་འབྱུང་བར་འགྱུར་རོ། ། དེ་བཅོམ་ལྡན་འདས་ཀྱི་མདོ་ལས་སྤྲིགས་མ་ལྔའི་ནང་ནས་ལྔ་བའི་སྙིགས་མ་ཞེས་བྱ་བ། སེམས་རྟོགས་པ་འབའ་ཞིག་གིས་འཚང་རྒྱའོ། །ཞེས་བྱ་བ་སྟོང་བ་ཉིད་ལ་དགའ་བ་ཡིན་པར་གསུངས་པས། བོད་ཁོ་ནར་མ་ཟད་སྙིགས་མ་ལྔའི་གང་ཟག་ཐམས་ཅད་དགའ་བའི་ཆོས་ཉིད་ཡིན། འདི་འཕེལ་ན་སངས་རྒྱས་ཀྱི་བསྟན་པ་སྤྱི་ལ་གནོད་པས། དེའི་ཚེ་ངའི་སློབ་མ་ཀ་མ་ལ་ཤཱི་ལ་ཞེས་བྱ་བ་རྒྱ་གར་ནས་སྤྱན་དྲོངས་ལ། རྒྱ་ནག་མཁན་པོ་དང་རྩོད་དུ་ཆུག གང་རྒྱལ་བ་དེའི་ལུགས་ཀྱིས་ཤིག ཅེས་ལུང་བསྟན་པས། དེ་ལྟར་མཛད་འཚལ་ཞེས་ཞུས་ནས སློབ་དཔོན་ཀ་ལ་ཤཱི་ལ་སྤྱན་དྲངས། བསམ་ཡས་སུ་ཁྲི་གསུམ་བཞམ། དབུས་སུ་རྒྱལ་པོ་བཞུགས། གཡས་སུ་ཀ་མ་ལ་ཤཱི་ལ། གཡོན་དུ་རྒྱ་ནག་མཁན་པོ་བཞག མཐའ་མར་འཁོར་རྣམས་ཀྱིས་འཁོར་བའི་ཚེ། ཐམས་ཅད་ཀྱི་མཆོད་ཆ་བསྣམས་ལག་ཏུ་མེ་ཏོག་བཏེགས་ནས། གང་རྒྱལ་བ་ལ་བཏུད་དེ། ཕམ་པའི་ལུགས་བོར་ནས། རྒྱལ་བ་དེའི་ཆོས་ལུགས་ལ་འཇུག་པའི་རྒྱལ་ཁྲིམས་བཅས་སོ། །

དེ་མི་བྱེད་པ་རྣམས་ལ། འཆད་པས་གཅོད་པར་བྱ་བའི་ཚེ། ཀ་མ་ལ་ཤཱི་ལའི་གྲལ་དུ། རྒྱ་གར་གྱི་ཆོས་ལུགས་འཛིན་པ་འགའ་རེ་དང་། བློན་པོ་འགོས་ལ་སོགས་པ་ཙུང་ཟད་ལས་མ་བྱུང་། རྒྱ་ནག་མཁན་པོའི་གྲལ་དུ། རྒྱལ་པོའི་བཙུན་མོ་འབྲོ་ཆ་བྱང་ཆུབ་དང་། གཟིམ་མལ་བ་གཙོ་སྨ་ངན་ལམ། དྲག་རལ་གླུ་མགོ་ལ་སོགས་པ་ཤིན་ཏུ་ཆེ་བ་འདུས་སོ། །དེའི་ཚེ་ཀ་མ་ལ་ཤཱི་ལས། རྒྱ་ནག་གི་ཆོས་ལུགས་ཇི་འདྲ་ཡིན་ཞེས་ཕྱོགས་སྔ་མ་དྲིས་པ་ན། རྒྱ་ནག་ན་རེ། ཁྱེད་ཀྱི་ཆོས་ལུགས་སྐྱབས་འགྲོ་སེམས་བསྐྱེད་ནས་བཟུང་ནས། སྤྲེའུ་ཤིང་རྩེར་འཛེག་པ་ལྟར་མས་འཛེག་ཡིན། ངེད་ཀྱི་ཆོས་ལུགས། བྱ་བྱེད་ཀྱི་ཆོས་ཀྱིས་འཚང་མི་རྒྱ་བར་རྣམ་པར་མི་རྟོག་པ་བསྒོམས་ནས་སེམས་རྟོགས་པ་ཉིད་ཀྱིས་འཚང་རྒྱ་སྟེ། ཁྱུང་ནམ་མཁའ་ལ་ལྡིང་བ་ཤིང་རྩེར་འབབ་པ་ལྟར་ཡས་འབབ་ཀྱི་ཆོས་དཀར་པོ་ཆིག་ཐུབ་ཡིན་ཟེར་རོ། །སློབ་དཔོན་གྱིས་ཁྱོད་ཀྱིས་དཔེ་དོན་གཉིས་ཀ་མི་འཐད་པ་ལས།

ཐོག་མར་དཔེ་མི་འཐད་དེ། ཁྱུང་ནམ་མཁའ་ལ་གློ་བུར་དུ་འདབ་གཤོག་རྫོགས་པར་སྐྱེས་ནས་འཕབ་པས། ཐག་ལ་སོགས་པར་ཚང་བཅས་དེ་ནས་འདབ་གཤོག་རྒྱས་པར་བྱས་ཏེ་འཕབ། དང་པོ་མི་སྲིད་ལ། གཉིས་པ་རིམ་གྱིས་པའི་དཔེར་རུང་གི །ཅིག་ཆར་བའི་དཔེར་མི་རུང་ངོ་། །དེ་ནས་མཁན་པོས་དཔེ་ལ་ལན་མ་ཐེབས་པ་དང་། སློབ་དཔོན་གྱིས་ཁྱོད་ཀྱི་དཔེར་ནོར་བར་མ་ཟད། དོན་ཡང་འཁྲུལ་ཏེ་རྣམ་པར་མི་རྟོག་པ་བསྒོམ་པ་དེ་རྣམ་རྟོག་ཕྱོགས་ཅིག་བཀག་པ་ཙམ་ཡིན་པས། རྣམ་པར་རྟོག་པ་མཐའ་དག་བཀག་དགོས། དང་པོ་ཕྱོགས་གཅིག་བཀག་པ་ཡིན་ནོ་ཞེ་ན། དེ་ལྟར་ན་གཉིད་དང་རྒྱལ་བ་ལ་སོགས་པ་ཡང་རྣམ་པར་མི་རྟོགས་པར་ཐལ། རྟོག་པ་ཕྱོགས་གཅིག་བཀག་པ་ཙམ་ཡིན་པའི་ཕྱིར། རྣམ་པར་མི་རྟོག་པ་མཐའ་དག་བཀག་པ་ཡིན་ནོ་ཞེས། དེ་ལྟར་ཁྱེད་མི་རྟོག་པ་བསྒོམ་པའི་ཚེ། མི་རྟོག་པ་བསྒོམ་སྙམ་པའི་བློ་སྔོན་དུ་གཏང་དགོས་སམ་མི་དགོས། མི་དགོས་ན། ཁམས་གསུམ་གྱི་སེམས་ཅན་ཐམས་ཅད་ལ་རྣམ་པར་མི་རྟོག་བསྒོམ་སྐྱེ་བར་ཐལ། སྒོམ་སྙམ་པའི་རྟོག་པ་སྔོན་དུ་མ་བཏང་ཡང་སྐྱེ་བའི་ཕྱིར། མི་རྟོག་པ་བསྒོམ་སྙམ་པའི་རྟོག་པ་སྔོན་དུ་གཏང་དགོས་ན། དེ་ཉིད་རྟོག་པ་ཡིན་པས། མི་རྟོག་པ་བསྒོམ་པའི་དམ་བཅའ་ཉམས་ཏེ། དཔེར་ན། སྒྲ་བཅད་བྱས་པ་ཡིན་ཞེས་བརྗོད་ན། སྒྲ་བཅད་ཤོར་བ་དང་། ཙ་ཙོམ་བྱེད་ཅེས་པ་ཙ་ཙོར་འགྲོ་བ་བཞིན་ནོ། །ཞེས་བྱ་བ་ལ་སོགས་པའི་ལུང་དང་རིགས་པས་སུན་ཕྱུང་བ་ན། རྒྱ་ནག་མཁན་པོ་སྤོབས་པ་མེད་པར་གྱུར་ཏོ། །དེར་རྒྱལ་པོས་ལན་ཡོད་ན་སྨྲོས་ཤིག མཁན་པོ་ན་རེ། མགོར་ཐོག་བརྒྱབ་པ་དང་མཚུངས་པས་ལན་མི་ཤེས་སོ། །

རྒྱལ་པོས་སྨྲས་པ། དེ་ལྟ་ན་སློབ་དཔོན་ལ་མེ་ཏོག་གི་ཕྲེང་བ་ཕུལ་ལ་བཟོད་པར་གསོལ། དཀར་པོ་ཆིག་ཐུབ་ཀྱི་ཆོས་ལུགས་བོར་ལ། ལུང་རིགས་དང་མི་འགལ་བ་རྒྱ་གར་གྱི་ཆོས་ལུགས་བཞིན་གྱིས་ཤིག ད་སླན་ཆད་རྒྱ་ནག་གི་ཆོས་ལུགས་དཀར་པོ་ཆིག་ཐུབ་འདི་བྱས་པ་བྱུང་ན། འཆད་པས་གཅོད་དོ། །ཞེས་བོད་ཁམས་ཀུན་དུ་ཁྲིམས་བཅས་ཏེ། རྒྱ་ནག་གི་དཔེ་རྣམས་བསྡུས་ནས་བསམ་ཡས་སུ་གཏེར་དུ་སྦས་སོ། །དེར་རྒྱ་ནག་མཁན་པོ། ཡི་མུག་སྟེ་རང་གི་གནས་སུ་སོང་། ཆོས་གྲྭ་དེར་ལྷམ་ཞིག་ལུས་པས། རྟགས་དེ་ལ་དཔགས་ནས་སངས་རྒྱས་ཀྱི་བསྟན་པ་འཇིག་ཁར་ངའི་བསྟན་པ་ལྷམ་ཙམ་ཞིག་འོང་བར་འགྱུར་རོ། །ཞེས་འཁོར་རྣམས་ལ་ལུང་བསྟན་ཏོ་ཞེས་གྲགས་སོ། །ཕྱིས་དགེ་བཤེས་མཁས་པ་རྣམས་ན་རེ། རྒྱ་ནག་མཁན་པོས་ཆོས་མི་ཤེས་ཀྱང་། ལྟས་ཙུང་ཟད་ཤེས་པ་ཞིག་སྟེ། དེང་སང་ཆོས་ཁུངས་མ་རྣམས་བོར་ཏེ། སེམས་ངོ་འཕྲོད་པས་འཚང་རྒྱ་བར་འདོད་པ་དཀར་པོ་ཆིག་ཐུབ་ཏུ་འགྲོ་བའི་རྒྱུ་མཚན་དེ་ཡིན་གསུངས། བཀའ་ཆེམས་ཀྱི་ཡི་གེ་གཞན་ཞིག་ལས་ནི། རྒྱ་ནག་མཁན་པོ་མི་ན་པའི། ཧྴང་གཞན་ཞིག་མི་ཆད་དེ་རྒྱ་ནག་ཏུ་འགྲོ་བའི་ཚེ་ལྷམ་ལུས་པ་ལ་དཔགས་ནས་དེ་སྐད་ཟེར་ཞེས་ཡི་

གེར་བྲིས་པ་མཐོང་ངོ་། །དེར་རྒྱ་ནག་མཁན་པོ་མགོ་ལ་མེ་སྦར་ནས་ནུབ་ཕྱོགས་བདེ་བ་ཅན་ལ་ཁ་ལྟས་ཏེ་ཤི། གཟིམ་མལ་བ་གཙོ་སྨ་སྨ་རང་གི་དབང་པོ་བརྡུངས་ཏེ་ཤི་བས། ཞེས་འདིར་ཡི་གེ་མང་བས་མ་བྲིས་སོ། །རྒྱལ་བཞེད། དཔའ་བཞེད། འབའ་བཞེད་གསུམ་ཀ་མཐུན་པར་སྣང་བས་དེར་བལྟ་བར་བྱའོ། །གཉིས་པ་ནི། ཕྱི་ནས་རྒྱལ་ཁྲིམས་ནུབ་པ་དང་། །རྒྱ་ནག་མཁན་པོའི་གཞུང་ལུགས་ཀྱིས། །ཡི་གེ་ཙམ་ལ་བརྟེན་ནས་ཀྱང་། །དེ་ཡི་མིང་འདོག་གསང་ནས་ནི། །ཕྱག་རྒྱ་ཆེན་པོར་མིང་བསྒྱུར་ནས། །ད་ལྟའི་ཕྱག་རྒྱ་ཆེན་པོ་ནི། །ཕལ་ཆེར་རྒྱ་ནག་ཆོས་ལུགས་ཡིན། །དུས་ཕྱིས་རྒྱལ་ཁྲིམས་ནུབ་པ་དང་རྒྱ་ནག་མཁན་པོའི་གཞུང་ལུགས་ཀྱི་ཡི་གེ་ཙམ་ལ་བརྟེན་ནས་ཀྱང་། དཀར་པོ་ཆིག་ཐུབ་དེའི་མིང་འདོགས་གསང་ནས། དཀར་པོ་ཆིག་ཐུབ་དེ་ནི། ཕྱག་རྒྱ་ཆེན་པོར་མིང་བསྒྱུར་ནས། ད་ལྟའི་ཕྱག་རྒྱ་ཆེན་པོ་ནི། ཕལ་ཆེར་རྒྱ་ནག་མཁན་པོའི་ཆོས། དགོངས་ཅིག་ཏུ། རྡོ་རྗེའི་གསུང་། ཆེན་པོ་གསུམ་གྱི་མ་རིག་པའི་རྟོགས་པར་བྱ་བ་འདི་བཞུགས། སྤྱིར་ཆོས་ཐམས་ཅད་སྤྱགས་མཚན་ཉིད་གཉིས་སུ་འདུས། མཚན་ཉིད་ལ་གཙོ་བོར་གྱུར་པ་དབུ་མ་ཆེན་པོ། སྔགས་ལ་གསར་རྙིང་གཉིས་གསར་མ་ལ་རྒྱུད་སྡེ་བཞི། ཟབ་པ་བླ་མེད་རྒྱུད། དེ་ལ་བརྗོད་བྱ་ཟབ་པ་མཚན་མེད་རྫོགས་རིམ་ཕྱག་རྒྱ་ཆེན་པོ། རྙིང་མ་ལ་ཐེག་པ་རིམ་དགུ། དེ་ལ་ཡང་རྩེར་གྱུར་པ་རྫོགས་ཆེན་ཨ་ཏི་ཡོ་ག དེ་འདྲའི་ཆེན་པོ་གསུམ་པོ་དེས་ངེད་ཀྱི་རྟོགས་པ་ལ་ཁ་མ་རག་སྟེ། ཆེན་པོ་གསུམ་ནི་བློས་གཞལ། ཚིག་གིས་བརྗོད། ངེད་ཀྱི་སེམས་ཉིད་རྟོགས་པ་ནི་བློའི་ཡུལ་ལས་འདས་པ་ཡིན། འགའ་ཞིག་ཕྱག་རྒྱ་ཆེན་པོ། ཁྱེད་རང་གི་མངོན་རྟོགས་ལ་ཟེར་བ་མ་ཡིན་ནམ་ཟེར་བ་ལས། ངེད་ཀྱི་འདི་ཕྱག་རྒྱ་ཆེན་པོ་ཡིན་རྒྱུ་མེད་དེ། མིང་གང་དུ་འདོགས་ཀྱང་རྗེ་སྒམ་པོ་བས་སྨན་ལ་དཔེ་མཛད་ནས་ངའི་སེམས་ཀྱི་ངོ་བོ་མཐོང་བ་འདི་དཀར་པོ་ཆིག་ཐུབ་ཡིན། དེ་ལ་མཁས་པ་ཆེན་པོ་གཅིག་གིས། ཁྱོད་ཀྱི་དཀར་པོ་ཆིག་ཐུབ་ལ། བསྔོ་བ་དང་སེམས་བསྐྱེད་དགོས་སམ་མི་དགོས། དགོས་ན་ཆིག་ཐུབ་གསུམ་དུ་འགྱུར་གསུང་ཞིང་། དཀར་པོ་ཆིག་ལས་གཞན་པའི་བསྔོ་བ་སེམས་བསྐྱེད་པ་བྱས་ཀྱང་ཆོག ཁམས་གསུམ་གྱིས་འཁོར་བ་ལས་ཐར་པའི་ངོས་ནས་དཀར་པོ་ཆིག་ཐུབ་རྐྱང་བར་བྱས་ཀྱང་ཆོག་གསུང་ངོ་ཞེས་ཟེར་རོ། །ལུགས་ཡིན་ནོ། །འདི་ལ། རྒྱ་ནག་གི་རྗེས་འབྲངས་པའི་ཕྱི་རབས་པའི་ལུགས་དང་། དེང་སང་གྲགས་པ་སེམས་སྣང་མེད་པའི་བསྒོམ་ལ་ཕྱག་ཆེན་དུ་འདོད་པའི་ལུགས་དང་། ཤེས་རབ་ཀྱི་ཕ་རོལ་ཏུ་ཕྱིན་པ་ལྟར་བསྒོམ་ཕྱག་ཆེན་དུ་འདོད་པ་དགག་པའོ། །དང་པོ་ནི། དེང་སང་འགའ་ཞིག ཕྱག་རྒྱ་ཆེན་པོའི་གདམས་ངག་གོལ་ས་གསུམ་དང་། ཤོར་ས་བཞི། སྤྱངས་ཏེ་སྐྱུག་ལ་བསྒོམ་པར་བྱ། །བྲམ་ཟེ་སྐྱུད་པ་འཕེལ་བ་ལྟར། །སོ་མ་མ་བཅོམ་ལྷུག་པར་བཞག ཅེས་བྱ་བའི་དོན། ཕྱག་རྒྱ་ཆེན་པོ་བདེ་གསལ་མི་རྟོག་པ་ལ་གོལ་ས

གསུམ་སྟེ། བདེ་བ་ལ་གོལ་ན་འདོད་ཁམས་ཀྱི་ལྷར་སྐྱེ། གསལ་བ་ལ་གོལ་ན་གཟུགས་ཁམས། མི་རྟོག་པ་ལ་གོལ་ན་གཟུགས་མེད་དུ་སྐྱེ། ཤོར་ས་བཞི་ནི། ཕྱག་རྒྱ་ཆེན་པོ་གཤིས་ལ་ཤོར་བ། བསྒོམ་དུ་ཤོར་བ། ཉེ་གནས་སུ་ཤོར་བ། རྒྱས་འདེབས་སུ་ཤོར་བའོ། །དང་པོ་ནི། བྲམ་ཟེ་སྐྱུད་པ་འཕེལ་བ་ལྟར། སོ་མ་དང་། མ་བཅོས་པ་དང་། ལྷུག་པ་དང་། འབོལ་ལེ། ཤིག་གེ་འཛོག་པ་ཡིན་ཟེར་རོ། །འདི་རྒྱ་ནག་གི་དཀར་པོ་ཆིག་ཐུབ་ཀྱི་རྗེས་སུ་འབྲང་བ་ཡིན་གྱི། སངས་རྒྱས་ཀྱི་གསུངས་པའི་ཕྱག་རྒྱ་ཆེན་པོ་མ་ཡིན་ཏེ། །དེ་འང་མདོ་སྡེ་དང་།འདུལ་བ་དང་། མངོན་པ་གསུམ་ཕྱག་རྒྱ་ཆེན་པོ་བཤད་པ་མེད། བྱེ་བྲག་ཏུ་འདི་འདྲ་བའི་ཕྱག་རྒྱ་ཆེན་པོ་བཤད་པ་མ་མཐོང་། རྒྱུད་སྡེ་བཞི་ནས། ལས་དང་། ཆོས་དང་། དམ་ཚིག་དང་། ཕྱག་རྒྱ་ཆེན་པོ་ཞེས་བཤད་པ་ཡོད། དེ་དག་གི་ལུགས་ཀྱང་འདི་མིན། སློབ་དཔོན་ཀླུ་སྒྲུབ་ཀྱི་ཕྱག་རྒྱ་བཞི་བར། ལས་ཀྱི་ཕྱག་རྒྱ་མི་ཤེས་པ་དེ་དག་གིས་ནི། ཆོས་ཀྱི་ཕྱག་རྒྱའང་ཤེས་པར་མི་འགྱུར་ན། ཕྱག་རྒྱ་ཆེན་པོའི་མིང་ཙམ་ཡང་ཤེས་པ་ག་ལ་འགྱུར་ཞེས་གསུངས་ལ། དེ་བཞིན་དུ་རྒྱུད་སྡེ་རྣམས་དང་། བསྟན་བཅོས་རྣམས་ལས་དེ་ལྟ་བུའི་ཕྱག་རྒྱ་ཆེན་པོ་བཀག་སྟེ། ལུང་རྣམས་ནི་གསང་སྔགས་ཡིན་པས་མ་བྲིས་སོ། །

གལ་ཏེ་མདོ་རྒྱུད་དང་བསྟན་བཅོས་རྣམས་ནས་མ་བཤད་ཀྱང་ཉམས་སུ་བླང་བ་ལ་འགལ་བ་ཅང་མེད་དམ་སྙམ། འདི་མདོ་རྒྱུད་རྣམས་དང་འགལ་ཞིང་རིགས་པས་མི་འཐད་པར་མངོན་ཏེ། དེའི་རྒྱུ་མཚན་གོལ་ས་གསུམ་གྱི་ལྷར་སྐྱེ་བས་མི་ཁོམ་པའི་གནས་བརྒྱད་དུ་སྐྱེ་བ་གོལ་ས་ཆེ་སྟེ། མི་ཁོམ་པའི་གནས་བརྒྱད་དུ་སྐྱེ་བར་མ་གྱུར་ཅིག །ཅེས་མདོ་རྒྱུད་ཀུན་ནས་སྨོན་ལམ་བཏབ་པ་དང་། ཡེ་ཤེས་གྲུབ་པར། སྨོངས་པའི་བསྒོམ་པ་གང་ཡིན་པ། །སྨོངས་པས་སྨོངས་པ་འཐོབ་པར་འགྱུར། །ཞེས་བློ་མ་བཅོས་པའི་ངང་ནས་འཛག་པའི་ཚུལ་འགའ་ཞིག་སྨོངས་པའི་བསྒོམ་པར་བཤད་པའི་ཕྱིར་དང་། རྒྱ་ནག་མཁན་པོའི་དཀར་པོ་ཆིག་ཐུབ་དང་ཅུང་ཟད་ཙམ་ཡང་ཁྱད་པར་མེད་པའི་ཕྱིར། ཡང་སངས་རྒྱས་ལ་མི་ཁོམས་པའི་གནས་བརྒྱད་པས་ཀྱང་། ཉན་ཐོས་དང་རང་སངས་རྒྱས་གོལ་ས་ཆེ་སྟེ། དམུལ་བར་འགྲོ་བ་བྱང་ཆུབ་ཀྱི། །གཏན་གྱི་གེགས་བྱེད་མ་ཡིན་ཏེ། །ཉན་ཐོས་དང་ནི་རང་སངས་རྒྱས། །བྱང་ཆུབ་ཀྱི་ནི་གཏན་གྱི་གེགས། །ཞེས་བྱ་བ་གསུངས། མཚན་བརྗོད་ཀྱི་ཕན་ཡོན་ལས། ཉན་ཐོས་དང་རང་སངས་རྒྱས་ཀྱི་ངེས་པ་ལ་ནམ་ཡང་འཇུག་པར་མི་འགྱུར་རོ། །ཞེས་པ་དང་ཡུམ་ལས། ཉན་ཐོས་དང་རང་སངས་རྒྱས་ཀྱི་རྒྱུ་ཤེས་པར་བྱ། །ལམ་ཤེས་པར་བྱ། འབྲས་བུ་ཤེས་པར་བྱ། ཤེས་ནས་སྤང་བར་བྱ། ཞེས་བྱ་བ་ལ་སོགས་པ་དང་། སྡུད་པ་ལས། གལ་ཏེ་བསྐལ་བ་དུ་མར་དགེ་བའི་ལས་ལམ་བཅུ་བཅད་ཀྱང་རང་རྒྱལ་དགྲ་བཅོམ་ས་ལ་འདོད་སྐྱེད་ན། །དེ་ཚེ་ཚུལ་ཁྲིམས་སྐྱོན་བྱུང་ཚུལ་ཁྲིམས་ཉམས་པ་སྟེ། སེམས་བསྐྱེད་དེ་ནི

ཕས་ཕམ་པས་ཀྱང་ཞིན་ཏུ་ལྟེ། །ཅེས་དང་། དཀོན་བརྩེགས་ལས། ཤ་རིའི་བུས་ཆོས་བཤད་ན། དགྲ་བཅོམ་པ་ལྔ་བརྒྱར་འགྱུར་བ་མཐོང་ནས། འཕགས་པ་འཇམ་དཔལ་གྱི་དེའི་སྔོན་ལ་ཆོས་ཟབ་མོ་གསུངས་པས་དགེ་སློང་དེ་དག་མ་མོས་པར་འབར་བཞིན་དུ་སེམས་ཅན་དམྱལ་བར་ལྷུང་ངོ་། །འཇམ་དཔལ་ལ་ཤ་རིའི་བུས་སྨྲས་པ། ཁྱོད་ཀྱི་ལས་མི་ཟད་པ་བྱས་སོ། །འཇམ་དཔལ་གྱིས་སྨྲས་པ་དེ་བཞིན་ཁོ་བོས་ལས་མི་ཟད་པ་བྱས་སོ། །དེར་བཅོམ་ལྡན་འདས་ལ་ཤ་རིའི་བུས་གསོལ་པ། འཇམ་དཔལ་གྱི་ལས་མི་ཟད་པ་བྱས་སོ། །བཀའ་བསྩལ་པ་ཅི་བྱས། གསོལ་བ་བདག་གིས་ཆོས་བཤད་ན་དགྲ་བཅོམ་ལྔ་བརྒྱར་འགྱུར་བ་ཞིག་ན། འཇམ་དཔལ་གྱིས་བཤད་པས། དེ་དག་འབར་བཞིན་དུ་དམྱལ་བར་ལྷུང་ངོ་། །ཤ་རིའི་བུ་ཁྱོད་ཀྱིས་ཆོས་བཤད་ན་དགྲ་བཅོམ་པར་འགྱུར་མོད། གཏན་འཚང་རྒྱ་བའི་བསྐལ་བ་མེད་དོ། །འཇམ་དཔལ་གྱིས་ཆོས་བཤད་པས་རེ་ཞིག་དམྱལ་བར་གྱུར་ཀྱང་། དེ་ནས་ཐར་ཏེ་མྱུར་དུ་མངོན་པར་རྫོགས་པར་འཚང་རྒྱ་བས། འཇམ་དཔལ་ཉིད་ཐབས་ལ་ཡིན་ནོ། །ཞེས་བྱ་བ་ལ་སོགས་པ་རྒྱས་པར་གསུངས་སོ། །

དེ་བཞིན་དུ་སངས་རྒྱས་ཉན་ཐོས་དང་རང་སངས་རྒྱས་ལ་ཉན་ཐོས་དང་རང་སངས་རྒྱས་གོལ་ས་ཆེ་བར་མདོ་རྒྱུད་བསྟན་བཅོས་ཐམས་ཅད་ནས་དགག་པ་མཛད་དོ། །དེ་བཞིན་དུ་ཡོན་ཏན་དང་། ཐབས་ལ་མཁས་པ་དང་། ས་ལམ་དང་། འབྲས་བུ་སྐུ་གསུམ་དང་། ཡེ་ཤེས་ལྔ་དང་། སྟོབས་བཅུ་དང་། མི་འཇིགས་པ་བཞི་དང་། སོ་སོ་ཡང་དག་པར་རིག་པ་བཞི་ལ་སོགས་པ་ནས་རྣམ་པ་ཐམས་ཅད་མཁྱེན་པ་ཉིད་ཀྱི་བར་གྱི་ཐུན་མོང་དང་ཐུན་མོང་མ་ཡིན་པའི་ཡོན་ཏན་ཐམས་ཅད་ཀྱི་གེགས་སུ་འགྱུར་རོ། །བརྒྱ་ལ་གནས་ལུགས་ལ་སེམས་འཇོག་པ་ལས་བཟློག་སྟེ། སངས་རྒྱས་ཀྱི་བྱིན་རླབས་ལ་སོགས་པས་བསྐུལ་ཏེ། ཐབས་ལ་མཁས་པ་ལ་འབད་དུ་ཟིན་ཡང་བཟོ་ཉེས་པ་འཚོས་པ་ལྟར། ཐོབ་པ་ལ་ཡུན་རིང་དུ་འགོར་ཏེ། མདོ་སྡེ་རྒྱན་ལས། དེ་གཉིས་ཡང་དང་ཡང་དུ་ནི། །རང་སེམས་ཀུན་ཏུ་འབྱུང་ལྡན་པས། །མྱ་ངན་འདས་ལ་མངོན་དགའི་ཕྱིར། །རྟོགས་པ་འབྱུལ་བ་ཡིན་པར་འདོད། །ཞེས་གསུངས་པ་ལྟར་རོ། །ཁྲམ་ཟེ་སྐྱིད་པ་འཕེལ་བའང་དཔེར་མི་འཐད་དེ། སྐྱིད་པ་འཕེལ་བ་ལ་བལ་ལྕིག་པ་དང་། སྣོད་པ་དང་། ལྡོད་ན་སྒྲིམས་པ་དང་། སྣོམ་ན་ཕྲི་བ་དང་། འཇུར་མདུད་ལ་སོགས་པ་མ་བཅོས་པ་ལ་བཅོས་པར་སྐྱིད་པ་ལེགས་པོ་མི་སྲིད་དོ། །དེས་ན་མ་བཅོས་པར་བཞག་ན་བལ་གྱི་ཕུང་པོ་ཉིད་ལས་མི་འདའ་ལ། བལ་བླངས་ཏེ་སྐྱིད་པ་རྩོམ་པ་དེ་ཉིད་བཅོས་པ་ཡིན་མོད། དེ་བཞིན་དུ་ཕྱག་རྒྱ་ཆེན་པོ་ཡང་། མ་བཅོས་པར་རང་དགར་འཇོག་པ་ལ་བླ་མའི་མན་ངག་ཅི་དགོས། གོལ་ས་གསུམ་དང་ཤོར་ས་བཞི་སྤྱད་ནས་གཞུག་མ་བསྒོམ་དེ་ཉིད་ལས་བཅོས་ཚབས་ཆེ་བ་ཅི་ཡོད། དེས་ན་དཔེ་ཕྱིན་ཅི་ལོག་ཏུ་གྱུར་པས། རྒྱ་ནག་མཁན་པོའི

ཁྱུང་གི་དཔེ་ལྟར་བརྟག་མི་བཟོད་པར་བླུན་པོ་དགའ་བར་བྱེད་པ་ཡིན་ནོ། །གསུམ་པ་དེང་སང་གྲུས་པ་སེམས་ཙམ་སྣང་མེད་པའི་སྒོམ་ལ། ཕྱག་རྒྱ་ཆེན་པོར་འདོད་པ་དགག་པ་ནི། སློབ་དཔོན་ཞན་ཏི་པའི་སེམས་ཙམ་བརྒྱན་དང་། ཡན་ལག་ཅེས་བྱ་བའི་གདམ་པས། རྩེ་ཅིག་སྤྲོས་བྲལ། རོ་ཅིག བསྒོམ་མེད་ཅེས་པ། རྣལ་འབྱོར་བཞི་གསུངས་པ་ནི་སེམས་ཙམ་སྣང་མེད་པའི་བསྒོམ་ཡིན། དབུ་མ་བ་འདི་ཡན་ཆད་ལ་འདི་མ་གྲུགས་སོ། ། གལ་ཏེ་འདི་ལ་མོས་ན་ཤན་ཏི་པའི་གཞུང་ཉིད་དུ་བསྟན་པར་བྱའོ། །དེ་འང་བོད་ཁ་ཅིག་རྣལ་འབྱོར་བཞི་བ། ལམ་ལྔ་འམ། ས་བཅུ་སྦྱར་ནས་ཕྱག་རྒྱ་ཆེན་པོའི་བསྒོམ་དུ་བྱེད་པ་མཐོང་སྟེ། དེ་ནི་ནོར་བ་ཡིན་ནོ། །དེ་ནོར་བའི་རྒྱུ་མཚན་ཕྱག་རྒྱ་ཆེན་པོ་གསང་སྔགས་ཀྱི་དབང་བཞི་དང་། ལམ་རིམ་པ་གཉིས་ཀྱི་ཏིང་ངེ་འཛིན་གྱི་བྱེ་བྲག་ཅིག་ལ་ཟེར་བ་ཡིན། འདི་ནི་དེ་མ་ཡིན་ནོ། །རྒྱུད་དེ་རྣམས་ནང་རྟེན་འབྲེལ་གྱི་ལམ་ངོ་མཚར་གསུངས་ཀྱི། རྣལ་འབྱོར་བཞི་ལས་ས་ལམ་བསྐྱེ་བར་མདོ་རྒྱུད་གང་ནས་ཀྱང་བཤད་པ་མེད་པས་རང་བཟོ་ཡིན་ཞིང་། ཕྱག་རྒྱ་ཆེན་པོ་བ་ཁོ་རང་ལ་ཡང་འདི་འཐད་དེ། ཕྱག་རྒྱ་ཆེན་པོ་ཆིག་ཆོད་ལ། །ས་ལམ་བསྐྱེ་བའི་རྣམ་གྲངས་པ་འབྲུལ། ། ཞེས་ཕྱག་རྒྱ་ཆེན་པོ་ཆིག་ཆོད་ལས་ས་ལམ་སྐྱེར་མེད་ཟེར་བ་དང་འགལ་བའི་ཕྱིར་རོ། །

བཞི་པ་ཤེས་རབ་ཀྱི་ཕ་རོལ་ཏུ་ཕྱིན་པ་ལྟར་ནང་ཕྱག་རྒྱ་ཆེན་པོར་འདོད་པ་དགག་པ་ནི། འབུམ་ལས། ཆོས་ཐམས་ཅད་ནམ་མཁའི་ངང་ཚུལ་ཅན་ཞེས་བྱ་བར་སེམས་ཅན་རྣམས་ལ་ཆོས་སྟོན་ནོ་ཞེས་པ་ལ་བརྟེན་ནས། ཕྱག་རྒྱ་ཆེན་པོའི་ངོ་སྤྲོད་གསུམ་པ་ཞེས་བྱ་བ་ཆོས་ཐམས་ཅད་སེམས་སུ་ངོ་སྤྲད། སེམས་ནམ་མཁའ་ལ་ངོ་སྤྲད། ནམ་མཁའ་སྟོང་པ་ཉིད་ལ་ངོ་སྤྲད་ཅེས་བྱ་བ་དང་། ཡང་ཁ་ཅིག་དྲན་པ་མེད་ཅིང་ཡིད་ལ་བྱ་བ་མེད་པ་ནི། སངས་རྒྱས་རྗེས་སུ་དྲན་པའོ། །ཞེས་བྱ་བ་ལ་བརྟེན་ནས་དྲན་པ་མེད་ཅིང་ཡིད་ལ་བྱེད་པ། ཕྱག་རྒྱ་ཆེན་པོར་འདོད་པ་དང་། ཡང་འགའ་ཞིག གང་སེམས་ལ་སེམས་མ་མཆིས་པ་སྟེ། སེམས་ཀྱི་རང་བཞིན་འོད་གསལ་བའི་སླད་དུའོ། །ཞེས་བྱ་བ་ཕྱག་རྒྱ་ཆེན་པོའི་བསྒོམ་དུ་བྱེད་པ་ལ་སོགས་པ་ཕྱག་རྒྱ་ཆེན་པོའི་བྱེ་བྲག་མང་པོ་གྲགས་ཏེ། །སངས་རྒྱས་བྱང་ཆུབ་སེམས་དཔའ་ལས་འབྱུངས་ཤིང་། །སྙིང་རྗེའི་སེམས་དང་གཉིས་སུ་མེད་བློ་དང་། །བྱང་ཆུབ་སེམས་ནི་རྒྱལ་སྲས་རྣམས་ཀྱི་རྒྱུ། །ཞེས་པ་དང་། ཆོས་ཡང་དག་པར་བསྡུད་པའི་མདོ་ལས། འཕགས་པ་སྤྱན་རས་གཟིགས་དབང་ཕྱུག་གིས་གསོལ་བ། བཅོམ་ལྡན་འདས་བྱང་ཆུབ་སེམས་དཔའ་ཆོས་ཤིན་ཏུ་མང་པོ་ལ་བསླབ་པར་མི་བགྱིའོ་བྱང་ཆུབ་སེམས་དཔའ་ཆོས་གཅིག་རབ་ཏུ་གཟུང་འཛིན་རྟོགས་པར་བགྱིས་ན། སངས་རྒྱས་ཀྱི་ཆོས་ཐམས་ཅད་དེའི་ལག་མཐིལ་དུ་མཆིས་པ་ལགས་སོ། །གཅིག་པོ་གང་ཞེ་ན་སྙིང་རྗེ་ཆེན་པོའོ། །ཞེས་བྱ་བ་ལ་སོགས་པ་གསུངས་སོ། །དེ་བཞིན་དུ་མདོ་རྒྱུད་བསྟན་བཅོས་ཐམས་ཅད་ནས། །

སྙིང་རྗེའི་བསྡུགས་པ་གསུངས་པ་ལྟར་རོ། །ཤེས་རབ་མདའ་གཞུ་ལྟ་བུ་དགོས་པ་ཡང་། །ཁྱད་པར་དུ་འཕགས་པའི་བསྟོད་པ་ལས། །ལྷ་ཆེན་ཁྲོས་པའི་མདག་ཅིག་གིས། །གྲོང་ཁྱེར་གསུམ་བརྩེགས་བསྲེག་ཅེས་གདའ། །ཁྱོད་ཀྱི་ཡེ་ཤེས་མདའ་ཅིག་གིས། །ཉོན་མོངས་བག་ཆགས་དང་བཅས་བསྲེགས། །ཅེས་པ་དང་སྡུད་པ་ལས། ཤེས་རབ་ཀྱིས་ནི་ཆོས་ཀྱི་རང་གཞན་ཡོངས་ཤེས་ནས། །ཁམས་གསུམ་མ་ལུས་པ་ལས་ཡང་དག་འདའ་བར་འགྱུར། །མི་ཡི་ཁྱུ་མཆོག་འཁོར་ལོ་རིན་ཆེན་བསྐོར་བྱས་ནས། །སྡུག་བསྔལ་ཟད་པར་བདུད་ལས་བྱ་ཕྱིར་འགྲོ་ལ་ཆོས་ཀྱང་སྟོན། །ཞེས་བྱ་བ་དང་། སྤྱོད་འཇུག་ལས། ཡན་ལག་འདི་དག་ཐམས་ཅད་ནི། ཐུབ་པས་ཤེས་རབ་དོན་དུ་གསུངས། །དེ་ཡི་ཕྱིར་ན་སྡུག་བསྔལ་དག ཞི་བར་འདོད་པས་ཤེས་རབ་བསྐྱེད། །ཅེས་གསུངས་པ་དང་། རྣམ་འགྲེལ་ལས། སྟོང་ཉིད་ལྟ་བས་གྲོལ་འགྱུར་གྱི། །བསྒོམ་པ་ལྷག་མ་དེ་དོན་ཡིན། །ཞེས་པ་ལ་སོགས་པ་རྒྱས་པ་ལྟར་རོ། །དེས་ན་མདའ་དང་གཞུ་འབྲེལ་དགོས་པ་ལྟར། །སྟོང་ཉིད་སྙིང་རྗེ་ཟུང་དུ་འཇུག་དགོས་ཏེ། །བསླབ་བཏུས་ལས། སྟོང་ཉིད་སྙིང་རྗེའི་སྙིང་པོ་ཅན། །བསྐྱེད་ནས་བསོད་ནམས་དག་པར་འགྱུར། །ཞེས་པ་དང་། སློབ་དཔོན་ས་ར་ཧས་ཀྱང་། སྙིང་རྗེ་ཉིད་སྤངས་སྟོང་པ་ཉིད་ཀྱིས་ཀྱང་། །དེས་ནི་ལམ་མཆོག་རྙེད་པ་མ་ཡིན་ཏེ། །གལ་ཏེ་སྙིང་རྗེ་འབའ་ཞིག་བསྒོམ་ན་ཡང་། །འཁོར་བར་འདི་ནས་ཐར་པ་ཡོད་དམ་ཅི། །ཞེས་པ་དང་། རྣམ་འགྲེལ་ལས། བརྩེ་བས་ལེགས་དང་ཡེ་ཤེས་ལས། །བདེན་པ་གསུངས་མཛད་བསྒྲུབ་བྱེད་བཅས། །དེ་གསུངས་པར་ཡང་མངོན་སྤྱོར་ལྡན། །ཞེས་པ་ལ་སོགས་པ་རྒྱས་པར་གསུངས་པ་ལྟར་རོ། །སྟོང་སྙིད་སྙིང་རྗེ་གཉིས་འགལ་བ་ལྟར་སྣང་ཡང་། མི་འགལ་བར་ཉམས་སུ་ལེན་པ་ལ་ཐབས་མཁས་པ་དགོས་ཏེ། རྣམ་པ་དུ་མར་ཐབས་མང་པོས། །ཡུན་རིང་དུས་སུ་གོམས་པ་ལས། །དེ་ལ་སྐྱོན་དང་ཡོན་ཏན་དག རབ་ཏུ་གསལ་བ་ཉིད་དུ་འགྱུར། །དེས་ན་ཐུགས་ཀྱང་གསལ་བའི་ཕྱིར། །རྒྱུ་ཡི་བག་ཆགས་སྤངས་པ་ཡིན། །ཐུབ་ཆེན་གཞན་དོན་འཇུག་ཅན་གྱིས། །གསེར་སྤུང་ལ་སོགས་ཁྱད་འདི་ཡིན། །དེ་དོན་ཕྱིར་ན་ཐབས་གོམས་པས། །དེ་ཉིད་སྟོན་པ་ཡིན་པར་བཞེད། །ཅེས་བྱ་བ་ལ་སོགས་རྒྱས་པར་གསུངས་སོ། །

རྣམ་སྣང་མངོན་བྱང་ལས་ཀྱང་། ཐབས་དང་མི་ལྡན་ཡེ་ཤེས་དང་། །བསླབ་པ་དག་ཀྱང་གསུངས་པ་ནི། །དཔའ་བོ་ཆེན་པོས་ཉན་ཐོས་རྣམས། ། དེ་ལ་འཇུག་པའི་ཕྱིར་གསུངས་སོ། །གང་དག་དུས་གསུམ་སངས་རྒྱས་རྣམས། །ཐབས་དང་ཤེས་རབ་ལྡན་པ་ལ། ། བསླབས་ནས་བླ་མེད་ཐེག་པ་ནི། །འདུས་མ་བྱས་པ་དེས་ཐོབ་བོ། །ཞེས་གསུངས་པས་ཐབས་ཤེས་རབ་ཟུང་དུ་འབྲེལ་བར་ཉམས་སུ་བླངས་པས། བསོད་ནམས་དང་ཡེ་ཤེས་ཀྱི་ཚོགས་རྫོགས་ཏེ་མྱུར་དུ་འཚང་རྒྱའོ། །ཚོགས་གཉིས་མ་རྫོགས་ན་སེམས་ཀྱི་ངོ་ཕྱིན་ཅི་མ་ལོག་པ། འཕྲོད་པ་མི་

སྲིད་དེ། སྡུད་པ་ལས། ཇི་སྲིད་ཚོགས་གཉིས་དེ་ན་ཡོངས་སུ་མ་རྫོགས་པར། །དེ་སྲིད་སྟོང་ཉིད་དམ་པ་དེ་ནི་ཐོབ་མི་འགྱུར། །ཞེས་གསུངས་པ་ལྟར་རོ། །དེས་ན་ཀུན་རྫོབ་ཤེས་པས་ཤེས་བྱ་ཐམས་ཅད་ལ་མཁས་ཤིང་གཞན་གྱི་དོན་ཕུན་སུམ་ཚོགས་པ་འབྱུང་། མི་མཁས་ན་གཞན་གྱི་དོན་ལྟར་ཅི་སྒྲུབས། མིའི་ཆོས་ཀྱང་མི་ཤེས་ཏེ། ཁྲོན་པ་འབོད་པའི་རྣམ་པ་བཞིན་ནོ། །དེ་བཞིན་དུ་བླུན་པོས་རང་གཞན་གྱི་བྱ་བ་འབད་ཀྱང་བསྒྲུབ་མི་ནུས། མཁས་པས་རང་གཞན་གྱི་བྱ་བ་རྒྱ་ཆེན་པོ་བསྒྲུབ་པ་ལ་ནུས་པའི་མཐུ་དང་ལྡན་པ་ཡིན་ནོ། །མདའ་ཀ་ཡེ་ཤེས་ལས་འོ་ན། སེམས་རྟོགས་ན་སངས་རྒྱས་ཡིན་པས་སངས་རྒྱས་གཞན་དུ་མི་བཙལ་བའི་འདུ་ཤེས་བསྒོམ་པར་བྱའོ། །ཞེས་བྱ་བ་ལ་སོགས་པ་གསུངས་པ་མ་ཡིན་ནམ། འཚང་རྒྱ་བ་ལ་ཡོན་ཏན་གཞན་ཅི་དགོས་ཞེ་ན། དེ་སྐད་གསུངས་པ་ནི་མུ་སྟེགས་དྲན་པ་རྗེས་སུ་བཟུང་བའི་ཕྱིར་དགོངས་པ་ཅན་ཡིན་ཏེ། དྲན་པའི་གཞུང་ནས། ལྟ་ཅིག་རྣམ་དག་བསྒྲུབས་ན་ནི། །སེམས་ཀྱི་བདག་ནི་རྟོགས་པར་འགྱུར། །སྐྱེས་བུའི་བདག་ཉིད་སུས་རྟོགས་པ། །ཆ་ལུགས་གང་གིས་གནས་ཀྱང་གྲོལ། །ཞེས་ཟེར་བ་རྗེས་སུ་བཟུང་བའི་ཕྱིར། དགོངས་གཞི་ཆོས་སྐུའི་སངས་རྒྱས་ལ་དགོངས། དགོས་པ་ནི་གྲངས་ཅན་ལ་སོགས་པ་དེ་དག་གི་སྙིང་གི་དཀྱིལ་ན་ཤེས་རིག་གི་སྐྱེས་བུ་ཐམས་ཅད་མཁྱེན་པ་རང་ཆས་སུ་ཡོད་པར་ཤེས་པར་འདོད་པ་དེ་དག་ཁ་དྲང་བའི་ཕྱིར་ཡིན། དངོས་ལ་གནོད་བྱེད་ཀྱི་ཚད་མ། །གལ་ཏེ་རྒྱུ་ལ་འབྲས་གནས་ན། །ཟན་ཟ་མི་གཙང་བཟའ་བར་འགྱུར། །ཞེས་དང་། ཤེས་ཏེ་འཇིག་རྟེན་ལ་ཡང་ནི། །ཡོང་བ་ཅིས་ཏེ་མཐོང་མི་འགྱུར། །ཞེས་བྱ་བ་ལ་སོགས་པའི་རིགས་པ་དང་། གཞན་ཡང་དྲན་འགོག་པའི་རིགས་པ་རྣམ་འགྲེལ་ལ་སོགས་པ་ནས་བཤད་པ་ཐམས་ཅད་ཀྱི་གནོད་པའི་ཕྱིར་དང་། སྐུ་གསུམ་ལ་སོགས་པའི་རྣམ་བཞག་ཐམས་ཅད་འདི་ལ་མི་འཐད་པའི་ཕྱིར་རོ། །

གཞན་ཡང་དཔེར་ན། རས་ལ་མར་མེ་སོར་ཞེས་ཟེར་ཡང་སྣུམ་དང་གོང་བུ་ལ་སོགས་པ་མེད་ན་གཞན་དུ་འགྲོ་ཡིས་སྒྲོན་མ་མི་འབྱུང་། མདས་དགྲ་བོ་གསོད་ཟེར་ཡང་གཞུ་མེད་ན་དོན་བྱེད་མི་ནུས། ས་བོན་ལས་མེ་ཏོག་འབྱུང་ཟེར་ཡང་ཞིང་དང་ཆུ་ལུད་ལ་སོགས་པ་མེད་ན་མེ་ཏོག་འབྱུང་མི་ནུས། སྨེ་མ་འཐོན་ཟེར་ཡང་བོང་གེ་རྫོགས་ནས་སྨེ་མ་བྱུང་ན་ལོ་ལེགས་པར་ཡིན་གྱི་མ་རྫོགས་པར་བྱུང་ན་ཐན་སྨེའི་རིགས་ཅན་ལ་ཉེར་འགྲོ། དེ་བཞིན་སེམས་ངོ་འཕྲོད་ནས་སངས་རྒྱ་ཟེར་ཡང་། །བསོད་ནམས་དང་ཡེ་ཤེས་ཀྱི་ཡོན་ཏན་མ་རྫོགས་པར་འཚང་རྒྱ་མི་ནུས། དེའང་གཞི་དད་པ་དང་ཚུལ་ཁྲིམས་ལ་བརྟེན་ནས་ལམ་ཕ་རོལ་ཏུ་ཕྱིན་པའི་གསང་སྔགས་ཀྱི་ཐབས་མཁས་པ་ལ་མ་བརྟེན་པར་ལམ་སྟོང་པ་ཉིད་ཀྱི་ཡེ་ཤེས་ལ་འབད་ན། ཉན་ཐོས་ཀྱི་འགོག་པར་ལྟུང་། དེ་བས་ཀྱང་དད་པ་དང་ཚུལ་ཁྲིམས་དམན། ལུས་ངག་གི་སྡིག་པ་རྒྱ་ཆེན་པོ་མ་བྱས་དགེ་བ་ཅི་རིགས་པ་བསགས་འདོད་

པའི་འདོད་ཆགས་ལ་ཞེན་པའི་རྣམ་པ་སྤངས་ནས། ཆོས་ཐམས་ཅད་སྟོང་པ་ཉིད་ནམ་མཁའ་ལྟར་ངོ་སྤྲོད་ན། ནམ་མཁའ་མཐའ་ཡས་སྐྱེ་མཆེད་ཀྱི་ལྷར་སྐྱེ། དེ་བཞིན་དུ་ཆོས་ཐམས་ཅད་སེམས་སུ་ངོ་སྤྲོད་ན། རྣམ་ཤེས་མཐའ་ཡས་སྐྱེ་མཆེད། ཅི་ཡང་མེད་པར་ངོ་སྤྲོད་ན། ཅི་ཡང་མེད་པའི་སྐྱེ་མཆེད། ཆོས་ཐམས་ཅད་ཡོད་པ་ཡང་མ་ཡིན་མེད་པ་ཡང་མ་ཡིན་པར་ངོ་སྤྲོད་ན། ཡོད་མིན་མེད་ཀྱི་ལྷར་སྐྱེའོ། །དེ་ལྟར་གང་ཟག་དང་ཆོས་ཀྱི་བདག་མེད་མ་རྟོགས་པར་སྟོང་པ་ཉིད་ཀྱི་ཚུལ་དེ་བསྒོམ་ཞིང་འཕྲོད་པས་གཟུགས་མེད་ཀྱི་ཁམས་སུ་སྐྱེའི། །དགྲ་བཅོམ་པའང་ཐོབ་པར་མི་འགྱུར། དེ་བས་ཀྱང་བསོད་ནམས་དམན་ཞིང་གཟུགས་ཀྱི་འདོད་ཆགས་དང་བྲལ་མ་ནུས་ཡང་སྒྲ་བསམ་བརྗོད་མེད་བསྒོམས་པས་ངས་ཆོས་རྟོགས་ཞེས་མངོན་པའི་ང་རྒྱལ་དང་ལྡན་ཞིང་ཆོས་ཡང་དག་པ་ལ་མི་མོས་པའི་གང་ཟག་དེ་དག་འདུ་ཤེས་མེད་པའི་སྙོམས་འཇུག་ལྷ་བུ་ལྷ་ཚེ་རིང་པོར་གྲགས་པ་མི་ཁོམ་པའི་གནས་དེར་སྐྱེའོ། །དེ་བས་ཀྱང་ཅུང་ཟད་དམན་པ་འདོད་པའི་འདོད་ཆགས་དང་མ་བྲལ་བའི་བདག་གཉིས་མ་རྟོགས་པར་ཅི་ཡང་མི་བསམ་པ་མ་ཡིན་ནོ་ཞེས་སྒྲ་བསམ་བརྗོད་མེད་བསྒོམ་པ་ནི་ཀླུ་ཀློ་འམ་གླེན་ཞིང་ལྐུགས་པ་མི་ཁོམ་པའི་གནས་སུ་སྐྱེས་ཏེ། །བློ་གྲོས་རྒྱ་མཚོས་ཞུས་པའི་མདོ་ལས། བྱང་ཆུབ་སེམས་དཔའ་བསམ་གཏན་བཞི་དང་། གཟུགས་མེད་པའི་སྙོམས་པར་འཇུག་པ་དེ་དག་ལ་གནས་ཤིང་སེམས་ཅན་སྨིན་པར་བྱེད་པ་ལ་སློབ། ཆོས་སྟོན་པ་ལ་སློབ། སེམས་ཅན་དང་འདྲ་བ་ལ་སློབ། བསོད་ནམས་ཀྱི་འདུ་བྱེད་ལ་སློབ་ཅིང་གཡོ་བའི་འདུ་བྱེད་ཀྱི་རོ་མྱང་། གཅིག་ཕྱུར་དགའ་བ་ཐོབ་སྟེ་འདོད་པའི་ཁམས་དང་གཟུགས་ཀྱི་ཁམས་ལ་སྨོན་དུ་ཤེས་ཤིང་གཟུགས་མེད་པའི་ཁམས་ཀྱི་རོ་མྱང་བར་བྱེད་པ་ལ། དེ་ལུས་དམན་པ་ལ་གཟུགས་མེད་པའི་ཁམས་སུ་སྐྱེ་བར་བྱེད་ཅིང་། ལྷ་ཚེ་རིང་པོ་རྣམས་རང་བསྐལ་བ་མཉམ་པར་སྐྱེས་ཏེ། དེ་དེར་སངས་རྒྱས་མཐོང་བ་དང་བྲལ། ཆོས་ལ་ཉན་པ་དང་བྲལ། དགེ་འདུན་ལ་བསྙེན་བསྐུར་བྱེད་པ་དང་བྲལ་བར་འགྱུར་རོ། །སེམས་ཅན་སྨིན་པར་བྱེད་པ་དང་། དམ་པའི་ཆོས་ཡོངས་སུ་བཟུང་བ་དང་། བསོད་ནམས་ཀྱི་ཚོགས་བསགས་པ་དང་བྲལ་བར་འགྱུར་རོ། །དེའི་དབང་པོ་རྣམས་བླུན་ཞིང་རྟུལ་བའི་རང་བཞིན་ཅན་དུ་འགྱུར་རོ། །

དེ་ནས་ཤི་འཕོས་ནས་གང་དང་གང་དུ་སྐྱེས་པ་དེ་དང་དེ་རུ་དབང་པོ་རྟུལ་བའི་རྒྱུ་ཅན་དུ་འགྱུར་ཞིང་རྨུགས་པ་དང་གཉིད་ཆེ་བའི་རྒྱུ་ཅན་དུ་འགྱུར་བས་འདི་ནི་བསམ་གཏན་ལྡན་པས་བདུད་ཀྱི་ལྕགས་ཀྱུ་ལྟ་བུའི་སྐྱེ་ལྡ་བའོ། །བྱང་ཆུབ་སེམས་དཔའ་ཤེས་རབ་དང་ལྡན་པར་འགྱུར་ཏེ། །བསོད་ནམས་ཀྱི་འདུ་བྱེད་ལ་སློབ། ཐབས་དང་བྲལ་ཏེ། སྦྱིན་པ་དང་། ཚུལ་ཁྲིམས་དང་། བཟོད་པ་དང་། བརྩོན་འགྲུས་དང་། བསམ་གཏན་ལ་བརྟེན་པ་མི་བྱེད། །ཤེས་རབ་ཀྱི་ཕ་རོལ་ཏུ་ཕྱིན་པ་ནི་ཁྱད་པར་དུ་འཕགས་པ་ཡིན་ཏེ། ཕ་རོལ་ཏུ་ཕྱིན་པ་གཞན་རྣམས་ནི་དམན་པའོ་སྙམ་

ནས་སྤྲོས་པ་མེད་པ་དང་། མངོན་པར་འདུ་བྱ་བ་མེད་པ་ཉིད་ཀྱི་རོ་མྱང་བར་བྱེད་པ་འདི་ནི། ཤེས་རབ་དང་ལྡན་པའི་བདུད་ཀྱི་ལྕགས་ཀྱུ་སྡེ་དྲུག་པའོ། །ཞེས་བྱ་བ་ལྷ་ཆེ་རིང་པོར་གྲགས་པ་མི་ཁོམ་པའི་གནས་དེར་སྐྱེ་བ་ཡིན་ནོ། །མི་བསམ་པའི་སྨྲ་བསམ་བརྗོད་མེད་བསྒོམ་པ་ནི། ཀླུ་སྒྲོལ་འམ། གླིན་ཞིང་ལྷགས་པའི་མི་ཁོམ་པའི་གནས་དེར་སྐྱེ་སྟེ། ཡེ་ཤེས་གྲུབ་པར། རྨོངས་པའི་བསྒོམ་པ་གང་ཡིན་པ། །རྨོངས་པས་རྨོངས་པ་ཐོབ་པར་འགྱུར། །ཞེས་གསུངས་པ་ལྟར་རོ། །དེ་བས་ཀྱང་དམ་པ་སེམས་ངོ་འཕྲོད། །ཆོས་ཐམས་ཅད་སྟོང་བར་གོ་ནས་ཡར་དགེ་བ་ལ་མི་སློན། མར་སྡིག་པ་ལ་མི་འཛེམ་པར། ར་རོག་པའི་ཁོག་པར་ལག་པ་བཙུག་པ་དང་། ཕ་ཆེ་རོག་པོའི་ནང་དུ་ལག་པ་བཙུག་པ་ཁྱད་པར་མེད་ཟེར་ཞིང་། གསུང་རབ་དང་སྡེ་སྣོད་ཀྱི་དོན་ལ་རྒྱབ་ཀྱིས་ཕྱོགས་ཤིང་། ཆོས་དང་ཆོས་སྨྲ་བའི་གང་ཟག་ལ་ཞེ་བཀྲས་བྱེད་ཅིང་། གཏི་མུག་དང་ང་རྒྱལ་གྱི་སྒོ་ནས་མི་དགེ་བ་བཅུ་ཆུང་ངུ་བྱེད་ན་དུད་འགྲོ། འབྲིང་དུ་བྱེད་ན་ཡི་དྭགས། ཆེན་པོར་བྱེད་ན་དམྱལ་བར་ལྟུང་བར་འགྱུར་རོ། །

དེའང་སློབ་དཔོན་འཕགས་པས། སྟོང་པ་ཉིད་ལ་བལྟ་ཉེས་ན། །ཤེས་རབ་ཆུང་རྣམས་ཕུང་བར་འགྱུར། །ཇི་ལྟར་སྦྲུལ་ལ་བཟུང་ཉེས་ན། །རིག་སྔགས་ལོག་པར་བསྒྲུབ་པ་བཞིན། །ཞེས་བྱ་བ་དང་། རྒྱལ་བ་རྣམས་ཀྱི་སྟོང་བ་དང་། །ལྟ་ཀུན་ངེས་པར་འབྱིན་པར་གསུངས། །གང་དག་སྟོང་བ་ཉིད་བལྟ་བ། །དེ་དག་བསྒྲུབ་ཏུ་མེད་པར་གསུངས། །ཞེས་བྱ་བ་དང་། ཡོད་པ་པོ་དེ་བདེ་འགྲོར་འགྲོ། །མེད་པ་བ་ནི་ངན་འགྲོར་འགྲོ། །ཡང་དག་ཇི་བཞིན་ཡོངས་ཤེས་པས། །གཉིས་ལ་མི་བརྟེན་ཐར་པར་འགྱུར། །ཞེས་གསུངས་སོ། །འོད་བསྲུང་གིས་ཞུས་པའི་མདོ་ལས་ཀྱང་། འཇིག་ཚོགས་ལ་ལྟ་བ་རི་རབ་ཙམ་ཡང་སླའི། མངོན་པའི་ང་རྒྱལ་ཅན་མེད་པར་འཛིན་པ་སྟོང་པ་ཉིད་དུ་བལྟ་བ་ནི་སྐྲ་ཅིག་ཙམ་ཡང་དེ་ལྟ་མ་ཡིན། །ཞེས་བྱ་བ་དང་། མདོ་ཏིང་ངེ་འཛིན་རྒྱལ་པོ་ལས། འཇིག་རྟེན་པ་དག་སྟོང་ཉིད་བསྒོམ་ན་ཡང་། དེ་ཡི་དངོས་པོར་འཛིན་པ་འཇིག་མི་ནུས། །དེ་ཡི་ཉོན་མོངས་ཕྱིར་ཡང་རབ་ཏུ་ལྡང་། །ལྷག་སྤྱོད་ཀྱི་ནི་ཏིང་འཛིན་འདིར་བསྒོམ་བཞིན། །ཞེས་ལྷག་སྤྱོད་ཀྱི་ལོ་བཅུ་གཉིས་སྟོང་བ་ཉིད་ཀྱི་ཏིང་ངེ་འཛིན་ལ་མཉམ་པར་བཞག་པའི་མཐར་ཕྱིར་ལྟར་སྐྱེས་པ་དཔེར་མཛད་པ་དང་། ཡང་དེ་ཉིད་ལས། འགྲོ་མང་ཕུང་པོ་སྟོང་བར་དོན་བྱེད་ཀྱང་། །ཇི་ལྟར་བདག་མེད་དེ་དོན་མི་ཤེས་ཏེ། །མི་ཤེས་དེ་དག་གཞན་གྱི་བསྐུལ་བ་ཅན། །ཁྲོ་བོས་ཟིལ་གྱིས་མནོན་པའི་ཚིག་རྩུབ་སྨྲ། །ཞེས་བདག་མེད་མ་རྟོགས་པས་སྟོང་ཉིད་བསྒོམ་པར་འཁྲུལ་ལ། མཁས་པ་དག་གི་དེ་དག་ལ་འཁྲུལ་ལོ་ཞེས་བརྗོད་ན། སྟོང་ཉིད་དེ་དག་བསྒོམ་པ་རྣམས་ཁྲོ་བར་འགྱུར་བར་ལུང་བསྟན་ཏོ། །ཁ་ཅིག་དཀར་པོ་ཆིག་ཐུབ་བསྒོམ་པ་ལ་སྐྱོན་ཡོད་པ་བདེན་ཡང་། ས་ར་ཧས། སྐྱབས་སུ་འགྲོ་ཞིང་མཆོག་སེམས་བསྐྱེད། །རི་དྭགས་ཡིད་ལ་མི་བྱེད་པར། །འཁོར་གསུམ་དག་པའི་ཤེས་རབ་

ཀྱིས། །འགྲོ་ཀུན་སངས་རྒྱས་ཐོབ་ཕྱིར་བསྔོ། །ཞེས་པས། ཁོ་བོ་ཅག་སྦྱོར་བ་སྐྱབས་འགྲོ་སེམས་བསྐྱེད་ཡི་དམ་བླ་མ་བསྒོམ། །དངོས་གཞི་ཕྱག་རྒྱ་ཆེན་པོ་ལ་བློ་བཞག རྗེས་བསྔོ་བ་བྱེད་པ་དཀར་པོ་ཆིག་ཐུབ་ལས་ཁྱད་པར་འཕགས་སོ་སྙམ་ནས། འདི་ཡང་བརྟག་ཏེ། ཕ་རོལ་ཏུ་ཕྱིན་པའི་བསྒོམ་དུ་བྱེད་ན་ཕ་རོལ་ཏུ་ཕྱིན་པ་དྲུག་དང་། བྱང་ཆུབ་ཀྱི་ཕྱོགས་ཀྱི་ཆོས་སུམ་ཅུ་རྩ་བདུན་ལ་སོགས་པ་ཟབ་པ་དང་། རྒྱ་ཆེ་བའི་དོན་དེ་དག་ཤེས་པར་བྱ། ཐོས་བསམ་གྱི་སྒོ་ནས་ཡུལ་དང་ཡུལ་ཅན་རང་བཞིན་མེད་པར་སྒྲོ་འདོགས་བཅད། གང་ཟག་དང་ཆོས་ཀྱི་བདག་མེད་ལེགས་པར་གོ། བསྐལ་པ་གྲངས་མེད་པ་གསུམ་ལ་སོགས་པར་མགོ་དང་རྐང་ལག་གཏོང་བའི་གོ་ཆ་གྱོན། བྱམས་པའི་ཆོས་ལྔ་ལ་སོགས་པའི་ལུགས་བཞིན་དུ་བྱེད་ཤེས་ན་ཕ་རོལ་ཏུ་ཕྱིན་པའི་བསྒོམ་དུ་འགྱུར་མོད་ཀྱི། ལུགས་འདི་མདོ་བསྟན་ཆོས་གང་ནས་མ་བཤད་པས། ཕ་རོལ་ཏུ་ཕྱིན་པའི་བསྒོམ་ཡིན་འདི་གསང་སྔགས་ཀྱི་ཕྱག་རྒྱ་ཆེན་པོ་ཡིན་ནོ་སྙམ་ན་དེ་འདྲ་མ་ཡིན་ཏེ། གསང་སྔགས་ཡིན་ན་དབང་རྣམ་པ་བཞི་དང་། ལམ་རིམ་པ་གཉིས་ཀྱི་ཏིང་ངེ་འཛིན་ཕྱག་རྒྱ་ཆེན་པོ་ཡིན་ལ། སྔོན་དུ་གསང་སྔགས་ཀྱི་སྨིན་པར་བྱེད་པའི་རྒྱུད་དང་མཐུན་པའི་དབང་བསྐུར་བ་མ་ཐོབ། རྒྱུད་སྡེ་དང་མཐུན་པའི་ལམ་རིམ་པ་གཉིས་བསྒོམ་མི་ཤེས། རིམ་པ་གཉིས་ལས་བྱུང་བའི་ཕྱག་རྒྱ་ཆེན་པོའི་དོན་མ་རྟོགས། དེ་བརྟན་པར་བྱ་བའི་ཕྱིར་དུ་སྤྲོས་བཅས་དང་། སྤྲོས་མེད་དང་། ཤིན་ཏུ་སྤྲོས་མེད་ཀྱི་སྤྱོད་པ་ལ་ཇི་ལྟར་བསྒྲུབ་པོ་བསྟན་མི་ཤེས། ནང་རྟེན་འབྲེལ་གྱི་ལམ་ཡང་བགྲོད་མི་ཤེས་པས། གསང་སྔགས་ཀྱི་རྒྱུད་ནས་བཤད་པའི་ཕྱག་རྒྱ་ཆེན་པོ་མ་ཡིན། བསྒོམ་དེ་ཙམ་གྱིས་འཁོར་བ་དང་ངན་སོང་ལས་འདས་པའི་མཐའ་ཡང་དག་པ་མི་ནུས་ཏེ། ཕྱེ་མའི་རྗོ་ཕྲ་མོའི་རྩིག་པས་གང་གའི་འདོད་པ་བཟློག་མི་ནུས་པ་བཞིན་ནོ། །

རྫོ་རྗེ་འཆང་ཆེན་པོས་གང་གའི་འདོད་པ་བཟློག་ནུས་པ་ལྟར། འཁོར་འདས་ཀྱི་མཐའ་འགོག་པ་ལ་ཕ་རོལ་ཏུ་ཕྱིན་པ་དྲུག་གམ། གསང་སྔགས་ཀྱི་ལམ་རིམ་པ་གཉིས་ཀྱི་རྩིག་པ་བཟང་པོས། བཟློག་ནུས་པ་ཡིན་ནོ། །བསྒོམ་དེ་ཇི་ལྟར་བཟང་ཡང་། ཕར་ཕྱིན་དང་གསང་སྔགས་གཉིས་ཀ་ནས་མ་བཤད་པས། དེ་གཉིས་ཀའི་བསྒོམ་མ་ཡིན་ཏེ། དཔེར་ན་མུ་སྟེགས་ཀྱི་བསྒོམ་ཇི་ལྟར་བཟང་ཡང་འཚང་རྒྱ་བར་མི་འགྱུར་བའམ། ཉན་ཐོས་ཀྱི་སྒོམ་ཇི་ལྟར་བཟང་ཡང་། ཐེག་པ་ཆེན་པོར་མི་འགྱུར་བ་བཞིན། ཡང་བྱ་བྱེད་ཀྱི་ཆོས་ཀྱི་སངས་མི་རྒྱ། ཡིད་ལ་མི་བྱེད་པ་བསྒོམ་སྙམ་པ་དེ་རྟོག་པའི་བྱེད་པ་ཡིན་པས། ཕྱག་རྒྱ་ཆེན་པོ་དངོས་མ་ཡིན། ཕྱག་རྒྱ་ཆེན་པོ་སྐྱེ་བའི་ཐབས་ཡིན་ནོ་སྙམ་ན་དེ་ལྟར་མི་རྟོག་པ་བསྒོམ་པ་དེ་རྟོག་པའི་བྱེད་པ་ཡིན་པས། བྱ་བྱེད་ཀྱི་ཆོས་ཀྱིས་འཚང་མི་རྒྱ་ཟེར་བའི་དམ་བཅའ་ཉུད་པ་ཡིན། གལ་ཏེ་མི་རྟོག་པ་བསྒོམ་སྙམ་པ་ཙམ་ལ་མི་རྟོག་པ་སྐྱེ་བ་ཡིན་འཐད་དེ། དེ་ལྟར་ནད་མེད་པར་བྱའོ་སྙམ་པ་ཙམ་བསམ་པས་ནད་མེད་པར་འགྱུར་རོ་ཞེས་ཁས་བླངས་ན་ཅི་སྨྲ། གལ་ཏེ་ཟས

དང་ལྡན་ལ་སོགས་པ་བརྟེན་ན་ནད་མེད་པའི་རྐྱེན་ཡིན་གྱི། ནད་མེད་པར་བྱ་སྙམ་པའི་བསམ་པ་རྒྱུད་བས་ནད་མེད་པའི་རྒྱུ་མ་ཡིན་ནོ་ཞེ་ན། བསོད་ནམས་དང་ཡེ་ཤེས་ཀྱི་ཚོགས་བསགས་པ་མི་རྟོག་པའི་ཏིང་ངེ་འཛིན་གྱི་རྐྱེན་ཡིན་གྱི། མི་རྟོག་པ་བསྒོམ་སྙམ་པ་མི་རྟོག་པའི་ཏིང་ངེ་འཛིན་གྱི་རྒྱུ་མ་ཡིན་པར་མཚུངས་སོ། །དེས་ན་རྒྱུ་མེད་པ་དང་། རྒྱུ་མ་ཚང་བ་ལས་འབྲས་བུ་མི་འབྱུང་བས། ནད་མེད་པ་དང་། རྣམ་པར་མི་རྟོག་པའི་ཏིང་ངེ་འཛིན་ཡང་། རང་རང་གི་རྒྱུ་མེད་པ་དང་མཚུངས་པ་ལས་མི་འགྱུར་བར་གྲུབ་པ་ཡིན་ཏེ། སྡུད་པ་ལས་ཇི་སྲིད་ཚོགས་གཉིས་དེ་ན་ཡོངས་སུ་མ་རྫོགས་པར། དེ་སྲིད་སྟོང་ཉིད་དམ་པ་དེ་ནི་རྟོགས་མི་འགྱུར། ཞེས་གསུངས་པ་དང་། རིན་ཆེན་ཕྲེང་བ་ལས། སངས་རྒྱས་རྣམས་ཀྱི་གཟུགས་ཀྱི་སྐུ། །བསོད་ནམས་ཚོགས་ལས་འབྱུངས་པ་སྟེ། །ཆོས་ཀྱི་སྐུ་ནི་མདོར་བསྡུས་ན། །རྒྱལ་པོ་ཡེ་ཤེས་ཚོགས་ལས་འབྱུངས། །ཞེས་གསུངས་པ་ལྟར་རོ། །

དེ་དག་གི་དོན་ཅུང་ཟད་བསྟན་ལ་དབབ་ན། སྤྱིར་སེམས་ཀྱི་ངོ་སྤྲོད་པའི་ཚེ། སེམས་རྐྱང་པ་ངོ་སྤྲོད་དམ། ཕྱི་རོལ་གྱི་དོན་ཡང་ངོ་སྤྲད་དགོས། སེམས་རྐྱང་པ་ངོ་སྤྲོད་པ་མུ་སྟེགས་པའི་ལུགས་ཡིན། མུ་སྟེགས་པ་རྣམས། སེམས་ཀྱི་དེ་ཉིད་ཤེས་ཤེས་པོ་གཙང་དང་འཛིན་པ་ལས་གྲོལ་ནས། མཁའ་བཞིན་སྟོང་བར་ཀུན་རྟོགས་ཏེ། །སངས་རྒྱས་ཉིད་དུ་གོར་མ་ཆགས། །ཞེས་སོ། །དེས་གཟུང་འཛིན་སྟོང་མི་ནུས་པའི་ཕྱིར་ལམ་འཁྲུལ་བ་ཡིན། །ཕྱི་རོལ་གྱི་ཡུལ་ངོ་སྤྲད་དགོས་ན། ཡུལ་འདི་དག་མུ་སྟེགས་ཀྱི་ལྟར་དབང་ཕྱུག་ལ་སོགས་པ་འམ། ཉན་ཐོས་ལྟར་རྡུལ་ཕྲན་នམ།སེམས་ཙམ་ལྟར་སེམས་སམ། དབུ་མ་ལྟར་རྟེན་འབྲེལ་ལམ་འབྱུང་བ་ཡིན་བརྟག འདི་དག་ཀྱང་ཡོད་པ་དང་མེད་པར་འདོད་ན། རྟག་ཆད་ལས་མ་འདས་པས། དེ་སུན་འབྱིན་པ་ལ་ལུང་དང་རིགས་པ་ཤེས་དགོས། སྣང་བ་དང་སེམས་རྟེན་འབྲེལ་དུ་འདོད་པ་ལའང་། སངས་རྒྱས་པའི་ལུང་དང་རིགས་པ་ཤེས་དགོས། དེ་མ་ཤེས་ན་ཆོས་དང་གང་ཟག་གི་བདག་མེད་ལེགས་པར་མི་རྟོགས། གང་ཟག་གི་བདག་མེད་མ་རྟོགས་ན་མུ་སྟེགས་ཀྱི་བསྒོམ་དང་ཁྱད་པར་མེད། ཆོས་ཀྱི་བདག་མེད་མ་རྟོགས་ན། ཉན་ཐོས་ཀྱི་བསྒོམ་དང་ཁྱད་པར་མེད། བདག་མེད་རྟོགས་པ་ལ་ཐོག་མར་ཐོས་བསམ་གྱི་ཤེས་རབ་ཀྱི་སྒྲོ་འདོགས་གཅད་དགོས། ཐོས་བསམ་ལ་མ་བརྟེན་པར་བདག་མེད་རྟོགས་མི་སྲིད། བདག་མེད་མ་རྟོགས་ན་བདག་མེད་བསྒོམ་མི་ཤེས། བསྒོམ་མ་ཤེས་ན་སྒོམ་བྱུང་གི་ཤེས་རབ་མི་སྐྱེ། བསྒོམ་བྱུང་ཤེས་རབ་མ་སྐྱེས་ན། འཕགས་པའི་མཐོང་ལམ་སྐྱེ་མི་སྲིད་དོ། །མདོ་ཏིང་ངེ་འཛིན་རྒྱལ་པོ་ལས། འགྲོ་མང་ཕུང་པོ་སྟོང་པར་སྟོན་བྱེད་ཀྱང་། །ཇི་ལྟར་བདག་མེད་དེ་དག་མི་ཤེས་ཏེ། །མི་ཤེས་དེ་དག་གཞན་གྱི་རྒོལ་བ་ཅན། །ཁྲོ་བས་ཟིལ་གྱི་མནོན་ཅིང་ཚིག་རྩུབ་སྨྲ། །ཞེས་བྱ་བ་དང་། འཇིག་རྟེན་པ་ཀུན་སྟོང་ཉིད་བསྒོམ་ན་ཡང་། །དེ་ཡི་དངོས་པོར་འཛིན་པ་འཇིག་མི་ནུས། །ཞེས་པ་ལ་སོགས་པ

གསུངས་པས། བདག་མེད་གཉིས་མ་རྟོགས་ན་དངོས་པོར་འཛིན་པ་འཇིག་མི་ནུས་པས། སྟོང་ཉིད་བསྒོམ་པ་འཁོར་བ་དང་ངན་སོང་གི་རྒྱུ་ཡིན་ནོ། །དེས་ན་ཐོས་བསམ་མ་ནོར་བའི་སྒྲོ་འདོགས་བཅད་པའི་སྒོམ་བྱུང་གི་ཤེས་རབ་ཀྱི་མཐོང་ལམ་སྐྱེ་སྟེ། རྣམ་འགྲེལ་ལས། རྣལ་འབྱོར་ཤེས་པར་སྔར་བཤད་པ། །དེ་དག་གི་དེ་སྒོམ་བྱུང་ཡིན། །རྟོག་པའི་དྲ་བ་རྣམས་བསལ་བས། །གསལ་བ་ཉིད་དུ་སྣང་བ་ཡིན། །ཞེས་གསུངས་སོ། །གལ་ཏེ་ཕྱི་ནང་ཐམས་ཅད་རང་ཆར་རང་བཞིན་མེད་པར་ངོ་སྤྲོད་དེ། མཉམ་བཞག་ལ་སྟོང་ཉིད་སྐྱེས་ནས་བསྒོམ་དུ་བཙུག་ན་ཡང་། བསྒོམ་གྱི་སྦྱོར་བ་དང་རྗེས་ཐོབ་ལ། སེམས་ལ་རྣམ་རྟོག་སྣ་ཚོགས་དང་། །ཡུལ་གཟུགས་ལ་སོགས་པ་སྣ་ཚོགས་མཐོང་བའི་ཚེ། སྣ་ཚོགས་བྱུང་བ་དེ་རྒྱུ་ལས་བྱུང་ངམ། རྒྱུ་མེད་ལས་བྱུང་། རྒྱུ་ལས་བྱུང་ན། རྒྱུ་དེ་རང་ངམ་གཞན་ནམ། གཉིས་ཀ་ལས་སྐྱེས། རང་ལས་སྐྱེ་བ་དྲན་གྱི་ལུགས། གཞན་ལས་སྐྱེ་བ་མུ་སྟེགས་དབང་ཕྱུག་པའམ། ཉན་ཐོས་ལ་སོགས་པ་དངོས་པོར་སྨྲ་བ་དག་གི་ལུགས། གཉིས་ཀ་ལས་སྐྱེ་བ་དེ་གཉིས་ཀྱི་ཉེ་བྲག་ལས་མ་འདས། རྒྱུ་མེད་ལས་སྐྱེ་བ་དེ་མུ་སྟེགས་ཆད་ལྟ་བའི་ལུགས་ཡིན་པས། ལུང་དང་རིགས་པ་མེད་པས་མི་ཁེགས། ལུང་དང་རིགས་པ་ཐོས་བསམ་གྱི་ཤེས་རབ་མེད་པས་རྟོགས་པ་མི་སྲིད་དོ། །

དེས་ན་བསྒོམ་བྱུང་སྐྱེ་བ་ལ། ཐོག་མར་ཐོས་བྱུང་གི་ཤེས་རབ་ཀྱིས་སྒྲོ་འདོགས་བཅད། བསམ་བྱུང་གི་ཤེས་རབ་ཀྱིས་གོམས་པར་བྱས། བསྒོམ་བྱུང་གི་ཤེས་རབ་ཀྱིས་འཁྲུལ་བ་མེད་པའི་གསལ་སྣང་སྐྱེས་པ་དེ་ཡིན་ནོ། །དེས་ན་སྒོམ་བྱུང་གི་ཤེས་རབ་སྐྱེས་ན། རྒྱ་གར་བའི་གྲུབ་ཐོབ་ལྟར། འཆད་པ་དང་། རྩོད་པ་ལ་འཁྲུལ་བ་མི་འབྱུང་། དེང་སང་གི་དུས་ན་བསྒོམ་བྱུང་གི་ཤེས་རབ་ཡོད་ཟེར་བའི་གང་ཟག་རེ་མཐོང་སྟེ། འཆད་པའི་ཚེ་ལུང་རིགས་དང་འགལ་བ་ཁོ་ན་འཆད། །རྩོམ་པའི་ཚིག་ཀྱང་བརྡ་སྦྱོར་པ་མི་མཐུན་པའི་བརྡ་ཆད་མང་། དོན་ཡང་ལུང་རིགས་དང་འགལ་བའི་རྟོགས་སྒྱུར་མང་བར་སྣང་། རྩོད་པ་ལ་ཡང་ཕྱོགས་སྔ་མི་ཕྱེད། ཚར་བཅད་པའི་གནས་མིན་པ་བཞད་གད་ཀྱི་གནས་འབའ་ཞིག་རྩོད་པར་སྣང་། དེ་ལྟར་ནོར་བ་ལ་བསྒོམ་བྱུང་གི་ཤེས་རབ་མི་ཟེར། ལོག་རྟོག་འཆའ་བའི་ཤེས་རབ་ཏུ་མདོ་ལས་གསུངས་པ་ཡིན། དེས་ན་ཐོས་བསམ་གྱི་སྒྲོ་འདོགས་བཅད་ལ་ཐེ་ཚོམ་མེད་པའི་དོན་བསྒོམ་དགོས། གནས་ལུགས་ཀྱི་དོན་བསྒོམ་པ་ལུགས་མང་བར་སྣང་། ཉན་ཐོས་བདེན་པ་བཞི་བསྒོམ། སེམས་ཙམ་སྣང་མེད་པར་བསྒོམ་སློབ་དཔོན་ཤན་ཏི་བས། རྩེ་གཅིག རོ་གཅིག སྤྲོས་བྲལ་བསྒོམ་པ་མེད་དེ། རྣལ་འབྱོར་བཞི་ལ་བྱེད་པའང་སྣང་། དབུ་མ་རང་རྒྱུད་པས་ཟུང་འཇུག་རབ་ཏུ་མི་གནས་པ་ལ་བྱེད། ཐལ་འགྱུར་བས་སྟོང་ཉིད་རབ་ཏུ་མི་གནས་པ་ལ་བྱེད། གསང་སྔགས་རྙིང་མ་བས་ཐེག་པ་རིམ་པ་དགུའི་མཐར་ཐུག་ཤིན་ཏུ་རྣལ་འབྱོར་ལ་བྱེད། གསང་སྔགས་གསར་མ་བས་དབང་བཞི་དང་རིམ་པ་གཉིས་ཀྱི་ཡེ་ཤེས་ལ་

བྱེད། དེའང་རྒྱུད་ཐ་དད་ཀྱི་དགོངས་པས། དོན་གཅིག་ཀྱང་དམིགས་པའི་རིམ་པས་མི་འདྲ་བ་ཡོད། སློབ་དཔོན་མཚོ་སྐྱེས་རྡོ་རྗེ་ཕྱིན་ཅི་ལོག་པའི་དེ་ཁོ་ན་ཉིད་ཅེས་གསུངས། སློབ་དཔོན་རྣལ་འབྱོར་དབང་ཕྱུག་བིར་ཝ་པཤིན་ཏུ་རྣམ་པར་དག་པའི་དེ་ཁོ་ན་ཉིད་ཅེས་གསུངས། སློབ་དཔོན་ཀླུ་སྒྲུབ་རིམ་པ་ལྔའི་མཐར་ཐུག་ཟུང་འཇུག་ཅེས་ཀྱང་གསུངས། རིམ་པ་གཉིས་ལས་ཕྱག་རྒྱ་བཞིར་བྱེད་ནི། ལས་ཀྱི་ཕྱག་རྒྱ། ཆོས་ཀྱི་ཕྱག་རྒྱ། དམ་ཚིག་གི་ཕྱག་རྒྱ། ཕྱག་རྒྱ་ཆེན་པོ་ཞེས་ཀྱང་གསུངས། དེ་ལ་སོགས་པའི་རིམ་པ་མང་པོ་ཡོད་ཀྱང་། སངས་རྒྱས་དང་གྲུབ་ཐོབ་དགོངས་པ་གཅིགའདི་ཐམས་ཅད་དབང་བཞི་དང་ལམ་རིམ་པ་གཉིས་ཀྱི་ཉིང་ངེ་འཛིན་གྱི་བྱེ་བྲག་ཡིན། འདིའི་གནད་ཟབ་མོ་གསང་སྔགས་ཀྱི་སྐབས་སུ་འབྱུང་བས་འདིར་མི་བཤད་དོ། །མདོར་ན་ཕྱག་རྒྱ་ཆེན་པོ་ཡིན་ན། གསང་སྔགས་ཉམས་སུ་བླང་བ་ལས་འབྱུང་དགོས་སོ། །དཔེར་ན་ལྡུམ་འུར་མོ་ལ་དུ་བར་མི་བཏགས་ཀྱང་མེ་ལས་མི་སྐྱེ་བའི་ཕྱིར་དུ་བ་མཚན་ཉིད་པ་མ་ཡིན་པའམ།དུ་སྣད་མེའི་འདོན་ཟེར་ཡང་། དུ་སྣད་དུ་ཉིད་ཀྱི་ཁ་ནས་འབྱུང་གི །མེའི་ཁ་ནས་འབྱུང་བ་མི་སྲིད་དོ། །དེ་བཞིན་དུ་ཕྱག་རྒྱ་ཆེན་པོ་བསྒོམ་ཟེར་ཡང་། རིམ་པ་གཉིས་ཀྱི་ཡེ་ཤེས་ལས་མ་སྐྱེས་པའི་ཕྱིར། ཕྱག་རྒྱ་ཆེན་པོ་དངོས་མ་ཡིན། འདིར་རྒྱུད་སྡེའི་རིམ་པ་དེ་ཙམ་གཅིག་མ་བཤད་ན། མུ་སྟེགས། ཉན་ཐོས། སེམས་ཙམ། དབུ་མ་པ། གསང་སྔགས་ཀྱིས་བསྒོམ་གྱི་ཁྱད་པར་རྣམས་མི་ཤེས་པས་མུན་སྤྲུལ་དུ་ཉམས་སུ་བླངས་ནས། གསང་སྔགས་ཀྱི་ཕྱག་རྒྱ་ཆེན་པོ་མུ་སྟེགས་ཀྱི་བསྒོམ་དང་འདྲ་བ་འགའ་རེ་མཐོང་ནས་བཤད་པ་ཡིན་ནོ། །རྒྱས་པར་བླ་མའི་ཞལ་ལས་ཤེས།

གསུམ་པ་གྲུབ་ཐོབ་རྣམས་ཀྱི་དགོངས་པ་དང་འགལ་བ་ནི། ན་རོ་དང་ནི་མེ་ཏྲི་བའི། །ཕྱག་རྒྱ་ཆེན་པོ་གང་ཡིན་པ། །དེ་ནི་ལས་དང་ཆོས་དང་ནི། །དམ་ཚིག་དང་ནི་ཕྱག་རྒྱ་ཆེ། །གསང་སྔགས་རྒྱུད་ནས་ཇི་སྐད་དུ། །གསུངས་པ་དེ་ཉིད་ཁོང་བཞེད་དོ། །འཕགས་པ་ཀླུ་སྒྲུབ་ཉིད་ཀྱིས་ཀྱང་། །ཕྱག་རྒྱ་བཞི་བར་འདི་སྐད་གསུངས། །ལས་ཀྱི་ཕྱག་རྒྱ་མ་ཤེས་པས། །ཆོས་ཀྱི་ཕྱག་རྒྱའང་མི་ཤེས་ན། །ཕྱག་རྒྱ་ཆེན་པོ་མིང་ཙམ་ཡང་། །རྟོགས་པ་ཉིད་ནི་མི་སྲིད་གསུངས། །ཞེས་པ། རྣལ་འབྱོར་གྱི་དབང་ཕྱུག་ན་རོ་པ་དང་། མེ་ཏྲི་བའི་ལུགས་ཀྱི་ཕྱག་རྒྱ་ཆེན་པོ་གང་ཡིན་པ་དེ་ནི། ལས་དང་། ཆོས་དང་ནི། དམ་ཚིག་དང་། ཕྱག་རྒྱ་ཆེན་པོ་རྣམས། གསང་སྔགས་ཀྱི་རྒྱུད་ལུང་ནས་གསུངས་པ་དེ་ཁོ་ན་ཉིད་གྲུབ་ཐོབ་རྣམས་བཞེད་པ་ཡིན་ཏེ། དཀྱིལ་འཁོར་ཆེན་པོའི་དབང་བསྐུར་བ། གཞན་ལ་དཀྱིལ་འཁོར་འབྱུང་བ་མེད། །འདི་ནི་ཇི་ལྟར་བདེ་ཆེན་པོ། །དེ་ནི་བྱིན་རླབས་རིམ་པའོ། །ཞེས་ཀྱིའི་རྡོ་རྗེ་ལས་གསུངས་པས། ཐབས་དབང་བཞི་དང་བྲལ་བ་གཞན་ལ་འབྲས་བུ་ཡེ་ཤེས་ཕྱག་རྒྱ་ཆེན་པོ་མི་ཐོབ་པའོ། །འཕགས་པ་ཀླུ་སྒྲུབ་ཉིད་ཀྱིས་ཀྱང་ཕྱག་རྒྱ་བཞི་བར་འདི་སྐད་གསུངས་ཏེ། ལས་ཀྱི་ཕྱག་རྒྱ་མི་ཤེས་པས། །ཆོས

ཀྱི་ཕྱག་རྒྱ་མི་ཤེས་ན། །ཕྱག་རྒྱ་ཆེན་པོའི་མིང་ཙམ་ཡང་། །རྟོགས་པར་མི་འགྱུར་སྟེ་དེང་སང་གི་ཕྱག་རྒྱ་ཆེན་པོ་ལ། ཕྱག་རྒྱ་བཞི་གང་ཡང་མེད་པའི་ཕྱིར་རོ། །

བཞི་པ་ནི། རྒྱུད་ཀྱི་རྒྱལ་པོ་གཞན་དང་ནི། །བསྟན་བཅོས་ཆེན་པོ་གཞན་ལས་ཀྱང་། །དབང་བསྐུར་དག་དང་མ་འབྲེལ་ན། །དེ་ལ་ཕྱག་རྒྱ་ཆེན་པོ་བཀག ཅེས་པ། རྒྱུད་ཀྱི་རྒྱལ་པོ་ཀྱེའི་རྡོ་རྗེ་དང་། གཞན་དུས་འཁོར་དང་། བདེ་མཆོག་ལ་སོགས་པ་སྔགས་ཀྱི་བསྟན་ཆོས་ཆེན་པོ་གྲུབ་པ་སྡེ་བདུན་ལ་སོགས་པ་བསྟན་ཆོས་གཞན་ལས་ཀྱང་། དབང་བསྐུར་དང་མ་འབྲེལ་བ་དེ་ལ། ཕྱག་རྒྱ་ཆེན་པོ་བཀག་གོ །ལྟ་བ་ནི། དབང་བསྐུར་བ་ལས་བྱུང་བ་ཡི། །ཡེ་ཤེས་ཕྱག་རྒྱ་ཆེ་རྟོགས་ན། །ད་བཟོད་མཚན་མ་དང་བཅས་པའི། །འབད་རྩོལ་ཀུན་ལ་མ་ལྟོས་སོ། །དེང་སང་འགའ་ཞིག་བླ་མ་ཡི། །མོས་གུས་ཙམ་གྱིས་སེམས་བསྒྱུར་ནས། །རྟོགས་པ་ཅུང་ཟད་འཁྲུངས་པ་ལ། །ཕྱག་རྒྱ་ཆེན་པོའི་ངོ་སྤྲོད་བྱེད། །དེ་འདྲ་བདུད་ཀྱི་ཡིན་པའང་སྲིད། །ཡང་ན་ཁམས་འདུས་འགའ་ལའང་འབྱུང་། །ཀ་རུ་འཛིན་ཞེས་བྱ་བ་ཡི། །རྫུན་རླབས་ཅན་གྱི་གྲུབ་ཐོབ་འབྱུང་། །དེ་ཡི་དགོན་པ་མཐོང་ཙམ་གྱིས། །འགའ་ལ་ཉིང་འཛིན་སྐྱེ་ཞེས་ཟེར། །ཕྱི་ནས་དེ་ཡི་གྲུབ་ཐོབ་ཅིག དེ་ནས་ཉིང་འཛིན་དེ་རྒྱུན་ཆད། །དེ་འདྲའི་ཉིང་འཛིན་བདུད་རིགས་ཀྱི། །འབྱུང་པོ་རྣམས་ཀྱིས་བྱེད་པར་གསུངས། །ཞེས་པ། སྨིན་བྱེད་ཀྱི་དབང་བསྐུར་བ་ལས་བྱུང་བའི་ཡེ་ཤེས། ཕྱག་རྒྱ་ཆེན་པོ་རྟོགས་ན། ད་གཟོད་མཚན་དང་བཅས་པའི་འབད་རྩོལ་ལ་མི་ལྟོས་སོ། །དེང་སང་བོད་འགའ་ཞིག་བླ་མ་ལ་གསོལ་བ་བཏབ་པས་མོས་པ་ཙམ་གྱིས་སེམས་བསྒྱུར་ནས་རྟོགས་པ་ཅུང་ཟད་འཁྲུངས་པ་ལ་ཕྱག་རྒྱ་ཆེན་པོའི་ངོ་སྤྲོད་བྱེད་དོ། །དེ་འདྲ་བདུད་ཀྱི་ཡིན་པའང་སྲིད། ཡང་ན་ཁམས་འདུས་པ་དང་པོ་དང་བར་བ་འགའ་ཡང་འབྱུང་ངོ་། །བལ་པོའི་གྲུབ་ཐོབ་ཀ་རུ་འཛིན་ཞེས་བྱ་བའི་རྫུན་རླབས་ཅན་གྱི་གྲུབ་ཐོབ་ཅིག་བྱུང་སྐད།

དེའི་ལོ་རྒྱུས་ནི། མི་རྒད་པོ་ཞིག་ཚེ་སྟོད་ལུག་བཙོས། ཚེ་སྨད་བཀྲེས་ཤིང་ཕོངས་ནས། བུད་ཤིང་འཚོལ་བ་ལ་སོང་བས། གཉའ་ལོ་སྐམ་སོའི་ཕུང་པོ་ཞིག་གི་ཁྲོད་ན་ལུ་གུའི་ལྤགས་པ་ལས་བྱས་པའི་ཞྭ་གཅིག་འདུག་པ་རྙེད་ནས་མགོ་ལ་གྱོན་ནས་ཕྱིན་པས། མི་རྣམས་ཀྱིས་མཚན་དཔེས་བརྒྱན་པའི་སྐྱེས་བུར་མཐོང་སྟེ། དེའི་ས་དཔལ་མ་དཔལ་ཐང་བྱ་བར་དགོན་པ་བཏབ་པས། དགོན་པ་མཐོང་བ་ཙམ་གྱིས་བསོད་ནམས་དམན་པའི་སྐྱེས་བུ་འགའ་ཞིག་ལ་རྣམ་རྟོག་འགག་པའི་ཉིང་འཛིན་སྐྱེ་ཟེར་རོ། །རང་གི་ཁང་བར་ཞྭ་ཕུད་ནས་འདུག་པའི་ཚེ། སྔོན་གྱི་རྒད་པོའི་གཟུགས་སུ་གྱུར་པ། སློབ་མ་འགའ་ཞིག་གི་མཐོང་ནས། ཞྭ་དེ་ཁྱེར་བས། ཕྱིས་གྲུབ་ཐོབ

ཞིག་སྟེ། དེ་ནས་ཏིང་ངེ་འཛིན་སྐྱེ་བ་རྒྱུན་ཆད། དེ་འདྲའི་ཏིང་ངེ་འཛིན་བདུད་རིགས་དང་། འབྱུང་པོ་རྣམས་ཀྱིས་བྱེད་པར་གསུངས། ནག་པོ་རི་ཟན་བྱ་བ་ཅིག་གིས་ཀྱང་། ལ་ལ་ལ་སྒོམ་ཐེམས་པ་བྱུང་སྟེ། དེའང་རྒྱལ་འགོང་གཅིག་གིས་བྱས་འདུག་ཟེར། གཉིས་པ་རྣམ་རྟོག་རགས་རིམ་འགགས་པ་ཕྱག་ཆེན་དུ་འདོད་པ་བཀག་པ་ན། དངོས་ཀྱི་དོན་དང་། ཐེག་པ་ཆེན་པོ་ལ་དད་ན་དབང་མི་དགོས་པར་འདོད་པ་དགག སངས་རྒྱས་པར་ཁས་མཆེ་བས་འཆད་ཉན་འགོག་པ་རིག་པ་མ་ཡིན་པར་བསྟན་པའོ། །དང་པོ་ནི། སངས་རྒྱས་གསུང་བཞིན་བསྒྲུབ་པ་ཡི། ཞེས་པ། སངས་རྒྱས་ཀྱིས་གསུངས་པ་བཞིན་རྒྱུད་སྡེ་བཞིའི་དབང་བསྐུར་བ་ཕྱིན་ཅི་མ་ལོག་པར་བསྒྲུབ་པའི་གང་ཟག་ལ། རྒྱུད་སྡེ་ན་བཤད་པ་བཞིན་གྱི་བྱིན་རླབས། སངས་རྒྱས་རྣམས་ཀྱི་ཡིན་ནོ། །

གཉིས་པ་ནི། ཁ་ཅིག་སྐྱེ་བ་སྔ་མ་ལ། །སེམས་བསྐྱེད་དབང་བསྐུར་མ་བྱས་ན། །ཆོས་ལ་དད་པ་མི་སྐྱེད་པས་གང་དག་ཐེག་ཆེན་དད་ཐོབ་པ། །དེ་དག་སྔར་སྦྱངས་ཡིན་པས་ན། །ད་ལྟ་དབང་བསྐུར་མི་དགོས་ཟེར། །འོ་ན་སོ་སོ་ཐར་པ་ཡི། །སྡོམ་པ་དག་ལ་མོས་པ་ཡང་། །སྔ་མའི་སྡོམ་པ་ཡོད་པའི་ཕྱིར། །ད་ལྟ་རབ་ཏུ་བྱུང་ཅི་དགོས། །བྱང་ཆུབ་སེམས་དཔའི་སེམས་བསྐྱེད་ཀྱང་། །སྔ་མའི་སེམས་བསྐྱེད་ཡོད་པའི་ཕྱིར། །དེ་ལྟ་སེམས་བསྐྱེད་བྱ་ཅི་དགོས། །དེ་དག་དགོས་ན་གསང་སྔགས་ཀྱི། །དབང་བསྐུར་ཡང་ན་ཅི་མི་དགོས། །ཞེས་པ། བསྒོམ་ཆེན་པ་ཁ་ཅིག་སྐྱེ་བ་སྔ་མ་ལ་སེམས་བསྐྱེད་དབང་བསྐུར་མ་བྱས་ན། ཆོས་ལ་དད་པ་མི་སྐྱེད་པས། །གང་དག་ཐེག་པ་ཆེན་པོ་ལ་དད་པ་ཐོབ་པ་ནི། །དེ་དག་སྔར་སྦྱངས་པ་ཡིན་པས། །དེ་ལྟར་དབང་བསྐུར་མི་དགོས་ཟེར་རོ། །དེ་མི་འཐད་དེ། འོ་ན་སོ་སོ་ཐར་པའི་སྡོམ་པ་དགའ་ལ་མོས་པ་ཡང་། སྔ་མའི་སྡོམ་པ་ཡོད་པའི་ཕྱིར། །མཁན་སློབ་ཀྱིས་ད་ལྟ། རབ་ཏུ་འབྱུང་བའི་སྡོམ་པ་འཚང་ཐོག་ཅི་དགོས་ཏེ། མི་དགོས་པར་ཐལ་ལོ། །བྱང་ཆུབ་སེམས་དཔའི་སེམས་བསྐྱེད་ཀྱང་། སྔ་མའི་སྡོམ་པ་ཡོད་པའི་ཕྱིར། ད་ལྟ་སེམས་བསྐྱེད་བྱ་ཅི་དགོས་ཏེ། མི་དགོས་པར་ཐལ་ལོ། །རྟགས་རྣམས་ཁས་བླངས། དེ་བཞིན་དུ་དབང་བསྐུར་ཡང་ཅི་ཞིག་དགོས་ཏེ། །མི་དགོས་པར་ཐལ། སྐྱེ་བ་སྔ་མའི་དབང་བསྐུར་ཡོད་པའི་ཕྱིར་རོ། །

གསུམ་པ་ནི། སངས་རྒྱས་ཆོས་ལ་མི་དགའ་བའི། །མུ་སྟེགས་བྱེད་ཀྱི་ཆོས་སྤྱངས་པ། །དེ་ལས་མཚར་དུ་མི་རུ་ཡི། །སངས་རྒྱས་ཆོས་ལ་རྟེན་བཞིན་དུ། །མདོ་རྒྱུད་ཉན་བཤད་འགོག་བྱེད་པ། །དེ་ལ་ཁོ་བོས་ངོ་མཚར་སྐྱེས། །ཞེས་པ། སྟོན་པ་སངས་རྒྱས་ཀྱི་ཆོས་ལ་མི་དགའ་བའི་མུ་སྟེགས་བྱེད་ཀྱི་ཆོས་སྤྱངས་པ་དེ་ལ་མཚར་དུ་མི་རུའི། སངས་རྒྱས་ཀྱི་ཆོས་ལ་རྟེན་བཞིན་དུ། མདོ་རྒྱུད་དྲི་མ་མེད་པའི་མཚན་ཉིད་འགོག་པར་བྱེད་

པ་དེ་ལ་ངོ་མཚར་དུ་རྩེའོ། །འདིར་ཕྱག་རྒྱ་ཆེན་པོ་ངོས་བཟུང་བ་ལ། ངོ་བོ་དང་། དབྱེ་བ་གཉིས། ངོ་བོ་ལ། གདབ་པར་བྱ་བས་ན་ཕྱག་རྒྱ། འདེབས་པར་བྱེད་པས་ན་ཕྱག་རྒྱ། ཕྱག་རྒྱ་དེ་ལས་གོང་ན་བོགས་དབྱུང་རྒྱུ་མེད་པས་ན་ཆེན་པོ། མཚོན་པས་ན་ཕྱག་རྒྱ། མི་འདའ་བར་བྱེད་པས་ན་ཕྱག་རྒྱའོ། །

དང་པོ་ནི་མ་དག་པའི་ཕུང་པོ་ལྔ། དེ་བཞིན་གཤེགས་པ་ལྔར་རྒྱས་བཏབ་པས་ནས། བསྐྱེད་རིམ་ཡང་ཕྱག་རྒྱ་ཆེན་པོ་ཡིན་ནོ། །མ་དག་པའི་རྩ་དང་། བྱང་ཆུབ་ཀྱི་སེམས་དང་། རླུང་རྣམས་རང་བྱིན་རླབས་དཀྱིལ་འཁོར་ལོ། །རྡོ་རྗེའི་ཐ་རླབས་རྣམས་ཀྱིས་རྒྱས་བཏབ་པས་བསྒོམ་པ་ནི་རྫོགས་རིམ་ཕྱག་རྒྱ་ཆེན་པོ། གཉིས་པ་འདེབས་པར་བྱེད་པའི་ཕྱག་རྒྱ་ཡང་། མི་བསྐྱོད་པ་ལ་སོགས་པ་དེ་བཞིན་གཤེགས་པ་ཐབས་རིགས་ལྔས། བྲམ་ཟེ་མོ་ལ་སོགས་པ། ཤེས་རབ་ཡུམ་ལྔ་ལ་རྒྱས་འདེབས་པས་ན། དེ་བཞིན་གཤེགས་པ་རིགས་ལྔ་ཡང་ཕྱག་རྒྱ་ཆེན་པོ་ཡིན་ལ། ཐབས་རིགས་ལྔ་ལ་ཡུམ་ལྔས་རྒྱས་འདེབས་པས་ན་ཤེས་རབ་ཡུམ་ལྔ་ཡང་ཕྱག་རྒྱ་ཆེན་པོ་ཡིན་ནོ། །གསུམ་པ་མཚོན་པར་བྱེད་པའི་ཕྱག་རྒྱ་ཆེན་པོ་ནི། འབྱུང་བ་ལྔ་དང་། ཕུང་པོ་ལྔ་པོ་ཡང་ཡེ་ཤེས་ལྔ་ལ་མཚོན་པས་ན། ཕྱག་རྒྱ་ཆེན་པོ་ཡིན་ནོ། །གཉིས་པ་དབྱེ་བ་ལ། དང་པོ་ལས་ཀྱི་ཕྱག་རྒྱ་ནི། དབང་གསུམ་པའི་དུས་སུ་ཞུ་བདེ་ལྷན་སྐྱེས་ཀྱིའོ། །རིག་མ་ནི་རྟེན་གྱི་ཕྱག་རྒྱ་ཡིན་ལ། དེ་ཡང་ཡབ་སྒོམ་པར་འཇུག་པས་ན། སྐད་ཅིག་དང་པོ་རྣམ་པ་སྣ་ཚོགས་པ་ལ་དགའ་བའི་ཡེ་ཤེས་ནི་རྒྱུ་མཐུན་གྱི་འབྲས་བུའོ། །གཉིས་པ་ཆོས་ཀྱི་ཕྱག་རྒྱ་ནི་རྣམ་པར་སྨིན་པའི་སྐད་ཅིག་གཉིས་པ་མཆོག་དགའི་ཡེ་ཤེས་རྣམ་སྨིན་གྱི་འབྲས་བུའོ། །གསུམ་པ་དམ་ཚིག་གི་ཕྱག་རྒྱ་ནི། སྐད་ཅིག་གསུམ་པ་དགའ་བྲལ་གྱི་དགའ་བ་ནི་སྐྱེས་བུ་བྱེད་པའི་དགའ་བའོ། །བཞི་པ་ཕྱག་རྒྱ་ཆེན་པོ་ནི། མཚན་ཉིད་དང་བྲལ་བའི་སྐད་ཅིག་བཞི་བ་དྲི་མ་མེད་པའི་འབྲས་བུའོ། །མདོར་ན་ཕྱག་རྒྱ་བཞི། ཨེ་ཝཾ་མ་ཡ་བཞི། ཡི་གེ་བཞི་ལ་སྦྱར་བ་དང་། འབྱུང་བ་བཞི་ལ་སྦྱར་བ་དང་། སྤྱན་མ་ལ་སོགས་པ་ལྷ་མོ་བཞི་ལ་སྦྱར་བ་དང་། ལྟེ་བ་ལ་སོགས་པ་གནས་བཞི་ལ་སྦྱར་བ་དང་། བྱམས་པ་ལ་སོགས་པ་ཚད་མེད་པ་བཞི་ལ་སྦྱར། ཐབས་སོགས་ཕ་རོལ་ཏུ་ཕྱིན་པ་བཞི་ལ་སྦྱར་བ་དང་། ལྟེ་བ་སྤྲུལ་པའི་འཁོར་ལོ་སོགས་བཞི་ལ་སྦྱར་བ་རྣམས་ནི། དཔལ་ཡང་དག་པའི་སྦྱོར་བའི་རྒྱུད་ལས་བཤད་ཅིང་། དེ་དག་ནི་རྡོ་རྗེ་ཐེག་པའི་ཟབ་དོན་ཡིན་པས་འདིར་མི་འཆད་དོ། །གཞན་རྣལ་འབྱོར་རྒྱུད་དེ་ཉིད་བསྡུས་པ་ན། སྐུ་ཕྱག་རྒྱ་ཆེན་པོ། །གསུང་དམ་ཚིག་ཕྱག་རྒྱ། ཐུགས་ཆོས་ཀྱི་ཕྱག་རྒྱ། མཛད་པ་ལས་ཀྱི་ཕྱག་རྒྱ་ལ་སྦྱར་བ་དང་། སྙིང་པོ་དང་། ཕྱག་རྒྱ་དང་། གསང་སྔགས་དང་། རིགས་སྔགས་སོགས་བཞི་ལ་སྦྱར་བ་སོགས་མཐའ་ཡས་པ་ཤེས་པར་བྱའོ། །རིགས་བདག་ཕྱག་རྒྱ་ཆེན་པོ་ལ། ངོ་བོ་ཉིད་ལ་ངོ་བོ་ཉིད་ཀྱི་ཕྱག་རྒྱ་ཆེན་པོ་དང་། ལུས་ལ་སེམས་དང་། སེམས

ལ་ལུས་དང་། རྒྱུ་འབྲས་བུ་དང་། འབྲས་བུ་ལ་རྒྱུའི་ཕྱག་རྒྱ་དང་ལྔ། སྤྱིར་ཕྱག་རྒྱ་ཆེན་པོ་ལ། བརྗོད་པ་ཚིག་གི་ཕྱག་རྒྱ་ཆེན་པོ། །བསྒོམ་པ་དམིགས་པའི་ཕྱག་རྒྱ་ཆེན་པོ། མྱོང་བ་ཉམས་ཀྱི་ཕྱག་རྒྱ་ཆེན་པོ་རྟོགས་པ་དཔེའི་ཕྱག་རྒྱ་ཆེན་པོ། མཐོང་བ་དོན་གྱི་ཕྱག་རྒྱ་ཆེན་པོ། གྲུབ་པ་འབྲས་བུའི་ཕྱག་རྒྱ་ཆེན་པོ་དང་དྲུག ཡང་ན། ལྟ་བ་ཕྱག་རྒྱ་ཆེན་པོ། སེམས་སྤྲོས་པའི་མཐའ་ཐམས་ཅད་བྲལ་བ་བསྒོམ་པ་ཕྱག་རྒྱ་ཆེན་པོ་བདེ་སྟོང་གི་ཉམས་སྐྱོན་མེད། སྤྱོད་པ་ཕྱག་རྒྱ་ཆེན་པོ་ནི། སྤྱོད་པ་ཕྲོར་བྱུང་འགག་མེད་ཡིན་ནོ། །གསུམ་པ་ཞི་གནས་ཕྲ་མོ་མཐོང་ལམ་དུ་ངོ་སྤྲད་པ་དགག་པ་ནི། འདོད་པ་བརྗོད་པ། དེ་དགག་པ་གཉིས། དང་པོ་ནི། ལ་ལ་ཞི་གནས་ཙུང་ཟད་དང་། ། སྣང་སྟོང་རྟོག་པ་ཕྲ་མོ་ལ། །མཐོང་ལམ་ཡིན་ཞེས་ངོ་སྤྲོད་བྱེད། །ཁྱུང་གི་སྒོ་ང་རྒྱུ་རྫི་བཞིན་དུ། །ལུས་ཀྱི་རྒྱུ་ཡིས་བཅིངས་པས་ན། །ད་ལྟ་ཡོན་ཏན་མི་འབྱུང་བས། །ལུས་རྒྱུ་ཞིག་པའི་ཤི་མ་ཐག ཡོན་ཏན་ཕྱི་ནས་འབྱུང་ཞེས་ཟེར། ཞེས་པ། དྭགས་པོ་བཀའ་བརྒྱུད་པ་ལ་ལས། ཞི་གནས་ཙུང་ཟད་དང་། སྣང་སྟོང་རྟོག་པ་ཕྲ་མོ་ཙམ་རྟོགས་པ་ལ། མཐོང་ལམ་ཡིན་ཞེས་ངོ་སྤྲོད་བྱེད་དེ། དཔེར་ན། ཁྱུང་གི་སྒོ་ངའི་རྒྱུ་མ་ཆག་པར་ཕྲུ་གུ་འཕུར་མི་ནུས་པ་བཞིན་དུ། རྣལ་འབྱོར་པ་ལུས་ཀྱི་རྒྱུན་བཅིངས་པས་ན། ད་ལྟ་ཡོན་ཏན་མི་འབྱུང་། ལུས་ཀྱི་རྒྱུ་ཞིག་པའི་ཤི་མ་ཐག ཡོན་ཏན་ཕྱི་ནས་འབྱུང་ཞེས་ཟེར་རོ། །

གཉིས་པ་དེ་དགག་པ་ལ། ལུས་རྒྱུ་བཅིངས་པ་དགག་ལ། རྒྱུན་ཆ་དང་རྒྱུན་མེད་དག་གོ། རང་ལ་རྩོད་པ་སྤྲངས་པ། དོན་བསྡུས་པ་དང་བཞི། དང་པོ་ནི། ཐེག་པ་ཆེན་པོའི་མདོ་རྒྱུད་ལས། །འདི་འདྲའི་ཆོས་ལུགས་བཤད་པ་མེད། །ཉི་མ་དེ་རིང་ཤར་བ་ཡི། །འོད་ཟེར་ནང་བར་འབྱུང་བ་མཚར། །ཞེས་པ། དེ་འདྲའི་མཐོང་ལམ་ཐེག་པ་ཆེན་པོའི་མདོ་དང་། རྡོ་རྗེ་གསང་སྔགས་ཀྱི་རྒྱུད་སྡེ་མཐའ་དག་ལས། །འཕྲི་ཁུངས་པའི་དགོངས་གཅིག་ཏུ། །རྡོ་རྗེའི་གསུང་། སའི་ཡོན་ཏན་འབྱུང་བའི་ཚུལ་མུ་དྲུག་བྱ་བ་ནི་བཞུགས་འདིར་ཞལ་སྔ་ནས། ། སའི་ཡོན་ཏན་ཡང་དེ་མ་ཐག་ཏུ་འབྱུང་བ་མ་ཡིན་ཏེ་མངོན་རྟོགས་ཡོད་ཀྱང་སའི་ཡོན་ཏན་ད་གཟོད་བསྒྲུབ་དགོས་པར་གསུངས་པས། མུ་དྲུག་ནི་རིམ་གྱིས་པའི་མུ། ཅིག་ཆར་བའི་མུ། འགའ་ཞིག་ཡོད་པ་ལ། འགའ་ཞིག་མེད་པའི་མུ། ཡོད་ཀྱང་གཞན་གྱིས་མི་མཐོང་བའི་མུ། རྣལ་འབྱོར་བའི་ཉམས་ཀྱི་སྣང་བའི་མུ། ལུང་ཁུང་གི་མུ་སྟེ་དྲུག་ལུང་ཁུང་གི་མུ་ནི། ས་དང་པོ་ཐོབ་མ་ཐག ཉི་མ་ཤར་མ་ཐག་འོད་ཟེར་དང་འགྲོགས་ནས་འོང་བ་བཞིན། ཡོན་ཏན་བརྒྱ་ཕྲག་བཅུ་གཉིས་འབྱུང་བར་གསུངས་པའི་ལུང་ཁུང་རྒྱལ་བའི་བཀའ་ནས་མི་བཞུགས། དེས་ན་ལུང་ཁུང་འདི་མེད་པའི་ཕྱིར། འཇིག་རྟེན་མགོན་པོ་ཚོགས་ཀྱི་དཀྱིལ་འཁོར་དུ་འདིའི་ལུང་ཁུང་བཀའ་ནས་གསུངས་པ་མཐོང་བ་ཡོད་ན། རྟ་བཟང་སེང་གེ་འདྲ་བ་གཅིག་སྲབ་འདའ་དར་ཡུག་ལ་བྱུས་ཏེ་སྟེར་གསུངས་ཏེ།

སུས་ཀྱང་མཐོང་བ་མ་བྱུང་གསུངས། ཡོད་ཀྱང་མི་མཐོང་བའི་མུ་ནི། ཀླུ་སྒྲུབ་ལྟ་བུ་ཡིན་ཏེ། འཕགས་པ་ཀླུ་སྒྲུབ། མདོ་རྒྱུད་ཉི་ཤུ་རྩ་གཅིག་ནས་ལུང་བསྟན། འགའ་ཞིག་ཏུ་ས་བརྒྱད་པ་དང་། འགའ་ཞིག་ཏུ་ས་བཅུ་བར་གསུངས་ཀྱང་། ས་དང་པོ་ཐོབ་པར་ཐམས་ཅད་མཐུན། ཡོན་ཏན་བརྒྱ་ཕྲག་བཅུ་གཉིས་སུས་ཀྱང་མཐོང་བ་མེད་ཟེར་རོ། །འདི་འདྲའི་མཐོང་ལམ་བཤད་པ་མེད་ཅིང་ཆོས་ལུགས་གང་ནས་ཀྱང་མ་བཤད་དོ། །དཔེར་ན་ཉི་མ་དེ་རིང་ཤར་བའི་འོད་ཟེར་ནང་པར་འབྱུང་བ་མཚར་བ་སྟེ། མི་སྲིད་པའི་དཔེ་ཡིན་ནོ། །

གཉིས་པ་ནི། ཁ་ཅིག་ཕ་རོལ་ཕྱིན་པ་དང་། གསང་སྔགས་ཀྱི་ནི་མཐོང་ལམ་ལ། །རྒྱུན་ཅན་རྒྱུན་མེད་ཡིན་ཞེས་ཟེར། །དེ་ལྟ་ཡིན་ན་སངས་རྒྱས་ཀྱང་། །རྒྱུན་ཅན་རྒྱུན་མེད་གཉིས་སུ་འགྱུར། །ཉན་ཐོས་རྣམས་ཀྱི་དགྲ་བཅོམ་ལས། །རྒྱུན་ཅན་རྒྱུན་མེད་གཉིས་འཐད་ཀྱི། །ཐེག་པ་ཆེན་པོའི་འཕགས་པ་ལ། །རྒྱུན་ཅན་རྒྱུན་མེད་གཉིས་མི་སྲིད། །ཉན་ཐོས་ལུགས་ཀྱི་ཚ་ཚའི་དཔེས། །ཚེ་འདིར་མྱ་ངན་བྱེད་པ་དང་། །བར་དོར་མྱ་ངན་འདའ་བར་གསུངས། །དེ་བཞིན་གསང་སྔགས་བསྒོ་བ་ལས། །ཚེ་འདིར་མཐོང་ལམ་མ་ཐོབ་པ། །བར་དོར་མཐོང་ལམ་ཐོབ་མོད་ཀྱི། །ཚེ་འདིར་མཐོང་ལམ་སྐྱེས་པ་ལ། །ཡོན་ཏན་ཤི་ནས་འབྱུང་བ་ནི། །བླུན་པོ་རྣམས་ཀྱི་རྫུན་རིབ་ཡིན། །མདོ་རྒྱུད་ཀུན་དང་མི་མཐུན་པས། །འདི་འདྲའི་ཆོས་ལུགས་མཁས་པས་སྤྱངས། །ཞེས་པ། ཕྱག་རྒྱ་ཆེན་པོ་འགའ་ཞིག་ཕ་རོལ་ཏུ་ཕྱིན་པ་དང་། གསང་སྔགས་ཀྱི་མཐོང་ལམ་ནི། ཕར་ཕྱིན་གྱི་རྒྱུན་ཅན་དང་། གསང་སྔགས་ཀྱི་རྒྱུན་མེད་ཡིན་ཞེས་ཟེར་རོ། །དེ་ལྟ་ཡིན་ན་ས་བཅུའི་བསྒོམ་ལམ་ཡང་རྒྱུན་ཅན་རྒྱུན་མེད་དུ་འགྱུར་ལ། སངས་རྒྱས་ཀྱི་རྒྱུན་ཅན་རྒྱུན་མེད་གཉིས་སུ་འགྱུར་ཏེ། མཐོང་ལམ་ལ་རྒྱུན་ཅན་དང་རྒྱུན་མེད་གཉིས་བཤད་པའི་ཕྱིར། རྟགས་ཁས་བླངས། ཉན་ཐོས་རྣམས་ཀྱི་བསམ་གཏན་གྱི་དངོས་གཞིའི་སེམས་ལ་བརྟེན་ནས་ཐོབ་པའི་དགྲ་བཅོམ་པ་ལ། རྒྱུན་ཅན་དང་། བསམ་གཏན་གྱི་ཉེར་བསྡོགས་ཙམ་ལ་བརྟེན་ནས་ཐོབ་པ་རྒྱུན་ཅན་རྒྱུན་མེད་གཉིས་འཐད་ཀྱིས། ཐེག་པ་ཆེན་པོའི་འཕགས་པ་ལ།རྒྱུན་ཅན་རྒྱུན་མེད་གཉིས། མདོ་བསྟན་བཅོས་གང་ནས་ཀྱང་བཤད་པ་མེད་དོ། །མདོ་སྡེ་རྒྱན་ནས། རྒྱལ་སྲས་བྱང་ཆུབ་ཕྱོགས་མཐུན་པ། །རྣམ་པ་སྣ་ཚོགས་ཐམས་ཅད་ནི། །རྟག་ཏུ་མཐོང་བའི་ལམ་དེ་དང་། །ལྷན་ཅིག་ཏུ་ནི་ཐོབ་པར་འདོད། །ཅེས་གསུངས། ཉན་ཐོས་པ་ལུགས་ཀྱི་ཚ་ཚའི་དཔེར། དགྲ་བཅོམ་པ་ཚེ་འདིར་མྱ་ངན་ལས་འདས་པ། རབ་ཕྱི་མར་ལུས་བླངས་ནས། བར་དོར་མྱ་ངན་ལས་འདའ་བར་གསུངས་པ་དེ་བཞིན་དུ། བར་དོར་མྱ་ངན་ལས་འདའ་བ་གསུམ་ནི། ཕུབ་མའི་མེ་སྟག་མེ་དང་བྲལ་མ་ཐག་སྣང་བ་ལྟར། བར་དོར་ལུས་འགྲུབ་མ་ཐག་མྱ་ངན་ལས་འདའ་བ་དང་། སོག་མའི་མེ་སྟག་འཕར་ནས་འགོག་མཚམས་སུ་སྣང་བ་ལྟར། བར་དོའི་ཚེ་དཀྱིལ་ཙམ་དུ་མྱ་ངན་ལས

འདའ་བ་དང་། ལུགས་ཀྱི་ཚ་ཚ་མཚར་ནས་ས་ལ་བབ་ཅིང་། འཕར་བ་ལྟར། བར་དོའི་ཚེ་མཇུག་ཏུ་མྱ་ངན་ལས་འདས་པ་ལྟར། གསང་སྔགས་བསྒོམ་པ་ལ་ཚེ་འདིར་མཐོང་ལམ་མ་ཐོབ་པ། བར་དོར་མཐོང་ལམ་ཐོབ་པ་རྒྱུད་ནས་གསུངས་པ་ཡོད་མོད་ཀྱི། ཁྱེད་ཀྱི་ལུགས་ཀྱི་ཚེ་འདིར་མཐོང་ལམ་སྐྱེས་པ་ལ། ཡོན་ཏན་འདི་ལ་མི་འབྱུང་བར་ཤི་ནས་འབྱུང་བ་ནི། བླུན་པོ་རྣམས་ཀྱི་སློབ་མ་མགོ་བསྐོར་བའི་རྫུན་རིམ་ཡིན་ནོ། །མདོ་རྒྱུད་བསྟན་བཅོས་ཀུན་དང་མི་མཐུན་པའི། །མཐོང་ལམ་རྒྱུན་ཅན་རྒྱུན་མེད་འདི་འདྲའི་ཆོས་ལུགས་མཁས་པས་སྤངས་བར་བྱའོ། །གསུམ་པ་རང་ལ་རྩོད་པ་སྤངས་པ་ལ། ན་རོའི་ལུང་དང་འགལ་བ་སྤང་། ཨཱ་རྱ་དེ་བའི་ལུང་དང་འགལ་བ་སྤངས་པ་གཉིས་ཀྱི། དང་པོ་ནི། ཇོ་བོ་ན་རོ་ཏ་པ་ནི། །དབང་བསྐུར་དུས་མཐོང་ལམ་སྐྱེ། །དེ་ནི་སྐད་ཅིག་དེ་ལ་འགག ཆོས་མཆོག་རྗེས་ཀྱི་མཐོང་ལམ་ནི། འགག་པ་མེད་ཅེས་གསུངས་པ་གྲགས། །འདི་ནི་དཔེ་ཡི་ཡེ་ཤེས་ལ། །མཐོང་བའི་ལམ་དུ་བཏགས་པར་ཟད། །ཅེས་པ། ཇོ་བོ་ན་རོ་པ་ནི། དབང་བསྐུར་གྱི་དུས་སུ་མཐོང་ལམ་སྐྱེ་ལ་དེ་ནི་སྐད་ཅིག དེ་ལ་ཉེར་དགུའི་ཟླ་བ་ལྟར་འགག ཆོས་མཆོག་གི་དུས་སུ་མཐོང་ལམ་ནི། ཆོས་ཅིག་གི་ཟླ་བ་མཐོང་བ་ལྟར། འགག་པ་མེད་ཅེས་གསུངས་པ། མར་བའི་རྗེས་འབྲང་རྟོག་པ་འགའ་ཞིག་ཟེར་བ་གྲགས་སོ། །དབང་གི་དུས་སུ་སྐྱེས་པའི་མཐོང་ལམ་དེ་ནི་ཆོས་ཅན། མཐོང་ལམ་མཚན་ཉིད་པ་མ་ཡིན་ཏེ། དཔེའི་ཡེ་ཤེས་ལ་མཐོང་ལམ་དུ་བཏགས་པར་ཟད་པ་ཡིན་པའི་ཕྱིར།

གཉིས་པ་ནི། །འཕགས་པ་ལྷའི་སྤྱོད་བསྡུས་སུ། །བདེན་པ་མཐོང་ཡང་ལས་མཐའ་ལ། །ཆགས་པར་གསུང་བ་རྫོགས་རིམ་གྱི། །རང་འབྱུང་ཡེ་ཤེས་རྟོགས་པ་ནི། །དཔེ་ཡི་ཡེ་ཤེས་གཉིས་ལ་དགོངས། །དེ་དང་ལམ་འབྲས་ལ་སོགས་པ། །གྲུབ་ཐོབ་རྣམས་ཀྱི་དགོངས་པ་མཐུན། །དེས་ན་དེད་ཀྱི་མཐོང་ལམ་ནི། །འཕགས་པ་མིན་ལ་འབྱུང་མི་སྲིད། །ཅེས་པ། དབང་དུས་སྐྱེས་པའི་མཐོང་ལམ་དེ་ནི། མཐོང་ལམ་མཚན་ཉིད་པ་མ་ཡིན་ཏེ། འཕགས་པ་ལྷའི་གཞུང་དང་འགལ་བའི་ཕྱིར། འཕགས་པ་ལྷའི་སྤྱོད་བསྡུས་སུ། གང་ཟག་འགའ་ཞིག་བདེན་པ་མཐོང་ཡང་། ཞིང་ལ་སོགས་པའི་ལས་ཀྱི་མཐའ་ལ་ཆགས་པ་མི་སྲིད་མོད། འོན་ཀྱང་སྲིད་པ་གཞན་མི་ལེན་པར། རྫོགས་རིམ་གྱིས་རང་འབྱུང་ཡེ་ཤེས་རྟོགས་པ་ནི། དཔེའི་ཡེ་ཤེས་ཉིད་ལ་དགོད་པ་ཡིན་ལ། སྤྱོད་བསྡུས་སྒྲོན་མེ་དང་ལམ་འབྲས་སོགས་པའི་གྲུབ་ཐོབ་རྣམས་དགོངས་པ་མཐུན་པ་ཡིན་ནོ། །དེད་ཀྱི་མཐོང་ལམ་ནི། འཕགས་པ་མ་ཡིན་པ་ལ་འབྱུང་བ་མི་སྲིད་དོ། །ལྔ་པ་ཐེག་པ་གསུམ་གྱི་ལག་ལེན་འཆོལ་བར་སྤྱོད་པ་དགག་པ་ལ་བཞི་སྟེ། རང་གཞུང་དང་མི་མཐུན་པའི་ལག་ལེན་དགག ཐེག་པ་མི་མཐུན་པའི་གསོལ་གདབ་དགག །དབང་བསྐུར་དང་མི་མཐུན་པའི་ལམ་བསྒོམ་པ་དགག །བསྙེན་པར་མ་རྫོགས་པའི་མཁན་སློབ་དགག་པ་དང་བཞི། དང་

པོ་ནི། ཐེག་པ་གསུམ་གྱི་ལག་ལེན་ཡང་། །རང་རང་གཞུང་ལུགས་བཞིན་བདེ་ན། །སངས་རྒྱས་བསྟན་ཡིན་མི་བྱེད་ན། །བསྟན་པའི་གཟུགས་བརྙན་ཡིན་ཞེས་བྱ། ཞེས་པ། ཐེག་པ་གང་ལ་བླང་བའི་ཡུལ། གང་གིས་ལེན་པའི་གང་ཟག ཇི་ལྟར་བླང་བའི་ཆོ་ག་དང་གསུམ་གྱི་ལག་ལེན་ཡང་། རང་རང་གི་གཞུང་ལུགས་དང་མི་འགལ་བ་རྣམས་ལ། མཐུན་པར་ཉམས་སུ་བླངས། འགལ་བ་རྣམས་དགག་དགོས་པ་བཞིན་བྱེད་ན། སངས་རྒྱས་ཀྱི་བསྟན་པ་རྣམ་དག་ཡིན་ལ། དེ་ལྟར་མི་བྱེད་ན་ནི་བསྟན་པའི་གཟུགས་བརྙན་ཡིན་ནོ། །

གཉིས་པ་ལ། བླ་མའི་རྣམས་དབྱེ་བསྟན་པ་དང་། ཇི་ལྟར་གསོལ་བ་གདབ་པའི་ཚུལ་དང་གཉིས། དང་པོ་ནི། ཉན་ཐོས་རྣམས་ཀྱི་བླ་མ་སྐྱེ། །བཟང་ཡང་གང་ཟག་ཁོ་ན་བས། །ཕ་རོལ་ཕྱིན་པའི་བླ་མ་ནི། ། བཟང་ན་དགེ་འདུན་དཀོན་མཆོག་ཡིན། །གསང་སྔགས་པ་ཡི་བླ་མ་མཆོག །དཀོན་མཆོག་གསུམ་དང་དབྱེར་མེད་ཡིན། །དེས་ན་དེ་ལ་གསོལ་བཏབ་པས། །དཀོན་མཆོག་གསུམ་པོ་ཚེ་འདིར་འགྲུབ། །ད་ལྟའི་ཐེག་པ་གསུམ་པོ་ནི། །སོ་སོའི་གཞུང་ནས་འབྱུང་བ་བཞིན། །བླ་མའི་མཚན་ཉིད་མི་ལྡན་ན། །བླ་མ་ཡིན་གྱི་དམ་པ་མིན། །ཞེས་པ་ནི། ཉན་ཐོས་རྣམས་ཀྱི་བླ་མ་སོ་སོ་སྐྱེ་བོ་དེ་བཟང་ཡང་། ཞི་སྡེར་མ་ལོངས་ན་དགེ་འདུན་དུ་མི་འགྲོ་བར། གང་ཟག་ཁོ་ན་ཡིན་ལ། ཕ་རོལ་ཏུ་ཕྱིན་པའི་བླ་མ་ནི། བཟང་ན་དགེ་འདུན་དཀོན་མཆོག་ཡིན་ཏེ། སྐྱབས་གསུམ་བདུན་བཅུ་པ་ལས། སངས་རྒྱས་ཆོས་དང་དགེ་འདུན་ནི། །རྟུལ་རྣམས་བྱེ་བ་ཐམས་ཅད་དང་། །གང་ཕྱིར་དབྱེ་བ་མ་མཆིས་པས། ། དེ་ཕྱིར་དགེ་འདུན་ཞེས་སུ་བཤད། །ཅེས་སོ། །གསང་སྔགས་པའི་བླ་མ་དབང་བསྐུར་ཐོབ་པ་ལ་གཅིག་ལྡན་དང་། དབང་བསྐུར། རྒྱུད་བཤད་པ་ལ་གཉིས་ལྡན། དེའི་སྟེང་དུ་མན་ངག་བཤད་པ་གསུམ་ལྡན་གྱི་བླ་མ་མཆོག་ནི། དཀོན་མཆོག་དང་དབྱེར་མི་ཕྱེད་པ་ཡིན་ཏེ། ཡེ་ཤེས་གྲུབ་པ་ལས། བླ་མ་སངས་རྒྱས་ཆོས་གྱུར་དང་། ཞེས་སོགས་དང་ཧེ་རུ་ཀ་སྒྲོན་བྱུང་ལས། བླ་མ་སངས་རྒྱས་བླ་མ་ཆོས། །ཞེས་བཤད་པའི་ཕྱིར།རྒྱུ་མཚན་དེས་ན། གསང་སྔགས་ཀྱི་བླ་མ་དེ་ལ། གསོལ་བ་བཏབ་པས། དཀོན་མཆོག་གསུམ་པོ་དབང་པོ་རྣོན་པོས་ཚེ་འདིར་འགྲུབ། འབྲིང་བར་དོ། །དབང་པོ་བརྟུལ་པོས་བདུན་ནམ་བཅུ་དྲུག་ནས་འགྲུབ་པར་གསུངས་སོ། །ད་ལྟའི་ཐེག་པ་གསུམ་པོའི་གཞུང་ནས་བཤད་པ་བཞིན་ནོ། །བླ་མའི་མཚན་ཉིད་དང་མི་ལྡན་ན།བླ་མ་ཡིན་གྱི་དམ་པ་མིན་ནོ། །

གཉིས་པ་ནི། དེ་ལ་གསོལ་བ་བཏབ་ན་ཡང་། །བྱིན་རླབས་ཙུང་ཟད་འབྱུང་མོད་ཀྱི། །ཚེ་འདིའམ་བར་དོ་ལ་སོགས་སུ། །སངས་རྒྱས་ཉིད་སྒྲིན་མི་ནུས་སོ། །དེས་ན་དབང་བསྐུར་ཐོབ་པའི་མིས། །དཀོན་མཆོག་གསུམ་པོ་བླ་མ་སྟེ། །འདུས་པར་མཐོང་ནས་བླ་མ་ལ། །གསོལ་བ་བཏབ་ན་བྱིན་རླབས་འཇུག གལ་ཏེ་དབང་བསྐུར་མ་ཐོབ་ན། །བླ་མ་དཀོན་མཆོག་གསུམ་ཉིད་དུ། །ཕར་ལ་བསྟུས་ལ་གསོལ་བ་ཐོབ། །རིམ་གྱིས་བྱིན་རླབས་ཅི་རིགས་འཇུག བླ་མ་

ཀྲུང་བ་བཟང་སྲིད་ཀྱང་། །གསོལ་བ་མ་བཏབ་བྱིན་རླབས་ཆུང་། །དེ་བས་དཀོན་མཆོག་གསུམ་ཉིད་དུ། །ཕར་ལ་བསྟུས་ལ་གསོལ་བ་ཐོབ། །རིམ་གྱིས་བྱིན་རླབས་ཅི་རིགས་འཇུག བླ་མ་ཀྲུང་བ་བཟང་སྲིད་ཀྱང་། །གསོལ་བ་མ་བཏབ་བྱིན་རླབས་ཆུང་། །དེ་བས་དཀོན་མཆོག་གསུམ་ཉིད་ལས། །གསོལ་བ་བཏབ་ན་ཤིན་ཏུ་བཟང་། །ཞེས་པ། ཉན་ཐོས་ཀྱི་བླ་མ་དེ་ལ་གསོལ་བ་བཏབ་ན་ཡང་།བྱིན་རླབས་ཅུང་ཟད་ཙམ་འབྱུང་མོད་ཀྱི། ཚེ་འདི་འམ་བར་དོ་འམ་སྐྱེ་བ་བཅུ་དྲུག་སོགས་སུ་སངས་རྒྱས་སྒྲིན་པར་མི་ནུས་པའི་ཕྱིར། རྒྱུ་མཚན་དེས་ན། རྡོ་རྗེ་ཐེག་པའི་དབང་བསྐུར་བ་ཕྱིན་ཅི་མ་ལོག་པ་ཐོབ་པའི་མིས་དཀོན་མཆོག་གསུམ་པོ་བླ་མ་ལ་འདུས་པར་མཐོང་ནས། བླ་མ་ལ་གསོལ་བ་བཏབ་ན། ཚེ་འདི་ལ་སངས་རྒྱས་ཉིད་ཐོབ་པའི་བྱིན་རླབས་འཇུག་གོ། གལ་ཏེ་དབང་བསྐུར་བ་མ་ཐོབ་ན། བླ་མ་དཀོན་མཆོག་གསུམ་ཉིད་དུ། ཕར་ལ་བསྟུས་ལ་གསོལ་བ་ཐོབ་ཅིག བྱིན་རླབས་རིམ་གྱིས་ཅི་རིགས་པ་འཇུག དབང་མ་ཐོབ་པའི་བླ་མ་ཀྲུང་བ་བཟང་སྲིད་ཀྱང་། གསོལ་བ་བཏབ་པ་བྱིན་རླབས་ཆུང་སྟེ། དབང་མ་ཐོབ་པའི་ཕྱིར། དེ་བས་དཀོན་མཆོག་གསུམ་ཉིད་ལ། གསོལ་བ་བཏབ་པ་ཤིན་ཏུ་བཟང་བས་ཏེ་བྱིན་རླབས་ཆེའོ། །

གསུམ་པ་དབང་དང་མི་མཐུན་པའི་ལམ་བསྒོམ་པ་དགག་པ་ནི། དབང་བསྐུར་དང་པོ་མ་ཐོབ་པར། །བསྐྱེད་པའི་རིམ་པ་བསྒོམ་པ་དང་། །དབང་བསྐུར་གཉིས་པ་མ་ཐོབ་པར། གཏུམ་མོ་ལ་སོགས་བསྒོམ་པ་དང་། དབང་བསྐུར་གསུམ་པ་མ་ཐོབ་པར་བདེ་སྟོང་ལ་སོགས་བསྒོམ་པ་དང་། དབང་བསྐུར་བཞི་པ་མ་ཐོབ་པར། །ཕྱག་རྒྱ་ཆེན་པོ་སོགས་སྒོམ་དང་། །ཞེས་པ། རྣལ་འབྱོར་བླ་མེད་ཀྱི་སྨིན་བྱེད་ཀྱི་དབང་དང་པོ་བུམ་དབང་མ་ཐོབ་པར། །བསྐྱེད་པའི་རིམ་པ་བསྒོམ་པ་དང་། དབང་བསྐུར་གཉིས་པ་གསང་དབང་མ་ཐོབ་པར། རླུང་དང་གཏུམ་མོ་སོགས་བསྒོམ་པ་དང་། དབང་བསྐུར་གསུམ་པ་ཤེས་རབ་ཡེ་ཤེས་ཀྱི་དབང་མ་ཐོབ་པར། བདེ་སྟོང་དགའ་བ་བཞི་ལ་སོགས་བསྒོམ་པ་དང་། དབང་བསྐུར་བཞི་པ་མ་ཐོབ་པར། ཕྱག་རྒྱ་ཆེན་པོ་བསྒོམ་པ་ནི། གསང་སྔགས་མེད་པར་སྦྲུལ་གདུག་གི་མགོ་ལ་རིན་པོ་ཆེ་ལེན་པ་ལྟར། རང་གཞན་བརླག་པའི་རྒྱུ་རུ་འགྱུར་བས་མཁས་པ་རྣམས་ཀྱིས་ཀྲུང་རིང་དུ་སྤངས་པར་བྱ་བ་ཡིན་ཏེ། ཨིན་དྲ་བྷཱུ་ཏིས། །དཔེར་ན་སྐྱེས་བུ་ལ་ལ་ཞིག སྨན་དང་སྔགས་སོགས་མི་འཛིན་པར། །དུག་སྦྲུལ་མགོ་ལ་འཛིན་བྱེད་པ། །གཤིན་རྗེའི་ཁར་འགྲོ་ཁོ་ནར་ཟད། །དེ་བཞིན་དེ་ཉིད་མེད་བཞིན་དུ། །ངོ་མཚར་ཆེ་བ་ལྟར་བྱེད་པ། །ཇི་སྲིད་ནམ་མཁའ་མི་འཛིགས་པ། །ཤི་བའི་འོག་ཏུ་དམྱལ་བར་སྐྱེ། །ཞེས་སོ། །བཞི་པ་བསྙེན་པར་མ་རྫོགས་པའི་མཁན་སློབ་དགག་པ་ནི། དགེ་སློང་སྡོམ་པ་མ་ཐོབ་པར། །མཁན་སློབ་ལ་སོགས་བྱེད་པ་ནི། །གསང་སྔགས་མེད་པར་སྦྲུལ་གདུག་གི །མགོ་ལ་རིན་ཆེན་ལེན་པ་ལྟར། །རང་

བཞིན་བརྟག་པའི་རྒྱུ་རུ་བས། །མཁས་པ་རྣམས་ཀྱི་རྒྱང་རིང་སྤངས། །ཞེས་པ། རང་ཉིད་ཀྱི་དགེ་སློང་གི་སྡོམ་པ་མ་ཐོབ་པར། གཞན་གྱི་མཁན་སློབ་སོགས་བྱེད་པ་ནི། རང་གཞན་བརྟག་པའི་རྒྱུ་རུ་འགྱུར་བས་མཁས་པ་རྣམས་ཀྱིས་རྒྱང་རིང་དུ་སྤངས་པར་བྱའོ། །

དྲུག་པ་འཕྲུལ་བའི་ལག་ལེན་དགག་པ་ལ་གཉིས་ཏེ། ཐུན་མོང་གི་བྱ་བ་ལ་འཕྲུལ་བ་དགག་པ་དང་། ཐུན་མོང་མ་ཡིན་པའི་བྱ་བ་ལ་འཕྲུལ་བ་དགག་པའོ། །དང་པོ་ལ་གསུམ། གཏོར་མ་ལ་འཕྲུལ་བ་དགག ཆུ་སྦྱིན་ལ་འཕྲུལ་བ་དགག ཞུད་མཆོད་ལ་འཕྲུལ་བ་དགག་པའོ། །དང་པོ་ནི། གཞན་ཡང་གངས་རིའི་ཁྲོད་འདི་ན། །འཕྲུལ་བའི་ལག་ལེན་དུ་མ་ཡོད། །ཁ་འབར་མ་ཡི་གཏོར་མ་ལ། །དེ་བཞིན་གཤེགས་པ་བཞི་ཡི་མཚན། །སྔོན་ལ་བརྗོད་པའི་ལག་ལེན་མཐོང་། །འདི་ཡང་མདོ་དང་མཐུན་མ་ཡིན། ། མདོ་ལས་སྔོན་ལ་སྔགས་བརྗོད་ནས། །སངས་རྒྱས་བཞི་པོ་ཕྱི་ནས་གསུངས། །ཞེས་པ། གཞན་ཡང་གངས་རིའི་ཁྲོད་བོད་ཡུལ་འདི་ན་འཕྲུལ་བའི་ལག་ལེན་དུ་མ་ཡོད་དེ། ཁ་འབར་མའི་གཏོར་མ་གཏོང་བ་ལ། དེ་བཞིན་གཤེགས་པ་བཞིའི་མཚན་སྔོན་བརྗོད་པའི་ལག་ལེན་བཀའ་གདམས་ཕྱི་རབས་པ་འགའ་ཞིག་ལ་ཡོད་དེ། འདི་ཡང་མདོ་དང་མཐུན་པ་མ་ཡིན་ཏེ། ཡི་དྭགས་ཁ་ནས་མེ་འབར་བའི་སྐྱབས་མཛད་པའི་མདོ་ལས། སྔོན་ལ་རྒྱལ་ཆེན་ཤུགས་ལྡན་འོད་ཀྱི་སྔགས། ནམཿསརྦ་ཏ་ཐཱ་ག་ཏ། ཨ་ལྦ་ལོ་ཀི་ཏེ། ཨོཾ་སཾ་བྷ་ར་ཧཱུཾ། ཞེས་བརྗོད་ནས། དེ་བཞིན་གཤེགས་པ་རིན་ཆེན་མང་ལ་སོགས་པའི་མཚན། ཕྱི་ནས་གསུངས་པའི་ཕྱིར། དེ་སྐད་དུ་མདོ་ལས། ཡི་དྭགས་ཁ་ནས་མེ་འབར་བ་ལ་སྐྱབས་མཛད་པའི་གཟུངས། དཀོན་མཆོག་གསུམ་ལ་ཕྱག་འཚལ་ལོ། །དེའི་ཚེ་བཅོམ་ལྡན་འདས་ཡུལ་སེར་སྐྱ་ན་དགེ་འདུན་གྱི་གནས་ན་དགེ་སློང་གི་དགེ་འདུན་དང་། བྱང་ཆུབ་སེམས་དཔའ་གྲངས་མེད་པས་ཡོངས་སུ་བསྐོར་བ་ལ་ཆོས་སྟོན་ན། །དེའི་ཚེ་ཚེ་དང་ལྡན་པ་ཀུན་དགའ་བོ། བས་མཐའ་ཞིག་ན་ཆོས་ཡིད་ལ་བྱེད་ཅིང་འདུག་པས། དེའི་ནུབ་མོ་ནམ་གྱི་ཆ་སྨད་ལ། ཡི་དྭགས་ཁ་ནས་མེ་འབར་བ་ཞེས་བྱ་བ་གཟུགས་བྱད་མི་སྡུག་པ། ཤིན་ཏུ་རིད་ཅིང་སྐམ་པ། ཁ་ནས་མེ་འབར་བ། མགྲིན་པ་མོ་ཁབ་ཙམ་དུ་ཕྲ་བ། འདི་ལ་ཐབས་ཅི་བགྱིས་ན་ཕན་ཞེས་ཡི་དྭགས་ཀྱི་སྡུག་བསྔལ་འདི་ལས་ཡོངས་སུ་ཐར་པར་འགྱུར་ཞེས་དྲིས་པས། དེས་བདག་ལ་ཁྱོད་ཀྱི་ཡི་དྭགས་གང་གའི་ཀླུང་གི་བྱེ་བ་ཕྲག་ཁྲིག་བརྒྱ་སྟོང་སྟེད་ལ་གཏོར་མ་བྱིན་ཏེ། བྲམ་ཟེ་དང་དྲང་སྲོང་ལ་སོགས་པ་བརྒྱ་སྟོང་སྟེད་ལ། ཞལ་ཟས་མཆོག་དམ་པ་ཕུལ་ན་ཚེ་རིང་བར་འགྱུར་རོ་ཞེས་མཆི་ན། བཅོམ་ལྡན་འདས་བདག་ཇི་ལྟར་ཡི་དྭགས་དང་། དྲང་སྲོང་ལ་སོགས་པ་དེ་ཉིད་ཀྱི་ཁ་ཟས་འགྲོར་བར་འགྱུར་རོ། །དེ་ནས་བཅོམ་ལྡན་འདས་ཀྱིས་དགའ་བོ་ལ་བཀའ་སྩལ་ལོ། །ཁྱོད་འཇིགས་པར་མ་བྱེད་ཅིག་ཁྱོད་ཀྱི་ཡི་དྭགས་གང་གའི་ཀླུང་གི་བྱེད་མ

སྙེད་ཁྲག་ཁྲིག་བརྒྱ་སྟོང་དང་། ཁྲམ་ཟེ་དང་། དྲང་སྲོང་ལ་སོགས་ཏེ་མང་པོའི་ཁ་ཟས་དང་གཏོར་མ་མཆོག་ཐོབ་པར་འགྱུར་ཏེ། དེ་དག་ལ་སོགས་གཅིག་གིས་ཀྱང་ཁ་ཟས་ཡུལ་དབུས་འགྱུར་འཚལ་གྱི་བྲེ་བདུན་སྙེད་ཐོབ་པར་འགྱུར་རོ། །དགའ་བོ་ང་ཡང་སྔོན་བྲམ་ཟེར་གྱུར་པས་ན། བྱང་ཆུབ་སེམས་དཔའ་སྤྱན་རས་གཟིགས་དང་། དེ་བཞིན་གཤེགས་པ་དབང་བསྒྱུར་ཡོན་ཏན་ཞེས་བྱ་བའི་གཟུངས་འདི་ཐོས་པ་ནས། དེའི་དབང་གིས་ཡི་དྭགས་ཚད་མེད་པ་ཉིད་དང་། དྲང་སྲོང་མང་པོའི་ཁ་ཟས་དང་གཏོར་མ་ཐོབ་པར་འགྱུར་ཏེ། ཡི་དྭགས་སུ་སྐྱེས་པ་རྣམས་ཀྱང་སྡུག་བསྔལ་ལས་རྣམ་པར་གྲོལ་ནས་མཐོ་རིས་ཀྱི་ལྷར་སྐྱེ་བར་འགྱུར་རོ། །དགའ་བོ་ཁྱོད་ཀྱིས་ཀྱང་གཟུངས་འདི་ཟུངས་ཤིག་དང་། བསོད་ནམས་སུ་ཆེ་བའི་ཚད་ཀྱང་འཕེལ་ཞིང་སྐྱེ་བར་འགྱུར་རོ། །དེའི་ཚེ་བཅོམ་ལྡན་འདས་ཀྱི་གཟུངས་འདི་བཀའ་བསྩལ་ཏོ། །ན་མཿསརྦ་ཏ་ཐཱ་ག་ཏཱ་ཨ་ཝ་ལོ་ཀི་ཏེ། ཨོཾ་སཾ་བྷཱ་ར་སཾ་བྷཱ་ར་ཧཱུྃ། བཅོམ་ལྡན་འདས་ཀྱིས་དགའ་བོ་ལ་བཀའ་བསྩལ་པ། རིགས་ཀྱི་བུའམ་རིགས་ཀྱི་བུ་མོ་གང་ལ་ལ་ཞིག ཚེ་རིང་བར་འགྱུར་རམ། བསོད་ནམས་ཆེ་ཞིང་འཕེལ་བ་དང་། སྦྱིན་པའི་ཕ་རོལ་ཏུ་ཕྱིན་པ་ཡོངས་སུ་རྫོགས་པར་འདོད་ན། རྟག་ཏུ་སྔ་དྲོའི་དུས་སམ་ཡང་ན་དུས་ཐམས་ཅད་དུ་བྱས་ཀྱང་བར་ཆད་དུ་འགྱུར་བ་མེད་དོ། །སྣོད་གཙང་མའི་ནང་དུ་ཆུ་གཙང་མ་བླུགས་ལ། ཆན་ནམ་ཁྱེ་འམ། མཁུར་བ་ལ་སོགས་པ་ཅུང་ཟད་ཅིག་བཏབ་ལ། ལག་པ་གཡས་པ་སྣོད་ཀྱི་སྟེང་དུ་བཞག་ལ། གཟུངས་འདི་ལན་བདུན་བསྔགས་ནས་དེ་བཞིན་གཤེགས་པ་བཞིའི་མཚན་ནས་བརྗོད་པར་བྱའོ། །དེ་བཞིན་གཤེགས་པ་རིན་ཆེན་མང་ལ་ཕྱག་འཚལ་ལོ། །དེ་བཞིན་གཤེགས་པ་རིན་ཆེན་མང་གི་མཚན་ནས་བརྗོད་བྱའི་བྱིན་རླབས་ཀྱིས་ཡི་དྭགས་ཐམས་ཅད་ཀྱི་སྐྱེ་བ་མང་པོར་སེར་སྣ་བྱས་པའི་མི་དགེ་བའི་ལས་ཐམས་ཅད་ཟད་ནས། བསོད་ནམས་ཡོངས་སུ་རྫོགས་པར་འགྱུར་རོ། །དེ་བཞིན་གཤེགས་པ་གཟུགས་དམ་པ་ལ་ཕྱག་འཚལ་ལོ། །དེ་བཞིན་གཤེགས་པ་གཟུགས་དམ་པའི་མཚན་ནས་བརྗོད་པའི་བྱིན་རླབས་ཀྱི་ཡི་དྭགས་མང་པོའི་བྱེད་གཟུགས་མི་སྡུག་པ་བཅོམ་ཞིང་གཟུགས་དང་མཚན་ཕུན་སུམ་ཚོགས་པར་འགྱུར་རོ། །དེ་བཞིན་གཤེགས་པ་སྐུ་འབྱམས་ཀླས་ལ་ཕྱག་འཚལ་ལོ། །དེ་བཞིན་གཤེགས་པ་སྐུ་འབྱམས་ཀླས་ཀྱི་མཚན་ནས་བརྗོད་པའི་བྱིན་རླབས་ཀྱིས། ཡི་དྭགས་མང་པའི་ལྐོག་མ་ཡངས་ཤིང་ཆེ་བར་འགྱུར་ཏེ། བྱིན་པའི་ཟས་ཡིད་བཞིན་མཚན་ནས་བརྗོད་པའི་བྱིན་རླབས་ཀྱིས། ཡི་དྭགས་མང་པོ་འཇིགས་པ་ཐམས་ཅད་དང་བྲལ་ཏེ། ཡི་དྭགས་ཀྱི་ཁམས་ཞི་བར་འགྱུར་རོ། །བཅོམ་ལྡན་འདས་ཀྱིས་དགའ་བོ་ལ་བཀའ་བསྩལ་པ། རིགས་ཀྱི་བུ་ལ་སོགས་པ་དེ་བཞིན་གཤེགས་པ་བཞི་པོའི་མཚན་ནས་བརྗོད་དེ། བྱིན་གྱིས་བརླབས་པའི་འོག་ཏུ་སེ་གོལ་ལན་བདུན་རེ་བྱས་ཏེ། གཏོར་མའི་སྣོད་བླངས་ནས་ལག་པ་བརྐྱངས་ཏེ། ས་གཙང་མར་

སླུག་པར་བྱའོ། །དེ་ལྟར་གཏོར་མ་བྱིན་པར་བྱས་ནས། ཕྱོགས་བཞི་ནས་ལྷགས་པའི་ཡི་དྭགས་གང་གའི་གང་གི་བྱེ་བ་ཁྲག་ཁྲིག་བརྒྱ་སྟོང་སྟེད་སོ་སོ་ནས། ཡུལ་དབུས་འགྱུར་ཚལ་གྱི་བྲེ་ཚད་མས་བཅལ་བའི་བླ་བྲེ་བདུན་བདུན་ཐོབ་པར་འགྱུར་ཏེ། ཁ་ཟས་དེ་དག་ཡི་དྭགས་ཀྱིས་ཡིད་དུ་ཟ་བ་དང་། ཚོག་ཅིང་བགྲངས་པ་དང་། ཡི་དྭགས་ཀྱི་ཁམས་སྤོང་བ་དང་། མཐོ་རིས་ཀྱི་ལྷར་སྐྱེ་བར་འགྱུར་རོ། །དགའ་བོ་གལ་ཏེ་དགེ་སློང་ཕའམ། །དགེ་སློང་མའམ། དགེ་བསྙེན་ཕའམ། དགེ་བསྙེན་མའམ། གང་ཞིག་གི་གཟུངས་འདི་ཁ་ཟས་ལ་བསྔགས་ཏེ། ཡི་དྭགས་ལ་སྦྱིན་པ་བྱིན་ན། བསོད་ནམས་ཚད་མེད་པ་ཇི་སྙེད་ཡོངས་སུ་རྫོགས་པར་འགྱུར་རོ། །སངས་རྒྱས་བྱེ་བ་ཁྲག་ཁྲིག་བརྒྱ་སྟོང་སྟེད་ལ་མཆོད་པ་བྱས་པའི་བསོད་ནམས་དང་ཁྱད་པར་མེད་པ་དང་། ཚེ་རིང་བ་དང་། བསོད་ནམས་དང་། མདངས་དང་། སྟོབས་སྐྱེ་ཞིང་འཕེལ་བ་དང་། དགེ་བའི་རྩ་བ་ཡོངས་སུ་རྫོགས་པ་དང་། མི་མ་ཡིན་པ་དང་། གནོད་སྦྱིན་དང་། སྲིན་པོ་དང་། ཡི་དྭགས་མ་རུངས་པ་ཐམས་ཅད་ཀྱིས་འཚེ་ཞིང་གནོད་པར་བྱེད་མི་ནུས་པ་དང་། གཞན་ཡང་གཟི་བརྗིད་ཚད་མེད་པ་དང་ལྡན་པར་འགྱུར་རོ། །གལ་ཏེ་གང་ཞིག་བྲམ་ཟེ་དང་། དྲང་སྲོང་སྦྱིན་པར་འདོད་ན། ཁ་ཟས་ཡོངས་སུ་དག་པ་སྣོད་གཙང་མ་ཞིག་གི་ནང་དུ་ཡོངས་བཀང་སྟེ། གཟུངས་སྔགས་ལན་བདུན་སྔགས་ཏེ་འབབ་ཆུ་གཙང་མར་འདོར་ན། དེ་ལྟར་བྱས་པས་ལྷ་རྫས་ཀྱི་ཞལ་ཟས་མཆོག་དམ་པར་འགྱུར་ཏེ། དེ་ནས་བྲམ་ཟེ་དང་། དྲང་སྲོང་གིས་སྔགས་ཀྱིས་བཏབ་པས་ཟེར་ཐོབ་ནས།སྔགས་ཀྱི་བྱིན་གྱིས་བརླབས་ཀྱིས་སོ་སོ་ནས་སྨོན་ཅི་དང་ཅི་ལ་དགའ་ཞིང་མོས་པའི་དགའ་བའི་སེམས་སུ་ཡོངས་སུ་གྱུར་པས་སོ་སོ་ནས་མཐུན་པར་དུས་གཅིག་ཏུ་ཚེ་རིང་བ་དང་། མདངས་སྟོབས་སུ་ལྡན་ཏེ། བདེ་ཞིང་སྐྱིད་པར་གྱུར་ཅིག ཅེས་སྨོན་ལམ་འདེབས་སོ། །གཞན་ཡང་མི་དེ་སེམས་ལ་བསམས་པ་བཞིན་དུ་མཐོང་བ་དང་། ཐོས་པའི་སྒོ་ནས་ཡོངས་སུ་དག་ཅིང་ཤེས་པ་མི་འདོར་བ་དག་ཅིང་ཚངས་པའི་ལྷའི་སྤྱོད་པ་མཆོག་དང་ལྡན་ཞིང་ཡོངས་སུ་རྫོགས་པར་འགྱུར་རོ། །གཞན་ཡང་སངས་རྒྱས་བཅོམ་ལྡན་འདས་གང་གའི་ཀླུང་གི་བྱེ་མ་ཁྲག་ཁྲིག་བརྒྱ་སྟོང་སྟེད་ལ་མཆོད་པ་བྱས་པའི་བསོད་ནམས་དང་འདྲ་སྟེ། ཕས་ཀྱི་རྒོལ་བ་ཐམས་ཅད་ཀྱིས་གནོད་པ་བྱེད་མི་ནུས་པར་འགྱུར་རོ། །གལ་ཏེ་དགེ་སློང་ཕའམ། དགེ་སློང་མའམ། དགེ་བསྙེན་ཕའམ། དགེ་བསྙེན་མ་འམ། གང་ཞིག་སངས་རྒྱས་དང་། ཆོས་དང་། དགེ་འདུན་ལ་མཆོད་པ་བྱེད་པར་འདོད་ན། སྤོས་དང་།མེ་ཏོག་དང་། ཞལ་ཟས་དམ་པ་ལ། གཟུངས་འདི་ལན་ཉེར་གཅིག་སྔགས་ཏེ། དཀོན་མཆོག་གསུམ་ལ་དབུལ་བར་བགྱིའོ། ། དེ་ནས་རིགས་ཀྱི་བུ་མོ་དེས་ཕུལ་བའི་ཞལ་ཟས་དེ་ལྷ་རྫས་ཀྱི་ཞལ་ཟས་སུ་འགྱུར་ཏེ། ཕྱོགས་བཅུའི་འཇིག་རྟེན་གྱི་ཁམས་ན་སངས་རྒྱས་དང་། ཆོས་དང་། དགེ་འདུན་ལ་མཆོད་པ་བྱས་པར་འགྱུར་རོ། །དེ་ནས་བསྟོད་པ་དང་།

གསོལ་བ་གདབ་པ་དང་། རྗེས་སུ་ཡི་རང་བའི་བསོད་ནམས་དང་ལྡན་པར་འགྱུར་ཏེ། རྟག་ཏུ་སངས་རྒྱས་བཅོམ་ལྡན་འདས་ཀྱིས་བསྔགས་ཤིང་དགོངས་པར་འགྱུར་རོ། །ལྷ་མང་པོས་རྟག་ཏུ་སྲུང་ཞིང་སྐྱོབ་པ་དང་། སྦྱིན་པའི་ཕ་རོལ་ཏུ་ཕྱིན་པ་ཡོངས་སུ་རྫོགས་པར་འགྱུར་རོ། །དགའ་བོ་ཁྱེད་ཀྱི་རྗེས་སུ་མཆོད་སྦྱིན་ཡིད་ལ་བྱས་ཏེ། སེམས་ཅན་གྱིས་མཐོང་ཞིང་ཐོས་པར་བྱ་བའི་ཕྱིར། ཡོངས་སུ་རྒྱས་པར་སྟོན་ཅིག་དང་། བསོད་ནམས་ཚད་མེད་པ་སྐྱེད་ཐོབ་པར་འགྱུར་རོ། །ཁ་འབར་མའི་གཟུངས་རྫོགས་སོ། །

གཉིས་པ་ནི། འགའ་ཞིག་ཆུ་སྦྱིན་ནང་དུ་ཟན། །འཇུག་པའི་ལག་ལེན་བྱེད་པ་ཐོས། །འཇུར་འགེགས་ཅན་གྱི་ཡི་དྭགས་ཀྱི། །ཆུ་སྦྱིན་ནང་དུ་ཟན་མཐོང་ན། །འཇིགས་པ་ཆེན་པོ་འབྱུང་བར་གསུངས། །དེས་ན་ཆུ་སྦྱིན་ནང་དུ་ཟན། །འདེབས་པ་ཆོག་ཉམས་པ་ཡིན། །ཞེས་པ། བཀའ་གདམས་པའི་དགེ་བཤེས་སྤྱན་མངའ་བ་ལ། དཔེ་དཀར་གྱི་བར་ཆད་གཞན་བྱ་བར་མ་ནུས་ནས་ཡི་དྭགས་ཤིན་ཏུ་བཀྲེས་ཤིང་བསྡུག་བསྔལ་བའི་རྣམ་འཕྲུལ་དུ་བསྟན་ནས། དེ་ཡི་དྭགས་རྣམས་ལ་ཁྱེད་ཀྱིས་ཆུ་སྦྱིན་དེ་ཤིན་ཏུ་ཕན་པར་བྱུང་བ་ལ། དེ་བས་ཀྱང་ཆུ་སྦྱིན་དུ་ཟན་བཅུག་ན་ཕན་པར་འདུག་བྱས་པས། བདེན་སྙམ་ནས་དེ་བཞིན་བྱས་པས། གོ་མ་ཆོད་པའི་སྔགས་པ་འགའ་ཞིག་གི་དྲུང་དུ་འོངས་ནས། དགེ་བཤེས་སྤྱན་མངའ་བ་ལ་བར་ཆོད་གཞན་མཚུགས་པ་ལ། འོན་ཀྱང་ལག་ལེན་འཁྲུལ་དུ་བཅུག་ཡོད་ཟེར་སྐད། དེས་ན་བོད་འགའ་ཞིག་ཆུ་སྦྱིན་གཏོང་དུས། སྟོད་ནང་དུ་ཟན་འཇུག་པའི་ལག་ལེན་བྱེད་པ་ཐོས་ཏེ། འཇུར་འགེགས་ཅན་གྱིས་ཡི་དྭགས་ཀྱི་ཆུ་སྦྱིན་ནང་གི་ཟན་མཐོང་ན། འཇིགས་པ་ཆེན་པོ་འབྱུང་བར་མདོ་ལས་གསུངས་སོ། །རྒྱུ་མཚན་དེས་ན། ཆུ་སྦྱིན་ནང་དུ་ཟན་འཇུག་པ་ཆོག་ཉམས་པ་ཡིན་ནོ། །གསུམ་པ་ལ། ཟས་ཞུད་ཀྱི་ལག་ལེན། ལྷ་བཤོས་ཀྱི་ལག་ལེན། སྙིང་མ་བ་འདྲེས་པའི་ལག་ལེན་དགག་པའོ། །དང་པོ་ནི། ཟན་གྱི་ཞུད་ལ་ལྷ་བཤོས་དང་། །ཚང་བུ་བྱ་བར་སངས་རྒྱས་གསུངས། །རྡོ་རྗེ་རྩེ་མོའི་རྒྱུད་ལས་ནི། །དེ་ནས་ཟས་ཀྱི་དུས་སུ་ནི། །རྣམ་པ་ཀུན་ཏུ་ཚང་བུ་སྦྱིན། །ཞེས་གསུངས་འཕྲོག་མའི་མདོ་ལས་ཀྱང་། །སངས་རྒྱས་བསྟན་པ་ཁས་འཆེ་ན། །འཕྲོག་མ་ལ་ནི་ཚང་བ་སྦྱིན། །ཞེ་གསུངས་དེ་ཡི་ཆོག་ནི། །ལྷ་བ་ངན་སེལ་ལ་སོགས་ལྟོས། །ཞེས་པ། ཟས་ཀྱི་ཞུད་ལ་ལྷ་བཤོས་དང་། །ཚང་བུ་བྱ་བར་སངས་རྒྱས་ཀྱིས། །རྡོ་རྗེ་རྩེ་མོའི་རྒྱུད་ལས། དེ་ནས་ཟས་ཀྱི་དུས་སུ་ནི། །རྣམ་པ་ཀུན་ཏུ་ཚང་བུ་སྦྱིན། །ཞེས་གསུངས་ཤིང་། འཕྲོག་མའི་མདོ་ལས་ཀྱང་། སངས་རྒྱས་ལ་སྟོན་པར་ཁས་འཆེ་ན། འཕྲོག་མ་བུ་དང་བཅས་པ་ལ་ནི་ཚང་བུ་སྦྱིན་ཞེས་གསུངས་ཏེ། བཅོམ་ལྡན་འདས་ཀྱིས་ང་ལ་སྟོན་པར་འཚོ་བའི་ཉན་ཐོས་རྣམས་ཀྱིས། འཕྲོག་མ་བུ་དང་བཅས་པ་ལ་ཚང་བུ་སྦྱིན་པར་བྱའོ། །འཕྲོག་མའི་ལོ་རྒྱུས་ནི། རྒྱལ་པོའི་ཁབ་ཏུ། གཞོན་ནུ་མང་པོས་རི་ཁྲོད་ནས་འོངས

པའི་གཞོན་ནུ་མ་བྱིས་པ་བཙའ་བའི་དུས་ལ་བབ་པ་ཞིག་བཟུང་སྟེ། རྐང་སྟབས་བསྒྱུར་བས་ལྟོ་ནང་གི་སེམས་ཅན་ལྷུང་ནས་ཆེས་ཁྲོས་པར་གྱུར་ཏེ། དགེ་སློང་བཞི་ལ་ཆོས་སྟོན་གསོལ་ནས། རྒྱལ་པོའི་ཁབ་ཀྱི་བྱིས་པ་བཙས་པ་ཐམས་ཅད་ཟ་བའི་སྨོན་ལམ་བཏབ་པས་གྲུབ་པར་གྱུར་ཏོ། །བྱིས་པ་རྣམས་ཀྱི་སྲོག་འཕྲོག་པས་འཕྲོག་མ་ཞེས་གྲགས་སོ། །གནོད་སྦྱིན་ལྔ་རྩེན་གྱི་ཆུང་མ་བྱས་ཏེ་བུ་ལྔ་བརྒྱ་བཙས་སོ། །དེའི་ཚེ་རྒྱལ་པོའི་ཁབ་ཀྱི་སྐྱེ་བོ་རྣམས་ཀྱིས་སངས་རྒྱས་ལ་འཕྲོག་མ་འདུལ་བར་ཞུས་པས་གནང་ནས། བུ་ཆུང་ཤོས་ལྷུང་བཟེད་དུ་སྦས་སོ། །བུས་མ་མཐོང་ཞིང་མས་བུ་མི་མཐོང་བར་བྱིན་གྱིས་བརླབས་སོ། །བུ་ཚོལ་བའི་ཕྱིར། སུམ་ཅུ་རྩ་གསུམ་གྱི་གནས་ནས། གསེར་གྱི་ས་གཞི་ལ་ཐུག་གི་བར། ཁོར་ཡུག་གི་རིའི་ཁོངས་ཐམས་ཅད་གཡུལ་ཀྱང་མ་རྙེད་ནས། རྒྱལ་པོ་རྣམ་ཐོས་ཀྱི་བུ་ལ་གསོལ་བས་བཅོམ་ལྡན་འདས་ལ་ཞུས་ཤིག་ཅེས་བསྐོས་སོ། །སྟོན་པ་ལ་ཞུས་པས།རྒྱལ་པོའི་ཁབ་ཀྱི་བྱིས་པ་སྐྱེས་སོ་ཅོག་མེད་པར་བྱེད་ན། ཁྱོད་ལ་བུ་ལྔ་བརྒྱ་ཡོད་པས་གཅིག་མ་ཚང་བ་ལ་མྱ་ངན་བྱེད་པར་མི་རིགས་སོ་ཞེས་གསུངས་སོ། །སླར་བཅོམ་ལྡན་འདས་ཀྱི་སེམས་ཅན་རྣམས་ལ་གནོད་འཚེ་མི་བྱ་བར་བཀའ་བསྒོ་སྟེ། འཕྲོག་མས་དམ་བཅས་ཏེ། མེ་ཁ་ལའི་གཟུངས་ཞེས་བྱ་བའི་རང་གི་སྙིང་པོ་ཕུལ་ལོ། །ལྷུང་བཟེད་གསལ་ཏེ་བུ་བསྟན་པས་དགའ་བར་གྱུར་ཏོ། །ཤ་ཁྲག་ལ་ལོངས་སྤྱོད་པ་སྤོང་བས་འཚོ་བས་ཕོངས་པར་གྱུར་པ་ལ་ཆང་བུ་སྦྱིན་པར་གསུངས་སོ། །ཟན་དེའི་ཚོ་ག་ནི། དུས་འཁོར་དང་ལྷ་བ་དན་སེལ་དང་། ཇོ་ཏ་རིའི་ཡི་དམ་བླ་མ་ལ་སོགས་པར་ལྟ་བར་བྱའོ། །

དེ་ལྟར་ལྷ་བ་དན་སེལ་ལས། །གང་དང་གང་གིས་གང་འཚོ་བ། །འཚོ་བ་བདག་པོ་དེ་རྒྱལ་བ། །བཀྲེས་དང་སྐོམ་སོགས་ཞི་བའི་ཕྱིར། །སྨན་བཞིན་དུ་ནི་བསམ་པར་བྱ། །དེའི་རྗེས་ལ་ཇི་སྙེད་རྙེད་པའི་ཟས། ཨོཾ་ཨཿཀཱ་རོ་མུ་ཁཾ་སརྦ་དྷརྨཱ་ཎཱཾ། ཨཱདྱ་ནུཏྤ་ན་ཏྭཱཏ། ཨོཾ་ཨཱཿཧཱུྃ་ཕཊ་སྭཱཧཱ། ཞེས་བྱ་བས་གཏོར་མ་སྦྱིན་པར་བྱའོ། །ཨོཾ་སརྦ་བུདྡྷ་བོ་དྷི་བཛྲེ་ཎེ་ཧེ་ཏེ་ཧཱུྃ་ཞེས་བྱས་པས་བཤོས་གཙང་དབུལ་བར་བྱའོ། །ཨོཾ་ཧ་རི་ཏེ་མཧཱ་ཡཀྵི་ཎི། ཧ་ར་ཧ་ར་སརྦ་པ་པཾ་ཎེ་མི་ཡཀྵི་ཎི་སྭཱ་ཧཱ། ཞེས་བརྗོད་ལ་འཕྲོག་མ་ལ་ཆང་བུ་གཉིས་སྦྱིན་བྱའོ། །ཨོཾ་ཨཱཿགྲཱ་པཀྵི་ཨ་སྲུ་ཧྲེ་སྭཱཧཱ། ཞེས་བྱ་བ་འདིས་ཕུད་ཀྱི་ཆང་བ་སྦྱིན་པར་བྱའོ། །དེའི་རྗེས་ལ། ཨོཾ་ཨཿཧཱུྃ་བྱ་བ་རང་གི་སྣོད་ཀྱི་ཟས་བྱིན་གྱིས་བརླབ་ཅིང་། དུག་ལ་སོགས་པའི་སྐྱོན་རྣམས་ཞི་བར་མ་གྱུར་གྱི་བར་དུ། དང་པོར་ལག་པའི་སྲིན་ལག་གིས་རེག་པར་བྱ་སྟེ། དེའི་རྗེས་ལ་ཇི་ལྟར་བདེ་བར་ཟོས་པའི་རྗེས་ལྷག་མའི་ཟས་ལ། ཨོཾ་ཨུ་ཙྪི་ཥྛ་བྷཀྵ་ལིཾ་བྷ་བྱ་བྷྱོ་སྭཱཧཱ། ཞེས་བྱ་བས་ལྷག་མའི་ཆང་བུ་སྦྱིན་པར་བྱའོ། །གཞན་ཡང་བྲམ་ཟེའི་རིགས་ལ། མངོན་པར་ཞེན་པའི་མུ་སྟེགས་ནམ་མཁའི་སྙིང་པོ་ཞེས་བྱ་བ། རྡོ་རྗེའི་གདན་ནས། མི་ཏྲི་བའི་སྤྱན་སྔར་བྱུང་བ། དེ་འདུལ་བའི་ཕྱིར་རྒྱལ་

ཐྲས་ལས་དང་པོའི་སྤྱོད་པ་གསུངས་ཏེ། གསོ་སྦྱོང་དང་། སྐྱབས་འགྲོ་དང་། དཀོན་མཆོག་རྗེས་སུ་དྲན་པ་དང་། གསུང་རབ་ཀློག་པ་དང་། འཛམ་ལྷ་ལྷའི་ཆུ་སྦྱིན་པ་དང་། ཁ་འབར་མའི་སྟགས་ལེན་བདུན་བཟླས་པའི་སོར་མོ་བརྒྱང་བ་ལ། བདུད་རྩིའི་རྒྱུན་དུ་བྱིན་གྱིས་བརླབས་པའི་ཆུ་དང་། གཏོར་མ་སྔོ་བྲུང་དུ་བྱིན་པས་ཡི་དྭགས་ཀྱི་ཚོགས་རྣམས་ཀྱིས། །མ་ག་དྷའི་ཡུལ་གྱི་བྲེའོ་ཆེ་རེ་རེ་ཐོབ་པར་འགྱུར་ཏེ། སེ་གོལ་ལན་གསུམ་རྟོགས་ལ་བྱའོ། །

གཉིས་པ་ནི། འགའ་ཞིག་སངས་རྒྱས་གསུངས་པ་ལ། །ལྷ་བཤོས་ཚང་བུ་མི་བྱེད་པར། །མ་གསུངས་པ་ཡི་འབྲངས་རྒྱས་དང་། །གྲུ་གསུམ་ལ་སོགས་བྱེད་པ་མཐོང་། །ཞེས་པ་འབྲི་གུང་པ་རྗེས་འབྲང་དང་བཅས་པ་འགའ་ཞིག་སངས་རྒྱས་ཀྱི་གསུངས་པའི་ཟས་ཕུད་ལ་ལྷ་བཤོས་དང་། འཕྲོག་མ་ཚང་བུ་མི་བྱེད་པར། མ་གསུང་བའི་འབྲིང་རྒྱས་དང་། གྲུ་གསུམ་དང་། ནས་འདྲ་ལ་སོགས་པ་བྱེད་པ་མཐོང་སྟེ། སངས་རྒྱས་ཀྱི་བསྟན་པ་རྣམ་དག་མ་ཡིན་ནོ། །

གསུམ་པ་ནི། གསང་སྔགས་རྙིང་མ་འགའ་ཞིག་ལ། །གྲུ་གསུམ་དབང་ཕྱུག་ཆེན་པོའི་སྙིང་། །དེ་ཡི་ཤ་དང་ཁྲག་གིས་བརྒྱན། །མཐིབ་ཀྱུ་མགོ་བོའི་ཐོད་པས་བསྐོར། །ཚང་སོགས་བདུད་རྩི་དེས་བཀང་ནས། །ཧེ་རུ་ཀ་ལ་མཆོད་ཅེས་ཟེར། །གསང་སྔགས་གསར་མ་གྲུ་གསུམ་གྱི། །གཏོར་མ་གཞུང་ལས་བཤད་པ་མེད། །ཟས་ཀྱི་ཕུད་ལ་ཁྱད་པར་དུ། །གྲུ་གསུམ་འབུལ་བར་གསུངས་པ་མེད། །ལག་ལེན་ཐམས་ཅད་སངས་རྒྱས་ཀྱི། །གསུང་དང་མཐུན་ན་བསྟན་པ་ཡིན། །དེ་ནས་མདོ་སྡེ་མ་དགྲུགས་པར། །སངས་རྒྱས་གསུངས་བཞིན་ཉམས་སུ་ལོངས། །ཞེས་པ། གསང་སྔགས་རྙིང་མ་བ་འགའ་ཞིག གྲུ་གསུམ་དབང་ཕྱུག་ཆེན་པོའི་སྙིང་ཡིན་ལ། དེའི་འཐིབ་ཀྱུ་མགོ་བོའི་ཐོད་པས་བསྐོར། ཚང་སོགས་བདུད་རྩི་དེས་བཀང་ནས། ཧེ་རུ་ཀ་ལ་མཆོད་ཅེས་ཟེར། གསང་སྔགས་གསར་མ་བ་རྣམས་ལ་རྒྱུད་སྡེ་བཞི་གང་ནས་ཀྱང་གཏོར་མ་གྲུ་གསུམ་བཤད་པ་མེད་ཅིང་། ཟས་ཀྱི་ཕུད་ལ་ཁྱད་པར་གྲུ་གསུམ་འབུལ་བ་གསུངས་པ་མེད་པས། ལག་ལེན་ཐམས་ཅད་སངས་རྒྱས་ཀྱི་གསུང་དང་མཐུན་ན་བསྟན་པ་ཡིན་པ་ཡིན། རྒྱུ་མཚན་དེས་ན་མདོ་སྡེ་མ་དགྲུག་པར་སངས་རྒྱས་ཀྱི་གསུངས་པ་བཞིན་ཉམས་སུ་ལོངས་ཤིག གཉིས་པ་ཐུན་མོང་མ་ཡིན་པའི་བྱ་བ་ལ་གཉིས་ཏེ། དམིགས་རྟེན་ལྷ་སྐུ་ལ་འབྲུལ་པ་དགག མདོ་ལུགས་སྔགས་སུ་འཆོས་པ་དགག་པའོ། །དང་པོ་ལ་གཉིས་ཏེ། རང་བཟོའི་ཕྱག་མཚན་མ་དག་པ་དགག རང་བཟོའི་སྐུ་མདོག་མ་དག་པ་དགག་པའོ། །དང་པོ་ནི། སངས་རྒྱས་རབ་ཏུ་བྱུང་བ་ཡི། །ཕྱག་ཏུ་མཚོན་ཆ་བསྣམས་པ་མཐོང་། །ཁྲིམ་པའི་ཆ་ལུགས་ཅན་དག་ལ། །རྒྱན་དང་མཚོན་ཆ་སོགས་སྲིད་ཀྱི། །རབ་བྱུང་རྣམས་ལ་དེ་མི་སྲིད། །ཅེས་པ། བོད་ཁ་ཅིག་འཕགས་པ་ཀླུ་སྒྲུབ་ཀྱིས་མཛད་པའི་ལྟུང་བཤགས་ཀྱི་འགྲེལ་བར། སངས་

རྒྱས་སུམ་ཅུ་སོ་ལྔ་རབ་ཏུ་བྱུང་བའི་ཆ་ལུགས་ཅན་ལ་ཕྱག་ན་རལ་གྲི་དང་ཕུབ་སོགས་ཕྱག་ཏུ་མཚོན་ཆ་བསྣམ་པར་བའི་སྒྲུབ་ཐབས་མཐོང་སྟེ། ལོངས་སྐུ་འམ། ཁྱིམ་པའི་ཆ་ལུགས་ཅན་དག་ལ། རྒྱན་དང་མཚོན་ཆ་སོགས་སྲིད་ཀྱི། རབ་ཏུ་བྱུང་བ་ལ་རྒྱན་དང་མཚོན་ཆ་མི་སྲིད་པའི་ཕྱིར་དང་། སྒྲུབ་ཐབས་དེ་འཕགས་པ་ཀླུ་སྒྲུབ་ཀྱིས་མཛད་པ་མ་ཡིན་ནོ། །འདིར་ཕུང་པོ་གསུམ་པ་འདོན་པའི་མན་ངག་ནི། མདུན་གྱི་ནམ་མཁའི་གནས་སུ། སངས་རྒྱས་སུམ་ཅུ་སོ་ལྔ་པད་མ་དང་ཟླ་བའི་གདན་ལ་བཞུགས་པ། དཀར་པོ་ལ་སོགས་པ་ཁ་དོག་ལྔའི་རྣམ་པ་ཅན་སྤྲུལ་སྐུའི་ཆ་ལུགས་ཀྱི་བཞུགས་པ། མཚན་དཔེས་བརྒྱན་ཞིང་། ཕྱག་ལྔ་ལྡན་པ་སྟེ། ཆོས་འཆད་དང་། ཏིང་འཛིན་དང་། མཆོག་སྦྱིན་དང་། བདུད་འདུལ་བ་སྟེ། ས་གནོན་དང་། སྐྱབས་སྦྱིན་གྱིས་བཞུགས་པའོ། །གང་ཞིག་བློ་ལ་དམིགས་པ་གསལ་བར་འདོད་ན། དཀར་པོ་བདུན་གྱི་ཆོས་འཆད། སྔོན་པོ་བདུན་གྱི་བདུད་འདུལ། སེར་པོ་བདུན་གྱི་མཆོག་སྦྱིན། །དམར་པོ་བདུན་གྱི་ཏིང་འཛིན། ལྗང་ཁུ་བདུན་གྱི་སྐྱབས་སྦྱིན་གྱི་ཕྱག་རྒྱ་མཛད་པས་བཞུགས་པའོ། །དེའང་ཕྱོགས་རེར་མི་བཞུགས་པར། །དཀར་པོའི་ཕྱར་སྔོན་པོ་དང་། སེར་པོ་དང་། དམར་པོ་དང་། ལྗང་ཁུས་དེ་སྤེལ་མར་བཞུགས་པའོ། །དེའང་ཁྱད་པར་འཕགས་པའི་བསྟོད་པ་ལས། །ཁྱོད་ནི་འཁོར་ལོ་མདུང་མེད་པར། །བྱམས་པའི་མཚོན་གང་ལེགས་པར་རྒྱལ། །ཞེས་གསུངས་པ་ཡིན་ནོ། །

དེ་ལྟ་བུའི་སྡིག་པ་བཤགས་པའི་རྟེན་ནམ་མཁའ་ལ་དམིགས་ལ། དངོས་སམ་ཡིད་ཀྱིས་ཕྱག་འཚལ་ཞིང་། ཕྱག་འཚལ་སོ་ལྔ་བརྗོད་པ་རྟེན་སྟོབས་ཡིན་ནོ། །སངས་རྒྱས་བཅོམ་ལྡན་འདས་དེ་དག་བདག་ལ་དགོངས་སུ་གསོལ། བདག་གི་སྐྱེ་བ་འདི་དང་ཞེས་པ་ནས་བཟུང་སྟེ། མི་འཆབ་པོ་ཞེས་བྱ་བའི་བར་ནི། རྣམ་པར་སུན་འབྱིན་པའི་སྟོབས་ཡིན་ལ། སླན་ཆད་སྡོམ་པར་བགྱིད་དོ། །ཞེས་བྱ་བ་ནི། གཉེན་པོ་ཀུན་ཏུ་སྤྱོད་པ་དང་། སོར་ཆུད་པའི་སྟོབས་ཡིན་ནོ། །དེ་དག་སྡིག་པ་བཤགས་པའི་ཕུང་པོ་ཞེས་བྱ་བ་དང་པོ་ཡིན་ནོ། །སངས་རྒྱས་དེ་དག་ལ་བདག་ལ་དགོངས་སུ་གསོལ་ཞེས་པ་ནས་བཟུང་སྟེ། སྦྱིན་པ་ལས་བྱུང་བའི་བསོད་ནམས་བྱ་བའི་དངོས་པོ་དང་། ཚུལ་ཁྲིམས་ལས་བྱུང་བའི་བསོད་ནམས་བྱ་བའི་དངོས་པོ་དང་། བསྒོམ་པ་ལས་བྱུང་བའི་བསོད་ནམས་བྱ་བའི་དངོས་པོ་དང་། ཞེས་བྱ་བ་གསུམ་དུ་འདུས་ལ། གཞན་འོག་ནས་འབྱུང་བའི་བསོད་ནམས་ཐམས་ཅད་ལ་རྗེས་སུ་ཡི་རང་བ་དང་། ཆོས་ཀྱི་འཁོར་ལོ་བསྐོར་བར་བསྐུལ་དང་། མྱ་ངན་ལས་མི་འདའ་བར་གསོལ་བ་གདབ་པ་རྣམས་ནི། བསོད་ནམས་ཀྱི་ཕུང་པོ་ཞེས་བྱ་བ་ཡིན་ལ། བསྔོ་བ་ནི་ཡོངས་སུ་བསྔོ་བའི་ཕུང་པོ་ཞེས་བྱ་བས་ཏེ། ཕུང་པོ་གསུམ་ཡིན་ནོ། །གཉིས་པ་རང་བཟོའི་སྐུ་མདོག་མ་དག་པ་དགག་པ་ནི། བྱང་ཆུབ་མཆོག་གི་ཕྱག་རྒྱ་སོགས། །མཛད་པའི་རིགས་ལྔ་གསེར་འཇམ་མཐོང་། །མདོ་ལུགས་ཡིན་ཞེས་ལ་ལ་སྨྲ། །མདོ་ནས་འདི་འདྲ་གསུངས་པ

མེད། །བྱ་སྤྱོད་གཉིས་ཀྱི་རྒྱུད་ལས་ཀྱང་། །སངས་རྒྱས་རིགས་ལྔར་བསྡུས་པ་མེད། །རྣལ་འབྱོར་རྒྱུད་ལས་གསུངས་པ་ཡི། །རིགས་ལྔ་ཁ་དོག་ཐ་དད་ཅིང་། །ཕྱག་རྒྱ་ཡང་ནི་ཐ་དད་གསུངས། །འདི་ཡི་སྐུ་མདོག་ཕྱག་རྒྱ་ནི། །རྟེན་ཅིང་འབྲེལ་འབྱུང་སྐུ་ཡིན་པས། །ཡེ་ཤེས་ལྔ་ལ་འཐད་པ་ཡིན། །དུས་ཀྱི་འཁོར་ལོ་ལ་སོགས་ལས། །རིགས་ལྔའི་ཁ་དོག་གཞན་གསུངས་པ། །འབྱུང་བ་རྣམ་ལྔ་སྦྱོང་བ་ཡི། །རྟེན་ཅིང་འབྲེལ་འབྱུང་སྐུ་ཡིན་ནོ། །སངས་རྒྱས་གསེར་མདོག་ཅེས་གསུངས་པ། །དྲི་མ་མེད་ཅིང་དྭངས་པ་འམ། །སྤྲུལ་སྐུ་ཕ་ལ་དགོངས་ཏེ་གསུངས། །གཞན་དུ་སྔོན་ལ་ནམ་མཁའི་མདོག སྔོན་པོ་ཉིད་དུ་གསུངས་པ་ཡིན། །ཞེས་པ། བཀའ་གདམས་པའི་དགེ་བཤེས་འགའ་ཞིག་ཇོ་བོ་ཡི་སངས་རྒྱས་མང་པོའི་ཞལ་གཟིགས་པས། ཐམས་ཅད་གསེར་གཙོ་མའི་མདོག་ཅན་དུ་འདུག་གསུངས་ཏེ། དེ་རྒྱུ་མཚན་དུ་བྱས་ནས། བྱང་ཆུབ་མཆོག་ཏུ་ཕྱག་རྒྱ་དང་། ས་གནོན་དང་། མཆོག་སྦྱིན་དང་། མཉམ་བཞག་དང་། སྐྱབས་མཛད་པའི་རིགས་ལྔ་སེར་འཇམ་མཐོང་སྟེ། མདོ་ལུགས་ཡིན་ཞེས་བོད་ལ་ལ་ཡང་སྨྲ་མོད། མདོ་ནས་བྱང་ཆུབ་མཆོག་གི་ཕྱག་རྒྱ་སོགས་མཛད་པའི་རིགས་ལྔ་སེར་འཇམ་འདི་འདྲ་བཤད་པ་མེད་པའི་ཕྱིར། འགའ་ཞིག་རིགས་ལྔ་སེར་འཇམ་མི་འཐད་ཟེར་དགོས་ཏེ།

དེ་ལྟར་ན་རིགས་ལྔ་དཀར་འཇམ་དང་། དམར་འཇམ་དང་། སྔོ་འཇམ་ཡང་འགོག་དགོས་པའི་ཕྱིར། དཀར་འཇམ་འགོག་པ་མི་འཐད་དེ། ངན་སོང་སྦྱོང་རྒྱུད་ཀྱི་ཕྱག་ན་རྡོ་རྗེ་འཆི་བདག་འཇོམས་པའི་དཀྱིལ་འཁོར་དུ། གཙོ་བོ་སྐུ་མདོག་དཀར་པོ་རྡོ་རྗེ་དང་དྲིལ་བུ་འཛིན་པ། རིགས་གཞན་སྐུ་མདོག་དཀར་པོ། གཡས་མཆོག་སྦྱིན་གཡོན་སྐྱབས་སྦྱིན་དུ་བཤད་པའི་ཕྱིར། དེའི་དབུས་སུ་གཙོ་བོ་ནི། ཕྱག་ན་རྡོ་རྗེ་སྟོབས་ཆེན་ཏེ། །ཕྱག་ན་རྡོ་རྗེ་དྲིལ་བསྣམས་ཤིང་། །ཟླ་བ་རྒྱས་པའི་ཞལ་འཛུམ་བྲི། །ཤར་གྱི་ཕྱོགས་ཀྱི་རྩིབས་སྟེངས་སུ། །མགོན་པོ་མི་བསྐྱོད་བྲི་བར་བྱ། །ལྷོ་ཕྱོགས་སུ་ནི་རིན་ཆེན་བྲི། །ནུབ་ཕྱོགས་ཆུ་སྐྱེས་པད་མ་བྲི། །བྱང་ཕྱོགས་སུ་ནི་གདོན་མི་ཟ། །དཔའ་བོ་ཆོད་ཆེན་བྲི་བར་བྱ། །དེ་བཞིན་གཤེགས་པ་ཐམས་ཅད་ནི། །འཁོར་ལོས་བསྒྱུར་བའི་ཆ་བྱད་དང་། །ཟླ་བའི་དཀྱིལ་འཁོར་མདོག་འདྲ་ཞིང་། །རྒྱན་རྣམས་ཀུན་གྱིས་བརྒྱན་པ་དང་། །ཕྱག་ནི་མཆོག་སྦྱིན་མི་འཇིགས་པ། །རྡོ་རྗེའི་དཀྱིལ་མོ་དཀྲུང་བཞུགས་བྲི། །ཞེས་གསུངས་སོ། །དམར་འཇམ་འགོག་པའང་མི་འཐད་དེ། །ཚེ་དཔག་མེད་ལྷ་དགུ་མདོག་དམར་པོ་མཉམ་བཞག་གི་ཕྱག་རྒྱ་ཅན་བུམ་པ་འཛིན་པར་དགྲ་ལས་རྣམ་པར་རྒྱལ་གྱིས་བཤད་པའི་ཕྱིར། སྔོ་འཇམ་འགོག་པ་མི་འཐད་དེ། བདག་མེད་ལྷ་མོ་བཅོ་ལྔ་སྐུ་མདོག་སྔོན་མོ་གྲི་གུག་དང་ཐོད་པ་འཛིན་པར་བཤད་པའི་ཕྱིར། བརྟག་གཉིས་ལས། ལྷ་མོ་ཐམས་ཅད་ཁ་དོག་ནག དྲག་ཆེན་ཕྱག་རྒྱ་ལྔ་ཡིས་བརྒྱན། །ཞེས་བཤད་པའི་ཕྱིར། མདོར་ན། བྱང་ཆུབ་མཆོག་གི་ཕྱག་རྒྱ་སོགས་མཛད་པའི་རིགས་ལྔ་སར་འཇམ་མི་འཐད་

བཞིན་དུ། བྱང་ཆུབ་མཆོག་གི་ཕྱག་རྒྱ་མཛད་པའི་རིགས་ལྔ་སྦྱོ་འཇམ་སོགས་འགོག་པ་ཡིན་ནོ། །བྱ་སྤྱོད་སོགས་ཀྱི་རྒྱུད་དུ། དེ་བཞིན་གཤེགས་པའི་རིགས། པད་མའི་རིགས། རྡོ་རྗེའི་རིགས་གསུམ་དུ་གསུངས་པའི་ཕྱིར། སངས་རྒྱས་རིགས་ལྔར་གསུངས་པ་མེད། རྣལ་འབྱོར་གྱི་རྒྱུད་དེ་ཉིད་འདུས་པ་ནས་གསུངས་པའི་རིགས་ལྔ། རྣམ་སྣང་དཀར་པོ། མི་སྐྱོད་པ་སྔོན་པོ། རིན་འབྱུང་སེར་པོ། འོད་དཔག་མེད་དམར་པོ། དོན་ཡོད་གྲུབ་པ་ལྗང་ཁུ་རྣམས་ཁ་དོག་ཐ་དད་ཅིང་། ཕྱག་མཚན་ཡང་བྱང་ཆུབ་མཆོག་གི་ཕྱག་རྒྱ་ལ་སོགས་པ་ཐ་དད་གསུངས་པ་འདི་སྐུ་མདོག་དང་། ཕྱག་རྒྱ་ཐ་དད་ནི། རྟེན་ཅིང་འབྲེལ་བར་འབྱུང་བའི་ཕྱག་རྒྱ་ཡིན་པས། སྣང་གཞི་ཕུང་པོ་ལྔ་དང་། ཉོན་མོངས་པ་ལྔ། སྣང་བྱེད་རིག་པའི་དབང་ལྔ། སྣང་འབྲས་ཡེ་ཤེས་ལྔ་ལ་ཁ་དོག་ལྔ་རྟེན་འབྲེལ་སྒྲིག་པའི་འཐད་པ་ཡིན་ནོ། །དུས་འཁོར་ལ་སོགས་པ་ལས་རིགས་ལྔའི་ཁ་དོག རྣམ་སྣང་སེར་པོ། མི་བསྐྱོད་ལྗང་ཁུ། རིན་འབྱུང་དམར་པོ། སྣང་བ་མཐའ་ཡས་དཀར་པོ། དོན་ཡོད་གྲུབ་པ་སྔོན་པོ་སྟེ། གཞན་གསུངས་པ་འབྱུང་བ་རྣམ་པ་ལྔ་སྦྱོང་བའི་རྟེན་འབྲེལ་རྣམ་པ་ལྔ་འབྱུང་བའི་སྐུ་ཡིན་ནོ། །རྒྱུ་མཚན་དུས་འཁོར་གྱི་ནང་ལེ་ལས་བཤད་པའི་བླ་མའི་ཞལ་ལས་འབྲི་བར་བྱའོ། །ཡང་སངས་རྒྱས་གསེར་མདོག་ཅེས་གསུངས་པའང་འཛམ་བུའི་ཆུ་བོའི་གསེར་ཞེས་བྱ་བ་གསལ་བ། དྲི་མ་མེད་ཅིང་དྭངས་པའང་སྤྲུལ་སྐུ་ཕལ་ཆེ་བ་ལ་དགོངས་པ་ཡིན། གསེར་འོད་དམ་པ་ལས། སངས་རྒྱས་ཐམས་ཅད་ཁ་དོག་མཚུངས། །འདི་ནི་སངས་རྒྱས་ཆོས་ཉིད་ཡིན། །ཞེས་གསུངས་སོ། །དེའི་དོན་ཟག་མེད་ཡིན་ན། སངས་རྒྱས་རྣམས་སྐུ་གསུང་ཐུགས་ཡོན་ཏན་འཕྲིན་ལས་རྣམས་རོ་གཅིག་པའི་ཕྱིར་ཏེ། དེ་བཞིན་ཟག་མེད་དབྱིངས་ན་འདི། །སངས་རྒྱས་དཔག་ཏུ་མེད་འདྲ་ཞེས། །མཛད་པ་གཅིག་ན་མཛད་པ་མང་། ། ཐམས་ཅད་མཛད་པ་སྣང་བར་འདོད། །དེ་དག་དམིགས་ཀྱིས་གསལ་ན། སྨན་བླ་ཁ་དོག་སྔོན་པོ། སངས་རྒྱས་ཕལ་པོ་ཆེ་ལས་བཤད་ཅིང་། སྦྱོང་རྒྱུད་ལས་ཀྱང་། དེ་གཉིས་ཀྱི་བར་དུ་སྨན་བླ་མདོག་སྔོན་པོ་ཕྱག་གཅིག་ན་འབྲས་བུ་ཨ་རུ་ར། ཕྱག་གཅིག་ནི་མཆོག་སྦྱིན་དུ་བྱ། ཞེས་བཤད་དོ། །ཁ་ཅིག་བཻཌཱུར་ཡིན་ན་སྔོན་པོར་འདོད་དེ། དེའི་ངེས་པ་མེད། ཕལ་པོ་ཆེ་ལས། བཻཌཱུར་དཀར་དང་། དམར་པོ་བཤད་པའི་ཕྱིར་ཏེ།

གཉིས་པ་མདོ་སྔགས་ཀྱི་ལུགས་འཆོལ་ས་དགག་པ་ལ་གཉིས་ཏེ། མདོར་བསྟན་རྒྱས་པར་བཤད་པའོ། ། དང་པོ་ནི། ཡི་དམ་ལྷའི་སྒྲུབ་ཐབས། སྔགས་ཀྱི་བཟླས་པའི་ཚིག་དང་། །མཆོག་དང་ཐུན་མོང་དངོས་གྲུབ་དང་། །སྒྲུབ་པའི་ཚིག་ཇི་སྙེད་པ། །མདོ་སྡེ་ཀུན་ནས་གསུངས་པ་མེད། །ཅེས་པ། ཡི་དམ་བསྒོམ་བཟླས་དང་། གསང་སྔགས་པའི་ཚིག་དང་། མཆོག་དང་ཐུན་མོང་གི་དངོས་གྲུབ་སྒྲུབ་པའི་ཚིག་ཇི་སྙེད་པ་ཀུན། །མདོ་སྡེ་ནས་གསུངས་པ་མེད་དེ། མདོ་སྡེ་རྣམས་ནས་ཡི་དམ་བསྒོམ་བཟླས་མ་བཤད་པའི་ཕྱིར་རོ། །རྒྱས་པར་བཤད་པ་ལ་

གཉིས་ཏེ། ཕྱོགས་སྔ་དགོད་པ། དེ་དགག་པའོ། །དང་པོ་ནི། དེང་སང་སྔགས་ལ་མི་མོས་པར། །ལྷ་བསྒོམ་ལ་སོགས་བྱེད་པ་ཡང་། །སངས་རྒྱས་བསྟན་དང་མཐུན་པ་ནི། །གཞན་ཡང་སྦྱིན་སྲེག་རོ་སྲེག་དང་། །བདུན་ཚིགས་ཚ་ཚའི་ཆོ་ག་སོགས། །དེང་སང་གསང་སྔགས་ལུགས་བོར་ནས། །མདོ་མཆེད་ཙམ་ལ་བརྟེན་པ་ཡི། །ཆོ་གའི་རྣམ་བཞག་བྱེད་པ་ཡོད། །ཅེས་པ། གང་ཟག་ལ་ལ་གསང་སྔགས་ལ་མི་མོས་པའི་ལྷ། །སྒྲོལ་མ་མི་གཡོ་བ། ཀྱེ་རྡོར། བདེ་མཆོག་བསྒོམ། སྔགས་འདོན། རབ་གནས་སྦྱིན་སྲེག་སོགས་བྱེད་པ་ཡང་གསུངས་པ་དང་མི་མཐུན་ལ། མདོ་མཆོད་ཙམ་ལ་བརྟེན་པའི་ཆོ་གའི་རྣམ་བཞག་བྱེད་པ་ཡོད། གཞན་ཡང་སྦྱིན་སྲེག་རོ་བསྲེག བདུན་ཚིགས་ཚ་ཚའི་ཆོ་ག་ལ་སོགས་པ་དེང་སང་གསང་སྔགས་ཀྱི་ལུགས་བོར་ནས། མདོ་མཆོད་ཙམ་ལ་བརྟེན་པའི་ཆོ་གའི་རྣམ་བཞག་བྱེད་པ་ཡོད། དེ་དགག་པ་ལ་སྤྱིར་དགག་པ་དང་། སོ་སོར་དགག་པ་གཉིས། དང་པོ་ནི། ཕ་རོལ་ཕྱིན་པའི་མདོ་སྡེ་ལས། །བསྟན་བཅོས་ཀུན་ནས་གསུངས་པ་མེད། །འདི་དག་ངན་སོང་སྦྱོང་རྒྱུད་ལ། །སོགས་པའི་རྒྱུད་སྡེ་འགའ་ཞིག་ལས། །གསུངས་པའི་རྗེས་འབྲང་པ་ཡི་གསང་སྔགས་པ་ལ་གྲགས་པ་ཡིན། ཞེས་པ། ཕ་རོལ་ཏུ་ཕྱིན་པའི་མདོ་སྡེ་དང་། བསྟན་བཅོས་ཀུན་ནས་ཆོ་ག་དེ་དག་བཤད་པ་མེད་པའི་ཕྱིར་དང་། སྦྱིན་སྲེག་རོ་བསྲེག་འདི་དག་ངན་སོང་སྦྱོང་བའི་རྒྱུད། གཙུག་དགུའི་རྒྱུད་སྡེ་འགའ་ཞིག་ལས་གསུངས་པའི་རྗེས་སུ་འབྲངས་པའི་གསང་སྔགས་པ་ལ། ལྷ་བསྒོམ་སྔགས་བཟླ་བ་ལ་སོགས་པ་གྲགས་པ་ཡིན་པའི་ཕྱིར།

གཉིས་པ་སོ་སོར་དགག་པ་ལ། དགག་ཡུལ་སྤྱིར་བསྟན་པ་དང་། དེ་དག་བརྟག་ནས་དགག་པ་དང་གཉིས། དང་པོ་ནི། དེ་བཞིན་རབ་གནས་མདོ་ལུགས་དང་། །ཕྱག་ན་རྡོ་རྗེ་མདོ་ལུགས་དང་། །ལྟུང་བཤགས་དང་ནི་ཤེར་སྙིང་སོགས། །སྔགས་པ་ཡིན་ཞེས་འཆད་པ་ཐོས། །ཞེས་པ། ངན་སོང་སྦྱོང་བའི་རྒྱུད་ལ་བརྟེན་ནས་རབ་གནས་བྱེད་པ་དེ་བཞིན་དུ། བཀའ་གདམས་གཞུང་པ། རབ་གནས་མདོ་ལུགས་བྱེད་པ་དང་། ཕྱག་རྡོར་མདོ་ལུགས་ཡིན་ཞེས་པ་དང་། འཕགས་པ་ཀླུ་སྒྲུབ་ཀྱི་གོས་སྔོན་ཅན་དུ་གྲགས་པའི་སྒྲུབ་ཐབས་དང་། ལྟུང་བཤགས་དང་། ཤེས་སྙིང་སྔགས་ལུགས་སུ་འཆད་པ་ནི། །འཕགས་པ་ཀླུ་སྒྲུབ་ཀྱི་མངོན་རྟོགས་ལ་བརྟེན་ནས་འཆད་པ་ཡིན་ཞེས་ཐོས་སོ། །གཉིས་པ་ལ། རབ་གནས་མདོ་ལུགས་དགག ལྷ་སྒོམ་མདོ་ལུགས་དགག ལྟུང་བཤགས་སྔགས་ལུགས་དགག་པ་དང་གསུམ། དང་པོ་རབ་གནས་མདོ་ལུགས་དགག་པ་ལ། མདོ་མཆོད་ཙམ་རབ་གནས་དངོས་པོ་ཡིན་པར་བསྟན། རབ་གནས་དངོས་རྒྱུད་ལས་གསུངས་ཀྱི། །མདོ་ལས་མ་གསུངས་པར་བསྟན། དེ་མན་ངག་ཏུ་འདོད་པ་དགག རབ་གནས་སོགས་རྡོ་རྗེ་སློབ་མས་བྱ་བར་གསུངས། དེ་སློབ་དཔོན་ཁོ་ནའི་ལས་སུ་བསྟན་པའོ། །དང་པོ་ནི། འདི་ཡང་བརྟག་པར་བྱ་བས་ཉོན། །མདོ་ནས་རབ་གནས་བཤད་པ་མེད། །འོན་ཀྱང་

མཆོད་བསྟོད་བཀྲ་ཤིས་སོགས། །རྒྱལ་པོའི་མངའ་དབུལ་ལྷ་བུ་ལ། །རབ་གནས་ཡིན་ཞེས་སྨྲ་ན་སྨྲོས། །ཞེས་པ། འདི་ཡང་བརྟག་པར་བྱ་བས་ཉོན་ཅིག མདོ་ལས། དམ་ཚིག་པ་བསྐྱེད། དེ་ལ་ཡེ་ཤེས་པ་འཇུག་པའི་རབ་གནས་བཤད་པ་མེད་ཅིང་། འོན་ཀྱང་མཆོད་པ་འབུལ་བ་དང་། བསྟོད་པ་དང་། བཀྲ་ཤིས་དང་། རྒྱལ་པོའི་མངའ་དབུལ་ལྷ་བུ་ལ་རབ་གནས་ཡིན་ཞེས་སྨྲ་ན་སྨྲོས། །དེ་ལ་མི་རྩོད་དེ། རྒྱ་གར་ན་འང་།ཁྲིན་པ་དང་སྐྱེད་མོ་ཚལ་ལ་སོགས་པ་ལ་མཆོད་པ་བྱེད་པ་ལ་རབ་གནས་སུ་མིང་བཏགས་པ་ཡོད། ཕྱག་བྱས་མེ་ཏོག་གཏོར་ནས་དེ་རིང་གི་མཆོད་གནས་ཡིན་ནོ་ཞེས་གྲགས་པ་ཡོད་དོ། །

གཉིས་པ་ནི། །ལྷ་བསྒོམ་པ་གསང་སྔགས་བཟླས་དང་།བུམ་པ་ལྷའི་སྒོ་གོན་དང་། །དངོས་གཞི་དམ་ཚིག་སེམས་དཔའ་དང་། །ཡེ་ཤེས་འཁོར་ལོ་དགུག་བཞུགས་དང་། །སྤྱན་དབྱེ་བསྟན་པར་བཞུགས་པ་དང་། །སྔགས་ཀྱི་བྱིན་གྱིས་བརླབས་པ་ཡི། །མེ་ཏོག་དོར་ས་ལེགས་མཆོད་དེ། །བཀྲ་ཤིས་རྒྱས་པར་བྱེད་པ་ཡི། །ཆོག་གསང་སྔགས་རྒྱུད་སྡེ་ལས། །གསུངས་ཀྱི་ཕ་རོལ་ཕྱིན་ལས་མིན། །ཞེས་པ། རང་དམ་ཚིག་པར་བསྒོམ་པ་དེ་ལ་བསྙེན་པའི་ཡན་ལག སྐྱེ་མཆེད་དང་སྐུ་གསུང་ཐུགས་བྱིན་གྱིས་བརླབས་པ་ཉེ་བར་བསྙེན་པའི་ཡན་ལག ཡེ་ཤེས་འཁོར་ལོ་དགུག་གཞུག་བྱ་བ་བསྒྲུབ་པའི་ཡན་ལག དབང་བསྐུར་ཏེ་རིགས་བདག་གིས་རྒྱས་བཏབ་པ་བསྒྲུབ་པ་ཆེན་པོའི་ཡན་ལག་སྟེ། ཡན་ལག་བཞི་རྫོགས་ཀྱི་ལྷ་བསྒོམ་པ་དང་། སྔགས་བཟླ་བ་དང་། བུམ་པ་སྒོ་གོན་དང་། དངོས་གཞི་དམ་ཚིག་སེམས་དཔའ་ལ། ཡེ་ཤེས་འཁོར་ལོ་དགུག་གཞུག་བྱ་བ་དང་། སྤྱན་དབྱེ་དང་། རྟེན་ཞལ་བསྒྱུར་ཏེ་བསྟན་པར་བཞུགས་སུ་གསོལ་བ་གདབ་པ་དང་། ཡེ་རྡྷརྨའི་སྔགས་ཀྱིས་བྱིན་གྱིས་བརླབས་པའི་མེ་ཏོག་དོར་ནས། བདག་ཉིད་སངས་རྒྱས་སུ་ལེགས་པར་བསྒྲུབས་ཏེ། མཆོད་བསྟོད་ནས། བཀྲ་ཤིས་པའི་རྟེན་འབྲེལ་རྒྱས་པར་བྱེད་པའི། རབ་གནས་ཀྱི་ཆོ་ག་གསང་སྔགས་ཀྱི་རྒྱུད་སྡེ་ལས་གསུངས་ཀྱི། ཕ་རོལ་ཏུ་ཕྱིན་པའི་སྡེ་སྣོད་ནས་དེ་ལྟར་གསུངས་པ་མེད་དོ། །འདིར་རབ་ཏུ་གནས་པ་ནི། རབ་གནས་ཀྱི་རྒྱུད་ལས། དོན་དམ་པར་རབ་ཏུ་གནས་པ་མེད་ཀྱང་ཀུན་རྫོབ་ཏུ་དགེ་བ་སྤེལ་བའི་ཕྱིར། རབ་ཏུ་གནས་པ་བསྟན་ཏེ། །སྐྱེ་བོ་རབ་ཏུ་དང་བ་ཡི། །བྱེད་པ་དགེ་བ་སྤེལ་བའི་ཕྱིར། །རབ་གནས་བསྟན་བཅོས་ལས་གསུངས་པ། །ཐ་སྙད་ཙམ་དུ་གསུངས་པ་ཡིན། །ཞེས་གསུངས་པ་ལ་རྒྱུད་སྡེ་བཞིའི་རབ་ཏུ་གནས་པ་བྱེད་པའི་ཚུལ། བྱ་བའི་རྒྱུད་ཀྱི་རབ་ཏུ་གནས་པ་དང་། སྤྱོད་པའི་རྒྱུད་དང་། རྣལ་འབྱོར་རྒྱུད་དང་། བླ་མེད་ཀྱི་རབ་ཏུ་གནས་པ་དང་བཞི་ལས་དང་པོ་ནི། བྱ་རྒྱུད་ནས་བཤད་པའི་རྣལ་འབྱོར་རྣམས་སྔོན་དུ་སོང་ནས། རབ་ཏུ་གནས་པར་བྱ་བའི་རྟེན་གཟུགས་སྐུ་ལྷ་བུ་ལ། ཡེ་ཤེས་པ་སྤྱན་དྲངས། དེ་ལ་བསྙེམ་མནས་ལྷའི་བསྙེད་ཚོགས་བྱེད་པ་ཡིན་ནོ། །དེ་ལ་བྲན་བཞུགས་བྱེད་པ་ཡིན་ནོ། །གཉིས་

པ་ནི། བདག་ཉིད་སངས་རྒྱས་སུ་བསྐྱེད་པ་མ་གཏོགས་རབ་གནས་བྱེད་ཚུལ་བྱ་རྒྱུད་དང་ཁྱད་པར་མེད་དོ། ། གསུམ་པ་ནི། རབ་ཏུ་གནས་པའི་རྒྱུད་ལས། སངས་རྒྱས་ཀུན་གྱི་རབ་ཏུ་བཞུགས། །རབ་ཏུ་གནས་པ་གང་ཡང་མེད། །ཀུན་ཏུ་མཁའ་ལྟར་གནས་པ་ལ། །ཅིག་ཤོས་ཀྱི་ནི་རབ་ཏུ་བརྟག འཇིག་རྟེན་ཀུན་རྫོབ་ལ་བརྟེན་ནས། ། རབ་ཏུ་གནས་པ་རབ་ཏུ་བརྟག དམ་པའི་དོན་དུ་སྤྱོད་པ་ན། །གང་ཞིག་གང་གི་རབ་ཏུ་གནས། །གདོད་མ་ནས་ཞི་སྐྱེ་མེད་ལ། །ཅི་འདྲ་ཅི་ལྟར་རབ་ཏུ་གནས། །དང་པོའི་ལས་ཅན་སེམས་རྣམས། རྟོག་པའི་རྒྱུ་རུ་མཛད་པར་ཟད། ཅེས་གསུངས། དོན་དམ་པར་རབ་ཏུ་གནས་པ་མི་དགོས་ཀྱང་། ཀུན་རྫོབ་ཏུ་གནས། གདོད་མ་ནས་ཞི་སྐྱེ་མེད་ལ། ཅི་འདྲ་ཅི་ལྟ་རབ་ཏུ་གནས། དང་པོའི་ལས་ཅན་སེམས་རྣམས། རྟོག་པོའི་རྒྱུ་རུ་མཛད་པར་ཟད། ཅེས་གསུངས། དོན་དམ་པར་རབ་ཏུ་གནས་པ་མི་དགོས་ཀྱང་། ཀུན་རྫོབ་ཏུ་སེམས་ཅན་གྱི་དོན་ལ་རབ་ཏུ་གནས་པར་བྱའོ། །དེ་ལ་བདུན། གང་ལ་རབ་ཏུ་གནས་པར་བྱ་བའི་རྟེན་ཡོངས་སུ་དག་པ་དང་། གང་གི་རབ་ཏུ་གནས་པར་བྱེད་པའི་རྡོ་རྗེ་སློབ་དཔོན་ཡོངས་སུ་དག་པ་དང་། གང་རབ་ཏུ་གནས་པར་བྱ་བའི་གནས་ཡོངས་སུ་དག་པར་བྱ་བ་དང་། གང་གི་ཚེ་རབ་ཏུ་གནས་པར་བྱ་བའི་དུས་ཡོངས་སུ་དག་པ་དང་། ཇི་ལྟར་བྱ་རབ་ཏུ་གནས་པར་བྱ་བའི་ཡོ་བྱད་ཡོངས་སུ་དག་པ་དེ་ལྟར་རབ་ཏུ་གནས་པར་བྱ་བའི་དགོས་པ་ཡོངས་སུ་དག་པ་སྟེ་བདུན། དང་པོ་རྟེན་ནི་རྒྱུད་ལས། བརྟུང་བ་དང་། བྲིས་པ་དང་། འབུར་དུ་བསྐོས་པ་ལ་སོགས་པ་ལ་ཆོག་གསུངས་པ་དང་། སངས་རྒྱས་ཀྱི་སྐུ་གསུང་ཐུགས་ཀྱི་རྟེན་ལ། དེ་ལ་སངས་རྒྱས་ཀྱི་རྟེན་གསུམ་སྟེ། ཆོས་ཀྱི་སྐུ་དང་། ལོངས་སྤྱོད་རྫོགས་པའི་སྐུ་དང་། སྤྲུལ་པའི་སྐུ་རྟེན་ནོ། །དཀྱིལ་འཁོར་ཆེན་པོ་ཞེས་བྱ་བའི་རྒྱུད་ལ་བརྟེན་ནས། སློབ་དཔོན་འཕགས་པ་ཀླུ་སྒྲུབ་ཀྱིས་མཛད་པའི་མཆོད་རྟེན་གྱི་རྟོག་པ་ཞེས་བྱ་བ་ལས་བྱུང་བས། དེ་བཞིན་གཤེགས་པ་ཆོས་སྐུ་རྟེན་ནི་གསུམ་སྟེ། ལྷུང་བཟེད་ཁ་སྦུབ་པ་ལྟར་ཡོངས་སུ་གྲགས་པ་དང་། ཁང་བུ་ལྟར་ཡོངས་སུ་གྲགས་པ་དང་། རྒྱལ་མཚན་ལྟར་ཡོངས་སུ་གྲགས་པའོ། །དང་པོ་ནི། གདན་པདྨ་དང་ཟླ་བའི་དཀྱིལ་འཁོར་གྱི་སྟེང་དུ། ལྷུང་བཟེད་ཁ་སྦུབ་པ་ལྟར་ཡོངས་སུ་ཟླུམ་པ་སྟེ། འདི་ནི་ཆོས་སྐུ་མཚན་མ་ཐམས་ཅད་དང་བྲལ་བ་མཚོན་པ་སྟེ། ཐིམ་པ་ཞེས་བྱ་བ་ཡིན་ནོ། །

གཉིས་པ་ཁང་བུ་ནི། བཞི་བ་ཤིན་ཏུ་མཛེས་པ་རྐང་བ་འམ། བརྩེགས་པ་འང་རུང་སྟེ། འདི་ནི་ཆོས་སྐུའི་ཡོན་ཏན་ཐམས་ཅད་རྫོགས་ཤིང་། མཉམ་པ་ཉིད་མཚོན་པའི་རྟགས་ཏེ། ཁང་བུ་ཞེས་བརྗོད་དོ། །གསུམ་པ་རྒྱལ་མཚན་ལྟར་ཡོངས་སུ་གྲགས་པ་ནི། མཆོད་རྟེན་གྱི་རྣམ་པ་སྟེ་འདི་ལ་བརྒྱད་ཡོད་དེ། ཐམས་ཅད་དུའང་། གདན་ཁྲིའི་རྣམ་པ་ལ་ནི་ངེས་པ་མེད་དེ། གྲུ་བཞི་བའམ་ཟླུམ་པོའམ། པདྨ་འམ་དེ་ལ་སོགས་པ་ཇི་ལྟར་མཛེས

པ་སྟེ། འདི་ནི་སྨང་དགེ་བ་བཅུ་ཞེས་བྱ་སྟེ། མགུར་ཆུ་ཟླ་བའི་དཀྱིལ་འཁོར་ཡན་ཐམས་ཅད་ལ་མཐུན་ཏེ། འོན་ཀྱང་སྒོ་མང་གི་དཔྱད་རིགས། བུམ་པ་ལ་ནི་སྒོ་འབུམ་རེ་འབྱུང་སྟེ། འདི་དག་གི་རྣམ་དག་ནི་འོག་ཏུ་འཆད་དོ། །བང་གི་བང་རིམ་ཐོག་མ་པད་མ་བརྩེགས་པ་ནི། ཟླུམ་པོ་འམ་པད་མའི་འདབ་མ་ཅན། བཞི་འམ་བདུན་བརྩེགས་པའོ། །འདི་ནི་སེར་སྐྱའི་གྲོང་ཁྱེར་དུ་བལྟམས་པ་བསྟན་པ་མཆོད་རྟེན་ཏེ། བདེ་གཤེགས་མཆོད་རྟེན་ཞེས་བྱ་བ་ཡིན་ནོ། །གཉིས་པ་བྱང་ཆེན་ནི། བང་རིམ་བཞི་བ་སྟེ། འདི་ནི་རྡོ་རྗེ་གདན་དུ་བྱང་ཆུབ་ཀྱི་རྟེན་དུ་གྱུར་པའི་མཆོད་རྟེན་ཞེས་བྱ་བ་ཡིན་ནོ། །གསུམ་པ་བཀྲ་ཤིས་སྒོ་མང་གི་དཔྱད་རིགས། ཆོས་ཀྱི་འཁོར་ལོའི་མཆོད་རྟེན་ནི། ཕྱོགས་རེར་སྒོ་བཞི་འམ། བརྒྱད་དམ། བཅུ་གཉིས་སམ། བཅུ་དྲུག་ཏུ་ཡོད་པ་སྟེ། བདེན་པ་བཞིའམ། རྣམ་ཐར་བརྒྱད་དམ། རྟེན་འབྲེལ་བཅུ་གཉིས་སམ། སྟོང་ཉིད་བཅུ་དྲུག་སྟེ། མདོར་ན་ཆོས་ཀྱི་སྒོ་དུ་མ་སྟོན་པའི་མཆོད་རྟེན་ཏེ། ཝ་ར་ན་སར་ཡེ་ཤེས་མཆོད་རྟེན་ཞེས་བྱ་བ་ཡིན་ནོ། །

བཞི་པ་ཆོ་འཕྲུལ་ཆེན་པོ་བསྟན་པའི་མཆོད་རྟེན་ནི། ཕྲག་བཞིན་འབུར་བཞི་ཡོད་པ་བང་རིམ་བཞི་པ་སྟེ། འདི་ནི་གཉན་ཡོད་མུ་སྟེགས་ཕམ་མཛད་ཀྱི་མཆོད་རྟེན་ཞེས་བྱ་བ་ཡིན་ནོ། །ལྔ་པ་ལྷ་ལས་བབས་པའི་མཆོད་རྟེན་ནི། ཕྱོགས་བཞི་ནས་སྐས་ལྷ་བུ་བཞི་ཡོད་པ་སྟེ། བདེ་བར་གཤེགས་པ་རྣམས་སེམས་ཅན་གྱི་དོན་ལ་འབྱོན་པ་མཚོན་པ་སྟེ། འདི་ནི་གྲོང་ཁྱེར་གསལ་ལྡན་དུ་སུམ་བཅུ་རྩ་གསུམ་པའི་ལྷས་མཆོད་པའི་མཆོད་རྟེན་ཞེས་བྱ་བ་ཡིན་ནོ། །དྲུག་པ་དགེ་འདུན་གྱི་དབྱེན་འདུམ་པའི་མཆོད་རྟེན་ནི། བང་རིམ་བཞི་པ་སྟེ། དེ་དག་གི་ཟུར་བཞི་བཅད་པ་ལྟ་བུ་སྟེ། བང་རིམ་རེ་རེ་ལ་ཟུར་བརྒྱད་དང་ལོགས་བརྒྱད་རེ་ཡོད་པར་མངོན་ཏེ། རྣམ་པར་སྤྲུལ་བ་དུ་མས་སེམས་ཅན་གྱི་དོན་མཛད་པ་མཚོན་པ་སྟེ། འདི་ནི་རྒྱལ་པོའི་ཁབ་ཏུ་བྱམས་ངོས་མཆོང་རྟེན་ཞེས་བྱའོ། །བདུན་པ་སྐུ་ཚེ་བྱིན་གྱིས་བརླབས་པའི་མཆོད་རྟེན་ནི། རྣམ་རྒྱལ་རྣམ་པར་ཐར་པའི་སྒོ་གསུམ་མཚོན་པས་བང་རིམ་གསུམ་པ་ཟླུམ་པོ་སྟེ། འདི་ནི་ཡངས་པ་ཅན་འདུ་བྱེད་བྱིན་གྱིས་བརླབས་པའི་མཆོད་རྟེན་ཞེས་བྱ་བ་ཡིན་ནོ། །བརྒྱད་པ་མྱ་ངན་མེད་པའི་མཆོད་རྟེན་ནི། གདན་ཁྲིགང་ཡང་རུང་བའི་སྟེང་དུ། མགུར་ཆུ་ཡན་ཆད་བཞུགས་པ་སྟེ། འདི་ནི་སྤྲོས་པ་ཐམས་ཅད་ཞི་བར་ཞི་བའི་མཚོན་བྱེད་དེ། འདི་ནི་གྲོང་ཁྱེར་རྩ་མཆོག་ཏུ་མྱ་ངན་ལས་འདས་པའི་མཆོད་རྟེན་ཞེས་བྱ་བ་ཡིན་ནོ། །དེ་ལྟ་བུའི་མཆོད་རྟེན་གྱི་རྣམ་དག་ནི། སྨང་དགེ་བ་བཅུ་དང་། བང་རིམ་དང་པོ་དྲན་པ་ཉེ་བར་བཞག་པ་བཞི། གཉིས་པ་ནི། ཡང་དག་པར་སྤོང་བ་བཞི། །གསུམ་པ་ནི་རྫུ་འཕྲུལ་གྱི་རྐང་བ་བཞི། བཞི་པ་ནི། དབང་པོ་ལྔ། བུམ་རྟེན་མགུར་ཆུ་ནི་སྟོབས་ལྔ། བུམ་པ་ནི་བྱང་ཆུབ་ཀྱི་ཡན་ལག་བདུན། ཕུ་ཤུ་སྟེ་བྲེ་ནི་འཕགས་པའི་ལམ་ཡན་ལག་བརྒྱད། སྲོག་ཤིང་ནི་ཤེས་པ་བཅུ་འཁོར་ལོ་བརྩེགས་པ་བཅུ་ནི་སྟོབས་བཅུ། ལྟག་མ་གསུམ་ནི

བྲན་པ་ཉེ་བར་བཞག་པ་གསུམ་མོ། །ཆར་ཁེབས་ནི་ཕྱུགས་རྫེ་བོ། རྟོག་ནི་མཉམ་པ་མེད་པའི་ཆོས་སྐུའི་རང་བཞིན་ཏེ། འདི་དག་ནི་མཆོད་རྟེན་གྱི་ངོ་བོ། འདིའི་ལུང་ལས་ནི། འཁོར་ལོ་རྣམས་ནི་གདུགས་ཞེས་བྱ་བ་སྟེ། སངས་རྒྱས་ཀྱི་མཆོད་རྟེན་ལ་ནི་གདུགས་བཅུ་གསུམ་མོ། །རང་སངས་རྒྱས་ལ་བདུན་ནོ། །དགྲ་བཅོམ་པ་ལ་ནི་ལྔའོ། །ལན་ཅིག་ཕྱིར་འོང་བ་དང་། ཕྱིར་མི་འོང་བ་ལ་ནི་གསུམ་མོ། །རྒྱུན་དུ་ཞུགས་པ་ནི་གཅིག་གོ། སོ་སོ་སྐྱེ་བོ་རྣམས་ཀྱི་མཆོད་རྟེན་ནི་བྱི་བོ་ཡིན་ནོ། །ཞེས་གསུངས། དེའང་ཆོས་སྐུའི་རིང་བསྲེལ་ཞེས་བྱ་བའི་གཟུངས་བཞུགས་ན་ནི་སངས་རྒྱས་ཀྱི་མཆོད་རྟེན་དུ་གྱུར་པའི་ཕྱིར། ཐམས་ཅད་ལ་ཡང་བཅུ་གསུམ་ཐོབ་པ་ཡིན་ནོ། །གདུགས་ལ་ནི་ཆར་ཁེབས་ཞེས་བཤད། དེ་ལས་གཞན་པའི་མཆོད་རྟེན་གྱི་རྒྱན་རྣམས་ནི། སངས་རྒྱས་ཀྱི་ཡེ་ཤེས་རྣམ་པར་དག་པ་ཡིན་ནོ། །ལོངས་སྤྱོད་རྫོགས་པའི་སྐུ་ནི། རིགས་ལྔ་བྱང་ཆུབ་མཆོག་གི་ཕྱག་རྒྱ་མཛད་པ་རྒྱན་དང་། ན་བཟའ་ལ་སོགས་པས་མཛེས་པའོ། །སྤྲུལ་པའི་སྐུ་ནི་རབ་ཏུ་མཛེས་ཤིང་མཐོང་ན་མི་མཐུན་པ་མེད་པ། རྡོ་རྗེ་དཀྱིལ་ཀྲུང་གིས་བཞུགས་པ། ཕྱག་རྒྱ་ཆོས་འཆད། བདུད་འདུལ། ས་ནོན། མཆོག་སྦྱིན། ཏིང་འཛིན། མི་འཇིགས་པ་སྦྱིན་པའོ། །བཞེངས་པ་ལ་གསུམ་སྟེ། གཡས་སྐྱབས་སྦྱིན་དང་། མཆོག་སྦྱིན་དང་གཉིས་ཀྱི་གཡོན་ཆོས་གོས་ཀྱི་གྲྭ་འཛིན་པ། གཡས་པས་མཁར་བསིལ། གཡོན་པ་ལྷུང་བཟེད་འཛིན་པ་ཡིན་ནོ། །ཆོས་ཀྱི་རྟེན་གླེགས་བམ་དང་། དགེ་འདུན་དཀོན་མཆོག་གི་རྟེན་རྣམས་ནི་རྟོགས་སླའོ། །ཚ་ཚ་འདེབས་པའི་ཚུལ་ནི་གཞན་དུ་ཤེས་པར་བྱའོ། །ད་ནི་ཆོས་ཀྱི་རྟེན་གྱི་ནང་དུ་རིང་བསྲེལ་ལ་སོགས་པ་བཞུགས་སུ་བཞུགས་པའི་ཚུལ་ནི། སྤྱིར་རང་བསྲེལ་རྣམ་པ་བཞི་ནི། སྐུ་གདུང་གི་རིང་བསྲེལ་དང་། སྐུ་གདུང་ཡུངས་འབྲུ་ལྟ་བུའི་རིང་བསྲེལ་དང་། དབུ་སྐྲ་དང་སེན་མོ་ལ་སྐུ་བལ་གྱི་རིང་བསྲེལ་ཞེས་བརྗོད་པ་དང་། གཟུངས་རྣམས་ལ་ཆོས་ཀྱི་རིང་བསྲེལ་ཞེས་ཟེར་རོ། །ཆོས་ཀྱི་སྐུའི་རིང་བསྲེལ་ལ། མཆོད་རྟེན་གྱི་ནང་དུ་བཞུགས་པར་བཤད་པའི་གཟུངས་ལྔ་ཡིན་ཏེ། གཙུག་ཏོར་རྣམ་རྒྱལ་དང་། གཙུག་ཏོར་དྲི་མེད་དང་། གསང་བ་རིང་བསྲེལ་གྱི་ཟ་མ་ཏོག་དང་། བྱང་ཆུབ་ཀྱི་སྙིང་པོའི་རྒྱན་འབུམ་དང་། རྟེན་འབྲེལ་གྱི་སྙིང་པོ་རྣམས་ཡིན་ནོ། །གཞན་ཡང་གསང་སྔགས་ཀྱི་རྒྱུད་སྡེ་དང་། མདོ་སྡེ་ནས་འབྱུང་བའི་སྔགས་བྱིན་རླབས་ཅན་རྣམས་བྲིས་ནས་བཞུགས་སུ་བཅུག སྤྱི་དོན་གཉིས་པ་གང་གིས་རབ་ཏུ་གནས་པར་བྱེད་པའི་སློབ་དཔོན་གྱི་མཚན་ཉིད་ནི། རྒྱུད་ལས། སློབ་དཔོན་དེ་ཉིད་བཅུ་ཤེས་ཤིང་། །མཚན་ཉིད་ཀུན་དང་ཡང་དག་ལྡན། །ཕྱག་རྒྱ་སྔགས་དང་ཆོ་ག་ཤེས། །ལས་རྣམས་ཀུན་ལ་མཁས་པས་སོ། །ཞེས་འབྱུང་ངོ་། ། དེ་ཉིད་བཅུ་ནི། དཀྱིལ་འཁོར་དང་ནི་ཏིང་འཛིན་མཆོག ཕྱག་རྒྱ་སྟངས་སྟབས་གདན་དང་ནི། །བཟླས་བརྗོད་སྦྱིན་སྲེག་གཏོར་མ་དང་། །ལས་ལ་སྦྱར་ལ་སླར་བསྡུའོ། །མཚན་

ཉིད་ཀུན་དང་ཡང་དག་ལྡན། །ཞེས་བྱ་བ་ནི། རྡོ་རྗེ་སློབ་ནི་ཏིང་འཛིན་མཆོག ཕྱག་རྒྱ་སྟངས་སྟབས་གདན་དང་ནི། བཟླས་བརྗོད་སྦྱིན་སྲེག་གཏོར་མ་དང་། །ལས་ལ་སྦྱར་ལ་སླར་བསྡུའོ། །མཚན་ཉིད་ཀུན་དང་ཡང་དག་ལྡན། ། ཞེས་བྱ་བ་ནི། རྡོ་རྗེ་སློབ་དཔོན་དུ་དབང་ཐོབ་པས་བྱང་ཆུབ་ཀྱི་སེམས་དང་ལྡན་ཞིང་བསྙེན་པ་ཡོངས་སུ་རྫོགས་པ། རབ་ཏུ་གནས་པ་ཐོས་ཤིང་ཤེས་ལ། ཆོ་ག་མཐོང་བ་ལོངས་སྤྱོད་ཀྱི་སྙེད་པ་ལ་སོགས་པའི་སྒོ་ནས་བདག་ཆེས་ཆེར་མི་འཛིན་པའོ། །ལས་རྣམ་ཀུན་ལ་མཁས་ཞེས་པ་ནི། དཀྱིལ་འཁོར་བྲིས་པ་ལ་སོགས་པའི་ལས་ལ་མཁས་ཤིང་ནུས་པའོ། །གསུམ་པ་རབ་ཏུ་གནས་པ་བྱ་བའི་གནས་ནི། བཀྲ་ཤིས་ ཤིང་ཉམས་དགའ་བ་སྟེ། གཞུང་གཞན་ལས་ཤེས་པར་བྱའོ། །

བཞི་པ་དུས་ནི། དཀྱིལ་འཁོར་དང་རབ་གནས་པ། ཡར་གྱི་ངོ་ལ་བརྟག་པར་བྱ། ། གཟའ་དང་སྐར་མ་འཛོམ་གྱུར་ན། །མར་ངོ་ལ་ཡང་ཉེས་པ་མེད། །ལྔ་བ་ནི་གོ་སླའོ། ། དྲུག་པ་ཆོ་ག་ལ་གསུམ། རྒྱས་པ་དང་། འབྲིང་དང་། བསྡུས་པའོ། །དང་པོ་ལ་གསུམ། སྦྱོར་བ་དང་། དངོས་གཞི་དང་། རྗེས་སོ། །རབ་གནས་ཀྱི་ཆོ་ག་འདི་དག་ནི། ལོ་ཙཱ་བ་རིན་བཟང་གི་སྡོམ་ཚིག་ཇི་ལྟ་བ་བཞིན་དང་། རྗེ་བཙུན་གྲགས་པ་རྒྱལ་མཚན་གྱིས་མཛད་པའི་རབ་གནས་དོན་གསལ་ལས་ཤེས་པར་བྱའོ། །སྤྱི་དོན་བདུན་པ། རབ་གནས་མ་བྱས་པའི་ཉེས་པ་དང་། བྱས་པའི་ཕན་ཡོན་ནི། རབ་གནས་ཀྱི་རྒྱུད་ལས། གང་དུ་སྐུ་གཟུགས་རྫོགས་པ་ལས། ། བྱིན་རླབས་མ་བྱས་ཡུན་རིང་ན། ། དེ་ལ་བཀྲ་མི་ཤིས་པ་འབྱུང་། །དེ་སྲིད་དེ་མི་མཆོད་པའི་འོས། །ཕན་ཡོན་ནི། དེ་ལྟར་རབ་གནས་ལེགས་བྱས་ན། ། འཇིག་རྟེན་འདི་དང་ཕ་རོལ་དང་། །སངས་རྒྱས་ཀྱི་ནི་འབྲས་བུའི་བར། །སྨོན་ལམ་བཏབ་བས་འགྲུབ་པ་ཡིན། ། ཞེས་སོ། །གསུམ་པ་དེ་གདམས་ངག་ཏུ་འདོད་པ་ནི། ལ་ལ་གདམས་ངག་ཡིན་ཞེས་སྨྲ། །འོན་མདོ་སྡེ་གང་དག་ལ། ། བརྟེན་པ་ཡིན་པར་སྨྲ་དགོས་སོ། །དེང་སང་གསང་བ་འདུས་པའི་ལྟ། །བསྒོམས་ནས་མདོ་ལུགས་ཡིན་ཞེས་ཟེར། ། གསང་འདུས་ལ་སོགས་ཆོ་ག་ལས། །མདོ་ལུགས་ཆོ་ག་འབྱུང་བ་མཚར། །སེང་གེའི་ཕྲུ་གུ་གླང་ཆེན་ལས། །བྱུང་ན་སྔོན་མེད་སྒྲོག་ཚགས་ཡིན། །མཁས་པ་རྣམས་ཀྱི་འདི་འདྲ་ཡི། །ཚིག་སླན་ཚད་མ་བྱེད་ཅིག ཅེས་པ། བཀའ་གདམས་པ་ལ་ལས། རབ་གནས་མདོ་ལུགས་ཇོ་བོའི་ལུགས་གདམས་ངག་ཡིན་ཞེས་སྨྲའོ། །འོན་རབ་གནས་ཀྱི་ཆོ་ག་འདི། མདོ་གང་ལ་བརྟེན་པ་ཡིན་སྨྲ་དགོས། མདོ་གང་ནས་ཀྱང་བཤད་པ་མེད་ཅིང་། ཇོ་བོ་ཡང་མདོ་ནས་བཤད་མི་གསུངས། མ་བཤད་བཞིན་དུ་གདམས་ངག་ཡིན་ཟེར་ན། ཇོ་བོས་ཀྱང་སངས་རྒྱས་ཀྱི་བསྟན་པ་མ་བཟུང་བར་འགྱུར་རོ། །དེང་སང་གསང་འདུས་འཇམ་རྡོར་གྱི་ལྷ་ཞལ་གསུམ་ཕྱག་དྲུག་པ་བསྒོམ་ནས་མདོ་ལུགས་ཡིན་ཞེས་སྨྲ། གསང་བ་འདུས་པའི་ཆོ་ག་ལས། མདོ་ལུགས་ཀྱི་ཆོ་ག་འབྱུང་བ་མཚར་ཏེ། དཔེར་ན་སེང་གེའི་ཕྲུ་གུ །གླང་ཆེན

ལས་འབྱུང་ན། སྟོན་མེད་པའི་སྒྲོག་ཆགས་ཡིན་པས། མཁས་པ་རྣམས་ཀྱི་འདི་འདྲའི་ལུགས་ཀྱི་ཆོ་ག་ལྷན་ཆད་མ་བྱེད་ཅིག བཞི་པ་ནི། ལྷ་ལ་རབ་ཏུ་གནས་པ་དང་། །མི་ལ་དབང་བསྐུར་བྱ་བ་སོགས། །རྡོ་རྗེ་སློབ་མའི་དབང་བསྐུར་བ། །ཐོབ་ཀྱང་བྱ་བར་མ་གསུངས་ན། །དབང་བསྐུར་གཏན་ནས་མ་ཐོབ་པའི། །གང་ཟག་རྣམས་ཀྱིས་སྨོས་ཅི་དགོས། །རྡོ་རྗེ་སློབ་མའི་དབང་བསྐུར་ཙམ། །ཐོབ་ནས་ལྷ་བསྒོམ་ཙམ་དང་ནི། །བཟླས་བརྗོད་དང་ནི་སྦྱིན་སྲེག་དང་། །ལས་ཚོགས་ལ་སོགས་བསྒྲུབ་པ་ཡི། །དངོས་གྲུབ་དང་ནི་ཕྱག་རྒྱ་ཡི། །ཡེ་ཤེས་བསྒྲུབ་པའི་ཆོ་ག་དང་། །གསང་སྔགས་འགའ་ཞིག་ཉན་པ་ལ། །དབང་བ་ཡིན་གྱི་རྒྱུན་ཆད་དང་། །དབང་བསྐུར་དང་ནི་རབ་གནས་སོགས། །སློབ་དཔོན་འཕྲིན་ལས་བྱར་མི་རུང་། །ཞེས་པ། ལྷ་དམ་ཚིག་པ་ལ་ཡེ་ཤེས་པ་འཇུག་པའི་རབ་ཏུ་གནས་པ་དང་། སྣོད་དང་ལྡན་པའི་མི་ལ་དབང་བསྐུར་བ་ལ་སོགས་པ་དང་རྒྱུད་འཆད་པ་ནི། རྡོ་རྗེ་སློབ་མའི་དབང་རིག་པའི་དབང་ལྔ་དང་། རྟུལ་ཞུགས་ཀྱི་དབང་ཐོབ་ཀྱང་། རྡོ་རྗེ་སློབ་དཔོན་གྱི་དབང་མ་ཐོབ་པར་བྱ་བར་མ་གསུངས་ན། དབང་བསྐུར་གཏན་ནས་མ་ཐོབ་པའི་གང་ཟག་རྣམས་ཀྱི་རབ་གནས་དང་། མི་ལ་དབང་བསྐུར་བ་ལྟ་སྨོས་ཀྱང་ཅི་དགོས། རྡོ་རྗེ་སློབ་མའི་དབང་ཙམ་ཐོབ་ནས། ལྷ་བསྒོམ་པ་ཙམ་པ་དང་བཟླས་བརྗོད་དང་།སྦྱིན་སྲེག་དང་། ལས་ཀྱི་ཚོགས་བསྒྲུབ་པའི་ཐུན་མོང་གི་དངོས་གྲུབ་དང་། ཕྱག་རྒྱའི་ཡེ་ཤེས་བསྒྲུབ་པའི་ཆོ་ག་དང་། གསང་སྔགས་ཀྱི་རྒྱུད་སྡེ་རྣལ་འབྱོར་གྱི་རྒྱུད་འགའ་ཞིག་དང་། བྱ་སྤྱོད་ཀྱི་རྒྱུད་ཉན་པ་ལ་དབང་བ་ཡིན་གྱི།རྒྱུད་འཆད་པ་དང་། མི་ལ་དབང་བསྐུར་བ་དང་། ལྷ་ལ་རབ་ཏུ་གནས་པ་ལ་སོགས་པ་རྡོ་རྗེ་སློབ་དཔོན་གྱི་ཐུན་མོང་མ་ཡིན་པའི་ཕྲིན་ལས་བྱར་མི་རུང་ངོ་། ། ལྔ་པ་ནི། རྡོ་རྗེ་སློབ་དཔོན་དབང་ཐོབ་ནས། །འཁོར་ལོ་ལྷ་ཡི་དེ་ཉིད་དུ། །རྣམ་དག་དཀྱིལ་འཁོར་བསྒོམ་པ་དང་དབང་བསྐུར་དང་ནི་རབ་གནས་སོགས། །སློབ་དཔོན་གྱི་ནི་འཕྲིན་ལས་དང་། །སངས་རྒྱས་ཀུན་གྱི་དམ་ཚིག་དང་། །བླ་ན་མེད་པའི་སྡོམ་པ་སོགས། །རྡོ་རྗེ་སློབ་དཔོན་ཁོ་ནའི་ལས། །ཉིད་ཡིན་གཞན་གྱིས་བྱར་མི་རུང་། །དེས་ན་རབ་གནས་མདོ་ལུགས་ཞེས། །འཆད་པ་སངས་རྒྱས་བསྟན་པ་མིན། །ཁྲིམ་པས་མཁན་སློབ་བྱེད་པ་དང་། །རྡོ་རྗེ་སློབ་དཔོན་མ་ཡིན་པས། །དབང་དང་རབ་གནས་བྱེད་པ་ན། །གཉིས་ཀར་བསྟན་པ་མིན་པར་མཚུངས། །ཞེས་པ། རྡོ་རྗེ་སློབ་དཔོན་གྱི་དབང་བསྐུར་བ་དང་། དམ་ཚིག་གསུམ་ཐོབ་ནས། དཀྱིལ་འཁོར་གྱི་དེ་ཉིད་དང་། ལྷའི་དེ་ཉིད་དང་། སློབ་དཔོན་གྱི་དེ་ཉིད་དང་། རྣམ་པར་དག་པའི་དཀྱིལ་འཁོར་བསྒོམ་པ་དང་། དབང་བསྐུར་རབ་གནས་ལ་སོགས་པ་དང་། སློབ་དཔོན་གྱི་དེ་ཉིད་བཅུའི་འཕྲིན་ལས་དང་། བླ་ན་མེད་པའི་སྡོམ་པ་ལ་སོགས་པ་འདི་གཙོ་བོའི་བཤད་པ་དབང་བསྐུར་མ་ཐོབ་པ་ལ་བཤད་དུ་མི་རུང་བ་རྡོ་རྗེ་སློབ་དཔོན་ཁོ་ནའི་ལས་ཡིན་པས། རྡོ་རྗེ་སློབ་དཔོན་

གྱི་དབང་མ་ཐོབ་པར་གཞན་གྱིས་བྱར་མི་རུང་བ་དེས་ན། རབ་གནས་མདོ་ལུགས་ཡིན་ཞེས་འཆད་པ་ནི་སངས་རྒྱས་ཀྱི་བསྟན་པ་མ་ཡིན་ནོ། །བཀའ་གདམས་པ་འདུལ་བའི་སྒོར་ཞུགས་ནས། རབ་གནས་རིམ་གཉིས་བདུན་ཚིགས་སོགས་བྱས་ཀྱང་དོན་དང་མཐུན་པ་ལ་ཡིན་ནོ། །དཔེར་ན། ཁྱིམ་པས་མཁན་སློབ་བྱེད་པ་དང་། རྡོ་རྗེ་སློབ་དཔོན་གྱི་མཚན་ཉིད་དང་མི་ལྡན་པས། དབང་བསྐུར་རབ་གནས་བྱེད་པ་གཉིས་ཀ་སངས་རྒྱས་ཀྱི་བསྟན་པ་མིན་པར་མཚུངས་ཏེ། གཉིས་ཀ་ཆོས་དང་མི་མཐུན་པའི་ཕྱིར། ད་ལྟ་བོད་ན། ཁྱིམ་པས་མཁན་སློབ་བྱེད་ན་གད་མོ་བྱེད། དབང་བསྐུར་མ་ཐོབ་པར་རབ་གནས་བྱེད་པ་ལ་གད་མོ་མི་བྱེད་པར་སྣང་སྟེ། འདི་འདྲ་འཐད་པ་མ་ཡིན་ནོ། །

གཉིས་པ་ལྷ་སྒོམ་མདོ་ལུགས་དགག་པ་ནི། ཕྱག་ན་རྡོ་རྗེའི་སྒོམ་བཟླས་ཀྱང་། །མདོ་སྡེ་རྣམས་ལས་བཤད་པ་མེད། །གཟུངས་ནས་བཤད་པ་དེ་དག་ནི། །བྱ་བའི་རྒྱུད་ཀྱི་ཚིག་ཡིན། །ཞེས་པ། དེང་སང་མདོ་ལུགས་སུ་གྲགས་པའི་ཕྱག་ན་རྡོ་རྗེ་གོས་སྔོན་ཅན་གྱི་སྒོམ་བཟླས་ཀྱང་དོན་ལ་མ་བཤད་ལ། གཟུངས་འབུམ་ནས་བཤད་པ་དེ་དག་ནི་བྱ་བའི་རྒྱུད་ཀྱི་ཚིག་ཡིན་ཏེ། གཟུངས་འབུམ་ཕལ་ཆེར་བྱ་རྒྱུད་ཡིན་པའི་ཕྱིར། གསུམ་པ་ལྟུང་བཤགས་སྔགས་ལུགས་དགག་པ་ནི། ལྟུང་བཤགས་སངས་རྒྱས་ཕྱག་མཚན་ལ། ཕྱབ་དང་རལ་གྲི་སོགས་འཛིན་པའི་སྐྱབ་ཐབས་སངས་རྒྱས་ཀྱིས་མ་གསུངས། ཞེས་པ། མདོ་རྒྱུད་ཀྱི་ཁྱད་པར་ནི། ཚིག་གི་བྱ་བ་ཡོད་མེད་ཀྱི། །དེ་ལྟར་ཤེས་ནས་མདོ་སྡེ་དང་། །སྔགས་ཀྱི་ལུགས་རྣམས་སྤྱོད་སློབས་ཅེས་པ། མདོ་དང་རྒྱུད་ཀྱི་ཁྱད་པར་ནི། ལྷ་སྒོམ་པ་དང་། སྔགས་བཟླ་བ་དང་། དབང་བསྐུར་དང་རལ་གྲི་དང་། མདའ་གཞུ་ལ་སོགས་པ་འཛིན་པའི་སྐྱབ་ཐབས་སངས་རྒྱས་ཀྱི་མདོ་རྒྱུད་གང་ནས་ཀྱང་མ་གསུངས་སོ། །མདོ་དང་རྒྱུད་ཀྱི་ཁྱད་པར་ནི། ལྷ་སྒོམ་པ་དང་། སྔགས་བཟླ་བ་དང་། དབང་བསྐུར་གྱི་ཆོ་གའི་བྱ་བ་ཡོད་པ་རྒྱུད་དང་། དེ་ལྟ་བུའི་བྱ་བ་མེད་པ་མདོ་ཡིན་ལ། དེ་ལྟར་ཤེས་ནས་མདོ་སྡེ་དང་། སྔགས་ཀྱི་ལུགས་རྣམས་ལ་རྣམ་དབྱེད་ཀྱི་ཤེས་རབ་ཀྱི་སོ་སོར་སྤྱོད་ལ་སློབས་ཤིག །འདིར་མདོ་དང་རྒྱུད་ཀྱི་ཁྱད་པར་བཤད་པ་ལ། མདོ་ངོས་བཟུང་བ་དང་། རྒྱུད་ངོས་བཟུང་བ་དང་། མདོ་སྡེ་ལ་རྒྱུད་ཁྱད་པར་དུ་འཕགས་པའི་ཚུལ་བསྟན་པ་དང་གསུམ། དང་པོ་ལ་མཚན་ཉིད་དང་དབྱེ་བ་གཉིས། དང་པོ་ནི། རང་རང་གི་དམིགས་པར་བྱ་བ་ཐོབ་པར་བྱེད་པའི་ཐབས། གཉིས་པ་ལ། ལམ་ཐུན་མོང་དང་། ཐུན་མོང་མ་ཡིན་པའོ། །དང་པོ་ལ་གསུམ་སྟེ། ངན་འགྲོ་ཉིད་བསྐྱེད་པ་ནི་མུ་སྟེགས་དམན་པ་ཚད་པར་ལྟ་བ་རྣམས་ཡིན། གཉིས་པ་བདེ་འགྲོ་ཙམ་ཐོབ་པར་བྱེད་པ་ནི་མུ་སྟེགས་མཆོག་གཙོར་བྱུབ་ཡིན་ལ། གསུམ་པ་ཐར་པ་ཐོབ་པར་བྱེད་པ་ནི། ཉན་ཐོས་དང་།རང་སངས་རྒྱས་ཀྱི་ལམ་ཡིན་ནོ། །གཉིས་པ་ཐུན་མོང་མ་ཡིན་པའི་

ལམ་ལ་གཉིས་ཏེ། སྐྱབས་གནས་དཀོན་མཆོག་གསུམ་འཛིན་པ་དང་། ལྟ་བ་དཀའ་རྟགས་ཀྱི་ཕྱག་རྒྱ་བཞི་ཁས་ལེན་པའི་ཕྱིར་རོ། །གཉིས་པ་རྒྱུད་ངོས་བཟུང་བ་ནི། སེམས་ཅན་ནས་སངས་རྒྱས་ཀྱི་བར་ཆོས་ཅན་དང་ཆོས་ཉིད་ཀྱི་ཚུལ་གྱིས་རྒྱུན་མི་འཆད་པས་ན་རྒྱུད། དེ་ལ་བརྗོད་བྱའི་སྒོ་ནས་དབྱེ་ན། རྒྱུ་རྒྱུད། ཐབས་རྒྱུད། འབྲས་བུའི་རྒྱུད་དང་གསུམ། ལམ་ལ་ཐེ་ཚོམ་སེལ་བའི་ཕྱིར་དང་། རྗོད་བྱེད་ཀྱི་སྒོ་ནས་དབྱེ་ན། བྱ་རྒྱུད་དང་།སྤྱོད་རྒྱུད་དང་། རྣལ་འབྱོར་རྒྱུད་དང་། རྣལ་འབྱོར་བླ་ན་མེད་པའི་རྒྱུད་དང་བཞི། གསུམ་པ་མདོ་དང་སྔགས་ཀྱི་ཁྱད་པར་ནི། མདོ་ནི་ཕ་རོལ་ཏུ་ཕྱིན་པའི་ཐེག་པ་ཡིན་ལ། རྒྱུད་ནི། གསང་སྔགས་ཀྱི་ཐེག་པ་ཡིན་ནོ། །གསང་སྔགས་ཀྱི་ཐེག་པ་ནི། ཕ་རོལ་ཏུ་ཕྱིན་པའི་ཐེག་པ་ལས་ཁྱད་པར་དུ་འཕགས་པ་ཡིན་ཏེ། སློབ་དཔོན་གྲི་པ་ཀ་ལའི་ཚུལ་གསུམ་སྒྲོན་མེ་ལས། དོན་ཅིག་ན་ཡང་མ་རྨོངས་དང་། །ཐབས་མང་དཀའ་བ་མེད་པ་དང་། །དབང་པོ་རྣོན་པོའི་དབང་བྱས་ནས། །སྔགས་ཀྱི་ཐེག་པ་ཁྱད་པར་འཕགས། །དེ་ལ་དང་པོ་དོན་གཅིག་པ་ནི། །རྟོགས་བྱ་ཆོས་དབྱིངས་དེ་ཉིད་དང་། །འཐོབ་པར་བྱ་བ་འབྲས་བུ་སངས་རྒྱས་དང་། ཐོབ་བྱེད་ཀྱི་ཐབས་བྱང་ཆུབ་ཀྱི་སེམས་ལ་ཁྱད་པར་ཡོད་པ་མ་ཡིན་ཏེ། འོན་ཀྱང་དེ་དག་བདག་གི་རྒྱུད་ལ་སྐྱེད་པར་བྱེད་པ་ལ། ཐབས་བཞིས་ཁྱད་པར་དུ་འཕགས་པ་ཡིན་ཏེ། རྟོགས་པའི་ལྟ་བ་རྨོངས་པ་དང་། འབྲས་བུ་འགྲུབ་བྱེད་ཀྱི་ཐབས་མང་བ་དང་། དཀའ་བ་མེད་པར་བྱང་ཆུབ་པ་དང་། འབྲས་བུ་མྱུར་དུ་ཐོབ་པའི་དབང་པོ་རྣོ་བ་ཡིན་པའི་ཕྱིར་རོ། །

གསུམ་པ་ལྟ་བ་ལ་འཁྲུལ་བ་དགག་པ་ལ་གཉིས་ཏེ། ཐེག་པ་རིམ་དགུ་ལ་ལྟ་བ་ཐ་དད་ཡོད་པ་དགག རྣལ་འབྱོར་རྣམ་བཞི་ཐེག་པའི་རིམ་པར་འདོད་པར་འགག་པའོ། །དང་པོ་ལ་འདོད་པ་བརྗོད་པ། དེ་དགག་པ། དེའི་ལན་དགག་པའོ་དང་པོ་ནི། ལ་ལ་ཐེག་པ་རིམ་དགུ་ལ། །ལྟ་བ་ཐ་དད་ཡོད་ཅེས་ཟེར། །ཞེས་པ། གསང་སྔགས་རྙིང་མ་བའི་རྫོགས་ཆེན་པ་ལ་ལ། ཉན་ཐོས་དང་། རང་རྒྱལ། བྱང་སེམས་ཏེ་མཚན་ཉིད་ཀྱི་ཐེག་པ་གསུམ་དང་། ཀྲི་ཡ། ཨུ་པ། ཡོ་ག་གསུམ་སྟེ། སྔགས་ཀྱི་ཐེག་པ་འོག་མ་གསུམ་དང་། མ་ཧཱ་ཡོ་ག ཨ་ནུ་ཡོ་ག ཨ་ཏི་ཡོ་ག་སྟེ། སྔགས་ཀྱི་ཐེག་པ་གོང་མ་གསུམ་སྟེ། ཐེག་པ་རིམ་དགུ་ཡིན་ལ། དེ་ལ་ལྟ་བ་ཐ་དད་པ་དགུ་ཡོད་དེ། ཀྲི་ཡ་དོན་དམ་ཆོས་ཉིད་ལྟ། ཀུན་རྫོབ་རང་གི་ཡོན་ཏན་ལྟ། རིགས་གསུམ་དཀྱིལ་འཁོར་སྣང་བ་ལ། །སྐྱེ་བོ་འཁྲུལ་པ་མེད་པར་འདོད། །གཉིས་ཀ་རྒྱུད་ཀྱི་འདོད་པ་ནི། །ལྟ་སྤྱོད་གོང་འོག་རྗེས་སུ་མཐུན། །ཡོ་ག་དོན་དམ་རྣམ་དག་པའི། །ཆོས་ཀྱི་དབྱིངས་ཀྱི་ཡེ་ཤེས་སུ། །རྟོགས་པའི་བྱིན་རླབས་ལྷར་སྣང་པ། །དེ་ཕྱིར་སྐྱེ་བོ་ལྷ་མཐོང་འཁྲུལ། །མ་ཧཱ་ཡོ་ག་དོན་དམ་དུ། །རང་རིག་གཉིས་མེད་དེ་བཞིན་ཉིད། །རྟོགས་པའི་ཚོ་འཕྲུལ་དྲུག་སོགས་པའི། །ལྷར་སྣང་བ་ལས་འཁོར་བ་མེད། །ཨ་ནུ་ཡོ་གའི་དོན་དམ་དུ། །བདེ་ཆེན་རྟོགས་པའི་རིགས་བཅུལ་

ནས། །ཀུན་རྫོབ་ལྷ་ཡི་དཀྱིལ་འཁོར་སྣང་། །དེ་ཕྱིར་སྐྱེ་བ་རྟགས་པ་འཁྲུལ། །ཨ་ཏི་ཡོ་གའི་བདེན་གཉིས་བྲལ། །ཐམས་ཅད་རང་བྱུང་རང་སྣང་གི །ཡེ་ཤེས་མཐའ་གསུམ་བྲལ་བ་ལས། །བཏགས་པ་གཉིས་པོ་གདོད་ནས་མེད། །དེ་ཕྱིར་གསེར་ལ་གསེར་མཐོང་ལྟར། །ཇི་བཞིན་མ་ནོར་བདེན་མཐོང་ཡིན། །ཞེས་འདོད་དོ། །གཉིས་པ་དེ་དགག་པ་ནི། ཉན་ཐོས་དང་ནི་ཐེག་ཆེན་ལས། །ལྟ་བའི་རིམ་པ་ཡོད་མོད་ཀྱི། །ཕ་རོལ་ཕྱིན་དང་གསང་སྔགས་ལས། །ལྟ་བའི་དབྱེ་བ་བཤད་པ་མེད། །ཕ་རོལ་ཕྱིན་པའི་སྤྲོས་བྲལ་ལས། །ལྷག་པའི་ལྟ་བ་ཡོད་ན་ནི། །ལྟ་དེ་སྤྲོས་པ་ཅན་དུ་འགྱུར། །སྤྲོས་བྲལ་ཡིན་ན་ཁྱད་པར་མེད། །དེས་ན་བཤད་པས་གོ་བ་ཡིན། །ཐོས་པའི་ལྟ་བ་གཅིག་ཉིད་ཡིན། །འོན་ཀྱང་སྤྲོས་བྲལ་རྟོགས་པ་ཡི། །ཐབས་ལ་གསང་སྔགས་ཁྱད་པར་འཕགས། ཞེས་པ་ཉན་ཐོས་ཀྱི་གང་ཟག་གི་བདག་མེད་རྟོགས་པ་དང་། ཐེག་པ་ཆེན་པོ་ཆོས་ཀྱི་བདག་མེད་རྟོགས་པའི་ཁྱད་པར་ཡོད་ཅེས་ཟེར་རོ། །ཕ་རོལ་ཏུ་ཕྱིན་པ་དང་སྔགས་ཀྱི་ལྟ་བ་ལ་སྤྲོས་བྲལ། རྟོགས་མ་རྟོགས་ཀྱི་དབྱེ་བ་མེད་པར་བཤད་ལ། འགའ་ཞིག་དབུ་མ་པས། སྟོང་ཉིད་རྟོགས་ལ་གསང་སྔགས་པས་བདེ་སྟོང་ཟུང་འཇུག་ཏུ་རྟོགས་པའི་ཁྱད་པར་ཡོད་ཅེས་ཟེར་རོ། །ཕ་རོལ་ཏུ་ཕྱིན་པའི་སྤྲོས་བྲལ་ལས། ལྷག་པའི་ལྟ་བ་ཡོད་ན་ནི། ལྟ་བ་ཆོས་ཅན། སྤྲོས་པ་ཅན་དུ་འགྱུར་བར་ཐལ། ལྟ་བ་གང་ཞིག་སྤྲོས་བྲལ་ལས་གཞན་པའི་ལྟ་བ་ཡིན་པའི་ཕྱིར། །སྤྲོས་བྲལ་ཡིན་ན་དབུ་མའི་ལྟ་བ་ཁྱད་པར་མེད་པ་རྒྱུ་མཚན་དེས་ན་སྤྲོས་བྲལ་དུ་བཤད་པའི་བློ་ཡུལ་གོ་བ་ནི། ཐོས་པ་ལས་བྱུང་བའི་ཤེས་རབ་ཀྱི་ལྟ་བ་བསམ་པ་ལས་བྱུང་བའི་ཤེས་རབ་ཅིག་ཉིད་ཡིན་ནོ། །འོན་ཀྱང་སྤྲོས་བྲལ་རྟོགས་པའི་ཐབས་ལ་གསང་སྔགས་ཁྱད་པར་དུ་འཕགས་པ་ཡིན་ནོ། །གསུམ་པ་དེའི་ལན་དགག་པ་ལ་གཉིས་ཏེ། འདོད་པ་བརྗོད་པ་དང་། དེ་དགག་ལ། དང་པོ་ནི། ཁ་ཅིག་དབུ་མའི་ལྟ་བ་ནི། ཀུན་རྫོབ་ཇི་ལྟར་སྣང་བཞིན་ཡིན། །དོན་དམ་མཐའ་བཞི་སྤྲོས་པ་བྲལ། །བྱ་བའི་རྒྱུད་ཀྱི་ཀུན་རྫོབ་ནི། །རིགས་གསུམ་རྒྱལ་བའི་དཀྱིལ་འཁོར་ཡིན། །དོན་དམ་དབུ་མ་དང་མཚུངས་ཟེར། །སྤྱོད་པའི་རྒྱུད་ཀྱི་ཀུན་རྫོབ་དང་། །རྣལ་འབྱོར་རྒྱུད་ཀྱི་ཀུན་རྫོབ་ནི། །རིགས་ལྔའི་རྒྱལ་བ་སྣང་བ་ཡིན། །རྣལ་འབྱོར་ཆེན་པོའི་ཀུན་རྫོབ་ནི། །དམ་པ་རིགས་བརྒྱ་ཡིན་ཞེས་ཟེར་རོ། །གཉིས་པ་དེ་དགག་པ་ལ། མདོར་བསྟན་དང་། རྒྱས་པར་བཤད་པ་གཉིས།

དང་པོ་ནི། ལྟ་སྒོམ་རྣམ་དབྱེ་མི་ཕྱེད་ཅིང་། །ཐབས་དང་ཤེས་རབ་མ་ཤེས་པས། །འདི་འདྲའི་དབྱེ་བ་འཁྲུལ་པ་ཡིས། །ཞེས་པ། ལྟ་བ་དང་སྒོམ་པའི་རྣམ་པར་དབྱེ་བ་མ་ཕྱེད་ཅིང་སྒོམ་པ་ཐབས་དང་། ཤེས་རབ་ལྟ་བ། ཐབས་ཤེས་ཀྱི་སྤྱོད་པ་མི་ཤེས་པས། །རྒྱུད་སྡེ་བཞིའི་ལྟ་སྒོམ་པ་དང་། ལྟ་བ་འདི་འདྲའི་དབྱེ་བ་འཁྲུལ་ཡིན་ནོ། །གཉིས་པ་རྒྱས་པར་བཤད་པ་པ་ལ། ལྟ་སྒོམ་ལྟ་བར་མི་འཐད་པ་དང་། རྒྱུད་སྡེ་འོག་མ་གསུམ་དུ་སྣང་བ་ལྟར

མ་གསུངས་པ། སྔོམ་སྒྲུབ་ཀྱི་བྱེ་བྲག་སོ་སོར་ཕྱེ་སྟེ་བཤད་པ་དང་། དེ་ལ་འཁྲུལ་བ་དགག་པ་དང་བཞི། དང་པོ་ནི། འདིའི་འཐད་པ་བཤད་ཀྱིས་ཉོན། །རིགས་གསུམ་ལ་སོགས་སངས་རྒྱས་སུ། །སྒོམ་པ་ཡིན་གྱི་ལྷ་བ་མིན། ། ཞེས་པ། ལྷ་སྒོམ་འདི་འདྲ་འཁྲུལ་པ་ཡིན་པས། འཐད་པ་བཤད་ཀྱིས་ཉོན། དེ་བཞིན་གཤེགས་པའི་རིགས་ལ་སོགས་པ་གསུམ་བྱ་སྤྱོད་ཀྱི་ལུགས་ཀྱི་སངས་རྒྱས་སུ་སྒོམ་པ་ཡིན་གྱི། གནས་ལུགས་རྟོགས་པའི་ལྟ་བ་ཡིན་ནོ། ། གཉིས་པ་ནི། བྱ་སྤྱོད་རྣལ་འབྱོར་རྒྱུད་གསུམ་ལས། །སྣང་བ་ལྷ་རུ་གསུངས་པ་མེད། །ཅེས་པ། བྱ་སྤྱོད་རྣལ་འབྱོར་རྒྱུད་གསུམ་ལས་ཀུན་རྫོབ་ཏུ་སྣང་བ་ལྷ་རུ་གསུངས་པ་མེད་དེ། །གསུངས་ན་རྣལ་འབྱོར་བླ་མེད་དུ་འགྱུར་བའི་ཕྱིར་རོ། །

གསུམ་པ་ལ། བྱ་བའི་སྤྱོད་པའི་རྣལ་འབྱོར་གྱི། །རྣལ་འབྱོར་ཆེན་པོའི་སྒོམ་སྒྲུབ་ཀྱི་བྱེ་བྲག་བསྟན་པ་དང་བཞི། དང་པོ་ནི། འོན་ཀྱང་བྱ་བའི་རྒྱུད་དུ་ནི། །བྲིས་སྐུ་ལྷ་རུ་བསྒོམས་ནས་ཀྱང་། །དེ་ལ་དངོས་གྲུབ་ལེན་པ་ཡིན། །དེས་ན་དཀའ་ཐུབ་གཙང་སྦྲ་ཡིས། །སངས་རྒྱས་མཉེས་ནས་དངོས་གྲུབ་གནང་། ། ཞེས་པ། འོན་ཀྱང་རང་ཉིད་ལྷའི་སྙེན་པ་དང་བྲལ་བས་བྱ་བའི་རྒྱུད་དུ་ནི། རིགས་གསུམ་གྱི་བྲིས་སྐུ་ལ་ལྷ་རུ་བསྒོམས་པས། དེ་ལ་དངོས་གྲུབ་ལེན་པ་ཡིན། དེས་ན་དཀའ་ཐུབ་དང་གཙང་སྦྲས་སངས་རྒྱས་མཉེས་ནས་དངོས་གྲུབ་གནང་བ་ཡིན་ནོ། །འདིར་བྱ་རྒྱུད་ཀྱི་རྣམ་པར་བཞག་པ་ལ། བྱ་རྒྱུད་ཕར་ཕྱིན་ཐེག་པ་ལས་ཁྱད་པར་དུ་འཕགས་པའི་ཚུལ་དང་། ཁྱད་པར་དུ་འཕགས་པའི་བྱ་རྒྱུད་ངོས་བཟུང་བ་གཉིས། དང་པོ་ནི། བྱ་རྒྱུད་ཕར་ཕྱིན་ལས་ཁྱད་པར་དུ་འཕགས་པ་ཡིན་ཏེ། ཕ་རོལ་ཏུ་ཕྱིན་པའི་ཐེག་པར་སེམས་བསྐྱེད་པ་དང་། རྟོག་བྱེད་ཀྱི་ལྟ་བ་དང་། ལམ་ཕ་རོལ་ཏུ་ཕྱིན་པ་དྲུག་དང་། སྤྱོད་པ་བསྡུ་བའི་དངོས་པོ་བཞི་ལ་སོགས་པ་ལས་བཤད་ཅིང་། འདི་དེ་ཉིད་ཀྱི་སྟེང་དུ་འཇུག་པའི་སྤྱོད་པ་མདུན་དུ་དེ་བཞིན་གཤེགས་པའི་དཀྱིལ་འཁོར་ཡོན་ཏན་རྫོགས་ཀྱི་ཚུལ་དུ་སྤྱན་དྲངས་ནས་བསྐྱེད་པ། སྤྲོར་བའི་སྤྱོད་པ་དང་། དེའི་ཐུགས་ཀར་ཟླ་བའི་དཀྱིལ་འཁོར་གྱི་སྟེང་དུ་ས་བོན་དང་། མཐའ་བསྐོར་དུ་སྔགས་ཀྱི་ཕྲེང་བས་བསྐོར་བ་ལ་ཡིད་གཏད་དེ། སྔགས་བཟླས་པ་བསྒྲུབ་པའི་སྤྱོད་པ་ཐུགས་ཀའི་སྔགས་འབྲུ་རྣམས་བདུད་རྩིས་གང་བ་ལ་དམིགས་རྩེ་གཅིག་ཏུ་གཏད་པ་མེར་གནས་ཀྱི་ཏིང་འཛིན་དང་། སྔགས་འབྲུ་རྣམས་ཅིག་ལས་ཅིག་མཐུན་པའི་ཚུལ་གྱིས་འཆད་པ་ལ་དམིགས་པ་གཏད་དེ་ཚིག་གཞན་གྱིས་བར་མ་ཆོད་པར་བཟླས་པ་སྒྲ་གནས་ཀྱི་ཏིང་ངེ་འཛིན་དང་སྔགས་འབྲུ་རྣམས་མས་རིམ་གྱིས་འདིའི་བར་དུ་བསྡུས་ཏེ་དེ་ཉིད་མི་དམིགས་པའི་ངང་དུ་འཇོག་པ། སྒྲ་མཐར་ཐར་པ་སྟེར་བའི་ཏིང་ངེ་འཛིན་ཏེ། སྤྱོད་པ་དེ་གསུམ་གྱི་ཏིང་ངེ་འཛིན་ཚེ་འདིར་སངས་རྒྱས་བསྒྲུབ་པའི་ཕྱིར། གཉིས་པ་ནི། ཅིའི་ཕྱིར་བྱ་བའི་རྒྱུད་བྱ་ཅེ་ན།

ཕྱི་ལུས་ངག་གི་བྱ་བ་གཙོ་བོར་སྟོན་པའི་ཕྱིར་ཏེ། བསམ་གཏན་ཕྱི་མའི་འགྲེལ་པ་ལས། རྒྱུད་འདི་ཉིད་ཕྱི་ལུས་ངག་གི་བྱ་བ་གཙོ་བོར་སྟོན་པས་བྱ་བའི་རྒྱུད་དོ། །ཞེས་གསུངས་པའོ། །གཉིས་པ། བྱ་བའི་རྒྱུད་ལ། རྒྱུད་སྡེ་སོ་སོ་དྲུག་ཏུ་དབྱེ་བ་ལ། སོ་སོའི་རྒྱུད་ངོས་བཟུང་བ་དང་། སྤྱིར་རྒྱུད་ངོས་བཟུང་བ་གཉིས། དང་པོ་ལ། དེ་བཞིན་གཤེགས་པའི་རིགས་རྒྱུད་དང་། པད་མའི་རིགས་དང་། རྡོ་རྗེའི་རིགས་དང་། ལྷ་བརྟེན་ ནོར་བུ་དང་། འཇིག་རྟེན་པའི་རིགས་ཀྱི་རྒྱུད་དང་དྲུག་གི །དེ་བཞིན་གཤེགས་པའི་རིགས་ལ། རིགས་ཀྱི་གཙོ་བོ་དང་། རིགས་ཀྱི་བདག་པོ་དང་། རིགས་ཀྱི་ཡུམ་དང་། རིགས་ཀྱི་གཙུག་ཏོར་དང་། རིགས་ཀྱི་ཁྲོ་བོ་དང་། ཁྲོ་མོ་དང་། རིགས་ཀྱི་ཕོ་ཉ་དང་། ཕོ་ཉ་མོ་དང་། དེ་བཞིན་གཤེགས་པའི་རིགས་སུ་བསྡུ་བའི་བྱང་ཆུབ་སེམས་དཔའི་རྒྱུད་དང་། གནས་གཙང་མའི་ལྷ་ལ་སོགས་པའི་རྒྱུད་དོ། །གཉིས་པ་པད་མའི་རིགས་ལས། རིགས་ཀྱི་གཙོ་བོ། །རིགས་ཀྱི་བདག་པོ། །རིགས་ཀྱི་ཡུམ། རིགས་ཁྲོ་བོ་དང་ཁྲོ་མོ། རིགས་ཀྱི་བཀའ་ཉན་ཕོ་མོའི་རྒྱུད་དང་ལྔ། གསུམ་པ་རྡོ་རྗེའི་རིགས་ལ། རིགས་ཀྱི་གཙོ་བོ། རིགས་ཀྱི་བདག་པོ། རིགས་ཀྱི་ཡུམ། རིགས་ཀྱི་ཁྲོ་བོ་ཁྲོ་མོ། ཆ་ཉན་ཕོ་ཉའི་རྒྱུད་དང་ལྔ། གཞི་པ་ལྷ་བརྟེན་གྱི་རིགས་ནི། མེ་ཁ་ལའི་གཟུངས་ཁོ་ནའོ། །ལྔ་པ་ནོར་བུའི་རིགས་ནི། ནོར་བུ་བཟང་པོའི་གཟུངས་ལ་སོགས་པ་གཟུངས་ཕྲན་བདུན། །དྲུག་པ་འཇིག་རྟེན་པའི་རིགས་ཀྱི་རྒྱུད་ནི། རིགས་ཀྱི་རྒྱལ་མོ་དབུགས་ཆེན་མོ་ཁོ་ན་ཡིན་ནོ། །དེ་ལྟར་ན་འཕགས་པའི་རིགས་ལྔ་དང་། །འཇིག་རྟེན་པའི་རིགས་ཀྱི་རྒྱུད་དང་དྲུག་གི་རྒྱུད་རྣམས་ཡིན་ལ། རྒྱུད་སྡེ་གོང་མར་གསུང་པའི་བྱ་རྒྱུད་སྟོང་ཕྲག་བཞི་གསུངས་པའང་། གཞུང་གི་གྲངས་ཡིན། ཤོ་ལོ་ཀའི་གྲངས་མ་ཡིན་ཏེ། བྱ་རྒྱུད་པད་མའི་རིགས་དོན་ཡོད་ཞགས་པའི་ཆོ་ག་ཞིབ་མོ་ལའང་། ཤོ་ལོ་ཀ་སྟོང་ཕྲག་བརྒྱད་ཡོད་པའི་ཕྱིར་རོ། །

གཉིས་པ་སྤྱི་རྒྱུད་ངོས་གཟུང་བ་ནི། སོ་སོའི་རྒྱུད་རྣམས་ལས། རང་རང་གི་ལས་ཚོགས་དང་། ལས་ཀྱི་ཡན་ལག་མ་ཚང་བ་དང་། མི་གསལ་བ་རྣམས་བསལ་བར་བྱ་བའི་ཕྱིར། བྱ་རྒྱུད་ཐམས་ཅད་ཀྱི་སྤྱིའི་རྒྱུད་བཞི་ནི། དཔུང་བཟང་ལེའུ་བཅུ་གཅིག་གི་སྒོ་ནས་སྤྱོད་པ་རྣམ་པ་གསུམ་གྱི་ཆོ་ག་སྟོན་པར་བྱེད་པ་དང་། བྱ་རྒྱུད་ཀྱི་དཀྱིལ་འཁོར་སྟོང་ཕྲག་ལྔ་བརྒྱ་སྤྱིའི་ཆོ་ག་གསང་བ་སྤྱི་རྒྱུད་དང་། ལྷའི་རྣལ་འབྱོར་སྟོན་པའི་ཆོ་ག་ཡན་ལག་དང་བཅས་པ་སྟོན་པ་ལེགས་གྲུབ་ཀྱི་རྒྱུད་དང་། ལྷའི་རྣལ་འབྱོར་དང་ལྡན་པས་བསམ་གཏན་གསལ་བར་སྟོན་པ། བསམ་གཏན་ཕྱི་མའི་རྒྱུད་དང་བཞིའོ། །གཉིས་པ་སྤྱོད་པའི་རྒྱུད་ཀྱི་བསྙེན་སྒྲུབ་བསྟན་པ་ནི། །སྤྱོད་པའི་རྒྱུད་དུ་ཁྲིས་སྐུ་དང་། །རང་ཉིད་གཉིས་ཀ་ལྷར་བསྒོམས་ནས། །གྲོགས་པོ་ལྷ་བུའི་དངོས་གྲུབ་ལེན། །ཞེས་པ། རྣམ་པར་སྣང་མཛད་མངོན་པར་བྱང་ཆུབ་པ་ལ་སོགས་པ། སྤྱོད་རྒྱུད་ཀྱི་ལུགས་ཀྱི་བདག་ཀྱང་ལྷར་བསྐྱེད། ཁྲིས་སྐུ་

ཡང་ལྟར་བསྐྱེད་ནས། རང་ཉིད་དང་མདུན་བསྐྱེད་གཉིས་ཀ་ལྟར་བསྒོམས་ནས་གྲོགས་པོ་ལྟ་བུའི་ཚུལ་གྱིས་དངོས་གྲུབ་ལེན་པ་ཡིན་ནོ། །སྤྱོད་རྒྱུད་ངོས་བཟུང་ན། བྱ་རྒྱུད་ལས་སྤྱོད་རྒྱུད་ཁྱད་པར་དུ་འཕགས་ཚུལ་དང་། སྤྱོད་རྒྱུད་ཀྱི་སྒྲ་དོན། སྤྱོད་རྒྱུད་ངོས་བཟུང་བ།སྤྱོད་རྒྱུད་དུ་འཇོག་པའི་རྒྱུ་མཚན། རྒྱུད་སྡེ་རྣམས་ཀྱི་དོན་གདན་ལ་དབབ་པ་དང་ལྔ། དང་པོ་ནི། སྤྱོད་པའི་རྒྱུད་ནི་བྱ་རྒྱུད་ལས་ཁྱད་པར་དུ་འཕགས་ཏེ། བྱ་བའི་རྒྱུད་ལ་སྤྱོད་པ་རྣམ་པ་གསུམ་གསུངས་ཀྱང་། བདག་ཉིད་སངས་རྒྱས་སུ་བསྐྱེད་པ་མ་བཤད་ལ། སྤྱོད་པའི་རྒྱུད་ལ་སྤྱོད་པ་རྣམ་པ་གསུམ་གྱི་སྒོ་ནས། བདག་ཉིད་སངས་རྒྱས་སུ་བསྐྱེད་པ་བཤད་པའི་ཕྱིར། རྣམ་སྣང་མངོན་བྱང་ལས། བདག་ཉིད་རྡོ་རྗེ་སེམས་དཔར་བྱིན་གྱིས་བརླབས་ལ་ཞེས་བཤད་པའི་ཕྱིར། ཞི་ནས་རང་གི་ལྟར་བཞག་པ། རང་གི་ལུས་ཀྱི་གནས་ལ་བྱ་ཞེས་སོ། །

གཉིས་པ་ནི། ཅིའི་ཕྱིར་སྤྱོད་རྒྱུད་ཅེས་བྱ་ཞེ་ན། ལུས་ངག་གི་བྱ་བ་དང་། ཏིང་ངེ་འཛིན་ཆ་མཉམ་པར་སྟོན་པ་སྟེ། རྣམ་སྣང་མངོན་བྱང་གི་བསྡུས་དོན་ལས། རྒྱུད་འདི་ནི། གཙང་སྦྲ་ལ་སྨད་པས་འཇིག་རྟེན་དང་འགལ་བར་སྤྱོད་པས་ན་སྤྱོད་རྒྱུད་དོ། །གསུམ་པ་སྤྱོད་རྒྱུད་ངོས་གཟུང་བ་ལ། དེ་བཞིན་གཤེགས་པའི་རིགས། པད་མའི་རིགས། རྡོ་རྗེའི་རིགས་དང་། དང་པོ་ནི། རྣམ་པར་སྣང་མཛད་མངོན་པར་བྱང་ཆུབ་པ་དང་། དེའི་རྒྱུད་ཕྱི་མ་སྟེ། དེང་སང་བོད་ན། དེ་བཞིན་གཤེགས་པ་འབྱུང་བའི་དཀྱིལ་འཁོར་ཡན་ཆད་ཡིན་ལ། མན་ཆད་མི་སྣང་། འཇམ་དཔལ་རྩ་རྒྱུད་དཔའ་བོ་གཅིག་ཏུ་གྲུབ་པའི་རྒྱུད། འོད་ཟེར་ཅན་གྱི་རྒྱུད་དང་། མི་གཡོ་བའི་རྟོགས་པ། ཁྲོ་བོ་རྣམས་ཀྱི་རྒྱུད། དེའི་ཕྱི་མ་ལ། ཕྱག་རྡོར་དབང་བསྐུར་བའི་རྒྱུད་དེ། དེ་ལྟར་ན་སྤྱོད་རྒྱུད་བོད་ན་བཞུགས་པ་བརྒྱད་པོའི་དེ་ཙམ་ལས་མི་སྣང་ངོ་། ། བཞི་པ་ནི། རྣམ་སྣང་མངོན་བྱང་ལ་སོགས་པའི་རྒྱུད་འདི་རྣམས་བྱ་བའི་རྒྱུད་མ་ཡིན་ཏེ། བདག་ཉིད་སངས་རྒྱས་སུ་བསྐྱེད་བཤད་པའི་ཕྱིར། ཡེ་ཤེས་གཤེགས་པ་མ་བཤད་པའི་ཕྱིར་རོ། །ལྔ་པ་ལ། མཚན་མ་དང་བཅས་པའི་རྣལ་འབྱོར་དང་། མཚན་མ་མེད་པའི་རྣལ་འབྱོར་གཉིས་དང་པོ་ལ། ཕྱིའི་སྤྱོད་ལམ་ཡན་ལག་བཞི་དང་། ནང་གི་སྤྱོད་ལམ་ཡན་ལག་བཞི། དང་པོ་ནི། བདག་ཉིད་རྣམ་སྣང་དུ་བསྐྱེད་པ་བདག་གི་གཞི་དང་མདུན་དུ་རང་འདྲའི་རྣམ་སྣང་བསྐྱེད་པ་གཞན་གྱི་དང་། གཉིས་པ་ཐུགས་ཀར་བྱང་ཆུབ་ཀྱི་སེམས་ཀྱི་ངོ་བོ་ཟླ་བའི་དཀྱིལ་བསྒོམ་པ། སེམས་ལ་གཞོལ་བའི་གཞི། །ཟླ་བའི་དཀྱིལ་འཁོར་གྱི་སྟེང་དུ། རང་གི་སྔགས་ཀྱི་ཡིག་འབྲུ་བཀོད་ཅིང་བཟླས་པ་བྱས་ན། སྒྲ་ལ་གཞོལ་བའི་གཞིའོ། །གཉིས་པ་ནི། སྤྱོད་ལམ་ཡན་ལག་བཞི་ནི། སྐྱབས་འགྲོ་སེམས་བསྐྱེད་སྔོན་དུ་སོང་ནས། བདག་རྣམ་སྣང་དུ་བསྐྱེད་པ་བདག་གི་གཞི། ཐུགས་ཀར་ཟླ་བའི་དཀྱིལ་འཁོར་གྱི་སྟེང་དུ། རང་འདྲའི་རྣམ་སྣང་བསྐྱེད་པ་གཞན་

གྱི་གཞི། དེའི་ཐུགས་ཀར་བྱང་ཆུབ་ཀྱི་ངོ་བོ་ཟླ་བའི་དཀྱིལ་འཁོར་བསྐྱེད་པ། སེམས་ལ་གཞོལ་བའི་གཞི། ཟླ་བའི་དཀྱིལ་གྱི་སྟེང་དུ་ཡིག་འབྲུ་བཀོད་པ་བཟླས་པ་བྱ་བ་སྔགས་ལ་གཞོལ་བའི་གཞི། དེའི་ཐུགས་ཁར་བྱང་ཆུབ་ཀྱི་ངོ་བོ་ཟླ་བའི་དཀྱིལ་འཁོར་བསྐྱེད་པ། སེམས་ལ་གཞོལ་བའི་གཞི། ཟླ་བའི་དཀྱིལ་འཁོར་གྱི་སྟེང་དུ་ཡིག་འབྲུ་བཀོད་པ་བཟླས་པ་བྱ་བ་སྔགས་ལ་གཞོལ་བའི་གཞི། གཉིས་པ་མཚན་མ་མེད་པའི་རྣལ་འབྱོར་ནི། མཚན་བཅས་ཀྱི་རྣལ་འབྱོར་དེ་ཉིད་གདོད་མ་ནས་སྤྲོས་པའི་མཐའ་ཐམས་ཅད་དང་བྲལ་བ་དང་པོ་དང་། ནམ་མཁའ་ལྟ་བུ་གཉིས་པ་དང་། ལྟའི་ཁ་དོག་དང་། དབྱིབས་དང་། མཚན་མ་དང་བྲལ་བ་གསུམ་པ་དང་། བདེ་བའི་ངང་ལ་སེམས་མཉམ་པར་བཞག་པ་བཞི་སྟེ། མཚན་མེད་རྣལ་འབྱོར་བཞི་ཡིན་ནོ། །མཚན་བཅས་དང་། མཚན་མེད་ཀྱི་རྣལ་འབྱོར་ཉམས་སུ་བླངས་པ་དང་། ཕྱི་ནང་གི་དངོས་གྲུབ་འགྲུབ་པར་འགྱུར་རོ། །གསུམ་པ། རྣལ་འབྱོར་རྒྱུད་ཀྱི་བསྒོམ་སྒྲུབ་ནི། རྣལ་འབྱོར་རྒྱུད་དུ་ཕྱི་རོལ་ལ། དམིགས་པའི་རྐྱེན་ཙམ་བྱས་ནས་ནི། །རང་ཉིད་དམ་ཚིག་སེམས་དཔའ་ལ། །ཡེ་ཤེས་འཁོར་ལོ་སྤྱན་དྲངས་ནས། །ཇི་སྲིད་ཕྱག་རྒྱ་མ་དགྲོལ་བ། །དེ་སྲིད་བར་དུ་སངས་རྒྱས་བཞུགས། །ཕྱག་རྒྱ་བཀྲོལ་ནས་སངས་རྒྱས་གཤེགས། །དེ་ནས་རང་ཉིད་ཐ་མལ་འགྱུར། །འདི་དག་གི་ནི་ལུང་སྦྱོར་རྣམས། །ཡི་གེ་མང་བས་དོགས་པ་བཞག ཅེས་པ། དེ་ཉིད་འདུས་པ་རྣལ་འབྱོར་རྒྱུད་ཀྱི་ལུགས་ཀྱི། གཙོ་བོར་རང་ཉིད་དེ་བཞིན་གཤེགས་པའི་དཀྱིལ་འཁོར་དུ་བསྒོམས་ནས། ཕྱི་རོལ་བྲིས་སྐུ་ལ་སོགས་པ་ལ། གཙོ་བོར་དམིགས་པའི་རྐྱེན་ཙམ་བྱས་ནས། རང་དམ་ཚིག་སེམས་དཔར་བསྒོམ་པ་ལ། ཐུགས་ཏིང་ངེ་འཛིན། ཕྱག་རྒྱ་ཡེ་ཤེས་འཁོར་ལོ་སྤྱན་དྲངས་ནས། ཇི་སྲིད་ཕྱག་རྒྱ་མ་བཀྲོལ་བ་དེ་སྲིད་དུ་རང་གི་ལུགས་ལ། སངས་རྒྱས་བཞུགས་པ་ལ་དངོས་གྲུབ་ལེན་པ་ཡིན་ལ། ཕྱག་རྒྱ་དགྲོལ་ནས་སངས་རྒྱས་རང་གི་ལུས་ལ་འཐིམ་ནས། རང་བཞིན་གྱི་གནས་སུ་གཤེགས་ནས་རང་ཉིད་ཐ་མལ་བར་འགྱུར་རོ། །

འདིའི་ལུང་ནི། སློབ་དཔོན་ཀུན་དགའ་སྙིང་པོའི་དེ་ཉིད་འདུས་པར། ཕྱག་རྒྱ་གང་དང་གང་ནས་བྱུང་བ་དེ་དང་དེ་ཉིད་དུ་བཀྲོལ་ནས། ཡེ་ཤེས་སེམས་དཔའ་གཤེགས་སུ་གསོལ། གཞན་དུ་ལྷ་ལ་བརྟས་པར་འགྱུར་རོ། །གཞན་ལུང་སྦྱོར་རྣམས་ཡི་གེ་མང་བར་འཇིགས་པས་འདིར་མ་བྲིས་སོ། །ཞེས་གསུངས་སོ། །འདིར་རྣལ་འབྱོར་གྱི་རྒྱུད་ལ། རྩ་རྒྱུད་དེ་ཉིད་འདུས་པ། བཤད་རྒྱུད་དཔལ་མཆོག་དང་པོ། རྡོ་རྗེ་རྩེ་མོ་ལ་སོགས་པ་རྣམས་ནས། ཇི་ལྟར་འབྱུང་བའི་དཀྱིལ་འཁོར་རྣམས་བསྒོམ་པ་ལ། དང་པོ་སྦྱོར་བའི་ཏིང་ངེ་འཛིན། དཀྱིལ་འཁོར་རྒྱལ་མཆོག་གི་ཏིང་ངེ་འཛིན། ལས་རྒྱལ་མཆོག་གི་ཏིང་ངེ་འཛིན་དང་གསུམ་པོ་རྣམས་བསྒྲུབ་ཅིང་མཆོད་པ། འཇུག་ཅིང་དབང་བསྐུར་བ་རྣམས་ཕྱག་རྒྱ་བཞིའི་སྒོ་ནས། སྒྲུབ་པར་བྱེད་པ་ཡིན་ལ། ཆ་མཐུན་གྱི་རྒྱུད་དན་

སོང་ཡོངས་སུ་སྐྱོང་བའི་བརྗོད་བྱའི་གཙོ་བོ་ནི་འཇིག་རྟེན་ལས་འདས་པའི་དཀྱིལ་འཁོར་དྲུག་དང་། གཙོ་བོ་འཇིག་རྟེན་ལས་འདས་པ་ལས་བྱུང་བ། འཁོར་འཇིག་རྟེན་པའི་བསྐོར་བའི་དཀྱིལ་འཁོར་དྲུག་དང་།ལས་རྒྱས་པའི་དཀྱིལ་འཁོར་ཅིག་དང་། ལས་བཞིའི་སྦྱིན་སྲེག་གི་དཀྱིལ་བཞི་སྟེ་བཅུ་བདུན་ཡིན་ནོ། །དཀྱིལ་འཁོར་བཅུ་གཉིས་ཉམས་སུ་ལེན་པ་ལ། བསྙེན་པ་དང་ལས་ལ་སྦྱར་བ་གཉིས་ལས། བསྙེན་པ་ལ། རས་བྲིས་ལ་བརྟེན་པ་དང་། དཀྱིལ་འཁོར་རྫོགས་པ་ལ་བརྟེན་པ། གཙོ་བོ་རྐྱང་པ་དང་། དཀྱིལ་འཁོར་ཐམས་ཅད་དུ་འཇུག་པ་རྡོ་རྗེ་སེམས་དཔའ་བསྙེན་པ་དང་། བཞི་གསུངས་ལ། ལས་ལ་སྦྱར་བ་ལ། བདག་ཉིད་སངས་རྒྱས་སུ་བཤད་པ་དང་། བསྒྲུབ་ཅིང་མཆོད་པ་དང་། འཇུག་ཅིང་དབང་བསྐུར་བ་གསུམ་ཡིན་ལ། བདག་བསྐྱེད་དང་། མདུན་བསྐྱེད་ཀྱི་བསྐྱེད་ཆོག་ལ། འོད་ཟེར་སྤྲོ་བསྡུ་ལ་བསྐྱེད་པ་དང་། སྙིང་པོ་ཚིག་ཙམ་དང་། ས་བོན་ལས་བསྐྱེད་པ་ཡིན་ནོ། །

བཞི་པ་རྣལ་འབྱོར་ཆེན་པོའི་སྒྲུབ་ཐབས་ནི། རྣལ་འབྱོར་ཆེན་པོའི་རྒྱུད་ནི། དག་པ་གསུམ་གྱི་རང་བཞིན་བཤད། འདིའི་ལུང་རིགས་མན་ངག་རྣམས། བླ་མའི་ཞལ་ལེགས་པར་བྲིས། ཞེས་པ། རྣལ་འབྱོར་ཆེན་པོའི་རྒྱུད་དུ་ནི། དེ་བཞིན་ཉིད་ཀྱི་དག་པ། རྟོགས་བྱེད་ཀྱི་ལྷ་བ་དང་། ལྷ་སོ་སོའི་དག་པ་བསྐྱེད་རིམ་དང་། རང་རིག་པའི་དག་པ་རྫོགས་པའི་རིམ་གྱི་དག་པ་གསུམ་གྱི་རང་བཞིན་བཤད་ལ། རྣལ་འབྱོར་བླ་མེད་ཀྱི་རྒྱུད་སྡེ་འདིར་དག་པ་གསུམ་གྱི་རང་བཞིན་བཤད་པའི་ཡིད་ཆེས་པའི་ལུང་དང་། རིགས་པ་རྣམ་དག་དང་། ཉམས་སུ་བླངས་པའི་མན་ངག་རྣམས་དབང་བཞི་ཕྱིན་ཅི་མ་ལོག་པར་ཐོབ་པའི་བླ་མའི་ཞལ་ལས་ལེགས་པར་གསོལ་བ་ལན་གསུམ་དུ་བཏབ་སྟེ་དྲི་བར་བྱའོ། །བཞི་པ་འཁྲུལ་བ་དགག་པ་ལ། བྱ་བའི་རྒྱུད་ཀྱི་ཀུན་རྫོབ་ལྷ་རུ་འདོད་པ་དགག །བྱ་སྤྱོད་གཉིས་སྤྱོད་པ་མཐུན་པར་འདོད་པ་དགག དེ་དག་གི་དོན་བསྡུ་བ་དང་གསུམ། དང་པོ་ནི། གལ་ཏེ་བྱ་བའི་རྒྱུད་ཀྱི་ཡང་། །ཀུན་རྫོབ་ལྷ་རུ་གནས་ན་ནི། །དཀའ་ཐུབ་གཙང་སྦྲ་ག་ལ་འཐད། །ལྷ་ལ་གཙང་དང་མི་གཙང་མེད། །ལྷ་རྣམས་དཀའ་ཐུབ་ཀྱིས་མི་གདུངས། ། ཞེས་པ། གལ་ཏེ་བྱ་བའི་རྒྱུད་ཀྱི་ཡང་རྫོགས་ཆེན་པོའི་ལུགས་ལྟར་ན། ཀུན་རྫོབ་ཀྱི་སྣང་བ་ལྷ་རིག་ལྟར་གནས་ན་ནི། ལྷ་རྣམས་དཀའ་ཐུབ་དང་། ཁྲུས་ལ་སོགས་པའི་གཙང་སྦྲ་ག་ལ་འཐད་དེ། མི་འཐད་དེ། ལྷ་ལ་གཙང་མི་གཙང་མེད་པའི་ཕྱིར་དང་། ལྷ་རྣམས་དཀའ་ཐུབ་ཀྱིས་མི་གདུང་བའི་ཕྱིར་རོ། །གཉིས་པ་ནི། ཁ་ཅིག་སྤྱོད་པའི་རྒྱུད་ཀྱི་ཡང་། །ལྟ་བ་རྣལ་འབྱོར་རྒྱུད་དང་མཐུན། །སྤྱོད་པ་བྱ་བའི་རྒྱུད་བཞིན་བྱེད། །འདི་ཡང་དེ་ལྟར་ངེས་པ་མེད། །འདི་ནི་གཉིས་ཀའི་རྒྱུད་ཡིན་པས། །རེས་འགའ་གཙང་སྦྲ་སྤྱོད་མོད་ཀྱི། །ཕལ་ཆེར་ཅི་བདེར་སྤྱོད་པར་གསུངས། །སྤྱོད་པའི་རྒྱུད་ལ་རིགས་ལྔ་ཡི། །དོན་གྲུབ་ན་ཡང་ཐ་སྙད་མེད། །ཕྱག་རྒྱ་སྐུ་མདོག་རྣམ་དག་ཀྱང་། །རྣལ་འབྱོར་རྒྱུད་བཞིན་དམ་པ་གསུང་། །

ཞེས་པ། ཁ་ཅིག་ན་རེ། སྤྱོད་པའི་རྒྱུད་ཀྱི་ཡང་། ཀུན་རྫོབ་རིགས་ལྔར་སྣང་བ་ལ་སོགས་པའི་ལྷ་བ་རྣལ་འབྱོར་གྱི་རྒྱུད་དང་མཐུན་ལ། སྤྱོད་པ་གཙང་སྦྲ་ལ་སོགས་པ་བྱ་བའི་རྒྱུད་བཞིན་བྱེད་ཟེར་རོ། །སྤྱོད་པའི་རྒྱུད་འདི་ཡང་དེ་ལྟར་ངེས་པ་མེད་དེ། སྤྱོད་རྒྱུད་འདི་ནི། བྱ་བ་དང་རྣལ་འབྱོར་གཉིས་ཀའི་རྒྱུད་སྟོན་པ་ཡིན་པས། ལྷ་མ་བསྒོམས་པའི་གནས་སྐབས། རེས་འགའ་གཙང་སྦྲ་སྤྱོད་མོད་ཀྱི། ཕལ་ཆེར་སྤྱོད་པ་བདེ་བར་སྤྱད་དེ། སྤྱོད་རྒྱུད་ཚེ་དཔག་མེད་ལས།རྡོ་རྗེ་སེམས་དཔའི་གནས་འདུག་སྟེ། ཐམས་ཅད་ཟོས་ནས་ཀུན་བྱས་པས། །འགྲུབ་འགྱུར་ཉེས་པས་མི་གོས་པས། །སྙིང་རྗེ་ལྡན་པས་སློས་ཅི་དགོས། །ཞེས་སོ། །སྤྱོད་རྒྱུད་ལས། རིགས་ལྔའི་དོན་གྲུབ་པ་ཡོད་ནའང་། རིགས་ལྔའི་ཐ་སྙད་མེད་དེ། རྣམ་སྣང་ལ་ཀུན་རིག མི་བསྐྱོད་པ་ལ་སྤྱོང་རྒྱལ། རིན་འབྱུང་ལ་རྒྱལ་མཆོག་རིན་ཆེན། འོད་དཔག་མེད་ལ་ཤཱཀྱ་རི་དབང་། དོན་གྲུབ་ལ་མེ་ཏོག་ཆེར་རྒྱས་ལ་སོགས་པའི་ཐ་སྙད་དང་། ཕྱག་རྒྱ་ཡང་རྣམ་སྣང་དང་། སྤྱོང་རྒྱལ་ལ་ཏིང་འཛིན། རྒྱལ་མཆོག་ལ་མཆོག་སྦྱིན། ཤཱཀྱ་རི་དབང་ལ་ཆོས་འཆད། མེ་ཏོག་ཆེར་རྒྱས་ལ་སྐྱབས་སྦྱིན། སྐུ་མདོག་རྣམས་ཀྱང་། རྣལ་འབྱོར་རྒྱུད་བཞིན་དུ། སྤྱོད་རྒྱུད་དུ་མ་གསུངས་སོ། །གསུམ་པ་དེ་དག་གི་དོན་བསྡུ་བ་ནི། དེས་ན་རྣལ་འབྱོར་རྒྱུད་མན་ཆད། །ཀུན་རྫོབ་ལྷར་གསུངས་པ་མེད། །འོན་ཀྱང་ཀུན་རྫོབ་ཐམས་ཅད་ཀྱང་། །ཇི་ལྟར་སྣང་བ་བཞིན་དུ་བྲིས། །བྲིས་སྐུ་ལ་སོགས་ལྷར་བསྒོམ་པ། །དེ་ནི་ཐབས་ཀྱི་ཁྱད་པར་ཡིན། །རྣལ་འབྱོར་ཆེན་པོའི་རྒྱུད་སྡེ་ལས། །ཀུན་རྫོབ་ཇི་ལྟར་སྣང་བ་འདི། །ཐབས་ལ་མཁས་པའི་ཁྱད་པར་གྱིས། །སྣོད་བཅུད་སྦྱོང་བྱེད་ངོ་སྤྲོད་པ། །དེ་ཚེ་དམ་པ་རིགས་བརྒྱ་ལས། །སོགས་པའི་དབྱེ་བ་རྒྱལ་བས་གསུངས། །དེས་ན་ཀུན་རྫོབ་ལྷོག་པ་དང་། །ལྷ་ཡི་ལྷོག་པ་མི་ཕྱེད་པས། །གསང་སྔགས་སྙིང་མའི་ཀུན་རྫོབ་ནི། །ལྷ་བ་དང་འབྲེལ་དེ་ལྟར་ཡིན། །ཞེས་པ། རྒྱུ་མཚན་དེས་ན། རྣལ་འབྱོར་གྱི་རྒྱུད་མན་ཆད། སྤྱོད་རྒྱུད། བྱ་རྒྱུད་རྣམས་སུ། ཀུན་རྫོབ་ཀྱི་སྣང་བ་ཕུང་པོ་དང་། ཁམས་དང་སྐྱེ་མཆེད་ཐམས་ཅད་རིགས་ལྔ་ཡུམ་བཞི་ལ་སོགས་པ་ཡི་དམ་གྱི་ལྷར་བསྒོམ་པའི་རྣམ་བཞག་གསུངས་པ་མེད་དོ། ། འོ་ན་རྒྱུད་སྡེ་འོག་མ་གསུམ་པོའི་ལུགས་ཀྱི་སྣང་བ་འདི་ཅི་ཡིན་ཞེ་ན། བྲིས་པ་ནས་མཁས་པའི་བར་ལ། ཇི་ལྟར་སྣང་བ་བཞིན་བྲིས་ཀྱི་ལྷར་སྣང་བ་མ་ཡིན་ནོ། །བྲིས་སྐུ་ལ་སོགས་པ་མདུན་དུ་ལྷར་བསྒོམ་པ་དེ་ནི་བསྐྱེད་ཚོག་གི་ཐབས་ཀྱི་ཁྱད་པར་གྱི་ལྷར་སྣང་བར་འགྱུར་བ་ཡིན་ནོ། །རྣལ་འབྱོར་ཆེན་པོ་བླ་ན་མེད་པའི་རྒྱུད་སྡེ་ལས། ཀུན་རྫོབ་ཕྱི་སྣོད་ཀྱི་འཇིག་རྟེན་གཞལ་ཡས་ཁང་དང་། བཅུད་ཀྱི་སེམས་ཅན་ལྷའི་རང་བཞིན་དུ། བསྙེན་སྒྲུབ་ཀྱི་ཡན་ལག་བཞིའི་བསྐྱེད་ཚོག་གི་ཐབས་ལ་མཁས་པའི་ཁྱད་པར་གྱིས། སྦྱང་གཞི་ཕུང་པོ་ལྔ་དང་འབྱུང་བ་བཞི། སྦྱོང་བྱེད་རིགས་ལྔ་དང་། ཡུམ་བཞིར་ངོ་སྤྲད་ནས་བསྒོམ་པ་དེ། དམ་པ་རིགས་བརྒྱ་ལ་སོགས་པའི་དབྱེ་བ

རྒྱས་པར་གསུངས་པ་ཡིན་ཏེ། དཔལ་བརྟག་པ་གཉིས་པ་ལས། རིགས་གཅིག་ལ་ནི་དེ་བཞིན་གཤེགས་པའི་ཚོགས། །རིགས་ཀྱི་ཚོགས་ལ་རིགས་ནི་དྲུ་མ་རྣམས། །དེ་རྣམས་རིགས་ལ་རིགས་རྣམས་རྣམ་པ་བརྒྱ། ། ཞེས་གསུངས་པས་རིགས་རེ་རེ་ལའང་རྒྱ་ལ་སྦྱར་ན་ཕུང་པོ་རེ་རེའི་སྟེང་དུ། ལྔ་ལྔ་ཕྱེ་བས་ཉི་ཤུ་རྩ་ལྔ་དང་། ཉེར་ལྔ་པོ་རེ་རེ་ལའང་འབྱུང་བ་བཞི་བཞི་སྟེ། ཕུང་པོའི་རིགས་བརྒྱ་དང་།རྒྱུ་ཉོན་མོངས་པ་ལྔ་བ་རེ་རེ་ལ་ཞེ་སྡང་གི་ཞེ་སྡང་ལ་སོགས་པ་ལྔ་ལྔར་ཕྱེ་བས་ཉི་ཤུ་རྩ་ལྔ་པོ་རེ་རེ་ལ་ཡང་ཤ་ཆེན་སྤྱི་ཁྱབ་ཏུ་བཏང་བས་བདུད་རྩི་བཞི་བཞི་སྟེ། ཉོན་མོངས་པ་རིགས་བརྒྱ། ལམ་ལ་སྦྱར་ན། རིགས་ལྔ་པོ་རེ་རེ་ལ་མི་བསྐྱོད་པའི་མི་བསྐྱོད་པ་ལ་སོགས་པ་རེ་རེ་ལྔ་ལྔར་ཕྱེ་བས་ཉི་ཤུ་རྩ་ལྔ། དེ་རེ་རེ་ལའང་ཡུམ་བཞི་སྦྱར་བས།སྦྱོང་བྱེད་བསྐྱེད་རིམ་རིགས་བརྒྱ། རྫོགས་རིམས་ལ་སྦྱར་ན། ཐིག་ལེ་ཕྲ་མོ་གཅིག་ལ་འབྱུང་བ་ལྔ་ལྔ་དང་ལྡན་པ། དེ་རེ་རེ་ལ་ཡང་མཚོན་བྱེད་དཔེའི་ཡེ་ཤེས་ལྔ་ལྔ་ཕྱེ་བས་ལྔ་ལྔ་ཉི་ཤུ་རྩ་ལྔ། དེ་རེ་རེ་ལ་བདུད་རྩི་བཞི་བཞི་ཕྱེ་བས། རྫོགས་རིམ་རིགས་བརྒྱ། འབྲས་བུའི་དབང་དུ་བྱས་ནས། སྐུ་ལྔ་རྣམ་སྣང་ལ་སོགས་པ་རིགས་ལྔ་པོ་རེ་རེ་ལ་ཡེ་ཤེས་ལྔ་ལྔར་ཕྱེ་བས་ཉི་ཤུ་རྩ་ལྔ། དེ་རེ་རེ་ལའང་ལྷ་མོ་བཞི་བཞི་ཕྱེ་བས་འབྲས་བུ་རིགས་བརྒྱའོ། །གསང་སྔགས་རྙིང་མ་བ་ཁ་ཅིག རིགས་བརྒྱ་ལ། ཞི་བ་བཞི་བཅུ་རྩ་གཉིས། ཁྲོ་བོ་ལྔ་བཅུ་བརྒྱད་དུ་བྱེད་པ་ནི། །ཕྱིན་ཅི་ལོག་ཏུ་གྱུར་པ་ཡིན་ཏེ། དེ་ལྟར་འདོད་པའི་རིགས་བརྒྱ་ནི། སངས་རྒྱས་ཀྱི་རྒྱུད་སྡེ་དང་། རྒྱ་གར་མཁས་པའི་གཞུང་ལུགས་གང་ནས་ཀྱང་མ་བཤད་པའི་ཕྱིར་རོ། །དེས་ན་ཀུན་རྫོབ་སྣང་བའི་ལྡོག་པ་དང་། བསྒོམ་པ་ལྷའི་ལྡོག་པ་ལ་ཕྱེད་པས་ཀུན་རྫོབ་ཡུལ་དང་། ཡུལ་ཅན་ལྷ་བ་གཅིག་ཏུ་འབྲེལ་བའི་རྒྱུ་མཚན་དེ་ལྟར་ཡིན་ནོ། །

གཉིས་པ་རྣལ་འབྱོར་རྣལ་འབྱོར་རྣམ་བཞི་ཐེག་པ་རིག་པར་འདོད་པ་དགག་པ་ལ། ལྔ་འགྱུར་བའི་ལུགས་དགོད། ཕྱི་འགྱུར་བའི་ལུགས་དགོད། སྔ་འགྱུར་བ་མིང་འབྲེལ་པར་བསྟན། རྣལ་འབྱོར་ཆེན་པོའི་གོང་ན་རྒྱུད་སྡེ་གཞན་མེད་པར་བསྟན་པ། ཨ་ཏི་ཡོ་ག་ལ་སོགས་པའི་ལྟ་བ་ཡང་། ཐེག་པ་མ་ཡིན་པར་བསྒྲུབ། ཐེག་པ་ཐམས་ཅད་ཐོས་བསམ་གྱི་ལྟ་བར་མཐུན་པར་བསྒྲུབ། བསྒོམ་པ་སྤྱོད་པ་མི་མཐུན་པར་ཕྱེ་སྟེ་བདུན་པ་དང་བདུན་གྱི། དང་པོ་ནི། གསང་སྔགས་སྔ་འགྱུར་བ་རྣམས་ནི། །རྣལ་འབྱོར་རྣལ་འབྱོར་ཆེན་པོ་དག རྗེས་སུ་རྣལ་འབྱོར་ཤིན་ཏུ་ནི། །རྣལ་འབྱོར་ཞེས་བྱ་རྣམ་པ་བཞི། །ཐེག་པའི་རིམ་པ་ཡིན་ཞེས་ཟེར། །ཤིན་ཏུ་རྣལ་འབྱོར་བཟང་བར་འདོད། །ཅེས་པ། གསང་སྔགས་སྔ་འགྱུར་ཡིན་ཟེར་བའི་རྙིང་མ་པ་རྣམས་ནི། རྣལ་འབྱོར་ཡོ་ག་དང་། རྣལ་འབྱོར་ཆེན་པོ་མ་ཧཱ་ཡོ་ག་དང་། རྗེས་སུ་རྣལ་འབྱོར་ཨ་ནུ་ཡོ་ག་དང་། ཤིན་ཏུ་རྣལ་འབྱོར་ཨ་ཏི་ཡོ་ག་ཞེས་བྱ་བ་བཞི་ནི་ཐེག་པའི་རིམ་པ་ཡིན་ཞེས་ཟེར་ལ། དེ་རྣམས་ཀྱི་ནང་ནས་ཤིན་ཏུ་རྣལ་འབྱོར་བཟང་བར་འདོད་དོ། །

དེ་ལས་འཕྲོས་ཏེ་གསང་སྔགས་སྙིང་མ་དང་། རྫོགས་ཆེན་པ་རྣམས་ཀྱི་འདོད་ཚུལ་བརྗོད་པ་ཕྱི་མ་ལ་བྲི་བར་བྱའོ། ། གཉིས་པ་ཕྱི་འགྱུར་བའི་ལུགས་དགོད་པ་ནི། གསང་སྔགས་ཕྱི་འགྱུར་བ་ནི། རྣལ་འབྱོར་རྗེས་སུ་རྣལ་འབྱོར་དང་། །ཤིན་ཏུ་རྣལ་འབྱོར་རྣལ་འབྱོར་ཆེ། །འདི་དག་ཏིང་འཛིན་རིམ་ཡིན་གྱི། །རྒྱུད་སྡེའི་རིམ་པར་མི་བཞེད་དོ། །ཞེས་པ། རྒྱུ་མཚན་དེས་ན། རྒྱུད་སྡེ་བཞིའི་ནང་མཚན་དུ་གསང་སྔགས་ཕྱི་འགྱུར་བ་རྣམས་ནི་རྣལ་འབྱོར་དང་།ཤིན་ཏུ་རྣལ་འབྱོར་དང་། རྗེས་སུ་རྣལ་འབྱོར་དང་། རྣལ་འབྱོར་ཆེན་པོ་འདི་དག་ཏིང་ངེ་འཛིན་རིམ་པ་ཡིན་ཏེ། བདག་ཉིད་ལྷར་སྒོམ་པ་ནི་རྣལ་འབྱོར། ཡེ་ཤེས་བཞུགས་པ་རྗེས་སུ་རྣལ་འབྱོར་དང་། སྔགས་དང་ཕྱག་རྒྱས་དབང་བསྐུར་བ་རྣལ་འབྱོར་ཆེན་པོ་དང་། དེ་ལ་སེམས་རྩེ་གཅིག་ཏུ་བསྒོམ་པ་ཤིན་ཏུ་རྣལ་འབྱོར་དང་། ཞེས་ཏེ། དཔལ་མཆོག་གི་འགྲེལ་པ་ལས། དེ་ཁོན་ཉིད་ལྔ་བསྒོམས་པས། བདག་ཉིད་རང་གི་ལྷའི་ངོ་བོ་ཉིད་དུ་བསྐྱེད་པ་བསྒོམ་པ་ནི་རྣལ་འབྱོར་ཞེས་བྱའོ། །ཡེ་ཤེས་སེམས་དཔའ་བཅུག་ནས་དེ་དང་ལྡན་ཅིག་ཏུ་གྱུར་པར་མོས་པ་ནི་རྗེས་སུ་རྣལ་འབྱོར་ཞེས་བྱའོ། །རྒྱུ་བ་དང་མི་རྒྱུ་བ་ཐམས་ཅད་ཀྱི་ངོ་བོ་ཉིད་ཀྱི་རང་བཞིན་དུ་བདག་ཉིད་བསྒོམ་པ་ནི། ཐམས་ཅད་ཀྱི་རྣལ་འབྱོར་ཞེས་བྱའོ། །རྣལ་འབྱོར་དང་། རྗེས་སུ་རྣལ་འབྱོར་དང་། ཐམས་ཅད་ཀྱི་རྣལ་འབྱོར་རྣམ་པར་ཐམས་ཅད་བསྒོམས་པས་སེམས་རྩེ་གཅིག་ཏུ་གྱུར་པ་གང་ཡིན་པ་དེ་ནི་ཤིན་ཏུ་རྣལ་འབྱོར་ཞེས་བྱའོ། །ཞེས་སོ། །རྣལ་འབྱོར་བཞི་པོ་དེ་རྒྱུད་སྡེའི་རིམ་པར་མི་བཞེད་དོ། །

གསུམ་པ་ནི། དེས་ནས་རྒྱུད་སྡེ་བཞི་པོ་ཡི། །རྣལ་འབྱོར་རྣལ་འབྱོར་ཆེན་པོ་དང་། །རྣལ་འབྱོར་བཞི་ཡི་རྣལ་འབྱོར་དང་། །རྣལ་འབྱོར་ཆེན་པོ་མི་གཅིག་གོ། །དཔེར་ན་གླུ་ཆེན་པད་མ་དང་། པད་མ་ཆེན་པོ་ཞེས་བྱ་དང་། །མེ་ཏོག་པད་མ་པད་ཆེན་གཉིས། །མིང་མཐུན་ན་ཡང་དོན་མི་གཅིག ཅེས་པ། རྒྱུ་མཚན་དེས་ན། རྒྱུད་སྡེ་བཞིའི་ནང་མཚན་དུ་གྱུར་པའི་རྣལ་འབྱོར་གྱི་རྒྱུད་དང་། རྣལ་འབྱོར་ཆེན་པོའི་རྒྱུད་ཅེས་བྱ་བ་དང་། རྣལ་འབྱོར་བཞིའི་ནང་མཚན་དུ་གྱུར་པའི་རྣལ་འབྱོར་གྱི་ཏིང་ངེ་འཛིན་དང་། རྣལ་འབྱོར་ཆེན་པོའི་ཏིང་ངེ་འཛིན་མི་གཅིག་སྟེ། དཔེར་ན་གླུ་ཆེན་པོ་པད་མ་དང་། པད་མ་ཆེན་པོ་ཞེས་བྱ་བ་དང་། མེ་ཏོག་པད་མ་དང་། པད་མ་ཆེན་པོ་གཉིས་མིང་ཙམ་ལ་མཐུན་ཡང་། དོན་མི་གཅིག་སྟེ། སྔ་མ་གཉིས་སེམས་ཅན་ཡིན་ལ། ཕྱི་མ་གཉིས་མེ་ཏོག་ཡིན་པ། དཔེ་དེ་བཞིན་དུ། རྣལ་འབྱོར་གྱི་མིང་ཅན། སྔ་མ་གཉིས་རྒྱུད་ཡིན་ལ། ཕྱི་མ་གཉིས་ཏིང་ངེ་འཛིན་ཡིན་པས་མི་འདྲའོ། །བཞི་པ་ནི། དེས་ན་གསང་སྔགས་གསར་མ་ལ། །རྣལ་འབྱོར་ཆེན་པོའི་བརྟག་ན་ནི། ། དེ་བས་ལྷག་པའི་རྒྱུད་སྡེ་མེད། །བསྒོམ་པའི་དམིགས་པ་ཉིད་ཀྱང་ནི། །རྣལ་འབྱོར་ཆེན་པོའི་གོང་ན་མེད། །དེ་ལས་སྐྱེས་པའི་ཡེ་ཤེས་ནི། །སྤྲོས་པ་མེད་ཅིང་བརྗོད་བྲལ་བས། །ཐེག་པའི་རིམ་པར་མི་བཞེད་དོ། །ལུགས་

འདི་ལེགས་པར་ཤེས་གྱུར་ན། །ཞེས་པ། དེ་ནས་གསང་སྔགས་གསར་མ་ལ། རྣལ་འབྱོར་ཆེན་པོའི་རྒྱུད་སྡེའི་གོང་ན་ནི། དེ་བས་ལྷག་པའི་རྒྱུད་སྡེ་མེད་ལ། བསྒོམ་པའི་དམིགས་པ་ཉིད་དང་ནི་རྣལ་འབྱོར་ཆེན་པོའི་ཏིང་ངེ་འཛིན་ལས་ལྷག་པ་རྣལ་འབྱོར་གཞན་མེད་པས་ན། དམིགས་པའང་གོང་ན་མེད་དོ། །དམིགས་པའི་ཏིང་ངེ་འཛིན་དེ་ལས་སྐྱེས་པའི་ཡེ་ཤེས་ནི། རྒྱུད་སྡེ་འོག་མ་རྣམས་ཀྱི་ཡུལ་མ་ཡིན་པས། སྤྲོས་པ་མེད་ཅིང་ངག་གི་ཡུལ་མ་ཡིན་པས། བརྗོད་པ་དང་བྲལ་བ་ནི་ཐེག་པའི་རིམ་པར་མི་བཞེད་དོ། །ལྷུ་པ་ནི། ཨ་ཏི་ཡོ་གའི་ལྟ་བ་ཡང་། །ཡེ་ཤེས་ཡིན་གྱི་ཐེག་པ་མིན། །བརྗོད་བྲལ་བརྗོད་བྱར་བྱས་པ་ནི། །མཁས་པའི་དགོངས་པ་མིན་ཞེས་བྱ། །ཞེས་པ། རྒྱུད་སྡེ་བཞིའི་ཚོགས་འི་ལུགས་འདི་འཁྲུལ་མེད་ལེགས་པར་ཤེས་པར་གྱུར་ན། རྫོགས་ཆེན་ཨ་ཏི་ཡོ་གའི་ལྟ་བ་དེ་ཡང་། བསྒོམ་བྱུང་གི་ཡེ་ཤེས་ཡིན་གྱི། ཐེག་པ་མ་ཡིན་ནོ། །བརྗོད་བྲལ་བརྗོད་བྱར་བྱས་ནས་ཐེག་པ་རིམ་པ་དགུའི་ནང་དུ་བསྡུད་པ་ནི་མཁས་པའི་དགོངས་པ་མ་ཡིན་ནོ། །དྲུག་པ་ནི། དེས་ན་ཐོས་པའི་ལྟ་བ་ནི། །དབུ་མ་ཡན་ཆད་ཐམས་ཅད་མཐུན། །དེ་ཕྱིར་ལྟ་བའི་ལུང་སྦྱོར་ཀུན། །ཕ་རོལ་ཕྱིན་བཞིན་ཐམས་ཅད་མཛད། །ཅེས་པ། དེས་ན་ཐོས་པའི་གོ་བའི་ལྟ་བ་ནི། །དབུ་མ་ཡན་ཆད་ཐམས་ཅད་མཐུན་ཏེ། སྤྲོས་བྲལ་ལས། ལྷག་པའི་ལྟ་བ་ཡོད་པ་ཡིན་པ་དེའི་ཕྱིར། ལྟ་བ་སྤྲོས་བྲལ་དུ་བསྒྲུབ་པའི་ལུང་སྦྱོར་ཀུན་ཕ་རོལ་ཏུ་ཕྱིན་པ་རྒྱས་འབྲིང་བསྡུས་གསུམ་ཇི་བཞིན། གསང་སྔགས་རྒྱུད་སྡེ་བཞི་ཡང་མཐུན་པར་མཛད་དོ། །

བདུན་པ་ལ་མདོར་བསྟན་རྒྱས་བཤད་གཉིས། དང་པོ་ནི། དེ་རྟོག་པ་ཡི་ཐབས་ལ་ནི། །ཐེག་པའི་རིམ་པ་ཡོད་པ་ཡིན། །རྒྱུད་སྡེ་བཞི་ཡི་བསྒྲུབ་པ་ཡང་། །འཁྲུལ་པར་བྱས་ན་དངོས་གྲུབ་རིང་། །ཞེས་པ། ལྟ་བ་དེ་རྟོགས་པའི་ཐབས་ལ་ནི། ཕ་རོལ་ཏུ་ཕྱིན་པའི་ཐེག་པ་དང་། རྡོ་རྗེ་ཐེག་པ་ལ་ཁྱད་པར་གྱི་རིམ་པ་ཡོད་པ་ཡིན་ནོ། །མདོ་སྔགས་ཀྱི་ཁྱད་པར་ནི། མདོ་ནི་ཕ་རོལ་ཏུ་ཕྱིན་པའི་ཐེག་པ་ཡིན་ལ་རྒྱུ་ནི་རྡོ་རྗེ་ཐེག་པ་སྟོན་པར་བྱེད་པ་ཡིན་ལ། ཕ་རོལ་ཏུ་ཕྱིན་པ་དང་། སྔགས་ཀྱི་ཐེག་པ་ལ། དོན་དམ་པའི་བདེན་པ་ལ་ཁྱད་པར་མེད་ཀྱང་། ཀུན་རྫོབ་ཀྱི་བདེན་པ་ཟབ་ཅིང་རྒྱ་ཆེ་བའི་ཁྱད་པར་ལ་ཁྱད་པར་ཡོད་དེ། ཇི་ལྟར་སྣང་བའི་དམིགས་པ་རྣམས་ལྷར་བསྒོམས་པས་དམིགས་པ་རྒྱ་ཆེ་བ་དང་། དུས་གསུམ་སངས་རྒྱས་ཀྱི་བརྟེན་པའི་དམ་ཚིག་རྣམས་ཡིད་བཞིན་དུ་བཟུང་བས་བྱིན་རླབས་ཁྱད་པར་ཅན་སྐྱེ་བར་འགྱུར་བས་གྲོགས་རྒྱ་ཆེ་བ་དང་། སངས་རྒྱས་བྱང་སེམས་རྣམས་འགྲོ་བའི་དོན་སྤྱོད་པ་དང་ཞིང་ཡོངས་སུ་དག་པར་བྱེད་ཀྱིས་རློབས་པ་ལྟར། རྗེས་སུ་སྐྱེས་པའི་སྤྱོད་པ་རྒྱ་ཆེ་བ་སྟེ། འདི་གསུམ་དབུ་མ་པ་དང་། སེམས་ཙམ་པ་དང་། ཉན་རང་ལ་མེད་པས་གྲངས་མེད་གསུམ་དང་བཞིས་འཚང་རྒྱ་ལ་སྔགས་ལ་ཡོད་པས་ཚུང་ཟད་ཀྱི་འཚང་རྒྱ་བས་ཁྱད་པར་ཆེའོ། །ཞེས་སོ། །དམིགས་པ་རྣམ་པར་དག་པ་

དང་། །གྲོགས་ཀྱི་མཐུ་དང་སྤྱོད་པ་ཡིས། །བློ་ལྡན་རྣམས་ཀྱི་ཐེག་པ་ནི། །ཆེན་པོའི་ཆེན་པོ་ཉིད་དུ་གྲགས། །ཞེས་སོ། །གཞན་ཡང་ཇོ་བོ་རྗེའི་དམ་ཚིག་ཐམས་ཅད་བསྡུས་པ་ལས། བྱང་ཆུབ་སེམས་དཔའ་གསང་སྔགས་ཀྱི་སྒོར་ཞུགས་པས་འདི་ལྟར་ཤེས་པར་བྱའོ། །ཐེག་པ་ཆེན་པོའི་ཆེན་པོ་འདི་འོག་མ་རྣམས་ལས་ཁྱད་པར་དུ་འཕགས་ཏེ། ཇི་ལྟར་ཞེ་ན། འདི་སྐད་དུ། འཕགས་པ་ཀླུ་སྒྲུབ་ཀྱིས། ཐམས་ཅད་ཆོས་ཀྱི་རྟོག་པས་ཀུན་ཏུ་བཟང་པོའི་རྒྱུས་འདེབས་པ་དང་། འཇིག་རྟེན་གྱི་ལྷ་ཆེན་པོ་དམ་ཚིག་ཅན་འཁོར་དང་བཅས་པས་བཀུར་གནས་བྱེད་པས་བྱིན་རླབས་དང་ལྡན་པ། དུས་གསུམ་གྱི་སངས་རྒྱས་སྲས་དང་བཅས་པས་ཐུགས་ལ་དགོངས་ཤིང་། བྱིན་གྱིས་བརླབས་པས་དངོས་གྲུབ་མྱུར་བ་དང་། བདེ་བར་གཤེགས་པ་རྣམས་དང་སྤྱོད་ཡུལ་གཅིག་པས། འཁོར་བ་དང་ངན་སོང་གི་འཇིགས་པ་དང་བྲལ་ཞིང་དབུགས་ཕྱིན་པ་དང་། རྡོ་རྗེ་བྱང་ཆུབ་ཀྱི་སེམས་དང་ལྡན་ཞིང་སྐུ་དང་གསུང་དང་ཐུགས་མི་ཕྱེད་པས་བར་དུ་གཅོད་པ་གང་ཡང་མེད་པ་དང་། ཕྱི་ནང་ཐམས་ཅད་རང་བཞིན་རྣམ་པར་དག་པར་ཡིད་ཆེས་པས་དམ་ཚིག་ཉམས་པར་འགྱུར་བ་དང་། གལ་ཏེ་ཉམས་ན་ཡང་རང་བཞིན་བསྐྱོང་བར་འགྱུར་བའི་ཁྱད་པར་རོ་ཞེས་གསུངས་སོ། །ཡང་སློབ་དཔོན་ཨིན་དྲ་བྷུ་ཏི་ཞལ་སྔ་ནས། བླ་མའི་ཁྱད་པར་དང་། སྟོན་ཀྱི་ཁྱད་པར་དང་། ལས་ཀྱི་ཁྱད་པར་དང་། ལྟ་བའི་ཁྱད་པར་དང་། སྤྱོད་པའི་ཁྱད་པར་སྟེ། བདུན་གྱིས་འཕགས་སོ་ཞེས་གསུངས་སོ། །སློབ་དཔོན་ཡེ་ཤེས་ཀྱི་ཞབས་ཀྱིས་སྔགས་ཀྱི་ཐེག་པ། རྣམ་པར་གསུམ་གྱིས་ཐུན་མོང་མ་ཡིན་ཏེ། འདི་ལྟར་སྒྲུབ་པ་པོ་དང་འབྲས་བུ་གསུམ་མོ་ཞེས་གསུངས་སོ། །ཞེས་དང་སློབ་དཔོན་ཊ་ཀྐི་ཏེ་རུ་ཀའི་ཞལ་སྔ་ནས་ཀྱང་། འདིར་ནི་སྟོན་གྱི་ཁྱད་པར་དང་། །སྟོན་དུ་བྱེད་པའི་ཆོས་དང་ནི། །གཞུང་དང་ལམ་གྱི་ཁྱད་པར་དང་། །འབྲས་བུ་དག་གི་ཁྱད་པར་གྱིས། །སྔགས་ཀྱི་ཐེག་པ་ཁྱད་པར་འཕགས། །ཞེས་གསུངས་པ་དང་། གཞན་ཡང་རྡོ་རྗེ་དྲིལ་བུའི་ཞལ་སྔ་ནས། སྔགས་ཀྱི་ཐེག་པ་ནི་ཐེག་པ་ཆེན་པོའི་ཡང་ཆེན་པོ་ཡིན་ཏེ། འདི་ལྟར་རྟེན་གྱི་གང་ཟག་གི་ཁྱད་པར་དང་མཐར་ཐུག་འབྲས་བུའི་ཁྱད་པར་དང་། མངོན་པར་བྱང་ཆུབ་པའི་ཁྱད་པར་རོ་ཞེས་གསུངས་སོ། །བླ་མ་དམ་ཚིག་རྡོ་རྗེའི་ཞལ་སྔ་ནས་ནི། ཕ་རོལ་ཏུ་ཕྱིན་པའི་ཐེག་པ་ལས་ཐེག་པ་འདི་གོང་དུ་གྱུར་པ་ཡིན་ཏེ། བླ་མ་དང་། དབང་བསྐུར་བ་དང་། དམ་ཚིག་དང་། མན་ངག་དང་། བརྩོན་འགྲུས་ཀྱིས་ཁྱད་པར་འཕགས་སོ། །ཞེས་གསུངས་སོ། །རྒྱུད་སྡེ་བཞིའི་ལྷ་སྒྲུབ་ཚུལ་ཡང་འབྲེལ་པར་བྱས། བསྒྲུབ་ཐག་རིང་ངོ་། །གསང་སྔགས་མཐའ་དག་རྒྱུད་སྡེ་བཞིར་དབྱེ་བ་དང་། རྒྱུད་སྡེ་བཞིར་གྲངས་ངེས་པའོ། །དང་པོ་ལ་ཕྱི་རོལ་མུ་སྟེགས་བྱེད་པ་ལ་ལོག་སྤྱོད་བཞི་ཡོད་པས། དེ་རྗེས་སུ་བཟུང་བའི་ཕྱིར་བཞིར་དབྱེ་བ་དང་། སངས་རྒྱས་པ་ལ་གྲུབ་མཐའ་བཞི་ཡོད་པས། དེ་དང་ལུང་སྒོ་མཐུན་གྱི་

དབང་དུ་བྱས་ཏེ་བཞིར་དབྱེ་བ་དང་། ལྷའི་སྐྱེད་ཚོག་མི་འདྲ་བ་བཞིས་རྒྱུད་སྡེ་བཞིར་དབྱེ་བ་དང་། འདོད་ཁམས་ཀྱི་ཆགས་པ་ཆེ་འབྲིང་བཞི་ཡོད་པས་རྒྱུད་སྡེ་བཞིར་དབྱེ་བའོ། །དང་པོ་ནི། འདོད་ཆགས་ཅན་ལྷ་ཆེན་པོའི་རྗེས་སུ་འབྲངས་པ་རྗེས་སུ་བཟུང་བའི་ཕྱིར་དུ། རྣལ་འབྱོར་བླ་ན་མེད་པའི་རྒྱུད་གསུངས་ཏེ། དཔལ་གསང་བ་འདུས་པ་ལས། ཆགས་ཅན་ཡེ་ཤེས་འདོད་པ་ཡི། །རྟག་ཏུ་འདོད་ཡོན་ལྡ་རྣམས་ཀྱིས། །རྟེན་གྱི་ཞེས་བཤད་པའི་ཕྱིར། ཞེ་སྡང་ཅན་ཁྱབ་འཇུག་གི་རྗེས་སུ་འབྲངས་ནས། འཚེ་བ་ཆོས་སུ་སླ་བ་ཡོད་དེ། དེ་རྗེས་སུ་བཟུང་བའི་ཕྱིར་དུ། བཅོམ་ལྡན་འདས་ཀྱིས་སྤྱོད་པའི་རྒྱུད་གསུངས་ཏེ། ཁྲོ་བོ་རྣམ་པར་རྒྱལ་བའི་རྟོག་པ་ལས། བཅོམ་ལྡན་འཇམ་པའི་དབྱངས་ཉིད་ཀྱིས། །ཁྲོ་བོའི་མིང་ནི་གཤིན་རྗེ་གཤེད། །དེ་མཐོང་ནས་ནི་ཁྲོ་བོ་གཞན། ། ཐམས་ཅད་ཐམས་ཅད་ལག་ཆ་ཤོར། །ཞེས་གསུངས་པའི་ཕྱིར། གཏི་མུག་ཅན་ཚངས་པའི་རྗེས་སུ་འབྲངས་ནས་གཙང་སྦྲ་ཆོས་སུ་སླ་བ་ཡོད་དེ། དེ་རྗེས་སུ་བཟུང་བའི་ཕྱིར། བཅོམ་ལྡན་འདས་ཀྱིས་བྱ་རྒྱུད་གསུངས་ཏེ། ལེགས་གྲུབ་ལས། ཤ་ཆང་ཀེ་འུ་སྒོག་པ་དང་། བུ་རམ་ཏིལ་དང་ལ་ཕུག་དང་། འབྲུ་བོའི་ཤ་དང་ལྷ་བཤོས་དང་། གུ་ལང་མཆོད་ཆས་མི་ཟའོ། །ཞེས་གསུངས་སོ། །རྒྱན་ཆ་ཉམས་པས་གསུམ་པའི་རྗེས་སུ་འབྲང་བ་ཡོད་དེ། འདོད་ཆགས་ཆོས་སུ་སླ་བའི་སློབ་དཔོན་དང་འཕྲད་ན་འདོད་ཆགས་ཀྱི་སྤྱོད་པ་བྱེད། ཞེ་སྡང་ཆོས་སུ་སླ་བ་དང་། འཕྲད་ན། འཚེ་བའི་སྤྱོད་པ་བྱེད། གཏི་མུག་ཆོས་སུ་སླ་བ་དང་འཕྲད་ན། གཙང་སྦྲའི་སྤྱོད་པ་བྱེད། དེ་རྗེས་སུ་འཛིན་པ་ལ་དེ་དང་མཐུན་པའི་སྤྱོད་པ་དགོས་པས། བཅོམ་ལྡན་འདས་ཀྱིས་རྣལ་འབྱོར་གྱི་རྒྱུད་གསུངས་ཏེ། དེ་ཉིད་འདུས་པའི་རྒྱུད་ཀྱི་དུམ་བུ་དང་པོ་རྡོ་རྗེ་དབྱིངས་ཀྱི་ལྷ་ཐམས་ཅད་རྗེས་སུ་ཆགས་པའི་ཉམས་དང་ལྡན། དུམ་བུ་གཉིས་པ་ཁམས་གསུམ་རྣམ་རྒྱལ་གྱི་ལྷ་ཐམས་ཅད་ཁྲོ་བོའི་ཉམས་ཅན། དུམ་བུ་གསུམ་པ་འགྲོ་བ་འདུལ་བའི་ལྷ་ཐམས་ཅད་ཞི་བའི་ཉམས་དང་ལྡན་པ། དུམ་བུ་བཞི་པ་དོན་གྲུབ་ཀྱི་ལྷ་ཐམས་ཅད་སྣ་ཚོགས་པའི་ཉམས་དང་ལྡན་པར་གསུངས་སོ། །

གཉིས་པ་ནི། སངས་རྒྱས་པ་ལ་གྲུབ་མཐའ་བཞི་ཡོད་པས་དེ་དང་མཐུན་པར་བསྐྱེད་ཚོག་མི་འདྲ་བ་བཞིས་རྒྱུད་སྡེ་བཞིར་བཞག་པ་ནི། ཉན་ཐོས་དབང་པོ་ཐ་མ་སྨ་མའི་བུ་དང་། འབྲིང་ཉི་འོག་བྱེ་བྲག་ཏུ་སྨྲ་བ་ནི། བཅོམ་ལྡན་འདས་ཀྱིས་མདོ་ལས་དགེ་སློང་གང་དག་ཁྱུར་ཡང་ཡོད་དོ། །ཞེས་པ་ལ་བརྟེན་ནས་བརྗོད་དུ་མེད་པའི་བདག་འདོད་པ་དེ་བཞིན་དུ། བྱ་རྒྱུད་ཀྱི་བསྐྱེད་ཚོག་གསུངས་སོ། །དེའང་མདུན་དུ་རས་རིས་བཀྲམ། མཆོད་པ་བཤམ། ཁྲུས་ལ་སོགས་པ་བྱས་ན། ཡེ་ཤེས་སེམས་དཔའ་སྤྱན་དྲངས། དེའི་ཐུགས་ཁར་བསྡུགས་ཕྲེང་བཀོད་ནས་བཟླས་པ་བྱས་ཏེ། རྗེ་དཔོན་ལྷ་བུ་ལ་རང་འབངས་ལྟ་བུའི་དངོས་གྲུབ་ལེན་ནོ། །དེའང་གྲུབ་མཐའ་དང་

བསྟན་ན། ཡེ་ཤེས་སེམས་དཔའ་ཞེས་བྱ་བ་ནི། རས་རིས་ཀྱང་མ་ཡིན། བདག་ཀྱང་མ་ཡིན་ཏེ། བདག་ཐ་མལ་བ་ཡིན་ནོ། །དེ་ལྟར་ཡེ་ཤེས་རྡོ་རྗེ་ཀུན་ལས་བཏུས་པའི་རྒྱུད་ལས། བདག་ཉིད་ལྷའི་སྙེམས་པ་མེད་པ་དང་། ཡེ་ཤེས་སེམས་དཔའ་བདེ་བ་མེད་པ་ནི། བྱ་རྒྱུད་ལ་བཞུགས་སོ་ཞེས་གསུངས་སོ། །ཡང་ཉན་ཐོས་ཀྱི་གྲུབ་མཐའ་ལ་རབ་ཁ་ཆེ་བྱེ་བྲག་ཏུ་སྨྲ་བ་དང་། མདོ་སྡེ་པ་གཉིས་ནི། བཅོམ་ལྡན་འདས་ཀྱིས། ལས་ཡོད་རྣམ་པར་སྨིན་པ་ཡོད། །བྱེད་པ་པོ་ནི་མ་དམིགས་སོ། །ཞེས་བྱ་བའི་ལུང་ལ་བརྟེན་ནས། གང་ཟག་གི་བདག་ཅེས་བྱ་བ་དེ་ལྟ་བུ་མི་འདོད་ལ། གཟུང་བར་བྱ་བའི་ཡུལ་རྡུལ་ཕྲན་དོན་དམ་པ་དང་འཛིན་པའི་ཤེས་པ་སྐད་ཅིག་མ་དོན་དམ་པར་འདོད་དོ། །དེ་དང་འདྲ་བར་སྤྱོད་པའི་རྒྱུད་ཀྱི་བསྐྱེད་ཆོག་གསུངས་སོ། །བདག་དམ་ཚིག་སེམས་དཔར་བསྐྱེད། མདུན་དུ་ཡེ་ཤེས་སེམས་དཔའ་སྤྱན་དྲངས་ནས། དེའི་ཐུགས་ཁར་སྔགས་བཟླ་བ་གྲོགས་པོ་ལྟ་བུ་ལས། དངོས་གྲུབ་ལེན་པའི་ཚུལ་ཞེས་བྱ་སྟེ། གྲུབ་མཐའ་གཟུང་འཛིན་གཉིས་འདོད་པ་དང་འདྲ་བ་ལྟ་གཉིས་ཀྱི་བསྐྱེད་ཆོག་གོ། །ཡང་འཕགས་པ་རང་སངས་རྒྱས་དག་རྡུལ་ཕྲན་དེ་ཆ་དྲུག་ཏུ་བགོས་ནས་རང་བཞིན་མེད་པར་བཟུང་ཡུལ་མེད་ལ། འཛིན་པའི་ཤེས་པ་སྐད་ཅིག་མ་ཙམ་ཡོད་དེ། སྐད་ཅིག་ལ་ཆ་ཤས་མེད་པའི་ཕྱིར་རོ། །

དེ་ལྟར་ཡང་། གཟུང་དོན་རྟོག་པ་སྤོང་ཕྱིར་དང་། །འཛིན་པ་མི་སྤོང་ཕྱིར་དང་ནི། །རྟེན་གྱི་བསེ་རུ་ལྟ་བུའི་ལམ། །ཞེས་མངོན་རྟོགས་རྒྱན་ལས་བཤད་པ་ལྟ་བུའོ། །དེ་དང་བསྟུན་པའི་བསྐྱེད་ཆོག་ནི། རྣལ་འབྱོར་གྱི་ལུགས་ཏེ། བདག་དམ་ཚིག་པར་བསྐྱེད་ནས་དེ་ལ་ཡེ་ཤེས་པ་བཅུག་སྟེ། དེ་ནི་ཀུན་རྫོབ་ཏུ་གཟུང་འཛིན་གཉིས་མེད་ཀྱི་ཤེས་པ་འདོད་པ་དང་འདྲའོ། །ཡང་ཐེག་པ་ཆེན་པོ་དག་ནི། བཟུང་བ་མེད་པས་དེ་འཛིན་མེད། །ཅེས་སེམས་ཙམ་པ་ཡང་འདོད་ལ། དབུ་མ་པ་ཡང་འདོད་དོ། །ཀུན་རྫོབ་ཏུ་གཟུང་འཛིན་གཉིས་ཀ་འདོད་དོ། །དེ་དང་མཐུན་པ་ནི། རྣལ་འབྱོར་བླ་ན་མེད་པའི་བསྐྱེད་ཆོག་སྟེ། དང་པོ་བདག་དམ་ཚིག་སེམས་དཔར་བསྐྱེད། དེ་ནས་ཡེ་ཤེས་སེམས་དཔའ་བཅུག་ནས། ཀུན་རྫོབ་ཏུ་གཟུང་འཛིན་གཉིས་ཀ་འདོད་པ་དང་འདྲའོ། །དོན་དམ་པར་གཉིས་ཀ་མི་འདོད་པ་ལྟར་ཡེ་ཤེས་སེམས་དཔའ་གཤེགས་སུ་གསོལ་བའང་མི་འདོད་པས་ཡེ་ཤེས་སེམས་དཔའ་མི་གཤེགས་པའི་བསྐྱེད་ཆོག་ཅེས་བྱའོ། །དེ་ལྟར་བསྐྱེད་ཆོག་མི་འདྲ་བ་བཞིས་རྒྱུད་སྡེ་གཞིར་བཞག་པ་ནི། ཡེ་ཤེས་རྡོ་རྗེ་ཀུན་ལས་བཏུས་པའི་རྗེས་སུ་འབྲངས་ནས་འཕགས་པ་ཀླུ་སྒྲུབ་ལ་སོགས་པས་བཞེད་དོ། །གསུམ་པ་སོང་། བཞི་པ་ནི་འདོད་ཁམས་ཀྱི་ཆགས་ཆེ་འབྲིང་བཞིའི་ཕྱིར་ཡང་གསང་སྔགས་གསུངས་པས་དེ་ལ་ཆགས་པ་ཆེ་འབྲིང་བཞི་ཡོད་པས་དེ་མ་སྤངས་པར་བྱང་ཆུབ་ཀྱི་ལམ་ཡོད་པར་བསྟན་པའི་ཕྱིར། རྒྱུད་སྡེ་བཞིར་ངེས་པ་ནི། འདོད་ཁམས་ཀྱི་ལྷ་གཞན་འཕྲུལ་དབང་བྱེད་ནི་བལྟས་པ་ཙམ་གྱིས་ཆགས་པ་ཚིམས་ལ། དེ་ཙམ་གྱིས་བདེ་བ་སྐྱང་བ་

ནི་བྱ་བའི་རྒྱུད་ཡིན་ཏེ། བྱ་རྒྱུད་རྡོ་རྗེ་གཙུག་ཏོར་ལས། དཀྱིལ་འཁོར་ལྷ་རྣམས་ཐམས་ཅད་ནི། །དཀར་པོའི་རས་ལ་རྟག་གནས་ཤིང་། །ཕོ་འཐང་མོ་ལ་བལྟ་བ་དང་། །མོ་འཐང་ཕོ་ལ་བལྟ་བ་བྲི། །ཞེས་སོ། །ཡང་འདོད་ཁམས་ཀྱི་ལྷ་འཕྲུལ་དགའ་བ་ནི། བལྟས་པའི་སྟེང་དུ་དགོད་པ་ཙམ་གྱིས་ཆགས་པ་ཚིམས་ལ། དེ་ཙམ་གྱིས་བདེ་བ་སྐྱང་བ་ནི་སྤྱོད་རྒྱུད་ཡིན་ལ། རྣམ་སྣང་མངོན་བྱང་ལས། རྣམ་པར་སྣང་མཛད་རྒྱལ་པོ་ཆེ། །ཡིད་ཙམ་འཛུམ་པ་བཞིན་དུ་བྲི། །ཞེས་སོ། །ཡང་འདོད་ཁམས་ཀྱི་ལྷ་དགའ་ལྡན་དང་འཐབ་བྲལ་བ་དག་ནི། བལྟ་བ་དགོད་པའི་སྟེང་དུ། ལག་བཅངས་དང་འཁྱུད་པ་ཙམ་གྱིས་ཆགས་པ་ཚིམ་པ་དེ་ཙམ་གྱིས་བདེ་བ་སྐྱང་བ་ནི། རྣལ་འབྱོར་རྒྱུད་ཡིན་ཏེ། དཔལ་མཆོག་དང་པོ་ལས། དཀྱིལ་འཁོར་གྱི་ནི་ལྷ་རྣམས་ཀུན། །དཔྱུང་པ་ཡིད་ཙམ་བསྣམས་པར་བཞག ཅེས་དང་། སུམ་ཅུ་རྩ་གསུམ་དང་། རྒྱ་ཆེན་རིགས་བཞི་དང་མི་ལ་སོགས་པ་རྣམས། སྔ་མའི་སྟེང་དུ་དབང་པོ་གཉིས་སྦྱོར་གྱིས་ཆགས་པ་ཚིམ་པ་ཡིན་ལ། དེ་ཙམ་གྱིས་བདེ་བ་སྐྱང་བ་ནི། རྣལ་འབྱོར་བླ་མེད་ཡིན་ལ། ཧེ་བཛྲ་ལས། རྡོ་ལ་ཀཀྐོ་ལ་སྦྱར་བས། དེའི་བདེ་བ་ཤེས་པར་འགྱུར། ཅེས་སོ། །

གཉིས་པ་ནི། རྒྱུད་སྡེ་བཞིར་གྲངས་ངེས་ཏེ། གུར་ལས། དམན་པ་རྣམས་ལ་བྱ་བའི་རྒྱུད། །བྱ་མིན་རྣལ་འབྱོར་དེ་ལྷག་ལ། །སེམས་ཅན་མཆོག་ལ་རྣལ་འབྱོར་མཆོག རྣལ་འབྱོར་བླ་མེད་དེ་ལྷག་ལ། །ཞེས་གསུངས་པའི་ཕྱིར། གཞན་ཡང་རྒྱུད་སྡེ་བཞིར་གྲངས་ངེས་ཏེ། སྦྱང་གཞི་དྲི་མ་བཞིར་ངེས་ཤིང་། སྦྱོང་བྱེད་ལམ་བཞི་དང་། སྨིན་བྱེད་དབང་བཞི་དང་། འབྲས་བུ་སྐུ་བཞིར་གྲངས་ངེས་པའི་ཕྱིར། འདིར་རྒྱུད་སྡེ་བཞིར་གྲངས་ངེས་ཀྱང་། རྒྱུད་སྡེ་གསུམ་དང་དྲུག་ཏུ་འདོད་པ་ལ་སོགས་པ་རྣམ་བཞག་མང་པོ་ཡོད་དེ། རྒྱུད་སྡེ་སྤྱིའི་རྣམ་བཞག་ཏུ་བལྟ་བར་བྱའོ། །

གཉིས་པ་རྒྱས་པར་བཤད་པ་ལ། བྱ་བའི་རྒྱུད་དང་། སྤྱོད་པའི་རྒྱུད་དང་། རྣལ་འབྱོར་དང་། རྣལ་འབྱོར་ཆེན་པོའི་རྒྱུད་ཀྱི་སྒྲུབ་ཐབས། རྒྱུད་སྡེ་དཀྱུགས་པའི་ཚིག་བཤད་གད་ཀྱི་གནས་སུ་བསྟན་པའོ། །དང་པོ་ནི། བྱ་བའི་རྒྱུད་ལ་བདག་བསྐྱེད་མེད། །ཁྲིས་སྐུ་མཆོད་ནས་གསོལ་བ་འདེབས། །བདག་བསྐྱེད་སྒྲུབ་ཐབས་ཡོད་པ་ནི། །རྣལ་འབྱོར་རྒྱུད་ཀྱི་རྗེས་འབྲངས་ནས། །དེ་ཡི་ལུགས་བཞིན་མཛད་པ་ཡིན། །དེ་ལྟར་བོད་ན་བསྟུང་གནས་མེད། །བདག་ཉིད་ལྷ་རུ་བསྐྱེད། མཆོད་ན་བསོད་ནམས་བརླས་ནས་སྟེག གལ་ཏེ་བསྟུང་གནས་བྱེད་འདོད་ན། །རང་ཉིད་ཐམ་ལང་རྒྱལ་གྱིས། །ཁྲིས་སྐུ་ཚོག་བཞིན་ཁྲིས་ལ། །རྗེ་དཔོན་བཞིན་དུ་དངོས་གྲུབ་བླང་། །དེ་ལ་ཤ་ཆང་གཏོར་མ་མེད། །ཐླ་རྩི་ལ་སོགས་སྦྲིག་ཆགས་དང་། །འཁྲིལ་བའི་མཆོད་པ་ཐམས་ཅད་སྤྲངས། །ཀུ་ལང་མཆོད་པའི་ལྷག་མ་དང་། །གཏོར་མའི་ཁ་ཟས་འདིར་མི་བཟའ། །ལྷ་ལ་ཕུལ་བའི་དམན་མ་སོགས། །ཟ་དང་འགོམས་པ་གཉིས་ཀས

བཀག དཀར་གསུམ་ལ་སོགས་ཁ་ཟས་དང་། །གཙང་སྦྲ་ལ་སོགས་བརྟུལ་ཞུགས་ཀྱིས། །བྱ་བའི་རྒྱུད་ཀྱི་གསང་སྔགས་འགྲུབ། །ཅེས་པ། བྱ་བའི་རྒྱུད་ལ་བདག་ཉིད་ལྷར་བསྐྱེད་པ་མེད་ཀྱི། མདུན་དུ་བྲིས་སྐུ་མཆོད་ནས་གསོལ་བ་འདེབས་པ་ཡིན་ནོ། །འོན་སློབ་དཔོན་ཀླུ་སྒྲུབ་ཀྱིས་མཛད་པའི་ཕྱག་སྟོང་སྤྱན་སྟོང་གི་གཟུངས་ཀྱི་སྒྲུབ་ཐབས་ལ་བདག་བསྐྱེད་ཡེ་ཤེས་པ་བཞུགས་པ་དབང་བསྐུར་དང་བཅས་པ་གསུངས་ཤིང་། སློབ་དཔོན་པད་མས་མཛད་པའི་ཐུགས་རྗེ་ཆེན་པོའི་སྒྲུབ་ཐབས་དང་། དགེ་སློང་མ་དཔལ་མོས་མཛད་པའི་གཅིག་ཞལ་གྱི་སྒྲུབ་ཐབས་དང་། ཙནྡྲ་གོ་མིས་མཛད་པའི་གདུགས་དཀར་ཅན་གྱི་སྒྲུབ་ཐབས་དང་། ཤན་ཏི་པ་དང་། ཛེ་ཏ་རིས་མཛད་པའི་གྲུ་ལྔའི་སྒྲུབ་ཐབས་དང་། ཇོ་བོ་རྗེས་མཛད་པའི་གཙུག་ཏོར་དྲི་མེད་ཀྱི་སྒྲུབ་ཐབས་དང་། གཞན་ཡང་སྒྲུབ་ཐབས་རྒྱ་མཚོ་ལ་སོགས་པ་བྱ་རྒྱུད་ལ་བརྟེན་པ་རྣམས་སུ། བདག་བསྐྱེད་ཡེ་ཤེས་པ་དགུག་པ་ལ་སོགས་པ་བཤད་པ་ཅི་ཡིན་ཞེ་ན། འཕགས་པ་ཀླུ་སྒྲུབ་ཀྱི་ཕྱག་སྟོང་སྤྱན་སྟོང་གི་སྒྲུབ་ཐབས་ནི། བྱ་རྒྱུད་བླ་མེད་དུ་བཀྲལ་བ་ཡིན་ཏེ། དེ་ཉིད་ལས་སྤྱན་རས་གཟིགས་ཕྱག་སྟོང་སྤྱན་སྟོང་གི་སྒྲུབ་ཐབས་ཆོ་ག་གསུམ་གྱིས་བསྐྱེད་དེ། ཡེ་ཤེས་པ་གཞུག་པ། དབང་བསྐུར་བརྒྱས་གདབ་པར་བཤད་པ་འདི་བྱ་བའི་རྒྱུད་དུ་བཀྲལ་བ་ཡིན་ཏེ། རྣལ་འབྱོར་ཆེན་པོའི་ལུགས་སུ་ཡང་བཤད་པའི་ཕྱིར་ཏེ། དེ་ཉིད་ལས། དེ་ནས་རྫོགས་པའི་རིམ་པ་བསྒོམ་པར་བྱ་སྟེ། ཟབ་པ་དང་ཕྲ་བའི་རྫོགས་རིམ་ནི། བླ་མའི་མན་ངག་ལས་ཤེས་པར་བྱའོ། །ཞེས་འབྱུང་ལ། བྱ་རྒྱུད་ལ་བསྐྱེད་རྫོགས་ཀྱི་ཐ་སྙད་གཏན་ནས་མེད་པའི་ཕྱིར་རོ། །སློབ་དཔོན་པད་མས་མཛད་པའི་ཐུགས་རྗེ་ཆེན་པོའི་སྒྲུབ་ཐབས་བྱ་རྒྱུད་མ་ཡིན་ཏེ། རྣལ་འབྱོར་རྒྱུད་ཀྱི་རྗེས་སུ་འབྲངས་ནས་དེའི་ལུགས་ཀྱི་བསྐྱེད་ཆོག་བྱེད་པ་ཡིན་ཏེ། རྣམ་འཇོམས་འགྲེལ་བ་པད་མས་མཛད་པ་དེ་ལྟར་བྲིས་ནས་བུམ་པ་ལ་སོགས་པའི་རྫས་རྣམས་བཀོད་ནས་ཁྲུས་བྱས་ཏེ། གནས་ལ་སོགས་པ་རྫོགས་པར་བསྐྱེད་དེ༑ ལྷ་རྣམས་ཇི་ལྟ་བ་བཞིན་དུ་སྤྱན་དྲངས་ནས་ཕྱག་རྒྱ་རྣམས་བསྟན་པར་བྱའོ། ། སློབ་དཔོན་ཨ་བྷ་ཡས་ལྷའི་རྣལ་འབྱོར་རྫོགས་པའི་ཕྲེང་བ་ཞེས་བྱ་བའི་དོན་ཡང་། རྫོགས་པའི་རྣལ་འབྱོར་གྱི་བསྐྱེད་ཚུལ་ལ༑ རྣལ་འབྱོར་བླ་མེད་ཀྱི་དཀྱིལ་འཁོར་རྣམས་སུ། ཡེ་ཤེས་སྐད་ཅིག་རྫོགས་པར་བསྐྱེད་པ་ཡིན་ལ། ཆོས་དབྱིངས་གསུང་དབང་ལ་སོགས་པ་རྣལ་འབྱོར་རྒྱུད་ནས་བཤད་པའི་ལྷ་རྣམས་ནི། སྔགས་དང་ཕྱག་རྒྱས་རྫོགས་པར་བསྐྱེད་པས་ཡིན་ནོ། །གྲུ་ལྔ་དང་། འོད་ཟེར་ཅན་ལ་སོགས་པ་ནི། ཡོན་ཏན་ཀུན་རྫོགས་ཀྱི་ཚུལ་གྱིས་དཀྱིལ་འཁོར་དེ་རྣམས་བསྐྱེད་པའི་ཆོ་ག་རྫོགས་པའི་རྣལ་འབྱོར་དུ་བཤད་པའི་ཕྱིར་ཏེ། སྤྲོ་དང་བསྡུ་བའི་བྱེད་པ་པོ། ། རྣམ་པ་ཀུན་གྱི་མཆོག་ལྡན་པ། །ཡེ་ཤེས་སྐད་ཅིག་གཅིག་རྫོགས་པ། །རྫོགས་པའི་རྣལ་འབྱོར་ཞེས་བྱའོ། །ཞེས་བཤད་པའི་ཕྱིར། དགེ་སློང་མ་དཔལ་མོ་དང་།ཤེ་ར་བ་ཏིས་མཛད་པའི་སྒྲུབ་ཐབས་གཉིས་ནི། བྱ་སྤྱོད་གཉིས་ཐུན་

མོང་གི་ཚོགས་ར་བྱས་པ་ཡིན་ལ། བསྙེན་པ་བྱེད་དུས་བདག་ཉིད་སངས་རྒྱས་སུ་བསྐྱེད་ནས། ཐུགས་ཁར་སྔགས་ཕྲེང་བཀོད་ནས་བཟླས་པ་བྱེད་པ་སྤྱོད་རྒྱུད་ཡིན་ལ། བསྙུང་གནས་བྱེད་པའི་ཚེ་མདུན་དུ་དེ་བཞིན་གཤེགས་པའི་དཀྱིལ་འཁོར་ཡོན་ཏན་ཀུན་རྫོགས་ཀྱི་ཚུལ་གྱིས་དྲངས་ནས། རང་ཉིད་ཐ་མལ་བའི་འདུ་ཤེས་ཀྱིས་བསྙུང་གནས་བྱེད་པ་བྱ་རྒྱུད་ཡིན་ནོ། །ཙཎྜ་གོ་མི་དང་། ཤན་ཏི་པ་དང་། འཇིགས་ཏ་རི་དང་། རྡོ་བོ་རྗེས་མཛད་པའི་སྒྲུབ་ཐབས་རྣམས་ནི། རྣལ་འབྱོར་རྒྱུད་ཀྱི་རྗེས་སུ་འབྲངས་ནས་དེའི་ལུགས་བཞིན་བྱེད་པ་ཡིན་ཏེ། ལྷ་དྲུག་གི་སྒོ་ནས་བདག་ཉིད་སངས་རྒྱས་སུ་བསྐྱེད་པ་བཤད་པའི་ཕྱིར་རོ། །ལྷ་དྲུག་ནི་སྟོ་ང་པའི་སྔགས་ཀྱིས་སྟོང་ཉིད་བསྒོམ་པ་ནི་དེ་ཁོ་ན་ཉིད་ལྷ་དང་། སྟོང་པའི་ངང་ལས་ཟླ་བའི་དཀྱིལ་གྱི་སྒྲ་སྣང་བར་གྲགས་པ་ལ། ཡིད་རྩེ་གཅིག་ཏུ་དམིགས་པ་ནི་སྒྲའི་ལྷ་དང་། རང་སེམས་ནམ་མཁར་ཟླ་བའི་དཀྱིལ་འཁོར་གྱི་སྟེང་དུ་སྔགས་ཀྱི་ཕྲེང་བ། གསེར་ཡིག་ཞུན་མས་བྲིས་པ་འདྲ་བ། ཡི་གེའི་ལྷ་དང་། ཡི་གེ་ཡོངས་སུ་གྱུར་པ་ལས། ལྷའི་བསྒྱུར་བསྐྱེད། སྔགས་ཀྱི་ལྷ་དང་། གནས་ཕྱག་རྒྱའི་བྱིན་གྱིས་བརླབས་པ་ཕྱག་རྒྱའི་ལྷ་དང་། ལྷའི་རྣམ་པ་གསལ་ཞིང་རྒྱལ་བསྒོམ་པ་མཚན་མའི་ལྷ་སྟེ་ཞེས་སོ། །བྱ་རྒྱུད་ལ་བདག་བསྐྱེད་ཡོད་པར་འདོད་པ་འདི་ལ། གཞན་ལུགས་དགག རང་ལུགས་བཞག རྩོད་པ་སྤོང་བ་དང་གསུམ། དང་པོ་ལ་འདོད་པ་བརྗོད་པ་དང་། དེ་དགག་པ་གཉིས། ཡེ་ཤེས་རྡོ་རྗེ་ཀུན་ནས་བཏུས་ལས། བདག་ཉིད་ལྷའི་སྙེམ་པ་མེད་པ་དང་། ཡེ་ཤེས་སེམས་དཔའ་བདེ་བ་མེད་པ་ནི་བྱ་བའི་རྒྱུད་ལ་བཞུགས་སོ། །

ཞེས་བཤད་པ་ནི། བདག་ཉིད་ལྷའི་བསྙེམས་པ་མེད་པ་ཞེས་པ་ནི་དུས་ཐམས་ཅད་དུ་ལྷའི་བསམ་པ་མེད་པ་མ་ཡིན་གྱི། ལྷ་བསྒོམ་པ་ལ་འཇིགས་པའི་གང་ཟག་གི་ངོར། བདག་ལྷར་མི་བསྒོམ་ཞེས་བཤད་པ་ཡིན་གྱི། དངོས་གྲུབ་བསྒྲུབ་པ་ལ་བདག་ཉིད་ལྷར་བསྐྱེད་དགོས་ཞེས་འཆད་པ་ཡོད་དོ། །རང་ལུགས་དགག་པ་ལ་ཡེ་ཤེས་བཙུག་ནས། དབང་བསྐུར་རིགས་བདག་གི་རྒྱས་གདབ་པ། ཐམས་ཅད་ཡོད་པར་བཞེད་དེ། རྣམ་སྣང་མངོན་བྱང་། ཕྱག་ན་རྡོ་རྗེ་དབང་བསྐུར་བ་ལ་ཡོད་དོ། །ཡང་བོད་དག བྱ་རྒྱུད་ལ་བདག་བསྐྱེད་མེད་པའི་དོན་ནི་ཤས་ཆེ་བའམ། སྒྲོག་རྩོལ་ལ་སོགས་པ་བསམ་གཏན་གྱི་ཡན་ལག་བསྒོམ་མི་ནུས་པའི་གང་ཟག་ལ་དགོངས་པ་ཡིན་གྱི། རང་གི་ངོ་བོ་བདག་བསྐྱེད་ཡོད་པ་ཁོ་ན་ཡིན་པར་སངས་རྒྱས་གསང་བས་བཤད་པའི་ཕྱིར། བྱ་སྤྱོད་གཉིས་གདུལ་བྱའི་དབང་གིས་འབྱེད་པ་མ་གཏོགས་པ། རྒྱུད་རང་གི་ངོ་བོའི་སྒོ་ནས་མི་འབྱེད་དེ། བསམ་གཏན་ཕྱི་མར། སྒྲ་དང་། སེམས་དང་བཞི་ལས་གཞོལ་བའི་ཕྱིར། ཞེས་འདོད་དོ། །གཉིས་པ་དེ་དགག་པ་ནི། བྱ་རྒྱུད་ལ་བདག་བསྐྱེད་ཡོད་པར་ཐལ། བདག་བསྐྱེད་མེད་པར་བཤད་པ་ནི། བསམ་གཏན་རྩེ་གཅིག་ཏུ་བསྒོམ་མི་ནུས་པའི་གང་ཟག་ལ་

དགོངས་པ་ཡིན་གྱི། དོན་ལ་བདག་བསྐྱེད་ཡོད་པའི་ཕྱིར། རྟགས་ཁས་བླངས་འདོད་ན། བྱ་བའི་རྒྱུད་ལ་བདག་བསྐྱེད་མེད་པར་བཤད་པ་དེ་ལ། དགོངས་བཞི། དངོས་ལ་གནོད་བྱེད་ཡོད་པར་ཐལ། བདག་བསྐྱེད་ཡོད་པའི་ཕྱིར། བྱ་རྒྱུད་ཀྱི་གདུལ་བྱའི་གཙོ་བོས་བསམ་གཏན་རྩེ་ཅིག་ཏུ་བསྒོམ་མི་ནུས་པར་ཐལ། བསམ་གཏན་གྱི་ཡན་ལག་བསྒོམ་མི་ནུས་པའི་གང་ཟག་ལ་དགོངས་ནས་བྱ་རྒྱུད་ལ་བདག་བསྐྱེད་པར་བཤད་པའི་ཕྱིར། རྟགས་ཁས་བླངས། བྱ་སྤྱོད་གཉིས་གདུལ་བྱའི་དབང་གིས་སོ་སོར་འབྱེད་པ་ཡིན་གྱི། རང་གི་ངོ་བོའི་སྒོ་ནས་མི་འབྱེད་པ་མི་འཐད་དེ། བྱ་རྒྱུད་ལ་བདག་བསྐྱེད་མེད་ལ། སྤྱོད་རྒྱུད་ཡོད་པའི་ཕྱིར། ཁྱོད་ཀྱི་ལུགས་ལ་བྱ་རྒྱུད་ལ་བདག་བསྐྱེད་ཡོད་པ་དང་། ཡེ་ཤེས་པ་གཤེགས་པ་དང་དབང་བསྐུར་ཞིང་རྒྱས་འདེབས་པ་མི་མཐད་དེ། སངས་རྒྱས་གསང་བ་དང་། སློབ་དཔོན་བྱང་ཆུབ་མཆོག་གིས་མ་བཤད་པའི་ཕྱིར་དང་། རྣམ་སྣང་མངོན་བྱང་ལས། གཞི་ནི་དང་པོ་ལྟར་བཞག་ཅིང་། །རང་གི་ལུས་ལ་བྱས་པ་ཡིན། །གཉིས་པའི་གཞི་ནི་ཞེས་བྱ་བ། །རྫོགས་པའི་སངས་རྒྱས་རྐང་གཉིས་མཆོག ཅེས་གཞི་གཉིས་པ། ཡེ་ཤེས་པ་མདུན་དུ་བཞག་པ་ལ། བཤད་པ་དང་འགལ་བའི་ཕྱིར། འོན་དེ་ནི་སྤྱོད་རྒྱུད་ཀྱི་ལུགས་ཡིན་ལ། འདི་བྱ་བའི་རྒྱུད་ཡིན་པས་མི་འདྲའོ་ཞེ་ན། འོན་བྱ་སྤྱོད་ཀྱི་རྒྱུད་གདུལ་བྱའི་དབང་གིས་འབྱེད་པ་མ་གཏོགས་པ་རང་གི་ངོ་བོའི་སྒོ་ནས་མི་འབྱེད་པར་ཁས་བླངས་དང་འགལ་བའི་ཕྱིར།

གཉིས་པ་རང་ལུགས་བཞག་པ་ནི། འདིར་རང་གི་ལྷའི་སྐུ་བསྒོམ་པ་ལ་སོགས་པ་ནང་གི་བྱ་བ་ལ་འཇིགས་པར་དམིགས་པ་ལ་ལྟ་ཞིང་། ཁྲུས་དང་གཙང་སྦྲ་ལ་གནས་པར་བྱེད་པ་དང་། གཞན་ནས་སྤྱན་དྲངས་པའི་ཡེ་ཤེས་སེམས་དཔའ་རང་ལ་འཇུག་པའི་བདེ་བ་དམ་པ་སྟེ། བདག་བསྐྱེད་ལྷའི་སྐུ་ཞལ་ཕྱག་གི་རྣམ་པ་ཅན་གྱི་བསླེམས་པ་སྟེ། ང་རྒྱལ་བསྒོམ་པ་མེད་པ་དང་། རྒྱུད་སྡེ་གོང་མར་བཤད་པ་ལྟར། དབང་བསྐུར་དུ་འབྱུང་བའི་སྤྱོད་ཡུལ་ལ་སྤྱོད་ལམ་ཡིན་པའི་ཚུལ་གྱིས་བྱ་བ་མང་པོ་བསྒྲུབ་པར་བྱེད་པ་དང་། སྐྱེ་དཀའ་བ་ལ་སོགས་པའི་འཁོར་བའི་རྒྱུད་པའི་རྐྱེན་དང་། རྒྱུའི་རྩ་བ་ནི་དངོས་པོ་ལ་བདེན་པར་འཛིན་པའི་རྟོགས་པ་སྟེ། དེའི་རང་བཞིན་རབ་ཏུ་སྤྱོད་པ་ནི། སོ་སོར་རྟོགས་པའི་ཤེས་རབ་བསྒོམས་པས་ཏེ། དེ་ལྟ་བུའི་ལམ་གྱིས་སངས་རྒྱས་སྒྲུབ་པར་བྱེད་པ་ནི། བྱ་བའི་རྒྱུད་རྣམས་ལ་བཞུགས་སོ། །ཞེས་སོ། །དེས་ན་གང་རྒྱུད་སྡེ་བཞིར་ཕྱེ་བའི་ཡ་ཁྲལ་གྱི་བྱ་རྒྱུད་ཡིན་ན། བདག་ཉིད་ལྷའི་སྐུ་མི་བསྒོམ་པ་ལ་སོགས་པས་ཁྱབ་པས་ན། བྱ་བའི་རྒྱུད་ལ་བདག་ལྟར་བསྒོམ་པ་མེད་དོ། །ཞེས་བྱ་བ་ནི། རྗེ་བཙུན་ས་སྐྱ་པ་རྣམས་ཀྱི་གྲུབ་མཐའ། །བྱ་རྒྱུད་རང་གི་ངོས་ནས་བདག་བསྐྱེད་མེད་དེ། བྱ་རྒྱུད་ལ་རྒྱུད་སྡེ་གོང་མ་རྣམས་ཀྱང་། བདག་བསྐྱེད་མེད་པར་བསྟན་པའི་ཕྱིར་དང་། བྱ་རྒྱུད་རང་གི་རྒྱུད་སྡེ་པོད་དུ་བཞུགས་པ་བརྒྱ་བདུན་བཅུ་ཙམ་སྣང་སྟེ། དེ་རྣམས་ན་བདག་བསྐྱེད་མ་གསུངས་པའི་

ཕྱིར་དང་། རྒྱ་གར་མཁས་གྲུབ་རྣམས་ཀྱིས་ཀྱང་། བྱ་རྒྱུད། སྤྱོད་རྒྱུད་དང་། རྣལ་འབྱོར་དང་། རྣལ་འབྱོར་ཆེན་པོའི་ལུགས་སུ་བཀྲལ་ན་མ་གཏོགས་པ། བྱ་རྒྱུད་རང་གི་ངོས་ནས་བདག་བསྐྱེད་པར་རྒྱ་གར་བའི་གཞུང་གང་ནས་ཀྱང་མ་བཤད་པའི་ཕྱིར། རྒྱུད་སྡེ་གོང་མ་གཙོའི་ལུགས་སུ་བྱ་རྒྱུད་བཀྲལ་བའི་གཞུང་མཐོང་བ་ཙམ་གྱི། བྱ་བའི་རྒྱུད་ལ་བདག་བསྐྱེད་པར་འདོད་པ་ཁྱོད་ལ་འདི་ལྟར་སྨྲས་ཏེ། བྱ་རྒྱུད་རྣལ་འབྱོར་རྒྱུད་སོགས་གསུམ་གང་རུང་དུ་ཐལ། བྱ་བའི་རྒྱུད་ལ་བདག་ཉིད་ལྷར་བསྐྱེད་པ་དང་། ཡེ་ཤེས་སེམས་དཔའ་འཇུག་པ་དང་། དབང་བསྐུར་ཏེ་རིགས་བདག་གི་རྒྱས་འདེབས་ཡོད་པའི་ཕྱིར། རྟགས་ཁྱབ་ཁས་བླངས། ཁྱོད་རང་གི་བྱ་བའི་རྒྱུད་ལ་བདག་ཉིད་ལྷ་བསྐྱེད་པ་དང་། ཡེ་ཤེས་སེམས་དཔའ་འཇུག་པ་རྣམས་དང་། དབང་བསྐུར་ཏེ་རིགས་བདག་གི་རྒྱས་འདེབས་པ་ཡོད་པར་བཤད་པའི་ཕྱིར།བཅོམ་ལྡན་འདས་ཀྱིས་རྡོ་རྗེ་ཐེག་པ་ལ་རྒྱུད་སྡེ་བཞིར་བཤད་པ་མི་འཐད་པར་ཐལ། རྒྱུད་སྡེ་བཞི་ལས་བཟང་ངན་གྱི་ལྷའི་བསྐྱེད་ཆོག་མི་འདྲ་བ་བཞིར་བཤད་པའང་མི་འཐད་པར་ཐལ། ཁྱོད་ཀྱི་ལུགས་ལ། རྒྱུད་སྡེ་བཞི་པོ་ལ་བསྐྱེད་ཆོག་གཅིག་པའི་ཆོག་ཡོད་པའི་ཕྱིར། གསུམ་པ་རྩོད་པ་སྤང་བ་ལ། བྱ་རྒྱུད་ལ་བདག་སྐྱེད་ཡོད་ན། བྱ་རྒྱུད་ཆོས་ཅན། ཁྱོད་སྤྱོད་རྒྱུད་དུ་ཐལ། ཁྱོད་ལ་བདག་ཉིད་སངས་རྒྱས་སུ་བསྐྱེད་པ་ཡོད་པ་གང་ཞིག་སྤྱོད་རྒྱུད་དང་རྣལ་འབྱོར་གཅིག་པའི་ཕྱིར། ཁྱབ་པ་ཡོད་དེ། བྱ་སྤྱོད་གཉིས་བདག་བསྐྱེད་ཡོད་མེད་མ་གཏོགས་པ། རྣལ་འབྱོར་ལ་ཁྱད་པར་མེད་པའི་ཕྱིར། མདོར་ན། བྱ་རྒྱུད་ཆོས་ཅན་ཁྱོད་སྤྱོད་རྒྱུད་མ་ཡིན་ཏེ། བདག་ཉིད་སངས་རྒྱས་སུ་བསྐྱེད་པ་མེད་ཅིང་། སྤྱོད་པ་གསུམ་གྱི་སྒོ་ནས་ཡེ་ཤེས་པ་སྤྱན་དྲངས་ཏེ། དེས་དངོས་གྲུབ་ལེན་པའི་ཕྱིར་དང་། རྣལ་འབྱོར་དང་། རྣལ་འབྱོར་གྱི་རྒྱུད་ཆེན་པོ་མ་ཡིན་ཏེ། བདག་ཉིད་སངས་རྒྱས་སུ་བསྐྱེད་པ་དང་། ཡེ་ཤེས་པ་གཞུག་པ་དང་། དབང་བསྐུར་ཏེ་རིགས་བདག་གི་རྒྱས་བཏབ་པ་མེད་པའི་ཕྱིར། དེ་ལྟར་བྱས་ན་བསྙུང་གནས་མེད་ལ། བདག་ཉིད་ལྷར་བསྐྱེད་པ་ལ་མཆོད་ན་བསོད་ནམས་ཐོབ་ལ། དཀའ་ཐུབ་དང་བསྙུང་གནས་ལ་སོགས་པས་བཏྣས་ན་སྡིག་ཏུ་འགྱུར་རོ། །གལ་ཏེ་བྱ་རྒྱུད་བཞིན་བསྙུང་གནས་བྱེད་པར་འདོད་ན། ལྷ་མ་བསྒོམ་པར་རང་ཉིད་ཐ་མལ་པས་བྲིས་སྐུ་ཆོ་ག་བཞིན་བྲིས་ལ། རྗེ་དཔོན་ལ་འབངས་ཀྱིས་ཞུ་བ་ལྟར་དངོས་གྲུབ་བླང་། དེ་ལ་ཤ་ཆང་ལ་སོགས་པའི་གཏོར་མ་མེད་དོ། །

འོ་ན་དོན་ཡོད་ཞགས་པའི་རྟོག་པ་ལས། ཁྲག་མེད་པའི་གཏོར་མ་ཤ་དང་བཅས་ཏེ། ཞེས་གསུངས་སོ་ཞེ་ན། དེ་ནི་འགྱུར་མ་དག་པ་ཡིན་ནོ། །གླ་རྩི་དང་། ན་གི་ལ་སོགས་པ་སྲོག་ཆགས་དང་འབྲེལ་བའི་མཆོད་པ་ཐམས་ཅད་སྤྱངས་ཏེ། གསང་བ་སྤྱི་རྒྱུད་ལས། སྲོག་ཆགས་ལ་སོགས་པའི་ཡན་ལག་རྣམ་པར་སྤྱངས་ཞེས་གསུངས་སོ། །ཁ་ཟས་དང་འདྲེས་པའི་སྤྱོད་ལམ་ནི། ཀུ་ལང་སྐྱེ་འབྱུང་པོ་མཆོད་པའི་ལྷག་མ་དང་། གཏོར་མའི་

ཁ་ཟས་རྒྱུད་འདིར་མི་ཟ། ལྷ་ལ་ཕུལ་བའི་མཆོད་པ་དམན་མ་སོགས་ཟ་བ་དང་། འོག་མ་གཉིས་ཀ་བཀག་སྟེ། དཔུང་བཟང་ལས། ཀུ་ལང་མཆོད་པའི་ལྷག་མ་འདིར་མི་ཟ་ཞེས་བྱ་བ་ལ་སོགས་པ་དང་། ལེགས་གྲུབ་དང་། ཀྲི་ཡ་ལ་སོགས་པའི་རྒྱུད་རྣམས་ལ་ཡང་དེ་ལྟར་གསུངས་པའི་ཕྱིར། གར་གསུམ་ལ་སོགས་པའི་ཁ་ཟས་དང་། ཁྲུས་དང་གཙང་སྦྲ་ལ་སོགས་པའི་བརྟུལ་ཞུགས་ཀྱིས་བྱ་བའི་རྒྱུད་ཀྱི་གསང་སྔགས་འགྲུབ་བོ། །

གཉིས་པ། སྤྱོད་རྒྱུད། རྣལ་འབྱོར་རྒྱུད་ཀྱི་སྐབས་ཐབས་ནི། སྤྱོད་དང་རྣལ་འབྱོར་རྒྱུད་གཉིས་སུ། །ལས་ཚོགས་བསྒྲུབ་པ་འགའ་ཞིག་ལ། །གཙང་སྦྲ་དཀའ་ཐུབ་བཤད་པ་ཡོད། །གཞན་དུ་དཀའ་ཐུབ་བསྙུང་གནས་སོགས། །བརྟུལ་ཞུགས་ཁྱད་པར་གཙོར་མི་མཛད། །རང་ཉིད་ལྷ་ཡི་རྣལ་འབྱོར་བསྒོམ། །གླ་རྩི་རིང་བུ་ལ་སོགས་པ། །སྲོག་ཆགས་ཡན་ལག་ལས་བྱུང་བའི། །མཆོད་པ་རྣམས་ཀྱང་སངས་རྒྱས་འགོག སངས་རྒྱས་མཆོད་པའི་ལྷག་མ་རྣམས། །སྡིག་པ་སྤང་ཕྱིར་བཟའོ་ཞེས། །རབ་ཏུ་གནས་པའི་རྒྱུད་ལས་གནང་། །འབྱུང་པོའི་གཏོར་མ་འདིར་མི་ཟ། །ཞེས་པ། སྤྱོད་རྒྱུད་དང་། རྣལ་འབྱོར་རྒྱུད་གཉིས་སུ། ལས་ཚོགས་བསྒྲུབ་པ་འགའ་ཞིག གཙང་སྦྲ་དང་། དཀའ་ཐུབ་བཤད་པ་ཡོད་མོད། གཞན་དུ་དཀའ་ཐུབ་དང་བསྙུང་གནས་སོགས། བརྟུལ་ཞུགས་ཁྱད་པར་གཙོར་མི་མཛད། རང་ཉིད་ལྷའི་རྣལ་འབྱོར་བསྒོམ། གླ་རྩི་རིང་བུ་ལ་སོགས་པ་སྲོག་ཆགས་ཀྱི་ཡན་ལག་ལས་བྱུང་བའི་མཆོད་པ་རྣམས་ཀྱང་འདིར་མི་འགོག སངས་རྒྱས་མཆོད་པའི་ལྷག་མ་རྣམས་སྡིག་པ་སྤང་བའི་ཕྱིར་བཟའོ་ཞེས་རབ་གནས་ཀྱི་རྒྱུད་དུ་སྣང་སྟེ། དཀྱིལ་འཁོར་མཆོད་པའི་ཡོ་བྱད་ནི། །སློབ་དཔོན་འབའ་ཞིག་དབང་བར་བྱ། །ཞེས་གསུངས་ཤིང་། འབྱུང་པོའི་གཏོར་མ་རྣལ་འབྱོར་རྒྱུད་འདིར་མི་ཟའོ། །

གསུམ་པ་ནི། རྣལ་འབྱོར་ཆེན་པོའི་རྒྱུད་རྣམས་ལས། །ཨ་བ་དྷུ་ཏིའི་སྤྱོད་སོགས་ལས། །འདི་དག་རྒྱས་པར་བླ་མ་མཆོད། །དཀའ་ཐུབ་ལ་སོགས་བརྟུལ་ཞུགས་འགོག འཇུག་པ་བདེ་བའི་རྣལ་འབྱོར་གྱིས། །གསང་སྔགས་རྒྱལ་པོའི་འོད་འདི་འགྲུབ། །འབྱུང་པོའི་གཏོར་མ་ཟ་བར་སྣང་། །མཁས་པའི་གསུང་བཞིན་ཤེས་པར་གྱིས། །ཞེས་པ། རྣལ་འབྱོར་ཆེན་པོའི་རྒྱུད་ལས། རྟོགས་པ་སྐྱེས་པའི་རྣལ་འབྱོར་པ། ཨ་བ་དྷུ་ཏིའི་སྤྱོད་པ་དང་། ཕྱོགས་ལས་རྣམ་རྒྱལ་གྱི་སྤྱོད་པ་བྱེད་པ་རྣམས་ནི། འབྱུང་པོའི་གཏོར་མ་ཟ་བར་རྣལ་འབྱོར་བླ་མེད་ཀྱི་རྒྱུད་སྡེ་ལས་སྣང་ངོ་། །དཀའ་ཐུབ་ལ་སོགས་པའི་བརྟུལ་ཞུགས་འགོག་ཅིང་ལམ་ལ་འཇུག་པ་བདེ་བའི་རྣལ་འབྱོར་གྱི་གསང་སྔགས་རྒྱལ་པོ་རབ་ཆེ་འདི། འཕྲིང་བར་དོ། ཐ་མ་སྐྱེ་བ་བདུན་ནམ་བཅུ་དྲུག་ནས་འཚང་རྒྱ། འདི་དག་གི་སྐབས་བྱེད་རྒྱས་པར། དབང་ཐོབ་དམ་ཚིག་བསྲུང་། རྒྱུད་ཤེས་མན་ངག་དང་ལྡན་པའི་བླ་མའི་མཆོག་མཁས་པའི་གསུང་ལས་ཤེས་པར་གྱིས་ཤིག །

བཞི་པ་ནི། གྲུབ་མཐའི་རྣམ་དབྱེ་མི་ཤེས་ཤིང་། །རྒྱུད་སྡེའི་ཁྱད་པར་མི་ཕྱེད་པར། །ཚོགས་ཐམས་ཅད་དགུགས་ནས་ནི། །རང་བཟོའི་རྣམ་ཐར་སྒྱོད་པ་མཚར། །ཞེས་པ། མུ་སྟེགས་བྱེད་ཀྱི་རྟོག་གེ་སྡེ་ལྔ་དང་། སངས་རྒྱས་པའི་གྲུབ་མཐའ་བཞིའི་རྣམ་དབྱེ་ཕྱེད་ཅིང་། རྒྱུད་སྡེ་བཞིའི་སྨིན་བྱེད་ཀྱི་དབང་དང་ལྷའི་སྐྱེད་ཚོག་གི་ཁྱད་པར་དང་། གྲོལ་བྱེད་ཀྱི་ལམ་བསྒོམ་མི་ཤེས་པར། རྒྱུད་སྡེ་བཞིའི་ཚོགས་ཐམས་ཅད་རང་བཟོས་དགུགས་ནས་རང་ཉིད་ཀྱིས་དབང་བསྐུར་མ་ཐོབ་པར་སློབ་མ་བརྒྱ་ཕྲག་མང་པོ་ལ་རང་གིས་དབང་རྫས་མི་འགྲིམ་པར་མཆོད་གཡོག་པ་ལ་དབང་རྫས་རྣམས་བསྐུར་ནས། རྣལ་འབྱོར་བླ་མེད་ཀྱི་དབང་གཅིག་ཐོབ་ན། དབང་བསྐུར་བརྒྱ་ཐོབ་ཟེར་བ་ནི། ལུང་དང་བླ་ན་མེད་པའི་བླ་མ་ལ་མ་བརྟེན་པར། རང་བཟོའི་རྣམ་ཐར་གྱིས་ཕྱིན་ཅི་ལོག་ཏུ་སྤྱོད་པ་ནི་མཚར་བ་སྟེ། སྨད་པའི་གནས་ཡིན་ནོ། །

བཞི་པ་བསྒོམ་པའི་གནས་ལ་འཁྲུལ་བ་དགག་པ་གཉིས་ཏེ། ལས་སོ་སོའི་བསྒོམ་པའི་གནས་དང་། དེ་ལ་འཁྲུལ་བ་དགག་པ་གཉིས། དང་པོ་ནི། དབང་བཞི་ཡོངས་སུ་རྫོགས་པ་དང་། དང་པོ་རང་གི་ཁྱིམ་དུ་བསྒོམ། །བརྟན་པ་ཐོབ་ནས་དུད་ཁྲོད་སོགས། །བརྟན་པ་ཆེན་པོ་ཐོབ་ནས་ནི། །ལུས་དང་ངག་གི་བརྡ་རྣམས་ལ། །ལེགས་པར་སྦྱངས་ཤིང་དེ་ཉིད་རྟོགས། །ས་རྣམས་བགྲོད་པར་བྱ་བ་དང་། །ཡུལ་རྣམས་དབང་དུ་བསྡུ་བའི་ཕྱིར། །གནས་དང་ཉེ་བའི་གནས་ལ་སོགས། །ཡུལ་ཆེན་སུམ་ཅུ་སོ་བདུན་དུ། །རིག་པ་བརྟུལ་ཞུགས་སྤྱོད་ཕྱིར་རྒྱུ། །ལུགས་འདི་རྣལ་འབྱོར་ཆེན་པོ་ཡི། །རྒྱུད་དང་བསྟན་བཅོས་རྣམས་ལས་གསུངས། །འདི་འདྲའི་སྤྱོད་པ་ཤེས་ནས་ནི། །ཚེ་འདི་ཉིད་ལ་རྫོགས་སངས་རྒྱས། །ཞེས་པ། དབང་བཞི་ཡོངས་སུ་རྫོགས་པར་ཐོབ་ནས། དང་པོ་རང་གི་ཁྱིམ་དུ་བསྒོམ་པར་བྱ་བ་ཡིན་ཏེ། བརྟག་གཉིས་ལས། དང་པོ་གོམ་པར་བྱེད་དུས་ཀྱི། །གནས་ནི་གང་དུ་བསྡུགས་པ་སེམས། །གཅིག་ཏུ་མཉམ་བཞག་འགྲུབ་པ་ཡི། །གནས་ནི་བཟང་པོ་ངེས་པར་བརྟག རང་གི་ཁྱིམ་དུ་མཚན་དུས་སུ། །རྣལ་འབྱོར་མ་བསྒོམ་ཤེས་རབ་ཅན། །ཞེས་གསུངས་པའི་ཕྱིར། །བསྟན་པ་ཐོབ་ནས་དུར་ཁྲོད་དང་། ཤིང་གཅིག་ལ་སོགས་པར་བསྒོམ་པར་བྱ་བ་ཡིན་ཏེ། དེ་གཉིས་ལས། ཤིང་གཅིག་དང་ནི་དུར་ཁྲོད་དམ། །ཡང་ན་དབེན་པ་འམ་བས་མཐའ་རུ། །བསྒོམ་པ་བཟང་བར་བརྗོད་པར་བྱ། །ཞེས་བཤད་པའི་ཕྱིར། བརྟན་པ་ཆེན་པོ་ཐོབ་ནས། ལུས་ཀྱི་བརྡ། དེ་ཉིད་ལས། གང་གི་སོར་མོ་གཅིག་སྟོན་པ། །གཉིས་ཀྱི་ལེགས་པར་འོངས་པ་ཡིན། །ཞེས་གསུངས་སོ། །ལུས་དང་ངག་གི་བརྡ་རྣམས་ལ་ལེགས་པར་སྦྱངས་ནས། བརྡ་དེ་ཉིད་རྟོགས་པས་ས་བཅུ་གསུམ་པོ་བགྲོད་པར་བྱ་བ་དང་། ཡུལ་སུམ་ཅུ་སོ་བདུན་དང་། བྱང་ཆུབ་ཀྱི་ཕྱོགས་ཀྱི་ཆོས་སོ་བདུན་དབང་དུ་བསྡུ་བའི་ཕྱིར། ཕྱི་ནང་གི་གནས་དང་། ཉེ་བའི་གནས་ལ་སོགས་པ། ཡུལ་ཆེན་སུམ་ཅུ་སོ་

བདུན་དུ། རིག་པ་བརྟུལ་ཞུགས་སྤྱོད་ཕྱིར་རྒྱུ་བར་བྱེད་པའི་ལུགས་འདི་རྣལ་འབྱོར་ཆེན་པོའི་རྒྱུད། ཀྱེ་རྡོ་རྗེ། བདེ་མཆོག་ལ་སོགས་པ་དང་། དེ་རྣམས་ལ་མི་ཐུབ་ཟླ་བ་ལ་སོགས་པས་མཛད་པའི་བསྟན་བཅོས་རྣམས་ལས་གསུངས་སོ། །དེ་འདྲའི་སྤྱོད་པ་ཤེས་ན་ཆོ་འདི་ཉིད་ལ་མངོན་པར་རྫོགས་པར་སངས་རྒྱའོ། ། དེ་སྐད་དུ་ཡང་། ཀྱེ་རྡོ་རྗེ་རྒྱུད་ལས། གནས་ནི་ཛ་ལན་དྷ་ར་རབ་བཤད། །ཞེས་སོགས་བཤད་པ་རྣམས་ཡུལ་སུམ་ཅུ་སོ་བདུན། བྱང་ཆུབ་ཀྱི་ཕྱོགས་ཆོས་སུམ་ཅུ་སོ་བདུན། རྩ་སུམ་ཅུ་སོ་བདུན་རྣམས་ནི་ཕྱིའི་གནས་འཛམ་བུ་གླིང་ན་གནས་ལ། ནང་རང་གི་སྤྱི་བོ་ནས་རྐང་མཐིལ་བར་གནས་ཏེ། ཕྱི་ནང་གི་གནས་དང་རྩའི་རྣམ་བཞག་ནི། རྡོ་རྗེ་ཐེག་པའི་གསང་བའི་གནད་ཡིན་པས། རྒྱུད་སྡེ་ཟབ་མོ་བལྟ་ཞིང་བླ་མ་ལ་ཉན་པར་བྱའོ། །

གཉིས་པ་ལ་གཉིས། མདོར་བསྟན། རྒྱས་པར་བཤད་པ་གཉིས། དང་པོ་ནི། དེང་སང་གསང་སྔགས་མི་ཤེས་པར། །སྔགས་ཀྱི་ལུགས་སུ་འཆོས་པ་མཐོང་། །ཞེས་པ། དེང་སང་གསང་སྔགས་མི་ཤེས་པར། གསང་སྔགས་ཀྱི་ལག་ལེན་ཕྱིན་ཅི་ལོག་ཏུ་འཆོས་པ་མཐོང་སྟེ། སྤྲུལ་གདུག་གི་མགོ་ལ་ནོར་བུ་ལེན་པ་དང་འདྲའོ། ། གཉིས་པ་རྒྱས་པར་བཤད་པ་ལ། གང་ཟག་ལ་འཁྲུལ་པ་དགག གནས་ལ་འཁྲུལ་པ་དགག་པ་དང་གཉིས། དང་པོ་ལ། རིམ་གཉིས་མི་བསྒོམ་པར་གནས་ཆེན་རྒྱུ་བ་དགག རིམ་གཉིས་མི་བསྒོམ་པའི་གང་ཟག་བཟང་ཡང་ཕར་ཕྱིན་པའི་བསྒོམ་དུ་བསྟན། མདོ་ནས་གནས་ཆེན་རྒྱུ་བ་མ་གསུངས་པའི་ཚུལ། དེ་གནས་དེར་ཕྱིན་ཡང་དགོས་པ་མེད་པར་བསྟན། སྔགས་པ་སྟོབས་ལྡན་པ་ལ་བྱིན་རླབས་འབྱུང་བར་བསྟན་པ་དང་ལྔ། དང་པོ་ནི། རིམ་པ་གཉིས་པོ་མི་བསྒོམ་ན། །ཡུལ་ཆེན་སུམ་ཅུ་སོ་བདུན་དུ། །འགྲོ་བ་སངས་རྒྱས་ཀྱིས་མ་གསུངས། །ཞེས་པ། དེང་སང་གངས་རིའི་ཁྲོད་འདི་ན། ཡི་དམ་ལྷའི་བསྐྱེད་རིམ་སྣང་གཞི་སྦྱོང་བྱེད་ངོ་སྤྲོད་པ་ཡང་མི་ཤེས། དམིགས་བཅས་དམིགས་མེད་ཀྱི་རྫོགས་རིམ་བསྒོམ་མི་ཤེས་པའི་ཡུལ་ཆེན་པོ་སུམ་ཅུ་སོ་བདུན་དུ་འགྲོ་བ་སངས་རྒྱས་ཀྱི་རྒྱུད་སྡེ་ལས་མ་གསུངས་ལ། ཕ་རོལ་ཏུ་ཕྱིན་པ་དང་། ཉན་ཐོས་ལ་ཡུལ་ཆེན་པོར་འགྲོ་བ་ལ་དགོས་པ་མེད་པའི་ཕྱིར། གཉིས་པ་ནི། རིམ་པ་གཉིས་པོ་མི་བསྒོམ་པའི། །བསྒོམ་ཆེན་བཟང་ཡང་ཕ་རོལ་ཏུ། །ཕྱིན་པའི་སྒོམ་ཆེན་ལས་མ་འདས། །ཞེས་པ། ལམ་རིམ་པ་གཉིས་པོ་མི་བསྒོམ་པའི་གཏུམ་མོ་དང་། ཕྱག་རྒྱ་ཆེན་པོ་ལྟ་བུའི་སྒོམ་ཆེན་པ་བཟང་ཡང་། ཕ་རོལ་ཏུ་ཕྱིན་པའི་སྒོམ་ཆེན་ལས་མ་འདས་པ་ཡིན་ཏེ། རིམ་པ་གཉིས་སྒོམ་མི་ཤེས་པའི་ཕྱིར་རོ། །གསུམ་པ་ནི། མདོ་ལས་ཡུལ་ཆེན་དེ་དག་ཏུ། འགྲོ་བའི་ཚིག་བཤད་པ་མེད། ། ཅེས་པ། བཅོམ་ལྡན་འདས་ཀྱིས་སྡེ་སྣོད་གསུམ་གྱི་མདོ་ལ། ཡུལ་ཆེན་པོ་སོ་བདུན་པོ་དེ་དག་ཏུ་འགྲོ་བའི་བསྐྱེད་རྫོགས་བསྒོམ་པའི་ཚིག་འི་ལག་ལེན་བཤད་པ་མེད་པའི་ཕྱིར། བཞི་པ་གནས་དེར་ཕྱིན་པ་ལ་དགོས་པ

མེད་པར་བསྟན་པ་ལ། རྟོགས་པ་ཡོད་པར་རློམ་ན་བར་ཆད་འབྱུང་བར་བསྟན། ཅི་ཡང་མེད་ན་ཕན་གནོད་མེད་པར་བསྟན།སུ་རུང་རུང་དེར་ཕྱིན་ཡང་དོན་མེད་པར་བསྟན་པ་དང་གསུམ། དང་པོ་ནི། གལ་ཏེ་གསང་སྔགས་མི་བསྒོམ་ཞིང་། །རྟོགས་པ་ཡོད་པ་རློམ་པ་ཡིས། །ཡུལ་དེར་ཕྱིན་ན་བར་ཆད་འབྱུང་། །ཞེས་པ། གལ་ཏེ་གསང་སྔགས་ཀྱི་སྨིན་བྱེད་ཀྱི་དབང་མ་ཐོབ་བར་རིམ་གཉིས་མི་བསྒོམ་ཞིང་། རྟོགས་པ་ཡོད་པར་རློམ་པའི་གང་ཟག་གིས་ཡུལ་དེར་ཕྱིན་ན་བར་ཆད་འབྱུང་ངོ་། །

གཉིས་པ་ནི། ཅི་ཡང་མེད་པའི་སྒོམ་ཆེན་གྱིས། །ཕྱིན་ཡང་ཕན་གནོད་གང་ཡང་མེད། །ཅེས་པ། ཅི་ཡང་མེད་པའི་གང་ཟག་གིས་ཛ་ལན་དྷ་ར་ལ་སོགས་པའི་ཡུལ་དུ་ཕྱིན་ཡང་། མཆོག་དང་ཐུན་མོང་གིས་དངོས་གྲུབ་སོགས་ཕན་པ་དང་། བར་ཆད་ཀྱི་གནོད་པ་གང་ཡང་མེད་དོ། །གསུམ་པ་ནི། དབུ་རྒྱན་ཛ་ལན་དྷ་ར་དང་། །གངས་ཅན་དེ་པ་ཀོ་ཊ་སོགས། །ཀླུ་ཀློ་གླིན་པོ་མུ་སྟེགས་བྱེད། །འབྲོག་པ་རྣམས་ཀྱིས་གང་མོད་ཀྱང་། །དེ་དག་དངོས་གྲུབ་ཐོབ་བམ་ཅི། །ཞེས་པ། འོན་ཛ་ལན་དྷ་ར་ལ་སོགས་པའི་གནས་དེ་རྣམས་སུ་ཕྱིན་པ་ཙམ་གྱིས་ཆོག་ན། ཨུ་རྒྱན་དང་། ཛ་ལན་དྷ་ར་དང་། གངས་ཅན་དང་། དེ་ཝི་ཀོ་ཊ་སྦྲ་ཕྱིའི་ཡུལ་ཕལ་ཆེར་ན། ཀླ་ཀློ་གླིན་པོ་དང་། མུ་སྟེགས་བྱེད་དང་། འབྲོག་པ་རྣམས་ཀྱིས་ཡུལ་དེ་དག་གང་མོད་ཀྱི། དེ་དག་གྲུབ་པ་ཐོབ་པ་འམ་ཅི་ སྟེ་མ་ཐོབ་བོ། །ལྟ་བ་སྔགས་པ་སྐྱོབས་ལྡན་ལ་བྱིན་རླབས་འབྱུང་བར་བསྟན་པ་ནི། གསང་སྔགས་བསྒོམ་པའི་རྟོག་པ་ཅན། །བརྡ་དོན་འཕྲོད་པའི་བསླལ་བར་ལྡན། །དེ་ལ་ཡུལ་དེར་གནས་པ་ཡི། །མཁའ་འགྲོ་རྣམས་ཀྱིས་བྱིན་གྱིས་རློབས། །འདི་དོན་རྣལ་འབྱོར་ཆེན་པོ་ཡི། །རྒྱུད་སྡེ་རྣམས་སུ་ལེགས་པར་ལྟོས། །དེས་ན་གསང་སྔགས་མ་བསྒོམ་པར། །ཡུལ་ཆེན་བསྐྱོད་པ་དོན་མེད་ཡིན། །

༈ ཞེས་པ། སྔགས་ཀྱི་དབང་ཐོབ་ནས། རིམ་གཉིས་བསྒོམ་པའི་རྟོགས་པ་བརྟན་པོ་ཅན། །དཔའ་བོ་དང་རྣལ་འབྱོར་མར་གོ་བར་བྱེད་པའི་བརྡ་དོན་སྦྱོད་པའི་བསླལ་བ་དང་ལྡན་པ་དེས་ཕྱིན་ན། དེ་ལ་ཡུལ་དེར་གནས་པའི་མཁའ་འགྲོ་རྣམས་ཀྱི་ཉམས་རྟོགས་འཕེལ་བར་བྱིན་གྱིས་རློབས་ཏེ། འདིའི་དོན་རྒྱས་པར་རྣལ་འབྱོར་ཆེན་པོའི་རྩ་རྒྱུད་དཔལ་བརྟག་པ་གཉིས་པའི་བརྡ་དང་གནས་བསྟན་ལ་དབབ་པའི་ལེའུ་བདུན་པ་དང་། བཤད་རྒྱུད་ཐུན་མོང་མ་ཡིན་པ་གུར་ནས་བཤད་པ་དང་མཐུན་པར། ཐུན་མོང་བ་དཔལ་སཾ་ཊི་ལས་བཤད་པ་ནི། གནས་ནི་རབ་ཏུ་དགའ་བའི་ས། །དེ་བཞིན་ཉེ་གནས་དྲི་མ་མེད། །ཞིང་ནི་འོད་བྱེད་ཤེས་པར་བྱ། །ཉེ་བའི་ཞིང་ནི་འོད་ལྡན་ཅན། །མཚན་རྟེན་མངོན་དུ་གྱུར་པར་ངེས། །ཉེ་བའི་མཚན་རྟེན་སྦྱང་དཀའ་བ། །འདུ་བ་རིང་དུ་སོང་བ་སྟེ། །

ཉེ་བའི་འདུ་བ་མི་གཡོ་བ། །དུར་ཁྲོད་ལེགས་པའི་བློ་གྲོས་ཉིད། །ཉེ་བའི་དུར་ཁྲོད་ཆོས་ཀྱི་སྤྲིན། །ཕ་རོལ་ཕྱིན་བཅུའི་ས་རྣམས་ལ། །རྣལ་འབྱོར་མ་ཡི་ཀླུ་ཀློའི་སྐད། །བུ་ལ་སོགས་པ་ཇི་ལྟར་གསུངས། །ཕྱི་དང་ནང་དུ་བསམ་པར་བྱ། །ཞེས་ལེགས་པར་གསུངས་པ་ལ་ལྟོས་ཤིག དེས་ན་གསང་སྔགས་མི་བསྒོམ་པར་ཡུལ་ཆེན་བསྒྲོད་པ་དོན་མེད་ཡིན་ནོ། །པཎ་ཆེན་ཤཱཀྱ་ཤྲཱི་ལ། བསྒོམ་ཆེན་ཅིག་གིས་ཏེ་སེ་དང་། ཙ་རི་ཡུལ་ཉེ་ཤུ་རྩ་བཞིའི་ཕྱོགས་རེ་ལགས་སམ་ཞུས་པས། པཎ་ཆེན་གྱི་ཞལ་ནས། ཁྱོད་གསང་སྔགས་བསྒོམ་མམ་མི་བསྒོམ་གསུངས། གསང་སྔགས་མི་བསྒོམ་ཕྱག་རྒྱ་ཆེན་པོ་བསྒོམ་ཞུས་པས། གསང་སྔགས་མི་བསྒོམ་ན་ཡུལ་ཉེ་ཤུ་རྩ་བཞིས་ཅི་བྱེད། ཕར་ཕྱིན་དང་ཉན་ཐོས་ལ་ཡུལ་ཉེ་ཤུ་རྩ་བཞི་བཤད་པ་མེད། ཁྱེད་བོད་ཀྱི་ཆོས་པ་འདི་འདྲའི་རིགས་ཅན་འཁྲུལ་པ་མང་པོ་ཡོད་གསུངས་ནས་བོད་ལ་ཐུགས་ཀྱི་གཏིང་ནས་ཁྲེལ་ཏེ། དེ་རང་མད་དེ་ཞེས་རྗེ་ཉིད་གསུངས་སོ། །ཐུང་ཟད་ཐོས་ནས་བསྒོམ་པར་བྱ་བའི་གནས་ནི། ཚོང་དུས་ཆེན་པོ་ལ་སོགས་པར་རང་བཞིན་གྱི་རྣལ་འབྱོར་མ་སུམ་ཅུ་རྩ་གཉིས་ལ་སོགས་པའི་རིགས་ཀྱི་བུད་མེད་རྣམས་འདུ་བས་དེར་གནས་པར་བྱ་སྟེ། དེ་ལྟར་ན་འཁོར་བའི་འཚང་སྣ་ཚོགས་མཐོང་བའི་འདུས་བྱས་ཀྱི་ཆོས་ལ་སྐྱོ་བ་དང་། མི་རྟག་པ་དང་། བྱམས་པ་དང་།སྙིང་རྗེ་ལ་སོགས་བསྒོམ་མི་དགོས་བར་ཤུགས་ལ་སྐྱེ། སྣང་བའི་འཆར་ཚུལ་མི་འདྲ་བར་སྣ་ཚོགས་སུ་མཐོང་བས་སྒྱུ་མའི་རྩིས་ཤུགས་པ་ཟིན། གཟུགས་སྒྲ་སྣ་ཚོགས་མཐོང་བས་བྱིང་རྒོད་ཤུགས་ལ་སེལ། ཕལ་པའི་གནས་གྱུར་པས་ང་རྒྱལ་ལ་སོགས་དང་གིས་ཆུང་། མཚན་མ་ལྡན་པའི་བུད་མེད་རྣམས་ཀྱི་གཟུགས་མཐོང་པའམ། སྒྲ་ཐོས་པའམ།ཚུལ་བཞིན་མ་ཡིན་པའི་གཏམ་བརྗོད་པ་ཙམ་གྱིས་རྣལ་འབྱོར་པ་ལ་ཡོན་ཏན་བསྐྱེད་པའི་གྲོགས་སུ་འགྱུར་རོ། །སྔོན་རྗེ་བཙུན་ཏེ་ལོ་པ་ལ་བླ་མ་མ་ཏཾ་གི་མཚན་གསང་བས་ལུང་བསྟན་ཏེ། ཤར་ཕྱོགས་ཛྷཾ་ག་ལའི་རྒྱུད། ཏ་རི་ཀོ་ལ་ཞེས་བྱ་བ་ཟ་ཧོར་གྱི་གྲོང་ཁྱེར་དེར་སྤྲུལ་པའི་རྒྱལ་པོ་ཨུད་མ་ཀོ་པས་བྱིན་གྱིས་རླབས་པས་གྲུབ་ཐག་ཉེ་ཞིང་། གྲོང་ཁྱེར་དེ་ན་པཎ་ཙ་བ་ཏ་ཞེས་པའི་ཚོང་འདུས་ཡོད་པས། དེ་ན་ཟླ་རི་སྨད་འཚོང་མ་གཅིག་བུ་ཡང་ལྔ་བརྒྱ་ཙམ་རེ་ཡོད་ཀྱིས། དེར་སོང་ལ་དེ་དག་གི་གཡོག་བྱེད་ཅིང་གསང་སྤྱོད་ཉམས་སུ་ལོངས་ཤིག ཅེས་ལུང་བསྟན་པ་ལྟར། ཏེ་ལོ་པས་ཀྱང་དེར་བྱོན་ཏེ། སྨད་འཚོང་མ་དག་གི་གཡོག་བྱེད་ཅིང་གསང་སྤྱོད་ཉམས་སུ་བླང་པས་མཆོག་གི་དངོས་གྲུབ་བརྙེས་པ་ལྟ་བུའོ། །

གཉིས་པ་གནས་ལ་འཁྲུལ་པ་དགག་པ་ལ། ཏི་སེ་གངས་ཅན་དུ་འདོད་པ་དགག མ་ཕམ་མ་དྲོས་པར་དགག ཙ་རི་རྩ་གོང་ཙ་རི་ཏྲ་རུ་འདོད་པ་དགག གནས་ཆེན་རྒྱུ་བའི་གང་ཟག་དོན་གཟུང་དང་བཞི། དང་པོ་ལ། མི་ཡིན་པར་བསྟན་པ་དངོས་དང་། དེའི་ཤེས་བྱེད་དགོད་པ་དང་། དེ་ལ་རྩོད་པ་སྤང་བ་དང་གསུམ། དང་པོ་ནི།

དཔལ་ལྡན་དུས་ཀྱི་འཁོར་ལོ་ལས། །མངོན་པའི་གཞུང་ལས་གསུང་པ་ཡི། །གངས་རི་གསེར་གྱི་བྱ་སྐྱིབས་དང་། །འཛམ་བུའི་ཤིང་དང་ས་སྲུངས་བུ། །གླང་ཆེན་ལྔ་བརྒྱུས་བསྐོར་བ་དང་། །དགྲ་བཅོམ་ལྔ་བརྒྱ་བཞུགས་པའི་གནས། །གངས་ཅན་དེ་ནི་ཏི་སེ་མིན། །མ་དྲོས་རྒྱ་མཚོ་མ་ཕམ་མིན། །གླང་པོ་རྣམས་ཀྱང་དེ་ན་མེད། །དེ་བཞིན་འཛམ་བུའི་ལྗོན་པ་དང་། །གསེར་གྱི་བྱ་སྐྱིབས་ག་ལ་ཡོད། །ཅེས་པ། དཔལ་ལྡན་དུས་ཀྱི་འཁོར་ལོའི་ཁམས་ལེགས་པ་གསུངས་པ་དང་། མངོན་པའི་བསྟན་བཅོས་ལས་གསུངས་པའི་རི་བོ་སྤོས་ཀྱི་ངད་ལྡན་གྱི་བྱང་ན། བྲག་རི་གསེར་གྱི་བྱ་སྐྱིབས་ཅན་ལྷ་མ་ཡིན་གྱི་ངོས། ཆུ་ཞེང་དཔག་ཚད་ལྔ་དཔངས་སུ་ཕྱེད་དང་བཞི་བ། བྲག་གསེར་གྱི་བྱ་སྐྱིབས་ཅན་བརྒྱ་སྟོང་མང་པོས་བསྐོར་བ་ཡོད། དེའི་བྱང་ན་ཤིང་ས་ལའི་རྒྱལ་པོ་རབ་བརྟན་ས་མ་ཕྲེང་བ་བདུན་གྱིས་བསྐོར་བ་ཡོད། དེའི་ཤར་ན་ཛིང་བུ་དལ་འབབ་ཅེས་བྱ་བ་མཚོ་མ་དྲོས་པོ་ཉམས་པ། ཛིང་བུ་བརྒྱ་སྟོང་མང་པོས་བསྐོར་བ་ཡོད། དེར་བརྒྱ་བྱིན་གྱིས་གླང་པོ་ཆེ་རབ་རྟན་འཁོར་བརྒྱ་སྟོང་མང་པོས་བསྐོར་བ་གནས་སོ། །དབྱར་ཟླ་བཞི། ལྷའི་ཚལ་དུ་གནས་སུ་འགྲོ །དགུན་ཟླ་བཞི་གསེར་གྱི་བྱ་སྐྱིབས་སུ་སྡོད་དོ། །འཛམ་བུའི་ཤིང་དང་། བརྒྱ་བྱིན་གྱི་གླང་པོ་ཆེ་ས་སྲུང་གི་བུ་ལྔ་བརྒྱུས་བསྐོར་བ་དང་། དགྲ་བཅོམ་པ་ལྔ་བརྒྱ་བཞུགས་པའི་གནས་གངས་ཅན་དེ་ནི། ད་ལྟ་མངའ་རིས་སྐུ་ཧྲངས་ཀྱི་ཏི་སེར་གྲགས་པ་འདི་མ་ཡིན་ནོ། །ཁྱོད་གངས་ཅན་དུ་འདོད་པའི་ཏི་སེའི་ཤར་ཕྱོགས་ན་ཡོད་པའི་མ་ཕམ་དེ་ཡང་། མ་དྲོས་པ་མ་ཡིན་ཏེ། མཚོ་མ་དྲོས་པ་ནི། རི་བོ་གངས་ཅན་གྱི་བྱང་ན་ཡོད་པར་བཤད་ལ། ཁྱོད་འདོད་པའི་མ་ཕམ་དེ་ནི། རི་དེའི་ཤར་ན་འདུག་པའི་ཕྱིར། གཞན་ཡང་གླང་པོ་ཆེ་ས་སྲུངས་རྣམས་ཀྱང་དེ་མེད་ལ། དེ་བཞིན་དུ། མ་བཅོས་པའི་མ་དྲོས་པའི་ནང་དུ་འཛམ་བུའི་ཤིང་སྐྱེས་པ་འབྲས་བུ་སྨིན་ལ། ཆུ་ནང་དུ་ལྟུང་བའི་ཚེ། འཛམ་བུ་ཞེས་པའི་སྒྲ་སྒྲོག་པ། འབྲུ་ཆུ་ནང་དུ་ལྟུང་བ། ཀླུ་རྣམས་ཉ་རུ་སྤྲུལ་ནས་ཟོས་པས་བདུད་རྩིར་འགྱུར། ཀླུས་མ་ཟོས་པ་ཆུ་ནང་དུ་ལྟུང་བ་རྣམས། འཛམ་བུ་ཆུ་བོའི་གསེར་དུ་འགྱུར། ཤིང་དེའི་རྩེ་མོ་ལ་ཉི་མ་ཤར་བ་དང་། འཛམ་བུ་གླིང་དུ་སྐྱ་རེངས་དང་པོ་ཤར་བ་དུས་མཉམ་དུ་འོང་གསུངས། འཛམ་བུ་ཤིང་ལྗོན་པ་དང་། གསེར་གྱི་བྱ་སྐྱིབས་ག་ལ་ཡོད་དེ་མེད་དོ། །

བོད་ཁ་ཅིག གཾ་ག་དེ་ནས་འབབ་པའི་ཕྱིར། །མ་དྲོས་གཞན་དུ་བཙལ་མི་དགོས། །འདུས་བྱས་རྟག་པ་མེད་པའི་ཕྱིར། །སྔོན་བཞིན་ད་དུང་གནས་པ་མེད། །ཅེས་རི་བོ་གངས་ཅན་ཏི་སེ་ཡིན་ལ། མ་དྲོས་པ་ནི་མ་ཕམ་ཡིན་ནོ་ཞེས་སྨྲས་སོ། །དེ་ལ་གངས་ཅན་ཏི་སེ་རུ་འདོད་པ་འདི་ལ། ཁྱོད་རང་གི་ལུགས་ལ་ཏི་སེར་འགྱུར་རམ་མི་འགྱུར། མི་འགྱུར་ན། དུས་འཁོར་དང་། མངོན་པ་ནས་བཤད་པའི་ཡོན་ཏན་རྣམས་ཡོད་དགོས་ཤིང་། དུས་འཁོར་སོགས་ནས་བཤད་པའི་ཡོན་ཏན་རྣམས་མི་དགོས་ན། ཁྱོད་འདོད་པའི་ཏི་སེ་ཆོས་ཅན། གངས་ཅན

མ་ཡིན་པར་ཐལ། དུས་འཁོར་སོགས་མདོ་རྒྱུད་བསྟན་བཅོས་ནས་བཤད་པའི་རི་བོ་གངས་ཅན་གྱི་ཡོན་ཏན་ཐམས་ཅད་མ་ཚང་འདུག་པའི་ཕྱིར། འགྱུར་ན། ཁྱོད་འདོད་པའི་ཏི་སེ་ཆོས་ཅན། ཁྱོད་གངས་ཅན་མ་ཡིན་པར་ཐལ། སྔར་གྱི་གངས་ཅན་དེ་ད་གནས་པ་མེད་པའི་ཕྱིར། ཁྱབ་པ་ཁས་བླངས་ཏེ། འདུས་བྱས་རྟག་པ་མེད་པའི་ཕྱིར། སྔོན་བཞིན་ད་དུང་གནས་པ་མེད་ཅེས་བཤད། གཞན་ཡང་ཆུ་གང་གམ་ཕམ་ནས་འབབ་པའི་ཕྱིར། མ་ཕམ་ལས། མ་དྲོས་གཞན་དུ་འཚལ་མི་དགོས། ཞེས་མི་འཐད་དེ། གཾ་གཅིག་པོ་འབབ་པས་མ་དྲོས་པར་མི་འགྱུར་ཏེ། མ་དྲོས་པ་ལས། གཾ་ག སིན་དྷུ། པག་ཤུ། སི་ཏཱ་སྟེ། ཆུ་བོ་བཞི་པོས། མ་དྲོས་པ་ལ་ལན་བདུན་བསྐོར་ནས་རང་རང་གི་གནས་སུ་འབབ་དགོས་པར་བཤད་པའི་ཕྱིར། ཤེས་བྱེད་དགོད་པ་ནི། དུས་འཁོར་དང་། མངོན་པ་མཛོད་དང་། རྨ་བྱ་ཆེན་མོའི་མདོ་དང་། ཕལ་པོ་ཆེའི་མདོ་དང་། འགལ་བ་དང་ལྡུ། དང་པོ་ནི། དེ་ཡི་གཏན་ཚིགས་འདི་ལྟར་ཡིན། །
དཔལ་ལྡན་དུས་ཀྱི་འཁོར་ལོ་ལས། །ཆུ་བོ་སི་ཏའི་བྱང་ཕྱོགས་ན། །རི་བོ་གངས་ཅན་ཡོད་པར་གསུངས། །དེ་ཡི་འགྲམ་ན་ཤམ་བྷ་ལ། །གྲོང་ཁྱེར་བྱེ་བ་དགུ་བཅུ་དྲུག དེ་ནས་རྒྱལ་པོའི་ཕོ་བྲང་མཆོག ཀ་པ་ལ་ཞེས་བྱ་བ་ཡོད། །
དེ་ན་སྤྲུལ་པའི་རྒྱལ་པོ་རྣམས། །ལོ་གྲངས་བརྒྱད་བརྒྱར་ཆོས་གསུང་ངོ་། །

དེ་ན་ནགས་ཚལ་སྣ་ཚོགས་དག བཟའ་ཤིང་ར་བ་དུ་མ་ཡོད། །སྙིགས་མའི་དུས་སུ་འཕགས་པའི་ཡུལ། །ཀླ་ཀློའི་ཆོས་ཀྱི་གང་བར་འགྱུར། །དེ་ནས་ཀླ་ཀློའི་རྫུ་འཕྲུལ་གྱིས། །ཤམ་བྷ་ལ་རུ་དམག་འདྲེན་འགྱུར། དེ་ཚེ་ཕྱག་ན་རྡོ་རྗེ་ཡི། །སྤྲུལ་པ་དྲག་པོ་ཞེས་བྱ་བའི། །རྒྱལ་པོས་ཀླ་ཀློ་ཀུན་བཅོམ་ནས། །འཕགས་པའི་ཡུལ་གྱི་བར་དུ་ཡང་། །སངས་རྒྱས་བསྟན་པ་སྤེལ་བར་གསུངས། །དེས་ནི་རི་བོ་གངས་ཅན་དུ། །རྫུ་འཕྲུལ་མེད་པར་འགྲོ་མི་ནུས། །ཞེས་པ། རི་བོ་གངས་ཅན་མངའ་རིས་ན་ཡོད་པའི་ཏི་སེ་དེ་མ་ཡིན་པའི་གཏན་ཚིགས་འདི་ལྟ་སྟེན་ཏེ། དུས་འཁོར་ལས། ཆུ་བོ་ཤི་ཏའི་བྱང་ཕྱོགས་ན། རི་བོ་གངས་ཅན་ཡོད་པ་གསུངས་ཏེ། འཛམ་པའི་གླིང་ཆུང་དུའི་བྱང་ཕྱོགས། གླིང་གི་ཞེང་ཆེ་ལ་ཆུ་བཤི་ཏ་ཡོད་ཅིང་། དེའི་བྱང་ན་རི་བོ་གངས་ཅན་ཡོད་པར་གསུངས། དེའི་འགྲམ་ན་ཤམ་བྷ་ལ་ཡོད་པར་གསུངས་ཏེ། ལན་ཚྭ་ཆང་དང་ཆུ་དང་འོ་མར་ཞོ་དང་མར་ཏེ་སྦྲང་རྩིའི་རྒྱ་མཚོ་རྣམས་དང་རི་བདུན་ནི། །འོད་སྔོན་པོ་དང་མན་ཧྲ་ར་བའི་རི་སྟེ་རྩུབ་ལྡན་ནོར་འོད་ཚད་ལྡན་གྲང་བའི་རི་རྡོ་རྗེ། ། གླིང་རྣམས་ཟླ་བ་དང་ནི་འོད་དཀར་རབ་མཆོག་ཀུ་ཤ་མི་འམ་ཅི་སྟེ་ཁྲུང་ཁྲུང་དྲག་པོ་རྣམས། ཡོངས་སྐྱོད་པ་རྣམས་ཉིད་དེ་འཛམ་གླིང་བདུན་པ་ལས་ཀྱི་ས་རྣམས་ལ་ནི་མི་རྣམས་གནས་པའོ། །ཞེས་པ་དང་། དུམ་བུ་གཅིག་ལ་དཔག་ཚད་རྣམས་ནི་སྟོང་ཕྲག་ཉི་ཤུ་རྩ་ལྔ་ཡིན་ཡང་ནོར་འདབ་ལྡན་པ་དང་། གངས་རི་མཆོག་གིས་ཕྱོགས་རྣམས་མ་ལུས་ཀུན་ནས་ཡང་དག་ཀུན་ནས་ཡང་དག་བསྐོར་བ་དེ་དག་དབུས་སུ་ཀེ་ལ་ཤ །ས་ལ་ཀེ་ལ་ཤའི་དུམ་བུར་གངས་རི་ལྡན་པ་

དེའི་ སུམ་ཆ་ཀུན་ནས་ཤེས་པར་བྱ་བ་སྟེ། ཕྱི་རོལ་ཏུ་ཡང་ཡུལ་རྣམས་ཉིན་བྱེད་འདབ་མ་རེ་རེའི་གླིང་རྣམས་ཀུན་
གྱིས་བརྒྱན་པར་བརྗོད་པས་སྟེ། གཡས་ཀྱི་ཕྱེད་དུ་ཐུབ་མཆོག་གནས་གྲོང་ཤམ་བྷ་ལ་ཞེས་བྱ་བ་གྲོང་ཁྱེར་བྱ་བ་
ཡང་དག་གནས། རྒྱུད་འགྲེལ་དེ་ཉིད་ཀྱི་དོན་གྲོང་ཁྱེར་བ་དགུ་བཅུ་ཙ་དྲུག ས་གཞི་པད་མ་འདབ་བརྒྱད་ཀྱི་རྣམ་
པར་ཡོད་པའི་འདབ་མ་རེ་རེ་ལ། གྲོང་ཁྱེར་བྱེ་བ་བཅུ་གཉིས་རེ་ཡོད་ཅིང་།བྱེ་བ་ཕྲག་རེ་རེ་ལ། རྒྱལ་ཕྲན་དགུ་བཅུ་
ཙ་དྲུག་ཡོད། དེའི་དབུས་ན་རྒྱལ་པོའི་ཕོ་བྲང་མཆོག་ཏུ་གྲུར་པ་དང་།དུས་ཀྱི་འཁོར་ལོའི་གཞལ་ཡས་ཁང་དང་།
དཔལ་ལྡན་རིན་པོ་ཆེའི་ཁང་བཟང་དང་། མ་ལ་ཡའི་སྐྱེད་མོས་ཚལ་ཡོད་དོ། །དེ་ནས་སྤྲུལ་པའི་རྒྱལ་པོ་རྣམས་
ཐོག་མ་བཀོད་གས་མཐར་བྱེད་ཀྱི་སྤྲུལ་པ་ཉི་མའི་འོད་ཀྱི་རིང་ལ། སངས་རྒྱས་ཀྱི་བསྟན་པ་མ་བྱུང་། དེའི་སྲས་ཕྲུག
ཧོར་གྱི་སྤྲུལ་པ་ཟླ་བ་བཟང་པོ་ལ་བཅོམ་ལྡན་འདས་འཇམ་དཔལ་གྱིས་སྤྲུལ་པའི་སྐྱ་མིའི་དབང་པོ་འཇམ་དཔལ་
གྲགས་པས། ལྷོ་ཕྱོགས་དཔལ་ལྡན་འབྲས་སྤུངས་སུ། དཔལ་ལྡན་རྒྱུ་སྐར་གྱི་དཀྱིལ་འཁོར་སྤྲུལ་ཏེ། དུས་འཁོར་
གྱི་དབང་བསྐུར་ཅིང་རྩ་བརྒྱུད་གསུངས། དེ་ནས་ཤམ་བྷ་ལར། རྩ་རྒྱུད་ལོ་གཅིག་གསུངས་སོ། །དེའི་རྒྱུད་པ་ལྷ་
རྒྱལ་ལྷ་དབང་དང་། གཟི་བརྗིད་ཅན་དང་། ཟླ་བས་བྱིན་དང་། ལྷའི་དབང་ཕྱུག་དང་། སྣ་ཚོགས་གཟུགས་དང་།
ལྷའི་དབང་ལྡན་རྣམས་ཀྱིས་ཤ་བྷ་ལར་ལོ་བརྒྱ་བརྒྱ་དུས་ཀྱི་འཁོར་ལོའི་བརྒྱུད་གསུངས་སོ། །དེ་ནས་རིག་ལྡན་གྱི་
རྒྱལ་པོ་འཇམ་དཔལ་གྲགས་པས། ལོ་བརྒྱར་རྩ་རྒྱུད་གསུངས་ནས། བསྡུས་རྒྱུད་ལེའུ་ལྔ་པའི་རྒྱུད་མཛད། སུ་
སྟེགས་ཀྱི་དྲང་སྲོང་རིགས་ཀྱི་རྒྱལ་བྱེད་ཕ་རྣམས་བཏུལ་ཏེ་རྡོ་རྗེ་ཐེག་པ་ལ་བཀོད། དེ་ནས་རིགས་ལྡན་གྱི་རྒྱལ་པོ་
པད་མ་དཀར་པོས། བསྡུས་རྒྱུད་ཀྱི་འགྲེལ་པ་དྲི་མེད་མཛད་དོ། །དེ་ནས་སྙིགས་མའི་དུས་སངས་རྒྱས་ཀྱི་བསྟན་
པ་རྟགས་ཙམ་འཛིན་པའི་ཐ་མར་སོག་པོའི་ཡུལ་དུ་ཐོག་མར་ཀླ་ཀློའི་ཆོས་འབྱུང་ཞིང་དར་བར་འབྱུང་སྟེ། རྒྱུད་
འགྲེལ་ལས། ད་ནི་ལོ་འདི་ནས་ནི་ཞེས་པ་ལ་སོགས་པའི་ཤམ་བྷ་ལའི་ཡུལ་དུ་འཇམ་དཔལ་འབྱུང་བ་དང་། ཀླ་
ཀློའི་ཆོས་འབྱུང་བ་ནས་སྐར་རྩིས་ཀྱི་གྲུབ་པའི་མཐའ་རྣམ་པར་ཉམས་པ་དང་ཞུང་དུའི་ཕྱེད་པར་འཇུག་པར།
དེ་བཞིན་གཤེགས་པ་ལུང་བསྟན་པ་བདག་གིས་སྒྲོལ་བར་བྱེད་དོ། །དེ་ནས་རིམ་གྱིས་ཀླ་ཀློའི་ཆོ་འཕྲུལ་གྱིས་
ཡུལ་རྣམས་ཕུལ་བར་བྱེད། ཧོར་ཡུལ་གྱི་བྱང་ཕྱོགས་ངག་སྒྲིན་ཞེས་བྱ་བར། ལྷ་མ་ཡིན་གྱི་སྤྲུལ་པ། ཀླ་ཀློའི་
རྒྱལ་པོ་སྟོབས་ཅན་གཅིག་བྱུང་སྟེ། ཡུལ་དབུས་དང་། བོད་རྣམས་བཅོམ་ནས། ཤཾ་བྷ་ལ་རུ་དམག་སྣ་འདྲེན་པར་
བྱེད། རྒྱུད་འགྲེལ་ལས། ལོ་འདི་ནས་ནི་དྲུག་བརྒྱའི་ལོའི་གསལ་བར་མི་བདག་གྲགས་ཤམ་བྷ་ལ་ཞེས་བྱ་བར་
འབྱུང་ཞེས་པ་ལ། ལོ་འདི་ཞེས་པ་ནི་དེ་བཞིན་གཤེགས་པ་ས་ཆོས་བསྟན་པའི་ལོ་སྟེ། ལོ་དེ་ནས་ལོ་དྲུག་བརྒྱ་ནི་
ཆུ་པོ་ཏི་སའི་བྱང་ཤམ་བྷ་ལ་ཞེས་བྱ་བའི་ཡུལ་དུ་གྲགས་ཞེས་པ་ནི་ལུང་གི་བརྗོད་པ་སྟེ། འཇམ་དཔལ་གྲགས་པ

ཆེན་པོ་གསལ་བར་འབྱུང་ཞེས་པ་སྤྲུལ་པའི་སྐུ་འཛིན་པར་མཛད་པར་འགྱུར་ཞེས་པའི་དོན་ནོ། །དེ་ནས་ཀླུའི་ལོ་བརྒྱད་རྣམས་ཀྱི་ཤེས་པ་ནི། གྲགས་པ་མྱ་ངན་ལས་འདས་པ། དེ་ནས་ཀླུ་ཞེས་པ་ལ་ལོ་བརྒྱ་བརྒྱ་ནས་ངེས་པ་ནི་གདོན་མི་ཟ་བར། མ་གཱའི་ཡུལ་དུ་ཀླ་ཀློའི་ཆོས་དག་རབ་ཏུ་འཇུག་པར་འགྱུར་ཏེ། ཆུ་བོ་སི་ཏའི་ལྷོ་ཕྱོགས་མ་ཁའི་ཡུལ་གྲོང་ཁྱེར་བྱེ་བས་རྣམ་པར་བརྒྱན་པར། ཀླ་ཀློའི་སྟག་གཟིག་རྣམས་ཀྱིས་ལྷ་མ་ཡིན་གྱི་ཆོས་རབ་ཏུ་འཇུག་པར་འགྱུར་རོ། །

དེའི་ཚེ། འཇམ་དཔལ་གྲགས་པའི་སྤྲུལ་པ་དྲག་པོ་འཁོར་ལོ་ཅན་ཞེས་བྱ་བ། རིགས་ལྡན་གྱི་རྒྱལ་པོ་འབྱུང་སྟེ། ལྷ་ཆེན་བཅུ་གཉིས་དང་། རྒྱལ་ཕྲན་དགུ་བཅུ་དྲུག་གི་དཔུང་རྣམས་ཁྲིད་ནས། ཆུ་བོ་སིན་དྷའི་ལྷོ་ཕྱོགས་སུ་འོགས་ཏེ་རྡོ་རྗེའི་མི་ཏ་ལ་ཞོན་པའི་སྤྲུལ་པའི་དམག་དཔུང་གིས་ཀླ་ཀློ་རྣམས་ཕམ་པར་བྱས་ནས འཕགས་པའི་ཡུལ་གྱི་བར་དུ་ཡང་། སངས་རྒྱས་ཀྱི་བསྟན་པ་སྤེལ་བར་རྒྱུད་འགྲེལ་ལས་གསུངས་ཏེ། རྒྱུ་མཚན་དེས་ན། རི་བོ་གངས་ཅན་དུ་ཧོར་འཕྲུལ་མེད་པར་འགྲོ་བར་མི་ནུས་སོ། །གཉིས་པ་ནི། མདོན་པ་ལས་ཀྱང་འདི་སྐད་དུ། འདི་ནས་བྱང་དུ་རི་ནག་པོ། དགུ་འདས་གངས་རི་དེ་ན་ནི། །སྤོས་ངད་ལྡན་པའི་ཚུ་རོལ་ན། །ཆུ་ཞེང་ལྔ་བཅུ་ཡོད་པའི་མཚོ། །ཞེས་སོགས་མཚན་ཉིད་རྒྱས་པར་གསུངས། །དེར་ནི་ཧོར་འཕྲུལ་མི་ལྡན་པས། །བགྲོད་པར་བྱ་བ་མིན་ཞེས་བཤད། །ད་ལྟའི་ཏེ་སེ་འདི་ལ་ནི། །མཚན་ཉིད་འདི་དག་གང་ཡང་མེད། །ཅེས་པ། ཁྱོད་འདོད་པའི་ཏེ་སེ་དེ་གངས་ཅན་ཡང་མ་ཡིན་ཞིང་། ཏེ་སེ་ཡང་མ་ཡིན་ཏེ། མདོན་པ་མཛོད་རང་འགྲེལ་ལས་ཀྱང་། མ་ག་ཏ་ནས་བྱང་དུ་རི་ནག་པོ་གསུམ་མོ་ཞེས་གསུངས་པ་བོད་དང་། རྒྱ་གར་གྱི་བར་ནས་ཆད་པ་རི་རྒྱུད་གཉིས། བོད་དང་ཧོར་ན་ཆགས་པའི་གངས་རྒྱུད་དེ་ལྟར་གསུམ། ཆུ་བོ་སི་ཏའི་བྱང་ན་རི་རྒྱུད་དྲུག་སྟེ་དགུ་འདས་ནས དེའི་ཕ་རོལ་ན། གངས་རི་དཔལ་དང་ལྡན་པ་ཡོད། དེའི་ཕྱོགས་བྱང་ན། རི་བོ་སྤོས་ཀྱི་ངད་ལྡན་ཡོད། དེ་ནས་དཔག་ཚད་བཅུའི་ཚུ་རོལ་ན་མཚོ་མ་དྲོས་པ། བསིལ་བ། ཞིམ་པ་ཡང་བ། འཇམ་པ། དྭངས་པ། དྲི་མ་མེད་པ། འཐུངས་ན་ལྟོ་བ་ལི་མི་གནོད་ཅིང་། མགྲིན་པ་ལ་མི་གནོད་པའི་ཡོན་ཏན་བརྒྱད་ལྡན་པའི་ཆུས་གང་བ། མེ་ཏོག་ཨུཏྤལ་དང་། པདྨ་དང་། ཀུ་མུ་ཏ་ལ་སོགས་པས་ཁེབས་པ་མཚོ་དེའི་ཟབ་དང་ཞེང་དུ། དཔག་ཚད་ལྔ་བཅུ་རེ་ཡོད་པ། གྲུ་བཞི་པ། མཐའ་དཔག་ཚད་ཉིས་བརྒྱས་བསྐོར་བའོ། །ཆུ་བོ་ཆེན་པོ་བཞི་པོ་རེ་རེ་ལ། ཆུ་ཕྲན་ལྔ་བརྒྱ་བརྒྱས་ལན་བདུན་བདུན་བསྐོར་ནས་ཕྱོགས་བཞིར་རྒྱ་མཚོར་འབབ་བོ་ཞེས་གདགས་པའི་བསྟན་བཅོས་ལས་མཚན་ཉིད་རྒྱས་པར་གསུངས་ཏེ། ཆུ་གླང་པོ་གའི་ནི་ཧྲུ་པ་ཀྵུ་དང་། །སི་ཏཱ་ཧླབས་སྒྲ་བའི་ཕྲེང་བ་ཅན། །འབབ་ཅིང་ཐམས་ཅད་བསིལ་བའི་ཆུ་ཡིན་ཏེ། །ཕྱོགས་བཞི་ཁོར་ར་ཁོར་ཡུག་དག་ནས་འབྱུང་། །གཾ་ག་ཤར

ཕྱོགས་རྒྱ་མཚོར་འགྲོ་བ་སྟེ། །སིན་དྷུ་ལྷོ་ཕྱོགས་རྒྱ་མཚོར་འགྲོ་བ་ཡིན། །པཀྵུ་ཡང་ནི་ནུབ་ཕྱོགས་རྒྱ་མཚོར་འགྲོ། །དེ་ཡི་བྱང་ཕྱོགས་རྒྱ་མཚར་སི་ཏ་འགྲོ། །ཆུ་ཀླུང་རབ་མཆོག་བཞི་པོ་འདི་དག་ནི། །མཆོག་ཏུ་བཟང་ཞིང་སོ་སོར་འབབ་པ་སྟེ། །རེ་རེ་ཞིང་ཡང་ལྔ་བརྒྱ་ཁྲིར་ནས་ནི། །ཆུ་ཡི་རྒྱུན་རྣམས་རྒྱ་མཚོ་ཆེན་པོར་འགྲོ། །ཞེས་སོ། ། མཚོ་མ་དྲོས་པ་དེ་ར་ནི། རྫུ་འཕྲུལ་དང་མི་ལྡན་པས། བགྲོད་པར་བྱ་བ་མ་ཡིན་ཞེས་མཛོད་འགྲེལ་ལས། །དེར་ནི་རྫུ་འཕྲུལ་དང་ལྡན་པའི་མིས་ནི། བགྲོད་པར་དཀའོ་ཞེས་གསུངས་སོ། །ད་ལྟའི་མངའ་རིས་ཀྱི་ཏི་སེ་འདི་ལ་ནི། མཛོད་ནས་བཤད་པའི་མཚན་ཉིད་གང་ཡང་མེད་པའི་གསུམ་པ་མུ་སྟེགས་བྱེད་ཀྱི་གཞུང་དང་འགལ་བ་ནི། མུ་སྟེགས་བྱེད་པའི་གཞུང་ལས་ཀྱང་། །ཤར་ནུབ་གཉིས་ཀྱི་རྒྱ་མཚོའི་བར། །གངས་ཅན་གྱིས་བྱ་བར་བཤད། །ཏ་ནུ་མ་དང་འཕངས་པ་ཡི། །གངས་རིའི་དྲུམ་བུ་ཚར་བ་ཞིག ཏི་སེ་ཡིན་ཞེས་གྲོག་མཁར་སྨྲ། །དེ་ནས་དབང་ཕྱུག་ཆེན་པོའི་གནས། །ས་སྲུང་བུའི་ས་བརྟེན་པའི་ས། །དགྲ་བཅོམ་ལྔ་བརྒྱ་བཞུགས་པའི་ཡུལ། །ད་ལྟའི་ཏི་སེ་འདི་མ་ཡིན། །ཞེས་པ། བྱང་གིས་ཕྱོགས་ན་རིའི་རྒྱལ་པོ་ཡོད་མི་གཡོའི་བདག་ཉིད་གངས་ཅན་ཞེས་བྱ་བ། ཤར་ནུབ་གཉིས་ཀྱི་རྒྱ་མཚོ་ཁྱབ་པར་གནས། ས་ཆེན་འདི་ལ་འཛལ་བའི་ཕྲུག་ཤིང་འདྲ། །ཞེས་སོ། །མུ་སྟེགས་བྱེད་པའི་གཞུང་ལས་ཀྱང་། གླིང་འདིའི་ཤར་ནུབ་ཀྱི། རྒྱ་མཚོ་ལ་ཐུག་པར་རི་བོ་གངས་ཅན་གྱིས་ཁྱབ་པར་གཞོན་ནུ་འབྱུང་བ་ཅན་ཞེས་པའི་སྙན་ངག་ལས་བཤད་དོ། །སྲིའུ་ཏ་ནུ་མ་ཐས་སྲིན་པོ་ལང་ཀ་མགྲིན་བཅུས་ཡུལ་ནས་འཕངས་པའི་གངས་རིའི་དྲུམ་བུ་ལམ་དུ་འཆར་བ་ཞིག ཏི་སེ་ཡིན་ཞེས་གྲོག་མཁར་སྨྲ་མོད། འདིའི་གཏམ་རྒྱུད་ནི། དགའ་བྱེད་ཀྱི་འདུག་པ་ལས། སྔོན་གྱི་རྒྱལ་པོ་ཤིང་རྟ་བཅུ་པའི་དབུ་དགའ་བྱེད་ཀྱི་ཆུང་མ་རོལ་སྐྱེད་མ་སྲིན་པོ་ལང་ཀའི་མགྲིན་བཅུས་འཕྲོགས་ནས། དེ་ལ་དམག་དྲངས་ཏེ། སྲིན་པོ་ཕལ་ཆེར་གསད་པའི་ཚེ་མགྲིན་བཅུའི་སྤུན་ཀླུ་བསམ་གཏན་བསྒོམ་ལ་ཞིག་གིས། ཀླུང་དྲག་པོ་རྡུབས་པས་དགའ་བྱེད་དང་། ཏ་ནུ་མ་ཐ་མ་གཏོགས། དམག་དཔུང་ཐམས་ཅད་ཀེང་རུས་སུ་སོང་ནས། དེ་སོ་བའི་ཕྱིར། རི་བོ་གངས་ཅན་བླངས་ནས། དེ་ལ་ཡོད་པའི་བདུད་རྩི་གཏོར་བས་སོས་པར་གྱུར་ཏོ། །སྲིའུ་ཏ་ནུ་མ་ཐས་བླར་ཡང་གངས་རི་རང་གནས་སུ་འཕངས་པའི་དྲུམ་བུ་ཞིག་ལམ་དུ་ལྷུང་བ་དེ་ཏི་སེ་ཡིན་ཞེས་གྲོག་མཁར་སྨྲ་བའོ། །རྒྱུ་མཚན་དེས་ན། དབང་ཕྱུག་ཆེན་པོའི་གནས། གླང་པོ་ཆེས་བསྲུང་གི་བུ། ར་བརྟན་ཀྱི་བསྟེན་པའི་ས། འཕགས་པའི་གནས་བརྟན་ཡན་ལག་འབྱུང་། དགྲ་བཅོམ་པ་ལྔ་བརྒྱས་བསྐོར་ནས་བཞུགས་པའི་ཡུལ་ནི། ད་ལྟའི་མངའ་རིས་ཀྱི་ཏི་སེ་འདི་མ་ཡིན་ནོ། །

བཞི་པ་ནི། རྨ་བྱ་ཆེན་མོའི་མདོ་ལས་ཀྱང་། །གངས་ཅན་ཏི་སེ་ཐ་དད་གསུངས། །ཞེས་པ། ཁྱོད་འདོད་པའི་ཏི་སེ་དེ། གངས་ཅན་མ་ཡིན་ཏེ། རྨ་བྱ་ཆེན་མོ་མདོ་ལས། རི་བོ་ཆེན་པོ་རི་རབ་ནས། རི་བོ་བརྟན་འཛིན་གྱི་

བར་ལ་རི་བོ་ཆེན་པོ་ལྔ་བཅུས་དགུ་གསུངས་པ་ལ། རི་བོ་གངས་ཅན་རི་བོ་གཉིས་པ་དང་། རི་བོ་ཏི་སེ་བཞི་བཅུ་ཞེ་དགུ་པ་ཡིན་པར་གསུངས་པས། གངས་ཅན་དང་ཏི་སེ་ཐ་དད་ཡིན་ནོ། །

གཉིས་པ་ཕམ་མ་མགྲོས་པར་འདོད་པ་དགག་པ་ལ། དངོས་དང་རྩོད་པ་སྤང་དང་གཉིས། དང་པོ་ནི། ཕལ་པོ་ཆེའི་མདོ་ལས་ཀྱང་། མདྲོས་པའི་རྒྱུ་ཞིང་དུ། དཔག་ཚད་ལྔ་བཅུ་ཡོད་པར་གསུངས། ས་གཞི་རིན་ཆེན་སེག་མ་གདལ། །ངོས་ནི་རིན་ཆེན་ཕ་གུར་བརྩིགས། །དེ་ལས་འབབ་པའི་ཆུ་བོ་བཞི། །གཾ་ག་གླང་ཆེན་ཁ་ནས་ནི། །དཔལ་གྱི་བྱེ་མི་འདྲེན་ཞིང་འབབ། །སི་ཏ་སེང་གེའི་ཁ་ནས་ནི། །རྡོ་རྗེ་བྱེ་མ་འདྲེན་ཞིང་འབབ། །སིན་དྷུ་གླང་གི་ཁ་ནས་ནི། །གསེར་གྱི་བྱེ་མ་འདྲེན་ཞིང་འབབ། །པཀྴུ་རྟ་ཡི་ཁ་ནས་ནི། །བཻ་ཌཱུརྻ་སྔོན་འདྲེན་ཞིང་འབབ། །ཐམས་ཅད་ཀྱི་ནི་ཁ་ཞེང་ལ། །དཔག་ཚད་རེ་རེ་ཡོད་པར་གསུངས། །ཆུ་བོ་དེ་བཞིན་མདྲོས་པ། །ལན་གྲངས་བདུན་བདུན་གཡས་བསྐོར་ནས། །ཕྱོགས་བཞི་དག་ཏུ་འབབ་པར་བཤད། །དེ་ཡི་བར་མཚམས་ཐམས་ཅད་ནི། །ཨུཏྤལ་པདྨ་ལ་སོགས་ཀྱི། །མེ་ཏོག་རྣམ་པ་སྣ་ཚོགས་དང་། །རིན་ཆེན་ལྗོན་ཤིང་སྣ་ཚོགས་ཀྱིས། །རབ་ཏུ་གང་བར་གནས་པ་ཡིན། །དེ་སོགས་མཚན་ཉིད་རྒྱས་པར་ནི། །ཕལ་པོ་ཆེ་ཡི་མདོ་སྡེར་ལྟོས། །ད་ལྟའི་མ་ཕམ་འདི་ལ་ནི། །མཚན་ཉིད་འདི་དག་གང་ཡང་མེད། །ཅེས་པ། ཕལ་པོ་ཆེའི་མདོ་ལས། འདི་ལྟར་ཆུ་ཀླུང་ཆེན་པོ་གངྒཱ་ནི་གླང་པོ་ཆེའི་ཁ་ནས་འབབ་བོ། །ཆུ་ཀླུང་ཆེན་པོ་སི་ཏ་སེང་གེའི་ཁ་ནས་འབབ་བོ། །ཆུ་ཀླུང་ཆེན་པོ་སིནྡྷུ་ནི་རྨ་བྱའི་ཁ་ནས་འབབ་བོ། །ཆུ་ཀླུང་ཆེན་པོ་པཀྴུ་རྟའི་ཁ་ནས་འབབ་བོ། །དེ་དག་དེ་ལྟར་ཕྱོགས་བཞི་ནས་ཁ་བཞིར་འབབ་སྟེ། ཆུ་ཀླུང་གངྒཱ་ནས་དང་པོ་དངུལ་གྱི་བྱེ་མ་འདྲེན་ཞིང་འབབ་སྟེ། དངུལ་གྱི་བྱེ་མ་ལ་གནས་སོ། །ཆུ་ཀླུང་སི་ཏ་ནི། དང་པོ་ནས་རྡོ་རྗེའི་བྱེ་མ་འདྲེན་ཞིང་འབབ་སྟེ་རྡོ་རྗེའི་བྱེ་མ་ལ་གནས་སོ། །ཆུ་ཀླུང་སིནྡྷུ་ནི། དང་པོ་གསེར་གྱི་བྱེ་མ་འདྲེན་ཞིང་འབབ་སྟེ། གསེར་གྱི་བྱེ་མ་ལ་གནས་སོ། །ཆུ་ཀླུང་པཀྴུ་ནི། དང་པོ་ནས་བཻ་ཌཱུརྻ་སྔོན་པོའི་བྱེ་མ་འདྲེན་ཅིང་འབབ་སྟེ། བཻ་ཌཱུརྻའི་བྱེ་མ་ལ་གནས་སོ། །ཆུ་ཀླུང་གངྒཱ་ནི། ལྷ་རྫས་ཀྱི་དངུལ་གྱི་ཁ་དོག་ལྟ་བུའི་སྒོ་ནས་འབབ་བོ། །ཆུ་ཀླུང་ཆེན་པོ་སི་ཏ་ནི། ལྷ་རྫས་ཀྱི་རྡོ་རྗེའི་ཁ་དོག་ལྟ་བུའི་སྒོ་ནས་འབབ་བོ། །ཆུ་ཀླུང་ཆེན་པོ་སིན་དྷུ་ནི། ལྷ་རྫས་ཀྱི་ཁ་དོག་ལྟ་བུའི་སྒོ་ནས་འབབ་བོ། །ཆུ་ཀླུང་ཆེན་པོ་པཀྴུ་ནི། ལྷ་རྫས་ཀྱི་བཻ་ཌཱུརྻ་སྔོན་པོའི་ཁ་དོག་གི་སྒོ་ནས་འབབ་བོ༑ །ཆུ་ཀླུང་ཆེན་པོ་དེ་བཞི་ཆ་ཡང་ཁའི་སྒོ་དཔག་ཚད་ཙམ་གྱི་སྒོ་ནས་འབབ་སྟེ། དེ་དག་འབབ་པའི་ཆ་རེ་རེས་ཀྱང་མཚོ་ཆེན་པོ་ལ་ལན་བདུན་དུ་གཡས་སུ་བསྐོར་ཏེ། ཕྱོགས་བཞིར་འབབ་ཅིང་། རྒྱ་མཚོ་ཆེན་པོ་གང་ཆེན་མཚོ་ལ་ཞེན་པར་འདོད་དོ། །དེ་ལྟར་ཆུ་ཀླུང་ཆེན་པོ་རྣམས་ཀྱིས་ལན་བདུན་བསྐོར་བའི་གླིང་དེ་དག་ཀྱང་། མེ་ཏོག་ཨུཏྤལ་དང་། པདྨ་དང་། ཀུ་མུད་དང་། པུན་ཌ་རཱི་ཀ་ལྷ་རྫས་ཀྱི་རིན་པོ་ཆེའི་རང་བཞིན་ལས་གྲུབ་པ། ཡིད་དུ་འོང་དྲི་ཞིམ་པ།

མཐའི་རྒྱུན་དུ་སྡུག་པ་མདོག་གསལ་བ། རིན་པོ་ཆེ་སྣ་ཚོགས་ཀྱི་ཁ་དོག་ལྟར་འདུག་པ། འོད་དྭངས་ཤིང་གསལ་བ་གཅིག་གི་གཟུགས་བརྙན་གཅིག་ཏུ་སྣང་བ། མདངས་དགའ་བ། ལྟ་ན་ཡིད་དུ་འོང་བ། རང་བཞིན་དྭངས་ཤིང་ཤིན་ཏུ་རྣམ་པར་དག་པས་བརྒྱན་ཏེ། བལྟ་ན་ཁ་དོག་འོད་གསལ་བ། མུན་པ་སེལ་ཞིང་སྣང་བ་འབྱེད་པ། ལྟ་ན་གདང་མི་བྲ་ཞིང་། ཤིན་ཏུ་རྣམ་པར་ཕྱེ་བས་བརྒྱན་པ། ཁ་དོག་སྣ་ཚོགས་སུ་མེ་ཏོག་གི་ཀུན་ནས་གཡོགས་པ་འདབ་མ་སྣ་ཚོགས་དང་ལྡན་ཞིང་སྙིང་པོ་ཁ་དོག་སྣ་ཚོགས་ཅན། ཟེ་བ་མདོག་དུ་མར་སྣང་བའི་མེ་ཏོག་གིས་ཡོངས་སུ་བརྒྱན་པ་སྟེ། མཚོ་ཆེན་པོའི་ནང་དང་། མཚོའི་དཀྱིལ་འཁོར་གྱི་རྒྱར་དཔག་ཚད་ལྔ་བཅུ་ཡོད་དེ། ཟབས་སུ་ཡང་ལྔ་བཅུ་ཡོད་དོ། །དེའི་གཞི་ནི་རིན་པོ་ཆེ་སེག་མ་གདལ་བ་སྟེ། རིན་པོ་ཆེ་སྣ་ཚོགས་ཁ་དོག་དུ་མ་དང་ལྡན་པས་ཤིན་ཏུ་བརྒྱན་པར་གནས་པའོ། །དེའི་ངོས་ནི་རིན་པོ་སྣ་ཚོགས་ཀྱི་ཕ་གུ་བརྩེགས་པ་ལྟར་འདུག་པས། ཀུན་ནས་བསྐོར་བའོ། །དེའི་དྲི་ནི་ཙན་དན་བཟང་པོ་ཐུབ་པ་ལྟ་བུ་སྟེ། མེ་ཏོག་ཁ་དོག་དུ་མ་ཅན་ལས་བྱུང་གི་དང་རྣམ་པ་དུ་མ་དང་ལྡན་པ། ནམ་ཟླ་བའི་བུ་ཉི་མ་འཆར་བའི་ཚེ། ཉི་མའི་འོད་ཟེར་དེ་དག་རིན་པོ་ཆེ་དང་། སེག་མ་དང་མེ་ཏོག་དང་། ཆུ་སྐྱུང་གི་བྱེ་མ་དང་། དང་པོའི་ཁ་དོག་དང་། ཆུ་སྐྱུང་གི་གཡས་ཕྱོགས་སུ་བསྐོར་བའི་མཚོ་དང་། རིན་པོ་ཆེའི་ཤིང་དང་། ཡལ་ག་དང་། ལོ་མ་དང་། མེ་ཏོག་ལ་བབ་པར་གྱུར་ན། ཞེས་སོགས་བཤད་དོ། །

གཉིས་པ་རྟོད་པ་སྤང་བ། རྟོད་པ་དང་ལན་གཉིས། རྟོད་པ་ནི། དེ་ལ་ཁ་ཅིག་འདི་སྐད་དུ། །བྱ་རྒོད་ཕུང་པོའི་རི་ལ་ཡང་། །དགོན་བརྩེགས་བཞིན་དུ་ད་ལྟ་མེད། །དུས་ཀྱི་སྟོབས་ཀྱི་ཡུལ་ཀུན་ཡང་། །རྣམ་པར་གྱུར་པར་སྣང་ཞེས་ཟེར། །ཞེས་པ། ཏེ་སེ་གངས་ཅན་མ་ཡིན་པ་དང་། མ་ཕམ་མ་དྲོས་མ་ཡིན་པར་བཤད་པ་དེ་ལ། ཁ་ཅིག་འདི་སྐད་དུ། བྱ་རྒོད་ཕུང་པོའི་རི་ལ། དགོན་བརྩེགས་ཀྱི་བསླབ་པ་གསུམ་སྟོན་པའི་མདོའི་གླེང་གཞི་ལས། བྱ་རྒོད་ཕུང་པོའི་རི་ལ། དབྱིབས་མཐོ་བ་ལྷུམ་པ། ཤིང་ལྗོན་པ་སྣ་ཚོགས་པ། མེ་ཏོག་དང་། འབྲས་བུ་དུ་མས་མཛེས་པ། དེ་ལ་འདབ་ཆགས་མཛེས་ཤིང་ཡིད་དུ་འོང་བ་དུ་མ་སྐད་སྙན་པར་སྒྲོག་པ་དང་། བགོད་པ་ཁྲིད་པར་འཕགས་པ་རྣམས་ད་ལྟ་མེད་པའི་ཕྱིར། སྙིགས་མའི་སྟོབས་ཀྱིས་ཡུལ་ཀུན་ཡང་། ངན་པར་སྣང་བའི་ཕྱིར་རོ། །

གཉིས་པ་ལན་ལ། མདོར་བསྟན། རྒྱས་པར་བཤད། དོན་བསྡུ་བ་དང་གསུམ་མོ། །དང་པོ་ནི། འདི་ཡང་ཕྱེ་སྟེ་བཤད་ཀྱིས་ཉོན། །དངོས་པོའི་གནས་ལུགས་འཆད་པ་དང་། །སྐྱོན་ཡོན་སྤྱགས་པ་རྣམ་གཉིས་ཡོད། །སྐྱོན་དང་ཡོན་ཏན་སྒྲོག་པ་ན། །སྟན་ངག་མཁན་གྱི་ལུགས་བཞིན་དུ། །བྱ་རྒོད་ཕུང་པོའི་རི་ལ་ཡང་། །མཐོ་བ་ལྷུམ་པོ་ལ་སོགས་བཤད། །བོད་ཀྱི་ཐང་ཆེན་ཇི་བཞིན་དུ། །འཕགས་པའི་ཡུལ་གྱི་རི་ཆེན་ཡིན། །དེ་ལྟར་འཆད་ལ་སྙན་ངག

མཁན། །སྐྱོན་དུ་རྩི་བ་གང་ཡང་མེད། །དངོས་པོའི་གནས་ལུགས་འཆད་པ་ནི། །ལྷག་ཆད་འཁྲུལ་བ་བྱུང་བ་ལ། །དེ་ལ་མཁས་རྣམས་སྐྱོན་དུ་རྩི། །ཞེས་པ། དེ་ལྟ་བུའི་རྩོད་པ་འདི་ཡང་། མི་མཚུངས་པར་ཕྱེ་སྟེ་བཤད་པ་ཉོན་ཅིག་དང་པོའི་གནས་ལུགས་འཆད་པ་དང་། སྒྲོ་བཏགས་སྒོ་ནས་སྐྱོན་དང་། ཡོན་ཏན་སྔགས་པ་རྣམ་པ་གཉིས་ཡོད་ལ། སྐྱོན་དང་ཡོན་ཏན་སྒྲོག་ན་སྙན་ངག་མཁན་གྱི་ལུགས་བཞིན། བྱ་རྒོད་ཕུང་པོའི་རི་ལ་མཐོ་བ་ཟླུམ་པ་ལ་སོགས་པའི་ཡོན་བཤད་པས། བོད་ཡུལ་རྒྱང་གྲགས་རེ་ལ། ཐད་ཆེན་པོ་ཡིན་ཟེར་བ་དེ་བཞིན་དུ། མ་ག་ཏ་ན་རི་གཞན་མེད་པས། བྱ་རྒོད་ཕུང་པོའི་རི་དེ་རྒྱ་གར་བའི་རི་བོ་ཡིན་ནོ། །སྤྱིར་རྒྱ་གར་བའི་རི་ཆུང་། བོད་ཐང་ཆུང་བ་ཡིན། དེ་ལྟར་འཆད་པ་སྙན་ངག་མཁན་གྱིས། ཆུང་དུ་ལ་ཆེན་པོར་སྒྲོ་བཏགས་ནས་འཆད་པ་སྐྱོན་དུ་བརྩི་བ་གང་ཡང་མེད། དངོས་པོའི་གནས་ལུགས་འཆད་པ་ན། ལྷག་པ་དང་ཆད་པའི་འཁྲུལ་པ་འབྱུང་བ་དེ་ལ། མཁས་པ་རྣམས་སྐྱོན་དུ་རྩི་བ་ཡིན་ནོ། །

གཉིས་པ་རྒྱས་བཤད་ལ། སྙན་ངག་མཁན་ལ་སྐྱོན་དུ་མི་རྩི་བ་དང་། གནས་ལུགས་དང་མི་མཐུན་ན་སྐྱོན་དུ་འགྱུར་བར་བསྟན། དང་པོ་ནི། དཔེར་ན་བ་གླང་བསྔགས་པའི་ཚེ། གང་རིའི་ཕུང་པོ་འགྲོ་ཤེས་པ་འདྲ། སྤྲིན་ཆད་པའི་དུམ་བུ་འདྲ། རྭ་རྩེ་རྡོ་རྗེ་འདྲ་བ་དང་། །མིག་པ་ཨིན་ཏྲ་ནི་ལ་དང་། །རྔ་མ་དཔག་བསམ་ལྗོན་པ་སོགས། །གཞན་ཡང་སྐྱེས་བུ་བསྔགས་པ་ནི། །བཞིན་ལ་ཉི་མ་ཟླ་བ་དང་། །སོ་ལ་གངས་རིའི་འཕྲེང་བ་སོགས། །རྒྱ་ཆེ་བ་ལ་ནམ་མཁའི་དཔེ། །ཆུང་ལ་རྡུལ་ཕྲན་དཔེ་སྦྱོར་དང་། །རགས་པའི་དཔེ་ལ་རི་རབ་དང་། །ཁྲི་བ་ལ་ནི་གླང་ཆེན་དཔེ། །ཕྱུག་པོ་ལ་ནི་རྣམ་ཐོས་བུ། །རྒྱལ་ཕྲན་ལ་ཡང་བརྒྱ་བྱིན་དཔེ། །དགེ་བའི་བཤེས་གཉེན་ཞལ་པ་ལའང་། །སངས་རྒྱས་ལྟ་བུར་བསྔགས་པ་ནི། །སྙན་ངག་མཁན་ལ་བཀག་པ་མེད། །ཅེས་པ། དཔེར་ན་གླང་པོ་ཆེར་བསྔགས་པའི་ཚེ། ལུས་གངས་རིའི་ཕུང་པོ་འགྲོ་ཤེས་པ་འདྲ། སྤྲིན་ཆད་པའི་དུམ་བུ་འདྲ། རྭ་རྩེ་རྡོ་རྗེ་འདྲ་བ་དང་། མིགས་པ་ནོར་བུ་ཨིན་ཏྲ་ནི་ལ་དང་། རྔ་མ་དཔག་བསམ་ལྗོན་ཤིང་ལ་སོགས་པ་བརྗོད་པ་དང་། གཞན་ཡང་སྐྱེས་བུ་བསྔགས་པ་ན། བཞིན་ལ་ཉི་མ་ཟླ་བ་དང་། སོ་ལ་གངས་རིའི་ཕྲེང་བ། རྒྱ་ཆེ་བ་ལ་ནམ་མཁའི་དཔེ་དང་། ཆུང་བ་ལ་རྡུལ་ཕྲན་གྱི་དཔེ་དང་། །རགས་པ་ལ་རི་རབ་དང་། ཁྲི་བ་ལ་གླང་པོ་ཆེ་དང་། ཕྱུག་པོ་ལ་རྣམ་ཐོས་སྲས་ཀྱི་དཔེ་དང་། རྒྱལ་ཕྲ་ལ་བརྒྱ་བྱིན་དཔེ་དང་། དགེ་བཤེས་ཞལ་པ་ལ་སངས་རྒྱས་ལྟ་བུའི་བསྔགས་པ་ནི།སྙན་ངག་མཁན་ལ་སྙན་ངག་གི་བསྟན་བཅོས་བཀག་པ་མེད་དོ། །གཉིས་པ་ནི། དངོས་པོའི་གནས་ལུགས་འཆད་པ་འམ། །མཚན་ཉིད་གཏན་ལ་འབེབས་པ་ན། །གནས་ལུགས་ཇི་བཞིན་མ་ཡིན་པ། །བཤད་ན་མཁས་རྣམས་ག་ལ་དགའ། །ཞེས་པ། དངོས་པོའི་གནས་ལུགས་འཆད་པ་འམ། མཚན་ཉིད་གཏན་ལ་འབེབས་པ་ན། །

རང་གི་གནས་ལུགས་ཇི་ལྟར་གནས་པ། མིའི་རང་བཞིན་རྟུབ་པ་ཡིན་པ་བཞིན་བྱེད་དགོས་ལ། དེ་ལྟ་མ་ཡིན་པ། རྟའི་མཚན་ཉིད་ལྐོག་ཤལ་དང་། མི་སིལ་བ་དང་། ཆུ་ཚ་བ་སོགས་ཕྱིན་ཅི་ལོག་ཏུ་བཤད་ན། མཁས་པ་རྣམས་མི་དགའ་སྟེ། གནས་ལུགས་དང་འགལ་བའི་ཕྱིར། གསུམ་པ་དོན་བསྡུ་བ་ནི། དེས་ན་བྱ་རྒོད་ཕུང་པོ་སོགས། །བསྔགས་པ་སྙན་ངག་ལུགས་བཞིན་ཡིན། །གངས་ཅན་མ་དྲོས་ལ་སོགས་པ། །དངོས་པོའི་གནས་ལུགས་འཆད་པ་ན། །དེ་ལ་འཁྲུལ་ན་ཀུན་མཁྱེན་མིན། །སྙིགས་མའི་དུས་ཀྱི་ཤུགས་བཙས་པས། །ཅུང་ཟད་ངན་པར་འགྲོ་སྲིད་ཀྱི། །ཐམས་ཅད་འཁྲུལ་པ་ག་ལ་སྲིད། །ཅེས་པ། རྒྱུ་མཚན་དེས་ན། བྱ་རྒོད་ཕུང་པོའི་རི་མཐོ་བ་དང་ཟླུམ་པ་ལ་སོགས་པ་སྙན་ངག་མཁན་གྱི་ལུགས་དང་། སངས་རྒྱས་ཀྱི་བྱིན་གྱིས་བརླབས་པ་ཡིན་ལ། གངས་ཅན་དང་མ་དྲོས་པ་ལ་སོགས་པ་དངོས་པོའི་གནས་ལུགས་འཆད་པ་ན། དེ་ལ་འཁྲུལ་ན་ཀུན་མཁྱེན་མ་ཡིན་ནོ། །སྙིགས་དུས་ཀྱི་ཤུགས་བཙས་ནའང་། ཅུང་ཟད་དུ་འགྲོ་སྲིད་ཀྱི། མངོན་པ་ནས་བཤད་པའི་མ་དྲོས་པ་དང་། སྤོས་ལྡན་དང་། ཤིང་འཛམ་བུ་དང་། པད་མ་ལ་སོགས་པ་ཐམས་ཅད་འཁྲུལ་པ་ག་ལ་སྲིད། དུས་ཀྱི་ཤུགས་ཀྱིས་ཅུང་ཟད་ངན་དུ་འགྲོ་སྟེ། ཆོས་རྒྱལ་མྱ་ངན་མེད་དམག་དཔུང་དང་བཅས་ནས་ལྷོ་ཕྱོགས་སུ་ཕྱིན་ནས། བྱེ་མའི་རིའི་ནང་དུ། འོད་སྲུང་གི་དུས་ཀྱི་དགྲ་བཅོམ་པ་ཞིག་བཞུགས་པ་ལ། འོ་མ་བླངས་ནས་དྲངས་པས། ད་ལྟའི་འོ་མ་ལ། སྔོན་གྱི་ཆུའི་དྲོ་བ་ཙམ་ལས་མི་འདུག་གསུངས། །རྫུ་འཕྲུལ་ཡ་མ་ཟུང་དང་བཅས་ནས་མྱ་ངན་ལས་འདས་སོ། །མདོར་ན། གངས་ཅན་དང་མ་དྲོས་གཉིས། མངོན་པ་ནས་བཤད་པའི་ཡོན་ཏན་རྣམས་མེད་པར་ཐལ། བྱ་རྒོད་ཕུང་པོའི་རི་ལ་དགོན་བརྩེགས་ནས་བཤད་པ་བཞིན་གྱི་ཡོན་ཏན་རྣམས་ད་ལྟ་མེད་པའི་ཕྱིར། རྟགས་ཁས་བླངས། འདོད་ན། གླིང་བཞི་རི་རབ་ཉི་ཟླ་དང་བཅས་པ་མངོན་པ་ནས་བཤད་པ་བཞིན་ད་ལྟ་མེད་པར་ཐལ། འདོད་ན་ཡོད་པའི་ཕྱིར། གསུམ་པ་ཙ་རི་གནས་ཆེན་དུ་འདོད་པ་དགག་པ་ནི། ཙ་རི་ཊ་ཞེས་བྱ་བའི་ཡུལ། ལྷོ་ཕྱོགས་རྒྱ་མཚོའི་འགྲམ་ན་ཡོད། ཙ་རི་ཙ་གོང་དེ་མ་ཡིན། དེ་པི་ཀོ་ཊའི་གནས་གཞན་ཞིག ཙ་རི་ཡིན་ཞེས་ལ་ལ་སྨྲ། རྡོ་རྗེ་མཁའ་འགྲོའི་རྒྱུད་ལས་ནི། །དེ་བ་ཀོ་ཊར་ཧྲ་ཊ་གནས། །ཞེས་གསུངས་གཞན་ཡང་དེ་ཉིད་ལས། བོད་ཡུལ་ལྷན་ཅིག་སྐྱེས་མ་ཡིན། རྗེ་བའི་ཕུག་ལ་བརྟེན་ནས་གནས་ཡུལ་དེར་གནས་པའི་ལྷ་མོ་ནི། ཧྲ་ཊའི་ཤིང་ལ་བརྟེན་ཞེས་གསུངས། དེའི་ཕྱོགས་ན་ཧྲཱི་ཊའི་ཤིང་། ཡོད་ན་ཡུལ་དེ་འགལ་བ་མེད། ཅེས་པ། ཙ་རི་ཊ་ཞེས་བྱ་བའི་ཡུལ་ནི། ལྷོ་ཕྱོགས་ཀྱི་རྒྱ་མཚོའི་འགྲམ་འཛམ་བུའི་གླིང་གི་མཐའ་ཟད་ན་ཡོད། ལ་ལ་ཙ་རི་ཙ་གོང་། ཙ་རི་ཊ་ཡིན་ཟེར་བ་ཡོད་པ་མ་ཡིན་ནོ། །དེ་ཏི་ཀོ་ཊ་གཉིས་ཡོད་པའི་ཆེ་བ་རྒྱ་གར་ཤར་ཕྱོགས་ན་ཡོད། གནས་གཞན་ཞིག་ཙ་རི་ཡིན་ཞེས་ལ་ལ་སྨྲ་མོད། དེ་མི་འཐད་དེ། ཤེས་བྱ་ཆོས་ཅན། གོང་པོ་ན་ཡོད་པའི་ཙ་རི་དེ།

གནས་ཉི་ཤུ་རྩ་བཞིའི་ཡ་གྱལ་ཙ་རི་ཏྲ་མ་ཡིན་ཏེ། ཙ་རི་ཏྲ་ཟ་ནི་འཛམ་བུ་གླིང་གི་ལྷོ་ཕྱོགས་ན་མཚོའི་འགྲམ་ན་ཡོད་པར་རྡོ་རྗེ་མཁའ་འགྲོ་ནས་བཤད་པའི་ཕྱིར། ཙ་རི་ཏྲའི་ཡུལ་དུ་ནི། ཀ་ར་ན་ཛ་ཞེས་བྱ་བ་དང་། ཤ་ཀ་ཏི་ལ་བརྩེགས་པའི་སྐྱེ་གནས་འབྱུང་། དེའི་འགྲེལ་བར། གནས་མཐུད་བྱེད་ཀྱི་བྱེ་བྲག ཙ་རི་ཏྲ་ནི་ལྷོ་ཕྱོགས་རྒྱ་མཚོའི་འགྲམ་ན་ཡོད་པར། སཾ་བུ་ཊི། བདེ་མཆོག ཕྱག་རྒྱ་ཆེན་པོ་ཐིག་ལེ་རྣམས་ལས་གསུངས་སོ། །གཞན་ཡང་། དེ་ཝི་ཀོ་ཊ་ཙ་རི་ཙ་གོང་མ་ཡིན་ཏེ། རྡོ་རྗེ་མཁའ་འགྲོའི་རྒྱུད་ལས། དེ་ཝི་ཀོ་ཊར་ཧྲ་ཊ་གནས། དེ་རྒྱ་གར་ཤར་ཕྱོགས། ལྷ་མོའི་མཁར་ཞེས་བྱ་བ་ན། རྡོ་རྗེ་ཆོས་འབྱུང་མིག་གི་དབྱིབས་འདྲ་བ་བྱས་པས་མཚན་པ་ཡོད་པ་ཡིན་གྱི། དེ་ཝི་ཀོ་ཊ་ཆེ་ཆུང་གཉིས་ཡོད་པ་མི་འཐད་དེ། གྱེན་དུ་ཧྲ་ཟ་ཞེས་བྱ་བ། གྲ་ཏ་པ་ལ་མཛེས་པའི་གདོང་། དེ་ཝི་ཀོ་ཊི་ར་རྡོ་མོ་ཆེ། སྟོབས་པོ་ཆེའི་སྐྱེ་གནས་འབྱུང་། ཞེས་པ། གཞན་ཡང་དེ་ཉིད་ལས། བོད་ཡུལ་དང་ནི་ལྡན་སྐྱེས་ཏེ། རང་འབྱུང་གི་ནི་སྐྱེ་གནས་འབྱུང་། ཆུ་སྲིན་རྒྱལ་མཚན་ལག་ན་ཐོགས། །ཞི་ཞིང་གསལ་བའི་གཟུགས་ཅན་དང་། །ཡུལ་དེར་གནས་པའི་ལྷ་མོ་སྟེ། །རྡོ་ཡི་ཕྱག་ལ་བརྟེན་ཏེ་གནས། །ཞེས་བཤད་པའི་ཕྱིར། ཁྱོད་འདོད་པའི་ཙ་རི་ཙ་གོང་དེའི་ཕྱོགས་ན། ཧྲ་ཊའི་ཤིང་ཡོད་ན། ཡུལ་དེ་ཙ་རི་ཏྲ་ཡིན་པར་འགལ་བ་མེད་དོ། །འོན་ཀྱང་ཁྱོད་འདོད་པའི་ཙ་རི་དེ། གནས་ཉི་ཤུ་རྩ་བཞིའི་ཡ་གྱལ་ཙ་རི་ཏྲ་མ་ཡིན་ཏེ། ཁྱོད་ཀྱི་ཙ་རི་ཙ་གོང་ན་ཧྲ་ཊའི་ཤིང་མེད་པའི་ཕྱིར། ཧྲ་ཊའི་ཤིང་ལྷོ་ཕྱོགས་རྒྱ་མཚོའི་འགྲམ་ན་ཡོད་པར་རྒྱུད་སྡེ་ལས་བཤད་པའི་ཕྱིར། ཧྲ་ཊའི་ཤིང་ནི་རྒྱལ་པོའི་ཤིང་། ལྦགས་པ་ཤིན་ཏུ་འཛམ་ཞིང་། ཡལ་ག་རྣམས་ཀྱི་ཕྱིའི་དབྱིབས་དང་། ཁ་དོག་རྒྱ་མ་བུས་པ་ལྟ་བུ། འདབ་མའི་ཕྱོགས་གཉིས་སུ། བྱའི་གཤོག་པ་ལྟར་ཆ་མཉམ་པ་ཡོད་དོ་ཞེས་རྡོ་རྗེ་མཁའ་འགྲོའི་འགྲེལ་པ་ལས་བཤད་དོ། །

བཞི་པ་གནས་ཆེན་རྒྱུ་བའི་གང་ཟག་ངོས་བཟུང་བ་ནི། ཏེ་སེ་དང་ནི་ཙ་རི་སོགས། །གལ་ཏེ་གནས་ཆེན་ཡིན་ན་ཡང་། །ཡུལ་དེར་འགྲོ་བའི་གང་ཟག་ནི། །དབང་བསྐུར་ཐོབ་ཅིང་དམ་ཚིག་ལྡན། །བརྡ་དང་བརྡ་ཡི་ལན་ཤེས་ཤིང་། །རིམ་གཉིས་རྟོགས་པ་བརྟན་པ་ཡིས། །སྤྱོད་པའི་དོན་དུ་རྒྱུ་བར་གསུངས། །དེ་ལྟ་མིན་པའི་གང་ཟག་ནི། །ཡུལ་དེར་འགྲོ་བ་རྒྱུད་ལས་བཀག མདོར་ན་ཁྱོད་འདོད་པའི་གངས་རི་ཏེ་སེ་དང་། གོང་པོ་ཙ་རི་ལ་སོགས་པ་གལ་ཏེ། རྒྱུད་ནས་བཤད་པའི་གནས་ཆེན་ཡིན་ན་ཡང་། ཡུལ་དེར་འགྲོ་བའི་གང་ཟག་ནི། རྒྱུད་སྡེ་ནས་བཤད་པའི་དབང་བསྐུར་ཐོབ་ཅིང་དམ་ཚིག་དང་ལྡན་པ། བརྡ་དང་བརྡའི་ལན་ཤེས་ཤིང་། རིམ་གཉིས་ཀྱི་རྟོགས་པ་བརྟན་པ་ནི། གསང་སྔགས་ནས་བསྟན་པའི་སྤྱོད་པ་གསུམ་གྱི་དོན་དུ་རྒྱུ་བར་གསུངས། དེ་ལྟ་མིན་པའི་གང་ཟག་གིས་ཡུལ་དེར། དབང་མ་ཐོབ། དམ་ཚིག་མི་ལྡན། རིམ་གཉིས་མི་བསྒོམ། བརྡ་དང་བརྡའི་ལན་མི་ཤེས་པ་

དག །ཡུལ་དེར་འགྲོ་བ་རྒྱུ་ལས་བཀག་སྟེ། དཔེར་ན་གཏེར་གྱི་སྲུང་མེད་པར་གཏེར་འདོན་པ་དེས་ནོར་མི་ཐོབ་ཅིང༌། བར་ཆད་འབྱུང་བ་ལྟར་ཡུལ་ཆེན་པོར་འགྲོ་བ་དགག་གོ། །ལྔ་པ་འབྲས་བུ་ལ་འཁྲུལ་བ་དགག་པ་ལ་གཉིས། མཐར་ཐུག་གི་འབྲས་བུ་དང༌། གནས་སྐབས་ཀྱི་འབྲས་བུ་ལ་འཁྲུལ་བ་དགག་པའོ། །དང་པོ་ལ་གསུམ་སྟེ། དཀར་པོ་ཆིག་ཐུབ་ལ་འབྲས་བུ་སྐུ་གསུམ་འདོད་པ་དགག ལམ་དང་འབྲས་བུ་ཕྱིན་ཅི་ལོག་འདོད་པ་དགག འབྲས་བུའི་མཐར་ཐུག་འོད་གསལ་དུ་འདོད་པ་དགག་པའོ། །དང་པོ་ལ་གཉིས་ཏེ། འདོད་པ་བརྗོད་པ་དང་དེ་དགག་པའོ། །དང་པོ་ནི། ཁ་ཅིག་དཀར་པོ་ཆིག་ཐུབ་ལ། །འབྲས་བུ་སྐུ་གསུམ་འབྱུང་ཞེས་ཟེར། ཞེས་པ། ད་ཞང་གི་རྗེས་སུ་འབྲངས་པ་སྟོང་ཉིད་རྟོགས་པས་སངས་རྒྱས་ཐོབ་པར་འདོད་པའི་ཕྱག་རྒྱ་ཁ་ཅིག སེམས་རྟོགས་ན་སངས་རྒྱས་ཡིན་པས། སངས་རྒྱས་གཞན་དུ་མི་བཙལ་བའི་འདུ་ཤེས་བསྒོམ་པར་བྱའོ། །ཞེས་པ་ལ་བརྟེན་ནས། སེམས་རྟོགས་པའི་སྟོང་ཉིད་གཅིག་པོ་དཀར་པོ་ཆིག་ཐུབ་ཡིན་པས། ཐབས་གཞན་ལ་མ་ལྟོས་པར་འབྲས་བུ་སྐུ་གསུམ་འབྱུང་ཟེར་རོ། །གཉིས་པ་ལ། སྟོང་ཉིད་རྟོགས་པས་སངས་རྒྱས་མི་ཐོབ་པར་བསྟན། །འབྲས་བུའི་ཁྱད་པར་ཐབས་ལ་རག་ལས་པར་བསྟན་པའོ། །དང་པོ་ལ་གཅིག་ལས་འབྲས་བུ་མི་འགྱུར་བར་བསྟན། གལ་ཏེ་འབྱུང་ན་ཡང་འབྲས་བུ་ཡང་གཅིག་ཏུ་འགྱུར། ཐབས་གཞན་དགོས་ན་ཆིག་ཐུབ་ཉམས། སྟོང་ཉིད་བསྟེགས་པ་དགོངས་པ་ཅན་དུ་བསྟན། དེའི་ཤེས་བྱེད་དགོད་པ་དང་ལྔ། དང་པོ་ནི། གཅིག་ལས་འབྲས་བུ་འབྱུང་མི་ནུས། །ཞེས་པ། དཀར་པོ་གཅིག་ཐུབ་བསྒོམ་པས། འབྲས་བུ་སྐུ་གསུམ་ཐོབ་པ་མི་རིགས་ཏེ། རྒྱུ་གཅིག་པོ་ན་ལས། འབྲས་བུ་དུ་མ་མི་འབྱུང་བའི་ཕྱིར་རོ། །

གཉིས་པ་ནི། གལ་ཏེ་གཅིག་ལ་འབྲས་བུ་ཞིག བྱུང་ཡང་ཉན་ཐོས་འགོག་པ་བཞིན། །འབྲས་བུ་དེ་ཡང་གཅིག་ཏུ་འགྱུར། །ཞེས་པ། གལ་ཏེ་དཀར་པོ་ཆིག་ཐུབ་ལས་འབྲས་བུ་གཅིག་འབྱུང་དུ་ཟིན་ཡང༌། སྟོང་ཉིད་ཅིག་ཏུ་འགྱུར་ཏེ། ཉན་ཐོས་འགོག་པ་བཞིན་ན། །དཔེར་ན་ས་བོན་གཅིག་ཕུས་མྱུ་གུ་སྐྱེད་མི་ནུས་ཤིང༌། །ཆུ་ལུད་དྲོད་གཤེར་སོགས་རྒྱུ་རྐྱེན་འཛོམས་ནས་མྱུ་གུ་བསྐྱེད་པ་བཞིན་ནོ། །གསུམ་པ་ནི། འགའ་ཞིག་ཐུབ་པ་བསྒོམ་པ་ཡི། །རྗེས་ལ་བསྔོ་བ་བྱེད་དགོས་ཟེར། །འོ་ན་ཆིག་ཐུབ་གཉིས་སུ་འགྱུར། །དེ་ལའང་སྐབས་འགྲོ་སེམས་བསྐྱེད་དང༌། །ཡི་དམ་ལྷ་ཡི་བསྒོམ་བཟླས་སོགས། །དགོས་ན་ཆིག་ཐུབ་དུ་མར་འགྱུར། །དེས་ན་ཆིག་ཐུབ་འདི་འདྲའི་ལུགས། །རྫོགས་སངས་རྒྱས་ཀྱིས་གསུངས་པ་མེད། །ཅེས་པ། དྭགས་པོ་ལྷ་རྗེ་སོགས་འགའ་ཞིག་གིས། །ཆིག་ཐུབ་བསྒོམ་པའི་རྗེས་ལ་གཞན་དུ་འོང་བའི་ཐབས་སུ་བསྔོ་བ་བྱེད་དགོས་ཟེར་རོ། །འོན་ཆིག་ཐུབ་གཉིས་སུ་འགྱུར་བར་ཐལ། རྗེས་ལ་བསྔོ་བ་བྱས་ནས་འབྲས་བུ་ཐོབ་དགོས་པའི་ཕྱིར། འདོད་ན་ཆིག་ཐུབ་ཏུ་འདོད་པ་འགལ་ལོ། །ཆིག་ཐུབ་དེ་ལ།

སྐྱབས་འགྲོ་སེམས་བསྐྱེད་དང་། ཡི་དམ་ལྷ་བསྒོམ་པ་ལ་སོགས་པ་དགོས་ན། ཆིག་ཐུབ་ཆོས་ཅན་དུ་མར་འགྱུར་བར་ཐལ། ཁྱོད་ལ་སྐྱབས་འགྲོ་སེམས་བསྐྱེད་སོགས་དགོས་པའི་ཕྱིར། མི་དགོས་ན། འབྲས་བུ་སྐུ་གསུམ་འདོད་པ་མི་འཐད་དེ། ཐབས་མེད་དེ་རྫོགས་པའི་བྱང་ཆུབ་ཏུ་སྒོ་རྒྱུ་མེད་པོའི་ཕྱིར་ཏེ། སྟོང་ཉིད་རྐྱང་པ་ཡིན་པའི་ཕྱིར། རྒྱུ་མཚན་དེས་ན་ཆིག་ཐུབ་འདི་འདྲའི་ལུགས་རྫོགས་པའི་སངས་རྒྱས་ཀྱིས་གསུངས་པ་མི་འཐད་དེ། ཐབས་མེད་དེ་རྫོགས་པའི་བྱང་ཆུབ་ཏུ་བསྒོ་རྒྱུ་མེད་པའི་ཕྱིར་ཏེ། སྟོང་ཉིད་རྐྱང་པ་ཡིན་པའི་ཕྱིར། རྒྱུ་མཚན་དེས་ན་ཆིག་ཐུབ་འདི་འདྲའི་ལུགས་རྫོགས་པའི་སངས་རྒྱས་ཀྱིས་གསུངས་པ་མེད་དོ། །

བཞི་པ་ནི། ཐུབ་པའི་སྟོང་ཉིད་བསྟགས་པ་ནི། །དངོས་པོར་འཛིན་པ་བཟློག་པའི་ཕྱིར། །སངས་རྒྱས་ཕྱག་འཚལ་བརྗོད་ཙམ་གྱིས། །འཁོར་བ་ལས་ནི་ཐར་ཞེས་གསུངས། །དེ་བཞིན་མཆོད་རྟེན་བསྐོར་བ་དང་། །རྟེན་འབྲེལ་ཙམ་ཞིག་ཐབས་སོགས་དང་། །བསྟགས་འབྲུ་འགའ་ཞིག་དྲན་ཙམ་གྱིས། །སྡིག་པ་ཀུན་ལས་གྲོལ་བར་འགྱུར། །ཞེས་གསུངས་པའི་དགོངས་པ་མ་ཤེས་པར། །ཚིག་འབྲུ་ཙམ་ལ་བརྟེན་མི་བྱ། །ཞེས་པ། ཐུབ་པས་སྟོང་པ་ཉིད་ཀྱི་བསྟགས་པ་མཛད་པ་ནི། དངོས་པོར་འཛིན་པའི་ལྟ་བ་ལོག་པའི་ཕྱིར་དུ་གསུངས་པ་ཡིན་གྱི། སེམས་བསྐྱེད་ལ་སོགས་པའི་ཐབས་གཞན་འགོག་པ་མ་ཡིན་ནོ། །ཐུབ་པས་སྟོང་ཉིད་ལ་བསྟགས་པ་མཛད་པའི་དགོངས་གཞི་ནི། སྟོང་ཉིད་ལ་སྐྲག་པའི་གང་ཟག་རྗེས་སུ་འཛིན་པ་ལ་དགོངས། དགོངས་པ་ལ་མངོན་པར་ཞེན་པ་ལྡོག་པའི་ཆེད་ཡིན། དངོས་ལ་གནོད་བྱེད། སྟོང་ཉིད་རྐྱང་བས་སངས་རྒྱས་མི་ཐོབ་པའི་ཕྱིར། དེ་བཞིན་དུ་སངས་རྒྱས་ལ་ཕྱག་འཚལ་ལོ་ཞེས་བརྗོད་པ་ཙམ་གྱིས་འཁོར་བ་ལས་ཐར་ཞེས་མདོ་ལས་གསུངས་པ་དང་། དེ་བཞིན་དུ་མཆོད་རྟེན་ལ་བསྐོར་བ་དང་། ཡེ་རྣམ་སོགས་པ་རྟེན་ལ་སྙིང་པོ་ཙམ་གཅིག་ཐོས་པ་སོགས་དང་། ཨོཾ་པདྨོ་ཥྞི་བི་མ་ལེ་ཧཱུཾ་ཕཊ་ཀྱི་སྔགས་འབྲུ་ཙམ་དྲན་ཙམ་གྱིས་སྔགས་པ་ཀུན་ལས་གྲོལ་བར་འགྱུར། ཞེས་མདོ་རྒྱུད་འགའ་ཞིག་ལས་གསུངས་པའི་དགོངས་པ་ཡང་། དུས་གཞན་ལ་དགོངས་པ་མ་ཤེས་པར། ཚིག་འབྲུ་ཙམ་ལ་བརྟེན་ནས་ཆོས་ཟབ་པ་དང་རྒྱ་ཆེ་བའི་དོན་སྤྱང་བར་མི་བྱའོ། །ལྔ་དེའི་ཤེས་བྱེད་དགོད་པ་ལ། རིགས་པ་དང་ལུང་གཉིས། དང་པོ་ནི། མདའ་རྐྱ་ལ་ནི་བྱེད་པ་མེད། གཞུ་བཟང་འཕེན་པ་མཁས་གྱུར་ན། །དེ་ཡི་འདོད་པའི་བྱ་བ་འགྲུབ། །དེ་བཞིན་སྟོང་ཉིད་རྐྱང་བ་ལས། །བྱེད་པ་ཅི་ཡང་ཡོད་མ་ཡིན། །ཐབས་དང་ཤེས་རབ་ལེགས་འབྲེལ་ནས། །འདོད་པའི་འབྲས་བུ་རིམ་བཞིན་ཐོབ། །ཞེས་པ། མངོན་པར་རྫོགས་པར་སངས་རྒྱ་བ་ལ། ཐབས་ཤེས་གཉིས་ཀ་དགོས་ཏེ། དཔེར་ན་མདའ་རྐྱང་པ་ལ་བྱེད་པ་མེད་ཀྱང་། གཞུང་བཟང་པོ་དང་སྐྱེས་བུ་འཕེན་པ་མཁས་པར་འགྱུར་ན། དེའི་འདོད་པའི་བྱ་བ་སྒྲུབ་པ་དེ་བཞིན་དུ། སྟོང་ཉིད་ཀྱི་ལྟ་བ་རྐྱང་པ་ལ་བྱེད་པ་ཅི་ཡང་མ་ཡིན་ཏེ།

ཐབས་སྙིང་རྗེ་ཆེན་པོ་དང་བདག་མེད་རྟོགས་པའི་ཤེས་རབ་ལེགས་པར་འབྲེལ་ན། གནས་སྐབས་དང་མཐར་ཐུག་གི་དངོས་པོའི་འབྲས་བུ་མྱུར་དུ་ཐོབ་བོ། །གཉིས་པ་ལུང་དགོད་པ་ལ། གུར་དང་། རྣམ་སྣང་མངོན་བྱང་གི་ལུང་གཉིས། རྣམ་འགྲེལ་གྱི་ལུང་དགོད་པ་དང་གསུམ། དང་པོ་ནི། རྡོ་རྗེ་གུར་ལས་འདི་སྐད་གསུངས། །གལ་ཏེ་སྟོང་པ་ཐབས་ཡིན་ན། །དེ་ཚེ་འབྲས་བུ་ཉིད་མི་འབྱུང་། །འབྲས་བུ་རྒྱུ་ལས་གཞན་མིན་ཕྱིར། །ཐབས་ནི་སྟོང་པ་ཉིད་མ་ཡིན། །ལྟ་བ་རྣམས་ལས་བཟློག་པ་དང་། །བདག་ཏུ་ལྟ་བ་ཅོལ་རྣམས་ཀྱི། །བདག་གཞན་བསམ་པ་བཟློག་པའི་ཕྱིར། །སྟོང་པ་རྒྱལ་བ་རྣམས་ཀྱིས་གསུངས། །དེ་ཕྱིར་དཀྱིལ་འཁོར་འཁོར་ལོ་ཞེས། །ཐབས་ནི་བདེ་བའི་སྡོམ་པ་སྟེ། །སངས་རྒྱས་ང་རྒྱལ་རྣལ་འབྱོར་གྱིས། །སངས་རྒྱས་ཉིད་དུ་ངེས་པར་འགྲུབ། །དེ་སོགས་ཤིན་ཏུ་གསལ་བར་གསུངས། །ཞེས་པ། རྒྱུད་རྡོ་རྗེ་གུར་ལས། འདི་སྐད་གསུངས། གལ་ཏེ་སྟོང་པ་ཐབས་ཡིན་ན། །དེ་ཚེ་སངས་རྒྱས་ཉིད་མི་འབྱུང་། །འབྲས་བུ་རྒྱུ་ལས་གཞན་མིན་ཕྱིར། །ཐབས་ནི་སྟོང་པ་ཉིད་མ་ཡིན། །ཞེས་དང་། འོན་སྟོང་ཉིད་བསྒོམ་པར་གསུངས་པ་འཐད་པ་གང་ཡིན་ཞེ་ན། མཐར་འཛིན་གྱི་ལྟ་བ་རྣམས་ལས་ལྡོག་པ་དང་། མུ་སྟེགས་བྱེད་བདག་ཏུ་ལྟ་བ་ཅོལ་རྣམས་ཀྱི། བདག་ཏུ་ཞེན་པའི་བསམ་པ་ལྡོག་པའི་ཕྱིར། སྟོང་པ་རྒྱལ་བ་རྣམས་ཀྱིས་གསུངས་ཏེ། སྟོང་པས་འཚང་རྒྱ་མི་ནུས། སངས་རྒྱས་པ་ལ་ཐབས་ལམ་ཟབ་མོ་དགོས་ཏེ། དཔེར་ན། འབྲུ་སྨན་གྱི་ནད་སུན་འབྱིན་གྱི། །ལུས་བཏས་པ་ལ་བཟའ་བཏུང་དགོས་པ་བཞིན་ནོ། །འོ་ན་གསང་སྔགས་པ་གང་གིས་འཚང་རྒྱ་ཞེ་ན། དེ་ཕྱིར་དཀྱིལ་འཁོར་འཁོར་ལོ་ཞེས། ཐབས་ནི་བསྒོམ་པ་ལ་བདེ་བའི་སྡོམ་པ་སྟེ། བསྐྱེད་རིམ་གཟུགས་སྐུའི་ང་རྒྱལ། རྫོགས་རིམ་ཆོས་སྐུའི་ང་རྒྱལ། སངས་རྒྱས་ང་རྒྱལ་གཟུགས་སྐུ་ཆོས། །སྐུ་ཟུང་འཇུག་གི་རྣལ་འབྱོར་གྱིས། །སངས་རྒྱས་ཉིད་དུ་ངེས་པར་འགྲུབ། །ཅེས་ཤིན་ཏུ་གསལ་བར་རྒྱུད་དེ་རྣམས་སུ་གསུངས་སོ། །

གཉིས་པ་ནི། རྣམ་སྣང་མངོན་བྱང་ལས་ཀྱང་ནི། ཐབས་དང་མི་ལྡན་ཡེ་ཤེས་དང་། །བསླབ་པ་དག་ཀྱང་གསུངས་པ་ནི། །དཔའ་བོ་ཆེན་པོ་ཉན་ཐོས་རྣམས། །དེ་ལ་གཞུག་པའི་ཕྱིར་གསུངས་སོ། །གང་དག་དུས་གསུམ་མགོན་པོ་རྣམས། །ཐབས་དང་ཤེས་རབ་ལྡན་པ་ལ། །བསླབས་ནས་བླ་མེད་ཐེག་པ་ནི། །འདུས་མ་བྱས་པ་དེ་ཐོབ་བོ། །གསུམ་པ་ནི།ཆོས་ཀྱི་གྲགས་པས་རྣམ་འགྲེལ་ལས། །རྣམ་པ་དུ་མར་ཐབས་མང་པོ། །ཡུན་རིང་དུས་སུ་གོམ་པ་ལས། །དེ་ལ་སྐྱོན་དང་ཡོན་ཏན་དག རབ་ཏུ་གསལ་བ་ཉིད་དུ་འགྱུར། །དེ་ནས་ཐུགས་ཀྱང་གསལ་བའི་ཕྱིར། །རྒྱུ་ཡི་བག་ཆགས་སྤངས་པ་ཡིན། །ཐུབ་ཆེན་གཞན་དོན་འཇུག་ཅན་ནི། །གསེར་བྲུལ་སོགས་ཁྱད་འདི་ཡིན། །དེ་དོན་ཕྱིར་ན་ཐབས་གོམས་པ། །དེ་ཉིད་སྟོང་པ་ཡིན་པར་བཞེད། །ཅེས་གསུངས་པའང་དེ་ཉིད་ཡིན།

ཞེས་པ། རྣམ་པ་དུ་མར་ཐབས་མང་པོ་ཡུན་རིང་དུ་གོམས་པ་ཡིན། ཐབས་བསྒོམ་པའི་སྟོབས་ཀྱིས། དེ་ལ་སྐྱོན་དང་ཡོན་ཏན་དག གོམས་པར་རབ་ཏུ་གསལ་བ་ཉིད་དུ་འགྱུར་རོ། །ཐུགས་ཀྱང་གོམ་པའི་སྟོབས་ཀྱིས་ཤིན་ཏུ་གསལ་བར་མཛད་པའི་ཕྱིར། སྒྲིབ་པ་གཉིས་ཀྱི་རྒྱུའི་བག་ཆགས་སྤངས་པ་ཡིན། ཐུབ་པ་ཆེན་པོ་གཞན་དོན་མཛད་པ་ཅན་གྱི་སངས་རྒྱས་དང་། བསེ་རུ་རང་སངས་རྒྱས་དང་། དགྲ་བཅོམ་པ་ལ་སོགས་པའི་སངས་རྒྱས་འཕགས་པའི་ཐབས་ལམ་འདི་ཡིན་ནོ། །དེ་དོན་ཕྱིར་ན་ཐབས་གོམས་པས། གཞན་ལ་དེ་ཉིད་སྟོན་པའི་སངས་རྒྱས་ཡིན་པར་བཞེད་དོ། །གཉིས་པ་འབྲས་བུའི་ཁྱད་པར་ཐབས་ལ་རག་ལས་པར་བསྟན་པ་ལས། ཐབས་ལ་མ་སྦྱངས་ན་སངས་རྒྱས་མི་འགྲུབ་པར་བསྟན། གྲོལ་བ་གསུམ་ཐབས་ཀྱིས་ཕྱེ་བར་བསྟན་པའོ། །དང་པོ་ནི། དེ་ནས་ཐབས་ལ་མ་སྦྱང་ན། །ཤེས་བྱ་ཐམས་ཅད་མཁྱེན་པ་དང་། །གཞན་དོན་མཛད་པ་མི་སྲིད་དོ། །ཞེས་པ། སངས་རྒྱས་པ་ལ་ཐབས་ཤེས་གཉིས་ཀ་དགོད་པ་དེས་ན། ཐབས་ལ་མ་སྦྱང་ན། ཤེས་བྱ་ཐམས་ཅད་མཁྱེན་པ་དང་། སེམས་ཙེ་འཕྲོད་པ་ཙམ་གྱིས་གཞན་དོན་མཛད་པ་མི་སྲིད་དོ། །

གཉིས་པ་ལ་དཔེ་དགོད་པ། དོན་བསྟན་པ། དེ་ལ་ལུང་དགོད་པ། །དོན་བསྡུ་བ་དང་བཞི། དང་པོ་ནི། ཐབས་ཀྱི་རྒྱུ་རྣམས་ཕལ་ཆེར་མཐུན། །སྨྱུན་གྱི་དབྱེ་བ་བཟང་ངན་འབྱུང་། །དེ་བཞིན་སྟོང་ཉིད་ཕལ་ཆེར་མཐུན། ། འབྲས་བུ་བཟང་ངན་ཐབས་ཀྱིས་བྱེད། །སྟོང་ཉིད་ལྟ་བས་མྱ་ངན་འདས། །ཐབས་ལ་མཁས་ན་རྫོགས་འཚང་རྒྱ། ། ཞེས་པ། ཐབས་ཀྱི་རྒྱུ་རྣམས་ཕལ་ཆེར་མཐུན་ཡང་སྨྱུན་གྱི་དབྱེ་བས་སྨམ་བུ་ལ་བཟང་ངན་འབྱུང་བ་དེ་བཞིན་དུ། ཐབས་ལ་མི་མཁས་པས་སྟོང་ཉིད་ཕལ་ཆེར་མཐུན་ཡང་། །འབྲས་བུ་བཟང་ངན་ཐབས་ཀྱིས་བྱེད་པ་ཡིན་ལ། སྟོང་པ་ཉིད་ཀྱི་ལྟ་བས་མྱ་ངན་ལས་འདས་པ་ཐོབ་ལ། ཐབས་ལ་མཁས་པའི་སྟོང་ཉིད་རྟོགས་ནས་འཚང་རྒྱའོ། ། གཉིས་པ་ནི། དེས་ན་སངས་རྒྱས་ཐོབ་འདོད་ན། ཐབས་མཁས་པ་ལ་ནན་ཏན་གྱིས། །དགྲ་བཅོམ་པ་དང་རང་སངས་རྒྱས། །རྫོགས་པའི་སངས་རྒྱས་རྣམ་པ་གསུམ། །རྣམ་པར་གྲོལ་བར་མཚུངས་ན་ཡང་། །བཟང་ངན་ཐབས་ཀྱིས་ཕྱེ་བ་ཡིན། །ཞེས་པ། སངས་རྒྱས་ཐོབ་པར་འདོད་ན་སྟོང་ཉིད་རྟོགས་པའི་ཐབས་ལ་མཁས་པ་ལ་ནན་ཏན་གྱིས་ཤིག ཉན་ཐོས་དགྲ་བཅོམ་པ་དང་། བསེ་རུ་རང་སངས་རྒྱས་དང་། རྫོགས་པའི་སངས་རྒྱས་རྣམ་པ་གསུམ། འཁོར་བ་ལས་རྣམ་པར་གྲོལ་བར་མཚུངས་ཡང་། བཟང་ངན་ཐབས་ཀྱིས་ཕྱེ་བ་ཡིན་ནོ། ། གསུམ་པ་ལུང་དགོད་པོ་ནི། བྱམས་པའི་ལུང་དགོད་པ་དང་། སློབ་དཔོན་དཔའ་བོའི་ལུང་དགོད་པའོ། །དང་པོ་ནི། དེ་ཡང་མདོ་སྡེ་རྒྱན་ལས་ནི། ཇི་ལྟར་མདུད་པའི་བྱེ་བྲག་གིས། །གོས་ལ་མཚོན་བཀྲ་མི་བཀྲ་བ། །དེ་བཞིན་འཕེན་པའི་དབང་གིས་ན། །འགྲོ་བའི་ཡེ་ཤེས་བཀྲ་མི་བཀྲ། །དེ་སྐད་གསུངས་པའང་དོན་འདི་ཡིན། །

ཞེས་པ། རྒྱུ་ལ་ཁྱད་པར་མེད་ཀྱང་། རྐྱེན་བཟང་ངན་ལ་ཁྱད་པར་ཡོད་དེ། མདོ་སྡེ་རྒྱན་ལས། ཐེག་པ་གསུམ་ངན་སོང་ལས། གྲོལ་བ་ཙམ་དུ་མཚུངས་ཀྱང་། ཐབས་ཀྱི་ཁྱད་པར་ཤིན་ཏུ་ཆེ་སྟེ། འདི་ལྟ་སྟེ་དཔེར་ན། གོས་ལ་ཚོས་བྱེད་པའི་ཐོག་མར། ཁ་དོག་དང་རི་མོའི་ཁྱད་པར་དང་། མདུད་པའི་བྱེ་བྲག་གིས་གོས་ལ་ཚོས་དང་། རི་མོའི་ཁྱད་པར་ཡོད་པ་དེ་བཞིན་དུ། །འཁོར་བ་ལས་གྲོལ་བའི་ཡེ་ཤེས་སུ་མཉམ་ཡང་། སྤྱངས་རྟོགས་མཁྱེན་པ་བགྲ་མི་བགྲ་ཁྱད་པར་ཆེའོ། །གཉིས་པ་ནི། དེ་སྐད་གསུངས་པ་དོན་འདི་ཡིན། སློབ་དཔོན་མ་ཏྲི་ཙེ་ཊས་ཀྱང་། བསེ་རུ་རྭ་དང་འདྲ་གང་དང་། །གང་ཡང་ཁྱོད་ཀྱི་རྗེས་འགྲོ་སློབ། །ཞི་པ་ཙམ་གྱིས་ཁྱོད་དང་མཚུངས། །བསམ་ཡས་ཡོན་ཏན་ཚོགས་ཀྱི་མིང་། །ཞེས་གསུངས་པ་འམ་དོན་འདི་ཡིན། ཞེས་པ། མདོ་སྡེ་རྒྱན་ལས་ཇི་སྐད་གསུངས་པའི་དོན་འདི་དང་མཚུངས་པ་ཡིན་ལ། སློབ་དཔོན་མ་ཏྲི་ཙེ་ཊས། རི་དྭགས་བསེ་རུའི་རྭ་གཅིག་པུར་སྐྱེ་བ་ལྟར། གྲོགས་དང་སློབ་དཔོན་ལ་མི་ལྟོས་པར། རང་སངས་རྒྱས་དང་། གང་ཡང་ཁྱོད་ཀྱི་རྗེས་སུ་སློབ་པ་དགྲ་བཅོམ་པའི་སྟོང་ཉིད་རྟོགས་པའི་ཞི་བ་ཙམ་ཁྱོད་དང་མཚུངས་ཤིང་། སྟོབས་དང་མི་འཇིགས་པ་ལ། བསམ་ཡས་ཡོན་ཏན་རྫོགས་ཀྱིས་མཚུངས་པ་མིན་ནོ། །ཞེས་གསུངས་པའི་དོན་ཡང་འདི་ཡིན་ནོ། །བཞི་པ་བསྡུས་ཏེ་བསྟན་པ་ལ། སྟོང་ཉིད་རྒྱང་པ་ལ་མངོན་དུ་བྱ་བ་མ་ཡིན་པ་དང་། བྱས་ན་འགོག་པར་ལྟུང་བ་དང་། དེ་བྱང་སེམས་ཀྱི་སྐྲག་པའི་གནས་སུ་བསྟན་པ་དང་གསུམ། དང་པོ་ནི། དེས་ན་སངས་རྒྱས་ཐོབ་འདོད་ན། སྟོང་པ་ཉིད་ལ་འདྲིས་པར་གྱིས། །ཐབས་མཁས་པ་ལ་འབད་པས་བསྒོམ། །སྟོང་པ་ཉིད་ལ་འདྲིས་པར་བྱ་ཡི། །མངོན་དུ་མ་བྱེད་ཅིག་ཅེས་རྒྱས་འབྲིང་བསྡུས་གསུམ་ལས། སྟོང་པ་ཉིད་ཀྱི་ཏིང་ངེ་འཛིན་ལ་འདྲིས་པར་བྱ་བའི་སྟོང་ཉིད་མངོན་དུ་མ་བྱེད་ཅེས་སོ། །ཞེས་གསུངས་པའི་ཕྱིར།

གཉིས་པ་ནི། སྟོང་ཉིད་རྒྱང་པ་བསྒོམ་ན་ནི་སྟོང་པ་ཉིད་ཀྱང་རྟོགས་མི་ནུས། གལ་ཏེ་སྟོང་ཉིད་རྟོགས་ན་ཡང་། །ཉན་ཐོས་ཀྱིས་ནི་འགོག་པར་ལྟུང་། །ཞེས་པ། ཐབས་བྲལ་བའི་སྟོང་ཉིད་ལ་རྒྱང་པ་བསྒོམ་ན། སྟོང་པ་ཉིད་ཀྱང་མངོན་སུམ་དུ་མི་རྟོགས་ཏེ། ཉི་ཚེ་བའི་སྟོང་ཉིད་རྟོགས་ཀྱང་། ཚོགས་དྲུག་འགག་པའི་འགོག་པར་ལྟུང་ངོ་། །གསུམ་པ་ནི། འཕགས་པ་དཀོན་མཆོག་བརྩེགས་པ་ལས། །སེང་གེ་གངས་ལའང་མི་འཇིགས་མོད། །མེ་ཆེན་མཐོང་ན་འཇིགས་པ་སྐྱེ། །དེ་བཞིན་བྱང་ཆུབ་སེམས་དཔའ་ཡང་། །ཆོས་གཞན་གང་ལའང་མི་འཇིགས་ཀྱང་། །སྟོང་པ་ཉིད་ལ་སྐྲག་ཅེས་གསུངས། །དེ་ཡི་དགོངས་གཞི་འདི་ལྟར་ཡིན། །ཐབས་དང་བྲལ་བའི་སྟོང་ཉིད་ཀྱིས། །མྱ་ངན་འདའ་བར་འགྱུར་ཕྱིར་རོ། །ཞེས་པ། འཕགས་པ་དཀོན་མཆོག་བརྩེགས་པའི་མདོ་ལས། རི་དྭགས་ཀྱི་རྒྱལ་པོ་སེང་གེ་རི་སུལ་ན་གནས་པ། གཞན་སུ་ལའང་མི་འཇིགས་པ། ནགས་ལ་མེ་ཆེན་པོ་མཆེད་ན། སྐྲག་ནས་འབྲོས

པར་བྱེད་དོ། །དེ་བཞིན་དུ་བྱང་ཆུབ་སེམས་དཔའ་རྣམས་ཀྱང་མཐར་མེད་པའི་སྡུག་བསྔལ་ལ་མི་འཇིགས་མོད་ཀྱི། སྟོང་པ་ཉིད་ཀྱི་མཐའ་ལ་སྐྲག་ཅེས་གསུངས་སོ། །དེའི་དགོངས་པ་འདི་ལྟར་ཡིན་ཏེ། ཐབས་དང་བྲལ་བའི་སྟོང་ཉིད་ཀྱིས། དམན་པའི་མྱ་ངན་ལས་འདའ་བའི་ཕྱིར་རོ། །གཉིས་པ་ལམ་འབྲས་བུ་ཕྱིན་ཅི་ལོག་དགག་པ་ལ། རྒྱུ་འབྲས་མི་མཚུངས་པར་འདོད་པ་དགག ས་ལམ་མི་བགྲོད་པར་སངས་རྒྱས་འདོད་པ་དགག དབང་བཞི་དང་ཀ་ལམ་བཞི་འདོད་པ་དགག་པ་དང་གསུམ། དང་པོ་ལ་འདོད་པ་བརྗོད་པ་དང་། དེ་དགག་པ་གཉིས། དང་པོ་ནི། ལ་ལ་སྟོང་ཉིད་བསྒོམ་པ་ལས། །འབྲས་བུ་སྐུ་གསུམ་འདོད་པ་དང་། །ལ་ལ་ཟུང་འཇུག་བསྒོམ་པ་ལས། ། འབྲས་བུ་འོད་གསལ་འདོད་པ་ཡོད། ཅེས་པ། དཀར་པོ་ཆིག་ཐུབ་འདོད་པ་ལ་སྟོང་ཉིད་རྐྱང་པ་སྒོམ་པ་ལས། ། འབྲས་བུ་སྐུ་གསུམ་འདོད་པ་དང་། ལ་ལ་ཐབས་ཤེས་ཟུང་འཇུག་བསྒོམས་པས་འབྲས་བུ་འོད་གསལ་སྟོང་ཉིད་དུ་འདོད་པ་ཡོད་དོ། །

གཉིས་པ་དེ་དགག་པ་ནི། རྒྱུ་འབྲས་ཕྱིན་ཅི་ལོག་པའི་ཕྱིར། །གཉིས་ཀ་ཡང་ནི་སྐྱོན་ཅན་ཡིན། །ཞེས་པ། དེ་གཉིས་ཀ་མི་འཐད་དེ། རྒྱུ་འབྲས་ཕྱིན་ཅི་ལོག་པའི་ཕྱིར། གཉིས་ཀ་སྐྱོན་ཅན་ཡིན་ནོ། །གཉིས་པ་ལ། འདོད་པ་བརྗོད་པ་དང་། དེ་དགག་པ་གཉིས། དང་པོ་ནི། ཁ་ཅིག་ས་ལམ་མ་བགྲོད་པར། ། རྫོགས་འཚང་རྒྱ་བར་འདོད་པ་དང་། ། ཏེ་སེ་ལ་སོགས་བསྐོར་བ་དང་། །རྩ་མདུད་མེད་སོགས་འདོད་པ་ཡང་། །ཞེས་པ། ཞང་འཚལ་པས། ཕྱག་རྒྱ་ཆེན་པོ་ཆིག་ཆོད་ལས། །ཁ་ཅིག ས་ལམ་རྩེ་བའི་རྣལ་འབྱོར་འབྱུལ། །ཞེས་པ་ས་ལམ་མི་བགྲོད་པར་རྫོགས་འཚང་རྒྱ་བར། །ཕྱག་རྒྱ་ཆེན་པོ་ཅིག་ཆར་ལ་མི་དགོས་ཞེས་འདོད་པ་དང་། ཁ་ཅིག་ཏེ་སེ་ལ་སོགས་པ་བསྐོར་བ་དང་། དེ་ཙམ་གྱི་རྩ་འདུད་མེད་པ་ལ་སོགས་པར་འདོད་དོ། །གཉིས་པ་ནི། རྒྱུད་སྡེའི་དགོངས་པ་མི་ཤེས་པས། །དེ་དག་ཤིན་ཏུ་འགལ་བ་ཡིན། །ཕྱི་རུ་ཡུལ་རྣམས་བགྲོད་པ་དང་། །ནང་དུ་རྩ་མདུད་གྲོལ་བ་ནི། །ས་བཅུ་ལ་སོགས་བགྲོད་པ་ཡི། །

ལྷག་པ་རེད། ཧྟེན་འབྲེལ་ཉིད་ཀྱིས་འབྱུང་བ་ཡིན། །འདི་དོན་རྣལ་འབྱོར་ཆེན་པོ་ཡི། །རྒྱུད་ཀྱིས་ལམ་སྐབས་ལྟོས། །དེས་ན་ས་ལམ་མ་བགྲོད་པའི། །ཡུལ་སོགས་བགྲོད་པ་བཞད་གད་གནས། །ཞེས་པ། རྒྱུད་སྡེའི་དགོངས་པ་རིམ་གཉིས་བསྒོམ་མི་ཤེས་པར་དེ་དག་ཤིན་ཏུ་འགལ་བ་ཡིན་ནོ། །ཕྱི་རུ་ཡུལ་རྣམས་བགྲོད་པ་དང་། ནང་དུ་རྩ་མདུད་གྲོལ་བའི་རྣལ་འབྱོར་པས་ས་བཅུ་ བགྲོད་པའི་རྟེན་འབྲེལ་གྱིས་འབྱུང་བ་ཡིན་ལ། འདི་དོན་རྣལ་འབྱོར་ཆེན་པོའི་རྒྱུད་ཀྱི་ས་ལམ་སྐབས་སུ་ལྟོས་ཤིག འདི་དག་ནི་སྔོད་མིན་ལ་གསང་བ་ཡིན་པས་རྒྱས་པར་མ་བྲིས་སོ། །དེས་ན་ས་ལམ་མི་བགྲོད་པའི་ཡུལ་ཉི་ཤུ་རྩ་བཞི་སོགས་བགྲོད་པ་ནི་མཁས་པའི་བཞད་གད་ཀྱི་གནས་ཡིན་ནོ། །གསུམ་པ་ནི། ལ་ལ་དབང་བཞི་མི་འདོད་ཅིང་། །བསྐྱེད་རིམ་ལ་སོགས་ལམ་བཞི་པོའི། །རྣམ་པར་བཞག་པར་མི་འདོད་པར། །ཇོ་རྗེ་ཐེག་པའི་འབྲས་བུ་ནི།

སྤྲུལ་སྐུ་ལ་སོགས་སྐུ་བཞི་ཞེས། །འདོད་པ་དེ་ཡང་ལོག་ཤེས་ཡིན། །ཞེས་པ་ནི། མར་པའི་རྗེས་སུ་འབྲངས་པའི་བོད་ཀྱི་གསང་སྔགས་པ་ལ་དབང་བཞི་མི་འདོད་ཅིང་། སྐྱེད་རིམ་ལ་སོགས་ལམ་བཞི་པོའི་རྣམ་བཞག་མི་འདོད་པར། རྡོ་རྗེ་ཐེག་པའི་འབྲས་བུ་ནི། སྤྲུལ་སྐུ་ལ་སོགས་སྐུ་བཞི་ཞེས། འདོད་པ་དེ་ཡང་ལོག་ཤེས་ཡིན་ཏེ། དབང་བཞི་ཐོབ། ལམ་བཞི་བསྒོམས་པས། འབྲས་བུ་བཞི་འབྱུང་བའི་ཕྱིར། གསུམ་པ་འབྲས་བུའི་མཐར་ཐུག་འོད་གསལ་དུ་འདོད་པ་ནི། ཁ་ཅིག་འབྲས་བུའི་མཐར་ཐུག་ནི། །འོད་གསལ་ཡིན་ཞེས་སྨྲ་བ་ཐོས། །འདི་ནི་འཕགས་པའི་དགོངས་པ་མིན། །རིམ་ལྔ་དང་ནི་སྤྱོད་བསྡུས་སུ། །འོད་གསལ་བ་ལས་ཟུང་འཇུག་སྐུར། །ལྡང་བ་མཐར་ཐུག་ཡིན་པར་གསུངས། །ཞེས་པ། གསང་འདུས་པ་ཁ་ཅིག འབྲས་བུའི་མཐར་ཐུག་ནི། སེམས་འོད་གསལ་གཅིག་པུ་སངས་རྒྱས་ཡིན་ཞེས་སྨྲ་བ་ཐོས་སོ། །དེ་ནི། འཕགས་པ་ཀླུ་སྒྲུབ་ཡབ་སྲས་ཀྱི་དགོངས་པ་མ་ཡིན་ཏེ། རིམ་ལྔ་དང་སྤྱོད་བསྡུས་སུ། །འོད་གསལ་ལས་ཟུང་འཇུག་གི་སྐུར་ལྡང་བ་མཐར་ཐུག་ཡིན་པར་གསུངས་ཏེ། འོད་གསལ་ཉིད་ལས་ལངས་ནས་ནི། །ཟུང་དུ་འཇུག་པ་འཐོབ་པར་འགྱུར། །ཟུང་འཇུག་རིམ་པ་ལ་གནས་ནས། །སླར་ཡང་གང་དུའང་མི་བསླབ་བོ། །ཞེས་བྱ་བ་དང་། །སྤྱོད་བསྡུས་སུ། འོད་གསལ་ཟུང་འཇུག་ཏུ་ལྡང་བའི་ཚུལ་རྒྱས་པར་གསུངས་སོ། །གཉིས་པ་གནས་སྐབས་ཀྱི་འབྲས་བུ་ལ་འཁྲུལ་པ་དགག་པ་ལ། གྲུབ་ཐོབ་པས་རྟོགས་ལྡན་བཟང་པ་དགག ཉམས་པས་གོ་རྟོགས་བཟང་བ་དགག རྣལ་འབྱོར་རྣམ་བཞིས་ལམ་དང་སྤྱོད་པ་དགག་པ་དང་གསུམ། དང་པོ་ལ་འདོད་པ་བརྗོད་པ་དང་དེ་དགག་པ་གཉིས། དང་པོ་ནི། ལ་ལ་གྲུབ་ཐོབ་ངན་ཞེས་ཟེར། །རྟོགས་ལྡན་བཟང་པོ་ཡིན་ནོ་ལོ། །གྲུབ་ཐོབ་བརྒྱ་བཅུའི་ནང་ན་ཡང་། །རྟོགས་ལྡན་མེད་ཅེས་ཟེར་བ་ཐོས། །ཞེས་པ། ཕྱག་རྒྱ་བ་ལ་ལ། གྲུབ་ཐོབ་དང་རྟོགས་ལྡན་གྲུབ་ཐོབ་ངན། །གྲུབ་ཐོབ་བརྒྱ་བཅུའི་ནང་ན་རྟོགས་ལྡན་མེད་ཟེར་བ་ཐོས་སོ། །གཉིས་པ་ནི། འདི་འདྲ་འཕགས་པའི་གང་ཟག་དང་། ༽

བླ་མ་རྣམས་ལ་སྐུར་འདེབས་ཡིན། །འདི་འདྲ་འཛིན་པ་ལྷ་ཅི་སྨོས། །ཐོས་པར་གྱུར་ཀྱང་རྣ་བ་དགབ། །དེའི་འཐད་པ་བཤད་ཀྱིས་ཉོན། །གྲུབ་ཐོབ་ཆུང་དུ་མཐོང་ལམ་ཡིན། །གྲུབ་པ་འབྲིང་པོ་ས་བརྒྱད་པ། །གྲུབ་པ་ཆེན་པོ་སངས་རྒྱས་ས། །འཕགས་པ་མིན་ལ་གྲུབ་ཐོབ་མེད། །མདོ་སྡེ་རྒྱན་ལས་འདི་སྐད་གསུངས། །གྲུབ་པ་དག་དང་མ་གྲུབ་དང་། །གྲུབ་པ་དག་ཏུ་ཤེས་པར་བྱ། །མ་གྲུབ་པ་ཡང་གྲུབ་པ་དང་། །གྲུབ་པ་དག་ཏུ་ཡང་དག་འདོད། །ཅེས་གསུངས་དགོངས་པ་དེ་ཉིད་ཡིན། །རྣལ་འབྱོར་དབང་ཕྱུག་ཆེན་པོ་ཡིས། །ལམ་འབྲས་ལས་ཀྱང་དེ་སྐད་གསུངས། །དེང་ཀྱི་གྲུབ་ཐོབ་དེ་འདྲ་ཡིན། །རྟོགས་ལྡན་མཚན་ཉིད་འདི་ཡིན་ཞེས། །མདོ་རྒྱུད་ཀུན་ལས་གསུངས་པ་མེད། །དེས་ན་རྟོགས་ལྡན་བླུན་པོ་ལ། །གྲགས་ཀྱི་མཁས་པ་རྣམས་ལ་མིན། །ཞེས་པ། གྲུབ་ཐོབ་པས་རྟོགས་ལྡན་བཟང་ཟེར་བའི་ཚིག་འདི་འདྲ་ནི། འཕགས་པའི་གང་ཟག་དང་བླ་མ་རྣམས་ལ། སྐུར་པ་འདེབས་པ་ཡིན་ཞིང་། འདི་འདྲ་འཛིན་པ་ལྷ་ཅི་སྨོས། ཐོས་པར་གྱུར་ཀྱང་རྣ་བ་བཀག། དེའི་འཐད་པ་བཤད་ཀྱིས་ཉོན་ཅིག གྲུབ་ཐོབ་ཆུང་དུ་མཐོང་ལམ། འབྲིང་པོ་ས་བརྒྱད་པ། གྲུབ་པ་ཆེན་པོ་སངས་རྒྱས་ཀྱི་ས་ཡིན་ནོ། །

འཕགས་པ་མིན་པ་ལ་གྲུབ་ཐོབ་མེད་དོ། །མདོ་སྡེ་རྒྱན་ལས། གསུངས་པའི་དགོངས་པ་ནི། དག་པའི་ས་ལ་ལྟོས་
ནས། མ་དག་པའི་ས་དང་པོའང་མ་གྲུབ་པ། འཇིག་རྟེན་པ་ལ་ལྟོས་ནས་ས་དང་པོའང་གྲུབ་པ་སངས་རྒྱས་ཀྱིས་
ས་ལ་ལྟོས་ནས་ས་བརྒྱད་པའང་མ་གྲུབ་པ། མ་དག་པའི་ས་བདུན་པ་མན་ཆད་ལ་ལྟོས་ནས་ས་བརྒྱད་པའང་གྲུབ་པ། ས་
གྲུབ་པ་མཐར་ཐུག་པ་སངས་རྒྱས་ཀྱི་ས་ཡིན་ནོ། །མཐར་ཐུག་ཏུ་འདོད་དོ། །ཞེས་གསུངས་པའི་དགོངས་པའང་
འདི་ཉིད་ཡིན་པར་རྣལ་འབྱོར་དབང་ཕྱུག་ཆེན་པོའི་ལམ་འབྲས་ལ་ཡང་འདི་སྐད་གསུངས། ཏེད་ཀྱི་གྲུབ་ཐོབ་
དེ་འདྲ་ཡིན་ནོ། །ཁྱོད་ཀྱི་རྟོགས་ལྡན་གྱི་མཚན་ཉིད་འདི་ཡིན་ནོ་ཞེས་མདོ་རྒྱུད་ཀུན་ལས་གསུངས་པ་མེད་དོ། །
རྒྱུ་མཚན་དེས་ན། རྟོགས་ལྡན་ཞེས་བྱ་བའི་མིང་འདི། ཆོས་མ་ཐོས་པའི་བླུན་པོ་ལ་གྲགས་ཀྱི་མཁས་པ་རྣམས
ལ་མ་ཡིན་ནོ། །གཉིས་པ། ཉམས་པས་གོ་རྟོགས་བཟང་པར་འདོད་པ་དགག་པ་ལ། འདོད་པ་བརྗོད་པ་དང་། དེ་
དགག་པ་གཉིས། དང་པོ་ནི། ལ་ལ་ཉམས་དང་གོ་བ་དང་། །རྟོགས་པ་ཞེས་བྱ་རྣམ་པ་གསུམ། །ཉམས་ནི་ངན་
ལ་གོ་བ་འབྲིང་། །རྟོགས་པ་བཟང་པ་ཡིན་ཞེས་ཟེར། །ཞེས་པ། གླིང་རས་ཀྱི་རྗེས་འབྲངས་ལ་ལ། དང་པོ་
སྐྱེས་པའི་ཉམས། ཅི་ཡིན་མི་ཤེས་པས་ངན། གནས་ལུགས་ཀྱི་སྟེང་ནས་གོ་བ་སྐྱེས་ན་འབྲིང་ཡིན། གོ་བ་དང་
མཐུན་པའི་རྟོགས་པ་སྐྱེས་ན་བཟང་བ་ཡིན་ཞེས་ཟེར་རོ། །གཉིས་པ། དེ་དགག་པ་ནི། འདི་ཡང་རེ་ཞིག་བརྟག་
པར་བྱ། །ཉམས་ཞེས་བྱ་བ་ཉམས་མྱོང་ལ། །ཟེར་ན་སེམས་ཡོད་ཐམས་ཅད་ལ། །མྱོང་བ་དེ་ཡང་ཡོད་པ་ཡིན། །
གལ་ཏེ་བསྒོམ་པའི་ཉམས་མྱོང་ལ། །ཟེར་ན་ཚོགས་ལམ་ཆུང་ངུ་ནས། །མཐར་ཕྱིན་ལམ་གྱི་བར་དུ་ཡོད། །འོན་
ཏེ་སོ་སོ་རང་རིག་པའི། །ཡེ་ཤེས་ཡིན་ན་འཕགས་པ་ཡི། །གང་ཟག་རྣམས་ལ་ཉམས་དེ་ཡོད། །གོ་བ་དང་ནི་
རྟོགས་པ་གཉིས། །རྣམ་གྲངས་སྒྲ་ཡི་ངོ་བོ་གཅིག རྒྱ་སྐད་ཅིག ལོ་ཙཱ་བའི། འགྱུར་གྱི་དབྱེ་བ་ནར་ཟད། རྟོགས་
པ་གསལ་དང་མི་གསལ་ལ། །གོ་དང་རྟོགས་པར་འདོགས་ན་ཐོགས། །གཞུང་ལུགས་འགའ་ལས་བསྒོམ་པ་ཡི། །
ཏིང་འཛིན་ཉམས་ཀྱི་སྣང་བ་སྟེ། །རྗོགས་སངས་རྒྱས་ཀྱི་ཡེ་ཤེས་ལ། །དག་པའི་སྣང་བར་བཤད་པ་ཡོད། །
བསྒོམ་ཉམས་སྐྱོན་མེད་ཅེས་བྱ་བ། །སངས་རྒྱས་པ་ལ་བཤད་པ་མཐོང་། །དེ་ཡི་ཉམས་དང་རྟོགས་པ་ལ། །
བཟང་ངན་རྣམ་པར་དབྱེ་བ་མེད། ཞེས་པ། ཉམས་ངན་ལ། གོ་བ་འབྲིང་། རྟོགས་པ་བཟང་། འདི་ཡང་རེ་
ཞིག་བརྟག་པར་བྱ་སྟེ། ཉམས་ཞེས་བྱ་བ་ཉམས་མྱོང་ལ་ཟེར་ན། སེམས་ཡོད་ཐམས་ཅད་ལ་ཉམས་མྱོང་དེ་ཡོད་ལ།
གལ་ཏེ་བསྒོམ་པའི་ཉམས་མྱོང་ལ་ཟེར་ན། ཚོགས་ལམ་ཆུང་ངུ་ནས། མཐར་ཕྱིན་གྱི་བར་དུ་ཡོད་དོ། །འོན་ཏེ་སོ་སོ་རང་
གི་རིག་པའི་ཡེ་ཤེས་ཡིན་ན། འཕགས་པའི་གང་ཟག་རྣམས་ལ་ཡོད་དོ། །ཤེས་བྱ་ཆོས་ཅན། གོ་རྟོགས་གཅིག་
ལ་ངོ་བོ་ལྡོག་པ་ཐ་དད་གཉིས་པ་ཡིན་ཏེ། གོ་བ་ཐྰ་ཏ་དང་། རྟོགས་པ་ཐྰ་ཏེ་གཉིས་རྣམ་གྲངས་སྒྲ་ཡི་ངོ་བོ་

གཅིག ཀྱྀ་སྣད་གཅིག་ལ། ལོ་ཙཱ་བའི་འགྱུར་གྱི་དབྱེ་བ་ཁོ་ནར་ཟད་པའི་ཕྱིར། དེ་ལ་ལོ་ཙཱ་བ་ལས་དེ་གཉིས་ཀར་བསྒྱུར། ལ་ལས་རེས་རྟོགས་པར་བསྒྱུར། རེས་ཉམས་སུ་བསྒྱུར། རེས་ཧི་ལྷུར་བདེ་བར་བསྒྱུར་རེས་འགའ་སོ་སོར་བསྒྱུར་བའོ། །ཁྱོད་རྟོགས་པ་གསལ་བ་ལ་གོ་བ་དང་། མི་གསལ་བ་ལ་རྟོགས་པར་འདོགས་ན་ཐོགས་གཅིག མིང་ལ་མི་རྩོད་དོ། །ལམ་འབྲས་པའི་གཞུང་འགའ་ལས། རྣལ་འབྱོར་པའི་བསྒོམ་པའི་ཏིང་ངེ་འཛིན་ལ་ཉམས་ཀྱི་སྣང་བ་དང་། རྫོགས་པའི་སངས་རྒྱས་ཀྱི་ཡེ་ཤེས་ལ་དག་པའི་སྣང་བར་བཤད་པ་ཡོད་དེ། རྣལ་འབྱོར་པ་ལ་ཏིང་ངེ་འཛིན་ལ་ཉམས་ཀྱི་སྣང་བ་དེ་བཞིན་གཤེགས་པའི་སྐུ་གསུང་ཐུགས་མི་ཟད་པ་རྒྱན་གྱི་འཁོར་ལོ་ལ་དག་པའི་སྣང་བ་ཞེས་གསུངས་སོ། །བསྒོམ་ཉམས་སྐྱོང་མེད་ཅེས་བྱ་བ། སངས་རྒྱས་ས་ལ་བཤད་པ་མཐོང་ངོ་། །འདི་འདྲ་ཉམས་དང་རྟོག་པ་ལ་བཟང་ངན་གྱི་རྣམ་དབྱེ་མེད་དོ། །

གསུམ་པ་རྣལ་འབྱོར་རྣམ་བཞི་ས་ལམ་དང་། སྦྱོར་བ་དགག་པ་ལ་གཉིས་ཏེ། ཁས་བླངས་བརྗོད་པ་ནི། རྩེ་གཅིག་དང་ནི་སྤྲོས་བྲལ་དང་། །རོ་གཅིག་དང་ནི་བསྒོམ་མེད་བཞི། །རྩེ་གཅིག་མཐོང་ལམ་སྤྲོས་བྲལ་ནི། །ས་བདུན་ཡིན་པར་རོ་གཅིག་ནི། །དག་པའི་ས་གསུམ་བསྒོམ་མེད་ནི། །སངས་རྒྱས་ས་ཞེས་ལ་ལ་ཟེར། །ཞེས་པ། རྩེ་གཅིག་ནི་མཐོང་ལམ། །སྤྲོས་བྲལ་གཉིས་པ་ནས་བདུན་པའི་བར། རོ་གཅིག་ས་ནི་དག་པ་ས་གསུམ། བསྒོམ་མེད་ནི་སངས་རྒྱས་ཀྱི་ས། ལམ་ལ་སྦྱར་ན་ཁ་ཅིག ཚོགས་སྦྱོར་གཉིས་རྩེ་གཅིག མཐོང་ལམ་སྤྲོས་བྲལ། བསྒོམ་ལམ་རོ་གཅིག བསྒོམ་མེད་མཐར་ཕྱིན་པའི་ལམ་ཡིན་ཞེས་ཟེར་རོ། །འདི་ཡང་མི་ཏྲི་པའི་གདམས་ངག་ཏུ་འདོད་པ་ནི། མར་པའི་སློབ་མ་མིན་པ་ལ་མེད་དེ། ན་རོ་པ་ཞེས་པའི་རྣལ་འབྱོར་པ་གྲོང་འཇུག་འབྱོངས་པ་གཅིག་གིས། དྭགས་སྒོམ་གི་ཡུལ་དུ་ཁྲིའུ་རོ་ལ་གྲོང་འཇུག་བྱས་པས། །དེ་དྭགས་པོ་ལྷ་རྗེས་རྟ་ཚོད་ནས། །ཕྱག་རྒྱ་ཆེན་པོ་ལ་སྦྱར་བ་ཡིན་ནོ། །མཐར་རྟ་བས་དང་པོ་ལུས་སྦྱོད་གཙོ་བོར་སྟོན། གཉིས་པ་ངག་སྦྱོད་གཙོ་བོར་སྟོན། གསུམ་པ་སེམས་བསྐྱེད་གཙོ་བོར་སྟོན། བཞི་བ་ལྷན་སྐྱེས་འབབ་ཞིག་གོ། །ཞེས་བཤད་དོ། །གཉིས་པ་ལ། ལམ་ལ་འཇོག་ཚུལ་དྲི་བ་དང་། དེའི་དོན་དགག་པའོ། །དང་པོ་ནི། འདིའང་ཕྱེ་སྟེ་བཤད་ཀྱིས་ཉོན། །སོ་སོ་སྐྱེ་བོ་ཉིད་ཡིན་ཡང་། །གལ་ཏེ་ཆོས་མཐུན་ཙམ་སྐྱེ་འམ། །འོན་ཏེ་འཕགས་པ་ཉིད་ཡིན་པའི། །བདེན་པའི་ས་ལམ་དངོས་སུ་བྱེད། །སོ་སོ་སྐྱེ་བོའི་གང་ཟག་ལ། །ཆོས་མཐུན་ཙམ་ཞིག་སྐྱེ་ན་ནི། །ཆོས་ནས་གསུངས་ན་འགལ་བ་མེད། །རྣལ་འབྱོར་རྣམ་པ་བཞི་ས་ལམ་དང་སྦྱར་ནས་བཤད་པ་འདི་ཡང་ཕྱེ་སྟེ་བཤད་ཀྱིས་ཉོན་ཅིག སོ་སོ་སྐྱེ་བོ་ཉིད་ཀྱི་ས་ཡིན་ཡང་ཆོས་མཐུན་ཙམ་ཞིག་སྐྱེ་ན་ནི། ཆོས་ནས་བཤད་ན་འགལ་བ་མེད་དོ། །གཉིས་པ་ནི། དཔེར་ན་སྨི་ལམ་ངེས་བརྟན་ལས། ཐར་པའི་མཆོད་རྟེན་འཛེམ་པ་ལས། བྱས་པ་མཐོང་

ནས་དང་པོ། རྡོ་ལས་བྱས་མཐོང་ས་གཉིས་པ། རྡོ་ཐལ་གྱིས་བྱུགས་པ་ས་གསུམ་པ། སྣེགས་བུར་གདུགས་བྱས་ས་བཞི་པ། རྡོ་སྐས་བྱི་དོར་བྱས་པ་ལྔར། གསེར་གྱི་སྤྲིང་མཐོང་ས་དྲུག་པ། རིན་ཆེན་དྲ་བས་གཡོགས་པ་བདུན། ། གཡེང་ཁའི་དྲ་བས་གཡོགས་པ་བརྒྱད། །ས་དགུ་དང་ནི་བཅུ་བ་ལ། །སྨི་ལམ་ལོག་པར་མཐོང་མེད་གསུངས། །དེ་སོགས་རྨི་ལམ་བྱེ་བྲག་ལ། །ས་བཅུའི་དབྱེ་བ་མཛད་པ་མཐོང་། །འདི་ནི་མོས་པ་སྤྱོད་པ་ཡི། །ས་བཅུ་ཡིན་གྱི་འཕགས་པའི་མིན། །དེ་བཞིན་རྩེ་གཅིག་ལ་སོགས་ལའང་། །གལ་ཏེ་མདོ་དང་རྒྱུད་སྡེ་ལས། །མོས་པ་སྤྱོད་པའི་ས་ལམ་དུ། །གསུངས་པ་མཐོང་ན་མི་འགལ་མོད། །འོན་ཀྱང་འདི་འདྲ་བཤད་པ་མེད། །ཞེས་ཏེ་འཕགས་པའི་སར་བྱེད་ན། །མདོ་རྒྱུད་ཀུན་དང་འགལ་བར་འགྱུར། །ཞེས་པ། དཀོན་མཆོག་བརྩེགས་པའི་རྨི་ལམ་ངེས་པར་བསྟན་པའི་མདོ་ལས། ཐུབ་པའི་མཆོད་རྟེན་འཛིམ་པ་ལས། བྱས་པ་མཐོང་ན་ས་དང་པོ། རྡོ་ལས་བྱས་མཐོང་ས་གཉིས་པ། རྡོ་ཐལ་གྱིས་བྱུགས་པ་ས་གསུམ་པ། སྣེགས་བུར་གདུགས་བྱས་ས་བཞི་པ། རྡོ་སྐས་བྱི་དོར་བྱས་པ་ལྔ། གསེར་གྱི་དྲ་བས་གཡོགས་པ་ས་དྲུག་པ། རིན་ཆེན་དྲ་བ་གཡོགས་པ་ས་བདུན་པ། །གཡེར་ཁའི་དྲ་བས་གཡོགས་པ་ས་བརྒྱད་པ། །ས་དགུ་དང་བཅུ་པ་ལ་རྨི་ལམ་ལོག་པར་མཐོང་བ་མེད་དོ། །ཞེས་གསུངས་ཏེ། དཀོན་བརྩེགས་ལས། གལ་ཏེ་དེ་བཞིན་གཤེགས་པའི་མཆོད་རྟེན་འཛིམ་པ་ལས་བྱས་པ་མཐོང་ནས་ས་དང་པོར་བལྟའོ། །གལ་ཏེ་རྡོ་ལས་བྱས་པ་མཐོང་ན་ས་གཉིས་པར་བལྟའོ། །གལ་ཏེ་རྡོ་ཐལ་གྱིས་བྱི་དོར་བྱས་པ་མཐོང་ན་ས་གསུམ་པར་བལྟའོ། །གལ་ཏེ་སྣེགས་བུ་ལ་འདུག་པ་དང་། བྱི་དོར་བྱས་པ་མཐོང་ན་བཞི་པར་བལྟའོ། །གལ་ཏེ་རྡོའི་ཁ་བྱི་དོར་བྱས་པ་མཐོང་ན་ས་ལྔ་པར་བལྟ་བའོ། །གལ་ཏེ་གསེར་གྱི་དྲ་བས་སྤྲི་བ་མཐོང་ན་ས་དྲུག་པར་བལྟའོ། །གལ་ཏེ་གསེར་གྱི་དྲ་བས་གཡོགས་པ་མཐོང་ན་ས་བདུན་པར་བལྟའོ། །གལ་ཏེ་དྲིལ་བུ་གཡེར་ཁའི་དྲ་བས་གཡོགས་པ་མཐོང་ན་ས་བརྒྱད་པར་བལྟའོ། །ས་དགུ་པ་དང་བཅུ་པ་ལ་ནི། རྨི་ལམ་ལོག་པར་མཐོང་བ་མེད་དོ། །དེ་ལ་སོགས་པ་རྨི་ལམ་བྱེ་བྲག་ལ། ས་བཅུའི་དབྱེ་བ་མཛད་པར་མཐོང་བ་འདི་ནི། མོས་པ་སྤྱོད་པའི་སོ་སོའི་སྐྱེ་བོའི་རྣམ་བཞག་ཡིན་གྱི་འཕགས་པའི་ས་བཅུའི་རྣམ་བཞག་མ་ཡིན་ནོ། ། དེ་བཞིན་དུ་རྩེ་གཅིག་ལ་སོགས་པའང་གལ་ཏེ་མདོ་རྒྱུད་ལས། འཕགས་པའི་སར་བཞག་པ་ནི་མེད། མོས་པ་སྤྱོད་པའི་ས་ལམ་དུ་གསུངས་པ་མཐོང་ན། མི་འགལ་བ་ཡིན་མོད། འོན་ཀྱང་རྩེ་གཅིག་ལ་སོགས་པ་འདི་འདྲ་མོས་པ་སྤྱོད་པའི་སར་མདོ་རྒྱུད་གང་ནས་ཀྱང་མ་བཤད་དོ། །ཅི་སྟེ་རྩེ་གཅིག་ལ་སོགས་པ་འཕགས་པའི་སར་བྱེད་ན། མདོ་རྒྱུད་ཀུན་དང་འགལ་བའི་ཕྱིར་མི་འཐད་དོ། །གཉིས་པ་ཐེག་པ་རང་ས་ན་བདེན་པར་འདོད་པ་དགག་པ་ལ། འདོད་པ་བརྗོད་པ་དང་དེ་དགག་པ་གཉིས། དང་པོ་ནི། ཁ་ཅིག་ཐེག་པ་རང་ས་ན། བདེན་པ་

ཡིན་ཞེས། བྱེད་དོ། །དེ་དགག་པ་ལ་གསུམ་སྟེ། སྨྲ་བ་ཐམས་ཅད་རང་ས་ན་བདེན་པ་དང་། གྲུབ་མཐའ་ཐམས་ཅད་རང་ས་ན་བདེན་པ་དང་། སངས་རྒྱས་པའི་གྲུབམཐའ་ཀུན་རང་ས་ན་བདེན་པར་འདོད་པ་དགག་པའོ། །དང་པོ་ནི། འདི་འང་བརྟག་པར་བྱ་བས་ཉོན། །གལ་ཏེ་སླུས་ཚད་བདེན་ན་ནི། །རྫུན་ཚིག་ཤེས་བྱ་ལ་མི་སྲིད། །ཅེས་པ། འདི་འང་བརྟག་པར་བྱ་བས་ཉོན་ཅིག གལ་ཏེ་སླུས་ཚད་བདེན་ན་ནི། །རྫུན་ཚིག་ཤེས་བྱར་མི་སྲིད་དོ། །གཉིས་པ་ནི། འོན་ཏེ་གྲུབ་མཐའ་ཀུན་བདེན་ན། །འཚེ་བ་ཆོས་སུ་སྨྲ་བ་དང་། །འཇིག་རྟེན་ཕ་རོལ་མེད་པ་སོགས། །ལྟ་ལོག་ཐམས་ཅད་བདེན་པར་འགྱུར། །གལ་ཏེ་མུ་སྟེགས་མཆོག་རྣམས་ལ། །བརྟག་པའི་དངོས་པོ་ལ་སོགས་པ། །རྫུན་པ་དུ་མ་འང་ཡོད་མོད་ཀྱང་། །སྦྱིན་དང་ཚུལ་ཁྲིམས་བཟོད་པ་སོགས། །བདེན་པའང་དུ་མ་ཡོད་པའི་ཕྱིར། །བདེན་པའི་ཆ་ནས་གྲུབ་མཐའ་ཀུན། །རང་ས་ན་ནི་བདེན་སྙམ་ན། །སྦྱིན་སོགས་ཕལ་ཆེར་བདེན་མོད་ཀྱང་། །སྐྱབས་གནས་དང་ནི་ལྟ་བ་དང་། །ཐབས་ཀྱི་གནད་རྣམས་འཁྲུལ་བས་ན། །ཆོས་གཞན་བཟང་ཡང་སྐྱོབ་མི་ནུས། །ཞེས་པ། འོན་ཀྱང་གྲུབ་མཐའ་ཀུན་བདེན་ན། །དབང་ཕྱུག་པ་འཚེ་བ་ཆོས་སུ་སྨྲ། རྒྱལ་པོ་ལ་ནི་རྒྱ་རིགས་གཅད། བྲམ་ཟེའི་རིགས་པ་ལ་བྲམ་ཟེ་གསད། དམངས་རིགས་ལ་ནི་དམངས་རིགས་གསད། ཅེས་བཤད་པས་འཚེ་བ་ཆོས་སུ་སྨྲ་བ་དང་། རྒྱང་འཕེན་པ། མ་ཤི་བར་དུ་བདེ་བར་འཚོ། ཤི་ཟིན་ཕན་ཆད་སྤྱོད་ཡུལ་མེད། །ལུས་ནི་ཐལ་བར་འགྱུར་བ་ལ། །ཕྱིར་ཡང་འོང་བ་ག་ན་ཡོད། །སྡོ་བཟང་མ་ཐོས་གང་སླུས་པ། །དེ་དག་སྤྱང་ཁྱིའི་རྗེས་དང་འདྲ། ཞེས་ཚེ་ཕྱི་མ་མེད་པ་རྣམས་བདེན་པར་འགྱུར་རོ། །གལ་ཏེ་མུ་སྟེགས་པའི་མཆོག་རྣམས་ལ་བརྟག་པའི་དངོས་པོ་དང་། རང་བཞིན་གཅིག་ཅིང་གནས་སྐབས་ཐ་དད་པ་སོགས་རྫུན་པ་དུ་མ་ཡོད་མོད་ཀྱང་། །སྦྱིན་པ། ཚུལ་ཁྲིམས། བཟོད་པ། བྱམས་སྙིང་རྗེ་སོགས་བདེན་པ་དུ་མ་འང་ཡོད་པའི་ཕྱིར། བདེ་བའི་ཆ་ནས་གྲུབ་མཐའ་ཀུན་རང་ས་ན་བདེན་སྙམ་ན། སྦྱིན་སོགས་བདེན་པའི་དངོས་པོ་ཕལ་ཆེར་བདེན་མོད་ཀྱང་། མུ་སྟེགས་བྱེད། ཚངས་པ་དང་། ཁྱབ་འཇུག་དང་། དབང་ཕྱུག་ལ་སྐྱབས་སུ་འགྲོ་བ་དང་། ལྟ་བ་རྟག་ཆད་དུ་འཛིན་པ་དང་། མེ་ལྔ་བསྟེན་པ་དང་། ཆུ་བོ་གཾ་གའི་མུ་ལ་སྐྱེགས་བྱས་ནས་ཁྲུས་བྱས་པས། སྡིག་པ་འདག་པ་དང་། སྲོག་ཆགས་གསད་ནས་མཆོད་སྦྱིན་བྱས་པས། མཐོ་རིས་ཐོབ་པ་ལ་སོགས་པ་ཐབས་ཀྱི་གནད་རྣམས་འཁྲུལ་པས་ན། སྡིག་པ་འདག་པ་དང་། སྲོག་ཆགས་གསད་ནས་མཆོད་སྦྱིན་བྱས་པས། མཐོ་རིས་ཐོབ་པ་ལ་སོགས་པ་ཐབས་ཀྱི་གནད་རྣམས་འཁྲུལ་པས་ན། མུ་སྟེགས་བྱེད་ཀྱི་སྦྱིན་སོགས་ཀྱི་ཆོས་བཟང་ཡང་། དུག་དང་འདྲེས་པའི་ཟས་བཞིན་དུ། ངན་འགྲོ་ལས་སྐྱོབ་པར་མི་ནུས་སོ། །

གསུམ་པ་ལ། སྡེ་སྣོད་ཀྱི་དགོངས་པ་སོ་སོ་དབྱེ་བ་དྲང་དོན་ལ་ཡིད་གཏན་མི་རུང་བ། །ངེས་དོན་ལ་ཡིད་བརྟན་

པར་བྱ་བ། །དེ་ལ་རྩོད་པ་སྤང་བས་པ་དང་བཞི། དང་པོ་ནི། ཞེས་ཏེ་སངས་རྒྱས་ཐེག་པ་ཀུན། །རང་ས་ན་ནི་བདེན་ཞེན། ། འདི་འང་ཅུང་ཟད་བརྟག་པར་བྱ། །སངས་རྒྱས་གསུངས་ལ་དྲང་དོན་དང་། །ངེས་དོན་རྣམ་པ་གཉིས་སུ་ཡོད། ། སྒྲ་ཡང་ཇི་བཞིན་པ་དང་ནི། །ཇི་བཞིན་མིན་པ་གཉིས་སུ་གསུངས། །ཐེག་པ་ཡང་ནི་འཇིག་རྟེན་དང་། །འཇིག་རྟེན་འདས་པ་གཉིས་སུ་གནས། །བཤད་པ་ཡང་ནི་དགོངས་པ་དང་། །ལྡེམ་པར་དགོངས་དང་དྲང་པོ་སྟེ ། དགོངས་པ་ཞེས་བྱ་རྣམ་གསུམ་ཡོད། །དེ་ལ་འཇིག་རྟེན་མཐུན་འཇུག་ལ། །དགོངས་ནས་ཕྱི་རོལ་དོན་དུ་གསུངས། །ཐ་སྙད་སྤྱོད་པའི་རིགས་པ་ལ། །དགོངས་ནས་ཆོས་རྣམས་སེམས་སུ་གསུངས། །དམ་པའི་དོན་ལ་དགོངས་ནས་ནི། །ཆོས་ཀུན་སྤྲོས་པ་བྲལ་ཞེས་གསུངས། །ཞེས་པ། ཞེས་ཏེ་སླས་ཚད་ཐམས་ཅད་དང་མུ་སྟེགས་ཀྱི་གྲུབ་མཐའ་མི་བདེན་ཡང་། སངས་རྒྱས་ཀྱིས་གསུངས་པའི་ཐེག་པ་ཀུན་རང་ས་ན་བདེན་ཏེ། རྫོགས་པའི་སངས་རྒྱས་ཀྱིས་ཤེས་བྱ་ཐམས་ཅད་གཟིགས་ནས་གསུངས་པའི་ཕྱིར་ཏེ། སློབ་པ་ཉིད་གཟིགས་ལམ་གསུངས་པ། འབྲས་མེད་ཕྱིར་ན་རྫུན་མི་གསུངས། །ཞེས་གསུངས་སོ་ཞེན། འདི་འང་ཅུང་ཟད་བརྟག་པར་བྱ་སྟེ། སངས་རྒྱས་ཀྱི་གསུངས་ལ་བརྗོད་བྱའི་དབང་དུ་བྱས་པའི་དྲང་དོན་དང་། བརྗོད་བྱེད་ཀྱི་དབང་དུ་བྱས་པའི་དྲང་དོན་གཉིས་དང་། བརྗོད་བྱའི་དབང་དུ་བྱས་པའི་ངེས་དོན་དང་། བརྗོད་བྱེད་ཀྱི་དབང་དུ་བྱས་པའི་ངེས་དོན་རྣམ་པ་གཉིས་སུ། བློ་གྲོས་མི་བཟད་པའི་མདོ་ལས་བཤད་དེ། བཙུན་པ་ཤ་ར་དྭ་ཏིའི་བུ། བྱང་ཆུབ་སེམས་དཔའ་རྣམས་ཀྱིས་རྟོན་པ་གཞི་མི་ཟད་པའོ། །

བཞི་གང་ཞེ་ན། ཆོས་ལ་རྟོན་གྱི། གང་ཟག་ལ་མི་སྟོན་ནོ། །ཡེ་ཤེས་པ་རྟོན་གྱི། རྣམ་པར་ཤེས་པ་ལ་མི་རྟོན་པ་དང་། དོན་དམ་ལ་རྟོན་གྱི། ཀུན་རྫོབ་ལ་མི་རྟོན་པ་དང་། ངེས་དོན་ལ་རྟོན་གྱི། དྲང་དོན་ལ་མི་རྟོན་པའོ་ཞེས་སོ། །སྒྲའི་བརྗོད་ཚུལ་ལ་ཡང་། ཇི་བཞིན་པ་དང་། ཇི་བཞིན་མ་ཡིན་པ་གཉིས་སུ་གསུངས་ལ། ཐེག་པ་ཡང་མངོན་པར་མཐོ་བ་འཇིག་རྟེན་པ་དང་། ངེས་པར་ལེགས་པ་འཇིག་རྟེན་ལས་འདས་པ་གཉིས་སུ་གསུངས་ལ། ཡང་ནི། ཉན་ཐོས་ཀྱི་ཐེག་པ་དང་། རང་སངས་རྒྱས་ཀྱི་ཐེག་པ་དང་། ཐེག་པ་ཆེན་པོ་དང་གསུམ་གསུངས། བཤད་པའི་ཚུལ་ལ་ཡང་། མཉམ་པ་ཉིད་དང་དོན་གཞན་དང་། དུས་གཞན་དང་། གང་ཟག་གི་བསམ་པ་ལ་དགོངས་པ་ནི། དགོངས་པ་བཞི་དང་། གཞུག་པ་དང་། མཚན་ཉིད་དང་། གཉེན་པོ་དང་། སྒྱུར་བ་ལ། ལྡེམ་པོར་དགོངས་པ་བཞི་དང་། དྲང་དོན་དགོངས་པ་ཅན་ཞེས་བྱ་བ་རྣམ་པ་གསུམ་ཡོད་དོ། །དེ་ལ་འཇིག་རྟེན་མཐུན་འཇུག་ལ་དགོངས་ནས་ཕྱི་རོལ་གྱི་དོན་དུ་གསུངས་ཏེ། རྣམ་འགྲེལ་ལས། དེས་དེ་ཉིད་བཏང་སྙོམས་ཅན། གླང་ཆེན་གཟིགས་སྟངས་ཉིད་མཛད་ནས། འཇིག་རྟེན་ཐུགས་ནི་འབའ་ཞིག་གིས། ཕྱི་རོལ་ལ་སྤྱོད་ལ་འཇུག་པར་མཛད། ཞེས་གསུངས་པའི་ཕྱིར།

ཀུན་རྫོབ་ཐ་སྙད་དཔྱོད་པའི་རིགས་ལ་དགོངས་ནས། ཆོས་རྣམས་སེམས་སུ་གསུངས་ཏེ། ལང་ཀར་གཤེགས་པ་ལས། བག་ཆགས་ཀྱིས་ནི་དཀྲུགས་པའི་སེམས། །དོན་དུ་སྣང་བ་རབ་ཏུ་འབྱུང་། །དོན་ཡོད་མ་ཡིན་སེམས་ཉིད་ནི། །ཕྱི་རོལ་དོན་མཐོང་ལོག་པ་ཡིན། །ཞེས་གསུངས་སོ། །དམ་པའི་དོན་ལ་དགོངས་ནས་ནི། །ཆོས་ཀུན་སྤྲོས་པ་དང་བྲལ་བ། །ཞེས་རྒྱལ་བའི་ཡུམ་ལས་གསུངས་སོ། །གཉིས་པ་ནི། དེས་ན་དྲང་བའི་དོན་དང་ནི། སྒྲ་ཇི་བཞིན་མིན་པའི་སྒྲ་དག་དང་། དགོངས་པ་དག་ནི་ལྡེམ་དགོངས་དང་། འཇིག་རྟེན་པའི་ཐེག་པ་ལ། དགོངས་ཏེ་གསུངས་པ་རྣམས་ལ་ནི། དེ་ལྟར་བདེན་པར་མི་བཟུང་ངོ་། །ཞེས་པ། རྒྱུ་མཚན་དེས་ན་དྲང་བའི་དོན་དང་ནི། ཇི་བཞིན་མིན་པའི་སྒྲ་དག་དང་། དགོངས་པ་དང་། འཇིག་རྟེན་པའི་ཐེག་པ་ལ་དགོངས་ཏེ་གསུངས་པའི། མདོ་རྒྱུད་ཀུན་གདུལ་བྱ་ཁ་དྲང་བའི་དོན་དུ་གསུངས་པས། དེ་ལྟར་བདེན་པར་མི་བཟུང་ངོ་། །

གསུམ་པ་ནི། ངེས་པའི་དོན་དང་ཇི་བཞིན་སྒྲ །འཇིག་རྟེན་འདས་པའི་ཐེག་པ་དང་། །དྲང་པོར་དགོངས་པ་རྣམས་ལ་ནི། །ཇི་ལྟར་གསུངས་བཞིན་བདེན་པར་བཟུང་། །ཞེས་པ། ངེས་པའི་དོན་དང་སྒྲ་ཇི་བཞིན་པ་དང་། འཇིག་རྟེན་ལས་འདས་པའི་ཐེག་པ་དང་། དྲང་པོར་དགོངས་པ་རྣམས་ལ་ནི། མདོ་རྒྱུད་ནས་གསུངས་པ་བཞིན་བདེན་པར་བཟུང་ངོ་། །བཞི་པ་རྟོད་པ་སྤང་བ་ལ། རྟོད་པ་དང་། ལན་གཉིས། རྟོད་པ་ནི། གལ་ཏེ་མུ་སྟེགས་བྱེད་ལ་ཡང་། །བྱམས་དང་སྙིང་རྗེ་སྦྱིན་ལ་སོགས། །བདེན་པའི་ཆོས་ཀྱང་མང་པོ་སྣང་། །སངས་རྒྱས་གསུང་ལའང་དྲང་དོན་དང་། དགོངས་པ་དང་ནི་ལྡེམ་དགོངས་སོགས། །བདེན་པ་མིན་པའང་གསུངས་པས་ན། །བདེན་རྫུན་གཉིས་ཀ་མཚུངས་པ་ལ། །སངས་རྒྱས་གསུང་ལེན་མུ་སྟེགས་བྱེད། །སྤོང་བའི་རྒྱུ་མཚན་ཅི་ཞེ་ན། །ཞེས་པ། གལ་ཏེ་མུ་སྟེགས་བྱེད་ལ་ཡང་། བྱམས་པ་དང་སྦྱིན་པ་ལ་སོགས་པ་བདེན་པའི་ཆོས་ཀྱང་མང་པོ་སྣང་ལ། སངས་རྒྱས་གསུང་ཡང་། དྲང་དོན་དང་། དགོངས་པ་དང་། ལྡེམ་དགོངས་ལ་སོགས་པ། བདེན་པ་མིན་པའང་གསུངས་པས་ན། བདེན་རྫུན་གཉིས་ཀ་མཚུངས་པ་ལ། སངས་རྒྱས་ཀྱི་གསུང་དང་དུ་ལེན། མུ་སྟེགས་བྱེད་སྤོང་བའི་རྒྱུ་མཚན་ཅི་ཡིན་ཞེ་ན། ལན་ལ། གྲུབ་མཐའ་ལ་བླང་དོར་བྱེད་པའི་འཐད་པ། གང་ཟག་ལ་བླང་དོར་མི་བྱེད་པའི་འཐད་པ། གནད་འཁྲུལ་ན་འབྲས་བུ་མི་འགྲུབ་པར་བསྟན་པ་དང་གསུམ། དང་པོ་ནི། སངས་རྒྱས་དྲང་དོན་གྱིས་ཁྲིད་ནས། །བདེན་པ་ཉིད་ལ་སྦྱོར་བར་མཛད། །མུ་སྟེགས་བདེན་པས་ཁྲིད་ནས་ནི། རྫུན་པ་ཉིད་ལ་སྦྱོར་བར་བྱེད། །དེས་ན་བདག་ཅག་སངས་རྒྱས་ལ། །གུས་པའི་རྒྱུ་མཚན་དེ་ལྟར་ཡིན། །ཞེས་པ། སངས་རྒྱས་ནི་གདུལ་བྱ་དྲང་དོན་གྱིས་ཁྲིད་ནས། །བདེན་པ་ཉིད་ལ་སྦྱོར་བར་མཛད། །མུ་སྟེགས་བདེན་པས་ཁྲིད་ནས་རྫུན་པ་ལ་སྦྱོར་བར་བྱེད། །རྒྱུ་མཚན་དེས་ན། བདག་ཅག་སངས་རྒྱས་ལ་གུས་པའི་རྒྱུ་མཚན་དེ་ལྟར་ཡིན་ནོ། །

གཉིས་པ་ནི། དེ་བཞིན་གངས་ཅན་འདི་ན་ཡང་། །རྣམ་ཐར་བཟང་པོ་བསྟན་ནས་ནི། །ལོག་པའི་ཆོས་ལ་སྦྱོར་མཐོང་ནས། །མུ་སྟེགས་ཆོས་བཞིན་དེད་ཀྱིས་སྤྱངས། །ཐེག་པ་སྣ་ཚོགས་ཚུལ་བསྟན་ནས། །གནད་རྣམས་སངས་རྒྱས་གསུང་བཞིན་དུ། །ཡང་དག་སྟོན་མཛད་བླ་མ་དེ། །བདག་གིས་སངས་རྒྱས་བཞིན་དུ་བཟུང་། ། ཞེས་པ། དེ་བཞིན་དུ་བོད་གངས་ཅན་འདི་ན་ཡང་ལུས་ངག་ཆོས་དང་མཐུན་པ་ལ་བུའི་རྣམ་ཐར་བཟང་པོ་བསྟན་ནས་སངས་རྒྱས་ཀྱི་དགོངས་པ་དང་མི་མཐུན་པའི་ལོག་པའི་ཆོས་ལ་སྦྱོར་བ་མཐོང་ནས། མུ་སྟེགས་ཀྱི་ཆོས་བཞིན་དུ་དེད་ཀྱིས་ནོར་བ་དེ་དག་སྤྱངས་སོ། །ཐེག་པ་སྣ་ཚོགས་ཀྱི་ཚུལ་བསྟན་ནས། ཆོས་ཀྱི་གནད་རྣམས་སངས་རྒྱས་ཀྱི་གསུང་བཞིན་དུ་ཡང་དག་པར་སྟོན་པར་མཛད་པའི་བླ་མ་དེ་སངས་རྒྱས་ཉིད་དུ་བདག་གིས་བཟུང་ངོ་། །གསུམ་པ་ལ་མདོ་བསྟན་རྒྱས་བཤད་གཉིས། དང་པོ་ནི། ཆོས་གཞན་ལེགས་པར་བསྟན་ན་ཡང་། ། ཆོས་ཀྱི་གནད་རྣམས་བཅོས་པ་ན། །ཤིན་ཏུ་འཇིགས་པ་ཆེན་པོར་བལྟ། །དེ་འདྲ་བ་ལས་སྐྱོན་བྱུང་མང་། ། མདོན་ཚན་ཆ་ལ་རགས་པའི་ཆོས་གཞན་སྦྱིན་པ་དང་། ཚུལ་ཁྲིམས་ལ་སོགས་པ་ལེགས་པར་སྟོན་ན་ཡང་། བསམ་གཏན་དང་ཤེས་རབ་ལ་སོགས་པ་མངོན་ཚན་དུ་ཆུང་ལ་ཕྲ་བའི། ཆོས་ཀྱི་གནད་རྣམས་བཅོས་པ་ནི། ཁ་ཟས་བཟང་པོ་ལ་དུག་བཏབ་པ་བཞིན། ཤིན་ཏུ་འཇིགས་པ་ཆེན་པོར་བལྟ། དེ་འདྲ་བ་ལ་སྐྱོན་བྱུང་བ་མང་ངོ་། ། གཉིས་པ་ལ། སྔོན་བྱུང་གི་དཔེ་བསྟན་པ་དང་། ད་ལྟར་གྱི་དོན་ལ་སྦྱར་བའོ། །དང་པོ་ནི། འདས་པའི་དུས་ན་སྔོན་བྱུང་བ། །ལང་ཀ་མགྲིན་བཅུ་ཞེས་བྱ་བས། །འབད་པས་དབང་ཕྱུག་ཆེན་པོ་བསྒྲུབས། །ལོ་གྲངས་ས་ཡ་བཅུ་གཉིས་དང་། །ཁྱེད་ཀྱིས་ལྷག་པའི་དངོས་གྲུབ་བྱིན། །ཁྱབ་འཇུག་ཕྲག་དོག་གིས་གཟིར་ནས། ། མགྲིན་བཅུ་ལ་ནི་འདི་སྐད་སླས། །ཁྱོད་ཀྱི་འབད་པ་ཆེ་མོད་ཀྱི། །དབང་ཕྱུག་གི་ནི་དངོས་གྲུབ་མཚུངས། །ད་དུང་སྔར་གྱི་མ་ཡིན་པའི། །ས་ཡ་ཕྲག་ཕྱེད་ཐུབ་པ་སློང་། །མགྲིན་བཅུས་བདེན་པར་བསམས་ནས་ནི། །དབང་ཕྱུག་ལ་ནི་དོན་དེ་ཞུས། །དབང་ཕྱུག་ཆེན་པོས་དེ་བྱིན་པས། །གནད་དུ་བཅོས་པའི་ཚིག་འདི་ཡིས། །སྔར་གྱི་དངོས་གྲུབ་ཐམས་ཅད་ལ། །གསེར་ཅན་གྱི་ནི་དངོས་གྲུབ་ཀྱང་། །འདི་འདྲའི་ཚུལ་གྱིས་ཉམས་ཞེས་ཐོས། །ཨོཾ་མེད་པ་ཡི་གསང་སྔགས་ལ། །གཡོན་ཅན་གྱིས་ནི་ཨོཾ་བཅུག་པས། །སྔགས་ཀྱི་ནུས་པ་ཉམས་པ་མཐོང་། །ཞེས་པ། སྔོན་འདས་པའི་དུས་སྲིན་པོའི་རྒྱལ་པོ་ལང་ཀ་མགྲིན་བཅུས་འབད་པས་ལྷ་དབང་ཕྱུག་ཆེན་པོ་བསྒྲུབས་པས། གྲུབ་པའི་མཚན་མ་བྱུང་བར། རང་གི་མགོ་བཅུ་སྐྱེ་གཙུག་ན་རྟའི་མགོ་དང་། བཅུ་གཅིག་ཡོད་པ་མགོ་བོ་རེ་བྲེགས་ནས། དབང་ཕྱུག་མཆོད་པའི་ཕྱིར། སྦྱིན་སྲེག་བྱ་བར་བརྩམས་སོ། །དེ་དབང་ཕྱུག་གིས་མཐོང་ནས། རང་གི་ཆུང་མ་ལ་ཁྱོད་སོང་ལ་དངོས་གྲུབ་བྱིན་ཅིག ཅེས་བསྐོས་པས། དབུ་མས་མགྲིན་བཅུའི་སར་སོང་བས། བྱང་

མེད་ལ་དངོས་གྲུབ་མི་འདོད་ཟེར། དབུ་མ་ཁྲིམས་སྐྱེ་ཁྱོད་ཀྱི་རྒྱལ་སྲིད་བུད་མེད་ཀྱི་བཞིག་པར་གྱུར་ཅིག དབང་ཕྱུག་གི་བུས་ཕྱིན་པས། སྤྲེའུ་ལྷ་བུའི་བྱིས་པ་ལ་དངོས་གྲུབ་མི་འདོད་ཟེར། འདོད་ན་ཁྱོད་ཀྱི་རྒྱལ་སྲིད་སྤྲེའུས་འཇིགས་པར་གྱུར་ཅིག་ཅེས་སླུས་སོ། །སླར་ཡང་དབང་ཕྱུག་ཆེན་པོ་ཉིད་ཀྱིས་ཕྱིན་ནས། དངོས་གྲུབ་ཅི་འདོད་སྦྱིན་ནོ་ཞེས་བརྗོད་ཅིང་། འབད་པས་དབང་ཕྱུག་ཆེན་པོ་བསྒྲུབས་པས་འགྲུབ་སྟེ། བསྒྲུང་བ་སུམ་བརྩེགས་འོ་མ་ནི་རྒྱ་མཚོ་དང་། །དམག་ནི་སྲིན་པོ་མཛོད་ནི་གནོད་སྦྱིན་སྐྱོར། །ཞེས་དངོས་གྲུབ་པ་དང་། ཚེ་ལོ་གྲངས་ཡང་བཅུ་གཉིས་དང་། ཕྱེད་ལྷག་པའི་ཚེའི་དངོས་གྲུབ་བྱིན། དེ་ལ་ཁྱབ་འཇུག་ཕྲག་དོག་གིས་གཟིར་ནས། མགྲིན་བཅུ་ལ་འདི་སྐད་སླུས་ཏེ། ཁྱོད་ཀྱིས་འབད་པ་ཆེ་མོད། དབང་ཕྱུག་གི་དངོས་གྲུབ་ཆུང་། །ད་དུང་སྟེར་གྱི་མ་ཡིན་པའི། །ས་ཡ་ཕྲག་ཕྱེད་ཐུབ་པ་སློང་། །ཞེས་པའི་ཚིག་དེ་ལ་བདེན་པར་བསམས་ནས། དབང་ཕྱུག་ལ་ཁོ་ཟེར་བ་ལྟར་གྱི་དོན་དེ་ཞུས། དབང་ཕྱུག་ཆེན་པོས་ཀྱང་དེ་བྱིན་པས། སྟེར་གྱི་དེ་མ་ཡིན་པའི་ཞེས་པའི་ཚིག་གི་གནད་བཅོས་པ་དེས། སྟེར་གྱི་དངོས་གྲུབ་ཡལ་ནས་ས་ཡ་ཕྲག་ཕྱེད་ལས་མ་ཐུབ་བོ། །འདིའི་གཏམ་རྒྱུད་ནི་དགའ་བྱེད་འཇུག་པ་བཞིན་བྱས་པ་ཡིན། དེ་བཞིན་དུ། ལྷ་མ་ཡིན་གསེར་ཅན་གྱི་དངོས་གྲུབ་ཡང་དེ་འདྲའི་ཚུལ་གྱིས་ཉམས་ཞེས་ཐོས་སོ། །ཞེས་ལྷ་མ་ཡིན་གྱི་དབང་པོ་གསེར་ཅན་དང་། འགྲོ་སྐྱོང་དང་། ཚུ་སྐྱུར་ཞེས་བྱ་བ་མིང་གི་རྣམ་གྲངས་ཡིན་ཏེ། དེས་དབང་ཕྱུག་ཆེན་པོ་ལྷའི་ལོ་འབུམ་ཕྲག་བཅུ་དྲུག་ཏུ་བསྒྲུགས་པས་གྲུབ་སྟེ། དངོས་གྲུབ་གང་འདོད་པ་སློང་ཤིག་ཟེར་རོ། །གསེར་ཅན་གྱིས་བདག་ཁང་པའི་ནང་དང་ཕྱི་དང་། ས་དང་ནམ་མཁར་མི་གནོད་པ་དང་། དུག་དང་མཚོན་དང་མི་དང་མི་མ་ཡིན་པས་མི་གནོད་པའི་དངོས་གྲུབ་ཞུ་བྱས་པས་དེ་བཞིན་དུ་བྱིན་ནོ། །དེ་ནས་གསེར་ཅན་གྱི་བུ་མང་པོ་ཡོད་པ་ཤི་ནས་བུ་གཞོན་ནུ་ཞིག་ལུས་པ་ལ། ཁྱོད་ཀྱིས་ཤེས་ན་ང་ལ་བསྟོད་པ་གྱིས། མི་ཤེས་ན་ཡུལ་གཞན་དུ་སོང་ཞིག ཕ་ཤིན་རྗེས་སུ་བུ་དགོས་པ་ལས་ང་ནི་མི་འཚེའོ་ཞེས་ཟེར་རོ། །བུས་ཕྱོགས་གཞན་དུ་འཁྲམས་པས། ཁྱབ་འཇུག་སྐྱེ་བོ་ཕལ་པའི་གཟུགས་ཀྱིས་གཞོན་དེའི་དྲུང་དུ་འོངས་ཏེ། དྲིས་པས་རྒྱུ་མཚན་དེ་རྣམས་ཞིབ་ཏུ་བཤད་དོ། །དེ་ནས་ཁྱབ་འཇུག་གིས་རང་གི་ཕའི་གམ་དུ་སོང་ལ། ཐེམ་པའི་སྟེང་དུ་ཁྲི་བརྩེགས་ལ་ཞོག་ཅིག དེའི་མདུན་དུ་བསྟོད་པ་འདི་སློས་ཤིག རི་བོ་རི་བོ་ལ་ནི་ཐུབ་པ་བཞུགས། །ཆུ་བོ་ཆུ་བོ་ལ་ནི་ཆུ་ལྷ་བཞུགས། །བཞི་མདོ་གཞི་མདོ་ནི་ཞི་བ་བདེ། །ཀུན་ཏུ་ཀུན་ལ་དབང་བྱེད་ཁྱབ་འཇུག་ཡིན། །ཞེས་བསླབས་སོ། །བུས་དེ་བཞིན་དུ་བྱས་པས། ཕ་ཁྲོས་ནས་ཐམས་ཅད་ལ་ཁྱབ་འཇུག་གནས་ན། འདི་ལའང་ཡོད་དམ་ཞེས་ཐེམ་པ་ལ་ཁུ་ཚུར་བསྣུན་པས། དེ་ནས་ཁྱབ་འཇུག་ལུས་པོ་མི། མགོ་བོ་སེང་གེ །སྡེར་མོ་ལྕགས་ལ་བྱས་པ་ཞིག་བྱུང་སྟེ། གསེར་ཅན་དཔང་དུ་བཞག་ནས། སྡེར་མོས་ལྟོ་བ་དྲལ་ནས་གསད་དོ། །དེ་བཞིན་དུ། ཨོཾ་

མེད་པའི་སྔགས་ལ། གཡོན་ཅན་གྱིས་ཨོཾ་བཅུག་པས་སྔགས་ཀྱི་ནུས་པ་ཉམས་པར་ཐོས་སོ། །དེ་བཞིན་དུ་སྭཱ་ཧཱ་དང་། ཧཱུྃ་ཕཊ་གུག་འབྲང་ཡོད་པ་རྣམས་ཕྲི་བ་དང་། མེད་པ་ལ་བསྣན་པ་དང་། གཞན་ཡང་སྔགས་ཀྱི་གནད་རྣམས་ལ་གཡོན་ཅན་རྣམས་ཀྱིས་བཅོས་པས། གསང་སྔགས་རྣམས་ཀྱི་ནུས་པ་ཉམས་ཏེ། སེར་བ་ཁྱུ་འཕང་དུ་འགྲོ་བ་དང་། ཆར་བ་ཐན་པར་འགྲོ་བ་དང་། ཞག་བདུན་ལོ་བདུན་དུ་འགྲོ་བ་ལ་སོགས་པ་འགྱུར་བ་མང་པོ་མཐོང་ངོ་། །

གཉིས་པ་ལ། མདོར་བསྟན། རྒྱས་པར་བཤད། སོ་སོར་བཤད་པ་དང་གསུམ། དང་པོ་ནི། དེ་བཞིན་སྭཱ་ཧཱ་ཧཱུྃ་ཕཊ་སོགས། །ཡོད་པ་རྣམས་ལ་ཕྲི་བ་དང་། །མེད་པ་རྣམས་ལ་བསྣན་པ་དང་། གཞན་ཡང་སྔགས་ཀྱི་གནད་རྣམས་ལ། །གཡོ་ཅན་རྣམས་ཀྱིས་བཅོས་པ་ཡིས། །གསང་སྔགས་དག་གི་ནུས་པ་རྣམས། །ཉམས་ཤིང་འགྱུར་བ་མང་པོ་མཐོང་། །དེ་བཞིན་ཆོས་ཀྱི་གནད་རྣམས་ཀྱང་། །ཅུང་ཟད་ཅུང་ཟད་བཅོས་པ་ལས། །དངོས་གྲུབ་ཉམས་པར་འགྱུར་བར་གསུངས། །དེ་ཕྱིར་ཆོས་གཞན་ལེགས་ན་ཡང་། །གནད་རྣམས་བཅོས་ན་ཐམས་ཅད་འཇིག ཅེས་པ། དཔེ་དེ་བཞིན་དུ་ཆོས་ཀྱི་གནད་རྣམས་ཅུང་ཟད་རེ་བཅོས་པ་ལས་དངོས་གྲུབ་ཐམས་ཅད་པར་གསུངས་སོ། །དེ་བཞིན་དུ་ཆོས་གཞན་བྱམས་དང་སྙིང་རྗེ་སོགས་ལེགས་ན་ཡང་ཟབ་ཅིང་ཕྲ་བའི་གནད་རྣམས་བཅོས་ན་ཐམས་ཅད་འཇིག་གོ །གཉིས་པ་ནི། དེས་ན་ཉན་ཐོས་ཐེག་པ་ལ། སྡོམ་པ་དང་ནི་བདེན་བཞིའི་གནད། །བཅོས་ན་ཉན་ཐོས་ཆོས་ཀུན་འཇིག ཐེག་པ་ཆེ་ལ་སེམས་བསྐྱེད་དང་། །དེ་ཡི་བསླབ་བྱའི་གནད་བཅོས་ན། །ཐེག་པ་ཆེན་པོའི་ཆོས་ཀུན་འཇིག གསང་སྔགས་ལ་ནི་དབང་བསྐུར་དང་། །རིམ་པ་གཉིས་ཀྱི་གནད་བཅོས་ན། གསང་སྔགས་ཀྱི་ནི་ཆོས་ཀུན་འཇིག དེས་ན་ད་ལྟའི་ཆོས་འགའ་ལ། གནད་ཀྱི་གནད་རྣམས་བཅོས་པ་སྣ། ། དོགས་པའི་ཆོས་ལུགས་འགའ་ཞིག་ཡོད། །ཅེས་པ། རྒྱུ་མཚན་དེས་ན། ཉན་ཐོས་ཀྱི་གནད་ནི། རང་གི་ཐེག་པ་ལ་ཚུལ་ཁྲིམས་ཀྱི་གནད་སྡོམ་པ་དང་། ལྟ་བའི་གནད་བདེན་བཞི། མི་རྟག་སོགས་བཅུ་དྲུག་གི་གནད། རྟག་པ་རྫུ་བཅོམ་ན་ཉན་ཐོས་ཀྱི་ཆོས་རྣམས་འཇིག ཐེག་པ་ཆེན་པོའི་སྡོམ་པའི་གནད། སེམས་བསྐྱེད་དང་། དེའི་བསླབ་བྱའི་གནད་བཅོས་ན། ཐེག་ཆེན་གྱི་ཆོས་ཀུན་འཇིག གསང་སྔགས་སྡོམ་པ་ལ་ནི་དབང་བསྐུར་དང་། །རིམ་པ་གཉིས་ཀྱི་གནད་བཅོས་ན། །གསང་སྔགས་ཀྱི་ནི་ཆོས་ཀུན་འཇིག དེས་ན་ད་ལྟའི་ཆོས་འགའ་ལ། གནད་ཀྱི་གནད་རྣམས་བཅོས་པ་སྣ། །དོགས་པའི་ཆོས་ལུགས་འགའ་ཞིག་ཡོད། །ཅེས་པ། རྒྱུ་མཚན་དེས་ན། ཉན་ཐོས་ཀྱི་གནད་ནི། རང་གི་ཐེག་པ་ལ་ཚུལ་ཁྲིམས་ཀྱི་གནད་སྡོམ་པ་དང་། ལྟ་བའི་གནད་བདེན་བཞི། མི་རྟག་སོགས་བཅུ་དྲུག་གི་གནད། རྟག་པ་རྫུ་བཅོམ་ན་ཉན་ཐོས་ཀྱི་ཆོས་རྣམས་འཇིག ཐེག་པ་ཆེན་པོའི་སྡོམ་པའི་གནད། སེམས་བསྐྱེད་དང་། དེའི་བསླབ་བྱའི་གནད་བཅོས་ན། ཐེག་ཆེན་གྱི་ཆོས་ཀུན་འཇིག གསང་སྔགས་སྡོམ་པ

ལ་ནི། དབང་བསྐུར་དང་། རིམ་པ་གཉིས་ཀྱི་གནད་བཅོས་ན། གསང་སྔགས་ཀྱི་ཆོས་རྣམས་འཇིག དེས་ན། བོད་ཀྱི་ཆོས་པ་འགའ་ཞིག་ལ། ཆོས་ཟབ་མོའི་གནད་ཀྱི་གནད་རྣམས། བཅོས་པ་རྫུ་དོགས་པའི་ཆོས་ལུགས་འགའ་ཞིག་ཡོད་དོ། །

གསུམ་པ་སོ་སོར་བཤད་པ་ལ་དྲུག་སྟེ། གནད་བཅོས་པར་དོགས་པ་ཕྱེ་སྟེ་བསྟན་པ། གནད་ཡིན་པ་འཁྲུལ་ཡང་འཇིག་མི་ནུས་པར་བསྟན་པ། གནད་བཅོས་ན་དོན་མི་འགྲུབ་པའི་དཔེ། གནད་བཅོས་པོའི་བདུད་ཇི་ལྟར་འབྱུང་བའི་ཚུལ་ཤེས་ནས་སྤོང་བར་གདམས་པ། འཁྲུལ་བའི་གྲུབ་མཐའ་འགོག་པའི་རྣམ་བཞག་བསྟན་པའོ། །དང་པོ་ནི། དེ་ཡང་མདོ་ཙམ་བཤད་ཀྱིས་ཉོན། སོ་སོ་ཐར་པའི་སྡོམ་པ་ནི། བྱང་ཆུབ་བར་དུ་བླང་གྱུར་ན། སོ་སོར་ཐར་བ་ཅི་ནས་འཇིག་འདི་ཡང་གནད་རྣམས་བཅོས་པར་དོགས། །བྱང་ཆུབ་སེམས་དཔའི་སྡོམ་པ་ལ། །དབུ་མའི་ལུགས་བཞིན་མི་བྱེད་པར། །སེམས་ཙམ་པའི་ཆོ་ག་ནི། སྐྱེ་བོ་ཀུན་ལ་བྱེད་པ་མཐོང་། །འདི་ཡི་ཆོ་ག་ངེས་པར་འཇིག འདི་ཡང་གནད་རྣམས་བཅོས་པར་མཐོང་། །སེམས་བསྐྱེད་ཀྱི་ནི་བསླབ་བྱ་མཆོག བདག་གཞན་བརྗེ་བའི་བྱང་ཆུབ་སེམས། །བསྒོམ་དུ་མི་རུང་ཞེས་སུ་སྨྲ། །འདི་ཡང་གནད་རྣམས་བཅོས་པར་མཐོང་། །གསང་སྔགས་ཀྱི་ནི་དབང་བསྐུར་བ། །མེད་ཀྱང་གསང་སྔགས་བསྒོམ་རུང་ཟེར། །རྡོ་རྗེ་འཆང་གི་འདི་བཀག་པས། །འདི་ཡང་གནད་རྣམས་བཅོས་པར་དོགས། །གསང་སྔགས་ལམ་གྱི་མཆོག་གྱུར་པ། །རིམ་གཉིས་ཚུལ་བཞིན་མི་བསྒོམ་པར། །རང་བཟོའི་གདམ་ངག་དུ་མ་ཡིས། །ལྷན་པོ་ངེས་ཤེས་བསྐྱེད་པ་ཐོས། །མདོ་རྒྱུད་ཀུན་ལས་འདི་བཀག་པས། །འདི་ཡང་གནད་རྣམས་བཅོས་པར་དོགས། །བསྐྱེད་པའི་རིམ་པའི་མཐར་ཐུག་པ། །དབུ་རྒྱན་ལ་ནི་རིགས་བདག་འབྱུང་། །རིགས་བདག་དེ་ནི་བླ་མ་ཡིན། །འདི་ནི་གལ་ཏེ་འཆོལ་གྱུར་ན། །དངོས་གྲུབ་མེད་པར་རྒྱུད་ལས་གསུངས། །འོན་ཀྱང་བླ་མ་སྤྱི་བོ་རུ། །བསྒོམ་པ་མིན་ཞེས་ལ་ལ་སྨྲ། །འདི་ཡང་གནད་རྣམས་བཅོས་པར་དོགས། །ཡོད་པའི་དགེ་བ་ཞེས་བྱ་བ། །ཆོས་ཀྱི་དབྱིངས་ལ་བསམས་ནས་ནི། །དེ་ནི་བསྔོ་བའི་རྒྱུར་བྱེད་པ། དམིགས་པ་མེད་པའི་ཆོས་ཀྱི་དབྱིངས། །དམིགས་པའི་དགེ་བར་བསྒྱུར་བ་འདིས། །བསྔོ་བ་དུག་དང་བཅས་པར་གསུངས། །འདི་ཡང་གནས་རྣམས་བཅོས་པར་དོགས། །དེ་བཞིན་གཏུམ་མོ་བསྒོམ་པ་དང་། །ཕྱག་རྒྱ་ཆེན་པོ་ལ་སོགས་དང་། །དམ་ཚིག་དང་ནི་སྡོམ་པ་ཡི། །གནད་རྣམས་བཅོས་པ་མང་མོད་ཀྱི། །གསང་སྔགས་ཡིན་ཕྱིར་འདི་མ་བཤད། །ཆོས་རྣམས་ཀུན་གྱི་རྩ་བ་ནི། །སྟོང་ཉིད་སྙིང་རྗེའི་སྙིང་པོ་ཅན། །ཐབས་དང་ཤེས་རབ་ཟུང་འཇུག་ཏུ། །མདོ་རྒྱུད་ཀུན་ལས་རྒྱལ་བས་གསུངས། །ལ་ལ་སྤྲོས་བྲལ་རྐྱང་པ་ནི། །དཀར་པོ་ཆིག་ཐུབ་ཡིན་ཞེས་ཟེར། །འདི་ཡང་གནད་རྣམས་བཅོས་པར་དོགས། །ཞེས་པ། གནད་བཅོས་པ་དེ་

ཡང་མདོ་ཙམ་བཤད་ཀྱིས་ཉོན་ཅིག སོ་སོར་ཐར་པ་རིགས་བདུན་གྱི་སྡོམ་པ་ནི། བྱང་ཆུབ་མ་ཐོབ་བར་དུ་བླང་དགོས་ཟེར་ཡོད་པ་དེ་ལྟར་གྱུར་ན། དེས་ན་སོ་སོ་ཐར་པ་ཅེས་མི་འཇིག་སྟེ། འདི་ཡང་གནད་རྣམས་བཅོས་པར་དོགས། བྱང་ཆུབ་སེམས་དཔའི་སྡོམ་པ་ལ། དབུ་མ་བའི་ལུགས་བཞིན་མི་བྱེད་པར། སེམས་ཙམ་པའི་བྱ་བར་མ་གསུངས་པའི་ཆོ་ག་ནི་སྐྱེ་བོ་ཀུན་ལ་བྱེད་པ་མཐོང་། འདིའི་ཆོ་ག་ངེས་པར་འཇིག་སྟེ། ཆོ་ག་ལས་འདས་ན་ལས་མི་འཆགས་པའི་ཕྱིར། འདི་ཡང་གནད་རྣམས་བཅོས་པར་མཐོང་སྟེ། སེམས་བསྐྱེད་ཀྱིས་ནི་བསླབ་བྱའི་མཆོག བདག་གཞན་བརྗེ་བའི་བྱང་ཆུབ་སེམས་དེ། བདག་བདེ་གཞན་ལ་སྟེར་བ། གཞན་སྡུག་བདག་གིས་ལེན་པ། བསྒོམ་དུ་མི་རུང་ཞེས་སྨྲ་བ། འདི་ཡང་བདག་གཞན་མ་བརྗེ་ན་སངས་རྒྱས་མི་ཐོབ་ཅེས་གསུངས་པའི་ཕྱིར། གནད་རྣམས་བཅོས་པར་མཐོང་། གསང་སྔགས་ཀྱི་ནི་དབང་བསྐུར་བ། མེད་ཀྱང་གསང་སྔགས་བསྒོམ་དུ་རུང་ཟེར་བ་དེ་འདྲ། །རྡོ་རྗེ་འཆང་གིས་བཀག་པས་ནས། །འདི་ཡང་གནད་རྣམས་བཅོས་པར་མཐོང་། །གསང་སྔགས་ལམ་གྱི་མཆོག་གྱུར་པ། །བསྐྱེད་རྫོགས་ཀྱི་རིམ་གཉིས་ཚུལ་བཞིན་མི་བསྒོམ་པར། བསྐྱེད་རིམ་གྲོང་བསྐྱེད་དང་། རྫོག་པ་ཁ་བཀག་སོགས་རང་བཟོའི་མན་ངག་དུ་མ་ཡིས། བླུན་པོ་ངེས་ཤེས་བསྐྱེད་པ་ཐོས་ཏེ། དེ་ལ་མདོ་རྒྱུད་ཀུན་ལས་འདི་བཀག་པས། འདི་ཡང་གནད་རྣམས་བཅོས་པར་དོགས་སོ། །

བསྐྱེད་པའི་རིམ་པའི་མཐར་ཐུག་པ། དབུ་རྒྱན་ལ་ནི་རིགས་བདག་འབྱུང་། རིགས་བདག་དེ་རྣམས་ནི་རྣམ་པ་སངས་རྒྱས་ཀྱི་ངོ་བོ། རྩ་བའི་བླ་མ་ཡིན། འདི་ནི་གལ་ཏེ་བཅོས་གྱུར་ན། དངོས་གྲུབ་མེད་པར་རྒྱུད་ལས་གསུངས་ཏེ། རྟག་གཉིས་ལས། རིགས་འཚོལ་བསྒོམས་པའི་སྦྱོར་བ་ཡིས། དངོས་གྲུབ་མེད་ཅིང་བསྒྲུབ་པོའང་མེད་ཅེས་སོ། །འོན་ཀྱང་འཕོ་བའི་ཚེ་བླ་མ་སྤྱི་བོར་བསྒོམ་པ་ཡིན་པ་ལ། ད་དུང་དུས་ལ་མ་བབ་པས་བླ་མ་སྤྱི་བོ་རུ་བསྒོམ་བྱ་མིན་ཏེ། བསྒོམ་ན་ཚེ་གནོད་ཅེས་འབྲི་གུང་པའི་རྗེས་འབྲངས་ལ་ལ་ཟེར་རོ། །འདི་ཡང་གནད་རྣམས་བཅོས་པར་དོགས་ཏེ། སངས་རྒྱས་ཀྱི་གསུངས་འགོག་པའི་ཕྱིར། ཡོད་པའི་དགེ་བ་ཞེས་བྱ་བ། ཆོས་དབྱིངས་བདེ་གཤེགས་སྙིང་པོ་ལ་བསམམས་ནས་ནི། དེ་ནི་བསྔོ་བའི་རྒྱུར་བྱེད་པ། དམིགས་པ་མེད་པའི་ཆོས་ཀྱི་དབྱིངས། སྤྲོས་བྲལ་ཅིའི་ངོ་བོར་ཡང་མ་གྲུབ་པོ་ལ་ཡོད་པའི་དགེ་བར་བྱས་ན། དམིགས་པའི་དགེ་བར་བསྒྱུར་བ་འདི། ཡོད་མེད་དུ་འཛིན་པའི་དམིགས་པ་ཡོད་པའི་ཕྱིར། བསྔོ་བ་དུག་དང་བཅས་པར་གསུངས། འདི་ཡང་གནད་རྣམས་བཅོས་པར་དོགས་ཏེ། མདོ་རྒྱུད་ལུང་རྣམས་ཀུན་ལས་མ་གསུངས་པའི་ཕྱིར། དེ་བཞིན་གཏུམ་མོ་བསྒོམ་པ་དང་། ཕྱག་རྒྱ་ཆེན་པོ་ལ་སོགས་དང་། དམ་ཚིག་དང་ནི་སྡོམ་པའི་གནད་མང་མོད་ཀྱི། གསང་སྔགས་ཡིན་ཕྱིར་འདིར་མི་བཤད། ལོགས་ན་བཤད་ཡོད། ཆོས་རྣམས་ཀུན་གྱི་རྩ་བ་ནི། །སྟོང་ཉིད་སྙིང་རྗེ་སྙིང་པོ་

ཅན། །ཐབས་དང་ཤེས་རབ་ཟུང་འཇུག་ཏུ། །མདོ་རྒྱུད་ཀུན་ལས་རྒྱལ་བས་གསུངས། །ལ་ལ་སེམས་ངོ་འཕྲོད་ན་སྒོམ་བྲལ་གྱི་ལྷ་བ་རྒྱང་པ་ནི་དཀར་པོ་ཆིག་ཐུབ་ཡིན་ཞེས་ཟེར་རོ། །

གཉིས་པ་ནི། གནད་རྣམས་མིན་པའི་ཆོས་གཞན་འགའ། །མ་ཚང་བ་དང་ལྷག་པ་དང་། །ཅུང་ཟད་འཁྲུལ་པར་གྱུར་ན་ཡང་། །ཉེས་པོ་ཆེན་པོ་བསྐྱེད་མི་ནུས། །ཞེས་པ། གནད་མིན་པའི་ཆོས་གཞན་འགའ་ཞིག་མ་ཚང་བ་དང་ལྷག་པ་དང་། །ཅུང་ཟད་འཁྲུལ་པར་གྱུར་ན་ཡང་ཉེས་པ་ཆེན་པོ་བསྐྱེད་མི་ནུས་སོ། །གསུམ་པ་ནི། ཆོས་ཀྱི་གནད་རྣམས་བཅོས་གྱུར་ན། །ཆོས་གཞན་བཟང་ཡང་འཚང་མི་རྒྱ། །དཔེར་ན་འགྲོ་བའི་སྲོག་རྩ་དང་། །ལྟོན་ཤིང་རྣམས་ཀྱི་རྩ་བ་དང་། །ས་བོན་གྱི་ནི་སྙེ་ས་དང་། །ཐབས་རྣམས་ཀྱི་ནི་སྲོགས་ཤེས་དང་། །བཙུད་ཀྱི་ལེན་གྱི་རྩ་བ་དང་། །དབང་པོ་རྣམས་ཀྱི་གནས་རྣམས་ནི། །འཆུགས་ན་བསྒྲུབ་ཏུ་མི་རུང་བཞིན། །དེ་བཞིན་ཆོས་ཀྱི་གནད་མཆོག་ནི། །ལེགས་ལེགས་འདྲ་ཡང་འབྲས་བུ་མེད། །དེས་ན་དེ་ལ་འཁྲུལ་ཡང་སླ། །གནད་རྣམས་འཁྲུལ་མེད་དཔྱད་དགོས་སོ། །ཞེས་པ། ཆོས་ཀྱི་གནད་རྣམས་བཅོས་པར་གྱུར་ན། ཆོས་བཟང་ཡང་འཚང་མི་རྒྱ། །དཔེར་ན་འགྲོ་བའི་སྲོག་རྩ་སྙིང་དང་། ལྟོན་ཤིང་གི་རྩ་བ་དང་། ས་བོན་གྱི་སྙེ་ས་དང་། ཐགས་རྣམས་ཀྱི་སྲོག་ཤིང་དང་། སྔོན་རྒྱལ་པོ་ཅིག་གི་ཡོན་བདག་བྱས་ནས། ཀླུ་སྒྲུབ་ཀྱི་གསེར་འགྱུར་རྩི་ལན་གསུམ་བར་དུ་བསྒྲུབས་པས། མི་དང་མ་བྲལ་བར་ལ་རྫས་རྣམས་གསེར་དུ་ཁད་སོང་པ་ལ། མི་དང་བྲལ་དུས། གསེར་ལས་ཉམས་ནས་མ་གྲུབ་པས། གདམ་ངག་གི་པོ་ཏི་ཁྲིན་པར་སྐྱུར་པ། བྲམ་ཟེ་གཅིག་གི་བུ་མོས་རྙེད་དེ་བལྟས་པས་ཟབ་པར་མཐོང་། འདི་གྲུབ་ན་བདག་ཕན་པ་སྲིད་སྙམ་ནས། རྒྱལ་པོ་ལ་བསྟན་ནས་འདི་བསྒྲུབ་པར་ཞུ་བྱས་པས། ཁྱོད་ཅི་ཟེར་སྔར་ཡང་ལན་གསུམ་བསྒྲུབས་པས་མ་འགྲུབ་པ་ཡིན་བྱས་པས། བུ་མོས་འདི་ལྟ་བུ་བསྒྲུབ་པ་ལ་རིམ་གྲོ་ཆེན་པོ་དགོས་པས་རིམ་གྲོ་བྱས་ནས་བསྒྲུབ་པར་ཞུ་ཟེར། ཀླུ་སྒྲུབ་ལ་ཞུས་པས། སྔར་ཡང་མ་གྲུབ་པ་ཡིན། འོན་ཀྱང་དེ་བཞིན་བྱ་གསུངས་ནས། བསྒྲུབས་པས་མི་ལྟག་ཡར་བ་སློབ་དཔོན་གྱི་མཛོད་སྤུར་ཡོག་པས། ཚ་བ་མ་བཟོད་པ་ཕྲུག་གིས་བཀབ་པས། མཛད་སྤྱང་ཡོག་པའི་ཁྲག་རྒྱུགས་ཏེ། གསེར་འགྱུར་གྱི་རྩིའི་རྫས་ཀྱི་ནང་དུ་སོང་བས་རྫས་གཡས་སུ་འཁོར་ནས་གསེར་དུ་སོང་བས། གདམ་ངག་མཁན་པོའི་གསོན་ཁྲག་དགོས་པའི་ཡི་གེ་མ་བཀོད་པར་གནད་བཅོས་པ་ལྟ་བུ་གསུངས། བཅུད་ལེན་གྱི་རྩ་བ་དངུལ་ཆུ་དང་། མིག་སོགས་དབང་པོ་རྣམས་ཀྱིས་མཐོང་བྱེད་ཐོས་བྱེད་ལ་སོགས་པ་གནད་རྣམས་ནི། བཅུག་ན་སྒྲུབ་ཏུ་མི་རུང་བཞིན། དེ་བཞིན་ཆོས་ཀྱི་གནད་བཅུག་ན་བསྒྲུབ་ཏུ་མི་རུང་བ་བཞིན། གནད་མ་ཡིན་པའི་ཆོས་རྣམས་ནི་འཕྲུལ་ལེགས་ལེགས་འདྲ་ཡང་། འབྲས་བུ་མེད་པ་དེས་ན། གནད་མ་ཡིན་པའི་ཆོས་ལ་ལ་ཅུང་ཟད་འཁྲུལ་ཡང་སླ། ཆོས་ཀྱི་གནད་རྣམས

འཁྲུལ་མེད་དཔྱད་དགོས་སོ། །བཞི་བ་གནད་བཅོས་པའི་བདུད་རྩི་ལྟར་བྱུང་བའི་ཚུལ་རྣམ་པ་ལྔར་སྟོན་པ་དང་། ཐབས་གང་གིས་སླུས་དང་། དེ་སྟོན་བྱུང་གི་དཔེ་དང་སྦྱར་བའོ། །དང་པོ་ནི། དེ་ལ་གནད་རྣམས་འཆོས་པའི་བདུད། །ལ་ལ་སངས་རྒྱས་དངོས་སུ་སྟོན། །ཁ་ཅིག་མཁན་པོ་སློབ་དཔོན་དང་། །བླ་མའི་ཆ་ལུགས་འཛིན་པ་དང་། །ཕའི་ཉེ་དུའི་ཆ་ལུགས་ཀྱིས། །སེམས་ཅན་རྣམས་ལ་སླུ་བར་བྱེད། །ཞེས་པ། ཆོས་ཀྱི་གནད་རྣམས་མ་འཆུགས་པར་ཉམས་སུ་བླང་དགོས་པ་དེ་ལ། གནད་རྣམས་འཆོས་པའི་བདུད་རྩི་ལྟ་བུའི་ཚུལ་དུ་འབྱུང་ཞེ་ན། བདུད་ལ་ལ་སངས་རྒྱས་དངོས་ཀྱི་ཚུལ་དུ་སྟོན། བདུད་ཁ་ཅིག་མཁན་པོ་དང་སློབ་དཔོན་དང་།བླ་མའི་ཆ་ལུགས་འཛིན་པ་དང་། ཕ་མའམ་ཉེ་དུའམ་ཆ་ལུགས་ཀྱི། །སེམས་ཅན་རྣམས་ལ་སླུ་བར་བྱེད་དོ། །

གཉིས་པ་ནི། འགའ་ཞིག་རྫུ་བ་མོར་སླ་བྱེད་ཅིང་། །སྡིག་པའི་ཚུལ་གྱིས་སྒྱུར་བར་བྱེད། །ལ་ལ་འཇམ་པོར་སླ་བྱེད་ཅིང་། །བྲམས་པའི་ཚུལ་གྱིས་སླུ་བར་བྱེད། །ལ་ལ་སངས་རྒྱས་གསུངས་པའི་ལུང་། །ཕྱིན་ཅི་ལོག་ཏུ་བཤད་ནས་བསྒྱུར། །ལ་ལ་རིག་པ་བཟང་པོ་ལ། །ངན་པ་ཡིན་ཞེས་བཤད་ནས་བསྒྱུར། །ལ་ལ་རིག་པ་ངན་པ་ལ། །བཟང་པོ་ལྟ་བུར་བཅོས་ནས་བསྒྱུར། །ལ་ལ་ཟས་ནོར་ཅི་འདོད་པའི། །རྫས་པ་བྱིན་ནས་ཆོས་ལོག་སྟོན། །ལ་ལ་ལུས་དང་སེམས་ལ་ནི། ཏིང་འཛིན་ཙུང་ཟད་སྐྱེས་ནས་ཀྱང་། །དེ་ལ་ཡིད་ཆེས་སྐྱེས་པ་དང་། །ལོག་པའི་ཆོས་རྣམས་བསྟན་ནས་སླུ། །ལ་ལ་མངོན་པར་ཤེས་པ་དང་། །རྫུ་འཕྲུལ་ཙུང་ཟད་བསྟན་ནས་ཀྱང་། །བླུན་པོ་ཡིད་ཆེས་བསྐྱེད་ནས་ཀྱང་། །ཕྱི་ནས་ཆོས་ལོག་སྟོན་པར་བྱེད། །ལ་ལ་ང་ཡིས་འདི་ལྟར་བསྒོམས། །དེ་ལ་རྟོགས་པ་འདི་སྐྱེས་པས། །ཁྱེད་ཀྱང་འདི་ལྟར་གྱིས་ཤིག་ཅེས། །རང་གི་ཉམས་སུ་མྱོང་བ་ཡི། །ཚུལ་དུ་བྱས་ནས་ལོགས་པར་འཆོས། །མདོར་ན་སངས་རྒྱས་གསུང་རབ་དང་། །ཕལ་ཆེར་མཐུན་པར་སྟོན་བྱེད་ཅིང་། །གནད་རྣམས་ལེགས་པར་བསྟན་པའི་ཆོས། །ལེགས་ལེགས་འདྲ་བར་སྟོན་ན་ཡང་། །བདུད་ཀྱི་བྱིན་རླབས་ཡིན་ནོ་ཞེས། །མདོ་རྒྱུད་ཀུན་ལས་གསལ་བར་གསུངས། །ཞེས་པ། བདུད་འགའ་ཞིག་རྫུ་བ་མོར་སླ་བར་བྱེད་ཅིང་། །བསྡིགས་པའི་ཚུལ་གྱིས་སྒྱུར་བར་བྱེད། །ལ་ལ་འཇམ་པོར་སླ་བར་བྱེད་ཅིང་། །བྲམས་པའི་ཚུལ་གྱིས་སླུ་བར་བྱེད་དོ། །ལ་ལ་སངས་རྒྱས་ཀྱིས་གསུངས་པའི་ལུང་དྲང་དོན་ངེས་དོན་དང་། ངེས་དོན་དྲང་དོན་དུ་བཤད་ནས་བསྒྱུར། ལ་ལ་རིགས་པ་བཟང་པོ་ལ་ངན་པ་ཡིན་ཞེས་བཤད་ནས་བསྒྱུར། ལ་ལ་རིགས་པ་ངན་པ་ལ་བཟང་པོ་ལྟ་བུར་བཅོས་ནས་བསྒྱུར། ལ་ལ་ཟས་ནོར་ཅི་འདོད་པའི་རྫས་པ་བྱིན་ནས་ཆོས་ལོག་སྟོན། །ལ་ལ་ཀ་རུ་འཛིན་ལྟ་བུའི་ལུས་དང་སེམས་ལ། །ཏིང་འཛིན་ཙུང་ཟད་བསྐྱེད་ནས་ཀྱང་། །དེ་ལ་ཡིད་ཆེས་སྐྱེས་པ་དང་། །ལོག་པའི་ཆོས་རྣམས་བསྟན་ནས་སླུ། །ལ་ལ་སངས་རྒྱས་རྒྱལ་བ་ལྟ་བུ། མངོན་པར་ཤེས་པ་དང་། རྫུ་འཕྲུལ་ཙུང་ཟུད་བསྟན་ནས་ཀྱང་།

བླུན་པོ་ཡིད་ཆེས་སྐྱེད་ནས་ཆོས་ལོག་སྟོན་པར་བྱེད་དོ། །ལ་ལ་ངས་འདི་ལྟར་བསྒོམ་དེ་ལ་རྟོགས་པ་འདི་སྐྱེས་པས་ཁྱེད་ཀྱང་འདི་ལྟར་གྱིས་ཤིག་ཅེས་རང་གི་ཉམས་མྱོང་ཡིན་པའི་ཚུལ་དུ་བྱས་ནས། ཆོས་ལོག་སྟོན་ནོ། །མདོར་ན་སངས་རྒྱས་གསུང་རབ་དང་། །ཕལ་ཆེར་མཐུན་པར་སྟོན་ན་ཡང་། གནད་རྣམས་ལོག་པར་སྟོན་པའི་ཆོས། །ལེགས་ལེགས་འདྲ་བར་སྟོན་ན་ཡང་། །བདུད་ཀྱི་བྱིན་རླབས་ཡིན་ནོ་ཞེས། །རྒྱལ་བའི་ཡུམ་ལ་སོགས་པ་མདོ་རྒྱུད་ཀུན་ལས་གསལ་བར་གསུངས་སོ། །གསུམ་པ་ནི། འདི་དག་ཇི་ལྟར་བྱུང་བའི་ཚུལ། མདོ་ཙམ་ངཡིས་བཤད་ཀྱིས་ཉོན་རིན་ཆེན་བཟང་པོ་བཞུགས་པའི་ཚེ། སངས་རྒྱས་སྐར་རྒྱལ་ཞེས་བྱ་བ། དཔྲལ་བ་ནས་ནི་འོད་འབྱིན་ཞིང་། །བར་སྣང་ལ་ནི་དཀྱིལ་ཀྲུང་འཆའ། །རིས་འགའ་འཛེག་མའི་ཁྲི་ལ་སྡོད། །སྟོང་པ་ཉིད་ཀྱི་ཆོས་རྣམས་སྟོན། །བྱམས་དང་སྙིང་རྗེ་ཆེ་བར་སྣང་། །དེ་ཡི་ཆོས་ཀྱིས་གཞན་དག་ལ། །ཏིང་ངེ་འཛིན་ཡང་སྐྱེ་བར་བྱེད། །དེ་ལ་འཇིག་རྟེན་ཐམས་ཅད་མོས། །ཤཱཀྱའི་རྒྱལ་པོའི་བསྟན་པ་དང་། །འདྲ་མིན་ཙུང་ཟད་བཅོས་པར་འཆད། །དེ་ཡི་བསྟན་པ་ཤིན་ཏུ་འཕེལ། །དེ་ཚེ་རིན་ཆེན་བཟང་པོ་ཡིས། །བསྒྲུབ་པ་ཟླ་བ་དྲུག་མཛད་ནས། །ཏིང་འཛིན་བརྟན་ནས་དེ་དྲུང་བྱོན། །སངས་རྒྱས་སྐར་རྒྱལ་བར་སྣང་ལ། །དཀྱིལ་ཀྲུང་བཅས་ནས་ཆོས་འཆད་ཚེ། །རིན་ཆེན་བཟང་པོས་གཟིགས་ཙམ་གྱིས། །ས་ལ་ལྷུང་ནས་རྒྱལ་ཞེས་གྲགས། །གལ་ཏེ་རིན་ཆེན་བཟང་ཞེས་བྱའི། །སྐྱེས་མཆོག་དེ་ཚེ་མི་བཞུགས་ན། །སངས་རྒྱས་སྐར་རྒྱལ་ཞེས་བྱ་ཡིས། །ཆོས་ལོག་བསྟན་པ་འབྱུང་ཞེས་གསུངས། །ནག་པོའི་ཕྱོགས་ལ་དགའ་བ་ཡི། །སྐར་རྒྱལ་ཞེས་བྱའི་ཀླུ་ཆེན་ཞིག སྐྱེས་ངན་ཞིག་ལ་ཞུགས་ནས་ནི། །སངས་རྒྱས་གཟུགས་སུ་རྫས་ཞེས་གསུངས། །ཞེས་པ། འདི་དག་བྱུང་ཚུལ་མདོ་ཙམ་ཞིག་བཤད་ཀྱིས་ཉོན། སྔོན་ཐོ་ལིང་གསེར་གྱི་གཙུག་ལག་ཁང་དུ། ལོ་ཙཱ་བ་རིན་ཆེན་བཟང་པོ་བཞུགས་པའི་ཚེ། སྟོད་མངའ་རིས་སུ་གློ་བུར་དུ་སངས་རྒྱས་སྐར་རྒྱལ་ཞེས་བྱ་བ། དཔྲལ་བ་ནས་འོད་འབྱིན་ཅིང་། བར་སྣང་ལ་ནི་དཀྱིལ་ཀྲུང་འཆང་ལ། །རིས་འགའ་འཛེག་མའི་ཁྲི་ལ་སྡོད་ལ། གཙོ་ཆེར་སྟོང་པ་ཉིད་ཀྱི་ཆོས་རྣམས་སྟོན་ཞིང་བྱམས་པ་དང་། སྙིང་རྗེ་དང་ཆེ་བ་ལྟར་སྣང་ངོ་། །དེའི་ཚེ་དེ་ཡིས་བཤད་པས་གཞན་དག་ལ། ཏིང་ངེ་འཛིན་ཡང་ཙུང་ཟད་བསྐྱེད་པར་བྱེད་པས། དེ་ལ་མངའ་རིས་པ་ཐམས་ཅད། ཕོ་མོའི་ཆོས་ནི་ཤཱཀྱའི་རྒྱལ་པོའི་བསྟན་པ་དང་། འདྲ་ལ་འདྲ་མིན་ཙུང་ཟད་བཅོས་ནས་འཆད་དོ། །དེས་ན་འདིའི་བསྟན་པ་ཤིན་ཏུ་འཕེལ་ལོ། །ལོ་ཆེན་གྱིས་དེའི་ཙར་མ་བྱོན་པས། །སྐྱེ་བོ་ཀུན་གྱིས་སངས་རྒྱས་དངོས་བྱོན་ཡང་། ཕྲག་དོག་བྱས་སོ་ཞེས་སྐུར་པ་བཏབ། ཉེ་གནས་ཀྱི་ཞུས་ནས་དེར་བྱོན་པ་ནན་གྱིས་གསོལ་བས། དེའི་ཚེ་རིན་ཆེན་བཟང་པོས་བསྒྲུབ་པ་ཟླ་བ་དྲུག་མཛད་ནས། ཏིང་འཛིན་བརྟན་པར་བྱས་ནས། དེའི་དྲུང་དུ་བྱོན་པ་ན། སངས་རྒྱས་སྐར་རྒྱལ་བར་སྣང་ལ་དཀྱིལ་ཀྲུང་བཅས་ནས།

སྐྱེ་བོ་མང་པོ་ལ་ཆོས་འཆད་པའི་ཚེ། རིན་ཆེན་བཟང་པོས་བྱོན་ནས་གཟིགས་ཙམ་གྱིས། །སྐར་རྒྱལ་ས་ལ་ལྷུང་ནས་བརྒྱལ་ཞེས་གྲགས། དེ་ནས་རིང་ཞིག་ནས་དེའི་སྣ་བུག་ནས་སྦྲུལ་ནག་པོ་ཞིག་འཐོན་ནས་བྱུང་སྟེ། ལོ་ཙཱ་བ་ཆེན་པོ་བཟོད་པར་མཛོད་ཅིག འོན་ཀྱང་ཆོས་ལོག་ཙམ་བསྟན་པ་མི་བདོག་ཅེས་ཟེར་ནས་མི་སྣང་བར་སོང་ངོ་། །

དེས་ན་གལ་ཏེ་རིན་ཆེན་བཟང་པོ་ཞེས་པའི་སྐྱེས་མཆོག་དེ། དེ་ཚེ་མི་བཞུགས་ན། འོ་སྐོལ་བོད་ལ་སྐར་རྒྱལ་གྱི་ཆོས་ལོག་གི་བསྟན་པ་སར་པ་ཞིག་འབྱུང་ངེས་འདུག་ཅེས་སྔ་རབས་ཀྱི་མཁས་པ་རྣམས་གསུངས་སོ། །ཁུ་ནུ་ཞེས་བྱ་བའི་ཡུལ་གྱི་སྟེང་ནས། ནག་ཕྱོགས་ལ་དགའ་བའི་ཀླུ་སྐར་རྒྱལ་ཞེས་བྱ་བ་ཞིག་སྐྱེས་ངན་ལུག་རྫི་ཞིག་གཉེད་དུ་སོང་བའི་སྣ་ནས་ཞུགས་ནས་སངས་རྒྱས་གཟུགས་སུ་བརྫུས་ཞེས་གསུངས་སོ། །

ལྔ་པ་བདུད་ཤེས་ནས་སྤོང་བར་གདམས་པ་ལ། བདུད་ཀྱི་ཇི་ལྟར་བསླུ་བའི་དཔེ། མདོ་རྒྱུད་མ་བསླད་པར་བཟུང་། ཆོས་ཀྱི་གནད་བཅོས་ན་འབྲས་བུ་མི་ཐོབ་པ་དཔེ་བསྟན། མདོ་རྒྱུད་དཀྲུགས་ན་ཉེས་དམིགས་ཆེ་བ་དང་བཞི། དང་པོ་ནི། འདི་འདྲའི་རིགས་ཀྱི་བདུད་རིགས་འགའ། །མི་འམ་འཕགས་པོའི་གཟུགས་བཟུང་ནས། །ལོག་པའི་བསྟན་པ་སྤེལ་བའི་ཕྱིར། །ཆོས་དང་བསྲེས་ནས་གཞན་རྣམས་སུ། །ཆོས་ལོག་བསྲེས་ནས་འཆད་པ་སྲིད། །དཔེར་ན་ཁ་ཟས་བཟང་པོ་ལ། །སྦྱར་བའི་དུག་གིས་ཕལ་ཆེར་གསོད། །དུག་རྐྱང་ཡིན་པར་ཤེས་ན་ནི། །འགའ་ཡང་གསོད་པར་នུས་མ་ཡིན། །དེ་བཞིན་ཆོས་བཟང་འགའ་ཞིག་ལ། །ཆོས་ལོག་བསླད་པས་ཕ་རོལ་བསླུ། །ཆོས་ལོག་རྐྱང་པར་གོ་ན་ནི། །འགའ་ཡང་བདུད་ཀྱིས་བསླུ་མི་ནུས། །རི་དྭགས་རྔ་མ་བསྟན་ནས་ནི། །བོང་ཤ་བཙོང་བར་མི་ནུས་ལྟར། །དེ་བཞིན་བཟང་སྤྱོད་མ་བསྟན་ན། །ལོག་པའི་ཆོས་ཀྱིས་བསླུ་མི་ནུས། །བདུད་ཀྱི་བྱིན་རླབས་ཐམས་ཅད་ཀྱང་། །ངན་པ་ཁོ་ནར་ངེས་པ་མིན། །འོན་ཀྱང་བཟང་པོའི་ནང་ནས་ནི། །གནད་རྣམས་ཅུང་ཟད་བཅོས་པ་ཡིས། །ཕན་པ་ལྟ་བུས་ཕ་རོལ་བསླུ། །ཞེས་པ། འདི་འདྲའི་རིགས་ཅན་གྱི་བདུད་རིགས་འགའ། །མི་འམ། འཕགས་པའི་གཟུགས་བཟུང་ནས། ལོག་པའི་བསྟན་པ་སྤེལ་བའི་ཕྱིར། ཆོས་དང་བསྲེས་པའི་གཞན་རྣམས་སུ་ཆོས་ལོག་བསྲེས་ནས་དངོས་སམ་རྨི་ལམ་དུ་འཆད་པ་སྲིད་པས་དེ་འདྲའི་རིགས་ཅན་ལ། ལམ་འབྲས་ནས་བཤད་པའི་བརྡ་དང་རྣམ་གསུམ་རིག་དབྱེ་སོགས་ཤེས་པར་བྱའོ། །དེ་ལྟ་བུ་མི་ཤེས་ན། ཐོས་བསམ་གྱི་སྒོ་ནས་ངོ་ཤེས་པར་བྱས་ལ་སློབ་དགོས་སོ། །དཔེར་ན་ཁ་ཟས་བཟང་པོ་ལ་སྦྱར་བའི་དུག་གིས་ཕལ་ཆེར་གསོད། དུག་ཀྱང་ཡིན་པར་ཤེས་ན་ནི། འགའ་ཡང་གསོད་པར་ནུས་པ་མ་ཡིན་ནོ། །དེ་བཞིན་དུ། ཆོས་བཟང་པོ་འགའ་ཞིག་ལ། ཆོས་ལོག་བསླད་པས་སྐྱེ་བོ་ཕལ་ཆེར་བསླུ་བར་བྱེད་ལ། ཆོས་ལོག་ཏུ་གོ་ན་ནི་འགའ་ཡང་བདུད་ཀྱིས་བསླུ་བར་མི་ནུས་སོ། །རི་དྭགས་རྔ་མ་བསྟན་ནས་དེའི་ཤ་ཡིན་པར

བཙོས་ནས། བོད་ཤ་འཚོང་གི། རི་དྭགས་ཀྱི་ཟ་མ་མ་བསྟན་ན། བོད་ཤ་བཙོང་བར་མི་ནུས་པ་དེ་བཞིན་དུ། བཟང་སྤྱོད་མ་བསྟན་ལོག་པའི་ཆོས་ཀྱིས་བསླུ་བར་མི་ནུས་སོ། །བདུད་ཀྱི་བྱིན་རླབས་ཐམས་ཅད་ཀྱང་ངན་པ་ཁོ་ནར་ངེས་པ་མེད་དོ། །འོན་ཀྱང་བཟང་པོའི་ནང་ནས་ནི། གནད་རྣམས་ཟུང་ཟད་བཙོས་པའི་ཕན་པ་ལྟ་བུར་སྣང་བས་ཕ་རོལ་བསླུའོ །

གཉིས་པ་ནི། འདི་འདྲ་ཤེས་པར་བྱས་ནས་ནི། །ཆོས་ཀྱི་གནད་རྣམས་མདོ་རྒྱུད་བཞིན། །མ་བསླད་པར་ནི་ལེགས་པར་ཟུང་། །ཞེས་པ། བདུད་རིགས་དེ་འདྲ་ལེགས་པར་ཤེས་པར་བྱས་ནས་ཆོས་ཀྱི་གནད་རྣམས་མདོ་རྒྱུད་བཞིན་མ་བསླད་པར་ལེགས་པར་ཟུངས་ཤིག གསུམ་པ་ནི་ཤིང་རྟའི་སྲོག་ཤིང་ཆག་གྱུར་ན། །འཁོར་ལོ་བཟང་ཡང་འགྲོ་མི་ནུས། །སྲོག་གི་དབང་པོ་འགགས་གྱུར་ན། །དབང་པོ་གཞན་དག་བྱ་བྱེད་མེད། །དེ་བཞིན་ཆོས་ཀྱི་གནད་འཆུགས་ན། །ཆོས་གཞན་བཟང་ཡང་ནུས་མེད་འགྱུར། །ཞེས་པ། ཤིང་རྟའི་སྲོག་ཤིང་ཆག་པར་གྱུར་ན། འཁོར་ལོ་བཟང་ཡང་འགྲོ་བར་མི་ནུས་ལ། སྲོག་གི་དབང་པོ་འགགས་པར་གྱུར་ན། དབང་པོ་གཞན་དག་བྱ་བྱེད་མེད་ལ། དེ་བཞིན་ཆོས་ཀྱི་གནད་འཆུགས་ན་ཆོས་གཞན་གནད་མ་ཡིན་པ་བཟང་ཡང་ནུས་པ་མེད་པར་འགྱུར་རོ། །བཞི་པ་ནི། རྫོགས་སངས་རྒྱས་ལས་མཁས་པ་ཡིས། །གང་ཟག་འཇིག་རྟེན་གསུམ་ན་མེད། །དེས་ན་དེ་ཡིས་གསུངས་པ་ཡི། །མདོ་རྒྱུད་རྣམ་པར་དཀྲུག་མི་བྱ། །མདོ་རྒྱུད་དཀྲུགས་ན་ཆོས་སྤོང་ཞིང་། །འཕགས་པ་རྣམས་ཀྱང་སྨད་འགྱུར་ཞེས། །མགོན་པོ་བྱམས་པས་རྒྱུད་བླར་གསུངས། །ཞེས་པ། རྫོགས་པའི་སངས་རྒྱས་ལས་མཁས་པའི་གང་ཟག་འཇིག་རྟེན་གསུམ་ན་མེད་པ་དེས་ན། དེ་ཡིས་གསུངས་པའི་མདོ་རྒྱུད་རྣམ་པར་དཀྲུག་པར་མི་བྱ་སྟེ། དཀྲུགས་ན་ཆོས་སྤོང་ཞིང་འཕགས་པ་རྣམས་སྨད་པར་འགྱུར་རོ། །ཞེས་མགོན་པོ་བྱམས་པའི་རྒྱུད་བླ་མར། གང་ཕྱིར་རྒྱལ་ལས་ཆེས་མཁས་འགའ་ཞིག་འཇིག་རྟེན་འདི་ན་ཡོད་མིན་ཏེ། མ་ལུས་དེ་ཉིད་མཆོག་ནི་ཚུལ་བཞིན་ཀུན་མཁྱེན་གྱིས་མཁྱེན་གཞན་མ་ཡིན་པས། དེའི་ཕྱིར་དྲང་སྲོང་རང་ཉིད་ཀྱིས་བཞག་མདོ་སྡེ་གང་ཡིན་དེ་མི་དཀྲུག ཐུབ་ཚུལ་གཞིག་ཕྱིར་དེ་ཡང་དམ་ཆོས་ལ་ནི་གནོད་པ་བྱེད་པར་འགྱུར། །ཉོན་མོངས་རྨོངས་བདག་རྣམས་ཀྱིས་འཕགས་ལ་སྐུར་བ་དང་། །དེས་གསུངས་ཆོས་ལ་བརྙས་གང་དེ་ཀུན་ཞེན་བལྟ་བྱ། །དེས་ན་ཞེན་ལྟའི་དྲི་ཅན་དེ་ལ་བློ་མི་སྦྱར། །གོས་བཟང་མཚོན་གྱི་རྣམ་བསྒྱུར་སྣུམ་གྱིས་གོས་པ་ཡིན། །ཞེས་གསུངས་སོ། །དྲུག་པ། འཕྲུལ་པའི་གྲུབ་མཐའ་འགོག་པའི་རྣམ་བཞག་ལ། ཉན་པར་གདམས་པ་དང་། དོན་དངོས་གཉིས། དང་པོ་ནི། འཕྲུལ་པའི་གྲུབ་མཐའ་སུན་འབྱིན་པའི། །རྣམ་བཞག་ཟུང་ཟད་བཤད་ཀྱིས་ཉོན། །ཞེས་པ། འཕྲུལ་པའི་གྲུབ་མཐའ་སུན་འབྱིན་པའི་རྣམ་བཞག་ཟུང་ཟད་བཤད་ཀྱིས

ཉོན་ཞེས་གདམས་སོ། །གཉིས་པ་ལ། སྟོན་བྱུང་དང་སྦྱར་ཏེ་བསྟན་པ་དང་། འཁྲུལ་པ་གཞན་དགག་པའོ། །དང་པོ་ནི། མུ་སྟེགས་སྟོན་པ་དབང་ཕྱུག་སོགས། །མནན་པའི་སངས་རྒྱས་མཐོང་ནས་ནི། །དེ་བཟློག་པ་ཡི་བྲིས་སྐུ་ཞིག མུ་སྟེགས་དབྱངས་ཅན་དགའ་བས་བྱས། །མཁས་པ་ཆེན་པོ་ཛྙཱ་ན་ཤྲཱིས། །དེ་དང་རྩོད་པའི་རྩོད་གྲྭ་རུ། །རང་གཞན་གཉིས་ཀའི་སྟེམ་པ་དང་། །རྒྱལ་པོ་སོགས་ཀྱི་དཔང་པོའི་གྲྭར། །སངས་རྒྱས་མནན་པ་རང་བཞིན་ཡིན། །དེས་ན་འཁྲུལ་པ་ཡིན་པར་བསྒྲགས། །དེས་ན་དབང་ཕྱུག་མནན་པ་ཡང་། །སངས་རྒྱས་རང་བཞིན་ཡིན་ཞེས་བསྒྲེས། །དེ་ལ་མཁས་པས་འདི་སྐད་བརྗོད། །སངས་རྒྱས་མནན་པ་ཁྱེད་ཀྱི་གཞུང་། །ལུང་མ་རྣམས་ནས་བཤད་པ་མེད། །མུ་སྟེགས་མནན་པ་ངེད་ཀྱི་རྒྱུད། །གདོད་མ་ཉིད་ནས་ཡོད་པ་ཡིན། །དེས་ན་ངེད་ཀྱི་རང་བཞིན་མིན། །དེ་ནས་སྤོབས་པ་མེད་གྱུར་ཚེ། །རྒྱལ་པོ་ཁྱོད་ཀྱི་ཡུལ་འདི་རུ། །འདི་འདྲའི་རང་བཞིན་འཕེལ་ན་ནི། །ད་དུང་རང་བཞིན་གཞན་འབྱུང་བས། །བསྟན་པ་སྤྱི་ལ་གནོད་པ་འདི། །ཁོ་རང་ལ་ཡང་ཅིས་མི་གནོད། །འདི་འདྲའི་རང་བཞིའི་ཆོས་ལུགས་ནི། །སངས་རྒྱས་པ་ལ་བྱུང་ན་ཡང་། །རྒྱལ་པོ་ཁྱོད་ཀྱིས་དགག་དགོས་སོ། །དེ་སྐད་བསྒོས་ནས་གྱེད་རེས་གསུངས། །ཕྱི་ནས་གྲུབ་མཐའ་བརྗོད་པ་ལའང་། །མུ་སྟེགས་གྲུབ་མཐའ་ཕམ་མཛད་ནས། ། སངས་རྒྱས་བསྟན་པ་སྤེལ་ཞེས་ཐོས། །ཞེས་པ། ཁ་ཆེའི་ཡུལ་དུ་མུ་སྟེགས་ཀྱི་སྟོན་པ་དབྱངས་ཅན་དགའ་བ་ཞེས་བྱ་བས། དབང་ཕྱུག་དང་། ཁྱབ་འཇུག་དང་། དབུ་མ་སོགས་མནན་པའི། ཀྱེ་རྡོར་དུས་འཁོར། བདེ་མཆོག་སོགས་མཐོང་ནས། དེ་ལས་བཟློག་པའི་སངས་རྒྱས་མནན་པའི་དབང་ཕྱུག་གི་བྲིས་སྐུ་ཞིག་ཏུ་སྟེགས་དབྱངས་ཅན་དགའ་བས། སངས་རྒྱས་པ་ལ་སྙིང་ནད་དུ་བྱས་ནས་རང་དགར་བྱས་སོ། །

དེའི་ཚེ་མཁས་པ་ཛྙཱ་ན་ཤྲཱིས། དབྱངས་ཅན་དགའ་བ་དེ་ལ་རྩོད་པའི་གྲྭ་རུ་རང་གི་དེ་པ་སངས་རྒྱས་པ་དང་གཞན་མུ་སྟེགས་བྱེད་ཀྱི་པཎྜི་ཏའི་ཚོགས་དང་། སྐྱེ་བོ་སོ་སོ་དང་། རྒྱལ་པོ་དང་། བློན་པོ་སོགས་ཀྱི་དཔང་པོ་རྣམས་འདུས་པའི་གྲྭར། ཛྙཱ་ན་ཤྲཱིས། ཁྱོད་ཀྱིས་བྱས་པའི་སངས་རྒྱས་མནན་པ་དབང་ཕྱུག་དེ་ནི། རང་བཞིན་ཡིན་གྱིས། རང་གི་རིག་བྱེད་དང་གཞུང་ལུགས་གང་ལུགས་གང་ནས་ཀྱང་བཤད་པ་མེད་པའི་ཕྱིར། དེས་ན་ཁྱོད་ཀྱི་དེ་འཁྲུལ་པ་ཡིན་ནོ། །ཞེས་བྱས་པས། དབྱངས་ཅན་དགའ་དེས་ཀྱང་། ཁྱེད་ཀྱི་དབང་ཕྱུག་མནན་པའི་སངས་རྒྱས་ཀྱེ་རྡོར་བདེ་མཆོག་སོགས་ཀྱང་རང་བཞིན་ཡིན་ནོ། །ཞེས་མགོ་བསྒྲེས་པས། དེ་ལ་མཁས་པ་ཛྙཱ་ན་ཤྲཱིས། འདི་བརྗོད་དབང་ཕྱུག་གི་སངས་རྒྱས་མནན་པ་ཁྱེད་ཀྱི་གཞུང་ལུང་མ་རྣམས་ནས་ཀྱང་བཤད་པ་མེད་ལ། སངས་རྒྱས་ཀྱིས་མུ་སྟེགས་མནན་པ་ངེད་ཀྱི་རྒྱུད་སྡེ་བཞི་ལས་ལུང་མ་ཉིད་ནས་བཤད་པ་ཡིན་ནོ། །དེ་བའི་རྒྱུ་མཚན་རྒྱུད་སྡེ་བཞི་ནས་བཤད་པར་ཟད། སློབ་དཔོན་ནག་པོ་པས་སྤྱོད་མཛད་པའི་ཚེ། ཤར་ཕྱོགས་ཀྱི་རྒྱལ་པོ

རོལ་པའི་ཟླ་བ་ཞེས་བྱ་བའི་གླིང་པོ་དགེ་བའི་མགོན་པོ་གནས་སུ་བྱོན་ཏེ། རྒྱལ་པོ་ཕྱི་རོལ་པ་ཡིན། བློན་པོ་ནང་པ་ཡིན་པས། ཐུགས་རྗེ་ཆེན་པོའི་རྟེན་གྱི་རབ་གནས་ཞུས། མེ་ཏོག་སྤྱི་བོར་བཞག་ནས། སུ་པྲ་ཏིཥྛ་ཞེས་གསུངས་པ་དང་། རྟེན་དེ་སུས་ཀྱང་བསྒུལ་མི་ནུས་པར་གྱུར། དེ་ནས་བློན་པོས་འཁོར་ལོ་སྡོམ་པ་ཞུས་ཏེ།རྒྱལ་པོས་མ་ཆོར་བར་བྲིས་སྐུ་བཞེངས་སོ། །རི་ཞིག་གི་ཚེ་བྲིས་སྐུ་སྒྲིབ་པའི་ཡོང་མེད་པས། རྒྱལ་པོས་མཐོང་ནས་འདི་ཁྱོད་དྲན་ཁྱོད་གསོད། བླ་མ་དྲན་བླ་མ་གསོད་བྱས་སོ། །སངས་རྒྱས་ཀྱི་རྒྱུད་ནས་བཤད་པ་ཡིན་བྱས་པས། ཆོས་ལུགས་གཉིས་སུ་བདེན་བལྟའོ་ཟེར་ཏེ། རྒྱལ་པོས་དབང་ཕྱུག་དང་དབུ་མའི་འོག་ཏུ། བདེ་མཆོག་མནན་པ་བྲིས་ནས་གོས་ཀྱི་བགྲིས་ཏེ། སྨོད་པོར་ནས་ཞག་བདུན་སྐུ་གཉིས་ལྡན་ཅིག་ཏུ་བཞག་གོ། །དེ་ནས་ཞལ་ཕྱེ་བའི་ཚེ། རྒྱལ་པོས་བྲིས་པའི་རི་མོ་དེ་ཡང་། འཁོར་ལོ་སྡོམ་པའི་ཞབས་ཀྱི་འོག་ཏུ་དབང་ཕྱུག་དང་དབུ་མ་མནན་པའི་སྐུར་གྱུར་ཏོ། །རྒྱལ་པོ་ཤིན་ཏུ་དད་པར་གྱུར་ཏེ། ཤར་ཕྱོགས་ཧྭ་ག་ལའི་ཡུལ་ཐམས་ཅད་སངས་རྒྱས་ཀྱི་བསྟན་པ་ལ་བཀོད་དོ། །རྒྱུ་མཚན་དེས་ན། མུ་སྟེགས་པ་སྤྱོབས་པ་མེད་པར་གྱུར་བའི་ཚེ། རྒྱལ་པོ་ཁྱོད་ཀྱིས་ཡུལ་འདི་རུ་འདི་འདྲའི་རང་བཟོ་འཕེལ་ན་ནི། ད་རུང་གཞན་གྱི་རང་བཟོ་གཞན་འབྱུང་བས། བསྟན་པ་སྤྱི་ལ་གནོད་པ་འདི། ཁོ་རང་ལ་ཡང་ཅིས་མི་གནོད་དེ་གནོད་པས། འདི་འདྲའི་རང་བཟོའི་ཆོས་ལུགས་ནི། སངས་རྒྱས་པ་ལ་བྱུང་ན་ཡང་རྒྱལ་པོ་ཁྱོད་ཀྱིས་དགག་དགོས་སོ། །དེ་སྐད་བསྒོས་ནས་སངས་རྒྱས་མནན་པའི་དབང་ཕྱུག་གི་བྱང་རིས་ཚོགས་ཀྱི་དབུས་བསུབས་སོ། །

དབྱངས་ཅན་དགའ་བ་ན་རེ། གཞུང་ཁུངས་མ་ནས་བཤད་པ་བདེན་དུ་ཆུག ད་གཟོད་གྲུབ་མཐའ་བརྟད་དགོས་ཟེར་ནས་དུས་བཏབ་པའི་ཚེ། རྡོ་ན་ཤྲཱིའི་སློབ་མ་པཎྜི་ཏ་ཅིག་གིས་སྔར་རྩོད་རྒྱལ་བས་ཆོག ཁོ་མུ་སྟེགས་ཀྱི་པཎྜི་ཏ་དབྱངས་ཅན་གྱིས་བྱིན་གྱིས་བརླབས་པས་མཁས་པ་ཡིན། གལ་ཏེ་ཁོ་རྒྱལ་ན་ག་བསྟན་པ་ལ་གནོད་དེ། ཁྱེད་མཁས་པ་སངས་རྒྱས་ལ་མེད་པས། རྩོད་མི་བྱེད་པར་ཞུ་ཟེར་ནས། གཟིམ་ཁང་གི་སྒོ་འཕྲེད་བཅད་ནས་ཉལ་བས། སློབ་དཔོན་གྱི་ཁང་བའི་ཕུག་བརྟོལ་ནས་རྩོད་པ་ལ་བྱོན། སློབ་མས་སྔ་གྲོ་བལྟས་པས། མི་བཞུགས་པར་མཐོང་ནས་ཤིན་ཏུ་སྐྲག་སྟེ། རྩོད་གྲོགས་བྱས་པས་སློབ་དཔོན་རྒྱལ་ནས། སངས་རྒྱས་ཀྱི་བསྟན་པ་ཤིན་ཏུ་དར་བར་བྱས་གསུངས་ཕྱི་ནས་གྲུབ་མཐའ་རྩོད་པའང་མུ་སྟེགས་ཕམ་པར་མཛད་ནས། སངས་རྒྱས་ཀྱི་བསྟན་པ་ཆེར་སྤེལ་ཞེས་ཐོས་སོ། །གཉིས་པ་ལུང་ཁས་མི་ལེན་ན་རིགས་ལས་དགག ཁས་ལེན་ན་དེ་དགག་པ་ལ་འགོག་པའི་ཚུལ་བསྟན་པའོ། །དང་པོ་ནི། གལ་ཏེ་མུ་སྟེགས་བྱེད་པའི་གཞུང་། གདོད་ནས་གྲུབ་པའི་རིག་བྱེད་ལས། །ཆོས་ལོག་དེ་འདྲ་བཤད་ན་ཡང་། །རང་བཟོ་ཡིན་ཞེས་བྱར་མི་རུང་། །གྲུབ་མཐའ་རྣམ

བཞག་བཟུང་ནས་ནི། །རིགས་པ་གཞན་གྱི་སུན་དབྱུང་དགོས། །བདག་དང་གཞན་གྱི་གྲུབ་མཐའ་ལའང་མུ་སྟེགས་བྱེད་པའི་གཞུང་། གདོད་ནས་གྲུབ་པའི་རིག་བྱེད་བཞི་པོ་ལས། སངས་རྒྱས་མནན་པའི་ཆོས་ལོག་དེ་འདྲ་ག་དུས་བཤད་ན་ཡང་། རང་བཟོ་ཡིན་ཞེས་བྱར་མི་རུང་། འོན་ཇི་ལྟར་སུན་དབྱུང་ཞེ་ན། གྲུབ་མཐའི་རྣམ་བཞག་འཁྲུལ་མ་འཁྲུལ། བཟུང་ནས་ནི། རིགས་པ་གཞན་གྱི་སུན་དབྱུང་དགོས་ཀྱི། ལུང་འགལ་གྱིས་སུན་དབྱུང་མི་ནུས་སོ། །བདག་དང་གཞན་གྱི་གྲུབ་མཐའ་ལའང་། ལུང་ཁས་ལེན་ན་དེ་དག་འགོག་པའི་ཚུལ་ལ་གཉིས་ཏེ། ཉན་པར་གདམས་པ་དང་། དོན་དངོས་སོ། །དང་པོ་ནི། གལ་ཏེ་འགལ་བ་སྣང་ན་ནི། རིགས་པ་དག་དང་འགལ་གྱུར་ན། །དེ་ནི་རིགས་པས་སུན་ཕྱུང་ཤིག གལ་ཏེ་ལུང་དང་འགལ་གྱུར་ན། །དེ་ནི་ལེགས་པར་སུན་འབྱིན་པའི། །གདམ་ངག་ཅུང་ཟད་བཤད་ཀྱིས་ཉོན། །ཞེས་སོ། །གལ་ཏེ་ལན་འགལ་བར་སྣང་ན། རིགས་པ་དང་ཡང་འགལ་བར་འགྱུར་བས་ན། དེ་ནི་རིགས་པས་སུན་ཕྱུང་ཞིག གལ་ཏེ་ལུང་དང་འགལ་བར་གྱུར་ན། དེ་ནི་ལེགས་པར་སུན་འབྱིན་པའི་གདམ་ངག་བཤད་ཀྱིས་ཉོན་ཅིག

གཉིས་པ་ལ་དོན་ལྔ་སྟེ། ལུང་གིས་གནོད་པ་དང་། མི་གནོད་པའི་རྣམ་བཞག་སྤྱིར་བསྟན་པ། གནོད་པའི་ཚུལ་བྱེ་བྲག་ཏུ་བཤད་པ། དེ་འདྲའི་རིགས་ཅན་གཞན་ཡང་དགག་པར་གདམས་པ། ལུང་ཁས་མི་ལེན་པ་དགག་པའི་ཚུལ། ལུང་སྦྱོར་བྱེད་པའི་གནད་བསྟན་པའོ། །དང་པོ་ནི། ཕ་རོལ་ལུང་དེ་ཁས་ལེན་ཞིང་། དེ་དང་འགལ་བའི་ཆོས་སྨྲ་ན། །ལུང་དང་འགལ་བས་སུན་དབྱུང་བྱ། །གལ་ཏེ་ལུང་དང་ཁས་མི་ལེན་རང་གི་ལུང་བཞིན་ཁས་ལན་ན། དེ་ཚེ་རེད་ཀྱི་ལུང་གིས་ནི། །དེ་ཡི་ཆོས་ལོག་དགག་མི་ནུས། །འོན་ཀྱང་དེ་ཡི་ལུང་ཉིད་ཀྱིས། །དེ་ཡི་ཆོས་ལོག་དགག་དགོས་སོ། །དཔེར་ན་ཕ་རོལ་ཕྱིན་པ་ལ། །གལ་ཏེ་ཆོས་ལོག་སྨྲོད་ན་ནི། །གསང་སྔགས་གཞུང་དང་འགལ་ལོ་ཞེས། །དེ་ནི་སུན་དབྱུང་ནུས་མ་ཡིན། །དེ་བཞིན་གསང་སྔགས་པ་འགའ་ཞིག ལག་ལེན་ལོག་པར་སྨྲོད་གྱུར་ཀྱང་། །ཕ་རོལ་ཕྱིན་གཞུང་དང་འགལ་ཞེས། །སུན་དབྱུང་བར་ནི་ནུས་མ་ཡིན། །དེ་ལྟར་ཐེག་པ་ཆེ་ཆུང་ལའང་། །ཕན་ཚུན་གྱི་ན་ལུང་འགལ་གྱི། །སོ་སོའི་གཞུང་ལུགས་དགག་མི་ནུས། །ཕ་རོལ་པོ་ལ་ལུང་དེ་ཚད་མར་ཁས་ལེན་མི་ལེན་འདྲིའོ། ཕ་རོལ་པོ་ལུང་དེ་ཚད་མར་ཁས་ལེན་ཞིང་། ཁས་བླངས་པ་དེ་དང་འགལ་བའི་ཆོས་སྨྲོད་ན། ལུང་དེ་དང་འགལ་བས། སུན་དབྱུང་བར་བྱ་སྟེ། ཆོས་ཀྱི་གྲགས་པས། རྐྱལ་བ་དབང་ཕྱུག་སོ་དགག་པ་བཞིན་ནོ། །གལ་ཏེ་ལུང་དེ་ཚད་མར་ཁས་མི་ལེན་པར། ཁོ་རང་ལུང་གཞན་ཁས་ལེན་ན། དེའི་ཚེ་རེད་རང་གི་ལུང་གིས་ནི། ཕ་རོལ་པོ་དེའི་ཆོས་ལོག་དགག་མི་ནུས་ཏེ། དེ་ལ་ཁོ་ཚད་མར་མི་འཛིན་པའི་ཕྱིར། དཔེར་ན་སངས་རྒྱས་པ་ལ་དྲན་པའི་ལུང་བཞིན་ནོ། །འོན་ཀྱང་ཕ་རོལ་པོ་དེའི་ལུང་གིས་ནི།

དེ་ཁོ་རང་གི་ཆོས་ལོག་རྣམས་སྤྱི་ཕྱིར་འགལ་བ་ལ་སོགས་པའི་སྒོ་ནས་དགག་དགོས་སོ། །དེས་ན་ལུང་གི་སྐབས་ཤེས་དགོས་ཏེ། དཔེར་ན་ཕ་རོལ་ཏུ་ཕྱིན་པ་ལ། གལ་ཏེ་ཆོས་ལོག་པ་དེ། ཕྱག་རྒྱ་མི་སྟོན་པ་སོགས་སྤྱོད་ན་ནི། གསང་སྔགས་ཀྱི་གཞུང་དང་འགལ་ལོ་ཞེས། དེ་སུན་དབྱུང་བར་ནུས་པ་མིན་ལ། དེ་བཞིན་དུ་གསང་སྔགས་པ་འགའ་ཞིག་ཚོགས་འཁོར་སོགས་ཀྱི་ལག་ལེན་ལོག་པར་སྤྱོད་པར་གྱུར་ཀྱང་། ཕ་རོལ་ཏུ་ཕྱིན་པའི་གཞུང་དང་འགལ་ཞེས་སུན་དབྱུང་མི་ནུས་པ་བཞིན་ནོ། །

དེ་ལྟར་དུ་ཐེག་པ་ཆེ་ཆུང་ལ་འང་། ཕན་ཚུན་ལུང་འགལ་གྱིས་རིགས་པའི་གཞུང་ལུགས་དགག་མི་ནུས་ཏེ། ཉན་ཐོས་ཀྱི་ལུང་ལ་ཐེག་ཆེན་པོ་ཚད་མར་མི་བྱེད། ཐེག་ཆེན་པའི་ལུང་ལ་ཉན་ཐོས་པ་ཚད་མར་མི་བྱེད་པའི་ཕྱིར། །གཉིས་པ་གནོད་ཚུལ་བྱེ་བྲག་ཏུ་བཤད་པ་ནི། ཉན་ཐོས་གཞུང་ལུགས་ཁས་ལེན་ཞིང་། །དེ་ཡི་ལུང་དང་འགལ་གྱུར་ན། །དེ་ཡི་ལུང་གིས་དགག་པར་ནུས། །དེ་བཞིན་དཀའ་བསྡམས་ལ་སོགས་ཀྱང་། །ཇོ་བོའི་གཞུང་ལུགས་ཁས་ལེན་ཞིང་། །དེ་ཡི་ལུང་དང་འགལ་གྱུར་ན། དཀའ་བསྡམས་པ་ལ་གནོད་པ་ཡིན། དེ་བཞིན་ཕྱག་རྒྱ་པ་ཡང་ནི། །ན་རོ་པ་ལ་མོས་བྱེད་ཅིང་། །ན་རོའི་གཞུང་དང་འགལ་གྱུར་ན། །ཕྱག་རྒྱ་པ་ལ་གནོད་པ་ཡིན། །དེ་བཞིན་གསང་སྔགས་སྤྱོད་བཞིན་དུ། །གསང་སྔགས་རྒྱུད་སྡེ་དང་འགལ་ན། །གསང་སྔགས་པ་ལ་གནོད་པར་འགྱུར། །ཕ་རོལ་ཕྱིན་པའི་ལུགས་བྱེད་ཅིང་། །མདོ་སྡེ་རྣམས་དང་འགལ་གྱུར་ན། །ཕར་ཕྱིན་པ་ལ་ཅིས་མི་གནོད། །དེ་ཡི་དཔེར་བརྗོད་མདོ་ཙམ་ཞིག ལེགས་པར་བཤད་ཀྱིས་ཉན་པར་གྱིས། །ཇོ་བོ་གསང་སྔགས་སྤྱོད་བཞིན་དུ། །གསང་སྔགས་སྤྱོད་པའི་དུས་མིན་ཞེས། །སླུ་བ་ཇོ་བོའི་ལུགས་ཉིད་དང་། །འགལ་བ་ས་ཡིན་པར་ཤེས་པར་བྱ། །སེམས་བསྐྱེད་ཇོ་བོའི་ལུགས་བྱེད་ཅིང་། །ཇོ་བོ་གདན་ནས་མི་བཞེད་པའི། །སེམས་བསྐྱེད་ཀུན་ལ་བྱེད་པ་དང་། །དོན་དམ་སེམས་བསྐྱེད་བྱེད་པ་ནི། །གཞན་དང་འགལ་བ་སློས་ཅི་དགོས། །རང་ལུགས་དང་ཡང་འགལ་བ་ཡིན། །ན་རོ་ཏ་པ་དབང་བསྐུར་དང་། །རིམ་གཉིས་ཆོས་ཀྱི་གཙོ་བོར་མཛད། །ན་རོའི་རྒྱུད་པ་འཛིན་བཞིན་དུ། །དབང་དང་རིམ་གཉིས་མི་བསྒོམ་པ། །རྒྱུད་དང་འགལ་བ་ལྟ་ཅི་སློས། །རང་ལུགས་དང་ཡང་འགལ་བ་ཡིན། །ཇོ་རྗེ་ཕག་མོའི་བྱིན་རླབས་ནི། །མར་པ་ལྷོ་བྲག་པ་ལ་མེད། །མར་པའི་རྒྱུད་པ་འཛིན་བཞིན་དུ། །ཕག་མོས་ཆོས་སྒོ་འབྱེད་པ་ནི། །རྒྱུད་དང་འགལ་བ་ལྟ་ཅི་སློས། ། རང་ལུགས་དང་ཡང་འགལ་བ་ཡིན། །ན་རོ་ཆོས་དྲུག་ཅེས་བྱའི་ཁྲིད། །མེད་ལ་ཡན་ཆོད་དེ་ལས་མེད། །ཆོས་དྲུག་བོར་ནས་ལམ་འབྲས་དང་། །ཕྱག་རྒྱ་ཆེན་པོ་ལ་སོགས་པ། །གཞན་གྱི་གདམས་ངག་བསྒོམ་བཞིན་དུ། །ན་རོའི་རྒྱུད་པ་འདེད་བྱེད་པ། །གཞན་དང་འགལ་བ་ལྟ་ཅི་སློས། །རང་ལུགས་དང་ཡང་འགལ་བ་ཡིན། །གཏེར་ནས་བྱུང་བའི་གླེགས་བམ་དང་། །གཞན་ནས་རྐུས་པའི་ཆོས་ལུགས་ལ། །

བརྟམས་ཆོས་དང་ནི་རྨི་ལམ་ཆོས། །གྲོལ་བཟུང་མ་ཡི་ཆོས་ལུགས་ལ། །རྡོ་རྗེ་འཆང་ལ་རྒྱུད་པ་སྣེག དེ་འང་གཞན་དག་ལུང་ལེན་པ། །ཆོས་དང་འགལ་བ་ལྟ་ཅི་སྨོས། །རང་ཚིག་དང་ནི་འགལ་བ་ཡིན། །དེས་ན་ཉན་ཐོས་ཀྱི་གཞུང་ལུགས་ཁས་ལེན་ཞིང་དེའི་ལུང་དང་འགལ་བར་གྱུར་ན། དེའི་ལུང་གིས་དགག་པར་នུས་ལ། དེ་བཞིན་དུ་དཀའ་གདམས་ལ་སོགས་ཀྱང་ཇོ་བོའི་གཞུང་ལུགས་ཁས་ལེན་ཞིང་། དེའི་ལུང་དང་འགལ་བར་གྱུར་ན། དེ་འདྲའི་དཀའ་གདམས་པ་ལ་གནོད་པ་ཡིན་ནོ། །དེ་བཞིན་དུ་དེང་སང་གི་ཕྱག་རྒྱ་བ་ཡང་ནི། ན་རོ་བ་ལ་མོ་བ་ཁྱེད་ཅིང་། ན་རོའི་གཞུང་དང་འགལ་བར་གྱུར་ན། ཕྱག་རྒྱ་པ་ལ་གནོད་པ་ཡིན་ཞིང་། དེ་བཞིན་དུ། གསང་སྔགས་རྒྱུད་སྡེ་དང་འགལ་བར་ཁས་ལེན་ན། དེ་འདྲའི་གསང་སྔགས་པ་ལ་གནོད་པ་ཡིན་ནོ། །ཡང་ཕ་རོལ་ཏུ་ཕྱིན་པའི་ལུགས་བྱེད་ཅིང་། མདོ་སྡེ་ནས་དང་འགལ་བར་གྱུར་ན། དེ་འདྲའི་ཕར་ཕྱིན་པ་ལ་ལུང་གིས་ཅིས་མི་གནོད་དེ་གནོད་དོ། །དེ་རྣམས་ཀྱི་དཔེར་བརྗོད་མདོ་ཙམ་ཞིག་ལེགས་པར་བཤད་ཀྱིས་ཉན་པར་གྱིས་ཤིག ཇོ་བོ་ནི་རང་ཉིད་ཀྱི་བདེ་མཆོག་གསང་འདུས་རྟ་མགྲིན་སོགས་ཀྱིས་བསྒྲུབ་ཐབས་སོགས་མང་དུ་མཛད་པའི་སྒོ་ནས། གསང་སྔགས་ཚུལ་བཞིན་དུ་མཛད་ལ། དེའི་རྗེས་སུ་འབྲང་བའི་བཀའ་གདམས་པ་འགའ་ཞིག་ད་ལྟ། གསང་སྔགས་སྤྱོད་པའི་དུས་མིན་ཞེས་སྨྲ་བ་ནི། ཇོ་བོའི་ལུགས་ཉིད་དང་ཡང་འགལ་བར་ཤེས་པར་བྱའོ། །

ཇོ་བོ་བོད་དུ་བྱོན་དུས་སུ། དབང་དང་རིམ་གཉིས་ལ་སོགས་པ་གསང་སྔགས་ཀྱིས་འགྲོ་བ་མང་པོ་ལ་ཕན་པར་མཛད་པའི་དགོངས་པ་ཡོད་པ་ལ། འབྲོམ་སྟོན་རྒྱལ་བའི་འབྱུང་གནས་ཀྱིས། སྔར་གླང་དར་མས་བསྟན་པ་བསྣུབས་པས། རབ་བྱུང་རྣམས་སྤྱོད་པ་རྩིང་བ་དང་། གསང་སྔགས་སྤྱད་ན་དེ་བས་ཙང་དང་ཚུགས་ལ་གནོད་པ་སྲིད་པས། དབང་བསྐུར་མི་མཛད་པ་ཞུ་ཞེས་ཞུས་པས། ཇོ་བོ་དེ་ལ་མ་མཉེས་ཀྱང་། མི་ཆེ་བ་དང་། ལོ་ཙྪ་བ་ཡིན། ཁོང་མ་དཀའ་དོགས་ནས་གཞན་ལ་མཛད། འབྲོམ་རང་རྟེན་དགེ་བསྙེན་ཡིན་པ་དང་། དབང་ནི་ཞུས་ཉམས་ལེན་མ་བྱུས། འབྲོམ་གྱི་རྗེས་འབྲང་། པུ་ཏོ་བའི་སློབ་མ། ཤར་བ་དང་། གླང་རི་ཐང་པ་ན་རེ། གསང་སྔགས་སྤྱོད་པའི་དུས་མ་ཡིན། བསྲུང་ན་ཕན་ཡོན་ཆེ་ཡང་། མ་བསྲུངས་ན་ཉེས་དམིགས་ཆེ་བ་དང་། དམ་ཚིག་མང་བས་བསྲུང་དཀའ་བ་དང་། དུས་སྙིགས་དང་། སློབ་དཔོན་མཚན་ཉིད་དང་ལྡན་པ་མེད་དེ། སྤྲུལ་པའི་དཀྱིལ་འཁོར་སྤྲུལ་མི་ནུས། སློབ་མས་བལྟ་མི་ནུས། སྤྲུལ་ནས་བལྟ་ནུས་ན། སྤྱད་པའི་དུས་ཡིན་ཏེ། སངས་རྒྱས་ཡེ་ཤེས་ཞབས་ལྟ་བུ་ཞེས་ཟེར། འདི་དགག་པ་གཞན་དུ་ཤེས་པར་བྱའོ། །ཡང་འགའ་ཞིག་སེམས་བསྐྱེད་ཇོ་བོའི་ལུགས་བྱེད་ཅིང་། ཇོ་བོ་གདན་ནས་མི་བཞེད་པའི་འཇུག་པ་སེམས་བསྐྱེད་སྡོམ་པ་དང་མི་ལྡན་པའི་སྐྱེ་བོ་ཀུན་ལ་བྱེད་པ་དང་། ཇོ་བོ་མི་བཞེད་པའི་དོན་དམ་སེམས་བསྐྱེད་ཀྱི་ཆོ་ག་བྱེད་པ་ནི། མདོ་བསྟན་བཅོས

གཞན་དང་འགལ་བ་ལྟ་ཅི་སྨོས། རྫོགས་པའི་རང་ལུགས་དང་ཡང་འགལ་བ་ཡིན་ནོ། །མཁས་པ་ན་རོ་ཏ་པ་དབང་བསྐུར་དང་། བསྐྱེད་རྫོགས་ཀྱི་རིམ་གཉིས་ཆོས་ཀྱི་གཙོ་བོར་མཛད་པ་ཡིན་པ་ལ། ན་རོའི་རྒྱུད་པ་འཛིན་བཞིན་དུ། དབང་དང་རིམ་གཉིས་མི་བསྒོམས་ན། རྒྱུད་དང་འགལ་བ་ལྟ་ཅི་སྨོས། ན་རོ་བའི་ལུགས་དང་འགལ་བ་ཡིན་ནོ། །ན་རོ་ཆོས་ལྔའི་རྩ་བ་ནི། དབང་བསྐུར་དམ་ཚིག་རིམ་གཉིས་སྤྱོད་པའི་ཡན་ལག་དང་ལྔའོ། །རྡོ་རྗེ་ཕག་མོའི་བྱིན་རླབས་ཀྱི་བརྒྱུད་པ་ནི་མར་པ་ལྷོ་བྲག་པ་ལམ་དེ། ནར་པའི་རྒྱུད་པ་འཛིན་བཞིན་དུ། ཕྱག་ཆེན་པ་དག་ཕག་མོའི་ཆོས་སྒོ་འབྱེད་པའི་སྒོ་ནས་འཁྲིད་སོགས་བྱེད་པ་ནི། རྒྱུད་དང་འགལ་བ་ལྟ་ཅི་སྨོས། མར་པའི་ལུགས་དང་ཡང་འགལ་བ་ཡིན་ན་ན་རོ་ཆོས་དྲུག་ཞེས་བྱ་བའི་ཁྲིད། མི་ལ་ཡན་ཆད་དེ་ལས་མེད་ལ། མི་ལའི་སློབ་མ་དྭགས་པོ་ལྷ་རྗེས། ཆོས་དྲུག་པོར་ནས། ལམ་འབྲས། ཕྱག་ཆེན། ཞི་བྱེད། རྫོགས་ཆེན་སོགས་བསྲེས་ནས། གཞན་གྱི་གདམ་ངག་བསྒོམ་བཞིན་དུ། ན་རོ་པའི་རྒྱུད་པ་འདེད་པར་བྱེད་པ་ནི། གཞན་དང་འགལ་བ་ལྟ་ཅི་སྨོས། རང་ལུགས་དང་ཡང་འགལ་བ་ཡིན་ནོ། །འོན་ན་རོ་ཆོས་དྲུག་གི་ཁྲིད་མར་པ་ལོ་ཙྪས་ལོ་དྲུག་ན་རོའི་དྲུང་དུ་བཞུགས་ནས་སྔར་གྱི་ཆོས་ཞུས་པས། རྒྱུད་གསང་བ་འདུས་པ་ལ་རྟེན་པའི་རྒྱུ་ལུས་དང་། དེའི་ཁྱད་པར་སྐྱི་ལམ་དང་། འོད་གསལ་དང་། རྡོ་རྗེ་གདན་བཞི་ལ་འཕོ་བ་དང་། གྲོང་འཇུག་དང་། ཀྱེ་རྡོ་རྗེ་ལ་རྟེན་པའི་གཏུམ་མོའི་གདམས་པ་རྣམས་ཡོངས་སུ་རྫོགས་པར་གནང་ངོ་། ། དེ་རྣམས་ཡི་གེར་མི་འགོད་པར་ཚིག་བརྒྱུད་བྱེད་པའི་བཀའ་རྒྱས་བཏབ་བོ། །བར་དོའི་གདམས་ངག་ནི་སྒྱུ་ལུས་དང་། འོད་གསལ་གྱི་ཆ་ལག་ཟུར་འདེབས་ཙམ་ཡིན་ནོ། །མར་པ་ལ་སློབ་མ་མང་དུ་བྱུང་བའི་ནང་། མེ་སྟོན་ལ་འོད་གསལ་གྱི་གདམས་པ་ཕོག་ནས་བསྒོམ་པས་ནུས་པ་ཐོན་ནོ། །རྔོག་ཆོས་རྡོར་ལ་མ་རྒྱུད་ཀྱི་བཤད་པ་དང་། གདམས་ངག་རྫོགས་པར་གནང་ངོ་། ། ཚུར་དབང་རྡོར་ལ་གསང་འདུས་ཀྱི་དབང་དང་། ན་རོ་པའི་མན་ངག་ལ་རྟེན་པའི་བཤད་པ་དང་། གདམས་པ་རྫོགས་པར་གནང་ནས་ཉམས་སུ་བླངས་པས་ནུས་པ་ཐོན་ཞིང་། འཕོ་བའི་མན་ངག་ཀྱང་གནང་ངོ་། ། མིད་ལ་རས་པས་མར་པ་ལོ་ཙྪའི་དྲུང་དུ། དཀའ་སྤྱད་དང་མོས་གུས་ཡུན་རིང་དུ་བྱས་ཤིང་བསྟེན་པས། འཁོར་ལོ་སྡོམ་པའི་དབང་རྫོགས་པར་བསྐུར་ནས། ཆོས་དྲུག་གི་གདམས་པ་ཡོངས་སུ་རྫོགས་པར་གནང་སྟེ། ལོ་བཅུ་གསུམ་བསྒོམ་ལ། དེ་རྗེས་སྟོད་ལྷན་གྱི་སློབ་མ་ཅིག་བྱིན་ཅིག་ཅེས་བཀའ་རྒྱས་བཏབ་བོ། །མིད་ལ་ལ་སློབ་མ་མང་དུ་བྱུང་ཡང་། རས་ཆུང་རྡོར་གྲགས་ཐོག་མར་ཞབས་ཏོག་བསྒྲུབ་པ་དང་། བསྟེན་ཡུན་ཡང་རིང་བས་གནང་ནས་བཀའ་རྒྱས་བཏབ་བོ། །དེ་ལས་གཞན་པའི་སློབ་མ་རྣམས་ལ་ཆོས་དྲུང་ཚང་བར་གནང་བ་མེད་པས། དུས་ཕྱིས་མེད་ལ་རས་པའི་སློབ་མ་རྣམས་གདམས་ངག་ཁ་འཐོར་དུ་ཡོད་པ་རྣམས་ཕྱོགས་གཅིག་ཏུ

བསྲེས། འཕོ་བ་དང་། ཕྱག་རྒྱ་ཆེན་པོ་དང་། ཕག་མོའི་བྱིན་རླབས་ལ་སོགས་གདམས་པ་སྣ་ཚོགས་འདུས་པ་ལ། ན་རོ་པའི་ཆོས་དྲུག་གི་ཐ་སྙད་བྱས་པ་ཡིན་ནོ། །ཞེས་ཆོས་རྗེ་ཉིད་ཀྱི་གདམས་ངག་གི་ཁུངས་རྩད་བཅད་ནས་གསུངས་པ་ཡིན་ནོ། །མར་པས་ན་རོ་པ་ལ་ཐུག་ཟེར་བའི་ལོ་རྒྱུས་འདུག་ནའང་། དཔྱད་པར་བྱ་བ་ཡིན་ནོ། ། ན་རོ་ཆོས་དྲུག་གི་ཁྲིད་ཀྱི་བརྒྱུད་པ། རོང་གི་མེས་སྟོན་དང་། མཚུར་སྟོན་དབང་ཕྱུག་རྡོ་རྗེ་དང་། རྔོག་ཆོས་རྡོར་ལས་རྒྱུད་ཀྱི། བཤད་བཀའ་དང་། མན་ངག་རྣམས་ཡོད་པར་འདོད་དོ། །བླ་མ་ན་རོ་བའི་ཆོས་དྲུག་གི་བརྒྱུད་པ་འཛིན་འདོད་པའང་། རྒྱུད་དང་མན་ངག་གཞན་དང་འགལ་བ་ལྟ་ཅི་སྨོས། རང་ལུགས་དང་འགལ་བ་ཡིན་ནོ། ། པད་མ་འབྱུང་གནས་ལ་ཁག་བཀལ་བའི་གཏེར་ནས་བྱུང་བའི་གླེགས་བམ་དང་། བསྟན་བཅོས་གཞན་ལ་རྐུས་པའི་ཆོས་ལུགས་དང་། རང་དགར་བརྩམས་པའི་ཆོས་དང་། མཁའ་འགྲོས་རྨི་ལམ་དུ་བཤད་ཟེར་བའི་ཆོས་བློས་བཟུང་པ་བཟོས་པོའི་ཆོས་རྣམས་ཀྱི། རྒྱུད་པ་རྡོ་རྗེ་འཆང་ལ་གཏུག་པར་བྱེད། །རང་ལ་སློབ་དཔོན་གྱི་ལུང་མེད་པ་དེ་ལ། སློབ་མ་གཞན་དག་ལ་ཆོས་ལུང་སྟེར་ཞིང་། ལེན་པ་དང་འཇུག་པ་ཆོས་དང་འགལ་བ་ལྟ་ཅི་སྨོས། རང་ཉིག་དང་ཡང་འགལ་བ་ཡིན་ནོ། །གསུམ་པ་ནི། གལ་ཏེ་འདི་འདྲའི་རིགས་ཅན་གྱི། །འགལ་བ་ཁས་ལེན་སྣང་གྱུར་ན། །དེ་ཡི་རིགས་སུ་ཤེས་པར་བྱ། །མདོར་ན་ཆོས་དད་འགལ་བ་ཡི། །ཆོས་ཞིག་གང་ན་འདུག་ན་ཡང་། །ལུང་དང་རིགས་པས་སུན་ཕྱུང་ཤིག གལ་ཏེ་འདི་འདྲའི་རིགས་ཅན་གྱིས་འགལ་བ་ཁས་ལེན་པར་སྣང་བར་གྱུར་ན། དེའི་རིགས་སུ་ཤེས་པར་བྱས་ལ། སྤང་པར་བྱའོ། །མདོར་ན་དམ་པའི་ཆོས་དང་འགལ་བའི་ཆོས་ཤིག་གང་ན། སློབ་དཔོན་གྱི་ལུང་མེད་འདུག་ན། ལུང་དང་རིགས་པས་སུན་ཕྱུང་ཤིག

བཞི་པ། གལ་ཏེ་མུ་སྟེགས་ལ་སོགས་པ། ལུང་དེ་ཁས་མི་ལེན་པ་དང་། ལུང་དང་འགལ་ཡང་ངེད་ཅག་གི། བླ་མའི་བཀའ་སྲོལ་ཡིན་ཟེར་བ། །དེ་དག་ལུང་དེ་མི་ལེན་ཡང་། །རྩ་བའི་རྒྱུད་པ་གང་ཡིན་དྲི། །གདོད་ནས་ཆོས་དེ་ཡོད་ན་ནི། །འཁྲུལ་ཡང་མཁས་པས་བགྲང་རྒྱུ་མེད། །སེམས་ཅན་ལས་ངན་སྤྱོད་པ་ལ། །སངས་རྒྱས་ཀྱིས་ཀྱང་ཅི་བྱར་ཡོད། །གལ་ཏེ་གདོད་ནས་མེད་པའི་ཆོས། །གློ་བུར་བྱས་པ་ཡིན་ན་ནི། །ཀུན་གྱི་རང་བཟོར་གོ་བའི་ཕྱིར། །སངས་རྒྱས་པ་འམ་མུ་སྟེགས་བྱེད། །སུ་ལ་འདུག་ཀྱང་དོར་བྱ་ཡིན། །དེང་སང་དེ་འདྲ་འདུག་ན་ནི། །མཁས་པ་རྣམས་ཀྱི་བཞད་གད་ཀྱིས། །གལ་ཏེ་རྒྱལ་པོའི་ཁྲིམས་ཡོད་ན། །ཆད་པས་གཅོད་པོའི་འོས་ཡིན་མོད། །ནོར་ལ་ཟློག་ཆོང་བྱས་པ་ལ། །རྒྱལ་པོའི་ཁྲིམས་ལ་ཐུག་གྱུར་ན། །ཆོས་ལོག་རྫུན་མས་སྒྲུར་བ་ལ། །རྒྱལ་པོའི་ཁྲིམས་ལ་ཅིས་མི་ཐུག ཅེས་པ། མུ་སྟེགས་པ་དང་། སངས་རྒྱས་པ་ལ་སོགས་པ་གང་ཡིན་ཡང་རུང་སྟེ། ལུང་ཁས་མི་ལེན་པ་དང་། ལུང་དང་འགལ་བ་ཡང་། ངེད་ཅག་གི་ལུགས་འདི། བླ་མ་གོང་མ་རྣམས་ཀྱིས། བཀའ་སྲོལ་ཡིན་

ཟེར་བ་དེ་དག་ལ། ལུང་དེ་ཁས་མི་ལེན་ཡང་། གང་ནས་གང་དུ་བརྒྱུད་པའི་རྩ་བའི་རྒྱུད་པ་གང་ཡིན་དྲིས་ཤིག དེ་ལྟར་དྲིས་པ་ན། མུ་སྟེགས་ཀྱི་རིག་བྱེད་ལྟར། གདོད་མ་ནས་ཆོས་དེ་ཡོད་ན་ནི། འཕྲུལ་ཡང་མཁས་པས་ཁྱོད་ཀྱི་རང་བཟོ་ཡིན་བྱས་ལ། བགྲང་རྒྱུ་མེད། རིགས་པས་སུན་འབྱིན་མི་ཤེས་ན། ཁྲིམས་པ་ཅི་ལ་ཕན། སེམས་ཅན་ལས་ངན་སྤྱོད་པ་ལ་སངས་རྒྱས་ཀྱི་ཅི་བྱར་ཡོད། གལ་ཏེ་གདོད་ནས་མེད་པའི་ཆོས་ལུགས་གློ་བུར་དུ་བྱས་པ་ཡིན་ན་ནི། ཀུན་གྱིས་རང་བཟོད་གོ་བའི་ཕྱིར། སངས་རྒྱས་པའམ་མུ་སྟེགས་བྱེད་སུ་ལ་འདུག་ཀྱང་དོར་བར་བྱ་བ་ཡིན་ནོ། །ཇེད་ལའང་དེ་འདྲ་མདོ་རྒྱུད་ནས་མ་གསུངས་པ་ལུང་རིགས་ཀྱིས་མི་འགྲུབ་པའི་རང་བཟོ་བྱས་པ་འདུག་ན་ནི། མཁས་པ་རྣམས་ཀྱི་བཞད་གད་ཀྱིས་ལ་དོར་ཅིག གལ་ཏེ་རྒྱལ་པོའི་ཁྲིམས་ཡོད་ན། བསྟན་པ་དཀྲུགས་ནས་ཆོས་ལོག་བྱེད་པའི་མི་དེ་ཆད་པས་གཅོད་པོའི་འོས་ཡིན་ནོ། །ནོར་ལ་ཟློག་ཆོང་བྱས་པ་ལ་ཡང་རྒྱལ་པོའི་ཁྲིམས་ལ་མགོ་བོ་གཅོད་པ་ལ་ཐུག་པར་གྱུར་ན། ཆོས་ལོག་རྫུན་མས་སྦྱར་པ་ལ། རྒྱལ་པོའི་ཁྲིམས་ལ་ཅིས་མི་ཐུག་སྟེ། ཆོས་རྒྱལ་ཐམས་ཅད་ཆོས་ཀྱི་ཁྲིམས་ཆེན་པོ་མཛད་པ་དང་། དགྲ་བཅོམ་པ་རྣམས་བཀའ་བསྡུ་བ་མཛད་པ་ལ་སོགས་པ་དགོས་པ་འདི་ཡིན་ན། །ལྔ་པ་ལུང་སྦྱོར་གྱི་གནད་ལ་ལྔ་སྟེ། བླུན་པོའི་ལུང་སྦྱོད་ཀྱིས་དོན་མི་འགྲུབ་པར་བསྟན། ལུང་གི་དགོངས་པ་དགོངས་པ་སོ་སོར་བཤད་པ། ཁུངས་མེད་ཀྱི་ཆོས་ལ་ཡིད་བརྟན་མི་རུང་བ། རྫུན་མས་བྱས་པའི་མདོ་རྒྱུད་ཚད་མར་མི་རུང་བ། ཞར་ལ་རྟགས་ཀྱི་རྣམ་དབྱེ་བསྟན་པ་དང་ལྔའོ། །དང་པོ་ནི། བླུན་པོ་མཁས་པར་འཆོས་པ་འགའ། །ལུང་གི་གནས་སྐབས་མི་ཤེས་པར། །མདོ་རྒྱུད་ལུང་སྦྱོར་བྱེད་མོད་ཀྱི། །དེ་ནི་བླུན་པོའི་ཁ་ཤགས་ལྟར། །གང་དུ་འགྲོ་བ་མི་ཤེས་སོ། །ཞེས་པ། བླུན་པོ་མཁས་པར་འཆོས་པ་འགའ་ཞིག ལྟ་བསྒོམ་སྤྱོད་པ་དང་། ལས་དང་པོ་པ་དང་། བརྟན་པ་ཐོབ་པ་དང་། འཕགས་པའི་གང་ཟག་གི་ལུང་གི་གནས་སྐབས་མི་ཤེས་པར། མདོ་རྒྱུད་ལུང་སྦྱོར་བྱེད་མོད་ཀྱི། ལུང་དེ་བླུན་པོའི་ཁ་ཤགས་དགྲའི་གྲོགས་སུ་འགྲོ་བ་ལྟར། གང་དུ་འགྲོ་མི་ཤེས་སོ། །གཉིས་པ་ལྟ་བ་དང་། བསྒོམ་པ་དང་། འཁོར་འདས་ལ་དགོངས་པའི་ལུང་། མཁས་རློངས་ཀྱི་སྐྱོན་ཡོན་དཔེས་བསྟན་པ་དང་བཞི། དང་པོ་ནི། དཔེར་ན་ཕྱག་དང་མཆོད་པ་དང་། སྦྱིན་དང་ཚུལ་ཁྲིམས་སོགས་མི་དགོས། །སེམས་བསྐྱེད་དབང་བསྐུར་བྱ་མི་དགོས། །བསམ་གཏན་བཀློག་པ་འདིར་མི་དགོས། །སེམས་བསྐྱེད་དབང་བསྐུར་བྱ་མི་དགོས། །བསམ་གཏན་བཀློག་པ་འདིར་མི་དགོས། །དགེ་དང་སྡིག་པ་གཉིས་ཀ་མེད། །སངས་རྒྱས་སེམས་ཅན་ཡོད་མིན་སོགས། །འདི་འདྲ་གསུངས་པའི་ལུང་རྣམས་ཀུན། །ལྟ་བ་ཡིན་གྱི་བསྒོམ་པ་དང་། །སྤྱོད་པ་གཉིས་ཀ་ལུང་མ་ཡིན། ཞེས་པ། དཔེར་ན་ཕྱག་དང་མཆོད་པ་དང་། །སྦྱིན་དང་ཚུལ་ཁྲིམས་སོགས་མི་དགོས། །སེམས་བསྐྱེད་དབང་བསྐུར་བྱ་མི་དགོས། །

བསམ་གཏན་བསྒློག་པོ་འདི་ར་མི་དགོས། །དགེ་དང་སྡིག་པ་གཉིས་ཀ་མེད། །སངས་རྒྱས་སེམས་ཅན་ཡོད་མིན་སོགས། །འདི་འདྲ་གསུངས་པའི་ལུང་རྣམས་ཀུན། །ལྟ་བ་ཡིན་གྱི་བསྒོམ་པ་དང་། །སྤྱོད་པ་གཉིས་ཀ་ལུང་མ་ཡིན། །ཞེས་པ། དཔེར་ན་ཕྱག་དང་མཆོད་པ་དང་། སྦྱིན་པ་དང་། ཚུལ་ཁྲིམས། ཕ་རོལ་ཏུ་ཕྱིན་པ་དྲུག་མི་དགོས། སེམས་བསྐྱེད་དབང་བསྐུར་བྱ་མི་དགོས། བསྒློག་པ་ཐོས་བསམ། སྒོང་བ་བསམ་གཏན་འདི་ར་མི་དགོས། སངས་རྒྱས་སེམས་ཅན་ཡོད་པ་མ་ཡིན་པ་ལ་སོགས་འདི་འདྲར་གསུངས་པའི་ལུང་རྣམས་ཀུན། ལྟ་བ་སྟོན་པར་བྱེད་པའི་ལུང་ཡིན་གྱི། བསྒོམ་པ་དང་སྤྱོད་པ་གཉིས་སྟོན་པའི་ལུང་མ་ཡིན་ནོ། །

གཉིས་པ་ནི། དབང་མེད་པ་ལ་དངོས་གྲུབ་མེད། །ཆོ་ག་འཁྲུགས་ན་ལས་མི་འཆགས། །ལོག་པར་སྤྱད་ན་ལྟུང་བ་འབྱུང་། །ལྷ་བསྒོམ་འཁྲུལ་ན་བྱིན་མི་བརླབ། ཟ་ཆོམ་ཟན་ཞེས་པ་སྐྱེ། །དེས་ན་ཆོ་ག་ཅི་བྱེད་ཀྱང་། །ཤིན་ཏུ་དག་པར་བྱ་དགོས་ཞེས། །དེ་འདྲའི་ལུང་ཀུན་སྤྱོད་པ་དང་། །བསྒོམ་པ་ཡིན་གྱི་ལྟ་བའི་མིན། །ཞེས་པ། དབང་བསྐུར་མེད་པ་ལ་དངོས་གྲུབ་མེད་ཅིང་། ཆོ་ག་འཁྲུགས་ན་ལས་མི་འཆགས། ལོག་པར་སྤྱད་ན་ལྟུང་བ་འབྱུང་། ལྷ་བསྒོམ་ཚུལ་འཁྲུལ་ན་བྱིན་གྱིས་མི་བརླབ། དམ་ཚིག་ལ་སོགས་པ་ལ་ཟ་ཆོམ་སྐྱེས་ན་ཞེས་པ་འབྱུང་བ་དེས་ན། ཕྱི་ནང་གི་ཆོ་ག་ཅི་བྱེད་ཀྱང་། དག་པར་བྱ་དགོས་སོ། །ཞེས་གསུངས་པ་དེ་འདྲའི་ལུང་ཀུན་སྤྱོད་པ་དང་བསྒོམ་པ་སྟོན་པའི་ལུང་ཡིན་གྱི། ལྟ་བ་སྟོན་པའི་ལུང་མ་ཡིན་ནོ། །གསུམ་པ་ནི། གཞན་ཡང་ལུང་སྦྱོར་བྱེད་པ་ལ། །འཇིག་རྟེན་པ་དང་འཇིག་རྟེན་ལས། །འདས་པའི་གནས་སྐབས་རྣམ་གཉིས་ཡོད། །དབང་དང་དམ་ཚིག་སྡོམ་པ་སོགས། །འབད་ནས་བསྒྲུབ་པར་གསུངས་པ་ནི། །འཁོར་བའི་རྒྱ་མཚོ་མ་བརྒལ་བའི། །འཇིག་རྟེན་པ་ལ་གསུངས་པ་ཡིན། །དབང་དང་དམ་ཚིག་སོགས་མི་དགོས། །ཕྱག་དང་མཆོད་པ་ཀུན་ལས་གྲོལ། །བསམ་གཏན་བསྒོམ་པ་ཀུན་སྤངས་ཏེ། །ལམ་ཀུན་གཟིངས་བཞིན་དོར་བྱ་ཞེས། །གསུངས་པ་འཁོར་བའི་རྒྱ་མཚོ་ལས། །རྒལ་བའི་གང་ཟག་རྣམས་ལ་གསུངས། །དེ་འདྲའི་གནས་སྐབས་ཤེས་ནས་ནི། །དེ་དང་འཚམས་པའི་ལུང་སྦྱོར་བ། །དེ་འདྲའི་རྣམ་བཞག་མི་ཤེས་པའི། །ལུང་སྦྱོར་མཁས་པའི་བཞད་གད་གནས། །ཞེས་པ། གཞན་ཡང་ལུང་སྦྱོར་བྱེད་པ་ལ། འཇིག་རྟེན་པ་དང་འཇིག་རྟེན་ལས་འདས་པའི་གནས་སྐབས་གཉིས་ཡོད་དེ། སྨིན་བྱེད་ཀྱི་དབང་བསྐུར་བ་དང་། དམ་ཚིག་དང་སྡོམ་པ་ལ་སོགས་པ་འབད་ནས་བསྒྲུབ་པར་གསུངས་པ་ནི། འཁོར་བའི་རྒྱ་མཚོ་ལས་མ་རྒལ་བའི་འཇིག་རྟེན་པའི་གང་ཟག་ལ་དགོངས་ནས་གསུངས་པ་ཡིན་ལ། དབང་དང་དམ་ཚིག་སོགས་མི་དགོས་ལ།ཕྱག་དང་མཆོད་པ་ཀུན་ལས་གྲོལ། བསམ་གཏན་བསྒོམ་པ་ཀུན་སྤངས་ཏེ། ལམ་ཀུན་གཟིངས་བཞིན་དོར་བར་བྱ་ཞེས་གསུངས་པ་འཁོར་བའི་རྒྱ་མཚོ་ལས་རྒལ་བའི་གང་ཟག་ལ་གསུངས་ཏེ། བརྟག་གཉིས

ལས། རྫོ་ཤིང་འཛིམ་པའི་བདག་ཉིད་ཀྱི། །ལྷ་འདི་རྣམས་ལ་ཕྱག་མི་བྱ། །ཞེས་གསུངས་ལྷ་བསྒོམ་སྤྱོད་པ་དེ་འདྲའི་ཡུང་སྦྱོར་གྱི་གནས་སྐབས་ཤེས་ནས་ནི། དེ་དང་འཚམས་པའི་ཡུང་སྦྱོར་བྱའོ། །དེ་འདྲའི་ཡུང་སྦྱོར་གྱི་རྣམ་བཞག་མི་ཤེས་པའི་གང་ཟག་གིས། །ཐེག་དམན་གྱི་ཡུང་དུ། ཐེག་ཆེན་གྱི་ཡུང་སྦྱར་ན། །མཁས་པའི་གད་མོའི་གནས་ཡིན་ནོ། །

བཞི་པ་ནི། མིག་ལྡན་ཇི་ལྟར་ལམ་ནོར་ཡང་། །གཡར་སར་གོམ་པ་འཛོག་མི་སྲིད། །དེ་བཞིན་མཁས་པ་འཁྲུལ་ན་ཡང་། །སངས་རྒྱས་བསྟན་ལས་འདའ་མི་ནུས། །མིག་མེད་གལ་ཏེ་ལམ་ནོར་ན། ། གཡང་སར་འཚོང་ནས་ལྟུང་བར་འགྱུར། །དེ་བཞིན་བླུན་པོ་འཁྲུལ་གྱུར་ན། །སངས་རྒྱས་བསྟན་ལས་འདས་ཏེ་ལྟུང་། ། ཕྱག་ཚད་ཤེས་པའི་བཟོ་ལ་ནི། །རིང་ཐུང་བྱུང་ཡང་སོར་གང་ཡིན། །ཕྱག་ཚད་མེད་པའི་བཟོ་འགའ་ཞིག ཉེས་ན་བཞད་གད་གནས་སུ་འགྱུར། །དེ་བཞིན་གཞུང་ལུགས་ཤེས་པའི་མི། །འཁྲུལ་ཡང་ཚིག་དོན་ཙུང་ཟད་ཡན། ། གཞུང་ལུགས་གང་ཡང་མི་ཤེས་པས། །འཁྲུལ་ན་བསྟན་པ་འཇིག་ལ་ཐུག དེས་ན་སངས་རྒྱས་བསྟན་པ་བཞིན། ། བསྒྲུབ་པར་འདོད་ན་གཞུང་བཞིན་གྱིས། །དཔེར་ན་མིག་དང་ལྡན་པའི་སྐྱེས་བུ་རྟོག་པ་སྔོན་དུ་གཏོང་བ་ཅན་ནི་ཇི་ལྟར་ལམ་ནོར་ཡང་གཡང་སར་གོམ་པ་འཛོག་པ་མི་སྲིད་པ་དེ་བཞིན་དུ། མཁས་པ་ཇི་ལྟར་འཁྲུལ་ན་ཡང་། ལྟ་སྤྱོད་སོགས་ཀྱི་གནས་ཕྲ་མོ་མ་གཏོགས། སངས་རྒྱས་ཀྱི་བསྟན་པ་ལས་འདའ་མི་ནུས་སོ། །མིག་མེད་པའི་སྐྱེས་བུ་གལ་ཏེ་ལམ་ནོར་ན། གཡང་སར་འཚོང་ནས་ཐབ་ཏུ་ལྟུང་བར་འགྱུར་བ་དེ་བཞིན་དུ། བླུན་པོ་འཁྲུལ་པར་གྱུར་ན། སངས་རྒྱས་ཀྱི་བསྟན་པའི་རབ་ལས་འདས་ཏེ། འཁྲུལ་ཚབས་ཆེན་པོས་ངན་སོང་དུ་ལྟུང་ངོ་། ། སྤྱིར་ཕྱག་མཚན་མཁས་པ་ཤེས་པའི་བཟོ་ལ་ནི། རིང་ཐུང་བྱུང་ཡང་སོར་གང་ཡིན་གྱི། དེ་བས་ལྷག་པ་མི་འབྱུང་ལ། ཕྱག་ཚད་མེད་པའི་བཟོ་བོ་འགའ་ཞིག་གི་བཟོ་ནི་ཉེས་ན། བཞད་གད་ཀྱི་གནས་སུ་འགྱུར་རོ། །དེ་བཞིན་དུ་གཞུང་ལུགས་མཁས་པ་ཤེས་པ་འཁྲུལ་ཡང་། ཚིག་དོན་གྱི་ཆ་ཙུང་ཟད་འཁྲུལ་པ་ཡིན་ལ། གཞུང་ལུགས་གང་ཡང་མི་ཤེས་པའི་སྟོབས་ལྡན་འཁྲུལ་ན། སངས་རྒྱས་ཀྱི་བསྟན་པ་འཇིགས་པ་ལ་ཐུག་པའི་ཉེས་པ་ལ་སྦྱོར་བ་དེས་ན། སངས་རྒྱས་ཀྱི་བསྟན་པ་བཞིན་བསྒྲུབ་པར་འདོད་ན། ཡོང་ཁྲིད་པའམ་བཟོའི་ཕྱག་ཚད་ལྟ་བུ་ཡིན་པས་གཞུང་ལུགས་ནས་བཤད་པ་བཞིན་གྱིས་ཤིག གསུམ་པ་ཁུངས་མེད་ཀྱི་ཆོས་ལ་ཡིད་བརྟན་མི་རུང་བ་ནི། མིག་མངས་བརྒྱ་དང་མ་འབྲེལ་ན། །ཇི་ཙམ་ང་ཡང་ཤི་རོ་ཡིན། །དེ་བཞིན་ཁུངས་དང་མ་འབྲེལ་བའི། །ཆོས་ལུགས་མང་ཡང་རོ་དང་འདྲ། །སྔམ་བརྒྱུད་དང་ནི་ཚིག་རྒྱུད་དུ། །གྲགས་པའི་ཆོས་ལུགས་མང་དུ་ཡོད། །རྒྱུད་དང་མཐུན་ན་བླང་དུ་རུང་། །མིན་ན་བརྫུན་གྱི་སྟེབ་སྦྱོར་ཡིན། །སྨི་ལམ་གྱི་ནི་ཆོས་ལུགས་དང་། །ཞལ་མཐོང་གི་ནི་ལྷ་ལ་སོགས།

འདི་དག་མདོ་རྒྱུད་དང་མཐུན་ན། །བླངས་ཀྱང་སྐྱོན་དུ་འགྱུར་བ་མེད། །མདོ་རྒྱུད་ཀུན་དང་མི་མཐུན་པའི། །བདུད་ཀྱི་བྱིན་རླབས་ཡིན་ཞེས་བྱ། བླ་མའང་མདོ་རྒྱུད་དང་མཐུན་ན། །དེ་ནི་བླ་མ་ཡིན་པར་བཟུང་། །སངས་རྒྱས་བསྟན་བཞིན་མི་གསུང་ན། །བླ་མ་ཡིན་ཡང་བཏང་སྙོམས་བཞག དེས་ན་རྨི་ལམ་ཆོས་ལུགས་དང་། །ཞལ་གཟིགས་པ་ཡི་ཡི་དམ་དང་། །ལུང་དུ་བསྟན་པའི་སངས་རྒྱས་དང་། །བླ་མའི་གསུང་སྒྲོས་ལ་སོགས་པ། །མ་དཔྱད་པར་ནི་ཧོམ་ཆོལ་དུ། །ཚད་མ་ཡིན་ཞེས་བཟུང་མི་བྱ། །འདི་འདྲ་བདུད་ཀྱི་བྱིན་རླབས་ལས། །འབྱུང་བ་སྲིད་པར་རྒྱལ་བས་གསུངས། །དེས་ན་སངས་རྒྱས་བསྟན་པ་མཆོག ངེས་དོན་ཚད་མ་ཡིན་པར་བཟུང་། །ཡང་ན་དངོས་པོའི་སྟོབས་ཞུགས་པའི། །རིགས་པས་གྲུབ་པ་ཚད་མར་བཟུང་། །སྐྱེས་བུ་རྫུན་མས་སྦྱར་བ་ཡི། །མདོ་རྒྱུད་ཚད་མར་བཟུང་མི་བྱ། །འདི་འདྲ་བདུད་ཡི་བྱིན་རླབས་ལས། །འབྱུང་བ་སྲིད་པར་རྒྱལ་བས་གསུངས། །དེས་ན་སངས་རྒྱས་བསྟན་པ་མཆོག ངེས་དོན་ཚད་མ་ཡིན་པར་བཟུང་། །ཡང་ན་དངོས་པོའི་སྟོབས་ཞུགས་པའི། །རིགས་པས་གྲུབ་པ་ཚད་མར་བཟུང་། །སྐྱེས་བུ་རྫུན་མས་སྦྱར་བ་ཡི། །མདོ་རྒྱུད་ཚད་མར་གཟུང་མི་བྱ། །ཀཽ་ཤི་ཀ་ཡི་མདོ་དང་ནི། །དེ་བཞིན་འཕགས་པ་ཤེག་ཅན་དང་། །བློ་གྲོས་བཟང་མོ་ཆུང་དུ་སོགས། །བོད་ཀྱིས་སྦྱར་བའི་མདོ་སྡེ་ཡིན། །གཞན་ཡང་གསང་སྔགས་གསར་རྙིང་ལའང་། །བོད་ཀྱི་སྦྱར་བའི་རྒྱུད་སྡེ་མང་། །དེ་འདྲའི་རང་བཟོའི་མདོ་རྒྱུད་ལ། །མཁས་པོས་ཡིད་བརྟན་མི་བྱའོ། །གཙུག་ཏོར་ནག་མོ་ལ་སོགས་པ༑ ༑བོད་ཀྱི་ལྷ་འདྲེས་སྦྱར་བ་ཡོད། །འཕྲུལ་གྱི་བྱིན་རླབས་ཅུང་ཟད་འབྱུང་། །འོན་ཀྱང་ཚད་མར་བྱར་མི་རུང་། ། ལྷ་མོ་གནས་མཁར་ལ་སོགས་པ། །མུ་སྟེགས་བྱེད་ཀྱི་རྒྱུད་ཀྱང་ཡོད། །ཅུང་ཟད་བདེན་པ་ཡོད་མེད་ཀྱི། །དེ་ལའང་ལུང་དུ་བྱར་མི་རུང་། །དེ་ཡི་མཐད་པ་རྒྱུད་བླ་མར། །མགོན་པོ་བྱམས་པས་འདི་སྐད་གསུངས། །མ་རིག་ལྡོང་བའི་མུ་སྟེགས་ལའང་། །སྲིན་བུའི་ཡི་གེ་འདྲ་བ་ཡི། །ཅུང་ཟད་བདེན་པ་ཡོད་མོད་ཀྱི། །འོན་ཀྱང་ཡིད་བརྟན་མི་བྱ་གསུངས། །ཞེས་པ། བློན་པོ་མགོས་ཀྱི་དཔེ་གཞན་མིག་མངས་རྩེ་བའི་རྒྱ་མིག་དང་མ་འབྲེལ་ན། རྗེའུ་མང་ཡང་ཤི་རོ་ཡིན་པ་དེ་བཞིན་དུ། མདོ་རྒྱུད་ཀྱི་ཁུངས་དང་མ་འབྲེལ་བའི་ཆོས་ལུགས་མང་ཡང་རོ་དང་འདྲ་སྟེ། སྙིང་པོ་མེད་པའི་ཕྱིར། སྙན་བརྒྱུད་དང་ནི་ཚིག་རྒྱུད་གཉིས་སུ་གྲགས་པའི་ཆོས་ལུགས་མང་པོ་ཡོད་མོད། དེ་དག་ཀྱང་རྒྱུད་དང་མཐུན་མི་མཐུན་བརྟགས། ལ་རྒྱུད་དང་མཐུན་ན། ཉམས་སུ་བླང་དུ་རུང་ངོ་། ། རྒྱུད་དང་མཐུན་པ་མ་ཡིན་ན། རྫུན་གྱི་སྟེབ་ཕྱོགས་ཡིན་ནོ། །དེ་བཞིན་དུ་ཡི་དམ་གྱིས་རྨི་ལམ་དུ་གསུངས་ཞེས་བྱ་བའི། རྨི་ལམ་གྱི་ཆོས་ལུགས་སྣ་ཚོགས་དང་། དངོས་སུ་ཞལ་བསྟན་ཞེས་བྱ་བའི་ཞལ་མཐོང་གི་ནི། ལྷའི་གདམ་ངག་འདི་དག་ལ་སོགས་པ་འདི། མདོ་རྒྱུད་དང་མཐུན་ན། བྱས་ཀྱང་སྐྱོན་དུ་འགྱུར་བ་མེད་ཀྱང་། མདོ་རྒྱུད་དང་མི་མཐུན་ན།

དེ་ལ་རྨི་ལམ་དུ་བདུད་ཀྱི་བྱིན་རླབས་ཡིན་ཞེས་བྱ་ལ། བླ་མས་མདོ་རྒྱུད་དང་མཐུན་པར་གསུངས་ན། དེ་ནི་བླ་མ་ཡང་དག་པ་ཡིན་ཞེས་བྱ་ལ། སངས་རྒྱས་ཀྱི་བསྟན་པ་བཞིན་མི་བྱེད་ན། བླ་མ་ཡིན་ཡང་དེའི་གསུང་དེ་བཏང་སྙོམས་སུ་བཞག་གི། མཐའ་ཅིག་ཏུ་བདེན་པར་མི་བཟུང་ངོ་། །དེས་ན་རྨི་ལམ་དུ་རྨི་བའི་ཆོས་ལུགས་དང་། འགའ་ཞིག་གི་ཞལ་གཟིགས་པའི་ཡི་དམ་ལྷ་དང་། ཁྱོད་ལ་མ་འོངས་པ་འདི་ར་འདི་ལྟ་བུ་འབྱུང་བར་འགྱུར་རོ་ཞེས། ལུང་བསྟན་མཛད་པའི་སངས་རྒྱས་དང་། བླ་མའི་གསུང་སྒྲོས་ལ་སོགས་པ་རྣམ་དག་ཡིན་མིན་ལེགས་པར་མ་དཔྱད་པར་ནི། ཧ་ར་ཅོ་དུ་ཚད་མ་ཡིན་ཞེས་གསུང་པར་མི་བྱ་སྟེ་འདི་བདུད་ཀྱི་བྱིན་རླབས་ལས་འབྱུང་བ་སྲིད་པར་རྒྱལ་བའི་ལུང་ལས་གསུངས་ཏེ། ཡུམ་བར་མ་ལས་གཞན་ཡང་། བདུད་སྡིག་ཏོ་ཅན་སངས་རྒྱས་ཀྱི་ཆ་བྱད་དུ་འཛིན་པ་མཐོང་ནས། བདུད་ཀྱིས་སྤྲུལ་བའི་བྱང་ཆུབ་སེམས་དཔའ་མཐོང་ནས། ངེད་ཅི་འདོད་པ་བསྐྱེད་པ་ནི། རྣམ་པ་ཐམས་ཅད་མཁྱེན་པ་ཉིད་ལས་ཡོངས་སུ་ཉམས་པར་འགྱུར་རོ། །ཞེས་སོགས་རྒྱས་པར་གསུངས་ཤིང་། སྔོན་དབུས་ཀྱི་ཇོ་བཙུན་ཞིག་གིས་གཙང་དུ་ཡོང་བས། རོང་ཅོང་ཟེ་ཕྲུག་ཏུ་སྡོད་པས། རྣལ་འབྱོར་པ་ཅིག་གི་སྐྱེ་མེད་སྟོན་པའི། བླ་མ་བདེ་ཆེན་ཅན་སོང་ཞེས་ལུང་བསྟན་པའི་གཏམ་རྒྱུད་དང་། བླ་ཆེན་གྱི་སློབ་མ་དབུས་ཆུང་སེར་པོ་དང་། ལོ་པ་ཅིག་ལ་བར་ཆད་བྱུང་ཚུལ་དང་། མངའ་རིས་སུ་ཀླུ་སྐར་རྒྱལ་ལུག་རྫི་ཞིག་ལ་ཞུགས་པ་སོགས་ཀྱི་གཏམ་རྒྱུད་བཞིན་ནོ། །

དེས་ན་སངས་རྒྱས་ཀྱི་བསྟན་པ་མཆོག་ལ་དྲང་བ་དང་། ངེས་པའི་དོན་གཉིས་ལས། ངེས་དོན་ཚད་མར་བཟུང་གི་དྲང་དོན་ནི་དེ་ལྟ་མ་ཡིན་ནོ། །ཡང་ན་དངོས་པོ་སྟོབས་ཞུགས་ཀྱི་རིགས་པ་མངོན་སུམ་དུ། རྗེས་སུ་དཔག་པས་གྲུབ་པ་ཚད་མར་བཟུང་ངོ་། །སྐྱེས་བུ་བརྫུན་མས་སྦྱར་བའི། མདོ་རྒྱུད་དུ་མིང་བཏགས་པ་ནི་ཚད་མར་བཟུང་མི་བྱ། རྫུན་མས་སྦྱར་བ་དཔེར་ན་ག་ཡུ་གའི་མདོ་དང་མ། དེ་བཞིན་འཕགས་པ་ཤིག་ཅན་དང་། བློ་གྲོས་བཟང་པོ་ཆུང་དུ་སྡོང་པོ་རྒྱན། བོད་ཀྱིས་སྦྱར་བའི་མདོ་སྡེ་ཡིན། གཞན་ཡང་གསང་སྔགས་གསར་རྙིང་ལའང་སྣང་བརྒྱད་ལས་དགེ་སྡིག་བསྟན་པ་ལ་སོགས་པ། རྒྱ་ནག་ནས་འགྱུར་བ་ཡིན། ལམ་ལྔ་བཀོལ་བ་དང་། དབང་བསྐུར་རྒྱལ་པོའི་རྒྱུད་ལ་སོགས་པ། བོད་ཀྱིས་སྦྱར་བའི་རྒྱུད་སྡེ་མང་། དེ་འདྲའི་རང་བཟོའི་མདོ་རྒྱུད་མང་མཁས་པའི་སངས་རྒྱས་ཀྱི་གསུངས་པ་ཡིན་བྱས་ལ་ཡིད་བརྟན་མི་བྱའོ། །གཙུག་ཏོར་ནག་མོ་ལ་སོགས་པ། བྱ་ཁྱུང་བསམ་ཡས་མ། བོད་ཀྱི་ལྷ་འདྲེས་སྦྱར་བ་ཡོད། འཕྲུལ་གྱི་བྱིན་རླབས་ཅུང་ཟད་འབྱུང་། །འོན་ཀྱང་ཚད་མར་བྱར་མི་རིང་། །ལྷ་མོ་གནས་མཁར་ལ་སོགས་པོའི་ནམ་མཁའ་ལྡིང་གི་རྟོག་པ། །མུ་སྟེགས་བྱེད་ཀྱི་རྒྱུད་ཀྱང་ཡོད། །ཅུང་ཟད་བདེན་པ་ཡོད་མོད་ཀྱི། །འོན་ཀྱང་ཡིད་བརྟན་མི་བྱ་གསུངས། །ཞེས་པའང་རྒྱུད་བླའི་

གཞུང་འགའ་ཞིག་ན་མི་འདུག་ན། འགའ་རེ་ན་འདུག་པས། ལོ་ཙྪ་བའི་འགྱུར་དག་མ་དག་མ་གཏོགས། རྒྱུད་བླའི་རང་གཞུང་ཡིན་ནོ། །བཞི་བ་རྟགས་ཀྱི་དབྱེ་བ་ལ་གཉིས་ཏེ། མདོར་བསྟན་རྒྱས་བཤད་གཉིས། དང་པོ་ནི། རིང་བསྲེལ་དང་ནི་ཐུགས་དང་ལྗགས། །སྐུ་གཟུགས་ལ་སོགས་རུས་པ་ལས། །དེ་ཡང་མིན་མཐུན་པར་རྒྱུད་བླ་མར་ལས། །མགོན་པོ་བྱམས་པས་འདི་སྐད་གསུངས། །མ་རིག་ལྡངས་པའི་མི་སྡིགས་ལ་འང་། །སྲིན་བུ་ཡི་གེ་འདྲ་བ་ཡི། །ཅུང་ཟད་བདེན་པ་ཡོད་མོད་ཀྱི། །འབྱུང་བའི་རྒྱུ་མཚན་དུ་མ་དཔྱད། །ཅེས་པ། རིང་བསྲེལ་དང་ནི་ཐུགས་དང་ལྗགས། །སྐུ་གཟུགས་ཤི་བའི་རུས་པ་ལ་སོགས་པ་ལ། འབྱུང་བའི་རྒྱུ་མཚན་ཅུང་ཟད་བཤད་དོ། །

གཉིས་པ་ལ། སྐྱོན་མེད་ཀྱི་རིང་བསྲེལ་ངོས་བཟུང་། ཡིད་བརྟན་མི་རུང་བའི་རིང་བསྲེལ་དཔྱད། ཐུགས་ལྗགས་འགྲོན་པ་སོགས་ཆོས་ལས་མ་གསུངས། ངན་པའི་ལྟས་གཞན་བསྟན་པའོ། །དང་པོ་ནི། འཕགས་པ་གསུམ་གྱི་རིང་བསྲེལ་ནི། །ཡོན་ཏན་སྟོབས་ཀྱིས་འབྱུང་བས་སྐྱེ། །ལུས་ཅན་རྣམས་ཀྱི་བསོད་ནམས་བསགས་པའི་རྟེན། འབྱུང་ཁུངས་ཀྱིས་རྒྱ་མཚོ་འམ། གསེར་ཁ་ལས་བྱུང་རིན་ཆེན་འདྲ་སྟེ། ཁུངས་ནུས་བྱུང་པ་ཡིན་ནོ། ། གཉིས་པ་ནི། རིང་བསྲེལ་ལ་ལ་གདོན་གྱི་བྱེད། །ལ་ལ་འབྱུང་བཞིའི་སྟོབས་ལས་འབྱུང་། །ཁ་ཅིག་བསྟན་ལ་དགལ་བའི་ལྟས། །དད་པར་བྱ་ཕྱིར་སྤྲུལ་པའང་སྲིད། །དེང་སང་རིང་བསྲེལ་ཕལ་ཆེ་བ། །རྫུན་མས་བྱས་པའི་རིང་བསྲེལ་ཡིན། །དེས་ན་རྣམ་དབྱེ་མཁས་པས་སྤྱད། །ཅེས་པ། རིང་བསྲེལ་ལ་ལ་གདོན་གྱིས་བྱེད། ལ་ལ་འབྱུང་བཞི་སྟེ། ས་ཆུ་མེ་རླུང་འཁྲིམས་པའི་ན་ཚ་འགའ་ཞིག་གི་སྟོབས་ཀྱིས་འབྱུང་། ཁ་ཅིག་བསྟན་ལ་དགའ་བའི་ལྟས། གང་ཟག་གཞན་རྣམས་འདས་པ་དེ་ལ་དད་པར་བྱ་ཕྱིར་སྤྲུལ་པའང་སྲིད། དེང་སང་རིང་བསྲེལ་ཕལ་ཆེ་བ། །རྫོ་བུ་བསྐྱེད་དང་། རམ་ཉིའི་འབྲུ་དང་། ཉ་མིག་དང་། བལ་པོས་རུས་པ་ལ་བཟོ་བྱས་པ། རྫུན་མས་བྱས་པའི་རིང་བསྲེལ་ཡིན། དེ་ཕྱིར་ཡིན་མིན་རྣམ་དབྱེ་མཁས་པས་དཔྱད། གསུམ་པ་ནི། ཐུགས་ལྗགས་སྐུ་གཟུགས་ལ་སོགས་པ། །འབྱུང་བ་ཆོས་ནས་གསུངས་པ་མེད། །འོན་ཀྱང་དེ་འདྲ་འབྱུང་བ་ཀུན། །ཕལ་ཆེར་རྫུན་མས་བྱས་པ་ཡིན། གལ་ཏེ་བདེན་པ་ཡིན་ན་ཡང་། །ལུང་རིགས་གཉིས་ཀ་ལུང་བསྟན་བཀའ། །ཞེས་པ། ཐུགས་ལྗགས་མ་ཚིག་པ་ལ་མེ་ནང་བཏོན་པ་དང་། བཟོ་བོས་རུས་པ་ལ་བརྐོས་པའི་སྐུ་གཟུགས་ལ་སོགས་པ་འབྱུང་བ། ཆོས་ནས་གསུངས་པ་མེད། འོན་ཀྱང་དེ་འདྲ་འབྱུང་བ་ཀུན། །ཕལ་ཆེར་རྫུན་མས་བྱས་པ་ཡིན། །གལ་ཏེ་བཟོ་བོས་མ་བྱས་པར། །བདེན་པ་གཉིས་བྱུང་བ་ཡིན་ན་ཡང་། ལུང་རིགས་གཉིས་ཀ་ནས་འདི་ལྟ་བུ་བྱུང་ན་བཟང་ངན་འདི་ལྟ་བུ་ཡིན་ཞེས་བཤད་པ་མེད་པ་དང་། ཚད་མ་མེད་པའི་ཕྱིར། བཟང་ངན་གཉིས་ཀར་ལུང་བསྟན་དཀའ། བཞི་བ་ནི། ཉི་མ་དུ་མ་ཤར་བ་དང་། །མཁའ་ལ་ཐུག་དོད་པ་དང་། །མཚན་མོ་འཛའ

ཆོན་བྱུང་བ་དང་། །ལུས་ལ་འོད་ཟེར་འཕྲོས་པ་དང་། །གློ་བུར་ལྷ་འདྲེ་མཐོང་བ་དང་། །གསོན་པོའི་ལུས་ལ་རྫུན་མེད་པར། །རིང་བསྲེལ་འཛག་པ་ལ་སོགས་པ། །ན་ཆུང་ཐུན་པོའི་རྟགས་སུ་བྱེད་མོད་ཀྱི། །མཁས་པས་འདི་འདྲ་མཐོང་འགྱུར་ན། །བར་ཆད་རྟགས་སུ་ཤེས་པར་གྱིས། །སྐུ་གཟུགས་མཆི་མ་འཛག་པ་དང་། །དེ་བཞིན་གོམ་པའི་འགྲོ་བ་དང་། །གར་བྱེད་པ་དང་སྐད་འབྱིན་དང་། །ཁྲག་གི་ཆར་པ་འབབ་པ་དང་། །ས་འོག་བོང་བའི་སྒྲ་སྒྲོག་དང་། །དུད་འགྲོ་མི་སྐད་སྨྲ་བ་སོགས། །ན་ཆུང་པོ་ངོ་མཚར་བྱེད་མོད་ཀྱི། །མཁས་པས་འདི་འདྲ་མཐོང་འགྱུར་ན། །ཡུལ་དེར་དགྲ་བོ་གཞན་དག་འཇུག ཡང་ན་ལྷས་ངན་གཞན་དག་འབྱུང་། །འདི་འདྲའི་རིགས་ཅན་གཞན་འབྱུང་ཡང་། །མཁས་པ་རྣམས་ལ་ལེགས་པར་དྲིས། །དེ་དག་དོན་ལ་འཁྲུལ་པ་ཡིན། །རྣམ་པ་དབྱེ་བ་མདོ་ཙམ་ཡིན། །ཞེས་པ་ལ། ཉི་མ་དུ་མ་ཤར་བ་དང་། །མཁའ་ལ་བྱ་གདོང་པ་དང་། །ཅེས་པ་མཐོང་ཁྱུངས་ལྷ་བྱ། མཚན་མོ་འཇའ་ཚོན་དཀར་པོ་འབྱུང་བ་དང་། ལུས་ལ་འོད་ཟེར་འཕྲོ་བ་དང་། གློ་བུར་དུ་མ་སྒྲུབས་པར་ལྷ་འདྲེ་མཐོང་བ་དང་། གསོན་པོའི་ལུས་ལ་རྫུན་མིན་པར་རིང་བསྲེལ་འཛག་པ་དང་། རྒྱུ་མཚན་མེད་པའི་མངོན་ཤེས་ཕྲ་མོ་དང་། བྱིན་རླབས་ལ་སོགས་པ། ན་ཆུང་པོའི་རྟགས་སུ་བྱེད་མོད་ཀྱི། །མཁས་པོས་འདི་འདྲ་མཐོང་གྱུར་ན། །བར་ཆད་རྟགས་སུ་ཤེས་པར་གྱིས། །སྐུ་གཟུགས་མཆི་མ་འཛག་པ་དང་། །དུད་འགྲོ་མི་སྐད་སྨྲ་བ་དང་། །ས་འོག་དང་། ནམ་མཁའ་ལ་རོལ་མོའི་སྒྲ་སྒྲོག་དང་། །གནམ་རྡོ་ལྟུང་བ་དངོས་ལ་སོགས། །ན་ཆུང་པོ་ངོ་མཚར་བསྐྱེད་མོད་ཀྱི། །མཁས་པས་འདི་འདྲ་མཐོང་གྱུར་ན། །ཡུལ་དར་དགྲ་བོ་གཞན་དག་འཇུག ཡང་ན་ནད་འཁྲུགས་དང་ཡམས་ལ་སོགས་པ་ལྷས་ངན་གཞན་དག་འབྱུང་། འདི་འདྲའི་རིགས་ཅན་ས་གཡོ་བ་དང་། གཅོ་འབབ་པ་ལ་སོགས་པ་གཞན་མཐོང་ཡང་། མཁས་པ་རྣམས་ལ་ལེགས་པར་དྲིས། །དེ་དག་དོན་ལ་འཁྲུལ་པ་ཡི། །རྣམ་པར་དབྱེ་བ་མདོ་ཙམ་ཡིན། །རྒྱས་པར་བཤད་ན་དཔག་ཏུ་མེད། །སྤྱི་དོན་གཉིས་པ་ཚིག་ལ་འཁྲུལ་པ་དགག་པ་ལ་གཉིས་ཏེ། ཉན་པར་གདམས་པ་དང་། དོན་དངོས་སོ། །དང་པོ་ནི། དེ་ནས་ཚིག་ལ་འཁྲུལ་པ་ཡི། །རྣམ་དབྱེ་ཅུང་ཟད་བཤད་ཀྱིས་ཉོན། ། ཞེས། དོན་ལ་འཁྲུལ་པ་དགག་པ་དེ་ནས། ཚིག་ལ་འཁྲུལ་པའི་རྣམ་དབྱེ་ཅུང་ཟད་བཤད་ཀྱིས་ཉོན་ཞེས་གདམས་སོ། །

གཉིས་པ་ལ། ཚིག་ནོར་བ་མ་ནོར་བ་བཏགས་ནས་དགག མ་ནོར་བ་ལ་ནོར་པ་བརྟགས་ནས་དགག་པ་དང་གཉིས། དང་པོ་ནི། བཅོམ་ལྡན་འདས་ཀྱིས་བཤད་པ་ལ། བཞི་བཅོམ་དུག་ལྡན་འཆད་པ་དང་། ། གླིགས་བམ་གྱི་ནི་བཤད་པ་ལ། །གླིགས་ཤིང་གླིགས་ཐག་བཤད་པ་དང་། ། ཕྱག་རྒྱ་ཆེན་པོའི་བཤད་པ་ལ། ། ལག་པའི་སྒྲ་དོན་བཤད་པ་དང་། །ཡེ་ཤེས་ཀྱི་ནི་བཤད་པ་ལ། །གདོད་མའི་ཤེས་པར་འཆད་པ་དང་། །རྣལ་

འགྱུར་འཆད་ལ་སེམས་རྣལ་མ། །རིག་པ་འགྱུར་ཞེས་འཆད་པ་དང་། །རྒྱལ་མཚན་རྩེ་མོའི་དཔུང་རྒྱན་ལ། །
དམག་གི་དཔུང་དུ་འཆད་པ་དང་། ། གཏུམ་མོའི་སྒྲ་བཤད་རྣམ་རྟོག་ནི། །ཆོས་ཉིད་གཏུམ་པར་འཆད་པ་དང་། །
ཀླུ་ཡིས་སྒྲ་བཤད་བྱེད་པ་ལ། །སེམས་ཅན་སྐྱུ་བར་འཆད་པ་དང་། །ཕྱུར་མ་རི་རབ་མཉམ་པ་ལ། །དྲི་རབ་
མནམ་པར་འཆད་པ་དང་། །ཤཱཀྱ་བུ་མོ་གོ་པའི་སྒྲ། །གོ་ནི་ས་ཡིན་པ་ཡི་སྒྲ། །མཚོ་འམ་སྐྱོང་བ་སོགས་ལ་འཇུག
དེས་ན་བོད་སྐད་ས་མཚོ་ཡིན། །དེ་ལ་གོ་བའི་སྒྲ་བཤད་ནི། །རྟོགས་པའི་དོན་དུ་འཆད་པ་དང་། །རྒྱ་སྐར་རང་
ན་ཀ་དུ་ལ། །ཀ་དུའི་སྒྲ་ནི་དཔལ་དང་རྟོག ངུ་བ་འཇུག་རིང་སོགས་ལ་འཇུག སྐད་རྩིང་རྣམས་ལ་དབལ་དུ་
ཡོད། །སྐད་སར་མར་ཚོང་རྟོག་ཏུ་བསྒྱུར། །དེས་ན་འབུམ་ལས་རིན་ཆེན་དཔལ། །སར་བཅད་ཀྱི་ནི་ཞུས་པ་ཡི། །
བརྒྱད་སྟོང་པ་ལས་རིན་ཆེན་རྟོག ངུ་བ་འཇུག་རིང་སོགས་ལ་འཇུག ཅེས་བྱུར་བསྒྱུར་བར་མ་ཤེས་པར། །
རིན་ཆེན་དཔལ་དུ་བཤད་པ་དང་། །པོ་ཏ་ལ་ཞེས་བྱ་བའི་སྒྲ། །བོད་སྐད་དུ་ནི་གྲུ་འཛིན་ཡིན། །རི་བོ་གྲུ་འཛིན་
ཞེས་བྱ་བར། །བསྒྱུར་ན་བོད་ལ་འཐད་མོད་ཀྱི། །ལ་ལས་རྒྱ་སྐད་སོར་བཞག་ནས། །པོ་ཏ་ལ་ཡི་རི་ཞེས་
བསྒྱུར། །དེ་ལ་སྒྲ་བསྒྱུར་ལ་ལ་ཡིས། །རི་སྒྲ་གོང་དུ་ཕྱུང་ནས་ནི། །རི་བོ་ཊ་ལ་ཞེས་བྱུར་བསྒྱུར། །དེ་དོན་མ་
རྟོགས་པ་རྣམས་ཀྱིས། །རི་བོ་ཊ་ལར་བཤད་པ་འཁྲུལ། །འཁོར་གསུམ་ཡོང་དག་ཞེས་བྱ་བ། །རྒྱ་སྐད་དུ་ནི་ཏྲི་
མཎྜ་ལ། །པ་རི་ཤུད་དྷ་ཡོངས་དག་པ། །ཏྲི་ནི་གསུམ་ཡིན་མཎྜ་ལ། །ཞེས་བྱ་བོད་སྐད་དཀྱིལ་འཁོར་ཡིན། །
པ་རི་ཤུད་དྷ་ཡོངས་དག་པ། །དྲང་པོར་བསྒྱུར་ན་དཀྱིལ་འཁོར་གསུམ། །ཡོངས་སུ་དག་པ་ཞེས་བྱུར་འགྱུར། །
མཁས་པ་རྣམས་ཀྱི་སྒྲ་བསྡུས་ནས། །འཁོར་གསུམ་ཡོངས་དག་ཞེས་བྱུར་བསྒྱུར། །དེ་ཡི་སྒྲ་དོན་མི་ཤེས་པར། །
འཁོར་གསུམ་གཡོག་ཏུ་འཆད་པ་འཁྲུལ། །རྒྱ་སྐད་ལང་ག་པུ་རི་ལ། །པུ་རིའི་སྒྲ་ནི་གྲོང་ཁྱེར་ཡིན། །བོད་སྐད་
ལང་ཀའི་གྲོང་ཁྱེར་ཏེ། །ལྷོ་ཕྱོགས་རྒྱ་མཚོའི་གླིང་ན་ཡོད། །འོན་ཀྱང་རྒྱ་སྐད་མི་ཤེས་པར། །པུ་རངས་སུ་ནི་
བཤད་པ་དང་། །རྒྱ་སྐད་ཧྲི་མ་ལ་མི་ཏྲ། །བོད་སྐད་དྲི་མེད་བཤེས་གཉེན་ཡིན། །དེ་ཡི་སྒྲ་དོན་མི་ཤེས་པར། །བྱེ་
མ་ལ་དང་མུ་ཏྲའི་སྒྲ། །ཕྱག་རྒྱ་ཡིན་པ་བཤད་པར་དང་། །རྒྱ་སྐད་ན་ར་ཏ་ཡི་སྒྲ། །བྲམ་ཟེའི་རིགས་ཀྱི་བྱེ་བྲག
ཡིན། །དེ་ཡི་རྒྱུ་མཚན་མི་ཤེས་པར། །དཀའ་བ་སྤྱོད་པའི་ཨ་ན་ན། །རོ་རུ་སོང་ཞེས་འཆད་པ་དང་། །ཏེ་ལོ་ཞེས་
བྱ་ཧིལ་བཏྲང་ཡིན། །དེ་ལ་ཏྲེ་ལོང་འཆད་པ་དང་། །རྒྱ་སྐད་ལུ་ཨི་ཞེས་བྱ་བ། །བོད་སྐད་ཉིའི་རྒྱུ་སྐྱོ་ཡིན། །དེ་ཡི་སྒྲ་
དོན་མི་ཤེས་པར། །ཀླུ་ཡི་པ་ར་ཏུ་བཤད་པ་དང་། །རྒྱ་སྐད་ཨིན་ཏྲ་བྷཱུ་ཏི་ནི། །བོད་སྐད་འབྱུང་པོའི་དབང་པོ་ཡིན། །
འདི་ཡི་སྒྲ་སྒྱུར་མི་ཤེས་པར། །བརྒྱ་བྱིན་བྱང་ཆུབ་ཏུ་འཆད་དང་། །རྒྱ་སྐད་ཨ་བདྷུ་ཏའི་སྒྲ། གཉིས་སྤངས་སམ་ནི་
ཀུན་འདར་ཡིན། །དེ་ལ་འདོད་སྟེར་བཤད་པ་དང་། །རྒྱ་སྐད་དོ་ཧ་ཞེས་བྱ་བ། །བོད་སྐད་ལྷུང་པའམ་མ་

བཅོས་པ། །ཞེས་བྱའི་དོན་ལ་འཇུག་མོད་ཀྱི། །དེ་ཡི་རྒྱུ་མཚན་མི་ཤེས་པར། །དོན་ནི་གཉིས་ཡིན་ཏ་གྲོད་པ། །གཉིས་པ་གྲོད་པར་འཆད་པ་དང་། །རྒྱ་སྐད་མཛའ་བ་ཞེས་བྱ་བ། །མི་ཏོག་དམར་པོ་ཞིག་ལ་འཇུག དེ་ཡི་བརྡ་དོན་མི་ཤེས་པར། །བྱམས་པའི་མཛའ་བར་འཆད་པ་སོགས། །བླུན་པོ་རྣམས་ལ་ལེགས་ལེགས་འདྲ། །མཁས་པས་མཐོང་ན་བཞད་གད་གནས། །རྒྱུ་མཚན་ཅི་ཡི་ཕྱིར་ཞེ་ན། །སཾ་ཀྲི་ཏ་ཡི་སྒྲ་དོན་ལ། །བཤད་དུ་མི་རུང་ཉིད་ཕྱིར་དང་། །རྒྱ་སྐད་ཡིན་པར་མི་ཤེས་པར། །བོད་སྐད་ཡིན་པར་བཤད་ཕྱིར་རོ། །དེས་ན་དེ་འདྲའི་བཤད་པ་ཀུན། །བོད་ཀྱི་བླུན་པོས་སྨྲ་བས་ན། །མཁས་པ་རྣམས་ཀྱིས་དོར་བར་བྱ། །མདོར་ན་སྔར་བཤད་དེ་དག་ནི། །དོན་ལ་འཁྲུལ་པའི་རྣམ་པར་དབྱེ་བ་མདོ་ཙམ་ཡིན། དེའི་རྗེས་ལ་ཚིག་ལ་འཁྲུལ་པའི་རྣམ་དབྱེ་ཙུང་ཟད་བཤད་ཀྱིས་ཉོན་ཅིག བཅོམ་ལྡན་འདས་ཀྱི་བཤད་པ་བྱེད་པ་ལ། ཧྲ་ག་ཅེས་པ་སྐད་དོད་གཅིག་ལས་མེད་པ་ལ། བདུད་བཞི་བཅོམ་ཞིང་དབང་ཕྱུག་སོགས་དྲུག་དང་ལྡན་ཞེས། བཅོམ་དང་ལྡན་སོ་སོར་འཆད་པ་དང་། གླེགས་བམ་གྱི་བཤད་པ་བྱེད་པ་ལ། གླེགས་ཤིང་གླེགས་ཐག་བཤད་པ་དང་། ཕྱག་རྒྱ་ཆེན་པོའི་བཤད་པ་བྱེད་པ་ན། ཕྱག་རྒྱ་ལེགས་པར་ངེས་བཟུང་ནས་ལག་པའི་སྒྲ་དོན་འཆད་པ་དང་། ཛྙཱ་ན་ཞེས་པ་ཡེ་ཤེས་ཀྱི་བཤད་པ་བྱེད་པ་ལ། ཡེ་ཤེས་གདོད་མར་ངེས་བཟུང་ནས། །གདོད་མའི་ཤེས་པར་འཆད་པ་དང་། །རྣལ་འབྱོར་གྱི་སྒྲ་དོན་འཆད་པ་ལ། ། སེམས་རྣལ་རིག་པ་འབྱོར་ཞེས་འཆད་པ་དང་། རྒྱལ་མཚན་རྩེ་མོའི་དཔུང་རྒྱན་ལ། །དམག་གི་དཔུང་དུ་འཆད་པ་དང་། །གཏུམ་མོའི་སྒྲའི་བཤད་པ་བྱེད་པ་ལ། བདག་འཛིན་གསོད་པའི་ཤན་པར་འཆད་དགོས་པ་ལ། རྣམ་རྟོག་ནི་ཆོས་ཉིད་དུ་གཏུམ་པར་འཆད་པ་དང་། ཀླུའི་སྒྲ་བཤད་བྱེད་པ་ལ། ས་ལ་ལ་ཏར་བསྒྱུར་ནས། སེམས་ཅན་སླུ་བར་འཆད་པ་དང་། བྱེ་མ་ཕུར་མ་རི་རབ་མཉམ་པ་ཞེས་པ་ལ། རྒྱ་སྐད་དུ་རི་རབ་ཡིན་པ་ལ། འཇུག་པས་དེའི་བརྡ་དོན་མི་འཕྲོད་པར། དྲི་རབ་མཉམ་པར་མཆོད་པ་དང་། གཞན་ཡང་སངས་རྒྱས་སྨན་བླ་ལ་སྨན་ལྷར་འཆད་པ་དང་། ཧཱུྃ་ཧྲ་ལ་ལ་ཧཱུྃ་པ་ལྟར་བཀློག་པ་དང་། སྐུ་འཇམ་ཀླུས་ལ་སྐུ་འཇམ་ལེགས་དང་། ཤཱཀྱའི་བུ་མོས་མཚོམ་ལ། རྒྱ་སྐད་དུ་གོ་པ་ཞེས་པ་ལ་གོ་ནི། ངག་ཚིགས་པ་དང་འོད་ཟེར་དང་མིག་དང་། རྡོ་རྗེ་དང་། མཐོ་རིས་ཆུ་དང་དོན་དགུ་ལ། །མཁས་པས་གོ་སྒྲ་ངེས་པར་སྦྱར། །ཞེས་པ་འདི་རས་དང་། ས་ལ་ཞེས་པ། མཆོ་བ་དང་། སྐྱེད་པ་དང་། བསྲུང་བ་ལ་སོགས་པ་ལ་འཇུག་ཀྱང་། །འདིར་མཆོ་བ་ལ་སྦྱར་ནས། །ས་མཆོ་བ་རྒྱལ་མཚན་ལའང་འཇུག་ཅིང་། གཟའ་དུ་བ་འཇུག་རིང་གི་མིང་ལའང་ཟེར་རོ། །སྐད་རྙིང་རྣམས་སུ་དཀོན་མཆོག་དཔལ་དང་། གསར་བཅད་དུ་རིན་ཆེན་ཏོག་ཏུ་འགྱུར་རོ། །ཤེས་རབ་ཀྱི་ཕ་རོལ་ཏུ་ཕྱིན་པ་སྟོང་ཕྲག་བརྒྱ་པོ་ལས། སྐད་གསར་བཅད་མ་རྙེད་པས། ཏིང་འཛིན་དང་། བྱང་སེམས་ཀྱི་མཚན་ལ། རིན་ཆེན་དཔལ་དང་། སྐད་གསར་བཅད

ཀྱིས་ཞུས་པའི་བརྒྱད་སྟོང་པར། དེ་བཞིན་གཤེགས་པ་མི་འཁྲུགས་པའི་འཁོར་བྱེ་བ་རིན་ཆེན་རྟོག་གི་བསླབ་པར་བྱ། ཞེས་བསྒྱུར་བ་མ་ཤེས་པར། རིན་ཆེན་དཔལ་དུ་བསད་པ་ནི་ནོར་བ་ཡིན་ཏེ། རིན་ཆེན་དཔལ་ཀ་རང་ན་ཤྲཱི་ཞེས་པ་ཡོད་དོ། །འཕགས་པ་སྤྱན་རས་གཟིགས་དབང་ཕྱུག་གི་བཞུགས་གནས་ལྷོ་ཕྱོགས་རྒྱ་མཚོའི་གླིང་ན་ཡོད་པའི་པོ་ཏ་ལ་ཞེས་པ། བོད་སྐད་དུ་གྲུ་འཛིན་ཞེས་པ་དང་། སྔོན་གྱི་ལོ་ཙཱ་བས་རི་བཏང་བཟུང་ཞེས་བྱ་བར་བསྒྱུར་བ་ཡོད་ཅིང་། རྒྱ་སྐད་སོར་བཞག་ཏུ་པོ་ཏ་ལའི་རི་བོ་ཞེས་ཟེར་རོ། །རི་སྒྲ་གོང་དུ་སྟོན་ན། རི་པོ་ཏ་ལ་ཞེས་པའི་དོན་མ་གོ་བར། རི་བོ་ཏ་ལར་འཆད་པ་དང་འཁོར་གསུམ་ཡོངས་སུ་དག་པ་ཞེས་བྱ་བའི་རྒྱ་སྐད། ཏྲི་ནི་གསུམ་ཡིན་ལ། མཎྜལ་དཀྱིལ་འཁོར་དང་། པ་རི་ཤུད་དྷ་ཡོངས་སུ་དག་པ་དང་། སྒྲ་དྲང་པོར་བསྒྱུར་ན། གསུམ་དཀྱིལ་འཁོར་ཡོངས་སུ་དག་པ་ཞེས་པར་འགྱུར་རོ། །ལོ་ཙཱ་བ་མཁས་པ་རྣམས་ཀྱིས་ཡི་གེ་བསྡུས་ནས། འཁོར་གསུམ་ཡོངས་དག་ཏུ་བསྒྱུར་རོ། །དེ་མ་གོ་བར་འཁོར་གསུམ་གཡོག་པོ་གསུམ་དུ་འཆད་པ་ལ། རྒྱ་གར་གྱི་སྐད་ལ་ལཾ་ཀ་པུ་རི་ཞེས་པ། པུ་རི་བོད་སྐད་དུ་གྲོང་ཁྱེར་ཡིན་པས་ལྷོ་ཕྱོགས་རྒྱ་མཚོའི་གླིང་འགྲམ་གྱི་ལྷུགས་རིའི་ཁོར་ཡུག་གི་ཁྲོད་ན། གནོད་སྦྱིན་འབོད་འགྲོགས་ཀྱི་ཡུལ་ཡིན་ནོ། །འགའ་ཞིག་ན་རེ་ལཾ་ཀ་འབོད་འགྲོགས་སུ་བསྒྱུར་བ་ཡིན་ཞེས་ཟེར་རོ། །དེ་རྒྱ་སྐད་ཡིན་པར་མ་ཤེས་ནས། པུ་རངས་སུ་བཤད་པ་དང་། རྒྱ་སྐད་དུ་མཚན་བི་མ་ལ་མི་ཏྲ་ཞེས་པ། མ་ལ་ཏྲི་མ་དང་། བི་དགག་ཚིག་ཡིན་པས་དྲི་མེད་དང་། མི་ཏྲ་བཤེས་གཉེན་ཡིན་པས། དེའི་སྒྲ་དོན་མི་ཤེས་པས་ཆོས་བྱེ་མའི་ལ་ཙམ་ཞིག་བསྒྱུར་བས་བྱེ་མའི་ལ་དང་། མུ་ཏྲ་ཕྱུག་ཡིན་པས། བྱེ་མའི་ལའི་ཕྱུག་རྒྱུར་བཤད་པ་དང་། ཡང་འགའ་ཞིག་ན་རེ་ཏ་པ་ཞེས་པ་བྲམ་ཟེའི་རིགས་མང་པོའི་ནང་ནས། རིགས་བཟང་བ་ཞིག་གི་ཁྱད་པར་ཡིན་པ་ལ། དེ་རྒྱ་སྐད་སོར་བཞག་ཡིན་པ་མ་ཤེས་པར། བླ་མ་ཏེ་ལོ་པའི་དྲུང་དཀའ་བ་སྤྱོད་པའི་ཚེ། གཡང་སར་འཚོང་བ་དང་། འཆི་ལ་ཐུག་པའི་བརྟུངས་ཐག་སྤྱོད་པས། ཨ་ན་ན། ན་བར་ཡང་མ་ཟད། ར་ཏུ་སོང་ཞེས་བརྗོད་པས། ན་རོ་པར་འཆད་པ་དང་། ཏིལ་བརྡུང་པའི་རིགས་ལ་ཏེ་ལོ་པ་སེར་བ་མགོ་བར་ཏེ་ལོ་འཆད་པ་དང་། རྒྱ་གར་གྱི་སྐད་དུ། ལུ་ཨི་པ་ཞེས་པ། ཉའི་རྒྱུ་ལྷོ་གསོལ་ཅིང་རིམ་གཉིས་བསྒོམས་པས་གྲུབ་པ་རྙེས་པའི་ཚེ། དེའི་མིང་ཆགས་པས། ལུ་ཨི་པ་ཞེས་པའི་སྒྲ་དོན་མི་ཤེས་པར། ལཱུ་ཡི་པ་རུ་འཆད་པ་དང་། ཨ་བ་དྷུ་ཏིའི་སྒྲ། བོད་སྐད་དུ། གཟུང་འཛིན་གཉིས་སྤངས་པས་གཉིས་ཕྱི་རབས་པ་དག་གིས་བདྷ་གསར་རྙིང་གིས་ཁྱད་པར་ལས་བྱུང་བའང་ཡོད། ལ་ལས་རྒྱ་གར་གྱི་རང་སྐད་དུ་བཞག ལ་ལས་བོད་སྐད་དུ་བསྒྱུར། དེ་གཉིས་གང་ལ་འཕྲོད་མ་ཤེས་པའང་ཡོད། ལ་ལས་སྒྲ་བསྒྱུར་ལ་ལས་དོན་འགྱུར་དུ་བྱས་པའང་ཡོད། སྒྲ་བསྒྱུར་ལ་ཡང་ཁམས་ཐ་དད་ཀྱིས་དྲངས་པས། སྒྲ་དོན་མི་འདྲ་བ་ཐ་དད་དུ་སོང་བའང་

ཡོད། འགའ་ཞིག་ཡུལ་ཐ་དད་ཀྱི། སྐད་ལུགས་སུ་བསྒྱུར་བས་འགའ་ཞིག་ལ་མ་གྲགས་པའི་སྟོབས་ཀྱིས་མ་ཤེས་པར་སོང་བ་ཡང་ཡོད། དཔེར་ན། རྟགས་ལ་བྱེ་མ་ཀ་ར་དང་། བླ་གོར་ཞོ་ཤ་ལ་གོ་ཡུ་དང་། རིན་ཆེན་ཏོག་ལ་རིན་ཆེན་དཔལ་དང་། ནམ་ཡང་ལ་གཞན་ཡང་ལ་སོགས་པ་བོད་ཀྱི་བརྡ་རྙིང་པ་རྣམས་དེང་སང་ཡང་གོ་དཀའ་བ་དང་། གཞན་ཡང་ཤཱཀྱ་ལ་ཕོད་པར་འགྱུར་བ་དང་། གོ་བ་ལ་ས་མཚོར་བསྒྱུར་པ། མ་ག་དྷ་ལ་བྱིང་འཛིན། པ་ར་ན་སེ་ལ་འཁོར་མོ་འཇིག ཀོ་ས་ལ་ལ་མཛོད་ལེན། སིན་དྷུ་ར་ལ་ལི་ཁྲིར་བསྒྱུར་བ་ལ་སོགས་པ། སྒྲ་མི་ཤེས་ན་གོ་དཀའ་བ་དང་། གཞན་ཡང་གདུགས་དཀར་ལ་ཚད་སྐྱོབ་དཀར་པོ། སྨོན་ལམ་ལ་ཡོངས་སུ་བསྒྱུར་བ། དགེ་བ་ལ་མྱ་ངན་བྲལ་ལ་སོགས་པ་ལྟ་བུ་སྒྲའི་ཁམས་མི་ཤེས་ན་གོ་དཀའ། སྒྲ་བསྒྱུར་ཉིད་ལ་ཡང་། ཁམས་ཐ་དད་ཀྱིས་འགྲོ་བ་ཡོད། དཔེར་ན་ཀ་ཡི་སྒྲ་དབྱངས་སུ་འགྲོ་བ་དང་། ལེན་པའི་སྒྲ་གཅན་པར་འགྲོ་བ་དང་། འཁོར་བའི་སྒྲ་འཁྲུལ་བར་འགྲོ་བ་ལ་སོགས་པ་སྒྲ་མི་ཤེས་ན་གོ་དཀའ་བ་ཡོད། གཞན་ཡང་རང་རང་གི་ཡུལ་གྱི་སྐད་དུ་བསྒྱུར་བས། མདའ་ལ་ཉག་ཕྲན། གཞུ་ལ་སྣུམ་སྣ། ཏོག་ཆེ་ལ་མཛེར། རཾ་ཤང་ཤོང་ལ་ཐོང་བ། བཞོང་བ་ལ་ཡོལ་གོད། བུ་རམ་ལ་ཀ་ལི་ཁ་ར། ཕང་པ་ལ་འཁྱོད་པ། ལག་པ་ལ་སུག་པ། གཞོང་པོ་ལ་ཕྱུགས་ཆུང་། ཆུད་མི་འཛའ་བ་ལ་ཆབ་མི་འཚོལ་སོགས་པ། ཡུལ་ཕན་ཚུན་དུ་མ་གྲགས་པར་བསྒྱུར་བ་ལ་གོ་དཀའ་བ་ཡོད་དོ། །འགའ་ཞིག་རྣམ་གྲངས་ནོར་བ་དང་། ལ་ལ་ས་མཚམས་འཆུགས་པ་དང་། ལ་ལ་མུན་འཁྲུལ་གྱིས་བསླད་པས། ལེགས་པར་བསྒྱུར་བ་གོ་དཀའ་བ། སཾསྐྲི་ཏའི་རྣམ་གྲངས་ཀྱི་སྒྲ། བསེ་རུ་ལ་རལ་གྲི། རལ་གྲིལ་བསེ་རུར་བསྒྱུར་བ་དང་། རྗེས་དང་རྐང་པའི་སྒྲ་བཟློག་རྣམས་བསྒྱུར་བ་དང་། བྱིས་པ་དང་། བྱེ་མ་དང་། སྒྲའི་སྒྲ་ཕན་ཚུན་འཆོལ་བར་གྱུར་པ་ལ་སོགས་པ་དང་། ལ་ལ་ས་མཚམས་འཆུགས་པ་ཡོད། རྣམ་དབྱེ་གསུམ་པའི་ནའི་སྒྲ་ཚིག་འོག་མའི་དགག་པའི་སྒྲ་འོག་ཏུ་སྦྱར་བ་དང་། ཚིག་འོག་མའི་དགག་སྒྲའི་ན། གོང་མའི་རྣམ་དབྱེ་གསུམ་པའི་ནའི་སྒྲར་ཡང་སྦྱར་བའི་སྟོབས་ཀྱིས་སྒྲ་འགྱུར་བར་བསྒྱུར་བ་དང་། གཏོར་མ་ཤ་ཁྲག་མེད་པ་ལ། ཁྲག་མེད་པའི་གཏོར་མ་ཤ་དང་བཅས་པར་བསྒྱུར་བ་དང་། མཚམས་འཆུགས་ནས་དོན་ནོར་བར་གྱུར་པའང་ཡོད་དོ། །ལ་ལ་སྒྲ་མི་ཤེས་པས་མ་རྟོགས་ཏེ་མུན་འཁྲུལ་དུ་བསྒྱུར་བ་སྙིང་པོ་ལ་མ་དར་བསྒྱུར་བ་དང་། ལྷང་ཁུ་ལ་འཕྲོག་པ་དང་། འབྱུང་པོའི་དབང་པོ་ལ། བརྒྱ་བྱིན་བྱང་ཆུབ་ཏུ་བསྒྱུར་བ་ལ་སོགས་པ་འཁྲུལ་པར་བསྒྱུར་བའི། སྒྲ་ཐུགས་ཁ་ལ་འཇུག་སྦྱང་དཀའ་ཐུབ་དཀར་འཆད་པ་དང་།འབབ་པའི་སྒྲ་གནས་ལ་འཇུག་པས་བབ་ཆགས་གནས་སུ་འཆད་པ་དང་། ཤཱཀྱའི་སྒྲ་བོད་པ་ལ་འཇུག་པས་ཕོད་པར་བཤད་ལ་སོགས། པྲ་ཏིའི་སྒྲ་ཐོབ་པའམ་ཕྲད་པ་ལ་འཇུག་པས། སྒྲ་བྲལ་བའི་རྣམ་པ་ལ་འཇུག་པའི་སྒྲ་ལེགས་པོའི་བདེ་བ་འམ་བཟང་པོ་ལ་འཇུག་པས་སྐབས་ཙུང་ཟད་

འཆོལ་བར་བཤད་ཀྱང་མཁས་པ་རྣམས་སྐྱོན་ཆུང་། བོད་ལ་ཅུང་ཟད་མི་བདེ་ཡང་། །ལེགས་པར་སྦྱར་བའི་སྒྲ་དག་ལ། །ཤིན་ཏུ་འཐད་ཕྱིར་མཁས་པས་བླང་། །འདིར་སྒྲའི་རྣམ་བཞག་ཅུང་ཟད་ཅིག་བཤད་ན། སྒྲའི་མཚན་ཉིད། ངེས་ཚིག་དབྱེ་བའོ། །དང་པོ་ནི། ཤེས་བྱ་ཐམས་ཅད་ལ་མངོན་པར་བྱེད་པའི་ནུས་པའོ། །

གཉིས་པ་ནི། བྱཱ་ཀ་ར་ཎ་ཞེས་བྱ་སྟེ། ལུང་སྟོན་པ་འམ། ཀུན་གསལ་བར་བྱེད་པའམ། ཀུན་གོ་བར་བྱེད་པ་ཞེས་བྱ་བ་ལ་འཇུག་གོ །གསུམ་པ་དབྱེ་ན་གཉིས་ཏེ། སྒྲའི་གནས་བརྒྱད་དང་། དེའང་གསུམ་དུ་བསྡུ་བའོ། །དང་པོ་ལ་དབྱེ་ན་བརྒྱད་དེ། བྱེད་པའི་གནས། བསྡུ་བའི་གནས།བསྒྱུར་བའི། དྲང་བའི། འཇུག་པའི་རྣམ་པར་ཕྱེ་བའི། ཕྱོགས་ཀྱི། དངོས་པོའི་གནས་སོ། །དང་པོའི་གནས་གནས་སོ། །དང་པོ་བྱེད་པའི་གནས་ནི། དངོས་པོ་གང་ཡང་རུང་བ་ཅིག་སྒྲུབས་པ་ལ། སྒྲ་འདི་ཧི་སྲིད་ཅིག་ཚོགས་པས་གྲུབ་པོ་ཞེས་བསྟན་པའོ། །གཉིས་པ་བསྡུ་བ་ནི། དོན་དང་ལྡན་པའི་ཚིག་བསྡུས་ནས་ཡི་གེ་ཉུང་བར་བྱེད་པའོ། །གསུམ་པ་བསྒྱུར་བ་ནི། །སྐད་ཀྱི་དབྱེངས་མ་འགྱུར་བ་ལས་ཐེ་ཚོམ་མཐའ་དག་སེལ་བའོ། །བཞི་པ་དྲང་བའི་གནས་ནི། གཞན་དཔྱོད་ཅིང་བློ་བྲག་འབྱེད་པར་བྱའོ། །ལྔ་པ་འཇུག་པའི་གནས་ནི། ཡི་གེ་འཇུག་པའི་གཞི་བཟ་དང་ཐ་སྙད་སྟོན་པའོ། །དྲུག་པ་རྣམ་པ་དབྱེ་བ་ནི། སྒྲ་གཅིག་ཀུན་ཏུ་བཏུབ་པ་དང་། སྒྲ་གཅིག་དོན་ཀུན་ལ་འཇུག་ཏུ་རུང་བའི་ཚུལ་སྟོན་པའོ། །བདུན་པ་ཕྱོགས་ཀྱི་གནས་ནི། སྐྱེས་བུའི་ནུས་པ་སྟོན་པའོ། །བརྒྱད་པ་དངོས་པོའི་གནས་ནི། དོན་གྱི་དངོས་གཞི་རྟོགས་པར་བྱེད་པའོ། །དེ་དག་ཡང་གསུམ་དུ་བསྡུ་ན། ཡི་གེ་དང་། མིང་དང་། ཚིག་ལ་སོགས་པ་རྣམས་ཡིན་ཏེ། ཡི་གེ་ནི། དངོས་སུ་བརྗོད་འདོད་མི་སྟོན་ཞིང་། བརྗོད་པ་ཀུན་གྱི་གཞིར་གྱུར་པ་ཡི་གེ་ཞེས་བཤད། ཡི་གེའི་མཚན་ཉིད་ནི། དོན་མི་སྟོན་པའི་སྒྲ་སྤྱི་སྣང་བ། དབྱེ་ན། དབྱངས་དང་གསལ་བྱེད་གཉིས། ཡི་གེ་འདྲིས་པའི་བདག་ཉིད་ཅན། དོན་གྱི་ངོ་བོ་བཟ་སྦྱོར་པ་མང་ཡིན། མིང་གི་མཚན་ཉིད་དོན་གྱི་ངོ་བོ་སྟོན་པར་བྱེད་པའི་སྒྲ་ཕྱི་སྣང་བ། དཔེར་ན། ཀ་བ། བུམ་པ། ཞེས་པའོ། །དེའི་ཁྱད་པར་དག་སྟོན་པས་ཚིག་ཅེས་རབ་ཏུ་བཤད། ཚིག་གི་མཚན་ཉིད་དོན་གྱི་ཁྱད་པར་སྟོན་པའི་སྒྲ་སྤྱི་སྣང་བ། དཔེར་ན་ཀ་བ་རིང་པོ་ཞེས་པ་ལྟ་བུའོ། །ལེགས་པར་སྦྱར་བའི་སྒྲའི་སྐད། བོད་ཀྱི་སྐད་འཆད་པ་པོ་དག་གིས་ཅུང་ཟད་མ་ཤེས་པ་ཡོད་དོ། །དེ་དག་ནི་ལོ་ཙཱ་བ་སྔ་རབས་པ་དང་སྟོབས་ཀྱིས་བརྗོད་བྱའི་དོན་ཇི་ལྟར་ཡིན་པ་མ་རྟོགས་པ་མཐོང་ངོ་། །འདི་དག་གི་རྣམ་བཞག་རྒྱས་པར་འཆད་དགོས་ནའང་། སྒྲ་རིག་པའི་བསྟན་བཅོས་ལས་ཤེས་པར་བྱའོ། །སྤྱི་དོན་གསུམ་པ་དེ་དག་དགག་དགོས་པའི་འཐད་པ་ལ་གཉིས། སྔོན་བྱུང་དམ་པ་རྣམས་ཀྱིས་བསྟན་པའི་ཕྱི་དོར་བྱས་པའི་ཚུལ་དང་། རྗེས་འཇུག་མཁས་པས་དེའི་རྗེས་སུ་སློབ་པར་རིགས་སོ། །དང་པོ་ལ་གཉིས་ཏེ། རྒྱ་གར་དུ་བསྟན་པའི་འཕེལ་འགྲིབ་བྱུང་བའི་ཚུལ་དང་། བོད་དུ་བསྟན

པའི་འཕེལ་འགྲིབ་བྱུང་བའི་ཚུལ་ལོ། །དང་པོ་ལ་གསུམ་སྟེ། བཀའ་བསྡུ་བ་བར་བས་མི་རུང་བའི་གཞི་དགག་པའི་ཚུལ་དང་། བཀའ་བསྡུ་བ་ཐ་མས་ལྷ་ཆེན་གྱི་ཆོས་ལོག་བཀག་པའི་ཚུལ་དང་། ཐོགས་མེད་སྐུ་མཆེད་ཀྱིས་མངོན་པའི་སྡེ་སྣོད་སྤེལ་ཚུལ་ལོ། །དང་པོ་ནི། སངས་རྒྱས་གསུང་རབ་དྲི་མ་མེད། །བསྡུ་བ་དང་པོ་བྱས་པའི་རྗེས། །བསྟན་པ་དག་པར་གནས་པ་ན། །ཡངས་པ་ཅན་གྱི་དགེ་སློང་གི། །སངས་རྒྱས་བསྟན་དང་འགལ་བ་ཡི། །མི་རུང་བ་ཡི་བཞི་བཅུ་བྱས། །དེ་ལ་འཕགས་པ་བདུན་བརྒྱ་ཡིས། །ཆོས་ལོག་ལེགས་པར་སུན་དབྱུང་ཕྱིར། །བསྡུ་བ་གཉིས་པ་མཛད་ཅེས་གྲག ཞེས་པ། བསྟན་རྩིས་ལ་བཅོམ་ལྡན་འདས་སྟོན་ཟླ་ཐ་ཆུང་སྨིན་དྲུག་གི་ཟླ་བའི་དཀར་ཕྱོགས་ཀྱི་ཆོས་བརྒྱད་ཀྱི་ཟླ་བ་ནུབ་པ་དང་། དགོངས་པ་ཡོངས་སུ་མྱ་ངན་ལས་འདའ་བའི་དུས་སུ་བཅོམ་ལྡན་འདས་ལ། ཀུན་དགའ་བོས་ཞུས་པ། དྲུག་སྡེ་ལ་སོགས་པ་སུས་འདུལ་བ་དང་། མྱ་ངན་ལས་འདས་ནས་སྟོན་པ་སུས་བྱེད་པ་དང་། རྗེན་སུས་བྱེད་པ་དང་། ཆོས་འདུལ་བ་ཇི་ལྟར་བསྡུ་བ་དང་། མྱ་ངན་ལས་འདས་ནས་མཆོད་པོའི་ཡོ་བྱད་ཇི་ལྟར་བྱ་བ་དང་། བཞུགས་པ་དང་རིང་བསྲེལ་མཆོད་པོའི་བསོད་ནམས་ཀྱི་ཁྱད་པར་དང་། མྱ་ངན་ལས་འདས་ནས་ཆོག་ཇི་ལྟར་བྱས་ན་སྐུ་གདུང་ཐོབ་པར་འགྱུར་ཞེས་བྱ་བ་དྲི་བ་བདུན་དྲིས་སོ། །བཀའ་བསྩལ་བ། ངས་བསྟན་པ་བཞིན། ཁྱོད་ཀྱིས་སྟོན་དྲུག་སྡེ་དུལ་ལོ། །ཚུལ་ཁྲིམས་བསྟོན་པའོ། །དྲན་པ་ཉེ་བར་བཞག་པ་བསྟེན་ནོ། །ཆོས་བསྡུ་བའི་ཐོག་མར། འདི་སྐད་བདག་གི་ཐོས་ཞེས་བྱ་བ་ཆུག་གཅིག མཆོད་པའི་ཡོ་བྱད་རྣམས་མེ་ཏོག་དང་། སྤོས་དང་མར་མེ་ལ་སོགས་པ་གྱིས། དྲུག་པ་ལ་བསོད་ནམས་ལ་ཁྱད་པར་མེད་དོ། །བདུན་པ་ལས་འཁོར་ལོ་བསྒྱུར་བའི་རྒྱལ་པོ་བཞིན་ཏེ། དེ་ནི་ཞག་བདུན་དུ་འཛོག་གོ། ཞེས་གསུངས་པ་ལ་བརྟེན་ནས། བཀའ་བསྡུ་བ་དང་པོའི་ཚུལ་ནི། ཐེག་ཆེན་པ་ཁ་ཅིག ཡུལ་ལྷོ་ཕྱོགས་ཀྱི་རྒྱུད་དུ། ནྜི་མ་ལ་སཾ་བྷ་ཞེས་བྱ་བར། བྱང་ཆུབ་སེམས་དཔའ་བྱེ་བ་འདུས་སོ། །ཞེས་འདོད་ལ། ཁ་ཅིག་ཚུལ་གཞན་ཡང་སླ་ལ་ཁ་ཅིག་ནི་ཉན་ཐོས་ཀྱི་ཚུལ་དང་མཚུངས་ལ། དེ་ཉིད་ནི་སངས་རྒྱས་ཀྱི་གསུངས་པ་ལྟར། ཁྱད་ཉན་ཐོས་ཀྱིས་དེ་ལྟར་མ་རྟོགས་ཀྱི། ཁོ་བོ་ཅག་ལ་ལུགས་གཉིས་ཀ་སྣང་སྟེ། འདིར་ངག་གང་འོད་སྲུང་ཆེན་པོ་ལ་སོགས་པས། ཉིང་སྦྱོབས་མ་གྱུར་པ། དེ་ནི་ཁྱོད་ཀྱིས་མ་རྟོགས་པས། བཟུང་ཡང་དམན་པར་སུ་ཞིག་བཞེད། ཅེས་གསུངས་པ་ལྟར་རོ། །འདུལ་བ་ལུང་ལས་འབྱུང་བ་ལ་བརྟེན་པ་ཡིན་ནོ། །

སྤྱངས་ཞེས་པ་དང་། སྐྱེ་བོ་ཀུན་འདར་བར་བྱེད་པས། ཀུན་འདར་ཞེས་པ་དང་། སྦྲོས་པ་ཀུན་སྤྱངས་པས་ཀུན་སྤྱངས་ཞེས་པ་མ་གོ་བར། ཅི་འདོད་སྨྲེར་ཞེས་བཤད་པ་དང་། རྒྱ་གར་གྱི་སྐད་དུ། དོ་ཧ་ཞེས་པའི་ཚིག་ལྷུག་པའམ། དོན་མ་བཅོས་པ་ལ་འཇུག་པས། གྲུབ་ཐོབ་ཀྱི་གླུ་ལ་ཧཱུ་ཧཱུ་ཟེར་བ་ནི། མ་བཅོས་པའི་དོན་

ཐུགས་ལ་འབྲུངས་པའི་གླུ་ཡིན་པས། རྣ་ཏྣ་མཛོད་ཀྱི་གླུ་རྣྟ་ཏྣ་རྒྱ་སྐད་བཞག་ཏུམ་གོ་བར། དོན་གཉིས་དང་། ཏ་ཀོད་པར་མཆད་པ་དང་། ཛ་བའི་མེ་ཏོག་ཅེས་བྱ་བ། ཤིང་ལས་སྐྱེས་པའི་མེ་ཏོག་ཞིག་ཡིན་ལ། ཛ་བ་རྒྱ་སྐད་སོར་བཞག་ཏུམ་ཤེས་པས། བྱམས་ཤིང་མཐུན་པའི་མཛའ་བར་འཆད་པ་དང་། སཾ་གྲི་ཏའི་ཡི་གེ་བོད་སྐད་དུམ་བསྒྱུར་བའི་སྒྲ་སོར་བཞག་ལ། བོད་ཀྱི་སྐད་དང་མཐུན་པར་བཤད་པ་བྱས་པའི་ཕྱིར། དཔེར་ན་བཻ་རོ་ཙ་ན་ཞེས་པ། བོད་སྐད་དུ་རྣམ་པར་སྣང་མཛད་ཡིན་པར་མ་ཤེས་པར། བཻ་རོ་བེ་འུ་ཤི་བའི་རོ་དང་། ཙན་དེའི་འཁྲིས་ན་འགྱུད་པར་བཤད་ནས། ལོ་ཙྪ་བའི་མིང་བླཱི་རོ་ཙ་ནར་འདོན་པ་བཞིན། བོད་ཡིག་གི་བརྡ་ཙམ་ཡང་མ་ནོར་བར་བྱེད་མི་ཤེས་པའི་གང་ཟག་གིས་སྒྱུར་བའི་རྗེས་སུ་དེ་དང་མཐུན་པའི་སྐྱེ་བོ་དུ་མས་རྗེས་འབྲངས་ཏེ། ནོར་བའི་ལུགས་རྒྱུན་མར་བྱུང་པ་རྣམས། སྒྲ་དོན་ལ་མཁས་པའི་སྐྱེས་བུས་རྒྱུང་རིང་དུ་བར་བྱའོ། །རྒྱུ་མཚན་ཅིའི་ཕྱིར་ཞེ་ན། སཾ་གྲི་ཏའི་སྒྲ་དོན་ལ་བཤད་དུ་མི་རུང་བ་ཉིད་ཀྱི་ཕྱིར་དང་།རྒྱ་སྐད་ཡིན་པར་མ་ཤེས་པ་རེ། བོད་སྐད་དུ་བཤད་པའི་ཕྱིར་རོ། །དེ་འདྲའི་ནོར་པ་ཡོད་པའི་བཤད་པ་ཀུན། བོད་ཀྱི་བློན་པོས་སྒྱུར་བས་ན། །མཁས་པས་དོར་བར་བྱའོ། །གཉིས་པ་མ་ནོར་བ་ནོར་པར་བཏགས་པ་དགག་པ་ནི། དེ་བཞིན་གཤེགས་པའི་བཤད་པ་ནི་དེ་ཉིད་རྟོགས་པར་འཆད་པ་དང་། །དགྲ་བཅོམ་སྒྲ་དོན་མཆོད་འོས་དང་། །རྒྱལ་པོའི་བཤད་པ་གསལ་བ་དང་། །བཟོད་པའི་བཤད་པ་མི་འཇིག་དང་། །ཕུང་པོ་ཕྲག་པར་འཆད་པ་དང་། །བཅོམ་པ་སྐལ་བར་འཆད་པ་དང་།སྦྱིང་དཀའ་ཐུབ་དཀར་འཆད་པ་དང་། །བག་ཆགས་གནས་སུ་འཆད་པ་དང་། །ཤཱཀྱ་ཡོང་པར་འཆད་པ་སོགས། བོད་ལ་ཅུང་ཟད་མི་བདེ་ཡང་། །ལེགས་པར་སྒྱུར་བའི་སྒྲ་དག་ལ། །ཤིན་ཏུ་འཐད་ཕྱིར་མཁས་པས་བླང་། །ཞེས་པ། དེ་བཞིན་གཤེགས་པའི་བཤད་པ་ནི། མ་ག་ཏར་ཡོད་པ་ལ། འགྲོ་བ་དང་རྟོགས་པ་གཉིས་ལ་འཇུག་པ་ལ། དེ་ཉིད་རྟོགས་པར་འཆད་པ་དང་། ས་ར་ཧན་གྱི་སྒྲའི་ཁམས་མཆོད་འོས་ལའང་འཇུག་པས། དགྲ་བཅོམ་སྒྲ་དོན་མཆོད་འོས་དང་།རྒྱ་པོ་བཤད་པ་གསལ་བ་དང་། རཱ་ཛ་སྒྲའི་ཁམས་ལ་གསལ་བ་ལ་ཡང་འཇུག་པ་དང་། བཟོད་པའི་གནོད་པར་བྱེད་པ་ལ་ལན་གྱི་སྐབས་ས་ཏའི་ཁམས་མི་འཇིག་པ་ལ་འཇུག་པས་བཤད་པ་མི་འཇིག་པ་དང་། ཕུང་པོ་ཕྲག་པར་འཆད་པ་དང་། སྐན་དྷའི་སྒྲ་ཕྲག་པ་ལ་འཇུག་པ་དང་། དྷའི་སྒྲའི་ཁམས་དབྱིངས་ལ་འཇུག ཁམས་ལ་དབྱིངས་སུ་འཆད་པ་དང་། བྷ་གའི་སྐལ་པ་འཇུག་པས། བཅོམ་པ་བསྐལ་པར་འཆད་པ་དང་། དུར་ཅའི་ཧྲེ་ལ་དགོས་པ་ཅིའི་ཕྱིར་དུ་འདུན། བསྟན་པ་རིན་པོ་ཆེ་དག་པར་བྱ་བའི་ཕྱིར་དུའོ། །གནས་གང་དུ་ན། ནྱ་གྲོ་དྷའི་གནས་ཞེས་བྱ་བ། རྒྱ་སྐད་དུ། ཧྲི་པ་ལ་ཡ་ན་ཞེས་བྱ་བའི་ཕུག་ཏུ། སྦྱིན་བདག་རྒྱལ་པོ་མ་སྐྱེས་སྒྲས་དབྱར་གནས་ཀྱི་ཡོན་བདག་བྱས་ཏེ། གནས་གཞན་དུ་སངས་རྒྱས་དྲན་པར་འགྱུར་བས། མ་བྱས་སོ། །སྟོད་པ་

པོ་འོད་སྲུང་ཆེན་པོ་ལ་སོགས་པ་དགྲ་བཅོམ་པ་ལྔ་བརྒྱ་འདུས་ཏེ། ཆོས་ཀྱི་གདན་བཤམས་ཏེ། དེར་འོད་སྲུང་བཞུགས་ཏེ། དེ་ལ་བསྒོ་ནས་འདུག་སྟེ། མདུན་དུ་བདར་རོ། །དེ་ནས་འོད་སྲུང་གིས་ཀུན་དགའ་བོ་ལ་སྨྲས་པ། ཚེ་དང་ལྡན་པ་ཁྱོད་ཀྱི་ནི་རྣམ་པར་གསལ་བ་ཡིན་ན་མདོ་ཟློས་པར་འདོད་དམ། ཀུན་དགའ་བོས་སྨྲས་པ་འདོད་དོ། །དེ་ནས་འོད་སྲུང་གིས་ཐོག་མར་བྱས་ཏེ། བླ་གོས་རྣམས་བསྟན་དུ་བཏིང་སྟེ་ཁྲི་བཤམ་པ་དང་། ཀུན་དགའ་བོས་ཀྱང་རྒན་པ་ལ་ཕྱག་འཚལ་ཏེ། སེམས་ཅན་ཐམས་ཅད་ཤིང་བརྩེ་བའི་སེམས་ཏེ་ཁྲི་ལ་འདུག་གོ། འདུག་ནས་ཀྱང་སྟོན་བཅོམ་ལྡན་འདས་ཀྱིས་མདོ་གང་དུ་བཤད་པའི་ཏིང་ངེ་འཛིན་ལ་སྙོམས་པར་བཞུགས་སོ། ། དེའི་ཚེ་ལྷ་རྣམས་ཀྱིས། འཕགས་པ་འདི་ཡང་དོགས་མེད་པར། སེང་གེའི་སྒྲ་བཞིན་ཆོས་ཀྱང་འཆད། །ཞི་བའི་ཆོས་འདི་བཤད་པ་ལ། དད་པས་ཆོས་ལ་ཉན་པར་གྱིས། ཞེས་བྱ་བ་ལ་སོགས་པ་སྨྲས་ཏེ་ཆོས་ཉན་པའི་ཕྱིར་ལྷགས་སོ། །ཡང་འོད་སྲུང་གིས་སྨྲས་པ། ཆོས་འདི་ཐམས་ཅད་ནང་ན་མཆོག་གྱུར་པ། །རྒྱལ་བས་གསུངས་པ་ཚེ་ལྡན་ཆོས་ཀྱིས་བཤད། །སྟོན་པས་གང་དུ་བཤད་པ་བཞིན། །འཇིག་རྟེན་ཕན་འདོད་མདོ་སྡེ་ཤོད། །ཅེས་གསོལ་བ་བཏབ་བོ། །དེ་ནས་ཀུན་དགའ་བོས། སྟོན་པ་དྲན་པ་དང་བཅས་པས་གནས་རྣམས་ལ་ཕྱག་འཚལ་ཏེ།དང་པོ་མངོན་པར་བྱང་ཆུབ་པའི་ཕྱོགས་སུ་བལྟས་ཏེ། ཐལ་མོ་སྦྱར་བ་བྱས་ནས། འདི་སྐད་བདག་གི་ཐོས་པའི་དུས་གཅིག་ན། བཅོམ་ལྡན་འདས་འཁོར་མི་འཇིག་ན་བཞུགས་ཏེ། དགེ་སློང་གི་དགེ་འདུན་དང་ཡང་ཐབས་ཅིག་གོ། བཅོམ་ལྡན་འདས་ཀྱིས་བཀའ་བསྩལ་བ། དགེ་སློང་འདི་ལ་འཕགས་པའི་བདེན་པ་ཞེས་བྱ་བ་འདི་ནི་སྔོན་མ་ཐོས་པའི་ཆོས་སོ་ཞེས་སྨྲས་སོ། །དེའི་ཚེ་ལྷ་དག འདོད་ཆགས་དང་བཅས་པའི་སེམས་ཀྱིས་སྨྲས་པ། ཀྱི་མ་ཧོ་འཇིག་རྟེན་འདི་ཡང་ནི་མི་རྟག་ཕྱིར་ན་ཁྱད་པར་མེད། གང་གི་རིན་ཆེན་གཏེར་དེ་ཡི། །ཡོན་ཏན་རྒྱ་མཚོ་དག་གིས་སྐབས། །བདག་གིས་དེ་ལས་སྔོན་ཐོས་ཏེ། །ཆོས་ནི་ཐར་པར་བྱེད་པ་ལ། །འདི་སྐད་ཐོས་ཞེས་སྦྱོར་བར་བྱེད། །འདི་ནི་དེ་རིང་བཤད་པ་ཡིན། །ཞེས་སྨྲ་སོ། །ཡང་འོད་སྲུང་གིས་ཁྲི་ལ་འདུག་སྟེ། ཉེ་བ་འཁོར་གྱིས་ཞུས་པ་ལ་སྨྲས་པ་དང་དེ། སྨྲས་པའང་དང་དོ། །ཞེས་སྨྲས་སོ། །ཉེ་བ་འཁོར་གྱིས་འདུལ་བའི་སྡེ་སྣོད་བསྡུས་སོ། །དེ་ནས་འོད་སྲུང་གིས་མ་འོངས་པའི་སེམས་ཅན་ཟབ་མོའི་དོན་མོས་པར་བྱ་བའི་ཕྱིར། བདག་ཉིད་ཀྱིས་མ་ལྷ་བུ་བཤད་དོ་སྙམ་སྟེ་ཁྲིར་འདུག་གོ་སྨྲས་པ། ཚེ་དང་ལྡན་པ་དག་ཤེས་བྱའི་མཚན་ཉིད་ཡོངས་སུ་བསྒྲགས་པ་འདི་ནི་མ་ལྷ་བུའོ། །ཞེས་འོད་སྲུང་གིས་མངོན་པའི་སྡེ་སྣོད་བསྡུས་སོ། །དེ་ལྟར་སངས་རྒྱས་ཀྱི་གསུང་རབ་དྲི་མ་མེད་པ་ལ་བཀའ་བསྡུ་བ་དང་པོ་བྱས་པའི་རྗེས་སུ། བསྟན་པ་དག་པར་གནས་པ་ནི། སྟོན་པ་འདས་ནས་ལོ་བརྒྱ་དང་བཅུ་ལོན་པ་དང་། ཡངས་པ་ཅན་གྱི་དགེ་སློང་རྣམས་ཀྱིས། མི་རུང་བའི་གཞི་བཅུ་བྱ་སྟེ། སྟོམ་དུ་ན། ཨ་ལ་ལ་དང་

རྗེས་སུ་ཡི་རང་སྤྱོད་པ་དང་། །རྟག་པ་དང་ནི་ལན་ཚྭ་དང་ནི་ལམ་ཆད་དང་། །སོར་མོ་གཉིས་ཀྱིས་རུང་དང་དཀྲུག་དང་གདིང་བ་དང་། །གསེར་དངུལ་བྱས་པ་འདི་ནི་བར་སྟོམ་ཡན་ལག་བསྡུས། །ཞེས་ཏེ། དེ་ཡང་གྲོང་ཁྱེར་ནོར་ཅན་ནས་དགྲ་བཅོམ་གྲགས་པ་འཁོར་ལྔ་བརྒྱ་བཅས་པ་ལ་ལྷོངས་སུ་རྒྱུ་ཞིང་། ཡངས་པ་ཅན་དུ་ཕྱིན་པས་དགེ་སློང་རྣམས་རྙེད་པ་བཀོད་པ་དང་ཐུག་སྟེ། རྙེད་པའི་སྐལ་བ་ཆེན་པོ་བྱུང་ནས་དྲིས་པས་རུང་བ་མིན་པའི་བཞི་བཅུ་སྤྱོད་པར་རིག་ནས། དེ་རྣམས་ཀྱི་རྒྱུ་ཞིང་། ཡངས་པ་ཅན་ཉེ་དུ་ཕྱིན་པས་དགེ་སློང་རྣམས་རྙེད་པ་བཀོད་པ་དང་ཐུག་སྟེ། རྙེད་པའི་སྐལ་བ་ཆེན་པོ་བྱུང་ནས་དྲིས་པས་རུང་བ་མིན་པའི་བཞི་བཅུ་སྤྱོད་པར་རིག་ནས། དེ་རྣམས་ཀྱི་མཁན་པོ་དགྲ་བཅོམ་པ་ཐམས་ཅད་འདོད་ཅན་ཕྱི་ནས་ཨ་ལ་ལའི་རུང་བ་བགྱིད་པར་རུང་ངམ། ཞེས་སྨྲས་པས། དེ་ཅི་ཡིན་ཟེར་བ་ལ། ཡངས་པ་ཅན་གྱི་དགེ་སློང་རྣམས། ཆོས་དང་མི་མཐུན་པས། ཆོས་ཀྱི་ལས་བྱས་ནས་ཨ་ལ་ལ་ཞེས་བྱ་བ་རུང་བར་བྱེད་དོ། །དེ་སྨྲས་པ། ཚེ་དང་ལྡན་པ་རུང་བ་མ་ཡིན་ནོ། །གང་དུ་བཅས་པ་བ་ཙ་དཀར་པོ། །གང་ལ་རྟེན་ནས་བཅས་དྲུག་སྡེ་ལའོ། །ལྟུང་བ་ཅིར་འགྱུར་ཉེས་བྱས། ཞེས་སྨྲས་པ་ནས་བཟུང་ནས། དེ་བཞིན་དུ་ལས་ལ་མ་འདུས་ཀྱང་། འདུན་པ་འབུལ་མི་དགོས་པར་ཡི་རང་བས་ཆོག་པ་དང་། དགེ་སློང་གིས་ས་བརྐོས་ཀྱང་ཉེས་པ་མེད་པ་དང་། ལན་ཚྭ་ཞི་སྲིད་འཚོའི་བར་དུ་བྱིན་གྱིས་བརླབས་པ་དང་། དུས་སུ་རུང་བའི་སྨན་བོས་ན་དུས་མིན་དུ་སྤྱད་དུ་རུང་བ་དང་། ལམ་ཚད་མས་འཕྱུང་བ་ལས་མ་བྱིན་པར་ཟོས་ཀྱང་འདུས་ཤིང་ཟ་བའི་ལྟུང་བ་མི་འབྱུང་བ་དང་། ཡངས་པའི་ཟས་ལ་སོར་མོ་གཉིས་ཀྱིས་རེག་པས་ལྷག་པོར་མི་དགོས་པ་དང་། ཆང་དྲོད་པར་བླུགས་པ་ལ་ཁབ་ཀྱིས་བཙགས་ནས་འཕྱུང་བས་ཉེས་པ་མེད་པ་དང་། གདིང་བ་གསུམ་པ་ལ་རྙིང་བ་ནས་སྟོན་པའི་མཐོ་གང་གིས་མ་བསྣན་ཡང་རྙིང་བ་ཡལ་བར་དོར་བའི་ཉེས་པ་མེད་པ་དང་། གསེར་དངུལ་ནི། ལྟུང་བཟེད་དྲི་ཞིམ་པོས་ཏེ། དགེ་སྐྱོང་གི་མགོ་བོའི་སྟེང་དུ་ཁྲི་འུ་སྟན་དང་བཅས་པའི་སྟེང་དུ་བཞག་ནས། ལམ་སྲང་དང་། བཞི་མདོར། ལྟུང་བཟེད་འདི་ནི་བཟང་པོ་སྟེ། འདིར་ཕྱིན་བླུགས་ན་འབྲས་བུ་ཆེན་པོར་འགྱུར། ཞེས་གསུངས་པས། གཞན་གྱི་དེར་གསེར་དངུལ་བླུགས་པ་ལ་ལོངས་སྤྱོད་ཀྱང་ཉེས་པ་མེད་པ་སྟེ་དེ་དག་ལེགས་པར་སྲུང་དབྱུང་བའི་ཕྱིར་དུ། བཀའ་བསྡུ་བ་གཉིས་པ་མཛད་ཅེས་གྲགས་སོ། །ཚུལ་འདི་རྣམས་རྒྱས་པར་ཕྲན་ཚེགས་ལས་རྟོགས་པར་བྱའོ། །གཉིས་པ་ནི་འདི་ལྟ་སྟེ། དེ་ལྟར་དག་པར་བྱས་པའི་རྗེས། །ལྷ་ཆེན་ཞེས་བྱའི་དགེ་སློང་ཞིག བསྟན་པ་འདི་ཡི་ཆོམ་རྐུན་བྱུང་། །དེ་ཡིས་རང་གི་ཕ་མ་གསད། །སློབ་དཔོན་ཡིན་པའི་དགྲ་བཅོམ་བསྒྲོངས། །མཁན་སློབ་མེད་པའི་དགེ་སློང་བྱས། །ཕྱི་ནས་དགོན་པར་བསྡད་ནས་ནི། །སྦྱིན་བདག་རྣམས་ཀྱི་དད་རྫས་ཟོས། །བླུན་པོ་རྣམས་ཀྱི་མཁན་སློབ་བྱས། །བླུན་པོ་ལོངས་སྤྱོད་ཅན་རྣམས

ཀྱིས། །འཕྲུལ་བའི་ཟས་ནོར་ཆར་བཞིན་བབས། །སྐལ་མེད་དད་ཅན་འདུས་པ་ཡི། །དགེ་འདུན་འབུམ་ཕྲག་དུ་མས་བསྐོར། །དེ་ནས་རྫུན་རླབས་ཆེན་པོ་དེས། །དགྲ་བཅོམ་ཡིན་པར་ཁས་བླངས་སོ། །འཁོར་གྱིས་རྫུ་འཕྲུལ་ཞུས་པ་ན། །རྫུ་འཕྲུལ་ཐོ་རངས་ཉམས་ཞེས་ཟེར། །རང་གི་སྡིག་པ་དྲན་པ་ཡིས། །སྙི་སྡུགས་ཆེན་པོ་བཏོན་པ་ལ། །སྡུག་བསྔལ་བདེན་པ་ཞེས་སུ་བསྒྲགས། །དེ་ལ་སོགས་པའི་རྫུན་ཚིག་གིས། །ཚོགས་པ་རྣམས་ཀྱིས་མགོ་བོ་བསྐོར། །འཕགས་པ་རྣམས་ལ་འབུལ་རྒྱུ་ཡི། །དད་རྫས་རྣམས་ཀྱང་དེ་ལ་འགྱུར། །རབ་བྱུང་བླུན་པོ་ཕལ་ཆེར་གྱིས། །དགྲ་བཅོམ་པར་ནས་དེ་ལ་འདུས། །སངས་རྒྱས་མྱ་ངན་འདས་འོག་ཏུ། །སོ་སོ་སྐྱེ་བོས་འཁོར་བསྡུས་པ། །དེ་ལས་མང་པ་མེད་ཅེས་གྲགས།དེ་ཡིས་ཆོས་ལོག་བཤད་པ་ཡིས། །རྗེས་སུ་སློབ་མ་རྣམས་འབྲངས་ནས། །འཁྲུལ་པའི་གྲུབ་མཐའ་དུ་མ་བྱུང་། །ལྷ་ཆེན་བླུན་པོ་དེ་ཤི་ནས། །སེམས་ཅན་དམྱལ་བར་གྱུར་ཞེས་གྲགས།དེ་ཡི་ལོག་པའི་ཆོས་དེ་དག དགྲ་བཅོམ་རྣམས་ཀྱི་སུན་ཕྱུངས་ནས། །བསྡུ་བ་གསུམ་པ་བྱས་ཞེས་ཐོས། །འོན་ཀྱང་དེ་ཡི་ལེ་ལན་གྱིས། །སྡེ་པ་བཅོ་བརྒྱད་རྣམས་ལ་ཡང་། །ཅུང་ཟད་བསླད་པ་ཡོད་ཅེས་གྲག མཁས་པའི་བཙུག་རྒྱན་དབྱིག་གཉེན་གྱིས། །ཡང་དག་བསྡུས་པ་བཞི་མཉམ་ཕྱིར། །མཐའ་དག་དམན་པར་རྟོགས་པ་ཡིན། །ཞེས་གསུངས་པའང་དེ་ལ་དགོངས། །དེ་ནི་ཉན་ཐོས་རྣམས་ཀྱི་ཡིན། །སྔོན་རྒྱ་གར་ལྷོ་ཕྱོགས་ཀྱི་རྒྱུད་དུ། གྲོང་ཁྱེར་ཆེན་པོ་བ་རུད་ཞེས་བྱ་བར། ཁྱིམ་བདག་ཕྱུག་པོ་ཞིག་ལ། བུ་མེད་ནས། ལྷ་ལ་གསོལ་བ་བཏབ་པས། ཟླ་བ་བཅུ་ནས་བུ་གཅིག་བཙས་ཏེ། དེའི་མིང་ལྷ་ཆེན་པོ་ཞེས་བཏགས་སོ། །དེའི་བཙས་པའི་སྔོན་མོ་རྒྱས་པར་བྱ་བའི་ཕྱིར། ཕ་དེ་རྒྱ་མཚོར་ནོར་བུ་ལེན་དུ་སོང་བས། ལམ་དུ་ལོ་བཅུ་གཉིས་ཐོགས་སོ། །དེའི་སྐབས་སུ་བུ་ཤིན་ཏུ་སྐྱེ་དྲགས་པས་ལང་མཚོར་སྨིན་ནས། །རང་གི་མལ་འདོད་ལོག་སྤྱོད་པ་ལ་ཞུགས་ཏེ། དེའི་ཚེ་མས་སླུས་པ། བུ་ཁྱོད་ང་དང་ལྷ་ཅིག་ཏུ་དགའ་ཞིང་འདུ་བར་འདོད་ན། ཁྱོད་ཀྱི་ཕ་རྒྱ་མཚོ་ལས་སླར་ལོག་ནས་སླེབ་ཏུ་ཉེ་བས། ལམ་དུ་བསྒུགས་ལ་གསོན་ཅིག་ཅེས་བསྐོས་སོ། །བུས་ཀྱང་དེ་བཞིན་དུ་བྱས་ཏེ། གསང་ནས་ལམ་དུ་ཕ་བསད་དོ། །དེ་ནས་རེ་ཞིག་གཅིག་ན་མ་དེས་སྐྱེས་པ་གཞན་ཞིག་དང་ལྷན་ཅིག་བསྟད་པས་ལྷ་ཆེན་འཁྲུགས་ནས་མ་ཡང་བསད་དོ། །དེ་ནས་རང་གི་མཆོད་གནས་དགྲ་བཅོམ་པ་གཅིག་ཡོད་པ་དེ་ལ། ཆོས་ཅི་རིགས་ཉན་ཞིང་ཡོད་པ་ལ། དེའི་མངོན་ཤེས་ཀྱིས་སྔར་གྱི་ཉེས་པ་གཞན་ལ་བསྒྲགས་པས་འཇིགས་ནས་དེ་ཡང་བཀྲོངས་སོ། །དེ་ནས་རག་ཡང་བྱ་བ་མ་ཡིན་པ་དེ་རྣམས་ལ་ཡིད་སུན། གཞི་དེར་འདུག་སྙིང་མ་འདོད་པར། ཡོ་བྱད་རྣམས་སུ་འདོད་པ་ལ་བྱིན་ཏེ། ཡུལ་དབུས་དང་ཉེ་བའི་ཕྱོགས་གཞན་ཞིག་ཏུ་ཕྱིན་པ་དང་། དེའི་ཚེ་ཡུལ་ཕྱོགས་དེར་མུ་གེ་ཆེན་པོ་བྱུང་སྟེ། ཁྱིམ་པའི་རྟེན་གྱི་འཚོ་བ་མ་རྙེད་པར། །བཙུན་པའི་

རྟེན་ལ་དད་ཅིང་འཚོ་བ་མེད་པར་མཐོང་ནས། དུར་ཁྲོད་ལ་སོགས་པ་ནས་གོས་དུར་སྨྲིག་དག་བཙལ་ཏེ། འཚོ་བ་གྲོང་དུ་བསོད་སྙོམས་བྱེད་ཅིང་། དེའི་ཚེའང་། སྔར་གྱི་རྒྱ་མཚན་ལ་བརྟེན་ནས་སྙིང་མི་དགའ་སྟེ། སྔར་གྱི་བཞིན་ལོག་ནས་བསྡད་ཙ་ན། རིམ་གྱིས་མ་ཏེ་དང་། ར་ལུག་ལ་སོགས་པ་འཚོ་བའི་རྫི་འུ་རྣམས་ཀྱིས་མཐོང་ནས། དེའི་དྲུང་དུ་ཕྱིན་པས། ལྷ་ཆེན་གྱིས་བསྒྲུང་རྫི་ལ་སོགས་པ་དེ་རྣམས་ཆོས་བཤད་ཅིང་རྣམ་པར་སྨིན་པ་དག་གདམས་སོ། །

དེ་རྣམས་ནི། འདི་ནི་ཡུལ་མི་སྡུག་པ་བསྒོམ་ཞིང་། སྙིང་ནས་ཆོས་བྱེད་པའི་སྐྱེས་བུ་དམ་པ་ཞིག་འདུག་ཟེར་ནས། དད་ཅིང་མོས་པར་གྱུར་ནས། སྒྲོ་བཏགས་པའི་སྐད་གྲགས་ཀྱིས་གྲོང་ཁྱེར་གྱི་མི་རྣམས་ལ་སྤྲད་ནས། ཐོག་མར་བུད་མེད་དང་བྱིས་པ་རྣམས་ཀྱིས་བསྙེན་བཀུར་བྱས། དེ་ནས་རིམ་གྱིས་སྐྱེ་བོ་ཕལ་པོ་ཆེ་འདུས་ཏེ། བསོད་ནམས་ཆེན་པོ་བྱུང་ངོ་། །ལྷ་ཆེན་གྱིས་ཀྱང་ཡོད་པ་བླང་ཞིང་གསོག་འཇོག་བྱས། མེད་པ་རྣམས་པོ་བྱིན་ཞིང་། ངོ་བསྲུང་དང་ཁ་བསག་ལ་སོགས་པའི་མིའི་ཆོས་ལུགས་དང་ཕྱེད་ཆེར་བསྟུན་པས། སྐྱེ་བོ་རྣམས་ན་རེ། ཆོས་དང་མི་ཆོས་གཉིས་ཀ་འཛོམ་ཞིང་ཐུགས་རྗེ་ཆེ་བའི་གང་ཟག་འདི་ལྷ་བུ་ནི། འཕགས་པ་དགྲ་བཅོམ་པ་བས་ཀྱང་ཆེས་ཁྱད་དུ་འཕགས་སོ། །ཞེས་ཟེར་ནས། མོས་ཤིང་འདུན་ལ། དེའི་ཚེ་ཐམས་ཅད་ཀྱིས་ཐམས་ཅད་ཅི་འགྱུར་པའི་ཡོན་གྱིས་མཆོད་ཅིང་། ཕྱུག་པོ་རྣམས་ཀྱིས་ཀྱང་ཕ་མས་བསགས་པའི་བང་མཛོད་ཁ་ཕྱེས་ཏེ། ཁོང་ལ་ཕུལ་བས་དེས་ཀྱང་གཞན་ལ་དགོས་པའི་མཐུན་རྐྱེན་དུ་བྱིན་ཞིང་། ཁོ་བོ་ནི་དགྲ་བཅོམ་པའོ། །ཟག་པ་མེད་པའོ། །བྱ་བ་བྱས་པའོ། །ཞེས་དེ་ཐོབ་བཞིན་དུ་མི་ཆོས་བླ་མར་གྱུར་པའི་རྫུན་གྱིས་ཀྱང་། ཐམས་ཅད་སླུས་ཤིང་མགོ་བསྐོར་བས། ཐམས་ཅད་ཀྱི་བསམ་པ་ལ་དེ་བདེན་ཡང་དག་སྙམ་ནས། དགའ་ཞིང་དད་པའི་སྒོ་ནས་དང་། ཕལ་ཆེར་ནི་འཚོ་བའི་ཕྱིར་རབ་བྱུང་ཞུས་པས་གནང་ནས་སྐྱེ་བོ་ཕལ་མོ་ཆེ་རབ་བྱུང་བྱས་འདུག་པ་དང་། དགེ་སློང་གཞན་ཡང་འཚོ་བའི་ཕྱིར་འདུས་པ་རྣམས་བསྡོམས་པས། དགེ་སློང་འབུམ་ཕྲག་དུ་མས་བསྐོར་ཏེ་གནས་སོ། །དེའི་ཚེ་རང་གི་འཁོར་རྣམས་ལ། ཆོས་ཅིང་འདུག་པའི་ཚེ། ནམ་ཐོ་རངས་ཀྱི་དུས་སྔར་བྱས་པ་བསམ་པས། སྔར་མ་ལ་འདོད་ལོག་བྱེད་པ་དང་དེའི་ཕྱིར་དུ་ཕ་བསད་པ་དང་། ཕྱིས་མ་བསད་པ་དང་། དགྲ་བཅོམ་པ་གསད་པ་དང་། རང་རྟགས་རང་གིས་བླངས་ཏེ། དད་པས་བྱིན་པ་ཆུང་གསན་པ་དང་། མི་ཆོས་བླ་མའི་རྫུན་སྨྲས་པ་དང་། སྐྱེ་བོ་དུ་མ་མགོ་རྨོངས་པར་བྱས་པའི་ངོ་བོ་དང་། ཉེས་དམིགས་དམྱལ་བའི་སྡུག་བསྔལ་དྲན་ཏེ། གློ་རྡོལ་དུ་ཀྱེ་མ་སྡུག་བསྔལ་ཞེས་ལན་གསུམ་སྨྲས་སོ། །དེའི་སྨྲས་པ་དེ། ལོགས་ན་འདུག་པའི་འཁོར་འགའ་ཞིག་གི་ཐོས་ནས། སྔ་དྲོ་ཕྱག་བྱེད་པའི་དུས་སུ་མཁན་པོ་དགྲ་བཅོམ་པ་སྡུག་བསྔལ་

ལས་ཀྲ་བ་ཡིན་ན།དེ་སྐད་སྨྲ་བའི་རྒྱུ་ཅི་ལགས་ཞེས་དྲིས་པས། ཁྱོད་ཅི་ཟེར། ཁོ་བོས་ནི་བདེན་པ་བོས་སོ། །ཁྱོད་ཀྱིས་གཞན་མ་ཐོས་སམ། ཁོ་བོས་ནི། ཀྱེ་མ་སྡུག་བསྔལ། ཀྱེ་མ་ཀུན་འབྱུང་། ཀྱེ་མ་འགོག་པ། ཞེས་སོགས་བསྒྲགས་པ་ཡིན་ནོ། །ཞེས་པས་དེ་རྣམས་དེས་མགོ་སྐོར་ངས་ཀྱང་། རྣམ་འགྱུར་གཞན་དང་གཞན་གྱིས་ཀྱང་ཐེ་ཚོམ་དུ་གྱུར་པས། གཅིག་ན་རེ་ཀཱ་ཡེ་མཁན་པོ་དགྲ་བཅོམ་པ་ལགས་ན། ཆོས་དྲིས་པ་ལ་ལན་མི་ཤེས་པ་ཅི་སྟེ་བྱུང་དྲིས་པས། དེ་ང་བས། ཤཱ་རིའི་བུ་ལྟ་བུ་ལའང་ཡོད་དེ། ཉན་ཐོས་རྣམས་ནི་སྟོན་པའི་ཕྲིན་པ་དང་འདྲ་སྟེ། སོམ་ཉི་ལས་རྒལ་བ། སྟོན་པ་ཉག་གཅིག་གོ་ཞེས་ཟེར་རོ། །དེ་ནས་ཚོགས་པ་ཐམས་ཅད་འདུས་ཏེ། མཁན་པོས་བདག་ཅག་རྣམས་ལ་རྫུ་འཕྲུལ་བསྟན་པར་ཞུ་བྱས་པས། ངའི་རྫུ་འཕྲུལ་ད་ནང་ཐོ་རངས་ཉམས་ནས་མེད་དོ་ལོ། །དེ་ལའང་ཉམས་པ་ཡོད་དམ་བྱས་པས། ཤིན་ཏུ་ཡང་ཡོད་དེ། དགྲ་བཅོམ་ཡོངས་སུ་ཉམས་པའི་ཆོས་ཅན་བྱ་བ་ཡིན་ནོ་ཞེས་སོ། །དེ་བཞིན་ཆོས་དྲིས་པའི་ལན་མ་ཐེབས་པས། དགྲ་བཅོམ་པ་མཤེས་པའི་ཆོས་ཅན་བྱ་བ་ཡིན་ནོ། །དེ་བཞིན་དུ་རྗེས་སུ་བསྲུང་བའི་ཆོས་ཅན། བདག་གསོད་པར་འགྱུར་བའི་ཆོས་ཅན། རྟོགས་པའི་བསྐལ་བ་དང་ལྡན་པའི་ཆོས་ཅན་སོགས་ཡོད་དོ་ཞེས་སོགས་ངོ་བསྟོད་དེ་སླས་ཀྱང་། དེའི་འཁོར་རྣམས་མ་རངས་སོ། །འོན་ཀྱང་འཁོར་མང་བའི་སྟོབས་ཀྱིས་ཁོ་བོའི་རྫུན་དུ་མ་ཞིག བཅོམ་ལྡན་འདས་ཀྱི་མདོའི་ཁུངས་སུ་ལྟད་ཤོར་ཞེས་གྲག་གོ། དེ་ནས་དེའི་ལོགས་པའི་ཆོས་དེ་དག་དགྲ་བཅོམ་པ་རྣམས་ཀྱིས་སུན་ཕྱུངས་ནས། སྡེ་བ་བཅོ་བརྒྱད་སངས་རྒྱས་ཀྱི་བསྟན་པ་མ་ཡིན་པར་དོགས་པོ་བསལ་བའི་ཕྱིར་དུ། སྟོན་པ་མྱ་ངན་འདས་ནས་ལོ་སུམ་བརྒྱ། ཁ་ཆེའི་ཡུལ་ཀུ་པ་ན་ཞེས་བྱ་བའི་དགོན་པར། ཛ་ལན་དྷ་རའི་རྒྱལ་པོ་ཀ་ནི་ཀས་སྦྱིན་བདག་མཛད་དོ། །སྤྱད་པ་པོ་སུར་ན་ཀ་ལ་སོགས་པ་དགྲ་བཅོམ་པ་ལྔ་བརྒྱ། བསུ་མི་ཏྲ་ལ་སོགས་པ་བྱང་ཆུབ་སེམས་དཔའ་ལྔ་བརྒྱ། སོ་སོ་སྐྱེ་བོའི་པཎྜི་ཏ་ཁྲི་དྲུག་སྟོང་དང་བཅས་པས། བསྡུ་བ་གསུམ་པ་བྱས་སོ། །ཞེས་ཐོས་སོ། །བཀའ་བསྡུ་གསུམ་པ་བྱས་ཚུལ་འདི། ཐུན་ཚོགས་ཀྱི་འགྲེལ་བ་སྔ་ཕྲེང་མ་ལས་བྱུང་ཞེས་གྲགས་ཀྱང་། ཁོ་བོས་དཔེ་ལ་རྙེད་པས་མཁས་པ་རྣམས་ཀྱིས་བརྩལ་བར་བྱའོ། །འོན་ཀྱང་དགེ་སློང་གི་མང་ཅན། ལྷ་ཆེན་པོ་དེས་བསྟན་པ་བསྣུབས་པས་དེའི་ལེ་ལན་གྱིས། སྡེ་བ་བཅོ་བརྒྱད་པོ་རྣམས་ལ་ལུང་དང་། སྤྱོད་པ་སོགས་ཅུང་ཟད་བསླད་པ་ཡོད་ཅེས་ཟེར་ཞིང་། ཁྱད་པར་དུ་ལུང་སྡེ་བཞིའི་གཞུང་བླ་མ་ནི། མ་དག་ཅེས་བསྒྲགས་ཏེ། དཔོན་པོ་དགེ་ལེགས་བཤེས་གཉེན་གྱི་སྟོན་པ་འདས་པའི་གསུངས་རབ་ལ། བྲམ་ཟེའི་རྒྱལ་པོ་ཞེས་བྱ་བ་བསྟན་པ་ལ་སྡང་བ་ཞིག་བྱུང་ནས། དེས་བསྟན་པ་ལ་གནོད་པ་མང་པོ་བྱས་པར་འགྱུར་ཏེ། མཆོད་རྟེན་དག་གཞིག དགེ་འདུན་གྱི་ཀུན་དགའ་ར་བ་དག་ཀྱང་བསྲེགས། དགེ་སློང་རྣམས་ཀྱང་བསད། སངས་

རྒྱས་ཀྱི་བཀའི་གླེགས་བམ་རྣམས་ཀྱང་ཕུང་པོར་གཅེར་ནས་བསྲེགས་སོ། །དེ་ནས་རིམ་གྱིས་དགེ་སློང་རྣམས་ཀྱིས་ཡུལ་དང་གནས་ལ་སོགས་པ་དག་ནས་སྡེ་སྣོད་གསུམ་གྱི་གླེགས་བམ་ཐམས་ཅད་བསྡུས་ཏེ། བཅོམ་བརླག་ཏུ་ཡང་དག་པར་བསྡུ་བ་བྱས་ཏེ། གཞུང་བླ་མའི་གླེགས་བམ་ནི་མ་རྙེད་དོ། །དེ་དག་གིས་འདི་ལྟར་ཁ་ཆེའི་ཡུལ་ན་དགེ་སློང་ཞིག་གཞུང་བླ་མ་འདོན་ནོ། །ཞེས་ཐོས་ནས་དེ་དག་དེའི་རི་ཁ་ཆེའི་ཡུལ་དུ་སོང་སྟེ། དེའི་འདུན་དུ་ཕྱིན་ནས་སྨྲས་པ། ཁོ་བོ་ཅག་གིས་ཁྱོད་གཞུང་བླ་མ་འདོན་ནོ་ཞེས་ཐོས་པ་གང་ཡིན་པ་དེ་ཁོ་དོན་གྱིས་ཤིག དེས་སྨྲས་པ། ཅུང་ཟད་ཅིག་ནི་དྲན། ཅུང་ཟད་ཅིག་ནི་མ་དྲན་ནོ། །དེས་ན་དེ་དག་གིས་ཇི་ལྟ་བུ་ཞིག་དྲན་པ་དེ་ཁོ་ན་བཞིན་དུ་ཁ་དོན་བྱས་སུ། དགེ་སློང་རྣམས་ཀྱིས་ཀྱང་གཞུང་བསྡུ་བར་བྱ་སྟེ། ཕྱིས་ཚིག་གིས་དོན་རྣམ་པར་དཔྱད་པའི་སྒོ་ནས་སྒྲུར་བར་བྱའོ། །སྙམ་དུ་བསམས་ནས་བྲིས་པ་ལས། འཕྲུལ་གྱི་བྱ་བས་རྣམ་པར་གཡེངས་ནས། དུས་རིང་མོ་ཞིག་གི་བར་དུ་ཇི་ལྟ་བ་བཞིན་དུ་མ་དར་རོ། །དགེ་སློང་གཞན་དག་ཀྱང་ཡུལ་གཞན་དག་ནས་གཞན་དུ་འགྲོ་བར་འགྱུར་རོ། །དེ་ཉིད་ཀྱི་ཕྱིར་ཡང་དག་པར་བསྡུས་པའི་གཞི་ཉམས་པས། གཞུང་བླ་མ་འདི་ལ་འདོན་པ་ཡང་རྣམ་པ་དུམ་ལ་དོན་ཀྱང་རྣམ་པ་དུམ་སྟེ། ཞེས་སོགས་ཏེ། དེ་ལ་སོགས་པ་བསྟན་པ་ལ་ལྟད་དུ་བྱུང་བའི་རྒྱུ་མཚན་གྱིས། མཁས་པའི་གཙུག་རྒྱན་དཔྱིག་གཉེན་གྱིས་ཡང་དག་བསྡུས་པའི་གཞི་རྣམས་ཕྱིར། །མཐའ་དག་མིན་པར་རྟོགས་པ་ཡིན། །ཞེས་གསུངས་པའང་དེ་ལ་དགོངས་སོ། །དེ་ལྟར་ན་སྔར་བཤད་དེ་རྣམས་ཀྱི་ཉན་ཐོས་རྣམས་ཀྱི་བསྟན་པ་ལ་དར་ནུབ་བྱུང་བའི་ཚུལ་བསྟན་པ་ཡིན་ནོ། །

གསུམ་པ་ནི། ཐེག་པ་ཆེན་པོའི་བསྟན་པ་ནི། །ཤིན་ཏུ་དར་བར་གྱུར་པའི་ཚེ། །ཉི་མ་བསྒྲུབ་པའི་མུ་སྟེགས་བྱེད། །སྤྲང་པོ་ཉི་མའི་དངོས་གྲུབ་ཀྱིས། །གཙུག་ལག་ཁང་རྣམས་བསྲེགས་པའི་ཚེ། །དམ་ཆོས་མངོན་པ་ལ་སོགས་པ། །སྡེ་སྣོད་ཕལ་ཆེར་བསྲེགས་ཞེས་གྲགས། །དེ་ནས་འཕགས་པ་ཐོགས་མེད་ཀྱིས། །མི་ཕམ་མགོན་ལ་གསན་ནས་ནི། ། དེ་ཡི་གཞུང་ལུགས་དར་བར་མཛད། །དེ་ཡི་རྗེས་ལ་མཁས་པ་དང་། །བླུན་པོ་རྣམས་ཀྱི་བྱེ་བྲག་གིས། །བསྟན་པའི་འཕེལ་འགྲིབ་དུ་མ་བྱུང་། །ཞེས་པ་ཐེག་པ་ཆེན་པོའི་བསྟན་པ་ལ། དར་ནུབ་བྱུང་བའི་ཚུལ་ནི། སྟོན་པ་མྱ་ངན་ལས་འདས་པའི་དུས་སུ། ཆོས་མངོན་པ་ལ་དགྲ་ལན་གསུམ་དུ་དར་ཏེ། དང་པོ་ནི་མུ་སྟེགས་པའི་སྔགས་མཁན་པོ་རྣམས་ཀྱིས། ནང་པའི་གན་དེ་སྒྲ་ལ་བརྡུགས་པས། རྒྱུད་གསུམ་ལ། ལྷ་དང་ལྷ་མིན་ཀླུ་དབང་གིས་མཆོད་པའི་དཀོན་མཆོག་གསུམ་གྱི་ཏོག་སྟེ་འདི་བརྡུངས་པས། མུ་སྟེགས་འཆལ་བའི་ཀླད་པ་རྣམ་པར་འགེམས། །ཞེས་དང་། རྟོག་ལ་འགེམས་པའི་སྒྲ་གསུམ་འབྱུང་བར་ཤེས་ནས། ཕྱི་རོལ་བ་དཔུང་དར་བས། བསྟན་པ་ལན་གསུམ་བསྣུབས་སོ། །གཉིས་པ་ཡང་མཐའ་ནས་རིམ་གྱིས་དར་ཏེ་བསྟན་པ

སོར་ཆུག་པ་ན། ཡུལ་དབུས་ཀྱི་རྒྱལ་པོ་དང་། སྟག་གཟིག་གི་རྒྱལ་པོ་གཉིས་མ་མཐོང་བའི་རོགས་པོ་བྱས་པས། སྐྱེས་ཕར་བཀུར་ཚུར་བཀུར་མང་དུ་བྱས་རེ་ཞིག་ཅིག་ན། སྟག་གཟིག་གི་རྒྱལ་པོས་ནོར་བུ་རིན་ཐང་མེད་པ། དུམ་བསྐུར་བའི་ལན་དུ། གོས་བསྒྲུབས་མེད་པ་ཐགས་ལ་རང་གྲོན་དུ་བྱས་པ་སྙིང་ཁ་ན་རི་མོ་རྫོག་པའི་རྗེས་འབྲུབ་བྱས་པ་ཅིག་བཀུར་བས། དེའི་བློན་པོ་རྣམས་ཀྱིས་བྱུར་བྱས་སོ་ཞེས་པའི་དཔེན་བཙུག་ནས། སྟག་གཟིག་གི་ཡུལ་དབུས་སུ་དམག་དྲངས་ནས་བསྟན་པ་ལན་གཅིག་ནུབ་པར་བྱས་སོ། །ཡང་མཐའ་ནས་འཕེལ་ཏེ། ཤིན་ཏུ་དར་བར་གྱུར་པའི་ཚེ་ན། ལོ་བཅུ་གཉིས་ཀྱི་བར་དུ་ཉི་མ་བསྒྲུབས་པའི་མུ་སྟེགས་བྱེད། །སྤྲང་པོ་ཉི་མའི་དངོས་གྲུབ་ཀྱིས་མིག་ནས་ཉི་མ་བདུན་བྱུང་ན། ན་ལེནྟྲ་ལ་སོགས་པའི་གཙུག་ལག་ཁང་རྣམས་བསྲེགས་པའི་ཚེ། དགེ་འདུན་དུ་མ་དང་། དམ་པའི་ཆོས་མངོན་པ་ལ་སོགས་པ་སྡེ་སྣོད་ཕལ་ཆེར་བསྲེགས་པས། དེའི་ཚེ་ན་ཐེག་ཆེན་པའི་ཆོས་མངོན་པ་གཏན་ནས་ནུབ་ཅིང་། ཕལ་པོ་ཆེ། ལང་ཀར་གཤེགས་པ། ཟླ་བ་སྒྲོན་མ། དྲན་པ་ཉེར་བཞག་ལ་སོགས་པ་གཞུང་འབུམ་ཕྲག་རེ་ཡོད་པ་དང་། དཀོན་བརྩེགས་ཆོས་ཀྱི་རྣམ་གྲངས་སྟོང་ཕྲག་བརྒྱ་ཡོད་པ་ལ་སོགས་པ་ལ། ད་ལྟ་དུམ་བུ་རེ་ལས་མེད་པའི་རྒྱུ་མཚན་དེ་ཡིན་ཞིང་། རྒྱུད་ལ་ལ་གཏན་ནས་ནུབ། ལ་ལ་དུམ་བུར་སོང་བ་ཡིན་ནོ་ཞེས་གྲགས་སོ་དེ་ནས་དེའི་རྗེས་བྲམ་ཟེ་མོ་གསལ་བའི་ཚུལ་ཁྲིམས་ཀྱི་སྲས་འཕོས་པ་ཐོགས་མེད་ཅེས་བྱ་བས། ཡུལ་དབུས་སུ་རིག་པའི་གནས་ལྔ་ལེགས་པར་སྦྱངས། ཕྱིས་ལོ་བཅུ་གཉིས་ཀྱི་བར་དུ་བྱམས་པ་བསྒྲུབས་པས་ཞལ་གཟིགས་ནས། དགའ་ལྡན་དུ་བྱོན་ཏེ། མི་ཕམ་མགོན་ལ་ཆོས་མངོན་ལ་སོགས་པའི་སྡེ་སྣོད་དུ་མ་གསན་ནས་ནི། མིའི་ཡུལ་དུ་བྱོན་ཏེ། ཐེག་པ་ཆེན་པོ་དེའི་གཞུང་དར་བར་མཛད་དོ། །དེའི་རྗེས་ལ་མཁས་པ་དང་།གླུན་པོ་དུ་མ་རྣམས་བྱུང་བའང་བྱེ་བྲག་གིས་དང་། བསོད་ནམས་དང་། ལས་ཀྱི་དབང་གིས་བསྟན་པའི་འཕེལ་འགྲིབ་དུ་མ་ཞིག་བྱུང་ངོ་། །

གཉིས་པ་བོད་དུ་བསྟན་པའི་འཕེལ་འགྲིབ་བྱུང་ཚུལ་ལ་གཉིས་ཏེ། བོད་དུ་ཇི་ལྟར་བསྒྱུར་བ། རིན་ཆེན་བཟང་པོ་སོགས་ཀྱི་དར་བར་བྱེད་པ་དང་། གནས་ཀྱི་དང་པོ་ནི། ཕྱི་ནས་གངས་རིའི་ཁྲོད་འདི་རུ། སངས་རྒྱས་བསྟན་པ་ལེགས་པར་བསྒྱུར། དེ་ནས་བསྟན་པ་དར་བའི་ཚེ། །རྒྱལ་པོ་གླང་དར་མས་བསྟན་པ་བསྣུབས། དེ་རྗེས་ཆོས་ལོག་དུ་མ་འཕེལ། །ཞེས་པ། ཕྱིས་ནས་ལྷ་ཐོ་ཐོ་རི་གཉན་གྱི་རིང་ལ་དམ་པ་ཆོས་ཀྱི་དབུ་བརྙེས་སྲོང་བཙན་སྒམ་པོའི་རིང་ལ་སྤྲོལ་བརྗོད། ཁྲི་སྲོང་ལྡེ་བཙན་གྱི་རིང་ལ་དར་ཞིང་རྒྱས་པར་མཛད་དེ། གཙུག་ལག་ཁང་མང་པོ་བཞེངས། ཀ་ཅོག་ལ་སོགས་པའི་ལོ་ཙྪ་བ་རྣམས་ཀྱིས་སངས་རྒྱས་ཀྱི་བསྟན་པ། དམ་པའི་ཆོས་ལེགས་པར་བསྒྱུར་ཞིང་། དེ་ནས་བསྟན་པ་དར་ཞིང་རྒྱས་པའི་ཚེ། རྒྱལ་པོ་ཁྲི་རལ་པ་ཅན་གྱི་རྗེས་སུ་གླང་དར་མས་བསྟན་

པ་བསྣུབས་པའི་རྗེས་ལ་ཆོས་ལོག་དུ་མ་འཕེལ། ཞེས་པ། ཕྱིས་ནས་ལྷ་ཐོ་ཐོ་རི་གཉན་གྱི་རིང་ལ་དམ་པ་ཆོས་ཀྱི་དབུ་བརྙེས། སྲོང་བཙན་སྒམ་པོའི་རིང་ལ་སྲོལ་བཏོད། ཁྲི་སྲོང་ལྡེ་བཙན་གྱི་རིང་དར་ཞིང་རྒྱས་པར་མཛད་དེ། གཙུག་ལག་ཁང་མང་པོ་བཞེངས། །ཀ་ཅོག་ལ་སོགས་པའི་ལོ་ཙཱ་བ་རྣམས་ཀྱིས་སངས་རྒྱས་ཀྱི་བསྟན་པ། དམ་པའི་ཆོས་ལེགས་པར་བསྒྱུར་ཞིང་། དེ་ནས་བསྟན་པ་དར་ཞིང་རྒྱས་པའི་ཚེ། རྒྱལ་པོ་ཁྲི་རལ་པ་ཅན་གྱི་རྗེས་སུ། གླང་དར་མས་བསྟན་པ་བསྣུབས་པའི་རྗེས་ལ་ཆོས་ལོག་དུ་མ་འཕེལ་ལོ། །གཉིས་པ་ནི། དེ་ཚེ་བླ་མ་ཡེ་ཤེས་འོད། །ཆོས་རྒྱལ་དེའི་སྐྱེས་བུའི་མཆོག རིན་ཆེན་བཟང་པོ་ཁ་ཆེ་བརྫངས། །འཇམ་པའི་དབྱངས་ཀྱི་བྱིན་རླབས་པའི། །མཁས་པ་དེ་ཡི་སྔོན་མེད་པའི། །ཆོས་རྣམས་ཕལ་ཆེར་བསྒྱུར་ཅིང་ཞུས། །ཆོས་དང་ཆོས་མིན་རྣམ་འབྱེད་པ། །ཞེས་བྱའི་བསྟན་བཅོས་མཛད་ནས་ནི། །ཆོས་ལོག་ཐམས་ཅད་ནུབ་པར་མཛད། །དེ་ཡི་སློབ་མ་ཞི་བ་འོད། དེས་ཀྱང་སྔགས་ལོག་སུན་འབྱིན་པ། །ཞེས་བྱའི་བསྟན་བཅོས་མཛད་ཅེས་ཟེར། །དེ་དག་འདས་པའི་འོག་ཏུ་ཡང་། །ཆོས་ལོག་འགའ་ཞིག་འཕེལ་བའི་རྒྱུས། །ལྷ་བཙས་ཞེས་བྱའི་ལོ་ཙཱ་བ། །དེས་ཀྱང་། ཆོས་ལོག་སུན་འབྱིན་པ། །ཞེས་བྱའི་བསྟན་བཅོས་མཛད་ནས་ནི། །ཆོས་དང་ཆོས་མིན་རྣམ་པར་ཕྱེ། །དེ་ནས་ཆོས་རྗེ་ས་སྐྱ་པ། །ཆེན་པོ་བཞུགས་པ་ཡན་ཆད་དུ། །ཆོས་ལོག་སྤྱད་པ་ཉུང་ཞེས་ཞེས་པ། དེའི་ཚེ་བསྟན་པ་ཅུང་ཟད་སོར་ཆུད་ཀྱང་། ལྟ་བ་མཐོན་པོ་བྱས་ནས། སྤྱོད་པ་ཁྱད་དུ་གསད། སྦྱོར་སྒྲོལ་ལམ་དུ་བྱེད་པ་སོགས་ཆོས་ལོག་དུ་མ་བྱུང་ནས། ལྷ་བླ་མ་ཡེ་ཤེས་འོད་ཐུགས་མ་བདེ་བར་བོད་ལ་བསྟན་པ་རྣམ་དག་ཅིག་དར་བར་བྱ་བར་དགོངས་ཏེ། མངའ་རིས་ཀྱི་བྱིས་པ་ལོ་བཅོ་ལྔ་ནས་བཅོ་བརྒྱད་ཀྱི་བར་ཐམས་ཅད་བསྡུས་ཏེ། དེའི་ནང་ནས་ཤེས་རབ་མཆོག་ཏུ་གྱུར་པ། ཉི་ཤུ་རྩ་བདུན་ལ་གསེར་མང་པོ་བསྐུར་ནས། བསྐུར་ནས་སློབ་གཉེར་ལ་ བཏང་སྟངས་སྟེ། ཁྱེད་རང་གི་མཁས་པར་སློབས། བོད་ལ་ཕན་ཐོགས་པའི་ཕན་ཐོགས་པའི་པཎྜི་ཏ་གདན་དྲངས་ཤོག སྤྱན་མ་དྲངས་ན་འདི་འདྲ་འདུ་འདུག་རྩད་ཆོད་ཤོག་ཅིག་ཅེས་སོགས། ཞལ་བསྒྲོམ་བཅུག་ནས། ཆོས་ཀྱི་རྒྱལ་པོ་དེ་ཡིས། སྐྱེས་བུའི་མཆོག་རིན་ཆེན་བཟང་པོ་སོགས་རྒྱ་གར་ཁ་ཆེ་བ་བརྫངས་པོ་ལས། ཕལ་ཆེར་བར་ཆད་དུ་སོང་། རྗེ་བོ་རིན་ཆེན་བཟང་པོ་དང་། ལོ་ཆུང་ལེགས་པའི་ཤེས་རབ་གཉིས་ཀྱིས། བོད་དུ་སླེབ་པ་ལས། འཇམ་པའི་དབྱངས་ཀྱིས་བྱིན་གྱིས་བརླབས་པའི་མཁས་པ་ཕྱིས་བོད་དུ། ལོ་དྲུག་སྒྲུབ་པ་མཛད་པས་མཆོག་གི་དངོས་གྲུབ་བརྙེས་པའི་སེམས་དཔའ་རིན་ཆེན་བཟང་པོ་དེ་ཡིས། བོད་དུ་སྔོན་མེད་པའི་ཆོས་རྣམས་ཕལ་ཆེར་བོད་དུ་བསྒྱུར་ཞིང་ཞུས་དག་མཛད་དེ། ཆོས་དང་ཆོས་མིན་རྣམ་པར་དབྱེ་བའི་བསྟན་བཅོས་མཛད་ནས་ནི། ཆོས་ལོག་ཐམས་ཅད་ནུབ་པ་མཛད་དེ། ལོ་ཙཱ་བ་རིན་ཆེན་བཟང་པོས་མཛད་པའི་སྔགས་ལོག་སུན་འབྱིན་དུ་བལྟ་བར་བྱའོ། །འདིར་

ཡི་གེ་མང་པར་དོགས་པས་དོགས་པས་མ་བྲིས་སོ། །དེའི་སློབ་མ་ཞི་བ་འོད་ཅེས་བྱ་བས་ཀྱང་སྔགས་ཡིག་སུན་འབྱིན་ཞེས་བྱ་བའི་བསྟན་བཅོས་མཛད་དེ། ཨོཾ་སྭ་སྟི་སིང་ཧཾ། བྱ་རྡངས་ཀྱི་ལོ་ཙྪ་བ་ཞི་བ་འོད། གསང་སྔགས་ཕྱི་ནང་གི་རྒྱུད་འགྲེལ་དང་། བསྒྲུབ་ཐབས་མཐའ་དག་ལ་མཁས་པའི་ཞལ་སྔ་ནས་མཛད་དེ། བོད་ཀྱི་རྒྱལ་ཁམས་ཀྱི་སངས་རྒྱས་ཀྱི་བསྟན་པ་གནས་ཤིང་། རྡོ་རྗེ་ཐེག་པ་ལ་ཞུགས་པ་རྣམས་ལ་བརྩེ་བར་དགོངས་ནས། ཆུ་ཕོ་སྤྲེའུའི་ལོ་ལ་བཀའ་ཤོག་བཏྫངས་པ། སངས་རྒྱས་ཀྱི་བཀའ་ལྟར་བཅོས་པའི་རྒྱུད་དང་འགྲེལ་པ་དང་། སྒྲུབ་ཐབས་སྔ་ཕྱི་བོད་དུ་བྱུང་བ་རྒྱ་གར་མར། མིང་བཏགས་ཤིང་། བོད་ཀྱིས་བྱས་པ་ནི་འདི་དག་སྟེ། སྔར་གྱི་དུས་སུ་ཕྱི་རྒྱུད་ངན་སོང་སྦྱོང་བའི་འགྲེལ་བ་ཆེ་ཆུང་ངམ། རྒྱན་དམ་པ་ལ་སོགས་པའི་ཚིག་ཆེ་ཆུང་ཡོད་པ་རྣམས་དང་། ཁམས་ནས་བྱུང་བ་རྣམས་ནི་མ་ནོར་བ་ཆེར་མེད། དེ་འང་འདི་དང་འཐུན་པར་སྦྱད་ན་ཀྲི་ཡའི་ཚིག་རྣམས་དང་། འགྲེལ་བ་ལྟར་བཅོས་པའི་བསྐྱེལ་རྣམས་དང་། ནང་པ་ལ་སྒྱུ་འཕྲུལ་ཀྱི་རྒྱུད་ལེའུ་བཅུ་གསུམ་པ་དང་། བཅུ་དགུ་བ་དང་། བཞི་བཅུ་པ་དང་། བརྒྱད་བཅུ་པ་དང་། ལེ་ལག་ལ་སོགས་པ་རྣམས་ནི་འདྲེས་མར་སྣང་ངོ་། །

ཟུར་ཤཱཀྱ་འབྱུང་གནས་ལ་སོགས་པའི་བྱས་པའི་གསང་སྙིང་གི་འགྲེལ་བ་སྤྱང་ག་བ་དང་། སྒྱུ་འཕྲུལ་བརྒྱད་བཅུ་བའི་འགྲེལ་བ་ལྡེ་མིག་བཅུ་དྲུག་ལ་སོགས་པ་དང་། རྡོ་རྗེ་ལས་རིམ་ལ་སོགས་པའི་སྒྲུབ་ཐབས་དང་། ཚིག་ཆེ་ཕྲན་རྣམས་དང་། དར་རྗེ་དཔལ་དུ་གྲགས་པས་བྱས་ཟེར་བའི་མདོ་ལྔ་ལ་ཟུང་ཆེ་ཆུང་གི་བྱས་པའི་འགྲེལ་བ་དང་། འཁོར་ལོ་ཏིང་རྫོགས་དང་། ཐེག་ཆེན་སྒྲོན་མ་དང་། རྣལ་འབྱོར་ལམ་རིམ་དང་། རྣལ་འབྱོར་མིག་སྒྲོན་ལ་སོགས་པའི་སྒྲུབ་ཐབས་རྩ་འགྲེལ་དང་། མྱ་ངན་ལས་འདས་པ་ཆེ་ཆུང་དང་། ཕུར་བའི་རྒྱུད་ལ་ཁྲུག་ཕྲུག་རོལ་བ་དང་། དེའི་བཤད་རྒྱུད་ཀི་ལ་ཡ་ཏན་ཏྲ་ཆེ་ཆུང་དང་། དགོངས་པ་ལུང་སྟོན། གསང་བ་གཏེར་སྦས། རྡོ་རྗེ་གསང་བ་བཀོད་པ་དང་། ཀི་ལ་ཡ་དོའི་རྒྱུད་དང་། སྟག་མོ་ཁ་གདངས། ཕག་མོ་ཁ་གདངས། གསང་ཕུར་ཁ་གདངས། ཚུབ་ནག་རོལ་པ། ཞི་སྡང་སེམས་སུ་དག་པའི་རྒྱུད་དང་། གསང་སྔགས་དྲག་གི་རྒྱུད། འགྲེལ་བ་དང་། ཚིག་ར་བཅས་པ་དང་། འཕྲོས་པའི་མན་ངག་གི་རྒྱུད་ལྟ་ཟེར་ཏེ། ཆགས་རྒྱུད་དང་། གཤིན་རྗེའི་བསྐྱེལ་རྣམས་དང་། གཞན་ཡང་བསྔབས་སངས་རྒྱས་རིན་པོ་ཆེས་བྱས་པའི། དཔལ་ཁྲོ་བོའི་རྒྱུད་ལ་སོགས་པ་རྒྱུད་ཀྱི་རྒྱལ་པོ་དྲུག་དང་། བདུད་རྩི་བམ་པོ་བརྒྱད་པ་ལ་སོགས་པ་སྒྲུབ་ཐབས་ཀྱི་རྒྱུད་དང་། ཡང་བསྔབས་ཀྱིས་བྱས་པའི་རྫོགས་ཆེན་ནམ་མཁའ་ཆེའི་འགྲེལ་བ་རིན་ཆེན་ཉི་མ་ལ་སོགས་མན་ངག་ཏུ་གསོལ་བ་དང་། གནོད་སྦྱིན་གྱི་རྒྱུད་རག་ཏི་དང་། ལྷུགས་ཕྱི་འབར་བ་དང་། ནག་པོའི་རྒྱུད་དགུ་དང་། ཨུ་ཙཏྟ་མ་དང་། འདྲ་མེད་བོང་ལྟོ་ལ་སོགས་པ་ཚིག་དཔག་ཏུ་མེད་པ་དང་། ཨ་ཙཏྟ་མ་ལ་མ་ཏྲིས་བསྒྱུར་བའི་སེམས་ཕྱོགས་ཀྱི་འགྲུ་བཅུ་གསུམ་ལ།

རྨད་དུ་བྱུང་བའི་ལེའུ་བཞི་བཅུ་ཞེ་གཉིས་དང་།བྱང་ཆུབ་སེམས་སྟེ་དང་། འབྲུམས་རིན་པོ་ཆེ་དང་། ལྟ་བ་བཏལ་ནག་ལ་སོགས་པའི་འགྲེལ་པ་དང་། ས་སྦྱོད་ཡིག་ཆུང་དང་བཅས་དང་། ཉང་སྟོད་ཁྲོ་གདངས་སུ་དྲུང་ཤག་ཚུལ་གྱིས་བརྩམས་པའི་སེམས་སྡེ་བཅོ་བརྒྱད་ཀྱི་རྒྱུད་རྣམས་ལ། ཀུན་བྱེད་རྒྱལ་པོ་དང་། མདོད་བཅུ་གསང་བ་དང་། ཡེ་ཤེས་གསང་བ་ལ་སོགས་པ་དང་། འགྲེལ་བ་དང་། ས་བཅད་དང་། དབང་བསྐུར་གྱི་ཡི་གེ་དང་། བསྒོམ་པའི་མན་ངག་དང་། སེམས་ཉམས་ཀྱི་མན་ངག་དང་། སྲིད་པའི་ལུང་བརྒྱད། མ་མོའི་རྒྱུད་ལུང་ལ་སོགས་པ་མ་མོའི་ཆོས་ཐམས་ཅད་དང་།གཞན་ཡང་རྒྱལ་པོའི་ཆོས་ལྔ་ལ་སོགས་ཏེ་རྒྱུད་དང་འགྲེལ་བ་དང་། མན་ངག་དང་། ཚོགར་མི་གཏགས་པ་དཔག་ཏུ་མེད་དོ། །

ཕྱིས་སར་དུ་བྱུང་བའི་རྒྱུད་དང་འགྲེལ་བ་དང་། མན་ངག་དང་། སྒྲུབ་ཐབས་ལ། ཨ་ཙཪྻ་དམར་པོས་བྱས་པའི་ཕྱག་རྒྱ་ཆེན་པོ་ཐིག་ལེ་དང་། གསང་ཆེན་ཐིག་ལེ་དང་། ཡེ་ཤེས་སྙིང་པོའི་རྒྱུད་དང་། དེ་དག་གི་འགྲེལ་བ་དང་། ཆར་ཡང་རྣམ་གསུམ་དང་། རིན་ཆེན་སྙེ་མ་དང་། རིན་ཆེན་ཐིགས་པ་དང་། རིན་ཆེན་ཕྲེང་བ་དང་། །དབང་གི་མན་ངག་ལ་སོགས་པ། སྒྲུབ་ཐབས་མང་པོ་དང་། དབང་རིན་ཆེན་འཁོར་ལོ་ལ་སོགས་པའི་མན་ངག་རྒྱལ་པོ། ཨིན་ཏྲ་བྷཱུ་ཏིས་མཛད་ཟེར་བ་དང་། སྒྲོན་གསལ་གྱི་ཊཱི་ཀ་ཛྙཱ་ཤྲམ་དང་། རིམ་ལྔའི་འགྲེལ་པ་སློབ་དཔོན་ཀླུའི་བྱང་ཆུབ་ཀྱིས་མཛད་ཟེར་བ་དང་། ཀུན་རིག་རྩ་བའི་དཀྱིལ་འཁོར་གྱི་ཆོག་གསར་མ་ལེའུ་ཉི་ཤུ་རྩ་བཞི་པའི་འགྲེལ་པ་དང་། མན་ངག་དང་། དེའི་སྒྲུབ་ཐབས་དང་བཅས་པ་དང་།ཨུ་རྒྱན་གྱི་ཡུལ་ནས་སེམས་ཕྱོགས་ཀྱི་ཆོས་འབྱུང་ཟེར་རོ། །ནམ་མཁའ་ཆེའི་རྒྱུད་འགྲེལ་དང་བཅས་པ་དང་། དེའི་བཤད་རྒྱུད་དང་། གླང་དཔལ་གྱི་ཡེ་ཤེས་ཀྱིས་བསྒྱུར་བའི་ཕྱག་ན་རྡོ་རྗེ་གོས་སྔོན་ཅན་གྱིས་རྒྱུད་དང་། འགྲེལ་བ་དང་། སྒྲུབ་ཐབས་དང་། དཀྱིལ་འཁོར་གྱི་ཆོ་ག་དང་། སྒྲུབ་ཐབས་ཛྙཱ་ཤྲ་མ་ཆེ་ཆུང་ལ་སོགས་པ་དཔག་ཏུ་མེད་པ་དང་། པཎྜི་ཏ་མི་ཏྲི་པའི་ཆོས་ལ། རིན་པོ་ཆེའི་ཕྲེང་བ་དང་། ནཱ་གརྫུ་ནས་མཛད་ཟེར་བའི་ཕྱག་རྒྱ་བཞི་བ་དང་། ཕྱག་རྒྱ་ལྔ་བ་དང་། བདེ་རྣམ་པར་ངེས་བ་རྩ་འགྲེལ་དང་བཅས་པ་དང་། ཕྱག་རྒྱ་བཞི་པའི་མན་ངག་དང་། སེམས་འཛིན་རྣམས་དང་། རྣལ་འབྱོར་མའི་བྱིན་རླབས་རྣམས་དང་། རྡོ་རྗེ་ཕག་མོའི་བྱིན་རླབས་དང་། མན་ངག་གསེར་ཕྲེང་ལ་སོགས་པ་དོ་ཧ་ཀོང་ཤའི་གླུ་ལ་བསླད་པ་དང་། བལ་པོ་ཤི་རི་སི་ཧའི་གླུ་ལ་བསླད་པ་ལ་སོགས་པ་རྡོ་རྗེ་འདའ་ཀ་མ་ཅིག་ཀྱང་མེད་དོ། །འདི་རྣམས་ཡང་། ཡང་དག་པའི་ལམ་མ་ཡིན་ཞིང་། བླ་མེད་བྱང་ཆུབ་ཐོབ་པར་མི་འགྱུར་བས་སྐྱབས་གནས་དང་ལམ་དུ་སུས་ཀྱང་བྱར་མི་རུང་ངོ། ། རབ་ཏུ་བྱུང་བ་རྣམས་ཀྱིས་འདུལ་བ་བཞིན་བསྲུང་ཞིང་། བཀའ་གསང་སྔགས་ཞུགས་པ་དང་། མོས་པ་རྣམས་ཀྱིས་ཀྱང་འདུལ་བ་ལ་བརྟེན་ལ་དེ་དང་མི་

འགལ་བར། ཀྲི་ཡ་དང་། སྤྱོད་རྒྱུད་དང་། ཡོ་ག་དང་། གསང་འདུས་ལ་སོགས་པའི་བར་ལ་དམ་ཚིག་མ་ཉམས་པར་བྱས་འབད་དོ། །ཤེས་རབ་ཀྱི་རྒྱུད་ནི་མཆོག་ཏུ་གྱུར་པ་ཡིན་ཡང་། དགོངས་པ་ཅན་གྱི་ཚིག་དོན་མ་ཤེས་ནས། རབ་བྱུང་བསླབ་པ་དང་བྲལ་བ་མང་བས་མ་བྱས་ཀྱང་འགལ་བ་མེད་པ་ཙམ། ཁྱད་པར་དུ་འང་རྫོགས་པ་ཆེན་པོ་ནི་ལྷ་བ་མུ་སྟེགས་ཀྱི་རིམ་པ་དང་འདྲེག་པས། འདི་བྱས་ན་ངན་སོང་གི་ལམ་དུ་འགྲོ་བར་འགྱུར་ཞིང་། བླ་ན་མེད་པའི་བྱང་ཆུབ་ཏུ་གེགས་བྱེད་པས། རྣམ་པ་ཐམས་ཅད་དུ་བྱར་མི་རུང་ངོ་། །བོད་ཀྱིས་བྱས་པའི་སྔགས་དང་ཡི་གེ་ལ་མི་གཡོ་བའི་སྔགས་ལ་རྟེན་ནས། ཕྱག་ན་རྡོ་རྗེའི་སྒྲུབ་ཐབས་ཡིན་ཟེར་བ་དང་། གནོད་སྦྱིན་ལག་ན་རྡོ་རྗེའི་སྔགས་ལ་བརྟེན་ནས། བཅོམ་ལྡན་འདས་ཕྱག་ན་རྡོ་རྗེའི་སྒྲུབ་ཐབས་དང་། མན་ངག་ཡིན་ཟེར་བ་དང་། གཉན་ཨཙ་དཔལ་དབྱངས་ཀྱིས་བྱས་པའི་སྒྲོན་མ་རྣམས་དྲུག་དང་། །གཏོར་མ་དང་ཕྲིན་ལས་དང་། མན་ངག་ཏུ་བྱས་པ་དང་། གཞན་ཡང་བོད་ཀྱིས་བྱས་པའི་སྒྲུབ་ཐབས་མང་དུ་ཡོད་པས་བློ་གཏད་དུ་མི་ཐུབ། འཁོར་བ་ངན་སོང་གི་ལམ་ཡིན་ནོ། །བཀའ་བསྡུམས་ཀྱི་ཆོས་རྒྱུན་དུ་གྲགས་པ་རྣམས་ཀྱིས། ཆོས་ལོག་འདི་རྣམས་སུ་མི་བླང་ངོ་། །ཕོ་བྲང་ཞི་བ་འོད་ཀྱིས་བོད་ཀྱི་ཆོས་པ་རྣམས་ལ་ཕྲིན་དུ་བཏང་བའོ།། །།

པུ་ཧྲངས་ཀྱི་རྒྱ་པོ་ལྷ་བླ་མའི་ཞལ་སྔ་ནས། བོད་ཀྱི་ཡུལ་དབུས་ཀྱིས་ཆོས་པ་རྣམས་ལ་བཏང་བ། གཉེན་པོ་མཛད་ཅིང་ལྷ་བ་སྲུང་བར་ཞུ། འོ་སྐོལ་མི་འཇེད་ལྷོའི་འཛམ་གླིང་འདིར། །སྟོན་པ་ཤཱཀྱ་ཐུབ་པ་སྐུ་བལྟམས་ཏེ། །བརྒྱད་ཁྲི་བཞི་སྟོང་ཉོན་མོངས་གཉེན་པོ་རུ། །སྡེ་སྣོད་གསུམ་ལ་བརྒྱ་ཁྲི་བཞི་སྟོང་གསུངས། །རྒྱུ་དང་གཉེན་པོ་དོན་དུ་གསུངས་པ་ནི། །མི་དགེ་བཅུ་དང་མཚམས་མེད་རྣམ་པ་ལྔ། །དེ་ལས་ཟློག་པའི་ཆོས་ནི་རྒྱུ་འབྲས་དོན། །བདེན་བཞིའི་སྐོར་ཞུགས་ཉིས་བརྒྱ་ལྔ་བཅུ་གསུངས། །མཐོང་དང་སྒོམ་ལའང་ཉོན་མོངས་བརྒྱ་བཅུ་གཅིག ཉན་ཐོས་ཐེག་པར་ཉི་མའི་གཉེན་གྱིས་གསུངས། །ཕྱི་ནང་ཆོས་རྣམས་རྟེན་འབྲེལ་བཅུ་གཉིས་སུ། །རྟོགས་ནས་རང་གི་བྱང་ཆུབ་རིམ་གྱིས་བསྒྲུབས། །ཡ་མ་ཟུང་གི་རྫུ་འཕྲུལ་མཐུ་ལྡན་པ། །རང་རྒྱལ་ཐེག་པར་འགྲོ་བའི་མགོན་པོས་བསྟན། །བདེན་པ་གཉིས་ཀྱི་འགྲོ་བའི་དོན་མཛད་ཅིང་། །ཕྱི་ནང་ཆོས་རྣམས་སྟོང་པའི་ངོ་བོར་མཁྱེན། །ཕྱི་རོལ་ཕྱིན་རྣམས་རིམ་གྱིས་རྫོགས་མཛད་པ། །བླ་ན་མེད་པའི་ཐེག་པར་སྟོན་པས་གསུངས། །གྲོང་ན་གནས་པའི་མཁན་པོ་སྔགས་པ་རྣམས། །ཐེག་པ་དེ་གསུམ་གང་དང་འབྲེལ་མེད་པར། །ངེད་ཅག་ཐེག་པ་ཆེན་པོ་ཡིན་ཞེས་ཟེར། །སྤྱང་པོ་རྒྱལ་པོ་ཡིན་ཞེས་ཟེར་དང་འདྲ། །ཐེག་ཆེན་མིན་པར་ཐེག་ཆེན་ཁས་འཆེ་བ། །བོང་བུ་སེང་གེའི་ལྤགས་པ་གྱོན་པ་འདྲ། །གཟུང་འཛིན་གཉིས་སྤྱངས་ཚོགས་ཆེན་གཉིས་རྫོགས་པའི། །ས་བཅུའི་རྒྱལ་ཚབ་འཕགས་པ་བྱམས་པས་ཀྱང་། ཤེས་བྱའི་སྒྲིབ་པ་ད་དུང་མ་བྱང་ན། །དེ་བས་སྐིམས་པའི་

སེམས་ཅན་འཕགས་སམ་ཅི། །འདོད་ལྷ་བུ་སྨན་རྫས་ནས་མ་ཐར་བར། །ཆོས་ཀྱི་སྐུ་ཡིན་ཟེར་བ་ཡ་མཚར་ཆེ། ། མི་དགེ་བཅུ་སྤྱོད་ཁྱི་ཕག་བརྟུལ་ཞུགས་ཅན། །མུ་སྟེགས་འབའ་འཛེ་བ་ཡི་ཆོས་སྤྱོད་ཁྱོད། །དེད་ཅག་སངས་རྒྱས་ཡིན་ཞེས་ཟེར་བ་ནི། །བདུད་ཀྱིས་བསླུས་སམ་ཡང་ན་སྨྱོ་བར་ངེས། །གནའ་སྔོན་བོད་ཡུལ་དབུས་སུ་ཆོས་བྱུང་བས། །ངན་སོང་སྒོ་སྤྱོད་ཐར་པའི་ལམ་སྟོན་པ། །སྡེ་སྣོད་རིན་ཆེན་གསུམ་པོ་དར་ཞིང་རྒྱས། །སྔོན་གྱི་རྒྱལ་པོ་བྱང་ཆུབ་སེམས་དཔའ་ཡིས། །བཀའ་དང་བསྟན་ནས་ཆོས་ལོག་འདི་བཀག་སྟེ། །ཀུན་གྱི་ལྷ་ཕྲེང་མཐོ་རིས་སྒོ་ཕྱེ་ནས། །སེམས་ཅན་མང་པོ་བླ་མེད་ལམ་དུ་བཙུད། །ད་ལྟ་ལས་ཟད་རྒྱལ་པོ་ཁྲིམས་ཉམས་པས། །སེམས་ཅན་མང་པོ་ལོག་པར་བསླུས་པ་འདྲ། །ལྟ་ལོག་ཕྱིན་ཅི་ལོག་གི་སར་ཐོགས་པས། །ཆོས་པར་མིང་བཏགས་སྔགས་ལོག་བོད་དུ་དར། །དེ་ཡིས་རྒྱལ་ཁྲིམས་ཕྱུང་སྟེ་འདི་ལྟར་གྱུར། །སྒྲོལ་བ་དར་བས་ར་ལུག་ཉལ་ཐག་སྤྱད། །སྦྱོར་བ་དར་བས་མི་རིགས་འཚོལ་བར་འདྲེས། །སྨན་སྒྲུབ་དར་བས་ཁྱི་ཕག་འཚོ་བ་བརྩད། །བོན་སྒྲུབ་དར་བས་དུར་ས་མཆོད་པ་སྟོང་། །མཆོད་སྒྲུབ་དར་བས་མི་ལ་གསོད་སྒྲོལ་བྱུང་། །ཤ་ཟ་མཆོད་པ་མི་ནད་ཕྱུགས་ནད་བྱུང་། །མི་བསྲུང་བཏང་བས་ཡུལ་གྱི་ཧ་ཀླུ་འབབས། །དེ་ལྟར་སྤྱོད་པ་ཐེག་ཆེན་ཡིན་ནམ་ཅི། །གྲོང་གི་མཁན་པོ་སྔགས་པའི་སྤྱོད་ཡུལ་འདི། །གཞན་དུ་ཐོས་ན་བཞད་གད་ངོ་ཚའི་རྒྱུ། །སངས་རྒྱས་ཡིན་ཞེས་ཟེར་བའི་སྤྱོད་པ་ནི། །ལས་ཀྱི་སྲིན་པོ་བས་ནི་སྙིང་རྗེ་ཆུང་། །ཁྲ་དང་སྤྱང་ཁུ་བས་ནི་ཤ་དང་ཆེ། །བོང་རེ་གླང་རེང་བས་ནི་འདོད་ཆགས་ཆེ། །ཁང་རུལ་སྦུར་གོག་པས་ནི་སྐྱུར་དད་ཆེ། །ཁྱི་དང་ཕག་པ་བས་ནི་གཙང་བཙོག་ཆུང་། ། གཙང་མ་རིག་ལ་དྲི་ཆེན་རག་ཏ་དང་། །དྲི་ཆུ་ཁུ་ཆུ་ཁྲག་གི་མཆོད་ཕུལ་བས། །རོ་མྱགས་འདམ་དུ་སྐྱེ་བ་སྙིང་རེ་རྗེ། །སྡེ་གནོད་གསུམ་གྱི་ཆོས་ལ་སྐུར་བཏབ་པས། །མནར་མེད་དམྱལ་བར་སྐྱེ་བ་སྙིང་རེ་རྗེ། །སྒྲོལ་བས་སྲོག་ཆགས་གསད་པའི་རྣམ་སྨིན་གྱིས། །ལས་ཀྱི་སྲིན་པོར་སྐྱེ་བོ་ཐེག་ཆེན་པ། །སྦྱོར་བས་འདོད་ཆགས་སྤྱད་པའི་རྣམ་སྨིན་གྱིས། །མངལ་གྱི་སྲིན་བུར་སྐྱེ་བོ་ཐེག་ཆེན་པ། །ཤ་ཁྲག་གཅིག་གིས་དཀོན་མཆོག་གསུམ་མཆོད་པས། །བཤང་ལྕིའི་འབུ་རུ་སྐྱེ་བོ་ཐེག་ཆེན་པ། །ལྡེམ་དགོངས་མ་ཤེས་དྲང་ཐད་ཆོས་སྤྱད་པས། །གནོད་སྦྱིན་སྲིན་པོར་སྐྱེ་བོ་ཐེག་ཆེན་པོ། །དེ་ལྟར་སྤྱོད་པའི་སངས་རྒྱས་ཨ་རེ་མཚར། །ཁྱེད་ཀྱི་སྤྱོད་པ་འདི་འདྲ་འཚང་རྒྱ་ན། །རྔོན་པ་ཉེ་བ་ཤན་པ་སྨད་འཚོང་མ། །གཅིག་ཀྱང་མ་ལུས་བྱང་ཆུབ་ཐོབ་པར་ངེས། །ཁྱེད་ཅག་གྲོང་གི་མཁན་པོ་སྔགས་པ་རྣམས། །དེད་ཅག་ཐེག་ཆེན་ཡིན་ཞེས་མ་ཟེར་བར། །ཕྱིན་ཅི་ལོག་གི་ལྟ་བ་འདི་སྤོངས་ལ། །མ་ནོར་དྲི་མེད་སྡེ་སྣོད་གསུམ་པོ་སྤྱོད། །སྔར་སྤྱད་མི་དགེ་བཅུ་སྤྱང་མཐོལ་བཤགས་གྱིས། །དེ་ལྟར་མ་བྱས་ཆོས་ལོག་འདི་སྤྱད་ན། ། ལས་ཀྱི་རྣམ་པར་སྨིན་པས་མི་སླུ་སྟེ། །སྟོན་པའི་ཞལ་ནས་གསུངས་པའི་བཀའ་དག་ལས། །ཆོས་ཉིད་སྟོང་པ

ཡིན་པར་བདེན་མེད་ཀྱི། །ལས་ཀྱི་རྣམ་པར་སྨིན་པ་ཡིད་ཆེས་བྱོས། །ལས་རྣམས་མ་བསླུ་རང་གི་ཕྱི་བཞིན་འབྲང་། །འབྱུང་བ་བཞི་ལ་སྨིན་པར་མི་འགྱུར་བས། །ངན་སོང་གསུམ་གྱི་སྡུག་བསྔལ་མི་བཟོད་པས། །སྤྱོད་ངན་འདི་སྤོངས་སྡེ་སྣོད་གསུམ་ལ་སྤྱོད། །ཐེག་པ་ཆེན་པོར་སྨིན་གྲོལ་འདོད་པ་རྣམས། །ཚོགས་གཉིས་བསོག་ལ་བཟུང་འཛིན་རྣམ་གཉིས་སྤོང་། །སྦྱིན་པ་ལ་སོགས་ཕ་རོལ་ཕྱིན་བཅུ་སྤྱོད། །བྱང་ཆུབ་སེམས་དཔའ་སྤྱོད་པ་མཐའ་དག་བསྒྲུབས། །བྱམས་དང་སྙིང་རྗེས་འགྲོ་དོན་རྫོགས་པར་གྱིས། །དེ་ལྟར་སྤྱོད་པ་ཐེག་པ་ཆེན་པོ་ཡིན། །ཁྱེད་ཅག་འབའ་འཇི་རྣམས་ལ་བསྒྲུར་བ་འདི། །ཐེག་ཆེན་སྤྱོད་པ་མ་བོར་མཉེས་པར་གྱིས། །གཏི་མུག་མུན་པའི་ཚོགས་ཀྱིས་ཤེས་རབ་རྨོངས། །འདོད་ཆགས་རྒྱ་མཚོའི་འདམ་དུ་རྣམ་ཤེས་བྱིང་། །ང་རྒྱལ་ཆེན་པོའི་རི་བོ་ངན་འགྲོར་མནན། །ཕྲག་དོག་རླུང་དམར་འཚུབ་མས་འཁོར་བར་གཡེངས། །བདག་ཏུ་འཛིན་པའི་མདུད་པ་དམ་པོས་བཅིངས། །ཐར་པ་ཐོབ་པ་དཀའ་མོར་མི་མཆིའམ། །ཡུ་རུངས་ཀྱི་ནི་རྒྱལ་པོ་ལྷ་བླ་མས། བོད་ཀྱི་སྡིགས་པ་རྣམས་ལ་བརྫངས་བ་རྫོགས་སོ། །དེ་དག་གནས་འདས་པའི་འོག་ཏུ་ཡང་ཆོས་ལོག་འགའ་ཞིག་འཕེལ་བའི་རྒྱུས། མགོས་ཁུག་པ་ལྷ་བཙས་ཞེས་བྱ་བའི་ལོ་ཙཱ་བ་དེས་ཀྱང་། ཆོས་ལོག་སུན་འབྱིན་ཞེས་བྱ་བའི་བསྟན་བཅོས་མཛད་ནས་ནི།ཆོས་དང་ཆོས་མིན་རྣམ་པར་ཕྱེས་ཏེ། མགོས་ཁུག་པ་ལྷ་བཙས་ཀྱིས། བོད་ཀྱི་ཆོས་པ་རྣམས་ལ་སྤྲིངས་པ། བསྐལ་པ་བཟང་པོ་འདི་ལ་དུས་བཞི་ལས། བདེ་བར་གཤེགས་པ་འཁོར་བ་འཇིག་འཇིག་རྟེན་དུ་བྱོན་པའི་དུས་སུ། སེམས་ཅན་ཐམས་ཅད་མ་བསླབས་པར་དགེ་བ་བཅུ་རང་གི་ངང་གིས་རྫོགས་པར་ལྡན་པས་རྫོགས་ལྡན་ཞེས་བྱའོ། །

དེ་ནས་བར་བསྐལ་གཉིས་པ། བདེ་བར་གཤེགས་པ་གསེར་ཐུབ་བྱོན་པའི་དུས་སུ། དགེ་བ་བཅུ་ལ་སྲོག་གཅོད་ཚིག་རྩུབ་གནོད་སེམས་གསུམ་སྤོང་བས་གསུམ་ལྡན་ཞེས་བྱའོ། །དེ་ནས་བར་གྱི་བསྐལ་པ་གསུམ་པ་ལ། འོད་སྲུང་བྱོན་པའི་དུས་སུ། སེམས་ཅན་རྣམས་ཀྱི་སྲོག་གཅོད་ཚིག་རྩུབ་གཉིས་སྤོང་བས་གཉིས་ལྡན་ཞེས་བྱའོ། །དེ་ཕན་ཆད་དུ་ཕ་རོལ་ཏུ་ཕྱིན་པའི་ཆོས་གསུངས། འབྲས་བུ་བྱང་ཆུབ་གསུམ་ལ་བཀོད་པ་ཡིན། དེ་ནས་སངས་རྒྱས་ཤཱཀྱ་ཐུབ་པ་བྱོན་པའི་དུས་སུ་སྙིགས་མ་ལྔ་བདོ། མི་དགེ་བ་བཅུ་སྤྱོད་པས་རྩོད་ལྡན་ཞེས་བྱའོ། །དེའི་དུས་སུ་གསང་སྔགས་སྔོན་མ་ལྔ་བུའི་ཆོས་བྱུང་སྟེ། བྱ་རྒྱུད་དང་། སྤྱོད་རྒྱུད་དང་། རྣལ་འབྱོར་རྒྱུད་དང་གསུམ་གསུངས། དེ་ནས་ཕྱག་ན་རྡོ་རྗེ་ལུང་བསྟན་ནས། ཨུ་རྒྱན་གྱི་རིལ་ཐབས་རྒྱུད་དང་། ཤེས་རབ་ཀྱི་རྒྱུད་གསུངས་སོ། །ཞེས་ཁ་ཅིག་ཟེར། ལ་ལ་ན་རེ། སངས་རྒྱས་གཤེགས་ནས་ལོ་བརྒྱད་དང་བཅུ་གཉིས་ནས། རྣལ་འབྱོར་ཆེན་པོའི་རྒྱུད་གསུངས་ཟེར་ཏེ། པཎྜི་ཏ་ཐམས་ཅད་ལ་དྲིས་བས་མི་བདེན་གསུང་། དེ་ནས་རིམ་གྱིས་བོད་

ཀྱི་རྒྱལ་བློན་བྱང་ཆུབ་སེམས་དཔའ་རྣམས་ཀྱི་སྐུ་རིང་ལ། ལོ་ཙྪ་བ་རྣམས་ཀྱིས་སྡེ་སྣོད་གསུམ་གྱི་ཆོས་གསུམ་དག རྒྱུད་སྡེ་གསུམ་བསྒྱུར་ཅིང་ཞུས་ཏེ་གཏན་ལ་ཕབ་པ་ཡིན་ནོ། །དེ་ནས་མི་རབས་གཅིག་ནས་ལོ་ཙྪ་བ་སྐ་བ་དཔལ་བརྩེགས་དང་། ལྕེ་བཀྲ་ཤིས་དཔལ་གྱིས། དཔལ་གསང་བ་འདུས་པ་དང་ཟླ་གསང་ཐིག་ལེ། སངས་རྒྱས་མཉམ་སྦྱོར། སྒྱུ་འཕྲུལ་དྲ་བ་རྣམས་བསྒྱུར་ཏོ། །དེ་རྣམས་ནི་བཀའ་དྲིམ་མེད་པ་ཡིན་ནོ། །

དེ་ནས་དུས་ཕྱིས་ མྱ་རིན་ཆེན་མཆོག་གིས་གསང་བ་སྙིང་པོ་བརྙམས་སོ། །དེའི་ཁ་བསྐོང་དུ་སྒྱུ་འཕྲུལ་ལེ་ལག་བརྩམས་པ། རྒྱལ་བློན་གྱིས་ནས། བཀའ་ཆད་དབབ་པར་བྱས་པས་ལོ་བཅུར་མ་རྙེད་སྐད། དུས་ཕྱིས་གཙང་གི་ཉད་རོང་རིགས་དེ་ལ་བརྟེན་ནས་ཟུར་ཆེ་ཆུང་གིས་གསང་བ། སྙིང་པོའི་འགྲེལ་བ་དང་། དཀྱིལ་ཆོག་དང་། སྒྲུབ་ཐབས་མང་པོ་རང་བཟོར་སྦྱར་རོ། །སྒྱུ་འཕྲུལ་གྱི་ཆོས། དེ་དག་ཐམས་ཅད་ཆོས་ལོག་དྲི་མ་ཅན་བོད་ཀྱི་རང་བཟོ་ཡིན་ནོ། །རྒྱལ་པོ་ཁྲི་སྲོང་ལྡེ་བཙན་གྱི་རིང་ལ། བཻ་རོ་ཙ་ནས་རྒྱ་གར་ནས་ཁྱུངས་བཙལ་བས། སེམས་ཕྱོགས་ལ་སོགས་ནམ་མཁའ་ཆེ་དང་། སྐུ་ལ་འཇུག་པ་དང་། རྩལ་ཆེན་དང་། རྫོགས་པ་སྤྱི་སྤྱོད། རིག་པའི་ཁུ་བྱུག་དང་ལྔ་བརྩམས། རྒྱལ་བློན་གྱིས་རིག་ནས་ཚ་བ་རོང་དུ་སྤྱུགས་སོ། །གནུབས་སངས་རྒྱས་རིན་པོ་ཆེས་རྒྱ་གར་ནས་ཇྙཱན་གྱི་ཁུངས་སྦྱར་ནས། མྱད་དུ་བྱུང་པ་ལ་སོགས་པའི་ཆོས་བཅུ་གསུམ་བྱས་སོ། །སྤར་གྱི་ལྔ་བསྟན་པས་བཅོ་བརྒྱད། སེམས་ལུང་ཆེན་མོ་དང་ཀུན་བོད་ཀྱིས་བྱས་པའི་དྲི་མ་ཅན་ཡིན་ནོ། །ཨ་རོ་ཡེ་ཤེས་འབྱུང་གནས་ཀྱི་བྱས་པའི་སེམས་ཕྱོགས་ལྔའི་འགྲེལ་བ་དང་། སེམས་ཉམས་ཆེ་ཆུང་དང་། དར་རྗེ་དཔལ་པའི་དགོངས་འདུས་དང་།ཀུན་འདུས་རྒྱལ་པོའི་ཆོས་ལྔ་སྡེ་དྲི་མ་ཅན་ཡིན་ནོ། །ཡང་གནུབས་སངས་རྒྱས་རིན་པོ་ཆེས་ཀི་ལ་བཅུའི་རྒྱུད་བརྩམས་སོ། །དེ་ལ་བརྟེན་ནས་བོད་རྣམས་ཀྱིས་ཆོས་ལོག་དྲི་མ་ཅན་བསམ་གྱིས་མི་ཁྱབ་པ་བྱས་སོ། །དེ་དག་ཐམས་ཅད་རྒྱ་གར་ན་མེད་ཅིང་། པཎྜི་ཏ་མང་པོ་ལ་དྲིས་ཏེ་ཆོས་ནོར་པ་ཡིན་གསུངས་སོ། །གཞན་ཡང་གནུབས་སངས་རྒྱས་རིན་པོ་ཆེས་ཕྲ་ཁོད་ཀྱི་རྒྱུད་དྲྭ་བ་གཤིན་རྗེའི་རྒྱུད་བརྩམས་སོ། །ཡང་ཞི་ཁྲོ་ལ་ར་ཏྣ་ལའི་གཟའ་རྒྱུད་ཆེ་ཆུང་དང་། གདོང་མོ་ཆུ་འཁྲུག་ལ་སོགས་པའི་ཆོས་མང་པོ་བརྩམས་སོ། །ཡང་མ་མོ་འདུས་པའི་རྒྱུད་དྲྭ་བ་བརྩམས་སོ། །དེ་ལ་བརྟེན་ནས་མ་མོའི་ཆོས་མང་པོ་བརྩམས་གདའོ། །ཡང་རྒྱུད་པད་མ་དབང་ཆེན་བརྩམས་ཏེ། མུ་སྟེགས་ཀྱི་ཆོས་དང་འདྲེས་པ་དྲི་མ་ཅན་ཡིན་ནོ། །སླུའི་རྒྱུད་རྡོ་རྗེ་ཐོགས་མེད་དང་། གསུང་གི་རྒྱུད་རྟ་མཆོག་རོལ་པ་དང་། ཐུགས་ཀྱི་རྒྱུད་ཕུན་ཧཱུྃ་རི་ཀའི་རྒྱུད་དང་། གཤིན་རྗེ་ཕྲ་ཁོད་སྡང་གི་རྒྱུད་དེ། ཡོན་ཏན་གྱི་རྒྱུད་རིན་པོ་ཆེ་མགོ་པའི་རྒྱུད་དང་། ཕྲིན་ལས་ཀྱི་རྒྱུད་ཀར་མ་མ་ལེའི་རྒྱུད་དང་། ཀི་ལ་ཡ་བཅུ་གཉིས་ཀྱི་རྒྱུད་དང་། ཧེ་ཙེ་བམ་པོ་བརྒྱད་དང་། མ་མོ་འདུས་པའི་རྒྱུད་དང་། གཤིན་རྗེ་ཕྲག་ཁོད་

སྣང་གི་རྒྱུད་དང་། སྒྲུབ་ལུགས་ཀྱི་རྒྱུད་དགུ་ཟེར་རོ། །ཁ་སྐོང་གི་རྒྱུད་དྲུག་ལ། ཆོས་ཉིད་ཞི་བའི་རྒྱུད་དང་། གསལ་འབར་ཁྲོ་མོའི་རྒྱུད་དང་། ཚོགས་རྒྱུད་ཆེན་པོ་དང་། གནས་ལུང་ཆེན་པོའི་རྒྱུད། གཏོར་མ་ཆེན་པོའི་རྒྱུད་དང་། ནམ་མཁའ་མཛོད་ཀྱི་རྒྱུད་དང་དྲུག་གོ། རྒྱུད་ཀྱི་རྒྱལ་པོ་དྲུག་ལ། དབང་བསྐུར་རྒྱལ་པོའི་རྒྱུད་དང་། ཀུན་ཏུ་བཟང་པོ་ཆེ་བར་རང་ལ་གནས་པའི་རྒྱུད་དང་། ཏིང་ངེ་འཛིན་སེམས་མཆོག་གི་རྒྱུད་དང་། རྫོགས་པ་དོན་ལྡན་གྱི་རྒྱུད་དང་། ཡོན་ཏན་རིན་པོ་ཆེའི་རྒྱུད་དང་། ཀ་ར་མ་མ་ལེའི་རྒྱུད་དང་དྲུག་གོ །གཞན་ཡང་ལུང་སྒྲུབ་ཐབས་ཀྱི་ཡི་གེ་བདུན་ཙུ་རྟ་གཉིས་དང་། འདའ་ཀ་མའི་ཆོས་བཞི་དང་། སྒྲུབ་ཐབས་དང་། མན་ངག་དང་།གཏོར་མ་དང་ཕྲིན་ལས་དུ་མ་ཡོད་དོ། །དེ་རྣམས་བསྒྱུབས་ཀྱིས་བྱས་པའི་དྲི་མ་ཅན་ཡིན་ནོ། །གཉན་ཆེན་དཔལ་དབྱངས་ཀྱིས་སྒྲོན་མ་རྣམ་དྲུག་དང་། ལྟ་བའི་ཡིག་ཆུང་གཉིས་བྱས་སོ། །དྲི་མ་མེད་པའི་ཆོས་ལ། རྡོ་རྗེ་འཇིགས་བྱེད་དང་། དུས་འཁོར་དང་། དེ་ལ་རྒྱ་གར་གྱི་པཎྜི་ཏས་བྱས་པའི་འགྲེལ་པ་དང་། སྒྲུབ་ཐབས་ཐམས་ཅད་ནི་དྲི་མ་མེད་པ་ཡིན་ནོ། །ནང་གི་ལ་གསང་བ་འདུས་པ་དང་། དགོངས་པ་ལུང་སྟོན་དང་། ཡེ་ཤེས་རྡོ་རྗེ་ཀུན་ལས་བཏུས་དང་། ལྷ་མོ་བཞིས་ཞུས་དང་། སངས་རྒྱས་མཉམ་སྦྱོར་དང་། ཤེས་རབ་ཀྱི་རྒྱུད་ལ། དགྱེས་པ་རྡོ་རྗེ་དང་། འཁོར་ལོ་སྡོམ་པ་དང་། རྡོ་རྗེ་མཁའ་འགྲོ་དང་། རྡོ་རྗེ་གདན་བཞི་དང་། སྒྱུ་འཕྲུལ་ཆེན་མོ་དང་། དེ་རྣམས་ཀྱི་རྒྱུད་ཕྱི་མ་དང་། བཤད་པའི་རྒྱུད་སཾ་བུ་ཊི་དང་། རྡོ་རྗེ་གུར་དང་། དགོངས་པ་ལུང་སྟོན་དང་། དེ་རྣམས་ལ་རྒྱ་གར་བས་བྱས་པའི་འགྲེལ་པ་དང་། སྒྲུབ་ཐབས་མང་པོ་ཡོད་དེ། མ་ནོར་བ་དྲི་མ་མེད་པའི་ཆོས་ཡིན་ནོ། །ཕྱིའི་ལ་དེ་ཁོ་ན་ཉིད་འདུས་པོའི་རྒྱུད་དང་། རྡོ་རྗེ་རྩེ་མོ་དང་། དཔལ་མཆོག་དང་པོ་དང་། རྣམ་སྣང་མངོན་བྱང་གི་རྒྱུད་དང་། དེ་དག་གི་འགྲེལ་པ་སྒྲུབ་ཐབས་དང་བཅས་པ་ཐམས་ཅད་མ་ནོར་བ་དྲི་མ་མེད་པའི་ཆོས་ཡིན་ནོ། །ལོ་ཙཱ་བ་ཆེན་པོ་མགོས་ལྷ་བཙས་ཀྱི་ཆོས་ལོག་དྲི་མ་ཅན་དང་། ཆོས་དྲི་མ་མེད་པའི་ཁྱད་པར་ཕྱེ་བའི་ཕྱིར་དང་། ཡང་དག་པའི་ལམ་ལ་གཞུག་པའི་ཕྱིར་དང་། མཁས་པ་རྣམས་ཤེས་རབ་ཀྱི་ཆོས་ལ་སྤྱོད་པར་བྱ་བའི་ཕྱིར། སྔགས་པ་དང་། རབ་ཏུ་བྱུང་བ་ཆོས་ནོར་བ་ལ་སྤྱོད་པ་ལ་འདི་བཀུར་རོ། །ལན་གསུམ་དུ་རྒྱ་གར་དུ་ཕྱིན་ནས་གཏན་ལ་ཕབ་པ་ཡིན་ནོ། །དེ་ནས་ཆོས་རྗེ་ས་སྐྱ་པ་བཞུགས་པ་ཡན་ཆད་དུ་ཆོས་ལོག་སྤྱོད་པ་ཤུང་ཞིག་ཐོས་སོ། །

གཉིས་པ་རྗེས་འཇུག་མཁས་པས་དེའི་རྗེས་སུ་སློབ་པ་ལ་ལྔ་སྟེ། ཆོས་ལོག་ཇི་ལྟར་འཕེལ་བའི་ཚུལ། དེ་བསྟན་པ་ལ་གནོད་པས་དགག་པར་རིགས་པ། མ་བརྟགས་པའི་ཆོས་དང་བླ་མ་རྟེན་པ་དགག་པ། ལོག་པའི་ལམ་དགག་པ་ལ་ཁྲོ་བར་མི་རིགས་པ་དང་། འགོག་བྱེད་ཀྱི་བསྟན་བཅོས་ལ་འཁྲུལ་བའི་དྲི་མ་མེད་པར་བསྟན་

པའོ། །དང་པོ་ནི། ཕྱི་ནས་ཕག་མོའི་བྱིན་རླབས་དང་། །སེམས་བསྐྱེད་རྨི་ལམ་མ་ལ་སོགས། །ཡི་དམ་བསྒོམ་པ་ཀློང་བསྐྱེད་དང་། །དཀར་པོ་ཆིག་ཐུབ་ལ་སོགས་པ། །སངས་རྒྱས་བསྟན་དང་འགལ་བ་ཡི། །ཆོས་ལོག་ཏུ་མ་དེང་སང་སྤྱོད། །མཁས་རྣམས་འདི་ལ་མི་དགྱེས་ཀྱང་། །དུས་ཀྱི་ཤུགས་ཀྱིས་བཟློག་མ་ནུས། །བླུན་པོ་སྒྲུང་པ་ཆུང་པ་རྣམས། །འདི་འདྲ་སྤྱོད་པ་བདེན་མོད་ཀྱི། །མཁས་པ་སྒྲུངས་པར་ཀློམ་པ་ཡང་། །རི་བོང་ཅལ་བཞིན་འདི་ལ་སྤྱོད། །ཅེས་པ། ཕྱིན་ནས་ཕག་མོའི་བྱིན་རླབས་དང་། སེམས་བསྐྱེད་རྨི་ལམ་མ་ལ་སོགས་པ་དང་། ཡི་དམ་བསྒོམ་པ་ཀློང་བསྐྱེད་དང་། དཀར་པོ་ཆིམ་ཐུབ་ལ་སོགས་པ། སངས་རྒྱས་ཀྱི་བསྟན་པ་དང་འགལ་བའི་ཆོས་ལོག་ཏུ་མ་དེང་སང་འཕེལ་ལོ། །མཁས་པ་རྣམས་འདི་ལ་མི་དགྱེས་ཀྱང་། དུས་ཀྱི་ཤུགས་པས་བཟློག་པར་མ་ནུས་ལ། བླུན་པོ་སྒྲུང་པ་ཆུང་པ་རྣམས་འདི་འདྲ་སྤྱོད་པ་བདེན་མོད་ཀྱི། མཁས་པ་སྒྲུང་པར་ཀློམ་པ་ཡང་རི་བོང་གང་གི་ཅལ་བཞིན་འདི་ལ་སྤྱོད་དོ། །

གཉིས་པ་ནི། འདི་འདྲའི་རིགས་ཅན་འཕེལ་གྱུར་ན། །སངས་རྒྱས་བསྟན་ལ་གནོད་མི་གནོད། །མཁས་པ་རྣམས་ཀྱིས་དཔྱོད་ལ་སློས། །གལ་ཏེ་འདི་འདྲའི་ཆོས་ལོག་གིས། །སངས་རྒྱས་བསྟན་ལ་མི་གནོད་ན། །མུ་སྟེགས་སོགས་ཀྱི་ཆོས་ལོག་ཀྱང་། །སངས་རྒྱས་བསྟན་ལ་ཅི་སྟེ་གནོད། །ཆོས་ལོག་གཞན་གྱིས་གནོད་ན་ནི། །འདི་དག་གིས་ཀྱང་མི་གནོད་དམ། །གནོད་ཡང་སྲུན་འབྱིན་མི་འཐད་ན། །མུ་སྟེགས་བྱེད་དང་ཉན་ཐོས་སོགས། །འདི་ལའང་སྲུན་འབྱུང་ཅི་སྟེ་བྱ། །འདི་དག་བསྟན་ལ་གནོད་པའི་ཕྱིར། །མཁས་རྣམས་སྲུན་འབྱིན་མཛད་ན་ནི། །བསྟན་ལ་གནོད་པའི་ཆོས་ལོག་ཀྱང་། །མཁས་པ་རྣམས་ཀྱིས་སྲུན་ཕྱུང་ཤིག ཅི་སླད་ཞེ་ན་རྒྱལ་པ་ཡིས། །རིན་ཆེན་ཆོས་ཀྱང་དཀོན་ལ་ནི། །རྟག་ཏུ་འཚེ་བ་མང་ཞེས་གསུངས། །འདི་ལ་བསམ་ནས་མཁས་རྣམས་ཀྱིས། །རྟག་ཏུ་བསྟན་པའི་བྱི་དོར་བྱ། །ཞེས་པ། ཕག་མགོའི་བྱིན་རླབས། དབང་བསྒྱུར་དུ་བྱེད་པ་འདི་འདྲའི་རིགས་ཅན་འཕེལ་བར་འགྱུར་ན། སངས་རྒྱས་བསྟན་པ་ལ་གནོད་དམ་མི་གནོད། མཁས་པ་རྣམས་སྤྱོད་ལ་སློས་ཤིག གལ་ཏེ་འདི་འདྲའི་ཆོས་ལོག་གིས་སངས་རྒྱས་བསྟན་ལ་མི་གནོད་ན། མུ་སྟེགས་ལ་སོགས་པའི་ཆོས་ལོག་གིས་ཀྱང་སངས་རྒྱས་བསྟན་ལ་ཅི་ལྟར་གནོད། ཆོས་ལོག་གཞན་གྱིས་གནོད་ན་ནི། ཆིག་ཐུབ་ལ་སོགས་པ་འདི་དག་གིས་ཀྱང་མི་གནོད་དམ། གནོད་ཀྱང་སྲུན་འབྱིན་མི་འཐད་ན།མུ་སྟེགས་བྱེད་དང་ཉན་ཐོས་པ་འདི་ལའང་སྲུན་དབྱུང་བྱས་པ་མི་འཐད་དོ། །འདི་དག་བསྟན་ལ་གནོད་པའི་ཕྱིར། །མཁས་རྣམས་སྲུན་འབྱིན་མཛད་ན་ནི། །བསྟན་ལ་གནོད་པའི་ཆོས་ལོག་ཀྱང་། །མཁས་པ་རྣམས་ཀྱིས་སྲུན་ཕྱུང་ཞིག ཅིའི་སླད་དུ་ཞེ་ན། རྒྱལ་བའི་ཡུམ་སྟོད་པ་ལས། རིན་ཆེན་ཆོས་ཀྱང་དཀོན་ལ་རྟག་ཏུ་འཚེ་བ་མང་། ཞེས་གསུངས། འདི་ལ་བསམམས་ན

མཁས་པ་རྣམས་ཀྱིས། །རྟག་ཏུ་བསྟན་པའི་བྱི་དོར་བྱ། །གསུམ་པ་ནི། ཉི་མ་གཅིག་གི་བཟའ་བཏུང་ལའང་། །བཟང་ངན་རྟོག་དཔྱོད་སྣ་ཚོགས་གཏོང་། །གོས་དང་མཁང་ལྷན་ལ་སོགས་པོའི། །བྱ་བ་གང་ལའང་ལེགས་ཉེས་དང་། །བཟང་ངན་མཁས་དང་མི་མཁས་ཞེས། །བླང་དོར་རྟོག་དཔྱོད་སྣ་ཚོགས་བྱེད། །རྟ་དང་ནོར་བུ་ལ་སོགས་པ། །ཕྱུང་ཟད་ཙམ་གྱི་ཉོ་ཚོང་ལའང་། །ཀུན་ལ་འདྲི་ཞིང་བརྟགས་ནས་སྤྱོད། །ཚེ་འདིའི་བྱ་བ་ཕྱུང་ཟད་ལའང་། །དེ་འདྲའི་འབད་པ་བྱེད་པ་མཐོང་། །སྐྱེ་བ་གདན་གྱི་ལེགས་ཉེས་ནི། །དམ་པའི་ཆོས་ལ་རག་ལས་ཀྱང་། །ཆོས་འདི་ཁྱི་ཡིས་ཟས་བཞིན་དུ། །བཟང་ངན་གང་དུའང་མི་དཔྱོད་པར། །གང་འཕྲད་དེ་ལ་གུས་པར་འཛིན། །ཉིན་གཅིག་གི་ནི་སྐྱེ་མའམ། །ཚེ་གཅིག་གི་ནི་གཉེན་འབྲལ་ལའང་། །འབད་དེ་བརྟགས་ནས་ལེན་པ་མཐོང་། །དེང་ནས་བརྩམས་ཏེ་རྫོགས་པ་ཡི། །སངས་རྒྱས་མ་ཐོབ་བར་གྱི་དོན། །བླ་མ་མཆོག་ལ་རག་ལས་མོད། །འོན་ཀྱང་རྟོག་དཔྱོད་མི་བྱེད་པར། །ཚོང་འདུས་ངན་པའི་ཟོང་བཞིན་དུ། །སུ་འཕྲད་རྣམས་ལ་ལེན་པ་མཐོང་། །ཀྱེ་མ་སྙིགས་མའི་དུས་འདི་མཚར། །འབད་པའི་དགོས་ལ་འབད་པ་བྱེད། །འབད་དགོས་ཆོས་དང་བླ་མ་ནི། །ཅི་ཡང་རུང་བས་ཆོག་པར་སྣང་། །ཞེས་པ་དེ་རྒྱས་པས་དེ་གོ་བར་ཟད་དོ། །

བཞི་པ་ལ། བསམ་སྦྱོར་དག་པས་ཁྲོ་བར་མི་རིགས། ནོར་བ་བཀག་པས་ཆགས་སྡང་དུ་འགྱུར་པ་ན་ར་ཅང་ཐལ། ཆོས་བཤད་རྣམ་དག་གི་འབྲས་བུ་གསུམ་ཡོད་པར་བསྟན། དེ་དཔའ་བོའི་ལུང་དང་སྦྱར་ན། བསྟན་པ་འཛིན་པར་བསྟན་པ་དང་ལྔ། དང་པོ་ནི།བདག་ནི་སེམས་ཅན་ཀུན་ལ་བྱམས། །གང་ཟག་ཀུན་ལ་བདག་མི་དམོད། །རྒྱ་ལ་མཉམ་པར་མ་བཞག་པས། །དམད་པ་སྲིད་ནའང་སྡིག་དེ་བཤགས། །དམ་ཆོས་འཁྲུལ་དང་མ་འཁྲུལ་པ། །སྐྱེ་བ་གདན་གྱི་གྲོས་ཡིན་པས། །འདི་ཡི་ལེགས་ཉེས་དཔྱོད་པ་ལ། །སྡང་ཞེས་སྨྲ་ན་རང་སྐྱོན་ཡིན། །ཞེས་པ་ལ། བདག་ནི་སེམས་ཅན་ཀུན་ལ་བྱམས།གང་ཟག་ཀུན་ལ་བདག་མི་སྨོད་ཅིང་། རྒྱལ་སེམས་མཉམ་པར་མ་བཞག་པས་སྨྲ་པ་སྲིད་ན། སྡིག་པ་དེ་དམ་པ་རྣམས་ལ་བཤགས་སོ། །དམ་པའི་ཆོས་འཁྲུལ་པ་དང་མ་འཁྲུལ་བར་དཔྱོད་པ་ནི་སྐྱེ་བ་གདན་གྱི་གྲོགས་ཡིན་པས། འདིའི་ལེགས་ཉེས་སྤྱོད་པ་ལ། སྡང་ཞེན་གྱིས་སྨྲ་ན་རང་གི་སྐྱོན་ཡིན་པས་སྤང་བར་བྱའོ། །གཉིས་པ་ནི། ཀླུ་སྒྲུབ་དང་ནི་དབྱིག་གཉེན་དང་། །ཕྱོགས་ཀྱི་གླང་པོ་ཆོས་གྲགས་སོགས། །མཁས་པ་ཀུན་གྱི་རང་བཞིན་གྱི། །ཆོས་ལོག་ཐམས་ཅད་སུན་ཕྱུང་བ། །དེ་ལ་སྡང་ཞེས་ཟེར་རམ་ཅི། །རྫོགས་པོའི་སངས་རྒྱས་ཀུན་གྱིས་ཀྱང་། །བདུད་དང་མུ་སྟེགས་སུན་ཕྱུང་བ། །དེ་ཡང་ཕྲག་དོག་ཉིད་འགྱུར་རམ། །མཁས་རྣམས་བླུན་པོའི་ལོང་ཁྲིད་ཡིན། །ནོར་པའི་ཆོས་དང་མ་ནོར་བའི། །ལོང་ཁྲིད་ལེགས་པར་བྱས་པ་ལ། །སྡང་ཞེན་སྨྲན་དཔྱན་ཆད། །སངས་རྒྱས་བསྟན་པ་ཇི་ལྟར་བསྲུང་། །ལོང་ཁྲིད་རྣམས་ཀྱིས་ལོང་བ་ལ། །གཡང་

ས་བཀག་ཅིང་ལམ་བཟང་པོར། །ཁྲིད་པའང་ཕྲག་དོག་ཡིན་ནམ་ཅི། །འོན་ལོང་བ་ཇི་ལྟར་དཀྲི། །ནད་པ་ལ་ནི་གནོད་པ་ཡི། །ཁ་ཟས་སྤྱོངས་ཤིག་ཕན་པ་བརྟེན། །དེ་སྐད་སྨྲད་པས་སྨྲ་ན་ཡང་། །སྡང་དང་ཕྲག་དོག་འགྱུར་ན་ནི། །འོན་ནད་པ་ཇི་ལྟར་གསོ། །ཆོས་ལོག་པ་དང་མ་ལོག་པའི། །རྣམ་པར་དབྱེ་བ་བྱས་པ་ལ། །སྡང་དང་ཕྲག་དོག་ཡིན་ཟེར་ན། །འོན་འཁོར་བའི་རྒྱ་མཚོ་ལས། །སེམས་ཅན་རྣམས་ནི་ཇི་ལྟར་བསྒྲལ། །ཞེས་པ། འཕགས་པ་ཀླུ་སྒྲུབ་དང་། སློབ་དཔོན་དབྱིག་གཉེན་དང་། ཕྱོགས་ཀྱི་གླང་པོ་དང་། ཆོས་གྲགས་ལ་སོགས་མཁས་པ་ཀུན་གྱི་རང་གཞན་གྱི་ཆོས་ལོག་ཐམས་ཅད་སུན་ཕྱུངས་བས། དེ་ལ་སྡང་ཟེར་རམ། རྫོགས་པའི་སངས་རྒྱས་ཀུན་གྱིས་ཀྱང་། །བདུད་དང་མུ་སྟེགས་སུན་ཕྱུངས་བས། ། དེ་ཡང་ཕྲག་དོག་ཏུ་འགྱུར་རམ་མི་འགྱུར། མཁས་པ་རྣམས་བླུན་པོ་རྣམས་ཀྱིས་ལོང་ཁྲིད་ཡིན་ཞིང་། མནོར་པའི་ཆོས་དང་། མནོར་བའི་ལོང་ཁྲིད་བྱས་པ་ལ། སྡང་ཞེན་གྱིས་སྨྲན་སླན་ཆད་སངས་རྒྱས་ཀྱི་བསྟན་པ་ཇི་ལྟར་བསྲུང་། འཁྲུལ་མ་འཁྲུལ་མ་ཕྱེད་ན། དག་མི་དག་ཤན་མི་ཕྱེད། ཤན་འབྱེད་བྱས་པ་དེ་ཕྲག་དོག་ཡིན་ན། ལོང་ཁྲིད་རྣམས་ཀྱིས་ལོང་བ་ལ་གཡང་ས་བཀག་ཅིང་། ལམ་བཟང་པོར་ཁྲིད་པའང་ཕྲག་དོག་ཡིན་ནམ། འོན་ལོང་པ་ཇི་ལྟར་དཀྲི། ནད་པ་ལ་གནོད་པའི་ཁ་ཟས་སྤྱོངས་ཤིག ཕན་པ་བསྟེན། དེ་སྐད་སྨྲན་པས་སྨྲས་ན་ཡང་། སྡང་བ་དང་ཕྲག་དོག་ཡིན་ན་ནི། འོན་ནད་པ་ཇི་ལྟར་གསོ་བར་བྱེད། དམ་པའི་ཆོས་ལོག་པ་དང་། མ་ལོག་པའི་རྣམ་དབྱེ་བྱས་པ་ལ། སྡང་བ་དང་ཕྲག་དོག་ཡིན་ཟེར་ན། འོན་འཁོར་བའི་རྒྱ་མཚོ་ལས་སེམས་ཅན་རྣམས་ཇི་ལྟར་སྒྲོལ་བར་བྱེད། གསུམ་པ་ནི། སངས་རྒྱས་འཇིག་རྟེན་བྱོན་པ་དང་། མཁས་རྣམས་བཤད་པ་བྱེད་པ་ལ། །འབྲས་བུ་རྣམ་གསུམ་འབྱུང་བ་འདི། སངས་རྒྱས་བསྟན་པའི་སྨྱི་ལུགས་ཡིན། ཞེས་པ། སངས་རྒྱས་འཇིག་རྟེན་དུ་ཆོས་གསུངས་པ་དང་། རྒྱ་བོད་མཁས་པ་རྣམས་ཀྱི་དམ་པའི་ཆོས་ཀྱི་བཤད་པ་བྱེད་པ་ལ། འབྲས་བུ་བྱང་ཆུབ་རྣམ་པ་གསུམ་འབྱུང་བ་འདི་ནི་སངས་རྒྱས་བསྟན་པའི་སྤྱི་ལུགས་ཡིན་ནོ། །

བཞི་པ་ནི། མ་གོལ་གྱིས་ཀྱང་འདི་སྐད་གསུངས། །དཔའ་བོ་ཁྱོད་ཀྱི་བསྟན་པ་ནི། །མུ་སྟེགས་ཐམས་ཅད་སྐྲག་མཛད་ཅིང་། །བདུད་ནི་སེམས་ཁོངས་ཆུང་མཛད་ལ། །ལྷ་དང་མི་རྣམས་དབུགས་ཀྱང་འབྱིན། །ཞེས་པ། མ་གོལ་ཏེ་སློབ་དཔོན་པ་པོས་ཀྱང་བསྟོད་པ་བརྒྱ་ལྔ་བཅུ་པ་ལས། དཔའ་བོ་སངས་རྒྱས་ཁྱོད་ཀྱི་བསྟན་པ་འདི། མུ་སྟེགས་ཐམས་ཅད་ཕམ་པར་མཛད་པ་སྟེ། བདུད་ནི་སེམས་ཁོང་དུ་ཆུད་པར་མཛད་ལ། ལྷ་དང་མི་རྣམས་དབུགས་རྣམས་འབྱིན་པར་མཛད་དོ། །ལྔ་པ་ནི། ཞེས་གསུངས་དེང་སང་འདི་ན་ཡང་། །མཁས་པ་རྣམས་ཀྱི་ཆོས་བཤད་ན། །ཆོས་ལོག་སྤྱོད་པ་ཕམ་བྱེད་ཅིང་། །བདུད་རིགས་ཐམས་ཅད་ཡི་མུག་འགྱུར། །མཁས་པ་ཐམས་

ཅན་དགའ་བར་བྱེད། །འདི་འདྲས་བསྟན་པ་འཛིན་པར་ནུས། །འདི་ལས་བློག་པ་བྱུང་པ་ནི། །བསྟན་ལ་གནོད་པར་ཤེས་པར་བྱ། །ཞེས་པ། དེང་སང་བོད་འདི་ན་ཡང་མཁས་པ་རྣམས་ཀྱི་ལེགས་པར་ཕྱེ་སྟེ་བཤད་ན། གདུལ་བྱ་ཆོས་ལོག་སྤྱོད་པར་མི་བྱེད་ཅིང་། བདུད་རིགས་ཐམས་ཅད་ཡི་མུག་འགྱུར་ཞིང་། མཁས་པ་རྣམས་དགའ་བར་བྱེད་དེ། འདི་འདྲས་སངས་རྒྱས་ཀྱི་བསྟན་པ་འཛིན་ནུས་པ་ཡིན་ནོ། །འདི་ལས་ལོག་པ་བྱུང་ན་བསྟན་པ་ལ་གནོད་པར་ཤེས་པར་གྱིས་ཤིག

ལྔ་པ། འགོག་བྱེད་བསྟན་བཅོས་ལ་འཁྲུལ་བའི་དྲི་མ་མེད་པར་བསྟན་པ་ལ། གཞན་ཕན་གྱི་བློས་བྱས་པའི་ཆེད་དུ་ལོག་པར་མི་སྟོན། ཤེས་བྱ་ལ་མཁས་པས་འཁོར་བའི་རྒྱུ་མེད་པ། ཐམས་ཅད་བྱང་ས་ལས་ཕྱོགས་འཛིན་གྱི་འཆིང་བ་མེད་པར་བསྟན་པའོ། །དང་པོ་ལ་གསུམ་སྟེ། རྙེད་བསྐུར་དོན་དུ་མི་གཉེར་བར་རྒྱལ་བའི་བསྟན་ལ་ལ་ཕན་པར་བཞེད་པ། དགག་པ་གཞན་མི་སྤྱོང་བའི་འཐད་པའོ། །དང་པོ་ནི། བདག་ཀུང་རྡོ་རྗེ་ཕག་མོ་ཡི། །བྱིན་རླབས་ཙམ་རེ་ཐུབ་པ་ལ། །དཀར་པོ་ཆིག་ཐུབ་བསྟན་ནས་ཀྱང་། །སྒྱོང་བ་ཅུང་ཟད་སྐྱེས་པ་ལ། །མཐོང་ལམ་དུ་ནི་ངོ་སྤྲོད་ནས། །རྩོལ་སྒྲུབ་མེད་པའི་དོན་བསྟན་ན། །ཚོགས་པའང་འདི་བས་མང་བ་འདུ། །ལོངས་སྤྱོད་འབུལ་བའང་མང་བར་འགྱུར། །བླུན་པོ་རྣམས་ཀྱི་བསམ་པ་ལའང་། །སངས་རྒྱས་ལྷ་བུར་མོས་པ་སྐྱེ། །ཆོས་ཀྱི་གནད་རྣམས་མི་ཤེས་པའི། །སྡེ་སྣོད་འཛིན་པར་རློམ་པ་ཡང་། །དེ་ལ་ལྷག་པར་དད་འགྱུར་བར། །བདག་གིས་ལེགས་པར་གོ་མོད་ཀྱི། །འཁོར་དང་ཟང་ཟིང་བསྒྲུབ་པའི་ཕྱིར། །བདག་གིས་སེམས་ཅན་བསླུས་པ་ཡིན། ། འོན་ཀུང་སངས་རྒྱས་བསྟན་པ་ལ། །ཕན་པར་བསམ་ནས་བཤད་པ་ཡིན། །སངས་རྒྱས་བསྟན་པ་བཞིན་བསྒྲུབས་ན། ། སངས་རྒྱས་བསྟན་ལ་ཕན་པར་བསམ། །ཞེས་པ་སྟེ་གོ་སླའོ། །

གཉིས་པ་ལ། ཕྱི་རོལ་པ་དང་ཉན་ཐོས་སོགས་ཀྱི་འཁྲུལ་བ་བཀག་པ་འདིར་མི་སྟོན་པ་དང་། རྡོ་རྗེ་ཐེག་པ་གནད་འཁྲུལ་པ་འདིར་མི་སྟོན་པ་དང་། འཁྲུལ་གཞན་དགག་པ་ཞིབ་ཏུ་མི་སྟོན་པོའི་རྒྱུ་མཚན་དང་། འཁྲུལ་བའི་རྣམ་གཞག་གཞན་དགག་དགོས་པར་བསྟན་པ་དང་བཞི། དང་པོ་ནི། མུ་སྟེགས་བྱེད་དང་ཉན་ཐོས་དང་། །ཐེག་པ་ཆེན་པོ་འབའ་ཞིག་ལའང་། །འཁྲུལ་བ་ཡོད་མེད་མཁས་རྣམས་ཀྱིས། །སྔུན་ཕྱུང་ཕྱིར་ན་འདི་མ་བཤད། །ཅེས་པའོ། ། གནས་པ་ནི། དེང་སང་གངས་རིའི་ཁྲོད་འདི་ན། ། རིགས་པས་བསྒྲུབ་པར་མི་ནུས་ཤིང་། །སངས་རྒྱས་བསྟན་དང་འགལ་བ་ཡི། །འཁྲུལ་བ་གསར་བ་དུ་མ་བྱུང་། །རྡོ་རྗེ་ཐེག་པའི་གནད་འཆུགས་པས། །རྒྱུད་སྡེ་རྣམས་དང་གྲུབ་ཐོབ་ཀྱི། །དགོངས་པ་རྣམས་དང་འགལ་བའི་གནད། །དཔག་མེད་ཡོད་མེད་གསང་སྔགས་ཉིད། །ཡིན་ཕྱིར་བོ་

བོས་གཞན་དུ་བཤད། །འདིར་ནི་ཀུན་ལ་བཤད་རུང་བའི། །འཁྲུལ་པ་རགས་རིམ་ཅི་རིགས་པ། །འཕེལ་ན་བསྟན་ལ་གནོད་མཐོང་ནས། །ཆེ་ལོང་ཙམ་ཞིག་བཤད་པ་ཡིན། །ཞེས་གསུངས་པ་ཡོད་ཀྱང་། རྗེ་ཉིད་ཀྱི་གསུངས་འབུམ་དུ་གྲགས་ཚོད་འདི་ལ་ཤིན་ཏུ་ཟབ་པར་ཡང་མི་སྣང་ངོ་། ། འདི་ནི་དབང་མ་ཐོབ་པ་ཀུན་ལ་བཤད་དུ་རུང་བའི་ཆོས་ཀྱི་གནད་ལ་འཁྲུལ་པ་རགས་རིམ་ཅི་རིགས་པ་འཕེལ་ན། སངས་རྒྱས་ཀྱི་བསྟན་པ་ལ་གནོད་པར་མཐོང་ནས། དེ་ལས་ལོག་པའི་བསམ་པས་ཆེ་ལོང་ཙམ་ཞིག་བཤད་པ་ཡིན་ནོ། །གསུམ་པ་ནི། དད་དུང་འཁྲུལ་བའི་རྣམ་བཞག་ནི། སྐྱོན་ཅན་དཔག་མེད་སྣང་ན་ཡང་། །གཞུང་མང་དོགས་པས་རེ་ཞིག་བཞག གཞུང་མང་དོགས་པས་རྗེས་འཇུག་བློ་འཁྲུལ་བར་དོགས་པས་རེ་ཞིག་བཞག་ཡོད། ཚིགས་ལ་ལྟ་བའམ། འགོད་མི་མཁྱེན་པ་མ་ཡིན་ནོ། །

བཞི་པ་ནི། གལ་ཏེ་ལུང་དང་རིགས་པའི་གནད། །ཤེས་པའི་བློ་ལྡན་རྣམས་ཀྱིས་དེ། །ལེགས་པར་དཔྱོད་ལ་དགག་སྒྲུབ་ཀྱིས། །སངས་རྒྱས་བསྟན་དང་ཕྲད་བཀའ་ཞིང་། །དལ་བ་འབྱོར་བའང་རྙེད་དཀའ་བས། །མཁས་པ་རྣམས་ཀྱིས་ལེགས་རྟོགས་ལ། །གཟུ་བོར་གནས་པའི་བློ་ཡིས་དཔྱོད། །ཅེས་པ། གལ་ཏེ་དཔྱད་པ་གསུམ་གྱིས་དག་པའི་ལུགས་སྟེ་གསུམ་དང་།བྱ་བ་བྱེད་པ་དང་། ལྟོས་པ་དང་། འཐད་པ་བསྒྲུབ་པ་དང་། ཆོས་ཉིད་ཀྱི་རིགས་པ་བཞིའི་གནད་ཕྱིན་ཅི་མ་ལོག་པར་ཤེས་པའི་བློ་གྲོས་དང་ལྡན་པ་རྣམས་ཀྱིས་ཚད་མ་གསུམ་གྱིས་ལེགས་པར་སྤྱོད་ལ་མ་ནོར་བའི་དགག་སྒྲུབ་ཀྱིས་ཤིག སངས་རྒྱས་ཀྱི་བསྟན་དང་ཕྲད་པར་དཀའ་ཞིང་དལ་འབྱོར་ཡང་རྙེད་པར་དཀའ་བས། མཁས་པ་རྣམས་ཀྱི་ལེགས་པར་རྟོགས་ཆགས་སྡང་མེད་པར། གཟུ་བོར་གནས་པའི་བློས་ལེགས་པར་དཔྱོད་ཅིག གཉིས་པ་ཤེས་བྱ་ལ་མཁས་པའི་སྒྲུང་པ་ནི། བདག་གིས་སྒྲ་དང་ཚད་མ་བསླབ་བམ། ཚིག་གི་སྡེབ་སྦྱོར་རྣམས་ཀྱང་ཤེས། །རྒྱན་དང་མངོན་བརྗོད་ཕལ་ཆེར་གོ། འདུལ་བ་དང་ནི་མངོན་པ་དང་། །ཕ་རོལ་ཕྱིན་པའང་ཕལ་ཆེར་ཐོས། །གསང་སྔགས་རྒྱུད་སྡེ་བཞི་པོ་ཡང་། །ཉན་བཤད་ཡོད་པ་ཕལ་ཆེར་ཐོས། །ཐོས་པ་དེ་དག་ཐམས་ཅད་ཀྱང་། །མིང་རྐྱང་ཙམ་དུ་མ་གཞག་གོ། །ཁྲི་བྲག་སྒྲ་དང་མདོ་སྡེ་བ། །སེམས་ཙམ་དང་ནི་དབུ་མ་ཡི། །གདམས་ངག་ཧེ་སྐྱེད་ཕལ་ཆེར་ཐོས། །དེང་སང་བོད་ལ་གྲགས་པ་ཡི། །ཞི་བྱེད་རྫོགས་ཆེན་གཅོད་ལ་སོགས། །སྐབས་བརྒྱད་ཅིག་ཆར་བསྒོམ་པ་དང་། །ཕ་རོལ་ཕྱིན་པའི་སློབ་སྦྱོང་དང་། །བཀའ་བརྟམས་གདམས་ངག་ལུགས་གཉིས་དང་། །ས་ར་ཧ་དང་ཏེ་ལོ་བ། །ནག་པོ་སྤྱོད་པའི་དོ་ཧ་དང་། །རྣལ་འབྱོར་དབང་ཕྱུག་འབིར་ཝ་པའི། །དོ་ཧ་སེང་གེ་ཞེས་བྱ་སོགས། །དོ་ཧའི་ཁྲི་བྲག་དུ་མ་ཐོས། །རིམ་ལྔ་བསྟན་ཐོག་གཅིག་པ་དང་། །ན་རོའི་ཆོས་དྲུག་ལུགས་གསུམ་དང་། །གསང་བ་འདུས་པ་ཡེ་ཤེས་ཞབས། །དེ་བཞིན

འཕགས་བསྐོར་གནམ་ངག་དང་། །དགེས་པ་རྡོ་རྗེ་སྙིང་པོའི་བསྐོར། །ག་ཤིན་རྗེའི་གཤེ་དང་འཇིགས་བྱེད་སོགས། །དེ་ཡི་གནམ་ངག་གསར་རྙིང་དང་། །དུས་ཀྱི་འཁོར་ལོའི་སྦྱོར་དྲུག་སོགས། །མཚན་བརྗོད་བཤད་པ་ལུགས་དྲུག་དང་། །འཆི་མེད་གྲུབ་པའི་གདམས་ངག་དང་། །ལམ་འབྲས་ལ་སོགས་ལམ་བསྐོར་དགུ །དེ་ལས་འཕྲོས་བ་དུ་མ་དང་། གཞན་ཡང་བོད་དང་རྒྱ་གར་ན། །དེང་སང་གྲགས་པ་ཕལ་མོ་ཆེ། །བདག་གིས་འབད་དེ་ལེགས་པར་མཉན། །བསབ་པ་དེ་དག་མི་རྐྱང་མིན། །ཞེས་པ་ལ། ས་སྐྱ་པཎྜི་ཏ་བདག་གིས་མངོན་པའི་ང་རྒྱལ་གྱིས་མི་ཤེས་བཞིན་དུ་ཤེས་སྙམ་ནས་ཁས་འཆེ་བ་དང་། འོན་ཏེ་ཤེས་པ་དང་མི་ཤེས་པའི་རྟོག་དཔྱོད་མ་བཏང་བར། བསྟོན་ཚིག་ལྷ་འདོད་རྒྱལ་དུ་ཁས་བླངས་པ་ཞིག་གམ། གལ་ཏེ། ཡ་རབས་ཀྱི་ཚུལ་དུ་ཤེས་པ་ལ་ཤེས་པར་བཟུང་ནས། དང་པོའི་རང་བཞིན་ཉིད་དུ་སྨྲས་པ་ཡིན་ཞེ་ན། སྨྲས་པ། འདིར་རྒྱུ་མཚན་མེད་པར་སྨྲས་པ་མ་ཡིན་གྱི། ལེགས་པར་ཐོས་ཤིང་ཤེས་ལ། གཞན་ལའང་ཆོས་དང་མཐུན་པར་ལན་འདེབས་པར་ནུས་པ་མྱོང་བས་གྲུབ་ནས། སེམས་པ་ང་ཡིན་བྱ་བ་ལ་སོགས་པ་སྨྲས་སོ། །དེ་ལ་སྒྲ་ནི་བརྡ་སྤྲོད་པར་བྱེད་པའི་བསྟན་བཅོས་ཡིན་ལ། དེའི་གཙུག་གི་ནོར་བུ་ཀ་ལ་པ་དང་། དེ་དག་གི་མིང་གི་སྒྲ་བསྒྲུབ་ཕྱུན་སུ་ནི་ཏ་དང་། སྒྲའི་དབྱིངས་བསྒྲུབ་པ་ན་ཏི་ན་ཏའི་རབ་ཏུ་བྱེད་པ་གཉིས་དང་། བྱེད་པའི་ཚིག་བསྒྲུབ་ཕྱུ་ཏྲེ་ཤྲཱིས་མཛད་པའི་བྲ་ཀྲི་ཏ་སོགས་པའི་སྒྲའི་བསྟན་བཅོས་ཡན་ལག་དང་བཅས་པ་ཐོས། འདི་དག་སྒྲ་བ་ལ་པཎྜི་ཏ་ལེགས་པར་ཤེས་པ། ཆགས་སྡང་མེད་པ། གཟུ་བོར་གནས་པ་ཅིག་ལ་དྲིས་ན། རྣམ་པར་ཐར་པ་ཤེས་པར་འགྱུར་རོ། །

རྟོག་གེའི་དོན་ནི། འགལ་འགྲེལ་དཔྱོད་པའི་བསྟན་བཅོས་ཡིན་ལ། དེའི་གཙུག་གི་ནོར་བུ་ལྟ་བུ། ཚད་མ་ཀུན་ལས་བཏུས་པ་དང་། དེའི་ཚིག་དོན་གཏན་ལ་འབེབས་པ་ཚད་མ་སྡེ་བདུན་ཡན་ལག་དང་བཅས་པ་ཤེས་ལ། རྣམ་འགྲེལ་ཉན་པ་ཉིད་ཀྱི་ཚེའང་། ཚད་མ་ཀུན་ལས་བཏུས་པ་བཤད་གཞིར་བྱས་ནས་ཐོས་སོ། ། ཚིག་གི་སྡེབ་སྦྱོར། སློབ་པ་རིན་ཆེན་འབྱུང་གནས་དང་། དྲང་སྲོང་དམར་སེར་གྱིས་སྦྱར་བའི་རྩ་བ་དང་། དེའི་འགྲེལ་བ་རྒྱལ་བ་ལྷ་ཡིས་སྦྱར་བ་དང་། འབྲི་ཏ་མ་ལ་སོགས་པ་པཎྜི་ཏ་སུ་ག་ཏ་ཤྲཱི་ལ་ཚིག་གི་སྡེབ་སྦྱོར་རྣམས་ཀྱང་བསླབས་ཤིང་ཤེས་པ་ཡིན་ནོ། །དེ་ལ་ཚིག་གི་སྡེབ་སྦྱོར་ནི། དེ་ཡང་ཚིགས་སུ་བཅད་པ་གཉིས། རྒྱུད་འཕེལ་བར་བསྐྱེད་པའོ། །དང་པོའང་། མཉམ་པ་དང་། ཕྱེད་མཉམ་པ་དང་། མི་མཉམ་པ་སྟེ་གསུམ་ལས། དེ་དག་སོ་སོའི་རྣམ་པར་བཞག་པ་ཡང་། སྤྱིའི་མཚན་ཉིད། བྱེ་བྲག་གི་མཚན་ཉིད་གཉིས་ཡོད་པ་ལས། སྤྱི་ལ་དབྱིངས་སྒྲོགས་པ་དང་། རབ་དགའ་དང་། རྗེས་སུ་བསྡུགས་པ་ལ་སོགས་པ་དང་། སོ་སོའི་དབྱེ་བས་བྱ་བ་དང་། གཞོན་ནུ་རོལ་པ་དང་། ཀང་ཁྲ་དང་། གཤོལ་སྟོང་དང་། རྨ་བྱའི་འགྲོས་དང་། དབང་པོ་རྡོ་རྗེ། ཉེ་དབང་རྡོ་རྗེ། ཉེར་བསྐྱེད། འཛོ་བས་མི་

ལ་སོགས་པ། དེ་བཞིན་དུ་རྟགས་རྣམ་པར་བརྟེན་པ་དང་། སེང་གེ་རྣ་པར་བགྱིངས་པ་དང་། མེ་ཏོག་ཕྲེང་འཛིན་ལ་སོགས་པའོ། །གཉིས་པ་བསྐྱེད་པ་ལ་དབྱེ་ན། འཕགས་པ་དང་། རོལ་བ་ཅན་དང་། ཕྱི་མ་ལ་མཉམ་པས་ཏེ་གསུམ་མོ། །དེ་དག་སོ་སོའི་རྣམ་པར་བཞག་པ་ཡང་། ཕན་བྱེད་སྤྱངས་པ་མ་དང་། འཕགས་པའི་དབྱངས་ལ་སོགས་པ་ཕྱི་མོ་བགྲང་བའི་སྦྱར་བ་རྣམས་ཡིན་ནོ། །སྙན་ངག་གི་མཚན་ཉིད་སྟོང་བར་བྱེད་པའི་རྒྱན་གྱི་བསྟན་བཅོས་དང་། དེའི་མཚན་ཉིད་མི་འགལ་བར་བྱེད་པ་སྙན་ངག་གི་གཞུང་གཉིས་ལས། དང་པོ་ཡང་ཡི་གེ་དང་། མིང་དང་ཚིག་དང་། ངག་དང་། རབ་ཏུ་བྱེད་པ་དང་། དེ་དག་གི་དང་། དཔེ་དང་། དོན་གྱི་རྒྱན། རྒྱན་གྱི་སྐྱོན་དང་། ཡོན་ཏན་དང་། སྒོག་པ། དཔའ་བ། མི་སྡུག་པ། རྐོད་པ་ལ་སོགས་ཉམས་དགུའི་མཚན་ཉིད་དང་། མངོན་བརྗོད་ཨ་མར་ཀོ་ཀ་དང་།སྣ་ཚོགས་གསལ་བ་ལ་སོགས་པ་མཁས་པ་རྣམས་གྲགས་པའི་མིང་གི་རྣམ་གྲངས་ཀྱིས་སྒྲ་ལེགས་པར་བསྒྲུབ་པ། ཐོས་པ་ཙམ་གྱིས་དབྱངས་ཅན་གྱི་ངག་འཇུག་པའི་སྙན་འཇུག་པའི་སྙན་ངག་གི་གཙུག་ལག་ཕལ་ཆེ་བ་སྟེ་ཐམས་ཅད་དོ། །

ལྷག་པ་ཚུལ་ཁྲིམས་ཀྱི་བསླབ་པ་འདུལ་ལུང་སྡེ་བཞི། དེ་རྣམས་ཀྱི་དོན་བསྡུས་ནས་སྟོན་པ་མེ་ཏོག་ཕྲེང་རྒྱུད། མདོ་རྩ་བ། དེ་རྣམས་ཀྱི་འགྲེལ་པ་ཡན་ལག་དང་བཅས་པ། ལྷག་པ་ཤེས་རབ་ཀྱི་བསླབ་པ་གཙོ་བོར་སྟོན་པ། མངོན་པ་སྡེ་བདུན། དེ་རྣམས་ཀྱི་དོན་གྱི་འགྲེལ་པ། འཕགས་པ་ཐོགས་མེད་ཀྱིས་མཛད་པའི་མངོན་པའི་ཀུན་ལས་བཏུས། དེའི་འགྲེལ་པ། རྒྱས་པའི་བསྟན་བཅོས་ས་སྡེ་ལྔ་ལ་སོགས་པ་དང་། ཁྱད་པར་དུ་མངོན་པ་མཛོད། ཨ་ཏི་མཆོད་རྟེན་ཆེན་པོའི་དུང་དུ། དགེ་བའི་བཤེས་གཉེན་དབྱིག་གཉེན་ལ། མངོན་པ་སྡེ་བདུན། མཛོད་འགྲེལ་པ། འགྲེལ་བཤད་དང་བཅས་པ་གསན། ལྷག་པ་ཏིང་ངེ་འཛིན་གྱི་བསླབ་པ་གཙོ་བོར་སྟོན་པ། མདོ་སྡེ་ཁྱད་པར་ཕ་རོལ་ཏུ་ཕྱིན་པའི་མདོ་དང་། འགྲེལ་བ་འགྲེལ་བཤད་དང་བཅས་པ་ཕལ་ཆེར་ཐོས། རིག་པ་འཛིན་པའི་སྡེ་སྣོད། གསང་སྔགས་རྒྱུད་བཞི་པོ་ལ་ཡང་། བོད་ན་འཆད་ཉན་ཡོད་པ་ཕལ་ཆེར་ཐོས་པ་དེ་དག་ཐམས་ཅད་ཀྱང་། མིང་ཙམ་དུ་མ་བཞག ཚིག་དོན་དང་བཅས་པ་ལེགས་པར་གོ། བྱེ་བྲག་ཏུ་སྨྲ་བ་དང་། མདོ་སྡེ་པ། སེམས་ཙམ་རྣམ་བཅས་པ་དང་། རྣམ་མེད་པ་གཉིས། དབུ་མ་རང་རྒྱུད་ཐལ་འགྱུར་བའི་འགྲེལ་པ། འགྲེལ་བཤད། གདམ་ངག་གི་སྙིང་ཡོད་པ་ཕལ་ཆེར་ཐོས། དེང་སང་བོད་ན་གྲགས་པའི་ཕ་དམ་པ་ནས་བརྒྱུད་པའི་ཞི་བྱེད་ལུགས་གསུམ་དང་། རྫོགས་ཆེན་ལུགས་གསུམ་དང་ཞེས་པ། སྙིང་མ་འདོད་པའི་རྫོགས་ཆེན་ནི་མ་ཡིན་ཏེ། དེ་དག་གདམ་ངག་མ་དག་པའི་ཕྱིར། དེ་ནི་གོང་དུ་བཤད་ཟིན་པས་འདིར་མ་སྨོས་སོ། །འདིར་རྫོགས་ཆེན་ཞེས་སྨོས་པ་གང་ཡིན་ཞེ་ན། ཐེག་ཆེན་གྱིས་ལམ་རྫོགས་པར་སྟོན་པ། ཐེག་ཆེན་གྱི་ལམ་གྱི་རིམ་པ་ལ་ཟེར་བ་ཡིན་ནོ། །གཙོད

ནི་ལབ་སྒྲོན་ནས་རྒྱུད་པའི། དེང་སང་བྱེད་པའི་གཙོད་རྣམས་ནི་མ་དག་པ་འབའ་ཞིག་ཏུ་འདུག་གོ། འདིར་སློས་པའི་གཙོད་ལ་སོགས་པ་ནི། བྲམ་ཟེ་ཨརྱ་དེ་བའི་གཞུང་། དེའི་འགྲེལ་པ། སྐྱོ་བསོད་ནམས་བླ་མས་བྱས་པའི་འགྲེལ་བ་རྣམས་མདོ་དང་མཐུན་པ་ཡིན་ནོ། །ཇོ་བོ་རྗེའི་གདམས་ངག་མངོན་རྟོགས་རྒྱན་གྱི་སྐབས་བརྒྱད་ཅིག་ཆར་བསྒོམས་པ་དང་། ཕ་རོལ་ཏུ་ཕྱིན་པའི་བློ་སྦྱོང་དང་། བཀའ་བསྟམས་གདམས་ངག་ཕུ་ཏོ་བ་དང་། སྣེ་ཟུར་པ་ལས་བརྒྱུད་པ་ལུགས་གཉིས་དང་། ས་ར་ཧ་དང་། ཏི་ལོ་བ་དང་། ནག་པོ་དཔྱོད་པའི་དོ་ཧ་དང་། རྣལ་འབྱོར་དབང་ཕྱུག་འབིར་ཝ་བའི། །དོ་ཧ་སེང་གེ་ཞེས་བྱ་བ། །དོ་ཧའི་བྱེ་བྲག་མང་དུ་ཡོས། །མགོན་པོ་བཞད་པ་ཀ་རྡེ་ནས་བརྒྱུད་པའི་རིམ་ལྔ་སྟན་ཐོག་གཅིག་མ་དང་། ན་རོ་བའི་ཆོས་དྲུག་ལ། མེས་ཆེན་པོ་དང་། དེའི་སློབ་མ་རྩ་ཤེས་རབ་དང་། རྨོག་ཆོག་པ་ནས་བརྒྱུད་པའི་ལུགས་གསུམ་དང་། གསང་བ་འདུས་པ། ཡེ་ཤེས་ཞབས་རྗོགས་འགྲོལ་དང་བཅས་པའི་གདམས་ངག་དང་། དེ་བཞིན་འཕགས་བསྐོར་རིམ་ལྔའི་གདམས་ངག་དང་བཅས་པ་དང་། ཀྱེའི་རྡོ་རྗེའི་སྙིང་པོའི་བསྐོར། གཞུང་གདམས་ངག་དང་བཅས་པ་དང་། གཤིན་རྗེའི་གཤེད་དང་། འཇིགས་བྱེད། སྒྲོལ་ནག་གདོང་དྲུག་རྣམས་ཀྱི་གཞུང་། གདམས་ངག་གསར་རྙིང་དང་། འཁོར་ལོ་བསྡོམ་པའི་གཞུང་གདམས་ངག་དང་བཅས་པ། དུས་ཀྱི་འཁོར་ལོའི་གཞུང་། སྦྱོར་དྲུག་ལུགས་གསུམ་དག མཆན་བརྗོད་བཤད་པ་ལུགས་དྲུག་ལ། རྣལ་འབྱོར་རྒྱུད་ཀྱི་རྒྱུད་དུ་དཀྲལ་བའི་ལུགས་གསུམ་ནི། སློབ་དཔོན་འཇམ་དཔལ་གྲགས་ཀྱིས་མཛད་པའི་འགྲེལ་བ་ཆེ་བ་དང་། སྙིག་པའི་རྡོ་རྗེའི་མཛད་པའི་འགྲེལ་བ་དང་། དྲི་མེད་བཤེས་གཉེན་གྱིས་མཛད་པའི་འགྲེལ་བ་ཆུང་བ་དང་། དབུ་མ་ཡང་དགའ་བས་མཛད་པའི་དུས་འཁོར་དུ་དཀྲལ་བ་དང་། ལམ་འབྲས་སུ་དཀྲལ་བ་ལུགས་གཉིས་ཏེ་དྲུག་གོ། འཆི་མེད་གྲུབ་པའི་གདམས་ངག་ངག་དབང་གྲགས་པའི་རྗེས་སུ་འབྲང་བ་དང་། འབིར་ཝ་བའི་ལམ་འབྲས་ལ་སོགས་པ་ལམ་བསྐོར་དགུ་དང་། དེ་ལས་འཕྲོས་པའི་གདམས་ངག་དུ་མ་དང་། གཞན་ཡང་། བོད་དང་རྒྱ་གར་ན་དེང་སང་གྲགས་པའི་མདོ་སྔགས་ཀྱི་འགྲེལ་པ་མན་ངག་ཕལ་ཆེར་བདག་གིས་འབད་དེ་ཞུས། བསླབས་པ་དེ་དག་མིང་རྒྱང་མ་ཡིན་ཏེ། དོན་དང་བཅས་པ་ལེགས་པར་ཤེས་སོ། །

གསུམ་པ། ཐམས་ཅད་སྦྱངས་བས་ཕྱོགས་འཛིན་གྱི་འཆིང་བ་མེད་པར་བསྟན་པ་ནི། དེ་ཕྱིར་ཆོས་རྣམས་འཕེལ་ཕྱིར་ཐོས། །དེས་ན་བདག་ལ་ཕྱོགས་ལྷུང་མེད། །དེ་ཕྱིར་གཟུ་བོས་སྤྱད་པ་འདི། །བློ་ལྡན་རྣམས་ཀྱིས་འདི་ལྟར་ཟུངས་ཞེས་པ། རྒྱུ་མཚན་དེའི་ཕྱིར། རྒྱ་གར་དང་བོད་ན་གྲགས་པའི་ཆོས་རྣམས་ཕལ་ཆེར་ཐོས་པ་དེས་ན། བདག་ལ་ཕྱོགས་ལྷུང་མེད་པ་དེ་ཕྱིར་གཟུ་བོར་སྤྱད་པ་འདི། །བློ་ལྡན་རྣམས་ཀྱིས་ལུགས་འདི་ཟུངས་ཤིག །གསུམ་པ་རྩོམ་པ་མཐར་ཕྱིན་པ་མཇུག་གི་དོན་ལ་ལྔ་སྟེ། བསྟན་བཅོས་ཀྱི་ཆེ་བ་བརྗོད་པ། དེ་བླུན་པོས

རྟོགས་པར་དཀའ་བ། བརྩམས་པའི་དགེ་བ་གཞན་དོན་དུ་བསྔོ་བ། བཀའ་དྲིན་དྲན་པས་བཏང་རག་གི་ཕྱག་མཛད་པ། བསྟན་བཅོས་ལྗུངས་བཙུན་ཞིང་ཡིད་ཆེས་པར་བྱ་བའི་ཕྱིར་བྱ་བ་ཡོངས་སུ་རྫོགས་པའི་ཚུལ་དུ་མཛད་བྱང་སྨོས་པའོ། །དང་པོ་ནི། ཐུབ་པའི་བསྟན་པ་རིན་ཆེན་གཞལ་མེད་ཁང་། །ལེགས་ལྡན་མིན་ནག་ཚང་ཚིང་རྣམ་པར་བསལ། །བློ་གསལ་བློ་ཡི་པད་མ་ཁ་འབྱེད་པ། །བསྟན་བཅོས་དུ་མའི་སྣང་བ་དེང་འདིར་བཤད། །ཅེས་པ། ཐུབ་པ་ཡང་དག་པར་རྫོགས་པའི་སངས་རྒྱས་ཀྱི་བསྟན་པ་ནི་ལྷའི་བུ་ཉི་མའི་སྙིང་། གཞལ་མེད་ཁང་དང་མཚུངས་པ་ཡིན་ཏེ། གཞལ་མེད་ཁང་ནི་རྒྱ་རིན་པོ་ཆེ་ཤེལ་ལས་གྲུབ་ཅིང་། འོད་ཟེར་གྱིས་གླིང་བཞིའི་མུན་པ་སེལ་བ་ལ། མི་ཧྲོག་པད་མ་རྣམས་ཁ་ཕྱེ་ཞིང་རྒྱས་པར་བྱེད་པའི་ཆོས་གསུམ་དང་ལྡན་པ་བཞིན། ཐུབ་པའི་བསྟན་པ་རིན་པོ་ཆེ་ནི། རིན་པོ་ཆེའི་གཞལ་མེད་ཁང་། རྒྱུད་སྡེ་བཞི་དང་། སྡེ་སྣོད་གསུམ་ལས་གྲུབ་ཅིང་། མཁྱེན་རྩེ་ནུས་པའི་འོད་ཟེར་གྱིས་ལེགས་ལྡན་མུན་ནག་ཚང་ཚིང་རྣམ་པར་བསལ་ནས། བློ་གསལ་བློའི་པད་མ་ཁ་འབྱེད་ལས། བསྟན་བཅོས་སྡོམ་པ་གསུམ་གྱི་རབ་ཏུ་དབྱེ་བའི་ཉི་མའི་དཀྱིལ་འཁོར་སྣང་བ་དེ། དཔལ་ས་སྐྱའི་ཆོས་གྲྭ་འདི་རུ་ཤར་རོ། །

གཉིས་པ་ནི། རྒྱལ་བ་ཀུན་གྱི་དགོངས་པ་འདི་ཡིན་ཏེ་ཞེས། འགྲོ་ལ་ཕན་པའི་བསམ་པས་བདག་གིས་བཤད། །མཁས་པ་རྣམས་ཀྱི་དགོངས་པ་འདི་ཡིན་མོད། །ད་དུང་བླུན་པོ་རྣམས་ཀྱིས་རྟོགས་པར་དཀའ། །ཞེས་པ། རྒྱལ་བ་སངས་རྒྱས་ཀུན་གྱི་དགོངས་པ་སྡོམ་པ་གསུམ་གྱི་རབ་ཏུ་དབྱེ་བ་འདི་ཡིན་ཞེས། འགྲོ་ལ་ཕན་པའི་བསམ་པས་བདག་གིས་བཤད་དོ། །རྒྱ་བོད་མཁས་པ་ཀུན་གྱི་འང་། དགོངས་པ་འདི་ཡིན་མོད། ད་དུང་བླུན་པོ་ཤེས་རབ་ཆུང་བ། བསོད་ནམས་ཀྱི་སྟོབས་ཞན་པ་རྣམས་ཀྱིས་རྟོགས་པར་དཀའོ། །

གསུམ་པ་ནི། ཀུན་དགའི་ཉི་མས་སངས་རྒྱས་བསྟན་པ་ཡི། །པད་མ་རྣམ་པར་ཕྱེ་བ་ལས་བྱུང་བའི། །དམ་པའི་སྦྲང་རྩིས་འགྲོ་བའི་བུང་བ་ཀུན། །རྒྱུན་དུ་བདེ་བའི་དགའ་སྟོན་འགྱེད་པར་ཤོག ཅེས་པ། མཁྱེན་རབས་ཀྱི་དབང་ཕྱུག་ས་སྐྱ་པཎྜི་ཏ་ཀུན་དགའ་རྒྱལ་མཚན་དཔལ་བཟང་པོའི་ཉི་མས། སངས་རྒྱས་ཀྱི་བསྟན་པའི་པད་མོ་སྡོམ་པ་གསུམ་གྱི་རབ་ཏུ་དབྱེ་བ་རྣམ་པར་ཕྱེ་བ་ལས་བྱུང་བ། དམ་པའི་བཅུད་སྦྲང་རྩིས་འགྲོ་བའི་བུང་བ་ཀུན། རྒྱུན་དུ་བདེ་བའི་དགའ་སྟོན་ཕྱོགས་བཅུར་འགྱེད་པར་ཤོག འདི་ནི་ཡིད་འོད་གཟུགས་ཅན་གྱི་ཤིས་པ་བརྗོད་པའི་རྒྱན་ཡིན་ནོ། །བཞི་པ་ནི། གང་གི་ཐུགས་རྗེས་ཉེར་བཟུང་ནས། །ལེགས་པའི་ཆོས་རྣམས་སྤྱངས་ནས་ཀྱང་། །སངས་རྒྱས་བསྟན་དང་ལེགས་སྦྱོད་པའི། །འཛམ་མགོན་བླ་མ་དེ་ལ་འདུད། ཅེས་པ། བསྟན་

བཅོས་མཐུག་མཐར་ཕྱིན་པའི་རྩུལ་དུ། འཇམ་མགོན་བླ་མ་ལ་བསྟོད་པའོ། །ལྔ་པ་ནི། སྡོམ་པ་གསུམ་རབ་ཏུ་དབྱེ་བ་ཞེས་བྱ་བ། ཤོ་ལོ་ཀ་སྟོང་གི་བདག་ཉིད་ཅན། ཆོས་དང་ཆོས་མ་ཡིན་པ་རྣམ་པར་དབྱེ་བའི་བསྟན་བཅོས་མང་དུ་ཐོས་པའི་ནོར་དང་ལྡན་པ། རིགས་པ་དང་མི་རིགས་པ་དཔྱོད་པར་ནུས་པའི་བློ་གྲོས་ཅན། སྡེ་སྣོད་འཛིན་པ་ཀུན་དགའ་རྒྱལ་མཚན་དཔལ་བཟང་པོས་སྦྱར་བ་རྫོགས་སོ། །ཅེ་བྲག་ཏུ་གསང་སྔགས་ཀྱི་གནད་གཏན་ལ་དབབ་པ་གསང་ཆེན་ཡིན་པས། ཁོ་བོས་ལོགས་སུ་བཤད་པར་ལྟའོ། །དྲི་མ་མེད་པའི་བསྟན་པའི་དམ་ཆོས་ཕྱོགས་བཅུར་རྒྱས་པར་གྱུར་ཅིག

འདིར་སྐྱ་སྐྱེ་བ་མང་པོ་ནས་དགེ་བའི་བཤེས་གཉེན་མང་པོ་བསྟེན་ཅིང་། ཤེས་བྱ་ལ་ཡོངས་སུ་སྦྱངས་པའི་དབང་གིས། ཐོགས་པ་མེད་པའི་ཤེས་རབ་དང་། མི་བརྗེད་པའི་གཟུངས་དང་། སྤོབས་པ་ཕུན་སུམ་པ་མངའ་བ།འཇམ་པའི་དབྱངས་དང་དབྱེར་མི་ཕྱེད་པའི་བདག་ཉིད་ཆེན་པོ། དཔལ་ལྡན་ས་སྐྱ་པཎྜི་ཏས་མཛད་པའི་བསྟན་བཅོས། སྡོམ་པ་གསུམ་གྱི་རབ་ཏུ་དབྱེ་བའི་འགྲེལ་བ། ལེགས་པར་བཤད་པ་འཕྲིན་ལས་རྒྱས་བྱེད་ཅེས་བྱ་བ་འདི་ནི། མཁྱེན་བརྩེ་ནུས་པ་ཕུན་སུམ་ཚོགས་པའི་བདག་ཉིད། ཁམས་གསུམ་གྱི་བླ་མ། སྲིད་པ་གསུམ་གྱི་འདྲེན་པ་ཆོས་ཀྱི་རྗེ་ཡང་གི་མཚན་ཅན་སངས་རྒྱས་དཔལ་ཞེས་བྱ་བཀའ་དྲིན་ཚད་མེད་པས་བསྐྱངས་པ་དང་། སྐུ་རིམ་གཉིས་ཟབ་མོའི་ཐུགས་དམ་ལ་རྟག་ཏུ་མི་བཞག་པའི་ངང་ནས། དམ་པའི་ཆོས་འཆད་པ་དང་། རྩོད་པ་དང་། བརྩོམ་པས་དུས་འདའ་བར་མཛད་ཅིང་། སྤྱིར་སངས་རྒྱས་ཀྱི་བསྟན་པ་དང་། ཁྱད་པར་དོ་རྗེ་ཐེག་པའི་རྒྱུད་སྡེ་བཞིའི་བསྟན་པ་ནམ་ལངས་པ་ལ་ཉི་མ་ཤར་བ་ལྟ་བུར་མཛད་པའི་དབང་གིས་འཛམ་བུའི་གླིང་ཐམས་ཅད་དུ། མཁས་པའི་གྲགས་པས་ཁྱབ་ཅིང་། ཆོས་ཀྱི་རྗེ་རྣལ་འབྱོར་དབང་ཕྱུག་ས་སྐྱ་པ་ཆེན་པོ་ཡབ་སྲས་ཀྱི་སྐུ་གསུང་ཐུགས་ཡོན་ཏན་ཕྲིན་ལས་རྣམས་ཀྱིས་ཐུགས་རྒྱུད་གཏམ་པར་མཛད་པ། ཆོས་ཀྱི་རྗེ་ཀུན་དགའ་བཟང་པོའི་ཞབས་རྡུལ་སྤྱི་བོར་ལེན་པ། མང་དུ་ཐོས་པ་ཤཱཀྱའི་དགེ་སློང་གཞོན་ནུ་སེང་གེ་ལ། མང་དུ་ཐོས་པའི་བློ་གྲོས་ཀྱི་ལུས་བཟེད་ཅིང་། ཚུལ་ཁྲིམས་ཀྱི་བསླབ་པས་རྒྱུད་མཛེས་པོར་བྱས་པ། ཁྱད་པར་རྣལ་འབྱོར་གྱི་དབང་ཕྱུག་ས་སྐྱ་པ་རྣམས་ཀྱི། ཆོས་རྒྱུད་རྣམ་པར་དག་པ་འཛིན་ཞིང་། བསྔུང་མ་ཁྱད་པར་ཅན་ལ། བཀའ་བསྒོ་ཕྲིན་ལས་ཅི་བཅོལ་བའི་ལས་སྒྲུབ་པར་བྱེད་པའི་བདག་ཉིད། རོང་མི་གྲུབ་པའི་དབང་ཕྱུག་སངས་རྒྱས་དཔལ་གྱི་རིགས་རྡུས་ཕུན་སུམ་ཚོགས་པའི་དཔོན་པོར་གྱུར་པ། འཕགས་པ་རིན་ཆེན་དཔལ་བཟང་པོས་ཡང་ཡང་བསྐུལ་བ་དང་། སླར་ཡང་དད་པ་དང་གུས་པས་བསྟན་པ་དང་དཀོན་མཆོག་མཆོད་ལ། བྱམས་པ་དང་སྙིང་རྗེས་མངའ་རིས་ཆོས་བཞིན་དུ་སྐྱོང་བར་མཛད་པ་བསྟན་པའི་སྦྱིན་བདག་ཆེན་པོ། འོད་ཟེར་འཛོམས་པའི་བཀས་ཡང་ཡང་

བསྐུལ་བ་དང་། གཞན་ཡང་དགེ་བའི་བཤེས་གཉེན་མང་པོས་བསྐུལ་བ་ལ་བརྟེན་ནས། ཡོན་ཏན་རིན་པོ་ཆེའི་འབྱུང་གནས། དཔལ་ས་སྐྱའི་ཆོས་གྲྭ་ཆེན་པོ་སྦྱར་བ་རེ་ཞིག་རྫོགས་སོ། །སླར་ཡང་བསྐུལ་བ་པོ་དང་ཡི་གེའི་མཐུན་རྐྱེན་སྔེ་སྟོད་འཛིན་པ་རིན་ཆེན་བཟང་པོས་བགྱིས་ཤིང་། སྐད་ཀྱི་མ་དཔེ་འབྲི་བར་བྱེད་པ་ནི། བློ་གསལ་བྱང་ཆུབ་རྒྱལ་མཚན་ཞེས་བྱ་བས་མྱུར་བར་བྲིས་པའོ།། །།འདིས་བསྟན་པ་དང་སེམས་ཅན་ལ་ཕན་པ་རྒྱ་ཆེན་པོ་འབྱུང་བར་གྱུར་ཅིག ། མངྒ་ལཾ་བྷ་ཝནྟུ།། །།